L'escale Saint-Gilles à Bénodet (29)

ÉDITO

La 1ère édition du Guide Officiel Camping Caravaning date de la création des 1ers campings Français ! **80 ans plus tard, il reste le seul guide recensant la totalité des campings de France***. Mis à jour chaque année avec rigueur, le guide officiel vous fournit toutes les informations dont vous avez besoin : Des campings à capacités d'accueil différentes, classés de 1 à 5 étoiles, voire non classés, des aires naturelles de 25 emplacements maximum, des camping ruraux qui ne peuvent proposer plus de 6 emplacements… **Vous pouvez ainsi choisir l'établissement qui répond à vos envies et à votre budget.**

Retrouvez également dans ce guide :

- Les campings partenaires de la Fédération Française des campeurs, caravaniers et camping-caristes (FFCC). Ils sont plus de 1 200 à avoir adhéré à la formule **Camp'In France FFCC**.
Ils garantissent des tarifs préférentiels aux membres de la FFCC sur leurs emplacements et/ou locations. *(Pour devenir membre, rendez-vous sur ffcc.fr)*
- Les communes où au moins un camping est ouvert à l'année ou qui ont un caravaneige
- Les campings labélisés :
    - Camping Qualité et Qualité Tourisme.
    - Clef Verte et Tourisme et Handicaps.
- La réglementation et les normes campings.

Les légendes en début de guide permettent d'identifier les icônes présentes pour chaque camping.

Vous qui pratiquez le tourisme de plein air, l'adhésion à la FFCC (ffcc.fr) vous permet également d'être couverts lors de tous vos séjours, toute l'année et dans tous les campings. Profitez aussi d'une assurance annulation, interruption de séjour, arrivée tardive, ainsi que de nombreux avantages associés. Elle vous accompagne avant et pendant vos vacances et pour vos sorties avec sa toute nouvelle application FFCC Tourisme et plein air. Téléchargez-la sur votre smartphone !

Pour compléter votre recherche, vous pouvez vous rendre sur : campingfrance.com
Excellentes vacances à tous !

Jacques BOURDON
Président de la FFCC

* Votre guide est réalisé par la Fédération Française des campeurs, caravaniers et camping-caristes et la société Régicamp, spécialisée dans le tourisme de plein-air.

SOMMAIRE

Camping La Pinède, Les Mathes (17)

MODE D'EMPLOI

Comment lire ce guide

1 Nom de la localité
Name of the place / Orstname / Plaatsnaam

2 Distance des principales villes
Distance from nearest town
Entfernung der Stadt /
Afstand tot nabi gelegen plaats

2b Altitude (en fonction des communes)
Altitude / Höhe / Hoogte

3 Nom du terrain : **Terrains ruraux** (vert) / **Terrains aménagés** (jaune)
Name of site / Name des camps
Naam van het terrein

4 Classement
Classification / Klasse / Klasse

5 NC : non classé
Not Classified / Nicht klassifiziert / Niet geklasseerd

6 Nombre d'emplacements de camping
Number of camper / Campingfreunde Zahl der Campingplätze / Aantal plaatsen

6b Confort caravane (CC) - Grand confort caravane (GCC)
Standard of equipment / Standard Austattung pro Standplatz / Uitrusting per standplaats : klassering

6c Emplacement nu
Emplacement pour une clientèle ayant son propre matériel (tente, caravane)

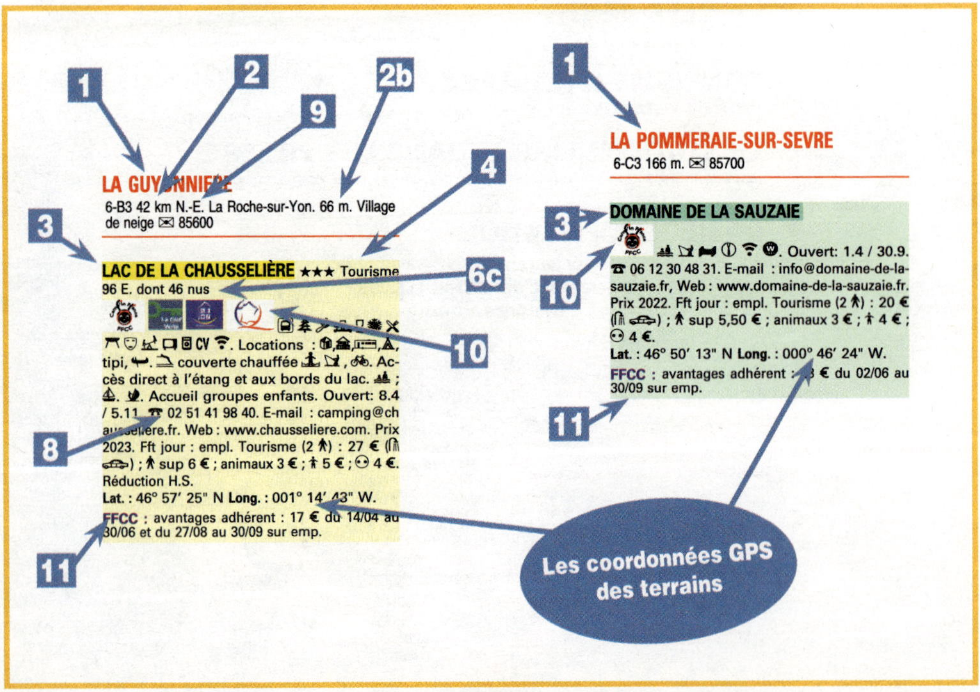

Camping La Nublière à Doussard (74)

Campsite place for customer having their own material / Campingplätze für eine kundshaft, die ihr eigenes material hat / Plaats van camping voor een cliëntèle die zign eigen materiaal heeft

7 Surface campable

Size of site / Oberfläche / Oppervlakte

8 Téléphone

Telephone number / Telefonnummer / Telefoon

9 Situation (Nord, Sud, Est, Ouest)

North, South, East, West / Nord, Sud, Ost, West / Noord, Zuid, Oost, West

10 Terrains adhérant à un label, une charte ou une convention :

"Qualité Tourisme"
"Camping Qualité" *p. 15*
"Camp'In France" *p. 9*
"Tourisme & Handicaps" *p. 523*
"La Clef Verte" *p. 522*

11 AVANTAGES FFCC

Les campings sur fond jaune ou vert proposent des avantages aux adhérents de la FFCC.

- **CAMP'IN France** : Campings proposant un tarif préférentiel en basse saison sur leurs emplacements et/ou leurs locatifs. *(voir pages 502 à 517)*

- **Assurances FFCC** : campings proposant une assurance annulati interruption de séjour/arrivée tardi pendant 1 an et dans tous les campings.

LA FÉDÉRATION DES CAMPEURS, CARAVANIERS ET CAMPING-CARISTES

Abréviations

Si l'on trouve

ou eau chaude entre ( ) cela signifie qu'ils sont compris dans les tarifs.

Si l'on trouve

ou eau chaude précédé de Sup et suivi d'un prix, ils viennent s'ajouter aux tarifs.

Abbreviations

Symbols

or eau chaude hot water between ( ) are already included in the price.

Symbols

or eau chaude hot water preceded by Sup and followed by a price are extra.

Abkürzungen

Wenn

oder eau chaude warmes wasser zwischen ( ) sind, bedeutet es, dass sie in den Preisen eingeschlossen sind.

Wenn

oder eau chaude warmes wasser Sup vorangeht, mit Preisangabe, so ist un Aufpreis zum Tarif vorzusehen.

Afkortingen

Indien u

of eau chaude tussen ( ) terugvindt, dan betekent dit dat deze inbegrepen zijn in de tarieven.

Indien u

of eau chaude voorafgegaan door Sup. en gevolgd door een prijs terugvindt, dan dienen deze toegevoegd te worden aan de tarieven.

11 ***FFCC ADVANTAGES***

Campsites with a yellow or green background offer advantages to FFCC members.

- ***CAMP'IN France:*** *Campsites offering a preferential rate in low season on their pitches and / or rentals.*
- ***FFCC insurance:*** *campsites offering cancellation / interruption of stay / late arrival insurance, for 1 year and in all campsites*

FFCC-VORTEILE

Campingplätze mit gelbem oder grünem Hintergrund bieten FFCC-Mitgliedern Vorteile.

- ***CAMP'IN FRANCE*** *: Campingplätze, die in der Nebensaison einen Vorzugspreis für ihre Stellplätze und / oder Mietobjekte anbieten.*
- ***FFCC-Versicherung:*** *Campingplätze mit Annullierungs-/ Aufenthaltsunterbrechungs-/ Verspätungsversicherung für 1 Jahr und auf allen Campingplätzen*

FFCC-VOORDELEN

Campings met een gele of groene achtergrond bieden voordelen voor FFCC-leden.

- ***CAMP'IN FRANCE:*** *Campings die in het laagseizoen een voorkeurstarief aanbieden op hun staanplaatsen en/ of verhuur.*

	SERVICES	SERVICES	SERVICE	DIENSTEN
	AIRE POUR CAMPING-CAR	MOTORHOME SERVICE POINT	ENSTORGUNGSTATION FÜR VOHNWAGEN	SERVICEPUNT KAMPEERAUTO
	OMBRAGÉ	SHADED	SCHATTENREICH	SCHADUWRIJK
	OMBRAGE PARTIEL	PARTLY SHADED	TEILLEWEISE SCHATTIG	GEDEELTELIJK IN DE SCHADUW
	ANIMAUX INTERDITS	NO PETS	TIERE SVERBOTEN	DIEREN GEEN TOEGANG
	DOUCHE CHAUDE	HOT SHOWER FACILITIES	WARME DUSCHE	WARME DOUCHE
	SALLE DE BAIN BÉBÉ	BABY BATHING ROOM	SÄUGLINGSBADEZIMMER	BABY BADKAMER
	RAVITAILLEMENT	SHOP	LEBENSMITTELVERSORGUNG	LEVENSMIDDELEN
	GLACE	ICE AVALAIBLE	KÜHLELS	KOELIJS
	RESTAURANT	RESTAURANT	RESTAURANT	RESTAURANT
	BARBECUE AUTORISÉ	BARBECUE ALLOWED	BARBECUE GESTATTET	BARBECUE TOEGESTAAN
	BAR	BAR	BAR	BAR
	JEUX POUR ENFANTS	CHILDREN'S PLAYGROUND	KINDERSPIELPLATZ	KINDERSPEELTERREIN
	SÈCHE-LINGE	TUMBLE DRIER	TROCKNER	WASDROGER
	TÉLÉVISION	TELEVISION	FERNSEHEN	TELEVISIE
	ANIMATION ORGANISÉE	ENTERTAINMENT	AKTIVITÄTEN	AKTIVITEITENPROGRAMME
	DISCOTHÈQUE	DISCOTHEQUE	DISKOTHEK	DISCOTEEK
	MACHINE À LAVER	WASHING MACHINE	WASCHMASCHINE	WASMACHINE
	SALLE DE REPASSAGE	IRONING	BÜGELRAUM	STRIJKKAMER
	PARKING OBLIGATOIRE	COMPULSORY CAR PARK	PARKPFLICHTIG	VERPLICHT PARKEREN
	CARAVANEIGE	WINTER CAMPSITES	WINTERCAMPING	WINTERKAMPEERTERREIN
CV	CHÈQUES VACANCES	-	-	-
	WIFI	WIFI	WIFI	WIFI
	ACCÈS INTERNET	INTERNET ACCESS	INTERNET-ZUGANG	INTERNET ACCESS
	RAVITAILLEMENT À LA FERME	FOOD OBTAINABLE FROM THE FARM	VERSORGUNG DIREKT VORN-BAUERNHOF MÖGLICH	VOEDSELVERZORGING DIRECT VAN DE BOERDERI MOGELIJK
	ACCUEIL DES CAVALIERS	HORSERIDERS WELCOMED	EMPFANG VON RELTERN	ACCOMODATIE VOOR RUITERS
	TABLE D'HÔTES	GUEST TABLE	GASTICH	WARME MAALTIJD OP AFSPRAAK
	CHAMBRE D'HÔTES	BED AND BREAKFAST	GASTZIMMER	BED AND BREAKFAST
	PATAUGEOIRE	PADDLING POOL	PLANSCHBECKEN	PEUTERBAD
	SANITAIRES CHAUFFÉS	HEATED TOILETS	BEHEIZTE TOILETTEN	VERWARMDE TOILETTEN
	LOCATIONS	RENTALS	ANMIETUNG	VERHURING
	BUNGALOWS	BUNGALOWS	BUNGALOWS	BUNGALOWS
	TENTES	TENTS	ZELTE	TENTEN

	LOCATIONS	RENTALS	ANMIETUNG	VERHURING
	MOBILE-HOMES	LEISURE-HOMES	MOBIL-HEIME	STA-CARAVANS
	VÉLOS	BICYCLE	FAHRRÄDER	FIETSEN
	CANOË-KAYAK	CANOE-KAYAK	KANU-KAJAK	KANO'S / KAJAC
	CHALETS	CHALETS	HÜTTE	CHALET
	BUNGALOW TOILE	CANVAS BUNGALOW	TUCHBUNGALOW	COMPLEET INGERICHTE TENT
	SPORTS-LOISIRS	**SPORTS-LEISURE**	**SPORT-FREIZEIT**	**ONTSPANNING SPORT**
	PISCINE	SWIMMING POOL	SCHWIMMBAD	ZWEMBAD
	TENNIS	TENNIS	TENNIS	TENNIS
	MINIGOLF	MINIATURE GOLF COURSE	MINIGOLF	MIDGETGOLF
	EQUITATION	HORSE RIDING	REITEN	PAARDRIJDEN
	TIR À L'ARC	ARCHERY	BONGENSCHIESSEN	BOOGSCHIETEN
	GOLF	GOLF	GOLF	GOLF
	PLAGE	BEACH	STRAND	STRAND
	BAIGNADE	BATHING	BADEMÖGLICHKEIT	BADEN
	PÊCHE	FISHING	ANGELN	VISSEN
	CANOTAGE, VOILE OU YATCHING	CANOING, SAILING OR YATCHING	WASSERSPORT, PADDELSPORT, SEGELN	WATERSPORT
	PLANCHE À VOILE	WINDSURFING	SURFBRETTER	SURF MOGELIJKHEID
	VOLLEY-BALL	VOLLEYBALL	VOLLEYBALL	VOLLEYBAL
	TOBOGGAN AQUATIQUE	WATERSLIDE	WASSERTOBOGGAN	TOBOGGAN
	TARIFS	**PRICE RATES**	**PREISLISTE**	**PRIJZEN**
Fft	FORFAIT	INCLUSIVE DEAL	PAUSCHALPREIS	ALL-IN-PRIJS
	PRIX VOITURE	PRICE PER CAR	PREIS PRO WAGEN	TARIEF AUTO
	PRIX CARAVANE	PRICE PER CARAVAN	PREIS PRO WHONWAGEN	TARIEF CARAVAN
	PRIX TENTE	PRICE PER TENT	PREIS PRO ZELT	TARIEF TENT
	PRIX CAMPING-CAR	PRICE PER MOTOR-HOME	PREIS PRO WOHNMOBILE	TARIEF KAMPEERAUTO
	PRIX ADULTE	PRICE PER ADULT	PREIS PRO ERWACHSENE	TARIEF VOLVASSENE
	PRIX ENFANT	PRICE PER CHILD	PREIS POR KINDER	TARIEF KIND
	PRIX BRANCHEMENT ÉLECTRIQUE	PRICE PER ELECTRIC POINT	PREIS POR STROMANSCHLUSS	TARIEF ELECTRICITEIT

Avertissement

Les dates d'ouverture figurant sur ce guide sont celles que nous ont transmis les gestionnaires de camping. Les terrains ouverts en permanence n'offrent pas nécessairement les mêmes services tout au long de l'année. Nous vous conseillons donc de vous renseigner auprès des établissements où vous souhaitez séjourner. Les tarifs mentionnés sont ceux qui seront pratiqués en 2023 ou à défaut ceux de 2022. Les gestionnaires nous ont également communiqué leur nombre d'emplacements nus ou ceux destinés aux vacanciers ayant leur matériel (tente, caravane...). De plus, nous indiquons uniquement la réservation obligatoire auprès du camping.

CAMPINGS EN FRANCE

Vive les **vacances en plein-air !**

Qu'on le pratique en tente, en caravane, en camping-car ou en mobile-home, le camping est plus que jamais la meilleure formule pour des vacances familiales réussies. Y a t'il en effet un autre mode de vacances qui associe au confort de ses hébergements et à la variété de ses services et équipements, autant d'indépendance et de liberté, et surtout, en plein-air?

Voici quelques pistes afin de vous familiariser avec ce qu'on appelle aujourd'hui l'hôtellerie de plein air.

EXISTE-T-IL UN CLASSEMENT POUR LES TERRAINS DE CAMPING ?

Seule la réglementation du 1er juillet 2010 fait référence en matière de classement. Les campings peuvent être classés en ★, ★★, ★★★, ★★★★ ou ★★★★★ selon un nouveau dispositif élaboré.

LA PROCÉDURE DE CLASSEMENT

Le système de classification repose sur l'attribution de points en fonction des équipements et services proposés. Pour être classés de une à cinq étoiles, les campings doivent atteindre le nombre de points requis pour la catégorie qu'ils visent. Mais la présence d'un équipement "non exigé" peut toutefois compenser l'absence d'un équipement "exigé".

Le classement est volontaire. Il est valable 5 ans, période à l'issue de laquelle l'établissement doit renouveler la demande de classement. L'exploitant de l'établissement doit commander une visite de contrôle auprès d'un organisme évaluateur accrédité par le ***COFRAC*** (Comité Français d'Accréditation). Le gestionnaire doit adresser au préfet le dossier de demande de classement comportant le rapport de contrôle accompagné d'une grille de contrôle dûment remplie par l'organisme évaluateur. Le préfet prononce par arrêté la décision de classement. Dans un délai d'un mois, le classement est publié sur le site d'Atout France.

QUE SIGNIFIE PRL ?

Un PRL est un parc résidentiel de loisirs, un terrain essentiellement destiné à la location longue durée. Il est également classé de 1 à 5 étoiles. On y loue un emplacement (raccordé à tous les réseaux) à l'année sur lequel on peut installer son propre mobile-home.

QU'EST-CE QU'UN CAMPING RURAL ?

Il existe plus de 1 000 campings dits ruraux classés en deux catégories : les aires naturelles et les campings à la ferme. Un camping à la ferme ne peut proposer plus de six emplacements pour une capacité maximale de vingt personnes. La superficie des emplacements doit atteindre 300 m². De son côté, une aire naturelle peut proposer entre sept et trente emplacements

d'une surface de 400 m² chacun. Ces campings ruraux peuvent être ou non affiliés à un ou plusieurs réseaux, tels que les Gîtes de France, Bienvenue à la Ferme ou Accueil-Paysan.
Les tarifs pratiqués sont très abordables. Ils sont eux aussi soumis à une nouvelle réglementation.

FAUT-IL RÉSERVER À L'AVANCE ?

Pour la location d'un mobile-home, d'un chalet ou d'un bungalow toilé, il est nécessaire de réserver. Et il est vivement conseillé de s'y prendre longtemps à l'avance, surtout si vous souhaitez prendre vos vacances entre le 15 juillet et le 15 août. Notez que certains établissements ne travaillent que sur réservation.

LES CHIENS SONT-ILS ACCEPTÉS ?

Pour votre information, nous signalons dans ce guide les campings qui refusent les animaux. D'une manière générale, votre animal doit être vacciné et tatoué. Il doit être tenu en laisse sur le camping et ne jamais être laissé seul sur l'emplacement. Un carnet de vaccination (à jour) est demandé lors de votre arrivée, ne l'oubliez pas. Rappelons que de plus en plus d'établissements optent pour des tarifs "animaux" prohibitifs et donc dissuasifs.

COMMENT SONT AMÉNAGÉES LES LOCATIONS PROPOSÉES PAR LES CAMPINGS ?

Très fonctionnels, les mobile-homes et les chalets disposent d'un salon-séjour (avec table, canapé, rangements), d'un coin cuisine, d'une salle de bain avec wc, lesquels sont parfois séparés. Selon la grandeur de la location, on y trouve par ailleurs, une, deux, voire trois chambres avec lit double ou lits simples. Le séjour est souvent utilisé comme chambre d'appoint avec un canapé convertible en lit. Pour le confort de toute la famille, il est recommandé d'opter pour des locations dont les chambres parents et enfants ne sont pas côte à côte. De plus en plus, la visite des hébergements est proposée sur les sites internet des campings sous forme de vidéo.

QUE TROUVE-T-ON DANS UNE LOCATION ?

Selon le standing du mobile-home, le niveau d'équipement est plus ou moins important. Au minimum, vous trouverez une cuisine équipée avec (en principe) un réfrigérateur, des plaques chauffantes et de la vaisselle. Le four n'est pas toujours fourni. Idem en ce qui concerne le salon de jardin. Dans les locations haut de gamme, on trouve parfois une télévision, un congélateur, une climatisation, un lave-vaisselle, un lave-linge...

COMBIEN COÛTE UN SÉJOUR EN MOBILE-HOME ?

Le tarif d'une location de mobile-home varie entre 420 et 750 € la semaine pour un camping ★★ et de 720 à 4 000 € pour un mobile-home avec piscine privative sur un ★★★★★ sur le littoral. Tout dépend donc de la situation du camping (bord de mer, montagne...), des services qu'il propose (piscine, tennis, restauration...) et bien sûr de la surface du mobile-home, du nombre de couchages qu'il autorise et de son niveau d'équipement (réfrigérateur, congélateur...). Le prix de l'électricité, de l'eau et du gaz est compris. En revanche, dans certaines communes, une taxe de séjour est imposée. Selon les campings, le montant de cette taxe est soit intégrée dans le prix de la location, soit à payer en plus.

Nous indiquons la réservation obligatoire en été et/ou en hiver.

POURQUOI CERTAINS CAMPINGS ONT-ILS LA MENTION "TOURISME" ET D'AUTRES "LOISIRS" ?

Près de 80 % des campings sont classés dans la catégorie Tourisme, ce qui signifie que plus de la moitié des emplacements est affectée au tourisme de passage ou aux courts séjours. Les terrains classés Loisirs sont ceux dont plus de la moitié des emplacements est vouée aux séjours longue durée (un mois et plus).

Nbre d'étoiles	Nbre de terrains
★	453
★★	1 728
★★★	2 478
★★★★	1 287
★★★★★	265
NC	1 310
Aires naturelles	447
Terrains déclarés	366
Total	8 338*

** dont 35 aires naturelles Nouvelles Normes et 123 P.R.L*

Camp de Florence
La Romieu (32)

LES SERVICES ET ACTIVITÉS PROPOSÉS SONT-ILS PAYANTS ?

L'accès aux services et aux activités ludiques (piscine, salle de remise en forme, discothèques, spectacles, tournois sportifs…) est gratuit, à quelques exceptions près. En revanche, certaines activités sont proposées moyennant parfois une contribution financière : minigolf (location des clubs), tennis, promenade à cheval, sorties organisées (kayak, visites, etc.), location de VTT... Il va de soi que les services dits de confort (bar, glacier, restaurant, plats à emporter, épicerie, boutiques, laverie, spa) sont payants. Bien sûr, les sanitaires collectifs sont gratuits, mais l'utilisation des machines à laver reste payante.

FAUT-IL FAIRE UN ÉTAT DES LIEUX ?

Oui, c'est préférable dès votre arrivée, quitte à le faire vous-même. Signalez dans la foulée les dysfonctionnements et les objets manquants par rapport à la liste que l'on vous a remise. Quand vous quitterez votre location à la fin du séjour, il vous faudra laisser le mobile-home dans le même état que lors de votre arrivée. Sans quoi, vous pourriez vous voir facturer le nettoyage (plusieurs dizaines d'euros…).
Certains campings proposent une option "ménage" que nombre de clients n'hésitent pas à prendre.

QUE SIGNIFIE LA MENTION CAMPING QUALITE ?

À l'initiative de la FNHPA et de la FFCC, l'association Camping Qualité a mis au point une charte ; Pour devenir Camping Qualité, les étabissements se soumettent à des audits de contrôle indépendants. Aujourd'hui plus de 300 campings répondent à ce label, une exigence de qualité identique pour tous. Ils sont engagés, parfois depuis de nombreuses années, dans la démarche Camping Qualité. Tous avec la même passion, quels que soient leur situation géographique, leur nombre d'emplacements, leur catégorie de 1 à 5 étoiles, qu'ils soient privés ou municipaux. Tous doivent répondre à une grille de critères strictement identiques pour tous. Ils s'engagent sur cinq points :
L'accueil, la propreté, le développement durable, fournir des informations précises sur son établissement, des emplacements privatifs soignés, un environnement valorisé et respecté.

Pour plus d'infos : www.campingqualite.com

Camping Nouvelle Floride
Marseillan (34)

Reconnue d'utilité publique, la FFCC accompagne déjà + de 120 000 adhérents

Accueil privilégié dans les campings

La Fédération a développé un partenariat avec des campings français :
le Camp'in France.
Ils sont plus de 1 200 à vous proposer un tarif préférentiel à condition que vous soyez membres de la FFCC (36,50 € en 2023)

- **Quel tarif ?**
  entre 13 et 23 € la nuit
- **Pour quoi ?**
  pour 2 personnes + l'emplacement + l'électricité + le chien (si accepté).
- **Pour quelle période ?**
  Chaque camping fournit ses dates d'éligibilité de l'offre préférentielle.

Camp'in France FFCC

Pour les repérer c'est simple ils sont présentés sur fond jaune ou vert.
Beaucoup d'entre eux proposent aussi des réductions sur leurs locatifs.

Rejoignez-nous pour seulement

36,50 €

Rendez-vous sur maboutique.ffcc.fr

Crédit photo : Les Castels - L'Anse du Brick

Pour plus d'informations, n'hésitez pas à contacter la Fédération :
Fédération française des campeurs, caravaniers et camping-caristes
78, rue de Rivoli - 75004 PARIS - ffcc.fr - resa.ffcc.fr - info@ffcc.fr
0 890 21 43 00 Service 0,50 € / min + prix appel

Plus de 1 200 campings, + un tarif préférentiel pour les adhérents FFCC

Un site pour préparer votre séjour en camping

Un site dédié pour mettre en avant **l'expérience camping"** !

Retrouvez-y :

- Une barre de recherche par date, destination et type de séjours,
- Une recherche par thématiques,
- De nombreuses informations sur le camping, ses services, ses hébergements, les points d'intérêts à proximité, la possibilité de réserver en ligne ainsi que les avis clients...
- Retrouvez-les également sur notre application mobile FFCC "Tourisme & Plein-air" disponible sous Android et iOS.

Suivez-nous

Google Play

l'App Store

Camping des Mures
à Grimaud (83)

DECOUPAGE REGIONAL

CLASSEMENT PAR DÉPARTEMENT

CLASSEMENT PAR RÉGION

GRAND-EST
08. Ardennes
10. Aube
51. Marne
52. Haute-Marne
54. Meurthe-et-Moselle
55. Meuse
57. Moselle
67. Bas-Rhin
68. Haut-Rhin
88. Vosges

NOUVELLE-AQUITAINE
16. Charente
17. Charente-Maritime
19. Corrèze
23. Creuse
24. Dordogne
33. Gironde
40. Landes
47. Lot-et-Garonne
64. Pyrénées-Atlantiques
79. Deux-Sèvres
86. Vienne
87. Haute-Vienne

AUVERGNE-RHÔNE-ALPES
01. Ain
03. Allier
07. Ardèche
15. Cantal
26. Drôme
38. Isère
42. Loire
43. Haute-Loire
63. Puy-de-Dôme
69. Rhône
73. Savoie
74. Haute-Savoie

BOURGOGNE-FRANCHE-COMTÉ
21. Côte-d'Or
25. Doubs
39. Jura
58. Nièvre
70. Haute-Saône
71. Saône-et-Loire
89. Yonne
90. Territoire-de-Belfort

BRETAGNE
22. Côtes-d'Armor
29. Finistère
35. Ille-et-Vilaine
56. Morbihan

CENTRE
18. Cher
28. Eure-et-Loir
36. Indre
37. Indre-et-Loire
41. Loir-et-Cher
45. Loiret

CORSE
2A. Corse-du-Sud
2B. Haute-Corse

ÎLE-DE-FRANCE
75. Paris
77. Seine-et-Marne
78. Yvelines
91. Essonne
92. Hauts-de-Seine
93. Seine-Saint-Denis
94. Val-de-Marne
95. Val-d'Oise

OCCITANIE
09. Ariège
11. Aude
12. Aveyron
30. Gard
31. Haute-Garonne
32. Gers
34. Hérault
46. Lot
48. Lozère
65. Hautes-Pyrénées
66. Pyrénées-Orientales
81. Tarn
82. Tarn-et-Garonne

HAUTS-DE-FRANCE
02. Aisne
59. Nord
60. Oise
62. Pas-de-Calais
80. Somme

NORMANDIE
14. Calvados
50. Manche
61. Orne
27. Eure
76. Seine-Maritime

PAYS DE LA LOIRE
44. Loire-Atlantique
49. Maine-et-Loire
53. Mayenne
72. Sarthe
85. Vendée

PROVENCE-ALPES-CÔTE D'AZUR
04. Alpes-de-H^{te}-Provence
05. Hautes-Alpes
06. Alpes-Maritimes
13. Bouches-du-Rhône
83. Var
84. Vaucluse

Découpage
par régions

Voici la liste des communes où se situent au moins un terrain de camping aménagé. Le nom de la commune est suivi du repère cartographique : le premier chiffre représente le numéro de la carte puis le carré dans lequel est positionné la ville, suivi du département dans lequel la localité se trouve et enfin la page du guide sur laquelle vous retrouverez la commune et tous les terrains. Le point bleu en début de ligne permet de distinguer les communes ayant au moins un terrain de camping ouvert toute l'année.

A

B

D

E

F

G

H

I

J

K

L

M

N

O

S

T

U

V

W

X

Y

Z

Photo : Éric Montgo

ATLAS ROUTIER

AVEC LA SITUATION GÉOGRAPHIQUE DE TOUS LES TERRAINS DE CAMPING

Vous trouverez dans les deux pages suivantes, le tracé du découpage de la carte de France en quinze zones, ainsi que la légende des cartes.

LÉGENDE DES CARTES

Échelle : 1 / 1 000 000
1 cm : 10 km

Les cartes de l'atlas routier sont numérotées suivant le découpage présenté sur cette double page

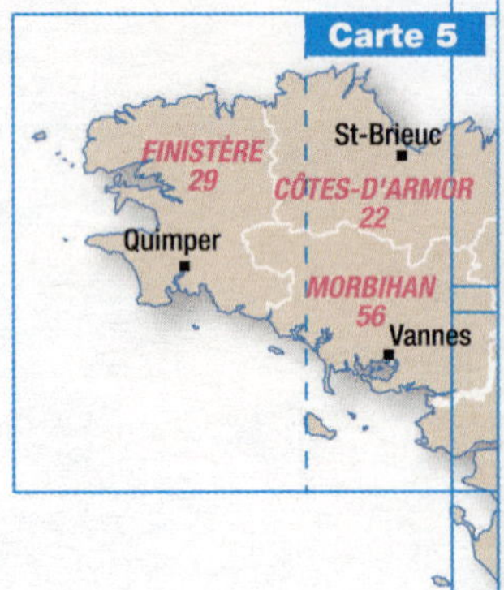

AUTOROUTES

A9 - L'Océane

En service

En construction ou en projet

ROUTES

Voie express

Route à chaussées séparées

Route à 4 voies

Grande route

Route secondaire

TRAFIC

National

Régional

Local

ÉCHANGEURS

Complet

Partiel

BALISES DE KILOMÉTRAGE

Sur autoroute — 10

Sur route — 10

LIMITES

D'État

De région

De département

Ville où se situe au moins un terrain de camping aménagé

AGGLOMÉRATIONS

Masse bâtie

Métropole

Grande ville

Ville importante

Ville moyenne

Petite ville

FORÊTS

PARCS

Limite

Zone centrale de parc national

Zone périphérique de parc national et zone de parc régional

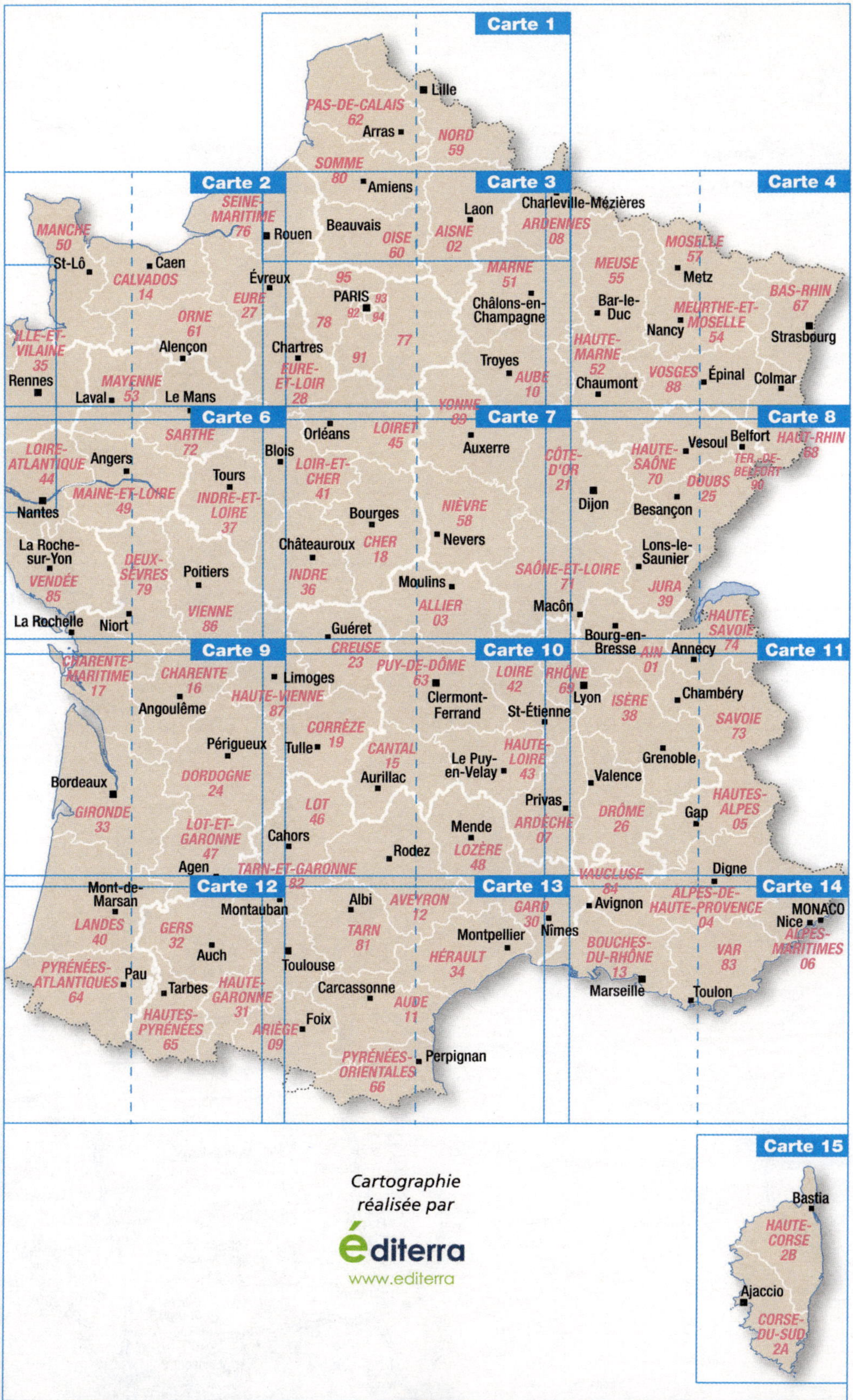

Cartographie réalisée par

éditerra

www.editerra

A
B
C
1
2
3
4
5
PAS DE CALAIS
Sandwich
Deal
Dover
Folkestone
Oostende
Nieuwpoort
Koksijde
De Panne
Veurne
Diksmuide
Bray-Dunes
Zuydcoote
Dunkerque
Ghyvelde
Les Moëres
Merkem
Grd-Fort-Philippe
Gravelines
Coudekerque
Leffrinckoucke
Téteghem
Hondschoote
Beveren
Oye-Plage
Calais
Marck
Bergues
Warhem
Rexpoëde
Sangatte
Cap Blanc-Nez
Escalles
Peuplingues
Hames-Boucres
Ste-Marie-Kerque
Leoberghe
Pitgam
Crochte
Zegerscappel
Houtkerque
Poperinge
Ieper
Hervelinghen
Wissant
Cap Gris-Nez
Audinghen
Audresselles
Ambleteuse
Wimereux
Guînes
Nortkerque
Audruicq
Ardres
Polincove
Bollezeele
Esquelbecq
Winnezeele
Steenvoorde
Wijtschate
Leubringhen
Marquise
Balinghem
Brêmes
Zutkerque
Autingues
Recques
Eperlecques
Watten
Merckeghem
Rubrouck
Broxeele
Volckerinckhove
Wulverdinghe
Buysscheure
Cassel
Boeschepe
St-Jans-Cappel
Bailleul
Wacquinghen
La Capelle-lès-Boulogne
Landrethun-les-Ardres
Tournehem
Nordausques
Houlle
Moulle
Serques
Tilques
Salperwick
Clairmarais
Zuytpeene
Staple
Boulogne-s.-Mer
Le Portel
Équihen-Plage
Henneveux
Licques
St-Omer
Arques
Renescure
Hazebrouck
Lynde
Morbecque
Steenbecque
Thiennes
Houplines
Armentières
St-Étienne-au-Mont
Isques
Condette
Verlincthun
Desvres
Nielles-lès-Bléquin
Remilly-Wirquin
Helfaut
Blaringhem
Wittes
Aire
Mametz
Merville
Samer
Thiembronne
Merck-St-Liévin
Dannes
Camiers
Bezinghem
Enquin-s.-Baillons
Aix-en-Ergny
Renty
Audincthun
Lillers
Hucqueliers
Pas-de-Calais
62
Matringhem
Violaines
Herlies
Le Touquet-Paris-Plage
Étaples
Fruges
Béthune
Carvin
Attin
Cucq
Merlimont
La Calotterie
Montreuil
Équirre
Nœux-les-Mines
Lens
Campigneulles
Rang-du-Fliers
Brimeux
Marenla
Beaurainville
Cavron-St-Martin
Contes
Teneur
Blangy
Anvin
Divion
Houdain
Maisnil-lès-Ruitz
Liévin
Hénin-B.
Berck
Groffliers
Verton
Boisjean
Waben
Lespinoy
Maresquel
Roussent
Aubin
Saulchoy
La Loge
Grigny
Hernicourt
St-Pol-s.-Ternoise
Villers-Brûlin
Vimy
Fort-Mahon-Plage
Conchil-le-Temple
Douriez
Boubers-s.-Canche
Tortefontaine
St-Georges
Blangerval
Blangermont
Aubigny
Quend
Nampont
Dominois
Ponches-Estruval
Dompierre
Fillièvres
Rebreuve-s.-Canche
Liencourt
Arras
Tollent
St-Quentin-en-Tourmont
Villers-s.-Authie
Vironchaux
Labroye
Frévent
Avesnes
Rue
Baie de la Somme
Favières
Forest-Montiers
Crécy-en-P.
Auxi-le-Ch.
Beaumetz-lès-Loges
Le Crotoy
Nouvion
St-Valery-s.-Somme
Ponthoile
Beauvoir-Wavans
Lucheux
Cayeux-s.-Mer
Noyelles-s.-Mer
Port-le-Grand
Lanchères
Estrébœuf
Hem-Hardinval
Doullens
Warlincourt-lès-Pas
Pendé
Boismont
Abbeville
Bernaville
Authieule
Woignarue
Arrest
Miannay
Ault
St-Blimont
Friaucourt
Mareuil-Caubert
Ailly
Miraumont
Bapaume
Mers-les-Bains
Le Tréport
Eu
Moyenneville
Somme
80
Bouvaincourt
Cocquerel
Long
Authuille
Criel-s.-Mer
Beauchamps
Hallencourt
Villers-Bocage
Albert
Combles
Curlu
Hem-Monacu
Petit-Caux
Touffreville
Incheville
Biville-s.-Mer
Le Mesnil-Réaume
Gamaches
Longpré-les-Corps-Saints
Bertangles
Ribemont
Bray-s.-S.
Cléry-s.-S.
Berneval-le-Grd
Bazinval
Bouttencourt
Oisemont
Pont-Noyelles
Sailly-le-S.
Sailly-Laurette
Frise
Feuillères
Blangy-s.-Br.
Picquigny
Corbie
Chipilly
Cappy
Cerisy
Péronne
Martin-Église
Envermeu
Le Hamel
Méricourt
Proyart
Martigny
Amiens
Hornoy
Molliens-Dreuil
Boves
Herleville
Londinières
Chaulnes
Béthencourt-s.-Somme
Les Grandes-Ventes
Aumale
Poix
Lœuilly
Moreuil
Voyennes
Nesle
Neufchâtel-en-B.
Conty
Ailly
St-Saëns
Grandvilliers
Fontaine-Bonneleau
Montdidier
Roye
Forges-les-Eaux
Formerie
Breteuil
Lassigny
Clères
Buchy
St-Maur
Crèvecœur-le-Grand
Oursel-Maison
Maignelay-Montigny
Orvillers-Sorel
Chiry-Ourscamp
Ricquebourg
Ressons
Argueil
Songeons
Marseille-en-B.
Froissy
Nolléval
Gournay-en-Bray
Oise
60
St-Just-en-Chaussée
Ribécourt-Dreslincourt
Beauvais
Compiègne
Estrées-St-Denis
Lyons-la-Forêt
Bresles
Boos
Le Coudray-St-Germer
Clermont
Hondainville
Liancourt
Charleval
Angicourt
Villers-St-Paul
Étrepagny
Noailles
Pont-Ste-Maxence
Poses

D
E
F
1
2
3
4
5
Blankenberge
De Haan
Brugge
Oostkamp
Jabbeke
Ichtegem
Torhout
Eeklo
Evergem
Gent
Aalter
Ruiselede
Ardooie
Tielt
Deinze
Roeselare
Hulst
Stekene
St-Niklaas
Lokeren
Lochristi
Temse
Hamme
Zele
Dendermonde
Schoten
Antwerpen
Herentals
Nijlen
Lier
Westerlo
Duffel
Herselt
Putte
Aarschot
Mechelen
Vilvoorde
Herent
Leuven
Aalst
Asse
Waregem
Zottegem
Ninove
Bruxelles
Tervuren
Overijse
Kortrijk
Menen
Oudenaarde
Brakel
Geraadsbergen
Ruisbroek
Halle
Herne
Lessines
Mouscron
Tourcoing
Wattrelos
Roubaix
Ronse
Flobecq
Frasnes-lez-A.
Waterloo
Wavre
Tubize
Lomme
Villeneuve-d'Ascq
Lille
Ath
Chièvres
Soignies
Braine-le-Cte
Nivelles
Genappe
Gembloux
BELGIQUE
Seclin
Sainghin-en-Melantois
Tournai
Leuze-en-H.
Péruwelz
Jurbise
Seneffre
Pont-à-C.
Sombreffe
Fleurus
Spy
Namur
Pont-à-M.
Nord
Péronnes
Flines-lès-Mortagne
Orchies
Rumegies
Faumont
Saméon
St-Amand-les-Eaux
Condé
Nimy
Mons
Boussu
La Louvière
Binche
Anderlues
Gosselies
Charleroi
Châtelet
Florette
Marchiennes
Warlaing
Anzin
Valenciennes
Thuin
Mettet
Douai
Denain
Bugnicourt
Fléchain Wavrechain
Hon-Hergies
Bettrechies
Taisnières
Villers-Sire-Nicole
Maubeuge
Brunémont
Arleux
Écourt
Oisy-le-V.
Aubigny
Paillencourt
Aubencheul-au-Bac
Saudemont
Rumaucourt
Sauchy-Lestrée
Bouchy-les-M.
Frasnoy
Bermeries
Gommegnies
Le Quesnoy
59
Beaumont
Florennes
Silenrieux
Philippeville
Givet
Solesmes
Cambrai
Carnières
Preux-au-Bois
Noyelles-s.-Sambre
Berlaimont
Solre-le-Ch.
Beaurieux
Maroilles
Avesnes-s.-H.
Felleries
Rance
Froid-Chapelle
Foisches
Rancennes
Marcoing
Landrecies
Sémeries
Eppe-Sauvage
Vireux-Molhain
Vireux-W.
Havrincourt
Le Cateau-Cambrésis
Clary
Prisches
Grand-Fayt
Trélon
Chimay
Couvin
Honnecourt-s.-Escaut
Le Nouvion-en-Th.
Floyon
Baileux
Haybes
Le Catelet
Bohain-en-V.
Wassigny
Boué
Fourmies
Fumay
La Capelle
Macquenoise
Rièzes
Revin
Roisel
Vraignes-en-Vermandois
Guise
Étréaupont
Hirson
Signy-le-Petit
Rocroi
Monthermé
Thilay
Vermand
St-Quentin
Homblières
Sains-Richaumont
Vervins
Aubenton
Rumigny
Les Mazures
Haulmé
Nouzonville
Ribemont
La Grandville
Seraucourt
Ham
Vendeuil
Marcy-s/s-Marle
Marle
Rozoy-s.-Serre
Signy-l'Abbaye
Charleville-Mézières
Flize
Crécy
Aisne
02
Chaumont-Porcien
Guiscard
Tergnier
La Fère
Novion-Porcien
08
Omont
Salency
Chauny
Laon
Sissonne
Château-Porcien
Ardennes
Tourteron
Noyon
Suzy
Rethel
Bairon
Carlepont
Coucy-le-Château-Auffrique
Anizy-le-Château
Monthenault
Aizelles
Neuville-Day
Attigny
Monampteuil
Craonne
Guignicourt
Berny-Rivière
Vailly-s.-Aisne
Pontavert
Neufchâtel-s.-Aisne
Juniville
Attichy
Soissons
Presles-et-Boves
Bourg-et-Comin
Berry-au-Bac
Bourgogne
Machault
Vouziers
Hautefontaine
Ressons-le-Long
Braine
Pierrefonds
Fismes
Monthois

3
4

A
B
C
1
2
3
4
5
Alderney (Aurigny)
Cap de la Hague
Omonville-la-Rogue
Urville-Nacqueville
Cherbourg-en-Cotentin
Fermanville
Vicq-s.-Mer
Gatteville-le-Phare
Barfleur
Pointe de Barfleur
Beaumont
Vauville
Équeurdreville-Hainneville
Tourlaville
Bretteville
Maupertus
Réville
Quettehou
St-Vaast-la-Hougue
Siouville-Hague
Tollevast
Flamanville
Les Pieux
Le Rozel
Surtainville
Baubigny
St-Germain-le-Gaillard
Bricquebec
L'Étang-Bertrand
Valognes
Montebourg
Quinéville
St-Marcouf
Ravenoville
Le Ham
Sark
Les Moitiers-d'Allonne
Barneville
St-Jean-de-la-R.
St-Georges-de-la-R.
Portbail
Denneville
St-Sauveur-le-Vicomte
St-Lô-d'Ourville
Ste-Mère-Église
Ste-Marie-du-Mont
Grandcamp-Maisy
Cricqueville-en-Bessin
Vierville-s.-Mer
Port-en-Bessin
St-Côme-de-Fresne
Manche
50
Carentan
Isigny-s.-Mer
La Cambe
Asnières
Formigny
Colleville
Aure-s.-Mer
Étréham
Arromanches
Asnelles
Trévières
Surrain
Bayeux
Creully-s.-Seulles
Jersey
St-Hélier
La Haye
Lessay
St-Germain-s.-Ay
Créances
Pirou
Périers
Raids
St-Jean-de-Daye
St-Martin-d'Aubigny
St-Martin-de-Blagny
Tournières
Cerisy-la-F.
Crouay
Moulins en Bessin
Arganchy
Noron-la-Poterie
Tilly-s.-Seulles
Balleroy
Cahagnolles
Géffosses
Anneville-s.-Mer
Gouville-s.-Mer
St-Sauveur-Lendelin
Marigny
St-Lô
Litteau
Caumont-s.-Aure
Blainville-s.-Mer
Canisy
Val de Drôme
Agon-Coutainville
Coutances
Regnéville-s.-Mer
Montmartin-s.-Mer
Annoville
Hauteville-s.-Mer
Lingreville
Cerisy-la-Salle
Torigny-les-Villes
Les Monts d'Aunay
Quettreville-s.-Sienne
Tessy-Bocage
Domjean
St-Martin-des-Besaces
St-Jean-le-Blanc
Hambye
Iles Chausey (Grande Ile)
Bricqueville-s.-Mer
Bréhal
Gavray
Percy
Pont-Farcy
Bréville-s.-Mer
Coudeville
Hudimesnil
Donville-les-Bains
Granville
Longueville
Noues de Sienne (St-Sever)
St-Germain-du-Crioult
St-Denis-de-Méré
St-Pair-s.-Mer
La Haye-Pesnel
Villedieu-les-Poêles
Vire Normandie
Valdallière
Condé-en-Normandie
Jullouville
Carolles
Montviron
Tinchebray-Bocage
Cap Fréhel
Pointe du Grouin
St-Jean-le-Thomas
Dragey
Brécey
Flers
St-Cast-le-Guildo
St-Malo
St-Coulomb
Cancale
Baie du Mont St-Michel
Le Mont St-Michel
Genêts
Avranches
Sourdeval
Messei
St-Lunaire
Dinard
St-Benoît-des-Ondes
Juvigny-le-Tertre
Ger
St-Jacut-de-la-Mer
St-Briac
La Richardais
St-Jouan-des-Guérets
Courtils
Pontaubault
Isigny-le-Buat
Mortain-Bocage
St-Bômer-les-Forges
Matignon
St-Lormel
Lancieux
Pleurtuit
St-Père
Cherrueix
Roz-s.-Couesnon
Servon
Beaussais
Le Minihic
St-Guinoux
St-Marcan
Mont-Dol
Beauvoir
Ducey-Les Chéris
Barenton
Plessix-Balisson
St-Suliac
La Ville-ès-N.
Dol-de-B.
Baguer-Pican
Pontorson
St-Hilaire-du-H.
St-Mars-d'Égrenne
Domfront-en-Poiraie
Plancoët
Pleudihen-sur-R.
St-James
St-Georges-de-Reintembault
Le Teilleul
Bourseul
St-Samson-s.-Rance
Taden
Épiniac
Passais
Torchamp
Juvigny-Val d'A.
Plorec-sur-Arguenon
Corseul
Dinan
Cuguen
Landivy
St-Fraimbault
Ceaucé
Antrain
Louvigné-du-Désert
Trévron
Combourg
Les Portes du Coglais (Montours)
Pontmain
Lassay-les-Ch.
La Chapelle-aux-Filtzméens
Évran
Landéan
Gorron
St-Germain-en-Coglès
Fougères
Ambrières-les-Vallées
Tinténiac
Sens-de-Bretagne
Chauvigné
Caulnes
Guitté
Feins
Broons
Bécherel
Hédé
St-Médard-s.-Ille
Ernée
Mayenne
Médréac
Ille-et-Vilaine
35
St-Aubin-d'Aubigné
St-Aubin-du-Cormier
Châtillon-en-Vendelais
Chailland
St-Christophe-des-Bois
La Croixille
Andouillé
St-Méen-le-Grand
Montauban-de-Bretagne
Bédée
Liffré
La Baconnière
Gaël
Iffendic
Montfort-s.-Meu
Mordelles
Rennes
Vitré
Argentré
Montsûrs-St-Céneré
St-Malon-s.-Mel
Concoret
Paimpont
Bruz
Châteaugiron
Argentré-du-Plessis
Le Pertre
Loiron
St-Berthevin
Laval
Plélan-le-G.
St-Malo-de-Beignon
Bourg-des-Comptes
Janzé
Marcillé-Robert
La Guerche-de-B.
La Selle-Guerchaise
Cossé-le-Vivien
St-Denis-du-Maine
Porcaro
Baie de la
5
6

D E F

Carte 2

Dieppe
Berneval-le-Grd
Quiberville
Hautot-s.-Mer
St-Aubin-s.-M.
Sotteville-s.-M.
Martin-Eglise
Envermeu
Martigny
Veules-les-R.
Le Bourg-Dun
Offranville
Veulettes-s.-Mer
St-Valery-en-Caux
St-Martin-aux-Buneaux
Blosseville
Gueures
Vittefleur
St-Pierre-en-Port
Sassetot-le-M.
Cany-Barville
Fécamp
Colleville
St-Léonard
Valmont
Bacqueville-en-Caux
Les Grandes-Ventes
Yport
Toussaint
Ourville
Doudeville
Étretat
Les Loges
Héricourt
Cap d'Antifer
Le Tilleul
Bordeaux-St-Clair
Bec-de-Mortagne
Yerville
Tôtes
St-Saëns
St-Jouin-Bruneval
Seine-Maritime
Goderville
Fauville
76
Heuqueville
Yvetot
Pavilly
Clères
Montivilliers
Bolbec
Trouville
Cap de la Hève
St-Antoine-la-F.
Rives-en-Seine (Caudebec)
Seine
Le Havre
Lillebonne
Roumare
Quillebeuf
Duclair
Arelaune-en-Seine
Anneville-Amb.
Jumièges
Honfleur
Conteville
ROUEN
Villerville
Fiquefleur-Équainville
Ste-Opportune-la-Mare
Le Mesnil-s/s-J.
Sotteville-lès-Rouen
Courseulles
Trouville
Equemauville
Toutainville
Grand-Couronne
Boos
Graye-s.-Mer
St-Aubin
Langrun-s.-Mer
Deauville
Blonville
Touques
St-Benoît-d'Herbetot
Beuzeville
Pont-Audemer
Bourg-Achard
Bernières-s.-Mer
Lion-s.-Mer
Houlgate
Villers
St-Arnoult
Banville
Luc-s.-Mer
Ouistreham
Dives
Coudray-Rabut
Montfort-s.-Risle
Caudebec-lès-Elbeuf
Hermanville
Merville-F.
Auberville
Vauville
Gonneville-s.-Mer
Reux
Risle
Criquebeuf-s.-Seine
Poses
Colleville-M.
Gonneville
Cabourg
Pont-l'Évêque
Cormeilles
Pont-Authou
Elbeuf
Pont-de-l'Arche
Varaville
Blangy
St-Pierre-du-Vauvray
Bénouville
Ranville
Bavent
Dozulé
St-Sylvestre-de-Cormeilles
Le Bosc du Theil
Le Brévedent
St-Georges-du-Vièvre
Le Bec-H.
Caen
Touffréville
Troarn
Moyaux
Brionne
Louviers
Dives
Lisieux
La Neuville-du-Bosc
Évrecy
Thiberville
Le Neubourg
Mézidon-Canon
Eure
Calvados
14
Bernay
27
Bretteville
Livarot-Pays-d'Auge
Orbec
Beaumont-le-Roger
Espins
St-Pierre-en-Auge
Évreux
Le Hom (Thury)
Broglie
Beaumesnil
La Bonneville-s.-Iton
Conches-en-Ouche
Le Vey
Morteaux-Coulibœuf
Vimoutiers
St-André-de-l'Eure
Clécy
Falaise
Pont-d'Ouilly
La Neuve-Lyre
Ménil-Hubert-s.-Orne
Damville
Trun
St-Évroult-de-Montfort
La Ferté-Frênel
Athis-Val-de-Rouvre
Putanges-le-Lac
Rugles
Breteuil
Marcilly-s.-Eure
61
Exmes
Gacé
Écouché-les-Vallées
Argentan
L'Aigle
Verneuil d'Avre et d'Iton
Nonancourt
Briouze
Orne
Vert-en-Drouais
Brézolles
Beaulieu
Moulins-la-M.
St-Maurice-lès-Charencey
La Ferté-Vidame
La Ferté-Macé
Rânes
Vieux-Pont
Mortrée
Sées
Tourouvre au Perche
Bagnoles-de-l'Orne Normandie
Carrouges
Châteauneuf-en-Th.
Marchainville
Couterne
Bazoches-s.-H.
Malétable
Senonches
Essay
Mortagne-au-Perche
Longny-les-Villages
Fontaine-Simon
Couptrain
Écouves
Le Mêle-s.-Sarthe
La Loupe
Courville-s.-Eure
Javron-les-Chap.
Pré-en-Pail
Alençon
La Chapelle-Montligeon
Rémalard en Perche
Le Horps
Dorceau
Villaines-la-Juhel
St-Léonard-des-Bois
Nocé
Thiron-Gardais
Mamers
Bellême
Brunelles
Mayenne
53
Sarthe
Nogent-le-Rotrou
Illiers-Combray
Fresnay-s.-Sarthe
St-Hilaire-s.-Erre
Marolles-les-Braults
Bais
Le Theil
Sillé-le-Guillaume
Beaumont-s.-Sarthe
72
Souancé-au-Perche
Ballon-Saint-Mars
Évron
Bonnétable
Brou
Dangeau
La Ferté-Bernard
Authon-du-P.
Chapelle-Royale
Ste-Suzanne-et-Chammes
Conlie
Montbizot
Mézières-s/s-L.
Tennie
La Bazoche-G.
Tuffé
Sillé-le-Philippe
Montmirail
Commune Nouvelle d'Arrou
Yvré-l'Évêque
Connerré
St-Denis-d'Orques
Vibraye
Châteaudun
Lavaré
Dollon
Droué
Loué
St-Agil
Cloyes-les-Trois-Rivières
Saulges
Brûlon
Le Mans
1
2
3
3
4
5
6

A
B
C
1
2
3
4
5
7
Petit-Caux
Touffreville
Incheville
Gamaches
Hallencourt
Longpré-les-Corps-Saints
Villers-Bocage
Bertangles
Pont-Noyelles
Albert
Combles
Bray-s.-S.
Péronne
Biville-s.-Mer
Le Mesnil-Réaume
Bazinval
Bouttencourt
Blangy-s.-Br.
Oisemont
Picquigny
Corbie
Martin-Eglise
Envermeu
Martigny
Hornoy
Molliens-Dreuil
Amiens
Boves
Le Hamel
Cerisy
Proyart
Londinières
Aumale
Poix
Loeuilly
Moreuil
Herleville
Chaulnes
Béthencourt-s.-Somme
Voyennes
Les Grandes-Ventes
Neufchâtel-en-B.
Conty
Ailly
Nesle
Roye
St-Saëns
Grandvilliers
Fontaine-Bonneleau
Montdidier
Forges-les-Eaux
Formerie
Breteuil
Buchy
Clères
St-Maur
Crèvecœur-le-Grand
Oursel-Maison
Maignelay-Montigny
Lassigny
Argueil
Songeons
Marseille-en-B.
Froissy
Orvillers-Sorel
Ricquebourg
Ressons
Nolléval
Gournay-en-Bray
St-Just-en-Chaussée
Ribécourt-Dreslincourt
Oise
60
Beauvais
Compiègne
Lyons-la-Forêt
Le Coudray-St-Germer
Bresles
Estrées-St-Denis
Boos
Clermont
Charleval
Hondainville
Liancourt
Étrepagny
Noailles
Pont-Ste-Maxence
Poses
Pont-de-l'Arche
Les Andelys
Gisors
Sénots
Cires-lès-Mello
Montataire
Creil
Crépy-en-Valois
Dangu
Méru
St-Leu-d'Esserent
Louviers
Hénonville
Gaillon
Écos
Magny
Beaumont-s.-Oise
Chantilly
Senlis
Grisy-les-Plâtres
Ermenonville
Nanteuil
Vernon
Val-d'Oise
95
Nesles-la-Vallée
L'Isle-A.
Luzarches
Acy
Vigny
Pontoise
Cergy
Dammartin-en-G.
Étrépilly
Évreux
Limay
Meulan
Domont
Goussainville
Mantes-la-J.
Montmorency
Thieux
Meaux
Breuilpont
Triel
Mitry-Mory
St-André-de-l'Eure
Épône
Poissy
St-Denis
Bobigny
Nanterre
St-Germain-en-Laye
Paris
75
93
Ivry-la-B.
Yvelines
78
Garancières
Marcilly-s.-Eure
Houdan
Versailles
Crécy-la-Chap.
Montfort-l'Amaury
Trappes
Ivry
Créteil
94
Nonancourt
Condé-s.-Vesgre
Dreux
Vernouillet
Orsay
Palaiseau
Tournan
Brie-Comte-R.
Nogent-le-Roi
Rambouillet
Montlhéry
Évry-Courcouronnes
Rozay
Châteauneuf-en-Th.
Maintenon
St-Arnoult-en-Yvelines
Arpajon
Corbeil
77
Blandy
Dourdan
St-Chéron
Melun
Le Châtelet-en-Brie
Courville-s.-Eure
Chartres
Auneau
Étréchy
La Ferté-Alais
91
Étampes
Fontainebleau
Montereau
Lucé
Milly-la-Forêt
Illiers-Combray
Eure-et-Loir
28
Méréville
Le Malesherbois
Nemours
Les Villages Vovéens
Andonville
Brou
Dangeau
Janville-en-Beauce
Outarville
Souppes-s.-Loing
Bonneval
Orgères-en-Beauce
Toury
Pithiviers
Puiseaux
Château-Landon
Dordives
Ferrières-en-Gâtinais
Artenay
Châteaudun
Cloyes-les-Trois-Rivières
Patay
Chambon-la-F.
Beaune-la-Rolande
Montargis

Carte 3
D
E
F
1
2
3
4
5
7
Le Catelet
Bohain-en-V.
La Capelle
Macquenoise
Rièzes
Rocroi
Roisel
Vraignes-en-Vermandois
Vermand
St-Quentin
Homblières
Guise
Hirson
Étréaupont
Signy-le-Petit
Monthermé
Thilay
Les Mazures
Haulmé
Nouzonville
Sains-Richaumont
Vervins
Aubenton
Rumigny
La Grandville
Charleville-Mézières
Seraucourt
Ribemont
Ham
Vendeuil
Marcy-s/s-Marle
Marle
Rozoy-s.-Serre
Signy-l'Abbaye
Flize
Tergnier
La Fère
Crécy
Chaumont-Porcien
Guiscard
Aisne
02
Novion-Porcien
Omont
Salency
Chauny
Noyon
Laon
Sissonne
Château-Porcien
08
Ardennes
Tourteron
Suzy
Coucy-le-Château-Auffrique
Anizy-le-Château
Rethel
Bairon
Carlepont
Monthenault
Aizelles
Neuville-Day
Attigny
Monampteuil
Craonne
Guignicourt
Berny-Rivière
Vailly-s.-Aisne
Pontavert
Neufchâtel-s.-Aisne
Juniville
Attichy
Soissons
Presles-et-Boves
Bourg-et-Comin
Berry-au-Bac
Vouziers
Hautefontaine
Ressons-le-Long
Braine
Bourgogne
Machault
Pierrefonds
Monthois
Fismes
Reims
Beine-Nauroy
Villers-Cotterêts
Oulchy-le-Château
Fère
Ville-s.-Tourbe
Neuilly-St-Front
Val-de-Vesle
Latilly
Verzy
Vandières
Rosoy-en-Multien
Château-Thierry
Dormans
Épernay
Condé-en-Brie
Igny-Comblizy
Tancrou
Villiers-St-Denis
Charly-s.-M.
Isles-les-Meldeuses
Avize
Châlons-en-Champagne
Ussy-s.-M.
La Ferté-s/s-J.
Montmort-Lucy
Vertus
Marson
St-Cyr-s.-Morin
Écury
La Trétoire
Verdelot
Montmirail
Étoges
Rebais
Marne
51
Pommeuse
Coulommiers
Le Gault-Soigny
Morsains
Fère-Champenoise
Touquin
La Ferté-Gaucher
Neuvy
Esternay
Vitry-le-François
Luxémont-et-Villotte
Sézanne
Thiéblemont-F.
Sompuis
Beton-Bazoches
Villiers-St-Georges
Moncetz-l'Abbaye
Larzicourt
Arrigny
Ste-Marie-du-Lac-Nuisement
Chenoise
Louan-Villegruis-Fontaine
Anglure
Châtillon-s.-Broué
Nangis
Provins
St-Just-Sauvage
Arcis-s.-Aube
Giffaumont-Champaubert
Conflans-s.-S.
Chavanges
Donnemarie-Dontilly
Nogent-s.-Seine
Pont-s.-Seine
Romilly
Méry-s.-Seine
La Porte du Der
Gouaix
St-Hilaire-s/s-Romilly
Bray-s.-Seine
Trainel
Aube
10
Lesmont
Soulaines-Dhuys
La Tombe
Piney
Brienne
Radonvilliers
Marcilly-le-Hayer
Sergines
Dienville
La Brosse-Montceaux
Pont-Ste-Marie
Jessains
Ste-Savine
Dosches
Pont-s.-Yonne
Courgenay
Troyes
Géraudot
Estissac
Bucey
Lusigny
Vendeuvre
Bar-s.-Aube
Aix-Villemaur-Pâlis (Aix-en-Othe)
Verrières
Mesnil-St-Père
Sens
Molinons
Villeneuve-l'Archevêque
Bouilly
Clérey
Cerisiers
Eaux-Puiseaux
Bar-s.-Seine
Villeneuve-s.-Yonne
Essoyes
89
Yonne
Ervy
Vanlay
St-Julien-du-Sault
St-Hilaire-les-Andrésis
St-Florentin
Brienon-s.-A.
Les Riceys
Mussy-s.-Seine
Riel-les-Eaux
Chuelles
Joigny

A
B
C
1
2
3
4
5
LUXEMBOURG
Monthermé
Thilay
Les Mazures
Haulmé
Nouzonville
La Grandville
Charleville-Mézières
Sedan
Douzy
Flize
Mariembourg
Paliseul
Plainevaux
Bertrix
Recogne
Juseret
Morhet
Witry
Neufchâteau
Martelange
Straimont
Semois
Florenville
Tintigny
Attert
Arlon
Aubange
Virton
Éthe
Longwy
Pétange
Hoscheid
Diekirch
Ettelbruck
Echternach
Larochette
Irrel
Mersch
Grualinster
Mertert
Saeul
Walferdange
Luxembourg
Mamer
Moutfort
Hespérange
Frisange
Esch
Dudelange
Villerupt
Matton-et-Clémency
Carignan
Raucourt-et-Flaba
Mouzon
Omont
Tourteron
Bairon
Neuville-Day
Inor
Montmédy
Stenay
Louppy-s.-Loisin
Longuyon
Buzancy
Dun-s.-Meuse
Doulcon
Vilosnes-Haraumont
Brieulles-s.-Meuse
Sivry-s.-Meuse
Damvillers
Spincourt
Audun-le-Roman
Fontoy
Thionville
Cattenom
Malling
Sierck-les-B.
Basse-Ham
Yutz
Florange
Metzervisse
Volstroff
Moyeuvre
Briey
Vouziers
Grandpré
Monthois
Aisne
Autry
Châtel-Chéhéry
Montfaucon
Consenvoye
Varennes-en-Argonne
Meuse
55
Étain
Maizières
Homécourt
Vigy
Burtoncourt
Woippy
Metz
Pange
Ville-s.-Tourbe
Neuvilly-en-Argonne
Clermont-en-Argonne
Verdun
Châtillon-s/s-les-Côtes
Conflans-en-Jarnisy
Fresnes-en-Woëvre
Bonzée
Ste-Menehould
Futeau
Ars-s.-M.
Chambley-Bussières
Hannonville-sous-les-Côtes
St-Maurice-s/s-les-Côtes
Souilly
Villers-s.-Meuse
Vigneulles
Jaulny
Corny-s.-Moselle
Verny
Seuil-d'Argonne
Givry-en-Argonne
Aire
Heudicourt-s/s-les-Côtes
Nomeny
Delme
Pierrefitte
St-Mihiel
Pont-à-Mousson
Rupt-devant-St-Mihiel
Mandres-aux-Quatre-Tours
Domèvre-en-Haye
Revigny-s.-Ornain
Seille
Liverdun
Bar-le-Duc
Commercy
St-Max
Nancy
Dombasle-s.-M.
Luxémont-et-Villotte
Thiéblemont-F.
Moncetz-l'Abbaye
Larzicourt
Arrigny
St-Dizier
Ancerville
Ligny-en-Barrois
Void
Toul
Villey-le-Sec
Villers-lès-Nancy
Moselle
Art-s.-Meurthe
Neuves-Maisons
Tonnoy
Ste-Marie-du-Lac-Nuisement
Éclaron-Ste-Livière
Châtillon-s.-Broué
Giffaumont-Champaubert
Louvemont
Chevillon
Montiers-s.-Saulx
Badonvilliers-Gérauvilliers
Vaucouleurs
Gondrecourt
Colombey-les-Belles
Vézelise
Velle-s.-M.
Haroué
Bayon
La Porte du Der
Wassy
Joinville
Domrémy-la-Pucelle
Coussey
Charmes
Soulaines-Dhuys
Doulevant-le-Château
Poissons
Thonnance-les-Moulins
Neufchâteau
Pleuvezain
Mirecourt
Châtel-s.-Moselle
Jessains
Roches-Bettaincourt
Froncles
Vouécourt
La Neuveville-s/s-Châtenois
St-Blin
Vignory
Andelot
Dompaire
Bar-s.-Aube
52
Bourmont
Bulgnéville
Contrexéville
Vittel
Vosges
88
Chaumousey
Sanchey
Renauvoid
Le Ménil
Juzennecourt
Haute-Marne
Bleurville
Darney
Grandrupt-de-Bains
Chaumont
Clefmont
Lamarche
Hennezel
Claudon
Monthureux
Aube
Châteauvillain
Nogent
Val-de-Meuse
Bourbonne-les-Bains
La Vôge-les-Bains
Fontenoy-le-Château
Riel-les-Eaux
8

Carte 4

D
E
F
1
2
3
4
5
Bernkastel-Kues
Hetzerath
Trittenheim
Morbach
Ehrang
Trier
Konz
Pellingen
Saarburg
Trassem
Zerf
Hermeskeil
Nohfelden
Warden
Mettlach
Losheim
Merzig
Schmelz
Lebach
Dillingen
Saarlouis
Bouzonville
Völklingen
Forbach
Boulay-Moselle
Heusweiler
Sulzbach
Püttlingen
Saarbrücken
St-Ingbert
Neunkirchen
Ottweiler
St-Wendel
Blieskastel
Homburg
Zweibrücken
Pirmasens
Hornbach
Volmunster
Sarreguemines
Freyming-Merlebach
St-Avold
Faulquemont
Grostenquin
Moselle
57
Morhange
Château-Salins
Dieuze
Vic-s.-Seille
Arracourt
Meurthe-et-Moselle
54
Lunéville
Blâmont
Cirey-s.-Vezouze
Badonviller
Gerbéviller
Baccarat
Raon-l'Étape
Rambervillers
Senones
Moyenmoutier
St-Dié-des-Vosges
Capavenir Vosges (Thaon-les-V.)
Bruyères
Épinal
Corcieux
Anould
Fraize
Gérardmer
La Bresse
Vagney
Remiremont
Le Tholy
Plombières-les-Bains
Le Val-d'Ajol
Rupt-s.-M.
Saulxures-s.-Moselotte
Cornimont
Kruth
Xonrupt-Longemer
Kirn
Idar-Oberstein
Birkenfeld
Baumholder
Katzenloch
Sien
Kusel
Altenglan
Reichenbac-Steegen
Ramstein
Landsthul
Kaiserslautern
Lauterecken
Meisenheim
Sobernheim
Gemünden
Winterbach
Bad-Kreuznach
Wöllstein
Alsenz
Kircheimbolanden
Rockenhausen
Winnweiler
Enkenbach-Alsenborn
Waldfischbach-Burgalben
Dahn
Bad-Bergzabern
Annweiler-am-Trifels
Guntersblum
Alzey
Westhofen
Monsheim
Worms
Marnheim
Grünstadt
Frankenthal
Bad-Dürkheim
Frankenstein
Lambrecht
Neustadt
Hassloch
Edenkoben
Lachen-Speyerdorf
Landau
Belheim
Rheinzabern
Kandel
Wörth-am-R.
Wissembourg
Lauterbourg
Bitche
Sturzelbronn
Lembach
Niederbronn-les-Bains
Soultz-s/s-F.
Woerth
Rohrbach-lès-Bitche
Sarralbe
Sarre-Union
Fénétrange
Mittersheim
Drulingen
La Petite-Pierre
Bouxwiller
Haguenau
Bischwiller
Seltz
Rastatt
Baden-Baden
Bühl
Phalsbourg
Sarrebourg
Saverne
Hochfelden
Brumath
Marmoutier
Lorquin
Abreschviller
Dabo
Wasselonne
Bas-Rhin
67
Schiltigheim
Strasbourg
Kehl
Molsheim
Rosheim
Obernai
Schirmeck
Erstein
Benfeld
Le Hohwald
Barr
Dambach-la-Ville
Villé
Sélestat
Ste-Marie-aux-Mines
Lièpvre
Ribeauvillé
Marckolsheim
Kaysersberg
Orbey
Colmar
Wintzenheim
Munster
Neuf-Brisach
Haut-Rhin
68
Guebwiller
Rouffach
Regulsheim
Lautenbach
Metzeral
Gambsheim
Rheinau
Ottersweier
Achern
Oberkirch
Offenburg
Gengenbach
Friesenheim
Lahr
Biberach
Wolfach
Ettenheim
Haslach-im-Kinzigtal
Herbolzheim
Kenzingen
Elzach
Emmendingen
Endingen
Breisach-am-Rhein
Freiburg-im-Breisgau
Kirchzarten
Furtwangen
Bad-Krozingen
Titisee
Burmersheim

A
B
C
1
2
3
4
5
Perros-Guirec
Trélévern
Trégastel
Pleumeur-Bodou
Louannec
Trébeurden
Kermaria-Sulard
Lannion
Trédrez-Locquémeau
St-Jean-du-Doigt
Locquirec
St-Michel-en-Grève
Roscoff
Santec
St-Pol-de-Léon
Plounéour-Brignogan-Pl.
Kerlouan
Plounéour-Trez
Plouescat
Sibiril
Cléder
Plougasnou
Carantec
Lanmeur
Plestin-les-G.
Ploumilliau
Guissény
Plouguerneau
Goulven
Tréflez
Plounévez-Lochrist
Henvic
Plouézoch
Garlan
Lampaul-Ploudalmézeau
Landéda
Ploudalmézeau
Landunvez
St-Pabu
Lannilis
Lesneven
Plouénan
Taulé
Morlaix
Plouaret
Louargat
Ile d'Ouessant
Lampaul
Porspoder
Lanildut
Plourin
Milizac
Plabennec
Landivisiau
Plouigneau
Belle-Isle-en-Terre
Plougonven
Plouarzel
St-Renan
Landerneau
Commana
Le Cloître-St-Thégonnec
Ile Molène
Locmaria-Plouzané
Brest
Le Conquet
Plougonvelin
Plougastel-Daoulas
Sizun
Botmeur
Brennilis
Huelgoat
Aulne
Callac
Pointe St-Mathieu
Roscanvel
Logonna-Daoulas
Daoulas
Camaret-s.-Mer
Lanvéoc
Landévennec
Crozon
Brasparts
Carhaix-Plouguer
Maël-Carhaix
Finistère 29
Morgat
Telgruc-sur-Mer
St-Nic
Pleyben
Landeleau
Canal de
MER D'IROISE
Cap de la Chèvre
Baie de Douarnenez
Plomodiern
Ploéven
Châteaulin
St-Coulitz
Cléden-Poher
Rostrenen
Glomel
St-Thois
Châteauneuf-du-F.
St-Goazec
Pointe du Raz
Ile de Sein
Cléden-Cap-Sizun
Beuzec-Cap-Sizun
Poullan-s.-Mer
Plonévez-Porzay
Locronan
Plogonnec
Briec
Trégourez
Gourin
Goulien
Plogoff
Primelin
Audierne
Pont-Croix
Douarnenez
Coray
Priziac
Plouhinec
Plozévet
Landudec
Quimper
Le Faouët
Kernascléden
Baie d'Audierne
Pouldreuzic
Plovan
Plogastel-St-Germain
Peumérit
Tréméoc
St-Yvi
St-Evarzec
St-Adrien
Scaër
Rosporden
La Forêt-Fouesnant
Inguiniel
Plonéour-Lanvern
Tréguennec
Gouesnach
Combrit
Bannalec
Guilligomarc'h
Locunolé
Pont-l'Abbé
Plomeur
Bénodet
Ile-Tudy
Clohars-F.
Fouesnant
Concarneau
Arzano
Plouay
Penmarch
Loctudy
Plobannalec
Pointe de Penmarc'h
Guilvinec
Treffiagat
Plobannalec-Lesconil
Trégunc
Névez
Pont-Aven
Baye
Riec-s.-B.
Moëlan-s.-Mer
Quimperlé
Pont-Scorff
Cléguer
Guidel
Hennebont
Clohars-Carnoët
Iles de Glénan
Lorient
Lanester
Ploemeur
Port-Louis
Larmor-Plage
Gâvres
Plouhinec
Ile de Groix
O C É A N
Sauzon
Belle-Ile
Bangor
A T L A N T I Q U E

D
E
F
1
2
3
4
5
6
Iles Chausey (Grande Ile)
Granville
Cap Fréhel
Pointe du Grouin
Baie de St-Brieuc
Baie du Mont St-Michel
Le Mont St-Michel
St-Malo
Dinard
Cancale
Dol-de-B.
Pontorson
Dinan
Combourg
Côtes-d'Armor
22
Ille-et-Vilaine
35
Morbihan
56
Loire-Atlantique
44
Paimpol
Tréguier
Guingamp
St-Brieuc
Lamballe
Loudéac
Pontivy
Rennes
Ploërmel
Vannes
Auray
Lorient
Redon
St-Nazaire
Nantes
Reze
St-Herblain
La Baule
Guérande
Pornic
Ile de Houat
Ile de Hoëdic
Le Palais
Pte du Croisic
Quiberon
Languidic
Josselin
Questembert
Pontchâteau
Savenay
Blain
Châteaubriant
Vitré
Bain-de-Bretagne
Derval
Nozay
Carquefou
Vertou
Janzé
Châteaugiron
Liffré
Fougeray
Montfort-s.-Meu
Mordelles
Bruz

A
B
C
1
2
3
4
5
9
Guer
Val d'Anast
Maure-de-Bretagne
Bourg-des-Comptes
Janzé
Marcillé-Robert
La Guerche-de-B.
La Selle-Guerchaise
Cossé-le-Vivien
St-Denis-du-Maine
Le Sel-de-Bretagne
Retiers
Villiers-Charlemagne
Meslay-du-Maine
Carentoir
Pipriac
Guipry
Bain-de-Bretagne
St-Aignan-s.-Roë
La Selle-Craonnaise
Craon
Château-Gontier
Grez-en-Bouère
La Gacilly
St-Just
Martigné-Ferchaud
Rougé
Bierné
Grand-Fougeray
Ombrée d'Anjou (Pouancé)
Daon
Miré
Redon
St-Nicolas-de-Redon
Derval
Châteaubriant
Segré-en-Anjou Bleu
Châteauneuf-s.-Sarthe
Allaire
Guéméné-Penfao
St-Julien-de-Vouvantes
Challain-la-Potherie
Le Lion-d'Angers
Moisdon-la-Rivière
Erdre-en-Anjou
Tiercé
St-Gildas-des-Bois
Nozay
Loire-Atlantique
La Meilleraye-de-Bretagne
Riaillé
Candé
Montreuil-Juigné
Missillac
St-Mars-la-Jaille
Le Louroux-Béconnais
Blain
Nort-s.-Erdre
Joué-s.-Erdre
Pontchâteau
Héric
Villemoisan
Angers
Montoir-de-B.
Ligné
Ingrandes
Savenay
Ancenis-St-Géréon
Loireauxence
Bouchemaine
Les Ponts-de-Cé
Mauges-s.-Loire
Donges
Paimbœuf
Carquefou
Orvault
Chalonnes-s.-Loire
St-Brévin-les-Pins
St-Étienne-de-Montluc
St-Herblain
Nantes
Montrevault
Beaupréau-en-Mauges
Maine-et-Loire
St-Michel-Chef-Chef
St-Père
Rezé
Vertou
Vallet
Chemillé-en-Anjou
Lys-Haut-Layon (Vihiers)
Pornic
Chaumes-en-Retz
Bouaye
Sèvremoine (St-Macaire)
Ste-Pazanne
Aigrefeuille-s.-Maine
Clisson
Montfaucon-Montigné
Cholet
Les Moûtiers-en-Retz
St-Philbert-de-G.-L.
Machecoul-St-Même
Villeneuve-en-Retz
Maulévrier
Bouin
Montaigu
Mortagne-s.-S.
Argentonnay
Beauvoir-s.-Mer
Rocheservière
St-Laurent-s.-Sèvre
La Garnache
Touvois
Mauléon
La Barre-de-Mts
Challans
Legé
Les Herbiers
Deux-Sèvres
St-Urbain
Les Lucs
St-Fulgent
Les Épesses
Soullans
Palluau
Le Poiré
Cerizay
Bressuire
St-Jean-de-Monts
Commequiers
Essarts-en-Bocage
Pouzauges
Aizenay
Vendée
Mouchamps
St-Vincent-Sterlanges
St-Hilaire-de-Riez
Mouilleron-le-Captif
La Ferrière
St-Gilles-Croix-de-Vie
Coëx
La Roche-s.-Yon
Les Loges
Chantonnay
Moncoutant
Brétignolles-s.-Mer
Les Achards
Aubigny-Les Clouzeaux
Bournezeau
Mouilleron-St-Germain
La Châtaigneraie
Vairé
Secondigny
Olonne-s.-Mer
Château-d'Olonne
Nieul-le-Dolent
Ste-Hermine
Fenioux
Pointe de l'Aiguille
Les Sables-d'Olonne
Moutiers-les-Mauxfaits
Mareuil-s.-Lay-Dissais
L'Hermenault
Fontenay-le-Comte
Coulonges-s.-l'Autize
Champdeniers
Avrillé
Luçon
Jard-s.-Mer
Chaillé-les-Marais
St-Hilaire-des-Loges
Longeville-s.-Mer
St-Denis-du-P.
Triaize
Maillezais
Noirmoutier-en-l'Île
La Guérinière
Barbâtre
Ile de Noirmoutier
La Tranche-s.-Mer
L'Aiguillon-s.-Mer
St-Michel-en-l'Herm
L'Ile-d'Elle
Benet
Niort
Marans
Pertuis Breton
St-Clément-des-Baleines
St-Martin-de-Ré
Courçon
St-Hilaire-La-Palud
St-Xandre
Le Bois-Plage-en-Ré
Ste-Marie-de-Ré
Lagord
La Rochelle
Mauzé-s.-le-Mignon
Beauvoir-s.-Niort
Aytré
Aigrefeuille-d'Aunis
Pertuis d'Antioche
Châtelaillon-Pl.
Ile d'Aix
Surgères
Ile d'Yeu
St-Denis-d'Oléron
Loulay
La Brée-les-Bains

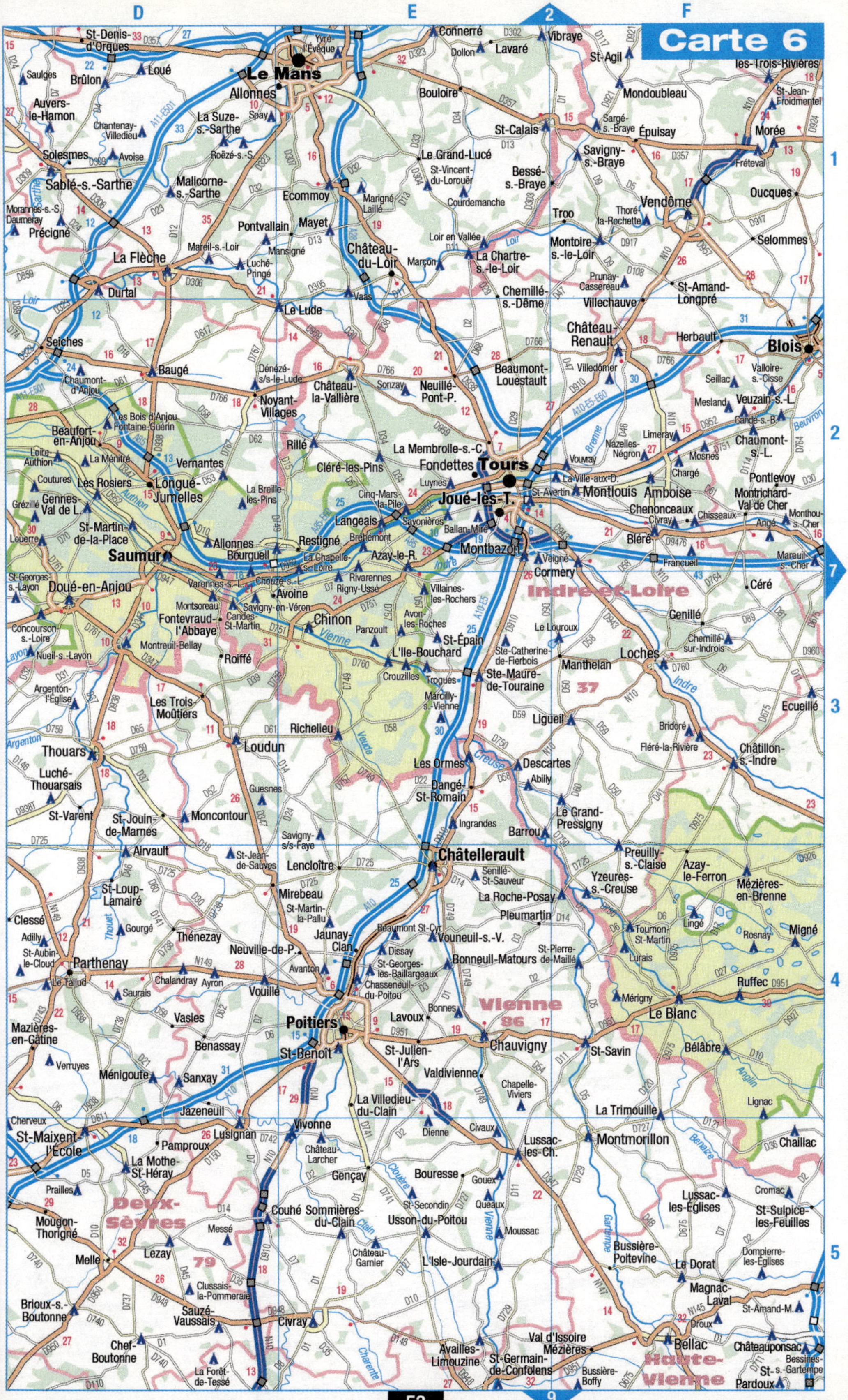
Carte 6
D
E
F
1
2
3
4
5
7
Le Mans
Allonnes
Yvré-l'Évêque
Connerré
Vibraye
St-Agil
Dollon
Lavaré
St-Denis-d'Orques
Loué
Brûlon
Saulges
Auvers-le-Hamon
Chantenay-Villedieu
La Suze-s.-Sarthe
Spay
Bouloire
Mondoubleau
St-Calais
Sargé-s.-Braye
Épuisay
Morée
Fréteval
Le Grand-Lucé
St-Vincent-du-Lorouër
Bessé-s.-Braye
Savigny-s.-Braye
Vendôme
Solesmes
Avoise
Sablé-s.-Sarthe
Malicorne-s.-Sarthe
Roëzé-s.-S.
Ecommoy
Marigné-Laillé
Courdemanche
Oucques
Troo
Thoré-la-Rochette
Morannes-s.-S.-Daumeray
Précigné
Pontvallain
Mayet
Mansigné
Mareil-s.-Loir
Château-du-Loir
Marçon
Loir en Vallée
La Chartre-s.-le-Loir
Montoire-s.-le-Loir
Selommes
La Flèche
Luché-Pringé
Durtal
Vaas
Chemillé-s.-Dême
Prunay-Cassereau
St-Amand-Longpré
Villechauve
Le Lude
Château-Renault
Herbault
Blois
Seiches
Baugé
Dénézé-s/s-le-Lude
Château-la-Vallière
Sonzay
Neuillé-Pont-P.
Beaumont-Louestault
Villedômer
Seillac
Valloire-s.-Cisse
Mesland
Veuzain-s.-L.
Chaumont-d'Anjou
Noyant-Villages
Les Bois d'Anjou
Fontaine-Guérin
Beaufort-en-Anjou
Loire Authion
La Ménitré
Rillé
La Membrolle-s.-C.
Fondettes
Tours
Vouvray
Limeray
Nazelles-Négron
Candé-s.-B.
Chaumont-s.-L.
Mosnes
Vernantes
Coutures
Les Rosiers
Longué-Jumelles
La Breille-les-Pins
Cléré-les-Pins
Cinq-Mars-la-Pile
Luynes
La Ville-aux-D.
Montlouis
Amboise
Chargé
Pontlevoy
Grézillé
Gennes-Val de L.
Langeais
Joué-lès-T.
St-Avertin
Chenonceaux
Civray
Chisseaux
Montrichard-Val de Cher
Angé
Monthou-s.-Cher
St-Martin-de-la-Place
Allonnes
Restigné
Bréhémont
Savonnières
Ballan-Miré
Montbazon
Bléré
Francueil
Mareuil-s.-Cher
Louerre
Saumur
Bourgueil
La Chapelle-s.-Loire
Azay-le-R.
Veigné
Cormery
St-Georges-s.-Layon
Doué-en-Anjou
Varennes-s.-L.
Chouzé-s.-L.
Avoine
Rivarennes
Rigny-Ussé
Villaines-les-Rochers
Indre-et-Loire
Céré
Montsoreau
Savigny-en-Véron
Fontevraud-l'Abbaye
Candes-St-Martin
Chinon
Avon-les-Roches
Le Louroux
Genillé
Concourson-s.-Loire
Montreuil-Bellay
Panzoult
St-Épain
Chemillé-sur-Indrois
Nueil-s.-Layon
Roiffé
L'Ile-Bouchard
Ste-Catherine-de-Fierbois
Manthelan
Loches
Crouzilles
Trogues
Ste-Maure-de-Touraine
Argenton-l'Église
Les Trois-Moûtiers
Marcilly-s.-Vienne
37
Écueillé
Ligueil
Bridoré
Richelieu
Fléré-la-Rivière
Thouars
Loudun
Châtillon-s.-Indre
Luché-Thouarsais
Les Ormes
Descartes
Abilly
Dangé-St-Romain
Guesnes
Le Grand-Pressigny
St-Varent
St-Jouin-de-Marnes
Moncontour
Ingrandes
Barrou
Airvault
St-Jean-de-Sauves
Savigny-s/s-Faye
Lencloître
Châtellerault
Senillé-St-Sauveur
Preuilly-s.-Claise
Azay-le-Ferron
Mézières-en-Brenne
Yzeures-s.-Creuse
St-Loup-Lamairé
Mirebeau
St-Martin-la-Pallu
La Roche-Posay
Pleumartin
Lingé
Clessé
Gourgé
Thénezay
Jaunay-Clan
Beaumont St-Cyr
Vouneuil-s.-V.
Tournon-St-Martin
Rosnay
Migné
Adilly
St-Aubin-le-Cloud
Parthenay
Neuville-de-P.
Dissay
St-Georges-lès-Baillargeaux
Bonneuil-Matours
St-Pierre-de-Maillé
Lurais
Le Tallud
Chalandray
Ayron
Avanton
Chasseneuil-du-Poitou
Ruffec
Saurais
Vouillé
Mérigny
Mazières-en-Gâtine
Vasles
Poitiers
Bonnes
Lavoux
Vienne
86
Le Blanc
Benassay
St-Benoît
St-Julien-l'Ars
Chauvigny
St-Savin
Bélâbre
Verruyes
Ménigoute
Sanxay
Valdivienne
Chapelle-Viviers
Lignac
Jazeneuil
La Villedieu-du-Clain
La Trimouille
Cherveux
St-Maixent-l'École
Lusignan
Vivonne
Dienne
Civaux
Lussac-les-Ch.
Montmorillon
Chaillac
Pamproux
Château-Larcher
La Mothe-St-Héray
Gençay
Bouresse
Gouex
Prailles
Queaux
Lussac-les-Églises
Cromac
Deux-Sèvres
Couhé
Sommières-du-Clain
St-Secondin
Usson-du-Poitou
Mougon-Thorigné
Messé
Moussac
St-Sulpice-les-Feuilles
Melle
Lezay
79
Château-Garnier
L'Isle-Jourdain
Bussière-Poitevine
Le Dorat
Dompierre-les-Églises
Clussais-la-Pommeraie
Magnac-Laval
Brioux-s.-Boutonne
Sauzé-Vaussais
Civray
St-Amand-M.
Droux
Chef-Boutonne
Availles-Limouzine
Val d'Issoire
Mézières
St-Germain-de-Confolens
Bellac
Châteauponsac
Bessines-St-s.-Gartempe
La Forêt-de-Tessé
Bussière-Boffy
Haute-Vienne
Pardoux
9

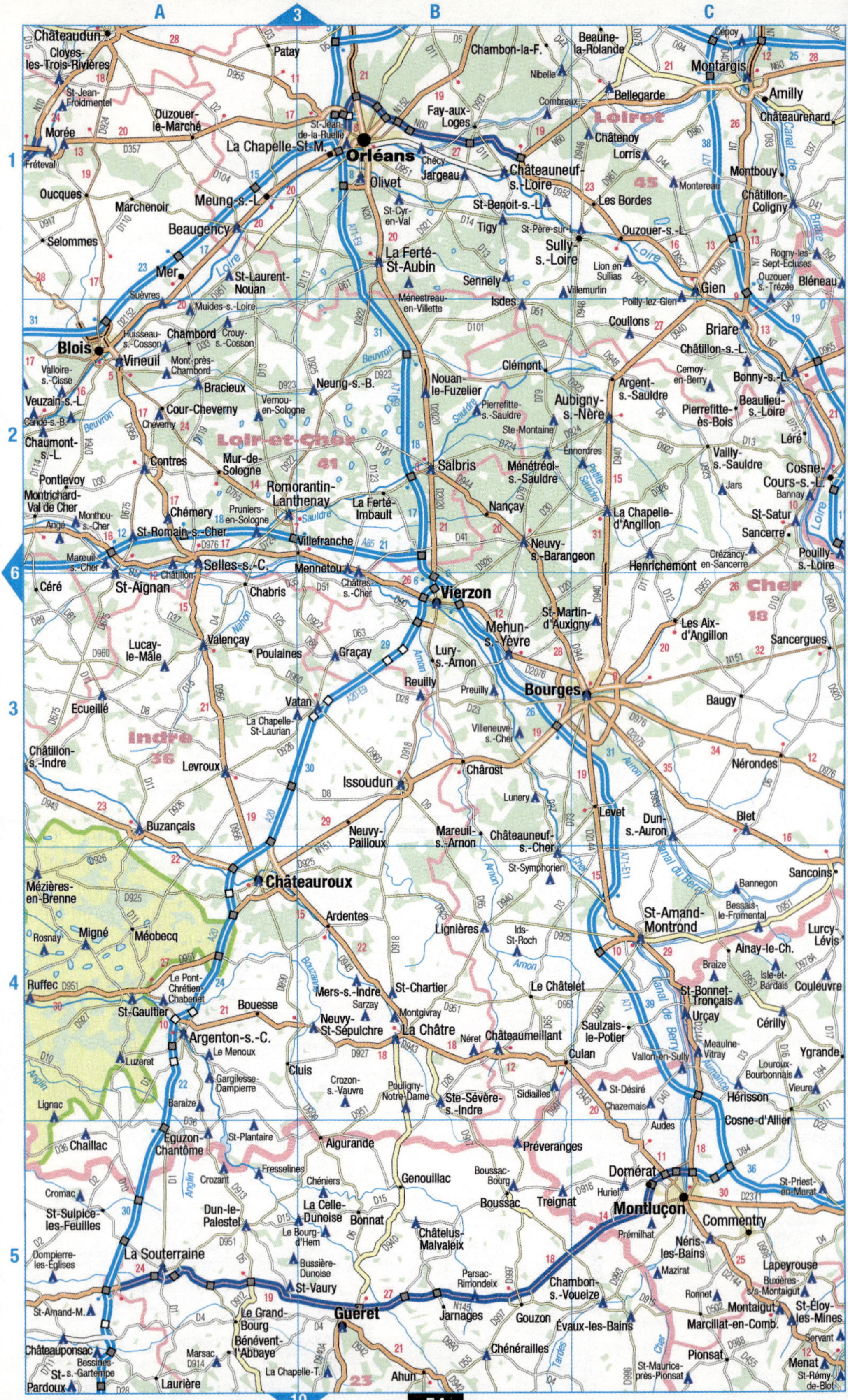
A
B
C
3
1
2
3
4
5
6
10
Châteaudun
Patay
Cloyes-les-Trois-Rivières
St-Jean-Froidmentel
Ouzouer-le-Marché
Morée
Fréteval
La Chapelle-St-M.
St-Jean-de-la-Ruelle
Orléans
Chécy
Jargeau
Fay-aux-Loges
Chambon-la-F.
Nibelle
Beaune-la-Rolande
Combreux
Bellegarde
Loiret
Châtenoy
Lorris
45
Montereau
Châteauneuf-s.-Loire
Montargis
Cepoy
Amilly
Châteaurenard
Montbouy
Châtillon-Coligny
Canal de Briare
Oucques
Marchenoir
Meung-s.-L.
Olivet
St-Cyr-en-Val
St-Benoît-s.-L.
Tigy
St-Père-sur-L.
Les Bordes
Ouzouer-s.-L.
Selommes
Beaugency
La Ferté-St-Aubin
Sully-s.-Loire
Lion en Sullias
Rogny-les-Sept-Écluses
Ouzouer-s.-Trézée
Bléneau
Mer
St-Laurent-Nouan
Sennely
Ménestreau-en-Villette
Isdes
Villemurlin
Poilly-lez-Gien
Gien
Loire
Suèvres
Muides-s.-Loire
Coullons
Briare
Blois
Huisseau-s.-Cosson
Chambord
Crouy-s.-Cosson
Vineuil
Mont-près-Chambord
Châtillon-s.-L.
Valloire-s.-Cisse
Bracieux
Neung-s.-B.
Nouan-le-Fuzelier
Beuvron
Clémont
Argent-s.-Sauldre
Cernoy-en-Berry
Bonny-s.-L.
Veuzain-s.-L.
Candé-s.-B.
Cour-Cheverny
Cheverny
Vernou-en-Sologne
Pierrefitte-s.-Sauldre
Aubigny-s.-Nère
Pierrefitte-ès-Bois
Beaulieu-s.-Loire
Chaumont-s.-L.
Loir-et-Cher
41
Ste-Montaine
Léré
Contres
Mur-de-Sologne
Salbris
Ennordres
Vailly-s.-Sauldre
Pontlevoy
Romorantin-Lanthenay
Ménétréol-s.-Sauldre
Jars
Cosne-Cours-s.-L.
Montrichard-Val de Cher
La Ferté-Imbault
Nançay
La Chapelle-d'Angillon
Bannay
Angé
Monthou-s.-Cher
Chémery
Pruniers-en-Sologne
Sauldre
St-Satur
St-Romain-s.-Cher
Villefranche
Neuvy-s.-Barangeon
Sancerre
Mareuil-s.-Cher
Châtillon
Selles-s.-C.
Mennetou
Châtres-s.-Cher
Henrichemont
Crézancy-en-Sancerre
Pouilly-s.-Loire
Céré
St-Aignan
Chabris
Vierzon
Cher
18
Mehun-s.-Yèvre
St-Martin-d'Auxigny
Les Aix-d'Angillon
Lucay-le-Mâle
Valençay
Poulaines
Graçay
Lury-s.-Arnon
Sancergues
Reuilly
Preuilly
Bourges
Baugy
Ecueillé
Vatan
La Chapelle-St-Laurian
Villeneuve-s.-Cher
Châtillon-s.-Indre
Indre
36
Levroux
Issoudun
Chârost
Nérondes
Lunery
Buzançais
Neuvy-Pailloux
Mareuil-s.-Arnon
Châteauneuf-s.-Cher
Levet
Dun-s.-Auron
Blet
St-Symphorien
Mézières-en-Brenne
Châteauroux
Sancoins
Bannegon
Ardentes
St-Amand-Montrond
Bessais-le-Fromental
Lurcy-Lévis
Rosnay
Migné
Méobecq
Lignières
Ids-St-Roch
Arnon
Ainay-le-Ch.
Braize
Isle-et-Bardais
Couleuvre
Ruffec
Le Pont-Chrétien-Chabenet
Mers-s.-Indre
St-Chartier
Le Châtelet
St-Bonnet-Tronçais
Sarzay
Montgivray
Urçay
St-Gaultier
Bouesse
Neuvy-St-Sépulchre
La Châtre
Néret
Châteaumeillant
Saulzais-le-Potier
Cérilly
Argenton-s.-C.
Le Menoux
Culan
Meaulne-Vitray
Ygrande
Luzeret
Cluis
Vallon-en-Sully
Lourous-Bourbonnais
Gargilesse-Dampierre
Crozon-s.-Vauvre
Pouligny-Notre-Dame
Ste-Sévère-s.-Indre
Sidiailles
St-Désiré
Chazemais
Vieure
Hérisson
Lignac
Baraize
Audes
Cosne-d'Allier
Chaillac
Éguzon-Chantôme
St-Plantaire
Aigurande
Préveranges
Fresselines
Crozant
Chéniers
Genouillac
Boussac-Bourg
Domérat
St-Priest-en-Murat
Cromac
Dun-le-Palestel
La Celle-Dunoise
Boussac
Treignat
Huriel
Montluçon
Commentry
St-Sulpice-les-Feuilles
Le Bourg-d'Hem
Bonnat
Châtelus-Malvaleix
Prémilhat
Néris-les-Bains
Dompierre-les-Églises
La Souterraine
Bussière-Dunoise
Parsac-Rimondeix
Chambon-s.-Voueize
Mazirat
Lapeyrouse
Buxières-s/s-Montaigut
St-Vaury
Ronnet
Montaigut
St-Éloy-les-Mines
St-Amand-M.
Le Grand-Bourg
Guéret
Jarnages
Gouzon
Évaux-les-Bains
Marcillat-en-Comb.
Bénévent-l'Abbaye
Servant
Châteauponsac
Marsac
Chénérailles
Pionsat
Menat
Bessines-s.-Gartempe
St-Pardoux
Laurière
La Chapelle-T.
23
Ahun
St-Maurice-près-Pionsat
St-Rémy-de-Blot

D
E
F
3
1
2
8
3
4
5
10
89 Yonne
Nièvre 58
Nièvre 58
Saône-et-Loire
71
03 Allier
St-Hilaire-les-Andrésis
Chuelles
St-Julien-du-Sault
Joigny
Migennes
Brienon-s.-A.
St-Florentin
Ervy
Vanlay
Les Riceys
Mussy-s.-Seine
Riel-les-Eaux
Triguères
Bonnard
Seignelay
Flogny-la-C.
Ligny-le-Châtel
Tonnerre
Cruzy-le-Châtel
Laignes
Marcenay
Châtillon-s.-Seine
Charny Orée de Puisaye
Aillant-s.-Tholon
Auxerre
Chablis
Lézinnes
Ancy-le-Franc
Champignelles
Villeneuve-les-Genêts
Toucy
Vincelles
Vermenton
Noyers
Montbard
St-Fargeau
St-Sauveur-en-Puisaye
Saints-en-Puisaye
Courson-les-Carrières
Mailly-le-C.
Accolay
Arcy-s.-Cure
L'Isle-s.-Serein
Baigneux-les-Juifs
Lavau
Merry-s.-Yonne
St-Moré
Andryes
Châtel-Censoir
Guillon
Époisses
Semur-en-Auxois
Venarey-les-Laumes
Frôlois
Chanceaux
St-Amand-en-Puisaye
Coulanges-s.-Yonne
Asquins
Vézelay
Avallon
Toutry
Pont-et-Massène
Marcilly-lès-Vitteaux
Entrains-s.-Nohain
Clamecy
St-Père
Précy-s/s-Thil
Vitteaux
Brèves
Ouagne
Donzy
Varzy
St-Martin-du-Puy
Quarré-les-Tombes
St-Agnan
Sombernon
Lormes
Dun-les-Places
Saulieu
Pouilly-en-Auxois
Vandenesse-en-Auxois
Brinon-s.-Beuvron
Corbigny
Brassy
St-Brisson
St-Martin-de-la-Mer
Chaumot
Montsauche
Liernais
La Charité-s.-Loire
Prémery
Crux-la-Ville
Épiry
Ouroux-en-Morvan
Moux-en-Morvan
La Collancelle
Chaumard
Planchez
Ménessaire
Arnay-le-Duc
Bligny-s.-Ouche
Beffes
Guérigny
Bazolles
Montigny-en-Morvan
Corancy
Cussy-en-Morvan
Lucenay-l'Évêque
St-Saulge
Anost
Pougues-les-Eaux
Fourchambault
Montapas
Ste-Péreuse
Château-Chinon (Ville)
Châtillon-en-Bazois
St-Léger-de-Fougeret
Arleuf
Sommant
Épinac
Nevers
Fâchin
Limanton
Moulins-Engilbert
La Celle-en-Morvan
Nolay
La Guerche-s.-l'Aubois
St-Bénin-d'Azy
Autun
Villapourçon
Santenay
Vandenesse
St-Honoré-les-Bains
St-Léger-s/s-Beuvray
Étang-s.-Arroux
St-Maurice-lès-Couches
La Machine
Cercy-la-Tour
Mesvres
Couches
Larochemillay
Mornay-s.-Allier
Fours
Luzy
Thil-s.-Arroux
La Tagnière
Le Creusot
St-Jean-de-Vaux
Decize
St-Pierre-le-Moûtier
La Nocle-Maulaix
Tazilly
St-Nizier-s.-Arroux
Montcenis
Montchanin
Le Veurdre
Dornes
Gannay-s.-Loire
Issy-l'Évêque
Toulon-s.-Arroux
Buxy
Montceau-les-Mines
Mont-St-Vincent
St-Boil
Couzon
Bourbon-l'Archambault
Chevagnes
Bourbon-Lancy
St-Gengoux-le-National
Chalmoux
Gueugnon
Le Rousset
Savigny-s.-Grosne
Autry-Issards
Moulins
Yzeure
La Guiche
Cormatin
Souvigny
Palinges
Dompierre-s.-Besbre
St-Hilaire
Digoin
Salornay-s.-Guye
Neuilly-le-Réal
Saligny-s.-Roudon
Volesvres
St-Bonnet-de-Joux
Vaumas
Paray-le-Monial
Charolles
Cluny
Le Montet
Tronget
Châtel-de-Neuvre
St-Léon
Deux-Chaises
Jaligny-s.-B.
Dompierre-les-Ormes
St-Point
Sazeret
Montceaux-l'Étoile
Gibles
Tramayes
Voussac
Varennes-s.-Allier
Bert
Le Donjon
Baugy
La Clayette
Montmarault
Vernusse
Target
St-Pourçain-s.-Sioule
Montaigu-le-Blin
Trézelles
Chambilly
Marcigny
Matour
Trades
Louroux-de-Bouble
Monestier
Chantelle
Lapalisse
Artaix
Chauffailles
St-Jacques-des-Arrêts
Bellenaves
St-Germain-de-Salles
Propières
Monsols
Fleurie
St-Pierre-Laval
La Pacaudière
Pouilly-s/s-Charlieu
Lalizolle
Arfeuilles
Charlieu
Belmont-de-la-L.
Poule-les-Écharmeaux
Chouvigny
Ébreuil
Vichy
Cusset
Châtel-Montagne
St-Haon-Châtel
Cours
Bellerive-s.-Allier
Abrest
St-Gal-s.-Sioule
Gannat
St-Yorre
St-Clément
St-Nicolas-des-Biefs
Blot-l'Église
Le Mayet-de-M.
Les Noës
Lamure-s.-Azergues
Canal du Nivernais
Canal latéral à la Loire
Canal de Bourgogne
Yonne
Cure
Serein
Armançon
Cousin
Ouanne
Loire
Allier
Arroux
Bourbince
Arconce
Besbre
Acolin
Ternin
Azergues
Grosne
A6-E15
A38
A77
A79
N7
N79
N80
N151

A
B
C
4
1
2
3
4
5
7
11
Châteauvillain
Nogent
Val-de-Meuse
Bourbonne-les-Bains
La Vôge-les-Bains
Fontenoy-le-Château
Riel-les-Eaux
Montigny-s.-Aube
Arc-en-Barrois
Val-de-Gris
Terre-Natale
Vauvillers
Betoncourt-St-Pancras
Bannes
Peigney
Humes-Jorquenay
Langres
Voisey
Jussey
Hurecourt
St-Loup-s.-Semouse
Châtillon-s.-Seine
Recey-s.-Ource
Rouvres-s.-Aube
Auberive
Bourg
Flagey
Fayl-la-Forêt
Vitrey-s.-Mance
Preigney
Amance
Baulay
Le Val-St-Éloi
Villars-Santenoge
Villegusien-le-Lac
Dommarien
Bourguignon-lès-Morey
Gourgeon
Combeaufontaine
Scey-s.-Saône-et-St-Albin
Port-s.-Saône
Saulx
Vesoul
Prauthoy
Renaucourt
Grancey-le-Ch.-Neuvelle
Champlitte
Traves
Marey-s.-Tille
Selongey
Dampierre-s.-Salon
Soing-Cubry-Charentenay
Fresne-St-Mamès
Baigneux-les-Juifs
Montigny-Mornay-Villeneuve-s.-Vingeanne
Fontaine-Française
Côte-d'Or
21
Is-s.-Tille
70
Haute-Saône
Frôlois
Chanceaux
Til-Châtel
Autrey-lès-Gray
Gray
Montbozon
Rioz
Montagney-S.
St-Seine-l'Abbaye
Cirey
Boult
Vitteaux
Mirebeau
Cromary
Moncey
Géneuille
Roulans
Fontaine
Heuilley-s.-Saône
Perrigny-s.-l'Ognon
Marnay
Sombernon
Dijon
Pontailler-s.-Saône
Pesmes
Glamondans
Chalezeule
Chenôve
Ste-Marie-s.-Ouche
Gevrey-Chambertin
Genlis
Athée
Besançon
Vandenesse-en-Auxois
Chambœuf
Auxonne
Ranchot
Osselle-Routelle
Fraisans
Nuits-St-Georges
Orchamps
Dampierre
Ornans
Montgesoye
Premeaux-Prissey
St-Jean-de-Losne
Rochefort-s.-Nenon
Quingey
Bligny-s.-Ouche
Savigny-lès-Beaune
Dole
Vuillafans
Lods
Amancey
Mouthier-Hte-Pierre
Pagny-la-Ville
Arc-et-Senans
Champagne-s.-Loue
Montbarrey
Belmont
Beaune
Corberon
Seurre
Chemin
Parcey
Ounans
Port-Lesney
Doubs
Vignoles
Pouilly-s.-Saône
Mouchard
Salins-les-Bains
Nolay
Meursault
Petit-Noir
Chaussin
Levier
25
Bragny-s.-Saône
Verdun-s.-le-D.
Lays-s.-le-Doubs
Arbois
Santenay
Chagny
St-Maurice-lès-Couches
Gergy
Pierre-de-Bresse
Poligny
Couches
Jura
39
Chalon-s.-Saône
Sellières
St-Lothain
Nozeroy
St-Jean-de-Vaux
Mervans
St-Germain-du-Bois
Bletterans
Voiteur
Champagnole
Givry
St-Marcel
Baume-les-M.
Pont-du-Navoy
Monnet-la-Ville
Mouthe
St-Germain-du-Plain
Lons-le-Saunier
Les Planches-en-Montagne
Châtelblanc
Buxy
Beaurepaire-en-Bresse
Montigny-s.-l'Ain
Marigny
Gigny-s.-S.
Montret
Conliège
Doucier
Chaux-des-Crotenay
Foncine-le-Haut
St-Boil
Sennecey-le-Grand
Louhans
Châteaurenaud
Châtillon
Ménétrux-en-Joux
Le Frasnois
Le Chenit
St-Gengoux-le-National
Laives
Blye
Mesnois
Boissia
Lac des Rouges-Truites
Tournus
Montpont-en-Bresse
Beaufort
Pont-de-Poitte
Patornay
Bonlieu
Clairvaux-les-lacs
St-Laurent-en-Grandvaux
Savigny-s.-Grosne
Étrigny
Brienne
La Tour-du-Meix
Thoiria
Morbier
Morez
Cormatin
Cuisery
Orgelet
Étival
Uchizy
Le Miroir
Cuiseaux
Loisia
Écrille
Salornay-s.-Guye
Lugny
Varennes-St-Sauveur
Champagnat
Maisod
St-Cergue
St-Nizier-le-Bouchoux
Condal
Prémanon
Pont-de-Vaux
St-Amour
Moirans-en-Montagne
Cluny
Mantenay-Montlin
Val Suran-St-Julien
Arinthod
St-Claude
Divonne
Nyon
Azé
Chavannes-s.-Reyssouze
Coligny
Clessé
Chancia
Gex
Montrevel-en-Bresse
Villard-St-Sauveur
Condes
Thoirette-Coisia
Dortan
Les Bouchoux
Versoix
Tramayes
St-Point
Malafretaz
St-Étienne-du-Bois
Val-Revermont
Nivigne et Suran (Chavannes)
Mâcon
Confrançon
Oyonnax
Ferney-Voltaire
Trades
Crêches-s.-S.
Pont-de-Veyle
Vinat
Meillonnas
Matafelon-G.
Chézery-Forens
Genève
Izernore
St-Jacques-des-Arrêts
Vonnas
Simandre-s.-S.
Champfromier
Monsols
Fleurie
St-Symph.-d'A.
Cormoranche-s.-Saône
Bourg-en-Bresse
Ceyzériat
Collonges
St-Julien-en-Genevois
St-Didier-s.-Chalaronne
Hautecourt-R.
Nantua
Le Poizat-Lalleyriat
Bellegarde Valserhône
Thoissey
Châtillon-s.-Chalaronne
Neuville-les-Dames
Journans
Presilly
Neydens
Belleville
St-Paul-de-Varax
Ain
01
Brénod
Frangy
Cruseilles
Groisy
Lamure-s.-Azergues
Messimy
St-Trivier-s.-Moignans
Sandrans
St-Nizier-le-Désert
Pont-d'Ain
Poncin
St-Jean-le-Vieux
Champdor-Corcelles

Carte 8

D
E
F
4
1
2
3
4
5
11
Remiremont
Plombières-les-Bains
Le Val-d'Ajol
Saulxures-s.-Moselotte
Rupt-s.-M.
Cornimont
Lautenbach
Haut-Rhin
Rouffach
Guebwiller
Kruth
Oderen
Ranspach
Urbès
Fresse-s.-Moselle
Ramonchamp
Issenheim
Reguisheim
68
Bad-Krozingen
Bussang
St-Amarin
Soultz-Haut-Rhin
Ensisheim
Bantzenheim
Müllheim
Todtnau
Faucogney-et-la-Mer
Le Thillot
St-Maurice-s.-Moselle
Moosch
Wuenheim
Wattwiller
Willer-s.-Thur
Rimbach-près-Masevaux
Cernay
Thann
Sausheim
Schönau-im-Schwarzw.
Luxeuil-les-Bains
Servance-Miellin
Masevaux
Mulhouse
Schliengen
Zell-im-Wiesental
Fresse
Rougemont-le-Château
Guewenheim
Mélisey
Champagney
Lachapelle-s/s-Rougemont
Burnhaupt-le-H.
Heimsbrunn
Schopfheim
Genevreuille
Lure
Valdoie
Sierentz
Lörrach
Wehr
Altkirch
Huningue
Belfort
Dannemarie
Hirsingue
Rheinfelden
Les Aynans
90
Basel
Rhein
Héricourt
Grandvillars
Seppois
Villersexel
Sochaux
Delle
Ferrette
Reinach
Frick
Montbéliard
Audincourt
Bendorf
Gelterkinden
Autrey-le-Vay
Bonnal
Courtavon
Sissach
Rougemont
Hérimoncourt
Lucelle
Laufen
Oberdorf
Aarau
L'Isle-s.-le-Doubs
Huanne-Montmartin
Delémont
Olten
Pont-de-Roide
Balsthal
Aarburg
Pays de Clerval
Glère
Zofingen
Baume-les-Dames
St-Hippolyte
Doubs
Moûtier
Pont-les-Moulins
Sancey-le-Grd
Valoreille
Murgenthal
Goumois
Saignelégier
Dagmersellen
Solothurn
Chamoille
Maîche
Birs
Grenchen
Aare
Vercel-Villedieu-le-Camp
Dessoubre
Tramelan
Tavannes
Courtelary
Biberist
Ettiswil
Pierrefontaine-les-Varans
St-Imier
Biel
Le Russey
Huttwil
Nidau
La Chaux-de-Fonds
Kirchberg
Orchamps-Vennes
Lyss
Burgdorf
Aarberg
Sumiswald
Morteau
Ramsel
Villers-le-Lac
Le Locle
Zollikofen
Bollingen
Emme
Montbenoît
Bern
Langnau
Peseux
Kerzers
Worb
Neuchâtel
Broye
Boudry
Murten
Köniz
Wigen
Couvet
St-Aubin-Sauges
Münsingen
Pontarlier
Avenches
Estavayer-le-Lac
Areuse
Onnens
Saane
Schwarzenburg
St-Point-Lac
Ste-Croix
Payerne
Malbuisson
Les-Hôpitaux-Neufs
Yvonand
Fribourg
Thun
Labergement-Ste-Marie
Mathod
Yverdon
Niederried
Orbe
Interlaken
Spiez
Wimmis
Oberwil
Vallorbe
Moudon
La Sarraz
Reidenbach
Lauterbrunner
Échallens
Bulle
Frutigen
Cossonay
Oron-la-Ville
Gruyères
Zweisimmen
Kandersteg
Montbovon
Saanen
Châtel-St-Denis
Gstaad
Morges
Lausanne
Lac Léman
Château-d'Oex
Vevey
Montreux
S U I S S E
Rolle
Dully
Thonon-les-Bains
Évian-les-B.
Villeneuve
Publier
Lugrin
Le Sépey
Les Diablerets
Yvoire
Messery
Excenevex
Champanges
Brig-Glis
Leuk
Rhône
Sierre
Anthy-s.-L.
Vouvry
Aigle
Visp
Sciez
Massongy
Vinzier
Orcier
Douvaine
Dranse
Châtel
Monthey
Sion
Stalden
La Baume
Abondance
St-Maurice
Bex
St-Niklaus
Boëge
St-Jean-d'Aulps
Montriond
Riddes
Les Gets
Évolène
Taninges
Martigny
St-Jeoire
Samoëns
Sixt-Fer-à-Cheval
Verchaix
Saas-Fee
Bonneville
Trient
Drance
Zermatt
La Roche-s.-Foron
Cluses
Orsières
Fionnay
Arolla
Scionzier
Vallorcine
74
Haute-Savoie
Liddes
Le Petit-Bornand-les-Glières
Breuil-Cervinia

A
B
C
6
1
2
3
4
5
12
Pertuis d'Antioche
Châtelaillon-Pl.
Ile d'Aix
St-Denis-d'Oléron
La Brée-les-Bains
Ile d'Oléron
St-Georges-d'Oléron
St-Pierre-d'Oléron
La Cotinière
Dolus-d'Oléron
Le Château-d'Oléron
Le Grand-Village-Plage
St-Trojan-les-Bains
Fouras
Port-des-Barques
St-Nazaire-s.-Ch.
St-Laurent-de-la-Prée
Vergeroux
Yves
Thairé
Rochefort
Tonnay-Ch.
Tonnay-Boutonne
Genouillé
Loulay
Dampierre-s.-Boutonne
Le Vert
St-Jean-d'Angély
Charente-Maritime
17
St-Savinien
Le Mung
Crazannes
Taillebourg
St-Hilaire-de-Villefranche
St-Agnant
St-Porchaire
Pont-l'Abbé-d'A.
St-Sulpice-d'Arnoult
Bourcefranc
Marennes
St-Just-Luzac
La Tremblade
St-Sornin
Arvert
Chaillevette
Les Mathes
Étaules
Mornac-s.-Seudre
St-Augustin
Breuillet
Vaux-s.-Mer
St-Sulpice-de-Royan
St-Palais-s.-Mer
Royan
Médis
Saujon
Pisany
Saintes
St-Césaire
Burie
Chaniers
Chérac
Dompierre-s.-Charente
Charente
Seudre
St-Georges-de-Didonne
Semussac
Pte de Grave
Cozes
St-André-de-Lidon
Pérignac
Celles
Pons
Seugne
Le Verdon-s.-Mer
Soulac-s.-Mer
Meschers-s.-Gironde
Arces
Barzan
Chenac-St-Seurin-d'Uzet
Gémozac
Brie-s/s-Mortagne
St-Genis-de-Saintonge
Mosnac
Jarnac-Champagne
Clion
St-Germain-de-Lusignan
Talais
Grayan-et-l'Hôpital
St-Vivien-de-Médoc
Vensac
Jau-Dignac-et-Loirac
GIRONDE
Mortagne-s.-Gironde
St-Fort-s.-Gironde
Jonzac
St-Simon-de-Bordes
St-Thomas-de-Conac
Mirambeau
St-Bonnet-s.-Gironde
Vendays-Montalivet
Lesparre-Médoc
St-Palais
Souméras
Montendre
Naujac-s.-Mer
St-Aubin-de-Blaye
Braud-et-St-Louis
Hourtin
Pauillac
St-Laurent-Médoc
Blaye
St-Christoly-de-Blaye
Carcans
Teuillac
Bourg
St-André-de-Cubzac
Castelnau-de-Médoc
Lacanau
Villegouge
Blanquefort
Bassens
Carbon-Blanc
Le Porge
St-Médard-en-J.
Bruges
Gironde
33
Martignas-s.-Jalle
Mérignac
Cenon
Bordeaux
Sadirac
Lège-Cap-Ferret
Lanton
Arès
Andernos-les-Bains
Gradignan
Bassin d'Arcachon
Audenge
Arcachon
Gujan-Mestras
Biganos
Cap Ferret
La Teste-de-Buch
Le Teich
Mios
La Brède
Salles
Leyre
Lugos
Sanguinet
Biscarrosse-Plage
Hostens
Le Nizan
Villandraut
St-Symphorien
Ciron
Biscarrosse
Parentis-en-Born
Ychoux
Gastes
Pissos
Grande Leyre
Sore
Ste-Eulalie-en-Born
Pontenx-les-Forges
Petite Leyre
Luxey
Aureilhan
Mimizan
St-Paul-en-Born
Labouheyre
Commensacq
Bias
Sabres
Mézos
Luglon
Labrit

Carte 9
D
E
F
6
1
2
3
4
5
10
12
Charente
16
Vienne
87
Dordogne
24
Lot-et-Garonne
47
Tarn-et-Garonne
82
Limoges
Angoulême
Périgueux
Bergerac
Agen
Cognac
Confolens
St-Junien
Rochechouart
Ruffec
La Rochefoucauld
Nontron
Brantôme-en-Périgord
Thiviers
Châlus
St-Yrieix-la-Perche
Barbezieux-St-Hilaire
Montmoreau
Ribérac
Coutras
Libourne
Montpon-Ménestérol
Mussidan
Sarlat-la-C.
Les Eyzies
Le Bugue
Terrasson-Lavilledieu
Hautefort
Excideuil
Lanouaille
Villeneuve-s.-Lot
Marmande
Langon
La Réole
Bazas
Casteljaloux
Nérac
Fumel
Gourdon
Tonneins
Aiguillon
Miramont-de-Guyenne
Eymet
Duras
Sainte-Foy-la-Grande
Issigeac
Monpazier
Villeréal
Belvès
Cadouin
Lalinde
Vergt
Montignac
Aixe-s.-Vienne
Nexon
Bussière-Galant
Jumilhac-le-Grand
Castillonnès
Cancon
Monflanquin
Penne-d'Agenais
Laroque-Timbaut
Beauville
Puymirol
Tournon-d'A.
Montaigu-de-Quercy
Lauzerte
Castelnau-Montratier
Molières
Lafrançaise
Port-Ste-Marie
Houeillès
Lavardac
Laplume
Captieux
Chalais
Montlieu-la-Garde
Montguyon
St-Aulaye-Puymangou
Villefranche-du-Périgord
Cazals
Salviac
Catus
Frayssinet-le-Gélat
Luzech
Sauzette
Montcuq-en-Quercy-Blanc

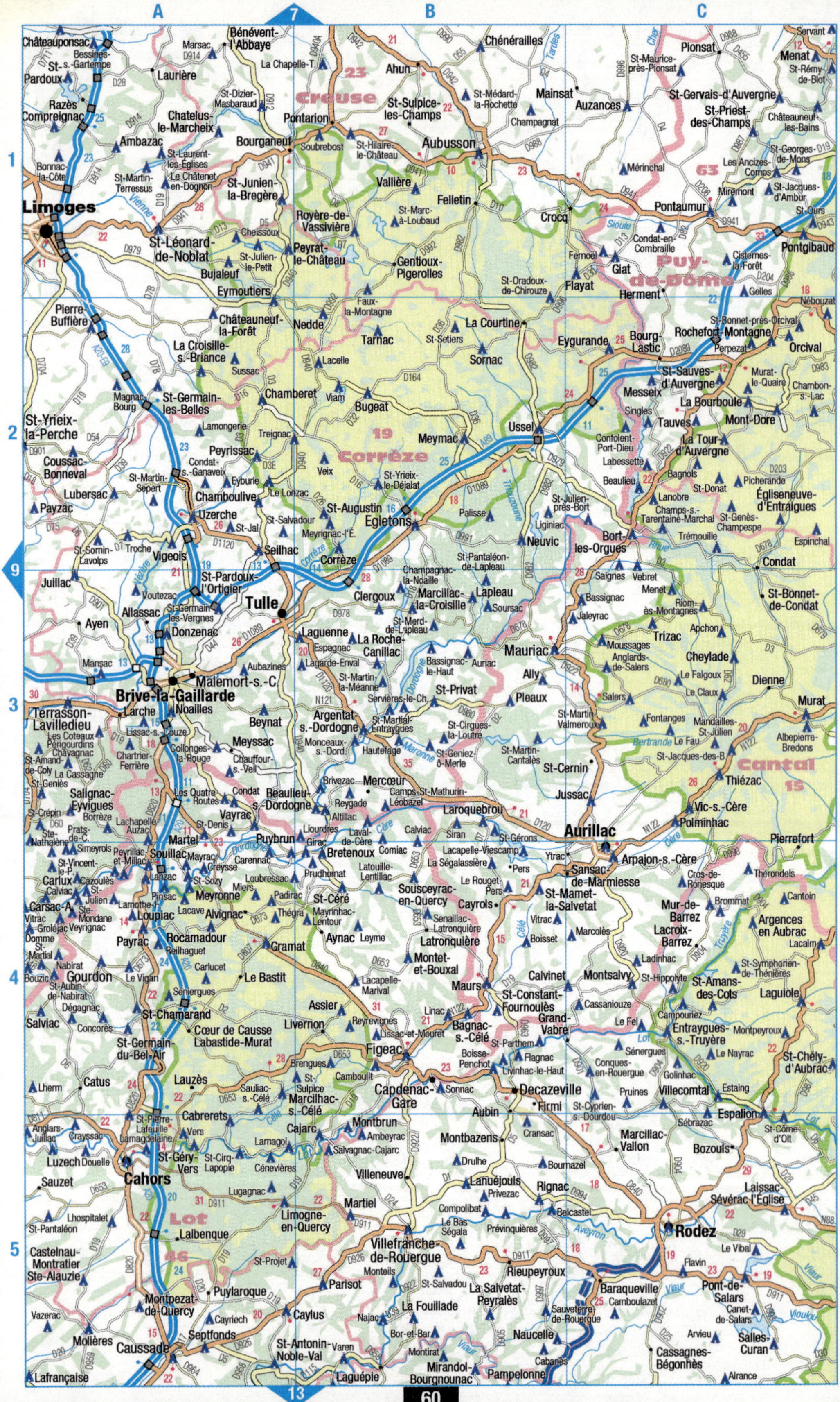
A
B
C
7
13
1
2
3
4
5
9
Creuse
23
Corrèze
19
Puy-de-Dôme
63
Cantal
15
Lot
46
Limoges
Châteauponsac
Bessines-s.-Gartempe
St-Pardoux
Razès
Compreignac
Ambazac
Laurière
Bénévent-l'Abbaye
Marsac
Chatelus-le-Marcheix
Bourganeuf
Pontarion
Ahun
Chénérailles
St-Sulpice-les-Champs
Aubusson
Felletin
Vallière
Mainsat
Auzances
Crocq
Pionsat
Menat
St-Gervais-d'Auvergne
St-Priest-des-Champs
Pontaumur
Pontgibaud
St-Léonard-de-Noblat
St-Junien-la-Bregère
Royère-de-Vassivière
Peyrat-le-Château
Gentioux-Pigerolles
Eymoutiers
Bujaleuf
Flayat
Giat
Herment
Pierre-Buffière
Châteauneuf-la-Forêt
Nedde
Tarnac
La Courtine
Sornac
Eygurande
Bourg-Lastic
Rochefort-Montagne
Orcival
La Croisille-s.-Briance
St-Germain-les-Belles
Chamberet
Bugeat
St-Yrieix-la-Perche
Coussac-Bonneval
Meymac
Ussel
Messeix
La Bourboule
Mont-Dore
Tauves
La Tour-d'Auvergne
Lubersac
Payzac
Peyrissac
Chamboulive
Uzerche
St-Augustin
Egletons
Neuvic
Bort-les-Orgues
Égliseneuve-d'Entraigues
Vigeois
Seilhac
Corrèze
Condat
Juillac
Tulle
St-Pardoux-l'Ortigier
Clergoux
Marcillac-la-Croisille
Lapleau
Allassac
Donzenac
Ayen
Laguenne
La Roche-Canillac
Mauriac
Trizac
Riom-ès-Montagnes
St-Bonnet-de-Condat
Cheylade
Dienne
Brive-la-Gaillarde
Malemort-s.-C.
Larche
Noailles
Terrasson-Lavilledieu
Beynat
Argentat-s.-Dordogne
St-Privat
Ally
Pleaux
Murat
Meyssac
St-Martin-Valmeroux
Salers
St-Cernin
Thiézac
Salignac-Eyvigues
Beaulieu-s.-Dordogne
Vayrac
Mercœur
Laroquebrou
Jussac
Vic-s.-Cère
Polminhac
Martel
Souillac
Puybrun
Bretenoux
Aurillac
Arpajon-s.-Cère
Pierrefort
Sansac-de-Marmiesse
Carlux
Meyronne
Alvignac
St-Céré
Sousceyrac-en-Quercy
Cayrols
St-Mamet-la-Salvetat
Mur-de-Barrez
Lacroix-Barrez
Argences en Aubrac
Loupiac
Payrac
Rocamadour
Gramat
Aynac
Latronquière
Montet-et-Bouxal
Gourdon
Le Bastit
Maurs
Calvinet
Montsalvy
St-Constant-Fournoulès
Grand-Vabre
St-Amans-des-Cots
Laguiole
Salviac
St-Chamarand
Cœur de Causse
Labastide-Murat
Assier
Livernon
Figeac
Bagnac-s.-Célé
Entraygues-s.-Truyère
St-Chély-d'Aubrac
St-Germain-du-Bel-Air
Lauzès
Capdenac-Gare
Decazeville
Villecomtal
Espalion
Catus
Cabrerets
Marcilhac-s.-Célé
Cajarc
Montbrun
Aubin
Firmi
Marcillac-Vallon
Bozouls
Luzech
Cahors
St-Géry-Vers
Villeneuve
Montbazens
Lanuéjouls
Rignac
Laissac-Sévérac l'Église
Sauzet
Lalbenque
Limogne-en-Quercy
Martiel
Rodez
Castelnau-Montratier
Ste-Alauzie
Villefranche-de-Rouergue
Rieupeyroux
Baraqueville
Pont-de-Salars
Montpezat-de-Quercy
Puylaroque
Parisot
La Fouillade
La Salvetat-Peyralès
Caylus
Naucelle
Salles-Curan
Molières
Caussade
Septfonds
St-Antonin-Noble-Val
Laguépie
Mirandol-Bourgnounac
Pampelonne
Cassagnes-Bégonhès
Lafrançaise

Carte 10

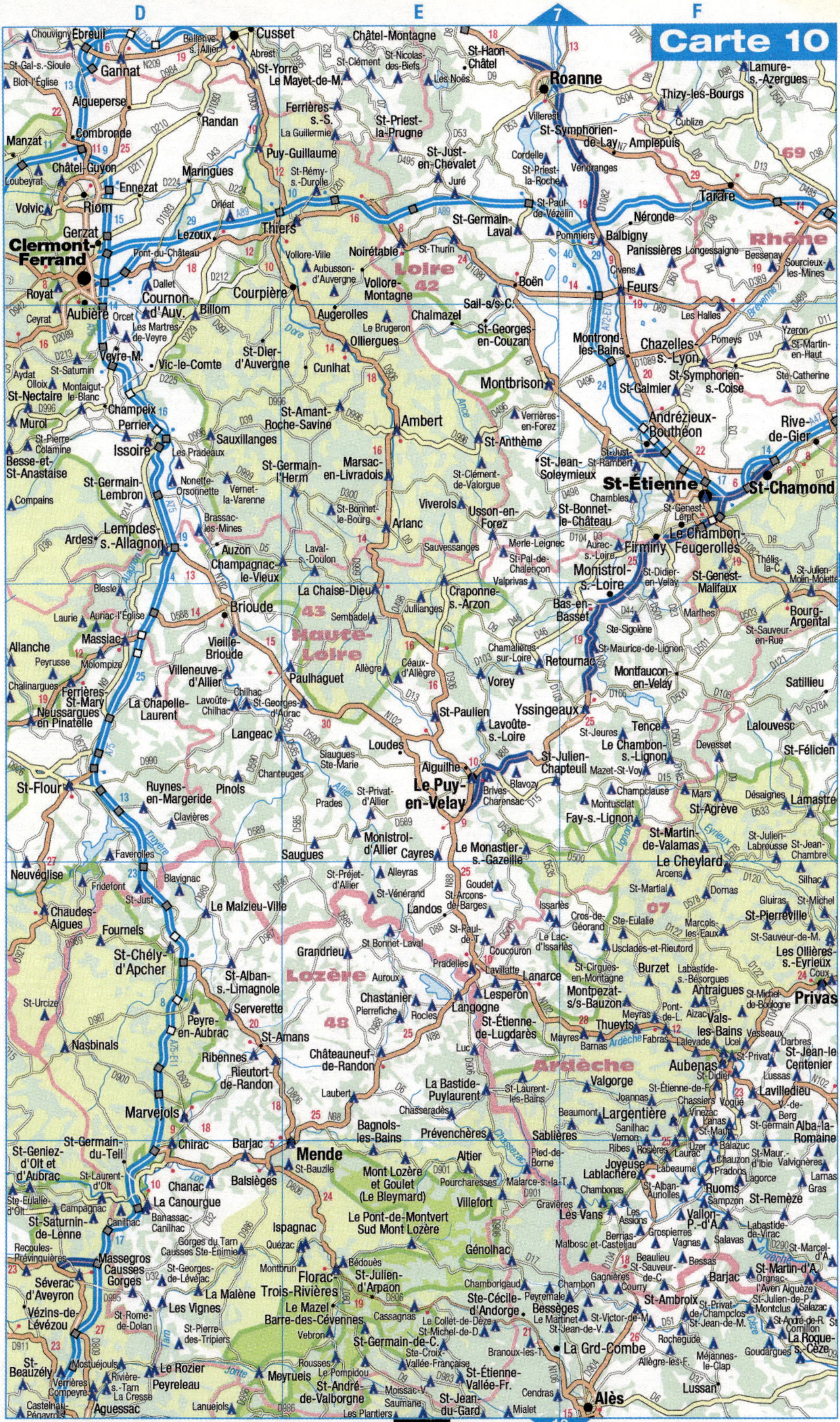
D
E
7
F
1
2
11
3
4
5
13
Chouvigny
Ebreuil
Gannat
Bellerive-s.-Allier
Cusset
Abrest
St-Yorre
Le Mayet-de-M.
Châtel-Montagne
St-Clément
St-Nicolas-des-Biefs
St-Haon-Châtel
Les Noës
Roanne
Lamure-s.-Azergues
Thizy-les-Bourgs
St-Gal-s.-Sioule
Blot-l'Église
Aigueperse
Combronde
Randan
Ferrières-s.-S.
La Guillermie
St-Priest-la-Prugne
Villerest
St-Symphorien-de-Lay
Amplepuis
Cublize
69
Manzat
Châtel-Guyon
Loubeyrat
Volvic
Riom
Ennezat
Maringues
Puy-Guillaume
St-Rémy-s.-Durolle
St-Just-en-Chevalet
Juré
Cordelle
St-Priest-la-Roche
Vendranges
Tarare
Gerzat
Clermont-Ferrand
Lezoux
Orléat
Thiers
St-Germain-Laval
St-Paul-de-Vézelin
Néronde
Balbigny
Pommiers
Panissières
Longessaigne
Rhône
Bessenay
Sourcieux-les-Mines
Pont-du-Château
Vollore-Ville
Aubusson-d'Auvergne
Noirétable
St-Thurin
Loire
42
Vollore-Montagne
Boën
Cleppé
Civens
Feurs
Royat
Aubière
Ceyrat
Dallet
Cournon-d'Auv.
Billom
Courpière
Augerolles
Chalmazel
Sail-s/s-C.
Les Halles
Yzeron
Orcet
Les Martres-de-Veyre
Le Brugeron
Olliergues
St-Georges-en-Couzan
Montrond-les-Bains
Chazelles-s.-Lyon
Pomeys
St-Martin-en-Haut
Aydat
Veyre-M.
St-Saturnin
Vic-le-Comte
St-Dier-d'Auvergne
Cunlhat
Montbrison
St-Galmier
St-Symphorien-s.-Coise
Ste-Catherine
Olloix
Montaigut-le-Blanc
St-Nectaire
Champeix
Perrier
St-Amant-Roche-Savine
Ambert
Verrières-en-Forez
Andrézieux-Bouthéon
Rive-de-Gier
Murol
St-Pierre-Colamine
Besse-et-St-Anastaise
Issoire
Les Pradeaux
Sauxillanges
St-Anthème
St-Just-St-Rambert
St-Germain-l'Herm
Marsac-en-Livradois
St-Clément-de-Valorgue
St-Jean-Soleymieux
St-Étienne
St-Chamond
Compains
St-Germain-Lembron
Nonette-Orsonnette
Vernet-la-Varenne
St-Bonnet-le-Bourg
Viverols
Usson-en-Forez
Chambles
St-Bonnet-le-Château
St-Genest-Lerpt
Le Chambon-Feugerolles
Ardes
Lempdes-s.-Allagnon
Brassac-les-Mines
Auzon
Arlanc
Sauvessanges
Merle-Leignec
Firminy
Thélis-la-C.
St-Julien-Molin-Molette
Champagnac-le-Vieux
Laval-s.-Doulon
St-Pal-de-Chalencon
Aurec-s.-Loire
Monistrol-s.-Loire
St-Didier-en-Velay
St-Genest-Malifaux
Valprivas
Blesle
La Chaise-Dieu
Craponne-s.-Arzon
Bas-en-Basset
Brioude
43
Haute-Loire
Sembadel
Julianges
Marlhes
Bourg-Argental
Laurie
Auriac-l'Église
Massiac
Vieille-Brioude
Ste-Sigolène
St-Sauveur-en-Rue
Allanche
Peyrusse
Molompize
Chamalières-sur-Loire
Retournac
St-Maurice-de-Lignon
Chalinargues
Villeneuve-d'Allier
Paulhaguet
Allègre
Céaux-d'Allègre
Vorey
Montfaucon-en-Velay
Satillieu
Ferrières-St-Mary
Neussargues en Pinatelle
La Chapelle-Laurent
Lavoûte-Chilhac
Chilhac
St-Georges-d'Aurac
St-Paulien
Yssingeaux
Langeac
Lavoûte-s.-Loire
St-Jeures
Tence
Le Chambon-s.-Lignon
Lalouvesc
Devesset
St-Félicien
Siaugues-Ste-Marie
Loudes
Aiguilhe
Le Puy-en-Velay
St-Julien-Chapteuil
Mazet-St-Voy
St-Flour
Ruynes-en-Margeride
Pinols
Chanteuges
Prades
St-Privat-d'Allier
Brives-Charensac
Blavozy
Champclause
Mars
Désaignes
Lamastre
Montusclat
St-Agrève
Clavières
Monistrol-d'Allier
Fay-s.-Lignon
St-Martin-de-Valamas
St-Julien-Labrousse
St-Jean-Chambre
Faverolles
Saugues
Cayres
Le Monastier-s.-Gazeille
Le Cheylard
Arcens
Neuvéglise
Fridefont
Blavignac
St-Préjet-d'Allier
Alleyras
Goudet
Silhac
St-Just
St-Vénérand
St-Arcons-de-Barges
St-Martial
Dornas
Gluiras
St-Michel
Chaudes-Aigues
Le Malzieu-Ville
Landos
Issarlès
Cros-de-Géorand
Ste-Eulalie
07
Marcols-les-Eaux
St-Pierreville
Fournels
St-Paul-de-T.
Le Lac-d'Issarlès
St-Sauveur-de-M.
St-Chély-d'Apcher
Grandrieu
St Bonnet-Laval
Coucouron
Usclades-et-Rieutord
Les Ollières-s.-Eyrieux
St-Alban-s.-Limagnole
Lozère
Auroux
Pradelles
Lavillatte
Lanarce
St-Cirgues-en-Montagne
Burzet
Labastide-s.-Bésorgues
Antraigues
Coux
Privas
St-Urcize
Serverette
Chastanier
Pierrefiche
Rocles
Lesperon
Langogne
Montpezat-s/s-Bauzon
Pont-de-L.
Aizac
St-Michel-de-Boulogne
Peyre-en-Aubrac
St-Amans
48
St-Étienne-de-Lugdarès
Thueyts
Meyras
Vals-les-Bains
Vesseaux
Darbres
Nasbinals
Ribennes
Châteauneuf-de-Randon
Luc
Mayres
Barnas
Fabras
Lalevade
Ucel
St-Privat
St-Jean-le-Centenier
Rieutort-de-Randon
Ardèche
Aubenas
St-Didier
Lussas
Laubert
La Bastide-Puylaurent
St-Laurent-les-Bains
Valgorge
Joannas
St-Étienne-de-F.
Chassiers
Vogüé
Lavilledieu
Villeneuve-de-Berg
Marvejols
Chasseradès
Beaumont
Largentière
Vinezac
St-Germain
Alba-la-Romaine
Bagnols-les-Bains
Prévenchères
Sablières
Sanilhac
Uzer
Balazuc
St-Geniez-d'Olt et d'Aubrac
St-Germain-du-Teil
Chirac
Barjac
Mende
St-Bauzile
Mont Lozère et Goulet (Le Bleymard)
Altier
Pied-de-Borne
Ribes
Rosières
Laurac
Chauzon
Pradons
St-Maur.-d'Ibie
Valvignères
St-Laurent-d'Olt
Chanac
Balsièges
Pourcharesses
Malarce-s.-la-T.
Joyeuse
Lablachère
Labeaume
Lagorce
Larnas
Gras
Ste-Eulalie-d'Olt
Campagnac
La Canourgue
Villefort
Chambonas
St-Alban-Auriolles
Ruoms
Sampzon
St-Remèze
St-Saturnin-de-Lenne
Canilhac
Banassac-Canilhac
Gorges du Tarn Causses Ste-Énimie
Ispagnac
Le Pont-de-Montvert Sud Mont Lozère
Gravières
Les Vans
Les Assions
Berrias
Grospierres
Vagnas
Vallon-P.-d'A.
Salavas
Labastide-de-Virac
St-Marcel-d'A.
Recoules-Prévinquières
Massegros Causses Gorges
St-Georges-de-Lévéjac
Quézac
Génolhac
Malbosc
Beaulieu
St-Sauveur-de-C.
Bessas
Barjac
St-Martin-d'A.
Sévérac d'Aveyron
La Malène
Montbrun
Florac Trois-Rivières
Bédouès
St-Julien-d'Arpaon
Chamborigaud
Chambon
Peyremale
Gagnières
Courry
St-Ambroix
Orgnac-l'Aven
Aiguèze
Vézins-de-Lévézou
St-Rome-de-Dolan
Les Vignes
Le Mazel
Barre-des-Cévennes
Cassagnas
Ste-Cécile-d'Andorge
Bessèges
Le Martinet
St-Jean-de-V.
St-Victor-de-M.
St-Privat-de-Champclos
St-Julien-de-P.
Montclus
Salazac
St-Jean-de-M.
St-André-de-R.
Cornillon
St-Pierre-des-Tripiers
Vebron
Le Collet-de-Dèze
St-Michel-de-D.
Rochegude
La Roque-s.-Cèze
St-Beauzély
St-Germain-de-C.
La Grd-Combe
Méjannes-le-Clap
Goudargues
Ste-Croix-Vallée-Française
Branoux-les-T.
Allègre-les-F.
Mostuéjouls
Rivière-s.-Tarn
La Cresse
Le Rozier
Peyreleau
Meyrueis
Rousses
Le Pompidou
St-André-de-Valborgne
St-Étienne-Vallée-Fr.
Lussan
Verrières
Compeyre
Aguessac
Castelnau-Pégayrols
Lanuéjols
Moissac-V.
Saumane
Les Plantiers
St-Jean-du-Gard
Cendras
Mialet
Alès

A
8
B
C
1
2
10
3
4
5
14
Ain
01
Rhône
69
Isère
38
Drôme
26
84
Villefranche-s.-Saône
Trévoux
Anse
Neuville-s.-S.
Montluel
Miribel
Villeurbanne
Lyon
Meyzieu
St-Priest
St-Genis-L.
Givors
Vienne
Rive-de-Gier
St-Chamond
Pélussin
Annonay
Andance
St-Vallier
Tain-l'Hermitage
Tournon-s.-R.
Valence
St-Péray
Chabeuil
Portes-lès-V.
La Voulte-s.-Rhône
Privas
Loriol-s.-Dr.
Crest
Montélimar
Le Teil
Viviers
Bourg-St-Andéol
Pierrelatte
Pont-St-Esprit
Bollène
Orange
Bagnols-s.-C.
Pont-d'Ain
Ambérieu-en-Bugey
Lagnieu
Meximieux
Chalamont
Villars-les-Dombes
Belley
Culoz
Artemare
Rumilly
Annecy
Seynod
Aix-les-B.
Chambéry
La Motte-Servolex
Yenne
Le Bourget-du-Lac
La Tour-du-Pin
Bourgoin-Jallieu
La Verpillière
Crémieu
Pont-de-Beauvoisin
Les Abrets
Voiron
Rives
Tullins
St-Egrève
Grenoble
Sassenage
Domène
Echirolles
Vizille
Le Pont-de-Claix
Villard-de-Lans
La Mure
St-Marcellin
Romans-s.-Isère
Bourg-de-Péage
Beaurepaire
La Côte-St-André
Die
Saillans
Dieulefit
Taulignan
Grignan
Valréas
Nyons
Vaison-la-Romaine
Buis-les-Baronnies
Sisteron
Château-Arnoux
Gap
Tallard
Veynes
Serres
Laragne-Montéglin
Mens
Corps
Montmélian
Le Touvet
Allevard
Chamrousse
Le Bourg-d'Oisans
Les Deux-Alpes
Sault
Bédoin
Malaucène
Séderon
62

Carte 11

D
E
F
8
14
1
2
3
4
5
La Roche-s.-Foron
Scionzier
Le Petit-Bornand-les-Glières
74 Haute-Savoie
Vallorcine
Fionnay
Liddes
Arolla
Breuil-Cervinia
Le Grd-Bornand
Sallanches
Passy
Chamonix
St-Jean-de-Sixt
La Clusaz
Cordon
Domancy
Combloux
Demi-Quartier
St-Gervais-les-Bains
Les Houches
Alex
Thônes
La Giettaz
Megève
Praz-s.-Arly
Flumet
Les Contamines-Montjoie
Talloires
Serraval
Doussard
Val de Chaise
Faverges-S.
Ugine
Queige
Beaufort
Seythenex
Albertville
73 Savoie
Courmayeur
Morgex
Aosta (Aoste)
Introd
La Thuile
Villefranche
Châtillon
Brusson
Verrès
Bionaz
Valtournanche
Champoluc
Pont-St-Martin
Ivrea
Bourg-St-Maurice
Séez
Montvalezan
La Bâthie
La Côte-d'Aime
Bellentre
Aime-la-Plagne
Landry
Peisey-Nancroix
Chamousset
Aiguebelle
Aigueblanche
Moutiers
Notre-Dame-du-Pré
Tignes
Val-d'Isère
Bozel
Champagny-en-Vanoise
Brides-les-Bains
Les Allues
St-Rémy-de-Maurienne
St-Martin-s.-la-Chambre
Les Belleville
Pralognan-la-Vanoise
Lanslebourg-Mt-Cenis
Bessans
Lanslevillard
Les Ménuires
Val-Cenis
Sollières-Sardières
St-Colomban-des-Villards
St-Jean-de-Maurienne
Fontcouverte-la-Toussuire
Villarembert
Orelle
Aussois
Bramans
St-Sorlin-d'Arves
St-Michel-de-Maurienne
Modane
Tunnel du Fréjus
Valloire
Noasca
Locana
Pont-Canavese
Rivarolo-Canavese
Caluso
St-Giusto
Balme
Lanzo-Torinese
Volpiano
ITALIE
Caselle
Venaria
Molaretto-Cerisio
Bussoleno
Alpignano
Susa
Torino
Rivoli
Salbertrand
Coazze
Moncalieri
Besse
La Grave
Villar-d'Arène
Névache
Oulx
Fenestrelle
Cumiana
Santena
Poirino
Cesana-Torinese
Sestrière
Perosa-Argentina
Villar-Perosa
None
Carignano
St-Christophe-en-Oisans
Le Monêtier-les-Bains
La Salle
Val-des-Prés
St-Chaffrey
La Bérarde
Briançon
Montgenèvre
Pinerolo
Crocetta
Vallouise
Vallouise-Pelvoux
St-Martin-de-Queyrières
Les Vigneaux
La Chapelle-en-Valgaudémar
Puy-St-Vincent
Abriès
Bobbio-Pellice
Cavour
Racconigi
L'Argentière-la-Bessée
La Roche-de-Rame
Arvieux
Aiguilles
Ristolas
Moretta
Freissinières
05 Hautes-Alpes
Château-Ville-Vieille
Molines-en-Queyras
Crissolo
Cavallermaggiore
St-Crépin
St-Jean-St-Nicolas
Eygliers
Revello
Savigliano
Réotier
Ceillac
Orcières
St-Clément-s.-Durance
Guillestre
Saluzzo
Chabottes
St-Léger-les-Mélèzes
Châteauroux-les-Alpes
Pontechianale
Costigliole Saluzzo
Genola
Ancelle
Réallon
Risoul
Vars
Fossano
St-André-d'Embrun
La Bâtie-Neuve
St-Apollinaire
Prunières
Puy-Sanières
Embrun
St-Paul-s.-Ubaye
Busca
Centallo
Chorges
Baratier
Pontis
Savines-le-Lac
Crots
Val d'Oronaye
Acceglio
Dronero
Rousset
La Condamine-Châtelard
Larche
Caraglio
Le Sauze
St-Vincent-les-Forts
Jausiers
Cuneo
Mondovì
Rochebrune
Ubaye-Serre-Ponçon
Le Lauzet-Ubaye
Méolans-Revel
Argentera
Borgo-s.-Dalmazzo
Beinette
Gigors
Turriers
Montclar
Les Thuiles
Barcelonnette
Enchastrayes
Chiusa-di-Pesio
Selonnet
Seyne
Vinadio
Pianche
Demonte
Le Vernet
Vernante
Limone Piemonte
Barles
St-Étienne-de-Tinée
Allos
Alpes-de-Haute-Provence 04
Prads-Haute-Bléone
Isola
Entraunes
Thoard
La Javie
Villars-Colmars
Colmars
St-Martin-d'Entraunes
Péone
Beauvezer
Tende
Beuil
St-Sauveur-s.-Tinée
St-Martin-Vésubie
Digne-les-Bains
Thorame-Basse
Guillaumes
Alpes-Maritimes
Valdeblore
Roquebillière
La Colle-St-Michel
Orco
Stura
Lanzo
Arc
Pellice
Chisone
Pô
Varaita
Maira
Grana
Gesso
Ubaye
Guil
Bléone
Verdon
Tinée
Vésubie
Roya
Pesio
Buthier
A40-E25
A43
A430
A5-E25
A5-E35
A32
A6-E717
A6
D1205
D909
D1212
D902
D925
D1090
D915
D117
D94
D90
D1006
D926
D1091
D994E
N94
D942
D900B
D900
D908
D2205
D28
D30
D2565
S26
S27
S406
S565
S460
S10
S24
S25
S23
S20
S231
S589
S21
S564
N21

A
9
B
C
1
2
3
4
5
Landes
40
Pyrénées-Atlantiques
64
Bias
Mézos
St-Julien-en-Born
Lit-et-Mixe
Uza
Onesse-Laharie
Morcenx-la-Nouvelle
Sabres
Luglon
Labrit
Brocas
Roquefort
Garrosse
St-Girons-Plage
Lesperon
Vielle-St-Girons
Linxe
Léon
Castets
Taller
Laluque
Moliets-et-Maa
St-Michel-Escalus
Messanges
Vieux-Boucau-les-Bains
Azur
Herm
Tartas
Mont-de-Marsan
Villeneuve-de-Marsan
Soustons
Magescq
St-Vincent-de-Paul
Cassen
Louer
Aurice
Souprosse
Grenade-s.-l'Adour
St-Paul-lès-Dax
Mugron
St-Sever
Tosse
Seignosse
Soorts-Hossegor
Saubion
Rivière-Saas-et-Gourby
Dax
Yzosse
Nousse
Aire-s.-l'Adour
Buanes
Eugénie-les-Bains
Capbreton
Angresse
St-Geours-de-Maremne
Narrosse
Seyresse
Tercis-les-Bains
Clermont
Orist
Hagetmau
Pomarez
Labenne
Ondres
Saubrigues
St-André-de-Seignanx
Pouillon
Bélus
Amou
Geaune
Tarnos
St-Martin-de-Seignanx
Orthevielle
Hastingues
Peyrehorade
Habas
Sorde-l'Abbaye
Arzacq-Arraziguet
Garlin
Anglet
Bayonne
Biarritz
Sames
Urt
Orthez
Bidart
Bardos
Bidache
Salies-de-Béarn
Arthez-de-B.
St-Jean-de-Luz
Ustaritz
Cambo-les-B.
Hasparren
Sauveterre-de-B.
Laàs
Hendaye
St-Pée-s.-N.
Urrugne
Irun
Ascain
Sare
Souraïde
Espelette
Aïnhoa
Itxassou
Hélette
St-Palais
Lescar
Morlaàs
Bidarray
Iholdy
Navarrenx
Monein
Vera-de-Bidasoa
Laroin
Gelos
Pau
Ousse
Artiguelouten
Ossès
Suhescun
Aren
Mauléon-Licharre
St-Goin
Lasseube
St-Martin-d'Arrossa
St-Jean-Pied-de-Port
Goizueta
Baudreix
Oloron-Ste-Marie
Santesteban
Baztan
St-Étienne-de-Baïgorry
Ascarat
St-Jean-le-Vieux
Ordiarp
Ance
Féas
Nay-Bourdettes
Zubieta
Irurita
Gurmençon
Buzy
Rébénacq
Ezcurra
Ossas-Suhare
Tardets-Sorholus
Aramits
Alos-Sibas-Abense
Asasp-Arros
Ste-Colome
Urepel
Alçay-Alçabéhéty-Sunharette
Montory
Arette
Escot
Izeste
Louvie-Juzon
Licq-Athérey
Bielle
Castet
Roncesvalles
Larrau
Gère-Belesten
Aste-Béon
Burguete
Larasa
Bedous
Laruns
Béost
Lées-Athas
Accous
Ste-Engrâce
Eaux-Bonnes
Zubiri
Erro
Arrieta
Enderiz
Ochagavia
Lescun
Anoz
Escaroz
Isaba
Villava
Olza
Urdos
Pamplona
Itoiz
Güesa
Agoitz
Urroz
Astrain
Ustès
Anso
Hecho
Tiebas
Monreal
Navascués
Escarilla
Burgui
Ripodas
Santa Lucia
Villanua
Mendigorria
Liedena
Yesa
Aibar
Berdun
Biescas
Eslava
Sangüesa
Puente la Reina de Jacz
Jaca
Tafalla
Olite
Sos-del-Rey-Catolico
Navardun
Bailo
Sabiñanigo
Miranda-de-Arga
Murillo-el-Fruto
Falces
Santacara
Anzanigo
Carcastillo
Castiliscar
Uncastillo
Luesia
Biel
Sadaba
Asin
Ayerbe
Arguis
Milagro
Alfaro
Valtierra
Ardisa
Esquedas
Adour
Midouze
Douze
Luy de Béarn
Luy de France
Gave d'Oloron
Gave d'Ossau
Saison
Bidasoa
Nive
Irati
Esca
Veral
Aragon
Gallego
Gabas

D
E
9
F
Carte 12
1
2
3
4
5
13
Lavardac
Barbaste
Nérac
Puymirol
Laplume
Boé
Garonne
Lafrançaise
Réaup-Lisse
Francescas
Lamonjoie
Astaffort
Valence-d'Agen
Moissac
St-Nicolas-de-la-Grave
Mézin
Moncrabeau
Castelsarrasin
Montauban
Créon-d'Armagnac
St-Justin
Gabarret
Fourcès
La Romieu
Miradoux
Garganvillar
Castelnau-d'Auzan
Labarrère
Montréal
Condom
Lagarde
Lavit
Montech
Cazaubon
Larée
Mouchan
Lectoure
Larrazet
Estang
Bretagne-d'Armagnac
Gondrin
St-Clar
Mauroux
Beaumont-de-Lomagne
Campsas
Eauze
Valence-s.-Baïse
St-Puy
Avezan
Gaudonville
Courrensan
Fleurance
Verdun-s.-Garonne
Grisolles
Fronton
Cézan
Manciet
Vic-Fezensac
Castéra-Verduzan
Montestruc-s.-Gers
Tayhosc
Monfort
Le Houga
Nogaro
Mirepoix
Grenade
Puysségur
Roquelaure
Mauvezin
St-Sauveur
Lelin-Lapujolle
Aignan
Cologne
Merville
Thoux
Gers
32
Ordan-Larroque
Marsan
Riscle
Auch
Gimont
Blagnac
Préchac-s.-Adour
L'Isle-Jourdain
Léguevin
Colomiers
Castelnau-Riv. Basse
Plaisance
Montesquiou
L'Isle-de-Noé
Madiran
Bassoues
Cadillon
Marciac
Pouylebon
Estipouy
Saramon
St-Lys
Mirande
Samatan
Lespielle
Maubourguet
Berdoues
Seissan
Lombez
Muret
Lembeye
Miélan
Bellegarde
Simorre
Vic-en-Bigorre
St-Michel
Masseube
Rieumes
Vernet
Rabastens-de-Bigorre
Panassac
L'Isle-en-Dodon
Montaner
Lubret-St-Luc
Casties-Labrande
Trie-s.-Baïse
Péguilhan
Aureilhan
Tarbes
Castelnau-Magnoac
Ariès-Espénan
Boulogne-s.-Gesse
Le Fousseret
Carbonne
Pouyastruc
Cassagnabère-Tournas
Rieux-Volvestre
Galan
Pontacq
Tournay
Montmaurin
Sarrecave
Aurignac
Martres-Tolosane
Montesquieu
Ossun
Lanne
Cazères
Palaminy
Boussens
Le Fossat
Lestelle-Betharram
Pouyeferré
Bartrès
Orincles
Franquevielle
St-Martory
Peyrouse
Trébons
Capvern
Lannemezan
St-Pé-de-Bigorre
Lourdes
Bagnères-de-Bigorre
Montréjeau
St-Gaudens
Salies-du-Salat
Ste-Croix-Volvestre
Le Mas-d'Azil
Agos-Vidalos
Gerde
Sarlabous
St-Laurent-de-Neste
Tibiran-Jaunac
Mane
Ouzous
Argelès-G.
Ger
Boô-Silhen
Beaudéan
Esparros
Arras
Ayzac-Ost
Campan
Hèches
St-Bertrand-de-Comminges
Malvezie
Aspet
Mauvezin-de-Prat
Montjoie-en-Couserans
Rimont
Arcizans
Bun
Préchac
Lau-Balagnas
Arcizans-Av.
Beaucens
Hautes-Pyrénées
Loures-Barousse
Aucun
Arrens-Marsous
Pierrefitte-Nestalas
Sarrancolin
St-Girons
Portet-d'Aspet
Moulis
Saligos
Esquièze-Sère
Estaing
Sazos
Esterre
Barèges
Cauterets
Sassis
Luz-St-Sauveur
65
Arreau
Cadéac
Pailhac
Bordères-Louron
Cierp-Gaud
St-Béat
Fos
Augirein
Castillon-en-Couserans
Biert
Massat
Sentein
Guchen
Gouaux
Avajan
Cier-de-Luchon
Vielle-Aure
Vignec
Adervielle-Pouchergues
Moustajon
Salles-et-Pratviel
Seix
Oust
Ustou
Gavarnie-Gèdre
St-Lary-Soulan
Guchan
Bourisp
Garin
Montauban-de-L.
Aragnouet
Loudenvielle
Bagnères-de-Luchon
St-Mamet
Bossost
Aulus-les-Bains
Gavarnie
Vielha-e-Mijaran
Gessa
Parzan
Broto
Bielsa
Esterri-de-Aneu
Salinas
Benasque
Ribera-de-Cardos
Caldes de Boi
Castejon-de-Sos
Fiscal
Vilaller
Llavorsi
Boltana
Ainsa-Sobrarbe
Rialp
Pont-de-Suert
Sort
Campo
ESPAGNE
Gerri-de-la-Sal
Adrall
Santa Liestra y S. Quilez
La Pobla de Segur

A
B
C
10
12
1
2
3
4
5
Molières
Caussade
Septfonds
St-Antonin-Noble-Val
Varen
Bor-et-Bar
Naucelle
Arvieu
Salles-Curan
Lafrançaise
Réalville
Laguépie
Montirat
Mirandol-Bourgnounac
Pampelonne
Cabanès
Cassagnes-Bégonhès
Alrance
Aveyron
Montricoux
Milhars
Salles
Monestiés
Durenque
Viala-du-Tarn
Villefranche-de-Panat
Montauban
Nègrepelisse
Vaissac
Tonnac
Vindrac-Alayrac
Cordes
Livers-Cazelles
Carmaux
St-Jean-Delnous
Réquista
Le Truel
St-Rome-de-Tarn
Puygaillard-de-Quercy
Puycelsi
Cahuzac-s.-Vère
Valderiès
Le Doum
Valence-d'Albigeois
Brasc
Monclar-de-Quercy
Cestayrols
St-Cirgue
Courris
Trébas
St-Izaire
St-Affrique
Castelnau-de-Montmiral
Marssac-s.-Tarn
Albi
Ambialet
Curvalle
Plaisance
Villebrumier
Varennes
St-Sernin-s.-Rance
Campsas
Salvagnac
Lisle-s.-Tarn
Gaillac
Brens
Rivières
Fréjairolles
Villefranche-d'Albigeois
Alban
Grisolles
Villemur-s.-Tarn
Cadalen
Paulinet
Belmont-s.-Rance
Camarès
Fronton
Rabastens
Tarn
81
Teillet
Grenade
St-Sauveur
Parisot
St-Sulpice
Giroussens
Graulhet
Montdragon
St-Lieux-Lafenasse
St-Pierre-de-Trivisy
Réalmont
Montredon-Labessonnié
Lacaze
Viane
Merville
Gratentour
Montastruc-la-Conseillère
Briatexte
Murat-s.-Vèbre
Lavaur
Lacaune
Roquecourbe
Vabre
Damiatte
Serviès
Nages
Blagnac
L'Union
Verfeil
Lacrouzette
Brassac
Lamontélarié
Colomiers
Toulouse
Maurens-Scopont
St-Paul-Cap-de-Joux
Vielmur-s.-Agout
Castres
La Salvetat-s.-Agout
Fraisse-s.-Agout
Puylaurens
Le Bez
Anglès
31
Castanet-Tolosan
Caraman
Labruguière
Prémian
Haute-Garonne
Cambiac
Verdalle
Mazamet
Dourgne
Muret
Deyme
Montgiscard
Revel
Belleserre
Sorèze
St-Amans-Soult
Albine
Labastide-Rouairoux
St-Pons-de-Thomières
Vernet
Villefranche-de-Lauragais
Vaudreuille
Les Cammazes
Arfons
Pradelles-Cabardès
Les Brunels
Mas-Cabardès
Labecede-Lauragais
Auterive
Nailloux
Avignonet-Lauragais
Montferrand
Verdun-en-Lauragais
Saissac
Caudebronde
Villanière
Caunes-Minervois
Minerve
Bize-Minervois
Montgeard
St-Martin-Lalande
Brousses-et-Villaret
Cesseras
Azillanet
Cintegabelle
Belflou
Montolieu
Villegly
Peyriac-Minervois
Pépieux
Olonzac
Pouzols-Minervois
Calmont
Salles-s.-l'Hers
Castelnaudary
Villepinte
Gaillac-Toulza
Conques-s.-O.
Mirepeisset
Ginestas
Mazères
Alzonne
Villemoustaussou
Canal du Midi
Saverdun
Carcassonne
Trèbes
Rustiques
Lézignan-Corbières
Durfort
Belpech
Fanjeaux
Moux
Unzent
Montréal
Capendu
Bizanet
Le Fossat
Cazilhac
Ferrals-les-Corb.
Artigat
Escosse
Preixan
Belvèze-du-Razès
Montclar
Fabrezan
Le Mas-d'Azil
Manses
Alaigne
Ladern-s.-Lauquet
Lagrasse
Pamiers
Mirepoix
St-Hilaire
Aude
11
Rieux-de-Pelleport
Varilhes
Limoux
Ariège
09
Belloc
Rimont
La Bastide-de-Sérou
St-Jean-de-Verges
Gudas
Camon
Alet-les-Bains
Foix
L'Herm
Aigues-Vives
Léran
Chalabre
Félines-Termenès
Durban-Corbières
Cos
Montgaillard
Ste-Colombe-s.-l'Hers
Montbel
Espéraza
Couiza
Arques
Mouthoumet
Lavelanet
Campagne-s.-A.
Rennes-les-Bains
Biert
Bénaix
Bélesta
Puivert
Nébias
Tuchan
Massat
Saurat
Mercus-Garrabet
Fougax-et-Barrineuf
Quillan
Surba
Alliat
Tarascon-s.-Ariège
Ornolac-Ussat-les-B.
Caudiès-de-Fenouillèdes
St-Paul-de-Fenouillet
Ustou
Capoulet-et-Junac
Verdun
Belcaire
Espezel
Maury
Albiès
Camurac
Roquefeuil
Axat
Rivesaltes
Aulus-les-Bains
Auzat
Lordat
Fenouillet
Latour-de-France
Vicdessos
Les Cabannes
Garanou
Luzenac
Roquefort-de-Sault
Caramany
Aston
Sorgeat
Ascou
Sournia
Perpignan
Savignac-les-Ormeaux
Ax-les-Thermes
Orlu
Quérigut
Néfiach
Ille-s.-Têt
Mérens-les-Vals
Molitg-les-Bains
Prades
Vinça
Espira-de-Conflent
Thuir
L'Hospitalet-Près-l'Andorre
Formiguères
Trouillas
Arinsal
Soldeu
Matemale
Ria-Sirach
Villefranche-de-Conflent
Corneilla-de-Conflent
Fuilla
Fillols
La Bastide
Llauro
ANDORRE
Porté-Puymorens
Tunnel de Puymorens
Font-Romeu-Odeillo-Via
La Llagonne
Escaro
Vernet-les-Bains
Casteil
Le Boulou
Encamp
Fontpédrouse
66
St-Jean-Pla-de-Corts
Andorra-la-Vella
Targassonne
Angoustrine
Mont-Louis
Montbolo
Céret
Enveitg
Egat
Pyrénées-Orientales
Maureillas-las-Illas
Latour-de-Carol
Ur
Estavar
Corsavy
Amélie-les-Bains-Palalda
Reynès
Bourg-Madame
Saillagouse
Err
Prats-de-Mollo
Arles-s.-Tech
Puigcerdà
Osséja
Palau-de-Cerdagne
La Jonquera
Urtg
Nuria
Serralongue
St-Laurent-de-Cerdans
La Seu de Urgell
Montella-i-Martinet
Martinet
Adrall
Ribes de Freser
Camprodon
Sant Pau de Seguries
Baga
Gombren

D
E
F
10
1
2
3
4
5
14
Aveyron
12
Hérault
34
Gard
30
St-Beauzély
Mostuéjouls
Le Rozier
Peyreleau
Rivière-s.-Tarn
La Cresse
Aguessac
Millau
Creissels
St-Georges-de-Luzençon
Compeyre
Castelnau-Pégayrols
Comprégnac
Meyrueis
Le Pompidou
St-André-de-Valborgne
Lanuejols
Revens
Trèves
St-Sauveur-Camprieu
Dourbies
Nant
St-Jean-du-Bruel
L'Hospitalet-du-Larzac
Alzon
Molières-Cavaillac
Aulas
Avèze
Le Vigan
Pont-d'Hérault
Montdardier
Rogues
Vallée-Française
St-Étienne-Vallée-Fr.
Moissac-V.
Saumane
Les Plantiers
St-Jean-du-Gard
Valleraugue
Val-d'Aigoual
Lasalle
St-André-de-Majencoules
Sumène
St-Hippolyte-du-Fort
St-Julien-de-la-Nef
Ganges
Montoulieu
Laroque
St-Bauzille-de-Putois
Brissac
Cendras
Alès
Mialet
Thoiras
Boisset-et-Gaujac
St-Christol-lès-Alès
St-Jean-de-Ceyrargues
Vézénobres
Anduze
Tornac
Cardet
Massillargues-Attuech
Lézan
Monoblet
Lédignan
Sauve
Quissac
Crespian
Arpaillargues-et-Aureillac
Uzès
St-Quentin-la-Poterie
Connaux
Vers-Pont-du-Gard
St-Chaptes
Collias
Remoulins
Bézouce
Nîmes
Marguerittes
Cornus
Fondamente
Gissac
Fayet
Le Caylar
St-Félix-de-l'Héras
Soubes
Ceilhes-et-Rocozels
Brusque
Les Plans
Le Bosc
Lodève
Lunas
Celles
La Tour-s.-Orb
Octon
St-Gervais-s.-Mare
Hérépian
Mons
Bédarieux
Clermont-l'Hérault
St-André-de-S.
Aniane
Gignac
Canet
Le Pouget
St-Martin-de-Londres
Les Matelles
Castries
Clapiers
Montpellier
Fabrègues
Sommières
Boisseron
Souvignargues
Calvisson
Junas
Gallargues-le-Montueux
Lunel
Vauvert
Aimargues
St-Gilles
St-Laurent-d'Aigouze
Lansargues
Mauguio
Lattes
Pérols
Aigues-Mortes
La Grande-Motte
Le Grau-du-Roi
Palavas-les-Flots
Pointe de l'Espiguette
Golfe d'Aigues-Mortes
Stes-Maries-de-la-Mer
Golfe des Stes-Maries
Pointe de Beauduc ou du Sablon
Les Aires
Fos
Laurens
Fontès
Roujan
Villeveyrac
Montagnac
Gigean
Villeneuve-lès-Maguelone
Vic-la-Gardiole
Frontignan
Poussan
Bouzigues
Loupian
Balaruc-les-Bains
Mèze
Sète
Roquebrun
Cessenon-s.-Orb
Murviel-lès-B.
Aignan-du-Vent
Pézenas
Tourbes
Castelnau-de-Guers
St-Thibéry
Pinet
Marseillan
Montblanc
Bessan
Florensac
St-Chinian
Béziers
Capestang
Villeneuve-lès-Béziers
Colombiers
Vias
Agde
Cap d'Agde
Marseillan-Plage
Portiragnes
Nissan-lez-E.
Sauvian
Sérignan
Coursan
Vendres
Fleury
Valras-Plage
Salles-d'Aude
Narbonne
Narbonne-Plage
Gruissan
Sigean
Port-la-Nouvelle
La Palme
Cap Leucate
Fitou
Leucate
Salses-le-Château
Le Barcarès
Torreilles
Ste-Marie
Canet-en-Roussillon
Villeneuve-de-la-Raho
St-Nazaire
Alenya
St-Cyprien
Elne
Palau-del-V.
Argelès-s.-Mer
St-Génis
St-André
Collioure
Port-Vendres
Sorède
Laroque-des-A.
Banyuls-s.-Mer
Cap Cerbère
Cerbère
Port-Bou
Llançà
Cap de Creus
Cadaquès
Figueras
Roses

A
B
C
11
13
1
2
3
4
5
Bagnols-s.-C.
Orange
Jonquières
Malaucène
Bédoin
Sault
Revest-du-Bion
Château-Arnoux
Volonne
Connaux
Laudun-l'Ardoise
Châteauneuf-du-Pape
Courthézon
Sarrians
Carpentras
Vaucluse
84
St-Christol
Banon
St-Étienne-les-Orgues
Peyruis
Les Mées
St-Quentin-la-Poterie
Uzès
Sorgues
Bédarrides
Monteux
Pernes-les-Font.
Simiane-la-Rotonde
Limans
Lurs
Villeneuve-lès-A.
Vedène
Le Pontet
Le Thor
Fontaine-de-Vaucluse
Gordes
St-Saturnin-lès-Apt
Rustrel
Forcalquier
St-Michel-l'Observatoire
Niozelles
Oraison
St-Julien-d'Asse
Vers-Pont-du-Gard
Collias
Remoulins
Domazan
Avignon
L'Isle-s.-la-Sorgue
Roussillon
Reillanne
Dauphin
Volx
St-Maime
Asse
Bézouce
Montfrin
Châteaurenard
Noves
Robion
Cavaillon
Lagnes
Maubec
Apt
Céreste
Manosque
Valensole
Marguerittes
Vallabrègues
Beaucaire
Tarascon
Graveson
St-Andiol
Oppède
Bonnieux
Castellet-en-Luberon
Cabrières-d'Aigues
Montfuron
Gréoux-les-Bains
St-Martin-de-Brômes
St-Étienne-du-Grès
Fontvieille
St-Rémy-de-Prov.
Eygalières
Cheval-Blanc
Orgon
Mérindol
Lourmarin
Cucuron
Cadenet
La Tour-d'Aigues
Esparron-de-Verdon
Quinson
Verdon
Vinon-s.-Verdon
St-Julien
Maussane-les-A.
Eyguières
Mallemort
Charleval
La Roque-d'Anthéron
Villelaure
Pertuis
Ginasservis
Montmeyan
Arles
Mouriès
Salon-de-P.
Lambesc
Durance
Le Puy-Ste-Réparade
Jouques
La Verdière
St-Gilles
St-Martin-de-Crau
Peyrolles-en-Provence
Rians
Tavernes
Barjols
Cornillon-Confoux
St-Chamas
Aix-en-Provence
Beaurecueil
Puyloubier
St-Maximin-la-Ste-Baume
Istres
St-Mitre-les-Remparts
Berre
Vitrolles
Gardanne
Trets
Peynier
Stes-Maries-de-la-Mer
Fos
Port-de-Bouc
Marignane
Septèmes-les-Vallons
St-Zacharie
Nans-les-Pins
Golfe des Stes-Maries
Port-St-Louis-du-Rhône
Martigues
Golfe de Fos
Allauch
Roquevaire
La Roquebrussanne
Méounes-lès-Montrieux
Pointe de Beauduc ou du Sablon
Cap Couronne
Carry-le-Rouet
Marseille
Gémenos
Signes
Aubagne
Belgentier
Ile Pomègues
Cap Croisette
Ceyreste
Le Castellet
Le Beausset
La Cadière-d'Azur
Cassis
Cap Canaille
Ile de Riou
La Ciotat
St-Cyr-s.-M.
La Valette-du-Var
Toulon
Bandol
Sanary-s.-Mer
La Seyne
Le Pradet
Six-Fours-les-Plages
St-Mandrier-s.-Mer
Cap Sicié
MER MÉDITERRANÉE

Carte 14

D
E
F
11
1
2
3
4
5
Digne-les-Bains
Thorame-Basse
Guillaumes
Beuil
St-Sauveur-s.-Tinée
St-Martin-Vésubie
Valdeblore
Roquebillière
Alpes-Maritimes 06
La Colle-St-Michel
Mézel
Beynes
Barrême
La Mure Argens
St-André-les-Alpes
Annot
Puget-Théniers
Entrevaux
Touët-s.-Var
Villars-s.-Var
Lantosque
Moulinet
Breil-s.-Roya
Pigna
Sospel
Trucco
Senez
St-Jurs
Puimoisson
St-Julien-du-Verdon
Briançonnet
Roquesteron
Levens
L'Escarène
Gorbio
Moustiers-Ste-Marie
Castellane
St-Auban
La Roquette-s.-Var
Coursegoules
Contes
Peillon
Ventimiglia
Menton
Monaco
Riez
Rougon
La Garde
Séranon
Loup
St-Jeannet
Ste-Croix-du-Verdon
Aiguines
La Martre
Tourrettes-s.-Loup
Vence
St-Laurent-du-Var
Nice
Villefranche
Cap Ferrat
Montagnac-Montpezat
Les Salles-s.-Verdon
La Palud-s.-Verdon
St-Vallier-de-Thiey
Le Bar-s.-Loup
St-Laurent-du-Verdon
Bauduen
Comps-s.-Artuby
La Roque-Esclapon
La Colle-s.-Loup
Opio
Cagnes
Villeneuve-Loubet
Baie des Anges
Artignosc-sur-V.
Régusse
Aups
Seillans
Montauroux
Siagne
Grasse
Mougins
Biot
Antibes
Fayence
Tourrettes
Callian
La Roquette-s.-S.
Auribeau
Tanneron
Pégomas
Callas
Sillans-la-Cascade
Villecroze
St-Paul-en-Forêt
Mandelieu-la-Napoule
Le Cannet
Cannes
Cap d'Antibes
Salernes
Flayosc
Draguignan
Bagnols-en-Forêt
Les Adrets-de-l'Estérel
Îles de Lérins
Cotignac
Lorgues
Le Muy
Correns
Argens
Les Arcs
Puget-s.-Argens
Pte du Cap Roux
Carcès
Taradeau
Le Luc
Vidauban
Roquebrune-s.-Argens
St-Raphaël
Fréjus
St-Aygulf
Brignoles
Le Cannet-des-Maures
Le Plan-de-la-Tour
Ste-Anastasie-s.-Issole
Besse-s.-I.
Rocbaron
La Garde-Freinet
Ste-Maxime
Cap de St-Tropez
Var 83
Grimaud
St-Tropez
Pierrefeu-du-Var
Cogolin
Gassin
Ramatuelle
Collobrières
La Môle
La Croix-Valmer
Solliès-Pont
La Crau
Bormes-les-Mimosas
Cap Camarat
Cavalaire-s.-Mer
Cap Lardier
Le Lavandou
La Londe-les-Maures
Hyères
Carqueiranne
Cap Blanc
Rade de Toulon
Rade d'Hyères
Ile du Levant
Porquerolles
Ile de Port-Cros
Iles d'Hyères

Carte 15

A
B
C
1
2
3
4
5
MER
MÉDITERRANÉE
Cap Corse
Ile Capraia
Ile Pianosa
Rogliano
Centuri
Meria
Luri
Pietracorbara
Sisco
Golfe de St-Florent
San-Martino-di-Lota
Miomo
Patrimonio
Bastia
St-Florent
Biguglia
Oletta
Santo-Pietro-di-Tenda
Murato
Sorio
Palasca
L'Ile-Rousse
Corbara
Algajola
Monticello
Belgodère
Aregno
Lumio
Calvi
Golfe de Calvi
Calenzana
Lucciana
Campile
Vescovato
Ponte-Leccia
Moltifao
Asco
Piedigriggio
Sorbo-Ocagnano
Castellare-di-Casinca
Penta-di-Casinca
Taglio-Isolaccio
Talasani
Poggio Mezzana
Morosaglia
Haute-Corse
2B
Francardo
Piedicroce
Pruno
Sta-Lucia-di-Moriani
San-Nicolao
Omessa
Sta-Maria-Poggio
Galéria
Fango
Lozzi
Calacuccia
Sermano
Cervione
Valle-di-Campoloro
San-Giuliano
Osani
Corte
Moïta
Linguizzetta
Golfe de Porto
Restonica
Piedicorte-di-Gaggio
Évisa
Ota
Giuncaggio
Capu Rossu
Piana
Venaco
Tavignano
Vezzani
Vivario
Tattone
Vico
Aléria
Cargèse
Salice
Liamone
Ghisoni
Fium Orbo
Bocognano
Golfe de Sagone
Casaglione
Vero
Poggio-di-Nazza
Ghisonaccia
Sari-d'Orcino
Carbuccia
Bastelica
Prunelli-di-Fiumorbo
Calcatoggio
Corse du Sud
2A
Solaro
Capo di Feno
Gravona
Taravo
Zicavo
Travo
Ajaccio
Solenzara
Porticcio
Grosseto Prugna
Pietrosella
Sari-Solenzara
Iles Sanguinaires
Golfe d'Ajaccio
Petreto-Bicchisano
Quenza
Zonza
Conca
Coti-Chiavari
Casalabriva
Serra-di-Scopamène
Ste-Lucie
Capu di Muru
Serra-di-Ferro
Olmeto
San-Gavino-di-Carbini
Levie
Lecci
Golfe de Porto-Vecchio
Propriano
Golfe de Valinco
Sartène
Campomoro
Porto-Vecchio
Sotta
Punta di u Capicciolu
Capu di Senetosa
Pianottoli-Caldarello
Figari
Bonifacio
Capo Pertusato
Bouches de Bonifacio
I. Maddalena
La Maddalena
I. Caprera
Santa Teresa Gallura
SARDAIGNE
Arzachena
Luogosanto

CYBELE VACANCES
ESPACES AQUATIQUES
COUVERTS ET CHAUFFÉS
SERVICES & COMMERCES
TOUTE L'ANNÉE
ANIMATIONS
D'AVRIL À NOVEMBRE
CAMPINGS
CYBELE VACANCES
En Loire Atlantique, Vendée ou dans les Pyrénées Orientales, nos campings 3 à 5 étoiles vous accueillent dans un environnement privilégié en bord de mer.
RETROUVEZ...
Une large gamme d'hébergements premium, dont certains avec jacuzzi privatif !
Des emplacements spacieux et verdoyants pour vos tentes, caravanes et camping-cars !
5%
de remise avec votre code
GUIDECC
De grandes aires de jeux pour les enfants
De superbes espaces aquatiques chauffés et de nombreuses autres prestations de qualité !
LES BRILLAS CAMPING
L'OCÉAN CAMPING
LE BEL AIR CAMPING
LES ALBÈRES CAMPING
RÉSERVATION 02 49 06 10 60
Ouvert de 9 h 00 à 20 h 00 - 7 jours / 7
www.cybelevacances.com

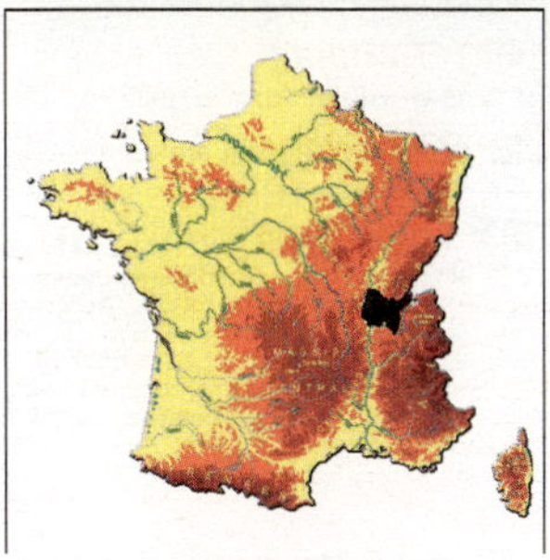

AMBERIEUX-EN-DOMBES

11-A1 38 km S.-O. Bourg-en-Bresse. 291 m. ✉ 01330

L'OASIS DES DOMBES ★★ Loisirs 72 E. 4 ha CV. Accès direct à l'étang.. Accueil groupes. Ouvert: 1.4 / 31.10. ☎ 04 74 00 83 40. E-mail : contact@campinglecerisier.com. Web : camping-oasis-des-dombes.fr/.
Lat. : 45° 59' 28" N **Long.** : 004° 54' 14" E.

ANGLEFORT

11-C1 706 m. ✉ 01350

ANGLEFORT ★★★ Tourisme 32 E. dont 10 nus, dont 20 GCC. 3 ha CV. Lac à 350 m. Ouvert: 10.4 / 15.10. ☎ 06 61 77 04 00. E-mail : contact@camping-anglefort.com. Web : www.camping-anglefort.com. Prix 2023. Fft nuit : empl. Tourisme (2 2) : 27 € (E. GCC)
Lat. : 45° 54' 21" N **Long.** : 005° 48' 51" E.

ARS-SUR-FORMANS

11-A1 42 km S.-O. Bourg-en-Bresse. 257 m. ✉ 01480

CAMPING MUNICIPAL LE BOIS DE LA DAME ★★★ Tourisme 65 E. 1,05 ha après 22 h, CV. Locations : , cosweet. , . Etang à 20 m ; rivière à 50 m.. Accueil groupes. Ouvert: 1.4 / 31.10. ☎ 04 74 00 77 23. E-mail : camping.boisdeladame@orange.fr. Web : www.campingduboisdeladame.fr/.
Lat. : 45° 59' 27" N **Long.** : 004° 48' 59" E.

ARTEMARE

11-C1 16 km N. Belley. 267 m. ✉ 01510

LE VAUGRAIS ★★★ Tourisme 70 E. dont 61 nus
CV. Locations : . Randonnée pédestre organisée. chauffée , . Accès direct à la rivière. . Ouvert: 1.4 / 1.10. ☎ 04 79 87 37 34. E-mail : contact@camping-le-vaugrais.fr. Web : www.camping-savoie-levaugrais.com. Prix 2022. Fft nuit : empl. Tourisme (2) : 34 € ( ) ; sup 7,50 € nuit ; animaux 2,50 € nuit ; 6,50 € nuit.
Lat. : 45° 52' 29" N **Long.** : 005° 40' 59" E.

CHALEINS

11-A1 40 km S.-O. Bourg-en-Bresse. 235 m. ✉ 01480

AIRE NATURELLE DE CAMPING CV. Ouvert: 10.4 / 15.10. ☎ 04 74 67 82 85. E-mail : earlpigeonnier@gmail.com.
Lat. : 46° 01' 16" N **Long.** : 004° 47' 38" E.

AIRE NATURELLE DU FOUR
FFCC CV. Ouvert: 12.4 / 15.10. ☎ 04 74 67 82 56. E-mail : earlpigeonnier@gmail.com. Prix 2023. 2,80 € ; 3,90 € ; 2,30 € ; 2,30 € ; 1,60 € ; animaux 0,90 € ; 1,60 € ; 2,30 €.
Lat. : 46° 01' 19" N **Long.** : 004° 47' 38" E.
FFCC : avantages adhérent : 5 € du 15/04 au 15/06 et du 15/09 au 15/10 sur emp.

CHALEY

11-B1 32 km N.-O. Belley. 572 m. ✉ 01230

CAMPING MUNICIPAL LE PRE COMMUN
NC Loisirs 37 E. 0,65 ha . Accès direct à la rivière.. Ouvert: 1.3 / 31.10. ☎ 06 87 45 52 45. E-mail : mairie@chaley.fr.
Lat. : 45° 57' 15" N **Long.** : 005° 32' 01" E.

CHAMPAGNE-EN-VALROMEY

11-C1 20 km N. Belley. 591 m. ✉ 01260

CAMPING MUNICIPAL DE CHAMPAGNE NC Tourisme 33 E. dont 15 nus 0,45 ha . Locations : , caravane, . chauffée , . Rivière à 2 km ; étang à 4 km.. Accueil groupes adultes. Ouvert: 4.4 / 30.9. ☎ 06 44 02 64 40. E-mail : camping.les.erables01@gmail.com.
Lat. : 45° 54' 23" N **Long.** : 005° 40' 45" E.

CHAMPDOR-CORCELLES

8-B5 26 km S. Nantua. 925 m. ✉ 01110

CAMPING MUNICIPAL LE VIEUX MOULIN ★★ Tourisme 62 E. , . Etang et rivière à 100 m. ; . Ouvert: 1.1 / 31.12. ☎ 04 74 36 01 79. E-mail : campingchampdor@orange.fr. Web : champdor-corcelles.jimdo.com/le-tourisme/le-camping/.
Lat. : 46° 01' 23" N **Long.** : 005° 35' 31" E.

CHAMPFROMIER

8-C5 21 km N.-E. Nantua. 1049 m. ✉ 01410

DOMAINE LES GEORENNES ★ Tourisme 30 E. dont 30 nus 0,67 ha CV . Locations : bulle. . Rivière à 2 km. Ouvert: 26.4 / 29.9. ☎ 07 81 17 23 15. E-mail : contact@lesgeorennes.com. Web : www.lesgeorennes.com.
Lat. : 46° 11' 20" N **Long.** : 005° 48' 47" E.

CHATILLON-SUR-CHALARONNE

8-A5 23 km O.-S.-O. Bourg-en-Bresse. 247 m. Station verte de vacances et village de neige ✉ 01400

CAMPING MUNICIPAL LE VIEUX MOULIN ★★★ Tourisme 115 E. dont 110 nus 2,1 ha CV . Accès direct à l'étang et à la rivière.. Accueil groupes. Ouvert: 12.6 / 27.9. ☎ 04 74 55 04 79. E-mail : camping@chatillon-sur-chalaronne.org. Web : www.camping-vieuxmoulin.com.
Lat. : 46° 07' 01" N **Long.** : 004° 57' 46" E.

CHAVANNES-SUR-REYSSOUZE

8-A4 36 km N.-O. Bourg-en-Bresse. 199 m. ✉ 01190

LES RIPETTES ★★★ Tourisme 54 E. dont 53 nus
1,1 ha . Locations : . Accueil groupes adultes. Ouvert: 1.4 / 30.9. ☎ 03 85 30 66 58. E-mail : info@camping-les-ripettes.com. Web : www.camping-les-ripettes.com. Réduction H.S.
Lat. : 46° 26' 40" N **Long.** : 004° 58' 50" E.

CHEZERY-FORENS

8-C5 14 km N. Bellegarde. 962 m. Village de neige ✉ 01410

LE VALSERINE ★★★ Tourisme 66 E. dont 56 nus
FFCC 1,45 ha CV . Locations : . Randonnée pédestre organisée. chauffée , . Accès direct à la rivière. . Ouvert: 1.5 / 16.9. ☎ 04 50 56 20 88. E-mail : ecocamping.levalserine@gmail.com. Web : www.camping-chezery.fr. Prix 2023. Fft jour : empl. Tourisme (2) : 27 € ( ) ; sup 5 € ; animaux 2 € ; 4 €.
Lat. : 46° 13' 03" N **Long.** : 005° 51' 51" E.
FFCC : avantages adhérent : 16 € du 16/04 au 01/07 et du 28/08 au 17/09 sur emp. et entre 75 € et 120 € la nuitée et entre 385 € et 750 € la semaine du 16/04 au 17/09 sur loc.

CONFRANCON

8-A5 15 km N.-O. Bourg-en-Bresse. 209 m. ✉ 01310

LA FERME DE CORNATON
FFCC . Ouvert: 1.1 / 28.12. ☎ 04 74 30 25 63. E-mail : marieclaudebasset@free.fr. Web : www.camping-decornaton.com.
Lat. : 46° 15' 22" N **Long.** : 005° 04' 38" E.
FFCC : avantages adhérent : 15 € du 01/01 au 31/12 sur emp.

CORMORANCHE-SUR-SAONE

8-A5 35 km O. Bourg-en-Bresse. 179 m. ✉ 01290

CAMPING DU LAC ★★★★ Tourisme 121 E.
FFCC 4 ha CV . Locations : , bivouac, cabanes, tipi, . , , . Accès direct aux bords du lac ; rivière à 1 km. ; . Accueil groupes. Ouvert: 30.4 / 30.9. ☎ 03 85 23 97 10. E-mail : contact@lac-cormoranche.com. Web : www.lac-cormoranche.com. Prix 2022. empl. Tourisme : 12,15 € ; 6,75 € ; animaux 2,70 € ; 3,40 €.
Lat. : 46° 15' 07" N **Long.** : 004° 49' 33" E.
FFCC : avantages adhérent : 16 € du 30/04 au 09/07 et du 29/08 au 30/09 sur emp.

CULOZ

11-C1 16 km N.-E. Belley. 510 m. ✉ 01350

LE COLOMBIER ★★★ Tourisme 75 E. dont 53 nus 1,25 ha CV . . Accès direct aux bords du lac. . Accueil groupes. Ouvert: 20.4 / 20.9. ☎ 04 79 87 19 00. E-mail : info@camping-alpes.net. Web : www.camping-alpes.net.
Lat. : 45° 51' 09" N **Long.** : 005° 47' 35" E.

DIVONNE-LES-BAINS

8-C5 8 km N.-N.-E. Gex. 810 m. ✉ 01220

HUTTOPIA DIVONNE LES BAINS ★★★ Tourisme 274 E. dont 168 nus

CV. Locations : , roulotte. chauffée , . Lac à 3,5 km. Accueil groupes. Ouvert: 14.4 / 15.10. ☎ 04 50 20 01 95. E-mail : divonne@huttopia.com. Web : europe.huttopia.com/site/camping-divonne-les-bains. Prix 2023. Fft nuit : empl. Tourisme (2) : 30 € ( ) ; sup 7 € nuit ; animaux 5 € nuit ; 5 € nuit. Réduction H.S.
Lat. : 46° 22' 31" N **Long.** : 006° 07' 16" E.

FFCC : avantages adhérent : 10% du 01/01 au 01/07 et du 31/08 au 31/1210% du 01/01 au 01/07 et du 31/08 au 31/12 sur emp. et loc. + 5% de réduction en juillet-août sur les emplacements nus et locatifs * frais de réservation offerts Rendez-vous dans votre club avantages FFCC pour obtenir le code promotionnel.

DORTAN

8-C5 24 km N. Nantua. 477 m. ✉ 01590

LE LAC DE COISELET ★ Loisirs 50 E. dont 7 nus CV . Locations : . . Accès direct aux bords du lac ; rivière à 600 m. ; . Ouvert: 1.5 / 30.9. ☎ 04 74 75 86 34. E-mail : rochet.josiane@neuf.fr. Web : rochet.josiane.perso.sfr.fr.
Lat. : 46° 20' 30" N **Long.** : 005° 38' 43" E.

GEX

8-C5 69 km N.-E. Bourg-en-Bresse. 949 m. ✉ 01170

LES GENÊTS ★★★ Tourisme 132 E. dont 132 nus, dont 100 CC. . Randonnée pédestre organisée. . Etang à 3 km ; rivière à 5 km. Accueil groupes. Ouvert: 1.5 / 31.10. ☎ 04 56 82 14 04. E-mail : campinglesgenets01@gmail.com. Web : camping-les-genets-gex.com.
Lat. : 46° 20' 01" N **Long.** : 006° 03' 57" E.

HAUT VALROMEY

11-C1 32 km S.-O. Nantua. 1037 m. ✉ 01260

AIRE NATURELLE MUNICIPALE CV. Ouvert: 15.4 / 31.10. ☎ 04 79 87 23 98. E-mail : activpleinair@orange.fr, Web : www.activpleinair.com.
Lat. : 46° 02' 19" N **Long.** : 005° 42' 03" E.

HAUTECOURT-ROMANECHE

8-B5 18 km S.-E. Bourg-en-Bresse. 382 m. ✉ 01250

L'ILE CHAMBOD ★★★ Tourisme 109 E. dont 91 nus, dont 80 CC.

2,4 ha CV . Locations : , , . , . Rivière à 200 m. . Accueil groupes. Ouvert: 15.4 / 24.9. ☎ 04 74 37 25 41. E-mail : contact@campingilechambod.com. Web : www.campingilechambod.com. Prix 2023. Fft jour : empl. Tourisme (2) : 22,7 € ( ) ; sup 6,90 € ; animaux 2,90 € ; 4,80 € ; 4,30 €.
Lat. : 46° 07' 40" N **Long.** : 005° 25' 42" E.

FFCC : avantages adhérent : 21 € du 15/04 au 07/07 et du 28/08 au 23/09 sur emp.

HAUTEVILLE-LOMPNES

11-B1 30 km N.-N.-O. Belley. 864 m. Station verte de vacances et village de neige ✉ 01110

LES 12 COLS ★★★ Tourisme 91 E.

CV . Locations : cabanes. . Accueil groupes. Ouvert: 3.4 / 3.10. ☎ 04 37 86 55 87. E-mail : contact@camping-les12cols.fr. Web : www.camping-les12cols.fr.
Lat. : 45° 58' 13" N **Long.** : 005° 35' 43" E.

FFCC : avantages adhérent : 17 € du 14/04 au 07/07 et du 27/08 au 01/10 sur emp. et 10% du 14/04 au 07/07 et du 27/08 au 01/10 sur loc.

JOURNANS

8-B5 11 km S.-E. Bourg. 356 m. ✉ 01250

CAMPING MUNICIPAL NC Tourisme 35 E. 0,8 ha . Accueil groupes. Ouvert: 1.5 / 30.9. ☎ 04 74 51 64 45. E-mail : mairiejournans@wanadoo.fr. Web : www.journans.fr.
Lat. : 46° 08' 50" N **Long.** : 005° 19' 52" E.

LE POIZAT-LALLEYRIAT

8-C5 901 m. ✉ 01130

AIRE NATURELLE DES CLOSETS . Ouvert: 1.4 / 30.9. ☎ 04 74 75 31 19. E-mail : guides@campingfrance.com.
Lat. : 46° 08' 16" N **Long.** : 005° 39' 44" E.

MALAFRETAZ

8-B5 15 km N.-O. Bourg-en-Bresse. 203 m. ✉ 01340

M. JEAN CRETIN CV. Ouvert: 1.1 / 31.12. ☎ 04 74 30 81 19 / 06 88 75 34 34. E-mail : fermequestremalaf@wanadoo.fr, Web : www.ferme-equestre-malafretaz.com.
Lat. : 46° 19' 54" N **Long.** : 005° 09' 10" E.

MANTENAY-MONTLIN

8-B4 28 km N.-O. Bourg-en-Bresse. 207 m. ✉ 01560

CAMPING DE MON VILLAGE ★★ Tourisme 30 E. dont 23 nus, dont 6 CC. 0,8 ha . . Accès direct à la rivière.. Accueil groupes. Ouvert: 1.4 / 31.10. ☎ 01 83 64 69 21. E-mail : contact@campingcarpark.com. Web : www.campingducoq.fr. Prix 2022. Réduction H.S.
Lat. : 46° 25' 20" N **Long.** : 005° 05' 31" E.

MASSIGNIEU-DE-RIVES

11-C1 8 km E. Belley. 284 m. ✉ 01300

LAC DU LIT DU ROI ★★★★ Tourisme 129 E. dont 80 nus, dont 70 CC.

3 ha CV . Locations : tipi . chauffée , , . Accès direct aux bords du lac. ; ; . . Accueil groupes adultes. Ouvert: 28.3 / 4.10. ☎ 04 79 42 12 03. E-mail : info@camping-savoie.com. Web : www.camping-savoie.com.
Lat. : 45° 46' 07" N **Long.** : 005° 46' 11" E.

FFCC : avantages adhérent : 20 € du 26/03 au 06/07 et du 31/08 au 01/10 sur emp. et entre 45 € et 150 € la nuitée et entre 206 € et 702 € la semaine du 26/03 au 06/07 et du 31/08 au 01/10 sur loc.

MATAFELON-GRANGES

8-B5 15 km N.-O. Nantua. 445 m. ✉ 01580

LES GORGES DE L'OIGNIN ★★★ Tourisme 130 E.

2,6 ha CV . chauffée . Accès direct aux bords du lac. ; . Accueil groupes. Ouvert: 15.4 / 20.9. ☎ 04 74 76 80 97. E-mail : camping.lesgorgesdeloignin@orange.fr. Web : www.camping-ain-jura.com. Réduction H.S.
Lat. : 46° 15' 19" N **Long.** : 005° 33' 25" E.

MEILLONNAS

8-B5 12 km N.-E. Bourg en Bresse. 290 m. ✉ 01370

CAMPING MUNICIPAL DE LA RAZA ★★★ Tourisme 33 E. 1 ha . Locations : , tipi. . Accès direct à l'étang.. Ouvert: 15.4 / 15.10. ☎ 04 74 42 32 42 / 0 6 28 61 93 39. E-mail : camping.meillonnas@sfr.fr. Web : meillonnas.grandbourg.fr/1705-camping.htm. Prix 2022. Fft jour : empl. Tourisme (1) : 9,5 € ( ) ; sup 4,50 € ; animaux 2,40 € ; 2,50 € ; 3 €.
Lat. : 46° 15' 27" N **Long.** : 005° 19' 22" E.

MESSIMY-SUR-SAONE

8-A5 45 km S.-O. Bourg-en-Bresse. 184 m. ✉ 01480

CAMPING MUNICIPAL NC Loisirs 33 E. 1 ha . Rivière à 1,5 km. Ouvert: 1.4 / 30.10. ☎ 04 74 67 80 77. E-mail : mairie.messimysursaone@orange.fr.
Lat. : 46° 02' 60" N **Long.** : 004° 45' 49" E.

MONTREVEL-EN-BRESSE

8-B5 16 km N.-N.-E. Bourg-en-Bresse. 206 m. Station verte de vacances et village de neige ✉ 01340

LA PLAINE TONIQUE ★★★★ Tourisme 537 E. dont 371 nus

15 ha CV . Locations : , tipi, . couverte chauffée , , , . Accès direct aux bords du lac et à la rivière. ; ; . . Accueil groupes. Ouvert: 25.4 / 31.8. ☎ 04 74 30 80 52. E-mail : contact@laplainetonique.com. Web : www.laplainetonique.com. Prix 2022. Fft nuit : empl. Tourisme (2) : 32,2 € ( ) ; sup 7,60 € nuit ; animaux 8 € nuit ; 5,10 € nuit.
Lat. : 46° 20' 20" N **Long.** : 005° 08' 12" E.

FFCC : avantages adhérent : 21 € du 27/04 au 08/07 et du 27/08 au 03/09 sur emp.

MURS-ET-GELIGNIEUX

11-C2 16 km S. Belley. 261 m. ✉ 01300

L'ÎLE DE LA COMTESSE ★★★★ Tourisme 110 E. dont 59 nus

CV . Locations : . Randonnée pédestre organisée. chauffée , . Accès direct à la rivière ; lac à 500 m. ; . Accueil groupes adultes. Ouvert: 19.4 / 15.9. ☎ 04 79 87 23 33. E-mail : camping.comtesse@wanadoo.fr. Web : www.ile-de-la-comtesse.com. Réduction H.S.
Lat. : 45° 38' 24" N **Long.** : 005° 38' 56" E.

NANTUA

8-B5 53 km S.-E. Bourg-en-Bresse. 721 m. Station verte de vacances et village de neige ✉ 01130

DU SIGNAL ★★ Tourisme 46 E. dont 36 nus CV . Locations : , bivouac. , . Accès direct à la rivière ; lac à 500 m.. Accueil groupes. Ouvert: 15.4 / 15.9. ☎ 04 74 75 02 09. E-mail : contact@camping-nantua.fr. Web : www.camping-nantua.fr.
Lat. : 46° 09' 05" N **Long.** : 005° 36' 01" E.

NIVIGNE ET SURAN

8-B5 20 km N.-E. Bourg-en-Bresse. 417 m. ✉ 01250

CAMPING MUNICIPAL NC Tourisme 28 E. dont 21 nus . . Accès direct à la rivière. . Accueil groupes. Ouvert: 1.5 / 31.8. ☎ 06 07 90 46 42. E-mail : camping@chavannes-sur-suran.fr. Web : camping.chavannes-sur-suran.fr.
Lat. : 46° 15' 53" N **Long.** : 005° 25' 43" E.

PARCIEUX

11-A1 48 km S.-O. Bourg-en-Bresse. 211 m. ✉ 01600

L'ECLUSE ★★ Loisirs 180 E. dont 170 nus 3,7 ha CV . Locations : , caravane. . Accès direct à la rivière. ; . Accueil groupes enfants. Ouvert: 1.4 / 30.9. ☎ 04 78 98 06 32. E-mail : info@campingdelecluse.com. Web : www.campingdelecluse.com/.
Lat. : 45° 54' 41" N **Long.** : 004° 48' 49" E.

PONCIN

8-B5 26 km S.-O. Nantua. 340 m. Station verte de vacances et village de neige ✉ 01450

LA VALLÉE DE L'AIN - KINGLAND ★★★ Tourisme 100 E. dont 93 nus 2,5 ha CV . chauffée . Accès direct à la rivière ; étang et lac à 4 km. . Accueil groupes. Ouvert: 1.4 / 15.11. ☎ 09 81 62 78 55. E-mail : contact@camping-vallee-ain.fr. Web : www.camping-vallee-ain.fr. Réduction H.S.
Lat. : 46° 05' 23" N **Long.** : 005° 24' 15" E.

PONT-D'AIN

8-B5 20 km S.-S.-E. Bourg-en-Bresse. 258 m. ✉ 01160

L'OISELON ★★★ Loisirs 180 E. dont 175 nus CV . Locations : , caravane, . . Accès direct à la rivière ; lac à 4 km ; étang à 5 km. ; . Accueil groupes. Ouvert: 19.3 / 9.10. ☎ 04 74 39 05 23. E-mail : campingoiselon@free.fr. Web : www.campingpontdain.e-monsite.com. Prix 2022. 5 € ; 4 € ; 2,80 € ; 2,80 € ; 2,20 € ; 3 € ; 2,80 €.
Lat. : 46° 02' 48" N **Long.** : 005° 20' 43" E.

PONT-DE-VAUX

8-A4 35 km N.-O. Bourg-en-Bresse. 175 m. Station verte de vacances et village de neige ✉ 01190

CHAMP D'ÉTÉ ★★★★ Tourisme 142 E. dont 105 nus

2 ha CV. Locations : cocosweet. Espace Fitness. couverte chauffée , . Etang et rivière à 100 m. . Accueil groupes. Ouvert: 1.4 / 16.10. ☎ 03 85 23 96 10. E-mail : campinglechampdete@onlycamp.fr. Web : www.onlycamp.fr/camping-le-champ-d%27ete-pont-de-vaux/ain. Réduction H.S.
Lat. : 46° 25' 46" N **Long.** : 004° 55' 60" E.
FFCC : avantages adhérent : 10% du 07/04 au 08/07 et du 28/08 au 15/10 sur emp. et 10% du 03/03 au 08/07 et du 28/08 au 26/11 sur loc. + 5% saison (juillet/aout) sur les emplacements nus et locatifs *Frais de réservations offerts toute lannée.

AUX RIVES DU SOLEIL ★★★ Tourisme 178 E.

8 ha CV . Locations : cocosweet. , . Accès direct à la rivière. ; ; . Accueil groupes. Ouvert: 23.4 / 11.10. ☎ 03 85 30 33 65. E-mail : info@rivesdusoleil.com. Web : www.rivesdusoleil.com. Réduction H.S.
Lat. : 46° 26' 49" N **Long.** : 004° 53' 55" E.
FFCC : avantages adhérent : 18 € du 21/04 au 10/07 et du 28/08 au 02/10 sur emp.

PORT

8-B5 4 km O. Nantua. 636 m. ✉ 01460

LE LAC NC Tourisme 80 E. 2 ha . . Accès direct aux bords du lac. . . Ouvert: 1.5 / 31.10. ☎ 04 74 76 01 63.
Lat. : 46° 10' 01" N **Long.** : 005° 34' 19" E.

PRIAY

11-B1 27 km S.-E. Bourg-en-Bresse. 284 m. ✉ 01160

L'ESCAPADE ★★ Tourisme 120 E. dont 85 nus, dont 4 CC - 5 GCC.

3 ha CV . Locations : roulotte. , , . Accès direct à l'étang et aux bords du lac et à la rivière. ; . Accueil groupes. Ouvert: 1.4 / 30.9. ☎ 04 37 86 47 13. E-mail : direction@camping-ain.fr. Web : www.camping-ain.fr. Réduction H.S.
Lat. : 46° 00' 13" N **Long.** : 005° 17' 55" E.
FFCC : avantages adhérent : 20 € du 01/04 au 25/06 et du 03/09 au 25/09 sur emp. et entre 65 € et 85 € la nuitée et entre 265 € et 395 € la semaine du 01/04 au 25/06 et du 03/09 au 25/09 sur loc.

SAINT-DIDIER-SUR-CHALARONNE

8-A5 34 km O. Bourg-en-Bresse. 182 m. ✉ 01140

CAMPING MUNICIPAL LA CHALARONNE ★★★ Tourisme 134 E.

2,3 ha . Locations : . , . Accès direct à la rivière ; étang à 500 m. . Accueil groupes adultes. Ouvert: 1.4 / 30.10. ☎ 04 74 04 94 15. E-mail : camping.la.chalaronne@orange.fr. Web : www.campingchalaronne.com.
Lat. : 46° 10' 30" N **Long.** : 004° 48' 52" E.
FFCC : avantages adhérent : 16 € du 15/03 au 30/06 et du 01/09 au 15/10 sur emp.

SAINT-ETIENNE-DU-BOIS

8-B5 10 km N.-E. Bourg-en-Bresse. 241 m. ✉ 01370

CAMPING MUNICIPAL LE SEVRON ★★ Tourisme 64 E. CV . , . Accès direct à la rivière ; étang à 300 m.. Accueil groupes. Ouvert: 1.1 / 31.12. ☎ 04 74 24 05 47 / 06 47 97 50 73. E-mail : campingdusevron@gmail.com. Web : www.campingdusevron.fr.
Lat. : 46° 17' 00" N **Long.** : 005° 17' 27" E.

SAINT-JEAN-DE-NIOST

11-B1 43 km S. Bourg-en-Bresse. 217 m. ✉ 01800

LA RIVIERE NC Loisirs 65 E. Ouvert: 1.4 / 15.9. ☎ 07 68 16 97 17. E-mail : contact@camping-la-riviere.fr. Web : camping-ain-lariviere.fr.
Lat. : 45° 50' 11" N **Long.** : 005° 13' 49" E.

SAINT-MAURICE-DE-GOURDANS

11-B1 45 km S. Bourg-en-Bresse. 203 m. ✉ 01800

LES PLAGES DE L'AIN ★★★ Tourisme 110 E. dont 60 nus

CV . Locations : , cocosweet, . , . Accès direct à la rivière. ; . Ouvert: 6.1 / 30.9. ☎ 04 74 35 82 93. E-mail : contact@campingain.fr. Web : www.campingain.fr.
Lat. : 45° 48' 28" N **Long.** : 005° 11' 09" E.
FFCC : avantages adhérent : 16 € du 01/04 au 09/07 et du 27/08 au 30/09 sur emp.

SOUS LE MOULIN ★★ Loisirs 83 E. dont 83 nus 2,5 ha . Rivière à 300 m. . Accueil groupes. Ouvert: 1.1 / 31.12. ☎ 04 74 61 88 35. E-mail : camping.souslemoulin@yahoo.fr. Réduction H.S.
Lat. : 45° 48' 34" N **Long.** : 005° 11' 09" E.

SAINT-NIZIER-LE-BOUCHOUX

8-B4 33 km N.-O. Bourg-en-Bresse. 208 m. ✉ 01560

DOMAINE DE MÉPILLAT ★★★ Tourisme 62 E. dont 35 nus, dont 35 GCC.

1,7 ha CV . Locations : , tonneau, yourte. Espace Fitness. chauffée , . Etang à 10 m. . Ouvert: 7.4 / 17.9. ☎ 09 70 77 01 21. E-mail : contact@camping-mepillat.fr. Web : www.camping-mepillat.fr. Prix 2023. Fft jour : empl. Tourisme (2) : 26 € ( ). Réduction H.S.
Lat. : 46° 27' 07" N **Long.** : 005° 11' 23" E.
FFCC : avantages adhérent : 16 € du 15/04 au 01/07 et du 27/08 au 25/09 sur emp.

SAINT-NIZIER-LE-DESERT

8-B5 19 km S.-O. Bourg-en-Bresse. 282 m. ✉ 01320

BASE DE LOISIRS LA NIZIÈRE ★★★ Tourisme 78 E. dont 60 nus, dont 8 GCC. CV . A 10 km : . Locations : . , . Accès direct à l'étang. . Accueil groupes. Ouvert: 1.4 / 25.9. ☎ 09 70 02 61 77. E-mail : campinglaniziere@gmail.com. Web : www.laniziere.com/.
Lat. : 46° 03' 15" N **Long.** : 005° 09' 30" E.

SAINT-PAUL-DE-VARAX

8-B5 14 km S.-O. Bourg-en-Bresse. 269 m. ✉ 01240

DOMAINE DE LA DOMBES ★★★★ Tourisme 86 E. dont 30 nus 8 ha CV . Locations : , cabanes, roulotte, . Randonnée pédestre organisée. , , . Accès direct à l'étang. ; . Accueil groupes. Ouvert: 31.3 / 4.11. ☎ 04 74 30 32 32. E-mail : contact@domainedeladombes.com. Web : www.domainedeladombes.com. Prix 2023. Fft jour : empl. Tourisme : 34 € ( ) ; sup 5,50 € ; animaux 4 € ; 4,50 €. Réduction H.S.
Lat. : 46° 05' 11" N **Long.** : 005° 09' 08" E.

SANDRANS

8-A5 29 km S.-O. Bourg-en-Bresse. 275 m. ✉ 01400

LE PARADIS DES DOMBES ★★★ Tourisme 75 E.

CV . Locations : . . Accès direct à l'étang.. Accueil groupes. Ouvert: 2.4 / 16.10. ☎ 04 28 45 94 07. E-mail : campingsandrans@numericable.fr. Web : www.paradis-des-dombes.com. Prix 2023. Fft jour : empl. Tourisme (2) : 22 € ( ) ; sup 6 € ; animaux 2 €.
Lat. : 46° 03' 43" N **Long.** : 004° 58' 20" E.
FFCC : avantages adhérent : 17 € du 01/04 au 08/07 et du 26/08 au 16/10 sur emp.

SERRIERES-DE-BRIORD

11-B1 35 km N.-O. Belley. 250 m. ✉ 01470

LE POINT VERT ★★★ Tourisme 137 E. 2,5 ha CV. Locations : . , , . Accès direct aux bords du lac. ; ; . Accueil groupes. Ouvert: 15.4 / 30.9. ☎ 04 74 36 13 45. E-mail : campingdupointvert@wibox.fr. Web : www.camping-ain-bugey.com. Réduction H.S.
Lat. : 45° 48' 58" N **Long.** : 005° 25' 38" E.

SEYSSEL

11-C1 29 km N.-N.-E. Belley. 289 m. ✉ 01420

CAMPING INTERNATIONAL NC Tourisme 45 E. dont 30 nus 22 h 30 / 7 h 30, CV . Locations : . Randonnée pédestre organisée. chauffée . Rivière à 1 km. Accueil groupes. Ouvert: 28.4 / 30.9. ☎ 04 50 59 28 47. E-mail : camp.inter@wanadoo.fr. Web : www.camp-inter.fr. Réduction H.S.
Lat. : 45° 56' 59" N **Long.** : 005° 49' 25" E.

SIMANDRE-SUR-SURAN

8-B5 17 km N.-E. Bourg-en-Bresse. 371 m. ✉ 01250

CAMPING MUNICIPAL NC Tourisme 15 E. 0,18 ha CV. . Accès direct à la rivière. . Ouvert: 10.6 / 10.9. ☎ 04 74 30 63 36. E-mail : mairiedesimandre@wanadoo.fr. Web : www.cc-treffort-revermont.fr.
Lat. : 46° 13' 31" N **Long.** : 005° 25' 04" E.

SONGIEU

11-C1 29 km N. Belley. 877 m. ✉ 01260

CAMPING MUNICIPAL SONGIEU NC 33 E. dont 31 nus

. Locations : , caravane. Etang à 1 km ; rivière à 5 km. Ouvert: 1.1 / 31.12. ☎ 04 79 87 71 38. E-mail : hebergement.songieu@free.fr. Web : www.vivreenvalromeyretord.com/camping-municipal-songieu.html. Prix 2022. empl. Tourisme : 1,20 € ; 2 € ; 1,20 € ; 1,20 € ; 2,40 €.
Lat. : 45° 58' 18" N **Long.** : 005° 42' 10" E.
FFCC : avantages adhérent : 10.74 € du 01/01 au 31/03 et du 01/10 au 31/12 sur emp. et entre 13 € et 15 € la nuitée et entre 85 € et 100 € la semaine du 01/01 au 31/03 et du 01/10 au 31/12 sur loc.

THEZILLIEU

11-B1 25 km N.-O. Belley. 894 m. ✉ 01110

CAMPING MUNICIPAL DU GENEVRAY NC Tourisme 15 E. 1 ha CV. Locations : tonneau. . Accès direct à l'étang.. Ouvert: 1.5 / 30.9. ☎ 0 7 77 23 96 51 / 04 74 37 56 48. E-mail : christophe.joulin@plateauhauteville.fr. Web : www.plateauhauteville.fr. Prix 2022. Fft jour : empl. Tourisme (2) : 12 € ( )
Lat. : 45° 53' 21" N **Long.** : 005° 35' 10" E.

THOISSEY

8-A5 34 km O. Bourg-en-Bresse. 172 m. ✉ 01140

CAMPING DU VAL DE SAONE ★★★ Tourisme 280 E. dont 270 nus

7 ha CV . Locations : , cabanes, roulotte, . chauffée , . Rivière à 100 m. ; . Accueil groupes. Ouvert: 25.4 / 4.10. ☎ 04 74 69 22 22. E-mail : contact@campingdethoissey.fr. Web : www.campingdethoissey.fr. Prix 2023. Fft jour : empl. Tourisme (2) : 26 € ( )
Lat. : 46° 09' 53" N **Long.** : 004° 47' 41" E.
FFCC : avantages adhérent : 17 € du 15/04 au 30/06 et du 01/09 au 05/11 sur emp. et entre 40 € et 85 € la nuitée et entre 240 € et 390 € la semaine du 13/05 au 01/07 et du 26/08 au 16/09 sur loc.

TREVOUX

11-A1 55 km S.-O. Bourg-en-Bresse. 189 m. Station verte de vacances et village de neige ✉ 01600

KANOPÉE VILLAGE DE TRÉVOUX ★★★ Loisirs 213 E. dont 183 nus

5 ha CV . Locations : . chauffée , . Accès direct à la rivière ; étang et lac à 3 km. . Accueil groupes. Ouvert: 1.4 / 30.9. ☎ 04 74 08 44 83. E-mail : contact@kanopee-village.com. Web : www.kanopee-village.com.
Lat. : 45° 56' 21" N **Long.** : 004° 46' 01" E.

VAL-REVERMONT

8-B5 15 km N.-E. Bourg-en-Bresse. 322 m. ✉ 01370

LA GRANGE DU PIN ★★★ Tourisme 85 E. 2,5 ha CV. Locations : roulotte. Accès direct à l'étang et aux bords du lac. Accueil groupes. Ouvert: 1.4 / 31.10. ☎ 06 46 20 45 55. E-mail : camping@val-revermont.fr. Web : www.campinglagrangedupin.fr.
Lat. : 46° 18′ 21″ N **Long.** : 005° 21′ 19″ E.

VILLARS-LES-DOMBES

11-A1 28 km S.-O. Bourg-en-Bresse. 280 m. Station verte de vacances et village de neige ✉ 01330

LE NID DU PARC ★★★★ Tourisme 167 E. dont 148 nus CV. Locations : roulotte. Accès direct à la rivière ; étang à 2 km.. Accueil groupes. Ouvert: 29.3 / 11.11. ☎ 04 74 98 00 21. E-mail : camping@parcdesoiseaux.com. Web : www.lenidduparc.com. Réduction H.S.
Lat. : 45° 59′ 51″ N **Long.** : 005° 01′ 50″ E.

LE LARGE ★★ Loisirs 66 E. dont 20 nus CV. Locations : Accès direct à l'étang. Ouvert: 1.1 / 31.12. ☎ 04 82 31 29 70. E-mail : campinglelarge@orange.fr. Web : www.camping-le-large.com. Réduction H.S.
Lat. : 45° 59′ 15″ N **Long.** : 005° 02′ 37″ E.

VILLIEU-LOYES-MOLLON

11-B1 38 km S. Bourg-en-Bresse. 254 m. ✉ 01800

CLAIRE RIVIÈRE ★★★ Loisirs 161 E. CV. Locations : chauffée. Accès direct à l'étang ; rivière à 200 m ; lac à 800 m. Accueil groupes. Ouvert: 1.4 / 15.10. ☎ 04 74 61 93 00. E-mail : contact@claire-riviere.com. Web : claire-riviere.fr.
Lat. : 45° 54′ 43″ N **Long.** : 005° 14′ 02″ E.

VIRIAT

8-B5 6 km N. Bourg-en-Bresse. 229 m. ✉ 01440

LOUIS CHATARD. Ouvert: 1.5 / 15.10. ☎ 04 74 25 87 55.
Lat. : 46° 15′ 04″ N **Long.** : 005° 16′ 03″ E.

VONNAS

8-A5 23 km O. Bourg-en-Bresse. 202 m. Station verte de vacances et village de neige ✉ 01540

CAMPING MUNICIPAL LE RENOM ★★★ Tourisme 83 E. dont 72 nus, dont 10 CC - 5 GCC. 2,02 ha CV. Locations : . Accès direct à la rivière.. Accueil groupes. Ouvert: 2.4 / 30.9. ☎ 04 74 50 02 75. E-mail : camping.lerenom@vonnas.com. Web : camping-renom.com. Réduction H.S.
Lat. : 46° 13′ 20″ N **Long.** : 004° 59′ 12″ E.
FFCC : avantages adhérent : 22 € du 01/04 au 08/07 et du 26/08 au 30/09 sur emp.

02 AISNE

Cartes 1-3

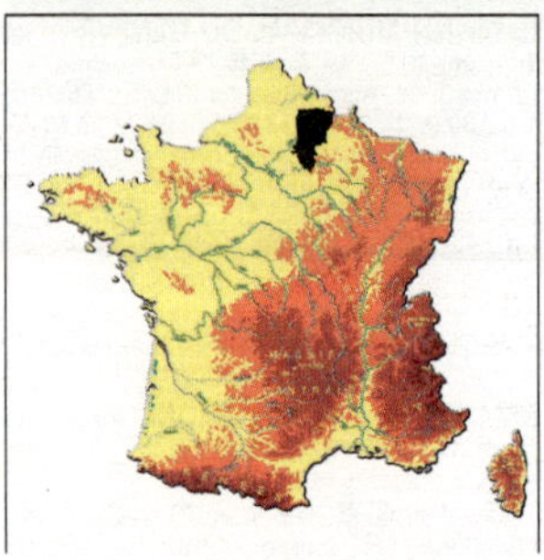

AIZELLES

1-E5 19 km S.-E. Laon. 101 m. ✉ 02820

MME MAGALI MERLO . A 10 km : . Ouvert: 15.4 / 15.10. ☎ 03 23 22 41 18. E-mail : magali.merlo@orange.fr, Web : www.camping-du-moulin.fr.
Lat. : 49° 29′ 24″ N **Long.** : 003° 48′ 32″ E.

BERNY-RIVIERE

1-D5 15 km O.-N.-O. Soissons. 82 m. ✉ 02290

LA CROIX DU VIEUX PONT ★★★★★ Tourisme 574 E. dont 60 nus 34 ha. Locations : couverte chauffée. Accès direct à l'étang et à la rivière. Ouvert: 31.3 / 29.10. ☎ 04 84 39 08 60. E-mail : inesselma@homair.com. Web : www.homair.com.
Lat. : 49° 24′ 22″ N **Long.** : 003° 07′ 43″ E.

BOUE

1-E4 34 km N.-O. Vervins. 162 m. ✉ 02450

AIRE NATURELLE MUNICIPALE . Ouvert: 1.4 / 15.10. ☎ 03 23 60 06 69. E-mail : mairie.de.boue@wanadoo.fr.
Lat. : 50° 00′ 41″ N **Long.** : 003° 41′ 46″ E.

BOURG-ET-COMIN

1-E5 25 km S.-E. Laon. 81 m. ✉ 02160

LA POINTE ★★ Tourisme 40 E. 0,5 ha CV. Locations : couverte chauffée. Etang et rivière à 1 km ; lac à 5 km. Accueil groupes. Ouvert: 1.1 / 31.12. ☎ 03 23 25 87 52. E-mail : sejouraucamping@gmail.com. Web : www.camping-aisne.com.
Lat. : 49° 23′ 54″ N **Long.** : 003° 39′ 40″ E.

ETREAUPONT

1-E4 8 km N. Vervins. 178 m. ✉ 02580

CAMPING DU VAL D'OISE ★★ Tourisme 40 E. 1,7 ha CV. Locations : . Accès direct à la rivière.. Accueil groupes. Ouvert: 1.4 / 30.9. ☎ 03 23 97 48 04. E-mail : mairie.etreaupont@wanadoo.fr. Web : www.campingduvaldoisern2.com.
Lat. : 49° 54′ 21″ N **Long.** : 003° 55′ 13″ E.

FERE-EN-TARDENOIS

3-D2 24 km N.-E. Chateau-Thierry. 162 m. ✉ 02130

LE NID DANS LES BRUYÈRES ★★ Tourisme 20 E. CV. Etang à 200 m. Ouvert: 13.1 / 16.12. ☎ 03 23 82 71 22. E-mail : nadine@leniddanslesbruyeres.fr. Web : www.leniddanslesbruyeres.fr.
Lat. : 49° 12′ 30″ N **Long.** : 003° 31′ 04″ E.

GUIGNICOURT

1-E5 35 km S.-E. Laon. 76 m. ✉ 02190

CAMPING MUNICIPAL AU BORD DE L'AISNE ★★★★ Tourisme 100 E. 1,5 ha. Accès direct à la rivière.. Ouvert: 1.1 / 31.12. ☎ 03 23 79 74 58. E-mail : campingguignicourt@orange.fr. Web : www.camping-aisne-picardie.fr.
Lat. : 49° 25′ 56″ N **Long.** : 003° 58′ 14″ E.

GUISE

1-E4 23 km N.-O. Vervins. 129 m. ✉ 02120

CAMPING DE LA VALLÉE DE L'OISE ★★★ Tourisme 110 E. 2,4 ha CV. Locations : caravane. Accès direct à la rivière. Accueil groupes. Ouvert: 15.4 / 15.10. ☎ 03 23 61 14 86. E-mail : camping.guise@outlook.fr. Web : campingguise.wixsite.com/camping-vallee-oise.
Lat. : 49° 53′ 42″ N **Long.** : 003° 38′ 01″ E.

HIRSON

1-E4 18 km N.-E. Vervins. 219 m. ✉ 02500

LE DOMAINE DE BLANGY ★★★ Tourisme 45 E. dont 30 nus CV. Locations : . Accès direct à l'étang et à la rivière.. Accueil groupes. Ouvert: 15.4 / 15.9. ☎ 03 75 10 01 00. E-mail : contact@domainedeblangy.com. Web : www.domainedeblangy.com.
Lat. : 49° 56′ 36″ N **Long.** : 004° 05′ 18″ E.

HOMBLIERES

1-D4 6 km E. Saint-Quentin. 100 m. 02720

LE COL VERT ★★ Loisirs 100 E. CV. A 8 km : . Accès direct à l'étang.. Accueil groupes. Ouvert: 1.4 / 30.9. ☎ 03 23 68 22 08. E-mail : camping.le.colvert@orange.fr. Web : www.campinglecolvert.fr.
Lat. : 49° 50' 49" N **Long.** : 003° 20' 58" E.

LA FERE

1-D5 21 km N.-O. Laon. 51 m. 02800

CAMPING MUNICIPAL DU MARAIS DE LA FONTAINE **En cours de classement** Tourisme 26 E. . Accès direct à l'étang et à la rivière. Accueil groupes. Ouvert: 1.4 / 30.9. ☎ 03 23 56 82 94. E-mail : mairie@ville-lafere.fr.
Lat. : 49° 39' 58" N **Long.** : 003° 21' 44" E.

LAON

1-E5 130 km N.-E. Paris. 86 m. 02000

LA CHENAIE ★★★ Tourisme 54 E. CV . Locations : , . chauffée . Accueil groupes. Ouvert: 1.4 / 30.9. ☎ 03 23 23 38 63. E-mail : contact.camping.laon@gmail.com. Web : camping-aisne.fr.
Lat. : 49° 33' 47" N **Long.** : 003° 35' 40" E.

LATILLY

3-D3 157 m. 02210

DOMAINE DE LA SALAMANDRE **NC** 11 E. Locations : . , , .. Ouvert: 1.1 / 31.12. ☎ 03 23 70 66 14. E-mail : lelagonbleu-latilly@orange.fr. Web : www.lagonbleu-latilly.fr.
Lat. : 49° 09' 44" N **Long.** : 003° 18' 05" E.

LE NOUVION-EN-THIERACHE

1-E4 30 km N.-O. Vervins. 206 m. Station verte de vacances et village de neige 02170

CAMPING MUNICIPAL LE LAC DE CONDÉ ★★ Tourisme 56 E. dont 56 nus 1,5 ha CV . Etang à 50 m. Accueil groupes adultes. Ouvert: 1.4 / 30.9. ☎ 03 23 98 98 58. E-mail : campinglenouvionenthierache@gmail.com. Web : www.camping-thierache.com. Prix 2022. Fft jour : empl. Tourisme (2) : 12 € ( ) ; sup 4,70 € ; animaux 1 € ; 3,50 € ; 5,20 €.
Lat. : 50° 00' 20" N **Long.** : 003° 46' 58" E.
FFCC : avantages adhérent : 15 € du 01/04 au 30/06 et du 01/09 au 29/09 sur emp.

CAMPING DE MARLEMPERCHE ★ Loisirs 60 E. 1 ha CV. Locations : . . Accès direct à l'étang et à la rivière.. Ouvert: 1.1 / 31.12. ☎ 03 23 97 22 02. E-mail : anna.02@live.fr.
Lat. : 50° 01' 11" N **Long.** : 003° 48' 29" E.

MARCY-SOUS-MARLE

1-E4 23 km N. Laon. 97 m. 02250

BERGER DU VAL DE SERRE CV . Ouvert: 1.1 / 31.12. ☎ 03 23 20 00 04. E-mail : berger.vs@wanadoo.fr. Prix 2022. empl. Tourisme : 6 € ; 3 € ; 2 €. Réduction H.S.
Lat. : 49° 44' 13" N **Long.** : 003° 44' 24" E.
FFCC : avantages adhérent : 14 € du 01/01 au 31/03 et du 01/10 au 31/12 sur emp.

MONAMPTEUIL

1-D5 13 km S. Laon. 120 m. Station verte de vacances et village de neige 02000

CAMPING DU LAC ★★ Loisirs 100 E. dont 33 nus 3 ha CV . Lac et rivière à 200 m. ; . Ouvert: 1.4 / 30.9. ☎ 03 23 21 60 73. E-mail : contact@camping-lac-monampteuil.fr. Web : www.camping-lac-monampteuil.fr. Réduction H.S.
Lat. : 49° 28' 15" N **Long.** : 003° 33' 14" E.
FFCC : avantages adhérent : 16.75 € du 01/04 au 30/06 et du 01/09 au 31/10 sur emp.

PRESLES-ET-BOVES

1-D5 21 km E. Soissons. 101 m. 02370

LE DOMAINE DE LA NATURE ★★ Loisirs 56 E. dont 20 nus, dont 20 CC. 2 ha CV . Locations : . , , .. Rivière à 300 m ; lac à 5 km.. Accueil groupes. Ouvert: 1.1 / 31.12. ☎ 03 23 54 74 55. E-mail : domainedelanature@orange.fr. Web : www.camping-domainedelanature.fr.
Lat. : 49° 24' 08" N **Long.** : 003° 30' 46" E.

RESSONS-LE-LONG

1-D5 12 km S.-O. Soissons. 94 m. 02290

LA HALTE DE MAINVILLE ★★★ Loisirs 155 E. dont 67 nus . Locations : . chauffée . . Accès direct à l'étang ; lac à 750 m ; rivière à 1 km. . Accueil groupes. Ouvert: 7.1 / 30.11. ☎ 03 23 74 26 69. E-mail : lahaltedemainville@wanadoo.fr. Web : lahaltedemainville.fr/.
Lat. : 49° 23' 34" N **Long.** : 003° 09' 05" E.

RIBEMONT

1-D4 15 km S.-E. Saint-Quentin. 96 m. 02240

AIRE NATURELLE MUNICIPALE . Ouvert: 1.5 / 30.9. ☎ 03 23 63 71 30. E-mail : ribemont@wanadoo.fr, Web : www.ribemont.fr.
Lat. : 49° 47' 55" N **Long.** : 003° 27' 11" E.

SAINT-QUENTIN

1-D4 46 km N.-O. Laon. 92 m. 02100

CAMPING MUNICIPAL SAINT QUENTIN **NC** Tourisme 64 E. dont 19 CC. 1,3 ha . Rivière à 30 m ; étang à 1 km. Ouvert: 15.5 / 15.9. ☎ 03 23 06 94 05. E-mail : mairie@saint-quentin.fr.
Lat. : 49° 51' 15" N **Long.** : 003° 18' 36" E.

SERAUCOURT-LE-GRAND

1-D4 10 km S.-O. Saint-Quentin 85 m. 02790

CAMPING DU VIVIER AUX CARPES ★★★ Tourisme 62 E. dont 7 nus . Locations : , caravane. couverte chauffée , . Accès direct à l'étang et à la rivière.. Accueil groupes adultes. Ouvert: 20.3 / 19.10. ☎ 03 23 60 50 10. E-mail : contact@camping-picardie.com. Web : www.camping-picardie.com.
Lat. : 49° 46' 54" N **Long.** : 003° 12' 51" E.

SOISSONS

1-D5 33 km S.-O. Laon. 46 m. 02200

CAMPING MUNICIPAL ★★ Tourisme 117 E. dont 117 nus 1,8 ha . Locations : . . Accès direct à la rivière. Accueil groupes. Ouvert: 1.4 / 31.10. ☎ 03 23 74 52 69. E-mail : camping@ville-soissons.fr. Web : www.ville-soissons.fr.
Lat. : 49° 23' 35" N **Long.** : 003° 19' 37" E.

SUZY

1-D5 12 km O. Laon. 142 m. 02320

LES ÉTANGS DU MOULIN ★★★ Tourisme 54 E. dont 28 nus CV . Locations : , , roulotte, tonneau. couverte chauffée , . Accès direct à l'étang et aux bords du lac.. Accueil groupes. Ouvert: 1.4 / 15.10. ☎ 03 23 80 92 86. E-mail : contact@etangsdumoulin.fr. Web : www.etangsdumoulin.fr.
Lat. : 49° 32' 55" N **Long.** : 003° 28' 13" E.

TERGNIER

1-D5 31 km N.-O. Laon. 58 m. 02700

CAMPING MUNICIPAL DE LA FRETTE ★★ Tourisme 31 E. Ouvert: 1.5 / 30.9. ☎ 03 23 40 21 24. E-mail : camping.lafrette@ville-tergnier.fr. Web : www.ville-tergnier.fr/Decouvrir/Tourisme/Base-de-loisirs-de-La-Frette/Le-camping.
Lat. : 49° 38' 55" N **Long.** : 003° 18' 43" E.

VAILLY-SUR-AISNE

1-D5 16 km E.-N.-E. Soissons. 92 m. 02370

LE DOMAINE DE LA NATURE 2 **NC** Tourisme 28 E. dont 12 nus 2,30 ha CV . Locations : . , , , . Rivière à 200 m.. Accueil groupes. Ouvert: 1.1 / 31.12. ☎ 03 23 54 74 55. E-mail : domainedelanature@orange.fr. Web : www.camping-domainedelanature.fr. Réduction H.S.
Lat. : 49° 24' 06" N **Long.** : 003° 30' 39" E.

VILLIERS-SAINT-DENIS

3-D3 17 km S.-O. Chateau-Thierry. 147 m. 02310

LES SAPINS DES VIGNOBLES ★ Loisirs 81 E. dont 33 nus 2,2 ha CV . Locations : . Rivière à 3 km. Accueil groupes adultes. Ouvert: 1.4 / 31.10. ☎ 06 21 88 09 12. E-mail : les_sapins_des_vignobles@yahoo.fr. Web : www.lessapinsdesvignobles.com.
Lat. : 48° 59' 12" N **Long.** : 003° 16' 16" E.

03 ALLIER

Carte 7-10

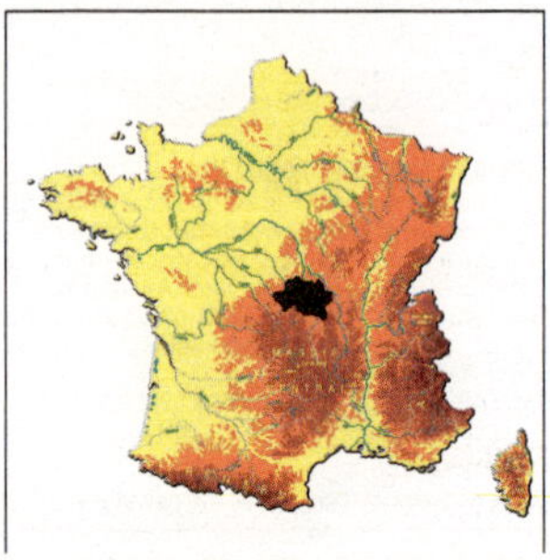

ABREST

7-D5 3,5 km S. Vichy. 302 m. ✉ 03200

LA CROIX ST MARTIN ★★★ Tourisme 91 E. dont 67 nus

CV. Locations : . couverte chauffée , . Rivière à 200 m.. Ouvert: 2.4 / 2.10. ☎ 04 70 32 67 74. E-mail : camping-vichy@orange.fr. Web : www.camping-vichy.com/. Prix 2022. Fft jour : empl. Tourisme (2) : 23,7 € (). Réduction H.S.
Lat. : 46° 06' 27" N **Long.** : 003° 26' 12" E.

ARFEUILLES

7-E5 35 km E.-N.-E. Vichy. 556 m. ✉ 03120

CAMPING MUNICIPAL NC 66 E. 1,5 ha . Ouvert: 1.5 / 1.10. ☎ 04 70 55 50 11. E-mail : mairie-arfeuilles03120@orange.fr.
Lat. : 46° 09' 34" N **Long.** : 003° 44' 06" E.

AUDES

7-C4 16 km N.-O. Montluçon 235 m. ✉ 03190

LE CHANT-HIBOU ★ Tourisme 20 E. dont 20 nus . Etang et rivière à 3 km. Ouvert: 1.6 / 15.9. ☎ 04 70 06 74 07. E-mail : info@lechanthibou.com. Web : www.lechanthibou.com. Réduction H.S.
Lat. : 46° 27' 26" N **Long.** : 002° 33' 48" E.

AUTRY-ISSARDS

7-D4 17 km O. Moulins 262 m. ✉ 03210

LA CAILLE . Ouvert: 1.4 / 1.11. ☎ 06 23 42 36 94. E-mail : leniddelacaille@gmail.com, Web : www.lacaille.org.
Lat. : 46° 34' 06" N **Long.** : 003° 07' 01" E.

BELLENAVES

7-D5 52 km S.-E. Montluçon. 396 m. ✉ 03330

MINI CAMPING MUNICIPAL LE PONTILLARD NC 9 E. dont 6 nus CV. Locations : . , . Accès direct à l'étang.. Accueil groupes. Ouvert: 1.5 / 31.10. ☎ 04 70 58 39 75. E-mail : camping.gite.bellenaves@gmail.com. Web : www.bellenaves.fr/camping.
Lat. : 46° 12' 19" N **Long.** : 003° 04' 41" E.

BELLERIVE-SUR-ALLIER

7-D5 300 m S. Vichy. 283 m. Station verte de vacances et village de neige ✉ 03700

BEAURIVAGE ★★★★ Tourisme 99 E. dont 52 nus

CV . A 3 km : Locations : , . couverte chauffée , . Accès direct aux bords du lac ; rivière à 10 m. . Accueil groupes. Ouvert: 1.4 / 7.10. ☎ 04 70 32 26 85. E-mail : contact@camping-beaurivage.com. Web : www.camping-beaurivage.com. Réduction H.S.
Lat. : 46° 06' 56" N **Long.** : 003° 25' 49" E.

LES ACACIAS ★★★★ Tourisme 105 E. dont 53 nus, dont 46 GCC.

2,5 ha CV . A 1,5 km : Locations : , 1 . Espace Fitness. chauffée . Rivière à 10 m ; lac à 100 m. ; ; . Accueil groupes. Ouvert: 1.4 / 3.10. ☎ 04 70 32 36 22. E-mail : camping-acacias03@orange.fr. Web : www.camping-acacias.com. Prix 2023. empl. Tourisme : 7,70 € ; 7,20 € ; animaux 2 € ; 5 € ; 4,80 €.
Lat. : 46° 06' 59" N **Long.** : 003° 25' 33" E.

LES ISLES ★ Tourisme 25 E. 1,5 ha CV . Locations : . Randonnée pédestre organisée. , . Accès direct aux bords du lac et à la rivière. ; ; . Accueil groupes. Ouvert: 1.7 / 31.8. ☎ 04 70 32 26 85. E-mail : camping-beaurivage@wanadoo.fr. Web : www.camping-beaurivage.com. Réduction H.S.
Lat. : 46° 06' 54" N **Long.** : 003° 25' 53" E.

BERT

7-E5 34 km N.-E. Vichy. 362 m. ✉ 03130

LA GRANDE OUCHE NC 18 E.

0,5 ha CV. Locations : . chauffée , , , . Accès direct à l'étang et à la rivière.. Ouvert: 28.4 / 15.10. ☎ 06 30 50 39 25. E-mail : contact@lapalissetourisme.com. Web : www.cc-paysdelapalisse.fr.
Lat. : 46° 19' 27" N **Long.** : 003° 42' 36" E.
FFCC : avantages adhérent : 11.5 € du 15/04 au 31/05 et du 01/09 au 30/09 sur emp. + Offre emplacement nus : Camping-car et fourgon aménagé uniquement.

BOURBON-L'ARCHAMBAULT

7-D4 22 km O. Moulins. 257 m. Station verte de vacances et village de neige ✉ 03160

CAMPING MUNICIPAL BIGNON ★★★ Tourisme 150 E. dont 127 nus CV . Locations : . . Accueil groupes. Ouvert: 15.3 / 15.11. ☎ 04 70 67 08 83. E-mail : camping@mairie-bourbon.com. Web : www.bourbonlarchambault.com. Réduction H.S.
Lat. : 46° 34' 50" N **Long.** : 003° 02' 54" E.

BRAIZE

7-C4 40 km N. Montluçon. 228 m. ✉ 03360

CHAMP DE LA CHAPELLE NC Tourisme 80 E. dont 72 nus, dont 60 CC.

3,6 ha pour la 2ème voiture, CV . Locations : , . Randonnée pédestre organisée. . Etang et rivière à 5 km. Ouvert: 30.4 / 2.10. ☎ 04 70 07 82 46. E-mail : campingbraize@gmail.com. Web : www.champdelachapelle.com. Prix 2023. Fft jour : empl. Tourisme (2) : 25 € () ; sup 5 € ; animaux 1,50 € ; 4 €. Réduction H.S.
Lat. : 46° 38' 36" N **Long.** : 002° 39' 20" E.
FFCC : avantages adhérent : 17 € du 29/04 au 30/06 et du 01/09 au 30/09 sur emp.

CERILLY

7-C4 40 km N.-E. Montluçon. 303 m. ✉ 03350

CAMPING MUNICIPAL LA CHAPELLE NC 41 E. 0,4 ha . . Accès direct à l'étang.. Ouvert: 15.4 / 15.10. ☎ 04 70 67 52 00. E-mail : mairie@mairie-cerilly.com. Web : campingloisirscerilly.com/..
Lat. : 46° 37' 12" N **Long.** : 002° 48' 37" E.

CHATEL-DE-NEUVRE

7-D5 18 km S. Moulins. 246 m. ✉ 03500

DENEUVRE ★★★ Tourisme 60 E. dont 60 nus 1 ha CV . Locations : . , . Accès direct à la rivière. ; ; . Ouvert: 1.4 / 1.10. ☎ 04 70 42 04 51. E-mail : campingdeneuvre@wanadoo.fr. Web : www.campingdeneuvre.com. Réduction H.S.
Lat. : 46° 24' 11" N **Long.** : 003° 18' 53" E.

LA COURTINE NC Tourisme 20 E. dont 20 nus

0,82 ha CV . Locations : . Randonnée pédestre organisée. , . Rivière à 150 m. ; . Accueil groupes. Ouvert: 1.1 / 31.12. ☎ 04 70 42 06 21. E-mail : norbert.niem@orange.fr. Web : www.camping-lacourtine.com. Prix 2023. empl. Tourisme : 5 € ; 3 € ; 2 € ; 4 €.
Lat. : 46° 24' 11" N **Long.** : 003° 18' 54" E.
FFCC : avantages adhérent : 10 € du 01/01 au 10/07 et du 20/08 au 31/12 sur emp.

CHATEL-MONTAGNE

7-E5 25 km E. Vichy. 626 m. ✉ 03250

DOMAINE LA CHABANNE ★★★ Tourisme 26 E. dont 20 nus . Randonnée pédestre organisée. . Accueil groupes. Ouvert: 27.6 / 6.9. ☎ 04 70 59 36 75. E-mail : info@lachabanne.com. Web : www.lachabanne.com. Prix 2022. Fft jour : empl. Tourisme (2) : 24 € () ; sup 7 € ; 4 € ; 4 €.
Lat. : 46° 04' 60" N **Long.** : 003° 44' 35" E.

RÉTRO PASSION NC Tourisme 30 E. dont 23 nus
1 ha 23 h / 8 h, . Locations : . , . Rivière à 500 m. . Ouvert: 18.4 / 31.10. ☎ 04 70 59 31 38. E-mail : campingretropassion@gmail.com.
Lat. : 46° 06′ 57″ N **Long.** : 003° 40′ 37″ E.
FFCC : avantages adhérent : 21 € du 16/04 au 31/10 sur emp. et entre 80 € et 90 € la nuitée et entre 380 € et 430 € la semaine du 16/04 au 31/10 sur loc.

CHAZEMAIS
7-C4 20 km N.-O. Montluçon. 268 m. ✉ 03370

DOMAINE M.A.E.V.A.G. P.R.L ★★★★ NN 10 E. dont 3 nus CV . Locations : . couverte chauffée . Etang à 500 m. Accueil groupes. Ouvert: 1.4 / 30.9. ☎ 04 70 06 40 19. E-mail : domaine.maevag@orange.fr. Web : www.domainemaevag.fr.
Lat. : 46° 28′ 59″ N **Long.** : 002° 31′ 09″ E.

CHOUVIGNY
7-D5 36 km S.-E. Montluçon. 462 m. ✉ 03450

CAMPING MUNICIPAL NC Tourisme 33 E. 1,2 ha . Locations : . . Accès direct à la rivière. ; . Ouvert: 1.5 / 15.9. ☎ 04 70 90 90 48. E-mail : mairie.chouvigny@wanadoo.fr.
Lat. : 46° 06′ 34″ N **Long.** : 003° 01′ 08″ E.

COULEUVRE
7-C4 40 km N.-O. Moulins. 252 m. ✉ 03320

LA FONT ST JULIEN NC 50 E. dont 50 nus 3,5 ha . , . Accès direct à l'étang. . Accueil groupes. Ouvert: 1.4 / 30.10. ☎ 04 70 66 10 45. E-mail : mairie.couleuvre@gmail.com. Web : www.couleuvre-troncais.fr.
Lat. : 46° 40′ 19″ N **Long.** : 002° 54′ 13″ E.

COUZON
7-D4 22 km N.-O. Moulins. 229 m. ✉ 03160

DOMAINE NATURISTE LES FOURNEAUX NC Tourisme 100 E. dont 35 nus 15 ha Rés. naturiste. Locations : . . Ouvert: 1.4 / 30.10. ☎ 04 70 66 23 18. E-mail : info@lesfourneaux.nl. Web : www.lesfourneaux.org. Réduction H.S.
Lat. : 46° 39′ 37″ N **Long.** : 003° 05′ 41″ E.

DEUX-CHAISES
7-D5 36 km S.-O. Moulins. 439 m. ✉ 03240

CAMPING MUNICIPAL NC Tourisme 12 E. 0,4 ha . , . Accès direct à l'étang.. Ouvert: 1.4 / 30.10. ☎ 04 70 47 12 74. E-mail : mairie-deuxchaises@wanadoo.fr.
Lat. : 46° 22′ 49″ N **Long.** : 003° 02′ 15″ E.

DOMPIERRE-SUR-BESBRE
7-E4 32 km E.-N.-E. Moulins. 229 m. ✉ 03290

CAMPING MUNICIPAL LES BORDS DE BESBRE ★★ Tourisme 67 E. 1,2 ha CV . couverte chauffée , . Rivière à 300 m.. Accueil groupes. Ouvert: 15.5 / 15.9. ☎ 04 70 34 55 57. E-mail : camping@mairie-dsb.fr. Web : www.dompierre-sur-besbre.fr.
Lat. : 46° 30′ 49″ N **Long.** : 003° 40′ 57″ E.

EBREUIL
7-D5 42 km S.-E. Montluçon. 386 m. Station verte de vacances et village de neige ✉ 03450

CAMPING DES NIÈRES ★★★★ Tourisme 49 E. dont 36 nus 1,5 ha CV . Locations : , . Randonnée pédestre organisée. chauffée , , . Accès direct à la rivière. ; ; . Accueil groupes. Ouvert: 23.4 / 26.9. ☎ 04 70 90 70 60. E-mail : contact@camping-sioule.fr. Web : www.camping-sioule.fr. Prix 2022. Fft jour : empl. Tourisme (2) : 23 € (E. CC E. GCC) ; sup 5 € ; animaux 3 € ; 3,90 €.
Lat. : 46° 06′ 39″ N **Long.** : 003° 04′ 51″ E.

FERRIERES-SUR-SICHON
10-E1 25 km S.-E. Vichy. 636 m. ✉ 03250

CAMPING MUNICIPAL NC 32 E. 0,7 ha , . Accès direct à l'étang et à la rivière. . Accueil groupes. Ouvert: 1.6 / 30.9. ☎ 04 70 41 10 10. E-mail : mairie.ferrieres@wanadoo.fr. Web : www.ferrieres-sur-sichon.fr.
Lat. : 46° 01′ 19″ N **Long.** : 003° 39′ 07″ E.

GANNAT
7-D5 18 km O.-S.-O. Vichy. 410 m. Station verte de vacances et village de neige ✉ 03800

CAMPING MUNICIPAL LE MONT LIBRE ★★★ Tourisme 73 E. dont 60 nus 2 ha CV . . Rivière à 5 km. Accueil groupes. Ouvert: 1.4 / 31.10. ☎ 04 70 90 12 16. E-mail : camping@ville-gannat.fr. Web : www.camping-gannat.fr.
Lat. : 46° 05′ 32″ N **Long.** : 003° 11′ 38″ E.

GANNAY-SUR-LOIRE
7-E4 30 km N.-E. Moulins. 209 m. ✉ 03230

DOMAINE DU BOURG
CV . Ouvert: 15.4 / 24.10. ☎ 04 70 43 49 01. E-mail : info@domainedubourg.com, Web : www.domainedubourg.com. Réduction H.S.
Lat. : 46° 43′ 52″ N **Long.** : 003° 36′ 58″ E.

HERISSON
7-C4 25 km N.-N.-E. Montluçon. 250 m. ✉ 03190

CAMPING MUNICIPAL L'AUMANCE ★ Tourisme 51 E. 2,5 ha . . Accès direct à la rivière.. Ouvert: 1.4 / 30.10. ☎ 04 70 06 88 22. E-mail : campingherisson@orange.fr. Prix 2022. 2,30 € ; 2,45 € ; 1,35 € ; 1,35 € ; 1,10 € ; 1,50 € ; 2,95 €.
Lat. : 46° 30′ 38″ N **Long.** : 002° 42′ 21″ E.

HURIEL
7-C5 12 km N.-O. Montluçon. 321 m. ✉ 03380

L'ALTERNATIF NC Tourisme 10 E. dont 3 nus 2 ha . Locations : cabanes, roulotte, yourte. . Accès direct à l'étang et à la rivière.. Ouvert: 3.4 / 1.11. ☎ 07 69 12 14 35. E-mail : campalternatif@gmail.com. Web : www.ecocampinglalternatif-auvergne-insolite.com.
Lat. : 46° 22′ 38″ N **Long.** : 002° 27′ 55″ E.

ISLE-ET-BARDAIS
7-C4 40 km N.-N.-E. Montluçon. 239 m. ✉ 03360

LES ÉCOSSAIS ★★ Tourisme 50 E. dont 42 nus 1,5 ha . Locations : . , . Accès direct à l'étang.. Ouvert: 1.4 / 31.10. ☎ 04 70 66 62 57. E-mail : ecossais@campingstroncais.com. Web : www.campingstroncais.com. Prix 2022. Fft nuit : empl. Tourisme (2) : 17,2 € ( ) ;
Lat. : 46° 40′ 56″ N **Long.** : 002° 47′ 11″ E.

LA GUILLERMIE
10-E1 35 km S.-E. Vichy. 765 m. ✉ 03250

CAMPING MUNICIPAL NC 15 E. . . Ouvert: 1.1 / 31.12. ☎ 04 70 41 10 62. E-mail : mairie-la-guillermie@pays-allier.com.
Lat. : 45° 58′ 51″ N **Long.** : 003° 38′ 22″ E.

LALIZOLLE
7-D5 35 km S.-E. Montluçon. 550 m. ✉ 03450

CAMPING DES PAPILLONS ★★★ Tourisme 45 E. dont 15 nus
CV . Locations : , bivouac, cabanes, . Randonnée pédestre organisée. chauffée , , . Accès direct à l'étang.. Accueil groupes adultes. Ouvert: 1.4 / 30.9. ☎ 04 70 90 44 47. E-mail : contact@campingdespapillons.com. Web : www.campingdespapillons.com. Prix 2022. Fft jour : empl. Tourisme (2) : 25 € ( ) ; sup 5 € ; animaux 3 € ; 4 €.
Lat. : 46° 09′ 18″ N **Long.** : 003° 00′ 08″ E.
FFCC : avantages adhérent : 20 € du 08/04 au 30/06 et du 01/09 au 24/09 sur emp.

LAPALISSE
7-E5 25 km N.-E. Vichy. 325 m. Station verte ✉ 03120

LA ROUTE BLEUE ★★★ Tourisme Loisirs 64 E. dont 57 nus
0,8 ha CV . Locations : , roulotte. , . Accès direct à la rivière ; étang à 900 m.. Accueil groupes. Ouvert: 15.4 / 30.9. ☎ 04 70 99 26 31. E-mail : contact@cc-paysdelapalisse.fr. Web : www.lapalissetourisme.com. Prix 2022. empl. Tourisme : 4,50 € ; 2,80 € ; animaux 1,50 € ; 1,50 € ; 2,50 €.
Lat. : 46° 14′ 39″ N **Long.** : 003° 38′ 27″ E.
FFCC : avantages adhérent : 13 € du 15/04 au 31/05 et du 01/09 au 30/09 sur emp.

LE DONJON
7-E5 48 km N.-E. Vichy. 332 m. ✉ 03130

CAMPING MUNICIPAL NC 40 E. dont 40 nus 1 ha CV. Etang à 900 m. Ouvert: 1.5 / 30.9. ☎ 04 70 99 56 35. E-mail : mairie.le.donjon@wanadoo.fr. Web : www.mairie-le-donjon.fr.
Lat. : 46° 21′ 11″ N **Long.** : 003° 47′ 32″ E.

LE MAYET-DE-MONTAGNE
7-E5 26 km E. Vichy. 573 m. Station verte de vacances et village de neige ✉ 03250

CAMPING MUNICIPAL NC Tourisme 50 E. dont 43 nus CV . Locations : . chauffée , , . Accès direct à l'étang. . Accueil groupes. Ouvert: 15.3 / 31.10. ☎ 04 70 59 70 52. E-mail : camping.mayet@orange.fr.
Lat. : 46° 03′ 39″ N **Long.** : 003° 40′ 08″ E.

LE VEURDRE
7-D4 34 km N.-O. Moulins. 208 m. ✉ 03320

CAMPING MUNICIPAL NC Tourisme 21 E. 0,5 ha . . Accès direct à la rivière.. Accueil groupes. Ouvert: 1.5 / 15.9. ☎ 04 70 66 40 67. E-mail : mairie.le.veurdre@wanadoo.fr.
Lat. : 46° 45′ 30″ N **Long.** : 003° 02′ 08″ E.

LOUROUX-BOURBONNAIS
7-C4 36 km N.- E. Montluçon. 312 m. ✉ 03350

LA MATHONIÈRE ★ Tourisme 21 E. dont 15 nus 1 ha . Lac à 5 km. Ouvert: 1.1 / 31.12. ☎ 0 6 46 08 86 03. E-mail : info@lamathoniere.nl. Web : www.lamathoniere.nl.
Lat. : 46° 32′ 60″ N **Long.** : 002° 51′ 03″ E.

LOUROUX-DE-BOUBLE
7-D5 39 km S.-E. Montluçon. 451 m. ✉ 03330

CAMPING DE MON VILLAGE ★★ Tourisme 33 E. dont 26 nus . A 3 km : . Ouvert: 1.4 / 30.9. ☎ 01 83 64 69 21. E-mail : contact@campingcarpark.com. Prix 2022.
Lat. : 46° 13′ 45″ N **Long.** : 002° 59′ 52″ E.

MAZIRAT
7-C5 18 km S.-O. Montluçon. 421 m. ✉ 03420

CAMPING MUNICIPAL NC 40 E. . Ouvert: 15.3 / 15.10. ☎ 06 84 28 02 79. E-mail : mairie-mazirat@wanadoo.fr.
Lat. : 46° 13′ 17″ N **Long.** : 002° 32′ 03″ E.

MEAULNE-VITRAY
7-C4 30 km N. Montluçon. 221 m. ✉ 03360

CAMPING MUNICIPAL LE CHEVAL BLANC NC Tourisme 33 E. dont 33 nus 1,2 ha CV. Locations : . , . Accès direct à la rivière.. Accueil groupes. Ouvert: 1.5 / 30.9. ☎ 04 70 06 95 34. E-mail : mairie.meaulne@orange.fr.
Lat. : 46° 35′ 47″ N **Long.** : 002° 36′ 48″ E.

MONESTIER
7-D5 50 km S. Moulins. 348 m. ✉ 03140

AIRE NATURELLE MUNICIPALE . Ouvert: 1.5 / 30.9. ☎ 04 70 56 61 91. E-mail : mairie-monestier@wanadoo.fr.
Lat. : 46° 15′ 14″ N **Long.** : 003° 07′ 12″ E.

MONTAIGU-LE-BLIN

7-D5 25 km N. Vichy 302 m. ✉ 03150

AUBERGE LES VOISINS CV. Ouvert: 12.4 / 17.9. ☎ 04 70 43 73 99. E-mail : contact@lesvoisins.info, Web : www.lesvoisins.info/fr/accueil/. Réduction H.S.
Lat. : 46° 17' 28" N **Long.** : 003° 31' 39" E.

NERIS-LES-BAINS

7-C5 7 km S.-S.-E. Montluçon. 354 m. Station verte de vacances et village de neige ✉ 03310

CAMPING MUNICIPAL LE LAC ★★★ Tourisme 71 E. dont 57 nus CV. Locations : . Accès direct à l'étang ; rivière à 5 km. Accueil groupes. Ouvert: 8.6 / 5.12. ☎ 04 70 03 24 70. E-mail : campingdulac-neris@orange.fr. Web : www.campingdulac-neris.com/.
Lat. : 46° 17' 12" N **Long.** : 002° 39' 09" E.

PREMILHAT

7-C5 8 km S.-O. Montluçon. 313 m. ✉ 03410

L'ETANG DE SAULT NC 30 E. 1 ha ap. 22 h, . Locations : , , . Accès direct à l'étang. ; . Ouvert: 1.1 / 31.12. ☎ 07 89 51 07 50. E-mail : camping.etangdesault@gmail.com. Web : campingetangdesault.fr.
Lat. : 46° 19' 39" N **Long.** : 002° 33' 22" E.

RONNET

7-C5 18 km S.-E. Montluçon. 506 m. ✉ 03420

LA CHASSAGNE ★ Tourisme 40 E. dont 38 nus 2,5 ha . Locations : , . Accès direct à la rivière ; étang à 1 km. Ouvert: 1.5 / 15.9. ☎ 04 70 51 08 07. E-mail : info@lachassagne.net. Web : www.lachassagne.eu. Réduction H.S.
Lat. : 46° 12' 14" N **Long.** : 002° 41' 43" E.

SAINT-BONNET-TRONCAIS

7-C4 42 km N. Montluçon. 231 m. ✉ 03360

LE CHAMP FOSSE ★★★ Tourisme 111 E. 2,5 ha CV. Locations : , , . Accès direct à l'étang. ; ; ; . Ouvert: 1.4 / 30.9. ☎ 04 70 06 11 30. E-mail : champfosse@campingstroncais.com. Web : www.campingstroncais.com. Réduction H.S.
Lat. : 46° 39' 25" N **Long.** : 002° 41' 14" E.

SAINT-CLEMENT

7-E5 28 km S.-E. Vichy 646 m. ✉ 03250

LES PLANS NC 20 E. 0,5 ha CV. Locations : , . Accès direct aux bords du lac et à la rivière.. Accueil groupes. Ouvert: 1.3 / 1.10. ☎ 04 70 56 42 22. E-mail : filiep.scheldeman@sfr.fr. Web : www.vacances-lesplans.com.
Lat. : 46° 04' 02" N **Long.** : 003° 42' 09" E.

SAINT-DESIRE

7-C4 24 km N.-O. Montluçon 300 m. ✉ 03370

LES FRUITS DU PASSAU ★ Tourisme 35 E. Ouvert: 2.5 / 26.9. ☎ 04 70 07 12 85. E-mail : info@lesfruitsdupassau.nl. Web : www.lesfruitsdupassau.nl.
Lat. : 46° 29' 55" N **Long.** : 002° 28' 48" E.

SAINT-GERMAIN-DE-SALLES

7-D5 50 km S. Moulins 294 m. ✉ 03140

DOMAINE LES GANDINS ★★★ Tourisme 38 E. de l'arrivée jusqu'au départ, . Locations : , chauffée . Rivière à 300 m. Ouvert: 18.4 / 12.9. ☎ 04 70 56 80 75. E-mail : domainelesgandins@gmail.com. Web : www.domainelesgandins.com.
Lat. : 46° 11' 37" N **Long.** : 003° 14' 33" E.

SAINT-HILAIRE

7-D4 28 km S.-O. Moulins. 331 m. ✉ 03440

CAMPING MUNICIPAL NC Tourisme 18 E. dont 18 nus . Etang à 500 m. Ouvert: 15.3 / 15.11. ☎ 04 70 66 50 78. E-mail : commune-saint.hilaire@wanadoo.fr. Web : saint-hilaire03.weebly.com. Prix 2023. 2 € nuit ; 3 € nuit ; 1 € nuit ; 1 € nuit ; 1 € nuit ; 1,50 € nuit ; 1 € nuit.
Lat. : 46° 29' 28" N **Long.** : 003° 01' 15" E.

SAINT-LEON

7-E5 50 km N.-E. Vichy-les-Bains. 321 m. ✉ 03220

AIRE NATURELLE MUNICIPALE . Ouvert: 14.4 / 13.10. ☎ 04 70 42 15 57. E-mail : mairie.saint-leon@orange.fr, Web : www.valdebesbre.com.
Lat. : 46° 24' 19" N **Long.** : 003° 42' 03" E.

SAINT-NICOLAS-DES-BIEFS

7-E5 43 km S.-E. Vichy. 916 m. ✉ 03250

AUBERGE LES MYRTILLES ★★★ Tourisme 37 E. dont 10 nus CV . Locations : . chauffée . Accueil groupes. Ouvert: 1.1 / 31.12. ☎ 04 70 56 40 03. E-mail : myrtilles03@aol.com. Web : www.auxmyrtilles.com. Réduction H.S.
Lat. : 46° 03' 13" N **Long.** : 003° 48' 05" E.

SAINT-PIERRE-LAVAL

7-E5 31 km N.-O. Roanne. 467 m. ✉ 42620

LE PARADIS NC 30 E. 1,6 ha 23h30 - 6h. , . Accès direct à l'étang.. Ouvert: 1.1 / 31.12. ☎ 04 77 64 00 80. E-mail : paradis42620@aol.com. Web : membres.lycos.fr/camping42620.
Lat. : 46° 12' 07" N **Long.** : 003° 46' 47" E.

SAINT-POURCAIN-SUR-SIOULE

7-D5 30 km S. Moulins. 248 m. Station verte de vacances et village de neige ✉ 03500

ILE DE LA RONDE NC Tourisme 50 E. dont 59 nus CV . Locations : , . Accès direct à la rivière. Accueil groupes enfants. Ouvert: 1.4 / 5.10. ☎ 04 70 35 13 69. E-mail : camping.ronde@ville-saint-pourcain-sur-sioule.com. Web : www.ville-saint-pourcain-sur-sioule.com.
Lat. : 46° 18' 21" N **Long.** : 003° 17' 32" E.

SAINT-PRIEST-EN-MURAT

7-C5 30 km E. Montluçon. 358 m. ✉ 03390

LA FERME LA CHARVIERE ★ 15 E. 1,5 ha . Accès direct à l'étang. Ouvert: 1.5 / 30.9. ☎ 04 70 07 38 24. E-mail : domainelacharviere@gmail.com. Web : www.lacharviere.nl. Réduction H.S.
Lat. : 46° 22' 01" N **Long.** : 002° 57' 09" E.

SAINT-YORRE

7-D5 9 km S. Vichy. 291 m. ✉ 03270

LA GRAVIERE ★★ Tourisme 82 E. dont 80 nus CV . Locations : . chauffée , . Accès direct à la rivière.. Accueil groupes. Ouvert: 1.5 / 30.9. ☎ 04 70 56 18 41. E-mail : mairie@ville-saint-yorre.fr. Web : www.ville-saint-yorre.fr.
Lat. : 46° 03' 37" N **Long.** : 003° 27' 31" E.

SAZERET

7-D5 33 km E. Montluçon. 446 m. ✉ 03390

LA PETITE VALETTE ★★★ Tourisme 60 E. 4 ha . Locations : . , , . Etang à 100 m. . Ouvert: 1.6 / 18.9. ☎ 6 82 94 75 32. E-mail : info@lapetitevalette.com. Web : lapetitevalette.com.
Lat. : 46° 21' 32" N **Long.** : 002° 59' 35" E.

TARGET

7-D5 413 m. ✉ 03140

LE DOMAINE DES GRANDES CÔTES P.R.L ★★★★ NN23 E. Locations : roulotte, yourte. couverte chauffée . Accès direct à la rivière. Accueil groupes. Ouvert: 3.4 / 1.11. ☎ 04 70 42 32 05. E-mail : contact@domaine-des-grandes-cotes.com. Web : www.domaine-des-grandes-cotes.com.
Lat. : 46° 15' 39" N **Long.** : 003° 02' 58" E.

TREIGNAT

7-B5 24 km O. Montluçon. 446 m. ✉ 03380

CAMPING MUNICIPAL HERCULAT NC 41 E. dont 37 nus 1 ha CV . Locations : . Accès direct à l'étang. ; . Ouvert: 2.6 / 30.9. ☎ 06 07 28 12 15. E-mail : mairietreignat@gmail.com. Web : treignat-allier.weebly.com.
Lat. : 46° 21' 20" N **Long.** : 002° 21' 55" E.

TREZELLES

7-E5 26 km N.-E. Vichy. 285 m. ✉ 03220

CAMPING DU PLAN D'EAU NC 33 E. 1,5 ha , . Accès direct à la rivière. . Ouvert: 1.4 / 30.9. ☎ 04 70 98 03 59. E-mail : camping.trezelles@gmail.com. Web : camping-du-plan-deau.webklik.nl.
Lat. : 46° 19' 40" N **Long.** : 003° 35' 32" E.

TRONGET

7-D5 28 km S.-O. Moulins. 434 m. ✉ 03240

CAMPING MUNICIPAL NC 30 E. 2 ha . Etang à 500 m. Ouvert: 15.5 / 15.9. ☎ 04 70 47 12 02. E-mail : mairie.tronget@wanadoo.fr. Web : www.tronget.fr.
Lat. : 46° 24' 55" N **Long.** : 003° 03' 39" E.

URCAY

7-C4 35 km N. Montluçon. 229 m. ✉ 03360

CAMPING MUNICIPAL LA PLAGE DU CHER NC Tourisme 32 E. 0,7 ha CV. Locations : , , . Accès direct à la rivière. Ouvert: 15.6 / 30.9. ☎ 04 70 06 93 30. E-mail : mairie-urcay@wanadoo.fr.
Lat. : 46° 37' 36" N **Long.** : 002° 35' 11" E.

VALLON-EN-SULLY

7-C4 23 km N. Montluçon. 212 m. Station verte de vacances et village de neige ✉ 03190

CAMPING MUNICIPAL NC Tourisme 50 E. 3 ha . Accès direct à la rivière. Ouvert: 1.7 / 31.8. ☎ 06 30 65 92 58. E-mail : mairie.vallonensully@wanadoo.fr. Web : www.vallonensully.net. Prix 2022. empl. Tourisme : 2,50 € ; 2,50 € ; 2,50 € ; 2,50 € ; 1,25 € ; 2,50 €.
Lat. : 46° 31' 47" N **Long.** : 002° 36' 52" E.

VERNUSSE

7-D5 38 km S.-E. Montluçon 408 m. ✉ 03390

AIRE NATURELLE BRÉNAZET
CV . Ouvert: 1.5 / 31.10. ☎ 04 70 07 63 19. E-mail : brenazet@orange.fr, Web : www.brenazet.nl. Prix 2023. empl. Tourisme : 10 € ; 4 € ; animaux 1 € ; 3 € ; 2,50 €. Réduction H.S.
Lat. : 46° 16' 14" N **Long.** : 002° 59' 41" E.
FFCC : avantages adhérent : 15.50 € du 01/05 au 30/06 et du 01/09 au 01/11 sur emp. et entre 50 € et 90 € la nuitée et entre 275 € et 375 € la semaine du 09/05 au 30/06 et du 01/09 au 10/11 sur loc. + Piscine naturelle, frigidaire gratuit, wifi gratuit.

VIEURE

7-C4 38 km S.-O. Moulins. 261 m. ✉ 03430

CAMPING DU PLAN D'EAU DE VIEURE ★★★ Tourisme 56 E. dont 44 nus, dont 26 CC - 19 CCC. 3 ha CV . Locations : , , , . Etang à 50 m. . Accueil groupes. Ouvert: 1.4 / 1.11. ☎ 04 70 02 04 46. E-mail : plandeau03@orange.fr. Web : www.locationschaletscampingdelaborde.fr. Réduction H.S.
Lat. : 46° 30' 11" N **Long.** : 002° 54' 27" E.

VOUSSAC

7-D5 42 km S.-O. Moulins. 422 m. ✉ 03140

LES CABANES DE LA PETITE SAPINIERE P.R.L ★ NN3 E. Locations : . Ouvert: 1.1 / 31.12. ☎ 04 70 42 31 31. E-mail : cabanesdelapetitesapiniere@gmail.com. Web : www.cabanes-petitesapiniere.fr.
Lat. : 46° 20' 23" N **Long.** : 003° 03' 36" E.

ALPES-DE-HAUTE-PROVENCE 04

Carte 11-14

Correspondant FFCC : Didier SERRE, 7 lot La Marteliere - 13100 LE THOLONET
Tél. 06 88 63 05 63 et serredidierffc13@orange.fr

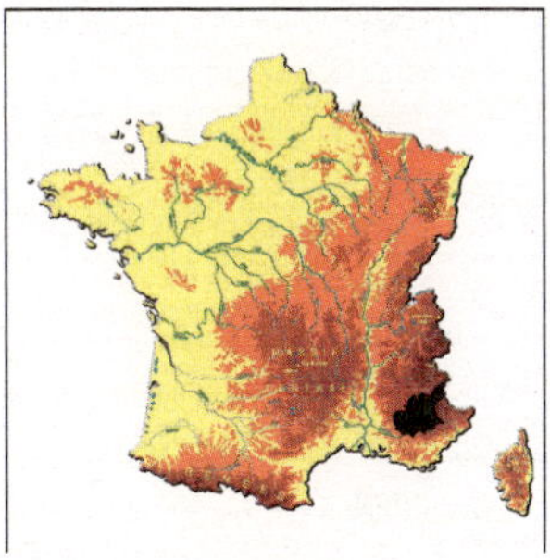

ANNOT

14-E1 32 km N.-E. Castellane. 1010 m. Station verte de vacances et village de neige ✉ 04240

LA RIBIÈRE ★★★ Tourisme 63 E. dont 52 nus 0,9 ha CV. Locations : cocosweet, caravane. Accès direct à la rivière. Accueil groupes. Ouvert: 4.4 / 1.11. ☎ 04 92 83 21 44. E-mail : info@la-ribiere.com. Web : www.la-ribiere.com. Prix 2022. Fft jour : empl. Tourisme (2): 19,5 € ( ). Réduction H.S.
Lat. : 43° 58' 17" N **Long.** : 006° 39' 29" E.
FFCC : avantages adhérent : 19 € du 15/04 au 02/07 et du 27/08 au 16/10 sur emp.

BANON

14-C1 25 km N.-O. Forcalquier. 747 m. ✉ 04150

L'ÉPI BLEU ★★★★ Tourisme 120 E. dont 60 nus 23 h / 7 h, CV. Locations : . Randonnée pédestre organisée. Espace Fitness. chauffée . Accueil groupes. Ouvert: 30.4 / 27.9. ☎ 04 92 73 30 30. E-mail : contact@campingepibleu.com. Web : www.campingepibleu.com/fr/. Réduction H.S.
Lat. : 44° 01' 35" N **Long.** : 005° 37' 52" E.
FFCC : avantages adhérent : 10%10% sur emp. et loc. + Réduction valable uniquement en basse saison.

BARCELONNETTE

11-D5 91 km N.-E. Digne 1407 m. ✉ 04400

LE TAMPICO ★★★ Tourisme 90 E. dont 77 nus 1,5 ha CV. Locations : cabanes, roulotte, tonneau. Accueil groupes adultes. Ouvert: 8.5 / 27.9. ☎ 04 92 81 02 55. E-mail : camping@letampico.fr. Web : www.letampico.fr. Réduction H.S.
Lat. : 44° 22' 59" N **Long.** : 006° 38' 05" E.

LE PLAN NC Tourisme 45 E. 0,5 ha . Accès direct à la rivière. Ouvert: 25.5 / 30.9. ☎ 04 92 81 08 11. E-mail : guides@campingfrance.com.
Lat. : 44° 23' 04" N **Long.** : 006° 38' 34" E.

BARREME

14-D1 30 km S.-E. Digne. 966 m. ✉ 04330

L'OR BLEU ★★ Tourisme 100 E. dont 88 nus 2,5 ha CV. Locations : . Accès direct à la rivière. Accueil groupes. Ouvert: 2.6 / 3.10. ☎ 04 92 34 22 70. E-mail : campinglorbleu@gmail.com. Web : www.campinglorbleu.com.
Lat. : 43° 57' 13" N **Long.** : 006° 22' 34" E.

BEAUVEZER

11-D5 42 km N. Castellane. 1653 m. ✉ 04370

LES RELARGUIERS ★★★★ Loisirs 155 E. 3,5 ha la nuit, CV. chauffée , . Accès direct à la rivière ; étang à 5 km.. Accueil groupes. Ouvert: 1.4 / 31.10. ☎ 04 92 83 47 73. E-mail : contact@relarguiers.fr. Web : www.relarguiers.fr/fr/.
Lat. : 44° 08' 18" N **Long.** : 006° 35' 22" E.

BEYNES

14-D1 19 km S. Digne. 902 m. ✉ 04270

LA CÉLESTINE ★★★ Tourisme 81 E. dont 50 CC - 11 GCC. 2,4 ha CV. Locations : , caravane. Accès direct à la rivière. Accueil groupes. Ouvert: 4.4 / 30.10. ☎ 04 92 35 52 54. E-mail : campinglacelestine@gmail.com. Web : www.camping-la-celestine-alpes-de-haute-provence.fr/.
Lat. : 43° 58' 13" N **Long.** : 006° 11' 31" E.

CASTELLANE

14-D1 54 km S.-E. Digne. 1081 m. Station verte de vacances et village de neige ✉ 04120

DOMAINE DU VERDON ★★★★★ Tourisme 500 E. dont 183 nus 9 ha CV. Locations : . Randonnée pédestre organisée. Espace Fitness. couverte chauffée , , . Accès direct à l'étang et à la rivière. ; ; . Accueil groupes adultes. Ouvert: 28.4 / 24.9. ☎ 04 92 83 61 29. E-mail : domaineduverdon@sandaya.fr. Web : www.sandaya.fr/nos-campings/domaine-du-verdon. Réduction H.S.
Lat. : 43° 50' 18" N **Long.** : 006° 29' 43" E.

HUTTOPIA GORGES DU VERDON ★★★★ Tourisme 235 E. dont 143 nus CV. Locations : . chauffée , . Accès direct à la rivière. ; ; . Accueil groupes. Ouvert: 11.5 / 24.9. ☎ 04 92 83 63 64. E-mail : gorgesduverdon@huttopia.com. Web : europe.huttopia.com/site/camping-gorges-du-verdon. Prix 2023. Fft nuit : empl. Tourisme (2): 41 € ( ) ; sup 10 € nuit ; animaux 5 € nuit ; 6,50 € nuit. Réduction H.S.
Lat. : 43° 49' 22" N **Long.** : 006° 25' 53" E.
FFCC : avantages adhérent : 10% du 11/05 au 01/07 et du 31/08 au 24/0910% du 11/05 au 01/07 et du 31/08 au 24/09 sur emp. et loc. + 5% de réduction en juillet-août sur les emplacements nus et locatifs * frais de réservation offerts Rendez-vous dans votre club avantages FFCC pour obtenir le code promotionnel.

TERRA VERDON ★★★★ Tourisme 296 E. dont 78 nus, dont 8 CC. 6 ha CV. Locations : . Randonnée pédestre organisée. couverte chauffée . Rivière à 2 km ; lac à 5 km. . Accueil groupes adultes. Ouvert: 12.5 / 25.9. ☎ 04 22 54 73 55. E-mail : terraverdon@cielavillage.com. Web : www.camping-terra-verdon.com. Prix 2023. Fft jour : empl. Tourisme (2): 47 € ( ). Réduction H.S.
Lat. : 43° 51' 32" N **Long.** : 006° 29' 53" E.

CALME ET NATURE ★★★ Tourisme 45 E. dont 32 nus 1 ha CV. A 1 km : . Locations : . Rivière à 800 m ; lac à 5 km. Ouvert: 18.4 / 4.10. ☎ 04 92 83 61 57. E-mail : contact@camping-lacolle.com. Web : campingcastellane.com/.
Lat. : 43° 50' 16" N **Long.** : 006° 29' 26" E.

CENTRE NATURISTE CASTILLON DE PROVENCE ★★★ Tourisme 150 E. 25 ha la nuit, CV. Rés. naturiste. Locations : . Espace Fitness. . Accès direct aux bords du lac. ; . Ouvert: 18.4 / 26.9. ☎ 04 92 83 64 24. E-mail : camping@castillondeprovence.com. Web : www.castillondeprovence.com.
Lat. : 43° 53' 07" N **Long.** : 006° 30' 49" E.

CHASTEUIL PROVENCE ★★★ Tourisme 210 E. dont 196 nus, dont 14 GCC. 7 ha CV. Locations : . Randonnée pédestre organisée. chauffée , . ; . Ouvert: 30.4 / 19.9. ☎ 04 92 83 61 21. E-mail : contact@chasteuil-provence.com. Web : www.chasteuil-provence.com. Réduction H.S.
Lat. : 43° 49' 49" N **Long.** : 006° 25' 40" E.

LA FERME DE CASTELLANE ★★★ Tourisme 48 E. dont 31 nus 1 ha CV. Locations : roulotte. Accès direct à la rivière ; lac à 2 km. Accueil groupes. Ouvert: 2.6 / 2.11. ☎ 04 92 83 67 77. E-mail : accueil@camping-la-ferme.com. Web : www.camping-la-ferme.com. Réduction H.S.
Lat. : 43° 50' 19" N **Long.** : 006° 32' 31" E.

LE FRÉDÉRIC MISTRAL ★★★ Tourisme 66 E. dont 48 nus CV. Locations : . Rivière à 200 m ; lac à 3 km. Ouvert: 20.3 / 2.11. ☎ 04 92 83 62 27. E-mail : camping-frederic-mistral@orange.fr. Web : www.camping-frederic-mistral.fr.
Lat. : 43° 50' 46" N **Long.** : 006° 30' 36" E.

LES FRAMBOISEILLES P.R.L ★★★ 16 E. dont 6 nus CV. Accès direct à la rivière. Ouvert: 3.4 / 19.10. ☎ 06 31 26 20 89. E-mail : contact@lesframboiseilles.fr. Web : www.lesframboiseilles.fr. Réduction H.S.
Lat. : 43° 50' 32" N **Long.** : 006° 32' 11" E.

NOTRE DAME ★★★ Tourisme 44 E. dont 31 nus 0,6 ha CV. Locations : . Espace Fitness. . Rivière à 300 m ; lac à 3 km.. Ouvert: 8.4 / 8.10. ☎ 04 92 83 63 02. E-mail : campingnotredame@orange.fr. Web : www.camping-notredame.com. Prix 2023. Fft jour : empl. Tourisme (2) : 27,48 € ( ). Réduction H.S.
Lat. : 43° 50′ 43" N **Long.** : 006° 30′ 17" E.

LE PESQUIER ★★ Tourisme 55 E. dont 36 nus CV . Locations : , , . chauffée . Rivière à 1 km ; lac à 3 km.. Accueil groupes. Ouvert: 14.5 / 30.9. ☎ 04 92 83 66 81. E-mail : contact@camping-le-pesquier.com. Web : www.camping-le-pesquier.com. Prix 2022. Fft jour : empl. Tourisme (2) : 26 € ( ) ; sup 6 € ; animaux 2 € ; 4 € ; 4 €.
Lat. : 43° 51′ 11" N **Long.** : 006° 30′ 15" E.

LES LAVANDES ★★ Tourisme 54 E. dont 23 nus CV . A 1 km : Locations : , . Espace Fitness. . Rivière à 500 m ; lac à 5 km. Ouvert: 7.4 / 15.10. ☎ 06 45 98 62 83. E-mail : accueil@camping-les-lavandes.com. Web : www.camping-les-lavandes.com. Prix 2023. Fft jour : empl. Tourisme (2) : 22 € ( ) ; Réduction H.S.
Lat. : 43° 50′ 46" N **Long.** : 006° 30′ 26" E.

LES SIRÈNES ★ Tourisme 27 E. 2 ha CV . Locations : . chauffée .. Accueil groupes. Ouvert: 15.4 / 20.9. ☎ 04 92 83 70 56. E-mail : accueil@les-sirenes.com. Web : www.les-sirenes.com. Réduction H.S.
Lat. : 43° 51′ 56" N **Long.** : 006° 27′ 51" E.

DOMAINE DE LA PORTE DES GORGES DU VERDON NC Tourisme 25 E. dont 16 GCC. 3 ha CV . A 1 km : Locations : . chauffée. Rivière à 1 km ; lac à 5 km. Accueil groupes adultes. Ouvert: 10.6 / 7.10. ☎ 04 92 83 84 59. E-mail : laportedesgorgesduverdon@orange.fr. Web : www.laportedesgorgesduverdon.com. Réduction H.S.
Lat. : 43° 50′ 21" N **Long.** : 006° 29′ 37" E.

LE PLAN DE LA PALUD . A 3 km : . ☎ 06 09 96 75 16. E-mail : bernard.darnaud@orange.fr.
Lat. : 43° 51′ 30" N **Long.** : 006° 30′ 11" E.

CERESTE

14-C1 25 km S.-O. Forcalquier. 470 m. ✉ 04280

AIRE NATURELLE LE BOIS DE SIBOURG CV . Ouvert: 21.4 / 21.9. ☎ 04 92 79 02 22. E-mail : campingsibourg@orange.fr, Web : www.sibourg.com.
Lat. : 43° 50′ 45" N **Long.** : 005° 33′ 49" E.

CLAMENSANE

11-C5 50 km N.-E. Forcalquier. 932 m. ✉ 04250

LE CLOT DU JAY ★★★ Tourisme 78 E. dont 32 nus
5 ha CV . Locations : . chauffée , . Accès direct à l'étang et à la rivière. ; . Accueil groupes adultes. Ouvert: 18.4 / 30.9. ☎ 04 92 68 35 32. E-mail : camping@clotdujay.com. Web : www.clotdujay.com. Réduction H.S.
Lat. : 44° 19′ 21" N **Long.** : 006° 05′ 07" E.

COLMARS

11-D5 48 km N.-N.-E. Castellane. 1975 m. Station verte de vacances et village de neige ✉ 04370

LE BOIS JOLY ★★ Tourisme 40 E. 1,2 ha . . Accès direct à la rivière.. Ouvert: 1.6 / 15.9. ☎ 04 92 83 40 40. E-mail : camping-le-bois-joly@sfr.fr.
Lat. : 44° 10′ 29" N **Long.** : 006° 37′ 02" E.

LES POMMIERS NC 12 E. CV . Locations : . , , . Accès direct à la rivière. . Ouvert: 1.5 / 1.10. ☎ 04 92 83 41 56. E-mail : contact@camping-pommier.com. Web : www.camping-pommier.com.
Lat. : 44° 10′ 38" N **Long.** : 006° 37′ 17" E.

CURBANS

11-C5 80 km N.-E. Forcalquier. 867 m. ✉ 05110

CAMPING DU LAC ★★★★ Tourisme 180 E. dont 55 nus, dont 125 GCC.
CV . Locations : , , 1 . Espace Fitness. chauffée , , , . Accès direct aux bords du lac et à la rivière. ; . Ouvert: 29.4 / 15.9. ☎ 04 92 54 23 10. E-mail : info@au-camping-du-lac.com. Web : www.au-camping-du-lac.com. Prix 2022. Fft jour : empl. Tourisme (2) : 39,5 € ( ) ; sup 8 € ; animaux 4 € ; 6 €.
Lat. : 44° 25′ 27" N **Long.** : 006° 01′ 50" E.

DAUPHIN

14-C1 8 km S.-E. Forcalquier. 441 m. ✉ 04300

AU TYLO SOLEIL ★★★ Tourisme 155 E. dont 150 nus
CV . Locations : . chauffée , , . Accès direct à la rivière.. Accueil groupes. Ouvert: 1.4 / 12.11. ☎ 04 92 79 51 91. E-mail : camping.leauvive04@gmail.com. Web : www.leauvive.fr.
Lat. : 43° 54′ 40" N **Long.** : 005° 46′ 53" E.
FFCC : avantages adhérent : 10% du 01/04 au 30/06 et du 01/09 au 13/1110% du 01/04 au 30/06 et du 01/09 au 13/11 sur emp. et loc. + 10% hors juillet-août sur les emplacements nus et hébergements locatifs sur présentation de la carte ou rendez-vous dans votre club avantages FFCC pour obtenir le code promotionnel.

DIGNE-LES-BAINS

11-D5 736 km S.-E. Paris. 852 m. ✉ 04000

LES EAUX CHAUDES ★★★ Tourisme 140 E. dont 74 nus 3 ha CV . A 10 km : Locations : , , . Randonnée pédestre organisée. Espace Fitness. chauffée . Rivière à 100 m ; lac à 4 km. Accueil groupes. Ouvert: 1.4 / 31.10. ☎ 04 92 32 31 04. E-mail : info@campinglesEauxchaudes.com. Web : www.campinglesEauxchaudes.com.
Lat. : 44° 05′ 12" N **Long.** : 006° 15′ 02" E.

LE BOURG ★★ Tourisme 105 E. dont 40 nus CV . A 4 km : Locations : caravane. Randonnée pédestre organisée. . Accès direct à la rivière ; lac à 4 km. Accueil groupes. Ouvert: 2.6 / 31.10. ☎ 04 92 31 04 87. E-mail : campingdubourg@orange.fr. Web : www.campingdigne.com. Réduction H.S.
Lat. : 44° 05′ 60" N **Long.** : 006° 15′ 02" E.

ENCHASTRAYES

11-D5 2 km S.-E. Barcelonnette. 1866 m. Station verte de vacances et village de neige ✉ 04400

LA CHAUP ★★★ Tourisme 78 E. dont 70 nus CV . Locations : , , tonneau. chauffée . Rivière à 2 km. Ouvert: 25.5 / 26.9. ☎ 04 92 81 02 82. E-mail : contact@campinglachaup.fr. Web : www.campinglachaup.fr. Prix 2023. Fft jour : empl. Tourisme (2) : 25 € ( ) ; sup 6 € ; animaux 1 € ; 3,50 € ; 4 €.
Lat. : 44° 22′ 53" N **Long.** : 006° 40′ 33" E.

ENTREVAUX

14-E1 43 km N.-E. Castellane. 863 m. ✉ 04320

CAMPING DU BREC ★★★ Tourisme 89 E. dont 81 nus, dont 2 CC.
3,7 ha CV . Locations : , , . . Accès direct aux bords du lac et à la rivière. ; ; . Accueil groupes adultes. Ouvert: 1.4 / 30.9. ☎ 04 93 05 42 45. E-mail : info@camping-dubrec.com. Web : www.camping-dubrec.com. Prix 2022. empl. Tourisme : 9,50 € ; 5,50 € ; animaux 1,50 € ; 4 € ; 3,50 €. Réduction H.S.
Lat. : 43° 57′ 41" N **Long.** : 006° 47′ 55" E.
FFCC : avantages adhérent : 18 € du 01/04 au 30/06 et du 01/09 au 30/09 sur emp.

ESPARRON-DE-VERDON

14-C2 58 km S.-O. Digne. 474 m. ✉ 04800

CAMPING NATURISTE VERDON PROVENCE ★★★★ Tourisme 72 E. dont 55 nus
6 ha CV . Rés. naturiste. Locations : . chauffée . Accès direct aux bords du lac. ; ; . Ouvert: 29.4 / 30.9. ☎ 04 92 78 23 29. E-mail : contact@camping-verdon-provence.fr. Web : camping-verdon-provence.fr.
Lat. : 43° 45′ 19" N **Long.** : 005° 57′ 03" E.

LA BEAUME ★★★★ Tourisme 60 E. dont 32 nus
2,50 ha CV . Locations : , , roulotte, . Randonnée pédestre organisée. couverte chauffée , , . Accès direct à la rivière ; lac à 2,5 km. ; . Accueil groupes. Ouvert: 1.4 / 30.10. ☎ 04 92 77 15 28. E-mail : contact@campinglabeaume-verdon.com. Web : www.campinglabeaume-verdon.com. Réduction H.S.
Lat. : 43° 44′ 37" N **Long.** : 005° 59′ 42" E.
FFCC : avantages adhérent : 10% du 15/04 au 07/07 et du 03/09 au 25/09 sur emp.

LE SOLEIL ★★★★ Tourisme 100 E. dont 78 nus CV . Locations : , , , . Accès direct aux bords du lac. ; ; . Ouvert: 9.4 / 3.10. ☎ 04 92 77 13 78. E-mail : campinglesoleil@wanadoo.fr. Web : www.camping-esparron-verdon.fr. Prix 2022. Fft jour : empl. Tourisme (2) : 31,9 € ( ) ; sup 8 € ; 4 €. Réduction H.S.
Lat. : 43° 44′ 03" N **Long.** : 005° 58′ 13" E.

LE LAVANDIN ★★★ Tourisme 58 E. dont 33 nus
CV . Lac à 5 km. Ouvert: 1.5 / 30.9. ☎ 04 92 77 41 31. E-mail : infos@campinglavandin.com. Web : www.campinglavandin.com. Réduction H.S.
Lat. : 43° 44′ 07" N **Long.** : 006° 01′ 14" E.
FFCC : avantages adhérent : 21 € du 28/04 au 01/07 et du 26/08 au 01/10 sur emp. et entre 70 € et 101 € la nuitée et entre 325 € et 558 € la semaine du 28/04 au 08/07 et du 26/08 au 01/10 sur loc.

LA GRANGEONNE ★★ Tourisme 50 E. dont 34 nus 1,2 ha . Locations : , , , . Lac à 1 km. Accueil groupes. Ouvert: 1.5 / 20.9. ☎ 04 92 77 16 87. E-mail : lagrangeonne@camping-esparron.com. Web : www.camping-esparron.com.
Lat. : 43° 44′ 17" N **Long.** : 005° 58′ 55" E.

LE GRAND PRÉ . Ouvert: 10.5 / 15.9. ☎ 04 92 77 15 92.
Lat. : 43° 44′ 32" N **Long.** : 006° 00′ 01" E.

FORCALQUIER

14-C1 48 km S.-O. Digne. 558 m. Station verte de vacances et village de neige ✉ 04300

FORCALQUIER LES ROUTES DE PROVENCE ★★★ Tourisme 126 E. dont 72 nus 1 ha CV . A 1 km : Locations : , , . chauffée . . Accueil groupes. Ouvert: 30.4 / 2.10. ☎ 0466 600 700. E-mail : routes-provence@koawa.com. Web : www.camping-routes-de-provence.fr/fr. Prix 2022. Fft jour : empl. Tourisme (2) : 28 € ( ) ; sup 6 € ; animaux 3 € ; 5 €.
Lat. : 43° 57′ 44" N **Long.** : 005° 47′ 15" E.

MME GOLETTO CATHI CV . Ouvert: 12.4 / 1.11. ☎ 04 92 75 05 67. E-mail : contact-lemoulin@orange.fr, Web : www.baschalus.fr.
Lat. : 43° 57′ 10" N **Long.** : 005° 48′ 22" E.

GIGORS

11-D5 80 km N.-E. Forcalquier. 1158 m. ✉ 04250

L'AMANDIER ★★ Tourisme 30 E. dont 18 nus CV . Locations : , , . . Accès direct aux bords du lac et à la rivière. Accueil groupes. Ouvert: 14.6 / 30.9. ☎ 0 4 92 49 01 46. E-mail : contact@camping-amandier.fr. Web : www.camping-amandier.fr.
Lat. : 44° 25′ 11" N **Long.** : 006° 10′ 11" E.

GREOUX-LES-BAINS

14-C1 60 km S.-O. Digne. 381 m. Station verte de vacances et village de neige 04800

LA PINÈDE ★★★★ Tourisme 160 E. dont 55 nus
CV. A 4 km : Locations : chauffée. Rivière à 100 m ; lac à 4 km. Ouvert: 6.3 / 20.11. ☎ 04 92 78 05 47. E-mail : lapinede@wanadoo.fr. Web : www.camping-lapinede-04.com. Prix 2022. Fft jour : empl. Tourisme (2) : 35 € (E. CC). Réduction H.S.
Lat. : 43° 44' 54" N **Long.** : 005° 52' 58" E.

LE VERSEAU ★★★★ Tourisme 120 E. dont 66 nus CV. Locations : cocosweet. chauffée. Rivière à 10 m.. Ouvert: 1.1 / 31.12. ☎ 04 92 77 67 10. E-mail : info@camping-le-verseau.com. Web : www.camping-le-verseau.com. Prix 2022. Fft jour : empl. Tourisme (2) : 28 € (). Réduction H.S.
Lat. : 43° 45' 07" N **Long.** : 005° 52' 56" E.

VERDON PARC ★★★★ Tourisme 448 E. dont 208 nus, dont 177 CC - 30 GCC.
9 ha CV. Locations : . Randonnée pédestre organisée. Espace Fitness. couverte chauffée , , , . Accès direct à la rivière. ; . Accueil groupes adultes. Ouvert: 4.5 / 26.10. ☎ 04 92 78 08 08. E-mail : accverdonparc@vacanceselect.com. Web : www.campingverdonparc.fr. Réduction H.S.
Lat. : 43° 45' 07" N **Long.** : 005° 53' 38" E.

REGAIN ★★★ Tourisme 80 E. dont 80 nus, dont 62 CC - 62 GCC. 3 ha CV. Locations : . Accès direct à la rivière. ; . Ouvert: 1.4 / 20.10. ☎ 04 92 78 09 23. E-mail : camping.regain@sfr.fr. Web : www.camping-regain.com. Prix 2022. Fft jour : empl. Tourisme (2) : 18 € () ; sup 7 € ; animaux 2 € ; 3 €.
Lat. : 43° 44' 52" N **Long.** : 005° 52' 46" E.

DOMAINE DE CHATEAU LAVAL NC Tourisme 50 E. dont 36 nus 1 ha CV. Locations : . Randonnée pédestre organisée. , , , . Accès direct aux bords du lac et à la rivière.. Accueil groupes. Ouvert: 5.4 / 17.10. ☎ 04 92 70 23 00. E-mail : chateaulaval@vacancesbleues.com. Web : www.vacancesbleues.com.
Lat. : 43° 46' 06" N **Long.** : 005° 53' 48" E.

JAUSIERS

11-E5 z km N.-E. Barcelonnette. 2090 m. Station verte de vacances et village de neige 04850

LE PLANET ★★ Tourisme 36 E. 0,6 ha CV. Rivière à 100 m ; lac à 200 m. Accueil groupes. Ouvert: 27.6 / 15.9. ☎ 04 92 68 09 22. E-mail : camping.leplanet@hotmail.fr. Web : camping-leplanet.fr.
Lat. : 44° 25' 11" N **Long.** : 006° 44' 13" E.

LA CONDAMINE-CHATELARD

11-E4 13 km N.-E. Barcelonnette. 2168 m. 04530

CAMPING CHAMP FELEZE NC Tourisme 72 E. 3 ha . , . Accès direct aux bords du lac et à la rivière. ; . Accueil groupes. Ouvert: 15.6 / 30.9. ☎ 0 638864877. E-mail : restaurant.camping@yahoo.com.
Lat. : 44° 27' 47" N **Long.** : 006° 45' 04" E.

LA GARDE

14-D1 5 km S.-E. Castellanne. 1179 m. 04120

LES COLLINES DE CASTELLANE ★★★★ Tourisme 170 E. dont 95 nus
6 ha CV. Locations : . Randonnée pédestre organisée. chauffée . ; . Accueil groupes adultes. Ouvert: 28.4 / 24.9. ☎ 0 970 73 10 38. E-mail : contact@rcn.fr. Web : www.rcn.fr. Prix 2023. Fft nuit : empl. Tourisme (2) : 62 € (). Réduction H.S.
Lat. : 43° 49' 28" N **Long.** : 006° 34' 12" E.
FFCC : avantages adhérent : 15% du 28/04 au 14/07 et du 19/08 au 24/09 sur emp. + Profitez de lòffre en réservant sur le site du partenaire au 09 70 73 10 38 ou rendez-vous sur votre Club avantages pour obtenir le code promotionnel. Offre non valable du 18/05 au 21/05.

LA JAVIE

11-D5 15 km N.-E. Digne. 1100 m. 04420

CAMPING MUNICIPAL DE LA JAVIE NC Tourisme 26 E. , . Accès direct à la rivière.. Ouvert: 15.6 / 15.9. ☎ 04 92 34 91 76. E-mail : mairie.javie@wanadoo.fr.
Lat. : 44° 10' 17" N **Long.** : 006° 21' 21" E.

LA MOTTE-DU-CAIRE

11-C5 67 km N.-E. Forcalquier. 858 m. 04250

CAMPING MUNICIPAL LE MOUSSERREIN ★★ Tourisme 32 E. 7 ha . Locations : . Accueil groupes. Ouvert: 2.6 / 30.9. ☎ 06 82 20 45 59. E-mail : camping.mousserein@gmail.com. Web : www.camping-mousserein.com/.
Lat. : 44° 20' 27" N **Long.** : 006° 02' 05" E.

CAMPING BEAUSEJOUR ★ Tourisme 30 E. ☎ 04 92 68 35 11. E-mail : cvvmc04@wanadoo.fr.
Lat. : 44° 19' 32" N **Long.** : 006° 01' 46" E.

LA MURE-ARGENS

14-D1 23,5 km N. Castellane. 1333 m. 04170

L'ADRECH ★★ Tourisme 47 E. dont 35 nus
CV. Locations : . Accès direct à la rivière. . Ouvert: 1.3 / 1.11. ☎ 04 92 89 17 81. E-mail : virginiesoudais13@gmail.com. Web : www.adrech.com.
Lat. : 44° 00' 24" N **Long.** : 006° 33' 31" E.

LA PALUD-SUR-VERDON

14-D1 68 km S.-E. Digne. 1089 m. 04120

CAMPING MUNICIPAL LE GRAND CANYON NC Tourisme 140 E. 1,5 ha CV. Ouvert: 1.4 / 30.9. ☎ 04 92 77 38 13. E-mail : campingmunicipallapalud@orange.fr. Web : www.camping.lapaludsurverdon.com.
Lat. : 43° 46' 49" N **Long.** : 006° 20' 56" E.

LA GRAOU. Ouvert: 1.4 / 30.10. ☎ 04 92 77 38 22. E-mail : miceni@live.fr, Web : camping-la-graou.fr/.
Lat. : 43° 46' 31" N **Long.** : 006° 17' 04" E.

MME SUZANNE VIAL . Ouvert: 15.4 / 21.10. ☎ 04 92 77 30 27.
Lat. : 43° 46' 28" N **Long.** : 006° 21' 07" E.

LE LAUZET-UBAYE

11-D5 21 km N.-O. Barcelonnette. 1575 m. 04340

LE NOYER DU BARON ★★ Tourisme 55 E. dont 49 nus, dont 10 CC. 1,5 ha CV. Locations : , cabanes, tipi, . , . Accès direct aux bords du lac ; étang à 100 m ; rivière à 200 m. ; ; . Accueil groupes. Ouvert: 1.6 / 6.10. ☎ 0 6 49 83 11 36. E-mail : lenoyerdubaron@free.fr. Web : www.camping-noyerdubaron.com. Prix 2022. Fft nuit : empl. Tourisme (2) : 15 € () ; sup 3,80 € nuit ; animaux 2 € nuit ; 3,70 € nuit. Réduction H.S.
Lat. : 44° 25' 31" N **Long.** : 006° 26' 11" E.

LE BOIS DES HOCHES CV. Ouvert: 1.6 / 30.9. ☎ 06 86 16 91 46. E-mail : boisdeshoches@free.fr, Web : www.camping-boisdeshoches.com.
Lat. : 44° 25' 29" N **Long.** : 006° 26' 28" E.

M. ROLAND FABRE . Ouvert: 15.6 / 31.8. ☎ 04 92 85 52 55. E-mail : campinglasource04@orange.fr.
Lat. : 44° 26' 07" N **Long.** : 006° 25' 33" E.

LE VERNET

11-D5 30 km N.-E. Digne. 1476 m. 04140

LOU PASSAVOUS ★★★ Tourisme 55 E. dont 53 nus CV. Locations : . chauffée. Etang et rivière à 50 m. . Ouvert: 1.5 / 15.9. ☎ 04 92 35 14 67. E-mail : loupassavous@orange.fr. Web : www.loupassavous.com. Prix 2023. Fft jour : empl. Tourisme (2) : 29,25 € (). Réduction H.S.
Lat. : 44° 16' 55" N **Long.** : 006° 23' 30" E.

LES MEES

14-C1 25 km S.-O. Digne. 527 m. 04190

LITTLE CARPE DIEM ★★★ Tourisme 38 E. dont 35 nus 1 ha CV. Locations : , . chauffée. Lac à 4,7 km. Ouvert: 19.4 / 27.9. ☎ 04 92 34 18 97. E-mail : contact@campinglesolivettes.com. Web : www.littlecarpediem.com. Prix 2023. Fft jour : empl. Tourisme (2) : 29 € () ; sup 7 € ; 5,20 € ; 3 €. Réduction H.S.
Lat. : 43° 57' 14" N **Long.** : 005° 55' 60" E.

CAMPING MUNICIPAL LA PINEDE NC Tourisme 50 E. 0,35 ha . couverte. Ouvert: 1.6 / 20.9. ☎ 04 92 34 33 89. E-mail : mairie.les.mees@wanadoo.fr.
Lat. : 44° 01' 42" N **Long.** : 005° 58' 50" E.

LES THUILES

11-D5 7 km O. Barcelonnette. 1833 m. 04400

LE FONTARACHE ★★★★ Tourisme 150 E. dont 130 nus
CV. Locations : . chauffée , . Rivière à 20 m. . Ouvert: 2.6 / 15.9. ☎ 04 92 81 90 42. E-mail : reception@camping-fontarache.fr. Web : www.camping-fontarache.fr.
Lat. : 44° 23' 32" N **Long.** : 006° 34' 27" E.

LIMANS

14-C1 9 km N.-O. Forcalquier. 634 m. 04300

DOMAINE NATURISTE LES LAUZONS ★★★★ Tourisme 163 E. dont 116 nus
20 ha CV. Rés. naturiste. Locations : , cocosweet, roulotte. Randonnée pédestre organisée. chauffée . ; . Ouvert: 24.4 / 23.9. ☎ 04 92 73 00 60. E-mail : leslauzons@wanadoo.fr. Web : www.camping-lauzons.com. Prix 2023. Fft jour : empl. Tourisme (2) : 34 € () ; sup 9 € ; animaux 5 € ; 6 € ; 5,50 €. Réduction H.S.
Lat. : 43° 58' 23" N **Long.** : 005° 44' 19" E.
FFCC : avantages adhérent : 20 € du 24/04 au 08/07 et du 26/08 au 23/09 sur emp.

LURS

14-C1 12 km N.-E. Forcalquier. 449 m. 04700

FERME ÉQUESTRE LES COCCINELLES
. Ouvert: 1.1 / 31.12. ☎ 04 92 79 80 53. E-mail : camping04@hotmail.fr, Web : camping04.com. Prix 2022. empl. Tourisme : 6 € ; 4 € ; animaux 4 € ; 4 €.
Lat. : 43° 56' 23" N **Long.** : 005° 52' 00" E.
FFCC : avantages adhérent : entre 35 € et 45 € la nuitée et entre 350 € et 450 € la semaine du 01/01 au 30/06 et du 01/09 au 31/12 sur loc.

MALLEFOUGASSE-AUGES

11-C5 24 km N.-E. Forcalquier 787 m. 04230

LOU PEBRE D'AIL CV. Ouvert: 1.6 / 30.9. ☎ 04 92 77 04 17. E-mail : sarl.tron@wanadoo.fr.
Lat. : 44° 03' 44" N **Long.** : 005° 54' 05" E.

MANOSQUE

14-C1 20 km S. Forcalquier. 405 m. 04100

PROVENCE VALLÉE ★★★ Tourisme 110 E. dont 60 nus
CV. Locations : cabanes. chauffée . Lac et rivière à 5 km. . Accueil groupes. Ouvert: 1.4 / 31.10. ☎ 04 92 72 28 08. E-mail : contact@provence-vallee.fr. Web : www.provence-vallee.fr. Réduction H.S.
Lat. : 43° 49' 48" N **Long.** : 005° 45' 49" E.

MEOLANS-REVEL

11-D5 8 km O. Barcelonnette. 1903 m. ✉ 04340

DOMAINE LOISIRS DE L'UBAYE ★★★★★ Tourisme 268 E. dont 215 nus 4,5 ha CV. Locations : . Randonnée pédestre organisée. Espace Fitness. chauffée , . Accès direct à la rivière. ; ; . Accueil groupes. Ouvert: 1.6 / 30.9. ☎ 04 92 81 01 96. E-mail : info@loisirsubaye.com. Web : www. domaineubaye.com. Réduction H.S.
Lat. : 44° 23' 48" N **Long.** : 006° 32' 46" E.

LE RIOCLAR ★★★★ Tourisme 205 E. dont 176 nus
7 ha CV. Locations : , , . Randonnée pédestre organisée. chauffée , , , . Accès direct aux bords du lac et à la rivière. ; . Accueil groupes. Ouvert: 22.4 / 11.9. ☎ 04 92 81 10 32. E-mail : hello @rioclar.com. Web : www.rioclar.fr. Prix 2022. Fft jour : empl. Tourisme (2) : 28 € ( ). Réduction H.S.
Lat. : 44° 23' 59" N **Long.** : 006° 31' 54" E.

LE RIVER ★★★ Tourisme 42 E. dont 31 nus CV. Locations : , caravane, . Randonnée pédestre organisée. chauffée , . Accès direct à l'étang et à la rivière. ; . Accueil groupes. Ouvert: 4.4 / 13.10. ☎ 04 92 85 57 13. E-mail : 04@camping-river.eu. Web : www. camping-river.eu.
Lat. : 44° 23' 49" N **Long.** : 006° 29' 22" E.

MONTAGNAC-MONTPEZAT

14-D1 55 km S.-O. Digne. 566 m. ✉ 04500

COTEAU DE LA MARINE ★★★★ Tourisme 251 E. 10 ha CV. Locations : . Randonnée pédestre organisée. chauffée , . Accès direct aux bords du lac. ; ; . Accueil groupes adultes. Ouvert: 25.5 / 15.9. ☎ 04 30 05 15 19. E-mail : info@tohapi.fr. Web : www.toha pi.fr/.
Lat. : 43° 44' 51" N **Long.** : 006° 05' 53" E.

MONTCLAR

11-D5 49 km N. Digne. 1427 m. Station verte ✉ 04140

L'ETOILE DES NEIGES ★★★★★ Tourisme 137 E. dont 52 nus
5 ha CV. A 7 km : Locations : . Randonnée pédestre organisée. Espace Fitness. couverte chauffée , . ; . Accueil groupes. Ouvert: 25.5 / 11.9. ☎ 04 92 35 07 08. E-mail : contact@etoile-des-neiges.com. Web : www.etoile-des-neiges.com. Prix 2022. Fft jour : empl. Tourisme (2) : 50 € ( ). Réduction H.S.
Lat. : 44° 24' 33" N **Long.** : 006° 20' 52" E.
FFCC : avantages adhérent : 10% du 01/01 au 30/06 et du 01/09 au 03/0910% du 01/01 au 30/06 et du 01/09 au 03/09 sur emp. et loc. + Offre non valable du 12/03 au 17/05. Rendez-vous dans votre club avantages FFCC pour obtenir le code promotionnel et réserver !.

MONTFURON

14-C1 20 km S.-O. Forcalquier 538 m. ✉ 04110

CAMPING LES GRANGES CV. Ouvert: 1.4 / 30.10. ☎ 04 92 76 46 83. E-mail : campinglesgranges@yahoo.fr, Web : www. camping-les-granges-montfuron.fr. Réduction H.S.
Lat. : 43° 49' 33" N **Long.** : 005° 41' 50" E.

MOUSTIERS-SAINTE-MARIE

14-D1 48 km S.-S.-E. Digne. 931 m. Station verte de vacances et village de neige ✉ 04360

LE VIEUX COLOMBIER ★★★ Tourisme 70 E. dont 54 nus 2,73 ha CV. Locations : , . . Rivière à 800 m ; lac à 4 km. Ouvert: 24.4 / 5.10. ☎ 06 05 42 40 74. E-mail : contact@campinglievie uxcolombier.com. Web : www.campinglevie uxcolombier.com. Réduction H.S.
Lat. : 43° 50' 23" N **Long.** : 006° 13' 19" E.

SAINT CLAIR ★★★ Tourisme 142 E. dont 93 nus
CV . Locations : , . Randonnée pédestre organisée. , . Accès direct à la rivière ; lac à 2 km.. Ouvert: 1.5 / 1.11. ☎ 04 92 74 67 15. E-mail : direction@camping-st-clair.com. Web : www.tikayan.com/fr/camping-saint-clair-accueil. Prix 2022. Fft jour : empl. Tourisme (2) : 29 € ( )
Lat. : 43° 49' 42" N **Long.** : 006° 13' 26" E.

SAINT JEAN ★★★ Tourisme 121 E. dont 108 nus 1,7 ha CV. Locations : , , , . . Accès direct à la rivière ; lac à 4 km.. Ouvert: 31.3 / 8.10. ☎ 04 92 74 66 85. E-mail : contact@camping-st-jean.fr. Web : www.camping-st-jean.fr. Réduction H.S.
Lat. : 43° 50' 38" N **Long.** : 006° 12' 54" E.

DOMAINE DU PETIT LAC ★★ Tourisme 154 E. dont 100 nus 1,7 ha CV. Locations : , , . , , . Accès direct à l'étang ; rivière à 200 m ; lac à 1 km. ; . Accueil groupes adultes. Ouvert: 15.4 / 30.9. ☎ 04 92 74 67 11. E-mail : info@lepetitlac.com. Web : www.lepetitlac.com. Réduction H.S.
Lat. : 43° 49' 10" N **Long.** : 006° 13' 33" E.

LE MOULIN ★★ Tourisme 150 E. dont 129 nus 3 ha CV . . Accès direct à la rivière ; lac à 600 m.. Ouvert: 18.4 / 20.9. ☎ 04 92 74 66 66. E-mail : contact@camping-le-moulin.com. Web : camping-le-moulin.com.
Lat. : 43° 48' 55" N **Long.** : 006° 13' 27" E.

MANAYSSE ★★ Tourisme 94 E. dont 87 nus 1,5 ha CV . Locations : . . Rivière à 500 m ; étang à 3 km ; lac à 5 km. Accueil groupes adultes. Ouvert: 1.4 / 31.10. ☎ 04 92 74 66 71. E-mail : manaysse@orange.fr. Web : www.camping-manaysse.com.
Lat. : 43° 50' 42" N **Long.** : 006° 12' 55" E.

MONTDENIER ★ Tourisme 27 E. 1,5 ha CV. Ouvert: 15.4 / 15.10. ☎ 04 92 74 67 39. E-mail : camping-du-montdenier@laposte.net. Web : www.camping-verdon-moustiers.com.
Lat. : 43° 51' 20" N **Long.** : 006° 14' 40" E.

PEYRENGUES . Ouvert: 1.4 / 30.9. ☎ 04 92 74 67 40. E-mail : campingpeyrengues@or ange.fr, Web : /www.camping-peyrengues-moustiers.com.
Lat. : 43° 49' 42" N **Long.** : 006° 13' 03" E.

NIOZELLES

14-C1 7 km E. Forcalquier. 454 m. ✉ 04300

DOUCE PROVENCE NC 133 E.
CV . . Accès direct aux bords du lac et à la rivière. . Accueil groupes. Ouvert: 1.4 / 30.9. ☎ 0 4 92 77 80 31. E-mail : info@yellohvillage-douceprovence.com.
Lat. : 43° 55' 59" N **Long.** : 005° 52' 05" E.
FFCC : avantages adhérent : 10% du 17/05 au 30/06 et du 01/09 au 10/0910% du 17/05 au 30/06 et du 01/09 au 10/09 sur emp. et loc. + Rendez-vous dans votre club avantages FFCC pour obtenir le code promotionnel et réserver !.

ORAISON

14-C1 40 km S.-O. Digne. 407 m. ✉ 04700

LES OLIVIERS ★★★★ Tourisme 64 E. dont 35 nus 1,5 ha CV . A 2 km : Locations : , . Randonnée pédestre organisée. , . Lac et rivière à 3 km. Accueil groupes. Ouvert: 1.3 / 31.12. ☎ 04 92 78 20 00. E-mail : camping-oraison@wanadoo.fr. Web : www. camping-oraison.com.
Lat. : 43° 55' 23" N **Long.** : 005° 55' 25" E.

PEYRUIS

14-C1 19 km N.-E. Forcalquier. 531 m. ✉ 04310

LES CIGALES ★★★ Loisirs 26 E. CV. Locations : . Rivière à 700 m. Ouvert: 1.1 / 31.12. ☎ 04 92 68 16 04. E-mail : contact@camping-lescigales.fr. Web : www. camping-lescigales.fr.
Lat. : 44° 01' 22" N **Long.** : 005° 56' 12" E.

PONTIS

11-D4 40 km N.-O. Barcelonnette. 1251 m. ✉ 05160

LES CHAPPAS ★★ Tourisme 85 E. CV . . Lac à 700 m. ; . Accueil groupes. Ouvert: 15.6 / 30.9. ☎ 04 92 44 22 09. E-mail : leschappas.clement@laposte.net. Web : www.camping-les-chappas.com.
Lat. : 44° 30' 52" N **Long.** : 006° 21' 38" E.

LES GRANGES ★★ Loisirs 100 E. CV. Locations : . Lac à 1 km. . Accueil groupes enfants. Ouvert: 1.6 / 15.9. ☎ 04 92 44 20 47. E-mail : campingles granges05@gmail.com. Web : www.camping-les-granges.fr/.
Lat. : 44° 30' 50" N **Long.** : 006° 21' 52" E.

AIRE NATURELLE DU CHÂTEAU CV. Ouvert: 1.7 / 31.8. ☎ 06 79 78 22 79. E-mail : eric.cointe0141@orange.fr, Web : www.camp ingairenaturelleduchateau.com. Prix 2022. empl. Tourisme : 5,10 € ; 5,55 € ; 3,70 € ; 3,30 €.
Lat. : 44° 30' 19" N **Long.** : 006° 21' 21" E.

PRADS-HAUTE-BLEONE

11-D5 27 km N.-E. Digne. 1620 m. ✉ 04420

CAMPING MANDALA ★★★ Tourisme 30 E. dont 20 nus 1 ha terrain sans voitures. Locations : , yourte. Randonnée pédestre organisée. . Rivière à 100 m ; lac à 3 km. Accueil groupes. Ouvert: 26.4 / 20.10. ☎ 0 6 01 76 93 59. E-mail : contact@camping-mandala.fr. Web : www. camping-mandala.fr.
Lat. : 44° 13' 16" N **Long.** : 006° 26' 47" E.

QUINSON

14-C2 63 km S. Digne. 517 m. Station verte de vacances et village de neige ✉ 04500

LES PRÉS DU VERDON ★★★ Tourisme 197 E. CV . , . Lac et rivière à 100 m. Accueil groupes adultes. Ouvert: 6.4 / 29.9. ☎ 04 30 05 15 19. E-mail : info@ tohapi.fr. Web : www.tohapi.fr.
Lat. : 43° 41' 52" N **Long.** : 006° 02' 30" E.

REILLANNE

14-C1 19 km S.-O. Forcalquier. 570 m. ✉ 04110

LE VALLON DES OISEAUX ★ Tourisme 91 E. dont 91 nus, dont 60 CC. 7 ha CV Rés. naturiste. Locations : , . chauffée. Ouvert: 30.4 / 1.10. ☎ 04 92 76 47 33. E-mail : info@levallon.com. Web : www.levallon.com. Prix 2022. Fft jour : empl. Tourisme (2) : 33 € ( ). Réduction H.S.
Lat. : 43° 52' 23" N **Long.** : 005° 38' 08" E.

REVEST-DU-BION

11-C5 36 km N.-O. Forcalquier. 948 m. ✉ 04150

CAMPING MUNICIPAL ★ Tourisme 20 E. Ouvert: 1.4 / 31.10. ☎ 04 92 77 22 26. E-mail : commune.revestdubion@orange.fr. Web : www.revestdubion.fr.
Lat. : 44° 04' 56" N **Long.** : 005° 32' 38" E.

RIEZ

14-D1 40 km S.-O. Digne. 610 m. ✉ 04500

ROSE DE PROVENCE - VERDON ★★★ Tourisme 78 E. dont 54 nus, dont 25 CC.
1 ha CV . Locations : , , cabanes, roulotte. chauffée , , . Rivière à 500 m. . Ouvert: 17.4 / 27.9. ☎ 04 92 77 75 45. E-mail : info@rose-de-provence.com. Web : www.rose-de-provence.com. Prix 2022. Fft jour : empl. Tourisme (2) : 27,5 € ( ) ; sup 6,90 € ; animaux 2,50 € ; 4,90 € ; 4,30 €. Réduction H.S.
Lat. : 43° 48' 47" N **Long.** : 006° 05' 56" E.

ROUGON

14-D1 20 km S.-O. Castellane. 1082 m. ✉ 04120

CAMPING MUNICIPAL VERDON-CARAJUAN ★★ Tourisme 92 E. 3 ha CV. . Accès direct à la rivière. ; . Accueil groupes. Ouvert: 2.6 / 30.9. ☎ 04 92 83 70 94. E-mail : campingverdon.caraju an@gmail.com. Web : camping-gorgesduverdon-carajuan-rougon.com/.
Lat. : 43° 47' 56" N **Long.** : 006° 24' 09" E.

SAINT-ANDRE-LES-ALPES

14-D1 22 km N. Castellane. 1225 m. Station verte de vacances et village de neige 04170

CAMPING MUNICIPAL DES ISCLES ★★ Tourisme 200 E. CV. Rivière à 200 m ; lac à 800 m. Ouvert: 5.6 / 30.9. ☎ 04 92 89 02 29. E-mail : accueil@camping-les-iscles.com. Web : www.camping-les-iscles.com.
Lat. : 43° 57' 43" N **Long.** : 006° 30' 38" E.

AIRE NATURELLE DE L'ISSOLE CV. Ouvert: 10.5 / 26.9. ☎ 04 92 89 02 22. E-mail : issolecamping@yahoo.fr, Web : www.camping-issole.fr.
Lat. : 43° 58' 37" N **Long.** : 006° 30' 32" E.

SAINT-JULIEN-D'ASSE

14-C1 28 km S.-O. Digne. 585 m. 04270

LE MAS ST PIERRE ★★★ Loisirs 274 E. Ouvert: 1.1 / 31.12. ☎ 04 92 34 41 11. E-mail : campinglemassaintpierre@orange.fr. Web : www.camping-mas-st-pierre.com/.
Lat. : 43° 54' 42" N **Long.** : 006° 04' 16" E.

SAINT-JULIEN-DU-VERDON

14-D1 14 km N. Castellane. 1065 m. 04170

LE LAC ★★ Tourisme 70 E. dont 62 nus CV. Locations : Lac à 500 m. Accueil groupes. Ouvert: 27.4 / 16.9. ☎ 04 92 83 29 24. E-mail : campingdulac4@gmail.com. Web : www.lecampingdulac.fr.
Lat. : 43° 54' 58" N **Long.** : 006° 32' 26" E.

SAINT-JURS

14-D1 45 km S. Digne. 907 m. 04410

SAUVAIRE CHRISTIAN ET HELENE CV. Ouvert: 15.4 / 15.10. ☎ 04 92 74 44 18. E-mail : contact@ferme-de-vauvenieres.fr, Web : www.ferme-de-vauvenieres.fr.
Lat. : 43° 53' 54" N **Long.** : 006° 11' 52" E.

SAINT-LAURENT-DU-VERDON

14-D2 57 km S. Digne. 468 m. 04500

LA FARIGOULETTE ★★★★★ Tourisme 260 E. dont 90 GCC.
23 h / 7 h, CV. Locations : Randonnée pédestre organisée. chauffée. Accès direct aux bords du lac et à la rivière. Accueil groupes. Ouvert: 14.4 / 2.10. ☎ 04 22 54 73 55. E-mail : lafarigoulette@cielavillage.com. Web : www.lafarigoulette.cielavillage.fr. Prix 2023. Fft jour : empl. Tourisme (2) : 65 € (E. GCC) ; sup 7 € ; animaux 6 €. Réduction H.S.
Lat. : 43° 44' 02" N **Long.** : 006° 04' 33" E.

SAINT-MAIME

14-C1 7 km S. Forcalquier. 443 m. 04300

LA RIVIERE ★★★ Loisirs 102 E. dont 48 nus, dont 48 CC - 45 GCC.
3 ha CV. Randonnée pédestre organisée. Accès direct à l'étang et à la rivière. Accueil groupes. Ouvert: 1.4 / 30.9. ☎ 04 92 79 54 66. E-mail : contact@camping-lariviere.com. Web : www.camping-lariviere.com. Réduction H.S.
Lat. : 43° 53' 53" N **Long.** : 005° 48' 25" E.
FFCC : avantages adhérent : 10% du 01/04 au 07/07 et du 20/08 au 30/09 sur emp.

SAINT-MARTIN-DE-BROMES

14-C1 54 km S.-O. Digne 461 m. 04800

LE BLEU LAVANDE ★★ Tourisme 34 E. 1,5 ha CV. A 10 km : Locations : Randonnée pédestre organisée. . Rivière à 700 m ; lac à 5 km. Accueil groupes. Ouvert: 29.4 / 31.10. ☎ 04 92 77 64 89. E-mail : info@camping-bleu-lavande.fr. Web : www.camping-greoux.com. Réduction H.S.
Lat. : 43° 46' 13" N **Long.** : 005° 56' 07" E.

LE PRE DE LA COMBE ★ 25 E. Ouvert: 1.4 / 31.10. ☎ 04 92 77 60 19. E-mail : camping.predelacombe@gmail.com. Web : www.verdon-tourisme.com.
Lat. : 43° 45' 49" N **Long.** : 005° 56' 22" E.

SAINT-MICHEL-L'OBSERVATOIRE

10 km S.-O. Forcalquier. 537 m. 04870

SOUS LES ÉTOILES NC 45 E. dont 20 nus, dont 10 CC. 2 ha Locations : tonneau. Randonnée pédestre organisée. Accueil groupes adultes. Ouvert: 1.4 / 15.11. ☎ 04 92 75 89 38. E-mail : campingsouslesetoiles@gmail.com. Web : camping-sous-les-etoiles04.fr.
Lat. : 43° 54' 27" N **Long.** : 005° 43' 45" E.

SAINT-PAUL-SUR-UBAYE

11-E4 21 km N.-E. Barcelonnette. 2302 m. 04530

CAMPING MUNICIPAL BEL ISCLE NC Tourisme 70 E. 0,7 ha Rivière à 50 m. Ouvert: 15.6 / 15.9. ☎ 04 92 84 38 31. E-mail : mairie.stpaul.ubaye@orange.fr.
Lat. : 44° 30' 56" N **Long.** : 006° 45' 27" E.

SAINT-VINCENT-LES-FORTS

11-D5 30 km N.-O. Barcelonnette. 1290 m. 04340

HUTTOPIA LAC DE SERRE-PONÇON ★★★ Tourisme 300 E. dont 192 nus
CV. Locations : roulotte, Randonnée pédestre organisée. chauffée. Accès direct aux bords du lac. Accueil groupes. Ouvert: 27.4 / 30.9. ☎ 04 92 85 51 57. E-mail : serreponcon@huttopia.com. Web : europe.huttopia.com/site/lac-de-serre-poncon. Prix 2022. Fft nuit : empl. Tourisme (2) : 39 € ( ) ; sup 8,30 € nuit ; animaux 5,30 € nuit ; 6,40 € nuit.
Lat. : 44° 27' 26" N **Long.** : 006° 22' 07" E.
FFCC : avantages adhérent : 10% du 27/04 au 01/07 et du 31/08 au 01/1010% du 27/04 au 01/07 et du 31/08 au 01/10 sur emp. et loc. + 5% de réduction en juillet-août sur les emplacements nus et locatifs * frais de réservation offerts Rendez-vous dans votre club avantages FFCC pour obtenir le code promotionnel.

LOU PIBOU ★★★ Tourisme 75 E. dont 66 nus, dont 2 GCC. CV. Locations : cocosweet. Lac à 800 m.. Accueil groupes. Ouvert: 10.4 / 30.9. ☎ 04 92 85 51 58. E-mail : campingloupibou@gmail.com. Web : www.camping-lou-pibou.fr.
Lat. : 44° 27' 30" N **Long.** : 006° 21' 15" E.

CENTRE DE LOISIRS DU LAUTARET NC Tourisme 25 E. 1,12 ha CV. Locations : Lac à 3 km. Accueil groupes. Ouvert: 1.6 / 30.9. ☎ 04 92 85 54 50. E-mail : contact@loisirsmontagne.com. Web : www.loisirsmontagne.com.
Lat. : 44° 26' 35" N **Long.** : 006° 21' 13" E.

SAINTE-CROIX-DU-VERDON

14-D1 51 km S. Digne. 566 m. 04500

PONEY ★★★ Loisirs 100 E. 2 ha CV. couverte. Lac à 2 km. Ouvert: 1.1 / 31.12. ☎ 04 92 77 77 70. E-mail : camping.poney@wanadoo.fr. Web : www.camping-poney-stecroixduverdon.com. Réduction H.S.
Lat. : 43° 46' 11" N **Long.** : 006° 09' 31" E.

CAMPING MUNICIPAL LES ROCHES ★★ Tourisme 190 E. dont 163 nus CV. Locations : Accès direct aux bords du lac. Accueil groupes. Ouvert: 1.4 / 6.11. ☎ 04 92 77 78 99. E-mail : contact@lesrochesverdon.com. Web : lesrochesverdon.com. Prix 2022. empl. Tourisme : 18,60 € ; 4,50 € ; 2,40 €. Réduction H.S.
Lat. : 43° 45' 41" N **Long.** : 006° 09' 12" E.

LES TRUFFIÈRES CV. Ouvert: 1.5 / 30.9. ☎ 04 92 77 87 91. E-mail : jaubertnico@aol.com, Web : campinglestruffieres.free.fr. Réduction H.S.
Lat. : 43° 46' 15" N **Long.** : 006° 08' 48" E.

M. REGIBAUD
CV. Ouvert: 1.4 / 1.10. ☎ 04 92 77 75 83. E-mail : lesroux04@orange.fr, Web : www.sainte-croix-camping.com.
Lat. : 43° 46' 25" N **Long.** : 006° 09' 36" E.
FFCC : avantages adhérent : 12 € du 01/05 au 26/06 et du 21/08 au 30/09 sur emp. et 450 € la semaine du 29/04 au 26/06 sur loc.

SALIGNAC

11-C5 40 km N.-E. Forcalquier. 528 m. 04290

LE JAS DU MOINE ★★★ Tourisme 109 E. 4,3 ha CV. Locations : Accueil groupes. Ouvert: 1.3 / 31.10. ☎ 04 92 61 40 43. E-mail : contact@camping-jasdumoine.com. Web : www.camping-jasdumoine.com.
Lat. : 44° 09' 26" N **Long.** : 005° 58' 16" E.

SELONNET

11-D5 47 km N. Digne. 1251 m. 04140

CAMPING GCU - SELONNET ★ Tourisme 33 E. . Randonnée pédestre organisée. . Ouvert: 26.6 / 13.9. ☎ 04 92 44 30 03. E-mail : gcu@gcu.asso.fr. Web : www.gcu.asso.fr.
Lat. : 44° 22' 01" N **Long.** : 006° 18' 18" E.

SENEZ

14-D1 18 km N.-O. Digne. 1114 m. 04330

ESPACE LOISIRS BOADE NC Tourisme 25 E. CV. Accueil groupes. ☎ 04 92 34 22 94. E-mail : boade@wanadoo.fr. Web : espace-loisirs-boade.com.
Lat. : 43° 53' 25" N **Long.** : 006° 26' 26" E.

SEYNE

11-D5 42 km N.-N.-E. Digne. 1531 m. Station verte de vacances et village de neige 04140

LES PRAIRIES ★★★ Tourisme 100 E. dont 82 nus, dont 18 GCC.
3,9 ha CV. Locations : Espace Fitness. chauffée. Accès direct à la rivière. Ouvert: 27.5 / 3.9. ☎ 04 92 35 10 21. E-mail : info@campinglesprairies.com. Web : www.campinglesprairies.com. Prix 2022. Fft jour : empl. Tourisme (2) : 32 € ( ). Réduction H.S.
Lat. : 44° 20' 34" N **Long.** : 006° 21' 35" E.
FFCC : avantages adhérent : 18 € du 27/05 au 01/07 et du 25/08 au 03/09 sur emp.

LA BLANCHE ★★ Loisirs 100 E. dont 40 nus 1,6 ha CV. Locations : Accès direct à la rivière.. Accueil groupes. Ouvert: 1.1 / 31.12. ☎ 04 92 35 02 55. E-mail : campingdelablanche@yahoo.fr. Web : www.campingdelablanche.net. Réduction H.S.
Lat. : 44° 20' 47" N **Long.** : 006° 20' 38" E.

M. GIAIME . Ouvert: 1.1 / 31.12. ☎ 06 88 69 61 65. E-mail : guides@campingfrance.com, Web : avsa.pagesperso-orange.fr.
Lat. : 44° 20' 39" N **Long.** : 006° 21' 58" E.

SIMIANE-LA-ROTONDE

14-C1 35 km O. Forcalquier. 747 m. 04150

VALSAINTES LE CHÂTEAU ★★ Tourisme 27 E. dont 20 nus
CV. Locations : Accueil groupes. Ouvert: 28.3 / 17.10. ☎ 04 92 75 91 46. E-mail : valsaintes04150@gmail.com. Web : www.valsaintes.com. Prix 2023. empl. Tourisme : 5,40 € ; 5,40 € ; animaux 1 € ; 2 € ; 4 €. Réduction H.S.
Lat. : 43° 57' 47" N **Long.** : 005° 36' 17" E.
FFCC : avantages adhérent : 20 € du 01/04 au 16/06 et du 16/09 au 21/10 sur emp. et entre 55 € et 85 € la nuitée et entre 250 € et 300 € la semaine du 01/04 au 16/06 et du 16/09 au 21/10 sur loc.

SISTERON

11-C5 30 km N.-E. Forcalquier. 588 m. 04200

CAMPING DES PRES HAUTS ★★★ Tourisme 145 E. dont 107 nus
3 ha CV. Rivière à 100 m. Ouvert: 1.4 / 30.9. ☎ 04 92 61 19 69. E-mail : info@camping-sisteron.com. Web : www.camping-sisteron.com. Réduction H.S.
Lat. : 44° 12' 53" N **Long.** : 005° 56' 08" E.
FFCC : avantages adhérent : 10% du 30/04 au 30/06 et du 01/09 au 30/0910% du 30/04 au 30/06 et du 01/09 au 30/09 sur emp. et loc. + 10% hors juillet-août sur les emplacements nus et hébergements locatifs sur présentation de la carte ou rendez-vous dans votre club avantages FFCC pour obtenir le code promotionnel.

THOARD

11-D5 20 km N.-O. Digne. 960 m. ✉ 04380

CAMPING DU MOULIN DE THOARD ★★★ Tourisme 24 E. dont 17 nus CV. Locations : cabanes, tipi. Accès direct à la rivière ; étang à 3,7 km. Accueil groupes adultes. Ouvert: 29.3 / 3.10. ☎ 04 92 34 65 75. E-mail : campingdumoulin dethoard@gmail.com. Web : www.lemoulin dethoard.com. Prix 2022. Fft jour : empl. Tourisme (2) : 20,5 € (). Réduction H.S.
Lat. : 44° 09' 31" N **Long.** : 006° 08' 49" E.

THORAME-BASSE

11-D5 60 km E. Castellane. 1564 m. ✉ 04170

CAMPING DU VILLARD ★ Tourisme 60 E. dont 54 nus 20 ha 22 h / 7 h, CV. Locations : . Accès direct à l'étang ; rivière à 1 km ; lac à 5 km. Ouvert: 1.5 / 30.9. ☎ 04 92 83 34 71. E-mail : conta ct@campingduvillard.com. Web : www.camp ingduvillard.com/fr/.
Lat. : 44° 04' 44" N **Long.** : 006° 29' 50" E.

UBAYE-SERRE-PONCON

11-D4 34 km O.-N.-O. Barcelonnette. 1051 m. ✉ 04340

LA PIERRE DE L'AIGLE ★★★ Tourisme 50 E. dont 30 nus, dont 30 CC - 30 GCC. 2,5 ha de 22 h 30 à 7 h 30, CV. Locations : chauffée. Lac et rivière à 3 km. Accueil groupes. Ouvert: 15.5 / 30.9. ☎ 04 92 85 50 05. E-mail : infos@campinglapierredelaigle.fr. Web : www.campinglapierredelaigle.fr. Prix 2022. Fft jour : empl. Tourisme (2) : 25 € () ; sup 3 € ; animaux 3 € ; 4 €.
Lat. : 44° 26' 38" N **Long.** : 006° 18' 18" E.

VAL D'ORONAYE

11-E4 2298 m. ✉ 04530

DOMAINE DES MARMOTTES ★★ Tourisme 55 E. dont 48 nus 1,5 ha CV. Etang et rivière à 40 m.. Accueil groupes. Ouvert: 30.5 / 30.9. ☎ 09 88 18 46 40. E-mail : g.durand@camping-marmottes.fr. Web : www.camping-marmottes.fr.
Lat. : 44° 26' 45" N **Long.** : 006° 51' 08" E.

VALENSOLE

14-C1 45 km O. Digne. 507 m. ✉ 04210

DOMAINE NATURISTE DU PETIT ARLANE ★★★ Tourisme 103 E. dont 89 nus, dont 80 CC. 20 ha CV. Rés. naturiste. Locations : . Randonnée pédestre organisée. Accès direct à l'étang.. Ouvert: 18.4 / 3.10. ☎ 04 92 74 82 70. E-mail : contact@domainepetitarlane.fr. Web : www.domainepetitarlane.fr. Réduction H.S.
Lat. : 43° 50' 19" N **Long.** : 006° 01' 14" E.

OXYGENE ★★★ Tourisme 100 E. Ouvert: 1.5 / 15.9. ☎ 04 92 72 41 77. E-mail : sarloxygene@libertysurf.fr. Web : www.camping-oxygene.com.
Lat. : 43° 50' 17" N **Long.** : 005° 58' 60" E.

LES LAVANDES ★★ Tourisme 72 E. dont 61 nus CV. Locations : . Randonnée pédestre organisée. chauffée. Ouvert: 1.4 / 31.10. ☎ 04 92 74 84 18. E-mail : campingleslavan desvalensole@gmail.com. Web : www.camp ing-les-lavandes-valensole.com. Prix 2023. Fft jour : empl. Tourisme (2) : 26 € ()
Lat. : 43° 50' 21" N **Long.** : 005° 59' 55" E.
FFCC : avantages adhérent : 15 € du 01/04 au 03/06 et du 01/08 au 31/10 sur emp. et entre 333 € et 720 € la semaine du 01/04 au 03/06 et du 01/08 au 31/10 sur loc.

VALERNES

11-C5 35 km N.-E. Forcalquier 686 m. ✉ 04200

MME RIA VAN ZELM . Ouvert: 21.4 / 1.10. ☎ 04 92 62 13 69. E-mail : centre.pardigue @wanadoo.fr, Web : www.pardigue.nl.
Lat. : 44° 15' 10" N **Long.** : 005° 56' 33" E.

VAUMEILH

11-C5 40 km N.-E. Forcalquier. 659 m. ✉ 04200

LE PLAN ★★ Tourisme 49 E. Locations : . Accès direct à la rivière. Ouvert: 1.1 / 31.12. ☎ 04 92 68 16 92. E-mail : le.janus.restaurant@gmail.com. Web : www.camping-vaumeilh.fr.
Lat. : 44° 16' 58" N **Long.** : 005° 55' 20" E.

VILLARS-COLMARS

11-D5 47 km N. Castellane-70 km S. Digne les Bains 1953 m. ✉ 04370

LE HAUT VERDON ★★★★ Tourisme 109 E. 3 ha CV. Locations : chauffée. Accès direct à la rivière. Ouvert: 3.5 / 14.9. ☎ 04 92 83 40 09. E-mail : campi nglehautverdon@wanadoo.fr. Web : www.leha utverdon.com. Réduction H.S.
Lat. : 44° 09' 38" N **Long.** : 006° 36' 21" E.

VOLONNE

11-C5 12 km S. Sisteron. 674 m. ✉ 04290

L'HIPPOCAMPE ★★★★★ Tourisme 447 E. dont 162 nus CV. Locations : . Randonnée pédestre organisée. Espace Fitness. chauffée. Accès direct à la rivière. Accueil groupes. Ouvert: 30.4 / 9.9. ☎ 04 92 33 50 00. E-mail : campi ng@lhippocampe.pro. Web : www.l-hippoc ampe.com. Prix 2022. Fft nuit : empl. Tourisme (2) : 38 € (E. CC) ; sup 10 € nuit ; animaux 2 € nuit. Réduction H.S.
Lat. : 44° 06' 17" N **Long.** : 006° 01' 02" E.
FFCC : avantages adhérent : 19 € du 30/04 au 07/07 et du 27/08 au 09/09 sur emp. et entre 60 € et 265 € la nuitée et entre 360 € et 1590 € la semaine du 30/04 au 02/07 et du 27/08 au 09/09 sur loc.

VOLX

14-C1 15 km S.-E. Forcalquier. 445 m. ✉ 04130

CAMPING GCU - VOLX ★ Tourisme 49 E. Ouvert: 14.6 / 14.9. ☎ 04 92 78 54 26. E-mail : gcu@gcu.asso.fr. Web : www.gcu.asso.fr.
Lat. : 43° 52' 09" N **Long.** : 005° 49' 54" E.

05 HAUTE-ALPES

Carte 11

Correspondant FFCC : Didier SERRE, 7 lot La Marteliere - 13100 LE THOLONET
Tél. 06 88 63 05 63 et serredidierffc13@orange.fr

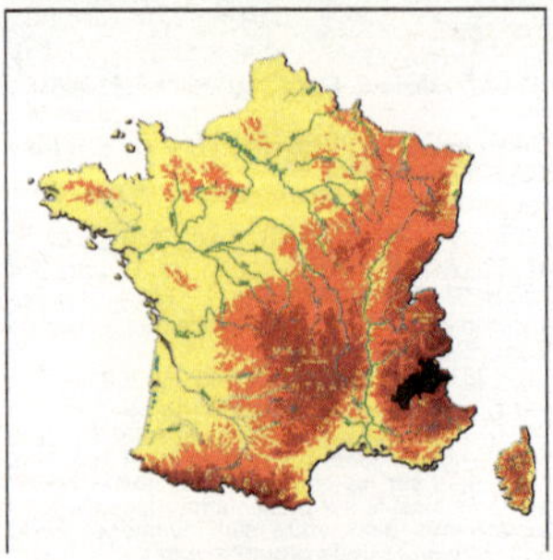

ABRIES

11-E4 30 km S.-E. Briançon. 2236 m. ✉ 05460

QUEYRAS CARAVANEIGE ★★ Tourisme 67 E. 1,5 ha CV. Locations : . Accès direct à la rivière ; lac à 1 km.. Accueil groupes adultes. Ouvert: 1.1 / 31.12. ☎ 04 92 46 71 22. E-mail : sabatier.pilou@laposte.net. Web : www.queyras-caravaneige.fr. Réduction H.S.
Lat. : 44° 47' 27" N **Long.** : 006° 55' 44" E.

CAMPING MUNICIPAL NC 50 E. . Ouvert: 30.6 / 15.9. ☎ 04 92 46 71 03. E-mail : mairie.abr ies@wanadoo.fr. Web : mairie.abries.free.fr.
Lat. : 44° 48' 40" N **Long.** : 006° 58' 03" E.

AIGUILLES

11-E4 60 km S.-E. Briançon. 2135 m. ✉ 05470

CAMPING GCU - AIGUILLES ★★ Tourisme 60 E. Locations : . Ouvert: 28.6 / 31.8. ☎ 04 92 46 79 48. E-mail : gcu@gcu.as so.fr. Web : www.gcu.asso.fr.
Lat. : 44° 46' 22" N **Long.** : 006° 51' 01" E.

CAMPING LE GOURET NC Tourisme 195 E. 5 ha Accès direct aux bords du lac et à la rivière.. Ouvert: 1.6 / 30.9. ☎ 04 92 46 74 61. E-mail : accueil@camping-gouret.fr. Web : www.camp ing-gouret.fr.
Lat. : 44° 47' 18" N **Long.** : 006° 53' 36" E.

ANCELLE

11-D4 17 km N.-E. Gap. 1719 m. ✉ 05260

LES AUCHES ★★★ Tourisme 100 E. 1,8 ha CV. Locations. Randonnée pédestre organisée. chauffée , . Rivière à 300 m.. Accueil groupes adultes. Ouvert: 13.4 / 29.9. ☎ 04 92 50 80 28. E-mail : info@lesauches.com. Web : www.lesauches.com. Prix 2022. Fft jour : empl. Tourisme (2) : 27 € ( ) ; sup 6 € ; animaux 2,50 € ; 4,50 €. Réduction H.S.
Lat. : 44° 37' 28" N **Long.** : 006° 12' 38" E.

LES TAILLAS ★★ Loisirs 86 E. 1,05 ha CV . Rivière à 500 m ; lac à 5 km. Ouvert: 1.1 / 31.12. ☎ 04 92 50 84 52. E-mail : camping.lestaillas@laposte.net. Web : www.camping-les-taillas.com. Prix 2022. 4,30 € ; 4,20 € ; 3,50 € ; 3 € ; animaux 1,50 € ; 3,40 € ; 3,50 €.
Lat. : 44° 37' 05" N **Long.** : 006° 12' 38" E.

ARVIEUX

11-E4 30 km S.-E. Briançon. 2087 m. ✉ 05350

CAMPING DE L'IZOARD NC Tourisme 100 E. dont 60 nus 5,5 ha CV . Locations : . Randonnée pédestre organisée. , . Accès direct aux bords du lac ; rivière à 2 km. ; . Accueil groupes. Ouvert: 29.5 / 13.9. ☎ 06 33 33 98 12. E-mail : campingizoard@gmail.com. Web : www.campingdelizoard.com.
Lat. : 44° 47' 58" N **Long.** : 006° 43' 00" E.

ASPRES-SUR-BUECH

11-C4 33 km O. Gap. 1171 m. ✉ 05140

LE CHEVALET NC Tourisme 45 E. . . ☎ 07 61 01 82 48. E-mail : contact@lechevalet.com. Web : www.aerofly.fr.
Lat. : 44° 30' 51" N **Long.** : 005° 43' 48" E.

BARATIER

11-D4 43 km E. Gap. 1654 m. ✉ 05200

LE VERGER ★★★★ Loisirs 92 E. 4 ha CV . Randonnée pédestre organisée. chauffée . Lac à 2 km. Ouvert: 1.1 / 31.12. ☎ 04 92 43 15 87. E-mail : camping.leverger@wanadoo.fr. Web : www.campinglevergerfr. Réduction H.S.
Lat. : 44° 32' 16" N **Long.** : 006° 29' 23" E.

LES AIRELLES ★★★★ Tourisme 141 E. 4 ha CV . A 2 km : Locations : roulotte. chauffée , . Rivière à 100 m ; lac à 3 km. . Accueil groupes. Ouvert: 2.6 / 15.9. ☎ 04 92 43 11 57. E-mail : info@lesairelles.com. Web : www.lesairelles.com. Réduction H.S.
Lat. : 44° 31' 50" N **Long.** : 006° 30' 05" E.

LE PETIT LIOU ★★★ Tourisme 279 E. CV. . Accès direct à l'étang et à la mer et à la rivière ; lac à 1 km.. Ouvert: 21.4 / 21.10. ☎ 04 92 43 19 10. E-mail : info@camping-lepetitliou.com. Web : www.camping-lepetitliou.com. Réduction H.S.
Lat. : 44° 32' 46" N **Long.** : 006° 29' 32" E.
FFCC : avantages adhérent : 10% du 01/05 au 30/06 et du 01/09 au 30/0910% du 01/05 au 30/06 et du 01/09 au 30/09 sur emp. et loc. + 10% hors juillet-août sur les emplacements nus et hébergements locatifs sur présentation de la carte ou rendez-vous dans votre club avantages FFCC pour obtenir le code promotionnel.

LES DEUX BOIS ★★★ Tourisme 104 E. dont 104 nus 1,9 ha CV . chauffée. Rivière à 1,5 km ; lac à 2 km. Ouvert: 14.5 / 25.9. ☎ 04 92 43 54 14. E-mail : info@camping-les2bois.com. Web : www.camping-les2bois.com. Réduction H.S.
Lat. : 44° 32' 18" N **Long.** : 006° 29' 32" E.

BARRET-SUR-MEOUGE

11-C5 53 km S.-O. Gap. 894 m. ✉ 05300

LES GORGES DE LA MÉOUGE ★★★ Tourisme 95 E. CV . Locations : . chauffée , . Rivière à 100 m. . Ouvert: 1.5 / 30.9. ☎ 04 92 65 08 47. E-mail : campinggorgesdelameouge@wanadoo.fr. Web : www.camping-meouge.com.
Lat. : 44° 16' 38" N **Long.** : 005° 47' 35" E.

BRIANCON

11-D3 92 km N.-E. Gap. 1574 m. ✉ 05100

LES CINQ VALLÉES ★★★ Tourisme 210 E. dont 180 nus 5 ha CV . Locations : . Randonnée pédestre organisée. chauffée , , , , ; . Accueil groupes adultes. Ouvert: 1.6 / 30.9. ☎ 04 92 21 06 27. E-mail : info@camping5vallees.com. Web : www.camping5vallees.com. Prix 2023. Fft jour : empl. Tourisme (2) : 27,6 € ( )
Lat. : 44° 52' 39" N **Long.** : 006° 36' 59" E.

CEILLAC

11-E4 48 km S.-E. Briançon. 2290 m. ✉ 05600

LES MÉLÈZES ★★★ Tourisme 100 E. dont 100 nus CV . . Accès direct à la rivière.. Ouvert: 1.6 / 4.9. ☎ 04 92 45 21 93. E-mail : camping-les-melezes@wanadoo.fr. Web : www.campingdeceillac.com. Prix 2022. empl. Tourisme : 7,60 € ; 7,50 € ; animaux 0,50 € ; 4,50 € ; 5 €. Réduction H.S.
Lat. : 44° 39' 14" N **Long.** : 006° 47' 18" E.
FFCC : avantages adhérent : 23 € du 01/06 au 07/07 sur emp.

CAMPING MUNICIPAL LES MOUTETS NC Tourisme 60 E. dont 60 nus CV. . Accès direct à la rivière.. Accueil groupes. Ouvert: 1.7 / 30.9. ☎ 04 92 45 17 89. E-mail : campingceillac@orange.fr.
Lat. : 44° 39' 41" N **Long.** : 006° 46' 50" E.

CHABOTTES

11-D4 18 km N.-E. Gap. 1109 m. ✉ 05260

LES SITTELLES ★★★ Tourisme 48 E. dont 40 nus CV . Rivière à 100 m ; lac à 5 km.. Accueil groupes adultes. Ouvert: 1.1 / 31.12. ☎ 04 92 50 47 72. E-mail : jarosstephane@gmail.com. Web : www.camping-montagnes.com/.
Lat. : 44° 39' 01" N **Long.** : 006° 10' 20" E.

CAMPING DU CHÂTEAU NC Tourisme 55 E. 2,5 ha après 22 h, CV. . Rivière à 500 m ; lac à 3 km. Ouvert: 1.5 / 1.10. ☎ 04 92 50 49 95. E-mail : guides@campingfrance.com.
Lat. : 44° 38' 26" N **Long.** : 006° 09' 09" E.

LES AUBERTS NC Tourisme 30 E. 1 ha CV . Rivière à 100 m ; lac à 3 km. . Ouvert: 1.4 / 30.9. ☎ 04 92 50 73 48. E-mail : camping-lesauberts@wanadoo.fr.
Lat. : 44° 39' 18" N **Long.** : 006° 10' 37" E.

CHATEAUROUX-LES-ALPES

11-D4 48 km E.-N.-E. Gap. 1923 m. ✉ 05380

LES CARIAMAS ★★★ Tourisme 150 E. dont 120 nus, dont 9 CC - 9 GCC. 5 ha CV . A 5 km : Locations : . Randonnée pédestre organisée. . Accès direct à l'étang ; rivière à 2,5 km ; lac à 5 km. . Accueil groupes. Ouvert: 1.4 / 31.10. ☎ 04 92 43 22 63. E-mail : cariamas@free.fr. Web : www.cariamas.fr. Prix 2023. empl. Tourisme : 7 € ; 7 € ; animaux 5 € ; 5 € ; 5 €. Réduction H.S.
Lat. : 44° 36' 13" N **Long.** : 006° 31' 22" E.
FFCC : avantages adhérent : 17 € du 01/04 au 30/06 et du 01/09 au 30/10 sur emp. et entre 58 € et 82 € la nuitée et entre 75 € et 140 € la semaine du 01/04 au 30/06 et du 01/09 au 30/10 sur loc.

LES EYGAS ★★★ Tourisme 80 E. dont 71 nus, dont 12 CC. 2 ha . Locations : . . Ouvert: 25.6 / 3.9. ☎ 06 45 23 72 73. E-mail : leseygas@wanadoo.fr. Web : www.alpescamping.fr. Prix 2023. Fft jour : empl. Tourisme (2) : 32,2 € ( ) ; sup 8 € ; animaux 2,50 € ; 5,50 €.
Lat. : 44° 36' 08" N **Long.** : 006° 31' 39" E.

NEW RABIOUX ★★★ Tourisme 114 E. dont 114 nus, dont 56 CC. CV . Locations : . chauffée , . Accès direct à la rivière ; lac à 4,99 km. . Accueil groupes adultes. Ouvert: 1.5 / 15.10. ☎ 04 92 43 43 78. E-mail : campingdurabioux@gmail.com. Web : www.camping-new-rabioux.fr. Prix 2022. empl. Tourisme : 11,50 € ; 6,60 € ; animaux 3 € ; 3,80 €.
Lat. : 44° 37' 15" N **Long.** : 006° 32' 47" E.

LES PINS ★★ Loisirs 100 E. dont 45 nus 2 ha CV. Locations : . Randonnée pédestre organisée. . Rivière à 2 km. Ouvert: 1.5 / 31.10. ☎ 04 92 43 22 64. E-mail : campinglespins05@gmail.com. Web : www.campinglespins05.com.
Lat. : 44° 36' 57" N **Long.** : 006° 31' 02" E.

FERME LA CIVADILLE CV. Ouvert: 1.6 / 30.9. ☎ 04 92 43 22 12. E-mail : la.civadille@gmail.com, Web : www.camping-ferme-alpes.com/.
Lat. : 44° 36' 52" N **Long.** : 006° 31' 42" E.

M. JEAN-MARIE BARRAL. Ouvert: 30.6 / 15.9. ☎ 04 92 43 06 13. E-mail : jeanmarie.barral@sfr.fr.
Lat. : 44° 37' 51" N **Long.** : 006° 32' 13" E.

CHORGES

11-D4 17 km E. Gap. 1177 m. ✉ 05230

BAIE DE LA CHAPELLE ★★★ Tourisme 72 E. dont 15 nus 5 ha CV . Locations : . Randonnée pédestre organisée. . Lac à 500 m. Accueil groupes. Ouvert: 13.5 / 25.9. ☎ 04 92 23 49 63. E-mail : baiedelachapelle@vacances-andretrigano.com. Web : vacances-andretrigano.com/camping/hautes-alpes/baie-de-la-chapelle-chorges. Prix 2022. Fft nuit : empl. Tourisme (2) : 25,6 € ( )
Lat. : 44° 31' 20" N **Long.** : 006° 19' 26" E.
FFCC : avantages adhérent : 10% du 05/05 au 08/07 et du 26/08 au 24/09 sur emp. et 5% du 05/05 au 08/07 et du 26/08 au 24/09 sur loc.

LA VALIÈRE ★★★ Tourisme 37 E. dont 28 nus 2 ha CV . chauffée. Lac à 3 km. . Ouvert: 15.6 / 16.9. ☎ 06 62 63 99 57. E-mail : info@la-valiere.com. Web : www.la-valiere.com.
Lat. : 44° 32' 20" N **Long.** : 006° 16' 49" E.

CAMPING MUNICIPAL LA BAIE SAINT-MICHEL ★★ Tourisme 110 E. dont 102 nus CV . Locations : , tonneau. . Lac à 200 m.. Accueil groupes. Ouvert: 21.5 / 28.9. ☎ 04 92 50 67 72. E-mail : camping@mairie-chorges.fr. Web : www.baiestmichel.com/fr/camping. Prix 2022. Fft jour : empl. Tourisme (2) : 23 € ( ). Réduction H.S.
Lat. : 44° 31' 41" N **Long.** : 006° 19' 29" E.

LE SERRE DU LAC ★★ Tourisme 91 E. dont 12 nus CV . . Lac à 800 m. ; . Accueil groupes. Ouvert: 1.1 / 31.12. ☎ 04 92 50 67 57. E-mail : leserredulac@gmail.com. Web : www.campingleserredulac.com.
Lat. : 44° 31' 42" N **Long.** : 006° 19' 11" E.

DOMAINE L'ECRIN DU LAC NC Tourisme 62 E. 5 ha . A 5 km : Locations : . . Accès direct aux bords du lac. ; . Ouvert: 2.5 / 31.10. ☎ 04 92 50 61 91. E-mail : info@lamisoleil.com. Web : www.lamisoleil.com.
Lat. : 44° 30' 14" N **Long.** : 006° 18' 21" E.

LA CLE DES CHAMPS NC Tourisme 40 E. 3 ha CV. Locations : , . Lac à 700 m. Accueil groupes. Ouvert: 15.6 / 31.8. ☎ 04 92 50 69 62. E-mail : camping.cle.des.champs@wanadoo.fr. Web : www.camping-serre-poncon.fr.
Lat. : 44° 31' 34" N **Long.** : 006° 19' 08" E.

CAMPING BELLE VUE . ☎ 04 92 50 62 05. E-mail : jeanlouis.simone@orange.fr.
Lat. : 44° 32' 30" N **Long.** : 006° 18' 51" E.

AIRE NATURELLE LE GRAND PRE CV. A 3 km : . Ouvert: 1.4 / 30.10. ☎ 04 92 50 62 06. E-mail : campinglegrandpre@orange.fr. Réduction H.S.
Lat. : 44° 32' 37" N **Long. :** 006° 18' 29" E.

CROTS

11-D4 37 km E. Gap. 1539 m. ✉ 05200

CAMPING MUNICIPAL LA GARENNE ★★ Tourisme 199 E. 11 ha CV. Locations : , tonneau, . Accès direct aux bords du lac et à la rivière. Ouvert: 1.4 / 6.11. ☎ 04 92 43 11 93. E-mail : contact@lagarenne-crots.com. Web : www.lagarenne-crots.com. Prix 2022. Fft jour : empl. Tourisme (2) : 23,1 € (). Réduction H.S.
Lat. : 44° 32' 21" N **Long. :** 006° 27' 08" E.

LA PINÈDE NC Tourisme 47 E. 1 ha . Locations : . Lac à 500 m. Ouvert: 15.6 / 15.9. ☎ 0687 40 56 50 / 06 26 27 19 34. E-mail : arvelandree@icloud.com.
Lat. : 44° 31' 53" N **Long. :** 006° 26' 23" E.

MANU NC 60 E. dont 60 nus
4 ha . A 2 km : Lac à 100 m ; rivière à 1,5 km. Ouvert: 15.6 / 10.9. ☎ 04 92 43 17 63. E-mail : campingmanucrots@orange.fr. Web : www.campingmanu.com.
Lat. : 44° 32' 18" N **Long. :** 006° 27' 23" E.
FFCC : avantages adhérent : 21 € du 15/06 au 15/09 sur emp.

DEVOLUY

11-C4 40 km N.-O. Gap. 1678 m. Station verte de vacances et village de neige ✉ 05250

CAMPING MUNICIPAL NC Tourisme 70 E. 0,12 ha CV. Locations : . , . Accès direct à la rivière.. Ouvert: 15.12 / 15.4. ☎ 04 92 58 84 71. E-mail : viletout@aol.com. Web : www.devoluy.com/auches.
Lat. : 44° 42' 22" N **Long. :** 005° 55' 18" E.

EMBRUN

11-D4 40 km E. Gap. 1421 m. ✉ 05200

CAMPING MUNICIPAL LA CLAPIERE ★★★★ Tourisme 290 E. dont 271 nus 4,5 ha CV. Locations : . Rivière à 200 m ; lac à 50 m. ; . Accueil groupes. Ouvert: 1.1 / 31.12. ☎ 04 92 43 01 83. E-mail : info@camping-embrun-clapiere.com. Web : www.camping-embrun-clapiere.com.
Lat. : 44° 33' 03" N **Long. :** 006° 28' 37" E.

LA VIEILLE FERME ★★★★ Tourisme 100 E. 2,2 ha . A 1 km : Rivière à 200 m ; lac à 400 m. Ouvert: 15.4 / 15.10. ☎ 04 92 43 04 08. E-mail : info@campingembrun.com. Web : www.campingembrun.com.
Lat. : 44° 33' 13" N **Long. :** 006° 29' 12" E.

LES GRILLONS ★★★ Tourisme 95 E. dont 64 nus 1,2 ha CV. A 1 km : chauffée . Rivière à 500 m ; lac à 1,5 km. . Ouvert: 12.5 / 10.9. ☎ 06 38 58 92 43. E-mail : info@lesgrillons.com. Web : www.lesgrillons.com. Réduction H.S.
Lat. : 44° 32' 53" N **Long. :** 006° 29' 48" E.

LES TOURELLES ★★★ Tourisme 110 E. 1,5 ha . Locations : . Lac à 900 m. . Ouvert: 15.6 / 15.9. ☎ 04 92 43 15 31. E-mail : michel.verney@wanadoo.fr. Web : www.camping-alpes-les-tourelles.com.
Lat. : 44° 33' 32" N **Long. :** 006° 28' 56" E.

LA TOUR ★★ Tourisme 85 E. dont 60 nus 1,5 ha CV. A 2 km : Locations : . Accès direct à la rivière ; lac à 2,5 km.. Ouvert: 10.6 / 10.9. ☎ 04 92 43 17 66. E-mail : campinglatour@yahoo.fr. Web : campinglatour.fr. Réduction H.S.
Lat. : 44° 33' 20" N **Long. :** 006° 30' 22" E.

LES ESPARONS ★★ Tourisme 83 E. dont 77 nus 1,5 ha CV. A 500 m : . Locations : . , , . Lac et rivière à 2 km.. Ouvert: 9.6 / 15.9. ☎ 04 92 43 02 73. E-mail : info@lesesparons.com. Web : www.lesesparons.com.
Lat. : 44° 32' 42" N **Long. :** 006° 29' 55" E.

LA MADELEINE ★ 55 E. dont 12 nus CV. A 2 km : . Accès direct à la rivière ; lac à 2 km.. Ouvert: 15.6 / 15.9. ☎ 04 92 43 01 16. E-mail : campinglamadeleine@wanadoo.fr.
Lat. : 44° 33' 26" N **Long. :** 006° 30' 25" E.

EYGLIERS

11-D4 35 km S. Briançon. 1618 m. ✉ 05600

CAMPING DU LAC LES ISCLES ★★★ Tourisme 179 E. 15 ha CV. Locations : , , , , . Accès direct aux bords du lac et à la rivière. ; ; . Ouvert: 20.5 / 15.9. ☎ 04 92 57 97 73. E-mail : contact@aucampingdulac.fr. Web : www.aucampingdulac.fr. Réduction H.S.
Lat. : 44° 40' 38" N **Long. :** 006° 36' 31" E.

FREISSINIERES

11-D4 35 km S.-O. Briançon. 2221 m. ✉ 05310

LES ALLOUVIERS ★ Tourisme 140 E. dont 151 nus
3,5 ha CV. Locations : , tipi, yourte, . Randonnée pédestre organisée. , . Accès direct aux bords du lac et à la rivière. ; . Accueil groupes. Ouvert: 1.5 / 30.9. ☎ 04 92 20 93 24 / 06 50 41 73 34. E-mail : contact@camping-freissinieres.fr. Web : www.camping-freissinieres.fr. Prix 2022. Fft jour : empl. Tourisme (2) : 17,3 € () ; sup 5,60 € ; animaux 2 € ; 3,50 € ; 3,80 €.
Lat. : 44° 44' 33" N **Long. :** 006° 33' 41" E.
FFCC : avantages adhérent : 16.7 € du 01/04 au 04/06 et du 03/09 au 30/09 sur emp. et entre 40 € et 70 € la nuitée et entre 280 € et 450 € la semaine du 01/04 au 04/06 et du 03/09 au 30/09 sur loc.

GAP

11-C4 660 km S.-E. Paris. 1113 m. ✉ 05000

ALPES DAUPHINÉ ★★★★ Tourisme 185 E.
6 ha CV. A 2 km : Randonnée pédestre organisée. chauffée . Ouvert: 15.4 / 15.10. ☎ 04 92 51 29 95. E-mail : info@alpesdauphine.com. Web : www.alpesdauphine.com. Réduction H.S.
Lat. : 44° 34' 48" N **Long. :** 006° 04' 56" E.

LE NAPOLÉON ★★★ Tourisme 57 E. 4 ha CV. A 4 km : Locations : . Randonnée pédestre organisée. chauffée , . Ouvert: 1.4 / 1.12. ☎ 04 88 03 67 68. E-mail : contact@campinglenapoleon.fr. Web : www.campinglenapoleon.fr.
Lat. : 44° 34' 58" N **Long. :** 006° 04' 57" E.

GUILLESTRE

11-D4 34 km S. Briançon. 1689 m. ✉ 05600

PARC LE VILLARD ★★★★ Tourisme 104 E. dont 72 nus 2,8 ha CV. Locations : . chauffée , , , . Accès direct à la rivière. . Accueil groupes. Ouvert: 1.5 / 30.9. ☎ 0 6 07 59 57 42. E-mail : info@camping-levillard.com. Web : www.camping-levillard.com. Réduction H.S.
Lat. : 44° 39' 33" N **Long. :** 006° 37' 36" E.

LA RIBIÈRE ★★★ Tourisme 50 E. dont 50 nus 2 ha CV. Locations : caravane . Randonnée pédestre organisée. , , . Accès direct à la rivière ; lac à 4 km.. Accueil groupes adultes. Ouvert: 27.5 / 15.9. ☎ 04 92 45 25 54. E-mail : camping.laribiere@orange.fr. Web : www.laribiere.fr. Réduction H.S.
Lat. : 44° 39' 20" N **Long. :** 006° 38' 50" E.

LA ROCHETTE ★★★ Tourisme 190 E. dont 182 nus
5 ha CV. Locations : , . chauffée , . Accès direct à la rivière ; étang et lac à 3 km. . Accueil groupes. Ouvert: 7.5 / 10.10. ☎ 04 92 45 02 15. E-mail : guillestre@aol.com. Web : www.campingguillestre.com. Prix 2023. Fft jour : empl. Tourisme (2) : 16,05 € () ; sup 4 € ; animaux 1,10 € ; 2,95 €. Réduction H.S.
Lat. : 44° 39' 31" N **Long. :** 006° 38' 18" E.
FFCC : avantages adhérent : 14 € du 05/05 au 08/07 et du 24/08 au 10/10 sur emp.

SAINT JAMES LES PINS ★★★ Tourisme 112 E.
2,5 ha CV. Randonnée pédestre organisée. . Accès direct à la rivière ; lac à 3 km.. Ouvert: 15.12 / 31.12. ☎ 04 92 45 08 24. E-mail : camping@lesaintjames.com. Web : www.lesaintjames.com. Réduction H.S.
Lat. : 44° 39' 26" N **Long. :** 006° 37' 58" E.
FFCC : avantages adhérent : 12 € du 01/05 au 08/07 et du 25/08 au 30/09 sur emp. et entre 350 € et 580 € la semaine du 01/05 au 01/07 et du 27/08 au 30/09 sur loc.

CATINAT FLEURI NC Loisirs 25 E. 1,3 ha CV. A 1 km : Locations : , . chauffée . Lac à 3 km ; rivière à 4 km. Ouvert: 1.5 / 15.10. ☎ 04 92 45 07 62. E-mail : catinat-fleuri@wanadoo.fr. Web : www.catinat-fleuri.com.
Lat. : 44° 39' 42" N **Long. :** 006° 38' 57" E.

L'ARGENTIERE-LA-BESSEE

11-D4 15 km S.-O. Briançon 1945 m. Station verte de vacances et village de neige ✉ 05120

LES ÉCRINS ★★★ Tourisme 71 E. 2,5 ha CV. Locations : , . Rivière à 30 m ; lac à 50 m. ; . Accueil groupes. Ouvert: 17.4 / 17.9. ☎ 04 92 23 03 38. E-mail : contact@camping-les-ecrins.com. Web : www.campinglesecrins.com. Prix 2022. Fft jour : empl. Tourisme (2) : 24,22 € () ; sup 6,30 € ; animaux 2,50 € ; 2,30 €. Réduction H.S.
Lat. : 44° 46' 42" N **Long. :** 006° 33' 32" E.

LA BATIE-MONTSALEON

11-C4 36 km S.-O. Gap. 781 m. Village de neige ✉ 05700

QUO VADIS INTERNATIONAL NC Tourisme 24 E. dont 5 GCC. . . Ouvert: 1.1 / 31.12. ☎ 04 92 67 10 80 / 0 4 92 67 19 61. E-mail : contact@quovadis.aero. Web : www.labatie-montsaleon.net/PAGES/Tourisme.html.
Lat. : 44° 27' 40" N **Long. :** 005° 44' 05" E.

LA CHAPELLE-EN-VALGAUDEMAR

11-D4 48 km N.-E. Gap. 2096 m. ✉ 05800

CAMPING MUNICIPAL LES MELEZES NC Tourisme 46 E. 0,8 ha CV. Accès direct à la rivière. Accueil groupes. Ouvert: 1.5 / 30.10. ☎ 04 92 55 23 01. E-mail : celcouly@gmail.com. Web : lachapelleenvalgaudemar.fr.
Lat. : 44° 49' 02" N **Long. :** 006° 11' 38" E.

LES BOULEAUX NC 60 E. 0,9 ha . Accès direct à la rivière.. Ouvert: 1.7 / 31.8. ☎ 04 92 55 24 93 / 0 6 33 10 57 01. E-mail : armand_guillaume@orange.fr. Web : campinglesbouleauxvalgaudemar.wordpress.com.
Lat. : 44° 49' 28" N **Long. :** 006° 13' 49" E.

LES MARINES NC Tourisme 46 E. dont 20 CC. 0,8 ha CV. Accès direct à la rivière. Accueil groupes. Ouvert: 15.6 / 30.9. ☎ 06 14 38 43 33. E-mail : contact@campinglesmarines.com. Web : campinglesmarines.com/.
Lat. : 44° 49' 07" N **Long. :** 006° 11' 44" E.

AIRE NATURELLE LES PRES RONDS CV. Ouvert: 1.6 / 30.9. ☎ 04 92 55 28 88. E-mail : dulondel@orange.fr.
Lat. : 44° 49' 05" N **Long. :** 006° 11' 29" E.

LA FAURIE

11-C4 41 km O. Gap. 1111 m. ✉ 05140

LA GARRIGUE ★★★ Tourisme 59 E. dont 48 nus 2 ha CV. Locations : . Randonnée pédestre organisée. , . Accès direct à la rivière. . Accueil groupes. Ouvert: 1.5 / 15.10. ☎ 04 92 57 21 13. E-mail : campinglagarrigue05@gmail.com. Web : www.camping-le-buech-hautes-alpes.com.
Lat. : 44° 33' 55" N **Long. :** 005° 44' 53" E.

LA FREISSINOUSE

11-C4 9 km S.-O. Gap. 992 m. ✉ 05000

LA MOTTE FLOTTANTE ★★ Tourisme 33 E. 1 ha CV. Locations : . Accès direct aux bords du lac. ; ; . Ouvert: 1.6 / 30.9. ☎ 04 92 57 85 85. E-mail : info@lamotteflottante.com. Web : www.lamotteflottante.com.
Lat. : 44° 31' 23" N **Long.** : 006° 00' 24" E.

LA GRAVE

11-D3 39 km N.-O. Briançon. 2340 m. ✉ 05320

CAMPING DE MEIJE ★★★ Tourisme 50 E. . Locations : . chauffée , , , . Accès direct à la rivière. . Ouvert: 20.5 / 20.9. ☎ 0 6 08 54 30 84. E-mail : nathalie-romagne@wanadoo.fr. Web : camping-delameije.com. Prix 2023. Fft jour : empl. Tourisme (2) : 20 € ( ) ; sup 3,50 € ; animaux 1 € ; 2,50 € ; 3 €.
Lat. : 45° 02' 43" N **Long.** : 006° 18' 31" E.

LE GRAVELOTTE ★★ Tourisme 50 E. CV . Locations : . chauffée , . Accès direct à la rivière ; lac à 5 km.. Ouvert: 12.6 / 22.9. ☎ 04 76 79 93 14. E-mail : info@camping-le-gravelotte.com. Web : www.camping-le-gravelotte.com.
Lat. : 45° 02' 36" N **Long.** : 006° 17' 50" E.

LA ROCHE-DE-RAME

11-D4 20 km S. Briançon. 1917 m. ✉ 05310

LE VERGER ★★★ Tourisme 50 E. dont 39 nus 1,7 ha CV . Locations : . Randonnée pédestre organisée. . Rivière à 400 m ; lac à 800 m. . Accueil groupes. Ouvert: 1.1 / 31.12. ☎ 04 92 20 92 23. E-mail : info@campingleverger.com. Web : www.campingleverger.com. Réduction H.S.
Lat. : 44° 45' 29" N **Long.** : 006° 34' 46" E.

CAMPING MUNICIPAL LE LAC ★★ Tourisme 79 E. 1,2 ha CV . Locations : , tonneau, . , . Accès direct aux bords du lac ; rivière à 1 km. ; ; . Accueil groupes. Ouvert: 1.4 / 30.9. ☎ 04 92 20 90 31. E-mail : contact@camping-du-lac-05.com. Web : www.camping-du-lac-05.fr. Prix 2022. Fft jour : empl. Tourisme (1) : 12 € ( ) ; sup 5,90 € ; 4 €.
Lat. : 44° 44' 48" N **Long.** : 006° 34' 50" E.

LA ROCHE-DES-ARNAUDS

11-C4 14 km O. Gap. 1349 m. ✉ 05400

LE PARC DES SÉRIGONS ★★★ Tourisme 130 E. dont 100 nus
10 ha CV . Locations . Randonnée pédestre organisée. , . Accueil groupes. Ouvert: 8.4 / 22.10. ☎ 04 92 57 81 77. E-mail : contact@camping-serigons.com. Web : camping-serigons.com. Prix 2022. Fft jour : empl. Tourisme (2) : 23 € ( ). Réduction H.S.
Lat. : 44° 33' 51" N **Long.** : 005° 55' 02" E.
FFCC : avantages adhérent : 17 € du 07/04 au 07/07 et du 19/08 au 21/10 sur emp.

LA SALLE-LES-ALPES

11-D3 8 km N.-O. Briançon. 2058 m. Station verte de vacances et village de neige ✉ 05240

CAMPING F.U.A.J. SERRE CHEVALIER LE BEZ CV. ☎ 06 07 52 95 99. E-mail : lauberge.aupetitlard@wanadoo.fr.
Lat. : 44° 56' 41" N **Long.** : 006° 33' 13" E.

LAGRAND

11-C5 54 km S.-O. Gap. 704 m. ✉ 05300

LAGRAND SOLEIL NC 5 E. Ouvert: 1.7 / 30.8. ☎ 04 92 58 15 22. E-mail : lagrandsoleil@orange.fr. Web : www.lagrand-soleil.fr.
Lat. : 44° 20' 25" N **Long.** : 005° 45' 21" E.

LARAGNE-MONTEGLIN

11-C5 38 km S.-O. Gap. 687 m. ✉ 05300

MONTÉGLIN ★★★ Tourisme 75 E. dont 48 nus
3 ha CV . Randonnée pédestre organisée. . Rivière à 500 m ; étang à 3 km ; lac à 5 km. . Accueil groupes. Ouvert: 1.4 / 15.10. ☎ 04 92 48 56 91. E-mail : campingdemonteglin@laposte.net. Web : www.camping-monteglin.com.
Lat. : 44° 18' 48" N **Long.** : 005° 49' 59" E.
FFCC : avantages adhérent : 18 € du 01/04 au 02/07 et du 27/08 au 15/10 sur emp. et entre 45 € et 100 € la nuitée et entre 290 € et 800 € la semaine du 01/04 au 02/07 et du 27/08 au 15/10 sur loc.

LE MONETIER-LES-BAINS

11-D3 14 km N.-O. Briançon. 2264 m. ✉ 05220

CAMPING MUNICIPAL LES DEUX GLACIERS ★★ Tourisme 70 E. 38 ha CV . Accès direct à l'étang et à la rivière.. Ouvert: 1.6 / 30.9. ☎ 04 92 46 10 08. E-mail : camping@monetier.com. Web : www.monetier.com.
Lat. : 44° 58' 51" N **Long.** : 006° 29' 43" E.

LE SAUZE-DU-LAC

11-D4 31 km E. de Gap 908 m. ✉ 05160

LA PALATRIÈRE ★★★ Tourisme 49 E. dont 33 nus CV . chauffée . Lac à 5 km. Ouvert: 1.5 / 30.9. ☎ 04 92 44 20 98. E-mail : lapalatriere@wanadoo.fr. Web : lapalatriere.com.
Lat. : 44° 29' 55" N **Long.** : 006° 20' 45" E.

LES VIGNEAUX

11-D4 16 km S.-O. Briançon. 1498 m. Station verte de vacances et village de neige ✉ 05120

LE COUROUNBA ★★★ Tourisme 250 E. dont 160 nus
CV . chauffée . Rivière à 50 m. ; ; . Accueil groupes. Ouvert: 16.5 / 13.9. ☎ 04 92 23 02 09. E-mail : courounba@vacances-andretrigano.com. Web : www.vacances-andretrigano.com.
Lat. : 44° 49' 31" N **Long.** : 006° 31' 25" E.
FFCC : avantages adhérent : 10% du 15/05 au 08/07 et du 26/08 au 17/09 sur emp. et 5% du 15/05 au 08/07 et du 26/08 au 17/09 sur loc.

LES VAUDOIS ★ Tourisme 108 E.
CV. . Accès direct à la rivière.. Accueil groupes. Ouvert: 26.6 / 29.8. ☎ 04 92 23 02 09. E-mail : vaudois@campeole.com. Web : www.campeole.com.
Lat. : 44° 49' 09" N **Long.** : 006° 32' 49" E.
FFCC : avantages adhérent : 10% du 24/06 au 08/07 et du 26/08 au 02/09 sur emp. et 5% du 24/06 au 08/07 et du 26/08 au 02/09 sur loc.

MANTEYER

11-C4 14 km S.-O. Gap. 1290 m. ✉ 05400

AU BLANC MANTEAU ★★★ Tourisme 55 E. 4 ha CV . chauffée . Accès direct à la rivière. . Ouvert: 1.1 / 31.12. ☎ 04 92 57 82 56. E-mail : pierre.wampach@wanadoo.fr. Web : www.campingaublancmanteau.fr. Prix 2023. Fft jour : empl. Tourisme (2) : 24 € ( ) ; sup 5 € ; animaux 3 € ; 6 €.
Lat. : 44° 33' 01" N **Long.** : 005° 57' 01" E.

MOLINES-EN-QUEYRAS

11-E4 61 km S.-E. Briançon. 2350 m. ✉ 05350

M. ERIC BRUNET CV. Ouvert: 10.6 / 15.9. ☎ 04 92 45 89 70. E-mail : contact@chanterane.net, Web : www.chanterane.net.
Lat. : 44° 43' 25" N **Long.** : 006° 51' 55" E.

MONTGENEVRE

11-D3 11 km N.-E. Briançon. 2247 m. ✉ 05100

CAMPING MUNICIPAL DU BOIS DES ALBERTS NC Tourisme 167 E. 8 ha . Locations : . Espace Fitness. , , , , . Accès direct aux bords du lac et à la rivière. ; . Accueil groupes. Ouvert: 1.1 / 31.12. ☎ 04 92 21 16 11. E-mail : camping@montgenevre.com. Web : www.montgenevre.com. Prix 2022. 5,50 € ; 6,50 € ; 6 € ; 5 € ; 3,50 € ; animaux 2 € ; 3 € ; 5 €.
Lat. : 44° 55' 49" N **Long.** : 006° 40' 58" E.

MONTMAUR

11-C4 20 km O. Gap. 1372 m. ✉ 05400

MON REPOS ★★ Tourisme 55 E. 7 ha CV . Locations : , cabanes. , . Accès direct à l'étang et à la rivière ; lac à 5 km. . Accueil groupes. Ouvert: 15.5 / 15.9. ☎ 04 92 58 03 14. E-mail : info@campingmonrepos.fr. Web : www.campingmonrepos.fr. Prix 2023. Fft jour : empl. Tourisme (2) : 12 € ( )
Lat. : 44° 34' 08" N **Long.** : 005° 52' 60" E.

NEFFES

11-C4 7 km S. Gap. 726 m. ✉ 05000

LES BONNETS ★★★ Tourisme 120 E. dont 69 nus, dont 9 CC. CV . Locations : , caravane. chauffée , . Rivière à 500 m ; lac à 3 km. Accueil groupes. Ouvert: 27.4 / 27.9. ☎ 04 92 57 93 89. E-mail : camping.les.bonnets@orange.fr. Web : camping-les-bonnets.com. Réduction H.S.
Lat. : 44° 29' 55" N **Long.** : 006° 01' 45" E.

LES GRAVIERES NC Loisirs 108 E. 14 ha . . Accès direct à la rivière.. Ouvert: 1.1 / 31.12. ☎ 06 69 49 61 09. E-mail : camping.graviere05@gmail.com. Web : www.camping-gravieres.com.
Lat. : 44° 29' 50" N **Long.** : 006° 01' 40" E.

NEVACHE

11-D3 20 km N. Briançon. 2297 m. ✉ 05100

CAMPING MUNICIPAL FONTCOUVERTE NC 80 E. 1,4 ha CV. . Accès direct aux bords du lac ; rivière à 5 m.. Accueil groupes. Ouvert: 1.6 / 20.9. ☎ 04 92 21 38 21. E-mail : michel.goiran@orange.fr. Réduction H.S.
Lat. : 45° 02' 03" N **Long.** : 006° 32' 37" E.

LA LAME NC Tourisme 70 E. 6 ha CV. . Accès direct à la rivière.. Accueil groupes adultes. Ouvert: 15.6 / 15.9. ☎ 04 92 20 51 91. E-mail : camping.nevache@live.fr. Web : www.claree-tourisme.fr/la-claree/hebergements/campings/fiche-detail/camping-de-la-lame.
Lat. : 45° 01' 01" N **Long.** : 006° 37' 55" E.

ORCIERES

11-D4 33 km N.-E. Gap. 2127 m. ✉ 05170

AIRE NATURELLE LA CASSE CV . Ouvert: 1.5 / 30.9. ☎ 04 92 55 62 58. E-mail : info@prapic.com, Web : www.prapic.com.
Lat. : 44° 41' 38" N **Long.** : 006° 22' 07" E.

BASE DE LOISIRS D'ORCIERES NC Tourisme 50 E. 1,5 ha . Locations : , , , , . Lac et rivière à 200 m. . Ouvert: 15.6 / 30.9. ☎ 04 92 55 76 67. E-mail : bdl-orcieres@orange.fr. Web : basedeloisirs-orcieres.com.
Lat. : 44° 40' 51" N **Long.** : 006° 19' 09" E.

ORPIERRE

11-C5 52 km S.-O. Gap. 898 m. Station verte de vacances et village de neige ✉ 05700

LES PRINCES D'ORANGE ★★★★ Tourisme 142 E. CV. Locations : . Randonnée pédestre organisée. chauffée. Rivière à 500 m. Accueil groupes. Ouvert: 2.4 / 6.11. ☎ 04 66 60 07 00. E-mail : princes-orange@koawa.com. Web : www.camping-princes-orange.fr/fr. Prix 2022. Fft jour : empl. Tourisme (2) : 28 € () ; sup 6 € ; animaux 3 € ; 5 €.
Lat. : 44° 18' 41" N **Long.** : 005° 41' 44" E.

LES NOYERS ★ Tourisme 40 E. 2 ha CV. Locations : . Randonnée pédestre organisée. chauffée. Rivière à 500 m. Accueil groupes. Ouvert: 27.3 / 26.9. ☎ 04 66 60 07 00. E-mail : contact@camping-princes-orange.fr. Web : www.camping-les-noyers.fr.
Lat. : 44° 18' 42" N **Long.** : 005° 41' 54" E.

PRUNIERES

11-D4 23 km E. Gap. 1115 m. ✉ 05230

LE NAUTIC ★★★ Tourisme 100 E.
2,4 ha CV. chauffée. Accès direct aux bords du lac. ; ; . Ouvert: 15.5 / 15.9. ☎ 04 92 50 62 49. E-mail : info@campinglenautic.com. Web : www.campinglenautic.com.
Lat. : 44° 31' 39" N **Long.** : 006° 21' 31" E.

LE ROUSTOU ★★★ Tourisme 227 E.
9 ha CV. Locations : . Accès direct aux bords du lac. ; ; . Ouvert: 1.5 / 30.9. ☎ 04 92 50 62 63. E-mail : info@campingleroustou.com. Web : www.campingleroustou.com. Prix 2022. Fft jour : empl. Tourisme (2) : 27 € () ; sup 9 € ; 6 €. Réduction H.S.
Lat. : 44° 31' 23" N **Long.** : 006° 20' 24" E.
FFCC : avantages adhérent : 22 € du 20/05 au 08/07 et du 27/09 au 24/09 sur emp.

LES BLANCHONS ★★ Tourisme 20 E. dont 20 nus 1,5 ha. Locations : cabanes. Lac et rivière à 5 km. Accueil groupes. Ouvert: 1.6 / 5.9. ☎ 04 92 50 39 02. E-mail : campinglesblanchons@yahoo.fr. Web : www.camping-prunieres.com.
Lat. : 44° 33' 20" N **Long.** : 006° 19' 20" E.

PUY-SAINT-VINCENT

11-D4 24 km S.-O. Briançon. 2052 m. ✉ 05290

CAMPING CROQUE LOISIRS ★★★ Tourisme 50 E. 0,9 ha. Locations : . Rivière à 5 km. Accueil groupes. Ouvert: 1.6 / 15.9. ☎ 04 92 22 29 03. E-mail : info@campingpuysaintvincent.fr. Web : www.campingpuysaintvincent.fr. Réduction H.S.
Lat. : 44° 49' 32" N **Long.** : 006° 29' 22" E.

PUY-SANIERES

11-D4 48 km E. Gap 1182 m. ✉ 05200

CLUB NAUTIQUE ALPIN SERRE PONÇON ★★★ Tourisme 93 E. dont 83 nus
1,42 ha CV. Locations : . Accès direct aux bords du lac. ; ; . Accueil groupes enfants. Ouvert: 13.6 / 30.9. ☎ 04 92 43 00 02. E-mail : cnasp@wanadoo.fr. Web : www.cna-embrun.com.
Lat. : 44° 32' 56" N **Long.** : 006° 27' 59" E.

REALLON

11-D4 33 km E. Gap. 2028 m. ✉ 05160

CAMPING MUNICIPAL NC Tourisme 50 E. 0,8 ha CV. Locations : . Accès direct à l'étang et à la rivière. ; . Accueil groupes. Ouvert: 1.7 / 31.8. ☎ 04 92 44 27 08. E-mail : infos@reallon-ski.fr. Web : www.reallon-ski.com. Prix 2023. Fft jour : empl. Tourisme (1) : 7,5 € ()
Lat. : 44° 36' 21" N **Long.** : 006° 20' 18" E.

REOTIER

11-D4 34 km S. Briançon. 1792 m. ✉ 05600

CAMPING MUNICIPAL LA FONTAINE ★★ Tourisme 80 E. 2 ha CV. Locations : . Randonnée pédestre organisée. Accès direct à l'étang ; rivière à 100 m ; lac à 1 km. ; . Accueil groupes. Ouvert: 25.4 / 13.9. ☎ 04 92 45 16 84. E-mail : camping.lafontaine@gmail.com. Web : www.camping-reotier.com.
Lat. : 44° 40' 45" N **Long.** : 006° 36' 15" E.

RISTOLAS

11-E4 76 km S.-E. Briançon 2377 m. ✉ 05460

LE CHARDONNET . ☎ 04 92 46 87 79. E-mail : campinglamonta@aol.com, Web : www.camping-queyras.com.
Lat. : 44° 45' 56" N **Long.** : 006° 59' 03" E.

ROCHEBRUNE

11-D5 25 km S. Gap. 815 m. ✉ 05190

LES GORGES DE LA BLANCHE ★★★ Tourisme 63 E. dont 35 nus 1,1 ha CV. Rivière à 300 m ; lac à 5 km. Accueil groupes adultes. Ouvert: 1.4 / 30.9. ☎ 04 92 54 40 26. E-mail : camping@gorges-de-la-blanche.com. Web : www.gorges-de-la-blanche.fr. Réduction H.S.
Lat. : 44° 27' 31" N **Long.** : 006° 14' 08" E.

ROSANS

11-B5 64 km S.-O. Gap. 861 m. ✉ 05150

LES HAUTS DE ROSANS ★★★★ Tourisme 70 E. dont 42 nus
3 ha CV. Locations : , bivouac, cabanes, tonneau. Espace Fitness. chauffée. Rivière à 5 km. Accueil groupes adultes. Ouvert: 8.4 / 30.10. ☎ 04 92 66 61 55. E-mail : contact@camping-hautsderosans.com. Web : www.camping-hautsderosans.com. Prix 2022. Fft jour : empl. Tourisme (2) : 21 € (E. CC E. GCC). Réduction H.S.
Lat. : 44° 23' 44" N **Long.** : 005° 27' 40" E.
FFCC : avantages adhérent : 22 € du 08/04 au 17/06 et du 17/09 au 31/10 sur emp. et entre 40 € et 150 € la nuitée du 08/04 au 17/06 et du 17/09 au 31/10 sur loc.

LES ROSIÈRES ★★★ Loisirs 50 E. 2 ha CV. Locations : . Randonnée pédestre organisée. chauffée , , . Etang à 200 m ; rivière à 800 m. Accueil groupes. Ouvert: 15.4 / 10.10. ☎ 04 92 66 62 06. E-mail : camping-des-rosieres@wanadoo.fr. Web : www.camping-rosieres.com/fr/. Réduction H.S.
Lat. : 44° 22' 58" N **Long.** : 005° 27' 40" E.

CAMPING MUNICIPAL SAINTE CATHERINE NC Loisirs 25 E. 0,5 ha. Lac à 2 km. Ouvert: 15.4 / 15.10. ☎ 04 92 66 68 38. E-mail : mairie@rosans.fr. Web : www.rosans.fr.
Lat. : 44° 23' 20" N **Long.** : 005° 28' 15" E.

ROUSSET

11-D4 25 km S.-O. Gap. 960 m. ✉ 05190

LA VISTE ★★★★ Tourisme 167 E. 5 ha CV. Locations : . chauffée. Lac à 500 m. Ouvert: 15.5 / 15.9. ☎ 04 92 54 43 39. E-mail : camping@laviste.fr. Web : www.laviste.fr. Prix 2022. empl. Tourisme : 9,30 € ; 8,40 € ; animaux 4 € ; 5,90 € ; 5,90 €. Réduction H.S.
Lat. : 44° 28' 54" N **Long.** : 006° 16' 21" E.

SAINT-ANDRE-D'EMBRUN

11-D4 47 km E. Gap. 1598 m. ✉ 05200

LA PLACE NC 22 E. dont 22 nus, dont 8 GCC. 0,70 ha CV. Locations : . , . Rivière à 1 km ; lac à 2 km. . Ouvert: 1.6 / 1.10. ☎ 0 4 92 43 42 31. E-mail : ROCHE.elisabeth05@gmail.com. Prix 2023. 3,20 € ; 4 € ; 4 € ; 3 € ; 2 € ; animaux 1,50 € ; 1 € ; 2 € ; 2,50 €. Réduction H.S.
Lat. : 44° 35' 58" N **Long.** : 006° 32' 30" E.

MME JEANNE-MARIE GIRARDI . Ouvert: 15.6 / 1.10. ☎ 04 92 43 15 92. E-mail : montorel@orange.fr, Web : www.tourisme-embrun.com.
Lat. : 44° 34' 18" N **Long.** : 006° 32' 20" E.

SAINT-APOLLINAIRE

11-D4 27 km E. Gap. 1356 m. ✉ 05160

LE CLOS DU LAC ★★★ Tourisme 65 E. dont 47 nus. Lac à 50 m. Accueil groupes. Ouvert: 1.5 / 31.10. ☎ 04 92 44 27 43. E-mail : contact@camping-le-clos-du-lac-.fr. Web : www.camping-le-clos-du-lac.fr.
Lat. : 44° 33' 42" N **Long.** : 006° 20' 46" E.

SAINT-BONNET-EN-CHAMPSAUR

11-C4 15 km N. Gap. 1370 m. Station verte de vacances et village de neige ✉ 05500

LE ROURE NC Tourisme 28 E. dont 22 nus 0,6 ha CV. Locations : . Randonnée pédestre organisée. Rivière à 1 km ; lac à 4 km. Accueil groupes. Ouvert: 27.5 / 10.9. ☎ 04 92 50 01 86. E-mail : stbonnet@vvfvillages.fr.
Lat. : 44° 40' 43" N **Long.** : 006° 04' 55" E.

LES RIVES DU DRAC NC Tourisme 47 E. dont 47 nus 0,8 ha CV. Rivière à 100 m ; lac à 2,5 km.. Accueil groupes adultes. Ouvert: 1.5 / 30.9. ☎ 0 6 78 29 63 87. E-mail : camping.lesrivesdudrac@gmail.com. Web : les-rives-du-drac.business.site.
Lat. : 44° 40' 08" N **Long.** : 006° 05' 09" E.

SAINT-CLEMENT-SUR-DURANCE

11-D4 32 km S. Briançon. 1640 m. ✉ 05600

LES MILLE VENTS ★★ Tourisme 100 E. CV. Locations : . Accès direct à la rivière. ; . Accueil groupes adultes. Ouvert: 15.6 / 31.8. ☎ 04 92 45 10 90. E-mail : rgine.michel@yahoo.fr. Web : www.camping-les-mille-vents.com.
Lat. : 44° 38' 46" N **Long.** : 006° 35' 04" E.

SAINT-CREPIN

11-D4 25 km S. Briançon. 1752 m. ✉ 05600

CAMPING MUNICIPAL L'ILE ★★★ Tourisme 100 E. dont 94 nus CV. Locations : . Randonnée pédestre organisée. chauffée , . Accès direct aux bords du lac et à la rivière. ; . Accueil groupes. Ouvert: 15.4 / 31.10. ☎ 0 0492583024. E-mail : camping@saintcrepin.com. Web : www.camping.saintcrepin.com. Prix 2022. Fft jour : empl. Tourisme (2) : 18 € () ; sup 5 € ; animaux 1,50 €. Réduction H.S.
Lat. : 44° 42' 21" N **Long.** : 006° 36' 08" E.

LA CABANE ★★ Tourisme 60 E. dont 2 GCC. 1,5 ha CV. Locations : . Accès direct à la rivière ; lac à 4 km. ; . Accueil groupes. Ouvert: 1.5 / 30.10. ☎ 04 92 45 07 33. E-mail : campingcabane@free.fr. Web : www.campingcabane.fr.
Lat. : 44° 42' 45" N **Long.** : 006° 35' 44" E.

SAINT-FIRMIN

11-C4 31 km N.-O. Gap. 1347 m. ✉ 05800

LA PRA ★★ Tourisme 30 E. CV. Rivière à 1 km ; lac à 5 km. Accueil groupes. Ouvert: 15.6 / 15.9. ☎ 04 92 55 48 76. E-mail : sidevar@wanadoo.fr. Web : www.sidevar.fr.
Lat. : 44° 47' 12" N **Long.** : 006° 02' 35" E.

LA VILLETTE ★ Tourisme 33 E. dont 33 nus 0,4 ha CV. Rivière à 1 km. Accueil groupes. Ouvert: 1.5 / 31.10. ☎ 0 6 37 10 32 42. E-mail : campinglavillette@gmail.com. Web : www.campinglavillette.fr.
Lat. : 44° 46' 56" N **Long.** : 006° 01' 23" E.

SAINT-GENIS

11-C5 50 km S.-O. Gap. 932 m. Village de neige ✉ 05300

LES CIGALES ★★ Loisirs 110 E. 2 ha CV. Locations : . Rivière à 200 m ; lac à 1 km. Accueil groupes. Ouvert: 1.4 / 31.10. ☎ 04 92 66 20 63. E-mail : campinglescigales@orange.fr. Web : www.camping-lescigales.net. Réduction H.S.
Lat. : 44° 21' 37" N **Long.** : 005° 45' 35" E.

SAINT-JEAN-SAINT-NICOLAS

11-D4 23 km N.-E. Gap. 1607 m. Station verte de vacances et village de neige ✉ 05260

LE DIAMANT ★★★★ Tourisme 109 E. dont 79 nus, dont 70 CC - 20 GCC.
3,2 ha CV. Locations : . Randonnée pédestre organisée. , . Accès direct à la rivière.. Accueil groupes. Ouvert: 1.5 / 30.9. ☎ 04 92 55 91 25. E-mail : info@campingdiamant.com. Web : www.campingdiamant.com. Prix 2022. Fft jour : empl. Tourisme (2) : 23 € (). Réduction H.S.
Lat. : 44° 39' 54" N **Long.** : 006° 13' 11" E.

LES 6 STATIONS ★★★ Tourisme 70 E. 2,5 ha . Locations : . chauffée . Accès direct à la rivière. . Accueil groupes. Ouvert: 1.1 / 31.12. ☎ 04 92 55 91 95. E-mail : info@camping-ecrins.com. Web : www.camping-ecrins.com.
Lat. : 44° 40' 14" N **Long.** : 006° 14' 27" E.

CAMPING G.C.U. ★★ Tourisme 68 E. . Ouvert: 24.6 / 28.8. ☎ 04 92 55 95 23. E-mail : gcu@gcu.asso.fr. Web : www.gcu.asso.fr.
Lat. : 44° 39' 51" N **Long.** : 006° 13' 03" E.

SAINT-LEGER-LES-MELEZES

11-D4 20 km N.-E. Gap. 1429 m. Station verte de vacances et village de neige ✉ 05260

LA PAUSE ★★★★ Tourisme 67 E. dont 25 nus 2,5 ha CV. Locations : . Randonnée pédestre organisée. chauffée . Lac à 1 km ; rivière à 3 km. Accueil groupes. Ouvert: 1.4 / 31.10. ☎ 06 59 23 00 55. E-mail : valerie.portier@wanadoo.fr. Web : www.camping-la-pause.fr.
Lat. : 44° 38' 43" N **Long.** : 006° 12' 16" E.

SAINT-MARTIN-DE-QUEYRIERES

11-D4 10 km S.-S.-O. Briançon. 1840 m. ✉ 05120

L'ISCLE DE PRELLES ★★★ Tourisme 110 E. dont 65 nus 3 ha CV. A 4 km : Locations : , kota. Randonnée pédestre organisée. chauffée , , , , . Rivière à 80 m. . Accueil groupes. Ouvert: 1.1 / 3.10. ☎ 04 92 20 28 66. E-mail : contact@camping-iscledeprelles.com. Web : www.camping-iscledeprelles.com. Prix 2022. Fft jour : empl. Tourisme (1) : 17 € (). Réduction H.S.
Lat. : 44° 51' 24" N **Long.** : 006° 35' 21" E.

SAINT-MAURICE-EN-VALGODEMARD

11-C4 40 km N. Gap. 1771 m. ✉ 05800

LE BOCAGE ★★ Tourisme 49 E. dont 39 nus
FFCC 1 ha CV. Locations : caravane. chauffée. Accès direct à la rivière. ; . Ouvert: 2.6 / 5.10. ☎ 04 92 21 86 48. E-mail : campinglebocage@orange.fr. Web : www.campinglebocage.com.
Lat. : 44° 48' 43" N **Long.** : 006° 06' 46" E.
FFCC : avantages adhérent : 15 € du 12/05 au 08/07 et du 19/08 au 01/10 sur emp.

SAINT-PIERRE-D'ARGENCON

11-C4 39 km S.-O. Gap. 919 m. ✉ 05140

LA SOURCE ★ Tourisme 25 E. dont 22 nus 1 ha . Locations : tipi. . Rivière à 500 m ; étang à 5 km. Ouvert: 1.3 / 7.11. ☎ 0 4 92 58 67 81. E-mail : info@lasource-hautesalpes.com. Web : www.lasource-hautesalpes.com.
Lat. : 44° 31' 51" N **Long.** : 005° 41' 01" E.

SAINTE-COLOMBE

11-C5 67 km S.-O. Gap. 972 m. ✉ 05700

LES CATOYES ★★ Tourisme 33 E. dont 22 nus 1,25 ha CV. Locations : , caravane. , . Rivière à 200 m.. Accueil groupes. Ouvert: 15.3 / 17.11. ☎ 04 92 46 64 90 / 06 15 40 59 56. E-mail : contact@camping-lescatoyes.com. Web : camping-lescatoyes.com. Réduction H.S.
Lat. : 44° 17' 57" N **Long.** : 005° 39' 13" E.

SAVINES-LE-LAC

11-D4 30 km E. Gap. 1061 m. Station verte de vacances et village de neige ✉ 05160

CAMPING MUNICIPAL LE GRAND LARGE - LES EYGOIRES ★★★ Tourisme 289 E. dont 273 nus CV. Locations : . . Accès direct aux bords du lac. ; ; . . Accueil groupes. Ouvert: 20.6 / 30.9. ☎ 04 92 44 20 48. E-mail : mairie.savineslelac@orange.fr. Web : www.camping-savineslelac.fr.
Lat. : 44° 31' 12" N **Long.** : 006° 23' 09" E.

LES SOURCES ★★ Tourisme 39 E. dont 29 nus
FFCC 0,6 ha CV. A 10 km : Rivière à 100 m ; lac à 150 m. Accueil groupes. Ouvert: 24.4 / 19.10. ☎ 04 92 44 20 52. E-mail : les.sources.hotelcamping@gmail.com. Web : www.hotel-les-sources.com. Réduction H.S.
Lat. : 44° 31' 26" N **Long.** : 006° 24' 04" E.
FFCC : avantages adhérent : 17.3 € du 22/04 au 16/06 et du 12/09 au 30/10 sur emp. et entre 220,50 € et 296 € la semaine du 23/04 au 04/06 et du 10/09 au 29/10 sur loc.

CAMPING GCU - SAVINES LE LAC ★ Tourisme 243 E. . Ouvert: 14.6 / 31.8. ☎ 04 92 44 30 03. E-mail : gcu@gcu.asso.fr. Web : www.gcu.asso.fr.
Lat. : 44° 31' 00" N **Long.** : 006° 22' 36" E.

C.C.A.S. LES BERAUDS NC Tourisme 70 E. . Locations : . . . Ouvert: 1.7 / 29.8. ☎ 04 92 44 20 54. E-mail : contact@ccas-gap.fr. Web : gds.ccas.fr.
Lat. : 44° 31' 07" N **Long.** : 006° 23' 05" E.

SERRES

11-C5 41 km S.-O. Gap. 831 m. Village de neige ✉ 05700

DOMAINE LES DEUX SOLEILS ★★★★ Tourisme 98 E. dont 72 nus
12 ha CV. Randonnée pédestre organisée. . Lac et rivière à 1 km. . Accueil groupes. Ouvert: 9.4 / 2.10. ☎ 04 92 67 01 33. E-mail : dom.2.Soleils@orange.fr. Web : www.domaine-2soleils.com.
Lat. : 44° 25' 19" N **Long.** : 005° 43' 47" E.

LES BARILLONS ★★ Tourisme 45 E. dont 44 nus CV. Locations : . . Rivière à 500 m ; lac à 2 km. . Accueil groupes adultes. Ouvert: 1.6 / 15.9. ☎ 04 92 67 17 35. E-mail : campingdesbarillons@free.fr. Web : campingdesbarillons.free.fr. Prix 2022. Fft jour : empl. Tourisme (2) : 18 € () ; sup 5 € ; animaux 1,80 € ; 3,90 € ; 4 €. Réduction H.S.
Lat. : 44° 25' 10" N **Long.** : 005° 43' 06" E.

SIGOYER

11-C4 18 km S.-O. Gap. 1153 m. ✉ 05130

LES GUERINS ★ Tourisme 77 E. Ouvert: 1.5 / 30.10. ☎ 04 92 57 83 91. E-mail : camp.les.guerins@wanadoo.fr. Web : www.campinglesguerins.com.
Lat. : 44° 29' 11" N **Long.** : 005° 56' 59" E.

TALLARD

11-C4 14 km S.-O. Gap. 651 m. ✉ 05130

LE CHÊNE ★★★ Tourisme 47 E. dont 41 nus
FFCC 0,85 ha CV. Locations : , . chauffée , , . Accueil groupes. Ouvert: 8.4 / 8.10. ☎ 04 92 54 13 31. E-mail : contact@camping-lechene.com. Web : www.camping-lechene.com. Prix 2022. Fft jour : empl. Tourisme (2) : 15,8 € (). Réduction H.S.
Lat. : 44° 27' 21" N **Long.** : 006° 02' 58" E.
FFCC : avantages adhérent : 15 € du 14/04 au 30/06 et du 26/08 au 15/10 sur emp.

VAL BUECH-MEOUGE

11-C5 52 km S.-O. Gap. 707 m. ✉ 05300

LES MYOTIS ★★★ Tourisme 45 E. dont 33 nus . Locations : , . Randonnée pédestre organisée. , , , . Rivière à 750 m. ; . Accueil groupes. Ouvert: 1.5 / 30.9. ☎ 09 80 46 81 86. E-mail : campinglesmyotis@gmail.com. Web : www.camping-les-myotis.com.
Lat. : 44° 13' 16" N **Long.** : 005° 51' 50" E.

VAL-DES-PRES

11-D3 7 km N. Briançon. 1921 m. ✉ 05100

HUTTOPIA LA CLARÉE ★★★ Tourisme 208 E. dont 165 nus
FFCC 8 ha CV. Locations : , , . chauffée , . Accès direct à la rivière. . Accueil groupes. Ouvert: 16.5 / 17.9. ☎ 04 92 21 06 01. E-mail : laclaree@huttopia.com. Web : europe.huttopia.com/site/camping-la-claree. Prix 2023. Fft jour : empl. Tourisme (2) : 36 € () ; sup 7 € ; animaux 5 € ; 5 €. Réduction H.S.
Lat. : 44° 56' 23" N **Long.** : 006° 40' 57" E.
FFCC : avantages adhérent : 10% du 16/05 au 01/07 et du 31/08 au 17/0910% du 16/05 au 01/07 et du 31/08 au 17/09 sur emp. et loc. + 5% de réduction en juillet-août sur les emplacements nus et locatifs * frais de réservation offerts Rendez-vous dans votre club avantages FFCC pour obtenir le code promotionnel.

LE MONTANA ★★★ Tourisme 90 E. dont 66 nus
1,6 ha CV. Locations : , , bulle, tonneau. chauffée . Accès direct à la rivière. . Ouvert: 1.1 / 27.9. ☎ 04 92 21 21 41. E-mail : info@campinglemontana.fr. Web : www.campinglemontana.fr.
Lat. : 44° 55' 05" N **Long.** : 006° 40' 27" E.

VALLOUISE

11-D4 22 km S.-O. Briançon. 2227 m. ✉ 05290

HUTTOPIA VALLOUISE ★★★ Tourisme 164 E. dont 97 nus
FFCC CV. Locations : , . Randonnée pédestre organisée. chauffée , , , . Accueil groupes. Ouvert: 16.5 / 24.9. ☎ 04 92 23 30 26. E-mail : vallouise@huttopia.com. Web : europe.huttopia.com/site/camping-vallouise. Prix 2023. Fft nuit : empl. Tourisme (2) : 37 € () ; sup 9 € nuit ; animaux 5 € nuit ; 6 € nuit. Réduction H.S.
Lat. : 44° 50' 38" N **Long.** : 006° 29' 22" E.
FFCC : avantages adhérent : 10% du 16/05 au 01/07 et du 31/08 au 24/0910% du 16/05 au 01/07 et du 31/08 au 24/09 sur emp. et loc. + 5% de réduction en juillet-août sur les emplacements nus et locatifs * frais de réservation offerts Rendez-vous dans votre club avantages FFCC pour obtenir le code promotionnel.

CAMPING GCU - VALLOUISE ★ Tourisme 114 E. . Locations : . , . Ouvert: 14.6 / 31.8. ☎ 04 92 23 43 16. E-mail : gcu@gcu.asso.fr. Web : www.gcu.asso.fr.
Lat. : 44° 50' 23" N **Long.** : 006° 29' 08" E.

AIRE NATURELLE CV. Ouvert: 15.6 / 15.9. ☎ 04 92 23 30 26. E-mail : info@camping-pontdesplaces.com.
Lat. : 44° 50' 60" N **Long.** : 006° 28' 60" E.

VALLOUISE-PELVOUX

11-D3 22 km S.-O. Briançon. 2515 m. ✉ 05340

CAMPING DU FREYSSINET NC 40 E. dont 39 nus 1,5 ha CV. Locations : tipi. Accès direct à la rivière. Accueil groupes. Ouvert: 15.6 / 2.9. ☎ 0 4 92 51 43 72. E-mail : campingdufreyssinet@gmail.com. Web : www.vallouise-pelvoux.fr. Prix 2022. 3,70 € ; animaux 2 € ; 7,50 € ; 3,90 €.
Lat. : 44° 51' 58" N **Long.** : 006° 29' 09" E.

CAMPING D'AILEFROIDE ★ Tourisme 400 E. . Locations : . Randonnée pédestre organisée. . Accès direct à la rivière. Ouvert: 15.6 / 15.9. ☎ 04 92 23 32 00. E-mail : info@ailefroide.fr. Web : www.ailefroide.fr.
Lat. : 44° 53' 06" N **Long.** : 006° 27' 02" E.

VEYNES

11-C4 25 km O.-S.-O. Gap. 1106 m. ✉ 05400

CAMPING SOLAIRE ★★★★ Tourisme 160 E. 6 ha CV. Locations : . , , . Rivière à 100 m ; lac à 300 m. . Ouvert: 1.1 / 31.12. ☎ 04 92 58 12 34. E-mail : contact@camping-solaire.com. Web : www.camping-solaire.com. Réduction H.S.
Lat. : 44° 31' 19" N **Long.** : 005° 48' 12" E.

LES RIVES DU LAC ★★★★ Tourisme 204 E. dont 169 nus, dont 69 CC.
4,5 ha CV. Locations : . Randonnée pédestre organisée. couverte chauffée , , . Accès direct aux bords du lac ; rivière à 150 m. ; ; . Accueil groupes adultes. Ouvert: 11.4 / 19.9. ☎ 04 92 57 20 90. E-mail : info@camping-lac.com. Web : www.camping-lac.com. Prix 2022. Fft jour : empl. Tourisme (2) : 34 € ( ) ; sup 12 € ; animaux 5 € ; 9 €. Réduction H.S.
Lat. : 44° 31′ 08″ N **Long.** : 005° 47′ 55″ E.

CAMPING DU PETIT VAUX CHEZ CAMILLE ★★★ Tourisme 25 E. dont 15 nus, dont 15 CC. 0,35 ha . Locations : , . Accès direct à la rivière. . Accueil groupes. Ouvert: 21.3 / 2.10. ☎ 0 603948776. E-mail : campingchezcamille@gmail.com. Web : www.campingchezcamille.fr.
Lat. : 44° 35′ 18″ N **Long.** : 005° 50′ 59″ E.

VILLAR-D'ARENE
11-D3 35 km N.-O. Briançon. 2519 m. ✉ 05480

CAMPING GCU - VILLAR D'ARENE ★★ Tourisme 43 E. . Ouvert: 28.6 / 31.8. ☎ 01 47 63 98 63. E-mail : gcu@gcu.asso.fr. Web : www.gcu.asso.fr.
Lat. : 45° 02′ 09″ N **Long.** : 006° 21′ 14″ E.

CAMPING MUNICIPAL ARSINE ★★ Tourisme 40 E. CV. . Accès direct à la rivière.. Ouvert: 15.6 / 15.9. ☎ 04 76 79 93 07. E-mail : campingvillardarene@gmail.com. Web : campingmunicipaldevillardarene.e-monsite.com/.
Lat. : 45° 01′ 57″ N **Long.** : 006° 21′ 45″ E.

VILLAR-LOUBIERE
11-C4 44 km N. Gap. 1879 m. ✉ 05800

LES EAUX DOUCES ★★ Tourisme 50 E. dont 48 nus, dont 32 CC. 2 ha CV . Locations : . Randonnée pédestre organisée. . Accès direct à la rivière. . Accueil groupes. Ouvert: 18.5 / 30.9. ☎ 06 71 98 05 32. E-mail : campingdeseauxdouces@gmail.com. Web : campingdeseauxdouc.wixsite.com/camping. Réduction H.S.
Lat. : 44° 49′ 29″ N **Long.** : 006° 08′ 48″ E.

06 ALPES-MARITIMES

Cartes 11-14

Correspondant FFCC : Didier SERRE, 7 lot La Marteliere - 13100 LE THOLONET
Tél. 06 88 63 05 63 et serredidierffc13@orange.fr

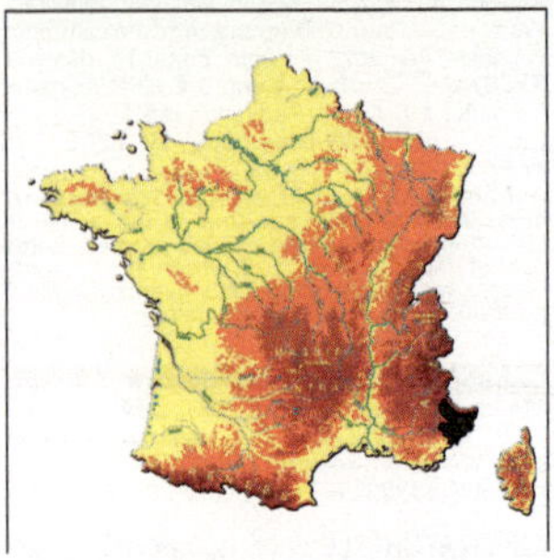

ANTIBES
14-E2 24 km S.-E. Grasse. 43 m. ✉ 06600

DOUCE FRANCE ★★★ Tourisme 41 E. . Locations : , , . Bord de mer à 200 m. Ouvert: 1.1 / 31.12. ☎ 09 72 43 21 32. E-mail : info@campingdoucefrance.com. Web : www.campingdoucefrance.com.
Lat. : 43° 36′ 43″ N **Long.** : 007° 07′ 22″ E.

LE LOGIS DE LA BRAGUE ★★★ Tourisme 130 E. CV . A 100 m : . . Accès direct à la rivière ; bord de mer à 100 m. . Ouvert: 2.5 / 30.9. ☎ 04 93 33 54 72. E-mail : contact@camping-logisbrague.com. Web : www.camping-logisbrague.com. Réduction H.S.
Lat. : 43° 36′ 38″ N **Long.** : 007° 07′ 33″ E.

LES EMBRUNS ★★★ Tourisme 47 E. dont 34 nus 0,55 ha CV . A 100 m : . Locations : . Bord de mer à 100 m. Accueil groupes. Ouvert: 1.4 / 30.9. ☎ 04 93 33 33 35. E-mail : camping.luc@hotmail.fr. Web : campinglesembruns.fr. Prix 2022. Fft nuit : empl. Tourisme (2) : 32 € ( ) ; Réduction H.S.
Lat. : 43° 36′ 44″ N **Long.** : 007° 07′ 32″ E.

LE PYLONE ★★ Loisirs 111 E. dont 25 nus 1,5 ha CV . Locations : . , . Accès direct à la rivière ; bord de mer à 200 m.. Ouvert: 1.4 / 30.9. ☎ 04 93 33 52 86. E-mail : contact@campingdupylone.com. Web : www.campingdupylone.com. Réduction H.S.
Lat. : 43° 36′ 42″ N **Long.** : 007° 07′ 25″ E.

DEI DOUS PEIRE ★ Loisirs 49 E. 1,2 ha . Locations : . . Bord de mer et rivière à 500 m. ; . . Ouvert: 15.1 / 15.12. ☎ 04 93 33 55 94. E-mail : pettitisanchis@orange.fr.
Lat. : 43° 36′ 55″ N **Long.** : 007° 07′ 10″ E.

LES TREILLES NC Tourisme 40 E. 0,9 ha . Etang, bord de mer et rivière à 300 m. . . Ouvert: 1.6 / 1.9. ☎ 0 4 93 95 04 33 / 06 69 05 15 79. E-mail : pettiti.oli@free.fr.
Lat. : 43° 36′ 59″ N **Long.** : 007° 07′ 22″ E.

AURIBEAU-SUR-SIAGNE
14-E2 10 km S. Grasse. 108 m. ✉ 06810

LE PARC DES MONGES ★★★★ Tourisme 55 E. dont 18 nus
CV . chauffée . Accès direct à la rivière ; étang à 30 m. . Accueil groupes adultes. Ouvert: 1.4 / 26.9. ☎ 04 93 60 91 71. E-mail : parcdesmonges@dsonevacances.com. Web : www.parcdesmonges.com.
Lat. : 43° 36′ 23″ N **Long.** : 006° 54′ 09″ E.

LA RIVIERE ★★★ Tourisme 63 E. . Locations : . , . Accès direct à la rivière ; étang et lac à 200 m ; bord de mer à 5 km. ; . Ouvert: 1.1 / 31.12. ☎ 04 93 42 82 26. E-mail : princiland06@yahoo.fr.
Lat. : 43° 36′ 25″ N **Long.** : 006° 54′ 02″ E.

BEUIL
11-E5 80 km N.-O. Nice. 1793 m. Village de neige ✉ 06470

LE CIANS ★★★ Tourisme 35 E.
. Locations : , roulotte, caravane. Ouvert: 15.4 / 31.10. ☎ 04 93 02 57 29. E-mail : contact@camping-le-cians.fr. Web : camping-le-cians.fr.
Lat. : 44° 05′ 58″ N **Long.** : 006° 59′ 16″ E.

BIOT
14-E2 19 km S.-E. Grasse. 98 m. ✉ 06410

L'EDEN ★★★ Loisirs 136 E. dont 15 nus . A 1,5 km : Locations : . . Bord de mer à 1,5 km. Ouvert: 1.4 / 31.10. ☎ 04 93 65 63 70. E-mail : campingeden@wanadoo.fr. Web : www.camping-eden.fr. Prix 2022. Fft nuit : empl. Tourisme (2) : 28 € ( ). Réduction H.S.
Lat. : 43° 37′ 12″ N **Long.** : 007° 06′ 38″ E.

BRIANCONNET
14-E1 68 km N.-O. Grasse. 1093 m. ✉ 06850

DOMAINE NATURISTE LE HAUT CHANDELALAR ★★★★ Tourisme 82 E. dont 67 nus
7,5 ha CV . Rés. naturiste. Locations : . chauffée . Rivière à 2 km. . Ouvert: 1.5 / 15.9. ☎ 04 93 60 40 09. E-mail : lehaut.chandelalar@orange.fr. Web : www.le-haut-chandelalar.com. Réduction H.S.
Lat. : 43° 51′ 49″ N **Long.** : 006° 43′ 58″ E.

CAGNES-SUR-MER
14-E2 24 km E. Grasse. 65 m. ✉ 06800

GREEN PARK ★★★★ Tourisme 156 E. dont 34 nus 6 ha CV. Locations : . chauffée . Bord de mer à 4,5 km. Accueil groupes adultes. Ouvert: 7.4 / 1.10. ☎ 04 84 39 08 60. E-mail : infocontact@homair.com. Web : www.homair.com. Réduction H.S.
Lat. : 43° 41′ 27″ N **Long.** : 007° 09′ 28″ E.

LE COLOMBIER ★★★ Tourisme 34 E. dont 33 nus, dont 30 CC.
0,40 ha CV . A 5 km : . Bord de mer et rivière à 2 km. Ouvert: 1.4 / 1.10. ☎ 04 93 73 12 77. E-mail : campinglecolombier06@gmail.com. Web : www.campinglecolombier.com. Prix 2022. Fft jour : empl. Tourisme (2) : 32,5 € ( ). Réduction H.S.
Lat. : 43° 40′ 16″ N **Long.** : 007° 08′ 20″ E.
FFCC : avantages adhérent : 23 € du 01/04 au 31/05 et du 01/10 au 15/10 sur emp.

VAL FLEURI ★★★ Tourisme 86 E. CV. Locations : . chauffée , . Bord de mer à 4 km. . Ouvert: 1.4 / 30.9. ☎ 04 93 31 21 74. E-mail : valfleur2@wanadoo.fr. Web : www.campingvalfleuri.fr. Réduction H.S.
Lat. : 43° 41' 15" N **Long.** : 007° 09' 20" E.

LA RIVIÈRE ★★ Tourisme 86 E. dont 82 nus 1,2 ha CV . Locations : . . Accès direct à la rivière ; bord de mer à 4,5 km.. Ouvert: 1.4 / 30.9. ☎ 04 93 20 62 27. E-mail : contact@campinglariviere06.fr. Web : www.campinglariviere06.fr. Prix 2022. Fft jour : empl. Tourisme (2) : 22 € ( ) ; sup 4 € ; animaux 1,70 € ; 2,50 € ; 4 €. Réduction H.S.
Lat. : 43° 41' 45" N **Long.** : 007° 08' 35" E.

CANNES
14-E2 41 m. ✉ 06150

PARC BELLEVUE ★★★ Tourisme 245 E. dont 145 nus 4 ha CV . A 5 km : Locations : . . Accès direct à la mer. . Ouvert: 1.3 / 31.10. ☎ 04 93 47 28 97. E-mail : contact@parcbellevue.com. Web : parcbellevue.com. Prix 2023. Fft jour : empl. Tourisme (2) : 36 € ( ) ; sup 4 € ;
Lat. : 43° 33' 23" N **Long.** : 006° 57' 37" E.

CONTES
14-F1 17 km N.-N.-E. Nice. 311 m. ✉ 06390

LA FERME RIOLA ★★★ Tourisme 50 E. dont 44 nus
2,5 ha CV . Locations : . Randonnée pédestre organisée. . Rivière à 5 km. Ouvert: 1.5 / 30.9. ☎ 04 93 79 03 02. E-mail : contact@campinglafermeriola.com. Web : www.campinglafermeriola.com. Prix 2023. 11,50 € ; animaux 2 € ; 6 € ; 4,50 €. Réduction H.S.
Lat. : 43° 48' 58" N **Long.** : 007° 20' 36" E.

AIRE NATURELLE ARARAT CV. Ouvert: 15.6 / 15.9. ☎ 04 93 79 01 15. E-mail : info@ararat.fr, Web : www.ararat.fr.
Lat. : 43° 00' 00" N **Long.** : 007° 00' 00" E.

GORBIO
14-F1 35 km N.-E. Nice. 475 m. ✉ 06500

LA GIANDOLLA . Ouvert: 1.4 / 31.10. ☎ 04 93 28 35 23. E-mail : lagiandolla@gmail.com.
Lat. : 43° 47' 18" N **Long.** : 007° 26' 38" E.

GRASSE
14-E2 36 km O. Nice. 357 m. ✉ 06130

LA PAOUTE ★★★ Tourisme 77 E.
CV . A 1 km : . Ouvert: 1.4 / 30.9. ☎ 04 93 09 11 42. E-mail : camppaoute@hotmail.com. Web : www.campinglapaoute.com.
Lat. : 43° 38' 05" N **Long.** : 006° 56' 58" E.

GUILLAUMES
11-E5 97 km N.-O. Nice. 1353 m. Village de neige ✉ 06470

LE COEUR DES GORGES ROUGES CV. Ouvert: 1.4 / 30.9. ☎ 04 93 05 53 50. E-mail : kikoucamping@orange.fr.
Lat. : 44° 04' 60" N **Long.** : 006° 50' 60" E.

LA COLLE-SUR-LOUP
14-E2 20 km N.-E. Grasse. 142 m. ✉ 06480

APV AU VALLON ROUGE ★★★★ Tourisme 115 E. dont 52 nus
CV . Locations : , . , . Rivière à 20 m.. Ouvert: 8.4 / 17.9. ☎ 02 51 56 08 78. E-mail : contacts@camping-apv.com. Web : www.camping-apv.com. Prix 2023. Fft jour : empl. Tourisme (2) : 62 € ( ) ; sup 11 € ; animaux 3 € ; 7 € ; 4,40 €.
Lat. : 43° 41' 03" N **Long.** : 007° 04' 23" E.

LES PINÈDES ★★★★ Tourisme 146 E. dont 103 nus
4 ha CV . Locations : , cosweet, . Espace Fitness. chauffée . Rivière à 200 m.. Accueil groupes adultes. Ouvert: 1.4 / 30.9. ☎ 04 93 32 98 94. E-mail : info@lespinedes.com. Web : www.lespinedes.com. Prix 2023. Fft jour : empl. Tourisme (2) : 49 € (E. CC) ; sup 7 € ; animaux 4,50 € ; 4,70 €. Réduction H.S.
Lat. : 43° 40' 55" N **Long.** : 007° 04' 60" E.
FFCC : avantages adhérent : 10% du 01/04 au 30/06 et du 01/09 au 30/0910% du 01/04 au 30/06 et du 01/09 au 30/09 sur emp. et loc. + 10% hors juillet-août sur les emplacements nus et hébergements locatifs sur présentation de la carte ou rendez-vous dans votre club avantages FFCC pour obtenir le code promotionnel.

LA ROQUETTE-SUR-SIAGNE
14-E2 10 km S. Grasse. 65 m. ✉ 06550

SAINT LOUIS NC 200 E. dont 20 nus
5 ha CV . couverte chauffée . Rivière à 800 m ; bord de mer à 5 km. ; . Ouvert: 28.4 / 17.9. ☎ 04 92 19 23 13. E-mail : info@yellohvillage-saintlouis.com. Web : www.campingsaintlouis.com/fr/.
Lat. : 43° 35' 28" N **Long.** : 006° 56' 23" E.
FFCC : avantages adhérent : 10% du 28/04 au 30/06 et du 01/09 au 17/0910% du 28/04 au 30/06 et du 01/09 au 17/09 sur emp. et loc. + Rendez-vous dans votre club avantages FFCC pour obtenir le code promotionnel et réserver !.

LA ROQUETTE-SUR-VAR
14-F1 316 m. ✉ 06670

AL BOUCLE D'OR ★★ Tourisme 34 E. Rivière à 5 km. Accueil groupes. Ouvert: 1.1 / 31.12. ☎ 04 93 73 91 35. E-mail : alex3306@hotmail.fr.
Lat. : 43° 50' 19" N **Long.** : 007° 11' 45" E.

LANTOSQUE
14-F1 50 km N. Nice. 909 m. ✉ 06450

LES MERVEILLES ★★ Tourisme 40 E. dont 40 nus, dont 17 CC. 0,7 ha CV. Rivière à 300 m. Ouvert: 1.7 / 30.9. ☎ 04 93 03 15 73. E-mail : campingdesmerveilles@orange.fr. Prix 2022. Fft nuit : empl. Tourisme (2) : 17 € ( ) ; sup 3,50 € nuit ; animaux 2 € nuit ; 1,50 € ; 2 € nuit ; 5 € nuit.
Lat. : 43° 56' 36" N **Long.** : 007° 16' 58" E.

LE BAR-SUR-LOUP
14-E2 9 km N.-E. Grasse. 645 m. ✉ 06620

LES GORGES DU LOUP ★★★★ Tourisme 70 E. dont 53 nus, dont 8 CC.
1,6 ha CV . chauffée. Rivière à 500 m. Ouvert: 26.3 / 29.10. ☎ 04 93 42 45 06. E-mail : info@lesgorgesduloup.com. Web : www.lesgorgesduloup.com. Réduction H.S.
Lat. : 43° 42' 06" N **Long.** : 006° 59' 42" E.

LE CANNET
14-E2 15 km S.-E. Grasse. 102 m. ✉ 06110

RANCH CAMPING ★★★ Tourisme 128 E. dont 94 nus CV . A 5 km : couverte chauffée. Bord de mer à 2 km. Ouvert: 20.4 / 12.6. ☎ 04 93 46 00 11. E-mail : aubarede06110camping@gmail.com. Web : www.leranchcamping.com. Réduction H.S.
Lat. : 43° 33' 55" N **Long.** : 006° 58' 36" E.

MANDELIEU-LA-NAPOULE
14-E2 15 km S. Grasse. 108 m. ✉ 06210

LES CIGALES ★★★★ Tourisme 65 E. dont 36 nus 1 ha CV . A 5 km : . Accès direct à la rivière ; bord de mer à 800 m.. Accueil groupes adultes. Ouvert: 21.12 / 31.12. ☎ 04 93 49 23 53. E-mail : campingcigales@wanadoo.fr. Web : www.lescigales.com. Réduction H.S.
Lat. : 43° 32' 20" N **Long.** : 006° 56' 33" E.

PLATEAU DES CHASSES ★★★★ Loisirs 150 E. dont 10 nus, dont 4 CC. 4 ha 24 h / 6 h parking externe de nuit, CV . Locations : , , cosweet. . Bord de mer et rivière à 3 km. Ouvert: 1.4 / 30.9. ☎ 04 92 97 23 92. E-mail : plateau3@wanadoo.fr. Web : www.campingduplateaudeschasses.fr. Prix 2022. Fft jour : empl. Tourisme (2) : 12 € ( ) ; sup 5 € ; 3,50 € ; 5,50 €. Réduction H.S.
Lat. : 43° 32' 30" N **Long.** : 006° 55' 25" E.

CÔTÉ MER ★★★ Tourisme 70 E. dont 46 nus CV . A 2 km : chauffée. Bord de mer à 700 m. . Ouvert: 7.4 / 8.10. ☎ 04 84 39 08 60. E-mail : inesselma@homair.com. Web : www.homair.com. Réduction H.S.
Lat. : 43° 31' 20" N **Long.** : 006° 55' 54" E.

LES PRUNIERS ★★ Tourisme 28 E.
CV . A 1 km : Locations : . . Accès direct à la rivière ; bord de mer à 400 m.. Ouvert: 11.2 / 18.11. ☎ 04 94 49 99 23. E-mail : contact@bungalow-camping.com. Web : www.bungalows-camping.com. Prix 2022. Fft jour : empl. Tourisme (2) : 40,4 € ( )
Lat. : 43° 32' 06" N **Long.** : 006° 56' 36" E.
FFCC : avantages adhérent : 18 € du 15/02 au 15/06 et du 01/10 au 15/11 sur emp.

MOULINET
14-F1 1303 m. ✉ 06380

À LA FERME DU SEUILLET
. Ouvert: 1.4 / 30.9. ☎ 06 13 40 84 51. E-mail : fermeduseuillet@orange.fr, Web : www.camping-fermeduseuillet.fr. Prix 2022. empl. Tourisme : 5 € ; 4,50 € ; 3 €.
Lat. : 43° 56' 55" N **Long.** : 007° 24' 56" E.
FFCC : avantages adhérent : 13 € du 01/06 au 31/06 sur emp.

OPIO
14-E2 9 km E. Grasse. 245 m. ✉ 06650

Lat. : 43° 39' 33" N **Long.** : 006° 59' 32" E.

PEGOMAS
14-E2 11 km S. Grasse. 110 m. ✉ 06580

CARAVANING LES MIMOSAS ★★★ Tourisme 140 E. dont 48 GCC. CV . Locations : . . Accès direct à la rivière ; bord de mer à 5 km. . Accueil groupes. Ouvert: 1.4 / 30.9. ☎ 04 93 42 36 11. E-mail : contact@campinglesmimosas.fr. Web : www.campinglesmimosas.fr. Réduction H.S.
Lat. : 43° 35' 23" N **Long.** : 006° 55' 17" E.

PEILLON
14-F1 14 km N.-E. Nice. 347 m. ✉ 06440

CAMPING DE LA LAUNE ★★ Tourisme 28 E. dont 22 nus
CV . Locations : . . Rivière à 200 m. Ouvert: 1.4 / 30.9. ☎ 04 93 79 91 61. E-mail : contact@campingdelalaune.com. Web : www.campingdelalaune.com. Prix 2022. Fft jour : empl. Tourisme (2) : 25,5 € ( ) ; sup 5,50 € ; animaux 3 € ; 4,50 € ; 4,50 €.
Lat. : 43° 46' 19" N **Long.** : 007° 22' 23" E.
FFCC : avantages adhérent : 20 € du 10/02 au 27/02 sur emp.

PEONE
11-E5 103 km N.-O. Nice. 1753 m. Village de neige ✉ 06470

CAMPING MUNICIPAL NC Tourisme 13 E. . Ouvert: 1.5 / 31.10. ☎ 04 93 02 59 89. E-mail : commune-de-peone@orange.fr.
Lat. : 44° 06' 59" N **Long.** : 006° 54' 24" E.

PUGET-THENIERS
14-E1 65 km N.-O. Nice. 640 m. ✉ 06260

DOMAINE NATURISTE L'ORIGAN ★★★★ Tourisme 100 E.
10 ha CV. Rés. naturiste. Randonnée pédestre organisée. Espace Fitness. chauffée. Accès direct à la rivière. Ouvert: 27.4 / 29.9. ☎ 04 93 05 06 00. E-mail : origan@orange.fr. Web : www.origan-village.com. Réduction H.S.
Lat. : 43° 57' 25" N **Long.** : 006° 51' 34" E.

SAINT-AUBAN
14-E1 60 km N.-O. Grasse. 1237 m. ✉ 06850

LA PINATELLE ★★ Tourisme 72 E. dont 40 nus
2 ha. Locations : . Rivière à 200 m ; lac à 500 m. Accueil groupes. Ouvert: 8.4 / 6.11. ☎ 04 93 60 40 46. E-mail : contact@camping-la-pinatelle.fr. Web : www.tikayan.com/fr/camping-la-pinatelle-accueil. Prix 2022. Fft jour : empl. Tourisme (2) : 25 € ( )
Lat. : 43° 50' 42" N **Long.** : 006° 43' 59" E.

SAINT-ETIENNE-DE-TINEE
11-E5 90 km N.-O. Nice. 1991 m. Station verte de vacances et village de neige ✉ 06660

LE CUBERSEL ★ Tourisme 60 E. 0,8 ha. A 500 m : . Lac à 2 km ; rivière à 5 km. Accueil groupes. Ouvert: 23.10 / 31.12. ☎ 0 6 19 24 72 17. E-mail : lecubersel@gmail.com. Web : www.camping-cubersel.fr. Prix 2023. empl. Tourisme : 8 € ; 7 € ; 5 € ; 2 €.
Lat. : 44° 13' 40" N **Long.** : 006° 55' 39" E.

LE CAMPING DU PLAN D'EAU NC Tourisme 22 E. dont 23 nus 0,15 ha aucun vehicule dans la zone tente, hormis pour votre installation, CV. Locations : . Randonnée pédestre organisée. Accès direct aux bords du lac et à la rivière. Ouvert: 1.6 / 30.9. ☎ 04 93 02 41 57. E-mail : camping@saintetiennedetinee.org. Web : www.campingduplandeau.com.
Lat. : 44° 15' 29" N **Long.** : 006° 55' 29" E.

LE RIOU NC Loisirs 15 E. . Ouvert: 1.6 / 30.9. ☎ 04 93 23 01 75.
Lat. : 44° 13' 43" N **Long.** : 006° 55' 16" E.

SAINT-JEANNET
14-E1 34 km N.-E. Grasse. 564 m. ✉ 06640

LES CENT CHÊNES ★★★★ Tourisme 51 E. 1 ha CV. Locations : , cabanes. chauffée. Ouvert: 6.5 / 27.9. ☎ 04 93 24 44 26. E-mail : info@camping-lescentchenes.fr. Web : www.camping-lescentchenes.fr. Prix 2023. Fft jour : empl. Tourisme (2) : 42 € ( )
Lat. : 43° 44' 44" N **Long.** : 007° 09' 32" E.

LE VIGNOBLE DES SAUSSES
CV. Ouvert: 1.4 / 15.10. ☎ 06 08 96 24 60. E-mail : contact@vignoblestjeannet.fr, Web : vignoblestjeannet.fr/.
Lat. : 43° 45' 11" N **Long.** : 007° 09' 40" E.
FFCC : avantages adhérent : 17 € du 01/05 au 30/06 et du 01/09 au 31/10 sur emp.

SAINT-LAURENT-DU-VAR
14-E2 30 km E. Grasse. 64 m. ✉ 06700

MAGALI ★★★ Tourisme 79 E. 1 ha CV. Locations : , caravane. Ouvert: 1.2 / 31.10. ☎ 04 93 31 57 00. E-mail : info@camping-magali.com. Web : www.camping-magali.com.
Lat. : 43° 42' 52" N **Long.** : 007° 10' 38" E.

SAINT-MARTIN-D'ENTRAUNES
11-E5 112 km N.-O. Nice. 1682 m. ✉ 06470

LE PRIEURÉ ★★★ Tourisme 35 E.
CV. Randonnée pédestre organisée. chauffée. Rivière à 200 m. Ouvert: 15.5 / 15.10. ☎ 04 93 05 54 99. E-mail : le.prieure@wanadoo.fr. Web : www.le-prieure.com.
Lat. : 44° 08' 56" N **Long.** : 006° 45' 45" E.

SAINT-MARTIN-VESUBIE
11-F5 70 km N. Nice. 1894 m. Station verte de vacances et village de neige ✉ 06450

À LA FERME SAINT-JOSEPH ★★ Tourisme 50 E. dont 50 nus
CV. Locations : . Randonnée pédestre organisée. Accès direct à la rivière. Accueil groupes. Ouvert: 1.5 / 30.9. ☎ 06 70 51 90 14. E-mail : contact.ferme@orange.fr. Web : www.camping-alafermestjoseph.com. Prix 2022. 5,70 € ; 11 € ; 8,40 € ; 8,40 € ; 4,20 € ; animaux 3,30 € ; 4,70 € ; 4,90 €. Réduction H.S.
Lat. : 44° 03' 53" N **Long.** : 007° 15' 26" E.
FFCC : avantages adhérent : 23 € du 01/05 au 30/05 et du 01/09 au 30/09 sur emp.

SAINT-PAUL-DE-VENCE
14-E2 20 km N.-E. Grasse. 180 m. 2565 hab. ✉ 06570

SAINT-VALLIER-DE-THIEY
14-E2 12 km N.-O. Grasse. 857 m. ✉ 06460

PARC DES ARBOINS NC Loisirs 160 E. dont 12 CC - 101 GCC. CV. Rivière à 5 km. Ouvert: 1.1 / 31.12. ☎ 04 93 42 63 89. E-mail : jean-marc.dunoyer@wanadoo.fr. Web : parcdesarboins.fr. Réduction H.S.
Lat. : 43° 41' 28" N **Long.** : 006° 51' 53" E.

SERANON
14-E1 39 km N.-O. Grasse. 1186 m. ✉ 06750

SAINT HUBERT NC Tourisme 20 E. dont 20 nus 0,7 ha CV. Accès direct à la rivière.. Ouvert: 1.1 / 31.12. ☎ 0 6 11 03 06 38. E-mail : snow.pleasure@free.fr. Web : www.camping-sthubert.fr.
Lat. : 43° 46' 57" N **Long.** : 006° 38' 44" E.

SOSPEL
14-F1 42 km N.-E. Nice. 719 m. Station verte de vacances et village de neige ✉ 06380

DOMAINE STE MADELEINE ★★★ Tourisme 90 E. CV. Locations : . Rivière à 300 m. Ouvert: 15.4 / 30.9. ☎ 04 93 04 10 48. E-mail : camp@camping-sainte-madeleine.com. Web : www.camping-sainte-madeleine.com. Prix 2023. Fft jour : empl. Tourisme (2) : 26,5 € ( ) ; sup 6 € ; animaux 3 € ; 5 € ; 5,50 €. Réduction H.S.
Lat. : 43° 53' 48" N **Long.** : 007° 24' 59" E.

LE MAS FLEURI ★★ Tourisme 50 E. CV. Rivière à 1,5 km. Accueil groupes. Ouvert: 1.1 / 30.9. ☎ 04 93 04 14 94. E-mail : camping-le-mas-fleuri@wanadoo.fr. Web : www.camping-mas-fleuri.com.
Lat. : 43° 53' 02" N **Long.** : 007° 25' 32" E.

TENDE
11-F5 90 km N.-E. Nice. 1761 m. ✉ 06430

CAMPING MUNICIPAL ST JACQUES NC Tourisme 35 E. . Accès direct à la rivière.. Ouvert: 18.6 / 31.8. ☎ 04 93 04 76 08. E-mail : campingtende@gmail.com.
Lat. : 44° 05' 29" N **Long.** : 007° 35' 55" E.

TOUET-SUR-VAR
14-E1 55 km N.-O. Nice. 543 m. ✉ 06710

L'AMITIÉ NC 30 E. dont 11 nus CV. Locations : , roulotte. Randonnée pédestre organisée. Accès direct à la rivière. Accueil groupes. Ouvert: 1.4 / 31.10. ☎ 04 93 05 74 32. E-mail : contact@domainedelamitie.com. Web : www.domainedelamitie.com. Réduction H.S.
Lat. : 43° 56' 43" N **Long.** : 007° 00' 44" E.

TOURRETTES-SUR-LOUP
14-E1 44 km O. Nice. 571 m. ✉ 06140

LA CAMASSADE ★★★ Tourisme 40 E. dont 34 nus
CV. Rivière à 3 km. Ouvert: 1.1 / 31.12. ☎ 04 93 59 31 54. E-mail : courrier@camassade.com. Web : www.camassade.com. Réduction H.S.
Lat. : 43° 42' 18" N **Long.** : 007° 03' 02" E.
FFCC : avantages adhérent : 21 € du 01/03 au 08/07 et du 26/08 au 31/12 sur emp.

LES RIVES DU LOUP ★★★ Tourisme 116 E. dont 6 nus CV. Locations : . Randonnée pédestre organisée. Accès direct à la rivière. Accueil groupes. Ouvert: 1.4 / 30.9. ☎ 04 93 24 15 65. E-mail : info@rivesduloup.com. Web : www.rivesduloup.com. Réduction H.S.
Lat. : 43° 41' 52" N **Long.** : 007° 00' 28" E.

VALDEBLORE
11-E5 65 km N.-O. Nice. 1902 m. Station verte de vacances et village de neige ✉ 06420

CARAVANING MUNICIPAL NC Loisirs 124 E. CV. Lac à 3 km ; rivière à 5 km. Ouvert: 1.1 / 31.12. ☎ 04 93 02 78 85. E-mail : camping.valdeblore@orange.fr. Web : www.colmiane.com.
Lat. : 44° 04' 11" N **Long.** : 007° 12' 31" E.

VENCE
14-E1 28 km N.-E. Grasse. 533 m. ✉ 06140

DOMAINE DE LA BERGERIE ★★★ Tourisme 450 E. dont 430 nus, dont 65 CC.
12 ha CV. Locations : , tonneau. Ouvert: 25.3 / 15.10. ☎ 04 93 58 09 36. E-mail : info@camping-domainedelabergerie.com. Web : www.camping-domainedelabergerie.com. Prix 2022. Fft nuit : empl. Tourisme : 33 € ( ) ; sup 5,50 € nuit ; Réduction H.S.
Lat. : 43° 42' 43" N **Long.** : 007° 05' 25" E.
FFCC : avantages adhérent : entre 40 € et 85 € la nuitée et entre 190 € et 495 € la semaine du 25/03 au 07/07 et du 26/08 au 14/10 sur loc. + 5% du 09/07 au 25/08.

VILLENEUVE-LOUBET
14-E2 22 km E. Grasse. 81 m. ✉ 06270

LA VIEILLE FERME ★★★★ Tourisme 151 E. dont 119 nus 2 ha CV. A 3 km : . Locations : . couverte chauffée. Bord de mer à 1 km. Ouvert: 1.1 / 20.10. ☎ 04 93 33 41 44. E-mail : info@vieilleferme.com. Web : www.vieilleferme.com. Prix 2023. Fft jour : empl. Tourisme (2) : 45 € ( ) ; sup 6 € ; animaux 2,50 € ; 4 €. Réduction H.S.
Lat. : 43° 37' 10" N **Long.** : 007° 07' 32" E.

L'HIPPODROME ★★★ Tourisme 46 E. CV. Espace Fitness. couverte chauffée. Bord de mer à 250 m. Ouvert: 1.1 / 31.12. ☎ 04 93 20 02 00. E-mail : contact@camping-hippodrome.com. Web : www.camping-hippodrome.com. Réduction H.S.
Lat. : 43° 38' 32" N **Long.** : 007° 08' 15" E.

PARC DES MAURETTES ★★★ Tourisme 106 E. dont 91 nus 1,3 ha CV. A 5 km : Locations : . couverte chauffée. Bord de mer à 400 m. Accueil groupes. Ouvert: 10.1 / 15.11. ☎ 04 93 20 91 91. E-mail : info@parcdesmaurettes.com. Web : www.parcdesmaurettes.com. Réduction H.S.
Lat. : 43° 37′ 51″ N **Long.** : 007° 07′ 47″ E.
FFCC : avantages adhérent : 23 € du 10/01 au 31/01 et du 01/10 au 15/11 sur emp.

DOMAINE SOURIRE DE LA MADONE ★ Loisirs 263 E. CV. A 5 km : , . Rivière à 2 km ; bord de mer à 4,5 km. Accueil groupes adultes. Ouvert: 4.4 / 27.9. ☎ 04 93 20 96 11. E-mail : info@domainesourire.com. Web : www.domainesourire.com/fr/.
Lat. : 43° 39′ 36″ N **Long.** : 007° 06′ 10″ E.

LE CLOTEIROL ★ Loisirs 26 E. . Rivière à 3 km ; bord de mer à 5 km. Ouvert: 1.1 / 31.12. ☎ 04 93 20 99 52. E-mail : secretariat@alainjuno.fr.
Lat. : 43° 39′ 25″ N **Long.** : 007° 05′ 26″ E.

NEPTUNE ★ Tourisme 17 E. dont 10 nus 0,4 ha . Locations : caravane. Bord de mer à 400 m ; rivière à 600 m. Ouvert: 15.4 / 30.9. ☎ 04 93 73 93 81.
Lat. : 43° 38′ 14″ N **Long.** : 007° 07′ 54″ E.

ARDECHE 07

Cartes 10-11

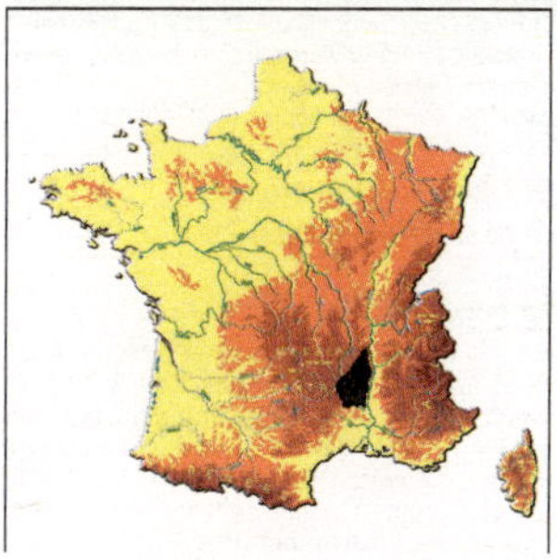

AIZAC

10-F4 35 km O. Privas. 735 m. ✉ 07530

LA BESORGUES NC Tourisme 20 E. 1,5 ha CV. . Accès direct à la rivière. . Ouvert: 1.5 / 15.9. ☎ 04 75 88 24 25. E-mail : contact@camping-la-besorgues-ardeche.com. Web : www.camping-la-besorgues-ardeche.com. Réduction H.S.
Lat. : 44° 42′ 60″ N **Long.** : 004° 19′ 08″ E.

ALBA-LA-ROMAINE

10-F4 28 km S. Privas. 270 m. ✉ 07400

LE CAMPING DU THÉATRE NC Tourisme 25 E. 0,9 ha CV. Locations : , . , . Accès direct à la rivière. . Accueil groupes. Ouvert: 1.5 / 1.5. ☎ 09 72 46 18 32. E-mail : contact@lecamping.com. Web : www.lecamping.com.
Lat. : 44° 33′ 30″ N **Long.** : 004° 35′ 52″ E.

ALBOUSSIERE

11-A3 23 km S.-O. Tournon. 554 m. ✉ 07440

CAMPING GCU - ALBOUSSIERE ★★ Tourisme 66 E. . Locations : . , , , . Etang à 200 m.. Ouvert: 28.6 / 31.8. ☎ 04 75 58 33 13. E-mail : gcu@gcu.asso.fr. Web : www.gcu.asso.fr.
Lat. : 44° 56′ 24″ N **Long.** : 004° 44′ 05″ E.

CAMPING MUNICIPAL LA DUZONNE ★★ Loisirs 58 E. dont 50 nus 0,7 ha CV. Locations : , . Randonnée pédestre organisée. chauffée . Accès direct à la rivière ; étang à 100 m. . Accueil groupes. Ouvert: 1.5 / 30.9. ☎ 04 75 58 20 91. E-mail : camping.duzonne@gmail.com. Web : camping-alboussiere.jimdo.com/. Réduction H.S.
Lat. : 44° 56′ 22″ N **Long.** : 004° 43′ 56″ E.

ANDANCE

11-A3 20 km N. Tournon. 195 m. ✉ 07340

LE DOMAINE D'ANDANCE ★★★ Tourisme 80 E. dont 20 nus 7 ha CV. Locations : , . , . Accès direct à l'étang et à la rivière ; lac à 10 m. . Accueil groupes. Ouvert: 3.4 / 1.11. ☎ 04 27 51 93 73. E-mail : info@campingdandance.com. Web : www.campingdandance.com. Réduction H.S.
Lat. : 45° 15′ 26″ N **Long.** : 004° 48′ 12″ E.

ANTRAIGUES-SUR-VOLANE

10-F4 37 km O. Privas. 708 m. ✉ 07530

CAMPING MUNICIPAL NC Tourisme 25 E. . . Rivière à 500 m. . Ouvert: 1.6 / 30.9. ☎ 04 75 38 70 10. E-mail : mairie.antraigues@inforoutes-ardeche.fr.
Lat. : 44° 43′ 05″ N **Long.** : 004° 21′ 30″ E.

ARCENS

10-F4 68 km S.-O. Tournon-sur-Rhone. 811 m. ✉ 07310

CAMPING MUNICIPAL ★★ Tourisme 15 E. dont 8 nus 0,19 ha CV. Locations : . , . Accès direct aux bords du lac ; rivière à 10 m. ; . Ouvert: 15.6 / 15.9. ☎ 04 75 30 40 72. E-mail : mairie@arcens.fr.
Lat. : 44° 54′ 01″ N **Long.** : 004° 19′ 35″ E.

ARLEBOSC

11-A3 26 km S.-O. Tournon. 543 m. ✉ 07410

LE VIADUC ★★★ Tourisme 45 E. dont 20 nus, dont 3 GCC. 2 ha CV. Locations : bivouac, bulle, tonneau, yourte. . Accès direct à la rivière. ; . Accueil groupes. Ouvert: 16.4 / 26.9. ☎ 04 75 06 74 49. E-mail : camping.viaduc@yahoo.com. Web : www.camping-viaduc-ardeche.com.
Lat. : 45° 01′ 27″ N **Long.** : 004° 38′ 57″ E.
FFCC : avantages adhérent : 20 € du 14/04 au 06/07 et du 03/09 au 16/09 sur emp. et entre 25 € et 120 € la nuitée et entre 125 € et 510 € la semaine du 14/04 au 06/07 et du 03/09 au 16/09 sur loc.

AUBENAS

10-F4 30 km S.-O. Privas. 238 m. ✉ 07200

LA CHAREYRASSE ★★★ Tourisme 90 E. CV. A 1 km : Locations : , roulotte. . Accès direct à la rivière. ; . Ouvert: 1.1 / 31.12. ☎ 06 61 89 28 04. E-mail : lachareyrasse@hotmail.fr. Web : www.camping-la-chareyrasse.com. Réduction H.S.
Lat. : 44° 35′ 24″ N **Long.** : 004° 24′ 23″ E.

BAIX

11-A4 19 km S.-E. Privas. 173 m. ✉ 07210

LE MERLE ROUX ★★★★★ Tourisme 262 E. CV. Locations : . couverte chauffée . Rivière à 4 km. . Ouvert: 8.4 / 4.9. ☎ 04 75 85 84 14. E-mail : merle-roux@capfun.com. Web : www.lemerleroux.com.
Lat. : 44° 42′ 19″ N **Long.** : 004° 44′ 18″ E.

BALAZUC

10-F4 9 km S.-E. Largentière. 221 m. ✉ 07120

LE CHAMADOU ★★★★ Tourisme 86 E. 23 h / 7 h, CV. Randonnée pédestre organisée. , . Lac à 400 m ; rivière à 1,5 km. ; . Ouvert: 1.4 / 30.9. ☎ 08 20 36 61 97. E-mail : infos@camping-le-chamadou.com. Web : www.camping-le-chamadou.com. Réduction H.S.
Lat. : 44° 30′ 28″ N **Long.** : 004° 24′ 12″ E.

BEAUME GIRAUD ★★★ Tourisme 70 E. dont 19 nus 1,5 ha CV. Locations : , . . Rivière à 2,5 km. Ouvert: 1.4 / 30.9. ☎ 04 75 89 09 36. E-mail : contact@campingbeaumegiraud.com. Web : www.campingbeaumegiraud.com. Prix 2022. Fft jour : empl. Tourisme (2) : 29,5 € ( ) ; Réduction H.S.
Lat. : 44° 31′ 18″ N **Long.** : 004° 20′ 49″ E.

LA FALAISE ★★★ Tourisme 44 E. CV. Locations : . . Rivière à 20 m. ; ; . Ouvert: 1.4 / 30.9. ☎ 04 75 37 74 27. E-mail : contact@campingdelafalaise.com. Web : www.camping-balazuc.com.
Lat. : 44° 30′ 46″ N **Long.** : 004° 23′ 07″ E.

LE RETOURTIER ★★ Tourisme 34 E. dont 15 nus CV. Locations : , . chauffée . Rivière à 700 m.. Accueil groupes. Ouvert: 4.4 / 3.10. ☎ 04 75 37 77 67. E-mail : retourtier@hotmail.com. Web : www.campingleretourtier.com.
Lat. : 44° 30′ 26″ N **Long.** : 004° 22′ 49″ E.

M. JULES RANCHIN ★★ Tourisme 6 E. Locations : . Rivière à 300 m. Ouvert: 22.4 / 31.10. ☎ 06 48 06 85 11. E-mail : leserviere@free.fr. Web : www.ardeche-lodges.com.
Lat. : 44° 30' 43" N **Long.** : 004° 22' 45" E.

BARNAS

10-F4 40 km N.-O. Largentière. 851 m. ✉ 07330

CAMPING MUNICIPAL NC 50 E. 0,54 ha CV. Locations : . Randonnée pédestre organisée. . Accès direct à la rivière. . Ouvert: 1.3 / 15.11. ☎ 04 75 36 40 12. E-mail : mairie.barnas@orange.fr. Web : www.barnas.fr. Réduction H.S.
Lat. : 44° 40' 05" N **Long.** : 004° 10' 13" E.

BEAUCHASTEL

11-A4 24 km N.-E. Privas. 184 m. ✉ 07800

CAMPING MUNICIPAL LES VOILIERS ★★ Tourisme 100 E. 1,5 ha , . Accès direct à la rivière. ; . Ouvert: 1.4 / 31.10. ☎ 04 75 62 24 04. E-mail : camping.lesvoiliers@sfr.fr. Web : www.camping-les-voiliers.fr.
Lat. : 44° 49' 09" N **Long.** : 004° 49' 14" E.

BEAULIEU

10-F5 23 km S. Largentière. 221 m. ✉ 07460

PONT DE MAISONNEUVE ★★★ Tourisme 100 E. dont 75 nus 2 ha CV. A 4 km : . Locations : . , . Accès direct à la rivière. ; ; . Accueil groupes. Ouvert: 4.4 / 30.9. ☎ 04 75 39 03 51. E-mail : camping.pontdemaisonneuve@wanadoo.fr. Web : www.camping-pontdemaisonneuve.com.
Lat. : 44° 23' 25" N **Long.** : 004° 13' 58" E.

AIRE NATURELLE LES LEBRES CV. Ouvert: 1.5 / 30.9. ☎ 04 75 39 03 51. E-mail : jocelyne.deleuze@orange.fr.
Lat. : 44° 21' 41" N **Long.** : 004° 14' 01" E.

BEAUMONT

10-F4 28 km O. Largentière. 526 m. ✉ 07110

LE RELAIS DES BRISON ★★ Tourisme 49 E. dont 20 nus
2 ha CV . Locations : , tonneau. . Accès direct à la rivière. ; . Ouvert: 30.4 / 1.10. ☎ 04 75 39 43 52. E-mail : relaisdesbrison@orange.fr. Web : www.camping-brison.com. Prix 2022. Fft nuit : empl. Tourisme (2) : 21,9 € ( ) ; sup 3,90 € nuit ; animaux 3 € nuit ; 3,90 € nuit ; 4,20 € nuit.
Lat. : 44° 32' 18" N **Long.** : 004° 11' 28" E.
FFCC : avantages adhérent : 15 € du 30/04 au 08/07 et du 27/08 au 01/10 sur emp.

BERRIAS-ET-CASTELJAU

10-F5 32 km S.-O. Largentière. 166 m. ✉ 07460

LA ROUVEYROLLE ★★★★ Tourisme 103 E. dont 30 nus 2,3 ha CV . Locations : . Randonnée pédestre organisée. Espace Fitness. chauffée . Accès direct à la rivière. ; . Accueil groupes. Ouvert: 1.4 / 30.10. ☎ 04 75 39 00 67. E-mail : info@campingrouveyrolle.fr. Web : www.campingrouveyrolle.fr.
Lat. : 44° 23' 44" N **Long.** : 004° 13' 19" E.

MAZET PLAGE ★★★★ Tourisme 137 E. dont 88 nus 2 ha CV . Locations : , . Espace Fitness. chauffée , , . Rivière à 10 m. ; ; . Accueil groupes adultes. Ouvert: 1.4 / 15.9. ☎ 04 75 39 32 56. E-mail : camping.mazet-plage@wanadoo.fr. Web : camping-mazet-plage.com. Prix 2023. Fft jour : empl. Tourisme (2) : 31 € ( ). Réduction H.S.
Lat. : 44° 23' 46" N **Long.** : 004° 12' 06" E.

BEL AIR ARDECHE ★★★ Tourisme 50 E. 1,6 ha CV . Locations : . Randonnée pédestre organisée. chauffée , , . Rivière à 150 m. ; . Accueil groupes. Ouvert: 2.4 / 27.9. ☎ 04 75 39 36 39. E-mail : camping-bel-air@orange.fr. Web : www.camping-belair-ardeche.com.
Lat. : 44° 24' 09" N **Long.** : 004° 13' 01" E.

CHAULET PLAGE ★★★ Tourisme 55 E. 1 ha CV . Locations : , , , . Accès direct à la rivière. ; . Accueil groupes. Ouvert: 8.4 / 31.10. ☎ 04 75 39 30 27. E-mail : contact@chaulet-plage.com. Web : www.chaulet-plage.com. Réduction H.S.
Lat. : 44° 24' 17" N **Long.** : 004° 12' 55" E.

LA SOURCE ★★★ Tourisme 93 E. dont 62 nus
CV . Locations : , cabanes, . Rivière à 3 km. Ouvert: 29.4 / 15.9. ☎ 04 75 39 39 13. E-mail : contact@camping-source-ardeche.com. Web : www.camping-source-ardeche.com. Prix 2022. Fft nuit : empl. Tourisme (2) : 29,5 € ( ) ; sup 11 € nuit ; animaux 4,60 € nuit ; 4,70 € nuit ; 5,20 € nuit. Réduction H.S.
Lat. : 44° 22' 37" N **Long.** : 004° 12' 24" E.
FFCC : avantages adhérent : 17 € du 29/04 au 01/07 et du 29/08 au 15/09 sur emp.

LA VIGNASSE ★★★ Tourisme 51 E. 1,5 ha CV . Locations : . Randonnée pédestre organisée. , . Rivière à 200 m. ; . Accueil groupes. Ouvert: 1.4 / 15.10. ☎ 09 86 77 31 34. E-mail : campinglavignasse@gmail.com. Web : www.camping-la-vignasse.com. Réduction H.S.
Lat. : 44° 24' 16" N **Long.** : 004° 12' 54" E.

LES ACTINIDIAS ★★★ Tourisme 100 E. dont 76 nus 0,9 ha CV . Locations : . . Accès direct à la rivière ; lac à 2 km. ; . Accueil groupes. Ouvert: 1.4 / 18.9. ☎ 04 75 39 02 79. E-mail : actinidias@orange.fr. Web : www.actinidias.com.
Lat. : 44° 23' 57" N **Long.** : 004° 12' 03" E.

LES CIGALES ★★★ Tourisme 110 E. dont 58 nus 3 ha CV . Locations : . Randonnée pédestre organisée. chauffée . Rivière à 3 km. Accueil groupes. Ouvert: 1.4 / 30.9. ☎ 04 75 39 30 33. E-mail : contact@camping-cigales-ardeche.com. Web : www.camping-cigales-ardeche.com. Réduction H.S.
Lat. : 44° 22' 45" N **Long.** : 004° 12' 40" E.

CAMPING DES DALLES ★★ Tourisme 12 E. Locations : . Accueil groupes. Ouvert: 15.5 / 15.9. ☎ 04 75 39 01 36. E-mail : camping@sarlrobert.fr.
Lat. : 44° 22' 00" N **Long.** : 004° 12' 00" E.

CHAULET VILLAGE ★★ Tourisme 37 E. 1 ha CV . Randonnée pédestre organisée. . Rivière à 100 m. ; . Accueil groupes. Ouvert: 1.1 / 30.11. ☎ 04 75 39 31 39. E-mail : vanessa.roure@gmail.com. Web : www.camping-chauletvillage.com. Réduction H.S.
Lat. : 44° 24' 21" N **Long.** : 004° 13' 07" E.

LE POUSADOU ★★ Tourisme 52 E. CV . . Accès direct à la rivière. ; . Ouvert: 1.4 / 30.9. ☎ 04 75 39 04 05. E-mail : alex.biscarat@wanadoo.fr. Web : www.pousadou.fr.
Lat. : 44° 23' 60" N **Long.** : 004° 13' 17" E.

LE VIEUX MOULIN ★★ Tourisme 50 E. 0,8 ha CV. A 200 m : . Locations : . . Accès direct à la rivière. ; . Accueil groupes. Ouvert: 30.3 / 31.10. ☎ 04 75 39 25 70. E-mail : info@camping-le-vieux-moulin.com. Web : www.camping-le-vieux-moulin.com.
Lat. : 44° 24' 27" N **Long.** : 004° 13' 20" E.

LES BLACHES ★★ Tourisme 109 E. 2 ha CV . Locations : , , . , . Accès direct à la rivière. ; ; . Accueil groupes. Ouvert: 22.3 / 18.10. ☎ 04 75 39 01 04. E-mail : chantal.blaches@wanadoo.fr. Web : www.les-blaches.com.
Lat. : 44° 24' 19" N **Long.** : 004° 12' 50" E.

BESSAS

10-F5 36 km S. Largentière. 234 m. ✉ 07150

LA FONTINELLE ★★ Tourisme 12 E. dont 12 nus
0,12 ha CV . Randonnée pédestre organisée. Espace Fitness. chauffée. ; . Ouvert: 15.6 / 7.9. ☎ 04 75 38 65 69 / 0 6 79 45 44 32. E-mail : info@gites-la-fontinelle.com. Web : www.camping-la-fontinelle.com.
Lat. : 44° 20' 22" N **Long.** : 004° 17' 60" E.
FFCC : avantages adhérent : 23 € du 15/06 au 31/08 sur emp. et entre 240 € et 1060 € la semaine du 01/04 au 31/10 sur loc.

BOFFRES

11-A3 20 km S.-O. Valence-sur-Rhone. 674 m. ✉ 07440

FUSTIER GISÈLE . Ouvert: 1.4 / 30.9. ☎ 04 75 58 28 09. E-mail : fustiergisele@yahoo.fr.
Lat. : 44° 54' 46" N **Long.** : 004° 41' 51" E.

BOUCIEU-LE-ROI

11-A3 19 km S.-O. Tournon. 429 m. ✉ 07270

LA VALLEE DU DOUX ★★ Tourisme 40 E. 0,9 ha CV. Locations : , . Accès direct à la rivière. . Accueil groupes. Ouvert: 1.5 / 30.9. ☎ 04 75 08 71 83. E-mail : contact@camping-valleedudoux.fr. Web : www.camping-valleedudoux.fr.
Lat. : 45° 01' 51" N **Long.** : 004° 40' 15" E.

BOURG-SAINT-ANDEOL

11-A5 50 km S.-S.-E. Privas. 219 m. ✉ 07700

LE LION ★★★ Tourisme 140 E. dont 91 nus, dont 80 CC - 88 GCC. 5 ha CV . Locations : , bivouac, , , . Etang à 2 km ; lac à 3 km ; rivière à 5 km. . Accueil groupes adultes. Ouvert: 1.4 / 25.9. ☎ 04 75 54 53 20. E-mail : contact@campingdulion.com. Web : www.campingdulion.com. Prix 2023. Fft jour : empl. Tourisme (2) : 30 € ( ) ; sup 8,50 € ; animaux 3 € ; 6,50 € ; 4,50 €.
Lat. : 44° 22' 56" N **Long.** : 004° 39' 02" E.

BURZET

10-F4 44 km N.-N.-O. Largentière. 957 m. ✉ 07450

CAMPING MUNICIPAL NC Tourisme 32 E. 0,35 ha CV. . Rivière à 50 m. . Ouvert: 1.5 / 30.9. ☎ 04 75 88 09 06. E-mail : mairie.burzet@wanadoo.fr. Web : www.burzet.fr.
Lat. : 44° 44' 09" N **Long.** : 004° 15' 07" E.

CHAMBONAS

10-F5 26 km S.-O. Largentière. 231 m. ✉ 07140

CAMPING CASTANHADA NC 87 E. CV . Locations : . . Rivière à 500 m. . Accueil groupes. Ouvert: 1.4 / 31.10. ☎ 04 75 37 25 18. E-mail : contact@castanhada.fr. Web : www.castanhada.fr.
Lat. : 44° 24' 48" N **Long.** : 004° 08' 20" E.

CHARMES-SUR-RHONE

11-A4 28 km N.-E. Privas. 153 m. ✉ 07800

CAMPING MUNICIPAL NC Tourisme 10 E. . Rivière à 50 m. Ouvert: 1.4 / 30.9. ☎ 04 75 60 96 62. E-mail : mairie@charmessurrhone.fr. Web : www.charmes-sur-rhone.fr.
Lat. : 44° 51' 21" N **Long.** : 004° 50' 18" E.

CHASSIERS

10-F4 3 km E. Largentière. 358 m. 07110

LES RANCHISSES ★★★★★ Tourisme 250 E. 6 ha CV. Locations : 1. Randonnée pédestre organisée. Espace Fitness. couverte chauffée. Accès direct à la rivière. Accueil groupes adultes. Ouvert: 16.4 / 25.9. 04 75 88 31 97. E-mail : reception@lesranchisses.fr. Web : www.lesranchisses.fr. Réduction H.S.
Lat. : 44° 33' 40" N **Long.** : 004° 17' 11" E.
FFCC : avantages adhérent : 10% du 14/04 au 30/06 et du 01/09 au 24/0910% du 14/04 au 30/06 et du 01/09 au 24/09 sur emp. et loc. + Rendez-vous dans votre club avantages FFCC pour obtenir le code promotionnel et réserver !.

CHAUZON

10-F5 12 km S.-E. Largentière. 195 m. 07120

LA DIGUE ★★★★ Tourisme 106 E. dont 75 nus 2,5 ha CV. Locations : chauffée. Accès direct à la rivière. Accueil groupes. Ouvert: 6.4 / 22.9. 04 75 39 63 57. E-mail : info@camping-la-digue.fr. Web : www.camping-la-digue.fr. Réduction H.S.
Lat. : 44° 29' 05" N **Long.** : 004° 22' 22" E.
FFCC : avantages adhérent : 15 € du 14/04 au 07/07 et du 20/08 au 23/09 sur emp.

LE COIN CHARMANT ★★★ Tourisme 81 E. dont 56 nus 0,8 ha CV. A 3 km : Locations : . Randonnée pédestre organisée. Accès direct à la rivière ; étang à 1 km. Accueil groupes. Ouvert: 1.4 / 25.9. 06 46 41 48 03. E-mail : campinglecoincharmant@orange.fr. Web : www.camping-lecoincharmant-ardeche.com. Réduction H.S.
Lat. : 44° 29' 06" N **Long.** : 004° 22' 24" E.
FFCC : avantages adhérent : 16 € du 01/04 au 30/06 et du 28/08 au 25/09 sur emp.

LE BEAUSSEMENT ★★ Tourisme 83 E. dont 33 CC. CV. Locations : . Accès direct à la rivière. Ouvert: 10.3 / 30.9. 04 75 39 72 06. E-mail : beaussement@wanadoo.fr. Web : www.beaussement.com.
Lat. : 44° 29' 28" N **Long.** : 004° 21' 57" E.

LES CHÊNES ★★ Tourisme 27 E. dont 18 nus 1 ha CV. Locations : , cabanes, . Rivière à 300 m. Accueil groupes. Ouvert: 1.4 / 31.10. 06 72 71 52 69. E-mail : leschenes07@gmail.com. Web : www.campingleschenes07.com. Prix 2022. Fft jour : empl. Tourisme (2) : 23 € ; sup 5 € ; animaux 5 € ; 4,50 €. Réduction H.S.
Lat. : 44° 29' 24" N **Long.** : 004° 21' 42" E.
FFCC : avantages adhérent : 15 € du 01/04 au 30/06 et du 01/08 au 30/09 sur emp.

COLOMBIER-LE-VIEUX

11-A3 17 km O. Tournon-sur-Rhone. 379 m. 07410

LES BERGES DU DOUX ★★★ Tourisme 42 E. dont 21 nus 1 ha CV. Locations : tonneau. chauffée. Accès direct à la rivière. Accueil groupes. Ouvert: 2.4 / 26.9. 04 75 06 79 10. E-mail : accueil@camping-lesbergesdudoux.com. Web : www.camping-lesbergesdudoux.com.
Lat. : 45° 02' 20" N **Long.** : 004° 41' 19" E.
FFCC : avantages adhérent : 20 € du 07/04 au 28/04 et du 16/09 au 24/09 sur emp. et entre 200 € et 400 € la semaine du 07/04 au 28/04 et du 16/09 au 24/09 sur loc.

LE MARCHAND NC Loisirs 26 E. dont 26 nus. Rivière à 100 m. Ouvert: 1.4 / 30.9. 06 73 19 04 64. E-mail : campinglemarchand@gmail.com. Web : campinglemarchand.wixsite.com/siteweb.
Lat. : 45° 03' 07" N **Long.** : 004° 42' 45" E.

COUCOURON

10-E4 67 km N.-O. Largentière. 1166 m. Station verte de vacances et village de neige 07470

CAMPING MUNICIPAL NC Tourisme 104 E. dont 85 nus, dont 28 CC. 2,50 ha CV. Locations : . Lac à 400 m. Accueil groupes. Ouvert: 1.5 / 30.9. 04 66 46 13 08. E-mail : campingmunicipal.coucouron@orange.fr. Web : www.coucouron.fr. Prix 2022. Fft jour : empl. Tourisme (2) : 12,84 € ; sup 2,60 € ; 2 €.
Lat. : 44° 48' 06" N **Long.** : 003° 58' 12" E.

COUX

10-F4 2,5 km E. Privas. 355 m. 07000

LE MOULIN D'ONCLAIRE ★★★ Tourisme 40 E. dont 29 nus 0,45 ha CV. A 3 km : Locations : . Accès direct à la rivière. Accueil groupes. Ouvert: 1.4 / 20.10. 04 75 64 51 98. E-mail : moulin@onclaire.com. Web : www.onclaire.com. Réduction H.S.
Lat. : 44° 44' 10" N **Long.** : 004° 37' 26" E.

CROS-DE-GEORAND

10-F4 50 km N.-O. Largentière. 1193 m. 07510

CAMPING MUNICIPAL NC Tourisme 22 E. Locations : . Ouvert: 1.3 / 31.10. 04 75 38 93 83. E-mail : bernard.nury@gmail.com. Web : camping-crosdegeorand.wifeo.com.
Lat. : 44° 47' 28" N **Long.** : 004° 07' 45" E.

CRUAS

11-A4 25 km S.-E. Privas. 202 m. 07350

HARMONY CAMPING DE CRUAS ★★★ Tourisme 120 E. dont 100 nus 1,6 ha. Locations : , bivouac, cocosweet. Accès direct aux bords du lac ; étang à 30 m ; rivière à 400 m.. Accueil groupes. Ouvert: 1.1 / 31.12. 04 75 00 13 56. E-mail : campingdecruas@gmail.com. Web : www.campingdecruas.com/fr/. Réduction H.S.
Lat. : 44° 39' 32" N **Long.** : 004° 46' 36" E.

DARBRES

10-F4 20 km S.-O. Privas. 667 m. 07170

LES CHARMILLES ★★★★ Tourisme 99 E. dont 58 nus 3,5 ha. Locations : . Randonnée pédestre organisée. chauffée. Accueil groupes adultes. Ouvert: 18.5 / 30.9. 04 75 88 56 27. E-mail : info@campingles charmilles.fr. Web : www.campinglescharmilles.fr. Réduction H.S.
Lat. : 44° 38' 01" N **Long.** : 004° 30' 30" E.

LES LAVANDES ★★★ Tourisme 64 E. dont 58 nus 23 h / 7 h, CV. Rivière à 500 m ; lac à 1 km.. Accueil groupes. Ouvert: 16.4 / 18.9. 04 75 94 20 65. E-mail : campingleslavandes@wanadoo.fr. Web : www.les-lavandes-darbres.com. Réduction H.S.
Lat. : 44° 38' 53" N **Long.** : 004° 30' 18" E.

DESAIGNES

10-F3 40 km S.-O. Tournon-sur-Rhone. 670 m. Station verte de vacances et village de neige 07570

LA DOUCE ARDÈCHE ★★★ Tourisme 29 E. dont 11 nus, dont 11 CC. 1 ha CV. Locations : . Accès direct à la rivière. Accueil groupes. Ouvert: 1.4 / 25.10. 04 75 06 63 81. E-mail : camping.ladouceardeche@orange.fr. Web : camping-ladouceardeche.fr/. Prix 2022. Fft jour : empl. Tourisme (2) : 20 € ; sup 5 € ; animaux 2 € ; 4 € ; 4 €.
Lat. : 44° 59' 52" N **Long.** : 004° 30' 50" E.

DEVESSET

10-F3 60 km O. Tournon-sur-Rhone. 1059 m. 07320

CAMPING DU SYNDICAT INTERCOMMUNAL DU LAC DE DEVESSET ★★★ Tourisme 108 E. CV. Locations : , caravane, . Randonnée pédestre organisée. Lac à 200 m. Accueil groupes. Ouvert: 1.5 / 31.10. 04 75 30 00 37. E-mail : lac.de.devesset@gmail.com. Web : www.lac-de-devesset.fr. Prix 2022. Fft jour : empl. Tourisme (2) : 19 €
Lat. : 45° 03' 13" N **Long.** : 004° 23' 43" E.

DORNAS

10-F4 60 km S.-O. Tournon. 862 m. 07160

CAMPING MUNICIPAL LA GANDOLE NC Tourisme 11 E. 0,24 ha. Randonnée pédestre organisée. Accès direct à la rivière. Ouvert: 5.5 / 15.9. 04 75 29 23 45. E-mail : mairie.dornas@orange.fr.
Lat. : 44° 51' 19" N **Long.** : 004° 21' 20" E.

ECLASSAN

11-A3 22 km N.-O. Tournon. 403 m. 07370

L'OASIS ★★★★ Tourisme 71 E. dont 38 nus 2 ha CV. Locations : . chauffée. Accès direct à la rivière ; lac à 4 km.. Accueil groupes. Ouvert: 2.5 / 31.8. 04 75 34 56 23. E-mail : info@oasisardeche.com. Web : www.oasisardeche.com. Prix 2023. Fft jour : empl. Tourisme (2) : 29 €. Réduction H.S.
Lat. : 45° 10' 48" N **Long.** : 004° 44' 22" E.
FFCC : avantages adhérent : 18 € du 01/05 au 01/07 sur emp.

FABRAS

10-F4 20 km N. Largentière. 436 m. 07380

BONNEVAL ★★★★ Tourisme 60 E. dont 50 nus 3 ha CV. chauffée. Rivière à 150 m. Ouvert: 1.4 / 30.9. 04 75 93 27 09. E-mail : bonneval.camping@wanadoo.fr. Web : www.campingbonneval.com. Réduction H.S.
Lat. : 44° 38' 56" N **Long.** : 004° 16' 01" E.

FELINES

11-A2 35 km N.-O. Tournon. 412 m. 07340

LE BAS LARIN ★★★ Tourisme 69 E. dont 31 nus 1,5 ha CV. Locations : . Accueil groupes. Ouvert: 28.3 / 26.9. 04 75 34 87 93. E-mail : camping.baslarin@orange.fr. Web : www.campingbaslarin.com. Réduction H.S.
Lat. : 45° 18' 29" N **Long.** : 004° 44' 49" E.

FLAVIAC

11-A4 7 km N. Privas. 340 m. 07000

CAMPING A LA FERME . Ouvert: 1.4 / 30.9. 04 75 65 74 11.
Lat. : 44° 44' 20" N **Long.** : 004° 39' 36" E.

GILHAC-ET-BRUZAC

11-A4 40 km N.-E. Privas. 485 m. 07800

PLEIN SUD ★★★★ Tourisme 55 E. dont 25 nus CV. Lac et rivière à 5 km. Accueil groupes. Ouvert: 1.1 / 31.12. 04 75 40 46 61. E-mail : domainepleinsud@gmail.com. Web : www.campingpleinsud.fr. Réduction H.S.
Lat. : 44° 50' 51" N **Long.** : 004° 43' 25" E.

GLUIRAS

10-F4 35 km N.-O. Privas. 664 m. 07190

L'ARDECHOIS NC 106 E. 5 ha CV. Locations : . Randonnée pédestre organisée. chauffée. Accès direct à la rivière. Accueil groupes. Ouvert: 13.5 / 23.9. 04 75 66 61 87. E-mail : ardechois.camping@wanadoo.fr. Web : www.ardechois-camping.fr. Réduction H.S.
Lat. : 44° 49' 44" N **Long.** : 004° 31' 22" E.

GRAS

10-F5 50 km S.-O. Privas. 376 m. 07700

MME MARTINE FRANCHI . Ouvert: 1.4 / 31.10. 06 30 21 42 76. E-mail : campinglеslavandes.gras@orange.fr, Web : campingleslavandes.pagesperso-orange.fr.
Lat. : 44° 25' 59" N **Long.** : 004° 34' 23" E.

GRAVIERES

10-F5 30 km S.-O. Largentière. 433 m. ✉ 07140

LA CHATAIGNERAIE ★★★ Tourisme 42 E. dont 30 nus, dont 3 GCC. 1 ha CV. Locations : cabanes, tipi. Randonnée pédestre organisée. Accès direct à la rivière. Accueil groupes adultes. Ouvert : 4.4 / 25.9. ☎ 06 08 48 33 65. E-mail : lachataigneraie07140@gmail.com. Web : www.camping-lachataigneraie.com. Prix 2022. Fft jour : empl. Tourisme (2) : 23 €. Réduction H.S.
Lat. : 44° 24' 51" N **Long.** : 004° 05' 39" E.

LE MAS DU SERRE ★★★ Tourisme 82 E. 3 ha CV. Locations. Rivière à 200 m. Ouvert : 1.4 / 30.9. ☎ 04 75 37 33 84. E-mail : contact@campinglemasduserre.com. Web : www.campinglemasduserre.com. Prix 2023. Fft jour : empl. Tourisme (2) : 28 € ; sup 8 € ; animaux 3 € ; 7 € ; 5,50 €. Réduction H.S.
Lat. : 44° 24' 52" N **Long.** : 004° 05' 57" E.

LE ROCHEYROL ★★ Tourisme 48 E. 1,48 ha CV. Locations : caravane. Rivière à 50 m. Ouvert : 1.4 / 30.9. ☎ 04 75 94 06 43. E-mail : lerocheyrol@free.fr. Web : sites.google.com/campinglerocheyrol.net/dom.
Lat. : 44° 25' 13" N **Long.** : 004° 05' 54" E.

LE VERNEDE NC 20 E. Ouvert : 1.6 / 28.9. ☎ 04 75 38 76 57. E-mail : campinglavernede@gmail.com.
Lat. : 44° 25' 12" N **Long.** : 004° 06' 05" E.

LES AMIS DU ROCHEYROL NC Tourisme 15 E. . ☎ 06 22 49 04 92. E-mail : lerocheyrol@free.fr.
Lat. : 44° 25' 16" N **Long.** : 004° 05' 52" E.

GROSPIERRES

10-F5 22 km S. Largentière. 207 m. ✉ 07120

CAMPING L'OASIS ★★ Tourisme 17 E. 0,45 ha CV. Locations. Rivière à 1 km. Ouvert : 15.3 / 15.10. ☎ 04 75 89 72 01. E-mail : oasiscamping@yahoo.fr. Web : oasis-camping.com.
Lat. : 44° 24' 30" N **Long.** : 004° 17' 39" E.

M. BRUNO JAUZION CV. Ouvert : 1.4 / 1.1. ☎ 04 75 39 09 19. E-mail : les-chadenedes@wanadoo.fr. Web : www.camping-chadenedes.com. Réduction H.S.
Lat. : 44° 23' 57" N **Long.** : 004° 17' 23" E.

ISSARLES

10-E4 74 km N.-O. Largentière. 1101 m. ✉ 07470

LE CHADEYRES NC Tourisme 12 E. Locations : . Accueil groupes enfants. Ouvert : 1.5 / 30.9. ☎ 07 57 08 87 78. E-mail : camping.issarles07@yahoo.com. Prix 2022. Fft jour : empl. Tourisme (2) : 12 € ; sup 4 € ; 2 €.
Lat. : 44° 50' 46" N **Long.** : 004° 01' 42" E.

JOANNAS

10-F4 7 km N.-O. Largentière. 579 m. ✉ 07110

LA MARETTE ★★★ Tourisme 97 E. dont 55 nus 1,5 ha CV. Locations : roulotte. Randonnée pédestre organisée. chauffée. Rivière à 5 km. Accueil groupes. Ouvert : 1.5 / 4.9. ☎ 04 75 88 38 88. E-mail : reception@lamarette.com. Web : www.lamarette.com. Réduction H.S.
Lat. : 44° 33' 56" N **Long.** : 004° 13' 45" E.

LE ROUBREAU ★★★ Tourisme 100 E. dont 64 nus 2,5 ha CV. Locations. Accès direct à la rivière.. Accueil groupes. Ouvert : 8.4 / 16.9. ☎ 04 75 88 32 07. E-mail : campingleroubreau@gmail.com. Web : www.leroubreau.com. Prix 2023. Fft jour : empl. Tourisme (2) : 30 € ; sup 8 € nuit ; animaux 2,50 € nuit ; 4 € nuit ; 6 € nuit. Réduction H.S.
Lat. : 44° 33' 33" N **Long.** : 004° 14' 20" E.

JOYEUSE

10-F5 12 km S.-O. Largentière. 215 m. Station verte de vacances et village de neige ✉ 07260

BOIS SIMONET ★★★★ Tourisme 70 E. dont 18 nus 2,2 ha CV. A 5 km. Locations : cocosweet. Randonnée pédestre organisée. chauffée. Rivière à 800 m. Accueil groupes. Ouvert : 29.4 / 17.10. ☎ 0 475395860. E-mail : contact@bois-simonet.com. Web : www.camping-4-etoiles-ardeche.com. Prix 2022. Fft nuit : empl. Tourisme (2) : 34 € ; sup 7,50 € nuit ; animaux 5 € nuit ; 5 € nuit ; 5,50 € nuit. Réduction H.S.
Lat. : 44° 29' 46" N **Long.** : 004° 13' 14" E.
FFCC : avantages adhérent : 22 € du 30/04 au 01/07 et du 27/08 au 10/09 sur emp. et entre 46 € et 191 € la nuitée du 09/04 au 29/06 et du 03/09 au 17/09 sur loc.

LA NOUZAREDE ★★★ Tourisme 103 E. 2 ha CV. chauffée. Rivière à 100 m. Accueil groupes. Ouvert : 9.4 / 17.9. ☎ 04 75 39 92 01. E-mail : campingnouzarede@wanadoo.fr. Web : www.camping-nouzarede.fr.
Lat. : 44° 29' 04" N **Long.** : 004° 14' 07" E.

LE SOUS PERRET ★★★ Tourisme 75 E. 3 ha CV. Locations. Accès direct à la rivière. Ouvert : 1.4 / 3.10. ☎ 04 75 39 50 54. E-mail : jacques.silhol@wanadoo.fr. Web : www.campinglesousperret.com. Réduction H.S.
Lat. : 44° 28' 31" N **Long.** : 004° 15' 41" E.

CAMPING DE LA CROIX DE VINCHANNES (V.T.F.) NC Tourisme 145 E. 2,5 ha CV. Rivière à 1,5 km. Ouvert : 23.6 / 5.9. ☎ 04 75 39 50 50. E-mail : reservations@vtf-vacances.com. Web : www.vtf-vacances.com.
Lat. : 44° 29' 32" N **Long.** : 004° 13' 20" E.

LABASTIDE-DE-VIRAC

10-F5 31 km S.-E. Largentière. 261 m. ✉ 07150

MILLE ETOILES ★★ Tourisme 33 E. dont 16 nus pas de voiture, ni moto stationnées sur les emplts, CV. Locations : yourte. Rivière à 1,5 km. Accueil groupes. Ouvert : 10.4 / 4.10. ☎ 04 75 38 42 77. E-mail : nadine@campingmilletoiles.com. Web : www.campingmilletoiles.com. Réduction H.S.
Lat. : 44° 21' 04" N **Long.** : 004° 27' 12" E.
FFCC : avantages adhérent : 15 € du 15/04 au 30/06 et du 09/09 au 15/10 sur emp. + Tarif locatif : Yourte familiale : 55 euros la nuit / 360 euros la semaine Su 15/04 au 30/06.

LABASTIDE-SUR-BESORGUES

10-F4 45 km S.-O. Privas. 1050 m. ✉ 07600

MOULIN DE CHARRIER Ouvert : 1.4 / 31.10. ☎ 04 75 88 21 22. E-mail : moulindecharrier@gmail.com. Web : www.moulindecharrier.com.
Lat. : 44° 44' 10" N **Long.** : 004° 17' 50" E.

LABEAUME

10-F5 12 km S. Largentière. 205 m. ✉ 07120

CAMPING DE PEYROCHE ★★★ Tourisme 158 E. dont 121 nus 4 ha CV. Locations. Accès direct à la rivière. Accueil groupes. Ouvert : 1.4 / 17.9. ☎ 04 75 39 79 39. E-mail : info@camping-peyroche.com. Web : www.camping-peyroche.com. Prix 2022. Fft jour : empl. Tourisme (2) : 28 €. Réduction H.S.
Lat. : 44° 26' 56" N **Long.** : 004° 20' 02" E.

LABLACHERE

10-F5 14 km S.-O. Largentière. 269 m. ✉ 07230

HELLO SOLEIL ★★★ Tourisme 70 E. dont 19 nus 1,8 ha CV. Locations : cabanes, cocosweet, caravane. chauffée. Rivière à 5 km. Ouvert : 16.4 / 30.9. ☎ 07 87 12 60 38. E-mail : camping.hellosoleil@gmail.com. Web : www.hello-soleil.com. Réduction H.S.
Lat. : 44° 28' 45" N **Long.** : 004° 10' 16" E.

LE VIGNAL CV. A 3 km. Ouvert : 1.5 / 15.9. ☎ 04 75 36 66 66. E-mail : campingduvignal@gmail.com, Web : www.campingduvignal.com. Prix 2022. Fft jour : empl. Tourisme (2) : 20 € ; sup 7 € ; animaux 3 € ; 4 € ; 4 €. Réduction H.S.
Lat. : 44° 28' 58" N **Long.** : 004° 12' 20" E.

M. CLAUDE MATHIEU CV. Ouvert : 15.4 / 15.9. ☎ 04 75 36 66 83. E-mail : mathieu.salymes@wanadoo.fr, Web : www.camping-lesecureuils.com.
Lat. : 44° 28' 49" N **Long.** : 004° 12' 29" E.

LAGORCE

10-F5 26 km S.-E. Largentière. 282 m. ✉ 07150

DOMAINE DE SEVENIER & SPA P.R.L ★★★★★ NN56 E. CV. Locations. Randonnée pédestre organisée. Espace Fitness. chauffée. Rivière à 5 km. Accueil groupes adultes. Ouvert : 31.3 / 29.10. ☎ 04 75 88 29 44. E-mail : contact@domaine-sevenier.fr. Web : www.domaine-sevenier.fr.
Lat. : 44° 25' 60" N **Long.** : 004° 24' 47" E.
FFCC : avantages adhérent : 10% du 31/03 au 30/06 et du 01/09 au 29/10 sur emp. + Rendez-vous dans votre club avantages FFCC pour obtenir le code promotionnel et réserver ou sur présentation de la carte de membre FFCC.

DOMAINE DE CHADEYRON ★★★★ Tourisme 55 E. dont 35 nus 6 ha CV. Locations. chauffée. Rivière à 2 m. Accueil groupes. Ouvert : 3.4 / 16.10. ☎ 04 75 88 04 81. E-mail : infos@campingchadeyron.com. Web : www.campingchadeyron.com. Réduction H.S.
Lat. : 44° 28' 01" N **Long.** : 004° 24' 49" E.

L'OMBRAGE ★★★★ Loisirs 78 E. dont 27 nus 4 ha CV. Locations. Rivière à 2 km. Ouvert : 10.4 / 14.9. ☎ 04 75 39 74 14. E-mail : contact@campinglombrage.com. Web : www.campinglombrage.com.
Lat. : 44° 27' 00" N **Long.** : 004° 21' 47" E.

L'IBIE ★★★ Tourisme 60 E. dont 30 nus 3 ha CV. A 4 km. Locations : roulotte. Accès direct à la rivière. Accueil groupes. Ouvert : 29.3 / 30.9. ☎ 04 75 88 01 26. E-mail : contact@camping-ibie.com. Web : www.camping-ibie.com. Prix 2022. Fft jour : empl. Tourisme (2) : 25 € ; sup 8 € ; animaux 3 € ; 5 € ; 4 €.
Lat. : 44° 26' 08" N **Long.** : 004° 25' 42" E.

LE COUCOUZAC ★★ Tourisme 8 E. 0,23 ha CV. Rivière à 4 km. Accueil groupes. Ouvert : 1.4 / 15.10. ☎ 04 75 37 16 61. E-mail : camping.coucouzac@wanadoo.fr. Web : www.domainedecoucouzac.fr.
Lat. : 44° 25' 31" N **Long.** : 004° 25' 24" E.

LES SILHOLS ★★ Tourisme 30 E. dont 25 nus CV. Locations. Rivière à 4 km. Ouvert : 31.3 / 29.9. ☎ 04 75 87 50 64. E-mail : info@camping-les-silhols.com. Web : www.camping-les-silhols.com.
Lat. : 44° 28' 33" N **Long.** : 004° 25' 19" E.

LALEVADE-D'ARDECHE

10-F4 22 km N. Largentière. 324 m. ✉ 07380

FAMILY DES ISSOUX ★★★★ Tourisme 117 E. dont 82 nus 2,1 ha CV. Randonnée pédestre organisée. Espace Fitness. chauffée. Accès direct à la rivière. Accueil groupes. Ouvert : 18.4 / 18.9. ☎ 04 27 52 96 64. E-mail : familyscampinglesissoux@gmail.com. Web : www.sud-ardeche-camping.fr. Prix 2022. Réduction H.S.
Lat. : 44° 39' 04" N **Long.** : 004° 19' 26" E.

A L'OMBRE DES SYCOMORES ★★★ Tourisme 35 E. 22 h / 7 h. Locations. Accès direct à la rivière. Ouvert: 28.3 / 15.11. ☎ 04 75 38 02 35. E-mail : nadege.bury11@gmail.com. Web : camping-ombredessycomores.com/. **Lat.** : 44° 39' 33" N **Long.** : 004° 18' 49" E.

LALOUVESC

10-F3 40 km N.-O. Tournon. 1054 m. ✉ 07520

CAMPING MUNICIPAL LE PRE DU MOULIN ★★ Loisirs 69 E. dont 55 nus CV. Locations. Rivière à 5 km. Ouvert: 4.5 / 28.9. ☎ 04 75 67 84 86. E-mail : camping.lalouvesc@orange.fr. Web : www.lalouvesc.com. **Lat.** : 45° 07' 26" N **Long.** : 004° 32' 03" E.

LAMASTRE

10-F3 32 km S.-O. Tournon. 541 m. ✉ 07270

DE RETOURTOUR ★★★★ Tourisme 130 E. FFCC 2,4 ha CV. Locations : cabanes. Espace Fitness. chauffée. Accès direct à la rivière. Accueil groupes. Ouvert: 15.4 / 16.9. ☎ 04 75 06 40 71. E-mail : campingderetourtour@wanadoo.fr. Web : www.campingderetourtour.com. Prix 2022. Fft jour : empl. Tourisme (2 personnes) : 25 €. Réduction H.S. **Lat.** : 44° 59' 30" N **Long.** : 004° 33' 55" E.
FFCC : avantages adhérent : 18 € du 14/04 au 30/06 et du 20/08 au 14/09 sur emp. et entre 45 € et 130 € la nuitée et entre 220 € et 600 € la semaine du 14/04 au 30/06 et du 26/08 au 14/09 sur loc.

LANARCE

10-E4 63 km N.-O. Largentière. 1255 m. ✉ 07660

CAMPING MUNICIPAL NC Tourisme 35 E. 0,5 ha CV. Locations. Etang et rivière à 200 m. Ouvert: 1.6 / 15.9. ☎ 04 66 69 47 87. E-mail : mairie.lanarce@orange.fr. Web : camping.lanarce.fr. **Lat.** : 44° 43' 34" N **Long.** : 004° 00' 13" E.

LANAS

10-F4 30 km S.-O. Privas. 231 m. ✉ 07200

L'ARCHE ★★★ Tourisme 39 E. dont 25 nus CV. Locations. Randonnée pédestre organisée. chauffée. Accès direct à la rivière. Accueil groupes adultes. Ouvert: 1.4 / 21.9. ☎ 04 75 37 79 15. E-mail : contact@camping-de-larche.fr. Web : www.camping-de-larche.fr. Réduction H.S. **Lat.** : 44° 32' 15" N **Long.** : 004° 24' 18" E.

LARGENTIERE

10-F4 48 km S.-O. Privas. 231 m. ✉ 07110

LA PRADE NC Tourisme 60 E. 1 ha CV. Rivière à 100 m. Ouvert: 1.5 / 15.9. ☎ 04 75 36 83 54 / 06 89 58 02 76. E-mail : raoul.arroyo@orange.fr. Web : www.camping-laprade-ardeche.fr. **Lat.** : 44° 31' 18" N **Long.** : 004° 18' 11" E.

AIRE NATURELLE DOMAINE DE JOSSOIN Ouvert: 1.4 / 31.10. ☎ 04 75 89 22 86. E-mail : domaine.de.jossoin@gmx.fr, Web : domaine.de.jossoin.free.fr. **Lat.** : 44° 31' 60" N **Long.** : 004° 17' 60" E.

LARNAS

10-F5 56 km S. Privas. 306 m. ✉ 07220

DOMAINE D'IMBOURS ★★★★ Tourisme 689 E. dont 172 nus CV. Locations. couverte chauffée. Accueil groupes. Ouvert: 5.4 / 29.9. ☎ 04 75 54 39 50. E-mail : imbours@capfun.com. Web : www.domaine-imbours.com. **Lat.** : 44° 26' 13" N **Long.** : 004° 34' 40" E.

LAURAC-EN-VIVARAIS

10-F5 4 km S. Largentière. 218 m. ✉ 07110

LES CHATAIGNIERS ★★★ Tourisme 71 E. dont 56 nus FFCC CV. Locations. Randonnée pédestre organisée. Rivière à 4 km. Ouvert: 1.4 / 30.9. ☎ 06 30 81 66 38. E-mail : chataigniers07@orange.fr. Web : www.chataigniers-laurac.com. Prix 2022. Réduction H.S. **Lat.** : 44° 30' 13" N **Long.** : 004° 17' 40" E.
FFCC : avantages adhérent : 17 € du 01/04 au 30/05 et du 01/09 au 30/09 sur emp. et entre 58 € et 75 € la nuitée et entre 260 € et 720 € la semaine du 01/04 au 30/09 sur loc.

SAINT-AMAND ★★★ Tourisme 120 E. dont 63 nus. Locations. chauffée. Rivière à 5 km. Accueil groupes. Ouvert: 2.6 / 11.9. ☎ 04 75 36 84 45. E-mail : contact@campingsaintamand.com. Web : www.campingsaintamand.com. **Lat.** : 44° 30' 00" N **Long.** : 004° 18' 21" E.

LAVILLATTE

10-E4 60 km N.-O. Largentière. 1239 m. ✉ 07660

LE MOULIN DU RAYOL NC Tourisme 50 E. 1,4 ha. Locations. Accès direct à la rivière. ☎ 04 66 69 47 56. E-mail : moulindurayol@yahoo.fr. **Lat.** : 44° 44' 18" N **Long.** : 003° 57' 31" E.

LAVILLEDIEU

10-F4 30 km S.-O. Privas. 269 m. ✉ 07170

LES RIVES D'AUZON ★★★ Tourisme 53 E. dont 19 nus 1,5 ha CV. Locations. chauffée. Accès direct à la rivière.. Accueil groupes. Ouvert: 2.6 / 3.10. ☎ 04 75 94 70 64. E-mail : sarlcampinglesrivesdauzon@gmail.com. Web : www.camping-ardeche-07.fr. **Lat.** : 44° 33' 49" N **Long.** : 004° 27' 42" E.

LE CHEYLARD

10-F4 54 km S.-O. Tournon. 582 m. ✉ 07160

CAMPING DU CHEYLARD SUR EYRIEUX ★★★ Tourisme 80 E. dont 58 nus 1 ha CV. Locations. Accès direct à la rivière. Accueil groupes. Ouvert: 8.4 / 17.9. ☎ 04 75 29 09 53. E-mail : campingducheylard@gmail.com. Web : www.campingducheylard.com. Prix 2022. Fft jour : empl. Tourisme (2 personnes) : 20,5 €. **Lat.** : 44° 54' 57" N **Long.** : 004° 25' 12" E.

LE CRESTET

11-A3 24 km S.-O. Tournon. 479 m. ✉ 07270

LES ROCHES ★★★★ Tourisme 51 E. dont 26 nus 3 ha CV. Locations. Rivière à 500 m. Accueil groupes. Ouvert: 1.4 / 15.9. ☎ 04 75 06 20 20. E-mail : camproches@nordnet.fr. Web : www.campinglesroches.com. Prix 2022. Fft jour : empl. Tourisme (2 personnes) : 25 €. Réduction H.S. **Lat.** : 45° 00' 42" N **Long.** : 004° 37' 29" E.

LE LAC-D'ISSARLES

10-E4 74 km N.-O. Largentière. 1099 m. Station verte de vacances et village de neige ✉ 07470

CAMPING MUNICIPAL NC Tourisme 178 E. dont 50 GCC. 7 ha CV. Locations. Accès direct aux bords du lac ; rivière à 1 km. Accueil groupes. Ouvert: 1.5 / 15.9. ☎ 04 66 46 20 70. E-mail : camping-bords-du-lac@orange.fr. Web : www.campinglesbordsdulacdissarles.fr. **Lat.** : 44° 49' 23" N **Long.** : 004° 04' 15" E.

LA PLAINE DE LA LOIRE NC Tourisme 30 E. dont 30 nus 1 ha CV. Locations. Rivière à 20 m ; lac à 1 km. Ouvert: 10.5 / 25.9. ☎ 06 24 49 22 79. E-mail : campinglaplainedelaloire@gmx.fr. Web : campinglaplainedelaloire.fr. Prix 2022. Fft jour : empl. Tourisme (2 personnes) : 19,44 €. **Lat.** : 44° 49' 05" N **Long.** : 004° 03' 05" E.

M. RENÉ ARSAC Ouvert: 1.5 / 31.10. ☎ 04 66 46 23 89. E-mail : rene.arsac0519@orange.fr. Prix 2022. 3,50 € ; 5,60 € ; 3 € ; 3 € ; 2,60 € ; 2,50 € ; 4 €. **Lat.** : 44° 48' 57" N **Long.** : 004° 03' 36" E.

LES ASSIONS

10-F5 23 km S.-O. Largentière 216 m. ✉ 07140

LES CABANES DE CORNILLON P.R.L ★★ NN29 E. FFCC Locations. Rivière à 150 m. Accueil groupes. Ouvert: 1.4 / 29.9. ☎ 04 75 94 98 68. E-mail : info@ceven-aventure.com. Web : cabanes-cornillon.com. **Lat.** : 44° 24' 47" N **Long.** : 004° 10' 42" E.
FFCC : avantages adhérent : entre 49.50 € et 95 € la nuitée et entre 364 € et 585.20 € la semaine du 01/04 au 02/07 et du 28/08 au 02/10 sur emp.

LES OLLIERES-SUR-EYRIEUX

10-F4 18 km N. Privas. 299 m. Station verte de vacances et village de neige ✉ 07360

EYRIEUX CAMPING ★★★★ Tourisme 96 E. dont 21 nus 3 ha CV. Locations. Randonnée pédestre organisée. Espace Fitness. chauffée. Accès direct à la rivière. Accueil groupes. Ouvert: 5.4 / 31.12. ☎ 04 75 66 30 08. E-mail : info@eyrieuxcamping.com. Web : www.eyrieuxcamping.com. Réduction H.S. **Lat.** : 44° 48' 28" N **Long.** : 004° 37' 50" E.

MAS DE CHAMPEL ★★★★ Tourisme 112 E. dont 56 nus 2,2 ha CV. Locations : bivouac, tipi. Espace Fitness. chauffée. Accès direct à la rivière. Accueil groupes. Ouvert: 11.4 / 26.9. ☎ 04 75 66 23 23. E-mail : odalys@odalys-vacances.com. Web : www.masdechampel.com. Prix 2022. Fft jour : empl. Tourisme (2 personnes) : 33 €. Réduction H.S. **Lat.** : 44° 48' 21" N **Long.** : 004° 36' 54" E.

LES VANS

10-F5 24 km S.-O. Largentière. 373 m. ✉ 07140

DOMAINE DES CHÊNES ★★★★ Tourisme 121 E. dont 9 nus 2 ha CV. Locations : cocosweet. Espace Fitness. chauffée. Rivière à 500 m. Accueil groupes. Ouvert: 1.5 / 26.9. ☎ 04 75 37 34 35. E-mail : reception@domaine-des-chenes.fr. Web : www.domaine-des-chenes.fr. **Lat.** : 44° 24' 35" N **Long.** : 004° 10' 04" E.

LE PRADAL ★★★ Tourisme 36 E. dont 32 nus 1 ha 22 h / 7 h, CV. Locations. Espace Fitness. Rivière à 1,5 km. Ouvert: 1.4 / 31.10. ☎ 04 75 37 25 16. E-mail : camping.lepradal@free.fr. Web : www.camping-lepradal.com. Prix 2022. Fft jour : empl. Tourisme (2 personnes) : 23 € ; sup 7 € ; animaux 3 € ; 5 € ; 5 €. Réduction H.S. **Lat.** : 44° 24' 31" N **Long.** : 004° 06' 37" E.

LOU ROUCHETOU ★★★ Tourisme 120 E. dont 84 nus 2 ha CV. A 10 km : Locations. Rivière à 50 m. Ouvert: 30.3 / 29.9. ☎ 04 75 37 33 13. E-mail : info@rouchetou.com. Web : www.camping-lourouchetou.com. Réduction H.S. **Lat.** : 44° 24' 39" N **Long.** : 004° 10' 16" E.

LESPERON

10-E4 65 km N.-O. Largentière. 1089 m. ✉ 07660

LES PINS NC Loisirs 98 E. dont 55 GCC. 1,5 ha CV. Ouvert: 1.5 / 30.9. ☎ 04 66 69 38 44. E-mail : contact@lespins-lesperon.com. Web : www.lespins-lesperon.com. **Lat.** : 44° 44' 44" N **Long.** : 003° 52' 52" E.

LUSSAS

10-F4 25 km S.-O. Privas. 323 m. ✉ 07170

ARDÈCHE LUDO CAMPING PARC ★★★ Tourisme 160 E. dont 125 nus
5 ha. CV. Locations : tipi. chauffée. Accès direct à la rivière. Accueil groupes. Ouvert: 30.4 / 3.10. ☎ 04 84 80 01 89. E-mail : contact@ludocamping.com. Web : www.ludocamping.com. Réduction H.S.
Lat. : 44° 36' 19" N **Long.** : 004° 28' 15" E.
FFCC : avantages adhérent : 15 € du 29/04 au 07/07 et du 26/08 au 05/11 sur emp.

LE THEATRE DU MOULINAGE CV.
☎ 04 75 94 23 82.
Lat. : 44° 36' 15" N **Long.** : 004° 28' 13" E.

MALARCE-SUR-LA-THINES

10-F5 33 km S.-O. Largentière. 590 m. ✉ 07140

LES GORGES DU CHASSEZAC ★★ Tourisme 65 E. dont 55 nus
2 ha CV. Accès direct à la rivière. Ouvert: 28.4 / 9.9. ☎ 04 75 39 45 12. E-mail : campinggorgeschassezac@wanadoo.fr. Web : www.campinggorgeschassezac.com. Réduction H.S.
Lat. : 44° 26' 11" N **Long.** : 004° 04' 43" E.
FFCC : avantages adhérent : 19 € du 01/05 au 30/06 et du 01/07 au 11/09 sur emp. + Tarif locatifs : Nuit: Du 01/05 au 02/07 : à partir de 2 nuits 90 euros, à partir de 3 nuits 120 euros Semaine : Du 01/05 au 02/07 : 250 euros pour 4 personnes Du 02/07 au 27/08 : de 350 à 500 euros pour 4 personnes.

MALBOSC

10-F5 40 km S.-O. Largentière. 417 m. ✉ 07140

LE MOULIN DE GOURNIER ★★★ Tourisme 29 E. dont 23 nus 1 ha CV. Locations : . Accès direct à la rivière. Accueil groupes adultes. Ouvert: 3.4 / 2.10. ☎ 0 475373550. E-mail : camping.gournier@gmail.com. Web : www.camping-moulin-de-gournier.com.
Lat. : 44° 21' 56" N **Long.** : 004° 05' 40" E.

MARCOLS-LES-EAUX

10-F4 42 km N.-O. Privas. 974 m. ✉ 07190

CAMPING MUNICIPAL DE GOURJATOUX NC Tourisme 28 E. dont 24 nus CV. Locations : . Accès direct à la rivière. Ouvert: 4.7 / 30.9. ☎ 04 75 65 63 36. E-mail : ma-marco@inforoutes.fr. Web : marcols-les-eaux.fr/.
Lat. : 44° 48' 45" N **Long.** : 004° 23' 58" E.

MARS

10-F3 60 km O. Tournon. 1033 m. ✉ 07320

LA PRAIRIE ★★★ Tourisme 30 E. dont 26 nus 23 h / 7 h, CV. A 4 km : Locations : . Rivière à 1 km. Accueil groupes. Ouvert: 15.5 / 15.9. ☎ 04 75 30 24 47. E-mail : millardjf@camping-laprairie.com. Web : www.camping-laprairie.com. Prix 2022. Fft jour : empl. Tourisme (2): 18 € (). Réduction H.S.
Lat. : 45° 01' 26" N **Long.** : 004° 19' 34" E.

MAYRES

10-F4 45 km N.-O. Largentière. 952 m. ✉ 07330

LES RIVES DE L'ARDECHE ★★★ Tourisme 90 E. dont 60 nus, dont 55 CC.
3,2 ha CV. Locations : . Randonnée pédestre organisée. Accès direct à la rivière. Ouvert: 11.4 / 6.10. ☎ 04 75 87 21 39. E-mail : lesrivesdelardeche@gmail.com. Web : www.lesrivesdelardeche.com.
Lat. : 44° 40' 12" N **Long.** : 004° 05' 29" E.
FFCC : avantages adhérent : 21 € du 28/04 au 06/07 et du 28/08 au 02/10 sur emp.

MEYRAS

10-F4 25 km N. Largentière. 461 m. ✉ 07380

LA PLAGE ★★★★★ Tourisme 45 E. dont 10 nus
1,05 ha CV. Locations : . Randonnée pédestre organisée. chauffée. Accès direct à la rivière. Accueil groupes. Ouvert: 27.3 / 23.10. ☎ 04 75 36 40 59. E-mail : contact@lecampingdelaplage.com. Web : www.lecampingdelaplage.com.
Lat. : 44° 40' 23" N **Long.** : 004° 15' 34" E.

LE BARUTEL ★★★ Tourisme 50 E. dont 15 nus
CV. Locations : cocosweet. chauffée. Accès direct à la rivière. Accueil groupes. Ouvert: 2.4 / 29.10. ☎ 04 75 38 03 78. E-mail : info@camping-lebarutel.com. Web : www.camping-lebarutel.com. Prix 2022. Fft jour : empl. Tourisme (2) : 23,7 € () ; sup 6 € ; animaux 3 € ; 4,50 € ; 4,90 €.
Lat. : 44° 40' 17" N **Long.** : 004° 16' 06" E.
FFCC : avantages adhérent : 16.9 € du 02/04 au 04/06 et du 11/09 au 29/10 sur emp. et entre 140 € et 350 € la semaine du 02/04 au 14/05 et du 17/09 au 29/10 sur loc.

LE VENTADOUR ★★★ Tourisme 130 E. dont 110 nus
3 ha 22 h / 8 h, CV. Locations : . Accès direct à la rivière. Accueil groupes adultes. Ouvert: 11.4 / 3.10. ☎ 04 75 94 18 15. E-mail : info@leventadour.com. Web : www.leventadour.com. Réduction H.S.
Lat. : 44° 40' 06" N **Long.** : 004° 16' 59" E.
FFCC : avantages adhérent : 19 € du 13/05 au 07/07 et du 27/08 au 23/09 sur emp. et entre 99 € et 169 € la nuitée et entre 279 € et 896 € la semaine du 13/05 au 30/06 et du 03/09 au 23/09 sur loc.

MONTPEZAT-SOUS-BAUZON

10-F4 33 km N.-N.-O. Largentière. 859 m. ✉ 07560

LA CHATAIGNERAIE ★★ Tourisme 30 E. 0,78 ha CV. Locations : . Rivière à 1,5 km. Accueil groupes. Ouvert: 13.4 / 1.11. ☎ 04 75 88 02 11. E-mail : info@camping-la-chataigneraie.fr. Web : www.camping-la-chataigneraie.fr.
Lat. : 44° 42' 06" N **Long.** : 004° 13' 29" E.

CAMPING MUNICIPAL NC Tourisme 101 E. dont 32 nus 1,6 ha CV. Locations : . Accès direct à la rivière. Ouvert: 1.5 / 31.10. ☎ 04 75 94 42 55. E-mail : mairie.montpezatsousbauzon@wanadoo.fr.
Lat. : 44° 42' 33" N **Long.** : 004° 12' 50" E.

LA FAMILLE DU CHEMINOT
CV. Ouvert: 23.6 / 8.9. ☎ 04 75 94 42 10. E-mail : lafamilleducheminot@cegetel.net, Web : www.lafamilleducheminot.asso.fr.
Lat. : 44° 42' 27" N **Long.** : 004° 13' 15" E.
FFCC : avantages adhérent : 13 € du 24/06 au 02/09 sur emp. et 19 € la nuitée et 165 € la semaine du 24/06 au 02/09 sur loc.

MONTREAL

10-F4 3 km S. Largentière. 232 m. ✉ 07110

LE MOULINAGE NC Tourisme 90 E. dont 21 GCC. 3,5 ha CV. Locations : . Accès direct à la rivière. Accueil groupes. Ouvert: 31.3 / 25.9. ☎ 04 75 89 99 24. E-mail : camping.lemoulinage@orange.fr. Web : www.ardeche-camping.com.
Lat. : 44° 30' 00" N **Long.** : 004° 19' 01" E.

M. SÉBASTIEN JAUZION CV. Ouvert: 1.4 / 30.9. ☎ 04 75 36 82 54. E-mail : lesmarronniers07@orange.fr, Web : www.les-marronniers-ardeche.com. Réduction H.S.
Lat. : 44° 31' 08" N **Long.** : 004° 18' 12" E.

ORGNAC-L'AVEN

10-F5 29 km S.-E. Largentière. 283 m. ✉ 07150

CAMPING MUNICIPAL ★★★ Loisirs 90 E. dont 11 nus 1,5 ha CV. Ouvert: 10.6 / 24.8. ☎ 04 75 38 63 68. E-mail : info@orgnacvillage.com. Web : www.orgnacvillage.com. Réduction H.S.
Lat. : 44° 18' 46" N **Long.** : 004° 25' 54" E.

PLATS

11-A3 11 km S.-E. Tournon 420 m. ✉ 07300

CAMPING FERME SIMONDON ★★★ Tourisme 27 E. dont 24 nus
CV. Locations : . Ouvert: 1.4 / 30.9. ☎ 06 09 39 04 05. E-mail : helenehubert@fermedesimondon.fr. Web : www.restaurant-gite-camping-simondon.fr. Réduction H.S.
Lat. : 45° 00' 26" N **Long.** : 004° 47' 36" E.

PONT-DE-LABEAUME

10-F4 13 km N.-O. Aubenas. 399 m. ✉ 07380

LA CHARDERIE ★★★ Tourisme 72 E. dont 66 nus 0,8 ha CV. A 8 km : Locations : . Randonnée pédestre organisée. Accès direct à la rivière. Accueil groupes adultes. Ouvert: 1.4 / 30.9. ☎ 04 75 38 00 52. E-mail : la.charderie@wanadoo.fr. Web : www.camping-lacharderie.com. Réduction H.S.
Lat. : 44° 39' 55" N **Long.** : 004° 17' 37" E.

PRADONS

10-F5 15 km S.-E. Largentière. 196 m. ✉ 07120

CAMPING DU PONT ★★★★ Tourisme 84 E. dont 59 nus, dont 16 GCC.
2 ha CV. Locations : . Randonnée pédestre organisée. Espace Fitness. chauffée. Accès direct à la rivière. Accueil groupes. Ouvert: 26.3 / 18.9. ☎ 04 75 93 93 98. E-mail : campingdupont07@wanadoo.fr. Web : www.campingdupontardeche.com.
Lat. : 44° 28' 26" N **Long.** : 004° 21' 12" E.
FFCC : avantages adhérent : 17 € du 08/04 au 02/07 et du 27/08 au 17/09 sur emp.

LES COUDOULETS ★★★★ Tourisme 156 E.
2,5 ha CV. Locations : . Randonnée pédestre organisée. couverte chauffée. Accès direct à la rivière. Ouvert: 7.4 / 16.9. ☎ 04 75 93 94 95. E-mail : camping@coudoulets.com. Web : www.coudoulets.com. Réduction H.S.
Lat. : 44° 28' 35" N **Long.** : 004° 21' 31" E.

L'INTERNATIONAL ★★★ Tourisme 49 E. 1,5 ha CV. Locations : . Randonnée pédestre organisée. chauffée. Accès direct à la rivière. Accueil groupes. Ouvert: 1.4 / 29.9. ☎ 04 75 39 66 07. E-mail : contact@camping-international-07.fr. Web : www.camping-international-07.fr. Prix 2022. Fft jour : empl. Tourisme (2) : 30 € () ; sup 8,50 € ; animaux 4 € ; 8 € ; 6 €.
Lat. : 44° 28' 35" N **Long.** : 004° 21' 43" E.

LABORIE ★★★ Tourisme 100 E. dont 67 nus 2,54 ha CV. Locations : . chauffée. Rivière à 100 m. Ouvert: 2.6 / 19.9. ☎ 04 75 89 18 37. E-mail : camping-delaborie@wanadoo.fr. Web : www.campingdelaborie.com. Réduction H.S.
Lat. : 44° 28' 48" N **Long.** : 004° 22' 43" E.

PRIVAS

10-F4 595 km S.-O. Paris. 360 m. 07000

ARDÈCHE CAMPING ★★★★ Tourisme 166 E. dont 110 nus
3,5 ha CV. Locations : roulotte. Randonnée pédestre organisée. couverte chauffée. Accès direct à la rivière. Ouvert: 29.4 / 24.9. 04 75 64 05 80. E-mail : ardechecamping07@gmail.com. Web : ardechecamping.fr. Prix 2022. Fft jour : empl. Tourisme (2) : 44 € ; sup 9 € ; animaux 4 € ; 7 €. Réduction H.S.
Lat. : 44° 43' 29" N **Long.** : 004° 35' 52" E.
FFCC : avantages adhérent : 19 € du 29/04 au 08/07 et du 26/08 au 23/09 sur emp.

RIBES

10-F5 15 km S.-O. Largentière. 362 m. 07260

LES CRUSES ★★★ Tourisme 53 E. dont 24 nus
1,5 ha CV. Locations : roulotte. Randonnée pédestre organisée. Rivière à 200 m. ; . Ouvert: 1.4 / 29.9. 04 75 39 54 69. E-mail : contact@campinglescruses.com. Web : www.campinglescruses.com. Prix 2023. Fft nuit : empl. Tourisme (2) : 34 € (). Réduction H.S.
Lat. : 44° 29' 32" N **Long.** : 004° 12' 26" E.

LES CHATAIGNIERS ★★ Tourisme 20 E. dont 11 nus 0,26 ha CV. Locations : . Randonnée pédestre organisée. Rivière à 2 km. Accueil groupes adultes. Ouvert: 3.4 / 9.10. 04 75 39 50 73. E-mail : camping-les-chataigniers@orange.fr. Web : www.camping-chataigniers.com. Réduction H.S.
Lat. : 44° 29' 50" N **Long.** : 004° 12' 31" E.

ROCHEMAURE

11-A4 28 km S.-S.-E. Privas. 214 m. 07400

GRIMOLLES ★ Loisirs 20 E. Ouvert: 1.1 / 31.12. 04 75 49 12 72.
Lat. : 44° 34' 11" N **Long.** : 004° 41' 44" E.

ROSIERES

10-F5 10 km S.-O. Largentière. 229 m. 07260

ARLEBLANC CAMPING ★★★★ Tourisme 167 E. 7 ha CV. Locations : . Randonnée pédestre organisée. chauffée. Accès direct à la rivière. ; ; . Accueil groupes. Ouvert: 6.4 / 22.10. 04 75 39 53 11. E-mail : info@arleblanc.com. Web : www.arleblanc.com. Réduction H.S.
Lat. : 44° 27' 52" N **Long.** : 004° 16' 23" E.

LA PLAINE ★★★★ Tourisme 128 E. 4,5 ha CV. Locations : . Espace Fitness. chauffée. Accès direct à l'étang ; rivière à 900 m.. Ouvert: 1.4 / 20.9. 04 75 39 51 35. E-mail : campinglaplaine@orange.fr. Web : www.campinglaplaine.com et www.campinglaplaine.fr. Réduction H.S.
Lat. : 44° 29' 05" N **Long.** : 004° 16' 01" E.

ACACIAS ★★★ Tourisme 32 E. dont 10 nus, dont 10 CC.
1 ha CV. A 1 km : Locations : . chauffée. Accès direct à la rivière. ; . Accueil groupes. Ouvert: 2.4 / 12.9. 06 48 72 60 83. E-mail : contact@acacias-camp.com. Web : www.camping-ardeche-acacias.com. Réduction H.S.
Lat. : 44° 29' 11" N **Long.** : 004° 14' 24" E.

LE GRILLOU ★★★ Tourisme 116 E. dont 48 nus CV. Locations : , caravane. . Rivière à 150 m. ; ; . Accueil groupes. Ouvert: 2.4 / 2.10. 04 75 39 51 50. E-mail : reception@camping-legrillou.fr. Web : www.camping-legrillou.fr/. Prix 2022. Fft nuit : empl. Tourisme (2) : 35 € () ; sup 6 € nuit ; Réduction H.S.
Lat. : 44° 28' 56" N **Long.** : 004° 15' 16" E.

LES HORTENSIAS ★★★ Tourisme 43 E. dont 10 nus
1 ha collectif, loto / concours de boules / jeux en bois géants, CV. Locations : . chauffée. Rivière à 400 m. A 400 m : . A 500 m : . A 800 m : . Ouvert: 15.4 / 30.9. 04 75 39 91 38. E-mail : contact.campinglesshortensias@gmail.com. Web : www.leshortensias.com. Prix 2022. Fft jour : empl. Tourisme (2) : 26,5 € () ; Réduction H.S.
Lat. : 44° 29' 15" N **Long.** : 004° 14' 23" E.

LES PLATANES ★★★ Tourisme 117 E. dont 134 nus CV. Locations : . Accès direct à la rivière. ; . Ouvert: 1.4 / 12.10. 04 75 39 52 31. E-mail : camping.lesplatanes@laposte.net. Web : www.campinglesplatanesardeche.com.
Lat. : 44° 27' 26" N **Long.** : 004° 16' 38" E.

LE SAUT DU LOUP ★★ Tourisme 40 E. dont 30 nus CV. Randonnée pédestre organisée. Rivière à 3 km. Accueil groupes. Ouvert: 1.7 / 2.9. 06 82 37 01 17. E-mail : contact@campinglesautduloup.com. Web : www.campinglesautduloup.com.
Lat. : 44° 29' 57" N **Long.** : 004° 16' 16" E.

LES OLIVIERS ★★ Tourisme 25 E. 0,7 ha CV. Locations : . Rivière à 300 m. Accueil groupes. Ouvert: 15.4 / 15.9. 04 75 39 55 42. E-mail : nicole.champetier07@yahoo.com. Web : www.camping-lesoliviers.fr. Prix 2023. Fft jour : empl. Tourisme (2) : 16 € () ; sup 4,50 € ; animaux 1,50 € ; 3 € ; 5 €. Réduction H.S.
Lat. : 44° 28' 24" N **Long.** : 004° 16' 15" E.

LE SABLAS NC Tourisme 80 E. dont 66 nus CV. Locations : . Randonnée pédestre organisée. Accès direct à la rivière. ; . 04 75 39 50 37. E-mail : stephanemaly@yahoo.fr.
Lat. : 44° 28' 56" N **Long.** : 004° 15' 47" E.

L'ESCOURBY CV. Ouvert: 1.6 / 30.9. 04 75 39 43 56 / 0 625528782. E-mail : faure07@wanadoo.fr, Web : www.camping-escourby-ardeche.com. Prix 2023. Fft jour : empl. Tourisme (2) : 20,1 € () ; sup 8,80 € ; animaux 3,50 € ; 5,30 € ; 4,40 €. Réduction H.S.
Lat. : 44° 30' 20" N **Long.** : 004° 14' 05" E.

LES VERNADES CV. Ouvert: 1.5 / 5.9. 04 75 39 16 75. E-mail : vernades@orange.fr, Web : camping-les-vernades.fr.
Lat. : 44° 28' 35" N **Long.** : 004° 16' 05" E.

RUOMS

10-F5 12 km S.-E. Largentière. 149 m. 07120

LA PLAINE ★★★★★ Tourisme 212 E. dont 124 nus
2,5 ha CV. Locations : . Randonnée pédestre organisée. Espace Fitness. chauffée. Accès direct à la rivière. ; ; . Ouvert: 5.5 / 11.9. 04 75 39 65 83. E-mail : info@yellohvillage-la-plaine.com. Web : www.camping-la-plaine.com. Réduction H.S.
Lat. : 44° 25' 34" N **Long.** : 004° 20' 10" E.
FFCC : avantages adhérent : 10% du 05/05 au 30/06 et du 01/09 au 11/0910% du 05/05 au 30/06 et du 01/09 au 11/09 sur emp. et loc. + Rendez-vous dans votre club avantages FFCC pour obtenir le code promotionnel et réserver !.

SUNÊLIA ALUNA VACANCES ★★★★★ Tourisme 410 E. dont 148 nus
7 ha CV. Locations : . couverte chauffée. Rivière à 2 km. ; . Accueil groupes adultes. Ouvert: 8.4 / 26.9. 04 75 93 93 15. E-mail : contact@alunavacances.fr. Web : www.alunavacances.fr. Prix 2022. Fft nuit : empl. Tourisme (2) : 59,5 € () ; sup 14,50 € nuit ; animaux 7 € nuit ; 12,60 € nuit.
Lat. : 44° 26' 38" N **Long.** : 004° 21' 57" E.

LA CHAPOULIÈRE ★★★★ Tourisme 164 E. dont 114 nus 3 ha CV. Locations : . Espace Fitness. chauffée. Accès direct à la rivière. ; ; . Accueil groupes. Ouvert: 27.3 / 10.10. 04 75 39 64 98. E-mail : camping@lachapouliere.com. Web : www.lachapouliere.com. Réduction H.S.
Lat. : 44° 25' 54" N **Long.** : 004° 19' 48" E.

LA GRAND'TERRE ★★★★ Tourisme 296 E. dont 142 nus
6 ha CV. Locations : . Randonnée pédestre organisée. chauffée. Accès direct à la rivière. ; ; . Ouvert: 6.4 / 8.9. 04 75 39 64 94. E-mail : contact@campinglagrandterre.com. Web : www.campinglagrandterre.com. Réduction H.S.
Lat. : 44° 25' 25" N **Long.** : 004° 19' 55" E.

LE PETIT BOIS ★★★★ Tourisme 110 E.
3 ha CV. Locations : roulotte. Randonnée pédestre organisée. Espace Fitness. couverte chauffée. Accès direct à la rivière. ; ; . Ouvert: 1.4 / 29.9. 04 75 39 60 72. E-mail : vacances@campinglepetitbois.fr. Web : www.campinglepetitbois.fr.
Lat. : 44° 27' 41" N **Long.** : 004° 20' 15" E.
FFCC : avantages adhérent : 10% du 01/04 au 30/06 et du 01/09 au 30/0910% du 01/04 au 30/06 et du 01/09 au 30/09 sur emp. et loc. + 10% hors juillet-août sur les emplacements nus et hébergements locatifs sur présentation de la carte ou rendez-vous dans votre club avantages FFCC pour obtenir le code promotionnel.

LES PAILLOTES ★★★★ Tourisme 45 E. dont 10 nus
CV. Locations : . Espace Fitness. chauffée. Rivière à 700 m. Accueil groupes. Ouvert: 28.4 / 17.9. 04 75 39 62 05. E-mail : contact@campinglespaillotes.com. Web : www.campinglespaillotes.com. Prix 2022. Fft jour : empl. Tourisme (2) : 39 € () ; sup 9 € ; animaux 6 €. Réduction H.S.
Lat. : 44° 27' 32" N **Long.** : 004° 20' 31" E.
FFCC : avantages adhérent : 26.5 € du 15/04 au 02/07 et du 27/08 au 25/09 sur emp. et entre 325 € et 2525 € la semaine du 15/04 au 02/07 et du 27/08 au 25/09 sur loc.

LE CARPENTY ★★★ Tourisme 45 E. dont 13 nus
1 ha CV. Locations : . Accès direct à la rivière. ; ; . Ouvert: 30.4 / 16.9. 04 75 39 74 29. E-mail : contact@lecarpenty.com. Web : www.camping-ruoms-ardeche.com/. Prix 2022. Fft nuit : empl. Tourisme (2) : 32 € ()
Lat. : 44° 25' 34" N **Long.** : 004° 19' 41" E.

CAMPING DE MON VILLAGE ★★ Tourisme 100 E. 1,5 ha . Accès direct à la rivière. ; ; . Ouvert: 1.5 / 30.9. 01 83 64 69 21. E-mail : contact@campingcarpark.com. Web : www.campingcarpark.com/.
Lat. : 44° 27' 07" N **Long.** : 004° 20' 10" E.

LE MAS DU BARRY NC Tourisme 80 E. dont 26 CC - 20 GCC. 1 ha CV. Locations : . Rivière à 400 m. Accueil groupes. Ouvert: 31.3 / 3.11. 04 42 54 29 25. E-mail : masdebarry@wanadoo.fr. Web : www.masdebarry.com. Réduction H.S.
Lat. : 44° 27' 01" N **Long.** : 004° 20' 39" E.

SABLIERES

10-F4 37 km O. Largentière. 764 m. 07260

LA DROBIE ★★★ Tourisme 63 E. dont 36 nus
1,5 ha CV. Locations : . Randonnée pédestre organisée. Accès direct à la rivière. ; ; . Ouvert: 1.4 / 30.9. 04 75 36 95 22. E-mail : ladrobie@aliceadsl.fr. Web : www.ladrobie.com.
Lat. : 44° 32' 39" N **Long.** : 004° 02' 53" E.

SAINT-AGREVE

10-F3 50 km O. Tournon-sur-Rhone. 1010 m. Station verte de vacances et village de neige ✉ 07320

LE RIOU LA SELLE ★★★ Tourisme 29 E. dont 25 nus 1,5 ha 22 h / 8 h, CV. Locations : caravane. Randonnée pédestre organisée. Rivière à 300 m ; étang à 2,5 km. Accueil groupes. Ouvert: 1.6 / 1.10. ☎ 04 75 30 29 28. E-mail : camping.lerioulaselle@live.fr. Web : www.camping-riou.com. Prix 2022. Fft jour : empl. Tourisme (2) : 20 € ; sup 8 € ; animaux 3 € ; 7 € ; 4,50 €.
Lat. : 44° 59' 19" N **Long. :** 004° 24' 19" E.

LA LICORNE ★★ Tourisme 70 E. Locations : Lac à 5 km. Ouvert: 1.6 / 30.9. ☎ 04 75 30 27 09. E-mail : jacqueline .halatsis@wanadoo.fr. Web : www.camping-la-licorne.fr.
Lat. : 45° 00' 39" N **Long. :** 004° 25' 12" E.

SAINT-ALBAN-AURIOLLES

10-F5 17 km S. Largentière. 153 m. ✉ 07120

LE RANC DAVAINE ★★★★★ Tourisme 500 E. CV. Randonnée pédestre organisée. Espace Fitness. couverte chauffée. Accès direct à la rivière. Accueil groupes adultes. Ouvert: 11.4 / 13.9. ☎ 04 75 39 60 55. E-mail : contact@rancdavaine.fr. Web : www.camping-ranc-davaine.fr.
Lat. : 44° 24' 49" N **Long. :** 004° 16' 19" E.

LE MAS DE CHAVETOURTE ★★★ Loisirs 80 E. 1 ha Locations : Rivière à 300 m. Ouvert: 4.4 / 26.9. ☎ 04 75 93 95 83. E-mail : camping.chavetourte@sfr.fr. Web : www.chavetourte.com.
Lat. : 44° 26' 52" N **Long. :** 004° 19' 12" E.

LE MAS DU SARTRE ★★★ Tourisme 49 E. 1,7 ha CV. Locations : Ouvert: 1.5 / 15.9. ☎ 04 75 39 71 74. E-mail : masdusartre@wanadoo.fr. Web : masdusartre.fr.
Lat. : 44° 26' 03" N **Long. :** 004° 18' 54" E.

AIRE NATURELLE DU VIEUX PONT. Ouvert: 1.4 / 5.9. ☎ 0 4 75 39 75 98.
Lat. : 44° 26' 49" N **Long. :** 004° 19' 46" E.

M. JAUZION-GRAVEROLLE ET FILS couverte CV. Ouvert: 15.4 / 15.9. ☎ 04 75 93 99 21. E-mail : gjauzion@gmail.com, Web : ferme-graverolle.com. Réduction H.S.
Lat. : 44° 25' 33" N **Long. :** 004° 18' 05" E.

AIRE NATURELLE LA BARQUE CV. A 9 km : . Ouvert: 1.4 / 15.9. ☎ 06 34 04 12 98. E-mail : gjauzion@gmail.com, Web : www.ferme-graverolle.com. Réduction H.S.
Lat. : 44° 34' 12" N **Long. :** 004° 19' 33" E.

SAINT-CIRGUES-EN-MONTAGNE

10-F4 40 km N. Aubenas. 1166 m. ✉ 07510

LES AIRELLES ★★ Tourisme 45 E. dont 33 nus CV. Locations : Accès direct à la rivière. Accueil groupes adultes. Ouvert: 1.4 / 31.10. ☎ 04 75 38 92 49. E-mail : camping.lesairelles@sfr.fr. Web : www.camping-les-airelles.fr.
Lat. : 44° 45' 23" N **Long. :** 004° 05' 42" E.

SAINT-DIDIER-SOUS-AUBENAS

10-F4 31 km S.-O. Privas. 201 m. ✉ 07200

LE VERGER DE JASTRES ★★★ Tourisme 93 E. dont 66 nus 1,9 ha CV. Locations : Accès direct à la rivière. Accueil groupes. Ouvert: 2.4 / 25.9. ☎ 04 75 35 25 80. E-mail : contact@camping-levergerdejastres.com. Web : www.camping-levergerdejastres.com. Prix 2022. Fft jour : empl. Tourisme (2) : 27 € ; sup 9 € ; animaux 3 € ; 6 € ; 6 €.
Lat. : 44° 36' 20" N **Long. :** 004° 25' 05" E.
FFCC : avantages adhérent : 21 € du 07/04 au 24/06 et du 02/09 au 30/09 sur emp. et entre 49 € et 64 € la nuitée et entre 340 € et 450 € la semaine du 07/04 au 24/06 et du 02/09 au 30/09 sur loc.

SAINT-ETIENNE-DE-FONTBELLON

10-F4 30 km S.-O. Privas. 244 m. ✉ 07200

LES ACACIAS ★★ Tourisme 47 E. dont 40 nus 1 ha CV. Locations : Rivière à 5 km. Ouvert: 10.4 / 4.10. ☎ 04 75 93 67 87. E-mail : camping-les-acacias@wanadoo.fr. Web : www.camping-les-acacias.fr. Réduction H.S.
Lat. : 44° 35' 47" N **Long. :** 004° 22' 36" E.

SAINT-ETIENNE-DE-LUGDARES

10-E4 46 km N.-O. Largentière. 1164 m. ✉ 07590

LES AYGUES DOUCES NC Tourisme 25 E. dont 8 nus 0,6 ha CV. Locations : Rivière à 100 m.. Accueil groupes. Ouvert: 1.5 / 15.10. ☎ 04 66 46 65 65. E-mail : campinglesayguesdouces@gmail.com.
Lat. : 44° 38' 22" N **Long. :** 003° 59' 09" E.

SAINT-FELICIEN

10-F3 28 km N.-O. Tournon. 626 m. ✉ 07410

DOMAINE DE PIERRAGEAIS ★★ Tourisme 50 E. dont 39 nus 1,5 ha CV. Accès direct à la rivière. Accueil groupes. Ouvert: 1.6 / 31.8. ☎ 07 62 79 73 23. E-mail : contact@domaine-de-pierrageais.fr. Web : www.domaine-de-pierrageais.fr/.
Lat. : 45° 04' 35" N **Long. :** 004° 38' 24" E.

SAINT-FORTUNAT-SUR-EYRIEUX

11-A4 48 km N.-E. Privas. 347 m. ✉ 07360

LA GARE DES AMIS ★★★ Tourisme 37 E. 0,7 ha CV. Locations : Rivière à 100 m.. Accueil groupes. Ouvert: 1.5 / 15.9. ☎ 04 75 65 22 80. E-mail : lagaredesamis@sfr.fr. Web : www.camping-lagaredesamis.com. Réduction H.S.
Lat. : 44° 49' 34" N **Long. :** 004° 40' 42" E.

SAINT-GERMAIN

10-F4 32 km S.-O. Privas. 241 m. ✉ 07170

LE BARDOU CV. A 3 km : . Ouvert: 1.4 / 30.9. ☎ 04 75 37 71 91. E-mail : contact@lebardou.com, Web : www.lebardou.com. Réduction H.S.
Lat. : 44° 33' 11" N **Long. :** 004° 26' 58" E.

SAINT-JACQUES-D'ATTICIEUX

11-A2 40 km N.-O. Tournon. 488 m. ✉ 07340

CAMPING DU MIRON ★ Loisirs 30 E. Lac à 2 km. Ouvert: 1.1 / 31.12. ☎ 04 75 67 11 10. E-mail : alain.boudras@wanadoo.fr.
Lat. : 45° 19' 51" N **Long. :** 004° 39' 43" E.

SAINT-JEAN-CHAMBRE

10-F4 47 km S.O. Tournon. 708 m. ✉ 07240

M. DANIEL GADIFFERT CV. Ouvert: 5.4 / 30.9. ☎ 04 75 58 08 78. E-mail : lvds07@ymail.com. Réduction H.S.
Lat. : 44° 55' 01" N **Long. :** 004° 34' 43" E.

SAINT-JEAN-DE-MUZOLS

11-A3 2,5 km N.-O. Tournon. 230 m. ✉ 07300

LE CASTELET ★★★ Tourisme 67 E. dont 58 nus 1 ha CV. chauffée Accès direct à la rivière. Ouvert: 27.4 / 7.9. ☎ 04 75 08 09 48. E-mail : courrier@camping-lecastelet.com. Web : www.camping-lecastelet.com. Réduction H.S.
Lat. : 45° 04' 04" N **Long. :** 004° 47' 08" E.

SAINT-JEAN-LE-CENTENIER

10-F4 28 km S.-O. Privas. 379 m. ✉ 07580

LES ARCHES ★★★★ Tourisme 194 E. dont 148 nus, dont 71 GCC. 7 ha CV. Locations : . Randonnée pédestre organisée. Espace Fitness. chauffée Accès direct à la rivière. Ouvert: 19.4 / 22.9. ☎ 04 75 36 75 19. E-mail : info@camping-les-arches.com. Web : www.camping-les-arches.com. Réduction H.S.
Lat. : 44° 35' 20" N **Long. :** 004° 31' 37" E.
FFCC : avantages adhérent : 19 € du 28/04 au 08/07 et du 24/08 au 24/09 sur emp. et entre 315 € et 1045 € la semaine du 01/01 au 08/07 et du 26/08 au 31/12 sur loc.

SAINT-JULIEN-EN-SAINT-ALBAN

11-A4 10 km N.-E. Privas. 306 m. ✉ 07000

CAMPING DE L'OUVÈZE ★★★ Tourisme 5 E. Rivière à 100 m. Ouvert: 15.4 / 30.9. ☎ 0 6 16 27 77 94. E-mail : yves.pourchaire @orange.fr. Web : www.campingdelouveze .com. Réduction H.S.
Lat. : 44° 45' 24" N **Long. :** 004° 42' 43" E.

SAINT-JULIEN-LABROUSSE

10-F3 47 km S.-O. Tournon-sur-Rhone. 692 m. ✉ 07160

M. JEAN SERILLON Ouvert: 1.5 / 30.9. ☎ 04 75 29 07 57. E-mail : annie.serillon@orange.fr. Prix 2023. Fft jour : empl. Tourisme (2) : 10 € ; sup 5 € ; 2,80 € ; 3 €. Réduction H.S.
Lat. : 44° 55' 16" N **Long. :** 004° 31' 42" E.
FFCC : avantages adhérent : 13 € du 01/05 au 30/09 sur emp. et entre 22 € et 34 € la nuitée du 01/05 au 30/09 sur loc.

SAINT-JUST-D'ARDECHE

11-A5 60 km S. Privas. 61 m. ✉ 07700

LA PLAGE ★★★ Tourisme 129 E. dont 104 nus CV. Locations : Rivière à 150 m. Ouvert: 31.5 / 4.10. ☎ 04 75 04 69 46. E-mail : info@campingdelaplage.com. Web : www.campingdelaplage.com. Réduction H.S.
Lat. : 44° 16' 54" N **Long. :** 004° 36' 55" E.

LE MAS SUD ARDÈCHE ★★★ Tourisme 45 E. dont 45 nus CV. Locations : roulotte. Accès direct à la rivière. Accueil groupes. Ouvert: 1.4 / 30.10. ☎ 04 75 04 67 93. E-mail : info@campingsudardeche.com. Web : www.camping-sud-ardeche.fr.
Lat. : 44° 16' 54" N **Long. :** 004° 37' 11" E.

LES PONTS ★★ Tourisme 55 E. CV. Accès direct à la rivière. Ouvert: 28.6 / 2.9. ☎ 06 45 26 75 77. E-mail : camping-des-ponts-ardeche@hotmail.fr. Web : www.camping-des-ponts.fr.
Lat. : 44° 16' 56" N **Long. :** 004° 36' 50" E.

SAINT-LAGER-BRESSAC

11-A4 12 km S.-E. Privas. 225 m. ✉ 07210

LES CIVELLES D'OZON ★★★ Tourisme 44 E. dont 15 nus 1,3 ha CV. Locations : caravane. Randonnée pédestre organisée. Espace Fitness. Accès direct à la rivière. Accueil groupes. Ouvert: 1.1 / 31.12. ☎ 06 20 03 09 41. E-mail : familyscampinglescivelles@gmail.com. Web : www.camping-ardeche-sud.fr. Réduction H.S.
Lat. : 44° 41' 33" N **Long. :** 004° 42' 59" E.

SAINT-LAURENT-DU-PAPE

11-A4 15 km N.-E. Privas. 233 m. ✉ 07800

LA GARENNE ★★★ Tourisme 136 E. 4,5 ha Locations : Rivière à 500 m. Ouvert: 1.3 / 1.11. ☎ 04 75 62 24 62. E-mail : info@campinglagarenne-ardeche.fr. Web : www.campinglagarenne-ardeche.fr. Réduction H.S.
Lat. : 44° 49' 35" N **Long. :** 004° 45' 43" E.

SAINT-LAURENT-LES-BAINS

10-E4 35 km N.-O. Largentière 1017 m. ✉ 07590

CAMPING MUNICIPAL LE CEYTROU NC Tourisme 60 E. dont 48 nus 1,5 ha CV. Locations : Espace Fitness. Accès direct à la rivière. Accueil groupes. Ouvert: 10.3 / 30.11. ☎ 04 66 46 02 03. E-mail : camping.ceytrou@gmail.com. Web : leceytrou.com.
Lat. : 44° 35' 59" N **Long. :** 003° 58' 57" E.

SAINT-MARCEL-D'ARDECHE

10-F5 50 km S. Privas. 137 m. ✉ 07700

LES TRUFFIÈRES ★★★ Tourisme 100 E. dont 47 nus 5 ha CV. Locations : Rivière à 5 km. Ouvert: 1.1 / 31.12. ☎ 04 75 04 68 35. E-mail : soulier.valerie@wanadoo.fr. Web : www.camping-les-truffieres.com. Réduction H.S.
Lat. : 44° 20' 39" N **Long. :** 004° 36' 16" E.

LE PAVILLON CV. Ouvert: 15.4 / 15.10. ☎ 04 75 98 71 90. E-mail : jean.dezayas@wanadoo.fr.
Lat. : 44° 19′ 35″ N **Long.** : 004° 37′ 08″ E.

SAINT-MARTIAL

10-F4 70 km S.-O. Tournon. 1053 m. ✉ 07310

CAMPING MUNICIPAL DU LAC NC Tourisme 50 E. dont 50 nus CV. Locations : . Accès direct aux bords du lac et à la rivière. ; . Ouvert: 1.5 / 31.10. ☎ 04 75 29 19 09. E-mail : mairie-stmartial@wanadoo.fr. Web : www.st-martial.com. Prix 2022. 5,50 € ; animaux 0,80 € ; 2 € ; 3 €.
Lat. : 44° 52′ 16″ N **Long.** : 004° 16′ 44″ E.

SAINT-MARTIN-D'ARDECHE

10-F5 60 km S. Privas. 92 m. Station verte de vacances et village de neige ✉ 07700

LES GORGES ★★★★ Tourisme 145 E. dont 120 nus 2 ha CV . Locations : . chauffée . Accès direct à la rivière. ; ; . Ouvert: 26.4 / 15.9. ☎ 04 75 04 61 09. E-mail : info@camping-des-gorges.com. Web : www.camping-des-gorges.com.
Lat. : 44° 18′ 40″ N **Long.** : 004° 33′ 22″ E.

HUTTOPIA LE MOULIN ★★★ Tourisme 200 E. dont 101 nus CV . Locations : , roulotte, . Randonnée pédestre organisée. chauffée , . Accès direct à la rivière. ; . Accueil groupes. Ouvert: 6.4 / 1.10. ☎ 04 75 04 66 20. E-mail : lemoulin@huttopia.com. Web : europe.huttopia.com/site/camping-le-moulin-ardeche. Prix 2023. Fft nuit : empl. Tourisme (2) : 44 € ( ) ; sup 9 € nuit ; animaux 5 € nuit ; 7 € nuit. Réduction H.S.
Lat. : 44° 18′ 02″ N **Long.** : 004° 34′ 17″ E.
FFCC : avantages adhérent : 10% du 06/04 au 01/07 et du 31/08 au 01/1010% du 06/04 au 01/07 et du 31/08 au 01/10 sur emp. et loc. + 5% de réduction en juillet-août sur les emplacements nus et locatifs * frais de réservation offerts Rendez-vous dans votre club avantages FFCC pour obtenir le code promotionnel.

LE PONTET ★★★ Tourisme 98 E. dont 76 nus 1,2 ha CV . Locations : , . . Rivière à 1,5 km. ; . Accueil groupes adultes. Ouvert: 8.4 / 16.9. ☎ 04 75 04 63 07. E-mail : contact@campinglepontet.com. Web : www.campinglepontet.com. Prix 2023. Fft nuit : empl. Tourisme (2) : 23 € ( ) ; sup 5,90 € nuit ; animaux 2 € nuit ; 4,60 € nuit ; 4,50 € nuit. Réduction H.S.
Lat. : 44° 18′ 15″ N **Long.** : 004° 35′ 06″ E.
FFCC : avantages adhérent : 15 € du 07/04 au 01/07 et du 26/08 au 16/09 sur emp.

CAMPING DE MON VILLAGE ★★ Tourisme 54 E. dont 54 nus 1,5 ha CV . Rivière à 200 m. Accueil groupes. Ouvert: 1.6 / 31.8. ☎ 01 83 64 69 21. E-mail : contact@campingcarpark.com. Web : www.campingcarpark.com/. Prix 2022.
Lat. : 44° 18′ 13″ N **Long.** : 004° 34′ 00″ E.

LA REVIRE ★★ Tourisme 55 E. . Locations : . , . Rivière à 50 m. ; . Ouvert: 1.4 / 15.10. ☎ 04 75 98 71 14. E-mail : campinglarevire@sfr.fr.
Lat. : 44° 18′ 16″ N **Long.** : 004° 33′ 42″ E.

LE CASTELAS NC Tourisme 65 E. 0,7 ha 22 h / 8 h, CV. A 5 km : . Locations : , , , , . Accès direct à la rivière. ; . Accueil groupes adultes. Ouvert: 29.3 / 11.11. ☎ 04 75 04 66 55. E-mail : camping-le-castelas@wanadoo.fr.
Lat. : 44° 18′ 20″ N **Long.** : 004° 33′ 36″ E.

SAINT-MARTIN-DE-VALAMAS

10-F3 61 km S.-O. Tournon. 691 m. Station verte de vacances et village de neige ✉ 07310

CAMPING LA TEYRE ★★ Tourisme 36 E. . Locations : . . Rivière à 1 m ; lac à 50 m. . Ouvert: 8.4 / 30.9. ☎ 04 26 53 02 26. E-mail : campinglateyre@gmail.com. Web : www.camping-la-teyre.fr.
Lat. : 44° 56′ 34″ N **Long.** : 004° 22′ 03″ E.

SAINT-MAURICE-D'ARDECHE

10-F4 40 km S.-O. Privas. 177 m. ✉ 07200

DOMAINE DU CROS D'AUZON ★★★★ Tourisme 221 E. dont 49 nus 3 ha CV . couverte chauffée , , . Accès direct à la rivière. ; ; ; . Accueil groupes. Ouvert: 5.4 / 14.9. ☎ 04 75 37 75 86. E-mail : reservation@crosdauzon.fr. Web : www.domaine-cros-auzon.com/. Réduction H.S.
Lat. : 44° 32′ 03″ N **Long.** : 004° 24′ 32″ E.

LES PEUPLIERS ★★★ Tourisme 100 E. dont 73 nus 2 ha CV . Locations : , . , . Accès direct à la rivière. ; . Accueil groupes adultes. Ouvert: 16.4 / 26.9. ☎ 04 75 37 71 47. E-mail : info@ardeche-lespeupliers.fr. Web : www.camping-ardeche-vogue.com/. Prix 2022. Fft jour : empl. Tourisme (2) : 35 € ( ) ; sup 7 € ; animaux 4 € ; 5,50 €.
Lat. : 44° 32′ 15″ N **Long.** : 004° 24′ 34″ E.

CAMPING G.C.U. - SAINT MAURICE D'ARDÈCHE ★ Tourisme 78 E. . Locations : . . Accès direct à la rivière. . Ouvert: 25.3 / 25.9. ☎ 04 75 37 79 52. E-mail : gcu@gcu.asso.fr. Web : www.gcu.asso.fr.
Lat. : 44° 32′ 04″ N **Long.** : 004° 24′ 35″ E.

SAINT-MAURICE-D'IBIE

10-F5 30 km S.-O. Privas. 296 m. ✉ 07170

LE SOUS-BOIS ★★★ Tourisme 100 E. 2,3 ha CV . Locations : , . Randonnée pédestre organisée. Espace Fitness. . Rivière à 2 km. ; . Accueil groupes adultes. Ouvert: 6.4 / 30.9. ☎ 04 75 94 86 95. E-mail : camping.lesousbois@wanadoo.fr. Web : www.le-sous-bois.fr.
Lat. : 44° 29′ 20″ N **Long.** : 004° 28′ 35″ E.

SAINT-MICHEL-DE-BOULOGNE

10-F4 20 km S.-O. Privas 501 m. ✉ 07200

LE MASSIOL CV. Ouvert: 1.4 / 1.11. ☎ 04 75 87 10 04. E-mail : raymonde.champanhet@orange.fr, Web : campinglemassiol.jimdo.com.
Lat. : 44° 41′ 39″ N **Long.** : 004° 25′ 60″ E.

SAINT-MICHEL-DE-CHABRILLANOUX

10-F4 27 km N.-E. Privas. 446 m. ✉ 07360

CAMPING MUNICIPAL LE CHABRIOUX NC Tourisme 32 E. dont 19 nus CV . Locations : , roulotte. . Accueil groupes. Ouvert: 15.5 / 30.9. ☎ 04 75 66 25 13. E-mail : contact@camping-chabrioux.fr. Web : camping-chabrioux.fr/.
Lat. : 44° 50′ 33″ N **Long.** : 004° 36′ 12″ E.

SAINT-PIERREVILLE

10-F4 38 km N.-O. Privas. 679 m. Station verte de vacances et village de neige ✉ 07190

CAMPING DU PRÉ COULET NC Tourisme 30 E. CV . Locations : , . . Accès direct à la rivière. . Accueil groupes. Ouvert: 1.6 / 30.9. ☎ 04 75 66 65 68. E-mail : camping-pre-coulet@orange.fr. Web : www.camping-pre-coulet.fr. Prix 2022. Fft jour : empl. Tourisme (2) : 14,5 € ( ) ;
Lat. : 44° 48′ 48″ N **Long.** : 004° 29′ 01″ E.

SAINT-PRIVAT

10-F4 28 km S.-O. Privas. 251 m. ✉ 07200

LE PLAN D'EAU ★★★★ Tourisme 100 E. dont 75 nus 1,1 ha CV . chauffée . Accès direct à la rivière. . Accueil groupes. Ouvert: 1.5 / 13.9. ☎ 04 75 35 44 98. E-mail : info@campingleplandeau.fr. Web : www.campingleplandeau.fr. Réduction H.S.
Lat. : 44° 37′ 11″ N **Long.** : 004° 25′ 54″ E.
FFCC : avantages adhérent : 10% du 29/04 au 08/07 et du 26/08 au 09/0910% du 29/04 au 08/07 et du 26/08 au 09/09 sur emp. et loc. + 5% de réduction en haute saison sur les emplacements nus et les locatifs (hors chalet EDEN).

SAINT-REMEZE

10-F5 70 km S.-O. Privas. 354 m. ✉ 07700

CARREFOUR DE L'ARDECHE ★★★ Tourisme 86 E. dont 65 nus 1,7 ha CV. Locations : , . . Accueil groupes. Ouvert: 1.4 / 30.9. ☎ 04 75 04 15 75. E-mail : carrefourardeche@yahoo.fr. Web : www.ardechecamping.net. Réduction H.S.
Lat. : 44° 23′ 28″ N **Long.** : 004° 30′ 39″ E.

DOMAINE DE BRIANGE ★★★ Tourisme 80 E. dont 48 nus 4 ha CV . Locations : cabanes, roulotte . , , . Accueil groupes. Ouvert: 10.4 / 29.11. ☎ 04 75 04 14 43. E-mail : contact@campingdebriange.com. Web : www.campingdebriange.com.
Lat. : 44° 24′ 26″ N **Long.** : 004° 30′ 53″ E.

DOMAINE NATURISTE LA PLAGE DES TEMPLIERS ★★★ Tourisme 100 E. dont 62 nus 2,5 ha CV . Rés. naturiste. Locations : . . Accès direct à la rivière. ; ; . Accueil groupes. Ouvert: 15.5 / 13.9. ☎ 04 75 04 28 58. E-mail : plage-templiers@orange.fr. Web : www.camping-templiers-ardeche.com. Réduction H.S.
Lat. : 44° 20′ 41″ N **Long.** : 004° 29′ 57″ E.

LA RÉSIDENCE D'ÉTÉ ★★★ Tourisme 60 E. dont 29 nus 0,3 ha CV . Locations : , . chauffée . . Accueil groupes. Ouvert: 5.6 / 26.9. ☎ 04 75 04 26 87. E-mail : mail@campinglaresidence.com. Web : www.campinglaresidence.com. Réduction H.S.
Lat. : 44° 23′ 32″ N **Long.** : 004° 30′ 17″ E.

CAMPING DU BOURBOULET CV. Ouvert: 15.6 / 15.9. ☎ 0 6 09 01 32 28. E-mail : lebourboulet@free.fr.
Lat. : 44° 23′ 41″ N **Long.** : 004° 29′ 30″ E.

SAINT-SAUVEUR-DE-CRUZIERES

10-F5 34 km S. Largentière. 188 m. ✉ 07460

LA CLAYSSE ★★★★ Tourisme 58 E. dont 45 nus CV . Locations : , . Randonnée pédestre organisée. Espace Fitness. , . Accès direct à la rivière. . Accueil groupes. Ouvert: 30.3 / 29.9. ☎ 04 75 35 40 65. E-mail : camping.claysse@orange.fr. Web : www.campingdelaclaysse.com. Réduction H.S.
Lat. : 44° 18′ 04″ N **Long.** : 004° 14′ 55″ E.

SAINT-SAUVEUR-DE-MONTAGUT

10-F4 21 km N.-O. Privas. 360 m. ✉ 07190

LES CHATAIGNIERS NC Tourisme 30 E. CV. Locations : . Accueil groupes. Ouvert: 1.4 / 25.9. ☎ 06 62 19 65 36. E-mail : chataigniers07@yahoo.fr. Web : camping-chataigniers-ardeche.fr.
Lat. : 44° 48′ 56″ N **Long.** : 004° 35′ 60″ E.

SAINT-THOME

11-A5 47 km S. Privas. 209 m. ✉ 07220

LE MÉDIÉVAL ★★★ Tourisme 119 E. dont 75 nus 3,28 ha CV . Locations : , , , . Accès direct à la rivière. . Accueil groupes. Ouvert: 28.4 / 20.8. ☎ 04 75 52 64 26. E-mail : contact@campinglemedievalardeche.fr. Web : www.campinglemedievalardeche.fr/. Réduction H.S.
Lat. : 44° 30′ 27″ N **Long.** : 004° 37′ 10″ E.

SAINT-VICTOR

11-A3 22 km N.-O. Tournon-sur-Rhone. 535 m. ✉ 07410

CAMPING MUNICIPAL DE CHANTELERMUZE ★★ Tourisme 33 E. CV. , . Ouvert: 1.7 / 31.8. ☎ 04 75 06 08 55. E-mail : mairie@saint-victor-ardeche.fr. Web : www.saint.victor-ardeche.fr.
Lat. : 45° 06′ 39″ N **Long.** : 004° 40′ 42″ E.

SAINT-VINCENT-DE-DURFORT

10-F4 15 km N.-E. Privas. 454 m. 07360

COEUR D'ARDÈCHE ★★★★ Tourisme 83 E. dont 30 nus CV. Locations : Randonnée pédestre organisée. chauffée. Accès direct aux bords du lac et à la rivière. Ouvert: 28.4 / 10.9. ☎ 04 75 66 24 31. E-mail : thomas07360@gmail.com. Web : www.campingcoeurardeche.com. Prix 2023. Fft jour : empl. Tourisme (2) : 33,55 € (E. CC); sup 4,10 €; animaux 4 €. Réduction H.S.
Lat. : 44° 46' 54" N **Long.** : 004° 37' 05" E.

DOMAINE DES PLANTAS ★★★★ Tourisme 191 E. CV. Locations : roulotte. Randonnée pédestre organisée. couverte chauffée. Accès direct à la rivière. Accueil groupes adultes. Ouvert: 10.4 / 6.9. ☎ 04 75 66 21 53. E-mail : plantas@capfun.com. Web : www.capfun.com.
Lat. : 44° 48' 32" N **Long.** : 004° 38' 10" E.

SAINTE-EULALIE

10-F4 50 km N. Largentière. 1326 m. 07510

CAMPING MUNICIPAL ★★ Tourisme 45 E. dont 35 nus CV. Locations : Rivière à 150 m. Ouvert: 1.5 / 30.9. ☎ 0 6 88349388. E-mail : sainte.eulalie.07.mairie@wanadoo.fr. Prix 2022. 3,50 €; 3,50 €; 3,50 €; 1 €; animaux 1 €; 2,50 €; 3,50 €.
Lat. : 44° 18' 29" N **Long.** : 001° 10' 52" W.

SALAVAS

10-F5 25 km S.-S.-E. Largentière. 193 m. 07150

INTERNATIONAL ★★★★ Tourisme 129 E. 2,5 ha ap. 23 h, CV. Locations : chauffée. Accès direct à la rivière. Ouvert: 20.4 / 6.10. ☎ 04 75 88 00 99. E-mail : inter.camp@wanadoo.fr. Web : www.internationalcamping07.com.
Lat. : 44° 23' 52" N **Long.** : 004° 22' 59" E.

LES BLACHAS ★★★★ Tourisme 110 E. dont 140 nus 8 ha CV. Locations : chauffée. Accès direct à la rivière. Accueil groupes. Ouvert: 27.4 / 28.9. ☎ 04 75 88 02 07. E-mail : contact@lesblachas.com. Web : www.lesblachas.com.
Lat. : 44° 23' 18" N **Long.** : 004° 24' 15" E.

LE CASQUE ROI ★★★ Tourisme 29 E. 0,36 ha CV. Locations : Rivière à 200 m. Ouvert: 4.4 / 11.11. ☎ 04 75 88 04 23. E-mail : casqueroi@orange.fr. Web : www.camping-casqueroi.com. Réduction H.S.
Lat. : 44° 23' 46" N **Long.** : 004° 22' 45" E.

LE CHAUVIEUX ★★★ Tourisme 100 E. dont 86 nus CV. A 2 km : Rivière à 100 m. Ouvert: 29.4 / 18.9. ☎ 04 75 88 05 37. E-mail : camping.chauvieux@wanadoo.fr. Web : www.camping-le-chauvieux.com. Réduction H.S.
Lat. : 44° 23' 50" N **Long.** : 004° 22' 59" E.

LE CLAPAS ★★★ Tourisme 85 E. dont 66 nus 1,36 ha CV. A 5 km : Locations : Accès direct à la rivière. Ouvert: 1.4 / 2.10. ☎ 04 75 37 14 76. E-mail : contact@camping-le-clapas.com. Web : www.camping-le-clapas.com. Prix 2022. Fft nuit : empl. Tourisme (2) : 32,5 €. Réduction H.S.
Lat. : 44° 23' 37" N **Long.** : 004° 23' 45" E.

LE PEQUELET ★★★ Tourisme 60 E. dont 45 nus CV. Locations : Accès direct à la rivière. Accueil groupes. Ouvert: 1.4 / 30.9. ☎ 04 75 88 04 49. E-mail : info@lepequelet.com. Web : www.lepequelet.com. Prix 2023. Fft jour : empl. Tourisme (2) : 36 € (20 A A); sup 9 € (9.00); animaux 2,50 € (2,5); 4/18 ans 6 €. Réduction H.S.
Lat. : 44° 23' 28" N **Long.** : 004° 23' 55" E.
FFCC : avantages adhérent : 20 € du 01/04 au 24/06 et du 27/08 au 30/09 sur emp. et entre 50 € et 100 € la nuitée du 01/04 au 25/06 et du 29/08 au 30/09 sur loc.

LE MOULIN Ouvert: 25.5 / 15.9. ☎ 06 35 15 21 03. E-mail : campinglemoulin07150@orange.fr.
Lat. : 44° 24' 03" N **Long.** : 004° 22' 51" E.

M. CHRISTOPHE TESTARD Ouvert: 15.4 / 15.9. ☎ 04 75 88 12 57.
Lat. : 44° 23' 59" N **Long.** : 004° 22' 27" E.

SAMPZON

10-F5 17 km S.-E. Largentière. 223 m. 07120

LA BASTIDE EN ARDÈCHE ★★★★★ Tourisme 300 E. dont 225 nus 6 ha CV. Locations : Randonnée pédestre organisée. chauffée. Accès direct à la rivière. Accueil groupes adultes. Ouvert: 31.3 / 29.10. ☎ 0 9 70 73 10 38. E-mail : contact@rcn.fr. Web : www.rcn.fr. Prix 2023. Fft nuit : empl. Tourisme (2) : 72 €. Réduction H.S.
Lat. : 44° 25' 23" N **Long.** : 004° 19' 18" E.

SOLEIL VIVARAIS ★★★★★ Tourisme 413 E. dont 132 nus 9 ha CV. Locations : Randonnée pédestre organisée. Espace Fitness. couverte chauffée. Accès direct à la rivière. Ouvert: 7.4 / 24.9. ☎ 04 75 39 67 56. E-mail : info@soleil-vivarais.com. Web : www.soleil-vivarais.com. Prix 2022. Fft nuit : empl. Tourisme (2) : 20 €. Réduction H.S.
Lat. : 44° 25' 45" N **Long.** : 004° 21' 20" E.

ALOHA-PLAGE ★★★★ Tourisme 120 E. la nuit, CV. Locations : Randonnée pédestre organisée. Espace Fitness. chauffée. Accès direct à la rivière. Accueil groupes. Ouvert: 7.4 / 15.9. ☎ 04 75 39 67 62. E-mail : reception@campingalohaplage.fr. Web : www.campingalohaplage.fr.
Lat. : 44° 25' 32" N **Long.** : 004° 21' 10" E.

LE RIVIÈRA ★★★★ Tourisme 177 E. dont 115 nus 5 ha CV. A 3 km : Locations : bivouac. Randonnée pédestre organisée. chauffée. Accès direct à la rivière. Ouvert: 29.4 / 18.9. ☎ 04 75 39 67 57. E-mail : leriviera@wanadoo.fr. Web : www.campingleriviera.com. Réduction H.S.
Lat. : 44° 25' 44" N **Long.** : 004° 21' 19" E.

LE CHASSEZAC ★★★ Tourisme 140 E. dont 96 nus la nuit, CV. A 5 km : Locations : Randonnée pédestre organisée. chauffée. Accès direct à la rivière. Accueil groupes. Ouvert: 14.4 / 10.9. ☎ 04 75 39 60 71. E-mail : campinglechassezac@wanadoo.fr. Web : www.camping-lechassezac-ardeche.com. Prix 2022. Fft jour : empl. Tourisme (2) : 35,9 €. Réduction H.S.
Lat. : 44° 25' 16" N **Long.** : 004° 18' 46" E.
FFCC : avantages adhérent : 17 € du 14/04 au 08/07 et du 26/08 au 10/09 sur emp.

LE MAS DE LA SOURCE ★★★ Tourisme 30 E. dont 27 nus 1,15 ha CV. Locations : Accès direct à la rivière. Ouvert: 18.4 / 19.9. ☎ 04 75 39 67 98. E-mail : camping.masdelasource@wanadoo.fr. Web : www.campingmasdelasource.com.
Lat. : 44° 25' 22" N **Long.** : 004° 20' 49" E.

SUN CAMPING ★★★ Tourisme 70 E. dont 42 nus CV. A 5 km : Locations : Randonnée pédestre organisée. chauffée. Rivière à 150 m. Ouvert: 1.4 / 18.9. ☎ 04 75 39 76 12. E-mail : sun-camping@orange.fr. Web : www.suncamping.com. Prix 2022. Fft jour : empl. Tourisme (2) : 34 €;
Lat. : 44° 25' 44" N **Long.** : 004° 21' 12" E.

MLE MARIELLE OZIL CV. A 1 km : Ouvert: 1.1 / 31.12. ☎ 04 75 93 04 59 / 0 6 49 46 13 85. E-mail : marie.s7@orange.fr, Web : www.campinglestrouilleres.fr.
Lat. : 44° 25' 22" N **Long.** : 004° 20' 46" E.

SANILHAC

10-F4 8 km O. Largentière. 439 m. 07110

ROCHEPIERRE NC Tourisme 25 E. ☎ 04 75 39 17 40. E-mail : campingderochepierre@neuf.fr. Web : campingrochepierre.free.fr.
Lat. : 44° 31' 11" N **Long.** : 004° 14' 02" E.

M. ROGER DOURS . Ouvert: 1.5 / 31.8. ☎ 04 75 39 14 49.
Lat. : 44° 32' 18" N **Long.** : 004° 14' 59" E.

SILHAC

10-F4 45 km S.-O. Tournon. 574 m. 07240

CHANTE ALOUETTE Ouvert: 1.6 / 30.9. ☎ 04 75 25 13 48 / 04 75 58 02 79. Web : chantealouette.onlc.fr.
Lat. : 44° 53' 36" N **Long.** : 004° 34' 43" E.

THUEYTS

10-F4 35 km N.-N.-O. Largentière. 646 m. 07330

DE BELOS ★★★ Tourisme 67 E. dont 47 nus CV. Locations : Espace Fitness. chauffée. Rivière à 800 m. Ouvert: 1.6 / 31.10. ☎ 04 75 36 44 35. E-mail : campingbelos@wanadoo.fr. Web : www.camping-belos.com.
Lat. : 44° 40' 11" N **Long.** : 004° 12' 12" E.

LE PONT DE MERCIER ★★★ Tourisme 90 E. 3 ha Locations : roulotte. Rivière à 80 m. Ouvert: 1.5 / 27.9. ☎ 04 75 36 46 08. E-mail : info@campingpontdumercier.fr. Web : www.campingpontdumercier.fr.
Lat. : 44° 40' 28" N **Long.** : 004° 13' 54" E.

TOURNON-SUR-RHONE

11-A3 54 km N.-E. Privas. 224 m. 07300

LA BOHÈME ★★★ Tourisme 71 E. dont 30 nus CV. Espace Fitness. Accès direct à la rivière. Accueil groupes adultes. Ouvert: 6.4 / 22.9. ☎ 06 72 10 15 01. E-mail : contact@laboheme-ardeche.com. Web : www.laboheme-ardeche.com. Réduction H.S.
Lat. : 45° 03' 55" N **Long.** : 004° 47' 19" E.

LE RHÔNE ★★★ Tourisme 73 E. dont 38 nus CV. Locations : chauffée. Accès direct à la rivière.. Ouvert: 22.2 / 14.11. ☎ 04 75 08 05 28. E-mail : camping@camping-tournon.fr. Web : www.camping-tournon.fr. Réduction H.S.
Lat. : 45° 04' 18" N **Long.** : 004° 49' 40" E.

LES ACACIAS ★★★ Tourisme 80 E. dont 50 nus 1,17 ha CV. Accès direct à la rivière. Accueil groupes adultes. Ouvert: 1.4 / 30.9. ☎ 04 75 08 83 90. E-mail : info@acacias-camping.com. Web : www.acacias-camping.com. Réduction H.S.
Lat. : 45° 03' 59" N **Long.** : 004° 47' 43" E.
FFCC : avantages adhérent : 19 € du 01/04 au 30/06 et du 19/08 au 30/09 sur emp.

LES FOULONS ★★★ Tourisme 70 E. dont 50 nus
1,5 ha CV. A 3 km : Locations : . Accès direct à la rivière. Accueil groupes adultes. Ouvert: 28.3 / 4.10. ☎ 0 640992930. E-mail : contact@camping-les-foulons.com. Web : camping-les-foulons.com. Réduction H.S.
Lat. : 44° 03' 53" N **Long.** : 004° 47' 26" E.

LES SABLES ★★ Tourisme 94 E. dont 30 nus
1,6 ha CV. Locations : . Accès direct à la rivière. ; . Ouvert: 9.4 / 25.9. ☎ 04 75 08 20 05. E-mail : camping.les.sables@wanadoo.fr. Web : www.campinglessables.fr.
Lat. : 45° 03' 53" N **Long.** : 004° 47' 32" E.
FFCC : avantages adhérent : 15.50 € du 01/04 au 30/06 et du 01/09 au 30/09 sur emp.

UCEL

10-F4 27 km S.-O. Privas. 286 m. ✉ 07200

DOMAINE DE GIL ★★★★ Tourisme 80 E. dont 28 nus
2 ha CV. Locations : . Espace Fitness. chauffée , . Accès direct à la rivière. ; . Ouvert: 13.5 / 17.9. ☎ 04 75 94 63 63. E-mail : resa@domaine-de-gil.com. Web : www.domaine-de-gil.com. Prix 2023. Fft jour : empl. Tourisme (2) : 43 € ( ). Réduction H.S.
Lat. : 44° 38' 34" N **Long.** : 004° 22' 46" E.
FFCC : avantages adhérent : 19 € du 13/05 au 07/07 et du 21/08 au 17/09 sur emp. et entre 60 € et 120 € la semaine du 13/05 au 09/07 et du 28/08 au 17/09 sur loc.

LE PASTURAL ★★★★ Tourisme 83 E. dont 46 nus CV. Locations : . chauffée , . Accès direct à la rivière. . Ouvert: 1.4 / 12.10. ☎ 04 75 37 60 28. E-mail : campinglepastural@hotmail.fr. Web : www.campinglepastural.com. Réduction H.S.
Lat. : 44° 38' 42" N **Long.** : 004° 23' 15" E.

LES PINS D'UCEL ★★★★ Tourisme 35 E. dont 9 nus 2 ha CV. A 3 km : Locations : . Espace Fitness. chauffée . Rivière à 500 m. . Ouvert: 17.5 / 17.9. ☎ 04 75 37 49 20. E-mail : campinglespinsducel@gmail.com. Web : www.campinglespinsducel.com. Prix 2022. Fft jour : empl. Tourisme (2) : 25 € ( ) ; sup 4,50 € ; animaux 1 € ; 3,50 € ; 4 €.
Lat. : 44° 38' 54" N **Long.** : 004° 23' 24" E.

USCLADES-ET-RIEUTORD

10-F4 56 km N.-O. Largentière. 1218 m. ✉ 07510

CAMPING MUNICIPAL LE RIEUTORD NC
17 E. dont 9 nus
0,2 ha . Rivière à 20 m. Ouvert: 1.5 / 15.10. ☎ 04 75 38 00 48. E-mail : restaurantlepubduvolcan@orange.fr. Web : www.restaurantlepubduvolcan.com.
Lat. : 44° 46' 06" N **Long.** : 004° 09' 57" E.
FFCC : avantages adhérent : 12 € du 01/05 au 30/06 et du 01/09 au 31/10 sur emp.

UZER

10-F4 4 km S.-E. Largentière. 188 m. ✉ 07110

LA TURELURE ★★★ Tourisme 65 E. dont 44 nus
1,5 ha 22 h 30 / 8 h, CV. Locations : . Randonnée pédestre organisée. . Accès direct à la rivière. ; . Ouvert: 16.4 / 17.9. ☎ 04 75 89 29 21. E-mail : contact@camping-la-turelure.com. Web : www.camping-la-turelure.com. Prix 2022. Fft jour : empl. Tourisme (2) : 28,9 € ( ) ; sup 6,50 € ; 4,50 € ; 4,80 €.
Lat. : 44° 30' 24" N **Long.** : 004° 19' 21" E.
FFCC : avantages adhérent : 18 € du 08/04 au 16/06 et du 02/09 au 15/09 sur emp.

LES ACACIAS ★★★ Tourisme 27 E. dont 18 nus 1 ha CV. Accès direct à la rivière. . Ouvert: 3.4 / 25.9. ☎ 04 75 36 88 75. E-mail : michel.vanniere@wanadoo.fr. Web : www.camping-lesacacias.com.
Lat. : 44° 31' 32" N **Long.** : 004° 19' 41" E.

VAGNAS

10-F5 25 km S.-E. Largentière. 238 m. ✉ 07150

LA GOULE ★★★ Tourisme 24 E. dont 18 nus
CV. Locations : bulle. chauffée. Ouvert: 13.4 / 15.9. ☎ 04 75 38 61 24. E-mail : campinglagoule@gmail.com. Web : www.campinglagoule.com.
Lat. : 44° 21' 27" N **Long.** : 004° 22' 57" E.

LA ROUVIÈRE LES PINS ★★★ Tourisme 100 E. dont 52 CC - 4 GCC. 3 ha CV. Locations : , . chauffée . Rivière à 5 km.. Accueil groupes. Ouvert: 8.4 / 24.9. ☎ 04 75 38 61 41. E-mail : campinglarouviereles pins@gmail.com. Web : www.rouviere07.com. Prix 2023. Fft jour : empl. Tourisme (2) : 27 € ( ) ; sup 7,30 € ; animaux 3,80 € ; 6,30 € ; 5,20 €. Réduction H.S.
Lat. : 44° 20' 32" N **Long.** : 004° 20' 52" E.

PARC DE ST-SAUVAYRE ★★★ Tourisme 52 E. dont 25 nus 2 ha CV. Locations : . Accueil groupes. Ouvert: 15.3 / 15.10. ☎ 0 4 75 38 61 51. E-mail : info@camping-parc-st-sauvayre.com. Web : www.camping-parc-st-sauvayre.com. Prix 2022. Fft jour : empl. Tourisme (2) : 25 € ( )
Lat. : 44° 20' 55" N **Long.** : 004° 22' 37" E.

VILLAGE HUTTOPIA SUD ARDECHE ★★★ Tourisme 117 E. dont 22 nus CV. Locations : , cabanes. Randonnée pédestre organisée. chauffée . Rivière à 5 km. . Accueil groupes adultes. Ouvert: 7.4 / 25.9. ☎ 04 75 38 77 27. E-mail : sud-ardeche@huttopia.com. Web : europe.huttopia.com/site/village-sud-ardeche/. Réduction H.S.
Lat. : 44° 22' 02" N **Long.** : 004° 22' 10" E.

VALGORGE

10-F4 24 km N.-O. Largentière 946 m. ✉ 07110

LA MARETTE CV. Ouvert: 15.4 / 30.9. ☎ 04 75 88 95 31. E-mail : mairievalgorge@sfr.fr.
Lat. : 44° 34' 01" N **Long.** : 044° 34' 01" E.

VALLON-PONT-D'ARC

10-F5 22 km S.-E. Largentière. 204 m. ✉ 07150

L'ARDECHOIS ★★★★★ Tourisme 244 E. dont 219 nus 4,5 ha . Locations : , . Randonnée pédestre organisée. Espace Fitness. chauffée , , , . Accès direct à la rivière. ; ; . Ouvert: 6.4 / 12.10. ☎ 04 75 88 06 63. E-mail : info@ardechois-camping.com. Web : www.ardechois-camping.com. Réduction H.S.
Lat. : 44° 23' 51" N **Long.** : 004° 23' 56" E.

LA PLAGE FLEURIE ★★★★★ Tourisme 299 E. dont 125 nus
12 ha CV. Locations : , . Espace Fitness. chauffée . Accès direct à la rivière. ; ; . Ouvert: 15.4 / 11.9. ☎ 04 75 88 01 15. E-mail : info@laplagefleurie.com. Web : www.laplagefleurie.com. Prix 2022. Fft nuit : empl. Tourisme (2) : 61 € ( ) ; sup 9,50 € nuit ; animaux 8 € nuit ; 8 € nuit. Réduction H.S.
Lat. : 44° 24' 30" N **Long.** : 004° 21' 16" E.
FFCC : avantages adhérent : 10% du 22/04 au 30/06 et du 01/09 au 10/0910% du 22/04 au 30/06 et du 01/09 au 10/09 sur emp. et loc. + Rendez-vous dans votre club avantages FFCC pour obtenir le code promotionnel et réserver !.

LA ROUBINE ★★★★★ Tourisme 135 E. dont 93 nus
4 ha CV. Locations : , . chauffée , , . Accès direct à la rivière. ; . Ouvert: 21.4 / 10.9. ☎ 04 75 88 04 56. E-mail : contact@camping-roubine.com. Web : www.camping-roubine.com. Prix 2023. Fft jour : empl. Tourisme (2) : 66 € ( ) ; sup 12 € ; 11 €. Réduction H.S.
Lat. : 44° 24' 20" N **Long.** : 004° 22' 45" E.

LE DOMAINE DE CHAUSSY ★★★★★ Tourisme 300 E. 8 ha CV. Locations : , . Randonnée pédestre organisée. chauffée , , . Rivière à 2 km. ; . Accueil groupes adultes. Ouvert: 6.4 / 22.9. ☎ 04 30 05 15 19. E-mail : info@tohapi.fr. Web : www.tohapi.fr.
Lat. : 44° 26' 51" N **Long.** : 004° 22' 02" E.

DOMAINE DE L'ESQUIRAS ★★★★ Tourisme 105 E. dont 46 nus
1,13 ha CV. Locations : . couverte chauffée . Rivière à 2 km. . Ouvert: 28.3 / 30.9. ☎ 04 75 88 04 16. E-mail : esquiras@orange.fr. Web : www.camping-esquiras.com. Réduction H.S.
Lat. : 44° 24' 55" N **Long.** : 004° 22' 41" E.
FFCC : avantages adhérent : 10% du 07/04 au 30/06 et du 01/09 au 24/09 sur emp. + Rendez-vous dans votre club avantages FFCC pour obtenir le code promotionnel et réserver !.

LE BEAU RIVAGE ★★★★ Tourisme 130 E.
CV. Locations : . Randonnée pédestre organisée. chauffée , . Accès direct à la rivière. ; ; . Ouvert: 25.4 / 12.9. ☎ 04 75 88 03 54. E-mail : campingbeaurivage@wanadoo.fr. Web : beaurivage-camping.fr/fr/. Réduction H.S.
Lat. : 44° 24' 20" N **Long.** : 004° 21' 49" E.

LES RIVES D'ARC ★★★★ Tourisme 188 E. 4 ha CV. Locations : . Randonnée pédestre organisée. chauffée , , . Accès direct à la rivière. ; ; . Ouvert: 1.4 / 1.10. ☎ 04 75 88 00 48. E-mail : cyrielle@riviera-villages.com. Web : www.rivesdarc.com.
Lat. : 44° 23' 51" N **Long.** : 004° 24' 00" E.

ARC EN CIEL ★★★ Tourisme 218 E. dont 138 nus
CV. A 1 km : Locations : , . Randonnée pédestre organisée. . Accès direct à la rivière. ; ; . Ouvert: 15.4 / 26.9. ☎ 04 75 88 04 65. E-mail : camping.arcenciel@wanadoo.fr. Web : www.campingarcencielardeche.com. Prix 2022. Fft jour : empl. Tourisme (2) : 49 € ( ) ; sup 9 € ; animaux 4 € ; 8,50 €. Réduction H.S.
Lat. : 44° 24' 44" N ; **Long.** : 004° 21' 02" E.
FFCC : avantages adhérent : 22 € du 15/06 au 30/06 et du 26/08 au 26/09 sur emp. et entre 36 € et 100 € la nuitée du 01/04 au 08/07 et du 29/08 au 26/09 sur loc.

CAMPING BONHOMME ★★★ Tourisme 100 E.
CV. Accès direct à la rivière. ; ; . Ouvert: 1.3 / 12.11. ☎ 04 75 88 04 62. E-mail : reza@camping-bonhomme.com. Web : www.camping-bonhomme.com. Réduction H.S.
Lat. : 44° 24' 41" N **Long.** : 004° 20' 60" E.
FFCC : avantages adhérent : 15 € du 04/03 au 10/06 et du 02/09 au 12/11 sur emp. et entre 55 € et 65 € la nuitée du 01/04 au 10/06 et du 02/09 au 12/11 sur loc.

ADHÉRER à un club affilié, c'est aussi devenir membre de la FFCC, la Fédération des campeurs, caravaniers et camping-caristes

CAMPING DE L'ARDÈCHE ★★★ Tourisme 150 E. 2 ha CV. Locations : . Rivière à 40 m. ; ; . Accueil groupes. Ouvert: 26.3 / 26.9. ☎ 04 75 88 04 73. E-mail : campingvallonpontdarc@gmail.com. Web : campingdelardeche-vallonpontdarc.com. Réduction H.S.
Lat. : 44° 23' 51" N **Long.** : 004° 23' 01" E.

LA ROUVIERE ★★★ Tourisme 153 E. CV. Locations : . Accès direct à la rivière. ; ; . Accueil groupes. Ouvert: 19.3 / 30.9. ☎ 04 75 37 10 07. E-mail : ardbat@yahoo.fr. Web : www.campinglarouviere.com.
Lat. : 44° 22' 34" N **Long.** : 004° 25' 18" E.
FFCC : avantages adhérent : 20 € du 15/03 au 07/05 et du 27/08 au 23/10 sur emp. et entre 44 € et 110 € la nuitée et entre 251 € et 550 € la semaine du 15/03 au 07/05 et du 27/08 au 23/10 sur loc.

LE VIEUX VALLON ★★★ Tourisme 40 E. dont 19 nus 1,2 ha CV. Locations : , , , , . Rivière à 500 m. . Accueil groupes. Ouvert: 26.3 / 10.11. ☎ 04 75 88 01 47. E-mail : campingvieuxvallon07@gmail.com. Web : www.campingvieuxvallon.com. Réduction H.S.
Lat. : 44° 23' 59" N **Long.** : 004° 24' 04" E.

MIDI ★★★ Tourisme 51 E. CV. A 5 km : Locations : , . Randonnée pédestre organisée. . Accès direct à la rivière. ; ; . Ouvert: 1.4 / 30.9. ☎ 04 75 88 06 78. E-mail : campingmidi@yahoo.com. Web : www.camping-midi.com.
Lat. : 44° 22' 35" N **Long.** : 004° 25' 15" E.

CAMPING DES GORGES ★★ Tourisme 100 E. 1,5 ha CV. A 7 km : Locations : , , , . Accès direct à la rivière. ; ; . Accueil groupes. Ouvert: 18.3 / 25.9. ☎ 04 75 88 00 05. E-mail : campdgorge@aol.com. Web : www.camping-camp-des-gorges.com. Réduction H.S.
Lat. : 44° 22' 36" N **Long.** : 004° 25' 29" E.

L'ILE ★★ Tourisme 70 E. . Ouvert: 15.4 / 15.10. ☎ 04 75 88 05 44. E-mail : campinglile@orange.fr. Web : www.camping-delile.com.
Lat. : 44° 23' 35" N **Long.** : 004° 24' 12" E.

LES TUNNELS ★★ Tourisme 100 E. 1,85 ha . Locations : . . Accès direct à la rivière. ; ; . Ouvert: 1.4 / 30.9. ☎ 04 75 88 00 22. E-mail : azurcanoes@gmail.com. Web : www.camping-tunnels.com.
Lat. : 44° 23' 26" N **Long.** : 004° 24' 16" E.

CAMPING DU PONT D'ARC NC Tourisme 120 E. 2 ha . Locations : . , . Accès direct à la rivière. ; ; . Ouvert: 1.4 / 30.9. ☎ 04 75 88 00 64. E-mail : pontdarccamping@gmail.com. Web : www.campingdupontdarc.com.
Lat. : 44° 23' 04" N **Long.** : 004° 25' 05" E.

LE RAZAL CV. Ouvert: 1.5 / 30.9. ☎ 04 75 88 04 30. E-mail : lerazal@orange.fr.
Lat. : 44° 24' 33" N **Long.** : 004° 24' 08" E.

VALS-LES-BAINS

10-F4 30 km S.-O. Privas. 428 m. ✉ 07600

AU FIL DE LA VOLANE ★★★ Tourisme 68 E. 1 ha CV . Locations : , , , . Accès direct à la rivière. ; . Accueil groupes. Ouvert: 1.4 / 30.9. ☎ 04 75 37 46 85. E-mail : camping.aufildelavolane@wanadoo.fr. Web : www.campingaufildelavolane.com.
Lat. : 44° 40' 09" N **Long.** : 004° 21' 46" E.

VALVIGNERES

10-F5 48 km S. Privas. 298 m. ✉ 07400

CAMPING MUNICIPAL LE COLOMBIER NC Tourisme 30 E. Locations : . , . Ouvert: 1.6 / 30.9. ☎ 04 75 52 62 21. E-mail : mairie@valvigneres.fr. Web : www.ardeche-guide.com.
Lat. : 44° 29' 56" N **Long.** : 004° 34' 36" E.

VERNON

10-F4 14 km S.-O. Largentière. 288 m. ✉ 07260

LE MAS D'AUBEZON NC Tourisme 15 E. Ouvert: 1.1 / 31.12. ☎ 04 75 39 51 20. E-mail : laubezon@gmail.com.
Lat. : 44° 30' 29" N **Long.** : 004° 13' 27" E.

VERNOUX-EN-VIVARAIS

11-A4 40 km S.-O. Tournon. 606 m. Station verte de vacances et village de neige ✉ 07240

CROIX BLEUE NC Tourisme 35 E. Lac à 1 km. Ouvert: 1.7 / 20.8. ☎ 06 12 60 73 79. E-mail : camping@croixbleue.fr. Web : www.croixbleue.fr/Centres-Camping.
Lat. : 44° 54' 00" N **Long.** : 004° 38' 58" E.

CAMPING MUNICIPAL LE BOIS DE PRAT NC Tourisme 40 E. . Lac à 600 m ; rivière à 2 km. Ouvert: 14.5 / 15.9. ☎ 04 75 58 11 90. E-mail : mairie@vernoux-en-vivarais.fr. Web : www.vernoux-en-vivarais.fr.
Lat. : 44° 54' 10" N **Long.** : 004° 38' 59" E.

VESSEAUX

10-F4 23 km S.-O. Privas. 386 m. ✉ 07200

LES CHENES ★★ Tourisme 33 E. 0,73 ha CV . Locations : , . Randonnée pédestre organisée. . Rivière à 5 km. Accueil groupes adultes. Ouvert: 1.4 / 31.10. ☎ 04 75 93 15 89. E-mail : campingleschenes@gmail.com. Web : www.campingdeschenes.com. Réduction H.S.
Lat. : 44° 40' 38" N **Long.** : 004° 27' 31" E.

VILLENEUVE-DE-BERG

10-F4 32 km S.-O. Privas. 333 m. Station verte de vacances et village de neige ✉ 07170

LE POMMIER ★★★★★ Tourisme 716 E. dont 185 nus 70 ha CV . Locations : , , . Randonnée pédestre organisée. chauffée , , , , . Accès direct à la rivière. ; . Accueil groupes adultes. Ouvert: 7.4 / 4.9. ☎ 04 75 94 82 81. E-mail : lepommier@cielavillage.com. Web : www.campinglepommier.com. Prix 2023. Fft semaine : empl. Tourisme (2) : 530 € ( ) ; sup 105 € semaine ; animaux 42 € semaine ; 91 € semaine.
Lat. : 44° 34' 21" N **Long.** : 004° 30' 40" E.

VINEZAC

10-F4 8 km E. Largentière. 238 m. ✉ 07110

LE CHAUDEBRY ★★ Tourisme 40 E. 1 ha CV. . Ouvert: 1.4 / 30.9. ☎ 04 75 36 80 87. E-mail : campinglechaudebry@orange.fr. Web : www.camping-lechaudebry.com.
Lat. : 44° 34' 06" N **Long.** : 004° 19' 07" E.

VION

11-A3 6 km N.-O. Tournon-sur-Rhone. 243 m. ✉ 07610

ISERAND CALME ET NATURE ★★★ Tourisme 58 E. dont 41 nus 1 ha CV . Randonnée pédestre organisée. , . Accès direct à la rivière. Ouvert: 1.4 / 30.9. ☎ 04 75 08 01 73. E-mail : camping@iserand.com. Web : www.iserandcampingardeche.com. Réduction H.S.
Lat. : 45° 07' 17" N **Long.** : 004° 48' 01" E.
FFCC : avantages adhérent : 18 € du 15/04 au 03/07 sur emp.

VIVIERS

11-A5 40 km S.-E. Privas. 168 m. ✉ 07220

ROCHECONDRIE ★★★ Tourisme 80 E. 1,5 ha CV . Locations : , tonneau. . Rivière à 100 m ; étang à 4 km.. Accueil groupes. Ouvert: 10.4 / 30.9. ☎ 04 75 52 74 66. E-mail : campingrochecondrie@wanadoo.fr. Web : www.campingrochecondrie.com. Prix 2022. Fft jour : empl. Tourisme (2) : 24 € ( ) ; sup 7 € ; animaux 1,50 € ; 5 € ; 4,50 €. Réduction H.S.
Lat. : 44° 29' 22" N **Long.** : 004° 40' 40" E.

VOGUEE

10-F4 40 km S.-O. Privas. 202 m. ✉ 07200

L'OASIS DES GARRIGUES ★★★ Tourisme 59 E. 0,61 ha . Locations : . , . Rivière à 150 m.. Ouvert: 25.4 / 10.10. ☎ 04 75 37 03 27. E-mail : oasisdesgarrigues@wanadoo.fr. Web : www.oasisdesgarrigues.com.
Lat. : 44° 32' 17" N **Long.** : 004° 24' 40" E.

LES CHENES VERTS ★★★ Tourisme 36 E. dont 2 nus 1,4 ha CV . Locations : , , . Rivière à 800 m. Accueil groupes adultes. Ouvert: 15.6 / 15.9. ☎ 04 75 37 71 54. E-mail : chenesverts2@wanadoo.fr. Web : www.camping-chenesverts.com. Réduction H.S.
Lat. : 44° 32' 39" N **Long.** : 004° 25' 12" E.

LES ROCHES ★ Tourisme 100 E. dont 92 nus CV . Locations : , , . Rivière à 100 m.. Ouvert: 1.5 / 31.8. ☎ 04 75 37 70 45. E-mail : contact@campinglesroches.fr. Web : www.campinglesroches.fr. Réduction H.S.
Lat. : 44° 32' 26" N **Long.** : 004° 24' 50" E.

LES ROULOTTES DE SAINT CERICE P.R.L ★ NN17 E. Locations : , , , . Rivière à 400 m. Ouvert: 1.3 / 30.11. ☎ 06 11 49 75 33. E-mail : cdemeure@yahoo.fr. Web : www.saintcerice.com.
Lat. : 44° 32' 56" N **Long.** : 004° 25' 17" E.

ATTIGNY

1-F5 15 km N. Vouziers. 92 m. 08130

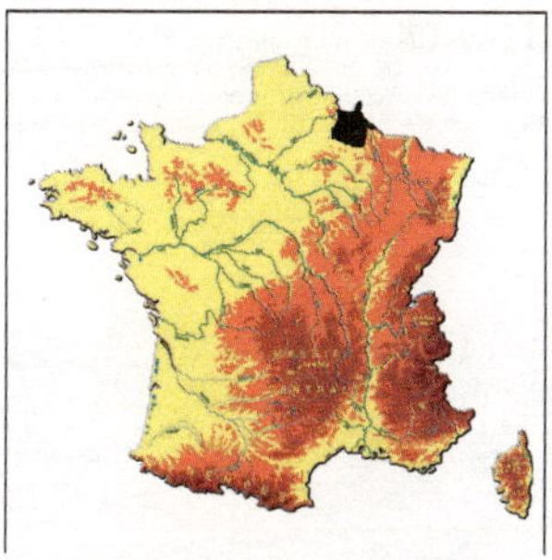

LE VALLAGE ★★ Loisirs 100 E. dont 60 nus 1,3 ha CV. Locations : . , . Accès direct à l'étang ; rivière à 300 m.. Accueil groupes. Ouvert: 1.4 / 30.9. 03 24 30 67 95. E-mail : camping.attigny@orange.fr. Réduction H.S.
Lat. : 49° 29' 02" N **Long.** : 004° 34' 32" E.

AUTRY

4-A2 20 km S.-E. Vouziers. 127 m. 08250

CAMPING MUNICIPAL LE PAQUIS ★ Tourisme 30 E. dont 30 nus 0,5 ha CV. . Accès direct à la rivière.. Accueil groupes. Ouvert: 1.4 / 31.10. 03 24 71 10 57. E-mail : mairie.autry@orange.fr.
Lat. : 49° 15' 56" N **Long.** : 004° 50' 19" E.

BAIRON ET SES ENVIRONS

1-F5 16 km N.-N.-E. Vouziers. 176 m. 08390

CAMPING MUNICIPAL LAC DE BAIRON ★★★ Tourisme 170 E. dont 150 nus 6,8 ha CV. Locations : . , , . Accès direct aux bords du lac. ; ; . Accueil groupes adultes. Ouvert: 5.4 / 15.9. 03 24 30 10 50. E-mail : commune.chesne@wanadoo.fr.
Lat. : 49° 31' 55" N **Long.** : 004° 46' 30" E.

BUZANCY

4-A2 22 km E.-N.-E. Vouziers. 216 m. 08240

CAMPING LA SAMARITAINE ★★★ Tourisme 113 E. dont 98 nus CV. . Etang à 100 m. . Accueil groupes. Ouvert: 19.4 / 13.9. 03 24 30 08 88. E-mail : contact@camping-lasamaritaine.fr. Web : www.camping-lasamaritaine.fr. Réduction H.S.
Lat. : 49° 25' 35" N **Long.** : 004° 56' 25" E.

CHARLEVILLE-MEZIERES

1-F4 240 km N.-E. Paris. 182 m. 08000

LE MONT OLYMPE ★★★★ Tourisme 120 E. dont 18 nus, dont 36 CC - 48 GCC. 1,6 ha CV. Locations : . , . Rivière à 2 m. . Accueil groupes. Ouvert: 1.4 / 30.9. 03 24 33 23 60. E-mail : camping-charlevillemezieres@wanadoo.fr. Web : www.charleville-mezieres.fr/Decouverte-de-la-ville/Tourisme/Le-camping.
Lat. : 49° 46' 39" N **Long.** : 004° 43' 17" E.

CHATEL-CHEHERY

4-A2 28 km S.-E. Vouziers. 182 m. 08250

LES NAIADES ★★★ Tourisme 100 E. dont 75 nus 3,5 ha CV. Locations : . chauffée , . Accès direct à l'étang et à la rivière. . Accueil groupes. Ouvert: 7.4 / 6.10. 03 24 30 53 44. E-mail : les.naiades@wanadoo.fr. Web : www.camping-les-naiades.com. Réduction H.S.
Lat. : 49° 16' 57" N **Long.** : 004° 57' 46" E.

DOUZY

4-A1 8 km S.-E. Sedan. 167 m. 08140

DOMAINE DU LAC DE DOUZY ★★★ Tourisme 54 E. . Locations : . Randonnée pédestre organisée. , , , . Accès direct aux bords du lac. ; ; . Ouvert: 30.4 / 30.9. 03 24 54 84 17. E-mail : domainedulacdedouzy@gmail.com. Web : www.camping-douzy.com/fr.
Lat. : 49° 39' 43" N **Long.** : 005° 02' 56" E.

FOISCHES

1-F3 60 km N. Charleville-Mézières. 198 m. 08600

JAMONETTE NC 40 E. dont 14 nus 3 ha CV. Locations : . Rivière à 1 km. Ouvert: 1.1 / 31.12. 03 24 42 72 37. E-mail : camping.la.jamonette@wanadoo.fr.
Lat. : 50° 07' 31" N **Long.** : 004° 46' 42" E.

FUMAY

1-F4 25 km N. Mézières. 286 m. 08170

CAMPING MUNICIPAL BELLEVUE ★★ Tourisme 50 E. dont 70 nus 1,8 ha CV. Locations : . . Accès direct à la rivière.. Accueil groupes. Ouvert: 1.4 / 30.9. 03 24 41 28 15. E-mail : camping.fumay@orange.fr. Web : www.fumay.fr.
Lat. : 49° 59' 15" N **Long.** : 004° 42' 41" E.

GIVET

1-F3 56 km N. Charleville-Mézières. 133 m. 08600

CARAVANING MUNICIPAL NC 120 E. 3,8 ha CV. , , . Ouvert: 1.1 / 31.12. 03 24 42 30 20. E-mail : ac@mairiegivet.fr.
Lat. : 50° 08' 40" N **Long.** : 004° 49' 37" E.

GRANDPRE

4-A2 17 km S.-E. Vouziers. 160 m. 08250

CAMPING MUNICIPAL NC 66 E. dont 62 nus CV. Locations : . , . Rivière à 300 m. ; . Accueil groupes. Ouvert: 1.4 / 30.9. 03 24 30 50 71. E-mail : mairiegrandpre@wanadoo.fr. Prix 2022. 3,30 € ; 7 € ; 2 € ; 2 € ; 1,30 € ; 1,70 € ; 3,50 €.
Lat. : 49° 20' 19" N **Long.** : 004° 52' 23" E.

HAULME

1-F4 16 km N.-E. Charleville-Mézières. 232 m. 08800

DOMAINE D'HAULMÉ ★★★ Tourisme 240 E. dont 190 nus 7 ha CV . Locations : , . chauffée , . Accès direct à la rivière. ; ; . Accueil groupes. Ouvert: 1.4 / 31.10. 0 769672788. E-mail : info@domainedhaulme.fr. Web : www.domainedhaulme.fr. Prix 2023. Fft jour : empl. Tourisme (2) : 22,8 € ( ) ; sup 4 € ; animaux 2 € ; 2 €.
Lat. : 49° 51' 24" N **Long.** : 004° 47' 33" E.

HAYBES

1-F4 27 km N. Charleville-Mézières. 308 m. 08170

CAMPING MUNICIPAL MORAYPRE ★★ Tourisme 50 E. 1 ha . , , . Accès direct à la rivière. . Accueil groupes. Ouvert: 1.7 / 15.9. 03 24 41 14 54. E-mail : mairie.haybes@wanadoo.fr. Web : www.haybes.fr.
Lat. : 50° 00' 40" N **Long.** : 004° 43' 21" E.

LA GRANDVILLE

1-F4 6 km N.-E. Charleville-Mézières. 249 m. ✉ 08700

LE PAQUIS ★★★ Loisirs 66 E. dont 25 nus 1,15 ha 22 h / 7 h, CV. A 3 km : Locations : , . Accès direct à l'étang ; rivière à 2 km.. Accueil groupes. Ouvert: 1.4 / 11.11. ☎ 03 24 37 60 37. E-mail : campinglepaquis08@gmail.com. Web : campinglepaquis08.worpress.com/.
Lat. : 49° 46' 60" N **Long.** : 004° 47' 33" E.

LES MAZURES

1-F4 17 km N.-O. Mézières. 331 m. ✉ 08500

LE LAC DES VIEILLES FORGES ★★★ Tourisme 284 E. dont 229 nus CV. Locations : . , . Accès direct aux bords du lac. ; ; . Accueil groupes adultes. Ouvert: 7.4 / 23.9. ☎ 04 84 39 08 73. E-mail : inesselma@homair.com. Web : www.homair.com.
Lat. : 49° 52' 21" N **Long.** : 004° 36' 17" E.

MATTON-ET-CLEMENCY

4-A1 21 km S.-E. Sedan. 256 m. ✉ 08110

DOMAINE DU BANEL ★★★ Loisirs 68 E. 2 ha . Accès direct à l'étang. Ouvert: 1.1 / 31.12. ☎ 03 24 27 15 89. E-mail : contact@dubanel.com. Web : www.dubanel.com.
Lat. : 49° 40' 12" N **Long.** : 005° 13' 11" E.

MONTHERME

1-F4 17 km N. Charleville-Mézières. 313 m. Station verte de vacances et village de neige ✉ 08800

CAMPING DES RAPIDES DE PHADE NC 100 E. 2 ha . Accès direct à la rivière. Ouvert: 15.6 / 15.9. ☎ 03 51 16 99 07. E-mail : guides@campingfrance.com. Web : www.campingdesrapidesdephade.fr.
Lat. : 49° 52' 57" N **Long.** : 004° 46' 33" E.

CAMPING DU PORT-DISEUR NC Loisirs 70 E. dont 55 nus, dont 2 GCC. 1 ha CV. Locations : , . Randonnée pédestre organisée. , . Accès direct à la rivière.. Accueil groupes. Ouvert: 31.3 / 14.10. ☎ 03 24 53 01 21. E-mail : camping-port-diseur@orange.fr.
Lat. : 49° 52' 39" N **Long.** : 004° 44' 32" E.

NEUVILLE-DAY

1-F5 15 km N. Vouziers. 150 m. ✉ 08130

FERME DE LA CROIX VILLIERE CV. Ouvert: 1.1 / 31.12. ☎ 03 24 71 44 19. E-mail : tourisme@coutel.com, Web : www.coutel.com.
Lat. : 49° 30' 08" N **Long.** : 004° 40' 55" E.

RANCENNES

1-F3 59 km N.-N.-E. Mézières. 172 m. ✉ 08600

LA CLE DES CHAMPS NC Loisirs 50 E. 1,45 ha CV. . Accès direct à la rivière.. Ouvert: 1.4 / 31.10. ☎ 06 80 63 32 72. E-mail : philippe.infuso@laposte.net.
Lat. : 50° 07' 54" N **Long.** : 004° 48' 36" E.

REVIN

1-F4 22 km N. Charleville-Mézières. 313 m. ✉ 08500

CAMPING MUNICIPAL LES BATEAUX ★★★ Tourisme 70 E. dont 65 nus 1 ha CV. Locations : , . Randonnée pédestre organisée. , . Accès direct à la rivière. . Accueil groupes. Ouvert: 1.4 / 31.10. ☎ 03 24 40 15 65. E-mail : campinglesbateaux@ville-revin.fr. Web : www.ville-revin.fr. Réduction H.S.
Lat. : 49° 56' 39" N **Long.** : 004° 37' 55" E.

SIGNY-LE-PETIT

1-F4 35 km N.-O. Charleville-Mézières. 297 m. Station verte de vacances et village de neige ✉ 08380

DOMAINE DE LA MOTTE ★★★★★ Loisirs 106 E. dont 82 nus CV. Locations : , . Randonnée pédestre organisée. Espace Fitness. couverte chauffée , . Etang à 300 m. Accueil groupes. Ouvert: 1.4 / 5.11. ☎ 03 24 53 54 73. E-mail : contact@dm08.fr. Web : www.dm08.fr.
Lat. : 49° 54' 48" N **Long.** : 004° 17' 13" E.

THILAY

1-F4 19 km N.-E. Charleville-Mézières. 336 m. ✉ 08800

LE FAUCON NC Tourisme 25 E. CV. Locations : , , , . Accès direct à la rivière. . Accueil groupes. Ouvert: 15.4 / 29.9. ☎ 07 82 60 78 94. E-mail : camping-faucon@orange.fr.
Lat. : 49° 52' 49" N **Long.** : 004° 49' 33" E.

09 ARIEGE

Cartes 12-13

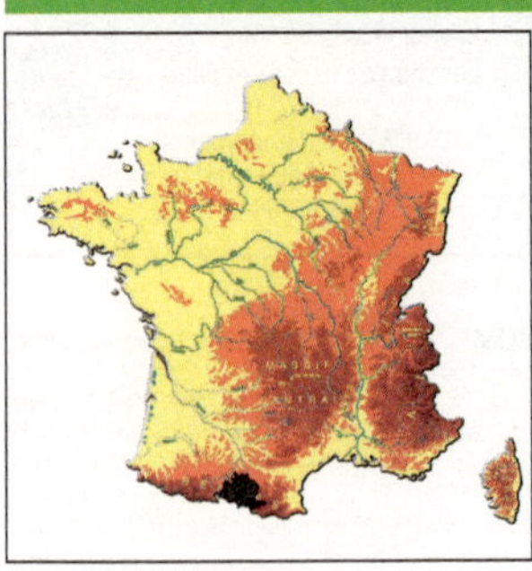

AIGUES-VIVES

13-B4 34 km S.-E. Pamiers. 443 m. ✉ 09600

LA SERRE ★★★ Tourisme 74 E. dont 47 nus 8 ha CV. Locations : cabanes. . Lac et rivière à 5 km. Accueil groupes. Ouvert: 1.4 / 31.10. ☎ 05 61 03 06 16. E-mail : contact@camping-la-serre.com. Web : www.camping-la-serre.com. Réduction H.S.
Lat. : 42° 59' 51" N **Long.** : 001° 52' 19" E.

ALBIES

13-A4 26 km S.-E. Foix. 1169 m. ✉ 09310

CAMPING MUNICIPAL LA COUME ★★ Tourisme 57 E. CV. . Rivière à 100 m.. Ouvert: 1.1 / 31.12. ☎ 05 61 64 98 99. E-mail : camping.albies09@orange.fr.
Lat. : 42° 46' 27" N **Long.** : 001° 42' 11" E.

ALLIAT

13-A4 21 km S. Foix. 822 m. ✉ 09400

LES GROTTES ★★★★ Tourisme 198 E. dont 100 nus 5,3 ha CV. Randonnée pédestre organisée. Espace Fitness. chauffée . Accès direct à l'étang et à la rivière. ; . Accueil groupes. Ouvert: 1.3 / 30.10. ☎ 05 61 05 88 21. E-mail : comptasarllesgrottes@orange.fr. Web : www.campingdesgrottes.com. Réduction H.S.
Lat. : 42° 48' 48" N **Long.** : 001° 35' 21" E.

ARTIGAT

13-A3 25 km N.-O. Pamiers. 311 m. ✉ 09130

LES EYCHECADOUS ★★★ Tourisme 39 E. dont 25 nus, dont 23 CC - 23 GCC. CV. , . Accès direct à la rivière ; lac à 5 km. . Ouvert: 20.1 / 20.12. ☎ 05 67 44 51 65. E-mail : campingartigat@hotmail.fr. Web : www.campingartigat.com. Réduction H.S.
Lat. : 43° 08' 16" N **Long.** : 001° 26' 38" E.
FFCC : avantages adhérent : 17.50 € du 20/01 au 30/04 et du 15/09 au 20/12 sur emp. et entre 40 € et 50 € la nuitée et entre 180 € et 400 € la semaine du 01/10 au 14/05 sur loc.

ASCOU

13-B4 46 km S.-E. Foix. 1603 m. ✉ 09110

ASCOU LA FORGE ★★★ Tourisme 55 E. 1 ha CV. Locations : , , . . Accès direct aux bords du lac et à la rivière. . Accueil groupes. Ouvert: 1.1 / 31.12. ☎ 05 61 64 60 03. E-mail : info@ascou-la-forge.fr. Web : www.ascou-la-forge.fr. Prix 2022. empl. Tourisme : 13 € ; 0,61 € ; 3 €. Réduction H.S.
Lat. : 42° 43' 25" N **Long.** : 001° 53' 36" E.

ASTON

13-A4 27 km S.-E. Foix. 1896 m. ✉ 09310

LE PAS DE L'OURS ★★★ Tourisme 60 E. dont 29 nus 2 ha CV. Locations : . Randonnée pédestre organisée. , , . Accès direct à la rivière.. Accueil groupes adultes. Ouvert: 1.6 / 6.9. ☎ 05 61 64 90 33. E-mail : lepasdelours@orange.fr. Web : www.lepasdelours.fr.
Lat. : 42° 46' 21" N **Long.** : 001° 40' 18" E.

LES GRANGES DE LÉO P.R.L ★★★ NN12 E. CV. Locations : , . Randonnée pédestre organisée. chauffée , , . Accès direct à la rivière.. Ouvert: 1.1 / 31.12. ☎ 0 5 61 02 95 86. E-mail : contact@lesgrangesdeleo.fr. Web : www.lesgrangesdeleo.fr.
Lat. : 42° 46' 22" N **Long.** : 001° 40' 14" E.

AUGIREIN

12-F4 23 km S.-O. Saint-Girons. 1053 m. ✉ 09800

LA VIE EN VERT ★★★ Tourisme 12 E. dont 11 nus 0,15 ha CV. Locations : tipi. . Accès direct à la rivière.. Ouvert: 10.6 / 10.9. ☎ 05 61 96 82 66. E-mail : daffis@lavieenvert.com. Web : www.lavieenvert.com. Prix 2022. Fft jour : empl. Tourisme (2) : 22 € ( ) ; sup 6 € ; animaux 1 € ; 4 € ; 5 €.
Lat. : 42° 55' 54" N **Long.** : 000° 55' 13" E.

AULUS-LES-BAINS

12-F4 32 km S.-E. St-Girons. 1578 m. Station verte de vacances et village de neige ✉ 09140

LE COULEDOUS ★★ Tourisme 90 E. dont 72 nus 1,6 ha CV. Locations : . . Accès direct à la rivière.. Accueil groupes. Ouvert: 15.12 / 31.12. ☎ 05 61 66 43 56. E-mail : campinglecouledous@orange.fr. Web : www.camping-aulus-couledous.com. Réduction H.S.
Lat. : 42° 47' 39" N **Long.** : 001° 19' 55" E.

AUZAT

13-A4 32 km S.-O. Foix. 1940 m. Village de neige ✉ 09220

CAMPING LA VERNIERE ★★ Tourisme 48 E. dont 32 nus CV. Locations : . chauffée , , . Rivière à 5 m.. Accueil groupes. Ouvert: 1.1 / 31.12. ☎ 05 61 64 84 46. E-mail : camping.auzat@orange.fr. Web : www.laverniere.eu. Réduction H.S.
Lat. : 42° 45' 49" N **Long.** : 001° 28' 57" E.

BELLOC

13-B3 35 km S.-E. Pamiers. 409 m. ✉ 09600

LE ROC DEL REY ★★ Tourisme 45 E. dont 26 nus CV. Locations : caravane. . Rivière à 1 km ; lac à 4 km. Ouvert: 17.4 / 30.10. ☎ 05 61 68 87 93. E-mail : campinglerocdelrey@gmail.com. Web : www.lerocdelrey.fr. Réduction H.S.
Lat. : 43° 00' 41" N **Long.** : 001° 55' 30" E.

BENAIX

13-B4 27 km S.-E. Foix. 733 m. ✉ 09300

LE MATHIBOT . Ouvert: 1.1 / 31.12. ☎ 05 61 01 86 36. E-mail : jacques.verhamme@orange.fr, Web : www.lemathibot.fr. Prix 2023. Fft jour : empl. Tourisme (2) : 17 € ( ) ; sup 3 € ; animaux 1,50 € ; 2 € ; 3 €. Réduction H.S.
Lat. : 42° 54' 17" N **Long.** : 001° 49' 59" E.

BIERT

12-F4 24 km S.-E. Saint-Girons. 892 m. ✉ 09320

CAMPING MUNICIPAL NC 20 E. 0,4 ha CV . . Rivière à 10 m ; étang à 5 km. . Accueil groupes. Ouvert: 1.6 / 30.9. ☎ 0 5 61 96 91 24. E-mail : mairie.biert@wanadoo.fr.
Lat. : 42° 53' 52" N **Long.** : 001° 18' 51" E.

M. PHILIPPE GOUAZE CV . Ouvert: 15.6 / 15.9. ☎ 05 61 96 95 03. E-mail : camping.azaigouat@orange.fr, Web : azaigouat.waibe.fr. Prix 2023. Fft nuit : empl. Tourisme (2) : 16 € ( ) ; sup 10 € nuit ; 5 € nuit ; 3 € nuit.
Lat. : 42° 53' 32" N **Long.** : 001° 18' 45" E.
FFCC : avantages adhérent : 12 € du 15/06 au 01/07 et du 25/08 au 15/09 sur emp. et entre 20 € et 25 € la nuitée et entre 120 € et 150 € la semaine du 15/06 au 01/07 et du 25/08 au 15/09 sur loc.

CAMON

13-B3 36 km S.-O. Pamiers. 406 m. ✉ 09500

LA BESSE ★★★★ Tourisme 94 E. CV . Locations : . Randonnée pédestre organisée. , , . Accès direct à la rivière ; lac à 5 km. . Accueil groupes. Ouvert: 2.4 / 1.11. ☎ 05 61 68 84 63. E-mail : contact@camping-labesse.com. Web : www.camping-labesse.com. Réduction H.S.
Lat. : 43° 00' 55" N **Long.** : 001° 58' 29" E.

LA PIBOLA ★★★ Tourisme 60 E. dont 28 nus 2 ha CV . Locations : . chauffée. Accueil groupes. Ouvert: 10.4 / 30.9. ☎ 05 61 68 12 14. E-mail : contact@campinglapibola.com. Web : www.lapibola.com. Prix 2023. Fft nuit : empl. Tourisme (2) : 27 € ( ). Réduction H.S.
Lat. : 43° 01' 51" N **Long.** : 001° 56' 15" E.

CAPOULET-ET-JUNAC

13-A4 20 km S. Foix. 659 m. ✉ 09400

LA PRAIRIE ★★★ Tourisme 75 E. dont 39 nus, dont 36 GCC. 2 ha CV . Locations : . , , . Accès direct à la rivière. . Ouvert: 15.3 / 31.10. ☎ 05 61 05 81 81. E-mail : info@campingdelaprairie.com. Web : www.campingdelaprairie.com. Réduction H.S.
Lat. : 42° 48' 03" N **Long.** : 001° 35' 18" E.

CASTILLON-EN-COUSERANS

12-F4 13 km S.-O. Saint-Girons. 901 m. ✉ 09800

CAMPING MUNICIPAL ★★ Tourisme 100 E. 1 ha . , . Rivière à 100 m.. Ouvert: 1.7 / 30.9. ☎ 05 61 96 72 72. E-mail : mairiecastillon2@wanadoo.fr.
Lat. : 42° 55' 13" N **Long.** : 001° 01' 44" E.

COS

13-A4 4 km N.-O. Foix. 541 m. ✉ 09000

CAMPING MUNICIPAL DU RIEUTORD NC Tourisme 10 E. 0,6 ha CV. , . Accès direct à l'étang ; rivière à 1 km ; lac à 3 km. . Accueil groupes. Ouvert: 1.1 / 31.12. ☎ 06 71 18 10 38. E-mail : mairiedecos@neuf.fr. Web : camping-municipal-cos09.fr/. Réduction H.S.
Lat. : 42° 58' 16" N **Long.** : 001° 34' 22" E.

DURFORT

13-A3 27 km N.-O. Pamiers. 306 m. ✉ 09130

LE BOURDIEU ★★★ Loisirs 41 E. dont 4 nus 4 ha CV . Locations : , . , , . Lac à 3 km ; étang à 4 km. Accueil groupes. Ouvert: 1.1 / 31.12. ☎ 05 61 67 30 17. E-mail : lebourdieu@wanadoo.fr. Web : www.vap-camping.fr/fr/domaine-du-bourdieu. Prix 2022. Fft jour : empl. Tourisme (2) : 22 € ( ). Réduction H.S.
Lat. : 43° 11' 31" N **Long.** : 001° 27' 25" E.

ESCOSSE

13-A3 10 km O. Pamiers. 325 m. ✉ 09100

VILLA MAYARI ★★ Tourisme 25 E. dont 21 nus, dont 10 CC. 1 ha . Locations : . . Rivière à 5 m.. Ouvert: 20.4 / 1.10. ☎ 0 977387352. E-mail : contact@villa-mayari.com. Web : www.villa-mayari.com. Prix 2022. Fft jour : empl. Tourisme (2) : 24 € ( ) ; sup 12 € ; animaux 2 € ; 8 € ; 4 €. Réduction H.S.
Lat. : 43° 07' 44" N **Long.** : 001° 31' 48" E.

FOIX

13-A4 763 km S.-S.-O. Paris. 489 m. ✉ 09000

CAMPING DU LAC ★★★ Tourisme 135 E. dont 45 nus 2,7 ha CV . , , . Accès direct à l'étang et à la rivière.. Accueil groupes. Ouvert: 14.3 / 1.11. ☎ 05 61 65 11 58. E-mail : camping-du-lac@wanadoo.fr. Web : www.vap-camping.fr.
Lat. : 42° 59' 21" N **Long.** : 001° 36' 56" E.
FFCC : avantages adhérent : 19 € du 15/03 au 01/06 et du 26/09 au 01/11 sur emp. et entre 43 € et 81 € la nuitée et entre 336 € et 560 € la semaine du 15/03 au 01/06 sur loc.

FOUGAX-ET-BARRINEUF

13-B4 40 km S.-E. Foix. 779 m. ✉ 09300

LA TAILLADE DE MONTSÉGUR P.R.L ★★★ NN35 E. Locations : . , . Accès direct à la rivière. Accueil groupes adultes. Ouvert: 1.3 / 30.10. ☎ 05 61 05 60 89. E-mail : contact@latailladedemontsegur.com. Web : www.latailladedemontsegur.com.
Lat. : 42° 52' 49" N **Long.** : 001° 53' 38" E.

LES BUIS ★★ Tourisme 26 E. CV. Locations : , caravane. Randonnée pédestre organisée. chauffée , . Accès direct à la rivière.. Ouvert: 17.3 / 15.9. ☎ 05 34 14 60 69. E-mail : contact@ariege-lesbuis.com. Web : www.camping.ariege-lesbuis.com.
Lat. : 42° 52' 50" N **Long.** : 001° 53' 42" E.

GARANOU

13-A4 33 km S.-E. Foix 820 m. ✉ 09250

LES THEOGLINES P.R.L ★★★ NN3 E. Locations : . Ouvert: 1.1 / 31.12. ☎ 06 84 47 86 00. E-mail : accueil@lestheoglines.fr. Web : www.lestheoglines.fr.
Lat. : 42° 46' 04" N **Long.** : 001° 45' 27" E.

GUDAS

13-A3 15 km S.-E. Pamiers. 525 m. ✉ 09120

CAMPING NATURISTE MILLEFLEURS ★★★ Tourisme 45 E. dont 39 nus, dont 3 CC. 4 ha CV . Rés. naturiste. Locations : , , caravane. couverte chauffée . Ouvert: 1.4 / 31.10. ☎ 05 61 60 77 56. E-mail : millefleurs08@gmail.com. Web : www.camping-millefleurs.com. Prix 2022. empl. Tourisme : 10,50 € ; 8,50 € ; animaux 2,50 € ; 6 € ; 4 €. Réduction H.S.
Lat. : 42° 59' 35" N **Long.** : 001° 40' 40" E.
FFCC : avantages adhérent : 22 € du 01/04 au 15/05 et du 15/09 au 31/10 sur emp.

L'HERM

13-A4 8 km E. Foix. 598 m. 09000

LA CLAIRIÈRE CV. Ouvert: 1.7 / 5.9. ☎ 06 45 87 57 02. E-mail : campinglaclairiere@gmail.com, Web : www.campinglaclairiere.fr. Prix 2022. 6 € ; 1 € ; 1 € ; 3 € ; 3 €.
Lat. : 42° 58' 38" N **Long.** : 001° 39' 58" E.
FFCC : avantages adhérent : 15 € du 01/07 au 03/09 sur emp.

L'HOSPITALET-PRES-L'ANDORRE

13-A5 60 km S.-E. Foix. 2098 m. 09390

CAMPING MUNICIPAL LES PORTES DES CIMES ★ Tourisme 60 E. dont 62 nus CV. Rivière à 50 m.. Ouvert: 1.6 / 30.9. ☎ 05 61 05 21 10. E-mail : contact@camping-hospitalet.com. Web : www.laportedescimes.com.
Lat. : 43° 19' 30" N **Long.** : 000° 42' 11" E.

LA BASTIDE-DE-SEROU

13-A3 17 km N.-O. Foix. 480 m. Station verte de vacances et village de neige 09240

L'ARIZE ★★★★ Tourisme 94 E. dont 59 nus, dont 12 GCC. 3 ha CV. Locations : . Randonnée pédestre organisée. chauffée , . Accès direct à la rivière ; lac à 5 km. . Accueil groupes. Ouvert: 4.4 / 1.11. ☎ 05 61 65 81 51. E-mail : mail@camping-arize.com. Web : www.camping-arize.com. Réduction H.S.
Lat. : 43° 00' 06" N **Long.** : 001° 26' 44" E.
FFCC : avantages adhérent : 18 € du 30/04 au 09/07 et du 28/08 au 30/09 sur emp. et entre 60 € et 150 € la nuitée et 259 € la semaine du 30/04 au 02/07 et du 28/08 au 30/09 sur loc.

LAVELANET

13-B4 27 km S.-E. Foix. 572 m. 09300

LE PRÉ CATHARE ★★★ Tourisme 150 E. 5 ha CV. Locations : . Randonnée pédestre organisée. chauffée . Rivière à 4 km. . Accueil groupes. Ouvert: 1.4 / 30.9. ☎ 05 61 01 55 54. E-mail : leprecathare@orange.fr. Web : www.leprecathare.fr.
Lat. : 42° 55' 24" N **Long.** : 001° 50' 43" E.

LE FOSSAT

12-F3 17 km N.-O. Pamiers. 281 m. 09130

CAMPING DU FOSSAT ★ Tourisme 15 E. dont 10 CC. 1 ha . Locations : . Accès direct à la rivière. . Accueil groupes. Ouvert: 1.3 / 31.10. ☎ 06 84 76 31 59. E-mail : campinglefossat@hotmail.fr. Web : camping-le-fossat.fr.
Lat. : 43° 10' 25" N **Long.** : 001° 24' 34" E.

LE MAS-D'AZIL

12-F3 34 km O. Pamiers. 401 m. 09290

LE PETIT PYRÉNÉEN ★★★ Tourisme 60 E. dont 44 nus CV . Locations : . Accès direct aux bords du lac et à la rivière. . Accueil groupes. Ouvert: 16.4 / 4.10. ☎ 07 87 06 12 72. E-mail : contact@campinglepetitpyreneen.com. Web : www.campinglepetitpyreneen.com.
Lat. : 43° 04' 44" N **Long.** : 001° 22' 41" E.
FFCC : avantages adhérent : 17 € du 14/04 au 30/06 et du 01/09 au 02/10 sur emp.

LERAN

13-B4 38 km S.-E. Pamiers. 409 m. 09600

LA RÉGATE ★★★ Tourisme 60 E. dont 36 nus CV . Locations : . Lac à 200 m. . Accueil groupes adultes. Ouvert: 4.4 / 11.10. ☎ 05 61 03 09 17. E-mail : contact@campinglaregate.com. Web : www.campinglaregate.com. Réduction H.S.
Lat. : 42° 59' 03" N **Long.** : 001° 56' 06" E.
FFCC : avantages adhérent : 18 € du 02/04 au 08/07 et du 27/08 au 06/11 sur emp. et entre 478.80 € et 598.50 € la semaine du 02/04 au 08/07 et du 27/08 au 06/11 sur loc.

LES CABANNES

13-A4 25 km S.-S.-E. Foix. 539 m. 09310

LE PAYS DE BEILLE ★★ Tourisme 82 E. dont 82 nus CV . Accès direct à la rivière.. Accueil groupes. Ouvert: 1.1 / 31.12. ☎ 05 61 64 77 45. E-mail : camping@paysdebeille.fr. Web : camping.paysdebeille.fr. Prix 2022. empl. Tourisme : 4,90 € ; 4,60 € ; 3 € ; 5,10 €.
Lat. : 42° 47' 11" N **Long.** : 001° 41' 32" E.

LORDAT

13-A4 40 km S.-E. Foix 1488 m. 09250

CAMPING A LA FERME . Ouvert: 15.5 / 15.10. ☎ 05 61 64 45 77. E-mail : jose.barbosa168@orange.fr, Web : www.ariege.com.
Lat. : 42° 46' 40" N **Long.** : 001° 45' 36" E.

LUZENAC

13-A4 32 km S.-E. Foix. 1526 m. 09250

LE CASTELLA ★★ Loisirs 130 E. 2,5 ha CV . Locations : . Accès direct à la rivière. . Ouvert: 1.1 / 31.12. ☎ 05 61 64 47 53. E-mail : campinglecastella@orange.fr. Web : www.campingcastella.com. Réduction H.S.
Lat. : 42° 45' 32" N **Long.** : 001° 45' 48" E.

MANSES

13-A3 26 km O. Pamiers. 365 m. 09500

BEL REPAYRE ★★★ Tourisme 12 E. . Locations : caravane. , . Rivière à 5 km. Accueil groupes. Ouvert: 30.4 / 27.9. ☎ 05 61 68 11 99. E-mail : belrepayre@orange.fr. Web : www.airstreameurope.com/. Réduction H.S.
Lat. : 43° 07' 08" N **Long.** : 001° 47' 37" E.

MASSAT

12-F4 27 km S.-E. Saint-Girons. 1120 m. 09320

CAMPING MUNICIPAL NC Tourisme 34 E. 0,3 ha CV. . Rivière à 500 m.. Accueil groupes. Ouvert: 1.6 / 30.9. ☎ 05 61 96 96 33. E-mail : lesomai09@gmail.com. Web : mairie-massat.fr.
Lat. : 42° 53' 17" N **Long.** : 001° 20' 40" E.

MAZERES

13-A3 17 km N.-E. Pamiers. 248 m. 09270

LA BASTIDE ★★★ Tourisme 110 E. CV . Locations : , . Accès direct à la rivière. . Accueil groupes. Ouvert: 27.4 / 28.9. ☎ 09 67 73 72 41. E-mail : la-bastide@orange.fr. Web : www.vap-camping.fr.
Lat. : 43° 14' 58" N **Long.** : 001° 40' 59" E.

MERCUS-GARRABET

13-A4 11 km S.-E. Foix. 762 m. 09400

CAMPING DU LAC MERCUS ★★★★ Tourisme 63 E. dont 32 nus 1 ha CV . Locations : . chauffée , . Accès direct aux bords du lac et à la rivière. ; . Ouvert: 8.4 / 4.11. ☎ 05 61 05 90 61. E-mail : info@campingdulacmercus.com. Web : www.campingdulacmercus.com. Réduction H.S.
Lat. : 42° 52' 18" N **Long.** : 001° 37' 21" E.

MERENS-LES-VALS

13-B4 50 km S.-E. Foix. 1940 m. 09110

CAMPING DE MÉRENS-LES-VALS ★★★ Tourisme 71 E. 1 ha CV. Randonnée pédestre organisée. . Accès direct à la rivière.. Ouvert: 1.1 / 31.12. ☎ 05 61 02 85 40. E-mail : camping.merens@wanadoo.fr. Web : camping.merenslesvals.fr/.
Lat. : 42° 38' 47" N **Long.** : 001° 49' 51" E.

MIREPOIX

13-B3 24 km E. Pamiers. 352 m. 09500

LES NYSADES ★★★ Tourisme 64 E. dont 45 nus 0,9 ha . Locations : , . Rivière à 1 km. . Accueil groupes. Ouvert: 14.4 / 1.10. ☎ 05 61 60 28 63. E-mail : campinglesnysades@orange.fr. Web : www.camping-mirepoix-ariege.com.
Lat. : 43° 05' 20" N **Long.** : 001° 53' 11" E.

MONTBEL

13-B4 44 km S.-E. Pamiers. 429 m. 09600

AIRE NATURELLE LE FORT . Ouvert: 1.4 / 30.9. ☎ 04 68 69 20 18. E-mail : camping.lefortmontbel09@orange.fr.
Lat. : 42° 58' 49" N **Long.** : 001° 58' 10" E.

MONTGAILLARD

13-A4 4 km S.-E. Foix. 538 m. 09330

LA ROUCATEILLE ★★★ Tourisme 71 E. dont 31 nus CV . A 4 km : Locations : . . Rivière à 300 m ; lac à 5 km. Accueil groupes. Ouvert: 6.6 / 4.10. ☎ 05 61 64 05 92. E-mail : info@roucateille.com. Web : www.camping-roucateille.com. Réduction H.S.
Lat. : 42° 55' 51" N **Long.** : 001° 38' 19" E.

MONTJOIE-EN-COUSERANS

12-F3 3 km N. Saint-Girons. 497 m. 09200

AUDINAC LES BAINS ★★★ Tourisme 126 E. dont 28 nus, dont 24 CC - 4 GCC. 8 ha CV . Locations : , tonneau. Randonnée pédestre organisée. chauffée , , . Accès direct à l'étang ; rivière à 4 km. . Accueil groupes. Ouvert: 1.5 / 20.9. ☎ 05 61 66 44 50. E-mail : campingaudinac@gmail.com. Web : www.camping-audinaclesbains.com.
Lat. : 43° 00' 26" N **Long.** : 001° 11' 03" E.
FFCC : avantages adhérent : 19 € du 05/05 au 30/06 et du 27/08 au 17/09 sur emp.

MOULIS

12-F4 5 km S.-O. Saint-Girons. 774 m. ✉ 09200

CAMPING AMOUR D'ARIEGE NC Tourisme 92 E. 2 ha. Ouvert: 1.1 / 31.12. ☎ 05 81 29 38 74. E-mail : guides@campingfrance.com. Web : www.campingamourdariege.com.
Lat. : 42° 57' 15" N **Long.** : 001° 04' 44" E.

ORLU

13-B4 41 km S.-E. Foix. 1879 m. ✉ 09110

CAMPING MUNICIPAL LES IOULES ★★★ Tourisme 100 E. dont 70 nus 0,93 ha CV. Locations : . chauffée , . Accès direct à la rivière.. Accueil groupes. Ouvert: 1.1 / 31.12. ☎ 05 61 64 21 70. E-mail : camping.ioules@gmail.com. Web : www.vallee-orlu.com. Réduction H.S.
Lat. : 42° 42' 09" N **Long.** : 001° 53' 00" E.

ORNOLAC-USSAT-LES-BAINS

13-A4 19 km S. Foix. 949 m. ✉ 09400

ARIEGE EVASION ★★★ Tourisme 86 E. dont 80 nus 2 ha CV. Locations : , . Accès direct aux bords du lac et à la rivière. Ouvert: 14.4 / 15.10. ☎ 05 61 05 11 11. E-mail : contact@ariege-evasion.com. Web : www.ariege-evasion.com. Réduction H.S.
Lat. : 42° 49' 01" N **Long.** : 001° 38' 04" E.

OUST

12-F4 17 km S.-E. Saint-Girons. 775 m. ✉ 09140

LES 4 SAISONS ★★★ Tourisme 108 E. dont 78 nus CV. Locations : . Randonnée pédestre organisée. Accès direct à la rivière. Accueil groupes. Ouvert: 1.1 / 31.12. ☎ 05 61 65 89 21. E-mail : camping.ariege@gmail.com. Web : www.camping4saisons.com. Prix 2023. Fft jour : empl. Tourisme (2) : 19 € ( ) ; sup 6 € ; animaux 3 € ; 3,50 €. Réduction H.S.
Lat. : 42° 52' 21" N **Long.** : 001° 13' 14" E.

CAMPING MUNICIPAL LA COTE ★★ Tourisme 50 E. 2 ha. Locations : , , . Accès direct à la rivière. ; . Ouvert: 1.3 / 31.10. ☎ 05 61 96 50 53. E-mail : mairie.oust@wanadoo.fr. Web : www.camping-oust.com.
Lat. : 42° 52' 12" N **Long.** : 001° 12' 35" E.

PAMIERS

13-A3 19 km N. Foix. 307 m. ✉ 09100

L'APAMÉE ★★★ Tourisme 100 E. dont 71 nus 4 ha CV. A 2 km : Locations : . , . Accès direct à la rivière.. Accueil groupes. Ouvert: 4.4 / 14.11. ☎ 05 61 60 06 89. E-mail : v-a-p@orange.fr. Web : www.vap-camping.fr/camping-pamiers. Réduction H.S.
Lat. : 43° 07' 30" N **Long.** : 001° 36' 08" E.

QUERIGUT

13-B4 100 km S.-E. Foix. 1547 m. ✉ 09460

LE BOSQUET ★★ Tourisme 25 E. dont 25 nus 0,6 ha 22h / 8h, CV. Accès direct à la rivière ; étang et lac à 5 km.. Accueil groupes. ☎ 04 68 20 41 62. E-mail : j.m.tichadou@wanadoo.fr. Web : www.camping-le-bosquet-ariège.com. Réduction H.S.
Lat. : 42° 41' 40" N **Long.** : 002° 05' 48" E.

RIEUX-DE-PELLEPORT

13-A3 7 km S. Pamiers. 420 m. ✉ 09120

LES MIJEANNES ★★★ Tourisme 152 E. dont 84 nus 5 ha CV. Locations : , . chauffée , , . Accès direct à la rivière. ; . Ouvert: 1.1 / 31.12. ☎ 05 61 60 82 23. E-mail : lesmijeannes@orange.fr. Web : www.campinglesmijeannes.com. Réduction H.S.
Lat. : 43° 03' 45" N **Long.** : 001° 37' 17" E.

SAINT-GIRONS

12-F4 44 km O. Foix. 499 m. ✉ 09200

PARC DE PALÉTÈS ★★★ Tourisme 54 E. dont 30 nus 1,50 ha CV. Locations : , roulotte. . Rivière à 500 m. Accueil groupes. Ouvert: 1.1 / 31.12. ☎ 05 61 66 06 79. E-mail : contacts@parcdepaletes.com. Web : www.camping-parc-de-paletes.com.
Lat. : 42° 58' 27" N **Long.** : 001° 09' 60" E.

SAINT-JEAN-DE-VERGES

13-A3 443 m. ✉ 09000

CAMPING DE MARSEILLAS. Ouvert: 1.5 / 30.10. ☎ 05 61 05 33 94. E-mail : marseillas@free.fr, Web : marseillas.fr.
Lat. : 43° 00' 32" N **Long.** : 001° 37' 38" E.

SAVIGNAC-LES-ORMEAUX

13-A4 39 km S.-E. Foix. 1544 m. ✉ 09110

LE MALAZEOU ★★★★ Tourisme 198 E. dont 131 nus CV. Espace Fitness. chauffée . Accès direct à la rivière.. Accueil groupes. Ouvert: 28.4 / 12.11. ☎ 05 61 64 69 14. E-mail : contact@campingmalazeou.com. Web : www.campingmalazeou.com.
Lat. : 42° 43' 43" N **Long.** : 001° 49' 32" E.

CAMPING LA MARMOTTE NC 185 E. A 4 km : Lac à 300 m ; rivière à 400 m. Ouvert: 1.1 / 31.12. ☎ 09 70 35 28 09. E-mail : camping.lamarmotte@orange.fr. Web : www.camping-ax-les-thermes-ariege.com.
Lat. : 42° 43' 48" N **Long.** : 001° 48' 46" E.

SEIX

12-F4 19 km S.-S.-E. Saint-Girons. 1322 m. Station verte de vacances et village de neige ✉ 09140

LE HAUT SALAT ★★★ Tourisme 134 E. dont 85 nus CV. Locations : . Randonnée pédestre organisée. chauffée . Accès direct à la rivière. Ouvert: 26.2 / 19.10. ☎ 05 61 66 81 78. E-mail : campinghautsalat@orange.fr. Web : www.camping-haut-salat.com. Réduction H.S.
Lat. : 42° 52' 16" N **Long.** : 001° 12' 21" E.

AU SONGE DU VALIER ★★ 21 E. dont 15 nus CV. Locations : , . , . Rivière à 500 m.. Accueil groupes adultes. Ouvert: 15.6 / 15.9. ☎ 05 61 66 80 99. E-mail : ausongeduvalier@gmail.com. Web : www.camping-songeduvalier.fr/fr.
Lat. : 42° 52' 33" N **Long.** : 001° 12' 21" E.

AIRE NATURELLE CV. Ouvert: 1.1 / 31.12. ☎ 05 61 04 85 84. E-mail : fermelesbouries@wanadoo.fr, Web : fermelesbouries.free.fr.
Lat. : 42° 47' 24" N **Long.** : 001° 10' 39" E.

SENTEIN

12-F4 23 km S.-O. Saint-Girons. 1619 m. ✉ 09800

CAMPING MUNICIPAL LA GRANGE NC 46 E. dont 46 nus 0,88 ha CV. Accès direct à la rivière ; lac à 2 km.. Ouvert: 1.7 / 28.9. ☎ 05 61 96 18 74. E-mail : communedesentein@wanadoo.fr.
Lat. : 42° 52' 29" N **Long.** : 000° 57' 13" E.

SORGEAT

13-B4 45 km S.-E. Foix. 1496 m. ✉ 09110

CAMPING MUNICIPAL ★★ Tourisme 40 E. dont 39 nus 2 ha CV. A 5 km : Locations : . Rivière à 300 m. Accueil groupes. Ouvert: 1.5 / 31.10. ☎ 05 61 64 36 34. E-mail : info@camping-ariege-sorgeat.fr. Web : camping-ariege-sorgeat.fr/. Réduction H.S.
Lat. : 42° 43' 59" N **Long.** : 001° 51' 15" E.

SURBA

13-A4 18 km S. Foix. 607 m. ✉ 09400

LE SEDOUR ★★★ Tourisme 78 E. 1,6 ha CV. Rivière à 200 m ; lac à 4 km.. Accueil groupes. Ouvert: 1.1 / 31.12. ☎ 05 61 05 87 28. E-mail : campinglesedour@orange.fr. Web : www.camping-lesedour.com/.
Lat. : 42° 51' 21" N **Long.** : 001° 35' 16" E.

TARASCON-SUR-ARIEGE

13-A4 15 km S. Foix. 646 m. Station verte de vacances et village de neige ✉ 09400

LE PRÉ LOMBARD ★★★★ Tourisme 206 E. dont 86 nus CV. Locations : . Randonnée pédestre organisée. chauffée . Accès direct à la rivière ; étang à 1 km ; lac à 3 km. Accueil groupes. Ouvert: 12.3 / 31.10. ☎ 05 61 05 61 94. E-mail : contact@prelombard.com. Web : www.prelombard.com.
Lat. : 42° 50' 24" N **Long.** : 001° 36' 43" E.

FFCC : avantages adhérent : 10% du 28/04 au 30/06 et du 01/09 au 18/0910% du 28/04 au 30/06 et du 01/09 au 18/09 sur emp. et loc. + Rendez-vous dans votre club avantages FFCC pour obtenir le code promotionnel et réserver !.

UNZENT

13-A3 14 km N.-O. Pamiers 337 m. ✉ 09100

LAC DE LA LAURE. Ouvert: 15.5 / 15.10. ☎ 05 61 60 33 16. E-mail : muriel.verot@orange.fr, Web : campingdelalaure.fr.gd. Prix 2022. 7 € ; 4 € ; 3 €.
Lat. : 43° 10' 11" N **Long.** : 001° 31' 22" E.

USTOU

12-F4 30 km S.-E. Saint-Girons. 1455 m. ✉ 09140

LE MONTAGNOU ★★★ Tourisme 44 E. dont 22 nus 0,5 ha CV. Locations : , , roulotte. chauffée . Accès direct à la rivière. Accueil groupes adultes. Ouvert: 15.3 / 1.10. ☎ 05 61 66 94 97. E-mail : campinglemontagnou@wanadoo.fr. Web : www.lemontagnou.com. Prix 2022. Fft jour : empl. Tourisme (2) : 18,5 € ( ) ;
Lat. : 42° 48' 42" N **Long.** : 001° 15' 22" E.

CAMPING MUNICIPAL DE L'USTOU ★★ Tourisme 54 E. 2 ha. Rivière à 500 m. Ouvert: 1.1 / 31.12. ☎ 05 61 66 92 21. E-mail : mairie-ustou@wanadoo.fr.
Lat. : 42° 47' 51" N **Long.** : 001° 15' 48" E.

VERDUN

13-A4 26 km S.-E. Foix. 964 m. ✉ 09310

VALLEE DE BEILLE CV. Ouvert: 1.5 / 31.10. ☎ 05 61 64 70 35. E-mail : lecampingdebeille@free.fr, Web : www.campingvalleedebeille.com.
Lat. : 42° 47' 30" N **Long.** : 001° 41' 28" E.

VICDESSOS

13-A4 14 km S.-O. Tarascon. 845 m. Village de neige ✉ 09220

LA BEXANELLE ★★★★ Tourisme 172 E. dont 142 nus 5,5 ha CV. Locations : . , . Accès direct à la rivière.. Accueil groupes. Ouvert: 1.1 / 31.12. ☎ 05 61 64 82 22. E-mail : info@labexanelle.com. Web : www.labexanelle.com. Réduction H.S.
Lat. : 42° 46' 07" N **Long.** : 001° 29' 32" E.

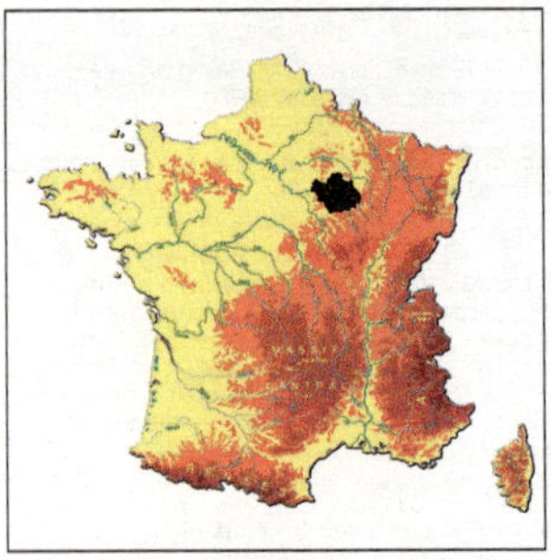

ARCIS-SUR-AUBE

3-E4 28 km N.-N.-E. Troyes. 101 m. ✉ 10700

L'ÎLE CHERLIEU NC Tourisme 80 E. dont 53 nus 2,2 ha CV. A 2 km : Locations : , . Accès direct à la rivière. ; ; . Ouvert: 15.4 / 30.9. ☎ 03 25 37 98 79. E-mail : camping-arcis@hermans.cx. Réduction H.S.
Lat. : 48° 32' 20" N **Long.** : 004° 08' 35" E.
FFCC : avantages adhérent : 23 € du 15/04 au 30/06 et du 01/09 au 30/09 sur emp. et entre 15 € et 23 € la nuitée du 15/04 au 30/06 et du 01/09 au 30/09 sur loc.

CLEREY

3-F5 16 km S.-E. Troyes. 132 m. ✉ 10390

LES TERRES ROUGES ★★ Loisirs 25 E. CV . Locations : . , , . Accès direct aux bords du lac. ; ; ; . Accueil groupes. Ouvert: 2.4 / 30.9. ☎ 06 70 00 76 75. E-mail : terres-rouges@wanadoo.fr. Web : www.les-terres-rouges.com.
Lat. : 48° 12' 09" N **Long.** : 004° 10' 00" E.

DIENVILLE

3-F5 20 km N.-O. Bar-sur-Aube. 143 m. ✉ 10500

LE COLOMBIER ★★★ Tourisme 44 E. dont 43 nus 0,8 ha CV . Locations : , . , . Accès direct à la rivière ; lac à 300 m. . Accueil groupes. Ouvert: 1.4 / 15.11. ☎ 03 25 92 23 47. E-mail : lecolombier10@gmail.com. Web : www.domaine-le-colombier.fr. Prix 2022. Fft jour : empl. Tourisme (2) : 30 € ( ) ; sup 6 € ; animaux 2,40 € ; 4 € ; 4,50 €.
Lat. : 48° 20' 54" N **Long.** : 004° 31' 56" E.

DU TERTRE NC Tourisme 147 E. dont 68 CC - 13 GCC. 3,5 ha CV . chauffée. Accès direct aux bords du lac ; rivière à 400 m. . Ouvert: 26.3 / 6.10. ☎ 03 25 92 26 50. E-mail : campingdutertre@wanadoo.fr. Web : www.campingdutertre.fr.
Lat. : 48° 20' 57" N **Long.** : 004° 31' 39" E.

DOSCHES

3-F5 15 km N.-E. Troyes 141 m. ✉ 10220

LA FROMENTELLE NC Tourisme 50 E. 0,9 ha . Lac à 4 km. Ouvert: 30.4 / 30.9. ☎ 03 25 41 52 67. E-mail : patrick.dutertre@nordnet.fr.
Lat. : 48° 17' 24" N **Long.** : 004° 16' 58" E.

EAUX-PUISEAUX

3-E5 31 km S.-O. Troyes. 206 m. ✉ 10130

FERME DES HAUTS FRÊNES ★★★ Tourisme 35 E. dont 35 nus 1,5 ha CV . Locations : . Randonnée pédestre organisée. . Accueil groupes adultes. Ouvert: 1.1 / 31.12. ☎ 03 25 42 15 04. E-mail : les.hauts.frenes@wanadoo.fr. Web : www.les-hauts-frenes.com. Prix 2023. empl. Tourisme : 4,50 € ; 4,50 € ; animaux 2 € ; 3 € ; 4 €.
Lat. : 48° 07' 01" N **Long.** : 003° 52' 60" E.
FFCC : avantages adhérent : 18 € du 01/01 au 31/12 sur emp.

ERVY-LE-CHATEL

3-E5 37 km S.-O. Troyes. 140 m. ✉ 10130

CAMPING MUNICIPAL LES MOTTES ★★ Tourisme 51 E. 1 ha CV . . Rivière à 300 m.. Accueil groupes. Ouvert: 15.5 / 15.9. ☎ 03 25 70 07 96. E-mail : mairie-ervy-le-chatel@wanadoo.fr. Web : www.ervy-le-chatel.fr. Prix 2022. empl. Tourisme : 3 € ; 3,50 € ; 3 € ; animaux 2 € ; 2,50 € ; 3,50 €.
Lat. : 48° 02' 27" N **Long.** : 003° 55' 06" E.

GERAUDOT

3-F5 22 kms E. Troyes. 134 m. ✉ 10220

AUX RIVES DU LAC

AUX RIVES DU LAC ★★ Tourisme 190 E. dont 150 nus, dont 12 GCC. 4 ha CV . Locations : , cocosweet, . , , . Lac à 50 m. ; ; ; . Accueil groupes. Ouvert: 1.1 / 31.12. ☎ 03 25 41 24 36. E-mail : contact@campingauxrivesdulac.com. Web : www.campinglesrivesdulac.com. Réduction H.S.
Lat. : 48° 18' 12" N **Long.** : 004° 20' 15" E.

LESMONT

3-F4 34 km N.-O. Bar-sur-Aube. 111 m. ✉ 10500

AIRE NATURELLE LES GRAVIÈRES CV. Ouvert: 1.5 / 30.9. ☎ 06 86 33 20 86. E-mail : mairie.lesmont@wanadoo.fr.
Lat. : 48° 25' 35" N **Long.** : 004° 24' 46" E.

MARCILLY-LE-HAYER

3-E5 20 km S. Nogent-sur-Seine. 173 m. ✉ 10290

CAMPING DE MON VILLAGE NC Tourisme 20 E. dont 20 nus. Accès direct à la rivière.. Accueil groupes. Ouvert: 1.4 / 30.9. ☎ 01 83 64 69 21. E-mail : contact@campingcarpark.com. Web : www.campingcarpark.com/. Prix 2023.
Lat. : 48° 20′ 54″ N **Long.** : 003° 37′ 35″ E.

MERY-SUR-SEINE

3-E4 30 km E. Nogent-sur-Seine. 85 m. ✉ 10170

CAMPING MUNICIPAL NC Tourisme 68 E. dont 68 nus. Locations : caravane. Accès direct à la rivière. Accueil groupes. Ouvert: 1.4 / 27.9. ☎ 0 3 25 21 81 72. E-mail : campingmerysurseine@gmail.com.
Lat. : 48° 30′ 38″ N **Long.** : 003° 53′ 06″ E.

MESNIL-SAINT-PERE

3-F5 22 km S.-E. Troyes. 145 m. ✉ 10140

LE LAC D'ORIENT ★★★★ Tourisme 261 E. 6 ha CV. Locations : , roulotte. couverte chauffée. Lac à 200 m. Ouvert: 2.4 / 26.9. ☎ 03 25 40 61 85. E-mail : info@camping-lacdorient.com. Web : www.camping-lacdorient.com. Réduction H.S.
Lat. : 48° 15′ 48″ N **Long.** : 004° 20′ 48″ E.

CAMPING GCU - MESNIL-SAINT-PERE ★ Tourisme 51 E. Accès direct aux bords du lac. Ouvert: 4.4 / 28.9. ☎ 03 25 41 55 00. E-mail : gcu@gcu.asso.fr. Web : www.gcu.asso.fr.
Lat. : 48° 15′ 45″ N **Long.** : 004° 20′ 44″ E.

AIRE NATURELLE CV. Ouvert: 1.6 / 31.10. ☎ 03 25 41 28 12. E-mail : aepa.mesnil@free.fr, Web : www.bases-aepa.fr/siteMesnil.php.
Lat. : 48° 15′ 01″ N **Long.** : 004° 20′ 20″ E.

NOGENT-SUR-SEINE

3-D4 56 km N.-O. Troyes. 70 m. ✉ 10400

CAMPING MUNICIPAL DE NOGENT SUR SEINE NC Tourisme 95 E. dont 23 CC - 72 GCC. 1,5 ha couverte chauffée, Rivière à 5 m. Ouvert: 1.4 / 5.10. ☎ 03 25 39 76 67. E-mail : accueil@ville-nogent-sur-seine.fr.
Lat. : 48° 30′ 13″ N **Long.** : 003° 30′ 32″ E.

PONT-SUR-SEINE

3-E4 8 km N.-E. Nogent sur Seine. 106 m. ✉ 10400

JOYEUX CAMPEURS ★★★ Tourisme 51 E. dont 27 nus, dont 24 GCC. 0,3 ha. Randonnée pédestre organisée. . Rivière à 20 m ; étang à 500 m. Ouvert: 1.1 / 31.12. ☎ 06 49 80 70 46. E-mail : campingdesjoyeuxcampeurs@laposte.net. Web : www.campingdesjoyeuxcampeurs.com.
Lat. : 48° 31′ 18″ N **Long.** : 003° 35′ 32″ E.
FFCC : avantages adhérent : 15 € du 01/01 au 31/05 et du 01/10 au 31/12 sur emp. et entre 35 € et 75 € la nuitée et entre 45 € et 99 € la semaine du 01/01 au 31/05 et du 01/10 au 31/12 sur loc.

RADONVILLIERS

3-F5 22 km N.-O. Bar-sur-Aube. 143 m. ✉ 10500

LE GARILLON ★★ Tourisme 60 E. dont 20 nus 1 ha CV. Locations : chauffée. Accès direct aux bords du lac et à la rivière. Accueil groupes. Ouvert: 7.4 / 31.10. ☎ 03 25 92 21 46. E-mail : contact@campinglegarillon.fr. Web : www.campinglegarillon.fr.
Lat. : 48° 21′ 31″ N **Long.** : 004° 30′ 07″ E.

SAINT-HILAIRE-SOUS-ROMILLY

3-E4 12 km E. Nogent-sur-Seine. 99 m. ✉ 10100

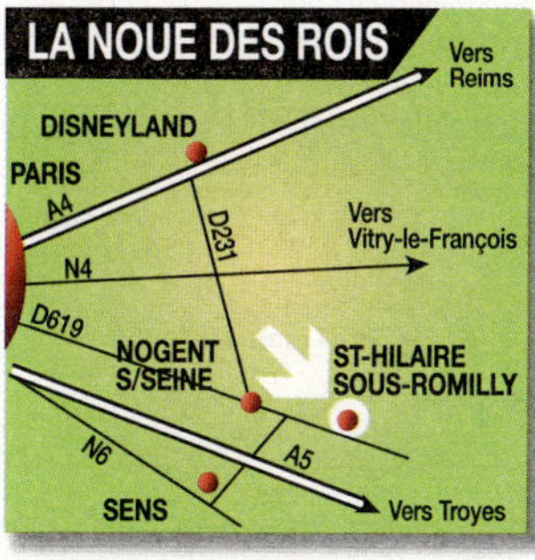

LA NOUE DES ROIS ★★★★ Loisirs 220 E. 22 h 30 / 7 h, CV. Locations : couverte chauffée. Accès direct à l'étang et à la rivière. Ouvert: 1.1 / 31.12. ☎ 03 25 24 41 60. E-mail : contact@lanouedesrois.com. Web : www.lanouedesrois.com. Réduction H.S.
Lat. : 48° 31′ 34″ N **Long.** : 003° 39′ 53″ E.

SOULAINES-DHUYS

3-F4 18 km N. Bar-sur-Aube. 153 m. Village de neige ✉ 10200

LA CROIX BADEAU ★★★ Tourisme 39 E. dont 27 nus 1,5 ha CV. Locations : . Rivière à 50 m. Accueil groupes enfants. Ouvert: 15.4 / 21.11. ☎ 03 25 27 25 63. E-mail : lacroixbadeau@orange.fr. Web : www.croix-badeau.com. Prix 2022. Fft nuit : empl. Tourisme (2) : 25 € ( ) ; sup 4,50 € nuit ; animaux 2 € nuit ; 3,50 € nuit. Réduction H.S.
Lat. : 48° 22′ 36″ N **Long.** : 004° 44′ 18″ E.

VERRIERES

3-E5 10 km S.-E. Troyes 123 m. ✉ 10390

CLUB NATURISTE DU SOLEIL DE TROYES NC Loisirs 62 E. dont 24 nus 4 ha. Rés. naturiste. Accès direct à l'étang et à la rivière. Ouvert: 1.5 / 30.9. ☎ 03 25 41 70 82. E-mail : cstroyes@wanadoo.fr. Web : www.cstroyes.fr.
Lat. : 48° 13′ 59″ N **Long.** : 004° 08′ 10″ E.

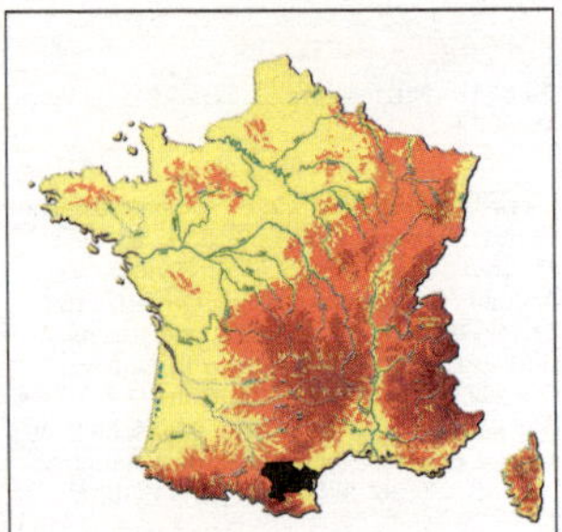

ALET-LES-BAINS

13-B3 9 km S. Limoux. 387 m. ✉ 11580

LE VAL D'ALETH ★★ Tourisme 37 E. dont 31 nus

0,35 ha CV. Locations : . Accès direct à la rivière. Accueil groupes. Ouvert: 2.1 / 31.12. ☎ 04 68 69 90 40. E-mail : reception@valdaleth.com. Web : www.valdaleth.com. Réduction H.S.
Lat. : 42° 59' 42" N **Long.** : 002° 15' 21" E.

ALZONNE

13-B3 16 km N.-O. Carcassonne 146 m. ✉ 11170

LA PUJADE CV. Ouvert: 1.3 / 31.12. ☎ 0 613118020. E-mail : nakenzi34@gmail.com, Web : www.campinglapujade.com. Prix 2022. Fft jour : empl. Tourisme (2 🚶) : 22 € (E. CC) ;
Lat. : 43° 15' 33" N **Long.** : 002° 11' 15" E.

ARQUES

13-C4 28 km S.-E. Unieux. 498 m. ✉ 11190

INNATURE NC Tourisme 30 E.

0,56 ha CV. Lac à 20 m. Accueil groupes. Ouvert: 1.4 / 31.10. ☎ 04 68 47 74 64. E-mail : contact@camping-innature.com. Web : www.camping-innature.com/. Réduction H.S.
Lat. : 42° 56' 50" N **Long.** : 002° 22' 23" E.

FFCC : avantages adhérent : 10% du 01/04 au 30/06 et du 01/09 au 31/1010% du 01/04 au 30/06 et du 01/09 au 31/10 sur emp. et loc. + 10% hors juillet-août sur les emplacements nus et hébergements locatifs sur présentation de la carte ou rendez-vous dans votre club avantages FFCC pour obtenir le code promotionnel.

AXAT

13-B4 40 km S. Limoux. 644 m. ✉ 11140

LE MOULIN DU PONT D'ALIES ★★★ Tourisme 100 E. dont 60 nus

1,8 ha CV. Locations : chauffée. Accès direct à la rivière. Accueil groupes. Ouvert: 2.4 / 17.10. ☎ 04 68 20 53 27. E-mail : camping.alies@orange.fr. Web : www.alies.fr.
Lat. : 42° 48' 46" N **Long.** : 002° 14' 16" E.

LA CRÉMADE ★★ Tourisme 75 E. dont 65 nus

3,3 ha 23 h à 7 h, CV. Locations : yourte. Rivière à 2 km. Accueil groupes. Ouvert: 3.4 / 29.10. ☎ 04 68 20 80 64. E-mail : lecampinglacremade@orange.fr. Web : www.camping-la-cremade.com. Prix 2023. Fft nuit : empl. Tourisme (2 🚶) : 26 € (E. CC)
Lat. : 42° 48' 29" N **Long.** : 002° 15' 14" E.

FFCC : avantages adhérent : 17 € du 03/04 au 28/05 et du 18/09 au 29/10 sur emp. et entre 260 € et 380 € la semaine du 03/04 au 28/05 et du 18/09 au 29/10 sur loc.

BELCAIRE

13-B4 55 km S.-O. Unieux. 1099 m. ✉ 11340

LES CHALETS DU LAC ★★★★ Tourisme 55 E. dont 25 nus CV. Locations : . couverte chauffée, . Lac à 10 m. ; . Accueil groupes. Ouvert: 1.6 / 12.9. ☎ 04 68 20 39 47. E-mail : chaletsdulac@gmail.com. Web : camping-pyrenees-cathare.fr.
Lat. : 42° 48' 58" N **Long.** : 001° 57' 03" E.

BELFLOU

13-A3 45 km N.-O. Carcassonne. 246 m. ✉ 11410

LE CATHARE ★★★ Tourisme 55 E. dont 42 nus

CV. Etang et lac à 200 m. ; ; . Accueil groupes. Ouvert: 15.4 / 15.11. ☎ 04 68 60 32 49. E-mail : contact@camping-lecathare.com. Web : www.camping-lecathare.com. Réduction H.S.
Lat. : 43° 18' 56" N **Long.** : 001° 48' 07" E.

BELVEZE-DU-RAZES

13-B3 15 km N.-O. Limoux. 260 m. ✉ 11240

AIRE NATURELLE MUNICIPALE . ☎ 04 68 69 00 23. E-mail : mairie.belveze-du-razes@wanadoo.fr.
Lat. : 43° 07' 32" N **Long.** : 002° 05' 43" E.

BIZANET

13-C3 13 km O. Narbonne. 86 m. ✉ 11200

FIGUROTTA ★★★ Tourisme 60 E. dont 44 nus, dont 13 GCC.

1,7 ha CV. Locations : , tipi. Espace Fitness. Accueil groupes. Ouvert: 13.1 / 12.12. ☎ 04 68 45 16 26. E-mail : contact@campingfigurotta.com. Web : www.campingfigurotta.com. Prix 2022. Fft jour : empl. Tourisme (2 🚶) : 27 € ()
Lat. : 43° 09' 48" N **Long.** : 002° 53' 30" E.

FFCC : avantages adhérent : 10% du 16/01 au 30/06 et du 02/09 au 10/12 sur emp.

BIZE-MINERVOIS

13-C3 21 km N.-O. Narbonne. 119 m. ✉ 11120

L'OLIVIGNE ★★★ Tourisme 35 E. dont 76 nus, dont 25 CC - 14 GCC. 2 ha CV. Locations : . Randonnée pédestre organisée. Rivière à 50 m. Accueil groupes. Ouvert: 7.5 / 1.11. ☎ 04 68 46 14 40. E-mail : contact@campingolivigne.fr. Web : www.campingolivigne.fr. Réduction H.S.
Lat. : 43° 19' 17" N **Long.** : 002° 52' 36" E.

BROUSSES-ET-VILLARET

13-B3 18 km N.-O. Carcassonne. 411 m. ✉ 11390

CAMPING LE MARTINET ROUGE ★★★ Tourisme 63 E.

2 ha CV. Locations : . Randonnée pédestre organisée. Rivière à 300 m ; lac à 5 km. Accueil groupes. Ouvert: 6.4 / 18.10. ☎ 04 68 26 51 98. E-mail : info@camping-martinet.com. Web : www.camping-martinet.com. Réduction H.S.
Lat. : 43° 20' 24" N **Long.** : 002° 15' 12" E.

FFCC : avantages adhérent : 16 € du 09/04 au 30/06 et du 27/08 au 20/10 sur emp. et entre 50 € et 95 € la nuitée et entre 250 € et 570 € la semaine du 09/04 au 30/06 et du 27/08 au 20/10 sur loc. + Frais de dossiers réduits.

CAMPAGNE-SUR-AUDE

13-B4 22 km S. Limoux 335 m. ✉ 11260

PETIT PARADIS NC Tourisme 30 E. Rivière à 500 m ; étang à 4 km. ; . Accueil groupes. Ouvert: 1.1 / 31.12. ☎ 04 68 74 35 39. E-mail : lepetitparadis@free.fr. Web : lepetitparadis.free.fr.
Lat. : 42° 54' 57" N **Long.** : 002° 12' 23" E.

CAMURAC

13-B4 65 km S.-O. Limoux. 1362 m. ✉ 11340

LES SAPINS ★★★ Tourisme 90 E. dont 72 nus 3 ha CV. Locations : . Lac à 300 m. Accueil groupes adultes. Ouvert: 15.4 / 15.10. ☎ 04 68 20 38 11. E-mail : info@lessapins-camurac.com. Web : www.lessapins-camurac.com.
Lat. : 42° 47' 32" N **Long.** : 001° 55' 32" E.

CARCASSONNE

13-C3 773 km S. Paris. 127 m. ✉ 11000

DE LA CITE ★★★★ Tourisme 200 E. 7 ha CV. Locations : . Rivière à 100 m. Ouvert: 1.4 / 27.10. ☎ 04 68 10 01 00. E-mail : campingdelacite@carcassonne.fr. Web : www.campingcitecarcassonne.com. Réduction H.S.
Lat. : 43° 12' 01" N **Long.** : 002° 21' 12" E.

CASTELNAUDARY

13-B3 36 km N.-O. Carcassonne. 165 m. ✉ 11400

CAMPING MUNICIPAL LA GIRAILLE ★★ Tourisme 26 E. dont 32 nus 1 ha CV. Locations : . Accès direct à la rivière. Accueil groupes. Ouvert: 19.6 / 27.8. ☎ 04 68 94 11 28. E-mail : sports@ville-castelnaudary.fr.
Lat. : 43° 19' 14" N **Long.** : 001° 56' 11" E.

CAUDEBRONDE

13-B3 26 km N. Carcassonne. 676 m. ✉ 11390

AIRE NATURELLE MUNICIPALE Ouvert: 15.6 / 15.9. ☎ 04 68 26 54 43. E-mail : mairie.caudebronde@free.fr.
Lat. : 43° 22' 41" N **Long.** : 002° 18' 33" E.

CAUNES-MINERVOIS

13-C3 20 km N.-E. Carcassonne. 326 m. ✉ 11160

CAMPING MUNICIPAL LES COURTALS NC Tourisme 30 E. dont 29 nus CV. Locations : . Accueil groupes. Ouvert: 15.3 / 15.11. ☎ 0 952170945. E-mail : camping.lescourtals@hotmail.fr. Prix 2023. empl. Tourisme : 6 € ; 3,78 € ; 1,50 € ; 1 €.
Lat. : 43° 19' 26" N **Long.** : 002° 31' 34" E.

CAZILHAC

13-C3 4 km S. Carcassonne. 153 m. ✉ 11570

A L'OMBRE DES OLIVIERS ★★★ Tourisme 63 E. dont 50 nus CV. Locations : . Lac à 4 km. Accueil groupes. Ouvert: 18.4 / 31.10. ☎ 04 68 79 65 08. E-mail : florian.romo@wanadoo.fr. Web : www.alombredesoliviers.com.
Lat. : 43° 10' 45" N **Long.** : 002° 22' 13" E.

CHALABRE

13-B4 25 km S.-O. Limoux. 455 m. ✉ 11230

LE CAZAL NC Tourisme 45 E. 1 ha. Accès direct à la rivière. Ouvert: 15.6 / 15.9. ☎ 04 68 69 20 39. E-mail : mairie.de.chalabre@wanadoo.fr. Web : www.chalabre.fr.
Lat. : 42° 58' 28" N **Long.** : 002° 00' 11" E.

DURBAN-CORBIERES

13-C4 32 km S.-O. Narbonne. 180 m. ✉ 11360

CAMPING MUNICIPAL L'ESPAZO NC Tourisme 36 E. dont 16 CC. 0,5 ha CV. Locations : . Randonnée pédestre organisée. . Ouvert: 15.6 / 15.9. ☎ 04 68 45 06 81. E-mail : campingdurban@orange.fr.
Lat. : 43° 00' 01" N **Long.** : 002° 49' 15" E.

ESPEZEL

13-B4 50 km S.-O. Limoux. 901 m. ✉ 11340

CAMPING MUNICIPAL LE CALCAT NC Tourisme 19 E. 0,27 ha CV. Rivière à 5 km. Accueil groupes. Ouvert: 15.4 / 15.10. ☎ 04 68 20 30 34. E-mail : mairie.espezel11340@wanadoo.fr.
Lat. : 42° 49' 25" N **Long.** : 002° 01' 18" E.

FABREZAN

13-C3 33 km O. Narbonne. 115 m. ✉ 11200

LE PINADA ★★★ Tourisme 108 E. dont 40 nus 4,8 ha CV. Rivière à 3 km. Ouvert: 1.4 / 15.11. ☎ 04 68 43 32 29. E-mail : contact@lepinada.com. Web : www.lepinada.com.
Lat. : 43° 07' 03" N **Long.** : 002° 44' 10" E.

FANJEAUX

13-B3 28 km O. Carcassonne. 271 m. ✉ 11270

LA CHEVALINE . Ouvert: 1.7 / 31.8. ☎ 04 68 24 75 33. E-mail : info@lachevaline.com, Web : www.lachevaline.com.
Lat. : 43° 10' 39" N **Long.** : 002° 01' 05" E.

AIRE NATURELLE LES BRUGUES CV. Ouvert: 1.6 / 30.9. ☎ 04 68 24 77 37. E-mail : lesbrugues.fanjeaux@gmail.com, Web : lesbrugues-camping.com. Réduction H.S.
Lat. : 43° 09' 55" N **Long.** : 002° 01' 39" E.

FERRALS-LES-CORBIERES

13-C3 27 km O. Narbonne. 100 m. ✉ 11200

CAMPING MUNICIPAL NC 29 E. 1 ha. Rivière à 100 m.. Ouvert: 15.6 / 2.9. ☎ 04 68 27 75 75. E-mail : mairieferalls11200@orange.fr.
Lat. : 43° 09' 03" N **Long.** : 002° 43' 28" E.

FITOU

13-D4 42 km S. Narbonne. 104 m. ✉ 11510

LE FUN ★★★★ Tourisme 134 E. dont 85 nus 4 ha CV. Locations : . chauffée. Etang à 400 m.. Accueil groupes. Ouvert: 30.3 / 2.11. ☎ 04 68 45 71 97. E-mail : contact@lefun-camping.com. Web : www.lefun-camping.com. Réduction H.S.
Lat. : 42° 54' 51" N **Long.** : 003° 00' 03" E.

FLEURY

13-D3 14 km N.-E. Narbonne. 37 m. ✉ 11560

LA GRANDE COSSE ★★★★ Tourisme 530 E. dont 15 nus, dont 25 CC. 25 ha CV. Locations : . chauffée. Bord de mer à 480 m. Ouvert: 20.5 / 27.9. ☎ 04 68 33 61 87. E-mail : grande-cosse@capfun.com. Web : www.capfun.com. Réduction H.S.
Lat. : 43° 12' 21" N **Long.** : 003° 12' 39" E.

HAMACS ★★★ Tourisme 269 E. CV. Locations : . Accès direct à la rivière ; bord de mer à 1,5 km. Accueil groupes. Ouvert: 16.6 / 3.9. ☎ 04 68 93 41 96. E-mail : hamacs@vagues-oceanes.com. Web : www.camping-vagues-oceanes.com/. Réduction H.S.
Lat. : 43° 13' 19" N **Long.** : 003° 13' 00" E.

CAMPING MUNICIPAL PISSEVACHES ★★ Loisirs 667 E. 7 ha CV. Randonnée pédestre organisée. . Accès direct à l'étang ; bord de mer à 30 m. Accueil groupes adultes. Ouvert: 1.4 / 30.9. ☎ 04 68 49 80 79. E-mail : info@communefleury.fr. Web : www.communefleury.fr.
Lat. : 43° 11' 13" N **Long.** : 003° 11' 55" E.

CAMPING MUNICIPAL RIVE-D'AUDE ★★ Loisirs 515 E. dont 515 nus, dont 14 CC - 501 GCC. 8 ha CV. Accès direct à la mer et à la rivière. Ouvert: 1.4 / 30.9. ☎ 04 68 33 67 32. E-mail : contact@communefleury.fr. Web : www.camping-rive-aude.com.
Lat. : 43° 12' 52" N **Long.** : 003° 13' 54" E.

GRUISSAN

13-D3 14 km S.-E. Narbonne. 19 m. ✉ 11430

L.V.L. LES AYGUADES ★★★★ Tourisme 268 E. dont 130 nus CV. A 3,5 km : Locations : . Espace Fitness. Accès direct à l'étang et à la mer. Accueil groupes. Ouvert: 25.3 / 6.11. ☎ 04 68 49 81 59. E-mail : infos@loisirs-vacances-languedoc.com. Web : www.campinglvl.com. Réduction H.S.
Lat. : 43° 07' 56" N **Long.** : 003° 08' 23" E.

BARBEROUSSE ★★★ Tourisme 166 E. dont 117 nus CV. Etang à 500 m ; bord de mer à 2 km. Accueil groupes enfants. Ouvert: 10.4 / 27.9. ☎ 04 68 49 07 22. E-mail : reservation@campings-paradis.com. Web : campingbarberousse.fr.
Lat. : 43° 06' 06" N **Long.** : 003° 05' 07" E.

CEVEO DE GRUISSAN ★★★ Tourisme 70 E. CV. Locations : . chauffée. Bord de mer à 800 m. Ouvert: 5.4 / 27.9. ☎ 04 73 77 56 14. E-mail : gruissanaccueil@ceveo.com. Web : www.ceveo.com.
Lat. : 43° 08' 13" N **Long.** : 003° 08' 10" E.

HAMEAU DES CANNISSES ★★★ Tourisme 58 E. Ouvert: 25.4 / 12.9. ☎ 04 68 90 27 00. E-mail : sogerel@wanadoo.fr. Web : www.vacances-gruissan.com.
Lat. : 43° 07' 57" N **Long.** : 003° 08' 17" E.

CAMPING GCU - GRUISSAN ★★ Tourisme 188 E. . Accès direct à la mer. Ouvert: 31.5 / 28.9. ☎ 04 68 49 17 11. E-mail : gcu@gcu.asso.fr. Web : www.gcu.asso.fr.
Lat. : 43° 08' 18" N **Long.** : 003° 08' 43" E.

LA PALME

13-D4 32 km S. Narbonne. 31 m. ✉ 11480

DOMAINE DE LA PALME ★★★ Tourisme 69 E. dont 31 nus CV. Locations : bivouac. Accès direct à l'étang ; bord de mer à 5 km. Ouvert: 25.3 / 2.10. ☎ 04 68 48 50 40. E-mail : info@camping-la-palme.com. Web : www.camping-la-palme.com.
Lat. : 42° 58' 21" N **Long.** : 002° 59' 52" E.

LE CLAPOTIS ★★ Tourisme 247 E. CV. Rés. naturiste. Locations : . Randonnée pédestre organisée. chauffée. Accès direct à l'étang ; bord de mer à 4 km. Accueil groupes adultes. Ouvert: 30.3 / 28.9. ☎ 05 33 09 20 92. E-mail : reservations@tohapi-naturiste.fr. Web : www.leclapotis.com. Réduction H.S.
Lat. : 42° 57' 31" N **Long.** : 002° 59' 45" E.

LABECEDE-LAURAGAIS

13-B3 40 km N.-O. Carcassonne 399 m. ✉ 11400

CAMPING PETIT DOMAINE DE VACANCES ARMENGAUDS ★★ Tourisme 35 E. Ouvert: 24.5 / 27.9. ☎ 05 34 66 12 27. E-mail : info@armengauds.com. Web : kleinecampinggitefrankrijk.nl.
Lat. : 43° 24' 49" N **Long.** : 001° 58' 06" E.

LADERN-SUR-LAUQUET

13-C3 17 km N.-E. Limoux. 327 m. ✉ 11250

M. GUY DELRIEU CV. Ouvert: 1.4 / 30.9. ☎ 04 68 69 44 63. E-mail : guydelrieu@dartybox.com, Web : campingdelabau.free.fr.
Lat. : 43° 05' 57" N **Long.** : 002° 22' 46" E.

LAGRASSE

13-C3 38 km S.-E. Carcassonne. 216 m. ✉ 11220

CAMPING MUNICIPAL NC Tourisme 40 E. 1 ha CV. Rivière à 500 m. Accueil groupes. Ouvert: 15.6 / 30.9. ☎ 04 68 43 10 05. E-mail : camping-de-lagrasse@orange.fr. Web : www.lagrasse.fr.
Lat. : 43° 05' 43" N **Long.** : 002° 37' 05" E.

LES BRUNELS

13-B3 39 km N.-O. Carcassonne. 550 m. ✉ 11400

CENTRE FAMILIAL DE VACANCES PEYREBAZAL NC Tourisme 30 E. 2 ha. Locations : . Accès direct aux bords du lac ; rivière à 5 km. Ouvert: 1.5 / 15.10. ☎ 04 68 60 42 23. E-mail : peyrebazal@gmail.com. Web : www.domainedepeyrebazal.com.
Lat. : 43° 25' 11" N **Long.** : 002° 02' 43" E.

LEUCATE

13-D4 46 km S. Narbonne. 9 m. ✉ 11370

DOMAINE PRESQU'ILE DE LA FRANQUI ★★★★★ Tourisme 256 E. dont 33 nus 3,5 ha. Domaine sans voiture, CV. Locations : . Randonnée pédestre organisée. Espace Fitness. chauffée. Accès direct à la mer ; étang à 850 m. Accueil groupes. Ouvert: 1.1 / 31.12. ☎ 04 68 45 74 93. E-mail : lafranqui@viglamo.com. Web : www.viglamo.com. Prix 2022. Fft jour : empl. Tourisme (2) : 42 €. Réduction H.S.
Lat. : 42° 56' 37" N **Long.** : 003° 01' 50" E.

CAMPING MUNICIPAL DU CAP LEUCATE ★★★ Tourisme 260 E. CV. Etang, lac et bord de mer à 100 m. Accueil groupes. Ouvert: 1.2 / 30.11. ☎ 04 68 40 01 37. E-mail : camping.capleucate@mairie-leucate.fr. Web : www.camping-capleucate.com. Prix 2022. Fft jour : empl. Tourisme (2) : 27 €.
Lat. : 42° 54' 10" N **Long.** : 003° 03' 06" E.

LE CAP BLANC ★★★ Tourisme 11 E. CV. Locations : . Randonnée pédestre organisée. Accès direct à l'étang et à la mer. Accueil groupes. Ouvert: 1.1 / 31.12. ☎ 04 68 93 57 86. E-mail : capblanc1@hotmail.fr. Web : www.camping-capblanc.com. Réduction H.S.
Lat. : 42° 54' 03" N **Long.** : 003° 03' 07" E.

MER SABLE SOLEIL ★★★ Tourisme 49 E.
CV. A 5 km : Locations : . Espace Fitness. , . Bord de mer à 50 m ; étang à 500 m. ; . . Ouvert: 15.3 / 15.11. ☎ 04 68 40 00 90. E-mail : info@mer-sable-soleil.com. Web : www.mer-sable-soleil.fr. Réduction H.S.
Lat. : 42° 54' 02" N **Long.** : 003° 03' 11" E.

RIVES DES CORBIERES (L.F.E.) ★★★ Tourisme 287 E. dont 173 nus
CV. A 1 km : . Bord de mer à 200 m ; étang à 1 km ; rivière à 4 km. Accueil groupes enfants. Ouvert: 11.4 / 3.10. ☎ 04 68 40 90 31. E-mail : rivescamping@wanadoo.fr. Web : www.rivesdescorbieres.com.
Lat. : 42° 50' 54" N **Long.** : 003° 02' 26" E.

CAMPING GCU - PORT LEUCATE ★★ Tourisme 85 E. Rés. naturiste. Accès direct à la mer. . Ouvert: 31.5 / 28.9. ☎ 04 68 40 19 94. E-mail : gcu@gcu.asso.fr. Web : www.gcu.asso.fr.
Lat. : 42° 52' 59" N **Long.** : 003° 02' 56" E.

CAMPING BIEN COMME CHEZ SOI NC Tourisme 91 E. dont 4 GCC. . Etang à 100 m ; bord de mer à 300 m. Ouvert: 15.6 / 15.9. ☎ 04 68 40 01 95. E-mail : ascee11@orange.fr.
Lat. : 42° 54' 13" N **Long.** : 003° 03' 00" E.

LA SIRENE NC Tourisme 40 E. 0,45 ha. Ouvert: 1.1 / 31.12. ☎ 04 68 45 73 56. E-mail : guides@campingfrance.com.
Lat. : 42° 56' 35" N **Long.** : 003° 01' 53" E.

LEZIGNAN-CORBIERES

13-C3 33 km O. Narbonne. 58 m. ✉ 11200

LA PINÈDE ★★★ Tourisme 90 E. dont 68 nus
CV . chauffée . Rivière à 4 km. Accueil groupes. Ouvert: 1.4 / 31.10. ☎ 04 68 27 05 08. E-mail : lapinede.aude@gmail.com. Web : www.campinglapinede.fr.
Lat. : 43° 12' 18" N **Long.** : 002° 45' 04" E.
FFCC : avantages adhérent : 10% du 01/04 au 30/06 et du 01/09 au 30/1010% du 01/04 au 30/06 et du 01/09 au 30/10 sur emp. et loc. + 10% hors juillet-août sur les emplacements nus et hébergements locatifs sur présentation de la carte ou rendez-vous dans votre club avantages FFCC pour obtenir le code promotionnel.

LIMOUX

13-B3 23 km S.-S.-O. Carcassonne. 260 m. ✉ 11300

CAMPING DE MON VILLAGE NC Tourisme 50 E. dont 18 nus 1 ha CV. Locations : . . Accès direct à la rivière.. Accueil groupes. Ouvert: 1.6 / 30.9. ☎ 01 83 64 69 21. E-mail : contact@campingcarpark.com. Web : www.campingcarpark.com. Prix 2022.
Lat. : 43° 02' 51" N **Long.** : 002° 13' 22" E.

MIREPEISSET

13-C3 16 km N.-O. Narbonne. 39 m. ✉ 11120

LE VAL DE CESSE ★★★★ Tourisme 103 E. CV. . Accès direct à la rivière. Ouvert: 7.4 / 17.9. ☎ 04 84 39 08 60. E-mail : inesselma@homair.com. Web : www.homair.com.
Lat. : 43° 17' 13" N **Long.** : 002° 53' 17" E.

MONTCLAR

13-B3 17 km S.-O. Carcassonne. 275 m. ✉ 11250

DOMAINE D'ARNAUTEILLE ★★★★★ Tourisme 217 E. dont 102 nus
12 ha CV . Locations : , , . Randonnée pédestre organisée. couverte chauffée , , . Rivière à 2 km. ; . Accueil groupes adultes. Ouvert: 28.4 / 24.9. ☎ 04 68 26 84 53. E-mail : info@arnauteille.com. Web : www.camping-arnauteille.com. Prix 2023. Fft nuit : empl. Tourisme (2) : 39 € ( )
Lat. : 43° 07' 26" N **Long.** : 002° 15' 30" E.
FFCC : avantages adhérent : 22.50 € du 28/04 au 30/06 et du 01/09 au 23/09 sur emp. et entre 65 € et 157 € la nuitée et entre 362 € et 462 € la semaine du 28/04 au 30/06 et du 01/09 au 23/09 sur loc.

MONTFERRAND

13-B3 50 km N.-O. Carcassonne. 225 m. ✉ 11320

DOMAINE ST LAURENT ★★★ Tourisme 33 E. dont 17 nus
1,5 ha CV . Locations : . , , . Etang à 5 km. . Accueil groupes. Ouvert: 28.3 / 30.10. ☎ 04 68 60 15 80. E-mail : campingdomainesaintlaurent@gmail.com. Web : www.camping-carcassonne-toulouse.com. Réduction H.S.
Lat. : 43° 23' 23" N **Long.** : 001° 49' 42" E.

MONTOLIEU

13-B3 17 km N.-O. Carcassonne. 251 m. ✉ 11170

CAMPING DE MONTOLIEU ★★★ Tourisme 50 E. dont 40 nus
0,97 ha CV . Randonnée pédestre organisée. . Rivière à 500 m. Accueil groupes. Ouvert: 29.3 / 15.10. ☎ 04 68 76 95 01. E-mail : campingdemontolieu@gmail.com. Web : www.campingdemontolieu.com. Réduction H.S.
Lat. : 43° 17' 55" N **Long.** : 002° 13' 19" E.

MOUX

13-C3 25 km E. Carcassonne 174 m. ✉ 11700

MAISON LAS CLAUZES . Ouvert: 12.3 / 29.10. ☎ 04 68 43 92 37. E-mail : holger@las-clauzes.fr, Web : www.las-clauzes.de.
Lat. : 43° 11' 04" N **Long.** : 002° 38' 32" E.

NARBONNE

13-D3 56 km E. Carcassonne. 54 m. ✉ 11100

FALAISE NARBONNE PLAGE ★★★★ Tourisme 379 E. 6 ha CV . A 2 km : Locations : . chauffée . Accès direct à la mer. . Ouvert: 3.4 / 26.9. ☎ 0 4 30 23 94 20. E-mail : info@tohapi.fr. Web : www.camping-falaise-narbonne.fr/.
Lat. : 43° 09' 36" N **Long.** : 003° 09' 45" E.

LA CÔTE DES ROSES ★★★★ Tourisme 608 E.
CV . Locations : , . . Bord de mer à 500 m. ; . Accueil groupes adultes. Ouvert: 12.5 / 17.9. ☎ 0 2 53 81 70 00. E-mail : sophie@ms-vacances.com. Web : www.ms-vacances.com.
Lat. : 43° 08' 37" N **Long.** : 003° 08' 41" E.
FFCC : avantages adhérent : 15% du 12/05 au 08/07 et du 26/08 au 17/09 sur emp.

LA NAUTIQUE ★★★★ Tourisme 369 E. dont 170 GCC. 8 ha . A 2 km : Locations : , cocosweet, . Randonnée pédestre organisée. chauffée , , . Accès direct à l'étang. ; . . Ouvert: 15.5 / 19.9. ☎ 04 68 90 48 19. E-mail : lanautique@capfun.com. Web : www.campinglanautique.com. Réduction H.S.
Lat. : 43° 08' 49" N **Long.** : 003° 00' 14" E.

LES MIMOSAS ★★★★ Tourisme 268 E. dont 153 nus CV . A 8 km : Locations : . Espace Fitness. chauffée , , . Etang à 300 m. ; . Accueil groupes. Ouvert: 4.4 / 15.10. ☎ 04 68 49 03 72. E-mail : info@lesmimosas.com. Web : www.lesmimosas.com. Réduction H.S.
Lat. : 43° 08' 11" N **Long.** : 003° 01' 33" E.

SOLEIL D'OC ★★★★ Tourisme 197 E.
2,6 ha CV . A 2 km : Locations : . . Bord de mer à 600 m. . Accueil groupes. Ouvert: 1.4 / 30.9. ☎ 04 68 49 86 21. E-mail : info@soleildoc.fr. Web : www.soleildoc.fr. Réduction H.S.
Lat. : 43° 08' 42" N **Long.** : 003° 08' 32" E.

LES FLORALYS ★★ Tourisme 49 E. dont 35 nus
CV . , . Accès direct à la rivière ; bord de mer à 10 m.. Accueil groupes. Ouvert: 1.3 / 31.12. ☎ 04 68 32 65 65. E-mail : celine@lesfloralys.com. Web : www.lesfloralys.com. Réduction H.S.
Lat. : 43° 09' 59" N **Long.** : 003° 02' 16" E.
FFCC : avantages adhérent : 20 € du 01/03 au 30/06 et du 01/09 au 30/11 sur emp.

NEBIAS

13-B4 37 km S. Limoux. 702 m. ✉ 11500

FONTAULIE-SUD ★★★ Tourisme 69 E. dont 56 nus
2,5 ha CV . Locations : . . Etang et lac à 5 km. Accueil groupes adultes. Ouvert: 27.4 / 29.9. ☎ 04 68 20 17 62. E-mail : lefontauliesud@free.fr. Web : www.lefontauliesud.com.
Lat. : 42° 53' 36" N **Long.** : 002° 06' 18" E.
FFCC : avantages adhérent : 17 € du 01/04 au 30/06 et du 01/09 au 30/09 sur emp.

PEPIEUX

13-C3 32 km N.-E. Carcassonne. 75 m. ✉ 11700

CAMPING MUNICIPAL NC Tourisme 18 E. 0,2 ha . Lac à 2 km. Accueil groupes. Ouvert: 1.1 / 30.11. ☎ 04 68 91 84 88. E-mail : mairie.pepieux@wanadoo.fr. Web : www.mairie-pepieux.fr. Réduction H.S.
Lat. : 43° 17' 55" N **Long.** : 002° 40' 24" E.

PORT-LA-NOUVELLE

13-D3 26 km S. Narbonne. 25 m. ✉ 11210

COTE VERMEILLE ★★★★ Tourisme 300 E. Locations : . couverte chauffée . Bord de mer à 600 m. . Ouvert: 6.4 / 22.9. ☎ 04 68 48 05 80. E-mail : cote-vermeille@capfun.com. Web : www.camping-cote-vermeille.fr. Réduction H.S.
Lat. : 42° 59' 53" N **Long.** : 003° 02' 57" E.

CAP DU ROC ★★★ Tourisme 90 E.
1,5 ha CV . chauffée , , . Bord de mer à 1,6 km. ; . Ouvert: 1.4 / 30.9. ☎ 04 68 48 00 98. E-mail : info@camping-cap-du-roc.com. Web : www.camping-cap-du-roc.com. Réduction H.S.
Lat. : 42° 59' 53" N **Long.** : 003° 02' 28" E.

NOVELA PORT LA NOUVELLE ★★★ Tourisme Loisirs 243 E. 4 ha 7 h / 23 h, CV. A 1,8 km : Locations : . Bord de mer à 1,8 km. Accueil groupes. Ouvert: 4.6 / 12.9. ☎ 04 68 48 08 42. E-mail : campingmunicipallegolfe@mairiepln.com. Web : www.tohapi.fr/languedoc-roussillon/camping-municipal-le-golfe.php. Réduction H.S.
Lat. : 43° 00' 54" N **Long.** : 003° 02' 46" E.

POUZOLS-MINERVOIS

13-C3 21 km N.-O. Narbonne. 103 m. ✉ 11120

LES AUBERGES ★★ Tourisme 20 E. dont 6 nus, dont 7 CC. 1,5 ha. Locations. Etang, lac et rivière à 5 km. Accueil groupes. Ouvert: 15.3 / 15.11. ☎ 04 68 46 26 50. E-mail : vero.pradal@neuf.fr. Web : campinglesauberges.hubside.fr.
Lat. : 43° 17' 01" N **Long.** : 002° 49' 34" E.

PRADELLES-CABARDES

13-C2 35 km N. Carcassonne. 893 m. ✉ 11380

CAMPING MUNICIPAL BIROTOS NC Tourisme 30 E. 0,5 ha CV. Locations. Accès direct aux bords du lac. Accueil groupes. Ouvert: 1.5 / 30.9. ☎ 0 0664532033. E-mail : lacbirotos@gmail.com. Web : pradelles-cabardes.fr. Prix 2023. Fft jour : empl. Tourisme (2 🚶) : 14,5 € ; 🚶 sup 4,70 € ; 4 €. Réduction H.S.
Lat. : 43° 24' 09" N **Long.** : 002° 26' 23" E.

PREIXAN

13-B3 10 km S. Carcassonne 165 m. ✉ 11250

CAMPING VILLAGE GRAND SUD ★★★ Tourisme 110 E. dont 69 nus
5 ha CV. Accès direct aux bords du lac et à la rivière. Accueil groupes. Ouvert: 20.4 / 7.9. ☎ 04 68 26 88 18. E-mail : accueil@camping-grandsud.com. Web : www.camping-grandsud.com. Réduction H.S.
Lat. : 43° 09' 31" N **Long.** : 002° 17' 37" E.

PUIVERT

13-B4 24 km S.-O. Limoux. 615 m. ✉ 11230

CAMPING DE PUIVERT ★★ Tourisme 58 E. dont 56 nus 0,8 ha CV. Locations. Lac à 50 m. Accueil groupes. Ouvert: 1.5 / 15.9. ☎ 04 68 20 00 58. E-mail : theolor11@orange.fr. Web : campings11.fr.
Lat. : 42° 54' 59" N **Long.** : 002° 02' 39" E.

QUILLAN

13-B4 28 km S. Limoux. 423 m. Station verte de vacances et village de neige ✉ 11500

CAMPING MUNICIPAL LA SAPINETTE ★★★ Tourisme 95 E. dont 72 nus
1,8 ha CV. Lac et rivière à 2 km. Accueil groupes. Ouvert: 1.4 / 2.11. ☎ 04 68 20 13 52. E-mail : campingsapinette@wanadoo.fr. Web : www.camping-quillan.fr. Réduction H.S.
Lat. : 42° 52' 26" N **Long.** : 002° 10' 33" E.

RENNES-LES-BAINS

13-B4 25 km S. Limoux. 552 m. Station verte de vacances et village de neige ✉ 11190

LA BERNEDE ★★★ Tourisme 85 E. dont 64 nus
CV. chauffée. Accès direct à la rivière. Accueil groupes. Ouvert: 27.3 / 31.10. ☎ 04 68 20 07 30. E-mail : infos@labernede.fr. Web : www.camping-rennesbains.fr. Réduction H.S.
Lat. : 42° 54' 49" N **Long.** : 002° 19' 07" E.

ROQUEFEUIL

13-B4 55 km S.-O. Limoux. 928 m. ✉ 11340

DOMAINE DE LA MARE AUX FÉES ★★★ Tourisme 23 E. dont 15 nus
CV. chauffée. Accès direct aux bords du lac. Accueil groupes. Ouvert: 6.4 / 4.11. ☎ 04 68 31 11 37. E-mail : contact@camping-lamareauxfees.com. Web : www.camping-lamareauxfees.com.
Lat. : 42° 49' 10" N **Long.** : 001° 59' 43" E.

ROQUEFORT-DE-SAULT

13-B4 52 km S. Limoux. 1146 m. ✉ 11140

MADRES PYRENEES NC Tourisme 13 E. Accès direct à la rivière. Accueil groupes. Ouvert: 1.6 / 30.9. ☎ 04 68 20 63 14. E-mail : mairie-roquefort.de.sault@wanadoo.fr. Web : www.roquefortdesault.fr.
Lat. : 42° 44' 13" N **Long.** : 002° 11' 58" E.

RUSTIQUES

13-C3 11 km O. Carcassonne 116 m. ✉ 11800

LA COMMANDERIE ★★★ Tourisme 76 E.
CV. chauffée. Ouvert: 8.4 / 30.9. ☎ 04 68 78 67 63. E-mail : contact@campinglacommanderie.com. Web : www.campinglacommanderie.com.
Lat. : 43° 12' 53" N **Long.** : 002° 28' 13" E.

SAINT-MARTIN-LALANDE

13-B3 30 km N.-O. Carcassonne 153 m. ✉ 11400

DOMAINE DE LA CAPELLE Ouvert: 1.4 / 30.9. ☎ 04 68 94 91 90. E-mail : lacapelle2@orange.fr, Web : www.domainedelacapelle.fr. Prix 2023. empl. Tourisme : 7 € ; 🚶 4,50 € ; animaux 1,50 € ; 🚶 3 € ; 4 €.
Lat. : 43° 18' 57" N **Long.** : 002° 00' 47" E.

SAINTE-COLOMBE-SUR-L'HERS

13-B4 32 km S.-O. Limoux. 495 m. ✉ 11230

CAMPING DU S.I.V.O.M. DU CHALABRAIS NC Tourisme 25 E. 0,67 ha. Locations. Lac à 3 km. Ouvert: 1.6 / 30.9. ☎ 04 68 69 22 20. E-mail : aft@francecom.com.
Lat. : 42° 57' 07" N **Long.** : 001° 57' 58" E.

SAISSAC

13-B3 25 km N.-O. Carcassonne. 493 m. ✉ 11310

LA PORTE D'AUTAN ★★★ Tourisme 73 E. dont 69 nus, dont 69 CC.
CV. Locations. Lac et rivière à 3 km.. Accueil groupes. Ouvert: 1.4 / 13.10. ☎ 04 68 76 36 08. E-mail : laportedautan@yahoo.fr. Web : www.laportedautan.fr. Prix 2022. Fft jour : empl. Tourisme (2 🚶) : 24 € (E. CC). Réduction H.S.
Lat. : 43° 21' 42" N **Long.** : 002° 09' 38" E.

SALLELES-D'AUDE

13-D3 12 km N.-O. Narbonne. 25 m. Station verte de vacances et village de neige ✉ 11590

CAMPING MUNICIPAL NC Tourisme 16 E. Rivière à 1,5 km. Ouvert: 30.4 / 30.9. ☎ 04 68 46 68 46. E-mail : mairie@sallelesdaude.fr. Web : www.sallelesdaude.fr.
Lat. : 43° 15' 37" N **Long.** : 002° 57' 20" E.

SALLES-SUR-L'HERS

13-A3 54 km N.-O. Carcassonne. 253 m. ✉ 11410

AIRE NATURELLE MUNICIPALE Ouvert: 1.5 / 31.10. ☎ 04 68 60 30 22. E-mail : mairie.salles.sur.lhers@wanadoo.fr. Prix 2022. 🚶 2 € nuit ; 3,50 € nuit ; 3,50 € nuit ; 3 € nuit ; 🚶 1 € nuit ; 2 € nuit.
Lat. : 43° 18' 10" N **Long.** : 001° 47' 10" E.

SIGEAN

13-D3 21 km S. Narbonne. 18 m. ✉ 11130

ENSOYA ★★★ Tourisme 189 E. 1,4 ha CV. couverte. Accueil groupes adultes. Ouvert: 27.6 / 30.8. ☎ 04 30 05 15 19. E-mail : info@tohapi.fr. Web : www.tohapi.fr/languedoc-roussillon/camping-ensoya.php.
Lat. : 43° 01' 21" N **Long.** : 002° 58' 35" E.

LA GRANGE NEUVE ★★★ Tourisme 82 E. CV. Locations. Espace Fitness. chauffée. Rivière à 4 km ; étang à 5 km. Ouvert: 1.3 / 2.11. ☎ 04 68 48 58 70. E-mail : info@campingsigean.com. Web : www.campingsigean.com. Réduction H.S.
Lat. : 43° 03' 59" N **Long.** : 002° 56' 28" E.

AZUREVA SIGEAN P.R.L ★★ NN65 E. Locations. Etang à 4 km. Ouvert: 5.4 / 28.9. ☎ 04 68 48 20 68. E-mail : sigean@azureva-vacances.com. Web : www.azureva-vacances.com/individuel/village/sigean.
Lat. : 43° 01' 56" N **Long.** : 002° 58' 30" E.

TUCHAN

13-C4 49 km S.-O. Narbone. 349 m. ✉ 11350

LA PEIRIÈRE ★★★ Tourisme 73 E. dont 64 nus
CV. Accès direct aux bords du lac.. Accueil groupes. Ouvert: 30.3 / 31.10. ☎ 04 68 45 46 50. E-mail : lapeiriere@lapeiriere.com. Web : www.camping-la-peiriere.com. Réduction H.S.
Lat. : 42° 52' 60" N **Long.** : 002° 43' 03" E.

LE RELAIS D'AGUILAR ★★ Tourisme 22 E. dont 22 nus 0,22 ha CV. Rivière à 5 km. Accueil groupes. Ouvert: 1.5 / 15.9. ☎ 04 68 45 47 84. E-mail : relaisaguilar@wanadoo.fr. Web : www.relais-aguilar.com. Réduction H.S.
Lat. : 42° 53' 19" N **Long.** : 002° 43' 24" E.

VERDUN-EN-LAURAGAIS

13-B3 30 km N.-O. Carcassonne. 422 m. ✉ 11400

LE BOUT DU MONDE ★★★★ Tourisme 92 E. dont 126 nus
20 ha CV. Accès direct aux bords du lac ; étang et rivière à 300 m. Ouvert: 14.4 / 30.9. ☎ 04 68 94 95 96. E-mail : info@campingleboutdumonde.fr. Web : www.leboutdumonde.fr.
Lat. : 43° 22' 36" N **Long.** : 002° 04' 28" E.
FFCC : avantages adhérent : 10% du 29/04 au 30/06 et du 01/09 au 17/0910% du 29/04 au 30/06 et du 01/09 au 17/09 sur emp. et loc. + Rendez-vous dans votre club avantages FFCC pour obtenir le code promotionnel et réserver !.

VILLANIERE

13-C3 20 km N. Carcassonne. 408 m. ✉ 11600

LE DOMAINE DE LA VITARELLE ★★★ Tourisme 24 E. 2 ha CV. Locations. Rivière à 2 km. Ouvert: 30.4 / 1.11. ☎ 06 28 54 62 20. E-mail : info@domainedelavitarelle.com. Web : www.domainedelavitarelle.com.
Lat. : 43° 21' 25" N **Long.** : 002° 19' 14" E.

VILLEGLY

13-C3 12 km N. Carcassonne 183 m. ✉ 11600

LE MOULIN DE SAINTE ANNE ★★★★ Tourisme 60 E. dont 43 nus
CV. Locations. chauffée. Rivière à 50 m. Accueil groupes. Ouvert: 1.4 / 30.10. ☎ 04 68 72 20 80. E-mail : contact@moulindesainteanne.com. Web : www.moulindesainteanne.com. Réduction H.S.
Lat. : 43° 16' 59" N **Long.** : 002° 26' 29" E.
FFCC : avantages adhérent : 10% du 01/04 au 30/06 et du 01/09 au 30/0910% du 01/04 au 30/06 et du 01/09 au 30/09 sur emp. et loc. + 10% hors juillet-août sur les emplacements nus et hébergements locatifs sur présentation de la carte ou rendez-vous dans votre club avantages FFCC pour obtenir le code promotionnel.

VILLEMOUSTAUSSOU

13-C3 4,5 km N. Carcassonne. 113 m. ✉ 11620

LE MALOLYA ★★★ Tourisme 72 E. dont 11 nus, dont 4 GCC. 1,5 ha après 23 h, CV. A 5 km : Locations : . Lac à 5 km. Accueil groupes. Ouvert: 28.3 / 31.10. ☎ 04 68 47 81 90. E-mail : campingdaspinhiers@wanadoo.fr. Web : www.camping-carcassonne.net.
Lat. : 43° 15' 36" N **Long.** : 002° 21' 54" E.

Cartes 10-13

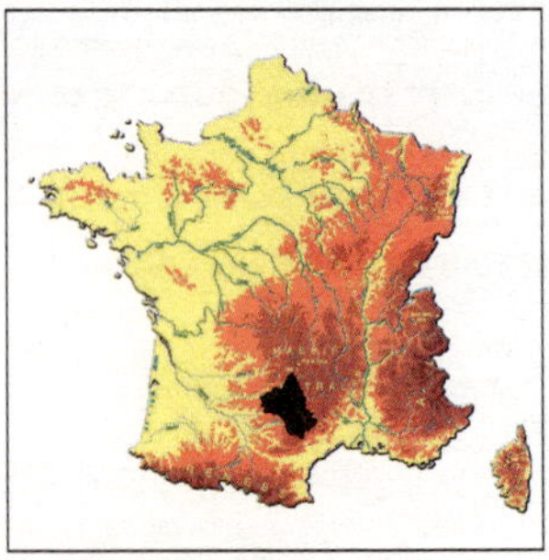

AGUESSAC

10-D5 7 km N. Millau. 561 m. ✉ 12520

LA BELLE ETOILE ★★★ Tourisme 75 E. dont 69 nus
1,7 ha CV. A 5 km : . Accès direct à la rivière. ; . Accueil groupes. Ouvert: 25.4 / 4.10. ☎ 05 65 72 91 07. E-mail : contact@camping-labelleetoile.fr. Web : www.camping-labelleetoile.fr. Réduction H.S.
Lat. : 44° 09' 11" N **Long.** : 003° 05' 57" E.
FFCC : avantages adhérent : 18 € du 01/05 au 30/06 et du 01/09 au 30/09 sur emp.

ESPRIT NATURE CV . Ouvert: 1.4 / 30.9. ☎ 05 65 59 72 03. E-mail : espritnaturesarl@wanadoo.fr, Web : www.escapade-espritnature.com.
Lat. : 44° 09' 28" N **Long.** : 003° 06' 04" E.

ALRANCE

10-C5 50 km O. Millau. 814 m. ✉ 12430

LES CANTARELLES ★★★ Tourisme 151 E. dont 6 GCC. 2,5 ha CV . Locations : , tonneau, . chauffée . Accès direct aux bords du lac. ; ; . Accueil groupes. Ouvert: 2.4 / 2.10. ☎ 0466 600 700. E-mail : cantarelles@koawa.com. Web : www.camping-cantarelles.fr/fr. Prix 2022. Fft jour : empl. Tourisme (2) : 25 € ( ) ; sup 6 € ; animaux 3 € ; 5 €.
Lat. : 44° 06' 23" N **Long.** : 002° 41' 22" E.

AMBEYRAC

10-B5 24 km N. Villefranche-de-Rouergue. 269 m. ✉ 12260

LE CAUSSE CV . Ouvert: 15.6 / 15.9. ☎ 05 65 81 74 48. E-mail : nmpradayrol@gmail.com, Web : www.camping-du-causse.fr.
Lat. : 44° 29' 31" N **Long.** : 001° 55' 50" E.

ARGENCES EN AUBRAC

10-C4 75 km N. Rodez. 790 m. ✉ 12420

LE CLOS DE BANES ★★★ Tourisme 14 E. . Locations : , . Accueil groupes adultes. Ouvert: 1.4 / 15.10. ☎ 05 65 66 49 65. E-mail : info@leclosdebanes.com. Web : www.leclosdebanes.com.
Lat. : 44° 48' 29" N **Long.** : 002° 48' 26" E.

CAMPING MUNICIPAL NC Tourisme 33 E. 1 ha . Rivière à 800 m ; lac à 1,2 km.. Ouvert: 15.6 / 31.8. ☎ 05 65 66 49 63. E-mail : stegenevieve@wanadoo.fr.
Lat. : 44° 48' 05" N **Long.** : 002° 45' 21" E.

ARVIEU

10-C5 28 km S.-E. Rodez. 792 m. ✉ 12120

NOTRE DAME D'AURES ★★ Tourisme 72 E. dont 61 nus CV . Locations : . . Lac à 500 m. Accueil groupes adultes. Ouvert: 29.6 / 2.9. ☎ 05 65 46 36 15. E-mail : notre-dame-daures@campeole.com.
Lat. : 44° 12' 15" N **Long.** : 002° 42' 18" E.

LE BELLEVUE ★ Loisirs 30 E. CV. . Lac à 100 m. ; . Ouvert: 1.4 / 31.10. ☎ 05 65 46 39 07. E-mail : lacaze-.herve@orange.fr.
Lat. : 44° 10' 22" N **Long.** : 002° 39' 04" E.

LE DOUMERGAL NC Tourisme 27 E. dont 10 nus, dont 23 CC - 4 GCC. 1 ha CV. . Accès direct à la rivière ; lac à 5 km.. Ouvert: 1.5 / 30.9. ☎ 05 65 59 49 89. E-mail : campingdoumergal@gmail.com. Réduction H.S.
Lat. : 44° 11' 28" N **Long.** : 002° 39' 34" E.

BELCASTEL

10-B5 35 km O. Rodez. 564 m. ✉ 12390

CAMPING MUNICIPAL NC Tourisme 30 E. dont 30 nus 0,4 ha . . Accès direct à la rivière. . Accueil groupes adultes. Ouvert: 1.4 / 30.9. ☎ 05 65 64 52 25. E-mail : camping@mairie-belcastel.fr. Web : www.mairie-belcastel.fr.
Lat. : 44° 23' 15" N **Long.** : 002° 20' 04" E.

BELMONT-SUR-RANCE

13-C1 60 km S.-O. Millau. 498 m. Station verte de vacances et village de neige ✉ 12370

VAL FLEURI DU RANCE NC Tourisme 43 E. 1 ha CV. . Accès direct à la rivière.. Ouvert: 1.5 / 30.9. ☎ 05 65 99 04 76. E-mail : marjandejong@wanadoo.fr.
Lat. : 43° 49' 05" N **Long.** : 002° 45' 01" E.

BOISSE-PENCHOT

10-B4 35 km N.-E. Villefranche-de-Rouergue. 303 m. ✉ 12300

LE ROQUELONGUE ★★★ Tourisme 66 E. dont 48 nus
2 ha CV . Locations : , , . chauffée , . Accès direct à la rivière. ; . Accueil groupes. Ouvert: 1.1 / 31.12. ☎ 05 65 63 39 67. E-mail : info@camping-roquelongue.com. Web : www.camping-roquelongue.com. Prix 2022. Fft jour : empl. Tourisme (2) : 25,5 € (E. CC E. GCC) ; sup 5,10 € ; animaux 1 € ; 4 €. Réduction H.S.
Lat. : 44° 35' 18" N **Long.** : 002° 13' 18" E.
FFCC : avantages adhérent : 17 € du 01/01 au 30/06 et du 01/09 au 31/12 sur emp. et entre 55 € et 72 € la nuitée et entre 290 € et 360 € la semaine du 01/04 au 30/06 et du 01/09 au 15/11 sur loc.

BOR-ET-BAR

10-B5 23 km S.-E. Villefranche-de-Rouergue. 373 m. ✉ 12270

LE GOURPASSOU NC Tourisme 39 E. dont 28 nus, dont 2 CC - 9 GCC. 1,5 ha CV. Locations : . . Rivière à 10 m. ; . Accueil groupes adultes. Ouvert: 1.4 / 30.9. ☎ 05 65 65 76 98. E-mail : contact@camping-legourpassou.com. Web : www.camping-legourpassou.com. Réduction H.S.
Lat. : 44° 10' 53" N **Long.** : 002° 04' 51" E.

BOURNAZEL

10-B5 35 km N.-O. Rodez. 507 m. ✉ 12390

AIRE NATURELLE FERME DE LA BORDE CV . A 5 km : . Ouvert: 15.6 / 15.9. ☎ 05 65 64 41 09. E-mail : roland.mathat@orange.fr, Web : www.laborde12.fr.
Lat. : 44° 27' 27" N **Long.** : 002° 17' 51" E.

BRASC

13-C1 516 m. ✉ 12550

M. & MME BODT . ☎ 05 65 99 73 22. E-mail : info@albugue.com, Web : www.albugue.com.
Lat. : 43° 57' 30" N **Long.** : 002° 32' 30" E.

BROMMAT

10-C4 80 km N. Rodez. 744 m. Village de neige ✉ 12600

CAMPING MUNICIPAL ★ Tourisme 34 E. 1 ha CV. Locations : . . Accès direct à la rivière.. Ouvert: 1.6 / 30.9. ☎ 05 65 66 00 96. E-mail : mairie-de.brommat@wanadoo.fr.
Lat. : 44° 49' 50" N **Long.** : 002° 41' 04" E.

BRUSQUE

13-D2 68 km S. Millau. 668 m. ✉ 12360

LE SUD AVEYRON - BRUSQUE ★★★ Tourisme 44 E. dont 5 nus 1 ha CV . Locations : . Randonnée pédestre organisée. , , . Accès direct aux bords du lac et à la rivière. ; . Ouvert: 15.6 / 15.9. ☎ 05 65 49 50 66. E-mail : accueil.brusque@vvfvillages.fr. Web : www.vvfvillages.fr.
Lat. : 43° 45' 29" N **Long.** : 002° 57' 23" E.

CAMPING MUNICIPAL DU DOURDOU ★ Tourisme 19 E. ☎ 05 65 99 53 12. E-mail : mairie.brusque@orange.fr.
Lat. : 43° 45' 39" N **Long.** : 002° 57' 09" E.

CABANES

10-B5 37 km S.-O. Rodez. 430 m. ✉ 12800

LA BORIE BASSE NC Tourisme 10 E. 0,5 ha CV . Locations : . Rivière à 900 m ; étang à 4 km. Accueil groupes adultes. Ouvert: 1.7 / 15.9. ☎ 05 65 47 03 49. E-mail : famillemalgouyres@gmail.com. Web : laboriebasse.free.fr.
Lat. : 44° 11' 52" N **Long.** : 002° 17' 13" E.

CAMARES

13-C1 54 km S. Millau. 516 m. ✉ 12360

CAMPING DU ROUGIER NC Tourisme 20 E. dont 20 nus 1 ha CV. Locations : . Rivière à 500 m. Accueil groupes adultes. Ouvert: 1.5 / 31.10. ☎ 05 65 99 59 36. E-mail : reception@residencedurougier.com. Web : www.residencedurougier.com.
Lat. : 44° 49' 41" N **Long.** : 002° 52' 33" E.

CAMBOULAZET

10-C5 25 km S.-O. Rodez. 575 m. ✉ 12160

MME YVETTE MAZENQ. Ouvert: 1.4 / 31.10. ☎ 06 74 04 79 87. E-mail : bernardmazenq@yahoo.fr, Web : www.aveyron-segala-tourisme.com.
Lat. : 44° 12' 21" N **Long.** : 002° 26' 17" E.

CAMPAGNAC

10-D5 48 km N. Millau. 796 m. ✉ 12560

CAMPING MUNICIPAL LA SAGNE NC Tourisme 50 E. dont 40 nus 0,5 ha . Rivière à 5 km. Ouvert: 15.6 / 15.9. ☎ 05 65 47 58 57. E-mail : mairie-de.campagnac@wanadoo.fr. Web : www.campagnac.fr.
Lat. : 44° 25' 08" N **Long.** : 003° 05' 19" E.

CAMPOURIEZ

10-C4 60 km N. Rodez. 474 m. ✉ 12460

CAMPING MUNICIPAL DU LAURADIOL NC Tourisme 32 E. dont 15 nus, dont 12 CC. 1 ha CV. Locations : . chauffée . Accès direct à la rivière. Ouvert: 1.7 / 1.9. ☎ 05 65 44 53 95. E-mail : campinglelauradiol@orange.fr. Web : www.camping-lelauradiol.jimdo.com.
Lat. : 44° 40' 44" N **Long.** : 002° 34' 57" E.

CANET-DE-SALARS

10-C5 27 km S.-E. Rodez. 808 m. ✉ 12290

LE CAUSSANEL ★★★★ Tourisme 252 E. dont 108 nus CV. Locations : chauffée . Accès direct aux bords du lac. Accueil groupes. Ouvert: 2.4 / 2.10. ☎ 0466 600 700. E-mail : caussanel@koawa.com. Web : www.camping-caussanel.fr/fr. Prix 2022. Fft jour : empl. Tourisme (2) : 34 € ( ) ; sup 6 € ; animaux 3 € ; 5 €.
Lat. : 44° 12' 53" N **Long.** : 002° 46' 01" E.

LA RETENUE DE PARELOUP ★★★ Loisirs 58 E. 1 ha CV. A 5 km : Locations : . Accès direct aux bords du lac ; rivière à 500 m ; étang à 1 km. Ouvert: 15.6 / 15.9. ☎ 05 65 46 33 26. E-mail : campingdelaretenue@free.fr. Web : campingdelaretenue.free.fr/. Réduction H.S.
Lat. : 44° 12' 47" N **Long.** : 002° 42' 41" E.

SOLEIL LEVANT ★★★ Tourisme 205 E. dont 129 nus
8 ha CV . Locations : . Accès direct aux bords du lac. Accueil groupes enfants. Ouvert: 1.5 / 30.9. ☎ 05 65 46 03 65. E-mail : contact@camping-soleil-levant.com. Web : www.camping-soleil-levant.com. Prix 2023. Fft nuit : empl. Tourisme (2) : 39,9 € ( ) ; sup 8,90 € ; animaux 3,90 € ; 6,90 €. Réduction H.S.
Lat. : 44° 12' 54" N **Long.** : 002° 46' 40" E.
FFCC : avantages adhérent : 15 € du 01/05 au 10/07 et du 28/08 au 30/09 sur emp.

CANTOIN

10-C4 86 km N.-N.-E. Rodez. 892 m. ✉ 12420

CAMPING DE MON VILLAGE NC Tourisme 20 E. dont 16 nus 0,4 ha CV . Etang à 200 m ; rivière à 3 km. Accueil groupes. Ouvert: 15.5 / 15.10. ☎ 01 83 64 69 21. E-mail : contact@campingcarpark.com. Web : www.campingcarpark.com. Prix 2022.
Lat. : 44° 50' 06" N **Long.** : 002° 48' 52" E.

CASTELNAU-PEGAYROLS

10-D5 19 km O. Millau. 827 m. ✉ 12620

FERME DU SAHUT chauffée CV . Ouvert: 2.5 / 30.9. ☎ 05 65 62 02 26. E-mail : getgsoulie@wanadoo.fr, Web : www.millau-gite.fr.
Lat. : 44° 08' 09" N **Long.** : 002° 54' 21" E.

COMPEYRE

10-D5 9 km N. Millau. 555 m. ✉ 12520

CAMPING GCU - PAILHAS ★★ Tourisme 121 E.. Locations : . Accès direct à la rivière. Ouvert: 30.6 / 17.9. ☎ 05 65 59 86 22. E-mail : gcu@gcu.asso.fr. Web : www.gcu.asso.fr.
Lat. : 44° 10' 20" N **Long.** : 003° 07' 28" E.

LES CERISIERS ★★ Tourisme 88 E. dont 68 nus 1,50 ha CV . Locations : . Accès direct à la rivière. Accueil groupes. Ouvert: 1.5 / 15.9. ☎ 05 65 59 87 96. E-mail : contact@campinglescerisiers.com. Web : www.campinglescerisiers.com. Réduction H.S.
Lat. : 44° 10' 07" N **Long.** : 003° 07' 12" E.

COMPOLIBAT

10-B5 15 km E. Villefranche-de-Rouergue. 466 m. ✉ 12350

AIRE NATURELLE MUNICIPALE . ☎ 05 65 81 98 54. E-mail : commune.compolibat@wanadoo.fr, Web : www.compolibat.fr.
Lat. : 44° 22' 26" N **Long.** : 002° 11' 49" E.

COMPREGNAC

13-D1 12 km O. Millau. 487 m. ✉ 12100

LE KATALPA . Ouvert: 1.1 / 31.12. ☎ 05 65 62 30 05. E-mail : contact@lekatalpa.fr, Web : www.lekatalpa.fr. Réduction H.S.
Lat. : 44° 04' 59" N **Long.** : 044° 04' 59" E.

CONQUES-EN-ROUERGUE

10-C4 39 km N.-N.-O. Rodez. 489 m. ✉ 12320

LE TEMPS D'UNE PAUSE ★★★ Tourisme 60 E. dont 52 nus 1 ha CV . Locations : . Accès direct à la rivière. Ouvert: 1.4 / 30.10. ☎ 0 619036663. E-mail : camping.conques@gmail.com. Web : www.campingconques.com. Prix 2022. Fft jour : empl. Tourisme (1) : 13 € ( ). Réduction H.S.
Lat. : 44° 36' 01" N **Long.** : 002° 23' 28" E.

CRANSAC

10-B5 30 km N.-E. Villefranche-de-Rouergue. 343 m. ✉ 12110

CAMPING MUNICIPAL LES FAYSSES ★★★ Tourisme 47 E. dont 47 nus 0,7 ha CV . Etang à 800 m ; lac à 1 km. Ouvert: 1.3 / 23.11. ☎ 05 65 63 05 95. E-mail : camping-cransac@orange.fr. Web : www.campingcransaclesthermes.fr. Prix 2022. empl. Tourisme : 7,10 € ; 4,50 € ; 2,55 € ; 4,30 €.
Lat. : 44° 31' 23" N **Long.** : 002° 16' 28" E.

CREISSELS

13-D1 4 km S.-O. Millau. 640 m. ✉ 12100

SAINT-MARTIN ★★★ Tourisme 85 E.
1,5 ha . Rivière à 1 km. Accueil groupes. Ouvert: 1.4 / 31.10. ☎ 05 65 60 31 83. E-mail : campingsaintmartin@orange.fr. Web : www.campingsaintmartin.fr.
Lat. : 44° 04' 25" N **Long.** : 003° 02' 52" E.
FFCC : avantages adhérent : 12 € du 01/04 au 17/06 et du 01/09 au 31/10 sur emp.

DRULHE

10-B5 17 km N.-E. Villefranche de Rouergue. 475 m. ✉ 12350

LE SOL . Ouvert: 1.6 / 30.9. ☎ 05 65 80 63 03. E-mail : mairie.drulhe@wanadoo.fr.
Lat. : 44° 27' 42" N **Long.** : 002° 07' 46" E.

DURENQUE

13-C1 38 km S. Rodez. 711 m. ✉ 12170

AIRE NATURELLE MUNICIPALE MOULIN DE ROUPEYRAC. Ouvert: 1.6 / 30.9. ☎ 05 65 46 58 03. E-mail : mairie-durenque@wanadoo.fr, Web : www.durenque.fr.
Lat. : 44° 06′ 29″ N **Long.** : 002° 37′ 20″ E.

ENTRAYGUES-SUR-TRUYERE

10-C4 48 km N. Rodez. 476 m. ✉ 12140

LE BASTIE P.R.L ★★★ NN11 E. CV. Locations : . Rivière à 100 m. Ouvert: 25.4 / 26.9. ☎ 05 65 44 56 92. E-mail : info@camping-valdesaures.com. Web : www.camping-valdesaures.com.
Lat. : 44° 38′ 19″ N **Long.** : 002° 33′ 40″ E.

VAL DE SAURES ★★★ Tourisme 120 E. dont 115 nus 4 ha CV. Locations : . Randonnée pédestre organisée. chauffée. Accès direct à la rivière. Accueil groupes enfants. Ouvert: 1.5 / 24.9. ☎ 05 65 44 56 92. E-mail : info@camping-valdesaures.com. Web : www.camping-valdesaures.com. Réduction H.S.
Lat. : 44° 38′ 31″ N **Long.** : 002° 33′ 50″ E.

ESPALION

10-C4 32 km N.-E. Rodez. 497 m. Station verte de vacances et village de neige ✉ 12500

ROC DE L'ARCHE ★★★ Tourisme 95 E. dont 75 nus 2,5 ha CV. Locations : . chauffée . Ouvert: 6.5 / 14.9. ☎ 05 65 44 06 79. E-mail : info@rocdelarche.com. Web : www.rocdelarche.com.
Lat. : 44° 31′ 18″ N **Long.** : 002° 46′ 11″ E.

ESTAING

10-C4 30 km N.-N.-E. Rodez. 475 m. ✉ 12190

CAMPING MUNICIPAL LA CHANTELLERIE NC Tourisme 60 E. 1,5 ha CV. , . Accès direct à la rivière. Accueil groupes. Ouvert: 15.5 / 15.9. ☎ 05 65 44 70 32. E-mail : mairie-estaing@wanadoo.fr.
Lat. : 44° 33′ 54″ N **Long.** : 002° 40′ 55″ E.

LA CAVALERIE NC Tourisme 20 E. CV. Etang et lac à 10 m.. Ouvert: 15.6 / 15.9. ☎ 05 65 44 71 94. E-mail : jean.alaux@akeonet.com.
Lat. : 44° 33′ 54″ N **Long.** : 002° 39′ 46″ E.

FAYET

13-D2 552 m. ✉ 12360

CAMPING MUNICIPAL DE LA NUÉJOULS NC Tourisme 18 E. dont 4 nus, dont 6 CC. 24 h / 24. A 200 m : . Locations : . Randonnée pédestre organisée. , . Accès direct à la rivière. Ouvert: 1.3 / 31.10. ☎ 07 73 26 36 42. E-mail : mairiedefayet@orange.fr. Web : www.commune-de-fayet.com/pages/aire-naturelle-de-camping.html. Prix 2023. 5 € ; 10 € ; 12 € ; 7 € ; animaux 1 € ; 3 €.
Lat. : 43° 48′ 21″ N **Long.** : 002° 57′ 03″ E.

FLAGNAC

10-B4 40 km N.-E. Villefranche-de-Rouergue. 299 m. ✉ 12300

PORT DE LACOMBE ★★★ Tourisme 97 E. dont 93 nus, dont 93 CC. . Locations : . chauffée , . Accès direct à la rivière. ; . Accueil groupes. Ouvert: 2.6 / 30.9. ☎ 06 46 14 66 33. E-mail : campingportdelacombe@orange.fr. Web : www.camping-leportdelacombe.com. Prix 2022. empl. Tourisme : 26 € ; 5,80 € ; 4 €. Réduction H.S.
Lat. : 44° 36′ 33″ N **Long.** : 002° 14′ 10″ E.

FLAVIN

10-C5 10 km S. Rodez. 673 m. ✉ 12450

M. GASTON MAUREL CV. Ouvert: 1.4 / 31.10. ☎ 05 65 71 98 40. E-mail : gaston.maurel@wanadoo.fr.
Lat. : 44° 18′ 28″ N **Long.** : 002° 41′ 07″ E.

FONDAMENTE

13-D1 30 km S. Millau. 639 m. ✉ 12540

CAMPING MUNICIPAL NC Tourisme 10 E. . Ouvert: 1.7 / 29.8. ☎ 05 65 99 37 05. E-mail : mairie-fondamente@wanadoo.fr.
Lat. : 43° 51′ 57″ N **Long.** : 003° 04′ 02″ E.

LE PAS DE CEILHES NC Tourisme 100 E. dont 100 nus 7 ha Rés. naturiste. Randonnée pédestre organisée. . Accès direct à la rivière. Ouvert: 21.5 / 9.9. ☎ 05 65 99 35 12. E-mail : lepasdeceilhes@gmail.com. Web : www.lepasdeceilhes.info.
Lat. : 43° 50′ 13″ N **Long.** : 003° 07′ 25″ E.

LA MOULINE chauffée CV . Ouvert: 1.3 / 30.9. ☎ 05 65 99 31 96. E-mail : info@camping-la-mouline.com, Web : www.camping-la-mouline.com. Réduction H.S.
Lat. : 43° 51′ 57″ N **Long.** : 003° 04′ 01″ E.

GISSAC

13-D1 542 m. ✉ 12360

MME JOCELYNE TOULZA CV. ☎ 05 65 99 46 16. E-mail : jocelyne.toulza@wanadoo.fr, Web : www.aveyron-gite-etape-sejour.com.
Lat. : 43° 50′ 08″ N **Long.** : 002° 54′ 53″ E.

GOLINHAC

10-C4 40 km N. Rodez. 561 m. ✉ 12140

POLE TOURISTIQUE BELLEVUE ★★★ Tourisme 46 E. dont 31 nus 0,5 ha CV . Locations : . chauffée . Etang à 1 km. Accueil groupes. Ouvert: 1.4 / 31.10. ☎ 05 65 44 50 73. E-mail : pole-bellevue12@orange.fr. Web : pole-bellevue.fr/.
Lat. : 44° 36′ 12″ N **Long.** : 002° 34′ 60″ E.
FFCC : avantages adhérent : 19 € du 01/04 au 30/09 sur emp.

CAMPING PAYSAN LE BATTEDOU CV. Ouvert: 1.5 / 30.9. ☎ 05 65 48 61 62. E-mail : lebattedou@wanadoo.fr, Web : www.lebattedou.free.fr.
Lat. : 44° 36′ 57″ N **Long.** : 002° 34′ 49″ E.

L'HOSPITALET-DU-LARZAC

13-D1 25 km S.-E. Millau. 750 m. ✉ 12230

CAMPING AU TOUR DE L'AVEYRON ★★ Tourisme 59 E. CV . Locations : , tonneau. Accueil groupes. Ouvert: 25.4 / 25.10. ☎ 05 65 62 70 53. E-mail : camping.autourdelaveyron@gmail.com. Web : www.camping-larzac.com.
Lat. : 43° 58′ 07″ N **Long.** : 003° 12′ 05″ E.
FFCC : avantages adhérent : 13 € du 30/04 au 26/06 et du 28/08 au 24/10 sur emp.

LA CRESSE

10-D5 10 km N. Millau. 744 m. ✉ 12640

LE PAPILLON ★★★ Tourisme 43 E. 1,4 ha . Locations : caravane. Rivière à 150 m. Ouvert: 25.4 / 3.10. ☎ 05 65 59 08 42. E-mail : info@campinglepapillon.com. Web : www.campinglepapillon.com.
Lat. : 44° 11′ 12″ N **Long.** : 003° 08′ 11″ E.

LA FOUILLADE

10-B5 17 km S. Villefranche-sur-Rouergue. 395 m. ✉ 12270

LE BOSQUET ★★★ Tourisme 73 E. 3,5 ha CV . Locations : . Randonnée pédestre organisée. , . Accès direct aux bords du lac.. Ouvert: 1.6 / 30.9. ☎ 05 65 65 84 87. E-mail : gerard_boutonnet@yahoo.fr. Web : www.campinglafouillade-najac.com. Réduction H.S.
Lat. : 44° 13′ 34″ N **Long.** : 002° 02′ 14″ E.

LA SALVETAT-PEYRALES

10-B5 49 km S.-O. Rodez. 476 m. ✉ 12440

MOULIN DE LIORT NC Tourisme 16 E. dont 16 nus 2,5 ha pas de voitures sur les emplts, . Accès direct à la rivière. . Ouvert: 1.5 / 30.9. ☎ 05 65 81 89 67. E-mail : campliort@wanadoo.fr. Web : www.campingliort.com. Réduction H.S.
Lat. : 44° 12′ 49″ N **Long.** : 002° 13′ 24″ E.

LACALM

10-C4 70 km N.-N.-E. Rodez. 1103 m. ✉ 12210

AIRE NATURELLE LE MOULIN . Ouvert: 1.6 / 30.9. ☎ 05 65 44 30 12. E-mail : mairie-lacalm@wanadoo.fr.
Lat. : 44° 46′ 18″ N **Long.** : 002° 53′ 32″ E.

LAGUIOLE

10-C4 56 km N.-E. Rodez. 1093 m. ✉ 12210

CAMPING MUNICIPAL LES MONTS D'AUBRAC NC 57 E. 2 ha CV . Randonnée pédestre organisée. , . Accès direct à la rivière ; lac à 5 km.. Accueil groupes. Ouvert: 15.5 / 30.9. ☎ 05 65 44 39 72. E-mail : camping@laguiole12.fr. Web : www.campinglesmontsdaubraclaguiole.jimdo.com. Prix 2022. Fft jour : empl. Tourisme (2) : 14,4 € ( ) ; sup 4,20 € ;
Lat. : 44° 40′ 54″ N **Long.** : 002° 51′ 17″ E.
FFCC : avantages adhérent : 14 € du 13/05 au 30/09 sur emp.

LAISSAC-SEVERAC L'EGLISE

10-C5 20 km E. Rodez. 729 m. ✉ 12310

LA GRANGE DE MONTEILLAC ★★★★ Tourisme 104 E. dont 53 nus CV . Locations : . Randonnée pédestre organisée. chauffée , . Etang à 500 m ; rivière à 3 km. Accueil groupes adultes. Ouvert: 25.5 / 18.9. ☎ 05 65 70 21 00. E-mail : info@la-grange-de-monteillac.com. Web : www.aveyron-location.com. Prix 2022. Fft jour : empl. Tourisme (2) : 38 € (E. CC) ; sup 9 € ; animaux 6 € ; 7 €. Réduction H.S.
Lat. : 44° 21′ 55″ N **Long.** : 002° 51′ 03″ E.
FFCC : avantages adhérent : 10% du 07/04 au 30/06 et du 01/09 au 17/0910% du 07/04 au 30/06 et du 01/09 au 17/09 sur emp. et loc. + Rendez-vous dans votre club avantages FFCC pour obtenir le code promotionnel et réserver !.

LANUEJOULS

10-B5 17 km N.-E. Villefranche-de-Rouergue. 505 m. ✉ 12350

M. ROBERT LORTAL CV . A 3 km : . Ouvert: 1.1 / 31.12. ☎ 05 65 81 92 27. E-mail : jr.lortal@wanadoo.fr, Web : www.plateau-de-montbazens.com.
Lat. : 44° 25′ 38″ N **Long.** : 002° 10′ 10″ E.

LE BAS SEGALA

10-B5 12 km E. Villefranche-de-Rouergue. 523 m. ✉ 12200

M. JEAN-CLAUDE ALBESPY CV . Ouvert: 1.7 / 1.10. ☎ 05 65 81 85 22. E-mail : camping.lariviere@gmail.com, Web : www.villefranche-camping.com.
Lat. : 44° 17′ 39″ N **Long.** : 002° 08′ 52″ E.

LE FEL

10-C4 55 km N. Rodez. 548 m. ✉ 12140

CAMPING MUNICIPAL LE FEL ★ Tourisme 13 E. . Rivière à 3 km. Ouvert: 1.6 / 30.9. ☎ 05 65 48 61 12. E-mail : mairiedufel@orange.fr.
Lat. : 44° 39′ 08″ N **Long.** : 002° 30′ 02″ E.

LE NAYRAC

10-C4 45 km N. Rodez. 662 m. ✉ 12190

CAMPING DE MON VILLAGE NC 45 E. dont 26 nus 4,6 ha CV. , . Accès direct à l'étang et aux bords du lac. ; . Accueil groupes. Ouvert: 1.7 / 3.9. ☎ 01 83 64 69 21. E-mail : contact@campingcarpark.com. Prix 2022.
Lat. : 44° 36′ 16″ N **Long.** : 002° 40′ 05″ E.

LE TRUEL

13-C1 43 km O. Millau. 565 m. ✉ 12430

CAMPING MUNICIPAL NC Tourisme 28 E. CV. Locations : , . Accès direct à la rivière ; lac à 500 m.. Ouvert: 15.6 / 30.9. ☎ 05 65 46 41 46. E-mail : mairie.letruel@wanadoo.fr. Web : www.letruel.fr. Prix 2022. Fft jour : empl. Tourisme (2) : 12 € ( ) ; sup 4,50 € ; 2 € ; 2,50 €.
Lat. : 44° 02' 57" N **Long.** : 002° 45' 47" E.

LE VIBAL

10-C5 22 km O. Rodez 797 m. ✉ 12290

LES MOULINOCHES NC Tourisme 19 E. CV. Accès direct aux bords du lac. ; ; . Ouvert: 1.5 / 30.9. ☎ 05 65 46 85 80. E-mail : a.vialaret@orange.fr.
Lat. : 44° 18' 55" N **Long.** : 002° 45' 19" E.

LIVINHAC-LE-HAUT

10-B4 46 km N.-E. Villefranche-de-Rouergue. 234 m. Station verte de vacances et village de neige ✉ 12300

BEAU RIVAGE NC Tourisme 65 E. 1 ha CV. Locations : . Accès direct à la rivière. . Ouvert: 1.4 / 30.9. ☎ 05 65 63 37 59. E-mail : pce.est@gmail.com.
Lat. : 44° 35' 05" N **Long.** : 002° 14' 04" E.

MARTIEL

10-B5 10 km O. Villefranche-de-Rouergue 368 m. ✉ 12200

LAC AUX OISEAUX ★★★★ Tourisme 58 E. dont 28 nus
0,5 ha CV . Locations : , . couverte chauffée , . Lac à 50 m. . Accueil groupes. Ouvert: 15.5 / 27.9. ☎ 05 65 65 67 59. E-mail : info@campinglacauxoiseaux.fr. Web : www.campinglacauxoiseaux.fr. Prix 2022. Fft jour : empl. Tourisme (2) : 33 € ( ). Réduction H.S.
Lat. : 44° 23' 03" N **Long.** : 001° 53' 11" E.
FFCC : avantages adhérent : 18 € du 05/05 au 7/07 et du 03/09 au 23/09 sur emp. et 15% du 05/05 au 07/07 et du 03/09 au 23/09 sur loc.

MILLAU

13-D1 71 km S.-E. Rodez. 688 m. ✉ 12100

LE MILLAU PLAGE ★★★★ Tourisme 232 E. dont 211 nus
CV . chauffée . Accès direct à la rivière.. Accueil groupes. Ouvert: 1.4 / 31.10. ☎ 05 65 72 12 77. E-mail : contact@campingmillauplage.fr. Web : campingmillauplage.fr/. Réduction H.S.
Lat. : 44° 06' 56" N **Long.** : 003° 05' 12" E.
FFCC : avantages adhérent : 15 € du 01/04 au 08/07 et du 21/09 au 21/10 sur emp. et entre 45 € et 70 € la nuitée et entre 190 € et 690 € la semaine du 01/04 au 08/07 et du 21/09 au 21/10 sur loc.

LE VIADUC ★★★★ Tourisme 229 E. dont 181 nus
CV . Locations : . Espace Fitness. chauffée . Accès direct à la rivière. ; ; . Accueil groupes. Ouvert: 15.4 / 30.9. ☎ 05 65 60 15 75. E-mail : info@camping-du-viaduc.com. Web : www.camping-du-viaduc.com. Prix 2022. Fft nuit : empl. Tourisme (2) : 18 € ( ). Réduction H.S.
Lat. : 44° 06' 18" N **Long.** : 003° 05' 18" E.

LES RIVAGES ★★★★ Tourisme 298 E. dont 225 nus, dont 89 GCC.
7 ha CV . Locations : , , . Randonnée pédestre organisée. chauffée , , . Accès direct à la rivière. ; ; . Accueil groupes. Ouvert: 13.5 / 19.9. ☎ 05 65 61 01 07. E-mail : info@campinglesrivages.com. Web : www.campinglesrivages.com. Réduction H.S.
Lat. : 44° 06' 05" N **Long.** : 003° 05' 46" E.
FFCC : avantages adhérent : 10% du 12/05 au 30/06 et du 01/09 au 10/0910% du 12/05 au 30/06 et du 01/09 au 10/09 sur emp. et loc. + Rendez-vous dans votre club avantages FFCC pour obtenir le code promotionnel et réserver ! Propose la réduction l'exception des premiums.

HUTTOPIA MILLAU ★★★ Tourisme 152 E. dont 105 nus
CV . Locations : , , roulotte. chauffée , . Accès direct à la rivière. ; . Accueil groupes. Ouvert: 11.5 / 24.9. ☎ 05 65 61 18 83. E-mail : millau@huttopia.com. Web : europe.huttopia.com/site/camping-millau. Prix 2023. Fft nuit : empl. Tourisme (2) : 45,51 € ( ) ; sup 8,31 € nuit ; animaux 5,31 € nuit. Réduction H.S.
Lat. : 44° 06' 10" N **Long.** : 003° 05' 28" E.
FFCC : avantages adhérent : 10% du 11/05 au 01/07 et du 31/08 au 24/0910% du 11/05 au 01/07 et du 31/08 au 24/09 sur emp. et loc. + 5% de réduction en juillet-août sur les emplacements nus et locatifs * frais de réservation offerts Rendez-vous dans votre club avantages FFCC pour obtenir le code promotionnel.

LARRIBAL ★★★ Tourisme 69 E. dont 55 nus
1,1 ha CV . Locations : cocosweet . Randonnée pédestre organisée. , , , . Accès direct à la rivière. ; . Accueil groupes. Ouvert: 1.4 / 25.10. ☎ 05 65 59 08 04. E-mail : campinglarribal@gmail.com. Web : www.campinglarribal.com. Réduction H.S.
Lat. : 44° 06' 37" N **Long.** : 003° 05' 14" E.
FFCC : avantages adhérent : 13 € du 01/04 au 30/06 et du 01/09 au 17/10 sur emp. et 90 € la nuitée et 230 € la semaine du 01/04 au 30/06 et du 01/09 au 17/10 - Tarif locatif valable à partir de 2 nuits minimum 4 personnes sur loc.

LES DEUX RIVIÈRES ★★★ Tourisme 66 E. dont 62 nus 1,3 ha CV . A 1 km : . Accès direct à la rivière. ; . Accueil groupes. Ouvert: 1.4 / 23.10. ☎ 05 65 60 00 27. E-mail : contact@camping2rivieresmillau.fr. Web : www.camping2rivieresmillau.fr/fr-fr/. Réduction H.S.
Lat. : 44° 06' 09" N **Long.** : 003° 05' 14" E.

LES ÉRABLES ★★★ Tourisme 78 E. dont 70 nus, dont 70 CC.
0,8 ha CV . Locations : , . chauffée . Accès direct à la rivière. ; . Ouvert: 1.4 / 30.10. ☎ 05 65 59 15 13. E-mail : camping-les-erables@orange.fr. Web : www.campingleserables.fr. Prix 2022. Fft nuit : empl. Tourisme (2) : 21 € ( ). Réduction H.S.
Lat. : 44° 06' 21" N **Long.** : 003° 05' 17" E.
FFCC : avantages adhérent : 13 € du 01/04 au 30/06 et du 01/09 au 20/10 sur emp.

SAINT LAMBERT ★★★ Tourisme 133 E. dont 105 nus
CV . A 4,5 km : . Locations : , , . chauffée , , . Accès direct à la rivière. . Accueil groupes. Ouvert: 23.4 / 30.9. ☎ 05 65 60 00 48. E-mail : contact@campingsaintlambert.fr. Web : www.campingsaintlambert.fr. Prix 2022. Fft jour : empl. Tourisme (2) : 28,5 € ( ) ; sup 5 € ; animaux 2 € ; 3,50 €. Réduction H.S.
Lat. : 44° 05' 59" N **Long.** : 003° 06' 41" E.
FFCC : avantages adhérent : 12 € du 23/04 au 08/07 et du 25/08 au 26/09 sur emp.

VAL ST GEORGES P.R.L ★★★ NN21 E. Locations : , . , , .. Ouvert: 1.1 / 31.12. ☎ 05 65 62 42 12. E-mail : contact@valstgeorges.fr. Web : www.valstgeorges.fr.
Lat. : 44° 03' 28" N **Long.** : 002° 59' 13" E.

ECO CAMPING LE CUN DU LARZAC ★★ Tourisme 50 E. Locations : , , yourte. Ouvert: 1.1 / 31.12. ☎ 05 65 61 38 57. E-mail : accueil@lecundularzac.org. Web : lecundularzac.org.
Lat. : 44° 04' 21" N **Long.** : 003° 11' 22" E.

MONTEILS

10-B5 10 km S. Villefranche-de-Rouergue. 329 m. ✉ 12200

LA CAPELLE NC Tourisme 27 E. dont 25 nus 0,8 ha CV. Locations : . Accès direct à la rivière. Ouvert: 1.6 / 30.9. ☎ 00681204493. E-mail : moreau.philippe51@aliceadsl.fr. Web : campinglacapelle.free.fr/.
Lat. : 44° 16' 22" N **Long.** : 002° 00' 03" E.

MONTPEYROUX

10-C4 50 km N.-E. Rodez. 835 m. ✉ 12210

LA ROMIGUIÈRE ★★★ Tourisme 62 E. dont 34 nus, dont 34 CC.
2 ha CV . Locations : , . chauffée . Accès direct aux bords du lac et à la rivière. ; ; . Accueil groupes. Ouvert: 1.5 / 25.9. ☎ 05 65 44 44 64. E-mail : contact@laromiguiere.net. Web : www.laromiguiere.fr. Prix 2022. Fft jour : empl. Tourisme (2) : 39 € ( )
Lat. : 44° 39' 21" N **Long.** : 002° 42' 16" E.
FFCC : avantages adhérent : 22 € du 15/05 au 30/06 et du 01/09 au 15/09 sur emp.

MOSTUEJOULS

10-D5 19 km N.-E. Millau. 715 m. ✉ 12720

LES PRADES ★★★★ Tourisme 184 E. dont 150 nus
3 ha CV . Locations : , , cocosweet, . chauffée , , , . Accès direct à la rivière. ; ; . Accueil groupes adultes. Ouvert: 17.5 / 9.9. ☎ 05 65 62 62 09. E-mail : lesprades@orange.fr. Web : www.campinglesprades.com. Prix 2022. Fft jour : empl. Tourisme (2) : 49 € ( )
Lat. : 44° 11' 59" N **Long.** : 003° 10' 24" E.
FFCC : avantages adhérent : 18 € du 17/05 au 01/07 et du 26/08 au 09/09 sur emp.

L'AUBIGUE ★★★ Tourisme 50 E.
2 ha CV. Locations : , . , , . Accès direct à la rivière. ; . Accueil groupes. Ouvert: 1.5 / 30.9. ☎ 05 65 62 63 67. E-mail : carlbudo@orange.fr. Web : www.campingdelaubigue.fr. Prix 2023. Fft jour : empl. Tourisme (2) : 20,1 € ( )
Lat. : 44° 11' 51" N **Long.** : 003° 11' 21" E.
FFCC : avantages adhérent : 12 € du 01/05 au 15/07 et du 15/07 au 22/08 sur emp. et entre 300 € et 600 € la semaine sur loc.

LA RESCLAUZE ★★★ Tourisme 50 E. dont 43 nus 1,5 ha CV . Locations : , . Randonnée pédestre organisée. chauffée . Rivière à 10 m. ; . Ouvert: 1.7 / 31.8. ☎ 05 65 62 65 56. E-mail : contact@camping-resclauze.com. Web : www.camping-resclauze.com. Prix 2022. Fft jour : empl. Tourisme (2) : 26,98 € ( ) ; sup 5,56 € ; animaux 2,68 €. Réduction H.S.
Lat. : 44° 11' 46" N **Long.** : 003° 11' 07" E.

LES BORDS DU TARN ★★★ Tourisme 110 E. dont 88 nus 3 ha CV . Locations : , , cocosweet, . chauffée . Accès direct à la rivière. ; ; . Ouvert: 26.5 / 3.9. ☎ 05 65 62 62 94. E-mail : contact@campinglesbordsdutarn.com. Web : www.campinglesbordsdutarn.com. Prix 2023. Fft jour : empl. Tourisme (2) : 38 € ( ) ; sup 8,50 € ; animaux 4 € ; 6 €. Réduction H.S.
Lat. : 44° 11' 53" N **Long.** : 003° 11' 40" E.

LONGUE-LEGUE ★★★ Tourisme 30 E. 0,7 ha CV. Locations : , . . Accès direct à la rivière. ; ; . Ouvert: 15.6 / 31.8. ☎ 05 65 62 64 46. E-mail : saintpal@orange.fr. Web : www.campingsaintpal.com. Réduction H.S.
Lat. : 44° 11' 46" N **Long.** : 003° 11' 58" E.

SAINT-PAL ★★★ Tourisme 74 E. dont 55 nus 1,2 ha CV. Locations : , . chauffée. Accès direct à la rivière. ; ; . Ouvert: 6.6 / 31.8. ☎ 05 65 62 64 46. E-mail : saintpal@orange.fr. Web : www.campingsaintpal.com. Réduction H.S.
Lat. : 44° 11' 46" N **Long.** : 003° 11' 58" E.

CAMPING DE L'AUBERGE ★★ Tourisme 17 E. 0,76 ha CV. Locations : , bivouac, bulle, cabanes. Accès direct à la rivière. ; ; . Ouvert: 1.5 / 30.9. ☎ 05 65 72 22 56. E-mail : infos@campingdelauberge.fr. Web : www.campingdelauberge.fr. Réduction H.S.
Lat. : 44° 12' 07" N **Long.** : 003° 10' 23" E.

LA MUSE ★★ Tourisme 50 E. 0,6 ha CV. Locations : roulotte, , . Accès direct à la rivière. ; . Accueil groupes. Ouvert: 6.4 / 29.9. ☎ 05 65 62 61 61. E-mail : campinglamuse@orange.fr. Web : www.campinglamuse.fr.
Lat. : 44° 11' 41" N **Long.** : 003° 12' 34" E.

LE RANDONNEUR ★★ Tourisme 28 E. dont 22 nus CV. Locations : , cocosweet, . Accès direct à la rivière. ; . Ouvert: 1.6 / 7.9. ☎ 05 65 62 60 62. E-mail : lerandonneur@orange.fr. Web : www.campinglerandonneur.fr. Prix 2023. Fft jour : empl. Tourisme (2) : 23 € ( ). Réduction H.S.
Lat. : 44° 11' 50" N **Long.** : 003° 11' 50" E.

MUR-DE-BARREZ

10-C4 80 km N. Rodez. 822 m. Village de neige ✉ 12600

CAMPING DE TRIONAC ★★★ Tourisme 50 E. dont 25 nus CV. Locations : . Accès direct à l'étang ; rivière à 500 m. ; . Ouvert: 1.6 / 30.9. ☎ 05 65 66 06 91. E-mail : info@campingdetrionac.fr. Web : www.campingdetrionac.fr/.
Lat. : 44° 52' 06" N **Long.** : 002° 38' 08" E.

NAJAC

10-B5 24 km S.-O. Villefranche-de-Rouergue. 350 m. ✉ 12270

LE PAISSEROU ★★★ Tourisme 80 E. dont 55 nus
2 ha CV. Locations : , , . Rivière à 100 m. Accueil groupes. Ouvert: 1.6 / 30.9. ☎ 05 65 29 73 96. E-mail : campingnajac@gmail.com. Web : www.campingnajac.com. Prix 2022. Fft jour : empl. Tourisme (2) : 31 € ( ) ; sup 5 € ; animaux 2 € ; 3 €. Réduction H.S.
Lat. : 44° 13' 13" N **Long.** : 001° 58' 08" E.

CAMPING DES ÉTOILES ★ Loisirs 13 E. dont 6 nus Locations : , . Rivière à 4 km. . Accueil groupes adultes. Ouvert: 1.5 / 1.10. ☎ 05 65 29 77 05. E-mail : campingdesetoiles@sfr.fr. Web : www.campingdesetoiles.fr.
Lat. : 44° 13' 13" N **Long.** : 002° 00' 49" E.

M. & MME VERDIER CV. Ouvert: 1.4 / 31.10. ☎ 05 65 29 71 51. E-mail : jp_et_m_verdier@hotmail.com, Web : www.lapradebasse.com.
Lat. : 44° 12' 46" N **Long.** : 002° 01' 01" E.

NANT

13-D1 32 km S.-E. Millau. 712 m. Station verte de vacances et village de neige ✉ 12230

VAL DE CANTOBRE ★★★★★ Tourisme 193 E. dont 150 nus
6,5 ha CV. Locations : , , . Randonnée pédestre organisée. chauffée , . Accès direct à la rivière. ; ; . Accueil groupes adultes. Ouvert: 21.4 / 24.9. ☎ 0 970 73 10 38. E-mail : contact@rcn.fr. Web : www.rcn.fr. Prix 2023. Fft nuit : empl. Tourisme (2) : 63 € ( ). Réduction H.S.
Lat. : 44° 02' 40" N **Long.** : 003° 18' 08" E.
FFCC : avantages adhérent : 15% du 21/04 au 14/07 et du 19/08 au 24/0915% du 21/04 au 14/07 et du 19/08 au 24/09 sur emp. et loc. + Profitez de l'offre en réservant sur le site du partenaire au 09 70 73 10 38 ou rendez-vous sur votre Club avantages pour obtenir le code promotionnel. Offre non valable du 18/05 au 21/05.

LE ROC QUI PARLE ★★★ Tourisme 84 E. dont 56 CC - 12 GCC.
4,5 ha CV. , . Accès direct à la rivière. . Accueil groupes adultes. Ouvert: 1.4 / 30.9. ☎ 05 65 62 22 05. E-mail : contact@camping-roc-qui-parle-aveyron.fr. Web : www.camping-roc-qui-parle-aveyron.fr.
Lat. : 44° 02' 13" N **Long.** : 003° 17' 26" E.

LES 2 VALLÉES ★★★ Tourisme 80 E. dont 62 nus, dont 8 GCC.
CV. Locations : , . Randonnée pédestre organisée. Espace Fitness. chauffée , . Accès direct à la rivière.. Accueil groupes. Ouvert: 14.4 / 9.10. ☎ 05 65 62 26 89. E-mail : contact@lesdeuxvallees.com. Web : www.lesdeuxvallees.com. Prix 2023. Fft nuit : empl. Tourisme (1) : 15 € ( ) ; sup 5 € nuit ; animaux 2 € nuit ; 2,50 € nuit ; 4 € nuit. Réduction H.S.
Lat. : 44° 01' 02" N **Long.** : 003° 18' 05" E.
FFCC : avantages adhérent : 13 € du 14/04 au 14/07 et du 16/08 au 08/10 sur emp. et entre 29 € et 59 € la nuitée et entre 149 € et 299 € la semaine du 14/04 au 08/07 et du 26/08 au 29/10 sur loc. + Entrées gratuites sur sites à visiter autour du camping.

LE VIALARET ★★ Tourisme 50 E. dont 40 nus 2 ha CV. Locations : . Randonnée pédestre organisée. . Accès direct à la rivière. ; . Accueil groupes adultes. Ouvert: 1.4 / 31.10. ☎ 06 43 27 01 14. E-mail : campinglevialaret@orange.fr. Web : campinglevialaret.jimdo.com.
Lat. : 44° 01' 42" N **Long.** : 003° 17' 50" E.

LES VERNEDES NC Tourisme 45 E. dont 45 nus 1,6 ha CV. . Accès direct à la rivière.. Accueil groupes. Ouvert: 1.3 / 31.10. ☎ 05 65 62 15 19. E-mail : christophe.malzac@orange.fr. Web : www.lesvernedes.fr.st.
Lat. : 44° 01' 16" N **Long.** : 003° 17' 42" E.

CAMPING A LA FERME DE CASTELNAU CV. Ouvert: 1.5 / 15.11. ☎ 05 65 58 84 70. E-mail : isaetdom@aliceadsl.fr, Web : campingcastelnau.free.fr.
Lat. : 44° 00' 47" N **Long.** : 003° 19' 14" E.

NAUCELLE

10-B5 32 km S.-O. Rodez. 460 m. Station verte de vacances et village de neige ✉ 12800

LE LAC DE BONNEFON ★★★ Tourisme 109 E. dont 23 GCC.
4,5 ha CV. Locations : , . Randonnée pédestre organisée. , , . Accès direct à l'étang et aux bords du lac.. Accueil groupes. Ouvert: 10.4 / 30.9. ☎ 05 65 69 33 20. E-mail : info@camping-du-lac-de-bonnefon.com. Web : www.camping-du-lac-de-bonnefon.com.
Lat. : 44° 11' 18" N **Long.** : 002° 20' 54" E.

PEYRELEAU

10-D5 22 km N.-E. Millau. 700 m. ✉ 12720

LES PEUPLIERS NC Tourisme 33 E. CV. Locations : , . Accès direct à la rivière. ; . Accueil groupes adultes. Ouvert: 15.4 / 30.9. ☎ 05 65 62 60 85. E-mail : peupliers12@orange.fr. Web : www.camp-lespeupliers.fr. Réduction H.S.
Lat. : 44° 11' 27" N **Long.** : 003° 12' 10" E.

PLAISANCE

13-C1 75 km S.-O. Millau. 448 m. ✉ 12550

CAMPING MUNICIPAL LE MOULIN DE L'HORTE ★★ Tourisme 25 E. CV . Accès direct à la rivière. . Accueil groupes. Ouvert: 1.6 / 30.9. ☎ 05 65 99 72 07. E-mail : mairie.plaisance12@laposte.net. Web : www.plaisance12.com.
Lat. : 43° 55' 32" N **Long.** : 002° 32' 45" E.

PONT-DE-SALARS

10-C5 21 km S.-E. Rodez. 756 m. Station verte de vacances et village de neige ✉ 12290

LES TERRASSES DU LAC ★★★★ Tourisme 180 E. dont 61 nus, dont 5 GCC.
4,8 ha CV. Locations : , cocosweet. chauffée . Lac à 50 m. ; . Accueil groupes. Ouvert: 8.4 / 31.10. ☎ 05 65 46 88 18. E-mail : myriamtriponney@gmail.com. Web : www.capocamping.com/camping-les-terrasses-du-lac-fr.html. Prix 2023. Fft nuit : empl. Tourisme (2) : 37 € ( ). Réduction H.S.
Lat. : 44° 18' 17" N **Long.** : 002° 44' 06" E.

PARC CAMPING DU LAC ★ Loisirs 157 E. 4,8 ha CV. Locations : . , , , . Accès direct aux bords du lac. ; ; . Ouvert: 1.6 / 15.9. ☎ 05 65 46 84 86. E-mail : contact@parc-du-lac.com. Web : www.campingdulacaveyron.com.
Lat. : 44° 17' 30" N **Long.** : 002° 43' 37" E.

PREVINQUIERES

10-B5 20 km E. Villefranche-de-Rouergue 541 m. ✉ 12350

CAMPING MUNICIPAL LA MOULINE NC Tourisme 6 E. 1 ha . Ouvert: 1.6 / 30.9. ☎ 05 81 21 00 57. E-mail : lerelaisdelaposte12350@gmail.com.
Lat. : 44° 22' 29" N **Long.** : 002° 13' 51" E.

PRIVEZAC

10-B5 479 m. ✉ 12350

AIRE NATURELLE LES MALENIES CV. A 8 km : . Ouvert: 1.5 / 15.10. ☎ 06 10 79 85 95. E-mail : bernard.cayssials@sfr.fr.
Lat. : 44° 24' 36" N **Long.** : 002° 12' 03" E.

PRUINES

10-C4 32 km N. Rodez. 455 m. ✉ 12320

AIRE NATURELLE MUNICIPALE . Ouvert: 15.6 / 15.9. ☎ 05 65 69 82 85. E-mail : commune.pruines@wanadoo.fr, Web : pruines.fr.
Lat. : 44° 31' 48" N **Long.** : 002° 30' 16" E.

RECOULES-PREVINQUIERES

10-D5 38 km N.-O. Millau. 764 m. ✉ 12150

CAMPING LE PLÔ ★★★ Tourisme 45 E. dont 22 nus 1 ha CV . Locations : . Randonnée pédestre organisée. couverte chauffée , . Rivière à 300 m.. Accueil groupes. Ouvert: 4.4 / 1.11. ☎ 06 86 63 63 75. E-mail : campingleploaveyron@gmail.com. Web : www.campingleplo.fr.
Lat. : 44° 20' 19" N **Long.** : 002° 58' 23" E.

REQUISTA

13-C1 48 km S. Rodez. 519 m. ✉ 12170

DOMAINE L'ECRIN VERT NC Tourisme 29 E. dont 8 CC. 0,33 ha CV. Locations : , , , , . Rivière à 20 m. ; . Ouvert: 1.4 / 30.10. ☎ 05 65 72 34 84. E-mail : leschaletsdutarn@aliceadsl.fr. Web : www.leschaletsdutarn.com.
Lat. : 43° 59' 51" N **Long.** : 002° 33' 37" E.

RIGNAC

10-B5 29 km N.-O. Rodez. 528 m. Station verte de vacances et village de neige 12390

LA PEYRADE ★★★ Tourisme 37 E. dont 22 nus, dont 10 CC - 13 GCC.
0,7 ha CV. Locations : . , . Accès direct à l'étang et à la rivière. Ouvert: 1.4 / 15.10. ☎ 09 51 53 21 13. E-mail : info@campinglapeyrade.fr. Web : campinglapeyrade.fr. Prix 2023. Fft jour : empl. Tourisme (2) : 40 € (E. GCC). Réduction H.S.
Lat. : 44° 24' 22" N **Long.** : 002° 17' 22" E.
FFCC : avantages adhérent : 19 € du 01/04 au 17/06 et du 27/08 au 06/11 sur emp. et entre 200 € et 270 € la semaine du 01/04 au 17/06 et du 27/08 au 06/11 sur loc.

M. ANDRÉ PRADEL CV. Ouvert: 15.6 / 30.9. ☎ 05 65 64 53 25. E-mail : m.pradel@sfr.fr, Web : www.lagarrissonnie.com.
Lat. : 44° 24' 37" N **Long.** : 002° 17' 19" E.

RIVIERE-SUR-TARN

10-D5 12 km N. Millau. 576 m. Station verte de vacances et village de neige 12640

CAMPING CANOË GORGES DU TARN ★★★★ Tourisme 160 E. dont 130 nus, dont 50 GCC.
1,5 ha CV. Locations : , . Randonnée pédestre organisée. chauffée . Accès direct à la rivière. ; ; ; . Accueil groupes. Ouvert: 28.4 / 17.9. ☎ 05 65 59 85 17. E-mail : reception@campingcanoegorgesdutarn.com. Web : www.camping-canoe.fr. Prix 2023. Fft jour : empl. Tourisme (2) : 58 € (E. CC E. GCC). Réduction H.S.
Lat. : 44° 11' 08" N **Long.** : 003° 07' 50" E.
FFCC : avantages adhérent : 17 € du 28/04 au 30/06 et du 26/08 au 17/09 sur emp. et entre 55 € et 95 € la nuitée et entre 355 € et 1405 € la semaine du 28/04 au 30/06 et du 28/06 au 17/09 sur loc.

LE PEYRELADE ★★★★ Tourisme 190 E. dont 137 nus, dont 45 GCC.
CV. Locations : , . Randonnée pédestre organisée. chauffée . Accès direct à la rivière. ; . Ouvert: 15.5 / 15.9. ☎ 05 65 62 62 54. E-mail : contact@campingpeyrelade.com. Web : www.campingpeyrelade.com. Prix 2023. Fft jour : empl. Tourisme (2) : 49 € ( ) ; sup 8 € ; animaux 3 € ; 6 €. Réduction H.S.
Lat. : 44° 11' 28" N **Long.** : 003° 09' 25" E.

LE PONT ★★★ Tourisme 30 E. dont 22 nus 8 ha CV . Locations : , , . Randonnée pédestre organisée. chauffée , . Accès direct à la rivière. ; ; . Accueil groupes. Ouvert: 1.4 / 24.10. ☎ 05 65 59 96 33. E-mail : camping-le-pont@orange.fr. Web : www.campinglepont.fr. Réduction H.S.
Lat. : 44° 12' 09" N **Long.** : 003° 09' 27" E.

MOULIN DE LA GALINIÈRE ★★★ Tourisme 57 E. dont 57 nus 1,5 ha CV . . Accès direct à la rivière. ; . Ouvert: 1.5 / 30.9. ☎ 05 65 62 65 60. E-mail : contact@camping-moulindelagaliniere.fr. Web : www.camping-moulindelagaliniere.fr.
Lat. : 44° 12' 04" N **Long.** : 003° 09' 33" E.

RODEZ

10-C5 611 km S.-S.-E. Paris. 566 m. 12000

CAMPING MUNICIPAL DE LAYOULE ★★★ Tourisme 88 E. dont 78 nus CV . Rivière à 150 m. Accueil groupes adultes. Ouvert: 1.5 / 30.9. ☎ 05 65 67 09 52. E-mail : camping.municipal@mairie-rodez.fr. Web : www.tourisme-aveyron.com.
Lat. : 44° 21' 14" N **Long.** : 002° 35' 05" E.

SAINT GENIEZ D'OLT ET D'AUBRAC

10-D5 48 km N.-E. Rodez. 596 m. Station verte de vacances et village de neige 12130

LA BOISSIERE ★★★★ Tourisme 220 E.
4,5 ha CV . Locations : . chauffée , . Accès direct à la rivière ; lac à 2 km. ; . Accueil groupes adultes. Ouvert: 25.5 / 15.9. ☎ 04 30 05 15 19. E-mail : info@tohapi.fr. Web : www.tohapi.fr/midi-pyrenees/.
Lat. : 44° 28' 09" N **Long.** : 002° 58' 57" E.

MARMOTEL ★★★★ Tourisme 190 E. dont 106 nus, dont 106 CC.
CV . Locations : . Randonnée pédestre organisée. chauffée . Accès direct à la rivière ; lac à 1 km. ; . Accueil groupes. Ouvert: 23.4 / 19.9. ☎ 05 65 70 46 51. E-mail : info@marmotel.com. Web : www.marmotel.com. Prix 2022. Fft jour : empl. Tourisme (2) : 24 € (E. CC) ; sup 6 € ; animaux 3 € ; 4 €.
Lat. : 44° 27' 43" N **Long.** : 002° 57' 47" E.
FFCC : avantages adhérent : 18 € du 20/04 au 08/07 et du 26/08 au 17/09 sur emp. et entre 45 € et 90 € la nuitée et entre 144.90 € et 1034 € la semaine sur loc.

SAINT-AMANS-DES-COTS

10-C4 60 km N. Rodez. 726 m. 12460

DOMAINE DES TOURS ★★★★ Tourisme 290 E. dont 65 nus 15 ha CV . Locations : . Randonnée pédestre organisée. chauffée , , . Accès direct aux bords du lac. ; . Accueil groupes adultes. Ouvert: 20.4 / 5.9. ☎ 04 30 63 38 84. E-mail : info@tohapi.fr. Web : www.tohapi.fr/midi-pyrenees/.
Lat. : 44° 40' 03" N **Long.** : 002° 40' 52" E.

CAMPING MUNICIPAL LA VERNHE ★★ Tourisme 44 E. dont 29 nus 1,2 ha CV . Locations : . . Rivière à 3 km ; lac à 4 km.. Ouvert: 1.5 / 1.10. ☎ 05 65 44 89 02 / 06.30.27.05.91. E-mail : campingdelavernhe@orange.fr. Web : campingdelavernhe.fr. Réduction H.S.
Lat. : 44° 40' 60" N **Long.** : 002° 40' 07" E.

SAINT-BEAUZELY

10-D5 17 km N.-O. Millau. 783 m. 12620

LA TACHERIE ★★ Tourisme 40 E. . Ouvert: 15.6 / 15.9. ☎ 05 65 62 00 38. E-mail : contact@camping-latacherie.net. Web : www.camping-latacherie.net/.
Lat. : 44° 10' 41" N **Long.** : 002° 59' 59" E.

SAINT-CHELY-D'AUBRAC

10-C4 55 km N.-E. Rodez. 1072 m. 12470

CAMPING MUNICIPAL NC 17 E. CV. Locations : . , . Accès direct à la rivière.. Ouvert: 20.5 / 30.9. ☎ 06 19 50 67 11 / 06 29 83 58 82. E-mail : fannyligniercocq@gmail.com. Web : chezfannyetjeremy.fr/camping-saint-chely/.
Lat. : 44° 35' 30" N **Long.** : 002° 55' 36" E.

SAINT-COME-D'OLT

10-C5 36 km N.-E. Rodez. 530 m. 12500

BELLERIVE ★★ Tourisme 71 E. dont 66 nus 0,90 ha CV . Locations : , caravane. Randonnée pédestre organisée. . Accès direct à la rivière ; lac à 4 km. ; ; . Accueil groupes. Ouvert: 1.4 / 30.9. ☎ 06 98 22 91 59. E-mail : contact@camping-bellerive-aveyron.com. Web : www.camping-bellerive-aveyron.com. Prix 2023. Fft jour : empl. Tourisme (2) : 18,5 € ( ) ; sup 7,70 € ; animaux 3,40 € ; 5,20 € ; 3,90 €.
Lat. : 44° 30' 50" N **Long.** : 002° 49' 06" E.

SAINT-CYPRIEN-SUR-DOURDOU

10-C4 30 km N.-O. Rodez. 357 m. 12320

CAMPING MUNICIPAL LA CITARELLE NC 21 E. dont 18 nus CV. Locations : . , . Accès direct à la rivière.. Accueil groupes. Ouvert: 15.6 / 15.9. ☎ 05 65 72 80 52. E-mail : mairie-conques-en-rouergue@orange.fr. Prix 2022. empl. Tourisme : 5 € ; 3 € ; 3 €.
Lat. : 44° 32' 56" N **Long.** : 002° 24' 39" E.

SAINT-GEORGES-DE-LUZENCON

13-D1 10 km S.-O. Millau. 511 m. 12100

CAUSSES ET VALLÉES VACANCES P.R.L ★★★ NN25 E. dont 10 GCC. 1 ha CV. Locations : , . . Accueil groupes adultes. Ouvert: 1.5 / 15.9. ☎ 05 65 58 11 06. E-mail : contact@causse-vacances.com. Web : www.causse-vacances.com.
Lat. : 44° 02' 34" N **Long.** : 003° 01' 09" E.

SAINT-HIPPOLYTE

10-C4 60 km N. Rodez. 555 m. 12140

LA RIVIÈRE ★★★ Tourisme 44 E. dont 33 nus
CV . chauffée , . Accès direct à la rivière. . Ouvert: 13.6 / 5.9. ☎ 05 65 66 18 16. E-mail : campinglariviere.12@gmail.com. Web : www.camping-la-riviere.com/fr.
Lat. : 44° 42' 41" N **Long.** : 002° 33' 42" E.

SAINT-IZAIRE

13-C1 47 km S.-O. Millau. 367 m. 12480

LE BATUT NC Tourisme 60 E. dont 45 nus 1 ha CV . Locations : , . . Accès direct à la rivière. ; . Ouvert: 1.7 / 1.9. ☎ 06 65 96 75 79. E-mail : contact@campingdubatut.com. Web : www.campingdubatut.com. Prix 2022. empl. Tourisme : 4,50 € ; 3,50 € ; 2,50 € ; 1 € ; 1,50 € ; 2,50 € ; 3 €.
Lat. : 43° 59' 18" N **Long.** : 002° 39' 27" E.

CAMPING DE ST IZAIRE . Ouvert: 28.4 / 30.9. ☎ 07 85 12 16 94. E-mail : contact@camping-de-saint-izaire.com, Web : www.camping-de-saint-izaire.com.
Lat. : 43° 58' 22" N **Long.** : 002° 43' 15" E.

SAINT-JEAN-DU-BRUEL

13-D1 40 km S.-E. Millau. 748 m. 12230

LA DOURBIE ★★★★ Tourisme 84 E. dont 59 nus
2,2 ha CV . Locations : . . Accès direct à la rivière. . Accueil groupes. Ouvert: 27.4 / 26.9. ☎ 05 65 46 06 40. E-mail : campingladourbie@orange.fr. Web : www.camping-la-dourbie.com. Prix 2023. Fft jour : empl. Tourisme (2) : 25,5 € (E. CC). Réduction H.S.
Lat. : 44° 01' 12" N **Long.** : 003° 20' 46" E.

LA CLAPARÈDE ★★★ Loisirs 52 E. dont 16 nus, dont 1 CC - 2 GCC. CV . Locations : . . Accès direct à la rivière. ; . Accueil groupes. Ouvert: 10.3 / 24.10. ☎ 05 65 62 23 41. E-mail : contact@laclaparede.com. Web : www.laclaparede.com. Prix 2023. Fft nuit : empl. Tourisme (1) : 11 € ( ) ; sup 4 € nuit ; animaux 1,50 € nuit ; 2,50 € nuit ; 4 € nuit. Réduction H.S.
Lat. : 44° 01' 27" N **Long.** : 003° 21' 16" E.

SAINT-LAURENT-D'OLT

10-D5 54 km N. Millau. 656 m. 12560

CAMPING MUNICIPAL LA GALINIÈRE ★★ Tourisme 25 E. 1 ha CV . Locations : . . Accès direct à la rivière. . Ouvert: 1.7 / 31.8. ☎ 05 65 47 41 10. E-mail : mairie.saintlaurentdolt@orange.fr. Prix 2022. empl. Tourisme : 6 € ; 2,80 € ; 9,10 € ; 1 € ; 2,50 €.
Lat. : 44° 26' 24" N **Long.** : 003° 06' 03" E.

SAINT-PARTHEM

10-B4 45 km N.-E. Villefranche-de-Rouergue. 341 m. ✉ 12300

PITTORESQUE ★★ Tourisme 65 E. dont 61 nus 2,3 ha. Locations : chauffée. Rivière à 10 m. Accueil groupes. Ouvert: 12.6 / 12.9. ☎ 05 65 64 05 24. E-mail : info@campingpittoresque.nl. Web : www.campingpittoresque.com. Réduction H.S.
Lat. : 44° 37′ 45″ N **Long.** : 002° 19′ 12″ E.

SAINT-ROME-DE-TARN

13-C1 23 km S.-O. Millau. 550 m. ✉ 12490

LA CASCADE DES NAISSES ★★★★ Tourisme 99 E. dont 60 nus
CV. Locations : chauffée. Accès direct aux bords du lac et à la rivière. Accueil groupes. Ouvert: 1.4 / 30.10. ☎ 05 65 62 56 59. E-mail : contact@camping-cascade-aveyron.com. Web : camping-cascade-aveyron.com. Prix 2022. Fft jour : empl. Tourisme (2 personnes) : 38 €. Réduction H.S.
Lat. : 44° 03′ 12″ N **Long.** : 002° 53′ 60″ E.
FFCC : avantages adhérent : 16 € du 01/04 au 03/07 et du 28/08 au 16/10 sur emp.

CAMPING DE LA BASE NAUTIQUE ★★ Tourisme 48 E. dont 30 nus
1,7 ha CV. Locations : Accès direct à la rivière. Accueil groupes. Ouvert: 1.4 / 31.10. ☎ 05 65 58 14 69. E-mail : camping12490@gmail.com. Web : www.camping-aveyron-tarn.com. Prix 2022. Fft jour : empl. Tourisme (2 personnes) : 23,5 €. Réduction H.S.
Lat. : 44° 02′ 49″ N **Long.** : 002° 53′ 20″ E.
FFCC : avantages adhérent : 15 € du 15/04 au 30/06 et du 01/09 au 30/09 sur emp.

SAINT-SALVADOU

10-B5 13 km S.-E. Villefranche-de-Rouergue. 495 m. ✉ 12200

LE MURET ★★★ Tourisme 44 E. dont 36 nus 2 ha CV. Locations : Accès direct aux bords du lac. Ouvert: 14.5 / 28.8. ☎ 05 65 81 80 69 / 06 72 48 11 02. E-mail : contact@campinglemuret.com. Web : www.campinglemuret.fr. Réduction H.S.
Lat. : 44° 15′ 60″ N **Long.** : 002° 06′ 60″ E.

M. JEAN-PAUL DELERIS. Ouvert: 1.5 / 30.9. ☎ 05 65 29 82 54.
Lat. : 44° 17′ 17″ N **Long.** : 002° 04′ 46″ E.

SAINT-SATURNIN-DE-LENNE

10-D5 47 km N. Millau. 732 m. ✉ 12560

CAMPING MUNICIPAL NC Tourisme 10 E. 0,3 ha. Ouvert: 1.7 / 30.9. ☎ 05 65 70 41 69. E-mail : mairie-stsaturnindelenne@wanadoo.fr. Web : www.saintsaturnindelenne.fr.
Lat. : 44° 25′ 17″ N **Long.** : 003° 01′ 06″ E.

SAINT-SYMPHORIEN-DE-THENIERES

10-C4 70 km N. Rodez. 751 m. ✉ 12460

SAINT-GERVAIS ★★★ Tourisme 32 E. dont 19 nus, dont 13 CC.
1 ha CV. Accès direct aux bords du lac. Accueil groupes. Ouvert: 1.3 / 28.11. ☎ 05 65 44 82 43. E-mail : camping.saintgervais@gmail.com. Web : www.camping-saintgervais.com. Réduction H.S.
Lat. : 44° 44′ 12″ N **Long.** : 002° 40′ 44″ E.

SAINTE-EULALIE-D'OLT

10-D5 42 km N.-E. Rodez. 578 m. Station verte de vacances et village de neige ✉ 12130

LA CASCADE P.R.L ★★★ NN15 E.
CV. A 1 km. Lac et rivière à 300 m. Accueil groupes adultes. Ouvert: 1.4 / 4.11. ☎ 05 65 78 65 97. E-mail : contact@ste-eulalie.com. Web : www.ste-eulalie.com.
Lat. : 44° 27′ 45″ N **Long.** : 002° 56′ 31″ E.

CAMPING MUNICIPAL LA GRAVE ★★ Tourisme 40 E. CV. Accès direct à la rivière ; lac à 5 km. Ouvert: 15.5 / 15.9. ☎ 05 65 47 44 59. E-mail : ste.eulalie@wanadoo.fr. Web : www.sainteeulaliedolt.fr.
Lat. : 44° 27′ 52″ N **Long.** : 002° 56′ 58″ E.

BRISE DU LAC NC Tourisme 25 E. Locations : caravane. Accès direct à la rivière. Ouvert: 1.5 / 11.11. ☎ 06 65 47 55 55. E-mail : vayletphilippe@gmail.com. Web : www.brisedulaccabanac.fr.
Lat. : 44° 28′ 24″ N **Long.** : 002° 55′ 20″ E.

SALLES-CURAN

10-C5 39 km N.-O. Millau. 894 m. Station verte de vacances et village de neige ✉ 12410

BEAU RIVAGE ★★★★ Tourisme 90 E.
1,8 ha CV. Locations : cocosweet, chauffée. Accès direct aux bords du lac. Accueil groupes. Ouvert: 1.5 / 1.10. ☎ 05 65 46 33 32. E-mail : camping@beau-rivage.fr. Web : www.beau-rivage.fr. Prix 2022. Fft jour : empl. Tourisme (2 personnes) : 46 € E. CC E. GCC. Réduction H.S.
Lat. : 44° 12′ 06″ N **Long.** : 002° 46′ 38″ E.
FFCC : avantages adhérent : 10% du 01/05 au 30/06 et du 01/09 au 30/0910% du 01/05 au 30/06 et du 01/09 au 30/09 sur emp. et loc. + 10% hors juillet-août sur les emplacements nus et hébergements locatifs sur présentation de la carte ou rendez-vous dans votre club avantages FFCC pour obtenir le code promotionnel.

CAMPING PARC DU CHAROUZECH ★★★★ Tourisme 101 E. dont 49 nus 1,9 ha CV. couverte chauffée. Accès direct aux bords du lac. Accueil groupes adultes. Ouvert: 15.6 / 15.9. ☎ 05 65 46 01 11. E-mail : parcducharouzech@orange.fr. Web : www.parcducharouzech.fr.
Lat. : 44° 12′ 08″ N **Long.** : 002° 44′ 54″ E.

LES GENÊTS ★★★★ Tourisme 163 E.
3 ha CV. Locations : chauffée. Accès direct aux bords du lac. Accueil groupes adultes. Ouvert: 14.5 / 18.9. ☎ 05 65 46 35 34. E-mail : contact@camping-les-genets.fr. Web : www.camping-les-genets.fr. Prix 2022. Fft jour : empl. Tourisme (2 personnes) : 51 €. Réduction H.S.
Lat. : 44° 11′ 22″ N **Long.** : 002° 46′ 02″ E.

LA DEVEZE ★★ Tourisme 77 E. 2 ha. Locations : Accès direct aux bords du lac. Ouvert: 1.4 / 15.10. ☎ 05 65 46 34 58. E-mail : la.deveze@wanadoo.fr. Web : www.pro.wanadoo.fr/campingdeladeveze/.
Lat. : 44° 10′ 46″ N **Long.** : 002° 46′ 23″ E.

LA PRESQU'ILE DU MAS ATCHÉ ★★ Loisirs 34 E. dont 10 nus 1 ha CV. Accès direct aux bords du lac. Ouvert: 1.7 / 2.9. ☎ 05 65 46 05 26. E-mail : contact@camping-lapresquile.com. Web : www.camping-lapresquile.com. Prix 2022. Fft jour : empl. Tourisme (2 personnes) : 14 € ; sup 3 € ; animaux 1 € ; 2 € ; 3,50 €.
Lat. : 44° 11′ 57″ N **Long.** : 002° 44′ 46″ E.

LE TOURING ★★ Tourisme 69 E. dont 66 nus CV. Locations : Accès direct aux bords du lac. Ouvert: 1.7 / 31.8. ☎ 05 65 46 36 74. E-mail : reservation@cyvp.com. Web : camping-le-touring.fr. Réduction H.S.
Lat. : 44° 11′ 29″ N **Long.** : 002° 46′ 27″ E.

LA VERNHIERE NC Tourisme 19 E. dont 19 GCC. Locations : . Ouvert: 1.1 / 31.12. ☎ 05 65 46 33 48. E-mail : elie.gary@wanadoo.fr. Web : ets.gary.free.fr.
Lat. : 44° 12′ 42″ N **Long.** : 002° 46′ 53″ E.

L'AZUR CV. Ouvert: 1.5 / 31.10. ☎ 05 65 46 34 14. E-mail : parcducharouzech@orange.fr.
Lat. : 44° 12′ 08″ N **Long.** : 002° 44′ 54″ E.

M. VEYRAC. ☎ 05 65 46 33 64. E-mail : jean-claude.veyrac@wanadoo.fr.
Lat. : 44° 12′ 24″ N **Long.** : 002° 46′ 46″ E.

SALVAGNAC-CAJARC

10-B5 27 km N.-O. Villefranche-de-Rouergue. 277 m. ✉ 12260

LE PLAN D'EAU NC Tourisme 35 E. 0,8 ha. Accès direct à la rivière. Ouvert: 15.6 / 15.9. ☎ 05 65 40 64 45. E-mail : campingduplandeau12260@gmail.com.
Lat. : 44° 28′ 30″ N **Long.** : 001° 50′ 51″ E.

SAUVETERRE-DE-ROUERGUE

10-B5 32 km S.-O. Rodez. 514 m. ✉ 12800

AIRE NATURELLE MUNICIPALE. Ouvert: 1.5 / 31.10. ☎ 05 65 72 02 52. E-mail : sauveterre.office@orange.fr, Web : www.sauveterre-de-rouergue.fr.
Lat. : 44° 12′ 59″ N **Long.** : 002° 19′ 01″ E.

SEBRAZAC

10-C4 32 km N. Rodez. 452 m. ✉ 12190

M. DIDIER GUIRAL. Ouvert: 15.6 / 15.9. ☎ 05 65 44 51 41.
Lat. : 44° 31′ 10″ N **Long.** : 002° 39′ 59″ E.

SENERGUES

10-C4 43 km N.-O. Rodez. 539 m. ✉ 12320

CAMPING L'ETANG DU CAMP ★★★ Tourisme 60 E. 3 ha CV. Locations : Accès direct aux bords du lac.. Ouvert: 1.4 / 30.9. ☎ 05 65 46 01 95. E-mail : info@etangducamp.fr. Web : www.etangducamp.fr. Réduction H.S.
Lat. : 44° 33′ 34″ N **Long.** : 002° 27′ 43″ E.

SEVERAC D'AVEYRON

10-D5 30 km N. Millau. 812 m. Station verte de vacances et village de neige ✉ 12150

LES CALQUIÈRES ★★★★ Tourisme 92 E. dont 66 nus, dont 8 GCC.
2,4 ha CV. A 1 km. Locations : tonneau. Randonnée pédestre organisée. Espace Fitness. couverte chauffée. Rivière à 600 m ; lac à 1,5 km. Accueil groupes adultes. Ouvert: 1.4 / 30.9. ☎ 05 65 47 64 82. E-mail : contact@camping-calquieres.com. Web : www.camping-aveyron.fr. Prix 2023. Fft nuit : empl. Tourisme (2 personnes) : 23,4 € ; sup 7,50 € nuit ; animaux 3 € nuit ; 6,50 € nuit ; 5,50 € nuit. Réduction H.S.
Lat. : 44° 19′ 06″ N **Long.** : 003° 03′ 50″ E.
FFCC : avantages adhérent : 19.10 € du 01/04 au 08/07 et du 28/08 au 29/09 sur emp.

SONNAC

10-B4 25 km N. Villefranche-de-Rouergue. 341 m. ✉ 12700

LA DIÈGE ★ Tourisme 50 E. dont 45 nus
CV. Accès direct à la rivière. Ouvert: 1.5 / 30.9. ☎ 05 65 43 20 53. E-mail : info@campingladiege.fr. Web : www.campingladiege.fr.
Lat. : 44° 31′ 39″ N **Long.** : 002° 05′ 43″ E.
FFCC : avantages adhérent : 20 € du 01/05 au 30/06 et du 01/09 au 30/09 sur emp.

THERONDELS

10-C4 95 km N. Rodez. 902 m. Village de neige ✉ 12600

LA SOURCE ★★★★ Tourisme 101 E. dont 50 nus
3 ha CV. Locations : Randonnée pédestre organisée. chauffée. Accès direct aux bords du lac. Accueil groupes adultes. Ouvert: 26.5 / 10.9. ☎ 05 65 66 05 62. E-mail : info@camping-la-source.com. Web : www.camping-la-source.com. Réduction H.S.
Lat. : 44° 51′ 13″ N **Long.** : 002° 46′ 11″ E.

VERRIERES

10-D5 15 km O. Millau. 715 m. ✉ 12520

M. MATTHIEU CASTANIER CV. Ouvert: 1.7 / 30.9. ☎ 06 75 09 31 73. E-mail : contact@lablaquiere.com, Web : www.lablaquiere.com. Prix 2023. 6,20 € ; 3,50 € ; 4 €.
Lat. : 44° 13′ 47″ N **Long.** : 003° 01′ 44″ E.

VIALA-DU-TARN

13-C1 33 km O. Millau. 603 m. ✉ 12490

LA PLAINE NC Tourisme 25 E. 0,5 ha. chauffée. Rivière à 5 km. Ouvert: 1.6 / 30.9. ☎ 05 65 62 54 50. E-mail : famillegross12@aol.com. Web : www.bienvenue-a-la-ferme.com/aveyron.
Lat. : 44° 04′ 31″ N **Long.** : 002° 49′ 45″ E.

VILLECOMTAL

10-C4 26 km N. Rodez. 495 m. ✉ 12580

TERRE-ROUGE ★★ Tourisme 21 E. dont 10 CC. 0,8 ha CV. Locations : . chauffée. Accès direct à la rivière.. Accueil groupes adultes. Ouvert: 1.6 / 30.9. ☎ 06 78 50 34 41. E-mail : liliane@terre-rouge.fr. Web : www.terre-rouge.fr.
Lat. : 44° 32′ 10″ N **Long.** : 002° 33′ 43″ E.

VILLEFRANCHE-DE-PANAT

13-C1 45 km O. Millau. 778 m. Station verte de vacances et village de neige ✉ 12430

LE HAMEAU DES LACS ★★★ Tourisme 25 E. dont 3 nus Locations : . Accès direct aux bords du lac. Ouvert: 13.6 / 12.9. ☎ 05 65 67 41 82. E-mail : info@les-hameaux.fr. Web : www.les-hameaux.fr.
Lat. : 44° 05′ 49″ N **Long.** : 002° 41′ 42″ E.

LE SAINT ETIENNE ★★★ Tourisme 97 E. dont 64 nus 1,5 ha CV. Locations : bivouac, . Randonnée pédestre organisée. Accès direct aux bords du lac. Accueil groupes. Ouvert: 4.4 / 15.10. ☎ 05 65 46 45 18. E-mail : campingstetienne@orange.fr. Web : www.camping-st-etienne.com. Réduction H.S.
Lat. : 44° 05′ 58″ N **Long.** : 002° 41′ 34″ E.

VILLEFRANCHE-DE-ROUERGUE

10-B5 62 km O. Rodez. 355 m. ✉ 12200

CAMPING MUNICIPAL LE ROUERGUE ★★★ Tourisme 93 E. dont 78 nus 2 ha CV. Locations : . Rivière à 100 m ; lac à 4 km. Accueil groupes adultes. Ouvert: 13.4 / 30.9. ☎ 05 65 45 16 24. E-mail : campingrouergue@wanadoo.fr. Web : www.campingdurouergue.com. Réduction H.S.
Lat. : 44° 20′ 32″ N **Long.** : 002° 01′ 34″ E.
FFCC : avantages adhérent : 10% du 28/04 au 08/07 et du 28/08 au 24/0910% du 28/04 au 08/07 et du 28/08 au 24/09 sur emp. et loc. + 5% saison (juillet/aout) sur les emplacements nus et locatifs *Frais de réservations offerts toute lannée.

BOUCHES-DU-RHONE 13

Cartes 13-14

Correspondant FFCC : Didier SERRE, 7 lot La Marteliere - 13100 LE THOLONET
Tél. 06 88 63 05 63 et serredidierffc13@orange.fr

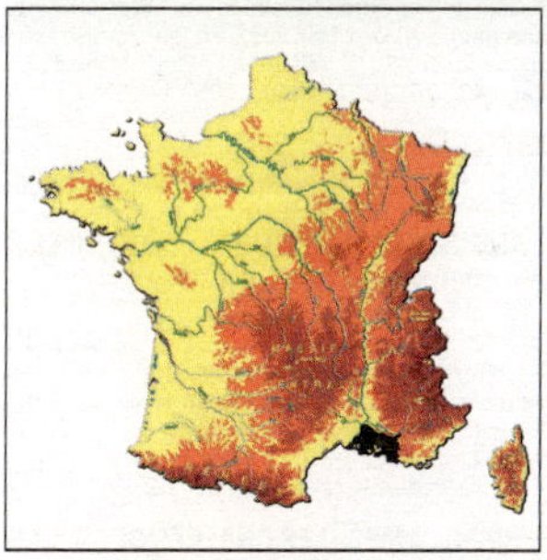

AIX-EN-PROVENCE

14-B2 29 km N.-N.-E. Marseille 237 m. ✉ 13100

CHANTECLER ★★★★ Tourisme 271 E. 6 ha CV. A 2 km : Locations : . Accueil groupes adultes. Ouvert: 1.1 / 31.12. ☎ 04 42 26 12 98. E-mail : campingchantecler.aix@gmail.com. Web : www.campingchantecler.com. Réduction H.S.
Lat. : 43° 30′ 55″ N **Long.** : 005° 28′ 28″ E.

ARC EN CIEL ★★★ Tourisme 56 E. dont 29 nus 2 ha . A 3 km : . Accès direct à la rivière. Ouvert: 5.4 / 30.9. ☎ 04 42 26 14 28. E-mail : camping-arcenciel@neuf.fr. Web : www.campingarcenciel.com.
Lat. : 43° 30′ 45″ N **Long.** : 005° 28′ 18″ E.

ARLES

14-A2 89 km N.-O. Marseille. 4 m. ✉ 13200

CAMPING CITY ★★★ Tourisme 91 E. dont 66 nus 1,5 ha 22 h / 8 h, CV. Locations : . Accueil groupes. Ouvert: 1.4 / 30.9. ☎ 04 90 93 08 86. E-mail : contact@camping-city.com. Web : www.camping-city.com. Prix 2022. Fft jour : empl. Tourisme (2) : 20 € ( ) ; sup 5 € ; animaux 2 € ; 4 € ; 4 €.
Lat. : 43° 40′ 11″ N **Long.** : 004° 38′ 40″ E.

DOMAINE CRIN BLANC ★★★ Tourisme 167 E. dont 50 nus CV. Locations : . chauffée , . Rivière à 2 km. Accueil groupes. Ouvert: 4.4 / 27.9. ☎ 04 66 87 48 78. E-mail : camping-crin.blanc@wanadoo.fr. Web : www.campingcrinblanc.com. Réduction H.S.
Lat. : 43° 39′ 44″ N **Long.** : 004° 28′ 25″ E.

L'ARLESIENNE ★★★ Tourisme 104 E. dont 96 nus 1 ha CV. A 2 km : chauffée . Etang et rivière à 2 km. Accueil groupes. Ouvert: 1.4 / 31.10. ☎ 04 90 96 02 12. E-mail : info@camping-larlesienne.com. Web : www.larlesienne.com. Réduction H.S.
Lat. : 43° 39′ 32″ N **Long.** : 004° 39′ 18″ E.

LA BIENHEUREUSE ★★★ Loisirs 79 E. 23 h / 7 h, . Locations : . Ouvert: 1.3 / 30.9. ☎ 04 90 98 48 06. E-mail : contact@labienheureuse.com. Web : www.labienheureuse.com. Réduction H.S.
Lat. : 43° 38′ 56″ N **Long.** : 004° 42′ 18″ E.

LES BOIS FLOTTÉS DE CAMARGUE ★★★ Tourisme 182 E. dont 101 CC. 1,8 ha CV. Locations : . Accès direct à la mer et à la rivière. Accueil groupes. Ouvert: 1.3 / 30.11. ☎ 04 90 58 25 09. E-mail : campinglesboisflottes@gmail.com. Web : www.camping-les-bois-flottes.fr. Réduction H.S.
Lat. : 43° 24′ 45″ N **Long.** : 004° 44′ 24″ E.

LE GARDIAN ★★ Tourisme 65 E. dont 34 nus 0,9 ha CV. chauffée. Rivière à 2 km. Ouvert: 1.4 / 31.12. ☎ 04 90 98 46 51. E-mail : campinglegardian@orange.fr. Web : www.camping-le-gardian.com. Réduction H.S.
Lat. : 43° 38′ 16″ N **Long.** : 004° 44′ 26″ E.

AUBAGNE

14-C3 18 km E. Marseille. 194 m. ✉ 13400

CAMPING DU GARLABAN ★★★ Tourisme 66 E. dont 35 nus 4 ha 22 h / 7 h, CV. A 5 km : . Accueil groupes adultes. Ouvert: 26.3 / 7.11. ☎ 04 42 82 19 95. E-mail : contact@camping-garlaban.com. Web : www.camping-garlaban.com. Réduction H.S.
Lat. : 43° 17′ 54″ N **Long.** : 005° 32′ 11″ E.

BEAURECUEIL

14-C2 9 km E. Aix-en-Provence. 317 m. ✉ 13100

SAINTE-VICTOIRE ★★ Tourisme 85 E. CV. Locations : . Accès direct à la rivière. Accueil groupes. Ouvert: 1.4 / 31.10. ☎ 04 42 66 96 43. E-mail : campingstevictoire@orange.fr. Web : campingsaintevictoire.com.
Lat. : 43° 31′ 02″ N **Long.** : 005° 32′ 28″ E.

CARRY-LE-ROUET

14-B3 34 km S.-O. Aix-en-Provence. 82 m. ✉ 13620

CARAVANING LOU SOULEI ★★★★ Tourisme 595 E. dont 90 nus CV. chauffée. Bord de mer à 50 m. Accueil groupes. Ouvert: 1.1 / 31.12. ☎ 04 42 44 75 75. E-mail : contact@lousoulei.com. Web : www.lousoulei.com. Réduction H.S.
Lat. : 43° 19′ 50″ N **Long.** : 005° 08′ 08″ E.

CASSIS

14-C3 21 km S.-E. Marseille. 166 m. ✉ 13260

LES CIGALES ★★ Tourisme 250 E. 2,5 ha CV. Bord de mer à 1 km. Ouvert: 15.3 / 15.11. ☎ 04 42 01 07 34. E-mail : guides@campingfrance.com. Web : www.campingcassis.com.
Lat. : 43° 13′ 28″ N **Long.** : 005° 32′ 25″ E.

CEYRESTE

14-C3 37 km S.-E. Marseille. 277 m. ✉ 13600

LE CEYRESTE ★★★★ Tourisme 160 E. 3 ha 23 h / 7 h 30, CV. Locations : . chauffée , . Bord de mer à 3 km. Ouvert: 1.4 / 11.11. ☎ 04 42 83 07 68. E-mail : contact@campingceyreste.com. Web : www.campingceyreste.com. Réduction H.S.
Lat. : 43° 13′ 14″ N **Long.** : 005° 37′ 42″ E.

CHARLEVAL

14-B2 35 km N.-O. Aix-en-Provence. 164 m. ✉ 13350

LUBERON PARC ★★★★★ Tourisme 217 E. dont 69 nus
CV. Locations : Espace Fitness. couverte chauffée. Rivière à 4 km. Ouvert: 20.5 / 6.9. ☎ 04 42 96 60 60. E-mail : camping@luberonparc.fr. Web : www.yellohvillage.fr. Prix 2022. Fft jour : empl. Tourisme (2) : 52 € (E. CC) ; sup 9 € ; 7 €.
Lat. : 43° 42' 49" N **Long.** : 005° 14' 47" E.
FFCC : avantages adhérent : 10% du 17/05 au 30/06 et du 01/09 au 03/0910% du 17/05 au 30/06 et du 01/09 au 03/09 sur emp. et loc. + Rendez-vous dans votre club avantages FFCC pour obtenir le code promotionnel et réserver !.

CHATEAURENARD

14-A1 32 km N.-E. Arles. 33 m. ✉ 13160

LA ROQUETTE ★★★ Tourisme 68 E.
1,5 ha CV. A 2 km : Locations : Espace Fitness. chauffée. Rivière à 3 km ; étang à 3,6 km. Ouvert: 1.4 / 26.10. ☎ 04 90 94 46 81. E-mail : campinglaroquette@orange.fr. Web : www.camping-la-roquette.com. Réduction H.S.
Lat. : 43° 53' 01" N **Long.** : 004° 52' 12" E.

CORNILLON-CONFOUX

14-B2 36 km O. Aix-en-Provence. 71 m. ✉ 13250

LA PINEDE ★★★ Tourisme 50 E. dont 39 CC. 1 ha CV. Locations : Etang à 4,5 km. Ouvert: 1.1 / 31.12. ☎ 04 90 50 44 64. E-mail : stephaniesimonnet@msn.com. Web : campingpinede.fr.
Lat. : 43° 34' 10" N **Long.** : 005° 04' 18" E.

EYGALIERES

14-B2 32 km N.-E. Arles. 140 m. ✉ 13810

LES OLIVIERS ★★ Tourisme 30 E. dont 28 nus 0,5 ha CV. Locations : caravane. Accueil groupes. Ouvert: 1.4 / 15.9. ☎ 04 90 95 91 86. E-mail : campinglesoliviers13@gmail.com. Web : www.camping-les-oliviers.com.
Lat. : 43° 45' 38" N **Long.** : 004° 57' 06" E.

MME YVELISE PERRET CV. Ouvert: 1.3 / 15.10. ☎ 04 90 95 99 50. E-mail : lepesquie84@orange.fr, Web : www.camping-pesquie.com.
Lat. : 43° 46' 33" N **Long.** : 004° 56' 01" E.

FONTVIEILLE

14-A2 9 km N.-E. Arles. 52 m. ✉ 13990

HUTTOPIA FONTVIEILLE ★★★ Tourisme 122 E. dont 65 nus
3 ha CV. Locations : chauffée , Accueil groupes. Ouvert: 6.4 / 15.10. ☎ 04 90 54 78 69. E-mail : fontvieille@huttopia.com. Web : europe.huttopia.com. Prix 2023. Fft jour : empl. Tourisme (2) : 45 € () ; sup 8,50 € nuit ; animaux 5 € nuit ; 6 € nuit. Réduction H.S.
Lat. : 43° 43' 24" N **Long.** : 004° 43' 08" E.
FFCC : avantages adhérent : 10% du 06/04 au 01/07 et du 31/08 au 15/1010% du 06/04 au 01/07 et du 31/08 au 15/10 sur emp. et loc. + 5% de réduction en juillet-août sur les emplacements nus et locatifs * frais de réservation offerts Rendez-vous dans votre club avantages FFCC pour obtenir le code promotionnel.

GEMENOS

14-C3 23 km E. Marseille. 378 m. ✉ 13420

LA BERGERIE ★★ Loisirs 32 E. 0,9 ha . Rivière à 1 km. Ouvert: 1.1 / 31.12. ☎ 04 42 32 22 38. E-mail : campinglabergerie@wanadoo.fr. Web : www.camping-labergerie.business.site.
Lat. : 43° 17' 28" N **Long.** : 005° 37' 15" E.

GRAVESON

14-A1 27 km N.-E. Arles. 23 m. ✉ 13690

LES MICOCOULIERS ★★★ Tourisme 116 E. CV. Locations : Espace Fitness. Lac à 3 km. Accueil groupes. Ouvert: 15.3 / 16.10. ☎ 04 90 95 81 49. E-mail : micocou@orange.fr. Web : www.lesmicocouliers.fr. Réduction H.S.
Lat. : 43° 50' 39" N **Long.** : 004° 46' 51" E.

ISTRES

14-B2 53 km N.-O. Marseille. 32 m. ✉ 13800

LE VALLON DES CIGALES ★★★ Tourisme 100 E. dont 33 nus 3 ha ap. 23 h, CV . Locations : Etang à 200 m. Accueil groupes. Ouvert: 1.1 / 31.12. ☎ 04 42 56 51 57. E-mail : contact@levallondescigales.fr. Web : www.levallondescigales.com. Prix 2022. Fft jour : empl. Tourisme (2) : 25 € () ; sup 7 € ; animaux 4 € ; 6 € ; 4 €.
Lat. : 43° 31' 25" N **Long.** : 005° 00' 22" E.

JOUQUES

14-C2 28 km NE d'AIX-EN-PROVENCE 369 m. ✉ 13490

JAS DU SARRAIRE Rés. naturiste. Ouvert: 1.5 / 31.10. ☎ 04 42 61 92 12. E-mail : contact@jasdusarraire.fr, Web : www.jasdusarraire.fr.
Lat. : 43° 41' 21" N **Long.** : 005° 41' 07" E.

LA CIOTAT

14-C3 35 km S.-E. Marseille. 101 m. ✉ 13600

LA BAIE DES ANGES ★★★★ Tourisme 443 E. 10 ha CV. A 2 km : Randonnée pédestre organisée. Espace Fitness. Bord de mer à 800 m. Accueil groupes. Ouvert: 7.4 / 1.10. ☎ 04 42 83 15 04. E-mail : inesselma@homair.com. Web : www.homair.com.
Lat. : 43° 11' 15" N **Long.** : 005° 39' 29" E.

SANTA GUSTA ★★ Tourisme 129 E. dont 11 nus 2,01 ha sauf avec certificat de vaccination en saison, en saison, selon horaires, 4.00€ le jeton, CV . Locations : Bord de mer à 20 m. ; plage de galets. A 4 km : Accueil groupes adultes selon etude préalable. Ouvert: 1.1 / 31.12. ☎ 04 42 83 14 17. E-mail : santagusta@wanadoo.fr. Web : www.santagusta.com. Prix 2022. Fft jour : empl. Tourisme (2) : 28,9 € (E. CC)
Lat. : 43° 11' 21" N **Long.** : 005° 38' 42" E.

LA SAUGE ★ Tourisme 110 E. 1,4 ha CV. Bord de mer à 600 m. Ouvert: 1.4 / 30.9. ☎ 04 42 83 47 65. E-mail : campinglasauge@orange.fr. Web : www.tourisme-laciotat.com.
Lat. : 43° 11' 09" N **Long.** : 005° 36' 22" E.

LA ROQUE-D'ANTHERON

14-B2 29 km N.-O. Aix-en-Provence. 192 m. Station verte de vacances et village de neige ✉ 13640

LE DOMAINE DES ISCLES ★★★★ Tourisme 264 E. 6 ha CV . Locations : , Accès direct aux bords du lac. Accueil groupes adultes. Ouvert: 6.4 / 15.9. ☎ 04 30 05 15 19. E-mail : info@tohapi.fr. Web : www.tohapi.fr/provence-cote-azur/camping-campagne-les-iscles.php. Réduction H.S.
Lat. : 43° 43' 50" N **Long.** : 005° 19' 02" E.

LAMBESC

14-B2 21 km N.-O. Aix-en-Provence. 236 m. ✉ 13410

LOU PARADOU ★★★★ Loisirs 88 E. dont 44 nus
2,5 ha CV . Ouvert: 1.4 / 30.9. ☎ 04 42 57 05 78. E-mail : provence.camping@orange.fr. Web : www.campinglambesc.fr.
Lat. : 43° 38' 20" N **Long.** : 005° 16' 35" E.

LE PUY-SAINTE-REPARADE

14-B2 20 km N. Aix-en-Provence. 256 m. ✉ 13610

NATURISTE MESSIDOR ★★★ Tourisme 85 E. dont 76 nus CV . Rés. naturiste. Locations : Etang et rivière à 3 km. Ouvert: 30.4 / 15.9. ☎ 04 42 61 90 28. E-mail : messidor@online.fr. Web : www.messidor.fr. Prix 2022. Fft jour : empl. Tourisme (2) : 37,4 € (). Réduction H.S.
Lat. : 43° 38' 38" N **Long.** : 005° 27' 21" E.

MALLEMORT

14-B2 55 km E. Arles. 121 m. Station verte de vacances et village de neige ✉ 13370

DURANCE LUBÉRON ★★★★ Tourisme 135 E. dont 127 nus, dont 48 GCC.
4 ha CV . Etang à 1,5 km ; rivière à 2 km. Accueil groupes. Ouvert: 1.4 / 30.9. ☎ 04 90 59 13 36. E-mail : duranceluberon@orange.fr. Web : www.campingduranceluberon.fr. Réduction H.S.
Lat. : 43° 43' 16" N **Long.** : 005° 12' 18" E.

FONTENELLE ★★★ Tourisme 60 E. dont 40 nus CV. Locations : Etang et rivière à 2 km ; lac à 4 km. Accueil groupes. Ouvert: 1.4 / 30.9. ☎ 04 90 59 11 54. E-mail : contact@camping-fontenelle.fr. Web : camping-fontenelle.fr/.
Lat. : 43° 43' 15" N **Long.** : 005° 09' 38" E.

MARIGNANE

14-B2 30 km S.-O. Aix-en-Provence. 14 m. ✉ 13700

LE JAI ★★ Tourisme 75 E. dont 25 nus 1 ha . A 100 m : Locations : tonneau. Accès direct à l'étang. ; ; Accueil groupes. Ouvert: 1.1 / 31.12. ☎ 04 42 09 13 07. E-mail : sarl-puma@wanadoo.fr. Web : www.campinglejai.com. Prix 2022. Fft jour : empl. Tourisme (2) : 25 € () ; Réduction H.S.
Lat. : 43° 25' 38" N **Long.** : 005° 11' 02" E.

MARTIGUES

14-B2 40 km S.-O. Aix-en-Provence. 48 m. ✉ 13500

CAMPING DE L'ARQUET - CÔTE BLEUE ★★★★ Tourisme 241 E. dont 190 nus
5,5 ha CV . Bord de mer à 300 m. Accueil groupes adultes. Ouvert: 6.4 / 2.11. ☎ 04 42 42 81 00. E-mail : arquet.contact@martegaou.fr. Web : www.larquet.fr.
Lat. : 43° 19' 49" N **Long.** : 005° 03' 26" E.

L'HIPPOCAMPE - LES CHALETS DE LA MER P.R.L ★★★★ NN68 E.
. Espace Fitness. chauffée. Bord de mer à 500 m. Accueil groupes. Ouvert: 13.4 / 28.9. ☎ 04 42 80 73 46 / 08 00 56 75 67. E-mail : chalets.contact@martegaou.com. Web : www.touristravacances.com/fiche-etablissement/saison-ete/martigues-les-chalets-de-la-mer.
Lat. : 43° 19' 59" N **Long.** : 005° 02' 28" E.

LE MAS ★★★★ Tourisme 300 E. dont 101 nus
1 ha CV . Locations : . Randonnée pédestre organisée. chauffée . Accès direct à la mer. Accueil groupes adultes. Ouvert: 21.3 / 31.10. ☎ 04 42 80 70 34. E-mail : camping.Le-mas@orange.fr. Web : www.camping-le-mas.com. Réduction H.S.
Lat. : 43° 19' 55" N **Long.** : 005° 04' 24" E.

LA SOURCE ★★★ Tourisme 71 E. dont 15 nus
CV . Locations : Bord de mer à 100 m. ; Ouvert: 1.4 / 8.10. ☎ 0 676606520. E-mail : campinglasource13@orange.fr. Web : www.camping-la-source-martigues.com. Prix 2022. Fft jour : empl. Tourisme (2) : 38 € ()
Lat. : 43° 20' 05" N **Long.** : 005° 04' 12" E.
FFCC : avantages adhérent : 22 € du 01/04 au 30/06 et du 09/09 au 08/10 sur emp.

LES MOUETTES ★★★ Tourisme 116 E. dont 61 nus
1,5 ha CV. Locations : . Randonnée pédestre organisée. Espace Fitness. Accès direct à la mer.. Ouvert: 7.4 / 1.10. ☎ 04 42 80 70 01. E-mail : campinglesmouettes@wanadoo.fr. Web : www.campinglesmouettes.com. Prix 2023. Fft jour : empl. Tourisme (2) : 32 € ( )
Lat. : 43° 19' 50" N **Long.** : 005° 04' 34" E.

LOU CIGALON ★★★ Tourisme 120 E. dont 50 nus, dont 10 CC - 10 GCC.
2 ha CV. Locations : . chauffée . Accès direct à la mer. ; . Ouvert: 1.4 / 5.11. ☎ 0 625892309. E-mail : resa@loucigalon.com. Web : www.loucigalon.com. Prix 2023. Fft jour : empl. Tourisme (2) : 29 € ( ) ; sup 9 € ; animaux 4 € ; 5 € ; 6 €. Réduction H.S.
Lat. : 43° 19' 49" N **Long.** : 005° 04' 49" E.
FFCC : avantages adhérent : 20 € du 01/04 au 08/07 et du 26/08 au 05/11 sur emp. et entre 30 € et 150 € la nuitée et entre 230 € et 800 € la semaine du 01/04 au 01/07 et du 26/08 au 05/11 sur loc.

MARIUS ★★★ Tourisme 100 E. dont 41 nus, dont 34 CC - 7 GCC.
parking extérieur au delà de 22h30, CV. Locations : , 1 . Randonnée pédestre organisée. , , . Bord de mer à 200 m. . Accueil groupes adultes. Ouvert: 8.4 / 9.10. ☎ 04 42 80 70 29. E-mail : contact@camping-marius.com. Web : www.camping-marius.com. Prix 2022. Fft jour : empl. Tourisme (2) : 26 € ( )
Lat. : 43° 20' 06" N **Long.** : 005° 04' 03" E.

PASCALOUNET ★★★ Tourisme 120 E. dont 46 nus 2 ha CV. Locations : . Bord de mer à 100 m. Ouvert: 1.4 / 27.11. ☎ 04 13 68 02 85. E-mail : contact@pascalounet.com. Web : www.camping-pascalounet.com. Prix 2022. Fft jour : empl. Tourisme (2) : 39 € ( ). Réduction H.S.
Lat. : 43° 20' 03" N **Long.** : 005° 04' 11" E.

MAUSSANE-LES-ALPILLES
14-A2 17 km N.-E. Arles. 77 m. ✉ 13520

CAMPING MUNICIPAL LES ROMARINS ★★★ Tourisme 145 E. 3,5 ha CV. Ouvert: 15.3 / 2.11. ☎ 04 90 54 33 60. E-mail : camping-municipal-maussane@wanadoo.fr. Web : www.maussane.com.
Lat. : 43° 43' 16" N **Long.** : 004° 48' 34" E.

MOURIES
14-A2 24 km E. Arles. 85 m. ✉ 13890

LE DEVENSON NC Tourisme 60 E. dont 55 nus 3,5 ha . Locations : . Randonnée pédestre organisée. . Ouvert: 1.3 / 30.11. ☎ 06 20 37 05 02. E-mail : audomainedesoliviersdeprovence@hotmail.fr. Web : domainedesoliviers2.wix.com/gite-chambre-d-hotes. Réduction H.S.
Lat. : 43° 41' 59" N **Long.** : 004° 51' 28" E.

LES AMANDAIES CV. Ouvert: 1.1 / 31.12. ☎ 04 90 47 50 59. E-mail : bou.malek@orange.fr, Web : www.les-amandaies.fr.
Lat. : 43° 40' 49" N **Long.** : 004° 55' 06" E.

NOVES
14-A1 33 km N.-E. Arles. 52 m. ✉ 13550

LE PILON D'AGEL ★ Tourisme 93 E. 2,2 ha CV. Locations : . Rivière à 5 km. Accueil groupes. Ouvert: 1.4 / 30.9. ☎ 04 90 95 16 23. E-mail : pilondagel@orange.fr. Web : www.pilondagel.com. Réduction H.S.
Lat. : 43° 51' 03" N **Long.** : 004° 55' 08" E.

ORGON
14-B2 42 km N.-E. Arles. 137 m. ✉ 13660

LA VALLÉE HEUREUSE ★★★ Tourisme 180 E. dont 176 nus
8 ha CV. Locations : . Randonnée pédestre organisée. , . Accès direct aux bords du lac. Accueil groupes. Ouvert: 2.4 / 31.10. ☎ 04 84 80 01 71. E-mail : contact@valleeheureuse.com. Web : www.valleeheureuse.com. Réduction H.S.
Lat. : 43° 46' 55" N **Long.** : 005° 02' 24" E.
FFCC : avantages adhérent : 15 € du 01/04 au 07/07 et du 26/08 au 05/11 sur emp.

PEYNIER
14-C2 22 km S.-E. Aix-en-Provence. 326 m. ✉ 13790

LE DEVANCON ★★★ Loisirs 58 E.
1,5 ha CV. . Rivière à 2 km. . Ouvert: 27.3 / 31.10. ☎ 04 42 53 10 06. E-mail : reservation@ledevancon.fr. Web : www.ledevancon.fr.
Lat. : 43° 26' 31" N **Long.** : 005° 37' 45" E.
FFCC : avantages adhérent : 19 € du 08/04 au 08/07 et du 26/08 au 04/11 sur emp.

PORT-DE-BOUC
14-B2 48 km S.-O. Aix-en-Provence. 25 m. ✉ 13110

BOTTAÏ NC Tourisme 80 E. dont 12 GCC. 1 ha CV. Locations : , . Bord de mer à 20 m. . Accueil groupes. Ouvert: 11.4 / 13.9. ☎ 0 647732862 / 0 4 28 27 01 05. E-mail : resacamping@portdebouc.fr. Web : www.camping-portdebouc.fr.
Lat. : 43° 25' 00" N **Long.** : 004° 58' 27" E.

CAMPING MUNICIPAL LA MERINDOLE NC Tourisme 192 E. 3,2 ha . Bord de mer à 3 km. Accueil groupes. Ouvert: 1.7 / 31.8. ☎ 04 42 06 26 89. E-mail : contact@portdebouc.fr.
Lat. : 43° 25' 23" N **Long.** : 004° 58' 45" E.

PUYLOUBIER
14-C2 24 km E. Aix-en-Provence. 395 m. ✉ 13114

CAMPING MUNICIPAL LE CÉZANNE ★★ Tourisme 40 E. dont 33 nus 1 ha CV. Locations : . Accueil groupes. Ouvert: 1.3 / 30.11. ☎ 04 42 66 36 33. E-mail : mail@le-cezanne.com. Web : www.le-cezanne.com. Réduction H.S.
Lat. : 43° 31' 38" N **Long.** : 005° 40' 55" E.

SAINT-ANDIOL
14-A1 48 km N.-E. Arles. 55 m. ✉ 13670

LE SAINT ANDIOL NC Loisirs 36 E. dont 24 CC. 1 ha CV. . Ouvert: 1.1 / 31.12. ☎ 04 90 95 01 13. E-mail : guides@campingfrance.com.
Lat. : 43° 49' 60" N **Long.** : 004° 56' 47" E.

SAINT-ETIENNE-DU-GRES
14-A2 14 km N.-E. Arles. 49 m. ✉ 13103

CAMPING MUNICIPAL PORTE DES ALPILLES ★★★ Tourisme 31 E. 0,5 ha 22 h / 8 h, CV. Locations : . Rivière à 200 m ; étang à 2 km. Accueil groupes. Ouvert: 1.4 / 31.10. ☎ 07 85 64 62 23. E-mail : contact@camping-porte-des-alpilles.com. Web : www.camping-porte-des-alpilles.com. Prix 2022. Fft jour : empl. Tourisme (2) : 18 € ( ) ; sup 4 € ; animaux 2 € ; 3 € ; 3,50 €.
Lat. : 43° 47' 10" N **Long.** : 004° 43' 03" E.

SAINT-MARTIN-DE-CRAU
14-A2 16 km E. Arles. 34 m. ✉ 13310

LA CHAPELETTE ★★★ Tourisme 110 E.
2 ha CV. chauffée . Rivière à 500 m. . Accueil groupes. Ouvert: 1.2 / 31.12. ☎ 04 90 98 44 81. E-mail : chapelette2@gmail.com. Web : www.camping-la-chapelette.com. Prix 2022. Fft jour : empl. Tourisme (2) : 24 € ( ) ; sup 8 € ; 5 € ; 5 €. Réduction H.S.
Lat. : 43° 37' 33" N **Long.** : 004° 45' 03" E.
FFCC : avantages adhérent : 19 € du 01/02 au 08/07 et du 22/08 au 31/12 sur emp.

SAINT-MITRE-LES-REMPARTS
14-B2 48 km S.-O. Aix-en-Provence. 45 m. ✉ 13920

FÉLIX DE LA BASTIDE ★★★ Tourisme 120 E. dont 81 nus 4,6 ha CV. Locations : . , . Accès direct à l'étang et à la mer. ; . Ouvert: 20.5 / 25.9. ☎ 04 42 80 99 35. E-mail : resa@campingfelix.com. Web : campingfelix.com. Prix 2022. empl. Tourisme : 25 € ; 7,80 € ; animaux 2 € ; 4,80 € ; 6 €. Réduction H.S.
Lat. : 43° 28' 09" N **Long.** : 005° 01' 22" E.

NEPTUNE ★★★ Tourisme 135 E. dont 62 nus 1,5 ha CV. Locations : , . Etang à 20 m. ; . Accueil groupes. Ouvert: 1.1 / 31.12. ☎ 04 42 44 06 60. E-mail : campingneptune@wanadoo.fr. Web : www.camping-neptune.fr. Réduction H.S.
Lat. : 43° 28' 06" N **Long.** : 005° 01' 09" E.

SAINT-REMY-DE-PROVENCE
14-A1 23 km N.-E. Arles. 106 m. ✉ 13210

LE MAS DE NICOLAS ★★★★ Tourisme 166 E. dont 138 nus
CV. A 5 km : . Locations : . Espace Fitness. chauffée . Lac à 3 km. Ouvert: 1.4 / 30.9. ☎ 04 90 92 27 05. E-mail : contact@camping-masdenicolas.com. Web : www.camping-masdenicolas.com. Prix 2023. Fft jour : empl. Tourisme (2) : 31,8 € ( )
Lat. : 43° 47' 46" N **Long.** : 004° 50' 18" E.
FFCC : avantages adhérent : 27.27% du 01/04 au 16/06 sur emp.

LE MONPLAISIR ★★★★ Tourisme 140 E. dont 119 nus, dont 40 GCC.
2,8 ha CV. A 3 km : chauffée . Lac à 3 km. Ouvert: 7.4 / 22.10. ☎ 04 90 92 22 70. E-mail : reception@camping-monplaisir.fr. Web : www.camping-monplaisir.fr.
Lat. : 43° 47' 50" N **Long.** : 004° 49' 29" E.

LE PARC DE LA BASTIDE ★★★ Tourisme 70 E. dont 63 nus
2 ha CV. Locations : . . Lac à 3 km. Accueil groupes. Ouvert: 1.3 / 15.11. ☎ 04 32 61 94 86. E-mail : auberthonore@orange.fr. Web : www.parcdelabastide.com. Prix 2023. Fft jour : empl. Tourisme (2) : 28 € ( ). Réduction H.S.
Lat. : 43° 47' 22" N **Long.** : 004° 50' 43" E.
FFCC : avantages adhérent : 19 € du 01/03 au 10/07 et du 25/08 au 15/11 sur emp.

PEGOMAS ★★★ Tourisme 110 E. dont 94 nus
CV. Locations : . Espace Fitness. . Lac à 2 km. Ouvert: 30.3 / 21.10. ☎ 04 90 92 01 21. E-mail : contact@campingpegomas.com. Web : www.campingpegomas.com. Prix 2023. Fft nuit : empl. Tourisme (2) : 36,22 € (E. CC E. GCC). Réduction H.S.
Lat. : 43° 47' 18" N **Long.** : 004° 50' 27" E.
FFCC : avantages adhérent : 23 € du 30/03 au 30/06 et du 01/09 au 21/10 sur emp.

CAMPING GCU - ST REMY DE PROVENCE ★ Tourisme 33 E. . Ouvert: 4.4 / 28.9. ☎ 04 90 92 27 87. E-mail : gcu@gcu.asso.fr. Web : www.gcu.asso.fr.
Lat. : 43° 47' 29" N **Long.** : 004° 49' 07" E.

LE VIEUX CHEMIN D'ARLES. ☎ 04 90 92 27 22. E-mail : campingstremy@free.fr, Web : campingstremy.free.fr.
Lat. : 43° 46' 60" N **Long.** : 004° 49' 25" E.

SAINTES-MARIES-DE-LA-MER
13-F2 38 km O. Arles. 1 m. ✉ 13460

LE CLOS DU RHONE ★★★★ Tourisme 365 E. dont 51 nus 7 ha CV. A 2 km : chauffée. Accès direct à la mer et à la rivière. Ouvert: 31.3 / 1.11. ☎ 04 90 97 85 99. E-mail : info@camping-leclos.fr. Web : www.camping-leclos.fr.
Lat. : 43° 26' 56" N **Long.** : 004° 24' 06" E.
FFCC : avantages adhérent : 22 € du 09/04 au 15/07 et du 28/08 au 06/11 sur emp.

LA BRISE DE CAMARGUE ★★★ Tourisme 868 E. dont 447 nus 22 ha CV. A 1 km : Espace Fitness. Bord de mer à 50 m ; étang à 1 km ; rivière à 3 km. Accueil groupes. Ouvert: 12.12 / 31.12. ☎ 04 90 97 84 67. E-mail : info@camping-labrise.fr. Web : www.camping-labrise.fr.
Lat. : 43° 27' 21" N **Long.** : 004° 26' 10" E.

SALON-DE-PROVENCE
14-B2 32 km N.-O. Aix-en-Provence. 93 m. ✉ 13300

LE NOSTRADAMUS ★★★ Tourisme 83 E. 2,2 ha CV. A 1 km : Locations : . , . Accès direct à la rivière. Accueil groupes. Ouvert: 1.3 / 30.10. ☎ 04 90 56 08 36. E-mail : camping.nostradamus@gmail.com. Web : www.camping-nostradamus.com. Réduction H.S.
Lat. : 43° 40' 38" N **Long.** : 005° 03' 53" E.

LES BIENS NEUFS. A 2 km : . Ouvert: 1.1 / 31.12. ☎ 04 90 53 09 60. E-mail : suzannegoirand@orange.fr, Web : campinglesbiensneufs.e-monsite.com. Réduction H.S.
Lat. : 43° 39' 23" N **Long.** : 005° 03' 53" E.

SEPTEMES-LES-VALLONS
14-B2 16 km S.-O. Aix-en-Provence. 277 m. ✉ 13240

LA VERDIERE ★★ Tourisme 66 E. dont 29 nus 1,13 ha CV. A 2 km : . Ouvert: 1.1 / 31.12. ☎ 07 66 20 74 24. E-mail : accueillaverdiere@gmail.com. Web : www.camping-la-verdiere.com. Réduction H.S.
Lat. : 43° 24' 25" N **Long.** : 005° 21' 42" E.

TARASCON
14-A1 17 km N. Arles. 20 m. ✉ 13150

SAINT-GABRIEL ★★★ Tourisme 68 E. dont 45 nus, dont 45 CC. CV. Locations : . chauffée. Etang à 300 m. Accueil groupes adultes. Ouvert: 22.3 / 14.11. ☎ 04 90 91 19 83. E-mail : contact@campingsaintgabriel.comc. Web : www.campingsaintgabriel.com.
Lat. : 43° 46' 01" N **Long.** : 004° 41' 34" E.

TARTARIN ★★★ Tourisme 65 E. 0,8 ha CV. Locations : cabanes, roulotte. Accès direct à la rivière. Accueil groupes. Ouvert: 13.3 / 14.11. ☎ 04 90 91 01 46. E-mail : campingtartarin@orange.fr. Web : www.campingtartarin.fr.
Lat. : 43° 48' 31" N **Long.** : 004° 39' 21" E.
FFCC : avantages adhérent : 10% du 02/04 au 08/07 et du 22/08 au 06/11 sur emp. et entre 32 € et 79 € la nuitée et entre 220 € et 550 € la semaine du 02/04 au 08/04 et du 24/09 au 06/11 sur loc.

VITROLLES
14-B2 26 km S.-O. Aix-en-Provence. 112 m. ✉ 13127

MARINA PLAGE ★★★ Tourisme 385 E. CV. A 2 km : Locations : . , . Accès direct à l'étang. Accueil groupes. Ouvert: 1.1 / 31.12. ☎ 04 42 89 31 46. E-mail : information@marina-plage.com. Web : www.marina-plage.com.
Lat. : 43° 28' 14" N **Long.** : 005° 13' 47" E.

14 CALVADOS

Carte 2

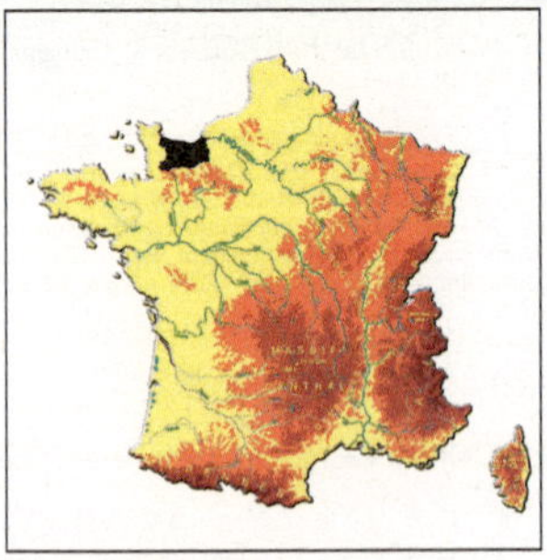

ARGANCHY
2-C2 6 km S.-O. Bayeux. 54 m. ✉ 14400

MME SUZANNE LETOUZEY. Ouvert: 1.1 / 31.12. ☎ 02 31 92 57 22.
Lat. : 49° 13' 33" N **Long.** : 000° 43' 59" W.

ARROMANCHES-LES-BAINS
2-C2 11 km N.-E. Bayeux. 36 m. ✉ 14117

CAMPING MUNICIPAL ★★ Tourisme 124 E. 2 ha 8 h / 12 h & 14 h / 19 h, CV. Bord de mer à 200 m.. Accueil groupes. Ouvert: 1.4 / 30.9. ☎ 02 31 22 36 78. E-mail : camping.arromanches@wanadoo.fr.
Lat. : 49° 20' 17" N **Long.** : 000° 37' 35" W.

LES BAS CARREAUX ★★ Tourisme 19 E. dont 19 nus CV. A 10 km : Bord de mer à 500 m. Ouvert: 18.4 / 19.9. ☎ 06 88 33 24 96. E-mail : campinglesbascarreaux@hotmail.com. Web : www.campinglesbascarreaux.com.
Lat. : 49° 20' 06" N **Long.** : 000° 38' 06" W.

ASNELLES
2-C2 13 km N.-E. Bayeux. 12 m. ✉ 14960

CAMPING MUNICIPAL QUINTEFEUILLE ★★ Tourisme 106 E. dont 54 nus 1,5 ha 22 h / 8 h, CV. Locations : , caravane. Bord de mer à 200 m. Accueil groupes enfants. Ouvert: 15.3 / 15.1. ☎ 02 31 22 35 50. E-mail : mairieasnelles@wanadoo.fr. Web : www.camping-asnelles.com.
Lat. : 49° 20' 23" N **Long.** : 000° 34' 58" W.

ASNIERES-EN-BESSIN
2-C2 28 m. ✉ 14710

CAMPING FERME HAY DAY NC Tourisme 20 E. . Locations : . Ouvert: 1.4 / 1.10. ☎ 02 31 21 30 19. E-mail : info@fermehayday.com. Web : www.fermehayday.com/.
Lat. : 49° 22' 28" N **Long.** : 000° 56' 34" W.

AUBERVILLE

2-D2 28 km N.-O. Lisieux. 105 m. ✉ 14640

LES AMMONITES ★★★★ Loisirs 83 E. Locations : . Ouvert: 6.4 / 3.11. ☎ 02 31 87 06 06. E-mail : contact@campinglesammonites.fr. Web : www.campinglesammonites.fr.
Lat. : 49° 18' 29" N **Long.** : 000° 02' 18" W.

AURE SUR MER

2-C2 13 km N.-O. Bayeux. 64 m. ✉ 14520

L'HYPO'CAMP ★★ Tourisme 62 E. dont 42 nus 0,8 ha . Locations : , cocosweet. Bord de mer à 1,5 km ; rivière à 2 km. Ouvert: 3.4 / 17.10. ☎ 02 31 21 77 24. E-mail : lhypocamp@orange.fr. Web : www.lhypocamp.com. Réduction H.S.
Lat. : 49° 20' 59" N **Long.** : 000° 49' 13" W.

BALLEROY-SUR-DROME

2-C2 16 km S.-O. Bayeux. 100 m. ✉ 14490

LE CLOS DE BALLEROY ★★★ Tourisme 61 E. dont 17 nus
FFCC CV. Locations : , cocosweet. couverte chauffée. Etang à 3,5 km. Accueil groupes. Ouvert: 1.4 / 30.9. ☎ 02 31 21 41 48. E-mail : info@camping-leclosdeballeroy.fr. Web : camping-leclosdeballeroy.fr. Prix 2023. Fft jour : empl. Tourisme (2) : 24 € ( ) ; sup 5,50 € ; animaux 4 € ; 3 €.
Lat. : 49° 11' 12" N **Long.** : 000° 49' 29" W.
FFCC : avantages adhérent : 14 € du 01/04 au 26/06 et du 10/09 au 30/10 sur emp. et entre 49 € et 150 € la nuitée et entre 137 € et 950 € la semaine du 01/04 au 31/10 sur loc.

BANVILLE

2-D2 17 km N.-E. Bayeux. 33 m. ✉ 14480

LA GENTILHOMMIERE NC Tourisme 12 E. 0,3 ha . Rivière à 2 km ; bord de mer à 3 km. ☎ 02 31 37 51 87. E-mail : bernard.andre2@wanadoo.fr. Web : la.gentilhommiere.free.fr.
Lat. : 49° 18' 43" N **Long.** : 000° 30' 56" W.

BAVENT

2-D2 16 km N.-E. Caen 21 m. ✉ 14860

LE PRIEURE ★★ Loisirs 94 E. CV . Etang et rivière à 3 km. Accueil groupes. Ouvert: 1.4 / 15.10. ☎ 02 31 78 20 51. E-mail : campingduprieure@orange.fr. Web : www.campingduprieure.com.
Lat. : 49° 13' 40" N **Long.** : 000° 12' 21" W.

BAYEUX

2-C2 27 km N.-O. Caen. 53 m. ✉ 14400

CAMPING MUNICIPAL DES BORDS DE L'AURE ★★★ Tourisme 140 E. dont 140 nus
FFCC 1,5 ha CV . Locations : , . couverte chauffée . Rivière à 100 m. . Accueil groupes. Ouvert: 1.4 / 4.11. ☎ 02 31 92 08 43. E-mail : campingmunicipal@mairie-bayeux.fr. Web : www.mairie-bayeux.fr. Prix 2023. Fft nuit : empl. Tourisme (2) : 25,65 € ( ) ; sup 7,40 € nuit ; animaux 2,20 € nuit ; 3,80 € nuit.
Lat. : 49° 17' 02" N **Long.** : 000° 41' 51" W.
FFCC : avantages adhérent : 20 € du 01/04 au 29/10 sur emp. et entre 79 € et 110 € la nuitée et entre 330 € et 660 € la semaine sur loc.

ADHÉRER à un club affilié, c'est aussi devenir membre de la FFCC, la Fédération des campeurs, caravaniers et camping-caristes

BENOUVILLE

2-D2 10 km N.-E. Caen. 21 m. ✉ 14970

LES HAUTES COUTURES ★★★★ Tourisme 281 E.
5 ha CV . Locations : . couverte chauffée . Rivière à 50 m ; bord de mer à 5 km. . Ouvert: 16.4 / 3.10. ☎ 02 31 44 73 08. E-mail : hautes-coutures@capfun.com. Web : www.capfun.com/camping-france-basse_normandie-hautes_coutures-FR.html.
Lat. : 49° 15' 01" N **Long.** : 000° 16' 25" W.

BERNIERES-SUR-MER

2-D2 20 km N.-O. Caen. 22 m. ✉ 14990

LE HAVRE DE BERNIÈRES ★★★★ Loisirs 268 E. 5 ha CV . A 2 km : . Locations : . chauffée . Bord de mer à 300 m.. Accueil groupes. Ouvert: 1.4 / 31.10. ☎ 0 2 31 77 22 56. E-mail : havredebernieres@capfun.com. Web : www.capfun.com.
Lat. : 49° 19' 56" N **Long.** : 000° 25' 41" W.

BLANGY-LE-CHATEAU

2-E2 12 km N. Lisieux. 100 m. ✉ 14130

DOMAINE DU LAC P.R.L ★★ NN85 E. 3 ha . Randonnée pédestre organisée. , . Accès direct aux bords du lac et à la rivière.. Accueil groupes adultes. Ouvert: 1.4 / 30.10. ☎ 0 6 85 43 43 14. E-mail : info@domaine-du-lac.fr. Web : www.domaine-du-lac.fr.
Lat. : 49° 14' 47" N **Long.** : 000° 16' 26" E.

BLONVILLE-SUR-MER

2-D2 32 km N.-O. Lisieux. 28 m. ✉ 14910

CAMPING DE LA PLAGE ★★★ Loisirs 332 E. CV. Locations : . , . Bord de mer à 50 m. ; . . Ouvert: 1.4 / 30.9. ☎ 02 31 87 92 46. E-mail : campingdelaplageblonville@wanadoo.fr. Web : www.campingblonville.com.
Lat. : 49° 20' 08" N **Long.** : 000° 01' 18" E.

CABOURG

2-D2 24 km N.-E. Caen. 4 m. ✉ 14390

LA POMMERAIE ★★ Loisirs 150 E. CV. Bord de mer à 600 m ; rivière à 1 km. Accueil groupes. Ouvert: 1.4 / 30.9. ☎ 02 31 91 54 58. E-mail : expo.loisirs@orange.fr. Web : www.camping-cabourg.fr.
Lat. : 49° 16' 57" N **Long.** : 000° 51' 44" W.

LE TOUCAN ★★ Loisirs 95 E. dont 31 GCC. 1,5 ha . Bord de mer à 600 m ; rivière à 1 km ; étang à 2 km. Ouvert: 1.4 / 30.9. ☎ 06 08 58 78 75. E-mail : residenceletoucan@orange.fr.
Lat. : 49° 16' 58" N **Long.** : 000° 08' 24" W.

LE VERT PRE P.R.L ★★ NN225 E. CV . A 3 km : . Locations : . chauffée . Rivière à 300 m ; bord de mer à 1,2 km ; étang à 3 km. Ouvert: 1.4 / 31.10. ☎ 02 31 24 21 19. E-mail : levertpre@free.fr. Web : www.levertpre.fr.
Lat. : 49° 16' 46" N **Long.** : 000° 51' 23" W.

OASIS CAMPING ★ Loisirs 58 E. 1 ha CV. Locations : . Bord de mer à 300 m. . Ouvert: 15.3 / 15.11. ☎ 02 31 91 10 62. E-mail : oasisdecabourg@orange.fr. Web : oasisdecabourg.com.
Lat. : 49° 17' 07" N **Long.** : 000° 08' 20" W.

CAHAGNOLLES

2-C3 15 km S. Bayeux. 118 m. ✉ 14490

L'ESCAPADE ★★★★ Loisirs 128 E. dont 23 nus
6 ha CV . Locations : . couverte chauffée , , . Accès direct à l'étang. . Accueil groupes. Ouvert: 1.4 / 27.9. ☎ 02 31 21 63 59. E-mail : info@campinglescapade.net. Web : www.campinglescapade.net. Réduction H.S.
Lat. : 49° 09' 26" N **Long.** : 000° 45' 36" W.

COLLEVILLE-MONTGOMERY

2-D2 12 km N.-E. Caen. 21 m. ✉ 14880

LES SALINES ★★★ Loisirs 300 E. dont 40 nus CV . Locations : . Bord de mer à 200 m. Ouvert: 15.3 / 5.11. ☎ 02 31 96 36 85. E-mail : camping.les.salines@orange.fr. Web : camping-lessalines-normandie.com/. Réduction H.S.
Lat. : 49° 17' 25" N **Long.** : 000° 16' 55" W.

COLLEVILLE-SUR-MER

2-C2 16 km N.-O. Bayeux. 59 m. ✉ 14710

LE ROBINSON ★★★★ Tourisme 72 E. dont 71 nus
1,5 ha CV . couverte chauffée. Bord de mer à 1,5 km. ; . Ouvert: 1.4 / 30.9. ☎ 02 31 22 45 19. E-mail : dourthe.le.robinson@wanadoo.fr. Web : www.campinglerobinson.com.
Lat. : 49° 21' 00" N **Long.** : 000° 50' 01" W.

CONDE-EN-NORMANDIE

2-C3 25 km E. Vire. 117 m. ✉ 14110

CAMPING MUNICIPAL LE STADE NC Tourisme 35 E. 0,4 ha . couverte . Accès direct à l'étang et à la rivière. . Ouvert: 2.5 / 30.9. ☎ 02 31 69 02 93. E-mail : espaceaquatique@condenormandie.fr.
Lat. : 48° 50' 58" N **Long.** : 000° 26' 45" W.

COUDRAY-RABUT

2-E2 18 km N. Lisieux. 36 m. ✉ 14130

LIEU JOLY . Ouvert: 1.5 / 30.9. ☎ 02 31 64 12 91. E-mail : claudine.breavoine@gmail.com.
Lat. : 49° 17' 55" N **Long.** : 000° 10' 37" E.

COURSEULLES-SUR-MER

2-D2 18 km N.-O. Caen. 25 m. ✉ 14470

DONJON DE LARS ★★★★★ Tourisme 366 E. 3,4 ha CV . A 200 m : . Locations : . , . Bord de mer à 50 m. ; ; . . Ouvert: 1.4 / 30.9. ☎ 02 31 37 99 26. E-mail : contact@campingcourseulles.com. Web : www.capfun.com/camping-france-basse_normandie-donjon_de_lars-fr.html.
Lat. : 49° 20' 03" N **Long.** : 000° 26' 41" W.

CREULLY SUR SEULLES

2-C2 18 km N.-O. Caen. 40 m. ✉ 14480

LES 3 RIVIERES ★★★ Tourisme 61 E. dont 17 nus 2 ha CV . Rivière à 100 m. Ouvert: 6.4 / 13.10. ☎ 02 31 80 90 17. E-mail : contact@camping-les-3-rivieres.com. Web : www.camping-les-3-rivieres.com/. Réduction H.S.
Lat. : 49° 17' 24" N **Long.** : 000° 31' 46" W.

CRICQUEVILLE-EN-BESSIN

2-C2 27 km N.-O. Bayeux 18 m. ✉ 14450

LE PONT DU HABLE CV. Ouvert: 15.4 / 15.10. ☎ 02 31 22 62 31. E-mail : bernard.pinchon@wanadoo.fr, Web : www.campinglepontduhable.fr.
Lat. : 49° 23' 34" N **Long.** : 001° 01' 12" W.

CROUAY

2-C2 8 km O. Bayeux 54 m. ✉ 14400

MME MARIE-FRANCE ANNE CV. A 3 km : . Ouvert: 1.1 / 31.12. ☎ 02 31 92 45 27. E-mail : contact@camping-lecreulet.com.
Lat. : 49° 16' 24" N **Long.** : 000° 48' 29" W.

DEAUVILLE

28 km N. Lisieux. 4364 hab. ✉ 14800

DIVES-SUR-MER

2-D2 27 km N.-O. Lisieux. 41 m. ✉ 14160

CAMPING DU GOLF ★★★ Loisirs 150 E. dont 45 nus
2,8 ha CV. Locations : , cabanes. Randonnée pédestre organisée. Etang, lac et bord de mer à 2,5 km. A 2,5 km : . A 2 km : , . Ouvert: 3.4 / 30.9. ☎ 02 31 24 73 09. E-mail : info@campingdugolf.com. Web : www.campingdugolf.com. Réduction H.S.
Lat. : 49° 16' 45" N **Long.** : 000° 04' 12" W.

EQUEMAUVILLE

2-E2 30 km N. Lisieux. 102 m. ✉ 14600

LA BRIQUERIE ★★★★★ Loisirs 430 E. dont 124 nus CV. Espace Fitness. couverte chauffée . Bord de mer à 2,5 km ; étang et rivière à 5 km. Accueil groupes. Ouvert: 1.4 / 30.9. ☎ 02 31 89 28 32. E-mail : info@campinglabriquerie.com. Web : www.campinglabriquerie.com. Réduction H.S.
Lat. : 49° 23' 52" N **Long.** : 000° 12' 31" E.

ESPINS

2-D3 22 km S. Caen. 158 m. ✉ 14220

LA GRANGE D'ESPINS, AIRE NATURELLE . ☎ 02 31 39 53 90. E-mail : grange-despins@wanadoo.fr.
Lat. : 49° 00' 42" N **Long.** : 000° 25' 17" W.

ETREHAM

2-C2 10 km N.-O. Bayeux. 26 m. ✉ 14400

REINE MATHILDE ★★★ Tourisme 147 E.
6,5 ha CV. Locations : tonneau. Randonnée pédestre organisée. Espace Fitness. chauffée. Bord de mer à 4 km. Accueil groupes. Ouvert: 1.4 / 30.9. ☎ 02 31 21 76 55. E-mail : campingreinemathilde@gmail.com. Web : www.camping-normandie-reinemathilde.com/.
Lat. : 49° 19' 53" N **Long.** : 000° 48' 09" W.
FFCC : avantages adhérent : 22 € sur emp. et entre 37 € et 77 € la nuitée et entre 225 € et 465 € la semaine sur loc. + Dates emplacements nus et locatifs : Du 01/04 au 26/05, du 10/06 au 30/06 et du 26/08 au 30/09.

FALAISE

2-D3 34 km S.-S.-E. Caen. 146 m. ✉ 14700

CAMPING DU CHÂTEAU ★★ Tourisme 88 E. dont 88 nus
1,5 ha CV. Locations : . Accès direct à la rivière ; étang à 300 m. Accueil groupes. Ouvert: 9.4 / 10.10. ☎ 02 31 90 16 55. E-mail : camping@falaise.fr. Web : camping-falaise.com. Réduction H.S.
Lat. : 48° 53' 44" N **Long.** : 000° 12' 17" W.
FFCC : avantages adhérent : 17 € du 09/04 au 02/07 et du 24/08 au 02/10 sur emp.

FORMIGNY LA BATAILLE

2-C2 16 km N.-O. Bayeux. 41 m. ✉ 14710

M. GUILLAUME CAPELLE CV. Ouvert: 1.1 / 31.12. ☎ 02 31 22 56 89. E-mail : contact@fermedulavoir.fr, Web : www.fermedulavoir.fr.
Lat. : 49° 20' 26" N **Long.** : 000° 53' 49" W.

GONNEVILLE-EN-AUGE

2-D2 17 km N.-E. Caen. 12 m. ✉ 14810

LE CLOS TRANQUILLE ★★★ Tourisme 73 E. dont 7 nus, dont 45 GCC. 0,8 ha CV. Locations : . Espace Fitness. . Bord de mer à 5 km. Ouvert: 1.4 / 30.9. ☎ 02 31 24 21 36. E-mail : campinglct@gmail.com. Web : www.campingleclostranquille.fr.
Lat. : 49° 15' 10" N **Long.** : 000° 11' 21" W.

M. GÉRARD CHAUVEL . Ouvert: 1.4 / 30.9. ☎ 02 31 24 21 33.
Lat. : 49° 15' 28" N **Long.** : 000° 11' 21" W.

GONNEVILLE-SUR-MER

2-D2 30 km N.-O. Lisieux. 108 m. ✉ 14510

LES FALAISES ★★★★ Tourisme 380 E. dont 10 nus 6 ha 22 h 30 / 7 h, CV. Locations : . couverte chauffée. Bord de mer à 3 km. ; . Accueil groupes. Ouvert: 4.4 / 1.11. ☎ 02 31 24 81 09. E-mail : falaises@capfun.com. Web : www.capfun.com.
Lat. : 49° 18' 23" N **Long.** : 000° 02' 51" W.

LIEU CASTEL ★★★ Loisirs 155 E. dont 35 nus 2 ha 22 h 30 / 6 h, CV. Locations : , . Bord de mer à 3 km. Accueil groupes. Ouvert: 1.4 / 31.10. ☎ 02 31 91 17 64. E-mail : contact@camping-le-lieu-castel.com. Web : www.camping-le-lieu-castel.com. Réduction H.S.
Lat. : 49° 18' 12" N **Long.** : 000° 02' 25" W.

GRANDCAMP-MAISY

2-C2 32 km N.-O. Bayeux. 19 m. ✉ 14450

LE JONCAL ★★★★ Tourisme 207 E. 4 ha CV. couverte chauffée , . Accès direct à la mer. ; ; . Accueil groupes adultes. Ouvert: 4.4 / 13.9. ☎ 02 31 22 61 44. E-mail : joncal@capfun.com. Web : www.capfun.com. Réduction H.S.
Lat. : 49° 23' 18" N **Long.** : 001° 03' 06" W.

LA FERME DU COLOMBIER ★★ Loisirs 81 E. dont 81 GCC. . Ouvert: 1.1 / 31.12. ☎ 02 31 22 68 46. E-mail : sarl.lecolombier14@orange.fr.
Lat. : 49° 22' 50" N **Long.** : 001° 03' 24" W.

CAMPING GCU - GRANDCAMP-MAISY ★ Tourisme 50 E. . Ouvert: 31.5 / 7.9. ☎ 01 47 63 98 63. E-mail : grandcamp1401@gcuf.fr. Web : www.gcu.asso.fr.
Lat. : 49° 23' 09" N **Long.** : 001° 02' 32" W.

FORT SAMSON
CV. Ouvert: 1.4 / 30.9. ☎ 06 80 63 01 11. E-mail : aire.nat.camping.fort.sam@orange.fr, Web : www.calvados-tourisme.com. Prix 2022. 3,60 € nuit ; 3,50 € nuit ; 3,50 € nuit ; 3 € nuit ; 1,50 € 5 mn ; 2,50 € nuit ; 4 € nuit. Réduction H.S.
Lat. : 49° 23' 23" N **Long.** : 001° 03' 24" W.
FFCC : avantages adhérent : 12.90 € du 01/04 au 08/07 et du 22/08 au 16/10 sur emp. + 15,90 € sur les emplacements nus en haut saison (09/07 au 21/08/2022).

GRAYE-SUR-MER

2-D2 20 km N.-E. Bayeux. 20 m. ✉ 14470

CAMPING MUNICIPAL CANADIAN SCOTTISH ★★ Tourisme 200 E. dont 194 nus 3 ha CV. A 2 km : . Locations : . Accès direct à la mer. ; . Accueil groupes. Ouvert: 8.4 / 2.10. ☎ 02 31 37 45 23. E-mail : camping.grayesurmer@orange.fr. Web : campingcanadianscottish.jimdo.com/. Prix 2022. empl. Tourisme : 5,50 € ; 4,60 € ; animaux 2,50 € ; 2,40 € ; 5,20 €.
Lat. : 49° 20' 18" N **Long.** : 000° 28' 39" W.

LE CLOS DU MOULIN ★★ Loisirs 45 E. CV. Accès direct à la rivière ; bord de mer à 1,3 km. Ouvert: 13.4 / 29.9. ☎ 02 31 37 93 35. E-mail : leclosdumoulin14@orange.fr. Web : www.leclosdumoulin14.fr.
Lat. : 49° 19' 32" N **Long.** : 000° 28' 19" W.

HERMANVILLE-SUR-MER

2-D2 12 km N. Caen. 21 m. ✉ 14880

CITADELLE DE LOUSTIC ★★★★ Tourisme 225 E. chauffée. Bord de mer à 600 m. Ouvert: 1.5 / 12.9. ☎ 02 31 97 09 62. E-mail : bagatelle@capfun.com. Web : www.capfun.com.
Lat. : 49° 17' 25" N **Long.** : 000° 18' 11" W.

LES HAUTES SENTES ★★★ Tourisme 62 E. CV. Locations : , . chauffée. Bord de mer à 800 m. . Ouvert: 1.4 / 30.10. ☎ 02 31 96 39 12. E-mail : leshautessentes14@gmail.com. Web : www.campingdeshautessentes.fr.
Lat. : 49° 17' 24" N **Long.** : 000° 18' 10" W.

NORMANDIE PLAGE ★★ Loisirs 76 E. . Ouvert: 1.4 / 30.9. ☎ 02 31 97 48 86. E-mail : normandieplage14@orange.fr.
Lat. : 49° 17' 27" N **Long.** : 000° 17' 59" W.

HONFLEUR

2-E2 34 km N. Lisieux. 47 m. ✉ 14600

LE PHARE ★★ Tourisme 77 E. dont 70 nus 22 h / 7 h, CV. Rivière à 200 m ; bord de mer à 800 m. Ouvert: 1.4 / 2.10. ☎ 02 31 89 10 26. E-mail : contact@oasis-camping.fr. Web : www.normandie-sur-mer.fr.
Lat. : 49° 25' 23" N **Long.** : 000° 13' 53" E.

HOULGATE

2-D2 35 km N.-O. Lisieux. 47 m. ✉ 14510

LA VALLÉE ★★★★★ Tourisme 369 E.
la nuit, CV. , , . Bord de mer à 900 m ; rivière à 2 km ; étang à 3 km.. Ouvert: 15.4 / 1.10. ☎ 04 84 39 08 60. E-mail : inesselma@homair.com. Web : www.homair.com.
Lat. : 49° 17' 39" N **Long.** : 000° 04' 06" W.

LA PLAGE ★★★ Tourisme 58 E. dont 30 nus 3 ha CV. Locations : . , . Accès direct à la mer. ; ; . Ouvert: 1.4 / 6.11. ☎ 02 31 28 73 07. E-mail : campingplagehoulgate@orange.fr. Web : www.camping-houlgate.com.
Lat. : 49° 18' 21" N **Long.** : 000° 04' 17" W.

LES CHEVALIERS ★★ Tourisme 188 E. 3 ha CV. Ouvert: 1.4 / 30.9. ☎ 02 31 94 41 52. E-mail : leschevaliers@vagues-oceanes.com. Web : www.camping-vagues-oceanes.com/camping-calvados/les-chevaliers.html.
Lat. : 49° 17' 32" N **Long.** : 000° 04' 28" W.

ISIGNY-SUR-MER

2-C2 32 km O. Bayeux. 13 m. ✉ 14230

LE FANAL ★★★★ Tourisme 204 E. dont 93 nus 3,5 ha CV. Espace Fitness. couverte chauffée, . Accès direct aux bords du lac ; rivière à 50 m. ; . Ouvert: 1.4 / 30.9. ☎ 02 31 21 33 20. E-mail : info@camping-lefanal.com. Web : www.camping-normandie-fanal.com. Réduction H.S.
Lat. : 49° 19' 06" N **Long.** : 001° 06' 33" W.

LA CAMBE

2-C2 24 km N.-O. Bayeux. 25 m. ✉ 14230

LES POMMIERS ★ Tourisme 20 E. dont 19 nus CV. Locations : . Bord de mer à 5 km. Ouvert: 1.4 / 30.9. ☎ 02 31 22 74 92. E-mail : laperruquejoelle53@gmail.com. Web : www.campingdespommiers.com. Prix 2023. empl. Tourisme : 4 € ; 4,50 € ; animaux 0,80 € ; 2,50 € ; 4 €.
Lat. : 49° 21' 25" N **Long.** : 001° 00' 35" W.
FFCC : avantages adhérent : 16 € du 01/04 au 31/05 et du 01/09 au 01/10 sur emp. et 380 € la semaine du 01/04 au 30/05 et du 01/09 au 01/10 sur loc.

LANGRUNE-SUR-MER

2-D2 16 km N. Caen 19 m. ✉ 14830

MER ET VACANCES ★★★★★ Loisirs 199 E. A 2 km : Randonnée pédestre organisée. Espace Fitness. couverte chauffée . Bord de mer à 150 m. . Ouvert: 1.2 / 15.11. ☎ 02 31 85 60 00. E-mail : contact@meretvacances.fr. Web : www.meretvacances.fr.
Lat. : 49° 19' 21" N **Long.** : 000° 21' 50" W.

MME METIVIER-LAURENT . Ouvert: 1.4 / 30.9. ☎ 02 31 96 10 39.
Lat. : 49° 19' 08" N **Long.** : 000° 22' 52" W.

LE BREVEDENT

2-E2 11 km N.-E. Lisieux. 115 m. ✉ 14130

LE BREVEDENT ★★★★ Tourisme 132 E. dont 100 nus, dont 16 GCC. 5 ha . Locations : . Randonnée pédestre organisée. chauffée , , , , . Accès direct à l'étang et aux bords du lac. . Ouvert: 13.4 / 28.9. ☎ 02 31 64 72 88. E-mail : contact@campinglebrevedent.com. Web : www.campinglebrevedent.com.
Lat. : 49° 13' 30" N **Long.** : 000° 18' 17" E.
FFCC : avantages adhérent : 10% du 28/04 au 30/06 et du 01/09 au 16/09 sur emp. + Rendez-vous dans votre club avantages FFCC pour obtenir le code promotionnel et réserver ou sur présentation de la carte de membre FFCC.

LA RÉSIDENCE DES BOIS ★★ Loisirs 110 E. Ouvert: 2.6 / 30.9. ☎ 02 31 64 09 29. E-mail : campingdubrevedent@gmail.com. Web : www.campingdubrevedent.fr.
Lat. : 49° 13' 40" N **Long.** : 000° 18' 42" E.

LE HOM

2-D3 28 km S.-O. Caen. 68 m. Station verte de vacances et village de neige ✉ 14220

LE TRASPY ★★★ Tourisme 84 E. dont 50 nus CV. , . Etang à 50 m ; rivière à 900 m.. Accueil groupes. Ouvert: 1.4 / 30.9. ☎ 02 31 29 90 86. E-mail : contact@campingdutraspy.com. Web : www.campingdutraspy.com.
Lat. : 48° 59' 19" N **Long.** : 000° 28' 10" W.

LE VEY

2-D3 34 km S. Caen 126 m. ✉ 14570

LES ROCHERS DES PARCS ★★★ Tourisme 90 E. dont 80 nus CV . Locations : , roulotte, . Randonnée pédestre organisée. , , , . Accès direct à la rivière. . Accueil groupes. Ouvert: 29.3 / 29.9. ☎ 02 31 69 70 36. E-mail : camping.normandie@gmail.com. Web : www.camping-normandie-clecy.eu. Réduction H.S.
Lat. : 48° 54' 50" N **Long.** : 000° 28' 30" W.

LION-SUR-MER

2-D2 14 km N.-E. Caen. 15 m. ✉ 14780

OASIS CAMPING ★★ Tourisme 135 E. dont 100 nus 22 h / 7 h, CV . Locations : , . . Accès direct à la mer ; rivière à 4 km. ; . Accueil groupes enfants. Ouvert: 1.4 / 2.10. ☎ 02 31 97 21 36. E-mail : vival-cabourg@wanadoo.fr. Web : www.normandie-sur-mer.fr.
Lat. : 49° 18' 15" N **Long.** : 000° 19' 18" W.

LES ROCHES ★ Loisirs 54 E. 1 ha . . Accès direct à la mer. ; ; . Ouvert: 1.4 / 30.9. ☎ 02 31 97 21 15. E-mail : david.leneveu@h-len.com.
Lat. : 49° 18' 25" N **Long.** : 000° 19' 27" W.

LA FERME NC Tourisme 50 E. 1,5 ha CV . couverte chauffée . Bord de mer à 300 m. ; . Ouvert: 1.4 / 30.9. ☎ 02 31 96 74 37. E-mail : patricia_rosalielechevalier@yahoo.fr. Prix 2023. Fft jour : empl. Tourisme (2) : 18,1 € ( ) ; sup 5 € ; 3,80 €.
Lat. : 49° 18' 15" N **Long.** : 000° 19' 50" W.

LISIEUX

2-E3 50 km E. Caen. 89 m. ✉ 14100

CAMPING DE LA VALLÉE ★★ Tourisme 55 E. dont 37 nus 0,9 ha CV. A 1,5 km : . Locations : . Rivière à 500 m ; étang à 4 km. Accueil groupes. Ouvert: 15.4 / 30.9. ☎ 02 31 62 00 40. E-mail : contact@camping-lisieux.fr. Web : camping-lisieux.fr.
Lat. : 49° 09' 55" N **Long.** : 000° 13' 14" E.

LITTEAU

2-C3 22 km S.-O. Bayeux 123 m. ✉ 14490

DOMAINE DE LITTEAU ★★★★ Loisirs 403 E. 0,12 ha CV. Locations : . Randonnée pédestre organisée. Espace Fitness. couverte chauffée , , , . Accès direct à l'étang. ; . Ouvert: 8.4 / 5.11. ☎ 02 31 22 22 08. E-mail : no.reception@siblu.fr. Web : siblu.fr/camping-domaine-de-litteau.
Lat. : 49° 09' 25" N **Long.** : 000° 55' 21" W.
FFCC : avantages adhérent : 5% du 02/04 au 09/07 et du 27/08 au 06/11 sur emp. + Rendez-vous dans votre club avantages FFCC pour obtenir le code promotionnel et réserver ! *Frais de dossier offert.

LIVAROT-PAYS-D'AUGE

2-E3 18 km S.-S.-O. Lisieux. 126 m. ✉ 14140

CAMPING MUNICIPAL NC Tourisme 25 E. . Ouvert: 1.5 / 31.8. ☎ 02 31 63 53 19. E-mail : ville-de-livarot@wanadoo.fr. Web : www.authenticnormandy.fr/offres/camping-de-livarot-livarot-pays-dauge-fr-2592790/.
Lat. : 49° 00' 13" N **Long.** : 000° 09' 02" E.

LUC-SUR-MER

2-D2 16 km N. Caen. 17 m. ✉ 14530

LA CAPRICIEUSE ★★★★★ Tourisme 181 E. dont 10 nus, dont 10 CC - 10 GCC. CV . couverte chauffée . Bord de mer à 50 m. Ouvert: 31.3 / 5.11. ☎ 02 31 97 34 43. E-mail : info@campinglacapricieuse.com. Web : www.campinglacapricieuse.com.
Lat. : 49° 19' 04" N **Long.** : 000° 21' 28" W.
FFCC : avantages adhérent : 10% du 01/04 au 30/06 et du 01/09 au 05/1110% du 01/04 au 30/06 et du 01/09 au 05/11 sur emp. et loc. + Rendez-vous dans votre club avantages FFCC pour obtenir le code promotionnel et réserver !.

MERVILLE-FRANCEVILLE-PLAGE

2-D2 20 km N.-E. Caen. 11 m. ✉ 14810

LE POINT DU JOUR ★★★★ Tourisme 144 E. dont 102 nus 2,7 ha CV . Locations : . Espace Fitness. couverte chauffée , . Accès direct à la mer. ; ; . Ouvert: 2.4 / 31.10. ☎ 02 31 24 23 34. E-mail : contact@camping-lepointdujour.com. Web : www.vacances-seasonova.com.
Lat. : 49° 16' 60" N **Long.** : 000° 11' 28" W.
FFCC : avantages adhérent : 10% du 31/03 au 01/07 et du 27/08 au 30/1010% du 31/03 au 01/07 et du 27/08 au 30/10 sur emp. et loc. + 5% sur les emplacements nus et locatifs en juillet et aout.

LE RELAIS ★★★★ Loisirs 89 E. 1,2 ha CV . Locations : . . Accès direct à la mer. ; ; . . Ouvert: 1.4 / 30.10. ☎ 02 31 24 22 82. E-mail : campinglerelais@gmail.com. Web : www.camping-du-relais-cabourg.fr.
Lat. : 49° 17' 04" N **Long.** : 000° 11' 22" W.

LES PEUPLIERS ★★★★ Tourisme 161 E. dont 98 nus, dont 98 GCC. 2,4 ha CV . Locations : cabanes, roulotte. couverte chauffée . Bord de mer à 400 m ; étang à 1 km. Accueil groupes. Ouvert: 1.4 / 15.10. ☎ 02 31 24 05 07. E-mail : contact@camping-peupliers.com. Web : www.camping-peupliers.com. Réduction H.S.
Lat. : 49° 16' 59" N **Long.** : 000° 10' 12" W.
FFCC : avantages adhérent : 22 € du 01/04 au 01/07 et du 27/08 au 30/09 sur emp.

CAMPING ARIANE ★★★ Tourisme 156 E. dont 129 nus 3 ha CV . A 4 km : . Locations : . . Bord de mer à 300 m ; rivière à 50 m. Accueil groupes. Ouvert: 3.4 / 4.11. ☎ 02 31 24 52 52. E-mail : accueil@camping-ariane.com. Web : www.camping-ariane.com. Réduction H.S.
Lat. : 49° 16' 56" N **Long.** : 000° 11' 27" W.

L'OASIS ★★★ Loisirs 129 E. dont 71 nus 22 h 30 / 7 h 30, CV . Locations : , . , . Accès direct à la mer ; rivière à 3 km. ; ; . Accueil groupes enfants. Ouvert: 1.4 / 1.11. ☎ 02 31 24 22 12. E-mail : oasiscamping.mervillefranceville@outlook.fr. Web : www.normandie-sur-mer.fr.
Lat. : 49° 17' 00" N **Long.** : 000° 11' 26" W.

LA MER ★★ Tourisme 99 E. 2 ha CV. . Bord de mer à 200 m. ; . . Accueil groupes. Ouvert: 27.3 / 5.10. ☎ 02 31 24 16 03. E-mail : campingmer@orange.fr. Web : camping-de-la-mer-cabourg.fr.
Lat. : 49° 17' 06" N **Long.** : 000° 48' 50" W.

MME GASNERAY . ☎ 02 31 24 08 92. E-mail : mariepierre.gasneray@laposte.net.
Lat. : 49° 16' 59" N **Long.** : 000° 48' 36" W.

MOULINS EN BESSIN

2-C2 20 km N.-O. Caen. 64 m. ✉ 14740

CHATEAU DE MARTRAGNY ★★★★ Tourisme 160 E. dont 150 nus 5 ha CV . chauffée , .. Ouvert: 20.5 / 29.8. ☎ 02 31 80 21 40. E-mail : chateau.martragny@wanadoo.fr. Web : www.chateau-martragny.com. Réduction H.S.
Lat. : 49° 14' 36" N **Long.** : 000° 36' 21" W.
FFCC : avantages adhérent : 10% du 22/05 au 30/06 sur emp. + Rendez-vous dans votre club avantages FFCC pour obtenir le code promotionnel et réserver ou sur présentation de la carte de membre FFCC.

MOYAUX

2-E3 13 km N.-E. Lisieux. 156 m. ✉ 14590

HUTTOPIA CALVADOS - NORMANDIE ★★★★ Tourisme 150 E. dont 89 nus
6 ha CV. Locations : . couverte chauffée. Ouvert: 14.4 / 25.9. ☎ 02 31 63 63 08. E-mail : calvados@huttopia.com. Web : europe.huttopia.com.
Lat. : 49° 12' 29" N **Long.** : 000° 23' 20" E.
FFCC : avantages adhérent : 10% du 06/04 au 01/07 et du 31/08 au 24/0910% du 06/04 au 01/07 et du 31/08 au 24/09 sur emp. et loc. + 5% de réduction en juillet-août sur les emplacements nus et locatifs * frais de réservation offerts Rendez-vous dans votre club avantages FFCC pour obtenir le code promotionnel.

NORON-LA-POTERIE

2-C2 8 km S.-O. Bayeux. 47 m. ✉ 14490

LE MOULIN FOULON . Ouvert: 1.7 / 30.8. ☎ 02 31 80 21 28. E-mail : gustave.bd@orange.fr.
Lat. : 49° 12' 55" N **Long.** : 000° 46' 34" W.

NOUES DE SIENNE

2-C3 13 km O. Vire. 255 m. Station verte de vacances et village de neige ✉ 14380

CAMPING MUNICIPAL NC Tourisme 20 E. 0,6 ha . Etang à 100 m ; rivière à 200 m.. Ouvert: 1.4 / 31.10. ☎ 02 31 68 82 63. E-mail : mairie-saintsevercalvados@wanadoo.fr. Web : www.saint-sever-calvados.fr.
Lat. : 48° 50' 19" N **Long.** : 001° 02' 45" W.

ORBEC

2-E3 20 km S. Lisieux. 149 m. ✉ 14290

LES CAPUCINS NC Tourisme 43 E. dont 24 CC. 0,5 ha . Ouvert: 15.5 / 13.9. ☎ 02 31 32 76 22.
Lat. : 49° 01' 42" N **Long.** : 000° 24' 32" E.

OUISTREHAM

2-D2 14 km N.-E. Caen. 8 m. ✉ 14150

DOMAINE LES PRAIRIES DE LA MER ★★★★ Loisirs 291 E. 4,78 ha . Espace Fitness. couverte chauffée . Accès direct à l'étang ; bord de mer à 500 m. ; . Ouvert: 1.4 / 5.11. ☎ 02 31 97 61 61. E-mail : info@domaine-prairiesdelamer.com. Web : www.domaine-prairiesdelamer.com. Réduction H.S.
Lat. : 49° 17' 07" N **Long.** : 000° 16' 11" W.

SEASONOVA RIVA BELLA ★★★★ Tourisme 300 E. dont 260 nus
6 ha CV. Locations : . chauffée . Rivière à 200 m ; bord de mer à 2 km. Ouvert: 2.4 / 31.10. ☎ 02 31 97 12 66. E-mail : camping-rivabella@vacances-seasonova.com. Web : www.camping-ouistreham.com.
Lat. : 49° 16' 07" N **Long.** : 000° 15' 20" W.

PONT-D'OUILLY

2-D3 40 km S. Caen. 152 m. Station verte de vacances et village de neige ✉ 14690

CAMPING MUNICIPAL ★★ Tourisme 58 E. 1 ha . Accès direct à la rivière. Ouvert: 1.5 / 30.9. ☎ 02 31 69 46 12. E-mail : mairie.pontdouilly@wanadoo.fr.
Lat. : 48° 52' 17" N **Long.** : 000° 24' 44" W.

PONT-FARCY

2-C3 18 km N.-O. Vire. 105 m. ✉ 14380

CAMPING MUNICIPAL DES BORDS DE VIRE ★★ Tourisme 66 E. dont 60 nus 1,2 ha CV. A 10 km : Locations : , cabanes, . Accès direct à la rivière.. Accueil groupes. Ouvert: 1.4 / 30.9. ☎ 0 2 33 56 30 42. E-mail : mairie@tessybocage.fr. Web : www.tessybocage.fr/annuaire/services/camping-de-pont-farcy.
Lat. : 48° 56' 23" N **Long.** : 001° 02' 07" W.

PONT-L'EVEQUE

2-E2 15 km N. Lisieux. 25 m. Station verte ✉ 14130

LE LAC DE PONT L'EVEQUE ★★★★ Loisirs 288 E. dont 35 nus 6 ha . Locations : . Accès direct aux bords du lac et à la rivière. Ouvert: 20.4 / 26.10. ☎ 02 31 65 47 15. E-mail : camping@lacdepontleveque.com. Web : lacdepontleveque.fr.
Lat. : 49° 16' 11" N **Long.** : 000° 12' 09" E.

PORT-EN-BESSIN-HUPPAIN

2-C2 10 km N.-O. Bayeux. 48 m. ✉ 14520

PORT'LAND ★★★★ Tourisme 234 E. dont 111 nus
CV. Locations : . couverte chauffée . Accès direct à l'étang et à la mer. . Accueil groupes. Ouvert: 31.3 / 3.9. ☎ 02 31 51 07 06. E-mail : info@camping-portland.fr. Web : www.camping-portland.fr. Prix 2022. Fft jour : empl. Tourisme (2) : 38 € ( )
Lat. : 49° 20' 47" N **Long.** : 000° 46' 17" W.
FFCC : avantages adhérent : 10% du 31/03 au 30/06 et du 01/09 au 17/0910% du 31/03 au 30/06 et du 01/09 au 17/09 sur emp. et loc. + Rendez-vous dans votre club avantages FFCC pour obtenir le code promotionnel et réserver !.

LA PRAIRIE ★★ Tourisme 122 E. dont 60 nus 2,5 ha CV. A 5 km : Bord de mer à 300 m. Accueil groupes. Ouvert: 1.4 / 30.9. ☎ 02 31 21 70 06. E-mail : camplaprairie@orange.fr. Web : www.camping-de-la-prairie.fr.
Lat. : 49° 20' 37" N **Long.** : 000° 45' 23" W.

RANVILLE

2-D2 12 km N.-E. Caen. 22 m. ✉ 14860

LES CAPUCINES ★★★ Tourisme 212 E. dont 107 nus CV. A 2 km : Locations : . Rivière à 1 km ; bord de mer à 5 km. Accueil groupes. Ouvert: 1.1 / 31.12. ☎ 02 31 78 69 82. E-mail : campingdescapucines.14@orange.fr. Web : www.campingdescapucines.com. Réduction H.S.
Lat. : 49° 14' 17" N **Long.** : 000° 15' 26" W.

REUX

2-E2 18 km N. Lisieux. 61 m. ✉ 14130

AIRE NATURELLE DE CAMPING LEGRIX . A 5 km : . Ouvert: 1.5 / 30.9. ☎ 02 31 64 84 63 / 0 6 79 40 90 39. E-mail : lacouturetrain@gmail.com. Prix 2023. 3,10 € ; 4,10 € +1,80 € pour Attelage (moto, bateau, remorque ; 2,20 € 2,00 € ; 2 € ; 2,20 € ; animaux 1,20 € ; 1,50 € (jeton de 5mn) ; - de -7 ans 1,50 € ; 4 € (10 A).
Lat. : 49° 16' 02" N **Long.** : 000° 08' 28" E.

SAINT-ARNOULT

2-E2 35 km N.-O. Lisieux. 24 m. ✉ 14800

LA VALLÉE DE DEAUVILLE ★★★★★ Loisirs 384 E.
17 ha CV. A 3 km : Locations : . couverte chauffée . Accès direct à l'étang ; bord de mer à 4 km. Accueil groupes enfants. Ouvert: 1.4 / 31.10. ☎ 02 31 88 58 17. E-mail : contact@camping-deauville.com. Web : www.camping-deauville.com. Réduction H.S.
Lat. : 49° 19' 44" N **Long.** : 000° 05' 11" E.
FFCC : avantages adhérent : 18 € sur emp. + Dates tarif emplacements nus : du 01/04 au 15/04, du 19/04 au 25/05, du 07/06 au 04/07 et du 29/08 au 01/11/2023.

SAINT-AUBIN-SUR-MER

2-D2 17 km N. Caen. 12 m. ✉ 14750

CÔTE DE NACRE ★★★★★ Loisirs 484 E. dont 132 nus
CV. A 5 km : couverte chauffée . Bord de mer à 600 m. . Ouvert: 7.4 / 3.9. ☎ 02 31 97 14 45. E-mail : cotedenacre@sandaya.fr. Web : www.sandaya.fr/nos-campings/cote-de-nacre. Réduction H.S.
Lat. : 49° 19' 33" N **Long.** : 000° 23' 25" W.

SAINT-COME-DE-FRESNE

2-C2 11 km N.-E. Bayeux. 21 m. ✉ 14960

AIRE NATURELLE . Ouvert: 1.7 / 31.8. ☎ 02 31 22 35 01. E-mail : renee.martragny@hotmail.fr.
Lat. : 49° 20' 22" N **Long.** : 000° 35' 49" W.

SAINT-DENIS-DE-MERE

2-C3 45 km S. Caen. 146 m. ✉ 14110

LES LILAS DE MORIEUX CV. Ouvert: 1.4 / 14.9. ☎ 02 32 79 21 23. E-mail : ccdf.regionesecretariat@gmail.com, Web : www.campingclubdefrance.fr.
Lat. : 48° 51' 54" N **Long.** : 000° 28' 55" W.

SAINT-GERMAIN-DU-CRIOULT

2-C3 21 km E. Vire. 144 m. ✉ 14110

M. GASCOUIN CV. Ouvert: 1.4 / 30.9. ☎ 02 31 69 08 25.
Lat. : 48° 51' 22" N **Long.** : 000° 37' 19" W.

SAINT-JEAN-LE-BLANC

2-C3 24 km N.-E. Vire. 217 m. ✉ 14770

LA FERME D'ESCURES CV. Ouvert: 1.1 / 31.12. ☎ 02 31 69 62 95. E-mail : lafermedescures@gmail.com, Web : www.fermedescures.com.
Lat. : 48° 56' 16" N **Long.** : 000° 40' 43" W.

SAINT-MARTIN-DE-BLAGNY

2-C2 20 km S.-O. Bayeux. 39 m. ✉ 14710

CAMPING DE LA FERME DE FUMICHON
. Ouvert: 15.5 / 30.9. ☎ 02 31 22 50 15. E-mail : fumichon.douville14@gmail.com. Prix 2023. Fft nuit : empl. Tourisme (2) : 12 € ( ) ; sup 3,50 € nuit ; animaux 0,50 € nuit ; 2 € nuit ; 2 € nuit.
Lat. : 49° 15' 31" N **Long.** : 000° 56' 46" W.
FFCC : avantages adhérent : 12 € du 15/05 au 30/05 et du 15/09 au 30/09 sur emp. et entre 40 € et 50 € la nuitée et entre 240 € et 270 € la semaine du 15/05 au 30/05 et du 15/09 au 30/09 sur loc.

SAINT-MARTIN-DES-BESACES

2-C3 24 km N. Vire. 203 m. ✉ 14350

SOUS LES ÉTOILES NORMANDIE ★★ Tourisme 30 E. dont 26 CC - 4 GCC.
3 ha CV. Accueil groupes. Ouvert: 1.2 / 30.11. ☎ 06 37 87 99 53. E-mail : info@sous-les-etoiles.camp. Web : www.sous-les-etoiles.camp. Prix 2022. Fft nuit : empl. Tourisme (2) : 22 € ( ). Réduction H.S.
Lat. : 49° 00' 31" N **Long.** : 000° 51' 33" W.

SURRAIN

2-C2 12 km N.-O. Bayeux. 39 m. ✉ 14710

LA ROSERAIE D'OMAHA ★★★★ Tourisme 87 E. dont 43 nus
CV. couverte chauffée . Rivière à 500 m ; bord de mer à 3,5 km. ; . Accueil groupes adultes. Ouvert: 29.3 / 30.9. ☎ 02 31 21 17 71. E-mail : camping-laroseraie@orange.fr. Web : www.camping-calvados-normandie.fr. Réduction H.S.
Lat. : 49° 19' 32" N **Long.** : 000° 51' 52" W.
FFCC : avantages adhérent : 18 € du 01/04 au 03/07 et du 28/08 au 30/09 sur emp.

TOUFFREVILLE

2-D2 13 km E. Caen 38 m. ✉ 14940

BOIS ET MARAIS ★★★★★ Loisirs 100 E. 5 ha CV. Locations : . Randonnée pédestre organisée. chauffée. Accès direct à l'étang. Accueil groupes. Ouvert: 13.3 / 10.11. ☎ 02 31 80 21 81. E-mail : contact@camping-boisetmarais.com. Web : camping-boisetmarais.com.
Lat. : 49° 11' 59" N **Long.** : 000° 13' 15" W.

TOUQUES
2-E2 28 km N. Lisieux. 62 m. ✉ 14800

LES HARAS ★★★★ Tourisme 202 E. dont 24 nus
4 ha CV. couverte chauffée. Bord de mer et rivière à 2 km. Ouvert: 5.4 / 29.9. ☎ 02 31 88 44 84. E-mail : haras@capfun.com. Web : www.capfun.com.
Lat. : 49° 20' 58" N **Long.** : 000° 06' 41" E.

TOURNIERES
2-C2 17 km S.-O. Bayeux. 57 m. ✉ 14330

LE PICARD ★★★ Tourisme 55 E. dont 34 nus, dont 7 GCC.
1,5 ha CV. Locations : . chauffée , . Accès direct à l'étang.. Accueil groupes. Ouvert: 19.3 / 14.11. ☎ 02 31 22 82 44. E-mail : lepicard14@orange.fr. Web : www.camping-lepicardnormandy.com.
Lat. : 49° 13' 52" N **Long.** : 000° 55' 56" W.
FFCC : avantages adhérent : 19 € du 18/03 au 01/07 et du 27/08 au 13/11 sur emp.

TREVIERES
2-C2 16 km N.-O. Bayeux. 11 m. ✉ 14710

SOUS LES POMMIERS ★★ Tourisme 72 E.
1,2 ha CV. . Accès direct à la rivière.. Accueil groupes. Ouvert: 1.4 / 30.9. ☎ 02 31 92 89 24. E-mail : mairie@ville-trevieres.fr. Web : www.trevieres.eu.
Lat. : 49° 18' 47" N **Long.** : 000° 54' 21" W.

TROUVILLE-SUR-MER
2-E2 26 km N.-O. Lisieux. 87 m. ✉ 14360

CHANT DES OISEAUX NC Loisirs 150 E. 6 ha . Accès direct à la mer. . ☎ 02 31 88 06 42. E-mail : chant.des.oiseaux@wanadoo.fr. Web : www.campingtrouville.com.
Lat. : 49° 22' 40" N **Long.** : 000° 05' 35" E.

VAL DE DROME
2-C3 142 m. ✉ 14240

CAMPING A LA FERME . Ouvert: 1.4 / 31.8. ☎ 02 31 68 72 30.
Lat. : 49° 02' 22" N **Long.** : 000° 52' 48" W.

VARAVILLE
2-D2 18 km N.-E. Caen. 5 m. ✉ 14390

PARC RESIDENTIEL DU HOME PASTEUR
P.R.L ★ **NN**285 E. 6 ha ap. 22 h. Bord de mer à 200 m. Ouvert: 1.4 / 31.10. ☎ 02 31 91 23 08. E-mail : mschryve@hotmail.fr.
Lat. : 49° 15' 13" N **Long.** : 000° 50' 32" W.

VAUVILLE
2-D2 28 km N. Lisieux. 42 m. ✉ 14800

L'ORÉE DE DEAUVILLE ★★★ Tourisme 164 E.
3 ha CV. Locations : . chauffée . Bord de mer à 3,5 km ; étang à 5 km. . Accueil groupes. Ouvert: 1.4 / 1.11. ☎ 02 31 87 96 22. E-mail : camping-oreedeauville@orange.fr. Web : www.camping-normandie-loreededeauville.com.
Lat. : 49° 19' 19" N **Long.** : 000° 03' 39" E.
FFCC : avantages adhérent : 18 € du 01/04 au 01/07 et du 20/08 au 01/11 sur emp.

VIERVILLE-SUR-MER
2-C2 28 km N.-O. Bayeux. 44 m. ✉ 14710

OMAHA BEACH ★★★ Tourisme 322 E. dont 198 nus
CV. Locations : , cocosweet. couverte chauffée . Bord de mer à 300 m. ; . Accueil groupes. Ouvert: 3.4 / 1.11. ☎ 02 31 22 41 73. E-mail : contact@camping-omaha-beach.fr. Web : www.camping-omaha-beach.fr.
Lat. : 49° 22' 44" N **Long.** : 000° 54' 37" W.
FFCC : avantages adhérent : 10% du 08/04 au 30/06 et du 01/09 au 01/11 sur emp.

VILLERS-SUR-MER
2-D2 28 km N.-O. Lisieux. 67 m. ✉ 14640

LE BELLEVUE ★★★★ Loisirs 280 E. CV. Locations : , . Espace Fitness. couverte chauffée . Bord de mer à 1,5 km ; étang à 2,5 km. Ouvert: 1.4 / 31.10. ☎ 02 31 87 05 21. E-mail : camping-bellevue@wanadoo.fr. Web : www.camping-bellevue.com. Réduction H.S.
Lat. : 49° 18' 33" N **Long.** : 000° 01' 04" W.

VILLERVILLE
2-E2 30 km N. Lisieux. 92 m. ✉ 14113

LE CHATEAU D'ARVID ★★★★ Loisirs 450 E. dont 40 nus CV. Locations : . couverte chauffée , , . Accès direct à l'étang ; bord de mer à 1,5 km. . Accueil groupes. Ouvert: 6.4 / 22.9. ☎ 02 31 98 24 39. E-mail : arvid@capfun.com. Web : www.camping-normandie.net.
Lat. : 49° 23' 14" N **Long.** : 000° 07' 07" E.

VIRE NORMANDIE
2-C3 60 km S.-O. Caen. 141 m. ✉ 14500

CAMPING MUNICIPAL NC Tourisme 15 E. 0,5 ha . Accès direct à la rivière. Ouvert: 15.6 / 15.9. ☎ 02 31 67 20 34. E-mail : communication@virenormandie.fr. Web : www.virenormandie.fr.
Lat. : 48° 49' 37" N **Long.** : 000° 52' 51" W.

Carte 10

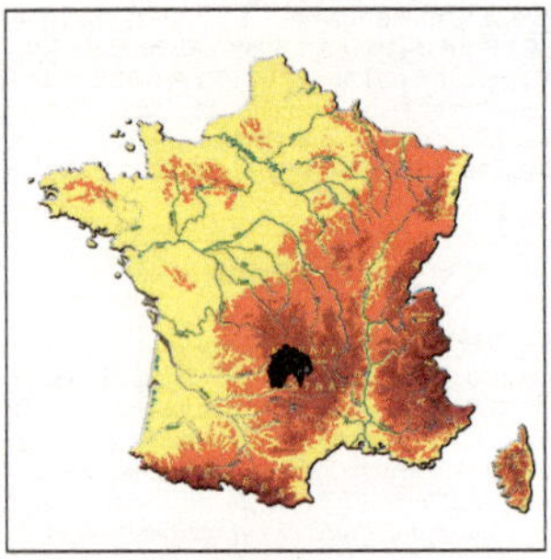

ALBEPIERRE-BREDONS

10-C3 27 km N.-O. Saint-Flour. 1258 m. 15300

AIRE NATURELLE MUNICIPALE CV. Ouvert: 15.6 / 15.9. ☎ 04 71 20 20 49. E-mail : mairie.albepierre@wanadoo.fr, Web : outsiderland.com/albepierre-bredons/?page_id=1009. Prix 2022. 3,22 € ; 5,50 € ; 4 € ; 3 € ; 1,50 € ; 3 € ; 3 €.
Lat. : 45° 04' 44" N **Long.** : 002° 49' 47" E.

ALLANCHE

10-D3 33 km N.-O. Saint-Flour. 1104 m. Station verte de vacances et village de neige 15160

CAMPING MUNICIPAL LES GENTIANES NC Tourisme 89 E. 1,5 ha la nuit, CV. Locations : . Rivière à 50 m ; étang et lac à 5 km.. Accueil groupes. Ouvert: 3.5 / 30.9. ☎ 04 71 20 45 87 / 07.85.51.20.44. E-mail : camping-allanche@orange.fr. Web : www.allanche.fr. Prix 2022. Fft jour : empl. Tourisme (2) : 15 € ( ) ; sup 4 € ; animaux 2 € ; 5 €.
Lat. : 45° 13' 09" N **Long.** : 002° 56' 18" E.

ALLY

10-B3 11 km S. Mauriac 687 m. Village de neige 15700

AIRE NATURELLE MUNICIPALE ☎ 04 71 69 00 69. E-mail : mairiedally@orange.fr.
Lat. : 45° 10' 00" N **Long.** : 002° 19' 00" E.

ANGLARDS-DE-SALERS

10-C3 7 km E. Mauriac. 845 m. 15380

AIRE NATURELLE MUNICIPALE CV. Ouvert: 1.7 / 30.8. ☎ 04 71 40 00 02. E-mail : anglards-de-salers.mairie@wanadoo.fr, Web : www.salers-tourisme.fr.
Lat. : 45° 12' 06" N **Long.** : 002° 26' 23" E.

APCHON

10-C3 43 km N.-E. Mauriac. 1010 m. 15400

CAMPING MUNICIPAL NC Tourisme 22 E. 0,7 ha. Ouvert: 1.6 / 30.9. ☎ 04 71 78 03 98. E-mail : mairie.apchon@wanadoo.fr.
Lat. : 45° 14' 48" N **Long.** : 002° 41' 39" E.

ARPAJON-SUR-CERE

10-C4 4 km S.-E. Aurillac. 681 m. Station verte de vacances et village de neige 15130

LA CÈRE ★★★ Tourisme 97 E. dont 87 nus 2,5 ha CV. Locations : . , . Accès direct à la rivière. . Accueil groupes. Ouvert: 1.5 / 30.9. ☎ 04 71 64 55 07. E-mail : s.pradel@caba.fr. Web : camping.caba.fr/.
Lat. : 44° 53' 55" N **Long.** : 002° 27' 46" E.

AURIAC-L'EGLISE

10-D3 40 km N.-O. Saint-Flour. 773 m. 15500

CAMPING MUNICIPAL NC 30 E. dont 28 nus . Locations : . , , . Accès direct à la rivière.. Accueil groupes. Ouvert: 1.6 / 30.9. ☎ 04 71 73 91 28. E-mail : mairie.auriac.leglise@wanadoo.fr. Web : www.paysdemassiac.com. Prix 2023. empl. Tourisme : 3,50 € ; 1,20 € ; 2 €.
Lat. : 45° 16' 02" N **Long.** : 003° 07' 20" E.

AURILLAC

10-C4 548 km S. Paris. 668 m. 15000

CAMPING MUNICIPAL L'OMBRADE ★★★ Tourisme 109 E. 4,5 ha CV. . Ouvert: 15.6 / 15.9. ☎ 04 71 48 28 87. E-mail : tourisme@caba.fr. Web : camping.caba.fr.
Lat. : 44° 56' 06" N **Long.** : 002° 27' 24" E.

BASSIGNAC

10-C3 17 km N. Mauriac. 480 m. 15240

AIRE NATURELLE LES 3 RIVIERES CV. Ouvert: 1.6 / 30.9. ☎ 04 71 68 67 13. E-mail : domainedestroisrivieresvendes@gmail.com.
Lat. : 45° 17' 53" N **Long.** : 002° 23' 09" E.

BEAULIEU

10-C2 40 km N.-E. Mauriac 649 m. 15270

L'AIR DU TEMPS ★★★★ Tourisme 20 E. dont 13 nus 1,2 ha CV. Locations : . Lac à 700 m. Ouvert: 11.5 / 29.9. ☎ 04 71 40 31 58. E-mail : info@camping-ferme-cantal.com. Web : www.camping-ferme-cantal.com. Réduction H.S.
Lat. : 45° 27' 09" N **Long.** : 002° 30' 37" E.

BOISSET

10-B4 30 km S.-O. Aurillac. 526 m. 15600

CAMPING MUNICIPAL NC 20 E. CV. chauffée. Accès direct à la rivière. . Ouvert: 1.7 / 31.8. ☎ 04 71 62 22 90. E-mail : communeboisset@wanadoo.fr.
Lat. : 44° 46' 46" N **Long.** : 002° 15' 16" E.

CALVINET

10-C4 38 km S.-O. Aurillac. 595 m. Village de neige 15340

AIRE NATURELLE MUNICIPALE CV. Ouvert: 1.7 / 31.8. ☎ 04 71 49 94 32. E-mail : mairie@puycapel.fr, Web : www.puycapel.fr.
Lat. : 44° 42' 43" N **Long.** : 002° 21' 30" E.

CASSANIOUZE

10-C4 40 km S.-O. Aurillac. 485 m. Village de neige 15340

LE COURSAVY ★★ Tourisme 50 E. 2 ha CV. . Accès direct à la rivière. ; ; . Ouvert: 20.4 / 20.9. ☎ 04 71 49 97 70. E-mail : info@campingcoursavy.com. Web : www.campingcoursavy.com. Réduction H.S.
Lat. : 44° 38' 33" N **Long.** : 002° 21' 59" E.

CHALINARGUES

10-D3 30 km N.-O. Saint-Flour. 1059 m. 15170

AIRE NATURELLE LE COUDERC . Ouvert: 30.4 / 18.10. ☎ 04 71 20 03 52. E-mail : contact@lamaisondelapinatelle.fr.
Lat. : 45° 09' 17" N **Long.** : 002° 56' 07" E.

CHAMPS-SUR-TARENTAINE-MARCHAL

10-C2 36 km N.-E. Mauriac. 713 m. Station verte de vacances et village de neige 15270

CAMPING MUNICIPAL LA TARENTAINE ★★ Tourisme 96 E. dont 70 nus, dont 8 GCC. 3 ha CV. Locations : . Randonnée pédestre organisée. , . Accès direct à la rivière ; étang à 5 km.. Accueil groupes. Ouvert: 1.6 / 30.9. ☎ 04 71 78 71 25. E-mail : contact@champs-marchal.org.
Lat. : 45° 23' 28" N **Long.** : 002° 33' 02" E.

L'ÉCUREUIL ★★ Tourisme 32 E. dont 27 nus 1,7 ha CV. Locations : . Accès direct à l'étang ; rivière à 100 m. Accueil groupes. Ouvert: 18.4 / 30.9. ☎ 04 71 78 71 85. E-mail : gbfabienne@free.fr. Web : www.jardin-ecureuil.fr.
Lat. : 45° 21' 58" N **Long.** : 002° 34' 54" E.

L'ÉTANG ★ Tourisme 25 E. dont 24 nus, dont 2 CC. 1 ha. Locations : caravane. Accès direct à l'étang ; lac et rivière à 5 km.. Ouvert: 15.6 / 30.9. ☎ 0 4 73 91 18 13. E-mail : denis8888@orange.fr. Web : www.auvergne-vacances.com. Prix 2023. 7,20 € ; animaux 1 € ; 4 € ; 3 €. Réduction H.S.
Lat. : 45° 23' 39" N **Long.** : 002° 36' 12" E.

CHAUDES-AIGUES

10-D4 31 km S.-S.-O. Saint-Flour. 917 m. Station verte de vacances et village de neige ✉ 15110

LE COUFFOUR ★★ Tourisme 88 E. dont 88 nus 2 ha CV. Rivière à 1 km ; lac à 5 km. Accueil groupes. Ouvert: 25.4 / 25.10. ☎ 04 71 23 52 47. E-mail : campingcouffour@chaudes-aigues.fr. Web : www.pays-saint-flour.fr/camping/camping-du-couffour-chaudes-aigues/. Réduction H.S.
Lat. : 44° 50' 42" N **Long.** : 003° 00' 03" E.

CHEYLADE

10-C3 23 km N.-O. Murat. 1156 m. Village de neige ✉ 15400

CAMPING MUNICIPAL DE LA BIAUGUE NC Tourisme 70 E. 1 ha CV. Locations : , , . Rivière à 500 m ; lac à 2,5 km. Accueil groupes. Ouvert: 15.6 / 15.9. ☎ 04 71 78 90 67. E-mail : mairie.cheylade@wanadoo.fr. Web : www.tourisme-gentiane.com. Prix 2022. empl. Tourisme : 2,50 € ; 2,50 € ; 1,50 € ; 1,50 € ; 2,50 €.
Lat. : 45° 12' 35" N **Long.** : 002° 43' 06" E.

CLAVIERES

10-D3 22 km S.-E. Saint-Flour. 1213 m. ✉ 15320

CAMPING A LA FERME. Ouvert: 15.5 / 15.10. ☎ 04 71 23 43 30. E-mail : guides@campingfrance.com.
Lat. : 45° 00' 09" N **Long.** : 003° 17' 12" E.

CAMPING A LA FERME. Ouvert: 15.6 / 15.10. ☎ 04 71 23 45 50. E-mail : rollanderic15@gmail.com.
Lat. : 44° 58' 30" N **Long.** : 003° 16' 00" E.

CAMPING A LA FERME. Ouvert: 1.6 / 30.9. ☎ 04 71 23 43 95.
Lat. : 45° 00' 26" N **Long.** : 003° 16' 56" E.

LA PINEDE. Ouvert: 1.5 / 30.10. ☎ 04 71 23 41 80.
Lat. : 45° 00' 44" N **Long.** : 003° 16' 25" E.

LE FLORÉAL . Ouvert: 1.6 / 30.9. ☎ 04 71 23 41 28. E-mail : albertchanson@orange.fr. Prix 2022. 3,40 € ; 1,70 € ; 3 €.
Lat. : 45° 00' 42" N **Long.** : 003° 16' 28" E.

CROS-DE-RONESQUE

10-C4 28 km S.-E. Aurillac. 663 m. ✉ 15130

LA SAPINIERE. Ouvert: 15.6 / 15.9. ☎ 04 71 43 50 95. E-mail : auberge-de-la-sapiniere@orange.fr.
Lat. : 44° 52' 28" N **Long.** : 002° 36' 44" E.

FAVEROLLES

10-D3 19 km S.-E. Saint-Flour. 877 m. ✉ 15320

CAMPING MUNICIPAL NC Tourisme 33 E. 0,5 ha CV. Lac et rivière à 5 km. Ouvert: 1.4 / 1.11. ☎ 04 71 23 49 91. E-mail : faverolles.mairie@wanadoo.fr. Web : www.faverolles.net.
Lat. : 44° 56' 20" N **Long.** : 003° 08' 48" E.

FERRIERES-SAINT-MARY

10-D3 24 km N.-O. Saint-Flour. 940 m. ✉ 15170

CAMPING DE MON VILLAGE NC 66 E. dont 66 nus 0,65 ha. Accès direct à la rivière. Ouvert: 27.5 / 30.9. ☎ 01 83 64 69 21. E-mail : contact@campingcarpark.com. Prix 2022.
Lat. : 45° 10' 41" N **Long.** : 003° 02' 57" E.

FONTANGES

10-C3 28 km S.-E. Mauriac. 898 m. ✉ 15140

CAMPING MUNICIPAL LA PIERRE PLATE NC 40 E. 0,36 ha. Ouvert: 20.6 / 10.9. ☎ 04 71 40 71 49. E-mail : mairie.fontanges2@wanadoo.fr.
Lat. : 45° 06' 48" N **Long.** : 002° 30' 00" E.

FRIDEFONT

10-D4 30 km S. Saint-Flour. 834 m. ✉ 15110

CAMPING MUNICIPAL LES PRÉS VERTS NC Tourisme 14 E. dont 14 nus CV. Lac à 3 km. Ouvert: 1.5 / 31.10. ☎ 33 6 77 24 22 29. E-mail : mairie.fridefont@wanadoo.fr. Web : www.fridefont.fr. Prix 2023. empl. Tourisme : 2,20 € ; 2,20 € ; 2 € ; 2 € ; 2 € ; 4 €.
Lat. : 44° 54' 15" N **Long.** : 003° 05' 04" E.

FERME DES DEUX VALLÉES CV. Ouvert: 15.6 / 30.9. ☎ 04 71 23 56 10. E-mail : chassany@terre-net.fr, Web : www.deuxvallees.com.
Lat. : 44° 54' 07" N **Long.** : 003° 05' 10" E.

JALEYRAC

10-C3 6 km N. Mauriac. 584 m. ✉ 15200

CAMPING MUNICIPAL NC Tourisme 25 E. 2 ha. Locations : . Ouvert: 1.6 / 15.9. ☎ 04 73 19 11 11. E-mail : mairie.jaleyrac@wanadoo.fr.
Lat. : 45° 16' 50" N **Long.** : 002° 22' 08" E.

JUSSAC

10-C3 10 km N. Aurillac. 682 m. ✉ 15250

LE MOULIN ★★ Tourisme 45 E. dont 40 nus 0,3 ha CV. Locations : . Accès direct à la rivière ; étang à 5 km.. Accueil groupes. Ouvert: 1.7 / 31.8. ☎ 04 71 46 69 85. E-mail : s.pradel@caba.fr. Web : camping.caba.fr/.
Lat. : 44° 59' 30" N **Long.** : 002° 25' 07" E.

LA CHAPELLE-LAURENT

10-D3 24 km N.-E. Saint-Flour 919 m. ✉ 15500

M. CHRISTOPHE PRADAL CV. Ouvert: 1.5 / 30.9. ☎ 04 71 73 12 77.
Lat. : 45° 10' 39" N **Long.** : 003° 13' 00" E.

LA SEGALASSIERE

10-B4 30 km S.-O. Aurillac 597 m. ✉ 15290

GAEC LESCURE FRERES Rés. naturiste CV. Ouvert: 1.5 / 31.10. ☎ 04 71 62 25 56.
Lat. : 44° 54' 12" N **Long.** : 002° 12' 14" E.

LACAPELLE-VIESCAMP

10-B4 20 km O. Aurillac. 558 m. ✉ 15150

LA PRESQU'ÎLE DU PUECH ★★★ Tourisme 96 E. dont 70 nus 1,5 ha CV. Locations : , , chauffée , . Accès direct aux bords du lac. ; . Accueil groupes. Ouvert: 1.7 / 26.8. ☎ 04 71 46 42 38. E-mail : contact@cantal-camping.fr. Web : www.cantal-camping.fr. Prix 2023. Fft jour : empl. Tourisme (2) : 30 € ( )
Lat. : 44° 54' 47" N **Long.** : 002° 14' 49" E.

CAMPING MUNICIPAL NC Tourisme 35 E. 1 ha CV. Lac et rivière à 1,5 km.. Accueil groupes. Ouvert: 1.7 / 31.8. ☎ 07 86 03 98 53. E-mail : mairie.lacapelle.viescamp@orange.fr. Prix 2022. empl. Tourisme : 6 € nuit ; 3 € nuit ; 6 € nuit ; 6 € nuit ; 6 € nuit ; 6 € nuit ; animaux 1 € nuit ; 1 € nuit ; 1,50 € nuit.
Lat. : 44° 55' 18" N **Long.** : 002° 15' 47" E.

LADINHAC

10-C4 28 km S.-E. Aurillac. 613 m. ✉ 15120

CAMPING A LA FERME CV. Ouvert: 30.6 / 30.9. ☎ 04 71 47 80 33. E-mail : info@ferme-la-valette.com, Web : www.ferme-la-valette.com.
Lat. : 44° 45' 18" N **Long.** : 002° 30' 32" E.

LANOBRE

10-C2 36 km N.-E. Mauriac. 666 m. Station verte de vacances et village de neige ✉ 15270

HUTTOPIA LAC DE LA SIAUVE ★★★ Tourisme 242 E. dont 144 nus, dont 20 CC - 30 GCC. 8 ha CV. Locations : , , . couverte chauffée , , . Accès direct aux bords du lac. ; . Accueil groupes. Ouvert: 27.4 / 24.9. ☎ 04 71 40 31 85. E-mail : info@camping-lac-siauve.fr. Web : europe.huttopia.com/site/lac-de-siauve. Prix 2023. Fft nuit : empl. Tourisme (2) : 33 € ( ) ; sup 8 € nuit ; animaux 5 € nuit ; 6 € nuit. Réduction H.S.
Lat. : 45° 25' 49" N **Long.** : 002° 30' 14" E.
FFCC : avantages adhérent : 10% du 12/05 au 01/07 et du 31/08 au 24/0910% du 12/05 au 01/07 et du 31/08 au 24/09 sur emp. et loc. + 5% de réduction en juillet-août sur les emplacements nus et locatifs * frais de réservation offerts Rendez-vous dans votre club avantages FFCC pour obtenir le code promotionnel.

LAROQUEBROU

10-B3 25 km N.-O. Aurillac. 574 m. ✉ 15150

CAMPING MUNICIPAL LES BAINS ★★★ Loisirs 36 E. dont 29 nus CV. Locations : , , . Accès direct à la rivière ; lac à 4 km.. Accueil groupes adultes. Ouvert: 1.5 / 30.9. ☎ 04 71 46 02 84. E-mail : camping@laroquebrou.fr. Web : www.laroquebrou.fr.
Lat. : 44° 57' 54" N **Long.** : 002° 11' 49" E.

LAURIE

10-D3 50 km N. Saint-Flour. 933 m. ✉ 15500

CAMPING MUNICIPAL LA PRADE NC 33 E. dont 33 nus 0,5 ha. Rivière à 5 km. Ouvert: 1.6 / 30.9. ☎ 04 71 73 91 24. E-mail : laurie36@wanadoo.fr.
Lat. : 45° 16' 34" N **Long.** : 003° 06' 36" E.

LE CLAUX

10-C3 49 km N.-O. Saint-Flour. 1224 m. Village de neige ✉ 15400

CAMPING MUNICIPAL LE CLAUX NC Tourisme 100 E. 3 ha CV. Locations : . Randonnée pédestre organisée. , , . Accès direct à la rivière ; étang à 800 m ; lac à 2 km.. Accueil groupes. Ouvert: 15.4 / 15.11. ☎ 04 71 78 93 88. E-mail : maisonmontagne.leclaux@wanadoo.fr. Web : www.leclaux-puymary.com.
Lat. : 45° 09' 32" N **Long.** : 002° 42' 28" E.

LE FALGOUX

10-C3 30 km S.-E. Mauriac. 1229 m. ✉ 15380

AIRE NATURELLE DU CHAMBON CV. Ouvert: 1.6 / 30.9. ☎ 06.43.30.19.69 / 0 4 71 69 51 28. E-mail : reservation.lefalgoux@gmail.com, Web : www.lefalgoux.fr. Prix 2022. 6 € nuit ; 1,70 € nuit ; 3,50 € nuit.
Lat. : 45° 09' 12" N **Long.** : 002° 37' 15" E.

LE FAU

10-C3 38 km S.-E. Mauriac. 1216 m. ✉ 15140

CAMPING RURAL LISSART DE MIÈGE. Ouvert: 15.5 / 30.9. ☎ 06 78 34 38 55. E-mail : evelyne.riol@orange.fr. Prix 2022. Fft jour : empl. Tourisme (1) : 8 € ( ) ; sup 6,50 € ; 3,50 € ; 2,50 €.
Lat. : 45° 06' 02" N **Long.** : 002° 35' 32" E.

LE ROUGET-PERS

10-B4 25 km S.-O. Aurillac - 1258 hab - 605 m. Station verte de vacances et village de neige ✉ 15290

CAMPING DU VIADUC ★★★ Tourisme 65 E. dont 52 nus, dont 32 GCC.
1,65 ha CV. Locations : , . chauffée . Accès direct aux bords du lac ; rivière à 3 km. . Ouvert: 8.4 / 4.11. ☎ 04 71 64 70 08. E-mail : campingduviaduc@wanadoo.fr. Web : www.camping-cantal.com. Prix 2023. Fft jour : empl. Tourisme (2) : 33 € (E. GCC). Réduction H.S.
Lat. : 44° 54' 21" N **Long.** : 002° 15' 18" E.
FFCC : avantages adhérent : 17 € du 08/04 au 01/07 et du 01/09 au 04/11 sur emp.

FERME DE VIESCAMP ★★★ Tourisme 18 E. CV . Locations : . chauffée . Accès direct à l'étang ; lac à 500 m.. Accueil groupes adultes. Ouvert: 10.4 / 31.10. ☎ 04 71 62 25 14. E-mail : lacaze@viescampers.com. Web : www.viescampers.com. Réduction H.S.
Lat. : 44° 53' 21" N **Long.** : 002° 14' 14" E.

MANDAILLES-SAINT-JULIEN

10-C3 25 km N.-E. Aurillac. 1223 m. ✉ 15590

CAMPING DU PUY MARY NC Tourisme 50 E. 2 ha . Accès direct à la rivière. . Accueil groupes. Ouvert: 1.7 / 31.8. ☎ 06 70 98 66 48. E-mail : campingdupuymary@gmail.com. Web : www.camping-puymary.com. Prix 2022. 5 € ; 5,50 € ; 2,30 € ; 2 € ; 2,50 € ; 3,50 €.
Lat. : 45° 04' 32" N **Long.** : 002° 39' 56" E.

MARCOLES

10-C4 25 km S.-O. Aurillac. 684 m. ✉ 15220

CAMPING MUNICIPAL ★ Tourisme 12 E. dont 12 nus
0,9 ha CV . chauffée , . Rivière à 2 km.. Accueil groupes. Ouvert: 15.6 / 30.9. ☎ 04 71 46 98 98. E-mail : mairie-marcoles@wanadoo.fr. Web : www.marcoles.fr.
Lat. : 44° 46' 51" N **Long.** : 002° 21' 14" E.
FFCC : avantages adhérent : 1044 € du 15/06 au 30/09 sur emp. et entre 65 € et 75 € la nuitée et entre 260 € et 380 € la semaine du 01/01 au 30/06 et du 03/09 au 31/12 sur loc.

MASSIAC

10-D3 31 km N. Saint-Flour. 693 m. ✉ 15500

CAMPING DE MON VILLAGE NC Tourisme 90 E. dont 89 nus 2,5 ha . , . Accès direct à la rivière.. Ouvert: 1.5 / 30.9. ☎ 01 83 64 69 21. E-mail : contact@campingcarpark.com. Prix 2022.
Lat. : 45° 14' 54" N **Long.** : 003° 11' 32" E.

MAURIAC

10-B3 58 km N.-N.-O. Aurillac. 658 m. Station verte de vacances et village de neige ✉ 15200

LE VAL SAINT JEAN ★★★★ Tourisme 136 E. dont 91 nus
3 ha CV . Locations : . Randonnée pédestre organisée. chauffée , . Accès direct aux bords du lac ; rivière à 5 km. ; ; ; . Accueil groupes. Ouvert: 24.4 / 11.9. ☎ 04 71 67 31 13. E-mail : valsaintjean@mauriac.fr. Web : www.tourismevalsaintjean.fr.
Lat. : 45° 13' 07" N **Long.** : 002° 18' 57" E.

MAURS

10-B4 45 km S.-O. Aurillac. 392 m. Station verte de vacances et village de neige ✉ 15600

CAMPING MUNICIPAL LE VERT ★★★ Tourisme 44 E. dont 40 nus 1 ha . Locations : . , . Accès direct à l'étang et à la rivière. . Ouvert: 2.5 / 30.9. ☎ 04 71 49 04 15. E-mail : mairie@ville-maurs.fr. Web : www.ville-maurs.fr.
Lat. : 44° 42' 23" N **Long.** : 002° 12' 29" E.

MENET

10-C3 34 km N.-E. Mauriac. 786 m. ✉ 15400

LE LAC chauffée CV. Ouvert: 16.6 / 2.9. ☎ 04 71 78 31 80. E-mail : mairie.menet@orange.fr.
Lat. : 45° 18' 11" N **Long.** : 002° 35' 05" E.

MOLOMPIZE

10-D3 29 km N. Saint-Flour. 764 m. ✉ 15500

CAMPING MUNICIPAL NC Tourisme 60 E. dont 30 nus 0,9 ha CV. , . Accès direct à la rivière. . Accueil groupes. Ouvert: 15.6 / 15.9. ☎ 04 71 73 62 90. E-mail : mairie.molompize@wanadoo.fr.
Lat. : 45° 13' 47" N **Long.** : 003° 07' 37" E.

MONTSALVY

10-C4 36 km S.-S.-E. Aurillac. 666 m. ✉ 15120

CAMPING MUNICIPAL LA GRANGEOTTE NC 50 E. 1 ha CV. chauffée , . Lac à 2 km.. Accueil groupes. Ouvert: 1.6 / 15.9. ☎ 04 71 49 26 00. E-mail : mairie-montsalvy@wanadoo.fr. Web : www.montsalvy.fr.
Lat. : 44° 42' 29" N **Long.** : 002° 30' 02" E.

MOUSSAGES

10-C3 16 km E.-N.-E. Mauriac. 825 m. ✉ 15380

CAMPING MUNICIPAL NC 33 E. 0,55 ha . Ouvert: 15.6 / 15.9. ☎ 04 71 40 07 68. E-mail : mairie-moussages@wanadoo.fr.
Lat. : 45° 14' 10" N **Long.** : 002° 27' 48" E.

MURAT

10-C3 22 km N.-O. Saint-Flour. 980 m. Station verte de vacances et village de neige ✉ 15300

CAMPING DE MON VILLAGE ★★ Tourisme 130 E. dont 123 nus 3,8 ha CV . Locations : . , , , . Accès direct à la rivière.. Accueil groupes. Ouvert: 11.5 / 30.9. ☎ 01 83 64 69 21. E-mail : contact@campingcarpark.com. Prix 2022.
Lat. : 45° 06' 10" N **Long.** : 002° 51' 55" E.

NEUSSARGUES EN PINATELLE

10-D3 19 km N.-O. St-Flour. 869 m. ✉ 15170

CAMPING MUNICIPAL LA PRADE ★★★ Tourisme 37 E. dont 28 nus CV . Locations : , . , . Accès direct à la rivière.. Ouvert: 19.5 / 11.9. ☎ 04 71 20 50 21. E-mail : campingdelaprade.neussargues@wanadoo.fr. Web : www.neussargues-moissac.fr.
Lat. : 45° 07' 43" N **Long.** : 002° 58' 18" E.

NEUVEGLISE-SUR-TRUYERE

10-D3 25 km S. Saint-Flour. 935 m. Station verte de vacances et village de neige ✉ 15260

LE BELVEDERE ★★★★ Tourisme 109 E. dont 62 nus
CV . A 5 km : Locations : . Randonnée pédestre organisée. Espace Fitness. couverte chauffée , . Lac et rivière à 400 m. ; . Accueil groupes. Ouvert: 12.4 / 21.9. ☎ 04 71 23 50 50. E-mail : belvedere.cantal@orange.fr. Web : www.campinglebelvedere.com. Réduction H.S.
Lat. : 44° 53' 43" N **Long.** : 003° 00' 04" E.
FFCC : avantages adhérent : 10% du 08/04 au 08/07 et du 26/08 au 23/09 sur emp. et entre 40 € et 70 € la nuitée et entre 219 € et 490 € la semaine du 27/05 au 08/07 et du 26/08 au 23/09 sur loc.

CAMPING MUNICIPAL FONTBIELLE ★★ Tourisme 50 E. 1 ha CV. Locations : . . Rivière à 500 m ; lac à 5 km.. Ouvert: 1.5 / 30.9. ☎ 04 71 23 84 08. E-mail : mairie.neuveglise@orange.fr. Web : www.neuveglise.fr.
Lat. : 44° 55' 27" N **Long.** : 002° 58' 44" E.

DOMAINE DE LA TAILLADE ★★ Tourisme 86 E. 7 ha . Rés. naturiste. Locations : . , . Accès direct à la rivière.. Ouvert: 10.6 / 31.10. ☎ 04 71 23 80 13. E-mail : domainedelataillade@gmail.com. Web : www.taillade-naturisme.com.
Lat. : 44° 53' 27" N **Long.** : 002° 57' 16" E.

PEYRUSSE

10-D3 22 km N.-O. Saint-Flour 1050 m. ✉ 15170

CAMPING DES CARLINES ★ Tourisme 6 E. Locations : , . Randonnée pédestre organisée. . Ouvert: 1.5 / 30.10. ☎ 04 71 73 62 48. E-mail : danielraynaud@wanadoo.fr. Web : www.campingalafermedescarlines.sitew.fr.
Lat. : 45° 13' 25" N **Long.** : 003° 03' 12" E.

PLEAUX

10-B3 20 km S. Mauriac. 594 m. Village de neige ✉ 15700

CAMPING MUNICIPAL ENTASSIT ★★★ Tourisme 102 E. dont 80 nus CV . Locations : , , . Randonnée pédestre organisée. chauffée . Rivière à 2 km. Accueil groupes. Ouvert: 1.1 / 31.12. ☎ 04 71 40 40 05. E-mail : camping.pleaux@orange.fr. Web : www.camping-pleaux.fr. Réduction H.S.
Lat. : 45° 08' 13" N **Long.** : 002° 13' 21" E.

LES ALIZES NC Tourisme 98 E. dont 50 GCC. 1,8 ha CV. Locations : , . , , , . Accès direct aux bords du lac. ; . Accueil groupes enfants. Ouvert: 1.3 / 30.11. ☎ 04 71 40 92 56. E-mail : lesalizes15@orange.fr. Web : www.camping-les-alizes.com.
Lat. : 45° 04' 51" N **Long.** : 002° 13' 38" E.

POLMINHAC

10-C3 15 km N.-E. Aurillac. 827 m. Village de neige ✉ 15800

CAMPING MUNICIPAL DU VAL DE CÈRE ★★★ Tourisme 92 E. dont 66 nus 3,38 ha 22 h / 8 h, CV . Locations : , . , . Accès direct à la rivière. . Accueil groupes. Ouvert: 2.6 / 30.9. ☎ 04 71 64 26 74. E-mail : campingpolminhac@gmail.com. Web : www.camping-polminhac.fr.
Lat. : 44° 56' 53" N **Long.** : 002° 35' 11" E.

RIOM-ES-MONTAGNES

10-C3 35 km E.-N.-E. Mauriac. 910 m. Station verte de vacances et village de neige ✉ 15400

CAMPING MUNICIPAL LE SEDOUR ★★★ Tourisme 50 E. dont 11 nus 1,5 ha . . Accès direct à la rivière ; étang et lac à 2 km.. Ouvert: 1.5 / 30.9. ☎ 0 6 82 32 91 63. E-mail : lesedour15@gmail.com. Web : campingitesriomcantal.com/.
Lat. : 45° 16' 55" N **Long.** : 002° 39' 60" E.

RUYNES-EN-MARGERIDE

10-D3 14 km S.-E. Saint-Flour. 948 m. Station verte de vacances et village de neige ✉ 15320

LE PETIT BOIS ★★★ Tourisme 111 E. dont 90 nus 6 ha CV . Locations : , . . Ouvert: 1.5 / 27.9. ☎ 04 71 23 42 26. E-mail : campinglepetitboiscantal@gmail.com. Web : lepetitboiscamping.fr. Réduction H.S.
Lat. : 44° 59' 56" N **Long.** : 003° 13' 08" E.

SAIGNES

10-C2 26 km N.-E. Mauriac. 532 m. Station verte de vacances et village de neige ✉ 15240

CAMPING MUNICIPAL BELLEVUE NC Tourisme 42 E. dont 35 nus 0,7 ha CV . A 3 km : , . Rivière à 2 km.. Accueil groupes. Ouvert: 3.7 / 31.8. ☎ 04 71 40 68 40. E-mail : saignes.mairie@wanadoo.fr.
Lat. : 45° 20' 13" N **Long.** : 002° 28' 26" E.

DOMAINE DE LA VIGNE CV. Ouvert: 1.1 / 31.12. ☎ 04 71 40 61 02.
Lat. : 45° 19' 57" N **Long.** : 002° 29' 10" E.

SAINT-CONSTANT-FOURNOULES

10-B4 45 km S.-O. Aurillac. 351 m. Station verte de vacances et village de neige ✉ 15600

LE MOULIN DE CHAULES ★★★ Tourisme 56 E.
1,7 ha . Locations : , bulle. , . Accès direct à la rivière. . Ouvert: 15.6 / 19.10. ☎ 04 71 49 11 02. E-mail : camping@moulin-de-chaules.com. Web : www.moulin-de-chaules.com.
Lat. : 44° 40' 54" N **Long.** : 002° 15' 38" E.

SAINT-FLOUR

10-D3 73 km N.-E. Aurillac. 873 m. ✉ 15100

INTERNATIONAL LA ROCHE MURAT ★★★ Tourisme 121 E. dont 110 nus 3,9 ha CV. Locations : . Rivière à 2 km. Ouvert: 1.4 / 1.11. ☎ 04 71 60 43 63. E-mail : courrier@camping-saint-flour.com. Web : www.camping-saint-flour.com.
Lat. : 45° 03' 02" N **Long.** : 003° 06' 28" E.

CAMPING DE MON VILLAGE LES ORGUES ★★ Tourisme 76 E. dont 76 nus 0,84 ha CV. Rivière à 3 km. Ouvert: 1.6 / 30.9. ☎ 01 83 64 69 21. E-mail : contact@campingcarpark.com. Web : www.campingcarpark.com. Prix 2022.
Lat. : 45° 02' 00" N **Long.** : 003° 04' 59" E.

SAINT-GERONS

10-B3 27 km N.-O. Aurillac. 553 m. ✉ 15150

DOMAINE LA PLAGE DU GAROUSTEL ★★★ Tourisme 108 E. dont 27 nus, dont 18 GCC. 8 h / 23 h, CV. Locations : . chauffée. Accès direct aux bords du lac. ; . Ouvert: 10.6 / 15.9. ☎ 06 21 63 06 86. E-mail : accueil@camping-legaroustel.fr. Web : www.camping-legaroustel.fr. Prix 2023. Fft jour : empl. Tourisme (2) : 30 € ( ) ; sup 6 € ; animaux 5 € ; 6 €. Réduction H.S.
Lat. : 44° 56' 18" N **Long.** : 002° 12' 49" E.

LES RIVES DU LAC ★★★ Tourisme 98 E. dont 75 nus 3 ha CV. Locations : . Lac à 50 m. ; . Accueil groupes. Ouvert: 1.4 / 30.10. ☎ 06 25 34 62 89. E-mail : info@lesrivesdulac.fr. Web : www.lesrivesdulac.fr. Réduction H.S.
Lat. : 44° 55' 29" N **Long.** : 002° 13' 60" E.

DEL MOULES NC 40 E. 0,6 ha . Accès direct aux bords du lac. ; ; . Ouvert: 15.6 / 15.9. ☎ 04 71 46 04 65. E-mail : ce.achat.fl@fivesgroup.com.
Lat. : 44° 55' 36" N **Long.** : 002° 12' 59" E.

DOMAINE DU LAC P.R.L En cours de classement 50 E. CV. Locations : . couverte . Accès direct aux bords du lac. ; . Ouvert: 7.5 / 25.9. ☎ 04 71 62 27 98. E-mail : prldomainedulac@gmail.com. Web : www.prl-domainedulac.fr.
Lat. : 44° 56' 08" N **Long.** : 002° 13' 45" E.

SAINT-JACQUES-DES-BLATS

10-C3 32 km N.-E. Aurillac. 1247 m. ✉ 15800

CAMPING LES BLATS ★★★ Tourisme 55 E. dont 50 nus CV. Locations : cabanes, kota, tonneau. Randonnée pédestre organisée. , . Accès direct à la rivière. Accueil groupes. Ouvert: 28.4 / 30.9. ☎ 04 71 47 06 00. E-mail : campingdesblats@gmail.com. Web : www.camping-des-blats.fr. Réduction H.S.
Lat. : 45° 03' 07" N **Long.** : 002° 42' 48" E.

SAINT-JUST

10-D4 28 km S.-E. Saint-Flour. 990 m. Village de neige ✉ 15320

CAMPING MUNICIPAL ST JUST NC Tourisme 60 E. dont 48 nus CV. Locations : . Randonnée pédestre organisée. chauffée , . Accueil groupes. Ouvert: 1.5 / 30.9. ☎ 0 4 71 73 70 11. E-mail : mairie.valdarcomie@orange.fr. Web : valdarcomie.fr/campings-saint-just/. Réduction H.S.
Lat. : 44° 53' 24" N **Long.** : 003° 12' 38" E.

SAINT-MAMET-LA-SALVETAT

10-B4 18 km S.-O. Aurillac. 669 m. ✉ 15220

CAMPING MUNICIPAL ★★★ Tourisme 35 E. dont 27 nus 0,8 ha CV. Locations : . chauffée . Accueil groupes. Ouvert: 1.4 / 31.10. ☎ 04 71 64 75 21. E-mail : courrier@stmamet-lasalvetat.com. Réduction H.S.
Lat. : 44° 51' 14" N **Long.** : 002° 18' 35" E.

SAINT-MARTIN-CANTALES

10-B3 28 km S. Mauriac. 599 m. ✉ 15140

PONT DU ROUFFET ★★ Tourisme 34 E. dont 30 nus CV. Locations : . Accès direct aux bords du lac ; rivière à 500 m. ; . Ouvert: 1.4 / 1.10. ☎ 04 71 69 42 76. E-mail : pontdurouffet@live.nl. Web : www.campingpontdurouffet.com. Prix 2023. Fft jour : empl. Tourisme (2) : 25,95 € ( ) ; sup 4,95 € ; animaux 2 € ; 3,95 €. Réduction H.S.
Lat. : 45° 04' 19" N **Long.** : 002° 15' 31" E.
FFCC : avantages adhérent : 17 € du 01/04 au 09/07 et du 25/08 au 01/10 sur emp.

SAINT-MARTIN-VALMEROUX

10-C3 20 km S.-E. Mauriac. 783 m. Station verte de vacances et village de neige ✉ 15140

CAMPING LE MOULIN DU TEINTURIER ★★★ Tourisme 88 E. dont 68 nus 2,08 ha CV. Locations : . Randonnée pédestre organisée. , , . Rivière à 100 m.. Accueil groupes. Ouvert: 1.1 / 31.12. ☎ 04 71 69 43 12. E-mail : campinglemoulinduteinturier@gmail.com. Prix 2023. Fft nuit : empl. Tourisme (1) : 9,5 € ( ) ; sup 3,50 € nuit ; 1,80 € nuit ; 3,50 € nuit. Réduction H.S.
Lat. : 45° 06' 58" N **Long.** : 002° 25' 25" E.
FFCC : avantages adhérent : 13.32 € du 01/01 au 14/07 et du 01/09 au 31/12 sur emp.

DOMAINE DE LA CHAUX DE REVEL P.R.L ★★★ NN10 E. Ouvert: 16.12 / 31.12. ☎ 04 71 40 68 10. E-mail : pascal.montaz@orange.fr. Web : domainedelachauxderevel.com.
Lat. : 45° 07' 56" N **Long.** : 002° 28' 14" E.

SAINT-URCIZE

10-D4 52 km S. Saint-Flour. 1206 m. ✉ 15110

DOMAINE DE L'OURS ★★★ Tourisme 39 E. Locations : . Randonnée pédestre organisée. . Rivière à 500 m. . Accueil groupes. Ouvert: 15.5 / 13.10. ☎ 04 71 20 27 99. E-mail : contact@campingaubrac.fr. Web : domainedelours.fr.
Lat. : 44° 41' 16" N **Long.** : 002° 59' 57" E.

SALERS

10-C3 20 km S.-E. Mauriac. 971 m. ✉ 15140

CAMPING MUNICIPAL LE MOURIOL ★★★ Tourisme 85 E. dont 85 nus CV. Locations : . , . Ouvert: 31.3 / 3.11. ☎ 04 71 40 73 09. E-mail : camping.mouriol.salers@orange.fr. Web : www.salers.fr. Réduction H.S.
Lat. : 45° 08' 49" N **Long.** : 002° 29' 58" E.

SIRAN

10-B3 32 km O. Aurillac. 595 m. ✉ 15150

CAMPING MUNICIPAL NC 58 E. 0,53 ha . Locations : . , , .. Ouvert: 1.7 / 31.8. ☎ 04 71 46 01 64. E-mail : mairie-siran@orange.fr.
Lat. : 43° 18' 48" N **Long.** : 002° 39' 41" E.

THIEZAC

10-C3 26 km N.-E. Aurillac. 1067 m. Village de neige ✉ 15800

LA BÉDISSE ★★★ Tourisme 88 E. dont 85 nus 1,8 ha 22 h / 7 h, CV. Randonnée pédestre organisée. , . Accès direct à la rivière.. Accueil groupes. Ouvert: 1.12 / 31.12. ☎ 04 71 47 00 41. E-mail : camping.thiezac@orange.fr. Web : www.campinglabedisse.com.
Lat. : 45° 00' 48" N **Long.** : 002° 40' 13" E.

TREMOUILLE

10-C2 54 km N.-E. Mauriac. 827 m. ✉ 15270

CAMPING MUNICIPAL LES BRUYERES ★★ Tourisme 26 E. dont 25 nus 0,25 ha CV. . Lac à 200 m. . Ouvert: 15.6 / 15.9. ☎ 04 71 78 77 44. E-mail : mairie@tremouille.fr. Web : www.tremouille.fr.
Lat. : 45° 24' 16" N **Long.** : 002° 39' 55" E.

TRIZAC

10-C3 24 km N.-E. Mauriac. 998 m. ✉ 15400

CAMPING MUNICIPAL LE PIOULAT NC 45 E. 3,71 ha CV. Locations : . Randonnée pédestre organisée. . Accès direct à l'étang et à la rivière. ; . Ouvert: 16.6 / 16.9. ☎ 06 08 63 14 68. E-mail : mairie.trizac@wanadoo.fr. Prix 2022. 2,50 € ; 7 € ; 7 € ; 2,50 € ; 1,50 € ; 1,50 € ; 2,50 €.
Lat. : 45° 14' 54" N **Long.** : 002° 32' 12" E.
FFCC : avantages adhérent : 7 € du 01/06 au 31/09 sur emp. et entre 160 € et 250 € la semaine du 01/06 au 31/09 sur loc.

VEBRET

10-C2 30 km N.-E. Mauriac. 515 m. ✉ 15240

VERCHALLES NC Tourisme 31 E. dont 25 nus CV. A 4 km : Locations : . Randonnée pédestre organisée. couverte. Rivière à 3 km ; lac à 5 km. Ouvert: 1.5 / 1.10. ☎ 04 71 40 21 58. E-mail : guy-galvaing@wanadoo.fr. Web : guy.galvaing.pagesperso-orange.fr. Prix 2023. empl. Tourisme : 3,50 € ; 4 € ; 3,50 € ; 4 €.
Lat. : 45° 21' 50" N **Long.** : 002° 29' 60" E.

VIC-SUR-CERE

10-C3 20 km N.-E. Aurillac. 884 m. Village de neige ✉ 15800

LA POMMERAIE ★★★★ Tourisme 100 E. dont 50 nus CV. Randonnée pédestre organisée. couverte chauffée . Rivière à 1 km. . Accueil groupes. Ouvert: 1.5 / 15.9. ☎ 04 71 47 54 18. E-mail : pommeraie@wanadoo.fr. Web : www.camping-auvergne-cantal.com. Réduction H.S.
Lat. : 44° 58' 15" N **Long.** : 002° 37' 59" E.

CAMPING GCU - VIC SUR CERE ★★ Tourisme 60 E. . Accès direct à la rivière. Ouvert: 28.6 / 31.8. ☎ 04 71 49 62 87. E-mail : gcu@gcu.asso.fr. Web : www.gcu.asso.fr.
Lat. : 44° 59' 17" N **Long.** : 002° 38' 28" E.

CAMPING MUNICIPAL VIC' NATURE ★★ Tourisme 100 E. dont 95 nus 2,5 ha CV. Locations : . Randonnée pédestre organisée. , . Accès direct à la rivière.. Ouvert: 1.5 / 30.9. ☎ 04 71 63 70 78. E-mail : mairie@vicsurcere.fr. Web : www.vicsurcere.fr.
Lat. : 44° 58' 53" N **Long.** : 002° 37' 47" E.

VITRAC

10-B4 24 km S.-O. Aurillac. 612 m. ✉ 15220

AIRE NATURELLE MUNICIPALE. ☎ 04 71 64 70 10. E-mail : commune.vitrac@wanadoo.fr.
Lat. : 44° 51' 14" N **Long.** : 002° 18' 35" E.

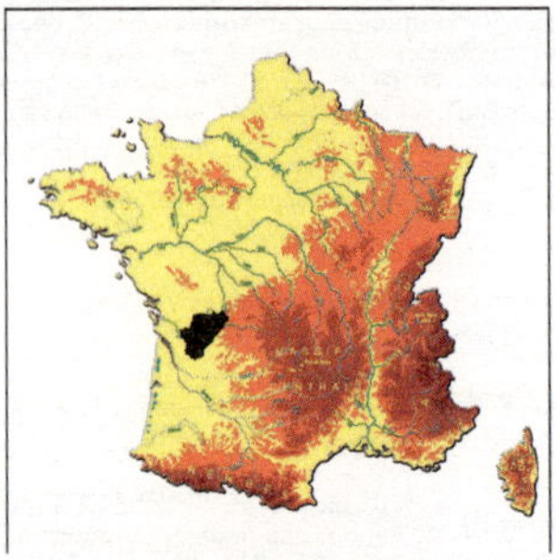

AUBETERRE-SUR-DRONNE

9-D3 50 km S. Angouleme. 55 m. Station verte de vacances et village de neige ✉ 16390

AUBETERRE SUR DRONNE ★★★ Tourisme 95 E. 3 ha CV. Locations : . Accès direct à la rivière. Accueil groupes enfants. Ouvert: 15.5 / 30.9. ☎ 06 87 29 18 36. E-mail : camping.aubeterre-sur-dronne@orange.fr. Web : www.camping-aubeterre.fr.
Lat. : 45° 16′ 04″ N **Long.** : 000° 10′ 29″ E.

AUNAC-SUR-CHARENTE

9-E1 34 km N. Angouleme. 86 m. ✉ 16460

LE MAGNERIT ★ Tourisme 25 E. 0,8 ha. Randonnée pédestre organisée. Accès direct à la rivière. Ouvert: 15.6 / 15.9. ☎ 05 45 22 24 38. E-mail : mairie.aunac@wanadoo.fr.
Lat. : 45° 54′ 33″ N **Long.** : 000° 15′ 09″ E.

BAIGNES-SAINTE-RADEGONDE

9-D2 46 km S. Cognac. 84 m. Station verte de vacances et village de neige ✉ 16360

CAMPING INTERCOMMUNAL DE BAIGNES NC 30 E. dont 30 nus CV. Locations : . Accès direct à la rivière ; étang à 5 km.. Accueil groupes. Ouvert: 1.5 / 30.10. ☎ 0 5 45 78 6459. E-mail : campingdebaignes@orange.fr. Web : www.camping-baignes-charente.fr. Prix 2022. empl. Tourisme : 7,50 € ; 7 € ; animaux 3,50 € ; 4,50 € ; 5 €.
Lat. : 45° 22′ 59″ N **Long.** : 000° 14′ 20″ W.

BIGNAC

9-D1 22 km N.-O. Angouleme. 72 m. ✉ 16170

MARCO DE BIGNAC ★★★ Tourisme 84 E. dont 81 nus CV. Locations : , Accès direct à l'étang ; rivière à 100 m. Accueil groupes. Ouvert: 1.2 / 30.11. ☎ 05 45 21 78 41. E-mail : info@marcodebignac.com. Web : www.marcodebignac.com. Réduction H.S.
Lat. : 45° 47′ 56″ N **Long.** : 000° 03′ 51″ E.

BONNES

9-D3 51 km S. Angoulême 59 m. ✉ 16390

CAMPING À LA FERME CV. Ouvert: 1.4 / 30.10. ☎ 05 45 98 54 28. E-mail : guides@campingfrance.com. Prix 2022. Fft jour : empl. Tourisme (2) : 12 € (). Réduction H.S.
Lat. : 45° 12′ 48″ N **Long.** : 000° 07′ 43″ E.

BOURG-CHARENTE

9-D2 10 km E. Cognac. 26 m. ✉ 16200

CAMPING DE BOURG CHARENTE NC Tourisme 42 E. dont 40 nus. Locations : . Randonnée pédestre organisée. Accès direct à la rivière.. Accueil groupes. Ouvert: 16.4 / 19.11. ☎ 06 15 16 67 82. E-mail : campingbourgcharente@gmail.com. Web : campingbourgcharente.wixsite.com/lecamping.
Lat. : 45° 40′ 21″ N **Long.** : 000° 13′ 38″ W.

BROSSAC

9-D2 50 km S.-E. Cognac. 123 m. Station verte de vacances et village de neige ✉ 16480

LES CHATAIGNIERS N.C. Tourisme 60 E. CV. Locations : . Accès direct à l'étang. Accueil groupes. Ouvert: 6.1 / 18.12. ☎ 05 45 98 07 83. E-mail : campingetangvallier@orange.fr. Web : www.camping-etangvallier.fr.
Lat. : 45° 19′ 44″ N **Long.** : 000° 03′ 50″ W.

CHEZ SARRAZIN . A 2 km : . A 3 km : . A 5 km : Randonnée équestre organisée Randonnée pédestre organisée.. Ouvert: 4.6 / 1.10. ☎ 05 45 78 21 57. E-mail : chezsarrazin@orange.fr. Web : www.chezsarrazin.net. Prix 2023. Fft jour : empl. Tourisme (2) : 25 € () ; sup 2,50 € ; animaux 2 € ; 3 € (10A A). Réduction H.S.
Lat. : 45° 19′ 39″ N **Long.** : 000° 01′ 26″ W.

CHASSENEUIL-SUR-BONNIEURE

9-E1 30 km S.-O. Confolens 131 m. ✉ 16260

CAMPING MUNICIPAL LES CHARMILLES NC Tourisme 50 E. 1,9 ha CV. Randonnée pédestre organisée. couverte chauffée. Accès direct à la rivière. Accueil groupes. Ouvert: 1.6 / 30.9. ☎ 05 45 39 55 36. E-mail : mairie@chasseneuil.fr. Web : www.chasseneuilsurbonnieure.fr.
Lat. : 45° 49′ 29″ N **Long.** : 000° 26′ 39″ E.

COGNAC

9-D2 42 km N.-O. Angouleme. 22 m. ✉ 16100

CAMPING DE COGNAC ★★★ Tourisme 146 E. dont 142 nus

2,5 ha CV. Locations : , , Accès direct à la rivière. Accueil groupes. Ouvert: 1.5 / 30.9. ☎ 05 45 32 13 32. E-mail : campingdecognac@outlook.fr. Web : entreprisefrery.fr/grandcognac/. Prix 2022. Fft jour : empl. Tourisme (2) : 22,5 € () ; sup 6,20 € ; animaux 2 € ; 4 €.
Lat. : 45° 42′ 32″ N **Long.** : 000° 18′ 46″ W.

CONDAC

9-D1 46 km N.-E. Angoulême. 106 m. ✉ 16700

CAMPING DU REJALLANT ★★★ Loisirs 89 E. CV. A 3 km : Locations : . Espace Fitness. chauffée. Rivière à 100 m. Accueil groupes. Ouvert: 3.1 / 31.12. ☎ 06 58 12 88 18. E-mail : camping@lerejallant.fr. Web : www.camping-du-rejallant.com.
Lat. : 46° 00′ 54″ N **Long.** : 000° 12′ 46″ E.

CONFOLENS

9-E1 63 km N.-N.-E. Angouleme. 180 m. Station verte de vacances et village de neige ✉ 16500

CAMPING DES RIBIERES ★★★ Tourisme 114 E. dont 104 nus, dont 2 GCC.

2 ha CV. Locations : , 1 . Accès direct à la rivière. Accueil groupes. Ouvert: 1.4 / 30.9. ☎ 05 45 85 35 27. E-mail : camping-les-ribieres@orange.fr. Web : www.campingdesribieres.fr. Prix 2022. empl. Tourisme : 5,10 € ; 5,60 € ; animaux 1 € ; 4,10 € ; 4,50 €. Réduction H.S.
Lat. : 46° 01′ 08″ N **Long.** : 000° 40′ 31″ E.
FFCC : avantages adhérent : 16 € du 01/04 au 15/07 et du 01/09 au 30/09 sur emp.

EXIDEUIL

9-E1 15 km S.-E. Confolens 152 m. ✉ 16150

CAMPING DE LA RIVIERE ★★ Tourisme 25 E. dont 25 nus

1,2 ha CV. Locations : . Accès direct à la rivière ; étang à 5 km. Accueil groupes. Ouvert: 1.1 / 31.12. ☎ 06 07 98 73 79 / 06 61 48 47 67. E-mail : christophe.derveaux@gmail.com. Web : www.campingdelariviere.com.
Lat. : 45° 53′ 21″ N **Long.** : 000° 40′ 36″ E.
FFCC : avantages adhérent : 13 € du 01/01 au 09/07 et du 01/09 au 31/12 sur emp.

EYMOUTHIERS

9-E2 35 km E. Angouleme 200 m. ✉ 16220

LES GORGES DU CHAMBON ★★★★ Tourisme 131 E. dont 92 nus

7 ha CV. Locations : . chauffée , , Accès direct à la rivière. Accueil groupes. Ouvert: 2.4 / 1.10. ☎ 0466 600 700. E-mail : gorges-chambon@koawa.com. Web : www.camping-gorges-chambon.fr/fr. Prix 2022. Fft jour : empl. Tourisme (2) : 30 € () ; sup 6 € ; animaux 3 € ; 5 €.
Lat. : 45° 39′ 33″ N **Long.** : 000° 33′ 33″ E.

JARNAC

9-D2 16 km E. Cognac. 20 m. Station verte de vacances et village de neige ✉ 16200

L'ILE MADAME ★★★ Tourisme 99 E. dont 79 nus
4 ha CV. Locations : . Accès direct à la rivière.. Accueil groupes. Ouvert: 1.5 / 30.9. ☎ 06 26 91 40 92. E-mail : campingjarnac@outlook.fr. Web : entreprisefrery.fr/jarnac/. Prix 2022. Fft jour : empl. Tourisme (2) : 22,1 € ( ) ; sup 6,20 € ; animaux 2 € ; 4 €.
Lat. : 45° 40' 32" N **Long.** : 000° 10' 26" W.

LA FORET-DE-TESSE

6-D5 57 km N. Confolens 140 m. ✉ 16240

LA FORÊT DE TESSÉ NC 10 E. dont 10 nus, dont 10 CC - 1 GCC.
0,7 ha . Locations : . Ouvert: 1.1 / 31.12. ☎ 05 45 31 19 14. E-mail : info@campinglft.com. Web : www.campinglft.com. Réduction H.S.
Lat. : 46° 04' 56" N **Long.** : 000° 03' 60" E.
FFCC : avantages adhérent : 18 € du 01/01 au 30/06 et du 01/09 au 31/12 sur emp.

LA ROCHEFOUCAULD

9-E1 22 km N.-N.-E. Angoulеme. 95 m. ✉ 16110

CAMPING DE MON VILLAGE LES FLOTS NC Tourisme 25 E. dont 25 nus
0,85 ha CV. . Accès direct à la rivière.. Ouvert: 1.7 / 31.8. ☎ 01 83 64 69 21. E-mail : contact@campingcarpark.com. Prix 2022.
Lat. : 45° 44' 42" N **Long.** : 000° 22' 51" E.

LE LINDOIS

9-E1 36 km S.-O. Confolens 281 m. ✉ 16310

L'ÉTANG ★★ Tourisme 35 E.
6 ha . Locations : . Accès direct à l'étang. ; . Accueil groupes. Ouvert: 1.4 / 1.11. ☎ 05 45 65 02 67. E-mail : lelindoiscampingdeletang@gmail.com. Web : www.campingdeletang.com. Prix 2023. 5 € ; 10 € ; 8 € ; 6 € ; animaux 1 € ; 3 € ; 5 €. Réduction H.S.
Lat. : 45° 44' 23" N **Long.** : 000° 35' 09" E.
FFCC : avantages adhérent : 25 € du 01/04 au 15/06 et du 15/09 au 29/10 sur emp. et 55 € la nuitée et 385 € la semaine du 01/04 au 15/06 et du 15/09 au 29/10 sur loc.

MANSLE

9-D1 25 km N. Angoulеme. 72 m. Station verte de vacances et village de neige ✉ 16230

CAMPING MUNICIPAL LE CHAMPION ★★ Tourisme 80 E.
2 ha CV. Locations : . , . Accès direct à la rivière. . . Ouvert: 15.5 / 15.9. ☎ 05 45 20 31 41. E-mail : mairie.mansle@orange.fr. Web : www.mansle.fr.
Lat. : 45° 52' 41" N **Long.** : 000° 10' 55" E.

MAZIERES

9-E1 24 km S. Confolens. 191 m. ✉ 16270

LE PARADIS ★★★★ Tourisme 28 E. dont 24 nus 0,50 ha . A 5 km : . Locations : . Rivière à 200 m ; étang à 3 km ; lac à 5 km. Ouvert: 1.1 / 31.12. ☎ 05 45 84 92 06. E-mail : info@le-paradis-camping.com. Web : www.le-paradis-camping.com.
Lat. : 45° 49' 58" N **Long.** : 000° 33' 29" E.

MONTIGNAC-CHARENTE

9-D1 17 km N. Angoulеme. 52 m. Station verte de vacances et village de neige ✉ 16330

CAMPING MUNICIPAL LES PLATANES ★★ Tourisme 70 E. CV . Locations : , . , . Accès direct à la rivière. . Accueil groupes. Ouvert: 12.6 / 31.8. ☎ 05 45 39 89 16. E-mail : campingmontignac@gmail.com. Web : www.campingmontignac.fr.
Lat. : 45° 46' 55" N **Long.** : 000° 07' 09" E.

NANTEUIL-EN-VALLEE

9-E1 41 km N.-E. Angoulеme. 149 m. ✉ 16700

CAMPING MUNICIPAL LE VAL DE L'ARGENTOR NC Tourisme 30 E. 0,17 ha CV. . Accès direct à la rivière. . Accueil groupes. Ouvert: 1.5 / 30.9. ☎ 05 45 31 82 67. E-mail : nanteuil-en-vallee.mairie@wanadoo.fr.
Lat. : 45° 59' 46" N **Long.** : 000° 19' 09" E.

ORIOLLES

9-D2 39 km S.-E. Cognac 123 m. ✉ 16480

CAMPING A LA FERME CHEZ BARON CV. Ouvert: 15.6 / 15.9. ☎ 05 45 98 79 22. E-mail : accueil@gitesbaronnies.fr, Web : gitesbaronnies.fr.
Lat. : 45° 21' 43" N **Long.** : 000° 07' 01" W.

PRESSIGNAC

9-E1 25 km S. Confolens. 233 m. ✉ 16150

CAMPING DES LACS ★★★★ Tourisme 166 E. dont 124 nus, dont 162 GCC.
6 ha CV. Locations : cocosweet . couverte chauffée , , . , . Accès direct aux bords du lac ; rivière à 1 km. ; ; . Accueil groupes. Ouvert: 1.4 / 30.10. ☎ 05 45 31 89 03. E-mail : info@campingdeslacs.fr. Web : www.campingdeslacs.fr. Réduction H.S.
Lat. : 45° 48' 17" N **Long.** : 000° 42' 30" E.
FFCC : avantages adhérent : 17 € du 01/04 au 24/06 et du 26/08 au 31/10 sur emp. et 10% sur loc.

ROUILLAC

9-D1 24 km N.-O. Angoulеme. 126 m. Station verte de vacances et village de neige ✉ 16170

CAMPING DE MON VILLAGE NC 40 E. dont 40 nus Ouvert: 14.4 / 30.9. ☎ 01 83 64 69 21. E-mail : contact@campingcarpark.com. Prix 2022.
Lat. : 45° 46' 50" N **Long.** : 000° 03' 48" W.

SAINT-ANGEAU

9-E1 25 km N.-E. Angoulême 89 m. ✉ 16230

CHEZ DEVEZEAU ★ Tourisme 39 E. . . Accueil groupes. Ouvert: 15.3 / 30.11. ☎ 05 45 94 63 09. E-mail : ask@campingdevezeau.com. Web : www.campingdevezeau.com.
Lat. : 45° 50' 40" N **Long.** : 000° 16' 22" E.

SAINT-CHRISTOPHE

9-F1 15 km N.-E. Confolens 255 m. ✉ 16420

EN CAMPAGNE ★★★ Tourisme 25 E. 0,7 ha . Locations : . chauffée . . Accueil groupes adultes. Ouvert: 1.5 / 30.9. ☎ 05 45 31 67 57. E-mail : info@encampagne.com. Web : www.encampagne.com. Réduction H.S.
Lat. : 46° 00' 53" N **Long.** : 000° 52' 36" E.

SAINT-GERMAIN-DE-CONFOLENS

6-E5 4 km N. Confolens. 169 m. ✉ 16500

LE PETIT MAS D'ILE
chauffée . Ouvert: 1.4 / 15.9. ☎ 05 45 89 14 33. E-mail : info@lepetitmasdile.com, Web : www.lepetitmasdile.com. Réduction H.S.
Lat. : 46° 02' 34" N **Long.** : 000° 40' 22" E.

SAINT-LAURENT-DE-CERIS

9-E1 19 km S. Confolens 181 m. ✉ 16450

CAMP LAURENT . A 50 m : . Ouvert: 1.6 / 30.9. ☎ 0 602223715. E-mail : lecamplaurent@gmail.com, Web : www.camp-laurent.com. Prix 2023. Fft jour : empl. Tourisme (2) : 33 € ( )
Lat. : 45° 57' 39" N **Long.** : 000° 31' 42" E.

SAINT-MAURICE-DES-LIONS

9-E1 6 km S.-E. Confolens. 197 m. ✉ 16500

CAMPING MUNICIPAL MOULIN DE LA COUR NC Tourisme 25 E. 0,35 ha . , . Accès direct à la rivière ; étang à 4 km.. Ouvert: 1.4 / 31.10. ☎ 05 45 85 55 99. E-mail : mairiestmaurice@wanadoo.fr.
Lat. : 45° 57' 57" N **Long.** : 000° 42' 34" E.

SAINT-YRIEIX-SUR-CHARENTE

9-D2 7 km N.O. Angoulême. 51 m. ✉ 16710

CAMPING DU PLAN D'EAU ★★★★ Tourisme 131 E. dont 121 nus
3 ha CV . Locations : . chauffée . Lac et rivière à 500 m. Accueil groupes enfants. Ouvert: 1.4 / 17.10. ☎ 05 45 92 14 64. E-mail : camping@grandangouleme.fr. Web : www.camping-angouleme.fr.
Lat. : 45° 41' 28" N **Long.** : 000° 08' 43" E.

SIREUIL

9-D2 16 km S.-O. Angoulême. 44 m. ✉ 16440

LE NIZOUR ★★★ Tourisme 56 E. dont 43 nus à partir de 22 h, CV . Locations : , . Randonnée pédestre organisée. , . Accès direct à la rivière ; étang à 3 km. ; . Accueil groupes. Ouvert: 15.6 / 1.11. ☎ 05 45 90 56 27 / 07 84 44 87 10. E-mail : campingdunizour@gmail.com. Web : www.campingdunizour.com.
Lat. : 45° 36' 26" N **Long.** : 000° 01' 27" E.

SURIS

9-E1 20 km S.-E. Confolens 224 m. ✉ 16270

LA BLANCHIE NC Tourisme 50 E. 1 ha . Rivière à 1 km ; lac à 5 km. Ouvert: 1.4 / 10.10. ☎ 05 45 89 33 19. E-mail : contact@lablanchie.co.uk. Web : www.lablanchie.co.uk.
Lat. : 45° 51' 34" N **Long.** : 000° 38' 16" E.

VILLEFAGNAN

9-D1 40 km N. Angoulеme. 123 m. ✉ 16240

M. & MME PELOQUIN CV . Ouvert: 1.4 / 10.12. ☎ 05 45 31 61 47. E-mail : contact@campingdechassagne.fr, Web : www.campingdechassagne.fr. Prix 2023. empl. Tourisme : 5 € ; 5 € ; animaux 2 € ; 4 € ; 3 €. Réduction H.S.
Lat. : 46° 00' 27" N **Long.** : 000° 05' 49" E.

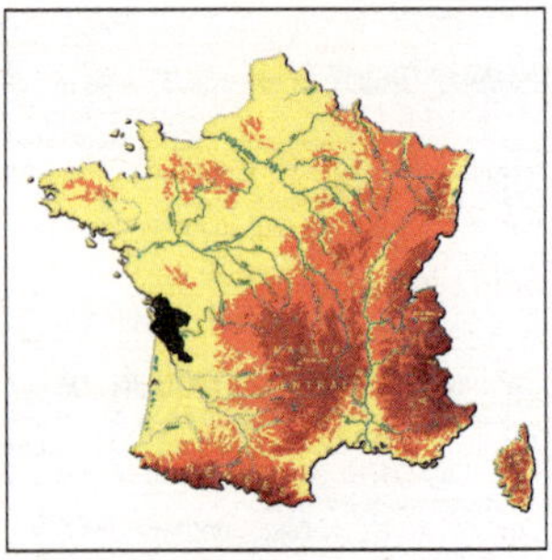

ILE D'OLÉRON

DOLUS-D'OLERON

9-B1 24 km O. Rochefort-sur-Mer. 5 m. ✉ 17550

HUTTOPIA OLÉRON LES CHÊNES VERTS ★★★★ Tourisme 150 E. dont 103 nus 23 h / 7 h, CV. Locations : . Bord de mer à 50 m. Accueil groupes. Ouvert: 17.5 / 24.9. ☎ 05 46 75 32 88. E-mail : oleron-chenesverts@huttopia.com. Web : europe.huttopia.com/site/camping-oleron-les-chenes-verts. Prix 2023. Fft jour : empl. Tourisme (2) : 43,2 € (). Réduction H.S.
Lat. : 45° 53′ 13″ N **Long.** : 001° 16′ 32″ W.
FFCC : avantages adhérent : 10% du 17/05 au 01/07 et du 31/08 au 24/0910% du 17/05 au 01/07 et du 31/08 au 24/09 sur emp. et loc. + 5% de réduction en juillet-août sur les emplacements nus et locatifs * frais de réservation offerts Rendez-vous dans votre club avantages FFCC pour obtenir le code promotionnel.

LES FLORALIES ★★★★ Loisirs 228 E. dont 25 nus 22 h 30 / 7 h 30, CV. A 4 km : Locations : . chauffée. Bord de mer à 1,5 km. Ouvert: 2.4 / 30.9. ☎ 05 46 75 30 75. E-mail : camping-les-floralies@wanadoo.fr. Web : www.lesfloralies17.fr.
Lat. : 45° 54′ 48″ N **Long.** : 001° 16′ 44″ W.

OSTREA VACANCES LOCATION ★★★★ Tourisme 110 E. Locations : . Ouvert: 23.3 / 2.11. ☎ 05 46 47 71 44. E-mail : frederic.escaut1@libertysurf.fr. Web : www.ostrea-vacances.com.
Lat. : 45° 54′ 50″ N **Long.** : 001° 13′ 29″ W.

OSTRÉA ★★★★ Tourisme 110 E. dont 60 nus, dont 60 CC - 50 GCC. 2 ha CV. A 4 km : Locations : . couverte chauffée. Bord de mer à 20 m. Ouvert: 25.3 / 3.10. ☎ 05 46 47 62 36. E-mail : camping.ostrea@wanadoo.fr. Web : www.camping-ostrea.com. Prix 2022. Fft jour : empl. Tourisme (2) : 37 € () ; sup 11 € ; animaux 5 € ; 5 €. Réduction H.S.
Lat. : 45° 54′ 46″ N **Long.** : 001° 13′ 26″ W.
FFCC : avantages adhérent : 20% du 25/03 au 02/07 et du 01/09 au 02/10 sur emp. et entre 345 € et 780 € la semaine sur loc.

CAMPING LES GRISSOTIÈRES ★★★ Tourisme 20 E. dont 20 CC. CV. Locations : . Bord de mer à 3 km. Ouvert: 1.5 / 2.10. ☎ 05 46 75 67 13. E-mail : campinglesgrissotieres@orange.fr. Web : www.camping-grissotieres-oleron.com.
Lat. : 45° 55′ 22″ N **Long.** : 001° 16′ 17″ W.

L'OCEAN ★★★ Tourisme 100 E. CV. Locations : . , , . Bord de mer à 50 m. Ouvert: 1.6 / 30.9. ☎ 05 46 75 31 70. E-mail : camping.locean@wanadoo.fr. Web : www.camping-ocean-oleron.com.
Lat. : 45° 54′ 08″ N **Long.** : 001° 17′ 38″ W.

LA CAILLETIÈRE ★★★ Tourisme 124 E. dont 42 nus CV. A 5 km : Locations : , cocos-weet. couverte chauffée. Bord de mer à 4 km. Accueil groupes. Ouvert: 9.4 / 25.9. ☎ 05 46 75 36 33. E-mail : camping.la.cailletiere@wanadoo.fr. Web : camping-lacailletiere.com. Prix 2022. Fft jour : empl. Tourisme (2) : 37 € () ; sup 6 € ; animaux 4 € ; 4,50 €. Réduction H.S.
Lat. : 45° 55′ 01″ N **Long.** : 001° 15′ 09″ W.

LE MONTET D'OLERON ★★ Tourisme 83 E. dont 63 nus 3 ha CV. Locations : . Bord de mer à 1,9 km. Accueil groupes. Ouvert: 1.4 / 30.9. ☎ 05 46 75 61 54. E-mail : contact@camping-lemontet-doleron.com. Web : www.camping-lemontet-doleron.com. Réduction H.S.
Lat. : 45° 54′ 19″ N **Long.** : 001° 16′ 09″ W.

LA BREE-LES-BAINS

6-B5 50 km N.-O. Rochefort-sur-mer. 5 m. ✉ 17840

ANTIOCHE D'OLÉRON ★★★ Tourisme 129 E. dont 38 nus, dont 38 GCC. 1,7 ha CV. couverte chauffée. Bord de mer à 150 m. Accueil groupes adultes. Ouvert: 24.3 / 5.11. ☎ 05 46 47 92 00. E-mail : info@camping-antiochedoleron.com. Web : www.camping-antiochedoleron.com. Réduction H.S.
Lat. : 46° 01′ 13″ N **Long.** : 001° 21′ 28″ W.

CAMPING MUNICIPAL LE PLANGINOT ★★ Tourisme 247 E. dont 230 nus 2 ha. Locations : , . Bord de mer à 50 m. ; ; . Ouvert: 1.4 / 15.10. ☎ 05 46 47 82 18. E-mail : camping.planginot@orange.fr. Web : www.labreelesbains.com. Prix 2022. Fft jour : empl. Tourisme (2) : 22 € () ;
Lat. : 46° 01′ 09″ N **Long.** : 001° 21′ 19″ W.

LE BREUIL NC Tourisme 75 E. dont 50 nus 0,9 ha CV. Locations : . Bord de mer à 600 m. Ouvert: 15.4 / 30.9. ☎ 05 46 47 85 46. E-mail : camping.lebreuil@wanadoo.fr. Réduction H.S.
Lat. : 46° 00′ 45″ N **Long.** : 001° 21′ 15″ W.

LE CHATEAU-D'OLERON

9-B1 35 km O.-S.-O. Rochefort sur mer. 5 m. ✉ 17480

LA BRANDE ★★★★★ Tourisme 199 E. dont 117 nus, dont 10 GCC. 4,5 ha la nuit, CV. Locations : . Randonnée pédestre organisée. couverte chauffée. Bord de mer à 300 m. Accueil groupes. Ouvert: 7.4 / 1.10. ☎ 05 46 47 62 37. E-mail : info@camping-labrande.com. Web : www.camping-labrande.com. Prix 2023. Fft nuit : empl. Tourisme (2) : 45 € (E. CC E. GCC) ; sup 11 € nuit ; animaux 6 € nuit. Réduction H.S.
Lat. : 45° 54′ 15″ N **Long.** : 001° 12′ 55″ W.

AIROTEL OLERON ★★★★ Tourisme 133 E. dont 128 nus 4 ha CV. Locations : roulotte. chauffée. Bord de mer à 1 km. Accueil groupes. Ouvert: 31.3 / 30.9. ☎ 05 46 47 61 82. E-mail : info@camping-airotel-oleron.com. Web : www.camping-airotel-oleron.com.
Lat. : 45° 52′ 53″ N **Long.** : 001° 12′ 25″ W.

AU PIGEONNIER ★★★★ Tourisme 72 E. après 23 h, CV. Locations : . Espace Fitness. couverte chauffée . Lac et bord de mer à 1 km. Accueil groupes adultes. Ouvert: 5.4 / 1.10. ☎ 05 46 47 62 20. E-mail : campaupigeonnier@gmail.com. Web : www.camping-aupigeonnier.fr.
Lat. : 45° 53' 16" N **Long.** : 001° 12' 52" W.

FIEF-MELIN ★★★★ Tourisme 144 E. dont 80 nus 2 ha ap. 22 h 30, CV. Locations : . couverte chauffée . Bord de mer à 900 m. Accueil groupes adultes. Ouvert: 1.5 / 30.9. ☎ 05 46 47 60 85. E-mail : lefiefmelin@wanadoo.fr. Web : www.campingfiefmelin.com. Réduction H.S.
Lat. : 45° 53' 39" N **Long.** : 001° 12' 54" W.
FFCC : avantages adhérent : 10% du 01/04 au 30/06 et du 01/09 au 16/1010% du 01/04 au 30/06 et du 01/09 au 16/10 sur les emplacements nus et hébergements locatifs sur présentation de la carte ou rendez-vous dans votre club avantages FFCC pour obtenir le code promotionnel.

LES REMPARTS ★★ Tourisme 200 E. dont 176 nus 3,5 ha CV. A 200 m : . Etang à 10 m ; bord de mer à 50 m. ; . Accueil groupes. Ouvert: 29.3 / 3.11. ☎ 05 46 47 61 93. E-mail : contact@camping-les-remparts-oleron.fr. Web : www.camping-les-remparts-oleron.fr/. Réduction H.S.
Lat. : 45° 53' 23" N **Long.** : 001° 11' 60" W.

LE GRAND-VILLAGE-PLAGE

9-B1 25 km O. Rochefort-sur-Mer. 6 m. ✉ 17370

LE MAINE ★★★★ Loisirs 96 E. dont 23 nus, dont 45 GCC. CV. Locations : . Bord de mer à 1,5 km. Accueil groupes adultes. Ouvert: 26.3 / 15.11. ☎ 05 46 75 42 76. E-mail : contact@campinglemaine-oleron.com. Web : www.campinglemaine.com. Prix 2022. Fft jour : empl. Tourisme (2) : 30 € ( ) ; sup 9,50 € ; 5 € ; 5 €. Réduction H.S.
Lat. : 45° 52' 54" N **Long.** : 001° 14' 52" W.

LES PINS D'OLÉRON ★★★★ Loisirs 243 E. dont 43 nus, dont 67 CC - 180 GCC. 4,5 ha CV. A 5 km : Locations : . Bord de mer à 1,3 km. ; . Accueil groupes. Ouvert: 1.4 / 30.9. ☎ 05 46 47 50 13. E-mail : contact@lespinsdoleron.com. Web : www.lespinsdoleron.com. Réduction H.S.
Lat. : 45° 51' 44" N **Long.** : 001° 14' 26" W.

AZUREVA ILE D'OLERON NC Tourisme 35 E. CV. Locations : . couverte chauffée , , . Accueil groupes. Ouvert: 1.4 / 30.9. ☎ 05 46 47 53 02. E-mail : oleron@azureva-vacances.com. Web : www.azureva-vacances.com.
Lat. : 45° 51' 23" N **Long.** : 001° 13' 45" W.

SAINT-DENIS-D'OLERON

6-B5 54 km N.-O. Rochefort-sur-Mer. 7 m. ✉ 17650

CAP SOLEIL ★★★★ Loisirs 547 E. CV. couverte . Bord de mer à 60 m. Ouvert: 11.4 / 11.9. ☎ 05 46 47 83 03. E-mail : cap.soleil.oleron@wanadoo.fr. Web : www.cap-soleil-oleron.com. Prix 2022. Fft jour : empl. Tourisme (2) : 21 € ( ) ; sup 8 € ;
Lat. : 46° 01' 24" N **Long.** : 001° 21' 45" W.

LES HUTTES ★★★★ Tourisme 229 E. 23 h / 7 h, CV. A 10 km : Locations : . couverte chauffée . Bord de mer à 300 m. . Ouvert: 3.4 / 1.11. ☎ 05 46 75 21 69. E-mail : huttes@capfun.com. Web : www.capfun.com. Réduction H.S.
Lat. : 46° 00' 55" N **Long.** : 001° 23' 31" W.

LES SEULIERES ★★★★ Tourisme 130 E. CV. . Bord de mer à 300 m. . Accueil groupes adultes. Ouvert: 1.4 / 31.10. ☎ 05 46 47 90 51. E-mail : campinglesseulieres@wanadoo.fr. Web : www.campinglesseulieres.com.
Lat. : 46° 00' 15" N **Long.** : 001° 22' 58" W.

BARATAUD ★★★ Loisirs 88 E. Locations : . . Bord de mer à 150 m. Ouvert: 6.6 / 4.10. ☎ 05 46 47 85 73. E-mail : campingbarataud@orange.fr. Web : www.camping-oleron-barataud.com.
Lat. : 46° 00' 36" N **Long.** : 001° 23' 22" W.

LE CHASSIRON ★★★ Tourisme 40 E. dont 29 nus 1 ha CV. A 5 km : Locations : roulotte. Bord de mer à 200 m. Ouvert: 1.4 / 13.11. ☎ 05 46 76 80 56. E-mail : lechassiron@gmail.com. Web : www.campinglechassiron.fr. Prix 2022. Fft jour : empl. Tourisme (2) : 24 € ( ) ; sup 4,50 € ; animaux 3,50 €.
Lat. : 46° 02' 31" N **Long.** : 001° 24' 17" W.

LE PHARE OUEST ★★★ Tourisme 300 E. dont 70 nus 3 ha CV . Locations : . . Accès direct à la mer. ; . Ouvert: 1.6 / 30.9. ☎ 05 46 47 90 00. E-mail : campingphareouest@orange.fr. Web : www.campingphareouest.com.
Lat. : 46° 02' 21" N **Long.** : 001° 23' 18" W.

LE SABIA ★★★ Tourisme 34 E. 0,5 ha CV. Espace Fitness. chauffée . Bord de mer à 150 m. Ouvert: 1.4 / 31.10. ☎ 05 46 47 97 84. E-mail : le.sabia@orange.fr. Web : www.camping-le-sabia.com.
Lat. : 46° 02' 27" N **Long.** : 001° 23' 27" W.

LES BEAUPINS ★★★ Tourisme 37 E. CV. Locations : , , , . Bord de mer à 1 km. ; . Ouvert: 1.4 / 30.9. ☎ 05 46 47 85 74. E-mail : beaupins@vacances-ulvf.com. Web : www.vacances-ulvf.com.
Lat. : 46° 02' 17" N **Long.** : 001° 23' 18" W.

LES OLIVIERS ★★★ Loisirs 202 E. 4 ha ap. 22 h. chauffée . Accès direct à l'étang ; bord de mer à 100 m. ; . Ouvert: 1.6 / 15.9. ☎ 05 46 47 93 42. E-mail : camping-lesoliviersl@orange.fr. Web : www.campinglesoliviers-oleron.com.
Lat. : 46° 00' 12" N **Long.** : 001° 36' 54" W.

CAMPING MUNICIPAL ★★ Tourisme 370 E. CV. . Accès direct à la mer. ; . Accueil groupes. Ouvert: 15.3 / 15.10. ☎ 05 46 47 85 62. E-mail : camping-municipal-st-denis-doleron@wanadoo.fr.
Lat. : 46° 02' 18" N **Long.** : 001° 22' 30" W.

LES HAMEAUX DES MARINES P.R.L ★★ NN48 E. CV. A 2 km : Locations : , . Randonnée pédestre organisée. couverte chauffée . Bord de mer à 300 m. . . Accueil groupes. Ouvert: 1.1 / 31.12. ☎ 05 55 84 34 48. E-mail : reservation@relaisterresdefrance.com. Web : www.terresdefrance.com. Réduction H.S.
Lat. : 46° 00' 49" N **Long.** : 001° 23' 31" W.

LES LAURIERS ★★ Tourisme 69 E. dont 37 nus 0,9 ha CV. Locations : . Bord de mer à 100 m. . Ouvert: 1.4 / 30.9. ☎ 05 46 47 91 53. E-mail : campingleslauriers@gmail.com. Web : www.campingleslauriers.fr.
Lat. : 46° 01' 59" N **Long.** : 001° 22' 25" W.

SAINT-GEORGES-D'OLERON

9-B1 30 km N.-O. Rochefort-sur-Mer. 5 m. ✉ 17190

LA BOULINIÈRE ★★★★★ Loisirs 217 E. CV. A 4 km : Locations : . Randonnée pédestre organisée. chauffée , , . Bord de mer à 1,8 km. ; . Ouvert: 20.6 / 6.9. ☎ 05 46 76 69 07. E-mail : contact@campinglabouliniere.com. Web : www.campinglabouliniere.com.
Lat. : 45° 57' 27" N **Long.** : 001° 21' 44" W.

LES 4 VENTS D'OLERON ★★★★★ Loisirs 308 E. dont 60 nus 7,2 ha CV . Locations : . chauffée . Etang à 1 km ; bord de mer à 2 km. ; . Ouvert: 1.7 / 31.8. ☎ 05 46 76 65 47. E-mail : camping4vents.oleron@wanadoo.fr. Web : www.camping-oleron-4vents.com. Réduction H.S.
Lat. : 45° 58' 08" N **Long.** : 001° 19' 17" W.

LES GROS JONCS ★★★★★ Tourisme 253 E. dont 49 nus, dont 170 GCC. CV. Locations : . Espace Fitness. couverte chauffée , Bord de mer à 200 m. ; Accueil groupes. Ouvert: 26.3 / 12.11. ☎ 05 46 76 52 29. E-mail : info@les-gros-joncs.fr. Web : www.camping-les-gros-joncs.com. Réduction H.S.
Lat. : 45° 57' 13" N **Long.** : 001° 22' 46" W.

LES GROSSES PIERRES ★★★★★ Tourisme 291 E. dont 4 nus 4 ha CV. Locations : . Espace Fitness. couverte chauffée , . Bord de mer à 900 m. ; . Ouvert: 7.4 / 24.9. ☎ 02 51 28 10 20. E-mail : lesgrossespierres@vagues-oceanes.com. Web : www.camping-vagues-oceanes.com/camping-ile-oleron/grosses-pierres.html?utm_source=campingfrance&utm_medium=annuaire&utm_campaign=grosses-pierres. Prix 2023. Fft nuit : empl. Tourisme (2) : 65 € ( )
Lat. : 45° 57' 40" N **Long.** : 001° 22' 13" W.

MER ET SOLEIL D'OLÉRON ★★★★★ Loisirs 493 E.
14 ha le soir, CV . A 3 km : Randonnée pédestre organisée. couverte chauffée . Bord de mer à 1,5 km. ; . Ouvert: 8.4 / 5.11. ☎ 05 46 76 52 22. E-mail : contact@mersoleil-oleron.fr. Web : www.mersoleil-oleron.fr. Réduction H.S.
Lat. : 45° 57' 34" N **Long.** : 001° 21' 59" W.

SIGNOL ★★★★★ Tourisme 337 E. dont 34 nus
8 ha CV . Locations : , cabanes, roulotte. Randonnée pédestre organisée. Espace Fitness. couverte chauffée . Bord de mer à 800 m. ; . Ouvert: 7.4 / 17.9. ☎ 02 51 20 41 94. E-mail : contact@olela.fr. Web : www.olela.fr/campings/camping-signol.
Lat. : 45° 58' 05" N **Long.** : 001° 14' 40" W.

VERÉBLEU ★★★★★ Tourisme 324 E. dont 165 nus CV . A 3 km : Locations : . Randonnée pédestre organisée. chauffée , , . Bord de mer à 2,8 km. . Ouvert: 11.6 / 11.9. ☎ 05 46 76 57 70. E-mail : contact@campingverebleu.com. Web : campingverebleu.com. Prix 2022. Fft nuit : empl. Tourisme (2) : 48 € ( ) ; Réduction H.S.
Lat. : 45° 58' 16" N **Long.** : 001° 19' 03" W.

APV L'ANSE DES PINS ★★★★ Tourisme 341 E. dont 67 nus 7,5 ha CV . Locations : . couverte chauffée . Bord de mer à 50 m. . Ouvert: 8.4 / 17.9. ☎ 05 46 76 55 97. E-mail : contacts@camping-apv.com. Web : www.camping-apv.com. Prix 2023. Fft jour : empl. Tourisme (4) : 65 € ( ) ; sup 11 € ; animaux 3 € ; 7 €.
Lat. : 45° 58' 14" N **Long.** : 001° 23' 12" W.

LA CAMPIERE ★★★★ Tourisme 66 E. dont 50 nus 1,7 ha CV . A 3 km : Locations : . chauffée . Bord de mer à 500 m. . Accueil groupes adultes. Ouvert: 6.4 / 28.9. ☎ 05 46 76 72 25. E-mail : lacampierre@orange.fr. Web : www.la-campiere.com. Réduction H.S.
Lat. : 45° 59' 32" N **Long.** : 001° 22' 47" W.

LE DOMAINE D'OLÉRON ★★★★ Tourisme 172 E. dont 68 nus
3,5 ha CV . Locations : . chauffée . Bord de mer à 2,5 km. . Accueil groupes adultes. Ouvert: 7.4 / 24.9. ☎ 05 46 76 54 97. E-mail : info@chadotel.com. Web : www.chadotel.com. Prix 2023. Fft jour : empl. Tourisme (2) : 41 € ( ) ; sup 6,40 € ; animaux 4 € ; 4,20 €. Réduction H.S.
Lat. : 45° 58' 04" N **Long.** : 001° 19' 07" W.
FFCC : avantages adhérent : 17 € du 07/04 au 06/07 et du 30/08 au 24/09 sur emp. et 15% du 07/04 au 02/07 et du 26/08 au 24/09 sur loc. + 5% sur locatifs du 02/07 au 26/08. Rendez-vous dans votre Club avantages pour obtenir le code promotionnel et les conditions de l'offre. Réservation par téléphone au 02 51 33 05 05, sur le site du partenaire (présentation de la carte de membre).

LE SUROIT ★★★★ Tourisme 266 E. dont 223 nus CV . A 5 km : Locations : . couverte chauffée . Bord de mer à 60 m. ; ; . Accueil groupes. Ouvert: 30.3 / 29.9. ☎ 05 46 47 07 25. E-mail : info@camping-lesuroit.com. Web : www.camping-lesuroit.com. Réduction H.S.
Lat. : 45° 56' 51" N **Long.** : 001° 22' 21" W.

LES CABANES D'OLÉRON ★★★★ Tourisme 190 E. 3 ha le soir, CV . Locations : , cabanes. couverte chauffée . Bord de mer à 1,5 km. ; . Ouvert: 7.4 / 4.9. ☎ 02 51 28 10 20. E-mail : lesgrossespierres@vagues-oceanes.com. Web : www.camping-vagues-oceanes.com. Prix 2022. Fft nuit : empl. Tourisme (3) : 54 € ( )
Lat. : 45° 57' 35" N **Long.** : 001° 21' 57" W.

OLÉRON LOISIRS ★★★★ Tourisme 321 E. dont 16 nus
6 ha CV . A 3 km : Locations : . Espace Fitness. couverte chauffée , . Bord de mer à 3 km. ; . . Ouvert: 8.4 / 17.9. ☎ 05 46 76 50 20. E-mail : info@oleron-loisirs.com. Web : www.camping-oleron-loisirs.com. Prix 2023. Fft nuit : empl. Tourisme (2) : 59 € ( )
Lat. : 45° 58' 13" N **Long.** : 001° 18' 52" W.

LE TRANSAT ★★★ Loisirs 77 E. 1,5 ha CV . A 4 km : Locations : . chauffée , . Etang à 1 km ; rivière à 2,4 km ; bord de mer à 2,5 km. Ouvert: 1.4 / 29.9. ☎ 05 46 76 61 69. E-mail : contact@camping-letransat.fr. Web : www.camping-letransat.fr/. Réduction H.S.
Lat. : 45° 58' 00" N **Long.** : 001° 19' 03" W.

LES COQUETTES ★★★ Tourisme 65 E. dont 22 nus 1 ha CV . chauffée . Bord de mer à 500 m. . Ouvert: 2.4 / 1.10. ☎ 05 46 76 49 29. E-mail : info@campingles coquettes.com. Web : www.camping-oleron-lescoquettes.com/. Réduction H.S.
Lat. : 45° 57' 26" N **Long.** : 001° 22' 42" W.

LES SABLES VIGNIERS PLAGE ★★★ Loisirs 263 E. dont 51 nus
1 ha CV . Locations : , cosweet, tonneau. couverte chauffée , . Bord de mer à 300 m. . Ouvert: 1.4 / 30.10. ☎ 05 46 76 52 31. E-mail : accueil@camping-sablesvignierplage.com. Web : www.campingsablesvignierplage.com/. Prix 2022. Fft jour : empl. Tourisme (2) : 33,7 € ( )
Lat. : 45° 57' 35" N **Long.** : 001° 22' 56" W.
FFCC : avantages adhérent : 20 € du 08/04 au 09/07 et du 04/09 au 30/10 sur emp.

C.C.D.F. LA GAUTRELLE ★★ Tourisme 251 E. dont 223 nus
CV . Locations : . , . Accès direct à la mer. ; ; . Accueil groupes adultes. Ouvert: 9.4 / 6.11. ☎ 05 46 47 21 57. E-mail : ccdf.lagautrelle@wanadoo.fr. Web : www.campingclubdefrance.fr. Prix 2023. Fft jour : empl. Tourisme (2) : 22 € (E. CC) ; sup 5 € ; animaux 2 €. Réduction H.S.
Lat. : 45° 59' 14" N **Long.** : 001° 17' 36" W.
FFCC : avantages adhérent : 18 € du 07/04 au 01/07 et du 26/08 au 06/11 sur emp. et entre 27 € et 127 € la nuitée et entre 165 € et 847 € la semaine du 07/04 au 01/07 et du 26/08 au 06/11 sur loc.

LES PAYOLLES ★★ Tourisme 26 E. dont 2 nus, dont 2 GCC. 0,7 ha CV . Locations : . . Bord de mer à 1 km. Ouvert: 1.4 / 30.9. ☎ 05 46 76 63 33. E-mail : contact@campinglespayolles.fr. Web : www.campinglespayolles.fr. Réduction H.S.
Lat. : 45° 59' 24" N **Long.** : 001° 22' 24" W.

LES SAUMONARDS ★★ Tourisme 267 E. dont 267 nus 6 ha CV . Locations : . Bord de mer à 100 m. ; ; . Accueil groupes. Ouvert: 1.4 / 15.10. ☎ 05 46 47 23 20. E-mail : campingles saumonards@outlook.fr. Web : www.entreprisefrery.com/camping-les-saumonards/. Prix 2023. Fft jour : empl. Tourisme (3) : 25,7 € ( ) ; sup 5,40 € ; animaux 2,90 € ; 3,20 € ; 5 €.
Lat. : 45° 58' 42" N **Long.** : 001° 14' 28" W.

CAMPING GCU - ST GEORGES D'OLERON ★ Tourisme 107 E. . Bord de mer à 500 m. Ouvert: 4.4 / 28.9. ☎ 05 46 76 65 98. E-mail : gcu@gcu.asso.fr. Web : www.gcu.asso.fr.
Lat. : 45° 59' 21" N **Long.** : 001° 18' 51" W.

SAINT-PIERRE-D'OLERON

9-B1 36 km N.-O. Rochefort-sur-Mer. 5 m. ✉ 17310

AQUA 3 MASSES ★★★ Tourisme 143 E. 3 ha CV . Locations : . couverte chauffée . Bord de mer à 1,8 km. . Ouvert: 22.3 / 25.10. ☎ 05 46 47 23 96. E-mail : accueil@campingaqua3masses.com. Web : www.campingaqua3masses.com. Réduction H.S.
Lat. : 45° 55' 06" N **Long.** : 001° 17' 32" W.

L'OREE DES BOIS ★★★ Loisirs 60 E. CV . chauffée. Bord de mer à 1,5 km. Ouvert: 1.4 / 26.10. ☎ 05 46 75 42 88. E-mail : contact@campingoreedesbois.com. Web : www.campingoreedesbois.fr.
Lat. : 45° 55' 08" N **Long.** : 001° 17' 15" W.

LA DOUCELIÈRE ★★★ Loisirs 30 E. CV. Locations : . , . Bord de mer à 2,5 km. . . Ouvert: 1.1 / 31.12. ☎ 05 46 47 19 24. E-mail : contact@camping-les-cercelles.com. Réduction H.S.
Lat. : 45° 55' 14" N **Long.** : 001° 17' 29" W.

LA PERROCHE PLAGE ★★★ Tourisme 100 E. dont 65 nus 1,5 ha 22 h / 7 h 30, CV . A 5 km : Locations : , . Accès direct à la mer.. Accueil groupes. Ouvert: 4.4 / 3.10. ☎ 05 46 75 37 33. E-mail : laperroche@oleron-camping.eu. Web : www.oleron-camping.eu. Réduction H.S.
Lat. : 45° 54' 06" N **Long.** : 001° 18' 09" W.

LE SOUS BOIS ★★★ Tourisme 134 E. dont 97 nus 2 ha CV . Locations : , . Bord de mer à 150 m. . Accueil groupes adultes. Ouvert: 1.4 / 1.11. ☎ 05 46 47 22 46. E-mail : resa.lesousbois@orange.fr. Web : www.camping-lesousbois-oleron.com. Réduction H.S.
Lat. : 45° 55' 23" N **Long.** : 001° 20' 29" W.

LES CERCELLES ★★★ Tourisme 87 E. dont 37 nus 1,2 ha CV . A 3 km : Locations : . couverte chauffée . Bord de mer à 2 km. . Accueil groupes. Ouvert: 1.1 / 31.12. ☎ 05 46 47 19 24. E-mail : contact@camping-les-cercelles.com. Web : www.camping-les-cercelles.com. Réduction H.S.
Lat. : 45° 55' 12" N **Long.** : 001° 17' 23" W.

LES CUPRESSUS ★★★ Tourisme 32 E. dont 1 nus CV . chauffée. Bord de mer à 100 m. ; . Accueil groupes. Ouvert: 1.4 / 30.9. ☎ 06 84 52 81 49. E-mail : campinglescupressus@orange.fr. Web : www.camping-oleron.info.
Lat. : 45° 55' 32" N **Long.** : 001° 20' 43" W.

LES FLOTS N° 4 ★★★ Loisirs 115 E. dont 24 nus 2,5 ha 22 h 30 / 7 h 30, CV . Locations : . Espace Fitness. chauffée . Bord de mer à 400 m. . Ouvert: 1.7 / 31.8. ☎ 05 46 75 35 77. E-mail : contact@camping-les-flots.com. Web : www.camping-les-flots.com. Prix 2022. Fft jour : empl. Tourisme (2) : 29 € ( ) ; sup 7,50 € ; animaux 3,50 € ; 7,50 €.
Lat. : 45° 54' 11" N **Long.** : 001° 18' 04" W.

LES TAMARIS ★★★ Loisirs 266 E. CV. . Bord de mer à 150 m. ; . . Ouvert: 15.3 / 15.11. ☎ 05 46 47 10 51. E-mail : contact@camping-les-tamaris.com. Web : www.camping-les-tamaris.com.
Lat. : 45° 55' 13" N **Long.** : 001° 20' 16" W.

CAMPING LE PRELONG ★★ Tourisme 72 E. dont 43 nus CV . Locations : . Bord de mer à 600 m. Ouvert: 4.4 / 30.9. ☎ 05 46 75 05 30. E-mail : camping-leprelong@orange.fr. Web : www.camping-leprelong.monsite.orange.fr. Réduction H.S.
Lat. : 45° 56' 56" N **Long.** : 001° 21' 59" W.

FLEUR D'OLERON ★★ Tourisme 103 E. 1,8 ha CV . Locations : . . Bord de mer à 2 km. Accueil groupes adultes. Ouvert: 1.5 / 30.9. ☎ 05 46 36 11 40. E-mail : contact@camping-fleur-oleron.com. Web : camping-fleur-oleron.com.
Lat. : 45° 55' 05" N **Long.** : 001° 17' 54" W.

FORT ROYER ★★ Loisirs 120 E. dont 72 nus 3 ha CV. A 5 km : Bord de mer à 800 m. Ouvert: 13.6 / 12.9. ☎ 05 46 47 70 69. E-mail : campingstelia@orange.fr.
Lat. : 45° 57' 48" N **Long.** : 001° 14' 40" W.

LES FLOTS-ATLANTIQUE P.R.L ★★ NN143 E. CV. Locations : , . Accès direct à la mer. Ouvert: 1.4 / 31.10. ☎ 05 46 76 59 56. E-mail : camping@lesflots-atlantique.fr. Web : www.lesflots-atlantique.fr.
Lat. : 45° 54' 05" N **Long.** : 001° 18' 03" W.

LES PINS ★★ Tourisme 50 E. dont 19 nus
0,55 ha CV . A 4 km : Locations : . , . Accès direct à la mer. ; . . Ouvert: 30.3 / 30.9. ☎ 05 46 47 11 32. E-mail : camping.les.pinsm.c@wanadoo.fr. Web : www.camping-lespins-oleron.com. Réduction H.S.
Lat. : 45° 55' 23" N **Long.** : 001° 20' 30" W.

LES OYATS NC Tourisme 21 E. . Bord de mer à 400 m. ☎ 05 46 76 44 38.
Lat. : 45° 55' 43" N **Long.** : 001° 20' 24" W.

CAMPING A LA FERME . Ouvert: 15.6 / 1.9. ☎ 05 46 47 09 58.
Lat. : 45° 56' 58" N **Long.** : 001° 21' 54" W.

SAINT-TROJAN-LES-BAINS

9-B1 30 km S.-O. Rochefort-sur-Mer. 7 m. ✉ 17370

CAMPING ST-TRO'PARK ★★★★ Tourisme 208 E. dont 95 nus
CV . Locations : . Espace Fitness. chauffée . Bord de mer à 1,2 km. Ouvert: 15.4 / 30.9. ☎ 05 46 76 00 47. E-mail : info@st-tro-park.com. Web : www.st-tro-park.com. Réduction H.S.
Lat. : 45° 49' 45" N **Long.** : 001° 12' 58" W.

HUTTOPIA OLÉRON LES PINS ★★★ Tourisme 192 E. dont 115 nus
CV . A 900 m : . Locations : , . chauffée . Bord de mer à 1 km. Ouvert: 7.4 / 6.11. ☎ 05 46 76 02 39. E-mail : oleron-pins@huttopia.com. Web : europe.huttopia.com/site/camping-oleron-les-pins. Prix 2023. Fft jour : empl. Tourisme (2) : 21 € ( ). Réduction H.S.
Lat. : 45° 49' 52" N **Long.** : 001° 12' 50" W.
FFCC : avantages adhérent : 10% du 28/04 au 01/07 et du 31/08 au 24/0910% du 28/04 au 01/07 et du 31/08 au 24/09 sur emp. et loc. + 5% de réduction en juillet-août sur les emplacements nus et locatifs * frais de réservation offerts Rendez-vous dans votre club avantages FFCC pour obtenir le code promotionnel.

LES BRIS ★★★ Tourisme 160 E. . Locations : . , . Bord de mer à 500 m. . Ouvert: 7.4 / 22.9. ☎ 05 46 76 00 39. E-mail : reservation@groupevla.fr. Web : www.groupevla.fr.
Lat. : 45° 49' 21" N **Long.** : 001° 13' 01" W.

MONPLAISIR ★★ Tourisme 129 E. CV . Locations : . chauffée . Bord de mer à 1,5 km. Accueil groupes adultes. Ouvert: 9.4 / 17.9. ☎ 05 46 76 01 03. E-mail : odalys@odalys-vacances.com. Web : www.odalys-vacances.com.
Lat. : 45° 50' 02" N **Long.** : 001° 12' 47" W.

ILE DE RÉ

ARS-EN-RE

6-B5 24 km N.-O. La Rochelle. 3 m. ✉ 17590

LE CORMORAN ★★★★★ Tourisme 114 E. dont 21 nus
2,25 ha CV . Locations : . Randonnée pédestre organisée. Espace Fitness. chauffée , . Bord de mer à 500 m. Accueil groupes. Ouvert: 1.4 / 2.10. ☎ 0 5 79 87 02 59. E-mail : reservation@groupecamping.fr. Web : www.cormoran.com. Réduction H.S.
Lat. : 46° 12' 41" N **Long.** : 001° 31' 48" W.

CAMP DU SOLEIL ★★★★ Tourisme 111 E. dont 67 nus 1,4 ha CV . Locations : , . chauffée . Bord de mer à 400 m. . Accueil groupes. Ouvert: 1.4 / 30.9. ☎ 05 46 29 40 62. E-mail : contact@campdusoleil.com. Web : www.campdusoleil.com.
Lat. : 46° 12' 11" N **Long.** : 001° 31' 13" W.

CAMPIOTEL DES DUNES ★★★★ Tourisme 108 E. dont 12 nus
2 ha CV . Locations : . Espace Fitness. chauffée . Accès direct à la mer. Accueil groupes. Ouvert: 7.4 / 24.9. ☎ 0 5 46 29 41 41. E-mail : reservation@grouperomanee.com. Web : www.campiotel.com.
Lat. : 46° 13' 12" N **Long.** : 001° 31' 42" W.

CAMPING ESSI ★★★ Tourisme 138 E. dont 98 nus, dont 40 GCC.
CV . chauffée . Accès direct à la mer. ; . Accueil groupes adultes. Ouvert: 1.4 / 31.10. ☎ 05 46 29 44 73. E-mail : camping.essi@orange.fr. Web : www.campingessi.com. Réduction H.S.
Lat. : 46° 12' 11" N **Long.** : 001° 31' 36" W.
FFCC : avantages adhérent : 19 € du 01/04 au 17/06 et du 09/09 au 31/10 sur emp.

LA COMBE À L'EAU ★ Tourisme 230 E. dont 214 nus 4,5 ha CV . Locations : . . Bord de mer à 100 m. Accueil groupes. Ouvert: 7.4 / 25.9. ☎ 05 46 29 46 42. E-mail : info@camping-lacombealeau.com. Web : www.camping-lacombealeau.com.
Lat. : 46° 12' 42" N **Long.** : 001° 32' 14" W.

LA COUARDE-SUR-MER

6-B5 25 km N.-O. La Rochelle. 3 m. ✉ 17670

L'OCÉAN ★★★★★ Tourisme 338 E.
CV . Locations : . chauffée , , , . Accès direct à l'étang ; bord de mer à 50 m. . Accueil groupes. Ouvert: 7.4 / 24.9. ☎ 05 46 29 87 70. E-mail : ocean@edenvillages.fr. Web : www.eden-villages.fr/campings/ocean.
Lat. : 46° 12' 15" N **Long.** : 001° 28' 02" W.
FFCC : avantages adhérent : 10% du 07/04 au 02/07 et du 27/08 au 24/0910% du 07/04 au 02/07 et du 27/08 au 24/09 sur emp. et loc.

LA TOUR DES PRISES ★★★★ Tourisme 140 E. dont 77 nus
1,5 ha CV . A 1,5 km : Locations : . couverte chauffée . Bord de mer à 600 m. . Accueil groupes. Ouvert: 1.4 / 30.9. ☎ 05 46 29 84 82. E-mail : camping@lesprises.com. Web : www.lesprises.com. Réduction H.S.
Lat. : 46° 12' 16" N **Long.** : 001° 26' 46" W.
FFCC : avantages adhérent : 23 € du 02/04 au 10/07 et du 28/08 au 22/09 sur emp. et entre 60 € et 90 € la nuitée et entre 360 € et 625 € la semaine du 02/04 au 01/07 et du 02/09 au 22/09 sur loc.

CAMPING MUNICIPAL LE REMONDEAU ★★★ Tourisme 176 E. dont 171 nus
CV . A 200 m : . . Accès direct à la mer. ; . Accueil groupes adultes. Ouvert: 15.3 / 7.11. ☎ 05 46 29 84 27. E-mail : campingleremondeau@wanadoo.fr. Web : www.leremondeau.fr. Réduction H.S.
Lat. : 46° 11' 36" N **Long.** : 001° 26' 05" W.
FFCC : avantages adhérent : 23 € du 15/03 au 30/06 et du 01/09 au 07/11 sur emp.

LE PUMA ★★★ Tourisme 67 E. dont 72 nus 1,5 ha la nuit, CV . Locations : . . Bord de mer à 400 m. . Ouvert: 31.3 / 4.11. ☎ 05 46 29 85 68. E-mail : campinglepuma@orange.fr. Web : www.lepuma.com. Réduction H.S.
Lat. : 46° 12' 08" N **Long.** : 001° 27' 03" W.

LE BOIS HENRI IV ★★ Tourisme 117 E. dont 83 nus CV . Bord de mer à 200 m. Accueil groupes. Ouvert: 1.4 / 30.9. ☎ 05 46 29 87 01. E-mail : campingduboishenri4@gmail.com. Web : campingduboishenri4.com.
Lat. : 46° 12' 11" N **Long.** : 001° 27' 19" W.

LA FLOTTE

6-B5 20 km N.-O. Rochefort-sur-Mer. 11 m. ✉ 17630

LA GRAINETIÈRE ★★★★★ Tourisme 140 E. dont 50 nus
2,6 ha ap. 22 h 30, CV . A 4 km : Locations : roulotte. couverte chauffée . Bord de mer à 1,5 km. Ouvert: 1.4 / 30.9. ☎ 05 46 09 68 86. E-mail : la-grainetiere@orange.fr. Web : www.la-grainetiere.com.
Lat. : 46° 11' 15" N **Long.** : 001° 20' 39" W.

BEL AIR ★★★★ Tourisme 215 E. dont 175 nus
CV . A 4 km : Locations : . chauffée . Bord de mer à 900 m. Accueil groupes enfants. Ouvert: 5.4 / 28.9. ☎ 05 46 09 63 10. E-mail : camping.bel-air@flowercampings.com. Web : www.bel-air-camping.com.
Lat. : 46° 10' 55" N **Long.** : 001° 19' 52" W.
FFCC : avantages adhérent : 21 € du 01/04 au 24/06 et du 27/08 au 02/10 sur emp.

L'ILE BLANCHE ★★★★ Loisirs 187 E. 22 h 30 / 7 h 30, CV . Locations : . couverte chauffée , , . Bord de mer à 1 km. . Accueil groupes. Ouvert: 1.4 / 1.10. ☎ 05 46 09 52 43. E-mail : contact@ile-blanche.com. Web : www.ileblanche.com.
Lat. : 46° 11' 23" N **Long.** : 001° 20' 51" W.

LES PEUPLIERS ★★★★ Tourisme 206 E.
CV . Locations : . Espace Fitness. chauffée . Bord de mer à 800 m. ; . Ouvert: 7.4 / 17.9. ☎ 02 51 20 41 94. E-mail : contact@olela.fr. Web : www.olela.fr/campings/camping-peupliers.
Lat. : 46° 11' 01" N **Long.** : 001° 18' 29" W.

BELLEVUE BON ACCUEIL ★★ Tourisme 55 E. 0,6 ha CV. A 3 km : . Bord de mer à 100 m. ; . Ouvert: 1.5 / 30.9. ☎ 05 46 09 50 87. E-mail : camping_bellevue@orange.fr. Web : www.bellevuebonaccueil.net. Réduction H.S.
Lat. : 46° 11' 06" N **Long.** : 001° 18' 53" W.

CAMPING GCU - LA FLOTTE ★ Tourisme 134 E. . Locations : . , . Bord de mer à 400 m. ; . . Ouvert: 28.6 / 31.8. ☎ 05 46 09 85 50. E-mail : gcu@gcu.asso.fr. Web : www.gcu.asso.fr.
Lat. : 46° 10' 48" N **Long.** : 001° 17' 31" W.

LE BOIS-PLAGE-EN-RE

6-B5 22 km N.-O. Rochefort-sur-Mer. 9 m. ✉ 17580

INTERLUDE ★★★★★ Tourisme 309 E. dont 100 nus
CV . A 5 km : Locations : . couverte chauffée . Bord de mer à 50 m. Accueil groupes. Ouvert: 2.4 / 26.9. ☎ 05 46 09 18 22. E-mail : infos@interlude.fr. Web : www.interlude.fr. Réduction H.S.
Lat. : 46° 10' 29" N **Long.** : 001° 22' 41" W.

AMIS DE LA PLAGE ★★★★ Tourisme 152 E. dont 45 nus CV . Locations : . , . Accès direct à la mer. . Accueil groupes adultes. Ouvert: 7.4 / 24.9. ☎ 05 46 09 24 01. E-mail : amisdelaplage@sandaya.fr. Web : www.sandaya.fr/nos-campings/amis-de-la-plage. Réduction H.S.
Lat. : 46° 10' 39" N **Long.** : 001° 23' 12" W.

APV ANTIOCHE ★★★★ Tourisme 137 E. dont 76 nus 2,1 ha CV . Locations : , . . Bord de mer à 200 m. Ouvert: 8.4 / 17.9. ☎ 05 46 09 23 86. E-mail : contacts@camping-apv.com. Web : www.camping-apv.com/. Prix 2023. Fft jour : empl. Tourisme (11) : 61,5 € ( )
Lat. : 46° 10' 04" N **Long.** : 001° 21' 53" W.

APV AU VAL DE LOIRE EN RÉ ★★★★ Tourisme 209 E. dont 42 nus CV. A 3 km : Locations : chauffée , Bord de mer à 900 m. Ouvert: 8.4 / 17.9. ☎ 05 46 09 17 26. E-mail : contacts@camping-apv.com. Web : www.camping-apv.com/. Prix 2023. Fft jour : empl. Tourisme (4) : 65 € () ; sup 11 € ; animaux 3 € ; 7 €.
Lat. : 46° 10' 11" N **Long.** : 001° 21' 16" W.

LA BONNE ÉTOILE ★★★★ Tourisme 202 E. CV. A 3 km : Locations : couverte chauffée . Bord de mer à 1,5 km. Accueil groupes. Ouvert: 5.4 / 17.11. ☎ 05 46 09 10 16. E-mail : bonne-etoile@capfun.com. Web : www.capfun.com.
Lat. : 46° 10' 56" N **Long.** : 001° 22' 12" W.

LE VILLAGE DU SUROIT ★★★★ Tourisme 240 E. dont 20 nus 4,7 ha CV. A 3 km : Locations : couverte chauffée. Bord de mer à 600 m. Ouvert: 8.4 / 6.11. ☎ 05 35 00 01 94. E-mail : contact@lesuroit.fr. Web : www.lesuroit.fr.
Lat. : 46° 10' 53" N **Long.** : 001° 23' 00" W.

LE VILLAGE OCÉANIQUE ★★★★ Tourisme 111 E. dont 111 GCC. Locations : . Espace Fitness. chauffée , . Bord de mer à 3 km. Ouvert: 6.2 / 13.11. ☎ 05 46 09 23 22. E-mail : iledere@touristravacances.com. Web : www.touristravacances.com.
Lat. : 46° 10' 19" N **Long.** : 001° 21' 23" W.

LES VARENNES ★★★★ Tourisme 141 E. dont 56 nus CV. Locations : . couverte chauffée . Bord de mer à 300 m. Ouvert: 9.4 / 30.9. ☎ 05 46 09 15 43. E-mail : info@les-varennes.com. Web : www.les-varennes.com.
Lat. : 46° 10' 44" N **Long.** : 001° 22' 59" W.

LES BARJOTTES ★★ Tourisme 107 E. dont 50 nus CV. Locations : . Bord de mer à 300 m.. Ouvert: 1.4 / 31.10. ☎ 05 46 09 22 57. E-mail : camping.lesbarjottes@orange.fr. Web : www.camping-lesbarjottes.fr.
Lat. : 46° 10' 51" N **Long.** : 001° 36' 33" W.

LES DUNES ★★ Tourisme 57 E. 0,9 ha . Bord de mer à 400 m. ; . Ouvert: 15.4 / 30.9. ☎ 05 46 35 00 28. E-mail : camping-des-dunes@orange.fr. Web : www.campingdesdunes-iledere.fr.
Lat. : 46° 11' 12" N **Long.** : 001° 23' 34" W.

LES PINS ★★ Tourisme 16 E. dont 6 nus CV. A 3 km : Locations : . Bord de mer à 700 m. Ouvert: 26.3 / 6.11. ☎ 05 16 85 96 36. E-mail : contact@campinglespins-iledere.fr. Web : www.campinglespins-iledere.fr/. Prix 2022. Fft jour : empl. Tourisme (2) : 25 € () ; sup 6 € ; animaux 2 €.
Lat. : 46° 11' 06" N **Long.** : 001° 23' 22" W.

TAMARINS PLAGE ★★ Tourisme 135 E. CV. Bord de mer à 300 m. Ouvert: 4.4 / 31.10. ☎ 08 25 27 32 73. E-mail : odalys@odalys-vacances.com. Web : www.odalys-vacances.com.
Lat. : 46° 11' 12" N **Long.** : 001° 24' 25" W.

CAMPING GCU - LE BOIS PLAGE EN RE ★ Tourisme 128 E. . Bord de mer à 400 m. Ouvert: 4.4 / 2.11. ☎ 05 46 09 32 79. E-mail : gcu@gcu.asso.fr. Web : www.gcu.asso.fr.
Lat. : 46° 10' 10" N **Long.** : 001° 21' 57" W.

LES PORTES-EN-RE

6-B5 28 km N.-O. La Rochelle. 3 m. ✉ 17880

LE PHARE ★★★★ Tourisme 324 E. dont 169 nus CV. Locations : . , , Bord de mer à 50 m. ; . Accueil groupes. Ouvert: 30.4 / 27.9. ☎ 05 46 29 56 82. E-mail : contact@lephare-iledere.com. Web : www.lephare-iledere.com/fr.
Lat. : 46° 14' 50" N **Long.** : 001° 29' 07" W.

SEASONOVA ILE DE RÉ ★★★ Tourisme 130 E. dont 98 nus CV. Locations : . Randonnée pédestre organisée. Bord de mer à 300 m. Ouvert: 2.4 / 31.10. ☎ 05 46 29 51 04. E-mail : contact@camping-seasonova-ildere.com. Web : vacances-seasonova.com/en/camping/camping-ile-de-re. Réduction H.S.
Lat. : 46° 14' 54" N **Long.** : 001° 29' 34" W.
FFCC : avantages adhérent : 20 € du 01/04 au 01/07 et du 28/08 au 15/10 sur emp.

LOIX

6-B5 30 km N.-O. La Rochelle. 3 m. ✉ 17111

CAMPING LES ILATES ★★★★ Tourisme 217 E. dont 62 nus CV. Locations : , cabanes. chauffée , , . Bord de mer à 500 m. ; . Accueil groupes. Ouvert: 25.3 / 1.10. ☎ 05 46 29 05 43. E-mail : camping.les.ilates@flowercampings.com. Web : www.camping-loix.com.
Lat. : 46° 13' 40" N **Long.** : 001° 25' 38" W.
FFCC : avantages adhérent : 21 € du 01/04 au 24/06 et du 27/08 au 02/10 sur emp.

RIVEDOUX-PLAGE

6-B5 10 km O. La Rochelle. 9 m. ✉ 17940

LA REDOUTE ★★★ Tourisme 85 E. CV. . Accès direct à la mer. ; . Accueil groupes. Ouvert: 3.4 / 27.9. ☎ 05 46 09 84 10. E-mail : redoute@andretriganogroupe.com. Web : www.campeole.com/camping/charente-maritime/la-redoute-rivedoux-plage.
Lat. : 46° 09' 32" N **Long.** : 001° 15' 58" W.

LE PLATIN ★★★ Tourisme 174 E. dont 123 nus CV. chauffée. Accès direct à la mer. ; . Accueil groupes. Ouvert: 5.4 / 22.9. ☎ 05 46 09 84 10. E-mail : platin@campeole.com. Web : www.campeole.com/camping/charente-maritime/le-platin-rivedoux-plage. Réduction H.S.
Lat. : 46° 09' 33" N **Long.** : 001° 16' 05" W.

LES ACACIAS ★★ Tourisme 84 E. dont 47 nus 1,4 ha CV. Locations : . . Bord de mer à 500 m. Accueil groupes adultes. Ouvert: 1.5 / 30.9. ☎ 05 46 09 80 22. E-mail : campinglesacacias@outlook.fr. Web : www.camping-acacias-iledere.fr.
Lat. : 46° 09' 29" N **Long.** : 001° 16' 35" W.

SAINT-CLEMENT-DES-BALEINES

6-A5 30 km N.-O. La Rochelle. 3 m. ✉ 17590

LA PLAGE ★★★★ Tourisme 118 E. dont 30 nus CV. Locations : . Espace Fitness. chauffée . Bord de mer à 100 m. Accueil groupes. Ouvert: 7.4 / 24.9. ☎ 0 5 46 29 42 62. E-mail : reservation@grouperomanee.com. Web : www.la-plage-camping-ile-de-re.com.
Lat. : 46° 14' 29" N **Long.** : 001° 33' 12" W.

LES BALEINES ★★★★ Tourisme 185 E. dont 165 nus . Locations : . , . Bord de mer à 300 m. . Ouvert: 1.5 / 26.9. ☎ 05 46 29 40 76. E-mail : contact.lesbaleines@gmail.com. Web : camping-lesbaleines.com.
Lat. : 46° 14' 23" N **Long.** : 001° 33' 35" W.

LES PÉROUSES ★★★★ Tourisme 52 E. dont 3 nus CV. Locations : . , . Bord de mer à 400 m.. Accueil groupes adultes. Ouvert: 1.4 / 30.9. ☎ 05 46 29 25 18. E-mail : info@campinglesperousés.com. Web : www.campinglesperouses.com. Prix 2022. Fft nuit : empl. Tourisme (2) : 45 € () ; sup 12 € nuit ; animaux 7 € nuit.
Lat. : 46° 14' 19" N **Long.** : 001° 33' 16" W.

LA COTE SAUVAGE ★★ Tourisme 351 E. dont 270 nus CV. Accès direct à la mer. Accueil groupes. Ouvert: 21.4 / 30.9. ☎ 04 30 05 15 19. E-mail : info@tohapi.fr. Web : www.tohapi.fr. Réduction H.S.
Lat. : 46° 13' 34" N **Long.** : 001° 32' 43" W.

SAINT-MARTIN-DE-RE

6-B5 20 km N.-O. La Rochelle. 10 m. ✉ 17410

LES SALIERES ★★★ Tourisme 258 E. 10 ha . Locations : . chauffée , , . Bord de mer à 1 km.. Ouvert: 8.4 / 2.10. ☎ 05 46 09 20 71. E-mail : les-salieres@orange.fr. Web : www.camping-les-salieres.com.
Lat. : 46° 11' 30" N **Long.** : 001° 21' 23" W.

CAMPING MUNICIPAL LES REMPARTS ★★ Tourisme 136 E. dont 115 nus, dont 115 CC - 115 GCC.
CV . Locations : . . Bord de mer à 1 km. Accueil groupes. Ouvert: 5.2 / 13.11. ☎ 05 46 09 21 96. E-mail : contact@camping-saintmartindere.com. Web : www.camping-saintmartindere.com. Prix 2022. Fft nuit : empl. Tourisme (3) : 33 € ()
Lat. : 46° 11' 58" N **Long.** : 001° 22' 03" W.

LES MARAISES ★★ Tourisme 160 E. dont 60 nus 2 ha CV. A 2 km : Locations : , tonneau. chauffée . Bord de mer à 2 km. Accueil groupes. Ouvert: 27.3 / 31.10. ☎ 05 46 09 67 13. E-mail : campinglesmaraises@orange.fr. Web : www.camping-les-maraises.fr. Réduction H.S.
Lat. : 46° 11' 23" N **Long.** : 001° 21' 01" W.

SAINTE-MARIE-DE-RE

6-B5 12 km O. La Rochelle. 9 m. Station verte de vacances et village de neige ✉ 17740

LES GRENETTES ★★★★★ Tourisme 217 E. dont 52 nus 4 ha CV. Locations : . chauffée , , . Accès direct à la mer. ; ; . Accueil groupes. Ouvert: 3.4 / 31.10. ☎ 0 5 64 10 20 20. E-mail : reservation@seagreen.fr. Web : www.campinglesgrenettes.com. Prix 2022. Fft nuit : empl. Tourisme (2) : 55 € ()
Lat. : 46° 09' 39" N **Long.** : 001° 21' 05" W.

HUTTOPIA CHARDONS BLEUS - ILE DE RÉ ★★★ Tourisme 188 E. dont 94 nus
CV . Locations : , roulotte. chauffée . Bord de mer à 1,5 km. Accueil groupes. Ouvert: 6.4 / 5.11. ☎ 05 46 30 23 75. E-mail : chardons-bleus@huttopia.com. Web : europe.huttopia.com/site/camping-chardons-bleus-ile-de-re. Prix 2023. Fft jour : empl. Tourisme (2) : 51 € (). Réduction H.S.
Lat. : 46° 09' 56" N **Long.** : 001° 20' 05" W.
FFCC : avantages adhérent : 10% du 06/04 au 01/07 et du 31/08 au 05/1110% du 06/04 au 01/07 et du 31/08 au 05/11 sur emp. et loc. + 5% de réduction en juillet-août sur les emplacements nus et locatifs * frais de réservation offerts Rendez-vous dans votre club avantages FFCC pour obtenir le code promotionnel.

HUTTOPIA CÔTE SAUVAGE - ILE DE RÉ ★★★ Tourisme 142 E. dont 114 nus
CV . Locations : . . Bord de mer à 20 m. Ouvert: 6.4 / 24.9. ☎ 05 46 30 21 74. E-mail : cotesauvage@huttopia.com. Web : europe.huttopia.com/site/camping-cote-sauvage-ile-de-re. Prix 2023. Fft jour : empl. Tourisme (2) : 37 € (). Réduction H.S.
Lat. : 46° 08' 42" N **Long.** : 001° 18' 54" W.
FFCC : avantages adhérent : 10% du 06/04 au 01/07 et du 31/08 au 24/0910% du 06/04 au 01/07 et du 31/08 au 24/09 sur emp. et loc. + 5% de réduction en juillet-août sur les emplacements nus et locatifs * frais de réservation offerts Rendez-vous dans votre club avantages FFCC pour obtenir le code promotionnel.

LE CLOS DE MONTAMER ★★ Tourisme 89 E. dont 39 nus 1,67 ha . . Bord de mer à 50 m. ; . Ouvert: 1.4 / 30.9. ☎ 05 46 30 23 74. E-mail : clos.demontamer@wanadoo.fr. Web : www.closdemontamer.com.
Lat. : 46° 09' 06" N **Long.** : 001° 19' 59" W.

CONTINENT

AIGREFEUILLE-D'AUNIS

6-C5 22 km N.-E. Rochefort-sur-Mer. 23 m. ✉ 17290

LA TAILLEE ★★★ Tourisme 82 E. dont 45 nus 2 ha CV . Locations : . Espace Fitness. chauffée . Lac à 900 m. Accueil groupes. Ouvert: 1.4 / 14.10. ☎ 05 46 35 50 88. E-mail : lataillee@hotmail.fr. Web : charente-maritime-camping.for-system.com/f45753_fr-.aspx.
Lat. : 46° 06' 53" N **Long.** : 000° 55' 36" W.

ARCES
9-C2 30 km S.-O. Saintes. 23 m. 17120

FERME DE CHEZ FILLEUX ★★ Loisirs 81 E. 3 ha ap. 22 h 30, CV. Bord de mer à 5 km. Accueil groupes. Ouvert: 1.6 / 31.8. ☎ 05 46 90 84 33. E-mail : contact@camping-chezfilleux.com. Web : www.camping-chezfilleux.com.
Lat. : 45° 34' 17" N **Long.** : 000° 53' 44" W.

LA CLE DES CHAMPS ★★ Tourisme 47 E. dont 20 nus CV. A 2,5 km : Locations : . Bord de mer à 5 km. Accueil groupes. Ouvert: 27.4 / 29.9. ☎ 06 10 24 85 90 / 0 6 80 47 13 40. E-mail : contact@avp-jeunes.fr. Web : www.campingl acledeschamps.fr. Réduction H.S.
Lat. : 45° 32' 60" N **Long.** : 000° 49' 44" W.

ARCHIAC
9-D2 13 km N.-E. Jonzac. 74 m. 17520

CAMPING MUNICIPAL NC Tourisme 44 E. 1,4 ha CV. Rivière à 3 km. Accueil groupes. Ouvert: 15.6 / 15.9. ☎ 05 46 49 10 46. E-mail : archiacmairie@free.fr.
Lat. : 45° 31' 20" N **Long.** : 000° 41' 42" W.

ARVERT
9-B1 35 km S.-O. Rochefort-sur-Mer. 8 m. 17530

LE PARC DE BELLEVUE ★★★★ Tourisme 137 E. CV. Locations : . chauffée. Accueil groupes enfants. Ouvert: 20.2 / 27.11. ☎ 05 46 47 62 38. E-mail : contact@campingparcdebellevue.com. Web : www.campingparcdebellevue.com.
Lat. : 45° 44' 39" N **Long.** : 001° 06' 52" W.

LE PETIT PONT ★★★ Tourisme 56 E. dont 24 nus 0,91 ha CV. A 10 km : . Rivière à 800 m ; bord de mer à 4 km. Ouvert: 27.4 / 15.10. ☎ 05 46 36 07 20. E-mail : contact@camping-dupetitpont.com. Web : www.camping-dupetitpont.com.
Lat. : 45° 45' 30" N **Long.** : 001° 08' 26" W.

LE PRESQU'ILE ★★ Tourisme 62 E. 0,8 ha CV. Locations : . Etang, lac et rivière à 2 km. Accueil groupes. Ouvert: 1.4 / 30.9. ☎ 05 46 36 81 76. E-mail : contact@campinglepresquile.com. Web : www.campinglepresquile.com.
Lat. : 45° 44' 44" N **Long.** : 001° 07' 40" W.

AYTRE
6-B5 4 km S.-E. La Rochelle. 9 m. 17440

LES SABLES ★★★★ Tourisme 298 E. dont 128 nus CV. A 5 km : Locations : . couverte chauffée. Bord de mer à 200 m. Accueil groupes. Ouvert: 1.4 / 15.10. ☎ 05 46 45 40 30. E-mail : camping_les_sables@yahoo.fr. Web : www.camping-les-sables.com.
Lat. : 46° 06' 60" N **Long.** : 001° 07' 10" W.

BARZAN
9-C2 35 km S.-O. Saintes. 17 m. 17120

BELLEVUE ★★ Loisirs 39 E. . Ouvert: 1.4 / 30.9. ☎ 05 46 90 45 91. E-mail : campingbellevue2@wanadoo.fr. Web : www.camping-bellevue17.com.
Lat. : 45° 31' 35" N **Long.** : 000° 52' 24" W.

LA BAIE DE CHANDORAT ★★ Loisirs 59 E. 0,9 ha CV. . Accès direct à l'étang ; bord de mer à 5 km. Ouvert: 15.6 / 15.9. ☎ 05 46 90 43 95. E-mail : baiedechandorat@wanadoo.fr. Web : www.camping-baiedechandorat.fr.
Lat. : 45° 31' 42" N **Long.** : 000° 52' 50" W.

BOURCEFRANC-LE-CHAPUS
9-B1 25 km S.-O. Rochefort-sur-Mer. 5 m. 17560

LA GIROFLÉE ★★ Tourisme 159 E. dont 124 nus 2 ha CV. Locations : . Bord de mer à 50 m ; rivière à 5 km. ; . Accueil groupes. Ouvert: 1.4 / 31.10. ☎ 05 46 85 06 43. E-mail : campinglagiroflee@outlook.fr. Web : www.entreprisefrery.com/camping-la-giroflee/. Prix 2022. Fft jour : empl. Tourisme (2) : 16,7 € ( ) ; sup 4,10 € ; 2,60 €.
Lat. : 45° 49' 53" N **Long.** : 001° 09' 02" W.

ETOILE DU REPOS NC Loisirs 52 E. dont 17 GCC. 1,18 ha . Bord de mer à 300 m. Ouvert: 1.7 / 31.8. ☎ 05 46 85 50 28. E-mail : guides@campingfrance.com.
Lat. : 45° 49' 32" N **Long.** : 001° 08' 15" W.

M. JACQUES COTTON . Ouvert: 1.3 / 30.11. ☎ 0 677169872. E-mail : guides@campingfrance.com.
Lat. : 45° 50' 07" N **Long.** : 001° 08' 09" W.

BREUILLET
9-B1 30 km S.-O. Rochefort-sur-Mer. 16 m. 17920

CÉLESTE ★★★★ Loisirs 373 E. dont 97 nus 1 ha CV. couverte chauffée. Etang à 4 km ; bord de mer à 5 km. Ouvert: 25.4 / 12.9. ☎ 05 46 22 72 15. E-mail : transhumance@capfun.com. Web : www.capfun.com.
Lat. : 45° 40' 38" N **Long.** : 001° 03' 03" W.

LA BELLE ETOILE ★★★ Loisirs 150 E. dont 52 nus 2,2 ha CV. couverte chauffée. Accès direct à l'étang. Ouvert: 1.4 / 15.10. ☎ 05 46 02 14 07. E-mail : philippepoupeau@gmail.com. Web : www.camping-labelleetoile.com.
Lat. : 45° 42' 00" N **Long.** : 001° 03' 59" W.

LE RELAX ★★★ Tourisme 107 E. dont 42 nus CV. chauffée. Etang à 3 km ; lac et bord de mer à 4 km. Ouvert: 15.6 / 15.9. ☎ 05 46 22 75 11. E-mail : info@le-relax.com. Web : www.le-relax.com. Réduction H.S.
Lat. : 45° 40' 20" N **Long.** : 001° 03' 30" W.
FFCC : avantages adhérent : 20.40 € du 15/06 au 02/07 et du 21/08 au 11/09 sur emp. et entre 224 € et 734 € la semaine du 01/05 au 15/06 et du 28/08 au 11/09 sur loc.

BRIE-SOUS-MORTAGNE
9-C2 30 km S.-O. Saintes. 40 m. 17120

M. MICHEL BAURREAU . Ouvert: 1.6 / 15.9. ☎ 05 46 94 12 36. E-mail : guides@campingfrance.com. Prix 2023. empl. Tourisme : 2,80 € ; 2,60 € ; 1,60 € ; animaux 0,90 € ; 3 €.
Lat. : 45° 29' 44" N **Long.** : 000° 44' 47" W.

CELLES
9-C2 22 km N.-E. Jonsac. 22 m. 17520

DU PAS DES BICHES ★ Tourisme 25 E. 0,9 ha CV. . Rivière à 500 m. Accueil groupes adultes. Ouvert: 1.4 / 31.10. ☎ 05 46 49 52 03. E-mail : pbergeaud@wanadoo.fr. Web : campcellesbergeau.free.fr.
Lat. : 45° 35' 58" N **Long.** : 000° 22' 10" W.

CHAILLEVETTE
9-B1 30 km S.-O. Rochefort-sur-Mer. 9 m. 17890

CAMPING LA GARENNE ★★ Loisirs 27 E. ☎ 06 25 81 45 74. E-mail : josselintramble@gmail.com.
Lat. : 45° 43' 49" N **Long.** : 001° 03' 29" W.

CHANIERS
9-C1 7 km S.-E. Saintes. 43 m. 17610

CAMPING BELLE RIVIÈRE ★★★ Tourisme 80 E. CV. Locations : , roulotte, . Accès direct à la rivière. ; . Accueil groupes adultes. Ouvert: 15.6 / 15.9. ☎ 05 46 91 02 20. E-mail : info@campingbelleriviere.fr. Web : www.campingbelleriviere.fr. Réduction H.S.
Lat. : 45° 42' 55" N **Long.** : 000° 33' 33" W.

CHATELAILLON-PLAGE
6-B5 14 km S. La Rochelle. 4 m. 17340

AIROTEL VILLAGE CORSAIRE DES 2 PLAGES ★★★★ Tourisme 268 E. dont 37 CC - 183 GCC. 4 ha CV. A 500 m : . Espace Fitness. chauffée . Bord de mer à 300 m ; étang à 3 km. Accueil groupes. Ouvert: 29.4 / 23.9. ☎ 05 46 56 27 53. E-mail : reception@2plages.com. Web : www.2plages.com.
Lat. : 46° 05' 02" N **Long.** : 001° 05' 35" W.

AU PORT-PUNAY ★★★★ Tourisme 151 E. dont 114 nus CV. Locations : . couverte chauffée . Bord de mer à 300 m ; étang à 1,5 km. Accueil groupes adultes. Ouvert: 5.5 / 17.9. ☎ 05 17 81 00 00. E-mail : contact@camping-port-punay.com. Web : www.camping-port-punay.com. Prix 2023. Fft jour : empl. Tourisme (2) : 39 € ( ) ; sup 10 € ; animaux 4 € ; 7 € ; 8 €. Réduction H.S.
Lat. : 46° 03' 18" N **Long.** : 001° 04' 60" W.

L'OCEAN ★★★ Tourisme 97 E. dont 129 nus, dont 77 GCC. 1,2 ha CV. A 1 km : Locations : . Bord de mer à 500 m. Ouvert: 15.5 / 15.9. ☎ 05 46 56 87 97. E-mail : reception@oceancamping.fr. Web : www.oceancamping.fr.
Lat. : 46° 05' 13" N **Long.** : 001° 05' 38" W.

CHENAC-SAINT-SEURIN-D'UZET
9-C2 30 km S.-O. Saintes. 31 m. 17120

CAMPING A LA FERME . Ouvert: 1.6 / 30.9. ☎ 05 46 90 46 20. E-mail : earl-de.beaumont@akeonet.com.
Lat. : 45° 30' 52" N **Long.** : 000° 48' 24" W.

CHEVANCEAUX
9-D3 24 km S.-O. Jonzac. 101 m. 17210

CAMPING MUNICIPAL BELLE VUE NC Tourisme 20 E. 0,4 ha . Rivière à 1 km. Ouvert: 1.4 / 31.10. ☎ 05 46 04 60 09. E-mail : chevanceaux@mairie17.com.
Lat. : 45° 18' 08" N **Long.** : 000° 13' 55" W.

CLION
9-C2 8 km N.-O. Jonzac. 34 m. 17240

CAMPING DES ACACIAS ★★ Tourisme 20 E. dont 19 nus Locations : . . Ouvert: 1.4 / 30.10. ☎ 05 46 48 11 52. E-mail : gitesetcampingdesacacias@orange.fr. Web : gitesetcampingdesacacias.com.
Lat. : 45° 27' 20" N **Long.** : 000° 29' 19" W.

COURCON
6-C5 30 km N.-E. La Rochelle. 10 m. 17170

LA MOUETTE RIEUSE ★★ Tourisme 58 E. dont 34 nus 0,6 ha CV. Locations : . chauffée . Rivière à 5 km. Accueil groupes. Ouvert: 30.3 / 27.10. ☎ 05 46 67 90 94. E-mail : contact@camping-lamouetterieuse.com. Web : www.camping-larochelle.com.
Lat. : 46° 14' 27" N **Long.** : 000° 48' 28" W.

COZES

9-C2 25 km S.-O. Saintes. 45 m. ✉ 17120

LE SORLUT ★★ Tourisme 120 E. dont 107 nus CV. Locations : . Randonnée pédestre organisée. chauffée , . Accueil groupes. Ouvert: 15.3 / 15.10. ☎ 06 45 46 07 90. E-mail : contact@camping-charente-maritime-cozes.com. Web : www.camping-charente-maritime-cozes.com. Prix 2022. Fft jour : empl. Tourisme (2): 21,8 € ( ) ; sup 4,60 € ; animaux 2 €.
Lat. : 45° 35' 12" N **Long.** : 000° 50' 09" W.
FFCC : avantages adhérent : 16 € du 15/03 au 06/07 et du 31/08 au 15/10 sur emp. et entre 40 € et 120 € la nuitée et entre 320 € et 700 € la semaine du 15/03 au 02/07 et du 31/08 au 15/10 sur loc.

CRAZANNES

9-C1 14 km N. Saintes. 12 m. ✉ 17350

LE PETIT BONHEUR ★★★ Tourisme 36 E. 2,15 ha CV . Locations : . chauffée , . Rivière à 300 m ; lac à 4 km. . Accueil groupes. Ouvert: 1.5 / 31.10. ☎ 05 46 98 40 05. E-mail : contact@dupetit-bonheur.com. Web : www.dupetit-bonheur.com.
Lat. : 45° 51' 08" N **Long.** : 000° 42' 23" W.

DAMPIERRE-SUR-BOUTONNE

6-C5 17 km N.-E. Saint-Jean-d'Angely. 53 m. ✉ 17470

CAMPING MUNICIPAL NC Tourisme 16 E. dont 6 CC. 0,45 ha 7 h 30 / 13 h & 15 h / 19 h 30. Locations : . , . Accès direct à la rivière.. Accueil groupes. Ouvert: 30.4 / 30.9. ☎ 06 12 41 53 80. E-mail : contact@lapetiteepicerie.site. Web : www.campingdampierre.site.
Lat. : 46° 04' 02" N **Long.** : 000° 24' 54" W.

DOMPIERRE-SUR-CHARENTE

9-C2 13 km S.-E. Saintes. 29 m. ✉ 17610

CAMPING MUNICIPAL LA FONTAINE DU PRE ST JEAN NC Tourisme 100 E. 1 ha . A 200 m : . Locations : , . . Rivière à 20 m. . Accueil groupes. Ouvert: 5.6 / 15.9. ☎ 05 46 91 01 05. E-mail : mairi dompierresurcharente@wanadoo.fr. Web : ...mpierre-sur-charente.com.
... : 45° 42' 04" N **Long.** : 000° 29' 39" W.

DOMPIERRE-SUR-MER

6-B5 5 km E. La Rochelle 23 m. ✉ 17139

LE VERGER ★★ Tourisme 60 E. dont 60 nus 1,5 ha CV . Locations : . . Rivière à 1,5 km. Ouvert: 24.6 / 31.8. ☎ 05 46 34 91 00. E-mail : contact@campingleverger17.com. Web : www.campingleverger17.com. Prix 2022. empl. Tourisme : 7 € ; 7 € ; animaux 1,50 € ; 4 € ; 5 €.
Lat. : 46° 10' 41" N **Long.** : 001° 03' 16" W.

ESNANDES

6-B5 11 km N.-E. La Rochelle. 6 m. ✉ 17137

CAMPING LES MISOTTES ★★ Tourisme 65 E. dont 60 nus 2,5 ha . Locations : . . Bord de mer à 800 m. . Accueil groupes. Ouvert: 1.4 / 31.10. ☎ 05 46 01 32 13. E-mail : contact@esnandes.fr.
Lat. : 46° 15' 10" N **Long.** : 001° 07' 11" W.

ETAULES

9-B1 27 km S.-O. Rochefort-sur-Mer. 10 m. ✉ 17750

CAMPING DU PARC ★★ Tourisme 51 E. dont 48 nus CV . Rivière à 2 km. Ouvert: 1.4 / 30.9. ☎ 05 46 36 96 51. E-mail : campingduparc17@orange.fr. Web : www.campingduparc17.com.
Lat. : 45° 43' 58" N **Long.** : 001° 06' 08" W.

FOURAS

9-B1 14 km N.-O. Rochefort-sur-Mer. 7 m. ✉ 17450

CAMPING MUNICIPAL LE CADORET ★★★ Tourisme 494 E. dont 335 nus 7 ha CV . Locations : . chauffée , . Accès direct à la mer. ; . Accueil groupes. Ouvert: 5.2 / 3.12. ☎ 05 46 82 19 19. E-mail : campinglecadoret@fouras-les-bains.fr. Web : www.campings-fouras.com. Réduction H.S.
Lat. : 45° 59' 35" N **Long.** : 001° 05' 13" W.
FFCC : avantages adhérent : 10% du 07/02 au 03/07 et du 29/08 au 01/12 sur emp. et 10% du 26/03 au 02/07 et du 27/08 au 06/11 sur loc.

CAMPING MUNICIPAL DE L'ESPÉRANCE ★ Tourisme 112 E. dont 112 nus CV . Accès direct à la mer. ; . Ouvert: 10.6 / 4.9. ☎ 05 46 84 24 18. E-mail : camping-de-lesperance@orange.fr. Web : www.campings-fouras.com. Prix 2023. empl. Tourisme : 4,90 € ; 4 € ; 3,90 € ; animaux 2,30 € ; 2,60 € ; 4,30 €.
Lat. : 45° 58' 42" N **Long.** : 001° 04' 58" W.

AZUREVA FOURAS NC Tourisme 80 E. dont 32 nus CV . Locations : . Randonnée pédestre organisée. Espace Fitness. chauffée , , . Bord de mer à 300 m. ; ; . Ouvert: 30.5 / 26.9. ☎ 05 46 84 01 19. E-mail : fouras@azureva-vacances.com. Web : www.azureva-vacances.com/individuel/village/fouras.
Lat. : 45° 58' 46" N **Long.** : 001° 04' 44" W.

GEMOZAC

9-C2 20 km S.-S.-O. Saintes. 36 m. ✉ 17260

CAMPING MUNICIPAL CHALETS DU BOIS D'USSON ★★ Tourisme 20 E. 1,15 ha CV . Locations : . chauffée . . Accueil groupes. Ouvert: 2.4 / 24.9. ☎ 05 46 94 20 35. E-mail : campinggemozac@gmail.com.
Lat. : 45° 34' 06" N **Long.** : 000° 40' 54" W.

GENOUILLE

6-C5 20 km N.-E. Rochefort. 14 m. ✉ 17430

L'ILE VERTE ★★★ Loisirs 30 E. 1 ha . . Accès direct à l'étang.. Ouvert: 1.7 / 31.8. ☎ 05 46 84 89 40. E-mail : contact@campingileverte.com. Web : www.campingileverte.com.
Lat. : 46° 00' 57" N **Long.** : 000° 47' 19" W.

JARNAC-CHAMPAGNE

9-C2 14 km N. Jonzac. 60 m. ✉ 17520

CAMPING MUNICIPAL NC Tourisme 18 E. 0,21 ha . Etang à 100 m ; rivière à 3 km. Accueil groupes. Ouvert: 1.6 / 15.9. ☎ 05 46 49 50 71. E-mail : mairie-jarnac-champagne@wanadoo.fr.
Lat. : 45° 33' 32" N **Long.** : 000° 23' 57" W.

JONZAC

9-C2 110 km S.-E. La Rochelle. 52 m. ✉ 17500

CAMPING MUNICIPAL ★★★ Loisirs 28 E. dont 38 nus 0,33 ha CV . . Accès direct à la rivière ; lac à 1 km.. Ouvert: 5.3 / 20.11. ☎ 05 46 48 64 87. E-mail : camping@villedejonzac.fr. Web : www.jonzac-haute-saintonge.com. Prix 2022. 3,50 € ; 5,90 € ; 2,40 € ; 3,50 € ; 2,40 € ; animaux 2 € ; 2,20 € ; 6,60 €.
Lat. : 45° 26' 37" N **Long.** : 000° 25' 57" W.

CAMPING MUNICIPAL DE JONZAC ★★★ Tourisme 35 E. dont 1 nus 5 ha CV . . Accès direct à la rivière ; lac à 1 km.. Ouvert: 6.3 / 21.11. ☎ 05 46 48 49 29. E-mail : tourisme@villedejonzac.fr. Web : www.jonzac-haute-saintonge.com.
Lat. : 45° 26' 37" N **Long.** : 000° 25' 57" W.

L'HOUMEAU

6-B5 5 km N. La Rochelle. 13 m. ✉ 17137

AU PETIT PORT DE L'HOUMEAU ★★★★ Tourisme 166 E. dont 25 nus 2 ha ap. 22 h 30, CV . Locations : , roulotte. chauffée . Bord de mer à 800 m. Accueil groupes. Ouvert: 1.4 / 30.9. ☎ 05 46 50 90 82. E-mail : info@aupetitport.com. Web : www.aupetitport.com. Réduction H.S.
Lat. : 46° 11' 44" N **Long.** : 001° 11' 16" W.

LA GREVE-SUR-MIGNON

6-C5 32 km E. La Rochelle. 8 m. ✉ 17170

LA FRENAIE ★ Tourisme 80 E. 2,5 ha CV . Locations : , yourte. Randonnée pédestre organisée. . Accès direct à la rivière. . Accueil groupes. Ouvert: 1.5 / 4.10. ☎ 05 46 67 14 77. E-mail : lafrenaie.org@gmail.com. Web : www.lafrenaie.org.
Lat. : 46° 15' 13" N **Long.** : 000° 45' 18" W.

LA ROCHELLE

6-B5 477 km S.-O. Paris. 9 m. ✉ 17000

CAMPING MUNICIPAL LE SOLEIL ★★ Tourisme 170 E. dont 170 nus 1,3 ha CV . Bord de mer à 500 m. Accueil groupes adultes. Ouvert: 22.5 / 2.10. ☎ 05 46 44 42 53. E-mail : camping.soleil@ville-larochelle.fr. Web : www.larochelle.fr. Prix 2022. Fft nuit : empl. Tourisme (1): 16,1 € ( ) ; sup 5,50 € nuit ; animaux 3,40 € nuit ; 4 € nuit.
Lat. : 46° 09' 02" N **Long.** : 001° 09' 30" W.

LA RONDE

6-C5 33 km N.-E. La Rochelle. 4 m. ✉ 17170

LE PORT ★★ Tourisme 44 E. dont 25 nus 1,2 ha CV . Rés. naturiste. . Etang et rivière à 2 km. Accueil groupes. Ouvert: 1.4 / 30.9. ☎ 05 46 41 65 58. E-mail : camping.naturisteduport@orange.fr.
Lat. : 46° 18' 18" N **Long.** : 000° 48' 21" W.

LA TREMBLADE

9-B1 24 km S.-O. Rochefort-sur-Mer. 11 m. ✉ 17390

LA CLAIRIERE ★★★★ Tourisme 292 E. dont 142 nus 8 ha CV . A 10 km : . Locations : . Espace Fitness. couverte chauffée , . Bord de mer à 2,5 km. ; . Accueil groupes. Ouvert: 30.6 / 1.9. ☎ 05 46 36 36 63. E-mail : info@camping-la-clairiere.com. Web : www.camping-la-clairiere.com. Réduction H.S.
Lat. : 45° 46' 17" N **Long.** : 001° 09' 58" W.
FFCC : avantages adhérent : 10% du 13/05 au 30/06 et du 01/09 au 03/0910% du 13/05 au 30/06 et du 01/09 au 03/09 sur emp. et loc. + Rendez-vous dans votre club avantages FFCC pour obtenir le code promotionnel et réserver !.

LA PIGNADE ★★★★ Loisirs 487 E. CV . Locations : . couverte chauffée , , . Bord de mer à 1,5 km. . Ouvert: 8.4 / 5.11. ☎ 05 46 36 15 35. E-mail : cp.hsm@siblu.fr. Web : www.lapignade.fr.
Lat. : 45° 47' 09" N **Long.** : 001° 09' 45" W.

ACTIV'LOISIRS LES PINS ★★★ Tourisme 79 E. dont 7 nus
. Locations : , tipi. couverte chauffée . Bord de mer à 1 km. Ouvert: 10.6 / 20.9. ☎ 05 46 36 07 75. E-mail : contact@lespins.com. Web : www.activ-loisirs.com. Prix 2022. Fft semaine : empl. Tourisme (1 3) : 239 € ( ). Réduction H.S.
Lat. : 45° 47' 20" N **Long.** : 001° 09' 31" W.

LA COULUMIERE ★★★ Loisirs 268 E. dont 4 nus 7 ha CV . Locations : . chauffée , . Bord de mer à 4 km. . Ouvert: 1.4 / 31.10. ☎ 05 46 36 02 24. E-mail : la-coulumiere@wanadoo.fr. Web : www.lacoulumiere.fr.
Lat. : 45° 45' 48" N **Long.** : 001° 50' 51" W.

LE MUS DE LOUP ★★ Tourisme 100 E. dont 50 nus CV . Locations : . Accès direct à la mer. . Accueil groupes enfants. Ouvert: 1.4 / 1.11. ☎ 05 46 36 31 17. E-mail : lemusdeloup@wanadoo.fr. Web : www.lemusdeloup.com. Prix 2022. Fft jour : empl. Tourisme (3) : 24 € ( ) ; sup 6 € ; animaux 1,50 € ; 6,20 €. Réduction H.S.
Lat. : 45° 47' 46" N **Long.** : 001° 09' 04" W.

LE PACHA ★★ Loisirs 74 E. 1,3 ha CV. . Bord de mer à 5 km. Ouvert: 1.4 / 31.10. ☎ 05 46 36 14 44. E-mail : camping.lepacha@orange.fr. Web : lepachacamping.canalblog.com.
Lat. : 45° 45' 33" N **Long.** : 001° 10' 25" W.

LES GENETS ★★ Loisirs 327 E. 4 ha CV. Locations : . . Bord de mer à 900 m. . . Ouvert: 15.3 / 15.11. ☎ 05 46 36 08 45. E-mail : atlantique.genets17@gmail.com. Web : www.atlantique-genets.fr.
Lat. : 45° 47' 35" N **Long.** : 001° 09' 26" W.

LES OMBRAGES ★★ Loisirs 199 E. dont 28 nus 3 ha CV . chauffée . Bord de mer à 2 km. Ouvert: 15.6 / 15.9. ☎ 05 46 36 08 41. E-mail : campingles ombrages@free.fr. Web : www.campinglesombrages.fr. Prix 2023. Fft jour : empl. Tourisme (3) : 32 € ( ) ; Réduction H.S.
Lat. : 45° 47' 15" N **Long.** : 001° 09' 29" W.

MON DESIR NC Tourisme 73 E. 1,6 ha CV. Locations : . Bord de mer à 900 m. ☎ 05 46 36 06 45. E-mail : mon-desir@wanadoo.fr. Web : www.mon-desir.com. Réduction H.S.
Lat. : 45° 47' 26" N **Long.** : 001° 50' 23" W.

SOUS LES PINS NC Tourisme 78 E. CV . A 3 km : Locations : . Bord de mer à 1 km. Ouvert: 1.4 / 4.11. ☎ 04 68 37 87 87 / 05 46 36 06 53. E-mail : souslespins@popinns.com. Web : souslespins.popinns.com/.
Lat. : 45° 47' 20" N **Long.** : 001° 09' 33" W.

LE FOUILLOUX

9-D3 42 km S.-E. Jonzac. 78 m. ✉ 17270

LA MOTTE ★★ Tourisme 60 E. dont 45 nus
3 ha . Locations : . Randonnée pédestre organisée. . Accès direct à l'étang et aux bords du lac ; rivière à 1 km.. Accueil groupes adultes. Ouvert: 1.1 / 31.12. ☎ 05 46 04 26 91. E-mail : camping-la-motte17@orange.fr. Web : www.camping-la-motte17.com. Prix 2023. Fft jour : empl. Tourisme (2) : 14 € ( ) ; sup 4,50 € ; animaux 2 € ; 4 € ; 5 €.
Lat. : 45° 12' 44" N **Long.** : 000° 08' 12" W.
FFCC : avantages adhérent : 18 € du 01/01 au 31/05 et du 01/10 au 31/12 sur emp. et entre 40 € et 95 € la nuitée et entre 230 € et 390 € la semaine du 01/01 au 31/05 et du 01/10 au 31/12 sur loc.

LE MUNG

9-C1 20 km S.-O. St-Jean-d'Angély 5 m. ✉ 17350

L'ILE AUX LOISIRS ★★★ Tourisme 82 E. dont 71 nus
CV . Locations : , . Randonnée pédestre organisée. Espace Fitness. chauffée , . Etang et rivière à 10 m ; lac à 150 m. ; . Accueil groupes. Ouvert: 1.4 / 30.9. ☎ 05 46 90 35 11. E-mail : contact@ileauxloisirs.com. Web : www.ileauxloisirs.com. Prix 2022. Fft jour : empl. Tourisme (2) : 17,7 € ( ) ; sup 5,50 € ; animaux 2,10 € ; 5 € ; 5 €. Réduction H.S.
Lat. : 45° 52' 41" N **Long.** : 000° 41' 04" W.
FFCC : avantages adhérent : 22 € du 01/04 au 01/07 et du 28/08 au 30/09 sur emp.

LES MATHES

9-B1 30 km S.-O. Rochefort. 7 m. ✉ 17570

ATLANTIQUE PARC ★★★★★ Tourisme Loisirs 546 E. dont 27 nus CV . Locations : . couverte chauffée . Bord de mer à 2 km ; rivière à 4 km. . Ouvert: 8.4 / 26.9. ☎ 05 46 02 17 17. E-mail : atlantiqueparc@capfun.com. Web : www.capfun.com.
Lat. : 45° 42' 04" N **Long.** : 001° 10' 03" W.

LA CÔTE SAUVAGE ★★★★★ Tourisme 400 E.
CV . Locations : . Espace Fitness. couverte chauffée , . Accès direct à la mer. ; ; . Accueil groupes adultes. Ouvert: 7.4 / 24.9. ☎ 02 53 81 70 00. E-mail : reservation@ms-vacances.com. Web : www.ms-vacances.com.
Lat. : 45° 41' 49" N **Long.** : 001° 13' 46" W.
FFCC : avantages adhérent : 15% du 07/04 au 08/07 et du 02/09 au 24/09 sur emp.

AQUATIQUE CLUB CAMPING LA PINÈDE
★★★★ Tourisme 501 E. dont 74 nus
11 ha CV . Locations : , roulotte. couverte chauffée , . Bord de mer à 5 km. ; . Ouvert: 9.4 / 18.9. ☎ 05 35 37 14 12. E-mail : contact@campinglapinede.com. Web : www.campinglapinede.com.
Lat. : 45° 43' 39" N **Long.** : 001° 10' 32" W.

BONNE ANSE PLAGE NC 613 E.
CV . Locations : . chauffée , , . Bord de mer à 1 km. . Ouvert: 8.4 / 5.11. ☎ 05 46 22 40 90. E-mail : bonneanse@siblu.fr. Web : www.siblu.fr/camping-bonne-anse-plage.
Lat. : 45° 41' 54" N **Long.** : 001° 11' 59" W.

COTE O LA PALMYRE ★★★★ Tourisme 338 E. dont 80 nus CV . Locations : . chauffée . Bord de mer à 4,5 km. . Accueil groupes. Ouvert: 2.4 / 26.9. ☎ 05 47 74 30 72. E-mail : reservation@cote-o.fr. Web : www.cote-o.fr/la-palmyre/. Réduction H.S.
Lat. : 45° 43' 56" N **Long.** : 001° 10' 36" W.

CÔTÉ Ô LA PALMYRE, QUARTIER PRIVILÈGE ★★★★ Tourisme 165 E. dont 43 nus CV . Locations : . couverte chauffée , . . Ouvert: 8.4 / 25.9. ☎ 0 5 47 74 30 72. E-mail : reservation@cote-o.fr. Web : www.cote-o.fr/la-palmyre/le-quartier-privilege/. Prix 2022. Fft jour : empl. Tourisme (2) : 46 € ( ). Réduction H.S.
Lat. : 45° 43' 46" N **Long.** : 001° 10' 28" W.

DOMAINE DE MONTCALM ★★★★ Tourisme 271 E. dont 69 nus, dont 40 CC - 5 GCC.
CV . Locations : . chauffée , , . Bord de mer à 4 km. Accueil groupes. Ouvert: 1.4 / 25.9. ☎ 05 46 22 48 37. E-mail : montcalm@vacances-andretrigano.com. Web : vacances-andretrigano.com/camping/charente-maritime/domaine-de-montcalm-les-mathes. Réduction H.S.
Lat. : 45° 42' 23" N **Long.** : 001° 10' 04" W.
FFCC : avantages adhérent : 10% du 07/04 au 08/07 et du 26/08 au 24/09 sur emp. et 5% du 07/04 au 08/07 et du 26/08 au 24/09 sur loc.

DOMAINE DE ZEPHIR ★★★★ Tourisme 220 E. CV . A 5 km : Locations : . couverte chauffée , . Bord de mer à 500 m. . Ouvert: 8.4 / 25.9. ☎ 05 46 22 30 96. E-mail : zephir@capfun.com. Web : www.capfun.com.
Lat. : 45° 41' 34" N **Long.** : 001° 11' 03" W.

L'ORÉE DU BOIS ★★★★ Tourisme 399 E. dont 111 nus 7 ha CV . Locations : . chauffée . Bord de mer à 4 km. ; . Accueil groupes. Ouvert: 7.4 / 24.9. ☎ 05 46 22 42 43. E-mail : oreedubois@sandaya.fr. Web : www.sandaya.fr/nos-campings/l-oree-du-bois. Réduction H.S.
Lat. : 45° 43' 48" N **Long.** : 001° 10' 44" W.

LA CLE DES CHAMPS ★★★★ Loisirs 300 E.
CV . Locations : . Espace Fitness. couverte chauffée , . Bord de mer à 4 km. Ouvert: 2.4 / 5.11. ☎ 05 56 07 90 17. E-mail : reservations@siblu.fr. Web : siblu.fr/splashpage-cle-des-champs. Réduction H.S.
Lat. : 45° 42' 49" N **Long.** : 001° 09' 33" W.

LES CHARMETTES ★★★★ Loisirs 1062 E.
CV . Locations : . Espace Fitness. couverte chauffée , , , . Bord de mer à 4,5 km. ; . Accueil groupes. Ouvert: 8.4 / 5.11. ☎ 05 46 22 50 96. E-mail : cc.reception@siblu.fr. Web : www.siblu.fr/camping-les-charmettes.
Lat. : 45° 42' 59" N **Long.** : 001° 09' 43" W.

PALMYRE LOISIRS ★★★★ Tourisme 587 E. dont 20 nus CV. Locations : . couverte chauffée , . Bord de mer à 4 km. ; . Accueil groupes adultes. Ouvert: 7.4 / 17.9. ☎ 05 46 23 67 66. E-mail : palmyreloisirs@edenvillages.fr. Web : www.eden-villages.fr/campings/palmyreloisirs.
Lat. : 45° 42' 06" N **Long.** : 001° 09' 26" W.
FFCC : avantages adhérent : 10% du 07/04 au 02/07 et du 27/08 au 10/0910% du 07/04 au 02/07 et du 27/08 au 10/09 sur emp. et loc.

ATLANTIQUE-FORET/MOULIN ROUGE ★★★ Tourisme 180 E. dont 168 nus 4 ha 22 h 30 / 8 h, CV. Locations : . Bord de mer à 4 km. Ouvert: 20.6 / 10.9. ☎ 05 46 22 40 46. E-mail : atlantique-foret@orange.fr. Web : www.camping-atlantique-foret.com. Réduction H.S.
Lat. : 45° 44' 05" N **Long.** : 001° 10' 37" W.

BEAUSOLEIL ★★★ Tourisme 237 E. dont 116 nus CV. chauffée . Bord de mer à 400 m. Ouvert: 2.5 / 31.8. ☎ 05 46 22 30 03. E-mail : camping.beausoleil@wanadoo.fr. Web : www.campingbeausoleil.com. Réduction H.S.
Lat. : 45° 41' 32" N **Long.** : 001° 10' 59" W.

CAMPING NATURISTE LE PETIT DAUPHIN ★★★ Tourisme 99 E. dont 56 nus CV. Rés. naturiste. Locations : . couverte chauffée. Bord de mer à 5 km. Ouvert: 1.4 / 30.9. ☎ 05 46 06 38 23. E-mail : lepetitdauphin2@wanadoo.fr. Web : le-petit-dauphin.com. Prix 2022. Fft jour : empl. Tourisme (2) : 30 € ( ) ; sup 9 € ; animaux 4 € ; 6 € ; 4,40 €. Réduction H.S.
Lat. : 45° 43' 27" N **Long.** : 001° 10' 27" W.

LA CHÊNAIE ★★★ Loisirs 39 E. CV. Locations : . couverte chauffée. Bord de mer et rivière à 5 km. . Ouvert: 1.4 / 5.11. ☎ 05 46 22 42 25. E-mail : info@camping-la-chenaie.com. Web : www.camping-la-chenaie.com.
Lat. : 45° 43' 28" N **Long.** : 001° 08' 46" W.

LA PALOMBIÈRE ★★★ Tourisme 218 E. 9,5 ha CV. Locations : , , cabanes. chauffée . Bord de mer à 4 km. Accueil groupes. Ouvert: 1.4 / 15.10. ☎ 05 46 22 69 25. E-mail : camping.lapalombiere@wanadoo.fr. Web : www.camping-lapalombiere.com. Prix 2022. Fft jour : empl. Tourisme (2) : 33 € ( ) ; sup 6 € ; animaux 3,50 € ; 4 € ; 5,50 €. Réduction H.S.
Lat. : 45° 43' 24" N **Long.** : 001° 10' 27" W.

LES PINS DE LA COUBRE ★★★ Loisirs 166 E. CV. Locations : . couverte chauffée . Bord de mer à 3 km. Accueil groupes. Ouvert: 1.4 / 31.10. ☎ 05 46 22 42 10. E-mail : contact@lespinsdelacoubre.com. Web : www.lespinsdelacoubre.com.
Lat. : 45° 43' 11" N **Long.** : 001° 10' 15" W.

AU JOYEUX FAUNE ★ Tourisme 422 E. jour et nuit, CV. Locations : . . Etang à 1 km ; bord de mer à 3 km. ; . Ouvert: 1.6 / 10.11. ☎ 05 46 22 42 29. E-mail : contact@camping-joyeuxfaune.com. Web : www.camping-joyeuxfaune.com.
Lat. : 45° 42' 50" N **Long.** : 001° 09' 33" W.

FERME LES TROIS COUPS ★ Loisirs 241 E. 4 ha CV. Locations : . , , , . Bord de mer à 4 km.. Ouvert: 1.4 / 31.10. ☎ 05 46 22 48 97. E-mail : campingles troiscoups@orange.fr. Web : campinglestroiscoups.monsite-orange.fr.
Lat. : 45° 42' 41" N **Long.** : 001° 08' 50" W.

LE GRAND LOGIS ★ Loisirs 87 E. . Ouvert: 15.6 / 15.9. ☎ 05 46 22 47 22. E-mail : camping.legrandlogis17@orange.fr.
Lat. : 45° 42' 43" N **Long.** : 001° 07' 43" W.

AU JARDIN PRÉS DE L'OCÉAN NC 30 E. dont 30 nus, dont 10 CC - 15 GCC. . Bord de mer à 4 km. Ouvert: 1.4 / 30.10. ☎ 05 46 22 42 66. E-mail : contact@jardin-ocean.fr. Web : www.jardin-ocean.fr/. Prix 2023. Fft jour : empl. Tourisme (2) : 20 € ( ) ; sup 6 € ; animaux 2 € ; 4,50 € ; 5,50 €. Réduction H.S.
Lat. : 45° 42' 47" N **Long.** : 001° 09' 14" W.

MARANS

6-B5 22 km N.-E. La Rochelle. 3 m. Station verte de vacances et village de neige ✉ 17230

LE BOIS DINOT ★★★ Tourisme 171 E. dont 153 nus CV. . chauffée . Rivière à 150 m. Accueil groupes. Ouvert: 1.4 / 24.10. ☎ 05 46 03 15 01. E-mail : camping@marans.fr. Réduction H.S.
Lat. : 46° 19' 00" N **Long.** : 000° 59' 22" W.

MARENNES

9-B1 17 km S.-O. Rochefort-sur-Mer. 7 m. ✉ 17320

DOMAINE LES PINS NC 199 E. . Locations : . chauffée . Bord de mer à 100 m. ; . Ouvert: 1.1 / 31.12. ☎ 05 46 36 60 43. E-mail : serviceclients@domaine-des-pins.com. Web : www.domaine-des-pins.com.
Lat. : 45° 49' 28" N **Long.** : 001° 51' 43" W.

FERME DE LA PREE NC 33 E. 1 ha . Bord de mer à 300 m. . Ouvert: 15.6 / 15.9. ☎ 05 46 85 28 34. E-mail : mairie.chambonsurvoueize@wanadoo.fr. Web : www.ville-chambonsurvoueize.fr.
Lat. : 45° 49' 36" N **Long.** : 001° 08' 03" W.

MEDIS

9-B2 5 km N.-E. Royan. 16 m. ✉ 17600

DOMAINE DES CHENES DE MEDIS ★★★★ Tourisme 440 E. dont 20 nus CV . Locations : . couverte chauffée , . Etang et lac à 4 km ; bord de mer à 5 km. ; . . Accueil groupes adultes. Ouvert: 5.4 / 22.9. ☎ 05 46 06 71 38. E-mail : chenes@capfun.com. Web : www.campingleschenes.com.
Lat. : 45° 38' 58" N **Long.** : 000° 57' 12" W.

CAMPING ALOE ★★★ Tourisme 117 E. dont 74 nus 95 ha CV . A 3 km : . Locations : caravane. couverte chauffée . Bord de mer à 5 km. . Ouvert: 1.5 / 30.9. ☎ 05 46 05 47 58. E-mail : contact@camping-aloe.com. Web : www.camping-aloe.com.
Lat. : 45° 38' 54" N **Long.** : 000° 57' 31" W.

CENTRE ECOLE REGIONAL DE PARACHUTISME DE ROYAN NC Tourisme 75 E. . ☎ 05 46 06 51 48. E-mail : info@europhenix17.fr.
Lat. : 45° 38' 01" N **Long.** : 000° 58' 17" W.

M. JEAN-NOËL GEMON CV. Ouvert: 1.4 / 30.10. ☎ 05 46 06 71 40. E-mail : moulin.de.pousseau@orange.fr, Web : www.moulindepousseau.fr.
Lat. : 45° 38' 41" N **Long.** : 000° 59' 11" W.

LE GRAND PRÉ CV . A 4 km : . Ouvert: 1.7 / 31.8. ☎ 05 46 06 74 43. E-mail : chantal@legrandpre.eu, Web : www.legrandpre.eu. Prix 2022. 6 € ; 6 € ; 6 € ; 6 € ; 3,06 € ; animaux 2,20 € ; 3,50 € ; 4,50 €.
Lat. : 45° 38' 42" N **Long.** : 000° 59' 45" W.

MESCHERS-SUR-GIRONDE

9-B2 38 km S.-O. Saintes. 10 m. ✉ 17132

LES LOGES ★★★★★ Loisirs 153 E. 3 ha CV . Locations : , roulotte. Randonnée pédestre organisée. Espace Fitness. chauffée . Bord de mer à 150 m. . Accueil groupes adultes. Ouvert: 15.2 / 15.12. ☎ 05 46 02 74 35. E-mail : contact@camping-les-loges.com. Web : www.camping-les-loges.com. Réduction H.S.
Lat. : 45° 34' 17" N **Long.** : 000° 58' 25" W.

SOLEIL LEVANT ★★★★ Tourisme 227 E. dont 106 nus CV . Locations : . chauffée , . Bord de mer à 1 km. . Ouvert: 15.4 / 30.9. ☎ 05 46 02 76 62. E-mail : soleil.levant.ribes@gmail.com. Web : www.camping-soleillevant.com.
Lat. : 45° 33' 27" N **Long.** : 000° 56' 46" W.

LES CHÊNES VERTS ★★★ Loisirs 110 E. dont 23 nus 22 h 30 / 8 h, CV . A 3 km : . Bord de mer à 800 m. Ouvert: 1.6 / 30.9. ☎ 05 46 02 58 00. E-mail : camping.chenes.verts.meschers@wanadoo.fr. Web : www.camping-leschenesverts.com.
Lat. : 45° 33' 55" N **Long.** : 000° 57' 33" W.

RIBES ★★★ Loisirs 88 E. CV . . Bord de mer à 1 km.. Ouvert: 1.7 / 31.8. ☎ 05 46 02 76 62. E-mail : soleil.levant.ribes@gmail.com. Web : www.camping-soleillevant.com.
Lat. : 45° 33' 27" N **Long.** : 000° 56' 47" W.

CAMPING GCU - MESCHERS ★★ Tourisme 64 E. . Bord de mer à 400 m. Ouvert: 28.6 / 31.8. ☎ 05 46 02 57 02. E-mail : gcu@gcu.asso.fr. Web : www.gcu.asso.fr.
Lat. : 45° 34' 01" N **Long.** : 000° 58' 15" W.

L'ESCALE ★★ Loisirs 250 E. 6 ha CV. A 10 km : , , . Bord de mer à 1,2 km. ; . . Ouvert: 1.4 / 15.10. ☎ 05 46 02 71 53. E-mail : contact@camping-escale.fr. Web : www.camping-escale.fr. Réduction H.S.
Lat. : 45° 34' 01" N **Long.** : 000° 56' 57" W.

LA PLAGE ★★ Tourisme 50 E. dont 46 nus. Locations : . Accès direct à l'étang ; bord de mer à 100 m. Accueil groupes. Ouvert: 15.6 / 10.9. ☎ 05 46 02 76 54. E-mail : contact@camping-plage-meschers.com. Web : www.camping-plage-meschers.com.
Lat. : 45° 33' 39" N **Long.** : 000° 57' 48" W.

LE PIN FRANC ★★ Tourisme 42 E. 0,6 ha CV. A 2 km : Locations : . Bord de mer à 100 m. Ouvert: 1.1 / 31.12. ☎ 05 46 05 31 96. E-mail : info@campinglepinfranc.com. Web : www.campinglepinfranc.com. Réduction H.S.
Lat. : 45° 34' 35" N **Long.** : 000° 58' 51" W.

LES NONNES ★★ Loisirs 47 E. dont 16 nus 0,6 ha CV. Locations : . Bord de mer à 200 m. Accueil groupes. Ouvert: 15.6 / 10.9. ☎ 05 46 02 72 81. E-mail : campinglesnonnes@hotmail.fr. Web : www.camping-les-nonnes.com. Prix 2022. Fft jour : empl. Tourisme (3) : 22,25 € ( ) ; Réduction H.S.
Lat. : 45° 33' 38" N **Long.** : 000° 57' 37" W.

LES OMBRAGES ★★ Loisirs 31 E. 0,85 ha CV. Locations : . Bord de mer à 200 m. Ouvert: 1.3 / 30.11. ☎ 05 46 02 52 04. E-mail : campinglesombrages@wanadoo.fr. Web : campinglesombrages.com.
Lat. : 45° 34' 31" N **Long.** : 000° 58' 38" W.

ENTRE MER ET FORET ★ Tourisme 199 E. Randonnée pédestre organisée. Espace Fitness. chauffée . Accès direct à l'étang et à la mer. ; . Ouvert: 1.1 / 31.12. ☎ 05 46 02 76 79. E-mail : resa2-entre-mer-et-foret@orange.fr. Web : www.entre-mer-et-foret.com.
Lat. : 45° 34' 11" N **Long.** : 000° 58' 16" W.

LA GRANGE ★ Loisirs 25 E. . ☎ 05 46 02 75 08. E-mail : campinglagrange@gmail.com. Web : www.campinglagrange.fr.
Lat. : 45° 33' 44" N **Long.** : 000° 56' 14" W.

L'ARNECHE NC Tourisme 38 E. 4 ha CV. Locations : , . Bord de mer à 200 m. ; ; . . Ouvert: 15.6 / 15.9. ☎ 05 46 02 66 66. E-mail : reservation@groupevla.fr. Web : www.groupevla.fr.
Lat. : 45° 34' 13" N **Long.** : 000° 58' 20" W.

LA PLENITUDE CV. A 5 km : . Ouvert: 15.4 / 31.10. ☎ 05 46 02 79 67.
Lat. : 45° 34' 14" N **Long.** : 000° 57' 26" W.

MORNAC-SUR-SEUDRE

9-B1 35 km S.-O. Rochefort 4 m. ✉ 17113

LA FERME DE L'ÉTANG . Ouvert: 1.5 / 27.9. ☎ 05 46 22 72 25. E-mail : michelangie@aol.com, Web : www.letang.fr.
Lat. : 45° 41' 31" N **Long.** : 001° 01' 51" W.

MORTAGNE-SUR-GIRONDE

9-C2 33 km S.-O. Saintes. 35 m. ✉ 17120

CAMPING MUNICIPAL BEL AIR NC Tourisme 22 E. dont 22 nus, dont 22 CC - 22 GCC. 1 ha CV. Locations : . Randonnée pédestre organisée. . Bord de mer à 1 km.. Accueil groupes. Ouvert: 7.4 / 31.10. ☎ 06 41 91 60 19. E-mail : camping@mortagnesurgironde.fr. Web : bel-air.camping.care. Prix 2023. empl. Tourisme : 5,25 € ; 4,20 € ; 1,05 € ; animaux 1,05 € ; 1,60 € ; 2,35 €.
Lat. : 45° 28' 48" N **Long.** : 000° 47' 29" W.

MOSNAC

9-C2 10 km N.-O. Jonzac. 30 m. ✉ 17240

CAMPING MUNICIPAL LES BORDS DE LA SEUGNE NC Tourisme 33 E. 0,9 ha CV , . Accès direct à la rivière.. Ouvert: 1.5 / 30.9. ☎ 05 46 70 48 45. E-mail : mosnac@mairie17.com. Web : www.commune-mosnac.fr.
Lat. : 45° 30' 21" N **Long.** : 000° 31' 22" W.

PONS

9-C2 20 km S. Saintes 38 m. ✉ 17800

LE PARADIS ★★ Tourisme 60 E. dont 57 nus 1 ha CV . Rivière à 50 m. . Accueil groupes. Ouvert: 1.1 / 15.12. ☎ 05 46 91 36 72. E-mail : camping.leparadis.pons@gmail.com. Prix 2022. empl. Tourisme : 5,80 € ; 3,50 € ; animaux 1 € ; 2,50 € ; 4,50 €.
Lat. : 45° 34' 40" N **Long.** : 000° 33' 19" W.

AIRE NATURELLE CHARDON . Ouvert: 1.1 / 31.12. ☎ 05 46 95 01 25. E-mail : jacques.bier@cegetel.net.
Lat. : 45° 34' 08" N **Long.** : 000° 25' 13" W.

PORT-DES-BARQUES

9-B1 15 km O. Rochefort-sur-Mer. 7 m. ✉ 17730

LA GARENNE ★★★ Tourisme 273 E. dont 242 nus, dont 31 CC.
CV . Locations : . . Accès direct à la mer. ; . Accueil groupes. Ouvert: 1.4 / 31.10. ☎ 05 46 84 80 66. E-mail : camping@ville-portdesbarques.fr. Web : www.camping-municipal-portdesbarques.com. Prix 2023. Fft jour : empl. Tourisme (2) : 18,8 € ( ) ; sup 5,60 € ; animaux 3 € ; 5,50 €.
Lat. : 45° 56' 51" N **Long.** : 001° 05' 38" W.

M. JEAN-CLAUDE MARTIN NC Tourisme 50 E. 1 ha . . . Ouvert: 1.1 / 31.12. ☎ 05 46 84 56 20. E-mail : guides@campingfrance.com.
Lat. : 45° 57' 33" N **Long.** : 001° 07' 03" W.

PUILBOREAU

6-B5 3 km N.-E. La Rochelle. 23 m. ✉ 17138

BEAULIEU ★★★★ Tourisme 171 E. dont 37 nus
2 ha CV . A 5 km : Locations : , cocosweet. couverte chauffée . Bord de mer à 5 km. ; . Accueil groupes. Ouvert: 28.3 / 31.10. ☎ 05 46 68 04 38. E-mail : contact@camping-la-rochelle.com. Web : www.camping-la-rochelle.com. Prix 2022. Fft jour : empl. Tourisme (2) : 28 € ( ) ; sup 7 € ; animaux 4 € ; 5 € ; 6 €. Réduction H.S.
Lat. : 46° 10' 41" N **Long.** : 001° 06' 55" W.

ROCHEFORT

9-B1 30 km S.-S.-E. La Rochelle. 5 m. ✉ 17300

CAMPING MUNICIPAL LE RAYONNEMENT ★★★ Tourisme 120 E. dont 96 nus
CV . Locations : , . Randonnée pédestre organisée. Espace Fitness. . Rivière à 800 m ; bord de mer à 1,6 km ; étang à 4,6 km. Accueil groupes. Ouvert: 4.3 / 25.11. ☎ 05 46 82 67 70. E-mail : camping.municipal@ville-rochefort.fr. Web : www.camping-le-rayonnement.fr. Prix 2023. Fft nuit : empl. Tourisme (2) : 21 € ( ) ; sup 3,40 € nuit ; animaux 1,75 € nuit ; - de 13 ans 1,35 € nuit.
Lat. : 45° 55' 49" N **Long.** : 000° 57' 30" W.

LE BÂTEAU ★★★ Tourisme 86 E.
1 ha CV . Locations : , . chauffée , , . Accès direct à l'étang et à la rivière. ; ; . Accueil groupes. Ouvert: 25.3 / 6.11. ☎ 05 46 99 41 00. E-mail : lebateau@orange.fr. Web : www.campinglebateau.net. Réduction H.S.
Lat. : 45° 56' 57" N **Long.** : 000° 59' 43" W.

ROYAN

9-B2 38 km S.-O. Rochefort-sur-Mer. 15 m. ✉ 17200

CLAIREFONTAINE ★★★★ Tourisme 216 E.
CV . Locations : . chauffée , , . Bord de mer à 300 m. . Accueil groupes adultes. Ouvert: 7.4 / 24.9. ☎ 0 2 53 81 70 00. E-mail : reservation@ms-vacances.com. Web : www.ms-vacances.com.
Lat. : 45° 37' 52" N **Long.** : 001° 02' 59" W.
FFCC : avantages adhérent : 15% du 07/04 au 08/07 et du 02/09 au 24/09 sur emp.

LE ROYAN ★★★★ Tourisme 192 E. dont 73 nus
3,5 ha CV . A 4 km : Locations : . chauffée . Bord de mer à 2,5 km. . Accueil groupes. Ouvert: 7.4 / 10.10. ☎ 05 46 39 09 06. E-mail : campingleroyan@gmail.com. Web : www.le-royan.com. Prix 2022. Fft jour : empl. Tourisme (2) : 39 € ( ). Réduction H.S.
Lat. : 45° 38' 40" N **Long.** : 001° 02' 31" W.

LES CHÈVREFEUILLES ★★★★ Tourisme 89 E. dont 5 nus
CV . Locations : . chauffée . Bord de mer à 4 km. Accueil groupes. Ouvert: 2.4 / 3.10. ☎ 05 46 02 61 94. E-mail : contact@leschevrefeuilles.com. Web : www.leschevrefeuilles.com.
Lat. : 45° 39' 15" N **Long.** : 001° 01' 12" W.

LES COQUELICOTS ★★★★ Tourisme 300 E. CV . Locations : . couverte chauffée . Etang, lac et rivière à 1 km ; bord de mer à 2,5 km. ; . Ouvert: 4.4 / 13.9. ☎ 05 46 38 23 21. E-mail : coquelicots@capfun.com. Web : www.capfun.com. Réduction H.S.
Lat. : 45° 38' 44" N **Long.** : 001° 02' 09" W.

CHANT DES OISEAUX ★★★ Tourisme 144 E.
2 ha 23 h / 7 h 30, CV. Locations : . chauffée . Etang à 2 km ; bord de mer à 2,2 km ; lac à 3 km. Ouvert: 15.4 / 30.9. ☎ 05 46 39 47 47. E-mail : contact@chantdesoiseaux.fr. Web : www.campingroyan-chantdesoiseaux.com. Réduction H.S.
Lat. : 45° 38' 47" N **Long.** : 001° 01' 44" W.

L'ORÉE DES BOIS ★★ Tourisme 99 E. 1 ha CV . Bord de mer à 2,5 km. Ouvert: 15.6 / 15.9. ☎ 05 46 39 07 92. E-mail : campingloreedesboisr@free.fr. Web : www.campingloreedesboisroyan.fr.
Lat. : 45° 38' 44" N **Long.** : 001° 01' 34" W.

SAINT-ANDRE-DE-LIDON

9-C2 20 km S.-O. Saintes. 28 m. ✉ 17260

CHEZ MÉNARD ★ Tourisme 22 E. dont 18 nus, dont 4 GCC.
0,72 ha CV. Rivière à 3 km. A 3 km : . A 5 km : , Ouvert: 15.5 / 15.9. ☎ 05 46 90 09 40. E-mail : daniellemarceau@orange.fr. Web : campingchezmenard.com. Prix 2023. empl. Tourisme : 3,45 € ; 2,95 € ; 0,98 € ; animaux 0,85 € ; 1 € ; 1,66 € ; 3,40 €.
Lat. : 45° 35' 07" N **Long.** : 000° 46' 33" W.
FFCC : avantages adhérent : 16 € du 13/05 au 30/06 et du 01/09 au 17/09 sur emp.

SAINT-AUGUSTIN

9-B1 40 km S.-O. Rochefort-sur-Mer. 11 m. ✉ 17570

L'ÉCUREUIL ★★★★ Tourisme 103 E. dont 27 nus 3 ha nuit, CV. Locations : . chauffée. Bord de mer à 5 km. . Ouvert: 2.7 / 27.8. ☎ 05 46 39 14 46. E-mail : contact@eldapi.fr. Web : www.eldapi-vacances.fr/nos-campings/l-ecureuil. Prix 2023. Fft jour : empl. Tourisme (2) : 34,3 € ( )
Lat. : 45° 41' 14" N **Long.** : 001° 06' 58" W.

LA FERME ★★★★ Loisirs 129 E. 3 ha la nuit, CV. Locations : . couverte chauffée , . Bord de mer à 5 km. ; . Ouvert: 5.7 / 30.8. ☎ 05 46 39 14 46. E-mail : contact@eldapi.fr. Web : www.eldapi-vacances.fr/nos-campings/la-ferme. Prix 2022. Fft jour : empl. Tourisme (2) : 30,3 € ( )
Lat. : 45° 41' 15" N **Long.** : 001° 06' 49" W.

LA FERME N° 2 ★★★★ Tourisme 158 E.
3 ha nuit, CV. Locations : . couverte chauffée , . Bord de mer à 5 km. ; . Ouvert: 28.6 / 28.8. ☎ 05 46 39 14 46. E-mail : contact@eldapi.fr. Web : www.eldapi.fr. Prix 2022. Fft jour : empl. Tourisme (2) : 30,3 € ( )
Lat. : 45° 41' 15" N **Long.** : 001° 06' 44" W.

LE LOGIS DU BREUIL ★★★★ Tourisme 390 E. dont 293 nus
9 ha CV. Locations : . Randonnée pédestre organisée. couverte chauffée , . Etang à 2 km ; bord de mer à 4,5 km. . Accueil groupes enfants. Ouvert: 4.5 / 30.9. ☎ 05 46 23 23 45. E-mail : info@logis-du-breuil.com. Web : www.logis-du-breuil.com. Réduction H.S.
Lat. : 45° 40' 30" N **Long.** : 001° 05' 45" W.

COTES DE SAINTONGE ★★★ Loisirs 134 E. dont 36 nus
CV. A 4 km : Locations : . couverte chauffée . Bord de mer à 5 km. . Ouvert: 1.5 / 26.9. ☎ 05 46 23 23 48. E-mail : contact@lescotesdesaintonge.fr. Web : www.lescotesdesaintonge.fr.
Lat. : 45° 40' 52" N **Long.** : 001° 06' 14" W.

LES VIGNES 1 & 2 ★★★ Tourisme 158 E. dont 43 nus CV. Locations : . chauffée . Bord de mer à 5 km. . Ouvert: 1.5 / 15.9. ☎ 05 46 23 19 34. E-mail : camping-lesvignes17@orange.fr. Web : www.campinglesvignes17.com. Prix 2023. Fft jour : empl. Tourisme (2) : 24,6 € ( ). Réduction H.S.
Lat. : 45° 41' 21" N **Long.** : 001° 06' 34" W.

SAINT-BONNET-SUR-GIRONDE

9-C2 22 km S.-O. Jonzac. 25 m. ✉ 17150

CAMPING MUNICIPAL NC Tourisme 14 E. dont 14 nus . Rivière à 500 m. Accueil groupes. Ouvert: 1.6 / 1.10. ☎ 05 46 86 01 59. E-mail : saint-bonnet-sur-gironde@mairie17.com. Web : www.saintbonnetsurgironde.fr.
Lat. : 45° 19' 42" N **Long.** : 000° 42' 48" W.

M. & MME VAN REYSEN . ☎ 05 46 49 94 41. E-mail : karinvdsterre@wanadoo.fr, Web : www.camping-chene-vert.com.
Lat. : 45° 19' 31" N **Long.** : 000° 22' 28" W.

SAINT-CESAIRE

9-C1 10 km E. Saintes. 68 m. ✉ 17770

CAMPING MUNICIPAL LES BUJOLIERS NC Tourisme 33 E. dont 33 nus . Lac à 300 m ; étang à 500 m ; rivière à 1 km. Ouvert: 1.6 / 30.9. ☎ 05 46 91 55 45. E-mail : saint.cesaire@mairie17.com.
Lat. : 45° 45' 15" N **Long.** : 000° 30' 23" W.

SAINT-FORT-SUR-GIRONDE

9-C2 24 km O. Jonzac. 31 m. ✉ 17240

LE PORT MAUBERT ★★★ Tourisme 59 E. dont 39 nus CV. Locations : . Accès direct à la rivière. Accueil groupes. Ouvert: 15.4 / 30.9. ☎ 05 46 04 78 86. E-mail : bourdieu.jean-luc@wanadoo.fr. Web : www.campingportmaubert.com.
Lat. : 45° 25' 55" N **Long.** : 000° 45' 06" W.

SAINT-GEORGES-DE-DIDONNE

9-B2 36 km S.-O. Saintes. 13 m. ✉ 17110

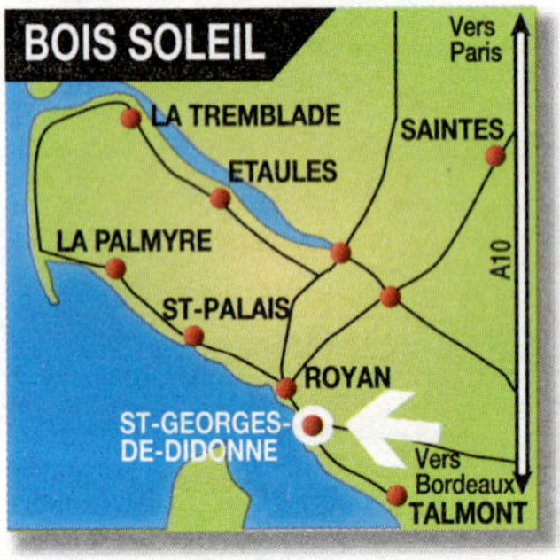

BOIS SOLEIL ★★★★★ Tourisme 450 E. dont 170 nus
CV. Locations : . Randonnée pédestre organisée. Espace Fitness. chauffée , . Accès direct à la mer ; étang à 2 km. ; . Accueil groupes. Ouvert: 9.4 / 4.10. ☎ 05 46 05 05 94. E-mail : info@bois-soleil.com. Web : www.bois-soleil.com. Réduction H.S.
Lat. : 45° 35' 01" N **Long.** : 000° 59' 12" W.

LE DAUPHIN ★★★★ Tourisme 233 E. dont 48 nus 4,3 ha CV. Espace Fitness. couverte chauffée . Bord de mer à 400 m ; lac à 1 km ; rivière à 2 km. . Ouvert: 6.4 / 30.9. ☎ 05 46 05 33 31. E-mail : contact@camping-ledauphin.com. Web : www.camping-ledauphin.com. Réduction H.S.
Lat. : 45° 35' 01" N **Long.** : 000° 58' 50" W.

OCÉAN VACANCES ★★★★ Tourisme 45 E. Locations : . Espace Fitness. chauffée , . Bord de mer à 800 m. . Ouvert: 7.4 / 15.10. ☎ 05 46 06 80 00. E-mail : contact@oceanvacances.com. Web : www.oceanvacances.com.
Lat. : 45° 35' 01" N **Long.** : 000° 58' 43" W.

BLEU MER ★★★ Tourisme 99 E. dont 42 nus, dont 25 CC - 25 GCC. CV. A 1,5 km : Locations : , cocosweet, tonneau. chauffée. Bord de mer à 1,2 km. Accueil groupes. Ouvert: 1.4 / 8.10. ☎ 05 46 23 11 91. E-mail : campingbleumer@gmail.com. Web : www.campingbleumer.fr/. Prix 2023. Fft jour : empl. Tourisme (2) : 35 € ()
Lat. : 45° 36' 36" N **Long.** : 000° 59' 01" W.

IDÉAL CAMPING ★★★ Tourisme 476 E.
CV. Locations : . chauffée. Bord de mer à 200 m. ; . Ouvert: 4.5 / 10.9. ☎ 05 46 05 29 04. E-mail : info@ideal-camping.com. Web : www.ideal-camping.com. Prix 2022. Fft nuit : empl. Tourisme (3) : 33 € () ; sup 6,50 € nuit ; 4 € nuit ; 4,50 € nuit. Réduction H.S.
Lat. : 45° 35' 07" N **Long.** : 000° 59' 08" W.
FFCC : avantages adhérent : 19 € du 04/05 au 30/06 et du 25/08 au 10/09 sur emp.

LE BLAYAIS ★★★ Tourisme 142 E. 1,82 ha CV. Locations : . chauffée , . Bord de mer à 300 m. . Ouvert: 31.3 / 30.9. ☎ 05 46 05 31 92. E-mail : contact@campingleblayais.com. Web : www.campingleblayais.com.
Lat. : 45° 36' 02" N **Long.** : 000° 59' 21" W.

LE BLAYAIS ALICAT ★★★ Tourisme 37 E. 0,6 ha . Bord de mer à 300 m. ; . Ouvert: 31.3 / 30.9. ☎ 05 46 05 31 92. E-mail : contact@campingleblayais.com. Web : www.campingleblayais.com.
Lat. : 45° 36' 01" N **Long.** : 000° 59' 21" W.

LES CATALPAS ★★★ Loisirs 118 E. CV. Locations : . . Lac à 300 m ; bord de mer à 1,5 km. . Accueil groupes adultes. Ouvert: 25.5 / 1.9. ☎ 04 30 05 15 19. E-mail : info@tohapi.fr. Web : www.tohapi.fr/poitou-charentes/camping-mer-catalpas.php.
Lat. : 45° 36' 55" N **Long.** : 000° 59' 45" W.

LES BAINS SALÉS ★★ Tourisme 55 E. dont 10 nus
CV. Bord de mer à 800 m. Accueil groupes. Ouvert: 14.6 / 15.9. ☎ 05 46 05 68 97. E-mail : bains-sales@campeole.com. Web : www.campeole.com/camping/post/les-bains-sales-saint-georges-de-didonne.
Lat. : 45° 36' 50" N **Long.** : 000° 59' 59" W.
FFCC : avantages adhérent : 10% du 10/06 au 08/07 et du 26/08 au 10/09 sur emp. et 5% du 10/06 au 08/07 et du 26/08 au 10/09 sur loc.

LES BRANDES ★★ Loisirs 70 E. 1,5 ha CV. . Bord de mer à 2 km. Accueil groupes. Ouvert: 1.6 / 30.9. ☎ 05 46 05 28 64. E-mail : patrick.torcoletti@orange.fr. Web : www.camping-les-brandes.fr.
Lat. : 45° 36' 21" N **Long.** : 000° 58' 06" W.

CAMPING GCU - ST GEORGES DE DIDONNE ★ Tourisme 114 E. . Accès direct à la mer. Ouvert: 14.6 / 28.9. ☎ 05 46 06 13 01. E-mail : gcu@gcu.asso.fr. Web : www.gcu.asso.fr. Réduction H.S.
Lat. : 45° 35' 25" N **Long.** : 000° 59' 14" W.

SAINT-GERMAIN-DE-LUSIGNAN

9-C2 2 km O. Jonzac. 44 m. ✉ 17500

MME MARIE-AGNÈS SABOURAUX . A 4 km : . Ouvert: 1.3 / 30.11. ☎ 05 46 49 37 05.
Lat. : 45° 26' 20" N **Long.** : 000° 28' 32" W.

Pour tout savoir sur la FFCC :
www.ffcc.fr

SAINT-JEAN-D'ANGELY

9-C1 61 km S.-E. La Rochelle. 31 m. ✉ 17400

VAL DE BOUTONNE ★★★ Tourisme 99 E. dont 50 nus
CV. A 3 km : Locations : . Accès direct à la rivière. . Ouvert: 8.4 / 25.9. ☎ 05 46 32 26 16. E-mail : campingvaldeboutonne@gmail.com. Web : www.camping-charente-maritime-17.com. Prix 2023. Fft jour : empl. Tourisme (2) : 26 € (). Réduction H.S.
Lat. : 45° 56' 56" N **Long.** : 000° 32' 12" W.
FFCC : avantages adhérent : 20 € du 07/04 au 30/06 et du 01/09 au 24/09 sur emp.

SAINT-JUST-LUZAC

9-B1 20 km S.-O. Rochefort 4 m. ✉ 17320

SÉQUOIA PARC ★★★★★ Tourisme 690 E. dont 154 nus
CV. Locations : . Espace Fitness. couverte chauffée , . Rivière à 3 km ; bord de mer à 5 km. . Ouvert: 7.4 / 24.9. ☎ 05 46 85 55 55. E-mail : sequoia@sandaya.fr. Web : www.sandaya.fr/nos-campings/sequoia-parc. Réduction H.S.
Lat. : 45° 48' 36" N **Long.** : 001° 03' 35" W.

SAINT-LAURENT-DE-LA-PREE

9-B1 8 km N.-O. Rochefort-sur-Mer. 5 m. ✉ 17450

DOMAINE DES CHARMILLES ★★★★ Tourisme 290 E.
7 ha CV. A 3 km : Locations : . Randonnée pédestre organisée. couverte chauffée . Rivière à 2 km ; bord de mer à 3 km. ; . Accueil groupes. Ouvert: 15.4 / 8.9. ☎ 05 46 84 00 05. E-mail : contact@domainedescharmilles.com. Web : www.domainedescharmilles.com. Réduction H.S.
Lat. : 45° 59' 24" N **Long.** : 001° 03' 07" W.

VILLAGE VACANCES LE LAGON DE LA PRÉE ★★★★ Tourisme 199 E. dont 199 GCC. 4 ha 23 h / 7 h, CV. Locations : . Espace Fitness. couverte chauffée , . Rivière à 1 km ; étang et bord de mer à 5 km. ; ; . Ouvert: 1.1 / 31.12. ☎ 05 46 84 89 40. E-mail : contact@lagondelapree.com. Web : www.lagondelapree.com.
Lat. : 45° 59' 26" N **Long.** : 001° 01' 12" W.

SAINT-MANDE-SUR-BREDOIRE

9-D1 22 km N.-E. Saint-Jean-d'Angély. 114 m. ✉ 17470

LE LIZOT EN SAINTONGE ★★★ Tourisme 40 E. CV. Locations : . , . Accueil groupes. Ouvert: 1.1 / 31.12. ☎ 09 73 01 17 03. E-mail : contact@camping-lelizot.fr. Web : www.camping-lelizot.fr. Réduction H.S.
Lat. : 46° 02' 19" N **Long.** : 000° 43' 51" W.

SAINT-NAZAIRE-SUR-CHARENTE

9-B1 8 km O. Rochefort-sur-Mer. 5 m. ✉ 17780

L'ABRI COTIER ★★★ Tourisme 100 E. dont 45 nus
1,7 ha CV. Locations : , cocosweet. couverte chauffée . Rivière à 450 m ; lac et bord de mer à 3 km. . Accueil groupes. Ouvert: 8.4 / 25.9. ☎ 05 46 84 81 65. E-mail : abri-cotier@wanadoo.fr. Web : www.camping-la-rochelle.net. Prix 2022. Fft jour : empl. Tourisme (2) : 37 € () ; sup 6,50 € ; animaux 4 € ; 4,50 €. Réduction H.S.
Lat. : 45° 56' 01" N **Long.** : 001° 03' 37" W.
FFCC : avantages adhérent : 17 € du 07/04 au 07/07 et du 26/08 au 01/10 sur emp. et 10% du 07/04 au 07/07 et du 26/08 au 01/10 sur loc. + Emplacement Freecamp (avec sanitaires privés) à 34 € en basse saison, non cumulable avec les offres en cours.

SAINT-PALAIS-SUR-MER

9-B2 35 km S.-O. Rochefort-sur-Mer. 17 m. ✉ 17420

LE PUITS DE L'AUTURE ★★★★ Tourisme 215 E. dont 185 nus
4 ha CV. A 2 km : Locations : tonneau. , . Bord de mer à 250 m. . Ouvert: 26.4 / 2.10. ☎ 05 46 23 20 31. E-mail : contact@camping-puitsdelauture.com. Web : www.camping-puitsdelauture.com.
Lat. : 45° 38' 59" N **Long.** : 001° 07' 04" W.
FFCC : avantages adhérent : 21 € du 22/04 au 30/06 et du 28/08 au 01/10 sur emp.

LES DEUX PLAGES ★★★★ Tourisme 152 E. dont 70 nus
3 ha CV. Locations : . chauffée . Lac et bord de mer à 600 m ; étang à 800 m. Ouvert: 1.4 / 30.9. ☎ 05 46 23 11 42. E-mail : contact@campingdes2plages.fr. Web : www.campingdes2plages.fr. Réduction H.S.
Lat. : 45° 38' 45" N **Long.** : 001° 04' 49" W.

LES PINS ROYAN ★★★★ Tourisme 211 E. dont 40 nus, dont 35 CC - 90 GCC.
3,7 ha CV. Locations : . couverte chauffée . Etang et lac à 2 km ; bord de mer à 2,5 km. Accueil groupes. Ouvert: 4.4 / 29.9. ☎ 05 46 23 30 83. E-mail : resa@lespins.net. Web : www.camping-lespins.com. Réduction H.S.
Lat. : 45° 39' 27" N **Long.** : 001° 04' 13" W.

CAMPING CÔTE DE BEAUTE ★★★ Tourisme 115 E. 2 ha . Locations : . Bord de mer à 150 m ; étang à 1,5 km.. Ouvert: 27.4 / 30.9. ☎ 05 46 23 20 59. E-mail : campingcotedebeaute@wanadoo.fr. Web : www.camping-cote-de-beaute.com.
Lat. : 45° 39' 02" N **Long.** : 001° 07' 05" W.

DOMAINE DE BERNEZAC ★★★ Tourisme Loisirs 120 E. dont 59 nus, dont 25 GCC.
1,5 ha CV . A 2 km : Locations : . Bord de mer à 50 m ; lac à 2 km. Accueil groupes. Ouvert: 15.3 / 15.10. ☎ 05 46 39 00 71. E-mail : acccf-bernezac@acccf.com. Web : bernezac.acccf.com/. Prix 2022. Fft nuit : empl. Tourisme (2) : 21,3 € ( ) ; sup 6,50 € nuit ; animaux 1,70 € nuit ; 3,20 € nuit ; 5,10 € nuit. Réduction H.S.
Lat. : 45° 38' 31" N **Long.** : 001° 04' 39" W.
FFCC : avantages adhérent : 26.40 € du 15/03 au 07/07 et du 24/08 au 15/10 sur emp.

LE TAHITI ★★★ Tourisme 18 E. dont 1 nus 0,2 ha CV . A 2 km : , . Bord de mer à 300 m ; étang et lac à 2 km. Accueil groupes. Ouvert: 5.4 / 5.10. ☎ 05 46 23 18 41. E-mail : contact@campingtahiti.fr. Web : www.campingtahiti.fr. Réduction H.S.
Lat. : 45° 39' 07" N **Long.** : 001° 07' 06" W.

LES ORMEAUX ★★★ Loisirs 171 E. dont 26 nus 4 ha CV . A 2 km : Locations : . chauffée , . Bord de mer à 800 m ; étang et lac à 1 km. . Ouvert: 13.4 / 14.9. ☎ 05 46 39 02 07. E-mail : info@campinglesormeaux.com. Web : www.campinglesormeaux.com.
Lat. : 45° 38' 46" N **Long.** : 001° 04' 34" W.

TAHITI VILLAGE LA GRANDE CÔTE ★★★ Tourisme 68 E. 1 ha CV . Locations : . , . Accès direct à la mer. ; . Ouvert: 3.4 / 4.10. ☎ 05 46 23 20 18. E-mail : contact@campinglagrandecote.com. Web : www.campinglagrandecote.com.
Lat. : 45° 39' 02" N **Long.** : 001° 07' 13" W.

YUKADI VILLAGE LE LOGIS ★★★ Tourisme 418 E. CV . A 800 m : . Locations : . chauffée , . Bord de mer à 800 m ; lac à 1,2 km. . Ouvert: 11.5 / 6.9. ☎ 05 46 23 20 23. E-mail : reservations@yukadivillages.com. Web : www.yukadivillages.com.
Lat. : 45° 39' 06" N **Long.** : 001° 06' 32" W.

YUKADI VILLAGE LE LOGIS ANNEXE ★★★ Loisirs 240 E. Ouvert: 12.5 / 10.9. ☎ 0 5 46 22 38 22. E-mail : reservations@yukadivillages.com. Web : www.lelogis.com/fr.
Lat. : 45° 39' 07" N **Long.** : 001° 06' 33" W.

LA BORDERIE ★★ Tourisme 198 E. dont 98 nus
23 h / 8 h, CV . Locations : , . chauffée . Lac à 500 m ; bord de mer à 1,2 km. Ouvert: 30.5 / 15.9. ☎ 05 46 23 30 58. E-mail : info@laborderie.com. Web : www.laborderie.com. Prix 2022. Fft jour : empl. Tourisme (2) : 24 € ( ) ; sup 6,40 € ; animaux 3,80 € ; 3,90 € ; 4,40 €. Réduction H.S.
Lat. : 45° 39' 18" N **Long.** : 001° 05' 05" W.

LE REPOS ★★ Tourisme 18 E. 0,15 ha CV. Locations : . . Bord de mer à 300 m ; étang à 3 km. . Ouvert: 31.3 / 15.10. ☎ 05 46 23 20 72 / 06 61 48 97 52. E-mail : contact@camping-le-repos.com. Web : www.camping-le-repos.com.
Lat. : 46° 39' 04" N **Long.** : 001° 07' 09" W.

SAINT-SIMON-DE-BORDES

9-C2 6 km S.-O. Jonzac. 61 m. ✉ 17500

LES CASTORS ★★★★ Tourisme 120 E. dont 44 nus
2 ha CV . Locations : . couverte chauffée . Accès direct à la rivière ; étang et lac à 2 km. Ouvert: 5.3 / 26.11. ☎ 05 46 48 25 65. E-mail : contact@campingcastors.com. Web : www.campingcastors.com. Prix 2023. Fft nuit : empl. Tourisme (2) : 26,9 € ( ) ; sup 6,50 € nuit ; animaux 2,60 € nuit ; 5,20 € nuit.
Lat. : 45° 25' 45" N **Long.** : 000° 26' 54" W.

SAINT-SORNIN

9-B1 22 km S. Rochefort-sur-Mer. 8 m. ✉ 17600

LES ETANGS MINA ★★★ Tourisme 109 E. dont 45 nus
CV . Locations : cabanes. Randonnée pédestre organisée. , . Accès direct à l'étang.. Accueil groupes. Ouvert: 30.3 / 29.9. ☎ 05 46 22 82 61. E-mail : contact@campingmina.com. Web : www.campingmina.com. Réduction H.S.
Lat. : 45° 45' 41" N **Long.** : 000° 56' 32" W.

LE VALERICK ★★ Tourisme 50 E. dont 41 nus 1,05 ha CV . Locations : . Etang à 200 m ; lac à 4 km. Ouvert: 1.4 / 30.9. ☎ 05 46 85 15 95. E-mail : campingvalerick@orange.fr. Web : www.camping-le-valerick.fr. Prix 2023. Fft jour : empl. Tourisme (2) : 25 € ( ) ; sup 6 € ; animaux 1,70 € ; 4,80 €.
Lat. : 45° 46' 29" N **Long.** : 000° 57' 55" W.

SAINT-SULPICE-D'ARNOULT

9-C1 20 km N.-O. Saintes. 30 m. ✉ 17250

LE BUCHIT . Ouvert: 21.4 / 1.11. ☎ 05 46 95 64 66. E-mail : guides@campingfrance.com.
Lat. : 45° 48' 40" N **Long.** : 000° 49' 10" W.

SAINT-SULPICE-DE-ROYAN

9-B2 32 km S.-O. Rochefort-sur-Mer. 16 m. ✉ 17200

ROYAL OCEAN ★★★ Loisirs 157 E. dont 73 nus CV . Locations : cabanes, cocosweet. Randonnée pédestre organisée. couverte chauffée , . Bord de mer à 3,5 km ; étang à 4 km. Ouvert: 1.5 / 31.10. ☎ 05 46 39 15 81. E-mail : resa@camping-walmone.com. Web : www.camping-walmone.fr. Réduction H.S.
Lat. : 45° 39' 33" N **Long.** : 001° 01' 13" W.

MME JOSSAND GOBIN . ☎ 05 46 39 14 12. E-mail : gobin.claudette@orange.fr.
Lat. : 45° 40' 13" N **Long.** : 001° 00' 45" W.

SAINT-THOMAS-DE-CONAC

9-C2 25 km O. Jonzac. 28 m. ✉ 17150

L'ESTUAIRE ★★★★ Tourisme 177 E. dont 65 nus CV . Espace Fitness. , . Accès direct à l'étang ; rivière à 500 m.. Accueil groupes. Ouvert: 1.1 / 31.12. ☎ 05 46 86 08 20. E-mail : lestuaire@wanadoo.fr. Web : www.lestuaire.com.
Lat. : 45° 23' 00" N **Long.** : 000° 43' 21" W.

SAINT-VIVIEN

6-B5 12 km S.E. La Rochelle 9 m. ✉ 17220

LE MOULIN DE LA PIERRE ★ Tourisme 23 E. 0,50 ha . A 5 km : couverte chauffée. Accès direct à l'étang et à la rivière ; bord de mer à 5 km. . Ouvert: 1.3 / 1.12. ☎ 0670646696. E-mail : yvon.royer@neuf.fr. Web : www.maprairie.com. Réduction H.S.
Lat. : 46° 04' 32" N **Long.** : 001° 02' 01" W.

SAINTES

9-C1 67 km S.-E. La Rochelle. 32 m. ✉ 17100

AU FIL DE L'EAU ★★★ Tourisme 153 E. dont 209 nus 4,7 ha CV . A 3 km : chauffée , . Accès direct à la rivière. ; . Accueil groupes. Ouvert: 1.5 / 30.9. ☎ 05 46 93 08 00. E-mail : campingaufildeleau@sfr.fr. Web : www.camping-saintes-17.com.
Lat. : 45° 45' 17" N **Long.** : 000° 37' 36" W.

SAUJON

9-B2 25 km S.-O. Saintes. 5 m. ✉ 17600

DU LAC ★★★ Tourisme 149 E. dont 71 nus 23 h / 8 h, CV . Locations : . . Lac et rivière à 300 m. Ouvert: 1.3 / 31.10. ☎ 05 46 06 82 99. E-mail : campingdesaujon@gmail.com. Web : www.campingsaujon.com.
Lat. : 45° 40' 58" N **Long.** : 000° 56' 17" W.

SEMUSSAC

9-B2 30 km S.-O. Saintes. 21 m. ✉ 17120

CAMPING 2 B ★★★ Tourisme 105 E. dont 45 nus 1,6 ha CV . chauffée . Bord de mer à 3,5 km ; rivière à 5 km. . Ouvert: 1.4 / 30.9. ☎ 05 46 05 95 16. E-mail : info@camping-2b.com. Web : www.camping-2b.com.
Lat. : 45° 36' 16" N **Long.** : 000° 56' 51" W.

BOIS DE LA CHASSE ★★ Loisirs 150 E. dont 84 nus
2,5 ha CV . Bord de mer à 5 km. Accueil groupes. Ouvert: 1.4 / 31.10. ☎ 05 46 22 37 71. E-mail : boisdelachasse@orange.fr. Web : www.boisdelachasse.com.
Lat. : 45° 35' 51" N **Long.** : 000° 54' 17" W.
FFCC : avantages adhérent : 13 € du 01/04 au 04/06 et du 27/08 au 31/10 sur emp. et entre 50 € et 70 € la nuitée et entre 230 € et 310 € la semaine du 01/04 au 09/07 et du 27/08 au 31/10 sur loc.

LE LYS BLANC ★★ Tourisme 36 E. dont 30 nus 0,92 ha CV . A 5 km : Locations : , . Bord de mer à 4 km. Accueil groupes. Ouvert: 1.4 / 30.9. ☎ 05 46 06 41 03. E-mail : campinglelysblanc@laposte.net. Web : www.le-lysblanc.com. Réduction H.S.
Lat. : 45° 36' 16" N **Long.** : 000° 56' 39" W.

LA VALADE CV. Ouvert: 15.6 / 28.9. ☎ 06 85 90 74 09. E-mail : patricia.viguiaud@wanadoo.fr, Web : www.la-valade.com. Prix 2023. empl. Tourisme : 2,80 € ; 4 € ; 2,20 € ; 3,50 €.
Lat. : 45° 36' 40" N **Long.** : 000° 55' 12" W.

SOUMERAS

9-C2 20 km S. Jonzac. 47 m. ✉ 17130

TWIN LAKES NC Tourisme 25 E. CV. Locations : , . Etang à 20 m ; rivière à 500 m ; lac à 3 km. ; ; . Ouvert: 1.1 / 31.12. ☎ 05 46 49 77 12. E-mail : twinlakesinfo@hotmail.co.uk. Web : www.twinlakesfrance.com.
Lat. : 45° 17' 56" N **Long.** : 000° 26' 10" W.

SURGERES

6-C5 27 km N.-E. Rochefort-sur-Mer. 35 m. ✉ 17700

LA GÈRES ★★★ Tourisme 53 E. dont 27 nus 1,06 ha CV . Locations : , tipi. chauffée , . Accès direct à la rivière. Accueil groupes. Ouvert: 7.3 / 29.10. ☎ 05 46 07 79 97. E-mail : contact@campingdelageres.com. Web : www.campingdelageres.com. Prix 2022. Fft jour : empl. Tourisme (2) : 24 € ( ) ; sup 5 € ; animaux 3 € ; 4,50 €. Réduction H.S.
Lat. : 46° 06' 05" N **Long.** : 000° 45' 13" W.

TALMONT-SUR-GIRONDE

3 m. ✉ 17120

FLEURS DES CHAMPS ★★★ Loisirs 55 E. dont 5 nus
1,4 ha CV . Locations : , . Accès direct à l'étang ; bord de mer à 1,8 km. Accueil groupes adultes. Ouvert: 1.6 / 15.9. ☎ 05 46 90 40 11. E-mail : contact@campingfdc.com. Web : www.camping-fleurs-des-champs.fr. Prix 2023. Fft nuit : empl. Tourisme (2) : 16,6 € ( ) ; sup 4,70 € nuit ; animaux 3,10 € nuit ; 4,60 € nuit ; 4,70 € nuit.
Lat. : 45° 32' 45" N **Long.** : 000° 53' 24" W.
FFCC : avantages adhérent : 14 € du 01/06 au 01/07 et du 01/09 au 01/10 sur emp.

TAUGON

6-C5 32 km N.-E. La Rochelle. 4 m. ✉ 17170

CAMPING DE MON VILLAGE NC 20 E. dont 20 nus 1 ha . , . Etang à 150 m ; rivière à 2 km.. Ouvert: 1.5 / 30.9. ☎ 01 83 64 69 21. E-mail : contact@campingcarpark.com. Web : www.campingcarpark.com. Prix 2022.
Lat. : 46° 18' 37" N **Long.** : 000° 50' 12" W.

THAIRE

6-B5 22 km N. Rochefort-sur-Mer. 18 m. ✉ 17290

AIRE NATURELLE CV. Ouvert: 1.6 / 30.9. ☎ 05 46 56 10 64. E-mail : sergeetdominique.fontenay@sfr.fr.
Lat. : 46° 04' 33" N **Long.** : 001° 59' 14" W.

VAUX-SUR-MER

9-B2 40 km S.-O. Rochefort-sur-Mer. 18 m. ✉ 17640

LE NAUZAN-PLAGE ★★★★ Tourisme 237 E. dont 165 nus
3,84 ha la nuit, CV . Locations : . couverte chauffée , . Accès direct à la rivière ; étang à 200 m ; bord de mer à 450 m ; lac à 1,5 km. ; . Ouvert: 3.4 / 2.10. ☎ 05 46 38 29 13. E-mail : contact@campinglenauzanplage.com. Web : www.campinglenauzanplage.com.
Lat. : 45° 38' 34" N **Long.** : 001° 04' 20" W.

CHAUCHAMPS ★★★ Tourisme 244 E. dont 131 nus, dont 131 CC - 109 GCC. 4,05 ha CV . A 2 km : Locations : cocosweet. chauffée . Etang et lac à 400 m ; bord de mer à 1,2 km. Accueil groupes. Ouvert: 20.3 / 2.11. ☎ 06 23 01 17 94. E-mail : campingchauchamps@gmail.com. Web : camping-chauchamps.com. Réduction H.S.
Lat. : 45° 38' 57" N **Long.** : 001° 03' 39" W.

LE VAL VERT ★★★ Tourisme 179 E. dont 114 CC.
CV . A 4 km : Locations : . chauffée . Lac à 200 m ; étang à 300 m ; bord de mer à 900 m. Accueil groupes. Ouvert: 28.4 / 25.9. ☎ 05 46 38 25 51. E-mail : vacances@val-vert.com. Web : www.val-vert.com. Prix 2022. Fft jour : empl. Tourisme (3) : 36,8 € ( ) ; sup 8,50 € ; animaux 4,50 € ; 6,50 €.
Lat. : 45° 38' 38" N **Long.** : 001° 03' 48" W.

PARC DE LA ROCHE ★★ Tourisme 100 E. 2,5 ha . Ouvert: 1.6 / 15.9. ☎ 05 46 39 07 72. E-mail : info@tohapi.fr. Web : www.tohapi.fr/ile-de-france/camping-parc-des-roches.php.
Lat. : 45° 39' 23" N **Long.** : 001° 02' 42" W.

VERGEROUX

9-B1 4 km N.-O. Rochefort. 5 m. ✉ 17300

LES SABLONS ★★★ Tourisme 123 E. CV. Locations : . , , , . Accès direct à l'étang ; rivière à 200 m.. Ouvert: 1.2 / 30.11. ☎ 05 46 99 72 58. E-mail : campingles-sablons-17@orange.fr.
Lat. : 45° 58' 11" N **Long.** : 000° 00' 42" W.

YVES

6-B5 12 km N.-O. Rochefort 3 m. ✉ 17340

LA CABANE DES FRENES . Ouvert: 1.4 / 30.9. ☎ 05 46 56 41 31. E-mail : contact@la-cabane-des-frenes.fr, Web : www.la-cabane-des-frenes.fr.
Lat. : 46° 01' 58" N **Long.** : 001° 01' 29" W.

CHER 18

Carte 7

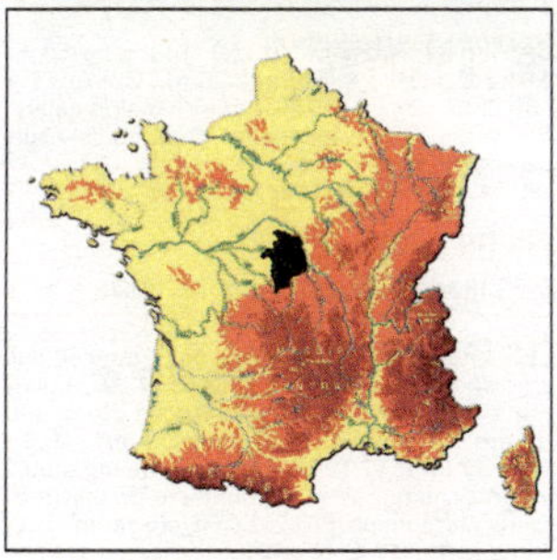

AUBIGNY-SUR-NERE

7-C2 46 km N. Bourges. 193 m. Village de neige ✉ 18700

LES ÉTANGS ★★★★ Tourisme 100 E.
2 ha CV . Locations : , . chauffée , . Accès direct à l'étang.. Accueil groupes. Ouvert: 1.4 / 30.9. ☎ 02 48 58 02 37. E-mail : camping.aubigny@orange.fr. Web : www.camping-aubigny.com. Prix 2023. Fft jour : empl. Tourisme (2) : 31 € ( ) ; sup 5 € ; animaux 2 € ; 3,50 €.
Lat. : 47° 29' 06" N **Long.** : 002° 27' 21" E.

BANNAY

7-C2 48 km N.-E. Bourges 171 m. ✉ 18300

CAMPING DE LÎLE ★★★ Tourisme 131 E. dont 120 nus
CV . Locations : , . Accès direct à la rivière.. Accueil groupes. Ouvert: 3.4 / 22.10. ☎ 03 86 24 48 43. E-mail : camping.cosne@aquadis-loisirs.com. Web : www.aquadis-loisirs.com/camping-nature/camping-de-l-ile. Prix 2023. Fft nuit : empl. Tourisme (2) : 19,9 € ( ). Réduction H.S.
Lat. : 47° 24' 31" N **Long.** : 002° 55' 04" E.
FFCC : avantages adhérent : 17 € du 03/04 au 08/07 et du 26/08 au 22/10 sur emp.

BANNEGON

7-C4 24 km N.-E. Saint-Amand-Montrond 193 m. ✉ 18210

GAEC PICQ ET FILLE CV. Ouvert: 1.1 / 31.12. ☎ 06 37 59 69 01. E-mail : campingpontdesargy18@gmail.com.
Lat. : 46° 48' 34" N **Long.** : 002° 43' 56" E.

BEFFES

7-D3 48 km E. Bourges 177 m. ✉ 18320

VELOCAMPING DE CHABROLLES-BEFFES
★★ Tourisme 14 E. dont 5 nus
Ouvert: 1.1 / 31.12. ☎ 02 48 76 57 32. E-mail : velocamping.beffes@gmail.com. Web : www.beffes.fr/pages/velocamping-bungalow-1/velo-camping.html.
Lat. : 47° 05' 52" N **Long.** : 003° 00' 22" E.

BESSAIS-LE-FROMENTAL

7-C4 20 km E. Saint-Amand-Montrond. 218 m. ✉ 18210

VILLAGE LOISIRS DE GOULE ★★★ Tourisme 58 E. dont 52 nus
1 ha CV. Locations : tipi. Randonnée pédestre organisée. Espace Fitness. Accès direct à l'étang. Accueil groupes. Ouvert: 1.5 / 30.9. ☎ 02 48 60 82 66. E-mail : contact@villagedegoule.com. Web : www.village-de-goule.com. Réduction H.S.
Lat. : 46° 44' 06" N **Long.** : 002° 47' 48" E.
FFCC : avantages adhérent : 14 € du 28/04 au 30/06 et du 01/09 au 24/09 sur emp. et entre 48 € et 112 € la nuitée et entre 336 € et 784 € la semaine du 28/04 au 24/09 sur loc.

BLET

7-C3 34 km N.-E. Saint-Amand-Montrond. 206 m. ✉ 18350

CAMPING MUNICIPAL NC Tourisme 23 E. 1 ha. Accès direct à l'étang.. Ouvert: 1.4 / 1.11. ☎ 02 48 74 71 04. E-mail : mairiedeblet@wanadoo.fr.
Lat. : 46° 53' 33" N **Long.** : 002° 43' 47" E.

BOURGES

7-C3 220 km S. Paris. 145 m. ✉ 18000

CAMPING DE BOURGES ★★★ Tourisme 100 E. dont 84 nus
CV. Locations : . Rivière à 400 m ; lac à 1,3 km. Accueil groupes. Ouvert: 1.3 / 5.11. ☎ 02 48 20 16 85. E-mail : camping.bourges@aquadis-loisirs.com. Web : www.aquadis-loisirs.com/camping-nature/camping-de-bourges. Prix 2023. Fft nuit : empl. Tourisme (2) : 22,9 € ( ). Réduction H.S.
Lat. : 47° 04' 20" N **Long.** : 002° 23' 41" E.
FFCC : avantages adhérent : Offre emplacements nus : 19 euros du 01/03 au 17/04, du 24/04 au 08/07 et du 26/08 au 05/11.

CHATEAUMEILLANT

7-B4 36 km S.-O. Saint-Amand-Montrond. 269 m. ✉ 18370

CAMPING MUNICIPAL L'ÉTANG MERLIN
★★★ Tourisme 40 E. dont 36 nus 1,5 ha 22 h / 8 h, CV. Locations : chauffée. Accès direct à l'étang ; rivière à 500 m.. Ouvert: 1.5 / 30.9. ☎ 02 48 61 31 38. E-mail : camping@chateaumeillant.fr. Web : www.camping-etangmerlin.e-monsite.com. Prix 2022. Fft jour : empl. Tourisme (2) : 13,2 € (E. CC E. GCC) ; sup 3,50 € ; animaux 1,60 € ; 2,10 €.
Lat. : 46° 34' 05" N **Long.** : 002° 11' 17" E.

CHATEAUNEUF-SUR-CHER

7-B4 23 km N.-O. Saint-Amand-Montrond. 160 m. ✉ 18190

L'ILE NC Tourisme 40 E. 2 ha. Locations : . Accès direct à la rivière.. Accueil groupes. Ouvert: 1.4 / 30.9. ☎ 02 48 60 46 81. E-mail : mairie.chateauneuf.cher@orange.fr.
Lat. : 46° 51' 14" N **Long.** : 002° 18' 59" E.

CREZANCY-EN-SANCERRE

7-C2 42 km N.-E. Bourges. 286 m. ✉ 18300

CAMPING MUNICIPAL PAULIN-ROULIN NC Tourisme 12 E. dont 10 nus 0,5 ha. Ouvert: 1.4 / 15.10. ☎ 0 6 12 55 69 98. E-mail : campingcrezancy@orange.fr. Web : www.crezancy-en-sancerre.fr.
Lat. : 47° 18' 11" N **Long.** : 002° 44' 49" E.

DUN-SUR-AURON

7-C3 22 km N.-N.-E. Saint-Amand-Montrond. 169 m. Station verte de vacances et village de neige ✉ 18130

CAMPING MUNICIPAL ★★ Tourisme 24 E. dont 25 nus 1 ha CV. Rivière à 50 m.. Ouvert: 15.4 / 31.10. ☎ 02 48 66 64 20. E-mail : ville.dunsurauron@wanadoo.fr.
Lat. : 46° 53' 04" N **Long.** : 002° 33' 49" E.

ENNORDRES

7-C2 41 km N. Bourges. 203 m. ✉ 18380

CAMPING MUNICIPAL L'ARRACHIS NC Tourisme 20 E. 0,4 ha. Accès direct à l'étang et à la rivière. Ouvert: 1.5 / 30.9. ☎ 02 48 58 06 82. E-mail : mairie-ennordres@orange.fr. Web : www.ennordres.fr.
Lat. : 47° 25' 39" N **Long.** : 002° 22' 45" E.

GRACAY

7-B3 45 km O.-N.-O. Bourges. 130 m. ✉ 18310

CAMPING MUNICIPAL NC Tourisme 49 E. 2,6 ha. Accès direct à la rivière.. Ouvert: 1.5 / 31.8. ☎ 02 48 51 24 14. E-mail : camping.gracay@tourisme-paysdevierzon.fr. Web : www.officedetourismedevierzon.com.
Lat. : 47° 08' 04" N **Long.** : 001° 51' 06" E.

HENRICHEMONT

7-C2 28 km N. Bourges. 289 m. ✉ 18250

CAMPING MUNICIPAL LE PETIT BOIS ★ Tourisme 38 E. dont 38 nus 1,6 ha CV. Accès direct à l'étang. Accueil groupes. Ouvert: 2.5 / 30.9. ☎ 02 48 26 94 71. E-mail : mairiehenrichemont@orange.fr. Web : www.henrichemont.fr.
Lat. : 47° 17' 32" N **Long.** : 002° 32' 04" E.

IDS-SAINT-ROCH

7-B4 22 km O. Saint-Amand-Montrond. 189 m. ✉ 18170

CAMPING FAMILIAL ★ Tourisme 25 E. dont 1 GCC. 1,4 ha. Locations : . Rivière à 1,2 km ; étang à 2 km. Ouvert: 1.4 / 1.10. ☎ 02 48 60 08 49. E-mail : campingfamilial@wanadoo.fr. Web : www.campingfamilial.fr.
Lat. : 46° 41' 18" N **Long.** : 002° 14' 06" E.

JARS

7-C2 46 km N.-E. Bourges. 265 m. ✉ 18260

CAMPING INTERCOMMUNAL DE LA BALANCE NC Tourisme 25 E. 0,9 ha CV. Accès direct à l'étang. Accueil groupes. Ouvert: 1.6 / 30.9. ☎ 02 48 58 74 50. E-mail : accueil.cdc.du.sancerrois@gmail.com.
Lat. : 47° 23' 20" N **Long.** : 002° 40' 51" E.

LA CHAPELLE-D'ANGILLON

7-C2 30 km N. Bourges. 212 m. ✉ 18380

CAMPING PARADIS NATURE ★★ Tourisme 49 E. dont 49 nus
2,5 ha. Locations : caravane. Etang et rivière à 100 m. Accueil groupes. Ouvert: 15.4 / 13.10. ☎ 06 70 29 52 00. E-mail : info@camping-paradis-nature.com. Web : www.camping-paradis-nature.com. Réduction H.S.
Lat. : 47° 21' 35" N **Long.** : 002° 26' 32" E.

LA GUERCHE-SUR-L'AUBOIS

7-D3 58 km N.-E. Saint-Amand. 195 m. Station verte de vacances et village de neige ✉ 18150

CAMPING MUNICIPAL DE ROBINSON
★★★ Tourisme 41 E. dont 35 nus
20 h / 8 h, CV. Accès direct à l'étang. Accueil groupes. Ouvert: 11.4 / 15.10. ☎ 02 48 74 99 86. E-mail : camping.laguerche@gmail.com. Web : www.mairielaguercheaubois.fr.
Lat. : 46° 56' 25" N **Long.** : 002° 57' 31" E.

LIGNIERES

7-B4 26 km O. Saint-Amand-Montrond. 171 m. ✉ 18160

LE VILLAGE DE COTTAGES P.R.L ★★★
NN56 E. Locations : chauffée. Ouvert: 1.3 / 31.10. ☎ 02 48 56 69 91. E-mail : accueil@polechevaletane.fr. Web : www.polechevaletane.fr.
Lat. : 46° 46' 11" N **Long.** : 002° 10' 30" E.

CAMPING MUNICIPAL L'ANGE BLANC NC Tourisme 30 E. 0,5 ha. Rivière à 200 m.. Ouvert: 1.7 / 31.8. ☎ 02 48 60 20 41. E-mail : accueil@lignieresenberry-tourisme.fr.
Lat. : 46° 45' 28" N **Long.** : 002° 10' 09" E.

LUNERY

7-B3 24 km S.-O. Bourges. 150 m. ✉ 18400

CAMPING DE MON VILLAGE DE LUNERY
★★ Tourisme 36 E. dont 36 nus 3,7 ha CV. Accès direct à la rivière.. Ouvert: 1.5 / 30.9. ☎ 01 83 64 69 21. E-mail : contact@campingcarpark.com. Web : www.campingcarpark.com. Prix 2022.
Lat. : 46° 56' 11" N **Long.** : 002° 16' 13" E.

MEHUN-SUR-YEVRE

7-B3 16 km N.-O. Bourges. 121 m. ✉ 18500

CAMPING MUNICIPAL ★★ Tourisme 35 E. dont 35 nus 0,8 ha CV. Rivière à 400 m. Accueil groupes. Ouvert: 8.5 / 30.9. ☎ 0 2 48 57 35 51. E-mail : contactmehun@bourgesberrytourisme.com. Web : ville-mehun-sur-yevre.fr. Prix 2023. Fft jour : empl. Tourisme (2) : 12,8 € ( ) ; sup 3,20 € ; 2 €.
Lat. : 47° 08' 54" N **Long.** : 002° 13' 09" E.

MENETREOL-SUR-SAULDRE

7-B2 46 km N.-O. Bourges. 159 m. Village de neige ✉ 18700

CAMPING MUNICIPAL LE BOUT DU PONT
NC Tourisme 49 E. 2 ha. Rivière à 30 m ; étang à 50 m.. Accueil groupes. Ouvert: 1.4 / 30.10. ☎ 02 48 58 04 30. E-mail : camping.menetreol@gmail.com. Web : mairie.menetreol-sur-sauldre@wanadoo.fr.
Lat. : 47° 26' 45" N **Long.** : 002° 18' 12" E.

MORNAY-SUR-ALLIER

7-D4 45 km N.-E. St-Amand-Montrond. 206 m. ✉ 18600

CAMPING MUNICIPAL LA BRUYERE NC Tourisme 30 E. dont 30 nus 0,8 ha. Rivière à 1 km ; étang à 3 km. Ouvert: 15.5 / 15.9. ☎ 02 48 74 56 07. E-mail : mairie-mornaysurallier@orange.fr. Web : www.mornaysurallier.fr.
Lat. : 46° 29' 25" N **Long.** : 003° 00' 50" E.

NEUVY-SUR-BARANGEON

7-B2 18 km N.-E. Vierzon. 164 m. ✉ 18330

CAMPING MUNICIPAL NC Tourisme 50 E. 0,6 ha. Etang à 20 m.. Ouvert: 1.4 / 30.9. ☎ 02 48 52 95 20. E-mail : mairie-neuvy-sur-barangeon@wanadoo.fr. Web : neuvy-sur-barangeon.fr.
Lat. : 47° 18' 45" N **Long.** : 002° 15' 40" E.

PREUILLY

7-B3 18 km O. Bourges. 128 m. ✉ 18120

LES ÉPICÉAS ★★ Tourisme 65 E. dont 64 nus 3 ha CV. Locations : . Accès direct à la rivière. Accueil groupes. Ouvert: 15.6 / 15.9. ☎ 02 48 57 12 04. E-mail : camping.preuilly@gmail.com. Web : commune-preuilly.fr/fr/tourisme/camping. Prix 2022. Fft jour : empl. Tourisme (2) : 11 € ( ) ;
Lat. : 47° 05' 47" N **Long.** : 002° 10' 54" E.

PREVERANGES

7-B5 45 km S.-O. Saint-Amand. 393 m. ✉ 18370

CAMPING MUNICIPAL LE CHAMP DE FOIRE NC Tourisme 10 E. Accès direct à l'étang. Ouvert: 1.5 / 30.9. ☎ 02 48 56 46 77. E-mail : mairie.preveranges@wanadoo.fr.
Lat. : 46° 26' 03" N **Long.** : 002° 15' 26" E.

SAINT-AMAND-MONTROND

7-C4 44 km S.-S.-E. Bourges. 176 m. Station verte de vacances et village de neige ✉ 18200

LE CANAL DE BERRY ★★★ 100 E. dont 93 nus 4 ha CV. Locations : cabanes. Accès direct à la rivière ; lac à 4 km. Accueil groupes. Ouvert: 1.4 / 30.9. ☎ 02 48 96 84 15. E-mail : accueil@campingcanaldeberry.fr. Web : www.camping-canal-de-berry.fr/. Prix 2022. empl. Tourisme : 8 € ; 2,70 € ; 2 € ; 2 € ; 2 € ; 2 € ; animaux 1,50 € ; 1,20 € ; 4 €.
Lat. : 46° 43' 06" N **Long. :** 002° 29' 27" E.

SAINT-MARTIN-D'AUXIGNY

7-C3 14 km N. Bourges. 213 m. ✉ 18110

CAMPING MUNICIPAL ★★ Tourisme 38 E. dont 35 nus 2 ha CV. Accès direct à l'étang.. Accueil groupes. Ouvert: 12.4 / 20.9. ☎ 07 60 68 70 92. E-mail : contact@stmartin-auxigny.fr. Web : www.stmartin-auxigny.fr/information/le-camping-municipal-des-plantes/.
Lat. : 47° 11' 49" N **Long. :** 002° 23' 58" E.

SAINT-SATUR

7-C2 48 km N.-E. Bourges. 185 m. Station verte ✉ 18300

LES PORTES DE SANCERRE ★★★ Tourisme 87 E. dont 59 nus 1,6 ha CV. A 3,5 km : . Accès direct à la rivière. ; . Accueil groupes. Ouvert: 3.4 / 27.9. ☎ 0 2 48 72 18 50. E-mail : accueil@campingsaintsatur.fr. Web : www.camping-portes-de-sancerre.fr. Réduction H.S.
Lat. : 47° 20' 32" N **Long. :** 002° 51' 56" E.

SAINT-SYMPHORIEN

7-B4 21 km N.-O. Saint-Amand-Montrond. 160 m. ✉ 18190

CAMPING MUNICIPAL NC Tourisme 50 E. 1 ha . Accès direct à l'étang. ; . Ouvert: 1.1 / 31.12. ☎ 02 48 60 53 69. E-mail : mairie.stsymphoriencher@wanadoo.fr.
Lat. : 44° 50' 25" N **Long. :** 003° 37' 31" E.

SAINTE-MONTAINE

7-B2 50 km N. Bourges. 159 m. ✉ 18700

CAMPING MUNICIPAL NC Tourisme 33 E. 0,6 ha . Etang à 1 km. Ouvert: 15.4 / 15.10. ☎ 02 48 58 05 16. E-mail : mairie.ste-montaine@orange.fr.
Lat. : 47° 29' 25" N **Long. :** 002° 19' 11" E.

SIDIAILLES

7-B4 31 km S.-O. Saint-Amand-Montrond. 317 m. ✉ 18270

CAMPING MUNICIPAL NC Tourisme 35 E. 0,8 ha . Accueil groupes enfants. Ouvert: 1.5 / 30.9. ☎ 02 48 56 60 59. E-mail : mairie.sidiailles@orange.fr. Prix 2022. empl. Tourisme : 2,50 € ; 3 € ; 1,50 € ; 2 €.
Lat. : 46° 30' 29" N **Long. :** 002° 19' 05" E.

VIERZON

7-B3 32 km N.-E. Bourges. 138 m. ✉ 18100

CAMPO'VILLAGE DE VIERZON ★★★ Tourisme 90 E. dont 79 nus 1,79 ha . Locations : . Accès direct à la rivière. . Accueil groupes. Ouvert: 1.4 / 22.10. ☎ 02 48 53 99 89. E-mail : vierzon@campovillage.com. Web : www.campovillage.com. Prix 2023. Fft jour : empl. Tourisme (2) : 21 € ( ) ; sup 7 € ; animaux 2 €.
Lat. : 47° 12' 35" N **Long. :** 002° 04' 52" E.

VILLENEUVE-SUR-CHER

7-B3 15 km S.-O. Bourges. 135 m. ✉ 18400

CAMPING INTERCOMMUNAL LA NOUE DE L'ANSE ★★ Tourisme 48 E. dont 48 nus 2,4 ha CV . Locations : . . Accès direct à la rivière. . Accueil groupes. Ouvert: 9.5 / 27.8. ☎ 02 48 55 66 60. E-mail : paysflorentais@cc-fercher.fr. Web : www.cc-fercher.fr.
Lat. : 47° 01' 41" N **Long. :** 002° 13' 05" E.

CORREZE 19

Cartes 9-10

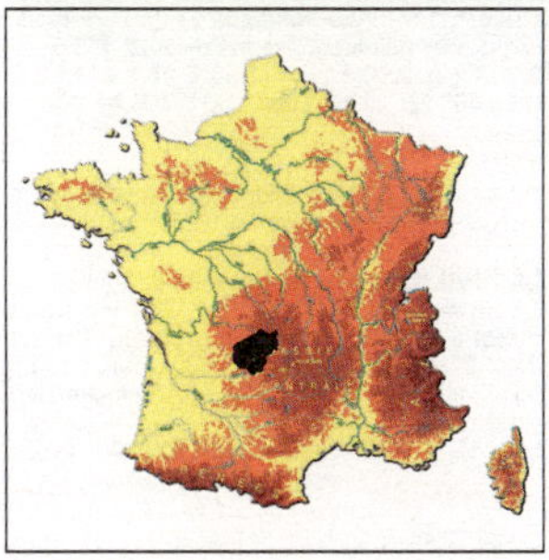

ARGENTAT-SUR-DORDOGNE

10-B3 30 km S.-E. Tulle. 250 m. Station verte de vacances et village de neige ✉ 19400

CAMPING MUNICIPAL DU LONGOUR ★★★ Tourisme 92 E. dont 92 nus 0,9 ha CV . chauffée . Accès direct à la rivière. ; . Accueil groupes. Ouvert: 23.5 / 30.9. ☎ 05 55 28 13 84. E-mail : camping.municipal@argentat-sur-dordogne.fr. Web : www.camping-municipal-argentat-sur-dordogne.fr.
Lat. : 45° 06' 06" N **Long. :** 001° 56' 40" E.
FFCC : avantages adhérent : 18 € du 01/07 au 31/08 sur emp. et entre 45 € et 60 € la nuitée et 400 € la semaine du 01/07 au 31/08 sur loc.

AURIAC

10-B3 58 km S.-E. Tulle. 550 m. ✉ 19220

CAMPING MUNICIPAL DES BRUYÈRES ★★ Tourisme 57 E. dont 49 nus 2 ha CV . Locations : . Accès direct à l'étang. ; ; . Accueil groupes. Ouvert: 30.3 / 2.11. ☎ 05 55 28 25 97. E-mail : commune.auriac@orange.fr. Web : www.camping-lesbruyeres-auriac.com. Prix 2022. Fft jour : empl. Tourisme (2) : 9 € ( )
Lat. : 45° 12' 07" N **Long. :** 002° 08' 52" E.

BASSIGNAC-LE-HAUT

10-B3 58 km E. Tulle. 499 m. ✉ 19220

LA VIE BELLE NC 44 E. dont 37 nus, dont 10 CC - 27 GCC. CV . Locations : , cabanes, yourte, caravane, . Randonnée pédestre organisée. chauffée , , , . Lac à 5 km. . Accueil groupes adultes. Ouvert: 1.5 / 30.11. ☎ 06 58 36 69 69. E-mail : laviebelle19220@gmail.com. Web : www.camping-la-vie-belle.fr/. Prix 2023. empl. Tourisme : 6 € ; 4 € ; 2 € ; 3 €.
Lat. : 45° 12' 43" N **Long. :** 002° 04' 32" E.

ALTILLAC

10-B3 41 km S.-E. Tulle. 305 m. ✉ 19120

CAMPING MUNICIPAL NC Tourisme 30 E. 1,5 ha . Accès direct à la rivière. ; . Ouvert: 1.7 / 31.8. ☎ 05 55 91 08 16. E-mail : mairie.altillac.site@orange.fr. Web : altillac.com.
Lat. : 44° 58' 25" N **Long. :** 001° 50' 40" E.

AUBAZINES

10-A3 14 km E. Brive-la-Gaillarde. 372 m. ✉ 19190

LE COIROUX ★★★★ Tourisme 182 E. dont 62 nus 7 ha CV . Locations : . Randonnée pédestre organisée. chauffée , , , . Lac à 300 m. ; . Accueil groupes. Ouvert: 24.4 / 27.9. ☎ 05 55 27 21 96. E-mail : reservation@campings-paradis.com. Web : www.campings-paradis.com/france/aubazine/camping-paradis-le-coiroux. Réduction H.S.
Lat. : 45° 11' 10" N **Long. :** 001° 42' 26" E.

BEAULIEU-SUR-DORDOGNE

10-B3 42 km S.-E. Brive-la-Gaillarde. 221 m. Station verte de vacances et village de neige ✉ 19120

HUTTOPIA BEAULIEU-SUR-DORDOGNE ★★★★ Tourisme 199 E. dont 134 nus
7 ha CV. Locations : . Randonnée pédestre organisée. Espace Fitness. chauffée , . Accès direct à la rivière. ; . Accueil groupes. Ouvert: 14.4 / 25.9. ☎ 05 55 91 02 65. E-mail : beaulieu@huttopia.com. Web : europe.huttopia.com. Réduction H.S.
Lat. : 45° 58' 48" N **Long.** : 001° 50' 27" E.
FFCC : avantages adhérent : 10% du 27/04 au 01/07 et du 31/08 au 24/0910% du 27/04 au 01/07 et du 31/08 au 24/09 sur emp. et loc. + 5% de réduction en juillet-août sur les emplacements nus et locatifs * frais de réservation offerts Rendez-vous dans votre club avantages FFCC pour obtenir le code promotionnel.

BEYNAT

10-A3 20 km S.-E. Brive-la-Gaillarde. 431 m. ✉ 19190

LE LAC DE MIEL ★★★★ Tourisme 198 E.
9 ha CV. Locations : roulotte. Randonnée pédestre organisée. Espace Fitness. couverte chauffée , , , , . Accès direct à l'étang et aux bords du lac. ; ; . Accueil groupes. Ouvert: 30.4 / 30.9. ☎ 05 55 85 50 66. E-mail : info@camping-miel.com. Web : www.camping-miel.com. Réduction H.S.
Lat. : 45° 07' 58" N **Long.** : 001° 45' 55" E.

BORT-LES-ORGUES

10-C2 30 km S.-E. Ussel. 533 m. ✉ 19110

LES AUBAZINES ★★★ Tourisme 127 E. dont 100 nus 4,5 ha CV. Locations : , . Randonnée pédestre organisée. chauffée , , . Accès direct aux bords du lac. ; ; . Accueil groupes enfants. Ouvert: 9.4 / 9.10. ☎ 05 55 96 08 38. E-mail : lesaubaz@aol.com. Web : www.bort-les-orgues.com. Réduction H.S.
Lat. : 45° 24' 57" N **Long.** : 002° 28' 51" E.

OUTRE VAL ★ Loisirs 25 E. dont 2 nus 1 ha CV. . Accès direct aux bords du lac. ; ; . Accueil groupes enfants. Ouvert: 1.5 / 30.10. ☎ 05 55 96 05 82. E-mail : outre-val@orange.fr. Web : www.camping-vallee-dordogne.fr.
Lat. : 45° 26' 54" N **Long.** : 002° 29' 38" E.

BRIVEZAC

10-B3 40 km S.-E. Brive-la-Gaillarde. 235 m. ✉ 19120

LE VIEUX MOULIN NC Tourisme 40 E. 1 ha . . Accès direct à la rivière. ; . Ouvert: 15.6 / 15.9. ☎ 05 55 91 14 72. E-mail : maurice@levieuxmoulin.org. Web : www.levieuxmoulin.org.
Lat. : 45° 01' 43" N **Long.** : 001° 50' 49" E.

LA BERGE OMBRAGÉE . Ouvert: 15.6 / 15.9. ☎ 05 87 06 01 16. E-mail : contact@berge-ombragee.com, Web : www.berge-ombragee.com. Prix 2022. Fft jour : empl. Tourisme (2) : 22 € ( ) ; sup 6 € ; animaux 2,50 € ; 3 € ; 4 €.
Lat. : 45° 00' 36" N **Long.** : 001° 51' 03" E.

LA CHAMPAGNE . Ouvert: 1.7 / 30.9. ☎ 0 6 48 47 23 51. E-mail : info@campinglachampagne.eu, Web : campinglachampagne.eu.
Lat. : 45° 01' 19" N **Long.** : 001° 50' 27" E.

BUGEAT

10-B2 43 km O. Ussel. 735 m. Station verte de vacances et village de neige ✉ 19170

AUX PORTES DES MILLE SOURCES ★★★ Tourisme 80 E. dont 48 nus
5 ha CV. Locations : cabanes. Espace Fitness. , , . Accès direct à la rivière ; étang à 100 m.. Accueil groupes adultes. Ouvert: 20.3 / 30.9. ☎ 05 55 94 32 12. E-mail : auxportesdesmillesources@orange.fr. Web : www.camping-en-correze.com.
Lat. : 45° 36' 19" N **Long.** : 001° 55' 28" E.

CAMPS-SAINT-MATHURIN-LEOBAZEL

10-B3 46 km S.-E. Tulle. 512 m. ✉ 19430

LA CHATAIGNERAIE ★★ Tourisme 23 E. dont 10 nus 0,8 ha CV. Locations : , . Randonnée pédestre organisée. , , . Accès direct à l'étang. ; . Accueil groupes. Ouvert: 1.5 / 30.9. ☎ 05 55 28 53 15. E-mail : mairie.camps@wanadoo.fr. Web : www.campo-decouverte.com.
Lat. : 44° 58' 60" N **Long.** : 001° 59' 14" E.

CHAMBERET

10-A2 47 km N. Tulle. 506 m. Station verte de vacances et village de neige ✉ 19370

LE BOIS COMBET ★★★ Tourisme 13 E.
Locations : , . Randonnée pédestre organisée. couverte chauffée , , , , . Etang à 50 m. ; . Ouvert: 6.4 / 2.11. ☎ 05 55 98 96 83. E-mail : camping.chamberet@orange.fr. Web : www.complexelamontagnelimousine.fr. Prix 2023. empl. Tourisme : 3,50 € ; 3,50 € ; 2 € ; 2,50 €.
Lat. : 45° 34' 40" N **Long.** : 001° 42' 31" E.

CHAMBOULIVE

10-A2 22 km N.-O. Tulle. 428 m. ✉ 19450

CHANTELOISEAU NC Tourisme 67 E. dont 6 GCC. 1,5 ha CV. A 5 km : Randonnée pédestre organisée. . Accès direct à l'étang. ; . Accueil groupes. Ouvert: 15.6 / 15.9. ☎ 05 55 21 69 09. E-mail : contact@mairie-chamboulive.com. Web : www.campingchanteloiseau.eu.
Lat. : 45° 25' 53" N **Long.** : 001° 42' 11" E.

CHAMPAGNAC-LA-NOAILLE

10-B3 27 km E. Tulle 568 m. ✉ 19320

LALLE ★★ Tourisme 45 E. dont 44 nus 1 ha . Locations : . . Etang à 2 km ; rivière à 5 km. . Ouvert: 15.4 / 15.10. ☎ 05 55 27 84 18. E-mail : campinglalle@orange.fr. Web : www.campinglalle.com. Réduction H.S.
Lat. : 45° 18' 25" N **Long.** : 001° 58' 30" E.

CHARTRIER-FERRIERE

10-A3 10 km S.-O. Brive-la-Gaillarde. 280 m. ✉ 19600

LA MAGAUDIE ★★ Tourisme 30 E. dont 26 nus 1,5 ha . . Lac à 4 km. Accueil groupes. Ouvert: 15.4 / 30.9. ☎ 05 55 85 26 06. E-mail : camping@lamagaudie.com. Web : www.lamagaudie.com. Réduction H.S.
Lat. : 45° 04' 10" N **Long.** : 001° 25' 50" E.

CHAUFFOUR-SUR-VELL

10-A3 25 km S.-E. Brive-la-Gaillarde. 153 m. ✉ 19500

AU BOIS DORMANT ★★★ Tourisme 98 E. 2,5 ha CV. Locations : , tipi. . Etang à 4 km. . Accueil groupes. Ouvert: 13.4 / 12.10. ☎ 05 55 84 09 58. E-mail : contact@campingauboisdormant.fr. Web : www.campingauboisdormant.fr. Réduction H.S.
Lat. : 45° 00' 53" N **Long.** : 001° 40' 52" E.

CLERGOUX

10-B3 21 km E. Tulle. 549 m. ✉ 19320

LA PETITE RIVIERE NC Tourisme 30 E. dont 25 nus, dont 2 GCC. 1,25 ha . Locations : , . , . Accès direct à la rivière ; étang à 1,5 km ; lac à 5 km.. Ouvert: 1.6 / 15.9. ☎ 05 55 27 68 50. E-mail : emma0875@hotmail.fr. Web : www.lapetiteriviere.nl. Réduction H.S.
Lat. : 45° 16' 43" N **Long.** : 001° 57' 56" E.

COLLONGES-LA-ROUGE

10-A3 20 km S.-E. Brive-la-Gaillarde. 312 m. ✉ 19500

DOMAINE DU COQ ROUGE ★★★★ Tourisme 70 E. dont 50 nus 3 ha CV Rés. naturiste. Locations : , , . Randonnée pédestre organisée. Espace Fitness. chauffée . . Ouvert: 30.4 / 11.9. ☎ 05 55 17 89 83. E-mail : contact@domaineducoqrouge.com. Web : www.domaineducoqrouge.com. Prix 2022. Fft jour : empl. Tourisme (2) : 33 € ( )
Lat. : 45° 04' 31" N **Long.** : 001° 40' 10" E.

CAMPING DE COLLONGES-LA-ROUGE ★★★ Tourisme 105 E. dont 68 nus
3 ha CV. Locations : , , . chauffée , . ; . Accueil groupes. Ouvert: 1.3 / 30.10. ☎ 05 55 25 41 59. E-mail : camping.collonges@aquadis-loisirs.com. Web : www.aquadis-loisirs.com/camping-nature/camping-de-collonges-la-rouge. Prix 2023. Fft nuit : empl. Tourisme (2) : 26 € ( )
Lat. : 45° 03' 39" N **Long.** : 001° 39' 50" E.
FFCC : avantages adhérent : 17 € du 01/03 au 08/07 et du 26/08 au 30/10 sur emp. + Offre découverte Duo : 20% de réduction pour un séjour de 7 nuits minimum en location hors saison.

CONDAT-SUR-GANAVEIX

10-A2 34 km N.-O. Tulle. 388 m. ✉ 19140

MOULIN DE LA GENESTE ★★★ Tourisme 25 E. dont 20 nus 0,25 ha CV. Locations : , , . , , , . Accès direct à l'étang et à la rivière.. Accueil groupes. Ouvert: 15.6 / 30.9. ☎ 05 55 98 90 08. E-mail : campinglageneste@hotmail.co.uk. Web : www.lageneste.net. Prix 2022. Fft jour : empl. Tourisme (2) : 21 € ( )
Lat. : 45° 28' 08" N **Long.** : 001° 36' 41" E.

CONFOLENT-PORT-DIEU

10-C2 23 km S.-E. Ussel. 660 m. ✉ 19200

M. JEAN-LOUIS LOURADOUR CV. Ouvert: 1.5 / 1.11. ☎ 05 55 94 50 52.
Lat. : 45° 32' 12" N **Long.** : 002° 30' 14" E.

CORREZE

10-B2 20 km N. Tulle. 522 m. ✉ 19800

AU BOIS DE CALAIS ★★★ Tourisme 42 E. dont 30 nus, dont 9 CC - 4 GCC.
2 ha CV. Locations : , , . Randonnée pédestre organisée. chauffée , . Accès direct à l'étang et à la rivière. . Accueil groupes. Ouvert: 1.4 / 31.10. ☎ 05 55 26 26 27. E-mail : contact@auboisdecalais.com. Web : www.auboisdecalais.com. Prix 2022. Fft jour : empl. Tourisme (1) : 15,2 € (E. CC)
Lat. : 45° 21' 53" N **Long.** : 001° 52' 16" E.
FFCC : avantages adhérent : 20 € du 15/04 au 24/06 sur emp. et entre 350 € et 800 € la semaine du 15/04 au 24/06 sur loc.

CAMPING MUNICIPAL DE CORRÈZE ★★ Tourisme 30 E. 1 ha CV. Locations : . . Accès direct à la rivière.. Ouvert: 1.5 / 30.9. ☎ 05 55 21 25 21. E-mail : camping@mairie-correze.fr. Prix 2022. 3 € ; 2,80 € ; 2,80 € ; 1,50 € ; 2 € ; 3 €.
Lat. : 45° 22' 22" N **Long.** : 001° 52' 51" E.

DONZENAC

10-A3 10 km N. Brive. 230 m. Station verte de vacances et village de neige ✉ 19270

LA RIVIÈRE ★★★ Tourisme 74 E. dont 60 nus 1,5 ha CV. , , . Accès direct à la rivière.. Accueil groupes. Ouvert: 2.4 / 31.10. ☎ 05 55 85 72 33. E-mail : campinglariviere@orange.fr. Web : campinglariviere.jimdo.com.
Lat. : 45° 13' 09" N **Long.** : 001° 31' 06" E.

EGLETONS

10-B2 32 km N.-E. Tulle. 641 m. ✉ 19300

CAMPING DU LAC NC Tourisme 75 E. 8 ha . Locations : . , , . Accès direct à la rivière ; étang et lac à 300 m. ; . Ouvert: 1.1 / 31.12. ☎ 05 55 93 14 75. E-mail : campingegletons@orange.fr. Web : www.camping-egletons.com.
Lat. : 45° 25' 05" N **Long.** : 002° 03' 58" E.

ESPAGNAC

10-B3 20 km E. Tulle. 496 m. ✉ 19150

DOMAINE DE TAYSSE ★★★ Tourisme 59 E. dont 30 nus, dont 25 GCC. CV. Locations : , , . Randonnée pédestre organisée. , , . Accès direct aux bords du lac. ; . Accueil groupes. Ouvert: 15.3 / 15.11. ☎ 05 55 20 79 00. E-mail : contact@etangs-de-taysse.com. Web : www.etangs-de-taysse.com. Prix 2023. empl. Tourisme : 15 € ; 5 € ; animaux 4 € ; 4 € ; 4 €.
Lat. : 45° 15' 28" N **Long.** : 001° 55' 08" E.

EYBURIE

10-A2 22 km N.-O. Tulle 385 m. 19140

AIMEE PORCHER ★★ Tourisme 55 E. 1 ha Rés. naturiste. Accès direct à l'étang et à la rivière. ; ; . Ouvert: 13.5 / 23.9. 05 55 73 20 97. E-mail : aimee .porcher@worldonline.nl. Web : www.aimee-porcher.com.
Lat. : 45° 27' 09" N **Long.** : 001° 39' 04" E.

EYGURANDE

10-C2 20 km N.-E. Ussel. 781 m. Village de neige 19340

CAMPING CLUB VAL NC Tourisme 75 E. dont 64 nus 3 ha CV. Locations : , . Espace Fitness. chauffée , . Accès direct aux bords du lac. ; ; . Accueil groupes adultes. Ouvert: 4.5 / 17.9. 05 55 94 31 39. E-mail : accueil.le paysdeygurande@vvfvillages.fr. Web : www.vvfvillages.fr.
Lat. : 45° 39' 18" N **Long.** : 002° 27' 42" E.

HAUTEFAGE

10-B3 40 km S.-E. Tulle. 444 m. 19400

CAMPING LA BOURIOTE CV. Ouvert: 1.7 / 30.8. 05 55 28 06 77. E-mail : labou riote@orange.fr, Web : campinglabouriote.ji mdo.com.
Lat. : 45° 04' 32" N **Long.** : 001° 59' 13" E.

JUILLAC

9-F3 30 km N.-O. Brive-la-Gaillarde. 286 m. 19350

CAMPING MUNICIPAL NC Tourisme 30 E. 1,6 ha . Locations : . chauffée . Ouvert: 1.7 / 31.8. 0 06.33.10.91.85. E-mail : mairie.juillac@wanad oo.fr. Web : www.juillac19.fr.
Lat. : 45° 18' 54" N **Long.** : 001° 19' 13" E.

LA ROCHE-CANILLAC

10-B3 25 km S.-E. Tulle. 437 m. 19320

CAMPING MUNICIPAL NC Tourisme 50 E. 2 ha . , . Etang à 500 m ; rivière à 3 km.. Ouvert: 15.6 / 30.8. 05 55 29 13 75. E-mail : mairie829@orange.fr.
Lat. : 45° 12' 07" N **Long.** : 001° 57' 44" E.

LACELLE

10-B2 58 km N. Tulle. 683 m. 19170

CAMPING MUNICIPAL NC Tourisme 34 E. dont 18 nus
0,9 ha . Accès direct à l'étang. . Ouvert: 1.5 / 30.9. 05 55 46 03 84. E-mail : mairie-lacelle@orange.fr. Web : lacelle-correze.fr/mairie.
Lat. : 45° 38' 31" N **Long.** : 001° 49' 30" E.
FFCC : avantages adhérent : 12 € du 01/04 au 31/10 sur emp.

LAGARDE-ENVAL

10-B3 14 km S. Tulle. 452 m. 19150

CAMPING MUNICIPAL LA MECHAUSSIE NC Tourisme 20 E. 0,6 ha . , . Lac à 1,5 km.. Ouvert: 15.6 / 15.9. 05 55 27 13 68. E-mail : lagarde-enval@wanadoo.fr.
Lat. : 45° 11' 27" N **Long.** : 001° 48' 51" E.

LAGUENNE

10-B3 3 km S. Tulle. 300 m. 19150

LE PRE DU MOULIN NC Tourisme 24 E. 0,8 ha CV. Locations : , . Randonnée pédestre organisée. , . Accès direct à la rivière.. Ouvert: 15.4 / 30.9. 05 55 26 21 96. E-mail : camping@le predumoulin.com. Web : www.lepredumouli n.com.
Lat. : 45° 15' 00" N **Long.** : 001° 47' 22" E.

LAMONGERIE

10-A2 40 km N.-O. Tulle. 445 m. 19510

DOMAINE DES FORGES ★★★ Tourisme 80 E. dont 70 nus 2 ha CV. Locations : . , , . Accès direct à l'étang. ; . Ouvert: 1.4 / 30.9. 05 55 73 40 42. E-mail : info.camping@domaine-des-forges.fr. Web : www.camping.domained esforges.com.
Lat. : 45° 32' 39" N **Long.** : 001° 32' 56" E.

LAPLEAU

10-B3 42 km E. Tulle. 485 m. 19550

CAMPING MUNICIPAL NC Tourisme 60 E. 1,3 ha . Locations : . , , . Rivière à 500 m.. Ouvert: 1.7 / 31.8. 05 55 27 53 17. E-mail : mairie.de.lapleau@wanadoo .fr. Web : www.mairiedelapleau-correze.net.
Lat. : 45° 17' 41" N **Long.** : 002° 10' 03" E.

LE LONZAC

10-A2 30 km N. Tulle. 442 m. 19470

CAMPING MUNICIPAL NC Tourisme 33 E. 1,5 ha . . Ouvert: 1.7 / 15.9. 05 55 98 27 17. E-mail : contact@lelonzac.fr. Web : www.lelonzac.fr.
Lat. : 45° 28' 09" N **Long.** : 001° 43' 55" E.

LIGINIAC

10-B2 18 km S.-E. Ussel. 602 m. 19160

CAMPING CHANTEGRIL ★★★ Tourisme 47 E. Ouvert: 1.5 / 3.9. 05 55 95 91 62. E-mail : campingchantegril@gmail.com. Web : www.campingchantegril.com.
Lat. : 45° 25' 09" N **Long.** : 002° 20' 14" E.

CAMPING MUNICIPAL LE MAURY ★★ Tourisme 49 E. dont 40 nus CV. Locations : . , , . Accès direct aux bords du lac. ; . Accueil groupes. Ouvert: 15.6 / 15.9. 05 55 95 92 28. E-mail : lemaury@liginiac.fr. Web : www.camping-du-maury.com. Réduction H.S.
Lat. : 45° 23' 29" N **Long.** : 002° 18' 18" E.

LIOURDRES

10-B3 42 km S.-E. Brive la Gaillarde 187 m. 19120

CAMPING MAGALI PLAGE ★★ Tourisme 25 E. dont 18 nus, dont 18 CC. 1 ha CV . Locations : , . . Accès direct à la rivière. . Accueil groupes. Ouvert: 30.4 / 30.9. 05 55 28 11 39. E-mail : camping.magaliplage@yahoo.fr. Web : www.campingmagaliplage.fr.
Lat. : 44° 55' 45" N **Long.** : 001° 48' 41" E.

LISSAC-SUR-COUZE

10-A3 9 km S.-O. Brive-la-Gaillarde. 218 m. 19600

CAMPING DU LAC DU CAUSSE ★★★ Tourisme 112 E.
CV . Locations : , . , . Lac à 400 m. ; ; . . Accueil groupes. Ouvert: 31.3 / 30.9. 05 55 85 37 97. E-mail : camping.laprairie@orange.fr. Web : www.camp ingdulacducausse.com.
Lat. : 45° 06' 00" N **Long.** : 001° 27' 04" E.

LES HAMEAUX DU PERRIER P.R.L ★★ NN94 E. Locations : , . , . Accès direct à la rivière ; lac à 2 km. . . Ouvert: 1.1 / 31.12. 05 55 84 34 48. E-mail : reser vation@relaisterresdefrance.com. Web : www.terresdefrance.com. Réduction H.S.
Lat. : 45° 06' 00" N **Long.** : 001° 26' 18" E.

LUBERSAC

10-A2 42 km N.-N.-O. Brive-la-Gaillarde. 355 m. Station verte de vacances et village de neige 19210

CAMPING DE LA VÉZÉNIE ★★★ Tourisme 75 E. dont 29 nus
0,8 ha CV . Locations : . Randonnée pédestre organisée. chauffée . Accès direct à l'étang. . Ouvert: 1.4 / 15.10. 05 55 98 35 96. E-mail : camping@ville-lubersac.fr. Web : www.camping-lavezenie.fr.
Lat. : 45° 26' 34" N **Long.** : 001° 24' 36" E.
FFCC : avantages adhérent : 15 € du 15/04 au 01/07 et du 03/09 au 15/10 sur emp. et entre 150 € et 260 € la semaine du 05/02 au 02/07 et du 03/09 au 31/12 sur loc.

MANSAC

9-F3 17 km O. Brive-la-Gaillarde 148 m. 19520

MASLOUP CV. 05 55 85 27 14. E-mail : info@masloup.com, Web : www.masloup.com.
Lat. : 45° 10' 16" N **Long.** : 001° 23' 44" E.

MARCILLAC-LA-CROISILLE

10-B3 25 km E. Tulle. 537 m. Station verte 19320

CAMPING DU LAC ★★★ Tourisme 125 E. dont 80 nus
CV . Locations : , , , . Randonnée pédestre organisée. , , . Accès direct aux bords du lac. ; . Accueil groupes. Ouvert: 1.3 / 30.10. 05 55 27 81 38. E-mail : camping.marcillac@aquadis-loisirs.com. Web : www.aquadis-loisirs.com/camping-nature/camping-du-lac. Prix 2023. Fft nuit : empl. Tourisme (2) : 21,9 € ( ). Réduction H.S.
Lat. : 45° 16' 10" N **Long.** : 002° 00' 32" E.
FFCC : avantages adhérent : 15 € du 01/03 au 08/07 et du 26/08 au 30/10 sur emp. + Offre découverte Duo : 20% de réduction pour un séjour de 7 nuits minimum en location hors saison.

MEYMAC

10-B2 16 km O. Ussel. 771 m. Station verte de vacances et village de neige 19250

LA GARENNE NC Tourisme 120 E. dont 65 nus 5 ha CV . Locations : , . . Lac à 4 km.. Ouvert: 15.5 / 15.9. 05 55 95 22 80. E-mail : mairie@meymac.fr.
Lat. : 45° 32' 23" N **Long.** : 002° 09' 12" E.

MEYRIGNAC-L'EGLISE

10-B2 22 km N.-E. Tulle. 576 m. 19800

LA PTITE FERME DE CARO . 07 60 60 27 71. E-mail : laptitefermedecaro@free.fr, Web : camping-la-ptite-ferme-de-caro.webnode.fr.
Lat. : 45° 23' 48" N **Long.** : 001° 51' 44" E.

MONCEAUX-SUR-DORDOGNE

10-B3 28 km S.-E. Tulle. 326 m. 19400

AU SOLEIL D'OC ★★★★ Tourisme 99 E. dont 78 nus
3,6 ha CV . Locations : , roulotte, . Randonnée pédestre organisée. couverte chauffée , , . Accès direct à la rivière. ; . Accueil groupes. Ouvert: 24.4 / 17.11. 05 55 28 84 84 / 06 64 69 79 89. E-mail : info@campingsoleildoc.com. Web : www.campingsoleildoc.com. Réduction H.S.
Lat. : 45° 04' 35" N **Long.** : 001° 55' 02" E.

L'ECHO DU MALPAS ★★★★ Tourisme 110 E. dont 48 nus CV . A 3 km : Locations : , , , . Accès direct à la rivière ; lac à 3 km. ; . Accueil groupes. Ouvert: 1.4 / 30.9. 05 55 91 52 77. E-mail : contact@camping-echo-du-malpas.com. Web : www.camping-echo-du-malpas.com.
Lat. : 45° 04' 53" N **Long.** : 001° 55' 47" E.

LE VAURETTE ★★★★ Tourisme 120 E. dont 118 nus
. Locations : , . chauffée , , . Accès direct à la rivière. ; . Ouvert: 10.5 / 21.9. 05 55 28 09 67. E-mail : info@vaurette.com. Web : www.vaurette.com. Prix 2023. Fft jour : empl. Tourisme (2) : 34,5 € ( ) ; sup 8,50 € ; 6,50 € ; 4,50 €. Réduction H.S.
Lat. : 45° 02' 45" N **Long.** : 001° 53' 03" E.
FFCC : avantages adhérent : 21 € du 10/05 au 04/07 et du 25/08 au 20/09 sur emp.

L'EUROPE ★★★ Tourisme 100 E.
2 ha CV . A 1,5 km : Locations : , , , . Accès direct à la rivière. ; ; . Accueil groupes. Ouvert: 2.4 / 31.10. 05 55 28 07 70. E-mail : camping-europe@wanadoo.fr. Web : www.camping-europe.fr. Réduction H.S.
Lat. : 45° 04' 35" N **Long.** : 001° 55' 53" E.
FFCC : avantages adhérent : 20 € du 09/04 au 11/06 et du 17/09 au 22/10 sur emp.

LE SAULOU ★★★ Tourisme 158 E. dont 128 nus 6,5 ha CV. Locations : . Accès direct à la rivière. Accueil groupes. Ouvert: 1.4 / 31.10. ☎ 05 55 28 12 33. E-mail : le.saulou@orange.fr. Web : www.saulou-19.com. Réduction H.S.
Lat. : 45° 03' 24" N **Long.** : 001° 54' 50" E.

NEUVIC

10-B2 21 km S.-S.-O. Ussel. 598 m. Station verte de vacances et village de neige ✉ 19160

LE MIALARET ★★★★ Tourisme 100 E.
7 ha CV. A 4 km : Locations : . Randonnée pédestre organisée. , . Accès direct à l'étang ; lac et rivière à 4 km. Accueil groupes. Ouvert: 27.4 / 28.9. ☎ 05 55 46 02 50. E-mail : info@lemialaret.com. Web : www.lemialaret.com. Réduction H.S.
Lat. : 45° 22' 57" N **Long.** : 002° 13' 45" E.

CAMPING MUNICIPAL DU LAC ★★★ Tourisme 91 E. dont 60 nus, dont 58 CC - 60 GCC. 3 ha CV. Locations : . Lac à 50 m. Accueil groupes. Ouvert: 1.3 / 31.10. ☎ 05 55 96 70 69. E-mail : campingdulac19160@gmail.com. Web : camping.neuvic-correze.net.
Lat. : 45° 23' 04" N **Long.** : 002° 17' 35" E.

LE PORT DE NEUVIC DU PRESIDENT QUEUILLE ★★★ Loisirs 66 E.
1,2 ha CV. Locations : . Accès direct aux bords du lac. Accueil groupes. Ouvert: 19.4 / 10.10. ☎ 05 55 95 81 18. E-mail : contact@camping-port-de-neuvic.com. Web : www.camping-port-de-neuvic.com.
Lat. : 45° 23' 50" N **Long.** : 002° 17' 15" E.

LE SOUSTRAN NC Loisirs 43 E. dont 39 nus
CV. Locations : , tipi, . Accès direct aux bords du lac. Ouvert: 24.4 / 30.9. ☎ 0 772292588. E-mail : lesoustran@gmail.com. Web : www.lesoustran.com. Prix 2022. Fft jour : empl. Tourisme (2) : 22 € () ; sup 7 € ; animaux 2 € ; 5 € ; 4 €.
Lat. : 45° 24' 37" N **Long.** : 002° 17' 05" E.
FFCC : avantages adhérent : 21 € du 29/04 au 30/06 et du 01/09 au 30/09 sur emp.

CAMPING GCU - NEUVIC ★★ Tourisme 198 E. Accès direct aux bords du lac. Ouvert: 23.6 / 17.9. ☎ 05 55 95 84 88. E-mail : gcu@gcu.asso.fr. Web : www.gcu.asso.fr.
Lat. : 45° 24' 14" N **Long.** : 002° 16' 52" E.

CAMPING MUNICIPAL CHAMP PIGEONNIER NC Tourisme 40 E. dont 40 nus CV. Locations : . Randonnée pédestre organisée. Accès direct aux bords du lac. Accueil groupes. Ouvert: 1.7 / 31.8. ☎ 05 55 96 70 69. E-mail : campingdulac19160@gmail.com. Web : camping.neuvic-correze.net/emplacements-du-champ-pigeonnier.
Lat. : 45° 23' 25" N **Long.** : 002° 17' 32" E.

NOAILLES

10-A3 8 km S. Brive-la-Gaillarde. 238 m. ✉ 19600

MME JEANNE DELMAS CV. Ouvert: 1.1 / 31.12. ☎ 05 55 85 81 33 / 0 6 87 42 76 37. E-mail : a.letape.de.la.ferme@orange.fr. Web : aletapedelaferme.com.
Lat. : 45° 06' 02" N **Long.** : 001° 31' 28" E.

PALISSE

10-B2 21 km S.-O. Ussel. 636 m. ✉ 19160

LE VIANON ★★★ Tourisme 57 E. dont 42 nus 3 ha CV. Locations : . chauffée. Accès direct à l'étang ; rivière à 2 km. Accueil groupes. Ouvert: 6.4 / 3.11. ☎ 05 55 95 11 82. E-mail : contact@campinglevianon.fr. Web : www.campinglevianon.fr.
Lat. : 45° 25' 36" N **Long.** : 002° 12' 17" E.

PEYRISSAC

10-A2 35 km N. Tulle. 380 m. ✉ 19260

NATURE ET VÉZÈRE ★★★ Tourisme 22 E. dont 22 nus 1 ha CV. Locations : . couverte chauffée. Accès direct à la rivière. Accueil groupes. Ouvert: 1.1 / 31.12. ☎ 0 6 67 99 35 24. E-mail : camping.naturevezere@orange.fr. Web : campingnatureetvezere.fr. Prix 2022. empl. Tourisme : 10 € ; 5 € ; 3 €. Réduction H.S.
Lat. : 45° 30' 05" N **Long.** : 001° 42' 15" E.

REYGADE

10-B3 43 km S.-E. Tulle 436 m. ✉ 19430

LA BELLE ETOILE ★★★ Tourisme 29 E. dont 25 nus 1,5 ha CV. Rivière à 3,5 km. Ouvert: 1.6 / 30.9. ☎ 05 55 28 50 08. E-mail : campingbelle-etoile@orange.fr. Web : www.campingbelle-etoile.fr.
Lat. : 45° 01' 29" N **Long.** : 001° 54' 17" E.

SAINT-AUGUSTIN

10-B2 24 km N. Tulle. 583 m. ✉ 19390

CAMPING MUNICIPAL NC Tourisme 20 E. Rivière à 1 km ; étang à 4 km. Ouvert: 1.6 / 30.9. ☎ 05 55 21 32 77. E-mail : mairie.saint.augustin@wanadoo.fr.
Lat. : 45° 27' 27" N **Long.** : 001° 58' 14" E.

SAINT-CIRGUES-LA-LOUTRE

10-B3 50 km S.-E. Tulle. 507 m. ✉ 19220

CAMPING A LA FERME CV. Ouvert: 1.6 / 30.9. ☎ 05 55 28 27 41.
Lat. : 45° 04' 43" N **Long.** : 002° 06' 08" E.

SAINT-GENIEZ-O-MERLE

10-B3 50 km S.-E. Tulle. 438 m. ✉ 19220

MOULIN DE LACOMBE NC 18 E. dont 10 nus CV. Locations : , caravane. Accès direct à la rivière.. Ouvert: 1.4 / 15.11. ☎ 05 87 06 04 03. E-mail : info@moulindelacombe.com. Web : www.moulindelacombe.com.
Lat. : 45° 05' 07" N **Long.** : 002° 03' 22" E.

SAINT-GERMAIN-LES-VERGNES

10-A3 13 km O. Tulle. 355 m. ✉ 19330

CHADEBEC NC Tourisme 6 E. Locations : . Accès direct à l'étang. Ouvert: 1.5 / 30.9. ☎ 05 55 29 32 33. E-mail : mairie.st.germain.les.vergnes@wanadoo.fr. Web : www.mairiesaintgermainlesvergnes19.com.
Lat. : 45° 16' 21" N **Long.** : 001° 37' 05" E.

DOMAINE DE LASCAUX N.C. Tourisme 50 E. dont 25 nus 1 ha CV. Randonnée pédestre organisée. Accès direct à l'étang. Ouvert: 15.6 / 30.9. ☎ 05 55 29 30 90 / 06 81 47 30 00. E-mail : camping.lascaux@orange.fr.
Lat. : 45° 16' 19" N **Long.** : 001° 35' 58" E.

SAINT-JAL

10-A2 22 km N.-O. Tulle. 437 m. ✉ 19700

CAMPING MUNICIPAL NC Tourisme 20 E. Locations : . Accès direct à l'étang. Ouvert: 15.6 / 15.9. ☎ 05 55 73 16 09. E-mail : mairie.stjal@wanadoo.fr. Web : www.cc-tullecorreze.fr.
Lat. : 45° 23' 52" N **Long.** : 001° 38' 50" E.

SAINT-JULIEN-PRES-BORT

10-C2 26 km S.-E. Ussel. 635 m. ✉ 19110

AIRE NATURELLE MUNICIPALE Ouvert: 15.6 / 15.9. ☎ 05 55 96 71 60. E-mail : saintjulienpresbort@orange.fr.
Lat. : 45° 24' 58" N **Long.** : 002° 24' 11" E.

SAINT-MARTIAL-ENTRAYGUES

10-B3 37 km S.-E. Tulle. 359 m. ✉ 19400

LE GIBANEL ★★★★ Tourisme 250 E. dont 235 nus
CV. Locations : . Randonnée pédestre organisée. chauffée. Accès direct aux bords du lac. Accueil groupes. Ouvert: 16.5 / 25.9. ☎ 05 64 10 20 20. E-mail : reservation@seagreen.fr. Web : www.camping-gibanel.com. Prix 2022. Fft nuit : empl. Tourisme (2) : 29 € ()
Lat. : 45° 06' 38" N **Long.** : 001° 57' 35" E.

SAINT-MARTIN-LA-MEANNE

10-B3 33 km S.-E. Tulle. 459 m. ✉ 19320

CAMPING MUNICIPAL ★★ Tourisme 38 E. 0,7 ha CV. Locations : . Lac et rivière à 5 km.. Ouvert: 1.7 / 31.8. ☎ 05 55 29 12 75. E-mail : mairie.saintmartinlameanne@wanadoo.fr. Web : www.tourismecorreze.com/fr/hebergements_detail/camping_municipal_de_la_croix_de_brunal.html.
Lat. : 45° 10' 14" N **Long.** : 001° 59' 12" E.

SAINT-MARTIN-SEPERT

10-A2 408 m. ✉ 19210

LA BONNE SOURCE ★★★ Tourisme 99 E. Ouvert: 1.1 / 31.12. ☎ 03 42 47 61 75. E-mail : info@labonnesource.fr. Web : www.labonnesource.fr.
Lat. : 45° 24' 26" N **Long.** : 001° 29' 09" E.

SAINT-MERD-DE-LAPLEAU

10-B3 36 km E. Tulle. 519 m. ✉ 19320

LE PETIT BOIS NC 22 E. dont 21 nus
0,6 ha CV. Locations : . Rivière à 1 km ; étang à 5 km. Ouvert: 1.6 / 30.9. ☎ 0 587106132. E-mail : camping19lepetitbois@gmail.com. Prix 2023. empl. Tourisme : 3 € ; 3 € ; animaux 1 € ; 2,50 € ; 3,50 €.
Lat. : 45° 15' 02" N **Long.** : 002° 04' 45" E.
FFCC : avantages adhérent : 11 € du 01/06 au 30/06 et du 01/09 au 30/09 sur emp.

SAINT-PANTALEON-DE-LAPLEAU

10-B3 57 km E. Tulle. 537 m. ✉ 19160

CAMPING MUNICIPAL LES COMBES NC Tourisme 30 E. 0,45 ha. Locations : . Rivière à 2 km ; lac à 4 km. Ouvert: 1.4 / 31.10. ☎ 05 55 27 51 58 / 0 6 80 93 40 68. E-mail : mairie.stpantaleondelapleau@orange.fr. Web : www.saint-pantaleon-de-lapleau.fr.
Lat. : 45° 19' 29" N **Long.** : 002° 12' 18" E.

SAINT-PRIVAT

10-B3 48 km S.-E. Tulle. 552 m. ✉ 19220

CAMPING MUNICIPAL ★★ Tourisme 25 E. dont 15 nus, dont 15 CC. Locations : . Accès direct à l'étang. Ouvert: 1.5 / 31.10. ☎ 05 55 28 28 77. E-mail : mairiedestprivat19@wanadoo.fr. Web : www.saint-privat-19.fr/tourisme/camping-municipal-les-chanaux. Prix 2022. empl. Tourisme : 1,70 € ; 2,50 € ; 1,80 € ; 1,25 € ; 3,40 €.
Lat. : 45° 08' 40" N **Long.** : 002° 05' 56" E.

SAINT-SALVADOUR

10-A2 25 km N. Tulle. 428 m. ✉ 19700

CAMPING MUNICIPAL LE PRÉ CHATON NC Tourisme 25 E. Accès direct à l'étang. Ouvert: 1.5 / 30.9. ☎ 05 55 21 63 94. E-mail : commune-de-saint-salvadour@orange.fr.
Lat. : 45° 23' 37" N **Long.** : 001° 45' 31" E.

SAINT-SETIERS

10-B2 27 km N.-O. Ussel 831 m. ✉ 19290

AIRE NATURELLE MUNICIPALE. Ouvert: 1.1 / 31.12. ☎ 05 55 95 61 51. E-mail : mairie.stsetiers@wanadoo.fr.
Lat. : 45° 41' 43" N **Long.** : 002° 07' 38" E.

SAINT-SORNIN-LAVOLPS
9-F2 33 km N.-O. Brive-la-Gaillarde. 390 m. ✉ 19230

LES ÉTOILES ★★★ Tourisme 40 E. dont 28 nus 0,5 ha 22 h / 8 h, CV. Locations : . chauffée. Accès direct à l'étang. Ouvert: 29.3 / 31.10. ☎ 05 55 73 01 27. E-mail : reservation@camping-les-etoiles.com. Web : www.camping-pompadour.com.
Lat. : 45° 22' 38" N **Long.** : 001° 23' 04" E.

SAINT-YRIEIX-LE-DEJALAT
10-B2 32 km N.-E. Tulle. 708 m. ✉ 19300

CAMPING MUNICIPAL DES MONEDIERES NC Tourisme 20 E. 0,5 ha. Rivière à 2 km.. Ouvert: 15.5 / 15.10. ☎ 05 55 93 09 94. E-mail : mairie@styrieixledejalat.fr. Web : www.saint-yrieix-le-dejalat.fr.
Lat. : 45° 27' 21" N **Long.** : 001° 58' 18" E.

SEILHAC
10-A2 14 km N.-O. Tulle. 459 m. ✉ 19700

LAC DE BOURNAZEL ★★★★ Tourisme 120 E. dont 73 nus 4,5 ha CV. Locations : , roulotte. chauffée. Lac à 100 m. Accueil groupes. Ouvert: 1.4 / 30.9. ☎ 05 55 27 05 65. E-mail : info@camping-lac-bournazel.com. Web : www.camping-lac-bournazel.com.
Lat. : 45° 22' 44" N **Long.** : 001° 42' 09" E.
FFCC : avantages adhérent : 14 € du 01/04 au 23/06 et du 26/08 au 29/09 sur emp.

SERVIERES-LE-CHATEAU
10-B3 43 km S.-E. Tulle. 465 m. ✉ 19220

CAMPING DU LAC DE FEYT ★★★ Tourisme 84 E. dont 10 nus, dont 10 GCC. 2,8 ha CV. Locations : . Accès direct aux bords du lac ; rivière à 1,5 km. Accueil groupes. Ouvert: 1.4 / 1.11. ☎ 05 55 28 25 42. E-mail : domainelacdefeyt@gmail.com. Web : www.domainedulacdefeyt.com/. Prix 2022. Fft jour : empl. Tourisme (2) : 14,7 € ( ) ; sup 4 € ; animaux 2 € ; 2,50 €.
Lat. : 45° 08' 45" N **Long.** : 002° 02' 05" E.

SORNAC
10-B2 20 km N.-O. Ussel. 762 m. ✉ 19290

CAMPING MUNICIPAL DES CHAUX NC Tourisme 54 E. CV. Accès direct à l'étang. Ouvert: 1.7 / 31.8. ☎ 0 5 55 94 61 27. E-mail : communedesornac@wanadoo.fr. Web : sornac.fr/course/campingmunicipaldesornac/. Prix 2022. Fft jour : empl. Tourisme (1) : 7,9 € ( ).
Lat. : 45° 40' 17" N **Long.** : 002° 11' 03" E.

SOURSAC
10-B3 53 km E. Tulle. 476 m. Station verte de vacances et village de neige ✉ 19550

CAMPING MUNICIPAL DE LA PLAGE NC 80 E. dont 70 nus 2 ha CV. Locations : . Accès direct aux bords du lac. Accueil groupes. Ouvert: 15.6 / 15.9. ☎ 05 55 27 55 43. E-mail : capcorreze@orange.fr. Web : www.capfrance-lepontaubert.com.
Lat. : 45° 16' 53" N **Long.** : 002° 12' 34" E.

CAMPING MUNICIPAL DES LACS NC 60 E. 1,5 ha. Accès direct aux bords du lac et à la rivière. Ouvert: 15.6 / 15.9. ☎ 05 55 27 52 61. E-mail : mairie.soursac@wanadoo.fr.
Lat. : 45° 13' 23" N **Long.** : 002° 10' 22" E.

TARNAC
10-B2 51 km N.-O. Ussel. 733 m. ✉ 19170

CAMPING MUNICIPAL L'ENCLOSE NC Tourisme 45 E. 1,5 ha CV. Randonnée pédestre organisée. Accès direct aux bords du lac ; rivière à 1 km. Accueil groupes. Ouvert: 15.5 / 15.10. ☎ 05 55 95 53 01. E-mail : mairie.tarnac@orange.fr.
Lat. : 45° 40' 41" N **Long.** : 001° 56' 16" E.

TREIGNAC
10-B2 40 km N. Tulle. 539 m. Station verte de vacances et village de neige ✉ 19260

LA PLAGE ★★★ Tourisme 146 E. 4 ha CV. Locations : . Randonnée pédestre organisée. Accès direct aux bords du lac ; rivière à 600 m. Accueil groupes. Ouvert: 1.7 / 2.9. ☎ 05 55 98 08 54. E-mail : camping.la.plage@wanadoo.fr. Web : www.laplagecamping.com. Réduction H.S.
Lat. : 45° 33' 36" N **Long.** : 001° 48' 49" E.
FFCC : avantages adhérent : 15 € du 01/04 au 24/06 et du 27/08 au 02/10 sur emp.

TROCHE
10-A2 42 km N. Brive-la-Gaillarde. 371 m. ✉ 19230

CAMPING A LA FERME LE DOMAINE VERT . Ouvert: 1.4 / 15.10. ☎ 05 55 73 59 89. E-mail : ledomainevert@orange.fr, Web : www.ledomainevert.nl. Réduction H.S.
Lat. : 45° 24' 31" N **Long.** : 001° 28' 44" E.
FFCC : avantages adhérent : 20 € du 01/04 au 01/07 et du 01/09 au 15/10 sur emp.

USSEL
10-B2 61 km N.-E. Tulle. 658 m. ✉ 19200

CAMPING DE MON VILLAGE NC Tourisme 50 E. dont 50 nus 3,5 ha CV. Locations : . Etang et rivière à 100 m. Accueil groupes. Ouvert: 1.6 / 31.8. ☎ 01 83 64 69 21. E-mail : contact@campingcarpark.com. Web : www.campingcarpark.com/. Prix 2022.
Lat. : 45° 32' 51" N **Long.** : 002° 17' 03" E.

M. SÉBASTIEN MALPELAS CV. Ouvert: 1.1 / 31.12. ☎ 05 55 72 15 68. E-mail : michellemalpelas@yahoo.fr.
Lat. : 45° 33' 04" N **Long.** : 002° 16' 41" E.

UZERCHE
10-A2 26 km N.-O. Tulle. 360 m. ✉ 19140

LA MINOTERIE NC Tourisme 45 E. dont 40 nus 2 ha CV. Locations : . Accès direct à la rivière ; lac à 2 km. Accueil groupes. Ouvert: 1.6 / 30.9. ☎ 05 55 73 02 84. E-mail : vezere.passion@orange.fr. Web : www.vezerepassion.com. Prix 2022. empl. Tourisme : 4 € ; 3,50 € ; 2 € ; 3,80 €.
Lat. : 45° 25' 10" N **Long.** : 001° 34' 03" E.
FFCC : avantages adhérent : 14 € du 14/05 au 30/09 sur emp. et entre 40 € et 45 € la nuitée et entre 240 € et 300 € la semaine du 14/05 au 30/06 et du 21/08 au 30/09 sur loc.

VEIX
10-B2 37 km N. Tulle. 679 m. ✉ 19260

PRÉ DES PÈLERINS ★★ Tourisme 27 E. dont 27 nus 1,5 ha sauf pour les P.M.R, Rés. naturiste. Locations : , caravane. chauffée. Etang à 5 km. Ouvert: 15.5 / 1.9. ☎ 06 48 61 46 06. E-mail : info@campingpredespeelins.nl. Web : campingpredespelerins.nl/. Réduction H.S.
Lat. : 45° 30' 07" N **Long.** : 001° 52' 09" E.

VIAM
10-B2 45 km O. Ussel. 714 m. ✉ 19170

CAMPING DU LAC DE VIAM N.C. Tourisme 50 E. dont 45 nus 1,5 ha CV. Locations : . Accès direct aux bords du lac. Accueil groupes. Ouvert: 15.6 / 15.9. ☎ 0 6 46 10 33 55. E-mail : contact@camping-viam.fr. Prix 2022. Fft jour : empl. Tourisme (2) : 17,5 € (E. CC E. GCC).
Lat. : 45° 36' 22" N **Long.** : 001° 53' 01" E.
FFCC : avantages adhérent : 16.50 € du 15/06 au 31/06 et du 01/09 au 15/09 sur emp. et 250 € la nuitée et entre 390 € et 530 € la semaine du 15/06 au 31/06 et du 01/09 au 15/09 sur loc.

VIGEOIS
10-A2 32 km N. Brive-la-Gaillarde. 351 m. Station verte de vacances et village de neige ✉ 19410

CAMPING MUNICIPAL LE LAC DE PONT-CHARAL ★★★ Tourisme 82 E. dont 73 nus 1,7 ha 23 h / 7 h, CV. Locations : . Accès direct aux bords du lac. Ouvert: 1.6 / 15.9. ☎ 05 55 98 90 86. E-mail : mairievigeois@wanadoo.fr. Web : www.vigeois.com.
Lat. : 45° 22' 06" N **Long.** : 001° 32' 06" E.

AIRE NATURELLE DU BOIS COUTAL CV. Ouvert: 15.4 / 15.10. ☎ 05 55 73 71 93. E-mail : contact@camping-boiscoutal.com, Web : www.camping-boiscoutal.com.
Lat. : 45° 20' 46" N **Long.** : 001° 30' 54" E.

VOUTEZAC
10-A3 25 km N.-O. Brive-la-Gaillarde. 240 m. ✉ 19130

LA BONTAT CV. Ouvert: 1.5 / 30.9. ☎ 05 55 84 73 94. E-mail : pierrerouhaud@orange.fr, Web : www.gites-de-france-limousin.com. Prix 2023. 5 € ; 4 € ; 5 € ; 3 € ; 2 € ; animaux 1,50 € ; 2 € ; 3,50 € ; 4 €.
Lat. : 45° 16' 51" N **Long.** : 001° 27' 28" E.
FFCC : avantages adhérent : 14 € du 15/05 au 15/06 et du 01/09 au 30/09 sur emp. et entre 40 € et 50 € la nuitée et entre 320 € et 340 € la semaine du 15/05 au 15/06 et du 01/09 au 30/09 sur loc.

Carte 15

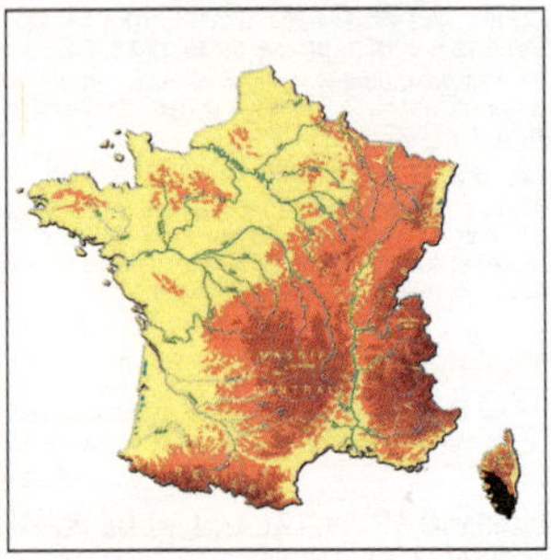

AJACCIO

15-A4 1327 km S.-E. Paris 136 m. ✉ 20000

LES MIMOSAS ★★ Tourisme 70 E. CV. Locations : . Ouvert: 1.4 / 31.10. ☎ 04 95 20 99 85. E-mail : campingmimosas@wanadoo.fr. Web : www.camping-lesmimosas.com.
Lat. : 41° 56' 14" N **Long.** : 008° 43' 41" E.

CAMPING BARBICAJA NC Tourisme 100 E. Bord de mer à 200 m. Ouvert: 18.4 / 18.10. ☎ 04 95 52 01 17. E-mail : campingbarbicaja@gmail.com. Web : www.camping-barbicaja.com.
Lat. : 41° 54' 34" N **Long.** : 008° 41' 07" E.

BASTELICA

15-B3 40 km N.-E. Ajaccio 1144 m. ✉ 20119

M. ANTOINE BERNARDINI . Ouvert: 15.5 / 30.9. ☎ 04 95 28 70 79. E-mail : antoinebernardini@orange.fr.
Lat. : 42° 01' 01" N **Long.** : 009° 02' 41" E.

BELVEDERE-CAMPOMORO

15-B4 23 km S.-O. Sartène 187 m. ✉ 20110

LA VALLEE ★★ Tourisme 199 E. 3 ha CV. Locations : . Bord de mer à 50 m. ; ; . . Ouvert: 1.5 / 1.10. ☎ 04 95 74 21 20. E-mail : camping_la_vallee@netcourrier.com.
Lat. : 41° 37' 44" N **Long.** : 008° 48' 56" E.

PERETTO LES ROSEAUX ★ Tourisme 50 E. 1 ha CV. Locations : . Bord de mer à 300 m. ; . Ouvert: 15.4 / 15.10. ☎ 04 95 74 20 52. E-mail : campinglesroseaux@hotmail.fr. Prix 2022. 7,50 € ; 5,80 € ; 4 € ; 2,80 € ; 2,80 € ; 0,70 € 5 mn ; 2,80 € ; 3,30 €.
Lat. : 41° 37' 34" N **Long.** : 008° 48' 51" E.

BONIFACIO

15-B5 64 km S.-E. Sartène 93 m. ✉ 20169

U FARNIENTE ★★★★ Tourisme 150 E. 3 ha 23 h 30 / 7 h, CV. Locations : . Espace Fitness. chauffée . Bord de mer à 4 km. . Accueil groupes. Ouvert: 2.4 / 2.11. ☎ 04 95 73 05 47. E-mail : pertamina@wanadoo.fr. Web : www.camping-pertamina.com. Réduction H.S.
Lat. : 41° 24' 54" N **Long.** : 009° 10' 55" E.

CAMPO DI LICCIA ★★★ Tourisme 161 E.
FFCC 6 ha CV. . Etang et bord de mer à 4 km. . Accueil groupes adultes. Ouvert: 4.4 / 11.10. ☎ 04 95 73 03 09. E-mail : info@campingdiliccia.com. Web : www.campingdiliccia.com.
Lat. : 41° 25' 10" N **Long.** : 009° 10' 46" E.
FFCC : avantages adhérent : 19 € du 01/04 au 25/06 et du 03/09 au 29/10 sur emp. et entre 260 € et 560 € la semaine du 01/04 au 23/06 sur loc.

CAVALLO MORTO ★★★ Tourisme 120 E. 2 ha CV. Locations : . Bord de mer à 3 km. ; . Ouvert: 30.3 / 15.10. ☎ 04 95 73 04 66. E-mail : campingcm@wanadoo.fr. Web : www.camping-cavallomorto.com.
Lat. : 41° 24' 24" N **Long.** : 009° 10' 12" E.

LA RONDINARA ★★★ Tourisme 130 E. dont 130 nus 5 ha CV. Locations : . Bord de mer à 500 m.. Ouvert: 15.5 / 30.9. ☎ 04 95 70 43 15. E-mail : reception@rondinara.fr. Web : www.rondinara.fr.
Lat. : 41° 28' 22" N **Long.** : 009° 15' 47" E.

LA TRINITE ★★★ Tourisme 100 E. . Ouvert: 1.4 / 30.9. ☎ 04 95 73 10 91. E-mail : campingtrinite@sfr.fr. Web : www.campinglatrinite.com.
Lat. : 41° 24' 37" N **Long.** : 009° 07' 37" E.

LES ILES ★★★ Tourisme 150 E. . Locations : . Bord de mer à 900 m. ; . Ouvert: 20.4 / 1.10. ☎ 04 95 73 11 89. E-mail : camping.des.iles.bonifacio@wanadoo.fr. Web : www.camping-desiles.com.
Lat. : 41° 22' 41" N **Long.** : 009° 12' 37" E.

PIAN DEL FOSSE ★★★ Tourisme 52 E. 5 ha CV. Locations : . Bord de mer à 1,5 km. Accueil groupes. Ouvert: 20.4 / 15.10. ☎ 04 95 73 16 34. E-mail : camping@piandelfosse.com. Web : www.piandelfosse.com.
Lat. : 41° 23' 59" N **Long.** : 009° 12' 04" E.

ARAGUINA ★★ Tourisme 50 E. . Ouvert: 1.1 / 31.10. ☎ 04 95 73 02 96. E-mail : camping.araguina@wanadoo.fr. Web : www.campingaraguina.fr.
Lat. : 41° 23' 32" N **Long.** : 009° 09' 55" E.

TERRAZZONI THÉRÈSE . Ouvert: 1.7 / 31.8. ☎ 04 95 73 00 58. E-mail : seba2a14@gmail.com.
Lat. : 41° 24' 11" N **Long.** : 009° 09' 30" E.

CALCATOGGIO

15-A3 235 m. ✉ 20111

CAMPING LACASA ★★★★ Tourisme 174 E. dont 35 GCC. . Bord de mer à 700 m. . Ouvert: 1.4 / 10.11. ☎ 04 95 10 09 78. E-mail : info@lacasa-camping.com. Web : www.campingcalcatoggio.fr.
Lat. : 42° 02' 29" N **Long.** : 008° 45' 12" E.

A MARINA ★★★ Tourisme 33 E. CV. Locations : . Bord de mer et rivière à 50 m. . Ouvert: 1.4 / 15.10. ☎ 04 95 52 21 84. E-mail : contact@camping-amarina.com. Web : www.camping-amarina.com. Réduction H.S.
Lat. : 42° 02' 52" N **Long.** : 008° 44' 57" E.

LA LISCIA ★★★ Tourisme 110 E. 3 ha CV. Locations : . Rivière à 100 m ; bord de mer à 600 m ; étang à 3 km. Accueil groupes. Ouvert: 25.4 / 5.10. ☎ 04 95 52 20 65. E-mail : francois.ferraro@orange.fr. Web : www.la-liscia.com. Réduction H.S.
Lat. : 42° 02' 50" N **Long.** : 008° 45' 18" E.

CARBUCCIA

15-B3 508 m. ✉ 20133

ADUMBRATU NC Tourisme 20 E. 1,75 ha CV. Locations : . Rivière à 3 km. . Ouvert: 1.1 / 31.12. ☎ 04 95 52 88 39. E-mail : info@adumbratu.com. Web : www.adumbratu.com.
Lat. : 42° 02' 24" N **Long.** : 008° 57' 09" E.

CARGESE

15-A3 51 km N. Ajaccio 190 m. ✉ 20130

TORRACCIA ★★★ Tourisme 105 E. dont 70 nus 3 ha CV. . Bord de mer à 2 km. . Ouvert: 15.5 / 30.9. ☎ 04 95 26 42 39. E-mail : contact@camping-torraccia.com. Web : www.camping-torraccia.com. Réduction H.S.
Lat. : 42° 09' 44" N **Long.** : 008° 35' 52" E.

LE MANDRIALE . Ouvert: 20.4 / 20.10. ☎ 04 95 25 59 60. E-mail : camping.le.mandriale@gmail.com, Web : www.lemandriale.com.
Lat. : 42° 09' 31" N **Long.** : 008° 36' 24" E.

CASAGLIONE

15-A3 157 m. ✉ 20111

LES COUCHANTS ★★★ Tourisme 120 E. dont 32 nus, dont 22 CC. 2,5 ha . Locations : . Bord de mer à 3 km. Ouvert: 1.7 / 15.9. ☎ 06 38 44 87 27. E-mail : campinglescouchants2a@gmail.com. Web : www.campinglescouchants.fr.
Lat. : 42° 04' 52" N **Long.** : 008° 44' 56" E.

U SOMMALU ★★★ Tourisme 135 E. dont 85 nus 4,5 ha CV. Locations : . Bord de mer à 500 m ; rivière à 800 m. Ouvert: 8.4 / 1.10. ☎ 04 95 52 24 21. E-mail : usommalu.camping@orange.fr. Web : www.usommalu-camping.fr. Prix 2023. 9 € ; 11 € ; 5,50 € ; 6 € ; 4 € ; animaux 2 € ; 5,50 € ; 4,50 €.
Lat. : 42° 04' 12" N **Long.** : 008° 43' 52" E.

CASALABRIVA

15-B4 431 m. ✉ 20140

DOMAINE KIESALE ABBATUCCI CV. Ouvert: 1.3 / 30.11. ☎ 04 95 24 36 30. E-mail : domainekiesale@gmail.com, Web : www.domainekiesale.com.
Lat. : 41° 46' 19" N **Long.** : 008° 54' 33" E.

CONCA

15-B4 417 m. ✉ 20135

ACQUA E SOLE ★★★★ Tourisme 154 E. . Accès direct à la rivière ; bord de mer à 5 km. . Ouvert: 15.4 / 5.11. ☎ 04 84 39 08 60. E-mail : inesselma@homair.com. Web : www.homair.com.
Lat. : 41° 42' 11" N **Long.** : 009° 21' 02" E.

COTI-CHIAVARI

15-A4 40 km S. Ajaccio 229 m. ✉ 20138

LA VALLEE ★★★ Tourisme 101 E. 1 ha CV. Locations : . Bord de mer à 100 m. . Ouvert: 1.5 / 30.9. ☎ 04 95 25 44 66. E-mail : camping-lavallee@orange.fr. Web : www.camping-la-vallee.com.
Lat. : 41° 48' 31" N **Long.** : 008° 45' 55" E.

EVISA

15-A3 69 km N. Ajjaccio. 1160 m. ✉ 20126

L'ACCIOLA NC Tourisme 70 E. . Rivière à 1,5 km. . Ouvert: 1.6 / 30.9. ☎ 04 95 26 23 01. E-mail : cd20126@free.fr. Web : www.acciola.com.
Lat. : 42° 15' 02" N **Long.** : 008° 49' 00" E.

FIGARI

15-C2 42 km S. Bastia. 228 m. ✉ 20114

U MORU ★★★ Tourisme 100 E. 4 ha CV. Locations : . Ouvert: 1.6 / 30.9. ☎ 04 95 71 23 40. E-mail : u-moru@wanadoo.fr. Web : www.u-moru.com. Prix 2023. empl. Tourisme : 5,10 € nuit ; 9,50 € nuit ; 9,50 € nuit ; 6 € nuit ; 4,50 € nuit ; 4 € nuit ; 5,50 € nuit ; 7 € nuit.
Lat. : 41° 31' 52" N **Long.** : 009° 09' 56" E.

GROSSETO-PRUGNA

15-B4 24 km E. Ajaccio 349 m. ✉ 20166

BENISTA ★★★★ Tourisme 200 E. dont 158 nus CV . A 1,8 km : Espace Fitness. , , . Accès direct à la rivière ; bord de mer à 1,8 km.. Accueil groupes adultes. Ouvert: 3.4 / 16.10. ☎ 04 95 25 19 30. E-mail : camping.benista@orange.fr. Web : www.benista.fr.
Lat. : 41° 54' 25" N **Long.** : 008° 49' 21" E.
FFCC : avantages adhérent : 23 € du 01/04 au 08/07 et du 22/08 au 30/09 sur emp.

U PRUNELLI ★★★★ Tourisme 200 E. 3,5 ha CV. Locations : . . Accès direct à la rivière ; bord de mer à 1,8 km. ; . Ouvert: 30.3 / 31.10. ☎ 04 95 25 19 23. E-mail : subrini.dominique@orange.fr. Web : www.camping-prunelli.com.
Lat. : 41° 54' 40" N **Long.** : 008° 49' 33" E.

LECCI

15-B4 112 m. ✉ 20137

MULINACCIU ★★★ Tourisme 160 E. CV . Locations : . chauffée . Accès direct à la rivière ; bord de mer à 5 km. ; . Ouvert: 27.5 / 30.9. ☎ 04 95 71 47 48. E-mail : infos@mulinacciu.com. Web : www.mulinacciu.com. Prix 2023. 9,20 € ; 9,10 € ; 7 € ; 6 € ; animaux 4 € ; 4,80 € ; 4,20 €.
Lat. : 41° 40' 19" N **Long.** : 009° 18' 06" E.

OLMETO

15-B4 287 m. ✉ 20113

L'ESPLANADE ★★★★ Tourisme 201 E. dont 100 nus CV . A 4 km : Locations : , roulotte. . Bord de mer à 100 m ; rivière à 3 km.. Accueil groupes adultes. Ouvert: 1.4 / 30.9. ☎ 04 95 76 05 03. E-mail : campingesplanade@gmail.com. Web : www.campingesplanade.com.
Lat. : 41° 41' 44" N **Long.** : 008° 53' 18" E.

RAS L'BOL ★★★ Tourisme 150 E. CV . Locations : . chauffée , . Accès direct à la mer et à la rivière. ; ; . Ouvert: 4.4 / 17.10. ☎ 04 95 74 04 25. E-mail : infos@raslbol.com. Web : www.raslbol.com. Réduction H.S.
Lat. : 41° 42' 10" N **Long.** : 008° 50' 08" E.

U LIBECCIU ★★★ Tourisme 100 E. CV . chauffée. Bord de mer à 350 m. ; . Accueil groupes adultes. Ouvert: 1.5 / 30.9. ☎ 04 95 74 01 28. E-mail : campingulibecciu@orange.fr. Web : www.campingpropriano.eu.
Lat. : 41° 42' 03" N **Long.** : 008° 51' 28" E.

VIGNA MAGGIORE ★★★ Tourisme 180 E. dont 140 nus
3 ha CV . Bord de mer à 1 km. Accueil groupes adultes. Ouvert: 1.4 / 31.10. ☎ 04 95 76 02 07. E-mail : contact@vignamaggiore.com. Web : www.vignamaggiore.com.
Lat. : 41° 41' 53" N **Long.** : 008° 53' 47" E.
FFCC : avantages adhérent : 19 € du 01/05 au 30/06 et du 01/09 au 30/10 sur emp. et entre 50 € et 190 € la nuitée et entre 238 € et 1330 € la semaine du 01/05 au 30/06 et du 01/09 au 30/10 sur loc.

CAMPITELLO CAMPING CHEZ ANTOINE ★★ Tourisme 150 E. CV. ; ; . ☎ 04 95 76 06 99. E-mail : campingantoine@orange.fr. Réduction H.S.
Lat. : 41° 41' 43" N **Long.** : 008° 52' 59" E.

ABARTELLO NC Tourisme 35 E. CV. Bord de mer à 50 m. Ouvert: 1.5 / 30.9. ☎ 04 95 74 05 12. E-mail : camping.abbartello@gmail.com. Web : camping-abbartello.fr.
Lat. : 41° 41' 52" N **Long.** : 008° 50' 39" E.

COLOMBA NC Loisirs 149 E. dont 149 CC. 2,5 ha CV. . Bord de mer à 300 m. . Accueil groupes. Ouvert: 1.4 / 30.9. ☎ 04 95 76 06 42. E-mail : camping.colomba@orange.fr. Web : www.camping-colomba.com. Réduction H.S.
Lat. : 41° 41' 05" N **Long.** : 008° 55' 40" E.

OSANI

15-A3 255 m. ✉ 20147

E GRADELLE ★★ Tourisme 65 E. 2,2 ha . Locations : . . Bord de mer à 350 m. . Ouvert: 1.6 / 30.9. ☎ 04 95 27 32 01. E-mail : camping-gradelle@orange.fr. Web : www.camping-corsica-gradelle.com.
Lat. : 42° 18' 24" N **Long.** : 008° 38' 45" E.

OTA

15-A3 85 km N. Ajaccio. 575 m. ✉ 20150

LES OLIVIERS ★★★★ Tourisme 214 E. 5 ha CV . A 500 m : . Locations : , roulotte. Randonnée pédestre organisée. Espace Fitness. chauffée . Accès direct à la mer et à la rivière. . Accueil groupes. Ouvert: 27.3 / 3.11. ☎ 04 95 26 14 49. E-mail : lesoliviersporto@wanadoo.fr. Web : www.camping-oliviers-porto.com. Prix 2023. 12,60 € ; 10 € ; 9,50 € ; 10,50 € ; 4,20 € ; 6,30 € ; 5 €.
Lat. : 42° 15' 44" N **Long.** : 008° 42' 36" E.

FUNTANA A L'ORA ★★★ Tourisme 76 E. dont 65 nus CV . Locations : . Espace Fitness. chauffée. Rivière à 230 m ; bord de mer à 2,3 km. ; . Ouvert: 1.4 / 1.11. ☎ 04 95 26 11 65. E-mail : funtana.contact@gmail.com. Web : funtanaalora.fr/. Prix 2023. 7 € ; 7 € ; 7 € ; 3,50 € ; 3,50 € ; animaux 2 € ; 4 € ; 4 €.
Lat. : 42° 15' 12" N **Long.** : 008° 43' 19" E.

SOLE E VISTA ★★★ Tourisme 170 E. CV . Locations : bivouac. couverte . Rivière à 100 m ; bord de mer à 800 m. . Accueil groupes. Ouvert: 1.4 / 1.11. ☎ 04 95 26 15 71. E-mail : portocampings@gmail.com. Web : www.camping-sole-e-vista.fr. Réduction H.S.
Lat. : 42° 15' 45" N **Long.** : 008° 42' 42" E.

LE PORTO ★★ Tourisme 70 E. 2 ha CV. . Rivière à 50 m ; bord de mer à 800 m. ; ; . . Accueil groupes. Ouvert: 15.6 / 1.10. ☎ 04 95 26 13 67. E-mail : portocampings@gmail.com. Web : www.camping-le-porto.com. Réduction H.S.
Lat. : 42° 15' 42" N **Long.** : 008° 42' 29" E.

CAMPING MUNICIPAL D'OTA-PORTO ★ Tourisme 300 E. . Accès direct à la rivière ; bord de mer à 300 m. . Ouvert: 15.5 / 30.9. ☎ 04 95 26 17 76. E-mail : contact@campingmunicipal-otaporto.fr. Web : www.campingmunicipal-otaporto.fr.
Lat. : 42° 15' 48" N **Long.** : 008° 42' 03" E.

PETRETO-BICCHISANO

15-B4 26 km N.-E. Propriano 607 m. ✉ 20140

CAMPING I SUVARI . Ouvert: 10.6 / 8.10. ☎ 04 95 20 26 52. E-mail : camping@isuvari.com, Web : www.isuvari.com. Réduction H.S.
Lat. : 41° 47' 25" N **Long.** : 008° 58' 03" E.

PIANA

15-A3 378 m. ✉ 20115

CAMPING DE LA PLAGE D'ARONE ★★★ Tourisme 55 E. 3,5 ha. Bord de mer à 200 m. Ouvert: 1.6 / 30.9. ☎ 04 95 20 64 54. E-mail : jerome.baldacci@wanadoo.fr.
Lat. : 42° 12' 27" N **Long.** : 008° 34' 47" E.

PIANOTTOLI-CALDARELLO

15-B5 20 km N. E. Bonifacio 191 m. ✉ 20131

KÉVANO ★★★ Tourisme 160 E. 4 ha. Locations : . Randonnée pédestre organisée. Bord de mer à 400 m. Ouvert: 1.4 / 2.11. ☎ 33 603 365 736. E-mail : contact@campingkevano.com. Web : www.campingkevano.com.
Lat. : 41° 28' 22" N **Long.** : 009° 02' 40" E.

LE DAMIER ★★★ Tourisme 115 E. Bord de mer à 600 m. Ouvert: 1.5 / 30.10. ☎ 04 95 71 48 85. E-mail : info@camping-le-damier.com. Web : www.camping-le-damier.com.
Lat. : 41° 28' 34" N **Long.** : 009° 02' 50" E.

PIETROSELLA

15-B4 25 km S.-E. Ajaccio. 268 m. ✉ 20166

L'EUROPE ★★★ Tourisme 150 E. 2 ha CV. Locations : . Bord de mer à 400 m. Ouvert: 16.4 / 10.10. ☎ 04 95 25 42 94. E-mail : contact@campingeurope.fr. Web : www.campingeurope.fr.
Lat. : 41° 51' 07" N **Long.** : 008° 47' 50" E.

LE SUD ★★★ Tourisme 152 E. 3 ha CV. Locations : . Randonnée pédestre organisée. Bord de mer à 100 m. Accueil groupes. Ouvert: 1.4 / 31.10. ☎ 06 20 32 39 77. E-mail : contact@camping-le-sud.com. Web : www.camping-le-sud.com.
Lat. : 41° 49' 42" N **Long.** : 008° 47' 03" E.

PORTO-VECCHIO

15-B4 28 km N. Bonifacio 199 m. ✉ 20137

GOLFO DI SOGNO ★★★★ Tourisme 781 E. 17 ha CV. Locations : . Accès direct à l'étang et à la mer. Ouvert: 1.5 / 30.9. ☎ 04 95 70 08 98. E-mail : golfodisogno@wanadoo.fr. Web : www.golfo-di-sogno.fr.
Lat. : 41° 37' 45" N **Long.** : 009° 18' 49" E.

LA VETTA ★★★★ Tourisme 110 E. dont 51 nus, dont 59 CC. 6 ha 23 h / 7 h, CV. A 5 km : Locations : . Bord de mer à 2 km ; rivière à 3 km. Ouvert: 10.6 / 30.9. ☎ 04 95 70 09 86. E-mail : info@campinglavetta.com. Web : www.campinglavetta.com. Réduction H.S.
Lat. : 41° 37' 58" N **Long.** : 009° 17' 37" E.

PORTO-VECCHIO ★★★★ Tourisme 180 E. CV. Locations : . Randonnée pédestre organisée. Bord de mer à 2,5 km ; rivière à 3 km. Ouvert: 1.4 / 2.11. ☎ 33 603 365 736. E-mail : contact@camping-porto-vecchio.com. Web : www.camping-porto-vecchio.com.
Lat. : 41° 38' 46" N **Long.** : 009° 17' 36" E.

U PIRELLU ★★★★ Tourisme 150 E. CV. chauffée. Bord de mer à 3 km. Ouvert: 11.4 / 24.10. ☎ 04 95 70 23 44. E-mail : u.pirellu@wanadoo.fr. Web : www.camping-palombaggia.corsica. Réduction H.S.
Lat. : 41° 35' 23" N **Long.** : 009° 19' 54" E.

ARUTOLI ★★★ Tourisme 150 E. dont 114 nus 22 h 30 / 7 h, CV. Locations : . Accueil groupes adultes. Ouvert: 1.4 / 31.10. ☎ 04 95 70 12 73. E-mail : info@arutoli.com. Web : www.arutoli.com. Prix 2022. 8,20 € ; 7,90 € ; 5,80 € ; 4,80 € ; 3,80 € ; animaux 2,20 € ; 4,50 € ; 4 €.
Lat. : 41° 36' 06" N **Long.** : 009° 15' 59" E.

BELLA VISTA ★★★ Tourisme 80 E. 2 ha CV. Locations : . Bord de mer à 2,5 km. Ouvert: 1.6 / 15.9. ☎ 04 95 70 58 01. E-mail : camping.bellavista@wanadoo.fr. Web : www.campingbellavista.com.fr.
Lat. : 41° 34' 18" N **Long.** : 009° 16' 33" E.

L'OSO ★★★ Tourisme 92 E. CV. Locations : . Accès direct à la rivière ; bord de mer à 1,5 km. Ouvert: 1.6 / 30.9. ☎ 04 95 71 60 99. E-mail : dominique.leandri@wanadoo.fr. Web : campingloso.com.
Lat. : 41° 37' 55" N **Long.** : 009° 19' 05" E.

LA BAIE DES VOILES ★★★ Tourisme 180 E. 3 ha CV. A 3 km : Locations : . Accès direct à la mer. Ouvert: 1.5 / 30.9. ☎ 04 95 70 01 23. E-mail : l_labaiedesvoiles@orange.fr. Web : www.camping-labaiedesvoiles.com.
Lat. : 41° 37' 21" N **Long.** : 009° 18' 00" E.

LES ILOTS D'OR ★★★ Tourisme 176 E. CV. Accès direct à la mer. Ouvert: 20.4 / 15.9. ☎ 04 95 70 01 30. E-mail : campingles ilotsdor@sfr.fr. Web : www.campinglesilotsdor.com. Réduction H.S.
Lat. : 41° 37' 17" N **Long.** : 009° 18' 00" E.
FFCC : avantages adhérent : 20 € du 02/05 au 30/06 et du 01/09 au 30/09 sur emp.

LES JARDINS DU GOLFE ★★★ Tourisme 84 E. 3 ha CV. A 3 km : Accueil groupes. Ouvert: 1.6 / 30.9. ☎ 04 95 70 46 92. E-mail : info@camping-jardinsdugolfe.fr. Web : www.camping-jardinsdugolfe.fr. Réduction H.S.
Lat. : 41° 34' 24" N **Long.** : 009° 17' 21" E.

PEZZA CARDO ★★★ Tourisme 70 E. dont 13 nus CV. Locations : . Bord de mer à 400 m. Accueil groupes. Ouvert: 1.6 / 30.9. ☎ 04 95 72 27 59. E-mail : ettori.jean-luc@wanadoo.fr. Web : www.pezzacardo.com. Réduction H.S.
Lat. : 41° 37' 13" N **Long.** : 009° 17' 55" E.

PITRERA ★★★ Tourisme 82 E. 3 ha CV. Rivière à 2 km ; bord de mer à 5 km. Accueil groupes. Ouvert: 1.4 / 16.10. ☎ 04 95 70 20 10. E-mail : pitrera@orange.fr. Web : www.pitrera.com.
Lat. : 41° 38' 03" N **Long.** : 009° 17' 41" E.

U STABIACCIU ★★★ Tourisme 75 E. CV. A 1 km : Bord de mer à 4 km. Ouvert: 13.4 / 22.10. ☎ 04 95 70 37 17. E-mail : stabiacciu@wanadoo.fr. Web : www.stabiacciu.com.
Lat. : 41° 34' 18" N **Long.** : 009° 16' 33" E.

VILLAGE NATURISTE LA CHIAPPA ★★★ Tourisme 270 E. 30 ha CV. Rés. naturiste. Locations : . chauffée. Accès direct à la mer. Ouvert: 10.5 / 30.9. ☎ 04 95 70 00 31. E-mail : chiappa@wanadoo.fr. Web : www.chiappa.com. Prix 2023. 13 € ; 21 € ; 21 € ; 14 € ; animaux 10 € ; 7 €.
Lat. : 41° 35' 29" N **Long.** : 009° 21' 40" E.

U FURU NC Tourisme 55 E. 3 ha CV Rés. naturiste. Locations : . Accès direct à la rivière. Ouvert: 15.5 / 15.10. ☎ 04 95 70 10 83. E-mail : contact@u-furu.com. Web : www.u-furu.com.
Lat. : 41° 37' 03" N **Long.** : 009° 12' 43" E.

LA MATONARA NC Tourisme 70 E. dont 3 GCC. la nuit, Locations : . ☎ 04 95 70 37 05. E-mail : lamatonara@wanadoo.fr. Web : www.camping-matonara.fr.
Lat. : 41° 35' 43" N **Long.** : 009° 16' 28" E.

LA PIOPPA NC 129 E. dont 21 nus CV. Randonnée pédestre organisée. Bord de mer à 2,9 km. Accueil groupes. Ouvert: 19.5 / 25.9. ☎ 04 95 71 79 79. E-mail : pioppa@vacances-andretrigano.com. Web : vacances-andretrigano.com/camping/corse-du-sud/la-pioppa-porto-vecchio.
Lat. : 41° 37' 54" N **Long.** : 009° 19' 09" E.
FFCC : avantages adhérent : 10% du 17/05 au 08/07 et du 26/08 au 24/09 sur emp. et 5% du 17/05 au 08/07 et du 26/08 au 24/09 sur loc.

LES CHENES NC Tourisme 73 E. 2,8 ha. Bord de mer à 50 m. Ouvert: 1.6 / 30.9. ☎ 681065778. E-mail : info@campingleschenes-portovecchio.com. Web : www.campigleschenes-portovecchio.com.
Lat. : 41° 37' 19" N **Long.** : 009° 17' 58" E.

LA FERME D'ALZETTA CV. Ouvert: 1.6 / 30.9. ☎ 04 95 70 02 32. E-mail : alzetta@orange.fr, Web : fermedalzetta.com.
Lat. : 41° 35' 11" N **Long.** : 009° 12' 02" E.

PROPRIANO

15-B4 120 m. ✉ 20110

CAMPING TIKITI ★★★ Tourisme 220 E. 1,5 ha CV. A 1 km : Locations : . Bord de mer à 200 m. Ouvert: 14.4 / 27.10. ☎ 04 95 76 08 32. E-mail : infos@campingtikiti.com. Web : www.campingtikiti.com.
Lat. : 41° 40' 56" N **Long.** : 008° 55' 13" E.

SAN-GAVINO-DI-CARBINI

15-B4 30 km N.-E. Sartène 470 m. ✉ 20170

CAMPING MUNICIPAL NC Tourisme 35 E. Accueil groupes. Ouvert: 15.6 / 15.9. ☎ 04 95 78 48 17. E-mail : sangavinodicarbini@orange.fr.
Lat. : 41° 43' 17" N **Long.** : 009° 09' 24" E.

SARI-SOLENZARA

15-C4 43 km N.-E. Sartène 216 m. ✉ 20145

SOLE DI SARI P.R.L ★★★★ NN144 E. CV. Accès direct à la rivière ; bord de mer à 1 km. Accueil groupes adultes. Ouvert: 8.4 / 1.10. ☎ 04 84 39 08 60. E-mail : inesselma@homair.com. Web : www.homair.com.
Lat. : 41° 51' 56" N **Long.** : 009° 23' 07" E.

U PONTE GROSSU ★★★ Tourisme 55 E. 2 ha. Espace Fitness. Accès direct à la rivière. Accueil groupes. Ouvert: 15.4 / 1.10. ☎ 04 95 48 26 61. E-mail : lucchinitoussaint@gmail.com. Web : www.upontegrossu.com. Prix 2022. 7,50 € ; 2,50 € ; 5,50 € ; 5,50 € ; animaux 1 € ; 5 € ; 6 €. Réduction H.S.
Lat. : 41° 50' 05" N **Long.** : 009° 19' 20" E.

U ROSUMARINU ★★ Tourisme 50 E. Ouvert: 30.6 / 1.9. ☎ 04 95 57 47 66. E-mail : urosumarinu@gmail.com. Web : www.urosumarinu.fr.
Lat. : 41° 50' 38" N **Long.** : 009° 20' 34" E.

U ROSUMARINU. Ouvert: 1.5 / 15.9. ☎ 04 95 57 47 66. E-mail : urosumarinu.camping@gmail.com, Web : urosumarinu.fr.
Lat. : 41° 50' 39" N **Long.** : 009° 20' 34" E.

SARTENE

15-B4 190 m. ✉ 20100

L'AVENA ★★★ Tourisme 182 E. dont 69 nus. CV. Randonnée pédestre organisée. . Accès direct à la mer. Accueil groupes adultes. Ouvert: 25.5 / 18.9. ☎ 04 95 77 02 18. E-mail : avena@vacances-andretrigano.com. Web : vacances-andretrigano.com/camping/corse-du-sud/l-avena-sartene. Réduction H.S.
Lat. : 41° 32' 06" N **Long.** : 008° 51' 48" E.
FFCC : avantages adhérent : 10% du 27/05 au 08/07 et du 26/08 au 17/09 sur emp. et 5% du 27/05 au 08/07 et du 26/08 au 17/09 sur loc.

OLVA LES EUCALYPTUS ★★★ Tourisme 135 E. dont 70 nus. CV. Espace Fitness. Rivière à 1 km. Accueil groupes adultes. Ouvert: 10.4 / 9.10. ☎ 04 95 77 11 58. E-mail : camping.olva@gmail.com. Web : www.camping-olva.com.
Lat. : 41° 38' 25" N **Long.** : 008° 58' 29" E.
FFCC : avantages adhérent : 23 € du 29/04 au 30/06 et du 01/09 au 30/09 sur emp.

PERO LONGO CV. Ouvert: 15.5 / 15.10. ☎ 04 95 77 07 11. E-mail : contact@perolongo.com, Web : www.perolongo.com.
Lat. : 41° 32' 03" N **Long.** : 008° 57' 44" E.

SERRA-DI-FERRO

15-B4 60 km S.-E. Ajaccio 135 m. ✉ 20140

CALA DI CUPABIA ★★★ Tourisme 100 E. Ouvert: 1.6 / 30.9. ☎ 04 95 74 04 38. E-mail : contact@cupabia.com. Web : www.cala-di-cupabia.com.
Lat. : 41° 44' 56" N **Long.** : 008° 48' 16" E.

U CASEDDU ★★★ Tourisme 100 E. 2,4 ha CV. Accès direct à la mer ; rivière à 1,6 km ; étang à 2 km. Ouvert: 1.6 / 30.10. ☎ 04 95 74 01 80. E-mail : ucaseddu@orange.fr.
Lat. : 41° 42' 37" N **Long.** : 008° 48' 22" E.

CYRNOS ★★ Tourisme 100 E. Accès direct à la mer ; rivière à 400 m. Ouvert: 1.6 / 30.9. ☎ 04 95 74 00 55. E-mail : camping-cyrnos@orange.fr.
Lat. : 41° 42' 50" N **Long.** : 008° 49' 02" E.

L'ORIENTE ★ Tourisme 80 E. Randonnée pédestre organisée. Bord de mer à 80 m. Accueil groupes. Ouvert: 20.6 / 5.9. ☎ 04 95 74 00 48. E-mail : loriente.camping@gmail.com. Web : loriente camping.fr.
Lat. : 41° 42' 35" N **Long.** : 008° 47' 38" E.

U TURRACCONU NC Tourisme 33 E. dont 33 nus. 1,8 ha CV. Randonnée pédestre organisée. Etang et bord de mer à 1,5 km ; rivière à 3 km. Accueil groupes. Ouvert: 26.3 / 29.10. ☎ 0 4 95 761078. E-mail : sassaveriolu@gmail.com. Web : www.turracconu.com. Prix 2023. 11 € ; 15 € ; 15 € ; 6 € ; 6 € ; animaux 4 € ; 6 € ; 6 €.
Lat. : 41° 43' 31" N **Long.** : 008° 47' 43" E.
FFCC : avantages adhérent : 23 € du 01/04 au 30/06 et du 01/09 au 30/09 sur emp. et entre 600 € et 950 € la semaine du 01/04 au 30/06 et du 01/09 au 30/09 sur loc.

VALINCO VILLAGE NC Tourisme 33 E. . ☎ 04 95 74 02 78. E-mail : contact@valincovillage.com. Web : www.valincovillage.com.
Lat. : 41° 42' 42" N **Long.** : 008° 47' 57" E.

SERRA-DI-SCOPAMENE

15-B4 36 km N.-E. Sartène 1040 m. ✉ 20127

CAMPING I PALACCI NC Tourisme 50 E. . Ouvert: 1.5 / 30.9. ☎ 04 95 78 72 20. E-mail : maireserradiscopamena@orange.fr.
Lat. : 41° 45' 11" N **Long.** : 009° 05' 54" E.

VERO

15-B3 29 km N. Ajaccio 516 m. ✉ 20172

LES EAUX VIVES ★★★ Tourisme 38 E. 2 ha CV. Locations : . Accès direct à la rivière. Accueil groupes. Ouvert: 1.5 / 30.9. ☎ 04 95 52 81 09. E-mail : campingleseauxvives@sfr.fr. Web : camping-ajaccio.fr.
Lat. : 42° 01' 46" N **Long.** : 008° 54' 47" E.
FFCC : avantages adhérent : 19 € du 02/04 au 28/05 et du 30/09 au 31/10 sur emp. et entre 45 € et 60 € la nuitée et 400 € la semaine du 01/07 au 31/08 sur loc.

VICO

15-A3 52 km N. Ajaccio. 333 m. ✉ 20160

LE SAGONE ★★★★ Tourisme 300 E. de minuit à 6 h, CV. Locations : . Randonnée pédestre organisée. Espace Fitness. couverte chauffée . Accès direct à la rivière ; bord de mer à 2 km. Accueil groupes adultes. Ouvert: 24.3 / 2.11. ☎ 04 13 59 44 17. E-mail : contact@camping-sagone.fr. Web : www.camping-sagone.fr.
Lat. : 42° 07' 49" N **Long.** : 008° 42' 20" E.

LA SPOSATA ★★ Tourisme 56 E. 2,5 ha CV. Locations : . Rivière à 3 km. Accueil groupes. Ouvert: 1.6 / 30.10. ☎ 04 95 26 61 55. E-mail : campinglasposata@gmail.com. Web : www.lasposata.fr. Prix 2022. empl. Tourisme : 5 € ; 7,50 € ; 4 € ; 4 € ; 3,40 € ; 4 € ; 5,50 €.
Lat. : 42° 09' 54" N **Long.** : 008° 47' 15" E.

ZONZA

15-B4 544 m. ✉ 20144

CALIFORNIA ★★★ Tourisme 100 E. en permanence, CV. Accès direct à l'étang ; bord de mer à 50 m. Accueil groupes. Ouvert: 15.5 / 15.10. ☎ 04 95 71 49 24. E-mail : info@camping-california.net. Web : www.campingcalifornia.net.
Lat. : 41° 39' 59" N **Long.** : 009° 22' 48" E.

CAMPING FAUTEA ★★★ Tourisme 100 E. Accès direct à la mer. Ouvert: 1.4 / 30.9. ☎ 04 95 71 41 51. E-mail : yves.muzy@wanadoo.fr.
Lat. : 41° 42' 56" N **Long.** : 009° 24' 07" E.

SANTA LUCIA ★★★ Tourisme 160 E. dont 121 nus CV. Locations : . Bord de mer à 4 km. Ouvert: 3.4 / 16.10. ☎ 04 95 71 45 28. E-mail : informations@campingsantalucia.com. Web : www.campingsantalucia.com. Réduction H.S.
Lat. : 41° 41' 49" N **Long.** : 009° 20' 35" E.

U PINARELLU ★★★ Tourisme 165 E. dont 125 nus CV. Locations : . Etang à 50 m ; bord de mer à 500 m ; rivière à 4 km. Ouvert: 1.5 / 30.9. ☎ 04 95 71 43 98. E-mail : campingpinarello@orange.fr. Web : www.campingupinarellu.com. Prix 2022. 7 € ; 8 € ; 6 € ; 7 € ; 3 € ; 3,50 € ; 3,50 €. Réduction H.S.
Lat. : 41° 41' 10" N **Long.** : 009° 22' 12" E.

BAVELLA VISTA ★★ Tourisme 60 E. Ouvert: 1.4 / 15.10. ☎ 06 24 35 56 08. E-mail : mallory.cucchi@laposte.net.
Lat. : 41° 45' 17" N **Long.** : 009° 10' 20" E.

CAMPING MOZZICONACCIO ★★ Tourisme 50 E. Locations : . Ouvert: 1.1 / 31.12. ☎ 04 95 73 20 82. E-mail : lvitay@club-internet.fr. Web : www.campingmozziconaccio.fr.
Lat. : 41° 45' 34" N **Long.** : 009° 24' 11" E.

VILLATA ★★ Tourisme 117 E. 6 ha Rés. naturiste. Locations : . Bord de mer à 600 m. Ouvert: 2.5 / 30.9. ☎ 04 95 71 62 90. E-mail : villata@free.fr. Web : www.campingvillata.com.
Lat. : 41° 39' 36" N **Long.** : 009° 22' 34" E.

CAMPING MUNICIPAL NC Tourisme 120 E. Accès direct à la rivière. Ouvert: 1.5 / 30.9. ☎ 04 95 78 62 74. E-mail : mairiedezonza@orange.fr.
Lat. : 41° 45' 00" N **Long.** : 009° 11' 41" E.

DOMAINE DU PUNTONU NC Tourisme 100 E. 8 ha . Ouvert: 1.6 / 30.9. ☎ 04 95 71 42 75. E-mail : guides@campingfrance.com.
Lat. : 41° 41' 60" N **Long.** : 009° 20' 43" E.

LA RIVIERE NC Tourisme 60 E. Accès direct à la rivière. Ouvert: 8.4 / 30.9. ☎ 04 95 78 68 31. E-mail : camping-lariviere@sfr.fr. Web : www.camping-riviere-zonza.com.
Lat. : 41° 46' 07" N **Long.** : 009° 10' 40" E.

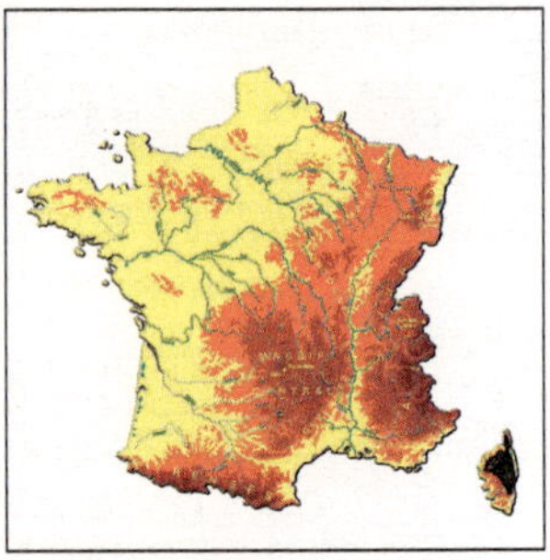

ALERIA

15-C3 48 km S.-E. Corte 18 m. ✉ 20270

MARINA D'ALÉRIA ★★★★ Tourisme 319 E. dont 75 nus CV. Locations : . Espace Fitness. chauffée , . Accès direct à l'étang et à la mer. ; . Accueil groupes adultes. Ouvert: 27.4 / 5.10. ☎ 04 95 57 01 42. E-mail : marina-aleria@capfun.com. Web : www.capfun.com. Réduction H.S.
Lat. : 42° 06' 42" N **Long.** : 009° 32' 59" E.

RIVA-BELLA THALASSO ★★★★ Tourisme 199 E. 10 ha CV Rés. naturiste. Locations : , , . Randonnée pédestre organisée. Espace Fitness. , , . Accès direct à l'étang et aux bords du lac et à la mer ; rivière à 3 km. ; ; . . Accueil groupes. Ouvert: 1.1 / 31.12. ☎ 04 95 38 81 10. E-mail : rivabell.corsica@gmail.com. Web : www.naturisme-rivabella.com. Prix 2022. Fft nuit : empl. Tourisme (2) : 44 € ( ) ; sup 10 € nuit ; animaux 6,50 € nuit ; 7 € nuit ; 5,50 € nuit. Réduction H.S.
Lat. : 42° 09' 38" N **Long.** : 009° 33' 07" E.

ALGAJOLA

15-A2 15 km N.-E. Calvi. 78 m. ✉ 20220

CAMPING DE LA PLAGE ★★★ Tourisme 147 E. 0,9 ha . . Ouvert: 15.3 / 15.12. ☎ 04 95 60 71 76. E-mail : campingalgajola@wanadoo.fr. Web : www.campingbalagne.com.
Lat. : 42° 36' 31" N **Long.** : 008° 52' 25" E.

CALA DI SOLE NC Tourisme 60 E. 3,7 ha CV. Bord de mer à 300 m. . Ouvert: 24.3 / 27.10. ☎ 06 80 90 60 06. E-mail : caladisole@orange.fr. Web : www.caladisole.com.
Lat. : 42° 36' 22" N **Long.** : 008° 52' 07" E.

AREGNO

15-A2 19 km O. Calvi 105 m. ✉ 20220

A MARINA ★★★ Tourisme 187 E. 5,5 ha . Locations : . , . Bord de mer à 50 m. . Ouvert: 18.6 / 10.9. ☎ 04 95 60 75 41. E-mail : info@marinacamping.fr. Web : www.marinacamping.fr.
Lat. : 42° 36' 34" N **Long.** : 008° 52' 35" E.

CANTARETTU-CITY ★★ Tourisme 150 E. 3,5 ha . Locations : . , , . Bord de mer à 700 m. Ouvert: 1.6 / 29.9. ☎ 04 95 60 75 04. E-mail : martelli.antoine@wanadoo.fr. Web : location-cantarettu.com.
Lat. : 42° 36' 11" N **Long.** : 008° 53' 04" E.

ASCO

15-B2 1382 m. ✉ 20276

MONTE CINTO NC Tourisme 50 E. dont 20 GCC. 2,5 ha . Locations : . , . Rivière à 6 m. . Accueil groupes. Ouvert: 1.5 / 31.10. ☎ 04 95 47 86 08. E-mail : campingmontecinto.asco@neuf.fr. Web : campingmontecinto-asco.com.
Lat. : 42° 24' 52" N **Long.** : 008° 56' 42" E.

BASTIA

15-B2 150 km N.-E. Ajaccio 260 m. ✉ 20600

LES SABLES ROUGES NC Tourisme 35 E. . ☎ 04 95 33 36 08. E-mail : puluciu@wanadoo.fr.
Lat. : 42° 40' 24" N **Long.** : 009° 26' 42" E.

BELGODERE

15-B2 30 km E. Calvi 178 m. ✉ 20226

DOMAINE LE CLOS DES CHÊNES ★★★ Tourisme 170 E. dont 20 nus CV . . Bord de mer à 1,5 km. Ouvert: 1.5 / 30.9. ☎ 06 74 53 08 97. E-mail : contact@le-closdeschenes.com. Web : www.le-closdeschenes.com/.
Lat. : 42° 37' 41" N **Long.** : 009° 00' 32" E.

LA'BEL BALAGNE ★★★ Tourisme 100 E. dont 76 nus 5 ha CV . Locations : . . Bord de mer à 1,5 km. . Accueil groupes adultes. Ouvert: 1.5 / 30.9. ☎ 06 61 86 06 88. E-mail : contact@camping-balagne.com. Web : camping-balagne.com. Prix 2023. Fft nuit : empl. Tourisme (2) : 32 € ( ) ; sup 8 € nuit ; animaux 3 € nuit ; 5 € nuit ; 5 € nuit.
Lat. : 42° 37' 38" N **Long.** : 009° 00' 34" E.

APV LA LISTRA P.R.L ★★ NN32 E. Locations : . . Bord de mer à 1 km. Ouvert: 15.4 / 5.11. ☎ 02 51 56 08 78. E-mail : contacts@camping-apv.com. Web : www.camping-apv.com.
Lat. : 42° 37' 60" N **Long.** : 009° 01' 17" E.

BIGUGLIA

15-B2 12 km S. Bastia. 76 m. ✉ 20620

SAN DAMIANO ★★★★ Tourisme 280 E. dont 300 nus CV . chauffée . Accès direct à la mer. ; . Accueil groupes. Ouvert: 1.5 / 8.11. ☎ 04 95 33 68 02. E-mail : info@campingsandamiano.com. Web : www.campingsandamiano.com.
Lat. : 42° 37' 44" N **Long.** : 009° 28' 02" E.

CALACUCCIA

15-B2 26 km N.-E. Corte. 1150 m. ✉ 20224

ACQUAVIVA
CV . Ouvert: 15.4 / 15.10. ☎ 04 95 48 00 08 / 0 6 27 80 36 86. E-mail : info@acquaviva.corsica.com, Web : www.acquaviva-corse.fr. Prix 2022. 7 € ; 8 € ; 7 € ; 6 € ; 3 € ; 3,50 €.
Lat. : 42° 19' 58" N **Long.** : 009° 00' 34" E.
FFCC : avantages adhérent : 22.50 € du 10/04 au 30/06 et du 01/09 au 02/11 sur emp. + Tarif emplacement (taxe de séjour incluse + vidange camping-car + eau).

CALENZANA

15-A2 13 km S.-E. Calvi. 597 m. ✉ 20214

PARADELLA ★★★ Tourisme 150 E. dont 120 nus CV . Locations : . . Rivière à 1 km. Accueil groupes. Ouvert: 3.4 / 2.10. ☎ 04 95 65 00 97. E-mail : info@camping-paradella.fr. Web : www.camping-paradella.fr.
Lat. : 42° 30' 09" N **Long.** : 008° 47' 27" E.

CALVI

15-A2 92 km S.-O. Bastia. 99 m. ✉ 20260

LA PINEDE ★★★★★ Tourisme 262 E. dont 115 nus 23 h / 6 h, CV . chauffée , . Bord de mer à 200 m. . Ouvert: 30.3 / 31.12. ☎ 04 95 65 17 80. E-mail : info@camping-calvi.com. Web : www.camping-calvi.com.
Lat. : 42° 33' 13" N **Long.** : 008° 46' 07" E.

LES CASTORS ★★★★ Tourisme 80 E. dont 29 nus 2,5 ha CV . Locations : . Randonnée pédestre organisée. Espace Fitness. chauffée . Bord de mer à 300 m. . Accueil groupes adultes. Ouvert: 2.4 / 8.10. ☎ 04 95 65 13 30. E-mail : info@castors.fr. Web : www.castors.fr. Prix 2022. 13 € ; 15 € ; 15 € ; 6 € ; 9 € ; 5,50 €.
Lat. : 42° 33' 25" N **Long.** : 008° 45' 22" E.
FFCC : avantages adhérent : 21 € du 08/04 au 01/07 et du 01/09 au 07/10 sur emp.

BELLA VISTA ★★★ Tourisme 156 E. dont 140 nus CV . A 1 km : . Bord de mer à 700 m ; rivière à 2 km. . Ouvert: 1.4 / 1.10. ☎ 04 95 65 11 76. E-mail : info@camping-bellavista.com. Web : www.camping-bellavista.com. Prix 2022. 10 € ; 10 € ; 10 € ; 6 € ; 5 € ; 6 € ; 6 €.
Lat. : 42° 33' 09" N **Long.** : 008° 45' 23" E.
FFCC : avantages adhérent : 18 € du 21/05 au 02/07 et du 03/09 au 17/09 sur emp.

DOLCE VITA NC Tourisme 220 E. dont 132 nus 4,5 ha CV , . Accès direct à la rivière ; bord de mer à 150 m. ; . Accueil groupes. Ouvert: 1.5 / 30.9. ☎ 04 95 65 05 99. E-mail : dolce-vita.office@orange.fr. Web : dolce-vita-calvi.com. Réduction H.S.
Lat. : 42° 33' 17" N **Long.** : 008° 47' 24" E.
FFCC : avantages adhérent : 19 € du 06/05 au 01/07 et du 01/09 au 30/09 sur emp.

INTERNATIONAL CAMPING ★★★ Tourisme 76 E. dont 54 nus 1,5 ha CV . Locations : . Randonnée pédestre organisée. Espace Fitness. chauffée . Bord de mer à 300 m. . Accueil groupes adultes. Ouvert: 2.4 / 8.10. ☎ 04 95 65 01 75. E-mail : intercalvi@gmail.com. Web : camping-calvi.fr. Prix 2022. 13 € ; 15 € ; 15 € ; 6 € ; 6 € ; 9 € ; 5,50 €.
Lat. : 42° 33' 20" N **Long.** : 008° 45' 32" E.
FFCC : avantages adhérent : 21 € du 08/04 au 01/07 et du 01/09 au 07/10 sur emp.

PADUELLA ★★★ Tourisme 137 E. 3 ha CV . Locations : . Bord de mer à 300 m. . Ouvert: 8.5 / 8.10. ☎ 04 95 65 06 16. E-mail : info@campingpaduella.com. Web : www.campingpaduella.com. Prix 2023. 12 € ; 13 € ; 10 € ; 5,30 € ; 5,30 € ; animaux 2 € ; 8 € ; 5 €.
Lat. : 42° 33' 08" N **Long.** : 008° 45' 52" E.

LA CLÉ DES CHAMPS ★★ Tourisme 35 E. 0,5 ha CV . A 3 km : . Locations : . Bord de mer à 250 m. Accueil groupes. Ouvert: 15.4 / 20.10. ☎ 04 95 65 00 86. E-mail : camagni2@wanadoo.fr. Web : www.calvi-cledeschamps.fr. Réduction H.S.
Lat. : 42° 33' 27" N **Long.** : 008° 45' 20" E.

LE LIBECCIÙ ★★ Tourisme 56 E. dont 17 nus CV . Locations : . Bord de mer à 400 m. Ouvert: 26.4 / 26.9. ☎ 04 77 56 66 09. E-mail : contact.libeccio@vacances-ulvf.com. Web : www.vacances-ulvf.com.
Lat. : 42° 33' 19" N **Long.** : 008° 45' 16" E.

CAMPILE

15-B2 37 km S.-O. Bastia 400 m. ✉ 20290

DOMAINE DE PETRA PINZUTA . Ouvert: 15.6 / 15.9. ☎ 04 95 36 28 75. E-mail : petrapinzuta@live.fr, Web : www.camping-domaine-de-petra-pinzuta.com.
Lat. : 42° 30' 20" N **Long.** : 009° 22' 34" E.

CASTELLARE-DI-CASINCA

15-C2 20 km S. Bastia 52 m. ✉ 20213

LE DOMAINE D'ANGHIONE ★★★★ Tourisme 95 E. CV . couverte chauffée , . Accès direct à la mer. ; . Accueil groupes. Ouvert: 6.4 / 12.10. ☎ 04 30 05 15 19. E-mail : info@tohapi.fr. Web : www.tohapi.fr/corse/camping-domaine-anghione.php.
Lat. : 42° 28' 32" N **Long.** : 009° 31' 51" E.

CENTURI

15-B1 54 km N. Bastia 221 m. ✉ 20238

ISULOTTU ★★★ Tourisme 80 E. CV . . Bord de mer à 200 m. . Accueil groupes. Ouvert: 1.5 / 30.9. ☎ 04 95 35 62 81. E-mail : camping.isulottu@orange.fr. Web : www.isulottu.fr.
Lat. : 42° 57' 40" N **Long.** : 009° 21' 03" E.

CERVIONE

15-C2 52 km S. Bastia 174 m. ✉ 20221

LE CAMPOLORO ★★★★★ Tourisme 225 E. dont 100 nus . Espace Fitness. . Accès direct à la mer. ; . Ouvert: 16.5 / 20.9. ☎ 04 95 38 00 20. E-mail : campoloro@wanadoo.fr. Web : www.lecampoloro.com.
Lat. : 42° 18' 58" N **Long.** : 009° 32' 47" E.
FFCC : avantages adhérent : 10% du 22/05 au 30/06 et du 01/09 au 18/09 sur emp. + Rendez-vous dans votre club avantages FFCC pour obtenir le code promotionnel et réserver !.

CALAMAR NC Tourisme 27 E. CV . Locations : . . Accès direct à la mer. ; ; . Ouvert: 1.4 / 20.10. ☎ 04 95 38 03 54. E-mail : camille.zuccarelli@orange.fr. Web : www.campingcalamar.com. Réduction H.S.
Lat. : 42° 19' 18" N **Long.** : 009° 32' 40" E.

CORBARA

15-B2 20 km N.-E. Calvi 107 m. ✉ 20256

BODRI ★★★ Tourisme 333 E. 6 ha CV . , . Bord de mer à 200 m. ; . Ouvert: 1.4 / 30.9. ☎ 04 95 60 10 86. E-mail : info@campinglebodri.com. Web : www.campinglebodri.com.
Lat. : 42° 37' 43" N **Long.** : 008° 54' 58" E.

LE BALANEA NC 25 E. 4 ha 22 h / 7 h, CV . Locations : . Bord de mer à 1 km. Ouvert: 1.5 / 30.9. ☎ 04 95 60 11 77. E-mail : contact@balanea.net. Web : www.balanea.net. Réduction H.S.
Lat. : 42° 36' 27" N **Long.** : 008° 53' 17" E.

CORTE

15-B3 93 km N.-E. Ajaccio 1301 m. ✉ 20250

CHEZ BARTO ★★ Tourisme 25 E. . Ouvert: 1.5 / 30.9. ☎ 04 95 46 02 30. E-mail : camping.bartho@orange.fr.
Lat. : 42° 18' 16" N **Long.** : 009° 08' 48" E.

L'ALIVETU ★★ Tourisme 80 E. dont 67 nus 2 ha 8 h / 21 h, . Locations : . . Accès direct à la rivière. . Accueil groupes adultes. Ouvert: 1.5 / 30.9. ☎ 04 95 46 11 09. E-mail : camping.alivetu@laposte.net. Web : www.camping-alivetu.com.
Lat. : 42° 17' 56" N **Long.** : 009° 08' 57" E.

LE RESTONICA ★★ Tourisme 40 E. CV . . Accès direct à la rivière. . Accueil groupes adultes. Ouvert: 15.4 / 30.9. ☎ 04 95 46 11 59. E-mail : camping.restonica@orange.fr. Web : campingrestonica.fr.
Lat. : 42° 18' 04" N **Long.** : 009° 09' 04" E.

SANTA BARBARA ★★ Tourisme 40 E. 1 ha CV . , . Accès direct à la rivière.. Ouvert: 1.5 / 31.12. ☎ 04 95 46 20 22. E-mail : kecco@wanadoo.fr. Web : www.camping-santa-barbara.com. Réduction H.S.
Lat. : 42° 17' 24" N **Long.** : 009° 11' 24" E.
FFCC : avantages adhérent : 20 € du 01/05 au 30/06 et du 15/09 au 30/10 sur emp. et entre 22 € et 25 € la nuitée du 01/07 au 15/09 sur loc.

TUANI ★★ Tourisme 99 E. 1,5 ha CV . , . Accès direct à la rivière. . Accueil groupes. Ouvert: 2.6 / 30.9. ☎ 04 95 46 11 65. E-mail : jeannine.mariotti@orange.fr. Web : www.camping-corte.com/. Réduction H.S.
Lat. : 42° 16' 30" N **Long.** : 009° 06' 28" E.

MME GAMBINI CHARLOTTE . A 4 km : . Ouvert: 15.4 / 15.10. ☎ 04 95 46 09 22. E-mail : saintpancrace@live.fr, Web : www.campingsaintpancrace.fr.
Lat. : 42° 19' 12" N **Long.** : 009° 08' 51" E.

U SOGNU . Ouvert: 28.3 / 15.10. ☎ 04 95 46 09 07.
Lat. : 42° 18' 01" N **Long.** : 009° 08' 53" E.

GALERIA

15-A2 36 km S.-O. Calvi 382 m. ✉ 20245

CASA DI LUNA ★★ Tourisme 150 E. 6,43 ha CV . Locations : . . Rivière à 2 km ; bord de mer à 4 km.. Accueil groupes. Ouvert: 1.6 / 30.9. ☎ 04 95 62 00 67. E-mail : casadiluna@live.fr. Web : casadiluna.net.
Lat. : 42° 24' 34" N **Long.** : 008° 42' 17" E.

IDEAL NC Tourisme 133 E. 1,5 ha . Locations : . , . Bord de mer à 300 m. . Accueil groupes. Ouvert: 1.4 / 30.10. ☎ 04 95 62 01 46. E-mail : baptiste.acquaviva@orange.fr. Web : www.ideal-camping-galeria.fr/.
Lat. : 42° 24' 37" N **Long.** : 008° 38' 21" E.

GHISONACCIA

15-C3 65 km S.-E. Corte. 35 m. ✉ 20240

L'ARINELLA BIANCA ★★★★★ Tourisme 377 E. dont 99 nus CV . chauffée , . Accès direct à l'étang et à la mer ; rivière à 20 m. ; . Accueil groupes adultes. Ouvert: 30.5 / 30.9. ☎ 04 95 56 04 78. E-mail : arinella@arinellabianca.com. Web : www.arinellabianca.com. Réduction H.S.
Lat. : 41° 59' 40" N **Long.** : 009° 26' 45" E.

MARINA D'ERBA ROSSA ★★★★ Tourisme 600 E. CV. Locations : . , , , . Accès direct à la mer. ; ; . . Ouvert: 8.4 / 15.10. ☎ 04 84 39 08 60. E-mail : inesselma@homair.com. Web : www.homair.com.
Lat. : 41° 59' 59" N **Long.** : 009° 26' 50" E.

PERLA DI MARE ★★★★ Tourisme 182 E. Locations : . Randonnée pédestre organisée. chauffée . Accès direct à la mer. . Ouvert: 1.4 / 30.9. ☎ 04 95 56 53 10. E-mail : contact@perladimare.corsica. Web : www.perla-di-mare.fr/.
Lat. : 42° 00' 24" N **Long.** : 009° 27' 18" E.
FFCC : avantages adhérent : 10% du 29/04 au 30/06 et du 01/09 au 31/1010% du 29/04 au 30/06 et du 01/09 au 31/10 sur emp. et loc. + Rendez-vous dans votre club avantages FFCC pour obtenir le code promotionnel et réserver !.

U CASONE ★★★ Tourisme 100 E. dont 90 nus . Locations : , . . Ouvert: 1.5 / 30.9. ☎ 04 95 56 20 71. E-mail : info@ucasone.net. Web : www.ucasone.net. Prix 2023. 9,50 € ; 10 € ; 7 € ; 5 € ; 4 € ; animaux 2,50 € ; 5,50 € ; 4,50 €.
Lat. : 41° 59' 56" N **Long.** : 009° 26' 09" E.

GHISONI

15-B3 40 km S. Corte 1072 m. ✉ 20227

CAMPING U VALDO. Ouvert: 1.5 / 30.9. ☎ 07 84 31 69 84. E-mail : josephdeneri@gmail.com, Web : www.camping-valdo.com.
Lat. : 42° 05' 57" N **Long.** : 009° 12' 57" E.

GIUNCAGGIO

15-B3 40 km S.-E. Corte 263 m. ✉ 20251

ERNELLA NC 25 E. ; . Ouvert: 1.3 / 30.10. ☎ 04 91 48 82 06. E-mail : antoine.leca31@orange.fr.
Lat. : 42° 12' 31" N **Long.** : 009° 20' 44" E.

LINGUIZZETTA

15-C3 60 km E. Corte. 91 m. ✉ 20230

BAGHEERA ★★★★ Tourisme 250 E. CV Rés. naturiste. Locations : . Espace Fitness. , , . Accès direct à l'étang et à la mer. ; . . Ouvert: 15.1 / 15.12. ☎ 04 95 38 80 30. E-mail : bagheera@bagheera.fr. Web : www.bagheera.fr. Prix 2022. Fft jour : empl. Tourisme (2) : 44,5 € ( ). Réduction H.S.
Lat. : 42° 12' 53" N **Long.** : 009° 33' 18" E.

CORSICA NATURA ★★ Tourisme 188 E. Ouvert: 15.4 / 15.10. ☎ 04 95 38 91 30. E-mail : corsica.natura@orange.fr. Web : www.corsica-natura.com/location-bungalows-camping-corse/.
Lat. : 42° 15' 49" N **Long.** : 009° 28' 23" E.

LOZZI
15-B2 31 km N.-O Corte 1554 m. ✉ 20224

L'ARIMONE. Ouvert: 1.7 / 31.8. ☎ 04 95 48 05 51. E-mail : t69tam@hotmail.fr.
Lat. : 42° 20' 58" N **Long.** : 009° 00' 34" E.

LUCCIANA
15-C2 19 km S. Bastia. 66 m. ✉ 20290

L'ESPERANZA NC Tourisme 75 E. 3 ha. Locations : . Bord de mer à 300 m ; étang à 1 km. ; ; . Accueil groupes. Ouvert: 15.3 / 15.1. ☎ 04 95 36 15 09. E-mail : camping-bastia@hotmail.fr. Web : camping-esperanza.fr.
Lat. : 42° 32' 42" N **Long.** : 009° 31' 21" E.

LUMIO
15-A2 10 km N.-E. Calvi 100 m. ✉ 20260

LE PANORAMIC ★★★ Tourisme 100 E.
CV. Bord de mer à 3 km. Ouvert: 25.5 / 25.9. ☎ 04 95 60 73 13. E-mail : panoramic@vacances-andretrigano.com. Web : vacances-andretrigano.com/camping/haute-corse/le-panoramic-lavatoggio. Prix 2022. Fft jour : empl. Tourisme (2) : 35,9 € ( )
Lat. : 42° 35' 23" N **Long.** : 008° 50' 51" E.
FFCC : avantages adhérent : 10% du 05/05 au 08/07 et du 26/08 au 24/09 sur emp. et 5% du 05/05 au 08/07 et du 26/08 au 24/09 sur loc.

MONTE-ORTU ★★ Tourisme 89 E. 3 ha CV. Locations : . Bord de mer à 1,5 km. . Ouvert: 1.6 / 30.9. ☎ 04 95 60 73 93. E-mail : info@monte-ortu.com. Web : www.monte-ortu.com.
Lat. : 42° 35' 02" N **Long.** : 008° 49' 20" E.

LURI
15-B1 25 km N.-N.-E. Bastia. 318 m. ✉ 20228

SANTA MARINA ★★ Tourisme 50 E. CV. Locations : . , . Accès direct à la rivière ; bord de mer à 100 m. ; . Accueil groupes. Ouvert: 1.5 / 15.10. ☎ 04 95 35 02 86. E-mail : santamarinacamping@orange.fr. Web : www.camping-santamarina.com. Prix 2023. 7,50 € ; 7,50 € ; 4 € ; 4 € ; 4 € ; 3,50 € ; 3,50 €. Réduction H.S.
Lat. : 42° 53' 11" N **Long.** : 009° 28' 18" E.

MERIA
15-B1 34 km N. Bastia 216 m. ✉ 20287

ARIA MARINA ★★★ Tourisme 50 E. dont 16 nus 2 ha CV. Locations : . Bord de mer à 50 m. ; . Ouvert: 1.4 / 31.10. ☎ 09 87 88 54 39. E-mail : ariamarinacamping@gmail.com. Web : www.camping-ariamarina.com.
Lat. : 42° 54' 22" N **Long.** : 009° 28' 01" E.

MOLTIFAO
15-B2 17 km N. Corte 573 m. ✉ 20218

E CANICCE ★★★ Tourisme 34 E. dont 28 nus
CV. Locations : , . Accès direct à la rivière ; étang, lac et bord de mer à 5 km. . Ouvert: 1.1 / 31.12. ☎ 04 95 35 16 75. E-mail : ecanicce@gmail.com. Web : www.campingecanicce.com. Prix 2023. Fft nuit : empl. Tourisme (2) : 28 € (E. CC E. GCC) ; sup 7 € nuit ; 5 € nuit.
Lat. : 42° 28' 32" N **Long.** : 009° 08' 05" E.
FFCC : avantages adhérent : 23 € du 01/01 au 31/03 sur emp.

TIZARELLA ★★★ Tourisme 32 E. 2,2 ha CV. Accès direct à la rivière. . Accueil groupes adultes. Ouvert: 1.5 / 30.9. ☎ 04 95 47 83 92. E-mail : franceschetti.pierre-marie@orange.fr. Web : www.camping-tizarella.com.
Lat. : 42° 28' 12" N **Long.** : 009° 07' 16" E.

CABANELLA . Ouvert: 15.4 / 15.9. ☎ 07 81 94 24 61. E-mail : camping.cabanella@gmail.com, Web : camping-cabanella.com.
Lat. : 42° 28' 21" N **Long.** : 009° 07' 40" E.

MONTICELLO
15-B2 23 km N.-O. Calvi 130 m. ✉ 20220

LES OLIVIERS ★★ Tourisme 223 E. dont 208 nus 3 ha 23 h / 7 h, CV . A 2,5 km : Locations : . Bord de mer à 400 m. ; ; . Accueil groupes adultes. Ouvert: 1.4 / 5.10. ☎ 04 95 60 19 92. E-mail : contact@camping-oliviers.com. Web : www.camping-oliviers.com. Réduction H.S.
Lat. : 42° 37' 55" N **Long.** : 008° 57' 10" E.

L'ORNICCIO NC Tourisme 50 E. 1,6 ha CV. Bord de mer à 2 km. Ouvert: 15.6 / 1.10. ☎ 04 95 60 17 32. E-mail : camping.corse@neuillysurmarne.fr. Web : balagne-corsica.com/camping/lorniccio.
Lat. : 42° 37' 26" N **Long.** : 008° 56' 54" E.

OMESSA
15-B2 14 km N.-N. Corte 530 m. ✉ 20236

CAMPITA ★★ Tourisme 25 E. dont 25 nus 3 ha CV . Locations : 1 . . Accès direct à la rivière. . Accueil groupes. Ouvert: 1.3 / 30.10. ☎ 0 6 45961287. E-mail : campingcampita@orange.fr. Web : www.campita.fr.
Lat. : 42° 23' 34" N **Long.** : 009° 10' 33" E.

PALASCA
15-B2 47 km E. Calvi. 161 m. ✉ 20226

VILLAGE DE L'OSTRICONI ★★★ Tourisme 134 E. 6 ha CV . Locations : . Espace Fitness. , , . Accès direct à la rivière ; étang à 400 m ; bord de mer à 700 m. ; ; . Accueil groupes adultes. Ouvert: 15.4 / 15.10. ☎ 04 95 60 10 05 / 09 74 56 50 07. E-mail : info@village-ostriconi.com. Web : www.village-ostriconi.com.
Lat. : 42° 39' 20" N **Long.** : 009° 04' 04" E.

PATRIMONIO
15-B2 17 km O. Bastia 371 m. ✉ 20253

A STELLA ★★ Tourisme 100 E. 5 ha CV. Locations : . Accès direct à la mer. ; ; . Accueil groupes. Ouvert: 1.5 / 15.10. ☎ 04 95 37 14 37. E-mail : guides@campingfrance.com. Web : www.campingastella.com.
Lat. : 42° 43' 45" N **Long.** : 009° 20' 34" E.

AIRE NATURELLE U SOLE MARINU CV . Ouvert: 1.6 / 30.9. ☎ 04 95 37 12 20. E-mail : usolemarinu@gmail.com, Web : www.usolemarinu.com.
Lat. : 42° 43' 00" N **Long.** : 009° 19' 50" E.

PENTA-DI-CASINCA
15-C2 35 km S. Bastia 118 m. ✉ 20213

MARINA DI CASINCA ★ Loisirs 199 E. Locations : . Accès direct à la mer. Ouvert: 1.1 / 31.12. ☎ 04 95 36 53 87. E-mail : marima53@tiscali.it.
Lat. : 42° 27' 54" N **Long.** : 009° 32' 01" E.

PIEDICORTE-DI-GAGGIO
15-B3 33 km S.-E. Corte 424 m. ✉ 20251

U SORTIPIANI ★★ Tourisme 70 E.
. ; . Ouvert: 1.1 / 31.12. ☎ 04 95 48 81 67. E-mail : xaviercorsu@aol.com. Web : www.sortipiani.com/.
Lat. : 42° 12' 42" N **Long.** : 009° 19' 06" E.
FFCC : avantages adhérent : 21 € du 20/03 au 30/09 sur emp. et entre 70 € et 100 € la nuitée et 700 € la semaine du 20/03 au 30/09 sur loc.

PIEDIGRIGGIO
15-B2 354 m. ✉ 20218

DOMAINE DE GRIGGIONE NC 25 E. 2,5 ha CV . Locations : . . Accès direct à la rivière. . Accueil groupes. Ouvert: 1.1 / 31.12. ☎ 04 95 47 62 92 / 0 6 12 54 40 41. E-mail : campingdegriggione@gmail.com. Web : www.campingdomainedegriggione.fr. Réduction H.S.
Lat. : 42° 25' 54" N **Long.** : 009° 12' 24" E.

PIETRACORBARA
15-B1 25 km N. Bastia 313 m. ✉ 20233

LA PIETRA ★★★ Tourisme 70 E. dont 70 nus 3 ha . Locations : , , . Bord de mer à 600 m ; rivière à 3 km. ; . Ouvert: 1.4 / 15.10. ☎ 04 95 35 27 49. E-mail : paradiso83@gmail.com. Web : www.la-pietra.com. Réduction H.S.
Lat. : 42° 50' 21" N **Long.** : 009° 28' 21" E.

POGGIO-MEZZANA
15-C2 45 km N.-E. Corte 112 m. ✉ 20230

LE MIAMI NC Tourisme 60 E. 4 ha CV. Locations : . . Bord de mer à 50 m ; rivière à 3 km. ; ; . Ouvert: 1.4 / 30.9. ☎ 04 95 36 95 85. E-mail : miami-plage.camping@wanadoo.fr. Web : www.camping-miamiplage.com.
Lat. : 42° 24' 38" N **Long.** : 009° 31' 58" E.

PRUNELLI-DI-FIUMORBO
15-B3 80 km S.-E. Corte 113 m. ✉ 20243

VIA ROMANA ★★★ Tourisme 90 E. CV . , . Rivière à 1 km ; bord de mer à 4 km. Ouvert: 1.5 / 30.10. ☎ 04 95 57 07 02. E-mail : viaromana.contact@gmail.com. Web : www.camping-viaromana.com.
Lat. : 41° 59' 11" N **Long.** : 009° 23' 56" E.

PRUNO
347 m. ✉ 20213

LES CASCADES NC Tourisme 30 E. . Accès direct à la rivière. Ouvert: 15.6 / 15.9. ☎ 04 95 36 91 91. E-mail : cascades@wanadoo.fr.
Lat. : 42° 26' 08" N **Long.** : 009° 27' 03" E.

ROGLIANO
15-B1 144 m. ✉ 20247

LA PLAGE U STAZZU ★ Tourisme 50 E. 3,7 ha . Locations : , . . Accès direct à la mer. ; ; . Ouvert: 15.5 / 30.9. ☎ 0 775292362. E-mail : campingustazzu@live.fr. Web : camping-u-stazzu.jimdo.com. Prix 2022. 11 € ; animaux 1 € ; 5 € ; 4 €.
Lat. : 42° 57' 51" N **Long.** : 009° 26' 51" E.

SAINT-FLORENT
15-B2 23 km O. Bastia 73 m. ✉ 20217

KALLISTE ★★★★ Tourisme 180 E. 3,5 ha CV. A 5 km : Accès direct à la mer et à la rivière. . Ouvert: 8.4 / 1.10. ☎ 04 84 39 08 60. E-mail : inesselma@homair.com. Web : www.homair.com.
Lat. : 42° 40' 25" N **Long.** : 009° 17' 49" E.

CAMPING D'OLZO ★★★ Tourisme 65 E. 1,5 ha CV. A 5 km : Locations : , . . Bord de mer à 300 m. ; ; . Accueil groupes. Ouvert: 1.5 / 15.9. ☎ 04 95 37 03 34. E-mail : info@campingolzo.com. Web : www.campingolzo.com.
Lat. : 42° 41' 36" N **Long.** : 009° 19' 31" E.

ACQUA DOLCE ★★ Tourisme 110 E. dont 110 nus 1,5 ha . . Accès direct à la mer. ; . Ouvert: 1.5 / 25.9. ☎ 04 95 37 08 63. E-mail : campingacquadolce@orange.fr. Web : www.campingacquadolce.fr.
Lat. : 42° 40' 26" N **Long.** : 009° 17' 12" E.

LA PINEDE ★★ Tourisme 85 E. CV. Locations : . . Accès direct à la rivière ; bord de mer à 1 km. Ouvert: 1.5 / 30.9. ☎ 04 95 37 07 26. E-mail : camping.la.pinede@wanadoo.fr. Web : www.camping-lapinede-corse.fr.
Lat. : 42° 39' 55" N **Long.** : 009° 18' 01" E.

U PEZZO ★★ Tourisme 145 E. CV. A 5 km : Locations : . Bord de mer à 10 m ; étang, lac et rivière à 3 km. Accueil groupes adultes. Ouvert: 1.4 / 15.10. ☎ 04 95 37 01 65. E-mail : contact@upezzo.com. Web : www.upezzo.com. Réduction H.S.
Lat. : 42° 40' 26" N **Long.** : 009° 17' 31" E.

SAN-GIULIANO

15-C2 56 km S. Bastia 47 m. ✉ 20230

AIRE NATURELLE AMURUCCIU ☎ 04 95 38 87 82. E-mail : camping.amurucciu@wanadoo.fr, Web : www.amurucciu.com.
Lat. : 42° 15' 53" N **Long.** : 009° 33' 20" E.

SAN-MARTINO-DI-LOTA

15-B1 377 m. ✉ 20200

LES ORANGERS NC Tourisme 18 E. 0,3 ha CV. Accès direct à la rivière ; bord de mer à 50 m. Accueil groupes adultes. Ouvert: 1.4 / 30.9. ☎ 04 95 33 24 09. E-mail : camping.lesorangers@gmail.com. Web : www.camping-lesorangers.com.
Lat. : 42° 44' 25" N **Long.** : 009° 27' 37" E.

SAN-NICOLAO

15-C2 44 km S.-S.-E. Bastia 112 m. ✉ 20230

MERENDELLA ★★★★ Tourisme 215 E. CV. Locations : . Randonnée pédestre organisée. Espace Fitness. Couverte chauffée. Accès direct à la mer et à la rivière. Accueil groupes. Ouvert: 30.3 / 2.11. ☎ 04 95 38 53 47. E-mail : contact@merendella.com. Web : www.merendella.com. Réduction H.S.
Lat. : 42° 21' 49" N **Long.** : 009° 31' 50" E.

SANTA-LUCIA-DI-MORIANI

15-C2 47 km S. Bastia 87 m. ✉ 20230

U PUNTICCHIU NC Tourisme 80 E. CV. Accès direct à la mer. Ouvert: 15.6 / 30.9. ☎ 0 0778693396. E-mail : u-punticchiu@orange.fr. Web : www.upunticchiu.com.
Lat. : 42° 23' 29" N **Long.** : 009° 31' 53" E.

SANTA-MARIA-POGGIO

15-C2 47 km S. Bastia 230 m. ✉ 20221

LE SOLEIL LEVANT NC 77 E. . Ouvert: 4.7 / 30.8. ☎ 04 95 38 46 29. E-mail : contact@bleusportsloisirs.fr. Web : bleusportsloisirs.fr/.
Lat. : 42° 21' 21" N **Long.** : 009° 31' 54" E.

SANTO-PIETRO-DI-TENDA

15-B2 36 km S.-O. Bastia 235 m. ✉ 20246

U PARADISU ★★ Tourisme 45 E. CV. Locations : . Bord de mer à 200 m. Accueil groupes. Ouvert: 30.4 / 15.11. ☎ 04 95 37 82 51. E-mail : contact@camping-uparadisu.com. Web : www.camping-uparadisu.com. Réduction H.S.
Lat. : 42° 43' 15" N **Long.** : 009° 12' 08" E.

SISCO

15-B1 15 km N. Bastia 424 m. ✉ 20233

A CASAÏOLA NC Tourisme 60 E. CV. Locations : . Bord de mer à 300 m. Accueil groupes adultes. Ouvert: 1.5 / 31.10. ☎ 04 95 35 20 10. E-mail : a-casaiola@bbox.fr. Web : www.camping-acasaiola.com.
Lat. : 42° 48' 42" N **Long.** : 009° 29' 09" E.

SOLARO

15-B3 84 km S.-E. Corté. 435 m. ✉ 20240

CAMPING LES EUCALYPTUS ★★ Tourisme 60 E. CV. Accès direct à la mer ; rivière à 1 km. Accueil groupes adultes. Ouvert: 1.5 / 15.10. ☎ 04 95 39 65 52. E-mail : camping.eucalyptus@orange.fr. Web : www.camping-eucalyptus-sud-corse.com.
Lat. : 41° 52' 36" N **Long.** : 009° 23' 46" E.

LA CÔTE DES NACRES ★★ Tourisme 150 E. 6 ha. Locations : . Accès direct à la mer et à la rivière. Ouvert: 1.4 / 30.9. ☎ 04 95 57 40 65. E-mail : camping-des-nacres@orange.fr. Web : www.campingdesnacres.com.
Lat. : 41° 51' 47" N **Long.** : 009° 23' 50" E.

SOLE D'ORU ★ Tourisme 50 E. Locations : . Accès direct à la mer. Ouvert: 1.5 / 30.9. ☎ 04 95 33 69 50. E-mail : soledoru@sfr.fr. Web : www.soledoru.net.
Lat. : 41° 53' 34" N **Long.** : 009° 23' 59" E.

SORBO-OCAGNANO

15-C2 28 km S. Bastia 84 m. ✉ 20213

MARINA DI SORBO ★★ Tourisme 165 E. Locations : . Bord de mer à 150 m ; rivière à 1 km ; étang à 5 km. Ouvert: 1.1 / 31.12. ☎ 04 95 38 93 04. E-mail : marinadisorbo@wanadoo.fr. Web : www.marinadisorbo.com.
Lat. : 42° 29' 14" N **Long.** : 009° 31' 26" E.

TAGLIO-ISOLACCIO

15-C2 40 km S. Bastia 121 m. ✉ 20230

FICAJOLE ★★★ Tourisme 30 E. dont 27 nus 1,5 ha CV. A 3 km : Locations : . Rivière à 300 m ; bord de mer à 1,5 km.. Accueil groupes. Ouvert: 1.4 / 30.10. ☎ 06 26 46 61 06. E-mail : jp.petronelli@wanadoo.fr. Web : www.pour-les-vacances.com/site-11593. Prix 2022. 7 € ; 8 € ; 7 € ; 3,50 € ; animaux 2,50 € ; 5 € ; 5 €. Réduction H.S.
Lat. : 42° 26' 23" N **Long.** : 009° 31' 19" E.

VALLE-DI-CAMPOLORO

15-C2 54 km S. Bastia 160 m. ✉ 20221

OLMELLO ★★ Tourisme 151 E. dont 2 GCC. 7 ha. Locations : . Accès direct à la mer et à la rivière. Accueil groupes. Ouvert: 15.6 / 15.9. ☎ 04 95 38 00 99. E-mail : campingolmello@sfr.fr. Web : www.camping-olmello-corse.com. Prix 2023. 6,50 € ; 7,50 € ; 3,50 € ; 3,50 € ; 3 € ; animaux 3 € ; 4,80 € ; 3,80 €. Réduction H.S.
Lat. : 42° 19' 46" N **Long.** : 009° 32' 27" E.

VENACO

15-B3 12 km S.-S.-E. Corte 1221 m. ✉ 20231

AIRE NATURELLE DE PERIDUNDELLU CV. Ouvert: 1.5 / 30.9. ☎ 04 95 47 09 89. E-mail : campingvenaco@orange.fr, Web : campingvenaco.e-monsite.com.
Lat. : 42° 13' 25" N **Long.** : 009° 11' 39" E.

VIVARIO

15-B3 22 km S. Corte. 1243 m. ✉ 20219

LE SOLEIL . Ouvert: 1.5 / 30.9. ☎ 04 95 47 21 16. E-mail : camping-lesoleil@orange.fr, Web : www.camping-lesoleil.com.
Lat. : 42° 09' 11" N **Long.** : 009° 09' 05" E.

Cartes 7-8

Correspondant FFCC : Gérard LEROY, 10 rue Geroge Sand Res de la Tille - 21120 IS SUR TILLE
Tél. 06 11 20 88 58 et leroygerardffcc21@gmail.com

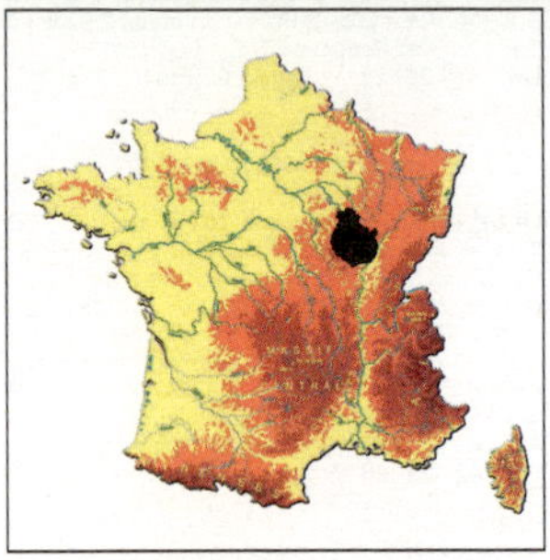

ARNAY-LE-DUC

7-F3 34 km N.-O. Beaune. 379 m. Station verte de vacances et village de neige ✉ 21230

HUTTOPIA ÉTANG DE FOUCHE ★★★★ Tourisme 203 E. dont 135 nus 8 ha CV. Locations : roulotte. chauffée. Accès direct à l'étang et à la rivière. Accueil groupes enfants. Ouvert: 7.4 / 15.10. ☎ 0 3 80 90 02 23. E-mail : etang-fouche@huttopia.com. Web : europe.huttopia.com/site/etang-de-fouche/. Réduction H.S.
Lat. : 47° 08' 02" N **Long.** : 004° 29' 52" E.
FFCC : avantages adhérent : 10% du 31/03 au 01/07 et du 31/08 au 01/10 sur emp. et 10% du 31/08 au 01/07 et du 31/08 au 01/10 sur loc. + 5% de réduction en juillet-août sur les emplacements nus et locatifs * frais de réservation offerts Rendez-vous dans votre club avantages FFCC pour obtenir le code promotionnel.

ATHEE

8-B2 23 km S.-E. Dijon. 197 m. ✉ 21130

L'ARQUEBUSE ★★★ Tourisme 120 E. 5 ha CV. Locations : . Espace Fitness. chauffée. Accès direct à la rivière. Accueil groupes. Ouvert: 15.3 / 15.10. ☎ 03 80 31 06 89. E-mail : camping.arquebuse@wanadoo.fr. Web : www.campingarquebuse.com. Prix 2023. Fft jour : empl. Tourisme (2) : 25,6 € ( )
Lat. : 47° 11' 56" N **Long.** : 005° 22' 57" E.
FFCC : avantages adhérent : 23 € du 01/03 au 31/10 sur emp. et entre 80 € et 110 € la nuitée du 01/03 au 31/10 sur loc.

AUXONNE

8-B3 32 km S.-E. Dijon. 193 m. Station verte de vacances et village de neige ✉ 21130

AIRE NATURELLE AMITIE ET NATURE. Ouvert: 1.5 / 30.9. ☎ 06 22 48 54 84. E-mail : lapoger@wanadoo.fr.
Lat. : 47° 13' 48" N **Long.** : 005° 22' 21" E.

BEAUNE

8-A3 38 km S.-O. Dijon. 252 m. ✉ 21200

CAMPING MUNICIPAL LES CENT VIGNES ★★★★ Tourisme 116 E. 1,6 ha CV. Accueil groupes. Ouvert: 15.3 / 30.10. ☎ 03 80 22 03 91. E-mail : campinglescentvignes@mairie-beaune.fr. Web : www.beaune.fr.
Lat. : 47° 01' 58" N **Long.** : 004° 50' 21" E.

BLIGNY-SUR-OUCHE

7-F3 19 km N.-O. Beaune. 462 m. ✉ 21360

CAMPING MUNICIPAL DES ISLES NC Tourisme 68 E. CV. Accès direct à la rivière.. Accueil groupes. Ouvert: 1.5 / 30.9. ☎ 03 80 20 18 40. E-mail : mairie.bligny-sur-ouche@wanadoo.fr. Web : www.ville-bligny-sur-ouche.fr/camping.
Lat. : 47° 06' 31" N **Long.** : 004° 39' 37" E.

CHAMBOEUF

8-A3 18 km S.-O. Dijon. 472 m. ✉ 21220

RELAIS DES HAUTES COTES ★★★ Tourisme 50 E. CV. Locations : . chauffée. Accueil groupes enfants. Ouvert: 26.4 / 14.9. ☎ 03 80 58 50 13. E-mail : molinaro@camping-chamboeuf.com. Web : www.camping-chamboeuf.com.
Lat. : 47° 13' 58" N **Long.** : 004° 54' 23" E.

CHATILLON-SUR-SEINE

7-F1 37 km N.-E. Montbard. 257 m. Station verte ✉ 21400

CAMPING MUNICIPAL LOUIS RIGOLY ★★ Tourisme 50 E. 0,8 ha CV. Ouvert: 1.4 / 30.9. ☎ 03 80 91 03 05. E-mail : camping-chatillon-sur-seine@orange.fr.
Lat. : 47° 51' 34" N **Long.** : 004° 34' 47" E.
FFCC : avantages adhérent : 15 € du 01/04 au 30/06 et du 26/08 au 30/09 sur emp.

CORBERON

8-A3 12 km E. Beaune. 195 m. ✉ 21250

LES PAQUIERS NC Tourisme 25 E. Rivière à 200 m ; étang à 300 m.. Ouvert: 1.1 / 31.12. ☎ 03 80 26 65 44.
Lat. : 47° 00' 44" N **Long.** : 004° 58' 59" E.

DIJON

8-A2 309 km S.-E. Paris. 266 m. ✉ 21000

CAMPING DU LAC KIR ★ Tourisme 121 E. dont 137 nus 2,5 ha CV. A 1 km : . Rivière à 20 m ; lac à 300 m.. Accueil groupes. Ouvert: 1.4 / 31.10. ☎ 03 80 30 54 01. E-mail : reservation@camping-du-lac-dijon.com. Web : www.camping-du-lac-dijon.com.
Lat. : 47° 19' 17" N **Long.** : 005° 00' 39" E.

FROLOIS

7-F2 25 km S.-E. Montbard. 429 m. ✉ 21150

CAMPING GCU - FROLOIS ★★ Tourisme 25 E. Ouvert: 28.6 / 31.8. ☎ 03 80 96 22 27. E-mail : gcu@gcu.asso.fr. Web : www.gcu.asso.fr.
Lat. : 47° 31' 49" N **Long.** : 004° 38' 17" E.

GRANCEY-LE-CHATEAU-NEUVELLE

8-A1 47 km N. Dijon. 428 m. ✉ 21580

AIRE NATURELLE MUNICIPALE. Ouvert: 15.6 / 15.9. ☎ 03 80 75 60 30. E-mail : mairie.granceylechateau@wanadoo.fr.
Lat. : 47° 40' 56" N **Long.** : 005° 02' 03" E.

HEUILLEY-SUR-SAONE

8-B2 37 km E. Dijon. 187 m. ✉ 21270

AIRE NATURELLE MUNICIPALE. Ouvert: 1.5 / 30.9. ☎ 03 80 36 12 74. E-mail : mairie-heuilley@wanadoo.fr, Web : www.heuilley-sur-saone.fr/. Prix 2023. empl. Tourisme : 7 € ; 4 € ; 3,50 € ; 3 €.
Lat. : 47° 19' 34" N **Long.** : 005° 27' 19" E.

MARCENAY

7-F1 32 km N. Montbard. 222 m. ✉ 21330

LES GREBES DU LAC DE MARCENAY ★★★ Tourisme 90 E. dont 85 nus 2,42 ha CV. Locations : . Accès direct aux bords du lac ; rivière à 4 km. Accueil groupes. Ouvert: 1.5 / 30.9. ☎ 03 80 81 61 72. E-mail : info@campingmarcenaylac.com. Web : www.campingmarcenaylac.com. Réduction H.S.
Lat. : 47° 52' 12" N **Long.** : 004° 24' 18" E.

MARCILLY-ET-DRACY

7-F2 32 km S.-E. Montbard. 388 m. ✉ 21350

M. MICHEL JADOT Ouvert: 1.1 / 31.12. ☎ 0 6 81 00 80 87. E-mail : campingleverger-jadot@orange.fr. Prix 2023. empl. Tourisme : 1 € ; 3 € ; 4 € ; 2 € ; 2 € ; 2 € ; animaux 1,50 € ; 1,50 € ; 5 €. Réduction H.S.
Lat. : 47° 24' 07" N **Long.** : 004° 29' 59" E.
FFCC : avantages adhérent : 14 € du 01/01 au 30/06 et du 01/07 au 31/12 sur emp. et entre 125 € et 140 € la semaine du 01/01 au 30/06 et du 01/07 au 31/12 sur loc.

MAREY-SUR-TILLE

8-A2 35 km N. Dijon. 387 m. ✉ 21120

CAMPING MUNICIPAL NC Tourisme 10 E. 0,2 ha. Ouvert: 1.7 / 1.9. ☎ 03 80 75 66 04. E-mail : mairiemareysurtille@wanadoo.fr.
Lat. : 47° 35' 56" N **Long.** : 005° 04' 50" E.

MENESSAIRE

7-F3 70 km N.-O. Beaune 573 m. ✉ 21430

A L'OMBRE DU CHATEAU. ☎ 03 80 64 72 92. E-mail : campingmenessaire@gmail.com, Web : camping-menessaire.com.
Lat. : 47° 08' 01" N **Long.** : 004° 09' 02" E.

MEURSAULT

8-A3 7 km S.-O. Beaune. 253 m. ✉ 21190

HUTTOPIA MEURSAULT ★★★ Tourisme 153 E. dont 44 nus 4,5 ha CV. Locations : roulotte. chauffée. Accueil groupes adultes. Ouvert: 7.4 / 6.11. ☎ 03 80 21 22 48. E-mail : meursault@huttopia.com. Web : www.europe.huttopia.com. Réduction H.S.
Lat. : 46° 59' 08" N **Long.** : 004° 46' 06" E.
FFCC : avantages adhérent : 10% du 06/04 au 01/07 et du 31/08 au 05/1110% du 06/04 au 01/07 et du 31/08 au 05/11 sur emp. et loc. + 5% de réduction en juillet-août sur les emplacements nus et locatifs * frais de réservation offerts Rendez-vous dans votre club avantages FFCC pour obtenir le code promotionnel.

MONTBARD

7-F2 81 km N.-O. Dijon. 303 m. Station verte de vacances et village de neige ✉ 21500

CAMPING MUNICIPAL LES TREILLES ★★★ Tourisme 80 E. dont 78 nus

visiteur 7 h / 22 h, CV. Locations : . Randonnée pédestre organisée. couverte chauffée. Rivière à 150 m. Accueil groupes. Ouvert: 26.3 / 31.10. ☎ 03 80 92 69 50. E-mail : camping.lestreilles@montbard.fr. Web : www.montbard.fr. Prix 2022. 6,10 € ; 5,80 € ; 2 € ; 2 € ; animaux 4 € ; 5,60 € ; 4,50 €. Réduction H.S.
Lat. : 47° 37' 52" N **Long.** : 004° 19' 51" E.
FFCC : avantages adhérent : 20.5 € du 01/04 au 07/07 et du 26/08 au 30/09 sur emp. + Tarif emplacements : 23 € en haute saison du 08/07 au 25/08.

MONTIGNY-MORNAY-VILLENEUVE-SUR-VINGEANNE

8-B2 48 km N.-E. Dijon. 258 m. ✉ 21610

CAMPING MUNICIPAL LE TROU D'ARGOT NC Tourisme 30 E. 0,5 ha CV. Locations : . Accès direct à la rivière.. Accueil groupes adultes. Ouvert: 15.4 / 15.10. ☎ 0 6 77 51 69 33. E-mail : nathalie.schneider5721@yahoo.fr. Web : www.camping-du-trou-argot.com. Réduction H.S.
Lat. : 47° 34' 01" N **Long.** : 005° 25' 58" E.

NOLAY

7-F3 20 km S.-O. Beaune. 418 m. Station verte de vacances et village de neige ✉ 21340

LA BRUYÈRE ★★★ Tourisme 24 E.

0,95 ha CV. Lac à 500 m. Accueil groupes. Ouvert: 1.5 / 29.9. ☎ 03 80 21 87 59. E-mail : camping-la-bruyere@mfbssam.fr.
Lat. : 46° 57' 02" N **Long.** : 004° 37' 19" E.

LES CHAUMES DU MONT ★★★ Tourisme 70 E. dont 40 nus 1,5 ha CV. Accès direct aux bords du lac et à la rivière. Accueil groupes. Ouvert: 17.4 / 31.10. ☎ 06 85 33 03 42. E-mail : les-chaumes-du-mont@orange.fr.
Lat. : 46° 56' 49" N **Long.** : 004° 37' 23" E.

PAGNY-LA-VILLE

8-B3 34 km N.-E. Beaune. 180 m. ✉ 21250

C.C.D.F. PONT DE CHARREY NC Loisirs 17 E. Accès direct à la rivière. Ouvert: 15.5 / 30.9. ☎ 03 80 66 52 77. E-mail : ccdf.reginesecretariat@gmail.com.
Lat. : 47° 03' 44" N **Long.** : 005° 10' 28" E.

PERRIGNY-SUR-L'OGNON

8-B2 35 km E. Dijon. 188 m. ✉ 21270

LA VALBOISIERE NC Tourisme 34 E. dont 28 nus CV. Accès direct à la rivière. Accueil groupes. Ouvert: 1.1 / 31.12. ☎ 03 80 47 80 78. E-mail : patrick.camp@wanadoo.fr. Web : site.voila.fr/camping21.
Lat. : 47° 18' 42" N **Long.** : 005° 27' 09" E.

PONT-ET-MASSENE

7-F2 20 km S. Montbard. 308 m. Village de neige ✉ 21140

LAC DE PONT NC Tourisme 150 E. dont 150 nus 2 ha CV. A 5 km : Locations : . Randonnée pédestre organisée. Rivière à 200 m ; lac à 50 m. Accueil groupes. Ouvert: 1.4 / 5.10. ☎ 03 80 97 01 26. E-mail : camping-lacdepont@orange.fr. Web : www.camping-lacdepont.fr. Réduction H.S.
Lat. : 47° 28' 04" N **Long.** : 004° 21' 22" E.

PONTAILLER-SUR-SAONE

8-B2 32 km E. Dijon. 191 m. Village de neige ✉ 21270

LA CHANOIE ★★★ Tourisme 156 E. dont 153 nus 4,3 ha CV. Locations : . Accès direct à la rivière ; étang à 2 km. Accueil groupes. Ouvert: 10.4 / 30.9. ☎ 03 80 67 21 98. E-mail : camping.municipal1@orange.fr. Web : www.camping-lachanoie.com. Réduction H.S.
Lat. : 47° 18' 32" N **Long.** : 005° 25' 32" E.

POUILLY-EN-AUXOIS

7-F2 47 km N.-O. Beaune. 444 m. ✉ 21320

VERT AUXOIS ★★★ Tourisme 70 E. dont 57 nus, dont 25 CC - 10 GCC.

1,5 ha CV. A 4 km : Locations : . chauffée. Accès direct à la rivière ; étang à 5 km. Ouvert: 31.3 / 1.10. ☎ 03 80 90 71 89. E-mail : contact@camping-vert-auxois.fr. Web : www.camping-vert-auxois.fr. Réduction H.S.
Lat. : 47° 15' 56" N **Long.** : 004° 32' 55" E.

POUILLY-SUR-SAONE

8-B3 23 km E. Beaune. 183 m. ✉ 21250

LA PLAGE DE SEURRE ★★★ Tourisme 110 E. dont 98 nus 2 ha CV. Locations : . Accès direct à la rivière. Accueil groupes enfants. Ouvert: 7.5 / 3.10. ☎ 03 80 20 49 22. E-mail : camping.seurre@orange.fr. Web : www.campingdelaplage-seurre.fr.
Lat. : 47° 00' 01" N **Long.** : 005° 08' 13" E.

PRECY-SOUS-THIL

7-F2 28 km S. Montbard. 349 m. Village de neige ✉ 21390

CAMPING MUNICIPAL NC Tourisme 60 E. dont 35 nus, dont 12 GCC. 1 ha CV. A 4 km : Locations : . Accès direct à la rivière.. Accueil groupes. Ouvert: 9.4 / 5.11. ☎ 03 80 64 57 18. E-mail : mairie-precy@wanadoo.fr.
Lat. : 47° 23' 16" N **Long.** : 004° 18' 31" E.

PREMEAUX-PRISSEY

8-A3 12 km N.-E. Beaune. 240 m. ✉ 21700

LE FIL DE L'EAU ★★★ Tourisme 31 E. dont 24 nus

CV. Locations : . Accès direct aux bords du lac. Ouvert: 8.4 / 1.10. ☎ 06 21 98 95 72. E-mail : contact@camping-fildeleau.com. Web : www.camping-fildeleau.com. Prix 2022. Fft jour : empl. Tourisme (2) : 19 € ( ). Réduction H.S.
Lat. : 47° 06' 21" N **Long.** : 004° 57' 00" E.
FFCC : avantages adhérent : 18 € du 08/04 au 01/06 et du 05/09 au 01/10 sur emp.

LE MOULIN DE PRISSEY ★★ Tourisme 64 E. dont 58 nus 1,05 ha 22 h / 7 h, CV. Etang et lac à 200 m. Accueil groupes. Ouvert: 15.4 / 15.9. ☎ 03 80 62 31 15. E-mail : cpg.moulin.prissey@free.fr. Web : www.cpg-moulin-prissey.fr/.
Lat. : 47° 06' 13" N **Long.** : 004° 56' 30" E.

RECEY-SUR-OURCE

8-A1 60 km N.-E. Montbard. 369 m. ✉ 21290

CAMPING MUNICIPAL NC Tourisme 18 E. . ☎ 03 80 81 02 06. E-mail : mairie.recey-sur-ource@wanadoo.fr.
Lat. : 47° 46' 39" N **Long.** : 004° 51' 45" E.

RIEL-LES-EAUX

3-F5 47 km N. Montbard. 270 m. ✉ 21570

CAMPING DU MARAIS ★★ Tourisme 21 E.

0,2 ha CV. Locations : roulotte. Accès direct à l'étang. Ouvert: 1.4 / 31.10. ☎ 06 80 10 32 87. E-mail : cavinbernard@orange.fr. Web : campingdumarais-riel.com. Prix 2023. empl. Tourisme : 4,20 € nuit ; 4,20 € nuit ; 1,80 € nuit ; 1,80 € nuit ; 1,70 € nuit ; 4,60 € nuit.
Lat. : 47° 58' 22" N **Long.** : 004° 38' 60" E.
FFCC : avantages adhérent : 17 € du 01/04 au 15/06 et du 01/09 au 31/10 sur emp. et entre 52 € et 63 € la nuitée et entre 315 € et 380 € la semaine du 01/04 au 15/06 et du 01/09 au 31/10 sur loc.

SAINT-JEAN-DE-LOSNE

8-B3 41 km N.-E. Beaune. 181 m. ✉ 21170

LES HERLEQUINS ★★★ Tourisme 65 E. dont 60 nus, dont 3 CC.

1 ha CV. Locations : . Rivière à 30 m ; lac à 5 km. Accueil groupes. Ouvert: 1.1 / 31.12. ☎ 03 80 39 22 26. E-mail : camping.les.herlequins@gmail.com. Web : www.campinglesherlequins.fr. Réduction H.S.
Lat. : 47° 06' 08" N **Long.** : 005° 16' 32" E.
FFCC : avantages adhérent : 18 € du 01/01 au 31/12 sur emp.

SAINT-MARTIN-DE-LA-MER

7-F3 60 km N.-O. Beaune. 541 m. ✉ 21210

DOMAINE DE LA PIERRE RONDE ★★★ Tourisme 44 E. dont 24 GCC. Ouvert: 1.1 / 31.12. ☎ 03 80 64 79 67. E-mail : domainedelapierreronde@gmail.com. Web : www.domainedelapierreronde.com.
Lat. : 47° 15' 14" N **Long.** : 004° 12' 01" E.

SAINT-SEINE-L'ABBAYE

8-A2 26 km N.-O. Dijon. 505 m. ✉ 21440

CAMPING MUNICIPAL NC Tourisme 30 E. 1 ha. Rivière à 500 m. Accueil groupes. ☎ 03 80 35 01 64. E-mail : mairie.stseinelabbaye@yahoo.fr.
Lat. : 47° 26' 27" N **Long.** : 004° 47' 25" E.

SAINTE-MARIE-SUR-OUCHE

8-A2 21 km S.-O. Dijon. 335 m. ✉ 21410

CAMPING MUNICIPAL NC Loisirs 14 E. 0,5 ha. Rivière à 200 m. Accueil groupes. Ouvert: 15.4 / 15.10. ☎ 03 80 23 62 30. E-mail : mairie.saintemariesurouche@wanadoo.fr. Web : www.saintemariesurouche.com.
Lat. : 47° 17' 02" N **Long.** : 004° 47' 44" E.

SANTENAY

7-F3 19 km S.-O. Beaune. 324 m. Station verte de vacances et village de neige ✉ 21590

CAMPING DE SANTENAY ★★★ Tourisme 159 E. dont 137 nus

3 ha CV. Locations : , tonneau. Rivière à 1 km. Accueil groupes. Ouvert: 13.3 / 13.11. ☎ 03 80 20 66 55. E-mail : camping.santenay@aquadis-loisirs.com. Web : www.aquadis-loisirs.com/camping-nature/camping-de-santenay. Prix 2023. Fft nuit : empl. Tourisme (2) : 22 € ( ). Réduction H.S.
Lat. : 46° 54' 26" N **Long.** : 004° 41' 07" E.
FFCC : avantages adhérent : 17 € du 13/03 au 08/07 et du 26/08 au 13/11 sur emp.

SAULIEU

7-F2 42 km S. Montbard. 526 m. Village de neige ✉ 21210

CAMPING DE SAULIEU ★★★ Tourisme 100 E. dont 62 nus

CV. Locations : . Randonnée pédestre organisée. . Etang à 10 m. . Accueil groupes. Ouvert: 1.3 / 30.10. ☎ 03 80 64 16 19 / 0 3 86 37 95 83. E-mail : camping.saulieu@aquadis-loisirs.com. Web : www.aquadis-loisirs.com/camping-de-saulieu. Prix 2023. Fft nuit : empl. Tourisme (2) : 22 € ( ). Réduction H.S.
Lat. : 47° 17' 22" N **Long.** : 004° 13' 27" E.

FFCC : avantages adhérent : 17 € du 01/03 au 08/07 et du 26/08 au 30/10 sur emp. + Offre découverte Duo : 20% de réduction pour un séjour de 7 nuits minimum en location hors saison.

SAVIGNY-LES-BEAUNE

8-A3 5 km N.-O. Beaune. 396 m. ✉ 21420

LES PREMIÈRES VIGNES (EX LES PREMIERS PRÈS) ★★★ Tourisme 89 E. dont 87 nus

CV . Accès direct à la rivière.. Accueil groupes. Ouvert: 29.4 / 25.9. ☎ 03 80 24 51 02. E-mail : campingdesavigny@onlycamp.fr. Web : www.onlycamp.fr.
Lat. : 47° 04' 06" N **Long.** : 004° 48' 12" E.

FFCC : avantages adhérent : 10% du 07/04 au 08/07 et du 28/08 au 01/1010% du 07/04 au 08/07 et du 28/08 au 01/10 sur emp. et loc. + 5% saison (juillet/aout) sur les emplacements nus et locatifs *Frais de réservations offerts toute lannée.

SELONGEY

8-B2 34 km N.-N.-E. Dijon. 344 m. ✉ 21260

CAMPING MUNICIPAL LES COURVELLES NC Tourisme 22 E. dont 22 nus 0,28 ha CV. . Ouvert: 2.5 / 30.9. ☎ 03 80 75 52 38. E-mail : mairie@selongey.fr. Web : selongey.fr.
Lat. : 47° 35' 03" N **Long.** : 005° 10' 59" E.

TIL-CHATEL

8-B2 25 km N.-E. Dijon. 278 m. ✉ 21120

LES SAPINS NC Tourisme 21 E. 1 ha . Ouvert: 1.4 / 30.9. ☎ 03 80 95 16 68. E-mail : tilchatelmairie@wanadoo.fr. Web : www.restaurantlessapins.eresto.net.
Lat. : 47° 31' 50" N **Long.** : 005° 11' 10" E.

TOUTRY

7-E2 30 km S.-O. Montbard. 240 m. ✉ 21460

CAMPING MUNICIPAL LE SEREIN NC Tourisme 30 E. dont 10 CC. 0,34 ha CV . . Accès direct à la rivière.. Accueil groupes. Ouvert: 1.5 / 31.10. ☎ 03 80 96 43 93. E-mail : mairiedetoutry@wanadoo.fr. Web : www.toutry.fr/b-camping-municipal-le-sereinb.
Lat. : 47° 30' 08" N **Long.** : 004° 07' 08" E.

VANDENESSE-EN-AUXOIS

7-F3 37 km N.-O. Beaune. 374 m. Village de neige ✉ 21320

LAC DE PANTHIER ★★★★ Tourisme 200 E. dont 139 nus, dont 6 GCC.

3,5 ha CV . A 5 km : Locations : , cocosweet, . Espace Fitness. couverte chauffée , . Accès direct aux bords du lac. ; ; . . Accueil groupes. Ouvert: 31.3 / 1.10. ☎ 03 80 49 21 94. E-mail : virginie@vagues-oceanes.com. Web : www.lac-de-panthier.com. Prix 2022. Fft jour : empl. Tourisme (2) : 28 € ( ). Réduction H.S.
Lat. : 47° 14' 12" N **Long.** : 004° 37' 43" E.

VENAREY-LES-LAUMES

7-F2 13 km S.-E. Montbard. 265 m. Station verte de vacances et village de neige ✉ 21150

CAMPING MUNICIPAL ALESIA ★★★ Tourisme 65 E. dont 61 nus 1,5 ha CV . . Accès direct à l'étang et à la rivière. ; . Accueil groupes. Ouvert: 1.4 / 15.10. ☎ 03 80 96 07 76. E-mail : camping.venarey@wanadoo.fr. Web : www.venareyleslaumes.fr.
Lat. : 47° 32' 40" N **Long.** : 004° 27' 02" E.

VIGNOLES

8-A3 3 km E. Beaune. 202 m. ✉ 21200

LES BOULEAUX ★★ Tourisme 46 E. 1,4 ha . A 5 km : Lac à 5 km. Ouvert: 3.1 / 21.12. ☎ 03 80 22 26 88. E-mail : camping-les-bouleaux@hotmail.fr. Web : campinglesbouleaux.wixsite.com. Réduction H.S.
Lat. : 47° 01' 37" N **Long.** : 004° 52' 59" E.

VITTEAUX

7-F2 32 km S.-E. Montbard. 392 m. ✉ 21350

CAMPING MUNICIPAL LA GARE NC Tourisme 16 E. dont 50 nus 0,5 ha CV . chauffée , . Accès direct à la rivière.. Ouvert: 15.4 / 1.11. ☎ 03 80 49 60 87. E-mail : mairie-vitteaux@wanadoo.fr. Web : www.vitteaux.fr.
Lat. : 47° 24' 05" N **Long.** : 004° 31' 53" E.

22 COTES-D'ARMOR

Cartes 2-5

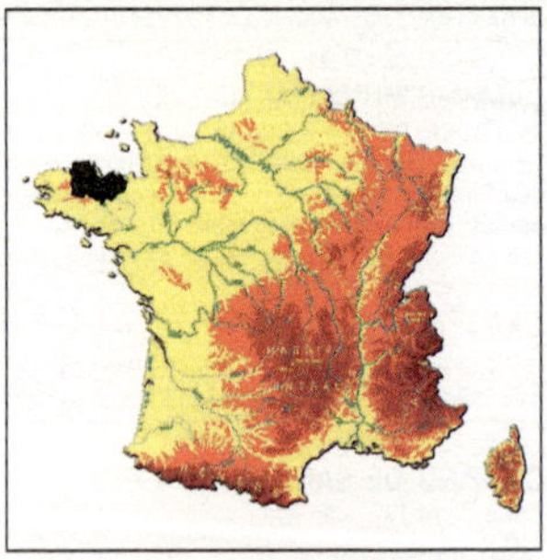

ILE DE BREHAT

CAMPING MUNICIPAL LA POINTE DE GOAREVA NC 100 E. 1 ha . Accès direct à la mer. Ouvert: 1.6 / 12.9. ☎ 0 02 96 20 02 46. E-mail : iledebrehat@mairie-brehat.fr. Web : www.iledebrehat.fr.
Lat. : 48° 50' 21" N **Long.** : 003° 00' 27" W.

CONTINENT

ALLINEUC

5-D2 27 km S. Saint-Brieuc. 212 m. ✉ 22460

LE LAC NC Tourisme 50 E. 1,15 ha CV . Locations : . . Rivière à 300 m ; lac à 50 m. . Ouvert: 1.5 / 30.9. ☎ 02 96 28 87 88. E-mail : bosmeleac.camping@orange.fr. Web : campingdebosmeleac.jimdo.fr.
Lat. : 48° 18' 06" N **Long.** : 002° 54' 03" W.

BEGARD

5-D2 14 km N.-O. Guingamp. 110 m. ✉ 22140

DOMAINE DU COLOMBIER ★★★ Tourisme 75 E. dont 45 nus

3,6 ha CV . Locations : . Randonnée pédestre organisée. . Rivière à 5 km. Accueil groupes. Ouvert: 11.7 / 30.9. ☎ 0 2 96 45 14 60. E-mail : domaineducolombier-begard@orange.fr. Web : domaineducolombier-begard.com. Prix 2022. Fft jour : empl. Tourisme (2) : 24,1 € ( )
Lat. : 48° 37' 05" N **Long.** : 003° 17' 01" W.

BINIC

5-D2 12 km N.-O. Saint-Brieuc. 47 m. ✉ 22520

LE PANORAMIC ★★★ Tourisme 171 E. dont 27 nus 4 ha CV . Locations : , roulotte. couverte chauffée . Bord de mer à 600 m ; étang à 4 km. . Accueil groupes. Ouvert: 1.4 / 30.9. ☎ 02 96 73 60 43. E-mail : lepanoramic22@gmail.com. Web : www.lepanoramic.net.
Lat. : 48° 35' 30" N **Long.** : 002° 49' 29" W.

Les correspondants de la FFCC sont bénévoles et à votre disposition pour tous renseignements sur le camping.

Retrouvez leurs coordonnées au début de chaque département.

CAMPING MUNICIPAL LES FAUVETTES ★★ Tourisme 83 E. 1 ha CV. Locations : . Bord de mer à 500 m. Ouvert: 28.3 / 5.11. ☎ 02 96 73 60 83. E-mail : camping.lesfauvettes@besurmer.fr. Web : ville-binic.fr. Prix 2022. Fft jour : empl. Tourisme (2) : 20,8 € ( )
Lat. : 48° 36′ 23″ N **Long.** : 002° 49′ 16″ W.

PALMIERS INTERNATIONAL CLASS NC Tourisme 50 E. 0,8 ha CV. Locations : . Rivière à 300 m ; bord de mer à 1,5 km ; étang à 3 km. Ouvert: 1.6 / 30.9. ☎ 02 96 73 72 59. E-mail : campingpalmiers.chantal@laposte.net. Web : www.campingpalmiers.com.
Lat. : 48° 36′ 21″ N **Long.** : 002° 50′ 28″ W.

BINIC-ETABLES-SUR-MER

5-D2 16 km N.-N.-O. Saint-Brieuc. 59 m. ✉ 22680

GLAMPING TERRE & MER ★★★★ Loisirs 75 E. 24h/24 gratuit, CV . Locations : . Espace Fitness. couverte chauffée , . Bord de mer à 500 m ; étang à 1,5 km. . Accueil groupes adultes. Ouvert: 3.4 / 1.11. ☎ 02 96 70 61 57. E-mail : infos@glamping-terre-mer.fr. Web : www.glamping-terre-mer.fr.
Lat. : 48° 38′ 08″ N **Long.** : 002° 50′ 06″ W.

BOURSEUL

2-A4 22 km N.-O. Dinan. 66 m. ✉ 22130

DOMAINE NATURISTE PALLIETER ★★★ Tourisme 92 E. dont 70 nus 3,6 ha CV Rés. naturiste. . Accès direct à l'étang et à la rivière ; lac à 4 km. Ouvert: 28.4 / 23.9. ☎ 02 96 83 05 15. E-mail : mail@pallieter.fr. Web : www.pallieter.fr.
Lat. : 48° 30′ 11″ N **Long.** : 002° 13′ 58″ W.

BROONS

2-A5 24 km S.-O. Dinan. 90 m. ✉ 22250

LA PLANCHETTE NC Tourisme 34 E. . Accès direct à l'étang.. Ouvert: 1.3 / 31.10. ☎ 02 96 84 60 03. E-mail : accueil.mairie@broons.fr. Web : www.broons.fr.
Lat. : 48° 18′ 38″ N **Long.** : 002° 15′ 14″ W.

CALLAC

5-C2 28 km S.-O. Guingamp. 207 m. Station verte de vacances et village de neige ✉ 22160

CAMPING MUNICIPAL LA VERTE VALLÉE ★★ Tourisme 41 E. dont 41 nus 1 ha CV . A 2 km : , , . Etang à 10 m.. Accueil groupes. Ouvert: 15.6 / 19.9. ☎ 02 96 45 58 50. E-mail : scetechnique-callac@orange.fr.
Lat. : 48° 24′ 06″ N **Long.** : 003° 26′ 14″ W.

CAUREL

5-D3 38 km S.-S.-E. Guingamp. 205 m. ✉ 22530

VILLAGE NAUTIC DE GUERLEDAN ★★★★ Tourisme 100 E. 3,6 ha CV . Locations : . , . Accès direct aux bords du lac. ; . Ouvert: 1.5 / 25.9. ☎ 02 96 28 57 94. E-mail : location@villagenautic.fr. Web : www.villagenautic.fr. Réduction H.S.
Lat. : 48° 12′ 32″ N **Long.** : 003° 03′ 03″ W.

CAMPING DU LAC NC 60 E. Ouvert: 1.1 / 31.12. ☎ 06 60 99 84 71. E-mail : contact@lacdeguerledan-camping.com. Web : lacdeguerledan-camping.com/.
Lat. : 48° 12′ 46″ N **Long.** : 003° 02′ 55″ W.

CHATELAUDREN

5-D2 15 km O.-N.-O. St-Brieuc. 112 m. ✉ 22170

CAMPING MUNICIPAL L'ÉTANG NC Tourisme 17 E. dont 22 nus CV. A 3 km : . Accès direct à l'étang et à la rivière. Ouvert: 1.5 / 30.9. ☎ 02 96 74 10 38. E-mail : accueilch@chatelaudren-plouagat.fr. Web : www.chatelaudren-plouagat.fr/fr/.
Lat. : 48° 32′ 18″ N **Long.** : 002° 58′ 15″ W.

CORLAY

5-D2 36 km S.-O. Saint-Brieuc. 206 m. ✉ 22320

CAMPING MUNICIPAL DESSOUS DE L'ÉTANG NC Tourisme 30 E. 1 ha . Accès direct à l'étang.. Ouvert: 15.6 / 15.9. ☎ 02 96 29 40 41. E-mail : accueil@mairiecorlay.fr.
Lat. : 48° 19′ 10″ N **Long.** : 003° 03′ 37″ W.

CORSEUL

2-A4 11 km N.-O. Dinan. 76 m. ✉ 22130

LE VAL GRAVEL . Ouvert: 1.7 / 31.8. ☎ 02 96 27 90 17. E-mail : mairie.corseul@orange.fr, Web : www.corseul.fr/aire-naturelle-de-camping.
Lat. : 48° 28′ 39″ N **Long.** : 002° 10′ 16″ W.

DINAN

2-A4 52 km E.-S.-E. Saint-Brieuc. 62 m. ✉ 22100

CAMPING MUNICIPAL CHATEAUBRIAND ★★ Tourisme 48 E. dont 48 nus 1 ha CV . Locations : cabanes. Rivière à 800 m. Accueil groupes. Ouvert: 2.5 / 30.9. ☎ 06 98 93 21 78. E-mail : campingmunicipal@dinan.fr. Web : www.dinan.fr/209/camping-municipal-chateaubriand. Prix 2022. Fft nuit : empl. Tourisme (2) : 14,4 € ( ) ; sup 3,90 € nuit ; animaux 1,50 € nuit ; 2,10 € nuit ; 5,10 € nuit.
Lat. : 48° 26′ 50″ N **Long.** : 002° 02′ 46″ W.

ERQUY

5-E2 34 km N.-E. Saint-Brieuc. 51 m. ✉ 22430

BELLEVUE ★★★★ Tourisme 154 E. dont 86 nus, dont 59 CC - 18 GCC. CV . A 5 km : . Locations : . Espace Fitness. couverte chauffée . Bord de mer à 2 km. Accueil groupes adultes. Ouvert: 8.4 / 18.9. ☎ 02 96 72 33 04. E-mail : info@campingbellevue.fr. Web : campingbellevue.fr. Réduction H.S.
Lat. : 48° 35′ 39″ N **Long.** : 002° 29′ 04″ W.
FFCC : avantages adhérent : 18 € du 07/04 au 07/07 et du 28/08 au 16/09 sur emp.

LES PINS ★★★★ Tourisme 416 E. dont 118 nus 8 ha CV . Espace Fitness. couverte chauffée . Bord de mer à 900 m. ; . Accueil groupes adultes. Ouvert: 30.4 / 19.9. ☎ 02 96 72 31 12. E-mail : accueil.des.pins@gmail.com. Web : www.yellohvillage.fr/camping/les_pins.
Lat. : 48° 38′ 18″ N **Long.** : 002° 27′ 20″ W.
FFCC : avantages adhérent : 10% du 21/04 au 30/06 et du 01/09 au 10/0910% du 21/04 au 30/06 et du 01/09 au 10/09 sur emp. et loc. + Rendez-vous dans votre club avantages FFCC pour obtenir le code promotionnel et réserver !.

SAINT PABU PLAGE ★★★★ Tourisme 393 E. dont 264 nus 8 ha CV . A 4 km : . Locations : , . , . Accès direct à la mer ; étang à 5 km. ; ; . Ouvert: 3.6 / 16.9. ☎ 02 96 72 24 65. E-mail : camping@saintpabu.com. Web : www.saintpabu.com. Prix 2023. Fft jour : empl. Tourisme (2) : 36 € ( )
Lat. : 48° 36′ 26″ N **Long.** : 002° 29′ 47″ W.

CAMPING DU VAL ★★★ Tourisme 113 E. dont 39 nus 2,4 ha CV . Locations : . couverte chauffée . Bord de mer à 1 km. Accueil groupes. Ouvert: 1.4 / 30.9. ☎ 02 96 72 10 40. E-mail : contact@campingduval.com. Web : www.campingduval.com. Réduction H.S.
Lat. : 48° 37′ 59″ N **Long.** : 002° 27′ 06″ W.

LA VALLEE ★★★ Tourisme 47 E. dont 32 nus 2 ha CV . Locations : , . Bord de mer à 500 m. . Accueil groupes. Ouvert: 26.4 / 15.9. ☎ 02 96 72 06 22. E-mail : campinglavalleeerquy@wanadoo.fr. Web : campinglavallee.fr. Réduction H.S.
Lat. : 48° 36′ 22″ N **Long.** : 002° 29′ 17″ W.

LES HAUTES GRÉES ★★★ Tourisme 174 E. dont 126 nus 3,5 ha . Locations : . Randonnée pédestre organisée. Espace Fitness. couverte chauffée . Bord de mer à 400 m ; étang à 3 km. . Accueil groupes. Ouvert: 1.4 / 1.10. ☎ 02 96 72 34 78. E-mail : contact@hautesgrees.fr. Web : www.camping-hautes-grees.com. Prix 2022. Fft jour : empl. Tourisme (2) : 30 € ( )
Lat. : 48° 38′ 31″ N **Long.** : 002° 25′ 27″ W.

LES ROCHES ★★★ Tourisme 175 E. dont 127 nus 3,02 ha 22 h 30 / 7 h 30, CV . Locations : . , . Bord de mer à 800 m. Accueil groupes. Ouvert: 3.4 / 26.9. ☎ 02 96 72 32 90. E-mail : jessica.lesroches@gmail.com. Web : www.camping-les-roches.com. Réduction H.S.
Lat. : 48° 36′ 39″ N **Long.** : 002° 28′ 43″ W.
FFCC : avantages adhérent : 15 € du 01/04 au 09/07 et du 21/08 au 30/09 sur emp.

SAINT MICHEL ★★ Tourisme 200 E. dont 170 nus 3 ha CV . Locations : , . Accès direct à la mer. ; . Ouvert: 1.4 / 25.9. ☎ 02 96 72 37 67. E-mail : campingsaintmichel@erquy.bzh. Web : camping.erquy.bzh. Prix 2022. Fft jour : empl. Tourisme (2) : 19,5 € ( )
Lat. : 48° 38′ 48″ N **Long.** : 002° 25′ 18″ W.

LA VILLE ROGON ★ Loisirs 48 E. dont 52 GCC. 1,2 ha . Bord de mer à 500 m. Ouvert: 1.3 / 31.12. ☎ 02 96 72 34 23. E-mail : villerogon@orange.fr.
Lat. : 48° 37′ 28″ N **Long.** : 002° 32′ 10″ W.

AIRE NATURELLE CV. Ouvert: 1.6 / 30.9. ☎ 02 96 72 38 43. E-mail : campingdupusset@sfr.fr, Web : www.campingdupusset.fr.
Lat. : 48° 36′ 17″ N **Long.** : 002° 32′ 22″ W.

FREHEL

5-E2 40 km N.-O. Dinan. 49 m. ✉ 22240

ARMOR ★★ Tourisme 115 E. dont 90 nus 2,5 ha CV . Bord de mer à 500 m. Accueil groupes. Ouvert: 25.4 / 20.9. ☎ 02 96 41 44 30. E-mail : camping.armor@wanadoo.fr. Web : www.camping-armor-bretagne.com. Réduction H.S.
Lat. : 48° 39′ 01″ N **Long.** : 002° 21′ 14″ W.

CAMPING MUNICIPAL LE PONT DE L'ETANG ★★ Tourisme 900 E. 30 ha CV. . Accès direct à la mer. ; ; . Accueil groupes. Ouvert: 1.4 / 30.9. ☎ 02 96 41 40 45. E-mail : camping-municipal.frehel@orange.fr. Web : /www.camping.frehel.info. Réduction H.S.
Lat. : 48° 39′ 07″ N **Long.** : 002° 21′ 24″ W.

GLOMEL

5-C3 47 km S.-O. Guingamp. 209 m. ✉ 22110

CAMPING MUNICIPAL NC Tourisme 55 E. 2 ha 22 h / 8 h, CV . Locations : , , , , , . Lac à 20 m.. ; ; . . Accueil groupes. Ouvert: 1.4 / 30.11. ☎ 02 96 29 84 20. E-mail : denis.s29@orange.fr. Web : www.lekorong.fr.
Lat. : 48° 13′ 15″ N **Long.** : 003° 23′ 20″ W.

GOUAREC

5-D3 35 km S. Guingamp. 160 m. ✉ 22570

CAMPING DE GOUAREC N.C. Tourisme 100 E. dont 90 nus CV . Locations : , , caravane, . , . Etang à 1 km ; lac à 5 km. . Ouvert: 15.5 / 21.9. ☎ 0 7 68 58 19 22. E-mail : info@campingdegouarec.com. Web : www.campingdegouarec.com. Prix 2022. 7 € ; 3 € ; 3 €.
Lat. : 48° 13′ 31″ N **Long.** : 003° 10′ 51″ W.

GOUDELIN

5-D2 12 km N.-E. Guingamp. 85 m. ✉ 22290

LA FERME DE KEROGEL CV. Ouvert: 1.4 / 30.9. ☎ 02 96 70 03 15. E-mail : kerogel@wanadoo.fr, Web : www.kerogel.com. Prix 2023. Fft jour : empl. Tourisme (2): 12,7 € ( ) ; sup 4 € ; animaux 0,50 € ; 1,60 € ; 2 €.
Lat. : 48° 36' 51" N **Long.** : 002° 59' 36" W.

GUERLEDAN

5-D3 50 km S.-S.-O. Saint-Brieuc. 134 m. ✉ 22530

LE POINT DE VUE DE GUERLEDAN ★★ Tourisme 100 E. dont 95 nus 1,7 ha CV. Lac à 20 m ; rivière à 2 km. Accueil groupes. Ouvert: 31.3 / 4.11. ☎ 02 96 26 01 90. E-mail : camping.pointdevue@orange.fr. Web : www.camping-lepointdevue.fr.
Lat. : 48° 11' 56" N **Long.** : 003° 00' 48" W.

GUITTE

2-A5 22 km S. Dinan. 87 m. ✉ 22350

KER AL LANN NC Tourisme 40 E. dont 3 CC. Locations : , . Randonnée pédestre organisée. chauffée , . Accès direct à la mer ; lac et rivière à 200 m. . Ouvert: 1.1 / 31.12. ☎ 02 96 83 94 21. E-mail : village.kerallann@wanadoo.fr. Web : kerallann.com.
Lat. : 48° 18' 13" N **Long.** : 002° 03' 38" W.

HENGOAT

5-D1 23 km E. Lannion. 49 m. ✉ 22450

LE COQ HARDI ★ Tourisme 30 E. . ; . Ouvert: 1.5 / 1.10. ☎ 03 41 25 44 57. E-mail : info@campinglecoqhardi.nl. Web : www.campinglecoqhardi.nl.
Lat. : 48° 44' 39" N **Long.** : 003° 12' 14" W.

HILLION

5-E2 16 km E. Saint-Brieuc. 42 m. ✉ 22120

BELLEVUE MER ★★★ Tourisme 55 E. dont 39 nus, dont 32 CC - 3 GCC. 0,9 ha CV . Locations : , cabanes. couverte chauffée . Bord de mer à 100 m. ; ; . Accueil groupes. Ouvert: 1.4 / 30.9. ☎ 02 96 32 20 39. E-mail : contact@bellevuemer.com. Web : www.bellevuemer.com. Prix 2022. Fft jour : empl. Tourisme (2) : 22,2 € ( ). Réduction H.S.
Lat. : 48° 31' 59" N **Long.** : 002° 40' 20" W.

JUGON-LES-LACS - COMMUNE NOUVELLE

5-E2 22 km S.-O. Dinan. 70 m. Station verte de vacances et village de neige ✉ 22270

AU BOCAGE DU LAC ★★★★ Tourisme 165 E. dont 114 nus 5 ha CV . Locations : . couverte chauffée , , . Accès direct aux bords du lac ; rivière à 1 km. ; ; . . Accueil groupes. Ouvert: 7.4 / 24.9. ☎ 02 96 31 60 16. E-mail : reservation@grouperomanee.com. Web : www.camping-location-bretagne.com.
Lat. : 48° 24' 06" N **Long.** : 002° 19' 00" W.
FFCC : avantages adhérent : 18 € du 25/04 au 30/06 et du 01/09 au 02/10 sur emp. et entre 98.80 € et 218.50 € la nuitée et entre 324 € et 1395.55 € la semaine du 25/04 au 30/06 et du 01/09 au 02/10 sur loc. + Dates d'ouverture : Du 09/04 au 02/10/2022 pour les locations et du 09/04 au 18/09/2022 pour les emplacements. Emplacements nus : offre valable hors week-end.

KERFOT

5-D1 40 km N.-O. Saint-Brieuc. 82 m. ✉ 22500

KERBIGNIOU ★★ Loisirs 50 E. . Ouvert: 1.4 / 31.10. ☎ 02 96 20 50 62. E-mail : pascal.connan@wanadoo.fr. Web : www.camping-kerbignious.com.
Lat. : 48° 44' 11" N **Long.** : 003° 01' 34" W.

KERMARIA-SULARD

5-C1 8 km N.-E. Lannion. 92 m. ✉ 22450

CAMPING MUNICIPAL LA VALLEE DU DOURDU ★★ Tourisme 44 E. dont 24 nus CV . Locations : . Accès direct à la rivière ; bord de mer à 4,5 km. Ouvert: 15.6 / 16.10. ☎ 02 96 38 43 90. E-mail : mairie.kermariasulard@wanadoo.fr. Web : www.kermaria-sulard.fr.
Lat. : 48° 46' 30" N **Long.** : 003° 22' 31" W.

KERPERT

5-D2 26 km S. Guingamp. 241 m. ✉ 22480

AIRE NATURELLE MUNICIPALE . Ouvert: 1.6 / 30.9. ☎ 02 96 24 31 35. E-mail : mairie-kerpert@wanadoo.fr.
Lat. : 48° 18' 55" N **Long.** : 003° 09' 36" E.

LA CHEZE

5-E3 51 km S. Saint-Brieuc. 98 m. ✉ 22210

CAMPING MUNICIPAL LA RIVIÈRE NC Tourisme 21 E. dont 21 nus CV. . Accès direct à l'étang et à la rivière.. Accueil groupes. Ouvert: 1.6 / 15.9. ☎ 0 2 96 26 70 99. E-mail : mairie@lacheze.bzh. Prix 2023. 2,50 € ; 9 € ; 5,80 € ; 0,50 €.
Lat. : 48° 08' 13" N **Long.** : 002° 39' 26" W.

LA PRENESSAYE

5-E3 50 km S. Saint-Brieuc. 143 m. ✉ 22210

CAMPING MUNICIPAL LES NOES NC Tourisme 10 E. dont 10 nus CV. . Accès direct à l'étang.. Accueil groupes. Ouvert: 1.4 / 30.9. ☎ 02 96 25 64 81. E-mail : mairie.laprenessaye@orange.fr. Web : www.laprenessaye.fr.
Lat. : 48° 10' 50" N **Long.** : 002° 38' 19" W.

LANCIEUX

2-A4 20 km N.-O. Dinan. 17 m. ✉ 22770

LE VILLEU ★★★ Tourisme 210 E. 4,5 ha CV. Locations : . Accès direct à l'étang ; bord de mer à 750 m. Accueil groupes. Ouvert: 1.5 / 15.9. ☎ 02 96 86 21 67. E-mail : camping.levilleu@orange.fr. Web : www.camping-le-villeu.net/.
Lat. : 48° 35' 54" N **Long.** : 002° 09' 25" W.

CAMPING MUNICIPAL DES MIELLES ★★ Tourisme 137 E. 2,5 ha CV. Bord de mer à 150 m. . Ouvert: 1.4 / 30.9. ☎ 02 96 86 22 98. E-mail : mairie.lancieux@wanadoo.fr. Réduction H.S.
Lat. : 48° 36' 16" N **Long.** : 002° 09' 21" W.

LANDEBIA

5-E2 28 km N.-O. Dinan. 60 m. ✉ 22130

AIRE NATURELLE . Ouvert: 1.4 / 30.9. ☎ 02 96 84 09 90. E-mail : lepont.a.l.ane@gmail.com, Web : www.le-pont-a-l-ane.com.
Lat. : 48° 31' 11" N **Long.** : 002° 20' 02" W.

LANLOUP

5-D1 28 km N.-O. Saint-Brieuc. 80 m. ✉ 22580

LE NEPTUNE ★★★★ Tourisme 84 E. dont 57 nus, dont 35 CC - 10 GCC. CV . Locations : , . couverte chauffée . Bord de mer à 1,8 km. . Accueil groupes. Ouvert: 1.4 / 1.10. ☎ 02 96 22 33 35. E-mail : contact@leneptune.com. Web : www.leneptune.com. Prix 2023. Fft jour : empl. Tourisme (2) : 31 € ( )
Lat. : 48° 42' 47" N **Long.** : 002° 58' 05" W.
FFCC : avantages adhérent : 17 € du 01/04 au 06/07 et du 01/09 au 01/10 sur emp.

LANNION

5-C1 64 km N.-O. Saint-Brieuc. 69 m. ✉ 22300

LES ALIZES ★★★★ Tourisme 175 E. dont 45 nus après 23 h, CV . Locations : . couverte chauffée . Bord de mer à 3,5 km. . Accueil groupes adultes. Ouvert: 6.4 / 21.9. ☎ 02 96 47 28 58. E-mail : info@camping-lesalizes.fr. Web : www.camping-lesalizes.fr.
Lat. : 48° 45' 04" N **Long.** : 003° 30' 16" W.

LES PLAGES DE BEG LEGUER ★ Tourisme 196 E. . Locations : , , . couverte chauffée , . Bord de mer et rivière à 500 m. ; ; . Ouvert: 27.6 / 5.9. ☎ 02 96 47 25 00. E-mail : info@campingdesplages.com. Web : www.campingdesplages.com.
Lat. : 48° 44' 17" N **Long.** : 003° 32' 42" W.

LES DEUX RIVES NC 108 E. 3,26 ha CV . Locations : . . Accès direct à la rivière ; étang à 500 m ; bord de mer à 5 km.. Accueil groupes. Ouvert: 20.5 / 18.9. ☎ 02 96 46 31 40. E-mail : campinglesdeuxrives@onlycamp.fr. Web : www.onlycamp.fr/camping-des-deux-rives. Réduction H.S.
Lat. : 48° 43' 22" N **Long.** : 003° 26' 46" W.
FFCC : avantages adhérent : 10% du 07/04 au 08/07 et du 28/08 au 24/0910% du 07/04 au 08/07 et du 28/08 au 24/09 sur emp. et loc. + 5% saison (juillet/aout) sur les emplacements nus et locatifs *Frais de réservations offerts toute lannée.

LANTIC

5-D2 19 km N.-O. Saint-Brieuc. 84 m. ✉ 22410

LES ETANGS ★★★ Tourisme 108 E. dont 50 nus 2,1 ha CV . Locations : , , , , . chauffée . Etang à 100 m ; bord de mer à 3 km.. Accueil groupes. Ouvert: 15.4 / 30.9. ☎ 02 96 71 95 47. E-mail : contact@campinglesetangs.com. Web : www.campinglesetangs.com. Réduction H.S.
Lat. : 48° 36' 23" N **Long.** : 002° 51' 41" W.

LE CAMBOUT

5-E3 64 km S.-E. Saint-Brieuc. 98 m. ✉ 22210

CAMPING MUNICIPAL NC Tourisme 15 E. . , . Accès direct à l'étang. ; . . Ouvert: 1.1 / 31.12. ☎ 02 96 25 50 54. E-mail : mairie.lecambout@wanadoo.fr.
Lat. : 48° 03' 02" N **Long.** : 002° 36' 52" W.

LESCOUET-GOUAREC

5-D3 45 km S. Guingamp. 223 m. ✉ 22570

CAMPING MUNICIPAL NC Tourisme 15 E. . . Ouvert: 1.6 / 30.9. ☎ 02 96 24 21 85. E-mail : mairie.l.g@wanadoo.fr.
Lat. : 48° 10' 33" N **Long.** : 003° 10' 19" W.

LEZARDRIEUX

5-D1 28 km N.-E. Lannion. 58 m. ✉ 22740

CAMPING MUNICIPAL DE KERMARQUER ★★ Tourisme 70 E. dont 70 nus 1 ha CV. Locations : , , , . Accès direct à la rivière ; bord de mer à 600 m. ; ; . . Accueil groupes. Ouvert: 18.6 / 18.9. ☎ 02 96 20 17 22. E-mail : accueil.mairie@lezardrieux.fr. Web : www.mairie-lezardrieux.fr.
Lat. : 48° 46' 49" N **Long.** : 003° 06' 58" W.

LOUANNEC

5-C1 8 km N.-E. Lannion. 67 m. ✉ 22700

CAMPING MUNICIPAL ERNEST RENAN ★★★ Tourisme 294 E. 4,5 ha CV. Locations : , . chauffée , . Accès direct aux bords du lac et à la mer. ; ; . . Ouvert: 1.5 / 30.9. ☎ 02 96 23 11 78. E-mail : camping-louannec2@wanadoo.fr. Web : www.camping-louannec.fr. Réduction H.S.
Lat. : 48° 47' 47" N **Long.** : 003° 25' 37" W.

LOUARGAT

5-C2 14 km O. Guingamp. 177 m. ✉ 22540

LE MANOIR DU CLEUZIOU NC Tourisme 64 E. dont 62 nus, dont 64 GCC. 1 ha CV. Locations : . , , . Rivière à 5 km. Accueil groupes. Ouvert: 5.4 / 5.10. ☎ 02 96 43 59 32. E-mail : camping@lecleuziou.com. Web : www.camping.lecleuziou.com.
Lat. : 48° 35' 38" N **Long.** : 003° 22' 29" W.

LOUDEAC

5-D3 41 km S. Saint-Brieuc. 144 m. ✉ 22600

SEASONOVA AQUAREV ★★★ Tourisme 89 E. dont 89 nus 3,2 ha CV. Accès direct aux bords du lac. Accueil groupes. Ouvert: 30.3 / 14.10. ☎ 02 96 26 21 92. E-mail : contact@camping-aquarev.com. Web : www.vacances-seasonova.com. Réduction H.S.
Lat. : 48° 10' 34" N **Long.** : 002° 43' 53" W.

FFCC : avantages adhérent : 10% du 01/04 au 01/07 et du 27/08 au 24/0910% du 01/04 au 01/07 et du 27/08 au 24/09 sur emp. et loc. + 5% sur les emplacements nus et locatifs en juillet et aout.

MAEL-CARHAIX

5-C2 48 km S.-O. Guingamp. 190 m. ✉ 22340

ÉTANG DES SOURCES CV. Ouvert: 1.6 / 30.9. ☎ 02 96 24 64 12. E-mail : mairie.mael-carhaix@wanadoo.fr. Prix 2022. empl. Tourisme : 1,20 € ; 2,10 € ; 2,50 € ; 0,90 € ; 1,85 € ; 0,90 € ; 2,45 €.
Lat. : 48° 16' 48" N **Long.** : 003° 25' 32" W.

MATIGNON

2-A4 31 km N.-O. Dinan. 50 m. ✉ 22550

LE VALLON AUX MERLETTES ★★★★ Tourisme 117 E. dont 63 nus 2,5 ha CV. A 5 km : Locations : . Espace Fitness. couverte chauffée. Etang à 200 m ; bord de mer à 5 km.. Ouvert: 5.4 / 26.9. ☎ 02 96 80 37 99. E-mail : contact@campingdematignon.com. Web : www.vallonauxmerlettes.com. Prix 2022. Fft nuit : empl. Tourisme (2) : 18,5 € ( ) ; sup 4,20 € nuit ; animaux 1,50 € nuit ; 2,40 € nuit ; 4 € nuit. Réduction H.S.
Lat. : 48° 35' 32" N **Long.** : 002° 17' 47" W.

FFCC : avantages adhérent : 15 € du 07/04 au 30/06 et du 27/08 au 24/09 sur emp.

MERDRIGNAC

5-E3 45 km S.-O. Dinan. 140 m. Station verte ✉ 22230

VAL DE LANDROUET ★★★ Tourisme 60 E. dont 46 nus 1,6 ha CV. Locations : . Randonnée pédestre organisée. chauffée. Accès direct à l'étang ; rivière à 50 m. Accueil groupes. Ouvert: 3.1 / 23.12. ☎ 02 96 28 47 98. E-mail : accueil@valdelandrouet.com. Web : www.valdelandrouet.com. Prix 2022. Fft nuit : empl. Tourisme (2) : 15 € ( ) ; sup 5 € nuit ; animaux 4 € nuit ; 3 € nuit. Réduction H.S.
Lat. : 48° 11' 53" N **Long.** : 002° 24' 58" W.

FFCC : avantages adhérent : 12 € du 01/05 au 08/07 et du 27/08 au 30/09 sur emp. et entre 48 € et 168 € la nuitée et entre 222 € et 593 € la semaine du 01/01 au 08/07 et du 27/08 au 23/12 sur loc.

MINIHY-TREGUIER

5-D1 18 km N.E. Lannion. 35 m. ✉ 22220

LA FERME DU SYET . Ouvert: 15.3 / 31.10. ☎ 02 96 92 31 79. E-mail : la-ferme-du-syet.nicolas@wanadoo.fr.
Lat. : 48° 47' 05" N **Long.** : 003° 15' 05" W.

PABU

5-D2 4 km N. Guingamp. 107 m. ✉ 22200

CAMPING DE MILIN KERHE ★★ Tourisme 55 E. dont 59 nus 1,27 ha CV. Randonnée pédestre organisée. Accès direct à la rivière. Ouvert: 2.6 / 13.9. ☎ 09 82 57 40 35. E-mail : milinkerhe@gmail.com. Web : milin-kerhe.com.
Lat. : 48° 35' 40" N **Long.** : 003° 08' 50" W.

PAIMPOL

5-D1 44 km N.-O. Saint-Brieuc. 40 m. ✉ 22500

CAMPING MUNICIPAL CRUCKIN ★★ Tourisme 130 E. dont 111 nus CV. Locations : , roulotte. Bord de mer à 50 m ; étang à 500 m. Accueil groupes. Ouvert: 1.4 / 30.9. ☎ 02 96 20 78 47. E-mail : contact@camping-paimpol.com. Web : www.camping-paimpol.com. Prix 2022. empl. Tourisme : 9,10 € ; 4 € ; animaux 2 € ; 2,50 € ; 4,20 €. Réduction H.S.
Lat. : 48° 46' 11" N **Long.** : 003° 01' 20" W.

PENVENAN

5-D1 16 km N.-E. Lannion. 55 m. ✉ 22710

CAMPING MUNICIPAL DES DUNES ★★★ Tourisme 86 E. dont 81 nus CV. Accès direct à la mer. Ouvert: 27.4 / 30.9. ☎ 02 96 92 63 42. E-mail : campingdunes@ville-penvenan.fr. Web : www.campingportblanc.com. Réduction H.S.
Lat. : 48° 49' 60" N **Long.** : 003° 19' 43" W.

LES HAUTS PORT BLANC ★★★ Tourisme 123 E. dont 40 nus 3 ha CV. Locations : . Randonnée pédestre organisée. couverte chauffée. Bord de mer à 2 km. Accueil groupes. Ouvert: 6.4 / 30.9. ☎ 02 96 92 86 72. E-mail : contact@portblanc.com. Web : www.portblanc.com. Réduction H.S.
Lat. : 48° 49' 04" N **Long.** : 003° 18' 12" W.

CAMPING MUNICIPAL BUGUELES NC Tourisme 19 E. 0,3 ha CV. Accès direct à la mer. Ouvert: 27.6 / 29.8. ☎ 02 96 92 87 83. E-mail : centre-vacances@ville-penvenan.fr. Web : www.campingportblanc.fr.
Lat. : 48° 50' 27" N **Long.** : 003° 16' 44" W.

PERROS-GUIREC

5-C1 10 km N. Lannion. 49 m. ✉ 22700

LE RANOLIEN ★★★★★ Tourisme 524 E. dont 96 nus CV. Locations : . Randonnée pédestre organisée. Espace Fitness. couverte chauffée. Accès direct à la mer. Accueil groupes adultes. Ouvert: 7.4 / 24.9. ☎ 02 96 91 65 65. E-mail : ranolien@sandaya.fr. Web : www.sandaya.fr/nos-campings/le-ranolien.
Lat. : 48° 49' 40" N **Long.** : 003° 28' 34" W.

DOMAINE DE TRESTRAOU ★★★ Tourisme 180 E. 1,80 ha CV. Bord de mer à 100 m. Accueil groupes. Ouvert: 30.3 / 1.10. ☎ 06 08 99 03 93. E-mail : domainedetrestrou@outlook.fr. Web : domainedetrestraou.com.
Lat. : 48° 48' 51" N **Long.** : 003° 27' 39" W.

WEST CAMPING ★★★ Tourisme 49 E. dont 18 nus après 23 h, CV. A 5 km : Locations : , roulotte. chauffée. Bord de mer à 1,2 km. Ouvert: 15.4 / 18.9. ☎ 02 96 91 43 82. E-mail : westcamping22@gmail.com. Web : www.westcamping.com.
Lat. : 48° 49' 23" N **Long.** : 003° 28' 52" W.

PLANCOET

2-A4 18 km N.-O. Dinan. 38 m. ✉ 22130

LES VERGERS NC Tourisme 99 E. dont 99 nus 1,2 ha CV. Locations : . Accès direct à la rivière. Ouvert: 1.6 / 30.9. ☎ 06 45 09 53 18. E-mail : accueil@campinglesvergers.com. Web : campinglesvergers.com/.
Lat. : 48° 31' 15" N **Long.** : 002° 46' 01" W.

PLANGUENOUAL

5-E2 17 km E. Saint Brieuc. 81 m. ✉ 22400

CAMPING MUNICIPAL NC Tourisme 64 E. CV. Bord de mer à 2 km. Ouvert: 15.6 / 15.9. ☎ 02 96 32 71 93. E-mail : mairie@planguenoual.fr. Web : www.planguenoual.fr.
Lat. : 48° 32' 53" N **Long.** : 002° 35' 51" W.

PLEBOULLE

5-E2 34 km N.-O. Dinan 35 m. ✉ 22550

LE FRÉCHE À L'ÂNE ★★★ Tourisme 80 E. dont 60 nus, dont 10 GCC. 1,4 ha CV. Locations : . Bord de mer à 1,5 km. Ouvert: 1.4 / 31.10. ☎ 02 96 41 08 72. E-mail : info@camping-frechealane.com. Web : www.camping-frechealane.com. Prix 2022. Fft jour : empl. Tourisme (2) : 14,5 € ( ) ; sup 3,40 € ; animaux 1,50 € ; 2,20 € ; 3,10 €. Réduction H.S.
Lat. : 48° 36' 31" N **Long.** : 002° 20' 11" W.

PLEDELIAC

5-E2 32 km O. Dinan. 86 m. ✉ 22270

LE CHENE AU LOUP . Ouvert: 1.6 / 30.9. ☎ 02 96 34 12 55. E-mail : contact@pledeliac.fr, Web : www.pledeliac.fr.
Lat. : 48° 27' 41" N **Long.** : 002° 21' 06" E.

PLELO

5-D2 17 km N.-O. Saint-Brieuc. 117 m. ✉ 22170

CAMPING LOC'HAN ★★ Tourisme 69 E. CV. couverte chauffée. Rivière à 2 km ; lac à 3 km ; étang à 4 km. Ouvert: 1.4 / 30.9. ☎ 02 96 74 12 92. E-mail : campingduminihy@orange.fr. Web : campingduloc-han.fr/.
Lat. : 48° 34' 55" N **Long.** : 002° 56' 46" W.

PLEMY

5-D2 28 km S. Saint-Brieuc. 208 m. ✉ 22150

LA TOURELLE ★★★ Tourisme 47 E. dont 30 nus CV. Locations : , cabanes. Ouvert: 1.4 / 30.9. ☎ 02 96 73 50 65. E-mail : campinglatourelle@gmail.com. Web : www.campinglatourelle.com. Prix 2023. Fft jour : empl. Tourisme (2) : 21,2 € ( )
Lat. : 48° 21' 11" N **Long.** : 002° 38' 18" W.

FFCC : avantages adhérent : 16 € du 01/04 au 30/06 et du 01/09 au 30/09 sur emp.

PLENEUF-VAL-ANDRE

5-E2 26 km N.-E. Saint-Brieuc. 64 m. ✉ 22370

LE MINIHY ★★★ Tourisme 59 E. dont 29 nus 1,2 ha 12 h / 19 h, CV. Locations : . Etang et rivière à 500 m ; bord de mer à 1 km. Ouvert: 1.4 / 15.9. ☎ 02 96 72 22 95. E-mail : campingminihy22@gmail.com. Web : www.camping-minihy-val-andre.com.
Lat. : 48° 34' 56" N **Long.** : 002° 33' 07" W.

LES MONTS COLLEUX ★★★ Tourisme 179 E. dont 114 nus

2 ha CV. A 2 km : Locations : . Bord de mer à 300 m. Accueil groupes. Ouvert: 1.4 / 25.9. ☎ 02 96 72 95 10. E-mail : montscolleux@vacances-andretrigano.com. Web : vacances-andretrigano.com/camping/cotes-d-armor/les-monts-colleux-pleneuf-val-andre. Prix 2022. Fft jour : empl. Tourisme (2) : 24,4 € ( ) ; sup 4,30 € ; animaux 3 € ; 3,90 € ; 4,90 €. Réduction H.S.
Lat. : 48° 35' 22" N **Long.** : 002° 32' 60" W.
FFCC : avantages adhérent : 10% du 07/04 au 08/07 et du 26/08 au 24/09 sur emp. et 5% du 07/04 au 08/07 et du 26/08 au 24/09 sur loc.

PLERIN

5-D2 4 km N. Saint-Brieuc. 84 m. ✉ 22190

CAMPING GCU - TOURNEMINE EN PLERIN ★★ Tourisme 45 E.. Locations : . , . Accès direct à la mer. ; . Ouvert: 25.6 / 28.8. ☎ 02 96 74 58 43. E-mail : tournemine2204@gcuf.fr. Web : www.gcu.asso.fr.
Lat. : 48° 34' 06" N **Long.** : 002° 46' 22" W.

LES MOUETTES ★★ Tourisme 31 E. dont 20 nus CV . Locations : . Bord de mer à 800 m ; rivière à 2 km ; étang à 5 km. Accueil groupes. Ouvert: 8.4 / 8.9. ☎ 02 96 94 05 05. E-mail : contact@camping-cotesdarmor-lesmouettes.com. Web : www.camping-cotesdarmor-lesmouettes.com. Prix 2022. Fft jour : empl. Tourisme (2) : 23 € ( ) ; sup 4 € ; animaux 4 € ; 3 €. Réduction H.S.
Lat. : 48° 33' 22" N **Long.** : 002° 45' 43" W.

CAMPING DES ROSAIRES . Ouvert: 1.5 / 12.9. ☎ 02 96 58 64 90. E-mail : campingdesrosaires@hotmail.fr, Web : campingdesrosaires.jimdo.com.
Lat. : 48° 33' 18" N **Long.** : 002° 45' 43" W.

PLESSALA

5-E3 30 km S.-E. Saint-Brieuc. 189 m. ✉ 22330

CAMPING MUNICIPAL NC Tourisme 15 E. , , . Accès direct à l'étang.. Ouvert: 15.6 / 30.9. ☎ 02 96 26 11 08. E-mail : mairie.plessala@wanadoo.fr.
Lat. : 48° 16' 23" N **Long.** : 002° 37' 21" W.

PLESSIX-BALISSON

2-A4 13 km N.-O. Dinan. 48 m. ✉ 22650

VILLAGE DE YOURTES - CAMPING DU CHATEAU ★ Tourisme 50 E. dont 40 nus 7 h / 23 h, CV . Locations : . . Bord de mer à 5 km. Accueil groupes. Ouvert: 1.4 / 30.9. ☎ 06 88 45 29 67. E-mail : contact@villagedeyourtes.com. Web : www.villagedeyourtes.com.
Lat. : 48° 32' 20" N **Long.** : 002° 08' 30" W.

PLESTIN-LES-GREVES

5-C2 18 km S.-O. Lannion. 70 m. ✉ 22310

CAMPING MUNICIPAL SAINT-EFFLAM ★★★ Tourisme 184 E.

CV . couverte chauffée. Bord de mer à 150 m. Ouvert: 3.1 / 15.10. ☎ 02 96 35 62 15. E-mail : campingmunicipal@plestinlesgreves.bzh. Web : www.camping-municipal-bretagne.com.
Lat. : 48° 40' 06" N **Long.** : 003° 36' 03" W.

L'ARMORIQUE NC Tourisme 74 E. 3 ha . couverte chauffée. Bord de mer à 500 m. ; ; . Accueil groupes adultes. Ouvert: 5.4 / 27.9. ☎ 02 96 35 61 59. E-mail : reservations@tlcvacances.fr. Web : www.villagearmorique.com.
Lat. : 48° 40' 43" N **Long.** : 003° 37' 28" W.

LA CORNICHE NC Tourisme 50 E. 0,5 ha . . Accès direct à la mer. ; . . Ouvert: 1.1 / 31.12. ☎ 02 96 54 11 91. E-mail : campingdelacorniche22@gmail.com.
Lat. : 48° 40' 59" N **Long.** : 003° 37' 29" W.

AIRE NATURELLE . Ouvert: 15.6 / 15.9. ☎ 02 96 35 08 37. E-mail : guides@campingfrance.com.
Lat. : 48° 38' 37" N **Long.** : 003° 38' 34" W.

PLEUBIAN

5-D1 32 km N.-E. Lannion. 35 m. ✉ 22610

PORT LA CHAINE ★★★★ Tourisme 142 E.

CV . couverte chauffée . Accès direct à la mer. ; ; . Ouvert: 4.4 / 24.9. ☎ 08 25 27 32 73. E-mail : odalys@odalys-vacances.com. Web : www.odalys-vacances.com/.
Lat. : 48° 51' 25" N **Long.** : 003° 07' 56" W.

DOMAINE DE LANEROS ★★★ Loisirs 45 E. dont 4 nus, dont 5 CC - 31 GCC. 1,6 ha 23 h / 8 h, . Locations : . . Bord de mer à 300 m.. Accueil groupes. Ouvert: 1.3 / 31.10. ☎ 02 96 55 58 63. E-mail : contact@camping-laneros.com. Web : www.camping-laneros.com. Prix 2022. Fft nuit : empl. Tourisme (2) : 20 € ( )
Lat. : 48° 51' 48" N **Long.** : 003° 05' 32" W.

PLEUDIHEN-SUR-RANCE

2-A4 12 km N.-E. Dinan. 28 m. ✉ 22690

LA VILLE GER ★★ Tourisme 40 E. dont 40 nus 22 h / 9 h, CV . Bord de mer à 100 m. Ouvert: 1.4 / 30.9. ☎ 02 96 83 33 88. E-mail : pierre-yves.chevestrier@orange.fr. Web : www.campingdelavilleger.fr. Prix 2022. 4 € ; 3 € ; 2,80 € ; 2,80 € ; 2,80 € ; animaux 1,50 € ; 2,20 € ; 2,50 €.
Lat. : 48° 31' 29" N **Long.** : 001° 57' 58" W.

PLEUMEUR-BODOU

5-C1 7 km N.-N.-O. Lannion. 58 m. ✉ 22560

CAMPING DU PORT ★★★★ Tourisme 96 E. 2,2 ha CV . Locations : , roulotte, . couverte . Accès direct à la mer. ; ; ; . Accueil groupes adultes. Ouvert: 5.4 / 13.10. ☎ 02 96 23 87 79. E-mail : renseignements@camping-du-port-22.com. Web : www.camping-du-port-22.com. Réduction H.S.
Lat. : 48° 48' 36" N **Long.** : 003° 32' 27" W.

ABRI COTIER ★★★ Loisirs 101 E. dont 30 nus 2 ha CV. Locations : . . Accès direct à la mer.. Accueil groupes. Ouvert: 1.4 / 30.9. ☎ 02 96 91 92 03. E-mail : abri.cotier0360@orange.fr.
Lat. : 48° 48' 06" N **Long.** : 003° 34' 01" W.

PARC RESIDENTIEL DE LOISIRS VILLAGE STEREDEN P.R.L ★★★ NN26 E. CV . A 4 km : Locations : . Randonnée pédestre organisée. couverte chauffée . Bord de mer à 2 km. Accueil groupes adultes. Ouvert: 9.2 / 9.11. ☎ 02 96 91 80 57. E-mail : contact@stereden.com. Web : www.stereden.com. Réduction H.S.
Lat. : 48° 47' 18" N **Long.** : 003° 31' 08" W.

CAMPING MUNICIPAL DE LANDRELLEC ★★ Tourisme 132 E. dont 132 nus 3 ha CV . Locations : . , . Accès direct à la mer. ; ; . Accueil groupes adultes. Ouvert: 27.4 / 17.9. ☎ 02 96 23 87 92. E-mail : camping.landrelec@orange.fr. Web : www.pleumeur-bodou.com.
Lat. : 48° 49' 06" N **Long.** : 003° 32' 21" W.

CAMPING MUNICIPAL LE DOURLIN ★★ Tourisme 199 E. dont 199 nus 10 ha CV . Locations : . , . Accès direct à la mer. ; ; . Accueil groupes adultes. Ouvert: 20.4 / 30.9. ☎ 02 96 91 92 41. E-mail : camping.ig@orange.fr. Web : www.pleumeur-bodou.com.
Lat. : 48° 47' 57" N **Long.** : 003° 35' 02" W.

CAMPING GCU - LANDRELLEC ★ Tourisme 133 E. . Locations : . , . . Ouvert: 31.5 / 28.9. ☎ 02 96 23 43 61. E-mail : gcu@gcu.asso.fr. Web : www.gcu.asso.fr.
Lat. : 48° 48' 46" N **Long.** : 003° 32' 39" W.

PLEVEN

2-A4 28 km O. Dinan. 69 m. ✉ 22130

CAMPING MUNICIPAL ★ Tourisme 40 E.

CV . Lac et rivière à 600 m. Ouvert: 1.4 / 15.11. ☎ 02 96 84 46 71. E-mail : camping.pleven@wanadoo.fr. Web : www.pleven.fr. Prix 2022. empl. Tourisme : 5,75 € ; 2,75 € ; 1,90 € ; 2,90 €.
Lat. : 48° 29' 21" N **Long.** : 002° 19' 10" W.
FFCC : avantages adhérent : 11.40 € du 01/04 au 15/11 sur emp.

PLEVENON

5-E2 40 km N.-O. Dinan. 52 m. ✉ 22240

CAMPING MUNICIPAL LE CAP FREHEL NC Tourisme 150 E. 2 ha . . Bord de mer à 50 m. ; ; . . Ouvert: 1.7 / 31.8. ☎ 02 96 41 43 34. E-mail : mairie.plevenon.capfrehel@wanadoo.fr.
Lat. : 48° 39' 50" N **Long.** : 002° 20' 24" W.

PLOEUC-L'HERMITAGE

5-D2 22 km S. Saint-Brieuc. 216 m. ✉ 22150

CAMPING MUNICIPAL NC Tourisme 24 E. dont 16 nus CV. . Rivière à 2 km ; étang à 3 km. Accueil groupes adultes. Ouvert: 1.6 / 15.9. ☎ 02 96 64 22 00. E-mail : mairieploeuc@wanadoo.fr. Web : www.ploeucsurlie.fr.
Lat. : 48° 20' 38" N **Long.** : 002° 45' 10" W.

PLOREC-SUR-ARGUENON

2-A4 25 km O. Dinan 63 m. ✉ 22130

CAMPING MUNICIPAL DU BOURG NC Tourisme 10 E. . Lac à 1 km. Ouvert: 1.5 / 30.9. ☎ 02 96 83 01 04. E-mail : mairieplorec@orange.fr.
Lat. : 48° 28' 43" N **Long.** : 002° 17' 51" W.

PLOUBAZLANEC

5-D1 48 km N.-O. Saint-Brieuc. 44 m. ✉ 22620

LE PAOU ★★ Tourisme 36 E. 0,4 ha CV. Locations : , . . Bord de mer à 300 m. . Accueil groupes. Ouvert: 1.7 / 31.8. ☎ 02 96 55 87 22. E-mail : arcouest22@gmail.com. Web : www.campingpanorama.com.
Lat. : 48° 49' 00" N **Long.** : 003° 00' 51" W.

PANORAMA DU ROHOU ★★ Tourisme 70 E. dont 59 nus, dont 12 GCC. 1 ha CV . Bord de mer à 300 m. Accueil groupes adultes. Ouvert: 1.1 / 31.12. ☎ 02 96 55 87 22. E-mail : arcouest22@gmail.com. Web : www.campingpanorama.com.
Lat. : 48° 49' 08" N **Long.** : 003° 01' 03" W.

PLOUEZEC

5-D1 38 km N.-O. Saint-Brieuc. 78 m. ✉ 22470

LE CAP DE BRÉHAT ★★★★ Tourisme 140 E.

3,5 ha CV . Randonnée pédestre organisée. couverte chauffée . Accès direct à la mer. ; . Accueil groupes. Ouvert: 7.4 / 2.10. ☎ 02 96 20 64 28. E-mail : capdebrehat@edenvillages.fr. Web : www.edenvillages.fr/campings/capdebrehat.
Lat. : 48° 45' 36" N **Long.** : 002° 57' 47" W.
FFCC : avantages adhérent : 10% du 07/04 au 02/07 et du 27/08 au 24/0910% du 07/04 au 02/07 et du 27/08 au 24/09 sur emp. et loc.

DOMAINE DU LAUNAY ★★★ Loisirs 190 E. . Locations : . chauffée , , , , . Etang à 300 m ; rivière à 1 km ; bord de mer à 5 km.. Accueil groupes. Ouvert: 30.3 / 30.9. ☎ 02 96 20 63 15. E-mail : domainedulaunay@wanadoo.fr. Web : www.domaine-du-launay.com. Réduction H.S.
Lat. : 48° 44' 06" N **Long.** : 003° 00' 13" W.

CAMPING MUNICIPAL DE LA PEPINIERE NC Tourisme 66 E. 0,5 ha . Ouvert: 15.6 / 15.9. ☎ 02 96 20 64 90. E-mail : mairie.plouezec@wanadoo.fr. Web : www.plouezec.fr.
Lat. : 48° 45' 14" N **Long.** : 002° 59' 07" W.

PLOUGRESCANT

5-D1 22 km N.-E. Lannion. 36 m. ✉ 22820

LE GOUFFRE ★★★ Loisirs 118 E. dont 17 nus 2 ha CV. Bord de mer à 700 m. Ouvert: 1.4 / 30.9. ☎ 02 96 92 02 95. E-mail : campingdugouffre@orange.fr. Web : www.camping-gouffre.com. Réduction H.S.
Lat. : 48° 51' 37" N **Long.** : 003° 13' 38" W.

LE VARLEN ★★★ Tourisme 60 E. dont 24 nus 0,8 ha CV. Bord de mer à 300 m. Ouvert: 1.4 / 4.11. ☎ 02 96 92 52 15. E-mail : info@levarlen.com. Web : www.levarlen.com. Réduction H.S.
Lat. : 48° 51' 29" N **Long.** : 003° 13' 17" W.

CAMPING MUNICIPAL ★★ Tourisme 95 E. dont 84 nus CV. Locations : . Accès direct à la mer. ; . Ouvert: 1.4 / 25.9. ☎ 0 2 96 92 51 18. E-mail : mairie.plougrescant@wanadoo.fr. Web : www.plougrescant.fr.
Lat. : 48° 50' 52" N **Long.** : 003° 12' 29" W.

PLOUGUENAST

5-D3 38 km S. Saint-Brieuc. 182 m. ✉ 22150

CAMPING A LA FERME CV. Ouvert: 15.6 / 30.9. ☎ 02 96 28 70 61. E-mail : madlucas@orange.fr.
Lat. : 48° 15' 56" N **Long.** : 002° 42' 18" W.

PLOUGUERNEVEL

5-D3 44 km S.-O. Guingamp. 187 m. ✉ 22110

VILLAGE VACANCES DE KERMARC'H NC Tourisme 24 E. 0,26 ha CV. . Rivière à 1 km.. Ouvert: 1.4 / 31.10. ☎ 02 96 29 10 95. E-mail : village.kermarc@orange.fr.
Lat. : 48° 13' 36" N **Long.** : 003° 16' 60" W.

PLOUHA

5-D2 24 km N.-O. Saint-Brieuc. 80 m. ✉ 22580

LE VARQUEZ-SUR-MER ★★★ Tourisme 91 E. dont 32 nus 2 ha CV. Locations : . couverte chauffée . Bord de mer à 600 m. . Accueil groupes adultes. Ouvert: 1.4 / 30.9. ☎ 02 96 22 34 43. E-mail : contact@camping-le-varquez.com. Web : www.camping-le-varquez.com. Réduction H.S.
Lat. : 48° 43' 10" N **Long.** : 002° 57' 13" W.
FFCC : avantages adhérent : 22 € sur emp.

LES TAMARIS ★★ Tourisme 67 E. 1,5 ha CV. , . Bord de mer à 150 m. . Ouvert: 15.6 / 15.9. ☎ 02 96 22 60 01. E-mail : aurelnomade@gmail.com.
Lat. : 48° 43' 14" N **Long.** : 002° 56' 54" W.

PLURIEN

5-E2 40 km N.-E. St-Brieuc. 61 m. ✉ 22240

ENTRE DEUX CAPS ★★ Loisirs 100 E. dont 17 nus 1,35 ha CV. Bord de mer à 2 km. Ouvert: 1.3 / 30.11. ☎ 02 96 72 06 17. E-mail : jean-michel.departout@orange.fr.
Lat. : 48° 37' 24" N **Long.** : 002° 23' 57" W.

LES SALINES ★★ Tourisme 150 E. dont 133 nus 3,5 ha CV . Locations : , . Randonnée pédestre organisée. . Bord de mer à 700 m. Ouvert: 1.4 / 31.10. ☎ 02 96 72 17 40. E-mail : campinglessalinesplurien@gmail.com. Web : www.campinglessalines.fr. Prix 2022. Fft nuit : empl. Tourisme (2) : 14,5 € ( )
Lat. : 48° 37' 55" N **Long.** : 002° 24' 49" W.

PONTRIEUX

5-D1 18 km N. Guingamp. 30 m. ✉ 22260

TRAOU MELEDERN ★★ Tourisme 55 E. dont 37 nus CV . Locations : . Randonnée pédestre organisée. . Accès direct à la rivière. . Accueil groupes. Ouvert: 1.4 / 15.10. ☎ 02 96 95 69 27. E-mail : campingpontrieux@free.fr. Web : www.camping-pontrieux.com.
Lat. : 48° 41' 42" N **Long.** : 003° 09' 49" W.

PORDIC

5-D2 9 km N.-O. St-Brieuc. 90 m. ✉ 22590

LA PETITE VILLE ★★★ Loisirs 35 E. 1 ha CV. Bord de mer à 1 km. Ouvert: 1.3 / 30.11. ☎ 02 96 79 02 39. E-mail : contact@campinglapetiteville.com. Web : www.campinglapetiteville.com.
Lat. : 48° 34' 46" N **Long.** : 002° 48' 37" W.

LE ROC DE L'HERVIEU ★★★ Loisirs 163 E. dont 47 nus 4 ha CV . Locations : . Bord de mer à 950 m. Ouvert: 1.5 / 30.9. ☎ 02 96 79 30 12. E-mail : le.roc.de.lhervieu@wanadoo.fr. Web : www.campinglerocdelhervieu.fr.
Lat. : 48° 34' 43" N **Long.** : 002° 47' 07" W.

LES MADIERES ★★★ Tourisme 95 E. dont 82 nus 1,93 ha CV . chauffée. Bord de mer à 800 m. Accueil groupes. Ouvert: 13.4 / 19.10. ☎ 02 96 79 02 48. E-mail : campinglesmadieres@wanadoo.fr. Web : www.campinglesmadieres.com. Réduction H.S.
Lat. : 48° 34' 56" N **Long.** : 002° 48' 19" W.
FFCC : avantages adhérent : 17 € du 01/04 au 30/06 et du 28/08 au 15/10 sur emp. et entre 40 € et 100 € la nuitée et entre 140 € et 450 € la semaine du 01/04 au 30/06 et du 28/08 au 15/10 sur loc.

QUEMPER-GUEZENNEC

5-D1 18 km N. Guingam. 65 m. ✉ 22260

CAMPING MUNICIPAL BOIS D'AMOUR NC Tourisme 20 E. CV. Locations : . . Accès direct à la rivière.. Ouvert: 15.6 / 15.9. ☎ 02 96 95 13 40. E-mail : mairie.quemper-guezennec@wanadoo.fr. Réduction H.S.
Lat. : 48° 42' 47" N **Long.** : 003° 08' 12" W.

QUINTIN

5-D2 20 km S.-O. Saint-Brieuc. 184 m. ✉ 22800

CAMPING MUNICIPAL NC 25 E. 0,3 ha . . Accès direct aux bords du lac et à la rivière. . Ouvert: 15.4 / 30.9. ☎ 02 96 74 84 01. E-mail : mairie@quintin.fr. Web : www.quintin.fr.
Lat. : 48° 24' 04" N **Long.** : 002° 54' 25" W.

RUCA

5-E2 30 km N.-O. Dinan. 56 m. ✉ 22550

LE VERGER NC Loisirs 60 E. 1,5 ha CV. Locations : , . couverte . Etang à 4 km ; bord de mer à 5 km. Ouvert: 1.6 / 15.9. ☎ 06 08 52 42 27.
Lat. : 48° 34' 27" N **Long.** : 002° 20' 12" W.

SAINT-ADRIEN

5-D2 9 km S. Guingamp. 148 m. ✉ 22390

CAMPING MUNICIPAL NC 10 E. . . Rivière à 2 km ; lac à 4 km.. Ouvert: 1.7 / 31.8. ☎ 02 96 43 42 81. E-mail : mairie.st.adrien@wanadoo.fr.
Lat. : 48° 29' 23" N **Long.** : 003° 08' 08" W.

SAINT-ALBAN

5-E2 20 km N.-E. Saint-Brieuc. 98 m. ✉ 22400

CAMPING DU DOMAINE DES JONQUILLES ★★ Loisirs 65 E. dont 25 nus CV . A 3 km : . Locations : , , , caravane. Randonnée pédestre organisée. chauffée. Etang et rivière à 500 m ; bord de mer à 3,5 km. Accueil groupes. Ouvert: 1.4 / 2.10. ☎ 02 96 32 96 05. E-mail : info@campingdesjonquilles.com. Web : www.campingdesjonquilles.com. Prix 2023. Fft nuit : empl. Tourisme (2) : 17 € ( ). Réduction H.S.
Lat. : 48° 33' 35" N **Long.** : 002° 32' 03" W.

LA FERME DU POURPRAY CV. Ouvert: 1.4 / 30.9. ☎ 02 96 63 08 62. E-mail : lafermedupourpray@gmail.com, Web : www.la-ferme-du-pourpray.fr. Prix 2022. 3,60 € ; 4,90 € ; 3,80 € ; 3,80 € ; 1,60 € ; animaux 1,10 € ; 2 € ; 2,10 €.
Lat. : 48° 34' 05" N **Long.** : 002° 33' 43" W.

SAINT VREGUET CV . A 5 km : . Ouvert: 1.6 / 30.9. ☎ 02 96 32 97 59.
Lat. : 48° 32' 44" N **Long.** : 002° 31' 11" W.

SAINT-BRIEUC

5-D2 437 km O. Paris. 82 m. ✉ 22000

LES VALLÉES ★★★ Tourisme 84 E. dont 9 nus 1,5 ha 23 h / 7 h, CV . Locations : , , . Rivière à 200 m. Accueil groupes. Ouvert: 18.3 / 12.10. ☎ 02 96 94 05 05. E-mail : campingdesvallees@wanadoo.fr. Web : www.camping-desvallees.com. Réduction H.S.
Lat. : 48° 30' 01" N **Long.** : 002° 45' 32" W.

SAINT-CAST-LE-GUILDO

2-A4 30 km N.-O. Dinan. 49 m. ✉ 22380

LE CHÂTELET ★★★★★ Tourisme 163 E. dont 71 nus 5 ha CV . A 3 km : . Locations : . Randonnée pédestre organisée. Espace Fitness. couverte chauffée , . Accès direct à l'étang et à la mer. . Accueil groupes. Ouvert: 7.4 / 24.9. ☎ 02 96 41 96 33. E-mail : reservation@grouperomanee.com. Web : www.lechatelet.com.
Lat. : 48° 38' 13" N **Long.** : 002° 16' 09" W.

CHÂTEAU DE GALINÉE ★★★★ Tourisme 273 E. dont 273 GCC. 12,5 ha CV . A 3 km : . Locations : , , roulotte. couverte chauffée , . Accès direct à l'étang ; bord de mer et rivière à 3 km. ; . Accueil groupes. Ouvert: 15.5 / 4.9. ☎ 02 96 41 10 56. E-mail : contact@chateaudegalinee.fr. Web : www.chateaudegalinee.com. Prix 2022. Fft jour : empl. Tourisme (2) : 27,8 € ( ) ; sup 4,50 € ; animaux 4,60 € ; 2,70 € ; 6,80 €.
Lat. : 48° 35' 04" N **Long.** : 002° 15' 26" W.
FFCC : avantages adhérent : 22 € du 15/05 au 05/07 et du 25/08 au 03/09 sur emp.

LES BLÉS D'OR ★★★★ Tourisme 159 E. dont 91 nus, dont 46 GCC. 3,5 ha CV . A 1 km : . Locations : , . couverte chauffée . Bord de mer à 800 m. Ouvert: 1.4 / 31.10. ☎ 02 96 41 99 93. E-mail : camping-les-bles-dor@wanadoo.fr. Web : www.campinglesblesdor.fr. Prix 2022. Fft jour : empl. Tourisme (2) : 22 € ( ) ; sup 4 € ; 2,50 € ; 4 €. Réduction H.S.
Lat. : 48° 36' 51" N **Long.** : 002° 15' 23" W.

LES MIELLES ★★★★ Loisirs 147 E. dont 13 nus CV . A 2 km : . chauffée . Bord de mer à 250 m. Accueil groupes. Ouvert: 15.3 / 15.11. ☎ 02 96 41 87 60. E-mail : lesmielles@campings-vert-bleu.com. Web : www.campings-vert-bleu.com.
Lat. : 48° 37' 38" N **Long.** : 002° 15' 15" W.
FFCC : avantages adhérent : 15 € du 15/03 au 21/05 et du 25/09 au 15/11 sur emp.

LA CRIQUE ★★★ Tourisme 81 E. dont 46 nus CV. A 2 km : . Accès direct à la mer. ; . Accueil groupes. Ouvert: 15.3 / 15.11. ☎ 02 96 41 89 19. E-mail : lacrique@campings-vert-bleu.com. Web : www.campings-vert-bleu.com. Réduction H.S.
Lat. : 48° 38' 31" N **Long.** : 002° 15' 21" W.
FFCC : avantages adhérent : 22 € du 15/03 au 02/07 et du 27/08 au 01/11 sur emp. et entre 308 € et 504 € la semaine du 15/03 au 01/07 et du 28/08 au 15/11 sur loc.

LA FONTAINE ★★★ Tourisme 103 E. dont 65 nus 1,5 ha CV. A 500 m : . Bord de mer à 500 m. Ouvert: 25.3 / 25.10. ☎ 06 78 22 42 24. E-mail : camping.la-fontaine@orange.fr. Web : www.campinglafontaine.fr.
Lat. : 48° 37' 58" N **Long.** : 002° 16' 43" W.

PEN-GUEN ★★★ Loisirs 300 E. 3,2 ha CV. Bord de mer à 500 m ; rivière à 1 km ; étang à 1,5 km. ; . . Accueil groupes. Ouvert: 1.4 / 1.10. ☎ 02 96 41 92 18. E-mail : campingpen-guen@orange.fr. Web : www.camping-penguen.com. Réduction H.S.
Lat. : 48° 36' 18" N **Long.** : 002° 14' 36" W.

G.C.U. SAINT CAST ★★ Tourisme 65 E. , , , .. Ouvert: 31.5 / 7.9. ☎ 02 96 41 91 57. E-mail : gcu@gcu.asso.fr. Web : www.gcu.asso.fr.
Lat. : 48° 36' 52" N **Long.** : 002° 14' 45" W.

LA BAIE ★★ Tourisme 59 E. dont 32 nus CV. Bord de mer à 300 m. Ouvert: 1.4 / 15.10. ☎ 02 96 41 82 67. E-mail : guides@campingfrance.com.
Lat. : 48° 38' 02" N **Long.** : 002° 16' 41" W.

LE CLOS TRANQUILLE ★★ Loisirs 74 E. dont 38 nus CV. A 5 km : Locations : . , . Bord de mer à 800 m ; étang à 1 km ; rivière à 3 km.. Accueil groupes. Ouvert: 1.7 / 31.8. ☎ 02 96 41 29 72. E-mail : leclostranquille@campings-vert-bleu.com. Web : www.campings-vert-bleu.com/index.php/fr/le-clos-tranquille.
Lat. : 48° 35' 27" N **Long.** : 002° 13' 28" W.

LES QUATRE VAULX ★★ Tourisme 51 E. dont 50 nus CV. A 4 km : Locations : . , , . Accès direct à la mer. ; . Accueil groupes. Ouvert: 1.5 / 30.9. ☎ 02 96 41 29 75. E-mail : 4vaulx@campings-vert-bleu.com. Web : www.campings-vert-bleu.com.
Lat. : 48° 35' 38" N **Long.** : 002° 13' 32" W.
FFCC : avantages adhérent : 15 € du 01/05 au 01/07 et du 27/08 au 30/09 sur emp. et entre 308 € et 469 € la semaine du 01/05 au 30/09 sur loc.

SAINT-JACUT-DE-LA-MER

2-A4 24 km N.-O. Dinan. 21 m. ✉ 22750

CAMPING MUNICIPAL LA MANCHETTE ★★★ Loisirs 273 E. 3 ha CV. Accès direct à la mer. . Accueil groupes. Ouvert: 1.4 / 30.9. ☎ 02 96 27 70 33. E-mail : camping.lamanchette@orange.fr. Web : www.mairie-saintjacutdelamer.com. Réduction H.S.
Lat. : 48° 35' 28" N **Long.** : 002° 11' 11" W.

LA PRESQU'ILE NC Loisirs 59 E. ☎ 02 96 27 76 35. E-mail : lapresquile@yahoo.fr.
Lat. : 48° 34' 48" N **Long.** : 002° 11' 42" W.

LES GRANDS HOTIEUX NC Tourisme 57 E. 2 ha. Ouvert: 1.5 / 30.9. ☎ 02 96 27 73 20.
Lat. : 48° 34' 49" N **Long.** : 002° 11' 40" W.

SAINT-LORMEL

2-A4 20 km N.-O. Dinan. 35 m. ✉ 22130

CAMPING MUNICIPAL NC Loisirs 34 E. 1 ha . , . Rivière à 500 m.. Ouvert: 9.4 / 4.9. ☎ 02 96 84 14 80. E-mail : mairie.st.lormel@orange.fr.
Lat. : 48° 32' 49" N **Long.** : 002° 13' 50" W.

SAINT-MICHEL-EN-GREVE

5-C1 10 km S.-O. Lannion. 77 m. ✉ 22300

LES CAPUCINES ★★★★ Tourisme 125 E. dont 89 nus 3 ha 22 h 30 / 7 h 30, CV. Locations : . couverte chauffée , . Bord de mer à 1 km. . Accueil groupes adultes. Ouvert: 1.4 / 30.9. ☎ 02 96 35 72 28. E-mail : les.capucines@wanadoo.fr. Web : www.lescapucines.fr. Prix 2022. Fft jour : empl. Tourisme (2) : 30 € (E. CC). Réduction H.S.
Lat. : 48° 41' 35" N **Long.** : 003° 33' 27" W.
FFCC : avantages adhérent : 18 € du 01/04 au 30/06 et du 01/09 au 30/09 sur emp.

SAINT-NICOLAS-DU-PELEM

5-D2 36 km S. Guingamp. 212 m. Station verte de vacances et village de neige ✉ 22480

CAMPING MUNICIPAL CUSSULIOU NC Tourisme 60 E. 1 ha CV. Randonnée pédestre organisée. chauffée. Accès direct à la rivière. ; . Accueil groupes. Ouvert: 15.6 / 15.9. ☎ 02 96 29 51 27. E-mail : mairie.st.nicolas.pelem@wanadoo.fr.
Lat. : 48° 18' 36" N **Long.** : 003° 10' 45" W.

SAINT-QUAY-PORTRIEUX

5-D2 18 km N.-O. Saint-Brieuc. 35 m. ✉ 22410

BELLEVUE ★★★ Tourisme 166 E. dont 148 nus, dont 37 CC - 18 GCC. 3,5 ha nuit, CV. A 1 km : Locations : . chauffée . Accès direct à la mer.. Ouvert: 29.4 / 18.9. ☎ 02 96 70 41 84. E-mail : campingbellevue22@orange.fr. Web : www.campingbellevue.net. Prix 2023. Fft jour : empl. Tourisme (2) : 29 € ( ) ; sup 7 € ; 4 €. Réduction H.S.
Lat. : 48° 39' 46" N **Long.** : 002° 50' 41" W.
FFCC : avantages adhérent : 21.15 € du 29/04 au 08/07 et du 26/08 au 18/09 sur emp.

SAINT-SAMSON-SUR-RANCE

2-A4 5 km N. Dinan. 52 m. ✉ 22100

CAMPING MUNICIPAL BEAUSÉJOUR ★★★ Tourisme 113 E. dont 56 nus 2 ha 23 h / 7 h, CV. Locations : . chauffée , . Rivière à 200 m. Accueil groupes. Ouvert: 2.5 / 25.9. ☎ 02 96 39 53 27. E-mail : beausejour.stsamson@orange.fr. Web : www.beausejour-camping.com. Réduction H.S.
Lat. : 48° 29' 20" N **Long.** : 002° 00' 31" W.
FFCC : avantages adhérent : 16 € du 02/05 au 01/07 et du 27/08 au 25/09 sur emp. et entre 33 € et 78 € la nuitée et entre 208 € et 528 € la semaine du 02/04 au 01/07 et du 27/08 au 30/10 sur loc. + 6 nuits = 7.

DU LYVET ★★ Loisirs 50 E. 2 ha . Locations : , . Rivière à 500 m. . Ouvert: 15.3 / 30.10. ☎ 06 23 95 60 43. E-mail : campingdelyvet@viveole.net. Web : campingdelyvet.com.
Lat. : 48° 29' 07" N **Long.** : 002° 59' 57" W.

TADEN

2-A4 4 km N.-E. Dinan. 62 m. ✉ 22100

CAMPING MUNICIPAL LA HALLERAIS ★★★★ Tourisme 221 E. dont 93 nus 4 ha CV. Locations : . Espace Fitness. chauffée , , , . Accès direct à la rivière ; étang à 1 km.. Accueil groupes. Ouvert: 11.3 / 12.11. ☎ 02 96 39 15 93. E-mail : contact@camping-lahallerais.com. Web : www.camping-lahallerais.com. Prix 2023. 5,17 € ; 16,50 € ; 16,50 € ; 12,65 € ; 2,20 €.
Lat. : 48° 28' 18" N **Long.** : 002° 01' 24" W.

TREBEURDEN

5-C1 11 km N.-O. Lannion. 63 m. ✉ 22560

ARMOR LOISIRS ★★★ Tourisme 101 E. dont 34 nus, dont 34 CC. après 23 h, CV. A 3 km : Locations : . couverte chauffée . Bord de mer à 500 m. . Accueil groupes. Ouvert: 9.4 / 30.9. ☎ 02 96 23 52 31. E-mail : info@armorloisirs.com. Web : www.armorloisirs.com. Réduction H.S.
Lat. : 48° 45' 52" N **Long.** : 003° 33' 41" W.
FFCC : avantages adhérent : 20 € du 09/04 au 01/07 et du 01/09 au 30/09 sur emp.

L'ESPÉRANCE ★★★ Tourisme 50 E. 1 ha CV. A 2 km : . Bord de mer à 20 m ; rivière à 5 km.. Accueil groupes. Ouvert: 2.4 / 1.10. ☎ 02 96 91 95 05. E-mail : camping.esperance@gmail.com. Web : www.camping-esperance.com. Réduction H.S.
Lat. : 48° 47' 29" N **Long.** : 003° 33' 28" W.

LE KERDUAL ★★★ Tourisme 26 E. dont 17 nus 0,4 ha ap. 22 h 30, . A 3 km : Locations : . . Accès direct à la mer. ; . Accueil groupes adultes. Ouvert: 1.5 / 30.9. ☎ 06 83 11 67 49. E-mail : camping.dekerdual@orange.fr. Web : campingdekerdual.fr. Réduction H.S.
Lat. : 48° 45' 38" N **Long.** : 003° 33' 43" W.

ROZ AR MOR ★★ Tourisme 30 E. dont 21 nus, dont 8 CC. 0,56 ha CV. A 1 km : Locations : . . Bord de mer à 150 m ; rivière à 1 km ; étang à 2 km.. Ouvert: 3.4 / 2.10. ☎ 02 96 23 58 12. E-mail : info@rozarmor.fr. Web : www.rozarmor.fr. Réduction H.S.
Lat. : 48° 45' 40" N **Long.** : 003° 33' 45" W.

AUBERGE GRANIT ROSE NC 20 E. dont 20 nus Locations : . Bord de mer à 300 m. Accueil groupes. Ouvert: 1.4 / 1.10. ☎ 02 96 23 52 22. E-mail : auberge.trebeurden@outlook.fr. Web : www.aubergegranitrose.fr. Prix 2023. Fft jour : empl. Tourisme (2) : 11,8 € ( )
Lat. : 48° 47' 13" N **Long.** : 003° 34' 34" W.

TREDREZ-LOCQUEMEAU

5-C1 10 km S.-O. Lannion. 74 m. ✉ 22300

CAMPING MUNICIPAL KERAVILIN ★★ Tourisme 130 E. dont 8 nus 1,4 ha CV. A 8 km : Locations : . , . Bord de mer à 50 m. Accueil groupes. Ouvert: 6.4 / 31.10. ☎ 02 96 35 26 44. E-mail : camping.keravilin@orange.fr. Web : campinglokemo.fr.
Lat. : 48° 43' 26" N **Long.** : 003° 34' 17" W.

TREGASTEL

5-C1 13 km N.-N.-O. Lannion. 26 m. ✉ 22730

TOURONY CAMPING ★★★ Tourisme 107 E. dont 98 nus 2 ha CV. . Lac et bord de mer à 10 m. ; ; . Ouvert: 25.3 / 24.9. ☎ 02 96 23 86 61. E-mail : contact@camping-tourony.com. Web : www.camping-tourony.com.
Lat. : 48° 49' 32" N **Long.** : 003° 29' 29" W.

C.C.A.S. LES AJONCS D'OR NC Tourisme 104 E. dont 17 nus . . ; ; . Ouvert: 1.6 / 30.9. ☎ 02 96 23 87 66. E-mail : ct.tregastel@asmeg.org. Web : gds.ccas.fr.
Lat. : 48° 49' 13" N **Long.** : 003° 29' 33" W.

TRELEVERN

5-C1 12 km N.-E. Lannion. 68 m. ✉ 22660

PORT-L'ÉPINE ★★★★ Tourisme 158 E. dont 101 nus 3 ha CV . Locations : . chauffée . Accès direct à la mer. ; . Accueil groupes adultes. Ouvert: 21.4 / 24.9. ☎ 0 9 70 73 10 38. E-mail : contact@rcn.fr. Web : www.rcn.fr. Prix 2023. Fft nuit : empl. Tourisme (2) : 51 € ( ). Réduction H.S.
Lat. : 48° 48' 48" N **Long.** : 003° 23' 10" W.
FFCC : avantages adhérent : 15% du 21/04 au 14/07 et du 19/08 au 24/0915% du 21/04 au 14/07 et du 19/08 au 24/09 sur emp. et loc. + Profitez de lòffre en réservant sur le site du partenaire au 09 70 73 10 38 ou rendez-vous sur votre Club avantages pour obtenir le code promotionnel. Offre non valable du 18/05 au 21/05.

SEASONOVA LES 7 ILES ★★★ Tourisme 138 E.
3 ha CV. Locations : cocosweet. Accès direct à la mer. ; . Accueil groupes. Ouvert: 2.4 / 26.9. ☎ 02 96 91 73 11. E-mail : camping-trelevern@vacances-seasonova.com. Web : www.vacances-seasonova.com/camping-les-7-iles.
Lat. : 48° 48' 53" N **Long. :** 003° 22' 60" W.
FFCC : avantages adhérent : 10% du 31/03 au 01/07 et du 27/08 au 30/0910% du 31/03 au 01/07 et du 27/08 au 30/09 sur emp. et loc. + 5% sur les emplacements nus et locatifs en juillet et aout.

TREMARGAT

5-D2 238 m. ✉ 22110

LES DRUIDES Ouvert: 1.2 / 30.11. ☎ 02 96 36 53 68. E-mail : les.druides@wanadoo.fr. Réduction H.S.
Lat. : 48° 19' 46" N **Long. :** 003° 17' 21" W.

TREVENEUC

5-D2 22 km N.-O. Saint-Brieuc. 63 m. ✉ 22410

BEC DE VIR NC Tourisme 100 E. dont 5 GCC. 6 ha . Locations : , . ; ; . . ☎ 02 96 70 42 88. E-mail : bretagne@anas.asso.fr. Web : www.anas.asso.fr.
Lat. : 48° 40' 16" N **Long. :** 002° 08' 16" W.

Pour tout savoir sur le camping :
www.ffcc.fr

TREVOU-TREGUIGNEC

5-D1 12 km N.-E. Lannion. 52 m. ✉ 22660

LES MOUETTES NC Tourisme 20 E. dont 20 nus . Locations : . Randonnée pédestre organisée. . Accès direct à la mer. . Accueil groupes adultes. Ouvert: 1.7 / 31.8. ☎ 02 96 15 17 42. E-mail : robertguyomard@laposte.net.
Lat. : 48° 49' 40" N **Long. :** 003° 20' 28" W.

LES MACAREUX NC Tourisme 30 E. dont 20 nus 1,2 ha CV. Locations : . Bord de mer à 300 m ; étang à 3 km. Ouvert: 1.5 / 15.9. ☎ 02 96 23 71 45. E-mail : guides@campingfrance.com. Web : www.camping-les-macareux-trevou.fr. Prix 2023. empl. Tourisme : 7,60 € ; 4,50 € ; 3,50 €.
Lat. : 48° 49' 00" N **Long. :** 003° 21' 38" W.

Les correspondants de la FFCC sont bénévoles et à votre disposition pour tous renseignements sur le camping.

Retrouvez leurs coordonnées au début de chaque département.

LE MAT ★★★ Tourisme 105 E. dont 32 nus, dont 32 CC.
CV . Locations : , , . couverte chauffée , . Accès direct à la mer ; étang à 2 km. ; ; . . Ouvert: 14.4 / 24.9. ☎ 02 96 23 71 52. E-mail : lemat@campinglemat.com. Web : www.campinglemat.com. Prix 2023. Fft jour : empl. Tourisme (2) : 31 € ( ). Réduction H.S.
Lat. : 48° 49' 11" N **Long. :** 003° 21' 15" W.

CREUSE 23

Cartes 7-10

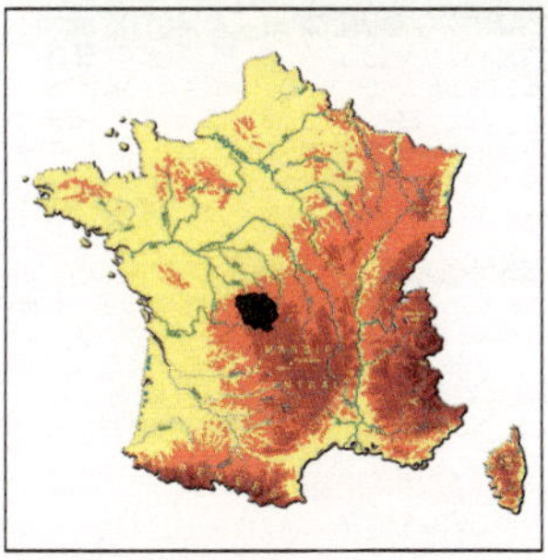

AUBUSSON

10-B1 42 km S.-E. Guéret. 524 m. ✉ 23200

CAMPING MUNICIPAL NC Tourisme 90 E. dont 90 nus . A 2 km : . Accès direct à la rivière.. Accueil groupes. Ouvert: 1.6 / 30.9. ☎ 05 55 66 18 00. E-mail : camping@aubusson.fr. Prix 2022. 2,80 € nuit ; 4 € nuit ; 3,50 € nuit ; 3,50 € nuit ; 1,80 € nuit ; 2,20 € nuit.
Lat. : 45° 56' 48" N **Long. :** 002° 10' 34" E.

AUZANCES

10-C1 32 km N.-E. Aubusson. 552 m. ✉ 23700

CAMPING MUNICIPAL LES VERGNES NC Tourisme 50 E. CV. Randonnée pédestre organisée. . Accès direct à l'étang. ; . Ouvert: 1.7 / 15.9. ☎ 05 55 67 17 46. E-mail : commune-auzances@orange.fr.
Lat. : 46° 01' 43" N **Long. :** 002° 30' 01" E.

BOUSSAC-BOURG

7-B5 40 km N.-E. Guéret. 412 m. ✉ 23600

CHÂTEAU DE POINSOUZE ★★★★ Tourisme 144 E. dont 113 nus, dont 50 CC - 94 GCC.
23 ha 12 h / 13 h 30, CV . Locations : roulotte . , , . Accès direct à l'étang ; rivière à 2,5 km. ; . . Ouvert: 7.5 / 8.9. ☎ 05 55 65 02 21. E-mail : campingpoinsouze@gmail.com. Web : www.camping-de-poinsouze.com. Réduction H.S.
Lat. : 46° 22' 16" N **Long. :** 002° 12' 04" E.
FFCC : avantages adhérent : 10% du 03/06 au 30/06 et du 01/09 au 06/09 sur emp. + Rendez-vous dans votre club avantages FFCC pour obtenir le code promotionnel et réserver ou sur présentation de la carte de membre FFCC.

CREUSE NATURE ★★★★ Tourisme 120 E. dont 94 nus
17 ha juillet/août, CV Rés. naturiste. Locations : , , , tipi, caravane. Randonnée pédestre organisée. couverte chauffée , . Accès direct à l'étang ; rivière à 1 km. . Ouvert: 1.4 / 15.10. ☎ 05 55 65 18 01. E-mail : info@creuse-nature.com. Web : www.creuse-nature.com. Prix 2023. empl. Tourisme : 14 € ; 10 € ; animaux 5,50 € ; 4 € ; 5,50 €. Réduction H.S.
Lat. : 46° 20' 57" N **Long. :** 002° 11' 10" E.

BUSSIERE-DUNOISE

7-A5 16 km N.-O. Guéret. 419 m. ✉ 23320

CAMPING MUNICIPAL DE LA VERGNE NC Tourisme 33 E. 0,7 ha . Locations : . , . Accès direct aux bords du lac.. ☎ 05 55 81 62 16. E-mail : bussieredunoise@wanadoo.fr.
Lat. : 46° 15' 01" N **Long. :** 001° 46' 43" E.

Assurances «campeurs» Contactez la FFCC

CHAMBON-SUR-VOUEIZE

7-C5 38 km N.-E. Aubusson. 411 m. Village de neige 23170

CAMPING MUNICIPAL LA POUGE NC Tourisme 50 E. 2 ha , . Accès direct à la rivière. Ouvert: 1.4 / 31.10. 05 55 82 13 21. E-mail : mairie.chambonsurvoueize@wanadoo.fr.
Lat. : 46° 11' 12" N **Long.** : 002° 26' 03" E.

CHAMPAGNAT

10-B1 16 km N.-E. Aubusson. 534 m. 23190

LES COPAINS D'ABORD N.C. Tourisme 33 E. 3 ha CV. Locations : , , . Accès direct à l'étang et aux bords du lac ; rivière à 3 km. ; ; . Ouvert: 15.6 / 15.9. 0 5 55 67 12 54. E-mail : guides@campingfrance.com.
Lat. : 46° 01' 56" N **Long.** : 002° 16' 50" E.

CHATELUS-LE-MARCHEIX

10-A1 38 km S.-O. Guéret. 472 m. 23430

CAMPING MUNICIPAL NC 27 E. 0,9 ha CV. Randonnée pédestre organisée. . Ouvert: 1.7 / 31.8. 05 55 64 30 09. E-mail : mairie.chatelus.lemeix@wanadoo.fr. Prix 2022. 5 € ; 2 €.
Lat. : 45° 59' 53" N **Long.** : 001° 36' 10" E.

CHATELUS-MALVALEIX

7-B5 26 km N.E. Guéret 438 m. 23270

CAMPING MUNICIPAL LA ROUSSILLE ★ Tourisme 18 E. CV. Locations : . Randonnée pédestre organisée. , , . Lac à 100 m. ; . Accueil groupes. Ouvert: 1.1 / 31.12. 04 73 93 60 00. E-mail : resa2@revea-vacances.com. Web : www.revea-vacances.fr.
Lat. : 46° 18' 12" N **Long.** : 002° 01' 12" E.

CHENERAILLES

7-B5 19 km N. Aubusson. 513 m. 23130

CAMPING LA FORET NC Tourisme 33 E. CV. , . Accès direct à l'étang.. Ouvert: 15.6 / 15.9. 05 55 62 38 26. E-mail : campingdelaforet@outlook.fr.
Lat. : 46° 06' 32" N **Long.** : 002° 09' 18" E.

CHENIERS

7-B5 26 km N. Guéret. 311 m. 23220

LE MOULIN DE PIOT ★★★ Tourisme 81 E. dont 75 nus
3 ha CV. Locations : , . Randonnée pédestre organisée. . Rivière à 50 m. Accueil groupes. Ouvert: 1.4 / 31.10. 05 55 62 80 90. E-mail : moulin-de-piot@orange.fr. Web : www.camping-moulindepiot.com. Prix 2023. Fft nuit : empl. Tourisme (2) : 15 € ( ) ; sup 4 € nuit ; animaux 3,50 € nuit ; 3 € nuit ; 4 € nuit.
Lat. : 46° 20' 48" N **Long.** : 001° 50' 20" E.
FFCC : avantages adhérent : 12.50 € du 01/04 au 01/07 et du 03/09 au 31/10 sur emp. et entre 50 € et 90 € la nuitée et entre 190 € et 145 € la semaine du 01/04 au 01/07 et du 03/09 au 31/10 sur loc.

CROZANT

7-A5 40 km N.-O. Guéret. 293 m. 23160

CAMPING MUNICIPAL FONT BONNE NC Tourisme 33 E. dont 33 nus CV. Randonnée pédestre organisée. . Rivière à 50 m. Ouvert: 1.5 / 30.9. 05 55 89 80 12. E-mail : campingcrozant@orange.fr. Web : www.paysdunois.fr/rubrique28.html. Prix 2022. 3,50 € ; 4,50 € ; 2,50 € ; 2,50 € ; 2 € ; 2 € ; 4 €.
Lat. : 46° 23' 21" N **Long.** : 001° 37' 10" E.

DUN-LE-PALESTEL

7-A5 27 km N.-O. Guéret. 357 m. 23800

CAMPING DUN LE PALESTEL ★★ Tourisme 45 E. dont 39 nus
CV . Lac à 8 m. . Ouvert: 1.3 / 1.10. 06 52 71 89 39. E-mail : info@campingdunlepalestel.fr. Web : www.campingdunlepalestel.fr. Réduction H.S.
Lat. : 46° 19' 03" N **Long.** : 001° 39' 51" E.
FFCC : avantages adhérent : 17 € du 01/03 au 01/07 et du 01/09 au 01/10 sur emp.

EVAUX-LES-BAINS

7-C5 43 km N.-E. Aubusson. 440 m. Station verte 23110

CAMPING MUNICIPAL OUCHES DE BUDELLE ★★ Tourisme 55 E. dont 42 nus 1,15 ha CV. A 4 km : Etang à 600 m ; rivière à 5 km. Ouvert: 19.3 / 11.11. 05 55 65 55 82. E-mail : mairie23evauxlesbains@wanadoo.fr.
Lat. : 46° 10' 44" N **Long.** : 002° 29' 22" E.

FAUX-LA-MONTAGNE

10-B1 35 km S.-O. Aubusson. 703 m. Village de neige 23340

LE PUY DE FAUX NC Tourisme 50 E. 1,5 ha CV. . Lac à 500 m ; rivière à 1 km.. Ouvert: 15.6 / 15.9. 05 55 67 93 04. E-mail : binhata@fauxlamontagne.fr.
Lat. : 45° 45' 01" N **Long.** : 001° 56' 14" E.

FLAYAT

10-C1 39 km S.E. Aubusson. 762 m. 23260

LACUSTRA ÉTANG DE LA RAMADE ★★ Tourisme 31 E. dont 29 nus 0,64 ha . Accès direct à l'étang.. Accueil groupes. Ouvert: 1.4 / 30.9. (33) 9 81 01 33 02. E-mail : lacustra.laramade@gmail.com. Web : www.camping-restaurant-lacustra.fr/.
Lat. : 45° 46' 55" N **Long.** : 002° 25' 50" E.

FRESSELINES

7-A5 30 km N.-O. Guéret. 276 m. 23450

CAMPING MUNICIPAL LE PALOT NC Tourisme 21 E. dont 18 nus 0,4 ha CV. Locations : . . Rivière à 800 m. Ouvert: 15.5 / 15.9. 05 55 89 70 46. E-mail : mairie-fresselines@wanadoo.fr.
Lat. : 46° 22' 55" N **Long.** : 001° 40' 55" E.

GUERET

7-B5 346 km S.-S.-O. Paris. 488 m. 23000

CAMPING DE COURTILLE ★★★ Tourisme 64 E. . A 3 km : Locations : , , . Accès direct à l'étang. Accueil groupes. Ouvert: 1.4 / 30.9. 05 55 81 92 24. E-mail : campingdecourtille@outlook.fr. Web : entreprisefrery.fr/gueret/. Prix 2022. Fft jour : empl. Tourisme (2) : 21,8 € ( ) ; sup 4 € ; animaux 1,50 € ; 2,50 €.
Lat. : 46° 09' 45" N **Long.** : 001° 51' 31" E.

LA CELLE-DUNOISE

7-B5 24 km N.-O. Guéret. 312 m. 23800

CAMPING MUNICIPAL DE LA BAIGNADE ★★ Tourisme 27 E. 1,4 ha . , . Rivière à 20 m.. Ouvert: 1.4 / 30.10. 05 55 89 24 61. E-mail : contact@tourisme-creuse.com. Web : www.lacelledunoise.fr.
Lat. : 46° 18' 34" N **Long.** : 001° 46' 30" E.

CAMPING MUNICIPAL LES SILLONS NC Tourisme 33 E. 0,9 ha CV. . Accès direct à la rivière.. Ouvert: 1.6 / 30.9. 05 55 89 10 77. E-mail : info@tourisme-valleedespeintres-creuse.com. Web : www.lacelledunoise.fr.
Lat. : 46° 18' 36" N **Long.** : 001° 46' 12" E.

LA CHAPELLE-TAILLEFERT

7-B5 9 km S. Guéret. 539 m. 23000

CAMPING MUNICIPAL LE GUÉ LAVAUD NC Tourisme 39 E. 0,5 ha . . Accès direct à la rivière.. Ouvert: 1.6 / 30.9. 0 5 55 51 00 80. E-mail : gitesetchalets@agglo-grandgueret.fr. Web : www.gueret-tourisme.fr.
Lat. : 46° 06' 07" N **Long.** : 001° 50' 05" E.

LA SOUTERRAINE

7-A5 34 km N.-O. Guéret. 357 m. 23300

L'AQUARELLE DU LIMOUSIN ★★★★ Tourisme 55 E. dont 6 nus, dont 32 GCC.
CV . A 1 km : Locations : , , . Randonnée pédestre organisée. chauffée , . Accès direct à l'étang. ; . Accueil groupes. Ouvert: 1.4 / 30.10. 05 55 63 59 71. E-mail : laquarelledulimousin@gmail.com. Web : www.camping-creuse-limousin.com. Prix 2023. Fft nuit : empl. Tourisme (2) : 30,8 € ( ) ; sup 5 € nuit ; animaux 3 € nuit ; 4 € nuit. Réduction H.S.
Lat. : 46° 14' 36" N **Long.** : 001° 30' 23" E.
FFCC : avantages adhérent : 19 € du 01/04 au 30/06 et du 01/09 au 31/10 sur emp. et entre 350 € et 400 € la semaine du 01/04 au 30/06 et du 01/09 au 31/10 sur loc.

LE BOURG-D'HEM

7-B5 20 km N. Guéret. 355 m. 23220

CAMPING DE L'AGE N.C. Tourisme 32 E. 0,8 ha CV . Accès direct aux bords du lac et à la rivière. ; . Accueil groupes enfants. Ouvert: 1.6 / 30.9. 0 5 55 62 84 36. E-mail : mairie.le-bourg-dhem@wanadoo.fr. Web : www.paysdunois.fr.
Lat. : 46° 17' 53" N **Long.** : 001° 49' 26" E.

MARSAC

7-A5 28 km O.-S.-O. Guéret. 401 m. 23210

CAMPING MUNICIPAL DE L'ARDOUR NC Tourisme 33 E. dont 22 nus 1,2 ha CV. Locations : , . Etang à 200 m ; rivière à 400 m. Accueil groupes. Ouvert: 1.5 / 30.9. 05 55 62 61 32. E-mail : marsac.mairie2@wanadoo.fr.
Lat. : 46° 05' 55" N **Long.** : 001° 34' 46" E.

MERINCHAL

10-C1 35 km E. Aubusson. 710 m. 23420

CAMPING MUNICIPAL LA MOTHE NC Tourisme 12 E. 0,80 ha CV . Etang à 200 m. Ouvert: 1.5 / 30.9. 33 5 55 67 20 19. E-mail : mairie-de-merinchal@wanadoo.fr. Web : www.merinchal.fr/decouvrir/tourisme.htm.
Lat. : 45° 54' 56" N **Long.** : 002° 29' 15" E.

LES SOLEILS CV . Ouvert: 1.2 / 31.12. 05 55 67 27 88. E-mail : contact@lessoleils.com, Web : www.lessoleils.com. Prix 2022. empl. Tourisme : 3 € ; 4,50 € ; 5 € ; 5 € ; animaux 3 € ; 2 € ; 2 €.
Lat. : 45° 52' 54" N **Long.** : 002° 29' 36" E.

PARSAC-RIMONDEIX

7-B5 25 km N.-E. Gueret 418 m. 23140

LA SEMNADISSE En cours de classement Tourisme 30 E. dont 19 nus
1,6 ha . Locations : . Accès direct à l'étang. Ouvert: 1.4 / 31.10. 03 89 89 91 03. E-mail : info@semnadisse.com. Web : www.semnadisse.com. Prix 2022. 5 € ; 12 € ; 8,50 € ; 7,50 € ; 3,50 € ; animaux 3 € ; 3,50 € ; 3,50 €. Réduction H.S.
Lat. : 46° 14' 19" N **Long.** : 002° 06' 07" E.
FFCC : avantages adhérent : 16 € du 01/01 au 30/06 sur emp.

ROYERE-DE-VASSIVIERE

10-B1 30 km S.-O. Aubusson. 698 m. Village de neige ✉ 23460

LES TERRASSES DU LAC ★★★ Tourisme 132 E. CV. A 1,5 km : Locations : , . Accès direct aux bords du lac ; rivière à 150 m. ; ; . Accueil groupes. Ouvert: 6.4 / 31.10. ☎ 05 55 64 76 77. E-mail : lesterrassesdulac.camping@gmail.com. Web : www.camping-vassiviere.fr.
Lat. : 45° 47' 23" N **Long.** : 001° 53' 51" E.

CAMPING DE LA PRESQU'ILE ★ Tourisme 145 E. dont 103 nus 6 ha CV. Locations : , , . Accès direct aux bords du lac. ; ; . Accueil groupes. Ouvert: 2.7 / 29.8. ☎ 05 55 64 78 98. E-mail : lapresquile.camping@gmail.com. Web : www.camping-vassiviere.com.
Lat. : 45° 47' 35" N **Long.** : 001° 54' 18" E.

SAINT-DIZIER-MASBARAUD

10-A1 25 km S.-O. Guéret 439 m. ✉ 23400

CAMPING MUNICIPAL NC Tourisme 21 E. CV. Accès direct à l'étang. Ouvert: 1.6 / 30.9. ☎ 05 55 64 49 28. E-mail : mairiesdl@orange.fr. Web : www.saintdizierleyrenne.fr/.
Lat. : 46° 01' 22" N **Long.** : 001° 42' 59" E.

DOMAINE LES FILLOUX NC 4 E. dont 4 nus, dont 2 CC - 2 GCC. 0,55 ha CV . Locations : , . Accès direct à l'étang ; rivière à 2 km. Accueil groupes adultes. Ouvert: 1.4 / 1.10. ☎ 05 55 64 81 18. E-mail : info@lesfilloux.com. Web : www.lesfilloux.com. Prix 2022. Fft nuit : empl. Tourisme (2) : 18 € ( )
Lat. : 46° 01' 33" N **Long.** : 001° 39' 24" E.

SAINT-HILAIRE-LE-CHATEAU

10-B1 26 km S. Gueret. 501 m. ✉ 23250

CAMPING MUNICIPAL LES TILLEULS NC Tourisme 15 E. . . Ouvert: 1.7 / 15.9. ☎ 05 55 64 56 05. E-mail : mairie.sthilairechateau@orange.fr. Web : www.ahun-creuse-tourisme.fr.
Lat. : 45° 58' 58" N **Long.** : 001° 53' 42" E.

SAINT-JUNIEN-LA-BREGERE

10-A1 36 km S.-O. Guéret 543 m. ✉ 23400

LES CHENAUDS . Ouvert: 1.4 / 1.11. ☎ 05 55 64 38 90. E-mail : leschenauds@hotmail.com, Web : www.camping-les-chenauds.com.
Lat. : 45° 52' 14" N **Long.** : 001° 45' 00" E.

SAINT-MARC-A-LOUBAUD

10-B1 24 km S.-O. Aubusson. 704 m. ✉ 23460

AIRE NATURELLE MUNICIPALE . Ouvert: 15.6 / 15.9. ☎ 06 42 71 90 55. E-mail : mairiestmarc@wanadoo.fr.
Lat. : 45° 51' 01" N **Long.** : 001° 58' 10" E.

AIRE NATURELLE MUNICIPALE . Ouvert: 15.6 / 15.9. ☎ 06 42 71 90 55. E-mail : mairiestmarc@wanadoo.fr.
Lat. : 45° 51' 19" N **Long.** : 001° 57' 51" E.

SAINT-MEDARD-LA-ROCHETTE

10-B1 10 km N. Aubusson. 495 m. ✉ 23200

LA PERLE ★★★ Tourisme 33 E. dont 33 nus, dont 33 CC. 2,5 ha . Locations : , . Accès direct à l'étang ; rivière à 1 km ; lac à 5 km. . Ouvert: 1.4 / 1.10. ☎ 05 55 83 01 25. E-mail : info@camping-laperle.nl. Web : www.camping-laperle.nl.
Lat. : 46° 01' 19" N **Long.** : 002° 08' 20" E.

SAINT-ORADOUX-DE-CHIROUZE

10-B1 38 km S.-E. Aubusson. 833 m. ✉ 23100

CAMPING INTERCOMMUNAL DE L'ETANG DE MEOUZE N.C. Tourisme 66 E. dont 66 nus 2 ha . Accès direct à l'étang. ; ; . Ouvert: 15.6 / 15.9. ☎ 0 5 55 66 78 38. E-mail : etangdemeouze@hotmail.fr. Web : www.etang-de-meouze.org.
Lat. : 45° 44' 20" N **Long.** : 002° 20' 28" E.

SAINT-VAURY

7-A5 11 km N.-O. Guéret. 472 m. ✉ 23320

AIRE NATURELLE MUNICIPALE LA VALETTE CV. Ouvert: 15.6 / 15.9. ☎ 05 55 80 20 17. E-mail : secretariat.mairie@saint-vaury.fr, Web : www.saintvaury.fr/fr/information/81354/aire-naturelle-camping.
Lat. : 46° 13' 14" N **Long.** : 001° 45' 38" E.

SOUBREBOST

10-B1 28 km S. Guéret 587 m. ✉ 23250

LES QUATRE SAISONS
. Ouvert: 1.4 / 1.10. ☎ 0033 555 642 335. E-mail : info@les-4-saisons.com, Web : www.les-4-saisons.com. Prix 2022. empl. Tourisme : 8 € ; 4 € ; animaux 2 € ; 2 € ; 4 €.
Lat. : 45° 56' 57" N **Long.** : 001° 48' 45" E.
FFCC : avantages adhérent : 20 € du 01/04 au 30/06 et du 01/09 au 30/09 sur emp.

VALLIERE

10-B1 15 km S. Aubusson. 597 m. ✉ 23120

AIRE NATURELLE MUNICIPALE . Ouvert: 15.6 / 15.9. ☎ 05 55 66 00 33. E-mail : mairie-valliere@wanadoo.fr, Web : www.mairie-valliere.fr.
Lat. : 45° 54' 46" N **Long.** : 002° 02' 21" E.

DORDOGNE 24

Cartes 9-10

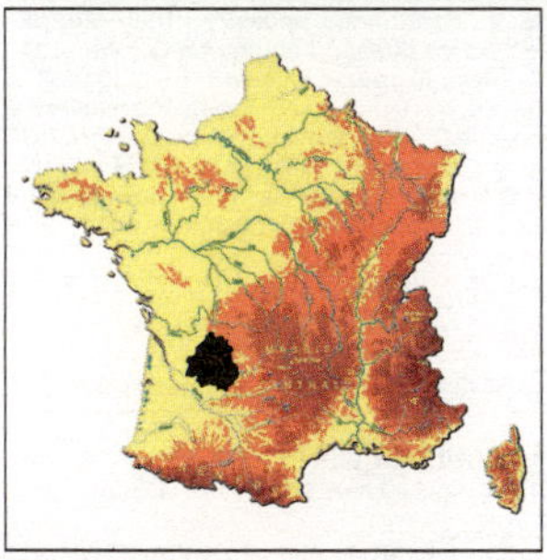

ABJAT-SUR-BANDIAT

9-E2 12 km N.-E. Nontron. 268 m. ✉ 24300

LA RIPOLE ★★★ Tourisme 35 E. 6 ha CV. Locations : , , . Randonnée pédestre organisée. , . Accès direct à l'étang ; rivière à 3 km. . Accueil groupes. Ouvert: 16.6 / 8.9. ☎ 05 53 56 86 85. E-mail : camping.la.ripole@wanadoo.fr. Web : www.campingripole.info.
Lat. : 45° 33' 36" N **Long.** : 000° 45' 33" E.

ALLES-SUR-DORDOGNE

9-F4 30 km E. Bergerac. 90 m. ✉ 24480

PORT DE LIMEUIL ★★★★ Tourisme 90 E. dont 78 nus 5 ha CV . A 5 km : Locations : , , chauffée , , . Accès direct à la rivière. ; ; ; . Ouvert: 30.4 / 24.9. ☎ 05 53 63 29 76. E-mail : leportdelimeuil@orange.fr. Web : www.leportdelimeuil.com. Réduction H.S.
Lat. : 44° 52' 47" N **Long.** : 000° 53' 10" E.

ANGOISSE

9-F2 50 km N.-E. Nontron. 315 m. ✉ 24270

CAMPING DU CENTRE DE LOISIRS DE ROUFFIAC-EN-PERIGORD ★★★ Tourisme 76 E. dont 41 nus
6 ha CV. Locations : , , . Accès direct aux bords du lac. ; ; . Accueil groupes. Ouvert: 1.5 / 15.9. ☎ 05 53 52 68 79. E-mail : contact@semitour.com. Web : www.semitour.com/hebergement/camping-de-rouffiac.
Lat. : 45° 24' 51" N **Long.** : 001° 09' 55" E.
FFCC : avantages adhérent : 10% du 01/05 au 30/06 et du 01/09 au 30/09 sur emp. et 10% du 09/04 au 30/06 et du 01/09 au 07/11 sur loc. + 5% de réduction sur les locatifs et emplacements nus.

LE MOULIN DE LA JAROUSSE ★ Tourisme 10 E. CV . Locations : , , cabanes, lovnid. Randonnée pédestre organisée. couverte chauffée , . Accès direct à l'étang et à la rivière ; lac à 4 km. . Accueil groupes. Ouvert: 1.1 / 31.12. ☎ 05 53 52 37 91. E-mail : contact@location-en-dordogne.com. Web : www.location-en-dordogne.com. Réduction H.S.
Lat. : 45° 26' 13" N **Long.** : 001° 11' 05" E.

ANTONNE-ET-TRIGONANT

9-E3 10 km E. Périgueux. 149 m. ✉ 24420

AU FIL DE L'EAU ★★★ Tourisme 50 E. dont 31 nus 2,5 ha CV. A 5 km : . Accès direct à la rivière. ; . Accueil groupes. Ouvert : 16.4 / 10.9. ☎ 05 53 06 17 88. E-mail : campingaufildeleau@wanadoo.fr. Web : campingaufildeleau.com.
Lat. : 45° 12' 46" N **Long.** : 000° 50' 14" E.

LE BOIS DU CODERC ★★★ Tourisme 66 E. dont 42 nus
2,8 ha 23 h / 7 h 30, CV . Locations : , chauffée . Accès direct à la rivière. . Accueil groupes. Ouvert : 1.1 / 31.12. ☎ 05 53 05 99 83. E-mail : codercamping@wanadoo.fr. Web : www.campinglecoderc.com. Prix 2023. Fft jour : empl. Tourisme (2) : 22,6 € ( ) ; sup 5,40 € ; animaux 2 € ; 3,70 €. Réduction H.S.
Lat. : 45° 13' 12" N **Long.** : 000° 51' 48" E.
FFCC : avantages adhérent : 20.30 € du 15/03 au 07/07 et du 28/08 au 31/10 sur emp.

VILLAGE HUTTOPIA LANMARY ★★★ Tourisme 140 E. dont 15 nus CV . Locations : , cabanes. Randonnée pédestre organisée. chauffée . . Accueil groupes adultes. Ouvert : 23.6 / 4.9. ☎ 05 53 45 88 63. E-mail : lanmary@huttopia.com. Web : europe.huttopia.com/site/village-lanmary/.
Lat. : 45° 14' 32" N **Long.** : 000° 49' 52" E.

ATUR

9-E3 7 km S.-E. Périgueux. 207 m. ✉ 24750

LE GRAND DAGUE ★★★★ Tourisme 514 E. dont 91 nus
12 ha CV . Locations : . Randonnée pédestre organisée. chauffée . Rivière à 5 km. ; . Accueil groupes. Ouvert : 11.6 / 19.9. ☎ 05 53 04 21 01. E-mail : legranddague@sandaya.fr. Web : www.sandaya.fr/nos-campings/le-grand-dague. Réduction H.S.
Lat. : 45° 08' 53" N **Long.** : 000° 46' 38" E.

CAMPING A LA FERME CV. Ouvert : 1.3 / 30.11. ☎ 05 53 08 28 37.
Lat. : 45° 08' 57" N **Long.** : 000° 46' 47" E.

BADEFOLS-SUR-DORDOGNE

9-F4 27 km E. Bergerac. 113 m. ✉ 24150

LES BÖ BAINS ★★★★ Tourisme 98 E. dont 18 nus 5 ha CV . Randonnée pédestre organisée. Espace Fitness. chauffée , , . Accès direct à la rivière. ; . Accueil groupes enfants. Ouvert : 13.6 / 20.9. ☎ 05 53 73 52 52. E-mail : info@bo-bains.com. Web : www.bo-bains.com. Réduction H.S.
Lat. : 44° 50' 29" N **Long.** : 000° 47' 08" E.

DOMAINE DE BARBE CV. Ouvert : 1.6 / 30.9. ☎ 05 53 73 42 20. E-mail : contact@domainedebarbe.com, Web : www.domainedebarbe.com.
Lat. : 44° 50' 07" N **Long.** : 000° 48' 04" E.

BASSILLAC ET AUBEROCHE

9-E3 151 m. ✉ 24330

CAMPING D'AUBEROCHE ★★★ Tourisme 53 E. dont 49 nus, dont 3 CC - 1 GCC.
3 ha après 22 h, CV . Locations : . , . Accès direct à la rivière. ; . Accueil groupes. Ouvert : 1.4 / 30.9. ☎ 05 53 06 04 19. E-mail : info@campingdauberoche.fr. Web : www.campingdauberoche.fr. Prix 2023. Fft jour : empl. Tourisme (2) : 17 € ( ) ; sup 5 € ; animaux 2 € ; 3 € ; 4 €. Réduction H.S.
Lat. : 45° 12' 35" N **Long.** : 000° 53' 56" E.
FFCC : avantages adhérent : 16 € du 01/04 au 30/06 et du 01/09 au 30/09 sur emp.

M. JEAN-LOUIS CHARTROULE
CV . Ouvert : 15.4 / 15.10. ☎ 05 53 07 56 28. E-mail : milhac-oie@orange.fr, Web : www.milhac-oie.fr. Prix 2023. empl. Tourisme : 4 € ; 4 € ; animaux 2 € ; 3 € ; 4 €. Réduction H.S.
Lat. : 45° 06' 43" N **Long.** : 000° 55' 08" E.
FFCC : avantages adhérent : 15 € du 01/06 au 30/09 sur emp. et entre 330 € et 500 € la semaine du 01/03 au 31/10 sur loc.

BEAUMONTOIS EN PERIGORD

9-E4 28 km S.-E. Bergerac. 121 m. ✉ 24440

LE MOULIN DE SURIER P.R.L ★★★★ NN61 E. CV . Locations : , cabanes, . Randonnée pédestre organisée. chauffée , , . Accès direct aux bords du lac ; rivière à 5 km. ; ; . Accueil groupes adultes. Ouvert : 1.4 / 1.10. ☎ 05 53 24 91 98. E-mail : contact@lemoulindesurier.com. Web : www.lemoulindesurier.com. Réduction H.S.
Lat. : 44° 47' 09" N **Long.** : 000° 45' 19" E.

DOMAINE DE LA COLOMBIÈRE ★★★ Tourisme 53 E. 1,5 ha CV . Locations : . Randonnée pédestre organisée. chauffée , . Accès direct à l'étang et à la rivière. Accueil groupes adultes. Ouvert : 11.4 / 2.10. ☎ 05 53 22 40 86. E-mail : info@campingdelacolombiere.fr. Web : www.campingdelacolombiere.fr.
Lat. : 44° 45' 52" N **Long.** : 000° 45' 51" E.

BERGERAC

9-E4 47 km S.-E. Périgueux. 50 m. ✉ 24100

LA PELOUSE ★★★ Tourisme 65 E. dont 60 nus 2,2 ha CV . Locations : . . Accès direct à la rivière.. Accueil groupes. Ouvert : 1.4 / 31.10. ☎ 05 53 57 06 67. E-mail : campinglapelouse24@orange.fr. Web : www.entreprisefrery.com/camping-la-pelouse/. Prix 2022. 4,50 € ; 5,80 € ; 4,20 € ; 4,20 € ; 2 € ; animaux 1,60 € ; 3,20 € ; 4,20 €.
Lat. : 44° 50' 56" N **Long.** : 000° 28' 35" E.

BEYNAC-ET-CAZENAC

9-F4 10 km S.-O. Sarlat. 183 m. ✉ 24220

LE CAPEYROU ★★★ Tourisme 132 E. dont 117 nus
5 ha CV . Locations : . chauffée , . Accès direct à la rivière. . Accueil groupes. Ouvert : 7.4 / 24.9. ☎ 0 5 53 29 54 95. E-mail : reservation@grouperomanee.com. Web : www.campinglecapeyrou.com.
Lat. : 44° 50' 18" N **Long.** : 001° 08' 55" E.

BIRON

9-F4 45 km S.-E. Bergerac. 185 m. ✉ 24540

DOMAINE DU MOULINAL ★★★★★ Tourisme 388 E. dont 13 nus CV . Locations : , . couverte chauffée , , , . Accès direct à l'étang. ; ; . Accueil groupes. Ouvert : 12.4 / 8.9. ☎ 05 53 40 84 60. E-mail : lemoulinal@capfun.com. Web : www.capfun.com/camping-france-aquitaine-moulinal-FR.html. Réduction H.S.
Lat. : 44° 36' 01" N **Long.** : 000° 52' 18" E.

CASTELWOOD P.R.L ★★★★ NN19 E. CV . Locations : . couverte chauffée . . Accueil groupes adultes. Ouvert : 1.4 / 31.10. ☎ 05 53 57 96 08. E-mail : info@castelwood.fr. Web : www.castelwood.fr. Réduction H.S.
Lat. : 44° 37' 28" N **Long.** : 000° 52' 43" E.

BOISSEUILH

9-F3 44 km N.-E. Périgueux. 207 m. ✉ 24390

BELLE VUE . Ouvert : 2.5 / 30.9. ☎ 05 53 51 62 71. E-mail : cbv@dordogne-camping.org, Web : www.dordogne-camping.org.
Lat. : 45° 16' 21" N **Long.** : 001° 10' 05" E.

BORREZE

9-F3 22 km N.-E. Sarlat 262 m. ✉ 24590

LES COMBELLES CV. Ouvert : 1.7 / 31.8. ☎ 05 53 28 83 25. E-mail : lescombelles@free.fr, Web : lescombelles.free.fr.
Lat. : 44° 57' 59" N **Long.** : 001° 22' 12" E.

BOUZIC

9-F4 22 km S. Sarlat. 199 m. ✉ 24250

LE DOUZOU ★★★ Tourisme 49 E. dont 26 nus
CV . Locations : 1 . chauffée . Accès direct à la rivière. ; . Accueil groupes adultes. Ouvert : 3.4 / 25.9. ☎ 05 53 28 41 60. E-mail : contact@campingledouzou.fr. Web : www.campingledouzou.fr.
Lat. : 44° 43' 55" N **Long.** : 001° 14' 19" E.
FFCC : avantages adhérent : 14 € du 08/04 au 30/06 et du 28/08 au 23/09 sur emp. et entre 28 € et 40 € la nuitée du 08/04 au 30/06 et du 28/08 au 01/10 sur loc. + Offre emplacements nus : 11 euros du 06/03 au 07/04 et du 24/09 au 20/10.

BRANTOME EN PERIGORD

9-E2 26 km N.-N.-O. Périgueux. 148 m. ✉ 24310

BRANTOME PEYRELEVADE ★★★★ Tourisme 140 E. dont 126 nus, dont 15 GCC. 4,5 ha CV . Locations : , . chauffée , . Accès direct à la rivière. ; . Accueil groupes. Ouvert : 1.5 / 30.9. ☎ 05 53 05 75 24. E-mail : info@camping-dordogne.net. Web : www.camping-dordogne.net. Réduction H.S.
Lat. : 45° 21' 41" N **Long.** : 000° 39' 39" E.

PUYNADAL ★★★ Tourisme 34 E. dont 15 nus, dont 18 CC. CV . Locations : . . Rivière à 1 km ; étang à 3 km. . Accueil groupes. Ouvert : 1.4 / 15.10. ☎ 05 53 06 19 66. E-mail : contact@camping-puynadal.com. Web : www.camping-puynadal.com. Réduction H.S.
Lat. : 45° 20' 50" N **Long.** : 000° 39' 36" E.

LE BAS MEYGNAUD ★★ Tourisme 50 E.
CV . Locations : , , . Rivière à 1,5 km. Accueil groupes. Ouvert : 1.4 / 30.9. ☎ 05 53 05 58 44. E-mail : camping-du-bas-meygnaud@wanadoo.fr. Web : www.basmeygnaud.fr. Prix 2023. empl. Tourisme : 8 € ; 6 € ; 3 € ; animaux 2,50 € ; 4,50 € ; 4,50 €. Réduction H.S.
Lat. : 45° 19' 48" N **Long.** : 000° 38' 11" E.
FFCC : avantages adhérent : 16 € du 01/04 au 30/06 et du 01/09 au 30/09 sur emp. et entre 45 € et 55 € la nuitée et entre 250 € et 350 € la semaine du 01/04 au 30/06 et du 01/09 au 30/09 sur loc.

BUSSEROLLES

9-E2 20 km N. Nontron. 218 m. ✉ 24360

CAMPING MUNICIPAL SAINT-MARTIAL NC Tourisme 28 E. dont 26 nus 1 ha . Randonnée pédestre organisée. , . Accès direct à l'étang et à la rivière. ; . Accueil groupes. Ouvert : 15.6 / 15.9. ☎ 05 53 60 53 04. E-mail : mairie.busserolles@wanadoo.fr. Web : www.busserolles.fr. Prix 2022. empl. Tourisme : 1,50 € nuit ; 1,72 € nuit ; 5 € nuit ; 4 € nuit ; 3,20 € nuit ; 1 € nuit ; animaux 1 € nuit ; 0,80 € nuit ; 1,50 € nuit.
Lat. : 45° 40' 38" N **Long.** : 000° 38' 20" E.

CALVIAC-EN-PERIGORD

9-F4 13 km S.-E. Sarlat. 144 m. ✉ 24370

LES CHÊNES VERTS P.R.L ★★★★ Tourisme 176 E. dont 40 nus, dont 36 CC - 4 GCC.
8 ha CV . A 5 km : Locations : cosweet. Randonnée pédestre organisée. Espace Fitness. couverte chauffée . Rivière à 2 km. . Accueil groupes. Ouvert : 9.4 / 24.9. ☎ 05 53 59 21 07. E-mail : contact@chenes-verts.com. Web : www.chenes-verts.com. Prix 2022.
Lat. : 44° 51' 48" N **Long.** : 001° 17' 50" E.
FFCC : avantages adhérent : 10% du 15/04 au 30/06 et du 01/09 au 23/0910% du 15/04 au 30/06 et du 01/09 au 23/09 sur emp. et loc. + Rendez-vous dans votre club avantages FFCC pour obtenir le code promotionnel et réserver !.

CAMPAGNE

9-F4 26 km O. Sarlat. 144 m. ✉ 24260

LE VAL DE LA MARQUISE ★★★★ Tourisme 104 E. dont 69 nus . A 3,5 km : Locations : . Randonnée pédestre organisée. chauffée , . Accès direct à l'étang ; rivière à 500 m. Accueil groupes adultes. Ouvert: 13.4 / 29.9. ☎ 05 53 54 74 10. E-mail : contact@levaldelamarquise.com. Web : www.camping-dordogne-marquise.com/. Réduction H.S.
Lat. : 44° 54' 24" N **Long.** : 000° 58' 28" E.

CAMPSEGRET

9-E3 13 km N.-N.-E. Bergerac. 137 m. ✉ 24140

LE BOURG NC Tourisme 50 E. dont 50 nus 1,2 ha .. Accueil groupes. Ouvert: 1.6 / 30.9. ☎ 05 53 61 87 90.
Lat. : 44° 56' 03" N **Long.** : 000° 33' 41" E.

CARLUX

9-F4 18 km E. Sarlat. 169 m. ✉ 24370

LES OMBRAGES ★★ Tourisme 80 E. dont 65 nus CV . Locations : . Randonnée pédestre organisée. , . Accès direct à la rivière. ; ; . Accueil groupes. Ouvert: 6.4 / 14.10. ☎ 09 53 53 25 55. E-mail : ombragesperigord@free.fr. Web : www.ombrages.fr.
Lat. : 44° 52' 02" N **Long.** : 001° 21' 32" E.

CARSAC-AILLAC

9-F4 9 km S.-E. Sarlat-la-Canéda. 126 m. ✉ 24200

AQUA VIVA ★★★★ Tourisme 179 E. CV . Locations : . chauffée , . Etang à 200 m ; rivière à 4 km. . Ouvert: 13.4 / 15.9. ☎ 04 30 05 15 19. E-mail : info@tohapi.fr. Web : www.tohapi.fr/aquitaine/camping-aqua-viva.php.
Lat. : 44° 52' 02" N **Long.** : 001° 16' 45" E.

LE PLEIN AIR DES BORIES ★★★ Tourisme 121 E. dont 76 nus 2,8 ha CV . Locations : , . couverte chauffée . Accès direct à la rivière ; étang et lac à 3 km. ; . Accueil groupes adultes. Ouvert: 1.5 / 12.9. ☎ 05 53 28 15 67. E-mail : contact@camping-desbories.com. Web : www.camping-desbories.com. Prix 2022. Fft jour : empl. Tourisme (2) : 24 € ( ) ; Réduction H.S.
Lat. : 44° 49' 58" N **Long.** : 001° 16' 07" E.

LE ROCHER DE LA CAVE ★★★ Tourisme 211 E. dont 112 nus 4 ha CV . Locations : , , . chauffée . Accès direct à la rivière. ; ; . Accueil groupes. Ouvert: 1.5 / 30.9. ☎ 05 53 28 14 26. E-mail : rocherdelacave@orange.fr. Web : www.rocherdelacave.com. Prix 2022. empl. Tourisme : 10,70 € ; 8,15 € ; 4,15 € ; 5,20 €. Réduction H.S.
Lat. : 44° 49' 42" N **Long.** : 001° 16' 00" E.

CASTELNAUD-LA-CHAPELLE

9-F4 11 km S.-O. Sarlat. 174 m. ✉ 24250

LOU CASTEL ★★★★ Tourisme 105 E. dont 33 nus CV . Locations : . Randonnée pédestre organisée. couverte chauffée . Accès direct à la rivière. ; . Accueil groupes. Ouvert: 7.4 / 24.9. ☎ 0 5 53 29 89 24. E-mail : reservation@grouperomanee.com. Web : www.loucastel.com.
Lat. : 44° 47' 51" N **Long.** : 001° 07' 53" E.

MAISONNEUVE ★★★★ Tourisme 154 E. dont 140 nus 3 ha CV . A 10 km : Locations : , . Randonnée pédestre organisée. Espace Fitness. chauffée , , , . Accès direct à la rivière. ; ; . Accueil groupes. Ouvert: 1.4 / 31.10. ☎ 05 53 29 51 29. E-mail : contact@campingmaisonneuve.com. Web : www.campingmaisonneuve.com. Réduction H.S.
Lat. : 44° 48' 18" N **Long.** : 001° 09' 30" E.

CASTELS ET BEZENAC

9-F4 21 km O. Sarlat-la-Canéda. 165 m. ✉ 24220

CAMPING GCU - CASTELS ★★ Tourisme 129 E. dont 123 nus CV. Locations : . . Accès direct à la rivière. . Accueil groupes. Ouvert: 15.6 / 16.9. ☎ 05 53 30 30 14. E-mail : gcu@gcu.asso.fr. Web : www.gcu.asso.fr.
Lat. : 44° 51' 06" N **Long.** : 001° 03' 00" E.

LA NOYERAIE P.R.L ★★ NN18 E. privé & gratuit, CV . Locations : , . couverte chauffée , , , , , . Accès direct à la rivière. . Accueil groupes. Ouvert: 1.4 / 30.11. ☎ 05 53 31 24 43. E-mail : contact@chaletlanoyeraie.fr. Web : www.chaletlanoyeraie.fr. Réduction H.S.
Lat. : 44° 50' 55" N **Long.** : 001° 04' 45" E.

LE COLOMBIER CV. ☎ 05 53 29 26 25. E-mail : chezmarty@yahoo.fr, Web : colombier24.free.fr.
Lat. : 44° 53' 19" N **Long.** : 001° 05' 10" E.

CAZOULES

10-A4 24 km E. Sarlat-la-Canéda. 129 m. ✉ 24370

LES BELLES RIVES ★★★ Tourisme 100 E. 5 ha CV . Locations : . Randonnée pédestre organisée. , . Accès direct à la rivière. ; ; . Accueil groupes. Ouvert: 15.6 / 15.9. ☎ 05 53 29 81 64. E-mail : contact@campingcazoules.fr. Web : www.cazoules.fr. Réduction H.S.
Lat. : 44° 52' 24" N **Long.** : 001° 26' 03" E.

CENAC-ET-SAINT-JULIEN

9-F4 11 km S. Sarlat. 153 m. ✉ 24250

LE PECH DE CAUMONT ★★★ Tourisme 100 E. dont 80 nus 2,5 ha CV . Rivière à 1,5 km. Ouvert: 1.4 / 30.9. ☎ 05 53 28 21 63. E-mail : info@pech-de-caumont.com. Web : www.pech-de-caumont.com. Réduction H.S.
Lat. : 44° 47' 10" N **Long.** : 001° 12' 30" E.

CAMPING MUNICIPAL NC Tourisme 112 E. 2 ha CV. . Accès direct à la rivière. . Accueil groupes. Ouvert: 15.6 / 15.9. ☎ 05 53 28 31 91. E-mail : mairie.cenac@wanadoo.fr.
Lat. : 44° 48' 18" N **Long.** : 001° 12' 23" E.

CAMPING À LA FERME CV. Ouvert: 1.4 / 30.9. ☎ 05 53 28 23 34. E-mail : ajb@wanadoo.fr.
Lat. : 44° 48' 16" N **Long.** : 001° 10' 31" E.

CHALAIS

9-F2 38 km E. Nontron 283 m. ✉ 24800

LE TOUROULET . Ouvert: 1.1 / 31.12. ☎ 05 53 55 23 59. E-mail : touroulet@hotmail.com, Web : www.camping-touroulet.com.
Lat. : 45° 30' 09" N **Long.** : 000° 54' 53" E.

CHAMPS-ROMAIN

9-E2 12 km E. Nontron. 278 m. ✉ 24470

CHÂTEAU LE VERDOYER ★★★★ Tourisme 186 E. dont 130 nus 10 ha 22 h / 8 h, CV . Locations : , , . couverte chauffée , . Accès direct à l'étang. ; . Accueil groupes. Ouvert: 22.4 / 30.9. ☎ 05 53 56 94 64. E-mail : chateau@verdoyer.fr. Web : www.verdoyer.fr. Prix 2023. Fft jour : empl. Tourisme (2) : 30 € ( ) ; sup 7 € ; animaux 3 € ; 5 € ; 4 €. Réduction H.S.
Lat. : 45° 33' 05" N **Long.** : 000° 47' 44" E.

CHAPDEUIL

9-E2 32 km N.-O. Périgueux. 145 m. ✉ 24320

CAMPING A LA FERME CV. Ouvert: 1.6 / 30.9. ☎ 05 53 91 11 22.
Lat. : 45° 20' 31" N **Long.** : 000° 28' 36" E.

CHERVEIX-CUBAS

9-F3 40 km N.-E. Périgueux. 176 m. ✉ 24390

CAMPING LE CLUPEAU ★★★ Tourisme 33 E. dont 22 nus 0,7 ha CV . Locations : . . Accès direct à la rivière. ; . Accueil groupes. Ouvert: 13.4 / 26.10. ☎ 05 53 51 66 26. E-mail : contact@camping-leclupeau.com. Web : www.camping-leclupeau.com.
Lat. : 45° 18' 04" N **Long.** : 001° 07' 56" E.

CORNILLE

9-E3 10 km N.-E. Périgueux. 179 m. ✉ 24750

LA FORÊT ENCHANTÉE P.R.L ★★★ 48 E. Locations : . couverte chauffée , . Accueil groupes. Ouvert: 1.4 / 31.10. ☎ 0 5 53 53 94 35. E-mail : laforetenchantee24@gmail.com. Web : www.laforetenchanteedordogne.com.
Lat. : 45° 14' 09" N **Long.** : 000° 46' 27" E.

COUX ET BIGAROQUE-MOUZENS

9-F4 28 km S.-O. Sarlat. 123 m. ✉ 24220

LES VALADES ★★★★★ Tourisme 112 E. dont 71 nus 10 ha CV . Locations : 1 . couverte chauffée . Accès direct à l'étang ; rivière à 4,9 km. ; ; . Accueil groupes adultes. Ouvert: 11.4 / 19.9. ☎ 05 53 29 14 27. E-mail : info@lesvalades.com. Web : www.lesvalades.com. Réduction H.S.
Lat. : 44° 51' 37" N **Long.** : 000° 57' 50" E.

LE CLOU ★★★★ Tourisme 120 E. 3 ha CV. Locations : . , , . Rivière à 3 km. . Ouvert: 15.4 / 1.10. ☎ 05 24 15 19 75. E-mail : info@camping-le-clou.com. Web : www.camping-le-clou.com. Réduction H.S.
Lat. : 44° 51' 42" N **Long.** : 000° 58' 53" E.

CAMPING A LA FERME . ☎ 05 53 31 22 50.

CAMPING À LA FERME CV. Ouvert: 15.6 / 15.9. ☎ 05 53 31 62 52. E-mail : jlouischazelas@orange.fr.
Lat. : 44° 51' 07" N **Long.** : 000° 58' 52" E.

RELAIS DE L'AURIVAL CV. Ouvert: 30.6 / 2.9. ☎ 05 53 31 62 77. E-mail : christine.bourges24@wanadoo.fr, Web : www.laurival.com.
Lat. : 44° 50' 06" N **Long.** : 000° 58' 22" E.

COUZE-ET-SAINT-FRONT

9-E4 19 km E. Bergerac. 99 m. ✉ 24150

CAMPING DES MOULINS ★★★ Loisirs 55 E. dont 26 nus 2,7 ha CV. , , , . Accès direct à la rivière. . Ouvert: 1.4 / 31.10. ☎ 05 53 61 18 36. E-mail : camping-des-moulins@wanadoo.fr. Web : www.campingdesmoulins.com.
Lat. : 44° 49' 34" N **Long.** : 000° 42' 18" E.

CUBJAC-AUVEZERE-VAL D'ANS

9-F3 22 km N.-E. Périgueux. 164 m. ✉ 24640

L'ILOT ★★★ Tourisme 55 E. dont 39 nus 1,1 ha CV . Locations : , , . , , . Accès direct à la rivière. ; ; . Accueil groupes. Ouvert: 1.4 / 11.11. ☎ 05 53 53 37 22. E-mail : contact.campingdelilot@orange.fr. Web : www.campingdelilot.com. Réduction H.S.
Lat. : 45° 13' 16" N **Long.** : 000° 56' 24" E.

DAGLAN

9-F4 17 km S. Sarlat. 175 m. ✉ 24250

MOULIN DE PAULHIAC ★★★★ Tourisme 176 E. dont 113 nus, dont 51 CC - 61 GCC. 5 ha CV . Locations : , , . couverte chauffée , , . Accès direct à la rivière. ; ; ; . Accueil groupes adultes. Ouvert: 13.5 / 9.9. ☎ 05 53 28 20 88. E-mail : info@moulin-de-paulhiac.com. Web : www.camping-dordogne-moulindepaulhiac.com. Prix 2023. Fft jour : empl. Tourisme (2) : 29 € (E. CC) ; Réduction H.S.
Lat. : 44° 46' 05" N **Long.** : 001° 10' 33" E.

LA PEYRUGUE CV . Ouvert: 29.4 / 30.9. ☎ 05 53 28 40 26. E-mail : campinglapeyrugue@gmail.com, Web : www.peyrugue.com. Prix 2023. Fft jour : empl. Tourisme (2) : 21,5 € ( ) ; sup 7,50 € ; animaux 2 €. Réduction H.S.
Lat. : 44° 45' 10" N **Long.** : 001° 11' 16" E.

DOMME

9-F4 12 km S. Sarlat. 193 m. ✉ 24250

LE PERPETUUM ★★★★ Tourisme 120 E.
4 ha CV. A 8 km : Locations : . Randonnée pédestre organisée. chauffée , . Accès direct à la rivière. ; . Accueil groupes adultes. Ouvert: 20.5 / 10.10. ☎ 05 53 28 35 18. E-mail : leperpetuum.domme@orange.fr. Web : www.campingleperpetuum.com. Réduction H.S.
Lat. : 44° 48' 56" N **Long.** : 001° 13' 14" E.
FFCC : avantages adhérent : 22 € du 17/05 au 04/07 et du 23/07 au 07/10 sur emp.

LES VENTOULINES ★★★★ 24 E. CV . Locations : , . Randonnée pédestre organisée. couverte chauffée . Accès direct à la rivière. Accueil groupes. Ouvert: 1.4 / 7.11. ☎ 09 50 29 56 78. E-mail : lesventoulines@orange.fr. Web : www.gites-dordogne-sarlat.fr.
Lat. : 44° 47' 02" N **Long.** : 001° 13' 33" E.

LE BOSQUET ★★★ Tourisme 57 E. dont 33 nus
1,4 ha CV . Randonnée pédestre organisée. chauffée . Rivière à 300 m. Ouvert: 25.4 / 26.9. ☎ 05 53 28 37 39. E-mail : info@lebosquet.com. Web : www.lebosquet.com. Réduction H.S.
Lat. : 44° 49' 19" N **Long.** : 001° 13' 33" E.
FFCC : avantages adhérent : 17 € du 25/04 au 01/07 et du 27/08 au 24/09 sur emp.

MOULIN DE CAUDON ★★★ Tourisme 60 E. dont 46 nus 1,77 ha CV . Locations : , . Espace Fitness. chauffée , . Rivière à 100 m ; lac à 5 km. ; . Ouvert: 30.4 / 16.9. ☎ 05 53 31 03 69. E-mail : campingmoulin.caudon@orange.fr. Web : www.moulindecaudon.fr.
Lat. : 44° 49' 17" N **Long.** : 001° 14' 42" E.

LA RIVIERE ★★ Tourisme 55 E. dont 38 nus 1 ha 22 h 30 / 8 h, CV . Locations : . chauffée. Rivière à 300 m. . Accueil groupes enfants. Ouvert: 6.4 / 26.10. ☎ 05 53 28 33 46. E-mail : contact@camping-riviere-domme.com. Web : www.camping-riviere-domme.com. Réduction H.S.
Lat. : 44° 48' 58" N **Long.** : 001° 13' 24" E.

LES RIVES DE LA DORDOGNE ★★ Tourisme 138 E. dont 43 nus
site piéton, CV. Randonnée pédestre organisée. . Accès direct à la rivière. . Accueil groupes. Ouvert: 25.5 / 11.9. ☎ 05 53 31 35 80. E-mail : rivesdeladordogne@vacances-andretrigano.com. Web : vacances-andretrigano.com/camping/dordogne/les-rives-de-la-dordogne-domme. Réduction H.S.
Lat. : 44° 49' 14" N **Long.** : 001° 14' 58" E.
FFCC : avantages adhérent : 10% du 17/05 au 08/07 et du 26/08 au 18/09 sur emp. et 5% du 17/05 au 08/07 et du 26/08 au 18/09 sur loc.

DOUVILLE

9-E3 20 km N.-E. Bergerac. 169 m. ✉ 24140

LESTAUBIERE ★★★ Tourisme 114 E. . Accès direct à l'étang. ; . Accueil groupes adultes. Ouvert: 12.4 / 27.9. ☎ 05 53 82 98 15. E-mail : lestaubiere@gmail.com. Web : www.lestaubiere.fr. Réduction H.S.
Lat. : 44° 59' 33" N **Long.** : 000° 35' 53" E.

ORPHEO NEGRO ★★★ Tourisme 60 E. dont 40 nus
2 ha CV . Locations : , . , , . Accès direct à l'étang et aux bords du lac. ; . Ouvert: 23.4 / 29.10. ☎ 05 53 82 96 58. E-mail : camping@orpheonegro.com. Web : www.orpheonegro.com. Prix 2022. Fft jour : empl. Tourisme (2) : 23 € ( ). Réduction H.S.
Lat. : 45° 01' 39" N **Long.** : 000° 37' 01" E.
FFCC : avantages adhérent : 15 € du 29/04 au 30/06 et du 01/09 au 28/10 sur emp.

EXCIDEUIL

9-F2 37 km N.-E. Périgueux. 183 m. ✉ 24160

CAMPING MUNICIPAL NC Tourisme 33 E. 0,8 ha . Locations : . , . Accès direct à la rivière.. Accueil groupes. Ouvert: 1.6 / 30.9. ☎ 05 53 62 43 72. E-mail : mairie@excideuil.fr. Web : www.excideuil.fr. Prix 2022. 2,95 € ; 6 € ; 3 € ; 2,50 € ; 1,50 € ; 2 € ; 3 €.
Lat. : 45° 20' 12" N **Long.** : 001° 03' 37" E.

EYLIAC

9-F3 12 km S.-E. Périgueux 184 m. ✉ 24330

LA MAURINIE CV. ☎ 05 53 07 57 18. E-mail : contact@lamaurinie.com.
Lat. : 45° 08' 33" N **Long.** : 000° 52' 18" E.

EYMET

9-E4 24 km S.-O. Bergerac. 86 m. ✉ 24500

CAMPING DU CHATEAU ★★ Tourisme 58 E. 1 ha . Locations : . , . Accès direct à la rivière ; lac à 4 km.. Accueil groupes enfants. Ouvert: 1.5 / 30.9. ☎ 05 53 23 80 28. E-mail : contact@camping-eymet.fr. Web : www.camping-eymet.fr/.
Lat. : 44° 40' 09" N **Long.** : 000° 23' 45" E.

FAUX

9-E4 16 km S.-E. Bergerac. 132 m. ✉ 24560

CENTRE EQUESTRE ET PONEY-CLUB CV. Ouvert: 15.6 / 15.9. ☎ 05 53 24 32 57. E-mail : rachel.aguesse@orange.fr, Web : www.lametairieduroc.com.
Lat. : 44° 47' 40" N **Long.** : 000° 38' 50" E.

FLEURAC

9-F3 35 km S.-O. Sarlat-la-Canéda. 196 m. ✉ 24580

LA MALINIE . Ouvert: 14.7 / 30.8. ☎ 05 53 05 42 84. E-mail : info@camping-en-dordogne.com.
Lat. : 45° 00' 01" N **Long.** : 000° 58' 38" E.

M. GÉRARD LEMUHOT CV. Ouvert: 1.1 / 31.12. ☎ 05 53 05 49 19. E-mail : accueil@coste-jaubert.com, Web : www.coste-jaubert.com.
Lat. : 44° 59' 10" N **Long.** : 000° 59' 41" E.

FONROQUE

9-E4 19 km S. Bergerac. 117 m. ✉ 24500

LOU TUQUET NC Tourisme 25 E. dont 20 nus 2 ha après 22 h 30, CV . Locations : , , cabanes. . Etang à 150 m.. Accueil groupes. Ouvert: 15.4 / 15.10. ☎ 05 53 74 38 32. E-mail : loutuquet@wanadoo.fr. Web : www.campingloutuquet.fr. Réduction H.S.
Lat. : 44° 42' 10" N **Long.** : 000° 23' 57" E.

FOSSEMAGNE

9-F3 25 km S.-E. Périgueux. 241 m. ✉ 24210

CAMPING DU MANOIRE NC Tourisme 35 E. 2 ha CV . Locations : , . , , . Accès direct à l'étang et aux bords du lac. ; ; ; . Accueil groupes. Ouvert: 1.6 / 30.9. ☎ 06 72 32 72 60. E-mail : campingdumanoire@gmail.com. Web : www.campingdumanoire.com.
Lat. : 45° 07' 33" N **Long.** : 000° 58' 45" E.

GARDONNE

9-E4 12 km O. Bergerac. 30 m. ✉ 24680

CAMPING MUNICIPAL PARC SERVOIS NC Tourisme 33 E. dont 33 nus 0,8 ha . Accès direct à la rivière. Accueil groupes. Ouvert: 28.4 / 14.10. ☎ 06 89 31 50 47. E-mail : mairie.gardonne@wanadoo.fr. Web : www.parcservois.jimdo.com.
Lat. : 44° 50' 19" N **Long.** : 000° 19' 48" E.

GAUGEAC

9-F4 46 km S.-E. Bergerac. 182 m. ✉ 24540

MOULIN DE DAVID ★★★★ Tourisme 160 E. dont 86 nus, dont 28 CC - 10 GCC.
6 ha CV . Locations : , . Randonnée pédestre organisée. , . Accès direct aux bords du lac. ; . Accueil groupes adultes. Ouvert: 1.4 / 25.9. ☎ 05 53 22 65 25. E-mail : contact@moulindedavid.com. Web : www.moulindedavid.com. Prix 2023. Fft jour : empl. Tourisme (2) : 30 € ( ) ; sup 8 € ; animaux 3 €.
Lat. : 44° 39' 34" N **Long.** : 000° 52' 44" E.
FFCC : avantages adhérent : 21 € du 01/04 au 08/07 et du 02/09 au 30/09 sur emp. et entre 301 € et 616 € la semaine du 01/04 au 01/07 et du 01/09 au 30/09 sur loc.

GRAND-BRASSAC

9-E3 143 m. ✉ 24350

RENAMONT CV. Ouvert: 1.5 / 30.9. ☎ 05 53 03 54 50. E-mail : guinguette@renamont.com.
Lat. : 45° 17' 25" N **Long.** : 000° 31' 51" E.

GROLEJAC

9-F4 13 km S.-E. Sarlat. 130 m. ✉ 24250

LES GRANGES ★★★★ Tourisme 179 E. dont 69 nus
CV . Locations : , , . couverte chauffée . Rivière à 600 m ; étang et lac à 1,5 km. ; . Ouvert: 7.4 / 4.9. ☎ 05 53 28 11 15. E-mail : lesgranges@vagues-oceanes.com. Web : www.camping-vagues-oceanes.com. Réduction H.S.
Lat. : 44° 48' 57" N **Long.** : 001° 17' 30" E.

LE LAC DE GROLEJAC ★★★ Tourisme 95 E. dont 57 nus
23 h / 7 h, CV . Locations : . chauffée , . Accès direct aux bords du lac ; rivière à 2,5 km. ; . Accueil groupes adultes. Ouvert: 1.5 / 25.9. ☎ 05 53 59 48 70. E-mail : contact@camping-dulac-dordogne.com. Web : www.camping-dulac-dordogne.com.
Lat. : 44° 48' 05" N **Long.** : 001° 17' 45" E.
FFCC : avantages adhérent : 17 € du 28/04 au 01/07 et du 02/09 au 23/09 sur emp.

HAUTEFAYE

9-E2 17 km O. Nontron. 179 m. ✉ 24300

LES JAUBERTINS CV. Ouvert: 1.1 / 31.12. ☎ 05 53 56 04 50. E-mail : lesjaubertins@orange.fr.
Lat. : 45° 32' 41" N **Long.** : 000° 29' 51" E.

HAUTEFORT

9-F3 42 km N.-E. Périgueux. 199 m. ✉ 24390

CAMPING DU COUCOU ★★★ Tourisme 50 E. dont 17 nus 2 ha CV . Locations : , . . Etang à 500 m ; rivière à 3 km. . Accueil groupes. Ouvert: 7.4 / 15.10. ☎ 05 53 50 86 97. E-mail : info@campingducoucou.com. Web : www.campingducoucou.com.
Lat. : 45° 14' 57" N **Long.** : 001° 08' 17" E.

JUMILHAC-LE-GRAND

9-F2 37 km E. Nontron. 328 m. ✉ 24630

LA CHATONNIÈRE ★★★ Tourisme 58 E. dont 42 nus
2,5 ha CV . Locations : , , . Randonnée pédestre organisée. , . Accès direct à la rivière. ; . Ouvert: 1.4 / 25.9. ☎ 05 53 52 57 36. E-mail : camping@chatonniere.com. Web : www.chatonniere.com. Prix 2023. Fft jour : empl. Tourisme (2) : 19 € ( )
Lat. : 45° 30' 00" N **Long.** : 001° 03' 41" E.

LA CASSAGNE

9-F3 28 km N.-E. Sarlat-la-Caneda. 202 m. ✉ 24120

LA GRANDE PRADE ★★★ Tourisme 98 E. dont 42 nus 3,5 ha CV. chauffée. Accès direct à l'étang ; rivière à 1 km. Accueil groupes. Ouvert: 20.5 / 12.9. ☎ 05 53 51 66 13. E-mail : campinggrandeprade@wanadoo.fr. Web : www.campingdelagrandeprade.com. Réduction H.S.
Lat. : 45° 04' 04" N **Long.** : 001° 16' 38" E.

LA CHAPELLE-AUBAREIL

9-F3 18 km N. Sarlat. 223 m. ✉ 24290

LA FAGE ★★★★ Tourisme 66 E. dont 50 nus 5,5 ha CV. Locations : cabanes. Randonnée pédestre organisée. couverte chauffée. Accueil groupes. Ouvert: 9.4 / 9.10. ☎ 05 53 50 76 50. E-mail : camping.lafage@wanadoo.fr. Web : www.camping-lafage.com. Réduction H.S.
Lat. : 45° 01' 02" N **Long.** : 001° 11' 17" E.

LE VILLAGE ENCHANTEUR P.R.L ★★★ NN7 E. CV. Locations : chauffée. Accueil groupes adultes. Ouvert: 1.1 / 31.12. ☎ 05 53 50 32 42. E-mail : contact@le-village-enchanteur.com. Web : www.le-village-enchanteur.com.
Lat. : 45° 01' 08" N **Long.** : 001° 11' 04" E.

LA DOUZE

9-F3 21 km S.-E. Périgueux. 209 m. ✉ 24330

LE DOMAINE DU BOIS COQUET ★★★ Tourisme 57 E. dont 41 nus 6 ha CV. Locations : Randonnée pédestre organisée. chauffée. Accueil groupes adultes. Ouvert: 29.4 / 23.9. ☎ 05 53 03 09 24. E-mail : contact@campingduboiscoquet.fr. Web : www.campingduboiscoquet.fr. Prix 2023. Fft jour : empl. Tourisme (2 personnes) : 27,9 €. Réduction H.S.
Lat. : 45° 03' 52" N **Long.** : 000° 53' 18" E.

LA PRADE NC Tourisme 50 E. 1,5 ha. Accès direct à l'étang. Ouvert: 25.6 / 5.9. ☎ 05 53 06 73 59.
Lat. : 45° 02' 44" N **Long.** : 000° 53' 18" E.

LA JEMAYE-PONTEYRAUD

9-E3 50 km O. Périgueux. 94 m. ✉ 24410

CAMPING DU LAC ★★ Tourisme 33 E. dont 32 nus 3 ha CV. Locations : Accès direct aux bords du lac.. Ouvert: 6.4 / 31.10. ☎ 05 53 91 51 78. E-mail : Didier.brebion@gmail.com. Web : www.campingdulac-dordogne.com.
Lat. : 45° 09' 32" N **Long.** : 000° 16' 16" E.

LA ROCHE-CHALAIS

9-D3 80 km O. Périgueux. 64 m. ✉ 24490

CAMPING DU MERIDIEN ★★★ Tourisme 100 E. dont 92 nus 3 ha CV. Accès direct à l'étang et à la rivière. Ouvert: 15.4 / 30.9. ☎ 05 53 91 40 65. E-mail : campingdumeridien@orange.fr. Web : www.larochechalais.com.
Lat. : 45° 08' 56" N **Long.** : 000° 00' 07" W.

M. PAUZET Ouvert: 1.4 / 31.10. ☎ 05 53 91 46 48.
Lat. : 45° 10' 51" N **Long.** : 000° 00' 07" E.

LA ROQUE-GAGEAC

9-F4 14 km S. Sarlat. 104 m. ✉ 24250

BEAU RIVAGE ★★★ Tourisme 218 E. dont 142 nus 8 ha CV. Locations : chauffée. Accès direct à la rivière. Accueil groupes. Ouvert: 16.6 / 3.9. ☎ 05 53 28 32 05. E-mail : beaurivage@vagues-oceanes.com. Web : www.camping-vagues-oceanes.com. Réduction H.S.
Lat. : 44° 48' 58" N **Long.** : 001° 12' 51" E.

LA BUTTE ★★★ Tourisme 140 E. dont 100 nus, dont 40 GCC. 3,5 ha CV. Locations : . Randonnée pédestre organisée. couverte chauffée. Accès direct à la rivière. Accueil groupes. Ouvert: 27.4 / 28.9. ☎ 05 53 28 30 28. E-mail : camping.la.butte@wanadoo.fr. Web : www.camping-la-butte.com/. Réduction H.S.
Lat. : 44° 49' 04" N **Long.** : 001° 12' 53" E.

VERTE RIVE NC Tourisme 60 E. 1,5 ha CV. Accès direct à la rivière. Ouvert: 1.7 / 25.9. ☎ 05 53 28 30 04. E-mail : peyratginette@orange.fr. Web : www.dordogne-perigord-tourisme.fr. Prix 2022. empl. Tourisme : 4,80 € ; 4,80 € ; 2,90 € ; 2,90 €.
Lat. : 44° 48' 31" N **Long.** : 001° 11' 59" E.

LALINDE

9-E4 21 km E. Bergerac. 103 m. ✉ 24150

CAMPING MUNICIPAL DU MOULIN DE LA GUILLOU ★★ Tourisme 80 E. dont 76 nus CV. Locations : . Accès direct à la rivière. Ouvert: 1.5 / 30.9. ☎ 0 05 53 58 31 84 / 06 28 91 33 00. E-mail : moulindelaguillou@ville-lalinde.fr. Web : moulindelaguillou.fr.
Lat. : 44° 50' 22" N **Long.** : 000° 45' 48" E.

LE PARC ★★ Tourisme 40 E. 2 ha CV. couverte. Rivière à 1 km. ☎ 05 53 61 02 30. E-mail : sylvie@camping-le-parc.com. Web : www.camping-le-parc.com.
Lat. : 44° 50' 57" N **Long.** : 000° 46' 34" E.

DOMAINE DE LA FINOU P.R.L ★ NN67 E. Ouvert: 1.7 / 29.8. ☎ 04 50 05 86 46. E-mail : contact@ternelia.com.
Lat. : 44° 52' 25" N **Long.** : 000° 44' 27" E.

LAMONZIE-MONTASTRUC

9-E4 11 km N.-E. Bergerac 105 m. ✉ 24520

L'ESCAPADE ★★★★ Tourisme 130 E. dont 18 nus CV. Locations : . Espace Fitness. couverte chauffée. Rivière à 3 km. Accueil groupes. Ouvert: 15.6 / 7.9. ☎ 05 53 57 23 79. E-mail : camping.escapade@orange.fr. Web : www.campinglescapade.com.
Lat. : 44° 53' 11" N **Long.** : 000° 36' 28" E.

LE BUGUE

9-F4 28 km O. Sarlat. 127 m. Station verte de vacances et village de neige ✉ 24260

LA LINOTTE ★★★★ Tourisme 120 E. dont 40 nus 2 ha CV. Locations : roulotte. chauffée. Rivière à 2 km ; étang et lac à 5 km. Accueil groupes. Ouvert: 12.4 / 27.9. ☎ 0 820 150 040. E-mail : info@vagues-oceanes.com. Web : www.vagues-oceanes.com. Réduction H.S.
Lat. : 44° 56' 03" N **Long.** : 000° 56' 12" E.

LE BOURNAT ★★★ Tourisme 161 E. dont 109 nus 4 ha CV. Locations : couverte chauffée. Rivière à 50 m ; étang à 3,5 km.. Accueil groupes. Ouvert: 8.4 / 29.9. ☎ 05 53 07 24 60. E-mail : accueil@campingdubournat.fr. Web : www.camping-bugue.com. Prix 2023. Fft jour : empl. Tourisme (1 personne) : 19 € ; sup 5 € ; animaux 4,50 € ; 4,50 €. Réduction H.S.
Lat. : 44° 54' 33" N **Long.** : 000° 55' 54" E.

LE ROCHER DE LA GRANELLE ★★★ Tourisme 150 E. dont 20 nus 4 ha CV. A 2 km : Locations : . Accès direct à la rivière. Accueil groupes. Ouvert: 10.4 / 21.9. ☎ 05 53 07 24 32. E-mail : info@lagranelle.com. Web : www.lagranelle.com. Réduction H.S.
Lat. : 44° 54' 41" N **Long.** : 000° 55' 04" E.
FFCC : avantages adhérent : 14 € du 30/04 au 05/07 et du 24/08 au 24/08 sur emp. et entre 40 € et 80 € la nuitée et entre 180 € et 350 € la semaine du 30/04 au 01/07 et du 30/08 au 19/09 sur loc.

LE BUISSON-DE-CADOUIN

9-F4 38 km E. Bergerac. 152 m. Station verte de vacances et village de neige ✉ 24480

DOMAINE DE FROMENGAL ★★★★★ Tourisme 99 E. dont 39 GCC. 5 ha CV. Locations : chauffée. Etang à 3 km ; rivière à 4 km. Accueil groupes. Ouvert: 18.4 / 19.9. ☎ 05 53 63 11 55. E-mail : fromengal@domaine-fromengal.com. Web : www.domaine-fromengal.com. Réduction H.S.
Lat. : 44° 49' 22" N **Long.** : 000° 51' 39" E.

LE PONT DE VICQ EN PERIGORD ★★★ Tourisme 129 E. dont 100 nus CV. Locations : chauffée. Accès direct à la rivière. Accueil groupes. Ouvert: 1.4 / 31.10. ☎ 05 53 22 01 73. E-mail : le.pont.de.vicq@orange.fr. Web : www.campinglepontdevicq.com.
Lat. : 44° 51' 14" N **Long.** : 000° 54' 39" E.

LA NOIX DE PECANY P.R.L ★★ NN14 E. CV. A 5 km : Locations : cabanes, roulotte. chauffée. Rivière à 1 km. Accueil groupes adultes. Ouvert: 1.4 / 30.9. ☎ 05 53 61 30 42. E-mail : contact@gites24.fr. Web : www.gites24.fr.
Lat. : 44° 49' 54" N **Long.** : 000° 56' 26" E.

LES JARDINS DE L'ABBAYE ★★ Tourisme 32 E. dont 14 nus 1 ha CV. Randonnée pédestre organisée. Etang à 500 m ; rivière à 5 km. Accueil groupes adultes. Ouvert: 1.4 / 30.10. ☎ 05 53 61 89 30. E-mail : jardins-abbaye@hotmail.fr. Web : www.jardinsabbaye.com. Réduction H.S.
Lat. : 44° 48' 40" N **Long.** : 000° 52' 20" E.

AUBERGE LE ROUSSEL CV. ☎ 05 53 22 04 26. E-mail : contact.leroussel@gmail.com, Web : www.dordogne-perigord.com/leroussel/.
Lat. : 44° 50' 31" N **Long.** : 000° 53' 40" E.

LE CHANGE

9-F3 15 km E. Périgueux. 136 m. ✉ 24640

CAMPING A LA FERME CV. Ouvert: 1.1 / 31.12. ☎ 0 6 89 85 49 48. E-mail : earl.lhote@gmail.com.
Lat. : 45° 12' 08" N **Long.** : 000° 52' 19" E.

LES COTEAUX PERIGOURDINS

9-F3 34 km N.-E. Sarlat. 281 m. ✉ 24120

CAMPING A LA FERME Ouvert: 1.5 / 15.10. ☎ 05 53 51 00 59. E-mail : guides@campingfrance.com.
Lat. : 45° 05' 56" N **Long.** : 001° 23' 13" E.

LES EYZIES-DE-TAYAC-SIREUIL

9-F4 21 km S.-O. Sarlat. 144 m. ✉ 24620

LA RIVIÈRE ★★★★ Tourisme 127 E. dont 106 nus 3 ha CV. Locations : chauffée. Accès direct à la rivière. Accueil groupes. Ouvert: 16.4 / 2.10. ☎ 05 53 06 97 14. E-mail : la-riviere@wanadoo.fr. Web : lariviereleseyzies.com. Réduction H.S.
Lat. : 44° 56' 14" N **Long.** : 001° 00' 20" E.
FFCC : avantages adhérent : 16 € du 16/04 au 15/07 et du 21/08 au 02/10 sur emp.

LE PECH CHARMANT ★★★★ Tourisme 111 E. dont 81 nus, dont 12 GCC. 10 ha CV. Locations : chauffée. Rivière à 2 km. Accueil groupes. Ouvert: 24.4 / 18.9. ☎ 05 53 35 97 08. E-mail : info@lepech.com. Web : www.lepech.com. Réduction H.S.
Lat. : 44° 55' 27" N **Long.** : 001° 01' 47" E.

LE MAS ★★★ Tourisme 140 E. CV. Ouvert: 25.5 / 8.9. ☎ 04 30 05 15 19. E-mail : info@tohapi.fr. Web : www.tohapi.fr/aquitaine/camping-le-mas.php.
Lat. : 44° 57' 14" N **Long.** : 001° 00' 33" E.

CAMPING A LA FERME. Ouvert: 1.5 / 31.10. ☎ 05 53 06 94 71. E-mail : josette.garrigue@orange.fr, Web : www.gites-camping-eyzies.com.
Lat. : 44° 55' 25" N **Long.** : 001° 00' 12" E.

LES GRAULGES

9-E2 20 km S.-O. Nontron. 142 m. ✉ 24340

LES GRAULGES NC Tourisme 50 E. 2 ha. Locations : , Accès direct à l'étang et à la rivière. Ouvert: 1.4 / 30.9. ☎ 05 53 60 74 73. E-mail : info@lesgraulges.com. Web : www.lesgraulges.com.
Lat. : 45° 29' 42" N **Long.** : 000° 26' 55" E.

LIMEUIL

9-F4 33 km N.-E. Bergerac. 98 m. ✉ 24510

LA FERME DE PERDIGAT ★★★★ Tourisme 86 E. dont 42 nus
7 ha CV. Locations : Espace Fitness. chauffée, Accès direct à l'étang et à la rivière. Accueil groupes. Ouvert: 16.4 / 17.9. ☎ 05 53 63 31 54. E-mail : accueil@perdigat.com. Web : www.perdigat.com. Prix 2022. Fft jour : empl. Tourisme (2 ✝) : 26,5 €. Réduction H.S.
Lat. : 44° 53' 37" N **Long.** : 000° 54' 53" E.
FFCC : avantages adhérent : 18 € du 16/04 au 08/07 et du 26/08 au 16/09 sur emp.

LES POUTIROUX ★★★★ Tourisme 50 E. CV. chauffée. Rivière à 1 km ; étang et lac à 5 km. Ouvert: 1.4 / 31.10. ☎ 05 53 63 31 62. E-mail : campinglespoutiroux@orange.fr. Web : www.poutiroux.com. Réduction H.S.
Lat. : 44° 53' 37" N **Long.** : 000° 52' 44" E.

LISLE

9-E3 20 km N.-O. Périgueux. 132 m. ✉ 24350

CAMPING DU PONT ★★ Tourisme 45 E. CV. Accès direct à la rivière. Ouvert: 1.6 / 15.9. ☎ 05 53 04 65 80. E-mail : mairie-de-lisle@wanadoo.fr. Web : www.campinglisle.com.
Lat. : 45° 16' 53" N **Long.** : 000° 32' 27" E.

MARCILLAC-SAINT-QUENTIN

9-F3 9 km N. Sarlat. 244 m. ✉ 24200

LES TAILLADIS ★★★ Tourisme 90 E. dont 78 nus CV. Etang et lac à 5 km. Accueil groupes. Ouvert: 1.3 / 30.11. ☎ 05 53 59 10 95. E-mail : tailladis@wanadoo.fr. Web : www.tailladis.com. Réduction H.S.
Lat. : 44° 58' 27" N **Long.** : 001° 11' 13" E.

LA VEYSSIERE NC Tourisme 35 E. dont 35 nus CV. A 5 km : Etang à 5 km. Accueil groupes. Ouvert: 1.6 / 30.9. ☎ 05 53 59 10 89. E-mail : merly.gc@orange.fr.
Lat. : 44° 57' 05" N **Long.** : 001° 12' 50" E.

MME MARIETTE LAFLAQUIERE. Ouvert: 1.4 / 31.10. ☎ 05 53 29 19 34. E-mail : m.bizat@orange.fr.
Lat. : 44° 57' 36" N **Long.** : 001° 13' 27" E.

MAREUIL EN PERIGORD

9-E2 21 km S.-O. Nontron. 156 m. ✉ 24340

DOMAINE DE CORNEUIL ★★★ Tourisme 64 E. dont 35 nus, dont 35 CC - 30 GCC.
5,5 ha CV. Locations : Randonnée pédestre organisée. chauffée. Rivière à 400 m.. Accueil groupes. Ouvert: 10.6 / 3.9. ☎ 05 53 60 79 48. E-mail : campingcorneuil@orange.fr. Web : www.corneuil.com. Prix 2022. Fft jour : empl. Tourisme (2 ✝) : 30 € ; ✝ sup 5 € ; animaux 3 €. Réduction H.S.
Lat. : 45° 28' 25" N **Long.** : 000° 32' 11" E.
FFCC : avantages adhérent : 18 € du 10/06 au 07/07 et du 21/08 au 03/09 sur emp. et entre 290 € et 350 € la semaine du 24/06 au 01/07 et du 26/08 au 02/09 sur loc.

CAMPING MUNICIPAL VIEUX MOULIN NC Tourisme 20 E. 0,65 ha. Rivière à 1 km. Ouvert: 1.6 / 30.9. ☎ 05 53 60 99 80. E-mail : mairiemareuil@wanadoo.fr. Web : www.mareuil-en-perigord.fr/.
Lat. : 45° 26' 48" N **Long.** : 000° 27' 06" E.

MARSALES

9-F4 43 km S.-E. Bergerac. 200 m. ✉ 24540

LE MOULY NC Tourisme 70 E. Ouvert: 1.6 / 30.9. ☎ 05 53 22 65 50. E-mail : info@france-individuelle.com. Web : www.france-individuelle.com.
Lat. : 44° 41' 53" N **Long.** : 000° 52' 42" E.

MAUZAC-ET-GRAND-CASTANG

9-E4 27 km E. Bergerac. 128 m. ✉ 24150

CAMPING MUNICIPAL NC Tourisme 33 E. dont 7 GCC. CV. Locations : Rivière à 100 m. Ouvert: 1.6 / 30.9. ☎ 05 53 22 50 57. E-mail : mairie.de.mauzac.et.grand-castang@wanadoo.fr. Web : www.mairiemauzacetgrandcastang.fr.
Lat. : 44° 51' 50" N **Long.** : 000° 47' 45" E.

MIALET

9-F2 36 km N.-E. Nontron. 319 m. ✉ 24450

DOMAINE DE VIVALE P.R.L ★★★ NN20 E. CV. Locations : chauffée. Accès direct à l'étang et aux bords du lac. Ouvert: 26.3 / 6.11. ☎ 05 53 52 66 05. E-mail : vivale@orange.fr. Web : vivaledordogne.com.
Lat. : 45° 32' 52" N **Long.** : 000° 53' 52" E.

MILHAC-DE-NONTRON

9-E2 16 km S.-E. Nontron. 233 m. ✉ 24470

CAMPING PARENTHESES IMAGINAIRES ★★★ Tourisme 33 E. Ouvert: 15.4 / 30.10. ☎ 06 10 03 67 04. E-mail : reservation@parentheses-imaginaires.com.
Lat. : 45° 28' 48" N **Long.** : 000° 47' 55" E.

PARENTHÈSES IMAGINAIRES ★★★ Tourisme 30 E. CV. Locations : Accès direct à l'étang et aux bords du lac. Ouvert: 26.4 / 14.10. ☎ 06 10 03 67 04. E-mail : reservation@parentheses-imaginaires.com. Web : parentheses-imaginaires.com.
Lat. : 45° 28' 49" N **Long.** : 000° 47' 55" E.

MINZAC

9-D3 44 km O. Bergerac 58 m. ✉ 24610

MOOREA CAMPING ★★ Loisirs 19 E. dont 14 nus CV. Locations : Ouvert: 1.1 / 31.12. ☎ 06 28 78 58 44. E-mail : mooreacamping24@gmail.com. Web : www.mooreacamping.com. Réduction H.S.
Lat. : 44° 58' 03" N **Long.** : 000° 01' 34" E.

MOLIERES

9-E4 30 km E. Bergerac. 158 m. ✉ 24480

LA GRANDE VEYIÈRE ★★★ Tourisme 62 E. dont 46 nus 4,5 ha CV. Ouvert: 1.4 / 1.11. ☎ 05 53 63 25 84. E-mail : contact@lagrandeveyiere.com. Web : www.lagrandeveyiere.com.
Lat. : 44° 47' 43" N **Long.** : 000° 50' 01" E.

MONFAUCON

9-D3 26 km N.-O. Bergerac. 82 m. ✉ 24130

DOMAINE L'ÉTANG DE BAZANGE ★★★★ Tourisme 83 E. dont 40 nus
CV. Locations : cabanes. Randonnée pédestre organisée. chauffée. Accès direct à l'étang et aux bords du lac ; rivière à 4 km. Accueil groupes. Ouvert: 1.6 / 15.9. ☎ 05 53 24 64 79. E-mail : camping-bazange@orange.fr. Web : www.camping-bazange-dordogne.com. Prix 2022. Fft jour : empl. Tourisme (2 ✝) : 34 €
Lat. : 44° 55' 03" N **Long.** : 000° 14' 53" E.
FFCC : avantages adhérent : 10% du 28/04 au 30/06 et du 01/09 au 30/0910% du 28/04 au 30/06 et du 01/09 au 30/09 sur emp. et loc. + 10% hors juillet-août sur les emplacements nus et hébergements locatifs sur présentation de la carte ou rendez-vous dans votre club avantages FFCC pour obtenir le code promotionnel.

MONPAZIER

9-F4 45 km S.-E. Bergerac. 183 m. ✉ 24540

LAC DE VERONNE ★ Tourisme 75 E. 2 ha. Locations : Accès direct aux bords du lac. Ouvert: 1.6 / 30.9. ☎ 05 53 22 65 50. E-mail : vakantie@lacdeveronne.com. Web : www.lacdeveronne.com.
Lat. : 44° 41' 57" N **Long.** : 000° 52' 59" E.

MONPLAISANT

9-F4 24 km S.-O. Sarlat-la-Canéda. 125 m. ✉ 24170

LA LENOTTE ★★★ Tourisme 74 E. dont 34 nus 1,2 ha 22 h 30 / 7 h 30, CV. Locations : chauffée. Accès direct à la rivière. Accueil groupes. Ouvert: 1.4 / 30.9. ☎ 05 53 30 25 80. E-mail : contact@la-lenotte.com. Web : www.la-lenotte.com. Réduction H.S.
Lat. : 44° 47' 45" N **Long.** : 001° 00' 28" E.

MONSAC

9-E4 23 km S.-E. Bergerac 133 m. ✉ 24440

LA FERME DE SIRGUET P.R.L ★★★ NN10 E. Locations : roulotte. couverte chauffée. Ouvert: 1.1 / 31.12. ☎ 06 13 63 42 19. E-mail : sirguet@gmail.com. Web : www.ferme-sirguet.com.
Lat. : 44° 47' 25" N **Long.** : 000° 41' 58" E.

MONTIGNAC

9-F3 25 km N.-N.-O. Sarlat. 154 m. ✉ 24290

LE MOULIN DU BLEUFOND-LASCAUX ★★★ Tourisme 118 E. dont 53 nus
CV. Locations : Espace Fitness. chauffée. Accès direct à la rivière ; lac à 1 km. Accueil groupes adultes. Ouvert: 31.3 / 18.10. ☎ 05 53 51 83 95. E-mail : info@bleufond.com. Web : www.bleufond.com. Réduction H.S.
Lat. : 45° 03' 36" N **Long.** : 001° 09' 32" E.

MONTPON-MENESTEROL

9-D3 53 km S.-O. Périgueux. 60 m. Station verte de vacances et village de neige ✉ 24700

LA CIGALINE ★★★ Tourisme 110 E. dont 85 nus CV. Locations : , cocosweet. chauffée , , . Accès direct à la rivière.. Ouvert: 9.4 / 15.10. ☎ 05 53 80 22 16. E-mail : contact@lacigaline.fr. Web : www.camping-dordogne-lacigaline.com/. Prix 2022. Fft nuit : empl. Tourisme (2) : 23 € () ; sup 6,50 € nuit ; animaux 2,50 € nuit ; 4,90 € nuit.
Lat. : 44° 00' 45" N **Long.** : 000° 09' 30" E.
FFCC : avantages adhérent : 17 € du 07/04 au 30/06 et du 01/09 au 14/10 sur emp.

NABIRAT

9-F4 20 km S.-E. Sarlat-la-Canéda. 158 m. ✉ 24250

LES PIALADES ★★★ Tourisme 81 E. dont 45 nus 2,5 ha CV . Locations : , . chauffée . Lac à 2 km ; rivière à 3 km. Accueil groupes. Ouvert: 21.5 / 17.9. ☎ 05 53 28 52 28. E-mail : contact@lespialades.com. Web : www.lespialades.com. Prix 2022. Fft jour : empl. Tourisme (2) : 25 € (E. CC) ;
Lat. : 44° 46' 54" N **Long.** : 001° 17' 20" E.

NAUSSANNES

9-E4 24 km S.-E. Bergerac. 140 m. ✉ 24440

DOMAINE NATURISTE LE COUDERC ★★★★ Tourisme 189 E. dont 158 nus juillet/août, CV Rés. naturiste. Locations : . Randonnée pédestre organisée. Espace Fitness. chauffée . Accès direct à l'étang et à la rivière. . Accueil groupes adultes. Ouvert: 1.4 / 15.10. ☎ 05 53 22 40 40. E-mail : info@lecouderc.com. Web : www.lecouderc.com.
Lat. : 44° 45' 23" N **Long.** : 000° 42' 08" E.

NEUVIC

9-E3 25 km S.-O. Périgueux. 92 m. ✉ 24190

LE PLEIN AIR NEUVICOIS ★★★ Tourisme 77 E. dont 64 nus 2 ha 8 h 30 / 12 h 30 & 15 h / 20 h, CV . Locations : , . chauffée , , . Accès direct à la rivière. ; . Accueil groupes. Ouvert: 1.4 / 31.10. ☎ 05 53 81 50 77. E-mail : pleinairneuvic@gmail.com. Web : www.campingneuvicdordogne.com. Réduction H.S.
Lat. : 45° 06' 26" N **Long.** : 000° 28' 11" E.

NONTRON

9-E2 49 km N. Périgueux. 243 m. Station verte de vacances et village de neige ✉ 24300

L'AGRION BLEU ★★★ Tourisme 62 E. dont 51 nus, dont 51 CC - 1 GCC.
1,8 ha CV . Locations : , . Espace Fitness. . Accès direct à la rivière.. Ouvert: 4.1 / 10.12. ☎ 05 53 56 02 04. E-mail : camping@lagrionbleu.fr. Web : www.campinglagrionbleu.com. Prix 2022. Fft jour : empl. Tourisme (2) : 19 € (E. CC)
Lat. : 45° 31' 10" N **Long.** : 000° 39' 29" E.
FFCC : avantages adhérent : 17 € du 16/01 au 30/06 et du 01/09 au 15/12 sur emp.

PARCOUL-CHENAUD

9-D3 67 km O. Périgueux. 58 m. ✉ 24410

LE PARADOU ★★★★ Tourisme 100 E. dont 27 nus
1,2 ha CV . Locations : . Espace Fitness. couverte chauffée , , , . Accès direct à l'étang et aux bords du lac ; rivière à 500 m. ; ; . Accueil groupes. Ouvert: 15.1 / 15.12. ☎ 05 53 91 42 78. E-mail : contact@camping-paradou.com. Web : www.camping-paradou.com. Prix 2022. empl. Tourisme : 21,40 € nuit ; 5,80 € 1 personne nuit ; animaux 2,50 € (1 animal) nuit. Réduction H.S.
Lat. : 45° 11' 28" N **Long.** : 000° 01' 35" E.
FFCC : avantages adhérent : 20 € du 01/03 au 01/07 et du 27/08 au 01/10 sur emp. et entre 55 € et 130 € la nuitée et entre 270 € et 490 € la semaine du 15/01 au 01/07 et du 27/08 au 15/12 sur loc.

PAYS DE BELVES

9-F4 32 km S.-O. Sarlat-la-Canéda. 191 m. Station verte de vacances et village de neige ✉ 24170

LE MOULIN DE LA PIQUE ★★★★★ Tourisme 255 E. dont 171 nus
8 ha CV . Locations : , , . Espace Fitness. couverte chauffée , , . Accès direct à l'étang. ; . Accueil groupes adultes. Ouvert: 17.5 / 29.10. ☎ 0 9 70 73 10 38. E-mail : contact@rcn.fr. Web : www.rcn.fr. Prix 2023. Fft nuit : empl. Tourisme (2) : 69 € ( ). Réduction H.S.
Lat. : 44° 45' 43" N **Long.** : 001° 00' 49" E.
FFCC : avantages adhérent : 15% du 17/05 au 14/07 et du 19/08 au 29/1015% du 17/05 au 14/07 et du 19/08 au 29/10 sur emp. et loc. + Profitez de lòffre en réservant sur le site du partenaire au 09 70 73 10 38 ou rendez-vous sur votre Club avantages pour obtenir le code promotionnel. Offre non valable du 18/05 au 21/05.

LES NAUVES ★★★ Tourisme 109 E. dont 51 nus
CV . Randonnée pédestre organisée. chauffée . Rivière à 5 km. Accueil groupes. Ouvert: 4.4 / 26.9. ☎ 05 53 29 12 64. E-mail : campinglesnauves@hotmail.com. Web : www.lesnauves.com. Réduction H.S.
Lat. : 44° 45' 16" N **Long.** : 000° 58' 55" E.

PAYZAC

9-F2 62 km S.-E. Nontron. 324 m. ✉ 24270

LE MOULIN DU CHATAIN ★ Tourisme 39 E. dont 25 nus
CV. Locations : , . , , . Accès direct à l'étang et à la rivière.. Accueil groupes. Ouvert: 1.5 / 30.9. ☎ 06 28 26 45 33. E-mail : moulinduchatain@sfr.fr. Web : www.moulinduchatain.com. Prix 2022. empl. Tourisme : 4 € nuit ; 3,50 € nuit ; 10 € nuit ; animaux 3 € nuit ; 2,50 € nuit ; 5 € nuit.
Lat. : 45° 23' 29" N **Long.** : 001° 14' 58" E.
FFCC : avantages adhérent : 18 € du 01/05 au 08/07 et du 20/08 au 30/09 sur emp. et entre 210 € et 455 € la semaine du 05/03 au 06/11 sur loc.

PEYRIGNAC

9-F3 35 km N. Sarlat-la-Canéda. 202 m. ✉ 24210

LA GARENNE ★★★ Tourisme 81 E. dont 17 nus 3,8 ha CV . Locations : . Randonnée pédestre organisée. chauffée . Accueil groupes. Ouvert: 1.1 / 31.12. ☎ 05 53 50 57 73. E-mail : s.lagarenne@wanadoo.fr. Web : www.lagarennedordogne.com.
Lat. : 45° 09' 43" N **Long.** : 001° 11' 01" E.

PEYRILLAC-ET-MILLAC

10-A4 21 km E. Sarlat-la-Canéda. 204 m. ✉ 24370

AU P'TIT BONHEUR ★★★ Tourisme 98 E. dont 61 nus 2,5 ha CV . Locations : , , , . Randonnée pédestre organisée. chauffée . Rivière à 2 km. . Accueil groupes. Ouvert: 4.4 / 17.10. ☎ 05 53 29 77 93. E-mail : campingauptitbonheurdordogne24@gmail.com. Web : www.camping-auptitbonheur.com. Réduction H.S.
Lat. : 44° 53' 56" N **Long.** : 001° 24' 14" E.

LA PERIGOURDINE ★ Tourisme 25 E. CV. . Rivière à 1 km. Ouvert: 1.4 / 31.10. ☎ 05 53 29 72 12. E-mail : michelelevet24@aol.com. Web : www.campinglaperigourdine.fr.
Lat. : 44° 53' 09" N **Long.** : 001° 24' 25" E.

PEZULS

9-E4 35 km N.-E. Bergerac. 150 m. ✉ 24510

LA FORÊT ★★★ Tourisme Loisirs 99 E. dont 35 nus 5 ha CV . Locations : , , , . Randonnée pédestre organisée. . Rivière à 3 km. Accueil groupes adultes. Ouvert: 1.5 / 15.9. ☎ 0 9 81 71 49 37. E-mail : laforet.camping@gmail.com. Web : www.camping-la-foret.com. Réduction H.S.
Lat. : 44° 54' 55" N **Long.** : 000° 49' 17" E.

PLAZAC

9-F3 30 km N.-O. Sarlat. 189 m. ✉ 24580

DOMAINE DU LAC ★★★ Tourisme 113 E. 2,5 ha CV . Locations : , . chauffée , , . Accès direct aux bords du lac. ; ; . Accueil groupes adultes. Ouvert: 8.5 / 30.9. ☎ 05 53 50 75 86. E-mail : contact@domainedulac-dordogne.com. Web : www.campinglelac-dordogne.com. Réduction H.S.
Lat. : 45° 01' 53" N **Long.** : 001° 02' 52" E.

POMPORT

9-E4 12 km S.-O. Bergerac 100 m. ✉ 24240

POMPORT BEACH ★★★★ Tourisme 106 E. dont 103 nus
CV . Locations : . couverte chauffée , , , . Accès direct à l'étang et aux bords du lac et à la rivière. ; ; . Ouvert: 4.5 / 7.9. ☎ 05 24 10 61 13. E-mail : info@pomport-beach.com. Web : www.pomport-beach.com.
Lat. : 44° 46' 16" N **Long.** : 000° 24' 42" E.
FFCC : avantages adhérent : 10% du 13/05 au 30/06 et du 01/09 au 02/0910% du 13/05 au 30/06 et du 01/09 au 02/09 sur emp. et loc. + Rendez-vous dans votre club avantages FFCC pour obtenir le code promotionnel et réserver !.

PRATS-DE-CARLUX

9-F4 10 km E. Sarlat-La-Canéda. 159 m. ✉ 24370

LA CHATAIGNERAIE ★★★★ Tourisme 202 E. dont 106 nus 1,4 ha CV . Locations : , cocosweet, . couverte chauffée , , . Etang à 5 km. ; . Accueil groupes adultes. Ouvert: 12.5 / 4.9. ☎ 05 53 59 03 61 / 02 51 28 10 20. E-mail : lachataigneraie@vagues-oceanes.com. Web : www.camping-vagues-oceanes.com. Réduction H.S.
Lat. : 44° 54' 02" N **Long.** : 001° 17' 53" E.

PROISSANS

9-F3 7 km N. Sarlat-la-Caneda. 191 m. 24200

LE VAL D'USSEL ★★★★ Tourisme 175 E. 5,75 ha CV. Locations : . couverte chauffée , , , . Accès direct à l'étang. . Accueil groupes adultes. Ouvert: 7.4 / 24.9. ☎ 04 84 39 08 60. E-mail : inesselma@homair.com. Web : www.homair.com. Réduction H.S.
Lat. : 44° 56' 12" N **Long.** : 001° 13' 56" E.

LES TERRASSES DU PERIGORD ★★★ Tourisme 80 E. dont 60 nus
CV . Locations : . Randonnée pédestre organisée. couverte chauffée , . Etang à 2 km ; lac et rivière à 5 km. Accueil groupes. Ouvert: 25.4 / 30.9. ☎ 05 53 59 02 25. E-mail : terrasses-du-perigord@orange.fr. Web : www.terrasses-du-perigord.com. Réduction H.S.
Lat. : 44° 54' 25" N **Long.** : 001° 14' 13" E.

LA ROUSSIE ★★ Tourisme 29 E. dont 22 nus CV . Locations : , . . Etang à 200 m.. Accueil groupes. Ouvert: 4.4 / 15.11. ☎ 05 53 31 08 84. E-mail : contact@campinglaroussie.fr. Web : www.campinglaroussie.fr.
Lat. : 44° 55' 03" N **Long.** : 001° 14' 57" E.

RAZAC-D'EYMET

9-E4 22 km S. Bergerac 108 m. 24500

LES CHALETS DE DORDOGNE ★★★ Tourisme 18 E. 3 ha CV . Locations : . chauffée . Etang et lac à 100 m. Accueil groupes adultes. Ouvert: 10.4 / 31.10. ☎ 05 53 63 97 56. E-mail : contact@leschaletsdedordogne.com. Web : www.leschaletsdedordogne.com. Réduction H.S.
Lat. : 44° 41' 09" N **Long.** : 000° 27' 52" E.

RIBERAC

9-E3 37 km N.-O. Périgueux. 92 m. Station verte de vacances et village de neige 24600

LA DRONNE ★★★ Tourisme 100 E. dont 100 nus . Locations : . . Accès direct à la rivière. . Ouvert: 1.6 / 15.9. ☎ 06 41 71 99 61. E-mail : ludovicyvesortega@gmail.com. Web : www.campingdeladronne.com. Réduction H.S.
Lat. : 45° 15' 25" N **Long.** : 000° 20' 34" E.

ROUFFIGNAC-SAINT-CERNIN-DE-REILHAC

9-F3 38 km N.-O. Sarlat. 233 m. 24580

L'OFFRERIE ★★★★ Tourisme 48 E. dont 25 nus
2 ha CV . Locations : . chauffée , , , , . Ouvert: 6.6 / 26.9. ☎ 05 53 35 33 26. E-mail : contact@offrerie.com. Web : www.camping-ferme-offrerie.com.
Lat. : 45° 01' 39" N **Long.** : 000° 58' 17" E.

LA NOUVELLE CROZE ★★★★ Tourisme 44 E.
2 ha CV . Locations : . Randonnée pédestre organisée. couverte chauffée . . Accueil groupes adultes. Ouvert: 1.6 / 30.9. ☎ 05 53 05 38 90. E-mail : contact@lanouvellecroze.com. Web : www.lanouvellecroze.com. Prix 2023. Fft jour : empl. Tourisme (2) : 24,7 € ( ) ; sup 7,90 € ; animaux 2 € ; 6,50 € ; 4,80 €. Réduction H.S.
Lat. : 45° 01' 29" N **Long.** : 000° 59' 53" E.
FFCC : avantages adhérent : entre 58 € et 90 € la nuitée et entre 240 € et 1500 € la semaine du 08/04 au 23/09 sur emp.

LES TERRASSES DE DORDOGNE ★★★ Tourisme 116 E. dont 90 nus 7 ha CV . Locations : , , . couverte chauffée , . Lac à 4 km. ; . Accueil groupes. Ouvert: 1.4 / 30.9. ☎ 05 53 05 48 30. E-mail : contact@lesterrassesdedordogne.com. Web : www.lesterrassesdedordogne.com. Prix 2022. Fft nuit : empl. Tourisme (2) : 25 € ( ) ; sup 7 € nuit ; animaux 2 € nuit ; 4,90 € nuit ; 4,50 € nuit. Réduction H.S.
Lat. : 45° 03' 18" N **Long.** : 000° 59' 14" E.

LE COTEAU DE L'HERM ★★ Tourisme 52 E. dont 48 nus 2 ha Rés. naturiste. Locations : , . . Accueil groupes adultes. Ouvert: 15.5 / 15.9. ☎ 05 53 46 67 77. E-mail : info@naturisme-dordogne.com. Web : www.naturisme-dordogne.com. Réduction H.S.
Lat. : 45° 04' 16" N **Long.** : 000° 58' 20" E.

LA FERME DE TOURTEL . Ouvert: 1.6 / 30.9. ☎ 05 53 05 42 07. E-mail : ledomainedetourtel@gmail.com, Web : www.domainedetourtel.com.
Lat. : 45° 03' 03" N **Long.** : 000° 58' 15" E.

SAINT AULAYE-PUYMANGOU

9-D3 56 km O. Périgueux. 80 m. Station verte de vacances et village de neige 24410

LA DORDOGNE VERTE ★★★ Tourisme 82 E. dont 43 nus
CV . Locations : . , , , , . Accès direct à la rivière. ; ; ; . Ouvert: 27.4 / 8.9. ☎ 05 53 90 62 20. E-mail : arnaudhdm@gmail.com. Web : www.camping-dordogneverte.fr/.
Lat. : 45° 12' 28" N **Long.** : 000° 07' 57" E.
FFCC : avantages adhérent : 10% du 15/04 au 30/06 et du 01/09 au 30/0910% du 15/04 au 30/06 et du 01/09 au 30/09 sur emp. et loc. + 10% hors juillet-août sur les emplacements nus et hébergements locatifs sur présentation de la carte ou rendez-vous dans votre club avantages FFCC pour obtenir le code promotionnel.

SAINT-AMAND-DE-COLY

9-F3 23 km N. Sarlat-la-Canéda. 206 m. 24290

LASCAUX VACANCES ★★★★ Tourisme 209 E. dont 81 nus
8 ha CV . Locations : , , . couverte chauffée , , . Rivière à 2 km. ; . Accueil groupes. Ouvert: 15.5 / 10.9. ☎ 05 53 50 81 57. E-mail : mail@campinglascauxvacances.com. Web : www.campinglascauxvacances.com. Prix 2023. Fft jour : empl. Tourisme (2) : 42 € ( ). Réduction H.S.
Lat. : 45° 03' 16" N **Long.** : 001° 14' 32" E.
FFCC : avantages adhérent : 19 € du 15/05 au 01/07 et du 01/09 au 10/09 sur emp.

PERIGORD-VACANCES ★★ Tourisme 60 E. 4 ha CV. Locations : , . . Etang et rivière à 3 km. . Ouvert: 1.5 / 1.10. ☎ 05 53 51 68 59. E-mail : perigord.vacances@wanadoo.fr. Web : www.camping-perigord.com.
Lat. : 45° 04' 16" N **Long.** : 001° 14' 54" E.

SAINT-ANDRE-D'ALLAS

9-F4 6 km S.-O. Sarlat-la-Canéda. 202 m. 24200

LE MOULIN DU ROCH ★★★★★ Tourisme 209 E. dont 113 nus
CV . Randonnée pédestre organisée. chauffage .. Ouvert: 12.5 / 12.9. ☎ 04 92 28 38 48. E-mail : moulin@capfun.com. Web : www.capfun.com/camping-france-aquitaine-moulin_du_roch-FR.html. Réduction H.S.
Lat. : 44° 54' 31" N **Long.** : 001° 06' 53" E.

DOMAINE DE LOISIRS LE MONTANT ★★★★ Tourisme 142 E. dont 70 nus 4 ha CV . A 10 km : Locations : . Randonnée pédestre organisée. couverte chauffée , , . ; . Accueil groupes. Ouvert: 6.4 / 28.9. ☎ 05 53 59 18 50. E-mail : contact@camping-sarlat.com. Web : www.camping-sarlat.com.
Lat. : 44° 52' 13" N **Long.** : 001° 11' 17" E.

LA FERME DE VILLENEUVE ★★★ Tourisme 100 E. dont 70 nus 2 ha CV . Locations : , , , , roulotte, . Randonnée pédestre organisée. Espace Fitness. chauffée . Etang à 500 m. Accueil groupes. Ouvert: 1.4 / 31.10. ☎ 05 53 30 30 90. E-mail : contact@fermedevilleneuve.com. Web : www.fermedevilleneuve.com. Réduction H.S.
Lat. : 44° 54' 18" N **Long.** : 001° 08' 26" E.

LES CHARMES ★★★ Tourisme 99 E. dont 83 nus, dont 16 GCC.
2,7 ha CV . Locations : , . couverte chauffée , . ; . Ouvert: 22.4 / 17.9. ☎ 05 53 31 02 89. E-mail : lescharmescamping@gmail.com. Web : www.campinglescharmes.fr. Prix 2023. Fft nuit : empl. Tourisme (2) : 33,1 € ( ) ; sup 8,30 € nuit ; 4,20 € nuit. Réduction H.S.
Lat. : 44° 53' 43" N **Long.** : 001° 06' 51" E.
FFCC : avantages adhérent : 16 € du 22/04 au 08/07 et du 26/08 au 17/09 sur emp.

LE VENTAJOL NC Tourisme 25 E. 2 ha CV. . Rivière à 800 m. Ouvert: 15.5 / 30.9. ☎ 07 87 95 45 39. E-mail : camping.leventojol@orange.fr.
Lat. : 44° 53' 18" N **Long.** : 001° 09' 59" E.

LO GORISSADO NC Tourisme 20 E. CV . Locations : . . Etang et rivière à 5 km. Accueil groupes. Ouvert: 1.5 / 15.10. ☎ 0 5 53 59 02 39. E-mail : logorissado@gmail.com. Web : www.logorissado.com.
Lat. : 44° 52' 02" N **Long.** : 001° 09' 46" E.

SAINT-ANTOINE-D'AUBEROCHE

9-F3 22 km S.-E. Périgueux. 212 m. 24330

LA PÉLONIE ★★★★ Tourisme 105 E. dont 70 nus 4 ha CV . Locations : . Randonnée pédestre organisée. couverte chauffée . . Rivière à 4 km. ; . Accueil groupes enfants. Ouvert: 1.5 / 23.9. ☎ 05 53 07 55 78. E-mail : info@campinglapelonie.com. Web : www.lapelonie.com. Prix 2023. Fft jour : empl. Tourisme (2) : 29 € ( ) ; sup 8 € ; animaux 4,50 € ; 6 € ; 5,50 €.
Lat. : 45° 07' 54" N **Long.** : 000° 55' 44" E.

SAINT-ANTOINE-DE-BREUILH

9-D4 25 km O. Bergerac. 26 m. 24230

LA RIVIERE FLEURIE ★★★★ Tourisme 66 E. dont 46 nus
CV . Locations : . chauffée . Rivière à 30 m. Ouvert: 10.4 / 20.9. ☎ 05 53 24 82 80. E-mail : info@la-riviere-fleurie.com. Web : www.la-riviere-fleurie.com. Réduction H.S.
Lat. : 44° 49' 44" N **Long.** : 000° 07' 21" E.
FFCC : avantages adhérent : 10% du 22/04 au 30/06 et du 01/09 au 16/0910% du 22/04 au 30/06 et du 01/09 au 16/09 sur emp. et loc. + 10% hors juillet-août sur les emplacements nus et hébergements locatifs sur présentation de la carte ou rendez-vous dans votre club avantages FFCC pour obtenir le code promotionnel.

SAINT-ASTIER

9-E3 18 km S.-O. Périgueux. 116 m. 24110

LE PONTET ★★★ Tourisme 150 E. dont 100 nus
3,5 ha CV . couverte , . Accès direct à la rivière. ; . Ouvert: 4.4 / 27.9. ☎ 05 53 54 14 22. E-mail : mail.lepontet@gmail.com. Web : www.camping-le-pontet.com.
Lat. : 45° 08' 51" N **Long.** : 000° 32' 00" E.

SAINT-AUBIN-DE-NABIRAT

9-F4 23 km S. Sarlat-la-Canéda. 187 m. 24250

CAMPING MOTO DORDOGNE ★★ Tourisme 49 E. 1 ha . Ouvert: 27.4 / 30.9. ☎ 05 53 31 24 06. E-mail : info@motocamp.com. Web : www.motocamp.fr.
Lat. : 44° 44' 17" N **Long.** : 001° 16' 33" E.

LE MARCASSIN DE SAINT AUBIN ★ Tourisme 23 E. Locations : . . Ouvert: 25.4 / 17.9. ☎ 05 53 28 57 30. E-mail : campinglemarcassin@gmail.com. Web : www.lemarcassin.fr.
Lat. : 44° 44' 07" N **Long.** : 001° 17' 42" E.

SAINT-AVIT-DE-VIALARD
9-F3 40 km O. Sarlat-la-Canéda. 203 m. ✉ 24260

SAINT AVIT LOISIRS ★★★★★ Tourisme 219 E. dont 30 nus
7 ha CV. Locations : . Espace Fitness. couverte chauffée , , , . Accès direct à l'étang. Accueil groupes. Ouvert: 7.4 / 17.9. ☎ 04 84 39 08 60. E-mail : inesselma@homair.com. Web : www.homair.com.
Lat. : 44° 57' 06" N **Long.** : 000° 51' 02" E.

ST AVIT LOISIRS **P.R.L** ★★★★★ **NN**408 E.
6 ha CV. Locations : . Espace Fitness. couverte chauffée , , , , . ; . Accueil groupes adultes. Ouvert: 1.4 / 25.9. ☎ 05 53 02 64 00. E-mail : contact@saint-avit-loisirs.com. Web : www.saint-avit-loisirs.com. Réduction H.S.
Lat. : 44° 57' 08" N **Long.** : 000° 51' 04" E.

SAINT-AVIT-RIVIERE
9-F4 42 km S.-E. Bergerac. 189 m. ✉ 24540

TERME D'ASTOR ★★★ Tourisme 102 E. 8 ha Rés. naturiste. Locations : , , . . Ouvert: 1.5 / 30.9. ☎ 05 53 63 24 52. E-mail : camping@termedastor.com. Web : www.termedastor.com.
Lat. : 44° 45' 29" N **Long.** : 000° 54' 06" E.

SAINT-CHAMASSY
9-F4 28 km O. Sarlat-la-Canéda. 115 m. ✉ 24260

AUX ÉTANGS DU BOS **P.R.L** ★★★★ **NN**12 E. Locations : . , . Accès direct à l'étang. ; ; . Ouvert: 13.4 / 5.10. ☎ 05 53 54 74 60. E-mail : contact@le-bos.com. Web : www.le-bos.com.
Lat. : 44° 52' 07" N **Long.** : 000° 58' 09" E.

SAINT-CIRQ
9-F3 28 km N.-O. Sarlat-la-Canéda. 134 m. ✉ 24260

BRIN D'AMOUR ★★★ Tourisme 88 E. dont 60 nus 4 ha CV. A 5 km : Locations : , , , roulotte. couverte chauffée , . Accès direct à l'étang ; rivière à 3 km. ; . Accueil groupes. Ouvert: 6.4 / 28.9. ☎ 05 53 07 23 73. E-mail : campingbrindamour@orange.fr. Web : www.brindamourcamping.com. Réduction H.S.
Lat. : 44° 56' 42" N **Long.** : 000° 57' 36" E.

SAINT-CREPIN-ET-CARLUCET
9-F3 13 km N.-E. Sarlat la Canéda. 241 m. ✉ 24590

LES PENEYRALS ★★★★★ Tourisme 272 E. dont 42 nus
10 ha CV. Locations : . Randonnée pédestre organisée. couverte chauffée , , , . Accès direct à l'étang. . Accueil groupes adultes. Ouvert: 15.4 / 25.9. ☎ 05 53 28 85 71. E-mail : peneyrals@sandaya.fr. Web : www.sandaya.fr/nos-campings/peneyrals. Réduction H.S.
Lat. : 44° 57' 28" N **Long.** : 001° 16' 22" E.

LE PIGEONNIER ★★★ Tourisme 103 E. dont 51 nus 2 ha CV. Locations : , . Randonnée pédestre organisée. Espace Fitness. chauffée , . Etang à 1 km ; lac à 5 km. ; . Ouvert: 1.6 / 13.9. ☎ 05 53 28 92 62. E-mail : info@lepigeonnier24.com. Web : www.lepigeonnier24.com. Prix 2022. empl. Tourisme : 8,50 € ; 6 € ; animaux 2 € ; 4 € ; 5 €. Réduction H.S.
Lat. : 44° 57' 52" N **Long.** : 001° 15' 51" E.

SAINT-CYBRANET
9-F4 15 km S. Sarlat. 160 m. ✉ 24250

LE CÉOU ★★★ Tourisme 88 E. dont 30 nus
2 ha CV. Locations : . Randonnée pédestre organisée. chauffée . Rivière à 100 m. ; . Accueil groupes adultes. Ouvert: 8.5 / 31.10. ☎ 05 53 29 46 23. E-mail : contact@camping-le-ceou.com. Web : www.camping-le-ceou.com.
Lat. : 44° 46' 47" N **Long.** : 001° 10' 25" E.
FFCC : avantages adhérent : 15 € du 31/05 au 25/06 et du 04/09 au 31/10 sur emp. et entre 43 € et 103 € la nuitée et entre 301 € et 721 € la semaine du 31/05 au 25/06 et du 04/09 au 31/10 sur loc.

LES CASCADES ★★★ Tourisme 104 E. dont 90 nus 2 ha CV. chauffée . Accès direct à la rivière ; étang à 4 km. ; ; . Accueil groupes. Ouvert: 1.6 / 20.9. ☎ 05 53 28 32 26. E-mail : les-cascades@wanadoo.fr. Web : www.lescascadesdordogne.com.
Lat. : 44° 46' 42" N **Long.** : 001° 10' 54" E.

SLOW VILLAGE PERIGORD ★★★ Tourisme 198 E. dont 189 nus 7 ha CV. Locations : . chauffée , . Accès direct à la rivière. ; ; . Ouvert: 1.6 / 5.9. ☎ 05 53 28 34 14. E-mail : contact.perigord@slow-village.fr. Web : www.slow-village.fr/perigord/.
Lat. : 44° 47' 29" N **Long.** : 001° 09' 44" E.

SAINT-CYPRIEN
9-F4 18 km O. Sarlat. 156 m. ✉ 24220

LE GARRIT ★★★ Tourisme 70 E. dont 62 nus
1 ha CV. Locations : . chauffée . Accès direct à la rivière. ; . Ouvert: 11.4 / 4.10. ☎ 05 53 29 20 56. E-mail : pbecheau@aol.com. Web : www.campingdugarritendordogneperigord.com.
Lat. : 44° 51' 22" N **Long.** : 001° 02' 15" E.
FFCC : avantages adhérent : 19 € du 26/04 au 30/06 et du 01/09 au 02/10 sur emp.

SAINT-ESTEPHE
9-E2 8 km N. Nontron. 245 m. ✉ 24360

CAMPING DU GRAND ETANG DE ST-ESTEPHE ★★ Tourisme 41 E.
2 ha . Etang à 50 m. ; ; . Ouvert: 1.6 / 15.9. ☎ 05 53 05 65 60. E-mail : contact@semitour.com.
Lat. : 45° 35' 37" N **Long.** : 000° 40' 23" E.

SAINT-FELIX-DE-BOURDEILLES
9-E2 17 km S.-O. Nontron 170 m. ✉ 24340

LES ÉTANGS DE PLESSAC ★★★★ Tourisme 66 E. dont nus 4 ha CV. A 3 km : Locations : , . Randonnée pédestre organisée. couverte chauffée . Accès direct à l'étang.. Ouvert: 1.4 / 23.9. ☎ 05 53 46 39 12. E-mail : contact@campingdeplessac.fr. Web : www.campingdeplessac.fr.
Lat. : 45° 24' 49" N **Long.** : 000° 34' 19" E.

SAINT-FELIX-DE-REILLAC-ET-MORTEMART
9-F3 36 km N.-O. Sarlat. 216 m. ✉ 24260

ROC DE LAVANDRE ★★★ Tourisme 66 E. dont 44 nus 1,15 ha CV. Locations : , . Randonnée pédestre organisée. Espace Fitness. chauffée . Accès direct à l'étang.. Accueil groupes adultes. Ouvert: 1.4 / 29.9. ☎ 05 53 03 23 47. E-mail : contact@camping-roc-lavandre.com. Web : www.camping-roc-lavandre.com.
Lat. : 45° 00' 28" N **Long.** : 000° 55' 49" E.

SAINT-FELIX-DE-VILLADEIX
9-E4 18 km N.-E. Bergerac 144 m. ✉ 24510

LA BRUGERE **NC** Tourisme 25 E. 0,75 ha . Accès direct à l'étang ; lac à 100 m. ; . ☎ 05 53 61 13 02. E-mail : labrugere@hotmail.com. Web : www.labrugere.info.
Lat. : 44° 56' 59" N **Long.** : 000° 40' 07" E.

SAINT-GENIES
9-F3 14 km N.-E. Sarlat-la-Canéda. 238 m. ✉ 24590

LA BOUQUERIE ★★★★★ Tourisme 197 E. dont 46 nus, dont 9 GCC.
CV. Randonnée pédestre organisée. Espace Fitness. couverte chauffée , , . Accès direct à l'étang ; rivière à 10 m. ; . Accueil groupes. Ouvert: 17.5 / 10.9. ☎ 05 53 28 98 22. E-mail : bouquerie@edenvillages.fr. Web : www.eden-villages.fr/campings/labouquerie.
Lat. : 44° 59' 58" N **Long.** : 001° 14' 46" E.
FFCC : avantages adhérent : 10% du 17/05 au 02/07 et du 27/08 au 10/0910% du 17/05 au 02/07 et du 27/08 au 10/09 sur emp. et loc.

SAINT-GERAUD-DE-CORPS
9-D3 24 km N.-O. Bergerac. 93 m. ✉ 24700

DOMAINE NATURISTE DE CHAUDEAU ★★★ Tourisme 165 E. dont 110 nus 25 ha CV. Rés. naturiste. Locations : . . Accès direct aux bords du lac. ; . Ouvert: 1.5 / 26.9. ☎ 05 53 82 49 64. E-mail : domainedechaudeau@gmail.com. Web : www.domainedechaudeau.com. Prix 2022. Fft nuit : empl. Tourisme (2) : 36,05 € ( ). Réduction H.S.
Lat. : 44° 56' 30" N **Long.** : 000° 12' 45" E.

SAINT-JORY-DE-CHALAIS
9-F2 30 km S.-E. Nontron. 264 m. ✉ 24800

MAISONNEUVE ★★ Tourisme 46 E. 10 ha CV. Locations : , . . Accès direct à l'étang ; rivière à 1,5 km. . Ouvert: 1.4 / 29.10. ☎ 05 53 55 10 63. E-mail : camping.maisonneuve@wanadoo.fr. Web : www.camping-maisonneuve.com. Réduction H.S.
Lat. : 45° 29' 59" N **Long.** : 000° 54' 18" E.

SAINT-JULIEN-DE-LAMPON
9-F4 16 km S.-E. Sarlat. 125 m. ✉ 24370

CAMPING MUNICIPAL LE BOURNIOU ★★★ Tourisme 160 E. 1,5 ha . Locations : . , , . Accès direct à la rivière. ; ; . Ouvert: 1.6 / 30.9. ☎ 05 53 29 83 39. E-mail : contact@camping-bourniou.com. Web : www.camping-bourniou.com.
Lat. : 44° 51' 51" N **Long.** : 001° 21' 36" E.

LE MONDOU ★★★ Tourisme 64 E. dont 52 nus, dont 4 GCC. 2 ha CV. Locations : , , , . . Rivière à 500 m. . Ouvert: 1.4 / 15.10. ☎ 05 53 29 70 37. E-mail : lemondou@camping-dordogne.info. Web : www.camping-dordogne.info. Réduction H.S.
Lat. : 44° 51' 46" N **Long.** : 001° 22' 24" E.

SAINT-LAURENT-LA-VALLEE

9-F4 25 km S.-O. Sarlat-la-Canéda. 234 m. ✉ 24170

LE DAGUET ★★★ Tourisme 76 E. 3 ha CV. Locations : cocosweet. Rivière à 3 km. Ouvert: 27.4 / 6.9. ☎ 05 53 28 29 55. E-mail : camping-le-daguet@wanadoo.fr. Web : www.campingledaguet.fr.
Lat. : 44° 44′ 59″ N **Long.** : 001° 09′ 20″ E.

SAINT-LEON-SUR-VEZERE

9-F3 23 km N.-O. Sarlat. 137 m. ✉ 24290

LE PARADIS ★★★★★ Tourisme 213 E. dont 142 CC.
8 ha CV. Locations : . Randonnée pédestre organisée. couverte chauffée , . Accès direct à la rivière. ; . Accueil groupes adultes. Ouvert: 1.4 / 20.10. ☎ 05 53 50 72 64. E-mail : le-paradis@perigord.com. Web : www.le-paradis.fr. Réduction H.S.
Lat. : 45° 00′ 06″ N **Long.** : 001° 04′ 16″ E.

CAMPING MUNICIPAL NC Tourisme 22 E. dont 22 nus CV. . Accès direct à la rivière. ; . Ouvert: 1.5 / 30.9. ☎ 05 53 51 08 42. E-mail : camping@slve.fr. Web : www.saint-leon-sur-vezere.fr. Prix 2022. empl. Tourisme : 4,50 € ; 6 € ; animaux 0,50 € ; 3,50 €.
Lat. : 45° 00′ 40″ N **Long.** : 001° 05′ 19″ E.

SAINT-MARTIAL-DE-NABIRAT

9-F4 20 km S. Sarlat-la-Canéda. 184 m. ✉ 24250

LE CARBONNIER ★★★★ Tourisme 156 E. dont 27 nus
6 ha CV. Locations : . couverte chauffée , , . Accès direct à l'étang. ; . Ouvert: 1.4 / 2.10. ☎ 0 5 79 87 02 59. E-mail : reservation@groupecamping.fr. Web : www.lecarbonnier.fr.
Lat. : 44° 44′ 31″ N **Long.** : 001° 15′ 49″ E.

LE CONVIVIAL ★★★ Tourisme 50 E. dont 20 nus
1 ha CV. A 5 km : . Locations : . chauffée . Etang à 100 m ; lac à 400 m ; rivière à 5 km. ; . Accueil groupes. Ouvert: 15.6 / 15.9. ☎ 05 53 28 43 15. E-mail : contact@campingleconvivial.com. Web : www.campingleconvivial.com. Prix 2022. Fft jour : empl. Tourisme (2) : 23 € ( )
Lat. : 44° 45′ 15″ N **Long.** : 001° 14′ 20″ E.
FFCC : avantages adhérent : 22 € du 01/04 au 01/07 et du 30/08 au 30/09 sur emp. et entre 160 € et 890 € la semaine du 01/04 au 01/07 et du 30/08 au 30/09 sur loc.

SAINT-MEDARD-D'EXCIDEUIL

9-F2 36 km N.-E. Périgueux 245 m. ✉ 24160

DOMAINE D'ESSENDIERAS ★★★ Tourisme 27 E. dont 14 nus . Locations : . chauffée , , , . Accès direct à l'étang ; rivière à 1 km. ; . Accueil groupes adultes. Ouvert: 1.4 / 1.10. ☎ 05 53 55 34 34. E-mail : info@essendieras.fr. Web : www.essendieras.fr.
Lat. : 45° 21′ 19″ N **Long.** : 001° 05′ 28″ E.

SAINT-MICHEL-DE-DOUBLE

9-E3 44 km S.-O. Périgueux. 88 m. ✉ 24400

CAMPING A LA FERME . Ouvert: 1.6 / 30.9. ☎ 05 53 81 71 32.
Lat. : 45° 06′ 59″ N **Long.** : 000° 17′ 29″ E.

SAINT-PARDOUX-LA-RIVIERE

9-E2 11 km S.-E. Nontron. 218 m. ✉ 24470

CAMPING MUNICIPAL LA FONT PISSOTTE NC Tourisme 39 E. . Accès direct à la rivière. . Ouvert: 15.4 / 15.10. ☎ 05 53 56 91 81. E-mail : communestpardouxlariviere@wanadoo.fr.
Lat. : 45° 29′ 49″ N **Long.** : 000° 44′ 52″ E.

SAINT-PIERRE-DE-COLE

9-E2 22 km S.-E. Nontron. 170 m. ✉ 24800

DESCHAMPS GILBERT CV. Ouvert: 1.3 / 31.10. ☎ 05 53 62 32 19. E-mail : gilbert.deschamps7@orange.fr. Prix 2022. empl. Tourisme : 2,50 € ; 2 € ; 1,80 € ; 2 €.
Lat. : 45° 22′ 14″ N **Long.** : 000° 47′ 34″ E.

SAINT-POMPONT

9-F4 26 km S. Sarlat. 227 m. ✉ 24170

LE TREL ★★★ Tourisme 100 E. dont 74 nus 3 ha CV. Locations : . Randonnée pédestre organisée. , . Accès direct à la rivière. . Accueil groupes adultes. Ouvert: 1.5 / 30.9. ☎ 05 53 28 43 78. E-mail : le-trel@wanadoo.fr. Web : www.campingletrel.com.
Lat. : 44° 43′ 27″ N **Long.** : 001° 09′ 49″ E.

SAINT-REMY

9-D3 32 km N.-O. Bergerac. 71 m. ✉ 24700

LA TUILIERE NC Tourisme 100 E. dont 72 nus, dont 21 GCC. 8,5 ha CV. Locations : . , , . Accès direct à l'étang et à la mer ; rivière à 5 km. ; . Ouvert: 1.5 / 30.9. ☎ 05 53 82 47 29. E-mail : la-tuiliere@wanadoo.fr. Web : www.camping-la-tuiliere-24.com. Réduction H.S.
Lat. : 44° 57′ 40″ N **Long.** : 000° 09′ 53″ E.

LES COTTAGES EN PERIGORD P.R.L ★★★ NN 11 E. CV. Locations : . chauffée , . Accès direct à l'étang.. Ouvert: 12.1 / 20.12. ☎ 05 53 80 59 46. E-mail : lescottagesenperigord@orange.fr. Web : www.cottagesenperigord.com.
Lat. : 44° 57′ 38″ N **Long.** : 000° 09′ 49″ E.

SAINT-SAUD-LACOUSSIERE

9-F2 18 km E. Nontron. 303 m. ✉ 24470

LA BUCHERIE ★★ Tourisme 48 E. dont 40 nus 3,5 ha . Locations : tipi. Lac à 1 km ; rivière à 5 km. Accueil groupes adultes. Ouvert: 1.1 / 31.12. ☎ 0 (0)6 02 11 83 14. E-mail : info@campingdelabucherie.fr. Web : campingdelabucherie.fr/. Réduction H.S.
Lat. : 45° 33′ 58″ N **Long.** : 000° 50′ 16″ E.

M. PAUL MARTIAL
. Ouvert: 1.3 / 30.10. ☎ 05 53 56 97 46. E-mail : paul.martial24@orange.fr, Web : camping-saint-saud.skyrock.com. Prix 2023. Fft jour : empl. Tourisme (2) : 15,5 € ( )
Lat. : 45° 32′ 40″ N **Long.** : 000° 49′ 57″ E.
FFCC : avantages adhérent : 12.50 € du 01/03 au 30/10 sur emp.

SAINT-VINCENT-DE-COSSE

9-F4 15 km S.-O. Sarlat. 120 m. ✉ 24220

LE TIRADOU ★★★ Tourisme 62 E. dont 31 nus CV. Locations : . Randonnée pédestre organisée. chauffée . Rivière à 1 km. . Accueil groupes. Ouvert: 7.5 / 12.9. ☎ 05 53 30 30 73. E-mail : contact@camping-le-tiradou.com. Web : www.camping-le-tiradou.com. Réduction H.S.
Lat. : 44° 50′ 15″ N **Long.** : 001° 06′ 46″ E.

SAINT-VINCENT-LE-PALUEL

9-F4 7 km E. Sarlat-la-Canéda. 155 m. ✉ 24200

CAMPING RURAL MUNICIPAL . Ouvert: 1.7 / 31.8. E-mail : mairie.svp24@wanadoo.fr.
Lat. : 44° 52′ 60″ N **Long.** : 001° 16′ 00″ E.

SAINTE-FOY-DE-BELVES

9-F4 30 km S.-O. Sarlat. 215 m. ✉ 24170

LES HAUTS DE RATEBOUT ★★★★ Tourisme 220 E. dont 30 nus, dont 30 CC. 12 ha CV. Locations : roulotte. couverte chauffée , , . Ouvert: 13.4 / 8.9. ☎ 05 53 29 02 10. E-mail : ratebout@capfun.com. Web : www.capfun.com.
Lat. : 44° 44′ 30″ N **Long.** : 001° 02′ 43″ E.

SAINTE-MONDANE

9-F4 16 km S.-E. Sarlat-la-Canéda 140 m. ✉ 24370

LES CHARMES . ☎ 05 53 29 75 62. E-mail : jpc.lavergne@wanadoo.fr, Web : lescharmes24.free.fr.
Lat. : 44° 50′ 60″ N **Long.** : 001° 19′ 60″ E.

SAINTE-NATHALENE

9-F4 5 km E. Sarlat. 177 m. ✉ 24200

LA PALOMBIÈRE ★★★★★ Tourisme 242 E.
10 ha 24 h / 8 h, CV . Locations : . Randonnée pédestre organisée. Espace Fitness. couverte chauffée , . Etang à 3 km. . Accueil groupes adultes. Ouvert: 7.4 / 22.9. ☎ 05 53 59 42 34. E-mail : palombiere@capfun.com. Web : www.lapalombiere.fr. Réduction H.S.
Lat. : 44° 54′ 28″ N **Long.** : 001° 17′ 32″ E.

CAMPING DE MAILLAC ★★★★ Tourisme 174 E. dont 96 nus, dont 40 CC - 50 GCC. après 23 h, CV . Locations : cocosweet. chauffée , , . Accueil groupes. Ouvert: 15.5 / 30.9. ☎ 05 53 59 22 12. E-mail : campingmaillac@wanadoo.fr. Web : www.camping-sarlat-maillac.fr.
Lat. : 44° 54′ 49″ N **Long.** : 001° 15′ 53″ E.

DOMAINE DES MATHEVIES ★★★★ Tourisme 33 E. dont 23 nus 1,5 ha CV . Locations : , , . Accueil groupes. Ouvert: 18.5 / 21.9. ☎ 05 53 59 20 86. E-mail : mathevies@mac.com. Web : www.mathevies.com.
Lat. : 44° 55′ 05″ N **Long.** : 001° 16′ 40″ E.

LES GROTTES DE ROFFY ★★★★ Tourisme 146 E. dont 59 nus
5,5 ha CV . Locations : . chauffée . Etang à 1 km. . Ouvert: 7.4 / 24.9. ☎ 0 5 53 59 15 61. E-mail : reservation@grouperomanee.com. Web : www.roffy.fr.
Lat. : 44° 54′ 15″ N **Long.** : 001° 16′ 55″ E.

SALIGNAC-EYVIGUES

9-F3 17 km N.-E. Sarlat. 244 m. ✉ 24590

LA DRAILLE ★★★★ Tourisme 211 E. 6 ha . Locations : . Randonnée pédestre organisée. , , , . Accès direct à la rivière. ; . Ouvert: 1.5 / 1.10. ☎ 05 65 32 65 01. E-mail : info@ladraille.com. Web : www.beteruitvakantieparken.nl/ladraille.
Lat. : 44° 56′ 09″ N **Long.** : 001° 26′ 13″ E.

LE TEMPS DE VIVRE ★★★ Tourisme 50 E. dont 26 nus
1,5 ha CV. Locations : . chauffée , . Etang à 4 km. Accueil groupes adultes. Ouvert: 22.4 / 16.10. ☎ 05 53 28 93 21. E-mail : contact@temps-de-vivre.com. Web : www.temps-de-vivre.com. Prix 2023. Fft jour : empl. Tourisme (2) : 29 € ( )
Lat. : 44° 57' 50" N **Long.** : 001° 19' 42" E.

SARLAT-LA-CANEDA

9-F4 71 km S.-E. Périgueux. 213 m. ✉ 24200

HUTTOPIA SARLAT ★★★★ Tourisme 180 E. dont 100 nus
CV . Locations : roulotte. couverte chauffée , . Accueil groupes. Ouvert: 7.4 / 6.11. ☎ 05 53 59 05 84. E-mail : sarlat@huttopia.com. Web : europe.huttopia.com/site/camping-sarlat/. Réduction H.S.
Lat. : 44° 53' 37" N **Long.** : 001° 13' 39" E.
FFCC : avantages adhérent : 10% du 06/04 au 01/07 et du 31/08 au 05/1110% du 06/04 au 01/07 et du 31/08 au 05/11 sur emp. et loc. + 5% de réduction en juillet-août sur les emplacements nus et locatifs * frais de réservation offerts Rendez-vous dans votre club avantages FFCC pour obtenir le code promotionnel.

LE CAMINEL ★★★ Tourisme 104 E. dont 14 nus
3 ha CV . A 4 km : . Locations : . . Etang à 2 km. . Accueil groupes adultes. Ouvert: 1.3 / 15.11. ☎ 05 53 59 37 16. E-mail : contact@lecaminel.com. Web : www.lecaminel.com.
Lat. : 44° 55' 09" N **Long.** : 001° 13' 47" E.

LES ACACIAS ★★★ Tourisme 122 E. dont 102 nus
3 ha après 23 h, CV . Locations : , . Espace Fitness. couverte chauffée . Rivière à 2,5 km. . Ouvert: 29.4 / 1.10. ☎ 05 53 31 08 50. E-mail : camping-acacias@wanadoo.fr. Web : www.acacias.fr. Prix 2023. Fft jour : empl. Tourisme (2) : 34 € ( )
Lat. : 44° 51' 25" N **Long.** : 001° 14' 13" E.
FFCC : avantages adhérent : 19 € du 29/04 au 11/07 et du 28/08 au 01/10 sur emp.

SIMEYROLS

9-F4 13 km E. Sarlat-la-Canéda. 209 m. ✉ 24370

LE POUGET CV. Ouvert: 1.6 / 30.9. ☎ 05 53 29 85 78. E-mail : marcel.moriceau@orange.fr.
Lat. : 44° 54' 00" N **Long.** : 001° 19' 60" E.

SIORAC-EN-PERIGORD

9-F4 26 km S.-O. Sarlat. 97 m. ✉ 24170

LE PORT DE SIORAC ★★★ Tourisme 84 E. dont 66 nus 23 h / 7 h, CV . Locations : , , . , , . Accès direct à la rivière. ; . Accueil groupes. Ouvert: 1.4 / 30.9. ☎ 05 53 31 63 81. E-mail : contact@camping-port-siorac.com. Web : www.camping-port-siorac.com.
Lat. : 44° 49' 26" N **Long.** : 000° 59' 15" E.

SOURZAC

9-E3 33 km S.-E. Périgueux. 99 m. ✉ 24400

CAMPING MUNICIPAL . ☎ 05 53 81 01 06. E-mail : mairie.sourzac@wanadoo.fr, Web : www.mairie-sourzac.com.
Lat. : 45° 03' 06" N **Long.** : 000° 23' 28" E.

TAMNIES

9-F3 14 km N.-O. Sarlat-la-Canéda. 198 m. ✉ 24620

DOMAINE DES GRANDS PINS P.R.L ★★★★ NN40 E. CV . Locations : . Randonnée pédestre organisée. chauffée , . Etang à 3 km. Accueil groupes adultes. Ouvert: 4.7 / 29.8. ☎ 05 53 30 36 84. E-mail : domainedesgrandspins@orange.fr. Web : www.domainedesgrandspins.com.
Lat. : 44° 59' 11" N **Long.** : 001° 10' 03" E.

LE PONT DE MAZERAT ★★★★ Tourisme 80 E. dont 40 nus
2 ha CV . Randonnée pédestre organisée. chauffée . Etang à 300 m. . Accueil groupes. Ouvert: 30.4 / 15.9. ☎ 05 53 29 14 95. E-mail : le.pont.de.mazerat@wanadoo.fr. Web : www.lepontdemazerat.com. Réduction H.S.
Lat. : 44° 57' 54" N **Long.** : 001° 09' 56" E.

LA CATIE ★★ Tourisme 25 E. 2 ha CV . Locations : . . Accès direct à l'étang ; lac à 2 km. Ouvert: 1.4 / 1.11. ☎ 05 53 29 65 92. E-mail : lacatie@tamnies.com. Web : www.lacatie.com.
Lat. : 44° 58' 17" N **Long.** : 001° 09' 32" E.

TERRASSON-LAVILLEDIEU

9-F3 37 km N.-N.-E. Sarlat. 173 m. ✉ 24120

LA SALVINIE ★★★ Tourisme 77 E. dont 58 nus
CV . Espace Fitness. chauffée . Rivière à 400 m. ; . Accueil groupes. Ouvert: 1.4 / 31.10. ☎ 05 53 50 06 11. E-mail : contact@camping-salvinie.fr. Web : www.camping-salvinie.fr.
Lat. : 45° 07' 14" N **Long.** : 001° 15' 44" E.
FFCC : avantages adhérent : 16 € du 01/04 au 30/06 et du 01/09 au 31/10 sur emp.

THENON

9-F3 33 km E.-S.-E. Périgueux. 229 m. ✉ 24210

LE VERDOYANT ★★★ Tourisme 87 E. dont 64 nus
7 ha CV . Locations : , , . chauffée . Accès direct à l'étang et à la rivière. . Accueil groupes. Ouvert: 9.4 / 1.10. ☎ 05 53 05 20 78. E-mail : contact@campingleverdoyant.fr. Web : www.campingleverdoyant.fr/index.htm. Prix 2022. Fft jour : empl. Tourisme (2) : 25,5 € ( ) ; sup 4 € ; animaux 1,90 € ; 3 €. Réduction H.S.
Lat. : 45° 07' 08" N **Long.** : 001° 05' 28" E.
FFCC : avantages adhérent : 16 € du 09/04 au 15/06 et du 03/09 au 30/09 sur emp. et entre 59 € et 82 € la nuitée et entre 217 € et 357 € la semaine du 09/04 au 24/06 et du 03/09 au 30/09 sur loc.

THIVIERS

9-F2 32 km S.-E. Nontron. 243 m. ✉ 24800

LE REPAIRE ★★★ Tourisme 108 E. dont 55 nus
4 ha CV . Locations : , , . Randonnée pédestre organisée. chauffée , , . Accès direct à l'étang ; lac à 1 km. . Accueil groupes. Ouvert: 1.1 / 31.12. ☎ 05 53 52 69 75. E-mail : contact@camping-le-repaire.fr. Web : www.camping-le-repaire.fr. Réduction H.S.
Lat. : 45° 24' 47" N **Long.** : 000° 55' 57" E.
FFCC : avantages adhérent : 16 € du 01/01 au 01/04 et du 01/09 au 31/12 sur emp.

THONAC

9-F3 25 km N.-O. Sarlat-La-Canéda. 135 m. ✉ 24290

LA CASTILLONDERIE ★★★★ Tourisme 68 E. dont 51 nus 3 ha CV . Locations : , , . chauffée . Accès direct à l'étang ; rivière à 2,5 km.. Accueil groupes adultes. Ouvert: 31.3 / 15.9. ☎ 05 53 50 76 79. E-mail : contact@dordogne-castillonderie.fr. Web : www.dordogne-castillonderie.fr. Réduction H.S.
Lat. : 45° 02' 28" N **Long.** : 001° 07' 09" E.

TOCANE-SAINT-APRE

9-E3 42 km N.-O. Périgueux. 129 m. Station verte de vacances et village de neige ✉ 24350

CAMPING MUNICIPAL LE PRE SEC ★★★ Tourisme 86 E. dont 72 nus 3 ha CV . Locations : , . Randonnée pédestre organisée. , , , . Accès direct à la rivière. ; . Accueil groupes. Ouvert: 2.5 / 30.9. ☎ 05 53 90 40 60. E-mail : contact@campingdupresec.com. Web : www.campingdupresec.com. Réduction H.S.
Lat. : 45° 15' 23" N **Long.** : 000° 29' 48" E.

TOURTOIRAC

9-F3 32 km N.-E. Périgueux. 185 m. ✉ 24390

LES TOURTERELLES ★★★★ Tourisme 97 E. dont 85 nus 4 ha CV. , . Rivière à 1,2 km ; étang à 3 km. ; . Ouvert: 28.4 / 15.9. ☎ 05 53 51 11 17. E-mail : les-tourterelles@orange.fr. Web : www.les-tourterelles.com. Réduction H.S.
Lat. : 45° 16' 45" N **Long.** : 001° 02' 53" E.

TREMOLAT

9-E4 30 km E. Bergerac. 80 m. ✉ 24510

CAMPING DU BASSIN NAUTIQUE DE TREMOLAT ★★★ Tourisme 83 E. dont 65 nus 2 ha CV. Locations : . . Accès direct à la rivière. Ouvert: 1.4 / 30.9. ☎ 05 53 22 81 18. E-mail : semitour@perigord.tm.fr. Web : www.semitour-locations-perigord.com.
Lat. : 44° 52' 45" N **Long.** : 000° 49' 30" E.

TURSAC

9-F3 22 km N.-O. Sarlat. 129 m. ✉ 24620

FERME DE LA BRAUGE ★★★ Tourisme 28 E. dont 18 nus 1,5 ha CV . Locations : , . . Accueil groupes adultes. Ouvert: 1.1 / 31.12. ☎ 05 53 29 68 26. E-mail : contact@ferme-labrauge.com. Web : www.ferme-labrauge.com. Prix 2022. Fft jour : empl. Tourisme (2) : 15 € ( ) ; sup 4,50 € ; 3 € ; 3,50 €. Réduction H.S.
Lat. : 44° 57' 33" N **Long.** : 001° 03' 57" E.

LE VÉZÈRE PÉRIGORD ★★★ Tourisme 99 E. dont 70 nus 6 ha CV . Locations : , , , . Randonnée pédestre organisée. couverte chauffée . Rivière à 300 m. . Accueil groupes. Ouvert: 27.4 / 30.9. ☎ 05 53 06 96 31. E-mail : info@levezereperigord.com. Web : www.levezereperigord.com. Réduction H.S.
Lat. : 44° 58' 33" N **Long.** : 001° 02' 48" E.

CAMPING BOUYSSOU ★★ Tourisme 25 E. dont 20 nus 2,26 ha CV. Locations : , . Randonnée pédestre organisée. . Rivière à 200 m. Ouvert: 1.6 / 30.9. ☎ 05 53 06 98 08. E-mail : campingbouyssou@wanadoo.fr. Web : campingbouyssou24.pagesperso-orange.fr.
Lat. : 44° 58' 53" N **Long.** : 001° 02' 40" E.

LA FERME DU PELOU ★★ Tourisme 65 E. dont 9 CC. 2 ha CV . Locations : . . Rivière à 4 km. . Accueil groupes. Ouvert: 15.3 / 15.11. ☎ 05 53 06 98 17. E-mail : lafermedupelou@gmail.com. Web : www.lafermedupelou.com. Prix 2022. empl. Tourisme : 4,90 € ; 4,90 € ; 2,90 € ; 3,90 €.
Lat. : 44° 57' 20" N **Long.** : 001° 02' 42" E.

CAMPING ET GITES DE LA FERME FOURNET NC Tourisme 25 E. CV. Locations : . . Accès direct à la rivière. ; ; . Ouvert: 3.2 / 18.11. ☎ 05 53 06 98 23. E-mail : vezere24@orange.fr. Web : ferme-fournet.fr.
Lat. : 44° 58' 43" N **Long.** : 001° 02' 54" E.

EAU NATURELLE NC Tourisme 25 E. 0,8 ha CV . . Rivière à 500 m. . Accueil groupes. Ouvert: 1.6 / 15.9. ☎ 0 553458944. E-mail : campingeaunaturelle@gmail.com.
Lat. : 44° 58' 07" N **Long.** : 001° 02' 51" E.

VAL DE LOUYRE ET CAUDEAU

9-E3 29 km N.-E. Bergerac. 191 m. ✉ 24510

LE DIAMANT NOIR ★★★★ Tourisme 69 E. dont 45 nus 3 ha CV . Locations : , . Randonnée pédestre organisée. , . Accueil groupes adultes. Ouvert: 1.4 / 30.9. ☎ 05 53 22 77 27. E-mail : lediamant.noir@orange.fr. Web : www.camping-le-diamantnoir.com.
Lat. : 44° 56' 38" N **Long.** : 000° 50' 52" E.

VENDOIRE

9-E2 52 km N.-O. Périgueux. 101 m. ✉ 24320

LE PETIT LION DES TOURBIÈRES ★★★ Tourisme 31 E. dont 22 nus, dont 25 CC. 3 ha CV. chauffée. Etang à 300 m ; rivière à 500 m.. Accueil groupes. Ouvert: 27.6 / 7.10. ☎ 05 53 91 00 74. E-mail : contact@camping-petit-lion.com. Web : www.camping-petit-lion.com. Prix 2023. Fft jour : empl. Tourisme (2) : 25 € (). Réduction H.S.
Lat. : 45° 24′ 27″ N **Long.** : 000° 16′ 52″ E.

VERGT

9-E3 21 km S. Périgueux. 185 m. ✉ 24380

CAMPING INTERCOMMUNAL DU LAC DE NEUFOND ★★ Tourisme 68 E. dont 49 nus 1 ha CV. Locations : . Accès direct à l'étang. ; ; . Ouvert: 15.4 / 30.9. ☎ 05 53 54 93 90. E-mail : campingneufontvergt@orange.fr. Web : neufont.com.
Lat. : 45° 00′ 34″ N **Long.** : 000° 41′ 34″ E.

LE PETIT PARADIS . Ouvert: 1.1 / 31.12. ☎ 05 53 05 10 16. E-mail : paradis@lepetitparadis.net, Web : www.lepetitparadis.net.
Lat. : 45° 02′ 20″ N **Long.** : 000° 45′ 08″ E.

VERGT-DE-BIRON

9-E4 55 km S. Bergerac 158 m. ✉ 24540

LAS PATRASSES ★★★★ Tourisme 55 E. 7 ha CV. Locations : . . Ouvert: 4.5 / 5.5. ☎ 05 53 63 05 87. E-mail : contact@camping-laspatrasses.com. Web : www.camping-laspatrasses.com.
Lat. : 44° 36′ 29″ N **Long.** : 000° 50′ 34″ E.

PARC RESIDENTIEL DE LOISIRS FONTAINE DE BIRON P.R.L ★ NN5 E. CV. Locations : .. Ouvert: 1.1 / 31.12. ☎ 06 43 66 20 28. E-mail : nadia-mahut@orange.fr. Web : www.fontainedebiron.com.
Lat. : 44° 37′ 17″ N **Long.** : 000° 49′ 35″ E.

VERTEILLAC

9-E2 40 km N.-O. Périgueux. 123 m. ✉ 24320

CAMPING MUNICIPAL LE PONTIS SUD-EST ★★★ Loisirs 69 E. dont 12 nus CV. Etang à 1,5 km. Accueil groupes. Ouvert: 1.4 / 15.11. ☎ 05 53 90 37 74. E-mail : camping-le-pontis@orange.fr. Web : www.camping-le-pontis.com.
Lat. : 45° 21′ 04″ N **Long.** : 000° 22′ 22″ E.

VEYRIGNAC

9-F4 14 km S.-E. Sarlat-la-Canéda. 145 m. ✉ 24370

LES PIERRES CHAUDES ★★★ Tourisme 39 E. dont 30 nus CV. Locations : . chauffée . Etang, lac et rivière à 3 km. A 3 km : . Ouvert: 15.4 / 2.10. ☎ 06 37 39 33 71. E-mail : lespierreschaudes@wanadoo.fr. Web : www.lespierreschaudes.fr. Prix 2023. empl. Tourisme : 8 € ; 6 € ; animaux 0,50 € ; 3,50 € ; 3,50 €.
Lat. : 44° 49′ 13″ N **Long.** : 001° 18′ 58″ E.

VEYRINES-DE-DOMME

9-F4 19 km S.-O. Sarlat-la-Canéda. 188 m. ✉ 24250

DOMAINE LES PASTOURELS ★★★ Tourisme 66 E. dont 47 nus
5,5 ha CV. Locations : . Randonnée pédestre organisée. chauffée , . Rivière à 2 km.. Accueil groupes adultes. Ouvert: 15.6 / 15.9. ☎ 05 53 29 42 17. E-mail : camping@lespastourels.com. Web : www.lespastourels.com. Réduction H.S.
Lat. : 44° 48′ 51″ N **Long.** : 001° 06′ 04″ E.

VEZAC

9-F4 9 km S.-O. Sarlat. 133 m. ✉ 24220

LA PLAGE ★★★ Tourisme 83 E. dont 76 nus
FFCC 2 ha CV. Locations : . Accès direct à la rivière. ; ; . Ouvert: 18.3 / 14.10. ☎ 06 83 36 41 68. E-mail : campinglaplage24@orange.fr. Web : www.camping-laplage.fr. Prix 2023. Fft jour : empl. Tourisme (2) : 27 € () ; sup 6,40 € ; Réduction H.S.
Lat. : 44° 49′ 28″ N **Long.** : 001° 10′ 10″ E.
FFCC : avantages adhérent : 17 € du 18/03 au 06/07 et du 24/08 au 14/10 sur emp.

LES 2 VALLEES ★★★ Tourisme 110 E. dont 89 nus, dont 29 GCC.
FFCC 3 ha CV. Locations : . chauffée , . Rivière à 500 m. . Ouvert: 28.3 / 1.10. ☎ 06 08 40 61 58. E-mail : contact@campingles2vallees.com. Web : www.campingles2vallees.com. Réduction H.S.
Lat. : 44° 50′ 08″ N **Long.** : 001° 09′ 31″ E.
FFCC : avantages adhérent : 22 € du 28/03 au 01/07 et du 04/09 au 01/10 sur emp. et entre 40 € et 165 € la nuitée et entre 280 € et 1155 € la semaine du 28/03 au 01/10 sur loc.

LES 5 CHATEAUX ★★★ Tourisme 98 E. dont 79 nus 2,50 ha CV. Locations : . chauffée . Accès direct à la rivière. ; . Accueil groupes adultes. Ouvert: 5.4 / 1.10. ☎ 05 53 29 52 28. E-mail : camping@les5chateaux.com. Web : www.campingles5chateaux.com. Prix 2023. Fft jour : empl. Tourisme (2) : 21 € ()
Lat. : 44° 49′ 34″ N **Long.** : 001° 09′ 04″ E.

LES MAGNANAS ★★ Tourisme 67 E. 3 ha . Locations : . . Accès direct à la rivière. ; ; . Ouvert: 15.4 / 15.9. ☎ 05 53 29 51 79. E-mail : contact@sarlat-camping.com. Web : www.sarlat-camping.com.
Lat. : 44° 49′ 46″ N **Long.** : 001° 09′ 10″ E.

LE RELAIS MOTO DES SOURCES ★ Tourisme 26 E. dont 17 nus CV. Locations : . Rivière à 3,5 km. Accueil groupes adultes. Ouvert: 5.7 / 15.9. ☎ 05 53 59 45 93. E-mail : sergebouyssou@free.fr. Web : www.lesrelaismoto.com.
Lat. : 44° 50′ 57″ N **Long.** : 001° 10′ 59″ E.

VIEUX-MAREUIL

9-E2 20 km S.-O. Nontron. 169 m. ✉ 24340

ÉTANG BLEU NC 65 E. dont 25 nus, dont 25 CC.
FFCC 3,8 ha CV. Locations : . Espace Fitness. . Accès direct à l'étang. . Ouvert: 1.4 / 13.10. ☎ 05 53 60 92 70. E-mail : letangbleu@orange.fr. Web : www.letangbleu.com. Prix 2023. Fft jour : empl. Tourisme (2) : 28 € (E. CC)
Lat. : 45° 26′ 46″ N **Long.** : 000° 30′ 35″ E.
FFCC : avantages adhérent : 17 € du 01/04 au 25/06 et du 01/09 au 08/10 sur emp.

VILLAMBLARD

9-E3 23 km N.-N.-E. Bergerac. 171 m. ✉ 24140

LE PONTILLOU ★★ Tourisme 43 E. dont 23 nus
FFCC CV. Locations : . . Accueil groupes. Ouvert: 1.4 / 31.10. ☎ 06 95 09 24 91. E-mail : lepontillou@gmail.com. Web : www.camping-lepontillou.com. Prix 2022. empl. Tourisme : 5,80 € ; 4,60 € ; animaux 1 € ; 2,80 € ; 4,40 €.
Lat. : 45° 01′ 09″ N **Long.** : 000° 33′ 00″ E.
FFCC : avantages adhérent : 17 € du 22/04 au 05/11 sur emp. et entre 40 € et 140 € la nuitée et entre 220 € et 770 € la semaine du 22/04 au 05/11 sur loc.

VILLEFRANCHE-DU-PERIGORD

9-F4 44 km S.-O. Sarlat. 243 m. Station verte de vacances et village de neige ✉ 24550

LA BASTIDE ★★★ Tourisme 60 E. dont 41 nus CV. Locations : . chauffée. Etang à 200 m. . Ouvert: 6.4 / 3.11. ☎ 05 53 28 94 57. E-mail : contact@camping-la-bastide.com. Web : www.camping-la-bastide.com. Réduction H.S.
Lat. : 44° 37′ 40″ N **Long.** : 001° 04′ 57″ E.

VILLETOUREIX

9-E3 35 km N.-O. Périgueux. 98 m. ✉ 24600

HARAS DE MADREUIL . Ouvert: 1.1 / 31.12. ☎ 05 53 90 03 53.
Lat. : 45° 16′ 04″ N **Long.** : 000° 20′ 10″ E.

VITRAC

9-F4 5 km S. Sarlat. 142 m. ✉ 24200

DOMAINE DE SOLEIL PLAGE ★★★★★ Tourisme 257 E. dont 125 nus CV. Locations : cabanes. Espace Fitness. couverte chauffée , , . Accès direct à la rivière. ; ; . Accueil groupes. Ouvert: 7.4 / 30.9. ☎ 05 53 28 33 33. E-mail : info@soleilplage.fr. Web : www.soleilplage.fr. Réduction H.S.
Lat. : 44° 49′ 30″ N **Long.** : 001° 15′ 14″ E.

LA BOUYSSE DE CAUDON ★★★ Tourisme 160 E. dont 145 nus
FFCC 2 ha CV basse saison. Locations : . Randonnée pédestre organisée. chauffée sur place, . Accès direct à la rivière. rivière ; . Accueil groupes adultes. Ouvert: 15.4 / 19.9. ☎ 05 53 28 33 05. E-mail : info@labouysse.com. Web : www.labouysse.com. Prix 2022. empl. Tourisme : 10,40 € nuit ; 8,60 € nuit ; animaux 3,60 € nuit ; 2/12 ans 4,90 € nuit ; 6,20 € (10 A) nuit. Réduction H.S.
Lat. : 44° 49′ 25″ N **Long.** : 001° 15′ 02″ E.
FFCC : avantages adhérent : 18 € du 15/04 au 30/06 et du 01/09 au 20/09 sur emp.

LA SAGNE ★★★ Tourisme 105 E. dont 44 nus
2,5 ha CV. Locations : , roulotte, . couverte chauffée . Accès direct à la rivière. ; . Ouvert: 1.4 / 1.10. ☎ 05 53 28 18 36. E-mail : info@camping-la-sagne.com. Web : www.camping-la-sagne.com. Prix 2022. Fft jour : empl. Tourisme (2) : 33 € () ; sup 5 € ; animaux 3 € ; 3 €. Réduction H.S.
Lat. : 44° 49′ 32″ N **Long.** : 001° 14′ 34″ E.

BORIE DE BAR NC Tourisme 25 E. dont 23 nus . Locations : . . Rivière à 3 km. Ouvert: 1.4 / 30.9. ☎ 05 53 59 17 57. E-mail : jean-pierre.chazarain.24@wanadoo.fr. Web : www.location-chambres-sarlat.com.
Lat. : 44° 51′ 13″ N **Long.** : 001° 13′ 16″ E.

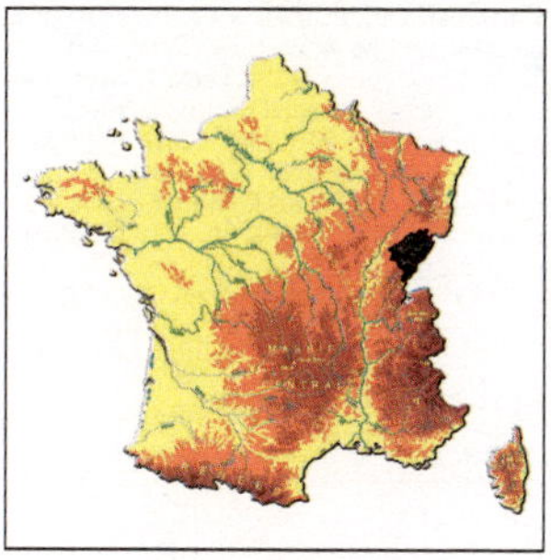

ARC-ET-SENANS

8-C3 32 km S.-O. Besançon. 242 m. ✉ 25610

CAMPING MUNICIPAL BORDS DE LOUE ★★ Tourisme 27 E. dont 23 nus 0,3 ha CV. Locations : tipi. chauffée. Accès direct à la rivière. ; . Ouvert: 14.4 / 15.10. ☎ 03 81 57 50 28. E-mail : campinglasaline@gmail.com. Web : www.campinglasaline.fr.
Lat. : 47° 01' 44" N **Long.** : 005° 47' 41" E.

BAUME-LES-DAMES

8-D2 31 km N.-E. Besançon. 361 m. ✉ 25110

LE DOMAINE D'AUCROIX ★★★ Tourisme 49 E. dont 19 nus
CV. Locations : . , . Accès direct à la rivière.. Accueil groupes. Ouvert: 15.4 / 1.10. ☎ 03 81 84 38 89. E-mail : camping-baume-les-dames@orange.fr. Web : www.vacances-ulvf.com. Réduction H.S.
Lat. : 47° 20' 14" N **Long.** : 006° 21' 12" E.

BONNAL

8-D2 40 km N.-E. Besançon. 267 m. ✉ 25680

LE VAL DE BONNAL ★★★★★ Tourisme 272 E. dont 130 nus
15 ha CV. Locations : , . Espace Fitness. chauffée , . Accès direct à la rivière ; lac à 200 m. ; ; . Ouvert: 5.5 / 10.9. ☎ 03 81 86 90 87. E-mail : contact@camping-valdebonnal.com. Web : www.camping-valdebonnal.com. Prix 2023. Fft nuit : empl. Tourisme (2) : 61,5 € ( ) ; sup 16,50 € nuit ; animaux 4 € nuit ; 8 € nuit.
Lat. : 47° 30' 27" N **Long.** : 006° 21' 20" E.

CHALEZEULE

283 m. ✉ 25220

CAMPING DE BESANÇON ★★★ Tourisme 107 E. dont 95 nus CV . A 1 km : Locations : tonneau. chauffée , . Accès direct à la rivière.. Accueil groupes. Ouvert: 15.3 / 31.10. ☎ 03 81 88 04 26. E-mail : contact@campingdebesancon.com. Web : www.campingdebesancon.com. Réduction H.S.
Lat. : 47° 15' 57" N **Long.** : 006° 04' 17" E.

CHARMOILLE

8-D2 46 km S.-O. Montbéliard. 695 m. ✉ 25380

AIRE NATURELLE CV. Ouvert: 1.5 / 30.9. ☎ 03 81 44 30 29. E-mail : camping.charmoille25@gmail.com, Web : camping-charmoille.pampc.net. Réduction H.S.
Lat. : 47° 14' 45" N **Long.** : 006° 40' 08" E.

CHATELBLANC

8-C4 1103 m. ✉ 25240

LE CASTEL BLANC . ☎ 03 81 69 24 56. E-mail : info@castel-blanc.com, Web : www.castel-blanc.com.
Lat. : 46° 40' 12" N **Long.** : 006° 06' 14" E.

GENEUILLE

8-C2 12 km N. Besançon. 231 m. ✉ 25870

LES PEUPLIERS NC Tourisme 100 E. dont 45 nus CV. Locations : . . Accès direct à la rivière.. Ouvert: 1.1 / 31.12. ☎ 06 81 16 48 33. E-mail : campingpeupliers@orange.fr.
Lat. : 47° 19' 45" N **Long.** : 005° 58' 18" E.

GLAMONDANS

8-C2 25 km E. Besançon 420 m. ✉ 25360

CAMPING À LA FERME . Ouvert: 1.5 / 30.10. ☎ 03 81 63 00 15. E-mail : didier.michaud4@libertysurf.fr, Web : www.guigot.fr.st. Prix 2023. Fft jour : empl. Tourisme (2) : 11 € ( ) ; sup 2,50 € ;
Lat. : 47° 16' 16" N **Long.** : 006° 16' 22" E.

GLERE

8-E2 46 km S.-E. Montbéliard. 598 m. ✉ 25190

CAMPING MUNICIPAL DU CLOS DU DOUBS NC Loisirs 85 E. 3,5 ha CV . Locations : . . Accès direct à la rivière. Ouvert: 1.3 / 31.10. ☎ 03 81 93 97 28. E-mail : leclosdudoubs@orange.fr. Réduction H.S.
Lat. : 47° 21' 11" N **Long.** : 007° 00' 05" E.

GOUMOIS

8-E2 49 km S.-E. Montbéliard. 680 m. ✉ 25470

CAMPING MUNICIPAL LA FORGE NC Loisirs 38 E. . Accès direct à la rivière. . Ouvert: 1.4 / 30.9. ☎ 03 81 44 27 19. E-mail : mairiegoum@wanadoo.fr. Web : www.goumois-tourisme.com.
Lat. : 47° 16' 10" N **Long.** : 006° 57' 05" E.

HUANNE-MONTMARTIN

8-D2 34 km N.-E. Besançon. 337 m. ✉ 25680

LE BOIS DE REVEUGE ★★★★ Tourisme 320 E. dont 164 nus 7 ha CV . Locations : . Espace Fitness. couverte chauffée , , , . Accès direct à l'étang. ; . Ouvert: 6.5 / 4.9. ☎ 03 81 84 38 60. E-mail : info@campingduboisdereveuge.com. Web : www.campingduboisdereveuge.com. Réduction H.S.
Lat. : 47° 26' 26" N **Long.** : 006° 20' 34" E.

L'ISLE-SUR-LE-DOUBS

8-D2 23 km S.-O. Montbéliard. 356 m. ✉ 25250

LES LUMES NC Tourisme 76 E. CV . Locations : . , . Accès direct à la rivière. . Accueil groupes. Ouvert: 1.4 / 30.9. ☎ 03 81 92 73 05. E-mail : contact@les-lumes.com. Web : www.les-lumes.com.
Lat. : 47° 27' 07" N **Long.** : 006° 34' 58" E.

LABERGEMENT-SAINTE-MARIE

8-D4 18 km S. Pontarlier. 914 m. ✉ 25160

CAMPING DU LAC ★★★ Tourisme 95 E. dont 76 nus 1,8 ha CV . A 5 km : Locations : . Randonnée pédestre organisée. , . Etang à 100 m ; lac et rivière à 200 m. ; . Ouvert: 1.5 / 30.9. ☎ 03 81 69 31 24. E-mail : camping.lac.remoray@orange.fr. Web : www.camping-lac-remoray.fr. Prix 2022. Fft jour : empl. Tourisme (2) : 17,5 € ( ) ; sup 5,30 € ; animaux 2 € ; 4 € ; 4,30 €. Réduction H.S.
Lat. : 46° 46' 15" N **Long.** : 006° 16' 29" E.

LES HOPITAUX-NEUFS

8-D4 17 km S. Pontarlier. 1151 m. ✉ 25370

CAMPING LE MIROIR ★★★ Tourisme 77 E. dont 42 nus 1,5 ha CV . A 1 km : Locations : . , . Accueil groupes adultes. Ouvert: 1.5 / 30.9. ☎ 03 81 49 10 64. E-mail : accueil@camping-lemiroir.com. Web : www.camping-lemiroir.com.
Lat. : 46° 46' 26" N **Long.** : 006° 22' 03" E.

LEVIER

8-C3 20 km O. Pontarlier. 752 m. ✉ 25270

CAMPING DE LA FORÊT ★★★ Tourisme 75 E. dont 67 nus
2,5 ha CV . Randonnée pédestre organisée. chauffée. Etang à 5 km. Accueil groupes. Ouvert: 15.4 / 18.9. ☎ 03 81 89 53 46. E-mail : camping@camping-dela-foret.com. Web : www.camping-dela-foret.com. Réduction H.S.
Lat. : 46° 57' 37" N **Long.** : 006° 07' 58" E.
FFCC : avantages adhérent : 16 € du 15/04 au 25/05 et du 03/09 au 18/09 sur emp. et entre 85 € et 150 € la nuitée et entre 285 € et 845 € la semaine du 05/02 au 02/01 sur loc.

LODS

8-C3 36 km S.-E. Besançon. 526 m. ✉ 25930

CAMPING MUNICIPAL LE CHAMPALOUX ★★ Tourisme 57 E. 0,8 ha. Accès direct à la rivière.. Accueil groupes. Ouvert: 1.5 / 15.10. ☎ 03 81 60 90 11. E-mail : mairie.lods@wanadoo.fr. Web : lods.fr/camping-municipal-le-champaloux/.
Lat. : 47° 02′ 45″ N **Long.** : 006° 14′ 21″ E.

MAICHE

8-D2 40 km S. Montbéliard. 832 m. ✉ 25120

LE SAINT-MICHEL ★★★ Tourisme 62 E. dont 57 nus 2 ha CV. Accueil groupes. Ouvert: 1.5 / 17.11. ☎ 03 81 64 12 56. E-mail : camping@mairie-maiche.fr. Web : www.mairie-maiche.fr.
Lat. : 47° 14′ 50″ N **Long.** : 006° 48′ 02″ E.

MALBUISSON

8-D3 15 km S. Pontarlier. 953 m. ✉ 25160

LES FUVETTES ★★★★ Tourisme 278 E. dont 220 nus 7 ha CV. Locations : chauffée. Accès direct aux bords du lac. Accueil groupes. Ouvert: 5.4 / 29.9. ☎ 03 81 69 31 50. E-mail : les-fuvettes@wanadoo.fr. Web : www.camping-fuvettes.com. Réduction H.S.
Lat. : 46° 47′ 32″ N **Long.** : 006° 17′ 37″ E.

MONCEY

8-C2 22 km N.-E. Besançon. 274 m. ✉ 25870

LA VALLEE NC Tourisme 50 E. 1,5 ha CV. Locations : Accès direct à l'étang et à la rivière. Ouvert: 1.1 / 31.12. ☎ 03 81 57 89 01. E-mail : camping.la.vallee@orange.fr. Web : campigdelavallee.pagesperso-orange.fr.
Lat. : 47° 21′ 45″ N **Long.** : 006° 06′ 53″ E.

MONTAGNEY-SERVIGNEY

8-C2 40 km N.-E. Besançon 271 m. ✉ 25680

CAMPING MUNICIPAL LA FORGE ★★★ Tourisme 56 E. dont 56 nus CV. Locations : Accès direct à la rivière. Accueil groupes. Ouvert: 1.5 / 30.9. ☎ 03 81 54 35 91. E-mail : karine@cc-paysrougement.fr. Réduction H.S.
Lat. : 47° 28′ 58″ N **Long.** : 006° 18′ 27″ E.

MONTGESOYE

8-C3 29 km S.-E. Besançon 449 m. ✉ 25111

AIRE NATURELLE MUNICIPALE. Ouvert: 1.5 / 30.9. ☎ 03 81 62 23 14. E-mail : montgesoye animationtourisme@orange.fr.
Lat. : 47° 04′ 49″ N **Long.** : 006° 11′ 11″ E.

MORTEAU

8-D3 30 km N.-N.-E. Pontarlier. 942 m. Station verte de vacances et village de neige ✉ 25500

LE CUL DE LA LUNE ★★★ Tourisme 38 E. dont 38 nus 0,45 ha CV. A 5 km : Rivière à 50 m. Accueil groupes. Ouvert: 14.4 / 1.10. ☎ 03 81 67 17 52. E-mail : otsi.morteau@wanadoo.fr. Web : www.morteau.org. Réduction H.S.
Lat. : 47° 03′ 11″ N **Long.** : 006° 35′ 55″ E.

MOUTHE

8-C4 29 km S.-S.-E. Pontarlier. 1145 m. ✉ 25240

CAMPING DE LA SOURCE DU DOUBS NC Loisirs 50 E. 1,8 ha CV. Accès direct à la rivière.. Ouvert: 1.1 / 31.12. ☎ 06 71 45 47 65. E-mail : mairie.mouthe@wanadoo.fr.
Lat. : 46° 42′ 23″ N **Long.** : 006° 12′ 30″ E.

MOUTHIER-HAUTE-PIERRE

8-C3 40 km S.-E. Besançon. 635 m. ✉ 25920

CAMPING LES OYES NC Tourisme 40 E. 0,6 ha. Accès direct à la rivière. Ouvert: 1.4 / 31.10. ☎ 06 99 69 03 72. E-mail : marjorie.nauton@gmail.com.
Lat. : 47° 02′ 27″ N **Long.** : 006° 15′ 40″ E.

ORNANS

8-C3 27 km S.-E. Besançon. 458 m. ✉ 25290

DOMAINE LA ROCHE D'ULLY ★★★★ Tourisme 106 E. dont 60 nus, dont 26 GCC. CV. Locations : cabanes. Randonnée pédestre organisée. Espace Fitness. couverte chauffée. Accès direct à la rivière. Accueil groupes. Ouvert: 2.4 / 4.10. ☎ 03 81 57 17 79. E-mail : contact@larochedully.com. Web : www.camping-larochedully.com. Réduction H.S.
Lat. : 47° 06′ 02″ N **Long.** : 006° 09′ 38″ E.

LE CHANET ★★★ Tourisme 88 E. dont 60 nus CV. Locations : Randonnée pédestre organisée. Espace Fitness. Rivière à 500 m. Accueil groupes. Ouvert: 7.4 / 3.10. ☎ 03 81 62 23 44. E-mail : valerie.gibot@gmail.com. Web : www.lechanet.com. Prix 2022. Fft jour : empl. Tourisme (2) : 29 € ; sup 6 € ; animaux 3 € ; 4 €.
Lat. : 47° 06′ 03″ N **Long.** : 006° 07′ 41″ E.
FFCC : avantages adhérent : 19 € du 07/04 au 07/07 et du 26/08 au 03/10 sur emp.

OSSELLE-ROUTELLE

8-C3 20 km S.-O. Besançon. 251 m. ✉ 25320

LES LACS D'OSSELLE NC Tourisme 50 E. Accès direct aux bords du lac. Accueil groupes. Ouvert: 1.6 / 30.9. ☎ 0 6 52 03 73 83. E-mail : osselle@woka.fr. Web : www.woka.fr/base/osselle.
Lat. : 47° 08′ 23″ N **Long.** : 005° 51′ 04″ E.

PAYS DE CLERVAL

8-D2 30 km S.-O. Montbéliard. 358 m. ✉ 25340

CAMPING MUNICIPAL LES ILES NC Tourisme 60 E. . Ouvert: 1.5 / 31.10. ☎ 06 75 78 84 86. E-mail : mairie@clerval.fr. Web : www.clerval.fr.
Lat. : 47° 23′ 40″ N **Long.** : 006° 29′ 53″ E.

PIERREFONTAINE-LES-VARANS

8-D2 50 km E. Besançon. 703 m. ✉ 25510

LE CRET CV. Ouvert: 1.5 / 30.9. ☎ 03 81 56 04 76. E-mail : camping.le.cret@club-internet.fr, Web : www.camping-lecret.fr. Prix 2023. 4 € ; 5 € ; 5 € ; 5 € ; animaux 1 € ; 2 € ; 4 €.
Lat. : 47° 13′ 18″ N **Long.** : 006° 31′ 58″ E.

PONT-LES-MOULINS

8-D2 36 km N.-E. Besançon. 336 m. ✉ 25110

L'ÎLE NC Tourisme 35 E. 1 ha. Locations : roulotte. Accès direct à la rivière. Accueil groupes. Ouvert: 18.4 / 3.9. ☎ 03 81 84 15 23. E-mail : info@campingdelile.fr. Web : www.campingdelile.fr. Prix 2023. 4 € ; 7,50 € ; 5 € ; 5 € ; 2,50 € ; animaux 1,50 € ; 2,50 € ; 3 €. Réduction H.S.
Lat. : 47° 19′ 29″ N **Long.** : 006° 21′ 40″ E.

PONTARLIER

8-D3 59 km S.-E. Besançon. 975 m. ✉ 25300

LE LARMONT ★★★ Tourisme 75 E. CV. Accueil groupes. Ouvert: 1.1 / 31.12. ☎ 03 81 46 23 33. E-mail : contact@camping-pontarlier.fr. Web : www.camping-pontarlier.fr.
Lat. : 46° 54′ 02″ N **Long.** : 006° 22′ 33″ E.

QUINGEY

8-C3 22 km S. Besançon. 328 m. ✉ 25440

LES PROMENADES ★★★ Tourisme 65 E. dont 61 nus CV. Locations : Accès direct à la rivière. Accueil groupes. Ouvert: 1.1 / 31.12. ☎ 03 81 63 74 01. E-mail : camping.lespromenades@orange.fr. Web : www.lespromenades.camp. Prix 2022. Fft jour : empl. Tourisme (2) : 23 €. Réduction H.S.
Lat. : 47° 06′ 16″ N **Long.** : 005° 53′ 22″ E.

SAINT-HIPPOLYTE

8-D2 30 km S.-E. Montbéliard. 491 m. ✉ 25190

LES GRANDS CHAMPS NC Tourisme 60 E. 0,5 ha. Locations : Randonnée pédestre organisée. Accès direct à la rivière.. Ouvert: 14.5 / 25.9. ☎ 0 9 50 89 29 06. E-mail : mail@camping-les-grands-champs.fr. Prix 2023. 7 € ; 6 € ; 6 € ; 6 € ; 2 € ; animaux 2,50 € ; 3 € ; 4 €.
Lat. : 47° 19′ 21″ N **Long.** : 006° 49′ 16″ E.

SAINT-POINT-LAC

8-D3 14 km S.-O. Pontarlier. 892 m. ✉ 25160

CAMPING MUNICIPAL ★★★ Tourisme 84 E. dont 84 nus 1 ha CV. Locations : Lac à 10 m ; rivière à 3 km. Accueil groupes. Ouvert: 1.5 / 30.9. ☎ 03 81 69 61 64. E-mail : camping-saintpointlac@orange.fr. Web : www.camping-saintpointlac.fr. Prix 2023. Fft jour : empl. Tourisme (2) : 22 €. Réduction H.S.
Lat. : 46° 48′ 41″ N **Long.** : 006° 18′ 13″ E.

VALOREILLE

8-D2 37 km S. Montbéliard 667 m. ✉ 25190

AIRE NATURELLE DE MONTAIGU CV. Ouvert: 1.5 / 30.9. ☎ 0 3 81 93 33 60 / 06 40 08 98 39. E-mail : jocelyne.boiteux@orange.fr, Web : www.campingchalet-hautdoubs.com.
Lat. : 47° 18′ 05″ N **Long.** : 006° 44′ 26″ E.

VUILLAFANS

8-C3 32 km S.-E. Besançon. 482 m. ✉ 25840

CAMPING MUNICIPAL LE PRE BAILLY ★★ Tourisme 49 E. 0,5 ha CV. Locations : Accès direct à la rivière. Accueil groupes. Ouvert: 15.3 / 30.9. ☎ 03 81 60 91 52. E-mail : camping@vuillafans.fr. Web : www.camping-vuillafans.com.
Lat. : 47° 03′ 50″ N **Long.** : 006° 13′ 02″ E.

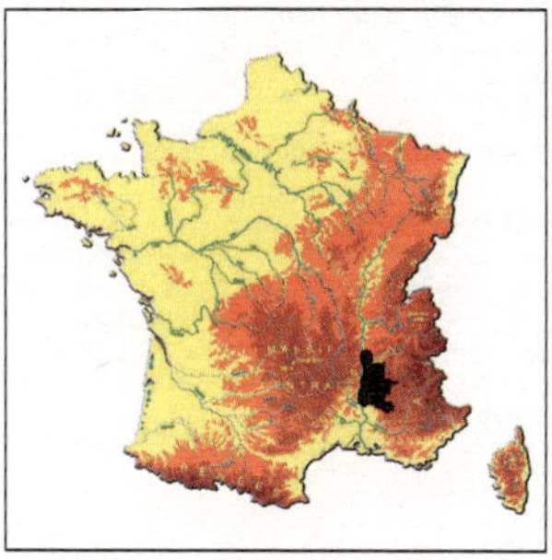

ANCONE

11-A4 44 km S.-O. Valence 68 m. ✉ 26200

L'ILE BLANC ★★★ Tourisme 81 E. dont 65 nus 6 ha CV. A 5 km : Locations : . Randonnée pédestre organisée. Accès direct aux bords du lac. Accueil groupes. Ouvert: 1.1 / 31.12. ☎ 04 75 51 20 05. E-mail : campingileblanc@gmail.com. Web : www.camping-montelimar.com. Réduction H.S.
Lat. : 44° 35′ 29″ N **Long.** : 004° 44′ 20″ E.

ANNEYRON

11-A3 45 km N. Valence. 227 m. ✉ 26140

LA CHATAIGNERAIE ★★★★ Tourisme 71 E. dont 31 nus
2 ha CV. Locations : . Randonnée pédestre organisée. chauffée. Etang à 3 km. Accueil groupes adultes. Ouvert: 14.4 / 24.9. ☎ 04 75 31 43 33. E-mail : contact@chataigneraie.com. Web : www.chataigneraie.com. Réduction H.S.
Lat. : 45° 15′ 18″ N **Long.** : 004° 54′ 15″ E.
FFCC : avantages adhérent : 14 € du 04/07 au 07/07 et du 27/08 au 25/09 sur emp. et 10% du 14/04 au 07/07 et du 27/08 au 25/09 sur loc.

AOUSTE-SUR-SYE

11-B4 34 km O. Dié. 292 m. ✉ 26400

LA PIERRE A FEU ★★★ Loisirs 50 E. Locations : . Accès direct à la rivière. Ouvert: 1.4 / 31.10. ☎ 04 75 76 76 23. E-mail : campingpierreafeu@orange.fr. Web : www.camping-pierre-a-feu.com.
Lat. : 44° 43′ 35″ N **Long.** : 005° 03′ 57″ E.

AUBRES

11-B5 3 km N.-E. Nyons. 541 m. ✉ 26110

L'OR VERT ★★ Tourisme 79 E. 1,5 ha CV. Locations : . Randonnée pédestre organisée. Accès direct à la rivière. Accueil groupes. Ouvert: 1.4 / 1.10. ☎ 04 75 26 24 85. E-mail : camping-or-vert@wanadoo.fr. Web : www.camping-or-vert.com.
Lat. : 44° 22′ 21″ N **Long.** : 005° 09′ 43″ E.

AUREL

11-B4 20 km S.-O. Die. 609 m. ✉ 26340

CAMPING MUNICIPAL LA COLOMBE NC Tourisme 50 E. 0,6 ha CV. Locations : . Accès direct à la rivière. Ouvert: 1.5 / 30.9. ☎ 0 4 75 21 76 29. E-mail : aurel.camping26340@gmail.com.
Lat. : 44° 41′ 43″ N **Long.** : 005° 18′ 12″ E.

BALLONS

11-C5 64 km E.-S.-E. Nyons. 890 m. ✉ 26560

LA LAVANDE BLEUE NC Tourisme 35 E. 1,5 ha . Accès direct à la rivière. Ouvert: 15.6 / 31.8. ☎ 04 75 28 40 49.
Lat. : 44° 14′ 38″ N **Long.** : 005° 38′ 11″ E.

BARBIERES

11-B3 20 km E. Valence. 690 m. ✉ 26300

LE GALLO ROMAIN ★★★★ Tourisme 75 E.
3 ha CV. Locations : . Randonnée pédestre organisée. Accès direct à la rivière. Accueil groupes. Ouvert: 14.4 / 15.9. ☎ 0 4 75 05 90 12. E-mail : info@legalloromain.com. Web : www.legalloromain.com. Prix 2022. empl. Tourisme : 21 € ; 7 € ; animaux 3,50 € ; 6 € ; 5 €.
Lat. : 44° 56′ 41″ N **Long.** : 005° 09′ 03″ E.
FFCC : avantages adhérent : 23 € du 14/04 au 07/07 et du 28/08 au 15/09 sur emp.

BEAUMONT-EN-DIOIS

11-B4 25 km S.-E. Die. 907 m. ✉ 26310

CAMPING MUNICIPAL SAINT MARTIN NC Tourisme 30 E. 0,8 ha CV. Accès direct à la rivière. Ouvert: 1.5 / 30.9. ☎ 04 75 21 44 64. E-mail : info@saintmartincamping.com. Web : www.saintmartincamping.com.
Lat. : 44° 33′ 56″ N **Long.** : 005° 28′ 36″ E.

BENIVAY-OLLON

11-B5 25 km S.-E. Nyons. 591 m. ✉ 26170

DOMAINE DE L'ÉCLUSE ★★★ Tourisme 28 E.
2 ha CV. Locations : chauffée. Accès direct à la rivière. Accueil groupes adultes. Ouvert: 14.4 / 30.9. ☎ 0 4 75 28 07 32. E-mail : camp.ecluse@wanadoo.fr. Web : www.campecluse.com. Réduction H.S.
Lat. : 44° 17′ 22″ N **Long.** : 005° 11′ 30″ E.

BEZAUDUN-SUR-BINE

11-B4 40 km S.-O. Die. 826 m. ✉ 26460

AIRE NATURELLE LE MOULIN CV. Ouvert: 20.4 / 20.9. ☎ 04 75 53 37 21. E-mail : arnocampmoulin26@orange.fr. Prix 2023. empl. Tourisme : 4 € nuit ; 5 € nuit ; 3 € nuit ; animaux 2 € nuit ; 3 € nuit ; 3 € nuit. Réduction H.S.
Lat. : 44° 35′ 45″ N **Long.** : 005° 09′ 42″ E.

BOUCHET

11-A5 28 km S.-O. Nyons. 111 m. ✉ 26790

LE BOIS DES ROCHES NC Tourisme 90 E. 2 ha ap. 22 h, CV. Locations : . Accès direct à la rivière. Accueil groupes. Ouvert: 1.1 / 31.12. ☎ 04 75 04 83 94. E-mail : leboisdesroches@camping-provence-drome.com. Web : www.camping-provence-drome.com. Réduction H.S.
Lat. : 44° 18′ 18″ N **Long.** : 004° 50′ 52″ E.

BOURDEAUX

11-B4 42 km E. Montélimar. 551 m. Station verte de vacances et village de neige ✉ 26460

LE BOIS DU CHATELAS ★★★★★ Tourisme 194 E. dont 76 nus
4 ha CV. Locations : , cabanes, tipi. Randonnée pédestre organisée. Espace Fitness. couverte chauffée. Rivière à 1 km. Accueil groupes. Ouvert: 13.4 / 8.9. ☎ 04 75 00 60 80. E-mail : info@yellohvillage-les-bois-du-chatelas.com. Web : www.chatelas.com. Réduction H.S.
Lat. : 44° 34′ 42″ N **Long.** : 005° 07′ 40″ E.

LE GAP DES TORTELLES ★★★ Tourisme 43 E. 0,7 ha CV. Rivière à 50 m. Accueil groupes. Ouvert: 1.4 / 30.9. ☎ 04 75 53 30 45. E-mail : campinglegapdestortelles@yahoo.fr. Web : www.legapdestortelles.com.
Lat. : 44° 35′ 02″ N **Long.** : 005° 08′ 09″ E.

BOUVIERES

11-B4 42 km S.-O. Die. 852 m. ✉ 26460

CAMPING MUNICIPAL NC 20 E. dont 10 nus CV. Ouvert: 1.4 / 31.10. ☎ 04 75 53 30 04. E-mail : mairiede.bouvieres@wanadoo.fr. Prix 2022.
Lat. : 44° 30′ 54″ N **Long.** : 005° 12′ 50″ E.

BUIS-LES-BARONNIES

11-B5 31 km S.-E. Nyons. 537 m. ✉ 26170

L'OREE DE PROVENCE ★★★ Tourisme 133 E. dont 92 nus, dont 50 CC.
8 ha CV. Locations : . Randonnée pédestre organisée. Espace Fitness. couverte chauffée. Rivière à 3,5 km. Accueil groupes. Ouvert: 17.4 / 27.9. ☎ 04 75 28 10 78. E-mail : info@loree-de-provence.com. Web : www.loree-de-provence.com. Réduction H.S.
Lat. : 44° 18′ 11″ N **Long.** : 005° 16′ 24″ E.
FFCC : avantages adhérent : 10% du 12/05 au 30/06 et du 01/09 au 17/0910% du 12/05 au 30/06 et du 01/09 au 17/09 sur emp. et loc. + 10% hors juillet-août sur les emplacements nus et hébergements locatifs sur présentation de la carte ou rendez-vous dans votre club avantages FFCC pour obtenir le code promotionnel.

LA FONTAINE D'ANNIBAL ★★★ Tourisme 57 E. dont 36 nus
0,5 ha CV. Randonnée pédestre organisée. Accès direct à la rivière. Accueil groupes. Ouvert: 2.4 / 26.9. ☎ 04 75 28 03 12. E-mail : contact@vacances-baronnies.com. Web : www.vacances-baronnies.com. Réduction H.S.
Lat. : 44° 17' 05" N **Long. :** 005° 16' 57" E.

LES EPHELIDES ★★★ Tourisme 30 E. 1,5 ha à partir de 22 h 30, CV. Locations : , roulotte. Accès direct à la rivière. Ouvert: 1.5 / 3.9. ☎ 04 75 28 10 15. E-mail : ephelides@wanadoo.fr. Web : www.ephelides.com. Prix 2022. Fft jour : empl. Tourisme (2) : 26 € ( ). Réduction H.S.
Lat. : 44° 16' 06" N **Long. :** 005° 16' 06" E.

CAMPING MUNICIPAL NC Tourisme 74 E. 1 ha . Locations : . Rivière à 200 m. Ouvert: 1.3 / 11.11. ☎ 04 75 28 04 96. E-mail : camping@mairie.buislesbaronnies.fr.
Lat. : 44° 16' 34" N **Long. :** 005° 16' 33" E.

AIRE NATURELLE CV . Ouvert: 15.5 / 15.9. ☎ 04 75 28 08 23. E-mail : reservation@camping-moulindecost.com, Web : www.camping-moulindecost.com.
Lat. : 44° 15' 12" N **Long. :** 005° 15' 14" E.

M. MARCEL BONIFACY . Ouvert: 1.7 / 31.8. ☎ 06 72 01 90 87. E-mail : marcelbonifacy@outlook.fr.
Lat. : 44° 16' 38" N **Long. :** 005° 14' 50" E.

CHABEUIL
11-B3 11 km S.-E. Valence. 206 m. ✉ 26120

LES ROSIERS
CV. A 5 km : . Ouvert: 15.4 / 15.10. ☎ 0 4 81 66 14 42. E-mail : martinedaillant@gmail.com. Prix 2022. empl. Tourisme : 5 € ; 5,50 € ; animaux 1,50 € ; 3 € ; 3,70 €.
Lat. : 44° 55' 01" N **Long. :** 005° 01' 39" E.
FFCC : avantages adhérent : 18.50 € du 15/04 au 30/06 et du 01/09 au 31/10 sur emp.

CHAMARET
11-A5 24 km O. Nyons. 185 m. ✉ 26230

DOMAINE DE LA CHAMARADE ★★★★ Loisirs 110 E. 5 ha . Locations : . chauffée . Rivière à 1 km. ; . Ouvert: 1.3 / 30.11. ☎ 04 75 90 21 66. E-mail : lachamarade@orange.fr. Web : www.domainedelachamarade.com. Réduction H.S.
Lat. : 44° 22' 40" N **Long. :** 004° 52' 51" E.

CHANTEMERLE-LES-BLES
11-A3 26 km N. Valence. 241 m. ✉ 26600

CHANTE MERLE ★★★ Tourisme 52 E. 2 ha CV . Locations : . chauffée . Accès direct à l'étang et à la rivière ; lac à 5 km. . Ouvert: 1.1 / 31.12. ☎ 04 75 07 49 73. E-mail : campingchantemerle@wanadoo.fr. Web : www.campingchantemerle.fr. Réduction H.S.
Lat. : 45° 06' 27" N **Long. :** 004° 53' 27" E.

CHARMES-SUR-L'HERBASSE
11-A3 30 km N.-E. Valence. 297 m. ✉ 26260

CAMPING MUNICIPAL LES FALQUETS NC Tourisme 75 E. dont 59 nus 1,5 ha CV . Locations : , . Accès direct à la rivière ; lac à 2 km.. Accueil groupes. Ouvert: 1.6 / 30.8. ☎ 0 6 87 75 36 14. E-mail : infos@lesfalquets.com. Web : lesfalquets.com. Prix 2022. empl. Tourisme : 13 € ; 6 € ; 4 € ; 4,50 €.
Lat. : 45° 08' 46" N **Long. :** 005° 01' 17" E.

CAMPING LE BIQUET CV. Ouvert: 1.4 / 31.10. ☎ 04 75 45 60 40. E-mail : dominique.foulhoux@orange.fr.
Lat. : 45° 09' 23" N **Long. :** 005° 00' 47" E.

CHATEAUDOUBLE
11-B3 18 km E. Valence 452 m. ✉ 26120

LE GRAND LIERNE ★★★★ Tourisme 348 E. CV . couverte chauffée . Accueil groupes enfants. Ouvert: 26.4 / 8.9. ☎ 04 75 59 83 14. E-mail : grand-lierne@capfun.com. Web : www.capfun.com. Réduction H.S.
Lat. : 44° 54' 56" N **Long. :** 005° 03' 54" E.

CHATEAUNEUF-DE-GALAURE
11-A3 46 km N. Valence. 306 m. ✉ 26330

CHATEAU DE GALAURE ★★★★ Tourisme 400 E. dont 200 nus . Locations : , . Randonnée pédestre organisée. couverte , . Etang et rivière à 250 m. ; . Accueil groupes. Ouvert: 26.4 / 27.9. ☎ 04 75 68 65 22. E-mail : info@chateaudegalaure.com. Web : www.irisparc.fr/camping-le-chateau-de-galaure/. Réduction H.S.
Lat. : 45° 13' 27" N **Long. :** 004° 57' 03" E.

CHATEAUNEUF-DU-RHONE
11-A5 54 km S. Valence. 87 m. ✉ 26780

CAMPING MUNICIPAL LA GRAVELINE ★★ Tourisme 66 E. dont 31 nus 0,65 ha . Locations : . Rivière à 2 km. Accueil groupes. Ouvert: 15.5 / 15.9. ☎ 04 75 90 80 96. E-mail : chateauneufdurhone@wanadoo.fr. Web : www.chateauneufdurhone.fr.
Lat. : 44° 29' 15" N **Long. :** 004° 43' 10" E.

LE MOULINAS . Ouvert: 1.4 / 30.9. ☎ 04 75 90 72 35. E-mail : le_moulinas@orange.fr.
Lat. : 44° 29' 42" N **Long. :** 004° 44' 27" E.

CHATEAUNEUF-SUR-ISERE
11-A3 11 km N. Valence. 161 m. ✉ 26300

LE SOLEIL FRUITE ★★★★ Tourisme 138 E. dont 94 nus 4 ha CV . Locations : . Ouvert: 28.4 / 15.9. ☎ 04 75 84 19 70. E-mail : contact@lesoleilfruite.com. Web : www.lesoleilfruite.com. Réduction H.S.
Lat. : 44° 59' 49" N **Long. :** 004° 53' 32" E.

CHATILLON-EN-DIOIS
11-B4 14 km S.-E. Die. 1028 m. ✉ 26410

LE LAC BLEU ★★★ Tourisme 182 E. dont 76 nus 5 ha CV . Locations : , cabanes, . couverte chauffée , . Accès direct aux bords du lac et à la rivière. ; . Accueil groupes. Ouvert: 2.4 / 6.11. ☎ 04 66 60 07 00. E-mail : lac-bleu@koawa.com. Web : www.camping-lacbleu.fr/fr. Prix 2022. Fft jour : empl. Tourisme (2) : 35 € ( ) ; sup 6 € ; animaux 3 € ; 5 €.
Lat. : 44° 41' 00" N **Long. :** 005° 27' 02" E.

CAMPING GCU - CHATILLON EN DIOIS ★★ Tourisme 100 E.. Accès direct à la rivière. Ouvert: 14.6 / 14.9. ☎ 04 75 21 26 44. E-mail : gcu@gcu.asso.fr. Web : www.gcu.asso.fr.
Lat. : 44° 41' 34" N **Long. :** 005° 29' 02" E.

CAMPING MUNICIPAL LES CHAUSSIÈRES ★★ Tourisme 164 E. dont 142 nus
2 ha CV . Locations : . chauffée , , . Accès direct à la rivière. . Accueil groupes. Ouvert: 30.3 / 14.10. ☎ 04 75 21 10 30. E-mail : camping.chatillonendiois@wanadoo.fr. Web : www.camping-chatillonendiois.com. Réduction H.S.
Lat. : 44° 41' 36" N **Long. :** 005° 29' 10" E.
FFCC : avantages adhérent : 23 € du 01/04 au 07/07 et du 19/08 au 15/10 sur emp. et entre 32 € et 95 € la nuitée et entre 257 € et 567 € la semaine du 01/04 au 08/07 et du 20/08 au 15/10 sur loc.

CLEON-D'ANDRAN
11-A4 50 km S.-S.-E. Valence. 181 m. ✉ 26450

CAMPING MUNICIPAL LES CIGALES NC Tourisme 20 E. 0,5 ha CV . Rivière à 2 km. Ouvert: 14.5 / 17.9. ☎ 04 75 90 12 73. E-mail : mairie.cleon.andran@wanadoo.fr. Web : www.mairie-cleon-andran.fr. Prix 2023. empl. Tourisme : 3,75 € ; 3,50 € ; animaux 1,20 € ; 2,50 € ; 3 €.
Lat. : 44° 36' 33" N **Long. :** 004° 56' 14" E.

COMPS
11-B4 64 km S.-E. Valence. 650 m. ✉ 26220

LA SOURCE DU JABRON ★★★★ Tourisme 110 E. 3 ha CV. Locations : , , . chauffée . Accueil groupes. Ouvert: 27.4 / 7.9. ☎ 04 75 90 61 30. E-mail : contact@campinglasource.com. Web : www.campinglasource.com. Réduction H.S.
Lat. : 44° 33' 05" N **Long. :** 005° 05' 15" E.

CONDORCET
11-B5 9 km N.-E. Nyons. 528 m. ✉ 26110

LE CHAMBRON ★★ Tourisme 56 E. 2 ha CV . Locations : . , . Rivière à 5 km. . Accueil groupes. Ouvert: 1.4 / 30.9. ☎ 04 75 27 70 54. E-mail : mfd1957@gmail.com. Web : www.lechambron.com. Prix 2022. Fft jour : empl. Tourisme (2) : 22 € ( ). Réduction H.S.
Lat. : 44° 24' 60" N **Long. :** 005° 11' 39" E.

CREST
11-B4 37 km O. Die. 249 m. ✉ 26400

LES CLORINTHES ★★★ Tourisme 170 E. 4 ha CV. Randonnée pédestre organisée. , , . Accès direct à la rivière. ; . Accueil groupes. Ouvert: 1.4 / 30.9. ☎ 04 75 25 05 28. E-mail : clorinthes@wanadoo.fr. Web : www.lesclorinthes.com.
Lat. : 44° 43' 27" N **Long. :** 005° 01' 40" E.

DIE
11-B4 65 km S.-E. Valence. 655 m. ✉ 26150

LA PINÈDE ★★★★ Tourisme 173 E. dont 85 nus
5 ha CV . Locations : . chauffée , , . Accès direct à la rivière. ; ; . Accueil groupes. Ouvert: 30.4 / 6.9. ☎ 04 75 22 17 77. E-mail : info@camping-pinede.com. Web : www.camping-pinede.com. Réduction H.S.
Lat. : 44° 45' 24" N **Long. :** 005° 21' 18" E.

LE GLANDASSE ★★★ Tourisme 120 E. dont 103 nus CV . Locations : . chauffée , . Accès direct à la rivière. ; . Ouvert: 10.4 / 30.9. ☎ 04 75 22 02 50. E-mail : camping-glandasse@wanadoo.fr. Web : www.camping-glandasse.com. Réduction H.S.
Lat. : 44° 44' 38" N **Long. :** 005° 23' 05" E.

LE RIOU-MERLE ★★★ Tourisme 97 E. dont 85 nus
2 ha CV . Locations : , . Rivière à 1 km. Ouvert: 1.4 / 10.10. ☎ 04 75 22 21 31. E-mail : lerioumerle@gmail.com. Web : www.camping-leri oumerle-drome.com. Prix 2022. Fft jour : empl. Tourisme (2) : 25,5 € ( ). Réduction H.S.
Lat. : 44° 45' 16" N **Long. :** 005° 22' 40" E.
FFCC : avantages adhérent : 17 € du 01/04 au 08/07 et du 26/08 au 10/10 sur emp.

CAMPING MUNICIPAL DE JUSTIN ★★ Tourisme 169 E. dont 154 nus
CV . Locations : , . chauffée , , . Accès direct à la rivière. ; . Accueil groupes. Ouvert: 16.4 / 29.10. ☎ 04 75 22 14 77. E-mail : camping@mairie-die.fr. Web : www.camping-die.com. Prix 2022. Fft nuit : empl. Tourisme (2) : 20 € ( ). Réduction H.S.
Lat. : 44° 45' 02" N **Long. :** 005° 21' 58" E.
FFCC : avantages adhérent : 18 € du 01/04 au 19/05 sur emp. et entre 80 € et 93 € la nuitée et entre 497 € et 572 € la semaine du 20/05 au 07/07 et du 21/08 au 31/10 sur loc.

CHAMARGES NC Tourisme 150 E. dont 150 nus 2 ha CV. Locations : . Accès direct à la rivière. Accueil groupes. Ouvert: 29.4 / 25.9. ☎ 04 75 22 14 13. E-mail : campingdechamarges@onlycamp.fr. Web : www.onlycamp.fr/camping-de-chamarges/. Réduction H.S.
Lat. : 44° 45' 46" N **Long.** : 005° 20' 48" E.
FFCC : avantages adhérent : 10% du 28/04 au 08/07 et du 28/08 au 24/0910% du 28/04 au 08/07 et du 28/08 au 24/09 sur emp. et loc. + 5% saison (juillet/aout) sur les emplacements nus et locatifs *Frais de réservations offerts toute lànnée.

CAMPING VALDIE ★ Tourisme 23 E. Ouvert: 1.5 / 30.9. ☎ 06 03 49 11 38. E-mail : valdie26@gmail.com. Web : www.camping-valdie.fr.
Lat. : 44° 44' 07" N **Long.** : 005° 23' 04" E.

DOMAINE DU MURIER . Ouvert: 26.4 / 30.9. ☎ 04 75 21 30 16. E-mail : info@domainedumurier.com, Web : www.domainedumurier.com. Réduction H.S.
Lat. : 44° 45' 23" N **Long.** : 005° 21' 31" E.

DIEULEFIT

11-B4 70 km S.-E. Valence. 528 m. ✉ 26220

DOMAINE PROVENÇAL ★★★★ Tourisme 83 E. dont 27 nus, dont 14 CC. 1,9 ha CV. Locations : . Randonnée pédestre organisée. chauffée , . Accès direct à la rivière. Accueil groupes adultes. Ouvert: 20.10 / 5.11. ☎ 04 75 49 94 36. E-mail : contact@domaineprovencal.com. Web : www.domaineprovencal.com.
Lat. : 44° 31' 18" N **Long.** : 005° 03' 39" E.
FFCC : avantages adhérent : 10% du 15/04 au 30/06 et du 01/09 au 06/1110% du 15/04 au 30/06 et du 01/09 au 06/11 sur emp. et loc. + Rendez-vous dans votre club avantages FFCC pour obtenir le code promotionnel et réserver !.

VILLAGE HUTTOPIA DIEULEFIT ★★★ Tourisme 119 E. dont 27 nus CV. Locations : . Randonnée pédestre organisée. chauffée , . Accès direct à l'étang et à la rivière. Accueil groupes. Ouvert: 7.4 / 6.11. ☎ 04 75 54 63 94. E-mail : dieulefit@huttopia.com. Web : europe.huttopia.com/site/village-dieulefit. Réduction H.S.
Lat. : 44° 32' 23" N **Long.** : 005° 03' 31" E.

ESPENEL

11-B4 18 km S.-O. Die. 530 m. ✉ 26340

LA CLAIRETTE ★ Tourisme 100 E. dont 98 nus 2 ha . Locations : . Accès direct à la rivière. ; . Ouvert: 15.4 / 15.9. ☎ 04 75 21 74 48. E-mail : contact@campingdelaclairette.com. Web : www.campingdelaclairette.com.
Lat. : 44° 41' 23" N **Long.** : 005° 13' 19" E.

LE PONT D'ESPENEL NC Tourisme 100 E. 1 ha CV . Locations : . Accès direct à la rivière. ; . Ouvert: 1.4 / 30.9. ☎ 04 75 21 72 70. E-mail : camping.du.pont@orange.fr. Web : www.camping-du-pont.com.
Lat. : 44° 41' 18" N **Long.** : 005° 14' 03" E.

EYZAHUT

11-B4 45 km S.-E. Valence. 555 m. ✉ 26160

CAMPING MUNICIPAL LES CHÂTAIGNIERS NC Tourisme 27 E. 1,5 ha . Locations : . , . Accueil groupes. Ouvert: 15.6 / 30.9. ☎ 04 75 90 16 35. E-mail : camping-eyzahut@orange.fr. Web : www.eyzahut.fr.
Lat. : 44° 33' 59" N **Long.** : 005° 00' 49" E.

GRANE

11-A4 46 km O. Die. 264 m. ✉ 26400

LES 4 SAISONS ★★★★ Tourisme 73 E. dont 43 nus, dont 43 CC. CV . Locations : , cabanes. Randonnée pédestre organisée. chauffée . Lac et rivière à 2 km. Accueil groupes. Ouvert: 1.1 / 31.12. ☎ 04 75 62 64 17. E-mail : contact@camping-4-saisons.com. Web : www.camping-4-saisons.com. Prix 2023. Fft jour : empl. Tourisme (2) : 35 € (E. CC)
Lat. : 44° 43' 40" N **Long.** : 004° 55' 38" E.

GRIGNAN

11-A5 21 km N.-O. Nyons. 242 m. ✉ 26230

LES TRUFFIÈRES ★★★ Tourisme 88 E. dont 72 nus, dont 70 CC. CV . Locations : . chauffée , . Rivière à 4 km. Ouvert: 6.4 / 10.10. ☎ 04 75 46 93 62. E-mail : info@lestruffieres.com. Web : www.lestruffieres.com. Réduction H.S.
Lat. : 44° 24' 42" N **Long.** : 004° 53' 28" E.
FFCC : avantages adhérent : 10% du 07/04 au 26/06 et du 28/08 au 09/1010% du 07/04 au 26/06 et du 28/08 au 09/10 sur emp. et loc.

CAMPING DE GRIGNAN NC 28 E. dont 28 nus 0,33 ha CV . Ouvert: 30.4 / 30.9. ☎ 04 75 01 92 23. E-mail : contact@campingdegrignan.fr. Web : campingdegrignan.fr. Réduction H.S.
Lat. : 44° 25' 02" N **Long.** : 004° 54' 34" E.

HAUTERIVES

11-A3 45 km N.-N.-E. Valence. 382 m. Station verte de vacances et village de neige ✉ 26390

LE CHÂTEAU ★★★ Tourisme 154 E. dont 109 nus CV . Locations : . Espace Fitness. chauffée , . Accès direct à la rivière. Accueil groupes. Ouvert: 7.4 / 24.9. ☎ 04 75 68 80 19. E-mail : contact@camping-hauterives.com. Web : www.camping-hauterives.com. Réduction H.S.
Lat. : 45° 15' 10" N **Long.** : 005° 01' 35" E.
FFCC : avantages adhérent : 17 € du 07/04 au 08/07 et du 25/08 au 24/09 sur emp. et 10% du 07/04 au 08/07 et du 25/08 au 24/09 sur loc.

LA CHAPELLE-EN-VERCORS

11-B3 39 km N. Die. 1024 m. Village de neige ✉ 26420

CAMPING MUNICIPAL LES BRUYÈRES ★★ Tourisme 82 E. dont 79 nus CV . Locations : . . Accueil groupes. Ouvert: 28.4 / 30.9. ☎ 06 86 44 80 78. E-mail : camping@lachapelleenvercors.fr. Web : www.lachapelleenvercors.fr. Prix 2022. Fft jour : empl. Tourisme (2) : 15,5 € ( ) ; sup 6 € ; 3,50 € ; 4 €.
Lat. : 44° 58' 10" N **Long.** : 005° 24' 57" E.

LES MYRTILLES ★★ Tourisme 80 E. dont 80 nus 3 ha CV . Locations : . chauffée , , . Rivière à 2 km.. Ouvert: 1.5 / 30.9. ☎ 07 68 86 43 66. E-mail : contact@campingdesmyrtilles.fr. Web : www.campingdesmyrtilles.fr. Réduction H.S.
Lat. : 44° 58' 08" N **Long.** : 005° 25' 46" E.

LES REVEILLES NC Tourisme 70 E. CV. Randonnée pédestre organisée. . Rivière à 5 km. Accueil groupes. Ouvert: 1.5 / 31.10. ☎ 04 75 48 21 81. E-mail : groyannais@wanadoo.fr. Web : www.campinglesreveilles.com.
Lat. : 44° 56' 43" N **Long.** : 005° 23' 29" E.

LA COUCOURDE

11-A4 33 km S.-S.-O. Valence. 147 m. ✉ 26740

FLORAL CAMPING ★★ Tourisme 28 E. dont 18 nus 0,88 ha 22 h / 6 h, CV . Rivière à 500 m ; lac à 4 km.. Ouvert: 1.1 / 31.12. ☎ 06 83 03 34 04. E-mail : info@campingfloral.com. Web : www.campingfloral.com.
Lat. : 44° 38' 14" N **Long.** : 004° 46' 24" E.
FFCC : avantages adhérent : 17 € du 01/01 au 31/12 sur emp.

LA MOTTE-CHALANCON

11-B4 48 km S. Dié. 824 m. Station verte de vacances et village de neige ✉ 26470

CAMPING MUNICIPAL ★★★ Tourisme 110 E. dont 105 nus 1,5 ha CV . Locations : . . Rivière à 20 m ; lac à 2 km. . A 1 km : . A 2 km : lac. Accueil groupes. Ouvert: 1.4 / 30.9. ☎ 04 75 27 22 95. E-mail : camping-lamotte@orange.fr. Web : www.camping-levillage.com.
Lat. : 44° 28' 55" N **Long.** : 005° 22' 45" E.

LA FERME DE CLAREAU ★★★ Tourisme 50 E. dont 39 nus 2 ha CV . Randonnée pédestre organisée. . Accès direct à la rivière ; lac à 4 km. Accueil groupes. Ouvert: 15.4 / 15.10. ☎ 04 75 27 26 03. E-mail : campingfermeclareau@wanadoo.fr. Web : www.fermedeclareau.com.
Lat. : 44° 28' 42" N **Long.** : 005° 23' 43" E.

LE MOULIN ★★★ Tourisme 52 E. dont 44 nus CV . Locations : , caravane. Randonnée pédestre organisée. . Accès direct à la rivière ; lac à 2 km. Accueil groupes. Ouvert: 20.5 / 20.9. ☎ 0 7 89 60 33 02. E-mail : campingmoulin@wanadoo.fr. Web : www.campinglemoulin.net. Réduction H.S.
Lat. : 44° 29' 08" N **Long.** : 005° 22' 40" E.
FFCC : avantages adhérent : 18 € du 01/05 au 30/06 et du 01/09 au 30/09 sur emp.

LA PIBOURE ★★ Tourisme 105 E. dont 98 nus 4 ha CV . Locations : . , . Accès direct à la rivière ; lac à 800 m. Accueil groupes. Ouvert: 1.4 / 30.9. ☎ 04 75 27 22 84. E-mail : campinglapiboure@wanadoo.fr. Web : www.camping-lapiboure.com.
Lat. : 44° 28' 27" N **Long.** : 005° 22' 20" E.

LA PENNE-SUR-L'OUVEZE

11-B5 28 km S.-E. Nyons. 486 m. ✉ 26170

DOMAINE DE LA GAUTIÈRE ★★★ Tourisme 50 E. dont 20 nus CV . Rivière à 800 m.. Accueil groupes. Ouvert: 1.4 / 31.10. ☎ 04 75 28 02 68. E-mail : accueil@camping-lagautiere.com. Web : www.camping-lagautiere.com. Réduction H.S.
Lat. : 44° 15' 13" N **Long.** : 005° 14' 25" E.

LA ROCHE-SUR-GRANE

11-A4 52 km O. Die. 347 m. ✉ 26400

LA MAGERIE ★ 35 E. dont 50 nus 1,8 ha . Locations : , caravane. . Rivière à 500 m. Accueil groupes adultes. Ouvert: 2.3 / 17.11. ☎ 04 75 62 71 77. E-mail : la.magerie@wanadoo.fr. Web : www.lamagerie.com. Réduction H.S.
Lat. : 44° 40' 47" N **Long.** : 004° 56' 39" E.

LA ROCHE-SUR-LE-BUIS

11-B5 34 km S.-E. Nyons. 824 m. ✉ 26170

LE GITE DU LIEVRE CV. ☎ 04 75 28 11 49. E-mail : gitedulievre@wanadoo.fr, Web : www.gitedulievre.com.
Lat. : 44° 15' 48" N **Long.** : 005° 22' 37" E.

LE GRAND-SERRE

11-B3 44 km N.-E. Valence. 439 m. ✉ 26530

LE GRAND CERF ★★★★ Tourisme 60 E. dont 30 nus CV . Locations : . Randonnée pédestre organisée. chauffée , , . Rivière à 1 km ; étang à 2 km. Accueil groupes. Ouvert: 15.4 / 25.9. ☎ 04 75 68 86 14. E-mail : contact@campingdrome.fr. Web : www.campingdrome.net. Réduction H.S.
Lat. : 45° 16' 17" N **Long.** : 005° 06' 07" E.

LE POET-CELARD

11-B4 62 km S.-O. Die. 564 m. ✉ 26460

LE COUSPEAU ★★★★★ Tourisme 149 E. dont 59 nus 8 ha CV . Locations : . Randonnée pédestre organisée. Espace Fitness. couverte chauffée . Rivière à 3 km. ; . Accueil groupes. Ouvert: 22.5 / 6.9. ☎ 04 75 53 30 14. E-mail : info@couspeau.fr. Web : www.couspeau.fr.
Lat. : 44° 35' 47" N **Long.** : 005° 06' 40" E.
FFCC : avantages adhérent : 10% du 06/04 au 30/06 et du 01/09 au 10/09 sur emp. + Rendez-vous dans votre club avantages FFCC pour obtenir le code promotionnel et réserver !.

LE GRAND BOIS ★★★ Tourisme 40 E. dont 28 nus

1,5 ha pas de voiture à l'intérieur, CV. Locations : . Accès direct à l'étang ; rivière à 5 km. Accueil groupes adultes. Ouvert: 1.5 / 30.9. ☎ 04 75 53 33 72 / 06 48 38 12 49. E-mail : info@legrandbois.fr. Web : www.legrandbois.fr.
Lat. : 44° 34' 51" N **Long.** : 005° 06' 28" E.
FFCC : avantages adhérent : 20 € du 15/05 au 15/09 sur emp. et entre 110 € et 130 € la nuitée du 15/05 au 15/09 sur loc.

LE POET-EN-PERCIP

11-B5 42 km S.-E. Nyons. 1014 m. ✉ 26170

LA GRAVOUSE . Ouvert: 1.4 / 1.9. ☎ 04 75 28 23 12. E-mail : drouver@hotmail.com, Web : www.campinglagravouse.com. Réduction H.S.
Lat. : 44° 15' 07" N **Long.** : 005° 22' 46" E.

LE POET-LAVAL

11-B4 67 km S.-E. Valence. 480 m. ✉ 26160

CAMPING MUNICIPAL LORETTE ★★ Tourisme 60 E. dont 60 nus, dont 6 CC.

2 ha CV. Accès direct à la rivière.. Accueil groupes. Ouvert: 28.4 / 15.9. ☎ 04 75 91 00 62. E-mail : camping-lorette@orange.fr. Web : www.campinglorette.fr. Prix 2023. Fft jour : empl. Tourisme (2) : 16 € ( ) ; sup 4,50 € ; animaux 2,50 € ; 3 € ; 4,50 €. Réduction H.S.
Lat. : 44° 31' 45" N **Long.** : 005° 01' 21" E.

LUC-EN-DIOIS

11-B4 18 km S.-E. Die. 745 m. Station verte de vacances et village de neige ✉ 26310

LES FOULONS ★★★ Tourisme 115 E. dont 94 nus 0,9 ha CV. Locations : , cabanes, roulotte, tipi. chauffée . Accès direct à la rivière. Accueil groupes. Ouvert: 15.4 / 30.9. ☎ 04 75 21 36 14. E-mail : lesfoulons.camping@gmail.com. Web : www.campinglesfoulons.com/. Réduction H.S.
Lat. : 44° 36' 54" N **Long.** : 005° 26' 47" E.

LUS-LA-CROIX-HAUTE

11-C4 46 km S.-E. Die. 1397 m. ✉ 26620

CHAMP LA CHÈVRE ★★★ Tourisme 105 E. dont 73 nus

3 ha CV. Locations : , cabanes, cosweet. Randonnée pédestre organisée. couverte chauffée . Rivière à 800 m. Accueil groupes adultes. Ouvert: 8.4 / 1.10. ☎ 04 92 58 50 14. E-mail : champlachevre@orange.fr. Web : www.campingchamplachevre.com. Prix 2023. Fft jour : empl. Tourisme (2) : 29,8 € ( )
Lat. : 44° 39' 52" N **Long.** : 005° 42' 26" E.
FFCC : avantages adhérent : 17 € du 08/04 au 08/07 et du 26/08 au 01/10 sur emp.

LA CONDAMINE ★★ Tourisme 30 E. dont 23 nus CV. Rivière à 500 m.. Accueil groupes. Ouvert: 1.12 / 31.10. ☎ 04 92 20 92 71. E-mail : camping.condamine@orange.fr. Web : www.camping-la-condamine.fr.
Lat. : 44° 40' 21" N **Long.** : 005° 42' 09" E.

LE MAUJAS NC Tourisme 15 E. 2 ha . Rivière à 1 km. Ouvert: 20.5 / 30.9. ☎ 04 92 58 50 58. E-mail : transport.bernard@wanadoo.fr. Web : www.gitesdesaiguilles.fr.
Lat. : 44° 40' 50" N **Long.** : 005° 45' 57" E.

MANTHES

11-A3 63 km N. Valence. 236 m. ✉ 26210

LES AVENIÈRES NC Tourisme 25 E. dont 25 GCC. 2 ha CV. Locations : . Accès direct à la rivière.. Ouvert: 1.5 / 18.10. ☎ 06 80 00 76 97. E-mail : stephane.soulage26@orange.fr.
Lat. : 45° 18' 23" N **Long.** : 004° 59' 17" E.

MARSANNE

11-A4 40 km S.-E. Valence. 267 m. ✉ 26740

LES BASTETS ★★★★ Tourisme 88 E. dont 48 nus

CV . Locations : . chauffée , , ; , . Accueil groupes. Ouvert: 15.4 / 25.9. ☎ 04 75 90 35 03. E-mail : contact@campinglesbastets.com. Web : www.campinglesbastets.com. Prix 2023. Fft jour : empl. Tourisme (2) : 38 € (E. GCC). Réduction H.S.
Lat. : 44° 39' 27" N **Long.** : 004° 53' 27" E.
FFCC : avantages adhérent : 18 € du 14/04 au 03/07 et du 22/08 au 25/09 sur emp.

MENGLON

11-B4 15 km S.-E. Die. 764 m. ✉ 26410

L'HIRONDELLE ★★★★ Tourisme 190 E. dont 105 nus, dont 50 CC.

11 ha . Locations : . Randonnée pédestre organisée. Espace Fitness. chauffée , . Accès direct à la rivière ; lac à 200 m. ; ; . Accueil groupes adultes. Ouvert: 24.6 / 5.9. ☎ 0 475218208. E-mail : contact@campinghirondelle.com. Web : www.campinghirondelle.com. Prix 2023. Fft jour : empl. Tourisme (2) : 42 € ( ) ; sup 13 € ; animaux 5 € ; 9 € ; 6 €. Réduction H.S.
Lat. : 44° 40' 53" N **Long.** : 005° 26' 50" E.

MEVOUILLON

11-B5 45 km S.-E. Nyons. 965 m. ✉ 26560

LE BOIS DE MADELIE . Ouvert: 1.1 / 31.12. ☎ 04 75 28 18 13. E-mail : leboisdemadelie@orange.fr, Web : sites.google.com/site/lejardindemadelie.
Lat. : 44° 13' 43" N **Long.** : 005° 30' 19" E.

MIRABEL-AUX-BARONNIES

11-B5 7 km S.-O. Nyons. 311 m. ✉ 26110

DOMAINE DES BRIDOUX P.R.L ★★★ NN 15 E.

chauffée . Accès direct à la rivière. Ouvert: 3.3 / 18.11. ☎ 04 75 27 09 27. E-mail : resabridoux@yahoo.fr. Web : www.lesbridoux.com.
Lat. : 44° 18' 27" N **Long.** : 005° 03' 56" E.
FFCC : avantages adhérent : Offre emplacements nus : Tente : 14, 50 € et Caravane ou camping-car : 15 €.

LES BRIDOUX CV. Ouvert: 1.4 / 31.10. ☎ 0 676892553 / 0 4 75 27 12 16. E-mail : info@camping-mirabel.com, Web : www.camping-mirabel.com. Prix 2023. Fft jour : empl. Tourisme (2) : 17 € (E. CC) ; sup 4,50 € ; 2,50 €. Réduction H.S.
Lat. : 44° 18' 40" N **Long.** : 005° 04' 14" E.

MIRABEL-ET-BLACONS

11-B4 31 km O. Die. 330 m. ✉ 26400

GERVANNE CAMPING ★★★★ Tourisme 174 E. dont 142 nus

3,50 ha CV . Locations : , bulle, roulotte, . Randonnée pédestre organisée. chauffée , . Accès direct à la rivière. ; . Accueil groupes. Ouvert: 1.4 / 30.9. ☎ 04 75 40 00 20. E-mail : info@gervanne-camping.com. Web : www.gervanne-camping.com. Prix 2022. Fft jour : empl. Tourisme (2) : 30,6 € ( ) ; sup 8,30 € ; animaux 4,50 € ; 6 € ; 4,80 €.
Lat. : 44° 42' 37" N **Long.** : 005° 05' 20" E.
FFCC : avantages adhérent : 23 € du 07/04 au 06/07 et du 24/08 au 29/09 sur emp.

VAL DRÔME SOLEIL ★★ Tourisme 121 E. 1,5 ha Rés. naturiste. . Ouvert: 1.4 / 30.9. ☎ 04 75 40 01 57. E-mail : camping@valdromesoleil.com. Web : www.valdromesoleil.com.
Lat. : 44° 42' 32" N **Long.** : 005° 07' 54" E.

FERME LE PETIT NID . Ouvert: 1.5 / 1.9. ☎ 04 75 40 00 70. E-mail : mathreynard@orange.fr.
Lat. : 44° 42' 04" N **Long.** : 005° 07' 23" E.

MIRMANDE

11-A4 30 km S. Valence. 324 m. ✉ 26270

LA POCHE ★★★ Tourisme Loisirs 100 E. dont 72 nus

2 ha CV . Locations : , . Randonnée pédestre organisée. chauffée , . Accueil groupes. Ouvert: 1.4 / 30.9. ☎ 04 75 63 02 88. E-mail : camping@la-poche.com. Web : www.camping-lapoche.eu. Prix 2022. Fft jour : empl. Tourisme (2) : 29,7 € (E. CC) ; sup 6,20 € ; 4,20 €. Réduction H.S.
Lat. : 44° 41' 13" N **Long.** : 004° 51' 17" E.
FFCC : avantages adhérent : 17 € du 01/04 au 08/07 et du 27/08 au 30/09 sur emp. et entre 260 € et 400 € la semaine du 01/04 au 09/07 et du 27/08 au 30/09 sur loc.

MISCON

11-B4 27 km S.-E. Dié. 943 m. ✉ 26310

CAMPING MUNICIPAL LES THIBAUDS NC Tourisme 26 E. dont 20 nus 0,3 ha CV. . Accueil groupes. Ouvert: 15.6 / 15.9. ☎ 04 75 21 30 47. E-mail : mairie.miscon2@orange.fr.
Lat. : 44° 37' 38" N **Long.** : 005° 31' 23" E.

MOLIERES-GLANDAZ

11-B4 3,5 km S.-E. Die. 576 m. ✉ 26150

AIRE NATURELLE DE BAS-VILLAGE . Ouvert: 1.5 / 1.10. ☎ 06 85 26 39 23. E-mail : celine.dalle@wanadoo.fr.
Lat. : 44° 43' 36" N **Long.** : 005° 23' 44" E.

MONTAUBAN-SUR-L'OUVEZE

11-B5 43 km S.-E. Nyons. 989 m. ✉ 26170

AU CLOCHETON CV. Ouvert: 1.5 / 30.9. ☎ 0 4 75 28 62 26 / 06 07 13 78 23. E-mail : auclocheton@wanadoo.fr, Web : www.leclocheton.fr/.
Lat. : 44° 16' 38" N **Long.** : 005° 29' 07" E.

MONTBRUN-LES-BAINS

11-B5 58 km S.-E. Nyons. 797 m. ✉ 26570

CAMPING MUNICIPAL NC Tourisme 55 E. 1,5 ha . Locations : . , . Rivière à 2 km. Ouvert: 15.3 / 15.11. ☎ 04 75 28 85 41. E-mail : camping@montbrunlesbains.com. Web : camping-lepredesarbres-.com/. Prix 2022. 4 € ; 4,80 € ; 5,10 € ; 4 € ; 1,80 € ; 4 €.
Lat. : 44° 10' 34" N **Long.** : 005° 26' 50" E.

MONTCHENU

11-A3 36 km N. Valence 376 m. ✉ 26350

LES PINS CV. Ouvert: 20.4 / 31.10. ☎ 04 75 45 63 85. E-mail : earllespins@wanadoo.fr.
Lat. : 45° 11' 08" N **Long.** : 005° 01' 19" E.

MONTCLAR-SUR-GERVANNE

11-B4 38 km O. Die. 459 m. ✉ 26400

LA VAUGELETTE ★★ Tourisme 45 E. 2,5 ha CV. Locations : , roulotte. . Accès direct à la rivière. ; . Accueil groupes adultes. Ouvert: 22.4 / 2.10. ☎ 04 75 40 04 83. E-mail : contact@campinglavaugelette.com. Web : www.campinglavaugelette.com/. Prix 2022. Fft jour : empl. Tourisme (1) : 15,22 € ( )
Lat. : 44° 44' 08" N **Long.** : 005° 07' 18" E.

MONTRIGAUD

11-B3 42 km N.-E. Valence. 479 m. ✉ 26350

LA GRIVELIERE ★★★★ Tourisme 59 E. dont 38 nus CV. Locations : roulotte. Randonnée pédestre organisée. chauffée. Accès direct à la rivière ; étang et lac à 5 km. Accueil groupes. Ouvert: 1.4 / 30.9. ☎ 04 75 71 70 71. E-mail : courrier@lagriveliere.com. Web : www.camping-lagriveliere.com. Réduction H.S.
Lat. : 44° 13′ 18″ N **Long.** : 005° 10′ 02″ E.
FFCC : avantages adhérent : 17 € du 01/04 au 01/07 et du 28/08 au 30/09 sur emp. et entre 299 € et 489 € la semaine du 01/04 au 01/07 et du 28/08 au 30/09 sur loc.

MORNANS

11-B4 60 km S.-O. Die. 602 m. ✉ 26460

GRANGE NEUVE CV. Ouvert: 1.4 / 30.9. ☎ 06 79 40 26 89. E-mail : info@campingmornans.com, Web : www.campingmornans.com. Prix 2023. 8 € nuit ; 5 € nuit ; 3 € nuit.
Lat. : 44° 36′ 26″ N **Long.** : 005° 07′ 51″ E.

NYONS

11-B5 96 km S.-E. Valence. 388 m. ✉ 26110

LES CLOS ★★★★ Tourisme 115 E. dont 81 nus CV. Locations : . chauffée. Accès direct à la rivière. Ouvert: 29.4 / 24.9. ☎ 04 75 26 29 90. E-mail : info@campinglesclos.com. Web : www.campinglesclos.com. Prix 2022. Fft jour : empl. Tourisme (2) : 32,9 € () ; sup 7,90 € ; animaux 2,50 € ; 5,90 €. Réduction H.S.
Lat. : 44° 21′ 54″ N **Long.** : 005° 09′ 13″ E.

PARNANS

11-B3 29 km N.-E. Valence. 287 m. ✉ 26750

LE REPLAT NC Tourisme 20 E. dont 10 nus 0,5 ha CV. Locations : . Rivière à 1 km. Accueil groupes. Ouvert: 1.5 / 30.9. ☎ 06 32 21 28 05. E-mail : michon.estelle@orange.fr. Web : camping-le-replat.lyl.website/.
Lat. : 45° 07′ 28″ N **Long.** : 005° 09′ 46″ E.

PENNES-LE-SEC

11-B4 33 km S.-O. Die 710 m. ✉ 26340

AUBERGE LE DOMANIAL. ☎ 04 75 21 79 19. E-mail : aubergepenneslesec@gmail.com, Web : www.auberge-penneslesec.fr.
Lat. : 44° 38′ 14″ N **Long.** : 005° 19′ 01″ E.

PIEGROS-LA-CLASTRE

11-B4 31 km S.-O. Dié. 373 m. ✉ 26400

LES CHAMBERTS ★★★ Tourisme 53 E. 1 ha. Accès direct à la rivière. Ouvert: 30.4 / 18.9. ☎ 04 75 80 63 90. E-mail : contact@leschamberts.com. Web : www.leschamberts.com.
Lat. : 44° 41′ 50″ N **Long.** : 005° 07′ 04″ E.

LES TROIS BECS ★★ Tourisme 42 E. 0,9 ha. Rivière à 20 m. ; Accueil groupes. Ouvert: 1.4 / 30.10. ☎ 04 75 40 03 77. E-mail : welcome@camping-des-3-becs.com. Web : www.camping-des-3-becs.com.
Lat. : 44° 42′ 15″ N **Long.** : 005° 06′ 31″ E.

LES COMBOS ★ Tourisme 16 E. dont 9 nus. Locations : . Accès direct à la rivière. Ouvert: 7.4 / 12.11. ☎ 0 6 12 23 69 81. E-mail : campingdescombos@gmail.com. Web : campingdescombos.com/fr. Prix 2023. empl. Tourisme : 10 € ; 7 € ; animaux 1 € ; 4 € ; 4,50 €.
Lat. : 44° 41′ 36″ N **Long.** : 005° 07′ 40″ E.

PIERRELONGUE

11-B5 24 km S.-E. Nyons. 441 m. ✉ 26170

LES CASTORS ★★★ Tourisme 50 E. dont 37 nus 1 ha CV. Locations : tonneau. Accès direct à la rivière. ; Accueil groupes adultes. Ouvert: 1.4 / 30.9. ☎ 04 75 28 74 67. E-mail : campinglescastors@orange.fr. Web : www.campinglescastors.com. Réduction H.S.
Lat. : 44° 14′ 35″ N **Long.** : 005° 12′ 39″ E.
FFCC : avantages adhérent : 20 € du 01/04 au 01/07 et du 01/09 au 01/10 sur emp.

POMMEROL

11-B5 49 km S.-E. Nyons. 1076 m. ✉ 26470

AIRE NATURELLE LA FERME DE POMMEROL CV. Ouvert: 1.4 / 30.10. ☎ 04 75 27 25 63. E-mail : pommerol.camping@wanadoo.fr, Web : www.fermedepommerol.com.
Lat. : 44° 26′ 45″ N **Long.** : 005° 27′ 30″ E.

PONT-DE-BARRET

11-B4 52 km S.-E. Valence. 333 m. ✉ 26160

CAMPING MUNICIPAL LE PARC NC Tourisme 33 E. Accès direct à la rivière. Accueil groupes. Ouvert: 1.5 / 30.9. ☎ 04 75 90 47 64. E-mail : commune.pontdebarret@wanadoo.fr.
Lat. : 44° 36′ 16″ N **Long.** : 005° 00′ 47″ E.

PONTAIX

11-B4 10 km O. Die. 529 m. ✉ 26150

LA CONDAMINE CV. Ouvert: 15.4 / 15.10. ☎ 04 75 21 08 19. E-mail : gilbert.archinard@sfr.fr. Réduction H.S.
Lat. : 44° 45′ 51″ N **Long.** : 005° 16′ 25″ E.

PRADELLE

11-B4 33 km S.-O. Die 695 m. ✉ 26340

LE MOULIN CV. Ouvert: 15.4 / 15.10. ☎ 04 75 21 69 96. E-mail : lemoulin.accueil@orange.fr, Web : www.relaislemoulin.com. Prix 2022. Fft jour : empl. Tourisme (2) : 24 € () ; sup 8 € ; animaux 3 € ; 5 € ; 3,50 €.
Lat. : 44° 36′ 16″ N **Long.** : 005° 17′ 16″ E.
FFCC : avantages adhérent : 22 € du 01/04 au 15/06 et du 15/09 au 31/10 sur emp.

REAUVILLE

11-A5 33 km N.-O. Nyons 254 m. ✉ 26230

LE MAS DU PANTAI NC 3 E. CV. Locations : . chauffée, . Rivière à 2 km. Accueil groupes adultes. Ouvert: 4.1 / 14.11. ☎ 04 75 98 51 10. E-mail : sergio.chiorino@wanadoo.fr. Web : www.domainedepantai.com. Réduction H.S.
Lat. : 44° 26′ 17″ N **Long.** : 004° 50′ 47″ E.

RECOUBEAU-JANSAC

11-B4 13 km S.-E. Dié. 625 m. ✉ 26310

LE COURIOU ★★★★ Tourisme 129 E. dont 75 nus CV. Locations : . Randonnée pédestre organisée. chauffée. Rivière à 1 km ; lac à 5 km. ; Accueil groupes. Ouvert: 30.4 / 3.10. ☎ 04 85 88 01 38. E-mail : contact@lecouriou.fr. Web : www.lecouriou.fr. Réduction H.S.
Lat. : 44° 39′ 33″ N **Long.** : 005° 24′ 27″ E.
FFCC : avantages adhérent : 15 € du 29/04 au 07/07 et du 26/08 au 01/10 sur emp.

CAMPING MUNICIPAL LES ÉCUREUILS ★ Tourisme 32 E. dont 19 nus 0,9 ha CV. Locations : , bulle, cabanes. Rivière à 800 m. Accueil groupes. Ouvert: 1.4 / 31.10. ☎ 06 48 93 14 35. E-mail : campingdesecureuils26@gmail.com. Web : camping-recoubeau.com. Prix 2023. empl. Tourisme : 5,40 € ; 5 € ; animaux 2 € ; 4 € ; 4 €. Réduction H.S.
Lat. : 44° 39′ 09″ N **Long.** : 005° 24′ 45″ E.

REMUZAT

11-B5 27 km N.-E. Nyons. 659 m. ✉ 26510

CAMPING MUNICIPAL NC Tourisme 39 E. 0,4 ha CV. Rivière à 600 m ; lac à 5 km.. Ouvert: 30.5 / 15.9. ☎ 04 75 27 81 43. E-mail : camping.mairie@orange.fr.
Lat. : 44° 24′ 42″ N **Long.** : 005° 21′ 09″ E.

ROCHEFORT-SAMSON

11-B3 25 km E. Valence. 528 m. ✉ 26300

LA COMBE D'OYANS ★★★ Tourisme 43 E. dont 38 nus 2 ha CV. Locations : , bivouac. Accueil groupes. Ouvert: 15.4 / 15.10. ☎ 04 75 47 33 23. E-mail : lacombedoyans@gmail.com. Web : www.lacombedoyans.com. Réduction H.S.
Lat. : 44° 58′ 46″ N **Long.** : 005° 09′ 49″ E.

ROMEYER

11-B4 5 km N.-E. Die 1019 m. ✉ 26150

LES GITES FIALOUX NC 6 E. ☎ 04 75 22 25 91. E-mail : infos@gites-fialoux-en-vercors.fr.
Lat. : 44° 46′ 27″ N **Long.** : 005° 24′ 36″ E.

ROYNAC

11-A4 53 km S. Valence. 255 m. ✉ 26450

LES CHEVRIÈRES. Ouvert: 15.4 / 30.9. ☎ 04 75 90 11 18. E-mail : guides@campingfrance.com.
Lat. : 44° 38′ 12″ N **Long.** : 004° 56′ 54″ E.

SAHUNE

11-B5 14 km N.-E. Nyons. 543 m. ✉ 26510

LES RAMIÈRES ★★★★ Tourisme 130 E. dont 21 nus 8 ha 7 h / 23 h, CV. Locations : . chauffée. Rivière à 50 m. ; Accueil groupes. Ouvert: 28.4 / 10.9. ☎ 04 75 27 40 45. E-mail : contact@lesramieres.com. Web : www.lesramieres.com. Réduction H.S.
Lat. : 44° 23′ 58″ N **Long.** : 005° 15′ 00″ E.
FFCC : avantages adhérent : 10% du 28/04 au 30/06 et du 01/09 au 10/0910% du 28/04 au 30/06 et du 01/09 au 10/09 sur emp. et loc. + Rendez-vous dans votre club avantages FFCC pour obtenir le code promotionnel et réserver !.

LA VALLÉE BLEUE ★★ Tourisme 60 E. dont 52 nus 3 ha. Locations : . chauffée. Accès direct à la rivière. Ouvert: 1.4 / 30.9. ☎ 04 75 27 44 42. E-mail : welcome@lavalleebleue.com. Web : www.lavalleebleue.com. Prix 2022. empl. Tourisme : 11 € ; 8 € ; animaux 2,50 € ; 6 € ; 4 €. Réduction H.S.
Lat. : 44° 24′ 41″ N **Long.** : 005° 15′ 41″ E.

CAMPING MUNICIPAL LES OLIVIERS NC Tourisme 32 E. dont 32 nus. Accès direct à la rivière. Ouvert: 1.6 / 31.8. ☎ 04 75 27 40 40. E-mail : mairie.sahune@wanadoo.fr.
Lat. : 44° 25′ 01″ N **Long.** : 005° 16′ 22″ E.

SAILLANS

11-B4 22 km S.-O. Die. 389 m. ✉ 26340

LES CHAPELAINS ★★★ Tourisme 49 E. CV. Locations : cocosweet. Randonnée pédestre organisée. Accès direct à la rivière. ; Accueil groupes. Ouvert: 10.4 / 27.9. ☎ 04 75 21 55 47. E-mail : bonjour@chapelains.com. Web : www.chapelains.com.
Lat. : 44° 41′ 44″ N **Long.** : 005° 10′ 53″ E.
FFCC : avantages adhérent : 17 € du 14/04 au 07/07 et du 25/08 au 16/09 sur emp.

SAINT-AGNAN-EN-VERCORS

11-B3 34 km N. Die. 1275 m. Village de neige ✉ 26420

CAMPING MUNICIPAL SAINT-AGNAN NC Tourisme 30 E. 0,35 ha .. Ouvert: 15.6 / 15.9. ☎ 04 75 48 20 67. E-mail : mairie.saint.agnan.vercors@wanadoo.fr.
Lat. : 44° 56' 30" N **Long.** : 005° 25' 50" E.

SAINT-AVIT

11-A3 38 km N. Valence. 302 m. ✉ 26330

DOMAINE LA GARENNE ★★★★ Tourisme 123 E. dont 60 nus 8 ha CV . Locations : . chauffée . Rivière à 1 km. Accueil groupes adultes. Ouvert: 20.4 / 30.9. ☎ 04 75 68 62 26. E-mail : contact@domaine-la-garenne.com. Web : www.domaine-la-garenne.com. Réduction H.S.
Lat. : 45° 12' 07" N **Long.** : 004° 57' 24" E.

SAINT-DONAT-SUR-L'HERBASSE

11-A3 26 km N.-N.-E. Valence-sur-Rhone. 261 m. ✉ 26260

LES ULEZES ★★★★ Tourisme 85 E. dont 70 nus, dont 66 CC - 66 GCC. CV . , . Rivière à 100 m ; lac à 2 km. ; . Ouvert: 1.4 / 30.10. ☎ 04 75 47 83 20. E-mail : contact@domaine-des-ulezes.com. Web : www.camping-des-ulezes.fr. Réduction H.S.
Lat. : 45° 07' 09" N **Long.** : 004° 59' 34" E.

LAC DE CHAMPOS ★★★ Tourisme 98 E. dont 75 nus 1 ha CV . A 10 km : . Locations : . Randonnée pédestre organisée. , . Accès direct aux bords du lac et à la rivière. ; ; ; . Accueil groupes. Ouvert: 22.4 / 3.9. ☎ 04 75 45 17 81. E-mail : contact@lacdechampos.com. Web : www.lacdechampos.com. Réduction H.S.
Lat. : 45° 08' 03" N **Long.** : 005° 00' 18" E.
FFCC : avantages adhérent : 16 € du 15/04 au 01/07 et du 26/08 au 03/09 sur emp.

SAINT-FERREOL-TRENTE-PAS

11-B5 12 km N.-E. Nyons. 643 m. ✉ 26110

LE PILAT ★★★ Tourisme 90 E. dont 67 nus CV . Locations : . Randonnée pédestre organisée. Espace Fitness. chauffée , , . Accès direct à la rivière. ; . Accueil groupes adultes. Ouvert: 1.4 / 30.9. ☎ 04 75 27 72 09. E-mail : info@campinglepilat.com. Web : www.campinglepilat.com. Réduction H.S.
Lat. : 44° 26' 04" N **Long.** : 005° 12' 44" E.

LE TRENTE PAS ★★ Tourisme 75 E. 1 ha . Locations : . Randonnée pédestre organisée. , . . Ouvert: 1.5 / 31.8. ☎ 04 75 27 70 69. E-mail : sylvie.barbanson@orange.fr. Web : www.campingtrentepas.com. Réduction H.S.
Lat. : 44° 25' 34" N **Long.** : 005° 13' 06" E.

SAINT-JEAN-EN-ROYANS

11-B3 44 km E. Valence. 577 m. ✉ 26190

CAMPING GCU - ST JEAN EN ROYANS ★ Tourisme 95 E. . , . . Ouvert: 28.6 / 28.9. ☎ 04 75 47 76 17. E-mail : gcu@gcu.asso.fr. Web : www.gcu.asso.fr.
Lat. : 45° 01' 50" N **Long.** : 005° 17' 51" E.

LES BORDS DE LYONNE NC Tourisme 140 E. dont 54 nus 1,5 ha CV . Locations : . Rivière à 50 m ; étang à 1 km. Ouvert: 11.4 / 11.10. ☎ 04 75 47 74 60. E-mail : camping.stjeanenroyans@orange.fr. Web : www.camping-saintjeanenroyans.com.
Lat. : 45° 00' 47" N **Long.** : 005° 17' 13" E.

SAINT-MARTIN-EN-VERCORS

11-B3 46 km N. Die. 1056 m. Village de neige ✉ 26420

LA PORTE SAINT-MARTIN ★★ Tourisme 65 E. dont 59 nus 1,5 ha CV. Locations : . chauffée . Ouvert: 1.5 / 30.9. ☎ 04 75 45 51 10. E-mail : infos@camping-laportestmartin.com. Web : www.camping-laportestmartin.com. Réduction H.S.
Lat. : 45° 01' 27" N **Long.** : 005° 26' 34" E.

AIRE NATURELLE LES MOREAUX CV . Ouvert: 1.4 / 15.10. ☎ 06 63 79 31 43. E-mail : lionel.dusserre@gmail.com.
Lat. : 45° 00' 14" N **Long.** : 005° 26' 50" E.

SAINT-MAURICE-SUR-EYGUES

11-B5 12 km S.-O. Nyons. 246 m. ✉ 26110

CAMPING MUNICIPAL ★★ Tourisme 48 E. 1,2 ha . . Rivière à 500 m. Ouvert: 22.5 / 21.8. ☎ 04 75 27 66 62. E-mail : mairie.stmaurice.eygues@orange.fr. Web : www.ladrometourisme.com.
Lat. : 44° 17' 57" N **Long.** : 005° 00' 41" E.

SAINT-NAZAIRE-EN-ROYANS

11-B3 36 km N.-E. Valence. 284 m. ✉ 26190

LES EAUX CLAIRES NC Tourisme 50 E. 2 ha . . Accès direct aux bords du lac. . Ouvert: 1.1 / 31.12. ☎ 04 75 48 41 10. E-mail : secretariat@mairie-st-nazaire-en-royans.fr.
Lat. : 45° 03' 31" N **Long.** : 005° 15' 19" E.

CÔTÉ VERCORS NC Tourisme 74 E. dont 66 nus CV . Locations : , caravane, . , . Accès direct à la rivière.. Accueil groupes. Ouvert: 1.4 / 23.10. ☎ 06 02 35 66 20. E-mail : campingcoteverc ors@outlook.fr. Web : www.camping-cote-vercors.com. Prix 2022. Fft jour : empl. Tourisme (2) : 25,5 € (E. CC)
Lat. : 45° 03' 33" N **Long.** : 005° 15' 13" E.

SAINT-NAZAIRE-LE-DESERT

11-B4 38 km S.-O. Die. 792 m. ✉ 26340

CAMPING MUNICIPAL NC 52 E. 1,5 ha . Locations : . . Rivière à 200 m. . Accueil groupes adultes. Ouvert: 15.4 / 30.9. ☎ 04 75 26 42 99. E-mail : campingstnazaire@gmail.com. Web : www.camping-stnazaire.fr.
Lat. : 44° 34' 10" N **Long.** : 005° 16' 27" E.

SAINT-PAUL-TROIS-CHATEAUX

11-A5 30 km O. Nyons. 88 m. ✉ 26130

LA COLLINE ★★★ Tourisme 50 E. dont 15 nus 1 ha CV . Locations : , cabanes. Randonnée pédestre organisée. chauffée . Ouvert: 1.1 / 31.12. ☎ 04 75 49 90 40. E-mail : campingdelacolline@orange.fr. Web : campingdelacolline.com. Prix 2023. Fft jour : empl. Tourisme (2) : 23 € ( ) ; sup 7 € nuit ; animaux 3 € nuit ; 4 € nuit ; 5 € nuit.
Lat. : 44° 20' 29" N **Long.** : 004° 45' 58" E.

SAINT-RAMBERT-D'ALBON

11-A3 45 km N. Valence. 164 m. ✉ 26140

BOIS & TOILÉS ★★★ Tourisme 90 E. 2,5 ha CV . Locations : , , bivouac. , . Accès direct à l'étang et à la rivière.. Accueil groupes. Ouvert: 1.4 / 31.10. ☎ 04 75 31 01 87. E-mail : boisettoiles@gmail.com. Web : www.bois-et-toiles.com. Réduction H.S.
Lat. : 45° 17' 60" N **Long.** : 004° 48' 25" E.

SAINT-SAUVEUR-EN-DIOIS

11-B4 28 km S.-O. Die. 547 m. ✉ 26340

AIRE NATURELLE CV. Ouvert: 15.6 / 31.8. ☎ 04 75 21 52 40. E-mail : camping.la.motte@gmail.com, Web : www.camping-la-motte.com.
Lat. : 44° 40' 19" N **Long.** : 005° 10' 51" E.

SAINT-THOMAS-EN-ROYANS

11-B3 40 km N.-E. Valence. 236 m. ✉ 26190

LE PONT DE MANNE NC Loisirs 100 E. dont 100 nus 4 ha CV . Locations : . , . Accès direct à la rivière. . Accueil groupes. Ouvert: 1.3 / 31.10. ☎ 04 75 48 42 47. E-mail : info.campingpdm@wanadoo.fr. Web : www.campingdupontdemanne.com. Réduction H.S.
Lat. : 45° 03' 30" N **Long.** : 005° 16' 60" E.

SAINT-VALLIER

11-A3 32 km N.-O. Valence. 191 m. ✉ 26240

CAMPING MUNICIPAL LES ISLES DE SILON ★★★ Tourisme 81 E. CV. couverte , . Accès direct à la rivière ; lac à 5 km. . Accueil groupes. Ouvert: 15.3 / 15.11. ☎ 04 75 23 22 17. E-mail : camping.saintvallier@orange.fr. Web : www.saintvallier.fr/decouvrir/camping.
Lat. : 45° 11' 16" N **Long.** : 004° 48' 45" E.

SAINTE-JALLE

11-B5 18 km E. Nyons. 544 m. ✉ 26110

CAMPING MUNICIPAL LES CIGALES NC Tourisme 33 E. 0,5 ha CV. . Rivière à 50 m. . Ouvert: 1.5 / 30.9. ☎ 04 75 27 34 88. E-mail : camping@sainte-jalle.fr. Web : www.camping.sainte-jalle.fr/.
Lat. : 44° 20' 41" N **Long.** : 005° 16' 59" E.

SAOU

11-B4 47 km S.-O. Die. 631 m. Station verte de vacances et village de neige ✉ 26400

LA GRAVILLE NC Tourisme 40 E. CV . . Accès direct à la rivière.. Accueil groupes. Ouvert: 1.4 / 31.10. ☎ 04 75 56 82 51. E-mail : contact@camping-saou.fr. Web : www.camping-saou.fr.
Lat. : 44° 38' 59" N **Long.** : 005° 04' 41" E.

LA BRIANCE CV . Ouvert: 1.4 / 30.9. ☎ 06 27 38 70 55. Web : www.labriance.com.
Lat. : 44° 38' 50" N **Long.** : 005° 03' 34" E.

SAULCE-SUR-RHONE

11-A4 27 km S.-O. Valence. 99 m. ✉ 26270

LE VERONNE CV . Ouvert: 15.4 / 15.10. ☎ 04 75 63 01 70. E-mail : campingleveronne@wanadoo.fr, Web : www.campingleveronne.com. Réduction H.S.
Lat. : 44° 40' 31" N **Long.** : 004° 48' 16" E.

SEDERON

11-B5 55 km S.-E. Nyons. 942 m. ✉ 26560

CAMPING MUNICIPAL LES BIAUX NC Tourisme 26 E. . Locations : . Accès direct à la rivière. Ouvert: 1.5 / 31.8. ☎ 04 75 28 50 95. E-mail : mairie.sederon@orange.fr.
Lat. : 44° 12' 06" N **Long.** : 005° 32' 20" E.

SOYANS

11-B4 53 km S.-O. Die. 381 m. ✉ 26400

LES LAVANDES CV. Ouvert: 1.6 / 15.9. ☎ 04 75 76 04 09. E-mail : guides@campingfrance.com, Web : campingdrome.ifrance.com.
Lat. : 44° 37' 51" N **Long.** : 005° 00' 23" E.

SUZE-LA-ROUSSE

11-A5 26 km S.-O. Nyons. 100 m. ✉ 26790

SUZE LUXE NATURE ★★★★ Tourisme 32 E. dont 13 nus, dont 10 GCC. 0,82 ha 24 h / 24, CV . Locations : , cabanes, tipi. , . Accès direct à la rivière. . Accueil groupes adultes. Ouvert: 20.3 / 14.11. ☎ 04 26 34 18 02. E-mail : contact@suzeluxenature.com. Web : www.suzeluxenature.com. Prix 2023. Fft nuit : empl. Tourisme (2) : 35 € ( ) ; sup 7 € nuit ; animaux 5 € nuit ; 5 € nuit. Réduction H.S.
Lat. : 44° 17' 30" N **Long.** : 004° 50' 23" E.

TAIN-L'HERMITAGE

11-A3 18 km N.-N.-O. Valence. 139 m. ✉ 26600

CAMPING MUNICIPAL LES LUCS ★★★ Tourisme 50 E. dont 50 nus, dont 45 CC. 0,8 ha CV . A 1 km : Locations : . , . Rivière à 20 m.. Accueil groupes. Ouvert: 15.2 / 15.11. ☎ 04 75 08 32 82. E-mail : camping.tainlhermitage@orange.fr. Web : www.camping-tain.fr. Prix 2022. Fft nuit : empl. Tourisme (2) : 23,9 € (E. CC) ; sup 4 € nuit ; animaux 2 € nuit ; 2,10 € nuit. Réduction H.S.
Lat. : 45° 04' 00" N **Long.** : 004° 51' 01" E.

TULETTE
11-A5 18 km S.-O. Nyons. 148 m. ✉ 26790

CAMPING MUNICIPAL ★★★ Tourisme 28 E. dont 28 nus CV. Accueil groupes. Ouvert: 15.4 / 15.10. ☎ 0 6 81 59 19 33. E-mail : campingmunicipal.tulette@orange.fr. Web : www.tulette.fr/camping-municipal.php. Réduction H.S.
Lat. : 44° 17' 14" N **Long.** : 004° 55' 58" E.

LES RIVES DE L'AYGUES ★★★ Tourisme 98 E. dont 89 nus 3,5 ha CV. Locations : chauffée , . Accès direct à la rivière ; étang à 500 m. Ouvert: 30.4 / 2.10. ☎ 04 75 98 37 50. E-mail : contact@lesrivesdelaygues.com. Web : www.lesrivesdelaygues.com. Prix 2022. Fft jour : empl. Tourisme (2) : 23,9 € () ; sup 6,20 € ; animaux 3 € ; 4,20 € ; 5 €. Réduction H.S.
Lat. : 44° 15' 53" N **Long.** : 004° 55' 58" E.

VALAURIE
11-A5 28 km N.-O. Nyons. 147 m. ✉ 26230

DOMAINE LES VILLAS DE VALAURIE NC 6 E. CV. Ouvert: 1.1 / 31.12. ☎ 0 672260194. E-mail : contact@lesvillasdevalaurie.fr. Web : www.lesvillasdevalaurie. Réduction H.S.
Lat. : 44° 25' 44" N **Long.** : 004° 49' 15" E.

VALDROME
11-C4 36 km S.-E. Die. 1112 m. ✉ 26310

CAMPING MUNICIPAL DU MOULIN NC Tourisme 18 E. 0,2 ha CV. A 200 m : . Locations : . Randonnée pédestre organisée. , . Accès direct à la rivière. Accueil groupes. Ouvert: 1.5 / 30.9. ☎ 0 6 26 87 36 93. E-mail : infos@ot-valdrome.com. Web : www.ot-valdrome.com. Prix 2022. 3 € ; 4 € ; 4 € ; 2 € ; 1,50 € ; 2,50 € ; 1,50 €.
Lat. : 44° 30' 18" N **Long.** : 005° 34' 31" E.

VASSIEUX-EN-VERCORS
11-B3 30 km N. Die. 1198 m. Village de neige ✉ 26420

AIRE NATURELLE LES PINS CV. Ouvert: 1.5 / 30.9. ☎ 0 6 65 19 95 38. E-mail : lespinsvassieux@gmail.com, Web : lespins-vassieux-en-vercors.e-monsite.com. Prix 2022. 5,65 € ; 5,65 € ; 3,05 € ; 3,05 € ; 2,55 € ; animaux 1,05 € ; 3,05 € ; 4 €.
Lat. : 44° 52' 44" N **Long.** : 005° 22' 39" E.

M. JULIEN . ☎ 04 75 48 29 48. E-mail : basenaturevercors@gmail.com.
Lat. : 44° 53' 41" N **Long.** : 005° 22' 18" E.

VENTEROL
11-B5 5 km N.-O. Nyons. 560 m. ✉ 26110

LES TERRASSES PROVENCALES ★★★★ Tourisme 70 E. dont 51 nus 2,5 ha CV. Locations : , . chauffée . Rivière à 3 km. Ouvert: 3.4 / 30.9. ☎ 04 75 27 92 36. E-mail : lesterrassesprovencales@gmail.com. Web : www.lesterrassesprovencales.com.
Lat. : 44° 24' 31" N **Long.** : 005° 04' 49" E.

VERCHENY
11-B4 16 km S.-O. Die. 490 m. ✉ 26340

LES ACACIAS ★★★ Tourisme 90 E. 3 ha CV. Locations : . Accès direct à la rivière. ; . Accueil groupes. Ouvert: 1.4 / 30.9. ☎ 04 75 21 72 51. E-mail : infos@campinglesacacias.com. Web : www.campinglesacacias.com. Réduction H.S.
Lat. : 44° 41' 44" N **Long.** : 005° 14' 29" E.

LES TUILLERES ★★★ Loisirs 99 E. 4,8 ha . Locations : . Accès direct à la rivière. ; ; . Ouvert: 1.4 / 30.9. ☎ 04 75 21 18 86. E-mail : contact@tuilleres.com. Web : www.tuilleres.com. Réduction H.S.
Lat. : 44° 42' 58" N **Long.** : 005° 15' 53" E.

CAMPING MUNICIPAL LE PONT DE LA DROME NC Tourisme 40 E. 0,5 ha . Accès direct à la rivière. ; . Ouvert: 1.5 / 30.9. ☎ 0 0646003068. E-mail : communedevercheny26@orange.fr.
Lat. : 44° 41' 54" N **Long.** : 005° 15' 34" E.

M. MONGE . Ouvert: 1.5 / 30.10. ☎ 04 75 21 74 93. E-mail : emonge@wanadoo.fr.
Lat. : 44° 42' 51" N **Long.** : 005° 15' 49" E.

VERCLAUSE
11-B5 35 km E. Nyons. 818 m. ✉ 26510

AIRE NATURELLE LE GESSY
FFCC CV. A 5 km : . Ouvert: 1.6 / 30.9. ☎ 07 69 69 00 71. E-mail : contact@camping-legessy.com, Web : www.camping-legessy.com.
Lat. : 44° 23' 04" N **Long.** : 005° 25' 32" E.
FFCC : avantages adhérent : 10% du 28/04 au 30/06 et du 01/09 au 10/0910% du 28/04 au 30/06 et du 01/09 au 10/09 sur emp. et loc. + Rendez-vous dans votre club avantages FFCC pour obtenir le code promotionnel et réserver !.

VESC
11-B4 51 km S.-E. Valence. 793 m. ✉ 26220

LE MATIN CALME ★★★ Tourisme 29 E. dont 19 nus CV. Locations : . Accueil groupes. Ouvert: 1.4 / 15.10. ☎ 04 75 91 23 35. E-mail : campinglematincalme26@hotmail.com. Web : www.campinglematincalme.com. Réduction H.S.
Lat. : 44° 31' 20" N **Long.** : 005° 09' 08" E.

VINSOBRES
11-B5 5 km S.-O. Nyons. 327 m. ✉ 26110

LE SAGITTAIRE ★★★★★ Tourisme 297 E. dont 29 nus 9 ha CV. Locations : , roulotte. couverte chauffée , ; ; . Ouvert: 4.4 / 4.10. ☎ 04 75 27 00 00. E-mail : sagittaire@capfun.com. Web : www.capfun.com/. Réduction H.S.
Lat. : 44° 19' 40" N **Long.** : 005° 04' 56" E.

CAMPING MUNICIPAL VINSOBRES ★★ Tourisme 65 E. 1,9 ha . Locations : . Accueil groupes. Ouvert: 16.4 / 2.10. ☎ 04 75 27 61 65. E-mail : camping.vinsobres@gmail.com. Web : www.campingdevinsobres.fr. Prix 2022. Fft nuit : empl. Tourisme (2) : 14 € () ; sup 4,50 € nuit ; animaux 1,50 € nuit ; 3,50 € nuit ; 4,50 € nuit.
Lat. : 44° 19' 47" N **Long.** : 005° 03' 54" E.

EURE 27

Cartes 1-2-3

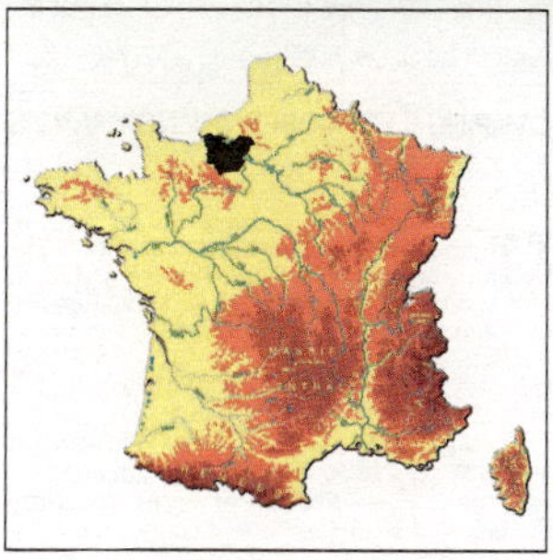

BERNIERES-SUR-SEINE
3-A2 8 km O. Les Andelys. 13 m. ✉ 27700

PARC RESIDENTIEL DE CHATEAU GAILLARD ★★★★ Loisirs 242 E. 15 ha visiteur, CV. Locations : . chauffée . Rivière à 200 m ; étang à 500 m. Accueil groupes. Ouvert: 17.2 / 2.12. ☎ 02 32 54 18 20. E-mail : le-valembert.sa@wanadoo.fr. Web : www.caravaningchateaugaillard.com13.
Lat. : 49° 13' 41" N **Long.** : 001° 19' 52" E.

BOUAFLES
3-A2 5 km S. Les Andelys. 63 m. ✉ 27700

CHÂTEAU DE BOUAFLES ★★★★ Loisirs 191 E. dont 27 nus CV. Locations : , cocosweet. , , . Accès direct à la rivière ; étang à 500 m. Ouvert: 15.1 / 15.12. ☎ 02 32 54 03 15. E-mail : chateaudebouafles@gmail.com. Web : www.chateaudebouafles.com. Prix 2022. empl. Tourisme : 8 € ; 8 € ; animaux 2 € ; 5 € ; 5 €.
Lat. : 49° 12' 47" N **Long.** : 001° 23' 17" E.

BOURG-ACHARD

2-F2 44km N.-E. Bernay. 125 m. ✉ 27310

LE CLOS NORMAND ★★★ Tourisme 67 E. dont 60 nus CV. Randonnée pédestre organisée. chauffée. Accueil groupes. Ouvert: 15.3 / 15.10. ☎ 02 32 56 34 84. E-mail : contact@leclosnormand-camping.com. Web : www.leclosnormand-camping.fr. Réduction H.S.
Lat. : 49° 21' 11" N **Long.** : 000° 48' 22" E.

BRETEUIL

2-F3 28 km S.-O. Evreux. 181 m. Station verte de vacances et village de neige ✉ 27160

LES BERGES DE L'ITON ★★★ Tourisme 57 E. dont 41 nus
1 ha CV. Locations : . couverte , . Accès direct à l'étang et à la rivière.. Accueil groupes. Ouvert: 1.4 / 27.9. ☎ 02 32 62 70 35. E-mail : campinglesberges-de-liton@orange.fr. Web : www.campinglesbergesdeliton.com. Prix 2022. Fft jour : empl. Tourisme (2) : 18,2 € ( ) ; sup 5,20 € ; animaux 1,70 € ; 4,50 €. Réduction H.S.
Lat. : 48° 49' 54" N **Long.** : 000° 54' 46" E.
FFCC : avantages adhérent : 20 € du 01/04 au 30/06 et du 01/09 au 02/10 sur emp.

BRIONNE

2-F2 15 km N.-E. Bernay. 84 m. ✉ 27800

CAMPING MUNICIPAL LA VALLÉE NC Tourisme 60 E. 1,5 ha CV . Lac et rivière à 1 km.. Accueil groupes. Ouvert: 14.6 / 30.9. ☎ 02 32 44 80 35. E-mail : secretariat.mairie-brionne@orange.fr. Web : www.ville-brionne.fr. Prix 2022. Fft jour : empl. Tourisme (2) : 8,9 € ( ) ; sup 2,45 € ; 1,50 € ; 3,45 €.
Lat. : 49° 12' 10" N **Long.** : 000° 42' 54" E.

CONTEVILLE

2-E2 38 km N.-O. Bernay 32 m. ✉ 27210

LES BRUYÈRES ★★ Tourisme 54 E. dont 43 nus . Rivière à 3 km. Ouvert: 1.4 / 1.10. ☎ 02 32 56 08 80. E-mail : sarlmfd@orange.fr. Web : www.campinglesbruyeres.com. Prix 2022. Fft jour : empl. Tourisme (2) : 20 € ( ) ; sup 4,50 € ; 3,50 €.
Lat. : 49° 24' 19" N **Long.** : 000° 22' 51" E.

CRIQUEBEUF-SUR-SEINE

2-F2 32 km O. Les Andelys. 35 m. ✉ 27340

LES RIVES DE L'EURE NC Loisirs 20 E. ☎ 02 35 78 65 33.
Lat. : 49° 18' 20" N **Long.** : 001° 05' 59" E.

DANGU

3-A2 22 km E. Les Andelys. 78 m. ✉ 27720

CARAVANING MUNICIPAL ★★★ Loisirs 118 E. CV , . Accès direct à l'étang et à la rivière.. Accueil groupes. Ouvert: 24.3 / 23.10. ☎ 02 32 55 43 42. E-mail : etangcampingdangu@orange.fr. Web : www.campingdelaulnaie-dangu.com.
Lat. : 49° 15' 30" N **Long.** : 001° 41' 55" E.

EZY-SUR-EURE

3-A3 32 km S.-E. Evreux 99 m. ✉ 27530

CAMPING MUNICIPAL LES TRILLOTS NC 80 E. 1 ha . Accès direct à la rivière.. Accueil groupes. Ouvert: 1.3 / 15.11. ☎ 02 37 64 73 21. E-mail : mairie@villeezysureure.fr.
Lat. : 48° 51' 43" N **Long.** : 001° 24' 35" E.

FIQUEFLEUR-EQUAINVILLE

2-E2 5 km S.-E. Honfleur. 67 m. ✉ 27210

DOMAINE DE LA CATINIÈRE ★★★★ Tourisme 134 E. dont 84 nus
3,5 ha CV . Locations : , , tonneau. Espace Fitness. couverte chauffée . Accès direct à la rivière ; étang à 3 km. . Accueil groupes. Ouvert: 1.4 / 31.10. ☎ 02 32 57 63 51. E-mail : info@camping-catiniere.com. Web : www.camping-catiniere.com. Prix 2022. Fft nuit : empl. Tourisme (2) : 34 € ( ). Réduction H.S.
Lat. : 49° 24' 03" N **Long.** : 000° 18' 24" E.
FFCC : avantages adhérent : 10% du 01/04 au 30/06 et du 01/09 au 29/1010% du 01/04 au 30/06 et du 01/09 au 29/10 sur emp. et loc. + 10% hors juillet-août sur les emplacements nus et hébergements locatifs sur présentation de la carte ou rendez-vous dans votre club avantages FFCC pour obtenir le code promotionnel.

GARENNES-SUR-EURE

3-A3 28 km S.-E. Evreux. 89 m. ✉ 27780

CENTRE DE LOISIRS LES ÉTANGS DU PARC DE GARENNES ★★★★ Loisirs 287 E. . Locations : . , , . Accès direct à l'étang ; rivière à 500 m. ; ; . Ouvert: 1.1 / 31.12. ☎ 02 32 36 85 30. E-mail : info@lesetangsduparc.com. Web : www.lesetangsduparc.com.
Lat. : 48° 54' 00" N **Long.** : 001° 27' 08" E.

IVRY-LA-BATAILLE

3-A3 32 km S.-E. Evreux. 108 m. ✉ 27540

LES FONTAINES ★★★ Loisirs 269 E. 11 ha CV , , . Accès direct à l'étang et à la rivière ; lac à 1 km. ; . Ouvert: 1.3 / 31.1. ☎ 02 32 36 40 90. E-mail : contact@village-center.fr. Web : www.dl-sa.com.
Lat. : 48° 52' 22" N **Long.** : 001° 27' 20" E.

CAMPING DU PETIT PONT ★★ Loisirs 79 E. CV . Accès direct à l'étang et à la rivière ; lac à 1 km.. Ouvert: 1.3 / 31.10. ☎ 06 17 84 65 93. E-mail : canoenature@sfr.fr. Web : www.canoenature.fr/camping-du-petit-pont.
Lat. : 48° 52' 49" N **Long.** : 001° 27' 48" E.

LA BONNEVILLE-SUR-ITON

2-F3 9 km S.-O. Evreux. 113 m. ✉ 27190

SOUS LES SAPINS ★★ Tourisme 35 E. 2,5 ha CV . Locations : . , , . Rivière à 900 m ; étang et lac à 1 km. . Ouvert: 1.1 / 31.12. ☎ 02 32 37 11 03. E-mail : contact@camping-les-sapins.com. Web : www.camping-les-sapins.com.
Lat. : 49° 00' 11" N **Long.** : 001° 02' 09" E.

LA NEUVE-LYRE

2-F3 25 km S.-O. Evreux. 165 m. ✉ 27330

CAMPING DE LA RISLE NC Tourisme 65 E. 1,1 ha . Accès direct à la rivière.. Accueil groupes. Ouvert: 1.4 / 30.9. ☎ 02 32 30 50 01. E-mail : ctopart@orange.fr. Web : laneuvelyre.e-monsite.com. Prix 2023. Fft jour : empl. Tourisme (2) : 12 € ( ). Réduction H.S.
Lat. : 48° 54' 25" N **Long.** : 000° 44' 41" E.

LA NEUVILLE-DU-BOSC

2-F3 127 m. ✉ 27890

CAMPING DE SALVERTE ★★★★★ Loisirs 280 E. dont 60 nus CV . Randonnée pédestre organisée. Espace Fitness. couverte chauffée . . Accueil groupes. Ouvert: 1.1 / 31.12. ☎ 02 32 35 51 34. E-mail : david.farah@wanadoo.fr. Web : www.campingsalverte.com/fr.
Lat. : 49° 12' 41" N **Long.** : 000° 48' 56" E.

LE BEC-HELLOUIN

2-F2 21 km N.-E. Bernay. 104 m. ✉ 27800

SAINT NICOLAS ★★★★ Tourisme 109 E. dont 67 nus 2,7 ha visiteurs, CV . Locations : . couverte chauffée , . Rivière à 1 km. Accueil groupes. Ouvert: 31.3 / 7.10. ☎ 02 32 44 83 55. E-mail : campingstnicolas@orange.fr. Web : campingsaintnicolas.fr. Prix 2022. Fft jour : empl. Tourisme (2) : 23 € ( )
Lat. : 49° 14' 04" N **Long.** : 000° 43' 30" E.

LES ANDELYS

3-A2 36 km N.-E. Evreux. 111 m. ✉ 27700

L'ILE DES TROIS ROIS ★★★ Loisirs 300 E. dont 135 nus
6,5 ha CV . Locations : tipi. Espace Fitness. chauffée , . Accès direct à la rivière. . Ouvert: 15.3 / 15.11. ☎ 02 32 54 23 79. E-mail : campingtroisrois@aol.com. Web : www.camping-troisrois.com. Réduction H.S.
Lat. : 49° 14' 07" N **Long.** : 001° 24' 00" E.
FFCC : avantages adhérent : 10% du 15/03 au 07/07 et du 26/08 au 14/11 sur emp.

NAUTIKHOME NC 23 E. ☎ 02 32 21 00 67. E-mail : contact@nautikhome.fr. Web : www.nautikhome.fr.
Lat. : 49° 15' 12" N **Long.** : 001° 22' 43" E.

LOUVIERS

2-F2 22 km N. Evreux. 73 m. ✉ 27400

LES ESCALES ★★★ Tourisme 90 E. dont 40 CC - 25 GCC.
2,5 ha CV . A 2 km : . Locations : , , bulle. . Accueil groupes. Ouvert: 20.3 / 30.10. ☎ 02 32 40 10 77. E-mail : contact@campinglesescales.fr. Web : campinglesescales.fr. Prix 2022. empl. Tourisme : 6,50 € ; 5,70 € ; animaux 2 € ; 4,40 € ; 4,90 €. Réduction H.S.
Lat. : 49° 12' 55" N **Long.** : 001° 07' 60" E.
FFCC : avantages adhérent : 17 € du 25/03 au 06/06 et du 04/09 au 28/10 sur emp.

LYONS-LA-FORET

1-A5 20 km N.-N.-E. Les Andelys. 146 m. Station verte de vacances et village de neige ✉ 27480

SAINT PAUL ★★★ Tourisme 100 E. dont 39 nus, dont 100 GCC. 2 ha 22 h / 8 h, CV . Locations : , , . . Accès direct à la rivière. Accueil groupes. Ouvert: 1.4 / 31.10. ☎ 02 32 49 42 02. E-mail : campingsaintpaul.llf@gmail.com. Web : www.campingsaintpaul.fr. Réduction H.S.
Lat. : 49° 24' 12" N **Long.** : 001° 28' 49" E.

MONTFORT-SUR-RISLE

2-E2 26 km N. Bernay. 64 m. ✉ 27290

L'ESPERANCE ★ Loisirs 70 E. 2,4 ha visiteur. Locations : , , . Accès direct à la rivière ; étang à 2 km. . Ouvert: 1.1 / 31.12. ☎ 02 32 56 35 46. E-mail : wilfridhave@gmail.com.
Lat. : 49° 17' 45" N **Long.** : 000° 39' 48" E.

PONT-DE-L'ARCHE

1-A5 27 km O. Les Andelys. 59 m. ✉ 27340

CAMP'EURE ★★ Tourisme 55 E. dont 54 nus 0,7 ha CV. A 2 km : . Locations : . . Accès direct à la rivière ; étang et lac à 5 km.. Accueil groupes. Ouvert: 2.4 / 30.10. ☎ 02 35 23 06 71. E-mail : mairie@pontdelarche.fr. Web : www.pontdelarche.fr.
Lat. : 49° 18' 21" N **Long.** : 001° 09' 21" E.

POSES

1-A5 13 km O. Les Andelys. 7 m. ✉ 27740

CAMPING LERY-POSES EN NORMANDIE ★★★ Tourisme 159 E. dont 13 nus
4 ha 7 h / 22 h, CV . Locations : roulotte. Accès direct à la rivière ; étang et lac à 5 km. Accueil groupes. Ouvert: 1.4 / 31.10. ☎ 02 32 59 11 86. E-mail : camping.smb@hotmail.fr. Web : www.lery-poses.fr.
Lat. : 49° 17' 37" N **Long.** : 001° 15' 25" E.

L'ILE ADELINE ★★★ Tourisme 138 E. dont 45 nus CV. Locations : caravane. Accès direct à l'étang et aux bords du lac et à la rivière. . Accueil groupes. Ouvert: 1.4 / 16.10. ☎ 02 32 25 45 33. E-mail : info@camping-ile-adeline.com. Web : www.camping-ile-adeline.com.
Lat. : 49° 18' 27" N **Long.** : 001° 13' 32" E.

SAINT-GEORGES-DU-VIEVRE

2-E2 20 km N. Bernay. 150 m. ✉ 27450

CAMPING MUNICIPAL LE VIEVRE NC Tourisme 50 E. dont 48 CC - 2 GCC. 1,8 ha CV. Locations : . Accueil groupes. Ouvert: 1.4 / 30.9. ☎ 02 32 42 76 79. E-mail : mairie.saintgeorgesduvievre@wanadoo.fr. Web : www.camping-eure-normandie.fr/.
Lat. : 49° 14′ 31″ N **Long.** : 000° 34′ 52″ E.

SAINT-PIERRE-DU-VAUVRAY

2-F2 29 km N.-E. Evreux. 77 m. ✉ 27430

LE SAINT-PIERRE ★★★ Tourisme 54 E. 22 h / 8 h, CV . chauffée. Rivière à 50 m.. Ouvert: 1.3 / 31.10. ☎ 02 32 61 01 55. E-mail : eliane.darcissac@wanadoo.fr. Web : campingsaintpierre27.wixsite.com.
Lat. : 49° 13′ 30″ N **Long.** : 001° 13′ 27″ E.

SAINT-SYLVESTRE-DE-CORMEILLES

2-E2 28 km N.-O. Bernay. 145 m. ✉ 27260

LES POMMIERS PAYS D'AUGE ★★★ Tourisme 55 E. dont 42 nus
CV . Locations : , tipi. couverte chauffée. Rivière à 4,8 km. Accueil groupes enfants. Ouvert: 28.3 / 31.10. ☎ 02 32 42 29 69. E-mail : desbois.eric@sfr.fr. Web : www.campinglespommiers.com. Prix 2023. Fft jour : empl. Tourisme (2) : 19,2 € ( ). Réduction H.S.
Lat. : 49° 14′ 46″ N **Long.** : 000° 26′ 58″ E.
FFCC : avantages adhérent : 21 € du 01/04 au 30/06 et du 01/09 au 15/10 sur emp.

SAINTE-OPPORTUNE-LA-MARE

2-E2 40 km N.-O. Bernay. 48 m. ✉ 27680

DOMAINE DE LA BUQUETTERIE P.R.L ★★★ NN31 E. Ouvert: 1.1 / 31.12. ☎ 02 32 56 69 51. E-mail : contact@domaine-buquetterie.fr. Web : www.domaine-buquetterie.fr.
Lat. : 49° 24′ 35″ N **Long.** : 000° 33′ 40″ E.

TOUTAINVILLE

2-E2 38 km N.-O. Bernay. 69 m. ✉ 27500

RISLE SEINE ★★★ Tourisme 71 E. dont 53 nus
CV . A 1,5 km : Locations : , . chauffée , . Accès direct à l'étang et aux bords du lac et à la rivière. Accueil groupes. Ouvert: 1.4 / 31.10. ☎ 02 32 42 46 65. E-mail : infos@camping-risle-seine.com. Web : www.camping-risle-seine.com. Réduction H.S.
Lat. : 49° 22′ 00″ N **Long.** : 000° 29′ 15″ E.

EURE-ET-LOIR 28

Cartes 2-3-6

Correspondant FFCC : Damien BIRRE, 2 rue de la Croix Auger - 28310 TOURY
Tél. 06 65 15 70 47 et birredamienffcc28@gmail.com

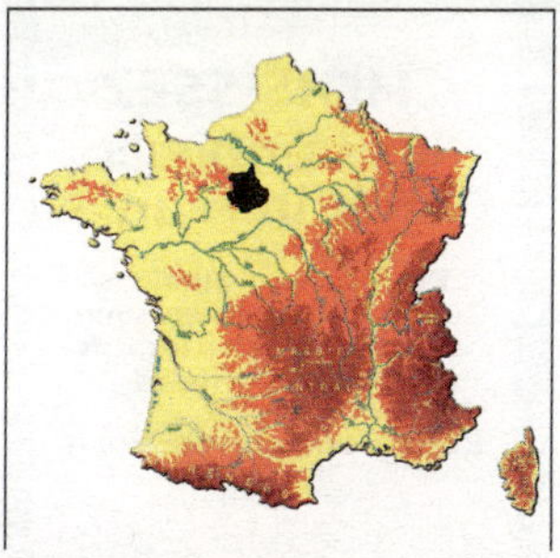

AUTHON-DU-PERCHE

2-F5 16 km S.-S.-E. Nogent-le-Rotrou. 227 m. ✉ 28330

CAMPING MUNICIPAL NC Tourisme 50 E. . Locations : . Accès direct à l'étang.. Accueil groupes. Ouvert: 1.4 / 31.10. ☎ 02 37 49 03 41. E-mail : mairie.authonduperche@wanadoo.fr. Prix 2022.
Lat. : 48° 12′ 07″ N **Long.** : 000° 52′ 58″ E.

BROU

2-F5 21 km N.-O. Châteaudun 168 m. ✉ 28160

CAMPING DE BROU ★★ Tourisme 222 E. dont 220 nus, dont 40 GCC.
CV . Locations : , . chauffée , , , , . Accès direct à l'étang et aux bords du lac ; rivière à 300 m. ; ; . . Accueil groupes. Ouvert: 15.2 / 15.12. ☎ 02 37 47 02 17. E-mail : parcdeloisirs@brou28.com. Web : www.brou28.com. Prix 2022. empl. Tourisme : 5,70 € ; 4,90 € ; 2,80 € ; 5,90 €. Réduction H.S.
Lat. : 48° 12′ 28″ N **Long.** : 001° 08′ 28″ E.
FFCC : avantages adhérent : 14.80 € du 15/02 au 30/06 et du 01/09 au 15/12 sur emp.

BRUNELLES

2-F5 6 km E. Nogent le Rotrou. 202 m. ✉ 28400

LE BOIS JAHAN ★★★ Tourisme 50 E. dont 21 nus
1,95 ha CV . Locations : , cocosweet. . Ouvert: 1.4 / 31.10. ☎ 02 37 52 14 73. E-mail : leboisjahan@gmail.com. Web : www.leboisjahan.com. Prix 2023. Fft jour : empl. Tourisme (2) : 18 € ( ). Réduction H.S.
Lat. : 48° 19′ 30″ N **Long.** : 000° 55′ 33″ E.
FFCC : avantages adhérent : 17 € du 01/04 au 31/10 sur emp. et entre 36 € et 85.50 € la nuitée et entre 226.80 € et 538.50 € la semaine du 01/06 au 30/09 sur loc.

CHAPELLE-ROYALE

2-F5 31 km S.-E. Nogent-le-Rotrou. 179 m. ✉ 28290

FERME DE LA BELVINDIÈRE . Ouvert: 1.4 / 31.10. ☎ 0 2 37 49 32 52. E-mail : contact@ferme-belvindiere.fr, Web : www.ferme-belvindiere.fr.
Lat. : 48° 09′ 31″ N **Long.** : 001° 00′ 45″ E.

CHARTRES

3-A4 96 km S.-O. Paris. 147 m. ✉ 28000

CAMPING DE CHARTRES ★★★ Tourisme 97 E. 3,8 ha CV . Accès direct à la rivière.. Accueil groupes. Ouvert: 13.5 / 31.10. ☎ 0 2 34 40 30 40. E-mail : camping@chartres-tourisme.com. Web : www.camping-de-chartres.com.
Lat. : 48° 26′ 06″ N **Long.** : 001° 29′ 58″ E.

CLOYES-LES-TROIS-RIVIERES

2-F5 12 km S.-O. Chateaudun. 126 m. Station verte de vacances et village de neige ✉ 28220

PARC DE LOISIRS LE VAL FLEURI ★★★★ Loisirs 196 E. dont 81 nus
CV . Locations : 1 . couverte chauffée , , , . Accès direct à la rivière ; lac à 500 m. . Accueil groupes enfants. Ouvert: 15.3 / 15.11. ☎ 02 37 98 50 53. E-mail : info@val-fleuri.fr. Web : www.val-fleuri.fr. Réduction H.S.
Lat. : 48° 00′ 08″ N **Long.** : 001° 13′ 59″ E.
FFCC : avantages adhérent : 20 € du 15/03 au 30/06 et du 01/09 au 15/11 sur emp.

COMMUNE NOUVELLE D'ARROU

2-F5 18 km O. Chateaudun. 168 m. ✉ 28290

CAMPING MUNICIPAL DU PONT DE PIERRE ★★★ Tourisme 37 E. Locations : , , . Accès direct à la rivière ; étang à 500 m. ; . Accueil groupes enfants. Ouvert: 1.5 / 15.9. ☎ 02 37 97 02 13. E-mail : mairie@commune-nouvelle-arrou.fr. Web : www.communenouvellearrou..fr.
Lat. : 48° 06' 06" N **Long.** : 001° 06' 59" E.

COURVILLE-SUR-EURE

2-F4 20 km O. Chartres. 172 m. ✉ 28190

CAMPING MUNICIPAL DES BORDS DE L'EURE ★★ Tourisme 52 E. 1,5 ha CV. Locations : , , . Accès direct à l'étang et à la rivière.. Accueil groupes. Ouvert: 1.5 / 23.9. ☎ 02 37 18 07 90. E-mail : accueil@courville-sur-eure.fr. Web : www.courville-sur-eure.fr. Prix 2022. 3,10 € ; 9 € ; 9 € ; 3 € ; 2,70 € ; 1,60 € ; 3,60 €.
Lat. : 48° 26' 47" N **Long.** : 001° 14' 31" E.

FONTAINE-SIMON

2-F4 24 km N.-E. Nogent-le-Rotrou. 212 m. ✉ 28240

CAMPING LE PERCHE ★★★ Tourisme 106 E. CV. Locations : roulotte. Accès direct à l'étang et à la rivière. Accueil groupes enfants. Ouvert: 1.1 / 31.12. ☎ 02 37 81 88 11. E-mail : campingduperche@orange.fr. Web : www.campingduperche.com. Réduction H.S.
Lat. : 48° 30' 47" N **Long.** : 001° 01' 10" E.

ILLIERS-COMBRAY

2-F5 24 km S.-O. Chartres. 166 m. ✉ 28120

LE BOIS FLEURI ★★★ Tourisme 79 E. dont 58 nus CV. Locations : . chauffée , , . Accès direct à la rivière. . Accueil groupes. Ouvert: 1.4 / 30.10. ☎ 02 37 24 03 04. E-mail : campinglebboisfleuri@gmail.com. Web : www.camping-chartres.com.
Lat. : 48° 17' 13" N **Long.** : 001° 13' 37" E.

LA BAZOCHE-GOUET

2-F5 26 km S.-E. Nogent-le-Retrou. 198 m. ✉ 28330

CAMPING MUNICIPAL LA RIVIERE ★★ Tourisme 27 E. 1,3 ha CV. Locations : . , . Accès direct à l'étang et à la rivière.. Ouvert: 23.4 / 22.10. ☎ 02 37 49 36 49. E-mail : commune-bazoche-gouet-28330@wanadoo.fr. Web : www.camping-labazochegouet.fr/.
Lat. : 48° 07' 43" N **Long.** : 000° 58' 08" E.

LA FERTE-VIDAME

2-F4 30 km S.-O. Dreux. 257 m. ✉ 28340

LES ABRIAS DU PERCHE ★★★ Tourisme 49 E. dont 34 nus CV. Locations : lovnid, roulotte. couverte chauffée . Etang à 200 m. Accueil groupes. Ouvert: 1.2 / 31.10. ☎ 02 37 37 64 00. E-mail : lesabriasduperche@orange.fr. Web : www.campingperchenormandie.fr.
Lat. : 48° 36' 29" N **Long.** : 000° 53' 19" E.

NOGENT-LE-ROTROU

2-F5 55 km S.-O. Chartres. 135 m. ✉ 28400

CAMPING MUNICIPAL DES VIENNES NC Tourisme 30 E. 0,3 ha . Accès direct à la rivière.. Ouvert: 15.5 / 15.9. ☎ 02 37 52 80 51. E-mail : contact@nogentlerotrou-tourisme.fr. Web : www.nogentlerotrou-tourisme.fr.
Lat. : 48° 19' 29" N **Long.** : 000° 48' 57" E.

NOTTONVILLE

3-A5 16 km N.-E. Châteaudun. 130 m. ✉ 28140

LE SECOURAY NC 6 E. 1 ha . Accès direct à l'étang et à la rivière. Ouvert: 1.6 / 30.9. ☎ 02 37 96 91 60. E-mail : willy.bourgeois@orange.fr.
Lat. : 48° 06' 56" N **Long.** : 001° 32' 19" E.

M. WILLY BOURGEOIS . Ouvert: 1.1 / 31.12. ☎ 02 37 96 91 60. E-mail : willy.bourgeois@wanadoo.fr.
Lat. : 48° 06' 55" N **Long.** : 001° 32' 18" E.

OULINS

3-A3 20 km N.-E. Dreux. 106 m. ✉ 28260

CARAVANING DES ILES ★★★★ Loisirs 222 E. CV . couverte chauffée . Accès direct à l'étang et à la rivière. ; . Ouvert: 9.3 / 9.11. ☎ 02 37 64 55 77. E-mail : info@les-iles-parc-de-loisirs.fr. Web : www.les-iles-parc-de-loisirs.fr. Réduction H.S.
Lat. : 48° 52' 45" N **Long.** : 001° 27' 54" E.

SENONCHES

2-F4 35 km S.-O. Dreux. 237 m. ✉ 28250

VILLAGE HUTTOPIA SENONCHES ★★★ Tourisme 82 E. 24 h / 24, CV . Locations : , , cabanes, . couverte chauffée , . Accès direct à l'étang.. Accueil groupes. Ouvert: 7.4 / 6.11. ☎ 02 37 37 81 40. E-mail : senonches@huttopia.com. Web : europe.huttopia.com/site/village-senonches/. Réduction H.S.
Lat. : 48° 33' 12" N **Long.** : 001° 02' 30" E.

SOUANCE-AU-PERCHE

2-F5 7 km S. Nogent-le-Rotrou. 179 m. ✉ 28400

CAMPING MUNICIPAL DE LA RHONE NC Loisirs 40 E. 1 ha . , . Accès direct à la rivière ; étang à 30 m.. Ouvert: 1.4 / 31.10. ☎ 02 37 29 15 62. E-mail : mairie-souance-au-perche@wanadoo.fr.
Lat. : 48° 15' 53" N **Long.** : 000° 51' 18" E.

TOURY

3-B5 50 km S.-E. Chartres. 133 m. ✉ 28310

CAMPING MUNICIPAL NC Tourisme 10 E. . Ouvert: 1.4 / 15.10. ☎ 02 37 90 50 60. E-mail : mairie-toury@wanadoo.fr. Web : www.ville-toury.fr.
Lat. : 48° 11' 38" N **Long.** : 001° 55' 57" E.

VERT-EN-DROUAIS

2-F4 7 km N.-O. Dreux. 117 m. ✉ 28500

LES ÉTANGS DE MARSALIN ★★★ Tourisme 65 E. dont 40 nus 1,50 ha . Locations : . Rivière à 500 m ; étang à 800 m. Accueil groupes. Ouvert: 1.1 / 31.12. ☎ 02 37 82 92 23. E-mail : camping.etangs.de.marsalin@wanadoo.fr. Web : www.campingdemarsalin.fr. Prix 2023. empl. Tourisme : 5,20 € ; 3,90 € ; 2,50 €.
Lat. : 48° 45' 37" N **Long.** : 001° 17' 27" E.

VILLIERS-LE-MORHIER

3-A4 22 km S.-O. Dreux. 118 m. ✉ 28130

LES ÎLOTS DE SAINT-VAL ★★★ Loisirs 157 E. CV . . Rivière à 1 km ; étang à 2 km. Accueil groupes. Ouvert: 1.2 / 21.12. ☎ 02 37 82 71 30. E-mail : lesilots@campinglesilotsdestval.com. Web : www.campinglesilotsdestval.com.
Lat. : 48° 36' 44" N **Long.** : 001° 32' 51" E.

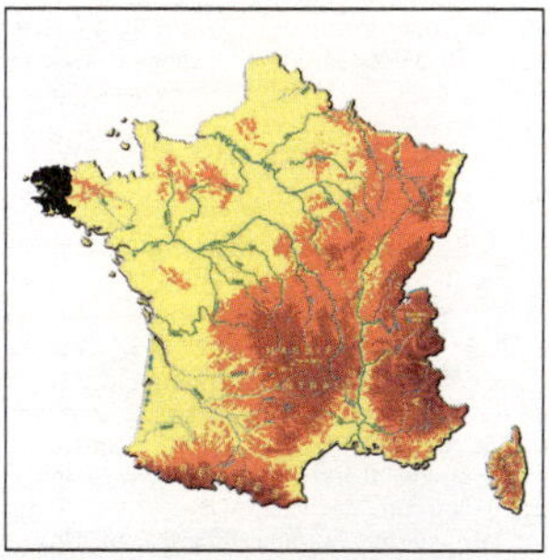

ILE D'OUESSANT

CAMPING MUNICIPAL PEN AR BED NC Tourisme 100 E. 1,37 ha. Bord de mer à 500 m. ☎ 02 98 48 84 65. E-mail : mairie.eusa@wanadoo.fr.
Lat. : 48° 27' 33" N **Long.** : 005° 05' 30" W.

CONTINENT

AUDIERNE

5-A3 36 km O. Quimper. 33 m. ✉ 29770

KERIVOAS NC Tourisme 20 E. dont 12 nus 0,2 ha CV. Locations : . Rivière à 1 km ; bord de mer à 4 km. Accueil groupes. Ouvert: 1.4 / 15.11. ☎ 02 98 70 26 86. E-mail : contact@camping-kerivoas.fr. Web : www.camping-kerivoas.fr.
Lat. : 48° 01' 42" N **Long.** : 004° 33' 25" W.

BANNALEC

5-C3 33 km S.-E. Quimper. 95 m. ✉ 29380

LES GENETS D'OR ★★★ Tourisme 63 E. dont 36 nus, dont 23 GCC. 1,5 ha CV. Locations : , caravane. Rivière à 1,5 km. Ouvert: 9.4 / 29.10. ☎ 02 98 39 54 35. E-mail : camping.lesgenetsdor29@gmail.com. Web : www.campinglesgenetsdor29.com/. Prix 2022. Fft jour : empl. Tourisme (2) : 19 € () ; sup 5 € ; animaux 2 € ; 3 €.
Lat. : 47° 55' 31" N **Long.** : 003° 41' 21" W.

BAYE

5-C3 38 km S.-E. Quimper. 59 m. ✉ 29300

À L'ABRI DE L'OCÉAN ★★★ Tourisme 87 E. 2,5 ha CV. A 5 km : Locations : . couverte chauffée , , . Rivière à 500 m. Ouvert: 1.1 / 15.12. ☎ 02 98 96 80 35. E-mail : alabrideocean@orange.fr. Web : www.alabrideocean.fr. Réduction H.S.
Lat. : 47° 51' 56" N **Long.** : 003° 37' 10" W.

BENODET

5-B3 16 km S. Quimper. 20 m. ✉ 29950

L'ESCALE SAINT-GILLES ★★★★★ Tourisme 450 E. dont 50 nus, dont 438 GCC.
7 ha après 23 h, CV. Locations : . Espace Fitness. couverte chauffée , , . Bord de mer à 50 m ; rivière à 1,5 km. ; . Ouvert: 8.4 / 25.9. ☎ 02 98 57 05 37. E-mail : escalesaintgilles@sandaya.fr. Web : www.sandaya.fr/nos-campings/escale-saint-gilles. Réduction H.S.
Lat. : 47° 51' 46" N **Long.** : 004° 05' 45" W.

LE LETTY ★★★★★ Tourisme 433 E. 8 ha ap. 23 h, CV. Locations : . Randonnée pédestre organisée. Espace Fitness. couverte chauffée , . Accès direct à la mer ; rivière à 5 km. ; ; ; . . Ouvert: 20.6 / 2.9. ☎ 02 98 57 04 69. E-mail : reception@campingduletty.com. Web : www.campingduletty.com. Réduction H.S.
Lat. : 47° 51' 55" N **Long.** : 004° 05' 24" W.

CAMPING DE BENODET ★★★★ Tourisme 99 E. 2,5 ha CV. Locations : , cocosweet. Randonnée pédestre organisée. couverte chauffée. Bord de mer à 3 km. . Accueil groupes. Ouvert: 29.5 / 14.9. ☎ 02 98 56 62 01 / 06 51 05 28 85. E-mail : contact@benodet-camping.fr. Web : benodet-camping.fr. Réduction H.S.
Lat. : 47° 53' 14" N **Long.** : 004° 02' 17" W.

LA PLAGE ★★★★ Tourisme 265 E. dont 160 nus
CV. A 5 km : Locations : , . Espace Fitness. couverte chauffée . Bord de mer à 300 m ; rivière à 1 km. . Accueil groupes. Ouvert: 11.6 / 11.9. ☎ 02 98 57 00 55. E-mail : laplagebenodet@orange.fr. Web : www.campingdelaplagebenodet.com. Prix 2022. empl. Tourisme : 8,40 € ; 7,80 € ; 3,50 € ; animaux 4,50 € ; 4,60 € ; 5,90 €. Réduction H.S.
Lat. : 47° 52' 04" N **Long.** : 004° 05' 51" W.
FFCC : avantages adhérent : 23 € du 01/07 au 08/07 et du 19/08 au 02/09 sur emp. et entre 67.50 € et 137.50 € la nuitée et entre 350 € et 600 € la semaine du 16/06 au 24/06 et du 02/09 au 17/09 sur loc.

LE POULQUER ★★★★ Tourisme 186 E. 3 ha CV. couverte chauffée . Bord de mer à 150 m. . Ouvert: 1.5 / 30.9. ☎ 02 98 57 04 19. E-mail : contact@campingdupoulquer.com. Web : www.campingdupoulquer.com.
Lat. : 47° 52' 04" N **Long.** : 004° 05' 54" W.

LA MER BLANCHE ★★★ Tourisme 264 E. 6 ha CV. couverte chauffée . Bord de mer à 1,5 km. . Ouvert: 30.6 / 30.8. ☎ 02 98 57 00 75. E-mail : info@camping-benodet-vacances.com. Web : www.camping-benodet-vacances.com.
Lat. : 47° 52' 34" N **Long.** : 004° 04' 08" W.

LE TREZ ★★★ Tourisme 140 E. 2,7 ha . chauffée , , . Bord de mer à 200 m ; rivière à 500 m. ; . . Ouvert: 1.6 / 30.9. ☎ 02 98 57 15 94. E-mail : contact@campingdutrez.com. Web : www.campingdutrez.com.
Lat. : 47° 52' 20" N **Long.** : 004° 05' 55" W.

POULMIC ★★★ Tourisme 45 E. dont 25 nus
CV. Locations : . Bord de mer à 300 m. Ouvert: 14.6 / 22.9. ☎ 02 98 57 04 83. E-mail : poulmic@campeole.com. Web : www.campeole.com/etablissement/post/poulmic-benodet. Réduction H.S.
Lat. : 47° 52' 06" N **Long.** : 004° 05' 24" W.
FFCC : avantages adhérent : 10% du 10/06 au 08/07 et du 26/08 au 17/09 sur emp. et 5% du 10/06 au 08/07 et du 26/08 au 17/09 sur loc.

BEUZEC-CAP-SIZUN

5-A3 40 km N.-O. Quimper. 64 m. ✉ 29790

PORS PERON ★★★ Tourisme 86 E. dont 58 nus 2 ha CV. Locations : , , cabanes. Bord de mer à 200 m. Ouvert: 30.3 / 30.9. ☎ 02 98 70 40 24. E-mail : info@campingporsperon.com. Web : campingporsperon.com. Prix 2022. Fft jour : empl. Tourisme (2) : 27 € ()
Lat. : 48° 05' 04" N **Long.** : 004° 28' 55" W.

LA FERME DU COSQUER
CV. Ouvert: 1.5 / 30.11. ☎ 02 98 70 50 99. E-mail : jadechristine@orange.fr, Web : www.lamaisondhotesducosquer.fr/.
Lat. : 48° 03' 31" N **Long.** : 004° 31' 18" W.
FFCC : avantages adhérent : 13 € du 15/03 au 15/11 sur emp.

BOTMEUR

5-B2 34 km N.-E. Chateaulin. 257 m. ✉ 29690

CAMPING MUNICIPAL NC Tourisme 15 E. 0,8 ha CV. Locations : . Randonnée pédestre organisée. , . Lac à 2 km. Ouvert: 1.6 / 15.9. ☎ 0 2 98 26 10 22. E-mail : mairie.botmeur@wanadoo.fr.
Lat. : 48° 23' 03" N **Long.** : 003° 54' 54" W.

BRASPARTS

5-B2 20 km N.-E. Chateaulin. 169 m. ✉ 29190

LA FERME DE TUCHENNOU NC Tourisme 16 E. dont 6 nus CV. Accueil groupes. Ouvert: 1.4 / 15.9. ☎ 02 98 81 43 02. E-mail : tuchennou@tuchennou.com. Web : www.lafermedetuchennou.com.
Lat. : 48° 17' 58" N **Long.** : 003° 57' 53" W.

BRENNILIS

5-C2 30 km N.-E. Chateaulin. 235 m. ✉ 29690

CAMPING MUNICIPAL NC Tourisme 40 E. dont 40 nus 2 ha CV. Locations : , . Accès direct aux bords du lac. ; ; . Accueil groupes. Ouvert: 15.6 / 15.9. ☎ 02 98 99 66 57. E-mail : mairie.brennilis@orange.fr. Web : www.mairie-brennilis.com. Prix 2022. 3 € nuit ; 7 € nuit ; 5 € nuit ; 5 € nuit ; 2 € nuit ; animaux 0,50 € nuit ; 1,50 € nuit ; 3 € nuit.
Lat. : 48° 21' 32" N **Long.** : 003° 52' 40" W.

BREST

5-B2 79 km N.-N.-E. Quimper. 54 m. ✉ 29200

CAMPING DU GOULET ★★★★ Tourisme 155 E. dont 70 nus CV. Locations : , . chauffée . Bord de mer à 500 m. . Accueil groupes. Ouvert: 17.4 / 18.9. ☎ 02 98 45 86 84. E-mail : info@campingdugoulet.fr. Web : www.campingdugoulet.fr. Réduction H.S.
Lat. : 48° 21' 56" N **Long.** : 004° 32' 22" W.

CAMARET-SUR-MER

5-A2 44 km N.-O. Chateaulin. 35 m. ✉ 29570

LE GRAND LARGE LAMBEZEN ★★★★ Tourisme 133 E. dont 100 nus
2,5 ha CV . chauffée , . Bord de mer à 400 m. Accueil groupes. Ouvert: 4.4 / 4.10. ☎ 02 98 27 91 41. E-mail : contact@campinglegrandlarge.com. Web : www.campinglegrandlarge.com.
Lat. : 48° 16' 50" N **Long.** : 004° 33' 54" W.

CAMPING MUNICIPAL DU LANNIC ★★ Tourisme 250 E. 0,7 ha CV . Locations : . , , . Bord de mer à 800 m.. Accueil groupes. Ouvert: 1.1 / 28.12. ☎ 02 98 27 91 31 / 0 642652220. E-mail : camping.municipal.camaret@orange.fr. Web : www.camaret-sur-mer.com.
Lat. : 48° 16' 38" N **Long.** : 004° 36' 20" W.

CARANTEC

5-C1 14 km N.-O. Morlaix. 38 m. ✉ 29660

LES MOUETTES ★★★★★ Tourisme 440 E. dont 68 nus
CV . Locations : . Randonnée pédestre organisée. couverte chauffée , , . Accès direct à la mer. ; ; . Ouvert: 5.4 / 8.9. ☎ 02 98 67 02 46. E-mail : contact@les-mouettes.com. Web : www.les-mouettes.com.
Lat. : 48° 39' 24" N **Long.** : 003° 55' 44" W.
FFCC : avantages adhérent : 10% du 14/04 au 30/06 et du 01/09 au 10/0910% du 14/04 au 30/06 et du 01/09 au 10/09 sur emp. et loc. + Rendez-vous dans votre club avantages FFCC pour obtenir le code promotionnel et réserver !.

LES HORTENSIAS CV . Ouvert: 1.5 / 30.9. ☎ 0 623199798. E-mail : contact@leshortensias.fr, Web : www.leshortensias.fr.
Lat. : 48° 38' 58" N **Long.** : 003° 55' 15" W.

CARHAIX-PLOUGUER

5-C2 48 km E. Chateaulin. 123 m. ✉ 29270

CAMPING MUNICIPAL LA VALLÉE DE L'HYÈRES ★★ Tourisme 62 E. dont 52 nus
CV . Locations : , , roulotte. , . Etang à 150 m ; rivière à 50 m.. Ouvert: 10.4 / 4.10. ☎ 02 98 99 10 58. E-mail : camping.municipal@ville-carhaix.bzh. Web : www.ville-carhaix.bzh.
Lat. : 48° 16' 39" N **Long.** : 003° 36' 06" W.
FFCC : avantages adhérent : 14 € du 01/04 au 02/10 sur emp. et entre 13 € et 75 € la nuitée et entre 266 € et 400 € la semaine du 01/04 au 02/10 sur loc.

CHATEAULIN

5-B3 28 km N.-N.-E. Quimper. 57 m. Station verte de vacances et village de neige ✉ 29150

RODAVEN ★★★ Tourisme 94 E. dont 88 nus CV . A 5 km : . Locations : , , roulotte. . Accès direct à la rivière.. Accueil groupes. Ouvert: 1.6 / 31.10. ☎ 02 56 70 98 91. E-mail : campingchateaulin@outlook.fr. Web : www.camping-de-rodaven.com. Prix 2023. Fft jour : empl. Tourisme (2) : 20 € ( ) ; sup 4,40 € ; 3,60 €.
Lat. : 48° 11' 23" N **Long.** : 004° 05' 21" W.

CLEDEN-CAP-SIZUN

5-A3 48 km N.-O. Quimper. 51 m. ✉ 29770

LA BAIE ★ Tourisme 27 E. . Ouvert: 1.6 / 30.9. ☎ 02 98 70 64 28. E-mail : camping.de.la.baie@orange.fr.
Lat. : 48° 02' 55" N **Long.** : 004° 40' 58" W.

AIRE NATURELLE DE KERINGARD CV . Ouvert: 15.4 / 30.9. ☎ 02 98 70 66 78. E-mail : yvanne29@outlook.fr, Web : keringard.free.fr.
Lat. : 48° 02' 42" N **Long.** : 004° 37' 52" W.

CLEDEN-POHER

5-C3 38 km E. Chateaulin. 116 m. ✉ 29270

LE MOULIN VERT ★★★ Tourisme 45 E. 3 ha CV. , , . Accès direct à la rivière. . Accueil groupes. Ouvert: 1.6 / 1.9. ☎ 02 98 93 82 05. E-mail : contact@a-pratulo.com. Web : a-pratulo.com.
Lat. : 48° 13' 22" N **Long.** : 003° 43' 00" W.

CLEDER

5-B1 32 km N.-O. Morlaix. 39 m. ✉ 29233

LE ROGUENNIC ★★★ Tourisme 310 E. dont 250 nus 8 ha CV . Locations : , . couverte chauffée , , , , . Accès direct à la mer. ; ; . Accueil groupes. Ouvert: 1.4 / 31.10. ☎ 02 98 69 63 88. E-mail : campingscleder@orange.fr. Web : campingvillageroguennic.com. Réduction H.S.
Lat. : 48° 41' 26" N **Long.** : 004° 08' 22" W.

CAMPING DE POULENNOU ★★ Tourisme 81 E. 2 ha CV. . Bord de mer à 100 m. ; ; . . Ouvert: 30.6 / 31.8. ☎ 02 98 69 48 37. E-mail : contact@camping-poulennou.fr. Web : www.camping-poulennou.fr.
Lat. : 48° 41' 27" N **Long.** : 004° 07' 09" W.

CLOHARS-CARNOET

5-C4 58 km S.-E. Quimper. 44 m. ✉ 29360

LES EMBRUNS ★★★★★ Tourisme 195 E. dont 70 GCC.
5 ha après 22 h, CV . Locations : . Espace Fitness. couverte chauffée . Bord de mer à 200 m ; rivière à 1 km ; étang à 4 km. . Accueil groupes adultes. Ouvert: 2.4 / 17.9. ☎ 02 98 39 91 07. E-mail : contact@camping-les-embruns.com. Web : www.camping-les-embruns.com. Prix 2022. Fft nuit : empl. Tourisme (2) : 55 € ( )
Lat. : 47° 46' 07" N **Long.** : 003° 32' 42" W.

LE KÉROU ★★★★ Tourisme 213 E. dont 60 nus après 22 h, CV . Locations : . couverte chauffée . Bord de mer à 250 m ; rivière à 900 m. ; ; . Accueil groupes. Ouvert: 7.4 / 24.9. ☎ 02 98 39 92 57. E-mail : kerou@sandaya.fr. Web : www.sandaya.fr/nos-campings/le-kerou. Réduction H.S.
Lat. : 47° 46' 12" N **Long.** : 003° 33' 31" W.

CAMPING DU POULDU ★★★ Tourisme 132 E. dont 100 nus
2,4 ha CV . chauffée . Rivière à 500 m ; bord de mer à 600 m. Ouvert: 1.5 / 15.9. ☎ 02 98 39 92 32. E-mail : camping.du.pouldu@gmail.com. Web : www.camping-du-pouldu.com. Réduction H.S.
Lat. : 47° 46' 22" N **Long.** : 003° 32' 36" W.
FFCC : avantages adhérent : 10% du 01/05 au 30/06 et du 01/09 au 11/0910% du 01/05 au 30/06 et du 01/09 au 11/09 sur emp. et loc. + 10% hors juillet-août sur les emplacements nus et hébergements locatifs sur présentation de la carte ou rendez-vous dans votre club avantages FFCC pour obtenir le code promotionnel.

KERVOEN ★★★ Tourisme 86 E.
1,2 ha CV . couverte chauffée . Bord de mer à 800 m ; rivière à 2 km. Ouvert: 26.4 / 15.9. ☎ 02 98 39 95 34. E-mail : camping.kervoen@wanadoo.fr. Web : www.camping-de-kervoen.com.
Lat. : 47° 46' 30" N **Long.** : 003° 34' 11" W.

LE KERGARIOU ★★★ Tourisme 100 E. dont 52 nus
CV . couverte chauffée . Bord de mer à 1,5 km ; rivière à 3 km. Ouvert: 1.6 / 27.8. ☎ 02 98 71 54 65. E-mail : camping.lekergariou@wanadoo.fr. Web : www.campinglekergariou.com. Réduction H.S.
Lat. : 47° 46' 59" N **Long.** : 003° 35' 19" W.
FFCC : avantages adhérent : 18 € du 01/06 au 24/06 sur emp. et entre 219 € et 539 € la semaine du 07/04 au 01/07 sur loc.

LES GRANDS SABLES ★★★ Tourisme 125 E. dont 60 nus, dont 2 CC - 1 GCC. 2,4 ha 22 h / 7 h, CV . Locations : , . Bord de mer à 150 m ; rivière à 500 m. Accueil groupes. Ouvert: 7.4 / 17.9. ☎ 02 98 39 94 43. E-mail : campinglesgrandssables@orange.fr. Web : www.camping-lesgrandssables.com. Prix 2022. Fft jour : empl. Tourisme (2) : 22 € ( ). Réduction H.S.
Lat. : 47° 46' 06" N **Long.** : 003° 32' 51" W.

CAMPING DE CROAS-AN-TER ★★ Tourisme 82 E. dont 75 nus
2,5 ha 22 h / 7 h, CV . Locations : , , , caravane. Rivière à 800 m ; bord de mer à 1,8 km. Ouvert: 1.5 / 15.9. ☎ 02 98 39 94 19. E-mail : campingcroasanter@orange.fr. Web : www.campingcroasanter.com. Prix 2023. Fft jour : empl. Tourisme (2) : 20,24 € ( )
Lat. : 47° 47' 02" N **Long.** : 003° 32' 42" W.
FFCC : avantages adhérent : 18 € du 01/05 au 17/09 sur emp.

CAMPING DE LOCOUARN ★★ Tourisme 100 E. dont 80 nus, dont 80 CC. 3 ha CV . A 5 km : . Locations : , cabanes. chauffée . Rivière à 800 m ; bord de mer à 1,8 km. . Accueil groupes. Ouvert: 8.4 / 8.11. ☎ 02 98 39 91 79. E-mail : info@camping-locouarn.com. Web : www.camping-locouarn.com. Prix 2022. Fft jour : empl. Tourisme (2) : 23 € (E. CC)
Lat. : 47° 47' 05" N **Long.** : 003° 32' 48" W.

LE QUINQUIS NC Loisirs 162 E. dont 3 nus 4,5 ha CV . . Bord de mer et rivière à 2 km. . Ouvert: 1.4 / 15.9. ☎ 02 98 39 92 40. E-mail : contact@campingquinquis.com. Web : www.campingquinquis.com/fr.
Lat. : 47° 47' 12" N **Long.** : 003° 33' 03" W.

CLOHARS-FOUESNANT

5-B3 13 km S. Quimper. 31 m. ✉ 29950

VILLAGE PORT DE PLAISANCE ★★★★★ Tourisme 353 E. dont 41 nus, dont 22 GCC.
12 ha CV. A 3 km : Locations : . Espace Fitness. couverte chauffée. Rivière à 500 m ; bord de mer à 1 km. ; . Accueil groupes adultes. Ouvert: 7.4 / 18.9. ☎ 02 98 57 02 38. E-mail : info@campingbenodet.fr. Web : www.campingbenodet.fr. Prix 2022. Fft jour : empl. Tourisme (2) : 55 € (E. CC) ; sup 9 € ; animaux 6 € ; 7 €. Réduction H.S.
Lat. : 47° 52′ 55″ N **Long.** : 004° 06′ 11″ W.
FFCC : avantages adhérent : 22 € du 11/05 au 16/05 et du 02/09 au 17/09 sur emp. et entre 371 € et 1659 € la semaine du 11/04 au 16/05 et du 02/09 au 17/09 sur loc.

COMBRIT

5-B3 17 km S.-S.-O. Quimper. 21 m. ✉ 29120

LE HELLES ★★★ Tourisme 147 E. 3 ha CV. Locations : . chauffée. Bord de mer à 300 m ; rivière à 800 m. Accueil groupes. Ouvert: 30.4 / 17.9. ☎ 02 98 56 31 46. E-mail : contact@le-helles.com. Web : www.le-helles.com. Réduction H.S.
Lat. : 47° 52′ 05″ N **Long.** : 004° 07′ 44″ W.

MENEZ LANVEUR ★★ Tourisme 80 E. dont 71 nus 1,8 ha CV. A 1 km : Locations : . Espace Fitness. Bord de mer à 1 km ; rivière à 2,5 km. Accueil groupes. Ouvert: 1.6 / 30.9. ☎ 02 98 56 47 62 / 06 62 65 36 97. E-mail : guy.deniel@wanadoo.fr.
Lat. : 47° 52′ 08″ N **Long.** : 004° 09′ 21″ W.

COMMANA

5-B2 26 km S.-O. Morlaix. 215 m. ✉ 29450

AU LAC DU DRENNEC ★★ Tourisme 50 E. CV. Locations : . Lac à 50 m ; rivière à 500 m. ; ; . Accueil groupes. Ouvert: 1.5 / 23.9. ☎ 02 98 79 04 08. E-mail : campingledrennec@gmail.com. Web : www.campingledrennec.com.
Lat. : 48° 23′ 40″ N **Long.** : 003° 59′ 57″ W.

CONCARNEAU

5-B3 23 km S.-E. Quimper 54 m. ✉ 29900

LE CABELLOU PLAGE ★★★★★ Tourisme 228 E. dont 98 GCC.
CV. Locations : . Randonnée pédestre organisée. couverte chauffée. Accès direct à la mer. ; ; . Ouvert: 9.6 / 17.9. ☎ 02 98 97 37 41. E-mail : info@le-cabellou-plage.com. Web : www.le-cabellou-plage.com. Prix 2023. Fft jour : empl. Tourisme (2) : 74 € (E. CC) ; sup 10 € ; animaux 9 €.
Lat. : 47° 51′ 23″ N **Long.** : 003° 54′ 00″ W.
FFCC : avantages adhérent : 23 € du 09/06 au 02/07 et du 25/08 au 17/09 sur emp.

LES SABLES BLANCS ★★★★ Tourisme 149 E.
CV. Locations : . chauffée. Bord de mer à 250 m. ; . Ouvert: 1.4 / 31.10. ☎ 02 98 97 16 44. E-mail : contact@camping-lessablesblancs.com. Web : www.camping-lessablesblancs.com. Réduction H.S.
Lat. : 47° 52′ 55″ N **Long.** : 003° 55′ 42″ W.

LES PRÉS VERTS ★★★ Tourisme 142 E. dont 103 nus 3 ha la nuit, CV. A 6 km : Locations : . chauffée. Accès direct à la mer. ; . Ouvert: 1.5 / 29.9. ☎ 02 98 97 09 74. E-mail : info@presverts.com. Web : www.presverts-campingconcarneau.com. Réduction H.S.
Lat. : 47° 53′ 26″ N **Long.** : 003° 56′ 19″ W.

LE MOULIN D'AURORE ★★ Tourisme 170 E. CV. A 3 km : Locations : . Randonnée pédestre organisée. Bord de mer à 50 m ; étang, lac et rivière à 1 km. ; ; ; . Accueil groupes. Ouvert: 1.4 / 30.9. ☎ 02 98 50 53 08. E-mail : campingmoulinaurore@yahoo.fr. Web : www.moulinaurore.com.
Lat. : 47° 52′ 02″ N **Long.** : 003° 54′ 22″ W.

LOCHRIST ★★ Tourisme 85 E. dont 70 nus
1,3 ha CV. A 2 km : Locations : . Bord de mer à 4 km. Accueil groupes. Ouvert: 15.6 / 15.9. ☎ 02 98 97 25 95. E-mail : campingdelochrist@wanadoo.fr. Web : www.campingdelochrist.com. Prix 2023. empl. Tourisme : 5,50 € ; 4,90 € ; 2,50 € ; 2,50 € ; animaux 1,60 € ; 3,30 € ; 4,60 €. Réduction H.S.
Lat. : 47° 54′ 15″ N **Long.** : 003° 55′ 07″ W.
FFCC : avantages adhérent : 16 € du 15/06 au 30/06 et du 01/09 au 15/09 sur emp. et entre 63 € et 70 € la nuitée et entre 330 € et 380 € la semaine du 15/06 au 30/06 et du 01/09 au 15/09 sur loc.

CROZON

5-B2 34 km N.-O. Chateaulin. 45 m. ✉ 29160

L'ABER ★★★ Tourisme 100 E. dont 81 nus 1,3 ha à partir de 23 h, CV. Locations : . chauffée. Rivière à 500 m ; bord de mer à 1 km. ; . Ouvert: 1.4 / 28.10. ☎ 0 952783363. E-mail : camping.aber@gmail.com. Web : www.camping-aber.com. Prix 2023. empl. Tourisme : 8 € nuit ; 5,50 € nuit ; 2 € nuit ; 2 € nuit ; 4 € nuit ; 4,20 € nuit. Réduction H.S.
Lat. : 48° 14′ 32″ N **Long.** : 004° 25′ 45″ W.

LA PLAGE DE GOULIEN ★★★ Tourisme 135 E. 3 ha CV. . Bord de mer à 100 m. Accueil groupes. Ouvert: 10.6 / 15.9. ☎ 02 98 26 23 16. E-mail : camping.delaplage.degoulien@presquile-crozon.com. Web : www.camping-crozon-laplagedegoulien.com. Réduction H.S.
Lat. : 48° 14′ 19″ N **Long.** : 004° 32′ 40″ W.

LA PLAGE DE TREZ ROUZ ★★★ Tourisme 80 E. dont 68 nus 1,5 ha CV. Locations : . Randonnée pédestre organisée. couverte chauffée. Bord de mer à 50 m. ; . Accueil groupes. Ouvert: 15.3 / 15.10. ☎ 02 98 27 93 96. E-mail : contact@trezrouz.com. Web : www.trezrouz.com. Réduction H.S.
Lat. : 48° 17′ 17″ N **Long.** : 004° 33′ 55″ W.

LA PRESQU'ILE ★★★ Tourisme 97 E. dont 68 nus
22 h 30 / 7 h 30, CV. A 2 km : Locations : , cocosweet. couverte chauffée. Bord de mer à 2 km. Ouvert: 1.5 / 15.9. ☎ 06 83 36 84 15. E-mail : info@camping-presquile-de-crozon.fr. Web : www.camping-presquile-de-crozon.fr. Prix 2023. Fft jour : empl. Tourisme (2) : 28,5 € ( ). Réduction H.S.
Lat. : 48° 14′ 50″ N **Long.** : 004° 29′ 58″ W.
FFCC : avantages adhérent : 23 € du 01/05 au 01/07 et du 01/09 au 15/09 sur emp.

LES BRUYÈRES ★★★ Tourisme 130 E. dont 103 nus après 22 h 30, CV. Espace Fitness. couverte chauffée. Bord de mer à 1,8 km. ; . Accueil groupes. Ouvert: 1.5 / 19.9. ☎ 02 98 26 14 87. E-mail : info@camping-bruyeres-crozon.com. Web : www.camping-bruyeres-crozon.com.
Lat. : 48° 13′ 17″ N **Long.** : 004° 31′ 23″ W.

LES PIEDS DANS L'EAU ★★★ Tourisme 106 E. CV. Locations : . Accès direct à la mer. ; . Ouvert: 15.3 / 31.10. ☎ 02 98 27 62 43. E-mail : campinglespiedsdansleau-crozon@orange.fr.
Lat. : 48° 17′ 06″ N **Long.** : 004° 31′ 43″ W.

LES PINS ★★★ Tourisme 155 E. 3,5 ha CV. A 1,5 km : couverte chauffée. Bord de mer à 1,5 km. Accueil groupes. Ouvert: 1.5 / 20.9. ☎ 06 60 54 40 09. E-mail : camping.lespins@presquile-crozon.com. Web : www.camping-crozon-lespins.com.
Lat. : 48° 14′ 15″ N **Long.** : 004° 31′ 10″ W.

DOUARNENEZ

5-B3 22 km N.-O. Quimper. 46 m. ✉ 29100

TREZULIEN ★★★★ Tourisme 162 E. dont 101 nus
3,5 ha CV. Locations : , roulotte. chauffée. Bord de mer à 1 km. Accueil groupes. Ouvert: 1.4 / 12.10. ☎ 02 98 74 12 30. E-mail : contact@camping-trezulien.com. Web : www.camping-trezulien.com.
Lat. : 48° 05′ 34″ N **Long.** : 004° 21′ 08″ W.

HUTTOPIA DOUARNENEZ ★★★ Tourisme 145 E. dont 87 nus
3 ha CV. Locations : . Randonnée pédestre organisée. chauffée. Bord de mer à 400 m. Ouvert: 29.4 / 30.9. ☎ 02 98 74 05 67. E-mail : douarnenez@huttopia.com. Web : europe.huttopia.com/site/camping-douarnenez/. Prix 2022. Fft jour : empl. Tourisme (2) : 19,5 € ( ).
Lat. : 48° 06′ 11″ N **Long.** : 004° 21′ 32″ W.
FFCC : avantages adhérent : 10% du 28/04 au 01/07 et du 31/08 au 30/0910% du 28/04 au 01/07 et du 31/08 au 30/09 sur emp. et loc. + 5% de réduction en juillet-août sur les emplacements nus et locatifs * frais de réservation offerts Rendez-vous dans votre club avantages FFCC pour obtenir le code promotionnel.

KERLEYOU ★★★ Tourisme 163 E. dont 41 nus 3,5 ha la nuit, CV. Locations : . Randonnée pédestre organisée. couverte chauffée. Bord de mer à 1,3 km. Accueil groupes adultes. Ouvert: 15.4 / 23.9. ☎ 02 98 74 13 03. E-mail : campingdekerleyou@wanadoo.fr. Web : www.camping-kerleyou.com. Réduction H.S.
Lat. : 48° 05' 54" N **Long.** : 004° 21' 43" W.

CAMPING GCU - DOUARNENEZ ★★ Tourisme 49 E. . Ouvert: 28.6 / 31.8. ☎ 02 98 92 80 99. E-mail : gcu@gcu.asso.fr. Web : www.gcu.asso.fr.
Lat. : 48° 05' 19" N **Long.** : 004° 18' 03" W.

CROAS MEN ★★ Tourisme 69 E. 1 ha CV. couverte. Bord de mer à 400 m ; rivière à 1 km. Ouvert: 1.4 / 30.9. ☎ 02 98 74 00 18. E-mail : croas.men@wanadoo.fr. Web : www.croas-men.com.
Lat. : 48° 05' 48" N **Long.** : 004° 20' 54" W.

FOUESNANT

5-B3 16 km S. Quimper. 26 m. ✉ 29170

L'ATLANTIQUE ★★★★★ Tourisme 432 E. dont 100 nus
9 ha CV. Locations : yourte. Randonnée pédestre organisée. Espace Fitness. couverte chauffée. Bord de mer à 400 m. Ouvert: 28.4 / 3.9. ☎ 02 98 56 14 44. E-mail : information@latlantique.fr. Web : www.camping-bretagne-atlantique.com. Réduction H.S.
Lat. : 47° 51' 27" N **Long.** : 004° 01' 17" W.
FFCC : avantages adhérent : 10% du 28/04 au 30/06 et du 01/09 au 10/0910% du 28/04 au 30/06 et du 01/09 au 10/09 sur emp. et loc. + Rendez-vous dans votre club avantages FFCC pour obtenir le code promotionnel et réserver !.

KOST AR MOOR ★★★★ Tourisme 156 E. dont 115 nus
2,2 ha CV. A 4 km : Locations : . chauffée, . Accès direct à l'étang et à la mer.. Accueil groupes. Ouvert: 29.4 / 10.9. ☎ 02 98 56 04 16. E-mail : contact@camping-fouesnant.com. Web : www.camping-fouesnant.com.
Lat. : 47° 51' 06" N **Long.** : 004° 02' 08" W.

LA PISCINE ★★★★ Tourisme 190 E. dont 101 nus
CV. Locations : . couverte chauffée. Accès direct à l'étang ; bord de mer à 1,5 km. Ouvert: 29.4 / 3.9. ☎ 02 98 56 56 06. E-mail : contact@campingdelapiscine.com. Web : www.camping-bretagne-delapiscine.com. Prix 2023. Fft jour : empl. Tourisme (2) : 39 € ( ) ; sup 7,80 € ; animaux 3 € ; 5,30 €. Réduction H.S.
Lat. : 47° 52' 00" N **Long.** : 004° 00' 57" W.

LA PLAGE DE CLEUT ROUZ ★★★★ Tourisme 156 E. dont 77 nus
3 ha . Locations : roulotte. couverte chauffée, . Bord de mer à 100 m. ; . Accueil groupes. Ouvert: 17.4 / 12.9. ☎ 02 98 56 53 19. E-mail : contact@campinglaplage.fr. Web : www.campinglaplage.fr.
Lat. : 47° 51' 12" N **Long.** : 004° 01' 36" W.

LA ROCHE PERCÉE ★★★★ Tourisme 147 E.
2,6 ha CV. Locations : , . Randonnée pédestre organisée. couverte chauffée. Bord de mer à 400 m. ; . Ouvert: 2.4 / 24.9. ☎ 02 98 94 94 15. E-mail : contact@camping-larochepercee.com. Web : www.camping-larochepercee.com.
Lat. : 47° 52' 10" N **Long.** : 003° 59' 33" W.

LE GRAND LARGE ★★★★ Tourisme 328 E. 5,8 ha CV. Locations : . couverte chauffée, , . Bord de mer à 50 m. ; ; . Ouvert: 3.4 / 13.9. ☎ 02 98 56 04 06. E-mail : grandlarge@capfun.com. Web : www.capfun.com.
Lat. : 47° 50' 54" N **Long.** : 004° 02' 14" W.

CAMPING KERSCOLPER ★★★ Tourisme 156 E.
2 ha CV. chauffée, . Bord de mer à 400 m. . Ouvert: 1.4 / 1.10. ☎ 02 98 56 09 48. E-mail : kerscolper@gmail.com. Web : www.camping-kerscolper.fr.
Lat. : 47° 52' 49" N **Long.** : 003° 59' 34" W.

DE KERSENTIC ★★★ Tourisme 81 E. dont 48 nus
1 ha CV. Locations : cabanes. Accueil groupes. Ouvert: 13.4 / 15.9. ☎ 02 98 56 08 66. E-mail : contact@camping-kersentic.com. Web : www.camping-kersentic.com.
Lat. : 47° 53' 06" N **Long.** : 003° 59' 57" W.
FFCC : avantages adhérent : 19 € du 15/04 au 30/06 et du 28/08 au 16/09 sur emp. et entre 70 € et 150 € la nuitée et entre 190 € et 900 € la semaine du 15/04 au 01/07 et du 26/08 au 16/09 sur loc.

KERVASTARD ★★★ Loisirs 120 E. dont 49 nus
CV. Locations : , cocosweet. couverte chauffée. Bord de mer à 300 m. Ouvert: 1.4 / 31.10. ☎ 02 98 94 91 52. E-mail : kervastard@natureetresidenceloisirs.com. Web : www.campinglekervastard.com. Prix 2023. Fft nuit : empl. Tourisme (2) : 42 € (E. CC E. GCC) ; sup 7 € nuit ; animaux 6 € nuit ; 4 € nuit. Réduction H.S.
Lat. : 47° 51' 36" N **Long.** : 003° 59' 17" W.
FFCC : avantages adhérent : 18 € du 01/04 au 07/07 et du 26/08 au 31/10 sur emp.

LE VORLEN ★★★ Tourisme 138 E. Locations : . chauffée. Accès direct à la mer. . Accueil groupes adultes. Ouvert: 9.4 / 3.9. ☎ 08 25 27 32 73. E-mail : odalys@odalys-vacances.com. Web : www.odalys-vacances.com.
Lat. : 47° 51' 21" N **Long.** : 004° 00' 01" W.

PENHOAT COTE PLAGE ★★★ Tourisme 145 E. dont 87 nus
22 h / 8 h, CV. Locations : , . Randonnée pédestre organisée. Espace Fitness. Bord de mer à 300 m ; étang à 50 m. Accueil groupes. Ouvert: 1.4 / 15.9. ☎ 02 98 56 51 89. E-mail : infos@camping-penhoat.com. Web : www.camping-penhoat.com.
Lat. : 47° 51' 03" N **Long.** : 004° 02' 11" W.
FFCC : avantages adhérent : 16 € du 01/04 au 02/07 et du 27/08 au 15/09 sur emp.

LES MIMOSAS ★★ Tourisme 64 E. . Bord de mer à 800 m. ; ; . Ouvert: 1.6 / 15.9. ☎ 02 98 56 55 81. E-mail : contact@camping-les-mimosas.com. Web : www.camping-les-mimosas.com.
Lat. : 47° 53' 29" N **Long.** : 003° 00' 13" W.

KERROLLAND NC 148 E. dont 64 nus 23 h / 7 h, CV. Locations : . Bord de mer à 350 m. . Ouvert: 7.4 / 30.9. ☎ 02 98 94 91 00. E-mail : camping.kerolland@orange.fr. Réduction H.S.
Lat. : 47° 51' 33" N **Long.** : 003° 59' 10" W.

M. CORIOU CV. Ouvert: 13.5 / 10.9. ☎ 02 98 56 15 32. E-mail : contact@camping-leanou.com, Web : www.camping-leanou.com. Réduction H.S.
Lat. : 47° 51' 56" N **Long.** : 004° 56' 55" W.

GARLAN

5-C2 7 km N.-E. Morlaix. 72 m. ✉ 29610

VERT MORLAIX couverte CV. A 5 km : . ☎ 02 98 79 12 54. E-mail : andre.berric29@orange.fr, Web : www.campingvertdemorlaix.com. Réduction H.S.
Lat. : 48° 36' 57" N **Long.** : 003° 13' 58" W.

GOUESNACH

5-B3 13 km S. Quimper. 35 m. ✉ 29950

PORS-KERAIGN NC Tourisme 85 E. dont 49 nus 1,5 ha CV. Locations : . . Rivière à 250 m.. Accueil groupes enfants. Ouvert: 2.6 / 30.9. ☎ 09 88 03 19 35. E-mail : campingporskeraign29@gmail.com. Web : www.pors-keraign.fr.
Lat. : 47° 54' 32" N **Long.** : 004° 08' 25" W.

ODET VILLAGE ★ Loisirs 66 E. 1,7 ha . Locations : . Rivière à 2 km ; bord de mer à 4 km. Ouvert: 15.3 / 15.10. ☎ 02 98 51 71 96. E-mail : odetvillage@orange.fr.
Lat. : 47° 54' 15" N **Long.** : 004° 06' 10" W.

GOULIEN

5-A3 44 km N.-O. Quimper. 65 m. ✉ 29770

CAMPING MUNICIPAL KERROS NC Tourisme 25 E. dont 25 nus CV. Bord de mer à 2 km. Accueil groupes. Ouvert: 25.6 / 31.8. ☎ 02 98 70 06 04. E-mail : goulien.mairie@orange.fr. Web : www.goulien.fr.
Lat. : 48° 03' 49" N **Long.** : 004° 35' 26" W.

DAGORN GAËLLE CV. Ouvert: 1.1 / 30.12. ☎ 0 2 98 70 0862. E-mail : gaelle.dagorn@wanadoo.fr. Prix 2023. 2,50 € ; 3,50 € ; 3,50 € ; 2 € ; 1,50 € ; 2 € ; 3 €.
Lat. : 48° 04' 12" N **Long.** : 004° 36' 04" W.

GOULVEN

5-B1 30 km N.-E. Brest. 27 m. ✉ 29890

AIRE NATURELLE MUNICIPALE . Ouvert: 15.6 / 30.9. ☎ 02 98 83 50 48. E-mail : mairie.goulven@wanadoo.fr, Web : campinggoulven.free.fr.
Lat. : 48° 37' 52" N **Long.** : 004° 18' 31" W.

GUILLIGOMARC'H

5-C3 50 km S.-E. Quimper. 95 m. ✉ 29300

BOIS DES ÉCUREUILS NC 40 E. dont 40 nus 2 ha . Locations : . ; . Rivière à 3 km. ; . Ouvert: 1.5 / 30.9. ☎ 0 649957126. E-mail : info@bois-des-ecureuils.fr. Web : www.bois-des-ecureuils.fr. Prix 2022. empl. Tourisme : 7 € ; 4 € ; animaux 2 € ; 3 € ; 5 €.
Lat. : 47° 57' 51" N **Long.** : 003° 25' 23" W.

GUISSENY

5-B1 36 km N. Brest. 36 m. ✉ 29880

CAMPING DE CURNIC ★ Loisirs 100 E. . Accès direct à la mer. ; . Accueil groupes. Ouvert: 25.6 / 5.9. ☎ 02 98 25 62 00. E-mail : accueilguisseny@gmail.com. Web : www.ville-guisseny.fr.
Lat. : 48° 38' 11" N **Long.** : 004° 26' 46" W.

HENVIC

5-B2 12 km N.-O. Morlaix. 53 m. ✉ 29670

CAMPING DE MON VILLAGE NC Tourisme 30 E. dont 30 nus 1,5 ha ap. 22 h. Bord de mer à 2 km. Ouvert: 1.7 / 31.8. ☎ 01 83 64 69 21. E-mail : contact@campingcarpark.com. Web : www.campingcarpark.com. Prix 2022.
Lat. : 48° 38' 02" N **Long.** : 003° 55' 48" W.

HUELGOAT

5-C2 40 km N.-E. Chateaulin. 199 m. ✉ 29690

LA RIVIÈRE D'ARGENT ★★★ Tourisme 90 E. dont 72 nus 3 ha CV. Locations : , roulotte. couverte chauffée , . Accès direct à la rivière ; lac à 3 km.. Accueil groupes adultes. Ouvert: 25.3 / 15.10. ☎ 02 98 99 72 50. E-mail : contact@larivieredargent.com. Web : www.larivieredargent.com. Réduction H.S.
Lat. : 48° 21' 51" N **Long.** : 003° 43' 01" W.

CAMPING MUNICIPAL DU FAO ★ Loisirs 75 E. 1 ha CV. , . Accès direct aux bords du lac et à la rivière.. Accueil groupes. Ouvert: 15.6 / 15.9. ☎ 02 98 99 71 55. E-mail : mairie.huelgoat@wanadoo.fr.
Lat. : 48° 21' 42" N **Long.** : 003° 45' 19" W.

ILE-TUDY

5-B3 22 km S. Quimper. 1 m. ✉ 29980

CAMPING MUNICIPAL LE SILLON ★★ Tourisme 85 E. dont 85 nus 2 ha CV. Bord de mer à 20 m. ; ; . Ouvert: 10.4 / 15.9. ☎ 02 98 56 43 39. E-mail : camping.municipal29980@orange.fr. Web : www.ile-tudy.fr.
Lat. : 47° 51' 03" N **Long.** : 004° 09' 40" W.

LE BOIS D'AMOUR ★★ Tourisme 57 E. 0,9 ha . Locations : . , . Bord de mer à 150 m. . . Ouvert: 2.4 / 15.9. ☎ 02 98 56 43 54. E-mail : contact@boisdamour.fr. Web : www.boisdamour.com.
Lat. : 47° 51' 10" N **Long.** : 004° 50' 14" W.

CAMPING GCU - ILE-TUDY ★ Tourisme 74 E. . , , . . Ouvert: 14.6 / 31.8. ☎ 02 98 51 30 79. E-mail : gcu@gcu.asso.fr. Web : www.gcu.asso.fr.
Lat. : 47° 51' 06" N **Long.** : 004° 09' 49" W.

KERLOUAN

5-B1 32 km N. Brest. 12 m. ✉ 29890

CAMPING PLAGE DE MENEHAM ★★ Tourisme 100 E. dont 60 nus
4,50 ha CV . Locations : tonneau. , . Accès direct à la mer. ; . Ouvert: 20.6 / 7.9. ☎ 06 58 48 62 32. E-mail : campingkerlouan@gmail.com. Web : campingplagedemeneham.com.
Lat. : 48° 40' 08" N **Long.** : 004° 21' 43" W.

CAMPING MUNICIPAL RUDOLOC ★ Tourisme 75 E. 4 ha . . Accès direct à la mer. ; . . Ouvert: 15.6 / 31.8. ☎ 02 98 83 94 48. E-mail : mairie@kerlouan.bzh.
Lat. : 48° 39' 44" N **Long.** : 004° 22' 36" W.

LA FORET-FOUESNANT

5-B3 17 km S.-E. Quimper. 53 m. ✉ 29940

CAMPING DE KERANTEREC ★★★★ Tourisme 265 E. 5 ha 22 h / 8 h, CV . Locations : . Randonnée pédestre organisée. couverte chauffée , , . Accès direct à la mer. ; . . Accueil groupes. Ouvert: 6.4 / 21.9. ☎ 02 98 56 98 11. E-mail : info@camping-keranterec.com. Web : www.camping-keranterec.com. Réduction H.S.
Lat. : 47° 53' 54" N **Long.** : 003° 57' 14" W.

DOMAINE DU SAINT LAURENT ★★★★ Tourisme 221 E. dont 50 nus 23 h / 6 h, CV . Locations : , . couverte chauffée , . Accès direct à la mer. ; ; . Ouvert: 3.4 / 27.9. ☎ 02 98 56 97 65. E-mail : saintlaurent@capfun.com. Web : www.capfun.com.
Lat. : 47° 53' 48" N **Long.** : 003° 57' 14" W.

MANOIR DE PENN AR STER ★★★★ Tourisme 96 E. 2,8 ha CV . Locations : , , . Bord de mer à 1,5 km. Ouvert: 1.3 / 16.11. ☎ 02 98 56 97 75. E-mail : info@camping-pennarster.com. Web : www.camping-pennarster.com.
Lat. : 47° 54' 39" N **Long.** : 003° 58' 42" W.

LE KERLEVEN ★★★ Tourisme 234 E. dont 79 nus
4 ha CV . Locations : . couverte chauffée . Bord de mer à 200 m ; rivière à 2 km. . Ouvert: 1.5 / 20.9. ☎ 02 98 56 98 83. E-mail : contact@campingdekerleven.com. Web : www.campingdekerleven.com. Réduction H.S.
Lat. : 47° 53' 53" N **Long.** : 003° 58' 06" W.

LES FALAISES ★★★ Tourisme 120 E. 1 ha CV. . Accès direct à la mer. ; ; . . Ouvert: 1.4 / 30.9. ☎ 02 98 56 91 26. E-mail : info@camping-les-falaises.com. Web : www.camping-les-falaises.com.
Lat. : 47° 53' 52" N **Long.** : 003° 02' 29" W.

LES SAULES ★★★ Tourisme 163 E. dont 30 nus 1,5 ha CV . Locations : . chauffée , . Accès direct à la mer. ; ; ; . Accueil groupes adultes. Ouvert: 1.5 / 17.9. ☎ 02 98 56 98 57. E-mail : info@camping-les-saules.com. Web : www.camping-les-saules.com.
Lat. : 47° 53' 57" N **Long.** : 003° 57' 40" W.

LES SAULES STEREDEN VOR ★★★ Tourisme 95 E. 1 ha CV. chauffée . Accès direct à la mer. . Ouvert: 1.4 / 2.10. ☎ 02 98 56 98 57. E-mail : camping.les.saules@wanadoo.fr. Web : www.camping-les-saules.com. Réduction H.S.
Lat. : 47° 53' 57" N **Long.** : 003° 57' 39" W.

KERSIOUAL ★★ Loisirs 176 E. 3 ha CV. . Bord de mer à 150 m. ; . Ouvert: 15.6 / 15.9. ☎ 02 98 56 96 39. E-mail : contact@camping-kersioual.com. Web : www.camping-kersioual.com.
Lat. : 47° 53' 56" N **Long.** : 003° 57' 52" W.

CAMPING DE PONTEREC NC Tourisme 125 E. dont 10 CC. 3 ha CV. Locations : . ☎ 02 98 56 98 33. E-mail : camping.deponterec@laposte.net.
Lat. : 47° 54' 16" N **Long.** : 003° 59' 42" W.

LAMPAUL-PLOUDALMEZEAU

5-A2 27 km N.-O. Brest. 38 m. ✉ 29830

CAMPING MUNICIPAL LES DUNES NC Tourisme 76 E. CV. Accès direct à la mer. . Accueil groupes. Ouvert: 15.6 / 15.9. ☎ 02 98 48 14 29. E-mail : mairie@lampaul-ploudalmezeau.fr. Web : www.lampaul-ploudalmezeau.fr.
Lat. : 48° 34' 07" N **Long.** : 004° 39' 23" W.

LANDEDA

5-A2 30 km N.-N.-O. Brest. 34 m. ✉ 29870

CAMPING DES ABERS ★★★★ Tourisme 180 E.
CV . Locations : , . Randonnée pédestre organisée. Espace Fitness. , . Accès direct à la mer. ; ; . . Ouvert: 1.5 / 30.9. ☎ 02 98 04 93 35. E-mail : info@camping-des-abers.com. Web : www.camping-des-abers.com. Réduction H.S.
Lat. : 48° 35' 38" N **Long.** : 004° 36' 12" W.

CAMPING DE PENN ENEZ ★ Tourisme 100 E. dont 100 nus 2 ha CV . A 4 km : Locations : . Bord de mer à 150 m. Accueil groupes. Ouvert: 10.4 / 30.9. ☎ 02 98 04 99 82. E-mail : camping.pennenez@orange.fr. Web : www.camping-penn-enez.com. Réduction H.S.
Lat. : 48° 36' 10" N **Long.** : 004° 35' 57" W.

LANDELEAU

5-C3 33 km E. Châteaulin. 119 m. ✉ 29530

AIRE NATURELLE MUNICIPALE . ☎ 02 98 93 82 16. E-mail : commune-de-landeleau@wanadoo.fr, Web : www.landeleau.org.
Lat. : 48° 14' 17" N **Long.** : 003° 42' 06" W.

LANDEVENNEC

5-B2 24 km N.-O. Chateaulin. 73 m. ✉ 29560

CAMPING MUNICIPAL DU PAL NC Tourisme 20 E. dont 20 nus 0,4 ha CV. . Accès direct à la mer. . Ouvert: 1.5 / 30.9. ☎ 02 98 27 72 65. E-mail : mairie.landevennec@wanadoo.fr. Web : www.landevennec.fr/camping-municipal.htm. Prix 2022. Fft jour : empl. Tourisme (2) : 8 € ( ) ; sup 3,50 € ; 1,50 € ; 2,90 €.
Lat. : 48° 17' 34" N **Long.** : 004° 15' 54" W.

LANDUDEC

5-B3 19 km O. Quimper. 94 m. ✉ 29710

DOMAINE DE BEL AIR ★★★★★ Loisirs 197 E. dont 34 nus, dont 163 GCC.
3,8 ha après 23 h, CV . Locations : bulle, cocosweet. couverte chauffée , , . Accès direct à l'étang. ; . Accueil groupes. Ouvert: 28.4 / 24.9. ☎ 02 98 91 50 27. E-mail : contact@belaircamping.com. Web : www.belaircamping.com. Réduction H.S.
Lat. : 47° 59' 30" N **Long.** : 004° 21' 12" W.
FFCC : avantages adhérent : 10% du 07/04 au 30/06 et du 01/09 au 17/09 sur emp. + Rendez-vous dans votre club avantages FFCC pour obtenir le code promotionnel et réserver ou sur présentation de la carte de membre FFCC.

LANDUNVEZ

5-A2 29 km N.-O. Brest. 27 m. ✉ 29840

CAMPING MUNICIPAL SAINT GONVEL NC Tourisme 133 E. 4 ha CV . A 1,5 km : Bord de mer à 30 m. Accueil groupes. Ouvert: 17.6 / 9.9. ☎ 02 98 89 91 00. E-mail : accueil@landunvez.fr. Web : www.landunvez.fr/. Prix 2022. empl. Tourisme : 3,60 € ; 4,70 € ; animaux 1,30 € ; 1,70 € ; 3,70 €.
Lat. : 48° 31' 37" N **Long.** : 004° 45' 35" W.

LANILDUT

5-A2 24 km N.-O. Brest. 37 m. ✉ 29840

LE TROMEUR ★★ Loisirs 56 E. dont 46 nus 2,7 ha CV. A 4 km : . Bord de mer et rivière à 500 m. Accueil groupes adultes. Ouvert: 2.6 / 19.9. ☎ 0 7 89 00 00 24. E-mail : contact@tromeur.fr. Web : www.tromeur.fr.
Lat. : 48° 28' 46" N **Long.** : 004° 45' 08" W.

LANVEOC

5-B2 34 km N.-O. Chateaulin. 48 m. ✉ 29160

GWEL KAER ★★★ Tourisme 100 E. dont 91 nus 22 h 30 / 7 h, CV. A 8 km : , . Accès direct à la mer. . Ouvert: 1.4 / 30.9. ☎ 02 98 27 61 06. E-mail : info@camping-gwel-kaer.com. Web : www.camping-gwel-kaer.com.
Lat. : 48° 16' 51" N **Long.** : 004° 30' 09" W.
FFCC : avantages adhérent : 22 € du 15/04 au 25/06 sur emp.

CAMPING CAP OUEST ★★ Tourisme 51 E. dont 51 nus 1,5 ha CV. A 6 km : Locations : . , . Accès direct à la mer. ; ; . . Accueil groupes. Ouvert: 14.4 / 13.10. ☎ 02 98 86 16 04. E-mail : clcampingco@gmail.com. Réduction H.S.
Lat. : 48° 17' 33" N **Long.** : 004° 27' 35" W.

L'OCE'ANE . Ouvert: 15.4 / 15.10. ☎ 06 32 24 86 19. E-mail : contact@oceane-crozon.net, Web : www.oceane-crozon.net.
Lat. : 48° 16' 18" N **Long.** : 004° 25' 23" W.

LE CLOITRE-SAINT-THEGONNEC

5-C2 12 km S. Morlaix. 218 m. ✉ 29410

LES BRUYERES NC Tourisme 15 E. dont 15 nus 1 ha . Accès direct à la rivière. Ouvert: 1.7 / 15.9. ☎ 02 98 79 71 76. E-mail : campingdesbruyeres@gmail.com. Web : www.camping-bruyeres.com.
Lat. : 48° 29' 09" N **Long.** : 003° 48' 04" W.

LE CONQUET

5-A2 25 km O. Brest. 26 m. ✉ 29217

LES BLANCS SABLONS ★★ Tourisme 265 E. dont 242 nus 9,5 ha CV. . Bord de mer à 100 m. ; . Accueil groupes. Ouvert: 1.4 / 30.9. ☎ 02 98 36 07 91. E-mail : info@les-blancs-sablons.com. Web : www.les-blancs-sablons.com.
Lat. : 48° 22' 03" N **Long.** : 004° 45' 35" W.

LOCMARIA-PLOUZANE

5-A2 12 km O. Brest. 64 m. ✉ 29280

CAMPING MUNICIPAL LE PORTEZ ★★ Tourisme 102 E. 1 ha CV. Randonnée pédestre organisée. . Bord de mer à 150 m. Accueil groupes. Ouvert: 14.4 / 24.9. ☎ 02 98 48 49 85. E-mail : camping-portez@locmaria-plouzane.fr. Web : www.locmaria-plouzane.fr. Réduction H.S.
Lat. : 48° 21' 20" N **Long.** : 004° 40' 16" W.
FFCC : avantages adhérent : 12.40 € du 01/04 au 09/07 et du 28/08 au 15/10 sur emp. et entre 45 € et 60 € la nuitée et entre 305 € et 380 € la semaine du 01/04 au 09/07 et du 28/08 au 15/10 sur loc.

LOCQUIREC

5-C1 22 km N.-E. Morlaix. 41 m. ✉ 29241

CAMPING MUNICIPAL DU FOND DE LA BAIE ★★ Tourisme 244 E. dont 227 nus 6 ha CV. Locations : , cabanes, roulotte, . Randonnée pédestre organisée. , , , . Accès direct à la mer ; rivière à 2 km ; étang et lac à 5 km. ; . . Accueil groupes. Ouvert: 1.1 / 31.12. ☎ 02 98 67 40 85. E-mail : campingdufonddelabaie@gmail.com. Web : www.campinglocquirec.com. Prix 2023. Fft jour : empl. Tourisme (2) : 20 € ( ) ; sup 6 € ; animaux 1 € ; 4 €. Réduction H.S.
Lat. : 48° 40' 42" N **Long.** : 003° 38' 60" W.
FFCC : avantages adhérent : 14 € du 01/01 au 30/06 et du 01/09 au 31/12 sur emp.

LE RUGUNAY ★★ Loisirs 79 E. dont 26 nus CV. A 1 km : Locations : , . Bord de mer à 300 m ; rivière à 500 m. . Accueil groupes. Ouvert: 1.4 / 15.10. ☎ 02 98 67 41 06. E-mail : camping.le.rugunay@orange.fr. Web : www.campinglerugunay.com. Réduction H.S.
Lat. : 48° 40' 35" N **Long.** : 003° 39' 08" W.

CAMPING GCU - LOCQUIREC ★ Tourisme 100 E. . Locations : . , , . . Ouvert: 28.6 / 31.8. ☎ 02 98 67 43 91. E-mail : gcu@gcu.asso.fr. Web : www.gcu.asso.fr.
Lat. : 48° 41' 27" N **Long.** : 003° 39' 31" W.

LOCRONAN

5-B3 16 km S.-O. Chateaulin. 131 m. ✉ 29180

LOCRONAN ★★★ Tourisme 99 E. dont 68 nus, dont 30 GCC. CV. Locations : , . couverte chauffée . Bord de mer à 5 km. . Ouvert: 8.4 / 17.9. ☎ 02 98 91 87 76. E-mail : contact@camping-locronan.fr. Web : www.camping-locronan.fr. Prix 2023. empl. Tourisme : 6,30 € ; 4,60 € ; 1,80 € ; 1,80 € ; animaux 2 € ; 3,05 € ; 4 €. Réduction H.S.
Lat. : 48° 05' 48" N **Long.** : 004° 11' 53" W.
FFCC : avantages adhérent : 19 € du 08/04 au 30/06 et du 01/09 au 17/09 sur emp.

LOCTUDY

5-B3 25 km S. Quimper. 8 m. ✉ 29750

LES HORTENSIAS ★★★ Tourisme 105 E. dont 40 nus 22 h / 7 h, CV. Locations : , , roulotte. couverte chauffée . Bord de mer à 300 m. Ouvert: 14.3 / 8.10. ☎ 02 98 87 46 64. E-mail : hortensias@camping-loctudy.com. Web : www.camping-finistere-loctudy.com. Réduction H.S.
Lat. : 47° 48' 51" N **Long.** : 004° 10' 55" W.
FFCC : avantages adhérent : 17 € du 13/03 au 01/07 et du 02/09 au 07/10 sur emp.

CAMPING DE KERGALL ★★ Tourisme 99 E. 1,4 ha CV. . Accès direct à la mer. ; . Ouvert: 1.5 / 30.9. ☎ 02 98 87 45 93. E-mail : contact@camping-loctudy-kergall.fr. Web : camping-kergall-loctudy.com.
Lat. : 47° 49' 41" N **Long.** : 004° 09' 53" W.

LES MOUETTES ★★ Tourisme 68 E. dont 60 nus 1 ha CV. Locations : . . Bord de mer à 50 m. . . Accueil groupes. Ouvert: 15.6 / 15.9. ☎ 02 98 87 43 51. E-mail : camping.mouettes@wanadoo.fr. Web : www.campingdesmouettes.com.
Lat. : 47° 48' 39" N **Long.** : 004° 10' 40" W.

LOCUNOLE

5-C3 48 km S.-E. Quimper. 77 m. ✉ 29310

VILLAGE LOISIRS DE TY NADAN ★★★★★ Tourisme 325 E. CV. Locations : . Randonnée pédestre organisée. couverte chauffée , , , . Accès direct à la rivière. ; ; . Accueil groupes. Ouvert: 20.4 / 2.9. ☎ 02 98 71 75 47. E-mail : info@tynadan-vacances.fr. Web : www.tynadan-vacances.fr. Réduction H.S.
Lat. : 47° 54' 17" N **Long.** : 003° 28' 34" W.

LOGONNA-DAOULAS

5-B2 24 km S.-E. Brest. 28 m. ✉ 29460

GOUELET KER ★★ Tourisme 50 E. dont 8 nus CV. Locations : . Bord de mer à 200 m. Ouvert: 1.4 / 25.10. ☎ 02 98 20 64 52. E-mail : goueletker@hotmail.com. Web : www.camping-goueletker.com.
Lat. : 48° 19' 22" N **Long.** : 004° 18' 48" W.

LE ROZ ★★ Loisirs 88 E. dont 77 nus 1,50 ha CV. Locations : , . . Bord de mer à 10 m. ; . Accueil groupes. Ouvert: 1.4 / 31.10. ☎ 09 81 92 67 86. E-mail : posmaster@camping-du-roz.com. Web : www.camping-du-roz.com.
Lat. : 48° 19' 17" N **Long.** : 004° 19' 10" W.

MILIZAC

5-A2 12 km N.-O. Brest. 85 m. ✉ 29290

CAMPING DE LA RECRE ★★★★ Tourisme 55 E. dont 17 nus 3,5 ha CV. Locations : . couverte chauffée , . Accès direct à l'étang et aux bords du lac et à la rivière. ; . Accueil groupes. Ouvert: 1.1 / 31.12. ☎ 02 98 07 92 17. E-mail : campingdelarecre@orange.fr. Web : www.campingdelarecre.com. Réduction H.S.
Lat. : 48° 28' 24" N **Long.** : 004° 31' 45" W.

MOELAN-SUR-MER

5-C4 40 km S.-E. Quimper. 41 m. ✉ 29350

L'ILE PERCEE ★★★ Tourisme 65 E. 0,8 ha CV. Locations : , caravane. . Bord de mer à 50 m. ; ; . . Accueil groupes. Ouvert: 15.4 / 16.9. ☎ 02 98 71 16 25. E-mail : camping-ilepercee-am@orange.fr. Web : www.camping-ile-percee.fr. Réduction H.S.
Lat. : 47° 47' 17" N **Long.** : 003° 42' 02" W.

LA GRANDE LANDE ★★★ Tourisme 144 E. dont 37 nus CV. chauffée . Rivière à 2 km ; bord de mer à 2,5 km. . Accueil groupes. Ouvert: 1.4 / 30.9. ☎ 02 98 71 00 39. E-mail : camping.grande.lande@wanadoo.fr. Web : campingdelagrandelande.com. Réduction H.S.
Lat. : 47° 48' 28" N **Long.** : 003° 41' 08" W.

TAL AR MOOR ★★ Tourisme 83 E. 1,3 ha CV. Locations : , . , . Bord de mer à 100 m ; rivière à 150 m. . Accueil groupes. Ouvert: 1.4 / 15.10. ☎ 02 98 71 11 98. E-mail : lizoreuxjac@wanadoo.fr. Web : www.campingkerfanyplage.fr. Réduction H.S.
Lat. : 47° 48' 10" N **Long.** : 003° 43' 02" W.

NEVEZ

5-C4 39 km S.-E. Quimper. 30 m. ✉ 29920

LES DEUX FONTAINES ★★★★ Tourisme 284 E. dont 63 nus 5 ha CV. Locations : . Espace Fitness. couverte chauffée , , . Etang à 20 m ; bord de mer à 900 m. . Accueil groupes adultes. Ouvert: 7.4 / 24.9. ☎ 04 11 32 90 00. E-mail : deuxfontaines@sandaya.fr. Web : www.sandaya.fr/nos-campings/deux-fontaines. Réduction H.S.
Lat. : 47° 47' 59" N **Long.** : 003° 47' 25" W.

PORT MANEC'H ★★★★ Tourisme 192 E. dont 164 nus
3,5 ha CV. Locations : . Randonnée pédestre organisée. couverte chauffée . Bord de mer à 300 m. ; . Accueil groupes adultes. Ouvert: 8.4 / 25.9. ☎ 05 47 74 30 72. E-mail : reservation@cote-o.fr. Web : www.cote-o.fr/port-manech. Prix 2022. Fft jour : empl. Tourisme (2) : 30 € ( ). Réduction H.S.
Lat. : 47° 48' 18" N **Long.** : 003° 44' 43" W.

LES GENÊTS ★★ Tourisme 93 E. dont 57 nus, dont 26 GCC. CV . Bord de mer et rivière à 3 km. Accueil groupes. Ouvert: 15.5 / 15.9. ☎ 02 98 06 86 13. E-mail : annettelegall@aol.com. Web : www.campinglesgenets-nevez.com.
Lat. : 47° 49' 04" N **Long.** : 003° 47' 59" W.

LES CHAUMIÈRES ★★★ Tourisme 100 E. dont 99 nus
22 h 30 / 7 h 30, CV . Locations : . . Bord de mer à 850 m. . Accueil groupes. Ouvert: 15.5 / 20.9. ☎ 02 98 06 73 06. E-mail : campingdeschaumieres@wanadoo.fr. Web : www.camping-des-chaumieres.com. Prix 2022. Fft jour : empl. Tourisme (2) : 25 € ( ). Réduction H.S.
Lat. : 47° 47' 49" N **Long.** : 003° 46' 29" W.

KERAEREN ★★ Tourisme 115 E. 1,5 ha. Ouvert: 1.6 / 30.9. ☎ 02 98 06 80 38. E-mail : camping.keraeren@gmail.com. Web : www.camping-keraeren.fr.
Lat. : 47° 48' 22" N **Long.** : 003° 14' 58" W.

LE VIEUX VERGER-TY NOUL ★★ Tourisme 109 E. dont 99 nus
1,9 ha CV . Locations : . chauffée . Bord de mer à 600 m ; étang et rivière à 5 km. . Ouvert: 18.4 / 19.9. ☎ 02 98 06 86 08. E-mail : contact@campingduvieuxverger.com. Web : www.campingduvieuxverger.com. Prix 2022. Fft jour : empl. Tourisme (2) : 20 € ( ). Réduction H.S.
Lat. : 47° 47' 47" N **Long.** : 003° 47' 53" W.

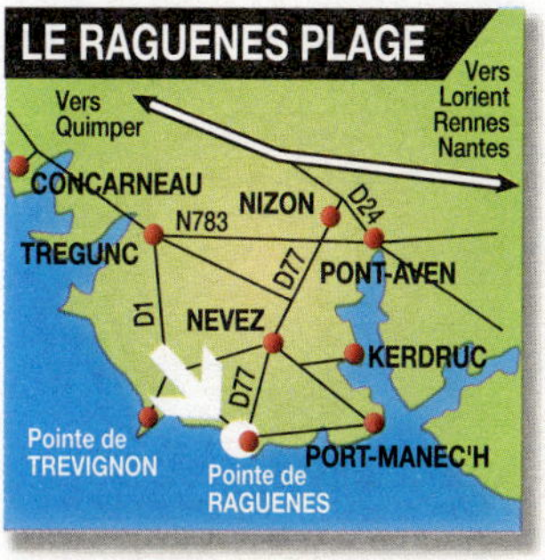

LE RAGUENES PLAGE ★★★★ Tourisme 287 E. dont 181 nus
CV . Locations : . Espace Fitness. couverte chauffée . Bord de mer à 300 m. . Ouvert: 15.4 / 30.9. ☎ 02 98 06 80 69. E-mail : leraguenesplage@orange.fr. Web : www.camping-le-raguenes-plage.com. Prix 2022. Fft jour : empl. Tourisme (2) : 41,9 € (E. CC E. GCC) ; sup 6,80 € ; animaux 3,40 € ; 3,90 €. Réduction H.S.
Lat. : 47° 47' 36" N **Long.** : 003° 48' 05" W.
FFCC : avantages adhérent : 19 € du 15/04 au 30/06 et du 27/08 au 30/09 sur emp.

L'OCÉAN ★★★ Tourisme 135 E. dont 125 nus 1,50 ha 22 h 30 / 7 h, CV . Locations : . couverte chauffée . Bord de mer à 300 m. Ouvert: 15.5 / 19.9. ☎ 02 98 06 87 13. E-mail : campingocean@orange.fr. Web : www.camping-ocean.fr. Réduction H.S.
Lat. : 47° 47' 38" N **Long.** : 003° 47' 51" W.

PENMARCH

5-B4 30 km S.-O. Quimper. 6 m. ✉ 29760

LES GENETS ★★★★ Tourisme 176 E. dont 76 nus
CV . Locations : . couverte chauffée . Bord de mer à 1,5 km. . Accueil groupes. Ouvert: 6.4 / 30.9. ☎ 02 98 58 66 93. E-mail : campinglesgenets29@orange.fr. Web : www.camping-finistere-bretagne.fr.
Lat. : 47° 49' 07" N **Long.** : 004° 18' 32" W.

LE GRAND BLEU ★★★ Tourisme 92 E. dont 57 nus 2,5 ha CV . couverte chauffée . Bord de mer à 50 m. Ouvert: 9.4 / 15.9. ☎ 02 98 58 53 73. E-mail : grand.bleu@wanadoo.fr.
Lat. : 47° 48' 14" N **Long.** : 004° 18' 58" W.

CAMPING MUNICIPAL TOUL AR STER ★★ Tourisme 172 E. dont 179 nus 2 ha CV . . Bord de mer à 100 m. ; ; . Accueil groupes. Ouvert: 1.5 / 15.9. ☎ 02 98 58 86 88. E-mail : campingpenmarch@orange.fr. Web : www.camping-penmarch.fr/. Réduction H.S.
Lat. : 47° 47' 60" N **Long.** : 004° 20' 02" W.

G.C.U. KERITY ★★ Tourisme 66 E. . Locations : , , , , . Ouvert: 9.6 / 17.9. ☎ 02 98 58 76 50. E-mail : gcu@gcu.asso.fr. Web : www.gcu.asso.fr.
Lat. : 47° 48' 06" N **Long.** : 004° 21' 04" W.

CAMPING DE LA JOIE ★★★ Tourisme 217 E. dont 138 nus 4,5 ha CV. Locations : . chauffée . Bord de mer à 50 m. Ouvert: 1.4 / 15.9. ☎ 02 98 58 63 24. E-mail : info@campingdelajoie.bzh. Web : www.campingdelajoie.bzh. Prix 2022. Fft jour : empl. Tourisme (2) : 30,1 €
Lat. : 47° 48' 38" N **Long.** : 004° 22' 16" W.

LA PLAGE ★★★★ Tourisme 382 E. dont 119 nus 10 ha CV. Locations : , cabanes, cocosweet. Randonnée pédestre organisée. Espace Fitness. couverte chauffée , , . Accès direct à la mer. ; . Accueil groupes. Ouvert: 7.4 / 10.9. ☎ 02 98 58 61 90. E-mail : info@yellohvillage-la-plage.com. Web : www.villagelaplage.com. Prix 2023. Fft nuit : empl. Tourisme (2) : 56 € ; sup 11 € nuit ; animaux 6 € nuit ; 9 € nuit. Réduction H.S.
Lat. : 47° 48' 14" N **Long.** : 004° 18' 44" W.
FFCC : avantages adhérent : 10% du 07/04 au 30/06 et du 01/09 au 10/0910% du 07/04 au 30/06 et du 01/09 au 10/09 sur emp. et loc. + Rendez-vous dans votre club avantages FFCC pour obtenir le code promotionnel et réserver !.

PEUMERIT

5-B3 20 km S.-O. Quimper. 74 m. ✉ 29710

AIRE NATURELLE CV. Ouvert: 15.6 / 15.9. ☎ 02 98 82 91 35. E-mail : camping-chalets-de-penguilly@wanadoo.fr, Web : camping-de-penguilly.pagesperso-orange.fr.
Lat. : 47° 56' 45" N **Long.** : 004° 17' 32" W.

PLEYBEN

5-B3 11 km E. Chateaulin. 106 m. ✉ 29190

CAMPING MUNICIPAL NC Tourisme 75 E. 1,3 ha . Rivière à 20 m. Ouvert: 15.6 / 15.9. ☎ 02 98 73 31 22. E-mail : commune-de-pleyben@wanadoo.fr. Web : www.mairiepleyben.fr.
Lat. : 48° 11' 36" N **Long.** : 003° 58' 54" W.

PLOBANNALEC-LESCONIL

5-B4 23 km S.-O. Quimper. 13 m. ✉ 29740

VILLAGE L'OCÉAN BRETON ★★★★★ Tourisme 330 E. dont 68 nus 9 ha CV. Locations : , cabanes. Randonnée pédestre organisée. Espace Fitness. couverte chauffée . Bord de mer à 1,8 km. ; . Accueil groupes. Ouvert: 14.4 / 3.9. ☎ 02 98 82 23 89. E-mail : info@yellohvillage-loceanbreton.com. Web : www.camping-bretagne-oceanbreton.fr. Prix 2023. Fft nuit : empl. Tourisme (2) : 54 € ; sup 11 € nuit ; animaux 6 € nuit ; 9 € nuit. Réduction H.S.
Lat. : 47° 48' 43" N **Long.** : 004° 13' 15" W.
FFCC : avantages adhérent : 10% du 14/04 au 30/06 et du 01/09 au 10/0910% du 14/04 au 30/06 et du 01/09 au 10/09 sur emp. et loc. + Rendez-vous dans votre club avantages FFCC pour obtenir le code promotionnel et réserver !.

CAMPING DE KERALOUET ★★★ Tourisme 55 E. dont 26 nus CV. Locations : , . chauffée . Rivière à 200 m ; bord de mer à 300 m. Ouvert: 1.4 / 16.9. ☎ 02 98 82 23 05. E-mail : campingkeralouet@wanadoo.fr. Web : www.camping-finistere-keralouet.com. Prix 2023. Fft nuit : empl. Tourisme (2) : 23 € ; sup 5 € nuit ; animaux 3 € nuit ; 4 € nuit ; 5 € nuit. Réduction H.S.
Lat. : 47° 48' 15" N **Long.** : 004° 12' 21" W.

LA GRANDE PLAGE ★★★ Tourisme 99 E. dont 69 nus 1,8 ha CV. Locations : . chauffée . Accès direct à la mer. . Accueil groupes adultes. Ouvert: 1.4 / 15.9. ☎ 02 98 87 88 27. E-mail : campinggrandeplage@hotmail.com. Web : www.campinggrandeplage.com. Réduction H.S.
Lat. : 47° 47' 53" N **Long.** : 004° 13' 47" W.
FFCC : avantages adhérent : 19 € du 01/04 au 01/07 et du 31/08 au 15/09 sur emp.

LES DUNES ★★★ Tourisme 150 E. dont 120 nus 2,8 ha CV. Bord de mer à 100 m. ; . Accueil groupes. Ouvert: 14.4 / 30.9. ☎ 02 98 87 81 78. E-mail : campingdesdunes@gmail.com. Web : www.camping-lesdunes-29.com. Réduction H.S.
Lat. : 47° 47' 49" N **Long.** : 004° 13' 44" W.
FFCC : avantages adhérent : 22 € du 01/04 au 17/06 et du 02/09 au 15/09 sur emp. et entre 60 € et 80 € la nuitée et entre 300 € et 880 € la semaine du 01/04 au 17/06 et du 02/09 au 15/09 sur loc.

LES SABLES BLANCS ★★ Tourisme 88 E. dont 61 nus 2,44 ha CV. Locations : . , . Bord de mer à 800 m. . Ouvert: 1.4 / 1.11. ☎ 02 98 87 84 79. E-mail : sandrine@campingdessablesblancs.fr. Web : www.campingdessablesblancs.fr. Prix 2023. Fft jour : empl. Tourisme (2) : 12,9 € ; sup 3,40 € ; animaux 1,90 € ; 1,90 € ; 3,90 €. Réduction H.S.
Lat. : 47° 48' 23" N **Long.** : 004° 12' 23" W.

LES PINS (L.V.T.) NC 10 E. 4 ha CV. Locations : , , , . Bord de mer à 1 km. ; . ; . Ouvert: 1.4 / 30.9. ☎ 02 98 87 81 77. E-mail : guides@campingfrance.com.
Lat. : 47° 48' 26" N **Long.** : 004° 13' 52" W.

PLOEVEN

5-B3 14 km S.-O. Chateaulin. 52 m. ✉ 29550

CAMPING DE LA MER ★★ Tourisme 54 E. dont 47 nus 0,95 ha CV. Locations : . , . Bord de mer à 200 m. ; . Accueil groupes. Ouvert: 1.5 / 15.9. ☎ 02 98 81 29 19. E-mail : campingdelamerploeven@orange.fr. Web : www.campingdelamer.bzh.
Lat. : 48° 08' 53" N **Long.** : 004° 16' 03" W.

PLOGASTEL-SAINT-GERMAIN

5-B3 15 km O. Quimper 98 m. ✉ 29710

LA ROCAILLE NC Tourisme 36 E. CV. Accès direct à la mer. Ouvert: 2.7 / 15.9. ☎ 0 2 98 54 51 63. E-mail : m.brigant@hotmail.fr.
Lat. : 48° 00' 05" N **Long.** : 004° 16' 15" W.

PLOGOFF

5-A3 49 km O. Quimper. 48 m. ✉ 29770

KERGUIDY IZELLA NC Tourisme 25 E. 1 ha CV. Bord de mer à 3 km. Ouvert: 1.1 / 31.12. ☎ 02 98 70 35 60. E-mail : fermelebars@orange.fr. Web : fermelebars.com.
Lat. : 48° 02' 13" N **Long.** : 004° 40' 54" W.

PLOMEUR

5-B3 24 km S.-O. Quimper. 23 m. ✉ 29120

CAMPING DE LA TORCHE ★★★ Tourisme 143 E. dont 87 nus 2,6 ha CV. Locations : , roulotte, . couverte chauffée , . Bord de mer à 1,3 km. . Accueil groupes. Ouvert: 1.4 / 30.9. ☎ 02 98 58 62 82. E-mail : info@campingdelatorche.fr. Web : www.campingdelatorche.fr.
Lat. : 47° 49' 58" N **Long.** : 004° 19' 34" W.
FFCC : avantages adhérent : 10% du 01/09 au 01/1010% du 01/09 au 01/10 sur emp. et loc. + 10% hors juillet-août sur les emplacements nus et hébergements locatifs sur présentation de la carte ou rendez-vous dans votre club avantages FFCC pour obtenir le code promotionnel.

LANVEN ★★★ Tourisme 134 E. dont 120 nus 2,2 ha CV. Bord de mer à 3 km. . Accueil groupes. Ouvert: 1.4 / 30.9. ☎ 02 98 82 00 75. E-mail : campinglanven@wanadoo.fr. Web : www.campinglanven.com.
Lat. : 47° 50' 59" N **Long.** : 004° 18' 36" W.

KERALUIC CV. Ouvert: 15.4 / 15.10. ☎ 02 98 82 10 22. E-mail : camping@keraluic.fr, Web : www.keraluic.fr. Prix 2022. Fft jour : empl. Tourisme (2) : 17,9 € ; sup 5,50 € ; 3,50 € ; 3,50 €.
Lat. : 47° 51' 40" N **Long.** : 004° 16' 03" W.
FFCC : avantages adhérent : 22.40 € du 01/04 au 25/06 et du 03/09 au 15/10 sur emp. et entre 275 € et 795 € la semaine du 01/04 au 25/06 et du 03/09 au 15/10 sur loc.

PLOMODIERN

5-B3 12 km O. Chateaulin. 91 m. ✉ 29550

LA MER D'IROISE ★★★★ Tourisme 125 E. dont 30 nus 2,5 ha CV. A 800 m : . Locations : , roulotte, . couverte chauffée , . Bord de mer à 100 m. ; . . . Ouvert: 7.4 / 1.10. ☎ 02 98 81 52 72. E-mail : vacances@camping-iroise.fr. Web : www.camping-iroise.fr. Réduction H.S.
Lat. : 48° 10' 09" N **Long.** : 004° 17' 22" W.
FFCC : avantages adhérent : 22 € du 07/04 au 07/07 et du 28/08 au 01/10 sur emp. et entre 189 € et 1549 € la semaine du 07/04 au 07/07 et du 28/08 au 01/10 sur loc.

KER VELLA ★★★ Tourisme 115 E. 2,3 ha CV. A 3 km : . Locations : , . couverte chauffée . Bord de mer à 500 m. Accueil groupes. Ouvert: 15.6 / 15.9. ☎ 02 98 26 50 14. E-mail : campingkervella29@gmail.com. Web : www.camping-kervella.com. Prix 2022. empl. Tourisme : 8 € ; 5,80 € ; 10,80 € ; 2,90 € ; animaux 2,50 € ; 3,35 € ; 4,65 €. Réduction H.S.
Lat. : 48° 11' 06" N **Long.** : 004° 17' 05" W.

TY ROUZ ★★★ Tourisme 33 E. dont 18 nus 1 ha . A 300 m : . Locations : . Bord de mer à 600 m. Ouvert: 1.3 / 30.9. ☎ 02 98 81 58 48. E-mail : corentin.kervella@wanadoo.fr. Web : www.campingtyrouz.fr. Prix 2023. empl. Tourisme : 4,60 € ; 4,60 € ; 3,10 € ; animaux 2,05 € ; 3,55 € ; 3,05 €.
Lat. : 48° 10' 20" N **Long.** : 004° 16' 58" W.

GOULIT AR GUER ★★ Tourisme 100 E. 2,5 ha ap. 22 h, CV . Bord de mer à 200 m. . Ouvert: 1.4 / 31.10. ☎ 02 98 81 52 71. E-mail : legoulit@orange.fr. Web : www.goulitarguer.fr. Réduction H.S.
Lat. : 48° 10' 00" N **Long.** : 004° 17' 19" W.

KERGORZ ★★ Tourisme 49 E. dont 29 nus 2,5 ha de 22 h à 7 h, CV. Locations : . Bord de mer à 100 m. . Accueil groupes. Ouvert: 30.6 / 8.9. ☎ 02 98 26 50 41. E-mail : cedricguyot@laposte.net. Web : www.camping-kergorz.com. Prix 2023. Fft jour : empl. Tourisme (2) : 15 € ( ) ; sup 4,50 € ; animaux 1,50 € ; 2,50 € ; 5 €. Réduction H.S.
Lat. : 48° 10' 54" N **Long.** : 004° 17' 21" W.
FFCC : avantages adhérent : 19 € du 01/06 au 30/09 sur emp. et entre 350 € et 600 € la semaine du 01/06 au 30/09 sur loc.

CAMPING DE PORS AR VAG NC Tourisme 72 E. 1 ha CV . A 1 km : Locations : . Accès direct à la mer. ; ; . Accueil groupes. Ouvert: 10.4 / 30.9. ☎ 02 98 81 51 42. E-mail : contact@porsarvag.com. Web : porsarvag.com. Prix 2023. Fft jour : empl. Tourisme (2) : 19,4 € ( ) ; sup 5,60 € ; animaux 1,45 € ; 3,10 € ; 5 €. Réduction H.S.
Lat. : 48° 10' 02" N **Long.** : 004° 17' 33" W.
FFCC : avantages adhérent : 21.17 € du 01/05 au 01/07 et du 01/09 au 30/09 sur emp. et entre 80 € et 125 € la nuitée et entre 170 € et 685 € la semaine du 09/04 au 03/07 et du 03/09 au 30/10 sur loc.

PLONEOUR-LANVERN

5-B3 18 km S.-O. Quimper. 42 m. Station verte de vacances et village de neige ✉ 29720

LE BONHEUR COTE PRE ★★ Tourisme 29 E. 1 ha CV. Locations : . Accès direct à l'étang.. Accueil groupes. Ouvert: 1.6 / 30.9. ☎ 02 98 87 69 14. E-mail : durand.claudia@wanadoo.fr. Web : www.location-hebergement-finistere.fr. Réduction H.S.
Lat. : 47° 54' 55" N **Long.** : 004° 17' 58" W.

PLONEVEZ-PORZAY

5-B3 15 km S.-O. Chateaulin. 63 m. ✉ 29550

DOMAINE DE KERVEL ★★★★★ Tourisme 304 E. dont 73 nus après 23 h, CV . Locations : . Randonnée pédestre organisée. couverte chauffée , . Bord de mer à 800 m. ; . Ouvert: 4.4 / 20.9. ☎ 02 98 92 51 54. E-mail : kervel@capfun.com. Web : www.capfun.com. Réduction H.S.
Lat. : 48° 06' 57" N **Long.** : 004° 16' 06" W.

LA PLAGE DE TREGUER ★★★★ Tourisme 281 E. dont 194 nus, dont 140 GCC. 6 ha la nuit, CV . Locations : . Randonnée pédestre organisée. couverte chauffée . Bord de mer à 20 m. ; ; . Accueil groupes. Ouvert: 27.4 / 21.9. ☎ 02 98 92 53 52. E-mail : camping-treguer-plage@wanadoo.fr. Web : www.camping-treguer-plage.com. Réduction H.S.
Lat. : 48° 08' 41" N **Long.** : 004° 16' 16" W.

TREZMALAOUEN ★★★ Tourisme 139 E. dont 33 nus CV . A 7 km : , . Bord de mer à 100 m. ; . Accueil groupes adultes. Ouvert: 24.4 / 13.9. ☎ 02 98 92 54 24. E-mail : trezmalaouen@campeole.com. Web : www.campeole.com/camping/finistere/trezmalaouen-plonevez-porzay.
Lat. : 48° 06' 38" N **Long.** : 004° 16' 48" W.
FFCC : avantages adhérent : 10% du 01/07 au 08/07 et du 26/08 au 17/09 sur emp. et 5% du 01/07 au 08/07 et du 26/08 au 17/09 sur loc.

LA VILLE D'YS ★★ Tourisme 50 E. 0,70 ha CV . Locations : . Bord de mer à 600 m ; rivière à 2,5 km. ; . Accueil groupes. Ouvert: 12.4 / 20.9. ☎ 02 98 92 50 52. E-mail : campingvilledys@wanadoo.fr.
Lat. : 48° 06' 57" N **Long.** : 004° 16' 49" W.

PRÉ DE LA MER N.C. Tourisme 50 E. dont 41 nus 1 ha CV . Locations : . Bord de mer à 600 m ; rivière à 2,5 km. . Accueil groupes. Ouvert: 10.4 / 24.9. ☎ 02 98 92 52 97. E-mail : norbert@campingpredelamer.fr. Web : www.campingpredelamer.fr. Prix 2023. Fft jour : empl. Tourisme (2) : 19,9 € ( )
Lat. : 48° 06' 58" N **Long.** : 004° 16' 24" W.
FFCC : avantages adhérent : 20.50 € du 09/04 au 25/06 et du 10/09 au 24/09 sur emp. et entre 199 € et 599 € la semaine du 09/04 au 25/06 et du 10/09 au 24/09 sur loc.

PLOUARZEL

5-A2 22 km N.-O. Brest. 62 m. ✉ 29810

CAMPING MUNICIPAL PORSCUIDIC ★★ Tourisme 50 E. dont 50 nus, dont 50 GCC. 0,5 ha CV . Accès direct à la mer.. Accueil groupes. Ouvert: 15.6 / 15.9. ☎ 02 98 84 08 52 / 0 6 21 07 68 23. E-mail : camping.plouarzel@orange.fr. Web : campings-plouarzel.jimdofree.com. Prix 2022. Fft jour : empl. Tourisme (2 3) : 11,5 € ( ) ;
Lat. : 48° 26' 10" N **Long.** : 004° 46' 58" W.

CAMPING MUNICIPAL PORSÉVIGNÉ ★★ Tourisme 100 E. dont 100 nus, dont 100 CC. CV . Accès direct à la mer.. Accueil groupes. Ouvert: 15.5 / 15.9. ☎ 06 21 07 68 23. E-mail : camping@plouarzel.bzh. Web : campings-plouarzel.jimdo.com. Prix 2022. Fft jour : empl. Tourisme (5) : 11,5 € ( ) ;
Lat. : 48° 25' 45" N **Long.** : 004° 46' 56" W.

CAMPING MUNICIPAL RUSCUMUNOC ★★ Tourisme 50 E. dont 50 nus 0,5 ha CV . Bord de mer à 150 m. ; . Accueil groupes. Ouvert: 1.7 / 31.8. ☎ 02 98 89 60 07. E-mail : camping@plouarzel.bzh. Web : campings-plouarzel.jimdo.com/.
Lat. : 48° 25' 19" N **Long.** : 004° 47' 05" W.

PLOUDALMEZEAU

5-A2 24 km N.-N.-O. Brest. 47 m. ✉ 29830

LES DUNES DE TREOMPAN NC Tourisme 134 E. . Bord de mer à 100 m. ; ; . . Ouvert: 12.4 / 30.9. ☎ 02 98 07 00 87. E-mail : camping@ploudalmezeau.fr. Web : tourisme.ploudalmezeau.fr.
Lat. : 48° 20' 09" N **Long.** : 004° 35' 55" W.

PLOUENAN

5-B2 18 km N.-O. Morlaix. 53 m. ✉ 29420

KERLAUDY - MER ET YOURTES ★★ Tourisme 50 E. dont 15 nus 1 ha CV . Locations : yourte. . Rivière à 200 m ; bord de mer à 3 km. Accueil groupes. Ouvert: 15.12 / 2.1. ☎ 02 98 15 89 35. E-mail : contact@mer-et-yourtes.com. Web : www.mer-et-yourtes.com. Prix 2023. 4 € ; 15 € ; 15 € ; 11 € ; animaux 3 € ; 3 €. Réduction H.S.
Lat. : 48° 38' 44" N **Long.** : 003° 57' 25" W.

PLOUESCAT

5-B1 30 km N.-O. Morlaix. 19 m. ✉ 29430

LA BAIE DU KERNIC ★★★ Tourisme 205 E. 4 ha CV . couverte chauffée . Bord de mer à 300 m. . Accueil groupes adultes. Ouvert: 6.4 / 29.9. ☎ 04 30 05 15 19. E-mail : info@tohapi.fr. Web : www.tohapi.fr/bretagne/camping-mer-baie-kernic.php.
Lat. : 48° 39' 32" N **Long.** : 004° 13' 03" W.

CAMPING MUNICIPAL POULFOEN ★ Tourisme 88 E. 1 ha CV . . Bord de mer à 20 m. ; . Ouvert: 1.6 / 30.9. ☎ 02 98 69 81 80. E-mail : camping@mairie-plouescat.fr. Web : www.tourisme-plouescat.com.
Lat. : 48° 41' 18" N **Long.** : 004° 10' 07" W.

PLOUEZOC'H

5-C2 10 km N. Morlaix. 63 m. ✉ 29252

BAIE DE TERENEZ ★★★ Tourisme 90 E. dont 53 nus 2 ha CV . chauffée . Accès direct à la mer ; rivière à 200 m. Accueil groupes adultes. Ouvert: 9.4 / 1.10. ☎ 02 98 67 26 80. E-mail : campingbaiedeterenez@wanadoo.fr. Web : www.campingbaiedeterenez.com. Réduction H.S.
Lat. : 48° 39' 35" N **Long.** : 003° 50' 53" W.
FFCC : avantages adhérent : 19 € du 15/04 au 07/07 et du 26/08 au 30/09 sur emp.

PLOUGASNOU

5-C1 16 km N. Morlaix. 60 m. ✉ 29630

CAMPING DE MESQUEAU ★★★ Tourisme 100 E. dont 40 nus 6 ha ap. 20 h, CV . couverte chauffée , . Accès direct à l'étang ; bord de mer à 5 km. Accueil groupes. Ouvert: 4.7 / 19.9. ☎ 02 98 67 37 45. E-mail : contact@domaine-de-mesqueau.com. Web : www.camping-mesqueau.com. Réduction H.S.
Lat. : 48° 39' 55" N **Long.** : 003° 46' 50" W.

CAMPING DU TREGOR ★★ Tourisme 40 E. dont 27 nus 0,9 ha CV . Locations : . . Bord de mer à 1,5 km ; étang à 3 km. Accueil groupes adultes. Ouvert: 1.4 / 30.11. ☎ 02 98 67 37 64. E-mail : contact@campingdutregor.com. Web : www.campingdutregor.com.
Lat. : 48° 41' 06" N **Long.** : 003° 12' 53" W.
FFCC : avantages adhérent : 14 € du 08/04 au 30/06 et du 01/09 au 30/09 sur emp.

CAMPING MUNICIPAL LA MER ★★ Tourisme 63 E. dont 61 nus 1,2 ha CV . A 150 m : . Locations : . Accès direct à la mer ; rivière à 3 km ; lac à 4 km. ; ; . Accueil groupes. Ouvert: 6.4 / 4.10. ☎ 02 98 72 37 06. E-mail : camping-plougasnou@orange.fr. Web : www.camping-plougasnou.fr. Prix 2022. Fft jour : empl. Tourisme (2) : 20 € ( ). Réduction H.S.
Lat. : 48° 42' 54" N **Long.** : 003° 48' 55" W.

KERVEN ★ Tourisme 45 E. 1 ha CV. Locations : . Bord de mer à 400 m ; rivière à 3 km. . Ouvert: 1.5 / 30.9. ☎ 02 98 72 41 22. E-mail : camping.kerven@wanadoo.fr. Web : campingkerven.free.fr.
Lat. : 48° 42' 08" N **Long.** : 003° 50' 05" W.

PLOUGASTEL-DAOULAS

5-B2 11 km E. Brest. 52 m. 29470

SAINT JEAN ★★★★ Tourisme 118 E. dont 80 nus CV. Locations : tonneau. couverte chauffée. Accès direct à la mer. Ouvert: 1.4 / 30.9. ☎ 02 98 40 32 90. E-mail : info@campingsaintjean.com. Web : www.campingsaintjean.com.
Lat. : 48° 24' 04" N **Long.** : 004° 21' 12" W.

PLOUGONVELIN

5-A2 19 km S.-O. Brest. 41 m. Station verte de vacances et village de neige 29217

LES TERRASSES DE BERTHEAUME ★★ Tourisme 75 E. 1,66 ha CV. Locations : . chauffée. Accès direct à la mer. ; . Ouvert: 1.1 / 31.12. ☎ 02 98 48 32 37. E-mail : sarl.alb@orange.fr. Web : www.camping-brest.com. Prix 2022. empl. Tourisme : 15 € ; 1 € ; 1 € ; 1 € ; 2,50 €.
Lat. : 48° 20' 25" N **Long.** : 004° 42' 08" W.

DOMAINE DE KÉRYEL CV. Ouvert: 1.5 / 30.9. ☎ 02 98 48 33 35. E-mail : domainedekeryel@gmail.com, Web : www.domainedekeryel.fr. Prix 2022. Fft nuit : empl. Tourisme (2) : 18 € ( )
Lat. : 48° 20' 41" N **Long.** : 004° 44' 29" W.

PLOUGUERNEAU

5-B2 30 km N. Brest. 45 m. 29880

CAMPING DU PHARE DE L' ÎLE VIERGE ★★★ Loisirs 55 E. dont 35 nus 1 ha CV. Bord de mer à 100 m ; rivière à 5 km. ; ; . Accueil groupes. Ouvert: 1.1 / 31.12. ☎ 06 73 78 32 64. E-mail : camping.phare.ile.vierge@gmail.com. Web : www.camping-phare-ile-vierge.com. Réduction H.S.
Lat. : 48° 37' 59" N **Long.** : 004° 32' 41" W.

DU VOUGOT ★★★ Tourisme 74 E. dont 51 nus 2,5 ha CV. Locations : . couverte chauffée. Bord de mer à 250 m. Ouvert: 29.4 / 25.9. ☎ 0 763525544. E-mail : contact@campingduvougot.com. Web : www.campingduvougot.com.
Lat. : 48° 37' 53" N **Long.** : 004° 26' 58" W.
FFCC : avantages adhérent : 21 € du 28/04 au 07/07 et du 28/08 au 23/09 sur emp.

LA GRÈVE BLANCHE ★★ Tourisme 100 E. dont 80 nus CV. Locations : , , cocosweet, roulotte, tipi. Accès direct à la mer ; rivière à 3 km. ; . Ouvert: 17.3 / 9.10. ☎ 02 98 04 70 35. E-mail : lroudaut@free.fr. Web : www.campinggreveblanche.com. Prix 2023. 5,30 € nuit ; 6,10 € nuit ; 4,20 € nuit ; 4,20 € nuit ; 1,80 € nuit ; animaux 2 € nuit ; 0,90 € 8 mn ; 3,20 € nuit ; 3,90 € nuit. Réduction H.S.
Lat. : 48° 37' 50" N **Long.** : 004° 31' 26" W.
FFCC : avantages adhérent : 245 € la semaine du 01/01 au 18/06 et du 10/09 au 31/12 sur loc.

PLOUHINEC

5-A3 24 km O. Quimper. 71 m. 29780

CAMPING GCU - PLOUHINEC ★★ Tourisme 92 E. . Ouvert: 28.6 / 31.8. ☎ 02 98 70 89 91. E-mail : gcu@gcu.asso.fr. Web : www.gcu.asso.fr.
Lat. : 48° 00' 05" N **Long.** : 004° 29' 44" W.

KERSINY PLAGE ★★ Tourisme 92 E. dont 77 nus CV. Accès direct à la mer ; rivière à 2 km ; étang à 4 km. ; ; . Ouvert: 1.4 / 30.9. ☎ 02 98 70 82 44. E-mail : info@kersinyplage.com. Web : www.kersinyplage.com. Réduction H.S.
Lat. : 48° 00' 26" N **Long.** : 004° 30' 29" W.

LARENVOIE ★★ Tourisme 65 E. dont 59 nus 2 ha CV. Locations : . Bord de mer à 500 m. Accueil groupes. Ouvert: 15.6 / 15.9. ☎ 02 98 70 89 38. E-mail : campinglarenvoie@yahoo.fr. Web : campingdelarenvoie.fr.
Lat. : 48° 01' 03" N **Long.** : 004° 28' 32" W.

LE LOUP BLANC ★★ Tourisme 80 E. dont 72 nus 2 ha CV. Locations : , . Accès direct à la mer ; rivière à 4 km. . Accueil groupes enfants. Ouvert: 1.6 / 30.9. ☎ 07 70 28 85 74. E-mail : contact@leloupblanc-camping.fr. Web : www.leloupblanc-camping.fr. Prix 2022. Fft jour : empl. Tourisme (1) : 16 € ( ) ; sup 6 € ; animaux 2 € ; 5 € ; 4 €. Réduction H.S.
Lat. : 48° 00' 21" N **Long.** : 004° 29' 39" W.

PIED A TERRE A LOQUERAN ★★ Tourisme 26 E. dont 26 nus 0,5 ha CV. Randonnée pédestre organisée. . Bord de mer et rivière à 500 m. Ouvert: 1.1 / 31.12. ☎ 02 98 74 95 06. E-mail : loqueran@free.fr. Réduction H.S.
Lat. : 48° 01' 28" N **Long.** : 004° 31' 43" W.

PLOUIGNEAU

5-C2 10 km S.-E. Morlaix. 119 m. 29610

LA FERME DE CROAS MEN ★★ Tourisme 25 E. CV. Locations : , , . Rivière à 500 m. Accueil groupes enfants. Ouvert: 1.4 / 31.10. ☎ 02 98 79 11 50. E-mail : info@ferme-de-croasmen.com. Web : www.ferme-de-croasmen.com. Prix 2022. empl. Tourisme : 9 € ; 4 € ; animaux 1 € ; 3 € ; 3,50 €.
Lat. : 48° 36' 17" N **Long.** : 003° 44' 30" W.

PLOUNEOUR-BRIGNOGAN-PLAGES

5-B1 36 km N.-E. Brest. 10 m. 29890

LA CÔTE DES LÉGENDES ★★★ Tourisme 147 E. dont 101 nus, dont 2 GCC. 1,7 ha CV. Locations : . Accès direct à la mer. ; ; . Accueil groupes. Ouvert: 1.4 / 12.11. ☎ 02 98 83 41 65. E-mail : camping-cote-des-legendes@orange.fr. Web : www.campingcotedeslegendes.com. Réduction H.S.
Lat. : 48° 40' 22" N **Long.** : 004° 19' 45" W.
FFCC : avantages adhérent : 16.50 € du 01/04 au 30/06 et du 01/09 au 30/09 sur emp. et entre 39 € et 69 € la nuitée et entre 273 € et 483 € la semaine du 01/04 au 30/06 et du 01/09 au 30/09 sur loc.

PLOUNEOUR-TREZ

5-B1 28 km N.-E. Brest. 16 m. 29890

SLOW VILLAGE BREIZH LEGENDES ★★★ Tourisme 198 E. 6,5 ha CV. Locations : , , , bivouac, cabanes. chauffée. Bord de mer à 30 m. ; . Accueil groupes. Ouvert: 11.4 / 11.10. ☎ 02 98 83 41 87. E-mail : jcornu@slow-village.fr. Web : www.slow-village.fr/. Réduction H.S.
Lat. : 48° 39' 18" N **Long.** : 004° 18' 07" W.

LES NYMPHEAS ★★ Loisirs 35 E. dont 3 nus 1,2 ha CV. Randonnée pédestre organisée. couverte. Bord de mer à 800 m. Ouvert: 1.7 / 31.8. ☎ 02 98 83 52 57. E-mail : lucien.maze@freesbee.fr. Web : www.campinglesnympheas.com.
Lat. : 48° 39' 27" N **Long.** : 004° 40' 15" W.

PLOUNEVEZ-LOCHRIST

5-B2 36 km O. Morlaix. 54 m. 29430

ODE VRAS ★★★ Tourisme 117 E. dont 92 nus CV. Locations : . , . Bord de mer à 200 m. Accueil groupes. Ouvert: 1.4 / 15.9. ☎ 02 98 61 65 17. E-mail : camping.odevraz@gmail.com. Web : /www.campingodevras.fr.
Lat. : 48° 38' 53" N **Long.** : 004° 14' 01" W.
FFCC : avantages adhérent : 18.50 € du 30/04 au 02/07 et du 29/08 au 15/09 sur emp. et entre 30 € et 70 € la nuitée et entre 360 € et 450 € la semaine du 30/04 au 02/07 et du 29/08 au 15/09 sur loc.

PLOVAN

5-B3 26 km S.-O. Quimper 28 m. 29720

AIRE NATURELLE MUNICIPALE DE RU VEIN. Ouvert: 1.7 / 31.8. ☎ 02 98 54 42 07. E-mail : mairiedeplovan@wanadoo.fr.
Lat. : 47° 54' 54" N **Long.** : 004° 22' 34" W.

PLOZEVET

5-B3 26 km O. Quimper. 56 m. 29710

LA CORNICHE ★★★ Tourisme 120 E. dont 78 nus, dont 55 CC - 20 GCC. CV. Locations : . chauffée. Bord de mer à 1,5 km. . Ouvert: 1.4 / 30.9. ☎ 02 98 91 33 94. E-mail : campinglacorniche@flowercampings.com. Web : www.campinglacorniche.com. Prix 2022. Fft jour : empl. Tourisme (2) : 24 € (E. CC E. GCC). Réduction H.S.
Lat. : 47° 58' 49" N **Long.** : 004° 25' 46" W.

LA SOURCE NC 25 E. CV. A 3 km : . Locations : , . Rivière à 2 km ; bord de mer à 3 km ; étang à 5 km. Ouvert: 1.4 / 30.9. ☎ 02 98 91 37 01. E-mail : guides@campingfrance.com.
Lat. : 47° 59' 00" N **Long.** : 004° 23' 46" W.

PONT-AVEN

5-C3 36 km S.-E. Quimper. 65 m. 29930

LE DOMAINE DE KERLANN ★★★★ Loisirs 755 E. CV. Locations : . couverte chauffée , , . Bord de mer à 5 km. . Ouvert: 8.4 / 5.11. ☎ 02 98 06 01 77. E-mail : bk.reception@siblu.fr. Web : siblu.fr/camping-domaine-de-kerlann. Réduction H.S.
Lat. : 47° 50' 40" N **Long.** : 003° 47' 20" W.

PONT-CROIX

5-A3 32 km O. Quimper. 42 m. 29790

ENTRE PIERRES ET MER ★★★ Tourisme 97 E. dont 60 nus 2 ha CV. Locations : . couverte chauffée . Rivière à 1 km ; bord de mer à 5 km. Accueil groupes adultes. Ouvert: 1.1 / 31.12. ☎ 02 98 53 75 71. E-mail : campingentrepierresetmer@orange.fr. Web : www.camping-entrepierresetmer.com. Réduction H.S.
Lat. : 48° 02' 58" N **Long.** : 004° 28' 58" W.

PONT-L'ABBE

5-B3 18 km S.-O. Quimper. 15 m. 29120

LE BOIS SOLEIL P.R.L ★★ Loisirs 100 E. Ouvert: 1.1 / 31.12. ☎ 02 98 87 03 39. E-mail : a.turquier@aol.com. Web : www.leboissoleil.fr.
Lat. : 47° 52' 00" N **Long.** : 004° 13' 00" W.

LES CHATAIGNIERS NC Tourisme 30 E. 2 ha CV. Locations : . Bord de mer à 4 km. Accueil groupes. Ouvert: 1.1 / 31.12. ☎ 02 98 87 39 30. E-mail : infos@auxchataigniers.com. Web : www.auxchataigniers.com.
Lat. : 47° 53' 08" N **Long.** : 004° 11' 45" W.

PORSPODER

5-A2 33 km N.-O. Brest. 34 m. 29840

VILLAGE VACANÇES MEZOU PORS NC Tourisme 180 E. CV. A 400 m : . Locations : . Bord de mer à 300 m. Ouvert: 26.6 / 28.8. ☎ 02 98 89 93 51. E-mail : soisic@villagevacancesmezoupors.fr. Web : www.villagevacancesmezoupors.fr.
Lat. : 48° 30' 00" N **Long.** : 004° 46' 00" W.

POULDREUZIC

5-B3 22 km O. Quimper. 48 m. 29710

LE LITTORAL ★★★ Loisirs 45 E. 1 ha CV. . Bord de mer à 300 m. ; . Ouvert: 1.4 / 30.9. ☎ 02 98 54 35 44. E-mail : lelittoral29@hotmail.fr. Web : www.campinglittoral.net. Réduction H.S.
Lat. : 47° 56' 26" N **Long.** : 004° 23' 44" W.

LES PEUPLIERS ★★★ Tourisme 46 E. dont 20 nus, dont 16 CC. 2 ha CV. Locations : , . Espace Fitness. . Bord de mer à 4 km. . Accueil groupes. Ouvert: 1.4 / 6.11. ☎ 02 98 54 49 98. E-mail : contact@camping-peupliers-pouldreuzic.com. Web : www.camping-peupliers-pouldreuzic.com. Prix 2022. empl. Tourisme : 5,50 € ; 6 € ; 3,50 € ; 3,50 € ; animaux 2 € ; 4 € ; 3,50 €. Réduction H.S.
Lat. : 47° 57' 59" N **Long.** : 004° 22' 00" W.

MME MARIE LE GUELLEC . Ouvert: 15.2 / 15.11. ☎ 02 98 54 41 55.
Lat. : 47° 56' 49" N **Long.** : 004° 22' 49" W.

POULLAN-SUR-MER

5-B3 28 km N.-O. Quimper. 67 m. ✉ 29100

LA BAIE DE DOUARNENEZ ★★★★ Tourisme 190 E. dont 66 nus 4,2 ha CV. Locations : . Randonnée pédestre organisée. couverte chauffée. Accès direct à l'étang ; bord de mer à 2 km. Accueil groupes. Ouvert: 18.6 / 5.9. ☎ 02 98 74 26 39. E-mail : info@camping-douarnenez.com. Web : www.camping-bretagne-douarnenez.com. Prix 2022. Fft jour : empl. Tourisme (2) : 39 € ( ) ; sup 9 € ; animaux 6 € ; 6 €. Réduction H.S.
Lat. : 48° 04' 56" N **Long.** : 004° 24' 26" W.
FFCC : avantages adhérent : 10% du 07/04 au 30/06 et du 01/09 au 09/0910% du 07/04 au 30/06 et du 01/09 au 09/09 sur emp. et loc. + Rendez-vous dans votre club avantages FFCC pour obtenir le code promotionnel et réserver !.

PRIMELIN

5-A3 46 km O. Quimper. 38 m. ✉ 29770

CAMPING MUNICIPAL KERMALERO NC Tourisme 75 E. dont 71 nus 0,7 ha CV. Locations : . Bord de mer à 1 km.. Accueil groupes. Ouvert: 1.4 / 22.10. ☎ 02 98 74 84 75. E-mail : campingkermalero@wanadoo.fr. Web : primelin.fr/le-camping-de-kermalero/. Prix 2023. Fft jour : empl. Tourisme (2) : 17,44 € ( ) ; sup 7 € ; 2,50 €.
Lat. : 48° 01' 31" N **Long.** : 004° 37' 06" W.

QUIMPER

5-B3 568 km O. Paris. 49 m. ✉ 29000

L'ORANGERIE DE LANNIRON ★★★★★ Tourisme 253 E. dont 215 nus 10 ha CV. A 1,5 km : Locations : . Randonnée pédestre organisée. chauffée. Accès direct à la rivière ; étang à 500 m. Accueil groupes. Ouvert: 1.4 / 5.11. ☎ 02 98 90 62 02. E-mail : contact@lanniron.com. Web : lanniron.com. Prix 2022. empl. Tourisme : 23 € ; 9 € ; Réduction H.S.
Lat. : 47° 58' 38" N **Long.** : 004° 06' 38" W.
FFCC : avantages adhérent : 23 € du 01/04 au 14/05 et du 16/09 au 29/10 sur emp.

CAMPING MUNICIPAL BOIS DU SEMINAIRE NC Tourisme 74 E. Ouvert: 1.1 / 31.12. ☎ 02 98 55 61 09. E-mail : camping-municipal@quimper.bzh. Web : www.quimper.bzh/.
Lat. : 47° 59' 21" N **Long.** : 004° 07' 16" W.

QUIMPERLE

5-C3 45 km S.-E. Quimper. 52 m. ✉ 29300

CAMPING MUNICIPAL DE KERBERTRAND ★★ Tourisme 40 E. CV. Accueil groupes. Ouvert: 15.6 / 15.9. ☎ 02 98 39 31 30. E-mail : camping@ville-quimperle.fr. Web : www.quimperletourisme.com.
Lat. : 47° 52' 21" N **Long.** : 003° 34' 11" W.

RIEC-SUR-BELON

5-C4 40 km S.-E. Quimper. 56 m. ✉ 29340

DOMAINE DE TROCHEROU P.R.L ★★ NN41 E. 1 ha CV. Locations : . Accès direct à l'étang ; rivière à 1 km. Accueil groupes. Ouvert: 1.1 / 31.12. ☎ 02 98 06 45 82. E-mail : trocherou@wanadoo.fr. Web : www.camping-trocherou.fr. Réduction H.S.
Lat. : 47° 52' 36" N **Long.** : 003° 42' 53" W.

LE CHATEAU DE BELON ★★ Tourisme 150 E. dont 137 nus 5 ha CV. Locations : . Bord de mer et rivière à 200 m ; étang à 5 km. Accueil groupes. Ouvert: 1.4 / 15.11. ☎ 02 98 06 41 43. E-mail : domainedebelon@live.fr. Web : belon.bzh/camping.
Lat. : 47° 49' 03" N **Long.** : 003° 42' 28" W.

LA PORTE NEUVE NC Tourisme 50 E. Accès direct à la rivière. Ouvert: 1.7 / 31.8. ☎ 02 98 06 90 21. E-mail : ronan.jaffrennou@hotmail.fr.
Lat. : 47° 49' 32" N **Long.** : 003° 41' 09" W.

ROSCANVEL

5-A2 46 km N.-O. Chateaulin. 47 m. ✉ 29570

CAMPING MUNICIPAL DE KERVIAN ★ Tourisme 45 E. 1 ha . Bord de mer à 800 m. Ouvert: 15.6 / 15.9. ☎ 02 98 27 43 23. E-mail : mairie@roscanvel.fr. Web : www.roscanvel.fr.
Lat. : 48° 18' 32" N **Long.** : 004° 33' 30" W.

ROSCOFF

5-B1 27 km N.-O. Morlaix. 22 m. ✉ 29680

LA POINTE DE ROSCOFF ★★★ Tourisme 200 E. 5,5 ha CV. Locations : cabanes . Accès direct à la mer. Accueil groupes. Ouvert: 1.4 / 11.10. ☎ 02 98 69 70 86. E-mail : campingparadispointederoscoff@alphacamping.fr. Web : camping-lapointederoscoff.fr/. Réduction H.S.
Lat. : 48° 42' 51" N **Long.** : 004° 00' 30" W.

ROSPORDEN

5-C3 21 km S.-E. Quimper. 118 m. ✉ 29140

CAMPING MUNICIPAL DES 3 ÉTANGS ★★ Tourisme 48 E. dont 49 nus 1 ha CV. Etang et rivière à 100 m. Accueil groupes. Ouvert: 1.7 / 31.8. ☎ 02 98 59 90 27. E-mail : camping3etangs@mairie-rosporden.fr. Web : camping3etangs.bzh/. Prix 2022. Fft nuit : empl. Tourisme (2) : 14 € ( ) ;
Lat. : 47° 57' 57" N **Long.** : 003° 49' 47" W.

SAINT-COULITZ

5-B3 4 km S.-E. Chateaulin. 82 m. ✉ 29150

LA POINTE ★★★ Tourisme 60 E. dont 55 nus 1,5 ha . Locations : . Accès direct à la rivière. Ouvert: 1.4 / 30.9. ☎ 02 98 86 51 53. E-mail : lapointecamping@gmail.com. Web : www.lapointecamping.com. Prix 2023. Fft jour : empl. Tourisme (2) : 19 € ( ) ; sup 4 € ; animaux 1,50 € ; 3 € ; 4,50 €. Réduction H.S.
Lat. : 48° 11' 15" N **Long.** : 004° 05' 06" W.
FFCC : avantages adhérent : 18 € du 15/03 au 30/06 et du 01/09 au 14/10 sur emp.

SAINT-EVARZEC

5-B3 10 km S.-E. Quimper. 61 m. ✉ 29170

KEROMEN ★★★ Tourisme 97 E. dont 38 nus 1 ha CV. A 10 km : . Accès direct à l'étang et à la rivière ; bord de mer à 5 km.. Accueil groupes. Ouvert: 1.1 / 31.12. ☎ 02 98 64 09 59. E-mail : keromenlff@yahoo.fr. Web : www.campingdekeromen.fr. Réduction H.S.
Lat. : 47° 56' 29" N **Long.** : 004° 01' 28" W.

M. CORENTIN HEMIDY CV. Ouvert: 1.4 / 30.9. ☎ 02 98 56 29 88. E-mail : contact@campingvertcreachlann.com, Web : campingvertcreachlann.com.
Lat. : 47° 56' 19" N **Long.** : 003° 59' 59" W.

SAINT-GOAZEC

5-C3 30 km E. Chateaulin. 157 m. ✉ 29520

CAMPING DE MON VILLAGE NC Tourisme 31 E. dont 31 nus 0,85 ha . Ouvert: 1.6 / 15.9. ☎ 01 83 64 69 21. E-mail : communication@campingcarpark.com. Web : www.campingcarpark.com. Prix 2022.
Lat. : 48° 10' 06" N **Long.** : 003° 46' 33" W.

CAMPING MUNICIPAL PENN AR PONT NC 54 E. 2 ha CV. Locations : . Accès direct à la rivière.. Ouvert: 1.5 / 30.9. ☎ 02 98 81 81 25. E-mail : accueil.mairie@chateauneuf-du-faou.fr.
Lat. : 48° 11' 01" N **Long.** : 003° 48' 37" W.

SAINT-JEAN-DU-DOIGT

5-C1 17 km N.-E. Morlaix. 86 m. ✉ 29630

CAMPING MUNICIPAL PONT A GLER ★★ Tourisme 33 E. dont 33 nus 1,2 ha CV. Accès direct à la rivière ; bord de mer à 700 m. Accueil groupes. Ouvert: 1.6 / 31.8. ☎ 02 98 67 32 15. E-mail : mairie@saintjeandudoigt.fr. Web : www.saintjeandudoigt.fr/.
Lat. : 48° 41' 39" N **Long.** : 003° 46' 29" W.

SAINT-NIC

5-B3 16 km O. Chateaulin. 104 m. ✉ 29550

LE DOMAINE KER'YS ★★★★ Tourisme 216 E. dont 66 nus CV. A 3 km : chauffée. Accès direct à la mer. Accueil groupes adultes. Ouvert: 7.4 / 16.9. ☎ 04 84 39 08 60. E-mail : inesselma@homair.com. Web : www.homair.com. Réduction H.S.
Lat. : 48° 11' 33" N **Long.** : 004° 18' 05" W.

MENEZ BICHEN ★★★★ Tourisme 185 E. 4 ha CV. Locations : . Bord de mer à 10 m. Ouvert: 15.4 / 30.9. ☎ 02 98 26 50 82. E-mail : camping.menez.bichen@wanadoo.fr. Web : www.menezbichen.fr.
Lat. : 48° 11' 27" N **Long.** : 004° 17' 57" W.

SAINT-PABU

5-A2 25 km N.-O. Brest. 37 m. ✉ 29830

CAMPING DE L'ABER BENOIT ★★ Tourisme 143 E. dont 98 nus 4,5 ha CV. Locations : . Accès direct à la mer. Accueil groupes. Ouvert: 1.5 / 20.9. ☎ 02 98 89 76 25. E-mail : info@camping-aber-benoit.com. Web : www.camping-aber-benoit.com. Réduction H.S.
Lat. : 48° 34' 35" N **Long.** : 004° 37' 44" W.

SAINT-POL-DE-LEON

5-B1 22 km N.-O. Morlaix. 34 m. ✉ 29250

AR KLÉGUER ★★★★ Tourisme 182 E. dont 130 nus 3,5 ha CV. Locations : . couverte chauffée. Accès direct à l'étang et à la mer. Accueil groupes. Ouvert: 2.4 / 25.9. ☎ 02 98 69 18 81. E-mail : info@camping-ar-kleguer.com. Web : www.camping-ar-kleguer.com. Prix 2022. Fft jour : empl. Tourisme (2) : 30,2 € ( ) ; sup 5,30 € ; animaux 2,80 € ; 3,15 € ; 5,60 €. Réduction H.S.
Lat. : 48° 41' 26" N **Long.** : 003° 58' 04" W.

LE TROLOGOT ★★★ Tourisme 120 E. dont 95 nus 2,5 ha CV. Locations : , cosweet. chauffée , . Accès direct à la mer. ; . Accueil groupes adultes. Ouvert: 8.4 / 1.10. ☎ 02 98 69 06 26 / 06 62 16 39 30. E-mail : camping-trologot@wanadoo.fr. Web : www.camping-trologot-bretagne.com/. Prix 2023. Fft jour : empl. Tourisme (2) : 27,6 € ( ) ; sup 5,90 € ; animaux 2,80 € ; 3,50 €. Réduction H.S.
Lat. : 48° 41' 36" N **Long.** : 003° 58' 09" W.
FFCC : avantages adhérent : 20 € du 08/04 au 02/07 et du 28/08 au 01/10 sur emp.

SAINT-RENAN

5-A2 13 km O. Brest. 59 m. ✉ 29290

CAMPING MUNICIPAL LOKOURNAN NC Tourisme 70 E. 3 ha . Accès direct aux bords du lac et à la rivière. Ouvert: 15.6 / 15.9. ☎ 02 98 84 37 67. E-mail : mairie@saint-renan.fr. Web : www.saint-renan.com.
Lat. : 48° 26' 21" N **Long.** : 004° 37' 48" W.

SAINT-THOIS

5-B3 20 km E. Chateaulin. 134 m. ✉ 29520

STERVINOU NC Tourisme 35 E. CV. Locations : . Accès direct à la rivière. . Accueil groupes. Ouvert: 1.1 / 1.12. ☎ 02 98 73 20 76. E-mail : ulamir.aulne@wanadoo.fr. Web : www.ulamir-aulne.fr.
Lat. : 48° 10' 04" N **Long.** : 003° 07' 40" W.

SAINT-YVI

5-B3 12 km S.-E. Quimper. 105 m. ✉ 29140

LE BOIS DE PLEUVEN ★★★★ Tourisme 280 E. CV. couverte chauffée , . ; . Ouvert: 6.4 / 22.9. ☎ 04 30 05 15 19. E-mail : info@tohapi.fr. Web : www.tohapi.fr/bretagne/camping-mer-bois-pleuven.php.
Lat. : 47° 57' 00" N **Long.** : 003° 58' 02" W.

LES MYRTILLES ★★ Tourisme 64 E. 1 ha . Etang à 5 km. Ouvert: 15.6 / 15.9. ☎ 02 98 94 71 25. E-mail : les_myrtilles@orange.fr. Web : www.campinglesmyrtilles.com.
Lat. : 47° 57' 02" N **Long.** : 003° 57' 48" W.

SANTEC

5-B1 26 km N.-O. Morlaix. 15 m. ✉ 29250

CAMPING MUNICIPAL DES DUNES ★ Tourisme 100 E. 4 ha . ; . Ouvert: 1.7 / 31.8. ☎ 02 98 29 75 34. E-mail : mairie-de-santec@wanadoo.fr. Web : www.santec.fr.
Lat. : 48° 41' 43" N **Long.** : 004° 03' 10" W.

SCAER

5-C3 36 km E. Quimper. 170 m. Station verte de vacances et village de neige ✉ 29390

KERISOLE ★★★ Tourisme 83 E. dont 59 nus, dont 9 CC - 50 GCC, 1,6 ha CV . A 5 km : Locations : , . , . Accès direct à la rivière.. Accueil groupes. Ouvert: 1.4 / 30.10. ☎ 06 46 71 76 40. E-mail : info@camping-kerisole.fr. Web : www.camping-kerisole.fr. Prix 2022. Fft jour : empl. Tourisme (2) : 22 € (E. CC E. GCC) ; sup 5 € ; animaux 3 €. Réduction H.S.
Lat. : 48° 01' 40" N **Long.** : 003° 41' 42" W.

SIBIRIL

5-B1 30 km N.-O. Morlaix. 38 m. ✉ 29250

AR ROC'H ★★★ Tourisme 53 E. dont 42 nus CV . Locations : . chauffée . Accès direct à la mer. ; . Accueil groupes. Ouvert: 1.4 / 1.11. ☎ 06 79 47 80 37 / 0 2 98 15 20 32. E-mail : contact@camping-arroch.com. Web : www.camping-arroch.com. Prix 2022. Fft nuit : empl. Tourisme (2) : 20 € ( ). Réduction H.S.
Lat. : 48° 41' 11" N **Long.** : 004° 04' 36" W.

SIZUN

5-B2 32 km S.-E. Morlaix. 173 m. Station verte de vacances et village de neige ✉ 29450

CAMPING MUNICIPAL LE GOLLEN ★ Tourisme 29 E. dont 29 nus 0,6 ha CV . , . Accès direct à la rivière.. Accueil groupes. Ouvert: 1.4 / 30.9. ☎ 02 98 68 80 13. E-mail : camping-de-sizun@orange.fr. Prix 2022. 3,50 € ; 5,50 € ; 3 € ; 1,50 € ; 2,50 € ; 2 € ; 3 €.
Lat. : 48° 24' 00" N **Long.** : 004° 04' 36" W.

TELGRUC-SUR-MER

5-B2 23 km O. Chateaulin. 65 m. ✉ 29560

ARMORIQUE ★★★★ Tourisme 98 E. 2 ha CV . Locations : . chauffée . Bord de mer à 750 m ; rivière à 1 km. . Accueil groupes. Ouvert: 1.4 / 30.9. ☎ 02 98 27 77 33. E-mail : contact@campingarmorique.com. Web : www.campingarmorique.com. Réduction H.S.
Lat. : 48° 13' 31" N **Long.** : 004° 22' 13" W.

LE PANORAMIC ★★★★ Tourisme 150 E. dont 128 nus, dont 80 CC - 20 GCC. CV . Locations : . Randonnée pédestre organisée. chauffée , . Bord de mer à 700 m. Accueil groupes. Ouvert: 1.5 / 15.9. ☎ 02 98 27 78 41. E-mail : info@camping-panoramic.com. Web : www.camping-panoramic.com. Prix 2022. empl. Tourisme : 12 € ; 5 € ; animaux 4 € ; 3 € ; 4,50 €. Réduction H.S.
Lat. : 48° 13' 25" N **Long.** : 004° 22' 22" W.
FFCC : avantages adhérent : 10% du 01/04 au 30/06 et du 01/09 au 24/0910% du 01/04 au 30/06 et du 01/09 au 24/09 sur emp. et loc. + 10% hors juillet-août sur les emplacements nus et hébergements locatifs sur présentation de la carte ou rendez-vous dans votre club avantages FFCC pour obtenir le code promotionnel.

LES MIMOSAS ★★ Tourisme 84 E. 1,5 ha ap. 22 h, CV . Bord de mer à 900 m. Ouvert: 1.4 / 30.9. ☎ 02 98 27 76 06. E-mail : campingmimosa@wanadoo.fr. Web : www.campingmimosa.com.
Lat. : 48° 13' 38" N **Long.** : 004° 22' 04" W.

PEN BELLEC NC Tourisme 45 E. 0,6 ha CV. Locations : . , . Bord de mer à 10 m. ; . . Accueil groupes. Ouvert: 1.5 / 20.9. ☎ 06 16 55 03 49. E-mail : camping-penbellec@orange.fr. Web : www.camping-telgruc.fr.
Lat. : 48° 12' 37" N **Long.** : 004° 22' 08" W.

TREFFIAGAT

5-B4 27 km S.-O. Quimper. 14 m. ✉ 29730

LES VERGERS DE SQUIVIDAN ★★★ Tourisme 70 E. dont 54 nus 1 ha CV . Locations : . couverte chauffée . Accès direct à la mer. ; ; . Ouvert: 1.4 / 15.10. ☎ 02 98 58 09 12. E-mail : contact@lesvergersdesquividan.fr. Web : www.lesvergersdesquividan.fr. Réduction H.S.
Lat. : 47° 47' 58" N **Long.** : 004° 14' 57" W.

KARREG SKIVIDEN ★★ Tourisme 45 E. dont 41 nus, dont 4 GCC. 0,8 ha CV . Locations : . Bord de mer à 600 m. Ouvert: 1.7 / 31.8. ☎ 02 98 58 22 78. E-mail : camping.karreg.skividen@gmail.com. Web : www.campingkarregskividen.com. Prix 2023. Fft jour : empl. Tourisme (2) : 20,3 € ( ) ; sup 4,40 € ; animaux 2 € ; 2,60 €.
Lat. : 47° 47' 55" N **Long.** : 004° 14' 56" W.

LES ORMES ★★ Tourisme 80 E. dont 74 nus 1 ha 22 h / 8 h 30, CV. Locations : . Bord de mer à 400 m. . Ouvert: 1.5 / 30.9. ☎ 02 98 58 21 27. E-mail : campingdesormes@gmail.com. Web : www.campingdesormesleguilvinec.fr. Prix 2022. empl. Tourisme : 4,70 € ; 4,50 € ; 2,70 € ; animaux 1,90 € ; 2,20 € ; 4,10 €.
Lat. : 47° 47' 48" N **Long.** : 004° 15' 23" W.

TREFLEZ

5-B2 43 km N.-O. Morlaix. 26 m. ✉ 29430

KEREMMA ★★★ Tourisme 185 E. 5 ha CV . Locations : , cocosweet. . Bord de mer à 100 m. ; ; . . Accueil groupes adultes. Ouvert: 1.4 / 19.9. ☎ 02 98 61 62 79. E-mail : contact@campingdekeremma.fr. Web : campingdekeremma.fr.
Lat. : 48° 38' 29" N **Long.** : 004° 16' 40" W.

TREGUENNEC

5-B3 27 km S.-O. Quimper. 21 m. ✉ 29720

KERLAZ ★★★ Tourisme 65 E. dont 44 nus 1 ha CV . Locations : . couverte chauffée . Rivière à 500 m ; étang à 1 km ; bord de mer à 2 km. Accueil groupes enfants. Ouvert: 1.4 / 30.9. ☎ 02 98 87 76 79. E-mail : contact@kerlaz.com. Web : www.kerlaz.com. Réduction H.S.
Lat. : 47° 53' 41" N **Long.** : 004° 19' 44" W.

CAMPING MUNICIPAL DE LA PALUE DE KERGUELLEC NC Tourisme 50 E. . . Accès direct à l'étang et aux bords du lac ; bord de mer à 200 m. ; . . Ouvert: 15.6 / 15.9. ☎ 02 98 87 78 18. E-mail : mairie.treguennec@wanadoo.fr.
Lat. : 47° 52' 60" N **Long.** : 004° 19' 60" W.

TREGUNC

5-B3 28 km S.-E. Quimper. 30 m. ✉ 29910

DOMAINE DE PENDRUC ★★★★ Loisirs 214 E. dont 38 nus 3,6 ha CV . Locations : . couverte chauffée , . Bord de mer à 800 m. . Accueil groupes. Ouvert: 15.6 / 15.9. ☎ 02 98 97 66 28. E-mail : info@domainedependruc.com. Web : www.domainedependruc.com.
Lat. : 47° 50' 27" N **Long.** : 003° 52' 52" W.

LA POMMERAIE DE L'OCEAN ★★★★ Tourisme 232 E. dont 60 nus CV . Locations : , . Randonnée pédestre organisée. Espace Fitness. couverte chauffée , , . Bord de mer à 900 m. ; . Ouvert: 1.4 / 15.9. ☎ 02 98 50 02 73. E-mail : contact@camping-bretagne-lapommeraiedelocean.com. Web : www.camping-bretagne-lapommeraiedelocean.com.
Lat. : 47° 48' 26" N **Long.** : 003° 50' 17" W.

DOMAINE DE LA PINÈDE ★★★ Tourisme 147 E. dont 53 nus CV . Randonnée pédestre organisée. chauffée . Accueil groupes adultes. Ouvert: 15.4 / 25.9. ☎ 02 98 97 67 40. E-mail : domainedelapinede@vacances-andretrigano.com. Web : vacances-andretrigano.com/camping/finistere/domaine-de-la-pinede-tregunc.
Lat. : 47° 51' 37" N **Long.** : 003° 50' 51" W.
FFCC : avantages adhérent : 10% du 07/04 au 08/07 et du 26/08 au 24/09 sur emp. et 5% du 07/04 au 08/07 et du 26/08 au 24/09 sur loc.

LE SUROIT ★★★ Tourisme 75 E. dont 40 nus 0,9 ha CV . . Bord de mer à 50 m. ; ; . Accueil groupes. Ouvert: 1.4 / 30.9. ☎ 02 98 50 01 76. E-mail : contact@campinglesuroit.com. Web : www.campinglesuroit.com.
Lat. : 47° 47' 50" N **Long.** : 003° 49' 37" W.

CHAMBON

10-E5 30 km N.-O. Alès. 373 m. 30450

CAMPING MUNICIPAL LE LUECH NC Tourisme 24 E. dont 24 nus 0,4 ha CV. Accès direct à la rivière. Ouvert: 15.6 / 15.9. ☎ 04 66 61 51 32. E-mail : mairie-du-chambon@wanadoo.fr. Prix 2022. Fft nuit : empl. Tourisme (6) : 14 € ( )
Lat. : 44° 18' 14" N **Long.** : 004° 00' 46" E.

CHAMBORIGAUD

10-E5 28 km N.-O. Alès. 433 m. 30530

CAMPING GCU - CHAMBORIGAUD ★ Tourisme 57 E. . Ouvert: 28.6 / 31.8. ☎ 04 66 61 42 01. E-mail : gcu@gcu.asso.fr. Web : www.gcu.asso.fr.
Lat. : 44° 18' 21" N **Long.** : 003° 58' 04" E.

COLLIAS

13-F1 20 km N.-E. Nîmes. 99 m. 30210

LE BARRALET ★★★ Tourisme 135 E. dont 65 nus 2 ha CV. Randonnée pédestre organisée. Accès direct à la rivière. Ouvert: 1.4 / 30.9. ☎ 04 66 22 84 52. E-mail : camping@barralet.fr. Web : www.barralet.fr.
Lat. : 43° 57' 24" N **Long.** : 004° 29' 07" E.
FFCC : avantages adhérent : 19 € du 01/04 au 30/06 et du 01/09 au 29/09 sur emp.

CONNAUX

13-F1 40 km N.-E. Nîmes. 124 m. 30330

LE VIEUX VERGER ★★★ Tourisme 54 E. CV. Etang à 3 km. Ouvert: 1.1 / 31.12. ☎ 04 66 82 91 62. E-mail : contact@campinglevieuxverger.com. Web : www.campinglevieuxverger.com.
Lat. : 44° 05' 08" N **Long.** : 004° 35' 32" E.

CORNILLON

10-F5 50 km N.-E. Nîmes. 137 m. 30630

LES AMARINES ★★★★ Tourisme 120 E. dont 97 nus 3,5 ha ap. 23 h, CV. A 5 km : chauffée. Accès direct à la rivière. Ouvert: 1.4 / 30.9. ☎ 04 66 82 24 92. E-mail : les.amarines@orange.fr. Web : www.campinglesamarines.com. Réduction H.S.
Lat. : 44° 13' 12" N **Long.** : 004° 28' 48" E.

LES BORDS DE CÈZE ★★★ Tourisme 45 E. dont 28 nus, dont 28 CC. 2 ha CV. Locations : . Randonnée pédestre organisée. . Rivière à 10 m. Ouvert: 1.6 / 2.10. ☎ 04 66 82 90 27. E-mail : contact@lesbordsdeceze.com. Web : www.lesbordsdeceze.com. Prix 2023. Fft jour : empl. Tourisme (2) : 28 € (E. CC)
Lat. : 44° 12' 06" N **Long.** : 004° 30' 32" E.

LES LIBELLULES ★★ Tourisme 50 E. dont 35 nus 2,5 ha . Locations : roulotte. Accès direct à la rivière. Ouvert: 18.4 / 26.9. ☎ 04 66 82 20 04. E-mail : post@campingleslibellules.com. Web : www.campingleslibellules.com.
Lat. : 44° 11' 32" N **Long.** : 004° 30' 09" E.

COURRY

10-F5 27 km N.-E. Alès. 305 m. 30500

LA BORIE . Ouvert: 15.5 / 30.9. ☎ 0 06 15 75 06 28. E-mail : cathyrouviere@orange.fr.
Lat. : 44° 17' 59" N **Long.** : 004° 09' 17" E.

CRESPIAN

13-F1 25 km O. Nîmes. 150 m. 30260

LE MAS DE REILHE ★★★★ Tourisme 92 E. dont 66 nus, dont 30 CC - 30 GCC. 2 ha CV. Locations : cocosweet. Espace Fitness. chauffée. Accueil groupes adultes. Ouvert: 20.4 / 29.9. ☎ 04 66 77 82 12. E-mail : info@camping-mas-de-reilhe.fr. Web : www.camping-mas-de-reilhe.fr. Prix 2022. Fft jour : empl. Tourisme (2) : 28,9 € (E. CC). Réduction H.S.
Lat. : 43° 52' 43" N **Long.** : 004° 05' 46" E.

DOMAZAN

14-A1 30 km N.-E. Nîmes. 119 m. 30390

LE BOIS DES ECUREUILS ★★ Tourisme 46 E. dont 31 nus 1,4 ha CV. Locations : . chauffée. Accueil groupes. Ouvert: 5.1 / 18.12. ☎ 04 66 57 10 03. E-mail : infos@boisdesecureuils.com. Web : www.camping-boisdesecureuils.fr.
Lat. : 43° 57' 07" N **Long.** : 004° 39' 57" E.

DOURBIES

13-D1 48 km N.-O. Le Vigan. 1143 m. 30750

CAMPING MUNICIPAL NC Tourisme 38 E. 1,2 ha CV. Locations : . Randonnée pédestre organisée. Accès direct à la rivière. Ouvert: 15.6 / 15.9. ☎ 04 67 82 72 46. E-mail : mairiededourbies@orange.fr.
Lat. : 44° 03' 40" N **Long.** : 003° 26' 57" E.

GAGNIERES

10-F5 32 km N.-E. Alès. 244 m. 30160

CLAIRVAL NC Tourisme 30 E. 3 ha . Rivière à 10 m. Accueil groupes. Ouvert: 15.5 / 31.8. ☎ 04 66 25 15 29. E-mail : camillecoste@orange.fr.
Lat. : 44° 19' 25" N **Long.** : 004° 07' 08" E.

SOURCE DE VIE NC Tourisme 100 E. 4,5 ha CV. Locations : . Accès direct à la rivière. Accueil groupes. Ouvert: 15.6 / 31.8. ☎ 04 66 25 02 67. E-mail : camping.source.de.vie@ccgagnieres.info. Web : ccgagnieres.com.
Lat. : 44° 18' 27" N **Long.** : 004° 07' 21" E.

GALLARGUES-LE-MONTUEUX

13-F2 21 km S.-O. Nîmes. 19 m. 30660

LES AMANDIERS ★★★★ Tourisme 165 E. 3 ha CV. A 2 km : Locations : . Rivière à 800 m ; bord de mer à 2 km. Ouvert: 1.4 / 25.9. ☎ 04 66 35 28 02. E-mail : camping-lesamandiers@orange.fr. Web : www.camping-lesamandiers.fr. Prix 2022. Fft nuit : empl. Tourisme (2) : 28,5 € ( ). Réduction H.S.
Lat. : 43° 43' 01" N **Long.** : 004° 10' 01" E.
FFCC : avantages adhérent : 22 € du 01/04 au 17/06 et du 27/08 au 24/09 sur emp. et entre 26 € et 150 € la nuitée du 01/04 au 17/06 et du 27/08 au 24/09 sur loc.

GENOLHAC

10-E5 35 km N.-O. Alès. 579 m. Station verte de vacances et village de neige 30450

LES ESPARNETTES ★★★ Loisirs 63 E. 7 h / 22 h 30, CV. Locations : . Accès direct à la rivière. Ouvert: 1.4 / 15.11. ☎ 04 66 61 44 50. E-mail : contact@lesesparnettes.fr.
Lat. : 44° 19' 04" N **Long.** : 003° 57' 06" E.

LA CHÂTAIGNERAIE ★★ Loisirs 50 E. 0,95 ha CV. Accès direct à la rivière. Ouvert: 1.4 / 30.9. ☎ 04 66 61 44 29. E-mail : sandrine.bares30@orange.fr. Web : www.camping-chataigneraie-cevennes.com. Prix 2022. empl. Tourisme : 2,50 € ; 3,50 € ; 1,50 € ; animaux 1,50 € ; 0,50 € ; 2,50 € ; 2,50 €.
Lat. : 44° 18' 29" N **Long.** : 003° 58' 18" E.

LE MARTINET ★★ Loisirs 50 E. dont 50 nus 2,5 ha CV. Locations : . Accès direct à la rivière. Accueil groupes. Ouvert: 30.4 / 30.9. ☎ 04 66 61 48 28 / 06 82 96 50 14. E-mail : suzanne.bondurand@orange.fr. Réduction H.S.
Lat. : 44° 18' 36" N **Long.** : 003° 58' 02" E.

LE PONT DU MAS ★★ Tourisme 29 E. 0,8 ha . Locations : , bulle, kota, tonneau. Rivière à 5 km. Accueil groupes. Ouvert: 1.1 / 31.12. ☎ 04 66 25 68 63. E-mail : campinglepontdumas@gmail.com. Web : lepontdumas-camping.fr. Prix 2022. Fft jour : empl. Tourisme (2) : 20 € ( )
Lat. : 44° 20' 07" N **Long.** : 003° 57' 29" E.

GOUDARGUES

10-F5 41 km N.-E. Nîmes. 201 m. 30630

SAINT MICHELET ★★★★ Tourisme 160 E. CV. Locations : . chauffée. Accès direct à la rivière. Ouvert: 1.5 / 15.9. ☎ 04 66 82 24 99. E-mail : lesaintmichelet@orange.fr. Web : www.lesaintmichelet.com. Réduction H.S.
Lat. : 44° 13' 19" N **Long.** : 004° 27' 44" E.

LA GRENOUILLE ★★★ Tourisme 50 E. dont 40 nus 0,8 ha CV. A 4 km : Locations : caravane. Accès direct à la rivière. Ouvert: 27.3 / 16.10. ☎ 04 66 82 21 36. E-mail : camping.grenouille@orange.fr. Web : www.camping-la-grenouille.com.
Lat. : 44° 12' 51" N **Long.** : 004° 28' 09" E.

LE MAS DE ROME ★★ Tourisme 55 E. dont 25 nus 1 ha . A 3 km : . Accès direct à la rivière. Accueil groupes. Ouvert: 2.6 / 30.9. ☎ 04 66 82 25 24. E-mail : campingmasderome@orange.fr. Web : campinglemasderome.com. Réduction H.S.
Lat. : 44° 12' 04" N **Long.** : 004° 28' 37" E.

LA SARAILLÈRE CV. Ouvert: 12.6 / 12.9. ☎ 06 31 94 85 29. E-mail : camping-la-saraillere@hotmail.fr, Web : www.camping-la-saraillere.com. Prix 2022. Fft jour : empl. Tourisme (2) : 20 € ( ) ; sup 5 € ; animaux 2 € ; 3,50 € ; 3,80 €. Réduction H.S.
Lat. : 44° 14' 29" N **Long.** : 004° 26' 41" E.

LE MAS DE ROME CV. A 3 km : . Ouvert: 5.4 / 30.9. ☎ 04 66 82 25 24. E-mail : campingmasderome@orange.fr, Web : campingmasderome.com.
Lat. : 44° 12' 02" N **Long.** : 004° 28' 39" E.

JUNAS

13-F2 25 km S.-O. Nîmes. 53 m. 30250

L'OLIVIER ★★★ Tourisme 45 E. dont 24 nus 22 h 30 / 8 h, CV. Locations : . Ouvert: 6.4 / 13.10. ☎ 04 66 80 39 52. E-mail : contact@campinglolivier.fr. Web : www.campinglolivier.fr. Prix 2022. Fft nuit : empl. Tourisme (2) : 19,5 € ( ). Réduction H.S.
Lat. : 43° 46' 16" N **Long.** : 004° 07' 32" E.

LES CHÊNES ★★★ Tourisme 87 E. dont 69 nus 23 h / 7 h 30, CV. Locations : , roulotte. Rivière à 3 km. Ouvert: 10.4 / 17.10. ☎ 04 66 80 99 07. E-mail : chenes@wanadoo.fr. Web : www.camping-les-chenes.com. Prix 2022. Fft jour : empl. Tourisme (2) : 19,8 € ( ) ; sup 5,60 € ; animaux 4,30 € ; 4,50 € ; 5,60 €. Réduction H.S.
Lat. : 43° 45' 41" N **Long.** : 004° 07' 14" E.
FFCC : avantages adhérent : 20 € du 15/04 au 30/06 et du 01/09 au 16/10 sur emp.

LA ROQUE-SUR-CEZE

10-F5 57 km N.-E. Nîmes. 113 m. 30200

LA VALLEE VERTE ★★★★ Tourisme 140 E. dont 39 GCC. 4 ha . A 4 km : Locations : . Accès direct à la rivière. Ouvert: 30.3 / 21.9. ☎ 04 66 79 08 89. E-mail : info@la-vallee-verte.com. Web : www.la-vallee-verte.com.
Lat. : 44° 10' 53" N **Long.** : 004° 32' 06" E.

LES CASCADES ★★★★ Tourisme 128 E. dont 40 nus 3 ha CV. Locations : . chauffée. Accès direct à la rivière. Accueil groupes adultes. Ouvert: 26.4 / 17.9. ☎ 04 66 82 72 97. E-mail : infos@campinglescascades.com. Web : www.campinglescascades.com. Prix 2023. Fft jour : empl. Tourisme (2) : 66 € (E. CC E. GCC) ; sup 11 € ; animaux 6 € ; 9 €.
Lat. : 44° 11' 19" N **Long.** : 004° 31' 29" E.
FFCC : avantages adhérent : 10% du 26/04 au 30/06 et du 01/09 au 24/0910% du 26/04 au 30/06 et du 01/09 au 24/09 sur emp. et loc. + Rendez-vous dans votre club avantages FFCC pour obtenir le code promotionnel et réserver !.

LANUEJOLS

10-D5 38 km N.-O. Le Vigan. 940 m. ✉ 30750

DOMAINE DE PRADINES ★★ Tourisme 75 E. dont 50 nus

20 ha CV. Locations : , bulle. Randonnée pédestre organisée. chauffée . Accueil groupes adultes. Ouvert: 15.6 / 15.9. ☎ 04 67 82 73 85. E-mail : contact@domaine-de-pradines.com. Web : www.domaine-de-pradines.com. Prix 2023. 9 € ; animaux 2 € ; 6,50 € ; 4 €.
Lat. : 44° 07' 59" N **Long.** : 003° 20' 50" E.

LASALLE

13-E1 45 km N.-E. Le Vigan. 367 m. ✉ 30460

LA SALENDRINQUE ★★★ Tourisme 100 E. dont 82 nus

CV. chauffée . Accès direct à la rivière. ; . Ouvert: 10.4 / 4.10. ☎ 04 66 85 24 57. E-mail : info@campinglasalendrinque.fr. Web : www.campinglasalendrinque.fr. Réduction H.S.
Lat. : 44° 02' 20" N **Long.** : 003° 51' 42" E.
FFCC : avantages adhérent : 18 € du 15/04 au 11/06 et du 03/09 au 03/10 sur emp.

LAUDUN-L'ARDOISE

11-A5 52 km N.-E. Nîmes. 78 m. ✉ 30290

LE DOLIUM ★★★ Tourisme 77 E. 2,15 ha CV. Locations : . , . Rivière à 10 m. . Accueil groupes. Ouvert: 1.4 / 31.12. ☎ 04 66 39 27 07. E-mail : campingledolium@gmail.com. Web : campingledolium.fr. Réduction H.S.
Lat. : 44° 05' 52" N **Long.** : 004° 39' 35" E.

LE GRAU-DU-ROI

13-F2 42 km S.-O. Nimes. 1 m. ✉ 30240

L'EDEN ★★★★★ Tourisme 362 E. dont 12 nus

4 ha CV . A 700 m : . Locations : . Espace Fitness. chauffée , , . Lac à 500 m ; bord de mer à 800 m. . Ouvert: 8.4 / 30.9. ☎ 04 66 51 49 81. E-mail : contact@campingleden.fr. Web : www.campingleden.fr.
Lat. : 43° 31' 23" N **Long.** : 004° 08' 34" E.
FFCC : avantages adhérent : entre 66 € et 249 € la nuitée et entre 462 € et 1743 € la semaine du 08/04 au 02/07 et du 27/08 au 30/09 sur loc.

LES PETITS CAMARGUAIS ★★★★★ Tourisme 219 E. dont 24 nus

10 ha CV . Locations : . couverte chauffée . Bord de mer à 1,5 km. ; . Ouvert: 13.4 / 8.11. ☎ 04 66 51 16 16. E-mail : info@yellohvillage-petits-camarguais.com. Web : www.yellohvillage-petits-camarguais.com. Prix 2022. Fft nuit : empl. Tourisme (2) : 20 € ( ).
Lat. : 43° 30' 14" N **Long.** : 004° 08' 40" E.
FFCC : avantages adhérent : 10% du 01/04 au 30/06 et du 01/09 au 07/1110% du 01/04 au 30/06 et du 01/09 au 07/11 sur emp. et loc. + Rendez-vous dans votre club avantages FFCC pour obtenir le code promotionnel et réserver !.

ABRI DE CAMARGUE ★★★★ Tourisme 277 E. dont 37 nus

3 ha CV . Locations : . Espace Fitness. couverte chauffée . Bord de mer à 1 km ; lac à 2 km. . Accueil groupes. Ouvert: 3.4 / 30.9. ☎ 04 66 51 54 83. E-mail : contact@abridecamargue.fr. Web : www.abridecamargue.fr. Prix 2023. Fft jour : empl. Tourisme (2) : 53 € ( ) ; sup 9 € ; animaux 7 €.
Lat. : 43° 31' 22" N **Long.** : 004° 08' 57" E.
FFCC : avantages adhérent : entre 43 € et 180 € la nuitée et entre 300 € et 1260 € la semaine du 03/04 au 29/09 sur emp.

LA MARINE ★★★★ Tourisme 293 E.

Locations : . . Lac à 1 km ; bord de mer à 2 km. ; . Ouvert: 6.4 / 29.9. ☎ 04 30 05 17 62. E-mail : info@tohapi.fr. Web : www.tohapi.fr/languedoc-roussillon/camping-la-marine.php.
Lat. : 43° 30' 27" N **Long.** : 004° 08' 44" E.

LE BOUCANET ★★★★ Tourisme 442 E. CV . Locations : . couverte chauffée , . Accès direct à la mer ; étang à 500 m. ; ; . Ouvert: 5.4 / 6.10. ☎ 04 66 51 41 48. E-mail : boucanet@capfun.com. Web : www.capfun.com. Réduction H.S.
Lat. : 43° 33' 16" N **Long.** : 004° 06' 24" E.

DOMAINE ÉLYSÉE ★★★ Tourisme 697 E.

, . . Ouvert: 9.4 / 2.10. ☎ 08 25 27 32 73 / 04 66 35 73 35. E-mail : domaine.elysee@odalys-vacances.com. Web : www.odalys-vacances.com.
Lat. : 43° 31' 01" N **Long.** : 004° 08' 53" E.

L'ESPIGUETTE ★★★ Tourisme 1955 E. dont 1122 nus

42 ha ap. minuit, CV. A 5 km : Locations : cocosweet. chauffée. Accès direct à la mer. Accueil groupes. Ouvert: 1.4 / 13.11. ☎ 04 66 51 43 92. E-mail : reception@campingespiguette.fr. Web : www.campingespiguette.fr. Prix 2022. Fft jour : empl. Tourisme (2 🚶) : 41 €
Lat. : 43° 30' 24" N **Long.** : 004° 07' 42" E.
FFCC : avantages adhérent : 17 euros pour les camping-cars.

BON SEJOUR ★★ Tourisme 368 E. 5 ha CV. Locations. Accès direct aux bords du lac ; bord de mer à 2 km. Ouvert: 1.4 / 30.9. ☎ 04 66 51 47 11. E-mail : contact@camping-bonsejour.fr. Web : www.camping-bonsejour.fr.
Lat. : 43° 30' 44" N **Long.** : 004° 08' 41" E.

LE SOLEIL ★★ Loisirs 330 E. dont 78 nus de 23 h / 7 h, CV. A 2 km : Locations. Lac à 10 m ; bord de mer à 2 km. Ouvert: 1.4 / 30.9. ☎ 04 66 51 50 07. E-mail : camping.soleil@free.fr. Web : www.camping-soleil.com. Prix 2023. Fft jour : empl. Tourisme (2 🚶) : 23 € ; 🚶 sup 5 € ; 4,50 € ; 4 €. Réduction H.S.
Lat. : 43° 30' 32" N **Long.** : 004° 08' 42" E.

LES JARDINS DE TIVOLI ★★★★ Tourisme 331 E.

CV. Locations : . Espace Fitness. Bord de mer à 600 m. Ouvert: 1.4 / 30.9. ☎ 04 66 53 97 00. E-mail : contact@lesjardinsdetivoli.com. Web : www.lesjardinsdetivoli.com. Réduction H.S.
Lat. : 43° 31' 18" N **Long.** : 004° 08' 57" E.

LE MARTINET

10-F5 22 km N.-N.-O. Alés. 396 m. ✉ 30960

CAMPING MUNICIPAL NC Tourisme 27 E. dont 27 GCC. 0,2 ha CV. Accès direct à la rivière.. Accueil groupes. Ouvert: 1.7 / 15.9. ☎ 04 66 24 95 00. E-mail : mairie.lemartinet@wanadoo.fr.
Lat. : 44° 15' 21" N **Long.** : 004° 04' 56" E.

LE VIGAN

13-E1 82 km O. Nimes. 340 m. ✉ 30120

LE VAL DE L'ARRE ★★★★ Tourisme 170 E. dont 133 nus

4 ha 22 h 30 / 7 h 30, CV. Locations : . Espace Fitness. chauffée. Accès direct à la rivière. Ouvert: 1.4 / 30.9. ☎ 04 67 81 02 77. E-mail : valdelarre@wanadoo.fr. Prix 2023. Fft jour : empl. Tourisme (2 🚶) : 36 € ; 🚶 sup 8,80 € ; animaux 3 € ; 6 €. Réduction H.S.
Lat. : 43° 59' 29" N **Long.** : 003° 38' 15" E.
FFCC : avantages adhérent : 17 € du 01/04 au 01/07 et du 25/08 au 30/09 sur emp. et 10% du 01/04 au 07/07 et du 26/08 au 30/09 sur loc. + Locatifs : 5% de réduction du 08/07 au 26/08.

Pour tout savoir sur la FFCC : www.ffcc.fr

LES PLANTIERS

10-E5 38 km N.-O. Le Vigan. 641 m. ✉ 30122

LE CAYLOU ★★★ Tourisme 75 E. dont 27 nus 5,2 ha CV. Accès direct à la rivière. Accueil groupes. Ouvert: 15.4 / 15.10. ☎ 04 66 83 92 85. E-mail : camping.caylou@gmail.com. Web : www.camping-caylou.fr.
Lat. : 44° 07′ 20″ N **Long.** : 003° 43′ 51″ E.

LEZAN

13-F1 13 km S. Alès. 128 m. ✉ 30350

LE MAS DES CHENES ★★★ Tourisme 180 E. dont 158 nus, dont 5 GCC. 6,5 ha camping piéton, CV. Locations : cocosweet. Accès direct à la rivière ; étang à 1 km. Accueil groupes. Ouvert: 25.4 / 19.9. ☎ 04 66 54 48 30. E-mail : info@campingmasdeschenes.com. Web : www.campingmasdeschenes.com. Réduction H.S.
Lat. : 44° 01′ 18″ N **Long.** : 004° 02′ 46″ E.

MASSILLARGUES-ATTUECH

13-E1 15 km S. Alès. 138 m. ✉ 30140

L'OLIVIER ★★★ Tourisme 23 E. dont 4 CC. 0,48 ha CV. Locations : . Accès direct aux bords du lac et à la rivière. Accueil groupes adultes. Ouvert: 5.1 / 20.12. ☎ 04 66 61 84 80. E-mail : campinglolivieranduze@gmail.com. Web : www.campinglolivier.com.
Lat. : 44° 01′ 24″ N **Long.** : 004° 01′ 29″ E.

LE FIEF D'ANDUZE ★★★ Tourisme 88 E. dont 49 nus 5 ha CV. Locations : . chauffée. Accès direct aux bords du lac ; rivière à 200 m.. Accueil groupes. Ouvert: 1.4 / 30.9. ☎ 06 52 72 07 89. E-mail : campingdufief@free.fr. Web : campinglefief.fr. Prix 2022. Fft jour : empl. Tourisme (2) : 31,3 € (). Réduction H.S.
Lat. : 44° 01′ 41″ N **Long.** : 004° 01′ 38″ E.

MEJANNES-LE-CLAP

10-F5 33 km N.-E. Alès. 285 m. ✉ 30430

LA GENESE ★★★ Tourisme 432 E. CV Rés. naturiste. Locations : . chauffée. Accès direct à la rivière. Accueil groupes. Ouvert: 30.3 / 28.9. ☎ 05 33 09 20 92. E-mail : reservations@tohapi-naturiste.fr. Web : www.lagenese.com. Réduction H.S.
Lat. : 44° 16′ 02″ N **Long.** : 004° 22′ 13″ E.

RESIDENCE CLUB LES DOLMENS ★★★ Loisirs 92 E. dont 50 nus 5 ha CV. Locations : . chauffée. Ouvert: 1.5 / 31.10. ☎ 09 64 03 25 36. E-mail : contact@camping-lesdolmens.com. Web : www.camping-lesdolmens.fr. Réduction H.S.
Lat. : 44° 12′ 39″ N **Long.** : 004° 20′ 26″ E.

MIALET

10-E5 17 km O. Alès. 345 m. ✉ 30140

LA BERGE FLEURIE ★★★ Loisirs 100 E. dont 48 nus 3 ha. Locations : . Accès direct à la rivière. Ouvert: 1.5 / 12.9. ☎ 04 66 55 79 72. E-mail : contact@campinglabergefleurie.com. Web : www.campinglabergefleurie.com.
Lat. : 44° 07′ 19″ N **Long.** : 003° 54′ 54″ E.

CAMPING MUNICIPAL LA ROUQUETTE ★★ Tourisme 91 E. dont 96 nus CV. Rivière à 50 m. Accueil groupes. Ouvert: 15.5 / 15.9. ☎ 04 66 54 18 70. E-mail : camping.larouquette@mialet.net. Web : www.mialet.net.
Lat. : 44° 05′ 26″ N **Long.** : 003° 57′ 38″ E.

MOLIERES-CAVAILLAC

13-E1 3 km S.-O. Le Vigan. 389 m. ✉ 30120

LA TESSONNE ★★ Tourisme 38 E. dont 36 nus 0,53 ha ap. 22 h, CV. Rivière à 300 m. Accueil groupes. Ouvert: 15.5 / 15.9. ☎ 04 67 81 17 35. E-mail : mggleize@yahoo.fr.
Lat. : 43° 58′ 23″ N **Long.** : 003° 35′ 18″ E.

LAPAROT ★★ Tourisme 50 E. 1,6 ha 23h/7h, CV. Accès direct à la rivière. Ouvert: 1.7 / 30.9. ☎ 04 67 81 13 82. E-mail : camping.laparot@yahoo.fr. Réduction H.S.
Lat. : 43° 58′ 18″ N **Long.** : 003° 34′ 52″ E.

MONOBLET

13-E1 37 km E. Le Vigan. 336 m. ✉ 30170

LE GRANIERS ★★★ Tourisme 70 E. dont 45 nus 1,7 ha CV. Locations : , bulle. Accès direct à la rivière. Accueil groupes. Ouvert: 1.1 / 31.12. ☎ 04 66 25 19 24. E-mail : campinggraniers@gmail.com. Web : www.camping-graniers.fr. Prix 2023. Fft jour : empl. Tourisme (2) : 23 € () ; sup 7 € ; animaux 4 € ; 4 € ; 4 €. Réduction H.S.
Lat. : 43° 58′ 48″ N **Long.** : 003° 53′ 06″ E.
FFCC : avantages adhérent : 14 € du 01/01 au 30/03 et du 15/09 au 31/12 sur emp.

MONTCLUS

10-F5 38 km N.-E. Nîmes. 178 m. ✉ 30630

MAS DE LINDE ★★ Tourisme 25 E. dont 25 nus CV. Locations : . chauffée. Rivière à 2 km. Accueil groupes adultes. Ouvert: 1.4 / 30.9. ☎ 04 66 24 50 96. E-mail : masdelinde.bayle@gmail.com. Web : www.masdelinde.com. Prix 2022. Fft jour : empl. Tourisme (2) : 21 € () ; sup 9 € ; animaux 2 €. Réduction H.S.
Lat. : 44° 16′ 47″ N **Long.** : 004° 23′ 04″ E.

MME CLAUDINE BRUGUIER. Ouvert: 1.4 / 30.9. ☎ 04 66 82 32 52. E-mail : claudine.bruguier@orange.fr, Web : campingdumoulin.skynetblogs.be.
Lat. : 44° 15′ 53″ N **Long.** : 004° 25′ 06″ E.

MONTDARDIER

13-E1 9 km S. Le Vigan. 647 m. ✉ 30120

CAMPING MUNICIPAL NC Tourisme 11 E. 0,25 ha. Ouvert: 1.7 / 31.8. ☎ 04 67 81 52 46. E-mail : mairiemontdardier@orange.fr. Prix 2023. 5 € ;
Lat. : 43° 55′ 46″ N **Long.** : 003° 35′ 27″ E.

MONTFRIN

14-A1 22 km N.-E. Nimes. 29 m. ✉ 30490

BELLERIVE ★★★ Tourisme 100 E. 1,5 ha CV. Locations : . Accès direct à la rivière. Accueil groupes. Ouvert: 1.5 / 25.9. ☎ 04 66 57 20 79. E-mail : info@campingbellerive.fr. Web : www.campingbellerive.fr. Réduction H.S.
Lat. : 43° 52′ 47″ N **Long.** : 004° 35′ 24″ E.

NIMES

13-F1 694 km S.-E. Paris 115 m. ✉ 30900

DOMAINE DE LA BASTIDE ★★★★ Tourisme 242 E. dont 13 nus, dont 19 CC - 19 GCC. CV. couverte chauffée. Etang à 500 m. Ouvert: 21.10 / 6.11. ☎ 04 66 62 05 82. E-mail : bastide@capfun.com. Web : www.capfun.com. Réduction H.S.
Lat. : 43° 47′ 17″ N **Long.** : 004° 21′ 06″ E.

PEYREMALE

10-F5 30 km N. Alès. 335 m. ✉ 30160

LES DROUILHEDES ★★★ Tourisme 90 E. dont 68 nus CV. Locations : cocosweet. Randonnée pédestre organisée. Accès direct à la rivière. Accueil groupes. Ouvert: 3.4 / 19.9. ☎ 04 66 25 04 80. E-mail : info@campingcevennes.com. Web : www.campingcevennes.com. Réduction H.S.
Lat. : 44° 17′ 31″ N **Long.** : 004° 04′ 07″ E.

LE MOULIN DU LUECH NC Tourisme 35 E. dont 26 nus 0,8 ha CV. Locations : , yourte. Accès direct à la rivière. Accueil groupes. Ouvert: 1.5 / 3.10. ☎ 06 28 34 54 62. E-mail : lemoulinduluech@gmail.com. Web : www.campingcevennes-atypique.com. Prix 2022. Fft jour : empl. Tourisme (2) : 15 € () ; sup 3,50 € ; animaux 1 € ; 3 € ; 3 €. Réduction H.S.
Lat. : 44° 18′ 10″ N **Long.** : 004° 03′ 30″ E.
FFCC : avantages adhérent : 18 € du 10/04 au 30/06 et du 01/09 au 02/10 sur emp. et entre 65 € et 130 € la nuitée et entre 455 € et 910 € la semaine du 10/04 au 30/06 et du 01/09 au 02/10 sur loc. + 5% à partir de 2 semaines.

REMOULINS

13-F1 19 km N.-E. Nîmes. 29 m. ✉ 30210

LA SOUBEYRANNE ★★★★★ Tourisme 262 E. CV. Locations : . couverte chauffée. Accès direct à la rivière. Accueil groupes adultes. Ouvert: 10.4 / 8.9. ☎ 04 66 37 03 21. E-mail : soubeyranne@capfun.com. Web : www.soubeyranne.com. Réduction H.S.
Lat. : 43° 55′ 32″ N **Long.** : 004° 33′ 44″ E.

LA SOUSTA ★★★★ Tourisme 330 E. dont 258 nus 12 ha CV. Locations : , bivouac. Randonnée pédestre organisée. Espace Fitness. Accès direct à la rivière. Accueil groupes. Ouvert: 3.4 / 1.11. ☎ 04 66 37 12 80. E-mail : info@lasousta.com. Web : www.lasousta.com. Prix 2023. Fft jour : empl. Tourisme (2) : 36,2 € () ; sup 10 € ; animaux 2,50 €. Réduction H.S.
Lat. : 43° 56′ 53″ N **Long.** : 004° 32′ 45″ E.

REVENS

13-D1 59 km S.-O. Le Vigan 755 m. ✉ 30750

MME JOSETTE SOUYRIS CV. Ouvert: 1.5 / 1.9. ☎ 04 67 82 73 58. E-mail : lou.triadou@wanadoo.fr, Web : camping-lou-triadou.pagesperso-orange.fr.
Lat. : 44° 05′ 14″ N **Long.** : 003° 17′ 46″ E.

ROCHEGUDE

10-F5 21 km N.-E. Alès. 161 m. ✉ 30430

L'UNIVERSAL ★★★★ Tourisme 90 E. dont 66 nus 4,25 ha CV. Locations : , cabanes. Accès direct à la rivière. Accueil groupes. Ouvert: 28.4 / 17.9. ☎ 04 66 24 41 26. E-mail : contact@camping-universal.com. Web : www.camping-universal.com. Prix 2022. Fft jour : empl. Tourisme (2) : 29 € () ; sup 9 € ; animaux 4 € ; 7 € ; 5 €.
Lat. : 44° 14′ 15″ N **Long.** : 004° 16′ 24″ E.
FFCC : avantages adhérent : 22 € du 29/04 au 17/06 et du 27/08 au 18/09 sur emp. et entre 55 € et 75 € la nuitée et entre 385 € et 525 € la semaine du 29/04 au 17/06 et du 27/08 au 18/09 sur loc.

ROGUES

13-E1 15 km S. Le Vigan 538 m. ✉ 30120

GITE LE REVEL ★ Tourisme 6 E. CV. Rivière à 4 km. Accueil groupes. Ouvert: 1.4 / 30.10. ☎ 04 67 81 50 89. E-mail : contact@gite-le-revel.fr. Web : www.gite-le-revel.fr.
Lat. : 43° 53′ 11″ N **Long.** : 003° 34′ 14″ E.

SAINT-AMBROIX

10-F5 20 km N.-E. Alès. 194 m. ✉ 30500

BEAU RIVAGE ★★★★ Tourisme 119 E. dont 94 nus 3,2 ha ap. 22 h 30, CV. Locations : . chauffée. Accès direct à la rivière. Ouvert: 9.4 / 18.9. ☎ 04 66 24 10 17. E-mail : franck@camping-beau-rivage.fr. Web : www.camping-beau-rivage.fr.
Lat. : 44° 14′ 16″ N **Long.** : 004° 12′ 08″ E.

LE CLOS ★★★ Tourisme 45 E. dont 25 nus. Locations : . Rivière à 100 m. ; . Ouvert: 1.5 / 30.9. ☎ 04 66 60 25 62. E-mail : campingleclos@wanadoo.fr. Web : www.camping-le-clos.fr. Réduction H.S.
Lat. : 44° 15' 46" N **Long.** : 004° 11' 44" E.

LA TOUR ★★ Tourisme 30 E. dont 24 nus 0,4 ha CV. Locations : . Rivière à 800 m. Ouvert: 1.4 / 15.10. ☎ 04 66 24 17 89. E-mail : campingdelatour30@sfr.fr. Web : www.camping-de-la-tour.com. Réduction H.S.
Lat. : 44° 15' 30" N **Long.** : 004° 11' 39" E.

SAINT-ANDRE-DE-MAJENCOULES

13-E1 9 km N.-E. Le Vigan. 419 m. ✉ 30570

LA CORCONNE ★★ Tourisme 37 E. dont 41 nus 1,5 ha CV. Locations : . Accès direct à la rivière. Accueil groupes. Ouvert: 1.4 / 31.10. ☎ 04 67 82 46 82 / 33 6 76 47 63 98. E-mail : contact@lacorconne.com. Web : www.campinglacorconne.fr. Réduction H.S.
Lat. : 44° 00' 53" N **Long.** : 003° 40' 53" E.

AIRE NATURELLE . Ouvert: 10.5 / 10.9. ☎ 04 67 82 45 78. E-mail : c.carriere28@laposte.net, Web : camping-mas-carriere.com. Prix 2023. Fft nuit : empl. Tourisme (2) : 18,5 € ( ) ; sup 4,80 € nuit ; animaux 1,50 € nuit ; 3,50 € nuit ; 4,50 € nuit.
Lat. : 44° 00' 25" N **Long.** : 003° 40' 39" E.

SAINT-ANDRE-DE-ROQUEPERTUIS

10-F5 70 km N.-E. Nimes. 164 m. ✉ 30630

LA PLAGE ★★★ Tourisme 80 E. dont 75 nus 1,6 ha CV. Locations : . Accès direct à la rivière. ; . Accueil groupes. Ouvert: 28.4 / 3.9. ☎ 04 66 50 97 29. E-mail : phili.jacquier@orange.fr. Web : www.campinglaplage-gard.com. Prix 2023. Fft jour : empl. Tourisme (2) : 25 € ( ) ; sup 6 € ; animaux 3 € ; 3 € ; 4 €. Réduction H.S.
Lat. : 44° 14' 45" N **Long.** : 004° 27' 03" E.
FFCC : avantages adhérent : 23 € du 28/04 au 01/07 sur emp.

SAINT-ANDRE-DE-VALBORGNE

10-E5 50 km N.-N.-E. Le Vigan. 671 m. ✉ 30940

CAMPING PIRATE ★ Loisirs 66 E. dont 20 nus 1,7 ha CV. Locations : . Randonnée pédestre organisée. Rivière à 30 m. ; . Accueil groupes. Ouvert: 1.4 / 31.10. ☎ 04 66 83 96 13. E-mail : direction@camping-pirate.fr. Web : camping-pirate.fr. Réduction H.S.
Lat. : 44° 08' 09" N **Long.** : 003° 45' 27" E.

CAMPING MUNICIPAL PONT DE L'ELZE NC Tourisme 36 E. dont 26 nus, dont 2 CC - 2 GCC. 0,5 ha CV. Locations : . Randonnée pédestre organisée. Accès direct à la rivière.. Ouvert: 1.1 / 30.9. ☎ 04 66 60 46 21. E-mail : campingdupontdelze@gmail.com.
Lat. : 44° 08' 58" N **Long.** : 003° 41' 28" E.

SAINT-CHRISTOL-LES-ALES

13-F1 4 km S. Alès. 150 m. ✉ 30380

LE MAS CAUVY CV. Ouvert: 1.4 / 30.9. ☎ 07 69 55 15 79. E-mail : mas.cauvy@hotmail.fr, Web : www.camping-mascauvy.com/. Prix 2022. Fft jour : empl. Tourisme (2) : 24,5 € ( ) ; sup 6,20 € ; animaux 2,50 € ; 3,60 €. Réduction H.S.
Lat. : 44° 04' 46" N **Long.** : 004° 05' 54" E.

SAINT-GILLES

13-F2 20 km S.-S.-E. Nimes. 25 m. ✉ 30800

LA CHICANETTE ★★★ Tourisme 89 E. dont 66 nus, dont 24 GCC. 1 ha CV. Locations : , cocosweet. . Ouvert: 1.4 / 31.10. ☎ 04 66 87 28 32. E-mail : campinglachicanette.fr. Web : www.campinglachicanette.fr. Prix 2022. Fft jour : empl. Tourisme (2) : 30 € (E. GCC) ; sup 6,50 € ; animaux 3,50 € ; 4 €. Réduction H.S.
Lat. : 43° 40' 31" N **Long.** : 004° 25' 46" E.

SAINT-HIPPOLYTE-DU-FORT

13-E1 31 km E. Le Vigan. 241 m. ✉ 30170

LE FIGARET ★★ Tourisme 48 E. 1,5 ha . Accès direct à la rivière.. Ouvert: 1.4 / 30.9. ☎ 04 66 77 26 34. E-mail : camping-figaret@wanadoo.fr. Web : camping-figaret.com.
Lat. : 43° 58' 31" N **Long.** : 003° 50' 59" E.

SAINT-JEAN-DE-CEYRARGUES

13-F1 15 km S.-E. Alès. 153 m. ✉ 30360

LES VISTES ★★★ Tourisme 52 E. dont 30 nus, dont 30 CC. 3 ha juillet/août, CV . Locations : . Randonnée pédestre organisée. chauffée. Accueil groupes. Ouvert: 2.4 / 11.11. ☎ 04 66 83 28 09. E-mail : info@lesvistes.com. Web : www.lesvistes.com. Réduction H.S.
Lat. : 44° 02' 49" N **Long.** : 004° 13' 49" E.
FFCC : avantages adhérent : 20 € du 02/04 au 02/07 et du 27/08 au 11/11 sur emp.

SAINT-JEAN-DE-MARUEJOLS-ET-AVEJAN

10-F5 25 km N.-E. Alès. 141 m. ✉ 30430

L'OLIVERAIE ★★ Tourisme 21 E. dont 11 nus 1,7 ha CV. Locations : . Randonnée pédestre organisée. Accès direct à la rivière. Accueil groupes. Ouvert: 1.1 / 31.12. ☎ 04 66 24 40 40. E-mail : contact@gites-oliveraie.com. Web : www.gites-oliveraie.com.
Lat. : 44° 15' 33" N **Long.** : 004° 17' 58" E.

MOULIN DE CAVEIRAC NC Tourisme 30 E. dont 30 nus 1,5 ha CV. Accès direct à la rivière.. Ouvert: 20.4 / 30.9. ☎ 04 66 24 41 05. Prix 2022. Fft jour : empl. Tourisme (2) : 12 € ( ) ; sup 5,50 € ; 3 €.
Lat. : 44° 15' 33" N **Long.** : 004° 16' 48" E.

SAINT-JEAN-DE-VALERISCLE

10-F5 16 km N.-E. Alès. 313 m. ✉ 30960

L'ORÉE DES CÉVENNES ★★ Tourisme 22 E. dont 10 nus CV. Locations : . Rivière à 5 km. Accueil groupes. Ouvert: 1.4 / 30.9. ☎ 04 66 56 80 36. E-mail : oreedescevennes@orange.fr. Web : camping-oree-des-cevennes.fr. Prix 2023. Fft jour : empl. Tourisme (2) : 18 € ( ). Réduction H.S.
Lat. : 44° 14' 06" N **Long.** : 004° 08' 12" E.

SAINT-JEAN-DU-GARD

10-E5 25 km O.-S.-O. Alès. 353 m. ✉ 30270

MAS DE LA CAM ★★★★ Tourisme 199 E. dont 199 nus 6 ha CV. Locations : . chauffée . Accès direct à la rivière. ; . Ouvert: 4.5 / 20.9. ☎ 04 66 85 12 02. E-mail : camping@masdelacam.fr. Web : www.camping-cevennes.info. Prix 2022. Fft jour : empl. Tourisme (2) : 52 € ( )
Lat. : 44° 06' 42" N **Long.** : 003° 51' 18" E.

DES SOURCES ★★★ Tourisme 92 E. 2,14 ha CV. Locations : . chauffée . Rivière à 1,3 km. Accueil groupes. Ouvert: 1.4 / 23.9. ☎ 0 6 88 39 54 85. E-mail : campingsources.fr. Web : www.camping-des-sources.fr. Réduction H.S.
Lat. : 44° 06' 48" N **Long.** : 003° 53' 26" E.
FFCC : avantages adhérent : 20 € du 01/04 au 30/06 et du 01/09 au 20/10 sur emp. et entre 75 € et 99 € la nuitée du 01/04 au 30/06 et du 01/09 au 20/10 sur loc. + 10 nuits = tarif 7 nuits.

LA FORET ★★★ Tourisme 65 E. dont 02 nus 3,5 ha CV. Locations : . chauffée . Rivière à 400 m. Ouvert: 15.5 / 3.9. ☎ 04 66 85 37 00. E-mail : laforet30@aol.com. Web : www.campingalaforet.com. Réduction H.S.
Lat. : 44° 07' 54" N **Long.** : 003° 53' 25" E.

CAMPING BIVOUAC NATURE ★★ Tourisme 35 E. 2 ha CV. Locations : . Randonnée pédestre organisée. . Rivière à 1 km. Accueil groupes adultes. Ouvert: 1.4 / 30.9. ☎ 04 66 85 36 90. E-mail : info@bivouacnature.com. Web : www.bivouac-nature.com.
Lat. : 44° 07' 10" N **Long.** : 003° 53' 08" E.

MME BORDARIER CV. Ouvert: 1.4 / 30.9. ☎ 04 66 85 33 04. E-mail : postmaster@camping-vert.com, Web : www.camping-vert.com.
Lat. : 44° 06' 31" N **Long.** : 003° 52' 56" E.

LE PETIT BAIGNEUR CV. Ouvert: 1.5 / 15.9. ☎ 06 87 69 01 63. E-mail : le.petit.baigneur@cevennes-vacances.com, Web : pagesperso-orange.fr/le-petit-baigneur.
Lat. : 44° 06' 45" N **Long.** : 003° 51' 37" E.

SAINT-JULIEN-DE-LA-NEF

13-E1 12 km S.-E. Le Vigan. 284 m. ✉ 30440

ISIS EN CEVENNES ★★★ Tourisme 197 E. dont 103 nus, dont 17 CC. CV . Locations : , bulle, roulotte. Randonnée pédestre organisée. , , . Accès direct à la rivière. Accueil groupes. Ouvert: 1.4 / 31.10. ☎ 04 67 73 80 28. E-mail : FFCC@isisencevennes.com. Web : www.isisencevennes.fr. Réduction H.S.
Lat. : 43° 57' 09" N **Long.** : 003° 40' 58" E.

CAMPING AIRE NATURELLE

Ouvert: 1.3 / 31.10. ☎ 04 67 82 42 65. E-mail : guides@campingfrance.com. Prix 2022. Fft jour : empl. Tourisme (2) : 14,84 € () ; sup 3,70 € ; animaux 0,70 € ; 3,60 € ; 5,80 €.
Lat. : 43° 58′ 37″ N **Long.** : 003° 41′ 11″ E.
FFCC : avantages adhérent : 14.84 € du 01/09 au 31/10 sur emp. et 3.70 € la nuitée du 01/06 au 30/06 et du 01/09 au 31/10 sur loc.

SAINT-JULIEN-DE-PEYROLAS

10-F5 70 km N.-E. Nimes. 101 m. ✉ 30760

LE PEYROLAIS ★★★ Tourisme 110 E. dont 76 nus 4,5 ha CV. A 5 km : . Accès direct à la rivière ; lac à 500 m. ; . Ouvert: 8.4 / 24.9. ☎ 04 66 82 14 94. E-mail : contact@camping-lepeyrolais.com. Web : www.camping-lepeyrolais.com. Réduction H.S.
Lat. : 44° 17′ 22″ N **Long.** : 004° 35′ 22″ E.

SAINT-LAURENT-D'AIGOUZE

13-F2 28 km S.-E. Nimes. 2 m. ✉ 30220

FLEUR DE CAMARGUE ★★★★ Tourisme 176 E. 5 ha CV. Locations : . chauffée , . Rivière à 3 km. Accueil groupes. Ouvert: 10.4 / 13.9. ☎ 04 66 88 15 42. E-mail : fleur-camargue@capfun.com. Web : www.capfun.com.
Lat. : 43° 36′ 39″ N **Long.** : 004° 12′ 33″ E.

SAINT-NAZAIRE

11-A5 52 km N.-E. Nimes. 122 m. ✉ 30200

BON SOLEIL NC Tourisme 15 E. 0,32 ha . Ouvert: 1.1 / 31.12. ☎ 04 66 89 66 18. E-mail : mairiestnazaire@wanadoo.fr.
Lat. : 44° 12′ 05″ N **Long.** : 004° 37′ 38″ E.

SAINT-PAULET-DE-CAISSON

10-F5 59 km N.-E. Nimes. 108 m. ✉ 30130

LES ACACIAS ★★ Tourisme 78 E. 2 ha . Rivière à 200 m. Ouvert: 1.1 / 31.12. ☎ 06 09 54 88 41. E-mail : campingdesacacias@gmail.com. Web : www.campingdesacacias.com.
Lat. : 44° 16′ 29″ N **Long.** : 004° 36′ 52″ E.

SAINT-PRIVAT-DE-CHAMPCLOS

10-F5 32 km N.-E. Alès. 196 m. ✉ 30430

DOMAINE LE CLOS DES CAPITELLES ★★★★★ Loisirs 88 E. dont 17 nus 1,6 ha CV. Espace Fitness. chauffée. Rivière à 2,5 km. Accueil groupes adultes. Ouvert: 1.6 / 31.8. ☎ 04 66 60 24 57. E-mail : contact@campingcdc.com. Web : www.campingclosdescapitelles.com. Réduction H.S.
Lat. : 44° 16′ 26″ N **Long.** : 004° 20′ 56″ E.
FFCC : avantages adhérent : entre 79 € et 122 € la semaine du 01/04 au 30/06 et du 01/09 au 30/09 sur emp.

LE RAN DU CHABRIER ★★ Tourisme 160 E. dont 160 nus 86 ha CV Rés. naturiste. Accès direct à la rivière. ; ; . Ouvert: 1.5 / 30.9. ☎ 04 66 24 51 55. E-mail : randuchabrier.domaine@orange.fr.
Lat. : 44° 16′ 27″ N **Long.** : 004° 22′ 20″ E.

SAINT-QUENTIN-LA-POTERIE

13-F1 40 km N.-N.-E. Nimes. 151 m. ✉ 30700

LE MOULIN NEUF ★★★ Tourisme 135 E. CV. A 2 km : chauffée , . Accueil groupes. Ouvert: 26.3 / 25.9. ☎ 04 66 22 17 21. E-mail : lemoulinneuf@yahoo.fr. Web : www.lemoulin-neuf.fr. Réduction H.S.
Lat. : 44° 01′ 55″ N **Long.** : 004° 27′ 20″ E.

SAINT-SAUVEUR-CAMPRIEU

13-D1 38 km N.-O. Le Vigan. 1140 m. ✉ 30750

CAMPING GCU - CAMPRIEU ★★ Tourisme 33 E. . Locations : , , . Accès direct à la rivière. . Ouvert: 28.6 / 31.8. ☎ 04 67 82 64 20. E-mail : gcu@gcu.asso.fr. Web : www.gcu.asso.fr.
Lat. : 44° 06′ 19″ N **Long.** : 003° 29′ 37″ E.

LE TERONDEL ★★ Tourisme 60 E. dont 50 nus 1,4 ha à partir de 23 h, CV . Locations : . Accès direct à la rivière ; lac à 1 km.. Accueil groupes. Ouvert: 1.6 / 30.9. ☎ 04 67 82 61 89. E-mail : terondel@wanadoo.fr. Web : www.camping-cevennes-terondel.com.
Lat. : 44° 06′ 28″ N **Long.** : 003° 28′ 57″ E.

SAINT-VICTOR-DE-MALCAP

10-F5 24 km N.-E. Alès. 158 m. ✉ 30500

LABEILLER ★★★★ Tourisme 194 E. CV . Locations : . Accès direct à l'étang ; rivière à 800 m. ; . Ouvert: 12.5 / 10.9. ☎ 04 66 24 15 27. E-mail : labeiller@vagues-oceanes.com. Web : www.camping-vagues-oceanes.com/. Réduction H.S.
Lat. : 44° 14′ 32″ N **Long.** : 004° 13′ 38″ E.

SALAZAC

10-F5 47 km N. Nimes. 212 m. ✉ 30760

CAMPING DE CABARESSE NC Tourisme 55 E. Ouvert: 1.6 / 15.9. ☎ 04 66 82 16 39. E-mail : contact@cabaresse.com. Web : www.cabaresse.com.
Lat. : 44° 15′ 12″ N **Long.** : 004° 32′ 28″ E.

SAUMANE

10-E5 40 km N.-E. Le Vigan. 501 m. ✉ 30125

CAMPING GCU - SAUMANE ★★ Tourisme 51 E. . Accès direct à la rivière. . Ouvert: 14.6 / 14.9. ☎ 04 66 83 91 74. E-mail : gcu@gcu.asso.fr. Web : www.gcu.asso.fr.
Lat. : 44° 07′ 36″ N **Long.** : 003° 45′ 42″ E.

CHÂTEAU DE L'HOM NC Loisirs 200 E. dont 40 nus 6 ha CV . Locations : , . Rivière à 50 m. . Accueil groupes. Ouvert: 1.4 / 31.10. ☎ 04 66 83 90 89. E-mail : reception@campingchateaudelhom.com. Web : www.campingchateaudelhom.com. Réduction H.S.
Lat. : 44° 06′ 34″ N **Long.** : 003° 46′ 44″ E.

LE VERDIER ★★ Tourisme 63 E. dont 20 nus CV . Locations : . chauffée , . Accès direct à la rivière. . Accueil groupes. Ouvert: 23.4 / 3.10. ☎ 04 66 60 03 62. E-mail : contact@camping-le-verdier.com. Web : www.camping-le-verdier.com. Prix 2022. Fft jour : empl. Tourisme (2) : 16,5 € () ; sup 4,50 € ; animaux 2,50 € ; 3 € ; 3,50 €. Réduction H.S.
Lat. : 44° 06′ 45″ N **Long.** : 003° 46′ 18″ E.

SAUVE

13-E1 38 km S.-E. Le Vigan. 186 m. Station verte de vacances et village de neige ✉ 30610

M. JEAN-YVES METGE CV. Ouvert: 1.4 / 31.10. ☎ 06 82 32 83 00. E-mail : metge30@wanadoo.fr, Web : www.domainedesebens.com.
Lat. : 43° 57′ 20″ N **Long.** : 003° 57′ 57″ E.

SOMMIERES

13-F2 28 km S.-O. Nimes. 44 m. ✉ 30250

DOMAINE DE MASSEREAU ★★★★★ Tourisme 199 E. dont 117 nus, dont 117 GCC. 11 ha CV . Locations : , tonneau. couverte chauffée , , . Accès direct à la rivière. ; ; . Accueil groupes adultes. Ouvert: 8.4 / 8.10. ☎ 04 66 53 11 20. E-mail : camping@massereau.com. Web : www.massereau.com. Prix 2023. Fft jour : empl. Tourisme (2) : 87 € (E. CC E. GCC). Réduction H.S.
Lat. : 43° 45′ 58″ N **Long.** : 004° 05′ 51″ E.
FFCC : avantages adhérent : 22 € du 01/04 au 30/06 et du 01/09 au 06/10 sur emp.

LE GARANEL ★★ Tourisme 60 E. 0,7 ha . Locations : . Accès direct à la rivière. . Ouvert: 1.4 / 30.9. ☎ 04 66 80 33 49. E-mail : camping.garanel@sommieres.fr. Web : www.sommieres.fr.
Lat. : 43° 47′ 14″ N **Long.** : 004° 05′ 13″ E.

SOUVIGNARGUES

13-F1 23 km O. Nimes. 99 m. ✉ 30250

LE PRÉ ST ANDRÉ ★★★ Tourisme 76 E. dont 41 nus 1,5 ha CV . Locations : , yourte. , . Rivière à 3 km. Ouvert: 31.3 / 1.11. ☎ 04 66 80 95 85. E-mail : lepresaintandre@orange.fr. Web : www.lepresaintandre.com. Réduction H.S.
Lat. : 43° 48′ 56″ N **Long.** : 004° 07′ 25″ E.

SUMENE

13-E1 10 km E. Le Vigan. 463 m. ✉ 30440

LES GORGES DE L'HÉRAULT ★★★ Tourisme 72 E. dont 34 nus, dont 34 GCC. CV . Locations : , . , . Rivière à 50 m. ; . Accueil groupes. Ouvert: 1.4 / 30.9. ☎ 04 67 82 42 23. E-mail : contact@camping-lesgorgesdelherault.com. Web : www.camping-lesgorgesdelherault.com. Prix 2023. Fft jour : empl. Tourisme (2) : 27,2 € () ; sup 7,50 € ; animaux 3,20 € ; 5 € ; 4,90 €. Réduction H.S.
Lat. : 43° 59′ 32″ N **Long.** : 003° 40′ 59″ E.
FFCC : avantages adhérent : 18 € du 01/04 au 30/06 et du 01/09 au 30/09 sur emp. et entre 60 € et 75 € la nuitée et entre 290 € et 500 € la semaine du 01/04 au 30/06 et du 01/09 au 30/09 sur loc.

M. MICHEL CARRIÈRE . Ouvert: 1.5 / 15.9. ☎ 04 67 82 45 78. E-mail : c.carriere28@laposte.net, Web : www.camping-mas-carriere.com.
Lat. : 44° 00′ 27″ N **Long.** : 003° 40′ 39″ E.

THOIRAS

13-E1 14 km N. Anduze. 270 m. ✉ 30140

DOMAINE DE FILAMENT ★★★★ Tourisme 220 E. dont 38 nus CV . Locations : . chauffée , . Accès direct à la rivière. ; . Ouvert: 3.5 / 8.9. ☎ 04 66 85 20 52. E-mail : filament@capfun.com. Web : www.capfun.com/camping-france-languedoc_roussillon-domaine_de_filament-FR.html. Réduction H.S.
Lat. : 44° 02′ 33″ N **Long.** : 003° 52′ 58″ E.

TORNAC

13-E1 17 km S.-O. Alès 202 m. ✉ 30140

CAMPING LA CIGALE CV. Ouvert: 1.1 / 31.12. ☎ 04 66 61 80 95.
Lat. : 44° 00′ 03″ N **Long.** : 004° 00′ 14″ E.

TREVES

13-D1 47 km N.-O. Le Vigan. 838 m. ✉ 30750

CAMPING MUNICIPAL NC Tourisme 41 E. 0,3 ha . , . Rivière à 20 m. . Ouvert: 1.6 / 30.9. ☎ 04 67 82 74 08. E-mail : mairie.treves@wanadoo.fr.
Lat. : 44° 04′ 43″ N **Long.** : 003° 23′ 10″ E.

VALLABREGUES

14-A1 30 km E. Nimes. 11 m. ✉ 30300

LOU VINCEN ★★★ Tourisme 82 E. dont 69 nus, dont 69 CC.

0,82 ha visiteur, CV. Locations : . Rivière à 100 m ; étang et lac à 50 m.. Accueil groupes adultes. Ouvert: 1.4 / 31.10. ☎ 04 66 59 21 29. E-mail : contact@campinglouvincen.fr. Web : www.campinglouvincen.fr. Prix 2023. Fft jour : empl. Tourisme (2) : 27,95 € (E. CC) ; sup 8 € ; animaux 2,50 € ; 5,10 €. Réduction H.S.
Lat. : 43° 51' 18" N **Long.** : 004° 37' 33" E.
FFCC : avantages adhérent : 19 € du 01/04 au 30/06 et du 28/08 au 05/11 sur emp.

VALLERAUGUE

13-E1 20 km N.-N.-E. Le Vigan. 743 m. ✉ 30570

LE MOURÉTOU ★★★ Tourisme 33 E. dont 24 nus

0,77 ha CV. Locations : , bivouac. chauffée , . Accès direct aux bords du lac et à la rivière. ; . Accueil groupes. Ouvert: 17.4 / 24.10. ☎ 04 67 82 22 30. E-mail : info@camping-mouretou.com. Web : www.camping-mouretou.com. Réduction H.S.
Lat. : 44° 05' 14" N **Long.** : 003° 36' 30" E.

AIRE NATURELLE MUNICIPALE DE L'ESPERROU. Ouvert: 15.6 / 30.9. ☎ 04 67 81 79 60. E-mail : mairie@valleraugue.fr, Web : valleraugue.fr.
Lat. : 44° 04' 50" N **Long.** : 003° 38' 16" E.

VAUVERT

13-F2 20 km S.-O. Nimes. 14 m. ✉ 30600

LE MAS DE MOURGUES ★★★ Tourisme 81 E. dont 55 nus

2 ha CV . Accueil groupes enfants. Ouvert: 1.4 / 30.9. ☎ 04 66 73 30 88. E-mail : info@masdemourgues.com. Web : www.masdemourgues.com.
Lat. : 43° 39' 16" N **Long.** : 004° 17' 44" E.

MONTE CRISTO ★ Loisirs 171 E. dont 114 nus 7 ha CV . Etang à 5 km. Accueil groupes. Ouvert: 1.1 / 31.12. ☎ 04 66 80 29 22. E-mail : campingmontecristo@gmail.com.
Lat. : 43° 41' 39" N **Long.** : 004° 15' 01" E.

VERS-PONT-DU-GARD

13-F1 24 km N.-E. Nimes. 86 m. ✉ 30210

LES GORGES DU GARDON ★★★★ Tourisme 200 E. dont 42 nus 3,5 ha CV . Locations : , . chauffée , . Accès direct à la rivière. ; . Accueil groupes. Ouvert: 4.4 / 13.9. ☎ 04 66 22 81 81. E-mail : gorgesgardon@capfun.com. Web : www.camping-gorges-gardon.fr. Réduction H.S.
Lat. : 43° 57' 19" N **Long.** : 004° 30' 53" E.

VILLENEUVE-LES-AVIGNON

14-A1 35 km E. Nimes. 64 m. ✉ 30400

ILE DES PAPES ★★★★ Tourisme 332 E. dont 133 nus CV . Locations : . Randonnée pédestre organisée. , , . Accès direct à l'étang et à la rivière.. Accueil groupes. Ouvert: 7.4 / 24.9. ☎ 04 90 15 15 90. E-mail : iledespapes@sandaya.fr. Web : www.sandaya.fr/nos-campings/l-ile-des-papes. Réduction H.S.
Lat. : 43° 59' 38" N **Long.** : 004° 49' 05" E.

CAMPING LES AVIGNON ★★★ Tourisme 126 E. 1,8 ha CV . Locations : , . .. Accueil groupes. Ouvert: 25.3 / 21.10. ☎ 04 90 25 76 06. E-mail : campinglesavignon@gmail.com. Web : www.campinglesavignon.com.
Lat. : 43° 58' 15" N **Long.** : 004° 47' 57" E.

HAUTE-GARONNE 31

Cartes 12-13

Correspondante FFCC :. Nicole DUPUY, 10 rue Georges Ohnet - 31200 TOULOUSE
Tél. 06 14 17 59 58 et nicole.dupuy0025@orange.fr

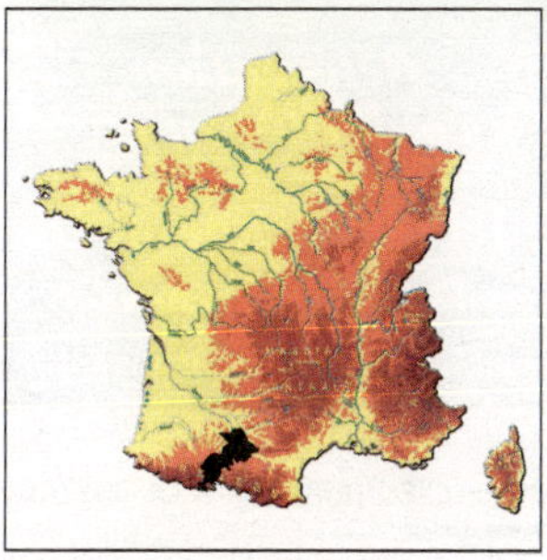

ASPET

12-E3 15 km E.-S.-E. Saint-Gaudens. 589 m. ✉ 31160

LA CHASSE AUX PAPILLONS NC Tourisme 42 E. dont 42 nus 1 ha CV. Locations : , . Accès direct à la rivière.. Accueil groupes adultes. Ouvert: 1.4 / 30.9. ☎ 05 61 88 51 55. E-mail : campinglachasseauxpapillons@gmail.com. Web : www.camping-la-chasse-aux-papillons.com.
Lat. : 43° 00' 35" N **Long.** : 000° 47' 48" E.

AURIGNAC

12-F3 21 km N. Saint-Gaudens. 365 m. ✉ 31420

CAMPING D'AURIGNAC NC Tourisme 48 E. dont 35 nus 0,88 ha CV. Locations : . . Rivière à 4 km. . Accueil groupes. Ouvert: 1.6 / 31.10. ☎ 05 61 87 06 91. E-mail : fabrice.ramalingom@orange.fr. Web : www.camping-aurignac.fr/.
Lat. : 43° 12' 50" N **Long.** : 000° 53' 29" E.

AVIGNONET-LAURAGAIS

13-A3 41 km S.-E. Toulouse. 220 m. ✉ 31290

AIRE NATURELLE MUNICIPALE . Ouvert: 1.4 / 30.9. ☎ 05 61 81 63 67. E-mail : mairie-avignonet-lauragais@orange.fr. Réduction H.S.
Lat. : 43° 21' 37" N **Long.** : 001° 46' 32" E.

BAGNERES-DE-LUCHON

12-E4 50 km S.-O. Saint-Gaudens. 1558 m. ✉ 31110

AU FIL DE L'OO ★★★ Tourisme 98 E. dont 60 nus

2 ha CV . Locations : , . Randonnée pédestre organisée. , , , , . Accès direct à la rivière. . Accueil groupes. Ouvert: 5.3 / 16.10. ☎ 05 61 79 30 74. E-mail : campingaufildeloo@gmail.com. Web : www.campingaufildeloo.com. Prix 2022. Fft jour : empl. Tourisme (2) : 22 € ( ) ; sup 6 € ; animaux 1,50 € ; 4 €. Réduction H.S.
Lat. : 42° 46' 40" N **Long.** : 000° 36' 00" E.
FFCC : avantages adhérent : 17 € du 07/03 au 08/07 et du 27/08 au 16/10 sur emp. et entre 270 € et 365 € la semaine du 07/03 au 08/07 et du 27/08 au 16/10 sur loc.

CHANTECLER ★★ Tourisme 60 E. dont 42 nus

1 ha CV . A 1 km : Locations : , , cocosweet. Accès direct à la rivière ; lac à 3 km. Accueil groupes. Ouvert: 1.4 / 31.10. ☎ 05 61 88 15 33. E-mail : contact@campingluchon.com. Web : www.campingluchon.com. Prix 2023. Fft jour : empl. Tourisme (2) : 18,5 € ( )
Lat. : 42° 46' 36" N **Long.** : 000° 36' 03" E.
FFCC : avantages adhérent : 17 € du 01/05 au 01/07 et du 29/08 au 15/10 sur emp.

DES THERMES ★★ Tourisme 28 E. dont 26 nus
FFCC. A 500 m : . Locations : . Rivière à 200 m. A 200 m : . A 500 m : . Ouvert: 1.1 / 31.12. ☎ 05 61 79 03 85. E-mail : campingdesthermes@gmail.com. Web : www.campingdesthermes.com.
Lat. : 42° 46' 49" N **Long.** : 000° 35' 53" E.
FFCC : avantages adhérent : 15.30 € du 10/03 au 01/07 et du 01/09 au 15/10 sur emp.

BOULOGNE-SUR-GESSE
12-E3 22 km N.-O. Saint-Gaudens. 300 m. ✉ 31350

CAMPING MUNICIPAL LE LAC ★★ Tourisme 132 E.
FFCC 1,7 ha CV. Locations : . Randonnée pédestre organisée. chauffée , , . Accès direct aux bords du lac. ; . Accueil groupes. Ouvert: 1.4 / 30.10. ☎ 05 61 88 20 54. E-mail : villagevacancesboulogne@orange.fr. Web : www.ville-boulogne-sur-gesse.fr.
Lat. : 43° 17' 01" N **Long.** : 000° 39' 26" E.
FFCC : avantages adhérent : 12 € du 01/04 au 30/06 et du 01/09 au 30/09 sur emp. et entre 65 € et 70 € la nuitée et entre 275 € et 320 € la semaine du 01/04 au 30/06 et du 01/09 au 30/09 sur loc.

BOUSSENS
12-F3 42 km S.-O. Muret. 306 m. ✉ 31360

CAMPING MUNICIPAL LE LAC NC Tourisme 20 E. 1 ha . , . Accès direct aux bords du lac. . Ouvert: 1.1 / 31.12. ☎ 05 61 90 03 60. E-mail : mairie-de-boussens@wanadoo.fr.
Lat. : 43° 10' 42" N **Long.** : 000° 58' 29" E.

CALMONT
13-A3 46 km S.-E. Toulouse 243 m. ✉ 31560

LE MERCIER ★★ Tourisme 19 E. dont 11 nus
FFCC Locations : . chauffée. Rivière à 200 m ; lac à 2 km. . Accueil groupes. Ouvert: 1.1 / 31.12. ☎ 05 34 48 81 31. E-mail : campinglemercier31@gmail.com. Web : www.camping-mercier.com. Prix 2023. Fft nuit : empl. Tourisme (2) : 22,5 € ( ) ; sup 5 € nuit ; 4 € nuit. Réduction H.S.
Lat. : 43° 16' 55" N **Long.** : 001° 37' 58" E.
FFCC : avantages adhérent : 15 € du 01/01 au 30/05 et du 15/09 au 31/11 sur emp. et entre 55 € et 115 € la nuitée du 01/01 au 30/05 et du 15/09 au 31/11 sur loc.

CAMBIAC
13-A2 32 km S.E. Toulouse. 225 m. ✉ 31460

LA FERME DU TUILLIE ★ Tourisme 16 E. dont 10 nus CV. Locations : . . Accès direct aux bords du lac. Accueil groupes. Ouvert: 1.4 / 30.10. ☎ 05 61 83 30 95. E-mail : de-tuillie@orange.fr. Web : www.couleur-lauragais.fr. Réduction H.S.
Lat. : 43° 29' 04" N **Long.** : 001° 47' 47" E.

CARAMAN
13-A2 28 km S.-E. Toulouse. 232 m. ✉ 31460

LES AILLOS ★★★★ 90 E. dont 38 nus, dont 1 CC - 37 GCC.
CV . Lac et rivière à 3 km. Ouvert: 1.4 / 15.10. ☎ 05 61 83 22 57. E-mail : contact@lesaillos.eu. Web : www.lesaillos.eu.
Lat. : 43° 32' 01" N **Long.** : 001° 47' 11" E.

CAMPING MUNICIPAL L'ORME BLANC NC Tourisme 30 E. , . Accès direct aux bords du lac. ; . . Ouvert: 1.7 / 31.8. ☎ 05 62 18 96 64. E-mail : mairie.caraman@wanadoo.fr. Web : www.mairie-caraman.fr.
Lat. : 43° 31' 35" N **Long.** : 001° 44' 49" E.

CASSAGNABERE-TOURNAS
12-E3 20 km N.-E. St-Gaudens. 347 m. ✉ 31420

PRÉ FIXE ★★★★ Tourisme 43 E. dont 31 nus
1,2 ha CV . Locations : . Espace Fitness. chauffée . Rivière à 2 km. . Accueil groupes. Ouvert: 1.5 / 15.9. ☎ 05 61 98 71 00. E-mail : contact@camping-pre-fixe.com. Web : www.camping-pre-fixe.com.
Lat. : 43° 13' 34" N **Long.** : 000° 47' 20" E.

CASTIES-LABRANDE
12-F3 36 km S.-O. Muret. 283 m. ✉ 31430

LE CASTIES ★★★ Tourisme 47 E. dont 29 nus
FFCC 3 ha CV . Locations : . Randonnée pédestre organisée. . Lac à 5 km. Accueil groupes. Ouvert: 15.4 / 15.10. ☎ 05 61 90 81 11. E-mail : contact@camping-lecasties.fr. Web : www.camping-lecasties.fr. Prix 2023. Fft jour : empl. Tourisme (2) : 24 € ( ) ; sup 5,50 € ; animaux 2 € ; 4 €.
Lat. : 43° 19' 29" N **Long.** : 000° 59' 26" E.
FFCC : avantages adhérent : 16 € du 01/04 au 07/07 et du 26/08 au 15/10 sur emp.

CIER-DE-LUCHON
12-E4 39 km S.-O. Saint-.Gaudens. 1177 m. ✉ 31110

LE CASTERA ★ Tourisme 49 E. 1,2 ha . Rivière à 50 m. Ouvert: 15.6 / 15.9. ☎ 05 61 79 30 83. E-mail : castera31@hotmail.fr. Web : camping-le-castera.e-monsite.com.
Lat. : 42° 51' 15" N **Long.** : 000° 35' 59" E.

CIERP-GAUD
12-E4 35 km S.-O. St-Gaudens. 966 m. ✉ 31440

CAMPING MUNICIPAL NC Tourisme 25 E. . Accès direct à la rivière.. ☎ 05 61 79 50 73 (mairie). E-mail : mairie.cierp-gaud@wanadoo.fr. Web : www.cierpgaud.fr.
Lat. : 42° 54' 50" N **Long.** : 000° 38' 24" E.

DEYME
13-A2 17 km S.-E. Toulouse. 186 m. ✉ 31450

LES VIOLETTES ★★★ Tourisme 88 E. dont 47 nus
2,5 ha CV . Locations : , tonneau. couverte. Rivière à 800 m. ; . Accueil groupes. Ouvert: 1.1 / 31.12. ☎ 05 61 81 72 07. E-mail : campinglesviolettes@wanadoo.fr. Web : www.campinglesviolettes.com. Prix 2022. Fft jour : empl. Tourisme (1) : 15 € ( ). Réduction H.S.
Lat. : 43° 29' 12" N **Long.** : 001° 31' 55" E.

FRANQUEVIELLE
12-E3 16 km S.-O. Saint-Gaudens 528 m. ✉ 31210

CHEZ BAPTISTOU CV. A 10 km : . Ouvert: 1.3 / 31.12. ☎ 06 86 14 13 18. E-mail : camping-baptistou@orange.fr, Web : chez-baptistou.e-monsite.com.
Lat. : 43° 08' 00" N **Long.** : 000° 33' 37" E.

GAILLAC-TOULZA
13-A3 30 km S.-E. Muret. 295 m. ✉ 31550

COUNTRY CAMPING ★★★ Tourisme 35 E. dont 25 nus, dont 10 CC. 3,5 ha . Locations : , . . Ouvert: 1.4 / 31.10. ☎ 05 61 08 45 37. E-mail : countrycampingfrance@gmail.com. Web : countrycampingfrance.com. Réduction H.S.
Lat. : 43° 14' 08" N **Long.** : 001° 25' 12" E.

GARIN
12-E4 55 km S.-O. Saint-Gaudens. 1432 m. ✉ 31110

LES FRENES ★★ Tourisme 36 E. dont 27 nus . Locations : . , . Rivière à 1 km.. Ouvert: 1.4 / 30.11. ☎ 05 61 79 88 44. E-mail : vero.comet@wanadoo.fr. Web : chalets-luchon-peyragudes.com/fr/.
Lat. : 42° 48' 34" N **Long.** : 000° 31' 11" E.

GRATENTOUR
13-A2 14 km N.-O. Toulouse. 164 m. ✉ 31150

MME PAULE ROUS CV. Ouvert: 1.1 / 31.12. ☎ 05 61 82 29 00.
Lat. : 43° 43' 25" N **Long.** : 001° 25' 56" E.

MALVEZIE
12-E3 14 km S.O. St-Gaudens. 703 m. ✉ 31510

M. BRUNO DAVID . Ouvert: 1.5 / 1.10. ☎ 05 61 79 66 46. E-mail : isabiod@hotmail.fr.
Lat. : 43° 00' 57" N **Long.** : 000° 42' 37" E.

PYRÉNÉES ÉMOTIONS CV . Ouvert: 1.5 / 31.10. ☎ 05 61 88 14 67. E-mail : pyreneesemotions@hotmail.com, Web : www.pyreneesemotions.com/camping/. Prix 2022. Fft jour : empl. Tourisme (2) : 23 € ( ) ; Réduction H.S.
Lat. : 42° 59' 28" N **Long.** : 000° 41' 39" E.

MANE
12-F3 18 km E. Saint-Gaudens. 332 m. ✉ 31260

COMPLEXE TOURISTIQUE LA JUSTALE ★★★ Tourisme 26 E.
FFCC 0,4 ha CV . Locations : , , , . Accès direct à la rivière ; lac à 3 km. . Accueil groupes adultes. Ouvert: 1.4 / 31.10. ☎ 05 61 90 68 18. E-mail : contact@village-vacances-mane.fr. Web : www.village-vacances-mane.fr. Prix 2022. Fft jour : empl. Tourisme (2) : 19,5 € ( )
Lat. : 43° 04' 43" N **Long.** : 000° 56' 59" E.
FFCC : avantages adhérent : 17.80 € du 01/04 au 31/10 sur emp.

MARTRES-TOLOSANE

12-F3 40 km S.-O. Muret. 289 m. Station verte de vacances et village de neige ✉ 31220

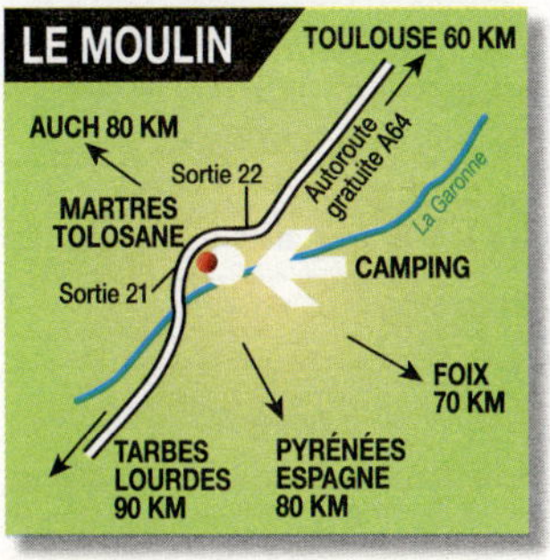

LE MOULIN ★★★★ Tourisme 99 E. dont 57 nus, dont 58 CC - 2 GCC. 5 ha CV. Locations : roulotte, . Espace Fitness. chauffée . Accès direct à la rivière ; lac à 1 km. Accueil groupes. Ouvert: 1.4 / 6.10. ☎ 05 61 98 86 40. E-mail : info@campinglemoulin.com. Web : www.campinglemoulin.com. Prix 2023. Fft jour : empl. Tourisme (2) : 30,9 € () ; sup 8 € ; animaux 4 € ; 6 € ; 5 €. Réduction H.S.
Lat. : 43° 11' 30" N **Long.** : 001° 00' 60" E.
FFCC : avantages adhérent : 10% du 01/04 au 30/06 et du 01/09 au 09/1210% du 01/04 au 30/06 et du 01/09 au 09/12 sur emp. et loc. + 10% hors juillet-août sur les emplacements nus et hébergements locatifs sur présentation de la carte ou rendez-vous dans votre club avantages FFCC pour obtenir le code promotionnel.

MERVILLE

12-F2 21 km N.-O. Toulouse 147 m. ✉ 31330

CAMPING DES LACS ★★ Tourisme 25 E. dont 7 nus 2,5 ha . Accès direct aux bords du lac ; rivière à 100 m.. Accueil groupes. Ouvert: 1.5 / 30.9. ☎ 05 61 82 54 46. E-mail : camping.des.lacs@wanadoo.fr.
Lat. : 43° 45' 07" N **Long.** : 001° 18' 36" E.

MONTAUBAN-DE-LUCHON

12-E4 50 km S.-O. Saint-Gaudens. 1161 m. ✉ 31110

DOMAINE AROME VANILLE ★★★ Tourisme 193 E. 23 h 30 / 7 h 30, CV . A 1 km : Locations : . Rivière à 500 m ; lac à 2 km. Accueil groupes. Ouvert: 15.4 / 15.10. ☎ 05 61 79 00 38. E-mail : aromevanille@orange.fr. Web : camping-aromevanille.com.
Lat. : 42° 47' 42" N **Long.** : 000° 36' 29" E.

MONTGEARD

13-A3 34 km S.-E. Toulouse. 242 m. ✉ 31560

LE LAC DE LA THÉSAUQUE ★★★ Tourisme 62 E. dont 35 nus CV . Locations : . Accès direct aux bords du lac. Accueil groupes enfants. Ouvert: 1.1 / 31.12. ☎ 05 61 81 34 67. E-mail : camping@thesauque.com. Web : www.campingthesauque.fr. Réduction H.S.
Lat. : 43° 21' 19" N **Long.** : 001° 38' 54" E.

MONTMAURIN

12-E3 18 km N.-O. St-Gaudens. 346 m. ✉ 31350

VACANCES AU VERT ★★★ Tourisme 35 E. dont 19 nus 1,5 ha CV . Locations : . Rivière à 2 km. Accueil groupes. Ouvert: 1.1 / 31.12. ☎ 05 67 48 80 47. E-mail : vavmontmaurin@gmail.com. Web : www.vacances-au-vert.com.
Lat. : 43° 13' 28" N **Long.** : 000° 37' 41" E.

MONTREJEAU

12-E3 14 km O. Saint-Gaudens. 472 m. ✉ 31210

MIDI-PYRÉNÉES ★★★★ Tourisme 158 E. dont 114 nus CV . Locations : . chauffée . Lac et rivière à 1 km.. Ouvert: 1.3 / 30.11. ☎ 05 61 95 86 79. E-mail : camping.midi-pyrenees@wanadoo.fr. Web : www.camping-midi-pyrenees.eu. Prix 2022. Fft jour : empl. Tourisme (2) : 22 € () ; sup 6 € ; animaux 2 € ; 3 € ; 5,90 €.
Lat. : 43° 05' 30" N **Long.** : 000° 33' 14" E.
FFCC : avantages adhérent : 18 € du 05/03 au 02/07 et du 27/08 au 26/11 sur emp. et entre 168 € et 245 € la semaine du 05/03 au 02/07 et du 27/08 au 26/11 sur loc.

CAMPING COULEURS GARONNE ★★ Tourisme 44 E. dont 38 nus 1 ha CV . Locations : . Lac et rivière à 800 m. Ouvert: 1.4 / 31.10. ☎ 05 61 88 52 30. E-mail : campingcouleursgaronne@orange.fr. Web : www.campingcouleursgaronne.com.
Lat. : 43° 05' 10" N **Long.** : 000° 33' 15" E.

DOMAINE DE LA PALOUMERE CV. Ouvert: 1.1 / 31.12. ☎ 05 61 95 82 65. E-mail : paloumere31@hotmail.fr, Web : www.lapaloumere.com.
Lat. : 43° 05' 23" N **Long.** : 000° 32' 31" E.

MOUSTAJON

12-E4 48 km S. St-Gaudens. 913 m. ✉ 31110

PRADELONGUE ★★★★ Tourisme 170 E. dont 110 nus, dont 25 GCC. 4 ha 22 h / 7 h, CV . A 2 km : Locations : , cocosweet. Randonnée pédestre organisée. Espace Fitness. chauffée . Rivière à 500 m ; lac à 2,5 km. Accueil groupes. Ouvert: 1.4 / 30.9. ☎ 05 61 79 86 44. E-mail : contact@camping-pradelongue.com. Web : www.camping-pradelongue.com. Prix 2023. Fft jour : empl. Tourisme (2) : 29,5 € () ; sup 9,50 € ; animaux 2,50 € ; 7,50 € ; 5 €. Réduction H.S.
Lat. : 42° 48' 30" N **Long.** : 000° 35' 52" E.
FFCC : avantages adhérent : 17 € du 01/04 au 30/06 et du 31/08 au 30/09 sur emp.

LES MYRTILLES ★★★ Tourisme 100 E. 2 ha CV . Locations : . Randonnée pédestre organisée. chauffée . Accès direct à la rivière ; lac à 3 km. Accueil groupes. Ouvert: 15.12 / 31.12. ☎ 05 61 79 89 89. E-mail : myrtilles.moustajon@orange.fr. Web : www.camping-myrtilles-luchon.com. Réduction H.S.
Lat. : 42° 48' 59" N **Long.** : 000° 35' 60" E.

NAILLOUX

13-A3 35 km S.-E. Toulouse. 244 m. ✉ 31560

CAMPING A LA FERME . Ouvert: 1.7 / 31.12. ☎ 05 61 81 34 98.
Lat. : 43° 22' 09" N **Long.** : 001° 38' 37" E.

PALAMINY

12-F3 38 km S.-O. Muret. 278 m. ✉ 31220

LE PLANTAUREL ★★ Tourisme 132 E. dont 78 nus 3,5 ha . A 4 km : Locations : . Randonnée pédestre organisée. . Accès direct à la rivière. Accueil groupes. Ouvert: 1.1 / 31.12. ☎ 05 61 97 03 71. E-mail : camping.plantaurel31@orange.fr. Web : www.camping-plantaurel.fr
Lat. : 43° 11' 49" N **Long.** : 001° 04' 02" E.

PEGUILHAN

12-E3 35 km N. Saint-Gaudens. 285 m. ✉ 31350

LE CANARD FOU NC Tourisme 8 E. dont 7 nus 0,3 ha . A 5 km : Lac à 50 m ; rivière à 1 km. Ouvert: 1.4 / 30.11. ☎ 05 61 88 26 06. E-mail : merlin.mazanek@gmail.com. Prix 2023. Fft jour : empl. Tourisme (2) : 15 € (). Réduction H.S.
Lat. : 43° 19' 56" N **Long.** : 000° 40' 54" E.

M. JEAN-MARC TEULE . Ouvert: 1.6 / 30.9. ☎ 05 61 88 21 56.
Lat. : 43° 19' 06" N **Long.** : 000° 41' 16" E.

PORTET-D'ASPET

12-E4 55 km S.-O. St-Gaudens. 1103 m. ✉ 31160

M. JOËL CAMBON . Ouvert: 1.6 / 30.9. ☎ 05 61 96 13 16.
Lat. : 42° 56' 38" N **Long.** : 000° 51' 17" E.

PUYSSEGUR

12-F2 39 km N.-O. Toulouse. 236 m. 31480

NAMASTÉ ★★★★ Tourisme 63 E. dont 42 nus 5 ha CV. Locations : , tonneau. chauffée . Accès direct à l'étang.. Accueil groupes enfants. Ouvert: 1.5 / 30.9. 05 61 85 77 84. E-mail : contact@camping-namaste.com. Web : www.camping-namaste.com. Prix 2022. Fft jour : empl. Tourisme (2) : 27 € ( ). Réduction H.S.
Lat. : 43° 44′ 55″ N **Long.** : 001° 03′ 42″ E.

REVEL

13-B2 50 km S.-E. Toulouse. 225 m. 31250

LE MOULIN DU ROY ★★★ Tourisme 50 E. 1,2 ha CV . Locations : , chauffée , , , . Rivière à 20 m ; lac à 2,5 km.. Ouvert: 30.3 / 3.11. 05 61 83 32 47. E-mail : campinglemoulinduroy@gmail.com. Web : www.camping-lemoulinduroy.com.
Lat. : 43° 27′ 17″ N **Long.** : 002° 00′ 57″ E.

RIEUMES

12-F2 20 km S.-O. Muret. 270 m. 31370

LE POUL'ART ★★ Tourisme 25 E. dont 10 nus CV . Locations : . . Ouvert: 1.1 / 31.12. 06 27 48 32 32. E-mail : sophie@oasisdepoulart.org. Web : www.le-poulart.fr.
Lat. : 43° 24′ 24″ N **Long.** : 001° 06′ 00″ E.

RIEUX-VOLVESTRE

12-F3 27 km S.-O. Muret. 249 m. 31310

PLAN D'EAU ★★★ Tourisme 62 E. dont 35 nus, dont 25 CC. 2 ha CV . Locations : , cocosweet, , couverte chauffée , , , . Accès direct à la rivière. . Accueil groupes. Ouvert: 1.4 / 31.10. 05 61 97 24 59. E-mail : contact@camping-rieux.eu. Web : www.camping-rieux.eu. Prix 2022. Fft jour : empl. Tourisme (2) : 20 € ( ). Réduction H.S.
Lat. : 43° 16′ 12″ N **Long.** : 001° 10′ 46″ E.
FFCC : avantages adhérent : 11 € du 01/04 au 08/07 et du 27/08 au 31/10 sur emp. et entre 37 € et 70 € la nuitée et entre 246 € et 468 € la semaine du 01/04 au 08/07 et du 27/08 au 31/10 sur loc.

AIRE NATURELLE MUNICIPALE CV. Ouvert: 1.4 / 31.8. 05 61 87 49 64. E-mail : otrieux31@orange.fr, Web : www.mairie-rieux-volvestre.fr.
Lat. : 43° 16′ 13″ N **Long.** : 001° 10′ 45″ E.

SAINT-BERTRAND-DE-COMMINGES

12-E3 18 km S.-O. Saint-Gaudens. 595 m. 31510

ES PIBOUS ★★★ Tourisme 80 E. 2 ha CV . Locations : , . . Rivière à 2 km ; lac à 5 km. Accueil groupes. Ouvert: 1.4 / 31.10. 05 61 88 31 42. E-mail : es.pibous@orange.fr. Web : www.es-pibous.fr.
Lat. : 43° 01′ 43″ N **Long.** : 000° 34′ 41″ E.

SAINT-LYS

12-F2 16 km N.-O. Muret 205 m. 31470

LE CHEMIN VERT ★★★ Tourisme 40 E. dont 18 nus 1 ha CV . Locations : . Ouvert: 1.1 / 31.12. 06 03 07 27 64. E-mail : contact@campinglecheminvert.com. Web : www.campinglecheminvert.com.
Lat. : 43° 30′ 36″ N **Long.** : 001° 12′ 48″ E.

SAINT-MAMET

12-E4 50 km S.-O. Saint-Gaudens. 1185 m. 31110

CAMPING G.C.U. - LUCHON-SAINT-MAMET NC Tourisme 58 E. 1,8 ha . Locations : . , , , . Ouvert: 16.6 / 17.9. 05 61 79 32 38. E-mail : gcu@gcu.asso.fr. Web : www.gcu.asso.fr.
Lat. : 42° 46′ 15″ N **Long.** : 000° 36′ 27″ E.

SAINT-SAUVEUR

12-F2 18 km N.-O. Toulouse 128 m. 31790

CAMPING FERME DE LA MULLE ★ Loisirs 32 E. Ouvert: 1.1 / 31.12. 05 62 79 09 06. E-mail : do.gaben@orange.fr.
Lat. : 43° 44′ 56″ N **Long.** : 001° 24′ 27″ E.

SALLES-ET-PRATVIEL

12-E4 48 km S.-O. St-Gaudens. 716 m. 31110

LE PYRÉNÉEN ★★★ Tourisme 68 E. dont 33 nus 1 ha CV . A 4 km : . Locations : . chauffée , , . Accès direct à la rivière ; lac à 1 km. . Accueil groupes. Ouvert: 5.2 / 15.10. 05 61 79 59 19. E-mail : campinglepyreneen@orange.fr. Web : www.campinglepyreneen-luchon.com. Prix 2023. Fft jour : empl. Tourisme (2) : 26 € (E. CC) ; sup 5 € ; animaux 2,50 € ; 4 €. Réduction H.S.
Lat. : 42° 49′ 20″ N **Long.** : 000° 36′ 23″ E.
FFCC : avantages adhérent : 16 € du 04/02 au 08/07 et du 27/08 au 15/10 sur emp.

SARRECAVE

12-E3 20 km N.-O. St-Gaudens. 388 m. 31350

LAC SAINT GEORGES NC 12 E. dont 12 nus, dont 10 CC - 10 GCC. 1 ha CV . Locations : . Randonnée pédestre organisée. , , , . Rivière à 1 km. . Accueil groupes. Ouvert: 1.1 / 31.12. 0 954080087 / 0 631800581. E-mail : lacsaintgeorges@gmail.com. Web : www.lacsaintgeorges.fr. Prix 2023. Fft jour : empl. Tourisme (3) : 46 € (E. CC E. GCC) ; sup 8 € ; animaux 5 € ; 7 €. Réduction H.S.
Lat. : 43° 12′ 41″ N **Long.** : 000° 35′ 46″ E.
FFCC : avantages adhérent : 23 € du 01/01 au 30/06 et du 01/09 au 31/12 sur emp. et entre 45 € et 229 € la nuitée et entre 312 € et 1603 € la semaine du 01/01 au 30/06 et du 01/09 au 31/12 sur loc.

TOULOUSE

13-A2 681 km S.-S.-O. Paris. 148 m. 31200

TOULOUSE LE RUPE ★★★ Tourisme 187 E. 3,8 ha CV . A 300 m : . Locations : . Espace Fitness. . Lac à 400 m. Accueil groupes. Ouvert: 1.1 / 31.12. 05 61 70 07 35. E-mail : campinglerupe31@wanadoo.fr. Web : www.camping-toulouse.com.
Lat. : 43° 39′ 22″ N **Long.** : 001° 24′ 57″ E.

LA BOURIETTE ★★ Tourisme 83 E. 1 ha . Accès direct à la rivière. . Ouvert: 1.1 / 31.12. 05 61 49 64 46. E-mail : mani31@orange.fr. Web : www.camping-la-bouriette-toulouse.fr.
Lat. : 43° 36′ 21″ N **Long.** : 001° 22′ 36″ E.

VAUDREUILLE

13-B2 50 km S.-E. Toulouse. 324 m. 31250

EN SALVAN ★★★ Tourisme 134 E. dont 71 nus 4,5 ha CV . . Rivière à 200 m ; lac à 600 m. Accueil groupes. Ouvert: 15.4 / 27.10. 05 61 83 55 95. E-mail : campingensalvan@orange.fr. Web : www.campingensalvan.com. Réduction H.S.
Lat. : 43° 26′ 05″ N **Long.** : 002° 00′ 58″ E.

LAS PRADES ★ Loisirs 96 E. 1,2 ha . , . Lac à 800 m. ; ; . . Ouvert: 1.4 / 31.10. 05 61 83 43 20. E-mail : campinglasprades@gmail.com. Web : www.campinglasprades.com/.
Lat. : 43° 25′ 48″ N **Long.** : 002° 01′ 03″ E.

VERNET

12-F2 10 km E.-S.-E. Muret. 167 m. 31810

CAMPING MUNICIPAL LE RAMIER ★ Tourisme 90 E. 2,4 ha . . Rivière à 20 m. . 05 61 08 33 98. E-mail : mairielevernet31@wanadoo.fr. Web : www.mairielevernet31.fr.
Lat. : 43° 25′ 52″ N **Long.** : 001° 26′ 07″ E.

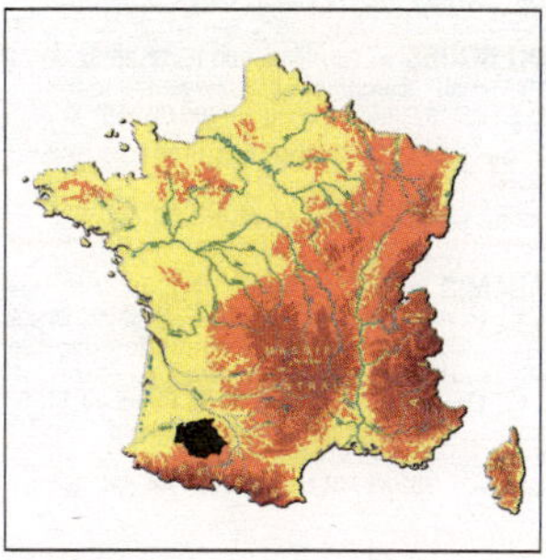

AIGNAN

12-D2 39 km N.-O. Mirande. 157 m. ✉ 32290

LE CASTEX ★★★ Tourisme 46 E. dont 38 nus 2,6 ha CV. Locations : . Lac à 4 km. Accueil groupes. Ouvert: 20.3 / 20.10. ☎ 05 62 09 25 13. E-mail : info@domaine-castex.com. Web : www.domaine-castex.com. Prix 2022. Fft jour : empl. Tourisme (2) : 23 € ; sup 8 € ; animaux 4 € ; 6 € ; 3 €. Réduction H.S.
Lat. : 43° 41' 34" N **Long.** : 000° 04' 31" E.

AUCH

12-E2 685 km S.-S.-O. Paris. 185 m. ✉ 32000

DOMAINE LE CASTAGNÉ ★★★ Tourisme 12 E. dont 12 nus CV. A 3 km : . Locations : , . Etang à 200 m. Accueil groupes. Ouvert: 1.7 / 31.8. ☎ 05 62 63 32 56. E-mail : contact@domainelecastagne.com. Web : www.domainelecastagne.com. Prix 2022. empl. Tourisme : 6 € ; 6 € ; 4 € ; 5 €.
Lat. : 43° 38' 52" N **Long.** : 000° 38' 03" E.

AVEZAN

12-E1 35 km N.-E. Condom. 153 m. ✉ 32380

LA FERME D'EMBARTHE . A 3,5 km : . Ouvert: 15.6 / 15.9. ☎ 05 62 66 41 58. E-mail : embarthe2@gmail.com, Web : fermedembarthe.free.fr.
Lat. : 43° 52' 35" N **Long.** : 000° 47' 43" E.

BASSOUES

12-D2 18 km N.-O. Mirande 209 m. ✉ 32320

CAMPING MUNICIPAL SAINT FRIS ★ Tourisme 25 E. dont 25 nus CV. Locations : . , . Accès direct aux bords du lac.. Ouvert: 1.7 / 31.8. ☎ 05 62 66 51 48. E-mail : contact@coeur-dastarac.fr. Web : www.bassoues.net. Prix 2022. Fft jour : empl. Tourisme (4) : 17,5 € ; sup 3,45 € ; 2,35 € ; 2,55 €.
Lat. : 43° 34' 46" N **Long.** : 000° 15' 20" E.

BELLEGARDE

12-E2 23 km S.-E. Mirande 262 m. ✉ 32140

AUX MEMES ★★★ Tourisme 20 E. dont 20 nus, dont 17 CC. 0,9 ha CV . Lac à 5 km. Ouvert: 1.4 / 30.9. ☎ 05 62 66 91 45. E-mail : info@camping-aux-memes.fr. Web : www.gascogne-camping.fr. Réduction H.S.
Lat. : 43° 25' 39" N **Long.** : 000° 36' 41" E.
FFCC : avantages adhérent : 19 € du 01/04 au 30/06 sur emp.

BERDOUES

12-E2 3 km S.-O. Mirande. 194 m. ✉ 32300

AIRE NATURELLE LA HOURGUETTE . Ouvert: 1.1 / 31.12. ☎ 05 62 66 58 47. E-mail : schuitesytske@orange.fr.
Lat. : 43° 29' 02" N **Long.** : 000° 22' 37" E.

BRETAGNE-D'ARMAGNAC

12-D1 23 km S.-O. Condom. 146 m. ✉ 32800

LES LACS D'ARMAGNAC ★★★★ Tourisme 93 E. dont 30 nus 1,8 ha CV . Locations : , , . Accès direct aux bords du lac ; rivière à 3 km. Accueil groupes. Ouvert: 30.3 / 30.10. ☎ 05 62 09 70 92. E-mail : lacsdarmagnac@gmail.com. Web : www.leslacs-darmagnac.com. Prix 2023. Fft jour : empl. Tourisme (2) : 25 € ; sup 5 € ; animaux 3 € ; 4 €. Réduction H.S.
Lat. : 43° 54' 13" N **Long.** : 000° 08' 21" E.
FFCC : avantages adhérent : 21 € du 01/04 au 30/06 et du 01/09 au 30/10 sur emp. et 350 € la semaine du 01/01 au 30/06 et du 04/09 au 31/12 sur loc.

CASTELNAU D'AUZAN LABARRERE

12-D1 26 km O. Condom. 134 m. ✉ 32440

CAMPING MUNICIPAL LE COUCUT ★★ Tourisme 17 E. 0,6 ha . Locations : . Randonnée pédestre organisée. chauffée , , , . Accès direct aux bords du lac.. Accueil groupes. Ouvert: 21.5 / 1.10. ☎ 05 62 29 20 21. E-mail : auzan.info@wanadoo.fr. Web : www.camping-castelnau.fr/. Prix 2022. Fft nuit : empl. Tourisme (2) : 16 € ; sup 5 € nuit ; 4 € nuit.
Lat. : 43° 56' 40" N **Long.** : 000° 05' 09" E.
FFCC : avantages adhérent : 9 € du 01/06 au 16/07 et du 20/08 au 01/10 sur emp. et 250 € la semaine du 21/05 au 16/07 et du 20/08 au 01/10 sur loc.

CASTERA-VERDUZAN

12-E1 25 km N.-O. Auch. 146 m. Station verte de vacances et village de neige ✉ 32410

LA PLAGE DE VERDUZAN ★★★ Tourisme 92 E. dont 70 nus 2 ha 22h/7h, CV . Lac à 150 m ; rivière à 250 m. . Ouvert: 30.4 / 30.9. ☎ 05 62 68 12 23. E-mail : camping.laplagedeverduzan@orange.fr. Web : www.camping-castera.com/index.php. Réduction H.S.
Lat. : 43° 48' 30" N **Long.** : 000° 25' 53" E.

CAZAUBON

12-D1 40 km O. Condom. 137 m. ✉ 32150

HUTTOPIA LAC DE L'UBY - GERS ★★★★ Tourisme 224 E. dont 126 nus CV . Locations : , roulotte, . Randonnée pédestre organisée. chauffée , , . Accès direct aux bords du lac. Accueil groupes. Ouvert: 7.3 / 29.11. ☎ 05 62 09 53 91. E-mail : marieke.hettema@huttopia.com. Web : europe.huttopia.com/site/camping-lac-de-luby-gers. Prix 2023. Fft nuit : empl. Tourisme (2) : 33,2 € ; sup 8,90 € nuit ; animaux 5,30 € nuit. Réduction H.S.
Lat. : 43° 56' 24" N **Long.** : 000° 02' 41" W.
FFCC : avantages adhérent : 10% du 07/03 au 01/07 et du 31/08 au 29/1110% du 07/03 au 01/07 et du 31/08 au 29/11 sur emp. et loc. + 5% de réduction en juillet-août sur les emplacements nus et locatifs * frais de réservation offerts Rendez-vous dans votre club avantages FFCC pour obtenir le code promotionnel.

M. JOËL EXPERT. Ouvert: 1.4 / 31.10. ☎ 05 62 09 55 04. E-mail : guides@campingfrance.com.
Lat. : 43° 56' 21" N **Long.** : 000° 00' 49" W.

M. ROLAND DUMOULIN . Ouvert: 1.4 / 31.10. ☎ 05 62 09 51 46. E-mail : chantal.garbay@wanadoo.fr.
Lat. : 43° 56' 03" N **Long.** : 000° 04' 05" W.

CEZAN

12-E1 22 km S.-E. Condom. 181 m. ✉ 32410

DOMAINE LES ANGÈLES NC Tourisme 62 E. dont 34 nus, dont 14 GCC. CV . Locations : , , . Ouvert: 1.6 / 1.9. ☎ 05 62 65 29 80. E-mail : lesangeles@gmail.com. Web : www.domainelesangeles.com. Prix 2022. Fft jour : empl. Tourisme (2) : 24 € ; sup 8,50 € ; 6 € ; 4 €. Réduction H.S.
Lat. : 43° 47' 38" N **Long.** : 000° 31' 08" E.
FFCC : avantages adhérent : 20 € du 01/06 au 08/07 et du 27/08 au 10/09 sur emp.

CONDOM

12-E1 43 kms N.-O. Auch. 122 m. Station verte de vacances et village de neige ✉ 32100

CAMPING MUNICIPAL DE L'ARGENTE ★★★ Tourisme 78 E. dont 68 nus 0,6 ha CV . Locations : . Accès direct à la rivière ; étang à 500 m. Ouvert: 1.4 / 30.9. ☎ 05 62 28 17 32. E-mail : camping.municipal@condom.org. Web : campingdecondom.jimdofree.com. Réduction H.S.
Lat. : 43° 56' 53" N **Long.** : 000° 21' 52" E.

CAMPING A LA FERME DE LAILLON CV. Ouvert: 21.3 / 19.12. ☎ 0 6 07 69 14 19. E-mail : dominique.danto1@free.fr. Prix 2022. 3,60 € nuit ; 3,80 € nuit ; 3,80 € nuit ; 3,80 € nuit ; 2,60 € nuit ; 3,60 € nuit.
Lat. : 43° 56' 11" N **Long.** : 000° 21' 24" E.

MME ALBERTE LALIBERT CV. Ouvert: 24.4 / 4.11. ☎ 05 62 28 07 09. E-mail : fermedebordeneuve@libertysurf.fr, Web : www.campingdebordeneuve.fr.
Lat. : 43° 57' 30" N **Long.** : 000° 22' 19" E.

ROGALLE MICHEL ET ISABELLE CV. Ouvert: 1.4 / 1.11. ☎ 05 62 28 17 85. E-mail : rogalle.guinland@orange.fr, Web : campingdeguinland.monsite-orange.fr.
Lat. : 43° 58' 29" N **Long.** : 000° 25' 11" E.

COURRENSAN

12-D1 22 km N.-E. Condon 136 m. ✉ 32330

M. WIL HARTMAN . Ouvert: 1.5 / 30.9. ☎ 05 62 58 01 85. E-mail : lapeyrade@wanadoo.fr, Web : lapeyrade.fr.
Lat. : 43° 50' 56" N **Long.** : 000° 14' 38" E.

EAUZE

12-D1 28 km S.-O. Condom. 151 m. Station verte de vacances et village de neige ✉ 32800

AU MOULIN DU POUY NC 70 E.
2,5 ha . Rivière à 100 m ; lac à 500 m.. Ouvert: 15.4 / 31.10. ☎ 09 50 75 76 58. E-mail : aumoulindupouy@gmail.com.
Lat. : 43° 52' 17" N **Long.** : 000° 06' 24" E.
FFCC : avantages adhérent : 15 € du 15/05 au 15/10 sur emp.

ESTANG

12-D1 46 km S.-O. Condom. 121 m. ✉ 32240

LES LACS DE COURTÈS ★★★ Tourisme 99 E. dont 67 nus
3 ha CV . Locations : 1 . chauffée , . Accès direct aux bords du lac. ; . Accueil groupes. Ouvert: 12.4 / 31.10. ☎ 05 62 09 61 98. E-mail : contact@lacsdecourtes.com. Web : www.lacsdecourtes.com. Réduction H.S.
Lat. : 43° 51' 56" N **Long.** : 000° 06' 11" W.

ESTIPOUY

12-E2 6 km N.-O. Mirande 195 m. ✉ 32300

DOMAINE D'ESCAPA P.R.L ★★★★ NN38 E. Locations : , cabanes, roulotte, . Randonnée pédestre organisée. , . Accès direct aux bords du lac.. Accueil groupes adultes. Ouvert: 1.1 / 31.12. ☎ 05 62 59 37 51. E-mail : info@roulottes-escapa.com. Web : www.domaine-escapa.fr.
Lat. : 43° 33' 51" N **Long.** : 000° 23' 10" E.

GAUDONVILLE

12-E1 40 km S.-E. Condom. 186 m. ✉ 32380

CENTRE NATURISTE DE DEVÈZE ★★★ Tourisme 137 E. dont 146 nus 10 ha CV Rés. naturiste. Randonnée pédestre organisée. Espace Fitness. , . Accès direct à l'étang et aux bords du lac.. Ouvert: 1.4 / 17.9. ☎ 05 62 66 43 86. E-mail : deveze@deveze-nat.com. Web : www.deveze-nat.com. Réduction H.S.
Lat. : 43° 53' 28" N **Long.** : 000° 49' 44" E.

GONDRIN

12-D1 16 km S.-O. Condom. 133 m. Station verte de vacances et village de neige ✉ 32330

DOMAINE LE PARDAILLAN ★★★ Tourisme 115 E. dont 53 nus CV . Locations : . Randonnée pédestre organisée. . Lac à 100 m ; rivière à 5 km.. Accueil groupes. Ouvert: 1.5 / 30.9. ☎ 05 62 29 16 69. E-mail : camplepardaillan@wanadoo.fr. Web : www.camping-le-pardaillan.com. Réduction H.S.
Lat. : 43° 52' 56" N **Long.** : 000° 14' 15" E.

LA ROMIEU

12-E1 10 km N.-E. Condom. 175 m. ✉ 32480

LE CAMP DE FLORENCE ★★★★ Tourisme 180 E. dont 88 nus
6 ha CV . Locations : , , cocos-weet. Randonnée pédestre organisée. Espace Fitness. chauffée , , . Lac à 5 km. . Accueil groupes adultes. Ouvert: 28.4 / 24.9. ☎ 05 62 28 15 58. E-mail : info@lecampdeflorence.com. Web : www.lecampdeflorence.com. Prix 2023. Fft jour : empl. Tourisme (2) : 39 € ( ). Réduction H.S.
Lat. : 43° 58' 58" N **Long.** : 000° 30' 07" E.

LAGARDE

12-E1 18 km N.-E. Condom. 130 m. ✉ 32700

CAMPING A LA FERME CV. Ouvert: 1.7 / 31.8. ☎ 05 62 68 77 38. E-mail : info@campinglenclos.com.
Lat. : 43° 57' 53" N **Long.** : 000° 33' 17" E.

LAREE

12-D1 44 km S.-O. Condom. 119 m. ✉ 32150

LABEYRIE ★ Tourisme 17 E. Locations : , . Ouvert: 1.3 / 30.11. ☎ 05 62 09 51 83. E-mail : camping.labeyrie@wanadoo.fr. Web : www.camping-labeyrie.com.
Lat. : 43° 55' 36" N **Long.** : 000° 02' 52" W.

LE HOUGA

12-D2 58 km S.-O. Condom 122 m. ✉ 32460

DOMAINE NATURISTE DE SARRAUTE ★★★ Tourisme 37 E. dont 33 nus CV Rés. naturiste. Randonnée pédestre organisée. . . Ouvert: 15.6 / 18.9. ☎ 06 02 27 50 77. E-mail : contact@domainedesarraute.fr. Web : www.domainedesarraute.fr. Réduction H.S.
Lat. : 43° 45' 25" N **Long.** : 000° 08' 54" W.

LECTOURE

12-E1 22 km E. Condom. 146 m. Station verte de vacances et village de neige ✉ 32700

LAC DES 3 VALLÉES ★★★★★ Tourisme 600 E. dont 300 nus
25 ha CV . Locations : , , . Randonnée pédestre organisée. Espace Fitness. chauffée , , . Accès direct aux bords du lac. ; ; . Accueil groupes adultes. Ouvert: 3.6 / 3.9. ☎ 05 62 68 82 33. E-mail : contact@lacdes3vallees.fr. Web : www.lacdes3vallees.fr. Prix 2022. Fft jour : empl. Tourisme (2) : 20 € ( ).
Lat. : 43° 54' 42" N **Long.** : 000° 38' 54" E.
FFCC : avantages adhérent : 10% du 05/05 au 30/06 et du 01/09 au 03/0910% du 05/05 au 30/06 et du 01/09 au 03/09 sur emp. et loc. + Rendez-vous dans votre club avantages FFCC pour obtenir le code promotionnel et réserver !.

LELIN-LAPUJOLLE

12-D2 72 km N.-O. Mirande 128 m. ✉ 32400

LA SOLANILLA ★★★ Tourisme 86 E. dont 42 nus, dont 3 GCC. 1,5 ha 22 h / 8 h, CV . Locations : . . Accès direct à l'étang ; rivière à 5 km.. Accueil groupes. Ouvert: 1.1 / 31.12. ☎ 05 62 69 64 09. E-mail : info@campinglasolanilla.com. Web : www.campinglasolanilla.com. Prix 2022. Fft jour : empl. Tourisme (2) : 21 € ( ) ; sup 5 € ; animaux 3 €. Réduction H.S.
Lat. : 43° 41' 49" N **Long.** : 000° 08' 17" W.

MANCIET

149 m. ✉ 32370

SUR LE CHEMIN D'ESCOUBES . Ouvert: 1.1 / 31.12. ☎ 06 38 17 60 81. E-mail : surlechemindescoubes@gmail.com, Web : www.surlechemindescoubes.com.
Lat. : 43° 48' 06" N **Long.** : 000° 03' 13" E.

MARCIAC

12-D2 25 km O. Mirande. 170 m. Station verte de vacances et village de neige ✉ 32230

CAMPING DU LAC ★★★ Tourisme 101 E. dont 73 nus
CV . Locations : . chauffée . Lac à 300 m. . Accueil groupes. Ouvert: 18.1 / 12.12. ☎ 05 62 08 21 19. E-mail : info@camping-marciac.com. Web : www.camping-marciac.com. Réduction H.S.
Lat. : 43° 31' 56" N **Long.** : 000° 09' 58" E.

DU BOUES ★ Tourisme 100 E. ☎ 05 62 08 21 19. E-mail : camping.marciac@wanadoo.fr.
Lat. : 43° 31' 56" N **Long.** : 000° 09' 59" E.

MARSAN

12-E2 12 km E. Auch. 209 m. ✉ 32270

ARAMIS ★★★★ Tourisme 72 E. dont 25 nus 4 ha CV . Locations : . couverte chauffée , , , . Accès direct à l'étang. ; . Ouvert: 1.4 / 30.9. ☎ 05 62 65 60 11. E-mail : contact@camping-aramis.com. Web : www.camping-aramis.com.
Lat. : 43° 39' 33" N **Long.** : 000° 44' 04" E.

MASSEUBE

12-E2 20 km S.-E. Mirande. 229 m. Station verte de vacances et village de neige ✉ 32140

CAMPING DES BERGES DU GERS ★★★ Tourisme 133 E.
4 ha CV . Randonnée pédestre organisée. , , . Accès direct à la rivière ; lac à 5 km. ; . Ouvert: 1.5 / 30.10. ☎ 05 62 66 01 75. E-mail : camping.masseube@orange.fr. Web : www.berges-du-gers.fr.
Lat. : 43° 25' 45" N **Long.** : 000° 35' 06" E.
FFCC : avantages adhérent : 16 € du 01/04 au 01/07 et du 02/09 au 31/10 sur emp. et entre 55 € et 90 € la nuitée et entre 260 € et 380 € la semaine du 01/01 au 17/06 et du 27/08 au 31/12 sur loc.

MAUROUX

12-E1 35 km E. Condom. 189 m. ✉ 32380

LE NERI ★★★ Tourisme 38 E. dont 31 nus 3 ha 22 h / 8 h, CV . Locations : , , caravane. Randonnée pédestre organisée. , . Accès direct à l'étang ; rivière à 3 km. . Accueil groupes. Ouvert: 15.4 / 31.10. ☎ 05 81 67 50 10. E-mail : contact@campingleneri.com. Web : www.campingleneri.com. Réduction H.S.
Lat. : 43° 53' 52" N **Long.** : 000° 48' 40" E.

MIELAN

12-D2 35 km S.-O. Auch. 245 m. ✉ 32170

LES REFLETS DU LAC ★★★ Tourisme 100 E. 3,4 ha CV . , , . Accès direct aux bords du lac. . Ouvert: 1.6 / 4.9. ☎ 05 62 67 51 76. E-mail : lac.mielan@orange.fr. Web : www.lacmielan.com. Prix 2022. Fft nuit : empl. Tourisme (2) : 22,8 € ( ) ; sup 8,20 € nuit ; animaux 2,20 € nuit ; 4,70 € nuit ; 4 € nuit. Réduction H.S.
Lat. : 43° 26' 52" N **Long.** : 000° 18' 53" E.

MIRADOUX

12-E1 30 km E. Condom. 129 m. ✉ 32340

CAMPING A LA FERME . Ouvert: 1.5 / 30.9. ☎ 05 62 28 64 65. E-mail : plaville52@gmail.com.
Lat. : 44° 00' 27" N **Long.** : 000° 46' 23" E.

MIRANDE

12-E2 24 km S. Auch. 190 m. Station verte de vacances et village de neige ✉ 32300

L'ILE DU PONT ★★★★ Tourisme 154 E. 3 ha CV. Accès direct à l'étang et aux bords du lac et à la rivière. Accueil groupes. Ouvert : 15.5 / 15.9. ☎ 05 62 66 64 11. E-mail : info@camping-iledupont.com. Web : iledupont.free.fr. Réduction H.S.
Lat. : 43° 30' 49" N **Long.** : 000° 24' 32" E.

MIREPOIX

12-E2 16 km N.-E. Auch. 150 m. ✉ 32390

LES CHALETS DES MOUSQUETAIRES P.R.L ★★★ **NN** 12 E. CV. Locations : roulotte. Randonnée pédestre organisée. , . Etang à 300 m. Accueil groupes. Ouvert: 1.1 / 31.12. ☎ 05 62 64 33 66. E-mail : info@chalets-mousquetaires.com. Web : www.chalets-mousquetaires.com.
Lat. : 43° 44' 12" N **Long.** : 000° 41' 33" E.

MONFORT

12-E2 45 km S.-E. Condom. 150 m. ✉ 32120

CAMPING MUNICIPAL NC Tourisme 20 E. dont 20 nus 0,21 ha . Rivière à 500 m. Accueil groupes. Ouvert : 1.5 / 15.10. ☎ 05 62 06 83 26. E-mail : info@monfort.fr. Web : www.monfort.fr.
Lat. : 43° 47' 47" N **Long.** : 000° 49' 23" E.

MONTESQUIOU

12-E2 11 km N.-O. Mirande. 189 m. ✉ 32320

CHÂTEAU LE HAGET ★★★ Tourisme 100 E. dont 30 CC - 25 GCC.
3 ha CV . Locations : , , cabanes. Randonnée pédestre organisée. Espace Fitness. , . Accueil groupes. Ouvert : 1.4 / 30.10. ☎ 05 62 70 95 80. E-mail : info@lehaget.com. Web : www.lehaget.com. Prix 2022. Fft jour : empl. Tourisme (2) : 28 € (E. CC E. GCC). Réduction H.S.
Lat. : 43° 33' 55" N **Long.** : 000° 19' 13" E.
FFCC : avantages adhérent : entre 50 € et 125 € la nuitée et entre 325 € et 995 € la semaine du 01/01 au 01/07 et du 22/08 au 31/12 sur emp.

L'ANJOU ★★★ Tourisme Loisirs 40 E. dont 34 nus 1 ha CV . Locations : . Rivière à 3 km. . Ouvert : 1.4 / 30.9. ☎ 05 62 70 95 24. E-mail : clemens.van-voorst@orange.fr. Web : www.camping-anjou.com. Réduction H.S.
Lat. : 43° 34' 38" N **Long.** : 000° 17' 27" E.

MONTESTRUC-SUR-GERS

12-E1 34 km S.-E. Condom. 123 m. ✉ 32390

M. ALAIN DAGUZAN CV . Ouvert : 15.4 / 15.10. ☎ 05 62 62 26 12. E-mail : vacances_gers@hotmail.com, Web : www.chambresdhotesgers.com. Prix 2022. empl. Tourisme : 3,80 € ; 3,90 € ; 2,50 € ; 3,90 €.
Lat. : 43° 47' 34" N **Long.** : 000° 38' 35" E.

MONTREAL

12-D1 15 km O. Condom. 126 m. ✉ 32250

M. GILBERT LUSSAGNET . ☎ 05 62 29 47 05. E-mail : lecouloume@orange.fr, Web : www.lecouloume.com.
Lat. : 43° 56' 52" N **Long.** : 000° 11' 43" E.

ORDAN-LARROQUE

12-E2 12 km N.-O. Auch 197 m. ✉ 32350

CAMPING DES CABANES ★ Tourisme 25 E. ☎ 05 62 64 67 40. E-mail : contact@campingdescabanes.com. Web : www.campingdescabanes.com.
Lat. : 43° 40' 41" N **Long.** : 000° 30' 36" E.

PLAISANCE

12-D2 24 km N.-O. Mirande. 136 m. Station verte de vacances et village de neige ✉ 32160

L'ARROS ★★★ Tourisme 64 E. dont 43 nus
1,5 ha CV . Locations : . , , . Accès direct à la rivière ; lac à 300 m.. Ouvert : 1.1 / 31.12. ☎ 05 62 69 30 28. E-mail : infos@plaisance-evasion.com. Web : www.campingdelarros.com. Réduction H.S.
Lat. : 43° 36' 30" N **Long.** : 000° 03' 13" E.

POUYLEBON

12-D2 9 km N.-O. Mirande. 216 m. ✉ 32320

DOMAINE DE CALABEL . Ouvert : 15.4 / 15.10. ☎ 0 6 62 73 83 62. E-mail : domainedecalabel@gmail.com, Web : www.domainedecalabel.com. Prix 2023. Fft jour : empl. Tourisme (2) : 24 € ( ) ; sup 7 € ; animaux 1 € ; 5 € ; 3 €. Réduction H.S.
Lat. : 43° 33' 08" N **Long.** : 000° 18' 52" E.

PRECHAC-SUR-ADOUR

12-D2 45 km N.-O. Mirande. 133 m. ✉ 32160

CAMPING MUNICIPAL CENTRADOUR ★ Tourisme 20 E. ☎ 05 62 69 44 87. E-mail : mairie.prechacsuradour@wanadoo.fr.
Lat. : 43° 36' 06" N **Long.** : 000° 00' 11" W.

ROQUELAURE

12-E2 7 km N. Auch. 151 m. ✉ 32810

LE TALOUCH ★★★★ Tourisme 147 E. dont 117 nus
4,5 ha 23 h / 7 h, CV . Locations : , , . Randonnée pédestre organisée. couverte chauffée , . Rivière à 5 km. . Accueil groupes. Ouvert : 8.4 / 18.9. ☎ 05 62 65 52 43. E-mail : info@camping-talouch.com. Web : www.camping-talouch.com. Prix 2023. Fft jour : empl. Tourisme (2) : 41 € ( ) ; sup 11 € ; 9 €.
Lat. : 43° 42' 46" N **Long.** : 000° 33' 54" E.
FFCC : avantages adhérent : 19 € du 08/04 au 23/06 et du 26/08 au 18/09 sur emp.

SAMATAN

12-F2 36 km S.-E. Auch. 187 m. Station verte de vacances et village de neige ✉ 32130

CAMPING MUNICIPAL NC Tourisme 17 E. CV. . Lac à 50 m.. Ouvert : 15.6 / 15.9. ☎ 0 6 45 47 32 78. E-mail : contact@samatangers.com. Web : www.samatan-gers.com.
Lat. : 43° 29' 32" N **Long.** : 000° 55' 50" E.

SEISSAN

12-E2 18 km S. Auch. 210 m. ✉ 32260

WHAKA LODGE ★★★★ Tourisme 54 E. 6 ha CV . Locations : , bulle, cabanes, cocosweet, tipi, . Espace Fitness. chauffée , . Accès direct à l'étang et aux bords du lac. ; . Accueil groupes adultes. Ouvert : 27.4 / 24.9. ☎ 05 62 66 27 94. E-mail : bonjour@whakalodge.com. Web : www.whakalodge.com.
Lat. : 43° 29' 44" N **Long.** : 000° 34' 38" E.

SIMORRE

12-E2 32 km S. Auch. 240 m. ✉ 32420

CAMPING MUNICIPAL NC Tourisme 12 E. 0,3 ha . , . Accès direct à la rivière ; étang à 5 km. . Ouvert : 1.6 / 30.9. ☎ 05 62 65 30 22. E-mail : mairie.simorre@wanadoo.fr. Web : www.simorre.com.
Lat. : 43° 27' 07" N **Long.** : 000° 44' 20" E.

TAYBOSC

12-E2 37 km S.-E. Condom. 188 m. ✉ 32120

AU GRE DU VENT CV . Ouvert : 1.6 / 4.9. ☎ 05 62 65 17 59. E-mail : camping.gre.du.vent@wanadoo.fr, Web : www.camping-greduvent.fr. Réduction H.S.
Lat. : 43° 46' 49" N **Long.** : 000° 44' 03" E.

THOUX

12-F2 32 km E. Auch. 182 m. ✉ 32430

LE LAC DE THOUX ★★★★ Tourisme 129 E. dont 98 nus
5 ha CV . Locations : , cocosweet, . chauffée . Accès direct aux bords du lac. ; ; ; . . Accueil groupes. Ouvert : 2.4 / 2.10. ☎ 0466 600 700. E-mail : lac-thoux@koawa.com. Web : www.camping-lac-thoux.fr/fr. Prix 2022. Fft jour : empl. Tourisme (2) : 35 € ( ) ; sup 6 € ; animaux 3 € ; 5 €.
Lat. : 43° 41' 10" N **Long.** : 001° 00' 11" E.

Carte 9

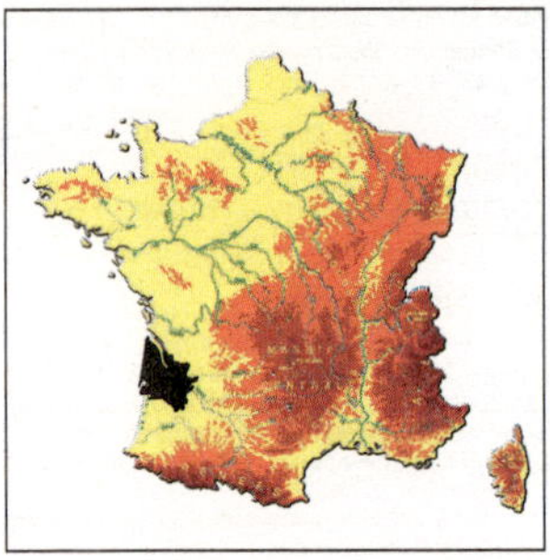

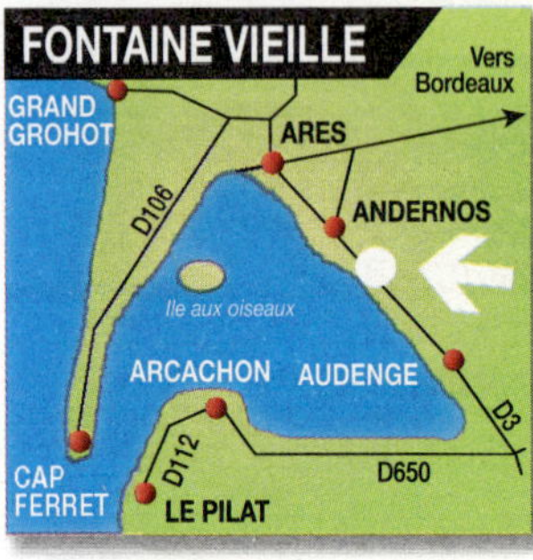

ABZAC

9-D3 14 km N.-E. Libourne. 25 m. ✉ 33230

LE PARADIS ★★★ Loisirs 120 E. 6 ha CV. Randonnée pédestre organisée. Accès direct à l'étang et à la rivière.. Ouvert: 1.5 / 15.9. ☎ 05 57 49 05 10. E-mail : contact@camping-residentiel-le-paradis.fr. Web : www.camping-residentiel-le-paradis.fr.
Lat. : 45° 00' 46" N **Long.** : 000° 06' 30" W.

ANDERNOS-LES-BAINS

9-B4 43 km S.-O. Bordeaux. 14 m. ✉ 33510

FONTAINE VIEILLE ★★★★ Tourisme 547 E. dont 372 nus
CV. A 3 km : Locations : couverte chauffée , . Accès direct à la mer. ; ; . Ouvert: 28.3 / 1.11. ☎ 05 56 82 01 67. E-mail : contact@fontaine-vieille.com. Web : www.fontainevieille.fr/index.html. Réduction H.S.
Lat. : 44° 43' 33" N **Long.** : 001° 04' 46" W.

LES ARBOUSIERS ★★★ Loisirs 164 E. dont 40 nus
1,8 ha CV . A 500 m : . Locations : chauffée. Bord de mer à 3 km. . Ouvert: 1.4 / 30.9. ☎ 05 56 82 12 46. E-mail : lesarbousiers@yahoo.fr. Web : www.camping-les-arbousiers.fr.
Lat. : 44° 45' 24" N **Long.** : 001° 04' 19" W.
FFCC : avantages adhérent : 22 € du 01/04 au 08/07 et du 26/08 au 30/09 sur emp.

Les correspondants de la FFCC sont bénévoles et à votre disposition pour tous renseignements sur le camping.

Retrouvez leurs coordonnées au début de chaque département.

ARCACHON

9-B4 60 km S.-O. Bordeaux. 17 m. ✉ 33120

HUTTOPIA ARCACHON ★★★★ Tourisme 151 E. dont 21 nus
CV . Locations : , . chauffée . Bord de mer à 1,8 km. Accueil groupes. Ouvert: 1.1 / 31.12. ☎ 05 64 09 10 13. E-mail : arcachon@huttopia.com. Web : www.campingarcachon.fr. Prix 2023. Fft jour : empl. Tourisme (2) : 51,7 € ( ). Réduction H.S.
Lat. : 44° 39' 04" N **Long.** : 001° 10' 25" W.
FFCC : avantages adhérent : 10% du 01/01 au 01/07 et du 31/08 au 31/1210% du 01/01 au 01/07 et du 31/08 au 31/12 sur emp. et loc. + 5% de réduction en juillet-août sur les emplacements nus et locatifs * frais de réservation offerts Rendez-vous dans votre club avantages FFCC pour obtenir le code promotionnel.

ARES

9-B4 45 km S.-O. Bordeaux. 21 m. ✉ 33740

LA CANADIENNE ★★★★ Tourisme 101 E. dont 41 nus
2 ha CV . Locations : . chauffée . Lac à 1,5 km. Ouvert: 1.4 / 1.10. ☎ 05 56 60 24 91. E-mail : info@lacanadienne.com. Web : www.lacanadienne.com. Prix 2022. Fft jour : empl. Tourisme (2) : 44 € ( ). Réduction H.S.
Lat. : 44° 46' 44" N **Long.** : 001° 08' 35" W.

LA CIGALE ★★★★ Tourisme 79 E. dont 52 nus
1,7 ha CV . A 5 km : Locations : , , , . chauffée. Bord de mer à 900 m ; lac à 1,5 km. Ouvert: 30.4 / 30.9. ☎ 05 24 18 17 42. E-mail : contact@camping-lacigale-ares.com. Web : www.camping-lacigale-ares.com. Prix 2022. Fft jour : empl. Tourisme (2) : 40 € (E. CC) ; Réduction H.S.
Lat. : 44° 46' 22" N **Long.** : 001° 08' 29" W.

LES ABBERTS ★★★ Tourisme 124 E. dont 34 nus CV. Locations : . chauffée . Accès direct aux bords du lac et à la mer ; étang et rivière à 1,5 km. . Ouvert: 14.6 / 7.9. ☎ 05 56 60 26 80. E-mail : contact@lesabberts.com. Web : www.lesabberts.com.
Lat. : 44° 46' 17" N **Long.** : 001° 08' 39" W.

LES GOELANDS ★★★ Tourisme 404 E.
8 ha
5€ la machine à laver le linge en libre service, 3€ la machine à sécher le linge en libre service, CV. Locations : . chauffée . Lac à 100 m ; bord de mer à 200 m. lac. A 100 m : . A 200 m : , . Accueil groupes. Ouvert: 1.4 / 31.10. ☎ 05 56 82 55 64. E-mail : contact@campinglesgoelands.fr. Web : www.campinglesgoelands.fr. Prix 2022. Fft jour : empl. Tourisme (2) : 26 € (); sup 9,50 € (+13 ans) ; animaux 3 € ; - de 2 à 13 ans 7,50 € ; 6 €. Réduction H.S.
Lat. : 44° 45' 27" N **Long.** : 001° 07' 12" W.

LES ÉCUREUILS ★★★ Tourisme 30 E. Locations : . couverte chauffée . Etang à 900 m. Ouvert: 12.2 / 14.11. ☎ 05 56 26 09 47. E-mail : info@les-ecureuils.com. Web : www.les-ecureuils.com.
Lat. : 44° 45' 39" N **Long.** : 001° 07' 30" W.

PASTEUR VACANCES ★★★ Tourisme 45 E. dont 16 nus CV. Locations : . chauffée . Bord de mer à 100 m. Ouvert: 1.3 / 30.10. ☎ 05 56 60 33 33. E-mail : pasteur.vacances@wanadoo.fr. Web : www.atlantic-vacances.com. Réduction H.S.
Lat. : 44° 45' 42" N **Long.** : 001° 08' 13" W.

LA LAGUNE ★★ Tourisme 62 E. dont 47 nus Ouvert: 10.4 / 6.11. ☎ 05 56 60 21 06. E-mail : ct.ares@asmeg.org. Web : ccas.fr/.
Lat. : 44° 45' 44" N **Long.** : 001° 08' 40" W.

LE POT DE RESINE ★★ Loisirs 70 E. 1 ha . couverte. Accès direct à l'étang et aux bords du lac ; bord de mer à 300 m. ☎ 05 56 60 25 31. E-mail : jeffbea@hotmail.fr. Web : campinglepotderesine.wifeo.com.
Lat. : 44° 45' 25" N **Long.** : 001° 52' 12" W.

AUDENGE
9-B4 45 km S.-O. Bordeaux. 33 m. ✉ 33980

CAMPING MUNICIPAL LE BRAOU ★★★ Tourisme 202 E. dont 69 nus
4,5 ha CV . Locations : , cocosweet, . chauffée . Bord de mer à 1,5 km. . Accueil groupes. Ouvert: 8.4 / 25.9. ☎ 05 56 26 49 98. E-mail : campingmunicipal@mairie-audenge.fr. Web : www.campingaudenge.com. Prix 2022. Fft nuit : empl. Tourisme (2) : 32 € (); sup 4 € nuit ; animaux 3 € nuit ; 3 € nuit ; 4 € nuit.
Lat. : 44° 41' 03" N **Long.** : 001° 00' 16" W.
FFCC : avantages adhérent : 19 € du 07/04 au 07/07 et du 28/08 au 24/09 sur emp.

BAYAS
9-D3 18 km N. Libourne. 55 m. ✉ 33230

LE CHÊNE DU LAC ★★★ Tourisme 53 E. dont 20 CC. 2,3 ha ap. 22 h, CV . Locations : . Espace Fitness. , . Accès direct aux bords du lac ; rivière à 4 km. ; ; , . Accueil groupes. Ouvert: 1.1 / 31.12. ☎ 05 57 69 13 78. E-mail : lechenedulac@orange.fr. Web : www.camping-lechenedulac.com.
Lat. : 45° 04' 46" N **Long.** : 000° 12' 26" W.

BAZAS
9-D5 15 km S. Langon. 99 m. ✉ 33430

LE PARADIS DE BAZAS ★★★★ Tourisme 187 E. dont 35 nus, dont 262 GCC. 2 ha CV. Locations : . couverte chauffée , . Etang et rivière à 5 km. ; . Accueil groupes. Ouvert: 27.4 / 10.9. ☎ 05 56 65 13 17. E-mail : paradis@capfun.com. Web : www.capfun.com. Réduction H.S.
Lat. : 44° 25' 30" N **Long.** : 000° 11' 56" W.

BIGANOS
9-B4 40 km S.-O. Bordeaux. 23 m. ✉ 33380

MARACHE ★★★★ Tourisme 96 E. dont 57 nus 1,4 ha CV . Locations : . Randonnée pédestre organisée. chauffée . Rivière à 1 km ; lac à 1,5 km ; bord de mer à 5 km. Ouvert: 1.4 / 30.9. ☎ 05 57 70 61 19. E-mail : contact@marachevacances.com. Web : www.marachevacances.com.
Lat. : 44° 39' 03" N **Long.** : 000° 58' 45" W.

BLASIMON
9-D4 30 km N.-E. Langon. 76 m. ✉ 33540

CAMPING DU LAC NC Tourisme 30 E. dont 12 nus, dont 6 CC - 6 GCC. 1 ha CV . Locations : . , . Accès direct aux bords du lac ; rivière à 50 m. ; . Accueil groupes. Ouvert: 1.4 / 31.10. ☎ 05 56 71 59 62. E-mail : s.burtaux@gironde.fr. Web : www.blasimon.fr/patrimoine/camping-domaine-nature-blasimon. Prix 2022. Fft jour : empl. Tourisme (1) : 5 € (); sup 5 € ;
Lat. : 44° 45' 21" N **Long.** : 000° 05' 16" W.

BOURG
9-C3 14 km S.-E. Blaye. 19 m. ✉ 33710

LA CITADELLE ★★ Tourisme 24 E. dont 24 nus 0,2 ha CV . Locations : . chauffée , . Accès direct à la rivière. . Accueil groupes. Ouvert: 1.4 / 15.10. ☎ 05 57 68 40 06. E-mail : commune-de-bourg@wanadoo.fr. Web : www.bourg-gironde.fr.
Lat. : 45° 02' 19" N **Long.** : 000° 33' 44" W.

BRAUD-ET-SAINT-LOUIS
9-C3 15 km N. Blaye. 4 m. ✉ 33820

CAMPING MUNICIPAL NC Tourisme 122 E. dont 96 GCC. . Ouvert: 1.1 / 31.12. ☎ 05 57 42 61 00. E-mail : camping-municipal@orange.fr. Web : www.mairie-braud.com.
Lat. : 45° 14' 45" N **Long.** : 000° 37' 48" W.

BRUGES
9-C4 4 km N.-O. Bordeaux. 7 m. ✉ 33520

CAMPING DE BORDEAUX - VILLAGE DU LAC ★★★★ Tourisme 340 E. dont 175 nus
6 ha 22 h 30 / 7 h 30, . chauffée . Accès direct aux bords du lac. Accueil groupes. Ouvert: 1.1 / 31.12. ☎ 05 57 87 70 60. E-mail : contact@camping-bordeaux.com. Web : www.camping-bordeaux.com.
Lat. : 44° 53' 43" N **Long.** : 000° 34' 56" W.
FFCC : avantages adhérent : 10% du 01/01 au 30/06 et du 01/09 au 31/1210% du 01/01 au 30/06 et du 01/09 au 31/12 sur emp. et loc. + Rendez-vous dans votre club avantages FFCC pour obtenir le code promotionnel et réserver !.

CAPTIEUX
9-D5 32 km S. Langon 113 m. ✉ 33840

CAPCABANE ★★★ Tourisme 15 E. Locations : . Ouvert: 6.4 / 12.10. ☎ 06 79 36 29 01. E-mail : info@capcabane.com. Web : www.capcabane.com.
Lat. : 44° 18' 11" N **Long.** : 000° 15' 60" W.

CARCANS
9-B3 28 km S.-O. Lesparre. 21 m. ✉ 33121

CARCANS-LACANAU ★★★★ Loisirs 130 E. dont 4 nus
CV . A 5 km : . Locations : . Randonnée pédestre organisée. couverte chauffée , . Lac à 5 km. . Accueil groupes adultes. Ouvert: 11.4 / 13.9. ☎ 05 56 03 33 57. E-mail : info@leparadis-carcans.fr. Web : www.campingleparadis-carcans.com. Réduction H.S.
Lat. : 45° 04' 14" N **Long.** : 001° 02' 27" W.

LE MÉDOC BLEU ★★★★ Tourisme 121 E. dont 43 nus, dont 20 CC - 14 GCC.
3 ha CV . Locations : , cabanes, . Randonnée pédestre organisée. chauffée , . Lac à 5 km. ; . . Accueil groupes adultes. Ouvert: 8.4 / 7.11. ☎ 05 56 03 37 12. E-mail : campinglemedocbleu@orange.fr. Web : www.campinglemedocbleu.com. Prix 2022. Fft jour : empl. Tourisme (2) : 39 € (E. CC). Réduction H.S.
Lat. : 45° 03' 57" N **Long.** : 001° 02' 53" W.

HUTTOPIA LAC DE CARCANS ★★★ Tourisme 292 E. dont 153 nus
CV . Locations : . chauffée , , . Lac à 100 m ; bord de mer à 5 km. . Accueil groupes. Ouvert: 12.5 / 24.9. ☎ 05 56 03 95 02. E-mail : lac-carcans@huttopia.com. Web : europe.huttopia.com/site/camping-lac-de-carcans. Prix 2023. Fft nuit : empl. Tourisme (2) : 43 € (); sup 8,60 € nuit ; animaux 5,30 € nuit ; 6,50 € nuit. Réduction H.S.
Lat. : 45° 05' 46" N **Long.** : 001° 08' 51" W.
FFCC : avantages adhérent : 10% du 12/05 au 01/07 et du 31/08 au 24/0910% du 12/05 au 01/07 et du 31/08 au 24/09 sur emp. et loc. + 5% de réduction en juillet-août sur les emplacements nus et locatifs * frais de réservation offerts Rendez-vous dans votre club avantages FFCC pour obtenir le code promotionnel.

LA DUNE BLEUE ★★★ Tourisme 382 E. dont 154 nus 8 ha CV . Locations : , . chauffée , , . Accès direct aux bords du lac ; bord de mer à 5 km. ; ; . . Accueil groupes. Ouvert: 9.4 / 2.10. ☎ 05 57 70 12 12. E-mail : contact@camping-dunebleue.com. Web : www.camping-dunebleue.com.
Lat. : 45° 06' 07" N **Long.** : 001° 08' 59" W.

LE MAUBUISSON ★★★ Tourisme 554 E. dont 430 nus
12,5 ha CV . A 500 m : . Locations : . , , . Lac à 100 m ; rivière à 500 m ; bord de mer à 3 km. . Accueil groupes. Ouvert: 12.4 / 19.10. ☎ 05 56 03 30 12. E-mail : camping.maubuisson@wanadoo.fr. Web : www.camping-maubuisson.com. Réduction H.S.
Lat. : 45° 04' 00" N **Long.** : 001° 08' 21" W.

LES MIMOSAS ★★★ Tourisme 108 E. CV. Locations : . . Lac à 5 km. . Ouvert: 1.5 / 30.9. ☎ 05 56 03 39 05. E-mail : lesmimosas33@wanadoo.fr. Web : www.les-mimosas-camping.fr.
Lat. : 45° 05' 09" N **Long.** : 001° 03' 52" W.

LES PINS ★★★ Loisirs 108 E. dont 12 nus 2 ha la nuit, CV . Locations : . chauffée , . . Accueil groupes. Ouvert: 1.4 / 31.10. ☎ 05 56 03 38 72. E-mail : contact@campinglespins-carcans.fr. Web : www.campinglespins-carcans.com/. Réduction H.S.
Lat. : 45° 05' 07" N **Long.** : 001° 03' 18" W.

L'OCEAN ★★ Tourisme 447 E.
CV . Locations : . , . Bord de mer à 400 m. ; . Accueil groupes. Ouvert: 1.4 / 30.9. ☎ 05 56 03 41 44. E-mail : campingocean.carcans@orange.fr. Web : www.camping-carcans-ocean.com.
Lat. : 45° 04' 51" N **Long.** : 001° 11' 12" W.

LA CHRYSALIDE ★★ Loisirs 27 E. 1 ha 1.5km, 1.5 km, 1.5 km, collectif, après 22 h 30, CV . A 5 km : . Locations : . . Etang et lac à 5 km. A 5 km : , , , . Ouvert: 1.4 / 31.10. ☎ 06 52 14 64 89 / 06 32 84 50 40. E-mail : campinglachrysalide@gmail.com. Web : www.campinglachrysalide.fr.
Lat. : 45° 04' 33" N **Long.** : 001° 04' 03" W.

LES ARBOUSIERS ★★ Tourisme 63 E. 1,5 ha 22 h / 8 h, CV. Lac à 5 km. Ouvert: 1.4 / 30.9. ☎ 05 56 03 38 93. E-mail : campinglesarbousiers@orange.fr. Web : camping-les-arbousiers-carcans.fr.
Lat. : 45° 04' 30" N **Long.** : 001° 04' 26" W.

Airotel
campings

CAP OCEAN NC Tourisme 19 E. CV. A 4 km : Locations : . Lac à 5 km. Ouvert: 3.6 / 30.9. ☎ 09 53 14 68 44. E-mail : info@campingcapocean.com. Web : www.campingcapocean.com.
Lat. : 45° 04' 30" N **Long.** : 001° 04' 24" W.

LE CAPDEVILLE NC Tourisme 78 E. 2 ha ap. 23 h, CV. Etang et lac à 3,5 km. Ouvert: 1.5 / 31.10. ☎ 05 56 03 33 74. E-mail : camping.capdeville@gmail.com. Web : www.campingcapdeville.fr/. Réduction H.S.
Lat. : 45° 04' 43" N **Long.** : 001° 02' 39" W.

LE LIERRE NC Loisirs 50 E. dont 45 GCC. . Ouvert: 1.6 / 30.9. ☎ 05 57 17 58 84.
Lat. : 45° 04' 26" N **Long.** : 001° 02' 37" W.

LA PRAIRIE . Ouvert: 15.6 / 15.10. ☎ 06 69 74 85 93. E-mail : lapprairiecarcans@orange.fr, Web : www.airenaturelle-carcans.com/.
Lat. : 45° 06' 44" N **Long.** : 001° 04' 04" W.

CASTILLON-LA-BATAILLE
9-D4 18 km S.-E. Libourne. 41 m. Station verte de vacances et village de neige ✉ 33350

CAMPING LA PELOUSE ★★ Tourisme 38 E. dont 38 nus 0,5 ha CV. A 800 m : . Accès direct à la rivière ; étang et lac à 5 km.. Accueil groupes. Ouvert: 20.5 / 15.10. ☎ 05 57 40 04 22. E-mail : camping.la.pelouse@orange.fr.
Lat. : 44° 51' 12" N **Long.** : 000° 02' 07" W.

FLAUJAGUES
9-D4 25 km S.-E. Libourne. 14 m. ✉ 33350

CAMPING MUNICIPAL LO QUALH NC Tourisme 25 E. dont 7 GCC. Locations : . Accès direct à la rivière ; lac à 3 km.. Ouvert: 15.4 / 15.10. ☎ 05 57 40 72 23. E-mail : mairie.flaujagues@orange.fr.
Lat. : 44° 49' 60" N **Long.** : 000° 03' 00" E.

FOSSES-ET-BALEYSSAC
9-D4 23 km E. Langon 79 m. ✉ 33190

L'OSERAIE LES PHILIBERTS CV. Ouvert: 15.5 / 15.9. ☎ 05 56 61 77 26. E-mail : de-bortoli.lucette@wanadoo.fr, Web : lesphiliberts.jimdo.com. Réduction H.S.
Lat. : 44° 35' 56" N **Long.** : 000° 04' 01" E.

FRONTENAC
9-D4 22 km N. Langon. 67 m. ✉ 33760

CHÂTEAU GUITON ★★★ Tourisme 30 E. dont 24 nus, dont 24 CC. 2 ha CV. Rés. naturiste. Locations : . Randonnée pédestre organisée. . Ouvert: 1.5 / 30.9. ☎ 05 56 23 52 79. E-mail : info@chateau-guiton.com. Web : www.chateau-guiton.com.
Lat. : 44° 43' 33" N **Long.** : 000° 09' 00" W.

GRADIGNAN
9-C4 6 km S. Bordeaux. 33 m. ✉ 33170

BEAU SOLEIL ★★ Tourisme 31 E. dont 28 nus, dont 31 GCC. CV. Locations : . Etang à 3 km ; lac à 4 km. Ouvert: 1.1 / 31.12. ☎ 05 56 89 17 66. E-mail : campingbeausoleil@wanadoo.fr. Web : www.camping-beausoleil-gradignan.fr. Réduction H.S.
Lat. : 44° 45' 21" N **Long.** : 000° 37' 42" W.

GRAYAN-ET-L'HOPITAL
9-B2 84 km N.-O. Bordeaux. 9 m. ✉ 33590

CAMPING DES FAMILLES ★★★★ Tourisme 100 E. dont 36 nus 1,6 ha CV. Locations : . chauffée . Etang à 500 m ; bord de mer à 5 km. . Accueil groupes adultes. Ouvert: 29.4 / 15.10. ☎ 05 56 09 43 20. E-mail : camping-des-familles@wanadoo.fr. Web : www.camping-des-familles.com. Prix 2023. Fft nuit : empl. Tourisme (2) : 35 € ( ) ; sup 7 € nuit ; animaux 5 € nuit.
Lat. : 45° 26' 12" N **Long.** : 001° 05' 29" W.

EURONAT ★★★★ Tourisme 1400 E.
CV. Rés. naturiste. A 4 km : Locations : . Espace Fitness. couverte chauffée , , , . Accès direct à la mer. ; ; . Ouvert: 30.3 / 31.10. ☎ 05 56 09 33 33. E-mail : info@euronat.fr. Web : www.euronat.fr. Réduction H.S.
Lat. : 45° 24' 58" N **Long.** : 001° 07' 47" W.

LES FRANQUETTES ★★★★ Tourisme 126 E. dont 78 nus CV. Locations : . Etang à 2 km ; rivière à 3 km ; bord de mer à 5 km. Accueil groupes. Ouvert: 1.4 / 30.11. ☎ 05 56 09 43 61. E-mail : lesfranquettes@lesfranquettes.com. Web : www.camping-lesfranquettes.camp. Réduction H.S.
Lat. : 45° 26' 40" N **Long.** : 001° 05' 10" W.

CAMPING MUNICIPAL DU GURP ★★ Tourisme 1000 E. dont 1000 nus 10 ha CV. Locations : . , , , . Accès direct à la mer. ; . Ouvert: 23.5 / 2.10. ☎ 05 56 09 44 53. E-mail : accueil@grayanetlhopital.fr. Web : www.campinglegurp.com. Prix 2022. Fft jour : empl. Tourisme (2) : 25 € ( ) ; sup 7 € ; animaux 3 € ; 3 € ; 5 €.
Lat. : 45° 26' 01" N **Long.** : 001° 08' 42" W.

GUJAN-MESTRAS
9-B4 50 km S.-O. Bordeaux. 15 m. ✉ 33470

CAMPING ATC ROUTES DU MONDE ★★ Tourisme 82 E. dont 75 nus 1 ha CV. Locations : . Bord de mer à 30 m. Accueil groupes. Ouvert: 2.5 / 10.9. ☎ 05 56 66 12 24. E-mail : atc-lahume@atc-routesdumonde.com. Web : www.atc-routesdumonde.com. Réduction H.S.
Lat. : 44° 38' 38" N **Long.** : 001° 06' 46" W.

LE VERDALLE ★★ Tourisme 108 E. dont 99 nus la nuit, CV. A 4 km : Locations : bivouac. Bord de mer à 50 m.. Accueil groupes. Ouvert: 4.4 / 30.9. ☎ 05 56 66 12 62. E-mail : camping.verdalle@wanadoo.fr. Web : www.campingdeverdalle.com.
Lat. : 44° 38' 38" N **Long.** : 001° 06' 39" W.

CAMPING DES 4 CE ★ Loisirs 100 E. . ☎ 05 56 66 11 66. E-mail : nibua.claude@orange.fr.
Lat. : 44° 38' 30" N **Long.** : 001° 06' 25" W.

KHELUS CLUB NC 305 E. 17 ha CV. Locations : . , , . Ouvert: 1.1 / 31.12. ☎ 05 56 66 88 88. E-mail : kalisea@wanadoo.fr. Web : www.khelus.com.
Lat. : 44° 37' 10" N **Long.** : 001° 06' 45" W.

HOURTIN
9-B3 16 km S.-O. Lesparre. 20 m. ✉ 33990

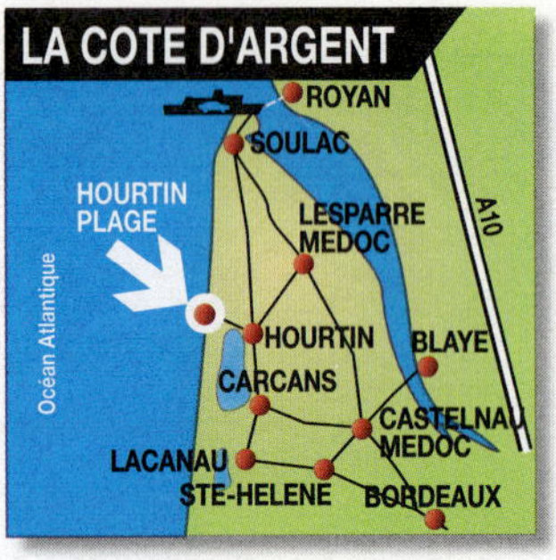

LA CÔTE D'ARGENT ★★★★★ Tourisme 870 E. dont 618 nus
20 ha CV. Locations : . Espace Fitness. couverte chauffée , . Bord de mer à 300 m ; lac à 4 km. . Ouvert: 17.5 / 11.9. ☎ 05 56 09 10 25. E-mail : info@cca33.com. Web : www.camping-cote-dargent.com. Prix 2023. Fft jour : empl. Tourisme (2) : 65 € ( )
Lat. : 45° 13' 22" N **Long.** : 001° 09' 53" W.

DOMAINE LA RÉSINIÈRE ★★★★ Loisirs 36 E. CV. Locations : . chauffée , . Lac à 300 m. Ouvert: 10.4 / 30.9. ☎ 05 56 09 02 42. E-mail : contact@camping-hourtin.com. Web : www.camping-hourtin.com.
Lat. : 45° 10' 55" N **Long.** : 001° 04' 40" W.

LE VILLAGE WESTERN ★★★★ Tourisme 300 E. dont 183 nus
7 ha CV. Locations : . Randonnée pédestre organisée. couverte chauffée , . Accès direct à l'étang ; lac à 400 m. . Accueil groupes. Ouvert: 8.4 / 10.9. ☎ 05 56 09 10 60. E-mail : mail@village-western.com. Web : www.village-western.com. Prix 2023. Fft jour : empl. Tourisme (2) : 47 € (E. CC). Réduction H.S.
Lat. : 45° 10' 45" N **Long.** : 001° 04' 30" W.
FFCC : avantages adhérent : 10% du 15/04 au 30/06 et du 01/09 au 10/0910% du 15/04 au 30/06 et du 01/09 au 10/09 sur emp. et loc. + Rendez-vous dans votre club avantages FFCC pour obtenir le code promotionnel et réserver !.

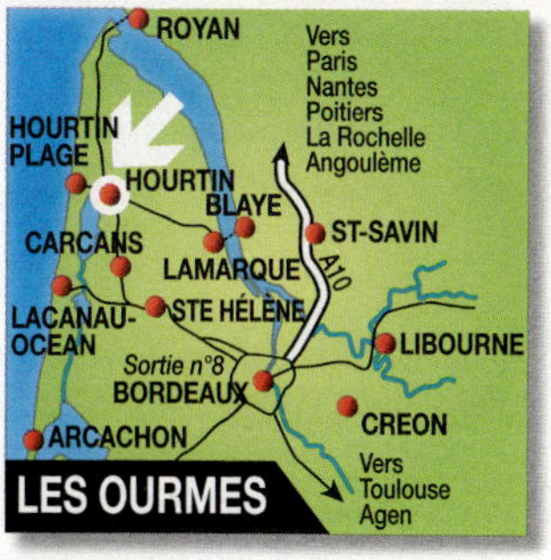

LES OURMES ★★★★ Tourisme 300 E. dont 190 nus 6 ha après 23 h, CV. A 2 km : Locations : . chauffée . Lac à 500 m. Ouvert: 28.4 / 22.9. ☎ 05 56 09 12 76. E-mail : info@lesourmes.com. Web : www.lesourmes.fr. Prix 2023. Fft jour : empl. Tourisme (2) : 44 € ( ) ; sup 9 € ; animaux 5 € ; 6 €.
Lat. : 45° 10' 56" N **Long.** : 001° 04' 33" W.

L'OREE DU BOIS ★★★ Tourisme 90 E. dont 38 nus CV. Locations : . . Lac à 2,5 km. . Ouvert: 1.4 / 2.11. ☎ 05 56 09 15 88. E-mail : campingloreedubois@gmail.com. Web : www.camping-loreedubois.com.
Lat. : 45° 10' 21" N **Long.** : 001° 03' 12" W.

LA MARIFLAUDE ★★★ Loisirs 170 E. dont 161 GCC. 6 ha ap. 23 h, CV. A 5 km : Locations : . . Lac à 3 km. Accueil groupes. Ouvert: 13.6 / 12.9. ☎ 05 56 09 11 97. E-mail : mariflaude.camping@gmail.com. Web : www.camping-la-mariflaude.com. Réduction H.S.
Lat. : 45° 11' 11" N **Long.** : 001° 02' 24" W.

LE BON COIN ★★★ Tourisme 94 E. dont 33 nus ap. 22 h 30, CV. A 1 km : Locations : , bivouac, cabanes, tipi. chauffée , . Lac à 2,5 km. Ouvert: 21.5 / 16.9. ☎ 09 50 66 77 73. E-mail : campingleboncoin@gmail.com. Web : www.campingleboncoin.com.
Lat. : 45° 11' 02" N **Long.** : 001° 02' 41" W.

LES ÉCUREUILS ★★★ Loisirs 150 E. 3 ha CV. Locations : . chauffée . Lac et bord de mer à 5 km. Accueil groupes. Ouvert: 1.1 / 31.12. ☎ 05 56 09 10 47. E-mail : camping.lesecureuils@orange.fr. Web : www.campinglesecureuilshourtin.fr. Réduction H.S.
Lat. : 45° 13' 03" N **Long.** : 001° 04' 38" W.

LE LITTORAL ★★ Loisirs 135 E. 3,5 ha CV. Locations : . , , . Etang et lac à 1,5 km. . Accueil groupes. Ouvert: 1.4 / 31.10. ☎ 05 56 09 13 73. E-mail : camping.littoral@wanadoo.fr. Web : www.camping-lelittoral.fr. Réduction H.S.
Lat. : 45° 10' 25" N **Long.** : 001° 03' 13" W.

L'ACACIA CV. Ouvert: 15.6 / 30.9. ☎ 05 56 73 80 80. E-mail : camping.lacacia@orange.fr, Web : www.campinglacacia.com.
Lat. : 45° 08' 08" N **Long.** : 001° 03' 49" W.

JAU-DIGNAC-ET-LOIRAC

9-B2 16 km N. Lesparre-Médoc. 3 m. ✉ 33590

CAMPING A LA FERME CV. Ouvert: 15.6 / 30.9. ☎ 05 56 09 42 63. E-mail : alain.sarrazin817@orange.fr.
Lat. : 45° 24' 30" N **Long.** : 000° 57' 31" W.

LA REOLE

9-D4 18 km E. Langon. 56 m. Station verte de vacances et village de neige ✉ 33190

CAMPING MUNICIPAL NC Tourisme 45 E. dont 45 nus 1 ha CV. Accès direct à la rivière.. Accueil groupes. Ouvert: 1.5 / 30.9. ☎ 06 20 31 98 12. E-mail : lareole@entredeuxmers.com. Web : www.entredeuxmers.com. Prix 2022. 5 € ; 6 € ; 3,70 € ; 3,50 €.
Lat. : 44° 34' 40" N **Long.** : 000° 02' 01" W.

LA TESTE-DE-BUCH

9-B4 55 km S.-O. Bordeaux. 26 m. ✉ 33260

DOMAINE DE LA FORGE P.R.L ★★★★ NN327 E. dont 25 nus CV. A 1 km : Locations : . Espace Fitness. chauffée , , . Bord de mer à 5 km. ; . Accueil groupes. Ouvert: 2.4 / 30.10. ☎ 05 64 10 20 20. E-mail : reservation@seagreen.fr. Web : www.domainedelaforge.com. Prix 2022. Fft nuit : empl. Tourisme (2) : 56 € ( )
Lat. : 44° 36' 16" N **Long.** : 001° 06' 40" W.

LA PINÈDA ★★★★ Tourisme 220 E. CV. Locations : . couverte chauffée , . Accès direct à la rivière ; étang à 3 km ; lac à 4 km. ; . Accueil groupes. Ouvert: 9.4 / 19.9. ☎ 05 56 22 23 24. E-mail : pineda@capfun.com. Web : www.capfun.com. Réduction H.S.
Lat. : 44° 33' 17" N **Long.** : 001° 08' 59" W.

PANORAMA DU PYLA - (FERMÉ PROVISOIREMENT) ★★★★ Tourisme 450 E. dont 350 nus CV. A 1 km : Locations : . Espace Fitness. chauffée , , , . Accès direct à la mer. ; ; . Ouvert: 8.4 / 3.10. ☎ 05 56 22 10 44. E-mail : mail@camping-panorama.com. Web : www.camping-panorama.com. Prix 2022. Fft jour : empl. Tourisme (2) : 22 € ( ). Réduction H.S.
Lat. : 44° 34' 21" N **Long.** : 001° 13' 13" W.

LA DUNE - (FERMÉ PROVISOIREMENT) ★★★ Tourisme 233 E. dont 150 nus 6 ha la nuit, CV. A 2 km : Locations : . chauffée . Bord de mer à 500 m ; lac à 1,5 km. . Accueil groupes. Ouvert: 2.6 / 1.11. ☎ 05 56 22 72 17. E-mail : reception@campingdeladune.fr. Web : www.campingdeladune.fr.
Lat. : 44° 34' 52" N **Long.** : 001° 12' 44" W.

LA FORET DU PILAT - (FERMÉ PROVISOIREMENT) ★★★ Tourisme 427 E. 10 ha CV. Locations : . , , . Bord de mer à 3 km. ; ; . Ouvert: 6.4 / 29.9. ☎ 04 30 05 15 19. E-mail : info@tohapi.fr. Web : www.tohapi.fr/aquitaine/camping-la-foret.php.
Lat. : 44° 35' 07" N **Long.** : 001° 12' 31" W.

PYLA-CAMPING - (FERMÉ PROVISOIREMENT) ★★★ Tourisme 386 E. dont 280 nus 8 ha CV. A 500 m : Locations : . chauffée . Accès direct à la mer. ; . Accueil groupes. Ouvert: 31.3 / 1.10. ☎ 05 56 22 74 56. E-mail : reception@pylacamping.fr. Web : www.pyla-camping.com. Réduction H.S.
Lat. : 44° 34' 40" N **Long.** : 001° 12' 47" W.

CAMPING DU LAC ★★ Tourisme 90 E. dont 90 nus 1,25 ha CV. Rivière à 100 m ; lac à 400 m. Accueil groupes. Ouvert: 1.4 / 30.9. ☎ 09 75 40 03 19. E-mail : nous.contacter@campingdulacdecazaux.fr. Web : www.campingdulacdecazaux.fr. Prix 2022. empl. Tourisme : 9,95 € ; 6,50 € ; animaux 2 € ; 4,40 € ; 3,80 €.
Lat. : 44° 31' 54" N **Long.** : 001° 09' 41" W.

LES BONNES VACANCES ★★ Tourisme 35 E. 0,5 ha CV. Bord de mer à 500 m. Accueil groupes. Ouvert: 1.7 / 31.8. ☎ 05 56 66 13 40. E-mail : lesbonvac@free.fr. Web : www.lesbonnesvacances.com.
Lat. : 44° 38' 23" N **Long.** : 001° 07' 17" W.

LACANAU

9-B3 57 km N.-O. Bordeaux. 19 m. ✉ 33680

L'OCÉAN ★★★★★ Tourisme 525 E. dont 195 nus
9,5 ha CV. Locations : . Espace Fitness. couverte chauffée , . Bord de mer à 800 m ; lac à 5 km. . Accueil groupes. Ouvert: 7.4 / 5.11. ☎ 05 56 03 24 45. E-mail : contact@airotel-ocean.com. Web : www.airotel-ocean.com. Réduction H.S.
Lat. : 45° 00' 31" N **Long. :** 001° 11' 33" W.

FFCC : avantages adhérent : 23 € du 07/04 au 01/06 et du 10/09 au 05/11 sur emp. et entre 60 € et 162 € la nuitée et entre 440 € et 1134 € la semaine du 07/04 au 30/06 et du 03/09 au 05/11 sur loc.

LES GRANDS PINS ★★★★★ Tourisme 492 E. dont 227 nus
12 ha 7 h / 23 h, CV . A 1 km : . Locations : , . couverte chauffée , . Accès direct à la mer ; lac à 4 km. ; . Accueil groupes adultes. Ouvert: 12.5 / 18.9. ☎ 05 56 03 20 77. E-mail : recep tion@lesgrandspins.com. Web : www.lesgrand spins.com. Réduction H.S.
Lat. : 45° 00' 39" N **Long. :** 001° 11' 42" W.

TALARIS VACANCES ★★★★ Tourisme 493 E. CV . Locations : , cabanes. couverte chauffée , , . Lac à 1,5 km ; étang à 4,9 km. ; . Ouvert: 9.4 / 12.9. ☎ 05 56 03 04 15. E-mail : talaris@capfun.com. Web : www.capfun.com. Réduction H.S.
Lat. : 45° 00' 30" N **Long. :** 001° 06' 42" W.

L'ERMITAGE ★★★ Tourisme 70 E. dont 70 nus 3,5 ha . Etang et lac à 100 m ; bord de mer à 5 km. . Ouvert: 27.6 / 30.9. ☎ 05 56 03 00 24. E-mail : ermitagela canau@gmail.com. Web : www.campinglacan au.com. Réduction H.S.
Lat. : 45° 00' 12" N **Long. :** 001° 08' 04" W.

LES FOUGÈRES LACANAU ★★★ Tourisme 70 E. dont 66 nus 1 ha 23 h / 8 h 30, . Locations : . Lac à 1,5 km. Accueil groupes enfants. Ouvert: 18.6 / 3.9. ☎ 05 56 03 56 76. E-mail : conta ct@campinglesfougereslacanau.com. Web : www.campinglesfougereslacanau.com. Prix 2022. Fft nuit : empl. Tourisme (2) : 34 € ( ) ; sup 7,30 € nuit ; animaux 3,60 € nuit ; 6 € nuit.
Lat. : 45° 00' 06" N **Long. :** 001° 05' 32" W.

LES JARDINS DU LITTORAL ★★★ Tourisme 183 E. . Locations : . . Ouvert: 1.4 / 31.10. ☎ 05 56 03 20 72. E-mail : campi nglesjardinsdulittoral@orange.fr. Web : www.camping-lesjardinsdulittoral.fr.
Lat. : 45° 00' 27" N **Long. :** 001° 09' 58" W.

LODGING LE LAC ★★★ Tourisme 49 E. 1,5 ha CV. . Bord de mer à 5 km. ; . . Ouvert: 1.4 / 15.10. ☎ 05 56 03 00 26. E-mail : contact@lodginglelac.com. Web : www.lodginglelac.com.
Lat. : 44° 58' 40" N **Long. :** 001° 04' 34" W.

SLOW VILLAGE LACANAU ★★★ Tourisme 680 E. dont 471 nus
10 ha CV . Locations : , , , , . Accès direct aux bords du lac ; bord de mer à 5 km. ; . . Ouvert: 15.4 / 6.11. ☎ 05 56 03 00 15. E-mail : contact.lacanau@slow-village.fr. Web : www.slow-village.fr/lacanau/?utm_source=camping+france. Prix 2022. Fft semaine : empl. Tourisme (2 2) : 406 € ( ). Réduction H.S.
Lat. : 44° 59' 15" N **Long. :** 001° 08' 12" W.

CAMPING GCU - LACANAU ★ Tourisme 168 E. dont 162 nus CV . Locations : . , . Accès direct aux bords du lac. . Accueil groupes. Ouvert: 18.5 / 16.9. ☎ 01 47 63 98 63. E-mail : gcu@gcu.as so.fr. Web : www.gcu.asso.fr.
Lat. : 44° 58' 48" N **Long. :** 001° 05' 37" W.

CAMPING DE LOISIRS DU CE DE LA S.E.P. NC Loisirs 250 E. 7 ha . Accès direct aux bords du lac. ; ; . . Ouvert: 1.1 / 31.12. ☎ 05 56 03 05 10. E-mail : camping.pellegrins@orange.fr.
Lat. : 44° 58' 41" N **Long. :** 001° 08' 37" W.

LANTON

9-B4 50 km S.-O. Bordeaux. 36 m. ✉ 33138

LE ROUMINGUE ★★★★★ Tourisme 357 E. 23 h / 6 h, CV . Locations : . Randonnée pédestre organisée. couverte chauffée , , , . Accès direct à la mer. ; ; . Accueil groupes adultes. Ouvert: 31.3 / 31.10. ☎ 05 56 82 97 48. E-mail : roumi ngue@capfun.com. Web : www.camping-bassin-arcachon.com. Réduction H.S.
Lat. : 44° 42' 22" N **Long. :** 001° 02' 43" W.

LE COQ HARDI ★★★ Tourisme 400 E. dont 300 nus, dont 48 CC. 5,5 ha CV . A 5 km : . Locations : caravane. , . ; ; . ☎ 05 56 82 01 80. E-mail : reservation.coqhardi @gmail.com. Web : www.camping-bassin-d-arcachon.com. Réduction H.S.
Lat. : 44° 42' 44" N **Long. :** 001° 03' 35" W.

LE NIZAN

9-C5 10 km S. Langon 96 m. ✉ 33430

DOMAINE ECÔTELIA ★★★★ Tourisme 24 E. 5 ha CV . Locations : , , cabanes, roulotte, tonneau, yourte. Randonnée pédestre organisée. . Accueil groupes adultes. Ouvert: 1.1 / 31.12. ☎ 05 56 65 35 38. E-mail : contact@domaine-ecotelia.com. Web : www.domaine-ecotelia .com.
Lat. : 44° 28' 29" N **Long. :** 000° 15' 28" W.

LE PORGE

9-B3 43 km O. Bordeaux. 19 m. ✉ 33680

LA JENNY P.R.L ★★★★ 756 E. CV Rés. naturiste. Locations : . Espace Fitness. chauffée , , , , . Accès direct à la mer. ; . Accueil groupes. Ouvert: 4.4 / 27.9. ☎ 05 56 26 56 90. E-mail : info@lajenny.fr. Web : www.lajenny.fr.
Lat. : 44° 50' 30" N **Long. :** 001° 12' 39" W.

CAMPING MUNICIPAL LA GRIGNE ★★★ Tourisme 700 E. dont 666 nus
CV . Locations : , , . , , . Bord de mer à 600 m. . Ouvert: 8.4 / 29.10. ☎ 05 56 26 54 88. E-mail : info@lagrigne.com. Web : www.camping-leporge.fr. Prix 2022. Fft jour : empl. Tourisme (2) : 31,7 € ( ).
Lat. : 44° 53' 40" N **Long. :** 001° 12' 06" W.

LES PRÉS DU PAS DU MAS CV. Ouvert: 18.6 / 11.9. ☎ 05 57 17 31 43. E-mail : roche.mari eanne@orange.fr, Web : www.gironde-tourisme.fr/campings/aire-naturelle-de-camping-les-pres-du-pas-du-mas/. Prix 2023. 4,50 € ; 7 € ; 3,60 € ; 3,60 € ; 1,20 € ; animaux 1,50 € ; 1,50 € ; 2,50 € ; 2,50 €.
Lat. : 44° 53' 19" N **Long. :** 001° 05' 52" W.

M. GUILLEBAUT . Ouvert: 1.6 / 15.10. ☎ 06 83 79 63 79. E-mail : bernard.guillebaut@free.fr.
Lat. : 44° 50' 50" N **Long. :** 001° 06' 41" W.

MAISONNEUVE CV. Ouvert: 18.6 / 11.9. ☎ 05 57 17 31 43. E-mail : roche.marieanne@oran ge.fr, Web : www.gironde-tourisme.fr/campings/aire-naturelle-de-camping-les-pres-du-pas-du-mas/. Prix 2023. 4,50 € ; 7 € ; 3,60 € ; 3,60 € ; 1,20 € ; animaux 1,50 € ; 1,50 € ; 2,50 € ; 2,50 €.
Lat. : 44° 53' 19" N **Long. :** 001° 05' 52" W.

LE TEICH

9-B4 44 km S.-O. Bordeaux. 20 m. ✉ 33470

KER HELEN ★★★★ Tourisme 154 E.
CV . , . Bord de mer à 1,5 km ; rivière à 2 km. Accueil groupes. Ouvert: 12.4 / 14.10. ☎ 05 56 66 03 79. E-mail : camping.ke rhelen@wanadoo.fr. Web : www.kerhelen.com. Réduction H.S.
Lat. : 44° 38' 23" N **Long. :** 001° 02' 34" W.

LE VERDON-SUR-MER

9-B2 36 km N.-O. Lesparre. 5 m. ✉ 33123

LA POINTE DU MEDOC ★★★★ Tourisme 259 E. dont 77 CC.
7 ha CV . Locations : , . couverte chauffée , . Bord de mer à 1,5 km. . . Accueil groupes. Ouvert: 5.4 / 8.9. ☎ 05 56 73 39 99. E-mail : info@camping-lapointedumedoc.com. Web : www.camping-lapointedumedoc.com.
Lat. : 45° 32' 44" N **Long. :** 001° 04' 46" W.

LE ROYANNAIS ★★★ Tourisme 158 E.
CV . Espace Fitness. chauffée. Bord de mer à 400 m ; rivière à 3 km. . Accueil groupes. Ouvert: 5.4 / 28.9. ☎ 05 56 09 61 12. E-mail : camping.le.royannais@wanadoo.fr. Web : www.royannais.com. Réduction H.S.
Lat. : 45° 32' 27" N **Long. :** 001° 05' 38" W.

LEGE-CAP-FERRET

9-B4 50 km S.-O. Bordeaux. 11 m. ✉ 33950

LE TRUC VERT ★★★★ Tourisme 480 E. 10 ha CV . Locations : . Espace Fitness. . Bord de mer à 300 m ; lac à 2 km. . Ouvert: 1.5 / 30.9. ☎ 05 56 60 89 55. E-mail : camping.truc-vert@worldonline.com. Web : www.trucvert .com.
Lat. : 44° 42' 56" N **Long. :** 001° 14' 33" W.

LES EMBRUNS ★★★★ Loisirs 720 E.
après 23 h, CV . Locations : , , , . Espace Fitness. couverte chauffée , , . Etang à 200 m. ; . Accueil groupes adultes. Ouvert: 6.5 / 1.10. ☎ 05 56 60 70 76. E-mail : contact@camping-lesembruns.fr. Web : www.camping-lesembruns.fr.
Lat. : 44° 45' 06" N **Long. :** 001° 11' 15" W.

LES VIVIERS ★★★★ Loisirs 808 E. dont 40 nus
CV . Locations : . Espace Fitness. couverte chauffée , , , , . Accès direct à l'étang ; bord de mer à 5 km. ; ; . Accueil groupes. Ouvert: 8.4 / 5.11. ☎ 05 56 07 90 17. E-mail : reservatio ns@siblu.fr. Web : siblu.fr/camping-les-viviers. Réduction H.S.
Lat. : 44° 44' 05" N **Long. :** 001° 11' 42" W.

AUX COULEURS DU FERRET ★★★ Tourisme 54 E. dont 20 nus, dont 34 CC - 34 GCC. 1,5 ha CV . Locations : . . Etang à 3 km ; bord de mer à 5 km. Ouvert: 12.4 / 12.10. ☎ 05 56 82 07 40. E-mail : contact@campingcapferret.com. Web : www.campingcapferret.com.
Lat. : 44° 48' 13" N **Long. :** 001° 07' 59" W.

CAMPING MUNICIPAL LES PASTOURELLES ★★★ Loisirs 576 E. 12 ha ap. 22 h, CV . Accès direct à la mer. ; . Ouvert: 1.3 / 30.11. ☎ 05 56 60 70 61. E-mail : campinglespastourelles@le gecapferret.fr. Web : www.legecapferret.fr/ lespastourelles/.
Lat. : 44° 45' 03" N **Long. :** 001° 10' 35" W.

LE GRAND CROHOT ★★★ Tourisme 345 E. dont 219 nus . Locations : , . . Ouvert: 28.3 / 4.10. ☎ 05 56 60 09 04. E-mail : gdcrohot@fondationmg.fr. Web : fondationmg.fr/tourisme/type/un-sejour-a-la-mer/atlantique/etablissement/le-grand-crohot-ocean.
Lat. : 44° 47' 44" N **Long. :** 001° 13' 38" W.

LA PINEDE ★★ Loisirs 148 E. 4 ha CV. Ouvert: 15.4 / 15.10. ☎ 05 56 60 06 39. E-mail : contact@camping-lapinede.fr. Web : www.camping-lapinede.fr.
Lat. : 44° 48' 31" N **Long.** : 001° 07' 44" W.

LA PRAIRIE ★★ Tourisme 118 E. dont 95 nus 2,5 ha CV. Etang à 1 km ; rivière à 2 km ; bord de mer à 5 km. Ouvert: 15.3 / 15.10. ☎ 05 56 60 09 75. E-mail : camping.la.prairie@wanadoo.fr. Web : www.campinglaprairie.com. Réduction H.S.
Lat. : 44° 48' 10" N **Long.** : 001° 08' 03" W.
FFCC : avantages adhérent : 20 € du 15/03 au 30/06 et du 01/09 au 15/10 sur emp. et entre 39 € et 70 € la nuitée et entre 220.50 € et 403.20 € la semaine du 15/03 au 25/06 et du 27/08 au 01/10 sur loc.

BREMONTIER ★ Tourisme 170 E. dont 166 nus CV. Locations : . Bord de mer à 400 m. Ouvert: 13.5 / 17.9. ☎ 05 56 60 03 99. E-mail : contact@campingbremontier.fr. Web : www.campingbremontier.fr. Prix 2023. Fft jour : empl. Tourisme (2) : 22,5 € ( )
Lat. : 44° 47' 52" N **Long.** : 001° 13' 34" W.

LES EGLISOTTES-ET-CHALAURES
9-D3 27 km N.-E. Libourne. 31 m. ✉ 33230

L'EAU VIVE ★★★ Tourisme 90 E. dont 50 nus, dont 15 CC - 25 GCC. CV. Locations : . Randonnée pédestre organisée. , , . Accès direct à la rivière ; étang et lac à 5 km. . Accueil groupes. Ouvert: 1.4 / 30.9. ☎ 05 57 41 00 03. E-mail : camping-leau-vive@orange.fr. Web : www.camping-leau-vive.com. Réduction H.S.
Lat. : 45° 05' 51" N **Long.** : 000° 02' 58" W.

LUGOS
9-B4 53 km S.-O. Bordeaux. 39 m. ✉ 33830

LA CYPREA ★★ Tourisme 36 E. . Ouvert: 15.6 / 15.9. ☎ 05 57 71 93 30. E-mail : lacyprea@orange.fr.
Lat. : 44° 27' 06" N **Long.** : 000° 56' 40" W.

LUSSAC
9-D3 14 km N.-E. Libourne. 58 m. ✉ 33570

L'OASIS NC 30 E. dont 26 nus 3 ha CV. Locations : , . Accès direct à l'étang.. Ouvert: 1.4 / 3.10. ☎ 05 57 49 17 18. E-mail : sarl.loasis@wanadoo.fr.
Lat. : 44° 59' 48" N **Long.** : 000° 06' 27" W.

MIOS
9-B4 14 km S.-O. Bordeaux. 34 m. ✉ 33380

SAMBA ★★★ Tourisme 96 E. dont 29 nus, dont 16 GCC. CV. Locations : . . Rivière à 1 km ; étang à 5 km. Accueil groupes. Ouvert: 4.1 / 19.12. ☎ 05 57 71 18 81. E-mail : campingdesamba@orange.fr. Web : www.campingdesamba.com.
Lat. : 44° 38' 54" N **Long.** : 000° 51' 45" W.

MONSEGUR
9-D4 32 km N.-E. Langon. 63 m. ✉ 33580

L'ETOILE DU DROT NC Tourisme 24 E. 0,6 ha . Rivière à 1 km. . Ouvert: 1.4 / 30.9. ☎ 05 56 61 67 54. E-mail : campingtoiledudrot@orange.fr. Web : etoile.du.drot.free.fr.
Lat. : 44° 38' 49" N **Long.** : 000° 04' 20" E.

NAUJAC-SUR-MER
9-B3 10 km S.-O. Lesparre-Médoc. 20 m. ✉ 33990

LE RANCH ★★★ Loisirs 100 E. dont 21 nus 2 ha CV. Locations : . , .. Accueil groupes. Ouvert: 1.3 / 30.11. ☎ 05 56 73 00 63. E-mail : campingduranch@gmail.com. Web : www.camping-ranch.fr.
Lat. : 45° 17' 07" N **Long.** : 001° 03' 46" W.

LA ROCHADE ★★ Tourisme 150 E. dont 112 nus 5,4 ha CV. Locations : . Espace Fitness. ; . Ouvert: 1.4 / 30.9. ☎ 05 56 73 02 94. E-mail : campinglarochade@gmail.com. Web : www.campinglarochade.com. Réduction H.S.
Lat. : 45° 15' 39" N **Long.** : 001° 03' 07" W.

LES HIRONDELLES ★★ Loisirs 153 E. dont 6 nus 4 ha CV. Accueil groupes. Ouvert: 1.1 / 31.12. ☎ 05 56 73 01 66. E-mail : campingleshirondelles@orange.fr.
Lat. : 45° 16' 54" N **Long.** : 001° 03' 09" W.
FFCC : avantages adhérent : entre 45 € et 60 € la nuitée et entre 350 € et 420 € la semaine du 01/06 au 30/09 sur loc.

CAMPING MUNICIPAL DU PIN SEC ★ Tourisme 531 E. dont 531 nus 8 ha CV. Bord de mer à 150 m. Accueil groupes adultes. Ouvert: 20.6 / 17.9. ☎ 05 56 73 00 66. E-mail : campingpinsec.naujac@orange.fr. Web : www.naujac.com/pinsec.html.
Lat. : 45° 16' 05" N **Long.** : 001° 09' 40" W.

PARC RÉSIDENTIEL DE LOISIRS LA BELLE ÉTOILE P.R.L ★ NN60 E. dont 60 nus visiteurs. Ouvert: 15.1 / 15.12. ☎ 05 56 73 02 30. E-mail : marcjacquesimmoter@gmail.com.
Lat. : 45° 15' 46" N **Long.** : 001° 01' 01" W.

CAMPING LES GRANDS CHENES ET LES AJONCS CV. Ouvert: 15.4 / 15.10. ☎ 06 79 89 36 45. E-mail : camping-gca@orange.fr, Web : www.camping-gca.com. Réduction H.S.
Lat. : 45° 14' 59" N **Long.** : 001° 05' 07" W.

PAUILLAC
9-C3 19 km S.-E. Lesparre-Médoc. 16 m. ✉ 33250

CAMPING MUNICIPAL LES GABARREYS ★★★★ Tourisme 58 E. dont 51 nus pour les emplts tentes, CV couverture partielle. Locations : . Espace Fitness. , , . Accès direct à la rivière. A 1 km : , . Ouvert: 1.4 / 15.10. ☎ 05 56 59 10 03 / 06 29 83 24 10. E-mail : camping@mairie-pauillac.fr. Web : www.campinglesgabarreys.com. Réduction H.S.
Lat. : 45° 11' 07" N **Long.** : 000° 44' 33" W.

PETIT-PALAIS-ET-CORNEMPS
9-D3 19 km N.-E. Libourne. 50 m. ✉ 33570

LE PRESSOIR ★★★★ Tourisme 100 E. dont 10 nus 1,5 ha CV. Locations : . Espace Fitness. chauffée . Lac à 5 km. Accueil groupes. Ouvert: 1.1 / 31.12. ☎ 05 57 69 73 25. E-mail : contact@campinglepressoir.com. Web : www.campinglepressoir.com. Prix 2023. Fft jour : empl. Tourisme (2) : 34 € (E. CC). Réduction H.S.
Lat. : 44° 59' 50" N **Long.** : 000° 03' 47" W.

RAUZAN
9-D4 22 km S.-E. Libourne. 64 m. ✉ 33420

CAMPING DU VIEUX CHÂTEAU ★★★ Tourisme 81 E. dont 50 nus, dont 5 GCC. 1,5 ha CV. Locations : . Espace Fitness. chauffée . Etang, lac et rivière à 5 km. Accueil groupes enfants. Ouvert: 1.4 / 13.10. ☎ 05 57 84 15 38. E-mail : contact@vieuxchateau.fr. Web : www.vieuxchateau.fr. Prix 2023. Fft jour : empl. Tourisme (2) : 32 € ( ) ; sup 5,50 € ; animaux 3 € ; 4,12 €. Réduction H.S.
Lat. : 44° 46' 57" N **Long.** : 000° 07' 37" W.
FFCC : avantages adhérent : 17 € du 01/04 au 01/07 et du 01/09 au 13/10 sur emp.

SADIRAC
9-C4 20 km S.-E. Bordeaux. 82 m. ✉ 33670

BEL-AIR ★★★ Tourisme 102 E. dont 63 nus CV. Locations : . chauffée . Accès direct à l'étang. ; . Ouvert: 1.4 / 30.11. ☎ 05 56 23 01 90. E-mail : info@camping-bel-air.com. Web : www.camping-bel-air.com. Prix 2023. Fft jour : empl. Tourisme (2) : 37 € ( )
Lat. : 44° 47' 03" N **Long.** : 000° 22' 14" W.

SAINT-ANDRE-DE-CUBZAC
9-C3 22 km N.-E. Bordeaux. 29 m. ✉ 33240

LE PORT NEUF ★★★ Loisirs 50 E. dont 8 GCC. 2 ha CV. Accès direct à l'étang et aux bords du lac ; rivière à 100 m. . Accueil groupes adultes. Ouvert: 1.5 / 1.10. ☎ 05 57 43 16 44. E-mail : camping.port@neuf.fr. Web : camping.port.neuf.fr.
Lat. : 45° 00' 27" N **Long.** : 000° 28' 38" W.

SAINT-ANDRE-ET-APPELLES
9-D4 42 km S.-E. Libourne 71 m. ✉ 33220

DOMAINE DU MOULIN DES SANDAUX NC Tourisme 50 E. dont 10 nus CV. Locations : . chauffée . Accès direct à l'étang et à la rivière. ; . Accueil groupes adultes. Ouvert: 4.7 / 29.8. ☎ 05 57 41 13 94. E-mail : contact@moulindessandaux.fr. Web : www.moulindessandaux.fr.
Lat. : 44° 48' 18" N **Long.** : 000° 12' 26" E.

SAINT-ANTOINE-SUR-L'ISLE
9-D3 27 km N.-E. Libourne. 61 m. ✉ 33660

L'ECLUSE ★ Loisirs 17 E. 1 ha . Rivière à 20 m.. Ouvert: 1.4 / 30.9. ☎ 05 57 49 70 01. E-mail : restocampecluse@orange.fr. Web : restaurantcampingdelecluse33.jimdo.com.
Lat. : 45° 01' 06" N **Long.** : 000° 01' 17" E.

SAINT-AUBIN-DE-BLAYE
9-C3 18 km N.-E. Blaye 19 m. ✉ 33820

LA SAUZELLE ★ Tourisme 28 E. . Locations : . Accès direct à la rivière. Ouvert: 1.1 / 31.12. ☎ 06 81 40 04 76. E-mail : camping.sauzelle@orange.fr. Web : camping.sauzelle.pagesperso-orange.fr/accueil/index.html.
Lat. : 45° 15' 36" N **Long.** : 000° 33' 47" W.

SAINT-CHRISTOLY-DE-BLAYE
9-C3 14 km E. Blaye. 43 m. ✉ 33920

LE MAINE BLANC ★ Tourisme 94 E. dont 32 GCC. 2 ha 24 h/24 h, CV. . Etang à 50 m ; lac à 900 m. . Accueil groupes adultes. Ouvert: 1.1 / 31.12. ☎ 05 57 42 52 81. E-mail : camping@lesterresdumaineblanc.com. Web : www.lemaineblanc.fr/accueil/.
Lat. : 45° 08' 23" N **Long.** : 000° 29' 12" W.

SAINT-EMILION
9-D4 7 km E. Libourne. 38 m. ✉ 33330

SAINT-ÉMILION ★★★★ Tourisme 183 E. dont 105 nus CV. Locations : , 1 . Randonnée pédestre organisée. couverte chauffée , , . Accès direct aux bords du lac. ; . Accueil groupes. Ouvert: 12.5 / 18.9. ☎ 05 57 24 75 80. E-mail : info@camping-saint-emilion.com. Web : www.camping-saint-emilion.com. Prix 2023. Fft jour : empl. Tourisme (2) : 45 € ( )
Lat. : 44° 55' 01" N **Long.** : 000° 08' 30" W.
FFCC : avantages adhérent : 10% du 12/05 au 30/06 et du 01/09 au 18/0910% du 12/05 au 30/06 et du 01/09 au 18/09 sur emp. et loc. + Rendez-vous dans votre club avantages FFCC pour obtenir le code promotionnel et réserver !.

SAINT-LAURENT-MEDOC
9-C3 20 km S.-E. Lesparre. 23 m. ✉ 33112

LE PARADIS ★★★★ Tourisme 70 E. dont 42 nus 3,5 ha CV. Locations : . couverte chauffée . Rivière à 5 km. . Accueil groupes. Ouvert: 3.4 / 16.10. ☎ 05 56 59 42 15. E-mail : leparadismedoc@orange.fr. Web : www.leparadis-medoc.com. Réduction H.S.
Lat. : 45° 10' 29" N **Long.** : 000° 49' 19" W.

SAINT-MEDARD-DE-GUIZIERES
9-D3 18 km N.-E. Libourne. 19 m. ✉ 33230

CAMPING DE MON VILLAGE NC Tourisme 30 E. 1,5 ha 22 h / 7 h, . , . Accès direct à la rivière ; étang à 2 km. . Ouvert: 1.5 / 31.10. ☎ 0 1 83 64 69 21. E-mail : contact@campingcarpark.com. Web : www.campingcarpark.com/. Prix 2022.
Lat. : 45° 01' 11" N **Long.** : 000° 03' 31" W.

SAINT-PALAIS

9-C2 21 km N.-E. Blaye. 50 m. ✉ 33820

CHEZ GENDRON ★★★ Tourisme 55 E. dont 46 nus 2,5 ha CV. Locations. Rivière à 5 km. Accueil groupes adultes. Ouvert: 1.3 / 31.10. ☎ 05 57 32 96 47. E-mail : info@chezgendron.com. Web : www.chezgendron.com. Réduction H.S.
Lat. : 45° 18' 51" N **Long.** : 000° 36' 12" W.

SAINT-SYMPHORIEN

9-C5 21 km S.-O. Langon. 69 m. ✉ 33113

VERT BORD'EAU ★★★ Tourisme 78 E. dont 38 nus CV. Locations : caravane. chauffée. Accès direct à l'étang et à la rivière. Accueil groupes. Ouvert: 1.4 / 29.10. ☎ 05 56 25 79 54. E-mail : camping@vertbordeau.com. Web : www.vertbordeau.com. Prix 2022. Fft jour : empl. Tourisme (1) : 16 € ( )
Lat. : 44° 25' 06" N **Long.** : 000° 29' 33" W.
FFCC : avantages adhérent : 19 € du 01/04 au 02/07 et du 02/09 au 29/10 sur emp.

SAINT-VIVIEN-DE-MEDOC

9-B2 17 km N.-O. Lesparre-Médoc. 4 m. ✉ 33590

CAMPING MUNICIPAL NC 92 E. CV. Locations. Bord de mer à 1 km ; rivière à 3 km. Ouvert: 3.4 / 31.10. ☎ 05 56 09 43 77. E-mail : camping-medoc@orange.fr. Web : www.camping-lesaintvivien.fr/.
Lat. : 45° 26' 04" N **Long.** : 001° 01' 53" W.

SAINTE-FOY-LA-GRANDE

9-D4 40 km S.-E. Libourne. 16 m. Station verte de vacances et village de neige ✉ 33220

CAMPING DE LA BASTIDE ★★★ Tourisme 38 E. dont 28 nus 1,2 ha CV. Locations. Accès direct à la rivière. Ouvert: 1.4 / 17.10. ☎ 05 57 46 13 84. E-mail : contact@camping-bastide.com. Web : www.camping-bastide.com. Prix 2022. Fft jour : empl. Tourisme (2) : 27 € ( ) ; sup 7,50 € ; animaux 2 € ; 4 €. Réduction H.S.
Lat. : 44° 50' 41" N **Long.** : 000° 13' 30" E.

SAINTE-TERRE

9-D4 16 km S.-E. Libourne. 7 m. ✉ 33350

CAMPING MUNICIPAL BORD DORDOGNE NC Tourisme 27 E. dont 27 nus 1 ha CV. Locations. Accès direct à la rivière. Ouvert: 15.6 / 15.9. ☎ 05 57 47 16 23. E-mail : mairie.sainteterre@wanadoo.fr.
Lat. : 44° 49' 24" N **Long.** : 000° 06' 34" W.

SALLES

9-B4 43 km S.-O. Bordeaux. 39 m. Station verte de vacances et village de neige ✉ 33770

LE VAL DE L'EYRE ★★★★ Tourisme 165 E. 10 ha CV. Locations : roulotte. chauffée. Accès direct à la rivière. Accueil groupes. Ouvert: 17.1 / 11.12. ☎ 05 56 88 47 03. E-mail : levaldeleyre33@gmail.com. Web : www.camping-parcduvaldeleyre.com. Réduction H.S.
Lat. : 44° 32' 47" N **Long.** : 000° 52' 26" W.

CAMPING DE BILOS ★★ Tourisme 85 E. 1,8 ha 22 h / 8 h, CV. Locations : caravane. Rivière à 4 km. Accueil groupes adultes. Ouvert: 1.1 / 31.12. ☎ 05 56 88 36 53. E-mail : lebilos@aol.com. Web : www.lebilos.wixsite.com.
Lat. : 44° 31' 13" N **Long.** : 000° 53' 47" W.

SOULAC-SUR-MER

9-B2 30 km N.-O. Lesparre. 7 m. ✉ 33780

LES LACS ★★★★★ Tourisme 262 E. dont 228 GCC. 1,25 ha CV. A 5 km : Locations. Randonnée pédestre organisée. couverte chauffée. Bord de mer à 2,5 km. Ouvert: 4.4 / 30.9. ☎ 05 56 09 76 63. E-mail : info@camping-les-lacs.com. Web : www.camping-les-lacs.com. Réduction H.S.
Lat. : 45° 29' 01" N **Long.** : 001° 07' 10" W.

CAMPING DES PINS ★★★★ Tourisme 159 E. dont 84 nus, dont 12 GCC. 3,4 ha camping entièrement piétonnier, CV. A 3 km : Locations : cabanes. chauffée. Bord de mer à 1,8 km ; rivière à 3 km ; étang à 5 km. Accueil groupes. Ouvert: 8.4 / 24.9. ☎ 05 56 09 82 52. E-mail : contact@campingdespins.fr. Web : www.campingdespins.fr.
Lat. : 45° 28' 58" N **Long.** : 001° 07' 38" W.

LE DOMAINE DE SOULAC ★★★★ Loisirs 189 E. CV. Locations : chauffée. Bord de mer à 3 km ; lac à 4,5 km. Accueil groupes. Ouvert: 8.4 / 5.11. ☎ 05 56 09 77 63. E-mail : qs.hsm@siblu.fr. Web : www.siblu.fr/camping-domaine-de-soulac.
Lat. : 45° 29' 09" N **Long.** : 001° 07' 07" W.

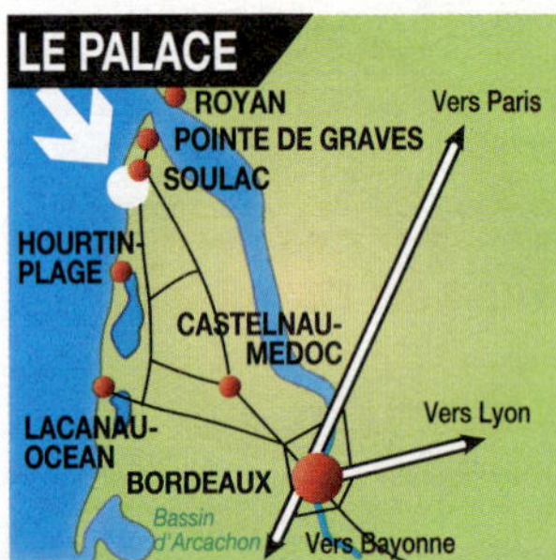

LE PALACE ★★★★ Tourisme 576 E. dont 170 nus, dont 121 CC. CV. A 1 km : Locations. Espace Fitness. couverte chauffée. Bord de mer à 300 m. Accueil groupes. Ouvert: 4.4 / 13.9. ☎ 05 56 09 80 22. E-mail : info@camping-palace.com. Web : www.camping-palace.com.
Lat. : 45° 30' 06" N **Long.** : 001° 07' 55" W.

SOULAC PLAGE ★★★★ Tourisme 658 E. CV. A 3 km : Locations : . couverte chauffée, Accès direct à la mer. Accueil groupes. Ouvert: 8.4 / 25.9. ☎ 05 56 09 87 27. E-mail : soulacplage@sandaya.fr. Web : www.sandaya.fr/nos-campings/soulac-plage. Réduction H.S.
Lat. : 45° 28' 49" N **Long.** : 001° 08' 43" W.

CAMPING NATURE ET OCEAN ★★★ Tourisme 51 E. ☎ 05 56 09 82 87. E-mail : contact@sables-d-argent.com. Web : www.soulac-camping.fr.
Lat. : 45° 30' 39" N **Long.** : 001° 07' 31" W.

LES GENETS ★★★ Tourisme 235 E. dont 120 nus CV. Locations. Bord de mer à 1,4 km. Ouvert: 1.4 / 30.9. ☎ 05 56 09 85 79. E-mail : info@campinglesgenets-soulac.com. Web : www.campinglesgenets-soulac.com. Réduction H.S.
Lat. : 45° 29' 17" N **Long.** : 001° 07' 33" W.

LES SABLES D'ARGENT ★★★ Tourisme 163 E. dont 70 nus 2,6 ha CV. Locations. Accès direct à la mer. Ouvert: 1.4 / 30.9. ☎ 05 56 09 82 87. E-mail : contact@sables-d-argent.com. Web : www.sables-d-argent.com. Réduction H.S.
Lat. : 45° 30' 04" N **Long.** : 001° 08' 09" W.

MUSSONVILLE ★★★ Loisirs 179 E. dont 10 nus 3,8 ha CV. Locations : . Bord de mer à 700 m. Accueil groupes enfants. Ouvert: 1.4 / 15.10. ☎ 05 56 09 73 40. E-mail : camping-mussonville@orange.fr. Web : campingmussonville.com.
Lat. : 45° 30' 54" N **Long.** : 001° 53' 19" W.

CAMPING MUNICIPAL LES OYATS ★★ Tourisme 164 E. dont 90 nus CV. Bord de mer à 800 m ; étang à 5 km. Accueil groupes. Ouvert: 1.4 / 30.9. ☎ 05 56 09 78 54. E-mail : campinglesoyats@mairie-soulac.fr. Web : www.soulac-campinglesoyats.com. Réduction H.S.
Lat. : 45° 28' 60" N **Long.** : 001° 08' 21" W.

LES CRATÈRES ★★ Tourisme 28 E. dont 8 GCC. chauffée. Ouvert: 4.4 / 30.9. ☎ 05 56 09 76 63. E-mail : info@camping-les-lacs.com.
Lat. : 45° 29' 02" N **Long.** : 001° 07' 04" W.

VILLA FORMOSE NC Tourisme 60 E. Locations : . ☎ 05 56 09 80 79. E-mail : soulac.epaf@finances.gouv.fr. Web : www.epaf.asso.fr.
Lat. : 45° 29' 07" N **Long.** : 001° 07' 49" W.

TALAIS

9-B2 22 km N.-O. Lesparre. 2 m. ✉ 33590

LA RIVIÈRE. Ouvert: 1.4 / 31.10. ☎ 0 6 26 50 02 04. E-mail : contact@camping-lariviere.fr, Web : www.camping-lariviere.fr.
Lat. : 45° 28' 13" N **Long.** : 001° 03' 18" W.

TEUILLAC

9-C3 12 km S.-E. Blaye. 48 m. ✉ 33710

CAMPING MUNICIPAL. Ouvert: 1.4 / 31.10. ☎ 05 57 64 34 55. E-mail : accueil@mairie-teuillac.com, Web : teuillac.a3w.fr/Main.aspx?numStructure=41938&numElement=213413&numRubrique=51657&transfert=1.
Lat. : 45° 05' 28" N **Long.** : 000° 32' 54" W.

VENDAYS-MONTALIVET

9-B2 13 km N.-O. Lesparre. 10 m. 33930

ATLANTIC CLUB MONTALIVET ★★★★★ Tourisme 842 E. CV. Locations : . Espace Fitness. couverte chauffée , , . Accès direct à la mer. ; . Accueil groupes. Ouvert: 6.4 / 22.9. ☎ 04 30 05 15 19. E-mail : info@tohapi.fr. Web : www.tohapi.fr/aquitaine/camping-atlantic-club-montalivet.php.
Lat. : 45° 20′ 56″ N **Long.** : 001° 08′ 47″ W.

MÉDOC PLAGE ★★★★★ Tourisme 885 E. CV. Locations : . couverte chauffée . Bord de mer à 950 m. ; . Accueil groupes adultes. Ouvert: 12.5 / 17.9. ☎ 0 2 53 81 70 00. E-mail : reservation@ms-vacances.com. Web : www.ms-vacances.com.
Lat. : 45° 22′ 12″ N **Long.** : 001° 08′ 41″ W.
FFCC : avantages adhérent : 15% Dates emplacements : du 12/05 au 23/06, du 25/06 au 08/07 et du 02/09 au 17/09 sur emp.

CHM DE MONTALIVET ★★★★ Tourisme 1735 E. dont 535 nus 60 ha CV. Rés. naturiste. Locations : . Espace Fitness. couverte chauffée , , , . Accès direct à la mer. ; . Accueil groupes. Ouvert: 30.3 / 26.10. ☎ 05 33 09 20 92. E-mail : reservations@tohapi-naturiste.fr. Web : www.chm-montalivet.com. Réduction H.S.
Lat. : 45° 21′ 58″ N **Long.** : 001° 08′ 42″ W.

LA CHESNAYS ★★★★ Tourisme 59 E. dont 25 nus, dont 20 GCC. 1,37 ha CV. Locations : , cosweet. chauffée . Etang et rivière à 3 km ; bord de mer à 5 km. Ouvert: 10.4 / 10.10. ☎ 05 56 41 72 74. E-mail : lachesnays@camping-montalivet.fr. Web : www.camping-montalivet.fr/. Réduction H.S.
Lat. : 45° 22′ 33″ N **Long.** : 001° 04′ 56″ W.

LE SOLEIL D'OR ★★★ Tourisme 89 E. dont 10 nus, dont 10 CC. 1,8 ha CV. A 500 m : . Locations : . Bord de mer à 100 m. ; . Accueil groupes. Ouvert: 16.4 / 8.10. ☎ 05 56 09 31 37. E-mail : info@campinglesoleildor.com. Web : www.campinglesoleildor.com. Réduction H.S.
Lat. : 45° 22′ 54″ N **Long.** : 001° 09′ 30″ W.

LES PEUPLIERS ★★★ Tourisme 116 E. dont 51 nus 2 ha CV. Locations : , , . Etang à 3 km. Ouvert: 15.5 / 15.9. ☎ 05 56 41 70 44. E-mail : lespeupliers33@hotmail.com. Web : www.camping-montalivet-lespeupliers.com. Réduction H.S.
Lat. : 45° 21′ 10″ N **Long.** : 001° 03′ 35″ W.

CAMPING MUNICIPAL DE L'OCEAN ★★ Tourisme 138 E.
Ouvert: 1.4 / 31.10. ☎ 06 25 53 17 65. E-mail : camping.municipal@vendays-montalivet.fr. Web : www.camping-municipal-ocean.fr.
Lat. : 45° 23′ 07″ N **Long.** : 001° 09′ 09″ W.

LE MERIN ★★ Tourisme 165 E. 3,3 ha CV. Locations : . . Rivière à 1 km ; bord de mer à 4,5 km. Ouvert: 1.4 / 31.10. ☎ 05 56 41 78 64. E-mail : contact@campinglemerin.com. Web : campinglemerin.com.
Lat. : 45° 22′ 03″ N **Long.** : 001° 05′ 56″ W.

CAMPING DE MAYAN ★ Tourisme 40 E. dont 35 nus
CV. Locations : . . Rivière à 1 km ; bord de mer à 5 km. Accueil groupes. Ouvert: 2.4 / 29.10. ☎ 0 5 56 41 76 51 / 0 2 32 79 21 23. E-mail : ccdf.regionsecretariat@gmail.com. Web : www.campingclubdefrance.fr. Prix 2023. Fft jour : empl. Tourisme (2) : 16,6 € ( ) ; sup 3,20 € ; animaux 2,10 € ; 1,70 €. Réduction H.S.
Lat. : 45° 22′ 27″ N **Long.** : 001° 04′ 48″ W.
FFCC : avantages adhérent : 9.10 € du 01/04 au 30/06 et du 01/09 au 28/10 sur emp. et 26 € la nuitée et 168 € la semaine du 01/04 au 30/06 et du 01/09 au 28/10 sur loc.

LE BONHEUR EST DANS LE PRÉ CV. Ouvert: 4.6 / 17.9. ☎ 06 68 80 08 07. E-mail : campingdubonheur@gmail.com, Web : sites.google.com/site/campinglebonheurestdanslepre.
Lat. : 45° 18′ 42″ N **Long.** : 001° 05′ 33″ W.

LAOUBA CV. Ouvert: 1.6 / 30.9. ☎ 05 56 41 73 06. E-mail : info@campinglaouba.com, Web : www.campinglaouba.com/fr/. Réduction H.S.
Lat. : 45° 20′ 41″ N **Long.** : 001° 04′ 18″ W.

MME CALIOT . Ouvert: 1.5 / 30.9. ☎ 05 56 41 73 34. E-mail : yvescaliot@free.fr, Web : www.aire-naturelle-alouette.fr.gd.
Lat. : 45° 21′ 48″ N **Long.** : 001° 05′ 49″ W.

MME CRUCHON . Ouvert: 1.7 / 15.10. ☎ 05 56 41 71 81. E-mail : s.cruchon1@lapost.net.
Lat. : 45° 18′ 46″ N **Long.** : 001° 05′ 15″ W.

VENSAC

9-B2 13 km N.-O. Lesparre-Médoc. 9 m. 33590

MÉDOC OCÉAN ★★★★★ Tourisme 201 E. dont 76 nus
CV. Locations : . Espace Fitness. couverte chauffée . ; . Accueil groupes adultes. Ouvert: 13.5 / 2.9. ☎ 05 64 55 00 65. E-mail : info@medoc-ocean.com. Web : www.yellohvillage-medococean.com/fr/.
Lat. : 45° 24′ 37″ N **Long.** : 001° 02′ 07″ W.
FFCC : avantages adhérent : 10% du 13/05 au 30/06 et du 01/09 au 02/0910% du 13/05 au 30/06 et du 01/09 au 02/09 sur emp. et loc. + Rendez-vous dans votre club avantages FFCC pour obtenir le code promotionnel et réserver !.

LE TASTESOULE ★★★★ Tourisme 152 E. dont 14 nus, dont 5 CC - 133 GCC. 3 ha CV. Locations : , . chauffée , , , . Accès direct à la mer ; étang et rivière à 2 km. ; ; . . Ouvert: 25.4 / 30.9. ☎ 05 56 09 54 50. E-mail : reservationtastesoule@gmail.com. Web : www.campingtastesoule.fr. Prix 2022. Fft jour : empl. Tourisme (2) : 35 € (E. CC)
Lat. : 45° 23′ 56″ N **Long.** : 001° 05′ 42″ W.

CAMPING MUNICIPAL LE VIEUX MOULIN ★★ Loisirs 218 E. 5 ha CV. .. Ouvert: 1.4 / 1.11. ☎ 06 64 64 13 12. E-mail : campingduvieuxmoulin@vensac-medoc.com. Web : www.campingduvieuxmoulin.fr.
Lat. : 45° 23′ 54″ N **Long.** : 001° 02′ 54″ W.

VILLANDRAUT

9-C5 17 km S.-O. Langon. 37 m. 33730

CAMPING DE VILLANDRAUT NC Tourisme 52 E. CV. Locations : . , , . Rivière à 500 m. . Accueil groupes. Ouvert: 1.4 / 30.9. ☎ 06 20 03 52 62. E-mail : le-camping-de-villandraut@orange.fr. Web : www.lecampingdevillandraut.jimdo.com.
Lat. : 44° 27′ 16″ N **Long.** : 000° 22′ 26″ W.

VILLEGOUGE

9-C3 16 km N.-O. Libourne. 45 m. 33141

LES JARDINS DE CAMELOT CV. Ouvert: 15.3 / 31.10. ☎ 06 19 14 51 55. E-mail : contact@lesjardinsdecamelot.com, Web : www.lesjardinsdecamelot.com.
Lat. : 44° 57′ 35″ N **Long.** : 000° 18′ 38″ W.

Carte 13

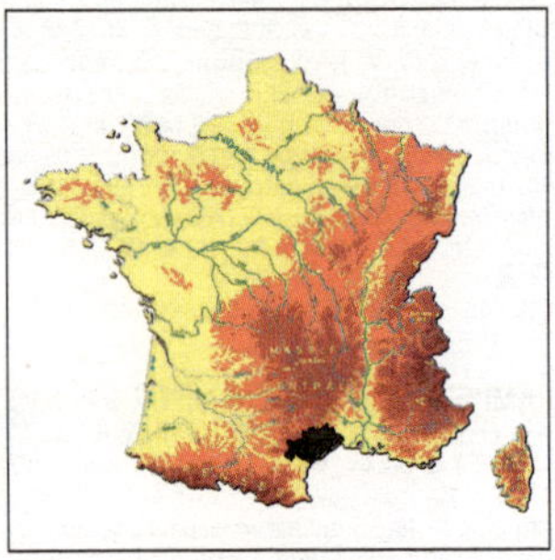

AGDE

13-E3 21 km E. Béziers. 8 m. 34300

LES CHAMPS BLANCS ★★★★★ Tourisme 325 E. dont 156 nus CV. Locations : . chauffée , . Bord de mer à 2 km. . Ouvert: 1.4 / 15.10. ☎ 04 67 94 23 42. E-mail : contact@campingleschampsblancs.com. Web : www.campingleschampsblancs.com.
Lat. : 43° 17′ 44″ N **Long.** : 003° 28′ 29″ E.

CENTRE NATURISTE RENÉ OLTRA ★★★★ Tourisme 2492 E. 35 ha CV Rés. naturiste. Locations : , cocosweet, . Randonnée pédestre organisée. Espace Fitness. , . Accès direct à la mer. ; ; . Ouvert: 15.3 / 15.10. ☎ 04 67 01 06 36. E-mail : contact@centrenaturiste-oltra.fr. Web : www.centrenaturiste-oltra.fr.
Lat. : 43° 17′ 50″ N **Long.** : 003° 31′ 40″ E.

LA CLAPE ★★★★ Tourisme 436 E. dont 321 nus 7 ha CV . Locations : . chauffée . Accès direct à la mer ; rivière à 4 km. ; . Accueil groupes enfants. Ouvert: 30.3 / 29.9. ☎ 04 67 26 41 32. E-mail : contact@camping-laclape.com. Web : www.campings-sodeal.fr.
Lat. : 43° 17′ 06″ N **Long.** : 003° 31′ 10″ E.

LA NINA ★★★★ 341 E. dont 79 nus, dont 24 GCC. CV. Locations : . . Bord de mer à 3 km. . Ouvert: 15.4 / 15.9. ☎ 04 67 94 02 21. E-mail : info@campingcapagathois.com. Web : www.capfun.com. Réduction H.S.
Lat. : 43° 18′ 36″ N **Long.** : 003° 30′ 34″ E.

LE NEPTUNE ★★★★ Tourisme 165 E. dont 50 GCC. 2,47 ha CV . Locations : . Espace Fitness. chauffée , . Accès direct à la rivière ; bord de mer à 2 km. . Ouvert: 1.4 / 29.9. ☎ 04 67 94 23 94. E-mail : info@campingleneptune.com. Web : www.campingleneptune.com. Prix 2022. Fft jour : empl. Tourisme (2) : 42,1 € ( ). Réduction H.S.
Lat. : 43° 17′ 53″ N **Long.** : 003° 27′ 23″ E.

LE ROCHELONGUE ★★★★ Tourisme 138 E.
FFCC 2 ha CV. chauffée . Bord de mer à 500 m. ; . . Ouvert: 13.4 / 11.10. ☎ 04 67 21 25 51. E-mail : le.rochelongue@wanadoo.fr. Web : camping-le-rochelongue.fr.
Lat. : 43° 16′ 46″ N **Long.** : 003° 28′ 53″ E.
FFCC : avantages adhérent : 10% du 28/04 au 02/06 et du 02/09 au 23/09 sur emp.

LES FLEURS D'AGDE ★★★★ Tourisme 417 E. CV . A 6 km : Locations : . chauffée , , . Bord de mer à 2,5 km. ; . Accueil groupes adultes. Ouvert: 12.5 / 5.9. ☎ 04 67 94 01 01. E-mail : fleurs-agde@capfun.com. Web : www.capfun.com. Réduction H.S.
Lat. : 43° 18′ 12″ N **Long.** : 003° 27′ 48″ E.

LES MIMOSAS ★★★★ Tourisme 110 E. dont 28 nus, dont 21 CC.
après minuit, CV . Locations : , , cocosweet. Espace Fitness. chauffée . Bord de mer à 1 km ; rivière à 2 km. . Ouvert: 15.4 / 30.10. ☎ 04 67 01 67 36. E-mail : contact@camping-lesjardinsdagathe.com. Web : www.camping-lesjardinsdagathe.com. Prix 2022. Fft jour : empl. Tourisme (2) : 49 € ( ). Réduction H.S.
Lat. : 43° 17′ 17″ N **Long.** : 003° 28′ 14″ E.

LES ROMARINS ★★★★ Tourisme 120 E. dont 78 nus 1,85 ha CV . Locations : , . Espace Fitness. chauffée . Accès direct à la rivière ; bord de mer à 900 m. Ouvert: 28.3 / 10.10. ☎ 04 67 94 18 59. E-mail : contact@romarins.com. Web : www.romarins.com. Réduction H.S.
Lat. : 43° 17′ 41″ N **Long.** : 003° 27′ 04″ E.

LES SABLES DORES ★★★★ Loisirs 598 E. . . Ouvert: 7.4 / 22.9. ☎ 04 67 94 25 34. E-mail : contact@camping-sablesdor.com. Web : www.camping-sablesdor.com.
Lat. : 43° 16′ 59″ N **Long.** : 003° 28′ 29″ E.

MER ET SOLEIL ★★★★ Tourisme 480 E. dont 198 nus 6,5 ha CV . A 1 km : Locations : . Randonnée pédestre organisée. Espace Fitness. couverte chauffée , . Bord de mer à 1 km ; rivière à 2 km. ; . Accueil groupes. Ouvert: 10.4 / 27.9. ☎ 04 67 94 21 14. E-mail : contact@camping-mer-soleil.com. Web : www.camping-mer-soleil.com. Réduction H.S.
Lat. : 43° 17′ 08″ N **Long.** : 003° 28′ 42″ E.

SUD LOISIRS ★★★★ Loisirs 135 E. 2,3 ha . Locations : , . , . Rivière à 100 m ; bord de mer à 4 km. ; ; . . Ouvert: 1.2 / 30.11. ☎ 04 67 21 09 10. E-mail : sudloisirs34@orange.fr. Web : www.campingsudloisirs.com.
Lat. : 43° 19′ 37″ N **Long.** : 003° 28′ 58″ E.

CAMPING LA TAMARISSIÈRE ★★★ Tourisme 718 E. dont 630 nus
10 ha CV . A 5 km : Locations : . , . Accès direct à l'étang et à la mer et à la rivière. ; ; . . Accueil groupes. Ouvert: 10.4 / 15.9. ☎ 04 67 94 79 46. E-mail : contact@camping-latama.com. Web : www.camping-latama.com.
Lat. : 43° 17′ 12″ N **Long.** : 003° 26′ 33″ E.

CAMPING MARIDOR ★★★ Tourisme 92 E. dont 49 nus
4 ha 23 h / 8 h, CV . A 4 km : Locations : . . Rivière à 1 km ; étang et bord de mer à 3 km. Accueil groupes. Ouvert: 30.3 / 30.9. ☎ 04 67 30 10 15. E-mail : contact@camping-maridor.com. Web : www.camping-maridor.com/. Réduction H.S.
Lat. : 43° 18′ 27″ N **Long.** : 003° 30′ 05″ E.

DOMAINE DE LA PINÈDE ★★★ Tourisme 131 E. chauffée. Bord de mer à 4 km. ; . Accueil groupes adultes. Ouvert: 9.4 / 24.9. ☎ 08 25 27 32 73. E-mail : odalys@odalys-vacances.com. Web : www.odalys-vacances.com.
Lat. : 43° 18′ 08″ N **Long.** : 003° 30′ 02″ E.

L'ESCALE ★★★ Loisirs 128 E. 1,8 ha CV. Locations : . , , . Accès direct à la rivière ; bord de mer à 1 km. . . Ouvert: 30.3 / 29.9. ☎ 04 67 21 21 09. E-mail : camping-lescale@hotmail.fr. Web : www.camping-lescale.com. Réduction H.S.
Lat. : 43° 17′ 47″ N **Long.** : 003° 26′ 58″ E.

LA MER ★★★ Tourisme 183 E. dont 35 GCC.
1 ha CV . Locations : . Bord de mer à 100 m ; rivière à 3 km. Ouvert: 15.4 / 31.10. ☎ 04 67 94 72 21. E-mail : camping-la-mer@wanadoo.fr. Web : www.campinglamer.fr. Réduction H.S.
Lat. : 43° 16′ 41″ N **Long.** : 003° 28′ 45″ E.

LA PÉPINIÈRE ★★★ Tourisme 105 E. dont 49 nus minuit / 7 h, CV . A 5 km : Locations : , , . chauffée . Rivière à 150 m ; bord de mer à 1 km. . Ouvert: 1.4 / 30.9. ☎ 04 67 94 10 94. E-mail : receptionlapepiniere@orange.fr. Web : www.campinglapepiniere.com. Réduction H.S.
Lat. : 43° 17′ 46″ N **Long.** : 003° 27′ 09″ E.

LE CLOS D'ESILDA ★★★ Loisirs 42 E. . Locations : . Bord de mer à 150 m. ; . Ouvert: 1.1 / 31.12. ☎ 04 67 94 17 36. E-mail : leclosdesilda@free.fr. Web : www.campingleclosdesilda.fr.
Lat. : 43° 16′ 47″ N **Long.** : 003° 28′ 07″ E.

LE CORALY ★★★ Loisirs 49 E. . . ☎ 04 67 21 48 81. E-mail : info@campinglecoraly.com. Web : www.campinglecoraly.com.
Lat. : 43° 18′ 34″ N **Long.** : 003° 30′ 28″ E.

LE PARC DES SEPT FONTS ★★★ Tourisme 271 E. CV. Rivière à 100 m ; bord de mer à 5 km. Ouvert: 6.4 / 29.9. ☎ 04 30 05 15 19. E-mail : info@tohapi.fr. Web : www.tohapi.fr/languedoc-roussillon/camping-les-sept-fonts.php.
Lat. : 43° 18' 39" N **Long.** : 003° 29' 55" E.

LES ROCHES D'AGDE ★★★ Loisirs 40 E. dont 10 nus. Bord de mer à 800 m. Ouvert: 1.4 / 1.11. ☎ 04 67 21 57 92. E-mail : contact@camping-lesroches-agde.com. Web : www.camping-lesroches-agde.com.
Lat. : 43° 18' 29" N **Long.** : 003° 28' 23" E.

LES SABLETTES ★★★ Tourisme 195 E. dont 84 nus CV. chauffée. Bord de mer à 800 m ; rivière à 1,5 km. Ouvert: 3.4 / 3.10. ☎ 04 67 94 36 65. E-mail : info@campinglessablettes.com. Web : www.campinglessablettes.com. Réduction H.S.
Lat. : 43° 17' 18" N **Long.** : 003° 27' 41" E.

LA CANOTTE ★★ Tourisme 174 E. dont 174 nus 3 ha CV. Rivière à 20 m ; bord de mer à 800 m.. Accueil groupes. Ouvert: 20.5 / 10.9. ☎ 04 67 94 15 74. E-mail : camping.la.canotte@wanadoo.fr. Web : www.camping-la-canotte.com. Prix 2022. Fft nuit : empl. Tourisme (2 personnes) : 22,8 €
Lat. : 43° 17' 27" N **Long.** : 003° 26' 50" E.

LE PERDIGAL ★★ Loisirs 15 E. 0,3 ha. Bord de mer à 150 m ; rivière à 1 km. Ouvert: 15.3 / 15.10. ☎ 04 67 94 88 30 / 04 67 21 09 10. E-mail : sudloisirs34@orange.fr. Web : campingleperdigal.com/campingleperdigal.com/.
Lat. : 43° 17' 02" N **Long.** : 003° 27' 40" E.

LES PINS ★★ Tourisme 66 E. 0,5 ha. Bord de mer à 1 km ; rivière à 3 km. Ouvert: 1.4 / 31.10. ☎ 04 67 94 86 93. E-mail : campinglespins@live.fr. Web : www.lecampinglespins.com.
Lat. : 43° 17' 07" N **Long.** : 003° 29' 01" E.

LES SABLES DORES ★★ Loisirs 92 E. Ouvert: 3.4 / 4.9. ☎ 04 67 94 25 34. E-mail : contact@camping-sablesdor.com. Web : www.camping-sablesdor.com.
Lat. : 43° 16' 59" N **Long.** : 003° 28' 29" E.

123 SUD VACANCES NC Tourisme 9 E. Locations. Bord de mer à 2 km. Ouvert: 6.4 / 30.9. ☎ 06 86 94 10 01. E-mail : 123sudvacances@gmail.com. Web : www.123sudvacances.com/.
Lat. : 43° 17' 48" N **Long.** : 003° 28' 48" E.

ALIGNAN-DU-VENT

13-D2 19 km N.-E. Béziers. 75 m. ✉ 34290

CAMPING MUNICIPAL ★★ Tourisme 35 E. 0,87 ha CV. Rivière à 5 km. Ouvert: 1.7 / 31.8. ☎ 04 67 24 92 44. E-mail : mairie.alignanduvent@wanadoo.fr.
Lat. : 43° 28' 27" N **Long.** : 003° 20' 37" E.

ANIANE

13-E2 30 km N.-O. Montpellier. 135 m. ✉ 34150

DOMAINE NATURISTE LA SOURCE SAINT PIERRE ★★★ Tourisme 98 E. dont 45 nus, dont 36 CC. 2,5 ha CV. Rés. naturiste. Locations. Accès direct à la rivière. Accueil groupes. Ouvert: 1.5 / 30.9. ☎ 0 7 70 70 04 20. E-mail : campingstpierre@hotmail.com. Web : www.campingstpierre.com. Réduction H.S.
Lat. : 43° 40' 28" N **Long.** : 003° 33' 53" E.

AZILLANET

13-C3 47 km O. Béziers. 151 m. ✉ 34210

DOMAINE LE VERNIS ★★★ Tourisme 73 E. dont 40 nus, dont 36 CC - 4 GCC. 2,75 ha CV. Locations. Rivière à 5 km. Accueil groupes. Ouvert: 1.4 / 14.10. ☎ 04 68 91 13 22. E-mail : contact@campingdomainelevernis.fr. Web : www.campingdomainelevernis.fr. Prix 2023. Fft jour : empl. Tourisme (2 personnes) : 34,9 € E. CC E. GCC). Réduction H.S.
Lat. : 43° 19' 37" N **Long.** : 002° 46' 28" E.
FFCC : avantages adhérent : 17 € du 01/04 au 30/06 et du 27/08 au 14/10 sur emp.

BALARUC-LES-BAINS

13-E2 25 km S.-O. Montpellier. 29 m. ✉ 34540

LE MAS DU PADRE ★★★★ Tourisme 113 E. dont 88 nus, dont 72 CC - 16 GCC. CV. Locations. chauffée. Etang à 2 km. Ouvert: 1.4 / 31.10. ☎ 04 67 48 53 41. E-mail : contact@mas-du-padre.com. Web : www.mas-du-padre.com. Réduction H.S.
Lat. : 43° 27' 08" N **Long.** : 003° 41' 33" E.

CAMPING LES VIGNES ★★★ Tourisme 170 E. CV. A 3 km : Locations. Etang à 1,5 km. Ouvert: 1.4 / 31.10. ☎ 04 67 48 04 93. E-mail : camping.lesvignes@free.fr. Web : www.camping-lesvignes.com.
Lat. : 43° 27' 15" N **Long.** : 003° 41' 19" E.

CAMPING MUNICIPAL LE PECH D'AY ★★ Tourisme 149 E. dont 149 nus 2,5 ha CV. Accès direct à l'étang. Ouvert: 20.4 / 14.12. ☎ 04 67 48 50 34. E-mail : airedesbains@balaruc-les-bains.com. Web : www.balaruc-les-bains.com.
Lat. : 43° 26' 32" N **Long.** : 003° 40' 60" E.

BESSAN

13-D3 18 km E. Béziers. 17 m. ✉ 34550

DOMAINE DE SAINTE VÉZIANE P.R.L ★★★★ NN120 E. CV. Locations. Espace Fitness. Rivière à 2 km ; bord de mer à 5 km. Accueil groupes adultes. Ouvert: 1.1 / 31.12. ☎ 04 67 21 76 76. E-mail : reservation.dsv@hotmail.fr. Web : www.domainesainteveziane.com. Réduction H.S.
Lat. : 43° 22' 13" N **Long.** : 003° 24' 49" E.

HORTES LOISIRS ★★ Loisirs 36 E. 1 ha. Rivière à 500 m ; bord de mer à 5 km. Ouvert: 1.1 / 31.12. ☎ 04 67 77 51 10. E-mail : guides@campingfrance.com. Web : camping-hortes-loisirs.fr.
Lat. : 43° 22' 11" N **Long.** : 003° 25' 47" E.

BEZIERS

13-D3 72 km S.-O. Montpellier. 43 m. ✉ 34500

DOMAINE DE CLAIRAC
CV. A 5 km : Ouvert: 1.4 / 30.9. ☎ 06 11 19 98 13. E-mail : info@campingclairac.com. Web : www.campingclairac.com. Réduction H.S.
Lat. : 43° 21' 46" N **Long.** : 003° 19' 06" E.
FFCC : avantages adhérent : 20 € du 01/04 au 30/06 et du 01/09 au 30/09 sur emp.

BOISSERON

13-F2 25 km N.-E. Montpellier. 42 m. ✉ 34160

DOMAINE DE GAJAN ★★★★ Tourisme 115 E. dont 43 nus 3,5 ha CV. Locations. chauffée. Rivière à 2 km. Accueil groupes adultes. Ouvert: 2.4 / 30.9. ☎ 04 66 80 94 30. E-mail : info@campingdomainedegajan.com. Web : www.campingdomainedegajan.com.
Lat. : 43° 45' 59" N **Long.** : 004° 04' 28" E.

BOUZIGUES

13-E2 24 km S.-O. Montpellier. 23 m. ✉ 34140

LOU LABECH ★★★ Tourisme 48 E. dont 48 nus, dont 48 CC. 1 ha CV. Locations. Etang à 350 m. Accueil groupes. Ouvert: 1.4 / 15.10. ☎ 04 67 78 30 38. E-mail : contact@lou-labech.fr. Web : www.lou-labech.fr.
Lat. : 43° 27' 02" N **Long.** : 003° 39' 54" E.

BRISSAC

13-E1 45 km N.-O. Montpellier. 237 m. ✉ 34190

DOMAINE D'ANGLAS ★★★★★ Tourisme 100 E. dont 72 nus 4 ha CV. Locations : roulotte. Accès direct à la rivière. Accueil groupes. Ouvert: 15.4 / 19.9. ☎ 04 67 73 70 18. E-mail : contact@camping-anglas.com. Web : www.camping-anglas.com. Réduction H.S.
Lat. : 43° 52' 35" N **Long.** : 003° 42' 59" E.
FFCC : avantages adhérent : 22 € du 15/04 au 01/07 et du 31/08 au 18/09 sur emp. + Offre emplacement nus : Hors week-end, jours fériés et juillet/aout.

LE VAL D'HÉRAULT ★★★★ Tourisme 120 E. 4 ha CV. Locations. Randonnée pédestre organisée. Rivière à 50 m. Ouvert: 1.4 / 25.10. ☎ 04 67 73 72 29. E-mail : levaldherault@orange.fr. Web : www.camping-levaldherault.com.
Lat. : 43° 50' 47" N **Long.** : 003° 42' 19" E.

CANET

13-E2 24 km S.-E. Lodève. 40 m. ✉ 34800

LES RIVIÈRES ★★★ Tourisme 110 E. dont 60 nus, dont 60 CC. 4,5 ha 24 h / 24, CV. Locations. Espace Fitness. chauffée. Accès direct à la rivière ; lac à 5 km. Accueil groupes adultes. Ouvert: 13.4 / 15.9. ☎ 04 67 96 75 53. E-mail : reservationslesrivieres@gmail.com. Web : www.camping-lesrivieres.com. Prix 2022. Fft jour : empl. Tourisme (2 personnes) : 36 € ; sup 8 € ; animaux 8 € ; 6 €. Réduction H.S.
Lat. : 43° 36' 55" N **Long.** : 003° 29' 41" E.
FFCC : avantages adhérent : 17 € du 24/04 au 06/07 et du 28/08 au 30/09 sur emp.

CAPESTANG

13-D3 15 km O. Béziers. 35 m. ✉ 34310

CAMPING MUNICIPAL DE TOUNEL ★★ Tourisme 61 E. dont 47 nus. Randonnée pédestre organisée. Etang et rivière à 500 m. Accueil groupes. Ouvert: 21.3 / 2.10. ☎ 04 67 49 85 95. E-mail : mairie@ville-capestang.fr. Web : www.capestang.fr.
Lat. : 43° 19' 39" N **Long.** : 003° 02' 18" E.

CASTELNAU-DE-GUERS

13-D2 24 km N.-E. Béziers. 56 m. ✉ 34120

LA PINÈDE ★★★★ Loisirs 155 E. dont 155 GCC. CV. Locations. chauffée. Rivière à 4 km. Ouvert: 1.1 / 31.12. ☎ 04 67 11 02 16. E-mail : info@residence-lapinede.com. Web : www.residence-lapinede.com.
Lat. : 43° 25' 46" N **Long.** : 003° 27' 39" E.

LES AMANDIERS ★★★ Loisirs 82 E. dont 10 nus, dont 3 GCC. 1,5 ha CV. Locations. roulotte. chauffée. Rivière à 300 m.. Ouvert: 2.4 / 9.10. ☎ 04 67 98 92 51. E-mail : info@camping-les-amandiers.fr. Web : www.camping-les-amandiers.fr. Prix 2022. Fft jour : empl. Tourisme (2 personnes) : 31 € ; sup 4,50 € ; animaux 4 €.
Lat. : 43° 26' 03" N **Long.** : 003° 25' 59" E.

CASTRIES

13-E2 13 km N.-O. Montpellier. 62 m. ✉ 34160

FONDESPIERRE ★★★ Tourisme 103 E. dont 49 nus, dont 40 CC - 20 GCC. 2 ha CV. Locations : . Accueil groupes. Ouvert: 7.1 / 21.12. ☎ 04 67 91 20 03. E-mail : campingfondespierre@outlook.fr. Web : www.camping-fondespierre.com. Réduction H.S.
Lat. : 43° 41' 39" N **Long.** : 003° 59' 46" E.
FFCC : avantages adhérent : 10% du 15/02 au 15/06 et du 15/09 au 15/11 sur emp.

CEILHES-ET-ROCOZELS

13-D2 25 km N.-O. Lodève. 615 m. ✉ 34260

LE VILLAGE DES SOURCES NC 109 E. dont 15 nus. Locations : . Lac à 500 m. Accueil groupes adultes. Ouvert: 1.1 / 31.12. ☎ 06 87 35 92 75. E-mail : contactlevillagedessources@gmail.com. Web : levillagedessources.com.
Lat. : 43° 48' 11" N **Long.** : 003° 06' 50" E.

LE BOULOC ★★ Tourisme 67 E. dont 44 nus, dont 33 CC - 1 GCC. 0,8 ha 23 h / 7 h, CV. Locations : . Accès direct aux bords du lac ; rivière à 200 m. Ouvert: 25.3 / 5.11. ☎ 04 67 97 81 85. E-mail : camping.bouloc@orange.fr. Web : www.camping-bouloc.fr. Prix 2023. Fft nuit : empl. Tourisme (2 O) : 15 € ( ) ; sup 6 € nuit ; animaux 2,50 € nuit ; 4,50 € nuit ; 4,50 € nuit.
Lat. : 43° 48' 11" N **Long.** : 003° 06' 16" E.

M. & MME VAN NECK Ouvert: 1.5 / 31.10. ☎ 04 67 23 41 23. E-mail : maarten.aki@wanadoo.fr. Web : monsite.orange.fr/arbousse.
Lat. : 43° 49' 20" N **Long.** : 003° 08' 33" E.

CELLES

13-D2 11 km S.-O. Lodève. 197 m. ✉ 34700

LE MAS DE RIRI NC Tourisme 80 E. ; . Ouvert: 1.4 / 30.9. ☎ 09 70 26 29 32. E-mail : lemasderiri@gmail.com. Web : www.lemasderiri.com.
Lat. : 43° 39' 37" N **Long.** : 003° 20' 04" E.

CESSENON-SUR-ORB

13-D2 20 km N.-O. Béziers. 115 m. ✉ 34460

LA PLAGE DE L'ORB ★★★ Tourisme 48 E. dont 74 nus 1,14 ha CV. Locations : . Rivière à 50 m.. Accueil groupes. Ouvert: 1.5 / 4.9. ☎ 04 67 89 53 29. E-mail : laplagedelorb@gmail.com. Web : www.laplagedelorb.com.
Lat. : 43° 27' 07" N **Long.** : 003° 02' 44" E.

CESSERAS

13-C3 50 km O. Béziers. 178 m. ✉ 34210

LE MAS DE LIGNIERES ★★★ Tourisme 28 E. dont 21 nus, dont 19 GCC. 1,4 ha CV. Rés. naturiste. Locations : . Randonnée pédestre organisée. couverte . Ouvert: 15.5 / 23.9. ☎ 04 68 91 24 86. E-mail : lemas1@wanadoo.fr. Web : www.lemasdelignieres.fr. Prix 2022. Fft jour : empl. Tourisme (2) : 31,5 € ( ). Réduction H.S.
Lat. : 43° 20' 28" N **Long.** : 002° 42' 28" E.

CLAPIERS

13-E2 7 km N. Montpellier. 72 m. ✉ 34830

PLEIN AIR DES CHÊNES ★★★★ Tourisme 257 E. dont 40 nus CV. chauffée . Accueil groupes adultes. Ouvert: 7.4 / 24.9. ☎ 04 67 02 02 53. E-mail : vacances@sandaya.fr. Web : www.sandaya.fr/nos-campings/plein-air-des-chenes. Réduction H.S.
Lat. : 43° 39' 05" N **Long.** : 003° 53' 46" E.

CLERMONT-L'HERAULT

13-D2 18 km S.-E. Lodève. 153 m. ✉ 34800

CLUB LAC DU SALAGOU ★★★★ Tourisme 333 E. dont 236 nus 3,5 ha CV. Locations : . Randonnée pédestre organisée. chauffée . Accès direct aux bords du lac. ; ; . Accueil groupes. Ouvert: 7.4 / 14.10. ☎ 04 67 96 13 13. E-mail : contact@campinglacdusalagou.fr. Web : www.campinglacdusalagou.fr. Prix 2023. Fft jour : empl. Tourisme (2) : 34 € ( ) ; sup 7 € ; animaux 4 € ; 5 € ; 4,50 €. Réduction H.S.
Lat. : 43° 38' 44" N **Long.** : 003° 23' 24" E.

COLOMBIERS

13-D3 7 km S.-O. Béziers. 37 m. ✉ 34440

LES PEUPLIERS ★★★ Tourisme 55 E. dont 24 nus 0,87 ha CV. Rivière à 500 m. Accueil groupes. Ouvert: 1.1 / 31.12. ☎ 04 67 37 05 26. E-mail : contact@camping-colombiers.com. Web : www.camping-colombiers.com.
Lat. : 43° 19' 06" N **Long.** : 003° 08' 36" E.

FABREGUES

13-E2 10 km S.-O. Montpellier. 63 m. ✉ 34690

LE BOTANIC ★★★ Tourisme 81 E. dont 25 CC. 2 ha CV. chauffée. Accès direct aux bords du lac. Ouvert: 1.4 / 10.10. ☎ 04 67 85 53 18. E-mail : contact@camping-le-botanic.com. Web : www.camping-le-botanic.com.
Lat. : 43° 32' 28" N **Long.** : 003° 44' 51" E.

FLORENSAC

13-E3 24 km E.-N.-E. Béziers. 19 m. ✉ 34510

LE DOMAINE DES BELLES ★ Loisirs 65 E. . Rivière à 3 km ; étang à 5 km. Ouvert: 1.1 / 1.12. ☎ 04 67 77 13 95. E-mail : domainelesbelles2@orange.fr.
Lat. : 43° 22' 43" N **Long.** : 003° 28' 48" E.

FONTES

13-D2 10 km N. Pézenas. 99 m. ✉ 34320

L'EVASION ★★★ Tourisme 75 E. dont 33 nus CV. Locations : . chauffée. Rivière à 400 m. Accueil groupes. Ouvert: 14.3 / 2.11. ☎ 04 67 25 32 00. E-mail : camping.levasion@outlook.fr. Web : www.campingevasion.com. Réduction H.S.
Lat. : 43° 32' 51" N **Long.** : 003° 22' 48" E.

LES CLAIRETTES ★★★ Loisirs 75 E. dont 19 nus 2 ha après 22 h, CV. Locations : . Rivière à 5 km. Accueil groupes. Ouvert: 1.1 / 31.12. ☎ 04 67 25 01 31. E-mail : info@campinglesclairettes.fr. Web : www.campinglesclairettes.fr. Prix 2022. Fft nuit : empl. Tourisme (2) : 28 € ( ). Réduction H.S.
Lat. : 43° 32' 42" N **Long.** : 003° 25' 03" E.

FOS

13-D2 33 km N. Beziers. 305 m. ✉ 34320

LES MÉLIAS ★★★ Tourisme 49 E. dont 17 nus 0,4 ha CV. Accueil groupes. Ouvert: 1.5 / 30.9. ☎ 04 67 32 91 96. E-mail : contact@camping-melias.com. Web : camping-melias.com. Réduction H.S.
Lat. : 43° 34' 05" N **Long.** : 003° 14' 47" E.

FRAISSE-SUR-AGOUT

13-C2 44 km N.-O. Béziers. 912 m. Station verte de vacances et village de neige ✉ 34330

LE PIOCH ★ Tourisme 40 E. 2,5 ha CV. Locations : . Randonnée pédestre organisée. Etang à 250 m ; rivière à 1,5 km.. Ouvert: 1.5 / 1.10. ☎ 04 67 97 61 72. E-mail : nico-oudhof@wanadoo.fr. Web : www.lepioch.com.
Lat. : 43° 36' 23" N **Long.** : 002° 46' 43" E.

FRONTIGNAN

13-E2 22 km S.-O. Montpellier. 29 m. ✉ 34110

LES TAMARIS ★★★★★ Tourisme 247 E. dont 115 nus CV. Locations : . Espace Fitness. chauffée . Accès direct à la mer ; étang à 500 m. ; ; . Accueil groupes. Ouvert: 7.4 / 24.9. ☎ 04 67 43 44 77. E-mail : tamaris@sandaya.fr. Web : www.sandaya.fr/nos-campings/les-tamaris. Réduction H.S.
Lat. : 43° 26' 59" N **Long.** : 003° 48' 21" E.

LA LAGUNE ★★★ Tourisme 32 E. dont 32 nus CV. Etang à 100 m ; bord de mer à 150 m. Ouvert: 16.4 / 2.10. ☎ 04 99 04 04 30. E-mail : contact@camping-la-lagune.com. Web : /camping-la-lagune.fr/. Réduction H.S.
Lat. : 43° 25' 48" N **Long.** : 003° 45' 35" E.
FFCC : avantages adhérent : 21 € du 09/04 au 07/07 et du 31/08 au 30/09 sur emp.

MEDITERRANEE ★★ Tourisme 88 E. dont 86 CC. 1,5 ha CV. A 30 m : . Locations : roulotte. Bord de mer à 100 m ; étang à 500 m. ; . Ouvert: 30.3 / 30.9. ☎ 04 99 04 92 32. E-mail : camping-mediterranee@orange.fr. Web : www.camping-mediterranee34.com. Réduction H.S.
Lat. : 43° 25' 47" N **Long.** : 003° 45' 34" E.

AIGUE MARINE NC Tourisme 17 E. dont 17 nus . Accès direct à l'étang et à la mer. ; . Ouvert: 1.6 / 30.9. ☎ 6 29 50 63 87. E-mail : campingaiguemarine@gmail.com. Web : www.camping-aigue-marine.fr.
Lat. : 43° 26' 23" N **Long.** : 003° 47' 30" E.

L'HORIZON NC Tourisme 30 E. 0,3 ha . Ouvert: 1.1 / 31.12. ☎ 04 99 02 69 48. E-mail : horizonfrontignan@gmail.com. Web : www.campinghorizon.fr.
Lat. : 43° 25' 48" N **Long.** : 003° 45' 32" E.

GIGNAC

13-E2 23 km S.-E. Lodève. 115 m. ✉ 34150

FAMILY'S CAMPING LES RIVES DE L'HÉRAULT ★★★★ Tourisme 95 E. dont 86 nus 3,4 ha CV. Locations : . Rivière à 200 m. Ouvert: 1.5 / 16.9. ☎ 04 67 57 92 97. E-mail : camping.meuse@ville-gignac.com. Web : www.campinglameuse.com.
Lat. : 43° 39' 44" N **Long.** : 003° 33' 32" E.

CAMPING DU PONT ★★★ Tourisme 38 E. 0,7 ha CV. Rivière à 200 m. Ouvert: 1.6 / 31.8. ☎ 04 67 57 52 40. E-mail : camping-du-pont@orange.fr. Web : www.campingdupont.com. Réduction H.S.
Lat. : 43° 39' 16" N **Long.** : 003° 32' 29" E.

DOMAINE DU PELICAN CV. ☎ 04 67 57 68 92. E-mail : domaine-de-pelican@wanadoo.fr, Web : www.domainedepelican.fr.
Lat. : 43° 37' 27" N **Long.** : 003° 34' 06" E.

LA GRANDE-MOTTE

13-F2 11 km E. Montpellier. 1 m. ✉ 34280

LE GARDEN ★★★★ Tourisme 206 E. dont 76 nus . A 500 m : . Locations : . Bord de mer à 400 m. Ouvert: 30.3 / 6.10. ☎ 04 67 56 50 09. E-mail : campinglegarden@orange.fr. Web : www.legarden.fr.
Lat. : 43° 33' 47" N **Long.** : 004° 04' 22" E.

MAÏANA RESORT ★★★★ Loisirs 231 E. 3 ha. Bord de mer à 300 m. Ouvert: 1.4 / 30.9. ☎ 04 67 56 50 08. E-mail : contact@camping-maiana.com. Web : www.camping-maiana.com.
Lat. : 43° 33' 49" N **Long.** : 004° 04' 27" E.

LA PETITE MOTTE ★★★ Tourisme 195 E. dont 162 nus, dont 5 CC - 5 GCC. après 23 h, CV. A 2 km : Locations : . Bord de mer à 700 m. Accueil groupes. Ouvert: 1.4 / 1.10. ☎ 04 67 56 54 75. E-mail : contact@camping-lapetitemotte.com. Web : www.camping-lapetitemotte.com. Réduction H.S.
Lat. : 43° 33' 52" N **Long.** : 004° 04' 31" E.
FFCC : avantages adhérent : 20.50 € du 01/04 au 30/06 et du 27/08 au 01/10 sur emp. et entre 170 € et 720 € la semaine du 01/04 au 30/06 et du 27/08 au 01/10 sur loc.

CAMPING GCU LA GRANDE MOTTE ★★ Tourisme 195 E. . Ouvert: 4.4 / 28.9. ☎ 04 67 56 55 05. E-mail : lagrandemotte3401@gcuf.fr. Web : www.gcu.asso.fr.
Lat. : 43° 33' 53" N **Long.** : 004° 04' 36" E.

L'OR ★★ Tourisme 271 E. 2,5 ha CV. Bord de mer à 900 m. Ouvert: 3.4 / 1.11. ☎ 04 67 56 50 85. E-mail : or@capfun.com. Web : www.capfun.com/. Réduction H.S.
Lat. : 43° 34' 01" N **Long.** : 004° 04' 34" E.

LA SALVETAT-SUR-AGOUT

13-C2 72 km N.-O. Béziers. 825 m. Station verte de vacances et village de neige ✉ 34330

CAMPING DES CÈPES ★★★ Tourisme 42 E. dont 18 nus 1,1 ha CV. Locations : . Lac à 500 m ; rivière à 2 km. Accueil groupes adultes. Ouvert: 11.4 / 31.10. ☎ 04 67 97 63 45. E-mail : camping.ccecalcia@wanadoo.fr. Web : www.camping-des-cepes.com. Prix 2022. Fft jour : empl. Tourisme (3 🚶) : 35 €
Lat. : 43° 36' 04" N **Long.** : 002° 41' 12" E.

LES BOULDOUIRES ★★★ Loisirs 114 E. 2,6 ha CV. Lac à 100 m. Accueil groupes. Ouvert: 1.4 / 31.10. ☎ 04 67 97 36 91. E-mail : contact@campingbouldouires.fr. Web : www.campingbouldouires.fr. Réduction H.S.
Lat. : 43° 36' 07" N **Long.** : 002° 41' 08" E.

GOUDAL ★★ Tourisme 100 E. 7 ha CV. Locations : . Rivière à 3 km ; lac à 5 km. Accueil groupes. Ouvert: 15.6 / 15.9. ☎ 0 6 49 60 81 04. E-mail : info@goudal.com. Web : www.goudal.com. Réduction H.S.
Lat. : 43° 37' 39" N **Long.** : 002° 40' 44" E.

LE PEYRAL ★ Tourisme 50 E.
Ouvert: 15.5 / 15.9. ☎ 04 67 23 95 28. E-mail : camping@lepeyral.com. Web : www.lepeyral.com.
Lat. : 43° 37' 21" N **Long.** : 002° 42' 55" E.
FFCC : avantages adhérent : 23 € du 15/05 au 01/07 et du 20/08 au 15/09 sur emp. et entre 70 € et 130 € la nuitée et entre 420 € et 750 € la semaine du 15/05 au 01/07 et du 20/08 au 15/09 sur loc.

CAMPING DE GRUALGUES (1ER TERRAIN) . Ouvert: 1.1 / 31.12. ☎ 04 67 97 61 52. E-mail : pierrelouis.combes@laposte.net.
Lat. : 43° 36' 57" N **Long.** : 002° 42' 06" E.

CAMPING DE GRUALGUES (2ÈME TERRAIN) . Ouvert: 1.1 / 31.12. ☎ 04 67 97 61 52. E-mail : pierrelouis.combes@laposte.net.
Lat. : 43° 36' 57" N **Long.** : 002° 42' 06" E.

M. THIERRY CABROL . ☎ 04 67 97 63 20. E-mail : cabroljeanluc@orange.fr.
Lat. : 43° 35' 07" N **Long.** : 002° 42' 49" E.

PASTEO CV. A 7 km : . Ouvert: 1.5 / 31.10. ☎ 04 67 95 75 51. E-mail : campingpasteo@gmail.com, Web : camping-pasteo.fr.
Lat. : 43° 36' 05" N **Long.** : 002° 38' 10" E.

LA TOUR-SUR-ORB

13-D2 40 km N. Béziers. 339 m. ✉ 34260

LA SIESTE ★★★ Tourisme 73 E. dont 50 nus 1 ha CV. Locations : . Accès direct à la rivière. Ouvert: 1.5 / 31.8. ☎ 04 67 23 72 96. E-mail : camping.sieste@orange.fr. Web : www.camping-lasieste.fr. Réduction H.S.
Lat. : 43° 40' 25" N **Long.** : 003° 10' 22" E.

LANSARGUES

13-F2 20 km E. Montpellier. 5 m. ✉ 34130

LE FOU DU ROI ★★★ Tourisme 82 E. dont 36 nus, dont 45 CC - 45 GCC. 1 ha CV. Locations : . Bord de mer à 2 km ; étang à 3 km. Ouvert: 1.4 / 15.10. ☎ 04 67 86 78 08. E-mail : contact@campinglefoudurol.fr. Web : www.campinglefoudurol.fr. Réduction H.S.
Lat. : 43° 39' 06" N **Long.** : 004° 03' 58" E.

LAROQUE

13-E1 44 km N. Montpellier. 221 m. ✉ 34190

LE TIVOLI ★★ Tourisme 61 E. dont 61 nus 1,2 ha CV. Locations : . Accès direct à la rivière. Accueil groupes. Ouvert: 15.6 / 31.8. ☎ 04 67 73 97 28. E-mail : commune-de-laroque@orange.fr. Web : laroque.fr.
Lat. : 43° 55' 35" N **Long.** : 003° 42' 56" E.

LATTES

13-E2 7 km S.-E. Montpellier. 7 m. ✉ 34970

EDEN CAMPING ★★★★ Tourisme 290 E. dont 50 nus la nuit, CV. A 1 km : Locations : chauffée. Accès direct à la rivière ; étang à 2 km ; bord de mer à 4 km. Ouvert: 29.4 / 6.9. ☎ 04 67 15 11 05. E-mail : edencamping@orange.fr. Web : www.eden-camping.fr.
Lat. : 43° 32' 58" N **Long.** : 003° 53' 39" E.

L'OASIS PALAVASIENNE ★★★★ Tourisme 221 E. dont 75 nus CV. A 1 km : Locations : cabanes, tipi. chauffée. Accès direct à la rivière ; étang à 1 km ; bord de mer à 4 km. Accueil groupes adultes. Ouvert: 27.4 / 8.9. ☎ 04 67 15 11 61. E-mail : oasis.palavasienne@orange.fr. Web : www.oasis-palavasienne.com.
Lat. : 43° 33' 10" N **Long.** : 003° 53' 39" E.

LE LAC DES RÊVES ★★★★ Loisirs 584 E. CV. A 3 km : Locations : . chauffée. Accès direct aux bords du lac ; bord de mer à 5 km. Ouvert: 8.4 / 5.11. ☎ 04 67 50 26 00. E-mail : lelacdesreves@siblu.fr. Web : www.camping-lelacdesreves.fr.
Lat. : 43° 33' 21" N **Long.** : 003° 56' 23" E.

DOMAINE DE L'ESTANEL ★★★ Loisirs 43 E. 2 ha. Ouvert: 15.4 / 15.9. ☎ 04 67 65 73 37. E-mail : contact@camping-residentiel-estanel.com.
Lat. : 43° 34' 37" N **Long.** : 003° 55' 41" E.

LE CAMARGUAIS ★★★ Tourisme 98 E. CV. A 3 km : Locations : cabanes. Accès direct à la rivière ; étang et bord de mer à 5 km.. Accueil groupes adultes. Ouvert: 27.4 / 7.9. ☎ 04 67 15 10 07. E-mail : campinglecamarguais@gmail.com. Web : www.campinglecamarguais.com.
Lat. : 43° 32' 52" N **Long.** : 003° 53' 42" E.

LE PARC ★★★ Tourisme 100 E. dont 67 nus 1,5 ha la nuit, CV. A 5 km : Locations : . Espace Fitness. chauffée. Etang à 2,5 km. Ouvert: 1.1 / 31.12. ☎ 04 67 65 85 67. E-mail : camping-le-parc@orange.fr. Web : www.leparccamping.com. Réduction H.S.
Lat. : 43° 34' 35" N **Long.** : 003° 55' 33" E.

LE FLOREAL ★★ Tourisme 134 E. dont 38 nus 1,5 ha CV. Locations : . Rivière à 500 m ; étang à 3 km. Accueil groupes. Ouvert: 1.1 / 31.12. ☎ 04 67 92 93 05. E-mail : littoral88@orange.fr. Web : www.campinglefloreal.com. Réduction H.S.
Lat. : 43° 35' 22" N **Long.** : 003° 54' 07" E.

LAURENS

13-D2 21 km N. Béziers. 171 m. ✉ 34480

L'OLIVERAIE ★★★ Tourisme 110 E. dont 72 nus, dont 10 GCC.
2,70 ha CV. Locations : . Ouvert: 1.2 / 27.11. ☎ 04 67 90 24 36. E-mail : oliveraie.laurens@gmail.com. Web : www.oliveraie.com. Prix 2022. Fft jour : empl. Tourisme (2 🚶) : 31,5 € ; 🚶 sup 8 € ; animaux 2,50 € ; 🚶 7 € ; 5,50 € ; E. GCC 40 €. Réduction H.S.
Lat. : 43° 32' 11" N **Long.** : 003° 11' 09" E.

LE BOSC

13-D2 11 km S.-E. Lodève. 172 m. ✉ 34700

LES PEUPLIERS ★★★ Tourisme 54 E. dont 43 nus 0,9 ha. Locations : . Rivière à 800 m ; lac à 3 km. Ouvert: 1.1 / 31.12. ☎ 04 67 44 38 08. E-mail : contact@campinglespeupliers.net. Web : www.campinglespeupliers.net. Prix 2022. Fft jour : empl. Tourisme (2 🚶) : 27 €
Lat. : 43° 41' 31" N **Long.** : 003° 21' 02" E.

LE CAYLAR

13-D1 20 km N. Lodève 753 m. ✉ 34520

LES 4 TEMPLIERS ★★★ Tourisme 33 E. dont 11 nus, dont 2 GCC. 8 ha. Locations : . Accueil groupes. Ouvert: 1.5 / 27.9. ☎ 04 67 44 90 90. E-mail : campingdestempliers@orange.fr. Web : www.camping-larzac-lecaylar.com. Prix 2022. Fft jour : empl. Tourisme (2 🚶 2 🚶) : 21 € ; 🚶 sup 4 € ; animaux 2 € ; 🚶 2 € ; 4,50 €.
Lat. : 43° 52' 13" N **Long.** : 003° 18' 53" E.

LE POUGET

13-E2 27 km S.-E. Lodève. 75 m. ✉ 34230

L'AFFENAGE NC Tourisme 47 E. dont 21 nus 1 ha CV. Locations : . Rivière à 2 km. Accueil groupes. Ouvert: 10.4 / 30.10. ☎ 04 99 90 08 58. E-mail : contact.affenage@gmail.com. Web : campinggite-affenage.fr.
Lat. : 43° 35' 39" N **Long.** : 003° 30' 48" E.

LES AIRES
13-D2 36 km N. Béziers. 332 m. ✉ 34600

DOMAINE DE GATINIÉ ★★ Tourisme 83 E. CV. Rivière à 100 m. Ouvert: 1.3 / 30.11. ☎ 04 67 95 71 95. E-mail : contact@domainegatinie.com. Web : www.domainegatinie.com.
Lat. : 43° 34' 41" N **Long.** : 003° 04' 14" E.

LES PLANS
13-D2 5 km N.-O. Lodève. 526 m. ✉ 34700

DOMAINE NATURISTE DE LAMBEYRAN ★★★ Tourisme 100 E. 20 ha Rés. naturiste. Locations : . Ouvert: 20.5 / 20.9. ☎ 04 67 44 13 99. E-mail : lambeyran@wanadoo.fr. Web : www.lambeyran.com.
Lat. : 43° 45' 15" N **Long.** : 003° 16' 36" E.

LODEVE
13-D2 54 km N.-O. Montpellier. 301 m. ✉ 34700

LES VALS ★★★ Tourisme 97 E. dont 65 nus 3 ha pas de voiture en hte saison. CV. Locations : . Espace Fitness. Accès direct à la rivière ; lac à 5 km.. Accueil groupes adultes. Ouvert: 1.4 / 30.9. ☎ 04 30 40 17 80. E-mail : campinglesvals@yahoo.fr. Web : www.camping-les-vals.org.
Lat. : 43° 42' 45" N **Long.** : 003° 19' 19" E.

LES VAILHES ★★ Tourisme 239 E. dont 239 nus
FFCC 2,86 ha CV. Locations : . Accès direct aux bords du lac. Ouvert: 8.4 / 25.9. ☎ 04 84 31 00 99. E-mail : campinglesvailhes@onlycamp.fr. Web : www.onlycamp.fr/camping-les-vailhes-lac-du-salagou/.
Lat. : 43° 40' 13" N **Long.** : 003° 21' 21" E.
FFCC : avantages adhérent : 10% du 31/03 au 08/07 et du 28/08 au 01/1010% du 31/03 au 08/07 et du 28/08 au 01/10 sur emp. et loc. + 5% saison (juillet/aout) sur les emplacements nus et locatifs *Frais de réservations offerts toute lannée.

LOUPIAN
13-E2 30 km S.-O. Montpellier. 46 m. ✉ 34140

CAMPING MUNICIPAL LOUPIAN ★★★ Tourisme 100 E. dont 100 nus 1,7 ha CV. Locations : . Etang à 3 km. Accueil groupes. Ouvert: 19.4 / 13.10. ☎ 04 67 43 57 67. E-mail : camping@loupian.fr. Web : www.loupian.fr. Réduction H.S.
Lat. : 43° 26' 43" N **Long.** : 003° 36' 56" E.

LUNAS
13-D2 18 km O. Lodève. 452 m. ✉ 34650

CAMPING RENDEZ-VOUS MOTO ★ Tourisme 36 E. CV. Locations : . Accueil groupes adultes. Ouvert: 25.4 / 5.9. ☎ 04 67 23 49 12. E-mail : camping-rendezvous-moto@hotmail.fr. Web : www.camping-rendezvous-moto.com. Réduction H.S.
Lat. : 43° 43' 25" N **Long.** : 003° 11' 58" E.

LUNEL
13-F2 24 km N.-E. Montpellier. 13 m. ✉ 34400

BON PORT ★★★★ Tourisme 293 E.
5 ha CV. A 4 km : . Rivière à 4 km. Ouvert: 6.4 / 22.9. ☎ 04 67 71 15 65. E-mail : contact@campingbonport.com. Web : www.campingbonport.com.
Lat. : 43° 39' 22" N **Long.** : 004° 08' 32" E.

MAS DE L'ISLE ★★★ Loisirs 180 E. 3 ha CV. Locations : . Rivière à 2 km. Ouvert: 15.3 / 15.10. ☎ 04 67 83 26 52. E-mail : lemasdelisle@wanadoo.fr. Web : www.campingmasdelisle.com.
Lat. : 43° 40' 17" N **Long.** : 004° 08' 52" E.

LE PONT DE LUNEL ★★ Loisirs 81 E. 1 ha CV. Locations : . Rivière à 1 km. Accueil groupes. Ouvert: 15.3 / 30.9. ☎ 04 67 71 10 22. E-mail : nb.pontdelunel@wanadoo.fr. Web : www.camping-du-pontdelunel.com. Réduction H.S.
Lat. : 43° 41' 12" N **Long.** : 004° 09' 06" E.

MARSEILLAN
13-E3 27 km E. Béziers. 4 m. ✉ 34340

FÉERIX ★★★★★ Tourisme 240 E. CV. Locations : . chauffée. Bord de mer à 500 m ; étang à 1 km. Ouvert: 21.3 / 27.9. ☎ 04 67 21 90 58. E-mail : feerix@capfun.com. Web : www.capfun.com.
Lat. : 43° 19' 11" N **Long.** : 003° 33' 01" E.

LES MÉDITERRANÉES - BEACH GARDEN ★★★★★ Tourisme 829 E. dont 353 nus
CV. A 1 km : Locations : . couverte chauffée. Accès direct à la mer ; étang à 3 km ; rivière à 5 km. Accueil groupes adultes. Ouvert: 1.4 / 2.10. ☎ 04 67 21 92 83. E-mail : info@beach-garden-camping.com. Web : www.lesmediterranees.com. Prix 2022. Fft nuit : empl. Tourisme (2): 27 € (E. CC)
Lat. : 43° 18' 22" N **Long.** : 003° 32' 17" E.

LES MÉDITERRANÉES - LE CHARLEMAGNE ★★★★★ Tourisme 465 E. dont 164 nus
CV. A 1,5 km : Locations : . couverte chauffée. Bord de mer à 200 m ; étang à 3 km ; rivière à 5 km. Ouvert: 8.4 / 25.9. ☎ 04 67 21 92 49. E-mail : info@charlemagne-camping.com. Web : www.lesmediterranees.com. Prix 2022. Fft nuit : empl. Tourisme (2) : 27 € (E. CC). Réduction H.S.
Lat. : 43° 18' 37" N **Long.** : 003° 32' 35" E.

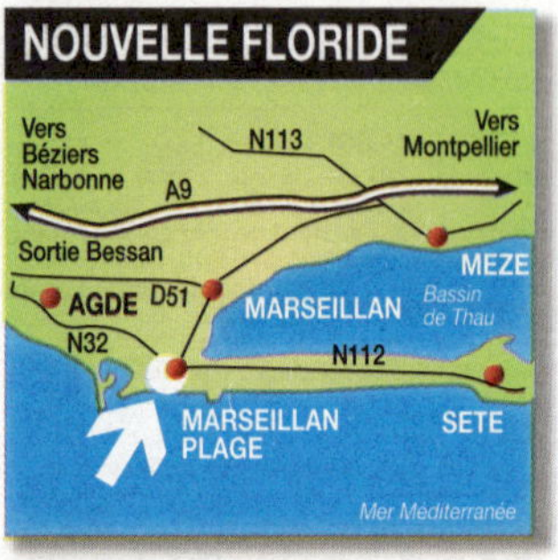

LES MÉDITERRANÉES - NOUVELLE FLORIDE ★★★★★ Tourisme 473 E. dont 230 nus
CV. A 1,5 km : Locations : . couverte chauffée. Accès direct à la mer ; étang à 3 km. Ouvert: 1.4 / 25.9. ☎ 04 67 21 94 49. E-mail : info@nouvelle-floride-camping.com. Web : www.lesmediterranees.com. Prix 2022. Fft nuit : empl. Tourisme (2) : 27 € (E. CC)
Lat. : 43° 18' 34" N **Long.** : 003° 32' 32" E.

TÉORIX ★★★★★ Tourisme 198 E. CV. Locations : . chauffée. Bord de mer à 800 m. Ouvert: 4.4 / 27.9. ☎ 04 67 37 83 31. E-mail : teorix@capfun.com. Web : www.capfun.com.
Lat. : 43° 19' 00" N **Long.** : 003° 32' 43" E.

DUNES ET SOLEIL ★★★★ Tourisme 200 E. dont 37 nus 3,14 ha CV. A 500 m : . Accès direct à la mer ; rivière à 2 km ; étang à 2,5 km. Ouvert: 7.4 / 8.10. ☎ 04 84 39 08 60. E-mail : inesselma@homair.com. Web : www.homair.com. Réduction H.S.
Lat. : 43° 18' 50" N **Long.** : 003° 32' 52" E.

ROBINSON ★★★★ Tourisme 152 E. dont 66 nus
FFCC 2,5 ha CV. Locations : , cocosweet. Espace Fitness. chauffée. Accès direct à la mer ; étang à 2 km. Ouvert: 22.4 / 24.9. ☎ 04 67 21 90 07. E-mail : reception@camping-robinson.com. Web : www.camping-robinson.com. Prix 2023. Fft jour : empl. Tourisme (2) : 90 € ( ). Réduction H.S.
Lat. : 43° 19' 09" N **Long.** : 003° 33' 24" E.
FFCC : avantages adhérent : 19 € du 22/04 au 02/07 et du 29/08 au 24/09 sur emp.

BEAU SÉJOUR ★★★ Tourisme 102 E. dont 94 nus 1,3 ha CV. A 400 m : . Accès direct à la mer ; étang à 4 km. Ouvert: 5.4 / 5.10. ☎ 04 67 21 93 00. E-mail : reception@camping-beausejour.fr. Web : www.camping-beausejour.fr.
Lat. : 43° 18' 26" N **Long.** : 003° 32' 36" E.

BEAUREGARD PLAGE ★★★ Tourisme 200 E. dont 200 nus, dont 200 CC.
3,14 ha CV. Accès direct à la mer ; étang et rivière à 1 km. Accueil groupes. Ouvert: 23.3 / 15.10. ☎ 04 67 77 15 45. E-mail : reception@camping-beauregard-plage.com. Web : www.camping-beauregard-plage.com. Réduction H.S.
Lat. : 43° 18' 54" N **Long.** : 003° 32' 56" E.

LA CRÉOLE ★★★ Tourisme 110 E. dont 83 nus
FFCC CV. A 500 m : . Locations : . Accès direct à la mer ; étang à 2 km. Ouvert: 8.4 / 15.10. ☎ 04 67 21 92 69. E-mail : campinglacreole@orange.fr. Web : www.campinglacreole.com. Prix 2023. Fft nuit : empl. Tourisme (2) : 49 € ( ). Réduction H.S.
Lat. : 43° 18' 46" N **Long.** : 003° 32' 48" E.
FFCC : avantages adhérent : 19 € sur emp. + Offre emplacements nus valable : du 02/05 au 04/05, du 09/05 au 17/05, du 22/05 au 26/05 du 30/05 au 25/06, du 09/09 au 15/10.

LA PLAGE ★★★ Tourisme 105 E. dont 97 nus, dont 97 CC. CV. A 1 km : Locations : . Accès direct à la mer ; étang à 2 km. Ouvert: 11.3 / 15.10. ☎ 04 67 21 92 54. E-mail : info@laplage-camping.net. Web : www.laplage-camping.net. Prix 2023. Fft jour : empl. Tourisme (2) : 45 € ( ) ; Réduction H.S.
Lat. : 43° 18' 35" N **Long.** : 003° 32' 45" E.

LE GALET ★★★ Tourisme 249 E. 2 ha CV. A 100 m : . Locations : . chauffée. Bord de mer à 200 m. Ouvert: 1.4 / 4.10. ☎ 04 67 21 95 61. E-mail : reception@camping-galet.com. Web : www.camping-galet.com.
Lat. : 43° 18' 42" N **Long.** : 003° 32' 41" E.

LA JASSE SUR MER ★★ Loisirs 147 E. CV. Bord de mer à 300 m. Ouvert: 1.4 / 30.9. ☎ 04 67 21 92 47. E-mail : contact@lajassesurmer.fr. Web : www.lajassesurmer.fr.
Lat. : 43° 18' 41" N **Long.** : 003° 32' 33" E.

LE GRILLON DES MERS ★★ Tourisme 62 E. dont 57 nus 0,7 ha CV. Locations : . Bord de mer à 150 m ; étang à 3 km. Ouvert: 27.4 / 7.10. ☎ 04 67 21 92 89. E-mail : legrillondesmers@orange.fr. Web : www.legrillondesmers.com. Réduction H.S.
Lat. : 43° 18' 28" N **Long.** : 003° 32' 27" E.

LE NAUTIC ★★ Loisirs 72 E. dont 33 nus 1,7 ha CV. Locations : . Bord de mer à 2,5 km. Ouvert: 15.4 / 15.10. ☎ 04 67 21 93 40. E-mail : contact@campinglenautic34.com. Web : www.campinglenautic34.com.
Lat. : 43° 19' 41" N **Long.** : 003° 32' 50" E.

LE PARADOU ★★ Tourisme 62 E. 0,91 ha CV. A 800 m : . Locations : . Bord de mer à 30 m. Ouvert: 15.3 / 15.11. ☎ 04 67 21 90 10. E-mail : info@paradou.com. Web : www.paradou.com.
Lat. : 43° 19' 18" N **Long.** : 003° 33' 33" E.

LES MÉDITERRANÉES

Campings Villages & Spa depuis 1976

3 espaces aquatiques avec toboggans

Animations : clubs enfants, activités sportives, concerts, spectacles...

2 piscines balnéo couvertes et chauffées

Marseillan plage

Accès direct à la plage

Locatifs haut de gamme emplacements tout confort

Services : restaurants, bar, snacks, épiceries, boulangeries...

1 SPA : massages, sauna, hammam...

Beach Garden
★★★★★
+33 (0)4 67 21 92 83

Charlemagne
★★★★★
+33 (0)4 67 21 92 49

Nouvelle Floride
★★★★★
+33 (0)4 67 21 94 49

www.lesmediterranees.com

Suivez-nous sur

LE RIEU ★★ Tourisme 43 E. 2,08 ha. Bord de mer à 100 m. Ouvert: 8.4 / 9.10. ☎ 04 67 21 92 58. E-mail : lerieu@hotmail.fr. Web : www.campinglerieu.fr.
Lat. : 43° 18' 37" N **Long.** : 003° 32' 40" E.

LA MOUETTE NC Tourisme 16 E. dont 10 nus 0,16 ha. A 2 km : Locations : . Bord de mer à 700 m ; étang à 3 km. Ouvert: 1.5 / 30.9. ☎ 0 6 12 34 05 87. E-mail : philippe-hector@orange.fr. Web : www.campinglamouette.fr. Prix 2023. Fft jour : empl. Tourisme (2) : 24 € ( ) ; sup 5 € ; animaux 1 € ; 3 €. Réduction H.S.
Lat. : 43° 18' 52" N **Long.** : 003° 32' 15" E.

DOMAINE DE VILLEMARIN CV. Ouvert: 1.5 / 30.9. ☎ 04 67 77 39 29. E-mail : campinggitesvillemarin@gmail.com, Web : www.camping-gites-villemarin.fr. Prix 2022. Fft jour : empl. Tourisme (2) : 20 € ( ) ; sup 4,50 € ; animaux 2 € ; 3,50 € ; 3,80 €.
Lat. : 43° 23' 52" N **Long.** : 003° 32' 53" E.

MAUGUIO
13-E2 11 km E. Montpellier. 5 m. ✉ 34130

LES MILLE PEPITES ★★★★★ Tourisme 383 E. 7 ha. Locations : . chauffée. Bord de mer à 100 m. Ouvert: 3.4 / 29.9. ☎ 04 67 68 23 71. E-mail : mille-pepites@capfun.com. Web : www.capfun.com.
Lat. : 43° 32' 60" N **Long.** : 003° 59' 39" E.

MEZE
13-E2 30 km S.-O. Montpellier. 20 m. ✉ 34140

BEAU RIVAGE ★★★★ Tourisme 234 E. 3,5 ha CV. Locations : . Espace Fitness. chauffée. Accès direct à l'étang. Accueil groupes. Ouvert: 2.4 / 15.10. ☎ 0466 600 700. E-mail : beau-rivage@koawa.com. Web : www.camping-beaurivage.fr. Prix 2022. Fft jour : empl. Tourisme (2) : 40 € ( ) ; sup 6 € ; animaux 3 € ; 5 €.
Lat. : 43° 25' 48" N **Long.** : 003° 36' 38" E.

AIRE NATURELLE CV. Ouvert: 1.4 / 30.10. ☎ 04 67 43 95 00. E-mail : dominique.girard341@orange.fr, Web : www.campingsaintesprit.fr.
Lat. : 43° 25' 27" N **Long.** : 003° 32' 22" E.

MONS
13-D2 40 km N.-O. Béziers. 325 m. ✉ 34390

CAMPING MUNICIPAL LE CLAPS ★★ Tourisme 130 E. dont 111 nus CV. Locations : . Accès direct à la rivière. . Accueil groupes adultes. Ouvert: 9.4 / 18.9. ☎ 04 67 97 72 64. E-mail : camping@monslatrivalle.fr. Web : www.camping-leclaps.fr. Prix 2022. Fft nuit : empl. Tourisme (2) : 14,5 € ( ) ; sup 4,50 € nuit ; 3 € nuit ; 5 € nuit.
Lat. : 43° 33' 45" N **Long.** : 002° 58' 23" E.

MONTAGNAC
13-E2 28 km N.-E. Béziers. 72 m. Station verte de vacances et village de neige ✉ 34530

CAMPING MUNICIPAL LA PIBOULE NC Tourisme 56 E. 0,9 ha CV. Rivière à 2 km. Ouvert: 1.5 / 31.10. ☎ 04 67 24 01 31. E-mail : contact@ville-montagnac.fr. Web : www.ville-montagnac.fr.
Lat. : 43° 28' 55" N **Long.** : 003° 29' 23" E.

MONTBLANC
13-D3 15 km N.-E. Montblanc 30 m. ✉ 34290

LE REBAU ★★★ Tourisme 161 E. dont 122 nus CV. Locations : . Rivière à 500 m. Accueil groupes. Ouvert: 9.3 / 19.10. ☎ 04 67 98 50 78. E-mail : gilbert@camping-lerebau.com. Web : www.camping-lerebau.fr. Réduction H.S.
Lat. : 43° 23' 55" N **Long.** : 003° 22' 27" E.

MONTOULIEU
13-E1 46 km N. Montpellier. 270 m. ✉ 34190

CAMPING MUNICIPAL LE GRILLON ★★★ Tourisme 37 E. dont 28 nus 1 ha CV. Locations : . Rivière à 5 km. Accueil groupes. Ouvert: 1.1 / 31.12. ☎ 04 67 73 79 31. E-mail : camping@montoulieu.fr. Web : camping.montoulieu.fr.
Lat. : 43° 55' 35" N **Long.** : 003° 47' 22" E.

NISSAN-LEZ-ENSERUNE
13-D3 10 km S.-O. Béziers. 32 m. ✉ 34440

LA DONADIVE ★★ Tourisme 44 E. CV. Locations : . Accueil groupes. Ouvert: 1.1 / 31.12. ☎ 04 67 37 00 20. E-mail : bastie.la.donadive@wanadoo.fr.
Lat. : 43° 16' 13" N **Long.** : 003° 05' 25" E.

LE DOMINO ★★ Tourisme 26 E. dont 2 nus, dont 2 GCC. Etang à 3 km. Accueil groupes adultes. Ouvert: 18.1 / 5.12. ☎ 06 20 82 53 28. E-mail : mario.capanaccia@orange.fr. Web : www.camping-domino.fr.
Lat. : 43° 16' 15" N **Long.** : 003° 05' 32" E.

OCTON
13-D2 14 km S. Lodève. 300 m. ✉ 34800

LE VILLAGE DU BOSC ★★ Tourisme 80 E. 6 ha CV. Rés. naturiste. Locations : . Lac à 1,5 km. Ouvert: 28.4 / 30.9. ☎ 04 67 96 07 37. E-mail : r.villagedubosc@free.fr. Web : www.villagedubosc.net.
Lat. : 43° 39' 36" N **Long.** : 003° 19' 15" E.

LES ARCADES CV. Ouvert: 1.5 / 20.9. ☎ 04 67 96 99 13. E-mail : camping-les-arcades@orange.fr, Web : www.campinglesarcades.com.
Lat. : 43° 38' 53" N **Long.** : 003° 19' 21" E.

PALAVAS-LES-FLOTS
13-E2 11 km S.-E. Montpellier. ✉ 34250

LE PALAVAS ★★★★★ Tourisme 438 E. 8 ha CV. Locations : . Accès direct à la mer ; étang à 100 m. Ouvert: 6.4 / 29.9. ☎ 0 4 67 68 01 28 / 0 4 48 20 20 20. E-mail : info@tohapi.fr. Web : www.tohapi.fr/languedoc-roussillon/camping-le-palavas.php.
Lat. : 43° 31' 11" N **Long.** : 003° 54' 35" E.

LES ROQUILLES ★★★★ Tourisme 750 E. 10 ha CV. Locations : . Bord de mer à 100 m. Ouvert: 20.4 / 15.9. ☎ 04 67 68 03 47. E-mail : roquilles@wanadoo.fr. Web : www.camping-les-roquilles.fr.
Lat. : 43° 32' 18" N **Long.** : 003° 57' 34" E.

MONTPELLIER PLAGE ★★★ Tourisme 700 E. 9,5 ha CV. Bord de mer à 50 m. Ouvert: 8.4 / 24.9. ☎ 04 67 68 00 91. E-mail : camping.montpellier.plage@wanadoo.fr. Web : www.camping-montpellier-plage.com.
Lat. : 43° 31' 44" N **Long.** : 003° 55' 60" E.

SAINT MAURICE ★★★ Tourisme 150 E. 2,2 ha CV. Locations : . Bord de mer à 50 m. Ouvert: 1.5 / 15.9. ☎ 04 67 68 99 61. E-mail : info@domaine-saint-maurice.com. Web : domaine-saint-maurice.com.
Lat. : 43° 32' 10" N **Long.** : 003° 57' 19" E.

PEZENAS
13-D2 23 km N.-E. Béziers. 29 m. ✉ 34120

CAMPING MUNICIPAL CASTELSEC ★★★ Tourisme 31 E.
1 ha CV. Rivière à 3 km. Accueil groupes adultes. Ouvert: 1.4 / 30.10. ☎ 04 67 98 04 02. E-mail : contact@camping-pezenas.com.
Lat. : 43° 27' 15" N **Long.** : 003° 24' 57" E.

LES CIGALES ★★★ Tourisme 40 E. dont 8 nus CV. Locations : . chauffée. Rivière à 2 km. Ouvert: 1.4 / 30.9. ☎ 04 67 98 97 99. E-mail : informations@campinglescigales.com. Web : www.campinglescigales.com. Prix 2022. Fft jour : empl. Tourisme (3) : 35 € ( ). Réduction H.S.
Lat. : 43° 26' 32" N **Long.** : 003° 25' 03" E.

SAINT-CHRISTOL ★★ Tourisme 92 E. dont 90 nus la nuit, CV. Locations : . Rivière à 500 m.. Accueil groupes. Ouvert: 15.3 / 30.9. ☎ 04 67 98 09 00. E-mail : campingsaintchristol@gmail.com. Web : www.campingsaintchristol.com.
Lat. : 43° 27' 59" N **Long.** : 003° 25' 26" E.

PINET
13-E3 28 km N.-E. Béziers- 33 m. ✉ 34850

TERRE DE SOLEIL ★★★ Tourisme 156 E. Locations : , cabanes. Randonnée pédestre organisée. . Ouvert: 29.4 / 11.9. ☎ 04 67 77 99 09. E-mail : info@naturisme-terredesoleil.com. Web : www.naturisme-terredesoleil.com.
Lat. : 43° 24' 18" N **Long.** : 003° 32' 13" E.

PORTIRAGNES
13-D3 12 km S.-E. Béziers. 11 m. ✉ 34420

LES MIMOSAS ★★★★★ Tourisme 400 E. dont 150 nus
CV. A 5 km : Locations : . Espace Fitness. chauffée. Accès direct à la rivière ; bord de mer à 1,3 km. Ouvert: 27.5 / 2.9. ☎ 04 67 90 92 92. E-mail : mimosas@mimosas.com. Web : www.mimosas.com. Prix 2023. Fft nuit : empl. Tourisme (2) : 57,5 € ( ) ; sup 16 € nuit ; animaux 6 € nuit ; 7 € nuit.
Lat. : 43° 17' 29" N **Long.** : 003° 22' 26" E.

LES SABLONS ★★★★★ Tourisme 850 E. dont 136 nus, dont 54 GCC.
15 ha CV. Locations : . Espace Fitness. couverte chauffée. Accès direct à l'étang et à la mer. Accueil groupes adultes. Ouvert: 31.3 / 1.10. ☎ 04 67 90 90 55. E-mail : contact@les-sablons.com. Web : www.les-sablons.com. Réduction H.S.
Lat. : 43° 16' 48" N **Long.** : 003° 21' 50" E.

L'ÉMERAUDE ★★★★ Tourisme 254 E. dont 2 nus CV. Locations : . chauffée. Bord de mer à 1,2 km. Ouvert: 15.5 / 6.9. ☎ 04 67 90 93 76. E-mail : emeraude@capfun.com. Web : www.capfun.com.
Lat. : 43° 17' 19" N **Long.** : 003° 21' 39" E.

CAMPING FAMILIAL LES MURIERS ★★ Tourisme 177 E. 3,4 ha. Locations : . Bord de mer à 150 m. Ouvert: 22.6 / 1.9. ☎ 04 67 90 92 44. E-mail : campinglesmuriers@gmail.com. Web : lesmuriers.apasev.fr.
Lat. : 43° 16' 48" N **Long.** : 003° 21' 48" E.

PLAGE DU MIDI ★★ Tourisme 219 E. dont 27 nus, dont 20 CC. Bord de mer à 400 m. Accueil groupes. Ouvert: 5.5 / 26.9. ☎ 04 67 90 93 80. E-mail : plagedumidi@vacances-andretrigano.com. Web : www.vacances-andretrigano.com. Prix 2022. Fft jour : empl. Tourisme (2) : 34,3 € ( ). Réduction H.S.
Lat. : 43° 16' 47" N **Long.** : 003° 21' 11" E.
FFCC : avantages adhérent : 10% du 02/05 au 08/07 et du 26/08 au 24/09 sur emp. et 5% du 17/06 au 08/07 et du 26/08 au 10/09 sur loc.

POUSSAN
13-E2 22 km S.-O. Montpellier. 85 m. ✉ 34560

LE GAREL ★★★ Tourisme 70 E. dont 45 nus 1 ha après 22 h, CV . A 5 km : Locations : cocosweet. couverte . Etang à 5 km. Accueil groupes. Ouvert: 24.4 / 18.9. ☎ 04 67 78 22 21. E-mail : camping.legarel@wanadoo.fr. Web : www.campinglegarel.com. Réduction H.S.
Lat. : 43° 29' 19" N **Long.** : 003° 41' 29" E.
FFCC : avantages adhérent : 21.20 € du 09/04 au 25/06 et du 27/08 au 17/09 sur emp. et entre 310 € et 785 € la nuitée et entre 252 € et 687 € la semaine du 09/04 au 25/06 et du 27/08 au 17/09 sur loc.

PREMIAN
13-C2 60 km N.-O. Béziers. 566 m. ✉ 34390

CAMPING MUNICIPAL LES TERRASSES DU JAUR ★★ Tourisme 26 E. dont 26 nus CV. Locations : . Rivière à 100 m. Ouvert: 1.4 / 30.9. ☎ 04 67 97 27 85. E-mail : contact@camping-premian.fr. Web : camping-premian.fr. Prix 2022. empl. Tourisme : 8,50 € ; 3,50 € ; 3 € ; 3,50 €.
Lat. : 43° 31' 20" N **Long.** : 002° 49' 52" E.

ROQUEBRUN
13-D2 28 km N.-O. Béziers. 246 m. ✉ 34460

CAMPING LE NICE - CAMPOTEL DE L'ORB ★★ Tourisme 24 E. 0,5 ha CV . Locations : . Randonnée pédestre organisée. , . Accès direct à la rivière. ; ; . Accueil groupes. Ouvert: 14.3 / 14.11. ☎ 04 67 89 61 99. E-mail : campoteldelorb@orange.fr. Web : www.camping-lenice.com. Prix 2023. Fft nuit : empl. Tourisme (2) : 15 € ( ) ; sup 4 € nuit ; animaux 1,50 € nuit ; 2 € nuit ; 3 € nuit.
Lat. : 43° 29' 50" N **Long.** : 003° 01' 40" E.

SAINT-BAUZILLE-DE-PUTOIS
13-E1 40 km N.-O. Montpellier. 231 m. ✉ 34190

LES MURIERS ★ Tourisme 70 E. dont 60 nus 1 ha CV. Rivière à 150 m. Accueil groupes. Ouvert: 1.5 / 30.8. ☎ 04 67 73 73 63. E-mail : contact@saintbauzilledeputois.fr. Réduction H.S.
Lat. : 43° 53' 19" N **Long.** : 003° 44' 10" E.

SAINT-CHINIAN
13-D2 28 km N.-O. Béziers. 204 m. ✉ 34360

CAMPING LES TERRASSES ★★★ Loisirs 50 E. dont 45 nus CV . Locations : . , . Rivière à 300 m. Accueil groupes. Ouvert: 1.4 / 4.11. ☎ 04 67 25 35 06. E-mail : contact@campinglesterrasses.net. Web : www.campinglesterrasses.net. Réduction H.S.
Lat. : 43° 25' 20" N **Long.** : 002° 56' 01" E.

SAINT-FELIX-DE-L'HERAS
13-D1 15 km N. Lodève. 701 m. ✉ 34520

MAS DE MESSIER ★★ Tourisme 29 E. . Accès direct à l'étang. Ouvert: 15.4 / 1.10. ☎ 04 67 44 52 63. E-mail : info@masdemessier.com. Web : www.masdemessier.com.
Lat. : 43° 50' 10" N **Long.** : 003° 17' 25" E.

SAINT-GERVAIS-SUR-MARE
13-D2 52 km N.-O. Béziers. 471 m. ✉ 34610

LE CLOCHER DE NEYRAN ★★ Tourisme 50 E. dont 4 CC - 24 GCC. 0,5 ha CV . Locations : , roulotte. . Rivière à 100 m. Accueil groupes. Ouvert: 15.1 / 20.12. ☎ 04 67 23 64 16. E-mail : leclocher.neyran@wanadoo.fr.
Lat. : 43° 39' 46" N **Long.** : 003° 01' 36" E.

SAINT-PONS-DE-THOMIERES
13-C2 50 km N.-O. Béziers. 483 m. ✉ 34220

LES CERISIERS DU JAUR ★★★ Tourisme 106 E. dont 85 nus, dont 106 GCC. 2,5 ha CV . Locations : roulotte, tipi. Randonnée pédestre organisée. chauffée , . Accès direct à la rivière. ; . Accueil groupes. Ouvert: 3.4 / 11.10. ☎ 04 67 95 30 33. E-mail : info@cerisierdujaur.com. Web : www.cerisierdujaur.com.
Lat. : 43° 29' 26" N **Long.** : 002° 47' 08" E.

VERT ET GITES . ☎ 04 67 97 10 97. E-mail : info@borioderoque.com, Web : www.borioderoque.com.
Lat. : 43° 30' 39" N **Long.** : 002° 44' 48" E.

SAINT-THIBERY
13-D3 20 km N.-E. Béziers. 22 m. ✉ 34630

LE PIN PARASOL ★★★ Tourisme 112 E. CV. Locations : . . Rivière à 1 km. Ouvert: 1.6 / 15.9. ☎ 04 67 77 84 29. E-mail : camping-pin-parasol@wanadoo.fr. Web : www.campinglepinparasol.com.
Lat. : 43° 23' 15" N **Long.** : 003° 25' 24" E.

SAUVIAN
13-D3 7 km S.-E. Béziers. 16 m. ✉ 34410

LA GABINELLE ★★★ Tourisme 185 E. 3 ha . . Bord de mer à 5 km. Ouvert: 1.5 / 31.8. ☎ 04 67 39 50 87. E-mail : gabinelle@wanadoo.fr. Web : www.lagabinelle.com/.
Lat. : 43° 17' 40" N **Long.** : 003° 15' 38" E.

SERIGNAN
13-D3 10 km S.-E. Béziers. 4 m. ✉ 34410

ALOHA 1 ★★★★★ Tourisme 430 E. dont 162 nus CV . Locations : , caravane, . Espace Fitness. couverte chauffée , , . Accès direct à la mer ; étang à 600 m ; rivière à 4 km. ; ; . Ouvert: 3.5 / 12.9. ☎ 04 67 39 71 30. E-mail : info@alohacamping.com. Web : www.alohacamping.com. Réduction H.S.
Lat. : 43° 16' 03" N **Long.** : 003° 20' 05" E.

ALOHA 2 ★★★★★ Tourisme 120 E. dont 18 nus CV . Locations : caravane. Espace Fitness. couverte chauffée , . Accès direct à la mer ; lac à 4 km. ; ; . Ouvert: 3.5 / 12.9. ☎ 04 67 39 71 30. E-mail : info@alohacamping.com. Web : www.alohacamping.com. Réduction H.S.
Lat. : 43° 16' 03" N **Long.** : 003° 20' 04" E.

L'HERMITAGE ★★★★★ Tourisme 204 E. CV . Espace Fitness. couverte chauffée . Rivière à 1 km ; bord de mer à 1,6 km ; étang à 4 km. ; . Ouvert: 5.4 / 22.9. ☎ 04 67 32 61 81. E-mail : hermitage@capfun.com. Web : www.capfun.com.
Lat. : 43° 15' 38" N **Long.** : 003° 17' 02" E.

LE SÉRIGNAN PLAGE ★★★★★ Tourisme 1466 E. dont 273 nus 10 ha CV . Locations : , . Espace Fitness. couverte chauffée , , . Accès direct à la mer ; rivière à 1 km. ; ; . Ouvert: 28.5 / 2.10. ☎ 04 67 32 35 33. E-mail : info@leserignanplage.com. Web : www.leserignanplage.com. Prix 2023. Fft jour : empl. Tourisme (2) : 98 € ( ) ; sup 11 € ; animaux 6 € ; 9 €.
Lat. : 43° 15' 50" N **Long.** : 003° 19' 17" E.
FFCC : avantages adhérent : 10% du 28/04 au 30/06 et du 01/09 au 02/10 sur emp. + Rendez-vous dans votre club avantages FFCC pour obtenir le code promotionnel et réserver !.

LE SÉRIGNAN PLAGE NATURE / LE CLOS DE FERRAND ★★★★★ Tourisme 381 E. dont 207 nus, dont 9 GCC. CV . Rés. naturiste. Locations : , . Espace Fitness. chauffée , , . Accès direct à la mer ; étang et rivière à 1 km. ; ; . Ouvert: 28.4 / 2.10. ☎ 04 67 32 09 61. E-mail : info@leserignannature.com. Web : www.leserignannature.com. Prix 2023. Fft jour : empl. Tourisme (2) : 24 € ( ) ; sup 14 € ; animaux 7 € ; 9 €.
Lat. : 43° 15' 48" N **Long.** : 003° 19' 13" E.

BLEU MARINE ★★★★ Loisirs 250 E. dont 220 GCC. 3 ha 7 h / minuit, CV . chauffée . Accès direct à l'étang et à la mer ; rivière à 2 km. ; ; . Ouvert: 28.4 / 14.9. ☎ 04 67 32 19 64. E-mail : campingbleumarine@gmail.com. Web : www.campingbleumarine.fr. Réduction H.S.
Lat. : 43° 16' 10" N **Long.** : 003° 20' 24" E.

CÔTE DU SOLEIL ★★★★ Tourisme 181 E. dont 48 nus CV . Locations : . chauffée. Bord de mer à 800 m ; rivière à 3 km. Accueil groupes. Ouvert: 6.5 / 25.9. ☎ 04 67 37 33 98. E-mail : smontigaud@vacances-andretrigano.com. Web : vacances-andretrigano.com/camping/herault/cote-du-soleil-serignan.
Lat. : 43° 14' 23" N **Long.** : 003° 15' 54" E.
FFCC : avantages adhérent : 10% du 28/04 au 08/07 et du 26/08 au 24/09 sur emp. et 5% du 28/04 au 08/07 et du 26/08 au 24/09 sur loc.

DOMAINE LES VIGNES D'OR ★★★★ Tourisme 228 E. CV . A 2,5 km : Locations : , . couverte chauffée . Rivière à 1,5 km ; bord de mer à 2,5 km. . Ouvert: 6.4 / 15.9. ☎ 04 67 32 37 18. E-mail : vignesdor@capfun.com. Web : www.vignesdor.com. Réduction H.S.
Lat. : 43° 15' 32" N **Long.** : 003° 16' 30" E.

L'ÉTOILE DE MER ★★★★ Tourisme 168 E. dont 28 nus

électrique & gaz, camping 100% piétons, aucun véhicule sur les emplts, CV sur place. Locations : . chauffée . Etang et bord de mer à 300 m. ; . A 300 m : . Accueil groupes adultes. Ouvert: 7.4 / 17.9. ☎ 04 67 77 40 82. E-mail : etoiledemer@edenvillages.fr. Web : www.eden-villages.fr/campings/etoiledemer.
Lat. : 43° 16' 09" N **Long.** : 003° 19' 57" E.
FFCC : avantages adhérent : 10% du 07/04 au 02/07 et du 27/08 au 17/0910% du 07/04 au 02/07 et du 27/08 au 17/09 sur emp. et loc.

LE BEAUSÉJOUR ★★★★ Tourisme 380 E. CV. Locations : , . Espace Fitness. chauffée , . Accès direct à l'étang et à la mer ; rivière à 2 km. ; ; ; . Ouvert: 1.4 / 30.9. ☎ 04 67 39 50 93. E-mail : info@camping-beausejour.com. Web : www.camping-beausejour.com.
Lat. : 43° 16' 01" N **Long.** : 003° 19' 49" E.

LE CLOS VIRGILE ★★★★ Tourisme 299 E. 6 ha CV. Locations : . couverte chauffée , . Bord de mer à 400 m ; étang à 600 m. . Accueil groupes enfants. Ouvert: 9.4 / 11.9. ☎ 04 67 32 20 64. E-mail : contact@leclosvirgile.fr. Web : www.leclosvirgile.com.
Lat. : 43° 16' 11" N **Long.** : 003° 19' 52" E.

LE PARADIS ★★★★ Tourisme 128 E. dont 91 nus 22 h 30 / 7 h 30, CV . A 2 km : Locations : . chauffée. Bord de mer et rivière à 3 km. Ouvert: 1.4 / 30.9. ☎ 04 67 32 24 03. E-mail : paradiscamping34@aol.com. Web : www.camping-leparadis.com. Prix 2022. Fft jour : empl. Tourisme (2) : 39 € ( ) ; sup 7 € ; 4 €. Réduction H.S.
Lat. : 43° 16' 09" N **Long.** : 003° 17' 06" E.

LES SABLES DU MIDI ★★★★ Loisirs 699 E. CV . A 500 m : . Locations : . Espace Fitness. chauffée , . Rivière à 500 m ; bord de mer à 800 m ; étang à 5 km. ; . . Ouvert: 8.4 / 5.11. ☎ 04 67 39 59 06. E-mail : gl.gm@siblu.fr. Web : www.siblu.fr/camping-les-sables-du-midi. Réduction H.S.
Lat. : 43° 15' 26" N **Long.** : 003° 17' 09" E.

MAS DES LAVANDES ★★★★ Tourisme 300 E.

CV . A 1,5 km : Locations : . chauffée , . Bord de mer à 1,5 km ; rivière à 2 km ; étang à 3 km. . Accueil groupes. Ouvert: 1.1 / 31.12. ☎ 04 67 39 75 88. E-mail : info@masdeslavandes.fr. Web : www.masdeslavandes.fr. Réduction H.S.
Lat. : 43° 15' 29" N **Long.** : 003° 17' 00" E.

LA JASSE ★★★ Loisirs 95 E. 22 h / 6 h, CV. A 6 km : . Rivière à 400 m ; bord de mer à 500 m. ; . Ouvert: 30.4 / 15.9. ☎ 04 67 32 13 36. E-mail : gl.hsm@siblu.fr. Web : www.siblu.fr.
Lat. : 43° 15' 11" N **Long.** : 003° 17' 30" E.

LA MAÏRE ★★★ Tourisme 206 E. 4,7 ha CV . Espace Fitness. . Etang et bord de mer à 600 m ; rivière à 3 km. ; ; . Ouvert: 1.4 / 25.9. ☎ 04 67 39 72 00. E-mail : richard.berge@wanadoo.fr. Web : www.camping-lamaire.fr. Réduction H.S.
Lat. : 43° 16' 16" N **Long.** : 003° 19' 46" E.

LE CLOS DE LA GRANGETTE ★★★ Loisirs 26 E. dont 3 nus, dont 3 CC - 3 GCC. 0,38 ha CV . Locations : , , . Accès direct à la mer ; rivière à 500 m ; étang à 900 m. ; . Ouvert: 31.3 / 30.9. ☎ 04 67 35 23 11. E-mail : info@leclosdelagrangette.fr. Web : www.camping-closdelagrangette.com. Réduction H.S.
Lat. : 43° 15' 41" N **Long.** : 003° 19' 27" E.

AIRE NATURELLE CV. Ouvert: 1.6 / 30.9. ☎ 04 67 32 03 01. E-mail : ajeanluc@yahoo.fr.
Lat. : 43° 15' 52" N **Long.** : 003° 17' 45" E.

SETE

13-E2 28 km S.-O. Montpellier. 5 m. ✉ 34200

LE CASTELLAS ★★★★ Tourisme 990 E.

16,5 ha CV . Locations : . chauffée , . Accès direct à la mer. ; ; . Accueil groupes adultes. Ouvert: 31.3 / 29.9. ☎ 04 30 05 15 19. E-mail : info@tohapi.fr. Web : www.tohapi.fr/languedoc-roussillon/camping-mer-le-castellas.php.
Lat. : 43° 20' 25" N **Long.** : 003° 34' 54" E.

SOUBES

13-D2 5 km N.-E. Lodève. 462 m. ✉ 34700

LES SOURCES ★★★ Tourisme 48 E. dont 36 nus CV . Randonnée pédestre organisée. . Accès direct à la rivière. . Ouvert: 29.4 / 18.9. ☎ 04 67 44 32 02. E-mail : camping-sources@orange.fr. Web : www.camping-sources.com.
Lat. : 43° 45' 43" N **Long.** : 003° 21' 25" E.

LES RIALS NC Tourisme 100 E. CV . . Accès direct à la rivière ; lac à 5 km. . Ouvert: 30.6 / 31.8. ☎ 04 67 44 15 53. E-mail : lesrials@hotmail.fr. Web : campinglesrials.free.fr.
Lat. : 43° 46' 21" N **Long.** : 003° 19' 39" E.

TOURBES

13-D2 18 km N.-E. Béziers. 58 m. ✉ 34120

DOMAINE MONTROSE ★ Loisirs 65 E. CV . Locations : . chauffée. Rivière à 5 km. . Accueil groupes. Ouvert: 1.3 / 1.11. ☎ 04 67 98 52 10. E-mail : contact@camping-montrose.com. Web : www.camping-montrose.com.
Lat. : 43° 25' 52" N **Long.** : 003° 21' 54" E.

VALRAS-PLAGE

13-D3 13 km S. Béziers. 2 m. ✉ 34350

BLUE BAYOU ★★★★★ Tourisme 539 E. dont 144 nus

5 ha CV . Locations : . chauffée , , , . Bord de mer à 300 m ; rivière à 1 km ; étang à 2 km. ; . Accueil groupes adultes. Ouvert: 7.4 / 24.9. ☎ 04 11 32 90 00. E-mail : bluebayou@sandaya.fr. Web : www.sandaya.fr/nos-campings/blue-bayou. Réduction H.S.
Lat. : 43° 13' 38" N **Long.** : 003° 14' 37" E.

HELLO SUMMER INN ★★★★ Tourisme 80 E. dont 32 nus 1,5 ha CV . A 500 m : . Locations : . chauffée . Rivière à 500 m ; bord de mer à 800 m. . Accueil groupes adultes. Ouvert: 20.4 / 15.9. ☎ 04 67 32 04 45. E-mail : campinghsi@gmail.com. Web : www.hellosummerinn.com. Réduction H.S.
Lat. : 43° 15' 15" N **Long.** : 003° 17' 18" E.

L'OCCITANIE ★★★★ Tourisme 243 E. 6 ha CV. Locations : . . Bord de mer et rivière à 1 km. . Ouvert: 31.5 / 6.9. ☎ 04 67 39 59 06. E-mail : gl.reception@siblu.fr. Web : www.lessablesdumidi.fr. Réduction H.S.
Lat. : 43° 15' 11" N **Long.** : 003° 17' 30" E.

PARC BELLE-VUE ★★★★ Tourisme 403 E. CV . A 3 km : Locations : . , . Bord de mer à 940 m. ; . Ouvert: 21.6 / 7.9. ☎ 04 67 37 33 94. E-mail : info@lebellevue.com. Web : www.bellevue.com.
Lat. : 43° 14' 32" N **Long.** : 003° 15' 29" E.

CENTRAL CAMPING ★★★ Tourisme 163 E. 2 ha . Bord de mer et rivière à 300 m. . . Ouvert: 15.4 / 15.9. ☎ 04 67 32 10 78. E-mail : campingcentral@orange.fr.
Lat. : 43° 14' 59" N **Long.** : 003° 17' 21" E.

VENDRES

13-D3 10 km S. Béziers. 13 m. ✉ 34350

DOMAINE LA YOLE ★★★★★ Tourisme 1272 E. dont 603 nus CV . A 2 km : Locations : . Espace Fitness. couverte chauffée , , . Bord de mer à 500 m ; étang et rivière à 1 km. ; . Ouvert: 15.4 / 17.9. ☎ 04 67 37 33 87. E-mail : domainelayole@marvilla-parks.com. Web : www.campinglayole.com. Réduction H.S.
Lat. : 43° 14' 14" N **Long.** : 003° 15' 45" E.

LE SAINT-MEEN ★★★★ Loisirs 140 E. CV . Locations : . . Bord de mer à 300 m. . Ouvert: 1.4 / 30.9. ☎ 04 99 41 03 51. E-mail : reception@camping-saint-meen.fr. Web : camping-saint-meen.eu.
Lat. : 43° 13' 42" N **Long.** : 003° 14' 43" E.

LES SABLINES ★★★★ Tourisme 184 E. dont 9 nus CV . A 5 km : chauffée . Bord de mer à 800 m. . Accueil groupes adultes. Ouvert: 7.4 / 17.9. ☎ 04 84 39 08 73. E-mail : inesselma@homair.com. Web : www.homair.com.
Lat. : 43° 13' 42" N **Long.** : 003° 15' 00" E.

LES VAGUES ★★★★ Tourisme 391 E. 6,5 ha CV . Locations : . Espace Fitness. chauffée , , , . Bord de mer à 400 m. ; ; . Accueil groupes adultes. Ouvert: 12.5 / 24.9. ☎ 04 11 32 90 00. E-mail : vagues@sandaya.fr. Web : www.sandaya.fr/camping/france/languedoc/les-vagues. Réduction H.S.
Lat. : 43° 13' 51" N **Long.** : 003° 15' 13" E.

LODGES MEDITERRANÉE P.R.L ★★★★ NN75 E. 2,59 ha CV. Randonnée pédestre organisée. couverte chauffée , . Etang et bord de mer à 300 m ; rivière à 1 km. ; . Accueil groupes. Ouvert: 27.4 / 19.10. ☎ 04 67 39 74 80. E-mail : lodges-mediterranee@wanadoo.fr. Web : www.lodges-mediterranee.com.
Lat. : 43° 13' 46" N **Long.** : 003° 15' 04" E.

LOU VILLAGE ★★★★ Tourisme 470 E. 6 ha CV. Locations : . chauffée , , . Accès direct à la mer. ; ; . Ouvert: 28.4 / 9.9. ☎ 04 67 37 33 79. E-mail : info@louvillage.com. Web : www.louvillage.com. Réduction H.S.
Lat. : 43° 14' 02" N **Long.** : 003° 15' 38" E.

MONPLAISIR ★★★★ Tourisme 245 E. 3,4 ha CV . Locations : . chauffée . Bord de mer à 200 m. ; ; . Ouvert: 1.3 / 31.10. ☎ 04 67 37 35 92. E-mail : info@camping-monplaisir.com. Web : www.camping-monplaisir.com.
Lat. : 43° 13' 56" N **Long.** : 003° 15' 22" E.

PALMIRA BEACH ★★★★ Tourisme 212 E. CV . A 5 km : chauffée . Rivière à 1 km. ; ; . Accueil groupes. Ouvert: 27.4 / 29.9. ☎ 04 67 94 29 00. E-mail : palmira@capfun.com. Web : www.palmirabeach.fr.
Lat. : 43° 13' 44" N **Long.** : 003° 14' 44" E.

LES MURIERS ★★★ Loisirs 255 E. CV. A 5 km : Locations : . . Accès direct à l'étang et à la mer ; rivière à 500 m. ; ; . Ouvert: 20.6 / 7.9. ☎ 04 67 37 25 79. E-mail : murier@andretriganogroupe.com. Web : www.campeole.com.
Lat. : 43° 13' 26" N **Long.** : 003° 14' 20" E.

LA PLAGE ET LE BORD DE MER ★★ Tourisme 665 E.

10 ha CV . Locations : . chauffée , , , , . Accès direct à la mer ; rivière à 2 km. ; ; ; . Ouvert: 4.5 / 22.9. ☎ 04 67 37 34 38. E-mail : reservation@camping-plage-mediterranee.com. Web : www.camping-plage-mediterranee.com. Réduction H.S.
Lat. : 43° 14' 08" N **Long.** : 003° 16' 07" E.

LE MEDITERRANEE ★★ Tourisme 280 E. 4 ha CV. Locations : . Bord de mer à 200 m. ; . Ouvert: 30.4 / 10.9. ☎ 04 67 37 34 29. E-mail : contact@mediterraneeplage.com. Web : www.camping-le-mediterranee.com.
Lat. : 43° 14' 09" N **Long.** : 003° 16' 06" E.

MARINA ★★ Tourisme 220 E. dont 100 nus, dont 120 GCC.
3,36 ha CV. Bord de mer à 340 m ; rivière à 1 km. ; . Ouvert: 1.5 / 20.9. ☎ 04 67 37 33 80. E-mail : campingmarina@orange.fr. Web : www.campingmarina.fr. Réduction H.S.
Lat. : 43° 13' 58" N **Long.** : 003° 15' 27" E.
FFCC : avantages adhérent : 17.76 € du 01/05 au 30/06 et du 01/09 au 19/09 sur emp.

CAMPING GCU - VALRAS-VENDRES ★ Tourisme 184 E. . Locations : . Ouvert: 28.6 / 31.8. ☎ 04 67 37 69 38. E-mail : gcu@gcu.asso.fr. Web : www.gcu.asso.fr.
Lat. : 43° 13' 50" N **Long.** : 003° 15' 05" E.

VIAS

13-D3 17 km S.-E. Béziers. 8 m. ✉ 34450

CLUB FARRET ★★★★★ Tourisme 332 E. dont 170 nus
CV . Locations : . Espace Fitness. couverte chauffée , . Accès direct à la mer ; rivière à 1 km. ; ; . Ouvert: 6.4 / 24.9. ☎ 04 67 21 64 45. E-mail : info@farret.com. Web : www.camping-farret.com. Prix 2023. Fft nuit : empl. Tourisme (2) : 76 € ( )
Lat. : 43° 17' 28" N **Long.** : 003° 25' 09" E.
FFCC : avantages adhérent : 10% du 06/04 au 30/06 et du 01/09 au 24/09 sur emp. + Rendez-vous dans votre club avantages FFCC pour obtenir le code promotionnel et réserver !.

CLUB LE NAPOLÉON ★★★★★ Tourisme 168 E.
3 ha CV . Locations : . Espace Fitness. chauffée , . Bord de mer à 150 m. ; . Accueil groupes. Ouvert: 15.4 / 9.9. ☎ 04 84 39 08 73. E-mail : inesselma@homair.com. Web : www.homair.com.
Lat. : 43° 17' 30" N **Long.** : 003° 24' 59" E.

DOMAINE DE LA DRAGONNIÈRE ★★★★★ Tourisme 546 E. dont 55 nus
6 ha CV . A 5 km : Locations : . Espace Fitness. couverte chauffée , . Bord de mer à 2 km. ; . Accueil groupes. Ouvert: 8.4 / 25.9. ☎ 04 67 01 03 10. E-mail : contact@dragonniere.com. Web : www.sandaya.fr/nos-campings/domaine-de-la-dragonniere. Réduction H.S.
Lat. : 43° 18' 45" N **Long.** : 003° 21' 48" E.

LA PLAGE ★★★★★ Tourisme 245 E. dont 170 nus CV . Locations : , . Espace Fitness. couverte chauffée , , . Accès direct à la mer ; rivière à 1 km. ; ; ; . . Ouvert: 6.4 / 24.9. ☎ 04 67 21 64 45. E-mail : info@farret.com. Web : www.camping-farret.com. Prix 2023. Fft nuit : empl. Tourisme (2) : 69 € ( ). Réduction H.S.
Lat. : 43° 17' 28" N **Long.** : 003° 25' 12" E.

BEACH FARRET - TAMARIS ★★★★ Tourisme 74 E. dont 63 nus
CV . A 200 m : . Locations : . Espace Fitness. couverte chauffée , , . Accès direct à la mer ; rivière à 1 km. ; ; . . Ouvert: 6.4 / 24.9. ☎ 04 67 21 64 45. E-mail : info@farret.com. Web : www.camping-farret.com. Prix 2023. Fft nuit : empl. Tourisme (2) : 70 € ( )
Lat. : 43° 17' 24" N **Long.** : 003° 25' 21" E.

CALIFORNIE PLAGE ★★★★ Tourisme 371 E. dont 160 nus
CV . A 4 km : Locations : . Espace Fitness. couverte chauffée , . Accès direct à la mer ; rivière à 700 m. ; ; . Accueil groupes. Ouvert: 15.4 / 25.9. ☎ 04 67 21 64 69. E-mail : info@californie-plage.fr. Web : www.californie-plage.fr. Prix 2022. Fft jour : empl. Tourisme (2) : 78,1 € (E. CC). Réduction H.S.
Lat. : 43° 17' 25" N **Long.** : 003° 23' 54" E.

CAMPING & SPA CAP SOLEIL ★★★★ Tourisme 288 E. dont 30 CC.
6,5 ha 6 h / 23 h 45, CV . Locations : , . Randonnée pédestre organisée. Espace Fitness. couverte chauffée , . Bord de mer à 700 m. . Ouvert: 14.4 / 10.9. ☎ 04 67 21 64 77. E-mail : administrationgenerale@capsoleil.fr. Web : www.capsoleil.fr. Prix 2023. Fft nuit : empl. Tourisme (4) : 75 € ( ). Réduction H.S.
Lat. : 43° 17' 33" N **Long.** : 003° 23' 59" E.

CAMPING LES CIGALES ★★★★ Tourisme 122 E. 3,3 ha CV. chauffée . Bord de mer à 800 m. . Ouvert: 8.4 / 23.9. ☎ 04 67 01 07 07. E-mail : campinglescigalesvias@yahoo.fr. Web : www.campinglescigalesvias.fr.
Lat. : 43° 17' 26" N **Long.** : 003° 24' 12" E.

CAYOLA ★★★★ Tourisme 172 E. dont 56 nus
2,5 ha CV . A 4 km : Locations : . chauffée . Bord de mer à 450 m. ; . Accueil groupes enfants. Ouvert: 28.5 / 10.9. ☎ 04 67 90 01 85. E-mail : campingcayola@orange.fr. Web : www.campingcayola.fr. Réduction H.S.
Lat. : 43° 17' 10" N **Long.** : 003° 22' 26" E.

DOMAINE SAINTE CÉCILE ★★★★ Tourisme 192 E. dont 25 nus
CV . Locations : . chauffée , , . Bord de mer et rivière à 500 m. ; . Ouvert: 28.4 / 17.9. ☎ 04 67 21 63 70. E-mail : info@domainesaintececile.fr. Web : www.camping-sainte-cecile.com. Prix 2023. Fft nuit : empl. Tourisme (2) : 49 € ( )
Lat. : 43° 17' 39" N **Long.** : 003° 24' 30" E.
FFCC : avantages adhérent : 10% du 28/04 au 30/06 et du 01/09 au 17/09 sur emp. + Rendez-vous dans votre club avantages FFCC pour obtenir le code promotionnel et réserver !.

HELIOS ★★★★ Tourisme 203 E. dont 103 nus
3 ha CV . Locations : . , . Accès direct à la rivière ; bord de mer à 200 m. . Ouvert: 13.4 / 29.9. ☎ 04 67 21 63 66. E-mail : contact@camping-helios.com. Web : www.camping-helios.com. Réduction H.S.
Lat. : 43° 17' 30" N **Long.** : 003° 24' 29" E.

L'AIR MARIN ★★★★ Tourisme 306 E. dont 147 nus
CV . Locations : , , cocosweet, 1 . Espace Fitness. couverte chauffée , , . Accès direct à la rivière ; bord de mer à 1,5 km. . Ouvert: 7.4 / 17.9. ☎ 04 67 21 64 90. E-mail : info@camping-air-marin.fr. Web : www.camping-air-marin.fr. Réduction H.S.
Lat. : 43° 18' 08" N **Long.** : 003° 25' 18" E.
FFCC : avantages adhérent : 21 € du 07/04 au 24/06 et du 02/09 au 17/09 sur emp. et entre 42 € et 165 € la nuitée et entre 240 € et 810 € la semaine du 07/04 au 08/07 et du 26/08 au 17/09 sur loc.

LA CARABASSE ★★★★ Loisirs 855 E. CV . A 500 m : . Locations : . chauffée , . Bord de mer à 1 km. . Ouvert: 8.4 / 5.11. ☎ 04 67 21 64 01. E-mail : marie.jeanneau@siblu.fr. Web : lacarabasse.fr. Réduction H.S.
Lat. : 43° 17' 49" N **Long.** : 003° 25' 07" E.

LE MAS DE LA PLAGE ★★★★ Tourisme 152 E.
CV. A 300 m : . Locations : . Espace Fitness. chauffée . Bord de mer à 150 m ; rivière à 500 m. ; . . Ouvert: 6.4 / 29.9. 04 67 21 64 27. E-mail : contact@lemasdelaplage.com. Web : www.lemasdelaplage.com.
Lat. : 43° 17′ 29″ N **Long.** : 003° 24′ 48″ E.

LE PETIT MOUSSE ★★★★ Tourisme 347 E.
CV . chauffée . Accès direct à la mer. ; ; . Ouvert: 6.4 / 22.9. 04 30 05 15 19. E-mail : info@tohapi.fr. Web : www.tohapi.fr/languedoc-roussillon/camping-le-petit-mousse.php.
Lat. : 43° 17′ 03″ N **Long.** : 003° 22′ 52″ E.

LES AMANDIERS ★★★★ Loisirs 154 E. dont 15 nus CV . Locations : . . Rivière à 1 km ; bord de mer à 3 km. . Ouvert: 2.6 / 31.10. 04 67 21 67 47. E-mail : campinglesamandiers@wanadoo.fr. Web : www.camping-vias.com.
Lat. : 43° 18′ 51″ N **Long.** : 003° 22′ 58″ E.

LES FLOTS BLEUS ★★★★ Tourisme 480 E. dont 162 nus, dont 24 CC. CV . A 1 km : Locations : . chauffée . Accès direct à la mer. ; ; . Accueil groupes adultes. Ouvert: 3.4 / 20.9. 04 67 21 64 80. E-mail : flots-bleus@capfun.com. Web : www.capfun.com.
Lat. : 43° 17′ 27″ N **Long.** : 003° 24′ 15″ E.

LES ONDINES ★★★★ Tourisme 302 E. CV . Locations : . chauffée . Accès direct à la rivière ; bord de mer à 900 m. ; . . Accueil groupes. Ouvert: 26.4 / 8.9. 04 67 21 63 59. E-mail : ondines@capfun.com. Web : www.camping-les-ondines.com. Réduction H.S.
Lat. : 43° 17′ 46″ N **Long.** : 003° 24′ 03″ E.

LES SALISSES ★★★★ Tourisme 501 E. dont 110 nus 7 ha CV. A 300 m : . Locations : . couverte chauffée , . Bord de mer à 800 m. ; . Accueil groupes. Ouvert: 6.4 / 15.9. 04 67 21 64 07. E-mail : info@salisses.com. Web : www.salisses.com. Réduction H.S.
Lat. : 43° 17′ 53″ N **Long.** : 003° 25′ 03″ E.

MEDITERRANÉE PLAGE ★★★★ Tourisme 410 E. dont 90 nus
7,5 ha CV . Locations : . chauffée . , , , . Accès direct à la mer. ; ; . Accueil groupes. Ouvert: 6.4 / 28.9. 04 67 90 99 07. E-mail : camping.med@wanadoo.fr. Web : www.mediterranee-plage.com. Réduction H.S.
Lat. : 43° 16′ 54″ N **Long.** : 003° 22′ 14″ E.

PLEINE MER ★★★★ Loisirs 94 E. dont 54 nus CV . Locations : , , , , . Bord de mer à 100 m ; étang à 300 m ; rivière à 1 km. ; ; . . Ouvert: 2.5 / 15.9. 04 67 21 63 83. E-mail : campingpleinemer@yahoo.fr. Web : www.campingpleinemer.fr.
Lat. : 43° 17′ 30″ N **Long.** : 003° 25′ 25″ E.

CAMPING LA DUNE NC Tourisme 306 E. CV. Locations : . Bord de mer à 150 m. Accueil groupes. Ouvert: 15.4 / 15.9. 04 67 90 99 21. E-mail : contact@campingladune.com. Web : campingladune.com.
Lat. : 43° 17′ 02″ N **Long.** : 003° 22′ 30″ E.

FRANCE FLORIDE ★★★ Tourisme 180 E. dont 82 nus 1,8 ha CV . Locations : . chauffée , . Bord de mer et rivière à 200 m. ; ; . Accueil groupes. Ouvert: 4.5 / 18.9. 04 99 43 00 42. E-mail : campingfranceflor ide@orange.fr. Web : www.camping-france-floride.com. Réduction H.S.
Lat. : 43° 17′ 26″ N **Long.** : 003° 24′ 14″ E.

LE NAVARRE ★★★ Tourisme 153 E. dont 80 nus 1,6 ha CV . A 600 m : . Locations : . . Rivière à 400 m ; bord de mer à 800 m. Accueil groupes. Ouvert: 4.4 / 19.9. 04 67 21 64 05. E-mail : info@campinglenavarre.org. Web : campinglenavarre.org. Réduction H.S.
Lat. : 43° 17′ 54″ N **Long.** : 003° 25′ 13″ E.

LES JARDINS D'ELSA ★★★ Loisirs 39 E. CV. A 800 m : . Locations : . . Rivière à 400 m ; bord de mer à 600 m. . Ouvert: 1.4 / 30.9. 04 67 01 69 00. E-mail : camping.elsa@orange.fr. Web : www.camping-jardinsdelsa.com. Réduction H.S.
Lat. : 43° 17′ 44″ N **Long.** : 003° 25′ 28″ E.

ROUCAN WEST ★★★ Tourisme 138 E. dont 71 nus CV . Locations : . , . Accès direct à la mer. ; ; . Accueil groupes. Ouvert: 15.6 / 15.9. 04 67 21 64 64. E-mail : info@campingleroucan.com. Web : www.campingleroucan.com.
Lat. : 43° 17′ 21″ N **Long.** : 003° 24′ 29″ E.

LE MEDITERRANEE VACANCES ★★ Loisirs 43 E. dont 43 GCC. . Bord de mer à 500 m. Ouvert: 1.6 / 30.9. 04 67 90 97 76. E-mail : contact@mediterranee-plage.com. Web : www.mediterranee-plage.com.
Lat. : 43° 16′ 55″ N **Long.** : 003° 22′ 16″ E.

ROUCAN PLAGE ★★ Tourisme 69 E. dont 1 GCC. 1 ha CV. Locations : . , . Accès direct à la mer. ; . . Ouvert: 1.4 / 30.9. 04 67 21 64 65. E-mail : roucanplage@gmail.com. Web : www.roucanplage.fr.
Lat. : 43° 17′ 12″ N **Long.** : 003° 23′ 44″ E.

CAMPING GCU - VIAS AMETHYSTE ★ Tourisme 122 E. . Locations : . . Accès direct à la mer. . Ouvert: 28.6 / 31.8. 04 67 90 10 86. E-mail : gcu@gcu.asso.fr. Web : www.gcu.asso.fr.
Lat. : 43° 17′ 01″ N **Long.** : 003° 22′ 30″ E.

CAMPING GCU - VIAS LA KABYLIE NC Tourisme 197 E. . , . Accès direct à la mer. ; ; . . Ouvert: 27.5 / 25.9. 04 67 90 99 21. E-mail : info@tempslibre-vacances.com. Web : www.tempslibre-vacances.com.
Lat. : 43° 16′ 59″ N **Long.** : 003° 22′ 23″ E.

VIC-LA-GARDIOLE

13-E2 17 km S.-O. Montpellier. 14 m. 34110

CAMPING MARIN PALM ★★★★ Tourisme 13 E. CV . Locations : . Randonnée pédestre organisée. . Bord de mer à 2,8 km. . Accueil groupes adultes. Ouvert: 6.4 / 28.9. 04 67 78 19 15. E-mail : marinpalm@orange.fr. Web : campingmarinpalm.com.
Lat. : 43° 29′ 01″ N **Long.** : 003° 48′ 02″ E.

L'EUROPE ★★★★ Tourisme 288 E. CV . Locations : . . Bord de mer à 4 km. ; . Accueil groupes adultes. Ouvert: 6.4 / 29.9. 04 30 05 15 19. E-mail : info@tohapi.fr. Web : www.tohapi.fr/languedoc-roussillon/camping-mer-l-europe.php.
Lat. : 43° 29′ 31″ N **Long.** : 003° 46′ 45″ E.

ALTÉA ★★★ Tourisme 116 E. dont 56 nus
la nuit, CV . chauffée. Accès direct à l'étang ; bord de mer à 4 km. Accueil groupes. Ouvert: 10.3 / 12.11. 04 67 78 14 09. E-mail : contact@alteacamping.com. Web : www.alteacamping.com. Réduction H.S.
Lat. : 43° 30′ 02″ N **Long.** : 003° 47′ 13″ E.
FFCC : avantages adhérent : 10% du 10/03 au 30/06 et du 28/08 au 11/1110% du 10/03 au 30/06 et du 28/08 au 11/11 sur emp. et loc.

NEW DAY ★★★ Loisirs 110 E. 2,2 ha . Bord de mer à 4 km. ; ; . Ouvert: 1.3 / 31.12. 04 67 36 12 52. E-mail : contact@campingnewday.fr.
Lat. : 43° 28′ 54″ N **Long.** : 003° 46′ 22″ E.

LE CLOS FLEURI ★★ Loisirs 115 E. 2 ha CV. Locations : . chauffée. Etang à 500 m ; bord de mer à 2 km. . Ouvert: 1.1 / 31.12. 04 67 78 15 68. E-mail : reception@camping-clos-fleuri.fr. Web : www.camping-clos-fleuri.fr.
Lat. : 43° 29′ 06″ N **Long.** : 003° 47′ 53″ E.

VILLENEUVE-LES-BEZIERS

13-D3 7 km S.-E. Béziers. 13 m. 34420

LES BERGES DU CANAL N.C. Tourisme 82 E. dont 32 nus 0,8 ha CV . Locations : . . Accès direct à la rivière ; bord de mer à 5 km. . Accueil groupes. Ouvert: 13.3 / 16.10. 04 67 39 36 09. E-mail : contact@campinglbdc.com. Web : www.campinglesbergesducanal.com. Réduction H.S.
Lat. : 43° 19′ 00″ N **Long.** : 003° 17′ 04″ E.

VILLENEUVE-LES-MAGUELONE

13-E2 11 km S. Montpellier. 8 m. 34750

L'ARNEL ★★ Loisirs 162 E. 3,5 ha . Accès direct à l'étang. 04 67 69 33 65. E-mail : christian-perret34@orange.fr.
Lat. : 43° 32′ 13″ N **Long.** : 003° 52′ 22″ E.

VILLEVEYRAC

13-E2 28 km S.-O. Montpellier. 81 m. 34560

BOREPO ★★★ Tourisme 97 E.
visiteur, CV . Locations : . . . Accueil groupes. Ouvert: 1.4 / 30.9. 04 67 78 07 27. E-mail : borepo@wanadoo.fr. Web : www.campingborepo.fr.
Lat. : 43° 30′ 06″ N **Long.** : 003° 35′ 08″ E.

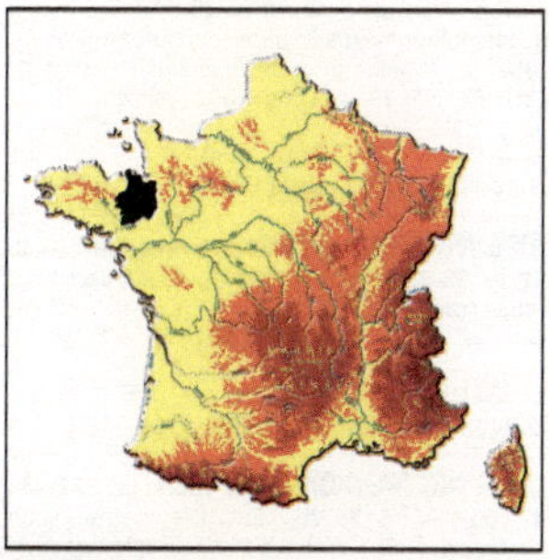

BAGUER-PICAN

2-B4 28 km S.-E. Saint-Malo. 41 m. ✉ 35120

HUTTOPIA BAIE DU MONT ST MICHEL ★★★★ Tourisme 198 E. dont 122 nus 6 ha CV. Locations : . couverte chauffée , . Accès direct à l'étang.. Ouvert: 7.4 / 25.9. ☎ 02 99 48 09 55. E-mail : mont-saint-michel@huttopia.com. Web : europe.huttopia.com/site/camping-baie-du-mont-st-michel/. Réduction H.S.
Lat. : 48° 32' 56" N **Long.** : 001° 41' 01" W.
FFCC : avantages adhérent : 10% du 06/04 au 01/07 et du 31/08 au 01/1010% du 06/04 au 01/07 et du 31/08 au 01/10 sur emp. et loc. + 5% de réduction en juillet-août sur les emplacements nus et locatifs * frais de réservation offerts Rendez-vous dans votre club avantages FFCC pour obtenir le code promotionnel.

BAIN-DE-BRETAGNE

5-F4 32 km S. Rennes. 72 m. Village de neige ✉ 35470

CAMPING DU LAC ★★★ Tourisme 97 E. dont 40 nus CV. Locations : . Randonnée pédestre organisée. couverte chauffée , . Accès direct aux bords du lac ; rivière à 3 km. . Accueil groupes. Ouvert: 1.1 / 15.12. ☎ 02 99 43 85 67. E-mail : info@campinglac.fr. Web : www.campinglac.fr. Réduction H.S.
Lat. : 47° 50' 11" N **Long.** : 001° 40' 29" W.

BAINS-SUR-OUST

5-E4 7 km N. Redon. 40 m. ✉ 35600

LE PLEIN AIR BAINSOIS NC Tourisme 50 E. dont 40 nus 1 ha CV. Locations : , cabanes, . , . Rivière à 50 m. ; . Accueil groupes. Ouvert: 1.4 / 31.10. ☎ 02 99 91 71 41. E-mail : jmdebarle@gmail.com. Web : www.campingileauxpies.com. Prix 2023. Fft jour : empl. Tourisme (2) : 18 € ( ) ; sup 4,50 € ; 3,50 € ; 3 €. Réduction H.S.
Lat. : 47° 42' 38" N **Long.** : 002° 06' 53" W.

AIRE NATURELLE LA MORINAIS CV. A 3 km : . Ouvert: 1.3 / 31.10. ☎ 02 99 72 12 17. E-mail : ferme-lamorinais@orange.fr, Web : www.fermelamorinais.com.
Lat. : 47° 40' 49" N **Long.** : 002° 04' 36" W.

BOURG-DES-COMPTES

2-A5 50 km N.-E. Redon. 48 m. ✉ 35890

CAMPING DES DEUX MOULINS ★★★ Tourisme 51 E. dont 42 nus, dont 42 GCC. CV . Locations : . Accès direct à la rivière. Ouvert: 1.9 / 31.12. ☎ 06 42 67 17 45. E-mail : campingdesdeuxmoulins@gmail.com. Web : campingdesdeuxmoulins.fr.
Lat. : 47° 55' 39" N **Long.** : 001° 45' 15" W.

BRUZ

2-A5 12 km S. Rennes. 29 m. ✉ 35170

LA GARENNE DE PAN ★ Loisirs 30 E. dont 30 CC. Ouvert: 1.1 / 31.12. ☎ 02 99 41 22 07. E-mail : jean.delamarre@wanadoo.fr.
Lat. : 48° 01' 55" N **Long.** : 001° 17' 09" W.

CANCALE

2-A4 14 km N.-N.-E. Saint-Malo. 40 m. ✉ 35260

BEL AIR ★★★★ Loisirs 210 E. 4 ha CV . Espace Fitness. chauffée . Bord de mer à 3,5 km. Ouvert: 1.4 / 31.10. ☎ 02 99 89 64 36. E-mail : info@campingcancale.com. Web : www.campingcancale.com.
Lat. : 48° 41' 01" N **Long.** : 001° 51' 18" W.

PORT MER PLAGE ★★★★ Loisirs 83 E. 2,4 ha CV . . Accès direct à la mer. ; . Ouvert: 4.4 / 31.10. ☎ 02 99 89 63 17. E-mail : info@campingcancale.com. Web : www.campingcancale.com.
Lat. : 48° 42' 13" N **Long.** : 001° 51' 03" W.

LE BOIS PASTEL ★★★ Tourisme 235 E. dont 116 nus, dont 56 GCC. CV . Locations : . couverte chauffée . Bord de mer à 800 m. . . Ouvert: 1.4 / 30.10. ☎ 02 99 89 66 10. E-mail : contact@campingboispastel.fr. Web : www.campingboispastel.fr. Réduction H.S.
Lat. : 48° 41' 21" N **Long.** : 001° 52' 08" W.

NOTRE DAME DU VERGER ★★★ Tourisme 52 E. 1,8 ha CV. chauffée. Bord de mer à 400 m. Ouvert: 1.4 / 30.9. ☎ 02 99 89 72 84. E-mail : contact@camping-verger.com. Web : www.camping-verger.com. Réduction H.S.
Lat. : 48° 41' 26" N **Long.** : 001° 52' 29" W.

CAMPING MUNICIPAL A LA POINTE DU GROUIN ★★ Tourisme 199 E. 3 ha CV . Randonnée pédestre organisée. . Accès direct à la mer. ; ; . Accueil groupes. Ouvert: 1.3 / 27.10. ☎ 02 99 89 63 79. E-mail : campingcancale@orange.fr. Web : www.ville-cancale.fr. Réduction H.S.
Lat. : 48° 42' 15" N **Long.** : 001° 50' 53" W.

LA VILLE ES POULAIN ★★ Loisirs 42 E. . Ouvert: 15.3 / 15.11. ☎ 02 99 89 97 68. E-mail : campingclosfleuris@free.fr. Web : www.cancale-campings.fr.
Lat. : 48° 41' 16" N **Long.** : 001° 51' 38" W.

LES CLOS FLEURIS ★★ Loisirs 111 E. Ouvert: 15.3 / 15.11. ☎ 02 99 89 97 68. E-mail : campingclosfleuris@free.fr. Web : www.cancale-campings.fr.
Lat. : 48° 41' 14" N **Long.** : 001° 51' 36" W.

LES GENETS ★★ Loisirs 134 E. dont 53 nus 1,2 ha après 23 h, CV . couverte chauffée. Bord de mer à 1,2 km. Ouvert: 1.4 / 30.9. ☎ 02 99 89 76 17. E-mail : les.genets.camping@orange.fr. Web : www.camping-genets.com.
Lat. : 48° 40' 57" N **Long.** : 001° 52' 06" W.

CHATEAUGIRON

2-B5 16 km S.-E. Rennes. 54 m. ✉ 35410

CAMPING INTERCOMMUNAL LES GRANDS BOSQUETS NC Tourisme 33 E. dont 33 nus CV. , . Accès direct à l'étang.. Ouvert: 18.6 / 20.9. ☎ 02 99 37 89 02. E-mail : office.tourisme@pcc.bzh. Web : tourisme.paysdechateaugiron.bzh/camping-les-grands-bosquets/.
Lat. : 48° 02' 56" N **Long.** : 001° 29' 45" W.

CHATILLON-EN-VENDELAIS

2-B5 50 km E.-N.-E. Rennes. 136 m. ✉ 35210

LES RIVES DU LAC ★★★ Tourisme 62 E. dont 40 nus, dont 20 CC - 20 GCC. 1,2 ha CV . Locations : . , , . Accès direct à l'étang. ; ; . Accueil groupes. Ouvert: 1.1 / 31.12. ☎ 02 99 76 48 84. E-mail : crespin.mathieu@orange.fr. Web : www.campinglesrivesdulac.fr.
Lat. : 48° 13' 52" N **Long.** : 001° 10' 45" W.
FFCC : avantages adhérent : 13.5 € du 01/01 au 30/06 et du 01/10 au 31/12 sur emp. et entre 40 € et 70 € la nuitée et entre 420 € et 490 € la semaine du 01/01 au 30/04 et du 01/10 au 31/12 sur loc.

CHAUVIGNE

2-B4 20 km N. Fougères. 84 m. ✉ 35490

LA MAISON NEUVE NC 13 E. dont 13 nus CV . A 5 km : . Etang à 200 m ; rivière à 3 km.. Accueil groupes. Ouvert: 1.1 / 31.12. ☎ 02 99 95 05 64. E-mail : auberge35@ferme-auberge-35.fr. Web : www.ferme-auberge-35.fr. Réduction H.S.
Lat. : 48° 22' 38" N **Long.** : 001° 27' 51" W.

CHERRUEIX

2-A4 26 km E.-S.-E. Saint-Malo. 5 m. ✉ 35120

CAMPING DU CHATEAU DE L'AUMONE ★★★ Tourisme 70 E. dont 60 nus 1,6 ha CV . Locations : , cabanes. chauffée . Bord de mer à 300 m ; étang à 50 m. . Accueil groupes. Ouvert: 19.4 / 31.10. ☎ 02 99 48 84 82. E-mail : laumone@orange.fr. Web : www.camping-de-laumone.com.
Lat. : 48° 36' 06" N **Long.** : 001° 42' 45" W.

LE TENZOR DE LA BAIE ★★★ Loisirs 78 E. dont 17 nus 0,5 ha CV . Randonnée pédestre organisée. Espace Fitness. couverte chauffée . Accès direct à la mer. Ouvert: 2.6 / 25.10. ☎ 02 99 48 98 13. E-mail : contact@camping-letenzor.com. Web : www.letenzor-de-la-baie.com.
Lat. : 48° 36' 15" N **Long.** : 001° 42' 29" W.

COMBOURG

2-A4 36 km S.-E. Saint-Malo. 70 m. Station verte de vacances et village de neige ✉ 35270

CAMPING MUNICIPAL LE VIEUX CHATEL ★★ Tourisme 76 E. dont 50 nus CV. Locations : , . Accès direct à l'étang et aux bords du lac.. Accueil groupes. Ouvert: 28.3 / 18.10. ☎ 02 99 73 07 03. E-mail : campingcombourg @gmail.com. Web: www.camping-combourg .com.
Lat. : 48° 24' 17" N **Long.** : 001° 44' 41" W.

CUGUEN

2-B4 44 km S.-E. Saint-Malo. 96 m. ✉ 35270

LE BOIS COUDRAIS ★★★ Tourisme 25 E. dont 21 nus 2 ha chauffée. . Ouvert: 8.5 / 8.9. ☎ 02 99 73 27 45. E-mail : claireybert@gmail.com. Web: www.leboisco udrais.com. Réduction H.S.
Lat. : 48° 27' 15" N **Long.** : 001° 39' 05" W.

DINARD

2-A4 2 km O. Saint-Malo. 35 m. ✉ 35800

CAMPING DU PORT BLANC DINARD ★★★ Tourisme 300 E. dont 175 nus, dont 175 GCC. CV Locations : , . . Accès direct à la mer. ; . . Accueil groupes. Ouvert: 16.2 / 16.11. ☎ 02 99 46 10 74. E-mail : info@camping-port-blanc.com. Web: camping-port-blanc.com. Réduction H.S.
Lat. : 48° 38' 06" N **Long.** : 002° 04' 42" W.

DOL-DE-BRETAGNE

2-A4 28 km S.-E. Saint-Malo. 23 m. ✉ 35120

LES TENDIERES ★★ Tourisme 77 E. 1,7 ha CV. Locations : . , . Accès direct à l'étang.. Accueil groupes adultes. Ouvert: 1.4 / 28.10. ☎ 02 99 48 14 68. E-mail : camping.lestendieres@orange.fr. Web: camp inglestendieres.com.
Lat. : 48° 32' 49" N **Long.** : 001° 45' 31" W.

EPINIAC

2-A4 32 km S.-E. Saint-Malo. 66 m. ✉ 35120

LES ORMES, DOMAINE & RESORT ★★★★★ Tourisme 712 E. dont 135 nus 60 ha CV . Locations : , cabanes. Randonnée pédestre organisée. Espace Fitness. couverte chauffée , , , , , . Accès direct à l'étang. . Accueil groupes. Ouvert: 8.4 / 13.11. ☎ 02 99 73 53 00. E-mail : info@lesormes.com. Web: www.lesormes.com. Prix 2022. Fft jour : empl. Tourisme (1) : 39 €
Lat. : 48° 29' 30" N **Long.** : 001° 43' 39" W.
FFCC : avantages adhérent : 10% du 08/04 au 30/06 et du 01/09 au 04/11 sur emp. + Rendez-vous dans votre club avantages FFCC pour obtenir le code promotionnel et réserver ou sur présentation de la carte de membre FFCC.

FEINS

2-B4 27 km N. Rennes 81 m. ✉ 35440

DOMAINE DE BOULET ★★★ Tourisme 62 E. dont 32 nus 1,5 ha CV . Locations : , , , . Accès direct à l'étang. ; . . Accueil groupes. Ouvert: 1.4 / 31.10. ☎ 02 99 69 63 23. E-mail : contact@domaine-de-boulet.fr. Web: www.domaine-de-boulet.fr. Prix 2022. Fft jour : empl. Tourisme (2) : 12 €
Lat. : 48° 20' 20" N **Long.** : 001° 38' 20" W.

FOUGERES

2-B4 47 km N.-E. Rennes. 109 m. ✉ 35300

CAMPING MUNICIPAL DE PARON ★★★ Tourisme 88 E. dont 88 nus, dont 17 CC. 2,5 ha CV . Etang à 3 km. Accueil groupes adultes. Ouvert: 2.5 / 30.9. ☎ 02 99 99 40 81. E-mail : camping@fo ugeres.fr. Web: camping.fougeres.fr. Prix 2022. 3,90 € ; 6,90 € ; 3,90 € ; 3,90 € ; 3,10 € ; 1,80 € ; 4,70 €.
Lat. : 48° 21' 13" N **Long.** : 001° 10' 55" W.

GUIPRY

5-F4 28 km N.-E. Redon. 38 m. Village de neige ✉ 35480

CAMPING MUNICIPAL LES SALORGES NC Tourisme 48 E. dont 44 nus 0,8 ha CV . A 3 km : Locations : cabanes. Rivière à 10 m. Accueil groupes. Ouvert: 15.4 / 15.10. ☎ 06 95 75 35 02. E-mail : hebergementstouristiques@guipry-messac.bzh. Web: www.guipry-messac.fr/camping-municipal-les-salorges. Prix 2022. Fft nuit : empl. Tourisme (2) : 9,5 € ( ) ; sup 4,10 € nuit ; animaux 1 € nuit ; 3,60 € nuit.
Lat. : 47° 49' 10" N **Long.** : 001° 49' 44" W.

IFFENDIC

2-A5 28 km O. Rennes. 79 m. ✉ 35750

DOMAINE DE TREMELIN ★★ Tourisme 107 E. CV . Locations : , , , , . Accès direct à l'étang et aux bords du lac ; rivière à 5 km. ; . . Accueil groupes. Ouvert: 1.4 / 31.12. ☎ 02 99 09 73 79. E-mail : contact@tremelin.bzh. Web: www.tremelin.bzh. Réduction H.S.
Lat. : 48° 06' 05" N **Long.** : 002° 01' 45" W.

LA CHAPELLE-AUX-FILTZMEENS

2-A4 38 km S.-E. Saint-Malo 44 m. ✉ 35190

LE DOMAINE DU LOGIS ★★★★★ Loisirs 295 E. dont 89 nus, dont 89 GCC. CV . Locations : . Espace Fitness. chauffée , , , . Etang à 200 m ; rivière à 300 m. . Accueil groupes adultes. Ouvert: 1.4 / 30.9. ☎ 02 99 45 25 45. E-mail : domainedulogis@wanadoo.fr. Web: www.domainedulogis.com. Prix 2023. Fft jour : empl. Tourisme (2) : 26 € ( ) ; sup 7 € ; animaux 1,60 € ; 3,50 € ; 4,50 €. Réduction H.S.
Lat. : 48° 22' 51" N **Long.** : 001° 49' 58" W.

LA RICHARDAIS

2-A4 6 km S. Saint-Malo. 35 m. ✉ 35780

LES ÉTANGS ★★ Tourisme 61 E. 3 ha CV. couverte , . Etang et rivière à 300 m ; bord de mer à 2 km.. Ouvert: 1.4 / 15.9. ☎ 02 99 88 50 80. E-mail : campinglesetangs@gmail.com. Web: camping-lesetangs-larichardais.com.
Lat. : 48° 36' 12" N **Long.** : 002° 02' 22" W.
FFCC : avantages adhérent : 14 € du 01/04 au 30/06 et du 01/09 au 30/11 sur emp. et entre 35 € et 70 € la nuitée et entre 210 € et 450 € la semaine du 01/04 au 30/06 et du 01/09 au 10/11 sur loc.

LA SELLE-GUERCHAISE

2-B5 46 km S.-E. Rennes 80 m. ✉ 35130

CAMPING MUNICIPAL ★★ Tourisme 17 E. 0,4 ha , , , . Accès direct à l'étang.. Ouvert: 1.1 / 31.12. ☎ 02 99 96 06 14. E-mail : mairielaselle@orange.fr. Web: www. laselleguerchaise.fr.
Lat. : 47° 56' 37" N **Long.** : 001° 10' 19" W.

LA VILLE-ES-NONAIS

2-A4 16 km S.-E. Saint-Malo. 30 m. ✉ 35430

CAMPING MUNICIPAL NC Tourisme 66 E. 0,7 ha CV , . Accès direct à la rivière ; bord de mer à 20 m. ; . . Accueil groupes. Ouvert: 1.5 / 30.9. ☎ 02 99 58 42 84. E-mail : mairie.es.nonais@wanadoo.fr.
Lat. : 48° 32' 40" N **Long.** : 001° 57' 42" W.

LANDEAN

2-B4 8 km N.-E. Fougères. 161 m. ✉ 35133

LA FERME DE CHENEDET CV. Ouvert: 1.1 / 31.12. ☎ 02 99 97 35 46. E-mail : chenedet@fougeres-agglo.bzh.
Lat. : 48° 23' 45" N **Long.** : 001° 10' 05" W.

LE MINIHIC-SUR-RANCE

2-A4 13 km S. St-Malo. 31 m. ✉ 35870

CAMPING MUNICIPAL LE RIVAGE NC Tourisme 50 E. CV . Bord de mer à 300 m. . Ouvert: 15.6 / 15.9. ☎ 02 99 88 59 10. E-mail : mairie.minihic@wanadoo.fr.
Lat. : 48° 34' 25" N **Long.** : 002° 00' 40" W.

LE PERTRE

2-C5 50 km S.-E. Rennes. 135 m. ✉ 35370

CAMPING DE MON VILLAGE ★ Tourisme 30 E. dont 30 nus 2 ha . Etang à 200 m. Ouvert: 15.6 / 15.9. ☎ 01 83 64 69 21. E-mail : contact@campingcarpark.com. Web: www. campingcarpark.com. Prix 2022.
Lat. : 48° 01' 58" N **Long.** : 001° 02' 24" W.

LES BRULAIS

5-E4 30 km N. Redon 61 m. ✉ 35330

ECO-CAMPING DES BUIS ★★ Tourisme 28 E. Ouvert: 1.6 / 30.9. ☎ 06 28 76 07 65. E-mail : ecocampingdesbuis@vallonsdehautebretagne .fr. Web: eco-camping-des-buis.business.site.
Lat. : 47° 53' 35" N **Long.** : 002° 02' 46" W.

LES PORTES DU COGLAIS

2-B4 14 km N.-O. Fougères. 148 m. ✉ 35460

AIRE NATURELLE CV. Ouvert: 1.5 / 30.9. ☎ 02 99 95 16 60. E-mail : guides@campingf rance.com.
Lat. : 48° 27' 25" N **Long.** : 001° 16' 53" W.

LOUVIGNE-DU-DESERT

2-B4 16 km N.-E. Fougères. 156 m. ✉ 35420

CAMPING MUNICIPAL NC Tourisme 25 E. ☎ 06 82 58 29 51. E-mail : mairie@ville-chateaugiron.fr. Web: www.louvignedudesert .org.
Lat. : 48° 29' 06" N **Long.** : 001° 07' 17" W.

MARCILLE-ROBERT

2-B5 32 km S.-E. Rennes. 60 m. ✉ 35240

CAMPING MUNICIPAL L'ETANG ★★ Tourisme 19 E. dont 15 nus 0,5 ha CV. Locations : , . . Accès direct à l'étang et à la rivière.. Accueil groupes. Ouvert: 1.1 / 31.12. ☎ 06 02 08 60 22. E-mail : camping.ma rcillerobert@yahoo.fr.
Lat. : 47° 56' 51" N **Long.** : 001° 21' 49" W.

MARTIGNE-FERCHAUD

6-B1 47 km S.-E. Rennes. 88 m. ✉ 35640

CAMPING MUNICIPAL LE BOIS FEUILLET ★★ Tourisme 45 E. 1,76 ha CV. Locations : . . Accès direct à l'étang et à la rivière. . Accueil groupes. Ouvert: 4.7 / 31.8. ☎ 02 99 47 84 38. E-mail : mairie-de-martigne-ferchaud@orange.fr. Web: www.ville-martigneferchaud.fr.
Lat. : 47° 50' 02" N **Long.** : 001° 18' 59" W.

MEDREAC

2-A5 40 km N.-O. Rennes. 90 m. ✉ 35360

CAMPING MUNICIPAL . Ouvert: 1.6 / 30.9. ☎ 02 99 07 23 20. E-mail : mairie.de.medre ac@wanadoo.fr.
Lat. : 48° 16' 13" N **Long.** : 002° 03' 15" W.

MONT-DOL

2-A4 24 km S.-E. Saint-Malo. 4 m. ✉ 35120

AIRE NATURELLE LA ROCHE MONT-DOL CV. Ouvert: 1.4 / 30.9. ☎ 02 99 48 01 65. E-mail : christophe.lair.montdol@orange .fr, Web: camping-mont-dol.com/.
Lat. : 48° 34' 29" N **Long.** : 001° 45' 49" W.

MONTAUBAN-DE-BRETAGNE

2-A5 31 km N.-O. Rennes. 90 m. ✉ 35360

CAMPING MUNICIPAL LA VALLEE ST-ELOI ★★ Tourisme 33 E. 1,6 ha CV. A 1,5 km : Locations : . , . Accès direct à l'étang.. Ouvert: 1.7 / 31.8. ☎ 02 99 06 42 55. E-mail : contact@ville-montaubandebretagne.fr. Web: www.cc-montauban-de-bretagne.fr. Prix 2022. 2,96 € ; 3,98 € ; 2,86 € ; 1,84 € ; 1,84 € ; 1,53 € ; 2,45 €.
Lat. : 48° 12' 13" N **Long.** : 002° 02' 49" W.

PAIMPONT

2-A5 38 km S.-O. Rennes. 158 m. 35380

CAMPING MUNICIPAL PAIMPONT BROCÉLIANDE ★★ Tourisme 90 E. dont 84 nus CV. Locations : . Etang à 300 m. Accueil groupes enfants. Ouvert: 1.1 / 31.12. ☎ 06 71 52 77 49 / 02 99 07 89 16. E-mail : camping@paimpont.bzh. Web : camping-paimpont-broceliande.com. Prix 2022. Fft jour : empl. Tourisme (2) : 18 € ( )
Lat. : 48° 01' 29" N **Long.** : 002° 10' 20" W.

PLEURTUIT

2-A4 15 km S.-O. Saint-Malo. 52 m. 35730

L'ESTUAIRE ★★ Tourisme 61 E. dont 30 nus 1 ha CV. A 2 km : Etang à 1 km ; rivière à 2 km ; bord de mer à 4 km. Accueil groupes. Ouvert: 28.4 / 16.9. ☎ 02 99 88 41 13. E-mail : camping@pleurtuit.com. Web : www.pleurtuit.com. Prix 2022. Fft jour : empl. Tourisme (1) : 10,2 € ( ) ; sup 3,60 € ; animaux 2,75 € ; 2 € ; 4 €.
Lat. : 48° 34' 52" N **Long.** : 002° 03' 23" W.

REDON

5-E4 64 km S.-S.-O. Rennes. 19 m. 35600

CAMPING MUNICIPAL LA GOULE D'EAU
NC Tourisme 50 E.
0,7 ha . Locations : . , . Accès direct à la rivière. . Ouvert: 15.6 / 15.9. ☎ 02 99 71 08 10. E-mail : secretariatgeneral@mairie-redon.fr.
Lat. : 47° 38' 03" N **Long.** : 002° 05' 55" W.

RENNES

2-A5 346 km O.-S.-O. Paris. 39 m. 35700

CAMPING DES GAYEULLES ★★★ Tourisme 125 E. dont 74 GCC. 1,2 ha CV . Etang à 300 m. Accueil groupes. Ouvert: 1.1 / 31.12. ☎ 02 99 36 91 22. E-mail : camping-rennes@citedia.com. Web : www.camping-rennes.com.
Lat. : 48° 08' 07" N **Long.** : 001° 38' 37" W.

ROZ-SUR-COUESNON

2-B4 36 km S.-E. Saint-Malo. 25 m. 35610

LES COUESNONS ★★★★ Tourisme 50 E. dont 40 nus 1 ha CV . Locations : , roulotte. Etang à 2 km ; rivière à 5 km. Ouvert: 1.4 / 5.11. ☎ 02 99 80 26 86. E-mail : courrier@lescouesnons.com. Web : www.lescouesnons.com.
Lat. : 48° 35' 42" N **Long.** : 001° 35' 56" W.

SAINT-AUBIN-DU-CORMIER

2-B5 19 km O. Fougères. 100 m. 35140

CAMPING MUNICIPAL DE L'ÉTANG ★ Tourisme 23 E. dont 19 nus 0,4 ha CV . A 4 km : Locations : cabanes. Etang à 50 m. Ouvert: 28.4 / 30.9. ☎ 0 7 88 21 35 29. E-mail : camping@ville-staubinducormier.fr. Web : www.camping.saint-aubin-du-cormier.bzh. Prix 2022. 4,45 € ; 3,85 € ; 1,70 € ; 1,15 € ; 2,20 € ; animaux 1,15 € ; 3,10 € ; 3,30 €.
Lat. : 48° 15' 36" N **Long.** : 001° 23' 46" W.

SAINT-BENOIT-DES-ONDES

2-A4 14 km E. Saint-Malo. 6 m. 35114

L'ILE VERTE ★★★★ Tourisme 73 E. dont 40 nus
CV . Locations : . couverte chauffée , . Bord de mer à 400 m. ; . Ouvert: 1.4 / 5.11. ☎ 02 99 58 62 55. E-mail : bienvenue@campingdelileverte.com. Web : www.campingdelileverte.com. Prix 2022. Fft jour : empl. Tourisme (2) : 25,9 € ( ) ; sup 5,40 € ; animaux 3 € ; 4 € ; 4,80 €. Réduction H.S.
Lat. : 48° 36' 58" N **Long.** : 001° 51' 09" W.
FFCC : avantages adhérent : 20 € du 01/04 au 02/07 et du 27/08 au 21/10 sur emp.

CAMPING MUNICIPAL DES ONDES ★★ Tourisme 105 E. 1 ha CV. . Accès direct à la mer. ; . Accueil groupes. Ouvert: 15.6 / 15.9. ☎ 02 99 58 65 21. E-mail : campingdesondes@orange.fr.
Lat. : 48° 37' 07" N **Long.** : 001° 51' 00" W.

LE VILLAGE INSOLITE ★ Tourisme 50 E. CV. Locations : . Bord de mer à 600 m. Accueil groupes. Ouvert: 30.3 / 2.11. ☎ 06 88 45 29 67. E-mail : contact@levillageinsolite.com. Web : levillageinsolite.com.
Lat. : 48° 37' 20" N **Long.** : 001° 51' 47" W.

SAINT-BRIAC-SUR-MER

2-A4 8 km O. Saint-Malo. 28 m. 35800

ÉMERAUDE ★★★★★ Tourisme 180 E. dont 3 nus
2,5 ha CV . Locations : . Randonnée pédestre organisée. couverte chauffée , . Bord de mer à 900 m. . Accueil groupes adultes. Ouvert: 3.4 / 30.9. ☎ 05 64 10 20 20. E-mail : reservation@seagreen.fr. Web : www.campingemeraude.com. Prix 2022. Fft nuit : empl. Tourisme (2) : 41 € ( )
Lat. : 48° 37' 39" N **Long.** : 002° 07' 49" W.

CAMPING SAINT-BRIAC-SUR-MER ★★ Loisirs 168 E. dont 70 nus CV . Locations : . Randonnée pédestre organisée. . Accès direct à la rivière ; bord de mer à 600 m.. Ouvert: 12.3 / 15.11. ☎ 0 2 99 37 77 15. E-mail : contact@camping-saint-briac.com. Web : www.camping-saint-briac.com. Réduction H.S.
Lat. : 48° 36' 54" N **Long.** : 002° 07' 40" W.

SAINT-COULOMB

2-A4 10 km E. Saint-Malo. 31 m. 35350

LES CHEVRETS ★★★ Loisirs 600 E.
10 ha CV . Locations : cocosweet. , . Accès direct à la mer ; étang à 4 km. ; . Accueil groupes. Ouvert: 31.3 / 14.10. ☎ 02 99 89 01 90. E-mail : contact@campingdeschevrets.fr. Web : www.campingdeschevrets.fr. Réduction H.S.
Lat. : 48° 41' 24" N **Long.** : 001° 56' 31" W.

DUGUESCLIN ★★ Tourisme 40 E. dont 10 nus, dont 40 GCC.
0,64 ha CV . Locations : . . Bord de mer à 800 m ; étang à 2 km. . Accueil groupes adultes. Ouvert: 1.4 / 30.10. ☎ 02 99 89 03 24. E-mail : reservation@camping-duguesclin.com. Web : www.camping-duguesclin.com.
Lat. : 48° 41' 11" N **Long.** : 001° 53' 25" W.
FFCC : avantages adhérent : 18 € du 01/04 au 30/06 et du 01/09 au 28/10 sur emp.

LE TANNEE ★★ Tourisme 30 E. dont 6 nus CV . Locations : . couverte chauffée . Bord de mer à 900 m ; étang à 4 km. . Ouvert: 4.4 / 30.9. ☎ 02 99 89 41 20. E-mail : contact@campingdetannee.fr. Web : www.campingdetannee.fr.
Lat. : 48° 41' 12" N **Long.** : 001° 53' 21" E.

SAINT-GEORGES-DE-REINTEMBAULT

2-B4 19 km N. Fougères. 144 m. 35420

AIRE NATURELLE MUNICIPALE . Ouvert: 15.6 / 15.9. ☎ 02 99 97 01 13. E-mail : mairie-stgeorgesrlt@wanadoo.fr.
Lat. : 48° 30' 21" N **Long.** : 001° 45' 47" W.

SAINT-GERMAIN-EN-COGLES

2-B4 8 km N.-O. Fougères 140 m. 35133

ENTRE PIERRES ET COLLINES CV . Ouvert: 15.5 / 30.9. ☎ 02 99 95 69 09. E-mail : entrepierresetcollines@gmail.com, Web : www.camping-gite.com.
Lat. : 48° 24' 40" N **Long.** : 001° 15' 22" W.

SAINT-GUINOUX

2-A4 15 km S.-E. St-Malo. 17 m. 35430

CAMPING MUNICIPAL **NC** Tourisme 44 E. 0,4 ha CV. . Accès direct à la rivière.. Ouvert: 1.7 / 31.8. ☎ 02 99 46 44 01. E-mail : mairie.st.guinoux@orange.fr. Web : saint-guinoux.fr.
Lat. : 48° 34' 37" N **Long.** : 001° 52' 47" W.

SAINT-JOUAN-DES-GUERETS

2-A4 7 km S.-S.-E. St-Malo. 36 m. 35430

LE P'TIT BOIS ★★★★★ Tourisme 260 E. dont 37 nus, dont 22 CC - 7 GCC.
ap. 22 h 30, CV . A 5 km : Locations : . Randonnée pédestre organisée. couverte chauffée , . Rivière à 1,8 km. ; . Ouvert: 7.4 / 11.9. ☎ 02 99 21 14 30. E-mail : contact@ptitbois.com. Web : www.ptitbois.com. Prix 2023. Fft nuit : empl. Tourisme (2) : 90 € (E. GCC)
Lat. : 48° 36' 35" N **Long.** : 001° 59' 13" W.
FFCC : avantages adhérent : 10% du 07/04 au 30/09 et du 01/09 au 11/09 sur emp. + Rendez-vous dans votre club avantages FFCC pour obtenir le code promotionnel et réserver !.

SAINT-JUST

5-F4 19 km N.-E. Redon. 61 m. 35550

CAMPING MUNICIPAL LES LANDES DE COJOUX ★★ Tourisme 22 E. 0,6 ha . Etang à 2 km.. Ouvert: 1.5 / 15.9. ☎ 0 2 99 72 69 64. E-mail : mairie-saint-just-accueil@orange.fr.
Lat. : 47° 45' 45" N **Long.** : 001° 58' 04" W.

SAINT-LUNAIRE

2-A4 15 km O. Saint-Malo. 38 m. 35800

LA TOUESSE ★★★★ Tourisme 155 E. dont 63 nus 2,2 ha CV . A 2 km : Locations : . couverte chauffée . Bord de mer à 300 m. . Ouvert: 1.4 / 6.11. ☎ 02 99 46 61 13 / 06 32 01 77 29. E-mail : camping.la.touesse@wanadoo.fr. Web : www.saint-malo-camping.com. Réduction H.S.
Lat. : 48° 37' 51" N **Long.** : 002° 05' 04" W.

LONGCHAMP ★★★★ Tourisme 270 E. dont 154 nus CV . A 1 km : Locations : . couverte chauffée . Bord de mer à 100 m. . Ouvert: 3.4 / 27.9. ☎ 02 99 46 33 98. E-mail : longchamp@capfun.com. Web : www.camping-longchamp.com. Réduction H.S.
Lat. : 48° 38' 02" N **Long.** : 002° 07' 15" W.

SAINT-MALO

2-A4 69 km N. Rennes. 24 m. 35400

DOMAINE DE LA VILLE HUCHET ★★★★ Tourisme 194 E. dont 102 nus
CV . Locations : . Espace Fitness. couverte chauffée , . Rivière à 1,5 km ; bord de mer à 3,5 km. ; . Accueil groupes. Ouvert: 8.4 / 18.9. ☎ 02 99 81 11 83. E-mail : info@lavillehuchet.com. Web : www.lavillehuchet.com. Prix 2023. Fft jour : empl. Tourisme (2) : 48 € ( ) ; sup 9 € ; animaux 4 € ; 7 €. Réduction H.S.
Lat. : 48° 36' 54" N **Long.** : 001° 59' 12" W.
FFCC : avantages adhérent : 19.8 € du 08/04 au 23/06 et du 04/09 au 17/09 sur emp. et entre 294 € et 630 € la semaine du 08/04 au 01/07 et du 04/09 au 17/09 sur loc.

CAMPING DE LA CITE D' ALETH ★★ Tourisme 227 E. 4 ha CV. , . Bord de mer à 500 m. . Accueil groupes. Ouvert: 1.7 / 14.9. ☎ 02 99 81 60 91. E-mail : camping@ville-saint-malo.fr. Web : www.saint-malo-tourisme.com.
Lat. : 48° 38' 10" N **Long.** : 002° 01' 41" W.

SAINT-MALON-SUR-MEL

2-A5 36 km O. Rennes. 74 m. 35750

CAMPING MUNICIPAL LA MARETTE ★★ Tourisme 15 E. . Accès direct à l'étang et à la rivière.. Ouvert: 15.6 / 15.9. ☎ 02 99 07 57 83. E-mail : mairie.st.malon.sur.mel@wanadoo.fr. Web : mairiestmalonsurme.wixsite.com/campinglamarette.
Lat. : 48° 04' 50" N **Long.** : 002° 06' 38" W.

SAINT-MARCAN

2-B4 33 km E. Saint-Malo. 55 m. ✉ 35120

LE BALCON DE LA BAIE DU MONT SAINT MICHEL ★★★ Tourisme 100 E. dont 39 nus 5 ha CV. Locations : . chauffée . Etang à 3 km ; bord de mer à 5 km. Ouvert: 1.4 / 31.10. ☎ 02 99 80 22 95. E-mail : contact@lebalcondelabaie.com. Web : www.lebalcondelabaie.com. Prix 2022. Fft jour : empl. Tourisme (2) : 27 € ( ) ; sup 7 € ; animaux 2 €.
Lat. : 48° 35' 22" N **Long.** : 001° 37' 46" W.

SAINT-MEDARD-SUR-ILLE

2-B5 25 km N. Rennes. 83 m. ✉ 35250

AIRE NATURELLE MUNICIPALE . Ouvert: 15.4 / 15.10. ☎ 02 99 55 23 53. E-mail : mairie@saint-medard-sur-ille.fr, Web : www.saint-medard-sur-ille.fr.
Lat. : 48° 16' 20" N **Long.** : 001° 39' 49" W.

SAINT-MEEN-LE-GRAND

2-A5 44 km S.-O. Rennes. 104 m. ✉ 35290

CAMPING MUNICIPAL LA PORTE JUHEL NC Tourisme 19 E. . . Accès direct à l'étang.. Ouvert: 1.6 / 30.9. ☎ 02 99 09 60 61. E-mail : contact@pays-stmeen-tourisme.fr.
Lat. : 48° 11' 07" N **Long.** : 002° 11' 13" W.

SAINT-PERE

2-A4 12 km S.-E. St-Malo. 29 m. ✉ 35430

BEL EVENT ★★★ Loisirs 110 E. 1 ha CV. Locations : , . chauffée , . Bord de mer à 5 km. . Ouvert: 15.3 / 30.10. ☎ 02 99 58 83 79. E-mail : contact@camping-bel-event.com. Web : www.camping-bel-event.com.
Lat. : 48° 34' 32" N **Long.** : 001° 55' 12" W.

SAINT-SULIAC

2-A4 12 km Saint-Malo. 24 m. ✉ 35430

CAMPING MUNICIPAL LES COURS NC Tourisme 114 E. dont 93 nus 1,7 ha CV. Locations : . . Bord de mer à 500 m. Accueil groupes. Ouvert: 5.4 / 1.10. ☎ 0 2 99 40 34 93. E-mail : camping@saintsuliac.fr. Web : www.saint-suliac.fr/. Prix 2022. 4,10 € ; 4,10 € ; 3,10 € ; animaux 2,10 € ; 2,30 € ; 3,30 €.
Lat. : 48° 34' 25" N **Long.** : 001° 58' 28" W.

SIXT-SUR-AFF

5-E4 15 km N. Redon. 43 m. ✉ 35550

CAMPING RIVES NATURE ★★ Tourisme 45 E. dont 24 CC. CV . A 3 km : . Locations : roulotte. , . Accès direct à la rivière ; étang à 1 km.. Accueil groupes adultes. Ouvert: 1.1 / 31.12. ☎ 02 99 08 10 59. E-mail : contact@rives-nature.com. Web : www.rives-nature.com.
Lat. : 47° 45' 46" N **Long.** : 002° 07' 35" W.

TINTENIAC

2-A4 42 km S.-S.-E. Saint-Malo. 55 m. ✉ 35190

LES PEUPLIERS ★★★ Loisirs 91 E. dont 35 nus 4 ha CV. Locations : . chauffée , , . Accès direct à l'étang. . Accueil groupes. Ouvert: 1.4 / 30.9. ☎ 02 99 45 49 75. E-mail : contact@domainelespeupliers.fr. Web : www.domainelespeupliers.fr. Réduction H.S.
Lat. : 48° 18' 34" N **Long.** : 001° 49' 20" W.
FFCC : avantages adhérent : 18 € du 01/04 au 30/06 et du 01/09 au 30/09 sur emp.

CAMPING MUNICIPAL PONT L'ABBESSE ★★ Tourisme 31 E. 0,3 ha . Locations : . , . Accès direct à la rivière.. Ouvert: 1.4 / 30.9. ☎ 0 674499967. E-mail : ille.et.donac.tinteniac@orange.fr. Web : www.tinteniac.fr/camping-municipal/.
Lat. : 48° 19' 54" N **Long.** : 001° 50' 04" W.

VITRE

2-B5 36 km E. Rennes. 99 m. ✉ 35500

CAMPING MUNICIPAL SAINT ETIENNE ★★★ Tourisme 45 E. dont 45 nus 0,82 ha CV . Ouvert: 1.3 / 15.12. ☎ 02 99 75 25 28. E-mail : camping@mairie-vitre.fr. Web : www.mairie-vitre.fr.
Lat. : 48° 06' 36" N **Long.** : 001° 11' 56" W.

36 INDRE

Cartes 6-7

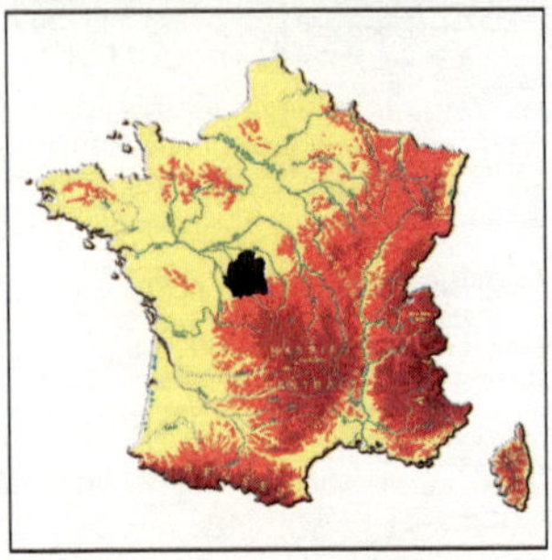

ARGENTON-SUR-CREUSE

7-A4 30 km S.-O. Chateauroux. 164 m. ✉ 36200

LES CHAMBONS ★★★★ Tourisme 62 E. dont 60 nus CV . . Accès direct à la rivière. . Accueil groupes enfants. Ouvert: 15.11 / 31.12. ☎ 09 66 84 06 01. E-mail : campingleschambons@gmail.com. Web : www.campingleschambons.fr. Réduction H.S.
Lat. : 46° 35' 46" N **Long.** : 001° 30' 22" E.

BARAIZE

7-A4 48 km S.-O. La Châtre. 226 m. ✉ 36270

MONTCOCU NC Tourisme 26 E. CV . Locations : , , . . Accès direct à la rivière ; lac à 50 m. ; . Ouvert: 27.3 / 1.11. ☎ 02 54 25 34 28. E-mail : aubergedelaplage@hotmail.com. Web : aubergedelaplage-baraize.fr.
Lat. : 46° 28' 22" N **Long.** : 001° 36' 03" E.

BELABRE

6-F4 13 km S.-E. Le Blanc. 126 m. ✉ 36370

CAMPING MUNICIPAL LA QUINTAINE NC Tourisme 26 E. dont 24 nus 0,55 ha CV . Locations : . , , . Accès direct à la rivière ; étang à 300 m.. Ouvert: 1.5 / 30.9. ☎ 02 54 37 22 21. E-mail : tourisme.belabre@wanadoo.fr. Web : www.ville-belabre.fr.
Lat. : 46° 32' 58" N **Long.** : 001° 09' 23" E.

BUZANCAIS

7-A3 23 km N.-O. Chateauroux. 124 m. Station verte de vacances et village de neige ✉ 36500

LA TETE NOIRE ★★★ Tourisme 93 E. dont 89 nus CV . Locations : , , , , , kota, yourte. chauffée , . Accès direct à la rivière.. Accueil groupes. Ouvert: 4.4 / 30.9. ☎ 02 54 84 17 27. E-mail : campinglatetenoire@gmail.com. Web : campinglatetenoire.fr.
Lat. : 46° 53' 34" N **Long.** : 001° 25' 05" E.

CHAILLAC

6-F5 38 km S.-E. Le Blanc. 189 m. ✉ 36310

CAMPING MUNICIPAL LES VIEUX CHENES NC Tourisme 40 E. dont 4 CC. . Locations : . , , . Accès direct à l'étang et aux bords du lac. ; ; . Ouvert: 1.1 / 31.12. ☎ 02 54 25 61 39. E-mail : chaillac.mairie@wanadoo.fr. Web : www.chaillac36.fr/tourisme/le-camping.
Lat. : 46° 25' 55" N **Long. :** 001° 17' 43" E.

CHATEAUROUX

7-A4 252 km S.-S.-O. Paris. 152 m. ✉ 36000

LE ROCHAT BELLE-ISLE ★★★ Tourisme 142 E. dont 132 nus CV . A 1 km : Locations : , . , . Accès direct à la rivière ; lac à 300 m.. Accueil groupes. Ouvert: 1.1 / 31.12. ☎ 02 54 08 96 29. E-mail : campinglerochat@gmail.com. Web : www.camping-lerochat.fr. Prix 2023. Fft nuit : empl. Tourisme (2) : 23,2 € ( ) ; sup 5,10 € nuit ; animaux 2,90 € nuit ; 4 € nuit. Réduction H.S.
Lat. : 46° 49' 25" N **Long. :** 001° 41' 41" E.

CHATILLON-SUR-INDRE

6-F3 45 km N.-O. Chateauroux. 112 m. ✉ 36700

CAMPING DE MON VILLAGE NC Tourisme 50 E. dont 50 nus 1 ha . Rivière à 150 m. Ouvert: 1.5 / 31.10. ☎ 01 83 64 69 21. E-mail : contact@campingcarpark.com. Web : www.campingcarpark.com/. Prix 2022.
Lat. : 46° 59' 27" N **Long. :** 001° 10' 26" E.

CROZON-SUR-VAUVRE

7-B4 17 km S.-O. La Châtre 337 m. ✉ 36140

AMBIANCE ★★ Tourisme 17 E. Ouvert: 8.7 / 31.8. ☎ 02 54 30 73 23. E-mail : mail@mycountryside.eu. Web : www.mycountryside.eu.
Lat. : 46° 29' 15" N **Long. :** 001° 52' 08" E.

ECUEILLE

6-F3 44 km N.-O. Châteauroux. 158 m. ✉ 36240

CAMPING MUNICIPAL DE LA POTINIÈRE NC Tourisme 25 E. dont 25 nus
CV. Randonnée pédestre organisée. , . Accès direct à l'étang et à la rivière.. Ouvert: 15.5 / 30.9. ☎ 02 54 40 21 10. E-mail : mairie.ecueille@wanadoo.fr.
Lat. : 47° 04' 57" N **Long. :** 001° 21' 11" E.
FFCC : avantages adhérent : 10% du 17/05 au 08/07 et du 28/08 au 10/0910% du 17/05 au 08/07 et du 28/08 au 10/09 sur emp. et loc. + 5% saison (juillet/aout) sur les emplacements nus et locatifs *Frais de réservations offerts toute lànnée.

EGUZON-CHANTOME

7-A5 45 km S.-O. La Chatre. 265 m. Station verte de vacances et village de neige ✉ 36270

CAMPING MUNICIPAL LES NUGIRAS ★★★ Tourisme 160 E. 2,57 ha CV . Locations : , . couverte. Lac à 500 m. Accueil groupes enfants. Ouvert: 1.1 / 31.12. ☎ 02 54 47 45 22. E-mail : nugiras@orange.fr. Web : www.camping-municipal-eguzon.com. Prix 2023. Fft nuit : empl. Tourisme (2) : 16,5 € ( ). Réduction H.S.
Lat. : 46° 26' 02" N **Long. :** 001° 36' 15" E.

VALLÉE DE LA CREUSE ★★★ Tourisme 40 E. dont 37 nus
1,8 ha CV . Locations : , . Randonnée pédestre organisée. chauffée . Accès direct à l'étang ; rivière à 2 km ; lac à 4 km.. Ouvert: 1.5 / 15.9. ☎ 02 54 47 44 85. E-mail : info@campingvalleedelacreuse.fr. Web : www.campingvalleedelacreuse.fr. Prix 2022. empl. Tourisme : 16 € nuit ; 7 € nuit ; 5,10 € nuit. Réduction H.S.
Lat. : 46° 26' 45" N **Long. :** 001° 34' 59" E.
FFCC : avantages adhérent : 16 € du 01/05 au 30/06 et du 01/09 au 14/09 sur emp.

FLERE-LA-RIVIERE

6-F3 56 km N.O. Chateauroux. 116 m. ✉ 36700

CAMPING DE LA REUILLE CV . Ouvert: 1.4 / 30.9. ☎ 09 82 43 32 00. E-mail : parcdelareuille36700@gmail.com, Web : www.lareuille.wixsite.com/parc-de-la-reuille. Prix 2022. Fft nuit : empl. Tourisme (2) : 10 € ( )
Lat. : 46° 59' 52" N **Long. :** 001° 06' 20" E.

GARGILESSE-DAMPIERRE

7-A4 38 km O.-S.-O. La Chatre. 218 m. ✉ 36190

CAMPING MUNICIPAL LA CHAUMERETTE ★★ Tourisme 79 E. dont 71 nus 1,25 ha CV . Locations : . . Accès direct à la rivière. . Ouvert: 1.5 / 30.9. ☎ 02 54 47 84 22. E-mail : camping.chalets.gargilesse@orange.fr. Web : www.gargilesse.fr.
Lat. : 46° 30' 28" N **Long. :** 001° 35' 02" E.

ISSOUDUN

7-B3 27 km N.-E. Châteauroux. 144 m. ✉ 36100

CAMPING MUNICIPAL LES TAUPEAUX ★★ Tourisme 49 E. dont 29 nus 0,5 ha CV . Ouvert: 1.7 / 5.10. ☎ 02 54 03 13 46. E-mail : tourisme@issoudun.fr. Web : www.issoudun.fr.
Lat. : 46° 57' 51" N **Long. :** 001° 59' 30" E.

LA CHAPELLE-SAINT-LAURIAN

7-B3 23 km N.-O. Issoudun. 148 m. ✉ 36150

LE MOULIN DE LA RONDE NC Tourisme 35 E. 2,5 ha CV Rés. naturiste. Locations : . , , . Accès direct à l'étang. . Ouvert: 1.4 / 30.9. ☎ 02 54 49 83 28. E-mail : moulindelaronde@aol.com. Web : www.moulindelaronde.com.
Lat. : 47° 03' 55" N **Long. :** 001° 48' 02" E.

LA CHATRE

7-B4 36 km S.-E. Châteauroux. 233 m. Station verte de vacances et village de neige ✉ 36400

VAL VERT EN BERRY ★★★★ Tourisme 63 E. dont 57 nus, dont 25 GCC.
CV . A 1 km : Locations : cabanes. , . Accès direct à la rivière.. Ouvert: 1.1 / 31.12. ☎ 02 54 30 13 51. E-mail : valvertenberry@orange.fr. Web : www.campingvalvertenberry.com. Réduction H.S.
Lat. : 46° 34' 06" N **Long. :** 001° 59' 55" E.

LE BLANC

6-F4 58 km S.-O. Chateauroux. 109 m. ✉ 36300

L'ILE D'AVANT NC Tourisme 105 E. 1,7 ha CV. Locations : , . , . Accès direct à la rivière. . Accueil groupes. Ouvert: 1.5 / 17.9. ☎ 02 54 37 88 22. E-mail : info@tourisme-leblanc.fr. Web : www.tourisme-leblanc.fr.
Lat. : 46° 37' 54" N **Long. :** 001° 05' 39" E.

LE MENOUX

7-A4 35 km S.-O. Chateauroux. 192 m. ✉ 36200

CAMPING GCU - LE MENOUX ★ Tourisme 23 E. . . ; . Ouvert: 28.6 / 31.8. ☎ 02 54 47 77 38. E-mail : gcu@gcu.asso.fr. Web : www.gcu.asso.fr.
Lat. : 46° 33' 22" N **Long. :** 001° 33' 31" E.

LE PONT-CHRETIEN-CHABENET

7-A4 29 km S.-O. Chateauroux. 134 m. ✉ 36800

CAMPING MUNICIPAL LES RIVES DE LA BOUZANNE NC Tourisme 50 E. CV. Locations : . , . Accès direct à l'étang et à la rivière. . Ouvert: 17.6 / 17.9. ☎ 02 54 25 80 53. E-mail : commune.pontchretien@wanadoo.fr. Web : www.lepontchretienchabenet.fr.
Lat. : 46° 37' 46" N **Long. :** 001° 28' 42" E.

LEVROUX

7-A3 20 km N.-O. Chateauroux. 159 m. ✉ 36110

CAMPING MUNICIPAL LA PISCINE NC Tourisme 35 E. dont 7 GCC. 0,6 ha 22 h / 8 h, CV . Locations : . , . Etang à 700 m.. Ouvert: 1.5 / 30.9. ☎ 02 54 35 70 54. E-mail : mairie-levroux@wanadoo.fr. Web : www.ville-levroux.fr.
Lat. : 46° 59' 04" N **Long. :** 001° 36' 22" E.

LIGNAC

6-F4 25 km S.-E. Le Blanc 152 m. ✉ 36370

CAMPING PARC DE LA BRENNE ★★★ Tourisme 35 E.
Ouvert: 1.4 / 31.10. ☎ 09 60 44 23 07. E-mail : info@camping-parc-de-la-brenne.eu. Web : camping-parc-de-la-brenne.eu.
Lat. : 46° 29' 38" N **Long. :** 001° 15' 24" E.

CAMPING VALLEE DE LIGNAC ★★★ Tourisme 23 E. Ouvert: 15.5 / 1.9. ☎ 02 54 25 75 30. E-mail : info@valleedelignac.com. Web : www.valleedelignac.com.
Lat. : 46° 27' 27" N **Long. :** 001° 10' 52" E.

LINGE

6-F4 16 km N. Le Blanc. 100 m. ✉ 36220

LE GAB . Ouvert: 1.3 / 31.12. ☎ 0 2 54 37 19 83. E-mail : resto.legab@yahoo.com.
Lat. : 46° 45' 37" N **Long. :** 001° 10' 08" E.

LUCAY-LE-MALE

7-A3 44 km N.-O. Chateauroux. 149 m. ✉ 36360

CAMPING MUNICIPAL LA FOULQUETIÈRE NC Tourisme 30 E. dont 20 CC. 1 ha CV . , . Accès direct à l'étang ; rivière à 2 km. ; . Accueil groupes adultes. Ouvert: 1.4 / 15.10. ☎ 02 54 40 43 31. E-mail : mairie@ville-lucaylemale.fr. Web : www.lucaylemale.fr.
Lat. : 47° 06' 35" N **Long. :** 001° 24' 07" E.

LURAIS

6-F4 13 km N.-O. Le Blanc. 112 m. ✉ 36220

LE MOULIN . Ouvert: 1.7 / 31.8. ☎ 02 54 37 51 17. E-mail : lurais-mairie@wanadoo.fr.
Lat. : 46° 42' 18" N **Long. :** 000° 57' 13" E.

LUZERET

7-A4 40 km S.-E. Le Blanc. 161 m. ✉ 36800

DOMAINE NATURISTE LA PETITE BRENNE ★★ Tourisme 150 E. dont 150 nus CV. Rés. naturiste. Locations : . couverte chauffée , . Accès direct à l'étang et à la rivière. ; . Accueil groupes. Ouvert: 29.4 / 30.9. ☎ 02 54 25 05 78. E-mail : info@lapetitebrenne.com. Web : www.lapetitebrenne.com. Réduction H.S.
Lat. : 46° 32' 32" N **Long.** : 001° 24' 13" E.
FFCC : avantages adhérent : 20 € du 23/04 au 04/06 et du 29/08 au 01/10 sur emp. + Emplacements nus : 23 € la nuit du 04/06 au 09/07/2022.

MERIGNY

6-F4 11 km O. Le Blanc. 110 m. ✉ 36220

CAMPING MUNICIPAL CHAMP DE LA CURE NC Tourisme 30 E. 0,84 ha , , . Ouvert: 1.4 / 30.9. ☎ 02 54 37 42 71. E-mail : merigny-mairie@wanadoo.fr. Web : merigny.fr.
Lat. : 46° 37' 45" N **Long.** : 000° 55' 44" E.

MERS-SUR-INDRE

7-B4 13 km N.-O. La Châtre. 202 m. ✉ 36230

CAMPING MUNICIPAL NC Tourisme 15 E. . Ouvert: 1.6 / 30.9. ☎ 02 54 31 18 06. E-mail : mairie-mers.sur.indre@wanadoo.fr. Web : www.mers-sur-indre.fr.
Lat. : 46° 39' 25" N **Long.** : 001° 52' 56" E.

MEZIERES-EN-BRENNE

6-F4 27 km N.-E. Le Blanc. 102 m. Station verte de vacances et village de neige ✉ 36290

BELLEBOUCHE ★★ Tourisme 55 E. dont 52 nus CV . Locations : , . Randonnée pédestre organisée. , . Accès direct à l'étang. ; . Accueil groupes. Ouvert: 1.4 / 30.9. ☎ 02 54 38 28 28. E-mail : contact@bellebouche.fr. Web : www.village-vacances-bellebouche.com.
Lat. : 46° 47' 54" N **Long.** : 001° 18' 22" E.

CAMPING MUNICIPAL LA CAILAUDERIE NC Tourisme 16 E. dont 16 CC. CV. Locations : . , . Accès direct à la rivière.. Accueil groupes. ☎ 02 54 38 12 24. E-mail : mairie@mezieres-en-brenne.fr.
Lat. : 46° 49' 09" N **Long.** : 001° 13' 21" E.

MIGNE

6-F4 23 km N.-E. Le Blanc. 115 m. ✉ 36800

CAMPING MUNICIPAL NC Tourisme 23 E. dont 20 CC. 0,35 ha . A 100 m : . . Etang à 1 km.. Ouvert: 1.5 / 30.9. ☎ 02 54 37 86 10. E-mail : mairie@migne36.fr. Web : www.migne36.fr.
Lat. : 46° 43' 01" N **Long.** : 001° 18' 49" E.

MONTGIVRAY

7-B4 3 km N. La Chatre. 217 m. ✉ 36400

CAMPING MUNICIPAL CHATEAU SOLANGE SAND ★★ Tourisme 70 E. 0,9 ha CV . A 3 km : Locations : . , . Accès direct à la rivière.. Accueil groupes. Ouvert: 15.3 / 30.9. ☎ 09 67 70 15 58. E-mail : mairie.montgivray@wanadoo.fr. Web : www.montgivray.fr/camping. Prix 2022. Fft semaine : empl. Tourisme (2) : 87 € ( ) ;
Lat. : 46° 36' 05" N **Long.** : 001° 58' 41" E.

NERET

7-B4 15 km E. La Châtre 248 m. ✉ 36400

LE BONHOMME ★★ Tourisme 25 E. 1 ha . Ouvert: 1.4 / 1.10. ☎ 02 54 31 46 11. E-mail : info@camping-lebonhomme.com. Web : www.camping-lebonhomme.com. Réduction H.S.
Lat. : 46° 35' 20" N **Long.** : 002° 08' 03" E.

NEUVY-SAINT-SEPULCHRE

7-B4 15 km O. La Chatre. 213 m. ✉ 36230

CAMPING MUNICIPAL LES FRÊNES ★★ Tourisme 37 E. dont 35 nus 0,5 ha CV . chauffée . Etang à 100 m.. Ouvert: 15.6 / 15.9. ☎ 02 54 30 82 51. E-mail : campinglesfrenes@orange.fr. Web : campingdeneuvy.fr.nf.
Lat. : 46° 35' 34" N **Long.** : 001° 47' 59" E.

POULIGNY-NOTRE-DAME

7-B4 340 m. ✉ 36160

CAMPING DE LIGNY ★★ Tourisme 32 E. dont 24 nus 0,32 ha CV . Locations : tonneau. . Accueil groupes. Ouvert: 1.5 / 31.10. ☎ 02 54 06 14 04. E-mail : campingpnd@gmail.com. Web : www.campingpnd.wixsite.com/ligny. Prix 2023. empl. Tourisme : 4 € ; 3 € ; animaux 2 € ; 2 € ; 5 €.
Lat. : 46° 28' 50" N **Long.** : 002° 01' 44" E.

REUILLY

7-B3 16 km N.-N.-E. Issoudun. 143 m. ✉ 36260

CAMPING DE MON VILLAGE NC Tourisme 33 E. dont 33 nus 0,6 ha . Locations : . , . Accès direct à la rivière.. Ouvert: 29.4 / 30.9. ☎ 01 83 64 69 21. E-mail : contact@campingcarpark.com. Web : www.campingcarpark.com. Prix 2022.
Lat. : 47° 05' 07" N **Long.** : 002° 03' 02" E.

ROSNAY

6-F4 14 km N.-E. Le Blanc. 108 m. ✉ 36300

CAMPING MUNICIPAL LES MILLOTS ★★ Tourisme 32 E. dont 32 nus, dont 9 GCC. CV . , . Accès direct à l'étang.. Accueil groupes. Ouvert: 15.2 / 14.11. ☎ 0 670365316. E-mail : rosnay-mairie@wanadoo.fr. Prix 2023. empl. Tourisme : 4 € ; 2 € ; 2 € ; 2 € ; 2 € ; 1 € ; 2 €.
Lat. : 46° 42' 22" N **Long.** : 001° 12' 43" E.

RUFFEC

6-F4 8 km E. Le Blanc. 116 m. ✉ 36300

CAMPING MUNICIPAL ★★ Tourisme 23 E. dont 23 nus, dont 23 CC. 0,7 ha CV. , . Accès direct à la rivière. . Accueil groupes. Ouvert: 15.6 / 31.8. ☎ 02 54 37 70 11. E-mail : ruffec-mairie@wanadoo.fr.
Lat. : 46° 37' 36" N **Long.** : 001° 10' 20" E.

SAINT-CHARTIER

7-B4 9 km N. La Châtre. 237 m. ✉ 36400

CAMPING MUNICIPAL NC Tourisme 15 E. dont 15 CC. . Ouvert: 1.7 / 31.8. ☎ 02 54 31 02 51. E-mail : mairie.saintchartier@orange.fr.
Lat. : 46° 39' 16" N **Long.** : 001° 58' 32" E.

SAINT-GAULTIER

7-A4 28 km E. Le Blanc. 136 m. Station verte de vacances et village de neige ✉ 36800

OASIS DU BERRY ★★★★ Tourisme 52 E. 2,6 ha CV . Locations : . chauffée , . Rivière à 200 m ; étang à 3 km. . Ouvert: 1.4 / 30.10. ☎ 02 54 47 17 04. E-mail : oasisduberry@gmail.com. Web : www.oasis-duberry.com.
Lat. : 46° 38' 01" N **Long.** : 001° 24' 34" E.

CAMPING MUNICIPAL L'ILLON NC Tourisme 90 E. dont 90 nus 2 ha la nuit, CV . Locations : . , . Rivière à 50 m.. Accueil groupes adultes. Ouvert: 1.6 / 30.9. ☎ 02 54 47 11 22. E-mail : st-gaultier.mairie@wanadoo.fr. Prix 2022. empl. Tourisme : 4 € ; 3 € ; animaux 2 € ; 2 € ; 3 €.
Lat. : 46° 37' 57" N **Long.** : 001° 25' 15" E.

SAINT-PLANTAIRE

7-A5 30 km S.-O. La Chatre. 289 m. ✉ 36190

CAMPING MUNICIPAL DE FOUGÉRES ★★★ Tourisme 161 E. dont 88 nus 2,5 ha CV . Locations : , . chauffée , , . Accès direct aux bords du lac et à la rivière. ; ; . Accueil groupes. Ouvert: 1.4 / 1.11. ☎ 02 54 47 20 01. E-mail : campingmunicipal.fougeres@orange.fr. Web : www.saint-plantaire.fr. Prix 2022. Fft jour : empl. Tourisme (2) : 14,3 € ( )
Lat. : 46° 25' 26" N **Long.** : 001° 36' 47" E.

SAINTE-SEVERE-SUR-INDRE

7-B4 14 km S.-E. La Chatre. 286 m. ✉ 36160

CAMPING MUNICIPAL NC Tourisme 8 E. 0,2 ha . Locations : . , . Rivière à 1 km ; étang à 4 km ; lac à 5 km.. Ouvert: 1.4 / 31.10. ☎ 02 54 30 50 28. E-mail : mairie.stesevere@wanadoo.fr. Web : www.sainte-severe-sur-indre.fr. Prix 2023. empl. Tourisme : 4 € ; 4 € ; 2 € ; 3,50 €.
Lat. : 46° 29' 19" N **Long.** : 002° 04' 08" E.

SARZAY

7-B4 7 km O. La Châtre 213 m. ✉ 36230

LA FERME D'HELICE . Ouvert: 15.4 / 31.10. ☎ 02 54 31 33 43. E-mail : info@ferme-dhelice.com, Web : www.ferme-dhelice.com.
Lat. : 46° 34' 50" N **Long.** : 001° 54' 32" E.

TOURNON-SAINT-MARTIN

6-F4 16 km N.-O. Le Blanc. 102 m. ✉ 36220

CAMPING MUNICIPAL LES GRANDES ILES NC Tourisme 30 E. dont 30 nus 2 ha CV. . Accès direct à la rivière. . Accueil groupes. Ouvert: 15.6 / 15.9. ☎ 02 54 37 88 86. E-mail : tournon-mairie@wanadoo.fr.
Lat. : 46° 44' 09" N **Long.** : 000° 57' 11" E.

VALENCAY

7-A3 40 km N.-O. Chateauroux. 131 m. ✉ 36600

CAMPING MUNICIPAL LES CHÊNES ★★★ Tourisme 50 E. dont 51 nus, dont 44 CC - 6 GCC. 15 ha 22 h / 8 h, CV . Locations : , . chauffée , . Accès direct à l'étang ; rivière à 1 km. . Accueil groupes. Ouvert: 3.4 / 2.10. ☎ 0254407681. E-mail : camping.valencay1@orange.fr. Web : www.camping-leschenes.fr.
Lat. : 47° 09' 28" N **Long.** : 001° 33' 08" E.

VATAN

7-B3 20 km N.-O. Issoudun. 157 m. ✉ 36150

CAMPING DE MON VILLAGE ★★ Tourisme 55 E. dont 48 nus CV . Accès direct à l'étang. Ouvert: 1.4 / 30.9. ☎ 01 83 64 69 21. E-mail : contact@campingcarpark.com. Web : www.campingcarpark.com/. Prix 2022.
Lat. : 47° 04' 18" N **Long.** : 001° 48' 22" E.

Correspondant FFCC : Gilles MAUGUERET, 9 rue Becquerel - 37300 JOUE LES TOURS
Tél. 06 72 62 92 99 et mauguerletgillesffcc37@gmail.com

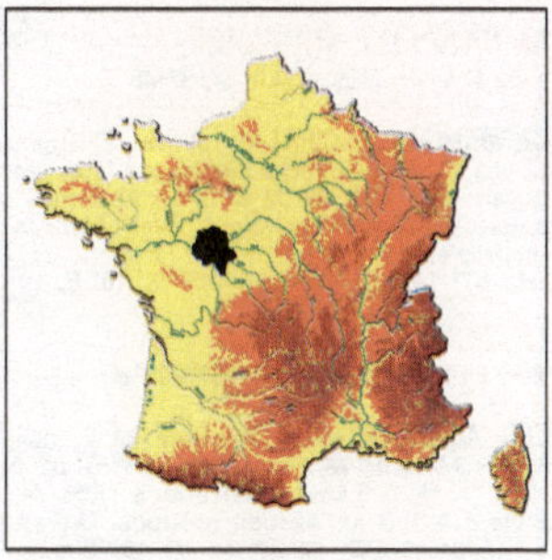

ABILLY

6-E3 32 km S.-O. Loches. 85 m. ✉ 37160

CAMPING MUNICIPAL ÎLE DE LA CLAISE ★ Tourisme 33 E. dont 27 nus 1,5 ha CV. Locations : , , . Accès direct à la rivière.. Accueil groupes. Ouvert: 1.4 / 30.10. ☎ 02 47 59 78 01. E-mail : mairie.abilly@wanadoo.fr. Web : camping-abilly.fr. Prix 2022. empl. Tourisme : 1,80 € ; 2,10 € ; 0,80 € ; 1,80 €.
Lat. : 46° 56' 26" N **Long. :** 000° 43' 20" E.

AMBOISE

6-F2 23 km E. Tours. 99 m. ✉ 37400

CAMPING MUNICIPAL L'ILE D'OR ★★ Tourisme 291 E. dont 287 nus CV. A 10 km : Locations : , . chauffée , , . Accès direct à l'étang et à la rivière. ; . Accueil groupes. Ouvert: 29.3 / 7.10. ☎ 02 47 57 23 37 / 02 47 23 47 18. E-mail : camping@ville-amboise.fr. Web : www.camping-amboise.com.
Lat. : 47° 25' 01" N **Long. :** 000° 59' 14" E.

AVON-LES-ROCHES

6-E3 16 km E. Chinon. 98 m. ✉ 37220

CAMPING A LA FERME . Ouvert: 1.4 / 31.10. ☎ 02 47 95 24 30. E-mail : remi.desbourdes@wanadoo.fr.
Lat. : 47° 09' 27" N **Long. :** 000° 26' 43" E.

AZAY-LE-RIDEAU

6-E2 21 km N.-E. Chinon. 79 m. Station verte de vacances et village de neige ✉ 37190

LE SABOT ★★★ Tourisme 196 E.
CV . Locations : bivouac. Randonnée pédestre organisée. chauffée . Accès direct à la rivière. . Accueil groupes. Ouvert: 8.4 / 30.10. ☎ 02 47 45 42 72. E-mail : campinglesabot@onlycamp.fr. Web : www.onlycamp.fr.
Lat. : 47° 15' 30" N **Long. :** 000° 28' 11" E.
FFCC : avantages adhérent : 10% du 07/04 au 08/07 et du 28/08 au 22/1010% du 07/04 au 08/07 et du 28/08 au 22/10 sur emp. et loc. + 5% saison (juillet/aout) sur les emplacements nus et locatifs *Frais de réservations offerts toute lannée.

BALLAN-MIRE

6-E2 11 km S.-O. Tours. 82 m. ✉ 37510

LA MIGNARDIÈRE ★★★★ Tourisme 166 E. dont 116 nus, dont 35 GCC.
ap. 22 h 30, CV . A 2 km : Locations : , roulotte. couverte chauffée , , . Lac à 500 m ; rivière à 2 km. Ouvert: 1.4 / 15.9. ☎ 02 47 73 31 00. E-mail : info@mignardiere.com. Web : www.mignardiere.com. Prix 2023. Fft jour : empl. Tourisme (2) : 29 € ( ) ; sup 6,40 € ; animaux 2,50 €. Réduction H.S.
Lat. : 47° 21' 19" N **Long. :** 000° 38' 02" E.

BARROU

6-E3 38 km S.-O. Loches. 106 m. ✉ 37350

LES RIOMS ★★ Tourisme 24 E. dont 13 nus CV . Locations : . chauffée , . Accès direct à la rivière. . Ouvert: 11.3 / 14.10. ☎ 02 47 94 53 07. E-mail : contact@camping-lesrioms.com. Web : www.camping-lesrioms.com.
Lat. : 46° 51' 46" N **Long. :** 000° 45' 32" E.

BLERE

6-F2 25 km S.-E. Tours. 89 m. Village de neige ✉ 37150

LA GATINE ★★★ Tourisme 199 E.
2,78 ha CV , , . Accès direct à la rivière. . Accueil groupes. Ouvert: 8.4 / 16.10. ☎ 02 47 57 92 60. E-mail : campinglagatine@onlycamp.fr. Web : www.onlycamp.fr.
Lat. : 47° 19' 41" N **Long. :** 000° 59' 49" E.
FFCC : avantages adhérent : 10% du 07/04 au 08/07 et du 28/08 au 01/1010% du 07/04 au 08/07 et du 28/08 au 01/10 sur emp. et loc. + 5% saison (juillet/aout) sur les emplacements nus et locatifs *Frais de réservations offerts toute lannée.

BOURGUEIL

6-D2 17 km N.-O. Chinon. 65 m. Station verte de vacances et village de neige ✉ 37140

CAMPING MUNICIPAL DE BOURGUEIL ★★★ Tourisme 76 E. 2 ha CV. couverte , . Accès direct à l'étang et à la rivière. ; . Accueil groupes. Ouvert: 15.5 / 15.9. ☎ 02 47 97 85 62. E-mail : contact@bourgueil.fr. Web : www.bourgueil.fr.
Lat. : 47° 16' 25" N **Long. :** 000° 10' 01" E.

BREHEMONT

6-E2 20 km N.-E. Chinon. 37 m. ✉ 37130

LOIRE ET CHATEAUX ★★★★ Tourisme 75 E. dont 53 nus
CV . chauffée . Rivière à 400 m. Accueil groupes. Ouvert: 1.2 / 15.11. ☎ 09 88 28 24 85. E-mail : camping@loireetchateaux.com. Web : www.loireetchateaux.com.
Lat. : 47° 17' 26" N **Long. :** 000° 21' 11" E.

BRIDORE

6-F3 16 km S.-E. Loches. 113 m. ✉ 37600

AIRE NATURELLE MUNICIPALE . Ouvert: 4.7 / 30.8. ☎ 02 47 94 72 65. E-mail : mairie.bridore@wanadoo.fr.
Lat. : 47° 01' 41" N **Long. :** 001° 04' 16" E.

CANDES-SAINT-MARTIN

6-D3 17 km O. Chinon. 67 m. ✉ 37500

CAMPING BELLE RIVE ★★ Tourisme 58 E.
2 ha CV . Locations : , , , . Accès direct à la rivière.. Accueil groupes. Ouvert: 15.4 / 30.9. ☎ 02 47 97 46 03. E-mail : contact@camping-candes.fr. Web : www.camping-candes.fr.
Lat. : 47° 12' 28" N **Long. :** 000° 04' 51" E.
FFCC : avantages adhérent : 16 € du 15/04 au 30/06 et du 05/09 au 15/10 sur emp. et entre 30 € et 60 € la nuitée du 15/04 au 15/10 sur loc.

CHARGE

6-F2 23 km E. Tours. 90 m. ✉ 37530

CAMPING MUNICIPAL NC Tourisme 66 E.
3 ha CV , . Rivière à 50 m. ; . Accueil groupes enfants. Ouvert: 23.6 / 27.9. ☎ 02 47 57 04 22. E-mail : mairie@village-charge.fr.
Lat. : 47° 26' 07" N **Long. :** 001° 01' 48" E.
FFCC : avantages adhérent : 10% du 08/04 au 17/0910% du 08/04 au 17/09 sur emp. et loc.

CHATEAU-LA-VALLIERE

6-E2 32 km N.-O. Tours. 91 m. Station verte de vacances et village de neige ✉ 37330

LE VAL JOYEUX ★★★ Tourisme 52 E. dont 44 nus 1 ha CV. Randonnée pédestre organisée. Accès direct à la rivière ; lac à 100 m. Accueil groupes. Ouvert: 27.4 / 4.9. ☎ 02 47 24 04 93. E-mail : campinglevaljoyeux@onlycamp.fr. Web : www.onlycamp.fr/camping-du-val-joyeux/. Réduction H.S.
Lat. : 47° 32' 40" N **Long.** : 000° 18' 49" E.

FFCC : avantages adhérent : 10% du 17/05 au 08/07 et du 28/08 au 10/0910% du 17/05 au 08/07 et du 28/08 au 10/09 sur emp. et loc. + 5% saison (juillet/aout) sur les emplacements nus et locatifs *Frais de réservations offerts toute lannée.

CHATEAU-RENAULT

6-F2 28 km N.-E. Tours. 106 m. ✉ 37110

CAMPING DE MON VILLAGE ★★ Tourisme 72 E. dont 72 nus 3,5 ha, Accès direct à la rivière.. Ouvert: 1.7 / 31.8. ☎ 01 83 64 69 21. E-mail : contact@campingcarpark.com. Web : www.campingcarpark.com/. Prix 2022.
Lat. : 47° 35' 34" N **Long.** : 000° 54' 25" E.

CHEMILLE-SUR-INDROIS

6-F3 13 km N.-E. Loches. 118 m. Village de neige ✉ 37460

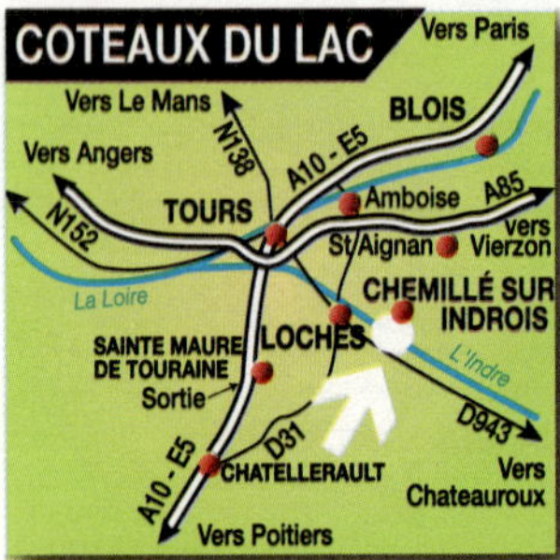

LES CÔTEAUX DU LAC ★★★★ Tourisme 87 E. dont 45 nus CV. Locations : . Espace Fitness. chauffée. Lac et rivière à 20 m.. Accueil groupes. Ouvert: 26.3 / 15.10. ☎ 02 47 92 77 83. E-mail : lescoteauxdulac@wanadoo.fr. Web : www.lescoteauxdulac.com. Réduction H.S.
Lat. : 47° 09' 28" N **Long.** : 001° 09' 35" E.

CHINON

6-E3 46 km N.-O. Tours. 58 m. Station verte de vacances et village de neige ✉ 37500

CAMPING DE L'ÎLE AUGER ★★★ Tourisme 198 E. dont 183 nus 4,5 ha CV. Locations : . Accès direct à la rivière. Accueil groupes. Ouvert: 1.4 / 31.10. ☎ 02 47 93 08 35. E-mail : info@camping-chinon.com. Web : entreprisefrery.fr/chinon/. Prix 2022. Fft jour : empl. Tourisme (2) : 18,5 € ; sup 4 € ; animaux 1,50 € ; 2,50 €.
Lat. : 47° 09' 50" N **Long.** : 000° 14' 07" E.

CHISSEAUX

6-F2 33 km E.-S.-E. Tours. 111 m. ✉ 37150

YOURTE AND SPA P.R.L ★★★ NN12 E. Locations : , roulotte. Ouvert: 1.4 / 29.8. ☎ 02 47 30 29 62. E-mail : contact@yourte-and-spa.fr. Web : www.yourte-and-spa.fr.
Lat. : 47° 20' 36" N **Long.** : 001° 06' 24" E.

CAMPING DE L'ÉCLUSE NC Tourisme 53 E. dont 48 nus 0,8 ha CV. Locations : . Accès direct à la rivière. Accueil groupes. Ouvert: 20.4 / 14.9. ☎ 06 42 66 60 11. E-mail : atgh37150@gmail.com.
Lat. : 47° 19' 45" N **Long.** : 001° 05' 14" E.

CHOUZE-SUR-LOIRE

6-D2 16 km N.-O. Chinon. 29 m. ✉ 37140

CAMPING DES BORDS DE LOIRE ★ Tourisme 100 E. dont 100 nus 1,5 ha CV. Locations : . Accès direct à la rivière. ; . Accueil groupes. Ouvert: 15.6 / 15.9. ☎ 07 57 45 11 71. E-mail : mairie@chouzesurloire.fr. Web : www.chinon-vienne-loire.fr/. Prix 2022. Fft jour : empl. Tourisme (2 O) : 10 € ( ) ; sup 3,50 € ; 3,50 €.
Lat. : 47° 13' 49" N **Long.** : 000° 06' 46" E.

CINQ-MARS-LA-PILE

6-E2 55 km N.-E. Chinon. 68 m. ✉ 37130

CAMPING MUNICIPAL LE PARC NC Tourisme 33 E. 1 ha . Randonnée pédestre organisée. . Etang et rivière à 1 km. Accueil groupes. Ouvert: 1.6 / 30.9. ☎ 06 27 86 63 91. E-mail : mairie@cinqmarslapile.fr. Web : www.cinq-mars-la-pile.fr. Prix 2022. Fft jour : empl. Tourisme (1) : 4,78 € ( ) ; sup 2,48 € ; 1,25 € ; 3,60 €.
Lat. : 47° 20' 39" N **Long.** : 000° 27' 12" E.

CIVRAY-DE-TOURAINE

6-F2 30 km E.-S.-E. Tours. 97 m. ✉ 37150

CAMPING RIVER CAMP NC Tourisme 50 E. 1,2 ha CV. Locations : . Accès direct à la rivière. Ouvert: 1.6 / 30.9. ☎ 02 47 30 29 05. E-mail : contact@river-camp.fr. Web : www.canoe-company.fr/presentationcamping/.
Lat. : 47° 19' 37" N **Long.** : 001° 02' 31" E.

CLERE-LES-PINS

6-E2 37 km N.-E. Chinon. 99 m. ✉ 37340

CLUB DU SOLEIL DE TOURAINE ★★ Loisirs 100 E. Rés. naturiste. Randonnée pédestre organisée. Ouvert: 15.6 / 1.9. ☎ 02 34 37 66 26. E-mail : cstouraine@sfr.fr. Web : cstouraine.fr.
Lat. : 47° 24' 44" N **Long.** : 000° 23' 25" E.

CORMERY

6-F2 19 km S.-E. Tours. 80 m. ✉ 37320

CARAVANE PALACE NC 33 E. dont 40 nus 0,80 ha . Locations : caravane. Rivière à 100 m.. Accueil groupes. Ouvert: 6.4 / 29.9. ☎ 0631987371. E-mail : cormery@gmail.com. Web : www.cormery.fr/index.php?page=article&id_categorieA=5&id_article=409.
Lat. : 47° 16' 07" N **Long.** : 000° 49' 60" E.

CROUZILLES

6-E3 17 km S.-E. Chinon 58 m. ✉ 37220

CAMPING DU MOULIN DE SAUSSAYE ★ Tourisme 25 E. dont 19 nus CV. Locations : . Accès direct à la rivière.. Accueil groupes adultes. Ouvert: 30.4 / 15.10. ☎ 02 47 58 50 44. E-mail : info@moulindesaussaye.com. Web : www.moulindesaussaye.com. Prix 2022. empl. Tourisme : 4,90 € nuit ; 4,80 € nuit ; animaux 1,60 € nuit ; 3,50 € nuit.
Lat. : 47° 07' 46" N **Long.** : 000° 25' 43" E.

DESCARTES

6-E3 32 km S.-O. Loches. 84 m. ✉ 37160

CAMPING MUNICIPAL DE LA ROSERAIE ★★ Tourisme 54 E. dont 54 nus 1 ha CV. Locations : . Randonnée pédestre organisée. chauffée . Accès direct à la rivière. Accueil groupes. Ouvert: 1.5 / 30.9. ☎ 02 47 59 85 90. E-mail : camping@ville-descartes.fr. Web : www.ville-descartes.fr.
Lat. : 46° 58' 10" N **Long.** : 000° 41' 54" E.

FRANCUEIL

6-F2 35 km S.-E. Tours. 92 m. ✉ 37150

LE MOULIN FORT ★★★ Tourisme 115 E. dont 115 nus 3 ha CV. Randonnée pédestre organisée. Accès direct à la rivière. Ouvert: 7.5 / 27.9. ☎ 02 47 23 86 22. E-mail : lemoulinfort@wanadoo.fr. Web : www.lemoulinfort.com. Prix 2023. Fft nuit : empl. Tourisme (2) : 26 € ( ). Réduction H.S.
Lat. : 47° 19' 39" N **Long.** : 001° 05' 18" E.

L'ILE-BOUCHARD

6-E3 16 km S.-E. Chinon. 37 m. ✉ 37220

LES BORDS DE VIENNE NC Tourisme 90 E. dont 86 nus 2 ha 22 h / 7 h, CV. Locations : . Accès direct à la rivière. ; . Accueil groupes. Ouvert: 15.3 / 15.10. ☎ 02 47 95 23 59. E-mail : info@campingbordsdevienne.com. Web : campingbordsdevienne.com.
Lat. : 47° 07' 18" N **Long.** : 000° 25' 43" E.

LA CHAPELLE-SUR-LOIRE

6-E2 17 km N. Chinon. 34 m. ✉ 37140

CAMPING MUNICIPAL NC Tourisme 22 E. dont 22 nus . Accès direct à l'étang et à la rivière. Ouvert: 1.5 / 15.9. ☎ 02 47 97 33 91. E-mail : contact@la-chapelle-sur-loire.fr. Web : www.la-chapelle-sur-loire.fr.
Lat. : 47° 14' 56" N **Long.** : 000° 13' 18" E.

LA VILLE-AUX-DAMES

6-F2 6 km E. Tours. 49 m. ✉ 37700

LES ACACIAS ★★★ Tourisme 88 E. dont 55 nus 3,5 ha . A 5 km : Locations : . Rivière à 100 m. Accueil groupes. Ouvert: 1.1 / 31.12. ☎ 02 47 44 08 16. E-mail : contact@camping-tours.fr. Web : www.camping-tours.fr. Prix 2023. Fft jour : empl. Tourisme (2) : 24 € ( ). Réduction H.S.
Lat. : 47° 24' 08" N **Long.** : 000° 46' 43" E.

LANGEAIS

6-E2 30 km N.-E. Chinon. 83 m. ✉ 37130

CAMPING MUNICIPAL DU LAC ★★ Tourisme 80 E. dont 80 nus CV. chauffée. Rivière à 100 m ; lac à 50 m. Accueil groupes. Ouvert: 26.5 / 25.9. ☎ 02 47 96 85 80. E-mail : camping.langeais@orange.fr. Web : www.langeais.fr. Prix 2022. empl. Tourisme : 6 € ; 5 € ; 3 € ; 4 €. Réduction H.S.
Lat. : 47° 19' 48" N **Long.** : 000° 25' 05" E.

LE GRAND-PRESSIGNY

6-F3 31 km S.-O. Loches. 98 m. Station verte de vacances et village de neige ✉ 37350

CAMPING MUNICIPAL ★★ Tourisme 35 E. dont 33 nus 1,4 ha CV. Locations : . chauffée. Accès direct à la rivière.. Accueil groupes. Ouvert: 9.4 / 30.9. ☎ 02 47 94 90 37. E-mail : le-grand-pressigny@wanadoo.fr. Web : www.le-grand-pressigny.net. Prix 2022. empl. Tourisme : 3 € nuit ; 3 € nuit ; 2 € nuit ; 3,50 € nuit.
Lat. : 46° 55' 02" N **Long.** : 000° 48' 21" E.

LE LOUROUX

6-F3 19 km N.-O. Loches 109 m. ✉ 37240

FERME DE LA CHAUMINE . Ouvert: 1.5 / 15.10. ☎ 02 47 92 82 09. E-mail : bruno.baudoin@free.fr. Prix 2023. empl. Tourisme : 3,50 € ; 4 € ; 2,70 € ; 2,80 €.
Lat. : 47° 09' 47" N **Long.** : 000° 47' 13" E.

LIGUEIL

6-F3 18 km S.-O. Loches. 98 m. Station verte de vacances et village de neige ✉ 37240

CAMPING DE MON VILLAGE ★★ Tourisme 38 E. dont 38 nus 0,65 ha CV. chauffée, . Accès direct à la rivière. Ouvert: 1.7 / 31.8. ☎ 0 1 83 64 69 21. E-mail : contact@campingcarpark.com. Web : www.campingcarpark.com/. Prix 2022.
Lat. : 47° 02' 43" N **Long.** : 000° 49' 19" E.

CAMPING DE LA TOUCHE CV. Ouvert: 1.3 / 31.10. ☎ 02 47 59 54 94. E-mail : booking@theloirevalley.com, Web : www.theloirevalley.com. Réduction H.S.
Lat. : 47° 03' 18" N **Long.** : 000° 50' 42" E.

LIMERAY

6-F2 32 km N.-E. Tours. 80 m. ✉ 37530

LE JARDIN BOTANIQUE ★★★ Tourisme 66 E. dont 50 nus 1,5 ha CV. A 2 km : Locations : . couverte chauffée . Accès direct à la rivière. Accueil groupes. Ouvert: 9.4 / 1.10. ☎ 02 47 30 13 50. E-mail : campingjardinbotanique@wanadoo.fr. Web : www.camping-jardinbotanique.com. Prix 2022. Fft jour : empl. Tourisme (1) : 11 € ( ).
Lat. : 47° 26' 47" N **Long.** : 001° 02' 51" E.

LOCHES

6-F3 40 km S.-E. Tours. 109 m. ✉ 37600

LA CITADELLE ★★★★ Tourisme 139 E. dont 92 nus CV. Locations : . couverte chauffée . Accès direct à la rivière. . Accueil groupes. Ouvert: 7.4 / 24.9. ☎ 0 2 47 59 05 91. E-mail : reservation@grouperomanee.com. Web : www.lacitadelle.com.
Lat. : 47° 07' 22" N **Long.** : 001° 00' 07" E.

LUYNES

6-E2 12 km O. Tours. 84 m. Station verte de vacances et village de neige ✉ 37230

LES GRANGES ★★★ Tourisme 64 E. dont 30 nus CV. Locations : . couverte chauffée . Rivière à 700 m. Accueil groupes. Ouvert: 15.4 / 1.11. ☎ 02 47 55 79 05. E-mail : reception@campinglesgranges.fr. Web : www.campinglesgranges.fr. Réduction H.S.
Lat. : 47° 22' 53" N **Long.** : 000° 33' 35" E.
FFCC : avantages adhérent : 10% du 08/04 au 07/07 et du 11/09 au 30/09 sur emp. et 10% du 08/04 au 07/07 et du 11/09 au 30/09 - Offres locatifs hors pentecôte et ascension sur loc.

MARCILLY-SUR-VIENNE

6-E3 33 km S.-E. Chinon 64 m. ✉ 37800

LA CROIX DE LA MOTTE ★★ Tourisme 63 E. 1,5 ha CV. Locations : . . Accès direct à la rivière ; étang à 2 km. ; . Accueil groupes. Ouvert: 15.6 / 15.9. ☎ 02 47 65 20 38. E-mail : contact@cc-tvv.fr. Web : www.cc-tvv.fr/camping-la-croix-de-la-motte/.
Lat. : 47° 03' 07" N **Long.** : 000° 32' 33" E.

MONTBAZON

6-E2 12 km S. Tours. 68 m. Station verte de vacances et village de neige ✉ 37250

LA VALLÉE DE L'INDRE ★★★ Tourisme 104 E. dont 100 nus, dont 8 GCC. 3 ha CV. Locations : , . , , . Accès direct à la rivière. . Ouvert: 7.4 / 3.10. ☎ 02 47 26 06 43. E-mail : contact@camping-montbazon.com. Web : www.camping-montbazon.com. Prix 2023. Fft nuit : empl. Tourisme (2) : 22 € ( ) ; sup 5 € nuit ; animaux 2 € nuit ; 4 € nuit ; E. GCC 32 € nuit.
Lat. : 47° 17' 25" N **Long.** : 000° 42' 59" E.
FFCC : avantages adhérent : 16 € du 07/04 au 30/06 et du 25/08 au 15/10 sur emp.

MONTLOUIS-SUR-LOIRE

6-F2 11 km E. Tours. 70 m. ✉ 37270

CAMPING DE MONTLOUIS-SUR-LOIRE ★★★ Tourisme 85 E. dont 73 nus CV. Locations : . Rivière à 100 m. Accueil groupes. Ouvert: 3.4 / 22.10. ☎ 02 47 50 81 90. E-mail : marketing@aquadis-loisirs.com. Web : www.aquadis-loisirs.com/camping-nature/camping-de-montlouis-sur-loire. Prix 2023. Fft nuit : empl. Tourisme (2) : 21,9 € ( ). Réduction H.S.
Lat. : 47° 23' 39" N **Long.** : 000° 48' 41" E.
FFCC : avantages adhérent : 17 € du 03/04 au 08/07 et du 26/08 au 22/10 sur emp.

MOSNES

6-F2 34 km E. Tours. 92 m. ✉ 37530

LA POTERIE ★★ Tourisme 43 E. dont 27 nus 1 ha CV. Locations : , kota, . , . Accès direct à la rivière.. Ouvert: 30.3 / 19.10. ☎ 02 47 30 50 11. E-mail : campinglapoterie37@gmail.com. Web : www.camping-la-poterie-37.com.
Lat. : 47° 27' 43" N **Long.** : 001° 05' 47" E.

NAZELLES-NEGRON

6-F2 24 km E. Tours. 77 m. ✉ 37530

LES PATIS ★★★ Tourisme 60 E. dont 59 nus 1,36 ha CV. Locations : , caravane. , . Accès direct à l'étang et à la rivière.. Accueil groupes. Ouvert: 4.4 / 30.9. ☎ 06 98 10 29 71. E-mail : camping-lespatis@wildbed.fr. Web : www.wildbed.fr. Réduction H.S.
Lat. : 47° 25' 53" N **Long.** : 000° 57' 17" E.

PANZOULT

6-E3 12 km E. Chinon. 85 m. ✉ 37220

M. FRANÇOIS CAILLÉ . Ouvert: 1.5 / 1.11. ☎ 02 47 95 26 37. E-mail : caille37@wanadoo.fr, Web : www.vignoblecaille.com.
Lat. : 47° 08' 25" N **Long.** : 000° 23' 16" E.

PREUILLY-SUR-CLAISE

6-F4 35 km S. Loches. 119 m. ✉ 37290

CAMPING MUNICIPAL DU BORD DE CLAISE ★★★ Tourisme 38 E. dont 10 nus 1,5 ha CV. Locations : . Randonnée pédestre organisée. chauffée , , , . Etang et rivière à 10 m.. Accueil groupes. Ouvert: 1.6 / 30.9. ☎ 06 76 49 85 22. E-mail : info@preuillysurclaise.fr. Web : www.preuillysurclaise.fr/camping-des-bords-de-claise.
Lat. : 46° 51' 10" N **Long.** : 000° 55' 34" E.

RICHELIEU

6-E3 20 km S.-S.-E. Chinon. 59 m. Station verte de vacances et village de neige ✉ 37120

LE CARDINAL NC Tourisme 33 E. dont 25 nus, dont 4 GCC. CV. Locations : . chauffée . Etang à 50 m.. Accueil groupes adultes. Ouvert: 2.4 / 30.9. ☎ 09 67 75 32 80 / 06 81 14 03 31. E-mail : campinglecardinal37@orange.fr. Web : www.villacottage.fr.
Lat. : 47° 00' 26" N **Long.** : 000° 19' 13" E.

RIGNY-USSE

6-E3 13 km N.-E. Chinon. 72 m. ✉ 37420

CAMPING MUNICIPAL DE LA BLARDIÈRE ★★ Tourisme 52 E. dont 52 nus 0,6 ha CV. Locations : . , . Accès direct à l'étang et à la rivière.. Accueil groupes. Ouvert: 21.5 / 27.9. ☎ 02 47 95 08 50. E-mail : accueilmairie@rigny-usse.fr. Web : www.camping-rigny-usse.com. Prix 2022. Fft jour : empl. Tourisme (2) : 15 € ( ) ; sup 3,50 € ; 4 €.
Lat. : 47° 15' 12" N **Long.** : 000° 18' 10" E.

RILLE

6-E2 37 km O. Tours. 86 m. ✉ 37340

VILLAGE HUTTOPIA LAC DE RILLÉ ★★★ Tourisme 100 E. CV. Locations : , . Randonnée pédestre organisée. chauffée , , . Accès direct aux bords du lac. . Accueil groupes. Ouvert: 7.4 / 6.11. ☎ 02 47 24 62 97. E-mail : rille@huttopia.com. Web : europe.huttopia.com/site/camping-rille/.
Lat. : 47° 27' 27" N **Long.** : 000° 13' 06" E.

RIVARENNES

6-E2 16 km N.-E. Chinon. 79 m. ✉ 37190

LES TERRASSES DE RIVARENNES ★★★ Tourisme 24 E. Locations : . Ouvert: 1.1 / 31.12. ☎ 02 47 95 70 12. E-mail : contact@camping-les-terrasses-de-rivarennes.com. Web : www.camping-les-terrasses-de-rivarennes.com.
Lat. : 47° 16' 06" N **Long.** : 000° 21' 04" E.

SAINT-AVERTIN

6-E2 4 km S.-E. Tours. 83 m. ✉ 37550

TOURS VAL DE LOIRE ★★★★ Tourisme 110 E. dont 90 nus 2,4 ha CV. A 4 km : Locations : bivouac. Accès direct aux bords du lac et à la rivière. Accueil groupes. Ouvert: 4.2 / 18.9. ☎ 02 47 27 87 47. E-mail : campingtoursvaldeloire@onlycamp.fr. Web : www.onlycamp.fr.
Lat. : 47° 22' 14" N **Long.** : 000° 43' 23" E.
FFCC : avantages adhérent : 10% du 10/02 au 08/07 et du 28/08 au 05/11 sur emp. et 10% du 10/02 au 08/07 et du 28/08 au 17/09 sur loc. + 5% saison (juillet/aout) sur les emplacements nus et locatifs *Frais de réservations offerts toute lànnée.

SAINT-EPAIN

6-E3 24 km E. Chinon. 98 m. ✉ 37800

LE BOIS FLEURI CV. A 5 km : . Ouvert: 1.5 / 30.9. ☎ 02 47 65 67 73. E-mail : boisfleuri@wanadoo.fr, Web : www.camping-loire-touraine.com. Prix 2023. Fft nuit : empl. Tourisme (2) : 16,5 € ( ) ; sup 4,20 € nuit ; animaux 1,50 € nuit ; 2,50 € nuit. Réduction H.S.
Lat. : 47° 10' 14" N **Long.** : 000° 37' 03" E.
FFCC : avantages adhérent : 15 € du 01/05 au 30/06 sur emp. et entre 50 € et 80 € la nuitée du 01/05 au 30/06 sur loc.

SAINTE-CATHERINE-DE-FIERBOIS

6-E3 33 km E. Chinon. 116 m. ✉ 37800

PARC DE FIERBOIS ★★★★★ Tourisme 396 E. dont 175 nus
25 ha. Locations : cabanes. Espace Fitness. couverte chauffée , , , , . Accès direct aux bords du lac. ; . Accueil groupes adultes. Ouvert: 26.4 / 3.9. ☎ 02 47 65 43 35. E-mail : contact@fierbois.com. Web : www.fierbois.com. Prix 2022. Fft jour : empl. Tourisme (2) : 21 € ( ) ; sup 7 € ; animaux 3 € ; 5 €.
Lat. : 47° 08′ 55″ N **Long.** : 000° 39′ 16″ E.
FFCC : avantages adhérent : 10% du 26/04 au 30/06 sur emp. + Rendez-vous dans votre club avantages FFCC pour obtenir le code promotionnel et réserver ou sur présentation de la carte de membre FFCC.

SAINTE-MAURE-DE-TOURAINE

6-E3 32 km E.-S.-E. Chinon. 104 m. ✉ 37800

CAMPING MUNICIPAL DU PARC ROBERT GUIGNARD ★★ Tourisme 66 E. dont 62 nus, dont 62 GCC. 1 ha CV . Locations : . , , . Accès direct à l'étang et à la rivière.. Accueil groupes. Ouvert: 20.6 / 31.10. ☎ 02 47 65 44 93 / 06 85 39 36 68. E-mail : camping@sainte-maure-de-touraine.fr. Web : www.sainte-maure-de-touraine.fr/editorial/153/camping-municipal.html.
Lat. : 47° 06′ 16″ N **Long.** : 000° 37′ 34″ E.

SAVIGNY-EN-VERON

6-D3 9 km O. Chinon. 33 m. ✉ 37420

LA FRITILLAIRE ★★★ Tourisme 95 E. dont 82 nus, dont 23 CC.
2,5 ha CV . Locations : , . Randonnée pédestre organisée. . Etang à 300 m ; rivière à 2 km ; lac à 3 km.. Accueil groupes. Ouvert: 29.4 / 30.9. ☎ 02 47 58 03 79. E-mail : lafritillaire@orange.fr. Web : campinglafritillaire.com. Prix 2022. Fft jour : empl. Tourisme (2) : 19,8 € ( )
Lat. : 47° 12′ 01″ N **Long.** : 000° 08′ 24″ E.
FFCC : avantages adhérent : 17.30 € du 29/04 au 30/06 et du 29/08 au 30/09 sur emp. et entre 22 € et 55 € la nuitée et entre 154 € et 318 € la semaine du 29/04 au 30/06 et du 29/08 au 30/09 sur loc.

SAVONNIERES

6-E2 14 km S.-S.-O. Tours. 67 m. ✉ 37510

LA CONFLUENCE ★★★ Tourisme 64 E. dont 64 nus
1,2 ha CV . Locations : bivouac, tonneau. Randonnée pédestre organisée. , , . Accès direct à la rivière.. Accueil groupes. Ouvert: 29.4 / 2.10. ☎ 02 47 50 00 25. E-mail : campinglaconfluence@onlycamp.fr. Web : www.onlycamp.fr.
Lat. : 47° 21′ 00″ N **Long.** : 000° 32′ 58″ E.
FFCC : avantages adhérent : 10% du 14/04 au 08/07 et du 28/08 au 01/1010% du 14/04 au 08/07 et du 28/08 au 01/10 sur emp. et loc. + 5% saison (juillet/aout) sur les emplacements nus et locatifs *Frais de réservations offerts toute lannée.

SONZAY

6-E2 24 km N.-O. Tours. 115 m. ✉ 37360

L'ARADA PARC ★★★★ Tourisme 97 E. dont 56 nus
0,6 ha CV . Locations : , , , cocosweet. couverte chauffée , , . . Accueil groupes adultes. Ouvert: 8.4 / 30.9. ☎ 02 47 24 72 69. E-mail : info@laradaparc.com. Web : www.laradaparc.com. Prix 2022. Fft jour : empl. Tourisme (2) : 35 € (E. CC) ; sup 6,90 € ; 5,70 €. Réduction H.S.
Lat. : 47° 31′ 35″ N **Long.** : 000° 27′ 03″ E.
FFCC : avantages adhérent : 16 € du 06/04 au 07/07 et du 02/03 au 01/10 sur emp.

TROGUES

6-E3 22 km S.-E. Chinon. 67 m. ✉ 37220

LA ROLANDIERE ★★★★ Tourisme 30 E. dont 30 nus
2 ha CV . Espace Fitness. . Rivière à 1 km. . Accueil groupes adultes. Ouvert: 2.5 / 15.9. ☎ 02 47 58 53 71. E-mail : contact@larolandiere.com. Web : www.larolandiere.com. Réduction H.S.
Lat. : 47° 06′ 27″ N **Long.** : 000° 30′ 40″ E.

PARC DES ALLAIS ★★★ Tourisme 303 E.
8 ha CV . Locations : . couverte chauffée , , . Accès direct à l'étang. . Accueil groupes adultes. Ouvert: 6.4 / 15.9. ☎ 04 30 05 15 19. E-mail : info@tohapi.fr. Web : www.tohapi.fr/centre/camping-parc-des-allais.php.
Lat. : 47° 05′ 54″ N **Long.** : 000° 30′ 07″ E.

VEIGNE

6-E2 13 km S. Tours. 119 m. ✉ 37250

LA NOUVELLE PLAGE ★★★ Tourisme 110 E. dont 85 nus, dont 5 CC. 2,5 ha CV. Locations : caravane. chauffée , . Accès direct à la rivière. ; . Accueil groupes. Ouvert: 4.4 / 31.10. ☎ 02 47 34 95 39. E-mail : campinglanouvelleplage@gmail.com. Web : www.campinglanouvelleplage-veigne.com.
Lat. : 47° 17' 21" N **Long.** : 000° 43' 58" E.

VILLAINES-LES-ROCHERS

6-E3 24 km N.-E. Chinon. 97 m. ✉ 37190

CAMPING MUNICIPAL NC Tourisme 33 E. dont 33 nus 0,6 ha . Accueil groupes. Ouvert: 15.5 / 30.9. ☎ 02 47 45 43 08. E-mail : mairie-villaines-37@orange.fr.
Lat. : 47° 13' 13" N **Long.** : 000° 29' 50" E.

VILLEDOMER

6-F2 30 km N.-E. Tours 120 m. ✉ 37110

L'ORANGERIE DE BEAUREGARD P.R.L ★★★★★ 133 E.
5 ha . Locations : cabanes, tonneau. chauffée . Ouvert: 3.6 / 14.9. ☎ 09 51 40 51 43. E-mail : contact@orangeriedebeauregard.com. Web : www.orangeriedebeauregard.com.
Lat. : 47° 32' 22" N **Long.** : 000° 53' 07" E.

VOUVRAY

6-F2 9 km N.-E. Tours 92 m. ✉ 37210

CAMPING MUNICIPAL LE BEC DE CISSE ★★ Tourisme 39 E. dont 33 nus, dont 29 CC. CV. Locations : . , . Accès direct à la rivière. . Ouvert: 30.4 / 2.10. ☎ 02 47 76 07 22. E-mail : camping-vouvray@gmail.com. Web : camping-vouvray.com.
Lat. : 47° 24' 29" N **Long.** : 000° 47' 48" E.

YZEURES-SUR-CREUSE

6-F4 80 km S.-E. Tours. 95 m. Station verte de vacances et village de neige ✉ 37290

LES BORDS DE CREUSE ★ Tourisme 126 E.
1,5 ha CV . . Accès direct à la rivière.. Accueil groupes. Ouvert: 26.5 / 11.9. ☎ 0 2 47 94 48 32. E-mail : campinglesbordsdecreuse@onlycamp.fr. Web : www.onlycamp.fr/camping-les-bords-de-creuse. Prix 2022. empl. Tourisme : 15,10 € nuit ; 3,90 € nuit ; 2,80 € nuit ; animaux 1,80 € nuit ; 2,50 € nuit ; 4,50 € nuit.
Lat. : 46° 46' 57" N **Long.** : 000° 52' 05" E.
FFCC : avantages adhérent : 10% du 28/04 au 08/07 et du 28/08 au 10/0910% du 28/04 au 08/07 et du 28/08 au 10/09 sur emp. et loc. + 5% saison (juillet/aout) sur les emplacements nus et locatifs *Frais de réservations offerts toute lànnée.

ISERE 38

Carte 11

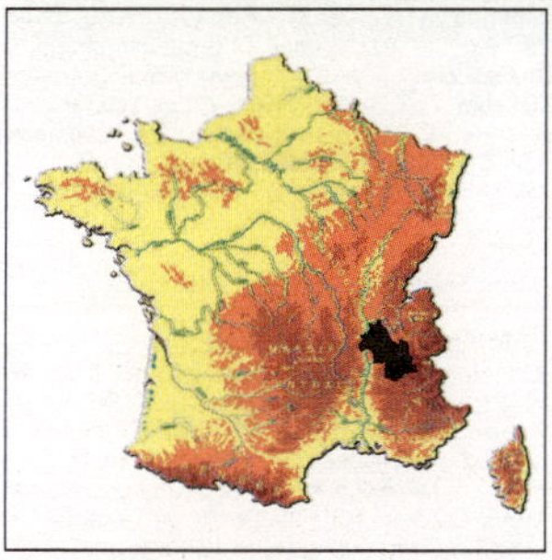

ALLEMOND

11-C3 45 km E. Grenoble. 1785 m. ✉ 38114

LES BOULEAUX ★★ Tourisme 50 E. CV. Ouvert: 27.5 / 9.9. ☎ 04 76 80 71 23. E-mail : campinglesbouleaux@wanadoo.fr. Web : www.campinglesbouleauxoisans.com.
Lat. : 45° 07' 20" N **Long.** : 006° 00' 50" E.

CAMPING MUNICIPAL LE PLAN ★ Tourisme 100 E. 0,29 ha . Locations : . , . Rivière à 10 m ; lac à 500 m ; étang à 2 km. . Ouvert: 1.5 / 30.9. ☎ 04 76 80 76 88. E-mail : info@camping-leplan-allemont.com. Web : www.camping-leplan-allemont.com.
Lat. : 45° 07' 45" N **Long.** : 006° 02' 27" E.

LE GRAND CALME ★ Tourisme 130 E. 2,5 ha CV . Locations : . Accès direct à la rivière ; étang et lac à 1 km.. Accueil groupes adultes. Ouvert: 1.5 / 30.9. ☎ 04 76 80 70 03. E-mail : info@campinglegrandcalme.com. Web : www.campinglegrandcalme.com.
Lat. : 45° 07' 38" N **Long.** : 006° 02' 08" E.

ALLEVARD

11-C2 40 km N.-E. Grenoble. 1223 m. ✉ 38580

CLAIR MATIN ★★★ Tourisme 177 E. dont 71 nus, dont 21 CC - 2 GCC.
CV . Locations : . . Lac à 350 m ; rivière à 700 m. . Accueil groupes. Ouvert: 22.4 / 15.10. ☎ 04 76 97 55 19. E-mail : contact@camping-clair-matin.com. Web : camping-clair-matin.com. Prix 2023. Fft nuit : empl. Tourisme (2) : 23,4 € ( ) ; sup 4,15 € nuit ; animaux 1 € nuit ; 3,15 € nuit ; 2,60 € nuit. Réduction H.S.
Lat. : 45° 23' 19" N **Long.** : 006° 03' 53" E.
FFCC : avantages adhérent : 10% du 29/04 au 08/07 et du 26/08 au 15/10 sur emp.

IDÉAL CAMPING ★★★ Tourisme 80 E. dont 62 nus
CV . Locations : . , . Accès direct aux bords du lac et à la rivière.. Ouvert: 22.4 / 8.10. ☎ 04 76 97 50 23. E-mail : accueil@ideal-camping.fr. Web : www.ideal-camping.fr. Prix 2023. 3,85 € ; animaux 1 €. Réduction H.S.
Lat. : 45° 24' 03" N **Long.** : 006° 04' 50" E.
FFCC : avantages adhérent : 17 € du 22/04 au 04/07 et du 21/08 au 08/10 sur emp.

LES TERRASSES DU COLLET NC Tourisme 50 E. 1,5 ha CV . Locations : . Randonnée pédestre organisée. chauffée. Accueil groupes. Ouvert: 1.1 / 31.12. ☎ 04 76 72 35 13. E-mail : lesterrassesducollet@orange.fr. Web : www.les-terrasses-du-collet.com. Réduction H.S.
Lat. : 45° 23' 33" N **Long.** : 006° 06' 22" E.

AUTRANS

11-B3 36 km O. Grenoble. 1271 m. ✉ 38880

LES 4 MONTAGNES ★★★★ Tourisme 96 E. dont 43 nus
CV . couverte chauffée . ; . Ouvert: 17.5 / 8.9. ☎ 04 76 95 33 44. E-mail : camping-au-joyeux-reveil@wanadoo.fr. Web : www.camping-au-joyeux-reveil.fr. Réduction H.S.
Lat. : 45° 10' 31" N **Long.** : 005° 32' 53" E.
FFCC : avantages adhérent : 10% du 11/05 au 30/06 et du 01/09 au 10/0910% du 11/05 au 30/06 et du 01/09 au 10/09 sur emp. et loc. + Rendez-vous dans votre club avantages FFCC pour obtenir le code promotionnel et réserver !.

LE VERCORS ★★★ Tourisme 68 E. dont 43 nus
CV . A 5 km : Locations : cabanes. Randonnée pédestre organisée. couverte chauffée . Accès direct à la rivière. . Accueil groupes. Ouvert: 21.12 / 8.3. ☎ 04 76 95 31 88. E-mail : contact@camping-du-vercors.fr. Web : www.camping-du-vercors.fr.
Lat. : 45° 10' 13" N **Long.** : 005° 32' 19" E.

AUTRANS-MEAUDRE EN VERCORS

11-B3 36 km S.-O. Grenoble. 1184 m. ✉ 38112

LES BUISSONNETS ★★★ Tourisme 117 E. 2 ha CV. Locations : . Rivière à 100 m. Ouvert: 15.12 / 15.10. ☎ 04 76 95 21 04. E-mail : camping-les-buissonnets@wanadoo.fr. Web : www.camping-les-buissonnets.com. Prix 2023. Fft jour : empl. Tourisme (2) : 21,1 € ( )
Lat. : 45° 07' 46" N **Long.** : 005° 31' 59" E.

LES EYMES ★★★ Tourisme 49 E. 1 ha CV. A 3 km : Locations : . chauffée , . Ouvert: 22.4 / 2.10. ☎ 04 76 95 24 85. E-mail : contact@camping-les-eymes.com. Web : www.camping-les-eymes.com. Prix 2022. Fft nuit : empl. Tourisme (2) : 17 € ( ). Réduction H.S.
Lat. : 45° 08' 40" N **Long.** : 005° 30' 55" E.
FFCC : avantages adhérent : 17 € du 22/04 au 02/07 et du 21/08 au 02/10 sur emp. et entre 65 € et 85 € la nuitée et entre 300 € et 765 € la semaine du 22/04 au 02/07 et du 21/08 au 02/10 sur loc.

AVIGNONET

11-C3 30 km S. Grenoble. 632 m. ✉ 38650

DOMAINE NATURISTE LE COURTIALET NC 32 E. dont 26 nus 5 ha CV Rés. naturiste. Locations : . Lac à 500 m. . Ouvert: 11.5 / 15.9. ☎ 06 15 64 28 00. E-mail : csgrenoble@orange.fr. Web : sites.google.com/site/campingnaturistelecourtialet/.
Lat. : 44° 56' 60" N **Long.** : 005° 40' 53" E.

BEAUREPAIRE

11-B2 30 km S.-E. Vienne. 274 m. ✉ 38270

CAMPING INTERCOMMUNAL ★★ Tourisme 48 E. dont 40 nus 1 ha CV. Locations : , , . Rivière à 100 m.. Accueil groupes. Ouvert: 15.4 / 15.10. ☎ 04 74 84 64 89. E-mail : camping.beaurepaire@orange.fr. Web : www.territoire-de-beaurepaire.fr.
Lat. : 45° 20' 17" N **Long.** : 005° 03' 36" E.

BEAUVOIR-EN-ROYANS

11-B3 35 km O.-S.-O. Grenoble. 356 m. ✉ 38160

LE CHÂTEAU DE BEAUVOIR ★ Loisirs 20 E. dont 8 nus, dont 17 CC - 11 GCC. CV .. Ouvert: 15.4 / 30.10. ☎ 06 23 42 35 32. E-mail : chateaudebeauvoir@wanadoo.fr. Prix 2023. empl. Tourisme : 5 € ; 5 € ; 2 € ; 3 €.
Lat. : 45° 07' 18" N **Long.** : 005° 20' 18" E.

BESSE

11-D3 72 km S.-E. Grenoble. 2201 m. ✉ 38142

AIRE NATURELLE MUNICIPALE CV. Ouvert: 1.7 / 31.8. ☎ 04 76 80 25 80. E-mail : mairie.besse38@orange.fr.
Lat. : 45° 04' 17" N **Long.** : 006° 10' 11" E.

BILIEU

11-B2 30 km N.-O. Grenoble. 592 m. ✉ 38850

CAMPING MUNICIPAL LE BORD DU LAC ★★★ Tourisme 65 E. . Accès direct aux bords du lac. . . Ouvert: 15.4 / 30.9. ☎ 04 76 06 67 00. E-mail : campinglebordulac@gmail.com. Web : www.camping-leborddulac-bilieu.fr.
Lat. : 45° 26' 45" N **Long.** : 005° 31' 51" E.

LES NOISETIERS NC Tourisme 10 E. Ouvert: 1.6 / 30.9. ☎ 06 81 40 40 63.
Lat. : 45° 26' 49" N **Long.** : 005° 32' 02" E.

BOUGE-CHAMBALUD

11-A2 26 km S. Vienne. 205 m. ✉ 38150

LE TEMPS LIBRE ★★★★ Tourisme 313 E. CV . Locations : . couverte chauffée , , . ; . Accueil groupes adultes. Ouvert: 26.4 / 8.9. ☎ 04 74 84 04 09. E-mail : temps-libre@capfun.com. Web : www.capfun.com.
Lat. : 45° 19' 30" N **Long.** : 004° 54' 02" E.

BOUVESSE-QUIRIEU

11-B1 30 km N. La Tour-du-Pin 254 m. ✉ 38390

LA CHEVRE VERTE . Ouvert: 15.1 / 15.12. ☎ 04 74 88 49 92. E-mail : lachevreverte@hotmail.com, Web : www.lachevreverte.com.
Lat. : 45° 47' 10" N **Long.** : 005° 24' 26" E.

CHANAS

11-A2 26 km S.-O. Vienne. 181 m. ✉ 38150

BEAUSEJOUR ★★★ Tourisme 50 E. dont 28 nus 1 ha CV . Locations : . . Rivière à 100 m. . Accueil groupes adultes. Ouvert: 1.3 / 30.10. ☎ 04 74 84 31 01. E-mail : beausejour38@hotmail.fr. Web : www.campingbeausejour.fr. Réduction H.S.
Lat. : 45° 18' 51" N **Long.** : 004° 49' 28" E.

CHARAVINES

11-B2 22 km S.-S.-E. La Tour-du-Pin. 557 m. Station verte de vacances et village de neige ✉ 38850

LES PLATANES ★★★ Tourisme 60 E. CV . A 4 km : Locations : . . Lac à 150 m. Accueil groupes enfants. Ouvert: 15.4 / 15.10. ☎ 04 76 06 64 70. E-mail : mairie@mairie-charavines.fr. Web : www.mairie-charavines.fr/camping-municipal-les-platanes.
Lat. : 45° 25' 52" N **Long.** : 005° 30' 55" E.

CAMPING ROBERT NC Tourisme 50 E. 2 ha . . Accès direct aux bords du lac. ; ; . Ouvert: 1.4 / 30.9. ☎ 04 76 55 66 77. E-mail : contact@camping-robert.com.
Lat. : 45° 26' 31" N **Long.** : 005° 30' 53" E.

CHATONNAY

11-B2 28 km S.-E. Vienne. 525 m. ✉ 38440

FERME DU GRAND GOULET CV . Ouvert: 15.4 / 15.10. ☎ 04 74 58 33 72 / 0 6 07 56 67 06. E-mail : camping-roy@gmail.com. Prix 2022. 6,50 € ; animaux 1 € ; 3,70 € ; 3,80 €.
Lat. : 45° 29' 33" N **Long.** : 005° 13' 16" E.

CHEYSSIEU

11-A2 14 km S. Vienne. 225 m. ✉ 38550

LES ETANGS ★ Tourisme 40 E. dont nus 2 ha . . Accès direct à l'étang ; rivière à 200 m.. Ouvert: 1.1 / 31.12. ☎ 04 74 84 91 33. E-mail : duclaux.anne-marie@orange.fr.
Lat. : 45° 25' 27" N **Long.** : 004° 51' 14" E.

CHORANCHE

11-B3 32 km N.-O. Grenoble. 525 m. ✉ 38680

LE GOUFFRE DE LA CROIX ★★★ Tourisme 57 E. dont 48 nus CV . Locations : . Randonnée pédestre organisée. , . Accès direct à la rivière. ; . Accueil groupes. Ouvert: 28.4 / 17.9. ☎ 04 76 36 07 13. E-mail : contact@camping-vercors.com. Web : www.camping-vercors.com. Réduction H.S.
Lat. : 45° 03' 53" N **Long.** : 005° 23' 36" E.

CAMPING MUNICIPAL LES MILLIERES NC Tourisme 20 E. 0,4 ha . . Accès direct à la rivière.. Ouvert: 1.3 / 31.10. ☎ 04 76 36 01 65. E-mail : mairie.dechoranche@wanadoo.fr.
Lat. : 45° 03' 57" N **Long.** : 005° 23' 35" E.

CLONAS-SUR-VAREZE

11-A2 16 km S.-O. Vienne. 199 m. ✉ 38550

LES NATIONS ★★★ Tourisme 40 E. dont 47 nus 1,5 ha CV . Locations : . . Ouvert: 16.3 / 15.10. ☎ 04 74 84 95 13. E-mail : contact@campingdesnations.com. Web : www.campingdesnations.com.
Lat. : 45° 24' 46" N **Long.** : 004° 48' 50" E.

COGNIN-LES-GORGES

11-B3 40 km O. Grenoble. 461 m. ✉ 38470

MME ÉLIANE BOUCHER-NEST . Ouvert: 1.4 / 15.10. ☎ 04 76 38 18 76. E-mail : enest@hotmail.fr, Web : www.la-chato.fr.
Lat. : 45° 10' 17" N **Long.** : 005° 24' 54" E.

CORPS

11-C4 63 km S.-E. Grenoble. 994 m. ✉ 38970

LAC DU SAUTET NC Tourisme 48 E. 3,5 ha CV. Locations : , . . Accès direct aux bords du lac. ; ; . . Accueil groupes. Ouvert: 15.5 / 15.9. ☎ 04 76 30 00 97. E-mail : camping-lacdusautet@sfr.fr. Web : www.camping-lacdusautet.com.
Lat. : 44° 48' 59" N **Long.** : 005° 55' 40" E.

CARAVANING ESSI DES AIRES NC Tourisme 16 E. 0,3 ha CV. Lac à 2 km. . Ouvert: 1.4 / 31.10. ☎ 04 76 30 03 85. E-mail : contact@paysdecorps.fr. Web : www.paysdecorps.fr.
Lat. : 44° 49' 08" N **Long.** : 005° 56' 32" E.

LA ROUILLIERE NC Tourisme 20 E. dont 20 nus 0,4 ha CV . Lac à 3 km. Ouvert: 15.6 / 30.8. ☎ 06 87 53 32 12. E-mail : nicole.corporon@orange.fr.
Lat. : 44° 49' 09" N **Long.** : 005° 56' 27" E.

ENTRAIGUES

11-C3 56 km S.-E. Grenoble. 1375 m. ✉ 38740

CAMPING MUNICIPAL LES VIGNEAUX ★★ Tourisme 31 E. CV. , . Rivière à 100 m ; lac à 4 km. . Ouvert: 1.5 / 30.9. ☎ 06 47 17 50 60. E-mail : mairie.entraigues38@orange.fr.
Lat. : 44° 54' 03" N **Long.** : 005° 56' 46" E.

ENTRE-DEUX-GUIERS

11-C2 35 km N. Grenoble 468 m. ✉ 38380

L'ARC EN CIEL ★★★ Tourisme 60 E. CV . Locations : . Espace Fitness. . Accès direct à la rivière. . Ouvert: 1.4 / 15.10. ☎ 04 76 66 06 97. E-mail : info@camping-arc-en-ciel.com. Web : www.camping-arc-en-ciel.com. Prix 2022. Fft jour : empl. Tourisme (2) : 16,5 € ( ) ; sup 4,90 € ; animaux 1,50 € ; 4 € ; 4,90 €. Réduction H.S.
Lat. : 45° 26' 04" N **Long.** : 005° 45' 18" E.

FARAMANS

11-B2 34 km S.-E. Vienne. 381 m. ✉ 38260

CAMPING DES EYDOCHES ★★★ Loisirs 62 E. dont 30 nus, dont 30 CC. 1 ha CV . Locations : . Randonnée pédestre organisée. chauffée , , . Accès direct à l'étang et à la rivière ; lac à 2,5 km.. Accueil groupes enfants. Ouvert: 1.3 / 30.10. ☎ 04 74 54 21 78. E-mail : campingdeseydoches@gmail.com. Web : camping-bievre-isere.com. Réduction H.S.
Lat. : 45° 23' 39" N **Long.** : 005° 10' 28" E.

GRESSE-EN-VERCORS

11-B3 45 km S.-O. Grenoble. 1534 m. ✉ 38650

LES 4 SAISONS ★★★ Tourisme 80 E. dont 68 nus CV . Locations : . chauffée. Rivière à 100 m. Ouvert: 22.12 / 31.3. ☎ 04 76 34 30 27. E-mail : camping-les4saisons@orange.fr. Web : www.camping-les4saisons.com. Prix 2022. Fft jour : empl. Tourisme (2) : 20,2 € ( ) ; sup 5,20 € ; animaux 2 € ; 4 € ; 4,60 €.
Lat. : 44° 53' 48" N **Long.** : 005° 33' 20" E.
FFCC : avantages adhérent : 20 € du 01/05 au 30/06 et du 01/09 au 15/10 sur emp.

HIERES-SUR-AMBY

11-B1 43 km N.-O. La Tour-du-Pin 235 m. ✉ 38118

CAMPING MUNICIPAL LE VAL D'AMBY NC Tourisme 42 E. CV . Locations : . Randonnée pédestre organisée. , . Accueil groupes. Ouvert: 1.4 / 31.10. ☎ 07 78 35 39 16. E-mail : campinglevaldamby@gmail.com.
Lat. : 45° 48' 10" N **Long.** : 005° 17' 60" E.

LA BALME-LES-GROTTES

11-B1 42 km N. La Tour du Pin. 221 m. ✉ 38390

DOMAINE BEAUSEJOUR ★★★ Tourisme 73 E. dont 35 nus

1 ha CV. A 4 km : chauffée. Accès direct à la rivière. ; Accueil groupes. Ouvert: 1.1 / 31.12. ☎ 04 74 90 67 47. E-mail : campingdomainebeausejour@wanadoo.fr. Web : campingdomainebeausejour.com. Réduction H.S.
Lat. : 45° 49' 56" N **Long.** : 005° 18' 02" E.

LA FERRIERE

11-C2 52 km N.-E. Grenoble. 1833 m. ✉ 38580

NEIGE ET NATURE ★★★ Tourisme 44 E. dont 40 nus

1,2 ha CV. Locations : . Randonnée pédestre organisée. chauffée , . Accès direct à la rivière ; lac à 4 km. . Accueil groupes adultes. Ouvert: 15.5 / 15.9. ☎ 04 76 45 19 84. E-mail : contact@neige-nature.fr. Web : www.neige-nature.fr. Réduction H.S.
Lat. : 45° 19' 08" N **Long.** : 006° 05' 02" E.

CAMPING GCU - LA FERRIERE ★★ Tourisme 39 E. . Ouvert: 28.6 / 31.8. ☎ 04 76 97 58 27. E-mail : gcu@gcu.asso.fr. Web : www.gcu.asso.fr.
Lat. : 45° 17' 43" N **Long.** : 006° 04' 39" E.

LA SALLE-EN-BEAUMONT

11-C4 50 km S.-E. Grenoble. 900 m. ✉ 38350

LE CHAMP LONG ★★★ Tourisme 87 E.

CV. Locations : . Randonnée pédestre organisée. chauffée , . Lac et rivière à 400 m. . Accueil groupes. Ouvert: 1.4 / 15.10. ☎ 04 76 30 41 81. E-mail : champlong38@orange.fr. Web : www.camping-champlong.com. Réduction H.S.
Lat. : 44° 51' 22" N **Long.** : 005° 50' 38" E.

LA TERRASSE

11-C2 23 km N.-E. Grenoble. 350 m. ✉ 38660

CAMPING DU LAC DE LA TERRASSE NC Tourisme 90 E. dont 84 nus 1 ha . Locations : . couverte , . Accès direct aux bords du lac et à la rivière. ; ; . Ouvert: 2.5 / 30.9. ☎ 04 76 08 28 68. E-mail : campinglacterrasse@gmail.com. Web : campinglacdelaterrasse.mystrikingly.com.
Lat. : 45° 19' 01" N **Long.** : 005° 56' 43" E.

LALLEY

11-C4 60 km S. Grenoble 1167 m. ✉ 38930

BELLE ROCHE ★★★ Tourisme 65 E. dont 50 nus

2,5 ha CV. Locations : . chauffée , , , . Rivière à 500 m.. Accueil groupes. Ouvert: 1.4 / 31.10. ☎ 04 76 34 75 33. E-mail : contact@campingbelleroche.com. Web : www.campingbelleroche.com. Réduction H.S.
Lat. : 44° 45' 18" N **Long.** : 005° 40' 45" E.

LANS-EN-VERCORS

11-B3 25 km S.-O. Grenoble. 1237 m. Station verte de vacances et village de neige ✉ 38250

BOIS SIGU ★★★ Loisirs 91 E. 0,4 ha . Ouvert: 1.1 / 31.12. ☎ 04 76 95 47 02. E-mail : bois.sigu@sfr.fr. Web : camping-lans-en-vercors.fr.
Lat. : 45° 07' 04" N **Long.** : 005° 35' 11" E.

LE BOURG-D'OISANS

11-C3 49 km S.-E. Grenoble. 1319 m. Station verte de vacances et village de neige ✉ 38520

A LA RENCONTRE DU SOLEIL ★★★★★ Tourisme 77 E. dont 50 nus

FFCC 1,6 ha CV. Locations : , roulotte, . couverte chauffée , . Ouvert: 1.5 / 30.9. ☎ 04 76 79 12 22. E-mail : contact@rencontresoleil.fr. Web : www.rencontre-du-soleil.com. Prix 2023. Fft nuit : empl. Tourisme (2) : 41,75 € ( ). Réduction H.S.
Lat. : 45° 03' 55" N **Long.** : 006° 02' 23" E.
FFCC : avantages adhérent : 10% du 28/04 au 30/06 et du 01/09 au 30/0910% du 28/04 au 30/06 et du 01/09 au 30/09 sur emp. et loc. + 10% hors juillet-août sur les emplacements nus et hébergements locatifs sur présentation de la carte ou rendez-vous dans votre club avantages FFCC pour obtenir le code promotionnel.

LA PISCINE ★★★★★ Tourisme 124 E. dont 80 nus

1,85 ha CV. Locations : . chauffée . Accès direct à la rivière.. Ouvert: 1.4 / 30.9. ☎ 04 76 80 02 41. E-mail : infos@camping-piscine.com. Web : www.camping-piscine.com. Prix 2023. 13 € ; 23 € ; 23 € ; 20 € ; animaux 5 € ; 7 €. Réduction H.S.
Lat. : 45° 03' 49" N **Long.** : 006° 02' 17" E.

BELLEDONNE ★★★★ Tourisme 172 E. dont 92 nus

FFCC 3,5 ha CV. Locations : . Randonnée pédestre organisée. chauffée . Rivière à 200 m ; lac à 2 km.. Accueil groupes adultes. Ouvert: 17.12 / 19.3. ☎ 09 70 73 10 38. E-mail : contact@rcn.fr. Web : www.rcn.fr. Prix 2023. Fft nuit : empl. Tourisme (2) : 53 € ( ). Réduction H.S.
Lat. : 45° 06' 47" N **Long.** : 006° 00' 30" E.
FFCC : avantages adhérent : 15% du 12/05 au 14/07 et du 19/08 au 24/0915% du 12/05 au 14/07 et du 19/08 au 24/09 sur emp. et loc. + Profitez de lôffre en réservant sur le site du partenaire au 09 70 73 10 38 ou rendez-vous sur votre Club avantages pour obtenir le code promotionnel. Offre non valable du 18/05 au 21/05, du 27/05 au 03/06 et du 22/06 au 26/06.

LA CASCADE ★★★★ Tourisme 118 E.

2,4 ha CV. chauffée . Rivière à 10 m. . Accueil groupes adultes. Ouvert: 15.12 / 30.9. ☎ 04 76 80 02 42. E-mail : lacascade@wanadoo.fr. Web : www.lacascadesarenne.com/. Réduction H.S.
Lat. : 45° 03' 50" N **Long.** : 006° 02' 22" E.

LE CHÂTEAU DE ROCHETAILLÉE ★★★★ Tourisme 153 E. dont 88 nus 2,5 ha CV. Locations : . Espace Fitness. couverte , . ; . Accueil groupes. Ouvert: 24.4 / 1.10. ☎ 0466 600 700. E-mail : rochetaillee@koawa.com. Web : www.camping-rochetaillee.fr/fr. Prix 2022. Fft jour : empl. Tourisme (2) : 40 € ( ) ; sup 6 € ; animaux 3 € ; 5 €.
Lat. : 45° 06' 55" N **Long.** : 006° 00' 19" E.

LE COLPORTEUR ★★★★ Tourisme 150 E. 3,5 ha CV. Locations : . chauffée , . Accès direct à la rivière. ; . Accueil groupes. Ouvert: 2.4 / 2.10. ☎ 04 66 60 07 00. E-mail : colporteur@koawa.com. Web : www.camping-lecolporteur.com/fr. Prix 2022. Fft jour : empl. Tourisme (2) : 32 € ( ) ; sup 6 € ; animaux 3 € ; 5 €.
Lat. : 45° 03' 09" N **Long.** : 006° 02' 08" E.

LA FERME DE NOEMIE ★★ Tourisme 20 E. dont 18 nus

CV. Accueil groupes. Ouvert: 31.3 / 30.10. ☎ 04 76 11 06 14. E-mail : ferme.noemie@orange.fr. Web : www.fermenoemie.com.
Lat. : 45° 05' 42" N **Long.** : 006° 00' 26" E.

LE SAPPEY-EN-CHARTREUSE

11-C3 12 km N.-E. Grenoble. 1236 m. ✉ 38700

CAMPING MUNICIPAL LA VIRETTE NC Tourisme 25 E. dont 25 nus 1 ha CV. , . Ouvert: 1.1 / 31.12. ☎ 0 6 33 41 41 56. E-mail : camping@sappey-mairie.fr. Web : www.camping-gite-chartreuse.fr.
Lat. : 45° 15' 36" N **Long.** : 005° 46' 34" E.

LES ABRETS EN DAUPHINE

11-B2 12 km E.-S.-E. La Tour-du-Pin. 416 m. ✉ 38490

LE COIN TRANQUILLE ★★★★ Tourisme 192 E. dont 176 nus

FFCC CV. Locations : . Randonnée pédestre organisée. couverte chauffée . Rivière à 5 km. Ouvert: 1.4 / 1.11. ☎ 04 76 32 13 48. E-mail : contact@coin-tranquille.com. Web : www.coin-tranquille.com. Prix 2023. Fft jour : empl. Tourisme (2) : 35 € ( ) ; sup 9 € ; animaux 2 € ; 6 € ; 8 €. Réduction H.S.
Lat. : 45° 32' 29" N **Long.** : 005° 36' 30" E.
FFCC : avantages adhérent : 19 € du 01/04 au 08/07 et du 26/08 au 01/11 sur emp.

LES AVENIERES VEYRINS-THUELLIN

11-B2 17 km N.-E. La-Tour-du-Pin. 224 m. ✉ 38630

CAMPING COULEUR NATURE ★★★ Loisirs 58 E. CV. Locations : . , . Rivière à 5 km. . Accueil groupes. Ouvert: 1.4 / 30.9. ☎ 04 74 33 92 92. E-mail : camping@lesavenieres.fr. Web : www.camping-couleur-nature.fr. Réduction H.S.
Lat. : 45° 38' 04" N **Long.** : 005° 34' 19" E.

MALLEVAL-EN-VERCORS

11-B3 50 km O. Grenoble. 1027 m. ✉ 38470

CAMPING MUNICIPAL NC Tourisme 29 E. dont 29 nus 0,37 ha CV. Randonnée pédestre organisée. . Accueil groupes. Ouvert: 15.6 / 15.9. ☎ 04 76 38 54 59. E-mail : les.galopins@wanadoo.fr.
Lat. : 45° 08' 54" N **Long.** : 005° 26' 20" E.

MAYRES-SAVEL

11-C4 49 km S. Grenoble. 919 m. ✉ 38350

CAMPING DE SAVEL ★★ Tourisme 156 E. 7 ha CV. Locations : , . , . Accès direct aux bords du lac. ; ; . Ouvert: 1.1 / 31.12. ☎ 04 76 81 14 79. E-mail : contact@camping-savel.com. Web : www.camping-savel.com.
Lat. : 44° 52' 57" N **Long.** : 005° 41' 17" E.

MENS

11-C4 55 km Grenoble. 902 m. ✉ 38710

PRÉ ROLLAND ★★★ Tourisme 90 E. dont 72 nus

FFCC CV. Locations : . Randonnée pédestre organisée. chauffée , , , . Etang et rivière à 5 km. ; . Accueil groupes. Ouvert: 28.4 / 30.9. ☎ 04 76 34 65 80. E-mail : contact@prerolland.fr. Web : www.camping-prerolland.fr. Prix 2023. Fft jour : empl. Tourisme (2) : 27,1 € ( ) ; sup 14,10 € ; animaux 2,50 € ; 8,70 € ; 6 €.
Lat. : 44° 48' 54" N **Long.** : 005° 44' 55" E.
FFCC : avantages adhérent : 22 € du 29/04 au 30/06 et du 01/09 au 24/09 sur emp. et entre 170 € et 265 € la nuitée et entre 420 € et 810 € la semaine du 29/04 au 30/06 et du 01/09 au 24/09 - Tarif nuit locatif : offre à partir de 2 nuits sur loc.

MIRIBEL-LES-ECHELLES

11-C2 36 km N. Grenoble. 605 m. ✉ 38380

LE BALCON DE CHARTREUSE ★★★ Tourisme 89 E. dont 40 nus

2,5 ha CV. Locations : , roulotte. chauffée. Rivière à 4 km. Accueil groupes. Ouvert: 11.4 / 11.10. ☎ 04 76 55 28 53. E-mail : info@camping-balcondechartreuse.com. Web : www.camping-balcondechartreuse.com. Prix 2022. Fft jour : empl. Tourisme (2) : 18,5 € ()
Lat. : 45° 25' 47" N **Long.** : 005° 42' 06" E.

MOISSIEU-SUR-DOLON

11-A2 25 km S.-E. Vienne. 378 m. ✉ 38270

LE CHENE ET LE ROSEAU . Ouvert: 15.4 / 15.10. ☎ 06 21 08 50 39. E-mail : earldelayat@orange.fr.
Lat. : 45° 23' 03" N **Long.** : 004° 58' 58" E.

MONESTIER-DE-CLERMONT

11-C3 34 km S. Grenoble. 849 m. ✉ 38650

LES PORTES DU TRIEVES ★★★ Tourisme 47 E. dont 35 nus . Locations : . Ouvert: 1.5 / 30.9. ☎ 04 76 34 01 24. E-mail : accueil@campingportesdutrieves.fr. Web : www.campingportesdutrieves.fr.
Lat. : 44° 54' 55" N **Long.** : 005° 37' 41" E.

MONTALIEU-VERCIEU

11-B1 32 km N. La Tour du Pin. 240 m. ✉ 38390

CAMPING DE LA VALLÉE BLEUE ★★★ Tourisme 113 E. 18 ha CV. chauffée , . Rivière à 100 m ; étang et lac à 300 m. ; ; . Accueil groupes. Ouvert: 5.4 / 26.10. ☎ 04 74 88 63 67. E-mail : camping.valleebleue@wanadoo.fr. Web : www.camping-valleebleue.com.
Lat. : 45° 49' 38" N **Long.** : 005° 25' 15" E.

MONTFERRAT

11-B2 17 km S.-E. La Tour-du-Pin. 583 m. ✉ 38620

DÉTENTE ET CLAPOTIS ★★★★ Tourisme 184 E. dont 151 nus, dont 17 GCC.

2,6 ha CV. Locations : , , . couverte chauffée , , . Accès direct aux bords du lac. ; . Accueil groupes enfants. Ouvert: 15.4 / 15.9. ☎ 04 76 55 33 94. E-mail : campingmontferrat@gmail.com. Web : detente-et-clapotis.fr. Prix 2023. Fft jour : empl. Tourisme (2) : 44,3 € () ; sup 9,65 € ; animaux 5 € ; 5 €.
Lat. : 45° 28' 04" N **Long.** : 005° 33' 30" E.
FFCC : avantages adhérent : 21 € du 15/04 au 08/07 et du 28/08 au 15/09 sur emp.

LE SANS SOUCI ★★★ Loisirs 60 E. . . ☎ 04 76 32 40 40. E-mail : marc.meunier@club-internet.fr. Web : www.campingsanssouci.com.
Lat. : 45° 28' 20" N **Long.** : 005° 35' 19" E.

BELLEVUE ★★ Tourisme 110 E. . Locations : . Lac à 950 m. Accueil groupes adultes. Ouvert: 8.4 / 30.9. ☎ 0 6 26 78 64 34. E-mail : campingbellevue38@gmail.com. Web : www.campingbellevue.info. Prix 2022. Fft jour : empl. Tourisme (2) : 16 € ()
Lat. : 45° 27' 34" N **Long.** : 005° 32' 57" E.

MORESTEL

11-B2 15 km N. La-Tour-du-Pin. 224 m. ✉ 38510

CAMPING MUNICIPAL DE LA RIVOIRETTE ★ Tourisme 67 E. 1,8 ha . Ouvert: 1.5 / 30.9. ☎ 04 74 80 14 97. E-mail : mairie@morestrel.fr. Web : www.morestel.fr.
Lat. : 45° 40' 38" N **Long.** : 005° 27' 55" E.

NOTRE-DAME-DE-VAULX

11-C3 30 km S. Grenoble. 1194 m. ✉ 38144

CAMPING MUNICIPAL LE SABOT NC Tourisme 40 E. dont 30 nus 0,5 ha CV. Locations : . . Lac à 5 km. . Ouvert: 22.5 / 30.9. ☎ 06 78 14 48 17. E-mail : camping.sabot@gmail.com. Web : www.campingdusabot.com. Réduction H.S.
Lat. : 44° 59' 11" N **Long.** : 005° 45' 18" E.

OYEU

11-B2 24 km S. La-Tour-du-Pin. 608 m. ✉ 38690

MONT-CHARDON . Ouvert: 1.5 / 30.9. ☎ 04 76 55 70 52. E-mail : campingruraldemontchardon@sfr.fr, Web : camping-de-montchardon.business.site. Prix 2022. Fft nuit : empl. Tourisme (1) : 9 € () ; sup 9 € nuit ; animaux 2 € nuit ; 4,50 € nuit ; 5,50 € nuit.
Lat. : 45° 25' 15" N **Long.** : 005° 28' 20" E.

PIERRE-CHATEL

11-C3 32 km S. Grenoble. 970 m. ✉ 38119

LES CORDELIERS NC Tourisme 56 E. CV . Locations : . . Lac à 100 m. ; . Ouvert: 30.4 / 1.10. ☎ 04 76 81 11 38. E-mail : camping-les-cordeliers@wanadoo.fr.
Lat. : 44° 58' 03" N **Long.** : 005° 46' 50" E.

POMMIER-DE-BEAUREPAIRE

11-B2 27 km S.-E. Vienne. 408 m. ✉ 38260

LA BISSERA ★★★ Loisirs 66 E. dont 10 nus CV . Locations : cocosweet. , , , , . Etang à 2 km. . Accueil groupes. Ouvert: 6.1 / 20.12. ☎ 04 74 54 22 54. E-mail : labisseracamping@gmail.com. Web : www.camping-isere-bissera.com/.
Lat. : 45° 24' 24" N **Long.** : 005° 05' 49" E.

PONT-EN-ROYANS

11-B3 60 km S.-O. Grenoble. 397 m. ✉ 38680

LES SEREINES NC Tourisme 92 E. dont 56 CC. 0,5 ha CV . Locations : . , . Accès direct aux bords du lac et à la rivière.. Accueil groupes. Ouvert: 2.4 / 30.9. ☎ 06 31 02 77 60 / 06 87 80 20 16. E-mail : mairie.pont.en.royans@wanadoo.fr. Web : pont-en-royans.sud-gresivaudan.org. Prix 2022. Fft nuit : empl. Tourisme (2) : 10 € () ; sup 5 € nuit ; animaux 1 € nuit ; 3 € nuit.
Lat. : 45° 03' 46" N **Long.** : 005° 20' 10" E.

PORCIEU-AMBLAGNIEU

11-B1 35 km N. La-Tour-du-Pin. 278 m. ✉ 38390

ESPACE EAU VIVE ★★ Tourisme 37 E. 0,6 ha CV . Locations : . . Accès direct à la rivière. Accueil groupes. Ouvert: 1.4 / 31.10. ☎ 04 74 36 67 61. E-mail : info@espaceeauvive.fr. Web : www.espace-eauvive.com.
Lat. : 45° 51' 08" N **Long.** : 005° 24' 36" E.

PREBOIS

11-C4 67 km S. Grenoble. 870 m. ✉ 38710

AIRE NATURELLE LES MERLONS CV. Ouvert: 1.5 / 30.9. ☎ 04 76 34 60 03. E-mail : lesmerlons@gmail.com. Réduction H.S.
Lat. : 44° 48' 57" N **Long.** : 005° 40' 57" E.

ROYBON

11-B3 42 km O.-S.-O. Grenoble. 597 m. ✉ 38940

CAMPING DE ROYBON ★★★ Tourisme 93 E. dont 82 nus

2,5 ha 20 h / 7 h, CV . Locations : , , . chauffée . . Accès direct aux bords du lac et à la rivière. ; . Accueil groupes. Ouvert: 15.4 / 30.9. ☎ 04 76 36 23 67. E-mail : campingroybon38@gmail.com. Web : www.campingroybon.com. Réduction H.S.
Lat. : 45° 14' 49" N **Long.** : 005° 14' 54" E.
FFCC : avantages adhérent : 18 € du 15/04 au 15/06 et du 01/09 au 30/09 sur emp.

LE CHÂTEAU DU ROCHER . Ouvert: 1.5 / 30.9. ☎ 04 76 36 20 98. E-mail : info@gite-isere.com, Web : www.gite-isere.com.
Lat. : 45° 16' 20" N **Long.** : 005° 17' 10" E.

SAINT-ANTOINE-L'ABBAYE

11-B3 62 km O. Grenoble 423 m. ✉ 38160

LES CABANES DE FONTFROIDE P.R.L ★★ NN10 E. CV. Locations : cabanes. Ouvert: 1.1 / 31.12. ☎ 04 76 36 46 84. E-mail : cabanes@fontfroide.fr. Web : www.cabanes-fontfroide.com.
Lat. : 45° 09' 48" N **Long.** : 005° 13' 05" E.

SAINT-BONNET-DE-CHAVAGNE

11-B3 272 m. ✉ 38840

M. & MME FARCONNET . Ouvert: 15.3 / 15.11. ☎ 04 76 38 41 15.
Lat. : 45° 06' 58" N **Long.** : 005° 14' 23" E.

SAINT-CHRISTOPHE-EN-OISANS

11-D3 70 km S.-E. Grenoble. 2500 m. ✉ 38520

CAMPING MUNICIPAL LA BERARDE ★★★ Tourisme 90 E. . Accès direct à la rivière.. Ouvert: 1.6 / 30.9. ☎ 04 76 79 20 45. E-mail : camping.berarde@orange.fr. Web : www.berarde.com/hebergements/camping.
Lat. : 44° 56' 08" N **Long.** : 006° 16' 52" E.

SAINT-CLAIR-DU-RHONE

11-A2 12 km S.-O. Vienne. 184 m. ✉ 38370

LE DAXIA ★★★★ Tourisme 116 E. 5 ha CV . Locations : . , . Accès direct à la rivière ; lac à 5 km. ; . Accueil groupes. Ouvert: 1.4 / 30.9. ☎ 04 74 56 39 20. E-mail : info@campingledaxia.com. Web : www.campingledaxia.com. Réduction H.S.
Lat. : 45° 25' 27" N **Long.** : 004° 47' 03" E.

SAINT-ETIENNE-DE-CROSSEY

11-C2 30 km N.-O. Grenoble. 480 m. ✉ 38960

CAMPING MUNICIPAL LA GRANDE FORET NC Tourisme 31 E. dont 20 CC. . . Rivière à 500 m ; étang à 1,5 km. Accueil groupes. Ouvert: 15.6 / 15.9. ☎ 06 74 97 80 95. E-mail : accueil@crossey.org. Web : www.st-etienne-de-crossey.fr/.
Lat. : 45° 22' 51" N **Long.** : 005° 38' 27" E.

SAINT-HILAIRE

11-C2 22 km N.-E. Grenoble. 1158 m. ✉ 38660

LES PETITES ROCHES ★★ Tourisme 68 E. dont 61 nus

0,28 ha CV . Locations : . Accueil groupes. Ouvert: 15.6 / 30.9. ☎ 0 4 76 99 74 02. E-mail : camping@petites-roches.org. Web : www.camping-petites-roches.fr/tourisme/camping-municipal/. Prix 2022. Fft jour : empl. Tourisme (2) : 15 € () ; sup 5 € ; animaux 1,50 € ; 3,90 € ; 4 €.
Lat. : 45° 18' 11" N **Long.** : 005° 52' 47" E.
FFCC : avantages adhérent : 10% du 28/04 au 08/07 et du 28/08 au 24/0910% du 28/04 au 08/07 et du 28/08 au 24/09 sur emp. et loc. + 5% saison (juillet/aout) sur les emplacements nus et locatifs *Frais de réservations offerts toute lannée.

SAINT-LAURENT-DU-PONT

11-C2 29 km N. Grenoble. 719 m. ✉ 38380

CAMPING MUNICIPAL LES BERGES DU GUIERS ★★ Tourisme 43 E. dont 43 nus 0,4 ha CV . , . Accès direct à la rivière. ; . Accueil groupes. Ouvert: 15.6 / 15.9. ☎ 04 76 55 20 63. E-mail : camping.st-laurent-du-pont@wanadoo.fr. Web : www.camping-chartreuse.com.
Lat. : 45° 23' 28" N **Long.** : 005° 44' 14" E.

SAINT-LAURENT-EN-BEAUMONT

11-C3 48 km S. Grenoble. 896 m. ✉ 38350

BELVÉDÈRE DE L'OBIOU ★★★★ Tourisme 45 E. dont 12 CC.

CV . couverte chauffée. Rivière à 5 km. Ouvert: 1.5 / 15.10. ☎ 04 76 30 40 80. E-mail : info@camping-obiou.com. Web : www.camping-obiou.com. Prix 2022. Fft jour : empl. Tourisme (2) : 29,3 € (). Réduction H.S.
Lat. : 44° 52' 33" N **Long.** : 005° 50' 15" E.

SAINT-MARTIN-D'URIAGE

11-C3 14 km S.-E. Grenoble. 885 m. ✉ 38410

LE BUISSON ★★ Tourisme 44 E. 2 ha CV . Locations : , , bulle. . Ouvert: 1.3 / 31.10. ☎ 04 76 89 51 92. E-mail : info@camping-buisson.fr. Web : camping-grenoble-alpes.fr. Réduction H.S.
Lat. : 45° 09' 25" N **Long.** : 005° 51' 30" E.

SAINT-MARTIN-DE-CLELLES

11-C4 48 km S. Grenoble. 975 m. ✉ 38930

LA CHABANNERIE ★★★ Tourisme 30 E. dont 30 nus 1,5 ha CV. Locations : tonneau. Randonnée pédestre organisée. chauffée. Rivière à 2 km. Accueil groupes. Ouvert: 1.4 / 30.9. ☎ 04 76 34 25 39. E-mail : campinglachabannerie@gmail.com. Web : www.camping-trieves.com. Réduction H.S.
Lat. : 44° 51' 05" N **Long.** : 005° 37' 28" E.

SAINT-MAURICE-L'EXIL

11-A2 14 km S.-O. Vienne. 179 m. ✉ 38550

LE CHAMPANAY NC Loisirs 100 E. 3 ha CV. Locations : . Rivière à 2 km.. Ouvert: 1.4 / 30.9. ☎ 04 74 29 65 85. E-mail : champanay38@wanadoo.fr. Web : www.champanay.com.
Lat. : 45° 22' 27" N **Long.** : 004° 46' 11" E.

SAINT-PIERRE-DE-CHARTREUSE

11-C2 27 km N.-E. Grenoble. 1305 m. ✉ 38380

CAMPING DE MARTINIÈRE ★★★ Tourisme 100 E. dont 89 nus
CV. Locations : . chauffée. Rivière à 200 m. Ouvert: 8.5 / 12.9. ☎ 04 76 88 60 36. E-mail : camping-de-martiniere@orange.fr. Web : www.camping-de-martiniere.com. Réduction H.S.
Lat. : 45° 19' 33" N **Long.** : 005° 47' 50" E.
FFCC : avantages adhérent : 10% du 06/05 au 30/06 et du 01/09 au 10/0910% du 06/05 au 30/06 et du 01/09 au 10/09 sur emp. et loc. + 10% hors juillet-août sur les emplacements nus et hébergements locatifs sur présentation de la carte ou rendez-vous dans votre club avantages FFCC pour obtenir le code promotionnel.

SAINT-PRIM

11-A2 12 km S.-O. Vienne. 230 m. ✉ 38370

LE BOIS DES SOURCES ★★★ Loisirs 80 E. 3,5 ha CV. Accès direct à la rivière ; lac à 5 km. Accueil groupes. Ouvert: 1.4 / 30.9. ☎ 04 74 84 95 11. E-mail : leboisdessources@wanadoo.fr. Web : www.boisdessources.fr.
Lat. : 45° 26' 08" N **Long.** : 004° 48' 04" E.

SAINT-ROMAIN-DE-JALIONAS

11-B1 41 km N.-O. La Tour du Pin. 205 m. ✉ 38460

À LA FERME DES EPINETTES ★★ Tourisme 28 E. 2 ha . Accès direct à la rivière.. Ouvert: 1.1 / 31.12. ☎ 04 74 90 94 90. E-mail : info@camping-cremieu.com. Web : www.camping-cremieu.com.
Lat. : 45° 44' 52" N **Long.** : 005° 13' 34" E.

SAINT-ROMANS

11-B3 50 km O.-S.-O. Grenoble. 275 m. ✉ 38160

LE LAC DU MARANDAN ★★★ Tourisme 100 E. dont 77 nus
1,2 ha CV. Locations : roulotte. Accès direct aux bords du lac. Accueil groupes adultes. Ouvert: 29.4 / 11.9. ☎ 04 76 64 41 77. E-mail : contact@camping-lac-marandan.com. Web : www.camping-lac-vercors.com.
Lat. : 45° 06' 12" N **Long.** : 005° 17' 34" E.
FFCC : avantages adhérent : 10% du 07/04 au 29/06 et du 01/09 au 17/0910% du 07/04 au 29/06 et du 01/09 au 17/09 sur emp. et loc.

LA BRUYERE . ☎ 04 76 38 48 84. E-mail : beatrice.rognin@gmail.com.
Lat. : 45° 07' 19" N **Long.** : 005° 19' 54" E.

SAINT-THEOFFREY

11-C3 22 km S. Grenoble. 979 m. ✉ 38119

AU PRE DU LAC ★★★ Tourisme 96 E. dont 83 nus CV. Locations : . Accès direct aux bords du lac. ; ; . Ouvert: 1.3 / 31.10. ☎ 04 76 83 91 34. E-mail : aupredulac@aupredulac.eu. Web : www.aupredulac.eu. Réduction H.S.
Lat. : 45° 00' 04" N **Long.** : 005° 46' 24" E.

LES MOUETTES ★★★ Tourisme 50 E. dont 50 nus 1 ha CV. Accès direct aux bords du lac. ; . Ouvert: 25.6 / 31.8. ☎ 04 76 83 02 49. E-mail : campmouettes@yahoo.fr. Web : campmouettes.free.fr.
Lat. : 44° 59' 06" N **Long.** : 005° 46' 53" E.

SER-SIRANT ★★★ Tourisme 88 E. dont 81 nus
2,5 ha 23 h / 8 h, CV. Locations : cocosweet. Randonnée pédestre organisée. . Accès direct aux bords du lac. ; ; . Accueil groupes. Ouvert: 15.5 / 26.9. ☎ 04 76 83 91 97. E-mail : info@campingsersirant.com. Web : www.campingsersirant.fr. Réduction H.S.
Lat. : 45° 00' 01" N **Long.** : 005° 46' 39" E.

SEYSSINS

11-C3 7 km S.-O. Grenoble. 524 m. ✉ 38180

CARAVANING LES 3 PUCELLES ★★ Loisirs 64 E. 1 ha . Rivière à 500 m. Ouvert: 1.1 / 31.12. ☎ 04 76 96 45 73. E-mail : amico.francoise@gmail.com. Web : www.camping3pucelles-grenoble.fr.
Lat. : 45° 10' 01" N **Long.** : 005° 41' 56" E.

SICCIEU-SAINT-JULIEN-ET-CARISIEU

11-B1 35 km N.-O. La Tour-du-Pin. 340 m. ✉ 38460

L'ILE AUX PERDRIX ★★ Loisirs 100 E. . Accès direct à l'étang et aux bords du lac. . Ouvert: 1.4 / 15.10. ☎ 04 37 05 14 30. E-mail : emilie.perdrix@bbox.fr. Web : www.camping-perdrix.com.
Lat. : 45° 43' 04" N **Long.** : 005° 19' 57" E.

THEYS

11-C2 30 km N.-E. Grenoble. 1148 m. ✉ 38570

LES 7 LAUX ★★★ Tourisme 61 E. dont 51 nus
2 ha CV. Locations : , bulle, cabanes, roulotte. Randonnée pédestre organisée. . Rivière à 400 m. Ouvert: 16.12 / 2.4. ☎ 06 09 89 52 40. E-mail : contact@campingles7laux.fr. Web : www.campingles7laux.fr. Prix 2022. Fft nuit : empl. Tourisme (2) : 22 € ()
Lat. : 45° 16' 39" N **Long.** : 005° 59' 11" E.
FFCC : avantages adhérent : 23 € du 01/05 au 30/06 et du 01/09 au 30/09 sur emp.

CAMPING MUNICIPAL NC Tourisme 28 E. 0,38 ha . Ouvert: 1.6 / 30.9. ☎ 04 76 71 05 47. E-mail : mairie.theys@wanadoo.fr.
Lat. : 45° 17' 59" N **Long.** : 005° 59' 43" E.

TREFFORT

11-C3 35 km S. Grenoble. 721 m. ✉ 38650

HERBELON ★★★★ Tourisme 52 E.
6,5 ha CV. Locations : . chauffée , . Accès direct aux bords du lac. ; ; ; . Accueil groupes. Ouvert: 1.3 / 20.10. ☎ 04 76 34 05 47. E-mail : info@camping-dherbelon.fr. Web : www.camping-dherbelon.fr.
Lat. : 44° 54' 55" N **Long.** : 005° 40' 25" E.

CAMPING DE LA PLAGE - ALPES, VERCORS ET TRIEVES ★★★ Tourisme 74 E. dont 60 nus, dont 12 GCC. 22 h / 7 h, CV. Locations : , bivouac, . , . Accès direct aux bords du lac. ; ; ; ; . Accueil groupes. Ouvert: 11.4 / 11.10. ☎ 04 76 34 06 31. E-mail : contact@camping2laplage.com. Web : www.camping2laplage.com.
Lat. : 44° 54' 34" N **Long.** : 005° 40' 13" E.

TREPT

11-B2 11 km N.-E. Bourgoin-Jallieu 271 m. ✉ 38460

LES 3 LACS DU SOLEIL ★★★★ Tourisme 145 E.
3 ha CV. Espace Fitness. , , . Accès direct aux bords du lac. ; ; . Ouvert: 28.4 / 15.9. ☎ 04 74 92 92 06. E-mail : les3lacsdusoleil@hotmail.fr. Web : www.camping-les3lacsdusoleil.com. Réduction H.S.
Lat. : 45° 41' 21" N **Long.** : 005° 21' 05" E.
FFCC : avantages adhérent : 20 € du 08/04 au 07/07 et du 26/08 au 01/10 sur emp.

VALBONNAIS

11-C3 51 km S.-E. Grenoble. 1134 m. ✉ 38740

CAMPING AU VAL BONHEUR ★★★ Tourisme 180 E. dont 146 nus, dont 2 GCC.
9 ha CV. Locations : , bivouac, . Randonnée pédestre organisée. , , . Accès direct aux bords du lac et à la rivière. ; . Accueil groupes. Ouvert: 1.5 / 30.9. ☎ 04 76 30 21 28. E-mail : perron38@orange.fr. Web : www.plandeau.net. Réduction H.S.
Lat. : 44° 53' 33" N **Long.** : 005° 54' 13" E.

VALJOUFFREY

11-C3 60 km S.-E. Grenoble. 2057 m. ✉ 38740

CAMPING MUNICIPAL NC Tourisme 48 E. 2 ha . Accès direct à la rivière.. Ouvert: 1.7 / 31.8. ☎ 04 76 30 22 28. E-mail : valjouffrey@free.fr.
Lat. : 44° 52' 00" N **Long.** : 006° 01' 60" E.

VARCES-ALLIERES-ET-RISSET

11-C3 12 km S.-O. Grenoble. 462 m. ✉ 38760

LE MOULIN DE TULETTE CV. Ouvert: 13.5 / 17.9. ☎ 06 37 74 61 70. E-mail : campingdetulette@gmail.com, Web : www.camping-moulindetulette.fr.
Lat. : 45° 05' 06" N **Long.** : 005° 41' 59" E.

VAULNAVEYS-LE-BAS

11-C3 17 km S.-E. Grenoble. 640 m. ✉ 38410

L'IMPRÉVU ★★★ Tourisme 71 E. dont 35 nus 1 ha CV. A 5 km : Locations : . , . Accès direct à l'étang. . Ouvert: 1.1 / 31.12. ☎ 04 76 89 27 39. E-mail : campingimprevu@orange.fr. Web : www.camping-imprevu.fr.
Lat. : 45° 06' 03" N **Long.** : 005° 48' 07" E.

VENOSC

11-C3 62 km S.-E. Grenoble. 1859 m. ✉ 38520

LE CHAMP DU MOULIN ★★★ Tourisme 83 E. dont 67 nus
1,1 ha CV. A 2 km : Locations : , , , . Accès direct à la rivière.. Accueil groupes. Ouvert: 28.5 / 15.9. ☎ 04 76 80 07 38. E-mail : info@champ-du-moulin.com. Web : www.champ-du-moulin.com. Prix 2022. Fft jour : empl. Tourisme (2) : 25,05 € () ; sup 6,70 € ; animaux 2,10 € ; 3,95 € ; 5,27 €. Réduction H.S.
Lat. : 44° 59' 11" N **Long.** : 006° 07' 12" E.
FFCC : avantages adhérent : 20.48 € du 05/06 au 30/06 et du 03/09 au 15/09 sur emp.

LA CASCADE ★★ Tourisme 41 E. dont 37 nus 0,5 ha . Locations : , tipi. . Accès direct à la rivière.. Accueil groupes. Ouvert: 15.4 / 15.10. ☎ 04 76 11 09 75. E-mail : info@camping-cascade.com. Web : www.camping-cascade.com.
Lat. : 44° 59' 02" N **Long.** : 006° 07' 13" E.

VERNIOZ

11-A2 15 km S. Vienne. 307 m. ✉ 38150

LE BONTEMPS ★★★★ Loisirs 200 E. dont 54 nus, dont 119 GCC. 4 ha CV. Locations : . Espace Fitness. couverte chauffée , . Accès direct à l'étang et à la rivière. ; . Accueil groupes. Ouvert: 2.4 / 2.10. ☎ 04 66 60 07 00. E-mail : bontemps@koawa.com. Web : www.camping-lebontemps.fr/fr. Prix 2022. Fft jour : empl. Tourisme (2) : 30 € ( ) ; sup 6 € ; animaux 3 € ; 5 €. **Lat.** : 45° 25' 42" N **Long.** : 004° 55' 42" E.

VILLAGES DU LAC DE PALADRU

11-B2 18 km S.-E. La Tour-du-Pin. 580 m. Station verte ✉ 38850

LE CALATRIN ★★★ Tourisme 60 E. dont 54 nus CV. Locations : , . . Accès direct aux bords du lac. . Accueil groupes. Ouvert: 1.4 / 30.9. ☎ 04 76 32 37 48. E-mail : contact@camping-paladru.fr. Web : www.camping-paladru.fr. Prix 2023. Fft jour : empl. Tourisme (2) : 29,3 € ( ). Réduction H.S. **Lat.** : 45° 28' 15" N **Long.** : 005° 32' 48" E.

FFCC : avantages adhérent : 20 € du 01/04 au 08/07 et du 27/08 au 30/09 sur emp.

VILLARD-DE-LANS

11-B3 32 km S.-O. Grenoble. 1308 m. ✉ 38250

L'OURSIÈRE ★★★★ Tourisme 158 E. dont 15 nus après 22 h, CV . A 1 km : Locations : . couverte chauffée , , , . Accès direct à la rivière. . Ouvert: 16.5 / 6.9. ☎ 04 76 95 14 77. E-mail : oursiere@capfun.com. Web : www.camping-oursiere.fr. **Lat.** : 45° 04' 39" N **Long.** : 005° 33' 22" E.

VILLETTE-D'ANTHON

11-B1 22 km E. Lyon. 214 m. ✉ 38280

LA REGNIERE ★★★★ Tourisme 189 E. 10 ha CV . Locations : , , cabanes. couverte chauffée , . Rivière à 200 m. ; ; . Accueil groupes. Ouvert: 1.1 / 31.12. ☎ 04 78 31 25 26. E-mail : regniere@capfun.com. Web : www.regniere.com. **Lat.** : 45° 48' 33" N **Long.** : 005° 07' 27" E.

VINAY

11-B3 42 km O. Grenoble. 321 m. ✉ 38470

CAMPING A LA FERME BRESILLAS CV . Ouvert: 1.4 / 1.10. ☎ 06 18 67 16 79. E-mail : jourdancyrielle@gmail.com, Web : camping-a-la-ferme-de-bresillas.business.site. **Lat.** : 45° 13' 49" N **Long.** : 005° 23' 01" E.

VIZILLE

11-C3 17 km S.-E. Grenoble. 410 m. ✉ 38220

LE BOIS DE CORNAGE ★★★ Tourisme 115 E. dont 86 nus 3,6 ha CV . Locations : cocosweet. . Etang et rivière à 1 km. Accueil groupes. Ouvert: 1.4 / 31.10. ☎ 04 76 68 12 39. E-mail : campingvizille@orange.fr. Web : www.campingvizille.com. **Lat.** : 45° 05' 12" N **Long.** : 005° 46' 13" E.

39 JURA

Carte 8

Correspondant FFCC : Gérard CARD, 19, bis rue du Bois - 39100 VILLETTE LES DOLE
Tél. 06 26 61 06 98 et ffcc-39@ffcc.fr

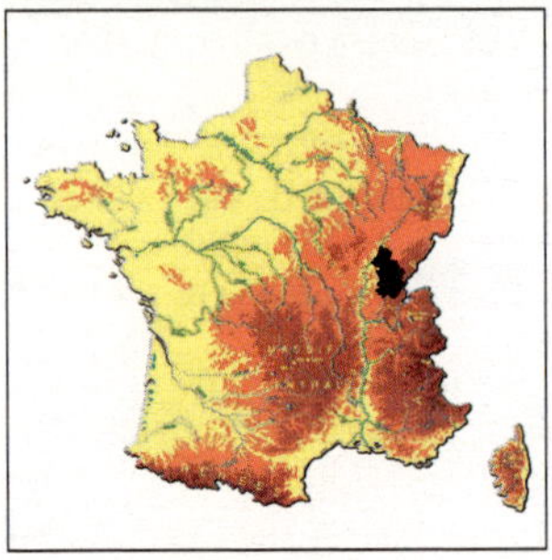

ARBOIS

8-C3 38 km N.-E. Lons-le-Saunier. 426 m. ✉ 39600

AU COEUR DES VIGNES ★★★ Tourisme 93 E. dont 89 nus, dont 50 GCC. 1,8 ha CV . A 3 km : Locations : cocosweet, tonneau. chauffée. . Accueil groupes adultes. Ouvert: 1.4 / 30.9. ☎ 03 84 52 39 23. E-mail : camping@au-coeur-des-vignes.com. Web : www.au-coeur-des-vignes.com. Prix 2023. Fft nuit : empl. Tourisme (2) : 25 € (E. GCC) **Lat.** : 46° 54' 13" N **Long.** : 005° 47' 12" E.

BAUME-LES-MESSIEURS

8-B4 13 km N.-E. Lons-le-Saunier. 455 m. ✉ 39210

CAMPING MUNICIPAL DE LA TOUPE ★ Tourisme 52 E. 1 ha CV. . Accès direct à la rivière. . Ouvert: 1.4 / 30.9. ☎ 0 3 84 43 03 67. E-mail : camping@baumelesmessieurs.biz. Web : www.baumelesmessieurs.fr/camping-de-la-toupe. **Lat.** : 46° 42' 42" N **Long.** : 005° 38' 20" E.

BELMONT

8-B3 13 km S.-E. Dole. 226 m. ✉ 39380

CLUB DU SOLEIL NC Tourisme 40 E. 1,5 ha Rés. naturiste. . Rivière à 500 m. . Ouvert: 1.6 / 30.9. ☎ 03 84 81 54 91. E-mail : pierre.laubier@nordnet.fr. **Lat.** : 47° 00' 27" N **Long.** : 005° 35' 47" E.

BLYE

8-C4 18 km S.-E. Lons-le-Saunier. 483 m. ✉ 39130

LES CLAIES NC Tourisme 40 E. . Rivière à 300 m. Ouvert: 15.6 / 15.9. ☎ 03 84 48 30 55. E-mail : huberte.lacroix@orange.fr. **Lat.** : 46° 37' 07" N **Long.** : 005° 42' 03" E.

BOISSIA

8-C4 21 km S.-E. Lons-le-Saunier. 479 m. ✉ 39130

LA PRAIRIE ★★ Tourisme 48 E. dont 31 nus 1,5 ha CV . Locations : , , roulotte. chauffée. Rivière à 600 m ; lac à 3 km. Ouvert: 5.4 / 15.10. ☎ 03 84 48 34 39. E-mail : campinglaprairie@hotmail.com. Web : www.juracamping-laprairie.com. Prix 2022. empl. Tourisme : 11 € ; 5,50 € ; animaux 2 € ; 4 € ; 4,20 €. Réduction H.S. **Lat.** : 46° 35' 31" N **Long.** : 005° 43' 53" E.

BONLIEU

8-C4 45 km N. Saint-Claude. 787 m. ✉ 39130

L'ABBAYE ★★★ Tourisme 87 E. dont 84 nus CV . Rivière à 300 m ; lac à 600 m. Ouvert: 1.4 / 30.9. ☎ 03 84 25 57 04. E-mail : camping.abbaye@wanadoo.fr. Web : www.camping-abbaye.com. **Lat.** : 46° 35' 47" N **Long.** : 005° 52' 16" E.

LE MARAIS ★ Tourisme 33 E. 1,5 ha . Locations : , . , , . . Accueil groupes. Ouvert: 1.4 / 31.10. ☎ 03 84 25 56 70. E-mail : info@chalets-des-lacs.com. Web : www.chalets-des-lacs.com. **Lat.** : 46° 35' 57" N **Long.** : 005° 51' 55" E.

CHAMPAGNE-SUR-LOUE

8-C3 57 km N.-E. Lons-le-Saunier. 259 m. ✉ 39600

CAMPING DE LA LOUVE NC 45 E. dont 35 nus CV. Locations. Accès direct à la rivière. Accueil groupes. Ouvert: 1.5 / 15.9. ☎ 03 39 11 01 19. E-mail : campingdelalouve@gmail.com. Web : camping-de-la-louve-82.webself.net/accueil. Réduction H.S.
Lat. : 47° 02' 27" N **Long.** : 005° 48' 53" E.

CHAMPAGNOLE

8-C4 35 km N.-E. Lons-le-Saunier. 564 m. ✉ 39300

CAMPING DE BOYSE ★★★★ Tourisme 188 E. dont 161 nus 4 ha CV. Locations : cabanes. chauffée. Rivière à 200 m. Accueil groupes. Ouvert: 1.4 / 30.9. ☎ 03 84 52 00 32. E-mail : camping.boyse@wanadoo.fr. Web : www.camping-boyse.com. Réduction H.S.
Lat. : 46° 44' 49" N **Long.** : 005° 53' 57" E.

CHANCIA

8-B5 28 km S.-O. St-Claude. 381 m. ✉ 01590

CHANCIA (LA PRESQU'ILE DU JURA) ★★★ Loisirs 160 E. dont 120 nus 1,6 ha CV. Locations : chauffée. Lac et rivière à 150 m. Ouvert: 29.4 / 30.9. ☎ 04 74 75 82 14 / 0 251281020. E-mail : chancia@vagues-oceanes.com. Web : www.camping-vagues-oceanes.com/camping-jura/chancia.html. Réduction H.S.
Lat. : 46° 20' 29" N **Long.** : 005° 37' 50" E.

CHATILLON

8-C4 20 km E. Lons-le-Saunier. 516 m. ✉ 39130

DOMAINE DE L'ÉPINETTE ★★★★ Tourisme 150 E. dont 93 nus CV. Locations : chauffée. Accès direct à la rivière ; lac à 5 km. Ouvert: 16.6 / 10.9. ☎ 03 84 25 71 44. E-mail : contact@domaine-epinette.com. Web : www.domaine-epinette.com. Prix 2022. Fft jour : empl. Tourisme (2) : 30 € ; sup 7 € ; animaux 4 € ; 5 €. Réduction H.S.
Lat. : 46° 39' 09" N **Long.** : 005° 43' 18" E.

CHAUSSIN

8-B3 19 km S.-O. Dole. 191 m. ✉ 39120

LE CANOË ★★ Tourisme 45 E. 2 ha CV. Locations : roulotte. Rivière à 100 m. Accueil groupes. Ouvert: 15.4 / 30.9. ☎ 03 84 69 20 72. E-mail : phil.pelletier709@orange.fr. Web : www.camping-le-canoe.com. Réduction H.S.
Lat. : 46° 57' 12" N **Long.** : 005° 22' 58" E.

CHAUX-DES-CROTENAY

8-C4 44 km E. Lons-le-Saunier. 743 m. Village de neige ✉ 39150

CAMPING MUNICIPAL NC Tourisme 62 E. 1 ha. Locations : chauffée. Rivière à 1 km ; lac à 5 km. ☎ 06 72 32 48 38. E-mail : Contact@chaletsalesiajura.com. Web : www.chaletsalesiajura.com.
Lat. : 46° 39' 28" N **Long.** : 005° 58' 00" E.

CLAIRVAUX-LES-LACS

8-C4 25 km S.-E. Lons-le-Saunier. 571 m. Station verte de vacances et village de neige ✉ 39130

LE FAYOLAN ★★★★ Tourisme 478 E. dont 380 nus 17 ha CV. Locations. Randonnée pédestre organisée. couverte chauffée. Accès direct aux bords du lac. Accueil groupes. Ouvert: 27.4 / 9.9. ☎ 03 84 25 26 19. E-mail : info@yellohvillage-fayolan.com. Web : www.jura-campings.com. Réduction H.S.
Lat. : 46° 33' 51" N **Long.** : 005° 45' 22" E.

GRISIÈRE ★★★ Tourisme 254 E. 10 ha CV. Locations. Accès direct aux bords du lac ; rivière à 1 km. Accueil groupes. Ouvert: 1.5 / 15.9. ☎ 03 84 25 80 48. E-mail : bailly@la-grisiere.com. Web : www.la-grisiere.com. Réduction H.S.
Lat. : 46° 34' 03" N **Long.** : 005° 45' 16" E.

LE GRAND LAC ★★★ Tourisme 179 E. dont 164 nus 6 ha CV. Locations : chauffée. Accès direct aux bords du lac. Accueil groupes. Ouvert: 18.5 / 22.9. ☎ 03 84 25 22 14. E-mail : reservation@rsl39.com. Web : www.odesia-vacances.com. Réduction H.S.
Lat. : 46° 34' 08" N **Long.** : 005° 45' 17" E.

LES TILLEULS ★ Loisirs 40 E. Ouvert: 1.5 / 1.10. ☎ 03 84 25 81 45. E-mail : camping.tilleuls@wanadoo.fr.
Lat. : 46° 34' 33" N **Long.** : 005° 44' 34" E.

M. DENIS ARBEZ. Ouvert: 1.5 / 10.10. ☎ 03 84 25 81 45. E-mail : camping.tilleuls@wanadoo.fr.
Lat. : 46° 34' 34" N **Long.** : 005° 44' 33" E.

CONDES

8-B5 52 km S.-E. Lons-le-Saunier. 352 m. ✉ 39240

CAMPING BEL AIR MUNICIPAL SOUS LE MOULIN ★ Tourisme 150 E. 1 ha CV. Locations. Accès direct aux bords du lac. Ouvert: 15.4 / 30.9. ☎ 07 86 17 59 12. E-mail : camping.condes39@gmail.com. Web : www.camping-lac-jura.com.
Lat. : 46° 20' 12" N **Long.** : 005° 37' 36" E.

DOLE

8-B3 52 km N. Lons-le-Saunier. 227 m. ✉ 39100

LE PASQUIER ★★★ Tourisme 120 E. 1,8 ha CV. Locations : roulotte. chauffée. Accès direct à la rivière. Accueil groupes. Ouvert: 15.3 / 15.10. ☎ 03 84 72 02 61. E-mail : lola@camping-le-pasquier.com. Web : camping-le-pasquier.com. Réduction H.S.
Lat. : 47° 05' 23" N **Long.** : 005° 30' 12" E.

DOUCIER

8-C4 25 km E. Lons-le-Saunier. 534 m. ✉ 39130

LES MERILLES ★★★ Tourisme 100 E. dont 13 GCC. 2 ha CV. Locations : cabanes. Randonnée pédestre organisée. chauffée. Accès direct à la rivière ; lac à 3 km. Accueil groupes. Ouvert: 1.4 / 30.9. ☎ 03 84 25 73 06. E-mail : camping.lesmerilles@wanadoo.fr. Web : www.campingjura.com. Réduction H.S.
Lat. : 46° 39' 07" N **Long.** : 005° 46' 30" E.
FFCC : avantages adhérent : 16 € du 01/04 au 30/06 et du 01/09 au 30/09 sur emp.

ECRILLE

8-B4 25 km S.-E. Lons-le-Saunier. 459 m. ✉ 39270

LA FAZ ★★★ Tourisme 130 E. dont 83 nus 2 ha visiteur, CV. A 1,5 km. Accès direct à l'étang et à la rivière ; lac à 5 km.. Accueil groupes enfants. Ouvert: 1.5 / 30.9. ☎ 03 84 25 40 27. E-mail : camping.la.faz@sfr.fr. Web : www.jura-camping-lafaz.com. Réduction H.S.
Lat. : 46° 30' 35" N **Long.** : 005° 37' 14" E.
FFCC : avantages adhérent : 18 € du 30/04 au 02/07 et du 01/09 au 02/10 sur emp. + A partir de 10 nuitées la 11ème offerte sur le hors saison.

FONCINE-LE-HAUT

8-C4 55 km E. Lons-le-Saunier. 997 m. Village de neige ✉ 39460

CAMPING MUNICIPAL DU VAL DE SAINE ★★★ Tourisme 50 E. dont 12 CC. 1 ha CV. Locations. Randonnée pédestre organisée. Accès direct à la rivière.. Ouvert: 16.6 / 16.9. ☎ 03 84 51 92 76. E-mail : foncine@juramontsrivieres.fr. Web : www.camping-haut-jura.com.
Lat. : 46° 39' 27" N **Long.** : 006° 04' 13" E.

FRAISANS

8-C3 24 km N.-E. Dole. 258 m. ✉ 39700

CAMPING MUNICIPAL NC Tourisme 30 E. 0,19 ha. Accès direct à la rivière. ☎ 03 84 71 10 88. E-mail : contact@mairiefraisans.fr. Web : www.fraisans.fr.
Lat. : 47° 09' 05" N **Long.** : 005° 45' 34" E.

LA TOUR-DU-MEIX

8-C4 25 km S.-E. Lons-le-Saunier. 508 m. ✉ 39270

DOMAINE DU SURCHAUFFANT ★★★ Tourisme 203 E. dont 131 nus CV. A 5 km. Locations. Randonnée pédestre organisée. chauffée. Accès direct aux bords du lac. Accueil groupes. Ouvert: 1.5 / 21.9. ☎ 03 84 25 41 08. E-mail : info@camping-surchauffant.fr. Web : www.camping-surchauffant.fr. Réduction H.S.
Lat. : 46° 31' 21" N **Long.** : 005° 40' 26" E.

LAC-DES-ROUGES-TRUITES

8-C4 36 km N.-E. Saint-Claude-sur-Bienne. 983 m. Village de neige ✉ 39150

DOMAINE DU BUGNON ★★ Tourisme 28 E. dont 26 nus 0,8 ha pas de voiture (sauf véhicules aménagés) sur le camping une fois installé, CV. Locations : bulle, yourte. Randonnée pédestre organisée. Rivière à 5 km. Accueil groupes. Ouvert: 29.4 / 12.9. ☎ 03 84 60 20 21. E-mail : contact@domainedubugnon.com. Web : www.domainedubugnon.com.
Lat. : 46° 36' 05" N **Long.** : 006° 00' 14" E.
FFCC : avantages adhérent : 15 € du 29/04 au 01/09 et du 20/08 au 10/09 sur emp.

LA FAVIERE ★ Tourisme 35 E. dont 35 nus, dont 25 CC - 6 GCC. 1 ha CV. Locations. Rivière à 4 m ; lac à 5 m. Ouvert: 1.5 / 30.9. ☎ 06 31 83 37 61. E-mail : laurent.givernaud@gmail.com. Web : www.gite-favieres-hautjura.com. Réduction H.S.
Lat. : 46° 34' 59" N **Long.** : 005° 59' 04" E.

LE FRASNOIS

8-C4 36 km S.-E. Lons-le-Saunier. 801 m. ✉ 39130

CAMPING MUNICIPAL LE LAC DE NARLAY ★ Tourisme 150 E. dont 101 nus 2 ha CV. Locations. Lac à 5 m. Accueil groupes. Ouvert: 1.5 / 30.9. ☎ 03 84 25 59 05. E-mail : camping.narlay39@gmail.com. Web : www.camping-narlay.com.
Lat. : 46° 38' 28" N **Long.** : 005° 54' 20" E.

LES PLANCHES-EN-MONTAGNE

8-C4 795 m. Village de neige ✉ 39150

LE TEMPS DE VIVRE CV. Ouvert: 1.5 / 15.9. ☎ 06 45 53 47 56. E-mail : aubergetdv@orange.fr. Prix 2023. empl. Tourisme : 8,50 € ; 8 € ; 4 € ; 3 €. Réduction H.S.
Lat. : 46° 39' 18" N **Long.** : 006° 00' 12" E.

LOISIA

8-B4 24 km S.-O. Lons-le-Saunier. 475 m. ✉ 39320

CAMPING MUNICIPAL NC Tourisme 19 E. 0,48 ha . Accès direct à la rivière. Ouvert: 1.6 / 15.9. ☎ 03 84 44 54 18. E-mail : mairie.loisia@wanadoo.fr.
Lat. : 46° 29' 03" N **Long.** : 005° 27' 42" E.

LONS-LE-SAUNIER

8-B4 405 km S.-E. Paris. 287 m. ✉ 39000

LA MARJORIE ★★★★ Tourisme 190 E. dont 169 nus, dont 37 CC.
2,1 ha CV . chauffée . Accueil groupes. Ouvert: 1.4 / 15.10. ☎ 03 84 24 26 94. E-mail : info@camping-marjorie.com. Web : www.camping-marjorie.com. Réduction H.S.
Lat. : 46° 41' 07" N **Long.** : 005° 34' 07" E.
FFCC : avantages adhérent : 16 € du 01/04 au 30/06 et du 01/09 au 15/10 sur emp. et entre 250 € et 700 € la semaine du 01/04 au 30/06 et du 01/09 au 15/10 sur loc.

MAISOD

8-C4 29 km N.-O. Saint-Claude. 498 m. ✉ 39260

TRÉLACHAUME ★★★ Tourisme 180 E. dont 146 nus
3,5 ha CV . Locations : , roulotte. Randonnée pédestre organisée. chauffée . Lac à 1,5 km. Ouvert: 23.4 / 24.9. ☎ 03 84 42 03 26. E-mail : info@trelachaume.fr. Web : www.trelachaume.fr. Prix 2022. Fft jour : empl. Tourisme (2) : 27 € ( ) ; sup 5,80 € ; animaux 2,20 € ; 4,20 €. Réduction H.S.
Lat. : 46° 28' 10" N **Long.** : 005° 41' 20" E.

MARIGNY

8-C4 25 km E. Lons-le-Saunier. 523 m. ✉ 39130

LA PERGOLA ★★★★★ Tourisme 353 E. dont 47 nus, dont 48 GCC. CV . Locations : , . Randonnée pédestre organisée. couverte chauffée , . Accès direct aux bords du lac. ; ; ; . Accueil groupes adultes. Ouvert: 26.4 / 15.9. ☎ 03 84 25 70 03. E-mail : pergola@capfun.com. Web : www.lapergola.com.
Lat. : 46° 40' 37" N **Long.** : 005° 46' 57" E.

MENETRUX-EN-JOUX

8-C4 32 km S.-E. Lons-le-Saunier. 643 m. ✉ 39130

RELAIS DE L'EVENTAIL ★★★ Tourisme 53 E. dont 53 nus 1,05 ha CV . Locations : . . Accès direct à la rivière.. Accueil groupes. Ouvert: 25.6 / 31.8. ☎ 03 84 25 71 59. E-mail : relais.de.leventail@gmail.com. Web : www.relais-de-leventail.com.
Lat. : 46° 36' 50" N **Long.** : 005° 50' 55" E.

MESNOIS

8-B4 18 km S.-E. Lons-le-Saunier. 481 m. ✉ 39130

BEAUREGARD ★★★★ Tourisme 192 E. dont 175 nus
5 ha CV . Locations : , . couverte chauffée , . Rivière à 500 m ; lac à 1 km. . Accueil groupes. Ouvert: 28.3 / 30.9. ☎ 03 84 48 32 51. E-mail : reception@juracampingbeauregard.com. Web : www.juracampingbeauregard.com. Réduction H.S.
Lat. : 46° 35' 59" N **Long.** : 005° 41' 17" E.
FFCC : avantages adhérent : 10% du 01/04 au 30/06 et du 01/09 au 01/10 sur emp. et 10% du 01/04 au 30/6 et du 01/09 au 01/10 sur loc. + 10% hors juillet-août sur les emplacements nus et hébergements locatifs sur présentation de la carte ou rendez-vous dans votre club avantages FFCC pour obtenir le code promotionnel.

MOIRANS-EN-MONTAGNE

8-C4 22 km N.-O. Saint-Claude. 727 m. ✉ 39260

LA PETITE MONTAGNE ★★★ Tourisme 94 E. dont 64 nus
3 ha CV . couverte chauffée . Etang, lac et rivière à 5 km. . Accueil groupes. Ouvert: 26.4 / 4.10. ☎ 03 84 42 34 98. E-mail : info@campinglapetitemontagne.com. Web : www.campinglapetitemontagne.com.
Lat. : 46° 25' 14" N **Long.** : 005° 43' 26" E.
FFCC : avantages adhérent : 15 € du 07/05 au 30/06 et du 01/09 au 09/09 sur emp. et entre 50 € et 125 € la nuitée et entre 180 € et 430 € la semaine du 07/05 au 30/06 et du 01/09 au 09/09 sur loc.

MONNET-LA-VILLE

8-C4 25 km N.-E. Lons-le-Saunier. 552 m. ✉ 39300

JURA SOUS DORIAT ★★★ Tourisme 110 E. dont 90 nus
CV . Locations : cabanes. couverte chauffée. Rivière à 1 km ; lac à 4 km ; étang à 5 km. Accueil groupes. Ouvert: 1.5 / 30.9. ☎ 03 84 51 21 43. E-mail : camping.sousdoriat@orange.fr. Web : www.camping-sous-doriat.com. Réduction H.S.
Lat. : 46° 43' 18" N **Long.** : 005° 47' 57" E.

MONTBARREY

8-B3 17 km S.-E. Dôle. 229 m. ✉ 39380

LES TROIS OURS ★★★ Tourisme 86 E. dont 71 nus
4,3 ha 22 h 30 / 7 h, CV . , . Accès direct à la rivière. ; . Accueil groupes adultes. Ouvert: 16.4 / 27.9. ☎ 03 84 81 50 45. E-mail : h.rabbe@orange.fr. Web : www.juracamping.fr. Réduction H.S.
Lat. : 47° 00' 45" N **Long.** : 005° 37' 53" E.

MONTIGNY-SUR-L'AIN

8-C4 25 km N.-E. Lons-le-Saunier. 527 m. ✉ 39300

CAMPING DU GIT ★★★ Tourisme 60 E. 4 ha CV . Locations : . . Rivière à 2 km ; lac à 4 km. Accueil groupes. Ouvert: 1.6 / 31.8. ☎ 03 84 51 21 17. E-mail : christian.olivier22@wanadoo.fr. Web : www.campingdugit.com.
Lat. : 46° 42' 44" N **Long.** : 005° 47' 50" E.

MORBIER

8-C4 27 km N.-E. Saint-Claude. 994 m. Village de neige ✉ 39400

LA BUCLE NC Tourisme 100 E. dont 22 GCC. 3,5 ha CV. Locations : . couverte , , . Accès direct aux bords du lac ; étang à 50 m ; rivière à 2,5 km.. Accueil groupes. Ouvert: 1.6 / 10.9. ☎ 06 86 43 43 35. E-mail : camping-labucle@sfr.fr. Web : www.camping-labucle.com. Réduction H.S.
Lat. : 46° 32' 32" N **Long.** : 006° 01' 09" E.

ORCHAMPS

8-B3 15 km N.-E. Dole. 236 m. ✉ 39700

CAMPING MUNICIPAL NC Tourisme 26 E. 0,7 ha , . Accès direct à la rivière.. Ouvert: 1.6 / 30.9. ☎ 03 84 71 30 35. E-mail : mairie.orchamps@wanadoo.fr.
Lat. : 47° 08' 54" N **Long.** : 005° 39' 32" E.

OUNANS

8-B3 43 km N.-E. Lons-Le-Saunier. 226 m. ✉ 39380

HUTTOPIA LA PLAGE BLANCHE ★★★ Tourisme 202 E. dont 140 nus
7 ha la nuit, CV . Locations : roulotte . chauffée , . Accès direct à l'étang et à la rivière. ; ; . Accueil groupes. Ouvert: 19.5 / 18.9. ☎ 03 84 37 69 63. E-mail : plageblanche@huttopia.com. Web : europe.huttopia.com/site/camping-la-plage-blanche/. Réduction H.S.
Lat. : 47° 00' 09" N **Long.** : 005° 39' 34" E.
FFCC : avantages adhérent : 10% du 11/05 au 01/07 et du 31/08 au 17/0910% du 11/05 au 01/07 et du 31/08 au 17/09 sur emp. et loc. + 5% de réduction en juillet-août sur les emplacements nus et locatifs * frais de réservation offerts Rendez-vous dans votre club avantages FFCC pour obtenir le code promotionnel.

LE VAL D'AMOUR

★★★ Tourisme 97 E. dont 76 nus 2 ha CV. Locations : . Rivière à 600 m. Accueil groupes. Ouvert: 1.4 / 30.9. ☎ 03 84 37 61 89. E-mail : camping@levaldamour.com. Web : www.levaldamour.com. Réduction H.S.
Lat. : 46° 59' 31" N **Long.** : 005° 40' 14" E.
FFCC : avantages adhérent : 14 € du 25/04 au 09/07 et du 27/08 au 30/09 sur emp. et entre 50 € et 120 € la nuitée et entre 350 € et 820 € la semaine du 01/04 au 25/06 et du 27/08 au 30/09 sur loc.

PARCEY

8-B3 7 km S. Dole. 197 m. ✉ 39100

LES BORDS DE LOUE

★★★ Tourisme 236 E. 10 ha CV. Locations : chauffée. Accès direct à la rivière. ; ; Accueil groupes. Ouvert: 3.4 / 26.9. ☎ 03 84 71 03 82. E-mail : contact@jura-camping.fr. Web : www.jura-camping.fr.
Lat. : 47° 00' 58" N **Long.** : 005° 28' 54" E.

PATORNAY

8-C4 19 km S.-E. Lons-le-Saunier. 465 m. ✉ 39130

LE MOULIN

★★★★ Tourisme 210 E. dont 80 nus 5,5 ha CV. A 4 km : Locations : . Espace Fitness. couverte chauffée . Accès direct à la rivière ; lac à 500 m. ; ; . Ouvert: 28.4 / 17.9. ☎ 03 84 48 31 21. E-mail : contact@camping-moulin.com. Web : www.camping-moulin.com. Prix 2022. Fft jour : empl. Tourisme (2) : 49 € ( ) ; sup 7 € ; animaux 4 € ; 4 €.
Lat. : 46° 35' 14" N **Long.** : 005° 42' 03" E.

PETIT-NOIR

8-B3 25 km S.-O. Dole. 191 m. ✉ 39120

LES BORDS DU DOUBS

★★ Tourisme 101 E. 2 ha . Accès direct à la rivière. ; . Ouvert: 1.4 / 30.9. ☎ 03 84 81 03 24. E-mail : bordsdudoubs@sfr.fr.
Lat. : 46° 55' 25" N **Long.** : 005° 20' 60" E.

POLIGNY

8-C3 28 km N. Lons-le-Saunier. 468 m. Station verte de vacances et village de neige ✉ 39800

CAMPING LA TULIPE DE VIGNE

★★★ Tourisme 83 E. dont 41 GCC. CV. Locations : . Accueil groupes. Ouvert: 1.4 / 15.10. ☎ 03 84 37 35 90. E-mail : contact@camping-poligny.com. Web : www.camping-poligny.com.
Lat. : 46° 50' 05" N **Long.** : 005° 41' 54" E.

PONT-DE-POITTE

8-C4 18 km S.-E. Lons-le-Saunier. 469 m. ✉ 39130

LES PÊCHEURS

★★★ Tourisme 163 E. dont 90 nus 3,50 ha CV. A 4 km : Locations : , cabanes, roulotte, . couverte chauffée . Accès direct à la rivière ; lac à 500 m. ; . Ouvert: 17.5 / 10.9. ☎ 03 84 48 31 33. E-mail : contact@camping-pecheurs.com. Web : www.camping-pecheurs.com. Prix 2022. Fft jour : empl. Tourisme (2) : 30 € ( ). Réduction H.S.
Lat. : 46° 35' 11" N **Long.** : 005° 41' 42" E.

PONT-DU-NAVOY

8-C4 23 km N.-E. Lons-le-Saunier. 527 m. ✉ 39300

LE BIVOUAC

★★ Tourisme 92 E. dont 73 nus CV. Locations : . Accès direct à la rivière ; lac à 4 km. . Accueil groupes adultes. Ouvert: 1.5 / 11.9. ☎ 03 84 51 26 95. E-mail : lebivouac39@gmail.com. Web : www.camping-le-bivouac.com. Prix 2022. Fft jour : empl. Tourisme (2) : 18 € ( ) ;
Lat. : 46° 43' 25" N **Long.** : 005° 47' 05" E.

PORT-LESNEY

8-C3 52 km N.-E. Lons-le-Saunier. 297 m. ✉ 39600

LES RADELIERS

★★ Tourisme 100 E. 2,5 ha CV. Locations : , , . Accès direct à la rivière. ; ; . Accueil groupes. Ouvert: 1.5 / 30.9. ☎ 0 953214422. E-mail : contact@camping-les-radeliers.com. Web : www.camping-les-radeliers.com. Prix 2022. Fft jour : empl. Tourisme (2) : 22 € ( )
Lat. : 47° 00' 13" N **Long.** : 005° 49' 25" E.

PREMANON

8-C4 28 km N.-E. Saint-Claude-sur-Bienne. 1152 m. Village de neige ✉ 39220

CAMPING GCU - PREMANON

★ Tourisme 52 E. . Locations : . , . Ouvert: 28.6 / 31.8. ☎ 03 84 60 76 13. E-mail : gcu@gcu.asso.fr. Web : www.gcu.asso.fr.
Lat. : 46° 27' 44" N **Long.** : 006° 02' 10" E.

RANCHOT

8-B3 20 km N.-E. Dole. 237 m. ✉ 39700

CAMPING DE L'ILE

★★★ Tourisme 33 E. dont 26 nus CV. Locations : , caravane, . Accès direct à la rivière. ; . Ouvert: 1.1 / 31.12. ☎ 03 84 71 13 56. E-mail : campingdelile39@orange.fr. Web : www.juracampingdelile.fr. Prix 2023. Fft nuit : empl. Tourisme (2) : 19 € ( ) ; sup 5,50 € nuit ; animaux 1,50 € nuit ; 3,50 € nuit ; 3,50 € nuit.
Lat. : 47° 08' 52" N **Long.** : 005° 43' 33" E.

SAINT-LAURENT-EN-GRANDVAUX

8-C4 30 km N.-N.-E. Saint-Claude. 931 m. Village de neige ✉ 39150

LE CHAMPS DE MARS

★★★ Tourisme 137 E. dont 116 nus CV. Locations : , roulotte. . Lac et rivière à 5 km. Accueil groupes. Ouvert: 15.12 / 30.9. ☎ 03 84 60 19 30. E-mail : champmars.camping@orange.fr. Web : www.camping-saint-laurent-jura.fr. Prix 2023. Fft jour : empl. Tourisme (2) : 17,6 € (E. CC) ; sup 4,50 € ; 2,90 €. Réduction H.S.
Lat. : 46° 34' 35" N **Long.** : 005° 57' 46" E.
FFCC : avantages adhérent : 14 € du 01/04 au 30/06 et du 01/09 au 30/09 sur emp.

SAINT-LOTHAIN

8-B3 27 km N.-E. Lons-le-Saunier 293 m. ✉ 39230

LA MAISON DU HAUT

★ Tourisme 19 E. dont 14 nus CV. Locations : . Rivière à 1 km. Accueil groupes. Ouvert: 1.4 / 1.10. ☎ 03 84 37 35 19. E-mail : maisonduhaut@free.fr. Web : www.maisonduhaut.com.
Lat. : 46° 48' 26" N **Long.** : 005° 38' 48" E.

SALINS-LES-BAINS

8-C3 52 km N.-E. Lons-le-Saunier. 491 m. ✉ 39110

LE SALIN LES BAINS

★★★ Tourisme 45 E. dont 5 nus, dont 6 CC. CV . Etang à 5 km. . Accueil groupes. Ouvert: 1.4 / 31.10. ☎ 07 61 14 69 01. E-mail : camping.lesalinslesbains@gmail.com. Web : campinglesalinsles.wixsite.com/le-salins-les-bains.
Lat. : 46° 56' 50" N **Long.** : 005° 52' 45" E.

THOIRIA

8-C4 28 km S.-E. Lons-le-Saunier. 620 m. ✉ 39130

DOMAINE DE LA FRAITE

NC Tourisme 45 E. dont 35 nus . Locations : . , . Accès direct aux bords du lac et à la rivière. . Accueil groupes adultes. Ouvert: 20.7 / 30.11. ☎ 03 84 25 80 21. E-mail : alafraite@orange.fr. Web : www.alafraite.com. Réduction H.S.
Lat. : 46° 31' 17" N **Long.** : 005° 43' 24" E.

VAL SURAN

8-B5 35 km S. Lons-le-Saunier. 403 m. ✉ 39320

CAMPING DE MON VILLAGE

NC 30 E. dont 30 nus 0,7 ha . Accès direct à la rivière.. Ouvert: 1.5 / 30.9. ☎ 0 1 83 64 69 21. E-mail : contact@campingcarpark.com. Web : www.campingcarpark.com/. Prix 2022.
Lat. : 46° 23' 48" N **Long.** : 005° 27' 01" E.

VILLARD-SAINT-SAUVEUR

8-C5 3 km S. Saint-Claude 669 m. ✉ 39200

LE MARTINET

★★★ Tourisme 102 E. dont 89 nus 2,9 ha CV . A 4 km : Locations : , cabanes, roulotte. Randonnée pédestre organisée. chauffée , . Accès direct à la rivière. . Accueil groupes adultes. Ouvert: 1.4 / 30.9. ☎ 03 84 45 00 40. E-mail : contact@camping-saint-claude.fr. Web : www.camping-saint-claude.fr.
Lat. : 46° 22' 19" N **Long.** : 005° 52' 21" E.

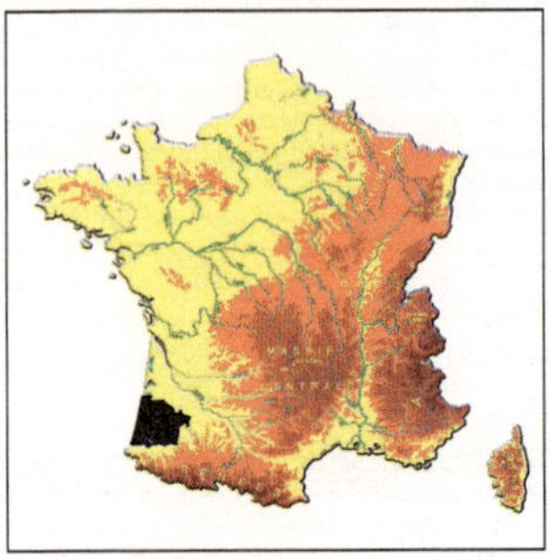

AIRE-SUR-L'ADOUR

12-C2 34 km S.-E. Mont-de-Marsan. 125 m. ✉ 40800

LES OMBRAGES DE L'ADOUR ★★ Tourisme 99 E. CV . chauffée. Accès direct à la rivière. Accueil groupes. Ouvert: 22.3 / 4.11. ☎ 0 772136484. E-mail : contact@camping-adour.com. Web : www.camping-adour.com. Réduction H.S.
Lat. : 43° 42' 10" N **Long.** : 000° 15' 29" W.

ANGRESSE

12-A2 32 km O. Dax. 9 m. ✉ 40150

M. MICHEL LEFEBVRE . Ouvert: 15.6 / 15.9. ☎ 05 58 43 65 72.
Lat. : 43° 39' 49" N **Long.** : 001° 22' 20" W.

HOUN DE L'OR . ☎ 05 58 41 71 66. E-mail : camp.armelle@yahoo.fr.
Lat. : 43° 39' 40" N **Long.** : 001° 21' 25" W.

AUREILHAN

9-B5 80 km N.-O. Mont-de-Marsan. 16 m. ✉ 40200

DOMAINE D'EUROLAC ★★★★ Tourisme 540 E.
CV . Locations : . , , , . Accès direct aux bords du lac. ; ; ; . Ouvert: 20.4 / 15.9. ☎ 04 30 05 15 19. E-mail : info@tohapi.fr. Web : www.tohapi.fr/aquitaine/camping-eurolac.php.
Lat. : 44° 13' 22" N **Long.** : 001° 12' 14" W.

LANDES BLEUES ★★★★ Tourisme 196 E. dont 52 nus
CV . Locations : . couverte chauffée . Etang, lac et rivière à 1,5 km. . Ouvert: 16.6 / 19.9. ☎ 05 58 09 01 42. E-mail : info@camping-landes-bleues.com. Web : www.camping-landes-bleues.com. Prix 2023. Fft nuit : empl. Tourisme (2) : 39 € ( ). Réduction H.S.
Lat. : 44° 13' 02" N **Long.** : 001° 11' 05" W.
FFCC : avantages adhérent : 19 € du 28/04 au 30/06 et du 02/09 au 17/09 sur emp. et entre 36 € et 83 € la nuitée et entre 185 € et 399 € la semaine du 28/04 au 30/06 et du 02/09 au 24/09 sur loc.

AURILANDES ★★★ Tourisme 448 E. 6 ha CV . chauffée . Accès direct aux bords du lac. ; ; . Accueil groupes. Ouvert: 27.6 / 30.8. ☎ 04 30 05 15 19. E-mail : info@tohapi.fr. Web : www.tohapi.fr/aquitaine/camping-mer-aurilandes.php.
Lat. : 44° 13' 22" N **Long.** : 001° 11' 41" W.

AURICE

12-C1 16 km S.-O. Mont-de-Marsan. 57 m. ✉ 40500

M. & MME MARSAN CV. Ouvert: 1.1 / 31.12. ☎ 05 58 76 18 70. E-mail : guides@campingfrance.com.
Lat. : 43° 46' 38" N **Long.** : 000° 36' 30" W.

AZUR

12-B1 23 km N.-O. Dax. 21 m. ✉ 40140

LA PAILLOTTE ★★★★★ Tourisme 322 E. CV . Locations : , . couverte chauffée . Accès direct à l'étang et aux bords du lac. ; ; . Ouvert: 7.5 / 12.9. ☎ 05 58 48 12 12. E-mail : paillotte@capfun.com. Web : www.capfun.com. Réduction H.S.
Lat. : 43° 47' 14" N **Long.** : 001° 18' 33" W.

LANDES AZUR ★★★★ Loisirs 194 E. dont 32 nus 3 ha 23 h / 7 h 30, CV . A 5 km : couverte chauffée . Etang et lac à 2 km ; bord de mer à 5 km. . Ouvert: 12.6 / 17.9. ☎ 05 58 48 22 52. E-mail : info@camping-landes-azur.com. Web : www.campings-landes-vacances.com. Prix 2023. Fft jour : empl. Tourisme (2) : 31 € ( ). Réduction H.S.
Lat. : 43° 47' 35" N **Long.** : 001° 17' 39" W.

AZU'RIVAGE ★★★ Tourisme 330 E. dont 160 nus
1 véhicule par emplt, CV . Locations : cocosweet . chauffée . Accès direct aux bords du lac et à la rivière. ; ; . Ouvert: 25.5 / 11.9. ☎ 05 58 48 30 72. E-mail : info@campingazurivage.com. Web : www.campingazurivage.com. Réduction H.S.
Lat. : 43° 47' 05" N **Long.** : 001° 18' 17" W.

LE MARTIN PECHEUR ★★ Tourisme 10 E. Ouvert: 2.1 / 30.11. ☎ 05 58 48 30 72. E-mail : info@campingazurivage.com. Web : campinglemartinpecheur.business.site.
Lat. : 43° 47' 07" N **Long.** : 001° 18' 17" W.

M. FESANCIEUX CV . Ouvert: 1.4 / 30.9. ☎ 05 58 48 30 49. E-mail : campingpesson@wanadoo.fr, Web : campingpesson.com.
Lat. : 43° 47' 51" N **Long.** : 001° 19' 04" W.

BELUS

12-B2 19 km S. Dax. 82 m. ✉ 40300

LA COMTESSE ★★★ Tourisme 99 E. dont 54 nus 2 ha CV . Locations : . . Accès direct à l'étang ; rivière à 5 km. ; . Ouvert: 1.4 / 31.10. ☎ 05 58 57 69 07. E-mail : campinglacomtesse@orange.fr. Web : www.campinglacomtesse.com.
Lat. : 43° 36' 12" N **Long.** : 001° 07' 48" W.

BIAS

9-B5 68 km N.-O. Mont-de-Marsan. 39 m. ✉ 40170

CAMPING MUNICIPAL LE TATIOU ★★★ Tourisme 480 E. dont 175 nus, dont 150 CC - 5 GCC. 2,8 ha 23 h 30 / 7 h, CV . Locations : , . chauffée , , . Etang à 2 km ; lac et bord de mer à 5 km. . Accueil groupes. Ouvert: 8.4 / 24.9. ☎ 05 58 09 04 76. E-mail : campingletatiou@bias40.fr. Web : www.campingletatiou.com. Prix 2022. Fft jour : empl. Tourisme (2) : 28 € ( ). Réduction H.S.
Lat. : 44° 08' 43" N **Long.** : 001° 14' 25" W.

M. CHRISTIAN MAIA CV. Ouvert: 1.5 / 31.10. ☎ 05 58 09 21 73. E-mail : cmaia@free.fr, Web : cmaia.free.fr. Réduction H.S.
Lat. : 44° 08' 10" N **Long.** : 001° 14' 05" W.

BISCARROSSE

9-B5 91 km N.-O. Mont-de-Marsan. 29 m. ✉ 40600

MAYOTTE VACANCES ★★★★★ Tourisme 675 E. dont 50 nus 17 ha CV . Locations : , . Espace Fitness. couverte chauffée , , . Accès direct aux bords du lac. ; ; ; . . Accueil groupes adultes. Ouvert: 2.4 / 19.9. ☎ 05 35 37 14 11. E-mail : accmayottevacances@amac-clubs.com. Web : www.mayottevacances.com. Réduction H.S.
Lat. : 44° 26' 07" N **Long.** : 001° 09' 16" W.

RESORT LA RIVE ★★★★★ Tourisme 764 E. dont 83 nus 15 ha. CV. Locations : . Espace Fitness. couverte chauffée , . Accès direct aux bords du lac. ; ; . Ouvert: 31.3 / 18.9. ☎ 05 58 78 12 33. E-mail : larive@cielavillage.com. Web : www.larive.fr. Prix 2023. Fft nuit : empl. Tourisme (2) : 82 € (E. CC)
Lat. : 44° 27' 38" N **Long.** : 001° 07' 50" W.

CAMPING BIMBO ★★★★ Tourisme 177 E. dont 65 nus, dont 45 CC. CV . Locations : cabanes. Espace Fitness. couverte chauffée , . Lac à 600 m. ; . Accueil groupes. Ouvert: 5.4 / 30.9. ☎ 05 58 09 82 33. E-mail : info@campingbimbo.fr. Web : www.campingbimbo.fr. Réduction H.S.
Lat. : 44° 25' 36" N **Long.** : 001° 09' 39" W.

LE VIVIER ★★★★ Tourisme 909 E. CV . Locations : , . chauffée . Accès direct à la mer ; lac à 4 km. ; . Accueil groupes adultes. Ouvert: 12.5 / 24.9. ☎ 0 2 53 81 70 00. E-mail : reservation@ms-vacances.com. Web : www.ms-vacances.com.
Lat. : 44° 27' 31" N **Long.** : 001° 14' 23" W.
FFCC : avantages adhérent : 15% du 12/05 au 02/07 et du 03/09 au 24/09 sur emp.

LES FONTAINES DE NAVA ★★★★ Loisirs 230 E. Locations : . couverte chauffée . Lac à 350 m. Ouvert: 1.1 / 31.12. ☎ 05 58 09 83 11. E-mail : info@lesfontainesdenava.com. Web : www.lesfontainesdenava.com.
Lat. : 44° 25' 39" N **Long.** : 001° 09' 41" W.

MAGUIDE ★★★★ Loisirs 228 E. dont 45 nus. CV . A 3 km : Locations : . Randonnée pédestre organisée. couverte chauffée , . Accès direct aux bords du lac ; bord de mer à 5 km. ; ; . Accueil groupes. Ouvert: 2.4 / 26.9. ☎ 05 58 09 81 90. E-mail : contact@campingmaguide.fr. Web : www.camping-maguide.com.
Lat. : 44° 27' 49" N **Long.** : 001° 11' 54" W.
FFCC : avantages adhérent : 10% du 05/04 au 30/06 et du 01/09 au 24/0910% du 05/04 au 30/06 et du 01/09 au 24/09 sur emp. et loc. + Rendez-vous dans votre club avantages FFCC pour obtenir le code promotionnel et réserver !.

NAVARROSSE ★★★★ Tourisme 458 E. CV . Locations : , , , , , . Accès direct aux bords du lac. ; . Accueil groupes adultes. Ouvert: 7.4 / 24.9. ☎ 0 2 53 81 70 00. E-mail : reservation@ms-vacances.com. Web : www.ms-vacances.com.
Lat. : 44° 25' 55" N **Long.** : 001° 10' 10" W.
FFCC : avantages adhérent : 15% du 07/04 au 08/07 et du 26/08 au 24/09 sur emp.

PLAGE SUD ★★★★ Tourisme 1100 E. CV . Locations : , . chauffée . Bord de mer à 800 m ; lac à 5 km. ; . Accueil groupes adultes. Ouvert: 12.5 / 24.9. ☎ 0 2 53 81 70 00. E-mail : reservation@ms-vacances.com. Web : www.ms-vacances.com.
Lat. : 44° 26' 29" N **Long.** : 001° 14' 44" W.
FFCC : avantages adhérent : 20% du 12/05 au 08/07 et du 31/08 au 24/09 sur emp.

EN CHON LES PINS ★★★ Tourisme 89 E. dont 32 nus 1 ha CV . Locations : . chauffée , . ; . Ouvert: 1.6 / 14.9. ☎ 05 58 78 16 00. E-mail : contact@campingenchonlespins.com. Web : www.campingenchonslespins.com. Réduction H.S.
Lat. : 44° 25' 48" N **Long.** : 001° 09' 22" W.

LES PETITS ÉCUREUILS ★★★ Tourisme 70 E. dont 20 nus. CV . Locations : , . couverte. Lac à 3 km. . Accueil groupes. Ouvert: 10.4 / 19.9. ☎ 05 58 78 01 97. E-mail : bisca.les.petits.ecureuils@wanadoo.fr. Web : www.les-petits-ecureuils.fr. Prix 2022. Fft jour : empl. Tourisme (2) : 46 € ( ). Réduction H.S.
Lat. : 44° 24' 17" N **Long.** : 001° 08' 54" W.
FFCC : avantages adhérent : 22 € du 08/04 au 04/06 et du 09/09 au 17/09 sur emp. et entre 60 € et 205 € la nuitée et entre 250 € et 578 € la semaine du 08/04 au 08/07 sur loc.

HOLIDAY PARK ★ Loisirs 29 E. dont 29 GCC. . Ouvert: 8.3 / 28.11. ☎ 05 58 09 80 00. E-mail : camping.les.ecureuils@wanadoo.fr.
Lat. : 44° 23' 40" N **Long.** : 001° 10' 02" W.

LES ÉCUREUILS ★ Loisirs 230 E. 4 ha CV . A 7 km : Locations : . Espace Fitness. chauffée , , , . Lac à 200 m. . Ouvert: 30.4 / 11.9. ☎ 05 58 09 80 00. E-mail : reception@ecureuils.fr. Web : www.ecureuils.fr.
Lat. : 44° 25' 45" N **Long.** : 001° 10' 01" W.

LA JAOUGUE SOULE **NC** Tourisme 92 E. dont 46 GCC. Locations : , . . Ouvert: 3.6 / 10.9. ☎ 05 58 82 90 00. E-mail : vtfbiscarrosse@vtf-vacances.com. Web : www.vtf-vacances.com.
Lat. : 44° 27' 23" N **Long.** : 001° 14' 23" W.

AIRE NATURELLE LES BRUYERES . Ouvert: 1.6 / 29.9. ☎ 05 58 78 79 23 / 05 58 78 20 96. E-mail : biscarrosse@biscagrandslacs.com, Web : www.biscagrandslacs.com/hebergements-dans-les-landes/aires-naturelles-de-campings/aire-naturelle-de-camping-les-bruyeres.
Lat. : 44° 26' 03" N **Long.** : 001° 07' 51" W.

LAFARGUE DUPORT . Ouvert: 1.4 / 30.9. ☎ 05 58 78 10 64. E-mail : airenaturelle.lafargue@gmail.com, Web : aire-naturelle-lafargue.fr.
Lat. : 44° 26' 07" N **Long.** : 001° 08' 54" W.

LE FREZAT . Ouvert: 15.4 / 15.10. ☎ 0 6 22 65 57 37. E-mail : contact@lefrezat.fr, Web : www.lefrezat.fr.
Lat. : 44° 26' 24" N **Long.** : 001° 08' 28" W.

LES AJONCS . Ouvert: 1.4 / 30.9. ☎ 05 58 78 17 83.
Lat. : 44° 25' 60" N **Long.** : 001° 07' 52" W.

BROCAS

12-C1 20 km N. Mont-de-Marsan. 85 m. ✉ 40420

AIRE NATURELLE MUNICIPALE CV . Ouvert: 15.3 / 15.10. ☎ 06 35 42 73 74. E-mail : mairie.brocas@wanadoo.fr.
Lat. : 44° 02' 32" N **Long.** : 000° 32' 31" W.

BUANES

12-C2 25 km S.-E. Mont-de-Marsan. 111 m. ✉ 40320

BARTHON ★★★ Tourisme 33 E. dont 14 nus. 22 h / 7h, CV . Rivière à 5 km. . Accueil groupes adultes. Ouvert: 2.3 / 22.11. ☎ 05 58 51 12 95. E-mail : camping.barthon@wanadoo.fr. Web : www.campingbarthon-eugenie-les-bains.fr. Réduction H.S.
Lat. : 43° 41' 59" N **Long.** : 000° 25' 23" W.
FFCC : avantages adhérent : 18 € du 15/03 au 15/05 et du 15/10 au 15/11 sur emp. et entre 197 € et 430 € la semaine du 15/03 au 15/05 et du 15/10 au 15/11 sur loc.

CAPBRETON

12-A2 35 km S.-O. Dax. 14 m. ✉ 40130

LA POINTE ★★★★ Loisirs 404 E. dont 80 nus 2,98 ha CV . Locations : , , . Espace Fitness. chauffée , , . Accès direct à la rivière ; bord de mer à 800 m. ; . Accueil groupes enfants. Ouvert: 6.5 / 1.10. ☎ 05 58 72 14 98. E-mail : contact@camping-lapointe.com. Web : www.camping-lapointe.com. Réduction H.S.
Lat. : 43° 37' 21" N **Long.** : 001° 26' 29" W.

CAMPING MUNICIPAL LA CIVELLE ★★★ Loisirs 480 E. dont 214 nus, dont 244 CC. 6 ha CV . Locations : . chauffée , , , , , . . Accueil groupes. Ouvert: 3.2 / 31.12. ☎ 05 58 72 15 11. E-mail : campinglacivelle@capbreton.fr. Web : www.campinglacivelle.fr.
Lat. : 43° 37' 50" N **Long.** : 001° 25' 58" W.

CAMPING GCU - CAPBRETON ★★ Tourisme 84 E. dont 78 nus CV . Bord de mer à 800 m. Ouvert: 30.3 / 4.11. ☎ 01 47 63 98 63. E-mail : gcu@gcu.asso.fr. Web : www.gcu.asso.fr.
Lat. : 43° 39' 12" N **Long.** : 001° 25' 40" W.

DOMAINE DE FIERBOIS ★★ Tourisme 351 E. dont 104 nus, dont 67 CC. 10 ha CV . A 5 km : chauffée . Accès direct à la mer. ; . Accueil groupes adultes. Ouvert: 9.4 / 9.10. ☎ 05 58 72 12 30. E-mail : domainedefierbois@vacances-andretrigano.com. Web : vacances-andretrigano.com/camping/landes/domaine-de-fierbois-capbreton.
Lat. : 43° 37' 60" N **Long.** : 001° 26' 46" W.
FFCC : avantages adhérent : 10% du 07/04 au 08/07 et du 26/08 au 24/09 sur emp. et 5% du 07/04 au 08/07 et du 26/08 au 24/09 sur loc.

LABARTHE **NC** Loisirs 40 E. dont 18 GCC. Ouvert: 1.4 / 30.9. ☎ 05 58 72 02 34.
Lat. : 43° 39' 10" N **Long.** : 001° 25' 40" W.

CASSEN

12-B1 20 km E. Dax. 39 m. ✉ 40380

M. FRANCIS CADILLON CV. Ouvert: 1.3 / 30.10. ☎ 05 58 98 92 90.
Lat. : 43° 45' 41" N **Long.** : 000° 51' 54" W.

CLERMONT

12-B2 13 km S.-E. Dax. 41 m. ✉ 40180

M. GILLES DUCASSE . Ouvert: 1.1 / 31.12. ☎ 05 58 89 80 42.
Lat. : 43° 39' 11" N **Long.** : 000° 53' 53" W.

COMMENSACQ

9-C5 45 km N.-O. Mont-de-Marsan. 72 m. ✉ 40210

BARADIS . Ouvert: 15.6 / 15.9. ☎ 05 58 07 05 27. E-mail : accueilcamping@baradis.fr, Web : camping.baradis.fr.
Lat. : 44° 13' 09" N **Long.** : 000° 50' 02" W.

POINT D'ACCUEIL JEUNES CV. Ouvert: 15.2 / 15.11. ☎ 05 58 07 05 15. E-mail : contact@mexicoloisirs.com.
Lat. : 44° 11' 31" N **Long.** : 000° 47' 16" W.

DAX

12-B2 52 km S.-O. Mont-de-Marsan. 14 m. ✉ 40100

LES CHÊNES ★★★★ Tourisme 210 E. dont 75 nus 5 ha CV . A 1,5 km : Locations : , . , . Etang à 100 m ; rivière à 300 m. Accueil groupes. Ouvert: 12.3 / 6.11. ☎ 05 58 90 05 53. E-mail : campingleschenes@bala-dax.fr. Web : www.camping-leschenes-dax.com. Prix 2022. Fft jour : empl. Tourisme (2) : 21,5 € ( )
Lat. : 43° 42' 43" N **Long.** : 001° 04' 23" W.

LE BASCAT ★★★ Tourisme 146 E. dont 7 nus 2,85 ha CV . Etang, lac et rivière à 800 m. Ouvert: 6.3 / 12.11. ☎ 05 58 56 16 68. E-mail : infolebascat@orange.fr. Web : www.campinglebascat.com. Réduction H.S.
Lat. : 43° 42' 22" N **Long.** : 001° 04' 14" W.

EUGENIE-LES-BAINS

12-C2 25 km S.-E. Mont-de-Marsan. 123 m. ✉ 40320

DES SOURCES ★★★★ Tourisme 55 E. CV . Locations : . chauffée , . Accès direct à la rivière. . Accueil groupes adultes. Ouvert: 8.2 / 10.12. ☎ 05 58 45 68 36. E-mail : info@camping-eugenie-les-bains.fr. Web : www.camping-eugenie-les-bains.fr.
Lat. : 43° 41' 33" N **Long.** : 000° 22' 25" W.

GABARRET

12-D1 45 km N.-E. Mont-de-Marsan. 153 m. Station verte de vacances et village de neige ✉ 40310

CAMPING MUNICIPAL LA CHÊNERAIE ★★ Tourisme 40 E. dont 36 nus 0,71 ha CV . Locations : . chauffée . Rivière à 1,5 km ; étang à 2 km. . Ouvert: 1.3 / 31.10. ☎ 05 58 44 92 62. E-mail : la-cheneraie@orange.fr. Prix 2022. 3,01 € ; 3,09 € ; 3,09 € ; 2,20 € ; 1,65 € ; 1,95 € ; 2 €.
Lat. : 43° 58' 60" N **Long.** : 000° 00' 58" E.

GARROSSE

12-B1 41 km O. Mont-de-Marsan. 78 m. ✉ 40110

AIRE NATURELLE LA RESERVE CV . Ouvert: 1.4 / 30.9. ☎ 05 58 04 38 12. E-mail : dlefrere@sfr.fr.
Lat. : 44° 02' 07" N **Long.** : 000° 56' 46" W.

GASTES

9-B5 84 km N.-O. Mont-de-Marsan. 26 m. ✉ 40160

LA RÉSERVE ★★★★ Loisirs 818 E. CV . Locations : . couverte chauffée , , , , . Accès direct aux bords du lac et à la mer. ; ; ; . Ouvert: 8.4 / 5.11. ☎ 05 58 09 74 79. E-mail : qv.reception@siblu.fr. Web : www.siblu.fr/camping/landes/la-reserve.php. Réduction H.S.
Lat. : 44° 18' 50" N **Long.** : 001° 10' 09" W.

LES PRÉS VERTS ★★★ Tourisme 100 E. dont 24 nus 1,8 ha CV . Locations : cabanes . Randonnée pédestre organisée. chauffée , , , . Accès direct aux bords du lac. ; ; ; ; . Ouvert: 1.4 / 1.11. ☎ 05 58 09 74 11. E-mail : camping@presverts.net. Web : www.presverts.net. Prix 2023. Fft jour : empl. Tourisme (2) : 35 € ( ) ; sup 10,50 € ; animaux 2 € ; 6,50 € ; 7 €. Réduction H.S.
Lat. : 44° 19' 45" N **Long.** : 001° 08' 45" W.
FFCC : avantages adhérent : 22 € du 01/04 au 01/05 et du 01/10 au 01/11 sur emp. et 135 € la nuitée et 262 € la semaine du 15/03 au 01/05 et du 01/10 au 01/11 - Offre locatif : à partir de 2 nuits sur loc.

LES ECHASSES ★★ Loisirs 154 E. dont 40 nus 1,5 ha CV . Locations : . . Lac à 1 km. Accueil groupes. Ouvert: 1.1 / 31.12. ☎ 05 58 09 31 76. E-mail : camping.lesechasses@orange.fr. Web : www.campinglesechasses.com.
Lat. : 44° 19' 03" N **Long.** : 001° 08' 16" W.

GEAUNE

12-C2 32 km S.-O. Mont-de-Marsan. 134 m. ✉ 40320

CAMPING MUNICIPAL NC Tourisme 50 E. 1 ha CV . Rivière à 200 m.. Accueil groupes enfants. Ouvert: 1.4 / 31.10. ☎ 05 58 44 50 27. E-mail : commune.de.geaune@wanadoo.fr.
Lat. : 43° 38' 09" N **Long.** : 000° 22' 55" W.

GRENADE-SUR-L'ADOUR

12-C2 14 km S.-E. Mont-de-Marsan. 65 m. Station verte de vacances et village de neige ✉ 40270

CAMPING DE MON VILLAGE ★★ Tourisme 55 E. dont 55 nus 1,5 ha CV . , . Accès direct à la rivière.. Ouvert: 15.5 / 15.10. ☎ 01 83 64 69 21. E-mail : contact@campingcarpark.com. Web : www.campingcarpark.com/. Prix 2022.
Lat. : 43° 46' 23" N **Long.** : 000° 26' 09" W.

HERM

12-B1 14 km N.-O. Dax. 63 m. Station verte de vacances et village de neige ✉ 40990

AIRE NATURELLE LE TOY CV . Ouvert: 1.4 / 15.11. ☎ 05 58 91 55 16. E-mail : vincent.fabas@laposte.net, Web : www.camping-du-toy.com. Prix 2023. Fft jour : empl. Tourisme (2) : 17 € ( ) ; sup 4 € ; animaux 2,50 € ; 2,50 € ; 4 €. Réduction H.S.
Lat. : 43° 49' 25" N **Long.** : 001° 09' 03" W.
FFCC : avantages adhérent : 17 € du 01/04 au 30/06 et du 01/09 au 15/11 sur emp.

M. HENRI BEHAR CV. ☎ 05 58 97 08 02. E-mail : campinglecoudelagirafe@yahoo.fr, Web : www.camping-lecoudelagirafe.fr.
Lat. : 43° 46' 46" N **Long.** : 001° 53' 32" W.

LABENNE

12-A2 35 km S.-O. Dax. 10 m. ✉ 40530

LA MER ★★★★ Loisirs 525 E. CV . Locations : roulotte. couverte chauffée . Bord de mer à 700 m. . Ouvert: 3.4 / 20.9. ☎ 05 59 45 42 09. E-mail : mer@capfun.com. Web : www.campinglamer.com.
Lat. : 43° 35' 45" N **Long.** : 001° 27' 45" W.

LE BOUDIGAU ★★★★ Tourisme 293 E. 5,6 ha CV . Locations : , . Espace Fitness. couverte chauffée . Rivière à 50 m ; bord de mer à 800 m. ; . Ouvert: 31.3 / 18.9. ☎ 05 59 45 42 07. E-mail : leboudigau@vagues-oceanes.com. Web : www.camping-vagues-oceanes.com. Réduction H.S.
Lat. : 43° 35' 46" N **Long.** : 001° 27' 41" W.

SUD LAND ★★★★ Tourisme 207 E. CV . Randonnée pédestre organisée. couverte chauffée . Rivière à 300 m ; bord de mer à 1,3 km. Ouvert: 3.4 / 20.9. ☎ 05 59 45 42 02. E-mail : sudland@capfun.com. Web : www.camping-sud-landes.com.
Lat. : 43° 35' 43" N **Long.** : 001° 27' 23" W.

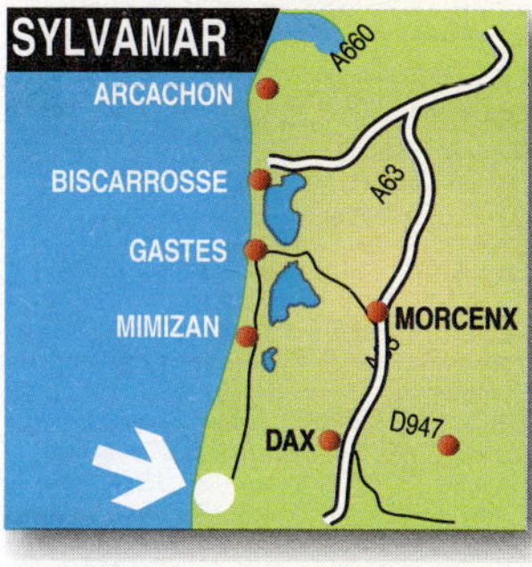

LE SYLVAMAR ★★★★★ Tourisme 743 E. dont 237 nus

22 ha . Locations : . Espace Fitness. couverte chauffée , . Bord de mer à 1 km. ; . Ouvert: 8.4 / 29.10. ☎ 05 59 45 75 16. E-mail : camping@sylvamar.fr. Web : www.camping-sylvamar.com.
Lat. : 43° 35' 43" N **Long.** : 001° 27' 23" W.
FFCC : avantages adhérent : 10% du 05/04 au 30/06 et du 01/09 au 24/09 sur emp. + Rendez-vous dans votre club avantages FFCC pour obtenir le code promotionnel et réserver !.

CAMPING MUNICIPAL LES PINS BLEUS ★★★ Tourisme 120 E.

la nuit, CV . Locations : , cocosweet, tipi, . Randonnée pédestre organisée. chauffée . Accès direct à la rivière ; bord de mer à 1,7 km. ; . Accueil groupes. Ouvert: 1.4 / 1.11. ☎ 05 59 45 41 13. E-mail : camping@lespinsbleus.com. Web : www.lespinsbleus.com. Prix 2022. Fft jour : empl. Tourisme (2) : 27,3 € ( )
Lat. : 43° 36' 07" N **Long.** : 001° 27' 25" W.
FFCC : avantages adhérent : entre 195 € et 850 € la semaine du 01/04 au 26/06 et du 02/09 au 20/10 sur loc.

LEON

12-B1 29 km N.-O. Dax. 31 m. Station verte de vacances et village de neige ✉ 40550

LOU PUNTAOU ★★★★ Tourisme 664 E.

CV . Locations : . couverte chauffée . Rivière à 100 m ; lac à 150 m. . Ouvert: 3.4 / 20.9. ☎ 05 58 48 74 30. E-mail : louputaou@capfun.com. Web : www.capfun.com. Réduction H.S.
Lat. : 43° 52' 58" N **Long.** : 001° 18' 53" W.

PUNTA LAGO ★★★★ Tourisme 275 E. dont 25 nus

5,5 ha CV . couverte chauffée . Etang à 400 m. . Ouvert: 3.4 / 20.9. ☎ 05 58 48 74 30. E-mail : loupuntaou@capfun.com. Web : www.capfun.com.
Lat. : 43° 52' 59" N **Long.** : 001° 18' 53" W.

MME VÉRONIQUE DUPRE . ☎ 05 58 48 76 66. E-mail : veronique.dupre985@orange.fr.
Lat. : 43° 51' 26" N **Long.** : 001° 16' 24" W.

M. GRACZYK . Ouvert: 14.4 / 30.9. ☎ 05 58 48 73 80. E-mail : camping.petitjean@orange.fr, Web : www.camping-petit-jean-leon.fr/.
Lat. : 43° 51' 47" N **Long.** : 001° 16' 28" W.

LESPERON

12-B1 50 km O. Mont-de-Marsan. 79 m. ✉ 40260

LE LAHA ★★★ Tourisme 73 E. dont 59 nus, dont 59 GCC.

CV . Locations : . Etang et rivière à 3 km. Accueil groupes. Ouvert: 4.4 / 25.10. ☎ 05 58 89 60 15. E-mail : campinglelaha@orange.fr. Web : www.lelaha.com.
Lat. : 43° 58' 02" N **Long.** : 001° 07' 46" W.
FFCC : avantages adhérent : 20 € du 08/04 au 01/07 et du 03/09 au 01/10 sur emp. et entre 60 € et 95 € la nuitée et entre 250 € et 395 € la semaine du 08/04 au 01/07 et du 03/09 au 01/10 sur loc.

LOU PAYOU ★★ Tourisme 51 E. dont 23 nus 1 ha CV . Locations : . . Ouvert: 15.3 / 15.10. ☎ 05 58 89 63 24. E-mail : contact@campingloupayou.fr. Web : www.campingloupayou.fr. Prix 2022. Fft jour : empl. Tourisme (2) : 12,5 € ( )
Lat. : 43° 58' 05" N **Long.** : 001° 03' 13" W.

LINXE

12-B1 31 km N.-O. Dax. 44 m. Village de neige ✉ 40260

DOMAINE DE LILA ★★★★★ Tourisme 507 E. après minuit, CV . Locations : . couverte chauffée . Lac et rivière à 5 km. ; . Accueil groupes enfants. Ouvert: 20.5 / 13.9. ☎ 05 58 43 96 25. E-mail : domaine-lila@capfun.com. Web : www.capfun.com.
Lat. : 43° 55' 54" N **Long.** : 001° 15' 28" W.

MME FERNANDE LARTIGUE . Ouvert: 1.5 / 15.9. ☎ 05 58 42 92 59.
Lat. : 43° 56' 34" N **Long.** : 001° 15' 45" W.

MME MADELEINE PRAT . ☎ 05 58 42 90 24. E-mail : coco.quillacq@wanadoo.fr.
Lat. : 43° 55' 20" N **Long.** : 001° 13' 32" W.

LIT-ET-MIXE

12-B1 44 km N.-O. Dax. 25 m. ✉ 40170

LES VIGNES ★★★★★ Tourisme 490 E. CV . Locations : . couverte chauffée , . Bord de mer à 5 km. ; . Accueil groupes adultes. Ouvert: 6.4 / 15.9. ☎ 04 30 05 15 19. E-mail : info@tohapi.fr. Web : www.tohapi.fr/aquitaine/camping-mer-les-vignes.php.
Lat. : 44° 01' 26" N **Long.** : 001° 16' 44" W.

LE SOLEIL DES LANDES ★★★★ Tourisme 327 E. CV . Locations : . couverte chauffée , . Etang et rivière à 5 km. . Accueil groupes adultes. Ouvert: 7.4 / 17.9. ☎ 04 84 39 08 60. E-mail : inesselma@homair.com. Web : www.homair.com. Réduction H.S.
Lat. : 44° 01' 46" N **Long.** : 001° 15' 29" W.

CAMPING DU CAP DE L'HOMY ★★★ Tourisme 430 E. dont 421 nus 7,16 ha 22 h / 7 h, . Locations : . Bord de mer à 300 m. . Ouvert: 1.5 / 30.9. ☎ 05 58 42 83 47. E-mail : contact@camping-cap.com. Web : camping-cap.com. Réduction H.S.
Lat. : 44° 02' 14" N **Long.** : 001° 20' 03" W.

CARAVALAND ★★ Loisirs 65 E. dont 60 nus

CV . Locations : caravane. . Ouvert: 1.4 / 30.9. ☎ 05 58 42 84 80. E-mail : caravaland@aol.com. Web : www.caravaland.com. Prix 2022. Fft jour : empl. Tourisme (2) : 15 € ( )
Lat. : 44° 00' 47" N **Long.** : 00[illegible]5' 48" W.
FFCC : avantages adhérent : 21 € du 01/04 au 30/06 et du 01/09 au 30/09 sur emp.

LACOUSSADE ★★ Tourisme 60 E. Ouvert: 1.6 / 30.9. ☎ 05 58 42 71 79. E-mail : contact@camping-lacoussade.com. Web : camping-lacoussade.com.
Lat. : 43° 59' 59" N **Long.** : 001° 16' 09" W.

MME MAÏTÉ MORESMAU CV . Ouvert: 1.6 / 30.9. ☎ 05 58 42 71 60. E-mail : jeanroger.moresmau02@orange.fr. Prix 2023. Fft jour : empl. Tourisme (2) : 16,5 € ( ) ; sup 5,50 € ; animaux 1,30 € ; 4,20 €.
Lat. : 43° 59' 32" N **Long.** : 001° 16' 34" W.

M. ROBERT LARTIGAU . ☎ 05 58 42 70 71. E-mail : campinglassalle@orange.fr.
Lat. : 44° 01' 08" N **Long.** : 001° 43' 53" W.

MME BIRCH MARY . ☎ 06 20 29 45 59. E-mail : cmbirch80@hotmail.com.
Lat. : 43° 59' 57" N **Long.** : 001° 16' 08" W.

Les correspondants de la FFCC sont bénévoles et à votre disposition pour tous renseignements sur le camping.

Retrouvez leurs coordonnées au début de chaque département.

www.ffcc.fr
LA FÉDÉRATION DES CAMPEURS, CARAVANIERS ET CAMPING-CARISTES

LOUER

12-B2 18 km N.-E. Dax. 33 m. ✉ 40380

L'ETANG DE LAUBANERE ★★★ Tourisme 80 E. dont 41 nus 2 ha CV. Locations : . Accès direct à l'étang ; rivière à 3 km.. Accueil groupes. Ouvert: 1.2 / 30.11. ☎ 05 58 57 25 53. E-mail : camping.e.l@orange.fr. Web : www.etang-de-laubanere.com.
Lat. : 43° 45' 46" N **Long.** : 000° 53' 46" W.

ENTRE LES THERMES . Ouvert: 1.4 / 15.11. ☎ 05 58 57 21 26. E-mail : entrelesthermes@wanadoo.fr.
Lat. : 43° 45' 44" N **Long.** : 000° 53' 45" W.

LUGLON

9-C5 30 km N.-O. Mont-de-Marsan. 88 m. ✉ 40630

PRL LES PALAFITOS **P.R.L** ★★★ **NN**25 E. Locations : . Ouvert: 1.3 / 30.12. ☎ 05 58 07 53 66. E-mail : palafitos40@gmail.com. Web : www.les-palafitos.com.
Lat. : 44° 04' 13" N **Long.** : 000° 43' 48" W.

LUXEY

9-C5 43 km N. Mont de Marsan. 101 m. ✉ 40430

AIRE NATURELLE MUNICIPALE Ouvert: 1.4 / 30.9. ☎ 05 58 04 70 70. E-mail : mairie@luxey.fr, Web : www.luxey.fr.
Lat. : 44° 15' 45" N **Long.** : 000° 31' 03" W.

MAGESCQ

12-B1 17 km N.-O. Dax. 43 m. ✉ 40140

M. CHRISTIAN MORA . Ouvert: 15.5 / 30.9. ☎ 05 58 47 70 72. E-mail : contact@camping-haoudici.com, Web : camping-haoudici.com.
Lat. : 43° 47' 09" N **Long.** : 001° 13' 35" W.

MESSANGES

12-A1 40 km N.-O. Dax. 18 m. ✉ 40660

CLUB FAMILLE LOU PIGNADA ★★★★★ Tourisme 411 E. camping sans voiture, parking extérieur sécurisé et surveillé, CV . A 5 km : Locations : . Espace Fitness. couverte chauffée , . Accès direct à l'étang ; lac à 2 km ; bord de mer à 2,5 km. ; . Ouvert: 1.4 / 24.9. ☎ 05 58 48 22 00. E-mail : contact@resasol.com. Web : www.loupignada.com. Réduction H.S.
Lat. : 43° 47' 50" N **Long.** : 001° 22' 55" W.

VILLAGE RESORT & SPA LE VIEUX-PORT ★★★★★ Tourisme 1444 E. dont 418 nus
CV . Locations : . Espace Fitness. couverte chauffée , . Bord de mer à 400 m ; lac à 1 km. ; ; . Ouvert: 1.4 / 15.10. ☎ 05 58 48 22 00. E-mail : contact@resasol.com. Web : www.levieuxport.com. Réduction H.S.
Lat. : 43° 47' 51" N **Long.** : 001° 24' 01" W.

DOMAINE DE LA MARINA ★★★★ Tourisme 219 E.
5 ha CV . A 1 km : Locations : . couverte chauffée , . Bord de mer à 800 m ; étang à 1 km ; lac à 2 km. ; . Ouvert: 1.4 / 24.9. ☎ 05 58 48 22 00. E-mail : contact@resasol.com. Web : www.domainedelamarina.com. Réduction H.S.
Lat. : 43° 47' 48" N **Long.** : 001° 23' 43" W.

LA CÔTE ★★★★ Tourisme 158 E. dont 107 nus
3,5 ha CV . Locations : . chauffée . Bord de mer à 1 km. Ouvert: 1.4 / 3.10. ☎ 05 58 48 94 94. E-mail : info@campinglacote.com. Web : www.campinglacote.com. Réduction H.S.
Lat. : 43° 48' 03" N **Long.** : 001° 23' 27" W.

LE MOISAN ★★★ Tourisme 360 E. dont 127 nus 7 ha CV . A 5 km : Locations : . Etang et bord de mer à 800 m ; lac à 4 km. Accueil groupes. Ouvert: 1.5 / 30.9. ☎ 05 58 48 92 06. E-mail : camping.moisan@orange.fr. Web : www.camping-moisan.com. Prix 2022. Fft jour : empl. Tourisme (2) : 27,3 € ( ). Réduction H.S.
Lat. : 43° 48' 60" N **Long.** : 001° 23' 27" W.

LE MOUSSAILLON ★★★ Loisirs 140 E.
CV. Etang à 1 km ; bord de mer à 2 km. . Ouvert: 1.4 / 15.10. ☎ 05 58 48 92 89. E-mail : info@camping-lemoussaillon.fr. Web : www.camping-lemoussaillon.fr.
Lat. : 43° 48' 41" N **Long.** : 001° 22' 44" W.

LES ACACIAS ★★★ Tourisme 125 E. dont 71 nus, dont 8 GCC.
2,70 ha CV . A 5 km : Locations : , cabanes. Espace Fitness. . Etang à 1,5 km ; bord de mer à 2 km ; lac et rivière à 3 km. Ouvert: 1.4 / 30.9. ☎ 05 58 48 01 78. E-mail : lesacacias@lesacacias.com. Web : www.lesacacias.com. Prix 2023. Fft jour : empl. Tourisme (2) : 36,7 € (E. CC) ; sup 6,80 € ; animaux 2,70 € ; 4,60 €. Réduction H.S.
Lat. : 43° 47' 54" N **Long.** : 001° 22' 33" W.
FFCC : avantages adhérent : 15 € du 01/04 au 07/07 et du 28/08 au 30/09 sur emp.

ALBRET ★★ Tourisme 270 E. dont 165 nus CV . Rivière à 100 m ; bord de mer à 700 m ; lac à 900 m ; étang à 1 km. . Ouvert: 1.4 / 30.9. ☎ 05 58 48 08 64. E-mail : contact@camping-albret.com. Web : www.camping-albret.com.
Lat. : 43° 47' 47" N **Long.** : 001° 23' 43" W.

ALBRET PLAGE ★★ Tourisme 270 E. 5 ha CV . A 1 km : . Bord de mer à 300 m ; étang et lac à 1 km.. Ouvert: 1.4 / 30.9. ☎ 05 58 48 03 67. E-mail : info@albretplage.fr. Web : www.albretplage.fr. Réduction H.S.
Lat. : 43° 47' 48" N **Long.** : 001° 23' 42" W.

MEZOS

9-B5 62 km N.-O. Mont-de-Marsan. 46 m. Station verte de vacances et village de neige ✉ 40170

LE VILLAGE TROPICAL SEN YAN ★★★★★ Tourisme 574 E.
CV . Locations : . couverte chauffée , , . Rivière à 500 m. ; . Ouvert: 1.6 / 4.9. ☎ 05 58 42 60 05 / 06 28 84 72 11. E-mail : reception@sen-yan.com. Web : www.sen-yan.com. Prix 2022. Fft jour : empl. Tourisme (2) : 50 € ( ) ; sup 11 € ; animaux 7 € ; 7 €.
Lat. : 44° 04' 18" N **Long.** : 001° 09' 23" W.

MIMIZAN

9-B5 75 km N.-O. Mont-de-Marsan. 25 m. ✉ 40200

LA PLAGE ★★★★ Tourisme 617 E. dont 312 nus CV . A 800 m : . Locations : . Espace Fitness. couverte chauffée , . Bord de mer à 800 m. . . Ouvert: 6.5 / 1.10. ☎ 05 58 09 00 32. E-mail : contactplage@destinationmimizan.com. Web : www.destinationmimizan.com.
Lat. : 44° 12' 59" N **Long.** : 001° 17' 09" W.

MARINA LANDES ★★★★ Tourisme 478 E. dont 309 nus
6,6 ha CV . Locations : . Randonnée pédestre organisée. Espace Fitness. couverte chauffée , , . Accès direct à l'étang et à la mer et à la rivière. . Accueil groupes. Ouvert: 12.5 / 24.9. ☎ 05 58 09 12 66. E-mail : marina-landes@vagues-oceanes.com. Web : www.camping-vagues-oceanes.com. Prix 2022. Fft jour : empl. Tourisme (3) : 66 € ( ). Réduction H.S.
Lat. : 44° 12' 15" N **Long.** : 001° 17' 27" W.
FFCC : avantages adhérent : 18.50 € du 14/05 au 06/07 et du 24/08 au 25/09 sur emp.

CEVEO ★★★ Tourisme 120 E. dont 48 nus 1,3 ha CV , . Bord de mer à 300 m ; lac à 5 km. Accueil groupes adultes. Ouvert: 19.4 / 6.9. ☎ 05 58 09 18 82. E-mail : mimizan@ceveo.com. Web : www.ceveo.com.
Lat. : 44° 12' 07" N **Long.** : 001° 13' 38" W.

LE LAC ★★★ Tourisme 459 E. dont 419 nus CV . A 5 km : Locations : , cocosweet, . chauffée , , . Accès direct aux bords du lac ; bord de mer à 5 km. . Ouvert: 6.5 / 1.10. ☎ 05 58 09 01 21. E-mail : contactlac@destinationmimizan.com. Web : www.camping-mimizan-lac.com. Réduction H.S.
Lat. : 44° 13' 12" N **Long.** : 001° 13' 47" W.

L'ESTIVAL ★★ Tourisme 49 E. dont 23 nus
1 ha CV . Lac à 5 km. Accueil groupes. Ouvert: 1.4 / 30.9. ☎ 05 58 09 09 88. E-mail : claude@camping-lestival.com. Web : www.camping-lestival.com. Réduction H.S.
Lat. : 44° 10' 42" N **Long.** : 001° 13' 56" W.

LA LANDE ★★ Loisirs 137 E. 2,3 ha CV. , . ; ; . . Ouvert: 1.4 / 31.10. ☎ 05 58 82 46 62. E-mail : campinglalande@wanadoo.fr. Web : www.campinglalande.fr.
Lat. : 44° 10' 52" N **Long.** : 001° 10' 53" W.

LES ECUREUILS ★★ Tourisme 96 E. 2,5 ha CV . Locations : . Etang et lac à 5 km. Ouvert: 15.5 / 9.9. ☎ 05 58 09 00 51. E-mail : contact@campinglesecureuils.fr. Web : www.campinglesecureuils.fr.
Lat. : 44° 12' 02" N **Long.** : 001° 13' 41" W.

MME CHANTAL WARY . Ouvert: 1.7 / 15.9. ☎ 05 58 09 40 30. E-mail : guides@campingfrance.com.
Lat. : 44° 10' 01" N **Long.** : 001° 13' 22" W.

MOLIETS-ET-MAA

12-B1 30 km N.-O. Dax. 15 m. Station verte ✉ 40660

LAND'ISLAND ★★★★★ Tourisme 229 E. CV . Locations : . couverte chauffée , , . Bord de mer à 4 km ; lac à 5 km. ; . Ouvert: 20.5 / 13.9. ☎ 05 58 47 13 78. E-mail : landisland@capfun.com. Web : www.capfun.com.
Lat. : 43° 51' 52" N **Long.** : 001° 20' 44" W.

LES CIGALES ★★★ Tourisme 695 E. dont 480 nus
18 ha CV . A 300 m : . Locations : roulotte. , . Bord de mer et rivière à 300 m ; étang à 500 m ; lac à 5 km. . Accueil groupes. Ouvert: 26.3 / 30.9. ☎ 05 58 48 51 18. E-mail : reception@camping-les-cigales.fr. Web : www.camping-les-cigales.fr.
Lat. : 43° 51' 06" N **Long.** : 001° 23' 01" W.
FFCC : avantages adhérent : 12 € du 01/04 au 30/06 et du 01/09 au 30/09 sur emp.

AIRE NATURELLE DE FRANC CV . A 2 km : . Ouvert: 15.4 / 15.10. ☎ 06 09 44 14 59. E-mail : j.lafitte@sfr.fr, Web : www.camping-de-franc.fr.
Lat. : 43° 51' 23" N **Long.** : 001° 21' 37" W.

Les correspondants de la FFCC sont bénévoles et à votre disposition pour tous renseignements sur le camping.

Retrouvez leurs coordonnées au début de chaque département.

LE SAINT MARTIN ★★★★ Tourisme 673 E. dont 470 nus, dont 40 GCC.

CV. A 500 m :. Randonnée pédestre organisée. couverte chauffée. Bord de mer à 200 m ; étang à 600 m. ; ; . Accueil groupes. Ouvert: 13.4 / 13.10. ☎ 05 58 48 52 30. E-mail : contact@camping-saint-martin.fr. Web : www.camping-saint-martin.fr. Réduction H.S.
Lat. : 43° 51′ 11″ N **Long.** : 001° 23′ 15″ W.

MORCENX

12-B1 40 km N.-O. Mont-de-Marsan. 76 m. Station verte de vacances et village de neige ✉ 40110

LE CLAVÉ ★★★ Tourisme 50 E. dont 38 nus

3 ha CV. Locations : . chauffée , . Accès direct à la rivière ; lac à 4 km. . Accueil groupes. Ouvert: 1.4 / 31.10. ☎ 05 58 07 83 11. E-mail : contact@camping-leclave.com. Web : www.camping-leclave.com. Prix 2022. Fft nuit : empl. Tourisme (2) : 22,5 € ( ). Réduction H.S.
Lat. : 44° 00′ 32″ N **Long.** : 000° 53′ 32″ W.
FFCC : avantages adhérent : 18.36 € du 01/04 au 30/06 et du 01/09 au 31/10 sur emp. + Tarif locatifs semaine : 190 euros du 01/04 au 30/06 et du 01/09 au 31/10 588 euros du 01/07 au 31/08.

MUGRON

12-C2 28 km E.-N.-E. Dax. 67 m. ✉ 40250

CAMPING MUNICIPAL LA SAUCILLE ★★ Tourisme 33 E. dont 32 nus 1,5 ha CV. . Accès direct aux bords du lac et à la rivière. ; ; . Accueil groupes enfants. Ouvert: 1.7 / 31.8. ☎ 05 58 97 98 50. E-mail : mairiemugron@wanadoo.fr.
Lat. : 43° 45′ 31″ N **Long.** : 000° 45′ 13″ W.

NARROSSE

12-B2 4 km S.-E. Dax. 27 m. ✉ 40180

LE VIEUX PLATANE ★★ Tourisme 20 E. dont 11 nus, dont 30 CC - 60 GCC. 0,45 ha CV. Locations : . Accès direct à l'étang ; rivière à 3 km ; lac à 5 km. Ouvert: 1.3 / 30.11. ☎ 05 58 74 20 75. E-mail : contact@levieuxplatane.com. Web : www.levieuxplatane.com.
Lat. : 43° 42′ 05″ N **Long.** : 001° 00′ 51″ W.

NOUSSE

12-C2 20 km E. Dax. 47 m. ✉ 40380

LA PARTENCE NC Tourisme 25 E. dont 25 nus, dont 6 GCC.

2 ha CV. . Accès direct à la rivière ; étang à 1 km ; lac à 5 km.. Accueil groupes adultes. Ouvert: 1.4 / 30.10. ☎ 05 58 98 52 50. E-mail : camping.lapartence@orange.fr. Web : www.lapartence.fr. Réduction H.S.
Lat. : 43° 43′ 39″ N **Long.** : 000° 50′ 13″ W.
FFCC : avantages adhérent : 17 € du 01/04 au 01/07 et du 15/09 au 01/11 sur emp. et entre 265 € et 730 € la semaine du 01/01 au 31/12 sur loc.

ONDRES

12-A2 39 km S.-O. Dax. 20 m. ✉ 40440

ESPACE BLUE OCÉAN ★★★★ Tourisme 230 E. dont 30 nus CV. Locations : . chauffée . Bord de mer à 1 km ; étang à 2 km. . Accueil groupes adultes. Ouvert: 27.3 / 31.10. ☎ 05 59 45 31 40. E-mail : info@blue-ocean.fr. Web : www.espaceblueocean.com.
Lat. : 43° 34' 27" N **Long.** : 001° 28' 15" W.

LOU PIGNADA ★★★★ Tourisme 234 E. dont 106 nus CV . A 4 km : Locations : . chauffée . Etang et lac à 500 m ; bord de mer à 2 km. Accueil groupes. Ouvert: 20.4 / 30.9. ☎ 05 59 45 30 65. E-mail : info@camping-loupignada.com. Web : www.camping-loupignada.com.
Lat. : 43° 34' 10" N **Long.** : 001° 27' 37" W.

ONDRES PLAGE ★★★ Tourisme 211 E. dont 7 nus CV . Locations : . chauffée , . Bord de mer à 200 m. ; . Accueil groupes adultes. Ouvert: 3.4 / 27.9. ☎ 05 59 45 31 48. E-mail : ondres@campeole.com. Web : www.campeole.com/camping/landes/ondres-plage-ondres.
Lat. : 43° 34' 26" N **Long.** : 001° 29' 00" W.

ONESSE-LAHARIE

12-B1 52 km N.-O. Mont-de-Marsan. 69 m. ✉ 40110

L' OREE DES LANDES ★★★ Loisirs 68 E. Locations : . , . Ouvert: 1.1 / 31.12. ☎ 05 54 54 10 05. E-mail : contact@loreedeslandes.com. Web : www.loreedeslandes.com/.
Lat. : 44° 03' 47" N **Long.** : 001° 04' 20" W.

ORIST

12-B2 17 km S.O. Dax 30 m. ✉ 40300

PORT CARRÈRE P.R.L ★★★ NN41 E. dont 16 nus CV . Locations : . , . Rivière à 200 m.. Ouvert: 1.1 / 31.12. ☎ 06 85 12 18 06. E-mail : accueil@portcarrere.com. Web : www.gites-port-carrere.com. Prix 2022. empl. Tourisme : 6,50 € ; 3,90 € ; 2,90 € ; 3,90 €.
Lat. : 43° 38' 49" N **Long.** : 001° 09' 49" W.
FFCC : avantages adhérent : 12 € du 01/01 au 31/12 sur emp. et entre 265 € et 730 € la semaine du 01/01 au 31/12 sur loc.

ORTHEVIELLE

12-B2 22 km S.-O. Dax. 32 m. ✉ 40300

LIBARREY ★ Tourisme 21 E. dont 16 nus 0,25 ha CV. Locations : . Etang à 600 m ; rivière à 1 km. Accueil groupes. Ouvert: 1.1 / 20.12. ☎ 06 79 56 21 42. E-mail : camping.libarey@wanadoo.fr. Web : www.camping-libarrey-landes.com.
Lat. : 43° 33' 21" N **Long.** : 001° 51' 40" W.

PARENTIS-EN-BORN

9-B5 80 km N.-O. Mont-de-Marsan. 39 m. ✉ 40160

AU LAC DE BISCARROSSE ★★★★★ Tourisme 475 E. dont 123 nus, dont 123 CC. . Locations : . couverte chauffée , . Lac à 200 m. ; . Ouvert: 31.3 / 18.9. ☎ 05 58 08 06 40. E-mail : lacdebiscarrosse@cielavillage.com. Web : www.camping-lac-de-biscarrosse.com. Réduction H.S.
Lat. : 44° 21' 06" N **Long.** : 001° 06' 04" W.

LE PIPIOU ★★★★ Tourisme 324 E. dont 118 nus, dont 118 GCC. CV . Locations : , . Randonnée pédestre organisée. Espace Fitness. chauffée , , . Accès direct aux bords du lac. ; ; . . Ouvert: 6.5 / 1.10. ☎ 05 58 78 57 25. E-mail : direction.pipiou@gmail.com. Web : www.camping-pipiou.fr. Réduction H.S.
Lat. : 44° 20' 45" N **Long.** : 001° 06' 04" W.

L'ARBRE D'OR ★★★★ Tourisme 200 E. dont 110 nus CV . A 1 km : Locations : . couverte chauffée . Lac à 400 m. . Accueil groupes. Ouvert: 1.4 / 31.10. ☎ 05 58 78 41 56. E-mail : contact@arbre-dor.com. Web : www.arbre-dor.com. Réduction H.S.
Lat. : 44° 20' 46" N **Long.** : 001° 05' 33" W.

LA FORET LAHITTE ★★★ Tourisme 106 E. dont 55 nus 3 ha CV. Locations : cocosweet, roulotte . chauffée , , . Accès direct aux bords du lac. ; ; . . Ouvert: 1.4 / 30.9. ☎ 05 58 78 47 17. E-mail : laforet3@orange.fr. Web : www.camping-laforet-lahitte.fr.
Lat. : 44° 21' 00" N **Long.** : 001° 06' 28" W.

CALÈDE ★★ Tourisme 80 E. dont 79 nus 1,15 ha CV . Locations : , . Accès direct à l'étang et aux bords du lac. ; . Accueil groupes. Ouvert: 1.4 / 1.10. ☎ 05 58 78 44 63. E-mail : contact@camping-calede.com. Web : www.camping-calede.com. Prix 2023. Fft jour : empl. Tourisme (2) : 24 € ( ) ; sup 4,50 € ; animaux 0,50 € ; 3 € ; 3,40 €. Réduction H.S.
Lat. : 44° 21' 06" N **Long.** : 001° 06' 35" W.
FFCC : avantages adhérent : 10.80 € du 01/04 au 01/07 et du 01/09 au 30/09 sur emp.

M. RENÉ DUCOM . Ouvert: 1.6 / 30.9. ☎ 05 58 78 53 82.
Lat. : 44° 21' 10" N **Long.** : 001° 01' 41" W.

PEYREHORADE

12-B2 23 km S. Dax. 47 m. ✉ 40300

CAMPING MUNICIPAL DES GAVES NC Tourisme 33 E. 0,3 ha CV. . Accès direct à la rivière ; lac à 2 km.. Ouvert: 1.7 / 31.8. ☎ 05 58 73 60 20. E-mail : mairie@peyrehorade.fr.
Lat. : 43° 32' 35" N **Long.** : 001° 06' 25" W.

PISSOS

9-C5 58 km N.-O. Mont-de-Marsan. 63 m. ✉ 40410

CAMPING MUNICIPAL NC Tourisme 74 E. dont 69 nus, dont 5 GCC. 2 ha CV . Rivière à 500 m. Ouvert: 1.7 / 15.9. ☎ 05 58 08 90 38. E-mail : mairie@pissos.fr. Web : www.sejour-pissos.fr/le-camping-municipal. Prix 2022. Fft jour : empl. Tourisme (1) : 9,1 € ( ) ; sup 3,70 € ; 2,10 € ; 3,50 €.
Lat. : 44° 18' 17" N **Long.** : 000° 46' 10" W.

POUILLON

12-B2 15 km S.-S.-E. Dax. 63 m. Station verte de vacances et village de neige ✉ 40350

CAMPING MUNICIPAL NC Tourisme 20 E. dont 20 nus 0,72 ha CV. . Accès direct à la rivière ; lac à 2 km.. Accueil groupes. Ouvert: 1.7 / 31.8. ☎ 05 58 98 21 62. E-mail : mairie.pouillon@wanadoo.fr.
Lat. : 43° 37' 45" N **Long.** : 000° 59' 03" W.

RIVIERE-SAAS-ET-GOURBY

12-B2 10 km S.-O. Dax. 32 m. ✉ 40180

LOU BASCOU ★ Loisirs 20 E. 0,97 ha CV . Locations : . Rivière à 800 m ; étang à 1 km. Ouvert: 15.4 / 15.10. ☎ 05 58 97 57 29. E-mail : loubascou@orange.fr. Web : www.campinglouba scou.fr. Réduction H.S.
Lat. : 43° 40' 55" N **Long.** : 001° 08' 59" W.

BERTRANBORDE CV . Ouvert: 1.1 / 31.12. ☎ 05 58 97 58 39 / 06 80 84 69 80. E-mail : bertranborde@orange.fr, Web : www.camping-chambres-bertranborde.fr. Prix 2023. Fft jour : empl. Tourisme (2) : 18 € ( ) ; sup 6,50 € ; animaux 1 € ; 6 € ; 3,50 €.
Lat. : 43° 41' 13" N **Long.** : 001° 08' 51" W.

SABRES

9-C5 35 km N.-O. Mont-de-Marsan. 84 m. ✉ 40630

LE DOMAINE DE PEYRICAT ★★★ Tourisme 69 E. dont 57 nus CV . Locations : , . Randonnée pédestre organisée. . Rivière à 1 km. Accueil groupes. Ouvert: 1.6 / 30.9. ☎ 05 58 07 51 88. E-mail : sabres@ucpa.asso.com. Web : www.camping-sabres.com.
Lat. : 44° 08' 39" N **Long.** : 000° 44' 31" W.

SAINT-ANDRE-DE-SEIGNANX

12-B2 32 km S.-O. Dax 28 m. ✉ 40390

LE RUISSEAU ★★★ Tourisme 60 E. 1 ha CV . Locations : , . couverte chauffée , . Lac à 5 km. Accueil groupes. Ouvert: 3.4 / 10.10. ☎ 05 59 56 71 92. E-mail : campingleruisseau@orange.fr. Web : www.camping-leruisseau.fr. Prix 2023. Fft jour : empl. Tourisme (2) : 30 € ( ) ; sup 5 € ; animaux 6 € ; 4 € ; 6 €. Réduction H.S.
Lat. : 43° 33' 21" N **Long.** : 001° 21' 44" W.

SAINT-JULIEN-EN-BORN

12-B1 44 km N.-O. Dax. 24 m. ✉ 40170

LOUS SEURROTS ★★★★★ Tourisme 540 E. dont 220 nus CV . Locations : . Espace Fitness. couverte chauffée , , , , . Accès direct à la rivière ; bord de mer à 500 m. ; . Accueil groupes. Ouvert: 24.3 / 23.9. ☎ 05 58 42 85 82. E-mail : info@seurrots.com. Web : www.lous-seurrots.com. Réduction H.S.
Lat. : 44° 05' 20" N **Long.** : 001° 18' 58" W.
FFCC : avantages adhérent : 10% du 01/04 au 30/06 et du 01/09 au 23/0910% du 01/04 au 30/06 et du 01/09 au 23/09 sur emp. et loc. + Rendez-vous dans votre club avantages FFCC pour obtenir le code promotionnel et réserver !.

LES DUNES DE CONTIS ★★★ Loisirs 459 E. dont 457 nus CV . A 4 km : Locations : . chauffée , , . Bord de mer et rivière à 4 km. Ouvert: 8.4 / 5.11. ☎ 05 58 58 52 60. E-mail : reservations@siblu.fr. Web : www.siblu.fr/camping-les-dunes-de-contis.
Lat. : 44° 04' 55" N **Long.** : 001° 15' 43" W.
FFCC : avantages adhérent : 5% du 02/04 au 09/07 et du 27/08 au 06/11 sur emp. + Rendez-vous dans votre club avantages FFCC pour obtenir le code promotionnel et réserver ! *Frais de dossier offert.

CAMPING MUNICIPAL LA PASSERELLE ★★ Loisirs 123 E. dont 36 nus, dont 87 GCC. 3,95 ha CV . Rivière à 20 m. Ouvert: 1.5 / 30.9. ☎ 05 58 42 76 18. E-mail : contact@camping-municipal-bourg.com. Web : www.camping-municipal-bourg.com. Réduction H.S.
Lat. : 44° 04' 07" N **Long.** : 001° 13' 46" W.

DOMAINE DU VIEUX MOULIN ★★ Loisirs 127 E. 2,5 ha CV. Locations : . Rivière à 300 m ; étang à 4 km. Ouvert: 1.6 / 30.9. ☎ 05 58 42 80 12. E-mail : info@domaine-vieux-moulin.fr. Web : www.domaine-vieux-moulin.fr. Prix 2022. Fft jour : empl. Tourisme (2) : 17,5 € (). Réduction H.S.
Lat. : 44° 04' 23" N **Long.** : 001° 13' 58" W.

MME BÉATRICE ROYAL CV. Ouvert: 1.6 / 30.9. ☎ 05 58 42 80 24. E-mail : royal.beatrice@wanadoo.fr.
Lat. : 44° 03' 47" N **Long.** : 001° 13' 28" W.

GASTON RUBI KENIA CV. Ouvert: 1.6 / 30.9. ☎ 05 58 42 87 10. E-mail : pgaston@sfr.fr.
Lat. : 44° 04' 31" N **Long.** : 001° 14' 45" W.

LA TEOULEYRE CV. Ouvert: 1.6 / 30.9. ☎ 0 6 03 03 15 81. E-mail : info@lateouleyre.com, Web : www.lateouleyre.com. Prix 2022. Fft nuit : empl. Tourisme (2) : 25,5 € () ; sup 7,50 € nuit ; 6,50 € nuit. Réduction H.S.
Lat. : 44° 04' 23" N **Long.** : 001° 14' 20" W.

SAINT-JUSTIN

12-D1 24 km N.-E. Mont-de-Marsan. 112 m. ✉ 40240

LE PIN ★★★ Tourisme 80 E. dont 56 nus CV. Locations : . Randonnée pédestre organisée. Espace Fitness. Accès direct à l'étang et aux bords du lac et à la mer. Accueil groupes adultes. Ouvert: 1.3 / 26.11. ☎ 05 58 44 88 91. E-mail : camping.lepin@orange.fr. Web : www.campinglepin.com. Prix 2022. Fft jour : empl. Tourisme (2) : 21 € () ; sup 5 € ; animaux 3 € ; 3 € ; 4 €. Réduction H.S.
Lat. : 44° 00' 07" N **Long.** : 000° 14' 05" W.
FFCC : avantages adhérent : 21 € du 01/03 au 02/07 et du 03/09 au 26/11 sur emp. et entre 210 € et 378 € la semaine du 01/03 au 02/07 et du 03/09 au 26/11 sur loc.

SAINT-MARTIN-DE-SEIGNANX

12-A2 40 km S.-O. Dax. 26 m. ✉ 40390

LOU P'TIT POUN ★★★★ Tourisme 168 E. 3,4 ha CV. Rivière à 4 km. Ouvert: 18.5 / 19.9. ☎ 05 59 56 55 79. E-mail : contact@louptitpoun.com. Web : www.louptitpoun.com.
Lat. : 43° 31' 28" N **Long.** : 001° 24' 43" W.
FFCC : avantages adhérent : 10% du 01/05 au 30/06 et du 01/09 au 24/0910% du 01/05 au 30/06 et du 01/09 au 24/09 sur emp. et loc. + 10% hors juillet-août sur les emplacements nus et hébergements locatifs sur présentation de la carte ou rendez-vous dans votre club avantages FFCC pour obtenir le code promotionnel.

M. JEAN-LUC DUCASSE Ouvert: 15.6 / 15.9. ☎ 05 59 56 11 67. E-mail : infos@campingducasse.fr, Web : campingducasse.fr.
Lat. : 43° 33' 15" N **Long.** : 001° 23' 42" W.

MME DENISE BARRET Ouvert: 1.6 / 30.9. ☎ 05 59 56 10 60.
Lat. : 43° 32' 57" N **Long.** : 001° 24' 17" W.

SAINT-MICHEL-ESCALUS

12-B1 30 km N.-O. Dax. 23 m. ✉ 40550

LANDES OCÉANES ★★★★ Loisirs 89 E. Locations : . couverte chauffée . Rivière à 200 m ; étang et lac à 5 km. Ouvert: 1.1 / 31.12. ☎ 05 58 49 85 16. E-mail : info@camping-landes-oceanes.com. Web : www.camping-landes-oceanes.com. Réduction H.S.
Lat. : 43° 53' 08" N **Long.** : 001° 15' 08" W.

HUTTOPIA LANDES SUD ★★★ Tourisme 194 E. dont 95 nus CV. Locations : . chauffée . Rivière à 200 m ; lac à 5 km. Ouvert: 11.5 / 17.9. ☎ 05 58 90 26 30. E-mail : landes-sud@huttopia.com. Web : europe.huttopia.com/site/camping-landes-sud. Prix 2023. Fft jour : empl. Tourisme (2) : 36 € ()
Lat. : 43° 52' 39" N **Long.** : 001° 14' 16" W.
FFCC : avantages adhérent : 10% du 11/05 au 01/07 et du 31/08 au 17/0910% du 11/05 au 01/07 et du 31/08 au 17/09 sur emp. et loc. + 5% de réduction en juillet-août sur les emplacements nus et locatifs * frais de réservation offerts Rendez-vous dans votre club avantages FFCC pour obtenir le code promotionnel.

DOMAINE DU CAYRE CV. Ouvert: 6.4 / 29.9. ☎ 0 787797254. E-mail : domaineducayre@gmail.com, Web : www.domaineducayre.com. Prix 2023. Fft jour : empl. Tourisme (2) : 16 € () ; sup 8 € ; animaux 2 € ; 5 € ; 4,50 €.
Lat. : 43° 53' 59" N **Long.** : 001° 16' 15" W.
FFCC : avantages adhérent : 20 € du 08/04 au 30/06 et du 01/09 au 31/09 sur emp.

M. PIERRE INDA CV. Ouvert: 1.4 / 31.10. ☎ 05 58 48 77 13. E-mail : martine.inda@wanadoo.fr, Web : www.campingcoudas.sitew.com. Prix 2022. Fft jour : empl. Tourisme (2) : 14 € () ; sup 6 € ; animaux 2,50 € ; 5 € ; 3,80 €.
Lat. : 43° 52' 44" N **Long.** : 001° 14' 53" W.
FFCC : avantages adhérent : 10% du 01/06 au 14/07 et du 01/09 au 30/09 sur emp.

SAINT-PAUL-EN-BORN

9-B5 75 km N.-O. Mont-de-Marsan. 28 m. ✉ 40200

LA CLAIRIÈRE ★★★★ Tourisme 156 E. dont 75 nus, dont 81 GCC. 3 ha CV. Locations : . Accès direct à la rivière ; lac à 3 km. Accueil groupes adultes. Ouvert: 1.4 / 29.9. ☎ 05 58 04 83 07. E-mail : contact@camping-laclairiere.fr. Web : www.camping-laclairiere.fr. Réduction H.S.
Lat. : 44° 14' 04" N **Long.** : 001° 09' 10" W.

SAINT-PAUL-LES-DAX

12-B2 1 km N. Dax. 32 m. ✉ 40990

LES PINS DU SOLEIL ★★★★ Tourisme 151 E. dont 57 nus 4 ha CV. A 10 km : . Locations : . Rivière à 1 km ; lac à 3 km. Ouvert: 1.4 / 31.10. ☎ 05 58 91 37 91. E-mail : info@pinsoleil.com. Web : www.pinsoleil.com.
Lat. : 43° 43' 13" N **Long.** : 001° 05' 38" W.

L'ÉTANG D'ARDY ★★★ Tourisme 102 E. dont 63 nus 3 ha CV. Accès direct à l'étang. Ouvert: 30.3 / 26.10. ☎ 05 58 97 57 74. E-mail : info@camping-ardy.com. Web : www.camping-ardy.com.
Lat. : 43° 43' 35" N **Long.** : 001° 07' 22" W.
FFCC : avantages adhérent : 18 € du 02/04 au 11/06 et du 17/09 au 27/11 sur emp. et entre 35 € et 45 € la nuitée et entre 220 € et 450 € la semaine du 02/04 au 21/05 et du 01/10 au 27/11 - Offre nuit locatif : 3 nuits minimum sur loc.

ABESSES ★★ Tourisme 138 E. dont 86 nus 4 ha CV. Lac à 3 km ; rivière à 5 km. Ouvert: 12.3 / 29.10. ☎ 05 58 91 65 34. E-mail : camping@thermesadour.com. Web : www.thermes-dax.com.
Lat. : 43° 44' 32" N **Long.** : 001° 05' 49" W.

SAINT-SEVER

12-C2 16 km S.-S.-O. Mont-de-Marsan. 54 m. Station verte ✉ 40500

LES RIVES DE L'ADOUR ★★★ Tourisme 81 E. 2 ha CV. Accès direct à la rivière.. Accueil groupes. Ouvert: 1.4 / 31.10. ☎ 05 58 76 04 60. E-mail : camping.deladour@orange.fr. Web : www.camping-lesrivesdeladour.com.
Lat. : 43° 45' 56" N **Long.** : 000° 33' 58" W.

SAINT-VINCENT-DE-PAUL

12-B2 5 km N. Dax. 30 m. ✉ 40990

LES JARDINS DE L'ADOUR ★★★★ Tourisme 75 E. dont 32 nus, dont 20 CC - 12 GCC. 1,5 ha CV. Locations : . chauffée . Rivière à 500 m ; lac à 2 km. A 500 m : . Accueil groupes. Ouvert: 15.4 / 1.11. ☎ 05 58 89 99 60. E-mail : lesjardinsdeladour@lapostе.net. Web : www.camping-jardinsdeladour.fr. Prix 2022. Fft jour : empl. Tourisme (1) : 16 € (E. CC E. GCC) ; sup 6 € ; - de 18 ans 4 €.
Lat. : 43° 44' 49" N **Long.** : 000° 59' 43" W.

SAINTE-EULALIE-EN-BORN

9-B5 84 km N.-O. Mont-de-Marsan. 26 m. ✉ 40200

CAMPING MUNICIPAL DU LAC ★★★ Loisirs 250 E. dont 127 nus, dont 122 GCC. 4,60 ha CV. Locations : . Randonnée pédestre organisée. Accès direct à l'étang et aux bords du lac. Accueil groupes enfants. Ouvert: 7.4 / 5.11. ☎ 05 58 09 70 10. E-mail : contact@lecampingdulac.com. Web : www.lecampingdulac.com. Prix 2023. Fft jour : empl. Tourisme (2) : 30 € () ; sup 9 € ; animaux 3 € ; 5 € ; 4 €. Réduction H.S.
Lat. : 44° 18' 29" N **Long.** : 001° 10' 51" W.

LES BRUYÈRES ★★★ Loisirs 149 E. dont 32 nus CV. Locations : , cabanes. chauffée . Rivière à 500 m ; lac à 2 km. Ouvert: 27.4 / 29.9. ☎ 05 58 09 73 36. E-mail : bonjour@camping-les-bruyeres.com. Web : www.camping-les-bruyeres.com.
Lat. : 44° 17' 38" N **Long.** : 001° 10' 46" W.
FFCC : avantages adhérent : 13 € du 07/04 au 30/06 sur emp.

LAS CHANCAS ★★ Tourisme 160 E. dont 40 nus CV. Locations : . Lac à 2 km. Ouvert: 1.1 / 31.12. ☎ 05 58 09 71 98. E-mail : camping.laschancas@orange.fr.
Lat. : 44° 15' 11" N **Long.** : 001° 11' 23" W.

LOU PK2 ★★ Tourisme 25 E. dont 31 nus CV. Lac à 3 km. Ouvert: 1.4 / 31.1. ☎ 06 10 68 45 15. E-mail : campingloupk2@orange.fr. Web : www.camping-landes-loupk2.fr/. Prix 2022.
Lat. : 44° 17' 11" N **Long.** : 001° 10' 25" W.
FFCC : avantages adhérent : 15.50 € du 01/04 au 30/06 et du 01/09 au 31/12 sur emp.

SANGUINET

9-B4 96 km N.-O. Mont-de-Marsan. 31 m. ✉ 40460

LES OREADES ★★★★★ Tourisme 270 E. 7 ha CV. Locations : . Etang et lac à 150 m. Ouvert: 1.1 / 31.12. ☎ 05 58 78 60 79. E-mail : tourismepourlavenir@wanadoo.fr. Web : www.domainelesoreades.com.
Lat. : 44° 29' 42" N **Long.** : 001° 04' 32" W.

SANGUINET PLAGE ★★★★★ Tourisme 354 E. dont 72 nus 6 ha CV. Locations : , roulotte, . chauffée . Accès direct aux bords du lac ; rivière à 5 km. Accueil groupes. Ouvert: 31.3 / 24.9. ☎ 05 58 78 61 74. E-mail : sanguinetplage@sandaya.fr. Web : www.sandaya.fr/nos-campings/sanguinet-plage. Prix 2022. Fft jour : empl. Tourisme (2) : 62 € (). Réduction H.S.
Lat. : 44° 29' 03" N **Long.** : 001° 05' 23" W.

LE LAC DE SANGUINET ★★★★ Tourisme 296 E. dont 135 nus CV. chauffée. Accès direct aux bords du lac ; rivière à 5 km. Accueil groupes adultes. Ouvert: 12.5 / 17.9. ☎ 0 (0)4 11 32 90 00. E-mail : lacdesanguinet@sandaya.fr. Web : www.sandaya.fr/nos-campings/sanguinet-plage. Réduction H.S.
Lat. : 44° 28' 52" N **Long.** : 001° 05' 37" W.

LOU BROUSTARICQ ★★★★ Tourisme 624 E. dont 54 nus, dont 220 GCC. CV. Locations : chauffée. Lac à 100 m. Ouvert: 1.4 / 15.9. ☎ 05 58 82 74 82. E-mail : loubrousta@wanadoo.fr. Web : www.lou-broustaricq.com. Réduction H.S.
Lat. : 44° 30' 07" N **Long.** : 001° 04' 39" W.

LA PLAGE DES AIGRETTES ★★ Loisirs 79 E. 1,5 ha. Etang et lac à 150 m. Ouvert: 16.2 / 31.12. ☎ 05 58 82 19 87. E-mail : p.aigrettes@orange.fr. Web : www.laplagedesaigrettes.net.
Lat. : 44° 29' 56" N **Long.** : 001° 05' 31" W.

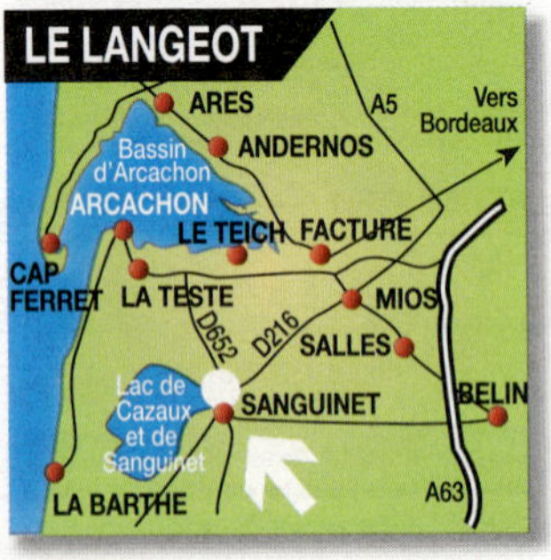

LANGEOT ★★ Loisirs 229 E. dont 100 nus CV. Locations : chauffée. Lac à 400 m. Ouvert: 1.4 / 31.10. ☎ 05 58 78 66 14. E-mail : info@campinglelangeot.com. Web : www.campinglelangeot.com. Réduction H.S.
Lat. : 44° 30' 10" N **Long.** : 001° 04' 51" W.

CAMPING GCU - SANGUINET ★ Tourisme 98 E.. Lac à 500 m. Ouvert: 21.6 / 14.9. ☎ 05 58 78 68 82. E-mail : gcu@gcu.asso.fr. Web : www.gcu.asso.fr.
Lat. : 44° 29' 52" N **Long.** : 001° 04' 23" W.

M. ALBAN BOUDIGUES CV. Ouvert: 1.6 / 30.9. ☎ 05 58 78 63 36. E-mail : airenaturelle.baptiste@gmail.com, Web : airenaturellebaptistesanguinet.jimdo.com.
Lat. : 44° 28' 02" N **Long.** : 001° 03' 23" W.

SAUBION

12-B2 28 km O.-S.-O. Dax 23 m. ✉ 40230

LA POMME DE PIN ★★★★ Tourisme 297 E. CV. Locations : couverte chauffée. Etang à 4 km. Ouvert: 8.4 / 11.9. ☎ 05 58 77 00 71. E-mail : pomme@capfun.com. Web : www.capfun.com/.
Lat. : 43° 40' 34" N **Long.** : 001° 21' 19" W.

SAUBRIGUES

12-B2 25 km S.-O. Dax. 25 m. ✉ 40230

M. GÉRARD GAFFES Ouvert: 1.5 / 31.10. ☎ 05 58 77 90 54. E-mail : contact@gites-camping-saubrigues.fr, Web : www.gites-camping-saubrigues.fr.
Lat. : 43° 35' 39" N **Long.** : 001° 19' 39" W.

SEIGNOSSE

12-A2 32 km S.-O. Dax. 17 m. ✉ 40510

LES CHEVREUILS ★★★★ Tourisme 310 E. de minuit à 7 h, CV. A 800 m : Locations : couverte chauffée, Bord de mer à 1,3 km ; étang à 3 km. Ouvert: 1.5 / 30.9. ☎ 05 58 43 32 80. E-mail : info@chevreuils.com. Web : www.chevreuils.com. Réduction H.S.
Lat. : 43° 43' 26" N **Long.** : 001° 24' 49" W.

LES DEUX ETANGS ★★★★ Loisirs 50 E. CV. A 3 km : Locations : Espace Fitness. Etang à 200 m ; lac à 1,5 km ; bord de mer à 5 km. Accueil groupes. Ouvert: 1.3 / 2.11. ☎ 05 58 41 66 99. E-mail : info@les2etangs.com. Web : www.les2etangs.com. Réduction H.S.
Lat. : 43° 42' 02" N **Long.** : 001° 22' 21" W.
FFCC : avantages adhérent : 10% du 11/04 au 15/07 et du 09/09 au 02/11 sur loc. + Offre hors pont du 1er, 8 mai et ascension.

LES OYATS ★★★★ Tourisme 505 E. dont 155 nus 7 ha CV. A 600 m : Espace Fitness. chauffée. Bord de mer à 500 m ; étang à 3 km ; lac à 5 km. Ouvert: 6.5 / 1.10. ☎ 05 58 73 53 96. E-mail : contact@campinglesoyats.fr. Web : www.campinglesoyats.fr. Réduction H.S.
Lat. : 43° 43' 30" N **Long.** : 001° 25' 17" W.

NATURÉO ★★★★ Loisirs 411 E. CV. Locations : Espace Fitness. chauffée. Bord de mer à 600 m ; lac à 2 km. Accueil groupes. Ouvert: 4.2 / 1.1. ☎ 05 58 43 30 30. E-mail : reservation@natureo.eu. Web : www.natureo-seignosse.com.
Lat. : 43° 41' 42" N **Long.** : 001° 25' 47" W.

L'ÉTANG BLANC ★★ Tourisme 189 E. dont 20 nus, dont 9 CC. CV. Locations : Randonnée pédestre organisée. Accès direct à l'étang.. Accueil groupes adultes. Ouvert: 31.5 / 29.9. ☎ 05 58 72 80 06. E-mail : etangblanc@vacances-andretrigano.com. Web : www.vacances-andretrigano.com.
Lat. : 43° 42' 18" N **Long.** : 001° 22' 17" W.
FFCC : avantages adhérent : 10% du 10/06 au 08/07 et du 26/08 au 10/09 sur emp. et 5% du 10/06 au 08/07 et du 26/08 au 10/09 sur loc.

L'AGREOU NC Tourisme 130 E. dont 85 GCC. 2 ha. Espace Fitness. chauffée. Ouvert: 31.3 / 3.11. ☎ 0 825 879 902. E-mail : info@vacancesbleues.fr.
Lat. : 43° 42' 38" N **Long.** : 001° 25' 37" W.

SEYRESSE

12-B2 3 km S. Dax. 15 m. ✉ 40180

CAMPING GASCON LE LUY ★★★ Tourisme 70 E. dont 51 nus 2,3 ha CV. A 3 km : Accès direct à l'étang et à la rivière.. Ouvert: 1.3 / 30.11. ☎ 05 58 74 35 42. E-mail : info@campingleluy.com. Web : www.campingleluy.com.
Lat. : 43° 40' 46" N **Long.** : 001° 03' 45" W.

SORDE-L'ABBAYE

12-B2 28 km S. Dax. 33 m. ✉ 40300

CAMPING MUNICIPAL LA GALUPE NC Tourisme 26 E. dont 26 nus 0,62 ha CV. Accès direct à la rivière.. Accueil groupes. Ouvert: 1.6 / 30.9. ☎ 05 58 73 18 13. E-mail : mairie@sordelabbaye.fr. Web : www.sordelabbaye.fr/loisirs.htm. Prix 2022. 4 € nuit ; 8 € nuit ; 6 € nuit ; 4 € nuit ; 2 € nuit ; animaux 1 € nuit ; 2 € nuit ; 4 € nuit.
Lat. : 43° 31' 51" N **Long.** : 001° 03' 50" W.

SORE

9-C5 53 km N.-N.-O. Mont-de-Marsan. 78 m. ✉ 40430

SCI AU COCON DE SORE P.R.L N.C. 21 E. ☎ 06 83 36 26 22. E-mail : thierry.hernandez@wanadoo.fr.
Lat. : 44° 19' 11" N **Long.** : 000° 35' 01" W.

AIRE NATURELLE MUNICIPALE Ouvert: 15.6 / 15.9. ☎ 05 58 07 60 06. E-mail : mairie@sore.fr.
Lat. : 44° 19' 26" N **Long.** : 000° 34' 50" W.

SOUPROSSE

12-C1 34 km N.-E. Dax. 44 m. ✉ 40250

MME RELLE KATHY A 10 km : Ouvert: 1.7 / 30.9. ☎ 05 58 44 26 16. E-mail : jean.relle@free.fr, Web : jean.relle.free.fr.
Lat. : 43° 47' 20" N **Long.** : 000° 41' 45" W.

SOUSTONS

12-B1 27 km N.-O. Dax. 20 m. ✉ 40140

SOUSTONS VILLAGE ★★★★★ Tourisme 257 E. 24 h / 24, CV. Locations : Espace Fitness. couverte chauffée, Etang à 200 m ; lac à 5 km. Accueil groupes. Ouvert: 8.4 / 25.9. ☎ 05 58 77 70 00. E-mail : soustonsvillage@sandaya.fr. Web : www.sandaya.fr/nos-campings/soustons-village. Réduction H.S.
Lat. : 43° 45' 21" N **Long.** : 001° 21' 15" W.

L'AIRIAL ★★★★ Tourisme 446 E. dont 21 nus aire spécifique, CV. A 4 km : Locations : Randonnée pédestre organisée. couverte chauffée, Lac à 200 m ; bord de mer à 5 km. A 2 km : A 5 km : Accueil groupes. Ouvert: 1.4 / 30.9. ☎ 05 58 41 12 48. E-mail : contact@campinglairial.fr. Web : www.campinglairial.fr. Prix 2022. Fft jour : empl. Tourisme (2) : 40 € (10 A) ; sup 9 € ; animaux 5,70 € ; 2/6 ans 7 €. Réduction H.S.
Lat. : 43° 45' 14" N **Long.** : 001° 21' 08" W.
FFCC : avantages adhérent : 19 € du 01/04 au 16/06 et du 02/09 au 05/11 sur emp. et entre 70 € et 115 € la nuitée et entre 490 € et 730 € la semaine du 01/04 au 23/06 et du 02/09 au 05/11 sur loc.

DUPRAT LAFFITTE GISELE CV. Ouvert: 1.1 / 31.12. ☎ 05 58 41 50 76. E-mail : bireben@gmail.com.
Lat. : 43° 45' 12" N **Long.** : 001° 19' 40" W.

AIRE NATURELLE AU BREUT . Ouvert: 15.6 / 15.9. ☎ 05 58 41 57 28.
Lat. : 43° 44' 22" N **Long.** : 001° 18' 46" W.

CAMPING DE BATHURT CV. Ouvert: 21.6 / 15.9. ☎ 05 58 41 21 59. E mail : campbathurt@yahoo.fr.
Lat. : 43° 42' 57" N **Long.** : 001° 21' 07" W.

TALLER

12-B1 18 km N. Dax. 81 m. ✉ 40260

MME MARIE-THÉRÈSE SEGUIN CV. Ouvert: 1.1 / 31.12. ☎ 05 58 89 43 18. E-mail : philippe.seguin65@orange.fr, Web : www.rouncaou.net.
Lat. : 43° 54' 37" N **Long.** : 001° 05' 48" W.

TARNOS

12-A2 42 km S.-O. Dax. 18 m. ✉ 40220

CAMPING JOBEL ★★★ Tourisme 70 E. dont 38 nus 1,3 ha CV. A 6 km : Locations : Etang, lac et rivière à 1 km ; bord de mer à 3,5 km. Accueil groupes. Ouvert: 1.1 / 31.12. ☎ 05 59 64 04 76. E-mail : camping.jobel@wanadoo.fr. Web : www.camping-jobel.com. Réduction H.S.
Lat. : 43° 32' 56" N **Long.** : 001° 28' 18" W.

TARTAS

12-C1 24 km N.-E. Dax. 45 m. ✉ 40400

CENTRE EQUESTRE OUS PINS CV. ☎ 05 58 73 44 65. E-mail : ouspins@ouspins.fr, Web : www.ouspins.com.
Lat. : 43° 50' 45" N **Long.** : 000° 49' 12" W.

TERCIS-LES-BAINS

12-B2 7 km S. Dax. 16 m. ✉ 40180

SAUSSET ★ Loisirs 30 E. 1 ha CV. Rivière à 1 km. Accueil groupes. Ouvert: 1.3 / 31.10. ☎ 05 58 57 82 01. E-mail : genez.daniel@orange.fr.
Lat. : 43° 40' 31" N **Long.** : 001° 06' 46" W.

TOSSE

12-B2 28 km O. Dax. 31 m. ✉ 40230

LE CLOWN OCEAN ★★★★ Tourisme 250 E. Locations : . couverte chauffée . Etang à 900 m ; lac à 2 km. ; . Accueil groupes. Ouvert: 3.4 / 13.9. ☎ 05 58 43 03 03. E-mail : clown-ocean@capfun.com. Web : www.capfun.com/camping-france-aquitaine-clown_ocean-FR.html. Réduction H.S.
Lat. : 43° 42' 08" N **Long.** : 001° 19' 55" W.

UZA

12-B1 39 km N. Dax. 29 m. ✉ 40170

LES CHALETS D'UZA ★★★ Tourisme 17 E. 1,3 ha CV . Locations : . Lac à 500 m ; rivière à 900 m. Ouvert: 1.1 / 31.12. ☎ 05 58 41 33 06. E-mail : landes.chaletsduza@orange.fr. Web : www.chaletsduza.fr.
Lat. : 44° 02' 39" N **Long.** : 001° 12' 09" W.

VIELLE-SAINT-GIRONS

12-B1 37 km N.-O. Dax. 25 m. ✉ 40560

CENTRE NATURISTE ARNAOUTCHOT ★★★★ Loisirs 550 E. 20 ha CV Rés. naturiste. Locations : , roulotte. Randonnée pédestre organisée. Espace Fitness. couverte chauffée , , , . Accès direct à la mer ; lac à 5 km. ; . Ouvert: 1.4 / 29.9. ☎ 05 58 49 11 11. E-mail : contact@arna.com. Web : www.arna.com. Réduction H.S.
Lat. : 43° 54' 26" N **Long.** : 001° 21' 41" W.

EUROSOL ★★★★ Tourisme 510 E. dont 255 nus, dont 119 GCC. 15 ha CV . Locations : . Espace Fitness. couverte chauffée , , . Bord de mer à 700 m. Accueil groupes adultes. Ouvert: 20.5 / 17.9. ☎ 05 58 47 90 14. E-mail : contact@camping-eurosol.com. Web : www.camping-eurosol.com. Prix 2023. Fft jour : empl. Tourisme (2) : 41 € (E. CC) ; sup 9 € ; animaux 5 €. Réduction H.S.
Lat. : 43° 57' 07" N **Long.** : 001° 21' 07" W.

LE COL VERT ★★★★ Tourisme 801 E. dont 259 nus
CV . Locations : . Randonnée pédestre organisée. Espace Fitness. couverte chauffée , , , . Accès direct aux bords du lac ; étang à 1 km. ; ; . Ouvert: 31.3 / 24.9. ☎ 04 11 32 90 00. E-mail : colvert@sandaya.fr. Web : www.sandaya.fr/nos-campings/le-col-vert. Réduction H.S.
Lat. : 43° 54' 10" N **Long.** : 001° 18' 38" W.

LES TOURTERELLES ★★★★ Tourisme 840 E. CV . Locations : . chauffée . Accès direct à la mer. ; . Accueil groupes adultes. Ouvert: 12.5 / 24.9. ☎ 0 2 53 81 70 00. E-mail : reservation@ms-vacances.com. Web : www.ms-vacances.com.
Lat. : 43° 57' 16" N **Long.** : 001° 21' 24" W.
FFCC : avantages adhérent : 20% du 12/05 au 02/07 et du 03/09 au 24/09 sur emp.

L'OCÉANE ★★★ Tourisme 99 E. dont 32 nus CV . Locations : . Espace Fitness. chauffée . Etang et rivière à 1,5 km. . Ouvert: 26.6 / 28.8. ☎ 05 58 42 94 37. E-mail : campingloceane@wanadoo.fr. Web : camping-oceane.fr.
Lat. : 43° 55' 19" N **Long.** : 001° 18' 21" W.

LA JAOUGOTTE ★★★ Tourisme 92 E. dont 75 nus 2 ha CV . Locations : . chauffée . Lac à 3 km. Accueil groupes. Ouvert: 1.6 / 30.9. ☎ 05 58 47 94 85. E-mail : courrier@campinglajaougotte.com. Web : www.camping-jaougotte.com. Réduction H.S.
Lat. : 43° 55' 50" N **Long.** : 001° 18' 30" W.

LE GAOUCHER ★★ Tourisme 92 E. dont 35 nus 3 ha CV . Locations : . Etang et rivière à 1 km. Ouvert: 1.5 / 20.9. ☎ 05 58 42 93 00. E-mail : contact@legaoucher.net. Web : legaoucher.net. Prix 2022. Fft jour : empl. Tourisme (2) : 19 € ( ) ; sup 5 € ; 3,50 €.
Lat. : 43° 54' 11" N **Long.** : 001° 17' 30" W.

LA FERME BERNADON CV . Ouvert: 1.6 / 30.9. ☎ 05 58 47 90 98. E-mail : camping.bernadon@free.fr, Web : camping-bernadon.free.fr.
Lat. : 43° 57' 26" N **Long.** : 001° 16' 05" W.

VIEUX-BOUCAU-LES-BAINS

12-A1 36 km S.-O. Dax. 6 m. ✉ 40480

LES CHÊNES ★★ Tourisme 348 E. 4,5 ha CV. Randonnée pédestre organisée. . Lac à 400 m ; bord de mer à 1 km. Ouvert: 1.4 / 30.9. ☎ 05 58 48 21 21. E-mail : accueil@campingleschenes.fr. Web : www.campingleschenes.fr. Réduction H.S.
Lat. : 43° 46' 56" N **Long.** : 001° 23' 35" W.

YCHOUX

9-B5 72 km N.-O. Mont-de-Marsan. 55 m. ✉ 40160

CAMPING DES FORGES NC 45 E. 2 ha CV . Locations : . . Accès direct à l'étang.. Ouvert: 1.1 / 31.12. ☎ 05 58 78 20 07. E-mail : campingdesforges@hotmail.fr. Web : www.campingdesforgeslandes.fr/. Réduction H.S.
Lat. : 44° 19' 50" N **Long.** : 000° 58' 42" W.

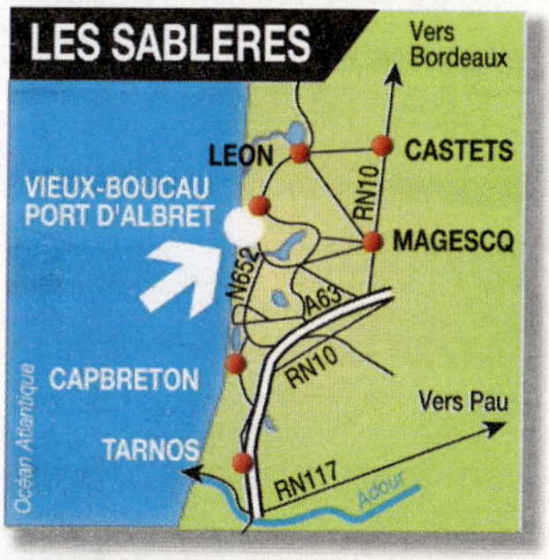

CAMPING MUNICIPAL LES SABLÈRES ★★★ Tourisme 517 E. dont 453 nus, dont 12 GCC. 6 ha CV . A 2 km : Locations : . Bord de mer à 150 m ; lac à 800 m ; étang à 1 km. Accueil groupes. Ouvert: 2.4 / 6.11. ☎ 05 58 48 12 29. E-mail : contact@camping-les-sableres.com. Web : www.camping-les-sableres.com. Prix 2022. Fft jour : empl. Tourisme (2) : 26,6 € ( ). Réduction H.S.
Lat. : 43° 47' 35" N **Long.** : 001° 24' 22" W.

YZOSSE

12-B2 1,5 km E. Dax. 8 m. ✉ 40180

LACROUZADE ★★ Tourisme 68 E. dont 40 nus CV . Locations : . Rivière à 4 km. Ouvert: 16.2 / 23.11. ☎ 05 58 90 11 14. E-mail : camping-lacrouzade@orange.fr. Web : www.camping-lacrouzade.fr.
Lat. : 43° 42' 44" N **Long.** : 001° 00' 37" W.

LANOTTE ★ Tourisme 48 E. 1 ha . Etang et lac à 5 km. Ouvert: 1.4 / 31.10. ☎ 05 58 74 09 99. E-mail : contact@campinglanotte.fr. Web : www.campinglanotte.fr/.
Lat. : 43° 42' 32" N **Long.** : 001° 01' 17" W.

LA GRANGE CV. Ouvert: 1.4 / 28.10. ☎ 0 687338953. E-mail : lagrangecamping@gmail.com. Prix 2023. Fft jour : empl. Tourisme (2) : 13 € ( )
Lat. : 43° 42' 58" N **Long.** : 001° 00' 48" W.

Cartes 6-7

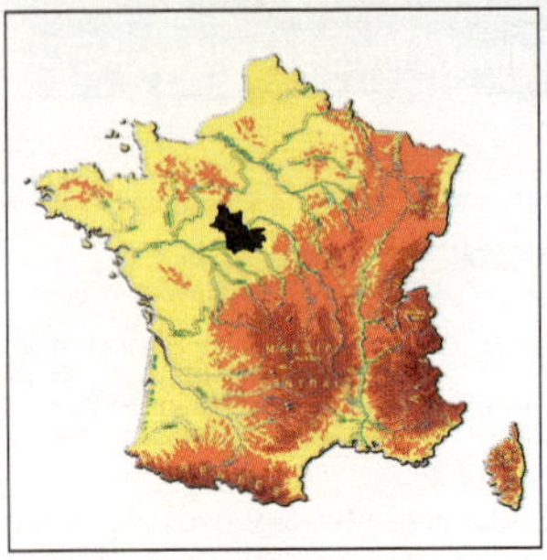

ANGE

6-F2 32 km S.-O. Blois 109 m. ✉ 41400

L'ESCALE DES CHÂTEAUX DE LA LOIRE ★★★★ Tourisme 32 E.

CV. Locations : cabanes, roulotte, tipi, tonneau, yourte. Espace Fitness. . Accès direct à la rivière. Ouvert: 3.4 / 1.11. ☎ 02 54 32 58 21. E-mail : info@escale-chateaux-loire.fr. Web : www.escale-chateaux-loire.fr.
Lat. : 47° 20' 23" N **Long.** : 001° 14' 23" E.

BRACIEUX

7-A2 17 km S.-E. Blois. 80 m. Station verte ✉ 41250

HUTTOPIA LES CHÂTEAUX ★★★ Tourisme 280 E. dont 203 nus

CV. Locations : roulotte. couverte chauffée, , , . Accès direct à la rivière ; étang à 500 m.. Accueil groupes. Ouvert: 31.3 / 6.11. ☎ 02 54 46 41 84. E-mail : leschateaux@huttopia.com. Web : europe.huttopia.com/site/camping-les-chateaux/. Réduction H.S.
Lat. : 47° 33' 04" N **Long.** : 001° 32' 17" E.
FFCC : avantages adhérent : 10% du 31/03 au 01/07 et du 31/08 au 05/1110% du 31/03 au 01/07 et du 31/08 au 05/11 sur emp. et loc. + 5% de réduction en juillet-août sur les emplacements nus et locatifs * frais de réservation offerts Rendez-vous dans votre club avantages FFCC pour obtenir le code promotionnel.

CANDE-SUR-BEUVRON

6-F2 14 km S.-O. Blois. 74 m. ✉ 41120

LA GRANDE TORTUE ★★★★★ Tourisme 178 E. dont 104 nus, dont 18 CC - 73 GCC.

3,7 ha CV. Locations : , . couverte chauffée , . Rivière à 500 m. . Ouvert: 7.4 / 16.9. ☎ 02 54 44 15 20. E-mail : camping@grandetortue.com. Web : www.la-grande-tortue.com. Réduction H.S.
Lat. : 47° 29' 24" N **Long.** : 001° 15' 30" E.

CHATILLON-SUR-CHER

7-A2 40 km S.-E. Blois. 94 m. ✉ 41130

L'ENTRE DEUX ★★★ Tourisme 53 E. dont 39 nus

CV. Locations : cocosweet. chauffée . Accès direct à la rivière. ; . Accueil groupes enfants. Ouvert: 3.4 / 20.9. ☎ 02 54 71 02 21. E-mail : campinglentredeux@gmail.com. Web : www.camping-lentredeux.fr.
Lat. : 47° 16' 17" N **Long.** : 001° 29' 29" E.
FFCC : avantages adhérent : 18 € du 01/04 au 07/07 et du 01/09 au 30/09 sur emp.

CHATRES-SUR-CHER

7-B2 20 km S.-E. Romorantin. 114 m. ✉ 41320

CAMPING MUNICIPAL LES SAULES ★★ Tourisme 77 E.

1,6 ha CV. Locations : . Accès direct à la rivière. . . Accueil groupes. Ouvert: 6.5 / 4.9. ☎ 02 54 98 04 55. E-mail : mairiechatres.secretariat@wanadoo.fr.
Lat. : 47° 15' 43" N **Long.** : 001° 54' 30" E.

CHAUMONT-SUR-LOIRE

6-F2 20 km S.-O. Blois. 100 m. ✉ 41150

CAMPING MUNICIPAL ★★ Tourisme 150 E. dont 150 nus 5 ha CV. Locations : . , . Accès direct à la rivière. . Accueil groupes. Ouvert: 21.4 / 30.9. ☎ 02 54 20 95 22. E-mail : mairie.chaumontsloire@wanadoo.fr. Web : www.camping-chaumont-sur-loire.com. Prix 2022. Fft jour : empl. Tourisme (2) : 11,56 € ( ) ; sup 3,78 € ; 2 € ; 3 €.
Lat. : 47° 29' 05" N **Long.** : 001° 11' 40" E.

CHEMERY

7-A2 30 km S.-E. Blois. 105 m. ✉ 41700

LE GUÉ ★★★ Tourisme 50 E. dont 46 nus

22 h 30 / 7 h, CV. Locations : caravane. . Accès direct à l'étang et à la rivière.. Accueil groupes. Ouvert: 3.4 / 27.9. ☎ 02 54 32 97 40. E-mail : contact@camping-le-gue.com. Web : www.camping-le-gue.com.
Lat. : 47° 20' 45" N **Long.** : 001° 28' 26" E.
FFCC : avantages adhérent : 13 € du 01/04 au 01/07 et du 29/08 au 02/10 sur emp.

CHEVERNY

7-A2 14 km S.-E. Blois. 97 m. ✉ 41700

LES SAULES ★★★★ Tourisme 167 E. dont 150 nus

5 ha CV. Locations : , . couverte chauffée , . Ouvert: 31.3 / 15.9. ☎ 02 54 79 90 01. E-mail : contact@camping-cheverny.com. Web : www.camping-cheverny.com. Prix 2023. Fft jour : empl. Tourisme (2) : 39,5 € ( ). Réduction H.S.
Lat. : 47° 28' 43" N **Long.** : 001° 27' 07" E.
FFCC : avantages adhérent : 22 € du 01/04 au 07/07 et du 21/08 au 17/09 sur emp.

CONTRES

7-A2 21 km S.-E. Blois 109 m. ✉ 41700

L'HEUREUX HASARD ★★ Tourisme 19 E. dont 5 nus aucune voiture sur le camping, CV. Locations : , . roulotte. Randonnée pédestre organisée. , . Accès direct à l'étang.. Accueil groupes adultes. Ouvert: 16.4 / 19.9. ☎ 06 84 25 71 69. E-mail : contact@lheureuxhasard.com. Web : www.lheureuxhasard.com.
Lat. : 47° 26' 29" N **Long.** : 001° 28' 13" E.

CROUY-SUR-COSSON

7-A2 26 km N.-E. Blois. 97 m. ✉ 41220

LE MOULIN DE CROUY P.R.L ★★★ NN5 E.

Locations : . Espace Fitness. , , . Accueil groupes. Ouvert: 1.1 / 31.12. ☎ 02 54 87 56 19. E-mail : lemoulindecrouy@wanadoo.fr. Web : www.lemoulindecrouy.com/.
Lat. : 47° 38' 55" N **Long.** : 001° 36' 50" E.

CAMPING MUNICIPAL DU COSSON ★★ Tourisme 63 E. 3,5 ha . . Rivière à 20 m.. ☎ 02 54 87 08 81. E-mail : mairie-de-crouy-sur-cosson@orange.fr. Web : crouysurcosson.a3w.fr.
Lat. : 47° 38' 53" N **Long.** : 001° 36' 41" E.

FRETEVAL

6-F1 17 km N.-E. Vendome. 128 m. ✉ 41160

LES 2 ÉTANGS ★★★ Loisirs 88 E. dont 40 nus 2 ha CV. Locations : , . , , , . Accès direct à l'étang.. Accueil groupes. Ouvert: 1.4 / 31.10. ☎ 0 2 54 77 26 62. E-mail : campingles2etangs@gmail.com. Web : www.campingles2etangs.com. Prix 2023. Fft jour : empl. Tourisme (2) : 17,1 € ( ) ; sup 5,75 € ; animaux 2 € ; 2,70 € ; 4,10 €.
Lat. : 47° 53' 19" N **Long.** : 001° 12' 10" E.

HUISSEAU-SUR-COSSON

7-A2 10 km E. Blois. 88 m. ✉ 41350

M. ANDRÉ DELABOISSIÈRE

. Ouvert: 1.5 / 10.9. ☎ 02 54 20 35 26. E-mail : guides@campingfrance.com. Prix 2023. empl. Tourisme : 6 € ; 8 € ; animaux 2 € ; 4 € ; 5 €.
Lat. : 47° 35' 29" N **Long.** : 001° 27' 33" E.
FFCC : avantages adhérent : 26.50 € du 01/05 au 10/09 sur emp.

MAREUIL-SUR-CHER

6-F2 40 km S. Blois. 124 m. ✉ 41110

LE PORT ★★★ Tourisme 40 E. dont 34 nus

CV. Locations : . Randonnée pédestre organisée. , , . Accès direct à la rivière. ; . Accueil groupes adultes. Ouvert: 15.4 / 30.9. ☎ 02 54 75 28 52. E-mail : mairie.mareuil.sur.cher@wanadoo.fr. Web : www.camping-leport.fr.
Lat. : 47° 17' 38" N **Long.** : 001° 19' 48" E.

MENNETOU-SUR-CHER

7-B2 16 km S.-E. Romorantin. 116 m. Station verte 41320

CAMPING MUNICIPAL VAL ROSE ★★ Tourisme 48 E. dont 48 nus
0,8 ha CV. chaufféе , . Accès direct à la rivière. . Accueil groupes. Ouvert: 21.5 / 6.9. ☎ 02 54 98 01 19. E-mail : mairie.mennetou@wanadoo.fr. Web : www.mennetou.fr.
Lat. : 47° 16′ 09″ N **Long.** : 001° 51′ 46″ E.

MESLAND

6-F2 20 km S.-O. Blois. 98 m. 41150

PARC DU VAL DE LOIRE ★★★★★ Tourisme 321 E. dont 120 nus
CV . Locations : . Espace Fitness. couverte chauffée , , . Rivière à 5 km. ; . Accueil groupes enfants. Ouvert: 7.4 / 10.9. ☎ 02 54 70 27 18. E-mail : contact@parcduvaldeloire.fr. Web : www.parcduvaldeloire.com. Prix 2023. Fft jour : empl. Tourisme (2) : 34 € ( )
Lat. : 47° 30′ 36″ N **Long.** : 001° 06′ 17″ E.
FFCC : avantages adhérent : 10% du 07/04 au 30/06 et du 01/09 au 10/0910% du 07/04 au 30/06 et du 01/09 au 10/09 sur emp. et loc. + Rendez-vous dans votre club avantages FFCC pour obtenir le code promotionnel et réserver !.

MONDOUBLEAU

2-F5 28 km N.-O. Vendome. 149 m. 41170

CAMPING DES PRES BARRES NC Tourisme 60 E. dont 60 nus 2 ha . Locations : . chauffée . Rivière à 20 m ; étang à 1 km.. Ouvert: 30.3 / 31.10. ☎ 06 44 76 34 25. E-mail : campingdespresbarres@yahoo.com.
Lat. : 47° 59′ 02″ N **Long.** : 000° 53′ 36″ E.

MONT-PRES-CHAMBORD

7-A2 10 km S.E. Blois. 94 m. 41250

LODGES DE BLOIS - CHAMBORD P.R.L ★★★ NN49 E. dont 4 nus
CV . Locations : tonneau. couverte chauffée , . Accès direct à l'étang ; rivière à 2 km.. Accueil groupes adultes. Ouvert: 2.4 / 31.10. ☎ 09 73 23 19 56. E-mail : lodges.chambord@gmail.com. Web : www.lodges-chambord.com. Réduction H.S.
Lat. : 47° 33′ 30″ N **Long.** : 001° 27′ 49″ E.

MONTHOU-SUR-CHER

6-F2 11 km N.-O. St-Aignan 97 m. 41400

CAMPING DE MON VILLAGE NC Tourisme 25 E. dont 25 nus . couverte , . Accès direct à l'étang.. Ouvert: 1.5 / 30.9. ☎ 01 83 64 69 21. E-mail : communication@campingcarpark.com. Web : www.campingcarpark.com/. Prix 2022.
Lat. : 47° 20′ 58″ N **Long.** : 001° 17′ 37″ E.

MONTOIRE-SUR-LE-LOIR

6-F1 18 km S.-O. Vendome. 94 m. 41800

CAMPING MUNICIPAL LES RECLUSAGES ★★★ Tourisme 106 E. dont 97 nus
3 ha après 22 h, CV . Locations : , . couverte chauffée , . Accès direct à la rivière. . Accueil groupes. Ouvert: 13.5 / 16.9. ☎ 02 54 85 02 53. E-mail : camping.reclusages@orange.fr. Web : www.mairie-montoire.fr. Prix 2022. empl. Tourisme : 2,80 € nuit ; 5 € nuit ; animaux 1,70 € nuit ; 3,30 € nuit ; 5 € nuit.
Lat. : 47° 44′ 50″ N **Long.** : 000° 51′ 48″ E.

MOREE

6-F1 19 km N.-E. Vendôme 125 m. 41160

CAMPING MUNICIPAL LA VARENNE ★★ Tourisme 41 E. 1 ha CV . Locations : , . Accès direct à l'étang et à la rivière. ; ; . Accueil groupes. Ouvert: 1.4 / 30.10. ☎ 02 54 82 06 16. E-mail : campingmoree@orange.fr. Réduction H.S.
Lat. : 47° 54′ 25″ N **Long.** : 001° 14′ 41″ E.

MUIDES-SUR-LOIRE

7-A2 18 km N.-E. Blois. 87 m. 41500

CHÂTEAU DES MARAIS ★★★★★ Tourisme 325 E. dont 75 nus
8 ha CV . Locations : . Espace Fitness. chauffée , , , . Accès direct à l'étang ; rivière à 200 m. ; . Accueil groupes adultes. Ouvert: 7.4 / 24.9. ☎ 02 54 87 05 42. E-mail : vacances@sandaya.fr. Web : www.sandaya.fr/nos-campings/chateau-des-marais. Réduction H.S.
Lat. : 47° 39′ 57″ N **Long.** : 001° 31′ 43″ E.

CAMPING MUNICIPAL BELLEVUE ★★ Tourisme 100 E. 2,5 ha CV . Randonnée pédestre organisée. . Rivière à 100 m.. Accueil groupes. Ouvert: 1.4 / 15.9. ☎ 02 54 87 01 56. E-mail : campingmunicipalbellevue@orange.fr. Web : www.muides.fr/tourisme/campings. Prix 2023. Fft nuit : empl. Tourisme (2) : 16 € ( )
Lat. : 47° 40′ 20″ N **Long.** : 001° 31′ 35″ E.

NEUNG-SUR-BEUVRON

7-B2 22 km N.-E. Romorantin-Lanthenay 101 m. 41210

CAMPING MUNICIPAL DE LA VARENNE ★★ Tourisme 35 E. 2 ha CV . Locations : . , , . Rivière à 25 m.. Accueil groupes. Ouvert: 4.7 / 31.10. ☎ 02 54 83 68 52. E-mail : campinglavarenne41@gmail.com. Web : www.neung-sur-beuvron.fr/camping-municipal/.
Lat. : 47° 32′ 18″ N **Long.** : 001° 48′ 54″ E.

NOUAN-LE-FUZELIER

7-B2 48 km S.-S.-E. Orléans. 120 m. Station verte de vacances et village de neige 41600

LA GRANDE SOLOGNE ★★★ Tourisme 165 E. dont 143 nus 7 ha CV . Locations : cabanes. , , , . Accès direct à l'étang. ; . Accueil groupes adultes. Ouvert: 1.4 / 15.10. ☎ 02 54 88 70 22. E-mail : info@campingrandesologne.com. Web : campingrandesologne.com. Réduction H.S.
Lat. : 47° 31′ 60″ N **Long.** : 002° 02′ 11″ E.

PIERREFITTE-SUR-SAULDRE

7-B2 39 km N.-E. Romorantin. 129 m. 41300

LES ALICOURTS ★★★★★ Tourisme 604 E. dont 138 nus
25 ha CV . Locations : . Randonnée pédestre organisée. Espace Fitness. couverte chauffée , , , , . Accès direct aux bords du lac ; rivière à 200 m. ; ; ; . Ouvert: 12.5 / 24.9. ☎ 02 54 88 63 34. E-mail : alicourts@sandaya.fr. Web : www.sandaya.fr/nos-campings/les-alicourts.
Lat. : 47° 32′ 39″ N **Long.** : 002° 11′ 31″ E.

PRUNAY-CASSEREAU

6-F1 21 km S.-O. Vendome. 139 m. 41310

CAMPING LES ROCHELLES NC Tourisme 25 E. dont 30 nus, dont 8 CC. 1,7 ha . Locations : , , , . Accès direct à l'étang.. Accueil groupes adultes. Ouvert: 1.1 / 31.12. ☎ 02 54 72 89 23. E-mail : saslesrochelles@gmail.com.
Lat. : 47° 41′ 47″ N **Long.** : 000° 54′ 57″ E.

PRUNIERS-EN-SOLOGNE

7-A2 8 km S.-O. Romorantin-Lanthenay. 92 m. 41200

CAMPING LE CHENE ★★ Tourisme 26 E. visiteur. . Accès direct à l'étang.. Ouvert: 15.6 / 15.9. ☎ 02 54 95 76 11. E-mail : contact@campinglechene.fr. Web : pruniersensologne.com.
Lat. : 47° 19′ 03″ N **Long.** : 001° 39′ 34″ E.

ROMORANTIN-LANTHENAY

7-A2 41 km S.-E. Blois. 101 m. 41200

CAMPING DE TOURNEFEUILLE ★★★ Tourisme 85 E. dont 34 nus, dont 45 CC. 1,5 ha CV . Locations : , . couverte chauffée , , , . Accès direct à la rivière.. Accueil groupes. Ouvert: 1.4 / 31.10. ☎ 02 54 76 16 60. E-mail : romo2015@outlook.fr. Web : www.campingromorantin.com. Prix 2022. Fft jour : empl. Tourisme (2) : 22,7 € ( ) ; sup 7,60 € ; animaux 1,80 € ; 3,70 €.
Lat. : 47° 21′ 18″ N **Long.** : 001° 45′ 20″ E.

SAINT-AGIL

2-F5 34 km N.-O. Vendome. 174 m. 41170

CAMPING MUNICIPAL L'ETANG NC 16 E. . Etang à 20 m.. Ouvert: 15.4 / 31.10. ☎ 06 35 49 47 43. E-mail : mairie@saint-agil.eu.
Lat. : 48° 02′ 06″ N **Long.** : 000° 56′ 10″ E.

M. YVES TOURNEUX . Ouvert: 1.1 / 31.12. ☎ 02 54 80 94 48.
Lat. : 48° 01′ 58″ N **Long.** : 000° 54′ 47″ E.

SAINT-AIGNAN

7-A2 38 km S. Blois. 124 m. Station verte 41110

LES COCHARDS ★★★★ Tourisme 134 E. dont 112 nus CV . Locations : , . chauffée , . Accès direct à la rivière. Accueil groupes. Ouvert: 7.4 / 24.9. ☎ 02 54 75 15 59. E-mail : reservation@grouperomanee.com. Web : www.lescochards.com. Prix 2022. Fft jour : empl. Tourisme (2) : 27 € ( ) ; sup 5 € ; animaux 3 € ; 3 €.
Lat. : 47° 15′ 54″ N **Long.** : 001° 23′ 17″ E.

SAINT-JEAN-FROIDMENTEL

6-F1 26 km N.-E. Vendôme. 130 m. 41160

MME DENISE FETTER CV. Ouvert: 1.4 / 30.9. ☎ 02 54 82 66 97. E-mail : lesfouquets@aol.com, Web : campinglesfouquets.fr.
Lat. : 47° 58′ 23″ N **Long.** : 001° 13′ 60″ E.

SAINT-LAURENT-NOUAN

7-A1 26 km N.-E. Blois. 91 m. Station verte de vacances et village de neige 41220

L'AMITIÉ ★★★ Tourisme 103 E. dont 99 nus
2 ha CV . A 200 m : . Locations : . , , . Accès direct à la rivière ; lac à 5 km. Accueil groupes. Ouvert: 4.1 / 17.12. ☎ 02 54 87 01 52. E-mail : campingdelamitie@stlaurentnouan.fr. Web : www.campingdelamitie.fr.
Lat. : 47° 41′ 12″ N **Long.** : 001° 33′ 29″ E.

SAINT-ROMAIN-SUR-CHER

7-A2 32 km S. Blois. 93 m. 41140

DOMAINE DU BIEN VIVRE CV. Ouvert: 1.1 / 31.12. ☎ 02 54 71 73 74. E-mail : domainedubienvivre@free.fr, Web : www.domainedubienvivre.fr. Prix 2023. Fft nuit : empl. Tourisme (2) : 18 € ( )
Lat. : 47° 19′ 26″ N **Long.** : 001° 22′ 08″ E.

SALBRIS

7-B2 25 km N.-E. Romorantin. 112 m. Station verte de vacances et village de neige ✉ 41300

CAMPING DE SOLOGNE ★★★ Tourisme 88 E. dont 78 nus

CV. Accès direct à l'étang et aux bords du lac ; rivière à 50 m.. Ouvert: 1.4 / 30.9. ☎ 02 54 97 06 38. E-mail : campingdesologne@wanadoo.fr. Web : www.campingdesologne.co. Réduction H.S.
Lat. : 47° 25' 49" N **Long.** : 002° 03' 17" E.
FFCC : avantages adhérent : 18 € du 01/04 au 15/06 et du 25/08 au 30/09 sur emp. et entre 69 € et 100 € la nuitée et entre 258 € et 750 € la semaine du 01/04 au 15/06 et du 25/08 au 30/09 sur loc.

SARGE-SUR-BRAYE

6-F1 24 km N.-O. Vendome. 135 m. ✉ 41170

CAMPING MUNICIPAL NC Tourisme 50 E. 1,5 ha. Locations : . Accès direct à l'étang et à la rivière.. Ouvert: 1.5 / 30.9. ☎ 02 54 72 72 65. E-mail : mairie.sarge@wanadoo.fr. Prix 2023. Fft nuit : empl. Tourisme (2) : 9 € ; sup 2,50 € nuit ; 1,50 € nuit.
Lat. : 47° 55' 32" N **Long.** : 000° 50' 42" E.

SAVIGNY-SUR-BRAYE

6-F1 25 km N.-O. Vendome. 135 m. ✉ 41360

CAMPING DU PRE AUX MOINES ★★★ Tourisme 70 E. dont 63 nus 1,5 ha CV. Locations : . Accès direct à la rivière. Accueil groupes. Ouvert: 1.1 / 31.10. ☎ 02 54 23 70 20. E-mail : toploisirs41@hotmail.fr. Web : www.toploisirs41.fr.
Lat. : 47° 52' 50" N **Long.** : 000° 48' 09" E.

SEILLAC

6-F2 15 km S.-O. Blois. 112 m. ✉ 41150

FERME PÉDAGOGIQUE DE PRUNAY ★★★★ Tourisme 130 E. dont 69 nus, dont 10 GCC. CV. Locations : . Randonnée pédestre organisée. chauffée. Accès direct à l'étang ; rivière à 2 km. Accueil groupes. Ouvert: 8.4 / 4.11. ☎ 06 98 99 09 86. E-mail : reservation@prunay.com. Web : prunay.fr/fr/. Réduction H.S.
Lat. : 47° 33' 17" N **Long.** : 001° 10' 50" E.

SELLES-SUR-CHER

7-A2 19 km S.-O. Romorantin. 82 m. ✉ 41130

CAMPING LES CHATAIGNIERS ★★ Tourisme 60 E. dont 65 nus 2 ha CV. Locations : . Accès direct à la rivière. Accueil groupes. Ouvert: 13.6 / 15.9. ☎ 0 2 54 95 25 40. E-mail : camping@mairie-sellessurcher.fr.
Lat. : 47° 16' 35" N **Long.** : 001° 33' 31" E.

SUEVRES

7-A2 14 km N.-E. Blois. 97 m. ✉ 41500

PARC DE LA GRENOUILLERE ★★★★ Loisirs 322 E. dont 62 nus

CV. Locations : . couverte chauffée. Rivière à 2,5 km. Accueil groupes adultes. Ouvert: 30.3 / 9.9. ☎ 02 54 87 80 37. E-mail : grenouillere@capfun.com. Web : www.capfun.com.
Lat. : 47° 41' 09" N **Long.** : 001° 29' 14" E.

THORE-LA-ROCHETTE

6-F1 9 km O. Vendome. 91 m. ✉ 41100

CAMPING MUNICIPAL LA BONNE AVENTURE ★★★ Tourisme 60 E. dont 57 nus 2 ha CV. Locations : . Rivière à 50 m ; étang et lac à 1 km.. Accueil groupes. Ouvert: 15.4 / 30.9. ☎ 02 54 72 00 59. E-mail : campingthore@orange.fr. Web : www.camping-la-bonne-aventure.fr. Prix 2022. Fft jour : empl. Tourisme (2) : 11,5 € ; sup 4,75 € ; animaux 1 € ; 2,75 € ; 3,60 €. Réduction H.S.
Lat. : 47° 48' 08" N **Long.** : 000° 57' 30" E.

VALLOIRE-SUR-CISSE

6-F2 10 km S.-O. Blois. 82 m. ✉ 41150

LA ROSSIGNOLERIE P.R.L ★ NN7 E. Ouvert: 1.4 / 31.12. ☎ 06 80 59 49 05. E-mail : contact@larossignolerie.com. Web : www.larossignolerie.com.
Lat. : 47° 31' 05" N **Long.** : 001° 14' 00" E.

VENDOME

6-F1 32 km N.-O. Blois. 112 m. ✉ 41100

AU COEUR DE VENDOME ★★★ Tourisme 165 E.

CV. A 10 km : Locations : . Rivière à 50 m.. Accueil groupes. Ouvert: 1.4 / 31.10. ☎ 02 54 77 00 27 / 06 73 62 12 29. E-mail : aucoeurdevendome@camp-in-ouest.com. Web : www.aucoeurdevendome.com.
Lat. : 47° 47' 29" N **Long.** : 001° 04' 34" E.
FFCC : avantages adhérent : 23 € du 01/04 au 07/07 et du 25/08 au 31/10 sur emp.

VERNOU-EN-SOLOGNE

7-A2 17 km N. Romorantin-Lanthenay. 96 m. ✉ 41230

AIRE NATURELLE MUNICIPALE. Ouvert: 1.1 / 31.12. ☎ 0 2 54 98 20 22. E-mail : mairie-de-vernou-en-sologne@wanadoo.fr, Web : www.vernou-en-sologne.com.
Lat. : 47° 30' 12" N **Long.** : 001° 40' 50" E.

VEUZAIN-SUR-LOIRE

6-F2 16 km S.-O. Blois. 87 m. ✉ 41150

DOMAINE DE DUGNY ★★★★ Loisirs 418 E.

CV. Locations : . Randonnée pédestre organisée. couverte. Accès direct à l'étang ; rivière à 5 km. Accueil groupes enfants. Ouvert: 8.4 / 5.11. ☎ 02 54 20 70 66. E-mail : reservations@siblu.fr. Web : www.siblu.fr/camping/paris_et_loire/domaine_de_dugny.php.
Lat. : 47° 31' 25" N **Long.** : 001° 11' 16" E.

CAMPING MUNICIPAL ★★ Tourisme 48 E. dont 45 nus

1,1 ha CV. Locations : bivouac. Rivière à 150 m ; étang à 1,5 km.. Accueil groupes. Ouvert: 12.6 / 15.9. ☎ 02 54 20 85 15. E-mail : campingmunicipal@onzain.fr. Web : www.camping-onzain.wixsite.com/camping-municipal. Prix 2022. 3,30 € ; 4,10 € ; 3,30 € ; 3,30 € ; animaux 2 € ; 1,60 € ; 2,70 €.
Lat. : 47° 29' 21" N **Long.** : 001° 11' 22" E.

VINEUIL

7-A2 4 km E. Blois. 83 m. ✉ 41350

CAMPING VAL DE BLOIS ★★★ Tourisme 120 E. dont 110 nus CV. A 6 km : Locations : . Accès direct à la rivière.. Accueil groupes. Ouvert: 30.3 / 12.10. ☎ 0 2 54 79 93 57. E-mail : contact@camping-loisir-blois.com. Web : www.camping-loisir-blois.com.
Lat. : 47° 36' 21" N **Long.** : 001° 22' 28" E.

Cartes 7-10

Correspondante FFCC :. Monique RONZE, 60, rue Palluat de Besset - 42000 SAINT ETIENNE
Tél. 06.12.28.46.86 et ronzemoniqueffcc42@orange.fr

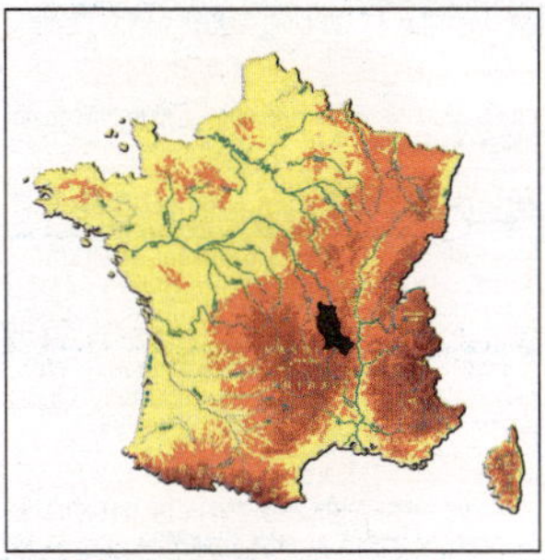

BALBIGNY

10-F1 30 km S. Roanne. 371 m. ✉ 42510

LA ROUTE BLEUE ★★★ Tourisme 50 E. dont 48 nus. Locations :. Accès direct à la rivière. Ouvert: 1.4 / 20.10. ☎ 04 77 27 24 97. E-mail : camping.balbigny@wanadoo.fr. Web : www.campingdelaroutebleue.com. Prix 2022. Fft nuit : empl. Tourisme (2) : 18 € ()
Lat. : 45° 49' 30" N **Long.** : 004° 09' 47" E.

BELMONT-DE-LA-LOIRE

7-F5 36 km N.-E. Roanne. 587 m. ✉ 42670

LES ECUREUILS NC Tourisme 27 E. dont 25 nus 0,59 ha CV. Locations :. Rivière à 100 m ; étang à 200 m. Ouvert: 1.6 / 30.9. ☎ 04 77 63 72 25. E-mail : mairie@belmontdelaloire.fr. Web : www.belmontdelaloire.fr.
Lat. : 46° 09' 57" N **Long.** : 004° 20' 36" E.

BESSEY

11-A2 40 km S.-E. Saint-Etienne. 364 m. ✉ 42520

LE GIT'AN ROULOTTE NC Tourisme 7 E. CV. Locations : roulotte. Ouvert: 1.1 / 31.12. ☎ 04 74 87 36 41. E-mail : restocarsi.camping@orange.fr.
Lat. : 45° 23' 13" N **Long.** : 004° 41' 29" E.

BOURG-ARGENTAL

10-F3 28 km S.-E. Saint-Etienne. 694 m. Village de neige ✉ 42220

CAMPING MUNICIPAL DU DOMAINE DE L'ASTRÉE NC 37 E. dont 16 nus, dont 8 CC. 1 ha CV. Locations :. Randonnée pédestre organisée. Accès direct à la rivière.. Accueil groupes. Ouvert: 1.1 / 31.12. ☎ 04 77 39 72 97. E-mail : prl@bourgargental.fr. Web : www.camping-astree.com. Réduction H.S.
Lat. : 45° 17' 58" N **Long.** : 004° 34' 52" E.

CHAMBLES

10-F2 27 km S.-E. Montbrison. 570 m. ✉ 42170

M. GEORGES BARBIER. Ouvert: 15.4 / 15.10. ☎ 04 77 52 32 33. E-mail : guides@campingfrance.com. Prix 2022. Fft jour : empl. Tourisme (2) : 15 € () ; sup 8 € ; 3 € ; 2,50 €.
Lat. : 45° 26' 03" N **Long.** : 004° 13' 29" E.

CHARLIEU

7-F5 19 km N.-N.-E. Roanne. 297 m. Station verte ✉ 42190

CAMPING LE CHARLIEU ★★★ Tourisme 100 E. CV. A 5 km : Randonnée pédestre organisée. chauffée,. Accès direct à la rivière. Accueil groupes. Ouvert: 1.4 / 30.9. ☎ 04 77 72 86 01. E-mail : gilles.descaillot@orange.fr. Web : www.camp-charlieu.sitew.com. Réduction H.S.
Lat. : 46° 09' 31" N **Long.** : 004° 10' 51" E.

CHAVANAY

11-A2 32 km E. Saint-Etienne. 261 m. ✉ 42410

M. PIERRE BERTHOLAT CV. Ouvert: 1.1 / 31.12. ☎ 04 74 87 00 44.
Lat. : 45° 25' 17" N **Long.** : 004° 42' 53" E.

CHAZELLES-SUR-LYON

10-F2 30 km N.-E. Montbrison. 545 m. Station verte de vacances et village de neige ✉ 42140

CAMPING DU MOULIN ★★★ Loisirs 44 E. 1,5 ha CV. Randonnée pédestre organisée. chauffée. Accès direct à la rivière. Accueil groupes. Ouvert: 1.4 / 30.9. ☎ 04 77 94 20 10. E-mail : campingdumoulin42@orange.fr. Web : www.le-moulin-brule.com. Réduction H.S.
Lat. : 45° 36' 20" N **Long.** : 004° 22' 50" E.
FFCC : avantages adhérent : 14 € du 03/04 au 26/06 et du 01/09 au 24/09 sur emp. et entre 520 € et 670 € la semaine du 02/07 au 03/09 sur loc.

CHUYER

11-A2 478 m. ✉ 42410

MME MARIE-JOSÈPHE MANIQUET. Ouvert: 1.5 / 1.11. ☎ 06 51 90 48 11. E-mail : guides@campingfrance.com.
Lat. : 45° 27' 24" N **Long.** : 004° 43' 08" E.

CIVENS

10-F1 23 km N.-E. Montbrison. 357 m. ✉ 42110

CAMPING DES RIVIÈRES CV. A 2 km :. Ouvert: 1.4 / 30.9. ☎ 04 77 26 11 93. E-mail : bernard.palais@orange.fr. Prix 2023. Fft nuit : empl. Tourisme (2) : 12,5 € ()
Lat. : 45° 45' 00" N **Long.** : 004° 14' 37" E.

CORDELLE

10-E1 14 km S. Roanne. 438 m. ✉ 42123

CAMPING DE MARS ★★★★ Tourisme 63 E. dont 43 nus, dont 28 CC - 17 GCC. 1,8 ha 22 h / 7 h, CV. Locations :. Randonnée pédestre organisée. chauffée. Lac et rivière à 500 m. Accueil groupes. Ouvert: 30.3 / 13.10. ☎ 04 77 64 94 42. E-mail : campingdemars@gmail.com. Web : www.camping-de-mars.com. Réduction H.S.
Lat. : 45° 54' 57" N **Long.** : 004° 03' 39" E.
FFCC : avantages adhérent : 10% du 01/04 au 30/06 et du 01/09 au 16/10 sur emp. et entre 50 € et 100 € la nuitée et entre 300 € et 900 € la semaine du 01/04 au 30/06 et du 01/09 au 16/10 sur loc.

FEURS

10-F1 24 km N.-E. Montbrison. 339 m. ✉ 42110

CAMPING MUNICIPAL DU PALAIS ★★★ Tourisme 208 E. 5 ha CV. Accès direct à l'étang ; rivière à 2 km.. Accueil groupes. Ouvert: 1.4 / 31.10. ☎ 04 77 26 43 41. E-mail : mairie.camping@feurs.fr. Web : www.feurs-tourisme.fr.
Lat. : 45° 45' 10" N **Long.** : 004° 13' 38" E.

JURE

10-E1 34 km S.-O. Roanne. 630 m. ✉ 42430

CAMPING MUNICIPAL DU LAVOIR NC Loisirs 16 E. 0,4 ha. Accès direct à la rivière. Ouvert: 1.4 / 31.10. ☎ 04 77 62 55 24. E-mail : mairie@jure.fr.
Lat. : 45° 52' 59" N **Long.** : 003° 53' 26" E.

LA PACAUDIERE

7-E5 24 km N.-O. Roanne. 333 m. ✉ 42310

CAMPING MUNICIPAL BEAUSOLEIL ★★ Tourisme 35 E. dont 29 nus 1 ha CV. Locations :. chauffée. Etang à 3 km. Ouvert: 1.5 / 30.9. ☎ 04 77 64 11 50. E-mail : lapacaudiere@wanadoo.fr. Web : la-pacaudiere.fr/tourisme/camping.
Lat. : 46° 10' 31" N **Long.** : 003° 52' 35" E.

LES NOES

7-E5 20 km O. Roanne 796 m. ✉ 42370

LES NOES NC 8 E.. Locations :.. Ouvert: 1.1 / 31.12. ☎ 04 77 64 21 13. E-mail : gsn-des-noes@orange.fr. Web : gsndesnoes.free.fr/frameset.htm.
Lat. : 46° 02' 43" N **Long.** : 003° 51' 00" E.

MACLAS

11-A2 48 km S.-E. Saint-Etienne. 384 m. ✉ 42520

AIRE NATURELLE LES CERISIERS CV. Ouvert: 15.4 / 15.10. ☎ 06 63 37 01 23. E-mail : laurent_borde@yahoo.fr, Web : www.camping-maclas.fr. Réduction H.S.
Lat. : 45° 22' 18" N **Long.** : 004° 40' 51" E.
FFCC : avantages adhérent : 22 € du 01/04 au 15/07 et du 25/08 au 31/10 sur emp. et entre 40 € et 45 € la nuitée et entre 240 € et 250 € la semaine du 01/04 au 15/07 et du 25/08 au 31/10 sur loc.

MARLHES

10-F3 23 km S. Saint-Etienne. 956 m. ✉ 42660

CORDELIÈRE CV. Ouvert: 1.5 / 31.10. ☎ 06 27 48 02 46. E-mail : camping-de-la-cordeliere@orange.fr, Web : www.campingdelacordeliere.fr.
Lat. : 45° 18' 53" N **Long.** : 004° 24' 50" E.

MERLE-LEIGNEC

10-E2 35 km S.-O. Montbrison. 903 m. ✉ 42380

CAMPING LE MERGNÉCOIS ★★ Tourisme 42 E. 2,1 ha CV. A 5 km. Accès direct aux bords du lac.. Ouvert: 1.4 / 30.10. ☎ 04 77 34 29 38. E-mail : camping@merle-leignec.fr. Web : camping-lemergnecois.fr.
Lat. : 45° 21' 56" N **Long.** : 004° 01' 16" E.

MONTBRISON

10-E2 34 km O.-N.-O. Saint-Etienne. 414 m. ✉ 42600

CAMPING MUNICIPAL LE SURIZET ★★★ Tourisme 86 E. 2,5 ha CV. Locations. Accès direct à la rivière. Accueil groupes. Ouvert: 15.4 / 15.10. ☎ 04 77 58 08 30. E-mail : campingdusurizet@ville-montbrison.fr. Web : www.ville-montbrison.fr.
Lat. : 45° 35' 28" N **Long.** : 004° 04' 41" E.

NOIRETABLE

10-E1 44 km N.-O. Montbrison. 908 m. Station verte de vacances et village de neige ✉ 42440

CAMPING MUNICIPAL NC Tourisme 40 E. dont 40 nus CV. Randonnée pédestre organisée. Accès direct aux bords du lac et à la rivière. Accueil groupes. Ouvert: 16.4 / 30.9. ☎ 06 82 26 76 34. E-mail : camping-noiretable@orange.fr. Web : www.noiretable.fr.
Lat. : 45° 48' 28" N **Long.** : 003° 46' 09" E.

PANISSIERES

10-F1 37 km Montbrison 612 m. ✉ 42360

CAMPING MUNICIPAL NC Tourisme 11 E. dont 11 nus CV. Accueil groupes. Ouvert: 1.5 / 15.9. ☎ 04 77 28 69 68. E-mail : ferme.seigne@panissieres.fr. Web : panissieres.fr/services-municipaux/camping-municipal. Prix 2023. 3,40 € ; 3,50 € ; 2,65 € ; 2,35 € ; 2,65 € ; 2,10 € ; 2,30 €.
Lat. : 45° 47' 15" N **Long.** : 004° 20' 44" E.

PELUSSIN

11-A2 42 km E. Saint-Etienne. 634 m. Station verte de vacances et village de neige ✉ 42410

BEL'EPOQUE DU PILAT ★★★ Tourisme 50 E. dont 28 nus 3 ha CV. chauffée. Rivière à 500 m. Accueil groupes. Ouvert: 15.4 / 30.9. ☎ 04 74 87 66 60. E-mail : contact@camping-belepoque.fr. Web : www.camping-belepoque.fr. Réduction H.S.
Lat. : 45° 24' 50" N **Long.** : 004° 41' 29" E.
FFCC : avantages adhérent : 10% du 04/04 au 30/06 et du 01/09 au 30/0910% du 04/04 au 30/06 et du 01/09 au 30/09 sur emp. et loc. + 10% hors juillet-août sur les emplacements nus et hébergements locatifs sur présentation de la carte ou rendez-vous dans votre club avantages FFCC pour obtenir le code promotionnel.

POMMIERS

10-E1 36 km S. Roanne. 353 m. ✉ 42260

CAMPING DE L'AIX ★★★ Loisirs 84 E. dont 60 nus 1 ha 22 h / 7 h 30, CV. Locations : caravane. chauffée. Accès direct à la rivière.. Ouvert: 6.4 / 18.10. ☎ 04 77 65 43 54. E-mail : camping.depommiers@orange.fr. Web : www.camping-pommiers.fr/. Réduction H.S.
Lat. : 45° 49' 27" N **Long.** : 004° 04' 05" E.

POUILLY-SOUS-CHARLIEU

7-F5 13 km N. Roanne. 288 m. ✉ 42720

CAMPING MUNICIPAL NC Tourisme 57 E. 1,5 ha CV. A 5 km. Locations. Accès direct à la rivière.. Accueil groupes. Ouvert: 1.4 / 30.9. ☎ 04 77 60 80 67. E-mail : campinglesilots42@orange.fr. Web : www.pouillysouscharlieu.fr.
Lat. : 46° 08' 57" N **Long.** : 004° 06' 47" E.

SAIL-SOUS-COUZAN

10-E1 23 km N.-O. Montbrison. 506 m. ✉ 42890

CAMPING MUNICIPAL NC Loisirs 53 E. dont 15 nus 0,7 ha CV. Accès direct à la rivière.. Accueil groupes. Ouvert: 15.4 / 15.10. ☎ 0 6 34 38 83 82. E-mail : mairie.accueil@sail-sous-couzan.com.
Lat. : 45° 44' 14" N **Long.** : 003° 58' 14" E.

SAINT-BONNET-LE-CHATEAU

10-E2 30 km S. Montbrison. 860 m. ✉ 42380

LA BELLE ETOILE ★★★ Tourisme 54 E. dont 20 nus, dont 10 CC. après 23 h, CV. Locations : chauffée. Lac à 200 m. Accueil groupes. Ouvert: 15.4 / 15.10. ☎ 04 77 50 03 16. E-mail : contact@campingdelabelleetoile.com. Web : www.campingdelabelleetoile.com. Prix 2023. Fft jour : empl. Tourisme (2) : 22 € (E. CC)
Lat. : 45° 25' 20" N **Long.** : 004° 04' 18" E.
FFCC : avantages adhérent : 14 € du 03/04 au 26/06 et du 01/09 au 24/09 sur emp.

SAINT-ETIENNE

10-F2 463 km S.-E. Paris 634 m. ✉ 42230

LE DORIER NC Loisirs 70 E. dont 14 nus CV Rés. naturiste. Locations : caravane. Randonnée pédestre organisée. Lac et rivière à 4,7 km. Ouvert: 1.6 / 30.9. ☎ 06 88 25 79 17. E-mail : ledorier@free.fr. Web : www.ledorier.fr. Prix 2022. Fft jour : empl. Tourisme (2) : 24 €
Lat. : 45° 25' 05" N **Long.** : 004° 15' 40" E.

SAINT-GALMIER

10-F2 25 km E. Montbrison. 434 m. Station verte de vacances et village de neige ✉ 42330

VAL DE COISE ★★★★ Tourisme 94 E. dont 70 nus CV. Locations : chauffée. Accès direct à la rivière.. Ouvert: 3.4 / 27.9. ☎ 04 77 54 14 82. E-mail : reservation@campings-paradis.com. Web : www.campings-paradis.com/france/saint-galmier/camping-paradis-le-val-de-coise.
Lat. : 45° 35' 34" N **Long.** : 004° 20' 08" E.

SAINT-GENEST-LERPT

10-F2 6 km O. St-Etienne 560 m. ✉ 42530

DOMAINE NATURISTE LA ROBERTANNE NC Loisirs 60 E. CV Rés. naturiste. A 8 km. Ouvert: 1.6 / 30.9. ☎ 04 77 90 22 46. E-mail : contact.robertanne@sfr.fr. Web : naturisme-robertanne.fr.
Lat. : 45° 28' 20" N **Long.** : 004° 19' 27" E.

SAINT-GENEST-MALIFAUX

10-F2 15 km S. St-Etienne. 1004 m. ✉ 42660

CAMPING MUNICIPAL LA CROIX DE GARRY ★★★ Loisirs 65 E. 2 ha CV. Locations. Randonnée pédestre organisée. Accès direct à l'étang ; rivière à 10 m ; lac à 1 km. Accueil groupes. Ouvert: 15.4 / 15.10. ☎ 04 77 51 25 84. E-mail : gite.camping@st-genest-malifaux.fr. Web : www.st-genest-malifaux.fr/camping.
Lat. : 45° 20' 06" N **Long.** : 004° 25' 24" E.

SAINT-GERMAIN-LAVAL

10-E1 25 km S. Roanne. 393 m. Station verte de vacances et village de neige ✉ 42260

CAMPING MUNICIPAL ★★ Loisirs 113 E. dont 110 nus CV. Locations. Accès direct à la rivière.. Accueil groupes. Ouvert: 15.3 / 15.10. ☎ 04 77 65 44 35. E-mail : mairie-stgermainlaval@wanadoo.fr. Web : www.st-germain-laval.fr.
Lat. : 45° 49' 43" N **Long.** : 004° 01' 25" E.

SAINT-JULIEN-MOLIN-MOLETTE

10-F3 32 km S.-E. Saint-Etienne. 630 m. Village de neige ✉ 42220

VAL DU TERNAY ★★★ Loisirs 57 E. CV. Locations. Randonnée pédestre organisée. chauffée. Accès direct à la rivière ; étang à 1 km ; lac à 3 km. Accueil groupes. Ouvert: 15.4 / 15.10. ☎ 06 82 47 75 09 / 04 77 74 65 87. E-mail : valduternay@yahoo.fr. Web : www.valduternay.jimdo.com. Réduction H.S.
Lat. : 45° 19' 34" N **Long.** : 004° 36' 39" E.

SAINT-JUST-EN-CHEVALET

10-E1 28 km S.-O. Roanne. 756 m. Station verte de vacances et village de neige ✉ 42430

LE VERDILLÉ ★★ Tourisme 62 E. 0,6 ha CV. Locations. chauffée. Accès direct à la rivière. Accueil groupes. Ouvert: 1.5 / 30.9. ☎ 06 80 12 63 33. E-mail : contact@leverdille.com. Web : www.leverdille.com. Prix 2023. Fft jour : empl. Tourisme (2) : 19,9 €. Réduction H.S.
Lat. : 45° 54' 53" N **Long.** : 003° 50' 25" E.
FFCC : avantages adhérent : 14 € du 01/05 au 30/06 et du 01/09 au 30/09 sur emp.

SAINT-JUST-SAINT-RAMBERT

10-F2 26 km S.-E. Montbrison. 443 m. ✉ 42170

M. GILBERT DEVARREWAERE. Ouvert: 15.4 / 15.10. ☎ 04 77 52 33 57.
Lat. : 45° 30' 26" N **Long.** : 004° 12' 57" E.

SAINT-PAUL-DE-VEZELIN

10-E1 27 km S. Roanne. 400 m. ✉ 42590

ARPHEUILLES ★★★ Tourisme 87 E. dont 57 nus 2,5 ha CV. Locations. chauffée. Accès direct aux bords du lac et à la rivière. Ouvert: 15.4 / 3.9. ☎ 04 77 63 43 43. E-mail : arpheuilles.camp@gmail.com. Web : www.camping-arpheuilles.com. Prix 2022. Fft jour : empl. Tourisme (2) : 26,5 €
Lat. : 45° 54' 43" N **Long.** : 004° 03' 49" E.

SAINT-PIERRE-DE-BOEUF

11-A2 30 km E. Saint-Etienne. 244 m. ✉ 42520

LA LÔNE ★★★ Tourisme 100 E. dont 87 nus 2,5 ha CV. Accès direct à la rivière ; étang à 200 m. Accueil groupes. Ouvert: 1.4 / 30.9. ☎ 04 69 32 46 64. E-mail : info@campingdelalone.com. Web : espaceeauxvives.com.
Lat. : 45° 23' 11" N **Long.** : 004° 45' 10" E.

SAINT-PRIEST-LA-PRUGNE

10-E1 36 km S.-O Roanne. 885 m. ✉ 42830

LE PARADOU. Ouvert: 22.4 / 1.10. ☎ 0988665007. E-mail : info@campingleparadou.com, Web : www.campingleparadou.com.
Lat. : 45° 57' 44" N **Long.** : 003° 44' 19" E.

SAINT-PRIEST-LA-ROCHE

10-F1 17 km S. Roanne 427 m. ✉ 42590

MME ODILE ROCHE-MERCIER CV. Ouvert: 1.1 / 31.12. ☎ 04 77 64 92 12.
Lat. : 45° 55' 57" N **Long.** : 004° 07' 58" E.

SAINT-SAUVEUR-EN-RUE

10-F3 29 km S.-E. St Etienne. 974 m. ✉ 42220

CAMPING MUNICIPAL LES RÉGNIÈRES NC 40 E. dont 20 nus CV. Locations : . Randonnée pédestre organisée. Accès direct à l'étang et à la rivière. ; . Accueil groupes. Ouvert: 1.4 / 30.9. ☎ 09 83 80 09 17. E-mail : mairie@stsauveurenrue.com. Web : camping-les-regnieres-60.webself.net/. Réduction H.S.
Lat. : 45° 15' 52" N **Long.** : 004° 29' 15" E.

SAINT-THURIN

10-E1 33 km N.-O. Montbrison. 610 m. ✉ 42111

CAMPING ESSI NC Tourisme 20 E. 2 ha CV. , . Accès direct à la rivière.. Ouvert: 1.5 / 30.9. ☎ 04 77 97 90 47. E-mail : commune@vetresuranzon.fr.
Lat. : 45° 49' 04" N **Long.** : 003° 52' 10" E.

THELIS-LA-COMBE

10-F2 28 km S.-E. Saint-Etienne. 1000 m. ✉ 42220

M. JEAN-MICHEL GRANJON CV. Ouvert: 15.4 / 15.10. ☎ 04 77 39 65 25. E-mail : jean-michel.granjon@wanadoo.fr.
Lat. : 45° 19' 19" N **Long.** : 004° 32' 55" E.

USSON-EN-FOREZ

10-E2 40 km S.-O. Montbrison. 914 m. Station verte de vacances et village de neige ✉ 42550

LES CHALETS DU HAUT FOREZ P.R.L ★★★ NN 13 E. CV . A 4 km : Locations : . Randonnée pédestre organisée. , , . Accès direct à l'étang. ; . Accueil groupes. Ouvert: 1.3 / 1.1. ☎ 04 27 64 09 35. E-mail : contact@chaletsduhaut-forez.com. Web : www.chaletsduhaut-forez.com.
Lat. : 45° 23' 32" N **Long.** : 003° 57' 17" E.

CAMPING MUNICIPAL LES TILLEULS NC Loisirs 50 E. 0,8 ha . Etang et rivière à 600 m. Ouvert: 1.4 / 31.10. ☎ 04 77 50 63 73. E-mail : mairie.ussonenforez@wanadoo.fr.
Lat. : 45° 23' 18" N **Long.** : 003° 56' 40" E.

VENDRANGES

10-F1 13 km S.-E. Roanne. 448 m. ✉ 42590

AU LAC BOISE CV. Ouvert: 1.1 / 31.12. ☎ 04 77 64 92 12.
Lat. : 45° 55' 54" N **Long.** : 004° 08' 10" E.

MME BOYER CV . Ouvert: 1.1 / 31.12. ☎ 04 77 64 90 96. E-mail : du-mont-pegase@wanadoo.fr, Web : montpegase.free.fr.
Lat. : 45° 56' 26" N **Long.** : 004° 08' 12" E.

VERRIERES-EN-FOREZ

10-E2 12 km S.-O. Montbrison. 910 m. ✉ 42600

M. CAMILLE RIVAL CV. A 8 km : . Ouvert: 1.1 / 31.12. ☎ 04 77 76 22 73. E-mail : camille.rival@wanadoo.fr, Web : www.le-soleillant.com.
Lat. : 45° 34' 39" N **Long.** : 003° 59' 40" E.

VILLEREST

10-E1 6 km S.-O. Roanne. 343 m. ✉ 42300

L'ORÉE DU LAC ★★★ Tourisme 51 E. dont 43 nus CV . A 5 km : Locations : . . Rivière à 30 m ; lac à 300 m. Ouvert: 11.4 / 4.10. ☎ 04 77 69 60 88. E-mail : camping@loreedulac.net. Web : www.loreedulac.net.
Lat. : 45° 59' 18" N **Long.** : 004° 02' 43" E.

HAUTE-LOIRE 43

Carte 10

Correspondante FFCC :. Monique RONZE, 60, rue Palluat de Besset - 42000 SAINT ETIENNE
Tél. 06.12.28.46.86 et ronzemoniqueffcc42@orange.fr

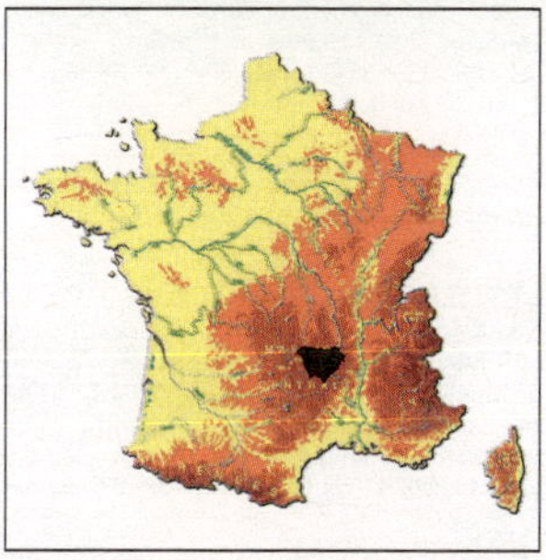

ALLEGRE

10-E3 26 km N.-O. Le Puy. 1001 m. ✉ 43270

CAMPING DE MON VILLAGE ★ Tourisme 35 E. dont 35 nus 1,5 ha . Rivière à 1 km ; lac à 5 km. Ouvert: 1.6 / 30.9. ☎ 01 83 64 69 21. E-mail : contact@campingcarpark.com. Web : www.campingcarpark.com/. Prix 2022.
Lat. : 45° 12' 32" N **Long.** : 003° 43' 12" E.

ALLEYRAS

10-E4 28 km S.-O. Le Puy. 852 m. ✉ 43580

NATURCAMP'AU FIL DE L'EAU NC 66 E. dont 60 nus 0,9 ha ap. 22 h, CV . Locations : . , . Rivière à 100 m.. Accueil groupes. Ouvert: 30.4 / 30.9. ☎ 04 71 57 56 86. E-mail : naturcamp43@orange.fr. Web : camping-municipal.alleyras.fr. Prix 2022. Fft jour : empl. Tourisme (2) : 14,6 € ( )
Lat. : 44° 54' 58" N **Long.** : 003° 40' 08" E.
FFCC : avantages adhérent : 13 € du 30/04 au 08/07 et du 26/08 au 30/09 sur emp. et entre 15 € et 25 € la nuitée et entre 90 € et 185 € la semaine du 30/04 au 08/07 et du 26/08 au 30/09 sur loc.

AUREC-SUR-LOIRE

10-F2 45 km N. Yssingeaux. 579 m. ✉ 43110

CAMPING DES GORGES DE LA LOIRE ★★★ Loisirs 143 E. dont 42 nus CV . Locations : . . Accès direct à la rivière. Accueil groupes. Ouvert: 17.4 / 16.10. ☎ 04 77 51 81 48. E-mail : campingaurec@gmail.com. Web : www.gorgesdelaloire-tourisme.fr. Prix 2022. Fft jour : empl. Tourisme (2) : 12,2 € ( ) ; sup 3,90 € ; 2,80 € ; 3,90 €.
Lat. : 45° 21' 39" N **Long.** : 004° 11' 41" E.

BAS-EN-BASSET

10-F3 20 km N. Yssingeaux. 595 m. Station verte de vacances et village de neige ✉ 43210

CAMPING MUNICIPAL LA GARENNE ★★ Loisirs 457 E. . Etang et rivière à 50 m.. Ouvert: 10.4 / 30.9. ☎ 04 71 66 70 01. E-mail : contact@basenbasset.fr. Web : www.basenbasset.fr.
Lat. : 45° 18' 40" N **Long.** : 004° 07' 13" E.

LA CAMARGUE ★ Loisirs 94 E. . Locations : . . Accès direct à la rivière. ; . ; . Ouvert: 1.4 / 30.9. ☎ 04 71 66 71 10. E-mail : campingdelacamargue@orange.fr. Web : www.camping-la-camargue.fr.
Lat. : 45° 17' 41" N **Long.** : 004° 07' 11" E.

BLAVOZY

10-E3 9 km E. Le Puy. 725 m. ✉ 43700

LE MOULIN DE BARETTE NC Tourisme 100 E. 1 ha . Locations : . , . Accès direct à la rivière.. Ouvert: 20.3 / 30.10. ☎ 04 71 03 00 88. E-mail : hotel@lemoulindebarette.com. Web : lemoulindebarette.com.
Lat. : 45° 03' 39" N **Long.** : 003° 57' 22" E.

BLESLE

10-D3 23 km N.-O. Brioude. 635 m. ✉ 43450

CAMPING DE MON VILLAGE ★★ Tourisme 52 E. 1 ha . . Accès direct à la rivière.. Ouvert: 5.6 / 18.9. ☎ 01 83 64 69 21. E-mail : contact@campingcarpark.com. Web : www.campingcarpark.com/. Prix 2022.
Lat. : 45° 18' 44" N **Long.** : 003° 10' 22" E.

BRIVES-CHARENSAC
10-E3 4 km E. Le Puy. 627 m. ✉ 43700

CAMPING MUNICIPAL AUDINET ★★★ Tourisme 125 E. dont 115 nus CV. Locations : . chauffée , . Accès direct à la rivière.. Ouvert: 16.4 / 20.9. ☎ 04 71 09 10 18. E-mail : camping.audinet@wanadoo.fr. Web : www.camping-audinet.fr/.
Lat. : 45° 02' 38" N **Long.** : 003° 55' 50" E.
FFCC : avantages adhérent : 16 € du 14/04 au 07/07 et du 27/08 au 18/09 sur emp. et entre 51 € et 62 € la nuitée et entre 315 € et 360 € la semaine du 14/04 au 07/07 et du 27/08 au 18/09 sur loc.

CAYRES
10-E3 17 km S.-O. Le Puy. 1118 m. ✉ 43510

LE MOULIN NC Loisirs 21 E. dont 18 nus 1 ha . Rivière à 10 m ; lac à 4 km. Accueil groupes. Ouvert: 1.5 / 1.11. ☎ 04 71 57 33 50.
Lat. : 44° 56' 08" N **Long.** : 003° 49' 31" E.

CEAUX-D'ALLEGRE
10-E3 24 km S.-E. Le Puy. 947 m. ✉ 43270

CAMPING DU PLAN D'EAU NC Loisirs 22 E. dont 20 nus CV. Locations : . , . Accès direct à l'étang et à la rivière. . Accueil groupes. Ouvert: 25.5 / 22.9. ☎ 04 71 00 79 66. E-mail : campingduplandeau43@gmail.com. Web : www.auvergne.visite.org.
Lat. : 45° 11' 21" N **Long.** : 003° 44' 54" E.
FFCC : avantages adhérent : 13 € du 15/05 au 08/07 et du 21/08 au 18/09 sur emp.

CHAMALIERES-SUR-LOIRE
10-E3 30 km N.-E. Le Puy. 739 m. ✉ 43800

COSYCAMP ★★★★ Tourisme 77 E. CV . Locations : , cabanes, . Randonnée pédestre organisée. couverte chauffée , , . Accès direct à la rivière. ; ; . Accueil groupes. Ouvert: 30.4 / 13.9. ☎ 04 71 03 91 12. E-mail : contact@cosycamp.fr. Web : www.cosycamp.fr. Réduction H.S.
Lat. : 45° 12' 36" N **Long.** : 003° 59' 47" E.

CHAMPAGNAC-LE-VIEUX
10-E2 16 km N.-E. Brioude 850 m. ✉ 43440

LA CHANTERELLE ★★★ Tourisme 110 E. dont 76 nus CV . Randonnée pédestre organisée. , . Accès direct aux bords du lac. ; . Accueil groupes. Ouvert: 15.4 / 15.10. ☎ 04 71 76 34 00. E-mail : camping@champagnac.com. Web : www.champagnac.com. Réduction H.S.
Lat. : 45° 21' 57" N **Long.** : 003° 30' 21" E.

CHAMPCLAUSE
10-F3 30 km E. Le Puy. 1235 m. ✉ 43260

LE MEYGAL NC 12 E. 0,28 ha CV . Locations : . Rivière à 300 m. Ouvert: 1.6 / 30.10. ☎ 04 71 08 71 03. E-mail : aubergedumeygal@orange.fr. Prix 2022. Fft jour : empl. Tourisme (2) : 12 € ( )
Lat. : 45° 01' 46" N **Long.** : 004° 07' 22" E.
FFCC : avantages adhérent : 12 € du 22/04 au 30/10 sur emp. et entre 400 € et 450 € la semaine du 22/04 au 30/10 sur loc.

CHANTEUGES
10-E3 32 km S.-E. Brioude. 626 m. ✉ 43300

LA GRAVIÈRE . Ouvert: 1.5 / 15.10. ☎ 04 71 74 02 87. E-mail : mairie.chanteuges@wanadoo.fr, Web : www.chanteuges.fr.
Lat. : 45° 04' 26" N **Long.** : 003° 32' 14" E.

CHILHAC
10-D3 21 km S. Brioude. 566 m. ✉ 43380

CAMPING MUNICIPAL DE CHILHAC ★★ Tourisme 25 E. dont 25 nus CV . Rivière à 10 m. . Accueil groupes. Ouvert: 1.5 / 30.9. ☎ 04 71 77 48 10. E-mail : camping.chilhac@gmail.com. Web : camping-chilhac.fr/.
Lat. : 45° 09' 16" N **Long.** : 003° 26' 18" E.

CRAPONNE-SUR-ARZON
10-E2 40 km N. Le Puy. 928 m. Station verte de vacances et village de neige ✉ 43500

CAMPING MUNICIPAL NC Tourisme 30 E. dont 15 GCC. 1 ha . , . Ouvert: 1.5 / 30.9. ☎ 04 71 03 31 31. E-mail : camping43500@gmail.com. Web : www.craponnesurarzon.fr.
Lat. : 45° 19' 43" N **Long.** : 003° 50' 54" E.

FAY-SUR-LIGNON
10-F3 40 km S.-E. Le Puy. 1193 m. ✉ 43430

LA FERME DE MATHIAS NC Tourisme 20 E. dont 20 nus CV. . Rivière à 150 m.. Ouvert: 1.5 / 30.9. ☎ 06 50 98 21 75. E-mail : tourisme@faysurlignon.fr. Web : www.faysurlignon.fr. Prix 2022. Fft jour : empl. Tourisme (1) : 4,8 € ( )
Lat. : 44° 59' 02" N **Long.** : 004° 13' 21" E.

GOUDET
10-E4 29 km S. Le Puy. 834 m. ✉ 43150

ROCK'N CAMP / AU BORD DE L'EAU ★★★ Tourisme 90 E. dont 67 nus 3 ha CV . Locations : , . Randonnée pédestre organisée. chauffée , , . Accès direct à la rivière. ; . Accueil groupes. Ouvert: 1.5 / 23.9. ☎ 04 71 57 16 82. E-mail : campingauborddeleau@live.fr. Web : www.campingauborddeleau.com. Prix 2022. Fft nuit : empl. Tourisme (2) : 28,8 € (E. CC). Réduction H.S.
Lat. : 44° 53' 28" N **Long.** : 003° 55' 15" E.

JULLIANGES
10-E3 40 km N.-O. Le Puy. 978 m. ✉ 43500

CAMPING MUNICIPAL NC Tourisme 12 E. CV. , . Accès direct aux bords du lac ; étang et rivière à 20 m. . Ouvert: 15.6 / 15.9. ☎ 04 71 03 39 00. E-mail : mairie-de-jullianges@wanadoo.fr. Web : www.jullianges.fr.
Lat. : 45° 18' 29" N **Long.** : 003° 47' 22" E.

LA CHAISE-DIEU
10-E3 46 km E.-N.-E. Brioude. 1030 m. Station verte de vacances et village de neige ✉ 43160

CAMPING MUNICIPAL LES PRADES NC Tourisme 110 E. dont 100 nus 2 ha CV . Locations : . Randonnée pédestre organisée. . Accès direct à la rivière ; lac à 200 m. Accueil groupes. Ouvert: 28.4 / 30.9. ☎ 04 71 00 07 88. E-mail : campinglesprades@orange.fr.
Lat. : 45° 19' 59" N **Long.** : 003° 42' 14" E.

LANGEAC
10-D3 32 km S. Brioude. 658 m. Station verte de vacances et village de neige ✉ 43300

LES GORGES DE L'ALLIER ★★★ Tourisme 251 E. dont 214 nus 12 ha CV . Locations : . Randonnée pédestre organisée. , , , . Accès direct à la rivière. ; . Accueil groupes. Ouvert: 1.4 / 31.10. ☎ 04 71 77 05 01. E-mail : infos@campinglangeac.com. Web : www.campinglangeac.com.
Lat. : 45° 06' 09" N **Long.** : 003° 29' 59" E.

LAVAL-SUR-DOULON
10-E2 23 km N.-E. Brioude 851 m. ✉ 43440

CAMPING AUVERGNE NATURELLE NC Tourisme 5 E. Locations : yourte. Ouvert: 28.5 / 24.9. ☎ 04 71 76 38 53. E-mail : info@yurtholidaysfrance.co.uk. Web : www.yurtholidaysfrance.co.uk.
Lat. : 45° 20' 38" N **Long.** : 003° 33' 36" E.

LAVOUTE-CHILHAC
10-D3 23 km S. Brioude. 513 m. ✉ 43380

CAMPING MUNICIPAL LA RIBEYRE NC Tourisme 65 E. 1,5 ha CV. Locations : . , . Accès direct à la rivière. ; . Ouvert: 20.5 / 30.9. ☎ 04 71 77 48 03. E-mail : contact@lavoute-chilhac.com. Web : www.lavoute-chilhac.com. Prix 2022. empl. Tourisme : 4 € ; 4 € ; 2 € ; 4 €.
Lat. : 45° 09' 07" N **Long.** : 003° 24' 27" E.

LAVOUTE-SUR-LOIRE
10-E3 13 km N. Le Puy. 677 m. ✉ 43800

LES OMBRELLES ★★★ Loisirs 57 E. dont 57 nus 2 ha CV . Locations : . , . Rivière à 15 m.. Accueil groupes adultes. Ouvert: 1.5 / 30.9. ☎ 04 71 08 18 79. E-mail : contact@campinglesombrelles.fr. Web : www.campinglesombrelles.fr/.
Lat. : 45° 07' 29" N **Long.** : 003° 55' 18" E.

LE CHAMBON-SUR-LIGNON
10-F3 26 km S.-E. Yssingeaux. 1018 m. ✉ 43400

LE LIGNON ★★ Tourisme 82 E. dont 60 nus à partir de 22 h, CV . Locations : , . , . Rivière à 1 km.. Accueil groupes. Ouvert: 1.4 / 31.10. ☎ 04 71 65 08 82. E-mail : campinglelignon@gmail.com. Web : www.camping-le-lignon.com.
Lat. : 45° 03' 36" N **Long.** : 004° 17' 50" E.

LES HIRONDELLES NC Tourisme 51 E. dont 42 nus 1 ha CV . A 1 km : Locations : . Rivière à 1 km. Ouvert: 1.7 / 26.8. ☎ 04 71 59 73 84. E-mail : leshirondelles.bader@orange.fr. Web : www.campingleshirondelles.fr. Prix 2023. Fft jour : empl. Tourisme (2) : 19,95 € ( )
Lat. : 45° 03' 16" N **Long.** : 004° 17' 56" E.

LE MONASTIER-SUR-GAZEILLE
10-E3 20 km S.-E. Le Puy. 979 m. Station verte de vacances et village de neige ✉ 43150

L'ESTELA ★★ Tourisme 61 E. dont 50 nus 1,3 ha CV . chauffée , . Accès direct à la rivière. . Accueil groupes. Ouvert: 3.4 / 15.10. ☎ 04 71 03 82 24. E-mail : estelacamping@gmail.com. Web : www.campingestela.fr. Réduction H.S.
Lat. : 44° 56' 11" N **Long.** : 003° 59' 07" E.

LE PUY-EN-VELAY
10-E3 506 km S.-E. Paris. 747 m. ✉ 43000

CAMPING DU PUY-EN-VELAY ★★★ Tourisme 71 E. dont 71 nus CV . A 2 km : Rivière à 200 m. Accueil groupes. Ouvert: 3.4 / 22.10. ☎ 04 71 09 55 09. E-mail : camping.puyenvelay@aquadis-loisirs.com. Web : www.aquadis-loisirs.com/camping-nature/camping-du-puy-en-velay. Prix 2023. Fft nuit : empl. Tourisme (2) : 19,9 € ( ). Réduction H.S.
Lat. : 45° 03' 02" N **Long.** : 003° 52' 51" E.
FFCC : avantages adhérent : 17 € du 03/04 au 08/07 et du 26/08 au 22/10 sur emp.

LEMPDES-SUR-ALLAGNON

10-D2 14 km N.-O. Brioude. 460 m. 43410

LE PONT D'ALLAGNON ★★★ Tourisme 60 E. 2 ha CV. A 800 m : . Locations : . chauffée , . Accès direct à la rivière. . Accueil groupes. Ouvert: 28.2 / 5.11. ☎ 04 71 76 53 69. E-mail : centre.auvergne.camping@orange.fr. Web : www.campingenauvergne.com.
Lat. : 45° 23' 13" N **Long.** : 003° 15' 58" E.
FFCC : avantages adhérent : 17 € du 18/03 au 30/06 et du 26/08 au 31/10 sur emp. et entre 54 € et 105 € la nuitée et entre 249 € et 595 € la semaine sur loc.

MAZET-SAINT-VOY

10-F3 17 km S.-E. Yssingeaux. 1069 m. 43520

CAMPING MUNICIPAL SURNETTE ★★★ Tourisme 62 E. dont 20 CC. 1,8 ha CV. A 4 km : Locations : , . Rivière à 1 km.. Ouvert: 10.4 / 15.10. ☎ 04 71 65 05 69. E-mail : camping.surnette@mazet-st-voy.com. Web : www.campingdesurnette.net. Réduction H.S.
Lat. : 45° 03' 16" N **Long.** : 004° 15' 14" E.

MONISTROL-D'ALLIER

10-E3 28 km S.-O. Le Puy. 794 m. 43580

CAMPING MUNICIPAL LE VIVIER ★★ Tourisme 43 E. 1 ha CV. Locations : . Randonnée pédestre organisée. . Accès direct à la rivière. ; . Accueil groupes. Ouvert: 1.5 / 15.10. ☎ 04 71 57 24 14 / 0 6 50 08 65 70. E-mail : contact@camping-le-vivier.fr. Web : www.camping-le-vivier.fr. Prix 2022. empl. Tourisme : 6 € ; 5 € ; animaux 1 € ; 3,50 € ; 3 €.
Lat. : 44° 58' 09" N **Long.** : 003° 39' 02" E.

MONTUSCLAT

10-F3 27 km E. Le Puy. 1106 m. 43260

SABATOUX NC Tourisme 15 E. dont 11 nus CV. Locations : .. Accueil groupes. Ouvert: 1.5 / 31.10. ☎ 04 71 08 76 15. E-mail : espacenaturesabatoux@orange.fr. Web : www.espacenaturesabatoux.fr.
Lat. : 45° 00' 58" N **Long.** : 004° 06' 57" E.

PAULHAGUET

10-E3 15 km S.-E. Brioude 547 m. Station verte de vacances et village de neige 43230

CAMPING MUNICIPAL ★★ Tourisme 40 E. 3 ha . Accès direct à la rivière. . Accueil groupes. Ouvert: 1.4 / 15.10. ☎ 04 71 76 65 54. E-mail : info@campingfr.nl. Web : www.camping.fr.nl.
Lat. : 45° 11' 59" N **Long.** : 003° 31' 13" E.

PINOLS

10-D3 48 km S. Brioude. 1092 m. 43300

CAMPING MUNICIPAL NC Tourisme 16 E. dont 16 nus CV . Randonnée pédestre organisée. . Accès direct à la rivière. Ouvert: 15.5 / 30.9. ☎ 04 71 74 19 79. E-mail : campingites@orange.fr.
Lat. : 45° 03' 03" N **Long.** : 003° 24' 56" E.

PRADELLES

10-E4 34 km S. Le Puy. 1083 m. Station verte de vacances et village de neige 43420

CAMPING LE ROCHER DE GRELET ★★ Tourisme 26 E. 1,65 ha CV . Locations : . chauffée , , . Rivière à 2 km. ; . Accueil groupes. Ouvert: 1.7 / 31.8. ☎ 04 71 00 80 07. E-mail : pradelles43@orange.fr. Web : www.pradelles43.com.
Lat. : 44° 45' 44" N **Long.** : 003° 53' 06" E.

CAMPING MUNICIPAL FONTMAURE NC Loisirs 38 E. 2 ha CV. chauffée , . Rivière à 2 km. . . Accueil groupes. Ouvert: 1.7 / 31.8. ☎ 04 71 00 80 37. E-mail : mairie-pradelles@wanadoo.fr.
Lat. : 50° 44' 02" N **Long.** : 002° 36' 15" E.

PRADES

10-E3 46 km S.-E. Brioude. 651 m. 43300

AIRE NATURELLE MUNICIPALE . Ouvert: 1.6 / 15.9. ☎ 04 71 74 00 41. E-mail : lesescargotsbleus@hotmail.fr, Web : www.lesescargotsbleus.fr.
Lat. : 45° 01' 36" N **Long.** : 003° 35' 47" E.

LES ESCARGOTS BLEUS . Ouvert: 1.6 / 31.8. ☎ 04 71 74 00 41. E-mail : lesescargotsbleus@hotmail.fr, Web : www.lesescargotsbleus.fr.
Lat. : 45° 01' 43" N **Long.** : 003° 35' 40" E.

RETOURNAC

10-E3 14 km N.-O. Yssingeaux. 665 m. Station verte de vacances et village de neige 43130

CAMPING MUNICIPAL NC Tourisme 88 E. dont 18 nus CV. chauffée , . Accès direct à la rivière. ; . Accueil groupes. Ouvert: 1.7 / 31.8. ☎ 04 71 59 41 00. E-mail : mairie@ville-retournac.fr. Web : www.ville-retournac.fr.
Lat. : 45° 11' 56" N **Long.** : 004° 02' 07" E.

SAINT-ARCONS-DE-BARGES

10-E4 30 km S.-E. Le Puy 1062 m. 43420

CAMPING MARCONNES . Ouvert: 15.4 / 30.9. ☎ 04 71 01 01 16. E-mail : lemarconnes@akeonet.com, Web : www.lemarconnes.com.
Lat. : 44° 49' 31" N **Long.** : 003° 54' 26" E.

SAINT-DIDIER-EN-VELAY

10-F3 30 km N.-E. Yssingeaux. 815 m. 43140

LA FRESSANGE ★★ Tourisme 69 E. dont 54 nus 22 h 30 / 6 h, CV . Locations : , . Randonnée pédestre organisée. chauffée , , . Etang à 200 m ; rivière à 3 km. . Accueil groupes. Ouvert: 24.4 / 1.10. ☎ 04 71 66 25 28. E-mail : camping.lafressange@gmail.com. Web : www.camping-lafressange.com. Prix 2023. empl. Tourisme : 9 € ; 3,50 € ; animaux 2 € ; 1,50 € ; 4 €.
Lat. : 45° 18' 04" N **Long.** : 004° 16' 58" E.
FFCC : avantages adhérent : 16 € du 21/04 au 24/06 et du 02/09 au 01/10 sur emp.

SAINT-GEORGES-D'AURAC

10-E3 21 km S.-E. Brioude 652 m. 43230

LES BAIES SAUVAGES . Ouvert: 1.5 / 30.9. ☎ 04 71 74 69 21. E-mail : nelly.issartel@gmail.com. Prix 2022. empl. Tourisme : 3 € ; 4 € ; 3 € ; 2,50 €.
Lat. : 45° 08' 37" N **Long.** : 003° 35' 02" E.

SAINT-JEURES

10-F3 10 km S.-E. Yssingeaux. 975 m. 43200

CAMPING RURAL PASTURA . Ouvert: 1.5 / 15.9. ☎ 06 30 91 09 43. E-mail : campingruralpastura@gmail.com, Web : campingruralpastura.jimdo.com. Réduction H.S.
Lat. : 45° 08' 57" N **Long.** : 004° 12' 17" E.

SAINT-JULIEN-CHAPTEUIL

10-E3 15 km E. Le Puy. 983 m. Station verte de vacances et village de neige 43260

CAMPING MUNICIPAL LA CROIX BLANCHE NC Tourisme 40 E. CV . Locations : . Accueil groupes enfants. Ouvert: 1.5 / 31.10. ☎ 04 71 08 48 67. E-mail : campgit43260@gmail.com.
Lat. : 45° 02' 19" N **Long.** : 004° 03' 47" E.

SAINT-MAURICE-DE-LIGNON

10-F3 10 km N. Yssingeaux. 697 m. 43200

CAMPING DU SABOT ★★★ Tourisme 77 E. dont 36 nus 2 ha CV . Locations : , . . Rivière à 4 km. Accueil groupes. Ouvert: 15.4 / 15.10. ☎ 04 71 65 32 68. E-mail : contact@campingdusabot.fr. Web : www.campingdusabot.fr. Prix 2023. Fft jour : empl. Tourisme (2) : 18 € ( ) ; sup 6 € ; animaux 1,50 € ; 4 € ; 4 €. Réduction H.S.
Lat. : 45° 13' 20" N **Long.** : 004° 09' 09" E.

SAINT-PAL-DE-CHALENCON

10-E2 38 km N.-O. Yssingeaux. 892 m. 43500

CAMPING MUNICIPAL SAINTE REINE NC Loisirs 26 E. dont 26 CC. 0,46 ha CV. . . Ouvert: 1.4 / 31.10. ☎ 04 71 61 30 19. E-mail : stpal-chalencon@wanadoo.fr. Web : www.saint-pal.com.
Lat. : 45° 21' 23" N **Long.** : 003° 57' 19" E.

SAINT-PAUL-DE-TARTAS

10-E4 32 km S. Le Puy. 1174 m. 43420

CAMPING MUNICIPAL NC Tourisme 33 E. dont 30 nus . Accès direct à l'étang. Ouvert: 1.7 / 31.8. ☎ 04 71 00 81 44. E-mail : stpauldetartas@gmail.com. Web : www.saint-paul-de-tartas.fr.
Lat. : 44° 48' 02" N **Long.** : 003° 54' 04" E.

SAINT-PAULIEN

10-E3 14 km N.-O. Le Puy. 845 m. Station verte de vacances et village de neige 43350

LA ROCHELAMBERT ★★★★ Tourisme 105 E. dont 69 nus, dont 51 CC - 6 GCC. CV . Espace Fitness. couverte chauffée , . Accès direct à la rivière.. Ouvert: 15.4 / 23.9. ☎ 04 71 00 54 02. E-mail : infos@camping-rochelambert.com. Web : www.camping-rochelambert.com. Prix 2022. Fft jour : empl. Tourisme (2) : 30 € ( )
Lat. : 45° 07' 13" N **Long.** : 003° 47' 37" E.
FFCC : avantages adhérent : 19 € du 15/04 au 30/06 et du 27/08 au 24/09 sur emp.

SAINT-PREJET-D'ALLIER

10-E4 33 km S.-O. Le Puy 963 m. ✉ 43580

CAMPING MUNICIPAL LES FAUVETTES ★★★ Tourisme 30 E. dont 20 nus 0,3 ha CV. Locations : . Randonnée pédestre organisée. , . Accès direct à la rivière.. Accueil groupes. Ouvert: 1.4 / 31.10. ☎ 06 33 18 74 63. E-mail : vacances@saintprejetdallier.com. Web : www.saintprejetdallier.com/camping.html. Prix 2022. empl. Tourisme : 2,50 € nuit ; 3,50 € nuit ; animaux 1 € (gratuit) nuit ; 1,50 € nuit ; 2,50 € nuit.
Lat. : 44° 55' 00" N **Long.** : 003° 37' 23" E.

SAINT-PRIVAT-D'ALLIER

10-E3 22 km S.-O. Le Puy. 957 m. ✉ 43580

CAMPING MUNICIPAL NC Tourisme 18 E. 0,25 ha CV. Rivière à 5 km. Accueil groupes. Ouvert: 1.5 / 30.9. ☎ 04 71 57 22 13. E-mail : info@mairie-saintprivatdallier.fr. Web : www.mairie-saintprivatdallier.fr.
Lat. : 44° 59' 30" N **Long.** : 003° 40' 39" E.

SAINT-VENERAND

10-E4 38 km S.-O. Le Puy. 922 m. ✉ 43580

M. ELIE FRAISSE CV. Ouvert: 1.5 / 1.11. ☎ 04 66 69 61 07. E-mail : elie.fraisse@akeonet.com.
Lat. : 44° 51' 57" N **Long.** : 003° 39' 53" E.

SAINTE-SIGOLENE

10-F3 23 km N.-E. Yssingeaux. 771 m. ✉ 43600

VAUBARLET ★★★★ Tourisme 131 E. dont 100 nus 6,5 ha CV. Locations : , roulotte. Randonnée pédestre organisée. chauffée , . Accès direct à la rivière.. Accueil groupes adultes. Ouvert: 30.4 / 30.9. ☎ 04 71 66 64 95. E-mail : camping@vaubarlet.com. Web : www.vaubarlet.com. Réduction H.S.
Lat. : 45° 12' 58" N **Long.** : 004° 12' 46" E.
FFCC : avantages adhérent : 10% du 07/04 au 30/06 et du 01/09 au 01/1010% du 07/04 au 30/06 et du 01/09 au 01/10 sur emp. et loc. + 10% hors juillet-août sur les emplacements nus et hébergements locatifs sur présentation de la carte ou rendez-vous dans votre club avantages FFCC pour obtenir le code promotionnel.

SAUGUES

10-E3 44 km S.-O. Le Puy. 1016 m. Station verte de vacances et village de neige ✉ 43170

LA SEUGE ★★★ Tourisme 127 E. dont 112 nus, dont 12 GCC. 4 ha CV. Locations : . Randonnée pédestre organisée. Espace Fitness. , , , . Accès direct aux bords du lac et à la rivière. ; . Accueil groupes. Ouvert: 8.4 / 4.11. ☎ 04 71 77 80 62. E-mail : camping@saugues.fr. Web : www.campingdelaseuge.fr. Prix 2022. Fft jour : empl. Tourisme (1) : 9,5 € ( ) ; sup 5 € ; animaux 1 €. Réduction H.S.
Lat. : 44° 57' 30" N **Long.** : 003° 32' 27" E.
FFCC : avantages adhérent : 14 € du 08/04 au 14/07 et du 20/08 au 04/11 sur emp. et entre 62.50 € et 129 € la nuitée et entre 290 € et 518 € la semaine du 08/04 au 14/07 et du 20/08 au 04/11 sur loc.

SEMBADEL

10-E3 40 km E. Brioude. 1042 m. ✉ 43160

LA TANIERE DES LOUPS NC Tourisme 24 E. dont 24 nus 0,24 ha . Lac à 2 km ; étang à 5 km. Accueil groupes. Ouvert: 1.1 / 31.12. ☎ 06 50 27 51 49. E-mail : latanieredesloups43@gmail.com. Web : campinglatanieredesloups.business.site. Prix 2022. Fft jour : empl. Tourisme (1 1) : 10 € ( ) ; sup 3,50 € ; 3 €.
Lat. : 45° 16' 28" N **Long.** : 003° 42' 40" E.

SIAUGUES-SAINTE-MARIE

10-E3 34 km S.-E. Brioude. 953 m. ✉ 43300

CAMPING MUNICIPAL LE VIEUX MOULIN ★★★ Tourisme 18 E. dont 9 nus CV. Locations : . Accueil groupes. Ouvert: 15.6 / 31.10. ☎ 06 46 32 71 37. E-mail : siaugues.resa@orange.fr. Web : campingsiaugues.wixsite.com/camping-siaugues. Prix 2023. Fft jour : empl. Tourisme (1) : 12,75 € ( ) ; sup 3,05 € ; 2,05 €. Réduction H.S.
Lat. : 45° 05' 35" N **Long.** : 003° 37' 36" E.

TENCE

10-F3 18 km S.-E. Yssingeaux. 928 m. Station verte de vacances et village de neige ✉ 43190

LES MURMURES DU LIGNON ★★★★ Tourisme 102 E. dont 70 nus, dont 75 CC - 10 GCC. 2 ha CV. Locations : , cabanes, cocosweet. chauffée , . Accès direct à la rivière ; étang à 500 m. . Ouvert: 27.4 / 25.9. ☎ 04 71 59 83 10. E-mail : info@lesmurmuresdulignon.com. Web : www.lesmurmuresdulignon.com. Prix 2022. Fft jour : empl. Tourisme (2) : 26 € ( ). Réduction H.S.
Lat. : 45° 06' 38" N **Long.** : 004° 16' 43" E.

VALPRIVAS

10-E3 33 km N.-O. Yssingeaux. 792 m. ✉ 43210

AIRE NATURELLE MUNICIPALE . ☎ 04 71 66 72 64. E-mail : mairie@valprivas.com, Web : www.valprivas.com.
Lat. : 45° 18' 42" N **Long.** : 004° 02' 49" E.

VIEILLE-BRIOUDE

10-D3 4 km S. Brioude. 562 m. ✉ 43100

CAMPING DE LA BAGEASSE ★★★ Tourisme 79 E. dont 51 nus CV. Locations : , tonneau, . Randonnée pédestre organisée. . Accès direct à la rivière. ; . Accueil groupes. Ouvert: 1.3 / 30.10. ☎ 04 71 50 07 70. E-mail : camping.brioude@aquadis-loisirs.com. Web : www.aquadis-loisirs.com/camping-nature/camping-la-bageasse. Prix 2023. Fft nuit : empl. Tourisme (2) : 20,9 € ( ). Réduction H.S.
Lat. : 45° 16' 52" N **Long.** : 003° 24' 17" E.
FFCC : avantages adhérent : 17 € du 01/03 au 08/07 et du 26/08 au 30/10 sur emp. + Offre découverte Duo : 20% de réduction pour un séjour de 7 nuits minimum en location hors saison.

VILLENEUVE-D'ALLIER

10-D3 13 km S.-O. Brioude. 609 m. ✉ 43380

LA VIALETTE NC Tourisme 30 E. Locations : . ☎ 04 71 74 72 11. E-mail : melanie.malosse@wanadoo.fr.
Lat. : 45° 11' 54" N **Long.** : 003° 23' 02" E.

VOREY

10-E3 22 km N. Le Puy. 698 m. Station verte de vacances et village de neige ✉ 43800

LES MOULETTES ★★★★ Tourisme 55 E. dont 42 nus, dont 42 GCC. 1 ha CV. Locations : , . chauffée . Accès direct à la rivière ; étang à 5 km. ; . Ouvert: 1.5 / 17.9. ☎ 04 71 03 70 48. E-mail : contact@camping-les-moulettes.fr. Web : www.camping-les-moulettes.fr. Prix 2022. empl. Tourisme : 12,80 € ; 8,50 € ; animaux 2,50 € ; 6,40 € ; 5 €.
Lat. : 45° 11' 11" N **Long.** : 003° 54' 21" E.

DOMAINE DU PRA DE MARS ★★★ Tourisme 100 E. dont 70 nus 5 ha 22 h 30 / 7 h, CV . Locations : , . Espace Fitness. , , , . Accès direct à la rivière. ; . Accueil groupes. Ouvert: 10.4 / 2.10. ☎ 04 71 03 40 86. E-mail : leprademars@wanadoo.fr. Web : www.lepradeмars.com. Prix 2023. Fft nuit : empl. Tourisme (2) : 21 € ( ) ; sup 4,60 € nuit ; animaux 3 € nuit ; 3,80 € nuit ; 3,80 € nuit. Réduction H.S.
Lat. : 45° 12' 13" N **Long.** : 003° 56' 35" E.
FFCC : avantages adhérent : 17 € du 15/04 au 30/06 et du 01/09 au 01/10 sur emp.

YSSINGEAUX

10-F3 28 km N.-E. Le Puy. 882 m. Station verte de vacances et village de neige ✉ 43200

CAMPING MUNICIPAL CHOUMOUROUX NC Tourisme 50 E. 0,8 ha CV. . Accueil groupes. Ouvert: 1.5 / 30.9. ☎ 04 71 65 53 44. E-mail : pierretteromanet@orange.fr. Web : www.yssingeaux.fr.
Lat. : 45° 07' 53" N **Long.** : 004° 07' 32" E.

Cartes 5-6

Correspondant FFCC : Daniel GABORIT, 8 rue Beausejour - 44640 JEAN DE BOISSEAU
Tél. 06 06 40 82 79 et daniel.gaborit5@orange.fr

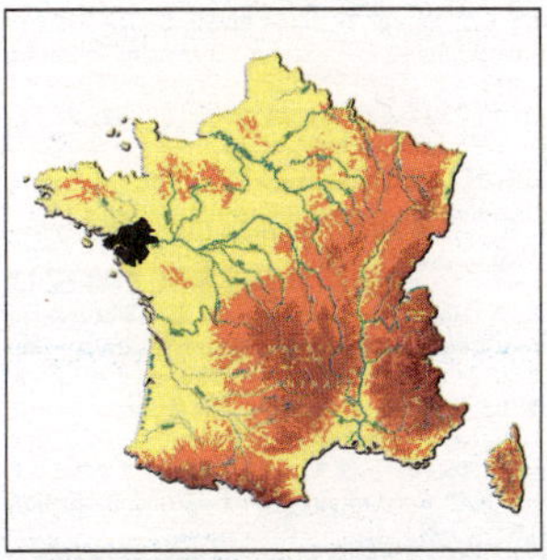

ANCENIS

6-B2 38 km N.-E. Nantes. 18 m. Station verte de vacances et village de neige ✉ 44150

L'ILE MOUCHET ★★★ Tourisme 129 E. 3 ha visiteur, CV. A 1 km : Locations : . Rivière à 50 m ; étang à 3 km.. Accueil groupes. Ouvert: 1.4 / 8.10. ☎ 02 40 83 08 43. E-mail : efberthelot@wanadoo.fr. Web : www.camping-estivance.com.
Lat. : 47° 21' 46" N **Long.** : 001° 11' 14" W.

ASSERAC

5-E5 28 km S.-O. Saint-Nazaire 16 m. ✉ 44410

LA BAIE ★★★★ Loisirs 138 E. dont 28 nus 2,19 ha CV. Locations : couverte chauffée . Bord de mer à 50 m. Ouvert: 8.4 / 25.9. ☎ 02 40 01 71 16. E-mail : accueil@camping-delabaie.com. Web : www.camping-delabaie.com. Réduction H.S.
Lat. : 47° 25' 24" N **Long.** : 002° 26' 47" W.

LE MOULIN DE L'ÉCLIS ★★★★ Tourisme 176 E. dont 47 nus
CV . Locations : . couverte chauffée , . Accès direct à la mer. ; ; . Ouvert: 7.4 / 24.9. ☎ 02 40 01 76 69. E-mail : moulindeleclis@sandaya.fr. Web : www.sandaya.fr/nos-campings/moulin-de-l-eclis.
Lat. : 47° 26' 44" N **Long.** : 002° 27' 06" W.

LES PRAIRIES DE L'ÉTANG ★★★★ Loisirs 142 E. dont 40 nus 2 ha CV . couverte chauffée . Etang à 100 m ; bord de mer à 5 km. . Ouvert: 1.4 / 30.9. ☎ 02 40 01 73 35. E-mail : lesprairies@orange.fr. Web : www.lesprairies.net.
Lat. : 47° 25' 45" N **Long.** : 002° 23' 52" W.

LE DOMAINE DE PONT-MAHÉ ★★★ Tourisme 111 E. dont 18 nus
CV . Locations : . couverte chauffée . Bord de mer à 250 m. . Ouvert: 8.4 / 8.10. ☎ 02 40 01 74 98. E-mail : contact@pont-mahe.com. Web : www.pont-mahe.com/. Prix 2022. Fft jour : empl. Tourisme (2) : 35 € ( ) ; sup 6,50 € ; animaux 4 € ; 5,90 €. Réduction H.S.
Lat. : 47° 26' 51" N **Long.** : 002° 26' 60" W.

L'ETOILE DE MER ★★ Loisirs 100 E. dont 25 nus 12,8 ha CV . Locations : . couverte chauffée . Bord de mer à 300 m. . Ouvert: 1.4 / 31.10. ☎ 02 40 22 36 58. E-mail : camping.etoile2mer@gmail.com. Web : www.camping-etoile2mer.com. Réduction H.S.
Lat. : 47° 25' 54" N **Long.** : 002° 26' 46" W.

LA FERME DE PEN-BE . Ouvert: 15.4 / 15.10. ☎ 02 40 01 78 30. E-mail : contact@gitesdepenbe.fr, Web : www.gitesdepenbe.fr.
Lat. : 47° 25' 37" N **Long.** : 002° 27' 18" W.

BATZ-SUR-MER

5-E5 24 km O. Saint-Nazaire. 4 m. ✉ 44740

LES PALUDIERS ★★★★ Tourisme 284 E. dont 13 CC.
5 ha CV . Locations : . chauffée , . Bord de mer à 100 m. . . Accueil groupes. Ouvert: 6.4 / 8.9. ☎ 02 40 23 85 84. E-mail : paludiens@campeole.com. Web : www.campeole.fr. Réduction H.S.
Lat. : 47° 16' 42" N **Long.** : 002° 29' 31" W.
FFCC : avantages adhérent : 20 € du 01/04 au 24/06 et du 27/08 au 02/10 sur emp.

LA GOVELLE ★★★ Tourisme 48 E. 0,7 ha CV. . Accès direct à la mer. ; ; . Ouvert: 26.4 / 30.9. ☎ 02 40 23 91 63. E-mail : campinglagovelle@gmail.com. Web : /campinglagovelle.com. Réduction H.S.
Lat. : 47° 16' 10" N **Long.** : 002° 27' 24" W.

BLAIN

5-F5 44 km S.-O. Chateaubriant. 25 m. ✉ 44130

CAMPING DU CANAL ★★ Tourisme 60 E. dont 48 nus 1 ha CV . Etang à 5 km. Accueil groupes. Ouvert: 1.4 / 1.11. ☎ 02 40 51 03 51. E-mail : bonjour@campingducanal.fr. Web : campingducanal.fr.
Lat. : 47° 28' 04" N **Long.** : 001° 46' 04" W.

CHATEAUBRIANT

6-B1 66 km N.-N.-E. Nantes. 77 m. ✉ 44110

CAMPING MUNICIPAL LES BRIOTAIS NC Tourisme 35 E. dont 17 nus 0,3 ha CV. Etang à 2 km. Ouvert: 2.5 / 30.9. ☎ 02 40 81 14 38. E-mail : mairie@ville-chateaubriant.fr. Web : www.mairie-chateaubriant.fr.
Lat. : 47° 42' 13" N **Long.** : 001° 22' 41" W.

CHAUMES-EN-RETZ

5-F5 28 km S.-E. Saint-Nazaire. 25 m. ✉ 44320

AIRE NATURELLE CV . Ouvert: 1.4 / 30.9. ☎ 06 76 82 06 02. E-mail : guides@campingfrance.com.
Lat. : 47° 08' 18" N **Long.** : 001° 56' 39" W.

CLISSON

6-B3 27 km S.-E. Nantes. 39 m. ✉ 44190

LE MOULIN ★★★ Tourisme 48 E. dont 48 nus
CV . A 1 km : . Accès direct à la rivière.. Accueil groupes. Ouvert: 11.3 / 18.9. ☎ 02 40 54 44 48. E-mail : campingdumoulin@onlycamp.fr. Web : www.onlycamp.fr/camping-du-moulin-clisson/.
Lat. : 47° 05' 45" N **Long.** : 001° 16' 59" W.
FFCC : avantages adhérent : 10% du 07/04 au 08/07 et du 28/08 au 29/10 sur emp. et 10% du 01/01 au 08/07 et du 28/08 au 31/12 sur loc. + 5% saison (juillet/aout) sur les emplacements nus et locatifs *Frais de réservations offerts toute lannée.

CORDEMAIS

5-F5 34 km E. Saint-Nazaire. 33 m. ✉ 44360

LES SALORGES ★★★ Tourisme 63 E. dont 39 nus 0,75 ha CV . Locations : . Rivière à 300 m. Accueil groupes. Ouvert: 1.1 / 30.11. ☎ 02 40 03 16 46. E-mail : camping-les-salorges@orange.fr. Web : www.camping-gite-les-salorges.fr.
Lat. : 47° 17' 14" N **Long.** : 001° 52' 56" W.

DONGES

5-E5 16 km E. Saint-Nazaire 5 m. ✉ 44480

CAMPING MUNICIPAL LES TAINIERES NC Tourisme 201 E. CV. couverte. Ouvert: 1.1 / 31.12. ☎ 02 40 91 06 47. E-mail : mairie@ville-donges.fr.
Lat. : 47° 19' 43" N **Long.** : 002° 04' 59" W.

FEGREAC

5-E4 57 km S.-O. Chateaubriant 21 m. Station verte de vacances et village de neige ✉ 44460

CAMPING MUNICIPAL DU BELLION NC Tourisme 15 E. 0,25 ha . Rivière à 50 m ; étang à 2 km. ; ; . . Ouvert: 1.5 / 30.9. ☎ 02 40 91 20 21. E-mail : mairie@fegreac.fr. Web : fegreac.fr.
Lat. : 47° 35' 56" N **Long.** : 002° 05' 23" W.

FROSSAY

5-F5 23 km S.-E. St-Nazaire. 13 m. ✉ 44320

CAMPING MUNICIPAL NC Tourisme 40 E. 2,5 ha . Accès direct à la rivière. Accueil groupes. Ouvert: 1.5 / 31.10. ☎ 07 86 38 36 90. E-mail : mairie@frossay.fr. Web : www.frossay.fr.
Lat. : 47° 15' 28" N **Long.** : 001° 54' 51" W.

GUEMENE-PENFAO

5-F4 39 km S.-O. Chateaubriant. 36 m. ✉ 44290

CAMPING DE L'HERMITAGE ★★★ Tourisme 90 E. dont 30 CC.
CV . Locations : roulotte. couverte chauffée . Rivière à 300 m ; étang à 5 km. ; . Accueil groupes. Ouvert: 1.4 / 1.11. ☎ 02 40 79 23 48. E-mail : camping.hermitage@orange.fr. Web : www.campinglhermitage.com. Réduction H.S.
Lat. : 47° 37' 34" N **Long.** : 001° 49' 10" W.

CAMPING DU PORT NC Tourisme 40 E. dont 40 nus. Accès direct à la rivière. Accueil groupes. Ouvert: 26.4 / 30.9. ☎ 02 40 87 73 72. E-mail : campingdupportdebesle@orange.fr.
Lat. : 47° 42' 09" N **Long.** : 001° 51' 53" W.

GUENROUET

5-F4 45 km N.-E. Saint-Nazaire. 25 m. ✉ 44530

SAINT CLAIR ★★★ Tourisme 126 E. dont 87 nus 3 ha CV. Accès direct à la rivière ; étang à 5 km.. Accueil groupes. Ouvert: 23.4 / 26.9. ☎ 02 40 87 61 52. E-mail : saintclair.camping@gmail.com. Web : www.campingsaintclair.com. Réduction H.S.
Lat. : 47° 31' 20" N **Long.** : 001° 56' 56" W.
FFCC : avantages adhérent : 14 € du 01/04 au 09/07 et du 27/08 au 30/10 sur emp. et entre 3.10 € et 52.25 € la nuitée et entre 215.10 € et 311.40 € la semaine du 01/04 au 09/07 et du 27/08 au 30/10 sur loc.

GUERANDE

5-E5 19 km S.-O. Saint-Nazaire. 20 m. ✉ 44350

DOMAINE DE BRÉHADOUR ★★★★ Tourisme 285 E. dont 140 nus 5 ha CV. Locations : roulotte. couverte chauffée. Bord de mer à 5 km. ; Accueil groupes. Ouvert: 7.4 / 24.9. ☎ 02 40 17 65 15. E-mail : brehadour@edenvillages.fr. Web : www.eden-villages.fr/campings/domainedebrehadour/.
Lat. : 47° 20' 32" N **Long.** : 002° 25' 04" W.
FFCC : avantages adhérent : 10% du 07/04 au 02/07 et du 27/08 au 24/0910% du 07/04 au 02/07 et du 27/08 au 24/09 sur emp. et loc.

PARC DE LEVENO ★★★★ Loisirs 600 E. dont 71 nus CV. A 5 km : Locations : . Espace Fitness. couverte chauffée. Etang à 2 km. Accueil groupes. Ouvert: 15.4 / 24.9. ☎ 02 40 24 79 30. E-mail : info@camping-leveno.com. Web : www.camping-leveno.com. Prix 2022. Fft jour : empl. Tourisme (2 pers.) : 35 €. Réduction H.S.
Lat. : 47° 19' 55" N **Long.** : 002° 23' 25" W.

LA FONTAINE ★★★ Tourisme 110 E. dont 76 nus 1,9 ha CV. Espace Fitness. . Accueil groupes adultes. Ouvert: 11.4 / 26.10. ☎ 02 40 24 96 19. E-mail : contact@camping-lafontaine.com. Web : www.camping-lafontaine.com. Réduction H.S.
Lat. : 47° 20' 58" N **Long.** : 002° 26' 06" W.
FFCC : avantages adhérent : 10% du 07/04 au 02/07 et du 27/08 au 24/09 sur emp. et entre 270 € et 365 € la semaine du 07/04 au 01/07 et du 27/08 au 01/10 sur loc.

LE PANORAMA ★★★ Tourisme 70 E. 1,8 ha CV. Locations : . chauffée. Bord de mer à 3 km. Accueil groupes. Ouvert: 1.3 / 15.12. ☎ 02 40 24 79 41. E-mail : campinglepanorama@orange.fr. Web : www.camping-lepanorama.com. Réduction H.S.
Lat. : 47° 20' 23" N **Long.** : 002° 28' 22" W.

CAMPING DE L'ÉTANG DU PAYS BLANC ★★★ Tourisme 119 E. dont 25 nus 2,5 ha CV. A 5 km : Locations : . Randonnée pédestre organisée. Espace Fitness. couverte chauffée. Accès direct à l'étang. Accueil groupes. Ouvert: 1.4 / 30.9. ☎ 02 40 61 93 51. E-mail : resa@camping-guerande.com. Web : www.guerande-camping.com. Prix 2022. Fft jour : empl. Tourisme (2 pers.) : 21 €. Réduction H.S.
Lat. : 47° 20' 46" N **Long.** : 002° 20' 46" W.
FFCC : avantages adhérent : 16 € du 15/05 au 30/06 et du 01/09 au 15/10 sur emp.

HERBIGNAC

5-E5 30 km N.-O. Saint-Nazaire. 16 m. ✉ 44410

LE RANROUET ★★★ Tourisme 74 E. 1,1 ha CV. Locations : . couverte chauffée. Accueil groupes adultes. Ouvert: 15.3 / 15.12. ☎ 02 40 15 57 56. E-mail : campingleranrouet@orange.fr. Web : campingleranrouet.fr.
Lat. : 47° 26' 56" N **Long.** : 002° 18' 40" W.

HERIC

5-F5 40 km S.-O. Chateaubriant. 31 m. ✉ 44810

LA PINDIERE ★★★ Tourisme 98 E. dont 46 nus CV. Locations : , roulotte. couverte chauffée. Etang à 3 km ; rivière à 5 km. Accueil groupes. Ouvert: 1.1 / 31.12. ☎ 02 40 57 65 41. E-mail : contact@camping-la-pindiere.com. Web : www.camping-la-pindiere.com. Prix 2023. Réduction H.S.
Lat. : 47° 24' 49" N **Long.** : 001° 40' 13" W.

LA BAULE-ESCOUBLAC

5-E5 16 km O. Saint-Nazaire. 22 m. ✉ 44500

EDEN CARAVANING ★★★★ Loisirs 190 E. dont 41 nus CV. A 4 km : Locations : . Espace Fitness. couverte chauffée. Accès direct à l'étang ; bord de mer à 2,5 km. Ouvert: 2.4 / 2.11. ☎ 02 40 60 03 23. E-mail : eden-caravaning@wanadoo.fr. Web : www.campingeden.com. Réduction H.S.
Lat. : 47° 18' 10" N **Long.** : 002° 22' 25" W.

LA ROSERAIE ★★★★ Tourisme 320 E. dont 102 nus 6 ha 23 h / 7 h, CV. A 5 km : Locations : , cabanes. Espace Fitness. couverte chauffée. Bord de mer à 2 km. Ouvert: 15.4 / 17.9. ☎ 02 40 60 46 66. E-mail : camping@laroseraie.com. Web : www.laroseraie.com. Prix 2022. Fft nuit : empl. Tourisme (2 pers.) : 46,5 €. Réduction H.S.
Lat. : 47° 17' 54" N **Long.** : 002° 21' 28" W.

LES AJONCS D'OR ★★★★ Tourisme 220 E. 6 ha CV. A 1,5 km : Locations : . couverte chauffée. Bord de mer à 1,5 km. Ouvert: 8.4 / 17.9. ☎ 02 40 60 33 29. E-mail : contact@lesajoncs-dor.com. Web : www.lesajoncs-dor.com.
Lat. : 47° 17' 37" N **Long.** : 002° 22' 44" W.

LES OLLIVAUD ★★★ Loisirs 409 E. 2,8 ha CV. chauffée. Bord de mer à 4,5 km. Ouvert: 1.1 / 31.12. ☎ 02 40 24 58 25. E-mail : camping.lesollivaud@yahoo.fr. Web : www.lesollivaud.com.
Lat. : 47° 18' 03" N **Long.** : 002° 19' 54" W.

LA BERNERIE-EN-RETZ

6-A3 30 km S.-E. Saint-Nazaire. 27 m. ✉ 44760

LE CLOS DU MOULIN ★★★★ Loisirs 218 E. CV. couverte chauffée. Bord de mer à 1,3 km. Ouvert: 1.1 / 31.12. ☎ 02 40 64 60 50. E-mail : closmoulin@gmail.com. Web : www.closdumoulin.com.
Lat. : 47° 04' 52" N **Long.** : 002° 00' 52" W.

LES ÉCUREUILS ★★★★ Tourisme 313 E. dont 150 nus 5,5 ha CV. Locations : , . couverte chauffée. Bord de mer à 350 m. Accueil groupes adultes. Ouvert: 7.4 / 24.9. ☎ 02 40 82 76 95. E-mail : info@chadotel.com. Web : www.chadotel.com. Prix 2023. Fft jour : empl. Tourisme (2 pers.) : 54,2 € ; pers. sup 6,40 € ; animaux 4 € ; 4,20 €. Réduction H.S.
Lat. : 47° 05' 02" N **Long.** : 002° 02' 14" W.
FFCC : avantages adhérent : 19 € du 07/04 au 07/07 et du 04/09 au 24/09 sur emp. et 15% du 02/04 au 02/07 et du 26/08 au 24/09 sur loc. + 5% sur locatifs du 02/07 au 26/08. Rendez-vous dans votre Club avantages pour obtenir le code promotionnel et les conditions de l'offre. Réservation par téléphone au 02 51 33 05 05, sur le site du partenaire (présentation de la carte de membre).

LA GOELETTE ★★ Tourisme 40 E. 0,4 ha. Bord de mer à 50 m. Accueil groupes. Ouvert: 26.6 / 5.9. ☎ 06 26 96 57 31. E-mail : accueil@camping-la-goelette.fr. Web : www.camping-la-goelette.fr.
Lat. : 47° 04' 14" N **Long.** : 002° 01' 32" W.

LE POTEAU ★★ Loisirs 84 E. 1 ha CV. Locations : . , , . Bord de mer à 700 m. ; . Ouvert: 1.4 / 30.9. ☎ 02 40 82 73 71. E-mail : contact@campinglepoteau.com.
Lat. : 47° 05' 11" N **Long.** : 002° 58' 16" W.

LA PLAINE-SUR-MER

5-E5 20 km S. Saint-Nazaire. 19 m. ✉ 44770

LA RENAUDIÈRE ★★★★ Tourisme 196 E. dont 69 nus 5 ha CV. Locations : . couverte chauffée. Bord de mer à 1,8 km ; étang à 3 km. ; Ouvert: 2.4 / 29.10. ☎ 02 40 21 50 03. E-mail : info@campinglarenaudiere.com. Web : www.campinglarenaudiere.com.
Lat. : 47° 08' 23" N **Long.** : 002° 12' 13" W.

LE RANCH ★★★★ Tourisme 189 E. dont 85 nus 3,5 ha CV. Randonnée pédestre organisée. couverte chauffée. Bord de mer à 800 m ; étang à 1,5 km. ; Accueil groupes adultes. Ouvert: 1.4 / 30.9. ☎ 02 40 21 52 62. E-mail : info@camping-le-ranch.com. Web : www.camping-le-ranch.com. Réduction H.S.
Lat. : 47° 09' 18" N **Long.** : 002° 09' 54" W.
FFCC : avantages adhérent : 10% du 28/04 au 30/06 et du 01/09 au 17/0910% du 28/04 au 30/06 et du 01/09 au 17/09 sur emp. et loc. + Rendez-vous dans votre club avantages FFCC pour obtenir le code promotionnel et réserver !.

LES VALLONS DE L'OCÉAN ★★★★ Tourisme 238 E. dont 129 nus, dont 125 CC - 4 GCC. 4,5 ha CV. Locations : . couverte chauffée , . Accès direct à l'étang ; bord de mer à 3 km. . Ouvert: 11.4 / 19.9. ☎ 02 40 21 58 83. E-mail : campi ng@lesvallonsdelocean.com. Web : www.camp ing-lesvallonsdelocean.com.
Lat. : 47° 08' 26" N **Long.** : 002° 09' 11" W.
FFCC : avantages adhérent : 20 € du 08/04 au 01/07 et du 27/08 au 17/09 sur emp.

L'ALBATROS ★★★ Loisirs 45 E. dont 20 nus CV. Locations : , caravane. chauffée . Bord de mer à 800 m. . Accueil groupes enfants. Ouvert: 1.2 / 30.11. ☎ 02 40 21 03 77. E-mail : campinglalbatros@orange.fr. Web : www.albatros-camping.com.
Lat. : 47° 08' 21" N **Long.** : 002° 13' 15" W.

LA GUICHARDIÈRE ★★★ Tourisme 213 E. dont 46 nus 4,8 ha CV. Locations : . Espace Fitness. couverte chauffée , , . Bord de mer à 300 m. . Ouvert: 15.4 / 17.9. ☎ 02 40 21 55 09. E-mail : contact@camping-laguichardiere.net. Web : www.camping-laguichardiere.net. Prix 2023. Fft jour : empl. Tourisme (2) : 40 € (E. CC E. GCC) ; sup 8,50 € ; animaux 6 € ; 6,50 €. Réduction H.S.
Lat. : 47° 09' 09" N **Long.** : 002° 12' 30" W.
FFCC : avantages adhérent : 19 € du 15/04 au 30/06 et du 26/08 au 16/09 sur emp.

LE BERNIER ★★★ Tourisme 40 E. dont 12 nus 0,74 ha CV. chauffée. Bord de mer à 600 m. Ouvert: 1.5 / 30.9. ☎ 02 40 21 04 31. E-mail : accueil@camping-lebernier.fr. Web : www.camping-lebernier.fr.
Lat. : 47° 09' 03" N **Long.** : 002° 11' 42" W.

LA TURBALLE

5-E5 28 km N.-O. Saint-Nazaire. 20 m. ✉ 44420

LA FALAISE ★★★★ Tourisme 150 E. dont 65 nus, dont 85 GCC. 2,7 ha CV. Locations : . couverte chauffée , . Accès direct à la mer. ; . Ouvert: 1.4 / 23.10. ☎ 02 40 23 32 53. E-mail : info@camping-de-la-falaise.com. Web : www.camping-de-la-falaise.com.
Lat. : 47° 21' 14" N **Long.** : 002° 31' 02" W.

LES CHARDONS BLEUS ★★★★ Tourisme 300 E. CV. Locations : . couverte chauffée . Accès direct à la mer. . Accueil groupes. Ouvert: 10.4 / 12.9. ☎ 07 57 57 41 98. E-mail : accleschardonsbleus@vacanceselect.com. Web : www.tohapi.fr/pays-de-la-loire/camping-chardons-bleus.php.
Lat. : 47° 19' 46" N **Long.** : 002° 29' 51" W.

PARC SAINTE BRIGITTE ★★★★ Loisirs 162 E. dont 115 nus 4 ha CV. Locations : . couverte chauffée , . Accès direct à l'étang ; bord de mer à 2,5 km. . Accueil groupes adultes. Ouvert: 4.4 / 30.9. ☎ 02 40 24 88 91. E-mail : saintebrigitte@wanadoo.fr. Web : www.campingsaintebrigitte.com. Réduction H.S.
Lat. : 47° 20' 33" N **Long.** : 002° 28' 18" W.

LE SEGREEN NC Tourisme 32 E. . Bord de mer à 800 m. Ouvert: 1.7 / 31.8. ☎ 02 40 23 44 18.
Lat. : 47° 21' 05" N **Long.** : 002° 30' 20" W.

LE CROISIC

5-E5 28 km O. Saint-Nazaire. 7 m. ✉ 44490

L'OCÉAN ★★★★★ Tourisme 370 E. dont 49 nus CV. Locations : . Espace Fitness. couverte chauffée , . Bord de mer à 150 m. ; . Ouvert: 15.4 / 24.9. ☎ 02 40 23 07 69. E-mail : camping-ocean@orange.fr. Web : www.camping-ocean.com. Réduction H.S.
Lat. : 47° 17' 51" N **Long.** : 002° 32' 07" W.

LA PIERRE LONGUE ★★★★ Tourisme 156 E. dont 55 nus CV. Locations : . couverte chauffée . Bord de mer à 400 m. . Ouvert: 20.3 / 4.11. ☎ 02 40 23 13 44. E-mail : lapierrelongue@orange.fr. Web : www.campinglapierrelongue.com.
Lat. : 47° 17' 33" N **Long.** : 002° 31' 45" W.

LA COTE SAUVAGE ★★★ Tourisme 149 E. dont 68 GCC. . chauffée . Ouvert: 3.3 / 3.11. ☎ 02 40 23 03 64. E-mail : csec.lecroisic@free.fr. Web : www.ccues-sg.com.
Lat. : 47° 17' 23" N **Long.** : 002° 32' 20" W.

LE PARADIS ★★ Tourisme 107 E. dont 93 nus CV. Locations : , , , . Bord de mer à 500 m. . Accueil groupes. Ouvert: 1.5 / 30.9. ☎ 02 40 23 07 89. E-mail : campingduparadis@hotmail.fr. Web : www.camping-paradis.com. Réduction H.S.
Lat. : 47° 17' 40" N **Long.** : 002° 32' 18" W.

LE FRESNE-SUR-LOIRE

6-C2 21 km E. Ancenis. 30 m. ✉ 49123

CAMPING MUNICIPAL LA BASTILLE ★ Tourisme 33 E. CV. . Accès direct à la rivière. . . Accueil groupes. Ouvert: 1.5 / 30.9. ☎ 02 41 39 21 25. E-mail : mairiedufresne@wanadoo.fr.
Lat. : 47° 23' 57" N **Long.** : 000° 55' 55" W.

LE POULIGUEN

5-E5 20 km O. Saint-Nazaire. 7 m. ✉ 44510

CAMPING MUNICIPAL DU CLEIN ★★ Tourisme 109 E. dont 109 nus 1 ha CV. A 5 km : . Bord de mer à 500 m. Accueil groupes. Ouvert: 7.4 / 7.11. ☎ 02 40 42 43 99 / 0 2 40 15 08 00. E-mail : leclein@mairie-lepouliguen.fr. Web : www.campings.lepouliguen.fr. Prix 2023. Fft jour : empl. Tourisme (2) : 24 € ( ) ; sup 5,60 € ; animaux 3 € ; 3,90 €. Réduction H.S.
Lat. : 47° 16' 16" N **Long.** : 002° 25' 49" W.

CAMPING MUNICIPAL LES MOUETTES ★★ Tourisme 200 E. dont 200 nus 2,6 ha CV. A 5 km : . Bord de mer à 800 m ; rivière à 1,5 km. Accueil groupes. Ouvert: 7.4 / 5.11. ☎ 02 40 42 43 98. E-mail : lesmouettes@mairie-le-pouliguen.fr. Web : campings.lepouliguen.fr. Prix 2023. Fft jour : empl. Tourisme (2) : 24 € ( ) ; sup 5,60 € ; animaux 3 € ; 3,90 €. Réduction H.S.
Lat. : 47° 16' 26" N **Long.** : 002° 26' 18" W.

LES MOUTIERS-EN-RETZ

6-A3 27 km S.-E. Saint-Nazaire. 12 m. ✉ 44760

DOMAINE DU COLLET ★★★★ Loisirs 270 E. dont 84 nus 10 ha CV. Locations : . Randonnée pédestre organisée. Espace Fitness. couverte chauffée , , , . Accès direct à l'étang ; bord de mer à 300 m. ; ; . Accueil groupes. Ouvert: 1.4 / 30.9. ☎ 02 40 21 40 92. E-mail : domaineducollet@orange.fr. Web : www.domaine-du-collet.com. Réduction H.S.
Lat. : 47° 02' 11" N **Long.** : 001° 59' 06" W.

LE VILLAGE DE LA MER ★★★★ Loisirs 228 E. dont 32 nus CV. Locations : , . couverte chauffée . Bord de mer à 600 m. . Accueil groupes. Ouvert: 9.4 / 30.9. ☎ 02 40 64 65 90. E-mail : vdmer@hotmail.com. Web : www.village-mer.fr.
Lat. : 47° 03' 50" N **Long.** : 001° 59' 50" W.

CAMPING DE PRIGNY ★★★ Tourisme 74 E. dont 34 nus 1,45 ha CV. Locations : . couverte chauffée , . Etang à 400 m ; bord de mer à 1,5 km.. Ouvert: 1.1 / 31.12. ☎ 02 40 64 73 81. E-mail : leprigny44@orange.fr. Web : www.campingdeprigny.fr.
Lat. : 47° 03' 49" N **Long.** : 001° 59' 01" W.

LA PLAGE ★★★ Loisirs 100 E. 4 ha CV. couverte chaufféeé. Accès direct à la mer. ; ; . Ouvert: 1.1 / 31.12. ☎ 02 40 82 71 43 / 06 84 63 44 43. E-mail : saslaplagedesoliviers@gmail.com. Réduction H.S.
Lat. : 47° 04' 10" N **Long.** : 002° 00' 52" W.

LES BRILLAS ★★★ Loisirs 185 E.
CV. Locations : . couverte chauffée. Bord de mer à 1,2 km. Accueil groupes. Ouvert: 8.4 / 16.9. ☎ 02 40 82 79 78. E-mail : info@campinglesbrillas.com. Web : campinglesbrillas.com. Réduction H.S.
Lat. : 47° 04' 31" N **Long.** : 002° 00' 26" W.

ANAS NC Tourisme 50 E. Locations : . Espace Fitness. , .. Ouvert: 1.1 / 31.12. ☎ 02 40 82 72 43. E-mail : moutiers@anas.asso.fr. Web : anaslesmoutiers.over-blog.com.
Lat. : 47° 04' 19" N **Long.** : 002° 00' 28" W.

MACHECOUL-SAINT-MEME
6-A3 40 km S.-O. Nantes. 10 m. ✉ 44270

CAMPING MUNICIPAL LA RABINE ★★ Tourisme 131 E. dont 123 nus
2,8 ha CV. Locations : , roulotte, . Accès direct à la rivière.. Accueil groupes. Ouvert: 1.4 / 30.9. ☎ 02 40 02 30 48. E-mail : camprabine@wanadoo.fr. Web : www.camping-la-rabine.com. Prix 2022. Fft jour : empl. Tourisme (2) : 16,2 € ( ) ; sup 4,30 € ; animaux 1 € ; 3,50 €. Réduction H.S.
Lat. : 46° 59' 22" N **Long.** : 001° 49' 01" W.
FFCC : avantages adhérent : 15 € du 01/04 au 30/06 et du 01/09 au 30/09 sur emp.

MESQUER
5-E5 24 km N.-O. Saint Nazaire. 11 m. ✉ 44420

AU SOIR D'ÉTÉ ★★★★ Tourisme 89 E.
1,2 ha CV. Locations : lovnid. couverte chauffée. Bord de mer à 800 m ; étang à 1,5 km. Accueil groupes adultes. Ouvert: 1.4 / 25.9. ☎ 02 40 42 57 26. E-mail : info@camping-soirdete.com. Web : www.camping-soirdete.com. Réduction H.S.
Lat. : 47° 24' 24" N **Long.** : 002° 28' 34" W.

LE CHÂTEAU DU PETIT BOIS ★★★★ Tourisme 231 E. dont 16 nus, dont 16 GCC. 6 ha ap. 23 h, CV. Locations : , cocosweet. couverte chauffée. Etang à 1 km ; bord de mer à 1,5 km. Ouvert: 8.4 / 2.10. ☎ 02 40 42 68 77. E-mail : info@campingdupetitbois.com. Web : www.campingdupetitbois.com. Prix 2022. Fft jour : empl. Tourisme (2) : 49,5 € (E. GCC) ; sup 7,50 € ; animaux 5 € ; 5,50 €.
Lat. : 47° 23' 50" N **Long.** : 002° 28' 20" W.

LE BEAUPRÉ ★★★ Tourisme 46 E. dont 38 nus CV. Locations : . Bord de mer à 500 m. Ouvert: 1.4 / 30.9. ☎ 02 40 42 64 16. E-mail : info@lebeaupre.com. Web : www.lebeaupre.com.
Lat. : 47° 24' 34" N **Long.** : 002° 27' 45" W.

LE PRADEROI ★★★ Tourisme 32 E. dont 24 nus 0,5 ha CV. Locations : , roulotte. Randonnée pédestre organisée. . Accès direct à la mer. . Ouvert: 1.4 / 30.9. ☎ 02 40 42 66 72. E-mail : laetitia@camping-praderoi.com. Web : www.camping-praderoi.com. Prix 2022. Fft jour : empl. Tourisme (2) : 25,5 € ( ) ; sup 4,50 € ; animaux 2 € ; 2,50 €.
Lat. : 47° 24' 19" N **Long.** : 002° 29' 20" W.

LE WELCOME ★★★ Loisirs 100 E. après 23 h, CV. Locations : . couverte chauffée , . Bord de mer à 800 m ; étang à 2 km. Ouvert: 1.4 / 15.10. ☎ 02 40 42 50 85. E-mail : contact@lewelcome.com. Web : www.lewelcome.com.
Lat. : 47° 24' 22" N **Long.** : 002° 28' 09" W.

PRAD-HEOL ★★★ Loisirs 63 E. 0,9 ha . Bord de mer à 600 m ; étang à 3 km. . Ouvert: 15.6 / 5.9. ☎ 02 40 15 34 21. E-mail : sylvainetcyril.barrier@sfr.fr. Web : www.camping-pradheol.com.
Lat. : 47° 24' 07" N **Long.** : 002° 28' 60" W.

CAMPING GCU - MESQUER ★ Tourisme 84 E. 1,25 ha. ; ; . . Ouvert: 31.3 / 5.11. ☎ 02 40 42 61 22. E-mail : didier.bonnaire63@orange.fr. Web : www.gcu.asso.fr.
Lat. : 47° 24' 56" N **Long.** : 002° 28' 15" W.

LE CHATEAU DE TREAMBERT EST N.C. Tourisme 58 E. dont 29 nus CV. Locations : , . chauffée , , . Bord de mer à 2 km. ; . Ouvert: 4.5 / 7.9. ☎ 02 40 42 51 18. E-mail : mesquer@touristravacances.com.
Lat. : 47° 24' 03" N **Long.** : 002° 28' 18" W.

MISSILLAC
5-E5 33 km N. Saint-Nazaire. 29 m. ✉ 44780

CAMPING MUNICIPAL LES PLATANES NC Loisirs 60 E. 2,04 ha . . Accès direct à l'étang.. Ouvert: 1.7 / 31.8. ☎ 02 40 88 38 88. E-mail : mairie@missillac.fr. Web : www.missillac.fr.
Lat. : 47° 28' 39" N **Long.** : 002° 49' 27" W.

LA FERME DU FORSDOFF CV. Ouvert: 1.4 / 30.9. ☎ 02 40 24 49 38. E-mail : lafermedufforsdoff@ozone.net, Web : www.lafermeduforsdoff.com.
Lat. : 47° 31' 30" N **Long.** : 002° 08' 34" W.

MONTBERT
6-B3 20 km S. Nantes 30 m. ✉ 44140

LE RELAIS DES GARENNES
. Ouvert: 1.6 / 30.9. ☎ 02 40 04 78 73. E-mail : lerelaisdesgarennes@gmail.com, Web : www.camping-lerelaisdesgarennes.com. Prix 2023. empl. Tourisme : 4 € nuit ; 4 € nuit ; 2,50 € nuit ; 3 € nuit.
Lat. : 47° 03' 07" N **Long.** : 001° 28' 44" W.

NANTES
5-F5 396 km S.-O. Paris 22 m. ✉ 44300

NANTES CAMPING ★★★★★ Tourisme 156 E. dont 55 nus
6,5 ha CV. A 4 km : Locations : cabanes, , , . Rivière à 300 m.. Accueil groupes. Ouvert: 1.1 / 31.12. ☎ 02 40 74 47 94. E-mail : nantes-camping@nge-nantes.fr. Web : www.nantes-camping.fr. Réduction H.S.
Lat. : 47° 14' 36" N **Long.** : 001° 33' 24" W.

NORT-SUR-ERDRE
5-F5 36 km S.-S.-O. Chateaubriant. 29 m. Station verte de vacances et village de neige ✉ 44390

PORT MULON ★★★ Tourisme 95 E. dont 72 nus, dont 15 GCC.
1,8 ha CV. Locations : , bivouac, . chauffée . Rivière à 100 m ; étang à 1 km. . Accueil groupes. Ouvert: 2.6 / 31.10. ☎ 02 40 72 23 57. E-mail : contact@camping-portmulon.com. Web : www.camping-leportmulon.fr.
Lat. : 47° 25' 43" N **Long.** : 001° 29' 51" W.
FFCC : avantages adhérent : 18.90 € du 01/04 au 28/06 et du 01/09 au 31/10 sur emp. et entre 60 € et 205 € la nuitée et entre 210 € et 590 € la semaine sur loc.

PAIMBOEUF
5-E5 13 km E. Saint-Nazaire. 5 m. ✉ 44560

L'ESTUAIRE ★★★ Tourisme 122 E. dont 96 nus 3,1 ha CV. Locations : . couverte chauffée , . Accès direct à la rivière ; étang et lac à 5 km. . Accueil groupes. Ouvert: 1.4 / 6.11. ☎ 02 40 27 84 53. E-mail : camping-lestuaire@orange.fr. Web : www.campinglestuaire.fr.
Lat. : 47° 17' 20" N **Long.** : 002° 02' 24" W.

PIRIAC-SUR-MER
5-E5 30 km N.-O. Saint-Nazaire. 19 m. ✉ 44420

ARMOR-HEOL ★★★★★ Tourisme 250 E. 4,5 ha CV. Locations : . Espace Fitness. couverte chauffée. Accès direct à l'étang ; bord de mer à 700 m. ; . Ouvert: 3.4 / 1.11. ☎ 02 40 23 57 80. E-mail : armorheol@capfun.com. Web : www.camping-armor-heol.com. Réduction H.S.
Lat. : 47° 22' 30" N **Long.** : 002° 32' 08" W.

DOMAINE LE POULDROIT ★★★ Loisirs 269 E. dont 5 nus 7 ha CV. Locations : . couverte chauffée . Bord de mer à 300 m. . Accueil groupes adultes. Ouvert: 6.4 / 31.10. ☎ 02 40 23 50 91. E-mail : lepouldroit.piriac@wanadoo.fr. Web : www.camping-bretagne.eu.
Lat. : 47° 22' 43" N **Long.** : 002° 32' 10" W.

MON CALME ★★★ Tourisme 88 E. dont 47 nus 1,2 ha CV. Locations : . chauffée . Bord de mer à 300 m. Ouvert: 8.4 / 30.9. ☎ 02 40 23 60 77. E-mail : campingmoncalme@free.fr. Web : www.campingmoncalme.com.
Lat. : 47° 22' 20" N **Long.** : 002° 32' 56" W.

PARC DU GUIBEL ★★★ Tourisme 450 E. 14 ha CV. Locations : . chauffée , . Bord de mer à 1,5 km. . Ouvert: 1.4 / 30.9. ☎ 02 40 23 52 67. E-mail : camping@parcduguibel.com. Web : www.parcduguibel.com. Réduction H.S.
Lat. : 47° 23' 09" N **Long.** : 002° 30' 38" W.

LE CLOS MAROT ★★ Tourisme 58 E. dont 58 nus 2 ha CV. Rés. naturiste. Locations : . chauffée . Bord de mer à 3 km. Ouvert: 15.6 / 31.8. ☎ 02 40 23 59 20. E-mail : info@anca-piriac.com. Web : www.anca-piriac.com.
Lat. : 47° 22' 28" N **Long.** : 002° 29' 33" W.

LE RAZAY ★★ Tourisme 109 E. dont 16 nus 2 ha CV. Locations : . Bord de mer à 800 m. Accueil groupes. Ouvert: 3.7 / 28.8. ☎ 02 40 23 56 80. E-mail : le.razay@fol74.org. Web : www.fol74.org/ocean-piriac-sur-mer-le-razay. Prix 2022. empl. Tourisme : 5,50 € ; 5,30 € ; 3,95 € ; animaux 2,65 € ; 3,30 € ; 6,30 €.
Lat. : 47° 22' 07" N **Long.** : 002° 31' 06" W.

LE RIO BARRE ★★ Loisirs 114 E. 2 ha . Locations : . Bord de mer à 900 m. Ouvert: 15.6 / 15.9. ☎ 02 40 23 51 48. E-mail : leriobarre.camping@gmail.com. Web : campingleriobarre.com.
Lat. : 47° 22' 49" N **Long.** : 002° 31' 08" W.

LES AMIS DE LA NATURE ★★ Tourisme 97 E. dont 97 nus CV. Randonnée pédestre organisée. . Bord de mer à 150 m. Ouvert: 28.6 / 5.9. ☎ 02 40 23 61 79. E-mail : contact@campinglesamisdelanaturepiriac.fr. Web : campinglesamisdelanaturepiriac.fr.
Lat. : 47° 23' 18" N **Long.** : 002° 31' 23" W.

LES FLOTS BLEUS ★★ Loisirs 82 E. dont 21 nus, dont 21 GCC. Locations : . Bord de mer à 150 m. Ouvert: 1.4 / 31.10. ☎ 02 40 23 51 71. E-mail : campinglesflotsbleus.piriac@orange.fr. Web : www.campinglesflotsbleus.com/.
Lat. : 47° 22' 39" N **Long.** : 002° 33' 01" W.

LES BOUTONS D'OR ★ Loisirs 106 E. dont 106GCC. 1,5 ha . Ouvert: 1.1 / 31.12. ☎ 02 40 23 50 18. E-mail : houssaismichel@orange.fr.
Lat. : 47° 22' 42" N **Long.** : 002° 32' 53" W.

LE MOULIN DE PRAILLANE NC Tourisme 20 E. Bord de mer à 300 m. Ouvert: 1.7 / 31.8. ☎ 02 40 23 36 86. E-mail : accueil.piriac-sur-mer@vvfvillages.fr.
Lat. : 47° 21' 58" N **Long.** : 002° 31' 19" W.

PONTCHATEAU

5-E5 22 km N.-E. Saint-Nazaire. 18 m. ✉ 44160

CAMPING DU BOIS DE BEAUMARD ★★★ Tourisme 46 E. dont 36 nus, dont 22 CC - 20 GCC. CV. A 5 km : Locations : , caravane. Espace Fitness. , . Accès direct à l'étang ; lac et rivière à 2 km.. Accueil groupes enfants. Ouvert: 1.1 / 31.12. ☎ 02 40 88 03 36. E-mail : camping.boisbeaumard@orange.fr. Web : www.camping-beaumard.com. Prix 2022. Fft jour : empl. Tourisme (2) : 18,3 € (E. CC E. GCC). Réduction H.S.
Lat. : 47° 27' 16" N **Long.** : 002° 06' 36" W.
FFCC : avantages adhérent : 16 € du 01/01 au 30/06 et du 01/09 au 31/12 sur emp. et entre 32 € et 54 € la nuitée et entre 150 € et 230 € la semaine du 01/01 au 30/06 et du 01/09 au 31/12 sur loc.

PORNIC

5-E5 22 km S. Saint-Nazaire. 23 m. ✉ 44210

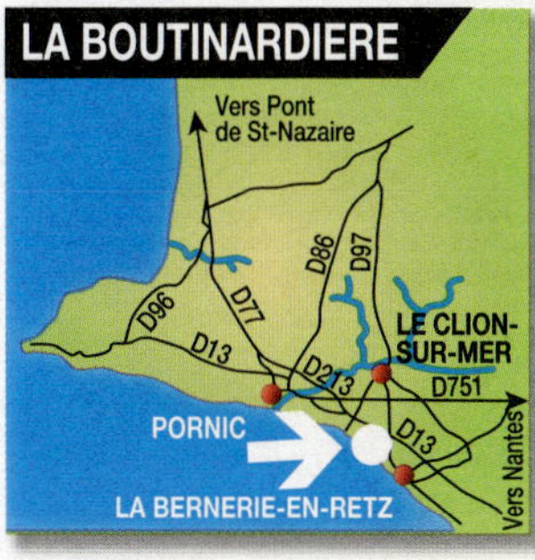

LA BOUTINARDIÈRE ★★★★ Tourisme 367 E. dont 96 CC. 7 ha CV. Locations : . Espace Fitness. couverte chauffée . Bord de mer à 200 m. . Accueil groupes. Ouvert: 7.4 / 24.9. ☎ 02 40 82 05 68. E-mail : info@laboutinardiere.com. Web : www.camping-boutinardiere.com. Prix 2023. Fft nuit : empl. Tourisme (2) : 56 € ( ) ; sup 11,50 € nuit ; 8 € nuit ; 7 € nuit. Réduction H.S.
Lat. : 47° 05' 51" N **Long.** : 002° 03' 08" W.
FFCC : avantages adhérent : 23 € du 01/05 au 18/05 et du 29/05 au 30/06 sur emp.

LA CHENAIE ★★★★ Tourisme 478 E. CV. Locations : , cocosweet, . Randonnée pédestre organisée. Espace Fitness. couverte chauffée . Etang à 2 m ; rivière à 1 km ; bord de mer à 2,5 km. ; . Accueil groupes. Ouvert: 7.4 / 3.9. ☎ 02 40 82 07 31. E-mail : chenaie@capfun.com. Web : www.capfun.com. Réduction H.S.
Lat. : 47° 07' 08" N **Long.** : 002° 04' 17" W.

LA MADRAGUE ★★★★ Tourisme 270 E. dont 100 nus 5 ha la nuit, CV. Locations : , roulotte. couverte chauffée , . Accès direct à la mer ; étang à 4 km. ; . Ouvert: 8.4 / 25.9. ☎ 02 40 82 06 73. E-mail : madrague@capfun.com. Web : www.capfun.com. Réduction H.S.
Lat. : 47° 06' 57" N **Long.** : 002° 09' 21" W.

LE GOLF ★★★ Loisirs 91 E. dont 35 nus 1,5 ha CV. Locations : . chauffée. Bord de mer à 600 m. . Accueil groupes. Ouvert: 1.4 / 15.10. ☎ 02 40 82 46 17. E-mail : contact@campingdugolf.fr. Web : www.campingdugolf.fr.
Lat. : 47° 07' 08" N **Long.** : 002° 07' 49" W.

LE PORT CHÉRI ★★★ Tourisme 134 E. dont 60 nus, dont 70 GCC. 2,5 ha CV. Locations : . Espace Fitness. chauffée , , . Accès direct à la rivière ; étang à 500 m ; bord de mer à 1,5 km. ; . Accueil groupes. Ouvert: 1.1 / 31.12. ☎ 02 40 82 34 57. E-mail : portcheri@wanadoo.fr. Web : www.camping-leportcheri.com/. Réduction H.S.
Lat. : 47° 07' 09" N **Long.** : 002° 04' 35" W.

LES BLEUETS ★★ Tourisme 213 E. dont 114 nus, dont 56 GCC. 2,4 ha 23 h / 7 h, CV. A 4 km : Locations : . chauffée . Accès direct à l'étang ; bord de mer à 3,5 km ; lac à 4 km. . Accueil groupes. Ouvert: 1.4 / 30.9. ☎ 02 40 82 11 07. E-mail : contact@campinglesbleuets.com. Web : www.campinglesbleuets.com. Réduction H.S.
Lat. : 47° 08' 26" N **Long.** : 002° 07' 56" W.

PORNICHET

5-E5 12 km O. Saint-Nazaire. 18 m. ✉ 44380

BEL AIR ★★★★ Loisirs 289 E. dont 25 nus 6 ha CV. A 3 km : Locations : . couverte chauffée . Bord de mer à 50 m. . Accueil groupes adultes. Ouvert: 31.3 / 5.11. ☎ 02 40 61 10 78. E-mail : reception@belairpornichet.com. Web : www.belairpornichet.fr. Réduction H.S.
Lat. : 47° 14' 59" N **Long.** : 002° 19' 16" W.

LE BUGEAU ★★★ Tourisme 110 E. 1,3 ha CV. . Bord de mer à 500 m. Ouvert: 1.6 / 15.9. ☎ 02 40 61 02 02. E-mail : campingdubugeau@wanadoo.fr.
Lat. : 47° 15' 10" N **Long.** : 002° 40' 52" W.

LES FORGES ★★★ Loisirs 150 E. dont 15 nus 2 ha CV. couverte chauffée . Etang à 2 km ; bord de mer à 3 km. . Ouvert: 4.7 / 29.8. ☎ 02 40 61 18 84. E-mail : camping@campinglesforges.com. Web : www.campinglesforges.com.
Lat. : 47° 16' 09" N **Long.** : 002° 17' 35" W.

CAMPING GCU - PORNICHET ★ Tourisme 77 E. 1,8 ha. , , . Ouvert: 23.6 / 17.9. ☎ 02 40 61 25 75. E-mail : gcu@gcu.asso.fr. Web : www.gcu.asso.fr.
Lat. : 47° 14' 53" N **Long.** : 002° 18' 48" W.

PORT-SAINT-PERE

5-F5 40 km S.-E. Saint-Nazaire. 19 m. ✉ 44710

CAMPING MUNICIPAL DE LA MORINIERE ★ Tourisme 54 E. 0,4 ha CV. Accès direct à la rivière. Accueil groupes. Ouvert: 1.6 / 30.9. ☎ 02 40 31 50 13. E-mail : mairie@port-saint-pere.fr. Web : www.mairie-port-saint-pere.fr.
Lat. : 47° 08' 04" N **Long.** : 001° 44' 40" W.

PREFAILLES

5-E5 20 km S. Saint-Nazaire. 21 m. ✉ 44770

ELÉOVIC ★★★★ Tourisme 153 E. dont 54 nus CV. Locations : . Espace Fitness. couverte chauffée , . Accès direct à la mer. ; ; . Accueil groupes. Ouvert: 2.4 / 3.10. ☎ 02 40 21 61 60. E-mail : contact@camping-eleovic.com. Web : www.camping-eleovic.com.
Lat. : 47° 07' 58" N **Long.** : 002° 13' 53" W.

LA POINTE ★★★ Loisirs 231 E. dont 30 nus 3,5 ha CV. chauffée. Bord de mer à 800 m. Ouvert: 7.4 / 24.9. ☎ 02 40 21 52 05. E-mail : lapointe@edenvillages.fr. Web : www.eden-villages.fr/campings/la-pointe-saint-gildas/.
Lat. : 47° 08' 17" N **Long.** : 002° 13' 20" W.
FFCC : avantages adhérent : 10% du 07/04 au 02/07 et du 27/08 au 24/0910% du 07/04 au 02/07 et du 27/08 au 24/09 sur emp. et loc.

LE PORT MELEU ★★★ Loisirs 90 E. dont 3 nus 2,5 ha CV. Locations : . chauffée. Bord de mer à 10 m. ; . Ouvert: 27.3 / 3.10. ☎ 02 40 21 62 91. E-mail : camping.leportmeleu@gmail.com. Web : www.meleucamp.com.
Lat. : 47° 07' 31" N **Long.** : 002° 12' 12" W.

CAMPING DE LA PRÉE ★★ Tourisme 47 E. dont 20 nus 0,88 ha CV. Locations : , cocosweet, , , . Bord de mer à 30 m. . Ouvert: 1.4 / 15.10. ☎ 02 40 21 02 64. E-mail : contact@camping-prefailles.fr. Web : www.camping-prefailles.fr. Prix 2023. Fft jour : empl. Tourisme (2) : 26 € ( )
Lat. : 47° 08' 38" N **Long.** : 002° 13' 41" W.

LES AMIS DE LA NATURE ★★ Tourisme 69 E. 1,45 ha . Bord de mer à 20 m. Ouvert: 15.6 / 31.8. ☎ 02 40 64 52 09. E-mail : resa.utan44prefailles@orange.fr. Web : www.amis-nature.org.
Lat. : 47° 07' 28" N **Long.** : 002° 11' 46" W.

SAINT-ANDRE-DES-EAUX

5-E5 10 km N.-O. Saint-Nazaire. 13 m. ✉ 44117

LES CHALANDS FLEURIS ★★★ Loisirs 100 E. 3,5 ha CV. couverte chauffée. Accès direct à l'étang.. Accueil groupes. Ouvert: 4.4 / 27.9. ☎ 02 40 01 21 40. E-mail : leschalandsfleuris@orange.fr. Web : www.leschalandsfleuris.com. Réduction H.S.
Lat. : 47° 19' 16" N **Long.** : 002° 18' 28" W.

PRL LES CHALANDS FLEURIS P.R.L ★★★ NN50 E. 1,5 ha CV . chauffée. Accès direct à l'étang.. Ouvert: 4.4 / 27.9. ☎ 02 40 01 21 40. E-mail : leschalandsfleuris@orange.fr. Web : www.leschalandsfleuris.com.
Lat. : 47° 19' 16" N **Long.** : 002° 18' 27" W.

SAINT-BREVIN-LES-PINS

5-E5 4 km S.-E. Saint-Nazaire. 9 m. ✉ 44250

LE FIEF ★★★★★ Tourisme 363 E. dont 98 nus 7 ha CV . A 1 km : Locations : . Espace Fitness. couverte chauffée . Bord de mer à 800 m. . Accueil groupes. Ouvert: 3.4 / 26.9. ☎ 02 40 27 23 86. E-mail : camping@lefief.com. Web : www.lefief.com.
Lat. : 47° 14' 06" N **Long.** : 002° 10' 03" W.
FFCC : avantages adhérent : 23 € du 08/04 au 08/07 et du 26/08 au 24/09 sur emp.

LA DUNE DE JADE ★★★★ Tourisme 196 E. dont 51 nus CV . A 1 km : Locations : , , roulotte. couverte chauffée . Accès direct à la mer. ; ; . Accueil groupes. Ouvert: 1.1 / 31.12. ☎ 02 40 27 22 91. E-mail : contact@ladunedejade.fr. Web : www.ladunedejade.fr.
Lat. : 47° 14' 18" N **Long.** : 002° 10' 17" W.
FFCC : avantages adhérent : 20 € du 01/01 au 30/06 et du 01/09 au 31/12 sur emp.

LES PIERRES COUCHÉES ★★★★ Loisirs 403 E. dont 50 nus 14 ha CV . A 3 km : Locations : . Espace Fitness. chauffée , . Bord de mer à 300 m. ; . Accueil groupes enfants. Ouvert: 8.4 / 5.11. ☎ 02 40 27 85 64. E-mail : reception.lpc@siblu.fr. Web : www.lespierrescouchees.fr. Réduction H.S.
Lat. : 47° 12' 19" N **Long.** : 002° 09' 05" W.

LES ROCHELETS ★★★★ Tourisme 230 E. 3 ha CV . Locations : . chauffée , , . Bord de mer à 100 m. ; . Accueil groupes. Ouvert: 1.1 / 31.12. ☎ 02 40 27 40 25. E-mail : info@rochelets.com. Web : www.rochelets.com. Réduction H.S.
Lat. : 47° 12' 50" N **Long.** : 002° 09' 16" W.

CAMPING DE MINDIN ★★★ Tourisme 73 E. dont 7 nus 1,3 ha CV . A 3 km : Locations : . couverte chauffée . Accès direct à la mer. ; . Ouvert: 1.1 / 31.12. ☎ 02 40 27 46 41. E-mail : contact@campingmindin.com. Web : www.campingmindin.com. Prix 2022. Fft nuit : empl. Tourisme (2) : 34,2 € ( ) ; sup 7,50 € nuit ; animaux 4,50 € nuit ; 5,70 € nuit ; 6,30 € nuit.
Lat. : 47° 15' 53" N **Long.** : 002° 10' 09" W.

LE PAS DU GU ★ Tourisme 47 E. dont 47 nus 1,8 ha CV. A 2 km : Rivière à 600 m ; bord de mer à 800 m. Accueil groupes. Ouvert: 15.5 / 15.9. ☎ 02 40 27 07 22. E-mail : campingpasdugu@orange.fr. Web : www.campingpasdugu.net. Réduction H.S.
Lat. : 47° 13' 11" N **Long.** : 002° 09' 13" W.

LA ROCHE MARGUERITE NC Tourisme 15 E. . Ouvert: 15.5 / 15.10. ☎ 02 40 27 23 46. E-mail : secretariat@saint-brevin.fr.
Lat. : 47° 13' 02" N **Long.** : 002° 09' 38" W.

SAINT-ETIENNE-DE-MONTLUC

5-F5 40 km E. Nantes. 26 m. ✉ 44360

CAMPING MUNICIPAL LA COLETTERIE ★★★ Loisirs 54 E. dont 53 GCC. CV. A 5 km : Accueil groupes. Ouvert: 2.11 / 31.12. ☎ 02 40 86 97 44. E-mail : campinglacoletterie@st-etienne-montluc.net. Web : www.st-etienne-montluc.net/camping/.
Lat. : 47° 16' 48" N **Long.** : 001° 46' 47" W.

SAINT-GILDAS-DES-BOIS

5-E4 34 km N.-E. Saint-Nazaire. 22 m. ✉ 44530

CAMPING DE LANGATRE couverte chauffée CV. A 10 km : Ouvert: 1.1 / 31.12. ☎ 02 40 88 67 19. E-mail : camplangatre44@cegetel.net, Web : www.campingdelangatre.fr. Réduction H.S.
Lat. : 47° 30' 33" N **Long.** : 002° 01' 33" W.

SAINT-HILAIRE-DE-CHALEONS

6-A3 32 km S.-E. Saint-Nazaire. 18 m. ✉ 44680

CAMPING MUNICIPAL L'ETOILE ★ Tourisme 30 E. dont 30 nus 0,3 ha CV. Rivière à 2 km ; étang à 4 km. Accueil groupes. Ouvert: 15.6 / 15.9. ☎ 0 756380545. E-mail : camping@shc44.fr. Web : www.saint-hilaire-de-chaleons.fr. Prix 2022. Fft nuit : empl. Tourisme (2 adultes) : 12 € ; adulte sup 3 € nuit ; animaux 1 € nuit ; enfant 2 € nuit ; électricité 4 € nuit.
Lat. : 47° 06' 16" N **Long.** : 001° 51' 58" W.

SAINT-JULIEN-DE-CONCELLES

5-F5 16 km N.-E. Nantes. 9 m. ✉ 44450

LE CHENE ★★★ Tourisme 99 E. dont 67 nus 2 ha 22 h / 7 h, CV. A 2 km : Locations : . couverte chauffée , , . Accès direct aux bords du lac ; rivière à 4 km. Accueil groupes. Ouvert: 1.4 / 30.9. ☎ 02 40 54 12 00. E-mail : contact@campingduchene.fr. Web : www.campingduchene.fr.
Lat. : 47° 14' 57" N **Long.** : 001° 22' 16" W.

SAINT-LUMINE-DE-CLISSON

6-B3 25 km S.-E. Nantes 39 m. ✉ 44190

COIN DE CIEL CV. A 600 m : . Ouvert: 1.1 / 31.12. ☎ 0 7 79 45 74 24. E-mail : campingcoindeciel@gmail.com, Web : camping-nantes-atlantique-clisson.fr. Prix 2023. empl. Tourisme : 4 € ; adulte 4 € ; enfant 4/10 ans 2,50 € ; électricité 4 € (10/16 A).
Lat. : 47° 03' 44" N **Long.** : 001° 22' 16" W.

SAINT-LYPHARD

5-E5 21 km N.-O. Saint-Nazaire. 10 m. Station verte de vacances et village de neige ✉ 44410

FLEUR DE BRIÈRE ★★★ Tourisme 98 E. CV. Locations : , , , . Accès direct à l'étang. . Ouvert: 1.4 / 30.9. ☎ 09 53 63 11 88. E-mail : contact@campingfleurdebriere.com. Web : www.campingfleurdebriere.com.
Lat. : 47° 23' 49" N **Long.** : 002° 18' 03" W.

SAINT-MICHEL-CHEF-CHEF

5-E5 13 km S. Saint-Nazaire. 32 m. Station verte de vacances et village de neige ✉ 44730

LA RIVIERA ★★★★ Loisirs 249 E. 6,48 ha CV. Locations : , . chauffée . Etang et bord de mer à 1,2 km. Accueil groupes. Ouvert: 1.4 / 31.10. ☎ 02 28 53 54 88. E-mail : contact@campinglariviera.com. Web : www.campinglariviera.com. Réduction H.S.
Lat. : 47° 09' 55" N **Long.** : 002° 09' 03" W.

CAMPING DU BORD DE MER ★★★ Loisirs 88 E. dont 37 nus CV. Locations : roulotte. couverte chauffée . Bord de mer à 20 m ; étang à 2 km. Accueil groupes. Ouvert: 18.3 / 16.12. ☎ 02 40 27 93 16. E-mail : reservation@campingdubord demer.com. Web : www.borddemer-camping.com.
Lat. : 47° 10' 55" N **Long.** : 002° 09' 42" W.

CLOS MER ET NATURE ★★★ Tourisme 200 E. dont 82 nus 4 ha CV. Bord de mer à 400 m ; lac à 1 km ; étang à 2 km. Accueil groupes. Ouvert: 1.4 / 15.10. ☎ 02 40 27 85 71. E-mail : closmernature@orange.fr. Web : www.camping-clos-mer-nature.fr. Réduction H.S.
Lat. : 47° 10' 23" N **Long.** : 002° 09' 28" W.

LE HAUT VILLAGE ★★★ Loisirs 161 E. dont 30 nus 2,8 ha CV. A 2 km : Locations : roulotte. chauffée . Accès direct à l'étang et aux bords du lac. Accueil groupes. Ouvert: 1.4 / 16.11. ☎ 02 40 39 93 45. E-mail : camping.hv@orange.fr. Web : www.hautvillage.fr. Réduction H.S.
Lat. : 47° 10' 15" N **Long.** : 002° 08' 08" W.

LE THAR COR ★★★ Tourisme 254 E. 2,5 ha CV. Locations : . , . Bord de mer à 300 m. Ouvert: 1.4 / 15.9. ☎ 02 40 27 82 81. E-mail : camping@letharcor.com. Web : www.camping-le-thar-cor.com.
Lat. : 47° 09' 36" N **Long.** : 002° 49' 52" W.

LE VIEUX CHÂTEAU ★★★ Tourisme 74 E. dont 27 nus CV. Locations : . couverte chauffée . Bord de mer à 500 m. Accueil groupes. Ouvert: 26.3 / 30.10. ☎ 02 40 27 83 47 / 0 6 08 55 44 96. E-mail : campingduvieuxchateau@gmail.com. Web : www.camping-duvieuxchateau.com.
Lat. : 47° 09' 36" N **Long.** : 002° 09' 46" W.
FFCC : avantages adhérent : 17 € du 01/04 au 30/06 et du 04/09 au 15/10 sur emp.

BEL ESSOR ★★ Tourisme 140 E. dont 125 nus 2 ha CV. Locations : . Bord de mer à 600 m ; étang à 2 km. Accueil groupes. Ouvert: 24.4 / 24.9. ☎ 02 40 27 85 40. E-mail : campingbelessor@gmail.com. Web : www.campingbelessor.com. Prix 2023. Fft jour : empl. Tourisme (2 adultes) : 20,8 € ; adulte sup 6 € ; animaux 2,20 € ; enfant 4 € ; électricité 4,70 €. Réduction H.S.
Lat. : 47° 10' 34" N **Long.** : 002° 09' 11" W.

LA LANDE MALBRAIS ★★ Loisirs 182 E. CV. ; . Ouvert: 1.1 / 31.12. ☎ 02 40 64 93 45. E-mail : contact@lande-malbrais.com.
Lat. : 47° 11' 30" N **Long.** : 002° 08' 26" W.

SAINT-MOLF

5-E5 27 km N.-O. Saint-Nazaire. 11 m. ✉ 44350

DOMAINE DE KERNODET ★★★★ Loisirs 152 E. CV. Locations : . Espace Fitness. couverte chauffée , . Bord de mer à 3 km. Ouvert: 1.1 / 31.12. ☎ 02 40 22 41 99. E-mail : contact@domainedekernodet.com. Web : www.domainedekernodet.com. Réduction H.S.
Lat. : 47° 23' 20" N **Long.** : 002° 26' 20" W.

ILE DE KERNODET ★★★ Loisirs 110 E. dont 16 nus 2 ha CV. Locations : . chauffée. Bord de mer à 4 km. Ouvert: 1.4 / 31.10. ☎ 02 40 62 55 62. E-mail : iledekernodet@orange.fr. Web : www.camping-iledekernodet.com. Réduction H.S.
Lat. : 47° 23' 11" N **Long.** : 002° 26' 20" W.

SAINT-NAZAIRE

5-E5 61 km O. Nantes. 16 m. ✉ 44600

CAMPING DE L'EVE ★★★ Tourisme 287 E. dont 50 nus 6,5 ha CV. Locations : , . chauffée , . Bord de mer à 100 m. ; . Ouvert: 7.5 / 7.11. ☎ 04 92 28 38 48. E-mail : eve@capfun.com. Web : www.capfun.com/camping-france-pays_de_la_loire-l_eve-FR.html. Réduction H.S.
Lat. : 47° 14' 29" N **Long.** : 002° 16' 03" W.

SAINT-PERE-EN-RETZ

5-E5 18 km S.-E. Saint-Nazaire. 19 m. ✉ 44320

CAMPING DU GRAND FAY ★★ Tourisme 76 E. CV. Locations : . chauffée . Lac à 50 m. Accueil groupes. Ouvert: 1.4 / 30.10. ☎ 02 40 21 72 89. E-mail : legrandfay@aol.com. Web : www.camping-grandfay.com.
Lat. : 47° 12' 12" N **Long.** : 002° 57' 44" W.

LES MOUETTES ★ Tourisme 75 E. dont 56 nus CV. Rivière à 1,5 km ; bord de mer à 2 km. Accueil groupes. Ouvert: 1.5 / 30.9. ☎ 02 40 27 27 31. E-mail : contact@les-mouettes-camping.com. Web : www.les-mouettes-camping.com.
Lat. : 47° 13' 14" N **Long.** : 002° 08' 14" W.

LES PEUPLIERS ★ Loisirs 14 E. dont 14 GCC. 4,5 ha. A 4 km : Locations : . Rivière à 1 km ; bord de mer à 4 km. Ouvert: 1.1 / 31.12. ☎ 06 87 63 27 79. E-mail : lespeupliers44@orange.fr. Web : campinglespeupliers44.fr.
Lat. : 47° 13' 25" N **Long.** : 002° 06' 44" W.

CAMPING DES 4 VENTS . ☎ 02 40 21 84 66. E-mail : campingdes4vents@orange.fr.
Lat. : 47° 12' 20" N **Long.** : 002° 02' 27" W.

SAINT-PHILBERT-DE-GRAND-LIEU

6-A3 24 km S.-O. Nantes. 11 m. Station verte de vacances et village de neige ✉ 44310

LES RIVES DE GRAND LIEU N.C. 180 E. dont 50 nus, dont 30 CC - 30 GCC. CV. Locations : roulotte, . Randonnée pédestre organisée. , . Accès direct à la rivière ; lac à 100 m. . Accueil groupes. Ouvert: 1.4 / 31.10. ☎ 02 40 78 88 79. E-mail : accueil@lesrivesdegrandlieu.com. Web : www.camping-lesrivesdegrandlieu.com.
Lat. : 47° 02' 31" N **Long.** : 001° 38' 26" W.

SAINTE-LUCE-SUR-LOIRE

5-F5 6 km N.-E. Nantes. 15 m. ✉ 44980

BELLE RIVIERE ★★★ Tourisme 110 E. dont 91 nus
3 ha CV. , . Accès direct à la rivière.. Accueil groupes. Ouvert: 1.1 / 31.12. ☎ 02 40 25 85 81. E-mail : belleriviere@wanadoo.fr. Web : www.camping-belleriviere.com. Réduction H.S.
Lat. : 47° 15' 06" N **Long.** : 001° 27' 14" W.

SAINTE-PAZANNE

6-A3 45 km S.-E. Nantes 21 m. ✉ 44680

LE REPAIRE DU HIBOU P.R.L ★ NN3 E. Locations : cabanes, roulotte. Ouvert: 1.1 / 31.12. ☎ 02 40 02 48 34. E-mail : lerepaireduhibou@orange.fr. Web : www.le-repaire-du-hibou.fr.
Lat. : 47° 03' 36" N **Long.** : 001° 50' 27" W.

SAINTE-REINE-DE-BRETAGNE

5-E5 24 km N. Saint-Nazaire. 13 m. ✉ 44160

LE DEFFAY ★★★★ Tourisme 150 E. 4 ha CV. A 5 km : couverte chauffée , . Accès direct à l'étang. . Accueil groupes adultes. Ouvert: 1.5 / 29.9. ☎ 02 40 88 00 57. E-mail : campingledeffay@gmail.com. Web : www.camping-le-deffay.com. Réduction H.S.
Lat. : 47° 26' 28" N **Long.** : 002° 09' 35" W.

SAVENAY

5-F5 25 km N.-E. Saint-Nazaire. 52 m. ✉ 44260

CAMPING DU LAC ★★ Tourisme 83 E. dont 47 nus 1 ha CV. Locations : . couverte chauffée , , . Accès direct aux bords du lac. . Ouvert: 1.3 / 31.10. ☎ 02 40 58 31 76. E-mail : contact@camping-lac-savenay.fr. Web : www.camping-lac-savenay.fr.
Lat. : 47° 21' 19" N **Long.** : 001° 55' 15" W.

TREFFIEUX

5-F4 17 km S.-O. Châteaubriant. 30 m. ✉ 44170

LES AMIS DE GRUELLAU . Ouvert: 1.5 / 30.10. ☎ 06 82 78 47 05. E-mail : lesamisdegruellau@orange.fr.
Lat. : 47° 36' 14" N **Long.** : 001° 31' 35" W.

VILLENEUVE-EN-RETZ

6-A3 40 km S.-E. Saint-Nazaire. 13 m. ✉ 44580

LES CHENES VERTS ★★★★ Loisirs 149 E. dont 100 nus
4,5 ha CV. Locations : cocosweet, caravane. couverte chauffée . Etang à 1,2 km ; bord de mer à 4 km. ; . Ouvert: 1.4 / 30.9. ☎ 02 40 21 48 16. E-mail : contact@leschenesverts.info. Web : www.leschenesverts.info.
Lat. : 47° 03' 06" N **Long.** : 001° 57' 59" W.
FFCC : avantages adhérent : 15 € du 01/04 au 03/07 et du 28/08 au 30/09 sur emp.

LA BAIE DOREE P.R.L ★★★ NN108 E. . chauffée . . Ouvert: 1.1 / 31.12. ☎ 02 40 21 41 14. E-mail : contact@camping-baie-doree.fr. Web : www.camping-baie-doree.fr.
Lat. : 47° 03' 24" N **Long.** : 001° 57' 42" W.

PRL LE HAMEAU DU LAC P.R.L ★★★ NN50 E. dont 2 nus, dont 2 GCC. 2 ha . Locations : . chauffée , . Accès direct à l'étang ; bord de mer à 3 km.. Ouvert: 1.2 / 31.12. ☎ 02 40 21 46 15. E-mail : lehameaudulac@gmail.com. Web : www.hameaudulac.fr.
Lat. : 47° 03' 48" N **Long.** : 001° 57' 32" W.

45 LOIRET

Cartes 3-7

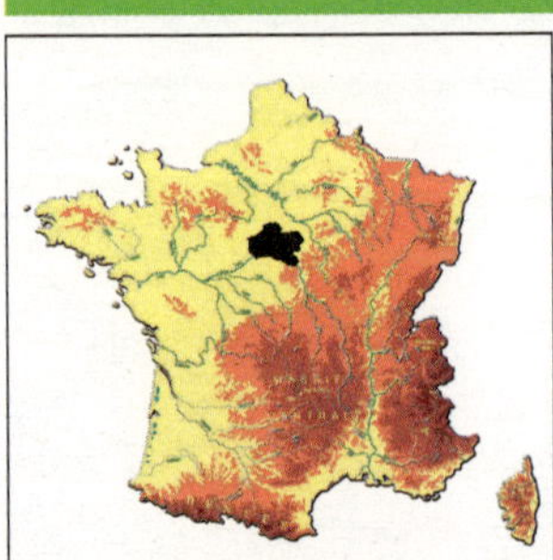

AUTRUY-SUR-JUINE

3-B5 19 km Pithiviers. 125 m. ✉ 45480

LA CHESNAIE P.R.L ★★★★ NN306 E. dont 100 nus 10 ha . Locations : . , . ; . Accueil groupes. Ouvert: 1.1 / 31.12. ☎ 02 38 39 39 39. E-mail : contact@chesnaie.eu. Web : www.parcdelachesnaie.com. Réduction H.S.
Lat. : 48° 15' 44" N **Long.** : 002° 03' 46" E.

BEAUGENCY

7-A1 25 km S.-O. Orleans. 92 m. Station verte de vacances et village de neige ✉ 45190

VAL DE FLUX ★★★ Tourisme 161 E. CV. , . Accès direct à la rivière.. Accueil groupes. Ouvert: 1.4 / 1.9. ☎ 02 38 14 72 66. E-mail : camping.beaugency@gmail.com. Web : www.camping-beaugency.fr.
Lat. : 47° 46' 37" N **Long.** : 001° 38' 35" E.

BEAULIEU-SUR-LOIRE

7-C2 51 km S. Montargis. 166 m. ✉ 45630

CAMPING TOURISTIQUE DU CANAL ★★ Tourisme 37 E. dont 37 nus
CV. Randonnée pédestre organisée. . Rivière à 1 km.. Accueil groupes. Ouvert: 15.4 / 31.10. ☎ 02 38 35 32 16. E-mail : renault.campingbeaulieu@orange.fr. Web : www.beaulieu-sur-loire.fr. Réduction H.S.
Lat. : 47° 32' 37" N **Long.** : 002° 49' 20" E.
FFCC : avantages adhérent : 13.37 € du 01/01 au 15/04 et du 02/11 au 31/12 sur emp.

BELLEGARDE

7-C1 23 km O. Montargis. 122 m. ✉ 45270

CAMPING MUNICIPAL LE DONJON NC Tourisme 38 E. dont 38 nus 0,9 ha. Accueil groupes. Ouvert: 29.5 / 26.9. ☎ 0 2 38 90 1003. E-mail : accueil@bellegarde45.fr. Web : www.bellegarde-45.fr/decouvrir-bellegarde/tourisme/se-loger. Prix 2022. empl. Tourisme : 5,50 € ; 4,50 € ; 3 € ; 3 €.
Lat. : 47° 59' 01" N **Long.** : 002° 26' 26" E.

BONNY-SUR-LOIRE

7-C2 50 km S. Montargis. 160 m. ✉ 45420

CAMPING TOURISTIQUE DU VAL ★★ Tourisme 18 E. dont 18 nus 0,8 ha. A 500 m : . Accès direct à la rivière. Ouvert: 1.5 / 30.9. ☎ 02 38 31 57 71. E-mail : mairie@bonnysurloire.fr.
Lat. : 47° 33' 36" N **Long.** : 002° 50' 03" E.

BOUZONVILLE-AUX-BOIS

3-B5 8 km S. Pithiviers. 113 m. ✉ 45300

LE CLOS DES TOURTERELLES ★★ Loisirs 69 E. dont 23 CC - 46 GCC. 1,14 ha. Locations : , couverte chauffée. Accès direct à l'étang et à la rivière. Ouvert: 1.1 / 31.12. ☎ 02 38 33 01 00. E-mail : leclosdestourterelles@outlook.fr. Web : camping-closdestourterelles.fr/.
Lat. : 48° 06' 13" N **Long.** : 002° 14' 29" E.

BRIARE

7-C2 39 km S. Montargis. 152 m. Station verte de vacances et village de neige ✉ 45250

LE MARTINET ★★★ Tourisme 128 E. dont 84 nus, dont 64 GCC. 4,5 ha CV. A 5 km : Locations : , bivouac, chauffée. Accès direct à la rivière. Accueil groupes. Ouvert: 1.4 / 31.10. ☎ 02 38 31 24 50. E-mail : campinglemartinet@outlook.fr. Web : www.entreprisefrery.com/camping-les-martinets/. Prix 2023. Fft jour : empl. Tourisme (2) : 22 € ( ) ; sup 4,80 € ; animaux 1,50 € ; 3,60 € ; 5 €.
Lat. : 47° 38' 29" N **Long.** : 002° 43' 32" E.

CEPOY

3-C5 6 km N. Montargis. 92 m. ✉ 45120

CAMPING DES RIVES DU LOING ★★ Tourisme 50 E. dont 50 nus
à partir de 22h, CV. Locations : . Accès direct à l'étang et à la rivière. Ouvert: 1.4 / 30.9. ☎ 02 38 85 29 33. E-mail : campingdesrivesduloing@agglo-montargoise.fr. Web : www.agglo-montargoise.fr/agglo-camping2/index.html. Prix 2022. Fft jour : empl. Tourisme (2) : 14,3 € ( ) ; sup 2,50 € ; 1,20 €.
Lat. : 48° 02' 33" N **Long.** : 002° 44' 32" E.
FFCC : avantages adhérent : 13 € du 01/04 au 14/06 et du 16/09 au 30/09 (uniquement camping-cars et caravanes) sur emp.

CERNOY-EN-BERRY

7-C2 60 km S. Montargis. 220 m. ✉ 45360

CAMPING MUNICIPAL R COEFFIER NC Tourisme 33 E. , . Accès direct à la rivière.. Ouvert: 1.4 / 30.9. ☎ 02 38 31 00 78. E-mail : mairie-cernoy-en-berry@wanadoo.fr.
Lat. : 47° 32' 29" N **Long.** : 002° 39' 47" E.

CHATEAUNEUF-SUR-LOIRE

7-B1 26 km E.-S.-E. Orleans. 121 m. ✉ 45110

LA MALTOURNÉE ★★★ Tourisme 175 E. dont 48 nus, dont 48 CC - 44 GCC. 3 ha CV. Locations : , . Accès direct à la rivière. Accueil groupes. Ouvert: 1.4 / 31.10. ☎ 02 38 58 42 46. E-mail : contact@lamaltournee.fr. Web : entreprisefrery.com/camping-la-maltournee/. Prix 2022. Fft jour : empl. Tourisme (2) : 19,1 € ( ) ; sup 4,20 € ; animaux 1,50 € ; 2,80 €.
Lat. : 47° 51' 24" N **Long.** : 002° 13' 25" E.

CHATENOY

7-C1 42 km E. Orléans. 128 m. ✉ 45260

VAL DE VIE ★ Loisirs 52 E. dont 2 CC - 4 GCC. CV. Locations : . Accès direct à l'étang. Ouvert: 1.2 / 30.11. ☎ 02 38 55 82 71. E-mail : campingvaldevie45@orange.fr. Web : www.camping-valdevie.com. Réduction H.S.
Lat. : 47° 54' 23" N **Long.** : 002° 23' 40" E.

CHATILLON-COLIGNY

7-C1 23 km S.-E. Montargis. 147 m. ✉ 45230

CAMPING DE MON VILLAGE ★★ 54 E. dont 54 nus 0,6 ha . , . Accès direct à la rivière.. Accueil groupes. Ouvert: 1.5 / 30.9. ☎ 01 83 64 69 21. E-mail : contact@campingcarpark.com. Web : www.campingcarpark.com/. Prix 2022.
Lat. : 47° 48' 59" N **Long.** : 002° 50' 37" E.

CHATILLON-SUR-LOIRE

7-C2 49 km S. Montargis. 179 m. ✉ 45360

L'ECLUSE DES COMBLES ★★ Tourisme 56 E. 3 ha CV. Locations : . Accès direct à la rivière. Accueil groupes. Ouvert: 1.5 / 30.9. ☎ 02 38 36 34 39. E-mail : camping.chatillonsurloire@orange.fr. Web : chatillon-sur-loire.com.
Lat. : 47° 36' 00" N **Long.** : 002° 45' 40" E.

CHECY

7-B1 12 km E. Orléans. 106 m. ✉ 45430

CAMPING MUNICIPAL LES PATURES ★★ Tourisme 41 E. dont 28 CC. CV. Rivière à 50 m. Ouvert: 10.5 / 30.9. ☎ 02 38 91 13 27. E-mail : camping@checy.fr. Web : www.checy.fr. Réduction H.S.
Lat. : 47° 53' 09" N **Long.** : 002° 01' 43" E.

COMBREUX

7-B1 37 km E. Orléans 130 m. ✉ 45530

L'ÉTANG DE LA VALLÉE ★★★ Tourisme 122 E. dont 104 nus
2,40 ha CV. Locations : , . Accès direct à l'étang. ; . Accueil groupes. Ouvert: 1.4 / 30.10. ☎ 02 38 55 47 60. E-mail : camping-etangdelavallee@vacances-seasonova.com. Web : www.campingetangdelavallee.com.
Lat. : 47° 57' 31" N **Long.** : 002° 16' 54" E.
FFCC : avantages adhérent : 10% du 31/03 au 01/07 et du 27/08 au 30/0910% du 31/03 au 01/07 et du 27/08 au 30/09 sur emp. et loc. + 5% sur les emplacements nus et locatifs en juillet et aout.

COULLONS

7-C2 45 km S.-O. Montargis. 167 m. ✉ 45720

CHARME ★ Tourisme 49 E. Locations : . Ouvert: 1.7 / 31.8. ☎ 02 38 29 22 51. E-mail : info@charme.nl. Web : www.charme.nl/pourlesfrancais.
Lat. : 47° 37' 16" N **Long.** : 002° 29' 33" E.

CAMPING DE LA PLANCHEROTTE NC Loisirs 60 E. dont 55 nus, dont 40 CC - 40 GCC. 1,85 ha CV. Locations : , tonneau. chauffée , . Accès direct à l'étang.. Accueil groupes. Ouvert: 1.5 / 30.9. ☎ 0 2 38 36 62 42. E-mail : campingdelaplancherotte@laposte.net. Web : www.campingdelaplancherotte.fr.
Lat. : 47° 37' 24" N **Long.** : 002° 29' 07" E.

FERRIERES-EN-GATINAIS

3-C5 12 km N.-N.-E. Montargis. 103 m. ✉ 45210

CAMPING MUNICIPAL DU PERRAY ★★ Tourisme 70 E. 1,2 ha CV. Locations : . Accès direct à la rivière ; étang à 500 m ; lac à 5 km.. Ouvert: 1.4 / 30.10. ☎ 06 71 43 25 95. E-mail : camping@ferrieresengatinais.fr. Web : www.ferrieresengatinais.fr.
Lat. : 48° 05' 25" N **Long.** : 002° 47' 06" E.

GIEN

7-C1 35 km S. Montargis. 163 m. ✉ 45500

LE BOIS GIRAULT NC Tourisme 100 E.
2 ha CV. Locations : , . Accès direct à l'étang.. Ouvert: 15.4 / 30.10. ☎ 0 7 83 13 91 76. E-mail : S-M-COPPOOLSE@orange.fr. Web : www.bois-girault.com. Prix 2022. empl. Tourisme : 4 € ; 5,50 € ; animaux 0,50 € ; 3 € ; 3,50 €. Réduction H.S.
Lat. : 47° 42' 08" N **Long.** : 002° 43' 12" E.
FFCC : avantages adhérent : 16 € du 15/04 au 10/07 et du 25/08 au 30/10 sur emp. et 300 € la nuitée et 450 € la semaine du 15/04 au 10/07 et du 25/08 au 30/10 sur loc.

ISDES

7-B2 40 km S.-E. Orléans. 147 m. ✉ 45620

CAMPING MUNICIPAL LES PRES BAS NC Tourisme 20 E. dont 20 nus, dont 10 GCC. 0,25 ha CV. Accès direct à l'étang.. Accueil groupes. Ouvert: 1.4 / 31.10. ☎ 02 38 29 10 82. E-mail : mail.isdes@wanadoo.fr. Web : www.isdes.fr.
Lat. : 47° 40' 28" N **Long.** : 002° 15' 23" E.

JARGEAU

7-B1 20 km E.-S.-E. Orléans. 103 m. Station verte de vacances et village de neige ✉ 45150

L'ISLE AUX MOULINS ★★ Tourisme 134 E. dont 102 nus, dont 16 CC.
3 ha CV. Locations : . Accès direct à la rivière. Accueil groupes. Ouvert: 1.4 / 31.10. ☎ 02 38 59 70 04. E-mail : campingjargeau@orange.fr. Web : www.camping-jargeau.fr/.
Lat. : 47° 52' 08" N **Long.** : 002° 06' 54" E.
FFCC : avantages adhérent : entre 30 € et 65 € la nuitée du 01/04 au 31/10 sur loc.

LA FERTE-SAINT-AUBIN

7-B1 21 km S.-S.-E. Orléans. 111 m. Station verte de vacances et village de neige ✉ 45240

LE COSSON ★★ Tourisme 50 E. dont 44 nus CV. Locations : , yourte. , . Rivière à 100 m ; étang à 2 km.. Accueil groupes. Ouvert: 1.4 / 30.9. ☎ 02 38 76 55 90. E-mail : campingducosson45@outlook.fr. Web : www.entreprisefrery.com/camping-le-cosson/. Prix 2022. Fft jour : empl. Tourisme (2) : 19,3 € ( ) ; sup 4 € ; animaux 1,60 € ; 2,50 €.
Lat. : 47° 43' 31" N **Long.** : 001° 56' 01" E.

LION-EN-SULLIAS

7-C1 54 km S.-E. Orléans. 133 m. ✉ 45600

LES TROIS ETANGS P.R.L ★★★★ NN 18 E. Ouvert: 29.4 / 29.9. ☎ 02 38 36 53 11. E-mail : contact@lestroisetangs.com. Web : www.lestroisetangs.com.
Lat. : 47° 44' 14" N **Long.** : 002° 27' 07" E.

LORRIS

7-C1 22 km S.-O. Montargis. 133 m. ✉ 45260

SEASONOVA L'ÉTANG DES BOIS ★★ Tourisme 140 E.
2,5 ha visiteur, CV. Locations : . Etang à 100 m. ; . Ouvert: 1.4 / 30.9. ☎ 02 38 92 32 00. E-mail : contact@campingetangdelavallee.com.
Lat. : 47° 52' 24" N **Long.** : 002° 26' 43" E.
FFCC : avantages adhérent : 10% du 28/04 au 01/07 et du 27/08 au 30/0910% du 28/04 au 01/07 et du 27/08 au 30/09 sur emp. et loc. + 5% sur les emplacements nus et locatifs en juillet et aout.

MENESTREAU-EN-VILLETTE

7-B1 26 km S.-E. Orléans. 123 m. ✉ 45240

DOMAINE DU CIRAN ★★ Tourisme 36 E. . Ouvert: 1.5 / 30.9. ☎ 02 38 76 90 93. E-mail : contact@domaineduciran.com.
Lat. : 47° 43' 33" N **Long.** : 002° 00' 55" E.

MONTARGIS

3-C5 71 km E. Orléans 91 m. ✉ 45200

LA FORÊT ★★★ Tourisme 90 E. dont 90 nus 3,5 ha à partir de 22 h, CV. Locations : . Rivière à 1 km ; lac à 2,4 km. Accueil groupes. Ouvert: 1.3 / 30.10. ☎ 02 38 98 00 20. E-mail : campingdelaforet@agglo-montargoise.fr. Web : www.agglo-montargoise.fr/agglo-camping/index.html. Prix 2022. 4 € ; 6 € ; 4 € ; 3 € ; 3 € ; 2 € ; 5 €.
Lat. : 48° 00' 31" N **Long.** : 002° 45' 04" E.
FFCC : avantages adhérent : 17 € du 01/03 au 14/06 et du 16/09 au 27/11 sur emp. + Offre concerne uniquement les caravanes et camping-cars. La nuit supplémentaire sera au tarif affiché.

MONTEREAU

7-C1 65 km S.-E. Montargis 137 m. ✉ 45260

M. HENDRIKUS PHILIPSEN . Ouvert: 1.5 / 30.10. ☎ 02 38 87 71 67. E-mail : henri.philipsen@orange.fr.
Lat. : 47° 51' 45" N **Long.** : 002° 33' 14" E.

NIBELLE

3-B5 19 km S.-E. Pithiviers. 139 m. ✉ 45340

PARC DE NIBELLE ★★★★ Loisirs 110 E. dont 40 nus 3 ha CV. Locations : . Espace Fitness. couverte chauffée , , . Etang à 2 km. Accueil groupes. Ouvert: 1.4 / 31.10. ☎ 02 38 32 23 55. E-mail : info@camping-parcdenibelle.com. Web : www.camping-parcdenibelle.com. Réduction H.S.
Lat. : 48° 00' 53" N **Long.** : 002° 20' 56" E.

OLIVET

7-B1 4 km S. Orléans. 102 m. ✉ 45160

CAMPING D'OLIVET ★★★ Tourisme 46 E. 1 ha CV. Locations : . , . Accès direct à la rivière.. Ouvert: 1.4 / 30.9. ☎ 02 38 63 53 94. E-mail : infos@camping-olivet.org. Web : www.camping-olivet.org.
Lat. : 47° 51' 21" N **Long.** : 001° 55' 25" E.

OUZOUER-SUR-TREZEE

7-C1 30 km S. Montargis. 167 m. ✉ 45250

LA TREZEE ★★ Tourisme 80 E. dont 80 nus 1 ha . A 9 km : Randonnée pédestre organisée. Accès direct à la rivière ; étang à 2 km.. Ouvert: 1.4 / 31.10. ☎ 02 38 29 68 58. E-mail : mairie-secretariatg@ouzouer-trezee.fr. Web : www.ouzouer-sur-trezee.fr/#!campingaire-de-camping-car/chpy.
Lat. : 47° 40' 06" N **Long.** : 002° 48' 21" E.

PITHIVIERS

3-B5 37 km N.-E. Orléans. 119 m. ✉ 45300

LES LILAS ★★ Tourisme 31 E. CV. Accès direct à la rivière.. Ouvert: 1.1 / 31.12. ☎ 02 38 39 20 11. E-mail : ygungory@aol.com. Web : campingpithiviers.wixsite.com/accueil. Prix 2022. Fft jour : empl. Tourisme (2) : 15 € ( ).
Lat. : 48° 09' 49" N **Long.** : 002° 15' 07" E.
FFCC : avantages adhérent : 14 € du 01/01 au 15/02 et du 15/11 au 31/12 sur emp.

POILLY-LEZ-GIEN

7-C1 40 km S.-S.-O. Montargis. 149 m. ✉ 45500

LES BOIS DU BARDELET ★★★★★ Tourisme 245 E. dont 120 nus 23 h / 7 h, CV. Locations : . Espace Fitness. couverte chauffée , . Accès direct à l'étang ; rivière à 5 km. ; . Accueil groupes. Ouvert: 5.5 / 3.9. ☎ 02 38 67 47 39. E-mail : contact@bardelet.com. Web : www.bardelet.com. Réduction H.S.
Lat. : 47° 38' 29" N **Long.** : 002° 36' 54" E.
FFCC : avantages adhérent : 10% du 05/05 au 30/06 et du 01/09 au 03/09 sur emp. + Rendez-vous dans votre club avantages FFCC pour obtenir le code promotionnel et réserver ou sur présentation de la carte de membre FFCC.

CAMPING TOURISTIQUE DE GIEN ★★★ Tourisme 197 E. dont 160 nus CV. Locations : , roulotte, . chauffée , , . Accès direct à la rivière. . Accueil groupes. Ouvert: 9.3 / 31.10. ☎ 02 38 67 12 50. E-mail : camping-gien@wanadoo.fr. Web : www.camping-gien.com. Réduction H.S.
Lat. : 47° 40' 59" N **Long.** : 002° 37' 23" E.
FFCC : avantages adhérent : 10% du 07/03 au 30/06 et du 01/09 au 31/1010% du 07/03 au 30/06 et du 01/09 au 31/10 sur emp. et loc. + 10% hors juillet-août sur les emplacements nus et hébergements locatifs sur présentation de la carte ou rendez-vous dans votre club avantages FFCC pour obtenir le code promotionnel.

SAINT-BENOIT-SUR-LOIRE

7-B1 32 km S.-E. Orléans. 111 m. ✉ 45730

LE PORT ★★ Tourisme 50 E. 2,5 ha CV. Locations : . ; . Accueil groupes. Ouvert: 26.5 / 11.9. ☎ 02 38 35 12 34. E-mail : campinglep ort@onlycamp.fr. Web : www.onlycamp.fr/camping-le-port/.
Lat. : 47° 48' 23" N **Long.** : 002° 17' 41" E.
FFCC : avantages adhérent : 10% du 28/04 au 08/07 et du 28/08 au 10/0910% du 28/04 au 08/07 et du 28/08 au 10/09 sur emp. et loc. + 5% saison (juillet/aout) sur les emplacements nus et locatifs *Frais de réservations offerts toute lannée.

SAINT-CYR-EN-VAL

7-B1 10 km S.-E. Orléans. 109 m. ✉ 45590

LES BOGUES ★★ Loisirs 62 E. Rés. naturiste. . Ouvert: 1.7 / 4.9. ☎ 02 38 63 29 82. E-mail : joie_et_sante@msn.com. Web : csorleans-lesbogues.org.
Lat. : 47° 48' 36" N **Long.** : 001° 56' 36" E.

SAINT-HILAIRE-LES-ANDRESIS

3-D5 24 km N.-E. Montargis. 157 m. ✉ 45320

L'OREE DU BOIS ★★ Tourisme 80 E. dont 75 nus 1,7 ha CV. Locations : . Accès direct à la rivière. Ouvert: 15.6 / 15.9. ☎ 02 38 97 36 57. E-mail : campingmontalan@gmail.com. Web : www.campingmontalan-45.fr.
Lat. : 48° 03' 31" N **Long.** : 002° 59' 52" E.

SAINT-JEAN-DE-LA-RUELLE

7-B1 2 km N.-O. Orléans. 111 m. ✉ 45140

CAMPING GASTON MARCHAND ★ Tourisme 32 E. 1,5 ha CV. Locations : . Accès direct à la rivière.. Ouvert: 24.6 / 4.9. ☎ 02 38 88 39 39. E-mail : camping@ville-saintjeandelaruelle.fr. Web : www.gcu.asso.fr.
Lat. : 47° 53' 42" N **Long.** : 001° 51' 43" E.

SAINT-PERE-SUR-LOIRE

7-C1 41 km S.-E. Orléans. 115 m. ✉ 45600

LE JARDIN DE SULLY ★★★ Tourisme 115 E. dont 65 nus, dont 52 CC. 2,8 ha CV. Locations : . Randonnée pédestre organisée. chauffée , , . Accès direct à la rivière ; étang et lac à 5 km. ; ; . Accueil groupes. Ouvert: 1.1 / 31.12. ☎ 02 38 67 10 84. E-mail : lejardindesully@gmail.com. Web : www.camping-bord-de-loire.com. Prix 2022. Fft jour : empl. Tourisme (2) : 22,5 € ( ). Réduction H.S.
Lat. : 47° 46' 18" N **Long.** : 002° 21' 44" E.

SENNELY

7-B1 32 km S.-E. Orléans. 127 m. ✉ 45240

CAMPING MUNICIPAL NC Tourisme 40 E. 1 ha , . Accès direct à l'étang.. Accueil groupes. Ouvert: 15.3 / 1.11. ☎ 06 08 04 15 06. E-mail : contact.mairie@sennely.fr. Web : www.sennely.fr.
Lat. : 47° 40' 60" N **Long.** : 002° 08' 06" E.

TIGY

7-B1 30 km S.-E. Orléans. 124 m. ✉ 45510

LE PETIT FORCELLE NC Tourisme 26 E. . Etang à 3 km ; rivière à 5 km. Accueil groupes. Ouvert: 1.4 / 31.10. ☎ 02 38 57 29 64. E-mail : fermesautemouton@orange.fr. Web : perso.wanadoo.fr/saute-moutons/.
Lat. : 47° 48' 58" N **Long.** : 002° 09' 50" E.

TRIGUERES

7-D1 22 km S.-E. Montargis. 163 m. ✉ 45220

CAMPING MUNICIPAL LES PATURES NC Loisirs 20 E. 1 ha , . Accès direct à la rivière.. Ouvert: 1.3 / 31.10. ☎ 02 38 94 00 23. E-mail : mairiedetrigueres@orange.fr.
Lat. : 47° 53' 15" N **Long.** : 002° 01' 39" E.

VILLEMURLIN

7-B1 39 km S.-E. Orléans. 143 m. ✉ 45600

AIRE NATURELLE MUNICIPALE . Ouvert: 1.4 / 30.9. ☎ 0 6 64349477. E-mail : mairie@villemurlin.fr. Prix 2022. Fft jour : empl. Tourisme (2) : 9,5 € ( ) ; sup 2 € ;
Lat. : 47° 41' 03" N **Long.** : 002° 20' 38" E.

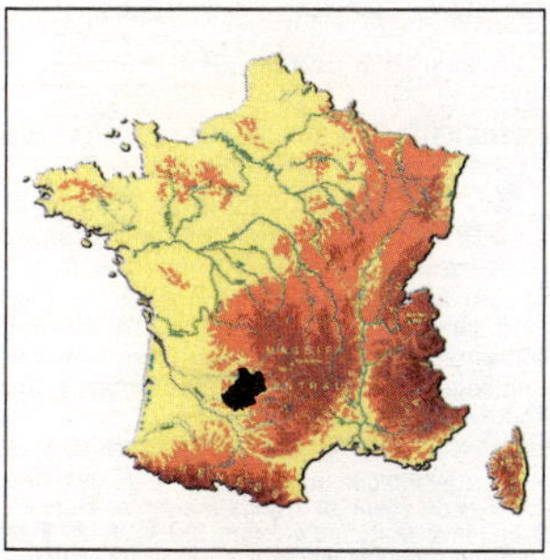

ANGLARS-JUILLAC

9-F5 29 km N.-O. Cahors. 118 m. ✉ 46140

BASE NAUTIQUE FLOIRAS ★★★ Tourisme 25 E. dont 25 nus 1 ha CV. Locations : , . Accès direct à la rivière. ; . Ouvert: 15.4 / 7.10. ☎ 06 32 59 80 96. E-mail : info@campingfloiras.com. Web : www.campingfloiras.com. Prix 2022. empl. Tourisme : 13 € ; 6,50 € ; animaux 1,75 € ; 5 € ; 5 €. Réduction H.S.
Lat. : 44° 28' 36" N **Long.** : 001° 11' 58" E.

ASSIER

10-B4 19 km N.-O. Figeac. 345 m. ✉ 46320

CAMPING MUNICIPAL NC Tourisme 20 E. 0,2 ha . Lac à 300 m ; étang à 500 m. . Ouvert: 15.6 / 15.9. ☎ 05 65 40 57 97. E-mail : assier.mairie@wanadoo.fr.
Lat. : 44° 40' 39" N **Long.** : 001° 52' 46" E.

BAGNAC-SUR-CELE

10-B4 14 km N.-E. Figeac. 303 m. ✉ 46270

LES BERGES DU CELE ★★ Tourisme 39 E. dont 36 nus, dont 44 CC. 1,38 ha CV. Locations : , bivouac. Accès direct à la rivière.. Accueil groupes. Ouvert: 13.4 / 13.10. ☎ 06 35 23 56 95. E-mail : lesbergesducele@gmail.com. Web : www.lesbergesducele.com. Réduction H.S.
Lat. : 44° 39' 54" N **Long.** : 002° 09' 30" E.

M. YANNICK THERONDEL CV. Ouvert: 1.1 / 31.12. ☎ 05 65 34 95 81. E-mail : yannicktherondel@hotmail.fr.
Lat. : 44° 39' 40" N **Long.** : 002° 07' 53" E.

BELAYE

9-F5 32 km O. Cahors. 194 m. ✉ 46140

LA TUQUE ★★★ Tourisme 99 E. dont 69 nus 5 ha CV . Locations : , . Rivière à 5 km. ; . Ouvert: 18.5 / 9.9. ☎ 06 38321826. E-mail : info@campinglatuque.fr. Web : www.campinglatuque.fr. Prix 2023. Fft jour : empl. Tourisme (2) : 34,1 € ( ) ; sup 9,25 € ; animaux 4,25 € ; 7,35 € ; 4,75 €. Réduction H.S.
Lat. : 44° 26' 38" N **Long.** : 001° 10' 20" E.

BRENGUES

10-B4 24 km S.-O. Figeac. 281 m. ✉ 46320

LE MOULIN VIEUX ★★★ Tourisme 86 E. dont 70 nus 1,5 ha CV. Locations : , , . chauffée , . Accès direct à la rivière. ; . Accueil groupes adultes. Ouvert: 17.4 / 30.10. ☎ 05 65 40 00 41. E-mail : lemoulinvieux@gmail.com. Web : www.camping-lemoulinvieux.com. Réduction H.S.
Lat. : 44° 35' 11" N **Long.** : 001° 50' 27" E.

CAMPING MUNICIPAL NC Tourisme 49 E. dont 49 nus 1,5 ha CV . Locations : . , . Accès direct à la rivière. ; . Accueil groupes adultes. Ouvert: 1.6 / 30.9. ☎ 0 7 49 15 42 69 / 0 5 81 48 06 99. E-mail : piratas.del.roc@gmail.com. Web : www.brengues.org/camping-municipal. Prix 2022. empl. Tourisme : 4,50 € ; 4 € ; 2,50 € ; 2,50 €.
Lat. : 44° 34' 29" N **Long.** : 001° 49' 58" E.

BRETENOUX

10-B4 54 km N.-N.-O. Figeac. 147 m. Station verte de vacances et village de neige ✉ 46130

LA BOURGNATELLE ★★★ Tourisme 99 E. 2 ha CV. A 3 km : . Accès direct à la rivière. . Ouvert: 11.4 / 31.10. ☎ 05 81 48 02 94. E-mail : la.bourgnatelle@gmail.com. Web : www.camping-lot-bretenoux.com.
Lat. : 44° 55' 00" N **Long.** : 001° 50' 14" E.

CABRERETS

10-A5 32 km N.-E. Cahors. 286 m. ✉ 46330

CAMPING CANTAL NC Tourisme 40 E. dont 40 nus 0,62 ha CV. . Rivière à 50 m. . Ouvert: 15.4 / 15.10. ☎ 05 65 31 26 61. E-mail : mairie@cabrerets.fr. Web : www.cabrerets.fr. Prix 2022. empl. Tourisme : 4 € ; 3,50 € ; 2 € ; 3 €.
Lat. : 44° 30' 28" N **Long.** : 001° 39' 44" E.

CAHORS

10-A5 570 km S.-O. Paris. 210 m. ✉ 46000

RIVIÈRE DE CABESSUT ★★★ Tourisme 113 E. dont 103 nus 2 ha CV . Locations : . , . Accès direct à la rivière. . Accueil groupes adultes. Ouvert: 1.4 / 30.9. ☎ 05 65 30 06 30. E-mail : contact@cabessut.com. Web : www.cabessut.com. Prix 2023. Fft jour : empl. Tourisme (2) : 22,6 € ( ) ; sup 6,50 € ; animaux 2,50 € ; 5 € ; 3 €.
Lat. : 44° 27' 48" N **Long.** : 001° 26' 29" E.

CAJARC

10-B5 25 km S.-O. Figéac. 271 m. Station verte de vacances et village de neige ✉ 46160

LE TERRIOL ★★ Tourisme 45 E. dont 43 nus Locations : . Ouvert: 10.4 / 30.9. ☎ 05 65 40 72 74. E-mail : info@campingleterriol.com. Web : www.campingleterriol.com/. Réduction H.S.
Lat. : 44° 29' 02" N **Long.** : 001° 50' 19" E.

CALVIAC

10-B3 44 km N. Figeac. 608 m. ✉ 46190

LES TROIS SOURCES ★★★★ Tourisme 100 E. dont 50 nus 7,5 ha CV . Locations : . Randonnée pédestre organisée. chauffée , , . Accès direct à l'étang et aux bords du lac et à la rivière. ; . Ouvert: 27.4 / 7.9. ☎ 05 65 33 03 01. E-mail : info@camping-les-trois-sources.com. Web : www.camping-les-trois-sources.com. Réduction H.S.
Lat. : 44° 56' 25" N **Long.** : 002° 03' 02" E.

CAMBOULIT

10-B4 8 km O. Figeac. 241 m. ✉ 46100

LA BELLE EPOQUE NC Tourisme 28 E. dont 27 nus CV. . Accès direct à la rivière. . Accueil groupes. Ouvert: 15.6 / 15.9. ☎ 05 65 40 04 42. E-mail : belle-epoque@orange.fr. Web : www.domainelabelleepoque.com.
Lat. : 44° 35' 46" N **Long.** : 001° 56' 19" E.

CARENNAC

10-A4 56 km N.-E. Gourdon. 242 m. ✉ 46110

L'EAU VIVE ★★★★ Tourisme 90 E. dont 70 nus 2 ha CV . Locations : , , . Randonnée pédestre organisée. Espace Fitness. , . Accès direct à la rivière. ; . Accueil groupes. Ouvert: 29.4 / 30.9. ☎ 05 65 10 97 39. E-mail : info@camping-lot-eauvive.com. Web : www.camping-lot-eauvive.com. Réduction H.S.
Lat. : 44° 54' 37" N **Long.** : 001° 44' 31" E.

CARLUCET

10-A4 24 km E. Gourdon. 304 m. ✉ 46500

CHATEAU DE LACOMTE ★★★★ Tourisme 95 E. dont 86 GCC. 4 ha CV . Locations : , . . Accueil groupes adultes. Ouvert: 1.5 / 15.9. ☎ 05 65 38 75 46. E-mail : info@chateaulacomte.com. Web : www.chateaulacomte.com. Réduction H.S.
Lat. : 44° 43' 42" N **Long.** : 001° 35' 48" E.

CASTELNAU MONTRATIER-SAINTE ALAUZIE

9-F5 28 km S. Cahors. 196 m. Station verte de vacances et village de neige ✉ 46170

CAMPING DE MON VILLAGE ★ Tourisme 26 E. dont 26 nus 0,8 ha . Rivière à 1 km. Ouvert: 1.7 / 31.8. ☎ 0 1 83 64 69 21. E-mail : contact@campingcarpark.com. Web : www.campingcarpark.com/. Prix 2022.
Lat. : 44° 16' 25" N **Long.** : 001° 21' 04" E.

CAZALS

9-F4 32 km N.-O. Cahors. 224 m. ✉ 46250

CAMPING MUNICIPAL LE PLAN D'EAU ★★ Tourisme 56 E. dont 10 CC. 0,8 ha CV. Locations : . Randonnée pédestre organisée. , . Accès direct aux bords du lac. ; . Ouvert: 1.5 / 30.9. ☎ 05 65 22 84 45. E-mail : mairiecazals@wanadoo.fr. Web : camping.mairiecazals.monsite.orange.fr.
Lat. : 44° 38' 31" N **Long.** : 001° 13' 18" E.

CENEVIERES
10-A5 37 km E. Cahors. 238 m. ✉ 46330

CAMPING DE CÉNEVIÈRES ★★ Tourisme 16 E. dont 16 nus 1,2 ha CV. Locations : . Randonnée pédestre organisée. , . Accès direct à la rivière. ; . Accueil groupes. Ouvert: 2.6 / 30.9. ☎ 0 581 429 500 / 0 6 20 95 06 66. E-mail : contact@chill-lot.com. Web : www.chill-lot.com. Réduction H.S.
Lat. : 44° 28' 00" N **Long. :** 001° 45' 00" E.

COMIAC
10-B3 50 km N. Figeac. 507 m. ✉ 46190

CAMPING MUNICIPAL NC Tourisme 33 E. 1,3 ha . , . Accès direct aux bords du lac.. Ouvert: 1.7 / 31.8. ☎ 05 65 33 87 93. E-mail : comiac@sousceyrac-en-quercy.fr. Web : www.sousceyrac-en-quercy.fr.
Lat. : 44° 56' 29" N **Long. :** 001° 58' 43" E.

CONCORES
9-F4 12 km S. Gourdon. 261 m. ✉ 46310

LE MOULIN DES DONNES ★★★ Tourisme 62 E. dont 56 nus 1,5 ha CV . Locations : , . . Accès direct à la rivière. . Accueil groupes. Ouvert: 1.1 / 31.12. ☎ 05 65 31 03 90. E-mail : info@camping-moulindesdonnes.com. Web : www.camping-moulindesdonnes.com. Réduction H.S.
Lat. : 44° 39' 35" N **Long. :** 001° 23' 09" E.

CONDAT
10-A3 54 km N.-E. Gourdon. 144 m. ✉ 46110

LES CHÊNES CLAIRS ★★★ Tourisme 50 E. dont 39 nus 3 ha CV . Locations : . . Etang et rivière à 5 km. Accueil groupes. Ouvert: 1.5 / 30.9. ☎ 0 6 89 68 52 15. E-mail : camping@leschenesclairs.fr. Web : www.camping-dans-le-lot.com.
Lat. : 44° 59' 16" N **Long. :** 001° 40' 19" E.

CRAYSSAC
9-F5 14 km N.-O. Cahors. 237 m. ✉ 46150

LES REFLETS DU QUERCY ★★★★ Tourisme 132 E. dont 37 nus 4 ha CV . Locations : , . Randonnée pédestre organisée. chauffée . . Accueil groupes. Ouvert: 2.4 / 1.10. ☎ 0466 600 700. E-mail : reflets-quercy@koawa.com. Web : www.camping-reflets-quercy.fr/fr. Prix 2022. Fft jour : empl. Tourisme (2) : 25 € ( ) ; sup 6 € ; animaux 3 € ; 5 €.
Lat. : 44° 30' 36" N **Long. :** 001° 19' 21" E.

CREYSSE
10-A4 36 km N.-E. Gourdon. 141 m. ✉ 46600

CAMPING DU PORT ★★★ Tourisme 100 E. dont 86 nus CV . Locations : cabanes. Randonnée pédestre organisée. , . Accès direct à la rivière. ; . Accueil groupes. Ouvert: 18.4 / 29.9. ☎ 05 65 32 20 82. E-mail : contact@campingduport.com. Web : www.campingduport.com.
Lat. : 44° 53' 07" N **Long. :** 001° 35' 57" E.
FFCC : avantages adhérent : 16 € du 23/04 au 30/06 et du 30/08 au 30/09 sur emp.

DEGAGNAC
9-F4 14 km S.-O. Gourdon. 233 m. ✉ 46340

LAGOUDALIE . Ouvert: 15.4 / 28.10. ☎ 05 65 41 64 16. E-mail : campinglagoudalie@gmail.com, Web : www.lagoudalie.com. Prix 2023. empl. Tourisme : 9 € ; 6 € ; 4 € ; 4,70 €.
Lat. : 44° 38' 41" N **Long. :** 001° 19' 59" E.

DOUELLE
9-F5 11 km N.-O. Cahors. 169 m. ✉ 46140

CAMPING MUNICIPAL DE L'ECLUSE NC Tourisme 17 E. dont 17 nus, dont 17 CC. CV . Locations : . , . , . Accès direct à la rivière. ; ; . Accueil groupes adultes. Ouvert: 15.4 / 15.10. ☎ 05 65 21 11 78. E-mail : salvatore.pappalardo@orange.fr. Web : www.antinea-lot.fr.
Lat. : 44° 28' 49" N **Long. :** 001° 21' 43" E.

DURAVEL
9-F5 39 km N.-O. Cahors. 154 m. ✉ 46700

DOMAINE DURAVEL ★★★★ Tourisme 319 E. 7,6 ha CV . Locations : , , . chauffée , , , . Accès direct à la rivière. ; ; . Ouvert: 28.4 / 16.9. ☎ 05 65 24 65 06. E-mail : duravel@capfun.com. Web : www.capfun.com. Réduction H.S.
Lat. : 44° 29' 45" N **Long. :** 001° 04' 48" E.

FIGEAC
10-B4 70 km N.-E. Cahors. 273 m. ✉ 46100

DOMAINE DU SURGIÉ ★★★ Tourisme 113 E. dont 87 nus 3 ha CV . Locations : . Randonnée pédestre organisée. chauffée . Accès direct aux bords du lac et à la rivière. ; . Accueil groupes. Ouvert: 1.5 / 30.9. ☎ 05 61 64 88 54. E-mail : contact@marc-montmija.com. Web : www.domainedusurgie.com. Prix 2023. Fft jour : empl. Tourisme (2) : 27 € ( ). Réduction H.S.
Lat. : 44° 36' 47" N **Long. :** 002° 02' 57" E.

GIRAC
10-B4 53 km N.-O. Figeac. 134 m. ✉ 46130

LES CHALETS SUR LA DORDOGNE ★★★ Tourisme 67 E. dont 40 nus 2 ha 23 h / 7 h 30, . Locations : , cocosweet, . chauffée , . Accès direct à la rivière ; lac à 4 km. ; ; . Accueil groupes adultes. Ouvert: 10.4 / 29.9. ☎ 05 65 10 93 33. E-mail : contact@camping-chalet-sur-dordogne.com. Web : www.camping-chalet-sur-dordogne.com.
Lat. : 44° 55' 09" N **Long. :** 001° 48' 10" E.

GOUJOUNAC
9-F4 30 km N.-O. Cahors. 229 m. ✉ 46250

46 RAINETTES ★★★ Tourisme 17 E. dont 7 nus 0,5 ha CV . Locations : , . , . Lac à 2 km ; étang à 5 km. Ouvert: 24.4 / 24.9. ☎ 06 50 57 29 90. E-mail : contact@camping46rainettes.com. Web : www.camping46rainettes.com. Prix 2023. Fft jour : empl. Tourisme (2) : 19 € ( ) ;
Lat. : 44° 34' 37" N **Long. :** 001° 11' 34" E.

GOURDON
9-F4 47 km N. Cahors. 202 m. Station verte de vacances et village de neige ✉ 46300

DOMAINE LE QUERCY ★★★★ Tourisme 142 E. dont 90 nus CV . Locations : , . chauffée , , . Accès direct aux bords du lac. ; ; . Accueil groupes. Ouvert: 27.4 / 15.9. ☎ 05 65 41 06 19. E-mail : domainequercy@orange.fr. Web : www.domainequercy.com.
Lat. : 44° 44' 58" N **Long. :** 001° 22' 31" E.

DOMAINE NATURISTE LE CHAMP DE GUIRAL ★★★ Tourisme 14 E. dont 8 nus 1 ha CV Rés. naturiste. . Ouvert: 4.5 / 21.9. ☎ 05 65 41 02 69. E-mail : vacancesnaturiste@gmail.com. Web : www.vacancesnaturiste.com. Réduction H.S.
Lat. : 44° 46' 27" N **Long. :** 001° 24' 37" E.

LE PARADIS ★★ Tourisme 28 E. dont 20 nus 1 ha CV . Locations : , , caravane. . Etang et lac à 2 km. . Accueil groupes. Ouvert: 6.4 / 28.9. ☎ 05 65 41 65 01. E-mail : contact@campingleparadis.com. Web : www.campingleparadis.com. Réduction H.S.
Lat. : 44° 43' 20" N **Long. :** 001° 22' 28" E.

GRAMAT
10-A4 35 km E.-N.-E. Gourdon. 323 m. ✉ 46500

MME ANNE MONTEIL CV. ☎ 05 65 33 13 49. E-mail : fermaccueil@free.fr, Web : www.fermaccueil.fr.
Lat. : 44° 46' 60" N **Long. :** 001° 43' 13" E.

LACAPELLE-MARIVAL
10-B4 20 km N.-N.-O. Figeac. 433 m. ✉ 46120

LE BOIS DE SOPHIE ★★ Tourisme 66 E. dont 49 nus 2 ha CV . Locations : , . , . Lac à 800 m.. Accueil groupes. Ouvert: 27.4 / 30.9. ☎ 05 65 40 82 59. E-mail : campingboisdesophie@gmail.com. Web : www.camping-lot-leboisdesophie.com. Prix 2022. Fft jour : empl. Tourisme (2) : 19 € ( ) ; sup 4,50 € ; animaux 3 € ; 3,50 €.
Lat. : 44° 43' 59" N **Long. :** 001° 55' 00" E.

LACAVE
10-A4 28 km N.-E. Gourdon. 194 m. ✉ 46200

LA RIVIÈRE ★★★ Tourisme 110 E. dont 91 nus 3 ha . Locations : , . Randonnée pédestre organisée. chauffée , , . Accès direct à la rivière. ; . Ouvert: 29.4 / 16.9. ☎ 05 65 37 02 04. E-mail : contact@campinglariviere.com. Web : www.campinglariviere.com. Prix 2023. Fft nuit : empl. Tourisme (2) : 26,5 € ( )
Lat. : 44° 51' 42" N **Long. :** 001° 33' 35" E.
FFCC : avantages adhérent : 20 € du 29/04 au 08/07 et du 26/08 au 16/09 sur emp. et entre 99 € et 145 € la nuitée et entre 299 € et 420 € la semaine du 15/04 au 08/07 et du 02/09 au 16/09 sur loc.

M. VINCENT DARNIS . Ouvert: 1.6 / 20.9. ☎ 05 65 32 63 01. E-mail : d.vincent4@wanadoo.fr, Web : perso.wanadoo.fr/d.vincent.
Lat. : 44° 50' 41" N **Long. :** 001° 33' 22" E.

LACHAPELLE-AUZAC
10-A3 23 km N.-E. Gourdon 231 m. ✉ 46200

M. JO FAUREL CV. Ouvert: 1.4 / 15.10. ☎ 06 82 92 55 67. E-mail : jo.campinglelacrouge@gmail.com.
Lat. : 44° 57' 05" N **Long. :** 001° 28' 03" E.

LAMAGDELAINE
10-A5 7 km N.-E. Cahors. 203 m. ✉ 46090

CAMPING GCU - LAMAGDELAINE ★★ Tourisme 44 E. 1 ha. Locations : , , . Accès direct à la rivière. . Ouvert: 23.6 / 17.9. ☎ 05 65 22 38 78. E-mail : gcu@gcu.asso.fr. Web : www.gcu.asso.fr.
Lat. : 44° 28' 00" N **Long. :** 001° 29' 05" E.

CAMPING DE MON VILLAGE NC Tourisme 29 E. dont 29 nus CV. , . Accès direct à la rivière.. Accueil groupes. Ouvert: 1.7 / 31.8. ☎ 01 83 64 69 21. E-mail : contact@campingcarpark.com. Web : www.campingcarpark.com/. Prix 2022.
Lat. : 44° 28' 00" N **Long. :** 001° 29' 07" E.

LAMOTHE-FENELON
10-A4 12 km N. Gourdon. 174 m. ✉ 46350

LA CLAIRIÈRE ★★★ Tourisme 50 E. dont 31 nus 3 ha CV . Locations : , caravane. . Etang à 4 km. . Accueil groupes adultes. Ouvert: 8.4 / 30.9. ☎ 07 65 81 38 80. E-mail : la-clairiere@outlook.com. Web : www.la-clairiere-camping.fr. Prix 2023. Fft jour : empl. Tourisme (2) : 23 € ( ) ; sup 6 € ; animaux 4 € ; 4 € ; 5 €. Réduction H.S.
Lat. : 44° 48' 36" N **Long. :** 001° 24' 25" E.
FFCC : avantages adhérent : 18 € du 08/04 au 08/07 et du 02/09 au 30/09 sur emp.

LANZAC

10-A4 27 km N.-E. Gourdon. 185 m. ✉ 46200

CAMPING MUNICIPAL DU PONT NC Tourisme 66 E. 1 ha CV. Locations : . Accès direct à la rivière. Accueil groupes. Ouvert: 1.7 / 31.8. ☎ 05 65 37 02 58. E-mail : mairie.lanzac@wanadoo.fr. Web : www.lanzac.fr.
Lat. : 44° 52′ 54″ N **Long.** : 001° 28′ 59″ E.

LARNAGOL

10-A5 36 km S.-O. Figeac. 266 m. ✉ 46160

RUISSEAU DU TREIL ★★★ Tourisme 49 E. dont 46 nus 3 ha CV. Locations : , caravane. Rivière à 200 m. Accueil groupes. Ouvert: 1.5 / 30.9. ☎ 05 65 31 23 39. E-mail : contact@lotcamping.com. Web : www.lotcamping.com. Prix 2023. Fft jour : empl. Tourisme (1) : 17 € ( ). Réduction H.S.
Lat. : 44° 28′ 23″ N **Long.** : 001° 46′ 59″ E.

LATOUILLE-LENTILLAC

10-B4 47 km N. Figeac. 410 m. ✉ 46400

LES EAUX VIVES ★★ Tourisme 30 E. dont 51 nus
FFCC . Locations : . Accès direct à la rivière.. Ouvert: 21.6 / 8.9. ☎ 05 65 38 13 09. E-mail : eaux-vives@campeole.com. Web : www.campeole.com.
Lat. : 44° 51′ 02″ N **Long.** : 001° 57′ 32″ E.
FFCC : avantages adhérent : 10% du 16/06 au 08/07 et du 26/08 au 03/09 sur emp. et 5% du 16/06 au 08/07 et du 26/08 au 03/09 sur loc.

LAVAL-DE-CERE

10-B3 60 km N. Figeac. 299 m. ✉ 46130

CAMPING DU LAC ★★★ Tourisme 38 E. 0,6 ha . Accès direct aux bords du lac. Ouvert: 15.6 / 15.9. ☎ 05 65 33 86 50. E-mail : contact@dordogne-vacances.fr. Web : www.dordogne-vacances.fr.
Lat. : 44° 56′ 23″ N **Long.** : 001° 55′ 46″ E.

LE VIGAN

10-A4 4 km E. Gourdon. 290 m. ✉ 46300

ECO CAMPING LE RÊVE ★★★ Tourisme 60 E. dont 50 nus
La Clef Verte 3,5 ha CV. Locations : , cabanes. chauffée . Accueil groupes adultes. Ouvert: 13.5 / 18.9. ☎ 05 65 41 25 20. E-mail : info@campinglereve.com. Web : www.campinglereve.com. Prix 2023. Fft jour : empl. Tourisme (2) : 23 € ( ) ; sup 6,50 € ; animaux 2,50 € ; 5 € ; 4 €. Réduction H.S.
Lat. : 44° 46′ 25″ N **Long.** : 001° 26′ 26″ E.

LES VIGNES VIEILLES NC 66 E. . Ouvert: 1.3 / 31.10. ☎ 05 65 412940. E-mail : lesvignesvieilles@orange.fr. Web : theoldvines.co.uk.
Lat. : 44° 46′ 11″ N **Long.** : 001° 26′ 18″ E.

LES QUATRE-ROUTES-DU-LOT

10-A3 52 km N.-E. Gourdon. 146 m. ✉ 46110

CAMPING LE VIGNON ★ Tourisme 28 E. 1 ha . Locations : , caravane. , Accès direct à la rivière ; lac à 30 m.. Ouvert: 1.4 / 30.11. ☎ 07 78 80 37 01. E-mail : campinglevignon@hotmail.com. Réduction H.S.
Lat. : 44° 59′ 26″ N **Long.** : 001° 39′ 08″ E.

LEYME

10-B4 32 km N.-O. Figeac. 512 m. ✉ 46120

LE FRANCES ★★★ Tourisme 132 E. dont 59 nus
FFCC . chauffée. Ouvert: 3.6 / 11.9. ☎ 05 65 38 91 38. E-mail : frances@campeole.com. Web : www.campeole.com/camping/post/le-frances-leyme.
Lat. : 44° 46′ 03″ N **Long.** : 001° 53′ 11″ E.
FFCC : avantages adhérent : 10% du 10/06 au 08/07 et du 26/08 au 10/09 sur emp. et 5% du 10/06 au 08/07 et du 26/08 au 10/09 sur loc.

LHERM

9-F4 22 km N.-O. Cahors. 202 m. ✉ 46150

M. SERGE VIALARD. Ouvert: 1.1 / 31.12. ☎ 05 65 30 63 14. E-mail : campingbouzan@gmail.com.
Lat. : 44° 45′ 40″ N **Long.** : 001° 26′ 21″ E.

LHOSPITALET

9-F5 11 km S. Cahors 280 m. ✉ 46170

MME MICHELINE GIRMA. Ouvert: 1.4 / 30.10. ☎ 05 65 21 00 57.
Lat. : 44° 20′ 38″ N **Long.** : 001° 26′ 59″ E.

LIMOGNE-EN-QUERCY

10-A5 34 km E.-S.-E. Cahors. 314 m. Station verte de vacances et village de neige ✉ 46260

BEL AIR ★★ Tourisme 50 E. 1,5 ha CV. Locations : , . Accueil groupes. Ouvert: 1.4 / 1.10. ☎ 05 65 24 32 75. E-mail : camping.lebelair@hotmail.com. Web : www.campinglebelair-limogne.com. Prix 2022. empl. Tourisme : 5 € ; 5 € ; animaux 1 € ; 3 € ; 4 €.
Lat. : 44° 23′ 41″ N **Long.** : 001° 45′ 52″ E.

LINAC

10-B4 10 km N.-E. Figeac. 342 m. ✉ 46270

CAMPING MUNICIPAL DU STADE . Ouvert: 15.6 / 15.9. ☎ 05 65 34 93 87. E-mail : linac.mairie@orange.fr.
Lat. : 44° 39′ 58″ N **Long.** : 002° 06′ 52″ E.

LISSAC-ET-MOURET

10-B4 5 km N.-O. Figeac 280 m. ✉ 46100

M. GÉRARD GAY CV . Ouvert: 15.6 / 15.9. ☎ 05 65 34 40 98. E-mail : loasienne@hotmail.com, Web : www.oasienne.com.
Lat. : 44° 37′ 25″ N **Long.** : 001° 57′ 47″ E.

LOUBRESSAC

10-A4 44 km N.-O. Figeac. 321 m. ✉ 46130

LA GARRIGUE ★★★ Tourisme 54 E. 1,8 ha CV . Rivière à 4 km. Accueil groupes adultes. Ouvert: 1.4 / 30.9. ☎ 05 65 38 34 88. E-mail : infos@camping-lagarrigue.com. Web : www.camping-lagarrigue.com.
Lat. : 44° 52′ 12″ N **Long.** : 001° 48′ 06″ E.

LOUPIAC

10-A4 16 km N.-E. Gourdon. 215 m. ✉ 46350

LES HIRONDELLES ★★★★ Tourisme 65 E. dont 22 nus
FFCC 2 ha CV . Locations : , cabanes, . Randonnée pédestre organisée. couverte chauffée . Rivière à 5 km. Accueil groupes adultes. Ouvert: 9.4 / 18.9. ☎ 05 65 37 66 25. E-mail : contact@camping-leshirondelles.com. Web : camping-leshirondelles.com.
Lat. : 44° 50′ 07″ N **Long.** : 001° 27′ 37″ E.
FFCC : avantages adhérent : 16 € du 08/04 au 01/07 et du 01/09 au 24/09 sur emp.

M. FRANCIS GATIGNOL CV . Ouvert: 1.5 / 30.10. ☎ 05 65 37 64 87. E-mail : francis.gatignol@wanadoo.fr, Web : www.campingchezfrancis.fr.
Lat. : 44° 49′ 01″ N **Long.** : 001° 27′ 35″ E.

LUGAGNAC

10-A5 34 km S.-E. Cahors 267 m. ✉ 46260

LALBRADE ★★★ Tourisme 50 E. dont 45 nus 0,8 ha CV Rés. naturiste. Locations : . Randonnée pédestre organisée. chauffée . Ouvert: 11.4 / 27.9. ☎ 05 65 31 52 35. E-mail : lalbrade@orange.fr. Web : www.lalbrade.com. Réduction H.S.
Lat. : 44° 25′ 15″ N **Long.** : 001° 41′ 43″ E.

LUZECH

9-F5 18 km O. Cahors. 186 m. Station verte de vacances et village de neige ✉ 46140

LES BERGES DE CAIX ★ Tourisme 24 E. dont 24 nus 0,8 ha CV . Locations : . Accès direct à la rivière. Accueil groupes. Ouvert: 1.5 / 30.9. ☎ 05 65 21 07 86. E-mail : caixbasenautique@orange.fr. Web : caixbasenautique.fr.
Lat. : 44° 29′ 22″ N **Long.** : 001° 17′ 45″ E.

MARCILHAC-SUR-CELE

10-A4 32 km S.-O. Figeac. 281 m. ✉ 46160

CAMPING LE PRE MONSIEUR ★★ Tourisme 53 E. 1 ha . Accès direct à l'étang et à la rivière. Ouvert: 6.4 / 27.9. ☎ 05 65 40 77 88. E-mail : lepredemonsieur@gmail.com. Web : lepredemonsieur.e-monsite.com.
Lat. : 44° 33′ 21″ N **Long.** : 001° 46′ 15″ E.

MARMINIAC

9-F4 36 km N.-O. Cahors. 272 m. ✉ 46250

LES HAMEAUX DE POMETTE ★★ Locations : . chauffée. Rivière à 1 km ; étang et lac à 2 km. Ouvert: 1.4 / 31.10. ☎ 05 65 21 74 29. E-mail : info@hameauxdepomette.com. Web : www.hameauxdepomette.com.
Lat. : 44° 38′ 59″ N **Long.** : 001° 13′ 00″ E.

MARTEL

10-A3 40 km N.-E. Gourdon. 233 m. Station verte de vacances et village de neige ✉ 46600

LES FALAISES ★★ Tourisme 47 E.
FFCC 1 ha CV. Locations : , . Accès direct à la rivière. Accueil groupes. Ouvert: 18.6 / 9.9. ☎ 05 65 37 37 78. E-mail : contact@camping-lesfalaises.com. Web : www.camping-lesfalaises.com.
Lat. : 44° 54′ 35″ N **Long.** : 001° 37′ 35″ E.
FFCC : avantages adhérent : 16 € du 01/05 au 30/06 et du 30/08 au 30/09 sur emp.

CAMPEOLES LA GABARRE VVF GLUGES NC Tourisme 34 E. dont 15 GCC. 2 ha . Rivière à 50 m. Ouvert: 1.7 / 30.8. ☎ 05 65 37 33 70. E-mail : informationcommerciale@vvfvillages.fr.
Lat. : 44° 54′ 24″ N **Long.** : 001° 37′ 33″ E.

CAMPING MUNICIPAL LA CALLOPIE NC Tourisme 17 E. 0,45 ha. Rivière à 5 km. Ouvert: 15.6 / 15.9. ☎ 05 65 37 30 03. E-mail : mairiedemartel@wanadoo.fr.
Lat. : 44° 56′ 23″ N **Long.** : 001° 36′ 18″ E.

MAYRAC

10-A4 34 km N.-E. Gourdon. 226 m. ✉ 46200

LE PIC ★★★ Tourisme 45 E. dont 34 nus 3,5 ha CV. Locations : cocosweet. Randonnée pédestre organisée. chauffée. Rivière à 2 km. Ouvert: 28.5 / 20.9. ☎ 05 65 32 25 04. E-mail : infos@campinglepic.com. Web : www.campinglepic.com. Réduction H.S.
Lat. : 44° 54′ 04" N **Long.** : 001° 34′ 09" E.

MAYRINHAC-LENTOUR

10-B4 37 km N.-O. Figeac. 358 m. ✉ 46500

LA CASCADE NC Tourisme 35 E. 2 ha. Etang et rivière à 5 km. Ouvert: 1.5 / 30.9. ☎ 05 65 38 20 91. E-mail : campinglacascade@wanadoo.fr.
Lat. : 44° 49′ 56" N **Long.** : 001° 48′ 59" E.

MEYRONNE

10-A4 34 km N.-E. Gourdon. 156 m. ✉ 46200

LA PLAGE ★★★ Tourisme 72 E. dont 56 nus après 22 h, CV. Locations : . Espace Fitness. chauffée , . Accès direct à la rivière. ; . Accueil groupes. Ouvert: 1.5 / 30.9. ☎ 06 32 02 82 82. E-mail : contact@camping-laplage.com. Web : www.camping-laplage.com. Prix 2023. Fft jour : empl. Tourisme (2): 22 € (). Réduction H.S.
Lat. : 44° 52′ 34" N **Long.** : 001° 34′ 38" E.

MIERS

10-A4 40 km N.-E. Gourdon. 314 m. ✉ 46500

LE PIGEONNIER ★★★ Tourisme 45 E. dont 31 nus CV. Locations : , cabanes. Randonnée pédestre organisée. chauffée . Accueil groupes. Ouvert: 4.4 / 3.10. ☎ 05 65 33 71 95. E-mail : camping-le-pigeonnier@orange.fr. Web : www.campinglepigeonnier.com. Réduction H.S.
Lat. : 44° 51′ 10" N **Long.** : 001° 42′ 42" E.

MONTBRUN

10-B5 20 km S.-O. Figéac. 269 m. ✉ 46160

LES COURNOULISES ★★ Tourisme 40 E. dont 33 nus 1 ha CV. Locations : , tipi, . Accès direct à la rivière. ; . Accueil groupes. Ouvert: 18.5 / 30.9. ☎ 06 15 53 00 58. E-mail : yannick@lescournoulises.fr. Web : lescournoulises.fr. Réduction H.S.
Lat. : 44° 30′ 24" N **Long.** : 001° 53′ 46" E.

MONTCABRIER

9-F4 44 km N.-O. Cahors. 202 m. ✉ 46700

MOULIN DE LABORDE ★★★ Tourisme 80 E. dont 80 nus
4,5 ha CV. Accueil groupes. Ouvert: 1.7 / 1.9. ☎ 05 65 24 62 06. E-mail : moulindelaborde@wanadoo.fr. Web : www.moulindelaborde.eu. Prix 2023. empl. Tourisme : 13 € nuit ; 8,40 € nuit ; 5,40 € nuit ; 4,20 € nuit. Réduction H.S.
Lat. : 44° 32′ 51" N **Long.** : 001° 05′ 02" E.
FFCC : avantages adhérent : 20 € du 20/05 au 06/07 et du 23/08 au 07/09 sur emp.

DOMAINE SALINIE
CV. Ouvert: 1.4 / 30.9. ☎ 05 65 24 64 45. E-mail : contact@domaine-salinie.com, Web : www.domaine-salinie.com.
Lat. : 44° 32′ 18" N **Long.** : 001° 05′ 52" E.
FFCC : avantages adhérent : 15 € du 01/04 au 30/09 sur emp.

VALENTHEZE . Ouvert: 9.5 / 11.9. ☎ 05 65 36 03 57. E-mail : info@valentheze.fr, Web : valentheze.fr. Réduction H.S.
Lat. : 44° 33′ 24" N **Long.** : 001° 06′ 40" E.

MONTET-ET-BOUXAL

10-B4 20 km N. Figeac 557 m. ✉ 46210

AIRE NATURELLE MUNICIPALE . Ouvert: 1.5 / 31.10. ☎ 05 65 40 22 60. E-mail : mairie.montetetbouxal@wanadoo.fr.
Lat. : 44° 44′ 23" N **Long.** : 002° 01′ 20" E.

PADIRAC

10-A4 44 km N.-E. Gourdon. 364 m. ✉ 46500

ROCA D'AMOUR ★★★★ Tourisme 81 E. dont 27 nus CV. couverte chauffée . Ouvert: 20.5 / 6.9. ☎ 05 65 33 65 54. E-mail : rocadamour@capfun.com. Web : www.capfun.com.
Lat. : 44° 51′ 08" N **Long.** : 001° 44′ 40" E.

LES ROULOTTES DU PETIT GOUFFRE DE PADIRAC P.R.L ★ NN6 E. Locations : roulotte. . Ouvert: 1.1 / 31.12. ☎ 05 65 40 06 98. E-mail : lesroulottesdepadirac@gmail.com. Web : www.chambredhote-padirac-rocamadour.com.
Lat. : 44° 50′ 57" N **Long.** : 001° 45′ 17" E.

PAYRAC

10-A4 12 km N.-E. Gourdon. 251 m. ✉ 46350

PAYRAC LES PINS ★★★★ Tourisme 151 E. dont 48 nus
3,8 ha CV. Locations : . Randonnée pédestre organisée. couverte chauffée . Etang à 5 km. . Accueil groupes adultes. Ouvert: 15.4 / 4.9. ☎ 05 65 37 96 32. E-mail : info@campinglesequoia.fr. Web : www.les-pins-camping.com. Prix 2022. Fft jour : empl. Tourisme (2) : 33 € () ; sup 9 € ; animaux 6 € ; 7 €. Réduction H.S.
Lat. : 44° 47′ 21" N **Long.** : 001° 28′ 19" E.

LE PICOUTY ★★★ Tourisme 51 E. dont 24 nus, dont 2 GCC.
1,8 ha CV. Randonnée pédestre organisée. . Rivière à 5 km. . Accueil groupes adultes. Ouvert: 7.4 / 16.9. ☎ 05 65 37 78 97. E-mail : camping.lepicouty@wanadoo.fr. Web : www.camping-picouty.com.
Lat. : 44° 48′ 08" N **Long.** : 001° 28′ 34" E.
FFCC : avantages adhérent : 20 € du 21/04 au 24/06 et du 26/08 au 23/09 sur emp.

PANORAMIC NC Tourisme 45 E. dont 33 nus, dont 33 CC. 1,6 ha CV. Locations : . Rivière à 5 km. Accueil groupes. Ouvert: 1.1 / 31.12. ☎ 0 5 65379845. E-mail : emmen.raymond@9business.fr. Web : www.campingpanoramic.com. Prix 2022. Fft nuit : empl. Tourisme (2) : 17 € (E. CC) ; sup 3,72 € nuit ; 2,50 € nuit.
Lat. : 44° 48′ 21" N **Long.** : 001° 28′ 29" E.

PINSAC

10-A4 28 km N.-E. Gourdon. 172 m. ✉ 46200

VERTE RIVE ★★★★ Tourisme 65 E. dont 56 nus
1,5 ha la nuit, CV. Locations : . Randonnée pédestre organisée. chauffée , . Accès direct à la rivière. ; . Accueil groupes. Ouvert: 1.4 / 1.10. ☎ 05 65 37 85 96. E-mail : camping-laverterive@orange.fr. Web : www.camping-laverterive.com.
Lat. : 44° 51′ 58" N **Long.** : 001° 29′ 50" E.

CAMPING MUNICIPAL BEAUREGARD ★★ Tourisme 39 E. dont 39 nus 1 ha CV. Locations : . . Accès direct à la rivière. ; ; . Accueil groupes. Ouvert: 15.6 / 7.9. ☎ 05 65 37 06 02. E-mail : contact@campingduport.com.
Lat. : 44° 51′ 14" N **Long.** : 001° 31′ 17" E.

MME JACQUELINE CONSTANT CV. Ouvert: 1.4 / 1.11. ☎ 05 65 37 00 19. E-mail : bconstant5@gmail.com.
Lat. : 44° 51′ 18" N **Long.** : 001° 30′ 50" E.

PRAYSSAC

9-F5 28 km O.-N.-O. Cahors. 160 m. Station verte de vacances et village de neige ✉ 46220

LES BOIS DE PRAYSSAC P.R.L ★★★ NN60 E.
Ouvert: 1.5 / 30.9. ☎ 05 65 35 65 22. E-mail : villagevacancesdeprayssac@gmail.com. Web : www.village-vacances-lesboisdeprayssac.fr.
Lat. : 44° 30′ 05" N **Long.** : 001° 12′ 07" E.
FFCC : avantages adhérent : entre 60 € et 115 € la nuitée du 08/04 au 30/09 sur loc.

PRUDHOMAT

10-B4 55 km N.-O. Figeac 151 m. ✉ 46130

AIRE NATURELLE LASFARGUES CV. Ouvert: 1.4 / 30.9. ☎ 05 65 38 52 31. E-mail : camping.ferme.lot@wanadoo.fr, Web : campingalaferme.free.fr.
Lat. : 44° 54′ 33" N **Long.** : 001° 49′ 03" E.

PUY-L'EVEQUE

9-F5 34 km O.-N.-O. Cahors. 166 m. Station verte de vacances et village de neige ✉ 46700

L'EVASION ★★★★ Tourisme 75 E. dont 35 nus 3 ha CV. Espace Fitness. chauffée. . Accueil groupes. Ouvert: 1.5 / 29.9. ☎ 05 65 30 80 09. E-mail : info@lotevasion.com. Web : www.lotevasion.com.
Lat. : 44° 31′ 41" N **Long.** : 001° 07′ 29" E.

LES VIGNES ★★★ Tourisme 80 E. 2 ha CV. Locations : . chauffée , , . Accès direct à la rivière. ; . Accueil groupes. Ouvert: 1.4 / 30.10. ☎ 05 65 30 81 72. E-mail : campinglesvignes46@gmail.com. Web : www.camping-lesvignes.fr. Réduction H.S.
Lat. : 44° 28′ 40" N **Long.** : 001° 08′ 32" E.

PUYBRUN

10-A4 58 km N.-O. Figeac. 164 m. ✉ 46130

LA SOLE ★★★★ Tourisme 74 E. dont 40 nus
2,1 ha CV. Locations : . chauffée. Rivière à 600 m ; étang à 1 km. Accueil groupes adultes. Ouvert: 1.4 / 30.9. ☎ 05 65 38 52 37. E-mail : camping.la.sole@wanadoo.fr. Web : www.la-sole.com.
Lat. : 44° 54′ 53" N **Long.** : 001° 47′ 39" E.

REILHAGUET

10-A4 13 km N.-E. Gourdon 251 m. ✉ 46350

CAMPING BELLEVUE ★★★ Tourisme 57 E. dont 4 nus, dont 20 GCC. 2 ha CV. Locations : . chauffée . Etang à 5 km. Accueil groupes adultes. Ouvert: 12.4 / 13.10. ☎ 05 65 37 11 75. E-mail : campinglotbellevue@gmail.com. Web : www.camping-lot-bellevue.com.
Lat. : 44° 45′ 38" N **Long.** : 001° 29′ 24" E.

REYREVIGNES

10-B4 13 km N.-O. Figeac. 336 m. ✉ 46320

DOMAINE PAPILLON ★★★ Tourisme 37 E. dont 21 nus
1 ha CV. Locations : . chauffée. Etang à 2 km ; rivière à 5 km. Accueil groupes. Ouvert: 1.4 / 15.11. ☎ 05 65 40 12 40. E-mail : info@domaine-papillon.com. Web : www.domaine-papillon.com. Prix 2023. Fft jour : empl. Tourisme (2) : 21 € () ; sup 5 € ; animaux 2 € ; 3,50 €. Réduction H.S.
Lat. : 44° 39′ 16" N **Long.** : 001° 55′ 18" E.
FFCC : avantages adhérent : 16 € du 08/04 au 30/06 et du 28/08 au 11/11 sur emp. et entre 40 € et 75 € la nuitée et entre 270 € et 510 € la semaine du 08/04 au 07/07 et du 02/09 au 11/11 sur loc.

ROCAMADOUR

10-A4 30 km E. Gourdon. 252 m. ✉ 46500

PADIMADOUR ★★★★ Tourisme 96 E. dont 38 nus, dont 4 GCC.
3 ha CV. Locations : , ton-neau. couverte chauffée. Lac à 4 km. Accueil groupes. Ouvert: 8.4 / 2.10. ☎ 05 65 33 72 11. E-mail : camping@padimadour.fr. Web : www.padimadour.fr.
Lat. : 44° 49' 04" N **Long.** : 001° 41' 10" E.
FFCC : avantages adhérent : 20 € du 07/04 au 08/07 et du 31/08 au 01/10 sur emp. et entre 49 € et 119 € la nuitée et entre 245 € et 595 € la semaine du 07/04 au 08/07 et du 31/08 au 01/10 sur loc.

LE ROC ★★★ Tourisme 49 E. dont 37 nus
23 h / 8 h, CV. Randonnée pédestre organisée. chauffée. Ouvert: 1.4 / 31.10. ☎ 05 65 33 68 50. E-mail : campingleroc@wanadoo.fr. Web : www.camping-leroc.com. Réduction H.S.
Lat. : 44° 49' 09" N **Long.** : 001° 39' 16" E.

LES CIGALES ★★★ Tourisme 100 E. dont 43 nus
2,5 ha CV. Locations : . Randonnée pédestre organisée. chauffée. Accueil groupes. Ouvert: 2.4 / 6.11. ☎ 04 66 60 07 00. E-mail : cigales@koawa.com. Web : www.camping-cigales.com. Prix 2022. Fft jour : empl. Tourisme (2) : 35 € ( ) ; sup 6 € ; animaux 3 € ; 5 €.
Lat. : 44° 48' 18" N **Long.** : 001° 37' 56" E.

LES TILLEULS ★★★ Tourisme 35 E. dont 20 nus 1 ha CV. A 3 km : Locations : , roulotte. Espace Fitness. chauffée. Etang à 5 km. Accueil groupes. Ouvert: 1.4 / 1.11. ☎ 05 65 33 64 66. E-mail : lestilleuls-roca@orange.fr. Web : www.lestilleuls-roca.com.
Lat. : 44° 48' 50" N **Long.** : 001° 39' 54" E.

LE RELAIS DU CAMPEUR ★★ Tourisme 100 E. dont 100 nus 1,5 ha CV. Accueil groupes. Ouvert: 2.4 / 26.9. ☎ 04 66 60 07 00. E-mail : contact@camping-relaisducampeur.fr. Web : www.camping-leparadisducampeur.fr.
Lat. : 44° 48' 17" N **Long.** : 001° 37' 42" E.

LES CAMPAGNES ★★ Tourisme 80 E. dont 72 nus
2 ha CV. Locations : . Accueil groupes. Ouvert: 20.3 / 5.11. ☎ 0 5 65 34 43 94. E-mail : campinglescampagnes@gmail.com. Web : www.campinglescampagnes-rocamadour.com/. Prix 2023. empl. Tourisme : 6 € ; 4 € ; 3 € ; 4 €. Réduction H.S.
Lat. : 44° 48' 34" N **Long.** : 001° 36' 57" E.
FFCC : avantages adhérent : 13 € du 18/03 au 01/07 et du 26/08 au 31/12 sur emp. et entre 39 € et 60 € la nuitée et entre 273 € et 690 € la semaine du 15/03 au 01/07 et du 26/08 au 31/12 sur loc.

AIRE NATURELLE CHEZ GABY CV. Ouvert: 1.4 / 1.11. ☎ 05 65 33 65 17. E-mail : plasvaux@free.fr.
Lat. : 44° 47' 28" N **Long.** : 001° 36' 06" E.

M. BERTRAND ESTAY CV. Ouvert: 1.5 / 30.9. ☎ 06 43 93 81 32. E-mail : bertrand.estay@laposte.net, Web : www.ferme-estay.fr.
Lat. : 44° 48' 16" N **Long.** : 001° 40' 21" E.

SAINT GERY-VERS

10-A5 20 km N.-E. Cahors. 219 m. ✉ 46330

LA CHÊNERAIE ★★★★ Tourisme 58 E. dont 18 nus
1,8 ha CV. Locations : . Randonnée pédestre organisée. chauffée. Rivière à 400 m.. Accueil groupes. Ouvert: 1.4 / 30.9. ☎ 05 65 31 40 29. E-mail : cheneraiela@gmail.com. Web : www.cheneraie.com. Prix 2022. Fft jour : empl. Tourisme (2) : 32 € ( ). Réduction H.S.
Lat. : 44° 28' 19" N **Long.** : 001° 32' 47" E.

CAMPING MUNICIPAL LA PEUPLERAIE NC Tourisme 33 E. 0,4 ha CV. Locations : . , . Accès direct à la rivière. Accueil groupes enfants. Ouvert: 15.6 / 15.9. ☎ 05 65 31 40 08. E-mail : mairiestgery@wanadoo.fr. Web : www.saintgery46.fr.
Lat. : 44° 28' 09" N **Long.** : 001° 35' 11" E.

SAINT-CERE

10-B4 45 km N.-N.-O. Figeac. 222 m. Station verte de vacances et village de neige ✉ 46400

LE SOULHOL ★★★ Tourisme 107 E. dont 107 nus 2,9 ha CV. A 5 km : Locations : . chauffée , . Accès direct à la rivière. Accueil groupes. Ouvert: 1.4 / 31.10. ☎ 05 65 38 12 37. E-mail : campingsaintcere@gmail.com. Web : www.camping-le-soulhol.fr. Réduction H.S.
Lat. : 44° 51' 24" N **Long.** : 001° 53' 56" E.

SAINT-CHAMARAND

10-A4 11,5 km S.-E. Gourdon. 307 m. ✉ 46310

LES RIVES DU CÉOU ★★★ Tourisme 50 E. dont 31 nus
2 ha CV. Locations : , cocosweet. chauffée , . Accès direct à la rivière.. Ouvert: 21.5 / 3.9. ☎ 05 81 42 27 70. E-mail : contact@camping-lesrivesduceou.com. Web : www.camping-lesrivesduceou.com. Prix 2022. Fft nuit : empl. Tourisme (1) : 12 € ( ) ; sup 4,90 € nuit ; animaux 2,50 € nuit ; 4 € nuit.
Lat. : 44° 40' 21" N **Long.** : 001° 28' 38" E.
FFCC : avantages adhérent : 18 € du 21/05 au 15/07 et du 20/08 au 02/09 sur emp.

SAINT-CIRQ-LAPOPIE

10-A5 30 km E. Cahors. 299 m. ✉ 46330

LA PLAGE ★★★★ Tourisme 120 E. dont 90 nus
CV. Locations : , . ; . Accueil groupes. Ouvert: 8.4 / 1.10. ☎ 05 65 30 29 51. E-mail : camping-laplage@wanadoo.fr. Web : www.campingplage.com. Prix 2023. Fft nuit : empl. Tourisme (1) : 17 € ( ) ; sup 7 € nuit ; animaux 3 € nuit ; 5 € nuit ; 5 € nuit. Réduction H.S.
Lat. : 44° 28' 12" N **Long.** : 001° 40' 50" E.
FFCC : avantages adhérent : 23.40 € du 08/04 au 30/06 et du 01/09 au 01/10 sur emp.

LA TRUFFIÈRE ★★★ Tourisme 109 E.
4 ha 22 h 30 / 8 h, CV. Locations : , cabanes. Randonnée pédestre organisée. chauffée. Rivière à 3,5 km. Accueil groupes adultes. Ouvert: 1.4 / 30.9. ☎ 05 65 30 20 22. E-mail : contact@camping-truffiere.com. Web : www.camping-truffiere.com. Prix 2022. Fft jour : empl. Tourisme (2) : 26 € ( ) ; sup 7 € ; animaux 3 €. Réduction H.S.
Lat. : 44° 26' 53" N **Long.** : 001° 40' 32" E.

SAINT-DENIS-LES-MARTEL

10-A3 50 km N.-E. Gourdon 182 m. ✉ 46600

LE CHÂTEAU DE TERMES P.R.L ★★★★ NN 17 E. 4 ha CV. Locations : , . Randonnée pédestre organisée. chauffée , , . Rivière à 2 km. Accueil groupes adultes. Ouvert: 1.4 / 15.10. ☎ 05 65 32 42 03. E-mail : infos@chateau-de-termes.com. Web : www.chateau-de-termes.com.
Lat. : 44° 57' 10" N **Long.** : 001° 39' 43" E.

SAINT-GERMAIN-DU-BEL-AIR

10-A4 16 km S.-E. Gourdon. 286 m. ✉ 46310

LE MOULIN DU BEL AIR ★★★ Tourisme 92 E. dont 67 nus 3,55 ha CV. Locations : . Randonnée pédestre organisée. chauffée , , . Accès direct à l'étang et à la rivière. Accueil groupes. Ouvert: 15.4 / 25.9. ☎ 05 65 31 00 71. E-mail : contact@lot-camping.com. Web : www.lot-camping.com. Prix 2023. Fft nuit : empl. Tourisme (2) : 21 € ( )
Lat. : 44° 38' 58" N **Long.** : 001° 26' 06" E.

SAINT-MATRE

9-F5 34 km S.-O. Cahors 239 m. ✉ 46800

LES ESCALIERS DE LA COMBE . Ouvert: 15.4 / 15.10. ☎ 05 65 31 46 80. E-mail : info@lesescaliers.com, Web : www.lesescaliers.com.
Lat. : 44° 24' 00" N **Long.** : 001° 07' 11" E.

SAINT-PANTALEON

9-F5 20 km S.-O. Cahors. 239 m. ✉ 46800

CAMPING DES ARCADES ★★★ Tourisme 78 E. dont 56 nus 4 ha à l'arrivée, CV. Locations : . chauffée , . Accès direct à l'étang et aux bords du lac et à la rivière. ; . Accueil groupes adultes. Ouvert: 8.5 / 10.9. ☎ 06 60 98 80 39. E-mail : info@des-arcades.com. Web : www.des-arcades.com. Réduction H.S.
Lat. : 44° 22' 14" N **Long.** : 001° 18' 28" E.

SAINT-PIERRE-LAFEUILLE

10-A4 12 km N. Cahors. 268 m. ✉ 46090

QUERCY VACANCES ★★★★ Tourisme 83 E. dont 51 nus 2,8 ha CV. Locations : , cabanes, . Randonnée pédestre organisée. Espace Fitness. . Accès direct à la rivière. Accueil groupes. Ouvert: 1.4 / 31.12. ☎ 05 65 36 87 15. E-mail : quercyvacances@wanadoo.fr. Web : www.quercy-vacances.com.
Lat. : 44° 31' 53" N **Long.** : 001° 27' 35" E.

LES GRAVES ★★★ Tourisme 38 E. dont 26 nus 1,50 ha 22 h / 7 h 30, CV. Locations : . Randonnée pédestre organisée. . Accueil groupes. Ouvert: 1.4 / 31.10. ☎ 05 65 36 83 12. E-mail : infos@camping-lesgraves.com. Web : www.camping-lesgraves.com. Prix 2022. empl. Tourisme : 5,50 € ; 4,50 € ; animaux 1,50 € ; 3 € ; 2,50 €. Réduction H.S.
Lat. : 44° 31' 35" N **Long.** : 001° 27' 36" E.

SAINT-SOZY

10-A4 34 km N.-E. Gourdon. 190 m. ✉ 46200

VILLAGE DU PORT ★★★★ Tourisme 73 E. dont 56 nus, dont 46 CC - 10 GCC.
1 ha CV. Locations : , caravane, . Randonnée pédestre organisée. , , . Accès direct à la rivière. ; . Accueil groupes. Ouvert: 1.4 / 27.10. ☎ 05 65 32 29 55. E-mail : infos@village-du-port.com. Web : www.village-du-port.com. Prix 2023. Fft jour : empl. Tourisme (2) : 23 € ( ). Réduction H.S.
Lat. : 44° 52' 40" N **Long.** : 001° 34' 16" E.
FFCC : avantages adhérent : 19 € du 01/04 au 30/06 et du 31/08 au 10/11 sur emp. et entre 250 € et 500 € la semaine du 01/04 au 30/06 et du 31/08 au 10/11 sur loc.

LES BORGNES ★★ Tourisme 70 E. dont 70 nus 2 ha CV. Locations : , . . Accès direct à la rivière. ; ; . Ouvert: 1.5 / 21.9. ☎ 05 65 32 21 48. E-mail : info@campinglesborgnes.fr. Web : www.campinglesborgnes.fr.
Lat. : 44° 52' 23" N **Long.** : 001° 34' 18" E.

SAINT-SULPICE

10-B4 28 km S.-O. Figeac. 276 m. ✉ 46160

CAMPING LE CELE ★★ Tourisme 30 E. dont 21 nus 1,4 ha CV. Locations : tipi. . Accès direct à la rivière. ; . Accueil groupes. Ouvert: 1.4 / 5.10. ☎ 06 29 46 48 22. E-mail : camping_du_cele@yahoo.fr.
Lat. : 44° 34' 04" N **Long.** : 001° 47' 32" E.

SALVIAC

9-F4 14 km S.-O. Gourdon. 212 m. ✉ 46340

CAMPING DE SALVIAC ★★ Tourisme 36 E. dont 26 nus
0,65 ha CV. Locations : . Randonnée pédestre organisée. chauffée . Ouvert: 4.6 / 4.9. ☎ 0 675496638. E-mail : campingdesalviac@gmail.com. Web : www.campingdesalviac.com. Prix 2022. empl. Tourisme : 6,50 € ; 5,50 € ; animaux 1,50 € ; 3,50 € ; 3,50 €. Réduction H.S.
Lat. : 44° 41' 02" N **Long.** : 001° 16' 10" E.
FFCC : avantages adhérent : 15 € du 04/06 au 09/07 et du 20/08 au 04/09 sur emp.

SAULIAC-SUR-CELE

10-A4 37 km N.-E. Cahors 245 m. ✉ 46330

AUX LODGES DU MAS DE NADAL ★★★ Tourisme 42 E. CV. Locations : . chauffée. Rivière à 2 km. . Ouvert: 18.5 / 30.9. ☎ 05 65 31 20 51. E-mail : lodges@masdenadal.com. Web : www.masdenadal.com. Réduction H.S.
Lat. : 44° 31' 34" N **Long.** : 001° 43' 13" E.

SENAILLAC-LATRONQUIERE

10-B4 32 km N. Figeac. 618 m. ✉ 46210

CAMPING DU TOLERME ★★★ Tourisme 37 E. 0,4 ha 22 h 30 / 7 h 30, CV. Locations : . . Lac et rivière à 200 m. . Accueil groupes. Ouvert: 9.4 / 30.9. ☎ 05 65 40 21 23. E-mail : campingdutolerme46@gmail.com. Web : www.camping-du-tolerme.com.
Lat. : 44° 49' 35" N **Long.** : 002° 03' 02" E.

SENIERGUES

10-A4 16 km S.-E. Gourdon. 326 m. ✉ 46240

DOMAINE DE LA FAURIE ★★★★ Tourisme 97 E. dont 46 nus, dont 39 CC - 7 GCC.
14 ha CV. Locations : , . chauffée . Etang à 3 km. Accueil groupes adultes. Ouvert: 30.4 / 17.9. ☎ 05 65 21 14 36. E-mail : contact@camping-lafaurie.com. Web : www.camping-lafaurie.com. Réduction H.S.
Lat. : 44° 41' 30" N **Long.** : 001° 32' 03" E.

SERIGNAC

9-F5 37 km O. Cahors 239 m. ✉ 46700

LE CLOS BARRAT ★★★ Tourisme 65 E. dont 56 nus 4,2 ha juillet/août, CV Rés. naturiste. Randonnée pédestre organisée. . Rivière à 5 km. Accueil groupes adultes. Ouvert: 1.4 / 13.10. ☎ 06 47 50 09 78. E-mail : info@leclosbarrat.fr. Web : www.leclosbarrat.fr. Réduction H.S.
Lat. : 44° 25' 56" N **Long.** : 001° 04' 09" E.

SOTURAC

9-F5 47 km O. Cahors. 142 m. ✉ 46700

LE VALENTY ★★★ Tourisme 50 E. dont 25 nus, dont 7 CC - 7 GCC.
CV . Locations : . Randonnée pédestre organisée. , , . Rivière à 1 km. ; . Accueil groupes. Ouvert: 1.3 / 31.10. ☎ 06 50 74 21 59. E-mail : campinglevalenty@gmail.com. Web : campinglevalenty.fr/. Prix 2022. empl. Tourisme : 7 € ; 6 € ; animaux 3 € ; 5 € ; 5 €. Réduction H.S.
Lat. : 44° 29' 21" N **Long.** : 001° 01' 08" E.
FFCC : avantages adhérent : 15 € du 01/03 au 30/06 et du 01/09 au 05/11 sur emp. et entre 80 € et 150 € la nuitée et entre 200 € et 600 € la semaine du 01/03 au 30/06 et du 01/09 au 05/11 sur loc. + Aire de camping-car ouverte à l'année (10 euros la nuit avec électricité).

SOUILLAC

10-A4 28 km N.-N.-E. Gourdon. 185 m. Station verte de vacances et village de neige ✉ 46200

LA PAILLE BASSE ★★★★★ Tourisme 288 E. dont 118 nus, dont 50 CC - 50 GCC.
12 ha CV . Locations : , cocosweet. Randonnée pédestre organisée. chauffée , , ; . Accueil groupes. Ouvert: 4.4 / 12.9. ☎ 05 65 37 85 48. E-mail : info@lapaillebasse.com. Web : www.lapaillebasse.com. Prix 2022. Fft jour : empl. Tourisme (2) : 43 € (E. CC E. GCC) ; sup 10 € ; animaux 6 €. Réduction H.S.
Lat. : 44° 56' 43" N **Long.** : 001° 26' 29" E.

CAMPING LES ONDINES ★★★ Tourisme 217 E. dont 135 nus
CV. Locations : . Randonnée pédestre organisée. chauffée . Rivière à 10 m. . Ouvert: 1.5 / 28.9. ☎ 05 65 37 86 44. E-mail : camping.les.ondines@flowercampings.com. Web : www.camping-lesondines.com.
Lat. : 44° 53' 21" N **Long.** : 001° 28' 41" E.
FFCC : avantages adhérent : 17 € du 01/05 au 24/06 et du 27/08 au 30/09 sur emp.

SOUSCEYRAC-EN-QUERCY

10-B4 39 km N. Figeac. 584 m. ✉ 46190

DOMAINE LES TEUILLÈRES ★★★ Tourisme 30 E. dont 30 nus, dont 30 CC - 30 GCC. 1 ha 23 h / 7 h 30, CV . Locations : . chauffée . Lac à 900 m. Ouvert: 1.5 / 1.10. ☎ 0 689843750. E-mail : info@lesteuilleres.com. Web : www.lesteuilleres.com. Prix 2022. Fft jour : empl. Tourisme (2) : 22 € ( ). Réduction H.S.
Lat. : 44° 50' 04" N **Long.** : 002° 02' 28" E.

CAMPING MUNICIPAL NC Tourisme 17 E. , .. Ouvert: 1.7 / 31.8. ☎ 05 65 33 00 82. E-mail : secretariat@sousceyrac-en-quercy.fr. Web : www.sousceyrac-en-quercy.fr.
Lat. : 44° 52' 34" N **Long.** : 002° 01' 51" E.

THEGRA

10-A4 89 km N.-E. Gourdon. 367 m. ✉ 46500

LE VENTOULOU ★★★★ Tourisme 124 E. dont 50 nus
5 ha CV . Locations : , cocosweet. Randonnée pédestre organisée. couverte chauffée . . Accueil groupes. Ouvert: 7.4 / 24.9. ☎ 05 65 33 67 01. E-mail : contact@leventoulou.com. Web : www.camping-leventoulou.com. Prix 2023. Fft jour : empl. Tourisme (2) : 38 € ( ). Réduction H.S.
Lat. : 44° 49' 32" N **Long.** : 001° 46' 41" E.
FFCC : avantages adhérent : 19 € du 07/04 au 30/06 et du 09/09 au 26/09 sur emp.

LES CHALETS DE THEGRA ★★★ 14 E. Locations : . . Ouvert: 1.1 / 31.12. ☎ 06 87 70 08 61. E-mail : contact@dordogne-vacances.fr. Web : www.dordogne-vacances.fr.
Lat. : 44° 49' 34" N **Long.** : 001° 45' 22" E.

TOUZAC

9-F5 41 km O. Cahors. 93 m. ✉ 46700

LE CH'TIMI ★★★★ Tourisme 83 E. dont 77 nus 2,5 ha CV . Locations : , roulotte. , . Accès direct à la rivière. . Ouvert: 1.4 / 30.9. ☎ 05 65 36 52 36. E-mail : info@campinglechtimi.com. Web : www.campinglechtimi.com. Réduction H.S.
Lat. : 44° 29' 51" N **Long.** : 001° 03' 57" E.

LE CLOS BOUYSSAC ★★★ Tourisme 71 E. dont 68 nus, dont 3 GCC. 2 ha à partir de 22 h, CV . Locations : , . Randonnée pédestre organisée. . Accès direct à la rivière. ; ; . Accueil groupes adultes. Ouvert: 15.4 / 30.9. ☎ 05 65 36 52 21. E-mail : info@leclosbouyssac.eu. Web : www.leclosbouyssac.eu. Prix 2022. Fft jour : empl. Tourisme (2) : 34 € ( ). Réduction H.S.
Lat. : 44° 28' 48" N **Long.** : 001° 03' 06" E.

VAYRAC

10-A3 35 km N.-E. Gourdon. 170 m. Station verte ✉ 46110

LES GRANGES ★★★ Tourisme 150 E. dont 115 nus 4 ha 22 h / 8 h, CV. Randonnée pédestre organisée. chauffée . Accès direct à la rivière ; étang à 500 m. ; . Accueil groupes adultes. Ouvert: 15.5 / 14.9. ☎ 05 65 32 46 58. E-mail : info@les-granges.com. Web : www.les-granges.com. Réduction H.S.
Lat. : 44° 56' 03" N **Long.** : 001° 40' 46" E.

CAMPING MUNICIPAL LA PALENQUIERE ★★ Tourisme 33 E. 1 ha la nuit, CV . Locations : . . Rivière à 500 m.. Ouvert: 15.6 / 15.9. ☎ 05 65 32 40 26. E-mail : mairie-vayrac@wanadoo.fr. Web : www.vayrac.fr.
Lat. : 44° 56' 41" N **Long.** : 001° 42' 11" E.

CHALETS MIRANDOL DORDOGNE P.R.L ★★ NN22 E. Locations : , . , .. Ouvert: 1.4 / 30.9. ☎ 05 65 32 57 12. E-mail : bungalows-mirandol@wanadoo.fr. Web : www.mirandol-dordogne.com.
Lat. : 44° 56' 17" N **Long.** : 001° 41' 45" E.

VERS

10-A5 15 km E. Cahors. 236 m. Station verte de vacances et village de neige ✉ 46090

CAMPING MUNICIPAL L'ARQUETTE NC Tourisme 66 E. 1,2 ha CV. . Accès direct à l'étang et à la rivière. . Ouvert: 1.5 / 30.9. ☎ 06 33 65 06 23. E-mail : camping@commune-de-vers.fr. Web : commune-de-vers.fr/vers2/index.php/vie-touristique/camping/presentation.
Lat. : 44° 29' 03" N **Long.** : 001° 33' 13" E.

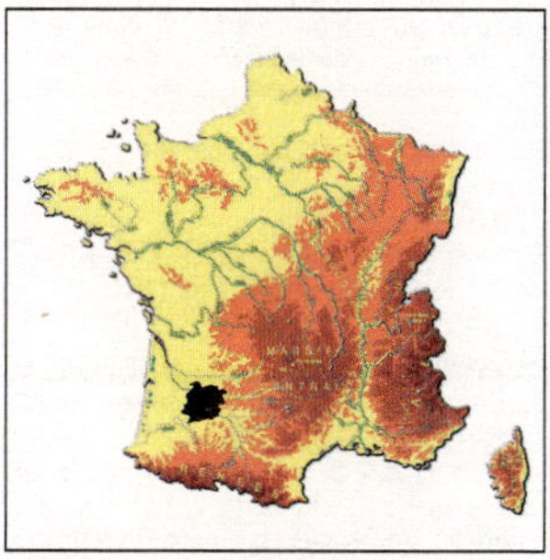

ASTAFFORT

12-E1 19 km S. Agen. 112 m. ✉ 47220

LE PONT DU GERS ★ Tourisme 33 E. dont 30 nus 0,6 ha. Locations : . Accès direct à la rivière.. Accueil groupes adultes. Ouvert: 1.1 / 31.12. ☎ 0684945345,. E-mail : animsud1@hotmail.fr. Web : sites.google.com/site/officetourismeastaffort/le-camping.
Lat. : 44° 03' 57" N **Long.** : 000° 38' 53" E.
FFCC : avantages adhérent : 17 € du 01/01 au 31/12 sur emp. et entre 100 € et 110 € la semaine du 01/01 au 31/12 sur loc.

BEAUVILLE

9-F5 26 km N.-E. Agen. 169 m. ✉ 47470

LES DEUX LACS ★★★ Tourisme 55 E. dont 40 nus 4 ha CV. Locations : . chauffée , . Accès direct aux bords du lac ; rivière à 700 m. ; ; ; . Ouvert: 1.4 / 31.10. ☎ 05 53 95 45 41. E-mail : campingles2lacs@gmail.com. Web : www.les2lacs.com. Prix 2022. empl. Tourisme : 13 € nuit ; 7 € nuit ; animaux 3 € nuit ; 4,50 € nuit ; 3,80 € nuit. Réduction H.S.
Lat. : 44° 16' 20" N **Long.** : 000° 53' 18" E.
FFCC : avantages adhérent : 19 € du 01/04 au 08/07 et du 01/09 au 31/10 sur emp.

BOE

9-E5 5 km S.-E. Agen. 49 m. ✉ 47550

PARC DU CHATEAU D'ALLOT ★★★ Tourisme 40 E. , . Accueil groupes adultes. Ouvert: 1.6 / 31.8. ☎ 05 53 68 33 11. E-mail : resa.parc@domaine-dallot.fr. Web : domaine-dallot.fr.
Lat. : 44° 09' 21" N **Long.** : 000° 39' 29" E.

CANCON

9-E4 20 km N.-N.-O. Villeneuve-sur-Lot. 128 m. Station verte de vacances et village de neige ✉ 47290

CAMPING DU LAC DE CANCON ★ Tourisme 36 E. dont 36 nus 3 ha CV. , . Accès direct aux bords du lac.. Accueil groupes adultes. Ouvert: 1.5 / 30.9. ☎ 05 53 41 11 39. E-mail : lerestaurantdulac@orange.fr. Web : www.lacdecancon.fr. Prix 2022. Fft nuit : empl. Tourisme (2) : 10 € ( ) ; sup 3 € nuit ; animaux 1,50 € nuit ; 2 € nuit ; 3 € nuit.
Lat. : 44° 31' 24" N **Long.** : 000° 38' 31" E.

CASTELJALOUX

9-D5 30 km N.-O. Nérac. 89 m. Station verte de vacances et village de neige ✉ 47700

LES CHALETS DU LAC DE CLARENS P.R.L ★ NN48 E. CV . Locations : . , , , . Accès direct aux bords du lac. ; . Ouvert: 1.4 / 31.10. ☎ 05 53 93 07 45. E-mail : castel.chalets@orange.fr. Web : www.castel-chalets.com.
Lat. : 44° 17' 44" N **Long.** : 000° 04' 22" E.

CAMPING MUNICIPAL LA PISCINE NC Tourisme 48 E. dont 48 nus 1 ha CV. Rivière à 5 m ; lac à 3 km. Accueil groupes. Ouvert: 1.4 / 15.11. ☎ 05 53 93 54 68. E-mail : camping.casteljaloux@orange.fr. Web : www.casteljaloux.com.
Lat. : 44° 19' 39" N **Long.** : 000° 05' 49" E.

CASTELMORON-SUR-LOT

9-E5 36 km S.-E. Marmande. 96 m. ✉ 47260

CAMPING PLAGE DE GAZAILLE NC Tourisme 60 E. . Accès direct à la rivière. ; . Ouvert: 1.5 / 30.9. ☎ 06 10 34 16 08. E-mail : solar.events47@gmail.com.
Lat. : 44° 23' 40" N **Long.** : 000° 29' 37" E.

CASTILLONNES

9-E4 32 kms N-.N.-O. Villeneuve sur lot. 95 m. Station verte de vacances et village de neige ✉ 47330

LA FERRETTE ★★ Tourisme 32 E. dont 28 nus 2,8 ha les voitures ne peuvent pas stationner sur les emplts, . A 1 km : Locations : . Randonnée pédestre organisée. , . Rivière à 2 km.. Accueil groupes enfants. Ouvert: 31.10 / 31.10. ☎ 06 61 64 41 98. E-mail : domartmagalie@gmail.com.
Lat. : 44° 39' 20" N **Long.** : 000° 35' 28" E.

M. GUY HUGUET couverte CV. A 500 m : . Ouvert: 1.4 / 30.9. ☎ 05 53 36 89 11.
Lat. : 44° 39' 14" N **Long.** : 000° 36' 10" E.

CLAIRAC

9-E5 24 kms S.-E. Marmande. 87 m. ✉ 47320

CAMPING MUNICIPAL DE CLAIRAC ★★ Tourisme 46 E. dont 44 nus . . Accès direct à la rivière. . Ouvert: 1.7 / 31.8. ☎ 0 678258915 / 0 553884573. E-mail : mconstant.commune@clairac.com. Web : www.valdegaronne.com/spip.php?page=detail&lang=fr&id_article=18&idoffre=HPAAQU047FS0002F&idmodule=ACC. Prix 2022. Fft nuit : empl. Tourisme (2) : 11 € ( ) ; sup 4 € nuit ; animaux 1,50 € nuit ; 2,50 € nuit ; 2 € nuit.
Lat. : 44° 21' 23" N **Long.** : 000° 22' 29" E.

COURBIAC

9-E5 30 km E. Villeneuve-sur-Lot. 203 m. ✉ 47370

LE POUCHOU ★★★ Tourisme 35 E. dont 25 nus 2 ha CV . Locations : . Randonnée pédestre organisée. , , . Accès direct à l'étang ; rivière à 200 m.. Accueil groupes adultes. Ouvert: 1.5 / 30.9. ☎ 06 42 83 37 62. E-mail : le.pouchou@wanadoo.fr. Web : www.camping-le-pouchou.com. Réduction H.S.
Lat. : 44° 22' 42" N **Long.** : 001° 01' 05" E.

DAMAZAN

9-D5 22 kms N.-N.-O. Nérac. 55 m. Station verte de vacances et village de neige ✉ 47160

LA VIGNERAIE CV . Ouvert: 1.1 / 31.12. ☎ 05 53 83 22 58. E-mail : lestilleuls.damazan@orange.fr. Web : www.gites-annie-tilleuls-47.com. Prix 2023. Fft jour : empl. Tourisme (2) : 12 € ( )
Lat. : 44° 16' 53" N **Long.** : 000° 15' 46" E.
FFCC : avantages adhérent : 12 € du 01/01 au 31/12 sur emp.

DEVILLAC

9-E4 30 km N. Villeneuve-sur-Lot. 140 m. ✉ 47210

FONTAINE DU ROC ★★★ Tourisme 60 E. dont 45 nus, dont 45 CC. 1 ha CV . Locations : . , . Etang à 1 km ; rivière à 2 km. ; . Accueil groupes. Ouvert: 1.4 / 15.10. ☎ 05 53 36 08 16. E-mail : reception@fontaineduroc.com. Web : camping-fontaine-roc.com/. Réduction H.S.
Lat. : 44° 36' 51" N **Long.** : 000° 49' 08" E.

DURAS

9-D4 22 kms N. Marmande. 68 m. Station verte de vacances et village de neige ✉ 47120

CAMPING MUNICIPAL DU CHÂTEAU. Ouvert: 15.5 / 15.10. ☎ 05 53 83 70 18. E-mail : mairie-de-duras@wanadoo.fr, Web : www.mairie-duras.fr. Prix 2023. empl. Tourisme : 3 € gratuit ; 3,30 € gratuit ; - de gratuit ans 2,50 € ; 2,50 € (gratuit A).
Lat. : 44° 40' 39" N **Long.** : 000° 10' 40" E.

LE CABRI NC 9 E. 1 ha CV. A 10 km : Locations : . Lac à 5 km. Accueil groupes. Ouvert: 1.3 / 2.12. ☎ 05 53 83 81 03. E-mail : holidays@lecabri.eu.com. Web : www.lecabri.eu.com.
Lat. : 44° 40' 59" N **Long.** : 000° 11' 10" E.

FUMEL

9-F5 26 km N.- E. Villeneuve-sur-lot. 133 m. ✉ 47500

DOMAINE DE GUILLALMES P.R.L ★★★ NN26 E. CV. Locations : , . Accès direct à la rivière. ; . Accueil groupes adultes. Ouvert: 1.3 / 30.11. ☎ 05 53 71 01 99. E-mail : contact@domainedeguillalmes.com. Web : www.domainedeguillalmes.com.
Lat. : 44° 28' 60" N **Long.** : 001° 00' 35" E.

LES CATALPAS ★★★ Tourisme 60 E. dont 51 nus 1,9 ha CV . Locations : . , . Accès direct à la rivière. ; . Accueil groupes adultes. Ouvert: 1.4 / 31.10. ☎ 05 53 71 11 99. E-mail : les-catalpas@wanadoo.fr. Web : www.les-catalpas.com. Réduction H.S.
Lat. : 44° 29' 21" N **Long.** : 000° 59' 51" E.

LA REUNION

9-D5 27 km N.-O. Nérac. 113 m. ✉ 47700

LA TAILLADE ★★★ Tourisme 30 E. dont 24 nus CV. Locations : . Randonnée pédestre organisée. , . Lac à 5 km. Accueil groupes. Ouvert: 1.4 / 31.10. ☎ 05 53 93 00 93. E-mail : info@la-taillade.com. Web : www.la-taillade.com.
Lat. : 44° 16' 13" N **Long.** : 000° 05' 00" E.

LAGRUERE

9-D5 18 km S.-E. Marmande. 27 m. ✉ 47400

LES BERNES NC Tourisme 9 E. . Locations : . Accès direct aux bords du lac. . Ouvert: 1.7 / 31.8. ☎ 05 53 89 51 02. E-mail : mairiedelagruere@gmail.com.
Lat. : 44° 23' 32" N **Long.** : 000° 15' 09" E.

LAMONTJOIE

12-E1 18 kms S.-E. Nérac. 141 m. ✉ 47310

X'TREM VILLAGE ★★★ Tourisme 70 E. dont 52 nus, dont 10 CC. 2,5 ha CV . Locations : . Accès direct aux bords du lac. ; . Accueil groupes. Ouvert: 1.4 / 31.10. ☎ 06 41 46 11 36. E-mail : camping@campingxtremvillage.com. Web : www.campingxtremvillage.com. Réduction H.S.
Lat. : 44° 04' 35" N **Long.** : 000° 31' 01" E.

LAPARADE

9-E5 20 km S.-E. Marmande. 120 m. ✉ 47260

DOMAINE DE PEYREGUILHOT ★★ Tourisme 54 E. dont 12 nus 3 ha CV . Locations : , . Ouvert: 4.7 / 31.8. ☎ 05 53 84 92 32. E-mail : agape-village@wanadoo.fr. Web : www.agape-village.com.
Lat. : 44° 25' 04" N **Long.** : 000° 25' 45" E.

LE TEMPLE-SUR-LOT

9-E5 15 km O.-S.-O. Villeneuve-sur-Lot. 58 m. ✉ 47110

CAMPING DU BOSC ★★★ Tourisme 44 E. dont 38 nus, dont 38 CC. 2,5 ha CV . Locations : , . Randonnée pédestre organisée. Espace Fitness. chauffée . Rivière à 600 m. Accueil groupes adultes. Ouvert: 27.3 / 30.10. ☎ 05 53 01 06 13. E-mail : maite@camping-du-bosc.com. Web : www.camping-du-bosc.com. Réduction H.S.
Lat. : 44° 22' 51" N **Long.** : 000° 32' 14" E.

LEVIGNAC-DE-GUYENNE

9-D4 17 km N. Marmande. 78 m. ✉ 47120

CAMPING ST VINCENT ★★ Loisirs 39 E. . . Ouvert: 1.1 / 31.12. ☎ 05 53 83 75 17. E-mail : sara.batchelor777@orange.fr. Web : www.psv47.com.
Lat. : 44° 37' 50" N **Long.** : 000° 13' 24" E.

LOUGRATTE

9-E4 25 km N. Villeuneuve-sur-lot. 120 m. ✉ 47290

CAMPING MUNICIPAL SAINT-CHAVIT ★★★ Tourisme 90 E. dont 65 nus 3 ha CV. Locations : , , . Accès direct aux bords du lac. ; ; . Ouvert: 15.6 / 15.9. ☎ 05 53 01 64 95. E-mail : mairie.lougratte@collectivite47.fr. Web : www.lougratte.com. Prix 2022. empl. Tourisme : 3,50 € ; 3,60 € ; 2,50 € ; 3,50 €.
Lat. : 44° 34' 40" N **Long.** : 000° 37' 17" E.

MEILHAN-SUR-GARONNE

9-D4 13 km O.-N.-O. Marmande 49 m. ✉ 47180

CAMPING AU JARDIN NC Tourisme 50 E. 1,2 ha CV. Locations : . , . Rivière à 100 m.. Accueil groupes. Ouvert: 1.6 / 30.9. ☎ 05 53 88 84 80. E-mail : contact@camping-au-jardin.com. Web : www.camping-au-jardin.com/camping.
Lat.: 44° 31' 27" N **Long.** : 000° 02' 10" E.

MONCRABEAU

12-E1 12 km S. Nérac. 97 m. Station verte de vacances et village de neige ✉ 47600

LE MOULIAT ★★★ Tourisme 50 E. dont 30 nus 1,3 ha CV . Locations : , . . Accès direct à la rivière. . Accueil groupes. Ouvert: 1.4 / 29.10. ☎ 05 53 65 43 28. E-mail : contact@camping-le-mouliat.fr. Web : camping-le-mouliat.fr. Prix 2022. Fft jour : empl. Tourisme (1) : 11 € ( ) ; sup 4,70 € ; animaux 2,50 € ; 3,10 € ; 3 €. Réduction H.S.
Lat. : 44° 01' 60" N **Long.** : 000° 21' 58" E.

PARRANQUET

9-E4 36 km N.-E. Villeneuve sur Lot. 147 m. ✉ 47210

MOULIN DE MANDASSAGNE ★ Tourisme 35 E. CV. , . Accès direct à la rivière. . Ouvert: 1.4 / 31.10. ☎ 05 53 36 04 02. E-mail : isabelle.pimouguet@orange.fr.
Lat. : 44° 39' 12" N **Long.** : 000° 48' 34" E.

PAULHIAC

9-E4 24 km N.-E. Villeneuve-sur-Lot. 131 m. ✉ 47150

DOMAINE NATURISTE LABORDE ★★★★ Tourisme 161 E. dont 125 nus CV Rés. naturiste. Randonnée pédestre organisée. Espace Fitness. couverte chauffée , . Accès direct à l'étang. ; . Accueil groupes. Ouvert: 30.3 / 29.9. ☎ 05 53 63 14 88. E-mail : domainelaborde@wanadoo.fr. Web : www.domainelaborde.com. Réduction H.S.
Lat. : 44° 36' 50" N **Long.** : 000° 50' 07" E.

PENNE-D'AGENAIS

9-E5 9 km E. Villeneuve-sur-Lot. 118 m. Station verte de vacances et village de neige ✉ 47140

CAMPING MUNICIPAL LE LAC DE FERIE NC Tourisme 64 E. dont 52 nus, dont 26 CC - 26 GCC. 2 ha CV . Locations : . , . Lac à 50 m ; rivière à 1 km.. Accueil groupes. Ouvert: 15.4 / 15.10. ☎ 05 53 41 30 97. E-mail : campinglacferie@gmail.com. Web : www.campingboudouyssou.com.
Lat. : 44° 23' 04" N **Long.** : 000° 48' 30" E.
FFCC : avantages adhérent : 13 € du 14/04 au 24/06 et du 20/08 au 31/10 sur emp. et entre 13 € et 15 € la nuitée et entre 91 € et 105 € la semaine du 14/04 au 24/06 et du 20/08 au 31/10 sur loc.

MME MARIE-PAULE MICHEL couverte CV. ☎ 05 53 41 46 12. E-mail : michelsenior46@gmail.com, Web : www.gites47.com.
Lat. : 44° 22' 23" N **Long.** : 000° 51' 40" E.

PRAYSSAS

9-E5 17 km N.-O. Agen. 143 m. ✉ 47360

DOMAINE DU LAC DE NEGUENOU ★★★ Tourisme 55 E. dont 21 nus 3 ha CV . Locations : . couverte chauffée , , . Accès direct aux bords du lac et à la rivière. ; . Accueil groupes. Ouvert: 1.4 / 1.11. ☎ 05 24 29 70 96. E-mail : neguenou@dartybox.com. Web : lacdeneguenou.fr. Réduction H.S.
Lat. : 44° 17' 30" N **Long.** : 000° 32' 28" E.
FFCC : avantages adhérent : 21 € du 01/04 au 01/07 et du 02/09 au 01/11 sur emp. et entre 64 € et 84 € la nuitée et entre 230 € et 370 € la semaine du 01/04 au 01/07 et du 02/09 au 01/11 sur loc.

PUJOLS
9-E5 3 km S. Villeneuve-sur-Lot 130 m. ✉ 47300

LOT ET BASTIDES ★★★ Tourisme 88 E. dont 68 nus, dont 24 GCC. 7 ha CV. Locations : . chauffée . Rivière à 3 km. Accueil groupes. Ouvert: 2.4 / 31.10. ☎ 05 53 36 86 79. E-mail : contact@camping-lot-et-bastides.fr. Web : www.camping-lot-et-bastides.fr. Réduction H.S.
Lat. : 44° 23′ 42″ N **Long.** : 000° 41′ 14″ E.

REAUP-LISSE
12-D1 16 km S.-O. Nérac. 117 m. ✉ 47170

LAC DE LISLEBONNE ★★★ Tourisme 69 E. dont 34 nus 12 ha CV. Locations : . couverte chauffée , . Accès direct aux bords du lac et à la rivière. ; . Accueil groupes. Ouvert: 15.4 / 10.9. ☎ 05 53 65 65 28. E-mail : contact@camping-lac-lislebonne.com. Web : www.camping-lac-lislebonne.com. Prix 2023. Fft jour : empl. Tourisme (2) : 24 € (). Réduction H.S.
Lat. : 44° 04′ 24″ N **Long.** : 000° 12′ 32″ E.

RIVES
9-E4 30 km N. Villeneuve-sur-Lot. 96 m. ✉ 47210

CHÂTEAU DE FONRIVES ★★★★★ Tourisme 271 E. dont 128 nus CV. Locations : . Randonnée pédestre organisée. Espace Fitness. couverte chauffée , , . Accès direct à l'étang ; rivière à 2 km. ; . Ouvert: 7.4 / 3.9. ☎ 05 53 36 63 38. E-mail : contact@campingchateaufonrives.com. Web : www.campingchateaufonrives.com.
Lat. : 44° 39′ 26″ N **Long.** : 000° 43′ 54″ E.

CAMPING DE BERGOUGNE ★★★ Tourisme 63 E. dont 39 nus 3 ha CV. chauffée . Accès direct à l'étang. Accueil groupes adultes. Ouvert: 1.5 / 30.9. ☎ 05 53 36 01 30. E-mail : info@camping-de-bergougne.com. Web : www.camping-de-bergougne.fr.
Lat. : 44° 39′ 09″ N **Long.** : 000° 43′ 25″ E.

P.R.L CHÂTEAU DE FONRIVES P.R.L ★ NN119 E. Ouvert: 11.6 / 8.9. ☎ 05 53 36 63 38. E-mail : chateau.de.fonrives@wanadoo.fr. Web : www.campingchateaufonrives.com.
Lat. : 44° 39′ 27″ N **Long.** : 000° 43′ 41″ E.

SAINT-AUBIN
9-E5 15 km N.-E. Villeneuve-sur-Lot 123 m. ✉ 47150

MME GILBERTE DOUMARES CV. Ouvert: 20.4 / 1.1. ☎ 05 53 41 66 08. E-mail : campingdemonredon@wanadoo.fr, Web : www.fermedemonredon.com.
Lat. : 44° 28′ 34″ N **Long.** : 000° 51′ 29″ E.

SAINT-ETIENNE-DE-VILLEREAL
9-E4 28 km N. Villeneuve-sur-Lot. 136 m. ✉ 47210

LA PARENTHÈSE - CAMPING LES ORMES ★★★★ Tourisme 140 E. dont 97 nus 10 ha CV. Locations : , cabanes. , , , . Accès direct à l'étang. ; . Accueil groupes. Ouvert: 27.6 / 2.9. ☎ 05 53 36 60 26. E-mail : laparenthese.lesormes@gmail.com. Web : www.la-parenthese-camping-les-ormes.com. Prix 2022. Fft jour : empl. Tourisme (2) : 38 € (); Réduction H.S.
Lat. : 44° 36′ 32″ N **Long.** : 000° 45′ 40″ E.

CHALETS LES ORMES P.R.L ★★★ NN40 E. Locations : roulotte. Ouvert: 2.4 / 1.10. ☎ 05 53 01 79 81. E-mail : info@clublesormes.com. Web : www.clublesormes.com/nl/.
Lat. : 44° 36′ 16″ N **Long.** : 000° 45′ 39″ E.

SAINT-HILAIRE-DE-LUSIGNAN
9-E5 6 km N.-O. Agen. 88 m. ✉ 47450

LE MOULIN DE MELLET ★★★ Tourisme 60 E. 3 ha CV. Locations : cocosweet. , . Accès direct à l'étang et à la rivière. Accueil groupes. Ouvert: 1.4 / 10.10. ☎ 05 53 87 50 89. E-mail : moulin.mellet@wanadoo.fr. Web : www.camping-moulin-mellet.com. Réduction H.S.
Lat. : 44° 14′ 39″ N **Long.** : 000° 32′ 33″ E.
FFCC : avantages adhérent : 16 € du 01/04 au 02/07 et du 23/08 au 10/10 sur emp.

SAINT-LAURENT
9-E5 20 km N. Nérac 35 m. ✉ 47130

LE MOULIN DE SAINT-LAURENT chauffée CV. Ouvert: 1.5 / 15.10. ☎ 05 53 95 24 08. E-mail : lemoulinstlaurent47@orange.fr, Web : www.moulindesaintlaurent.com.
Lat. : 44° 13′ 56″ N **Long.** : 000° 23′ 47″ E.

SAINT-PIERRE-DE-BUZET
9-D5 18 km N.-O. Nérac. 98 m. ✉ 47160

CAMPING DU LAC NC Tourisme 66 E. 1 ha CV. Locations : , , , . Accès direct aux bords du lac ; rivière à 4 km. ; . Accueil groupes. Ouvert: 1.5 / 30.9. ☎ 05 53 89 74 36. E-mail : contact@campingdulac47.com. Web : www.campingdulac47.com.
Lat. : 44° 16′ 50″ N **Long.** : 000° 16′ 45″ E.

SAINT-SYLVESTRE-SUR-LOT
9-E5 8 km E. Villeneuve-sur-Lot. 101 m. ✉ 47140

LE SABLON ★★ Tourisme 57 E. 2 ha CV. Locations : . couverte . Accès direct à l'étang et aux bords du lac ; rivière à 500 m. ; ; . Accueil groupes. Ouvert: 1.1 / 31.12. ☎ 05 53 41 37 74. E-mail : campinglesablon@wanadoo.fr. Réduction H.S.
Lat. : 44° 23′ 46″ N **Long.** : 000° 47′ 11″ E.

LES BERGES DU LOT NC Tourisme 22 E. dont 2 GCC. 0,9 ha CV. . Accès direct à la rivière. Accueil groupes. Ouvert: 15.5 / 30.9. ☎ 05 53 41 22 23. E-mail : e.cassagne@orange.fr.
Lat. : 44° 23′ 45″ N **Long.** : 000° 48′ 16″ E.

SALLES
9-F4 28 km N.-E. Villeneuve-sur-Lot. 140 m. ✉ 47150

LES BASTIDES ★★★★ Tourisme 105 E. dont 87 nus, dont 79 CC - 8 GCC. 3 ha CV. Locations : , yourte. Espace Fitness. . ; . Accueil groupes. Ouvert: 1.1 / 31.12. ☎ 05 53 40 83 09. E-mail : info@campingdesbastides.com. Web : www.campingdesbastides.com. Prix 2023. Fft nuit : empl. Tourisme (2) : 36 € (E. CC E. GCC); sup 6 € nuit ; animaux 3 € nuit ; 4 € nuit. Réduction H.S.
Lat. : 44° 33′ 09″ N **Long.** : 000° 52′ 53″ E.

SAUVETERRE-LA-LEMANCE
9-F4 39 km N.-E. Villeneuve-sur-Lot. 210 m. ✉ 47500

MOULIN DU PÉRIÉ NC 125 E. dont 105 nus, dont 105 CC - 15 GCC. 3 ha CV. Locations : , . Accès direct aux bords du lac ; rivière à 3,5 km. ; . Accueil groupes adultes. Ouvert: 29.5 / 13.9. ☎ 05 53 40 67 26. E-mail : moulinduperie@wanadoo.fr. Web : www.camping-moulin-perie.com. Réduction H.S.
Lat. : 44° 35′ 25″ N **Long.** : 001° 02′ 53″ E.

SERIGNAC-PEBOUDOU
9-E4 40 km N.-E. Villeneuve-sur-Lot. 102 m. ✉ 47410

LA VALLEE DE GARDELEAU ★★★ Tourisme 33 E. dont 28 nus 1 ha 22 h / 7 h, CV. A 10 km : . Locations : . Randonnée pédestre organisée. , , . Accès direct à l'étang ; lac à 2 km. Accueil groupes. Ouvert: 1.4 / 11.11. ☎ 05 53 36 96 96. E-mail : vplf@orange.fr. Web : www.camping-valleegardeleau.com. Réduction H.S.
Lat. : 44° 36′ 59″ N **Long.** : 000° 31′ 07″ E.

TOURNON-D'AGENAIS
9-F5 25 km E. Villeneuve-sur-Lot. 172 m. ✉ 47370

CAMPING ULLULE ★★★ Tourisme 144 E. dont 13 nus CV. Locations : . chauffée . Accès direct aux bords du lac. . Ouvert: 23.5 / 6.9. ☎ 05 53 40 90 12. E-mail : ullule@capfun.com. Web : www.franceloc.fr/camping-france-aquitaine-ullule-FR.html.
Lat. : 44° 24′ 22″ N **Long.** : 000° 59′ 60″ E.

TRENTELS
9-F5 14 km N.-E. Villeneuve-sur-Lot. 107 m. ✉ 47140

CAMPING MUNICIPAL ★★★ Tourisme 17 E. dont 11 nus 0,73 ha CV. Locations : , . , , . Rivière à 50 m.. Accueil groupes adultes. Ouvert: 15.6 / 31.8. ☎ 05 53 41 60 72. E-mail : mairie.trentels@wanadoo.fr. Web : campingdelustrac.jimdo.com.
Lat. : 44° 26′ 01″ N **Long.** : 000° 53′ 16″ E.

VILLEFRANCHE-DU-QUEYRAN
9-D5 28 km N.-O. Nérac. 105 m. ✉ 47160

MOULIN DE CAMPECH ★★★ Tourisme 46 E. dont 46 nus 4 ha CV. chauffée. Accès direct à l'étang et aux bords du lac et à la rivière. Ouvert: 5.5 / 22.9. ☎ 05 53 88 72 43. E-mail : contact@moulindecampech.com. Web : www.moulindecampech.co.uk. Prix 2022. empl. Tourisme : 14,50 € ; 7 € ; animaux 2,50 € ; 4,50 € ; 4,50 €. Réduction H.S.
Lat. : 44° 16′ 23″ N **Long.** : 000° 11′ 25″ E.
FFCC : avantages adhérent : 21 € du 05/05 au 30/06 et du 01/09 au 22/09 sur emp.

Adhérez à un club FFCC et profitez de nombreux avantages.

Carte 10

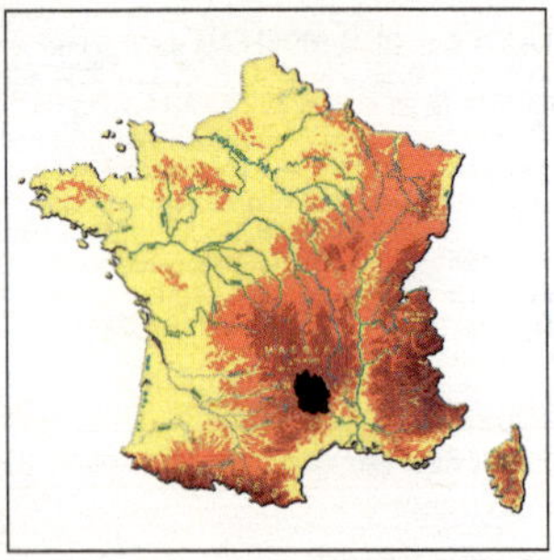

ALTIER

10-E5 48 km S.-E. Mende. 1082 m. ✉ 48800

CAMPING MUNICIPAL DE L'ALTIER NC Tourisme 32 E. dont 28 nus 2 ha CV. Locations : . Randonnée pédestre organisée. Accès direct à la rivière.. Accueil groupes. Ouvert: 15.6 / 15.9. ☎ 04 66 46 81 61. E-mail : commune-altier@orange.fr. Web : altier48.fr.
Lat. : 44° 28' 23" N **Long.** : 003° 51' 39" E.

AUROUX

10-E4 52 km N.-E. Mende. 1072 m. ✉ 48600

CAMPING DE MON VILLAGE ★★ Tourisme 30 E. dont 30 nus . , . Accès direct à la rivière ; lac à 3 km. . Ouvert: 1.6 / 30.9. ☎ 01 83 64 69 21. E-mail : contact@campingcarpark.com. Web : www.campingcarpark.com/. Prix 2022.
Lat. : 44° 45' 05" N **Long.** : 003° 43' 38" E.

BAGNOLS-LES-BAINS

10-E5 20 km E. Mende. 989 m. ✉ 48190

LE TIVOLI ★★★ Tourisme 105 E. 2 ha CV . Locations : . , . Accès direct à la rivière.. Ouvert: 8.4 / 5.11. ☎ 04 66 47 65 93. E-mail : campingmunicipalblb@gmail.com.
Lat. : 44° 30' 29" N **Long.** : 003° 39' 37" E.

BALSIEGES

10-D5 7 km S.-O. Mende. 900 m. ✉ 48000

LE ROCHER DE MOÏSE NC Tourisme 50 E. 2 ha CV. A 5 km : Locations : . , . Accès direct à la rivière. . Accueil groupes. Ouvert: 1.7 / 30.9. ☎ 0 6 62 71 89 92. E-mail : castanetyo@gmail.com. Prix 2022. empl. Tourisme : 3 € ; 3,50 € ; 3 € ; 3 € ; 2,50 € ; 3 €.
Lat. : 44° 30' 12" N **Long.** : 003° 27' 41" E.

BANASSAC-CANILHAC

10-D5 49 km S.-O. Mende. 667 m. ✉ 48500

LA MOTHE NC Tourisme 50 E. CV . A 800 m : . . Accès direct à la rivière ; lac à 1,5 km. ; . Accueil groupes. Ouvert: 1.3 / 30.11. ☎ 04 66 32 88 11. E-mail : josephsalles@outlook.fr. Web : www.camping-lozere.fr. Réduction H.S.
Lat. : 44° 26' 03" N **Long.** : 003° 12' 06" E.

BARJAC

10-D5 13 km O. Mende. 886 m. ✉ 48000

LE CLOS DES PEUPLIERS ★★★ Tourisme 95 E. dont 85 nus
3,3 ha CV . Locations : , . chauffée . Accès direct à la rivière. . Accueil groupes adultes. Ouvert: 1.4 / 30.9. ☎ 04 66 47 01 16. E-mail : leclosdespeupliers@wanadoo.fr. Web : camping-lozere.fr. Prix 2023. Fft jour : empl. Tourisme (2) : 25,5 € ( ) ; sup 7 € ; animaux 2,50 € ; 4 €.
Lat. : 44° 30' 03" N **Long.** : 003° 24' 26" E.
FFCC : avantages adhérent : 17 € du 01/04 au 30/06 et du 01/09 au 30/09 sur emp.

LES PÉPITES ★★★ 10 E. Locations : . chauffée . . Accueil groupes adultes. Ouvert: 8.3 / 24.11. ☎ 04 66 32 55 31. E-mail : info@chaletslespepites.fr. Web : www.chaletslespepites.fr.
Lat. : 44° 30' 53" N **Long.** : 003° 24' 48" E.

BARRE-DES-CEVENNES

10-E5 14 km S.-E. Florac. 892 m. ✉ 48400

LA CROISETTE NC Tourisme 80 E. Ouvert: 1.1 / 31.12. ☎ 04 66 45 05 28.
Lat. : 44° 14' 31" N **Long.** : 003° 39' 33" E.

BEDOUES

10-E5 4 km N. Florac. 802 m. ✉ 48400

CHANTEMERLE ★★★ Tourisme 84 E. dont 64 nus CV . Locations : , , tonneau, . , . Accès direct à la rivière. ; . Accueil groupes. Ouvert: 1.5 / 31.10. ☎ 04 66 45 19 66. E-mail : chante-merle@wanadoo.fr. Web : www.camping-chantemerle.com. Prix 2022. Fft jour : empl. Tourisme (2) : 22 € ( ) ;
Lat. : 44° 20' 45" N **Long.** : 003° 36' 33" E.

CHON DU TARN ★★ Tourisme 101 E. dont 94 nus 1 ha CV . Locations : caravane. . Accès direct à la rivière. . Accueil groupes. Ouvert: 1.5 / 5.10. ☎ 04 66 45 09 14. E-mail : info@camping-chondutarn.com. Web : www.camping-chondutarn.com. Prix 2022. Fft jour : empl. Tourisme (2) : 19,7 € ( ). Réduction H.S.
Lat. : 44° 20' 39" N **Long.** : 003° 36' 20" E.

BLAVIGNAC

10-D4 45 km N.-O. Mende. 969 m. ✉ 48200

LES CHALETS DE LA MARGERIDE P.R.L ★★ NN21 E. CV . Locations : , . couverte . Rivière à 800 m. Accueil groupes. Ouvert: 1.1 / 31.12. ☎ 04 66 42 56 00. E-mail : info@chalets-margeride.com. Web : www.chalets-margeride.com. Réduction H.S.
Lat. : 44° 52' 14" N **Long.** : 003° 18' 23" E.

CAMPING MUNICIPAL LA ROCHE AUX MYRTILLES NC Tourisme 35 E. 2 ha . Locations : . , , .. Ouvert: 15.6 / 15.9. ☎ 04 66 31 06 79. E-mail : mairieblavignac@wanadoo.fr.
Lat. : 44° 53' 10" N **Long.** : 003° 17' 12" E.

CANILHAC

10-D5 30 km O. Mende. 692 m. ✉ 48500

CAMPING MUNICIPAL DE LA VALLEE ★★★ Tourisme 50 E. dont 45 nus
1 ha 22 h / 7 h, CV . chauffée , . Accès direct à la rivière. . Ouvert: 13.6 / 12.9. ☎ 04 66 32 91 14. E-mail : camping.vallee@orange.fr. Web : www.camping-vallee-du-lot.com.
Lat. : 44° 26' 10" N **Long.** : 003° 08' 52" E.
FFCC : avantages adhérent : 11.50 € du 15/04 au 30/06 et du 01/09 au 31/10 sur emp. et entre 25 € et 40 € la nuitée et entre 140 € et 265 € la semaine du 15/04 au 30/06 et du 01/09 au 31/10 sur loc. + Tarif emplacement camping-car : 15,44 €.

CASSAGNAS

10-E5 13 km S.-E. Florac. 960 m. ✉ 48400

LA CHEVRERIE DES FELGES ★ Tourisme 6 E. Locations : . Ouvert: 1.1 / 31.12. ☎ 06 52 22 14 07. E-mail : contact@yourtes-cevennes-gorgesdutarn.fr. Web : www.yourtes-cevennes-gorgesdutarn.fr/.
Lat. : 44° 16' 14" N **Long.** : 003° 45' 34" E.

L'ESPACE STEVENSON NC Tourisme 25 E. 0,3 ha CV. Locations : . , . Accès direct aux bords du lac et à la rivière. . Accueil groupes. Ouvert: 1.4 / 30.10. ☎ 04 66 45 20 34. E-mail : contact@relais-stevenson.fr. Web : www.relais-stevenson.fr.
Lat. : 44° 16' 17" N **Long.** : 003° 43' 52" E.

CHANAC

10-D5 21 km O.-S.-O. Mende. 860 m. Station verte de vacances et village de neige ✉ 48230

CAMPING MUNICIPAL LA VIGNOGUE ★★★ Tourisme 48 E. 0,5 ha CV . Rivière à 1 km. Ouvert: 15.4 / 30.9. ☎ 04 66 48 24 09. E-mail : gites-camping-chanac@orange.fr.
Lat. : 44° 27' 53" N **Long.** : 003° 20' 53" E.

CHASSERADES

10-E4 41 km N.-E. Mende. 1242 m. ✉ 48250

CAMPING MUNICIPAL DE CHASSERADÈS NC Tourisme 50 E. 47 ha . , . Accès direct à la rivière.. Accueil groupes. Ouvert: 1.5 / 30.9. ☎ 04 66 46 04 94. E-mail : mairie@montlozeregoulet.fr.
Lat. : 44° 32' 57" N **Long.** : 003° 50' 32" E.

M. MARC SAINT-JEAN . Ouvert: 1.5 / 30.10. ☎ 06 73 04 14 08. E-mail : fermedepratclaux@orange.fr.
Lat. : 44° 33' 38" N **Long.** : 003° 49' 52" E.

CHASTANIER

10-E4 46 km N.-E. Mende. 1075 m. 48300

LE PONT DE BRAYE ★★★ Tourisme 35 E. dont 25 nus
1 ha. Locations : cocosweet, yourte. Randonnée pédestre organisée. Accès direct à la rivière ; lac à 4 km. Ouvert: 1.5 / 24.9. ☎ 04 66 69 53 04. E-mail : accueil@camping-lozere-naussac.fr. Web : www.camping-lozere-naussac.fr. Prix 2022. Fft jour : empl. Tourisme (1) : 18,5 € ; sup 4,80 € ; animaux 2 € ; 2,90 €. Réduction H.S.
Lat. : 44° 43' 34" N **Long.** : 003° 44' 50" E.
FFCC : avantages adhérent : 16 € du 29/04 au 30/06 et du 26/08 au 22/09 sur emp.

LES SOUS-BOIS DU LAC ★★★ Tourisme 139 E.
3 ha. CV. A 8 km : Locations : Randonnée pédestre organisée. chauffée. Accès direct aux bords du lac et à la rivière. Accueil groupes. Ouvert: 1.5 / 20.9. ☎ 04 66 69 52 43. E-mail : contact@campinglozere.com. Web : www.campinglozere.com. Réduction H.S.
Lat. : 44° 44' 15" N **Long.** : 003° 46' 08" E.
FFCC : avantages adhérent : 19.4 € du 01/05 au 30/06 et du 01/09 au 15/09 sur emp.

CHATEAUNEUF-DE-RANDON

10-E4 30 km N.-E. Mende. 1222 m. Station verte de vacances et village de neige 48170

CAMPING MUNICIPAL NC Tourisme 50 E. 1,5 ha. chauffée. Accès direct à la rivière. Ouvert: 1.6 / 15.9. ☎ 04 66 47 91 43. E-mail : mairie.chateauneuf@wanadoo.fr.
Lat. : 44° 38' 05" N **Long.** : 003° 40' 24" E.

CHIRAC

10-D5 40 km Mende. 901 m. 48100

AU SOLEIL LEVANT ★★ Tourisme 37 E.
1 ha. CV. Randonnée pédestre organisée. Accès direct à la rivière. Ouvert: 15.4 / 15.10. ☎ 04 66 32 71 92. E-mail : np.bessiere0238@orange.fr. Web : campingenlozere.fr.
Lat. : 44° 31' 33" N **Long.** : 003° 16' 00" E.
FFCC : avantages adhérent : 15 € du 15/05 au 01/07 et du 01/09 au 15/09 sur emp.

FLORAC TROIS RIVIERES

10-E5 40 km S.-S.-E. Mende. 840 m. Station verte de vacances et village de neige 48400

LE PONT DU TARN ★★★ Tourisme 188 E. dont 141 nus
CV. Locations : cocosweet. chauffée. Accès direct à la rivière. Accueil groupes. Ouvert: 16.4 / 2.10. ☎ 04 66 45 18 26. E-mail : contact@camping-florac.com. Web : www.camping-florac.com. Réduction H.S.
Lat. : 44° 20' 10" N **Long.** : 003° 35' 21" E.
FFCC : avantages adhérent : 20 € du 16/04 au 09/07 et du 27/08 au 02/10 sur emp.

LE VAL DES CEVENNES ★★ Tourisme 27 E.
CV. Locations : Accès direct à la rivière. Accueil groupes. Ouvert: 11.4 / 30.9. ☎ 04 66 31 34 20. E-mail : campinglevaldescevennes@gmail.com. Web : www.levaldescevennes.com.
Lat. : 44° 20' 18" N **Long.** : 003° 35' 08" E.

CAMPING DU PONT NEUF ★ Tourisme 29 E.
CV. Accès direct à la rivière. Ouvert: 1.7 / 30.9. ☎ 06 42 23 55 22. E-mail : campingdupontneuf48@gmail.com. Web : www.campingdupontneuf.com.
Lat. : 44° 19' 03" N **Long.** : 003° 35' 58" E.

ECO CAMPING LA TIERE NC Tourisme 55 E. 0,8 ha. Accès direct à la rivière. Ouvert: 1.5 / 31.10. ☎ 07 88 17 82 88. E-mail : m.mejean@orange.fr. Web : www.camping-la-tiere.fr.
Lat. : 44° 18' 31" N **Long.** : 003° 35' 54" E.

LE VELAY ★ Tourisme 48 E. 0,7 ha. CV. Locations : Accès direct à la rivière. Accueil groupes. Ouvert: 1.7 / 30.9. ☎ 04 66 45 19 23. E-mail : camping.velay@orange.fr. Prix 2022. 3,50 € ; 4,60 € ; 3 € ; 3 € ; 1,60 € ; animaux 1,50 € ; 1,60 € ; 3,50 €.
Lat. : 44° 19' 04" N **Long.** : 003° 35' 58" E.

FOURNELS

10-D4 64 km N.-O. Mende. 1062 m. 48310

CHEZ PROSPER NC Tourisme 20 E. dont 20 nus 0,33 ha. Locations : roulotte. Rivière à 200 m. Ouvert: 1.5 / 30.9. ☎ 04 66 31 65 96. E-mail : pelegrymonique@orange.fr.
Lat. : 44° 49' 00" N **Long.** : 003° 07' 07" E.

GORGES DU TARN CAUSSES

10-D5 27 km N.-O. Florac. 867 m. Station verte de vacances et village de neige 48210

COUDERC ★★★ Tourisme 130 E. dont 123 nus
1,5 ha. CV. Locations : cocosweet. Randonnée pédestre organisée. Espace Fitness. Accès direct à la rivière. Ouvert: 5.4 / 22.9. ☎ 04 66 48 50 53. E-mail : contact@campingcouderc.fr. Web : www.campingcouderc.fr.
Lat. : 44° 21' 13" N **Long.** : 003° 24' 06" E.

NATURE ET RIVIÈRE ★★★ Tourisme 90 E. dont 57 nus
2 ha. CV. Locations : Accès direct à la rivière. Accueil groupes. Ouvert: 25.5 / 5.9. ☎ 04 66 48 57 36. E-mail : info@yellohvillage-nature-riviere.com. Web : www.camping-nature-riviere.com. Réduction H.S.
Lat. : 44° 20' 46" N **Long.** : 003° 23' 43" E.
FFCC : avantages adhérent : 10% du 04/05 au 30/06 et du 01/09 au 14/09 sur emp. + Rendez-vous dans votre club avantages FFCC pour obtenir le code promotionnel et réserver !.

LE SITE ★★ Tourisme 66 E. dont 53 nus
1,6 ha. CV. Locations : tipi. Rivière à 50 m. Accueil groupes. Ouvert: 1.5 / 30.9. ☎ 04 66 48 58 08. E-mail : camping.lesite@gmail.com. Web : www.gorgesdutarn.fr. Prix 2023. Fft jour : empl. Tourisme (2) : 22 €
Lat. : 44° 20' 22" N **Long.** : 003° 28' 11" E.
FFCC : avantages adhérent : 19 € du 01/05 au 30/06 et du 01/09 au 30/06 sur emp. et entre 55 € et 70 € la nuitée et entre 325 € et 410 € la semaine du 29/5 au 30/06 et du 01/09 au 30/09 sur loc.

CAMPING DE M. SOLANET NC Tourisme 17 E. 0,15 ha. Accès direct à la rivière. Ouvert: 15.6 / 15.9. ☎ 04 66 48 52 60. E-mail : guides@campingfrance.com.
Lat. : 44° 21' 59" N **Long.** : 003° 24' 40" E.

CENTRE DE PLEIN AIR NC Tourisme 50 E. 5 ha. Accès direct à la rivière. Ouvert: 1.7 / 31.8. ☎ 04 66 48 53 55. E-mail : sainte-enimie@sportspourtous.org. Web : www.monsejournature.com.
Lat. : 44° 21' 58" N **Long.** : 003° 25' 53" E.

GRANDRIEU

10-E4 50 km N.-E. Mende. 1183 m. 48600

LE VIEUX MOULIN NC Tourisme 50 E. dont 25 nus 0,5 ha. CV. Locations : Randonnée pédestre organisée. Accès direct à la rivière ; étang à 5 km.. Accueil groupes adultes. Ouvert: 1.5 / 31.10. ☎ 04 66 46 94 23. E-mail : levieuxmoulincamping@gmail.com. Web : www.camping-lozere.info. Prix 2022. Fft jour : empl. Tourisme (2) : 17,5 €
Lat. : 44° 48' 09" N **Long.** : 003° 39' 45" E.

CAMPING MUNICIPAL NC Tourisme 13 E. dont 13 nus. CV. Ouvert: 15.6 / 15.9. ☎ 04 66 46 30 26. E-mail : mairie.grandrieu@wanadoo.fr. Prix 2022. Fft nuit : empl. Tourisme (2) : 11,5 €
Lat. : 44° 46' 54" N **Long.** : 003° 38' 01" E.

ISPAGNAC

10-E5 10 km N.-O. Florac. 907 m. Station verte de vacances et village de neige 48320

CAMPING LE PRÉ MORJAL ★★★ Tourisme 131 E. dont 119 nus
2 ha. CV. Rivière à 50 m. Accueil groupes. Ouvert: 1.4 / 3.11. ☎ 04 66 45 43 57 / 06 81 32 46 23. E-mail : contact@camping-premorjal.com. Web : camping-premorjal.com. Réduction H.S.
Lat. : 44° 22' 22" N **Long.** : 003° 31' 47" E.

LE VIEUX MOULIN ★★ Tourisme 33 E. Randonnée pédestre organisée. Accès direct à la rivière. Ouvert: 15.6 / 15.9. ☎ 04 66 44 20 67. E-mail : campinglevieuxmoulin48320@orange.fr. Web : www.campinglevieuxmoulin.com.
Lat. : 44° 22' 33" N **Long.** : 003° 31' 27" E.

LES CERISIERS ★★ Tourisme 75 E. 1,7 ha. CV. Locations : chauffée. Rivière à 200 m. Accueil groupes. Ouvert: 1.4 / 15.10. ☎ 04 66 44 21 24. E-mail : camphotel@wanadoo.fr. Web : www.camping-cerisiers.com. Réduction H.S.
Lat. : 44° 22' 17" N **Long.** : 003° 31' 52" E.

LA BASTIDE-PUYLAURENT

10-E4 50 km E. Mende. 1103 m. 48250

L'ALLIER ★★★ Tourisme 60 E. dont 24 nus, dont 10 CC.
1,7 ha. Locations : Accès direct à la rivière ; étang à 1 km. Accueil groupes. Ouvert: 1.5 / 15.10. ☎ 04 66 46 04 06. E-mail : campingdelallier@orange.fr. Web : www.camping-de-lallier.fr/. Prix 2023. Fft jour : empl. Tourisme (2) : 17,5 € ; sup 5,20 € ; animaux 2,50 € ; 3,30 €.
Lat. : 44° 34' 38" N **Long.** : 003° 53' 36" E.
FFCC : avantages adhérent : 19 € du 30/04 au 10/10 sur emp. et entre 50 € et 90 € la nuitée et entre 270 € et 490 € la semaine du 30/04 au 10/10 sur loc.

LA CANOURGUE

10-D5 45 km O. Mende. 813 m. Station verte de vacances et village de neige 48500

CAMPING ET CHALETS DU GOLF NC Tourisme 50 E. CV. A 4 km : Locations : Randonnée pédestre organisée. chauffée. Accès direct à la rivière ; lac à 5 km.. Accueil groupes. Ouvert: 2.5 / 15.9. ☎ 04 66 44 23 60. E-mail : contact@golf-gorgesdutarn.com. Web : www.golf-gorgesdutarn.com. Réduction H.S.
Lat. : 44° 24' 31" N **Long.** : 003° 14' 28" E.

LA MALENE

10-D5 28 km O.-S.-O. Florac. 825 m. 48210

CAMPING MUNICIPAL LE PRADET ★★ Tourisme 46 E. dont 45 nus 0,5 ha. CV. Locations : Accès direct à la rivière. Accueil groupes. Ouvert: 1.4 / 30.9. ☎ 04 66 48 58 55. E-mail : camping.lamalene@gmail.com. Web : www.gorgesdutarn-camping.com.
Lat. : 44° 18' 04" N **Long.** : 003° 19' 03" E.

GITES DE PLEIN AIR LE GABITOU ★ Tourisme 24 E. Locations : Accès direct à la rivière. Ouvert: 1.7 / 31.8. ☎ 04 66 48 81 56. E-mail : contact@gitedepleinair-legabitou.com.
Lat. : 44° 18' 45" N **Long.** : 003° 20' 13" E.

LANGOGNE

10-E4 50 km N.-E. Mende. 974 m. Station verte de vacances et village de neige 48300

LA CIGALE DE L'ALLIER ★★★ Tourisme 83 E. dont 59 nus 2 ha. CV. A 4 km : Locations : Randonnée pédestre organisée. chauffée. Accès direct à la rivière ; lac à 4 km. Accueil groupes. Ouvert: 11.4 / 11.10. ☎ 06 80 15 96 32. E-mail : contact@lacigaledelallier.fr. Web : www.lacigaledelallier.fr. Prix 2022. Fft jour : empl. Tourisme (1) : 20,5 € ; sup 5,40 € ; animaux 2,50 € ; 3,10 €.
Lat. : 44° 43' 40" N **Long.** : 003° 51' 53" E.

LES TERRASSES DU LAC ★★★ Tourisme 180 E. dont 165 nus
5,8 ha CV. A 300 m : . Locations : . Accès direct aux bords du lac. ; . . Accueil groupes adultes. Ouvert: 1.4 / 30.9. ☎ 04 66 69 29 62. E-mail : bonjour@naussac.com. Web : www.naussac.com. Réduction H.S.
Lat. : 44° 44' 05" N **Long.** : 003° 50' 08" E.

LAUBERT

10-E4 20 km N.-E. Mende. 1281 m. ✉ 48170

CAMPING MUNICIPAL LA PONTIERE ★★ Tourisme 33 E. 1 ha CV. Accès direct à la rivière ; lac à 4 km.. Accueil groupes adultes. Ouvert: 1.1 / 31.12. ☎ 04 66 47 71 37. E-mail : mairielaubert@wanadoo.fr.
Lat. : 44° 38' 25" N **Long.** : 003° 40' 30" E.

LE COLLET-DE-DEZE

10-E5 40 km S.-E. Florac. 514 m. ✉ 48160

AIRE NATURELLE MUNICIPALE NC 25 E. , . Accès direct à la rivière. . Ouvert: 1.7 / 31.8. ☎ 04 66 45 50 14. E-mail : mairie-du-collet-de-deze@wanadoo.fr.
Lat. : 44° 14' 49" N **Long.** : 003° 55' 38" E.

LE MALZIEU-VILLE

10-D4 41 km N. Mende. 900 m. Station verte de vacances et village de neige ✉ 48140

CAMPING MUNICIPAL LE PRE DU PONT NC Tourisme 52 E. 1 ha . Accès direct à la rivière.. Ouvert: 15.6 / 15.9. ☎ 04 66 31 76 65. E-mail : secretariat@lemalzieu.fr.
Lat. : 44° 51' 25" N **Long.** : 003° 19' 59" E.

LA PISCINE NC Tourisme 65 E. dont 65 GCC. 1 ha CV. Locations : , . chauffée , . Accès direct à la rivière. . Ouvert: 1.1 / 31.12. ☎ 04 66 31 47 63. E-mail : secretariat@lemalzieu.fr.
Lat. : 44° 51' 05" N **Long.** : 003° 20' 16" E.

LE POMPIDOU

10-E5 24 km S.-E. Florac. 761 m. ✉ 48110

CAMPING MUNICIPAL BEL AIR NC Tourisme 12 E. 0,28 ha CV. Rivière à 5 km. Accueil groupes. Ouvert: 1.6 / 30.9. ☎ 04 66 60 32 00. E-mail : mairiepompidou@wanadoo.fr.
Lat. : 44° 11' 41" N **Long.** : 003° 39' 29" E.

LE ROZIER

10-D5 65 km S.-O. Florac. 556 m. ✉ 48150

CAMPING MUNICIPAL BROUILLET ★★★ Tourisme 155 E. 3,5 ha CV . Locations : . chauffée . Accès direct à la rivière. . Accueil groupes. Ouvert: 1.4 / 30.9. ☎ 05 65 62 63 98. E-mail : contact@campinglerozier.com. Web : www.camping-lerozier.com.
Lat. : 44° 11' 29" N **Long.** : 003° 12' 15" E.

BRUDY PLAGE ★★ Loisirs 35 E. 0,87 ha CV . Locations : , . Accès direct à la rivière. ; . Accueil groupes. Ouvert: 1.5 / 30.9. ☎ 05 65 62 66 33. E-mail : contact@campingdesgorges.fr. Web : www.camping-brudy.fr.
Lat. : 44° 11' 27" N **Long.** : 003° 12' 20" E.

LES VIGNES

10-D5 52 km O.-S.-O. Florac 829 m. ✉ 48210

LE BELDOIRE NC 142 E. dont 124 nus
5 ha CV . Locations : . chauffée . Accès direct à la rivière. ; . Accueil groupes. Ouvert: 27.4 / 9.9. ☎ 04 66 48 64 97. E-mail : info@camping-beldoire-gorgesdutarn.com. Web : www.camping-beldoire-gorgesdutarn.com. Réduction H.S.
Lat. : 44° 17' 13" N **Long.** : 003° 14' 04" E.
FFCC : avantages adhérent : 10% du 11/05 au 01/07 et du 31/08 au 24/0910% du 11/05 au 01/07 et du 31/08 au 24/09 sur emp. et loc. + 5% de réduction en juillet-août sur les emplacements nus et locatifs * frais de réservation offerts Rendez-vous dans votre club avantages FFCC pour obtenir le code promotionnel.

LUC

10-E4 52 km N.-E. Mende. 1138 m. ✉ 48250

AIRE NATURELLE MUNICIPALE . ☎ 04 66 46 60 07. E-mail : mairie.luc48@wanadoo.fr.
Lat. : 43° 09' 07" N **Long.** : 000° 10' 49" E.

MARVEJOLS

10-D4 30 km O.-N.-O. Mende. 732 m. Station verte de vacances et village de neige ✉ 48100

CAMPING MUNICIPAL EUROPE NC Tourisme 40 E. dont 38 GCC. CV . Locations : . Randonnée pédestre organisée. , . Accès direct à la rivière.. Accueil groupes. Ouvert: 17.4 / 17.9. ☎ 04 66 32 03 69. E-mail : marvejols@vvfvillages.fr.
Lat. : 44° 33' 02" N **Long.** : 003° 18' 16" E.

MASSEGROS CAUSSES GORGES

57 km O. Florac 880 m. ✉ 48500

LA BLAQUIÈRE ★★★ Tourisme 79 E. dont 58 nus
1 ha CV . Locations : , , cocosweet, , . Accès direct à la rivière. ; . Accueil groupes. Ouvert: 5.5 / 18.9. ☎ 04 66 48 54 93. E-mail : contact@campingblaquiere.fr. Web : www.campinggorgesdutarn.fr. Prix 2023. Fft jour : empl. Tourisme (2 2) : 32 € ( ). Réduction H.S.
Lat. : 44° 18' 16" N **Long.** : 003° 16' 05" E.

LE TERRADOS ★★★ Tourisme 65 E. dont 59 nus
1,3 ha CV . Locations : , . Accès direct à la rivière. ; ; . Accueil groupes. Ouvert: 1.4 / 15.10. ☎ 04 66 48 83 37. E-mail : campingleterrados@orange.fr. Web : www.campingleterrados.fr.
Lat. : 44° 16' 42" N **Long.** : 003° 13' 48" E.
FFCC : avantages adhérent : 21 € du 01/04 au 30/06 et du 01/09 au 15/10 sur emp. et entre 58 € et 92 € la nuitée et entre 350 € et 550 € la semaine du 01/04 au 07/07 et du 26/08 au 15/10 sur loc.

HUTTOPIA GORGES DU TARN ★★ Tourisme 30 E. dont 65 nus, dont 65 CC. 5 ha CV . Locations : , roulotte, , . Accès direct à la rivière. ; ; . Ouvert: 19.5 / 25.9. ☎ 04 66 48 64 97. E-mail : gorgesdutarn@huttopia.com. Web : www.europe.huttopia.com/site/gorges-du-tarn/.
Lat. : 44° 21' 55" N **Long.** : 003° 25' 27" E.

MENDE

10-E5 571 km S.-S.-E. Paris. 907 m. ✉ 48000

TIVOLI ★★★ Tourisme 100 E. CV . chauffée. Accès direct à la rivière.. Accueil groupes adultes. Ouvert: 1.1 / 31.12. ☎ 04 66 65 31 10. E-mail : camping.tivoli0601@orange.fr. Web : www.campingtivoli.com.
Lat. : 44° 30' 52" N **Long.** : 003° 28' 31" E.

CAMPING SIRVENS NC Tourisme 100 E. 2,3 ha , , . ; . Ouvert: 1.6 / 30.9. ☎ 04 66 65 16 93. E-mail : berna rd.engelvin@orange.fr.
Lat. : 44° 31' 52" N **Long.** : 003° 31' 38" E.

MEYRUEIS

10-D5 35 km S.-O. Florac. 1007 m. Station verte de vacances et village de neige ✉ 48150

LE CAPELAN ★★★★ Tourisme 110 E. dont 66 nus
CV . Randonnée pédestre organisée. chauffée. Accès direct à la rivière. . Accueil groupes adultes. Ouvert: 4.5 / 15.9. ☎ 04 66 45 60 50. E-mail : camping-capelan@hotmail.com. Web : www.campingcapelan.com. Réduction H.S.
Lat. : 44° 11' 09" N **Long.** : 003° 25' 10" E.

LA CASCADE ★★★ Tourisme 54 E. dont 39 nus
1 ha CV . A 3 km : . Locations : , . Accès direct à la rivière. ; . Accueil groupes. Ouvert: 15.4 / 25.9. ☎ 04 66 45 45 45. E-mail : contact@camping-la-cascade.com. Web : www.camping-la-cascade.com/. Prix 2022. Fft jour : empl. Tourisme (2) : 25 € ( ) ; sup 5,70 € ; animaux 2,10 € ; 3,90 €. Réduction H.S.
Lat. : 44° 11' 42" N **Long.** : 003° 27' 20" E.
FFCC : avantages adhérent : 15 € du 07/04 au 30/06 et du 27/08 au 24/09 sur emp.

LE JARDIN DES CÉVENNES ★★★ Tourisme 90 E. dont 61 nus
CV . Randonnée pédestre organisée. chauffée . Rivière à 100 m. . Ouvert: 24.4 / 20.9. ☎ 04 66 45 60 51. E-mail : infocamping@jardindescevennes.com. Web : www.campinglejardindescevennes.com. Réduction H.S.
Lat. : 44° 10' 51" N **Long.** : 003° 26' 07" E.
FFCC : avantages adhérent : 19 € du 29/04 au 02/07 et du 27/08 au 30/09 sur emp. et entre 52 € et 133 € la nuitée et entre 245 € et 930 € la semaine du 29/04 au 02/07 et du 27/08 au 30/09 sur loc.

LE PRE DE CHARLET ★★ Tourisme 60 E. 2 ha CV. . Accès direct à la rivière. . Accueil groupes. Ouvert: 15.4 / 15.10. ☎ 04 66 45 63 65. E-mail : contact@camping-lepredecharlet.com. Web : www.camping-lepredecharlet.com. Réduction H.S.
Lat. : 44° 11' 11" N **Long.** : 003° 26' 20" E.

POINT D'ACCUEIL JEUNES . ☎ 06 81 61 63 50. E-mail : info@nature-cevennes.com, Web : www.nature-cevennes.com.
Lat. : 44° 10' 58" N **Long.** : 003° 25' 30" E.

MOISSAC-VALLEE-FRANCAISE

10-E5 32 km S.-E. Florac. 472 m. ✉ 48110

LA PELUCARIE ★★ Tourisme 34 E. dont 29 nus CV . Locations : . . Rivière à 20 m. . Accueil groupes adultes. Ouvert: 29.4 / 15.9. ☎ 04 66 45 75 57. E-mail : florence.plantier48@orange.fr. Web : www.campinglapelucarie.fr. Réduction H.S.
Lat. : 44° 09' 47" N **Long.** : 003° 47' 60" E.

MONT LOZERE ET GOULET

10-E5 30 km E. Mende. 1249 m. ✉ 48190

CAMPING MUNICIPAL LA GAZELLE ★★ Tourisme 36 E. 1 ha . . Accès direct à la rivière.. Ouvert: 1.5 / 31.10. ☎ 06 85 76 95 63. E-mail : campingmunicipalbleymard@gmail.com.
Lat. : 44° 29' 28" N **Long.** : 003° 44' 37" E.

MONTBRUN

10-E5 18 km O. Florac. 927 m. ✉ 48210

LES OSIERS ★★★ Tourisme 79 E. 2 ha CV . Locations : , cabanes, . . Accès direct à la rivière. ; . Ouvert: 15.5 / 15.9. ☎ 04 66 48 51 79. E-mail : philippe.monteils@wanadoo.fr. Web : camping.gite.lozere.free.fr. Prix 2023. Fft jour : empl. Tourisme (2) : 23 € ( ) ; sup 6,50 € nuit ; animaux 1,50 € nuit ; 2 € nuit ; 5 € nuit.
Lat. : 44° 20' 04" N **Long.** : 003° 28' 48" E.

PRAT DE MILOU NC Tourisme 50 E. . Accès direct à la rivière. ; . ☎ 04 66 48 50 98. E-mail : marrot.lucien@orange.fr. Web : campingpratdemilou.cabanova.com.
Lat. : 44° 19' 58" N **Long.** : 003° 29' 49" E.

CAMPING LA CHADENEDE . ☎ 04 66 48 50 88. E-mail : philippe.monteils@wanadoo.fr, Web : camping.gite.lozere.free.fr.
Lat. : 44° 20' 04" N **Long.** : 003° 28' 42" E.

MME BOUTIN . ☎ 04 66 48 51 78. E-mail : b-saintpierre@wanadoo.fr.
Lat. : 44° 20' 07" N **Long.** : 003° 29' 24" E.

NASBINALS

10-D4 60 km O. Mende. 1240 m. ✉ 48260

CAMPING MUNICIPAL ★★ Tourisme 75 E. 2 ha CV. Locations : roulotte. Randonnée pédestre organisée. , . Rivière à 2 km.. Accueil groupes. Ouvert: 26.4 / 5.10. ☎ 04 66 32 51 87. E-mail : camping.nasbinals@orange.fr. Web : www.nasbinals.fr/camping-municipal/.
Lat. : 44° 40' 12" N **Long.** : 003° 02' 25" E.

PEYRE EN AUBRAC

10-D4 29 km N.-O. Mende. 1045 m. Station verte de vacances et village de neige ✉ 48130

CAMPING MUNICIPAL NC Tourisme 100 E. 1,6 ha . Ouvert: 1.6 / 30.9. ☎ 04 66 42 80 02. E-mail : mairie.aumontaubrac@wanadoo.fr. Web : ot-aumont-aubrac.fr.
Lat. : 44° 42' 21" N **Long.** : 003° 16' 58" E.

PIED-DE-BORNE

10-E5 68 km S.-E. Mende. 691 m. ✉ 48800

LES CHENEVIERES NC Tourisme 18 E. , . Accès direct aux bords du lac ; rivière à 50 m. . Accueil groupes. Ouvert: 1.5 / 30.9. ☎ 04 66 46 25 53. E-mail : olivier.dossetto@wanadoo.fr. Web : www.hotellerie-du-chassezac-lozere.com.
Lat. : 44° 28' 31" N **Long.** : 003° 59' 08" E.

PIERREFICHE

10-E4 40 km N.-E. Mende. 1165 m. ✉ 48300

CAMPING GCU - PIERREFICHE ★ Tourisme 35 E. . , . Ouvert: 31.5 / 14.9. ☎ 04 66 69 58 01. E-mail : gcu@gcu.asso.fr. Web : www.gcu.asso.fr.
Lat. : 44° 41' 27" N **Long.** : 003° 44' 20" E.

PONT DE MONTVERT - SUD MONT LOZERE

10-E5 20 km N.-E. Florac. 1262 m. ✉ 48220

CAMPING MUNICIPAL NC Tourisme 100 E. 1 ha . . . Ouvert: 1.3 / 3.11. ☎ 04 66 45 82 88. E-mail : accueil@mairiepontdemontvert.fr.
Lat. : 44° 21' 43" N **Long.** : 003° 44' 51" E.

MME LUCILE PANTEL . Ouvert: 1.5 / 15.9. ☎ 04 66 45 81 82. E-mail : lucie.p@gmail.com.
Lat. : 44° 24' 14" N **Long.** : 003° 44' 45" E.

POURCHARESSES

10-E5 60 km E. Mende. 960 m. ✉ 48800

LAC DE VILLEFORT ★★★★ Tourisme 78 E. dont 43 nus 0,9 ha CV . Locations : , bulle, kota, roulotte, tipi, . Espace Fitness. chauffée . Accès direct aux bords du lac ; rivière à 5 km. ; . . Accueil groupes. Ouvert: 9.4 / 30.10. ☎ 04 66 46 81 27. E-mail : camping-lac@orange.fr. Web : www.camping-lac-cevennes.com. Prix 2022. Fft jour : empl. Tourisme (2) : 25 € ( )
Lat. : 44° 27' 41" N **Long.** : 003° 55' 40" E.

LA PALHERE ★★★ Tourisme 45 E. dont 30 nus CV . Locations : , roulotte. Espace Fitness. chauffée . Accès direct à la rivière ; lac à 5 km. ; . Accueil groupes adultes. Ouvert: 15.4 / 31.10. ☎ 04 66 46 80 63. E-mail : contact@campinglapalhere.com. Web : www.campinglapalhere.com.
Lat. : 44° 25' 08" N **Long.** : 003° 54' 36" E.

PREVENCHERES

10-E4 54 km E. Mende. 917 m. ✉ 48800

CAMPING LA CASCADE DES CEVENNES ★ Tourisme 41 E. . Accès direct aux bords du lac et à la rivière. Ouvert: 1.6 / 30.9. ☎ 06 88 60 19 11. E-mail : campingenlozere@gmail.com. Web : campinglozere-cevennes.com.
Lat. : 44° 31' 34" N **Long.** : 003° 54' 29" E.

QUEZAC

10-E5 11 km N.-O. Florac. 814 m. ✉ 48320

DEL RON ★★★ Tourisme 60 E. dont 60 nus 2 ha CV . Locations : , , , . Accès direct à la rivière. ; . Accueil groupes adultes. Ouvert: 1.5 / 27.9. ☎ 04 66 48 54 71. E-mail : camping.delron@orange.fr. Web : www.campingdelron.com.
Lat. : 44° 20' 14" N **Long.** : 003° 28' 36" E.

LA ROCHETTE CV. Ouvert: 15.4 / 15.10. ☎ 04 66 31 79 82. E-mail : la.rochette@orange.fr.
Lat. : 44° 21' 25" N **Long.** : 003° 34' 01" E.

RIBENNES

10-D4 19 km N.O. Mende. 1080 m. ✉ 48700

LE LAC DE GANIVET ★★ Tourisme 25 E. 0,5 ha CV. Locations : . . Rivière à 50 m ; lac à 80 m. . Ouvert: 30.5 / 15.9. ☎ 04 66 32 34 04. E-mail : contact@chalets-lac-ganivet.com. Web : www.chalets-lac-ganivet.com.
Lat. : 44° 38' 50" N **Long.** : 003° 25' 09" E.

RIEUTORT-DE-RANDON

10-D4 18 km N. Mende. 1224 m. ✉ 48700

CAMPING MUNICIPAL NC Tourisme 22 E. 0,6 ha CV. , . Accès direct aux bords du lac et à la rivière. . Ouvert: 15.6 / 15.9. ☎ 04 66 47 33 31. E-mail : mairie.de.rieutort@wanadoo.fr.
Lat. : 44° 38' 31" N **Long.** : 003° 29' 09" E.

ROCLES

10-E4 45 km N.-E. Mende. 1114 m. ✉ 48300

RONDIN DES BOIS ★★★ Tourisme 78 E. dont 64 nus 2 ha CV . Locations : , . chauffée , . Lac à 800 m ; rivière à 3 km. ; . Accueil groupes. Ouvert: 1.4 / 31.10. ☎ 04 66 69 50 46. E-mail : rondin.com@wanadoo.fr. Web : www.camping-rondin.com. Réduction H.S.
Lat. : 44° 44' 20" N **Long.** : 003° 46' 53" E.

LA RODE ★★ Tourisme 20 E. . ☎ 04 66 69 50 18. E-mail : camping.larode@wanadoo.fr.
Lat. : 44° 43' 15" N **Long.** : 003° 47' 13" E.

ROUSSES

10-E5 20 km S. Florac. 994 m. ✉ 48400

LES RUCHES CEVENOLES ★★★ 5 E. Locations : . ☎ 04 66 44 08 54. E-mail : laruche@rousses48.fr. Web : www.lesruchescevenoles48.fr.
Lat. : 44° 12' 24" N **Long.** : 003° 35' 04" E.

M. CHRISTIAN ARGENSON CV . Ouvert: 1.7 / 31.8. ☎ 04 66 44 00 29. E-mail : argenson.c@wanadoo.fr.
Lat. : 44° 12' 14" N **Long.** : 003° 35' 13" E.

SAINT BONNET-LAVAL

10-E4 63 km N.-E. Mende. 925 m. ✉ 48600

LES EAUX VIVES ★★ Loisirs 29 E. dont 29 nus 5 ha CV . Locations : . . Accès direct à la rivière. . Accueil groupes. Ouvert: 1.4 / 31.10. ☎ 04 66 46 36 18. E-mail : les.eaux.vives.lozere@gmail.com. Web : www.camping-les-eaux-vives-lozere.com. Prix 2023. Fft jour : empl. Tourisme (1) : 10,5 € ( ) ; sup 5,50 € ; 2,75 € ; 3 €. Réduction H.S.
Lat. : 44° 50' 18" N **Long.** : 003° 44' 18" E.
FFCC : avantages adhérent : 13 € du 01/04 au 30/06 et du 01/09 au 31/10 sur emp.

SAINT-ALBAN-SUR-LIMAGNOLE

10-D4 38 km N. Mende. 1070 m. ✉ 48120

LE GALIER ★★★ Tourisme 80 E. dont 61 nus 4 ha CV . Locations : , tonneau. couverte chauffée , . Accès direct à la rivière. . Ouvert: 1.4 / 18.9. ☎ 04 66 31 58 80. E-mail : accueil@campinglegalier.fr. Web : www.campinglegalier.fr. Prix 2022. Fft jour : empl. Tourisme (1) : 18,5 € ( )
Lat. : 44° 46' 30" N **Long.** : 003° 22' 19" E.

SAINT-BAUZILE

10-E5 12 km S. Mende. 942 m. ✉ 48000

CAMPING MUNICIPAL ★★ Tourisme 54 E. dont 4 GCC. 1,5 ha CV. Locations : . Rivière à 30 m. Accueil groupes. Ouvert: 15.6 / 23.9. ☎ 04 66 47 05 97. E-mail : mairiedestbauzile@wanadoo.fr. Web : campinglesbergesdubramont.jimdo.com.
Lat. : 44° 28' 36" N **Long.** : 003° 29' 40" E.

SAINT-CHELY-D'APCHER

10-D4 47 km N.-O. Mende. 1023 m. ✉ 48200

COSY CAMPING ★★ Tourisme 77 E. CV . A 1,5 km : Rivière à 5 km. Accueil groupes. Ouvert: 1.4 / 30.9. ☎ 06 42 10 49 04. E-mail : cosycamping48@gmail.com. Web : cosy-camping.com.
Lat. : 44° 48' 59" N **Long.** : 003° 16' 15" E.

SAINT-ETIENNE-VALLEE-FRANCAISE

10-E5 40 km S.-E. Florac. 415 m. ✉ 48330

CAMPING DU MARTINET ★★ Tourisme 40 E. 0,7 ha . , . Accès direct à la rivière. . Ouvert: 1.5 / 15.10. ☎ 04 66 45 74 88. E-mail : vacanceslemartinet@orange.fr. Web : village-vacances-cevennes.com.
Lat. : 44° 09' 34" N **Long.** : 003° 50' 12" E.

SAINT-GEORGES-DE-LEVEJAC

10-D5 44 km O. Florac. 829 m. ✉ 48500

LE CASSADUC ★★ Tourisme 25 E. 2,11 ha CV . Locations : . Espace Fitness. . Rivière à 2 km. Accueil groupes adultes. Ouvert: 25.6 / 3.9. ☎ 04 66 48 85 80. E-mail : camping.cassaduc@orange.fr. Web : www.camping-cassaduc.com. Prix 2022. Fft nuit : empl. Tourisme (2) : 19,9 € ( ) ;
Lat. : 44° 18' 52" N **Long.** : 003° 14' 34" E.

LE BOUQUET . ☎ 04 66 48 81 82. E-mail : campingbonnal@orange.fr, Web : cardoule.com/lebouquet.
Lat. : 44° 21' 38" N **Long.** : 003° 13' 51" E.

SAINT-GERMAIN-DE-CALBERTE

10-E5 40 km S.-E. Florac 612 m. ✉ 48370

LA GARDE NC Tourisme 25 E. 1 ha . Locations : , cabanes. Randonnée pédestre organisée. . Rivière à 200 m. . Accueil groupes. Ouvert: 1.6 / 15.9. ☎ 04 66 45 94 82. E-mail : camping-lagarde@wanadoo.fr. Web : www.camping-lagarde-cevennes.com.
Lat. : 44° 13' 00" N **Long.** : 003° 48' 45" E.

SAINT-MICHEL-DE-DEZE

10-E5 37 km S.-E. Florac. 535 m. ✉ 48160

DOMAINE NATURISTE LA COMBE FERRIERE ★★ Tourisme 35 E. dont 35 nus 3 ha CV Rés. naturiste. Locations : . . Ouvert: 1.6 / 15.9. ☎ 04 66 45 52 43 / 0 4 66 94 22 25. E-mail : info@la-combe.com. Web : www.la-combe.com. Réduction H.S.
Lat. : 44° 13' 50" N **Long.** : 003° 51' 48" E.

SAINT-PIERRE-DES-TRIPIERS

10-D5 40 km S.-O. Florac 858 m. ✉ 48150

CAMPING LA COMBE . Ouvert: 1.5 / 1.1. ☎ 04 66 45 61 32. E-mail : l.darchy@free.fr, Web : perso.wanadoo.fr/laure.gerard/.
Lat. : 44° 13' 36" N **Long.** : 003° 16' 23" E.

SAINT-ROME-DE-DOLAN

10-D5 54 km S.-O. Florac. 839 m. ✉ 48500

CAMPING MUNICIPAL NC Tourisme 50 E. dont 47 nus 0,9 ha CV . Accueil groupes. Ouvert: 1.5 / 30.9. ☎ 04 66 44 03 81. E-mail : camping-stromededolan@orange.fr. Web : www.camping-st-rome-de-dolan.com/.
Lat. : 44° 16' 23" N **Long.** : 003° 12' 56" E.

SAINTE-CROIX-VALLEE-FRANCAISE

10-E5 28 km S.-E. Florac. 543 m. ✉ 48110

LOU TREILLAT ★ Tourisme 20 E. dont 18 nus CV. Locations : tonneau. Rivière à 100 m. Ouvert: 1.5 / 30.9. ☎ 04 66 44 70 56. E-mail : patrick-roux48@wanadoo.fr. Web : www.campingloutreillat.sitew.fr. Prix 2023. 5 € ; 7,50 € ; 4,50 € ; 4,50 € ; 2,50 € ; animaux 1 € ; 3,50 € ; 2,50 €.
Lat. : 44° 10' 40" N **Long.** : 003° 44' 57" E.

SERVERETTE

10-D4 30 km N. Mende. 1026 m. ✉ 48700

CAMPING MUNICIPAL NC Tourisme 30 E. CV. Accès direct à la rivière. Ouvert: 20.6 / 10.9. ☎ 04 66 48 30 36. E-mail : mairie.serverette@gmail.com. Web : www.serverette.fr. Prix 2022. empl. Tourisme : 2 € ; 3 € ; animaux 1 € ; 1,50 € ; 3 €.
Lat. : 44° 42' 05" N **Long.** : 003° 23' 16" E.

VEBRON

10-E5 13 km S. Florac. 1013 m. ✉ 48400

LA MOLIÈRE ★★ Tourisme 50 E. CV. Locations : . Randonnée pédestre organisée. Accès direct à la rivière. Accueil groupes. Ouvert: 15.6 / 15.9. ☎ 04 66 44 02 40. E-mail : campinglamoliere@gmail.com. Web : www.campinglamoliere.fr. Prix 2023. Fft jour : empl. Tourisme (2) : 20 € ( )
Lat. : 44° 14' 25" N **Long.** : 003° 34' 45" E.

VILLEFORT

10-E5 60 km E.-S.-E. Mende. 685 m. Station verte de vacances et village de neige ✉ 48800

LE MAS DES SÉDARIÈS ★★ Tourisme 38 E. dont 22 nus 1,5 ha CV. Espace Fitness. chauffée. Lac et rivière à 2 km. Accueil groupes. Ouvert: 1.4 / 31.10. ☎ 04 66 46 25 20. E-mail : vacances48@gmail.com. Web : www.sedaries.com.
Lat. : 44° 25' 57" N **Long.** : 003° 55' 57" E.

49 MAINE-ET-LOIRE

Carte 6

Correspondant FFCC : Etienne AUGEREAU, 1 rue des Hortensias - 49280 LA TESSOUALE
Tél. 06 77 69 65 92 et augereauetionneffcc49@orange.fr

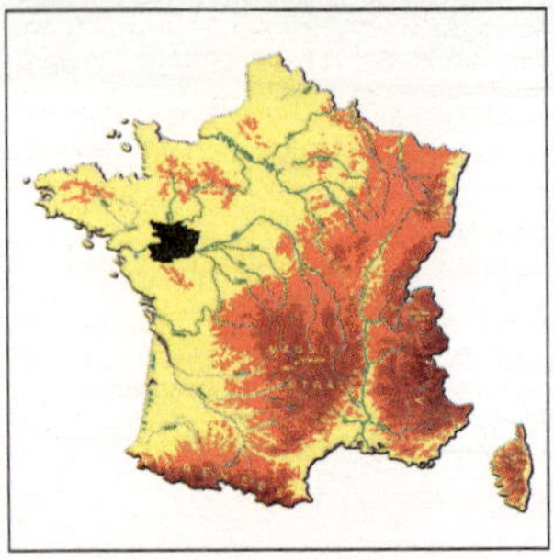

ALLONNES

6-D2 10 km N.-E. Saumur. 42 m. ✉ 49650

LE PO DORE ★★★★ Tourisme 86 E. dont 50 nus 1,5 ha 7 h / 22 h, CV . Rivière à 3 km. Ouvert: 15.3 / 31.10. ☎ 02 41 38 78 80. E-mail : camping-lepodore@orange.fr. Web : www.camping-lepodore.com.
Lat. : 47° 17' 57" N **Long.** : 000° 00' 45" W.

ANGERS

6-C2 304 km S.-O. Paris 32 m. ✉ 49000

CAMPING D'ANGERS - LAC DE MAINE ★★★★ Tourisme 158 E. dont 68 nus CV . Locations : . chauffée , . Lac à 300 m ; rivière à 600 m. Accueil groupes. Ouvert: 7.4 / 6.11. ☎ 02 41 81 97 37. E-mail : info@campingangers.com. Web : www.campingangers.com.
Lat. : 47° 27' 17" N **Long.** : 000° 35' 49" W.

FFCC : avantages adhérent : 10% du 03/04 au 01/07 et du 31/08 au 31/1210% du 03/04 au 01/07 et du 31/08 au 31/12 sur emp. et loc. + 5% de réduction en juillet-août sur les emplacements nus et locatifs resa.ffcc.fr ffcc.fr * frais de réservation offerts.

BAUGE-EN-ANJOU

6-D2 80 km N. Saumur. 66 m. Station verte de vacances et village de neige ✉ 49150

CAMPING MUNICIPAL LE PONT DES FÉES ★★★ Tourisme 44 E. dont 38 nus 0,6 ha CV . Locations : , cabanes. chauffée . Accès direct à l'étang et à la rivière. Accueil groupes. Ouvert: 9.4 / 2.10. ☎ 02 41 89 14 79. E-mail : camping@baugeenanjou.fr. Web : www.camping-bauge.fr.
Lat. : 47° 32' 22" N **Long.** : 000° 05' 45" W.

FFCC : avantages adhérent : 10% du 08/04 au 08/07 et du 26/08 au 01/10 sur emp.

BOUCHEMAINE

6-C2 10 km S.-O. Angers. 46 m. ✉ 49080

AIRE D'ACCUEIL DE CAMPING-CARS ET DE TENTES ★ Tourisme 10 E. dont 10 nus 1 ha . Randonnée pédestre organisée. Accès direct à la rivière ; lac à 4 km.. Ouvert: 1.1 / 31.12. ☎ 02 41 22 21 53 / 02 41 22 20 00. E-mail : info.tourisme@ville-bouchemaine.fr. Web : www.ville-bouchemaine.fr.
Lat. : 47° 25' 09" N **Long.** : 000° 36' 41" W.

BOUZILLE

6-B2 40 km N.-O. Cholet. 53 m. ✉ 49530

LES BABINS ★★ Tourisme 37 E. 2 ha . Locations : , . , . Accès direct à la rivière.. Accueil groupes. Ouvert: 1.5 / 30.9. ☎ 06 47 24 33 58. E-mail : contact@camping-babins.fr. Web : www.camping-babins.fr. Prix 2022. empl. Tourisme : 4 € ; 4 € ; 2,50 € ; 3 €.
Lat. : 47° 21' 55" N **Long.** : 001° 06' 32" W.

BRAIN-SUR-L'AUTHION

6-C2 12 km S.-O. Angers. 25 m. ✉ 49800

LE PORT DE CAROLINE ★★★ Tourisme 99 E. dont 97 nus CV . Locations : , bivouac. chauffée , . Accès direct à la rivière. Ouvert: 1.4 / 15.10. ☎ 02 41 80 42 18. E-mail : info@campingduportcaroline.fr. Web : www.campingduportcaroline.fr.
Lat. : 47° 26' 36" N **Long.** : 000° 24' 31" W.

BRISSAC LOIRE AUBANCE

6-C2 16 km S.-E. Angers. 53 m. ✉ 49320

L'ÉTANG ★★★★ Tourisme 161 E. dont 113 nus 5,5 ha après 22 h, CV . Locations : , , . couverte chauffée , . Accès direct à l'étang et à la rivière.. Accueil groupes. Ouvert: 9.4 / 11.9. ☎ 02 41 91 70 61. E-mail : info@campingetang.com. Web : www.campingetang.com. Prix 2022. Fft jour : empl. Tourisme (2) : 34 € ( ). Réduction H.S.
Lat. : 47° 21' 33" N **Long.** : 000° 26' 03" W.

FFCC : avantages adhérent : 10% du 01/04 au 30/06 et du 01/09 au 30/0910% du 01/04 au 30/06 et du 01/09 au 30/09 sur emp. et loc. + 10% hors juillet-août sur les emplacements nus et hébergements locatifs sur présentation de la carte ou rendez-vous dans votre club avantages FFCC pour obtenir le code promotionnel.

CHALLAIN-LA-POTHERIE

6-B1 16 km S.O. Segré. 78 m. ✉ 49440

CAMPING DE L'ARGOS NC Tourisme 20 E. 0,3 ha. Accès direct à l'étang.. Accueil groupes. Ouvert: 1.5 / 30.9. ☎ 02 41 94 12 64. E-mail : mairie.challain@wanadoo.fr. **Lat.** : 47° 38' 10" N **Long.** : 001° 02' 28" W.

CHALONNES-SUR-LOIRE

6-C2 25 km S.-O. Angers. 44 m. ✉ 49290

LES PORTES DE LA LOIRE ★★★ Tourisme 105 E. dont 100 nus

CV. Accès direct à la rivière ; lac à 1 km.. Accueil groupes. Ouvert: 20.5 / 18.9. ☎ 02 41 78 02 27. E-mail : campinglesportesdelaloire@onlycamp.fr. Web : www.onlycamp.fr. **Lat.** : 47° 21' 01" N **Long.** : 000° 44' 58" W.

CHAUMONT-D'ANJOU

6-D2 21 km N.-E. Angers. 44 m. ✉ 49140

CAMPING DE MALAGUE ★★ Tourisme 46 E. 0,5 ha CV. Locations : tonneau. Accès direct aux bords du lac ; rivière à 5 km. Accueil groupes. Ouvert: 1.6 / 30.9. ☎ 09 71 00 10 00. E-mail : contact@campinglacdemalague.fr. Web : www.cc-duloir.fr. Réduction H.S. **Lat.** : 47° 32' 57" N **Long.** : 000° 17' 33" W.

CHEFFES

6-C2 20 km N. Angers. 25 m. Station verte ✉ 49125

CAMPING MUNICIPAL DE L'ÉCLUSE ★★ Tourisme 39 E. dont 37 nus. Locations : cabanes, tipi. Accès direct à la rivière ; étang à 1 km.. Accueil groupes. Ouvert: 26.5 / 30.9. ☎ 0 2 41 777 225. E-mail : campingdeleclus e2@gmail.com. Web : www.cheffes.fr/sejourner/. Prix 2022. empl. Tourisme : 6 € ; 3 € ; animaux 1 € ; 3 € ; 3 €. **Lat.** : 47° 37' 19" N **Long.** : 000° 30' 08" W.

CHEMILLE-EN-ANJOU

6-C3 19 km N.-E. Cholet. 92 m. ✉ 49120

COULVÉE ★★★ Tourisme 53 E. dont 40 nus

2 ha CV. Locations : . Accès direct à l'étang et à la rivière. Accueil groupes. Ouvert: 1.5 / 30.9. ☎ 02 41 30 39 97. E-mail : camping.coulvee@chemille-en-anjou.fr. Web : www.camping-coulvee-chemille.com. Prix 2023. Fft jour : empl. Tourisme (2) : 22 € (E. GCC). Réduction H.S. **Lat.** : 47° 12' 07" N **Long.** : 000° 44' 03" W.

FFCC : avantages adhérent : 13 € du 01/05 au 08/07 et du 25/08 au 30/09 sur emp. et entre 250 € et 500 € la semaine du 01/05 au 30/09 sur loc.

CHENILLE-CHANGE

6-C1 18 km N.-E. Segré 48 m. ✉ 49220

LES ROULOTTES DU MOULIN ★★★ 10 E.

Locations : roulotte. Ouvert: 1.4 / 12.11. ☎ 02 41 95 11 92. E-mail : contact@roulottes-du-moulin.com. Web : www.roulottes-du-moulin.com. **Lat.** : 47° 41' 53" N **Long.** : 000° 40' 08" W.

CHOLET

6-C3 58 km S.-O. Angers. 117 m. ✉ 49300

LE LAC DE RIBOU ★★★★ Tourisme 301 E. dont 27 nus 23 h / 7 h, CV. Locations : couverte chauffée. Lac à 100 m. Accueil groupes adultes. Ouvert: 3.4 / 20.9. ☎ 02 41 49 74 30. E-mail : lacderibou@capfun.com. Web : www.lacderibou.com. **Lat.** : 47° 02' 11" N **Long.** : 000° 50' 32" W.

CONCOURSON-SUR-LAYON

6-D3 23 km S.-O. Saumur. 65 m. ✉ 49700

LA VALLÉE DES VIGNES ★★★★ Tourisme 85 E. dont 69 nus

de 23 h à 8 h, CV. Locations : . chauffée. Accès direct à la rivière. Accueil groupes adultes. Ouvert: 1.4 / 20.9. ☎ 02 41 59 86 35. E-mail : info@camping-vdv.com. Web : www.camping-vdv.com. Réduction H.S. **Lat.** : 47° 10' 28" N **Long.** : 000° 20' 51" W.

FFCC : avantages adhérent : 18 € du 09/04 au 01/07 et du 01/09 au 17/09 sur emp. et entre 53 € et 238 € la nuitée et entre 322 € et 875 € la semaine du 09/04 au 01/07 et du 01/09 au 17/09 sur loc.

COUTURES

6-D2 23 km N.-O. Saumur. 57 m. ✉ 49320

PARC DE MONTSABERT ★★★★ Tourisme 168 E. dont 92 nus CV. Locations : roulotte. couverte chauffée. Etang, lac et rivière à 5 km. Accueil groupes. Ouvert: 3.4 / 6.9. ☎ 02 41 57 91 63. E-mail : camping@parcdemontsabert.com. Web : www.parcdemontsabert.com/fr/. Réduction H.S. **Lat.** : 47° 22' 28" N **Long.** : 000° 20' 45" W.

DENEZE-SOUS-LE-LUDE

6-D2 32 km N.-E. Saumur. 75 m. ✉ 49490

CAMPING MUNICIPAL LE PLAN D'EAU NC Tourisme 10 E. dont 10 nus. Accès direct à l'étang et à la rivière.. Ouvert: 1.4 / 15.10. ☎ 02 41 82 86 15. E-mail : barry.hook@neuf.fr. **Lat.** : 47° 31' 45" N **Long.** : 000° 07' 60" E.

DOUE-EN-ANJOU

6-D3 17 km S.-O. Saumur. 75 m. ✉ 49700

CAMPING MUNICIPAL LES RIVES DU DOUET ★★ Tourisme 101 E. dont 94 nus 3 ha CV. Locations : cocosweet. Accès direct à la rivière.. Accueil groupes. Ouvert: 1.4 / 30.9. ☎ 02 41 59 14 47. E-mail : contact@camping-lesrivesdudouet.fr. Web : camping-lesrivesdudouet.fr. **Lat.** : 47° 12' 12" N **Long.** : 000° 16' 55" W.

DRAIN

6-B2 48 km N.-O. Cholet. 60 m. ✉ 49530

CAMPING MUNICIPAL BEAUREGRET ★★ Tourisme 45 E. 1 ha. Accès direct à l'étang ; rivière à 800 m.. Ouvert: 1.5 / 30.9. ☎ 02 40 98 20 16. E-mail : camping.drain@oreedanjou.fr. Web : www.drain49.fr. **Lat.** : 47° 20' 39" N **Long.** : 001° 12' 25" W.

DURTAL

6-D1 33 km N.-E. Angers. 49 m. ✉ 49430

LES PORTES DE L'ANJOU ★★★ Tourisme 114 E. dont 81 nus

3 ha CV. Locations : cocosweet, caravane, chauffée. Accès direct à la rivière. Accueil groupes enfants. Ouvert: 7.4 / 31.10. ☎ 02 41 76 31 80. E-mail : contact-camping@lesportesdelanjou.com. Web : www.lesportesdelanjou.com. Prix 2023. Fft nuit : empl. Tourisme (2) : 20,4 € ( ). Réduction H.S. **Lat.** : 47° 40' 16" N **Long.** : 000° 14' 11" W.

FFCC : avantages adhérent : 17 € du 07/04 au 02/07 et du 28/08 au 31/10 sur emp.

ERDRE-EN-ANJOU

6-C2 10 km S.-E. Segré. 60 m. ✉ 49220

CAMPING MUNICIPAL ★ Tourisme 10 E. 0,56 ha. Etang à 1 km. Ouvert: 1.4 / 31.10. ☎ 02 41 61 41 02. E-mail : commune@erdre-en-anjou.fr. Web : www.erdre-en-anjou.fr. **Lat.** : 47° 36' 06" N **Long.** : 000° 49' 48" W.

GENNES-VAL DE LOIRE

6-D2 16 km N.-O. Saumur. 71 m. Station verte de vacances et village de neige ✉ 49350

AU BORD DE LOIRE ★★★ Tourisme 135 E. dont 135 nus

2,5 ha CV. Locations : bivouac. Accès direct à la rivière ; étang à 3 km.. Accueil groupes. Ouvert: 11.4 / 30.9. ☎ 02 41 38 04 67. E-mail : contact@camping-auborddeloire.com. Web : www.camping-auborddeloire.com. **Lat.** : 47° 20' 37" N **Long.** : 000° 13' 47" W.

GESTE

6-B3 25 km N.-O. Cholet. 88 m. ✉ 49600

LA THEVINIERE NC Tourisme 28 E. Randonnée pédestre organisée. . Etang à 50 m. Accueil groupes. Ouvert: 1.4 / 1.11. ☎ 02 41 56 64 56. E-mail : geste@beaupreauenmauges.fr. **Lat.** : 47° 09' 33" N **Long.** : 001° 05' 57" W.

CAMPING LA THEVINIERE. Ouvert: 1.4 / 31.10. ☎ 02 41 56 69 46. E-mail : mairie.geste@wanadoo.fr. **Lat.** : 47° 09' 40" N **Long.** : 001° 05' 27" W.

GREZ-NEUVILLE

6-C2 18 km S.-E. Segré. 53 m. ✉ 49220

M. DESCHERE. Ouvert: 1.1 / 31.12. ☎ 02 41 95 21 39. E-mail : fermedegrigne@orange.fr, Web : www.fermedegrigne.com. **Lat.** : 47° 36' 10" N **Long.** : 000° 40' 55" W.

GREZILLE

6-D2 28 km N.-O. Saumur. 73 m. ✉ 49320

CAMPING DU BOIS MADAME ★★ Tourisme 16 E. dont 16 nus CV. Locations : roulotte. Etang à 1,2 km. Accueil groupes. Ouvert: 1.4 / 31.10. ☎ 02 41 45 50 37. E-mail : gauthier.boismadame@wanadoo.fr. Web : www.fermeduboismadame.com. Prix 2023. Fft jour : empl. Tourisme (2) : 13 € ( ) ; sup 10 € ; animaux 0,50 € ; 2,50 € ; 3,50 €. **Lat.** : 47° 19' 37" N **Long.** : 000° 20' 07" W.

INGRANDES-LE FRESNE SUR LOIRE

6-C2 34 km S.-O. Angers. 40 m. Station verte de vacances et village de neige ✉ 49123

CAMPING DE MON VILLAGE ★★ Tourisme 50 E. dont 50 nus

0,8 ha. Accès direct à la rivière. Ouvert: 1.6 / 30.9. ☎ 01 83 64 69 21. E-mail : contact@campingcarpark.com. Web : www.campingcarpark.com/. Prix 2022. **Lat.** : 47° 23' 55" N **Long.** : 000° 54' 60" W.

LA BREILLE-LES-PINS

6-D2 17 km N.-E. Saumur. 96 m. Station verte de vacances et village de neige ✉ 49390

LES LOGES ★ Tourisme 49 E. 5,2 ha CV. Accès direct à l'étang. ☎ 02 41 52 81 66. E-mail : rodguepratte@orange.fr. Web : www.camping-des-loges.fr. **Lat.** : 47° 20' 03" N **Long.** : 000° 06' 52" E.

LA JAILLE-YVON

6-C1 19 km N.-E. Segré. 62 m. Station verte de vacances et village de neige ✉ 49220

LE PORT RIBOUET ★★ Tourisme 34 E. dont 34 nus 0,7 ha CV. Locations : . Accès direct à la rivière. Accueil groupes. Ouvert: 3.4 / 26.9. ☎ 02 41 95 14 32. E-mail : contact@anjousportnature.com. Web : www.anjousportnature.com.
Lat. : 47° 43' 08" N **Long.** : 000° 40' 02" W.

LA MENITRE

6-D2 24 km S.-E. Angers. 21 m. Station verte de vacances et village de neige ✉ 49250

LA MÉNITRÉ ★★ Tourisme 71 E. 1 ha CV. Accès direct à la rivière.. Accueil groupes adultes. Ouvert: 1.7 / 30.9. ☎ 07 68 57 02 21 / 02 41 45 63 63. E-mail : camping@lamenitre.fr. Web : www.lamenitre.fr/Camping-du-port-St-Maur.html.
Lat. : 47° 23' 33" N **Long.** : 000° 16' 26" W.

LA POSSONNIERE

6-C2 17 km S.-O. Angers. 38 m. ✉ 49170

CAMPING MUNICIPAL LE PORT ★★ Tourisme 30 E. 1 ha CV. Rivière à 100 m. Ouvert: 15.5 / 15.9. ☎ 06 71 78 51 73. E-mail : mairie@la-possonniere.fr.
Lat. : 47° 22' 19" N **Long.** : 000° 41' 06" W.

LA VARENNE

6-B2 52 km N.-O. Cholet. 33 m. ✉ 49270

CAMPING MUNICIPAL LES GRENETTES ★ Tourisme 20 E. 0,7 ha CV. Accès direct à la rivière.. Accueil groupes. Ouvert: 15.6 / 31.10. ☎ 02 40 98 58 92. E-mail : mairie-lavarenne@wanadoo.fr. Web : www.mairie-la-varenne.fr.
Lat. : 47° 18' 43" N **Long.** : 001° 19' 44" W.

LES BOIS D'ANJOU

6-D2 35 km E. Angers. 43 m. ✉ 49250

BOIS DANJOU NC 39 E. dont 14 nus, dont 14 CC - 24 GCC. CV. Locations : . Accès direct à l'étang et à la rivière. Ouvert: 15.4 / 15.10. ☎ 06 59 66 65 57. E-mail : reservation@g-and-co.com. Web : www.campingdesboisdanjou.fr/fr.
Lat. : 47° 29' 17" N **Long.** : 000° 11' 39" W.

LES PONTS-DE-CE

6-C2 5 km S.-E. Angers. 20 m. ✉ 49130

SLOW VILLAGE LOIRE VALLÉE ★★★ Tourisme 109 E. 2,4 ha CV. Locations : . Accès direct à la rivière. Accueil groupes. Ouvert: 2.4 / 6.11. ☎ 02 85 35 97 47. E-mail : contact.loirevallee@slow-village.fr. Web : www.slow-village.fr. Prix 2022. Fft semaine : empl. Tourisme (2 adultes 2 enfants) : 249 €. Réduction H.S.
Lat. : 47° 25' 28" N **Long.** : 000° 31' 45" W.

LES ROSIERS-SUR-LOIRE

6-D2 12 km N.-O. Saumur. 22 m. ✉ 49350

LES VOILES D'ANJOU ★★★★ Tourisme 106 E. dont 55 nus
CV. Locations : roulotte. couverte chauffée. Accueil groupes. Ouvert: 4.4 / 27.9. ☎ 02 41 51 94 33. E-mail : contact@camping-valdeloire.com. Web : www.camping-voilesdanjou.com. Réduction H.S.
Lat. : 47° 21' 32" N **Long.** : 000° 13' 34" W.
FFCC : avantages adhérent : 10% du 01/04 au 30/06 et du 01/09 au 23/0910% du 01/04 au 30/06 et du 01/09 au 23/09 sur emp. et loc. + Rendez-vous dans votre club avantages FFCC pour obtenir le code promotionnel et réserver !.

LOIRE-AUTHION

6-D2 20 km S.-E. Angers. 20 m. ✉ 49800

PORT LA VALLÉE NC Tourisme 49 E. dont 26 nus 1 ha CV. Locations : . Pêche en Loire , Location de vélos et séjours guidés depuis le camping avec Loire Elec Bike. Rivière à 100 m.. Accueil groupes. Ouvert: 15.6 / 15.9. ☎ 06 64 04 77 15. E-mail : tourisme@loire-authion.fr. Web : www.loire-authion.fr/contacts/camping-port-la-vallee/.
Lat. : 47° 24' 36" N **Long.** : 000° 19' 02" W.

AIRE NATURELLE MUNICIPALE Ouvert: 1.1 / 31.12. ☎ 0 2 41 573608. E-mail : tourisme@loire-authion.fr, Web : www.anjou-tourisme.com/fr/diffusio/camping-car/aire-d-accueil-de-camping-car-du-port-maillard-loire-authion_TFOACCAMPDL049V5001DE.
Lat. : 47° 25' 04" N **Long.** : 000° 26' 15" W.

LONGUENEE-EN-ANJOU

68 m. ✉ 49220

CAMPING MUNICIPAL DU BAC ★★ Tourisme 49 E. dont 40 nus 1 ha CV. Locations : . Accès direct à la rivière. Accueil groupes. Ouvert: 30.4 / 26.9. ☎ 0 6 84 03 10 75. E-mail : camping-pruille@longuenee-en-anjou.fr. Web : www.longuenee-en-anjou.fr/camping-du-bac-de-pruille/.
Lat. : 47° 34' 44" N **Long.** : 000° 39' 51" W.

LOUERRE

6-D2 20 km O. Saumur. 77 m. ✉ 49700

M. PIERRE DAUFFY CV. ☎ 02 41 52 56 86. E-mail : larche-davort@wanadoo.fr.
Lat. : 47° 18' 40" N **Long.** : 000° 43' 41" W.

LYS-HAUT-LAYON

6-C3 40 km S.-O. Saumur. 120 m. ✉ 49310

CAMPING MUNICIPAL NC Tourisme 30 E. 0,3 ha . Randonnée pédestre organisée. Accès direct à la rivière.. Ouvert: 22.5 / 5.9. ☎ 02 41 75 00 14. E-mail : ville.vihiers@wanadoo.fr.
Lat. : 47° 08' 49" N **Long.** : 000° 32' 25" W.

MAUGES-SUR-LOIRE

6-C2 36 km N. Cholet. 91 m. ✉ 49620

LA GUYONNIÈRE ★★★ Tourisme 46 E. dont 21 nus CV. Locations : . chauffée. Rivière à 3 km. Ouvert: 7.4 / 10.9. ☎ 02 41 77 89 56. E-mail : contact@campinglaguyonniere.fr. Web : www.campinglaguyonniere.fr.
Lat. : 47° 21' 52" N **Long.** : 000° 51' 40" W.

ECO'LOIRE ★★ Tourisme 100 E. 3 ha CV. Locations : bivouac. Randonnée pédestre organisée. Rivière à 3 m.. Accueil groupes. Ouvert: 19.4 / 29.9. ☎ 02 40 96 70 20. E-mail : camping.ecoloire@mauges-sur-loire.fr. Web : www.loireauxence.fr. Réduction H.S.
Lat. : 47° 22' 00" N **Long.** : 001° 00' 48" W.

MAULEVRIER

6-C3 12 km S.-E. Cholet 133 m. ✉ 49360

LES LOGIS DE L'OUMOIS ★★ Tourisme 39 E. dont 28 nus CV. Locations : , 1 . Accès direct à l'étang ; lac à 500 m.. Accueil groupes. Ouvert: 1.1 / 31.12. ☎ 06 26 93 93 45. E-mail : info@logisdeloumois.com. Web : www.logisdeloumois.com. Prix 2023. Fft jour : empl. Tourisme (2 adultes) : 16,6 € ; enfant sup 5 € ;
Lat. : 46° 59' 56" N **Long.** : 000° 45' 34" W.

MONTJEAN-SUR-LOIRE

6-C2 42 km N. Cholet. 20 m. Station verte de vacances et village de neige ✉ 49570

LA PROMENADE ★★★ Tourisme 139 E. dont 109 GCC.
3 ha CV. Locations : . couverte chauffée , Rivière à 100 m.. Accueil groupes. Ouvert: 1.4 / 30.9. ☎ 02 41 39 02 68. E-mail : contact@campinglapromenade.com. Web : www.campinglapromenade.com. Réduction H.S.
Lat. : 47° 23' 29" N **Long.** : 000° 07' 44" W.
FFCC : avantages adhérent : 16 € du 08/04 au 27/06 et du 20/08 au 30/09 sur emp.

MONTREUIL-BELLAY

6-D3 16 km S.-O. Saumur. 43 m. Station verte de vacances et village de neige ✉ 49260

LES NOBIS D'ANJOU ★★★★ Tourisme 117 E. dont 55 nus, dont 55 CC. 3 ha CV. A 1,5 km : Locations : . couverte chauffée. Accès direct à la rivière. Accueil groupes adultes. Ouvert: 7.4 / 25.9. ☎ 02 41 52 33 66. E-mail : contact@campinglesnobis.com. Web : www.campinglesnobis.com. Réduction H.S.
Lat. : 47° 07' 55" N **Long.** : 000° 09' 33" W.

LE THOUET NC 42 E. dont 11 nus 7 ha CV. Locations : . Randonnée pédestre organisée. , . Rivière à 30 m. . Accueil groupes. Ouvert: 1.1 / 31.12. ☎ 02 41 38 74 17. E-mail : campinglethouet@alicepro.fr. Web : www.campinglethouet.com. Réduction H.S.
Lat. : 47° 09' 14" N **Long.** : 000° 08' 18" W.

MONTREUIL-JUIGNE

6-C2 10 km N.-N.-O. Angers. 35 m. ✉ 49460

CAMPING MUNICIPAL LES RIVES DE MAYENNE ★★ Tourisme 55 E. dont 55 nus CV. Locations : , . Randonnée pédestre organisée. , . Accès direct à la rivière.. Accueil groupes. Ouvert: 21.5 / 25.9. ☎ 02 41 42 40 18. E-mail : contact@camping-montreuil-juigne.com. Web : www.camping-montreuil-juigne.com. Prix 2022. Fft jour : empl. Tourisme (2) : 14,8 € ( )
Lat. : 47° 32' 19" N **Long.** : 000° 36' 59" W.

MONTSOREAU

6-D3 12 km S.-E. Saumur. 54 m. ✉ 49730

L'ISLE VERTE ★★★★ Tourisme 114 E. dont 87 nus, dont 78 CC - 16 GCC.
1,2 ha visiteur, CV. Locations : , , cocosweet, . chauffée , , . Accès direct à la rivière.. Accueil groupes. Ouvert: 3.4 / 16.10. ☎ 02 41 51 76 60. E-mail : isleverte49@orange.fr. Web : www.campingisleverte.com. Prix 2023. Fft jour : empl. Tourisme (2) : 31 € (E. CC) ; sup 8 € ; animaux 4 € ; 5 €. Réduction H.S.
Lat. : 47° 13' 06" N **Long.** : 000° 03' 10" E.
FFCC : avantages adhérent : 21 € du 03/04 au 01/07 et du 26/08 au 08/10 sur emp.

MORANNES SUR SARTHE-DAUMERAY

6-D1 37 km N.-E. Angers. 30 m. ✉ 49640

MOREDENA ★★★ Tourisme 99 E. dont 83 nus
après 22 h, CV. Locations : bivouac. , . Accès direct à l'étang et à la rivière.. Ouvert: 11.4 / 18.10. ☎ 02 41 42 76 95. E-mail : contact@camping-moredena.com. Web : camping-moredena.com. Réduction H.S.
Lat. : 47° 44' 50" N **Long.** : 000° 25' 13" W.
FFCC : avantages adhérent : 12 € du 02/04 au 31/05 et du 01/10 au 31/10 sur emp. et entre 35 € et 110 € la nuitée et entre 105 € et 420 € la semaine du 02/04 au 31/05 sur loc.

MURS-ERIGNE

6-C2 10 km S. Angers. 31 m. ✉ 49610

LES VARENNES ★★ Tourisme 100 E. dont 91 nus CV. A 5 km : Locations : , , . Randonnée pédestre organisée. . Accès direct à la rivière. . Accueil groupes. Ouvert: 1.4 / 31.10. ☎ 02 41 57 82 15. E-mail : varennes49610@wanadoo.fr. Web : www.camping-varennes.com. Prix 2022. Fft jour : empl. Tourisme (2) : 10 € ( ) ;
Lat. : 47° 24' 11" N **Long.** : 000° 33' 23" W.

NUEIL-SUR-LAYON

6-D3 32 km S.-O. Saumur. 90 m. ✉ 49560

CAMPING MUNICIPAL LE MOULIN D'EAU ★ Tourisme 9 E. dont 9 nus . , . Accès direct à la rivière.. Ouvert: 15.4 / 15.9. ☎ 02 41 59 50 49. E-mail : mairie.nueil-sur-layon@wanadoo.fr. Web : www.nueilsurlayon.fr.
Lat. : 47° 07' 04" N **Long.** : 000° 38' 05" W.

OMBREE D'ANJOU

6-B1 25 km O.-N.-O. Segré. 85 m. Station verte de vacances et village de neige ✉ 49420

CAMPING MUNICIPAL LA ROCHE MARTIN ★★ Tourisme 40 E. dont 34 nus CV. Locations : , , , . Accès direct à l'étang. ; . Accueil groupes. Ouvert: 30.4 / 25.9. ☎ 02 41 61 98 79. E-mail : contact@naturoloisirs.com. Web : www.naturoloisirs.com.
Lat. : 47° 44' 56" N **Long.** : 001° 10' 47" W.

ROCHEFORT-SUR-LOIRE

6-C2 20 km S.-O. Angers. 45 m. ✉ 49190

SEASONOVA LES PLAGES DE LOIRE ★★★ Tourisme 116 E. dont 93 nus
3 ha CV. Locations : , , bivouac, . , . Rivière à 100 m ; étang à 300 m. Accueil groupes. Ouvert: 30.3 / 30.11. ☎ 02 41 68 55 91. E-mail : contact@camping-lesplagesdeloire.com. Web : vacances-seasonova.com/camping/camping-les-plages-de-loire/. Réduction H.S.
Lat. : 47° 21' 37" N **Long.** : 000° 39' 22" W.
FFCC : avantages adhérent : 10% du 31/03 au 01/07 et du 27/08 au 26/1110% du 31/03 au 01/07 et du 27/08 au 26/11 sur emp. et loc. + 5% sur les emplacements nus et locatifs en juillet et aout.

SAINT-GEORGES-SUR-LAYON

6-D3 24 km S.-O. Saumur. 55 m. ✉ 49700

CAMPING MUNICIPAL LES GRÉSILLONS ★★★ Tourisme 40 E. dont 28 nus
1,5 ha 7 h / 22 h, CV. Locations : . Randonnée pédestre organisée. chauffée . Rivière à 200 m. Accueil groupes adultes. Ouvert: 1.4 / 30.9. ☎ 02 41 50 02 32. E-mail : contact@camping-lesgresillons.fr. Web : www.camping-lesgresillons.fr. Prix 2022. Fft jour : empl. Tourisme (2) : 20,05 € ( ) ; sup 3,05 € ; 2,55 €. Réduction H.S.
Lat. : 47° 11' 37" N **Long.** : 000° 22' 14" W.

SAINT-MARTIN-DE-LA-PLACE

6-D2 8 km N.-O. Saumur. 24 m. ✉ 49160

TERRE D'ENTENTE ★★ Tourisme 84 E. dont 79 nus CV. Locations : , , caravane, . , , . Accès direct à la rivière. . Accueil groupes. Ouvert: 26.4 / 3.10. ☎ 09 72 30 31 72. E-mail : contact@terre-dentente.fr. Web : terre-dentente.fr. Réduction H.S.
Lat. : 47° 18' 38" N **Long.** : 000° 08' 42" W.

SAINT-PAUL-DU-BOIS

6-C3 45 km S.-O. Saumur. 141 m. ✉ 49310

AIRE NATURELLE MUNICIPALE . Ouvert: 1.1 / 31.12. ☎ 02 41 75 82 08. E-mail : mariestpaul@orange.fr, Web : www.saintpauldubois.com.
Lat. : 47° 04' 40" N **Long.** : 000° 32' 52" W.

SAUMUR

6-D2 47 km S.-E. Angers. 43 m. ✉ 49400

CAMPING ILE D'OFFARD ★★★★ Tourisme 250 E. dont 208 nus
5,5 ha CV. A 1 km : Locations : . chauffée , , . Accès direct à la rivière.. Accueil groupes. Ouvert: 13.3 / 29.10. ☎ 02 41 40 30 00. E-mail : iledoffard@flowercampings.com. Web : www.saumur-camping.com.
Lat. : 47° 15' 36" N **Long.** : 000° 03' 53" W.
FFCC : avantages adhérent : 17 € du 18/03 au 24/06 et du 27/08 au 16/10 sur emp.

HUTTOPIA SAUMUR ★★★★ Tourisme 164 E. dont 100 nus
6 ha ap. 22 h, CV. Locations : cocosweet, roulotte. couverte chauffée , , . Rivière à 500 m. Accueil groupes. Ouvert: 14.4 / 25.9. ☎ 02 41 67 95 34. E-mail : saumur@huttopia.com. Web : europe.huttopia.com. Réduction H.S.
Lat. : 47° 17' 36" N **Long.** : 000° 08' 31" W.
FFCC : avantages adhérent : 10% du 06/04 au 01/07 et du 31/08 au 24/0910% du 06/04 au 01/07 et du 31/08 au 24/09 sur emp. et loc. + 5% de réduction en juillet-août sur les emplacements nus et locatifs * frais de réservation offerts Rendez-vous dans votre club avantages FFCC pour obtenir le code promotionnel.

SEGRE-EN-ANJOU BLEU

6-C1 36 km O. Angers. 51 m. ✉ 49500

CAMPING DE MON VILLAGE - LA RIVIÈRE ★★ Tourisme 26 E. dont 26 nus CV. Locations : . , . Accès direct à la rivière ; étang à 2 km. Accueil groupes. Ouvert: 19.6 / 12.9. ☎ 01 83 64 69 21. E-mail : contact@campingcarpark.com. Web : segreenanjoubleu.fr. Prix 2022.
Lat. : 47° 42' 44" N **Long.** : 000° 54' 35" W.

VAL-DU-LAYON

6-C2 22 km S.-O. Angers. 57 m. ✉ 49190

LA COUDRAYE ★★★ Tourisme 22 E. dont 13 nus 0,5 ha CV. Locations : , . Randonnée pédestre organisée. chauffée . Etang à 10 m ; rivière à 500 m. . Accueil groupes. Ouvert: 1.4 / 31.10. ☎ 0 2 41 78 44 26. E-mail : campingcoudraye@gmail.com. Web : www.campingdelacoudraye.fr.
Lat. : 47° 17' 58" N **Long.** : 000° 37' 48" W.

AIRE PRIVÉE ★★ Tourisme 27 E. dont 27 nus 0,3 ha . Rivière à 20 m. Ouvert: 1.1 / 31.12. ☎ 01 83 64 69 21. E-mail : contact@campingcarpark.com. Web : www.campingcarpark.com/. Prix 2022.
Lat. : 47° 19' 41" N **Long.** : 000° 40' 16" W.

VARENNES-SUR-LOIRE

6-D3 6 km N.-E. Saumur. 28 m. ✉ 49730

DOMAINE DE LA BRECHE ★★★★★ Tourisme 251 E. dont 125 nus
. Locations : . couverte chauffée , , , , . Accès direct à l'étang ; rivière à 500 m. . Accueil groupes adultes. Ouvert: 24.4 / 13.9. ☎ 02 41 51 22 92. E-mail : contact@domainedelabreche.com. Web : www.domainedelabreche.com. Réduction H.S.
Lat. : 47° 14' 50" N **Long.** : 000° 00' 05" W.

VERNANTES

6-D2 18 km N.-E. Saumur. 61 m. ✉ 49390

LA GRANDE PATURE NC 24 E. dont 22 nus 1,2 ha . Locations : , tipi. , , . Accès direct à l'étang.. Ouvert: 2.4 / 16.10. ☎ 06 09 30 48 31. E-mail : dav.p@sfr.fr. Web : campingdelagrandepature.com/.
Lat. : 47° 23' 29" N **Long.** : 000° 04' 07" E.

VILLEMOISAN

6-C2 28 km O. Angers. 58 m. ✉ 49370

CAMPING MUNICIPAL NC Tourisme 12 E. 0,8 ha . ☎ 02 41 39 21 72. E-mail : mairie.villemoisan@wanadoo.fr. Web : www.villemoisan.fr.
Lat. : 47° 27' 51" N **Long.** : 000° 53' 34" W.

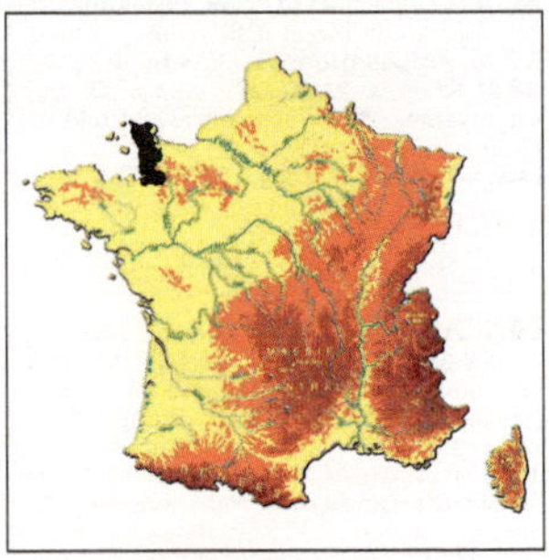

AGON-COUTAINVILLE

2-B3 11 km O. Coutances. 19 m. Station verte de vacances et village de neige ✉ 50230

CAMPING MUNICIPAL LE MARAIS ★★ Tourisme 108 E. dont 105 nus 2 ha CV. Bord de mer à 600 m ; étang à 1 km ; rivière à 2 km. Ouvert: 1.7 / 31.8. ☎ 02 33 47 05 20. E-mail : campingsmunicipaux@agoncoutainville.fr. Web : www.agoncoutainville.fr. Prix 2022. empl. Tourisme : 6 € ; 4,30 € ; animaux 3,20 € ; 2,60 € ; 3,50 €.
Lat. : 49° 03' 07" N **Long.** : 001° 35' 29" W.

CAMPING MUNICIPAL LE MARTINET ★★ Tourisme 115 E. dont 69 nus 1 ha CV. Bord de mer à 600 m ; étang et lac à 1 km ; rivière à 3 km. Ouvert: 1.4 / 31.10. ☎ 02 33 47 05 20. E-mail : campingsmunicipaux@agoncoutainville.fr. Web : www.agoncoutainville.fr.
Lat. : 49° 03' 02" N **Long.** : 001° 35' 32" W.

LE RONQUET ★★ Loisirs 59 E. dont 4 nus, dont 4 CC. CV. Locations : . Etang à 500 m ; bord de mer à 800 m. Ouvert: 1.4 / 31.10. ☎ 02 33 47 05 29. E-mail : contact@camping-leronquet.fr. Web : camping-leronquet.fr. Prix 2022. Fft jour : empl. Tourisme (2) : 16 € ( ) ; sup 5 € ; animaux 3 € ; 3,50 € ; 4 €.
Lat. : 49° 02' 14" N **Long.** : 001° 35' 05" W.

LE SÉMAPHORE ★★ Loisirs 198 E. CV. A 10 km : Bord de mer à 300 m. Ouvert: 1.4 / 31.10. ☎ 02 33 47 29 27. E-mail : contact@campinglesemaphore.com. Web : www.campinglesemaphore.com.
Lat. : 49° 01' 54" N **Long.** : 001° 35' 24" W.

LES MOUETTES ★★ Loisirs 110 E. dont 18 nus CV. A 800 m : . Locations : , . , . Bord de mer à 100 m ; étang à 1 km ; rivière à 2 km. ; . . Accueil groupes adultes. Ouvert: 1.4 / 30.9. ☎ 02 33 45 38 63. E-mail : contact@camping-les-mouettes.com. Web : www.camping-les-mouettes.com. Prix 2022. Fft jour : empl. Tourisme (2) : 16,8 € ( )
Lat. : 49° 02' 11" N **Long.** : 001° 35' 43" W.

CAMPING GCU - COUTAINVILLE ★ Tourisme 136 E. dont 6 GCC. . Locations : . , , . . Ouvert: 9.4 / 11.9. ☎ 01 47 63 98 63. E-mail : coutainville5001@gcuf.fr. Web : www.gcu.asso.fr.
Lat. : 49° 01' 47" N **Long.** : 001° 35' 35" W.

M. PHILIPPE DULONG
CV. Ouvert: 15.5 / 15.9. ☎ 02 33 46 84 70. E-mail : fermebecsplats@wanadoo.fr, Web : www.camping-casrouge.fr. Réduction H.S.
Lat. : 49° 03' 10" N **Long.** : 001° 34' 01" W.
FFCC : avantages adhérent : 20 € du 15/05 au 05/07 et du 25/08 au 15/09 sur emp.

ANNEVILLE-SUR-MER

2-B3 15 km N.-O. Coutances. 8 m. ✉ 50560

LE GRAND LARGE ★★★ Loisirs 141 E. 1,4 ha CV . Locations : . Bord de mer à 100 m. ; . Ouvert: 7.4 / 15.10. ☎ 02 33 47 87 14. E-mail : campinglegrandlarge1@orange.fr. Web : campinglegrandlarge.fr. Prix 2022. empl. Tourisme : 5 € ; 6 € ; animaux 3 € ; 1 € ; 3 € ; 8 €.
Lat. : 49° 07' 14" N **Long.** : 001° 35' 51" W.

ANNOVILLE

2-B3 12 km S.-O. Coutances. 25 m. ✉ 50660

CAMPING MUNICIPAL LES PEUPLIERS ★★ Tourisme 114 E. 1,7 ha . Ouvert: 1.6 / 21.6. ☎ 02 33 47 67 73. E-mail : mairie.annoville@wanadoo.fr.
Lat. : 48° 57' 25" N **Long.** : 001° 26' 49" W.

BARFLEUR

2-B1 25 km E. Cherbourg. 6 m. ✉ 50760

INDIANA ★★★ Tourisme 134 E. dont 48 nus 1 ha 22 h 30 / 8 h, CV. Locations : . , . Bord de mer à 100 m. ; . Ouvert: 1.4 / 30.9. ☎ 02 33 23 95 61. E-mail : campingindiana@gmail.com. Web : www.camping-indiana.com. Prix 2022. Fft jour : empl. Tourisme (2) : 18,5 € ( ) ; sup 5 € ; animaux 2,50 € ; 4 € ; 5 €.
Lat. : 49° 39' 57" N **Long.** : 001° 15' 31" W.

BARNEVILLE-CARTERET

2-B2 60 km N. Coutances. 31 m. ✉ 50270

LA GERFLEUR ★★★ Loisirs 80 E. CV. chauffée . Accès direct à l'étang et à la rivière ; bord de mer à 1,5 km.. Ouvert: 1.4 / 31.10. ☎ 02 33 04 38 41. E-mail : alabouriau@hotmail.fr. Web : www.lagerfleur.fr. Réduction H.S.
Lat. : 49° 22' 60" N **Long.** : 001° 14' 07" W.

LE BOCAGE ★★★ Loisirs 150 E. dont 50 nus 4 ha CV . A 2,5 km : Bord de mer à 200 m. Accueil groupes. Ouvert: 1.4 / 30.9. ☎ 02 33 53 86 91. E-mail : campingdubocage@gmail.com. Web : www.campingdubocage.fr. Prix 2023. empl. Tourisme : 10 € ; 8 € ; 5 €. Réduction H.S.
Lat. : 49° 22' 51" N **Long.** : 001° 47' 10" W.

LES BOSQUETS ★★★ Loisirs 331 E. dont 110 nus CV . Locations : . chauffée . Bord de mer à 400 m. . . Ouvert: 1.4 / 15.10. ☎ 02 33 04 73 62. E-mail : campinglesbosquetsbarneville@orange.fr. Web : www.camping-lesbosquets.com.
Lat. : 49° 21' 58" N **Long.** : 001° 45' 37" W.

BAUBIGNY

2-A2 50 km N.-O. Coutances. 29 m. ✉ 50270

BEL SITO ★★ Tourisme 85 E. dont 60 nus 6 ha CV . Locations : . . Accès direct à l'étang ; bord de mer à 900 m.. Ouvert: 15.4 / 15.9. ☎ 02 33 04 32 74. E-mail : camping@bel-sito.com. Web : www.bel-sito.com. Réduction H.S.
Lat. : 49° 25' 47" N **Long.** : 001° 48' 17" W.

BEAUVOIR

2-B4 15 km S.-O. Avranches. 9 m. ✉ 50170

AUX POMMIERS ★★★★ Tourisme 106 E. dont 71 nus CV . Locations : , roulotte. couverte chauffée , . Rivière à 200 m ; bord de mer à 4 km. ; . Accueil groupes adultes. Ouvert: 6.4 / 29.9. ☎ 02 33 60 11 36. E-mail : campingauxpommiers@gmail.com. Web : www.camping-auxpommiers.com.
Lat. : 48° 35' 47" N **Long.** : 001° 30' 45" W.

LE GUE DE BEAUVOIR ★ Tourisme 49 E. 0,8 ha . . Rivière à 30 m.. Accueil groupes. ☎ 02 33 60 09 23. E-mail : nolleauyves@yahoo.fr. Web : www.hotel-gue-de-beauvoir.fr.
Lat. : 48° 35' 48" N **Long.** : 001° 30' 48" W.

BLAINVILLE-SUR-MER

2-B3 12 km O. Coutances. 31 m. ✉ 50560

CAMPING MUNICIPAL LA MELETTE ★★ Loisirs 224 E. dont 40 nus 3 ha pour les visiteurs, CV. Locations : . . Bord de mer à 800 m. Accueil groupes. Ouvert: 1.7 / 31.8. ☎ 02 33 47 14 84. E-mail : camping.delamelette@orange.fr. Web : www.blainvillesurmer.fr. Prix 2022. empl. Tourisme : 5 € ; 3,80 € ; 2,40 € ; 3,50 €.
Lat. : 49° 04' 07" N **Long.** : 001° 35' 49" W.

LE SENEQUET NC Tourisme 100 E. 2 ha . Bord de mer à 400 m. Ouvert: 18.4 / 11.10. ☎ 02 33 47 23 11. E-mail : vtfblainville@vtf-vacances.com.
Lat. : 49° 04' 45" N **Long.** : 001° 24' 36" W.

BRECEY

2-B4 17 km E.-N.-E. Avranches. 60 m. Station verte de vacances et village de neige ✉ 50370

CAMPING DE BRECEY NC Tourisme 35 E. dont 31 nus 1,6 ha CV . Locations : . Randonnée pédestre organisée. chauffée , , . Accès direct à l'étang ; rivière à 200 m. Accueil groupes. Ouvert: 1.4 / 30.9. ☎ 02 33 48 60 60. E-mail : camping@brecey.fr. Web : www.camping-brecey.fr.
Lat. : 48° 43' 16" N **Long.** : 001° 09' 06" W.

BREHAL

2-B3 19 km S.-S.-O. Coutances. 28 m. ✉ 50290

CAMPING DE LA VANLÉE ★★★ Tourisme 428 E. 11,34 ha CV . chauffée. Accès direct à la mer ; rivière à 200 m. ; ; . Accueil groupes. Ouvert: 13.4 / 15.10. ☎ 02 33 61 63 80. E-mail : camping.vanlee@wanadoo.fr. Web : www.camping-vanlee.com. Réduction H.S.
Lat. : 48° 54' 36" N **Long.** : 001° 33' 52" W.

BRETTEVILLE

2-B1 8 km E. Cherbourg. 93 m. ✉ 50110

CAMPING MUNICIPAL DU FORT ★★ Loisirs 93 E. dont 12 nus 2,7 ha CV. Bord de mer à 200 m. ; . A 200 m : . A 4 km : . A 5 km : . Accueil groupes. Ouvert: 1.4 / 30.9. ☎ 02 33 22 27 60. E-mail : campingdebretteville@orange.fr. Web : bretteville50110.fr.
Lat. : 49° 39' 23" N **Long.** : 001° 31' 33" W.

BREVILLE-SUR-MER

2-B3 22 km S.-O. Coutances. 25 m. ✉ 50290

LA ROUTE BLANCHE ★★★★★ Tourisme 249 E.
2,5 ha CV . chauffée . Bord de mer à 500 m. ; . Accueil groupes. Ouvert: 6.4 / 23.9. ☎ 02 33 50 23 31. E-mail : larouteblanche@camping-breville.com. Web : www.campinglarouteblanche.com. Réduction H.S.
Lat. : 48° 52' 11" N **Long.** : 001° 33' 50" W.

BRICQUEVILLE-SUR-MER

2-B3 18 km S. Coutances. 33 m. ✉ 50290

M. BERTRAND SAMSON CV . Ouvert: 15.3 / 31.10. ☎ 02 33 51 05 99. E-mail : marie-agnes.samson@orange.fr, Web : www.vacances-hautsvents.fr.
Lat. : 48° 55' 05" N **Long.** : 001° 30' 21" W.

MME ANNE-MARIE DELALANDE . Ouvert: 15.4 / 30.9. ☎ 02 33 51 75 92.
Lat. : 48° 55' 01" N **Long.** : 001° 32' 41" W.

CARENTAN LES MARAIS

2-B2 28 km N.-O. Saint Lo. 9 m. ✉ 50500

LE HAUT DICK ★★★★ Tourisme 100 E. dont 73 nus
CV . Locations : , caravane. chauffée , , . Rivière à 100 m.. Accueil groupes adultes. Ouvert: 25.3 / 2.10. ☎ 02 33 42 16 89. E-mail : contact@camping-lehautdick.com. Web : www.camping-lehautdick.com. Réduction H.S.
Lat. : 49° 18' 35" N **Long.** : 001° 14' 21" W.

CAROLLES

2-B3 24 km N.-O Avranches 57 m. ✉ 50740

CAMPING MUNICIPAL LA GUERINIERE ★★ Tourisme 88 E. 1 ha CV. Locations : , , tonneau. Bord de mer à 1 km. Accueil groupes enfants. Ouvert: 30.3 / 6.10. ☎ 02 33 61 93 75. E-mail : camping-carolles@wanadoo.fr.
Lat. : 48° 44' 59" N **Long.** : 001° 33' 25" W.

COUDEVILLE-SUR-MER

2-B3 22 km S.-O. Coutances. 47 m. ✉ 50290

CAMPING MUNICIPAL LES DUNES ★★ Tourisme 300 E. 7,5 ha CV . Locations : . Bord de mer à 20 m. . Ouvert: 1.4 / 31.10. ☎ 02 33 51 76 07. E-mail : campingmunicipal50290@orange.fr. Web : www.camping-lesdunes-coudeville.fr.
Lat. : 48° 53' 10" N **Long.** : 001° 34' 08" W.

COURTILS

2-B4 10 km S.-O. Avranches. 11 m. ✉ 50220

SEASONOVA SAINT-MICHEL ★★★ Tourisme 100 E. dont 50 nus
CV . chauffée. Bord de mer à 3 km. Accueil groupes. Ouvert: 30.4 / 30.9. ☎ 02 33 70 96 90. E-mail : infos@campingsaintmichel.com. Web : www.campingsaintmichel.com. Réduction H.S.
Lat. : 48° 37' 42" N **Long.** : 001° 24' 57" W.
FFCC : avantages adhérent : 10% du 01/05 au 01/07 et du 27/08 au 30/0910% du 01/05 au 01/07 et du 27/08 au 30/09 sur emp. et loc. + 5% sur les emplacements nus et locatifs en juillet et aout.

COUTANCES

2-B3 27 km O. St-Lo. 93 m. ✉ 50200

CAMPING MUNICIPAL LES VIGNETTES ★★ Tourisme 82 E. dont 77 nus 1,3 ha CV . Locations : . couverte chauffée . Rivière à 1 km. . Accueil groupes. Ouvert: 1.1 / 31.12. ☎ 02 33 45 43 13. E-mail : camping@ville-coutances.fr. Web : www.coutances.fr/camping.
Lat. : 49° 03' 06" N **Long.** : 001° 27' 33" W.

CREANCES

2-B2 22 km N. Coutances. 16 m. ✉ 50710

CAMPING MUNICIPAL DES DUNES ★★ Tourisme 128 E. dont 120 nus 1,5 ha CV . A 5 km : Accès direct à la mer ; rivière à 1 km. . Accueil groupes. Ouvert: 24.6 / 2.9. ☎ 02 33 46 31 86. E-mail : mairiedecreances@orange.fr. Web : www.ville-creances.fr. Prix 2022. empl. Tourisme : 3,50 € ; 4,50 € ; animaux 1,50 € ; 3,50 € ; 4 €.
Lat. : 49° 11' 51" N **Long.** : 001° 36' 16" W.

DENNEVILLE

2-B2 36 km N.-O. Coutances. 17 m. ✉ 50580

L'ESPÉRANCE ★★★★ Loisirs 132 E. dont 31 nus, dont 80 GCC.
3 ha CV . Locations : . couverte chauffée , . Bord de mer à 400 m. ; . Ouvert: 1.4 / 15.10. ☎ 02 33 07 12 71. E-mail : contact@camping-esperance.fr. Web : camping-esperance.fr. Prix 2023. Fft jour : empl. Tourisme (2) : 42 € ( ) ; sup 8,70 € ; animaux 3,80 € ; 5,20 €. Réduction H.S.
Lat. : 49° 18' 12" N **Long.** : 001° 41' 18" W.
FFCC : avantages adhérent : 23 € du 01/04 au 30/06 et du 27/08 au 15/10 sur emp.

DOMJEAN

2-C3 18 km S.-E. Saint-Lô. 86 m. ✉ 50420

CAMPING RURAL . Ouvert: 15.3 / 30.10. ☎ 02 33 56 32 71. E-mail : mairiede-domjean@wanadoo.fr.
Lat. : 48° 59' 13" N **Long.** : 001° 01' 54" W.

DONVILLE-LES-BAINS

2-B3 26 km N.-O. Avranches. 33 m. ✉ 50350

L'ERMITAGE ★★★ Tourisme 300 E. dont 282 nus
4,8 ha CV . . Accès direct à la mer. ; ; . Accueil groupes. Ouvert: 15.4 / 15.10. ☎ 02 33 50 09 01. E-mail : camping-ermitage@wanadoo.fr. Web : www.camping-ermitage.com.
Lat. : 48° 51' 09" N **Long.** : 001° 34' 51" W.

L'OASIS DE LA PLAGE ★★★ Loisirs 122 E. dont 8 nus CV . Locations : . , , , . Accès direct à la mer. ; ; . . Ouvert: 1.4 / 31.10. ☎ 02 33 50 52 01. E-mail : oasisdelaplage@orange.fr. Web : www.loasisdelaplage.com. Prix 2023. empl. Tourisme : 7,50 € nuit ; 6,50 € nuit ; animaux 3,50 € nuit ; 4,50 € nuit ; 7,50 € nuit. Réduction H.S.
Lat. : 48° 51' 38" N **Long.** : 001° 34' 39" W.

DRAGEY-RONTHON

2-B4 12 km N.-O. Avranches. 43 m. ✉ 50530

LES COGNETS ★★★ Loisirs 180 E. dont 27 nus 2 ha CV. . Bord de mer à 1,7 km. ; ; . . Accueil groupes. Ouvert: 1.4 / 31.10. ☎ 02 33 48 86 98. E-mail : info@camping-lescognets.fr. Web : www.camping-lescognets.fr.
Lat. : 48° 42' 28" N **Long.** : 001° 30' 18" W.

DUCEY-LES CHERIS

2-B4 9 km S.-E. Avranches. 34 m. ✉ 50220

CAMPING MUNICIPAL LA SELUNE ★★ Tourisme 36 E. dont 19 nus 0,45 ha CV . , . Rivière à 300 m.. Ouvert: 1.7 / 31.8. ☎ 02 33 60 21 53. E-mail : ducey.tourisme@wanadoo.fr.
Lat. : 48° 37' 01" N **Long.** : 001° 17' 39" W.

EQUEURDREVILLE-HAINNEVILLE

2-B1 2 km O. Cherbourg. 62 m. ✉ 50120

CAMPING MUNICIPAL LA SALINE ★★ Tourisme 64 E.

1 ha CV. A 3 km : Locations : . Bord de mer à 50 m.. Accueil groupes. Ouvert: 1.1 / 31.12. ☎ 02 33 93 88 33. E-mail : camping@cherbourg.fr. Prix 2022. Fft jour : empl. Tourisme (1) : 6,06 € ( )
Lat. : 49° 39' 20" N **Long.** : 001° 39' 13" W.

FERMANVILLE

2-B1 17 km N.-E. Cherbourg. 44 m. ✉ 50840

LA PLAGE ★★★ Loisirs 78 E. dont 9 nus

7 h 30 / 22 h 30, CV . Locations : . Bord de mer à 400 m ; rivière à 500 m. Ouvert: 1.4 / 15.10. ☎ 02 33 54 38 84. E-mail : campingdelaplage.fermanville@gmail.com. Web : www.campingdelaplage-fermanville.com. Prix 2023. Fft nuit : empl. Tourisme (2) : 18,5 € ( ) ; sup 6 € nuit ; animaux 2,50 € nuit ; 4 € nuit ; 5 € nuit. Réduction H.S.
Lat. : 49° 41' 30" N **Long.** : 001° 26' 17" W.
FFCC : avantages adhérent : 13 € du 01/04 au 08/07 et du 26/08 au 15/10 sur emp.

MME THÉRÈSE GIOT CV. Ouvert: 1.6 / 30.9. ☎ 02 33 54 39 46. E-mail : familygiot@wanadoo.fr.
Lat. : 49° 41' 21" N **Long.** : 001° 26' 19" W.

FLAMANVILLE

2-A2 26 km S.-O. Cherbourg 62 m. ✉ 50340

LES TOURTERELLES ★★★ Loisirs 57 E. Ouvert: 1.1 / 31.12. ☎ 02 33 04 18 24. E-mail : campinglestourterelles@orange.fr. Web : campinglestourterelles.jimdo.com.
Lat. : 49° 32' 10" N **Long.** : 001° 51' 42" W.

M. FRANÇOIS THIEBOT CV. ☎ 06 80 66 34 77. E-mail : fermeaux5saisons@wanadoo.fr, Web : perso.orange.fr/fermeaux5saisons.
Lat. : 49° 31' 55" N **Long.** : 001° 51' 57" W.

GATTEVILLE-LE-PHARE

2-B1 26 km E. Cherbourg. 11 m. ✉ 50760

CAMPING MUNICIPAL DE BARFLEUR LA BLANCHE NEF ★★★ Tourisme 95 E.

CV . Bord de mer à 20 m. ; . Ouvert: 15.2 / 15.11. ☎ 02 33 23 15 40. E-mail : lablanchenef@wanadoo.fr. Web : www.camping-barfleur.fr.
Lat. : 49° 41' 12" N **Long.** : 001° 17' 05" W.

CAMPING LA FERME DU BORD DE MER ★★ Tourisme 55 E.

CV . Locations : . Accès direct à la mer ; rivière à 3 km. ; . Accueil groupes adultes. Ouvert: 1.1 / 31.12. ☎ 06 86 03 51 37. E-mail : contact@camping-gateville.fr. Web : www.camping-gatteville.fr.
Lat. : 49° 40' 47" N **Long.** : 001° 16' 26" W.

LA FERME DU BORD DE MER ★★ Tourisme 55 E. dont 50 nus, dont 35 CC - 6 GCC. 0,8 ha CV . Locations : , , . , . Accès direct à la mer ; rivière à 4 km. ; . . Accueil groupes adultes. Ouvert: 27.3 / 3.10. ☎ 0 686035137. E-mail : contact@camping-gatteville.fr. Web : www.camping-gatteville.fr.
Lat. : 49° 40' 48" N **Long.** : 001° 16' 25" W.

GEFFOSSES

2-B2 16 km N.-O. Coutances. 24 m. ✉ 50560

CAMPING MUNICIPAL LES VANNEAUX NC Tourisme 22 E. 0,3 ha de 22 h à 7 h, CV . Bord de mer à 4 km. Ouvert: 1.5 / 15.9. ☎ 0 2 33 47 87 66. E-mail : mairie.geffosses@gmail.com. Prix 2022. 2 € ; 10 € ; 2,50 € ; 1,50 € ; 1 € ; animaux 0,50 € ; 0,70 € ; 4 €.
Lat. : 49° 07' 56" N **Long.** : 001° 33' 27" W.

GENETS

2-B4 12 km O. Avranches. 17 m. ✉ 50530

CÔTÉ Ô MONT SAINT-MICHEL ★★★★ Tourisme 210 E. dont 48 nus, dont 44 CC - 4 GCC.

4,6 ha CV . Locations : . Espace Fitness. couverte chauffée . Bord de mer à 2 km. . Ouvert: 20.6 / 27.9. ☎ 0 547743072. E-mail : reservation@cote-o.fr. Web : www.cote-o.fr/mont-saint-michel/.
Lat. : 48° 41' 17" N **Long.** : 001° 29' 02" W.

LA PERAME NC Tourisme 50 E. 2 ha , , . Rivière à 2 km ; bord de mer à 4 km. . Accueil groupes. Ouvert: 1.4 / 31.10. ☎ 02 33 70 82 49. E-mail : camping.laperame@laposte.net.
Lat. : 48° 41' 48" N **Long.** : 001° 28' 27" W.

GOUVILLE-SUR-MER

2-B3 16 km N.-O. Coutances. 27 m. ✉ 50560

BELLE ÉTOILE ★★★★ Loisirs 160 E. dont 11 nus

2,8 ha ap. 23 h, . Espace Fitness. chauffée . Accès direct à la mer. . Accueil groupes. Ouvert: 1.4 / 30.10. ☎ 0 2 33 47 86 87. E-mail : contact@campingbelleetoile.com. Web : www.campingbelleetoile.com.
Lat. : 49° 06' 14" N **Long.** : 001° 36' 29" W.
FFCC : avantages adhérent : 18 € du 01/04 au 30/06 et du 01/09 au 31/10 sur emp. et entre 375 € et 655 € la semaine du 01/04 au 30/06 et du 01/09 au 31/10 sur loc.

LE SENEQUET ★★ Tourisme 228 E. dont 32 nus, dont 175 GCC. 3 ha CV . A 10 km : . Bord de mer à 20 m. . Ouvert: 1.4 / 31.10. ☎ 02 33 47 84 37. E-mail : campinglesenequet@orange.frr. Web : camping-le-senequet.fr/. Réduction H.S.
Lat. : 49° 06' 22" N **Long.** : 001° 36' 27" W.

GRANVILLE

2-B3 24 km N.-O. Avranches. 37 m. ✉ 50400

LA VAGUE ★★★ Tourisme 126 E. . , . Bord de mer à 100 m. ; . Ouvert: 1.4 / 15.10. ☎ 02 33 50 29 97. E-mail : contact@camping-la-vague.com. Web : www.camping-la-vague.com.
Lat. : 48° 49' 17" N **Long.** : 001° 34' 16" W.

HAMBYE

2-B3 20 km S.-E. Coutances. 110 m. ✉ 50450

LA SOURCE . Ouvert: 1.1 / 30.9. ☎ 02 33 90 44 09. E-mail : guides@campingfrance.com.
Lat. : 48° 56' 53" N **Long.** : 001° 15' 51" W.

HAUTEVILLE-SUR-MER

2-B3 12 km S.-O. Coutances. 21 m. ✉ 50590

CAMPING DU SUD ★★ Loisirs 148 E. 3 ha CV. Locations : . . Bord de mer à 150 m. ; . . Ouvert: 1.4 / 30.9. ☎ 02 33 47 52 28. E-mail : campingsud.hautevillesurmer@orange.fr. Web : www.hauteville-sur-mer.fr.
Lat. : 48° 58' 14" N **Long.** : 001° 33' 24" W.

LES GARENNES ★★ Tourisme 163 E. dont 107 nus 2,5 ha CV . Locations : . . Accès direct à la mer. ; . . . Ouvert: 15.3 / 15.11. ☎ 02 33 46 28 93. E-mail : camping.hautevillesurmer@orange.fr. Web : www.hauteville-sur-mer.fr.
Lat. : 48° 58' 45" N **Long.** : 001° 33' 35" W.

HUDIMESNIL

2-B3 24 km S. Coutances 75 m. ✉ 50510

LES ÎLES P.R.L ★★★★★ 220 E. dont 69 nus

CV . Locations : . Randonnée pédestre organisée. couverte chauffée , , . Accès direct à l'étang ; bord de mer à 5 km. ; . Ouvert: 31.3 / 17.9. ☎ 02 33 49 06 94. E-mail : info@yellohvillage-lesiles.com. Web : www.camping-les-iles.com. Prix 2023. Fft jour : empl. Tourisme (2) : 90 € ( ) ; sup 11 € ; animaux 6 € ; 9 €.
Lat. : 48° 51' 28" N **Long.** : 001° 29' 41" W.
FFCC : avantages adhérent : 10% du 31/03 au 30/06 et du 01/09 au 17/0910% du 31/03 au 30/06 et du 01/09 au 17/09 sur emp. et loc. + Rendez-vous dans votre club avantages FFCC pour obtenir le code promotionnel et réserver !.

ISIGNY-LE-BUAT

2-B4 16 km S.-E. Avranches. 105 m. ✉ 50540

LA MAZURE NC Tourisme 25 E. 1 ha CV. Locations : , , , . Accès direct aux bords du lac et à la rivière. . . Accueil groupes. Ouvert: 1.1 / 31.12. ☎ 02 33 89 19 50. E-mail : contact@lamazure.com. Web : www.lamazure.com.
Lat. : 48° 34' 23" N **Long.** : 001° 12' 15" W.

JULLOUVILLE

2-B3 24 km N.-O. Avranches. 70 m. ✉ 50610

LE DOMAINE DU HAMEL ★★★ Loisirs 81 E. dont 7 nus, dont 7 CC - 74 GCC. 1,6 ha CV . Locations : . couverte chauffée. Bord de mer à 1,7 km ; rivière à 2 km. Ouvert: 1.4 / 31.10. ☎ 02 33 61 84 48. E-mail : domaine.duhamel@orange.fr. Web : www.camping-jullouville.fr. Prix 2022. Fft jour : empl. Tourisme (2) : 23 € ( ) ; sup 6 € ; animaux 3 € ; 3 € ; 4 €. Réduction H.S.
Lat. : 48° 46' 11" N **Long.** : 001° 32' 50" W.

CAMPING RIGOT ★★ Loisirs 18 E. . Ouvert: 1.6 / 15.9. ☎ 02 33 90 21 19. E-mail : da.rigot@wanadoo.fr.
Lat. : 48° 46' 55" N **Long.** : 001° 34' 03" W.

JULLOUVILLE LES PINS ★★ Tourisme Loisirs 130 E. Locations : . Espace Fitness. couverte chauffée . Bord de mer à 150 m. Ouvert: 3.4 / 1.11. ☎ 02 33 51 42 60. E-mail : contact@campingjullouvillelespins.fr. Web : www.campingjullouvillelespins.fr/.
Lat. : 48° 46' 37" N **Long.** : 001° 33' 59" W.

LA CHAUMIERE ★★ Loisirs 190 E. Ouvert: 1.4 / 31.10. ☎ 02 33 48 82 93. E-mail : campinglachaumiere@west-telecom.com. Web : www.campinglachaumiere.fr.
Lat. : 48° 45' 25" N **Long.** : 001° 30' 54" W.

LE VAL OMBRÉ ★★ Loisirs 48 E. dont 17 nus 1 ha 8 h / 22 h 30, CV. A 5 km : Locations : . . Bord de mer à 1 km ; rivière à 1,5 km. . Accueil groupes. Ouvert: 1.4 / 15.10. ☎ 02 33 61 92 03. E-mail : campinglevalombre@sfr.fr.
Lat. : 48° 46' 21" N **Long.** : 001° 32' 48" W.

LE SOLEIL LEVANT ★ Loisirs 38 E. 0,45 ha . . . Ouvert: 1.7 / 31.8. ☎ 02 33 60 59 11. E-mail : sophie.lepesant@laposte.net.
Lat. : 48° 46' 14" N **Long.** : 001° 33' 02" W.

M. ROBERT CHAPDELAINE . Ouvert: 1.7 / 30.8. ☎ 02 33 61 83 78.
Lat. : 48° 46' 32" N **Long.** : 001° 32' 47" W.

L'ETANG-BERTRAND

2-B2 27 km S. Cherbourg 38 m. ✉ 50260

AIRE NATURELLE DE L'ORAILLE
CV . Ouvert: 1.5 / 30.9. ☎ 07 83 08 25 29. E-mail : moteurenv@hotmail.fr, Web : sites.google.com/site/campingloraille. Prix 2022. 3 € ; 4 € ; 3 € ; 2,50 € ; 1,50 € ; 2,50 € ; 3 €.
Lat. : 49° 29' 15" N **Long.** : 001° 34' 00" W.
FFCC : avantages adhérent : 13 € du 01/05 au 30/09 sur emp. et 150 € la semaine du 01/05 au 30/09 sur loc.

LA HAYE

2-B2 29 km N. Coutances. 47 m. ✉ 50250

L'ÉTANG DES HAIZES ★★★★ Tourisme 158 E. dont 90 nus
2,5 ha CV . Locations : tipi. chauffée , . Accès direct à l'étang. ; . Accueil groupes. Ouvert: 15.4 / 30.9. ☎ 02 33 46 01 16. E-mail : info@campingetangdeshaizes.com. Web : www.campingetangdeshaizes.com. Réduction H.S.
Lat. : 49° 18' 02" N **Long.** : 001° 32' 41" W.
FFCC : avantages adhérent : 20 € du 08/04 au 07/07 et du 03/09 au 01/10 sur emp.

LE HAM

2-B2 32 km S.-E. Cherbourg 12 m. ✉ 50310

LA CHAPELLE ★★★ 9 E. . ☎ 02 33 21 14 60. E-mail : laurence.doguet@laposte.net. Web : www.gitenormandie-lachapelle.com.
Lat. : 49° 27' 17" N **Long.** : 001° 24' 43" W.

LE MONT-SAINT-MICHEL

2-B4 22,5 km S.-O. Avranches. 7 m. ✉ 50170

LE MONT-SAINT-MICHEL ★ Tourisme 89 E. 1 ha CV. Locations : . , . Rivière à 200 m.. Ouvert: 15.2 / 10.11. ☎ 02 33 60 22 10. E-mail : stmichel@le-mont-saint-michel.com. Web : www.camping-montsaintmichel.com. Réduction H.S.
Lat. : 48° 36' 50" N **Long.** : 001° 30' 27" W.

LE ROZEL

2-A2 24 km S.-O. Cherbourg. 42 m. ✉ 50340

LE RANCH ★★★★★ Tourisme 143 E. dont 46 nus
4 ha CV . Espace Fitness. couverte chauffée . Accès direct à la mer. ; ; . Accueil groupes. Ouvert: 1.4 / 30.9. ☎ 02 33 10 07 10. E-mail : contact@camping-leranch.com. Web : www.camping-leranch.com. Réduction H.S.
Lat. : 49° 28' 49" N **Long.** : 001° 50' 36" W.

LES MOITIERS-D'ALLONNE

2-B2 50 km N.-O. Coutances. 63 m. ✉ 50270

LES RONDS DUVAL . Ouvert: 1.5 / 30.9. ☎ 07 62 64 89 12. E-mail : lesrondsduval@laposte.net, Web : www.camping-lesrondsduval.fr.
Lat. : 49° 24' 08" N **Long.** : 001° 48' 23" W.

LES PIEUX

2-A2 20 km S.-O. Cherbourg. 73 m. ✉ 50340

LE GRAND LARGE ★★★★★ Tourisme 223 E. dont 129 nus, dont 223 GCC.
3,7 ha CV . Locations : . couverte chauffée , . Accès direct à la mer. ; ; . Ouvert: 15.4 / 24.9. ☎ 02 33 52 40 75. E-mail : info@legrandlarge.com. Web : www.legrandlarge.com. Prix 2023. Fft jour : empl. Tourisme (2) : 42 € ( ) ; sup 11 € ; 7 € ; 7 €.
Lat. : 49° 29' 41" N **Long.** : 001° 50' 32" W.

LONGUEVILLE

22 km S.-O. Coutances 47 m. ✉ 50290

O2 CAMPING ★★★★ Tourisme 78 E. dont 30 CC.
7 ha CV . Locations : cocosweet. Randonnée pédestre organisée. couverte chauffée . Bord de mer à 4 km. Accueil groupes adultes. Ouvert: 3.4 / 1.11. ☎ 02 33 51 27 19. E-mail : contact@o2camping.fr. Web : www.o2camping.fr. Réduction H.S.
Lat. : 48° 51' 50" N **Long.** : 001° 31' 38" W.

MAUPERTUS-SUR-MER

2-B1 10 km E. Cherbourg 114 m. ✉ 50330

L'ANSE DU BRICK ★★★★★ Tourisme 217 E. dont 159 nus, dont 37 CC - 14 GCC.
CV . Locations : , . Randonnée pédestre organisée. Espace Fitness. couverte chauffée , , . Accès direct à la mer. ; ; ; . Ouvert: 8.4 / 25.9. ☎ 02 33 54 33 57. E-mail : serviceclients@sandaya.fr. Web : www.sandaya.fr/nos-campings/l-anse-du-brick.
Lat. : 49° 40' 02" N **Long.** : 001° 29' 15" W.

MONTMARTIN-SUR-MER

2-B3 10 km S.-O. Coutances. 32 m. ✉ 50590

LA SIRÈNE ★★★★ Loisirs 131 E. 3 ha CV . chauffée . Bord de mer à 200 m. ; . Ouvert: 1.4 / 31.10. ☎ 02 33 47 22 22. E-mail : e.davy@campingmanche.fr. Web : www.campingmanche.fr.
Lat. : 48° 58' 56" N **Long.** : 001° 33' 21" W.

LES DAUPHINS ★★★★ Loisirs 184 E. dont 184 GCC. 4 ha CV . Locations : . chauffée , , . Bord de mer à 200 m. ; ; . Ouvert: 1.1 / 31.12. ☎ 02 33 47 22 22. E-mail : e.davy@campingmanche.fr. Web : www.campingmanche.fr/.
Lat. : 48° 58' 56" N **Long.** : 001° 33' 23" W.

CAMPING MUNICIPAL LES GRAVELETS ★★ Tourisme 76 E. dont 61 nus 1 ha ap. 22 h 30, CV . Locations : . , . Bord de mer à 2 km. . Accueil groupes enfants. Ouvert: 1.4 / 31.10. ☎ 02 33 47 70 20. E-mail : gravelets@wanadoo.fr. Web : www.camping-montmartin.com.
Lat. : 48° 59' 36" N **Long.** : 001° 31' 45" W.

CARAVANING 2000 NC 127 E. . Bord de mer à 100 m. ; . Ouvert: 1.5 / 31.8. ☎ 02 33 17 15 56. E-mail : guides@campingfrance.com.
Lat. : 48° 59' 19" N **Long.** : 001° 31' 31" W.

M. DAVID LECORDIER . Ouvert: 1.4 / 31.10. ☎ 02 33 47 61 87. E-mail : passevin.lecordier@orange.fr.
Lat. : 48° 59' 45" N **Long.** : 001° 33' 14" W.

MONTVIRON

2-B4 9 km N.-O. Avranches. 92 m. ✉ 50530

LE MONT VIRON ★★★ Loisirs 42 E. dont 12 nus CV. Locations : . Ouvert: 1.3 / 15.11. ☎ 02 33 60 43 26. E-mail : lemontviron@aol.com.
Lat. : 48° 44' 23" N **Long.** : 001° 25' 30" W.

MORTAIN-BOCAGE

2-C4 36 km E. Avranches. 242 m. Station verte de vacances et village de neige ✉ 50140

CAMPING MUNICIPAL LES CASCADES NC Tourisme 16 E. dont 16 nus 0,5 ha . Rivière à 600 m. Accueil groupes. Ouvert: 20.4 / 30.9. ☎ 02 33 79 30 30. E-mail : mairie@mortain-bocage.fr. Web : www.mortain-bocage.fr. Prix 2023. Fft nuit : empl. Tourisme (2) : 8 € ( ) ; sup 2 € nuit ; 1 € nuit ; 3 € nuit.
Lat. : 48° 38' 56" N **Long.** : 000° 56' 46" W.

OMONVILLE-LA-ROGUE

2-A1 21 km N.-O. Cherbourg. 61 m. ✉ 50440

CAMPING MUNICIPAL DU HÂBLE ★★ Tourisme 59 E. dont 32 CC. CV , . Bord de mer à 100 m. . Accueil groupes. Ouvert: 1.4 / 30.9. ☎ 02 33 52 86 15. E-mail : campingomonvillelarogue@wanadoo.fr.
Lat. : 49° 42' 16" N **Long.** : 001° 50' 27" W.

PIROU

2-B2 20 km N.-O. Coutances. 23 m. ✉ 50770

CAMPING MUNICIPAL LE CLOS MARIN ★★ Tourisme 250 E. dont 132 nus 7 ha CV . Locations : . chauffée , , . Accès direct à la mer. ; . Accueil groupes. Ouvert: 1.4 / 31.10. ☎ 02 33 46 30 36. E-mail : le-clos-marin.pirou@orange.fr. Web : www.ville-pirou.fr.
Lat. : 49° 09' 34" N **Long.** : 001° 35' 46" W.

M. PHILIPPE MASSU CV . Ouvert: 15.4 / 15.9. ☎ 02 33 07 87 15. E-mail : marie.massu@wanadoo.fr, Web : campinglamoriniere.over-blog.com. Prix 2022. Fft jour : empl. Tourisme (2) : 18,4 € ( ) ; sup 4,20 € ; 3,10 €.
Lat. : 49° 08' 47" N **Long.** : 001° 34' 55" W.

PONTAUBAULT

2-B4 7 km S. Avranches. 45 m. ✉ 50220

LA VALLEE DE LA SELUNE NC Tourisme 100 E. dont 63 nus 1,5 ha . Locations : . . Rivière à 80 m ; bord de mer à 2 km ; lac à 5 km. Ouvert: 1.4 / 20.10. ☎ 02 33 60 39 00. E-mail : campselune@wanadoo.fr. Réduction H.S.
Lat. : 48° 37' 49" N **Long.** : 001° 21' 10" W.

PONTORSON

2-B4 22 km S.-O. Avranches. 20 m. ✉ 50170

SEASONOVA HALIOTIS ★★★ Tourisme 180 E. dont 152 nus
4 ha CV . A 3 km : Locations : . Espace Fitness. chauffée , , , , . Accès direct à la rivière.. Accueil groupes adultes. Ouvert: 19.3 / 11.11. ☎ 02 33 68 11 59. E-mail : camping.haliotis@wanadoo.fr. Web : www.camping-haliotis-mont-saint-michel.com. Réduction H.S.
Lat. : 48° 33' 24" N **Long.** : 001° 30' 39" W.
FFCC : avantages adhérent : 10% du 31/03 au 01/07 et du 27/08 au 30/1010% du 31/03 au 01/07 et du 27/08 au 30/10 sur emp. et loc. + 5% sur les emplacements nus et locatifs en juillet et aout.

PORTBAIL

2-B2 45 km N.-O. Coutances. 25 m. ✉ 50580

LE VIEUX FORT ★★★ Loisirs 150 E. 3,8 ha après 10 h. Accès direct à la mer. . Ouvert: 1.4 / 31.10. ☎ 02 33 04 81 99. E-mail : guides@campingfrance.com.
Lat. : 49° 19' 41" N **Long.** : 001° 43' 17" W.

LA COTE DES ISLES ★★ Loisirs 105 E. CV. Ouvert: 31.3 / 13.11. ☎ 02 33 10 13 30. E-mail : coteisles@hotmail.fr.
Lat. : 49° 20' 10" N **Long.** : 001° 16' 22" W.

QUETTEHOU

2-B1 27 km E.-S.-E. Cherbourg. 56 m. ✉ 50630

LE RIVAGE ★★★★ Loisirs 140 E. dont 35 nus, dont 135 GCC. 1,6 ha CV. A 10 km : Locations : chauffée. Bord de mer à 400 m. Accueil groupes. Ouvert: 1.4 / 30.9. ☎ 02 33 54 13 76. E-mail : camping.lerivage@wanadoo.fr. Web : www.camping-lerivage.fr. Réduction H.S.
Lat. : 49° 34' 45" N **Long.** : 001° 18' 11" W.

QUETTREVILLE-SUR-SIENNE

2-B3 10 km S. Coutances. 35 m. ✉ 50660

LA LANDE NC Tourisme 26 E. 1 ha CV. Locations : Rivière à 200 m ; bord de mer à 5 km. Accueil groupes. Ouvert: 30.4 / 31.10. ☎ 02 33 07 48 29. E-mail : francoise.martin50@orange.fr.
Lat. : 48° 59' 02" N **Long.** : 001° 28' 01" W.

QUINEVILLE

2-B2 26 km S.-E. Cherbourg. 23 m. ✉ 50310

LA SINOPE ★★★ Tourisme 83 E. 1 ha Bord de mer à 100 m ; rivière à 50 m. Ouvert: 1.6 / 30.9. ☎ 02 33 21 07 38. E-mail : mairie.quineville@wanadoo.fr. Web : www.camping-quineville.fr.
Lat. : 49° 31' 02" N **Long.** : 001° 42' 38" W.

RAIDS

2-B2 28 km N.-O. Saint Lô 14 m. ✉ 50500

FERME DE LA TOURNERIE CV. Ouvert: 1.1 / 31.12. ☎ 02 33 46 57 62. E-mail : g.cousin@wanadoo.fr, Web : fermedelatournerie.pagesperso-orange.fr. Prix 2022. empl. Tourisme : 3 € ; 4 € ; 2 € ; animaux 2 € ; 2,50 € ; 3 €.
Lat. : 49° 12' 24" N **Long.** : 001° 22' 06" W.

RAVENOVILLE

2-B2 80 km S.-E. Cherbourg. 14 m. ✉ 50480

LE CORMORAN ★★★★★ Tourisme 256 E. dont 102 nus
7 ha CV. Locations : roulotte, couverte chauffée. Accès direct à la mer. Accueil groupes. Ouvert: 1.4 / 25.9. ☎ 02 33 41 33 94. E-mail : contact@camping-lecormoran.fr. Web : www.camping-lecormoran.fr. Prix 2022. Fft jour : empl. Tourisme (2) : 41 € ( ) ; sup 9,60 € ; animaux 3,50 € ; 5 €. Réduction H.S.
Lat. : 49° 27' 58" N **Long.** : 001° 14' 10" W.

LES ÎLES ★★ Loisirs 78 E. 0,8 ha CV. Bord de mer à 10 m. Ouvert: 1.4 / 30.9. ☎ 02 33 21 47 52 / 06 64 97 12 79. E-mail : camping.des.iles.50@wanadoo.fr.
Lat. : 49° 28' 42" N **Long.** : 001° 15' 06" W.

REGNEVILLE-SUR-MER

2-B3 11 km S.-O. Coutances. 21 m. ✉ 50590

CAMPING DU HAVRE DE REGNEVILLE NC Tourisme 62 E. 10 ha Randonnée pédestre organisée. . Accès direct à la rivière ; bord de mer à 1 km. Accueil groupes. Ouvert: 1.4 / 31.10. ☎ 02 33 45 88 71 / 06 80 74 99 68. E-mail : camping.du.havre.de.regneville@gmail.com. Web : campinghavreregneville.fr.
Lat. : 49° 00' 31" N **Long.** : 001° 33' 18" W.

REVILLE

2-B1 27 km E. Cherbourg. 7 m. ✉ 50760

CAMPING MUNICIPAL LE JONVILLE ★★★ Tourisme 180 E. dont 100 nus, dont 8 GCC. 3 ha à partir de 23 h, CV. Locations : Accès direct à la mer. Accueil groupes. Ouvert: 27.3 / 2.10. ☎ 02 33 54 48 41. E-mail : camping-jonville@orange.fr. Web : www.camping-jonville.fr. Prix 2022. Fft jour : empl. Tourisme (2) : 17 € ( )
Lat. : 49° 36' 25" N **Long.** : 001° 13' 53" W.

SAINT-GEORGES-DE-LA-RIVIERE

2-B2 37 km S.-O. Cherbourg. 28 m. ✉ 50270

LES DUNES ★★★ Loisirs 100 E. 2 ha CV. Bord de mer à 150 m. Accueil groupes. Ouvert: 1.4 / 30.10. ☎ 02 33 52 03 84. E-mail : auxgrandsespaces@orange.fr.
Lat. : 49° 21' 13" N **Long.** : 001° 44' 53" W.

SAINT-GERMAIN-LE-GAILLARD

2-B2 25 km S.-O. Cherbourg. 90 m. ✉ 50340

LES LANDES ★★ Loisirs 35 E. CV. Locations : Bord de mer à 3 km. Ouvert: 1.1 / 31.12. ☎ 02 33 52 55 64. E-mail : mairie.stgermainlegaillard@orange.fr. Web : www.stgermainlegaillard.fr. Prix 2022. empl. Tourisme : 2,29 € ; 2,38 € ; 2,12 € ; animaux 1,67 € ; 2,12 € ; 3,52 €.
Lat. : 49° 29' 14" N **Long.** : 001° 47' 57" W.

SAINT-GERMAIN-SUR-AY

2-B2 27 km N.-O. Coutances. 14 m. ✉ 50430

LES GRANDS ESPACES ★★★★ Loisirs 599 E. 15 ha CV. Locations : chauffée. Bord de mer à 500 m. Ouvert: 6.4 / 30.10. ☎ 02 33 07 10 14. E-mail : auxgrandsespaces@orange.fr. Web : www.auxgrandsespaces.com.
Lat. : 49° 14' 11" N **Long.** : 001° 38' 27" W.

SAINT-HILAIRE-DU-HARCOUET

2-C4 30 km S.-E. Avranches. 80 m. ✉ 50600

CAMPING MUNICIPAL LA SÉLUNE ★★ Tourisme 70 E. dont 63 nus
CV. Locations : roulotte. Randonnée pédestre organisée. Accès direct à la rivière.. Accueil groupes. Ouvert: 4.11 / 11.11. ☎ 02 33 49 43 74. E-mail : camping.laselune@laposte.net. Web : www.st-hilaire-du-harcouet.fr. Prix 2022. 2,50 € ; 3,15 € ; 2,15 € ; 2,15 € ; 1,15 € ; animaux 0,85 € ; 1,25 € ; 2,10 €.
Lat. : 48° 34' 53" N **Long.** : 001° 05' 52" W.
FFCC : avantages adhérent : 11.25 € du 01/04 au 15/06 sur emp.

SAINT-JAMES

2-B4 20 km S. Avranches. 101 m. ✉ 50240

M. MICHEL AMELINE Ouvert: 15.4 / 15.9. ☎ 02 33 48 32 43. E-mail : fermedeladierge@hotmail.fr, Web : www.fermedeladierge.com.
Lat. : 48° 30' 52" N **Long.** : 001° 19' 54" W.

SAINT-JEAN-DE-LA-RIVIERE

2-B2 45 km N.-O. Coutances. 23 m. ✉ 50270

LES VIKINGS ★★★★★ Tourisme 250 E. dont 24 nus
6 ha CV. A 2 km : Locations : couverte chauffée. Bord de mer à 500 m. Ouvert: 3.4 / 13.9. ☎ 02 33 53 84 13. E-mail : vikings@capfun.com. Web : www.camping-lesvikings.com.
Lat. : 49° 21' 50" N **Long.** : 001° 45' 14" W.

CAMPING DU GOLF ★★★★ Tourisme 150 E. dont 47 nus
CV. Locations : . couverte chauffée. Bord de mer à 500 m. Ouvert: 3.4 / 13.9. ☎ 02 33 04 78 90. E-mail : golf@capfun.com. Web : www.camping-du-golf.fr.
Lat. : 49° 21' 34" N **Long.** : 001° 44' 56" W.

LE PRÉ NORMAND ★★★ Loisirs 154 E. 3 ha CV. couverte chauffée. Bord de mer à 800 m. Ouvert: 1.4 / 30.9. ☎ 02 33 53 85 64. E-mail : camping@pre-normand.fr. Web : www.pre-normand.fr.
Lat. : 49° 21' 51" N **Long.** : 001° 45' 02" W.

SAINT-JEAN-LE-THOMAS

2-B4 15 km N.-O. Avranches. 22 m. ✉ 50530

CAMPING MUNICIPAL ★★ Loisirs 133 E. dont 24 nus 2 ha CV. Locations : . Bord de mer à 40 m. Accueil groupes. Ouvert: 1.3 / 15.11. ☎ 02 33 48 84 02. E-mail : camping.municipal0369@orange.fr. Web : camping.saintjeanlethomas.com.
Lat. : 48° 43' 35" N **Long.** : 001° 31' 33" W.

SAINT-LO-D'OURVILLE

2-B2 35 km N.-O. Coutances. 18 m. ✉ 50580

LES CAROLINS ★★★ Loisirs 99 E. 2,5 ha CV. Locations : chauffée. Bord de mer à 1,5 km. Accueil groupes. Ouvert: 15.3 / 31.10. ☎ 02 33 04 84 85. E-mail : contact@camping-carolins.com. Web : www.camping-carolins.com. Réduction H.S.
Lat. : 49° 19' 23" N **Long.** : 001° 40' 57" W.

SAINT-MARCOUF

2-B2 38 km S.-E. Cherbourg. 11 m. ✉ 50310

LE CANADA ★★★ Loisirs 158 E. dont 29 nus 1,2 ha Locations : Espace Fitness. couverte chauffée. Accès direct à la mer. Accueil groupes. Ouvert: 1.4 / 31.10. ☎ 02 33 21 20 80. E-mail : campinglecanada@wanadoo.fr. Web : www.campinglecanada.com.
Lat. : 49° 30' 07" N **Long.** : 001° 16' 21" W.

SAINT-MARTIN-D'AUBIGNY

2-B2 18 km N.-E. Coutances. 36 m. ✉ 50190

AIRE NATURELLE LE CLOS VERT
CV. Ouvert: 15.4 / 15.10. ☎ 02 33 07 73 92. E-mail : mairie-st-martin-daubigny@wanadoo.fr, Web : mairie-saintmartindaubigny.fr.
Lat. : 49° 09' 59" N **Long.** : 001° 20' 56" W.
FFCC : avantages adhérent : 13 € du 15/04 au 30/06 et du 01/09 au 15/10 sur emp.

SAINT-PAIR-SUR-MER

2-B3 24 km N. Avranches. 35 m. ✉ 50380

CHÂTEAU DE LEZ-EAUX ★★★★★ Tourisme 229 E. dont 39 nus, dont 94 GCC.
7 ha CV. Locations : cabanes. couverte chauffée. Accès direct à l'étang ; bord de mer à 4 km. Accueil groupes enfants. Ouvert: 15.4 / 10.9. ☎ 02 33 51 66 09. E-mail : bonjour@lez-eaux.com. Web : www.lez-eaux.com. Prix 2022. Fft jour : empl. Tourisme (2) : 51 € ( ) ; sup 8,50 € ; 6 €. Réduction H.S.
Lat. : 48° 47' 50" N **Long.** : 001° 31' 32" W.
FFCC : avantages adhérent : 10% du 07/04 au 30/06 et du 01/09 au 10/09 sur emp. + Rendez-vous dans votre club avantages FFCC pour obtenir le code promotionnel et réserver ou sur présentation de la carte de membre FFCC.

L'ECUTOT P.R.L ★★★ NN159 E. 5 ha CV. A 1 km : Locations : chauffée. Bord de mer à 1,2 km.. Ouvert: 27.5 / 15.9. ☎ 02 33 50 26 29. E-mail : ecutot@orange.fr. Web : www.ecutot.com. Réduction H.S.
Lat. : 48° 49' 01" N **Long.** : 001° 33' 04" W.

L'ETOILE DE MER ★★★ Tourisme 108 E. 2,4 ha CV. Locations : . Accès direct à la mer. ; ; . Accueil groupes. Ouvert: 1.4 / 30.9. ☎ 02 33 49 69 29. E-mail : camping.etoiledemer@lalig uenormandie.org. Web : www.camping-etoi ledemer.com. Prix 2022. Fft jour : empl. Tourisme (2) : 26 € ( ) ; sup 6 € ; animaux 3 € ; 5 € ; 5 €.
Lat. : 48° 47' 18" N **Long.** : 001° 33' 60" W.

LA MARIENNEE ★★ Tourisme 65 E. dont 44 nus CV . Locations : , . Bord de mer à 2,5 km. Ouvert: 1.7 / 31.8. ☎ 02 33 90 60 05. E-mail : lamarienne e@wanadoo.fr. Web : camping-lamariennee. com.
Lat. : 48° 48' 04" N **Long.** : 001° 32' 35" W.

LE DRAKKAR ★★ Loisirs 53 E. CV. . Bord de mer et rivière à 700 m. ; ; ; . Ouvert: 1.4 / 30.9. ☎ 02 33 59 96 26. E-mail : campingledrakkar@bbox.fr. Web : camping-le-drakkar.fr. Réduction H.S.
Lat. : 48° 47' 49" N **Long.** : 001° 33' 39" W.

LES BELLES RIVES ★ Loisirs 84 E. dont 85 GCC. 1,5 ha CV. Locations : . Bord de mer à 100 m. . Ouvert: 1.3 / 1.11. ☎ 02 33 90 73 36. E-mail : princesslou50@yahoo.fr.
Lat. : 48° 47' 60" N **Long.** : 001° 33' 58" W.

LA CHANTERIE NC Tourisme 168 E. dont 101 GCC. 2 ha . Bord de mer à 1,5 km. Ouvert: 1.7 / 30.9. ☎ 02 33 90 79 62. E-mail : contact@camping lachanterie.com. Web : www.campinglachanter ie.com.
Lat. : 48° 47' 39" N **Long.** : 001° 26' 60" W.

SAINT-SAUVEUR-LE-VICOMTE

2-B2 40 km N. Coutances. 29 m. Station verte de vacances et village de neige ✉ 50390

CAMPING MUNICIPAL LE VIEUX CHÂTEAU ★ Loisirs 57 E. dont 57 nus CV. Locations : , , . Rivière à 100 m ; étang à 500 m. . Accueil groupes. Ouvert: 13.6 / 11.9. ☎ 0 2 33 41 79 06. E-mail : basedeloisirs@sslv.fr. Web : www.saint-sauveur-le-vicomte.stationverte.com. Prix 2023. 3 € ; 5,50 € ; 4,50 € ; 3,80 € ; animaux 1,50 € ; 2,50 €.
Lat. : 49° 23' 14" N **Long.** : 001° 31' 39" W.

SAINT-VAAST-LA-HOUGUE

2-B1 30 km S.-E. Cherbourg. 4 m. ✉ 50550

LA GALLOUETTE ★★★★ Tourisme 169 E. dont 96 nus . Locations : , . chauffée , , . Bord de mer à 150 m.. Accueil groupes adultes. Ouvert: 1.4 / 25.9. ☎ 02 33 54 20 57. E-mail : contact@camping-lagallouette.fr. Web : www.camping-lagallou ette.fr. Prix 2022. Fft jour : empl. Tourisme (2) : 27,2 € ( ) ; sup 7,80 € ; animaux 2,50 € ; 3,90 € ; 6 €. Réduction H.S.
Lat. : 49° 35' 05" N **Long.** : 001° 16' 07" W.
FFCC : avantages adhérent : 24 € du 31/03 au 07/07 et du 04/09 au 01/10 sur emp.

SAINTE-MARIE-DU-MONT

2-B2 50 km S.-E. Cherbourg. 12 m. ✉ 50480

UTAH BEACH ★★★★ Tourisme 170 E. dont 40 nus 5 ha CV . Locations : , caravane, , couverte chauffée , , , , . Bord de mer à 50 m. ; . Accueil groupes. Ouvert: 1.4 / 20.9. ☎ 02 33 71 53 69. E-mail : contact@camping-utahbeach.com. Web : www. camping-utahbeach.com. Réduction H.S.
Lat. : 49° 25' 10" N **Long.** : 001° 10' 55" W.

LA BAIE DES VEYS ★★★ Tourisme 58 E. dont 36 nus 1,3 ha CV . Locations : , . chauffée , , . Accès direct à la mer et à la rivière. . Accueil groupes. Ouvert: 1.4 / 26.9. ☎ 02 32 71 56 90. E-mail : la.bdv50@gmail.com. Web : www.campinglabaiedesveys.com.
Lat. : 49° 21' 58" N **Long.** : 001° 10' 40" W.

SAINTE-MERE-EGLISE

2-B2 38 km S.-E. Cherbourg. 17 m. ✉ 50480

CAMPING DE STE MERE EGLISE ★★★ Tourisme 65 E. 1,2 ha CV . Locations : , . . Rivière à 4 km. Accueil groupes. Ouvert: 1.4 / 31.10. ☎ 02 33 41 35 22. E-mail : smecamping@gmail.com. Web : www.camping-sainte-mere.fr.
Lat. : 49° 24' 36" N **Long.** : 001° 18' 37" W.

SERVON

2-B4 14 km S. Avranches. 21 m. ✉ 50170

SAINT GRÉGOIRE ★★★ Tourisme 67 E. dont 42 nus CV . Locations : , , . chauffée. Accueil groupes. Ouvert: 1.4 / 25.9. ☎ 02 33 60 26 03. E-mail : saintgregoire@vacances-andretrigano.fr. Web : vacances-andretrigano.com/camping/manche/saint-gregoire-servon. Prix 2022. Fft jour : empl. Tourisme (2) : 26,6 € ( ). Réduction H.S.
Lat. : 48° 35' 49" N **Long.** : 001° 24' 44" W.
FFCC : avantages adhérent : 10% du 07/04 au 08/07 et du 26/08 au 24/09 sur emp. et 5% du 07/04 au 08/07 et du 26/08 au 24/09 sur loc.

SIOUVILLE-HAGUE

2-A1 22 km S.-O. Cherbourg. 60 m. ✉ 50340

CAMPING MUNICIPAL ★★★ Tourisme 100 E. dont 95 nus CV . Locations : , . . Bord de mer à 350 m. Accueil groupes. Ouvert: 1.1 / 31.12. ☎ 02 33 52 42 73. E-mail : camping.clairefontaine@siouville-hague.com. Web : www.siouville-hague.com. Prix 2023. 3,50 € ; 6,75 € ; 6,75 € ; 5 € ; animaux 1,70 € ; 2,65 € ; 4,60 €.
Lat. : 49° 34' 11" N **Long.** : 001° 50' 18" W.

SOURDEVAL

2-C4 40 km E. Avranches. 229 m. ✉ 50150

AIRE NATURELLE MUNICIPALE CV. Ouvert: 1.5 / 30.9. ☎ 06 43 40 51 09. E-mail : mairie@sourdeval.fr. Web : www.sour deval.fr. Prix 2022. Fft nuit : empl. Tourisme (1) : 4,5 € ( ) ; sup 2,50 € nuit ; 2,50 € nuit.
Lat. : 48° 43' 22" N **Long.** : 000° 54' 55" W.

SURTAINVILLE

2-A2 28 km S.-O. Cherbourg. 39 m. ✉ 50270

CAMPING MUNICIPAL LES MIELLES ★★★ Tourisme 151 E. dont 5 GCC. 1 ha CV . Locations : , . Accès direct à la rivière ; bord de mer à 100 m. ; . Ouvert: 1.1 / 31.12. ☎ 02 33 04 31 04. E-mail : camping.lesmiel les@orange.fr. Web : www.camping-municipal-normandie.com. Prix 2023. empl. Tourisme : 4,20 € ; 4,20 € ; animaux 2,30 € ; 3,60 € ; 5,40 €.
Lat. : 49° 27' 50" N **Long.** : 001° 49' 43" W.

TOLLEVAST

2-B1 6 km S. Cherbourg. 129 m. ✉ 50470

LE VILLAGE VERT ★★★★ Loisirs 125 E. 5,5 ha CV. Locations : . , . Bord de mer à 5 km. Ouvert: 1.1 / 31.12. ☎ 02 33 43 00 78. E-mail : levillagev ert@orange.fr. Web : www.le-village-vert.fr.
Lat. : 49° 35' 23" N **Long.** : 001° 35' 34" W.

TORIGNY-LES-VILLES

2-C3 14 km S.-E. Saint-Lo. 143 m. ✉ 50160

LE LAC DES CHARMILLES ★★★ Tourisme 59 E. dont 38 nus CV . Locations : cocosweet. chauffée . Lac à 200 m ; rivière à 500 m.. Accueil groupes adultes. Ouvert: 30.3 / 3.11.. ☎ 02 33 75 85 05. E-mail : campingdulacdescharmilles @orange.fr. Web : www.camping-lacdescharmi lles.com. Réduction H.S.
Lat. : 49° 01' 43" N **Long.** : 000° 58' 20" W.

TOURLAVILLE

2-B1 4 km E. Cherbourg. 47 m. ✉ 50110

COTENTIN LES COTTAGES DE COLLIGNON ★★★★ Loisirs 91 E. . Accès direct à la mer. ; . Ouvert: 15.3 / 15.11. ☎ 02 33 54 49 54. E-mail : contact@camping-cotentin.fr. Web : camping-cotentin.fr.
Lat. : 49° 39' 09" N **Long.** : 001° 33' 33" W.

CAMPING DE COLLIGNON ★★★ Tourisme 82 E. 2 ha CV. A 4 km : Locations : . Accès direct à la mer. Accueil groupes. Ouvert: 1.5 / 30.9. ☎ 02 33 41 85 70. E-mail : campingdecollignon@gmail. com. Web : camping-collignon.simdif.com.
Lat. : 49° 39' 18" N **Long.** : 001° 34' 00" W.

VALOGNES

2-B2 19 km S.-E. Cherbourg. 49 m. ✉ 50700

CAMPING MUNICIPAL LE BOCAGE NC Tourisme 20 E. dont 20 nus 0,35 ha CV . Accueil groupes. Ouvert: 1.4 / 15.10. ☎ 0 6 33 67 62 30. E-mail : camping@valognes.fr. Web : www.mairie-valognes.fr. Prix 2022. 3,20 € ; 4,50 € ; 3,90 € ; 3,90 € ; 1,50 € ; animaux 0,80 € ; 1,80 € ; 3,90 €.
Lat. : 49° 30' 42" N **Long.** : 001° 28' 31" W.

VAUVILLE

2-A1 20 km O. Cherbourg. 128 m. ✉ 50440

CAMPING MUNICIPAL DE LA DEVISE ★★ Tourisme 57 E. 0,9 ha . . Accès direct à la mer. ; ; . . Accueil groupes. Ouvert: 17.6 / 18.9. ☎ 02 33 52 64 69. E-mail : mairie.vauville@wanadoo.fr.
Lat. : 49° 37' 60" N **Long.** : 001° 50' 58" W.

VICQ-SUR-MER

2-B1 20 km N.-E. Cherbourg. 25 m. ✉ 50330

DU SABLON ★ Loisirs 49 E. 0,5 ha CV . . Accès direct à la mer. ; ; . Accueil groupes. Ouvert: 26.3 / 29.10. ☎ 0 2 33 43 41 72. E-mail : Pascal.Julienne @yahoo.fr. Web : www.campingdusablon.com/.
Lat. : 49° 42' 01" N **Long.** : 001° 25' 06" W.

VILLEDIEU-LES-POELES-ROUFFIGNY

2-B3 35 km S. Saint Lo. 158 m. ✉ 50800

LES CHEVALIERS DE MALTE ★★★ Tourisme 78 E. dont 78 nus, dont 37 GCC. CV . chauffée . Accès direct à la rivière.. Accueil groupes enfants. Ouvert: 1.4 / 30.9. ☎ 02 33 59 49 04. E-mail : contact@camping-deschevaliers.com. Web : www.camping-desc hevaliers.com/. Réduction H.S.
Lat. : 48° 50' 11" N **Long.** : 001° 13' 01" W.
FFCC : avantages adhérent : 18 € du 01/04 au 02/07 et du 29/08 au 15/10 sur emp. et entre 44 € et 86 € la nuitée et entre 264 € et 516 € la semaine du 01/04 au 02/07 et du 29/08 au 15/10 sur loc.

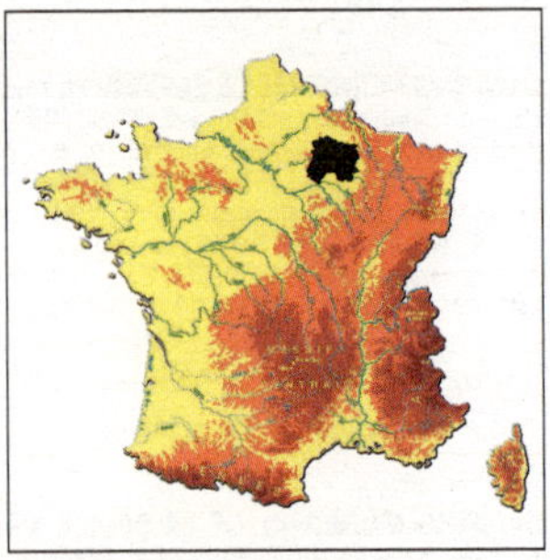

ARRIGNY

3-F4 16 km S.-E. Vitry-le-François. 120 m. ✉ 51290

LA FORET ★★★ Tourisme 100 E. Locations : . chauffée . Lac à 100 m. ; ; . Accueil groupes. Ouvert: 1.4 / 30.9. ☎ 03 26 72 63 17. E-mail : laforet51@wanadoo.fr. Web : www.campingdelaforet.com. Réduction H.S.
Lat. : 48° 36′ 16″ N **Long.** : 004° 42′ 56″ E.

SWIN GOLF NC Tourisme 50 E. . Accès direct à la rivière ; lac à 3 km.. Accueil groupes. Ouvert: 1.1 / 31.12. ☎ 03 26 72 60 34. E-mail : swinflage@wanadoo.fr. Web : perso.wanadoo.fr/camping-swin-golf/.
Lat. : 48° 37′ 28″ N **Long.** : 004° 42′ 15″ E.

CHALONS-EN-CHAMPAGNE

3-F3 160 km E.-N.-E. Paris. 99 m. ✉ 51000

CAMPING DE CHALONS-EN-CHAMPAGNE ★★★★ Tourisme 143 E. dont 129 nus FFCC CV . Locations : . , , , . Accès direct à l'étang ; rivière à 4 km.. Accueil groupes. Ouvert: 1.3 / 5.11. ☎ 03 26 68 38 00. E-mail : camping.chalons@aquadis-loisirs.com. Web : www.aquadis-loisirs.com/camping-nature/camping-de-chalons-en-champagne. Prix 2023. Fft nuit : empl. Tourisme (2) : 22 € ( ). Réduction H.S.
Lat. : 48° 56′ 09″ N **Long.** : 004° 22′ 60″ E.
FFCC : avantages adhérent : 17 € du 01/03 au 08/07 et du 26/08 au 05/11 sur emp.

CHATILLON-SUR-BROUE

3-F4 28 km S.-E. Vitry le François. 128 m. ✉ 51290

LE CLOS DU VIEUX MOULIN ★★★ Loisirs 123 E. CV . Locations : , cocosweet. chauffée . Lac à 400 m. . Accueil groupes. Ouvert: 15.4 / 30.11. ☎ 03 26 41 30 43. E-mail : leclosduvieuxmoulin@orange.fr. Web : www.leclosduvieuxmoulin.fr.
Lat. : 48° 33′ 27″ N **Long.** : 004° 42′ 22″ E.

CONFLANS-SUR-SEINE

3-E4 65 km S.-O. Epernay. 72 m. ✉ 51260

LA VALLEE DE LA SEINE ★★★ Tourisme 80 E. dont 30 nus 1 ha CV . Locations : . . Accès direct à l'étang ; rivière à 20 m.. Accueil groupes adultes. Ouvert: 1.4 / 30.10. ☎ 03 26 80 98 28. E-mail : lavalleedelaseine@orange.fr. Web : www.lavalleedelaseine.fr.
Lat. : 48° 32′ 60″ N **Long.** : 003° 40′ 42″ E.

DORMANS

3-E3 159 m. ✉ 51700

CAMPING MUNICIPAL SOUS LE CLOCHER ★★ Tourisme 99 E. 2,5 ha CV . Locations : . chauffée , . Accès direct à la rivière ; lac à 4 km. . Accueil groupes enfants. Ouvert: 20.4 / 28.8. ☎ 03 26 58 21 79. E-mail : campingsousleclocher.dormans@gmail.com. Web : www.camping-dormans.fr/. Prix 2022. empl. Tourisme : 4,10 € ; 3,50 € ; animaux 1,80 € ; 2,20 € ; 4,10 €.
Lat. : 49° 04′ 41″ N **Long.** : 003° 38′ 07″ E.

EPERNAY

3-E3 32 km O.-N.-O. Chalons sur Marne. 170 m. ✉ 51200

CAMPING MUNICIPAL ★★★★ Tourisme Loisirs 109 E. dont 109 nus 2 ha CV . A 2 km : Locations : . , , . Accès direct à la rivière.. Accueil groupes. Ouvert: 1.5 / 30.9. ☎ 03 26 55 32 14. E-mail : camping.epernay@free.fr. Web : www.epernay.net. Prix 2022. 5,20 € ; 8,10 € ; 5,35 € ; 3,85 € ; 2,75 € ; animaux 2,20 € ; 2,55 € ; 4,90 €. Réduction H.S.
Lat. : 49° 03′ 28″ N **Long.** : 003° 56′ 60″ E.

GIFFAUMONT-CHAMPAUBERT

3-F4 28 km S.-E. Vitry-le-François. 135 m. ✉ 51290

LA PLAGE ★★ Tourisme 84 E. CV. Locations : . . Lac à 150 m. Accueil groupes. Ouvert: 1.5 / 10.9. ☎ 06 08 51 38 24. E-mail : laurent.lavefve@orange.fr. Réduction H.S.
Lat. : 48° 33′ 11″ N **Long.** : 004° 45′ 10″ E.

GIVRY-EN-ARGONNE

4-A3 16 km S. Ste Menehould. 175 m. Station verte de vacances et village de neige ✉ 51330

CAMPING MUNICIPAL VAL D'ANTE NC Tourisme 34 E. dont 34 nus 1 ha . Locations : . , . Accès direct à l'étang. ; . Accueil groupes. Ouvert: 1.5 / 31.8. ☎ 03 26 60 04 15. E-mail : mairie.givryenargonne@wanadoo.fr.
Lat. : 48° 56′ 53″ N **Long.** : 004° 53′ 12″ E.

LE GAULT-SOIGNY

3-E3 50 km S.-O. Epernay. 195 m. ✉ 51210

LA POMMERAIE NC 40 E. . Ouvert: 31.3 / 15.11. ☎ 0 952521945. E-mail : danielle.davesne@gmail.com.
Lat. : 48° 48′ 39″ N **Long.** : 003° 35′ 46″ E.

LUXEMONT-ET-VILLOTTE

3-F4 6 km S. Vitry-le-François. 114 m. ✉ 51300

M. ERIC SCHERSCHELL CV . Ouvert: 1.5 / 1.10. ☎ 06 83 42 83 53. E-mail : eric.scherschell@wanadoo.fr, Web : www.camping-nature.net. Prix 2023. Fft jour : empl. Tourisme (2) : 16 € ( ) ; sup 2 € ; animaux 1 € ; 1 € ; 2 €.
Lat. : 48° 41′ 48″ N **Long.** : 004° 37′ 49″ E.

MONCETZ-L'ABBAYE

3-F4 11 km S.-E. Vitry-le-François 110 m. ✉ 51290

CAMPING SUR LA ROUTE DU DER ★★★ Loisirs 6 E. dont 3 nus 1 ha . Locations : , , , roulotte. Ouvert: 1.1 / 6.1. ☎ 03 26 73 36 62. E-mail : surlarouteduder@free.fr. Web : www.camping-surlarouteduder-en-champagne.fr.
Lat. : 48° 39′ 06″ N **Long.** : 004° 39′ 58″ E.

MONTMIRAIL

3-D3 40 km S.-O. Epernay. 192 m. ✉ 51210

CAMPING MUNICIPAL LES CHATAIGNIERS ★★ Tourisme 30 E. 1 ha . Rivière à 300 m. Accueil groupes enfants. Ouvert: 1.4 / 31.10. ☎ 03 26 81 25 61. E-mail : mairie.montmirail@wanadoo.fr. Web : www.tourisme-en-champagne.com.
Lat. : 48° 52′ 15″ N **Long.** : 003° 33′ 03″ E.

NEUVY

3-D4 65 km S.-O. Epernay. 168 m. ✉ 51310

LE CHATEAU DE NOGENTEL ★★★ 64 E. 12,5 ha . . Accès direct à l'étang et à la rivière.. Ouvert: 1.1 / 31.12. ☎ 03 26 81 95 12. E-mail : franck.husson3@wanadoo.fr. Web : www.esternay.com.
Lat. : 48° 43′ 24″ N **Long.** : 003° 30′ 55″ E.

SAINT-JUST-SAUVAGE

3-E4 64 km S.-O. Epernay. 73 m. ✉ 51260

LES TOMMELLES ★ Tourisme 30 E. CV. Accès direct à l'étang.. Ouvert: 1.5 / 30.9. ☎ 03 26 80 01 10. E-mail : francine.tom@wanadoo.fr. Web : www.tommelles.com.
Lat. : 48° 32′ 59″ N **Long. :** 003° 45′ 32″ E.

SAINTE-MARIE-DU-LAC-NUISEMENT

3-F4 22 km S.-E. Vitry-le-François. 132 m. ✉ 51290

LA CORNEE DU DER ★★★ Tourisme 84 E. 1,6 ha CV. Locations : . chauffée . Ouvert: 1.4 / 31.10. ☎ 03 26 72 66 23. E-mail : camping.cornee@orange.fr. Web : www.campingdelacorneeduder.com.
Lat. : 48° 35′ 57″ N **Long. :** 004° 47′ 43″ E.

SAINTE-MENEHOULD

4-A3 42 km E. Chalons en Champagne 198 m. Station verte ✉ 51800

DOMAINE DE LA GRELETTE ★★ Tourisme 50 E. 0,5 ha . Locations : , roulotte. . Accès direct à la rivière.. Accueil groupes. Ouvert: 15.4 / 31.10. ☎ 03 26 60 24 76. E-mail : contact@domainedelagrelette.fr. Web : domainedelagrelette.fr.
Lat. : 49° 05′ 22″ N **Long. :** 004° 54′ 35″ E.

SEZANNE

3-E4 42 km S.-S.-E. Epernay. 157 m. ✉ 51120

CAMPING MUNICIPAL ★★ Tourisme 71 E. 1 ha CV. . Ouvert: 1.4 / 30.9. ☎ 03 26 80 57 00. E-mail : campingdesezanne@wanadoo.fr. Web : www.ville-sezanne.fr.
Lat. : 48° 43′ 17″ N **Long. :** 003° 42′ 08″ E.

VAL-DE-VESLE

3-F3 17 km S.-E. Reims. 103 m. ✉ 51360

CAMPING INTERCOMMUNAL VAL DE VESLE NC Tourisme 50 E. 1,3 ha CV. . Accès direct à la rivière.. Ouvert: 1.4 / 15.10. ☎ 03 26 03 91 79. E-mail : camping@valdevesle.fr.
Lat. : 49° 10′ 00″ N **Long. :** 004° 12′ 52″ E.

VANDIERES

3-E3 33 km S.-O. Reims. 159 m. ✉ 51700

M. FRÉDÉRIC NOWACK . Ouvert: 1.4 / 31.10. ☎ 03 26 58 02 69. E-mail : champagne@nowack.fr.
Lat. : 49° 06′ 24″ N **Long. :** 003° 44′ 02″ E.

HAUTE-MARNE 52

Cartes 4-8

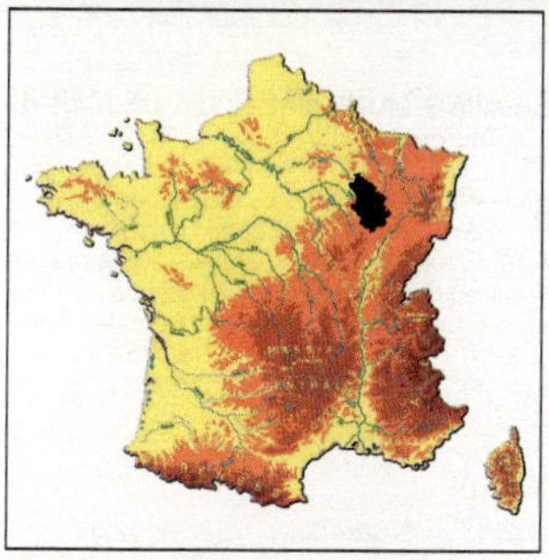

ANDELOT-BLANCHEVILLE

4-B5 21 km N.-E. Chaumont. 313 m. ✉ 52700

LE MOULIN ★★★ Tourisme 57 E. dont 50 nus, dont 4 CC. 1,3 ha . Locations : . couverte chauffée , . Accès direct à la rivière. Accueil groupes. Ouvert: 1.3 / 1.10. ☎ 03 25 30 69 48. E-mail : info@lemoulin-andelot.com. Web : www.lemoulin-andelot.com. Prix 2023. Fft jour : empl. Tourisme (2) : 21 € ( ) ; sup 5 € ; 4 €. Réduction H.S.
Lat. : 48° 15′ 08″ N **Long. :** 005° 17′ 56″ E.
FFCC : avantages adhérent : 17 € du 01/03 au 30/06 et du 01/09 au 30/09 sur emp.

ARC-EN-BARROIS

8-A1 24 km S.-O. Chaumont. 345 m. Station verte de vacances et village de neige ✉ 52210

CAMPING MUNICIPAL NC Tourisme 33 E. dont 33 nus 0,65 ha , . Accès direct à la rivière ; étang à 2 km.. Ouvert: 1.4 / 30.9. ☎ 03 25 02 51 33. E-mail : mairie.arc.en.barrois@orange.fr. Web : www.arc-en-barrois.com. Prix 2022. Fft jour : empl. Tourisme (2) : 14,4 € ( ) ; sup 3 € ;
Lat. : 47° 57′ 02″ N **Long. :** 005° 00′ 18″ E.

AUBERIVE

8-A1 27 km S.-O. Langres. 432 m. ✉ 52160

CAMPING DE MON VILLAGE NC Tourisme 20 E. 0,56 ha . , . Rivière à 500 m.. Ouvert: 15.4 / 30.9. ☎ 0 1 83 64 69 21. E-mail : contact@campingcarpark.com. Web : www.campingcarpark.com/. Prix 2022.
Lat. : 47° 47′ 04″ N **Long. :** 005° 03′ 54″ E.

BANNES

8-B1 8 km N.-E. Langres. 382 m. ✉ 52360

HAUTOREILLE ★★★ Tourisme 104 E. 3,5 ha . Lac et rivière à 3 km. Ouvert: 8.1 / 30.11. ☎ 03 25 84 83 40. E-mail : campinghautoreille@orange.fr. Web : www.campinghautoreille.com.
Lat. : 47° 53′ 48″ N **Long. :** 005° 23′ 34″ E.

BOURBONNE-LES-BAINS

4-B5 43 km N.-E. Langres. 318 m. Station verte de vacances et village de neige ✉ 52400

MONTMORENCY ★★★ Tourisme 72 E. dont 43 nus 2 ha CV . Locations : . Rivière à 800 m ; étang et lac à 1 km. Ouvert: 21.3 / 24.10. ☎ 03 25 90 08 64. E-mail : camping.montmorency@sfr.fr. Web : www.camping-montmorency.com.
Lat. : 47° 57′ 26″ N **Long. :** 005° 44′ 25″ E.

BOURG

8-B1 8 km S. Langres. 420 m. ✉ 52200

LA CROIX D'ARLES ★★★ Tourisme 150 E. dont 120 nus 5 ha CV . Locations : . Lac à 3 km. Accueil groupes. Ouvert: 15.3 / 31.10. ☎ 03 25 88 24 02. E-mail : croix.arles@yahoo.fr. Web : www.croixdarles.fr. Réduction H.S.
Lat. : 47° 48′ 49″ N **Long. :** 005° 19′ 17″ E.

DOMMARIEN

8-B1 22 km S. Langres. 302 m. ✉ 52190

CAMPING RURAL MUNICIPAL . Ouvert: 1.6 / 15.9. ☎ 03 25 90 85 15. E-mail : dommarien.mairie@wanadoo.fr.
Lat. : 47° 41′ 09″ N **Long. :** 005° 20′ 41″ E.

ECLARON-BRAUCOURT-SAINTE-LIVIERE

4-A4 9 km S. Saint Dizier. 141 m. ✉ 52290

EN CHAMPAGNE ★★★★★ Tourisme 120 E. dont 55 nus . Locations : roulotte. chauffée , . Accès direct aux bords du lac. ; . Ouvert: 14.4 / 16.9. ☎ 03 25 06 34 24. E-mail : info@yellohvillage-en-champagne.com. Web : www.yellohvillage-en-champagne.com.
Lat. : 48° 34′ 19″ N **Long. :** 004° 50′ 57″ E.
FFCC : avantages adhérent : 10% du 08/04 au 30/06 et du 01/09 au 21/1110% du 08/04 au 30/06 et du 01/09 au 21/11 sur emp. et loc. + Rendez-vous dans votre club avantages FFCC pour obtenir le code promotionnel et réserver !.

LA PRESQU'ILE DE CHAMPAUBERT ★★★★★ Tourisme 175 E. 3,6 ha CV . , . Accès direct aux bords du lac. . Accueil groupes. Ouvert: 6.4 / 17.11. ☎ 03 25 04 13 20. E-mail : ilechampaubert@free.fr. Web : lescampingsduder.com.
Lat. : 48° 33′ 19″ N **Long. :** 004° 47′ 27″ E.

FLAGEY

8-B1 14 km S.-O. Langres 446 m. ✉ 52250

CAMPING DE LA CROISEE NC 70 E. Ouvert: 1.1 / 31.12. ☎ 03 25 88 01 26. E-mail : yannick.durenne52@orange.fr. Web : campingdelacroisee.com.
Lat. : 47° 47′ 43″ N **Long. :** 005° 13′ 55″ E.

FRONCLES

4-A5 26 km N.-E. Chaumont. 280 m. ✉ 52320

CAMPING MUNICIPAL LES DEUX PONTS NC Tourisme 25 E. 0,1 ha . . Accès direct à la rivière. . Ouvert: 15.3 / 15.10. ☎ 03 25 02 38 35. E-mail : mairie.froncles@wanadoo.fr.
Lat. : 48° 18′ 24″ N **Long. :** 005° 08′ 09″ E.

HUMES-JORQUENAY

8-B1 5 km N.-O. Langres. 365 m. ✉ 52200

CAMPING MUNICIPAL NC Tourisme 46 E. 0,4 ha. Accès direct à la rivière.. Ouvert: 1.4 / 30.9. ☎ 03 25 87 50 65. E-mail : mairie.humesjorquenay@wanadoo.fr. **Lat.** : 47° 54' 08" N **Long.** : 005° 18' 06" E.

LA PORTE DU DER

3-F4 25 km S.-O. Saint-Dizier. 139 m. ✉ 52220

M. JEAN CHARUEL. Ouvert: 1.1 / 31.12. ☎ 33677743215. E-mail : sylvaine.charuel@hotmail.fr. **Lat.** : 48° 30' 08" N **Long.** : 004° 43' 47" E.

LANGRES

8-B1 35 km S.-E. Chaumont. 387 m. ✉ 52200

CAMPING MUNICIPAL NAVARRE ★ Tourisme 66 E. dont 66 nus 2 ha. Rivière à 3 km ; lac à 5 km. Ouvert: 15.3 / 31.10. ☎ 03 25 87 37 92. E-mail : campingnavarre@free.fr. Web : www.camping-navarre-langres.fr. Réduction H.S. **Lat.** : 47° 51' 48" N **Long.** : 005° 20' 02" E.

LOUVEMONT

4-A4 11 km S. Saint-Dizier. 160 m. ✉ 52130

LE BUISSON ★★★★ Tourisme 71 E. dont 42 nus 2 ha CV. Locations : chauffée, Accès direct à l'étang et à la rivière.. Accueil groupes adultes. Ouvert: 1.4 / 30.9. ☎ 06 84 97 93 31. E-mail : info@campingdubuisson.fr. Web : camping-lac-du-der.com. **Lat.** : 48° 32' 32" N **Long.** : 004° 54' 29" E.

FFCC : avantages adhérent : 18 € du 01/06 au 05/07 et du 25/08 au 01/10 sur emp. et entre 249 € et 339 € la semaine du 01/05 au 31/05 et du 15/09 au 01/10 sur loc.

PEIGNEY

8-B1 4 km N.-E. Langres. 376 m. ✉ 52200

LA LIEZ ★★★★★ Tourisme 174 E. dont 145 nus 6 ha CV. Locations : cocosweet. couverte chauffée, Accès direct aux bords du lac. Accueil groupes. Ouvert: 10.4 / 3.10. ☎ 03 25 90 27 79. E-mail : contact@camping-liez.fr. Web : www.campingliez.com. Prix 2022. Fft nuit : empl. Tourisme (2 🚶) : 39 € ; 🚶 sup 8,50 € ; animaux 4 € ; 5,50 €. Réduction H.S. **Lat.** : 47° 52' 19" N **Long.** : 005° 22' 50" E.

FFCC : avantages adhérent : 20 € du 02/05 au 02/07 et du 22/08 au 25/09 sur emp. et entre 55 € et 180 € la nuitée et entre 385 € et 1260 € la semaine du 02/05 au 26/06 et du 05/09 au 24/09 sur loc.

ROCHES-BETTAINCOURT

4-B5 42 km S.-E. Saint-Dizier. 314 m. ✉ 52270

L'ORCHIDÉE HOME. Ouvert: 1.1 / 31.12. ☎ 03 25 32 33 93. E-mail : orchislou@gmail.com, Web : www.lorchideehome-enforet.com. Prix 2022. Fft jour : empl. Tourisme (2 🚶) : 20 € ; 🚶 sup 6,50 € ; 5 €. **Lat.** : 48° 18' 23" N **Long.** : 005° 16' 41" E.

ROUVRES-SUR-AUBE

8-A1 35 km O. Langres 364 m. ✉ 52160

CAMPING MUNICIPAL LA VALLÉE NC Tourisme 13 E. 0,6 ha. Locations : Accès direct aux bords du lac et à la rivière. Accueil groupes enfants. Ouvert: 1.1 / 31.12. ☎ +33 6 74 06 30 05. E-mail : mairie-de-rouvres-sur-aube@wanadoo.fr. **Lat.** : 47° 51' 24" N **Long.** : 004° 59' 51" E.

THONNANCE-LES-MOULINS

4-B4 37 km S.-E. St-Dizier 328 m. ✉ 52230

LA FORGE DE SAINTE MARIE ★★★★★ Tourisme 202 E. dont 160 nus CV. Locations : : couverte chauffée, Accès direct à la rivière.. Accueil groupes. Ouvert: 7.4 / 24.9. ☎ 0 3 25 94 42 00. E-mail : reservation@grouperomanee.com. Web : www.laforgedesaintemarie.com. **Lat.** : 48° 24' 23" N **Long.** : 005° 16' 16" E.

VAL-DE-MEUSE

4-B5 22 km N.-E. Langres. 375 m. ✉ 52140

CAMPING DE MON VILLAGE ★★★ Tourisme 75 E. dont 75 nus, dont 75 GCC. 3 ha CV. Rivière à 5 km. Accueil groupes. Ouvert: 1.5 / 30.9. ☎ 0 1 83 64 69 21. E-mail : contact@campingcarpark.com. Web : www.campingcarpark.com/. Prix 2022. Réduction H.S. **Lat.** : 48° 00' 02" N **Long.** : 005° 29' 45" E.

VILLARS-SANTENOGE

8-A1 37 km S.-O. Langres. 422 m. ✉ 52160

M.LIONEL GUENIN. ☎ 03 25 84 20 62. E-mail : elevage-montroyer@wanadoo.fr, Web : www.equitation-bourgogne.com. **Lat.** : 47° 45' 09" N **Long.** : 004° 58' 37" E.

VILLEGUSIEN-LE-LAC

8-B1 15 km S. Langres. 326 m. ✉ 52190

CAMPING DU LAC DE LA VINGEANNE NC Tourisme 100 E. dont 93 nus 1,3 ha CV. Lac à 100 m ; rivière à 500 m. Accueil groupes. Ouvert: 15.3 / 15.10. ☎ 03 25 88 45 24. E-mail : camping.dulac52@orange.fr. Web : www.camping-haute-marne.com. Réduction H.S. **Lat.** : 47° 44' 24" N **Long.** : 005° 18' 23" E.

VOISEY

8-C1 50 km E. Langres 309 m. ✉ 52400

CAMP'ECO . Ouvert: 1.5 / 30.9. ☎ 06 30 06 09 10. E-mail : campingvoisey@gmail.com, Web : www.minicampingvoisey.com. Réduction H.S. **Lat.** : 47° 52' 56" N **Long.** : 005° 46' 46" E.

VOUECOURT

4-A5 21 km N. Chaumont. 330 m. ✉ 52320

CAMPING MUNICIPAL RIVES DE MARNE ★★ Tourisme 40 E. dont 40 nus CV. Locations : : Randonnée pédestre organisée. Accès direct à la rivière.. Accueil groupes. Ouvert: 30.4 / 1.10. ☎ 03 25 02 44 46. E-mail : commune.vouecourt@bbox.fr. Web : campingvouecourt.jimdofree.com. Prix 2023. Fft jour : empl. Tourisme (2 🚶) : 13 € ; 🚶 sup 3 € ; 3 €. **Lat.** : 48° 16' 03" N **Long.** : 005° 08' 11" E.

WASSY

4-A4 19 km S. Saint Dizier. 185 m. ✉ 52130

CAMPING MUNICIPAL DE DIGUE DES LESCHERES NC Tourisme 40 E. 0,5 ha. Accès direct aux bords du lac ; étang à 20 m. Ouvert: 15.5 / 15.9. ☎ 03 25 55 31 90. E-mail : secretariat@mairie-wassy.fr. Web : www.wassy.fr. **Lat.** : 48° 29' 14" N **Long.** : 004° 56' 55" E.

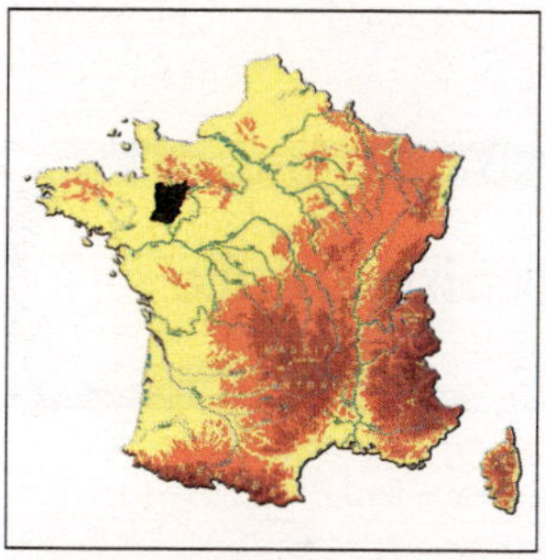

AMBRIERES-LES-VALLEES

2-C4 12 km N. Mayenne. 128 m. Station verte de vacances et village de neige ✉ 53300

LE PARC DE VAUX ★★★ Tourisme 112 E. dont 74 nus

CV. Locations : . Randonnée pédestre organisée. chauffée , , , , . Accès direct aux bords du lac et à la rivière. ; . Accueil groupes. Ouvert: 6.4 / 3.11. ☎ 02 43 04 90 25. E-mail : contact@parcdevaux.com. Web : www.parcdevaux.com. Réduction H.S.
Lat. : 48° 23' 30" N **Long.** : 000° 37' 01" W.

ANDOUILLE

2-C5 14 km N. Laval. 105 m. ✉ 53240

CAMPING MUNICIPAL NC Tourisme 31 E. 0,8 ha CV. Locations : . . Accès direct à la rivière. . Accueil groupes enfants. Ouvert: 15.4 / 15.10. ☎ 02 43 01 18 10. E-mail : mairie.and53@wanadoo.fr. Réduction H.S.
Lat. : 48° 10' 33" N **Long.** : 000° 12' 47" W.

CHATEAU-GONTIER

6-C1 20 km S. Laval. 69 m. Station verte ✉ 53200

LE PARC ★★★ Tourisme 50 E. dont 38 nus

2 ha CV . . Accès direct à la rivière.. Accueil groupes. Ouvert: 1.1 / 31.12. ☎ 02 43 07 35 60. E-mail : camping.parc@chateaugontier.fr. Web : www.campingchateaugontier.fr.
Lat. : 47° 50' 19" N **Long.** : 000° 41' 58" W.

CRAON

6-C1 30 km S. Laval. 56 m. Station verte de vacances et village de neige ✉ 53400

CAMPING MUNICIPAL DU MÛRIER ★★★ Tourisme 45 E. dont 27 nus 0,6 ha 22 h / 7 h, CV . Locations : . , . Rivière à 200 m ; étang à 50 m. . Accueil groupes. Ouvert: 1.4 / 31.10. ☎ 02 43 06 96 33. E-mail : campingdumurier@orange.fr. Web : www.campingdecraon53.fr.
Lat. : 47° 50' 54" N **Long.** : 000° 56' 39" W.

DAON

6-C1 11 km S.-E. Chateau Gontier. 53 m. Station verte de vacances et village de neige ✉ 53200

CAMPING DES RIVIÈRES ★★★ Tourisme 50 E. dont 40 nus

1 ha CV . A 5 km : Locations : . chauffée , . Rivière à 30 m. . Accueil groupes. Ouvert: 1.4 / 30.9. ☎ 02 43 06 94 78. E-mail : camping.daon@chateaugontier.fr. Web : www.campingdaon.fr.
Lat. : 47° 45' 01" N **Long.** : 000° 38' 33" W.

ERNEE

2-C5 21 km S.-E. Laval 148 m. ✉ 53500

LA CASCADE

. Ouvert: 1.1 / 31.12. ☎ 06 58 51 06 19. E-mail : sergefaucon@orange.fr, Web : campingalafermeernee.wixsite.com/campingalaferme53. Prix 2023. Fft jour : empl. Tourisme (2) : 15 € ( )
Lat. : 48° 18' 21" N **Long.** : 000° 57' 56" W.
FFCC : avantages adhérent : 15 € sur emp. et 60 € la nuitée et entre 25 € et 30 € la semaine sur loc.

EVRON

2-D5 32 km N.-E. Laval. 119 m. ✉ 53600

CAMPING DES LOISIRS ★★★ Tourisme 91 E. CV . A 6 km : Locations : . , . Etang à 5 km. Accueil groupes. Ouvert: 1.4 / 17.10. ☎ 07 83 67 24 87. E-mail : campingevron@gmail.fr. Web : camping-des-loisirs.fr.
Lat. : 48° 09' 03" N **Long.** : 000° 24' 45" W.

LA SELLE-CRAONNAISE

6-B1 28 km O. Château-Gontier 74 m. ✉ 53800

LA RINCERIE ★★★ Tourisme 45 E. dont 37 nus CV . Locations : . Randonnée pédestre organisée. , , , . Accès direct aux bords du lac. ; ; . . Accueil groupes. Ouvert: 21.3 / 7.11. ☎ 02 43 06 17 52. E-mail : accueil@la-rincerie.com. Web : www.la-rincerie.com.
Lat. : 47° 51' 51" N **Long.** : 001° 04' 07" W.

MAYENNE

2-C5 30 km N.-E. Laval. 121 m. Station verte ✉ 53100

LE GUE ST-LEONARD ★★ Tourisme 87 E. dont 70 nus

2 ha CV . A 3 km : Locations : bivouac. , . Accès direct à la rivière.. Accueil groupes. Ouvert: 1.4 / 15.10. ☎ 02 43 04 57 14. E-mail : camping@mayennecommunaute.fr. Web : www.campingduguesaintleonard.fr. Prix 2022. Fft jour : empl. Tourisme (2) : 18 € ( ) ; sup 4 € ; animaux 2,50 € ; 3 € ; 3,50 €.
Lat. : 48° 18' 48" N **Long.** : 000° 36' 49" W.
FFCC : avantages adhérent : 14 € du 01/04 au 31/10 sur emp.

MENIL

6-C1 7 km S. Chateau Gontier. 59 m. ✉ 53200

CAMPING MUNICIPAL DU BAC ★★ Tourisme 39 E. dont 34 nus 0,6 ha CV . A 3 km : Locations : , , . Accès direct à la rivière.. Accueil groupes. Ouvert: 15.4 / 30.9. ☎ 02 43 70 24 54. E-mail : campingdubac@orange.fr.
Lat. : 47° 46' 29" N **Long.** : 000° 40' 24" W.

MONTSURS-SAINT-CENERE

2-C5 21 km N.-E. Laval. 101 m. ✉ 53150

CAMPING MUNICIPAL DE LA JOUANNE NC Tourisme 30 E. 0,6 ha . . Accès direct à la rivière.. Ouvert: 1.1 / 31.12. ☎ 02 43 01 00 31. E-mail : commune.montsurs@wanadoo.fr.
Lat. : 48° 08' 14" N **Long.** : 000° 26' 52" W.

PONTMAIN

2-C4 46 km N.-O. Mayenne 170 m. ✉ 53220

CAMPING MUNICIPAL NC Tourisme 25 E. . . Accès direct à la rivière.. Ouvert: 1.4 / 30.11. ☎ 06 60 58 79 29. E-mail : mairie.pontmain@wanadoo.fr.
Lat. : 48° 26' 19" N **Long.** : 001° 03' 08" W.

SAINT-BERTHEVIN

2-C5 4 km O. Laval. 109 m. ✉ 53940

CAMPING MUNICIPAL DE COUPEAU ★★ Tourisme 32 E. dont 32 nus CV . Locations : . , . Rivière à 50 m.. Ouvert: 16.4 / 2.10. ☎ 02 43 68 30 70. E-mail : camping-coupeau@orange.fr. Web : www.laval-tourisme.com.
Lat. : 48° 03' 52" N **Long.** : 000° 49' 59" W.

SAINT-DENIS-DU-MAINE

76 m. ✉ 53170

CAMPING DE LA CHESNAIE NC Tourisme 70 E. dont 12 nus 1,7 ha CV . Locations : , . , . Accès direct à l'étang. ; . Accueil groupes. Ouvert: 1.5 / 30.9. ☎ 02 43 98 48 08. E-mail : lachesnaie@paysmeslaygrez.fr. Web : www.camping-lachesnaie.fr.
Lat. : 47° 57' 59" N **Long.** : 000° 31' 55" W.

SAINTE-SUZANNE-ET-CHAMMES

2-D5 34 km E. Laval. 117 m. Station verte de vacances et village de neige ✉ 53270

GLAMPING SAINTE-SUZANNE ★★ Tourisme 38 E. dont 20 nus CV . Locations : . Randonnée pédestre organisée. chauffée . Rivière à 300 m ; étang à 2 km. ; . Ouvert: 20.5 / 2.9. ☎ 02 43 10 49 60. E-mail : contact@glamping-saintesuzanne.fr. Web : www.glamping-saintesuzanne.fr.
Lat. : 48° 05' 39" N **Long.** : 000° 21' 24" W.

SAULGES

2-D5 32 km S.-E. Laval. 85 m. ✉ 53340

CAMPING MUNICIPAL SAINT CENERE NC Tourisme 36 E. 1,3 ha CV. . Accès direct à la rivière. ; . Accueil groupes. Ouvert: 1.4 / 31.10. ☎ 09 66 83 55 44. E-mail : contact@saulges.fr. Web : campingmunicipaldesaulges.business.site/.
Lat. : 47° 59' 09" N **Long.** : 000° 24' 51" W.

VILLIERS-CHARLEMAGNE

6-C1 11 km N. Château-Gontier. 84 m. ✉ 53170

VILLAGE VACANCES ET PÊCHE ★★★ Tourisme 20 E. dont 16 nus 0,2 ha CV . Locations : , bivouac. Randonnée pédestre organisée. , . Accès direct à l'étang ; rivière à 4 km.. Accueil groupes. Ouvert: 1.1 / 31.12. ☎ 02 43 07 71 68. E-mail : vvp@villiers-charlemagne.fr. Web : www.vacancesetpeche.fr. Prix 2023. Fft jour : empl. Tourisme (2) : 20,5 € ( ). Réduction H.S.
Lat. : 47° 55' 13" N **Long.** : 000° 40' 55" W.

54 MEURTHE-ET-MOSELLE

Carte 4

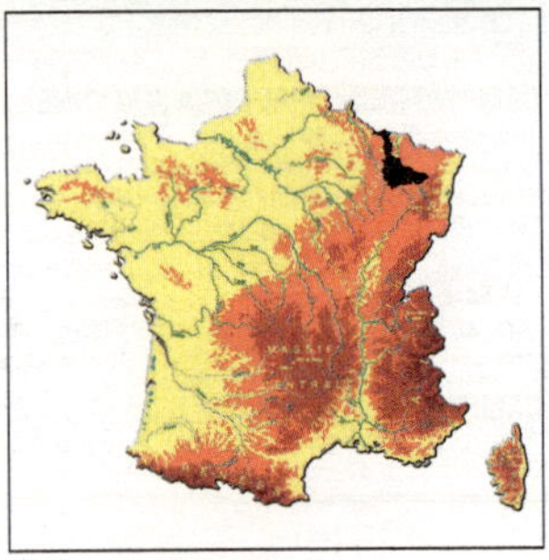

ART-SUR-MEURTHE

4-C4 5 km S.-E. Nancy. 222 m. ✉ 54510

CAMPING DE BOSSERVILLE NC Tourisme 10 E. 1,5 ha . Etang à 100 m ; rivière à 200 m. Ouvert: 1.1 / 31.12. ☎ 06 03 21 27 57. E-mail : aglomet@wanadoo.fr.
Lat. : 48° 40' 06" N **Long.** : 006° 13' 60" E.

BACCARAT

4-D4 25 km S.-E. Lunéville. 298 m. ✉ 54120

CAMPING DU CRISTAL NC 47 E. dont 39 CC. 0,72 ha CV . Locations : . . Accès direct à la rivière.. Accueil groupes adultes. Ouvert: 1.4 / 31.10. ☎ 06 98 53 89 90. E-mail : camping.du.cristal@orange.fr. Web : camping-du-cristal-11.webself.net.
Lat. : 48° 26' 37" N **Long.** : 006° 44' 37" E.

BAYON

4-C4 20 km S.-O. Lunéville. 287 m. ✉ 54290

CAMPING MUNICIPAL DU PASSETEMPS ★★ Loisirs 80 E. . Locations : . , . Accès direct à la rivière ; étang à 200 m.. Ouvert: 15.4 / 3.10. ☎ 03 83 72 45 60. E-mail : michel.colin1@orange.fr. Web : www.mairie-bayon.fr.
Lat. : 48° 28' 41" N **Long.** : 006° 18' 37" E.

BLAMONT

4-D4 30 km E. Luneville. 323 m. ✉ 54450

CAMPING MUNICIPAL DE LA VEZOUZE NC 55 E. 0,85 ha CV. Locations : . . Rivière à 150 m ; étang à 20 m.. Ouvert: 1.5 / 15.9. ☎ 03 83 76 28 28. E-mail : vincent.henry9@wanadoo.fr. Web : campingdelavezouze.wordpress.com.
Lat. : 48° 35' 21" N **Long.** : 006° 51' 02" E.

BURES

4-D4 17 km N.-E. Lunéville. 257 m. ✉ 54370

CAMPING DE LA BASE DE LOISIRS NC 33 E. Ouvert: 1.4 / 31.10. ☎ 03 83 71 33 04. E-mail : contact@blb54.fr. Web : blb54.fr.
Lat. : 48° 41' 20" N **Long.** : 006° 34' 53" E.

JAULNY

4-C3 42 km N. Toul. 267 m. ✉ 54470

LA PELOUSE ★★★ Tourisme 105 E. 2 ha CV . Locations : roulotte. chauffée. Rivière à 100 m. . Accueil groupes. Ouvert: 1.4 / 30.9. ☎ 03 83 81 91 67. E-mail : campingdelapelouse@orange.fr. Prix 2022. Fft jour : empl. Tourisme (2) : 20 € ( ) ; sup 4,50 € ; animaux 2 € ; 3,70 € ; 5,20 €.
Lat. : 48° 57' 57" N **Long.** : 005° 53' 07" E.

LIVERDUN

4-C3 19 km N.-E. Toul. 264 m. Station verte de vacances et village de neige ✉ 54460

LA MOSELLE ★★ Tourisme 195 E. 1,5 ha 22 h / 8 h, CV . Locations : . Randonnée pédestre organisée. chauffée , , . Accès direct à la rivière.. Accueil groupes adultes. Ouvert: 28.4 / 2.10. ☎ 03 83 24 43 78. E-mail : info.campingmoselle@gmail.com. Web : www.lesbouclesdelamoselle.com. Prix 2023. Fft jour : empl. Tourisme (2) : 21 € ( ) ; sup 5 € ; animaux 1,50 € ; 7 €.
Lat. : 48° 44' 50" N **Long.** : 006° 03' 25" E.
FFCC : avantages adhérent : 17 € du 28/04 au 06/07 et du 29/08 au 02/10 sur emp.

LUNEVILLE

4-D4 29 km S.-E. Nancy. 239 m. ✉ 54300

LES BOSQUETS NC Tourisme 18 E. dont 14 nus 0,5 ha CV . Locations : . Accès direct à la rivière. Ouvert: 1.5 / 29.9. ☎ 03 83 73 37 58. E-mail : camping@delunevilleabaccarat.fr. Web : www.delunevilleabaccarat.fr.
Lat. : 48° 35' 47" N **Long.** : 006° 29' 56" E.

MAGNIERES

4-D4 20 km S. Lunéville. 277 m. ✉ 54129

ETAT NATURE ★★ Tourisme 33 E. dont 16 nus 0,39 ha CV . Locations : . , . Accès direct à l'étang ; rivière à 300 m.. Accueil groupes adultes. Ouvert: 10.7 / 31.12. ☎ 0 6 81 96 01 44. E-mail : contact@etat-nature.com. Web : etat-nature.com.
Lat. : 48° 26' 48" N **Long.** : 006° 33' 29" E.

MANDRES-AUX-QUATRE-TOURS

4-B3 22 km N. Toul. 248 m. ✉ 54470

CAMPING MUNICIPAL L'ORÉE DE LA REINE NC 35 E. 2 ha . Etang à 500 m. Accueil groupes. Ouvert: 1.4 / 31.10. ☎ 03 83 23 17 31. E-mail : mandres.54470@wanadoo.fr. Web : denisfourriere.wix.com/camping-municipal.
Lat. : 48° 49' 39" N **Long.** : 005° 47' 21" E.

PARROY

4-D4 18 km N.-E. Lunéville. 244 m. ✉ 54370

CAMPING MUNICIPAL GRAND BREUIL ★★ Tourisme 25 E. . Randonnée pédestre organisée. . Accès direct à la rivière ; étang à 100 m.. Ouvert: 1.5 / 30.9. ☎ 03 83 71 32 21. E-mail : mairie-de-parroy@wanadoo.fr.
Lat. : 48° 40' 43" N **Long.** : 006° 35' 24" E.

TONNOY

4-C4 19 km S.-S.-E. Nancy. 277 m. ✉ 54210

CAMPING MUNICIPAL LE GRAND VANNE N.C. Tourisme 52 E. dont 32 CC. 3,5 ha . , , . Rivière à 150 m ; étang à 300 m. . Ouvert: 1.5 / 30.9. ☎ 03 83 26 62 33. E-mail : mairie-de-tonnoy@wanadoo.fr.
Lat. : 48° 32' 59" N **Long.** : 006° 14' 36" E.

VELLE-SUR-MOSELLE

4-C4 22 km S.-O. Lunéville 283 m. ✉ 54290

CAMPING MUNICIPAL NC Loisirs 38 E. CV. Accès direct à la rivière. Accueil groupes. Ouvert: 15.4 / 30.9. ☎ 03 83 26 60 62. E-mail : mairie.velle-sur-moselle@orange.fr.
Lat. : 48° 31' 46" N **Long.** : 006° 16' 38" E.

VILLERS-LES-NANCY

4-C4 2 km S.-O. Nancy. 333 m. ✉ 54600

LE BRABOIS ★★★ Tourisme 190 E. dont 172 nus

4,4 ha CV. Locations : . couverte chauffée , . Etang à 2 km. Accueil groupes. Ouvert: 27.3 / 11.10. ☎ 03 83 27 18 28. E-mail : brabois@campeole.com. Web : www.campeole.com/camping/meurthe-et-moselle/le-brabois-villers-les-nancy. Réduction H.S.

Lat. : 48° 39' 29" N **Long.** : 006° 08' 27" E.

VILLEY-LE-SEC

4-C4 6 km S.-O. Toul. 279 m. ✉ 54840

CAMPING DE VILLEY-LE-SEC ★★★ Tourisme 90 E.

1,5 ha CV. Locations : , bivouac, , , . Accès direct à la rivière.. Ouvert: 1.4 / 30.9. ☎ 03 83 63 64 28. E-mail : info@campingvilleylesec.com. Web : campingvilleylesec.fr. Prix 2022. Fft nuit : empl. Tourisme (2) : 24,5 € (E. CC) ; sup 4,50 € nuit ; animaux 2,30 € nuit ; 4 € nuit.

Lat. : 48° 39' 11" N **Long.** : 005° 59' 33" E.

MEUSE 55

Carte 4

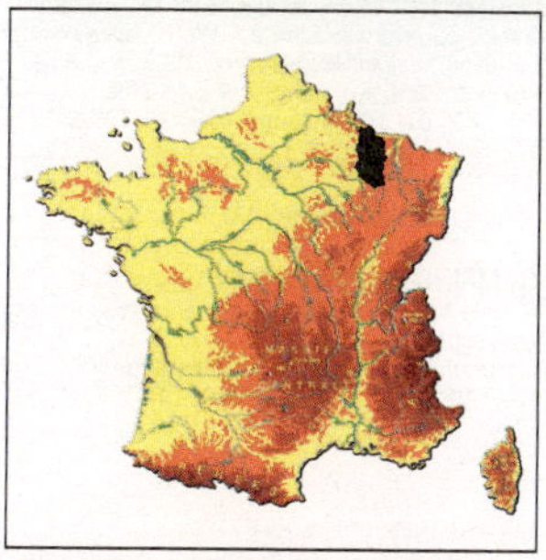

BADONVILLIERS-GERAUVILLIERS

4-B4 27 km S. Commercy. 362 m. ✉ 55130

M. MARQUELET . Ouvert: 1.5 / 30.10. ☎ 03 29 89 77 88. E-mail : jeanclaude.antoine0702@orange.fr, Web : www.tourisme-meuse.com.

Lat. : 48° 33' 01" N **Long.** : 005° 34' 60" E.

BAR-LE-DUC

4-A3 231 km E. Paris. 252 m. ✉ 55000

CAMPING DU CHATEAU NC Tourisme 25 E. dont 25 nus 0,9 ha . Ouvert: 1.5 / 30.9. ☎ 03 29 79 17 33. E-mail : camping@tourisme-barleduc.fr. Web : www.tourisme-barleducetbarrois.com.

Lat. : 48° 46' 27" N **Long.** : 005° 10' 27" E.

BONZEE

4-B3 20 km S.-E. Verdun. 299 m. ✉ 55160

BASE DE LOISIRS DU COL VERT ★★★ Tourisme Loisirs 80 E. 1,5 ha CV . Locations : , , . Accès direct à l'étang et à la rivière. ; ; . Ouvert: 1.4 / 26.9. ☎ 03 29 87 31 98. E-mail : campingscolvert@free.fr. Web : base-de-loisirs-du-colvert.fr.

Lat. : 49° 05' 53" N **Long.** : 005° 36' 48" E.

LES MARGUERITES ★★ Tourisme 104 E. 2 ha CV. Locations : , . . Accès direct à l'étang et à la rivière. ; ; . Accueil groupes. Ouvert: 1.4 / 30.9. ☎ 03 29 87 31 98. E-mail : blcv@wanadoo.fr. Web : www.campings-colvert.com.

Lat. : 49° 05' 51" N **Long.** : 005° 36' 54" E.

BRIEULLES-SUR-MEUSE

4-A2 27 km N.-O. Verdun. 233 m. ✉ 55110

LES TERASSES DE BRIEULLES ★ Loisirs 54 E. 1 ha . . Rivière à 500 m. ; . Ouvert: 1.4 / 30.9. ☎ 03 29 80 90 38. E-mail : lacvertplage@wanadoo.fr. Web : www.tourisme-lorraine.fr.

Lat. : 49° 20' 20" N **Long.** : 005° 11' 02" E.

CHATILLON-SOUS-LES-COTES

4-B2 15 km S.-E. Bar-le-Duc. 308 m. ✉ 55400

LES ÉTANGS DE MANDRE CV . Ouvert: 1.1 / 31.12. ☎ 03 29 88 34 23. E-mail : jeannetrompette@yahoo.fr, Web : www.campingmandre.com.

Lat. : 49° 08' 58" N **Long.** : 005° 31' 53" E.

CONSENVOYE

4-B2 18 km N.-O. Verdun. 272 m. ✉ 55110

CAMPING MUNICIPAL LES ILYS HAUTS ★★ Loisirs 74 E. 1 ha . Accès direct à la rivière. Ouvert: 1.4 / 31.10. ☎ 03 29 85 86 75. E-mail : mairie.consenvoye@wanadoo.fr. Web : www.consenvoye.fr.

Lat. : 49° 17' 04" N **Long.** : 005° 16' 57" E.

DOULCON

4-A2 30 km N.-O. Verdun. 199 m. Station verte de vacances et village de neige ✉ 55110

LE LAC VERT ★★ Tourisme 423 E. 9 ha CV . Locations : , . . Accès direct aux bords du lac. ; ; . Ouvert: 1.4 / 1.10. ☎ 03 29 80 90 38. E-mail : lacvertplage@wanadoo.fr. Web : lacvertplage.fr.

Lat. : 49° 23' 02" N **Long.** : 005° 10' 46" E.

DUN-SUR-MEUSE

4-A2 34 km N.-O. Verdun. 215 m. Station verte de vacances et village de neige ✉ 55110

KITY CARAVAN'INN ★★★ Loisirs 86 E. CV . . Accès direct à l'étang.. Ouvert: 1.4 / 30.9. ☎ 03 29 80 81 31. E-mail : alain.joset@orange.fr.

Lat. : 49° 23' 42" N **Long.** : 005° 11' 28" E.

FUTEAU

4-A3 40 km O. Verdun. 185 m. ✉ 55120

CAMPING MUNICIPAL NC 25 E. 0,3 ha . Locations : . . Accueil groupes enfants. Ouvert: 1.5 / 15.10. ☎ 03 29 88 27 06. E-mail : mairiefuteau@orange.fr.

Lat. : 49° 04' 36" N **Long.** : 005° 00' 17" E.

HANNONVILLE-SOUS-LES-COTES

4-B3 25 km S.-E. Verdun. 298 m. ✉ 55210

LES ÉTANGS DU LONGEAU - FOXYCAMP ★★ Tourisme 27 E. dont 6 CC. 2 ha . Locations : , , yourte. Randonnée pédestre organisée. , , . Accès direct à l'étang. . Accueil groupes. Ouvert: 1.1 / 31.12. ☎ 03 29 87 30 54. E-mail : foxycamp55@gmail.com. Web : www.foxycamp.com. Réduction H.S.

Lat. : 49° 01' 17" N **Long.** : 005° 38' 13" E.

HEUDICOURT-SOUS-LES-COTES

4-B3 25 km N.-E. Commercy. 265 m. Village de neige ✉ 55210

LES CLAIRS CHENES MADINE 2 NC Loisirs 100 E. . Locations : , , , , . Lac à 250 m. ; ; ; . Ouvert: 1.4 / 1.11. ☎ 03 29 89 36 08.

Lat. : 48° 55' 57" N **Long.** : 005° 41' 50" E.

LES PASSONS MADINE 2 NC Loisirs 200 E. Locations : . Lac à 150 m. ; ; . Ouvert: 1.4 / 31.10. ☎ 03 29 89 36 08.
Lat. : 48° 56′ 32″ N **Long.** : 005° 42′ 59″ E.

INOR

4-A2 65 km N.-O. Verdun. 247 m. ✉ 55700

LES BOULEAUX ★ Loisirs 70 E. 2 ha . Locations : , . Accès direct à la rivière. . Accueil groupes. ☎ 03 29 80 48 60. E-mail : reservation@camping-meuse.fr. Web : camping-meuse.fr.
Lat. : 49° 32′ 43″ N **Long.** : 005° 09′ 37″ E.

LIGNY-EN-BARROIS

4-B4 16 km S.-E. Bar Le Duc. 307 m. ✉ 55500

CAMPING MUNICIPAL LE CHARTEL ★★ Tourisme 20 E. 1 ha . Rivière à 500 m.. Accueil groupes. Ouvert: 1.6 / 30.9. ☎ 03 29 77 09 36. E-mail : mairie@lignyenbarrois.fr.
Lat. : 48° 41′ 10″ N **Long.** : 005° 19′ 00″ E.

MONTIERS-SUR-SAULX

4-B4 35 km S.S.E. Bar-le-Duc. 335 m. ✉ 55290

AIRE NATURELLE MUNICIPALE . Ouvert: 1.5 / 15.10. ☎ 03 29 75 90 63. E-mail : mairie.montiers-sur-saulx@wanadoo.fr.
Lat. : 48° 32′ 24″ N **Long.** : 005° 16′ 18″ E.

MONTMEDY

4-B2 45 km N. Verdun. 248 m. ✉ 55600

CAMPING MUNICIPAL LA CITADELLE NC Tourisme 32 E. dont 32 nus 0,5 ha CV. Accueil groupes. Ouvert: 1.5 / 30.9. ☎ 03 29 80 10 40. E-mail : emilie.rahier@montmedy.fr. Prix 2023. 7 € ; animaux 2,50 € ; 5,50 € ; 3 €.
Lat. : 49° 31′ 17″ N **Long.** : 005° 21′ 40″ E.

NEUVILLY-EN-ARGONNE

4-A3 28 km O. Verdun 207 m. ✉ 55120

LE GROSEILLIER
. Ouvert: 1.4 / 31.10. ☎ 03 29 87 42 84 / 07 85 28 90 62. E-mail : campingjacquemin@yahoo.com. Prix 2022. Fft jour : empl. Tourisme (2) : 13,2 € ( ) ; sup 2,70 € ; 2,10 €. Réduction H.S.
Lat. : 49° 09′ 43″ N **Long.** : 005° 03′ 43″ E.
FFCC : avantages adhérent : 13 € du 01/04 au 30/05 et du 01/09 au 30/10 sur emp. et 240 € la semaine du 01/04 au 30/05 et du 01/09 au 30/10 sur loc.

REVIGNY-SUR-ORNAIN

4-A3 16 km N.-O. Bar-le-Duc. 145 m. ✉ 55800

CAMPING MUNICIPAL NC Tourisme 20 E. CV . Locations : . Accueil groupes. Ouvert: 1.5 / 30.9. ☎ 03 29 78 73 34. E-mail : camping-ry@orange.fr. Web : www.revigny-sur-ornain.fr. Réduction H.S.
Lat. : 48° 49′ 35″ N **Long.** : 004° 58′ 59″ E.

RUPT-DEVANT-SAINT-MIHIEL

4-B3 19 km N.-O. Commercy. 301 m. ✉ 55260

LE RUPT . Ouvert: 4.4 / 25.10. ☎ 0642838124. E-mail : lerupt@wanadoo.fr, Web : lerupt.eu/index.php/fr/hebergements-fr.
Lat. : 48° 53′ 02″ N **Long.** : 005° 24′ 17″ E.

SAINT-MAURICE-SOUS-LES-COTES

4-B3 36 km N. Commercy. 338 m. ✉ 55210

CAMPING DU BOIS JOLI ★★ Tourisme 25 E. 1,46 ha . Locations : bulle, cabanes, tipi. Etang à 3 km. Accueil groupes enfants. Ouvert: 1.4 / 15.9. ☎ 06 43 00 43 47. E-mail : campingduboisjoli@gmail.com. Web : www.forest-campingbj.com.
Lat. : 49° 01′ 03″ N **Long.** : 005° 40′ 29″ E.

SAINT-MIHIEL

4-B3 18 km N.-O. Commercy. 314 m. Station verte de vacances et village de neige ✉ 55300

BASE DE PLEIN AIR ★★ Tourisme 132 E. 2,5 ha CV . Accès direct à la rivière.. Ouvert: 1.4 / 31.10. ☎ 03 29 45 28 79. E-mail : campingbpa55300@orange.fr.
Lat. : 48° 54′ 03″ N **Long.** : 005° 32′ 07″ E.

SIVRY-SUR-MEUSE

4-B2 22 km N.-E. Verdun. 247 m. ✉ 55110

LE BROUZEL NC Loisirs 50 E. 1,5 ha . Accès direct à la rivière. Ouvert: 1.4 / 1.10. ☎ 03 29 74 81 55. E-mail : lebrouzel@gmail.com.
Lat. : 49° 19′ 15″ N **Long.** : 005° 15′ 52″ E.

VARENNES-EN-ARGONNE

4-A2 37 km N.-O. Verdun. 189 m. ✉ 55270

CAMPING MUNICIPAL LE PAQUIS NC 80 E. 1,5 ha CV . Locations : . Accès direct à la rivière.. Accueil groupes. Ouvert: 26.3 / 30.9. ☎ 03 29 80 71 01. E-mail : mairievarennesenargonne@wanadoo.fr.
Lat. : 49° 13′ 35″ N **Long.** : 005° 02′ 01″ E.

VERDUN

4-B3 56 km N.-E. Bar Le Duc. 235 m. ✉ 55100

LES BREUILS ★★★ Tourisme 162 E. 5,5 ha CV . A 1 km : Locations : . chauffée , . Accès direct à l'étang et aux bords du lac et à la rivière. ; ; . Accueil groupes. Ouvert: 15.3 / 15.10. ☎ 03 29 86 15 31. E-mail : contact@camping-lesbreuils.com. Web : www.camping-lesbreuils.com. Réduction H.S.
Lat. : 49° 09′ 14″ N **Long.** : 005° 21′ 56″ E.

VILLERS-SUR-MEUSE

4-B3 18 km S. Verdun. 252 m. ✉ 55220

M. FRANCIS PARINI . Ouvert: 1.4 / 15.10. ☎ 0 6 46 86 19 35. E-mail : francis.parini@wanadoo.fr, Web : www.camping-esperance.wifeo.com. Prix 2022. 4,50 € ; 6 € ; 6 € ; animaux 2 € ; 3 €.
Lat. : 49° 01′ 10″ N **Long.** : 005° 25′ 12″ E.

VILOSNES-HARAUMONT

4-B2 23 km N.-O. Verdun. 239 m. ✉ 55110

CAMPING MUNICIPAL NC Loisirs 80 E. 1 ha . Accès direct à la rivière. . Ouvert: 4.7 / 29.8. ☎ 03 29 85 83 90. E-mail : communevilosnesharaumont@orange.fr.
Lat. : 49° 19′ 43″ N **Long.** : 005° 13′ 58″ E.

56 MORBIHAN

Cartes 2-5

Correspondant FFCC : Pierrick COULOMBEL, Bap B apt 4 - 56140 MALESTROIT
Tél. 06 58 99 18 12 et coulombelpierrickffcc56@gmail.com

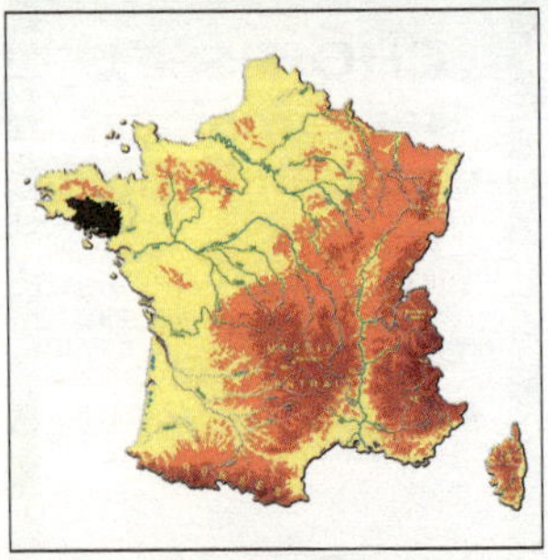

BELLE-ILE

BANGOR

5-C5 50 km S. Lorient. 44 m. ✉ 56360

LE KERNEST ★★★ Tourisme 86 E. dont 32 nus CV . Locations : , . Bord de mer à 1 km.. Ouvert: 1.6 / 30.9. ☎ 02 97 31 56 26. E-mail : camping.lekernest@amisep.asso.fr. Web : www.camping-kernest.com.
Lat. : 47° 18′ 42″ N **Long.** : 003° 12′ 07″ W.

CAMPING MUNICIPAL DU BOURG ★★ Tourisme 74 E. . Bord de mer à 2 km. Ouvert: 1.4 / 30.9. ☎ 02 97 31 89 75. E-mail : bangor.camping@wanadoo.fr. Web : www.bangor.fr/hebergements.html.
Lat. : 47° 18′ 53″ N **Long.** : 003° 48′ 34″ W.

LE PALAIS

5-D5 48 km S.-S.-E. Lorient. 39 m. ✉ 56360

BORDENEO ★★★★ Tourisme 201 E. dont 104 nus CV . Locations : . couverte chauffée . Bord de mer à 750 m. ; . Accueil groupes. Ouvert: 7.4 / 24.9. ☎ 0 2 97 31 88 96. E-mail : reservation@grouperomanee.com. Web : www.bordeneo.com.
Lat. : 47° 21′ 19″ N **Long.** : 003° 10′ 12″ W.

L'OCEAN ★★★ Tourisme 108 E. dont 52 nus 1 ha CV. A 2 km : Locations : roulotte. chauffée. Bord de mer à 1,5 km. Accueil groupes. Ouvert: 1.5 / 30.9. ☎ 02 97 31 83 86. E-mail : info@camping-ocean-belle-ile.com. Web : www.camping-ocean-belle-ile.com. Réduction H.S.
Lat. : 47° 20' 37" N **Long. :** 003° 10' 02" W.

LE MOULIN LUC ★★★ Tourisme 73 E. dont 60 nus, dont 40 CC. 2 ha CV. Locations : . Bord de mer à 1,5 km. Accueil groupes. Ouvert: 1.4 / 30.9. ☎ 02 97 31 81 62. E-mail : belle-ile@fda-fr.org. Web : www.fda-fr.org. Réduction H.S.
Lat. : 47° 21' 12" N **Long. :** 003° 11' 10" W.

TRION GUEN ★★ Tourisme 75 E. dont 63 nus CV. A 4 km : Locations : . Bord de mer à 3 km. Accueil groupes. Ouvert: 1.4 / 30.9. ☎ 02 97 31 85 76. E-mail : contact@campingtrionguen-belleile.com. Web : www.campingtrionguen-belleile.com. Prix 2023. 5,20 € nuit ; animaux 1 € nuit ; 5 € nuit ; 3 € nuit.
Lat. : 47° 19' 50" N **Long. :** 003° 11' 10" W.

LOCMARIA

5-D5 45 km S. Lorient 46 m. ✉ 56360

LES GRANDS SABLES ★★★ Tourisme 59 E. dont 15 nus 1,5 ha CV. A 5 km : Locations : . Bord de mer à 300 m. Accueil groupes adultes. Ouvert: 29.4 / 30.9. ☎ 02 97 31 84 46. E-mail : contact@camping-belle-ile.com. Web : www.camping-belle-ile.com.
Lat. : 47° 18' 53" N **Long. :** 003° 06' 23" W.

CAMPING MUNICIPAL DE PORT ANDRO ★ Tourisme 124 E. 1 ha. Accès direct à la mer. Ouvert: 13.5 / 30.9. ☎ 02 97 31 73 25. E-mail : camping.portandro@wanadoo.fr. Web : www.locmaria-belle-ile.com.
Lat. : 47° 18' 24" N **Long. :** 003° 56' 05" W.

SAUZON

5-C5 48 km S. Lorient. 37 m. ✉ 56360

CAMPING MUNICIPAL PENPRAD ★★ Tourisme 76 E. Bord de mer à 100 m. Ouvert: 1.4 / 30.9. ☎ 02 97 31 64 82. E-mail : campingmunicipal@sauzon.fr. Web : www.sauzon.fr.
Lat. : 47° 22' 03" N **Long. :** 003° 13' 27" W.

LA SOURCE ★★ Tourisme 62 E. dont 54 nus 1,5 ha CV. Locations : . Bord de mer à 400 m. Ouvert: 1.4 / 30.9. ☎ 02 97 31 60 95. E-mail : camping@belleile-lasource.com. Web : www.belleile-lasource.com. Réduction H.S.
Lat. : 47° 21' 56" N **Long. :** 003° 13' 33" W.

ILE AUX MOINES

CAMPING MUNICIPAL LE VIEUX MOULIN ★★ Tourisme 44 E. dont 40 nus 1,5 ha CV. Locations : . Bord de mer à 300 m. Accueil groupes. Ouvert: 15.4 / 15.9. ☎ 02 97 26 30 68. E-mail : camping@mairie-ileauxmoines.fr. Web : www.mairie-ileauxmoines.fr.
Lat. : 47° 35' 35" N **Long. :** 002° 50' 42" W.

ILE D'ARZ

CAMPING MUNICIPAL DES TAMARIS ★★ Tourisme 73 E. 8,1 ha. Bord de mer à 15 m. Ouvert: 1.6 / 15.9. ☎ 02 97 44 33 97. E-mail : camping@mairie-iledarz.fr. Web : www.iledarz.fr.
Lat. : 47° 35' 58" N **Long. :** 002° 12' 20" W.

ILE DE GROIX

LES SABLES ROUGES ★★ Tourisme 120 E. dont 104 nus 2,4 ha CV. Espace Fitness. Bord de mer à 5 m. Accueil groupes. Ouvert: 1.5 / 15.9. ☎ 02 97 86 81 32. E-mail : campinggroix@orange.fr. Web : www.campingdessablesrouges.com. Réduction H.S.
Lat. : 47° 37' 32" N **Long. :** 003° 25' 08" W.

CAMPING MUNICIPAL FORT DU MENE NC Tourisme 88 E. Accès direct à la mer. Ouvert: 15.4 / 30.9. ☎ 02 97 86 81 13. E-mail : urba@groix.fr.
Lat. : 47° 38' 24" N **Long. :** 003° 26' 01" W.

ILE DE HOEDIC

CAMPING MUNICIPAL ★ Tourisme 192 E. . Ouvert: 1.5 / 30.9. ☎ 02 97 29 75 65. E-mail : camping@hoedic.net.
Lat. : 47° 20' 25" N **Long. :** 002° 52' 32" W.

CONTINENT

AMBON

5-E4 22 km S.-E. Vannes. 16 m. ✉ 56190

CAMPING DU LITTORAL ★★★ Loisirs 146 E. 1,5 ha la nuit, CV. chauffée. Bord de mer à 1,3 km ; étang et rivière à 5 km. Accueil groupes adultes. Ouvert: 1.4 / 31.10. ☎ 02 97 41 14 74. E-mail : campingdulittoral@gmail.com. Web : www.campingdulittoral.com/.
Lat. : 47° 32' 12" N **Long. :** 002° 32' 38" W.

D'ARVOR ★★★ Loisirs 140 E. dont 12 nus 4 ha CV. couverte chauffée. Bord de mer à 4,2 km. Accueil groupes adultes. Ouvert: 1.4 / 18.10. ☎ 02 97 41 16 69. E-mail : info@campingdarvor.com. Web : www.campingdarvor.com. Réduction H.S.
Lat. : 47° 33' 26" N **Long. :** 002° 34' 28" W.

KER YAOULET ★★★ Loisirs 240 E. dont 33 nus CV. Locations : . couverte chauffée. Bord de mer à 300 m. Ouvert: 8.4 / 17.9. ☎ 02 97 41 06 92. E-mail : contact@keryaoulet.fr. Web : www.camping-keryaoulet.com/.
Lat. : 47° 31' 31" N **Long. :** 002° 32' 34" W.

LE BEDUME ★★★ Tourisme 200 E. 4 ha CV. Locations : . chauffée. Bord de mer à 30 m. Ouvert: 15.1 / 15.12. ☎ 02 97 47 30 72. E-mail : campinglebedume56@gmail.com. Web : www.camping-morbihan-bedume.fr.
Lat. : 47° 31' 36" N **Long. :** 002° 30' 46" W.

LE BROUEL ★★★ Loisirs 64 E. dont 10 nus, dont 62 GCC. 0,75 ha 22 h 30 / 7 h, CV. Locations : . chauffée. Rivière à 500 m ; bord de mer à 4 km ; étang à 5 km. Ouvert: 1.5 / 30.9. ☎ 02 97 41 10 22. E-mail : infos@campingdebrouel.com. Web : www.campingdebrouel.com. Prix 2022. Fft jour : empl. Tourisme (2) : 19,8 € ( ). Réduction H.S.
Lat. : 47° 33' 33" N **Long. :** 002° 34' 11" W.
FFCC : avantages adhérent : entre 210 € et 300 € la semaine du 01/04 au 02/07 et du 01/09 au 30/10 sur loc.

LE GREARN ★★★ Tourisme 48 E. dont 7 nus 0,9 ha CV. couverte chauffée. Rivière à 200 m ; bord de mer à 4,5 km ; étang à 5 km. Accueil groupes adultes. Ouvert: 1.4 / 15.10. ☎ 02 97 41 11 00. E-mail : camping.le.grearn@wanadoo.fr. Web : www.campinglegrearn.com. Réduction H.S.
Lat. : 47° 33' 26" N **Long. :** 002° 34' 26" W.

LE RELAIS DE L'OCEAN ★★★ Loisirs 115 E. dont 10 nus CV. chauffée. Etang et rivière à 1 km ; bord de mer à 5 km. Accueil groupes enfants. Ouvert: 2.4 / 30.9. ☎ 02 97 41 66 48. E-mail : relais-ocean@wanadoo.fr. Web : www.relais-ocean.com.
Lat. : 47° 33' 31" N **Long. :** 002° 30' 24" W.

LES PEUPLIERS ★★★ Loisirs 196 E. dont 30 nus 3,40 ha CV. Locations : . Randonnée pédestre organisée. couverte chauffée. Bord de mer et rivière à 3 km. Accueil groupes adultes. Ouvert: 1.4 / 2.11. ☎ 02 97 41 12 51. E-mail : contact@campingdespeupliers.com. Web : www.campingdespeupliers.com.
Lat. : 47° 33' 20" N **Long. :** 002° 33' 54" W.

PARC DES GOÉLANDS ★★★ Loisirs 21 E. dont 4 nus CV. Locations : . couverte chauffée , . Accès direct à la mer. Ouvert: 1.4 / 11.11. ☎ 02 97 48 69 43. E-mail : camping.desgoelands@aliceadsl.fr. Web : www.campinglesgoelands.com.
Lat. : 47° 31' 40" N **Long. :** 002° 30' 28" W.

CAMPING DE BOT BIHAN ★★ Loisirs 34 E. CV. Ouvert: 1.4 / 31.10. ☎ 02 97 41 67 47. E-mail : villagedecromenach@orange.fr. Web : www.villagedecromenach.com.
Lat. : 47° 31' 39" N **Long. :** 002° 31' 31" W.

CAMPING DE CROMENACH ★★ Loisirs 59 E. CV. Bord de mer à 300 m. Ouvert: 1.4 / 31.10. ☎ 02 97 41 67 47. E-mail : villagedecromenach@orange.fr. Web : www.villagedecromenach.com.
Lat. : 47° 31' 32" N **Long. :** 002° 31' 27" W.

CROMENAC'H 1 ★★ Loisirs 100 E. CV. Locations : roulotte. Accès direct à la mer. Accueil groupes. Ouvert: 1.4 / 31.10. ☎ 02 97 41 67 47. E-mail : villagedecromenach@orange.fr. Web : www.villagedecromenach.com.
Lat. : 47° 31' 32" N **Long. :** 002° 31' 29" W.

CROMENAC'H 2 ★★ Loisirs 32 E. CV. Bord de mer à 150 m. Ouvert: 1.4 / 31.10. ☎ 02 97 41 67 47. E-mail : villagedecromenach@orange.fr. Web : www.villagedecromenach.com.
Lat. : 47° 31' 30" N **Long. :** 002° 31' 29" W.

L'ESCALE ★★ Loisirs 170 E. dont 30 nus 23 h 30 / 7 h, CV. Locations : . Bord de mer à 700 m ; étang et rivière à 5 km. Accueil groupes adultes. Ouvert: 1.5 / 30.9. ☎ 02 97 41 16 25. E-mail : camp.escale@wanadoo.fr. Web : www.campingescale.com. Réduction H.S.
Lat. : 47° 31′ 53″ N **Long.** : 002° 32′ 27″ W.

LA TOUR ★★ Loisirs 131 E. dont 30 nus, dont 84 GCC. 2 ha 22 h 30 / 8 h, CV. Locations : , cabanes. Bord de mer à 1 km. Accueil groupes enfants. Ouvert: 1.4 / 16.10. ☎ 02 97 41 14 38. E-mail : contact@camping-delatour.bzh. Web : www.camping-delatour.bzh. Prix 2023. Fft nuit : empl. Tourisme (2) : 16,9 € ( ) ; sup 4,40 € nuit ; animaux 1,80 € nuit ; 2,60 € nuit ; 4,80 € nuit. Réduction H.S.
Lat. : 47° 31′ 58″ N **Long.** : 002° 32′ 18″ W.
FFCC : avantages adhérent : 18 € du 01/04 au 02/07 et du 03/09 au 16/10 sur emp. et entre 40 € et 100 € la nuitée et entre 210 € et 360 € la semaine du 16/04 au 02/07 et du 03/09 au 08/10 sur loc.

LE KERMADEC ★★ Tourisme 63 E. 1 ha CV. Locations : . chauffée . Bord de mer à 2,5 km. Ouvert: 1.4 / 31.10. ☎ 02 97 41 15 90. E-mail : campingkermadec@wanadoo.fr. Web : www.campingkermadec.com.
Lat. : 47° 32′ 19″ N **Long.** : 002° 25′ 43″ W.

LES GOELANDS ★★ Tourisme 80 E. CV. Locations : . couverte chauffée , . Accès direct à la mer. ; ; ; . Ouvert: 1.4 / 11.11. ☎ 02 97 48 69 43. E-mail : camping.desgoelands@aliceadsl.fr. Web : www.campinglesgoelands.com.
Lat. : 47° 31′ 36″ N **Long.** : 002° 30′ 31″ W.

PARC DE CROMENACH ★★ Loisirs 50 E. CV. Locations : roulotte. . Accès direct à la mer. . Ouvert: 1.4 / 31.10. ☎ 02 97 41 67 47. E-mail : villagedecromenach@orange.fr. Web : www.villagedecromenach.com.
Lat. : 47° 31′ 32″ N **Long.** : 002° 31′ 28″ W.

BELLEVUE ★ Tourisme 23 E. . Ouvert: 1.3 / 10.11. ☎ 02 97 41 14 35. E-mail : alecadre@orange.fr. Web : www.bellevue-camping-ambon.fr.
Lat. : 47° 32′ 01″ N **Long.** : 002° 32′ 28″ W.

TY CAMPING NC Loisirs 34 E. ☎ 02 97 41 01 49. E-mail : tycamping@free.fr. Web : www.tycamping.fr.
Lat. : 47° 31′ 53″ N **Long.** : 002° 32′ 27″ W.

ARRADON

5-D4 7 km S.-O. Vannes. 27 m. ✉ 56610

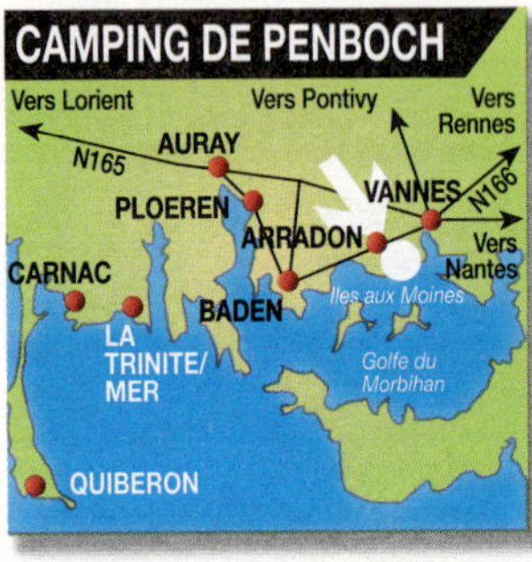

CAMPING DE PENBOCH ★★★★ Tourisme 192 E. dont 99 nus CV . Locations : . couverte chauffée . Bord de mer à 200 m. . Ouvert: 8.4 / 23.9. ☎ 02 97 44 71 29. E-mail : camping.penboch@orange.fr. Web : www.camping-penboch.fr. Prix 2022. Fft jour : empl. Tourisme (2) : 38,3 € ( ) ; sup 7,60 € ; animaux 3,50 € ; 5,70 € ; 6 €. Réduction H.S.
Lat. : 47° 37′ 20″ N **Long.** : 002° 48′ 05″ W.
FFCC : avantages adhérent : 21 € du 08/04 au 01/07 et du 28/08 au 23/09 sur emp.

L'ALLÉE ★★★ Tourisme 162 E. dont 116 nus CV . Locations : . couverte chauffée. Bord de mer à 600 m. Accueil groupes. Ouvert: 9.4 / 30.9. ☎ 02 97 44 01 98. E-mail : contact@camping-allee.com. Web : www.camping-allee.com. Prix 2022. Fft jour : empl. Tourisme (1) : 12,8 € ( ). Réduction H.S.
Lat. : 47° 37′ 17″ N **Long.** : 002° 50′ 25″ W.

CAMPING MUNICIPAL PARC PRIOL ★★ Tourisme 113 E. dont 113 nus 1 ha CV . Locations : , . Bord de mer à 1 km ; rivière à 5 km. Accueil groupes. Ouvert: 15.5 / 15.9. ☎ 02 97 44 70 49. E-mail : contact@camping-parcpriol.com. Web : www.camping-parcpriol.com/. Prix 2022. Fft jour : empl. Tourisme (2 2) : 22,6 € ( ) ; sup 4,10 € ; animaux 2,50 € ; 2,20 €.
Lat. : 47° 37′ 28″ N **Long.** : 002° 49′ 31″ W.

ARZAL

5-E4 34 km S.-E. Vannes 33 m. ✉ 56190

KERNEJEUNE ★★★ Tourisme 64 E. dont 35 nus 1,8 ha CV . Locations : , . chauffée , , . Rivière à 2 km ; bord de mer à 5 km. . Accueil groupes. Ouvert: 1.4 / 1.10. ☎ 02 97 45 01 60. E-mail : contact@camping-de-kernejeune.com. Web : www.camping-de-kernejeune.com. Prix 2023. Fft jour : empl. Tourisme (2) : 23,5 € ( ) ; sup 5,40 € ; animaux 2,60 € ; 2,90 €. Réduction H.S.
Lat. : 47° 30′ 51″ N **Long.** : 002° 26′ 06″ W.
FFCC : avantages adhérent : 16 € du 01/04 au 07/07 et du 31/08 au 01/10 sur emp. et entre 190 € et 750 € la semaine du 01/04 au 01/10 sur loc.

ARZON

5-D4 32 km S.-O. Vannes. 10 m. ✉ 56640

CAMPING DE BILOURIS ★★★ Tourisme 97 E. dont 40 nus CV . A 1,5 km : Locations : . Randonnée pédestre organisée. , . Accès direct à la mer. ; . Ouvert: 18.10 / 3.11. ☎ 02 97 53 70 55. E-mail : campingbilouris@gmail.com. Web : www.campingdebilouris.com.
Lat. : 47° 33′ 37″ N **Long.** : 002° 52′ 39″ W.
FFCC : avantages adhérent : 17 € du 07/04 au 30/06 et du 01/09 au 24/09 sur emp.

CAMPING MUNICIPAL DE PORT SABLE ★★★ Tourisme 199 E. dont 199 nus 3 ha CV . A 3 km : Locations : . , . Accès direct à la mer. ; . Accueil groupes enfants. Ouvert: 31.3 / 9.10. ☎ 02 97 53 71 98. E-mail : portsable@arzon.fr. Web : www.camping-arzon.fr. Prix 2023. Fft jour : empl. Tourisme (2) : 20 € ( ) ; sup 4,70 € ; animaux 2,10 € ; 2,30 € ; 4,20 €. Réduction H.S.
Lat. : 47° 32′ 38″ N **Long.** : 002° 54′ 38″ W.

CAMPING MUNICIPAL LE TINDIO ★★★ Tourisme 203 E. dont 195 nus 5 ha 22 h 30 / 7 h 30, CV . A 2 km : Locations : , , cabanes. , , . Accès direct à la mer.. Accueil groupes. Ouvert: 31.3 / 6.11. ☎ 02 97 53 75 59. E-mail : letindio@arzon.fr. Web : www.camping-golfedumorbihan.com. Prix 2023. Fft jour : empl. Tourisme (2) : 19 € ( ) ; sup 4,40 € ; animaux 1,80 € ; 2,30 € ; 3,50 €. Réduction H.S.
Lat. : 47° 33′ 12″ N **Long.** : 002° 52′ 59″ W.
FFCC : avantages adhérent : 18 € du 31/03 au 06/11 sur emp.

BADEN

5-D4 13 km S.-O. Vannes. 18 m. ✉ 56870

MANÉ GUERNEHUÉ ★★★★★ Tourisme 414 E. dont 151 nus, dont 70 CC - 74 GCC. 10 ha CV. Locations : , roulotte. Randonnée pédestre organisée. Espace Fitness. couverte chauffée , , . Accès direct à l'étang ; bord de mer à 3 km. ; . Accueil groupes. Ouvert: 14.4 / 24.9. ☎ 02 97 57 02 06. E-mail : info@camping-baden.com. Web : www.camping-baden.com. Prix 2022. Fft jour : empl. Tourisme (2) : 60 € (E. CC). Réduction H.S.
Lat. : 47° 36' 51" N **Long.** : 002° 55' 32" W.
FFCC : avantages adhérent : 10% du 14/04 au 30/06 et du 01/09 au 24/09 sur emp. + Rendez-vous dans votre club avantages FFCC pour obtenir le code promotionnel et réserver !.

PENN MAR ★★★ Tourisme 192 E. dont 72 nus CV . couverte chauffée . Bord de mer à 800 m. Accueil groupes adultes. Ouvert: 1.4 / 25.9. ☎ 02 97 57 49 90. E-mail : pennmar@vacances-andretrigano.com. Web : vacances-andretrigano.com/camping/morbihan/penn-mar-baden.
Lat. : 47° 36' 28" N **Long.** : 002° 52' 28" W.
FFCC : avantages adhérent : 10% du 07/04 au 08/07 et du 26/08 au 24/09 sur emp. et 5% du 07/04 au 08/07 et du 26/08 au 24/09 sur loc.

C.C.A.S. BOIS BOURGEREL NC Tourisme 95 E. . Locations : . ; . . Ouvert: 4.7 / 29.8. ☎ 02 97 57 06 76. E-mail : contact@ccas-vannes.fr.
Lat. : 47° 36' 26" N **Long.** : 002° 52' 29" W.

BAUD

5-D4 23 km S. Pontivy. 82 m. ✉ 56150

L'ORÉE DU BOIS ★★ Loisirs 40 E. 1,38 ha . Rivière à 1 km ; étang à 5 km. Ouvert: 1.1 / 31.12. ☎ 0 768039975. E-mail : contact@oreedubois.bzh. Web : artyloisirs.fr/oreedubois/.
Lat. : 47° 52' 17" N **Long.** : 003° 01' 36" W.

PONT AUGAN ★★ Tourisme 32 E. CV . Locations : . , . Accès direct aux bords du lac et à la rivière. . Accueil groupes enfants. Ouvert: 1.4 / 30.9. ☎ 02 97 51 04 74. E-mail : camping.p.augan@live.fr. Web : www.camping-pontaugan.com.
Lat. : 47° 52' 58" N **Long.** : 003° 06' 27" W.

BELZ

5-D4 16 km S.-E. Lorient. 14 m. ✉ 56550

LE MOULIN DES OIES ★★★ Tourisme 90 E. dont 66 nus, dont 4 CC. 1,40 ha CV . A 3 km : Locations : . Randonnée pédestre organisée. . , . Accès direct à la mer et à la rivière. ; . Accueil groupes. Ouvert: 28.3 / 26.9. ☎ 02 97 55 53 26. E-mail : camping@lemoulindesoies.bzh. Web : www.lemoulindesoies.bzh. Réduction H.S.
Lat. : 47° 40' 49" N **Long.** : 003° 10' 33" W.

CNBS LA PINÈDE ★★ Tourisme 100 E. dont 100 nus 22 h 30 / 8 h, CV . Rés. naturiste. Randonnée pédestre organisée. . Rivière à 4 km ; bord de mer à 5 km. Ouvert: 6.6 / 19.9. ☎ 02 97 55 61 55. E-mail : contact@cnbs56.com. Web : www.cnbs56.com.
Lat. : 47° 39' 17" N **Long.** : 003° 08' 14" W.

SAINT CADO CAMPING ★★ Tourisme 109 E. dont 84 nus 2,5 ha CV . Locations : . , , . Bord de mer à 5 m. ; ; . Ouvert: 1.4 / 15.10. ☎ 02 97 55 31 98 / 06 49 66 67 01. E-mail : info@camping-saintcado.com. Web : camping-saintcado.com. Prix 2022. Fft jour : empl. Tourisme (2) : 17,2 € ( ). Réduction H.S.
Lat. : 47° 40' 59" N **Long.** : 003° 11' 19" W.

BIEUZY

5-D3 14 km S.-O. Pontivy. 115 m. ✉ 56310

LE CLOS DU BLAVET ★★★ Tourisme 83 E. dont 53 nus CV . Locations : . Randonnée pédestre organisée. chauffée . Rivière à 500 m. . Accueil groupes. Ouvert: 1.4 / 30.9. ☎ 02 97 51 83 07. E-mail : closdublavet@orange.fr. Web : www.campingleclosdublavet.fr. Prix 2022. Fft nuit : empl. Tourisme (1) : 13,15 € ( ) ; sup 5,50 € nuit ; animaux 3,50 € nuit ; 3,40 € nuit ; 4,85 € nuit.
Lat. : 47° 58' 31" N **Long.** : 003° 02' 30" W.

BILLIERS

5-E4 27 km S.-E. Vannes. 9 m. ✉ 56190

LA PLAGE DES GRANGES ★★★ Loisirs 199 E. dont 58 nus 3 ha CV . Locations : . couverte chauffée . Bord de mer à 200 m ; étang et rivière à 5 km. Ouvert: 1.4 / 31.10. ☎ 02 97 45 68 23. E-mail : alain.boceno@orange.fr. Web : www.campingdelaplage.net.
Lat. : 47° 31' 02" N **Long.** : 002° 28' 55" W.

NATURE OCEAN ★★★ Loisirs 100 E. dont 20 nus CV . couverte chauffée. Bord de mer à 2 km. Ouvert: 1.4 / 30.9. ☎ 02 97 41 56 07. E-mail : infos@camping-natureocean.fr. Web : www.camping-natureocean.fr.
Lat. : 47° 31' 53" N **Long.** : 002° 28' 54" W.

LA GUERANDIERE ★★ Loisirs 90 E. dont 50 nus 2,3 ha 22 h / 10 h, CV. Locations : . chauffée . Bord de mer à 1,5 km. Accueil groupes. Ouvert: 29.3 / 11.11. ☎ 02 97 41 60 06. E-mail : info@laguerandiere.fr. Web : www.laguerandiere.fr. Réduction H.S.
Lat. : 47° 31' 43" N **Long.** : 002° 29' 22" W.

BONO

5-D4 43 km S.-E. Lorient 19 m. ✉ 56400

LE PARC LANN ★★ Tourisme 60 E. 2 ha 22 h / 8 h, CV . A 5 km : Locations : , roulotte, caravane. Etang et rivière à 900 m ; bord de mer à 1 km. Accueil groupes. Ouvert: 22.4 / 30.9. ☎ 07 88 00 79 47. E-mail : campingduparclann@orange.fr. Web : www.campingduparclann.fr. Prix 2023. empl. Tourisme : 7,30 € ; 5,90 € ; animaux 1,50 € ; 3,40 € ; 4,50 €. Réduction H.S.
Lat. : 47° 38' 38" N **Long.** : 002° 56' 16" W.
FFCC : avantages adhérent : 18 € du 23/04 au 08/07 et du 28/08 au 09/10 sur emp.

BUBRY

5-D3 34 km N.-E. Lorient. 132 m. ✉ 56310

CAMPING MUNICIPAL DE KERSCAVEN NC Tourisme 30 E. 1,8 ha. Accès direct à la rivière. Ouvert: 15.6 / 15.9. ☎ 02 97 51 70 07. E-mail : mairie.bubry@gmail.com. **Lat.** : 47° 57' 41" N **Long.** : 003° 09' 38" W.

CAMOEL

5-E5 40 km S.-E. Vannes. 22 m. ✉ 56130

LES EMBRUNS ★★★ Tourisme 35 E. CV. A 2 km : Locations : . Randonnée pédestre organisée. chauffée. Rivière à 500 m ; bord de mer à 4 km. Accueil groupes adultes. Ouvert: 1.4 / 26.10. ☎ 02 99 90 07 65. E-mail : contact@camping-lesembruns.com. Web : www.camping-lesembruns.com. **Lat.** : 47° 29' 15" N **Long.** : 002° 25' 15" W.

CAMORS

5-D4 28 km N.-E. Lorient. 93 m. ✉ 56330

LE PETIT BOIS ★★ Tourisme 34 E. dont 28 nus 1 ha CV. Locations : , bivouac, kota, roulotte, tipi. couverte chauffée. Accès direct à l'étang. Accueil groupes. Ouvert: 1.4 / 30.9. ☎ 09 81 12 73 42 / 06 87 37 60 13. E-mail : traizet.godin@gmail.com. Web : www.lepetitbois-camping.bzh. **Lat.** : 47° 50' 47" N **Long.** : 003° 00' 47" W.

CARENTOIR

5-E4 61 km N.-E. Vannes. 56 m. Station verte de vacances et village de neige ✉ 56910

CAMPING DU BOIS VERT ★★ Tourisme 35 E. dont 30 nus 0,6 ha CV. Locations : tonneau. Accès direct à l'étang.. Ouvert: 1.3 / 30.10. ☎ 0 7 86 49 84 71. E-mail : contact@camping-carentoir.fr. Web : www.camping-carentoir.fr. **Lat.** : 47° 48' 48" N **Long.** : 002° 08' 20" W.

FFCC : avantages adhérent : 13 € du 01/03 au 31/05 et du 01/09 au 31/10 sur emp. et entre 12 € et 13 € la nuitée et entre 82 € et 89 € la semaine du 01/03 au 31/05 et du 01/09 au 31/10 sur loc.

CARNAC

5-D4 32 km S.-E. Lorient. 14 m. ✉ 56340

LA GRANDE METAIRIE ★★★★★ Tourisme 561 E. 11 ha ap. 23 h, CV. Locations : . couverte chauffée. Etang à 1 km ; bord de mer à 3 km. Ouvert: 30.3 / 23.9. ☎ 02 97 52 24 01. E-mail : info@lagrandemetairie.com. Web : www.lagrandemetairie.com. Réduction H.S. **Lat.** : 47° 35' 46" N **Long.** : 003° 03' 36" W.

LES MENHIRS ★★★★★ Tourisme 330 E. CV. A 1 km : Espace Fitness. couverte chauffée. Bord de mer à 350 m. Ouvert: 31.3 / 24.9. ☎ 04 84 39 08 60. E-mail : contact@lesmenhirs.com. Web : www.homair.com. **Lat.** : 47° 34' 32" N **Long.** : 003° 04' 06" W.

CÔTÉ Ô CARNAC ★★★★ Tourisme 329 E. dont 7 nus 7 ha CV. Locations : . Espace Fitness. couverte chauffée. Bord de mer à 3 km. Accueil groupes adultes. Ouvert: 8.4 / 25.9. ☎ 05 47 74 30 72. E-mail : reservation@cote-o.fr. Web : www.cote-o.fr/carnac/. Réduction H.S. **Lat.** : 47° 36' 09" N **Long.** : 003° 04' 03" W.

DOMAINE DE KERMARIO ★★★★ Loisirs 132 E. 2 ha CV. Locations : . couverte chauffée. Bord de mer à 4 km. Ouvert: 6.4 / 29.9. ☎ 04 30 05 15 19. E-mail : info@tohapi.fr. Web : www.tohapi.fr/bretagne/camping-domaine-de-kermario.php. **Lat.** : 47° 35' 43" N **Long.** : 003° 03' 59" W.

DOMAINE LE ROSNUAL ★★★★ Loisirs 40 E. Ouvert: 14.4 / 16.9. ☎ 02 97 52 23 78. E-mail : info@vagues-oceanes.com. Web : www.camping-vagues-oceanes.com/. **Lat.** : 47° 36' 08" N **Long.** : 003° 04' 13" W.

LE MOUSTOIR ★★★★ Tourisme 170 E. 4 ha CV. Locations : . Randonnée pédestre organisée. couverte chauffée. Bord de mer à 4 km. Ouvert: 8.4 / 23.9. ☎ 02 97 52 16 18. E-mail : lemoustoir@vagues-oceanes.com. Web : www.camping-vagues-oceanes.com/. **Lat.** : 47° 36' 30" N **Long.** : 003° 03' 57" W.

MOULIN DE KERMAUX ★★★★ Loisirs 150 E. dont 45 nus, dont 25 CC. CV. Locations : . couverte chauffée. Etang à 1 km ; bord de mer et rivière à 3 km. Accueil groupes. Ouvert: 6.4 / 20.9. ☎ 02 97 52 15 90. E-mail : contact@camping-moulinkermaux.com. Web : www.camping-moulinkermaux.com. Réduction H.S. **Lat.** : 47° 35' 46" N **Long.** : 003° 03' 40" W.

L'ETANG ★★★ Loisirs 165 E. dont 100 nus 2,5 ha CV. chauffée. Etang à 100 m ; bord de mer et rivière à 3 km. Ouvert: 1.4 / 10.10. ☎ 02 97 52 14 06. E-mail : contact@camping-etang.fr. Web : www.camping-etang.fr. Réduction H.S. **Lat.** : 47° 36' 04" N **Long.** : 003° 04' 56" W.

LE DOLMEN ★★★ Loisirs 134 E. dont 42 nus 2,2 ha CV. Locations : . couverte chauffée. Bord de mer à 500 m ; rivière à 5 km. Accueil groupes enfants. Ouvert: 1.4 / 20.9. ☎ 02 97 52 12 35. E-mail : camping.ledolmen@gmail.com. Web : www.campingledolmen.com. Prix 2022. Fft jour : empl. Tourisme (2) : 38,8 € ( ) ; **Lat.** : 47° 34' 52" N **Long.** : 003° 03' 27" W.

LE KERABUS ★★★ Tourisme 93 E. dont 34 nus CV. A 2,5 km : chauffée. Bord de mer à 2,5 km. Accueil groupes adultes. Ouvert: 1.4 / 30.6. ☎ 02 97 52 24 90. E-mail : contact@camping-kerabus.com. Web : www.camping-kerabus.com. **Lat.** : 47° 35' 49" N **Long.** : 003° 04' 36" W.

LE LAC ★★★ Tourisme 132 E. dont 80 nus 2,5 ha la nuit, CV. Locations : , cocosweet, roulotte, tipi, . Randonnée pédestre organisée. chauffée. Accès direct aux bords du lac et à la rivière ; bord de mer à 5 km. Ouvert: 11.4 / 26.9. ☎ 02 97 55 78 78. E-mail : info@lelac-carnac.com. Web : www.lelac-carnac.com. **Lat.** : 47° 36' 41" N **Long.** : 003° 01' 44" W.

LES BRUYÈRES DE CARNAC ★★★ Tourisme 118 E. dont 49 nus 2 ha CV. A 3 km : Locations : . couverte chauffée. Bord de mer à 3 km. Ouvert: 10.4 / 25.9. ☎ 02 97 52 30 57. E-mail : contact@camping-lesbruyeres.com. Web : www.lesbruyeresdecarnac.com. Réduction H.S. **Lat.** : 47° 36' 28" N **Long.** : 003° 05' 25" W.

FFCC : avantages adhérent : 20 € du 04/04 au 30/06 et du 02/09 au 16/09 sur emp. et entre 35 € et 135 € la nuitée et entre 245 € et 1232 € la semaine du 04/04 au 30/06 et du 02/09 au 16/09 sur loc.

LES DRUIDES ★★★ Tourisme 121 E. dont 90 nus 2 ha CV. Locations : . chauffée. Bord de mer à 500 m. Ouvert: 22.4 / 2.9. ☎ 02 97 52 08 18. E-mail : contact@camping-les-druides.com. Web : www.camping-les-druides.com. Prix 2023. Fft nuit : empl. Tourisme (2) : 47,3 € (E. CC) ; sup 7,50 € nuit ; 5 € nuit. **Lat.** : 47° 34' 48" N **Long.** : 003° 03' 25" W.

LES OMBRAGES ★★★ Tourisme 80 E. dont 58 nus . A 3 km : Locations : , tonneau. Etang à 100 m ; bord de mer et rivière à 3 km. Accueil groupes adultes. Ouvert: 1.6 / 30.9. ☎ 06 11 27 87 24. E-mail : contact@camping-les-ombrages.fr. Web : www.camping-les-ombrages.fr. **Lat.** : 47° 36' 08" N **Long.** : 003° 04' 43" W.

L'OCÉAN ★★ Loisirs 38 E. dont 7 nus, dont 30 GCC. 0,5 ha CV. Locations : . Bord de mer à 50 m. Ouvert: 1.4 / 21.10. ☎ 02 97 52 03 98. E-mail : contact@camping-delocean.com. Web : www.camping-delocean.com. **Lat.** : 47° 34' 41" N **Long.** : 003° 03' 12" W.

LE MEN DU ★★ Tourisme 91 E. 1,17 ha CV. Bord de mer à 200 m. Ouvert: 24.3 / 31.12. ☎ 02 97 52 04 23. E-mail : mendu@wanadoo.fr. Web : www.camping-mendu.com. **Lat.** : 47° 34' 44" N **Long.** : 003° 03' 15" W.

LES GOÉLANDS ★★ Tourisme 81 E. dont 78 nus CV. A 2 km : Locations : . couverte chauffée. Bord de mer à 1,5 km. Accueil groupes. Ouvert: 9.4 / 19.9. ☎ 02 97 52 31 92. E-mail : contact@camping-lesgoelands.com. Web : www.camping-lesgoelands.com. Prix 2022. Fft jour : empl. Tourisme (2) : 23 € ( ) ; sup 5,50 € ; animaux 2,50 € ; 3,50 € ; 3,70 €. **Lat.** : 47° 35' 43" N **Long.** : 003° 05' 45" W.

LES SALINES NC Loisirs 29 E. 0,5 ha CV. A 600 m : Locations : . Bord de mer à 1 km. Ouvert: 1.2 / 30.11. ☎ 02 97 52 14 09. E-mail : campingsalines@orange.fr. Web : campingsalines.pagesperso-orange.fr. **Lat.** : 47° 34' 52" N **Long.** : 003° 04' 56" W.

CARO

5-E4 45 km N.-E. Vannes 79 m. ✉ 56140

DOMAINE DE KERVALLON P.R.L ★★★ NN34 E. dont 18 nus CV. Locations : , roulotte. Accueil groupes. Ouvert: 18.3 / 31.10. ☎ 06 76 68 83 67. E-mail : contact@domaine-de-kervallon.com. Web : www.domaine-de-kervallon.com. **Lat.** : 47° 53' 21" N **Long.** : 002° 19' 59" W.

CLEGUER

5-C3 15 km N. Lorient. 70 m. ✉ 56620

CAMPING NATURISTE LES BRUYERES D'ARVOR NC Tourisme 30 E. 7 ha CV Rés. naturiste. . Ouvert: 15.6 / 15.9. ☎ 02 97 32 57 91. E-mail : cnmorbihan@les-bruyeres-d-arvor-naturiste.com. Web : www.les-bruyeres-d-arvor-naturiste.com. **Lat.** : 47° 52' 32" N **Long.** : 003° 21' 50" W.

CLEGUEREC

5-D3 11 km N.-O. Pontivy. 128 m. ✉ 56480

CAMPING MUNICIPAL DU STADE NC Tourisme 22 E. 0,5 ha . Ouvert: 15.6 / 15.9. ☎ 02 97 38 00 15. E-mail : accueil@cleguerec.fr. **Lat.** : 48° 07' 38" N **Long.** : 003° 55' 37" W.

CONCORET

2-A5 60 km N.-E Vannes. 98 m. ✉ 56430

CAMPING MUNICIPAL DU VAL AUX FÉES ★★ Tourisme 64 E. 3,5 ha CV. , Etang et rivière à 100 m.. Accueil groupes. Ouvert: 1.6 / 30.9. ☎ 02 97 22 64 82. E-mail : contact@camping-fees.fr. Web : broceliande.camping-fees.fr. **Lat.** : 48° 03' 40" N **Long.** : 002° 12' 17" W.

CRACH

5-D4 40 km S.-E. Lorient. 19 m. ✉ 56950

LE FORT ESPAGNOL ★★★★ Tourisme 226 E. dont 49 nus CV. Locations : . couverte chauffée. Accès direct à la mer. Accueil groupes. Ouvert: 7.4 / 24.9. ☎ 0 2 97 55 14 88. E-mail : reservation@groupEromanee.com. Web : www.fort-espagnol.com. **Lat.** : 47° 36' 56" N **Long.** : 002° 59' 24" W.

LE PONT NEUF ★ Loisirs 25 E. 1 ha . Rivière à 3 km. Ouvert: 25.6 / 5.9. ☎ 02 97 55 14 83. E-mail : camping-pontneuf@orange.fr. **Lat.** : 47° 36' 49" N **Long.** : 003° 00' 02" W.

CREDIN

5-D3 16 km S.-E. Pontivy. 110 m. ✉ 56580

MME MARIA TURBAUX CV. ☎ 02 97 38 97 49. E-mail : giterural@wanadoo.fr. **Lat.** : 48° 02' 05" N **Long.** : 002° 45' 59" W.

DAMGAN

5-E4 24 km S.-E. Vannes. 5 m. ✉ 56750

CLOS NENN ★★★ Loisirs 88 E. dont 40 nus CV. Locations : . Accès direct à la rivière ; bord de mer à 500 m. Accueil groupes. Ouvert: 1.4 / 31.10. ☎ 02 97 41 16 59. E-mail : campingclosnenn@wanadoo.fr. Web : www.campingclosnenn.bzh. Réduction H.S.
Lat. : 47° 31' 21" N **Long.** : 002° 35' 51" W.

GRAND AIR CADU ★★★ Tourisme 179 E. CV. couverte chauffée. Bord de mer à 300 m. . Ouvert: 1.4 / 31.10. ☎ 02 97 41 17 30. E-mail : info@campingcadu.com. Web : www.campingcadu.com.
Lat. : 47° 31' 20" N **Long.** : 002° 35' 32" W.

LA PLAGE ★★★ Tourisme 63 E. dont 17 nus, dont 17 CC - 17 GCC. 1,12 ha ap. 22 h, CV. Bord de mer à 100 m ; rivière à 2 km. Accueil groupes. Ouvert: 1.5 / 30.9. ☎ 02 97 48 10 41. E-mail : info@camping-damgan.com. Web : www.camping-damgan.com.
Lat. : 47° 31' 08" N **Long.** : 002° 35' 46" W.

LES AJONCS D'OR ★★★ Loisirs 66 E. 23h 00 / 7 h 30, CV. Locations : . Bord de mer à 800 m. Ouvert: 1.4 / 31.10. ☎ 02 97 41 24 99. E-mail : lesajoncsdor56@gmail.com. Web : www.campingdamgan.com. Réduction H.S.
Lat. : 47° 31' 33" N **Long.** : 002° 34' 04" W.

CAMPING DE KERLANN ★★ Tourisme 107 E. 1,8 ha . Bord de mer à 250 m. . Ouvert: 1.5 / 15.9. ☎ 02 97 41 11 64. E-mail : dominique.caudal@orange.fr. Web : www.vacancesadamgan.sitew.com.
Lat. : 47° 31' 08" N **Long.** : 002° 26' 08" W.

CELIMENE ★★ Tourisme 79 E. . Bord de mer à 200 m. ; ; . Ouvert: 15.4 / 30.9. ☎ 02 97 41 11 07. E-mail : herel.franck@orange.fr. Web : www.camping-celimene.fr. Réduction H.S.
Lat. : 47° 31' 14" N **Long.** : 002° 25' 39" W.

L'ILE ★★ Tourisme 40 E. 0,5 ha . Ouvert: 1.6 / 15.9. ☎ 02 97 41 07 85. E-mail : camping.delile.damgan@orange.fr. Web : le-camping-de-lile.business.site/?utm_source=gmb&utm_medium=referral.
Lat. : 47° 31' 13" N **Long.** : 002° 35' 49" W.

L'OASIS ★★ Tourisme 153 E. 2 ha CV. Locations : . Bord de mer à 50 m. ; ; . Ouvert: 1.4 / 21.10. ☎ 02 97 41 10 52. E-mail : campingloasis@wanadoo.fr. Web : www.campingloasis.com. Prix 2022. Fft jour : empl. Tourisme (2) : 24,4 € ( )
Lat. : 47° 31' 08" N **Long.** : 002° 33' 01" W.

LE LENN ★★ Loisirs 85 E. 1,6 ha CV. . Accès direct à la mer. ; ; . Ouvert: 1.4 / 23.10. ☎ 02 97 41 16 52. E-mail : camplenn@wanadoo.fr. Web : www.campingdulenn.com.
Lat. : 47° 30' 20" N **Long.** : 002° 37' 39" W.

TY BREIZ ★★ Loisirs 43 E. dont 43 GCC. CV. Locations : . Etang à 150 m ; bord de mer à 300 m. Ouvert: 1.4 / 31.10. ☎ 02 97 41 13 47. E-mail : campingtybreiz@orange.fr. Web : www.campingtybreiz.com. Réduction H.S.
Lat. : 47° 31' 02" N **Long.** : 002° 33' 18" W.

MAR ATLANTIS ★ Loisirs 78 E. 2 ha CV. . Bord de mer à 300 m. ; . Ouvert: 1.4 / 15.10. ☎ 02 97 41 01 49. E-mail : maratlantis@free.fr.
Lat. : 47° 31' 29" N **Long.** : 002° 32' 52" W.

BIHAN CAMPING NC Tourisme 15 E. 0,5 ha CV. Locations : . . Bord de mer à 350 m ; étang à 500 m ; rivière à 4 km. . Ouvert: 31.3 / 30.10. ☎ 09 67 21 11 66. E-mail : bihancamping@gmail.com. Web : www.camping-damgan.fr.
Lat. : 47° 31' 15" N **Long.** : 002° 34' 08" W.

LE COSQUER CV. Ouvert: 4.5 / 22.9. ☎ 02 97 41 25 29. E-mail : remysavary@sfr.fr. Réduction H.S.
Lat. : 47° 31' 16" N **Long.** : 002° 36' 12" W.

M. MICHEL LE PEHUN CV. Ouvert: 1.5 / 30.9. ☎ 02 97 41 16 59. E-mail : michel.le-pehun@wanadoo.fr.
Lat. : 47° 31' 19" N **Long.** : 002° 35' 57" W.

ERDEVEN

5-D4 22 km S.-E. Lorient. 15 m. ✉ 56410

LES 7 SAINTS ★★★★★ Loisirs 169 E. dont 90 nus 5 ha CV. A 10 km : Locations : . chauffée . Etang à 500 m ; bord de mer et rivière à 3 km. . Accueil groupes. Ouvert: 1.5 / 15.9. ☎ 02 97 55 52 65. E-mail : contact@septsaints.com. Web : www.septsaints.com. Réduction H.S.
Lat. : 47° 39' 19" N **Long.** : 003° 10' 18" W.

KERZERHO ★★★★ Tourisme 287 E. dont 25 nus 4,3 ha ap. 23 h, CV . A 5 km : Locations : . Espace Fitness. couverte chauffée , . Bord de mer à 3 km. . Accueil groupes. Ouvert: 15.4 / 24.9. ☎ 02 97 55 63 17. E-mail : info@camping-kerzerho.com. Web : www.camping-kerzerho.com. Prix 2022. Fft nuit : empl. Tourisme (2) : 36 € ( ) ; Réduction H.S.
Lat. : 47° 37' 58" N **Long.** : 003° 08' 51" W.

LA CROEZ VILLIEU ★★★★ Tourisme 158 E. 3 ha CV . Locations : . Randonnée pédestre organisée. couverte chauffée . Bord de mer à 2 km ; rivière à 3 km. ; . Accueil groupes adultes. Ouvert: 1.4 / 15.10. ☎ 02 97 55 90 43. E-mail : campingcroixvillieu@gmail.com. Web : www.la-croez-villieu.com.
Lat. : 47° 37' 55" N **Long.** : 003° 09' 30" W.

LE KERAVEL ★★★★ Tourisme 152 E. dont 110 nus CV . Locations : . Randonnée pédestre organisée. Espace Fitness. couverte chauffée , . Bord de mer à 600 m. . Accueil groupes adultes. Ouvert: 6.4 / 28.9. ☎ 02 97 52 34 66. E-mail : contact@keravelvacances.com. Web : www.keravelvacances.com.
Lat. : 47° 36' 52" N **Long.** : 003° 08' 60" W.

CAMPING DES MEGALITHES ★★★ Tourisme 186 E. dont 100 nus 5 ha ap. 23 h, CV . Locations : . chauffée , . Bord de mer à 2 km ; rivière à 5 km. ; ; . . Ouvert: 1.5 / 30.9. ☎ 02 97 55 68 76. E-mail : campingdesmegalithes@orange.fr. Web : www.campingdesmegalithes.fr. Réduction H.S.
Lat. : 47° 37' 43" N **Long.** : 003° 08' 46" W.

L'IDEAL ★★★ Tourisme 20 E. CV . A 5 km : Espace Fitness. couverte chauffée . Bord de mer à 800 m ; rivière à 3 km. Accueil groupes adultes. Ouvert: 1.4 / 20.10. ☎ 02 97 55 67 66. E-mail : info@camping-l-ideal.com. Web : www.camping-l-ideal.com. Réduction H.S.
Lat. : 47° 37' 16" N **Long.** : 003° 09' 48" W.

LES ORMEAUX ★★ Tourisme 107 E. dont 35 nus 1,2 ha CV . Bord de mer à 400 m. ; . Accueil groupes. Ouvert: 1.4 / 10.11. ☎ 02 97 55 67 57. E-mail : ormeaux.lofficial@wanadoo.fr. Web : www.lesormeaux.fr. Réduction H.S.
Lat. : 47° 37' 06" N **Long.** : 003° 09' 56" W.

PARK FOENN ★★ Loisirs 36 E. dont 18 nus CV. Bord de mer à 2 km. Ouvert: 1.5 / 30.9. ☎ 02 97 55 61 97. E-mail : camping.parkfoenn@orange.fr. Web : www.campingerdeven.com.
Lat. : 47° 37' 57" N **Long.** : 003° 09' 38" W.

CAMPING MUNICIPAL KERHILLIO PLAGE ★ Tourisme 330 E. dont 330 nus 4 ha . Locations : , , . Bord de mer à 100 m. ; . . Ouvert: 17.6 / 17.9. ☎ 02 97 55 69 23. E-mail : camping.kerhillio@orange.fr. Web : www.erdeven.fr. Prix 2022. empl. Tourisme : 2 € ; 4,40 € ; 2,40 € ; 2 € ; animaux 1,10 € ; 2,60 €.
Lat. : 47° 36' 58" N **Long.** : 003° 09' 33" W.

ETEL

5-D4 18 km S.-E. Lorient. 7 m. ✉ 56410

CAMPING MUNICIPAL ÉTEL ★★ Tourisme 226 E. 3 ha CV . Locations : . , . Accès direct à la mer et à la rivière. ; ; . . Accueil groupes. Ouvert: 1.4 / 30.9. ☎ 02 97 55 33 79. E-mail : etel.camping@orange.fr. Web : www.mairie-etel.com.
Lat. : 47° 39' 03" N **Long.** : 003° 12' 07" W.

EVELLYS

5-D3 15 km S.-E. Pontivy 93 m. ✉ 56500

CAMPING DE MON VILLAGE NC Tourisme 23 E. dont 23 nus . Accès direct à l'étang. . Ouvert: 1.6 / 30.9. ☎ 0 1 83 64 69 21. E-mail : contact@campingcarpark.com. Web : www.campingcarpark.com/. Prix 2022.
Lat. : 47° 59' 36" N **Long.** : 002° 49' 32" W.

FEREL

5-E5 40 km S.-E. Vannes. 30 m. ✉ 56130

LES RIVES DE VILAINE ★★ Tourisme 70 E. dont 44 nus 1 ha CV . Locations : . Rivière à 800 m ; bord de mer à 5 km. Accueil groupes. Ouvert: 8.4 / 30.9. ☎ 02 99 90 02 06. E-mail : contact@campinglesrivesdevilaine.com. Web : www.campinglesrivesdevilaine.com. Prix 2023. empl. Tourisme : 5,90 € nuit ; 3,50 € nuit ; animaux 1,50 € nuit ; 2,20 € nuit ; 3,80 € nuit. Réduction H.S.
Lat. : 47° 29' 28" N **Long.** : 002° 22' 26" W.

GAVRES

5-C4 6 km S. Lorient. 4 m. ✉ 56680

CAMPING MUNICIPAL LA LANDE ★★★ Tourisme 160 E. dont 200 nus 2,9 ha CV . . Accès direct à la mer. ; ; . Accueil groupes adultes. Ouvert: 1.7 / 31.8. ☎ 02 97 82 48 61. E-mail : campinglalande.gavres@orange.fr. Web : www.campingdelalande.fr.
Lat. : 47° 41' 13" N **Long.** : 003° 21' 32" W.

CAMPING MUNICIPAL LES JONCS - OCEAN ★★ Tourisme 120 E. dont 120 nus 2,6 ha CV . . Accès direct à la mer. ; ; . Ouvert: 1.7 / 31.8. ☎ 02 97 82 46 88. E-mail : campinglesjoncs.gavres@orange.fr. Web : www.campingdesjoncs.fr. Réduction H.S.
Lat. : 47° 41' 51" N **Long.** : 003° 21' 02" W.

GOURIN

5-C3 56 km O.-N.-O. Pontivy. 169 m. Station verte de vacances et village de neige ✉ 56110

CAMPING MUNICIPAL PONT MIN NC Tourisme 35 E. 0,5 ha . A 1 km : couverte. Ouvert: 1.7 / 31.8. ☎ 02 97 23 42 74. E-mail : ot-gourin@orange.fr. Web : www.tourismepaysroimorvan.com.
Lat. : 48° 08' 28" N **Long.** : 003° 37' 00" W.

GUEGON

5-E3 37 km S.-E. Pontivy. 93 m. ✉ 56120

DOMAINE DE KERELLY ★★★ Tourisme 55 E. dont 41 nus CV . Locations : , . chauffée , . Accès direct à la rivière. . Accueil groupes. Ouvert: 1.4 / 15.10. ☎ 02 97 22 22 20. E-mail : domainedekerelly@yahoo.com. Web : www.camping-josselin.com. Prix 2022. Fft jour : empl. Tourisme (2) : 18 € ( ) ; sup 5 € ; 4 € ; 4,50 €.
Lat. : 47° 57' 08" N **Long.** : 002° 34' 24" W.

GUEHENNO

5-D3 32 km S.-E. Pontivy. 118 m. ✉ 56420

CAMPING MUNICIPAL NC Tourisme 16 E. . Ouvert: 15.4 / 15.10. ☎ 02 97 42 29 89. E-mail : contact@guehenno.fr.
Lat. : 47° 53' 33" N **Long.** : 002° 38' 35" W.

GUEMENE-SUR-SCORFF

5-D3 21 km O. Pontivy. 145 m. ✉ 56160

CAMPING MUNICIPAL NC 19 E. dont 19 nus CV. Randonnée pédestre organisée. Accès direct à la rivière.. Accueil groupes. Ouvert: 15.6 / 15.9. ☎ 02 97 51 20 23. E-mail : mairieguemene.surscorff@wanadoo.fr.
Lat. : 48° 04' 00" N **Long.** : 003° 12' 46" W.

GUIDEL

5-C4 10 km N.-O. Lorient. 35 m. ✉ 56520

LES JARDINS DE KERGAL ★★★★ Tourisme 210 E. dont 160 GCC.
5 ha CV. Locations : . couverte chauffée , , . Bord de mer et rivière à 1,5 km. . Ouvert: 3.3 / 2.11. ☎ 02 97 05 98 18. E-mail : jardins.kergal@wanadoo.fr. Web : www.camping-lorient.com.
Lat. : 47° 46' 27" N **Long.** : 003° 30' 22" W.

CAMPING DE LA PLAGE ★★★ Tourisme 100 E. dont 30 nus CV . Locations : , . couverte chauffée , , , , . Accès direct à l'étang et à la rivière ; rivière à 4 km. ; . . Ouvert: 8.4 / 10.9. ☎ 02 97 05 95 46. E-mail : info@campingplageguidel.com. Web : www.campingplageguidel.com. Prix 2022. empl. Tourisme : 9 € nuit ; 4,80 € nuit ; 2,50 € ; animaux 3 € ; 3 € nuit ; 3,50 € nuit.
Lat. : 47° 44' 31" N **Long.** : 003° 30' 03" W.

PEN ER MALO ★ Tourisme 141 E. dont 104 nus 2,4 ha 22 h 30 / 7 h, CV . couverte chauffée. Bord de mer à 100 m ; étang à 1 km ; rivière à 3 km. Ouvert: 1.4 / 1.11. ☎ 02 97 05 99 86. E-mail : contact@camping-penermalo.fr. Web : www.camping-penermalo.fr.
Lat. : 47° 44' 47" N **Long.** : 003° 30' 11" W.

GUILLAC

5-E3 42 km S.-E. Pontivy 57 m. ✉ 56800

LES CERISIERS ★★ Tourisme 29 E. dont 21 nus 0,8 ha CV . Locations : , , bulle. . Rivière à 800 m. Accueil groupes enfants. Ouvert: 28.3 / 1.11. ☎ 02 97 75 61 24. E-mail : contact@camping-des-cerisiers.fr. Web : www.camping-des-cerisiers.fr.
Lat. : 47° 56' 28" N **Long.** : 002° 31' 52" W.

HENNEBONT

5-C4 10 km N.-E. Lorient. 38 m. ✉ 56700

CAMPING D'HENNEBONT ★★ Tourisme 62 E. dont 55 nus CV . Locations : , , 1 . , . Accès direct à la rivière.. Ouvert: 1.4 / 30.9. ☎ 07 88 41 06 41. E-mail : campinghennebont@gmail.com. Web : www.hennebont.bzh.
Lat. : 47° 48' 24" N **Long.** : 003° 16' 58" W.

INGUINIEL

5-C3 28 km N. Lorient. 139 m. ✉ 56240

CAMPING DE PONT-CALLECK ★★★ Tourisme 46 E. dont 25 nus 0,6 ha CV . Locations : , , , cabanes. . Rivière à 300 m. . Accueil groupes. Ouvert: 18.3 / 31.12. ☎ 02 97 50 78 70. E-mail : camping.pontcalleck@gmail.com. Web : www.camping-pontcalleck.fr.
Lat. : 47° 58' 56" N **Long.** : 003° 19' 45" W.

KERNASCLEDEN

5-C3 33 km S.-O. Pontivy 112 m. ✉ 56540

DOMAINE DU SCORFF P.R.L ★★★ NN12 E. . Locations : , roulotte. couverte chauffée. Accès direct à la rivière. Ouvert: 1.1 / 31.12. ☎ 02 97 28 27 06. E-mail : hello@domaine-du-scorff.com. Web : domaine-du-scorff.com.
Lat. : 47° 59' 53" N **Long.** : 003° 19' 06" W.

LA ROCHE-BERNARD

5-E4 40 km S.-E. Vannes. 17 m. Station verte de vacances et village de neige ✉ 56130

CAMPING MUNICIPAL LE PATIS ★★★ Tourisme 45 E. 1 ha CV . Locations : . . Accès direct à la rivière ; étang à 2 km. . Accueil groupes. Ouvert: 15.3 / 15.10. ☎ 02 99 90 60 13. E-mail : camping.lrb56@gmail.com. Web : laroche-bernard.com/camping-du-patis.
Lat. : 47° 31' 08" N **Long.** : 002° 18' 20" W.

LA TRINITE-PORHOET

5-E3 60 km N.-E. Vannes. 109 m. ✉ 56490

CAMPING MUNICIPAL ST YVES NC Tourisme 60 E. dont 60 nus 0,6 ha . . Accès direct à l'étang et à la rivière. . Accueil groupes. Ouvert: 15.6 / 15.9. ☎ 02 97 93 92 00. E-mail : mairie.trinite.porh@wanadoo.fr. Web : www.porhoet.fr.
Lat. : 48° 05' 57" N **Long.** : 002° 32' 48" W.

LA TRINITE-SUR-MER

5-D4 32 km S.-E. Lorient. 11 m. ✉ 56470

APV PLIJADUR ★★★★ Tourisme 218 E. dont 79 nus 3,5 ha CV . Locations : . Espace Fitness. couverte chauffée , , . Accès direct à l'étang ; bord de mer à 1,2 km. . Ouvert: 8.4 / 17.9. ☎ 02 97 55 72 05. E-mail : contacts@camping-apv.com. Web : www.camping-apv.com. Prix 2023. Fft jour : empl. Tourisme (4) : 49 € ( ) ; sup 9 € ; animaux 3 € ; 6 € ; 4,40 €.
Lat. : 47° 35' 22" N **Long.** : 003° 02' 43" W.

KERVILOR ★★★★ Tourisme 218 E. dont 152 nus
3,5 ha CV . A 4 km : Locations : . couverte chauffée , , . Bord de mer à 2,5 km. . Accueil groupes adultes. Ouvert: 1.4 / 2.10. ☎ 02 97 89 95 10. E-mail : reservation@grouperomanee.com. Web : www.camping-kervilor.com. Prix 2022. empl. Tourisme : 7,30 € nuit ; 4,75 € nuit ; 3,05 € nuit ; animaux 2,50 € nuit ; 3 € nuit ; 5,80 € nuit. Réduction H.S.
Lat. : 47° 36' 07" N **Long.** : 003° 02' 13" W.
FFCC : avantages adhérent : 22 € du 01/04 au 02/07 et du 28/08 au 02/10 sur emp.

LA BAIE ★★★★ Tourisme 167 E. dont 96 nus
2,4 ha CV . A 4 km : Locations : . chauffée , , , , . Bord de mer à 50 m. ; ; ; . . Ouvert: 19.4 / 22.9. ☎ 02 97 55 73 42. E-mail : contact@campingdelabaie.com. Web : www.campingdelabaie.com. Réduction H.S.
Lat. : 47° 34' 25" N **Long.** : 003° 01' 39" W.

LA PLAGE ★★★★ Tourisme 187 E. dont 116 nus, dont 6 CC - 116 GCC.
3 ha CV . Locations : , , . chauffée , , , , . Accès direct à la mer. ; ; ; . . Accueil groupes adultes. Ouvert: 6.5 / 17.9. ☎ 02 97 55 73 28. E-mail : infos@camping-plage.com. Web : de.camping-plage.com/. Prix 2023. Fft jour : empl. Tourisme (2) : 47,5 € ( ) ; sup 6,70 € ; animaux 2 € ; 5 € ; 5,50 €. Réduction H.S.
Lat. : 47° 34' 32" N **Long.** : 003° 01' 44" W.

KERMARQUER ★★★ Loisirs 90 E. 3 ha CV. . Bord de mer à 1 km.. Ouvert: 1.4 / 2.10. ☎ 02 97 55 79 18. E-mail : reception@camping-de-kermarquer.fr. Web : www.camping-de-kermarquer.fr.
Lat. : 47° 35' 49" N **Long.** : 003° 02' 15" W.

LANDEVANT

5-D4 23 km E. Lorient. 33 m. ✉ 56690

M. YANN FORESTIER . Ouvert: 1.6 / 31.8. ☎ 0 0626697914. E-mail : yann.forestier0818@orange.fr, Web : campinglandevant.com.
Lat. : 47° 45' 35" N **Long.** : 003° 05' 16" W.

LARMOR-BADEN

5-D4 15 km S.-O. Vannes. 7 m. ✉ 56870

KER EDEN ★★★ Tourisme 100 E. dont 79 nus, dont 49 CC. CV . Locations : , , cocosweet, tonneau. chauffée , . Accès direct à la mer. ; . Accueil groupes adultes. Ouvert: 13.5 / 24.9. ☎ 02 97 57 05 23. E-mail : info@camping-larmorbaden.com. Web : www.camping-larmorbaden.com. Prix 2023. Fft jour : empl. Tourisme (2 O) : 36 € (E. CC)
Lat. : 47° 35' 33" N **Long.** : 002° 54' 22" W.

LE DIBEN ★★★ Tourisme 118 E. dont 98 nus
CV . Locations : . chauffée . Bord de mer à 400 m. Accueil groupes adultes. Ouvert: 1.5 / 11.9. ☎ 02 97 57 29 12. E-mail : campinglediben@wanadoo.fr. Web : www.campinglediben.com.
Lat. : 47° 35' 38" N **Long.** : 002° 54' 21" W.

LARMOR-PLAGE

5-C4 6 km S.-O. Lorient. 14 m. ✉ 56260

LA FONTAINE ★★★ Tourisme 143 E. dont 119 nus 4,5 ha CV . Randonnée pédestre organisée. . Bord de mer à 800 m. ; . Accueil groupes. Ouvert: 16.2 / 31.12. ☎ 02 97 33 71 28. E-mail : camping@sellor.com. Web : www.campingdelafontaine.fr.
Lat. : 47° 42' 33" N **Long.** : 003° 23' 29" W.

LAUZACH

5-E4 40 m. ✉ 56190

MME NATHALIE BREYER . ☎ 02 97 67 06 96. E-mail : lapetiteecurie@orange.fr.
Lat. : 47° 37' 19" N **Long.** : 002° 33' 56" W.

LE COURS

5-E4 24 km N.-E. Vannes 81 m. ✉ 56230

LA TRANQUILITE NC Tourisme 10 E. dont 10 nus 1 ha . A 10 km : Locations : , , . Randonnée pédestre organisée. , , . Accès direct à l'étang ; rivière à 200 m. ; . Accueil groupes. Ouvert: 1.1 / 31.12. ☎ 02 97 67 23 25. E-mail : patricklhorty@live.fr.
Lat. : 47° 44' 33" N **Long.** : 002° 31' 46" W.

LE GUERNO

5-E4 32 km S.-E. Vannes. 72 m. ✉ 56190

CAMPING MUNICIPAL ★★ Tourisme 49 E. dont 40 nus CV. Locations : . . Accueil groupes. Ouvert: 1.5 / 30.9. ☎ 02 97 42 94 76. E-mail : mairie.leguerno@wanadoo.fr. Web : www.leguerno.fr.
Lat. : 47° 35' 01" N **Long.** : 002° 24' 56" W.

LE TOUR-DU-PARC

5-D4 24 km S.-E. Vannes. 7 m. ✉ 56370

LE CADRAN SOLAIRE ★★★ Tourisme 83 E. 3 ha CV . Locations : . . Etang à 10 m ; bord de mer à 300 m. ; ; . Ouvert: 1.4 / 30.9. ☎ 02 97 67 30 40. E-mail : contact@campingcadransolaire.fr. Web : www.campingcadransolaire.fr. Réduction H.S.
Lat. : 47° 31' 17" N **Long.** : 002° 39' 24" W.

CAMPING MUNICIPAL LE ROCH VETUR ★★ Tourisme 150 E. dont 150 nus 4,32 ha CV . , . Bord de mer à 50 m. ; ; . Accueil groupes enfants. Ouvert: 2.4 / 15.10. ☎ 02 97 67 30 88. E-mail : contact@camping-letourduparc.fr. Web : www.camping-letourduparc.fr.
Lat. : 47° 31' 09" N **Long.** : 002° 38' 59" W.

LIZIO

5-E4 40 km N.-E. Vannes. 121 m. ✉ 56460

CAMPING MUNICIPAL LE VAL JOINT NC Tourisme 30 E. 1 ha CV. , .. Ouvert: 15.5 / 15.10. ☎ 02 97 74 70 49. E-mail : mairie-lizio@orange.fr. Web : www.lizio.fr.
Lat. : 47° 52' 07" N **Long.** : 002° 28' 51" W.

LOCMARIAQUER

5-D4 51 km S.-E. Lorient. 7 m. ✉ 56740

LANN BRICK ★★★ Tourisme 96 E. dont 33 nus
1,2 ha CV . Locations : . chauffée . Bord de mer à 200 m ; rivière à 2 km. . Accueil groupes adultes. Ouvert: 15.3 / 20.10. ☎ 02 97 57 32 79. E-mail : info@campinglannbrick.com. Web : www.camping-lannbrick.com. Prix 2023. Fft jour : empl. Tourisme (2) : 23,5 € ( ) ; sup 5,50 € ; animaux 2,80 € ; 3,50 € ; 5 €.
Lat. : 47° 34' 43" N **Long.** : 002° 58' 30" W.
FFCC : avantages adhérent : 17 € du 17/03 au 07/07 et du 28/08 au 15/10 sur emp.

CAMPING MUNICIPAL LA FALAISE ★★ Tourisme 287 E. Locations : . Accès direct à la mer. ; ; . Accueil groupes. Ouvert: 17.3 / 13.10. ☎ 02 97 57 31 59. E-mail : campinglafalaise@locmariaquer.fr. Web : www.campingmunicipallafalaise.com. Prix 2022. Fft jour : empl. Tourisme (2) : 20,5 € ( )
Lat. : 47° 33' 22" N **Long.** : 002° 56' 23" W.

DOMAINE RESIDENTIEL DE KERPENHIR ★★ Tourisme 74 E. dont 14 nus
1,1 ha CV . Locations : . chauffée . Bord de mer à 400 m. Ouvert: 13.4 / 15.9. ☎ 02 97 57 31 92. E-mail : contact@kerpenhir.fr. Web : www.domaine-de-kerpenhir.fr.
Lat. : 47° 33' 33" N **Long.** : 002° 56' 18" W.

LA TOUR DE KERINIS ★★ Tourisme 82 E. dont 48 nus
22 h 30 / 7 h, CV . Locations : . . Bord de mer à 300 m. Ouvert: 30.3 / 9.10. ☎ 02 97 57 40 62. E-mail : cpdelatour@gmail.com. Web : www.camping-delatour.com. Prix 2022. Fft jour : empl. Tourisme (2) : 20,5 € ( )
Lat. : 47° 34' 45" N **Long.** : 002° 58' 45" W.
FFCC : avantages adhérent : 16 € du 01/04 au 01/07 sur emp. et entre 27 € et 08 € la nuitée et entre 07 € et 10 € la semaine sur loc.

CAMPING SAINT PIERRE ★ Tourisme 65 E. CV. . Bord de mer à 150 m. ; . Ouvert: 16.4 / 30.9. ☎ 02 97 57 30 48. E-mail : campingsaintpierre@gmail.com. Web : www.camping-saint-pierre.com. Réduction H.S.
Lat. : 47° 33' 51" N **Long.** : 002° 58' 00" W.

LA FERME FLEURIE NC Tourisme 30 E. CV. Locations : . Bord de mer à 800 m. Ouvert: 15.3 / 20.10. ☎ 02 97 57 34 06. E-mail : campingdelafermefleurie@orange.fr. Web : camping-lafermefleurie.fr.
Lat. : 47° 34' 22" N **Long.** : 002° 57' 24" W.

LOCOAL-MENDON

5-D4 27 km S.-E. Lorient. 18 m. ✉ 56550

LA FERME DE LESVENANT . Ouvert: 1.4 / 30.9. ☎ 06 03 62 19 71. E-mail : desoevure@Aol.com, Web : www.ferme-camping-equestre.com.
Lat. : 47° 41' 01" N **Long.** : 003° 06' 23" W.

LOYAT

5-E3 53 km N.-E. Vannes. 65 m. ✉ 56800

MERLIN L'ENCHANTEUR ★★ Tourisme 143 E. dont 70 nus 1,7 ha CV . Locations : . couverte chauffée , , . Accès direct à l'étang et à la rivière ; lac à 4 km.. Accueil groupes. Ouvert: 1.1 / 30.11. ☎ 02 97 93 05 52. E-mail : contact@campingmerlin.com. Web : www.campingmerlin.com.
Lat. : 47° 59' 07" N **Long.** : 002° 22' 52" W.

MALESTROIT

5-E4 34 km N.-E. Vannes. 41 m. ✉ 56140

DOMAINE LES RIVES DE L'OUST ★★ Tourisme 100 E. dont 76 nus CV . Locations : , , , . Accès direct à la rivière.. Accueil groupes. Ouvert: 1.4 / 30.9. ☎ 02 97 75 13 33. E-mail : campingdemalestroit@orange.fr. Web : www.campingmalestroit.com.
Lat. : 47° 48' 25" N **Long.** : 002° 22' 43" W.

MONTENEUF

5-E4 48 km N.-E. Vannes. 95 m. ✉ 56380

CAMPING DE LA NOE NC Tourisme 15 E. dont 15 nus CV. , . Accès direct à l'étang.. Ouvert: 15.4 / 15.9. ☎ 02 97 93 21 20. E-mail : commune@monteneuf.com. Web : /www.monteneuf.fr.
Lat. : 47° 52' 30" N **Long.** : 002° 12' 32" W.

MONTERBLANC

5-D4 12 km N.-E. Vannes. 118 m. ✉ 56250

LES JARDINS DU MORBIHAN ★★★★ Tourisme 250 E. dont 135 nus, dont 200 GCC.
4,5 ha CV . Randonnée pédestre organisée. Espace Fitness. couverte chauffée , . Etang et rivière à 3 km. . Accueil groupes adultes. Ouvert: 6.4 / 15.9. ☎ 02 97 44 66 06. E-mail : lesjardinsdumorbihan@natureetresidenceloisirs.com. Web : lesjardinsdumorbihan.com/. Réduction H.S.
Lat. : 47° 43' 50" N **Long.** : 002° 43' 41" W.
FFCC : avantages adhérent : 20 € du 01/05 au 08/07 et du 27/08 au 12/09 sur emp.

MUZILLAC

5-E4 24 km S.-E. Vannes. 27 m. ✉ 56190

LA BLANCHE HERMINE ★★★ Tourisme 99 E. dont 42 nus 2,4 ha CV . Locations : , , . couverte chauffée . Etang et rivière à 4 km ; bord de mer à 5 km. Accueil groupes. Ouvert: 8.4 / 1.10. ☎ 02 97 45 67 03. E-mail : infos@lablanchehermine.fr. Web : www.lablanchehermine.fr.
Lat. : 47° 33' 45" N **Long.** : 002° 26' 52" W.

NEANT-SUR-YVEL

5-E3 50 km N.-E. Vannes. 82 m. ✉ 56430

CAMPING DE BROCELIANDE ★★★ Tourisme 50 E. . Locations : yourte. , , . Etang à 100 m ; rivière à 3 km.. Ouvert: 1.6 / 30.9. ☎ 02 97 93 08 08. E-mail : campingdebroceliande@gmail.com. Web : sites.google.com/view/campingdebroceliande.
Lat. : 48° 00' 24" N **Long.** : 002° 19' 02" W.

NIVILLAC

5-E4 43 km S.-E. Vannes. 37 m. Station verte de vacances et village de neige ✉ 56130

DOMAINE DE LA CROIX NEUVE ★★ Loisirs 31 E.
1,50 ha CV . Locations : . Rivière à 700 m. Accueil groupes adultes. Ouvert: 1.1 / 31.12. ☎ 06 24 97 43 31. E-mail : campingnivillac@orange.fr. Web : domainedelacroixneuve.fr.
Lat. : 47° 31' 38" N **Long.** : 002° 17' 23" W.
FFCC : avantages adhérent : 14 € du 09/04 au 02/07 et du 27/08 au 25/09 sur emp.

NOYAL-MUZILLAC

5-E4 20 km S.-E. Vannes. 54 m. ✉ 56190

LE MOULIN DE CADILLAC ★★★★ Tourisme 197 E. dont 103 nus
1,5 ha CV . Locations : . Espace Fitness. couverte chauffée , , . Accès direct à l'étang et à la rivière. . Ouvert: 7.4 / 17.9. ☎ 02 97 67 03 47. E-mail : infos@moulin-cadillac.com. Web : www.camping-moulin-cadillac.com. Prix 2023. Fft jour : empl. Tourisme (1) : 33 € ( ) ; sup 9 € ; animaux 3 € ; 6 €.
Lat. : 47° 36' 51" N **Long.** : 002° 30' 06" W.

NOYALO

5-D4 10 km S.-E. Vannes 6 m. ✉ 56450

M. DANIEL MAHE. Ouvert: 1.7 / 30.8. ☎ 02 97 43 02 12. E-mail : mahe.birhit@gmail.com.
Lat. : 47° 36' 07" N **Long.** : 002° 18' 37" W.

PEILLAC

5-E4 48 km E.-N.-E. Vannes. 38 m. Village de neige ✉ 56220

CAMPING MUNICIPAL LE PONT D'OUST NC Tourisme 67 E. dont 43 nus
2,5 ha CV. chauffée , . Rivière à 20 m.. Accueil groupes. Ouvert: 1.5 / 30.9. ☎ 02 99 91 39 33. E-mail : mairie@peillac.fr. Web : www.peillac.fr.
Lat. : 47° 43' 36" N **Long.** : 002° 12' 52" W.
FFCC : avantages adhérent : 16 € du 01/04 au 30/06 et du 01/09 au 01/10 sur emp.

PENESTIN

5-E5 36 km S.-E. Vannes. 14 m. ✉ 56760

LE DOMAINE D'INLY ★★★★★ Tourisme 550 E. dont 56 nus, dont 10 CC - 46 GCC. 17 ha CV . Locations : . couverte chauffée , , , . Accès direct à l'étang ; bord de mer à 1,8 km. ; . Ouvert: 15.4 / 24.9. ☎ 02 99 90 35 09. E-mail : reception@camping-inly.com. Web : www.camping-inly.com.
Lat. : 47° 28' 14" N **Long.** : 002° 27' 59" W.

LES ÎLES ★★★★★ Tourisme 184 E. dont 79 nus
4 ha CV . Locations : , . Espace Fitness. chauffée , , . Accès direct à la mer. ; ; . Accueil groupes adultes. Ouvert: 7.4 / 5.11. ☎ 02 99 90 44 55. E-mail : info@chadotel.com. Web : www.chadotel.com. Prix 2023. Fft jour : empl. Tourisme (2) : 46 € ( ) ; sup 6,40 € ; animaux 4 € ; 4,20 €. Réduction H.S.
Lat. : 47° 26' 43" N **Long.** : 002° 29' 02" W.
FFCC : avantages adhérent : 19 € du 07/04 au 02/07 et du 30/06 au 05/11 sur emp. et 15% du 07/04 au 02/07 et du 26/08 au 05/11 sur loc. + 5% sur locatifs du 02/07 au 26/08. Rendez-vous dans votre Club avantages pour obtenir le code promotionnel et les conditions de l'offre. Réservation par téléphone au 02 51 33 05 05, sur le site du partenaire (présentation de la carte de membre).

LE CÉNIC ★★★★ Tourisme 552 E.
CV . couverte chauffée . Accès direct à l'étang ; bord de mer à 2,5 km. ; . Ouvert: 3.4 / 7.11. ☎ 02 99 90 45 65. E-mail : cenic@capfun.com. Web : www.lecenic.com.
Lat. : 47° 28' 44" N **Long.** : 002° 27' 16" W.

ACCCF LE KERFALHER ★★★ Loisirs 135 E. dont 60 nus CV . Locations : . . Bord de mer à 300 m. ; ; . Accueil groupes enfants. Ouvert: 15.3 / 15.10. ☎ 02 99 90 33 45. E-mail : acccf-kerfalher@acccf.com. Web : www.acccf.com. Prix 2023. empl. Tourisme : 17,70 € ; 7 € ; 3,50 € ; 5 €. Réduction H.S.
Lat. : 47° 27' 51" N **Long.** : 002° 29' 02" W.

LES PARCS ★★★ Tourisme 92 E. dont 40 nus 2,5 ha CV. couverte chauffée. Etang à 300 m ; rivière à 500 m ; bord de mer à 1,5 km. Accueil groupes. Ouvert: 5.4 / 5.10. ☎ 02 99 90 30 59. E-mail : lesparcs@free.fr. Web : www.camping-lesparcs.com. Réduction H.S.
Lat. : 47° 28' 54" N **Long.** : 002° 27' 55" W.

KER-LAY ★★ Tourisme 102 E. dont 82 nus 1,7 ha CV. chauffée. Bord de mer à 600 m. Accueil groupes enfants. Ouvert: 15.5 / 15.9. ☎ 02 99 90 31 28. E-mail : camping-de-kerlay@wanadoo.fr. Web : www.camping-de-kerlay.com.
Lat. : 47° 27' 04" N **Long.** : 002° 29' 09" W.

LOSCOLO ★★ Tourisme 112 E. 2,5 ha CV. Locations : . Bord de mer à 100 m. Ouvert: 1.4 / 31.10. ☎ 0240621951. E-mail : reception@loscolo.fr. Web : www.loscolo.fr. Prix 2022. Fft nuit : empl. Tourisme (2) : 22 € ( )
Lat. : 47° 27' 15" N **Long.** : 002° 29' 31" W.

BON ACCUEIL NC Tourisme 20 E. . Ouvert: 1.6 / 30.9. ☎ 06 65 27 69 96.
Lat. : 47° 27' 55" N **Long.** : 002° 29' 17" W.

PLOEMEL

5-D4 26 km S.-E. Lorient. 24 m. ✉ 56400

CAMPING DE KERGO ★★★ Tourisme 135 E. dont 80 nus CV. A 4 km : Locations : , tonneau. Etang, lac, bord de mer et rivière à 5 km. Ouvert: 8.4 / 30.9. ☎ 02 97 56 80 66. E-mail : camping.kergo@wanadoo.fr. Web : www.campingkergo.com. Prix 2023. Fft jour : empl. Tourisme (2) : 24 € ( ) ; sup 6 € ; animaux 2,50 € ; 3,50 € ; 3,90 €. Réduction H.S.
Lat. : 47° 38' 39" N **Long.** : 003° 03' 13" W.
FFCC : avantages adhérent : 19 € du 07/04 au 30/06 et du 01/09 au 30/09 sur emp.

LE SAINT LAURENT ★★★ Tourisme 94 E. dont 40 nus 2,1 ha CV. Locations : . couverte chauffée. Ouvert: 6.4 / 29.9. ☎ 02 97 56 85 90. E-mail : contact@camping-saint-laurent.fr. Web : www.camping-saint-laurent.fr. Réduction H.S.
Lat. : 47° 39' 50" N **Long.** : 003° 06' 00" W.

PLOEMEUR

5-C4 6 km S.-E. Lorient. 24 m. ✉ 56270

BELLE PLAGE ★★★★ Tourisme 204 E. dont 88 nus, dont 78 CC - 10 GCC. 2 ha CV. Locations : . couverte chauffée , . Accès direct à la mer. ; . Accueil groupes. Ouvert: 27.3 / 26.9. ☎ 02 97 56 77 17. E-mail : contact@camping-belleplage.fr. Web : www.camping-belleplage.fr.
Lat. : 47° 42' 24" N **Long.** : 003° 25' 19" W.
FFCC : avantages adhérent : 10% du 01/04 au 30/06 et du 01/09 au 29/0910% du 01/04 au 30/06 et du 01/09 au 29/09 sur emp. et loc. + Rendez-vous dans votre club avantages FFCC pour obtenir le code promotionnel et réserver !.

CAMPING PEN PALUD ★★★ Tourisme 116 E. dont 40 nus, dont 35 CC. CV. Espace Fitness. couverte chauffée . Bord de mer à 150 m ; étang à 3 km. Ouvert: 1.4 / 30.9. ☎ 02 97 82 94 56. E-mail : info@camping-pen-palud.com. Web : www.camping-pen-palud.com.
Lat. : 47° 42' 25" N **Long.** : 003° 25' 27" W.
FFCC : avantages adhérent : 19 € du 01/04 au 25/06 et du 27/08 au 01/10 sur emp. et entre 130 € et 180 € la nuitée et entre 300 € et 450 € la semaine du 01/04 au 25/06 et du 27/08 au 01/10 sur loc.

LA BAIE DE PLOEMEUR ★★★ Tourisme 189 E. dont 138 nus 2 ha CV. Locations : cocosweet. Bord de mer à 50 m. Accueil groupes. Ouvert: 15.1 / 15.12. ☎ 02 97 05 99 81. E-mail : campingparadislabaiedeploemeur@alphacamping.fr. Web : camping-labaiedeploemeur.com/.
Lat. : 47° 43' 44" N **Long.** : 003° 29' 36" W.

LA POINTE DU TALUD ★★★ Tourisme 147 E. dont 57 nus CV. Locations : . couverte chauffée , . Bord de mer à 300 m. ; . Ouvert: 14.4 / 8.9. ☎ 02 97 82 91 90. E-mail : info@campingpointedutalud.com. Web : www.campingpointedutalud.com.
Lat. : 47° 41' 59" N **Long.** : 003° 27' 14" W.
FFCC : avantages adhérent : 10% du 07/04 au 30/06 et du 02/09 au 27/10 sur emp.

CAMPING GCU - LOMENER PLOEMEUR ★ Tourisme 66 E. . Ouvert: 28.6 / 31.8. ☎ 02 97 82 87 02. E-mail : gcu@gcu.asso.fr. Web : www.gcu.asso.fr.
Lat. : 47° 42' 27" N **Long.** : 003° 25' 50" W.

FORT DU TALUT NC Tourisme 202 E. dont 103 GCC. 4 ha , . Bord de mer à 150 m. Ouvert: 15.6 / 31.8. ☎ 02 97 82 91 50. E-mail : fortdutalud@igesa.fr.
Lat. : 47° 41' 55" N **Long.** : 003° 26' 54" W.

PLOUGOUMELEN

5-D4 42 km S.-E. Lorient. 35 m. ✉ 56400

LA FONTAINE DU HALLATE ★★ Tourisme 120 E. dont 106 nus CV. A 3 km : Locations : , cabanes, tonneau, yourte. Ouvert: 1.4 / 31.10. ☎ 06 16 30 08 33. E-mail : clegloanic@orange.fr. Web : www.camping-morbihan.bzh. Prix 2023. Fft jour : empl. Tourisme (2) : 22 € ( ) ; sup 5 € ; 2,50 €.
Lat. : 47° 38' 36" N **Long.** : 002° 53' 57" W.

PLOUHARNEL

5-D4 20 km S.-E. Lorient. 13 m. ✉ 56340

CAMPING DE LOPERHET ★★★ Tourisme 123 E. CV. A 3 km : Locations : . couverte chauffée , , . Accès direct à l'étang ; bord de mer à 1,5 km. Accueil groupes enfants. Ouvert: 1.4 / 11.10. ☎ 02 97 52 34 68. E-mail : loperhet@camping-loperhet.com. Web : www.camping-loperhet.com. Réduction H.S.
Lat. : 47° 36' 49" N **Long.** : 003° 08' 22" W.

KERSILY ★★★ Loisirs 187 E. 4 ha CV. Locations : . chauffée , , . Bord de mer à 1,5 km. Accueil groupes. Ouvert: 1.4 / 31.10. ☎ 02 97 52 39 65. E-mail : camping.kersily@wanadoo.fr. Web : www.camping-kersily.com. Réduction H.S.
Lat. : 47° 36' 40" N **Long.** : 003° 07' 53" W.

CAMPING MUNICIPAL LES SABLES BLANCS ★★ Tourisme 565 E. 18 ha 23 h, CV. , , . Accès direct à la mer. ; . Accueil groupes. Ouvert: 1.4 / 30.9. ☎ 02 97 52 37 15. E-mail : lessablesblancs0351@orange.fr. Web : www.plouharnel.fr/camping/les-sables-blancs-Plouharnel.
Lat. : 47° 34' 18" N **Long.** : 003° 07' 21" W.

LA LANDE ★★ Tourisme 88 E. 1 ha CV. A 3 km : Locations : . Randonnée pédestre organisée. Bord de mer à 500 m. Ouvert: 1.6 / 15.9. ☎ 02 97 52 31 48. E-mail : campdelalande@aol.com. Web : www.campingdelalande.com.
Lat. : 47° 36' 05" N **Long.** : 003° 07' 20" W.

PLOUHINEC

5-C4 24 km S.-E. Lorient. 11 m. ✉ 56680

LE MOTENO ★★★★ Tourisme 252 E. dont 56 nus 3,8 ha 23 h / 7 h, CV. Locations : . Espace Fitness. couverte chauffée , . Rivière à 200 m ; bord de mer à 1 km. ; ; . Accueil groupes. Ouvert: 16.4 / 19.9. ☎ 02 97 36 76 63. E-mail : campinglemoteno@gmail.com. Web : www.camping-le-moteno.com. Réduction H.S.
Lat. : 47° 39' 54" N **Long.** : 003° 13' 16" W.

LA LANDE DU BELIER NC 150 E. CV. Locations : . Espace Fitness. couverte chauffée . Rivière à 1 km ; bord de mer à 2 km. Ouvert: 1.1 / 31.12. ☎ 02 97 85 80 98. E-mail : contact@landedubelier.fr. Web : www.landedubelier.fr.
Lat. : 47° 41' 31" N **Long.** : 003° 14' 28" W.

PLUVIGNER

5-D4 33 km E. Lorient 70 m. ✉ 56330

AIRE NATURELLE DE CAMPING CV. Ouvert: 1.1 / 31.12. ☎ 02 97 24 72 32. E-mail : camping.breventec@free.fr, Web : www.camping-la-cle-des-pres.com.
Lat. : 47° 45' 03" N **Long.** : 003° 01' 11" W.

PONT-SCORFF

5-C4 12 km N.-N.-O. Lorient. 40 m. ✉ 56620

ENTRE TERRE ET MER ★★★ Tourisme 75 E. dont 10 CC - 10 GCC. CV. A 5 km : Locations : , cabanes. Espace Fitness. couverte chauffée . Rivière à 800 m ; étang à 2 km. Ouvert: 7.3 / 1.11. ☎ 02 97 32 56 56. E-mail : contact@camping-terre-et-mer.com. Web : www.camping-terre-et-mer.com/. Prix 2022.
Lat. : 47° 50' 57" N **Long.** : 003° 24' 44" W.
FFCC : avantages adhérent : 14.7 € du 07/03 au 07/07 et du 28/08 au 29/10 sur emp. et entre 68 € et 99 € la nuitée et entre 248 € et 370 € la semaine du 07/03 au 07/07 et du 28/08 au 29/10 sur loc.

TY NENEZ ★★★ Tourisme 93 E. dont 63 nus 2 ha CV. Locations : . Espace Fitness. couverte chauffée. Rivière à 2 km. Accueil groupes. Ouvert: 1.1 / 31.12. ☎ 02 97 32 51 16. E-mail : contact@camping-tynenez.com. Web : www.lorient-camping.com. Prix 2022. Fft jour : empl. Tourisme (2) : 40 € (E. GCC)
Lat. : 47° 49' 15" N **Long.** : 003° 24' 25" W.

PONTIVY

5-D3 52 km N.-N.-O. Vannes. 86 m. ✉ 56300

CAMPING MUNICIPAL LE DOURIC NC Tourisme 32 E. ☎ 02 97 27 92 20. E-mail : secretariat.general@ville-pontivy.fr. Web : www.pontivy.fr.
Lat. : 48° 04' 27" N **Long.** : 002° 57' 53" W.

PORCARO

2-A5 50 km N.-E. Vannes. 80 m. ✉ 56380

LE PRIAUDAIS . E-mail : mairie.porcaro@wanadoo.fr.
Lat. : 47° 54' 36" N **Long.** : 002° 11' 57" W.

PRIZIAC

5-C3 40 km O. Pontivy. 155 m. Station verte de vacances et village de neige ✉ 56320

LE LAC Ô FÉES ★★★ Tourisme 59 E. CV. Locations : , cabanes, . , . Accès direct à l'étang et aux bords du lac. ; ; . Accueil groupes. Ouvert: 1.1 / 31.12. ☎ 06 78 33 24 96. E-mail : contact@campinglelacofees.fr. Web : www.campinglelacofees.fr. Prix 2022. Fft jour : empl. Tourisme (2) : 24 € ( ) ; sup 10 € ; animaux 3 €.
Lat. : 48° 03' 39" N **Long.** : 003° 24' 51" W.
FFCC : avantages adhérent : 16 € du 15/02 au 01/07 et du 01/09 au 15/11 sur emp.

QUIBERON

5-D4 50 km S.-E. Lorient. 15 m. ✉ 56170

LE BOIS D'AMOUR ★★★★ Tourisme 229 E. dont 78 nus 4,6 ha CV. A 1,5 km : . Locations : . chauffée . Bord de mer à 150 m. Accueil groupes adultes. Ouvert: 31.3 / 1.10. ☎ 02 97 50 13 52. E-mail : info@homair.com. Web : www.homair.fr.
Lat. : 47° 28' 35" N **Long.** : 003° 06' 15" W.
FFCC : avantages adhérent : 20 € du 01/04 au 24/06 et du 27/08 au 02/10 sur emp.

LE CONGUEL ★★★★ Loisirs 199 E. 5 ha CV. Locations : . couverte , , . Bord de mer à 20 m. ; ; . Accueil groupes adultes. Ouvert: 8.4 / 5.11. ☎ 02 97 50 19 11. E-mail : marie.jeanneau@siblu.fr. Web : leconguel.fr.
Lat. : 47° 28' 36" N **Long.** : 003° 05' 32" W.

SAUVAGE ★★★★ Tourisme 221 E. dont 100 nus CV. Locations : . , . Bord de mer à 100 m.. Accueil groupes. Ouvert: 7.4 / 24.9. ☎ 02 97 50 22 52. E-mail : contact@sauvage-quiberon.com. Web : www.sauvage-quiberon.com. Réduction H.S.
Lat. : 47° 29' 57" N **Long.** : 003° 07' 21" W.

LES JONCS DU ROCH ★★★ Tourisme 158 E. 1,7 ha CV. Locations : . Bord de mer à 500 m. . Ouvert: 3.4 / 25.9. ☎ 02 97 50 24 37. E-mail : camping@lesjoncsduroch.com. Web : www.campingquiberon.com. Réduction H.S.
Lat. : 47° 28' 46" N **Long.** : 003° 06' 04" W.

BEAUSEJOUR ★★ Tourisme 192 E. dont 160 nus 2,5 ha CV. Locations : . Randonnée pédestre organisée. Bord de mer à 50 m. . Ouvert: 15.4 / 22.9. ☎ 02 97 30 44 93. E-mail : info@campingbeausejour.com. Web : www.campingbeausejour.com.
Lat. : 47° 30' 03" N **Long.** : 003° 07' 16" W.

CAMPING MUNICIPAL KERNE ★★ Loisirs 145 E. 4,7 ha CV. . Accès direct à l'étang ; bord de mer à 500 m.. Accueil groupes enfants. Ouvert: 27.6 / 31.8. ☎ 02 97 50 05 07. E-mail : quiberon@ville-quiberon.fr. Web : www.ville-quiberon.fr/quiberon/sejourner/campings-municipaux.
Lat. : 47° 29' 32" N **Long.** : 003° 08' 15" W.

LE GOVIRO ★★ Tourisme 243 E. 3,5 ha CV. . Bord de mer à 20 m. Accueil groupes adultes. Ouvert: 3.4 / 14.11. ☎ 02 97 50 13 54. E-mail : campingdugoviro@ville-quiberon.fr. Web : www.campingdugoviro.fr.
Lat. : 47° 28' 27" N **Long.** : 003° 06' 19" W.

REGUINY

5-D3 20 km S.-E. Pontivy. 100 m. Station verte de vacances et village de neige ✉ 56500

CAMPING MUNICIPAL DE L'ETANG NC Tourisme 67 E. dont 50 nus, dont 4 GCC. 2 ha CV. Accès direct à l'étang et à la rivière.. Accueil groupes. Ouvert: 13.6 / 6.9. ☎ 02 97 38 66 11. E-mail : mairie@reguiny.com. Web : www.reguiny.com.
Lat. : 47° 58' 09" N **Long.** : 002° 44' 26" W.

RIEUX

5-E4 56 km S.-E. Vannes. 24 m. ✉ 56350

CAMPING MUNICIPAL PARC DU CHATEAU ★★ Tourisme 45 E. CV . , . Accès direct à la rivière. . Accueil groupes. Ouvert: 15.4 / 30.10. ☎ 02 99 91 97 85. E-mail : huet.denis@wanadoo.fr. Web : www.rieux-morbihan.fr.
Lat. : 47° 35' 53" N **Long.** : 002° 06' 04" W.

ROCHEFORT-EN-TERRE

5-E4 34 km N.-E. Vannes. 48 m. ✉ 56220

AU GRÉ DES VENTS ★★★ Tourisme 85 E. dont 76 nus CV . Locations : caravane. Randonnée pédestre organisée. couverte chauffée . Etang à 500 m ; rivière à 1 km. . Accueil groupes. Ouvert: 31.3 / 24.9. ☎ 02 97 43 37 52. E-mail : camping@gredesvents.fr. Web : www.campingaugredesvents.com.
Lat. : 47° 41' 44" N **Long.** : 002° 20' 54" W.
FFCC : avantages adhérent : 10% du 01/04 au 30/06 et du 01/09 au 24/0910% du 01/04 au 30/06 et du 01/09 au 24/09 sur emp. et loc. + 10% hors juillet-août sur les emplacements nus et hébergements locatifs sur présentation de la carte ou rendez-vous dans votre club avantages FFCC pour obtenir le code promotionnel.

ROHAN

5-D3 17 km E. Pontivy 109 m. ✉ 56580

CAMPING MUNICIPAL LE VAL D'OUST ★★ Tourisme 45 E. 0,75 ha CV . , . Accès direct à l'étang et à la rivière. ; . Accueil groupes. Ouvert: 1.5 / 15.9. ☎ 02 97 51 57 58. E-mail : mairie.rohan@wanadoo.fr. Web : rohan.fr.
Lat. : 48° 04' 14" N **Long.** : 002° 45' 18" W.

SAINT-AIGNAN

5-D3 15 km N. Pontivy. 150 m. ✉ 56480

MERLIN LES PIEDS DANS L'EAU ★★ Tourisme 48 E. 2 ha CV. Locations : . Randonnée pédestre organisée. , , . Accès direct à l'étang et aux bords du lac. ; ; . Accueil groupes adultes. Ouvert: 1.5 / 15.10. ☎ 02 97 27 52 36. E-mail : info@restaurant-merlin.fr. Web : www.restaurant-merlin.fr.
Lat. : 48° 12' 11" N **Long.** : 003° 04' 03" W.

SAINT-CONGARD

5-E4 40 km N.-E. Vannes. 52 m. ✉ 56140

CAMPING MUNICIPAL LE HALAGE NC Tourisme 35 E. CV. . Accès direct à la rivière. . Ouvert: 15.6 / 15.9. ☎ 02 97 43 50 13. E-mail : mairie-st-congard@wanadoo.fr.
Lat. : 47° 46' 18" N **Long.** : 002° 19' 00" W.

SAINT-GILDAS-DE-RHUYS

5-D4 28 km S.-O. Vannes. 23 m. ✉ 56730

CAMPING DU MENHIR ★★★★ Tourisme 182 E. 3 ha la nuit, CV . A 3 km : chauffée . , . Bord de mer à 1 km. . Ouvert: 26.4 / 9.9. ☎ 02 97 45 22 88. E-mail : campingmenhir@aol.com. Web : www.camping-bretagnesud.com. Réduction H.S.
Lat. : 47° 31' 43" N **Long.** : 002° 50' 51" W.

LE GOHVELIN ★★★ Tourisme 87 E. dont 28 nus CV . Locations : . chauffée . Bord de mer à 300 m. . Ouvert: 8.4 / 25.9. ☎ 02 97 45 21 67. E-mail : contact@gohvelin.fr. Web : www.camping-gohvelin.com. Prix 2023. Fft nuit : empl. Tourisme (2) : 28 € ( ). Réduction H.S.
Lat. : 47° 30' 40" N **Long.** : 002° 50' 32" W.
FFCC : avantages adhérent : 20 € du 07/04 au 01/07 sur emp. et entre 243 € et 420 € la semaine du 07/04 au 10/06 sur loc.

LE GRAND GUITTON ★★ Tourisme 77 E. Ouvert: 1.5 / 30.9. ☎ 06 88 58 29 68. E-mail : clairemaeschal@hotmail.fr.
Lat. : 47° 29' 23" N **Long.** : 002° 48' 17" W.

LE KERVER ★★ Tourisme 127 E. . Locations : . . Accès direct à la mer. ; ; . . Ouvert: 1.5 / 30.9. ☎ 02 97 45 21 21. E-mail : campingkerver@gmail.com. Web : www.campingkerver.com/.
Lat. : 47° 31' 28" N **Long.** : 002° 51' 30" W.

PARC RESIDENTIEL DE LOISIRS AR BLADENNIG NC 44 E. CV. Locations : . chauffée. Bord de mer à 900 m ; rivière à 2 km. Ouvert: 1.1 / 31.12. ☎ 02 97 45 28 28. E-mail : guides@campingfrance.com. Web : www.ar-bladennig.com/.
Lat. : 47° 31' 38" N **Long.** : 002° 50' 31" W.

MME NATHALIE RIO CV. Ouvert: 1.4 / 30.9. ☎ 02 97 45 27 42. E-mail : contact@abri-cotier.com, Web : www.abri-cotier.com.
Lat. : 47° 30' 35" N **Long.** : 002° 48' 27" W.

SAINT-JACUT-LES-PINS

5-E4 46 km E. Vannes. 46 m. ✉ 56220

CAMPING MUNICIPAL LES ÉTANGS DE BODEAN ★★ Tourisme 17 E. 1 ha . Accès direct à l'étang.. Ouvert: 15.6 / 15.9. ☎ 02 99 91 28 65. E-mail : mairie.stjacutlespins@wanadoo.fr.
Lat. : 47° 40' 15" N **Long.** : 002° 13' 52" W.

SAINT-MALO-DE-BEIGNON

2-A5 57 km N.-E. Vannes. 96 m. ✉ 56380

CAMPING D'ALETH ★★★ Tourisme 50 E. dont 40 nus 2 ha CV. A 5 km : Locations : , , . Accès direct à la rivière ; étang à 50 m. ; . Accueil groupes. Ouvert: 1.4 / 15.10. ☎ 06 78 96 10 62. E-mail : campingaleth@gmail.com. Web : camping-aleth.com. Réduction H.S.
Lat. : 47° 57' 36" N **Long.** : 002° 09' 09" W.

SAINT-MARTIN-SUR-OUST

5-E4 44 km N.-E. Vannes. 45 m. Village de neige ✉ 56200

CAMPING MUNICIPAL LA DIGUE NC Tourisme 78 E. 1 ha CV. Accès direct à la rivière.. Accueil groupes. Ouvert: 1.5 / 30.9. ☎ 02 99 91 49 45. E-mail : st-martin-oust@wanadoo.fr. Web : www.st-martin-sur-oust.fr.
Lat. : 47° 44' 40" N **Long.** : 002° 15' 35" W.

SAINT-PHILIBERT

5-D4 40 km S.-E. Lorient. 9 m. ✉ 56470

DOMAINE DE KER ARNO ★★★★ Loisirs 223 E. CV. chauffée . Bord de mer à 1,5 km. Ouvert: 9.4 / 24.9. ☎ 08 25 27 32 73. E-mail : odalys@odalys-vacances.com.
Lat. : 47° 34' 46" N **Long.** : 002° 59' 59" W.

CAMPING L'EVASION ★★★ Tourisme 86 E. dont 22 nus CV. Locations : . chauffée . Bord de mer à 2,5 km. . Ouvert: 1.4 / 3.11. ☎ 02 97 55 04 90. E-mail : info@campinglevasion.com. Web : www.campinglevasion.com.
Lat. : 47° 35' 45" N **Long.** : 002° 59' 53" W.

LES PALMIERS ★★★ Tourisme 116 E. dont 33 nus 2 ha CV. chauffée . Bord de mer à 800 m. ; . Accueil groupes. Ouvert: 1.4 / 15.10. ☎ 02 97 55 01 17. E-mail : contact@campinglespalmiers.com. Web : www.campinglespalmiers.com.
Lat. : 47° 35' 18" N **Long.** : 003° 00' 54" W.

SAINT-PIERRE-QUIBERON

5-D4 50 km S.-E. Lorient. 13 m. ✉ 56510

PARK ER LANN ★★★ Tourisme 140 E. CV. Locations : , cocosweet. chauffée . Bord de mer à 700 m. . Ouvert: 7.4 / 17.9. ☎ 0 2 51 20 41 94. E-mail : contact@olela.fr. Web : www.olela.fr/campings/camping-park-er-lann.
Lat. : 47° 30' 23" N **Long.** : 003° 07' 37" W.

CAMPING GCU - ST PIERRE QUIBERON ★★ Tourisme 59 E. . Ouvert: 14.6 / 28.9. ☎ 02 97 30 80 45. E-mail : gcu@gcu.asso.fr. Web : www.gcu.asso.fr.
Lat. : 47° 30' 59" N **Long.** : 003° 08' 16" W.

CAMPING MUNICIPAL DU ROHU ★★ Tourisme 111 E. 1 ha CV. . Accès direct à la mer. ; ; . Ouvert: 1.4 / 7.10. ☎ 02 97 50 27 85. E-mail : mairie@saintpierrequiberon.net. Web : www.saintpierrequiberon.fr.
Lat. : 47° 30' 17" N **Long.** : 003° 07' 13" W.

CAMPING MUNICIPAL PENTHIEVRE ★★ Tourisme 761 E. 15 ha CV. , . Accès direct à la mer. ; ; . . Accueil groupes. Ouvert: 9.4 / 26.9. ☎ 02 97 52 33 86. E-mail : mairie@saintpierrequiberon.net. Web : www.saintpierrequiberon.fr.
Lat. : 47° 33' 17" N **Long.** : 003° 08' 04" W.

L'OCÉAN ★★ Tourisme 272 E. dont 170 nus 5 ha CV . Locations : , , . Randonnée pédestre organisée. couverte chauffée , . Accès direct à la mer. ; . Accueil groupes. Ouvert: 8.4 / 5.11. ☎ 02 97 30 91 29. E-mail : info@relaisdelocean.com. Web : www.relaisdelocean.com. Prix 2023. Fft jour : empl. Tourisme (2) : 28,9 € ( ) ; sup 5,70 € ; animaux 3,50 € ; 4 €. Réduction H.S.
Lat. : 47° 32' 03" N **Long.** : 003° 08' 26" W.
FFCC : avantages adhérent : 20 € du 07/04 au 24/06 et du 16/09 au 04/11 sur emp. et entre 47.40 € et 74.90 € la nuitée du 07/04 au 22/04 et du 02/09 au 04/11 sur loc.

PORT BLANC ★ Tourisme 140 E. 2 ha . . Bord de mer à 200 m. ; ; . Ouvert: 15.6 / 15.9. ☎ 02 97 30 91 30. E-mail : totobzh56@hotmail.fr.
Lat. : 47° 31' 28" N **Long.** : 003° 08' 41" W.

CAMPING MUNICIPAL KERHOSTIN NC Tourisme 97 E. 2 ha CV . . Bord de mer à 100 m. . Ouvert: 1.5 / 5.9. ☎ 02 97 30 95 25. E-mail : mairie.saintpierrequiberon@wanadoo.fr. Web : www.saintpierrequiberon.fr.
Lat. : 47° 32' 23" N **Long.** : 003° 08' 02" W.

SAINT-VINCENT-SUR-OUST

5-E4 48 km N.-E. Vannes. 25 m. ✉ 56350

LE PAINFAUT ★★ Tourisme 33 E. . Locations : . . Rivière à 1 km. Accueil groupes adultes. Ouvert: 1.5 / 30.10. ☎ 06 88 64 69 87. E-mail : camping@camping-lepainfaut.fr. Web : www.camping-lepainfaut.fr.
Lat. : 47° 42' 36" N **Long.** : 002° 52' 15" W.

SAINTE-ANNE-D'AURAY

5-D4 40 km S.-E. Lorient. 48 m. ✉ 56400

CAMPING MUNICIPAL DU MOTTEN ★★ Tourisme 115 E. dont 115 nus 1 ha CV. . Accueil groupes. Ouvert: 15.6 / 14.9. ☎ 02 97 57 60 27. E-mail : campingmotten@orange.fr.
Lat. : 47° 42' 00" N **Long.** : 002° 57' 00" W.

SAINTE-BRIGITTE

5-D3 20 km N.-O. Pontivy. 221 m. ✉ 56480

CAMPING MUNICIPAL NC Tourisme 6 E. dont 6 nus CV. , .. Ouvert: 1.5 / 30.9. ☎ 02 97 27 61 69. E-mail : tourisme@pontivycommunaute.com. Web : www.tourisme-pontivycommunaute.com.
Lat. : 48° 09' 49" N **Long.** : 003° 07' 42" W.

SARZEAU

5-D4 22 km S.-O. Vannes. 15 m. ✉ 56370

LODGE ★★★★★ Tourisme 379 E. 9 ha CV . Locations : , . couverte chauffée , . Bord de mer à 5 km. ; . Ouvert: 4.4 / 20.9. ☎ 02 97 41 29 93. E-mail : lodge@capfun.com. Web : www.lodgeclub.fr.
Lat. : 47° 31' 21" N **Long.** : 002° 47' 51" W.

AN TREST ★★★★ Tourisme 252 E. CV . Locations : . couverte chauffée , , . Bord de mer à 950 m. . Ouvert: 4.4 / 13.9. ☎ 02 97 41 79 60. E-mail : an.trest@capfun.com. Web : www.an-trest.com/. Réduction H.S.
Lat. : 47° 30' 22" N **Long.** : 002° 46' 16" W.

LE MANOIR DE KER AN POUL ★★★★ Tourisme 298 E. dont 93 nus 6,5 ha CV . Locations : . Randonnée pédestre organisée. couverte chauffée . Bord de mer à 700 m. ; . Accueil groupes. Ouvert: 7.4 / 24.9. ☎ 02 97 67 33 30. E-mail : keranpoul@edenvillages.fr. Web : www.eden-villages.fr/campings/manoirdekeranpoul.
Lat. : 47° 30' 19" N **Long.** : 002° 40' 59" W.
FFCC : avantages adhérent : 10% du 07/04 au 02/07 et du 27/08 au 24/0910% du 07/04 au 02/07 et du 27/08 au 24/09 sur emp. et loc.

LE SAINT JACQUES ★★★★ Tourisme 330 E. 7 ha CV . Locations : . couverte chauffée , . Accès direct à la mer. ; ; . . Ouvert: 6.4 / 29.9. ☎ 04 30 05 15 19. E-mail : info@tohapi.fr. Web : www.tohapi.fr/bretagne/camping-camping-saint-jacques.php.
Lat. : 47° 29' 25" N **Long.** : 002° 48' 05" W.

DOMAINE DE KERSIAL ★★★ Loisirs 74 E. Locations : . couverte chauffée . Bord de mer à 1,5 km. . Accueil groupes adultes. Ouvert: 15.3 / 6.11. ☎ 0 2 90 73 43 48. E-mail : contact@domainedekersial.com. Web : www.domainedekersial.com.
Lat. : 47° 30' 31" N **Long.** : 002° 47' 27" W.
FFCC : avantages adhérent : entre 62 € et 90 € la nuitée et entre 204 € et 875 € la semaine du 15/03 au 06/11 sur emp.

LA FERME DE LANN HOEDIC ★★★ Tourisme 140 E. dont 119 nus 3,55 ha CV . Locations : , . . Bord de mer à 800 m. Accueil groupes adultes. Ouvert: 1.4 / 31.10. ☎ 02 97 48 01 73. E-mail : contact@camping-lannhoedic.fr. Web : www.camping-lannhoedic.fr. Prix 2023. Fft jour : empl. Tourisme (2) : 27,1 € ( ) ; sup 5,90 € ; animaux 2,70 € ; 3,30 €. Réduction H.S.
Lat. : 47° 30' 27" N **Long.** : 002° 45' 39" W.
FFCC : avantages adhérent : 17 € du 01/04 au 09/07 et du 26/08 au 31/10 sur emp. et entre 40 € et 100 € la nuitée et entre 300 € et 700 € la semaine du 01/04 au 31/10 sur loc.

LA PLAGE ★★★ Tourisme 61 E. dont 19 nus 1 ha CV . Locations : . couverte chauffée . Accès direct à la mer. ; . Accueil groupes. Ouvert: 1.4 / 3.11. ☎ 02 97 41 73 56. E-mail : campingdelaplage56@orange.fr. Web : www.camping-de-la-plage.com.
Lat. : 47° 30' 19" N **Long.** : 002° 42' 37" W.

LES GENÊTS ★★★ Loisirs 143 E. dont 30 nus CV . Locations : . chauffée . Bord de mer à 800 m. Accueil groupes adultes. Ouvert: 1.4 / 31.10. ☎ 02 97 41 87 22. E-mail : contact@camping-les-genets.com. Web : www.camping-les-genets.com. Prix 2023. Fft jour : empl. Tourisme (2) : 31 € ( ) ; sup 6 € ; animaux 3 € ; 3,50 € ; 5 €. Réduction H.S.
Lat. : 47° 29' 44" N **Long.** : 002° 47' 58" W.

LES MOUETTES ★★★ Tourisme 86 E. dont 20 nus CV. chauffée . Bord de mer à 600 m. ; ; . Accueil groupes. Ouvert: 3.4 / 26.9. ☎ 02 97 41 90 50. E-mail : contact.lesmouettes@wanadoo.fr. Web : www.lesmouettes-camping.com. Réduction H.S.
Lat. : 47° 30' 31" N **Long.** : 002° 41' 58" W.

LA GREE PENVINS ★★ Tourisme 122 E. 2 ha CV. . Bord de mer à 20 m. ; ; . . Ouvert: 1.4 / 30.9. ☎ 02 97 67 33 96. E-mail : info@campinglagreepenvins.com. Web : www.campinglagreepenvins.com.
Lat. : 47° 30' 00" N **Long.** : 002° 19' 05" W.

CAMPING GCU - SARZEAU ★ Tourisme 271 E. . Locations : , , , . . Ouvert: 12.4 / 28.9. ☎ 02 97 41 30 12. E-mail : sarzeau5603@gcuf.fr. Web : www.gcu.asso.fr/terrains/sarzeau-morbihan-56.
Lat. : 47° 29' 56" N **Long.** : 002° 45' 59" W.

SENE

5-D4 4 km S. Vannes. 7 m. ✉ 56860

LE MOULIN DE CANTIZAC ★★★ Tourisme 137 E. 2,8 ha CV. Locations : . couverte chauffée . Accès direct à la rivière ; bord de mer à 30 m. Accueil groupes. Ouvert: 1.4 / 15.10. ☎ 02 98 92 53 52. E-mail : info@camping-vannes.com. Web : www.camping-vannes.com. Réduction H.S.
Lat. : 47° 37' 37" N **Long.** : 002° 44' 29" W.

SERENT

5-E4 29 km N.-E. Vannes. 77 m. ✉ 56460

CAMPING MUNICIPAL PONT SALMON ★★ Tourisme 30 E. dont 26 nus 2 ha CV. Locations : . chauffée . Etang à 500 m. . Ouvert: 1.6 / 31.8. ☎ 02 97 75 91 98. E-mail : camping.pontsalmon@serent.fr. Web : www.serent.fr. Prix 2023. Fft jour : empl. Tourisme (2) : 17,3 € ( ) ; sup 3,20 € ; animaux 2 € ; 1,60 €.
Lat. : 47° 49' 31" N **Long.** : 002° 30' 07" W.

SURZUR

5-D4 16 km S.-E. Vannes. 16 m. ✉ 56450

TY COËT ★★★ Tourisme 109 E. dont 45 nus 3 ha CV . Locations : . chauffée. Accueil groupes. Ouvert: 1.3 / 15.11. ☎ 02 97 42 09 05. E-mail : contact@camping-tycoet.fr. Web : www.camping-tycoet.fr. Réduction H.S.
Lat. : 47° 35' 16" N **Long.** : 002° 37' 10" W.

TAUPONT

5-E3 40 km N.-E. Vannes. 56 m. ✉ 56800

LA VALLÉE DU NINIAN ★★★ Tourisme 100 E. dont 81 nus, dont 12 GCC.
2,7 ha CV . Locations : . couverte chauffée , . Accès direct à la rivière ; étang et lac à 4 km. . Accueil groupes. Ouvert: 1.4 / 30.9. ☎ 02 97 93 53 01. E-mail : infos@camping-ninian.fr. Web : www.camping-ninian.fr. Prix 2022. empl. Tourisme : 8 € ; 5,50 € ; animaux 2,60 € ; 4 € ; 5,50 €. Réduction H.S.
Lat. : 47° 58' 10" N **Long.** : 002° 28' 12" W.
FFCC : avantages adhérent : 18 € du 01/04 au 07/07 et du 26/08 au 30/09 sur emp.

LE LAC ★★ Tourisme 115 E. CV. Locations : . , . Accès direct aux bords du lac. ; ; . Ouvert: 1.4 / 15.10. ☎ 02 97 74 01 22. E-mail : camping-du-lac@wanadoo.fr. Web : www.camping-du-lac-ploermel.com. Réduction H.S.
Lat. : 47° 56' 54" N **Long.** : 002° 25' 14" W.

THEIX-NOYALO

5-D4 9 km S.-E. Vannes. 21 m. ✉ 56450

LE RHUYS ★★★ Tourisme 96 E. dont 74 nus
2 ha 22 h / 8 h, CV . A 3 km : Locations : tipi. chauffée . Rivière à 300 m ; étang à 3 km ; bord de mer à 5 km. . Accueil groupes. Ouvert: 10.4 / 31.10. ☎ 02 97 54 14 77. E-mail : contact@campingderhuys.com. Web : www.campingderhuys.com. Réduction H.S.
Lat. : 47° 38' 27" N **Long.** : 002° 41' 39" W.

CAMPING DU CLERIGO NC Tourisme 100 E. dont 64 nus 2,7 ha 22 h / 8 h, CV . Locations : . , . Accès direct à l'étang ; rivière à 4 km.. Ouvert: 1.2 / 30.11. ☎ 0 768929683. E-mail : clerigo@vannescamping.com. Web : www.vannescamping.com. Réduction H.S.
Lat. : 47° 38' 26" N **Long.** : 002° 39' 14" W.

TREDION

5-E4 23 km N.-E. Vannes. 93 m. ✉ 56250

CAMPING MUNICIPAL L'ETANG AUX BICHES NC Tourisme 40 E. 0,54 ha , . Accès direct à l'étang ; rivière à 1 km.. Ouvert: 1.7 / 31.8. ☎ 02 97 67 14 06. E-mail : mairie.tredion@wanadoo.fr.
Lat. : 47° 46' 60" N **Long.** : 002° 35' 37" W.

VAL D'OUST

5-E4 36 km N.-E. Vannes. 60 m. ✉ 56460

DOMAINE DU ROC ★★★ Tourisme 66 E. dont 25 nus, dont 1 GCC. 1 ha CV . A 10 km : Locations : , tonneau, . couverte chauffée , . Accès direct à la rivière. . Accueil groupes. Ouvert: 1.4 / 5.11. ☎ 02 97 74 91 07. E-mail : domaine-du-roc@orange.fr. Web : www.domaine-du-roc.com. Réduction H.S.
Lat. : 47° 51' 49" N **Long.** : 002° 26' 46" W.

VANNES

5-D4 469 km S.-O. Paris. 21 m. ✉ 56000

CAMPING DE CONLEAU ★★★★ Tourisme 212 E. dont 123 nus
CV . Locations : . couverte chauffée , . Bord de mer à 300 m.. Accueil groupes. Ouvert: 6.4 / 22.9. ☎ 02 97 63 13 88. E-mail : camping.conleau@flowercampings.com. Web : www.vannes-camping.com. Réduction H.S.
Lat. : 47° 37' 59" N **Long.** : 002° 46' 47" W.
FFCC : avantages adhérent : 19 € du 01/04 au 24/06 et du 27/08 au 02/10 sur emp.

MOSELLE 57

Carte 4

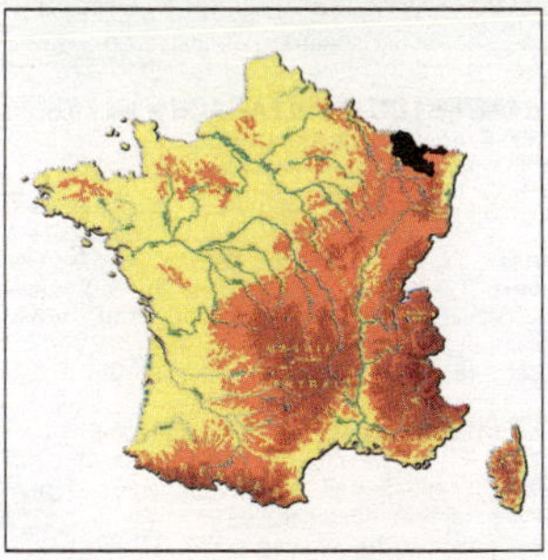

BAERENTHAL

4-E3 55 km S.-E. Sarreguemines. 279 m. Station verte de vacances et village de neige ✉ 57230

RAMSTEIN PLAGE ★★★ Tourisme 25 E.
CV . Locations : . Randonnée pédestre organisée. . Accès direct à l'étang et à la rivière. ; . Accueil groupes. Ouvert: 2.4 / 2.10. ☎ 0466 600 700. E-mail : ramstein@koawa.com. Web : www.camping-ramstein-plage.fr/fr. Prix 2022. Fft jour : empl. Tourisme (2) : 20 € ( ) ; sup 6 € ; animaux 3 € ; 5 €.
Lat. : 48° 58' 54" N **Long.** : 007° 30' 51" E.

LES CAMPEURS D'ALSACE NC Loisirs 60 E. 1 ha . Rivière à 500 m ; lac à 2 km. ; . Ouvert: 1.4 / 31.10. ☎ 03 87 06 55 04.
Lat. : 48° 58' 07" N **Long.** : 007° 31' 20" E.

BASSE-HAM

4-C2 7 km N.-E. Thionville 162 m. ✉ 57970

CAMPING DU PORT ★★★ Tourisme 68 E. dont 68 nus 1,88 ha CV . Etang à 200 m ; rivière à 50 m. Ouvert: 1.5 / 30.9. ☎ 0 6 35 82 37 28. E-mail : camping-du-port@outlook.com. Web : www.nautic-ham.fr. Prix 2023. Fft jour : empl. Tourisme (2) : 19 € ( )
Lat. : 49° 23' 07" N **Long.** : 006° 13' 30" E.

BURTONCOURT

4-C2 24 km N.-E. Metz. 266 m. ✉ 57220

LA CROIX DU BOIS SACKER ★★ Loisirs 126 E. dont 50 nus
4 ha CV . Locations : . Randonnée pédestre organisée. , . Accès direct à l'étang. . Ouvert: 1.4 / 15.10. ☎ 03 87 35 74 08. E-mail : camping.croixsacker@wanadoo.fr. Web : www.campingcroixsacker.com. Prix 2022. Fft jour : empl. Tourisme (2) : 19,9 € ( )
Lat. : 49° 13' 26" N **Long.** : 006° 23' 59" E.
FFCC : avantages adhérent : 18 € du 01/04 au 30/06 et du 01/09 au 30/09 sur emp.

CORNY-SUR-MOSELLE

4-C3 14 km S.-O. Metz-Campagne. 229 m. ✉ 57680

LE PAQUIS ★★★ Tourisme 109 E. CV. Etang à 10 m ; rivière à 5 m. Accueil groupes. Ouvert: 1.5 / 30.9. ☎ 0 07 67 59 05 55. E-mail : campinglepaquis@yahoo.fr. Web : www.campingcorny.com.
Lat. : 49° 02' 20" N **Long. :** 006° 03' 30" E.

FRANCALTROFF

4-D3 30 km N.-E. Château-Salins. 237 m. ✉ 57670

TENSCH JOLI ★★★ Tourisme 129 E. 4 ha CV. Locations : . Espace Fitness. chauffée , , . Accès direct à l'étang. ; ; . Accueil groupes. Ouvert: 28.3 / 30.9. ☎ 03 87 01 79 04. E-mail : tensch@capfun.com. Web : www.capfun.com.
Lat. : 48° 57' 39" N **Long. :** 006° 46' 26" E.

GONDREXANGE

4-D4 13 km S.-O. Sarrebourg. 280 m. ✉ 57815

LES MOUETTES NC Loisirs 220 E. 3 ha . Locations : . , , . Accès direct à l'étang. ; ; . Ouvert: 1.4 / 15.10. ☎ 03 87 25 06 01. E-mail : otsi.gondrexange@wanadoo.fr. Web : www.otsi-gondrexange.com.
Lat. : 48° 41' 30" N **Long. :** 006° 55' 32" E.

HAMBACH

4-D3 8 km S. Sarreguemines. 242 m. ✉ 57910

SAINT HUBERT NC 415 E. 5 ha . Accès direct à l'étang. ; ; . Ouvert: 1.4 / 30.9. ☎ 03 87 95 50 09.
Lat. : 49° 03' 23" N **Long. :** 007° 01' 41" E.

HASPELSCHIEDT

4-E3 40 km E. Sarreguemines. 309 m. ✉ 57230

CAMPING MUNICIPAL DE L'ÉTANG NC Tourisme 284 E. 5,24 ha CV. Accès direct à l'étang. ; ; . Accueil groupes. Ouvert: 1.4 / 31.10. ☎ 03 87 96 54 24. E-mail : camping.haspelschiedt@tubeo.eu. Web : www.haspelschiedt.fr.
Lat. : 49° 04' 55" N **Long. :** 007° 29' 37" E.

HENRIDORFF

4-E3 18 km S.-E. Sarrebourg. 317 m. ✉ 57820

LE PLAN INCLINE ★★★ Tourisme 65 E. 2 ha CV. Locations : , tonneau. Accès direct à la rivière. ; . Accueil groupes. Ouvert: 1.4 / 30.10. ☎ 03 87 25 30 13. E-mail : campingplaincline@orange.fr. Web : www.camping-alsace-lorraine.com.
Lat. : 48° 43' 09" N **Long. :** 007° 13' 35" E.

HOLVING

4-D3 22 km S.-E. Forbach. 232 m. ✉ 57510

CAMPING MUNICIPAL LE REFUGE DES PÊCHEURS ★★ Loisirs 299 E. dont 255 nus, dont 80 GCC. 3,5 ha CV. Locations : , caravane, , , . Accès direct à l'étang et à la rivière. ; ; . Accueil groupes. Ouvert: 15.4 / 15.10. ☎ 03 87 09 51 46. E-mail : commune.holving@orange.fr. Web : www.holving.fr. Prix 2023. Fft nuit : empl. Tourisme (2 1) : 12 € ( ) ; sup 2 € nuit ; animaux 1,50 € nuit ; 1 € nuit ; 2,50 € nuit. Réduction H.S.
Lat. : 49° 00' 53" N **Long. :** 006° 57' 18" E.

CAMPING DE MME HONNET NC Loisirs 16 E. . ☎ 03 87 09 50 22. E-mail : camping.hirbach@gmail.com.
Lat. : 49° 00' 35" N **Long. :** 006° 57' 55" E.

CAMPING HONNERT NC 17 E. . Ouvert: 1.7 / 30.8. ☎ 03 87 09 52 44. E-mail : guides@campingfrance.com.
Lat. : 49° 00' 23" N **Long. :** 006° 57' 09" E.

DOURSON NC 13 E. . Ouvert: 1.7 / 30.8. ☎ 03 87 02 61 55. E-mail : guides@campingfrance.com.
Lat. : 49° 00' 31" N **Long. :** 006° 57' 16" E.

LANGATTE

4-D3 7 km O. Sarrebourg. 269 m. ✉ 57400

ASSOCIATION TOURISME ET LOISIRS LA TOUR DU STOCK ★★★ Loisirs 196 E. dont 120 nus 2,5 ha CV. Locations : , . Espace Fitness. chauffée , , . Accès direct à l'étang. ; ; ; . Accueil groupes. Ouvert: 1.5 / 1.10. ☎ 03 87 03 69 90. E-mail : mairie.de.langatte@wanadoo.fr. Web : www.langatte-tourisme.com.
Lat. : 48° 45' 24" N **Long. :** 006° 57' 12" E.
FFCC : avantages adhérent : 14 € du 01/04 au 31/10 sur emp.

MALLING

4-C2 15 km N.-E. Thionville. 167 m. ✉ 57480

CAMPING MUNICIPAL ★ Tourisme 200 E. 6 ha . Accueil groupes. Ouvert: 1.4 / 30.9. ☎ 03 82 50 12 97. E-mail : camping.malling@orange.fr. Web : www.malling.fr/camping.
Lat. : 49° 25' 34" N **Long. :** 006° 18' 01" E.

METZ

4-C3 312 km E.-N.-E. Paris. 190 m. ✉ 57000

CAMPING MUNICIPAL METZ PLAGE ★★★ Tourisme 150 E. dont 150 nus 1,5 ha CV. A 300 m : . Accès direct à la rivière.. Accueil groupes. Ouvert: 15.4 / 30.9. ☎ 03 87 68 26 48. E-mail : campingmetz@mairie-metz.fr. Web : metz.fr/lieux/lieu-1941.php.
Lat. : 49° 07' 26" N **Long. :** 006° 10' 09" E.

MITTERSHEIM

4-D3 30 km N.-O. Sarrebourg. 241 m. ✉ 57930

CAMPING DU LAC VERT ★★ Loisirs 589 E. 3 ha . Locations : . , . Accès direct à l'étang. ; ; . Ouvert: 1.5 / 30.9. ☎ 03 87 07 67 13 / 06 07 50 61 24. E-mail : mittersheim.camping@orange.fr.
Lat. : 48° 51' 40" N **Long. :** 006° 56' 30" E.

AU SOLEIL NC 107 E. . Ouvert: 1.6 / 30.9. ☎ 03 87 07 67 21.
Lat. : 48° 51' 30" N **Long. :** 006° 56' 40" E.

MOUTERHOUSE

4-E3 38 km S.-E. Sarreguemines. 304 m. ✉ 57620

CAMPING MUNICIPAL NC 33 E. . Accès direct à l'étang. ☎ 03 87 06 44 72. E-mail : mairie.mouterhouse@tubeo.eu.
Lat. : 48° 58' 52" N **Long. :** 007° 26' 59" E.

NEUFGRANGE

4-D3 5 km S. Sarreguemines. 242 m. ✉ 57910

PARC SAINT VIT P.R.L ★★ NN248 E. 3,2 ha CV. Locations : , . Accès direct à l'étang ; rivière à 5 km. . Accueil groupes. Ouvert: 1.1 / 31.12. ☎ 03 87 98 13 83. E-mail : contact@camping-st-vit-57.com. Web : www.camping-st-vit-57.com.
Lat. : 49° 04' 44" N **Long. :** 007° 03' 12" E.

PHILIPPSBOURG

4-E3 40 km S.-E. Sarreguemines. 270 m. ✉ 57230

CAMPING MUNICIPAL HANAU PLAGE ★★ Tourisme 385 E. dont 440 nus 7 ha . Locations : . Randonnée pédestre organisée. , . Accès direct à l'étang. ; . Accueil groupes. Ouvert: 1.4 / 30.9. ☎ 03 87 06 51 55. E-mail : camping.hanau@orange.fr. Web : www.philippsbourg.fr.
Lat. : 48° 58' 60" N **Long. :** 007° 34' 07" E.

PUTTELANGE-AUX-LACS

4-D3 18 km S.-E. Forbach. 244 m. ✉ 57510

BEAU RIVAGE NC Loisirs 13 E. 0,3 ha . Accès direct à l'étang. ; . Ouvert: 1.4 / 30.9. ☎ 03 87 28 92 13. E-mail : mairie.puttelange@wanadoo.fr. Web : www.montanabeaurivage.com.
Lat. : 49° 02' 50" N **Long. :** 006° 53' 34" E.

LE MONTANA NC Loisirs 24 E. . Ouvert: 1.7 / 30.8. ☎ 03 87 28 92 13. E-mail : mairie.puttelange@wanadoo.fr.
Lat. : 49° 02' 53" N **Long. :** 006° 53' 41" E.

LES ROSES NC Loisirs 43 E. dont 29 GCC. Ouvert: 30.6 / 31.8. ☎ 03 87 09 67 57. E-mail : mairie.puttelange@wanadoo.fr.
Lat. : 49° 03' 06" N **Long. :** 006° 55' 17" E.

REMERING-LES-PUTTELANGE

4-D3 25 km S.-E. Forbach. 235 m. ✉ 57510

LE PALAIS DE GAUFRETTE ★ Loisirs 431 E. dont 40 nus 7 ha . , . Accès direct à l'étang. ; ; . Ouvert: 31.5 / 16.9. ☎ 03 87 09 62 35. E-mail : palais@capfun.com. Web : www.capfun.com/.
Lat. : 49° 01' 43" N **Long. :** 006° 55' 39" E.

RHODES

4-D3 16 km O. Sarrebourg. 264 m. ✉ 57810

CAMPING MUNICIPAL ★★ Tourisme 26 E. dont 26 nus 2,1 ha . Locations : tonneau. . Accès direct à l'étang. ; . Accueil groupes. Ouvert: 1.4 / 30.10. ☎ 09 61 25 93 53. E-mail : office.de.tourisme.rhodes@orange.fr. Web : www.campingrhodes.fr.
Lat. : 48° 45' 31" N **Long. :** 006° 53' 59" E.

VAL DE RHODES P.R.L ★★ NN140 E. 6 ha . Locations : . , . Accès direct aux bords du lac. ; ; . . Ouvert: 1.1 / 31.12. ☎ 09 77 00 41 65. E-mail : parc.residentiel@rhodes-stock.com. Web : www.rhodes-stock.com.
Lat. : 48° 45' 38" N **Long. :** 006° 54' 14" E.

SAINT-AVOLD

4-D3 18 km S.-O. Forbach. 258 m. ✉ 57500

LE FELSBERG ★★★ Tourisme 33 E. dont 30 nus CV. A 1 km : . Locations : . . Ouvert: 1.1 / 31.12. ☎ 03 87 92 75 05. E-mail : cis.stavold@wanadoo.fr. Web : www.mairie-saint-avold.fr/camping-et-centre-international-de-sejour.html.
Lat. : 49° 06' 33" N **Long. :** 006° 42' 30" E.

SAINT-QUIRIN

4-E4 15 km S. Sarrebourg. 482 m. Village de neige ✉ 57560

CAMPING MUNICIPAL NC Tourisme 33 E. 1 ha CV. Locations : . Randonnée pédestre organisée. , . Accès à l'étang. . Accueil groupes. Ouvert: 1.6 / 30.9. ☎ 0 7 55 58 46 98. E-mail : campingstquirin@gmail.com. Web : www.saintquirin.fr/camping/.
Lat. : 48° 36' 47" N **Long. :** 007° 04' 25" E.

SIERCK-LES-BAINS

4-C2 18 km N.-E. Thionville. 230 m. ✉ 57480

CAMPING MUNICIPAL DES TILLEULS ★★ Tourisme 48 E. dont 48 nus 22 h / 7 h à l'extérieur, CV . . Accès direct à la rivière. Accueil groupes. Ouvert: 15.4 / 16.10. ☎ 03 82 83 72 39. E-mail : camping@siercklesbains.fr. Web : www.camping-siercklesbains.fr. Prix 2022. Fft semaine : empl. Tourisme (2) : 101 € ( ) ;
Lat. : 49° 26' 43" N **Long. :** 006° 20' 58" E.

STURZELBRONN

4-E3 45 km E. Sarreguemines. 295 m. ✉ 57230

CAMPING DU MUHLENBACH ★★★★ Loisirs 300 E. dont 40 nus, dont 40 CC. 7 ha CV . Locations : roulotte. Espace Fitness. Accès direct à l'étang. ; . Ouvert: 1.4 / 30.9. ☎ 03 87 06 20 15. E-mail : info@camping-muhlenbach.com. Web : www.camping-muhlenbach.com.
Lat. : 49° 03' 50" N **Long. :** 007° 35' 35" E.

LE BREMMENDEL ★★ Tourisme 60 E. 1 ha . Ouvert: 1.4 / 15.10. ☎ 03 87 06 20 46. E-mail : labremendell@orange.fr. Web : labremendell.net.
Lat. : 49° 03' 34" N **Long. :** 007° 37' 30" E.

THIONVILLE

4-C2 28 km N. Metz. 196 m. ✉ 57100

CAMPING MUNICIPAL NC Tourisme 43 E. dont 21 CC. 3,94 ha CV . Locations : . . Accès direct à la rivière. Ouvert: 1.5 / 30.9. ☎ 03 82 53 83 75. E-mail : info@mairie-thionville.fr. Web : www.thionville.fr.
Lat. : 49° 21' 40" N **Long. :** 006° 10' 30" E.

VIC-SUR-SEILLE

4-D3 6 km S.-S.-E. Château-Salins. 239 m. ✉ 57630

LA TUILERIE ★★★★ Loisirs 90 E. 5,7 ha CV. Locations : , . Accès direct à l'étang. ; ; . Accueil groupes. Ouvert: 6.4 / 19.10. ☎ 03 87 01 12 25. E-mail : info@camping-la-tuilerie.com. Web : www.camping-la-tuilerie.com. Réduction H.S.
Lat. : 48° 46' 40" N **Long.** : 006° 32' 16" E.

VILSBERG

4-E3 16 km N.-E. Sarrebourg. 272 m. ✉ 57370

LES BOULEAUX ★★★ Tourisme 99 E. CV . chauffée. Accueil groupes. Ouvert: 1.4 / 11.10. ☎ 03 87 24 18 72. E-mail : info@campinglesbouleaux.fr. Web : www.campinglesbouleaux.fr. Réduction H.S.
Lat. : 48° 47' 02" N **Long.** : 007° 14' 58" E.
FFCC : avantages adhérent : 20 € du 01/04 au 01/07 et du 24/08 au 15/10 sur emp. et entre 70 € et 100 € la nuitée et entre 225 € et 450 € la semaine du 01/04 au 01/06 et du 01/09 au 15/10 sur loc.

VOLSTROFF

4-C2 12 km S.-E. Thionville. 201 m. ✉ 57940

LA MIRABELLE ★★★★★ Tourisme 161 E. dont 70 nus 5,5 ha CV . A 10 km : Espace Fitness. couverte chauffée , , . Accès direct à l'étang. . Accueil groupes. Ouvert: 26.4 / 8.9. ☎ 03 82 56 93 40. E-mail : mirabelle@capfun.com. Web : www.capfun.com/camping-france-lorraine-la_mirabelle-FR.html. Réduction H.S.
Lat. : 49° 17' 55" N **Long.** : 006° 16' 21" E.

NIEVRE 58

Carte 7

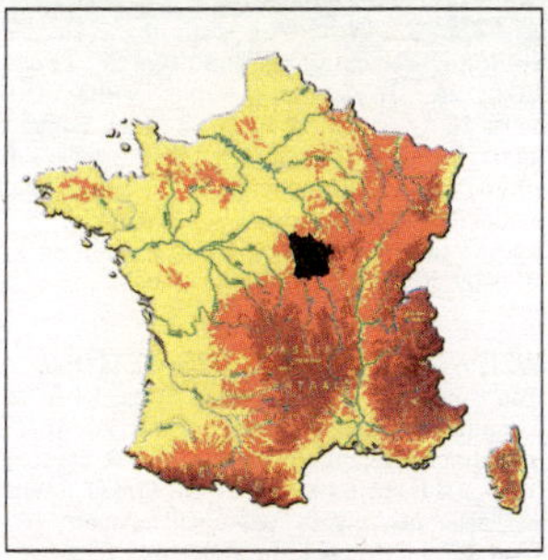

ARLEUF

7-E3 10 km S.-E. Château-Chinon. 633 m. ✉ 58430

CAMPING MUNICIPAL NC Tourisme 25 E. . Etang à 300 m. Accueil groupes. Ouvert: 15.6 / 1.9. ☎ 03 86 78 80 37. E-mail : mairie.arleuf@wanadoo.fr.
Lat. : 47° 02' 47" N **Long.** : 004° 01' 32" E.

BAZOLLES

7-E3 30 km O.-N.-O. Château-Chinon. 274 m. ✉ 58110

ACTIVITAL BAYE ★ Tourisme 51 E. 1 ha . Locations : . , . Accès direct à l'étang. . Ouvert: 1.4 / 30.9. ☎ 03 86 38 97 39. E-mail : baye@activital.net. Web : www.activital.net.
Lat. : 47° 10' 37" N **Long.** : 003° 37' 16" E.

CAMPING MUNICIPAL DE BAYE NC Tourisme 42 E. . Etang et lac à 50 m.. Ouvert: 1.4 / 30.10. ☎ 03 86 38 97 83. E-mail : mairie.bazolles@orange.fr.
Lat. : 47° 09' 51" N **Long.** : 003° 36' 57" E.

BRASSY

7-E2 50 km S.-E. Clamecy. 475 m. ✉ 58140

CAMPING MUNICIPAL NC Tourisme 10 E. . Lac à 3 km. Ouvert: 15.4 / 15.10. ☎ 03 86 22 20 31. E-mail : mairie-brassy@wanadoo.fr. Web : www.brassy.fr.
Lat. : 47° 15' 43" N **Long.** : 003° 56' 05" E.

BREVES

7-E2 10 km S.-E. Clamecy. 231 m. ✉ 58530

CAMPING MUNICIPAL LES FONTAINES NC Tourisme 66 E. dont 62 nus 1,2 ha CV . Locations : , . Accès direct à la rivière. ; ; . Accueil groupes. Ouvert: 1.6 / 30.9. ☎ 03 86 24 25 26. E-mail : campingdestroisfontaines@gmail.com. Web : www.vaux-yonne.com. Prix 2022. 3 € ; 7 € ; 7 € ; 3 € ; 2 € ; animaux 1 € ; 1,50 € ; E. CC 7 €.
Lat. : 47° 24' 53" N **Long.** : 003° 36' 28" E.

CERCY-LA-TOUR

7-E3 30 km S.-O. Chateau-Chinon. 215 m. ✉ 58340

CAMPING MUNICIPAL LE PORT NC Tourisme 33 E. 0,7 ha CV . chaufféе. Rivière à 50 m. ; . Ouvert: 1.4 / 31.10. ☎ 07 88 48 16 02. E-mail : contact@cercylatour.fr. Web : www.cercylatour.fr/tourisme/camping/.
Lat. : 46° 51' 59" N **Long.** : 003° 38' 35" E.

CHATILLON-EN-BAZOIS

7-E3 26 km O. Chateau-Chinon. 255 m. ✉ 58110

PARC RESIDENTIEL DE LOISIRS P.R.L ★★ NN 12 E. CV . Locations : , roulotte. , . Rivière à 50 m.. ☎ 03 86 84 06 99. E-mail : roulottesbazois@orange.fr. Web : www.roulottes-bazois.com.
Lat. : 47° 03' 13" N **Long.** : 003° 39' 18" E.

CHAUMARD

7-E3 13 km N. Château-Chinon. 395 m. ✉ 58120

CAMPING MUNICIPAL LES ILES NC Tourisme 30 E. CV. Locations : . . Accès direct aux bords du lac. . . Ouvert: 1.5 / 30.9. ☎ 0 3 86 78 05 58. E-mail : campingdechaumard@gmail.com.
Lat. : 47° 08' 39" N **Long.** : 003° 54' 25" E.

CHAUMOT

7-E3 28 km S.-E. Clamecy. 217 m. ✉ 58800

L'ARDAN ★★ Tourisme 40 E. 0,9 ha . Locations : , . . Accès direct à la rivière. . Accueil groupes. Ouvert: 1.4 / 30.9. ☎ 03 86 20 07 70. E-mail : campingdelardan@wanadoo.fr. Web : www.camping-bourgogne.com.
Lat. : 47° 15' 32" N **Long.** : 003° 38' 33" E.

CLAMECY

7-D2 72 km N.-E. Nevers. 203 m. Station verte de vacances et village de neige ✉ 58500

CAMPING MUNICIPAL LE PONT PICOT NC Tourisme 55 E. dont 50 nus 1,3 ha CV . Locations : , tonneau, . , . Accès direct à la rivière. . Accueil groupes. Ouvert: 1.4 / 30.9. ☎ 03 86 27 05 97. E-mail : clamecycamping@orange.fr. Web : www.clamecy.fr. Prix 2023. Fft jour : empl. Tourisme (2) : 20 € ( ) ; sup 3 € ; animaux 2 € ; 1,50 €.
Lat. : 47° 27' 07" N **Long.** : 003° 31' 40" E.

CORANCY

7-E3 5 km N. Château-Chinon. 472 m. ✉ 58120

LES SOULINS ★★ Tourisme 38 E. dont 35 nus 1 ha CV . Locations : , yourte. Randonnée pédestre organisée. . Lac à 100 m ; rivière à 1 km. Ouvert: 16.4 / 25.9. ☎ 03 86 84 47 52. E-mail : campingles soulins@gmail.com. Web : www.campinglessoulins.fr. Réduction H.S.
Lat. : 47° 07' 04" N **Long.** : 003° 55' 58" E.

CRUX-LA-VILLE

7-D3 40 km N.-E. Nevers. 299 m. ✉ 58330

L'ÉTANG DU MERLE ★★★ Tourisme 59 E. dont 39 nus . Locations : cocosweet. , . Accès direct à l'étang. ; ; . Accueil groupes enfants. Ouvert: 10.4 / 9.10. ☎ 06 76 61 41 13. E-mail : etangdumerle@gmail.com. Web : www.camping-etang-du-merle.fr.
Lat. : 47° 08' 13" N **Long.** : 003° 29' 35" E.

DECIZE

7-D4 32 km S.-E. Nevers. 203 m. ✉ 58300

CAMPING DE DECIZE ★★★ Tourisme 90 E. dont 79 nus

CV. Locations : , . Accès direct à la rivière.. Accueil groupes. Ouvert: 3.4 / 22.10. ☎ 03 86 25 14 05. E-mail : camping.decize@aquadis-loisirs.com. Web : www.aquadis-loisirs.com/camping-nature/camping-de-decize. Prix 2023. Fft nuit : empl. Tourisme (2) : 19,9 € ( ). Réduction H.S.
Lat. : 46° 50′ 06″ N **Long.** : 003° 27′ 21″ E.
FFCC : avantages adhérent : 17 € du 03/04 au 08/07 et du 26/08 au 22/10 sur emp.

DONZY

7-D2 16 km E.-S.-E. Cosne-sur-Loire. 209 m. Station verte de vacances et village de neige ✉ 58220

CAMPING MUNICIPAL LE MOULIN NAUDIN NC Tourisme 40 E. 0,55 ha CV. . Rivière à 100 m ; étang à 700 m.. Ouvert: 1.5 / 15.10. ☎ 03 86 39 30 28. E-mail : mairie-donzy@wanadoo.fr.
Lat. : 47° 22′ 07″ N **Long.** : 003° 06′ 55″ E.

DORNES

7-D4 38 km S.-E. Nevers. 238 m. ✉ 58390

CAMPING MUNICIPAL LES BAILLYS NC Tourisme 20 E. dont 20 nus 0,7 ha CV . Accès direct à l'étang.. Accueil groupes. Ouvert: 15.5 / 30.9. ☎ 03 86 50 60 47. E-mail : dornes.mairie@wanadoo.fr. Web : dornes.fr.
Lat. : 46° 42′ 34″ N **Long.** : 003° 19′ 24″ E.

DUN-LES-PLACES

7-E2 56 km S.-E. Clamecy. 528 m. ✉ 58230

CAMPING MUNICIPAL LA CROIX DU CHATEAU NC Tourisme 31 E. 1,3 ha . Rivière à 3 km. Ouvert: 1.5 / 30.9. ☎ 03 86 84 62 05. E-mail : mairie.dunlesplaces@wanadoo.fr.
Lat. : 47° 17′ 24″ N **Long.** : 004° 00′ 48″ E.

EPIRY

7-E3 40 km S.-E. Clamecy. 288 m. ✉ 58800

CAMPING SUR YONNE ★★ Tourisme 16 E. 0,5 ha . Locations : . , . Accès direct à la rivière.. Ouvert: 3.4 / 31.10. ☎ 03 86 22 46 67. E-mail : info@sur-yonne.com. Web : www.sur-yonne.eu.
Lat. : 47° 10′ 52″ N **Long.** : 003° 44′ 22″ E.

FACHIN

7-E3 10 km S. Château-Chinon 612 m. ✉ 58430

AIRE NATURELLE DE CAMPING . Ouvert: 1.7 / 31.8. ☎ 03 86 85 10 12. E-mail : mairie.fachin@wanadoo.fr.
Lat. : 46° 59′ 12″ N **Long.** : 003° 58′ 18″ E.

FOURS

7-E4 30 km S.-O. Château Chinon 231 m. ✉ 58250

CAMPING VUE DU LAC . Ouvert: 30.3 / 14.10. ☎ 03 86 50 20 67. E-mail : vuedulac@orange.fr, Web : www.campingvuedulac.com. Réduction H.S.
Lat. : 46° 47′ 41″ N **Long.** : 003° 42′ 17″ E.

LA CHARITE-SUR-LOIRE

7-D3 28 km S. Cosne. 186 m. ✉ 58400

LA SAULAIE ★★★ Tourisme 82 E. dont 82 nus, dont 58 CC. CV . Locations : , , roulotte. chauffée . Accès direct à la rivière. Accueil groupes. Ouvert: 1.4 / 30.9. ☎ 03 86 70 00 83. E-mail : campinglasaulaie@outlook.fr. Web : www.entreprisefrery.fr/lacharitesurloire/. Prix 2022. Fft jour : empl. Tourisme (2) : 14,6 € ( ) ; sup 4,20 € ; animaux 1,50 € ; 2,20 € ; 3 €.
Lat. : 47° 10′ 37″ N **Long.** : 003° 00′ 37″ E.

LA COLLANCELLE

7-E3 40 km S.-E. Clamecy. 282 m. ✉ 58800

M. BERNARD GOGUELAT CV. ☎ 03 86 22 41 89. E-mail : bernard.goguelat@wanadoo.fr, Web : la-vie-au-vert.monsite.wanadoo.fr.
Lat. : 47° 11′ 24″ N **Long.** : 003° 40′ 14″ E.

LA MACHINE

7-D3 32 km S.-E. Nevers 250 m. ✉ 58260

CAMPING MUNICIPAL NC Tourisme 10 E. . Locations : , . Etang à 50 m. ; . ☎ 03 86 50 49 00. E-mail : administration@mairie-la-machine.fr. Web : www.mairie-la-machine.fr.
Lat. : 46° 52′ 37″ N **Long.** : 003° 28′ 50″ E.

LA NOCLE-MAULAIX

7-E4 44 km S. Chateau-Chinon. 238 m. ✉ 58250

CAMPING MUNICIPAL DU LAC MARNANT NC Tourisme 17 E. 1,5 ha . Locations : , , . Accès direct à l'étang et aux bords du lac. ; ; . Accueil groupes. Ouvert: 1.5 / 30.9. ☎ 03 86 30 84 13. E-mail : mairie-la-nocle-maulaix@wanadoo.fr.
Lat. : 46° 46′ 00″ N **Long.** : 003° 46′ 31″ E.

LAROCHEMILLAY

7-E3 28 km S. Château-Chinon. 429 m. ✉ 58370

LA FORÊT DU MORVAN . Ouvert: 1.4 / 30.9. ☎ 03 86 30 47 93. E-mail : info@campinglaforetdumorvan.com, Web : campinglaforetdumorvan.com.
Lat. : 46° 54′ 09″ N **Long.** : 003° 59′ 55″ E.

LIMANTON

7-E3 22 km S.-O. Chateau-Chinon. 238 m. ✉ 58290

CAMPING MUNICIPAL AU BORD DE L'EAU ★★ Tourisme 40 E. 0,9 ha CV. Locations : , , . Accès direct à la rivière. . Ouvert: 15.6 / 15.9. ☎ 03 86 84 94 77. E-mail : mairie.limanton@wanadoo.fr.
Lat. : 46° 57′ 28″ N **Long.** : 003° 44′ 42″ E.

LORMES

7-E2 32 km S. Clamecy. 404 m. Station verte ✉ 58140

CAMPING MUNICIPAL L'ÉTANG DU GOULOT ★★★ Tourisme 64 E. 2,5 ha CV . Locations : , , , cabanes, tonneau, , , , . Accès direct à l'étang. ; . Accueil groupes. Ouvert: 1.4 / 31.10. ☎ 06 81 43 40 95. E-mail : campingdugoulot@gmail.com. Web : www.campingetangdugoulot.com. Prix 2023. Fft jour : empl. Tourisme (2) : 20 € ( ) ; sup 6,50 € ; animaux 2 € ; 3,50 € ; 4 €. Réduction H.S.
Lat. : 47° 16′ 57″ N **Long.** : 003° 49′ 21″ E.

LUZY

7-E4 38 km S. Chateau-Chinon. 317 m. ✉ 58170

DOMAINE DE LA GAGÈRE ★★★★ Tourisme 120 E. dont 104 nus

4 ha CV . Rés. naturiste. Locations : , , . couverte chauffée . Etang à 5 km. Accueil groupes. Ouvert: 1.4 / 30.9. ☎ 03 86 30 48 11. E-mail : info@la-gagere.com. Web : www.la-gagere.fr. Prix 2023. Fft nuit : empl. Tourisme (2) : 40 € ( ). Réduction H.S.
Lat. : 46° 49′ 01″ N **Long.** : 004° 03′ 24″ E.

LA BEDURE NC Tourisme 50 E. 1,5 ha . Randonnée pédestre organisée. chauffée. Rivière à 800 m. . Ouvert: 1.6 / 15.9. ☎ 03 86 30 68 27. E-mail : info@campinglabedure.com. Web : www.campinglabedure.com.
Lat. : 46° 47′ 46″ N **Long.** : 003° 58′ 47″ E.

MONTAPAS

7-E3 41 km N.-E. Nevers. 263 m. ✉ 58110

CAMPING MUNICIPAL LA CHENAIE NC Tourisme 33 E. 1 ha CV. , . Accès direct à l'étang ; rivière à 150 m. ; . Ouvert: 1.4 / 31.10. ☎ 0 6 30 91 84 73. E-mail : mairiedemontapas@orange.fr.
Lat. : 47° 04′ 55″ N **Long.** : 003° 35′ 46″ E.

MONTIGNY-EN-MORVAN

7-E3 12 km N.-O. Château-Chinon. 365 m. ✉ 58120

DOMAINE DE PANNECIERE ★★ Tourisme 39 E. 8 ha CV. Locations : . Espace Fitness. chauffée , . Lac à 300 m. . Ouvert: 11.4 / 31.10. ☎ 03 86 84 79 00. E-mail : montigny@odalys-vacances.com. Web : www.odalys-vacances.com.
Lat. : 47° 09′ 47″ N **Long.** : 003° 52′ 15″ E.

CAMPING MUNICIPAL NC Tourisme 59 E. . Locations : , , . Accès direct aux bords du lac. ; . Ouvert: 1.5 / 30.9. ☎ 03 86 84 71 77. E-mail : montignyenmorvan@free.fr. Web : www.montigny-en-morvan.fr.
Lat. : 47° 08′ 41″ N **Long.** : 003° 51′ 18″ E.

MONTSAUCHE-LES-SETTONS

7-E3 27 km N.-N.-E. Château-Chinon. 572 m. Station verte de vacances et village de neige ✉ 58230

LES MÉSANGES ★★★ Tourisme 100 E. dont 94 nus, dont 4 CC - 18 GCC.

CV . Locations : cabanes , , . Accès direct à l'étang ; lac à 200 m ; rivière à 2 km.. Ouvert: 29.4 / 23.9. ☎ 0 6 59 09 27 78. E-mail : info@campinglesmesanges.fr. Web : www.campinglesmesanges.fr. Prix 2022. empl. Tourisme : 5 € ; 5,50 € ; 3 € ; 4 €. Réduction H.S.
Lat. : 47° 10′ 54″ N **Long.** : 004° 03′ 10″ E.
FFCC : avantages adhérent : 15 € du 28/04 au 30/06 et du 27/08 au 22/09 sur emp.

PLAGE DES SETTONS ★★★ Tourisme 60 E. dont 60 nus 2,30 ha CV . Locations : , . Accès direct aux bords du lac. ; . Accueil groupes. Ouvert: 15.4 / 30.9. ☎ 03 86 84 51 99. E-mail : camping-plages-des-settons@wanadoo.fr. Web : www.camping-chalets-settons.com. Réduction H.S.
Lat. : 47° 11′ 31″ N **Long.** : 004° 03′ 39″ E.

PLAGE DU MIDI ★★★ Tourisme 132 E. dont 106 nus

2,5 ha CV . Locations : cabanes, roulotte. couverte chauffée . Lac à 50 m. ; . Accueil groupes. Ouvert: 16.4 / 31.10. ☎ 03 86 84 51 97. E-mail : campplagedumidi@orange.fr. Web : www.settons-camping.fr. Réduction H.S.
Lat. : 47° 11′ 10″ N **Long.** : 004° 04′ 14″ E.
FFCC : avantages adhérent : 15 € du 09/04 au 01/07 et du 27/08 au 15/10 sur emp.

ACTIVITAL ECO BASE DES SETTONS ★ Tourisme 20 E. 1 ha . Locations : , , , , . Accès direct aux bords du lac. ; ; . . Ouvert: 1.5 / 1.11. ☎ 03 86 84 51 98. E-mail : settons@activital.net. Web : www.activital.net.
Lat. : 47° 11′ 15″ N **Long.** : 004° 04′ 17″ E.

MOULINS-ENGILBERT

7-E3 16 km S.-O. Chateau-Chinon. 263 m. Station verte de vacances et village de neige ✉ 58290

CAMPING MUNICIPAL NC Tourisme 16 E. . Accès direct à la rivière.. Ouvert: 1.7 / 1.9. ☎ 03 86 84 21 48. E-mail : mairie-moulins-engilbert@orange.fr. Web : www.moulins-engilbert.fr/.
Lat. : 46° 59′ 05″ N **Long.** : 003° 48′ 35″ E.

MOUX-EN-MORVAN

7-F3 22 km N.-E. Chateau-Chinon. 577 m. Station verte de vacances et village de neige ✉ 58230

SETTONS COTTAGES P.R.L ★★★ NN26 E. dont 3 GCC. CV. Locations : cabanes, kota, roulotte, caravane. Randonnée pédestre organisée. Accès direct à la rivière ; lac à 50 m. Accueil groupes. Ouvert: 1.4 / 15.11. ☎ 03 86 76 04 99. E-mail : michel.guilleminot0126@orange.fr. Web : www.settons-cottages.fr. Réduction H.S.
Lat. : 47° 10' 35" N **Long.** : 004° 04' 36" E.

CAMPING MUNICIPAL NC Tourisme 21 E. 0,21 ha. ☎ 03 86 76 11 50. E-mail : mairie@mouxenmorvan.fr. Web : www.mouxenmorvan.fr.
Lat. : 47° 10' 00" N **Long.** : 004° 09' 00" E.

DOMAINE LA CABANE VERTE NC Tourisme 107 E. 0,8 ha CV. Locations : roulotte. Accès direct aux bords du lac. Ouvert: 1.1 / 31.12. ☎ 0 6 48 00 93 79. E-mail : contact@lacabaneverte.fr. Web : www.lacabaneverte.fr.
Lat. : 47° 10' 24" N **Long.** : 004° 04' 17" E.

NEVERS

7-D3 232 km S.-E. Paris. 190 m. ✉ 58000

CAMPING DE NEVERS ★★★ Tourisme 75 E. dont 65 nus CV. Locations : tonneau. Accès direct à la rivière.. Accueil groupes. Ouvert: 1.3 / 30.10. ☎ 03 86 36 40 75. E-mail : camping.nevers@aquadis-loisirs.com. Web : www.aquadis-loisirs.com/camping-nature/camping-de-nevers. Prix 2023. Fft nuit : empl. Tourisme (2) : 22,2 €. Réduction H.S.
Lat. : 46° 58' 57" N **Long.** : 003° 09' 39" E.
FFCC : avantages adhérent : 19 € du 01/03 au 08/07 et du 26/08 au 30/10 sur emp.

OUAGNE

7-D2 8 km S. Clamecy 205 m. ✉ 58500

LE RELAIS DE MAUFRONT NC 3 E.. ☎ 03 86 27 01 36. E-mail : contact@relaisdemaufront.fr. Web : relaisdemaufront.fr.
Lat. : 47° 23' 41" N **Long.** : 003° 29' 32" E.

OUROUX-EN-MORVAN

7-E3 32 km N. Chateau-Chinon. 513 m. Station verte de vacances et village de neige ✉ 58230

LES GENÊTS DU MORVAN ★★★ Tourisme 50 E. dont 42 nus CV. Locations. Etang à 800 m ; rivière à 1,5 km. Ouvert: 28.4 / 30.9. ☎ 0 6 06 46 80 13. E-mail : camping.ouroux@orange.fr. Web : www.camping-genets-morvan.com. Prix 2023. Fft jour : empl. Tourisme (2) : 22 € (E. CC) ; sup 7 € ; animaux 1,40 € ; 4,40 €.
Lat. : 47° 11' 19" N **Long.** : 003° 56' 21" E.

PLANCHEZ

7-E3 16 km N.-E. Chateau-Chinon. 612 m. ✉ 58230

CAMPING MUNICIPAL ★★ Tourisme 55 E. 0,9 ha.. Ouvert: 1.7 / 30.9. ☎ 03 86 78 42 03. E-mail : plancheztourisme@orange.fr.
Lat. : 47° 08' 06" N **Long.** : 004° 01' 09" E.

POUGUES-LES-EAUX

7-D3 11 km N.-O. Nevers. 204 m. ✉ 58320

CAMPING MUNICIPAL LES CHANTERNES NC Tourisme 60 E. 0,8 ha. Ouvert: 1.6 / 30.9. ☎ 03 86 68 86 18. E-mail : camping@ville-pouguesleseaux.fr. Web : www.ville-pouguesleseaux.fr.
Lat. : 47° 05' 05" N **Long.** : 003° 05' 35" E.

POUILLY-SUR-LOIRE

7-C2 15 km S.-E. Cosne-sur-Loire. 177 m. ✉ 58150

LE MALAGA ★★★ Tourisme 66 E. 2,5 ha. Locations. Accès direct à la rivière. Accueil groupes adultes. Ouvert: 1.5 / 1.9. ☎ 06 78 43 59 68. E-mail : campingmalaga@orange.fr. Web : www.campingpouillysurloire.fr.
Lat. : 47° 17' 17" N **Long.** : 002° 56' 35" E.

PREMERY

7-D3 46 km S.-E- Cosne-Cours-sur-Loire. 294 m. ✉ 58700

CAMPING MUNICIPAL LES PRÉS DE LA VILLE ★★ Tourisme 78 E. dont 50 nus. Concours de pétanque et Barbecue le vendredi soir en juillet / août, CV 7.00€ 7 jours. Locations. Accès direct à l'étang et à la rivière. surveillée ; Accueil groupes adultes encadrés. Accueil groupes enfants Ouvert: 1.4 / 30.9. ☎ 06 42 81 01 64. E-mail : camping@ville-premery.fr. Web : www.mairie-premery.fr/camping.
Lat. : 47° 10' 39" N **Long.** : 003° 20' 13" E.

SAINT-AGNAN

7-E2 44 km N.-E. Chateau-Chinon. 559 m. ✉ 58230

LA JARNOISE P.R.L ★★ NN6 E. CV. Locations. Accès direct à l'étang ; lac et rivière à 1,5 km.. Accueil groupes adultes. Ouvert: 1.1 / 31.12. ☎ 03 86 78 73 14. E-mail : contact@lajarnoise.com. Web : www.lajarnoise.com.
Lat. : 47° 20' 35" N **Long.** : 004° 07' 32" E.

SAINT-AMAND-EN-PUISAYE

7-D2 19 km N.-E. Cosne sur Loire. 228 m. ✉ 58310

CAMPING MUNICIPAL DE LA VRILLE NC Tourisme 35 E. 1 ha. Accès direct à la rivière.. Ouvert: 1.6 / 30.9. ☎ 03 86 39 72 21 / 07 44 52 91 19. E-mail : camping.de.la.vrille@gmail.com. Web : www.campingdelavrille.fr/.
Lat. : 47° 32' 11" N **Long.** : 003° 04' 51" E.

SAINT-BRISSON

7-E2 37 km N.-E. Cosne-Cours-sur-Loire. 624 m. ✉ 58230

CAMPING MUNICIPAL NC Tourisme 25 E.. ☎ 03 86 78 70 80. E-mail : mairiestbrisson58@wanadoo.fr.
Lat. : 47° 16' 27" N **Long.** : 004° 05' 31" E.

SAINT-HONORE-LES-BAINS

7-E3 25 km S.-O. Chateau-Chinon. 326 m. Station verte de vacances et village de neige ✉ 58360

LES BAINS ★★★ Tourisme 123 E. 2,5 ha CV. Locations. Etang à 500 m. Accueil groupes. Ouvert: 20.3 / 20.10. ☎ 03 86 30 73 44. E-mail : campinglesbains@gmail.com. Web : www.campinglesbains.com. Réduction H.S.
Lat. : 46° 54' 25" N **Long.** : 003° 49' 42" E.
FFCC : avantages adhérent : 16 € du 08/04 au 03/07 et du 28/08 au 31/10 sur emp. et entre 45 € et 70 € la nuitée et entre 164 € et 409 € la semaine du 08/04 au 03/07 et du 28/08 au 31/10 sur loc.

CAMPING MUNICIPAL DU GUET ★★ Tourisme 70 E. dont 67 nus, dont 3 CC. 1 ha CV. Locations. Etang à 800 m. Accueil groupes. Ouvert: 15.3 / 17.10. ☎ 03 86 30 76 00. E-mail : secretariat@sainthonorelesbains.fr. Web : www.sainthonorelesbains.fr.
Lat. : 46° 54' 15" N **Long.** : 003° 50' 22" E.

SAINT-LEGER-DE-FOUGERET

7-E3 10 km S. Chateau-Chinon. 479 m. ✉ 58120

L'ETANG DE LA FOUGERAIE ★★★★ Tourisme 73 E. dont 61 nus 4 ha CV. Locations. chauffée. Accès direct à l'étang et aux bords du lac. Accueil groupes. Ouvert: 1.4 / 30.9. ☎ 03 86 85 11 85. E-mail : info@campingfougeraie.fr. Web : www.campingfougeraie.com. Réduction H.S.
Lat. : 47° 00' 23" N **Long.** : 003° 54' 18" E.

SAINT-PEREUSE

7-E3 10 km O. Chateau-Chinon. 309 m. ✉ 58110

MANOIR DE BEZOLLE ★★★★ Tourisme 100 E. dont 75 nus 4 ha CV. Locations. chauffée. Accès direct à l'étang.. Accueil groupes. Ouvert: 1.4 / 30.9. ☎ 03 86 76 01 89. E-mail : campingmanoirdebezolle@gmail.com. Web : www.campingmanoirdebezolle.com. Prix 2023. Fft jour : empl. Tourisme (2) : 21 € ; sup 5 € ; 5 €.
Lat. : 47° 03' 27" N **Long.** : 003° 48' 58" E.
FFCC : avantages adhérent : 20 € du 01/04 au 30/06 et du 01/09 au 30/09 sur emp. et entre 40 € et 60 € la nuitée du 01/04 au 30/06 et du 01/09 au 30/09 (non valable durant les jours fériés.) sur loc.

SAINT-PIERRE-LE-MOUTIER

7-D4 23 km S. Nevers. 225 m. ✉ 58240

CAMPING MUNICIPAL DU PANAMA NC Tourisme 40 E. 0,8 ha. Etang à 200 m.. Ouvert: 1.1 / 31.12. ☎ 03 86 90 19 94. E-mail : mairie.stpierrelemoutier@wanadoo.fr. Web : mairie-stpierrelemoutier.fr.
Lat. : 46° 47' 09" N **Long.** : 003° 07' 10" E.

TAZILLY

7-E4 40 km S. Chateau-Chinon. 330 m. ✉ 58170

CHATEAU DE CHIGY ★★★★ Tourisme 135 E. 25 ha CV. Locations. Accès direct à l'étang. Ouvert: 29.4 / 30.9. ☎ 03 86 30 10 80. E-mail : reception@chateaudechigy.com.fr. Web : www.chateaudechigy.com.fr.
Lat. : 46° 45' 28" N **Long.** : 003° 56' 41" E.

VILLAPOURCON

7-E3 22 km S. Château-Chinon. 510 m. ✉ 58370

CAMPING MUNICIPAL NC Tourisme 14 E. CV. chauffée. Ouvert: 1.6 / 30.9. ☎ 03 86 78 62 60. E-mail : mairievillapourcon@wanadoo.fr.
Lat. : 46° 57' 00" N **Long.** : 003° 57' 29" E.

Carte 1

Correspondant FFCC : Didier PAIX, 193 rue St Ladre - 59400 CAMBRAI
Tél. 06 80 03 87 51 et didier.paix@wanadoo.fr

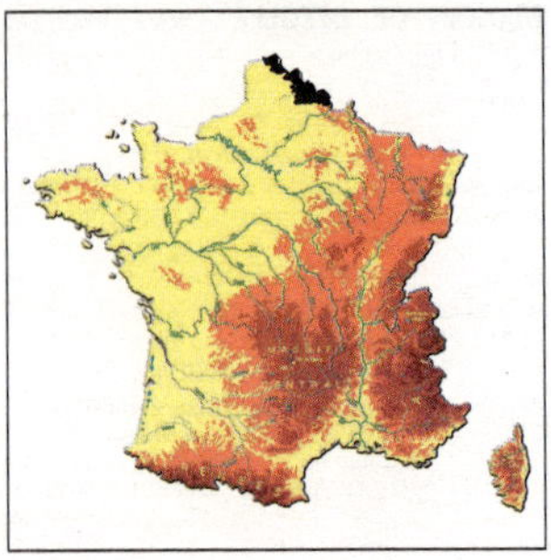

ARLEUX

1-D3 10 km S. Douai. 41 m. ✉ 59151

CAMPING MUNICIPAL LES BISELLES ★★★ Loisirs 185 E. dont 30 nus 3,6 ha CV. Rivière à 5 m ; étang à 500 m.. Accueil groupes. Ouvert: 1.4 / 31.10. ☎ 03 27 89 52 36. E-mail : m.decordier@arleux.com.
Lat. : 50° 16' 26" N **Long.** : 003° 06' 20" E.

AUBENCHEUL-AU-BAC

1-D3 11 km N.-O. Cambrai. 51 m. ✉ 59265

LES COLOMBES ★★★ Loisirs 116 E. dont 20 nus, dont 63 CC - 53 GCC.
2,35 ha CV. Accès direct à l'étang ; lac à 2 km.. Accueil groupes enfants. Ouvert: 1.4 / 15.10. ☎ 03 27 89 25 90. E-mail : campinglescolombes@yahoo.com. Web : www.campinglescolombes.fr. Réduction H.S.
Lat. : 50° 15' 21" N **Long.** : 003° 09' 56" E.

AUBIGNY-AU-BAC

1-D3 14 km S.-E. Douai. 42 m. ✉ 59265

LA SENSÉE ★★★★ Loisirs 210 E. dont 25 nus CV. A 5 km : Locations : couverte chauffée , Accès direct à l'étang et à la rivière ; lac à 800 m. Ouvert: 1.4 / 15.10. ☎ 03 27 89 25 22. E-mail : contact@camping-sensee.com. Web : www.camping-sensee.com.
Lat. : 50° 15' 36" N **Long.** : 003° 09' 39" E.

BEAURIEUX

1-E3 17 km N.-E. Avesnes-sur-Helpe. 218 m. ✉ 59740

NATURA LES PRÉS DU SART **En cours de classement** Loisirs 100 E. dont 25 nus 4 ha Rés. naturiste. chaufFée , Accès direct à l'étang et à la rivière.. Accueil groupes adultes. Ouvert: 1.4 / 31.10. ☎ 03 27 60 51 77. E-mail : campingnatura@orange.fr. Web : camping-natura.e-monsite.com. Prix 2023. Fft nuit : empl. Tourisme (2) : 26 € ( ) ; sup 12 € nuit ;
Lat. : 50° 10' 26" N **Long.** : 004° 08' 41" E.

BELLIGNIES

1-E3 30 km N.-O. Avesnes-sur-Helpe. 114 m. ✉ 59570

CAMPING MUNICIPAL **NC** Loisirs 59 E. 2,5 ha , .. Ouvert: 1.4 / 31.10. ☎ 03 27 63 16 01. E-mail : mairie.bellignies@wanadoo.fr.
Lat. : 50° 19' 43" N **Long.** : 003° 46' 14" E.

BERGUES

1-C1 9 km S.-E. Dunkerque. 6 m. Station verte de vacances et village de neige ✉ 59380

CAMPING VAUBAN **NC** Loisirs 76 E. dont 4 nus 1,5 ha . Locations : , , Accès direct à l'étang. Ouvert: 1.2 / 15.12. ☎ 03 28 68 65 25. E-mail : contact@campingvauban.fr. Web : www.campingvauban.fr/.
Lat. : 50° 58' 20" N **Long.** : 002° 25' 59" E.

BERMERIES

1-E3 26 km N.-O. Avesnes-sur-Helpe. 137 m. ✉ 59570

LE CAMBRINUS **NC** Loisirs 40 E. . Locations : , , , . Accès direct à l'étang et à la rivière.. Ouvert: 1.1 / 31.12. ☎ 03 27 66 25 68. E-mail : guides@campingfrance.com.
Lat. : 50° 17' 22" N **Long.** : 003° 44' 53" E.

BETTRECHIES

1-E3 20 km N.-E. Avesnes-sur-Helpe. 110 m. ✉ 59570

LES CHARMES ★ Loisirs 51 E. dont 45 nus 0,6 ha CV . Rivière à 2 km ; étang à 5 km. Ouvert: 1.4 / 15.10. ☎ 03 27 63 16 15. E-mail : etapedelapierrebleue@laposte.net. Web : www.location-mobilhome-bettrechies.fr.
Lat. : 50° 19' 28" N **Long.** : 003° 44' 42" E.

BLARINGHEM

1-C2 35 km S. Dunkerque. 35 m. ✉ 59173

LA PAPELUTTE ★★ Loisirs 38 E. CV . Accès direct à l'étang.. Ouvert: 15.3 / 15.10. ☎ 03 28 43 20 45. E-mail : lapapelutte@orange.fr. Web : www.lapapelutte.fr.
Lat. : 50° 42' 06" N **Long.** : 002° 25' 16" E.

BOESCHEPE

1-C2 42 km S.-E. Dunkerque. 65 m. ✉ 59299

LES 5 CHEMINS VERTS ★★★★ Loisirs 120 E. dont 10 nus 3,5 ha CV . Locations : . Randonnée pédestre organisée. , Accès direct à l'étang.. Ouvert: 15.3 / 31.10. ☎ 03 28 49 42 37. E-mail : camping5cheminsverts@gmail.com. Web : camping5cheminsverts.wixsite.com/boeschepe. Prix 2023. empl. Tourisme : 5 € ; 5 € ; 3,70 € ; 5 €.
Lat. : 50° 47' 39" N **Long.** : 002° 40' 23" E.

M. & MME PRUVOST . Ouvert: 15.4 / 15.10. ☎ 03 28 42 52 44.
Lat. : 50° 46' 59" N **Long.** : 002° 42' 11" E.

BOLLEZEELE

1-B2 25 km S. Dunkerque. 28 m. ✉ 59470

LE ST ANTOINE ★★ Loisirs 44 E. 1,2 ha . Locations : . . Ouvert: 1.4 / 1.10. ☎ 03 28 68 08 92. E-mail : alexandra.aube@free.fr. Web : campingbollezeele.free.fr.
Lat. : 50° 51' 55" N **Long.** : 002° 19' 33" E.

BRAY-DUNES

1-C1 12 km N.-E. Dunkerque. 5 m. ✉ 59123

CAMPING MUNICIPAL DES DUNES ★★★★ Loisirs 580 E. dont 40 nus 6,5 ha . Bord de mer à 100 m. Ouvert: 1.2 / 31.12. ☎ 03 28 26 61 54. E-mail : campingdesdunes@bray-dunes.fr. Web : www.bray-dunes.fr. Prix 2022. empl. Tourisme : 6,50 € ; 7,50 € ; 3 € ; 6 € ; 6 €.
Lat. : 51° 04' 46" N **Long.** : 002° 31' 26" E.

LE PERROQUET ★★★★ Loisirs 856 E. dont 50 nus 28 ha CV . Locations : . Randonnée pédestre organisée. Espace Fitness. , , , . Accès direct à la mer ; étang à 500 m ; lac à 5 km. ; ; . Ouvert: 1.4 / 30.9. ☎ 03 28 58 37 37. E-mail : contact@campingleperroquet.com. Web : www.campingleperroquet.com.
Lat. : 51° 04' 36" N **Long.** : 002° 33' 10" E.

LES PECHEURS **NC** Loisirs 33 E. . Locations : . Bord de mer à 1,5 km. Ouvert: 1.4 / 1.10. ☎ 06 51 05 61 63. E-mail : campingdespecheurs@free.fr. Web : campingdespecheurs.free.fr.
Lat. : 51° 03' 56" N **Long.** : 002° 30' 38" E.

BROXEELE

1-B2 29 km S. Dunkerque. 26 m. ✉ 59470

L'YSER **NC** Loisirs 40 E. 0,8 ha CV . Ouvert: 1.1 / 31.12. ☎ 03 28 62 40 19. E-mail : camping-yser@orange.fr.
Lat. : 50° 49' 58" N **Long.** : 002° 19' 01" E.

BRUNEMONT

1-D3 12 km S.-E. Douai. 43 m. ✉ 59151

PARC DE PLEIN AIR DE LA SENSÉE ★ Loisirs 320 E. 3,5 ha CV . Accès direct à l'étang.. Accueil groupes. Ouvert: 1.4 / 31.10. ☎ 03 27 80 91 28. E-mail : parcdelasensee@wanadoo.fr.
Lat. : 50° 16' 13" N **Long.** : 003° 08' 16" E.

BUGNICOURT

1-D3 10 km S.-E. Douai. 60 m. ✉ 59151

LES SORBIERS ★★ Tourisme 35 E. 0,7 ha . Etang à 3 km. Ouvert: 1.1 / 31.12. ☎ 03 27 89 64 41. E-mail : camping-les-sorbiers@orange.fr. Web : www.campinglessorbiers.com/.
Lat. : 50° 17' 35" N **Long.** : 003° 09' 40" E.

BUYSSCHEURE

1-B2 28 km S. Dunkerque 29 m. 59285

LA CHAUMIERE ★★★ Tourisme 29 E. dont 29 nus
1,02 ha CV. Locations : . chauffée , , . Accès direct à l'étang.. Accueil groupes adultes. Ouvert: 1.4 / 30.9. ☎ 03 28 43 03 57. E-mail : camping.lachaumiere@wanadoo.fr. Web : www.campinglachaumiere.com.
Lat. : 50° 48' 07" N **Long.** : 002° 20' 19" E.

CAMBRAI

1-D3 60 km S.-S.-E. Lille 65 m. 59400

CAMPING MUNICIPAL LES TROIS CLOCHERS ★★★ Tourisme 50 E. dont 50 nus CV . Ouvert: 14.4 / 15.10. ☎ 03 27 70 91 64. E-mail : camping@mairie-cambrai.fr. Web : www.tourisme-cambresis.fr.
Lat. : 50° 10' 30" N **Long.** : 003° 12' 54" E.

CROCHTE

1-C1 12 km S. Dunkerque. 17 m. 59380

LE VERT VILLAGE ★★★ 35 E. CV . Locations : , . Accès direct à l'étang. Accueil groupes. Ouvert: 14.4 / 14.10. ☎ 0 3 28 62 13 96. E-mail : contact@levertvillage.com. Web : www.levertvillage.com.
Lat. : 50° 55' 16" N **Long.** : 002° 22' 44" E.

DUNKERQUE

1-C1 85 km N.-O. Lille. 5 m. 59240

LA LICORNE ★★★ Tourisme 371 E. CV. Locations : , . Accès direct à la mer. ; ; . Ouvert: 16.6 / 3.9. ☎ 03 28 69 26 68. E-mail : lalicorne@vagues-oceanes.com. Web : www.campingdelalicorne.com. Prix 2022. Fft jour : empl. Tourisme (2) : 18,5 € ( )
Lat. : 51° 03' 06" N **Long.** : 002° 25' 14" E.

EPPE-SAUVAGE

1-E3 25 km S.-E. Avesnes-sur-Helpe. 204 m. 59132

CHALETS DU VALJOLY ★★★ Tourisme 182 E. 2,48 ha CV . Locations : . . Lac et rivière à 400 m. Accueil groupes. Ouvert: 18.4 / 28.9. ☎ 03 27 61 74 94. E-mail : valjolyresa@valjoly.com. Web : www.valjoly.com. Réduction H.S.
Lat. : 50° 07' 09" N **Long.** : 004° 08' 05" E.

ESQUELBECQ

1-C2 18 km S.-E. Dunkerque. 20 m. 59470

LES ROSES ★★★ Loisirs 47 E. dont 5 nus, dont 12 CC - 21 GCC. 1,5 ha CV . . Etang à 50 m.. Accueil groupes. Ouvert: 1.4 / 30.9. ☎ 03 28 62 90 09. E-mail : gite.camping@club-internet.fr. Web : www.fermeheegernest.fr. Réduction H.S.
Lat. : 50° 53' 43" N **Long.** : 002° 26' 07" E.

FAUMONT

1-D3 12 km N.-E. Douai. 37 m. 59310

LE CLOS FLEURI ★★ Loisirs 66 E. 5 ha . Locations : . . Accès direct à l'étang.. Ouvert: 1.1 / 31.12. ☎ 0 749578235. E-mail : leclosfleuri59@live.fr. Prix 2023. Fft nuit : empl. Tourisme (2 1) : 17 € ( )
Lat. : 50° 27' 45" N **Long.** : 003° 07' 16" E.

FECHAIN

1-D3 18 km S.-E. Douai. 47 m. 59247

LA MARLIÈRE ★ Loisirs 122 E. 3,5 ha CV. . Accès direct à l'étang et à la rivière ; lac à 5 km.. Ouvert: 1.4 / 15.10. ☎ 03 27 79 98 08. E-mail : contact@fjdelabre.fr.
Lat. : 50° 15' 56" N **Long.** : 003° 13' 43" E.

LE PARADIS NC Loisirs 80 E. dont 15 GCC. 2 ha . . Accès direct à la rivière.. Ouvert: 1.4 / 15.10. ☎ 03 27 89 40 70.
Lat. : 50° 15' 53" N **Long.** : 003° 12' 35" E.

PRE FLEURI NC Loisirs 34 E. 1,11 ha CV . Accès direct à l'étang et à la rivière. Ouvert: 1.4 / 15.10. ☎ 06 22 95 53 06.
Lat. : 50° 15' 38" N **Long.** : 003° 11' 55" E.

FELLERIES

1-E3 8 km E. Avesnes-sur-Helpes. 204 m. 59740

CAMPING DE MON VILLAGE NC 60 E. dont 30 nus CV. Locations : caravane. . Rivière à 100 m. Ouvert: 1.4 / 30.9. ☎ 01 83 64 69 21. E-mail : contact@campingcarpark.com. Web : www.campingcarpark.com/. Prix 2022.
Lat. : 50° 08' 35" N **Long.** : 004° 01' 43" E.

FLINES-LES-MORTAGNE

1-D2 22 km N.-O. Valenciennes. 25 m. 59158

DOMAINE DES POTERIES ★★★ Loisirs 100 E. 1,7 ha 23 h, CV . Locations : . , . Accès direct à l'étang ; rivière à 500 m.. Accueil groupes. Ouvert: 1.1 / 31.12. ☎ 03 27 26 85 26. E-mail : dompoteries@aol.fr. Web : www.campingdespoteries.fr.
Lat. : 50° 30' 14" N **Long.** : 003° 28' 35" E.

FLOYON

1-E4 11 km S. Avesnes-sur-Helpes. 202 m. 59219

LE PARC DES 4 SAISONS NC Loisirs 73 E. dont 73 GCC. 2 ha CV. . Etang à 300 m ; rivière à 500 m.. Accueil groupes. Ouvert: 15.2 / 20.12. ☎ 03 27 68 30 47. E-mail : parcdes4saisons@yahoo.fr.
Lat. : 50° 03' 15" N **Long.** : 003° 52' 44" E.

FOURMIES

1-E4 16 km S.-E. Avesnes-sur-Helpe. 217 m. 59610

CAMPING MUNICPAL LES ETANGS DES MOINES ★★★ Loisirs 106 E. dont 46 nus 1,28 ha CV . Locations : . Randonnée pédestre organisée. . Accès direct à l'étang. ; . Accueil groupes. Ouvert: 1.4 / 31.10. ☎ 0 3 27 63 05 26 / 06 32 22 90 02. E-mail : camping@fourmies.fr. Web : www.etangsdesmoines.fr/.
Lat. : 50° 00' 21" N **Long.** : 004° 03' 43" E.

FRASNOY

1-E3 28 km N.-O. Avesnes-sur-Helpe. 114 m. 59530

AU MOULIN DE FRASNOY ★★★ Loisirs 94 E. dont 10 nus 1,9 ha CV . Locations : , roulotte. chauffée. Etang et lac à 3 km. Accueil groupes. Ouvert: 1.4 / 15.10. ☎ 03 27 49 43 30. E-mail : contact@camping-de-frasnoy.fr. Web : www.camping-de-frasnoy.fr.
Lat. : 50° 16' 03" N **Long.** : 003° 40' 18" E.

GHYVELDE

1-C1 12 km E. Dunkerque. 2 m. 59254

CAMPING DES PINS ★★★★ Loisirs 150 E. CV . Randonnée pédestre organisée. Espace Fitness. couverte chauffée . Accès direct à l'étang ; lac à 300 m ; bord de mer à 3 km. Ouvert: 1.3 / 1.12. ☎ 03 28 26 64 74. E-mail : contact@aucampingdespins.fr. Web : www.aucampingdespins.fr.
Lat. : 51° 02' 46" N **Long.** : 002° 31' 03" E.

LA PLAINE ★★★ Loisirs 125 E. 3,2 ha CV . Locations : . Espace Fitness. . Lac à 1 km ; bord de mer à 3 km. Ouvert: 1.4 / 30.10. ☎ 03 28 26 60 55. E-mail : campinglaplaine@gmail.com. Web : www.camping-la-plaine.fr.
Lat. : 51° 03' 13" N **Long.** : 002° 32' 05" E.

CAMPING DU MEUL HOUCK ★★ Loisirs 117 E. dont 22 GCC. 1,5 ha CV. Lac à 1 km ; bord de mer à 3 km. Ouvert: 20.3 / 20.11. ☎ 03 28 26 62 12. E-mail : campingdumeulhouck@orange.fr.
Lat. : 51° 02' 50" N **Long.** : 002° 29' 40" E.

CARAVANING DU LAC ★★ Loisirs 105 E. dont 104 nus, dont 105 GCC.
CV . Locations : . . Bord de mer à 3 km. Ouvert: 1.3 / 30.11. ☎ 03 28 26 69 31. E-mail : info@caravaningdulac.fr. Web : www.caravaningdulac.fr. Prix 2022. Fft jour : empl. Tourisme (2) : 26,3 € (. GCC) ; sup 6 € ; 3 €.
Lat. : 51° 03' 04" N **Long.** : 002° 30' 45" E.
FFCC : avantages adhérent : 22 € du 01/03 au 30/06 et du 01/09 au 30/11 sur emp.

LA FERME DE LA HOOGHE MOOTE ★★ Loisirs 223 E.
7 ha CV . Locations : , , , cabanes. , , . Accès direct à l'étang ; lac à 1 km ; bord de mer à 3 km.. Ouvert: 1.1 / 31.12. ☎ 03 28 26 02 32. E-mail : hooghe.moote@wanadoo.fr. Web : www.hooghemoote.com.
Lat. : 51° 01' 52" N **Long.** : 002° 29' 52" E.

MA CAMPAGNE ★★ Loisirs 134 E. CV . Randonnée pédestre organisée. Espace Fitness. . Lac à 1 km ; étang et bord de mer à 3 km.. Ouvert: 1.3 / 15.11. ☎ 03 28 26 55 54. E-mail : lelieur.lagarenne@wanadoo.fr. Web : residence-macampagne.fr.
Lat. : 51° 02' 26" N **Long.** : 002° 30' 28" E.

LA FORGE ★ Loisirs 31 E. 0,9 ha . . Rivière à 1 km ; étang, lac et bord de mer à 2 km.. Accueil groupes. Ouvert: 1.4 / 31.10. ☎ 03 28 26 81 80. E-mail : campingdelaforge59@orange.fr. Réduction H.S.
Lat. : 51° 02' 49" N **Long.** : 002° 29' 27" E.

LES PALMIERS ★ 142 E. Ouvert: 1.1 / 31.12. ☎ 03 28 26 65 60. E-mail : camping-les-palmiers@wanadoo.fr. Web : www.campinglespalmiers.fr.
Lat. : 51° 02' 50" N **Long.** : 002° 29' 31" E.

LE RINGSBOOT NC Loisirs 40 E. 0,7 ha . Ouvert: 1.4 / 30.9. ☎ 01 41 33 47 50. E-mail : guides@campingfrance.com. Web : camping-ringsloot.business.site.
Lat. : 51° 03' 32" N **Long.** : 002° 33' 43" E.

GOMMEGNIES

1-E3 22 km N.-O. Avesnes-sur-Helpe. 133 m. 59144

LE FROMENTEL ★★ Tourisme 47 E. 1 ha CV . . Accès direct à l'étang et à la rivière.. Ouvert: 1.1 / 31.12. ☎ 06 07 22 50 80. E-mail : roselyne.vanmeerhaeghe@orange.fr. Web : www.campinglefromentel.fr.
Lat. : 50° 16' 55" N **Long.** : 003° 43' 08" E.

GRAND-FAYT

1-E3 10 km S.-O. Avesnes-sur-Helpe. 149 m. 59244

LE CLOS VERT NC Loisirs 35 E. . . Accès direct à l'étang ; rivière à 500 m.. Ouvert: 1.1 / 31.12. ☎ 03 27 59 45 50.
Lat. : 50° 06' 45" N **Long.** : 003° 47' 52" E.

GRAND-FORT-PHILIPPE

1-B1 22 km S.-O. Dunkerque. 4 m. 59153

CAMPING DE LA PLAGE ★★★ Tourisme 82 E. dont 75 nus 1 ha CV . A 4,5 km : Locations : , . . Bord de mer à 500 m ; étang et rivière à 5 km. . Accueil groupes. Ouvert: 1.4 / 31.10. ☎ 03 28 65 31 95. E-mail : campingdelaplage@campingvpa.fr. Web : www.camping-de-la-plage.info.
Lat. : 51° 00' 10" N **Long.** : 002° 05' 50" E.

GRAVELINES

1-B1 21 km O.-S.-O. Dunkerque. 5 m. 59820

DES DUNES ★★★★ Loisirs 283 E. dont 100 nus
CV . A 4 km : Espace Fitness. , . Accès direct à la mer ; rivière à 3 km. ; . Ouvert: 1.4 / 28.10. ☎ 03 28 23 09 80. E-mail : campingdesdunes@campingvpa.fr. Web : www.camping-des-dunes.com.
Lat. : 51° 00' 28" N **Long.** : 002° 07' 05" E.

HERLIES

1-C2 18 km O. Lille. 34 m. 59134

CAMPING MUNICIPAL NC Loisirs 94 E. dont 94 GCC. CV. Etang à 1 km. Accueil groupes adultes. Ouvert: 15.3 / 5.11. ☎ 03 20 29 22 97. E-mail : campingvertfeuillage@gmail.com. Web : www.herlies.fr.
Lat. : 50° 34' 29" N **Long.** : 002° 50' 60" E.

HON-HERGIES

1-E3 30 km N.-O. Avesnes-sur-Helpe. 135 m. ✉ 59570

LA JONQUIERE ★★★ Loisirs 140 E. 4 ha CV. Locations : , . Accès direct à l'étang. Accueil groupes. Ouvert: 15.3 / 15.10. ☎ 03 27 66 95 17. E-mail : contact@campinglajonquiere.fr. Web : www.campinglajonquiere.fr. Réduction H.S. **Lat.** : 50° 20' 08" N **Long.** : 003° 47' 49" E.

LES CHALETS DE LA FLAMINETTE P.R.L ★★ NN10 E. CV. Locations : . Ouvert: 1.1 / 31.12. ☎ 03 27 67 61 23. E-mail : leschaletsdelaflaminette@wanadoo.fr. Web : www.leschaletsdelaflaminette.fr. **Lat.** : 50° 19' 28" N **Long.** : 003° 48' 11" E.

HONDSCHOOTE

1-C1 20 km S.-E. Dunkerque. 9 m. ✉ 59122

LE PREJOLY ★★★★ Loisirs 95 E. 1,6 ha CV. Locations : . Accès direct à la rivière ; étang et lac à 5 km.. Ouvert: 29.3 / 27.10. ☎ 03 28 62 50 71. E-mail : info@campinglep rejoly.fr. Web : www.campingleprejoly.fr. **Lat.** : 50° 58' 46" N **Long.** : 002° 34' 36" E.

AU BON COIN ★★ Loisirs 65 E. . Ouvert: 1.4 / 15.10. ☎ 03 28 68 31 89. E-mail : campingdub oncoin@orange.fr. Web : www.campingaubon coin.com. **Lat.** : 50° 58' 19" N **Long.** : 002° 35' 22" E.

BEVERHOUCK ★★ Loisirs 40 E. 2 ha CV. Rivière à 2 km. Ouvert: 1.4 / 1.10. ☎ 03 28 68 33 98. E-mail : bfq59@aol.com. **Lat.** : 50° 57' 40" N **Long.** : 002° 36' 19" E.

HONNECOURT-SUR-ESCAUT

1-D4 17 km S. Cambrai. 111 m. ✉ 59266

CAMPING DE L'ESCAUT ★ Loisirs 100 E. dont 25 nus 1,7 ha . Locations : , . Accès direct à la rivière.. Accueil groupes enfants. Ouvert: 1.1 / 31.12. ☎ 03 27 79 92 10. E-mail : camping-delescaut@orange.fr. Web : campingdelescaut .fr. Réduction H.S. **Lat.** : 50° 02' 17" N **Long.** : 003° 12' 04" E.

HOUPLINES

1-C2 16 km N.-O. Lille. 18 m. ✉ 59116

L'IMAGE ★★★ Loisirs 187 E. dont 8 nus, dont 3 CC. 2,5 ha . A 7 km : Locations : . Espace Fitness. , . Accès direct à l'étang ; rivière à 3 km ; lac à 4 km.. Accueil groupes. Ouvert: 1.1 / 30.12. ☎ 03 20 35 69 42. E-mail : campi mage@wanadoo.fr. Web : www.campinglille.fr. **Lat.** : 50° 41' 15" N **Long.** : 002° 56' 00" E.

LA COUR DU ROY ★★ 25 E. . ☎ 03 20 35 05 79. E-mail : gite.lacourduroy@wanadoo.fr. Web : www.lacourduroy.fr. **Lat.** : 50° 40' 51" N **Long.** : 002° 55' 31" E.

LES ALOUETTES ★★ Loisirs 85 E. dont 11 nus, dont 2 CC. 2,2 ha . Locations : . , . Accès direct à l'étang ; lac à 3 km.. Accueil groupes. Ouvert: 1.4 / 31.10. ☎ 03 20 35 69 42. E-mail : campimage@wanadoo.fr. Web : www.campingl ille.fr. **Lat.** : 50° 41' 15" N **Long.** : 002° 56' 01" E.

CAMPING NATURISTE LE PONT CHARLET ★ Loisirs 40 E. dont 39 nus permanent, CV Rés. naturiste. Locations : . Ouvert: 6.4 / 6.10. ☎ 07 82 13 42 08. E-mail : contact@camping-du-pont-charlet.com. Web : www.camping-du-pont-charlet.fr. **Lat.** : 50° 40' 40" N **Long.** : 002° 55' 52" E.

AIRE NATURELLE DE L'IMAGE . Ouvert: 1.5 / 30.9. ☎ 03 20 35 69 42. E-mail : campimage@wanadoo.fr, Web : www. campinglille.fr. **Lat.** : 50° 41' 15" N **Long.** : 002° 56' 00" E.

HOUTKERQUE

1-C2 29 km S.-E. Dunkerque. 13 m. ✉ 59470

LE DOMAINE DES CHENES ★★ Loisirs 24 E. CV. . Accès direct à l'étang.. Ouvert: 1.6 / 30.9. ☎ 03 21 93 04 38. E-mail : vertl emanoir@gmail.com. **Lat.** : 50° 52' 28" N **Long.** : 002° 35' 33" E.

LE QUESNOY

1-E3 30 km N.-O. Avesnes-sur-Helpe. 117 m. ✉ 59530

LE LAC VAUBAN ★★★★ Loisirs 173 E. dont 50 nus CV , . Accès direct à l'étang. ; . Accueil groupes. Ouvert: 1.4 / 31.10. ☎ 03 27 49 10 07. E-mail : guides@campingfrance .com. Web : www.camping-lequesnoy.fr/. **Lat.** : 50° 14' 35" N **Long.** : 003° 38' 09" E.

LEFFRINCKOUCKE

1-C1 7 km E. Dunkerque. 4 m. ✉ 59495

MER ET VACANCES ★★ Loisirs 120 E. CV . . Accès direct à la mer ; rivière à 5 km. ; ; . Ouvert: 1.3 / 30.11. ☎ 03 28 20 17 32. E-mail : jf.maes@flandria-loisirs.com. Web : www.camping-mer-et-vacances.com. **Lat.** : 51° 03' 33" N **Long.** : 002° 26' 32" E.

LES MOERES

1-C1 17 km E. Dunkerque. ✉ 59122

POLDER & VACANCES ★★★ Loisirs 24 E. 0,5 ha CV . Locations : . Accès direct à l'étang ; rivière à 1 km ; lac à 4 km ; bord de mer à 5 km. Accueil groupes. Ouvert: 10.3 / 31.10. ☎ 06 16 99 61 25. E-mail : polder.vacances@oran ge.fr. Web : www.polder-vacances.com. Réduction H.S. **Lat.** : 51° 01' 16" N **Long.** : 002° 34' 23" E.

LA GARENNE ★★ Loisirs 122 E. CV . Randonnée pédestre organisée. . Etang à 100 m ; lac et bord de mer à 3 km.. Ouvert: 15.3 / 30.11. ☎ 03 28 26 86 49. E-mail : lelieur.lagarenne@wanadoo.fr. Web : www.residence-lagarenne.fr. **Lat.** : 51° 03' 07" N **Long.** : 002° 32' 51" E.

LE CAP VERT ★★ Loisirs 46 E. dont 3 nus, dont 44 GCC. . Bord de mer à 5 km. Ouvert: 1.4 / 30.10. ☎ 03 28 63 49 30. E-mail : jf.maes@flandria-loisirs.com. Web : www.camping-capvert.com. **Lat.** : 51° 02' 05" N **Long.** : 002° 34' 04" E.

LA DISTELLERIE NC Loisirs 40 E. dont 40 GCC. . Accès direct à l'étang. Ouvert: 15.3 / 1.11. ☎ 03 28 26 43 00. E-mail : guides@cam pingfrance.com. **Lat.** : 51° 02' 05" N **Long.** : 002° 34' 04" E.

LE CLOS FLEURY NC Loisirs 55 E. dont 55 nus 1,62 ha CV . Rivière à 500 m ; bord de mer à 5 km. Ouvert: 1.1 / 31.12. ☎ 03 28 26 40 13. E-mail : g.dewitte@ orange.fr. **Lat.** : 51° 00' 36" N **Long.** : 002° 31' 15" E.

LOOBERGHE

1-B1 18 km S.-O. Dunkerque. 2 m. ✉ 59630

LES PRAIRIES DE LA COLME ★★★ Loisirs 62 E. CV. Locations : . . Etang à 200 m ; rivière à 300 m.. Ouvert: 1.4 / 31.10. ☎ 03 28 22 00 88. E-mail : camping.le sprairiesdelacolme@gmail.com. Réduction H.S. **Lat.** : 50° 55' 00" N **Long.** : 002° 16' 02" E.

LA COLME ★★ Loisirs 58 E. . Accès direct à la rivière. ☎ 03 28 29 85 59. E-mail : colmecamping@wanadoo.fr. **Lat.** : 50° 55' 00" N **Long.** : 002° 16' 01" E.

LA ROSE DES VENTS ★★ Loisirs 28 E. . Rivière à 300 m. Ouvert: 1.4 / 31.10. ☎ 03 28 29 85 00. E-mail : kevin.naid ji@gmail.com. **Lat.** : 50° 55' 28" N **Long.** : 002° 17' 25" E.

LYNDE

1-C2 40 km S. Dunkerque. 54 m. ✉ 59173

LA BECQUERELLE ★★ Loisirs 62 E. dont 60 nus 1 ha CV . Locations : , chauffée . Accès direct à l'étang ; rivière à 3 km.. Accueil groupes enfants. Ouvert: 1.4 / 15.10. ☎ 03 28 43 20 37. E-mail : campingbecquerelle@free.fr. Web : www.campingbecquerelle.fr. Prix 2022. empl. Tourisme : 6 € ; 3 € ; 1,20 € ; 2,80 € ; 2,80 €. Réduction H.S. **Lat.** : 50° 42' 38" N **Long.** : 002° 24' 02" E.

FFCC : avantages adhérent : 15 € du 01/04 au 15/10 sur emp. et entre 45 € et 60 € la nuitée et entre 250 € et 390 € la semaine du 01/04 au 15/10 sur loc.

MARCHIENNES

1-D3 20 km N.-E. Douai. 18 m. ✉ 59870

CAMPING CHERI ★★★ Loisirs 150 E. 4 ha CV . Locations : , chauffée . Accès direct à l'étang ; rivière à 1 km. ; . Accueil groupes. Ouvert: 1.4 / 31.10. ☎ 03 27 90 44 69. E-mail : contact@camping-evoiches-marchiennes-nord.fr. Web : www.camping-evoiches-marchiennes-nord.fr. Prix 2022. Fft jour : empl. Tourisme (2) : 15,5 € ( ) ; sup 5 € ; 3,50 € ; 4,50 €. **Lat.** : 50° 24' 41" N **Long.** : 003° 16' 03" E.

MAROILLES

1-E3 13 km O. Avesnes-sur-Helpe. 150 m. ✉ 59550

LE MOULIN DES PRÉS ★ Loisirs 65 E. 1,37 ha CV . Locations : , bulle. . Accès direct à la rivière.. Accueil groupes. Ouvert: 1.4 / 31.10. ☎ 0 649676705. E-mail : ludovic.wojnarowski@laposte.net. Web : www.lemoulindespres.fr. Prix 2022. Fft nuit : empl. Tourisme (2) : 15 € ( ) ; **Lat.** : 50° 08' 34" N **Long.** : 003° 44' 14" E.

CAMPING DES HAIES NC 40 E. dont 8 nus 0,85 ha . Etang à 1 km ; rivière à 2 km. Ouvert: 1.3 / 15.11. ☎ 03 27 66 68 73. E-mail : loiseau.jean-claude@orange.fr. **Lat.** : 50° 08' 37" N **Long.** : 003° 46' 28" E.

FFCC : avantages adhérent : 8 € du 01/11 au 31/12 sur emp. et entre 15 € et 18 € la semaine du 01/11 au 31/12 sur loc.

LA SABLONNIÈRE NC Loisirs 45 E. dont 45 GCC. 1,3 ha . Rivière à 1 km ; lac à 2,5 km. Accueil groupes adultes. Ouvert: 1.4 / 1.11. ☎ 03 27 84 74 52. E-mail : campingdelasablonniere@hotmail.fr. Prix 2022. empl. Tourisme : 2,50 € ; 2,50 € ; 1,50 € ; animaux 2,20 € ; 2 € ; 1,25 € ; 2,30 €. **Lat.** : 50° 08' 32" N **Long.** : 003° 45' 52" E.

MERCKEGHEM

1-B2 27 km S.-E. Dunkerque. 17 m. ✉ 59470

LES CENT FLEURS ★★ Loisirs 36 E. dont 36 nus 1 ha CV . Randonnée pédestre organisée. . Accès direct à l'étang. Ouvert: 1.4 / 1.11. ☎ 03 28 68 03 05. E-mail : paccou.annechantal@wanadoo.fr. **Lat.** : 50° 51' 17" N **Long.** : 002° 18' 12" E.

FFCC : avantages adhérent : 15 € du 01/04 au 31/10 sur emp.

MORBECQUE

1-C2 36 km S. Dunkerque. 24 m. ✉ 59190

LES HUIT RUES ★★★ Loisirs 63 E. dont 16 GCC. 1 ha . .. Ouvert: 1.4 / 15.10. ☎ 03 28 41 71 60. E-mail : campingles huitrues@bbox.fr. **Lat.** : 50° 42' 06" N **Long.** : 002° 29' 58" E.

NOYELLES-SUR-SAMBRE

1-E3 12 km O. Avesnes-sur-Helpe. 137 m. ✉ 59550

LES HIRONDELLES NC Loisirs 100 E. 2,5 ha . . Rivière à 800 m ; étang à 3 km.. Ouvert: 1.4 / 15.10. ☎ 03 27 67 39 54. E-mail : mairie.noyelles.sambre@wanadoo.fr. **Lat.** : 50° 09' 03" N **Long.** : 003° 47' 31" E.

PAILLENCOURT

1-D3 10 km N. Cambrai. 44 m. ✉ 59295

LA BLIQUE ★★ Loisirs 66 E. ☎ 03 27 79 07 31. E-mail : michel.dhollandeguidez@sfr.fr.
Lat. : 50° 15' 01" N **Long.** : 003° 16' 53" E.

PITGAM

1-B1 17 km S. Dunkerque. 12 m. ✉ 59284

A LA DETENTE ★★ Loisirs 75 E. 4 ha. Rivière à 2 km. Ouvert: 1.4 / 15.10. ☎ 03 28 62 14 58. E-mail : contact@aladetente.fr.nf. Web : www.aladetente.fr.nf/.
Lat. : 50° 55' 44" N **Long.** : 002° 22' 02" E.

LE P'TIT BONHEUR ★★ Loisirs 76 E. 2 ha. Locations : , , . Rivière à 500 m ; étang et lac à 5 km.. Accueil groupes. Ouvert: 1.3 / 30.11. ☎ 03 28 62 14 44. E-mail : campinglepetitbonheur59@gmail.com. Web : www.campinglepetitbonheur.fr.
Lat. : 50° 56' 18" N **Long.** : 002° 18' 44" E.

PREUX-AU-BOIS

1-E3 28 km O. Avesnes-sur-Helpe. 151 m. ✉ 59288

LA FORESTIÈRE NC Loisirs 63 E. 1,18 ha 22 h / 7 h, CV. Locations : caravane. Etang à 1 km. Accueil groupes. Ouvert: 27.2 / 1.11. ☎ 03 27 77 34 61. E-mail : laforestieredepreux@gmail.com. Web : www.campinglaforestiere.com. Réduction H.S.
Lat. : 50° 10' 07" N **Long.** : 003° 40' 04" E.

PRISCHES

1-E4 12 km S.-O. Avesnes-sur-Helpe. 185 m. ✉ 59550

CAMPING MUNICIPAL LE CHEMIN DU FRISET NC Loisirs 23 E. 0,4 ha. A 3 km : . Accès direct à l'étang ; rivière à 3 km.. Ouvert: 1.4 / 30.10. ☎ 03 27 77 59 00. E-mail : prisches.mairie@wanadoo.fr.
Lat. : 50° 04' 43" N **Long.** : 003° 46' 23" E.

RENESCURE

1-C2 40 km S. Dunkerque. 37 m. ✉ 59173

LE BLOEMSTRAETE ★★★ Tourisme 30 E. dont 30 CC. CV. Lac à 1 km ; étang et rivière à 5 km. Accueil groupes. Ouvert: 15.4 / 15.10. ☎ 03 28 49 85 65. E-mail : lebloemstraete@gmail.com. Web : www.lebloemstraete.fr.
Lat. : 50° 44' 06" N **Long.** : 002° 22' 31" E.

RUBROUCK

1-C2 31 km S. Dunkerque. 32 m. ✉ 59285

L'HOFLAND ★★ Loisirs 74 E. dont 66 GCC. 1 ha. ☎ 03 28 42 30 82. E-mail : p.coinon@orange.fr. Web : www.campingdelhofland.free.fr.
Lat. : 50° 50' 20" N **Long.** : 002° 21' 23" E.

RUMEGIES

1-D3 20 km N.-O. Valenciennes. 25 m. ✉ 59226

LE PETIT CLOS ★★ Loisirs 49 E. dont 5 nus 1,2 ha CV. Locations : cabanes. Ouvert: 1.4 / 31.10. ☎ 03 27 26 74 03. E-mail : campinglepetitclos@orange.fr. Web : www.camping-le-petit-clos.fr.
Lat. : 50° 29' 06" N **Long.** : 003° 21' 06" E.

SAINGHIN-EN-MELANTOIS

1-D2 12 km S.E. Lille. 37 m. ✉ 59262

CARAVANING DU GRAND SART ★★ Loisirs 75 E. Accueil groupes adultes. Ouvert: 1.1 / 31.12. ☎ 03 20 79 75 20. E-mail : veronique.cabaret575@orange.fr.
Lat. : 50° 34' 07" N **Long.** : 003° 10' 27" E.

SAINT-AMAND-LES-EAUX

1-D3 13 km N.-O. Valenciennes. 20 m. ✉ 59230

MONT DES BRUYERES ★★★★ Tourisme 97 E. dont 49 nus 2,5 ha après 22 h, CV. Locations : . Randonnée pédestre organisée. Etang et rivière à 3 km. Accueil groupes. Ouvert: 15.3 / 31.10. ☎ 03 27 48 56 87. E-mail : lemontdesbruyeres@orange.fr. Web : www.campingmontdesbruyeres.com. Réduction H.S.
Lat. : 50° 26' 07" N **Long.** : 003° 27' 47" E.

SAINT-JANS-CAPPEL

1-C2 50 km S.-E. Dunkerque. 55 m. ✉ 59270

LA SABLIÈRE DU MONT NOIR ★★★★ Tourisme 105 E. 3,6 ha CV. Locations : , roulotte. Accueil groupes. Ouvert: 16.3 / 29.10. ☎ 0 3 28 48 45 17. E-mail : cmontnoir@gmail.com. Prix 2022. Fft nuit : empl. Tourisme (2) : 17 € ( ) ; sup 6 € nuit ; animaux 3 € nuit ; 4 € nuit ; 5 € nuit.
Lat. : 50° 46' 42" N **Long.** : 002° 44' 10" E.

SAMEON

1-D3 26 km N.-E. Douai. 26 m. ✉ 59310

LA GENTILHOMMIERE ★★★ Loisirs 81 E. dont 10 nus 1,7 ha CV. Locations : . Accès direct à l'étang.. Ouvert: 1.4 / 30.10. ☎ 03 20 61 54 03. E-mail : campsameon@gmail.com. Web : www.camping-lagentilhommiere.fr.
Lat. : 50° 27' 46" N **Long.** : 003° 20' 40" E.

SEMERIES

1-E3 6 km E. Avesnes-sur-Helpe. 185 m. ✉ 59440

AU BOL D'AIR ★★ Loisirs 120 E. 2 ha CV. , . Rivière à 100 m.. Ouvert: 1.4 / 30.9. ☎ 03 27 59 05 54. E-mail : campingauboldair@orange.fr. Web : www.camping-auboldair.fr.
Lat. : 50° 07' 15" N **Long.** : 003° 59' 47" E.

STAPLE

1-C2 35 km S. Dunkerque. 44 m. ✉ 59190

LA RABAUDE ★ Loisirs 50 E. 1,5 ha. Accueil groupes adultes. Ouvert: 15.4 / 30.10. ☎ 03 28 40 03 28. E-mail : larabaude@orange.fr. Réduction H.S.
Lat. : 50° 44' 58" N **Long.** : 002° 27' 18" E.

STEENBECQUE

1-C2 36 km S. Dunkerque. 30 m. ✉ 59189

LE PARADISO ★★ Loisirs 65 E. dont 10 nus 1 ha CV. Locations : , . Rivière à 200 m. Accueil groupes. Ouvert: 1.4 / 15.10. ☎ 03 28 42 15 08.
Lat. : 50° 39' 58" N **Long.** : 002° 30' 06" E.

STEENVOORDE

1-C2 30 km S.-E. Dunkerque. 31 m. ✉ 59114

LE ROMANTIC ★★ Loisirs 250 E. dont 85 nus. Locations : , , . Accès direct à l'étang.. Accueil groupes. Ouvert: 1.1 / 31.12. ☎ 06 11 86 26 96. E-mail : contact@campingleromantic.fr. Web : www.campingleromantic.business.site/.
Lat. : 50° 49' 10" N **Long.** : 002° 31' 42" E.
FFCC : avantages adhérent : 17 € du 01/03 au 23/06 et du 04/09 au 15/11 sur emp. et entre 35 € et 75 € la nuitée et entre 280 € et 510 € la semaine du 01/03 au 23/06 et du 05/09 au 15/11 sur loc.

LES RAMIERS ★ Loisirs 24 E. . ☎ 03 28 49 73 79. E-mail : dom59francois@free.fr.
Lat. : 50° 48' 35" N **Long.** : 002° 35' 20" E.

TAISNIERES-SUR-HON

1-E3 2 km N.-O. Avesnes-sur-Helpe. 145 m. ✉ 59570

LES NENUPHARS ★★ Tourisme 23 E. 0,7 ha. Accès direct à l'étang et à la rivière. Ouvert: 1.1 / 31.12. ☎ 03 27 39 40 93. E-mail : campinglesnenuphars@orange.fr. Web : www.campinglesnenuphars.com.
Lat. : 50° 18' 56" N **Long.** : 003° 50' 19" E.

TETEGHEM-COUDEKERQUE-VILLAGE

1-C1 7 km S.-E. Dunkerque. 2 m. ✉ 59229

CAMPING DU PONT A COCHONS ★★★ Loisirs 75 E. couverte chauffée. Accès direct à la rivière ; lac à 1 km ; bord de mer à 3 km. Ouvert: 15.3 / 30.10. ☎ 03 28 26 03 04. E-mail : camping.brasseriedupontacochon@orange.fr.
Lat. : 51° 00' 47" N **Long.** : 002° 26' 54" E.

LE BOIS DES FORTS ★★★ Loisirs 130 E. dont 15 nus 3,26 ha CV. Locations : . Etang à 2 km ; bord de mer à 5 km. Accueil groupes. Ouvert: 1.1 / 31.12. ☎ 03 28 61 04 41. E-mail : campingduboisdesforts@gmail.com. Web : campingduboisdesforts.fr.
Lat. : 51° 00' 12" N **Long.** : 002° 24' 29" E.

LE HAMEAU DES NEIGES ★★★ Loisirs 99 E. dont 47 GCC. Rivière à 2 km ; étang à 3 km ; bord de mer à 5 km. Ouvert: 1.6 / 30.9. ☎ 03 28 68 50 45. E-mail : contact@camping-hameaudesneiges.fr. Web : www.camping-hameaudesneiges.fr.
Lat. : 50° 59' 20" N **Long.** : 002° 27' 18" E.

THIENNES

1-C2 48 km S. Dunkerque. 21 m. ✉ 59189

LE TANNAY NC Loisirs 38 E. Rivière à 1 km.. Ouvert: 1.4 / 31.10. ☎ 03 28 48 64 14.
Lat. : 50° 38' 30" N **Long.** : 002° 28' 55" E.

VILLERS-SIRE-NICOLE

1-E3 28 km N.-E. Avesnes-sur-Helpe. 118 m. 59600

LES AVALLÉES ★★ Loisirs 100 E. dont 10 nus 2,50 ha. Locations : . Accès direct à l'étang et à la rivière.. Ouvert: 1.4 / 14.10. ☎ 03 27 67 92 56. E-mail : loisirs-les-avallees@wanadoo.fr. Web : www.loisirs-les-avallees.fr. Prix 2022. Fft jour : empl. Tourisme (2 1) : 20 € ( ) ;
Lat. : 50° 20' 46" N **Long.** : 004° 01' 38" E.

VOLCKERINCKHOVE

1-B2 27 km S. Dunkerque. 35 m. 59470

LE MOULIN NC Loisirs 100 E. 2,5 ha CV. .. Ouvert: 1.4 / 31.10. ☎ 03 28 68 03 23. E-mail : sterckeman.jean@wanadoo.fr. Web : www.campingdumoulin59470.fr.
Lat. : 50° 50' 04" N **Long.** : 002° 17' 30" E.

WARHEM

1-C1 14 km S.-E. Dunkerque. 7 m. 59380

LES RESIDENCES LA BECQUE P.R.L ★★★ NN157 E. dont 7 nus 4,6 ha CV. Locations : . Rivière à 1 km. Accueil groupes. Ouvert: 1.1 / 31.12. ☎ 03 28 62 00 40. E-mail : sarl-rlb@orange.fr. Web : www.residences-la-becque.com. Réduction H.S.
Lat. : 50° 58' 38" N **Long.** : 002° 30' 16" E.

WARLAING

1-D3 23 km N.-E. Douai. 18 m. 59870

LE BUVERLOT NC Loisirs 22 E. . ☎ 06 81 55 31 10. E-mail : camping.buverlot@orange.fr.
Lat. : 50° 24' 50" N **Long.** : 003° 20' 29" E.

WATTEN

1-B2 29 km S.-O. Dunkerque. 29 m. 59143

LE VAL JOLY ★★ Loisirs 105 E. . Accès direct à la rivière. Ouvert: 1.4 / 30.10. ☎ 06 10 60 43 04. E-mail : maxou59143@hotmail.com. Web : www.campinglevaljoly.fr.
Lat. : 50° 50' 08" N **Long.** : 002° 12' 33" E.

WAVRECHAIN-SOUS-FAULX

1-D3 22 km S.-O. Valenciennes. 42 m. 59111

CARAVANING LE FLEURY ★★ Loisirs 220 E. 3,5 ha . Accès direct à l'étang et à la rivière. Ouvert: 1.1 / 31.12. ☎ 03 27 35 71 16. E-mail : camping.fleury@live.fr. Web : www.lefleury.fr.
Lat. : 50° 16' 28" N **Long.** : 003° 17' 16" E.

WINNEZEELE

1-C2 29 km S.-E. Dunkerque. 22 m. 59670

LA HOUBLONNIERE ★★ Loisirs 80 E. 2 ha CV. . Etang à 3 km. Ouvert: 1.4 / 31.10. ☎ 03 28 40 93 06. E-mail : la.houblonniere@orange.fr. Web : www.flandrecommerce.com.
Lat. : 50° 50' 50" N **Long.** : 002° 34' 17" E.

WULVERDINGHE

1-B2 32 km S.-O. Dunkerque. 58 m. 59143

LA CABARETTE ★★ Loisirs 50 E. 1,9 ha CV. Locations : . Accès direct à l'étang ; rivière à 2 km.. Ouvert: 1.3 / 30.10. ☎ 03 28 62 48 23. E-mail : campinglacabarette@orange.fr.
Lat. : 50° 49' 56" N **Long.** : 002° 15' 58" E.

ZEGERSCAPPEL

1-C2 19 km S. Dunkerque. 24 m. 59470

DOMAINE DU GROENE VELD ★★★ Loisirs 84 E. dont 1 nus, dont 74 GCC. CV . Locations : , roulotte. couverte chauffée , . Accès direct à l'étang. . Ouvert: 6.1 / 18.12. ☎ 03 28 68 93 40. E-mail : campinglegroeneveld@wanadoo.fr. Web : www.campinglegroeneveld.com.
Lat. : 50° 53' 33" N **Long.** : 002° 24' 03" E.

ZUYDCOOTE

1-C1 10 km N.-E. Dunkerque 6 m. 59123

L'ESTRAN ★★★ Loisirs 157 E. dont 157 GCC. 1,42 ha . Accès direct à la mer. ; . . Ouvert: 1.2 / 30.11. ☎ 03 28 26 56 44. E-mail : campingdelestran@wanadoo.fr. Web : www.campingdelestran.com.
Lat. : 51° 03' 58" N **Long.** : 002° 29' 15" E.

CAMPING DES DUNES ★ Loisirs 239 E. 7 ha CV . Locations : . Accès direct à l'étang ; bord de mer à 500 m ; lac à 5 km. ; ; . Ouvert: 1.4 / 31.10. ☎ 03 28 29 94 58. E-mail : camping.des.dunes@orange.fr. Web : www.campingdesdunes.com.
Lat. : 51° 04' 03" N **Long.** : 002° 29' 35" E.

ZUYTPEENE

1-C2 27 km S. Dunkerque. 35 m. 59670

VAL DE CASSEL NC Loisirs 35 E. dont 5 nus, dont 4 CC. 0,69 ha CV. Locations : . Etang à 2 km. Accueil groupes. Ouvert: 1.4 / 31.10. ☎ 03 28 48 45 82. E-mail : campingvaldecassel@gmail.com. Web : camping-cassel.com.
Lat. : 50° 47' 36" N **Long.** : 002° 25' 52" E.

60 OISE

Cartes 1-3

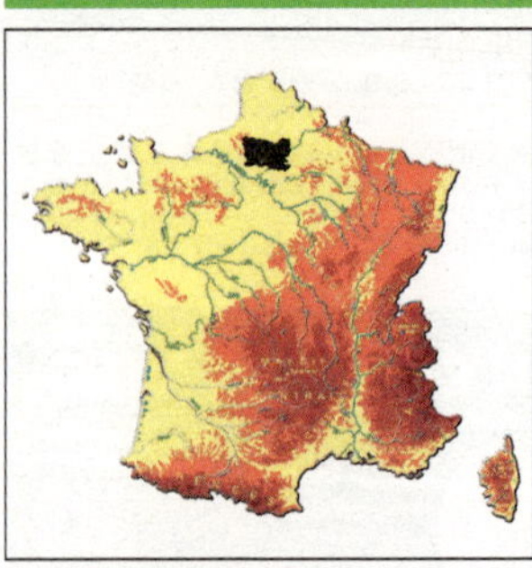

ACY-EN-MULTIEN

3-C3 31 km S.-E. Senlis. 116 m. 60620

CAMPING DE L'ANCIEN MOULIN ★★★ Tourisme 120 E. CV . Locations : . Accès direct à l'étang.. Accueil groupes. Ouvert: 1.1 / 31.12. ☎ 03 44 87 21 28. E-mail : campingdelancienmoulin@hotmail.fr. Web : www.campingdelancienmoulin.com.
Lat. : 49° 05' 54" N **Long.** : 002° 57' 41" E.

ANGICOURT

1-C5 12 km S.-E. Clermont. 80 m. 60940

LA FALOISE ★★ Tourisme 95 E. dont 1 nus . Locations : . . Etang et rivière à 4 km. Accueil groupes adultes. Ouvert: 1.1 / 31.12. ☎ 06 95 59 20 64. E-mail : philippefournier@hotmail.com. Web : www.camping-la-faloise.com. Réduction H.S.
Lat. : 49° 19' 08" N **Long.** : 002° 29' 08" E.

ATTICHY

1-D5 19 km E. Compiègne. 103 m. 60350

L'AIGRETTE ★★★ Tourisme 51 E. dont 45 nus extérieur pour les visiteurs, CV . Locations : , yourte. , , . Accès direct à l'étang ; rivière à 300 m.. Accueil groupes adultes. Ouvert: 1.1 / 31.12. ☎ 03 44 42 15 97. E-mail : contact@campingdelaigrette.com. Web : www.campingdelaigrette.com.
Lat. : 49° 24' 24" N **Long.** : 003° 03' 10" E.

BRESLES

1-B5 12 km E. Beauvais. 67 m. 60510

LA TRYE ★★ Tourisme 111 E. dont 68 nus CV . Locations : , cocosweet, tipi, . Randonnée pédestre organisée. couverte chauffée , , , . Accès direct à l'étang et à la rivière. . Accueil groupes. Ouvert: 1.2 / 31.12. ☎ 03 44 07 80 95. E-mail : camping.bresles@gmail.com. Web : www.camping-de-la-trye.com. Prix 2022. Fft jour : empl. Tourisme (2) : 25,2 € ( ) ;
Lat. : 49° 24' 18" N **Long.** : 002° 15' 29" E.

CARLEPONT

1-D5 20 km N.-E. Compiègne. 64 m. 60170

LE PRE FLEURI NC Loisirs 40 E. . Etang à 2 km ; rivière à 4 km. . Ouvert: 1.1 / 31.12. ☎ 03 44 75 21 46. E-mail : guides@campingfrance.com.
Lat. : 49° 30' 47" N **Long.** : 003° 02' 25" E.

LES ARAUCARIAS ★★ Tourisme 60 E. dont 32 nus, dont 15 GCC. 1,6 ha 23 h / 7 h, CV . Locations : . Accès direct à l'étang ; rivière à 5 km. Accueil groupes. Ouvert: 1.4 / 31.10. ☎ 03 44 75 27 39. E-mail : camping-les-araucarias@wanadoo.fr. Web : www.camping-les-araucarias.com. Réduction H.S.
Lat. : 49° 30' 26" N **Long.** : 003° 01' 05" E.

CHIRY-OURSCAMP

1-C5 18 km N.-E. Compiègne. 48 m. ✉ 60138

LA MONTAGNE NC Loisirs 98 E. 2,3 ha visiteur, CV. Locations : . Accès direct à l'étang. Ouvert: 1.1 / 31.12. ☎ 03 44 76 98 29. E-mail : arnaudcampinglamontagne@orange.fr. Web : campinglamontagne.fr.
Lat. : 49° 32' 34" N **Long.** : 002° 56' 52" E.

CIRES-LES-MELLO

3-B2 25 km N.-O. Senlis. 92 m. ✉ 60660

PARC NATUREL DE WEEK-END ★★★ Loisirs 156 E. 8 ha CV. Accès direct à l'étang ; rivière à 500 m.. Ouvert: 1.1 / 31.12. ☎ 03 44 26 42 25. E-mail : pnwe@orange.fr. Web : parcnatureldeweekend.com.
Lat. : 49° 17' 11" N **Long.** : 002° 20' 45" E.

LES AUBEPINES ★★ Loisirs 128 E. 2,3 ha. Etang et rivière à 2 km. Ouvert: 1.1 / 31.12. ☎ 03 44 56 40 89. E-mail : laurent.martigny@gmail.com.
Lat. : 49° 15' 43" N **Long.** : 002° 21' 42" E.

FEIGNEUX

3-C2 28 km N.-E. Senlis 112 m. ✉ 60800

CAMPING NATURISTE DE MORCOURT NC 35 E. dont 20 nus CV Rés. naturiste. Locations : . Randonnée pédestre organisée. Fitness. Rivière à 4 km ; étang à 5 km. Accueil groupes adultes. Ouvert: 1.6 / 30.9. ☎ 07 82 01 57 63. E-mail : cscreil@laposte.net. Web : cscreil.free.fr.
Lat. : 49° 16' 35" N **Long.** : 002° 54' 02" E.

FONTAINE-BONNELEAU

1-B5 27 km N. Beauvais. 134 m. ✉ 60360

DOMAINE DES TRAVERSES NC Loisirs 40 E. dont 32 GCC. ☎ 03 44 82 91 10. E-mail : communefontainebonneleau@wanadoo.fr. Web : www.domainedestraverses.com.
Lat. : 49° 40' 40" N **Long.** : 002° 09' 31" E.

GOUVIEUX

3-C3 12 km O. Senlis. 49 m. ✉ 60270

LE MONT CESAR ★★ Loisirs 130 E. dont 70 nus CV. Locations : . Etang et rivière à 500 m. Accueil groupes. Ouvert: 1.4 / 31.10. ☎ 03 44 57 02 05. E-mail : lemontcesar@orange.fr. Web : www.lemontcesar.com.
Lat. : 49° 11' 57" N **Long.** : 002° 24' 14" E.

HAUTEFONTAINE

1-D5 23 km S.-E. Compiègne. 126 m. ✉ 60350

CAMPING DE MONTAUBAN ★★ Loisirs 134 E. Ouvert: 1.1 / 31.12. ☎ 03 44 97 11 18. E-mail : geraldine.zanin@free.fr. Web : www.villageleserables.com.
Lat. : 49° 22' 08" N **Long.** : 003° 02' 46" E.

HENONVILLE

3-B2 30 km S. Beauvais. 101 m. ✉ 60119

LE BOIS JOLI ★★ Loisirs 140 E. dont 130 nus 2,7 ha. Locations : . Ouvert: 1.1 / 31.12. ☎ 03 44 49 87 92. E-mail : parcduboisjoli@yahoo.fr. Web : www.parcduboisjoli.com.
Lat. : 49° 12' 15" N **Long.** : 002° 02' 50" E.

HONDAINVILLE

1-B5 10 km S.-O. Clermont. 71 m. ✉ 60250

CAMPING DU CHATEAU VERT ★★ Loisirs 53 E. Accès direct à l'étang.. Ouvert: 25.6 / 15.9. ☎ 03 44 70 08 02. E-mail : campingcv@hotmail.fr. Web : www.cchateauvert.com.
Lat. : 49° 20' 32" N **Long.** : 002° 18' 06" E.

LE COUDRAY-SAINT-GERMER

1-B5 21 km O. Beauvais. 210 m. ✉ 60850

LA BELLE ETOILE ★★ Tourisme 46 E. dont 5 nus 2,5 ha. Accueil groupes. Ouvert: 1.4 / 30.9. ☎ 06 01 21 45 46. E-mail : stgermercamping@yahoo.com.
Lat. : 49° 24' 36" N **Long.** : 001° 50' 11" E.

ORVILLERS-SOREL

1-C5 24 km N.-O. Compiègne. 90 m. ✉ 60490

CAMPING DU CHATEAU DE SOREL ★★★ Tourisme 120 E. 3 ha. Locations : . Espace Fitness. . Ouvert: 1.2 / 15.12. ☎ 03 44 85 02 74. E-mail : info@camping-sorel.com. Web : www.aestiva.fr.
Lat. : 49° 34' 01" N **Long.** : 002° 42' 28" E.

OURSEL-MAISON

1-B5 30 km N.-O. Clermont. 177 m. ✉ 60480

M. SÉBASTIEN FONTANA CV. Ouvert: 1.1 / 31.12. ☎ 03 44 46 81 55. E-mail : sebastien-fontana@orange.fr, Web : www.gite-camping-beauvais.com.
Lat. : 49° 35' 32" N **Long.** : 002° 09' 43" E.

PIERREFONDS

1-D5 14 km S.-E. Compiègne. 110 m. ✉ 60350

LE CfiUR DE LA FORET ★★ Tourisme 49 E. 0,3 ha CV. Locations : . Lac à 1 km ; étang à 5 km. Accueil groupes. Ouvert: 28.3 / 31.10. ☎ 03 44 42 80 83. E-mail : contact@lecoeurdelaforet.fr. Web : www.lecoeurdelaforet.fr.
Lat. : 49° 21' 16" N **Long.** : 002° 58' 33" E.

RICQUEBOURG

1-C5 20 km N. Compiègne. 91 m. ✉ 60490

ETANG DU HAUT MATZ . Ouvert: 1.1 / 31.12. ☎ 03 44 42 51 59. E-mail : roger.morval@sfr.fr.
Lat. : 49° 33' 41" N **Long.** : 002° 45' 07" E.

ROSOY-EN-MULTIEN

3-D3 32 km S.-E. Senlis. 110 m. ✉ 60620

LE BOIS DE ROSOY ★★★ Tourisme 40 E. dont 40 nus 5 ha CV. chauffée. Ouvert: 15.3 / 31.10. ☎ 03 44 87 35 90. E-mail : juliette@leboisderosoy.com. Web : www.leboisderosoy.com.
Lat. : 49° 05' 51" N **Long.** : 002° 59' 59" E.

SAINT-LEU-D'ESSERENT

3-C2 12 km O. Senlis. 63 m. ✉ 60340

LE PRÉ DES MOINES ★★★ Loisirs 135 E. dont 28 nus 5,5 ha CV. A 4 km : Locations : bulle. Randonnée pédestre organisée. Rivière à 170 m ; étang à 1,3 km.. Accueil groupes. Ouvert: 1.4 / 15.11. ☎ 03 44 56 60 48. E-mail : contact@camping-lepredesmoines.com. Web : www.camping-lepredesmoines.com.
Lat. : 49° 12' 42" N **Long.** : 002° 25' 39" E.
FFCC : avantages adhérent : 10% sur emp. et entre 15 € et 03 € la nuitée et entre 31 € et 10 € la semaine sur loc.

L'ABBATIALE ★★ Loisirs 300 E. 6 ha CV. Locations : . Etang et rivière à 1 km. Ouvert: 1.1 / 31.12. ☎ 03 44 56 38 76. E-mail : contact@camping-abbatiale.fr. Web : www.camping-abbatiale.com.
Lat. : 49° 12' 45" N **Long.** : 002° 24' 09" E.

CAMPIX ★ Tourisme 175 E. dont 160 nus 3 ha CV. Locations : roulotte. Etang à 1 km. Accueil groupes. Ouvert: 7.3 / 30.11. ☎ 03 44 56 08 48. E-mail : campix@orange.fr. Web : www.campingcampix.com. Réduction H.S.
Lat. : 49° 13' 28" N **Long.** : 002° 25' 34" E.

SAINT-MAUR

1-B5 26 km N.-O. Beauvais. 178 m. ✉ 60210

M. DUPUY . Ouvert: 1.4 / 30.9. ☎ 03 44 46 34 73. E-mail : olivierdupuy@hotmail.fr, Web : www.campings-picardie.com.
Lat. : 49° 36' 58" N **Long.** : 001° 55' 08" E.

SALENCY

1-D5 28 km N.-E. Compiègne. 92 m. ✉ 60400

L'ÉTANG DU MOULIN ★ Loisirs 23 E. 0,36 ha. Locations : . Accès direct à l'étang ; rivière à 3 km.. Ouvert: 1.1 / 31.12. ☎ 03 44 43 06 78. E-mail : stephanie.guerts@gmail.com.
Lat. : 49° 35' 20" N **Long.** : 003° 02' 38" E.

SENOTS

3-B2 20 km S.-O. Beauvais. 112 m. ✉ 60240

CARAVANING LE MOULIN DE LA NOUE ★★ Tourisme 39 E. dont 39 GCC. Locations : . Ouvert: 1.1 / 31.12. ☎ 03 44 08 72 83. E-mail : lemoulindelanoue@gmail.com. Web : www.camping-lemoulindelanoue.com.
Lat. : 49° 15' 44" N **Long.** : 001° 59' 24" E.

SONGEONS

1-B5 22 km N.-O. Beauvais. 161 m. ✉ 60380

AIRE NATURELLE LES MESANGES . Ouvert: 15.4 / 15.10. ☎ 03 44 82 31 32. E-mail : micheletmaryvonne.warin@sfr.fr.
Lat. : 49° 34' 09" N **Long.** : 001° 52' 23" E.

MME CÉCILE BOURDON CV. Ouvert: 15.4 / 31.10. ☎ 03 44 82 42 23 / 0 6 70 78 34 92. E-mail : cecilebourdon@yahoo.fr.
Lat. : 49° 33' 06" N **Long.** : 001° 51' 04" E.

VERNEUIL-EN-HALATTE

3-C2 10 km N.-O. Senlis. 74 m. ✉ 60550

LA SAPINIERE ★★★ Loisirs 115 E. Rivière à 500 m ; étang à 1 km. Accueil groupes. Ouvert: 1.1 / 31.12. ☎ 03 44 25 17 23. E-mail : camping-la-sapiniere@sfr.fr. Web : www.campinglasapiniere.fr.
Lat. : 49° 16' 33" N **Long.** : 002° 30' 48" E.

VILLERS-SAINT-PAUL

1-C5 15 km N.-O. Senlis. 52 m. ✉ 60870

CARAVANING LA GARENNE ★★★ Loisirs 150 E. 3,3 ha. Locations : . Etang et rivière à 2 km.. Ouvert: 1.1 / 31.12. ☎ 03 44 71 09 96. E-mail : lagarenne60870@gmail.com. Web : www.parc-caravaning-lagarenne.fr.
Lat. : 49° 17' 38" N **Long.** : 002° 29' 21" E.

Carte 2

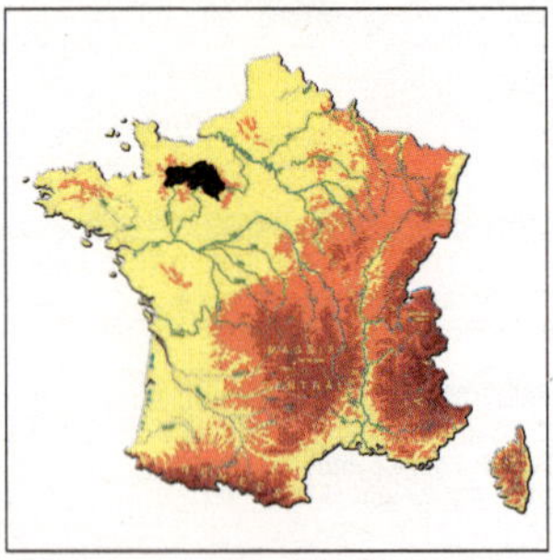

ALENCON

2-D4 195 km O.-S.-O. Paris. 140 m. ✉ 61000

CAMPING DE GUÉRAMÉ NC Tourisme 54 E. dont 43 nus 1,5 ha. A 2 km : Rivière à 100 m. Ouvert: 1.4 / 1.10. ☎ 02 33 26 34 95. E-mail : campingguerame@ville-alencon.fr. Web : www.cu-alencon.fr/sortir-bouger/tourisme-et-patrimoine/le-camping-de-guerame/. Prix 2022. 3,10 € ; 6,15 € ; 6,15 € ; 6,15 € ; animaux 2,50 € ; 2,50 € ; 3,70 €. **Lat.** : 48° 25' 33" N **Long.** : 000° 04' 22" E.

ARGENTAN

2-D4 43 km N.-N.-O. Alençon 167 m. ✉ 61200

CAMPING MUNICIPAL DE LA NOË NC Tourisme 22 E. dont 22 nus

0,2 ha CV. Locations : . Accès direct à l'étang ; rivière à 500 m.. Accueil groupes adultes. Ouvert: 15.4 / 1.10. ☎ 02 33 36 05 69. E-mail : camping@argentan.fr. Web : www.argentan.fr. Prix 2022. empl. Tourisme : 2,60 € ; 2,50 € ; 2,10 € ; 1,60 € ; 3 €. **Lat.** : 48° 44' 24" N **Long.** : 000° 01' 00" W.

ATHIS-VAL DE ROUVRE

2-D3 35 km N.-O. Argentan. 220 m. ✉ 61430

LA RIBARDIERE 1 CV. Ouvert: 15.4 / 15.10. ☎ 02 33 66 41 93. E-mail : davy.isachris@orange.fr, Web : fermelaribardiere.wordpress.com. **Lat.** : 48° 47' 43" N **Long.** : 000° 31' 50" W.

M. DAVY CV. Ouvert: 15.4 / 15.10. ☎ 02 33 66 41 93. E-mail : davy.isachris@orange.fr, Web : fermelaribardiere.wordpress.com. **Lat.** : 48° 47' 43" N **Long.** : 000° 31' 50" W.

BAGNOLES DE L'ORNE NORMANDIE

50 km N.-O. Alençon 199 m. ✉ 61140

CAMPING MUNICIPAL LA VÉE ★★★ Tourisme 247 E. dont 229 nus, dont 8 CC.

3 ha 9 h / 20 h, CV. A 1,5 km : Locations : . Rivière à 100 m ; lac à 1,5 km. Accueil groupes. Ouvert: 24.2 / 4.11. ☎ 02 33 37 87 45. E-mail : camping@bagnolesdelorne.com. Web : www.campingbagnolesdelorne.com. Prix 2023. Fft nuit : empl. Tourisme (2) : 14,3 € () ; sup 4,40 € nuit ; animaux 1,80 € nuit ; 2,40 € nuit ; 4,30 € nuit. **Lat.** : 48° 32' 52" N **Long.** : 000° 25' 11" W.

BEAULIEU

2-F4 27 km N.-E. Mortagne au Perche. 218 m. ✉ 61190

LA FERME DU BREUIL NC Loisirs 30 E. dont 30 CC. Locations : , , . Etang à 20 m ; rivière à 50 m.. Ouvert: 1.1 / 31.12. ☎ 02 33 25 61 05. E-mail : courtois.thierry@wanadoo.fr. Web : camping.du.breuil.pagesperso-orange.fr. **Lat.** : 48° 41' 11" N **Long.** : 000° 45' 21" E.

BELLEME

2-E5 17 km S. Mortagne-au-Perche. 203 m. Station verte de vacances et village de neige ✉ 61130

CAMPING DU PERCHE BELLEMOIS ★★★ Tourisme 52 E. dont 43 nus 0,6 ha CV. Locations : . Etang à 800 m. Accueil groupes. Ouvert: 10.4 / 31.10. ☎ 0 2 33 25 30 77. E-mail : campingduperchebellemois@gmail.com. Web : www.campingduperchebellemois.com. **Lat.** : 48° 22' 27" N **Long.** : 000° 33' 17" E.

CARROUGES

2-D4 26 km N.-O. Alençon. 291 m. ✉ 61320

CAMPING MUNICIPAL NC Tourisme 10 E. Rivière à 5 km. Ouvert: 1.1 / 31.12. ☎ 02 33 27 20 38. E-mail : mairie.carrouges@wanadoo.fr. Web : www.carrouges.fr. **Lat.** : 48° 34' 11" N **Long.** : 000° 08' 22" W.

CEAUCE

2-C4 68 km O. Alençon. 147 m. ✉ 61330

CAMPING MUNICIPAL ★ Tourisme 10 E. dont 10 nus 0,50 ha , . Accès direct à l'étang.. Ouvert: 1.5 / 30.9. ☎ 02 33 38 31 19. E-mail : mairie.ceauce@wanadoo.fr. **Lat.** : 48° 29' 58" N **Long.** : 000° 37' 31" W.

COUTERNE

2-D4 45 km N.-O. Alençon. 168 m. ✉ 61410

LE CLOS NORMAND ★★ Tourisme 65 E.

1 ha CV. Etang et rivière à 2 km ; lac à 5 km. Accueil groupes. Ouvert: 31.3 / 31.10. ☎ 02 33 37 92 43. E-mail : francoise.doffemont@orange.fr. Web : www.camping-clos-normand.fr. **Lat.** : 48° 32' 15" N **Long.** : 000° 24' 05" W.

DOMFRONT EN POIRAIE

2-C4 62 km O.-N.-O. Alençon. 172 m. ✉ 61700

CAMPING MUNICIPAL CHAMP PASSAIS ★★ Tourisme 36 E. dont 36 nus, dont 9 GCC.

1,5 ha . Rivière à 800 m. Accueil groupes. Ouvert: 1.4 / 30.9. ☎ 02 33 37 37 66. E-mail : camping@villededomfront.fr. Web : www.camping-municipal-domfront.jimdofree.com. Prix 2022. **Lat.** : 48° 35' 20" N **Long.** : 000° 39' 02" W.

FFCC : avantages adhérent : 13 € du 01/04 au 30/09 sur emp. et entre 30 € et 40 € la nuitée et entre 210 € et 280 € la semaine du 01/04 au 30/09 sur loc.

DORCEAU

2-F4 25 km S.-E. Mortagne-au-Perche. 152 m. ✉ 61110

CAMPING FOREST VIEW NC Loisirs 30 E. 3,5 ha. Locations : , . Accès direct aux bords du lac.. Accueil groupes adultes. Ouvert: 15.4 / 5.10. ☎ 02 33 83 78 55. E-mail : peter@forestviewfrance.com. Web : www.forestviewfrance.com. **Lat.** : 48° 26' 14" N **Long.** : 000° 49' 43" E.

ECOUVES

2-D4 9 km N. Alençon. 230 m. ✉ 61250

ÉCOUVES ★★★ Tourisme 35 E. toute la journée, CV. Locations : roulotte. Randonnée pédestre organisée. , Etang à 200 m.. Accueil groupes. Ouvert: 1.5 / 30.9. ☎ 02 33 28 75 02. E-mail : joseph.montier@orange.fr. Web : www.ecouves.net. Prix 2023. Fft jour : empl. Tourisme (2) : 17,9 € (E. CC E. GCC) ; sup 3,40 € ; 2,40 €.
Lat. : 48° 29' 42" N **Long.** : 000° 04' 07" E.
FFCC : avantages adhérent : 16 € du 01/05 au 30/06 et du 01/09 au 30/09 sur emp. et entre 30 € et 120 € la nuitée et entre 140 € et 400 € la semaine du 01/01 au 31/12 sur loc.

ESSAY

2-E4 18 km N.-E. Alençon. 167 m. ✉ 61500

LES CHARMILLES NC Tourisme 23 E. dont 22 nus 0,5 ha . Rivière à 500 m. Ouvert: 1.4 / 30.9. ☎ 02 33 28 40 52. E-mail : charmillescamping@gmail.com. Web : www.tourismenpaysdessay.org.
Lat. : 48° 32' 17" N **Long.** : 000° 14' 47" E.

EXMES

2-E4 17 km E. Argentan. 202 m. ✉ 61310

M. JEAN-CLAUDE GOURBE CV. Ouvert: 1.1 / 31.12. ☎ 02 33 39 93 67. E-mail : gourbe.mm@hotmail.fr.
Lat. : 48° 45' 22" N **Long.** : 000° 11' 17" E.

FLERS

2-C4 40 km O. Argentan. 219 m. ✉ 61100

LA FOUQUERIE ★★★ Tourisme 50 E. dont 47 nus 0,9 ha CV . A 2 km : Locations : . Etang et rivière à 3 km. Ouvert: 15.5 / 20.9. ☎ 02 33 65 35 00. E-mail : campingflers@flers-agglo.fr. Web : www.montagnesdenormandie.fr. Prix 2022. Fft jour : empl. Tourisme (1) : 9,2 € ( ) ; sup 3,60 € ; animaux 1,10 € ; 1,50 € ; 5,50 €.
Lat. : 48° 45' 16" N **Long.** : 000° 32' 36" W.

GACE

2-E3 28 km N.-E. Argentan. 239 m. ✉ 61230

CAMPING MUNICIPAL LE PRESSOIR ★★ Tourisme 28 E. dont 28 nus 0,8 ha . Accès direct à la rivière. Accueil groupes. Ouvert: 1.1 / 31.12. ☎ 02 33 35 50 24. E-mail : ville.gace@wanadoo.fr. Web : www.gace.fr. Prix 2023. Fft jour : empl. Tourisme (2) : 15 € ( )
Lat. : 48° 47' 41" N **Long.** : 000° 17' 58" E.

JUVIGNY VAL D'ANDAINE

2-C4 45 km N.-O. Alençon. 191 m. ✉ 61140

CAMPING MUNICIPAL NC Tourisme 10 E. . Ouvert: 1.4 / 31.10. ☎ 02 33 38 10 25. E-mail : juvigny.val.dandaine@orange.fr. Web : www.juvignyvaldandaine.fr. Prix 2023. empl. Tourisme : 4 € ; 1,50 € ; 1 € ; 1,50 €.
Lat. : 48° 33' 11" N **Long.** : 000° 30' 13" W.

LA CHAPELLE-MONTLIGEON

2-E4 10 km S.-E. Mortagne-au-Perche. 186 m. ✉ 61400

CAMPING MUNICIPAL NC Tourisme 34 E. 0,8 ha . Etang et rivière à 1 km. Accueil groupes. Ouvert: 12.6 / 12.9. ☎ 02 33 83 08 89. E-mail : mairie.chapelle-montligeon@wanadoo.fr. Web : www.chapelle-montligeon.fr.
Lat. : 48° 22' 36" N **Long.** : 000° 33' 35" E.

LA FERTE-MACE

2-D4 42 km N.-O. Alençon. 214 m. Station verte de vacances et village de neige ✉ 61600

LE CHAMP DE LA VALLÉE NC Tourisme 20 E. dont 3 CC. 1 ha . Accès direct à l'étang.. Ouvert: 1.1 / 31.12. ☎ 02 33 37 45 92.
Lat. : 48° 36' 28" N **Long.** : 000° 18' 53" W.

LE MELE-SUR-SARTHE

2-E4 23 km N.-O. Alençon. 151 m. Station verte de vacances et village de neige ✉ 61170

CAMPING INTERCOMMUMAL DE LA PRAIRIE ★★ Tourisme 92 E. 15 ha CV . , , . Accès direct aux bords du lac et à la rivière. ; . Accueil groupes. Ouvert: 1.5 / 30.9. ☎ 02 33 27 61 02. E-mail : accueil@cdcvalleedelahautesarthe.fr. Web : cdcvalledelahautesarthe.com.
Lat. : 48° 30' 30" N **Long.** : 000° 21' 48" E.

LONGNY LES VILLAGES

2-F4 17 km E. Mortagne-au-Perche. 217 m. ✉ 61290

MONACO PARC ★★★★ Loisirs 212 E. dont 28 nus CV . Espace Fitness. couverte chauffée. , , . Accès direct à l'étang ; rivière à 1 km. . Ouvert: 1.1 / 31.12. ☎ 02 33 73 59 59. E-mail : campingmonacoparc@gmail.com. Web : www.campingmonacoparc.com. Réduction H.S.
Lat. : 48° 30' 54" N **Long.** : 000° 44' 23" E.

MALETABLE

2-E4 16 km N.-E. Mortagne-au-Perche. 229 m. ✉ 61290

LE MOULIN DES SABLONS . Ouvert: 1.4 / 31.10. ☎ 02 33 25 13 36. E-mail : campinglemoulindessablons@orange.fr, Web : campinglemoulindessablons.com.
Lat. : 48° 33' 12" N **Long.** : 000° 41' 30" E.

MARCHAINVILLE

2-F4 28 km N.-E. Mortagne-au-Perche. 248 m. ✉ 61290

CAMPING MUNICIPAL NC Tourisme 17 E. 0,8 ha . Etang à 150 m.. Accueil groupes. Ouvert: 1.4 / 30.10. ☎ 02 33 83 68 14. E-mail : mairie.marchainville@longny-les-villages.fr.
Lat. : 48° 35' 06" N **Long.** : 000° 48' 52" E.

MENIL-HUBERT-SUR-ORNE

2-D3 31 km N.-O. Argentan. 137 m. ✉ 61430

CAMPING DE LA ROUVRE ★★ Tourisme 51 E. dont 17 nus CV . Locations : bulle. Randonnée pédestre organisée. , . Accès direct à la rivière.. Ouvert: 30.3 / 20.10. ☎ 02 33 64 82 40. E-mail : larouvre@gmail.com. Web : www.larouvre.fr.
Lat. : 48° 50' 36" N **Long.** : 000° 23' 54" W.

PUTANGES-LE-LAC

2-D4 19 km O. Argentan. 200 m. ✉ 61210

CAMPING MUNICIPAL LE VAL D'ORNE NC Tourisme 32 E. 0,75 ha CV. Locations : . , , . Accès direct à la rivière. Accueil groupes enfants. Ouvert: 1.4 / 30.9. ☎ 02 33 35 00 25. E-mail : mairie.putanges.61@wanadoo.fr. Web : www.ville-putanges.fr.
Lat. : 48° 45' 37" N **Long.** : 000° 14' 43" W.

RANES

2-D4 20 km S.-O. Argentan. 237 m. ✉ 61150

CAMPING ESSI NC Tourisme 30 E. 1,5 ha , , . Etang à 300 m.. Ouvert: 26.3 / 30.9. ☎ 02 33 39 73 93. E-mail : mairie-ranes@wanadoo.fr.
Lat. : 48° 38' 19" N **Long.** : 000° 13' 00" W.

REMALARD EN PERCHE

2-F4 20 km S.-E. Mortagne-au-Perche. 175 m. ✉ 61110

CAMPING MUNICIPAL ★★ Tourisme 38 E. . Locations : . , , . Accès direct à la rivière.. Ouvert: 15.3 / 30.9. ☎ 02 33 73 71 23. E-mail : mairie@remalardenperche.fr. Web : sites.google.com/site/campingremalard.
Lat. : 48° 25' 34" N **Long.** : 000° 46' 09" E.

SAINT-BOMER-LES-FORGES

2-C4 68 km N.-O. Alençon. 215 m. ✉ 61700

LA NOCHERIE ★★ Tourisme 25 E. CV. Rivière à 100 m ; étang à 200 m.. . Accueil groupes. Ouvert: 15.3 / 15.12. ☎ 02 33 37 60 36. E-mail : patrice.mottier@laposte.net.
Lat. : 48° 36' 55" N **Long.** : 000° 23' 57" W.

M. & MME MOTTIER CV. Ouvert: 15.3 / 15.12. ☎ 02 33 37 60 36. E-mail : patrice.mottier@laposte.net.
Lat. : 48° 36' 55" N **Long.** : 000° 23' 57" W.

SAINT-EVROULT-DE-MONTFORT

2-E3 30 km N.-E. Argentan 257 m. ✉ 61230

LES PETITS CHAMPS NC Tourisme 12 E. . Rivière à 1 km.. Ouvert: 1.1 / 31.12. ☎ 06 74 22 71 36. E-mail : campingdespetitschamps@orange.fr. Prix 2023. Fft jour : empl. Tourisme (2) : 15 € ( )
Lat. : 48° 48' 34" N **Long.** : 000° 18' 10" E.

SAINT-FRAIMBAULT

2-C4 60 km O. Alençon. 152 m. ✉ 61350

CAMPING MUNICIPAL LES CHAUVIÉRES ★★ Tourisme 36 E. dont 30 nus, dont 30 CC. 0,1 ha CV . Locations : tonneau. , , . Accès direct à l'étang et à la rivière.. Accueil groupes. Ouvert: 1.4 / 31.10. ☎ 06 30 12 21 99. E-mail : tourismesaintfraimbault61@gmail.com. Web : www.saint-fraimbault.com.
Lat. : 48° 29' 19" N **Long.** : 000° 41' 49" W.

SAINT-HILAIRE-SUR-ERRE

2-F5 30 km S.-E. Mortagne-au-Perche. 126 m. ✉ 61340

CAMPING MUNICIPAL NC Tourisme 13 E. 0,15 ha , , . Accès direct à la rivière.. Ouvert: 1.6 / 30.9. ☎ 02 37 52 12 42. E-mail : mairiesthilaire@wanadoo.fr.
Lat. : 48° 18' 45" N **Long.** : 000° 44' 21" E.

SAINT-MARS-D'EGRENNE

2-C4 69 km N.-O. Alençon. 148 m. ✉ 61350

M. PATRICK CHOPIN CV. Ouvert: 1.4 / 30.9. ☎ 02 33 38 60 29. E-mail : laboneliere@gmail.com, Web : www.gitecampinglabonneliere.com.
Lat. : 48° 33' 33" N **Long.** : 000° 42' 00" W.

SAINT-MAURICE-LES-CHARENCEY

2-F4 22 km N.-E. Mortagne-au-Perche. 224 m. ✉ 61190

CAMPING MUNICIPAL DE LA POSTE NC Tourisme 21 E. 0,43 ha . Accès direct à l'étang.. Ouvert: 1.1 / 31.12. ☎ 0 2 33 25 63 26. E-mail : mairiedecharencey@orange.fr. Prix 2023. Fft jour : empl. Tourisme (2) : 10 € ( ). Réduction H.S.
Lat. : 48° 38' 52" N **Long.** : 000° 45' 21" E.

SEES

2-E4 21 km N.-N.-E. Alençon. 200 m. ✉ 61500

LE CLOS NORMAND ★★★ Tourisme 50 E. dont 45 nus 0,83 ha CV . Rivière à 200 m. Ouvert: 14.4 / 30.9. ☎ 02 33 28 87 37. E-mail : campingdesees@orange.fr. Web : www.camping-sees.fr.
Lat. : 48° 35' 55" N **Long.** : 000° 10' 14" E.

TORCHAMP

2-C4 60 km N.O. Alençon. 144 m. ✉ 61330

POINT D'ACCUEIL JEUNES CV. Ouvert: 1.5 / 1.10. ☎ 02 33 38 70 41. E-mail : centre.pleine.nature@wanadoo.fr, Web : www.pleinenature-normandie.com.
Lat. : 48° 32' 36" N **Long.** : 000° 41' 46" W.

VIEUX-PONT

2-D4 16 km S.-O. Argentan. 199 m. ✉ 61150

VALLÉE DE LUDON NC Tourisme 20 E. 0,4 ha , . Accès direct à la rivière ; étang à 1 km.. Accueil groupes. Ouvert: 1.4 / 30.9. ☎ 02 33 35 24 23.
Lat. : 48° 39' 06" N **Long.** : 000° 08' 36" W.

VIMOUTIERS

2-E3 32 km N.-E. Argentan. 166 m. Station verte de vacances et village de neige ✉ 61120

CAMPING MUNICIPAL LA CAMPIERE NC Tourisme 40 E. dont 36 nus, dont 4 CC. 1 ha CV . Locations : . , . Accès direct à la rivière ; étang à 2 km.. Accueil groupes. Ouvert: 1.4 / 31.10. ☎ 02 33 39 18 86. E-mail : campingmunicipalvimoutiers@wanadoo.fr. Web : www.mairie-vimoutiers.fr.
Lat. : 48° 55' 57" N **Long.** : 000° 11' 48" E.

Carte 1

Correspondant FFCC : Alain BOUTOILLE, 852 rue de la Planche des vaches - 62400 LOCON
Tél. 07 68 03 13 47 et boutoillealainffcc62@laposte.net

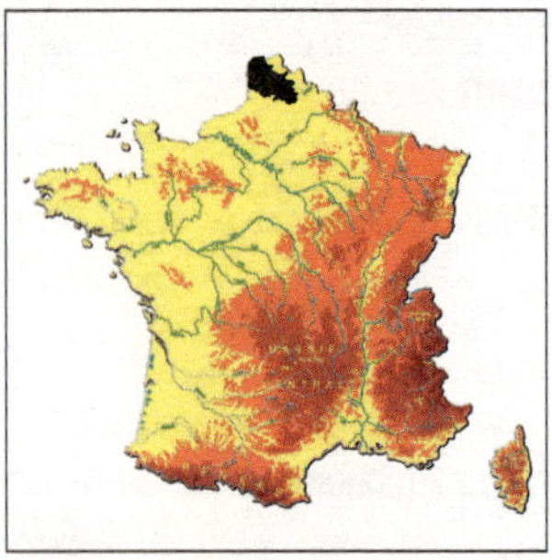

AIRE-SUR-LA-LYS

1-C2 17 km S.-E. St Omer. 23 m. ✉ 62120

LA PETITE FORET ★★ Loisirs 51 E. dont 6 nus CV. Accès direct à la rivière. Accueil groupes. Ouvert: 1.4 / 15.10. ☎ 03 21 93 67 42. E-mail : contact@lapetiteforet.fr. Web : www.lapetiteforet.fr.
Lat. : 50° 37′ 59" N **Long.** : 002° 26′ 19" E.

CAMPING MUNICIPAL LA LYS NC Loisirs 44 E. Accès direct à la rivière.. Ouvert: 1.1 / 31.12. ☎ 03 21 95 40 40. E-mail : camping@ville-airesurlalys.fr. Web : www.ville-airesurlalys.fr.
Lat. : 50° 38′ 38" N **Long.** : 002° 24′ 22" E.

AIX-EN-ERGNY

1-B2 23 km N.-E. Montreuil. 136 m. ✉ 62650

LA RIVIERA ★ Loisirs 50 E. dont 7 nus 1 ha CV. Locations : chauffée, . Accès direct à l'étang et à la rivière.. Ouvert: 1.4 / 31.12. ☎ 03 21 90 30 59. E-mail : contact@la-riviera.net. Web : www.la-riviera.net.
Lat. : 50° 34′ 46" N **Long.** : 001° 59′ 54" E.
FFCC : avantages adhérent : 400 € la semaine du 01/04 au 31/10 sur emp.

AMBLETEUSE

1-A2 12 km N. Boulogne-sur-Mer. 30 m. ✉ 62164

L'ÉGLANTIER ★★★ Loisirs 243 E. dont 100 nus 6 ha CV. Bord de mer à 250 m ; rivière à 1 km. Accueil groupes. Ouvert: 1.4 / 31.10. ☎ 06 38 73 21 92 / 03 91 18 34 13. E-mail : campingleglantier@orange.fr. Web : www.camping-leglantier.fr.
Lat. : 50° 48′ 43" N **Long.** : 001° 36′ 16" E.

LE BEAUCAMP ★★★ Loisirs 300 E. 9 ha CV. Locations : couverte chauffée, . Rivière à 500 m ; étang et bord de mer à 1,5 km. ; . Accueil groupes. Ouvert: 1.1 / 31.12. ☎ 03 21 32 62 10. E-mail : le.beaucamp@wanadoo.fr. Web : www.camping-lebeaucamp.fr.
Lat. : 50° 49′ 03" N **Long.** : 001° 38′ 08" E.

ANVIN

1-B3 41 km N.-O. Arras. 89 m. ✉ 62134

LES PRÉS DE LA TERNOISE ★★★ Loisirs 50 E. 0,58 ha 21 h / 9 h, CV. Locations : . Rivière à 300 m ; étang à 2 km. Accueil groupes adultes. Ouvert: 1.4 / 30.9. ☎ 06 40 91 60 94. E-mail : campinglespresdelaternoise@yahoo.com.
Lat. : 50° 27′ 03" N **Long.** : 002° 15′ 16" E.

ARDRES

1-B2 24 km N.-O. St Omer. 6 m. ✉ 62610

CARAVANING LA FREGATE ★★★ Loisirs 67 E. dont 3 nus 2 ha CV. A 5 km : . Locations : , . Accès direct à l'étang et aux bords du lac et à la rivière. . Ouvert: 1.4 / 15.10. ☎ 03 21 35 44 92. E-mail : dejonghe.bruno1@wanadoo.fr.
Lat. : 50° 51′ 39" N **Long.** : 001° 58′ 23" E.

FERME DU PONT TROUE NC Loisirs 117 E. . Accès direct à l'étang et à la rivière ; lac à 3 km.. Ouvert: 1.4 / 30.9. ☎ 03 21 85 70 41. E-mail : watre.ponttroue@orange.fr.
Lat. : 50° 52′ 35" N **Long.** : 002° 00′ 22" E.

L'ARDRESIEN ★★ Loisirs 83 E. . Ouvert: 1.1 / 31.12. ☎ 03 21 82 82 32. E-mail : campingardresien@gmail.com.
Lat. : 50° 51′ 26" N **Long.** : 001° 58′ 33" E.

LE VIVIER ★★ Loisirs 27 E. . Accès direct à l'étang et aux bords du lac ; rivière à 2 km.. ☎ 03 21 35 45 08. E-mail : campinglevivier@wanadoo.fr. Web : brasserielevivier.fr.
Lat. : 50° 52′ 19" N **Long.** : 001° 58′ 25" E.

LES ROBINSONS DU LAC ★★ Loisirs 34 E. dont 6 nus . Accès direct à l'étang.. Ouvert: 2.6 / 30.9. ☎ 03 21 35 40 68. E-mail : camping@lesrobinsonsdulac.com.
Lat. : 50° 51′ 34" N **Long.** : 001° 58′ 28" E.

ARQUES

1-B2 4 km S.-E. Saint-Omer. 22 m. ✉ 62510

BEAUSÉJOUR ★★★★ Loisirs 147 E. dont 47 nus CV. Locations : . Accès direct à l'étang ; rivière à 2 km. Accueil groupes adultes. Ouvert: 29.3 / 27.10. ☎ 03 21 88 53 66. E-mail : camping@ville-arques.fr. Web : www.camping-arques.fr.
Lat. : 50° 44′ 44" N **Long.** : 002° 18′ 16" E.

ATTIN

1-B3 5 km N.-O. Montreuil. 38 m. ✉ 62170

LES ETANGS FLEURIS ★ Loisirs 104 E. . ☎ 03 21 06 01 01. E-mail : lesetangsfleuris@sfr.fr.
Lat. : 50° 29′ 02" N **Long.** : 001° 44′ 49" E.

AUBIN-SAINT-VAAST

1-B3 18 km S.-E. Montreuil sur Mer. 62 m. ✉ 62140

CAMPING MUNICIPAL DE LA CANCHE NC Loisirs 135 E. 1,5 ha . Rivière à 500 m.. Ouvert: 1.4 / 31.10. ☎ 03 21 86 86 98. E-mail : commune.aubinstvaast@wanadoo.fr.
Lat. : 50° 23′ 40" N **Long.** : 001° 58′ 24" E.

AUDINCTHUN

1-B2 22 km S.-O. Saint-Omer. 114 m. ✉ 62560

LA NOUVELLE AVENTURE ★ Loisirs 62 E. 4,75 ha . Etang à 100 m.. Ouvert: 1.4 / 1.10. ☎ 03 21 95 28 19. E-mail : contact@hpdl.fr. Web : www.hpdl.fr.
Lat. : 50° 34′ 39" N **Long.** : 002° 08′ 50" E.

AUDINGHEN

1-A2 16 km N. Boulogne. 56 m. ✉ 62179

CAMPING MUNICIPAL LE MUSÉE ★★ Loisirs 154 E. 4 ha . Accès direct à la mer. Ouvert: 1.4 / 31.10. ☎ 03 21 32 97 22. E-mail : campingmusee@orange.fr. Web : www.audinghen-capgrisnez.fr/.
Lat. : 50° 50′ 34" N **Long.** : 001° 36′ 02" E.

CAMPING MUNICIPAL DU GRIS NEZ NC Loisirs 31 E. 0,4 ha . Bord de mer à 200 m. Ouvert: 1.4 / 15.10. ☎ 03 21 32 97 78. E-mail : audinghengrisnez@gmail.com.
Lat. : 50° 52′ 05" N **Long.** : 001° 35′ 26" E.

MME MARIE ALLEXANDRE CV. Ouvert: 1.4 / 30.10. ☎ 03 21 32 97 77. E-mail : marieallexandre@aim.com, Web : gitesdewarincthun.com.
Lat. : 50° 50′ 60" N **Long.** : 001° 38′ 18" E.

AUDRESSELLES

1-A2 12 km N. Boulogne. 46 m. ✉ 62164

CAMPING MUNICIPAL LES AJONCS ★★ Loisirs 197 E. dont 69 nus CV. Locations : . Bord de mer à 300 m. ; . Accueil groupes. Ouvert: 29.3 / 6.11. ☎ 03 21 32 97 40 / 06 50 34 48 09. E-mail : les-ajoncs@orange.fr. Web : www.audresselles-mairie.com. Prix 2023. Fft jour : empl. Tourisme (2) : 23 € ( ) ; sup 6 € ; animaux 3 € ; 1,80 € ; 4 €.
Lat. : 50° 49' 12" N **Long.** : 001° 35' 52" E.

FFCC : avantages adhérent : 22.10 € du 31/03 au 30/06 et du 01/07 au 06/11 sur emp. et entre 55.25 € et 110.50 € la nuitée et entre 255 € et 442 € la semaine du 31/03 au 07/07 et du 26/08 au 06/11 sur loc.

LE NOIRDA NC Loisirs 9 E. dont 10 GCC. CV. Locations : . Bord de mer à 200 m. Ouvert: 1.4 / 31.12. ☎ 06 41 01 89 62. E-mail : campinglenoirda@gmail.com. Web : campinglenoirda.fr.
Lat. : 50° 49' 36" N **Long.** : 001° 35' 35" E.

AUDRUICQ

1-B2 22 km N.-E. Saint-Omer. 6 m. ✉ 62370

CAMPING LES PYRAMIDES ★★★ Loisirs 90 E. dont 25 GCC. couverte. Accès direct à la rivière. Ouvert: 1.4 / 30.9. ☎ 03 21 35 59 17. E-mail : mairie.audruicq@wanadoo.fr.
Lat. : 50° 52' 41" N **Long.** : 002° 04' 47" E.

AUTINGUES

1-B2 23 km N.-O. St Omer. 23 m. ✉ 62610

SAINT LOUIS ★★★ Tourisme 84 E. dont 34 nus 22 h / 6 h, CV. Locations : . Lac à 1,2 km ; rivière à 1,5 km. Ouvert: 27.3 / 17.10. ☎ 03 21 35 46 83. E-mail : campingsaintlouis62610@gmail.com. Web : www.campingstlouis.com. Prix 2022. Fft nuit : empl. Tourisme (2) : 24,9 € ( ) ; sup 6 € nuit ; Réduction H.S.
Lat. : 50° 50' 17" N **Long.** : 001° 58' 32" E.

FFCC : avantages adhérent : 16 € du 01/04 au 30/06 et du 01/09 au 17/10 sur emp. et entre 65 € et 75 € la nuitée et entre 330 € et 430 € la semaine du 01/04 au 30/06 et du 01/09 au 17/10 sur loc.

AUXI-LE-CHATEAU

1-B3 45 km O. Arras. 74 m. ✉ 62390

LES PEUPLIERS DE L'AUTHIE NC Loisirs 82 E. dont 62 GCC. 1,65 ha . Locations : , , . Accès direct à la rivière.. Accueil groupes. Ouvert: 1.4 / 31.10. ☎ 06 33 82 55 99. E-mail : contact@auxicamping.fr. Web : www.auxicamping.fr.
Lat. : 50° 14' 09" N **Long.** : 002° 06' 22" E.

BALINGHEM

1-B2 28 km N.-O. St Omer. 10 m. ✉ 62610

LA PAILLOTTE ★★ Loisirs 60 E. 1,07 ha . Rivière à 600 m ; étang à 3 km ; lac à 4 km. Ouvert: 1.4 / 15.10. ☎ 03 21 82 28 25. E-mail : contact@camping-lapaillote62.fr. Web : www.camping-lapaillote62.fr.
Lat. : 50° 51' 59" N **Long.** : 001° 57' 08" E.

LA SOURCE ★★ Loisirs 34 E. 0,65 ha . Etang et rivière à 1 km ; lac à 4 km.. Ouvert: 1.4 / 30.9. ☎ 03 21 82 28 29. E-mail : rebier.lasource.balinghem@orange.fr. Web : www.camping-salle-de-reception-ardres.com.
Lat. : 50° 51' 39" N **Long.** : 001° 56' 44" E.

BEAURAINVILLE

1-B3 12 km S.-E. Montreuil. 43 m. ✉ 62990

CAMPING MUNICIPAL DE LA SOURCE ★★★ Loisirs 116 E. dont 46 nus, dont 46 CC - 63 GCC. 1,2 ha CV. A 5 km : . Locations : , bivouac, . Randonnée pédestre organisée. , . Accès direct à l'étang ; rivière à 50 m.. Accueil groupes. Ouvert: 1.1 / 31.12. ☎ 0 963679754 / 0 680321725. E-mail : campingbeaurainville@orange.fr. Web : www.campingdelasource-beaurainville.fr. Prix 2022. Fft jour : empl. Tourisme (2) : 13,2 € ( ) ; sup 3,80 € ; 2,80 € ; 3,80 €. Réduction H.S.
Lat. : 50° 25' 10" N **Long.** : 001° 54' 44" E.

BEAUVOIR-WAVANS

1-B3 44 km O. Arras. 65 m. ✉ 62390

AU VERT DE L'AUTHIE ★★★ Tourisme 90 E. dont 20 nus 2 ha CV. Locations : , , couverte chauffée , . Accès direct à l'étang et à la rivière. . Accueil groupes. Ouvert: 1.3 / 30.11. ☎ 03 21 04 00 67 / 07 87 07 87 72. E-mail : camping62@gmx.fr. Web : www.campingpasdecalais.fr.
Lat. : 50° 13' 00" N **Long.** : 002° 09' 36" E.

BERCK

1-A3 16 km S.-O. Montreuil-sur-Mer. 8 m. ✉ 62600

BELLE DUNE ★★★★★ Loisirs 400 E. dont 20 nus la nuit, CV . couverte chauffée . Accès direct à l'étang ; bord de mer à 150 m. ; . Accueil groupes. Ouvert: 1.4 / 31.10. ☎ 03 21 09 65 00. E-mail : hpabelledune@orange.fr. Web : camping-belledune.com.
Lat. : 50° 25' 24" N **Long.** : 001° 34' 13" E.

CHEZ MIREILLE ★★★ Loisirs 51 E. 0,9 ha CV . Bord de mer à 800 m. Ouvert: 1.4 / 31.10. ☎ 03 21 09 80 40. E-mail : chezmireille62@orange.fr. Web : www.chezmireille.fr.
Lat. : 50° 24' 57" N **Long.** : 001° 34' 34" E.

AMI-AMI ★★ Loisirs 156 E. dont 40 nus 2,1 ha après 22 h 30. Espace Fitness. . Bord de mer à 300 m ; étang à 3 km ; rivière à 5 km. Ouvert: 1.4 / 30.9. ☎ 03 21 09 05 55. E-mail : campingamiamiberck@orange.fr.
Lat. : 50° 25' 39" N **Long.** : 001° 34' 11" E.

LA GUINGUETTE ★★ Loisirs 95 E. dont 70 nus 1,7 ha 8 h / 20 h visiteurs, CV. A 2 km : couverte chauffée . Bord de mer à 400 m ; étang à 3 km ; rivière à 4 km. ; . Ouvert: 1.4 / 2.11. ☎ 03 21 09 04 22. E-mail : contact@camping-laguinguette.com. Web : www.camping-laguinguette.com. Réduction H.S.
Lat. : 50° 23' 56" N **Long.** : 001° 34' 11" E.

LE HALLOY ★★ Loisirs 370 E. 7,5 ha CV . Locations : , . Randonnée pédestre organisée. . Bord de mer à 100 m. ; . ☎ 03 21 09 00 54. E-mail : campingduhalloy@wanadoo.fr. Web : www.campingduhalloy.fr. Réduction H.S.
Lat. : 50° 23' 49" N **Long.** : 001° 34' 00" E.

MINY PARK ★★ Loisirs 45 E. 1 ha CV. Bord de mer à 1,5 km. Accueil groupes enfants. Ouvert: 1.7 / 31.8. ☎ 03 21 09 02 68. E-mail : chezmireille@club-internet.fr. Web : www.chezmireille.fr.
Lat. : 50° 25' 07" N **Long.** : 001° 35' 08" E.

CAMPING DE LA MANCHE ★ Loisirs 165 E. 2 ha . Bord de mer à 200 m. ; ; . Ouvert: 1.4 / 30.9. ☎ 03 21 09 36 29. E-mail : camping.de.la.manche@orange.fr.
Lat. : 50° 25' 07" N **Long.** : 001° 34' 12" E.

INTERNATIONAL CAMPING ★ Loisirs 198 E. 3,5 ha . Accès direct à l'étang ; bord de mer à 2 km ; rivière à 5 km.. Ouvert: 1.6 / 30.9. ☎ 03 21 09 13 33. E-mail : campinginternational@selacamp.fr.
Lat. : 50° 25' 02" N **Long.** : 001° 35' 16" E.

L'ALOUETTE ★ Loisirs 114 E. 1,5 ha . Accès direct à la mer. Ouvert: 12.5 / 10.9. ☎ 03 21 84 49 16. E-mail : sonialouette@hotmail.fr.
Lat. : 50° 25' 05" N **Long.** : 001° 34' 05" E.

LA POINTE ★ Loisirs 134 E. 1,3 ha . Bord de mer à 500 m. ; . ☎ 03 21 09 68 78. E-mail : campingdelapointe62@hotmail.fr.
Lat. : 50° 25' 12" N **Long.** : 001° 34' 28" E.

BEZINGHEM

1-B2 19 km N.-E. Montreuil sur Mer. 130 m. ✉ 62650

LES AULNES ★★★ Loisirs 79 E. CV. Locations : . couverte chauffée , , . Accès direct à l'étang et à la rivière. ; . Accueil groupes. Ouvert: 1.4 / 15.10. ☎ 03 21 90 93 88. E-mail : campinglesaulnes@orange.fr. Web : www.campinglesaulnes.com.
Lat. : 50° 35' 05" N **Long.** : 001° 49' 34" E.

BLANGERVAL-BLANGERMONT

1-B3 37 km O. Arras. 115 m. ✉ 62270

LES TILLEULS NC Loisirs 30 E. 1 ha CV. Etang et rivière à 3 km. Accueil groupes. Ouvert: 1.4 / 31.10. ☎ 03 21 41 34 39. E-mail : xavier.colin-durand@orange.fr.
Lat. : 50° 19' 46" N **Long.** : 002° 13' 08" E.

BLANGY-SUR-TERNOISE

1-B3 45 km O. Arras. 81 m. ✉ 62770

LE PRÉ SAINT-GILLES ★★★ Loisirs 105 E. dont 1 nus 4 ha CV. Randonnée pédestre organisée. couverte chauffée . Accès direct à l'étang ; rivière à 150 m. ; . Accueil groupes. Ouvert: 1.4 / 15.10. ☎ 03 21 41 81 56. E-mail : contact@leprestgilles.fr. Web : www.leprestgilles.fr.
Lat. : 50° 25' 12" N **Long.** : 002° 09' 34" E.

BOIRY-NOTRE-DAME

1-C3 14 km E. Arras. 73 m. ✉ 62156

LA PAILLE HAUTE ★★★ Loisirs 147 E. dont 70 nus 2,5 ha visiteur, CV . chauffée . Accès direct à l'étang. . Ouvert: 1.4 / 31.10. ☎ 03 21 48 15 40. E-mail : lapaillehaute@wanadoo.fr. Web : la-paille-haute.com.
Lat. : 50° 16' 24" N **Long.** : 002° 56' 55" E.

BOISJEAN

1-B3 7 km S. Montreuil 59 m. ✉ 62170

LES CARRIERES ★★ Loisirs 118 E. . ☎ 03 21 81 19 66. E-mail : carrieres@sfr.fr. Web : www.campingdescarrieres.fr.
Lat. : 50° 23' 54" N **Long.** : 001° 45' 32" E.

BOUBERS-SUR-CANCHE

1-B3 37 km O. Arras. 100 m. ✉ 62270

LE PETIT SAINT JEAN ★★★ Loisirs 60 E. dont 6 nus 1,5 ha CV . Locations : . Randonnée pédestre organisée. chauffée . Accès direct à l'étang ; rivière à 100 m. . Ouvert: 1.4 / 15.10. ☎ 0 784244622. E-mail : franck.flament59112@gmail.com. Web : www.campingpetit-st-jean.com. Prix 2023. empl. Tourisme : 7 € nuit ; 5 € nuit ; animaux 2 € nuit ; 3 € nuit ; 3,50 € nuit.
Lat. : 50° 17' 14" N **Long.** : 002° 14' 25" E.

BOUIN-PLUMOISON

1-B3 19 km S.-E. Montreuil sur Mer. 68 m. ✉ 62140

CAMPING MUNICIPAL LES PEUPLIERS NC Loisirs 100 E. 1 ha visiteur, CV. Accès direct à la rivière ; étang à 300 m. Accueil groupes. Ouvert: 15.3 / 15.10. ☎ 03 21 86 44 80. E-mail : commune-bouin-plumoison@wanadoo.fr.
Lat. : 50° 22′ 60″ N **Long.** : 001° 58′ 59″ E.

BREMES

1-B2 26 km N.-O. St Omer. 20 m. ✉ 62610

LE COURTIL ROSE ★★ Loisirs 82 E. dont 2 nus 1,2 ha CV. Locations : . Etang à 400 m ; rivière à 50 m ; lac à 500 m.. Ouvert: 1.4 / 31.10. ☎ 03 91 94 04 49. E-mail : campinglecourtilrose@orange.fr. Web : www.campinglecourtilrose.fr.
Lat. : 50° 51′ 49″ N **Long.** : 001° 58′ 02″ E.

BRIMEUX

1-B3 6 km S.-E. Montreuil sur Mer. 44 m. ✉ 62170

CAMPING MUNICIPAL DES AULNAIES ★ Loisirs 66 E. dont 3 nus 1 ha CV. Lac à 10 m ; rivière à 200 m. Ouvert: 4.7 / 31.10. ☎ 03 21 86 06 00. E-mail : secretariat.brimeux@wanadoo.fr.
Lat. : 50° 26′ 24″ N **Long.** : 001° 50′ 49″ E.

CALAIS

1-B1 23 km N.-E. Boulogne-sur-Mer. 4 m. ✉ 62100

CAMPING MUNICIPAL LE GRAND GRAVELOT ★★★ Tourisme 126 E.
CV. Bord de mer à 50 m. Ouvert: 1.4 / 31.10. ☎ 03 91 91 52 34. E-mail : camping@mairie-calais.fr. Web : www.camping.calais.fr/fr/.
Lat. : 50° 57′ 34″ N **Long.** : 001° 49′ 56″ E.

CAMIERS

1-A2 20 km N.-O. Montreuil-sur-Mer. 46 m. ✉ 62176

LA MER ★★★ Loisirs 636 E. CV. Accès direct à la mer. Ouvert: 1.1 / 31.12. ☎ 03 21 84 92 25. E-mail : contact@campingdelamer.fr. Web : www.campingdelamer.fr.
Lat. : 50° 34′ 47″ N **Long.** : 001° 34′ 52″ E.

LA DUNE BLANCHE ★ Loisirs 359 E. dont 66 nus CV. chauffée. Accès direct à l'étang ; bord de mer à 5 km. Ouvert: 21.4 / 16.9. ☎ 04 30 05 15 19. E-mail : contact@tohapi.fr. Web : www.tohapi.fr/nord-pas-de-calais/camping-la-dune-blanche.php. Réduction H.S.
Lat. : 50° 33′ 29″ N **Long.** : 001° 37′ 04″ E.

LES DUNES ★ Loisirs 146 E. 6 ha . Bord de mer à 10 m. Ouvert: 1.4 / 30.9. ☎ 03 21 84 91 77. E-mail : campingdesdunes62@hotmail.fr.
Lat. : 50° 33′ 58″ N **Long.** : 001° 34′ 50″ E.

CAMPING A.N.A.S. 27C IRENEE CALAS NC Loisirs 52 E. . Ouvert: 1.7 / 30.8. ☎ 03 21 84 56 16. E-mail : reservation@anas.asso.fr.
Lat. : 50° 34′ 13″ N **Long.** : 001° 36′ 49″ E.

CAMPIGNEULLES-LES-GRANDES

1-A3 5 km S.-O. Montreuil 48 m. ✉ 62170

CAMPING DU VERGER ★ Loisirs 27 E. Ouvert: 1.1 / 31.12. ☎ 03 21 06 15 96. E-mail : gerard.bethouart@sfr.fr.
Lat. : 50° 25′ 53″ N **Long.** : 001° 42′ 53″ E.

CAVRON-SAINT-MARTIN

1-B3 22 km S.-E. Montreuil. 80 m. ✉ 62140

LE MANOIR ★ Loisirs 45 E. 1,28 ha . Accès direct à la rivière.. Ouvert: 24.3 / 31.12. ☎ 03 21 06 20 17. E-mail : philippelannoy@yahoo.fr.
Lat. : 50° 25′ 07″ N **Long.** : 002° 00′ 26″ E.

CLAIRMARAIS

1-B2 5 km E. Saint-Omer. 12 m. ✉ 62500

LE CLAIRMARAIS ★★★ Loisirs 137 E. 2 ha CV. Locations : . Accès direct à la rivière. Accueil groupes enfants. Ouvert: 1.2 / 15.12. ☎ 03 21 38 34 80. E-mail : contact@camping-clairmarais.com. Web : www.camping-clairmarais.com.
Lat. : 50° 46′ 16″ N **Long.** : 002° 18′ 08″ E.

LE PONT DE PIERRE NC Loisirs 15 E. Accès direct à la rivière. Ouvert: 1.4 / 31.10. ☎ 06 12 39 76 50. E-mail : pontdepierre62500@gmail.com.
Lat. : 50° 46′ 07″ N **Long.** : 002° 18′ 01″ E.

CONCHIL-LE-TEMPLE

1-A3 14 km S.-O. Montreuil. 26 m. ✉ 62180

LE VILLAGE DE LA VACHE VERTE ★★★★ Loisirs 762 E.
16 ha CV couverte chauffée . Etang à 2 km ; rivière à 3 km. Ouvert: 1.1 / 31.12. ☎ 03 21 81 29 92. E-mail : contact@villagedelavacheverte.eu. Web : www.villagedelavachevert e.fr.
Lat. : 50° 21′ 35″ N **Long.** : 001° 40′ 11″ E.

LES 4 PLAGES ★★ Loisirs 175 E. 2 ha CV. Locations : . Etang et lac à 1 km ; rivière à 4 km.. Accueil groupes enfants. Ouvert: 1.1 / 31.12. ☎ 03 21 81 22 94. Réduction H.S.
Lat. : 50° 22′ 22″ N **Long.** : 001° 40′ 17″ E.

CONDETTE

1-A2 9 km S.-E. Boulogne-sur-Mer. 42 m. ✉ 62360

CARAVANING DU CHÂTEAU ★★★★ Loisirs 70 E. dont 40 nus, dont 28 GCC. 0,90 ha 23 h / 8 h, . A 2 km : Locations : . Lac à 800 m ; bord de mer à 3 km. Ouvert: 1.4 / 31.10. ☎ 03 21 87 59 59. E-mail : contact@camping-caravaning-du-chateau.com. Web : www.camping-caravaning-du-chateau.com. Prix 2022. Fft jour : empl. Tourisme (2) : 26,3 € ( ). Réduction H.S.
Lat. : 50° 38′ 48″ N **Long.** : 001° 37′ 32″ E.

CONTES

1-B3 18 km S.-E. Montreuil sur Mer. 65 m. ✉ 62990

CAMPING MUNICIPAL DES ETANGS NC Loisirs 115 E. ☎ 03 21 06 86 10. E-mail : commune.contes@wanadoo.fr.
Lat. : 50° 24′ 22″ N **Long.** : 001° 57′ 00″ E.

CUCQ

1-A3 12 km O. Montreuil sur Mer. 8 m. ✉ 62780

L'ABRI COTIER ★★★ Loisirs 110 E. 3 ha 22 h / 7 h, CV . Locations : . Bord de mer à 2,3 km. Ouvert: 1.2 / 20.12. ☎ 03 21 94 71 04. E-mail : domaine-abri-cotier@orange.fr. Web : www.camping-stella-plage.com.
Lat. : 50° 28′ 37″ N **Long.** : 001° 36′ 24″ E.

LA FORÊT ★★★ Loisirs 154 E. dont 3 nus
2,8 ha CV . A 5 km : Locations : . Randonnée pédestre organisée. . Bord de mer à 1 km ; rivière à 2 km. A 1,5 km : . Ouvert: 1.4 / 30.9. ☎ 03 21 94 75 01. E-mail : contact@laforetstella.fr. Web : www.laforetstella.fr. Prix 2023. Fft jour : empl. Tourisme (2) : 32 € ( ). Réduction H.S.
Lat. : 50° 28′ 26″ N **Long.** : 001° 35′ 32″ E.
FFCC : avantages adhérent : entre 190 € et 250 € la nuitée et entre 350 € et 950 € la semaine du 01/06 au 01/07 et du 01/09 au 15/10 sur emp.

POMME DE PIN ★★★ Loisirs 210 E. dont 30 nus 4 ha CV . Locations : . Bord de mer à 2 km ; étang à 2,5 km. Ouvert: 4.4 / 2.11. ☎ 03 21 94 28 55. E-mail : info@pommedepin.fr. Web : www.pommedepin.fr.
Lat. : 50° 28′ 36″ N **Long.** : 001° 36′ 53″ E.

LA MER ★★ Tourisme 181 E. 4 ha CV. Bord de mer à 200 m. Accueil groupes. Ouvert: 8.4 / 15.9. ☎ 03 21 84 60 60. E-mail : info@campingdelamer.com.
Lat. : 50° 28′ 21″ N **Long.** : 001° 34′ 39″ E.

LE COTE D OPALE ★★ Loisirs 140 E. 2 ha CV. Bord de mer à 3 km. Ouvert: 1.7 / 31.8. ☎ 03 21 94 65 29. E-mail : contact@lecotedopale.fr. Web : www.lecotedopale.fr/. Réduction H.S.
Lat. : 50° 29′ 28″ N **Long.** : 001° 37′ 01″ E.

DANNES

1-A2 17 km S. Boulogne sur Mer 37 m. ✉ 62187

CAMPING MUNICIPAL LE MONT ST FRIEUX ★★★ Loisirs 54 E. dont 10 nus CV . A 5 km : . Bord de mer à 3 km. Accueil groupes. Ouvert: 1.4 / 31.10. ☎ 03 21 33 24 76. E-mail : campingdedannes@hotmail.fr. Web : www.commune-de-dannes.com.
Lat. : 50° 35′ 46″ N **Long.** : 001° 36′ 50″ E.

DIVION

1-C3 13 km S.-O. Béthune. 89 m. ✉ 62460

DOMAINE DE LA BIETTE ★★ Loisirs 17 E. couverte . Accès direct à l'étang et à la rivière.. Ouvert: 1.1 / 31.12. ☎ 03 21 62 15 88. E-mail : ledomainedelabiette.divion@gmail.com.
Lat. : 50° 28′ 12″ N **Long.** : 002° 29′ 35″ E.

DOURIEZ

1-B3 19 km S.-E. Montreuil. 53 m. ✉ 62870

LE COLOMBIER ★★★ Loisirs 88 E. . Accès direct à l'étang ; rivière à 300 m.. Ouvert: 1.1 / 31.12. ☎ 03 21 90 38 01. E-mail : sarl-du-colombier@orange.fr. Web : campingducolombier.business.site.
Lat. : 50° 20′ 40″ N **Long.** : 001° 51′ 15″ E.

CAMPING MUNICIPAL NC Loisirs 20 E. Accès direct à la rivière.. ☎ 03 21 86 33 55. E-mail : douriez.mairie@wanadoo.fr.
Lat. : 50° 19′ 44″ N **Long.** : 001° 52′ 41″ E.

ECOURT-SAINT-QUENTIN

1-D3 24 km S.-E. Arras. 47 m. ✉ 62860

CAMPING MUNICIPAL LE GRAND MARAIS NC Loisirs 33 E. 0,5 ha CV. Accès direct à l'étang.. Ouvert: 1.4 / 31.10. ☎ 03 21 73 50 00. E-mail : mairieecourt@wanadoo.fr.
Lat. : 50° 16′ 00″ N **Long.** : 003° 03′ 55″ E.

ENQUIN-SUR-BAILLONS

1-B2 17 km N.-E. Montreuil 92 m. ✉ 62650

CAMPING DU BAILLONS ★★ Loisirs 75 E. Ouvert: 1.4 / 15.11. ☎ 03 21 05 30 97. E-mail : contact@campingdubaillons.com. Web : www.campingdubaillons.com.
Lat. : 50° 34′ 11″ N **Long.** : 001° 50′ 32″ E.

EPERLECQUES

1-B2 10 km N.-O. Saint Omer. 33 m. ✉ 62910

CHÂTEAU DU GANDSPETTE ★★★★ Tourisme 199 E. dont 110 nus
8 ha CV . Locations : . chauffée . Rivière à 3 km. Ouvert: 1.4 / 29.9. ☎ 03 21 93 43 93. E-mail : contact@chateau-gandspette.com. Web : www.chateau-gandspette.com. Prix 2022. Fft nuit : empl. Tourisme (2) : 31 € ( )
Lat. : 50° 49′ 12″ N **Long.** : 002° 10′ 37″ E.
FFCC : avantages adhérent : 23 € du 01/04 au 30/06 et du 01/09 au 30/09 sur emp.

RANCH CAR ★★ Loisirs 162 E. 2,89 ha CV . Accès direct à l'étang et à la rivière.. Accueil groupes adultes. Ouvert: 15.3 / 15.11. ☎ 03 21 88 48 84. E-mail : ranchcar@ranchcar.com. Web : www.ranchcar.com.
Lat. : 50° 50′ 05″ N **Long.** : 002° 12′ 24″ E.

CAMPING LE MONT ★ Loisirs 50 E. 1,5 ha. Accès direct à la rivière.. Ouvert: 1.3 / 31.10. ☎ 03 21 93 22 76. E-mail : mel5681@sfr.fr.
Lat. : 50° 49' 06" N **Long.** : 002° 08' 41" E.

LE QUENELET NC Loisirs 28 E. Rivière à 1 km ; étang à 2 km. Ouvert: 1.4 / 30.9. ☎ 03 21 93 90 65.
Lat. : 50° 49' 02" N **Long.** : 002° 10' 27" E.

EQUIHEN-PLAGE

1-A2 6 km S. Boulogne. 63 m. ✉ 62224

CAMPING MUNICIPAL LA FALAISE ★★★ Loisirs 336 E. 6,35 ha CV. Locations : . couverte chauffée. Bord de mer à 200 m ; étang à 300 m.. Accueil groupes. Ouvert: 23.3 / 31.10. ☎ 03 21 31 22 61. E-mail : camping.equihen.plage@orange.fr. Web : www.camping-equihen-plage.fr. Prix 2023. Fft nuit : empl. Tourisme (2) : 24,7 € ; sup 9,40 € nuit ; animaux 4 € nuit ; 0,15 € 20 sec. ; 4,50 € nuit ; 5,15 € nuit.
Lat. : 50° 40' 15" N **Long.** : 001° 34' 30" E.

EQUIRRE

1-B3 42 km N.-O. Arras. 124 m. ✉ 62134

LE CHÂTEAU ★★ Loisirs 80 E. 5 ha. Ouvert: 15.4 / 11.10. ☎ 03 21 04 61 23. E-mail : campingduchateau@wanadoo.fr.
Lat. : 50° 28' 29" N **Long.** : 002° 13' 60" E.

ESCALLES

1-B1 22 km N.-E. Boulogne sur Mer. 91 m. ✉ 62179

COTE D'OPALE LE BLANC NEZ NC Loisirs 86 E. 1,25 ha CV. Locations : . , . Bord de mer à 300 m. ; . Accueil groupes. Ouvert: 20.3 / 5.11. ☎ 03 21 85 27 38. E-mail : camping.blancnez@laposte.net. Web : camping.blancnez.free.fr.
Lat. : 50° 55' 07" N **Long.** : 001° 42' 37" E.

LES ÉRABLES . Ouvert: 23.3 / 11.11. ☎ 03 21 85 25 36. E-mail : boutroy-les.erables@wanadoo.fr, Web : www.camping-les-erables.fr/.
Lat. : 50° 54' 44" N **Long.** : 001° 43' 14" E.

ETAPLES

1-A2 12 km N.-O. Montreuil-sur-Mer. 30 m. ✉ 62630

CAMPING LA PINEDE ★★★ Tourisme 107 E. dont 70 nus, dont 64 CC - 64 GCC. 2 ha 23 h / 7 h, CV. Locations : roulotte. Randonnée pédestre organisée. . Rivière à 500 m ; bord de mer à 5 km. Accueil groupes. Ouvert: 29.3 / 15.11. ☎ 03 21 94 35 75. E-mail : lapinede.etaples@gmail.com. Web : camping-lapinede-etaples.fr/. Réduction H.S.
Lat. : 50° 31' 57" N **Long.** : 001° 37' 32" E.

FILLIEVRES

1-B3 50 km O.-Arras. 94 m. ✉ 62770

CAMPING DES TROIS TILLEULS ★★★ Loisirs 132 E. dont 20 nus 1,5 ha CV. Locations : , tonneau. Espace Fitness. couverte chauffée. Accès direct à l'étang ; rivière à 200 m. Ouvert: 1.4 / 15.10. ☎ 03 21 47 94 15. E-mail : contact@camping3tilleuls.com. Web : www.camping3tilleuls.com.
Lat. : 50° 18' 51" N **Long.** : 002° 09' 34" E.

FREVENT

1-B3 36 km O. Arras. 108 m. Station verte de vacances et village de neige ✉ 62270

DOMAINE LE VAL DU TERNOIS ★★★ Loisirs 110 E. dont 10 nus 3,7 ha CV. Locations : , . Accès direct à l'étang.. Accueil groupes. Ouvert: 1.4 / 31.10. ☎ 03 21 03 78 79. E-mail : levalduternois@wanadoo.fr. Web : www.campinglevalduternois.com.
Lat. : 50° 16' 22" N **Long.** : 002° 17' 58" E.

FRUGES

1-B2 32 km E.-N.-E. Montreuil. 128 m. ✉ 62310

LE PARADIS ★★ Loisirs 77 E. dont 2 nus CV. Locations : . Ouvert: 4.4 / 11.10. ☎ 06 20 68 79 08. E-mail : contact@camping-leparadis.fr. Web : www.camping-leparadis.fr.
Lat. : 50° 30' 53" N **Long.** : 002° 07' 02" E.

GRIGNY

1-B3 49 km O. Arras. 41 m. ✉ 62140

CAMPING MUNICIPAL LE VERT BOCAGE NC Loisirs 50 E. Accès direct à la rivière.. Ouvert: 1.4 / 30.10. ☎ 03 21 81 69 22. E-mail : mairiedegrigny62140@wanadoo.fr. Web : www.tourisme7vallees.com.
Lat. : 50° 22' 54" N **Long.** : 002° 03' 28" E.

GROFFLIERS

1-A3 16 km S.-O. Montreuil-sur-Mer. 5 m. ✉ 62600

CARAVANING DE LA MOLLIERE ★★ Loisirs 167 E. Ouvert: 1.3 / 31.10. ☎ 03 21 84 40 46. E-mail : campingmolliere@wanadoo.fr. Web : www.lamolliere.com.
Lat. : 50° 22' 41" N **Long.** : 001° 36' 58" E.

LE BEC DU PERROQUET ★★ Loisirs 148 E. 3 ha CV. Etang à 100 m ; bord de mer à 300 m.. Ouvert: 1.4 / 31.10. ☎ 06 08 09 54 17. E-mail : robin.celine62@gmail.com.
Lat. : 50° 22' 47" N **Long.** : 001° 36' 28" E.

GUINES

1-B2 10 km S. Calais. 43 m. ✉ 62340

LA BIEN ASSISE ★★★★★ Tourisme 198 E. dont 170 nus 10 ha CV. Locations : , couverte chauffée , , . Ouvert: 20.4 / 24.9. ☎ 03 21 35 20 77. E-mail : castels@bien-assise.com. Web : www.camping-la-bien-assise.com. Prix 2022. empl. Tourisme : 17,50 € ; 8,50 € ; animaux 3 € ; 6 € ; 6 €. Réduction H.S.
Lat. : 50° 51' 59" N **Long.** : 001° 51' 29" E.
FFCC : avantages adhérent : 10% du 07/04 au 30/06 et du 01/09 au 24/09 sur emp. + Rendez-vous dans votre club avantages FFCC pour obtenir le code promotionnel et réserver ou sur présentation de la carte de membre FFCC.

HAMES-BOUCRES

1-B2 9 km S. Calais. 17 m. ✉ 62340

LA P'TITE SOURCE ★★ Loisirs 96 E. dont 8 nus 5 ha CV. , . Accès direct à l'étang et aux bords du lac ; rivière à 200 m. Accueil groupes. Ouvert: 1.4 / 30.10. ☎ 03 21 17 05 96. E-mail : ptitesource@gmail.com. Web : www.camping-laptitesource.com.
Lat. : 50° 53' 05" N **Long.** : 001° 52' 30" E.

HAVRINCOURT

1-D4 33 km S.-E. Arras. 102 m. ✉ 62147

CAMPING DE LA FORET NC Loisirs 30 E. . Ouvert: 1.4 / 1.10. ☎ 03 21 48 38 22.
Lat. : 50° 06' 57" N **Long.** : 003° 04' 59" E.

HELFAUT

1-B2 7 km S. Saint-Omer. 73 m. ✉ 62570

L'ERMITAGE ★★★ Loisirs 60 E. 1,15 ha. Accès direct à l'étang et à la rivière. Ouvert: 1.1 / 31.12. ☎ 03 21 12 87 78. E-mail : contact@camping-hermitage.fr. Web : www.camping-hermitage.fr.
Lat. : 50° 42' 20" N **Long.** : 002° 15' 41" E.

LES ÉTANGS DU PLATEAU DES LANDES ★★ Loisirs 141 E. dont 79 nus 4 ha CV. Accès direct à l'étang ; rivière à 2 km.. Accueil groupes. Ouvert: 1.4 / 30.9. ☎ 03 91 93 11 81. E-mail : contact@lesetangsduplateaudeslandes.fr. Web : www.lesetangsduplateaudeslandes.fr. Réduction H.S.
Lat. : 50° 42' 17" N **Long.** : 002° 16' 03" E.

HENNEVEUX

1-B2 19 km E. Boulogne-sur-Mer 81 m. ✉ 62142

LE BOIS GROULT ★★★ Loisirs 15 E. 0,32 ha CV. Ouvert: 1.1 / 31.12. ☎ 03 21 33 32 16. E-mail : leclercq.gilbert0643@orange.fr. Web : www.leboisgroult.fr.
Lat. : 50° 43' 59" N **Long.** : 001° 49' 28" E.

HERNICOURT

1-B3 37 km O. Arras. 103 m. ✉ 62130

CAMPING ET ETANGS DE LA SCIERIE ★ Loisirs 20 E. . Locations : . Accès direct à l'étang et à la rivière.. Ouvert: 15.4 / 30.9. ☎ 0 6 87 40 11 50. E-mail : alain.barbieux0258@orange.fr. Web : www.campingpechehernicourt.com.
Lat. : 50° 24' 18" N **Long.** : 002° 18' 26" E.

HERVELINGHEN

1-A2 20 km N.-E. Boulogne-sur-Mer 102 m. ✉ 62179

LA VALLÉE ★★★ Loisirs 104 E. 2,5 ha CV. Bord de mer à 3 km. Ouvert: 1.4 / 31.10. ☎ 03 21 36 73 96. E-mail : nicodelavallee@aol.com. Web : www.campingdelavallee.net.
Lat. : 50° 52' 59" N **Long.** : 001° 42' 33" E.

HOULLE

1-B2 8 km N.-O. Saint Omer. 27 m. ✉ 62910

LE RIVAGE ★★★ Loisirs 100 E. 2,5 ha. Accès direct à l'étang et à la rivière.. Ouvert: 15.3 / 15.10. ☎ 03 21 93 69 29. E-mail : campingdurivage@hotmail.fr.
Lat. : 50° 47' 55" N **Long.** : 002° 10' 45" E.

LES CHARMILLES ★★ Loisirs 152 E. 4 ha CV. Accès direct à l'étang et à la rivière.. Ouvert: 1.4 / 30.9. ☎ 03 21 39 06 46. E-mail : campinglescharmilles@laposte.net. Web : www.camping-les-charmilles-houlle.fr.
Lat. : 50° 48' 42" N **Long.** : 002° 11' 28" E.

LES SAULES ★ Loisirs 117 E. . Accès direct à l'étang ; rivière à 500 m.. Ouvert: 1.4 / 1.11. ☎ 03 21 38 19 83. E-mail : hubert.saintmachin@orange.fr.
Lat. : 50° 47' 50" N **Long.** : 002° 10' 26" E.

ISQUES

1-A2 7 km S.-E. Boulogne-sur-Mer. 62 m. ✉ 62360

LES CYTISES ★★ Loisirs 96 E. dont 30 nus CV. Locations : , tonneau. . Accès direct à la mer et à la rivière. Ouvert: 26.3 / 16.10. ☎ 03 21 31 11 10. E-mail : campinglescytises@orange.fr. Web : www.campinglescytises.com. Prix 2023. Fft jour : empl. Tourisme (2) : 25 € ( ) ; sup 5 € ; 4 €.
Lat. : 50° 40' 39" N **Long.** : 001° 38' 33" E.

LA CALOTTERIE

1-B3 4 km N.-O. Montreuil. 18 m. ✉ 62170

DOMAINE DU BLANC PIGNON ★★ Loisirs 101 E. dont 40 nus 5 ha CV. chauffée. Rivière à 800 m ; étang à 5 km. . Ouvert: 30.3 / 15.10. ☎ 03 21 81 60 26. E-mail : contact@domainedublancpignon.com. Web : www.domainedublancpignon.com.
Lat. : 50° 28' 21" N **Long.** : 001° 44' 19" E.

LA CAPELLE-LES-BOULOGNE

1-A2 5 km S.-E. Boulogne-sur-Mer. 82 m. ✉ 62360

CAMPING MUNICIPAL LES SAPINS NC Loisirs 30 E. dont 21 nus . , . Accueil groupes. Ouvert: 29.6 / 2.10. ☎ 06 75 16 63 61. E-mail : campinglessapins.lacapellesboulogne@orange.fr. Web : www.communelacapellelesboulogne.fr/.
Lat. : 50° 43' 52" N **Long.** : 001° 42' 58" E.

LA LOGE

1-B3 25 km S.-E. Montreuil sur Mer. 110 m. 62140

LA LOGE ★★ Loisirs 106 E. 2 ha CV. Locations : . Rivière à 2 km. Ouvert: 4.4 / 12.10. ☎ 03 21 86 68 05. E-mail : mmangematin@bbox.fr. Web : campingdelaloge.e-monsite.com.
Lat. : 50° 24' 36" N **Long.** : 002° 01' 50" E.

LABROYE

1-B3 30 km S.-E. Montreuil sur Mer. 76 m. 62140

CAMPING MUNICIPAL LA SAPINIERE NC Loisirs 103 E. 1,7 ha après 22 h 30, CV. Locations : . Accès direct à l'étang et à la rivière.. Accueil groupes. ☎ 03 21 86 94 79. E-mail : mairie.labroye@wanadoo.fr.
Lat. : 50° 16' 42" N **Long.** : 001° 59' 22" E.

LANDRETHUN-LES-ARDRES

1-B2 28 km N.-O. Saint-Omer. 76 m. 62610

L'ORÉE DU BOIS NC Loisirs 88 E. dont 6 nus 2,2 ha 22 h / 7 h, CV. Etang à 2 km ; rivière à 3 km ; lac à 4 km. Ouvert: 1.4 / 30.9. ☎ 03 21 82 67 15. E-mail : denis.francoisldb62610@gmail.com. Prix 2022. empl. Tourisme : 4,40 € nuit ; 4 € nuit ; 2,70 € nuit ; 2,20 € nuit.
Lat. : 50° 48' 28" N **Long.** : 001° 58' 25" E.

LE PORTEL

1-A2 4 km S.-O. Boulogne. 29 m. 62480

LE PHARE D'OPALE ★ Tourisme 344 E. dont 149 nus 7,5 ha CV. Locations : . Bord de mer à 100 m. Ouvert: 23.4 / 11.9. ☎ 04 30 05 15 19. E-mail : info@tohapi.fr. Web : www.tohapi.fr/nord-pas-de-calais/camping-le-phare.php. Réduction H.S.
Lat. : 50° 42' 14" N **Long.** : 001° 33' 59" E.

LE TOUQUET-PARIS-PLAGE

1-A2 18 km N.-O. Montreuil sur Mer. 11 m. 62520

CARAVANING STONEHAM ★★★ Loisirs 205 E. dont 36 nus 2,37 ha CV. A 1 km : Locations : . Bord de mer à 1 km. Ouvert: 31.1 / 11.11. ☎ 03 21 05 16 55. E-mail : caravaning.stoneham@letouquet.com. Web : caravaningstoneham.e-monsite.com. Prix 2022. 7,20 € ; 7,20 € ; 3,60 € ; 3,60 € ; animaux 2,70 € ; 7,20 € ; 6 €.
Lat. : 50° 30' 39" N **Long.** : 001° 35' 20" E.

LESPINOY

1-B3 10 km S.-E. Montreuil. 46 m. 62990

LE CLAIR VIGNON ★★ Loisirs 84 E. dont 22 nus 2 ha 8 h / 22 h, CV. Locations : . Accès direct à l'étang ; lac et rivière à 1 km.. Accueil groupes. Ouvert: 1.3 / 31.10. ☎ 06 23 68 12 09. E-mail : leclairvignon@orange.fr. Web : leclairvignon.wordpress.com/.
Lat. : 50° 25' 58" N **Long.** : 001° 52' 32" E.

LEUBRINGHEN

1-A2 17 km N.-E. Boulogne-sur-Mer. 102 m. 62250

LES PRIMEVÈRES ★★ Tourisme 63 E. dont 43 nus 1,1 ha CV. Locations : . Accès direct à la mer. Accueil groupes. Ouvert: 1.4 / 1.10. ☎ 03 21 87 13 33. E-mail : contact@campinglesprimeveres.com. Web : www.campinglesprimeveres.com. Prix 2022. Fft jour : empl. Tourisme (2) : 19,5 € ( )
Lat. : 50° 51' 32" N **Long.** : 001° 43' 17" E.

LICQUES

1-B2 21 km S. Calais. 113 m. 62850

LES POMMIERS DES TROIS PAYS ★★★★ Tourisme 63 E. dont 13 nus

1,2 ha CV. Locations : . couverte chauffée. Rivière à 1 km. Ouvert: 1.4 / 15.10. ☎ 03 21 35 02 02. E-mail : contact@pommiers-3pays.com. Web : www.pommiers-3pays.com. Prix 2023. Fft jour : empl. Tourisme (2) : 29,9 € (E. CC) ; sup 7 € ; animaux 2 € ; 4 €. Réduction H.S.
Lat. : 50° 46' 47" N **Long.** : 001° 56' 51" E.
FFCC : avantages adhérent : 20 € du 01/04 au 30/06 et du 01/09 au 15/10 sur emp.

LE CANCHY ★★ Loisirs 60 E. dont 15 nus

1 ha . Locations : . Randonnée pédestre organisée. , . Accès direct à la rivière ; étang à 1 km.. Accueil groupes. Ouvert: 27.3 / 10.10. ☎ 03 21 82 63 41. E-mail : campinglecanchylicques@orange.fr. Web : www.camping-lecanchy.com.
Lat. : 50° 46' 45" N **Long.** : 001° 57' 21" E.
FFCC : avantages adhérent : 20 € du 01/05 au 16/06 et du 04/09 au 15/10 sur emp.

LIENCOURT

1-C3 24 km O. Arras. 137 m. 62810

LES SOURCES ★★ Loisirs 71 E. 3 ha CV. Locations : . Accès direct à l'étang ; rivière à 2 km.. Accueil groupes. Ouvert: 1.4 / 15.10. ☎ 03 21 48 43 44. E-mail : campinglessources62810@gmail.com. Web : www.campinglessourcesliencourt.com. Réduction H.S.
Lat. : 50° 16' 15" N **Long.** : 002° 27' 18" E.

LILLERS

1-C2 12 km N.-O. Béthune. 28 m. 62190

CAMPING MUNICIPAL DU BRÛLE NC Loisirs 33 E. 0,8 ha . Locations : . , . Etang à 500 m. Ouvert: 1.1 / 31.12. ☎ 03 21 02 33 06. E-mail : c.nissana@mairie-lillers.fr. Web : www.mairie-lillers.fr.
Lat. : 50° 33' 52" N **Long.** : 002° 29' 30" E.

MAISNIL-LES-RUITZ

1-C3 11 km S.-O. Béthune. 125 m. 62620

CAMPING DU PARC DEPARTEMENTAL D'OLHAIN ★ Tourisme 80 E. . Locations : . chauffée , . Etang et rivière à 5 km. Ouvert: 1.5 / 30.9. ☎ 03 21 27 91 79. E-mail : direction@parcdolhain.fr. Web : www.parcdolhain.com.
Lat. : 50° 26' 20" N **Long.** : 002° 34' 50" E.

MAMETZ

1-B2 15 km S.-E. Saint-Omer. 44 m. 62120

DOMAINE LE CHATEAU DE MAMETZ ★★ Loisirs 138 E. . Locations : . Accès direct à l'étang et à la rivière ; lac à 2 km.. Ouvert: 1.1 / 31.12. ☎ 0 6 83 96 19 85. E-mail : vandaele.manon@hotmail.fr. Web : www.camping-chateau-mametz.fr.
Lat. : 50° 38' 21" N **Long.** : 002° 19' 24" E.

LE MOULIN ★★ Loisirs 81 E. dont 4 nus CV. Accès direct à l'étang et à la rivière.. Ouvert: 1.4 / 31.10. ☎ 03 21 39 78 75. E-mail : moulindemametz@gmail.com. Web : www.moulindemametz.com.
Lat. : 50° 38' 23" N **Long.** : 002° 19' 23" E.

L'ETANG ★ Tourisme 26 E. dont 26 GCC.

8 h / 22 h, CV . A 7 km : Locations : . Randonnée pédestre organisée. , . Accès direct à la rivière ; étang à 200 m.. Accueil groupes. Ouvert: 15.3 / 31.10. ☎ 06 03 66 43 42. E-mail : campingdeletang62@orange.fr. Réduction H.S.
Lat. : 50° 38' 16" N **Long.** : 002° 18' 02" E.
FFCC : avantages adhérent : 12 € du 15/03 au 31/05 et du 01/09 au 31/10 sur emp.

MARCK

1-B1 40 km N.-E. Boulogne sur Mer. 3 m. 62730

DOMAINE DES PALOMINOS ★★★ Loisirs 179 E. CV. Accueil groupes. Ouvert: 1.2 / 21.12. ☎ 03 21 82 92 80. E-mail : domainedespalominos@orange.fr. Web : www.les-palominos.com.
Lat. : 50° 58' 59" N **Long.** : 001° 58' 00" E.

LE PROVENCAL ★★ Loisirs 65 E. ☎ 03 21 19 98 18. E-mail : leprovencal.marck@orange.fr.
Lat. : 50° 59' 03" N **Long.** : 001° 58' 17" E.

MARENLA

1-B3 10 km E. Montreuil. 54 m. 62990

MANON DES SOURCES ★★ Loisirs 50 E. Ouvert: 1.7 / 29.8. ☎ 03 21 81 50 66. E-mail : m.d.s.dev@orange.fr.
Lat. : 50° 26' 31" N **Long.** : 001° 52' 27" E.

MARESQUEL-ECQUEMICOURT

1-B3 14 km S.-E. Montreuil sur Mer. 54 m. 62990

DOMAINE CHATEAU DE BUREUIL ★★ Loisirs 196 E. 3 ha . Locations : . chauffée . Accès direct à l'étang et à la rivière.. Ouvert: 1.1 / 31.12. ☎ 03 21 90 37 23. E-mail : caravaningvertevallee@wanadoo.fr. Web : www.lesdomaines.org.
Lat. : 50° 24' 13" N **Long.** : 001° 56' 53" E.

DOMAINE LA VERTE VALLEE ★★ Loisirs 392 E. 3,5 ha CV. Locations : , . chauffée . Accès direct à l'étang et à la rivière.. Ouvert: 1.1 / 31.12. ☎ 03 21 90 37 23. E-mail : caravaningvertevallee@wanadoo.fr. Web : www.lesdomaines.org.
Lat. : 50° 24' 14" N **Long.** : 001° 56' 51" E.

MARQUISE

1-B2 13 km N.-N.-E. Boulogne-sur-Mer 23 m. 62250

LES TROLLS NC Tourisme 35 E. dont 35 nus 2 ha CV. Locations : yourte. Rivière à 1 km ; lac à 2 km. Accueil groupes. Ouvert: 1.4 / 20.10. ☎ 03 91 21 86 08. E-mail : campingdestrolls@gmail.com.
Lat. : 50° 49' 02" N **Long.** : 001° 41' 05" E.

MATRINGHEM

1-B2 35 km E. Montreuil-sur-Mer. 110 m. 62310

LA SENSATION NC Loisirs 37 E. . Etang à 10 m ; rivière à 20 m.. Ouvert: 1.3 / 31.10. ☎ 03 21 41 55 11. E-mail : etangmartinpecheur@gmail.com.
Lat. : 50° 32' 22" N **Long.** : 002° 10' 10" E.

MERCK-SAINT-LIEVIN

1-B2 20 km S.-O. Saint Omer. 116 m. 62560

L'ÉTANG DU MOULIN DE L'AA ★ Loisirs 44 E. . Ouvert: 1.3 / 31.10. ☎ 03 21 39 51 69. E-mail : seb.caron@yahoo.fr. Web : ledomainedumoulindelaa.com.
Lat. : 50° 37' 36" N **Long.** : 002° 07' 08" E.

MERLIMONT

1-A3 12 km O. Montreuil-sur-Mer. 10 m. 62155

LES JARDINS DE LA MER ★★★★ Loisirs 269 E. dont 66 nus CV . Randonnée pédestre organisée. Espace Fitness. chauffée. Bord de mer à 1 km. . Ouvert: 1.4 / 31.10. ☎ 03 21 94 18 18. E-mail : contact@lesjardinsdelamer.com. Web : www.lesjardinsdelamer.com.
Lat. : 50° 27' 39" N **Long.** : 001° 36' 02" E.

CAMPING C.C.A.S. MERLIMONT NC Tourisme 34 E. . Locations : . , , . Ouvert: 1.6 / 30.9. ☎ 03 21 94 64 18. E-mail : mairie.de.merlimont@wanadoo.fr. Web : gdscatalogueur.ccas.fr/sejour/fiche/2021/E/SVB.
Lat. : 50° 27' 30" N **Long.** : 001° 36' 06" E.

L'EPY ★★ Loisirs 170 E. dont 27 nus, dont 27 CC. 3 ha 22 h 30 / 7 h, CV . Locations : tonneau. , . Etang à 300 m ; bord de mer à 4 km. Ouvert: 1.4 / 15.10. ☎ 03 21 94 74 15. E-mail : campingdelepy@orange.fr. Web : www.campingdelepy.fr.
Lat. : 50° 26' 41" N **Long.** : 001° 37' 03" E.

MONTREUIL

1-B3 80 km O.-N.-O. Arras. 14 m. Station verte de vacances et village de neige 62170

LA FONTAINE DES CLERCS ★★ Tourisme 76 E. dont 48 nus

2 ha CV . Accès direct à la rivière.. Ouvert: 4.1 / 26.12. ☎ 03 21 06 07 28. E-mail : lafontainedesclercs.contact@gmail.com. Web : www.campinglafontainedesclercs.fr. Prix 2023. Fft nuit : empl. Tourisme (2) : 17,5 € ( ) ; sup 4 € nuit ; animaux 2 € nuit ; 2 € nuit ; 5 € nuit.
Lat. : 50° 28' 06" N **Long.** : 001° 45' 46" E.
FFCC : avantages adhérent : 18 € du 01/01 au 31/05 et du 01/10 au 31/12 sur emp.

MOULLE

1-B2 7 km N.-O. Saint Omer. 28 m. ✉ 62910

CAMPING DES PEUPLIERS ★★ Loisirs 45 E. . Ouvert: 1.4 / 30.9. ☎ 03 21 93 67 65. E-mail : camping.laroseraie.peupliers@orange.fr.
Lat. : 50° 47' 44" N **Long.** : 002° 10' 36" E.

LA ROSERAIE ★★ Loisirs 52 E. . Ouvert: 1.4 / 30.9. ☎ 03 21 93 67 65. E-mail : campings.laroseraie.peupliers@orange.fr.
Lat. : 50° 47' 37" N **Long.** : 002° 10' 44" E.

LE VERT MANOIR ★ Loisirs 112 E. CV. Etang à 300 m ; rivière à 1 km. Accueil groupes. Ouvert: 1.4 / 1.11. ☎ 03 21 95 83 61. E-mail : vertlemanoir@gmail.com.
Lat. : 50° 47' 27" N **Long.** : 002° 10' 24" E.

NIELLES-LES-BLEQUIN

1-B2 20 km S.-O. St Omer. 130 m. ✉ 62380

DOMAINE DU BLEQUIN ★★ Loisirs 39 E. 1,5 ha . A 6 km : Locations : . Accès direct à l'étang et à la rivière.. Ouvert: 1.4 / 1.11. ☎ 03 21 39 68 06. E-mail : matsaintmax@orange.fr. Web : domainedublequin.com.
Lat. : 50° 40' 27" N **Long.** : 002° 01' 53" E.

NORDAUSQUES

1-B2 14 km N.-O. Saint Omer. 40 m. ✉ 62890

LE RELAX ★★ Tourisme 57 E. dont 35 nus 1 ha CV. Etang à 100 m ; rivière à 300 m. Ouvert: 1.4 / 30.9. ☎ 03 21 35 63 77. E-mail : campingrelax@orange.fr. Prix 2022. 3,20 € nuit ; 2,20 € nuit ; 2,20 € nuit ; 2,20 € nuit ; 1,50 € nuit ; 1,50 € nuit ; 2,20 € nuit.
Lat. : 50° 49' 19" N **Long.** : 002° 04' 33" E.

NORTKERQUE

1-B2 27 km N.-O. Saint-Omer. 9 m. ✉ 62370

LE RELAIS DE LA PALME ★★ Loisirs 80 E. CV. Rivière à 300 m ; étang à 1 km ; lac à 4 km.. Ouvert: 1.4 / 30.9. ☎ 03 21 85 72 11. E-mail : camping-nortkerque@sfr.fr. Web : www.campingdenortkerque.fr.
Lat. : 50° 52' 31" N **Long.** : 002° 01' 29" E.

OISY-LE-VERGER

1-D3 28 km S.-E. Arras. 52 m. ✉ 62860

AUX ROUBAISIENS ★★ Loisirs 100 E. dont 5 nus, dont 95 GCC.
2 ha CV. A 3 km : Espace Fitness. Accès direct à l'étang ; lac à 100 m ; rivière à 20 m.. Ouvert: 1.4 / 15.10. ☎ 03 27 80 50 55. E-mail : lagep@hotmail.fr. Web : www.au-camping-roubaisien.fr.
Lat. : 50° 15' 53" N **Long.** : 003° 08' 18" E.
FFCC : avantages adhérent : 10 € du 01/04 au 01/07 et du 01/09 au 15/10 sur emp.

OYE-PLAGE

1-B1 34 km N.-O. Saint Omer. 3 m. ✉ 62215

LES OYATS ★★★ Tourisme 165 E. . Locations : . chauffée , . Bord de mer à 30 m. ; . Ouvert: 1.5 / 30.9. ☎ 03 21 85 15 40. E-mail : billiet.nicolas@billiet-menuiserie.fr. Web : www.les-oyats.com.
Lat. : 50° 59' 31" N **Long.** : 001° 59' 51" E.

BOUSCAREL ★★ Loisirs 43 E. 1 ha . ; ; . Ouvert: 1.1 / 31.12. ☎ 03 21 36 76 37. E-mail : bouscarel62@hotmail.fr.
Lat. : 50° 59' 14" N **Long.** : 002° 02' 32" E.

CAMPING DU CASINO ★★ Loisirs 57 E. 22 h 30 / 7 h, CV . Bord de mer à 250 m ; lac à 1 km. Ouvert: 15.3 / 30.11. ☎ 03 21 85 83 05. E-mail : info@campingducasino.fr. Web : www.campingducasino.fr.
Lat. : 50° 59' 47" N **Long.** : 002° 02' 45" E.

CLAIRETTE ★★ Loisirs 76 E. dont 10 nus 2 ha visiteur, CV . Locations : . Randonnée pédestre organisée. . Lac à 10 m ; bord de mer à 300 m ; rivière à 5 km. Accueil groupes. Ouvert: 15.1 / 14.12. ☎ 03 21 35 83 51. E-mail : camping.clairette.sarl@cegetel.net. Web : www.campingclairette62.com.
Lat. : 50° 59' 47" N **Long.** : 002° 02' 59" E.

LE PONT D'OYE ★★ Loisirs 37 E. . Accès direct à la rivière. Ouvert: 1.1 / 31.12. ☎ 03 21 35 81 25. E-mail : campingdupontdoye@gmail.com. Web : www.campingdupontdoye.com.
Lat. : 50° 58' 16" N **Long.** : 002° 02' 41" E.

LES ARGOUSIERS ★★ Loisirs 57 E. dont 1 nus CV . A 5 km : . Bord de mer à 300 m ; rivière à 5 km. ; . Ouvert: 1.3 / 31.12. ☎ 03 21 35 32 78. E-mail : lesargousiers@wanadoo.fr. Web : www.lesargousiers.com.
Lat. : 50° 59' 20" N **Long.** : 001° 59' 07" E.

CAMPING GCU - OYE-PLAGE ★ Tourisme 33 E. 1 ha . Locations : . . Ouvert: 24.3 / 5.11. ☎ 03 21 35 80 00. E-mail : gcu@gcu.asso.fr. Web : www.gcu.asso.fr.
Lat. : 50° 59' 33" N **Long.** : 001° 59' 59" E.

LES 4 VENTS ★ Loisirs 15 E. . Bord de mer à 300 m.. Ouvert: 1.7 / 2.9. ☎ 03 21 97 43 67. E-mail : pbrochet@bbox.fr.
Lat. : 50° 59' 48" N **Long.** : 002° 03' 08" E.

LES TAMARIS ★ Loisirs 30 E. dont 30 nus
. Locations : caravane. Etang à 500 m ; bord de mer à 1 km ; rivière à 1,5 km. Ouvert: 1.4 / 15.10. ☎ 03 21 85 87 07. E-mail : campinglestamaris@gmail.com. Web : campingtamaris.e-monsite.com.
Lat. : 50° 59' 10" N **Long.** : 002° 03' 26" E.
FFCC : avantages adhérent : 17 € du 01/04 au 15/10 sur emp.

LES PETITS MOULINS NC Loisirs 24 E. . Ouvert: 15.3 / 15.10. ☎ 03 21 85 12 94. E-mail : guides@campingfrance.com.
Lat. : 50° 58' 48" N **Long.** : 002° 00' 50" E.

PEUPLINGUES

1-B1 8 km S.-O. Calais. 67 m. ✉ 62231

LES EPINETTES ★★ Loisirs 96 E. 1,5 ha CV . Bord de mer à 3 km. Ouvert: 1.4 / 30.10. ☎ 03 21 85 21 39. E-mail : contact@lesepinettes.fr. Web : www.lesepinettes.fr.
Lat. : 50° 54' 42" N **Long.** : 001° 45' 04" E.

PLOUVAIN

1-C3 12 km E. Arras. 55 m. ✉ 62118

CAMPING MUNICIPAL ★★ Loisirs 100 E. 3 ha CV. Etang à 100 m ; lac à 500 m.. Ouvert: 1.6 / 30.9. ☎ 03 21 50 16 83. E-mail : mairie@plouvain.fr. Web : www.plouvain.fr.
Lat. : 50° 18' 12" N **Long.** : 002° 55' 37" E.

POLINCOVE

1-B2 19 km N.-O. Saint-Omer. 5 m. ✉ 62370

LA VALLÉE DE LA HEM ★★ Loisirs 25 E. dont 3 nus
0,3 ha CV . Locations : , . Accès direct à la rivière ; étang à 400 m.. Accueil groupes. Ouvert: 1.1 / 31.12. ☎ 0 611862696. E-mail : contact@campingvalleedelahem.fr.
Lat. : 50° 51' 06" N **Long.** : 002° 05' 60" E.
FFCC : avantages adhérent : 9.5 € du 01/01 au 15/12 sur emp. et entre 50 € et 75 € la nuitée et entre 250 € et 450 € la semaine du 01/01 au 15/12 sur loc.

RANG-DU-FLIERS

1-A3 10 km S.-O. Montreuil-sur-Mer. 17 m. ✉ 62180

PARC SAINT HUBERT ★★★★★ Loisirs 590 E.
8 ha CV . Locations : . Espace Fitness. chauffée , , . Etang à 3 km ; bord de mer et rivière à 5 km. . Ouvert: 1.4 / 31.10. ☎ 03 21 89 10 10. E-mail : sthubert62@wanadoo.fr. Web : www.sthubert62.com.
Lat. : 50° 25' 51" N **Long.** : 001° 36' 21" E.

L'ORÉE DU BOIS ★★★★ Loisirs 570 E.
CV . Locations : , roulotte. Randonnée pédestre organisée. couverte chauffée , . Accès direct à l'étang ; bord de mer et rivière à 4 km.. Accueil groupes adultes. Ouvert: 1.4 / 30.9. ☎ 03 21 84 28 51. E-mail : oree.du.bois@wanadoo.fr. Web : www.oreedubois.fr. Réduction H.S.
Lat. : 50° 25' 01" N **Long.** : 001° 36' 42" E.

LES GARENNES & DOMAINE LE FLIERS ★★★★ Loisirs 617 E. dont 10 CC. 8 ha CV . chauffée , , . Accès direct à l'étang ; bord de mer à 4 km. . Ouvert: 1.1 / 31.12. ☎ 03 21 84 24 46. E-mail : contact@garennesfliers.com. Web : www.garennesfliers.com.
Lat. : 50° 25' 05" N **Long.** : 001° 36' 37" E.

LES TOURTERELLES ★★★★ Loisirs 195 E.
6 ha CV . Espace Fitness. couverte chauffée , . Accès direct à l'étang ; bord de mer à 5 km. . Ouvert: 8.3 / 1.11. ☎ 03 21 89 01 01. E-mail : caravaninglestourterelles@gmail.com. Web : www.camping-lestourterelles.com. Réduction H.S.
Lat. : 50° 25' 47" N **Long.** : 001° 38' 04" E.

LA GAIETÉ ★★★ Loisirs 197 E. 4 ha CV . A 4 km : Locations : . Accès direct à l'étang et à la rivière ; bord de mer à 4 km.. Accueil groupes. Ouvert: 1.4 / 31.10. ☎ 03 21 84 21 19. E-mail : campinglagaiete@gmail.com. Web : campinglagaiete.com. Prix 2022. Fft jour : empl. Tourisme (2) : 22 € ( )
Lat. : 50° 24' 51" N **Long.** : 001° 37' 16" E.

LE PARADIS ★★ Loisirs 147 E. dont 147 GCC. . Accès direct à l'étang ; bord de mer à 3 km.. Ouvert: 1.4 / 31.10. ☎ 03 21 09 14 82. Web : www.camping-le-paradis.eu/.
Lat. : 50° 24' 49" N **Long.** : 001° 36' 50" E.

LE FLIERS NC Loisirs 143 E. dont 100 GCC. 2,5 ha CV . chauffée , , . Accès direct à l'étang ; bord de mer à 4 km. . Ouvert: 1.1 / 31.12. ☎ 03 21 84 24 46. E-mail : contact@garennesfliers.com. Web : www.garennesfliers.com.
Lat. : 50° 25' 04" N **Long.** : 001° 36' 50" E.

REBREUVE-SUR-CANCHE

1-B3 34 km O. Arras. 120 m. ✉ 62270

LA CHUTE D'EAU ★★ Loisirs 131 E. dont 10 nus 3,5 ha CV . Accès direct à l'étang et à la rivière.. Accueil groupes adultes. Ouvert: 15.4 / 15.10. ☎ 03 21 47 16 08. E-mail : campinglachutedeau@hotmail.com. Web : campinglachutedeau.fr.
Lat. : 50° 16' 04" N **Long.** : 002° 20' 29" E.

RECQUES-SUR-HEM

1-B2 17 km N.-O. Saint-Omer. 20 m. ✉ 62890

LES RIOTTES NC 110 E. 2,9 ha . Rivière à 100 m.. Ouvert: 1.3 / 30.9. ☎ 03 21 35 65 12.
Lat. : 50° 50' 04" N **Long.** : 002° 05' 01" E.

REMILLY-WIRQUIN

1-B2 12 km S.-O. Saint-Omer. 102 m. ✉ 62380

CAMPING DU MOULIN ★★★ Loisirs 57 E. 0,81 ha . Accès direct à la rivière ; étang à 2 km.. Accueil groupes. Ouvert: 1.1 / 31.12. ☎ 03 21 93 05 99. E-mail : campingderemilly@orange.fr. Web : www.campingdumoulin.com.
Lat. : 50° 40' 09" N **Long.** : 002° 09' 55" E.

RENTY

1-B2 24 km S.-O. Saint-Omer 137 m. ✉ 62560

LA TENTATION ★★ Loisirs 177 E. CV . Locations : . Randonnée pédestre organisée. Espace Fitness. couverte chauffée , , , , . Etang et rivière à 3 km. . Accueil groupes. Ouvert: 1.4 / 1.11. ☎ 03 21 95 28 19. E-mail : latentation@wanadoo.fr. Web : www.campinglatentation.com.
Lat. : 50° 35' 56" N **Long.** : 002° 03' 21" E.

ROUSSENT

1-B3 10 km S. Montreuil. 30 m. ✉ 62870

L'AUBERGE DES ETANGS ★★ Loisirs 80 E. 1 ha CV . Accès direct à l'étang ; rivière à 2 km.. Accueil groupes adultes. Ouvert: 1.1 / 31.12. ☎ 03 21 81 20 10. E-mail : florenceleroy62@wanadoo.fr.
Lat. : 50° 22' 14" N **Long.** : 001° 46' 27" E.

RUMAUCOURT

1-D3 25 km S.-E. Arras. 45 m. ✉ 62860

CARAVANING MUNICIPAL NC Loisirs 130 E. 4 ha. Accès direct à l'étang.. Ouvert: 1.1 / 31.12. ☎ 03 21 59 54 94. E-mail : mairie@rumaucourt.fr.
Lat. : 50° 14' 34" N **Long.** : 003° 03' 36" E.

SAINT-AUGUSTIN

1-B2 12 km S.-E. Saint-Omer. 48 m. ✉ 62120

LE LAC ★★ Loisirs 95 E. 4 ha. Accès direct aux bords du lac ; étang à 100 m ; rivière à 500 m. Ouvert: 1.4 / 31.10. ☎ 03 21 39 58 58. E-mail : dcampingdulac@hotmail.fr. Web : camping-rebecques.com.
Lat. : 50° 38' 21" N **Long.** : 002° 18' 03" E.

SAINT-ETIENNE-AU-MONT

1-A2 5 km S. Boulogne-sur-Mer. 56 m. ✉ 62360

CAMPING MUNICIPAL LA WARENNE ★ Loisirs 52 E. Bord de mer à 800 m. Ouvert: 1.4 / 30.9. ☎ 03 21 91 31 38. E-mail : mairie@saintetienneaumont.com.
Lat. : 50° 40' 01" N **Long.** : 001° 36' 14" E.

SAINT-GEORGES

1-B3 54 km O. Arras. 69 m. ✉ 62770

LA ROUTE FLEURIE ★★ Loisirs 65 E. dont 10 nus 2 ha CV. Locations : . Accès direct à l'étang ; rivière à 300 m.. Accueil groupes. Ouvert: 1.4 / 30.9. ☎ 0 6 58866487. E-mail : contact@campingdelaroutefleurie.com. Web : www.campingdelaroutefleurie.com.
Lat. : 50° 21' 36" N **Long.** : 002° 04' 06" E.

SAINTE-MARIE-KERQUE

1-B2 23 km N.-O. Saint Omer. 2 m. ✉ 62370

LA GRISE PIERRE ★★ Loisirs 108 E. 3 ha. Accès direct à l'étang.. Ouvert: 1.4 / 31.10. ☎ 03 21 85 70 64. E-mail : gensph@live.fr. Web : www.domaine-de-la-grise-pierre.fr.
Lat. : 50° 52' 14" N **Long.** : 002° 09' 28" E.

SALPERWICK

1-B2 4 km N.-O. Saint-Omer. 18 m. ✉ 62500

AU GRAND LARGE NC 86 E. dont 2 CC. 1,2 ha. Accès direct à l'étang et à la rivière.. Accueil groupes. Ouvert: 1.4 / 31.10. ☎ 06 87 81 05 80. E-mail : lecamping-grandlarge@laposte.net. Web : lecamping-grandlarge.com.
Lat. : 50° 46' 23" N **Long.** : 002° 14' 04" E.

SAMER

1-B2 15 km S.-E. Boulogne sur Mer. 85 m. ✉ 62830

LE STADE ★★★ Loisirs 153 E. 0,5 ha. Rivière à 500 m ; étang et lac à 3 km. Ouvert: 1.4 / 30.9. ☎ 03 21 83 98 58. Web: campingdustade.wixsite.com/camping-de-samer.
Lat. : 50° 38' 21" N **Long.** : 001° 44' 15" E.

SANGATTE

1-B1 31 km N.-E. Boulogne-sur-Mer. 23 m. ✉ 62231

CAMPING DU FORT LAPIN ★★★ Tourisme 141 E. dont 89 nus CV. A 5 km : Locations : . Bord de mer à 50 m ; lac à 1 km ; étang à 5 km. Accueil groupes. Ouvert: 1.4 / 31.10. ☎ 03 21 97 67 77. E-mail : campingdufortlapin@orange.fr. Web : www.campingdufortlapin.fr.
Lat. : 50° 57' 25" N **Long.** : 001° 48' 41" E.

LES NOIRES MOTTES ★★★ Tourisme 152 E. 3,5 ha CV. Randonnée pédestre organisée. . Bord de mer à 100 m. Accueil groupes. Ouvert: 15.3 / 15.11. ☎ 03 21 82 04 75. E-mail : campingdesnoiresmottes@orange.fr. Web : www.campingdesnoiresmottes.fr.
Lat. : 50° 56' 48" N **Long.** : 001° 45' 29" E.

SAUCHY-LESTREE

1-D3 26 km S.- E. Arras. 61 m. ✉ 62860

CAMPING DE L'EPINETTE ★★ Loisirs 40 E. 1,7 ha CV. Locations : . Ouvert: 1.4 / 31.10. ☎ 03 21 59 50 13. E-mail : lepinette62@wanadoo.fr. Web : www.lepinette62.com.
Lat. : 50° 13' 22" N **Long.** : 003° 06' 31" E.

SAUDEMONT

1-D3 22 km E. Arras. 53 m. ✉ 62860

L'HIRONDELLE ★ Loisirs 148 E. Locations : . Etang à 100 m. Ouvert: 1.4 / 30.9. ☎ 0 3 21 48 38 22 / 0 6 95 61 04 10. E-mail : jean.wecxsteen@orange.fr. Web : campinghirondelle.e-monsite.com.
Lat. : 50° 14' 40" N **Long.** : 003° 02' 31" E.

SAULCHOY

1-B3 18 km S.-E. Montreuil. 45 m. ✉ 62870

CAMPING MUNICIPAL NC Loisirs 40 E. Accès direct à l'étang et à la rivière.. Ouvert: 1.4 / 31.10. ☎ 0 3 21 866447. E-mail : mairie-saulchoy@wanadoo.fr.
Lat. : 50° 20' 59" N **Long.** : 001° 50' 24" E.

SERQUES

1-B2 5 km N.-O. Saint-Omer. 12 m. ✉ 62910

LES ORMES ★★★ Loisirs 83 E. Locations : . couverte chauffée. Rivière à 800 m. Ouvert: 1.4 / 15.10. ☎ 03 21 93 11 71 / 0 6 79 10 98 17. E-mail : campinglesormes62@gmail.com. Web : www.domainelesormes.fr.
Lat. : 50° 47' 55" N **Long.** : 002° 12' 14" E.

CAMPING DU RIVAGE ET DES BOULEAUX ★★ Loisirs 110 E. dont 4 nus 2 ha CV. Accès direct à l'étang et à la rivière. Ouvert: 1.4 / 15.10. ☎ 03 21 93 73 86. E-mail : campingdurivage@orange.fr. Web : www.camping-du-rivage.fr.
Lat. : 50° 48' 19" N **Long.** : 002° 12' 60" E.

LE FREMONT ★★ Loisirs 70 E. dont 4 nus 1,5 ha CV. A 1 km : Rivière à 3 km. Ouvert: 1.4 / 15.10. ☎ 03 21 39 86 55. E-mail : campinglefremont@aol.com.
Lat. : 50° 46' 57" N **Long.** : 002° 11' 12" E.

TENEUR

1-B3 45 km N.-O. Arras. 90 m. ✉ 62134

LA VERTE COLLINE ★★ Loisirs 74 E. dont 9 nus, dont 74 GCC. 2 ha CV. Locations : . chauffée. Accueil groupes. Ouvert: 15.3 / 15.10. ☎ 06 33 35 06 89. E-mail : campinglavertecolline@yahoo.fr. Web : www.campinglavertecolline.com.
Lat. : 50° 27' 12" N **Long.** : 002° 13' 20" E.

LE PRE VERT NC Loisirs 29 E. CV. Rivière à 800 m ; étang à 2 km.. Accueil groupes. Ouvert: 1.4 / 30.9. ☎ 03 21 41 63 51. E-mail : camping.anvin@cegetel.net.
Lat. : 50° 27' 02" N **Long.** : 002° 15' 13" E.

THIEMBRONNE

1-B2 25 km S.-O. Saint Omer. 151 m. ✉ 62560

LES POMMIERS ★★ Loisirs 99 E. dont 20 nus 1,7 ha CV. Etang à 3 km. Accueil groupes. Ouvert: 15.3 / 15.10. ☎ 03 21 39 50 19. E-mail : campinglespommiers62@orange.fr.
Lat. : 50° 37' 15" N **Long.** : 002° 03' 16" E.

TILQUES

1-B2 5 km N.-O. Saint Omer. 26 m. ✉ 62500

LE LANSBERGUE NC Loisirs 17 E. . Ouvert: 1.6 / 30.9. ☎ 03 21 93 03 70.
Lat. : 50° 47' 08" N **Long.** : 002° 13' 00" E.

LES MARAIS NC Loisirs 30 E. . Ouvert: 1.4 / 31.10. ☎ 03 21 93 88 96. E-mail : guides@campigfrance.com. Web : www.campingdesmarais.com.
Lat. : 50° 46' 58" N **Long.** : 002° 12' 49" E.

TOLLENT

1-B3 52 km O. Arras. 56 m. ✉ 62390

LE VAL D'AUTHIE ★★★★ Loisirs 197 E. dont 6 nus 5 ha. Locations : . Espace Fitness. couverte chauffée. Accès direct à l'étang ; rivière à 120 m. Ouvert: 1.4 / 30.9. ☎ 03 21 47 14 27. E-mail : campingduvaldauthie@orange.fr. Web : www.campingduvaldauthie.fr.
Lat. : 50° 16' 24" N **Long.** : 002° 01' 02" E.

TORTEFONTAINE

1-B3 24 km S.-E. Montreuil. 67 m. ✉ 62140

MOLINEL ★★★ Loisirs 199 E. dont 30 nus 9 ha CV. Espace Fitness. couverte chauffée, . Accès direct à l'étang et à la rivière. Ouvert: 15.3 / 15.10. ☎ 03 21 06 50 01. E-mail : isabelle@campingdumolinel.fr. Web : www.campingdumolinel.fr.
Lat. : 50° 18' 58" N **Long.** : 001° 53' 55" E.

TOURNEHEM-SUR-LA-HEM

1-B2 17 km N.-O. Saint Omer. 104 m. ✉ 62890

CAMPING BAL ★★★ Loisirs 80 E. dont 5 nus 1,6 ha CV. Rivière à 500 m ; étang à 2 km. Accueil groupes adultes. Ouvert: 1.4 / 31.10. ☎ 03 21 35 65 90. E-mail : contact@hotel-camping-bal.fr. Web : www.hotel-camping-bal.fr.
Lat. : 50° 48' 31" N **Long.** : 002° 03' 20" E.
FFCC : avantages adhérent : 18 € du 04/01 au 25/02 et du 15/03 au 16/12 sur emp.

LES CHARMILLES NC Loisirs 55 E. CV. Accès direct à la rivière.. ☎ 03 21 39 06 46. E-mail : dezoteux.christine@orange.fr.
Lat. : 50° 47' 60" N **Long.** : 002° 02' 60" E.

VERLINCTHUN

1-A2 15 km S.-E. Boulogne-sur-Mer. 66 m. ✉ 62830

LES PRAIRIES DE LA MER ★★ Loisirs 58 E. CV. Locations : . Etang à 1 km ; bord de mer à 5 km. Ouvert: 1.4 / 15.10. ☎ 03 21 33 80 38. E-mail : lesprairiesdelamer@yahoo.fr. Web : www.prairiesdelamer.fr. Prix 2022. Fft jour : empl. Tourisme (2) : 16 € ( )
Lat. : 50° 37' 46" N **Long.** : 001° 40' 59" E.

VERTON

1-A3 12 km S.-O. Montreuil. 23 m. ✉ 62180

LES CERISIERS ★★★★ Loisirs 148 E. CV. Espace Fitness. couverte chauffée. Bord de mer à 4 km. Ouvert: 1.1 / 31.12. ☎ 03 21 84 88 45. E-mail : contact@caravaninglescerisiers.com. Web : www.caravaninglescerisiers.com.
Lat. : 50° 24' 32" N **Long.** : 001° 37' 40" E.
FFCC : avantages adhérent : entre 75 € et 146 € la nuitée et entre 290 € et 1022 € la semaine du 01/04 au 05/11 sur loc.

AUTOUR DU MOULIN ★★★ Loisirs 262 E. CV. Espace Fitness. Etang à 5 km. Ouvert: 1.2 / 30.11. ☎ 03 21 84 25 59. E-mail : campingadm@orange.fr. Web : campingautourdumoulin.fr.
Lat. : 50° 24' 09" N **Long.** : 001° 39' 18" E.

LE GRAND MARAIS ★★ Loisirs 350 E. 2,3 ha CV. , , . Accès direct à l'étang. Ouvert: 1.4 / 1.11. ☎ 03 21 84 36 09. E-mail : campinggrandmarais@wanadoo.fr. Web : camping-grandmarais.com.
Lat. : 50° 24' 22" N **Long.** : 001° 38' 01" E.

VILLERS-BRULIN

1-C3 20 km N.-O. Arras. 134 m. ✉ 62690

MME VALÉRIE DOURS . Ouvert: 1.4 / 31.8. ☎ 03 21 59 13 04. E-mail : fermedecharlie@club-internet.fr.
Lat. : 50° 22' 06" N **Long.** : 002° 32' 13" E.

VIOLAINES

1-C2 11 km E. Béthune. 26 m. ✉ 62138

CAMPING MUNICIPAL L'ETANG NC Tourisme 13 E. . ☎ 03 20 29 41 25. E-mail : mairiedeviolaines@wanadoo.fr.
Lat. : 50° 33' 01" N **Long.** : 002° 46' 03" E.

WABEN

1-A3 15 km S.-O. Montreuil. 12 m. ✉ 62180

LES JARDINS DE L'AUTHIE NC 110 E. 0,7 ha. Etang à 500 m ; bord de mer à 5 km. Ouvert: 1.4 / 31.10. ☎ 03 21 81 28 30. E-mail : s.leclerc@lesjardinsdelauthie.fr. Web : lesjardinsdelauthie.fr.
Lat. : 50° 22' 56" N **Long.** : 001° 38' 57" E.

WACQUINGHEN

1-A2 9 km N.-E. Boulogne sur Mer. 66 m. ✉ 62250

L'ESCALE ★★★ Loisirs 198 E. dont 50 nus 9 ha CV. Locations : . Accès direct à l'étang ; bord de mer à 5 km.. Ouvert: 30.3 / 15.10. ☎ 03 21 32 00 69. E-mail : camp-escale@wanadoo.fr. Web : www.escale-camping.com. Réduction H.S.
Lat. : 50° 47' 02" N **Long.** : 001° 40' 11" E.

WARLINCOURT-LES-PAS

1-C3 24 km S.-O. Arras. 156 m. ✉ 62760

LA KILIENNE ★ Loisirs 200 E. dont 18 nus, dont 182 GCC. 7 ha CV. Locations : . Espace Fitness. couverte chauffée . Accès direct à l'étang et à la rivière. . Accueil groupes. Ouvert: 1.1 / 31.12. ☎ 09 52 00 97 00. E-mail : lakilienne@hotmail.fr. Web : www.lakilienne.fr.
Lat. : 50° 10' 19" N **Long.** : 002° 30' 15" E.

WIMEREUX

1-A2 8 km N. Boulogne-sur-Mer. 25 m. ✉ 62930

L'ETE INDIEN ★★★★ Loisirs 176 E. dont 40 nus CV. A 300 m : . Locations : , cabanes, tipi. Espace Fitness. couverte chauffée . Accès direct à l'étang ; bord de mer à 800 m.. Accueil groupes adultes. Ouvert: 1.1 / 31.12. ☎ 03 21 30 23 50. E-mail : contact@eteindien.eu. Web : www.eteindien.eu.
Lat. : 50° 45' 09" N **Long.** : 001° 36' 27" E.

CAMPING MUNICIPAL OLYMPIC ★★★ Tourisme 155 E. 3,8 ha CV. Bord de mer à 400 m ; rivière à 1 km. . Ouvert: 16.3 / 18.10. ☎ 03 21 32 45 63. E-mail : camping.wimereux@orange.fr. Web : www.ville-wimereux.fr.
Lat. : 50° 45' 44" N **Long.** : 001° 36' 30" E.

LE NAPOLEON NC Loisirs 50 E. . Ouvert: 1.6 / 30.9. ☎ 03 21 31 30 89.
Lat. : 50° 44' 43" N **Long.** : 001° 35' 56" E.

WISSANT

1-A2 22 km N.-E. Boulogne-sur-Mer. 49 m. ✉ 62179

CAMPING MUNICIPAL LA SOURCE ★★ Loisirs 391 E. dont 200 nus 4 ha CV. Randonnée pédestre organisée. . Accès direct aux bords du lac ; bord de mer à 150 m.. Ouvert: 15.3 / 15.11. ☎ 03 21 35 92 46. E-mail : camping.wissant@wanadoo.fr.
Lat. : 50° 52' 52" N **Long.** : 001° 39' 17" E.

WITTES

1-C2 12 km S.-E. Saint-Omer. 26 m. ✉ 62120

LA FERME DU RELAIS NC Loisirs 25 E. 1,3 ha . . Etang à 300 m.. Ouvert: 1.4 / 1.10. ☎ 03 21 39 26 52. E-mail : guides@campingfrance.com.
Lat. : 50° 40' 17" N **Long.** : 002° 22' 12" E.

ZUTKERQUE

1-B2 22 km N.-O. Saint-Omer. 21 m. ✉ 62370

LE CORALTO ★ Loisirs 31 E. CV. . Accès direct à l'étang.. Ouvert: 1.4 / 15.10. ☎ 03 21 82 66 43. E-mail : alex62370@free.fr.
Lat. : 50° 51' 11" N **Long.** : 002° 04' 06" E.

PUY-DE-DOME 63

Cartes 7-10

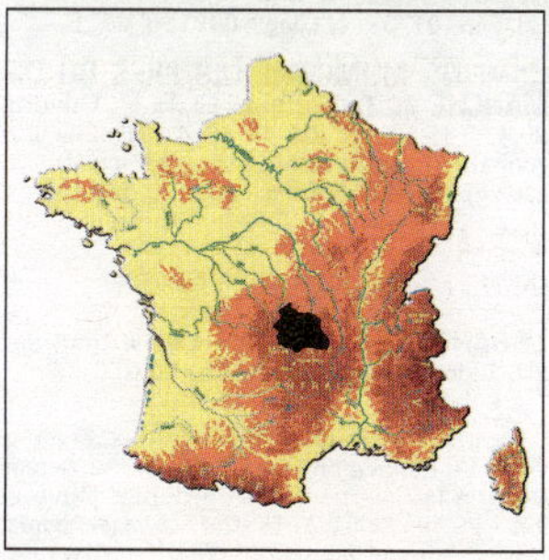

AMBERT

10-E2 77 km S.-E. Clermont Ferrand. 680 m. ✉ 63600

LES TROIS CHENES ★★★ Tourisme 112 E. dont 94 nus CV. couverte chauffée . Accès direct à la rivière ; étang et lac à 1 km. . Accueil groupes. Ouvert: 26.4 / 29.9. ☎ 04 73 82 34 68. E-mail : tourisme@ville-ambert.fr. Web : www.camping-ambert.com.
Lat. : 45° 32' 22" N **Long.** : 003° 43' 42" E.

LA VALLÉE VERTE NC 15 E. dont 15 nus 2,5 ha CV. Locations : . Rivière à 200 m ; lac à 2,5 km. Ouvert: 15.4 / 15.10. ☎ 04 73 72 39 35. E-mail : info@ambert-camping.com. Web : www.ambert-camping.com. Prix 2023. empl. Tourisme : 5 € ; 5,20 € ; 3,10 € ; 3,10 € ; 4 €. Réduction H.S.
Lat. : 45° 34' 26" N **Long.** : 003° 44' 24" E.
FFCC : avantages adhérent : 18 € du 01/05 au 30/06 et du 01/09 au 15/10 sur emp. et 38 € la nuitée et 240 € la semaine du 01/05 au 30/06 et du 01/09 au 15/10 sur loc.

ARLANC

10-E2 16 km S. Ambert. 639 m. Station verte de vacances et village de neige ✉ 63220

RÉSIDENCE LE VILLAGE POUR LA TERRE ★★ Tourisme 60 E. dont 40 nus . Locations : . Accès direct à l'étang et à la rivière.. Ouvert: 1.3 / 28.8. ☎ 0 473950071. E-mail : jardin-terre.arlanc@wanadoo.fr. Web : arlanc.fr/accueil/23-village-pour-la-terre.html.
Lat. : 45° 24' 42" N **Long.** : 003° 42' 58" E.

AUBUSSON-D'AUVERGNE

10-E1 19 km S.E. Thiers. 433 m. ✉ 63120

LE GOUTILIER ★★ Tourisme 25 E. CV. Locations : caravane. Rivière à 300 m ; lac à 1 km. Accueil groupes. Ouvert: 15.4 / 15.10. ☎ 04 73 51 21 76. E-mail : dufraisse.m@wanadoo.fr. Web : www.camping-aubusson.fr.
Lat. : 45° 45' 19" N **Long.** : 003° 35' 32" E.
FFCC : avantages adhérent : 12.3 € du 15/04 au 15/10 sur emp. et entre 15 € et 30 € la nuitée et entre 140 € et 410 € la semaine du 15/04 au 15/10 sur loc.

CAMPING LES 4 VENTS NC Tourisme 25 E. 0,47 ha CV. A 4 km : Locations : . Randonnée pédestre organisée. Rivière à 3 km ; lac à 4 km. Accueil groupes. Ouvert: 15.4 / 31.10. ☎ 04 73 53 16 94. E-mail : contact@4vents-auvergne.com. Web : www.4vents-auvergne.com. Réduction H.S.
Lat. : 45° 45' 20" N **Long.** : 003° 34' 22" E.

AYDAT

10-D2 21 km S.-O. Clermont Ferrand. 904 m. Station verte de vacances et village de neige ✉ 63970

LA CLAIRIÈRE ★★★ Tourisme 45 E. dont 42 nus 1 ha CV. Rivière à 500 m ; lac à 800 m. Accueil groupes. Ouvert: 1.4 / 30.9. ☎ 04 73 79 31 15. E-mail : info@campinglaclairiere.com.
Lat. : 45° 39' 41" N **Long.** : 002° 58' 26" E.

LAC D'AYDAT ★★★ Tourisme 165 E. dont 94 nus 7 ha CV. chauffée , . Accès direct aux bords du lac et à la rivière.. Accueil groupes. Ouvert: 1.5 / 15.9. ☎ 04 73 79 38 09. E-mail : info@camping-lac-aydat.com. Web : www.camping-lac-aydat.com.
Lat. : 45° 40' 09" N **Long.** : 002° 59' 21" E.

LES VOLCANS ★★★ Tourisme 59 E. dont 45 nus CV. Locations : , bulle, tipi, tonneau, . Randonnée pédestre organisée. chauffée , . Rivière à 2,5 km ; lac à 3,5 km. . Accueil groupes adultes. Ouvert: 30.4 / 9.10. ☎ 04 73 79 33 90. E-mail : contact@campinglesvolcans.com. Web : www.campinglesvolcans.com. Prix 2023. Fft jour : empl. Tourisme (2) : 22 € ( ) ;
Lat. : 45° 39' 45" N **Long.** : 002° 56' 57" E.

BAGNOLS

10-C2 63 km O. Issoire. 895 m. Station verte de vacances et village de neige ✉ 63810

CAMPING MUNICIPAL LA THIALLE ★★★ Tourisme 73 E. dont 56 nus CV. couverte chauffée , . Accès direct à la rivière. . Accueil groupes. Ouvert: 1.1 / 31.12. ☎ 04 73 22 28 00. E-mail : camping-la-thialle@orange.fr.
Lat. : 45° 29' 56" N **Long.** : 002° 37' 59" E.

BESSE-ET-SAINT-ANASTAISE

10-D2 31 km O. Issoire. 1196 m. ✉ 63610

BOIS DE GRAVIERE ★★★★ Loisirs 120 E. dont 30 nus 3,7 ha CV . Accès direct à la rivière ; lac à 5 km.. Accueil groupes. Ouvert: 22.12 / 15.9. ☎ 04 73 79 52 05. E-mail : info@camping-besse.com. Web : www.camping-besse.com. Réduction H.S.
Lat. : 45° 30' 58" N **Long.** : 002° 56' 20" E.

BILLOM

10-D2 25 km S.-E. Clermont-Ferrand. 391 m. ✉ 63160

CAMPING MUNICIPAL NC Tourisme 32 E. 0,4 ha CV. Locations : . couverte . Etang à 5 km. Ouvert: 15.6 / 15.9. ☎ 04 73 68 91 50. E-mail : campingabillom@laposte.net. Prix 2022. Fft jour : empl. Tourisme (2) : 12,5 € ( )
Lat. : 45° 43' 43" N **Long.** : 003° 20' 45" E.

BLOT-L'EGLISE

7-D5 29 km N.-O. Riom. 600 m. ✉ 63440

LA COCCINELLE ★★ Tourisme 50 E. dont 44 nus 1 ha CV . Locations : . . Etang à 4,9 km ; rivière à 5 km. Ouvert: 3.4 / 30.9. ☎ 04 73 64 93 15. E-mail : info@campingcoccinelle.com. Web : www.campingcoccinelle.com. Prix 2023. Fft jour : empl. Tourisme (2) : 23 € ( ) ; sup 5,50 € ; 4 €. Réduction H.S.
Lat. : 46° 01' 55" N **Long.** : 002° 57' 25" E.
FFCC : avantages adhérent : 17 € du 03/04 au 03/07 et du 21/08 au 29/09 sur emp.

BRASSAC-LES-MINES

10-D2 20 km S.-E. Issoire. 439 m. ✉ 63570

CAMPING DE MON VILLAGE L'INSOLITE NC 34 E. dont 13 nus 1 ha CV. . Accès direct à l'étang et à la rivière.. Ouvert: 1.5 / 30.9. ☎ 01 83 64 69 21. E-mail : contact@campingcarpark.com. Web : www.campingcarpark.com. Prix 2022.
Lat. : 45° 24' 37" N **Long.** : 003° 20' 09" E.

BUXIERES-SOUS-MONTAIGUT

7-C5 54 km N.-O. Riom. 566 m. ✉ 63700

LES SUCHERES ★★ Tourisme 59 E. CV. Locations : . . Etang à 2 km. . . Ouvert: 1.4 / 30.9. ☎ 04 73 85 92 66. E-mail : sucheres@gmail.com. Web : www.campinglessucheres.com.
Lat. : 46° 11' 33" N **Long.** : 002° 49' 12" E.

CEYRAT

10-D2 6 km S. Clermont-Ferrand. 578 m. Station verte de vacances et village de neige ✉ 63122

LE CHANSET ★★★ Tourisme 124 E. dont 24 nus CV . Locations : , cabanes. chauffée . . Accueil groupes. Ouvert: 1.1 / 30.9. ☎ 04 73 61 30 73. E-mail : camping.lechanset@gmail.com. Web : www.camping-ceyrat.fr/.
Lat. : 45° 44' 22" N **Long.** : 003° 03' 46" E.

CHAMBON-SUR-LAC

10-C2 35 km O. Issoire. 1267 m. Station verte de vacances et village de neige ✉ 63790

LE PRÉ BAS ★★★★★ Tourisme 174 E. dont 63 nus 3,5 ha CV . Locations : . Randonnée pédestre organisée. Espace Fitness. couverte chauffée , . Accès direct aux bords du lac et à la rivière. ; ; . Accueil groupes. Ouvert: 21.4 / 10.9. ☎ 04 73 88 63 04. E-mail : prebas@campingauvergne.com. Web : www.leprebas.com. Prix 2023. Fft jour : empl. Tourisme (2) : 49 € ( ) ; sup 11 € ; animaux 6 € ; 9 €. Réduction H.S.
Lat. : 45° 34' 31" N **Long.** : 002° 54' 51" E.
FFCC : avantages adhérent : 10% du 21/04 au 30/06 et du 01/09 au 10/0910% du 21/04 au 30/06 et du 01/09 au 10/09 sur emp. et loc. + Rendez-vous dans votre club avantages FFCC pour obtenir le code promotionnel et réserver !.

LE SERRETTE ★★★ Tourisme 75 E. dont 53 nus, dont 2 GCC. 2,5 ha CV . Randonnée pédestre organisée. couverte chauffée . Rivière à 900 m ; lac à 3 km. Accueil groupes. Ouvert: 29.4 / 12.9. ☎ 04 73 88 67 67. E-mail : camping.de.serrette@wanadoo.fr. Web : www.campingdeserrette.com. Réduction H.S.
Lat. : 45° 34' 17" N **Long.** : 002° 53' 27" E.

LES BOMBES ★★★ Tourisme 150 E. dont 122 nus, dont 117 CC - 5 GCC. 4 ha CV . Locations : , roulotte. Espace Fitness. chauffée , . Accès direct à la rivière ; lac à 1 km.. Accueil groupes. Ouvert: 29.4 / 12.9. ☎ 04 73 88 64 03. E-mail : lesbombes@orange.fr. Web : www.camping-les-bombes.com. Prix 2022. Fft jour : empl. Tourisme (1) : 20,5 € (E. CC)
Lat. : 45° 34' 11" N **Long.** : 002° 53' 60" E.

VOISSIÈRES ★ Tourisme 41 E. dont 41 nus 1,5 ha CV. . Accès direct à la rivière ; lac à 4 km.. Ouvert: 19.6 / 19.9. ☎ 04 73 88 64 13. E-mail : info@campingdevoissieres.com. Web : www.campingdevoissieres.com.
Lat. : 45° 33' 30" N **Long.** : 002° 53' 10" E.

LA PLANTADE . Ouvert: 1.4 / 30.9. ☎ 04 73 88 67 30.
Lat. : 45° 34' 17" N **Long.** : 002° 53' 51" E.

CHATEAUNEUF-LES-BAINS

10-C1 32 km N.-O. Riom. 552 m. Station verte de vacances et village de neige ✉ 63390

CAMPING MUNICIPAL NC Tourisme 75 E. 1 ha CV. Locations : . , , . Accès direct à la rivière. ; . . Accueil groupes. ☎ 04 73 86 67 85. E-mail : mairie-chat-les-bains@wanadoo.fr. Web : www.chateauneuflesbains.com.
Lat. : 46° 01' 33" N **Long.** : 002° 53' 45" E.

CAMPING MUNICIPAL LES PRES DU DIMANCHE NC Tourisme 45 E. . Ouvert: 30.4 / 15.10. ☎ 04 73 86 41 50. E-mail : commune-chateauneuf-les-bains@orange.fr.
Lat. : 46° 01' 37" N **Long.** : 002° 53' 56" E.

CHATEL-GUYON

10-D1 5 km N.-O. Riom. 471 m. ✉ 63140

LE RANCH DES VOLCANS ★★★★ Tourisme 246 E. dont 15 nus, dont 98 CC - 60 GCC. 5 ha CV . Espace Fitness. , . Accès direct à la rivière. Accueil groupes. Ouvert: 1.4 / 29.10. ☎ 04 73 86 02 47. E-mail : contact@ranchdesvolcans.com. Web : www.ranchdesvolcans.com. Prix 2023. Fft jour : empl. Tourisme (2) : 33,6 € (E. GCC) ; sup 6 € ; animaux 2,50 € ; 5 €. Réduction H.S.
Lat. : 45° 54' 55" N **Long.** : 003° 04' 43" E.
FFCC : avantages adhérent : 21 € du 02/04 au 13/05 et du 24/09 au 30/10 sur emp. et entre 129 € et 479 € la nuitée et entre 195 € et 579 € la semaine du 02/04 au 13/05 et du 24/09 au 30/10 sur loc.

CAMPING DE LA CROZE ★★★ Tourisme 98 E. CV. Locations : . chauffée. Ouvert: 1.5 / 15.10. ☎ 0 4 73 860827. E-mail : campinglacroze@wanadoo.fr. Web : www.campingdelacroze.com. Prix 2022. Fft nuit : empl. Tourisme (2) : 24,65 € ( )
Lat. : 45° 54' 21" N **Long.** : 003° 03' 40" E.

CISTERNES-LA-FORET

10-C1 805 m. ✉ 63740

AIRE NATURELLE MUNICIPALE CV. Ouvert: 1.5 / 30.9. ☎ 04 73 87 81 05. E-mail : mairie-cisternes@wanadoo.fr.
Lat. : 45° 47' 01" N **Long.** : 002° 42' 14" E.

COMPAINS

10-D2 35 km S.-O. Issoire. 1162 m. ✉ 63610

CAMPING GCU - COMPAINS ★ Tourisme 33 E. . Ouvert: 28.6 / 31.8. ☎ 04 73 71 20 05. E-mail : gcu@gcu.asso.fr. Web : www.gcu.asso.fr.
Lat. : 45° 26' 31" N **Long.** : 002° 55' 58" E.

CONDAT-EN-COMBRAILLE

10-C1 60 km O. Riom. 697 m. ✉ 63380

DOMAINE DU BALBUZARD NC Tourisme 80 E. dont 17 nus 2 ha CV . Locations : , bulle. . Accès direct à l'étang et aux bords du lac ; rivière à 1 km.. Accueil groupes. Ouvert: 1.4 / 2.11. ☎ 06 78 57 55 41. E-mail : contact@domainedubalbuzard.com. Web : www.domainedubalbuzard.com.
Lat. : 45° 50' 39" N **Long.** : 002° 33' 36" E.

COURNON-D'AUVERGNE

10-D2 10 km S.-E. Clermont-Ferrand. 381 m. ✉ 63800

LE PRÉ DES LAVEUSES ★★★ Tourisme 143 E. dont 100 nus
CV . Locations : . Espace Fitness. chauffée , , , . Accès direct aux bords du lac et à la rivière. ; ; . Accueil groupes. Ouvert: 5.4 / 9.10. ☎ 04 73 84 81 30. E-mail : camping@cournon-auvergne.fr. Web : www.campinglepredeslaveuses.com.
Lat. : 45° 44' 21" N **Long.** : 003° 13' 13" E.

DALLET

10-D1 12 km E. Clermont-Ferrand. 364 m. ✉ 63111

LES OMBRAGES ★★★ Tourisme 90 E. dont 87 nus
4 ha . Locations : roulotte . , , . Accès direct à la rivière. ; ; . Ouvert: 15.5 / 15.9. ☎ 04 73 83 10 97. E-mail : lesombrages@hotmail.com. Web : www.lesombrages.com. Réduction H.S.
Lat. : 45° 46' 36" N **Long.** : 003° 14' 24" E.
FFCC : avantages adhérent : 17 € du 15/05 au 01/07 et du 24/08 au 15/09 sur emp.

EGLISENEUVE-D'ENTRAIGUES

10-C2 48 km S.-O. Issoire. 1098 m. ✉ 63850

LES JARDINS D'ENTRAIGUES NC Loisirs 65 E. dont 11 nus, dont 54 GCC. 1 ha CV. A 10 km : Locations : , . Accès direct à l'étang et à la rivière. ; . Accueil groupes. Ouvert: 15.7 / 15.8. ☎ 04 73 71 94 91. E-mail : info@camping-besse.com. Web : www.camping-besse.com.
Lat. : 45° 24' 28" N **Long.** : 002° 49' 41" E.

ESPINCHAL

10-C2 44 km S.-O. Issoire. 1122 m. ✉ 63850

AIRE NATURELLE MUNICIPALE LA PRUNAYRE . Ouvert: 15.6 / 15.9. ☎ 04 73 71 92 54. E-mail : mairie.espinchal@orange.fr.
Lat. : 45° 23' 29" N **Long.** : 002° 52' 43" E.

FERNOEL

10-C1 71 km O. Riom. 766 m. ✉ 63620

CAMPING MUNICIPAL ★ Tourisme 10 E. dont 10 nus 0,2 ha CV . Rivière à 1 km ; étang et lac à 3 km. Accueil groupes. Ouvert: 15.6 / 30.9. ☎ 04 73 21 70 22. E-mail : mairie.fernoel@wanadoo.fr.
Lat. : 45° 48' 44" N **Long.** : 002° 26' 17" E.

GELLES

10-C1 35 km O. Clermont-Ferrand. 870 m. ✉ 63740

CAMPING MUNICIPAL NC Tourisme 43 E. . . Ouvert: 1.4 / 30.9. ☎ 04 73 87 80 20. E-mail : mairie-de-gelles@wanadoo.fr.
Lat. : 45° 45' 59" N **Long.** : 002° 45' 18" E.

GIAT

10-C1 68 km O. Riom. 758 m. ✉ 63620

CAMPING DE LA FERMANERIE
CV. Ouvert: 1.5 / 30.9. ☎ 04 73 65 62 13 / 06 38 03 67 44. E-mail : contact@lafermanerie.com, Web : www.lafermanerie.com. Prix 2022. Fft jour : empl. Tourisme (4) : 11 € ( ) ; sup 5 € ; 4 €.
Lat. : 45° 49' 06" N **Long.** : 002° 26' 52" E.
FFCC : avantages adhérent : 15 € du 01/04 au 31/10 sur emp. et entre 17 € et 55 € la nuitée et entre 175 € et 450 € la semaine sur loc.

ISSOIRE

10-D2 35 km S.-S.-E. Clermont Ferrand. 398 m. ✉ 63500

CAMPING MUNICIPAL DU MAS ★★★ Tourisme 146 E. dont 133 nus
3 ha CV . , . Etang à 200 m ; rivière à 500 m.. Accueil groupes. Ouvert: 1.4 / 1.11. ☎ 06 09 80 52 63. E-mail : camping-mas@wanadoo.fr. Web : camping-issoire.fr.
Lat. : 45° 33' 05" N **Long.** : 003° 16' 17" E.
FFCC : avantages adhérent : 16.5 € du 01/04 au 01/06 et du 15/09 au 01/11 sur emp.

LA BOURBOULE

10-C2 52 km S.-O. Clermont Ferrand. 1035 m. Station verte de vacances et village de neige ✉ 63150

LES VERNIERES ★★★★★ Tourisme 165 E. dont 132 nus
5 ha CV . A 1 km : Locations : , , . Randonnée pédestre organisée. couverte chauffée . Rivière à 50 m ; lac à 2 km. ; . Accueil groupes. Ouvert: 1.5 / 25.9. ☎ 04 73 81 10 20. E-mail : contact@camping-la-bourboule.fr. Web : www.camping-la-bourboule.fr. Prix 2022. Fft jour : empl. Tourisme (2) : 30 € ( )
Lat. : 45° 35' 24" N **Long.** : 002° 45' 09" E.
FFCC : avantages adhérent : 21 € du 08/04 au 07/07 et du 26/08 au 24/09 sur emp.

LA MARMOTTE ★★★ Tourisme 55 E. dont 30 nus
CV . Randonnée pédestre organisée. . Rivière à 2 km. Accueil groupes. Ouvert: 9.11 / 31.12. ☎ 04 73 65 95 87. E-mail : campinglamarmotte@gmail.com. Web : www.campinglamarmotte.com.
Lat. : 45° 35' 33" N **Long.** : 002° 45' 40" E.
FFCC : avantages adhérent : 20 € du 03/01 au 04/02 et du 07/03 au 03/06 sur emp. et entre 43 € et 108 € la nuitée et entre 212 € et 930 € la semaine du 03/01 au 04/02 et du 07/03 au 03/06 sur loc.

LES CLARINES ★★★ Tourisme 187 E. dont 107 nus
après 23 h, CV . Locations : . Espace Fitness. chauffée. Rivière à 2 km. Ouvert: 21.12 / 14.10. ☎ 04 73 81 02 30. E-mail : clarines.les@wanadoo.fr. Web : www.camping-les-clarines.com. Réduction H.S.
Lat. : 45° 35' 40" N **Long.** : 002° 45' 48" E.
FFCC : avantages adhérent : 15 € du 27/02 au 07/04 et du 28/08 au 15/10 sur emp.

POUTIE ★★★ Tourisme 71 E. dont 15 nus
CV . Locations : . Randonnée pédestre organisée. chauffée . Rivière à 300 m ; lac à 2 km. Accueil groupes adultes. Ouvert: 1.12 / 15.10. ☎ 04 73 81 04 54. E-mail : campingpoutie@gmail.com. Web : www.campingpoutie.com. Prix 2022. Fft jour : empl. Tourisme (2) : 16 € ( ) ; sup 5,30 € ; animaux 2 € ; 3,50 €.
Lat. : 45° 35' 37" N **Long.** : 002° 45' 22" E.
FFCC : avantages adhérent : 12 € du 01/01 au 01/04 sur emp.

CAMPING GCU - LA BOURBOULE ★★ Tourisme 61 E. . Ouvert: 13.6 / 14.9. ☎ 04 73 81 16 28. E-mail : gcu@gcu.asso.fr. Web : www.gcu.asso.fr.
Lat. : 45° 35' 30" N **Long.** : 002° 45' 16" E.

LA TOUR-D'AUVERGNE

10-C2 61 km O. Issoire. 1098 m. Station verte de vacances et village de neige ✉ 63680

LA CHAUDERIE ★★★ Tourisme 80 E. dont 69 nus
3,5 ha . . Accès direct à la rivière ; lac à 1 km.. Ouvert: 25.5 / 17.9. ☎ 04 73 21 55 01 / 07 69 73 13 13. E-mail : info@la-chauderie.com. Web : www.la-chauderie.com.
Lat. : 45° 31' 39" N **Long.** : 002° 42' 05" E.
FFCC : avantages adhérent : 17 € du 25/05 au 09/07 et du 28/08 au 17/09 sur emp.

LA VALLÉE ★★ Tourisme 60 E. dont 20 nus
2 ha CV . Locations : bivouac, caravane. . Accès direct à la rivière ; lac à 600 m.. Accueil groupes. Ouvert: 23.4 / 25.9. ☎ 04 73 21 54 43. E-mail : info@camping-la-vallee.fr. Web : www.camping-la-vallee.fr.
Lat. : 45° 31' 43" N **Long.** : 002° 41' 28" E.
FFCC : avantages adhérent : 12 € du 23/04 au 01/07 et du 27/08 au 02/10 sur emp. et entre 40 € et 45 € la nuitée et entre 210 € et 320 € la semaine du 23/04 au 02/07 et du 27/08 au 02/10 sur loc.

LABESSETTE

10-C2 78 km O. Issoire. 712 m. ✉ 63690

CAMPING MUNICIPAL LA CHOMETTE NC Tourisme 50 E. 1,2 ha CV. . Lac à 3 km. . Ouvert: 15.5 / 30.9. ☎ 04 73 22 22 98. E-mail : mairiedelabessette@orange.fr.
Lat. : 45° 29' 06" N **Long.** : 002° 32' 19" E.

LAPEYROUSE

7-C5 59 km N.-O. Riom. 499 m. ✉ 63700

LES MARINS ★★★ Tourisme 67 E. dont 50 nus 1,5 ha CV . Locations : , , . chauffée , , . Accès direct à l'étang et aux bords du lac. ; ; . . Ouvert: 15.4 / 1.10. ☎ 04 73 52 37 06. E-mail : sejour@camping-lesmarins.fr. Web : www.camping-lesmarins.fr. Prix 2022. Fft nuit : empl. Tourisme (2) : 18,8 € ( )
Lat. : 46° 13' 17" N **Long.** : 002° 53' 01" E.

LES CERISIERS NC Tourisme 12 E. Ouvert: 27.4 / 20.9. ☎ 04 73 52 26 19. E-mail : hondencampinglescerisiers@gmail.com. Web : www.hondencampinglescerisiers.com.
Lat. : 46° 12' 48" N **Long.** : 002° 52' 59" E.

Les correspondants de la FFCC sont bénévoles et à votre disposition pour tous renseignements sur le camping.

Retrouvez leurs coordonnées au début de chaque département.

LE BRUGERON

10-E2 26 km N. Ambert. 1047 m. ✉ 63880

LA CUBE NC 15 E. dont 15 nus. Rivière à 700 m. Ouvert: 1.6 / 1.9. ☎ 04 73 72 67 84. E-mail : campinglacube@gmail.com. Web : www.lacube.net. Prix 2023. Fft nuit : empl. Tourisme (2) : 25 € ; sup 7 € nuit ; Réduction H.S.
Lat. : 45° 42' 13" N **Long.** : 003° 43' 27" E.

LES ANCIZES-COMPS

10-C1 35 km O. Riom. 643 m. Village de neige ✉ 63770

CAMPING DE COMPS LES FADES ★★ Tourisme 85 E. 2,1 ha CV. Locations : . Randonnée pédestre organisée. Lac et rivière à 4 km. Accueil groupes. Ouvert: 1.6 / 30.9. ☎ 04 73 86 81 64. E-mail : contact@campingduviaduc.fr. Web : www.campingduviaduc.fr/.
Lat. : 45° 56' 23" N **Long.** : 002° 47' 60" E.

LES MARTRES-DE-VEYRE

10-D2 15 km S.-E. Clermont-Ferrand. 358 m. ✉ 63730

LE FOND DE BLEIX ★★ Tourisme 37 E. CV. Locations : . couverte , . Accès direct à la rivière. Accueil groupes. Ouvert: 1.1 / 31.12. ☎ 04 73 39 26 49. E-mail : ailes_libres@infonie.fr.
Lat. : 45° 41' 13" N **Long.** : 003° 11' 36" E.

LES PRADEAUX

10-D2 7 km S.-E. Issoire. 400 m. ✉ 63500

CHATEAU LA GRANGE FORT ★ Tourisme 121 E. dont 97 nus CV. Locations : . couverte chauffée , . Rivière à 400 m. Accueil groupes. Ouvert: 6.4 / 15.11. ☎ 04 73 71 02 43. E-mail : chateau@lagrangefort.eu. Web : www.lagrangefort.eu. Réduction H.S.
Lat. : 45° 30' 31" N **Long.** : 003° 17' 05" E.

LOUBEYRAT

10-D1 12 km N.-O. Riom. 697 m. ✉ 63410

LE COLOMBIER ★★★ Tourisme 50 E. dont 38 nus, dont 15 CC. 0,8 ha CV. Locations : . couverte chauffée , . Etang à 3 km. Accueil groupes. Ouvert: 7.4 / 29.10. ☎ 04 73 86 94 57. E-mail : info@campingducolombier.fr. Web : www.campingducolombier.com. Prix 2023. Fft jour : empl. Tourisme (1) : 14,3 € ; sup 4,30 € ; animaux 3 € ; 3,85 € ; 4,20 €. Réduction H.S.
Lat. : 45° 55' 19" N **Long.** : 003° 00' 44" E.

CAMPING GCU - LOUBEYRAT ★ Tourisme 69 E. Locations : . Ouvert: 28.6 / 31.8. ☎ 04 73 86 55 35. E-mail : gcu@gcu.asso.fr. Web : www.gcu.asso.fr.
Lat. : 45° 56' 32" N **Long.** : 002° 59' 33" E.

MARSAC-EN-LIVRADOIS

10-E2 9 km S. Ambert. 640 m. ✉ 63940

CAMPING MUNICIPAL LA GRAVIERE NC Tourisme 60 E. 0,8 ha CV. Rivière à 20 m.. Ouvert: 15.6 / 15.10. ☎ 04 73 95 60 08. E-mail : mairie.marsac@cc-livradois.fr.
Lat. : 45° 28' 44" N **Long.** : 003° 43' 47" E.

MENAT

7-C5 36 km N.-O. Riom. 526 m. Station verte de vacances et village de neige ✉ 63560

LES TARTEAUX NC Tourisme 90 E. dont 82 nus 1,71 ha CV. Locations : . Accès direct à la rivière ; étang à 2 km. ; . Ouvert: 2.4 / 25.9. ☎ 04 73 85 52 47. E-mail : campingdemenat@orange.fr. Web : www.camping-lestarteaux.fr.
Lat. : 46° 05' 46" N **Long.** : 002° 55' 49" E.
FFCC : avantages adhérent : 17 € du 08/04 au 30/06 et du 01/09 au 18/09 sur emp. et entre 60 € et 80 € la nuitée et entre 270 € et 320 € la semaine du 11/03 au 30/06 et du 01/09 au 31/10 sur loc.

MESSEIX

10-C2 60 km S.-O. Clermont Ferrand. 740 m. ✉ 63750

AIRE NATURELLE . Ouvert: 15.6 / 14.9. ☎ 04 73 21 40 25. E-mail : mairie-messeix@wanadoo.fr, Web : www.messeix.fr.
Lat. : 45° 35' 15" N **Long.** : 002° 32' 56" E.

MIREMONT

10-C1 45 km O. Riom. 611 m. Village de neige ✉ 63380

CAMPING MUNICIPAL ★ Tourisme 34 E. 0,4 ha CV. . Accès direct à la rivière ; lac à 4 km. Accueil groupes. Ouvert: 1.5 / 30.9. ☎ 04 73 79 92 52. E-mail : mairie-miremont@wanadoo.fr. Réduction H.S.
Lat. : 43° 22' 12" N **Long.** : 001° 25' 02" E.

CAMPING DE LA PLAGE DE CONFOLANT NC Tourisme 90 E. dont 82 nus, dont 25 CC. 2,5 ha CV. Locations : . Accès direct aux bords du lac. ; . Ouvert: 1.6 / 10.9. ☎ 09 83 94 79 01. E-mail : campingdelaplage63@gmail.com. Web : www.camping-lac-auvergne.fr. Réduction H.S.
Lat. : 45° 54' 50" N **Long.** : 002° 45' 22" E.

MONT-DORE

10-C2 48 km S.-O. Clermont Ferrand. 1310 m. ✉ 63240

CAMPING MUNICIPAL L'ESQUILADOU ★★★ Tourisme 88 E. dont 71 nus 1 ha CV. A 1,5 km : chauffée. Rivière à 500 m ; étang à 5 km. Accueil groupes enfants. Ouvert: 1.4 / 11.11. ☎ 04 73 65 23 74. E-mail : camping.esquiladou@orange.fr. Web : www.mairie-mont-dore.fr. Réduction H.S.
Lat. : 45° 35' 13" N **Long.** : 002° 48' 05" E.

LA PLAGE VERTE ★★★ Tourisme 90 E. dont 74 nus, dont 14 GCC. 2 ha CV. Locations : , cabanes. Rivière à 3 km. Accueil groupes. Ouvert: 14.5 / 1.10. ☎ 04 73 65 04 30. E-mail : contact@plage-verte.com. Web : www.plage-verte.com. Prix 2022. 4,40 € ; 5,70 € ; 3,30 € ; 3,30 € ; 1,70 € ; animaux 1,20 € ; 2,20 € ; 4,80 €. Réduction H.S.
Lat. : 45° 34' 44" N **Long.** : 002° 47' 33" E.

DOMAINE GRANDE CASCADE ★★ Tourisme 90 E. dont 86 nus 2 ha CV. A 3 km : Locations : . Rivière à 1 km. Ouvert: 10.6 / 26.9. ☎ 04 73 65 06 23. E-mail : contact@camping-grandecascade.com. Web : www.camping-grandecascade.com. Prix 2022. Fft jour : empl. Tourisme (2) : 15,4 € (). Réduction H.S.
Lat. : 45° 34' 17" N **Long.** : 002° 49' 05" E.
FFCC : avantages adhérent : 16 € du 10/06 au 30/06 et du 01/09 au 26/09 sur emp. et entre 345 € et 405 € la semaine du 30/04 au 25/06 et du 03/09 au 30/10 sur loc.

CAMPING MUNICIPAL LES CROUZETS ★ Tourisme 58 E. 1 ha . Accès direct à la rivière.. Accueil groupes enfants. Ouvert: 21.12 / 20.9. ☎ 04 73 65 21 60. E-mail : camping.crouzets@orange.fr. Web : mairie-mont-dore.fr. Réduction H.S.
Lat. : 45° 34' 38" N **Long.** : 002° 48' 17" E.

MONTAIGUT

7-C5 50 km N.-O. Riom 615 m. ✉ 63700

CAMPING MUNICIPAL NC Tourisme 15 E. , . Accès direct à l'étang. Ouvert: 1.7 / 31.8. ☎ 04 73 85 09 09. E-mail : mairie@ville-montaigut.fr.
Lat. : 46° 10' 57" N **Long.** : 002° 47' 48" E.

MONTAIGUT-LE-BLANC

10-D2 15 km N.-O. Issoire. 643 m. ✉ 63320

LE PRÉ ★★★ Tourisme 117 E. dont 107 nus 1,5 ha CV. Locations : . Randonnée pédestre organisée. , , . Accès direct à la rivière ; lac à 20 m. . Accueil groupes adultes. Ouvert: 1.5 / 30.9. ☎ 06 34 47 25 10. E-mail : contact@campinglepre.com. Web : www.campinglepre.com/fr. Prix 2022. Fft jour : empl. Tourisme (2) : 13 € ()
Lat. : 45° 35' 07" N **Long.** : 003° 05' 31" E.

MURAT-LE-QUAIRE

10-C2 45 km S.-O. Clermont Ferrand. 1176 m. Station verte de vacances et village de neige ✉ 63150

LE PANORAMIQUE ★★★★ Tourisme 110 E. dont 42 nus, dont 42 CC - 68 GCC. 2,75 ha CV. A 2 km : Locations : . Randonnée pédestre organisée. chauffée . Etang et lac à 800 m ; rivière à 2 km. Ouvert: 8.4 / 30.9. ☎ 0 689635580. E-mail : info@campingpanoramique.fr. Web : www.campingpanoramique.fr. Prix 2023. Fft jour : empl. Tourisme (2) : 26 € (). Réduction H.S.
Lat. : 45° 35' 50" N **Long.** : 002° 45' 05" E.
FFCC : avantages adhérent : 22 € du 08/04 au 24/06 et du 02/09 au 30/09 sur emp.

LES COUDERTS ★★ Tourisme 62 E. dont 42 nus 1,2 ha CV. Locations : . Lac à 300 m. Accueil groupes adultes. Ouvert: 1.6 / 30.9. ☎ 04 73 65 54 81. E-mail : campinglescouderts@orange.fr. Web : www.camping-sancy-lescouderts.fr. Prix 2022. Fft jour : empl. Tourisme (2) : 12 € ()
Lat. : 45° 36' 00" N **Long.** : 002° 44' 07" E.

LES COUX ★★ Loisirs 34 E. dont 8 nus CV. Locations : . Rivière à 800 m ; étang et lac à 5 km. Ouvert: 1.5 / 17.10. ☎ 04 73 22 27 84. E-mail : info@campinglescoux.com. Web : www.campinglescoux.com. Réduction H.S.
Lat. : 45° 35' 37" N **Long.** : 002° 45' 15" E.

MUROL

10-D2 28 km O. Issoire. 1001 m. Station verte de vacances et village de neige ✉ 63790

LA RIBEYRE ★★★★★ Tourisme 405 E. dont 190 nus CV. Locations : 1 . Randonnée pédestre organisée. couverte chauffée . Accès direct à l'étang et à la rivière ; lac à 1 km. ; ; . Accueil groupes adultes. Ouvert: 12.5 / 24.9. ☎ 04 73 88 64 29. E-mail : ribeyre@sandaya.fr. Web : www.sandaya.fr/nos-campings/la-ribeyre. Réduction H.S.
Lat. : 45° 33' 45" N **Long.** : 002° 56' 15" E.

L'EUROPE ★★★★ Tourisme 233 E. dont 61 nus CV. Randonnée pédestre organisée. chauffée . Rivière à 300 m ; lac à 800 m. Accueil groupes. Ouvert: 23.5 / 4.9. ☎ 04 73 88 60 46. E-mail : contact@camping-europe-murol.com. Web : www.camping-europe-murol.com. Réduction H.S.
Lat. : 45° 34' 05" N **Long.** : 002° 56' 24" E.
FFCC : avantages adhérent : 22 € du 23/05 au 08/07 et du 20/08 au 04/09 sur emp. et entre 36 € et 150 € la nuitée et entre 36 € et 150 € la semaine du 23/05 au 08/07 et du 27/08 au 04/09 sur loc.

DOMAINE DU LAC CHAMBON ★★★ Tourisme 169 E. dont 99 nus 7 ha. CV. Locations : cabanes. Randonnée pédestre organisée. chauffée. Accès direct aux bords du lac et à la rivière. Accueil groupes. Ouvert: 7.4 / 7.10. ☎ 04 44 05 21 58. E-mail : domaine.chambon@orange.fr. Web : www.domaine-lac-chambon.fr. Réduction H.S.
Lat. : 45° 34' 11" N **Long.** : 002° 55' 51" E.

DOMAINE DU MARAIS ★★★ Tourisme 71 E.
3,5 ha. CV. Locations. Randonnée pédestre organisée. chauffée. Accès direct à la rivière ; lac à 500 m.. Accueil groupes adultes. Ouvert: 1.6 / 13.9. ☎ 04 73 88 85 85. E-mail : domainedumarais@wanadoo.fr. Web : www.domaine-du-marais.com. Prix 2023. Fft jour : empl. Tourisme (1) : 21 €
Lat. : 45° 34' 37" N **Long.** : 002° 55' 56" E.

LE REPOS DU BALADIN ★★★ Tourisme 91 E. dont 57 nus, dont 15 GCC.
2,5 ha. CV. A 2 km. Locations. Randonnée pédestre organisée. couverte chauffée. Rivière à 200 m ; lac à 2 km. Accueil groupes adultes. Ouvert: 1.5 / 12.9. ☎ 04 73 88 61 93. E-mail : reposbaladin@free.fr. Web : www.camping-auvergne-france.com. Prix 2022. Fft jour : empl. Tourisme (1) : 21,1 € ; sup 6,10 € ; animaux 3,20 €. Réduction H.S.
Lat. : 45° 34' 26" N **Long.** : 002° 57' 27" E.
FFCC : avantages adhérent : 19 € du 01/04 au 08/07 et du 28/08 au 30/09 sur emp. et entre 290 € et 700 € la semaine du 01/04 au 08/07 et du 28/08 au 10/11 sur loc.

LES FOUGÈRES ★★★ Tourisme 64 E. dont 25 nus
2 ha. CV. Locations. Randonnée pédestre organisée. couverte chauffée. Accès direct à la rivière ; lac à 300 m.. Accueil groupes adultes. Ouvert: 28.4 / 24.9. ☎ 04 73 88 67 08. E-mail : camping-les-fougeres@wanadoo.fr. Web : www.les-fougeres.com. Prix 2023. Fft jour : empl. Tourisme (1) : 21 €
Lat. : 45° 34' 33" N **Long.** : 002° 55' 52" E.

NEBOUZAT

10-C2 18 km S.-O. Clermont Ferrand. 961 m. ✉ 63210

LES DOMES ★★★ Tourisme 61 E. dont 40 nus
CV. Locations. couverte chauffée. Rivière à 100 m. Accueil groupes adultes. Ouvert: 28.4 / 30.9. ☎ 04 73 87 14 06. E-mail : camping.les-domes@orange.fr. Web : www.les-domes.com. Réduction H.S.
Lat. : 45° 43' 34" N **Long.** : 002° 53' 26" E.

NONETTE-ORSONNETTE

10-D2 11 km S. Issoire. 420 m. ✉ 63340

LES LOGES ★★★ Tourisme 138 E. 3 ha. CV. Locations. chauffée. Accès direct à la rivière. Accueil groupes. Ouvert: 24.4 / 1.10. ☎ 04 73 71 65 82. E-mail : campingnonette@lesloges.com. Web : www.lesloges.com. Prix 2023. Fft jour : empl. Tourisme (2) : 18,5 €. Réduction H.S.
Lat. : 45° 28' 23" N **Long.** : 003° 16' 13" E.

OLLIERGUES

10-E2 23 km S.-O. Ambert. 536 m. ✉ 63880

LES CHELLES ★★★ Tourisme 64 E. dont 43 nus
CV. chauffée. Accès direct à l'étang ; rivière à 5 km.. Accueil groupes. Ouvert : 1.4 / 30.9. ☎ 04 73 95 54 34. E-mail : info@camping-les-chelles.com. Web : www.camping-les-chelles.com/. Réduction H.S.
Lat. : 45° 41' 23" N **Long.** : 003° 38' 01" E.
FFCC : avantages adhérent : 22 € du 01/04 au 30/06 et du 01/09 au 30/09 sur emp. et entre 37 € et 69 € la nuitée et entre 217 € et 352.50 € la semaine du 01/04 au 08/07 et du 26/08 au 30/09 sur loc.

OLLOIX

10-D2 23 km S. Clermont-Ferrand 783 m. ✉ 63450

AIRE NATURELLE MUNICIPALE. Ouvert: 8.5 / 31.10. ☎ 0 683509036. E-mail : olloix@wanadoo.fr, Web : www.olloix.fr/tourisme/se-loger/aire-naturelle-de-camping/. Prix 2022. 6 € ; 3 € ; 3 € ; 4 €.
Lat. : 45° 37' 23" N **Long.** : 003° 02' 49" E.

ORCET

10-D2 12 km S.-E. Clermont-Ferrand 381 m. ✉ 63670

LE CLOS AUROY ★★★★ Tourisme 83 E. dont 69 nus
2,5 ha. CV. Locations. chauffée. Accès direct à la rivière ; étang à 500 m.. Ouvert: 1.1 / 30.11. ☎ 04 73 84 26 97. E-mail : orcet@wanadoo.fr. Web : www.camping-le-clos-auroy.com. Prix 2022. Fft jour : empl. Tourisme (1) : 33 € ; sup 7,50 € ; animaux 3 € ; 2,70 €. Réduction H.S.
Lat. : 45° 42' 01" N **Long.** : 003° 10' 08" E.

ORCIVAL

10-C2 24 km S.-O. Clermont Ferrand. 1115 m. Station verte de vacances et village de neige ✉ 63210

CAMPING DE FLÉCHAT NC 70 E. dont 43 nus 2 ha. CV. Locations. Accès direct à l'étang. Accueil groupes. Ouvert: 12.6 / 3.10. ☎ 04 73 65 82 96. E-mail : flechat63@gmail.com. Web : www.camping-etangdeflechat.fr.
Lat. : 45° 41' 06" N **Long.** : 002° 49' 32" E.

ORLEAT

10-D1 12 km O. Thiers. 340 m. ✉ 63190

PONT ASTIER ★★★ Tourisme 89 E. dont 71 nus, dont 71 CC. 3 ha. CV. Accès direct à la rivière. Accueil groupes. Ouvert: 1.3 / 30.11. ☎ 04 73 53 64 40. E-mail : contact@camping-lepont-astier.com.
Lat. : 45° 52' 05" N **Long.** : 003° 28' 35" E.

PERPEZAT

10-C2 30 km S.-O. Clermont Ferrand. 1003 m. ✉ 63210

CAMPING DE JOLLERE ★★ Tourisme 25 E. 1 ha. Locations. Ouvert: 15.6 / 15.9. ☎ 04 73 65 84 48. E-mail : info@ferme-camping-jollere.com. Web : www.ferme-camping-jollere.com/fr,1,2422.html.
Lat. : 45° 41' 17" N **Long.** : 002° 44' 29" E.

PERRIER

10-D2 4 km O. Issoire. 481 m. ✉ 63500

CAMPING DES GROTTES ★★ Tourisme 30 E. dont 27 nus
0,50 ha. CV. Locations. Accès direct à la rivière ; étang à 5 km.. Ouvert: 1.7 / 31.8. ☎ 04 73 89 03 17. E-mail : dominique.chauderon@wanadoo.fr. Prix 2023. Fft jour : empl. Tourisme (2) : 20,4 € ; sup 6 € ; 3 € ; 4,70 €.
Lat. : 45° 32' 45" N **Long.** : 003° 11' 57" E.

PICHERANDE

10-C2 46 km O. Issoire. 1159 m. ✉ 63113

LA SAVE NC Tourisme 30 E. ☎ 04 73 22 31 19. E-mail : camping.lasave@free.fr. Web : camping.lasave.free.fr.
Lat. : 45° 27' 57" N **Long.** : 002° 46' 09" E.

PONT-DU-CHATEAU

10-D1 12 km E.-N.-E. Clermont-Ferrand. 326 m. Station verte de vacances et village de neige ✉ 63430

LES SABLONS

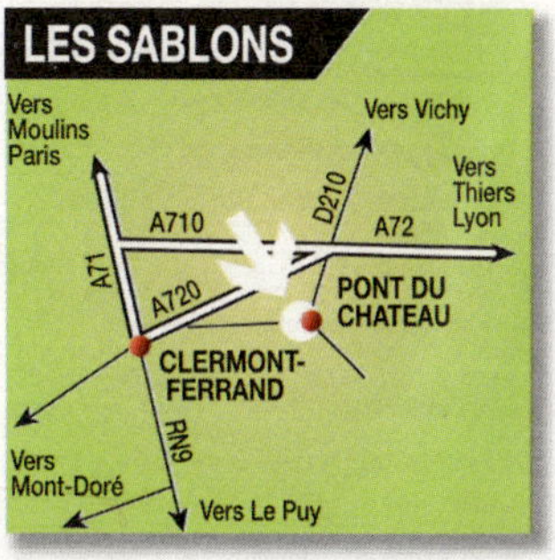

LES SABLONS ★★ Tourisme 90 E. 7 ha. CV. chauffée. Accès direct à l'étang ; rivière à 600 m.. Ouvert: 1.6 / 30.9. ☎ 04 73 83 57 61. E-mail : campinglessablons@wanadoo.fr. Web : www.campinglessablons.com.
Lat. : 45° 48' 11" N **Long.** : 003° 15' 41" E.

PONTAUMUR

10-C1 50 km O. Riom. 640 m. Village de neige ✉ 63380

CAMPING MUNICIPAL LE GRAND PRÉ ★★ Tourisme 67 E. dont 67 nus
1,3 ha CV. , . Accès direct à la rivière.. Accueil groupes adultes. Ouvert: 1.5 / 30.9. ☎ 0 6 80009761. E-mail : mairie.pontaumur@wanadoo.fr. Web : www.pontaumur.fr/camping. Prix 2023. empl. Tourisme : 3,50 € ; 2,50 € ; 1,50 € ; 3,50 €.
Lat. : 45° 51' 53" N **Long.** : 002° 40' 16" E.

PONTGIBAUD

10-C1 24 km O.-S.-O. Riom. 705 m. Station verte de vacances et village de neige ✉ 63230

CAMPING MUNICIPAL LA PALLE ★★★ Tourisme 86 E. dont 80 nus 4,5 ha CV . Randonnée pédestre organisée. , . Accès direct à la rivière ; étang à 2 km ; lac à 4 km.. Accueil groupes. Ouvert: 15.4 / 30.9. ☎ 04 73 88 96 99. E-mail : camping.pontgibaud@orange.fr. Web : www.ville-pontgibaud.fr. Réduction H.S.
Lat. : 45° 49' 47" N **Long.** : 002° 50' 42" E.

PUY-GUILLAUME

10-D1 16 km N. Thiers. 328 m. ✉ 63290

CAMPING DE MON VILLAGE NC 100 E. dont 96 nus 2,5 ha CV . chauffée . Accès direct à la rivière ; étang à 800 m.. Ouvert: 1.6 / 30.9. ☎ 01 83 64 69 21. E-mail : contact@campingcarpark.com. Web : www.campingcarpark.com. Prix 2022.
Lat. : 45° 57' 46" N **Long.** : 003° 27' 60" E.

ROCHEFORT-MONTAGNE

10-C2 42 km S.-O. Clermont-Ferrand. 931 m. ✉ 63210

CAMPING DE VULCAIN CV . Ouvert: 1.4 / 31.10. ☎ 06 95 12 48 58. E-mail : lesgitesdevulcain@gmail.com, Web : www.lesgitesdevulcain.fr. Réduction H.S.
Lat. : 45° 42' 12" N **Long.** : 002° 48' 56" E.

ROYAT

10-D1 3 km O. Clermont-Ferrand. 654 m. ✉ 63130

HUTTOPIA ROYAT ★★★★ Tourisme 196 E. dont 119 nus
CV . Locations : , roulotte. chauffée , . Rivière à 2 km. Accueil groupes. Ouvert: 31.3 / 4.11. ☎ 04 73 35 97 05. E-mail : royat@huttopia.com. Web : europe.huttopia.com/site/camping-royat. Prix 2023. Fft nuit : empl. Tourisme (2) : 42 € ( ) ; sup 8 € nuit ; animaux 5 € nuit ; 6 € nuit. Réduction H.S.
Lat. : 45° 45' 31" N **Long.** : 003° 03' 17" E.
FFCC : avantages adhérent : 10% du 31/03 au 01/07 et du 31/08 au 05/1110% du 31/03 au 01/07 et du 31/08 au 05/11 sur emp. et loc. + 5% de réduction en juillet-août sur les emplacements nus et locatifs * frais de réservation offerts Rendez-vous dans votre club avantages FFCC pour obtenir le code promotionnel.

SAINT-AMANT-ROCHE-SAVINE

10-E2 12 km N.-O. Ambert. 920 m. ✉ 63890

SAVILOISIRS ★★★ Tourisme 19 E. dont 19 nus CV . Locations : . Randonnée pédestre organisée. . Rivière à 1 km. Accueil groupes adultes. Ouvert: 1.5 / 31.10. ☎ 04 73 95 73 60. E-mail : saviloisirs@orange.fr. Web : www.saviloisirs.com.
Lat. : 45° 34' 29" N **Long.** : 003° 38' 03" E.

SAINT-ANTHEME

10-E2 22 km E.-S.-E. Ambert. 1206 m. Station verte de vacances et village de neige ✉ 63660

CAMPING MUNICIPAL NC Tourisme 30 E. 0,5 ha CV. Locations : . , , . Lac et rivière à 200 m. . Ouvert: 15.4 / 15.9. ☎ 06 75 74 74 62. E-mail : st-antheme-mairie@orange.fr. Web : www.saint-antheme.fr.
Lat. : 45° 31' 25" N **Long.** : 003° 54' 54" E.

SAINT-BONNET-LE-BOURG

10-E2 25 km S.-O. Ambert. 990 m. ✉ 63630

CAMPING GCU - ST BONNET LE BOURG ★ Tourisme 33 E. CV. .. Accueil groupes. Ouvert: 29.6 / 16.9. ☎ 01 47 63 98 63. E-mail : gcu@gcu.asso.fr. Web : www.gcu.asso.fr.
Lat. : 45° 26' 06" N **Long.** : 003° 36' 14" E.

SAINT-BONNET-PRES-ORCIVAL

10-C2 22 km S.-O. Clermond-Ferrand. 844 m. ✉ 63210

LA HAUTE SIOULE ★★★ Tourisme 70 E. dont 60 nus
3 ha CV . , . Accès direct à la rivière ; lac à 6 km.. Accueil groupes. Ouvert: 1.1 / 31.12. ☎ 04 73 65 83 32. E-mail : info@chalets-auvergne.info. Web : www.chalets-auvergne.info. Réduction H.S.
Lat. : 45° 42' 30" N **Long.** : 002° 51' 40" E.

SAINT-CLEMENT-DE-VALORGUE

10-E2 25 km S.-E. Ambert. 1076 m. ✉ 63660

LES NARCISSES ★★★ Loisirs 50 E. dont 26 nus 1,3 ha CV . Locations : . chauffée . Rivière à 100 m ; étang à 2 km. Accueil groupes. Ouvert: 1.5 / 30.9. ☎ 04 73 95 45 76. E-mail : ptipois2@orange.fr. Web : www.campinglesnarcisses.com. Réduction H.S.
Lat. : 45° 30' 19" N **Long.** : 003° 54' 47" E.

SAINT-DONAT

10-C2 50 km O. Issoire. 986 m. ✉ 63680

CAMPING MUNICIPAL LES PERCE-NEIGE ★★ Tourisme 47 E. dont 42 nus
0,8 ha CV. Locations : . Rivière à 500 m. Accueil groupes. Ouvert: 1.6 / 15.9. ☎ 04 73 22 33 56. E-mail : lesperceneige.laurent@orange.fr. Web : www.camping-perceneige.fr. Prix 2022. Fft jour : empl. Tourisme (1) : 9 € ( )
Lat. : 45° 28' 08" N **Long.** : 002° 43' 08" E.
FFCC : avantages adhérent : 15 € du 04/06 au 18/09 sur emp. et entre 35 € et 45 € la nuitée du 04/06 au 18/09 sur loc.

SAINT-ELOY-LES-MINES

7-C5 45 km N.-O. Riom. 531 m. ✉ 63700

CAMPING MUNICIPAL LA POULE D'EAU ★★ Tourisme 50 E. dont 50 nus 0,7 ha CV. . Accès direct aux bords du lac. . Ouvert: 15.6 / 15.9. ☎ 04 73 85 45 47. E-mail : selm.maire@wanadoo.fr. Web : sainteloylesmines.com.
Lat. : 46° 09' 08" N **Long.** : 002° 50' 04" E.

SAINT-GAL-SUR-SIOULE

7-D5 35 km N. Riom. 464 m. ✉ 63440

CAMPING DU PONT DE SAINT GAL ★★ Loisirs 36 E. dont 26 nus 0,45 ha CV . Locations : . . Accès direct à la rivière. . Ouvert: 10.3 / 27.10. ☎ 04 73 97 44 71. E-mail : contact@campingsaintgal.com. Web : campingsaintgal.com.
Lat. : 46° 06' 41" N **Long.** : 003° 00' 39" E.

SAINT-GENES-CHAMPESPE

10-C2 52 km S.-O. Issoire 988 m. ✉ 63850

CAMPING MUNICIPAL ★★ Tourisme 24 E. dont 24 nus 0,15 ha . . Lac à 5 km. Accueil groupes. Ouvert: 1.5 / 30.9. ☎ 07 87 08 48 76. E-mail : mairie.stgenesc hampespe@orange.fr. Web : st-genes-champespe.pagesperso-orange.fr.
Lat. : 45° 25' 05" N **Long.** : 002° 43' 31" E.

SAINT-GEORGES-DE-MONS

10-C1 30 km O. Riom. 717 m. Village de neige ✉ 63780

CAMPING MUNICIPAL NC Tourisme 46 E. CV . Locations : . Etang à 3 km ; rivière à 5 km. Ouvert: 1.5 / 31.10. ☎ 04 73 86 76 22. E-mail : mairie.stgeorges-mons@wanadoo.fr.
Lat. : 45° 56' 25" N **Long.** : 002° 50' 32" E.

SAINT-GERMAIN-L'HERM

10-E2 28 km S.-O. Ambert. 1044 m. ✉ 63630

SAINT ELOY ★★★ Tourisme 70 E. dont 44 nus CV . Locations : cabanes. chauffée , . Etang à 500 m ; lac à 5 km. . Accueil groupes adultes. Ouvert: 29.4 / 17.9. ☎ 04 73 72 05 13. E-mail : camping.le.st.eloy@orange.fr. Web : www.camping-le-saint-eloy.com.
Lat. : 45° 27' 22" N **Long.** : 003° 32' 48" E.

SAINT-GERMAIN-LEMBRON

10-D2 10 km S. Issoire 450 m. ✉ 63340

M. LOUIS NEEUWESSEN CV. ☎ 04 73 96 42 11. E-mail : louis.meeuwessen@wanadoo.fr, Web : www.medieval-france.com.
Lat. : 45° 27' 01" N **Long.** : 003° 13' 43" E.

SAINT-GERVAIS-D'AUVERGNE

10-C1 40 km N.-E. Riom. 654 m. Station verte de vacances et village de neige ✉ 63390

L'ÉTANG PHILIPPE ★★★ Tourisme 111 E. dont 110 nus
3,5 ha CV . Locations : , cabanes. , , . Accès direct à l'étang.. Accueil groupes adultes. Ouvert: 4.4 / 26.9. ☎ 04 73 85 74 84. E-mail : contact@camping-etang-philippe.fr. Web : www.camping-etang-philippe.fr.
Lat. : 46° 02' 12" N **Long.** : 002° 49' 09" E.

SAINT-JACQUES-D'AMBUR

10-C1 32 km O. Riom. 652 m. Village de neige ✉ 63230

CAMPING DE LA BOUESSE CV. Ouvert: 10.6 / 30.9. ☎ 0 631999001. E-mail : campingdelabouesse@orange.fr, Web : campingdelabouesse.wix.com/camping63230. Prix 2022. Réduction H.S.
Lat. : 45° 53' 55" N **Long.** : 002° 44' 18" E.

SAINT-MAURICE-PRES-PIONSAT

7-C5 70 km N.-O. Riom 557 m. ✉ 63330

AIRE NATURELLE MUNICIPALE LA BREGIROLLE CV. Ouvert: 1.4 / 30.9. ☎ 04 73 52 10 56. E-mail : commune.stmaurice.depionsat@wanadoo.fr, Web : saint-maurice-pres-pionsat.over-blog.com.
Lat. : 46° 03' 28" N **Long.** : 002° 35' 54" E.

SAINT-NECTAIRE

10-D2 27 km O. Issoire. 824 m. Station verte de vacances et village de neige ✉ 63710

LA CLÉ DES CHAMPS ★★★★ Tourisme 86 E. dont 51 nus, dont 30 CC.
CV . Locations : . Espace Fitness. couverte chauffée , . Accès direct à la rivière ; lac à 5 km. . Accueil groupes adultes. Ouvert: 8.4 / 23.9. ☎ 04 73 88 52 33. E-mail : campingcledeschamps63@orange.fr. Web : www.campingcledeschamps.com. Prix 2022. Fft jour : empl. Tourisme (2) : 30 € ( ). Réduction H.S.
Lat. : 45° 34' 31" N **Long.** : 003° 00' 08" E.
FFCC : avantages adhérent : 16 € du 08/04 au 07/07 et du 01/09 au 23/09 sur emp. et entre 40 € et 185 € la nuitée et entre 199 € et 1500 € la semaine du 08/04 au 23/09 sur loc.

LA VALLÉE VERTE ★★★ Tourisme 91 E. dont 74 nus
2,3 ha CV . couverte chauffée. Rivière à 200 m. Accueil groupes enfants. Ouvert: 3.4 / 2.10. ☎ 04 73 88 52 68. E-mail : contact@valleeverte.com. Web : www.valleeverte.com. Réduction H.S.
Lat. : 45° 34' 31" N **Long.** : 002° 59' 59" E.

LE VIGINET ★★★ Tourisme 91 E. dont 56 nus 2 ha. Locations : chauffée. Ouvert: 9.4 / 8.10. ☎ 04 73 88 53 80. E-mail : campingviginet@gmail.com. Web : www.camping-viginet.com. Prix 2022. Fft jour : empl. Tourisme (2) : 17 € ; sup 8 € ; animaux 2 €.
Lat. : 45° 34' 45" N **Long.** : 003° 00' 10" E.
FFCC : avantages adhérent : 17 € du 08/04 au 08/07 et du 02/09 au 30/09 sur emp.

SAINT-OURS

10-C1 20 km S.-O. Riom. 867 m. ✉ 63230

BEL AIR ★★★ Tourisme 68 E. dont 62 nus 2,3 ha 23 h / 7 h, CV. Locations : couverte chauffée. Rivière à 2 km ; lac à 5 km. Ouvert: 1.4 / 20.9. ☎ 04 73 88 72 14. E-mail : campingbelair63@orange.fr. Web : campingbelair.fr/. Prix 2022. Fft jour : empl. Tourisme (2) : 24 € ; sup 5,80 € ; animaux 2,50 € ; 3,70 € ; 4,60 €.
Lat. : 45° 50' 40" N **Long.** : 002° 52' 36" E.

SAINT-PIERRE-COLAMINE

10-D2 27 km O. Issoire. 1013 m. ✉ 63610

L'OMBRAGE ★★★ Tourisme 79 E. dont 43 nus 1,7 ha CV. Locations : chauffée. Rivière à 200 m. Ouvert: 15.12 / 31.12. ☎ 04 73 96 77 87 / 06 31 47 43 42. E-mail : campombrage@orange.fr. Web : www.campombrage.com. Prix 2022. Fft jour : empl. Tourisme (2) : 22,95 € ; sup 5,65 € ; 3,60 € ; 4,65 €. Réduction H.S.
Lat. : 45° 32' 15" N **Long.** : 002° 58' 39" E.

SAINT-PRIEST-DES-CHAMPS

10-C1 48 km O. Riom. 634 m. Village de neige ✉ 63640

M. RAPHAËL GOURDY Ouvert: 1.5 / 30.9. ☎ 06 61 71 41 99. E-mail : kikilaremp el@hotmail.fr.
Lat. : 45° 59' 29" N **Long.** : 002° 45' 47" E.

SAINT-REMY-DE-BLOT

7-C5 32 km N.-O. Riom 543 m. ✉ 63440

CAMPING MOTO ROUTE 99 ★ Tourisme 45 E. dont 10 nus 1 ha. Locations : Accueil groupes adultes. Ouvert: 1.3 / 31.10. ☎ 04 73 97 92 55. E-mail : campingmotoroute99@orange.fr. Web : www.campingmotoroute99.com.
Lat. : 46° 03' 59" N **Long.** : 002° 56' 39" E.

SAINT-REMY-SUR-DUROLLE

10-E1 8 km N.-E. Thiers. 695 m. ✉ 63550

LES CHANTERELLES ★★★★ Tourisme 148 E. dont 133 nus 4 ha CV. Locations : Randonnée pédestre organisée. . Lac à 500 m. Accueil groupes. Ouvert: 7.4 / 6.10. ☎ 04 44 42 00 02. E-mail : campingparadisleschanterelles@alphacamping.fr.com. Web : www.camping-leschanterelles.com. Réduction H.S.
Lat. : 45° 54' 11" N **Long.** : 003° 35' 57" E.

SAINT-SATURNIN

10-D2 20 km S. Clermont-Ferrand. 607 m. ✉ 63450

DOMAINE NATURISTE LA SERRE DE PORTELAS NC Tourisme 175 E. 7 ha CV Rés. naturiste. Locations : caravane. Randonnée pédestre organisée. chauffée. Lac à 5 km. Accueil groupes adultes. Ouvert: 1.6 / 15.9. ☎ 04 73 39 35 25. E-mail : camping@laserredeportelas.com. Web : www.laserredeportelas.com.
Lat. : 45° 41' 01" N **Long.** : 003° 03' 42" E.

SAINT-SAUVES-D'AUVERGNE

10-C2 64 km O. Issoire. 952 m. ✉ 63950

DOMAINE DE LAVAUX CALME ET REPOS ★★ Tourisme 50 E. dont 9 nus 2,78 ha CV. A 1 km : Locations : Etang à 800 m ; rivière à 1 km. Accueil groupes. Ouvert: 15.5 / 15.10. ☎ 06 56 81 32 18. E-mail : domainedelavaux@orange.fr. Web : www.domainedelavaux.com. Prix 2022. empl. Tourisme : 5 € ; 5 € ; 5 € ; 2,50 € ; 5,50 €.
Lat. : 45° 37' 00" N **Long.** : 002° 41' 29" E.

L'ETANG DU FENIER NC 70 E. 1 ha CV. Locations : Accès direct à l'étang. Ouvert: 1.1 / 31.12. ☎ 06 07 34 77 50. E-mail : gites-auvergne@wanadoo.fr. Web : bourboule.fr.
Lat. : 45° 35' 60" N **Long.** : 002° 40' 60" E.

SAUVESSANGES

10-E2 32 km S. Ambert. 961 m. ✉ 63840

CAMPING MUNICIPAL LE BANDIER ★★ Tourisme 22 E. dont 10 nus 1 ha CV. Locations : Rivière à 50 m. Ouvert: 1.4 / 31.10. ☎ 04 73 95 94 29. E-mail : sauvessanges.mairie@wanadoo.fr. Web : www.sauvessanges.fr. Prix 2023. empl. Tourisme : 2,50 € ; 2 € ; 1,50 € ; 1,50 € ; 3 €.
Lat. : 45° 23' 15" N **Long.** : 003° 53' 27" E.

SAUXILLANGES

10-D2 15 km E. Issoire. 495 m. ✉ 63490

CAMPING DES PRAIRIES D'AUVERGNE ★★★ Tourisme 72 E. dont 64 nus CV. Locations : Accès direct à l'étang et à la rivière.. Accueil groupes. Ouvert: 25.3 / 3.11. ☎ 04 73 96 20 68. E-mail : campingdesauxillanges@orange.fr. Web : campingsauxillanges.wix.com/campingdesprairies. Réduction H.S.
Lat. : 45° 32' 50" N **Long.** : 003° 21' 57" E.

SERVANT

7-C5 40 km N.-O. Riom. 560 m. Station verte de vacances et village de neige ✉ 63560

CAMPING MUNICIPAL LA PRADE NC Tourisme 33 E. 0,5 ha CV. Locations : Accès direct à l'étang. Accueil groupes adultes. Ouvert: 6.3 / 31.10. ☎ 06 62 50 25 83. E-mail : campinglaprade@gmail.com. Web : www.servant-tourisme.com/servant-hebergement.php. Réduction H.S.
Lat. : 46° 08' 25" N **Long.** : 002° 56' 27" E.

SINGLES

10-C2 65 km O. Issoire. 716 m. ✉ 63690

LE MOULIN DE SERRE ★★★ Tourisme 99 E. dont 59 nus 4 ha 22 h 30 / 8 h, CV. Locations : . Espace Fitness. chauffée. Rivière à 100 m ; lac à 2 km. Accueil groupes. Ouvert: 9.4 / 18.9. ☎ 04 73 21 16 06. E-mail : moulindeserre@orange.fr. Web : www.moulindeserre.com. Réduction H.S.
Lat. : 45° 32' 35" N **Long.** : 002° 32' 33" E.
FFCC : avantages adhérent : 16 € du 09/04 au 09/07 et du 27/08 au 18/09 sur emp. et entre 43 € et 92 € la nuitée et entre 250 € et 950 € la semaine du 09/04 au 01/07 et du 30/08 au 19/09 sur loc.

TAUVES

10-C2 74 km O. Issoire. 882 m. ✉ 63690

CAMPING DE TAUVES ★★★ Tourisme 74 E. dont 51 nus CV. Locations : Randonnée pédestre organisée. chauffée. Rivière à 300 m ; lac à 5 km. Accueil groupes. Ouvert: 3.4 / 1.10. ☎ 04 73 21 14 06. E-mail : camping.tauves@aquadis-loisirs.com. Web : www.aquadis-loisirs.com/camping-nature/camping-de-tauves. Prix 2023. Fft nuit : empl. Tourisme (2) : 20,9 €. Réduction H.S.
Lat. : 45° 33' 41" N **Long.** : 002° 37' 35" E.
FFCC : avantages adhérent : 15 € du 03/04 au 08/07 et du 26/08 au 01/10 sur emp. + Offre découverte Duo : 20% de réduction pour un séjour de 7 nuits minimum en location.

M. FERNAND URLANDE Ouvert: 1.4 / 31.10. ☎ 04 73 21 12 44.
Lat. : 45° 35' 13" N **Long.** : 002° 38' 56" E.

THIERS

10-E1 42 km N.-E. Clermont-Ferrand. 452 m. ✉ 63300

ILOA ★★ Tourisme 46 E. dont 43 nus 1,5 ha CV. Locations : Etang à 150 m ; rivière à 200 m.. Accueil groupes. Ouvert: 1.6 / 15.9. ☎ 07 77 32 39 01. E-mail : iloa.camping@gmail.com. Web : www.camping-iloa-thiers.com.
Lat. : 45° 52' 17" N **Long.** : 003° 29' 10" E.

VERNET-LA-VARENNE

10-D2 21 km S.-E. Issoire. 798 m. ✉ 63580

CAMPING MUNICIPAL DE BELLEVUE NC Tourisme 66 E. 2 ha. Ouvert: 15.6 / 15.9. ☎ 04 73 71 30 41. E-mail : contact@campinglebellevue.fr. Web : www.campinglebellevue.fr.
Lat. : 45° 28' 28" N **Long.** : 003° 27' 05" E.

VIVEROLS

10-E2 24 km S.-E. Ambert. 906 m. ✉ 63840

CAMPING MUNICIPAL ★★ Loisirs 49 E. CV. Accès direct à la rivière.. Ouvert: 26.3 / 2.11. ☎ 04 73 95 34 31. E-mail : viverols@wanadoo.fr. Web : viverols.fr.
Lat. : 45° 25' 53" N **Long.** : 003° 52' 58" E.

VOLLORE-VILLE

10-E1 17 km S.-E. Thiers. 570 m. ✉ 63120

LE MONT BARTOUX ★★★ Tourisme 46 E. dont 35 nus

2 ha CV. Locations : . chauffée. Etang à 1 km ; lac à 5 km. Accueil groupes. Ouvert: 1.4 / 31.10. ☎ 04 73 53 70 05. E-mail : camping.montbartoux63@gmail.com. Web : campingmontbartoux.com. Prix 2023. Fft jour : empl. Tourisme (2) : 22,5 € () ; sup 5,10 € ; animaux 1 €. Réduction H.S.
Lat. : 45° 47' 59" N **Long.** : 003° 36' 59" E.

GRUN DE CHIGNORE ★★ Tourisme 25 E. 2 ha CV. Locations : . Accès direct à l'étang ; lac à 5 km. Ouvert: 6.4 / 26.10. ☎ 04 73 53 73 37. E-mail : lesplaines.grundechignore@gmail.com. Web : www.campingauvergne.fr. Réduction H.S.
Lat. : 45° 47' 32" N **Long.** : 003° 36' 20" E.

VOLVIC

10-D1 6 km S.-O. Riom. 670 m. ✉ 63530

CAMPING MUNICIPAL DE VOLVIC ★★★ Tourisme 68 E. dont 55 nus

CV. Locations : . Accueil groupes adultes. Ouvert: 1.5 / 30.9. ☎ 04 73 33 50 16. E-mail : contact@camping-volvic.com. Web : www.camping-volvic.com.
Lat. : 45° 52' 21" N **Long.** : 003° 02' 48" E.

64 PYRENEES-ATLANTIQUES

Carte 12

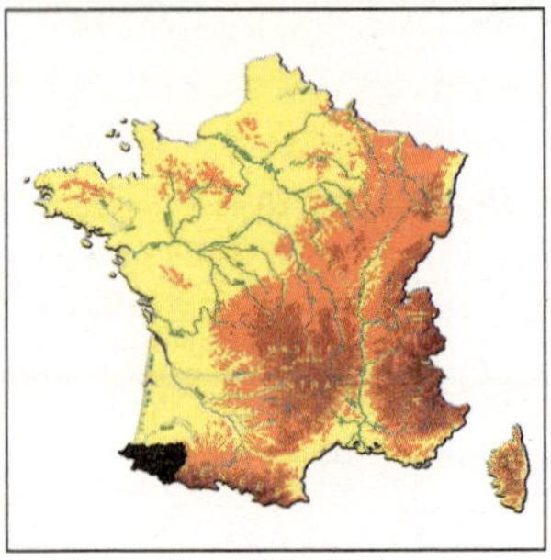

ACCOUS

12-C3 27 km S. Oloron-Sainte-Marie. 1330 m. ✉ 64490

DESPOURRINS ★★ Loisirs 33 E. 0,5 ha. Rivière à 500 m.. Ouvert: 1.3 / 8.11. ☎ 0670454166. E-mail : ficheroman@gmail.com. Réduction H.S.
Lat. : 42° 58' 36" N **Long.** : 000° 36' 22" W.

AIRE NATURELLE MUNICIPALE DU PLATEAU DE LHERS CV. Ouvert: 15.3 / 31.10. ☎ 06 70 20 45 86. E-mail : gite-camping-lhers@laposte.net, Web : www.gite-camping-lhers.com. Prix 2023. empl. Tourisme : 4 € ; 4 € nuit ; 9 € nuit ; 4 € nuit ; 3 € nuit ; 4 € nuit.
Lat. : 42° 54' 37" N **Long.** : 000° 37' 10" W.

ALCAY-ALCABEHETY-SUNHARETTE

12-B3 23 km S.-O. Oloron-Sainte-Marie 699 m. ✉ 64470

M. & MME BASSABER CV. Ouvert: 20.3 / 7.11. ☎ 05 59 28 52 26. E-mail : campingalaferme.sobieta@orange.fr, Web : www.campingalaferme-sobieta.fr.
Lat. : 43° 06' 27" N **Long.** : 000° 54' 47" W.

ALOS-SIBAS-ABENSE

12-B3 23 km S.-O. Oloron-Ste-Marie. 248 m. ✉ 64470

LE PONT D'ABENSE ★★ Tourisme 50 E. dont 43 nus, dont 12 GCC.

1 ha 22 h / 7 h 30. Locations : . Randonnée pédestre organisée. Accès direct à la rivière. Accueil groupes. Ouvert: 1.1 / 31.12. ☎ 05 59 28 58 76. E-mail : camping.abense@wanadoo.fr. Web : campingdupontdabense.fr. Réduction H.S.
Lat. : 43° 06' 43" N **Long.** : 000° 51' 49" W.
FFCC : avantages adhérent : 22 € du 01/01 au 30/06 et du 01/09 au 31/12 sur emp. et entre 60 € et 80 € la nuitée et entre 420 € et 550 € la semaine du 01/01 au 30/06 et du 01/09 au 31/12 sur loc.

AIRE NATURELLE CARRIQUE CV. Ouvert: 1.6 / 30.9. ☎ 06 30 50 97 48. E-mail : carrique64@hotmail.fr, Web : www.camping-carrique.com.
Lat. : 43° 06' 33" N **Long.** : 000° 52' 55" W.

ANCE FEAS

12-C3 9 km S.-O. Oloron. 295 m. ✉ 64570

LE VIEUX MOULIN NC Tourisme 57 E. dont 28 GCC.

1,3 ha CV. Accès direct à l'étang ; rivière à 50 m.. Ouvert: 1.1 / 31.12. ☎ 05 59 39 81 18. E-mail : guides@campingfrance.com.
Lat. : 43° 09' 18" N **Long.** : 000° 41' 10" W.
FFCC : avantages adhérent : 15 € du 01/01 au 31/12 sur emp.

ANGLET

12-A2 3 km O. Bayonne. 28 m. ✉ 64600

BELA BASQUE ★★★★ Tourisme 151 E. dont 72 nus

CV. couverte chauffée. Bord de mer à 4 km. Accueil groupes. Ouvert: 1.4 / 1.10. ☎ 05 59 23 03 00. E-mail : belabasque@edenvillages.fr. Web : www.eden-villages.fr/campings/belabasque.
Lat. : 43° 27' 51" N **Long.** : 001° 31' 57" W.
FFCC : avantages adhérent : 10% du 01/04 au 02/07 et du 27/08 au 01/1010% du 01/04 au 02/07 et du 27/08 au 01/10 sur emp. et loc.

ARAMITS

12-C3 14 km S.-O. Oloron-Ste-Marie. 374 m. ✉ 64570

BARETOUS-PYRENEES ★★★★ Tourisme 61 E. dont 33 nus

2,3 ha CV. Locations : . chauffée. Rivière à 50 m.. Accueil groupes. Ouvert: 28.3 / 10.10. ☎ 05 59 34 12 21. E-mail : contact@camping-pyrenees.com. Web : www.camping-pyrenees.com. Réduction H.S.
Lat. : 43° 07' 17" N **Long.** : 000° 43' 57" W.

AREN

12-C3 13 km N. Oloron-Sainte-Marie. 195 m. ✉ 64400

PYRENÉES PASSION ★★★ Tourisme 42 E. dont 18 nus

0,6 ha CV. Locations : . Randonnée pédestre organisée. chauffée. Accès direct à la rivière. Accueil groupes. Ouvert: 13.3 / 15.9. ☎ 05 59 88 01 88. E-mail : contact@camping-pyrenees-passion.fr. Web : www.camping-pyrenees-passion.fr.
Lat. : 43° 16' 02" N **Long.** : 000° 41' 04" W.
FFCC : avantages adhérent : 18 € du 12/03 au 08/07 et du 27/08 au 17/09 sur emp. et entre 230 € et 540 € la semaine du 12/03 au 08/07 et du 27/08 au 17/09 sur loc.

ARETTE

12-C3 17 km S.-O. Oloron-Ste-Marie. 858 m. ✉ 64570

CAMPING LA PIERRE SAINT MARTIN NC Tourisme 34 E. 0,67 ha . Locations : . Rivière à 10 m.. Ouvert: 1.1 / 31.12. ☎ 05 59 88 95 61. E-mail : bernard.gonzalez64@gmail.com. Web : www.campingarettelapierre-raxabyra.sitew.fr.
Lat. : 43° 05' 54" N **Long.** : 000° 43' 20" W.

ARTHEZ-DE-BEARN

12-C2 32 km N.-O. Pau. 150 m. ✉ 64370

CAMPING MUNICIPAL L'OREE DU BOIS ★★ Tourisme 43 E. dont 23 nus CV. Locations : . Accueil groupes. Ouvert: 1.6 / 30.9. ☎ 05 59 67 76 56. E-mail : mairie.arthezdebearn@wanadoo.fr. Web : www.campo-decouverte.com.
Lat. : 43° 27' 54" N **Long.** : 000° 36' 58" W.

ARTIGUELOUTAN

12-C3 12 km S.-E. Pau 268 m. ✉ 64420

M. GEORGES POUBIAN CV. Ouvert: 1.1 / 31.12. ☎ 05 59 81 86 86. E-mail : delices.sud-ouest@wanadoo.fr. Réduction H.S.
Lat. : 43° 16' 57" N **Long.** : 000° 14' 47" W.

ASASP-ARROS

12-C3 8 km S. Oloron-Sainte-Marie. 413 m. ✉ 64660

LES 4 SAISONS NC Tourisme 33 E. 1 ha . Rivière à 200 m ; lac à 50 m. Ouvert: 1.6 / 30.9. ☎ 05 59 34 43 10. E-mail : gerant@asasp-4saisons.com. Web : www.asasp-4saisons.com.
Lat. : 43° 07' 06" N **Long.** : 000° 36' 45" W.

ASCAIN

12-A3 27 km S.-O. Bayonne. 158 m. Station verte de vacances et village de neige ✉ 64310

ZELAIA ★★★★ Loisirs 121 E.

CV. Accès direct à la rivière. Accueil groupes adultes. Ouvert: 22.3 / 2.11. ☎ 05 59 54 02 36. E-mail : info@campingzelaia.com. Web : www.campingzelaia.com.
Lat. : 43° 20' 19" N **Long.** : 001° 39' 01" W.

LE CHOURIO ★ Tourisme 65 E. 0,8 ha . Ouvert: 1.1 / 31.12. ☎ 05 59 54 06 31. E-mail : joseph.luberriaga@orange.fr.
Lat. : 43° 20' 44" N **Long.** : 001° 22' 58" W.

ASCARAT

12-B3 50 km S.-E. Bayonne. 209 m. ✉ 64220

EUROP CAMPING ★★★★ Tourisme 111 E. dont 78 nus 2 ha ap. 22h30, . Rivière à 200 m. Accueil groupes. Ouvert: 1.4 / 30.9. ☎ 05 59 37 12 78. E-mail : europcamping64@orange.fr. Web : www.europ-camping.com.
Lat. : 43° 10' 24" N **Long.** : 001° 15' 15" W.

LA TRUITE ★★★ Loisirs 100 E. dont 50 nus 2 ha CV. Locations : . Accès direct à la rivière. Ouvert: 1.4 / 30.9. ☎ 05 59 37 31 22. E-mail : camping.latruite@wanadoo.fr. Web : www.camping-delatruite.com.
Lat. : 43° 11' 25" N **Long.** : 001° 44' 49" W.

NARBAITZ

NARBAITZ ★★★ Tourisme 101 E. dont 86 nus

2,5 ha CV. Locations : cabanes. Randonnée pédestre organisée. chauffée. Accès direct à la rivière. Ouvert: 6.4 / 15.9. ☎ 05 59 37 10 13. E-mail : camping-narbaitz@wanadoo.fr. Web : www.camping-narbaitz.com. Réduction H.S.
Lat. : 43° 10' 39" N **Long.** : 001° 15' 36" W.

ASTE-BEON

12-C3 1040 m. ✉ 64260

AIRE NATURELLE LE TOUSSAU CV. Ouvert: 1.6 / 15.9. ☎ 05 59 82 63 65. E-mail : jacquesbalesta@gmail.com.
Lat. : 43° 01' 04" N **Long.** : 000° 24' 60" W.

BARINQUE

12-C2 20 km N.-E. Pau. 256 m. ✉ 64160

AIRE NATURELLE MUNICIPALE. Ouvert: 1.5 / 31.10. ☎ 05 59 68 91 16. E-mail : mairie.barinque@wanadoo.fr.
Lat. : 43° 24' 08" N **Long.** : 000° 16' 24" W.

BAUDREIX

12-C3 14 km S.-E. Pau. 243 m. ✉ 64800

LES Ô KIRI ★★★ Tourisme 71 E. dont 30 nus

3 ha CV. Locations : , bivouac. Accès direct aux bords du lac et à la rivière. Accueil groupes adultes. Ouvert: 1.6 / 30.9. ☎ 05 59 92 97 73. E-mail : contact@lesokiri.com. Web : www.lesokiri.com. Prix 2022. Fft nuit : empl. Tourisme (2) : 20 € ( ) ; sup 8,50 € nuit ; 6 € nuit ; 4 € nuit. Réduction H.S.
Lat. : 43° 12' 16" N **Long.** : 000° 15' 44" W.
FFCC : avantages adhérent : 22 € du 01/05 au 30/06 et du 01/09 au 30/09 sur emp.

BEDOUS

12-C3 24 km S. Oloron Ste-Marie. 753 m. ✉ 64490

CAMPING MUNICIPAL DE CAROLLE ★★ Tourisme 46 E. 0,7 ha CV. Ouvert: 13.3 / 3.10. ☎ 05 59 34 59 19. E-mail : campingmunicipalbedous@gmail.com. Prix 2022. empl. Tourisme : 4 € ; 4 € ; 3,50 € ; 4 €. Réduction H.S.
Lat. : 42° 59' 53" N **Long.** : 000° 36' 16" W.

BEOST

12-C3 28 km S. Oloron Ste-Marie. 1419 m. ✉ 64440

CAMPING MUNICIPAL ★★★ Loisirs 84 E. 1,2 ha CV. Accès direct à la rivière.. Ouvert: 1.1 / 31.12. ☎ 05 59 05 31 93. E-mail : commune-de-beost@wanadoo.fr.
Lat. : 42° 59' 38" N **Long.** : 000° 25' 08" W.

BIARRITZ

12-A2 7 km O.-S.-O. Bayonne. 48 m. ✉ 64200

BIARRITZ CAMPING ★★★★ Tourisme 168 E. dont 82 nus

3 ha ap. 23 h, CV. A 2 km : couverte chauffée. Bord de mer à 700 m ; lac à 3 km. Accueil groupes adultes. Ouvert: 1.4 / 31.10. ☎ 05 59 23 00 12. E-mail : biarritz.camping@gmail.com. Web : www.biarritz-camping.fr. Réduction H.S.
Lat. : 43° 27' 44" N **Long.** : 001° 34' 01" W.
FFCC : avantages adhérent : 21 € du 07/04 au 04/06 et du 01/09 au 29/10 sur emp.

BIDARRAY

12-A3 37 km S. Bayonne 340 m. ✉ 64780

AMESTOYA ★★ Tourisme 30 E. CV. Randonnée pédestre organisée. Accès direct à la rivière.. Accueil groupes. Ouvert: 14.4 / 15.10. ☎ 05 59 37 25 81. E-mail : contact@camping-bidarray.fr. Web : camping-bidarray.fr.
Lat. : 43° 17' 05" N **Long.** : 001° 21' 14" W.

BIDART

12-A2 12 km S.-O. Bayonne. 32 m. ✉ 64210

LE PAVILLON ROYAL ★★★★★ Tourisme 309 E.

4,5 ha CV. A 2 km : Locations : . Espace Fitness. Accès direct à la mer ; lac à 2 km. Ouvert: 12.5 / 30.9. ☎ 0 5 59 23 00 54. E-mail : info@pavillon-royal.com. Web : www.pavillon-royal.com. Prix 2023. Fft jour : empl. Tourisme (2) : 63 € ( ) ; sup 10 € ; 7 €.
Lat. : 43° 27' 17" N **Long.** : 001° 34' 34" W.
FFCC : avantages adhérent : 19 € du 01/03 au 30/06 et du 01/09 au 15/10 sur emp.

LE RUISSEAU ★★★★★ Tourisme 480 E. dont 14 nus

11 ha CV. A 2 km : Locations : . Espace Fitness. couverte chauffée . Accès direct à l'étang ; bord de mer à 2,5 km. Accueil groupes. Ouvert: 13.4 / 23.9. ☎ 05 59 41 94 50. E-mail : francoise.dumont3@wanadoo.fr. Web : www.camping-le-ruisseau.fr. Réduction H.S.
Lat. : 43° 26' 12" N **Long.** : 001° 34' 04" W.

ERREKA ★★★★ Tourisme 179 E. dont 31 nus, dont 4 GCC. CV. A 1 km : Locations : . Randonnée pédestre organisée. chauffée. Accès direct à la mer. Ouvert: 3.4 / 31.10. ☎ 05 64 10 20 20. E-mail : reservation@seagreen.fr. Web : www.camping-erreka-bidart.com. Prix 2022. Fft nuit : empl. Tourisme (2) : 54 € ( )
Lat. : 43° 26' 44" N **Long.** : 001° 34' 56" W.

ILBARRITZ ★★★★ Tourisme 378 E. dont 43 nus, dont 9 CC - 6 GCC. 6 ha CV. A 2 km : Locations : cabanes. Espace Fitness. couverte chauffée. Bord de mer à 900 m ; lac à 1 km. ; . Ouvert: 5.4 / 24.9. ☎ 05 59 23 00 29. E-mail : contact@camping-ilbarritz.com. Web : www.camping-ilbarritz.com. Réduction H.S.
Lat. : 43° 27' 11" N **Long.** : 001° 34' 25" W.
FFCC : avantages adhérent : 10% du 05/04 au 30/06 et du 01/09 au 28/1010% du 05/04 au 30/06 et du 01/09 au 28/10 sur emp. et loc. + Rendez-vous dans votre club avantages FFCC pour obtenir le code promotionnel et réserver !.

LE BERRUA ★★★★ Tourisme 250 E. dont 62 nus CV. Locations : cocosweet. Randonnée pédestre organisée. couverte chauffée. Bord de mer à 1 km ; rivière à 1,5 km ; lac à 5 km. ; . Accueil groupes adultes. Ouvert: 8.4 / 2.10. ☎ 05 59 54 96 66. E-mail : contact@berrua.com. Web : www.berrua.com. Réduction H.S.
Lat. : 43° 26' 17" N **Long.** : 001° 34' 54" W.

OYAM ★★★★ Tourisme 339 E. dont 28 nus CV. Locations : . Randonnée pédestre organisée. chauffée. Bord de mer à 1,2 km. ; . Ouvert: 28.5 / 18.9. ☎ 05 59 54 91 61. E-mail : accueil@camping-oyam.com. Web : www.camping-oyam.com. Réduction H.S.
Lat. : 43° 26' 07" N **Long.** : 001° 34' 57" W.

HARROBIA ★★★ Tourisme 145 E. dont 8 nus 3 ha CV. A 3 km : . Bord de mer à 400 m. Ouvert: 28.5 / 30.9. ☎ 05 59 26 54 71. E-mail : info@harrobia.fr. Web : www.harrobia.fr. Réduction H.S.
Lat. : 43° 25' 39" N **Long.** : 001° 35' 57" W.

UR-ONEA ★★★ Tourisme 240 E. dont 102 CC - 16 GCC. 23 h 30 / 7 h 30, CV. A 3 km : Locations : . couverte chauffée. Rivière à 300 m ; bord de mer à 600 m ; lac à 3 km. Ouvert: 22.4 / 18.9. ☎ 05 59 26 53 61. E-mail : contact@uronea.com. Web : www.uronea.com. Prix 2023. Fft nuit : empl. Tourisme (2) : 48 € (E. CC) ; sup 8 € nuit ; animaux 3,50 € nuit ; 6 € nuit. Réduction H.S.
Lat. : 43° 26' 02" N **Long.** : 001° 35' 23" W.
FFCC : avantages adhérent : 21 € du 22/04 au 03/07 et du 27/08 au 18/09 sur emp.

LA PLAGE NC Tourisme 80 E. dont 80 nus 1 ha . Rivière à 30 m ; bord de mer à 50 m. ; . Ouvert: 21.6 / 12.9. ☎ 0 6 51 78 94 03. E-mail : virginie@laplage.ovh. Web : www.laplage.ovh. Prix 2022. empl. Tourisme : 12 € ; 10 € ; animaux 1 € ; 4 €.
Lat. : 43° 25' 52" N **Long.** : 001° 35' 51" W.

BIELLE

12-C3 25 km S.-E. Oloron-Ste-Marie. 1026 m. ✉ 64260

L'AYGUELADE ★★★ Tourisme 80 E. CV. . Lac et rivière à 100 m.. Accueil groupes adultes. Ouvert: 1.3 / 1.11. ☎ 05 59 82 66 50. E-mail : campingayguelade@orange.fr.
Lat. : 43° 03' 48" N **Long.** : 000° 25' 27" W.

BUZY

12-C3 15 km S.-E. Oloron-Sainte-Marie. 393 m. ✉ 64260

LES JARDINS D'OSSAU NC 12 E. dont 12 nus CV. Ouvert: 1.1 / 31.12. ☎ 05 59 21 05 71. E-mail : lesjardinsdossau@hotmail.fr.
Lat. : 43° 09' 06" N **Long.** : 000° 26' 42" W.

CAMPING DES CHENES NC Tourisme 90 E. dont 38 nus CV. Rivière à 1 km. Accueil groupes. Ouvert: 1.1 / 31.12. ☎ 05 59 21 04 35. E-mail : mairie.de.buzy@wanadoo.fr.
Lat. : 43° 07' 32" N **Long.** : 000° 27' 44" W.

CAMPING MUNICIPAL LES CHENES NC 43 E. 1 ha CV. . Rivière à 1 km. . Accueil groupes. Ouvert: 1.1 / 31.12. ☎ 05 59 05 95 78. E-mail : mairie.de.buzy@wanadoo.fr.
Lat. : 43° 07' 29" N **Long.** : 000° 27' 45" W.

CAMBO-LES-BAINS

12-A2 21 km S.-E. Bayonne. 105 m. Station verte de vacances et village de neige ✉ 64250

BIXTA-EDER ★★★ Tourisme 90 E. dont 68 nus CV. Locations : . Rivière à 4 km. Accueil groupes. Ouvert: 10.4 / 14.10. ☎ 05 59 29 94 23. E-mail : contact@campingbixtaeder.com. Web : www.campingbixtaeder.com.
Lat. : 43° 21' 20" N **Long.** : 001° 24' 53" W.

UR-HEGIA NC Loisirs 95 E. dont 40 CC. 1,5 ha . Accès direct à la rivière. Ouvert: 1.1 / 31.12. ☎ 05 59 29 72 03. E-mail : info@cambolesbains.com.
Lat. : 43° 22' 17" N **Long.** : 001° 23' 52" W.

CASTET

12-C3 23 km S.-E. Oloron-Ste-Marie. 1126 m. ✉ 64260

CHEZ JEAN CAZENAVE DOUX . Ouvert: 1.6 / 30.9. ☎ 05 59 05 88 26. E-mail : chezjeancaszenave@wanadoo.fr.
Lat. : 43° 04' 00" N **Long.** : 000° 24' 58" W.

EAUX-BONNES

12-C3 36 km S.-E. Oloron Ste-Marie. 1647 m. ✉ 64440

CAMPING DU LEY NC Tourisme 31 E. dont 12 GCC. 2,7 ha CV. A 1,5 km : . Accès direct à la rivière.. Accueil groupes. Ouvert: 1.7 / 30.8. ☎ 06 28293433. E-mail : aire-accueil-ley@orange.fr.
Lat. : 42° 57' 46" N **Long.** : 000° 20' 21" W.
FFCC : avantages adhérent : 22 € du 01/01 au 10/04 et du 01/12 au 31/12 sur emp.

ISCOO NC Tourisme 35 E. 1 ha CV. Randonnée pédestre organisée. Lac à 150 m ; rivière à 500 m.. Accueil groupes. Ouvert: 1.6 / 30.9. ☎ 06 98 23 54 93. E-mail : camping.iscoo@live.fr. Web : www.campingiscoo-valleedossau.fr/.
Lat. : 43° 58' 11" N **Long.** : 000° 37' 06" W.

ESCOT

12-C3 15 km S. Oloron-Ste-Marie. 848 m. ✉ 64490

LE MOULIN DE BARESCOU NC Tourisme 50 E. 1 ha. Locations : . Randonnée pédestre organisée. Accès direct à la rivière. Ouvert: 15.6 / 15.9. ☎ 05 59 34 43 97. E-mail : camplabaig@hotmail.fr. Web : www.campingbarescou.com.
Lat. : 43° 04' 30" N **Long.** : 000° 32' 34" W.

ESPELETTE

12-A3 21 km S.-S.-E. Bayonne. 243 m. ✉ 64250

BIPER GORRI ★★★★ Tourisme 149 E. dont 5 nus, dont 49 CC - 100 GCC.
1,5 ha CV. Espace Fitness. couverte chauffée. Etang, lac et rivière à 4 km. Accueil groupes. Ouvert : 1.4 / 4.11. ☎ 05 59 93 96 88. E-mail : info@camping-biper-gorri.com. Web : www.camping-biper-gorri.com. Réduction H.S.
Lat. : 43° 21' 12" N **Long.** : 001° 26' 58" W.

GERE-BELESTEN

12-C3 28 km S.-E. Oloron-Sainte-Marie. 1118 m. ✉ 64260

CAMPING MUNICIPAL MONPLAISIR NC Loisirs 72 E. dont 27 nus 1,37 ha CV. Locations : . Rivière à 80 m ; étang et lac à 4 km. Accueil groupes. Ouvert: 1.1 / 31.12. ☎ 05 59 82 61 18. E-mail : mairie.gere-belesten@wanadoo.fr. Web : www.camping-de-monplaisir-ossau.fr. Réduction H.S.
Lat. : 43° 01' 15" N **Long.** : 000° 25' 13" W.

GURMENCON

12-C3 3 km S. Oloron-Ste-Marie. 258 m. ✉ 64400

LE VAL DU GAVE D'ASPE ★★★ Tourisme 16 E. gratuit et sécurisé, CV. Locations : . chauffée. Rivière à 400 m.. Accueil groupes adultes. Ouvert: 6.1 / 13.12. ☎ 05 59 36 05 07. E-mail : contact@chalet-aspe.com. Web : www.chalet-aspe.com. Réduction H.S.
Lat. : 43° 09' 21" N **Long.** : 000° 35' 41" W.

HASPARREN

12-B2 24 km S.-E. Bayonne. 128 m. ✉ 64240

LES TERRASSES DE XAPITALIA ★★★ Tourisme 61 E. dont 16 nus
23 h / 7 h, CV. chauffée. Accueil groupes adultes. Ouvert: 18.3 / 18.11. ☎ 05 59 55 02 15. E-mail : contact@camping-xapitalia.fr. Web : camping-au-pays-basque.fr. Réduction H.S.
Lat. : 43° 22' 50" N **Long.** : 001° 18' 48" W.

HELETTE

12-B3 35 km S.-E. Bayonne. 283 m. ✉ 64640

M. JEAN-MICHEL MONGABURE . Ouvert: 30.6 / 31.8. ☎ 05 59 37 98 79. E-mail : j.mongabure@orange.fr.
Lat. : 43° 17' 42" N **Long.** : 001° 13' 33" W.

HENDAYE

12-A2 35 km S.-O. Bayonne. 28 m. ✉ 64700

AMETZA ★★★★ Tourisme 180 E. dont 110 nus, dont 6 CC - 7 GCC. 4 ha CV. Locations : cocosweet. Randonnée pédestre organisée. chauffée. Bord de mer à 900 m. Accueil groupes. Ouvert: 8.4 / 2.10. ☎ 05 59 20 07 05. E-mail : contact@camping-ametza.com. Web : www.camping-ametza.com. Prix 2022. Fft jour : empl. Tourisme (2 personnes) : 54 € ; sup 9,30 € ; animaux 4,50 € ; 7 €. Réduction H.S.
Lat. : 43° 22' 22" N **Long.** : 001° 45' 22" W.

DOMAINE SERES ★★★★ Loisirs 77 E. 2,5 ha CV. Bord de mer à 300 m. Ouvert: 22.6 / 1.9. ☎ 05 59 20 05 43. E-mail : contact@camping-seres.com. Web : www.camping-seres.com.
Lat. : 43° 22' 30" N **Long.** : 001° 45' 09" W.

ESKUALDUNA ★★★★ Tourisme 320 E. dont 150 nus
CV. A 5 km : chauffée. Accès direct à la rivière ; bord de mer à 200 m. Accueil groupes adultes. Ouvert: 1.5 / 30.9. ☎ 05 59 20 04 64. E-mail : contact@camping-eskualduna.fr. Web : www.camping-eskualduna.fr.
Lat. : 43° 22' 37" N **Long.** : 001° 44' 21" W.

ALTURAN ★★★ Tourisme 299 E. 4 ha. Ouvert: 1.6 / 30.9. ☎ 05 59 20 04 55. E-mail : camping.alturan@orange.fr. Web : www.camping-alturan.com.
Lat. : 43° 22' 28" N **Long.** : 001° 45' 44" W.

CAMPING DES 2 JUMEAUX ★★★ Tourisme 34 E. dont 11 nus 1 ha CV. Bord de mer à 150 m. Ouvert: 15.4 / 1.1. ☎ 05 59 20 01 65 / + 33 6 77 32 35 54. E-mail : info@camping-des-2jumeaux.com. Web : www.camping-des-2jumeaux.com. Prix 2022. Fft jour : empl. Tourisme (2 personnes) : 33 €
Lat. : 43° 22' 25" N **Long.** : 001° 45' 34" W.

CAMPING DORRONDEGUY ★★★ Tourisme 127 E.
4 ha. Locations : . chauffée, . Bord de mer à 1,5 km. Ouvert: 1.4 / 31.10. ☎ 05 59 20 26 16. E-mail : contact@camping-dorrondeguy.com. Web : www.camping-dorrondeguy.com.
Lat. : 43° 22' 06" N **Long.** : 001° 44' 50" W.

ABAYA ★★ Tourisme 142 E. dont 45 nus
CV. Bord de mer à 2,5 km. Accueil groupes adultes. Ouvert: 1.4 / 25.9. ☎ 05 59 30 03 77. E-mail : abaya@vacances-andretrigano.com. Web : www.campeole.com/etablissement/post/abaya-hendaye.
Lat. : 43° 22' 22" N **Long.** : 001° 44' 33" W.
FFCC : avantages adhérent : 10% du 20/05 au 08/07 et du 26/08 au 24/09 sur emp. et 5% du 01/07 au 08/07 et du 26/08 au 24/09 sur loc.

LE MOULIN ★★ Loisirs 81 E. 1,2 ha. couverte. Bord de mer à 1,5 km. Ouvert: 1.5 / 30.9. ☎ 05 59 20 76 35. E-mail : campingdumoulin@wanadoo.fr.
Lat. : 43° 22' 02" N **Long.** : 001° 44' 49" W.

CAMPING GCU - HENDAYE ★ Tourisme 90 E. dont 90 nus CV. Bord de mer à 400 m. Accueil groupes. Ouvert: 27.4 / 23.9. ☎ 01 47 63 98 63. E-mail : gcu@gcu.asso.fr. Web : www.gcu.asso.fr.
Lat. : 43° 22' 30" N **Long.** : 001° 45' 16" W.

LE CHISTERA NC Tourisme 123 E. Ouvert: 1.7 / 31.8. ☎ 05 59 20 00 76. E-mail : hendaye@ccelcl-vacances.com.
Lat. : 43° 22' 30" N **Long.** : 001° 15' 25" W.

ITXASSOU

12-A3 24 km S. Bayonne. 256 m. ✉ 64250

HIRIBERRIA ★★★ Tourisme 164 E. dont 159 nus, dont 90 CC. 2,5 ha CV. couverte chauffée. Rivière à 2 km. Accueil groupes enfants. Ouvert: 15.1 / 20.12. ☎ 05 59 29 98 09. E-mail : hiriberria@wanadoo.fr. Web : www.hiriberria.com. Réduction H.S.
Lat. : 43° 20' 19" N **Long.** : 001° 24' 04" W.

LES CHALETS D'HIRIBERRIA ★★★ Tourisme 35 E. Ouvert: 1.3 / 30.11. ☎ 06 25 48 36 99. E-mail : chaletshiriberria@laposte.net. Web : www.chaletshiriberria.com.
Lat. : 43° 20' 22" N **Long.** : 001° 23' 50" W.

IZESTE

12-C3 18 km S.-E. Oloron Ste-Marie. 707 m. ✉ 64260

CAMPING MUNICIPAL LA VALLEE D'OSSAU NC Tourisme 41 E. dont 41 nus 1 ha CV. Accès direct à la rivière ; lac à 4 km. Accueil groupes. Ouvert: 1.6 / 15.9. ☎ 05 59 05 68 67. E-mail : mairie.izeste@9business.fr. Web : www.valleedossau-tourisme.com. Réduction H.S.
Lat. : 43° 04' 58" N **Long.** : 000° 25' 14" W.

LAAS

12-B2 30 km N.-O. Oloron-Ste-Marie. 127 m. ✉ 64390

SAINT-JACQUES ★★ Tourisme 20 E. dont 11 nus CV. Locations : . chauffée. Rivière à 800 m. Accueil groupes. Ouvert: 11.4 / 8.10. ☎ 05 59 66 06 29. E-mail : campinglesaintjacques@orange.fr. Web : www.campinglesaintjacques.fr.
Lat. : 43° 22' 52" N **Long.** : 000° 51' 06" W.

LAROIN

12-C3 7 km O. Pau 196 m. ✉ 64110

LES CHALETS D'IKTUS P.R.L ★ NN 22 E. CV. Lac à 100 m ; rivière à 200 m.. Ouvert: 1.10 / 30.12. ☎ 05 59 83 81 20. E-mail : iktus@orange.fr. Web : www.iktus-location.com. Réduction H.S.
Lat. : 43° 18' 23" N **Long.** : 000° 25' 60" W.

LARRAU

12-B3 45 km S.-O. Oloron-Ste-Marie. 1078 m. ✉ 64560

IXTILA ★★ Tourisme 42 E.
Rivière à 2 km.. Ouvert: 1.5 / 31.10. ☎ 05 59 28 63 09. E-mail : lysianefilhol@free.fr. Web : www.camping-ixtila.fr.
Lat. : 43° 01' 03" N **Long.** : 000° 57' 06" W.

IRATY NC Tourisme 70 E. 1,2 ha CV. Locations : . Lac à 100 m.. Ouvert: 1.6 / 31.10. ☎ 05 59 28 51 29. E-mail : info@chalets-iraty.com.
Lat. : 43° 02' 47" N **Long.** : 001° 58' 23" W.

LARUNS

12-C3 32 km S.-O. Oloron-Ste-Marie. 1738 m. ✉ 64440

LES GAVES ★★★★ Tourisme 99 E.
1,9 ha CV. A 5 km : Locations : , cabanes. chauffée. Rivière à 100 m ; lac à 1,5 km. Ouvert: 1.1 / 31.12. ☎ 05 59 05 32 37. E-mail : campingdesgaves@wanadoo.fr. Web : www.campingdesgaves.com. Prix 2023. Fft jour : empl. Tourisme (2 personnes) : 34 € E. CC E. GCC. Réduction H.S.
Lat. : 42° 59' 02" N **Long.** : 000° 25' 04" W.

LE VALENTIN ★★★ Tourisme 131 E. 3 ha CV. chauffée. Rivière à 300 m. Accueil groupes. Ouvert: 13.4 / 10.11. ☎ 05 59 05 39 33. E-mail : camping.du.valentin@orange.fr. Web : www.ossau-camping-valentin.com. Réduction H.S.
Lat. : 42° 58' 49" N **Long.** : 000° 24' 50" W.

AYGUEBÈRE ★★ Tourisme 54 E. 0,8 ha CV. Rivière à 100 m. Accueil groupes. Ouvert: 1.1 / 31.12. ☎ 09 67 45 22 04. E-mail : doumecq.delphine@orange.fr.
Lat. : 42° 59' 24" N **Long.** : 000° 25' 18" W.

CAMPING BARTHEQUE ★★ Tourisme 57 E. Lac à 1 km. Ouvert: 1.7 / 15.9. ☎ 05 59 05 38 88. E-mail : alexine.desme@sfr.fr.
Lat. : 42° 59' 14" N **Long.** : 000° 25' 51" W.

CAMPING DE GETEU ★★ Loisirs 45 E. dont 42 nus, dont 3 GCC. 1,81 ha CV. Locations : . Rivière à 100 m. Accueil groupes. Ouvert: 1.6 / 15.9. ☎ 05 59 05 37 15. E-mail : jeansimon.beigbeder@nordnet.fr. Web : www.camping-laruns-ossau.com.
Lat. : 43° 00' 12" N **Long.** : 000° 25' 15" W.

PONT DE LAUGUÈRE ★★ Tourisme 40 E. dont 17 nus 1 ha CV. Rivière à 100 m. Ouvert: 1.1 / 31.12. ☎ 05 59 05 35 99. E-mail : camping-pont-lauguere@wanadoo.fr. Web : www.camping-laruns.com. Réduction H.S.
Lat. : 42° 58' 51" N **Long.** : 000° 25' 10" W.

PONT DE LAUGUÈRE (ANNEXE) ★★ Loisirs 14 E. dont 10 nus 0,28 ha CV. Rivière à 150 m. Ouvert: 1.1 / 31.12. ☎ 05 59 05 35 99. E-mail : camping-pont-lauguere@wanadoo.fr. Web : www.camping-laruns.com. Réduction H.S.
Lat. : 42° 59' 26" N **Long.** : 000° 25' 17" W.

LASSEUBE
12-C3 12 km E. Oloron Saint Marie. 259 m. ✉ 64290

CAMPING BELAIR ★★★ Tourisme 55 E. dont 16 nus 1 ha 22h30 / 7h30 barrière automatique, CV. Locations : . Accès direct à l'étang ; rivière à 200 m.. Accueil groupes adultes. Ouvert: 16.5 / 27.9. ☎ 05 59 04 22 55. E-mail : lasseube.camping@orange.fr. Web : www.camping-belair64.fr.
Lat. : 43° 13' 03" N **Long.** : 000° 28' 35" W.

M. ROBERT PORTATIU CAMBUSSET Ouvert: 1.1 / 31.12. ☎ 05 59 04 22 49. E-mail : portatiu.patrick@orange.fr.
Lat. : 43° 13' 46" N **Long.** : 000° 30' 11" W.

LES COGES Rés. naturiste. Ouvert: 15.6 / 15.9. ☎ 0 7 88 27 82 53. E-mail : cspa64@naturismeenbearn.net.
Lat. : 43° 11' 25" N **Long.** : 000° 29' 33" W.

LEES-ATHAS
12-C3 28 km S. Oloron-Sainte-Marie. 1326 m. ✉ 64490

M. JEAN PIERRE CASAVIEILLE Ouvert: 1.5 / 30.10. ☎ 05 59 34 76 05. E-mail : casa.estelle@orange.fr.
Lat. : 42° 58' 54" N **Long.** : 000° 37' 25" W.

LESCAR
12-C3 7 km N.-O. Pau. 175 m. ✉ 64230

LE TERRIER ★★★ Tourisme 90 E. dont 39 nus 2 ha CV. A 2 km : Randonnée pédestre organisée. Espace Fitness. chauffée. Accès direct à la rivière ; lac à 500 m. Accueil groupes. Ouvert: 1.1 / 31.12. ☎ 05 59 81 01 82. E-mail : camping.terrier@wanadoo.fr. Web : www.camping-terrier64.com/.
Lat. : 43° 19' 15" N **Long.** : 000° 27' 05" W.

LESCUN
12-C4 36 km S. Oloron Ste Marie. 1461 m. ✉ 64490

CAMPING MUNICIPAL LE LAUZART 2 ★★ Tourisme 55 E.
1,5 ha CV. Ouvert: 1.5 / 30.9. ☎ 05 59 34 51 77. E-mail : comlescun@cdg-64.fr.
Lat. : 42° 55' 40" N **Long.** : 000° 38' 32" W.

LESPIELLE
12-D2 32 km N.-E. Pau. 207 m. ✉ 64350

MOULIN DE BELLEGARDE CV. Ouvert: 1.6 / 1.10. ☎ 05 59 68 50 06. E-mail : gitesmoulinbellegarde@gmail.com, Web : gitesmoulinbellegarde64350.fr/. Prix 2023. Fft jour : empl. Tourisme (2) : 16 € ( ) ; sup 9 € ; 3,50 €.
Lat. : 43° 28' 11" N **Long.** : 000° 08' 47" W.

LESTELLE-BETHARRAM
12-D3 24 km S.-E. Pau. 360 m. ✉ 64800

LE SAILLET ★★★ Tourisme 85 E. dont 85 nus
1,5 ha CV. Locations : . Randonnée pédestre organisée. , , . Accès direct à la rivière.. Accueil groupes. Ouvert: 1.5 / 30.9. ☎ 05 59 71 98 65. E-mail : le-saillet@orange.fr. Web : www.camping-le-saillet.com. Réduction H.S.
Lat. : 43° 07' 48" N **Long.** : 000° 12' 23" W.
FFCC : avantages adhérent : 12 € du 01/05 au 30/06 et du 01/09 au 30/09 sur emp. et entre 50 € et 80 € la nuitée et entre 250 € et 450 € la semaine du 01/05 au 30/06 et du 30/08 au 30/09 sur loc.

LICQ-ATHEREY
12-B3 33 km S.-O. Oloron Ste Marie. 515 m. ✉ 64560

M. SAUVEUR BOUCHET Ouvert: 1.6 / 30.10. ☎ 05 59 28 61 01. Prix 2022. 8 € ; 4 €.
Lat. : 43° 04' 06" N **Long.** : 000° 52' 35" W.

LOUVIE-JUZON
12-C3 20 km S.-E. Oloron-Ste-Marie. 853 m. ✉ 64260

LE REY ★★★ Tourisme 53 E. dont 25 nus
23 h / 7 h, CV. Locations : . chauffée. Rivière à 500 m ; lac à 800 m. Ouvert: 16.12 / 31.12. ☎ 05 59 05 78 52. E-mail : celine@camping-le-rey.eu. Web : www.camping-le-rey.eu. Prix 2022. Fft jour : empl. Tourisme (2) : 29,4 € ( ). Réduction H.S.
Lat. : 43° 05' 23" N **Long.** : 000° 24' 37" W.
FFCC : avantages adhérent : entre 237 € et 859 € la semaine du 01/04 au 30/06 sur loc.

MAULEON-LICHARRE
12-B3 32 km O. Oloron-Ste-Marie. 262 m. ✉ 64130

UHAITZA LE SAISON ★★★ Tourisme 50 E. dont 39 nus CV. Locations : . Accès direct à la rivière. Accueil groupes. Ouvert: 24.3 / 3.11. ☎ 05 59 28 18 79. E-mail : camping.uhaitza@wanadoo.fr. Web : www.camping-uhaitza.com. Réduction H.S.
Lat. : 43° 12' 29" N **Long.** : 000° 53' 50" W.

MONEIN
12-C3 20 km N. Oloron-Ste-Marie. 205 m. ✉ 64360

CAMPING MUNICIPAL LE STADE ★ Tourisme 20 E. . Rivière à 20 m.. Ouvert: 1.6 / 30.9. ☎ 05 59 71 27 23. E-mail : contact@mairie-monein.fr. Web : www.monein.fr/temps-libre/camping.html.
Lat. : 43° 19' 20" N **Long.** : 000° 34' 17" W.

MONTANER
12-D3 40 km E. Pau. 317 m. ✉ 64460

CAMPING MUNICIPAL LAVIELLE NC Tourisme 7 E. 0,14 ha . Accès direct à la rivière.. Ouvert: 1.1 / 31.12. ☎ 05 59 81 55 78 / 05 59 81 92 21. E-mail : contact@vic-montaner.com.
Lat. : 43° 20' 42" N **Long.** : 000° 00' 29" W.

MORLAAS
12-C3 11 km N.-E. Pau. 282 m. ✉ 64160

CAMPING MUNICIPAL DE MORLAAS ★★ Tourisme 27 E.
CV. chauffée. Ouvert: 16.5 / 4.10. ☎ 0 772277377. E-mail : contact@mairie-morlaas.fr. Web : /www.mairie-morlaas.fr/vivre-a-morlaas/tourisme/camping/.
Lat. : 43° 20' 59" N **Long.** : 000° 15' 45" W.
FFCC : avantages adhérent : 16 € du 15/05 au 10/10 sur emp.

NAVARRENX
12-C3 22 km N.-O. Oloron-Ste-Marie. 176 m. Station verte de vacances et village de neige ✉ 64190

BEAU RIVAGE ★★★ Tourisme 70 E. dont 54 nus 1,50 ha CV. Rivière à 50 m. Accueil groupes adultes. Ouvert: 28.3 / 11.10. ☎ 05 59 66 10 00. E-mail : beaucamping@free.fr. Web : www.beaucamping.com. Réduction H.S.
Lat. : 43° 19' 13" N **Long.** : 000° 45' 42" W.

OLORON-SAINTE-MARIE
12-C3 32 km S.-O. Pau. 389 m. ✉ 64400

PYRÉNÉES NATURE ★★★ Tourisme 110 E. dont 38 nus CV. Locations : , bivouac. Accès direct à la rivière. Accueil groupes. Ouvert: 1.1 / 31.12. ☎ 05 59 39 11 26. E-mail : camping.pyrenees.nature@gmail.com. Web : www.campingpyreneesnature.fr. Prix 2023. Fft jour : empl. Tourisme (2) : 21 € ( )
Lat. : 43° 10' 43" N **Long.** : 000° 37' 25" W.

ORDIARP
12-B3 38 km O. Oloron-Sainte-Marie. 329 m. ✉ 64130

M. BRUNO BOSCQ CV. Ouvert: 15.6 / 15.9. ☎ 05 59 28 19 55. E-mail : landran@wanadoo.fr, Web : www.ferme-landran-location.com.
Lat. : 43° 14' 11" N **Long.** : 000° 01' 48" W.

OSSAS-SUHARE
12-B3 24 km S.-O. Oloron-Ste-Marie. 287 m. ✉ 64470

ELIZANBURU ★★ Tourisme 26 E. 5 ha CV. Locations : . Rivière à 3 km.. Ouvert: 1.1 / 31.12. ☎ 05 59 28 42 77. E-mail : campingelizanburu@gmail.com. Web : alphadev.gitlab.io/site-camping-elizanburu.
Lat. : 43° 08' 26" N **Long.** : 000° 53' 27" W.

OSSES
12-B3 40 km S.-E. Bayonne. 318 m. ✉ 64780

M. ETIENNE LEKUMBERRY CV. Ouvert: 1.7 / 31.8. ☎ 05 59 37 73 67. Web : www.camping-mendikoa.com.
Lat. : 43° 13' 55" N **Long.** : 001° 16' 47" W.

OUSSE
12-C3 8 km E. Pau. 251 m. ✉ 64320

LES SAPINS NC Tourisme 35 E. 0,75 ha CV. Locations : . Accueil groupes. Ouvert: 1.1 / 31.12. ☎ 05 59 81 74 21. E-mail : contact@lessapins64.com. Web : www.camping-les-sapins-64.com. Réduction H.S.
Lat. : 43° 17' 19" N **Long.** : 000° 16' 08" W.

SAINT-ETIENNE-DE-BAIGORRY
12-A3 46 km S.-E. Bayonne. 432 m. ✉ 64430

CAMPING MUNICIPAL L'IROULEGUY ★★ Tourisme 69 E. dont 69 nus
1,5 ha CV. Accès direct à la rivière.. Accueil groupes. Ouvert: 10.3 / 30.11. ☎ 05 59 37 43 96. E-mail : mairie.baigorri@orange.fr. Prix 2022. 4,50 € ; 3 € ; 3 € ; 3 € ; animaux 1 € ; 2 € ; 3 €.
Lat. : 43° 11' 01" N **Long.** : 001° 20' 09" W.

SAINT-GOIN

12-C3 11 km N.-O. Oloron-Ste-Marie. 211 m. 64400

CAMPING MUNICIPAL LES BERGES DU JOOS ★★ Tourisme 16 E. 1 ha. Accès direct à la rivière. Ouvert: 1.1 / 31.12. ☎ 05 59 88 00 03. E-mail : mairie.saintgoin@gmail.com.
Lat. : 43° 14′ 46″ N **Long.** : 000° 17′ 49″ W.

SAINT-JEAN-DE-LUZ

12-A2 20 km S.-O. Bayonne. 31 m. 64500

ATLANTICA ★★★★ Tourisme 152 E. dont 23 nus de minuit à 7 h, CV. Locations : . Espace Fitness. chauffée. Bord de mer à 600 m. Accueil groupes adultes. Ouvert: 31.3 / 25.9. ☎ 04 22 54 73 55. E-mail : atlantica@cielavillage.com. Web : www.atlantica.cielavillage.fr. Réduction H.S.
Lat. : 43° 24′ 55″ N **Long.** : 001° 37′ 01″ W.

INTER-PLAGES ★★★★ Tourisme 90 E. dont 60 nus 1,5 ha CV. Locations : . chauffée. Bord de mer à 150 m. Ouvert: 1.4 / 29.9. ☎ 05 59 26 56 94. E-mail : campinginterplages@gmail.com. Web : www.campinginterplages.com. Réduction H.S.
Lat. : 43° 24′ 54″ N **Long.** : 001° 37′ 36″ W.

INTERNATIONAL ERROMARDIE ★★★★ Tourisme 216 E. dont 75 nus 4 ha CV. A 1 km : Locations : . chauffée. Accès direct à la mer. ; Accueil groupes adultes. Ouvert: 7.4 / 5.11. ☎ 05 59 26 07 74. E-mail : info@chadotel.com. Web : www.chadotel.com. Prix 2023. Fft jour : empl. Tourisme (2) : 56 € ( ) ; sup 6,40 € ; animaux 4 € ; 4,20 €. Réduction H.S.
Lat. : 43° 24′ 22″ N **Long.** : 001° 38′ 14″ W.
FFCC : avantages adhérent : 17 € du 07/04 au 06/07 et du 30/08 au 05/11 sur emp. + Rendez-vous dans votre Club avantages pour obtenir le code promotionnel et les conditions de l'offre. Réservation par téléphone au 02 51 33 05 05, sur le site du partenaire (présentation de la carte de membre).

ITSAS MENDI ★★★★ Tourisme 468 E. CV. couverte chauffée. Bord de mer à 400 m ; rivière à 5 km. Accueil groupes. Ouvert: 3.4 / 5.11. ☎ 05 59 26 56 50. E-mail : contact@itsas-mendi.com. Web : www.itsas-mendi.com. Réduction H.S.
Lat. : 43° 24′ 52″ N **Long.** : 001° 37′ 07″ W.

LA FERME ERROMARDIE ★★★★ Tourisme 169 E. 2,5 ha CV. couverte chauffée. Rivière à 100 m ; bord de mer à 50 m. ; Ouvert: 15.3 / 1.10. ☎ 05 59 26 34 26. E-mail : contact@camping-erromardie.com. Web : www.camping-erromardie.com.
Lat. : 43° 24′ 21″ N **Long.** : 001° 38′ 31″ W.
FFCC : avantages adhérent : 17 € du 25/03 au 07/07 et du 26/08 au 28/10 sur emp.

TAMARIS PLAGE ★★★★ Tourisme 73 E. dont 40 nus 1,3 ha CV. A 1 km : Espace Fitness. chauffée. Accès direct à la mer. ; ; Accueil groupes. Ouvert: 6.4 / 3.11. ☎ 05 59 26 55 90. E-mail : tamaris1@wanadoo.fr. Web : www.tamaris-plage.com. Réduction H.S.
Lat. : 43° 25′ 05″ N **Long.** : 001° 37′ 27″ W.

ARENA ★★★ Tourisme 135 E. CV. Locations : cocosweet. chauffée. Bord de mer à 200 m. Ouvert: 1.4 / 1.11. ☎ 05 59 26 51 90. E-mail : directionarena64@gmail.com. Web : www.arenacamping.com. Réduction H.S.
Lat. : 43° 24′ 59″ N **Long.** : 001° 37′ 27″ W.

CAMPING-PLAGE SOUBELET ★★★ Tourisme 186 E. CV. A 5 km : Locations : . , , . Bord de mer à 50 m.. Ouvert: 31.3 / 30.9. ☎ 05 59 26 51 60. E-mail : camping.soubelet@wanadoo.fr. Web : www.soubelet-plage.com.
Lat. : 43° 24′ 59″ N **Long.** : 001° 37′ 30″ W.

DUNA MUNGUY ★★★ Tourisme 31 E. CV. Locations : . Randonnée pédestre organisée. chauffée. Bord de mer à 300 m. Ouvert: 2.4 / 29.10. ☎ 05 59 47 70 70. E-mail : contact@camping-dunamunguy.com. Web : www.camping-dunamunguy.com. Réduction H.S.
Lat. : 43° 25′ 06″ N **Long.** : 001° 37′ 16″ W.

LE BORD DE MER ★★★ Tourisme 62 E. CV. A 1 km : . Accès direct à la mer. ; Ouvert: 1.4 / 2.11. ☎ 05 59 26 24 61. E-mail : bord-de-mer64@orange.fr. Web : www.camping-le-bord-de-mer.fr. Réduction H.S.
Lat. : 43° 24′ 20″ N **Long.** : 001° 38′ 33″ W.

MERKO LACARRA ★★★ Tourisme 122 E. dont 95 nus CV. A 2 km : Locations : . Bord de mer à 50 m. Ouvert: 1.4 / 30.9. ☎ 05 59 26 56 76. E-mail : contact@merkolacarra.com. Web : www.merkolacarra.com. Prix 2023. Fft jour : empl. Tourisme (2) : 40 € ( ) ; sup 12 € ; animaux 2,50 € ; 9 €. Réduction H.S.
Lat. : 43° 25′ 07″ N **Long.** : 001° 37′ 24″ W.
FFCC : avantages adhérent : 23 € du 01/04 au 24/06 et du 02/09 au 30/09 sur emp. et 10% du 01/04 au 24/06 et du 02/09 au 30/09 sur loc. + Offre locatif : 10% à partir de la deuxième semaine consécutive.

PLAYA ★★★ Loisirs 52 E. 1,5 ha CV. A 1 km : Locations : , roulotte. Accès direct à la mer ; rivière à 5 km. ; ; Accueil groupes. Ouvert: 1.4 / 11.11. ☎ 05 59 26 55 85. E-mail : campingplaya@orange.fr. Web : www.camping-playa.com. Réduction H.S.
Lat. : 43° 24′ 51″ N **Long.** : 001° 37′ 35″ W.

CAMPING MUNICIPAL CHIBAU BERRIA ★★ Tourisme 213 E. dont 213 nus 5 ha CV. Locations : . . Accès direct à la mer. Accueil groupes. Ouvert: 11.5 / 29.9. ☎ 05 59 26 11 94. E-mail : camping.municipal@saintjeandeluz.fr. Web : www.camping-saintjeandeluz.fr.
Lat. : 43° 24′ 30″ N **Long.** : 001° 38′ 11″ W.

LE BASQUE ★★ Loisirs 48 E. ap. 22 h, CV. Locations : . Bord de mer à 200 m. ; Accueil groupes. Ouvert: 1.2 / 31.12. ☎ 05 59 54 78 40. E-mail : campinglebasque@wanadoo.fr. Web : www.campinglebasque.sitew.fr.
Lat. : 43° 24′ 53″ N **Long.** : 001° 37′ 24″ W.

MAYA ★★ Loisirs 68 E. dont 16 nus 1 ha CV. Bord de mer à 300 m. Ouvert: 25.6 / 1.9. ☎ 05 59 26 54 91. E-mail : campingmaya@aol.com. Web : www.campingmaya-stjeandeluz.fr. Réduction H.S.
Lat. : 43° 24′ 48″ N **Long.** : 001° 37′ 25″ W.

SAINT-JEAN-LE-VIEUX

12-B3 60 km S.-E. Bayonne. 230 m. 64220

LA PAIX DES CHAMPS NC Tourisme 39 E. dont 39 nus 1 ha CV. Rivière à 100 m. Ouvert: 1.4 / 15.10. ☎ 05 59 37 04 16. E-mail : dominique.teillagorry@orange.fr. Réduction H.S.
Lat. : 43° 10' 01" N **Long.** : 001° 48' 18" W.

M. JEAN JASSE CV. Ouvert: 31.3 / 30.9. ☎ 05 59 37 02 63. E-mail : jean.jasse@sfr.fr, Web : www.saintjeanpieddeport-paysbasque-tourisme.com.
Lat. : 43° 10' 01" N **Long.** : 001° 12' 56" W.

SAINT-JEAN-PIED-DE-PORT

12-B3 46 km S. Bayonne. 198 m. 64220

CAMPING MUNICIPAL PLAZA-BERRI ★★ Tourisme 53 E. 0,5 ha CV. Locations : . Accès direct à la rivière ; lac à 5 km.. Accueil groupes. Ouvert: 15.4 / 1.11. ☎ 05 59 37 11 19. E-mail : contact@saintjeanpieddeport.fr. Web : www.st-jean-pied-de-port.fr. Prix 2023. Fft jour : empl. Tourisme (2) : 12,65 € ; sup 4,60 € ; 4 €.
Lat. : 43° 09' 41" N **Long.** : 001° 14' 10" W.

SAINT-MARTIN-D'ARROSSA

12-B3 40 km S. Bayonne 288 m. 64780

LARLAPEAN ★★★ Tourisme 32 E. CV . A 10 km : Locations : . Randonnée pédestre organisée. couverte chauffée . Rivière à 1 km. Accueil groupes adultes. Ouvert: 20.2 / 8.1. ☎ 06 86 44 84 35. E-mail : contact@larlapean.com. Web : www.larlapean.com.
Lat. : 43° 13' 59" N **Long.** : 001° 18' 26" W.

SAINT-PEE-SUR-NIVELLE

12-A2 22 km S.-O. Bayonne. 74 m. Station verte 64310

GOYETCHEA ★★★★ Tourisme 139 E. dont 90 nus, dont 6 GCC. 2,5 ha CV . Locations : , roulotte. Randonnée pédestre organisée. chauffée . Rivière à 800 m ; lac à 4 km. . Ouvert: 1.6 / 17.9. ☎ 05 59 54 19 59. E-mail : info@camping-goyetchea.com. Web : www.camping-goyetchea.com. Prix 2023. Fft jour : empl. Tourisme (2) : 26,5 € ( ) ; sup 6 € ; animaux 1,50 € ; 4,50 € ; 5 €.
Lat. : 43° 21' 46" N **Long.** : 001° 33' 59" W.

ANTTON ★★★ Loisirs 90 E. 1,98 ha 23 h / 7 h, CV . Locations : . Randonnée pédestre organisée. couverte chauffée . Lac à 3 km. Accueil groupes adultes. Ouvert: 10.4 / 6.11. ☎ 05 59 54 13 13. E-mail : camping.antton@wanadoo.fr. Web : www.camping-anttton.com.
Lat. : 43° 20' 14" N **Long.** : 001° 32' 53" W.

CAMPING IBARRON ★★★ Tourisme 142 E. dont 119 nus, dont 9 GCC. CV . Locations : . chauffée , . Rivière à 50 m ; lac à 4 km. . Ouvert: 27.4 / 30.9. ☎ 05 59 54 10 43. E-mail : camping.dibarron@wanadoo.fr. Web : www.camping-ibarron.com. Réduction H.S.
Lat. : 43° 21' 26" N **Long.** : 001° 34' 30" W.

AROTXA KARRITA ★★ Tourisme 40 E. dont 2 nus CV. . Lac à 3 km. Ouvert: 1.4 / 1.10. ☎ 05 59 54 13 32. E-mail : arotxa@vacances-andretrigano.com. Web : vacances-andretrigano.com/camping/pyrenees-atlantiques/arotxa-karrita-saint-pee-sur-nivelle.
Lat. : 43° 21' 12" N **Long.** : 001° 32' 31" W.
FFCC : avantages adhérent : 10% du 07/04 au 08/07 et du 26/08 au 01/10 sur emp. et 5% du 07/04 au 08/07 et du 26/08 au 01/10 sur loc.

MANEX ★★ Tourisme 30 E. CV . Locations : . Randonnée pédestre organisée. . Lac à 2 km ; rivière à 2,5 km. Accueil groupes. Ouvert: 1.3 / 15.11. ☎ 05 59 54 13 42. E-mail : camping.manex@wanadoo.fr. Web : www.campingmanex.com. Réduction H.S.
Lat. : 43° 21' 35" N **Long.** : 001° 31' 53" W.

ARMORA ★ Tourisme 100 E. 2 ha CV. Locations : , , ; . . Ouvert: 1.7 / 31.8. ☎ 05 59 54 12 60. E-mail : camping.armora@club-internet.fr. Web : www.camping-armora.com.
Lat. : 43° 20' 11" N **Long.** : 001° 32' 50" W.

MME JEANINE HALSOUET . Ouvert: 15.5 / 1.11. ☎ 05 59 54 50 59.
Lat. : 43° 20' 37" N **Long.** : 001° 33' 04" W.

SAINTE-COLOME

12-C3 21 km S.-E. Oloron-Sainte-Marie. 459 m. 64260

LA RAMIERE NC Tourisme 28 E. dont 20 nus CV. , . Rivière à 3 km.. Accueil groupes enfants. Ouvert: 1.1 / 31.12. ☎ 05 59 05 63 69. E-mail : laramiere@wanadoo.fr. Web : www.ferme-la-ramiere.com. Réduction H.S.
Lat. : 43° 07' 04" N **Long.** : 000° 22' 38" W.

SAINTE-ENGRACE

12-B3 60 km S.-E. Oloron-Ste-Marie. 1040 m. 64560

IBARRA ★★ Tourisme 40 E. 2 ha CV . Accès direct à la rivière.. Accueil groupes. Ouvert: 1.4 / 30.9. ☎ 05 59 28 73 59. E-mail : errecarret.maryse@wanadoo.fr. Web : www.ibarra-chantina.com. Réduction H.S.
Lat. : 43° 00' 57" N **Long.** : 000° 51' 33" W.
FFCC : avantages adhérent : 15 € du 15/04 au 31/06 et du 01/09 au 30/10 sur emp.

SALIES-DE-BEARN

12-B2 56 km N.-O. Pau. 98 m. 64270

CAMPING DE MOSQUEROS BY ACTI-SOURCE ★★★ Tourisme 60 E. dont 12 nus, dont 46 CC. CV . Rivière à 1 km. Accueil groupes. Ouvert: 1.4 / 13.11. ☎ 05 59 38 12 94. E-mail : camping-mosqueros@actisource.fr. Web : www.actisource.fr.
Lat. : 43° 28' 34" N **Long.** : 000° 56' 18" W.

DOMAINE D'ESPERBASQUE ★★ Tourisme 100 E. 3 ha CV . Locations : , cabanes, caravane. . Accueil groupes. Ouvert: 1.4 / 31.10. ☎ 06 78 12 44 33. E-mail : info@esperbasque.com. Web : www.esperbasque.com. Prix 2023. Fft jour : empl. Tourisme (2) : 29,5 € ( ). Réduction H.S.
Lat. : 43° 27' 09" N **Long.** : 000° 55' 13" W.

SAMES

12-B2 30 km E. Bayonne. 10 m. 64520

DOMAINE DU LAC NC 102 E. , , . Lac à 50 m. ; ; . . Accueil groupes. Ouvert: 1.1 / 31.12. ☎ 06 80 10 10 00. E-mail : michel.othax64@gmail.com. Web : www.domaine-du-lac-de-sames.fr/. Prix 2022.
Lat. : 43° 31' 40" N **Long.** : 001° 10' 15" W.

SARE

12-A3 30 km S.-O. Bayonne. 219 m. Station verte de vacances et village de neige 64310

LA PETITE RHUNE ★★★ Tourisme 37 E. dont 24 nus CV . chauffée . Rivière à 1 km ; étang et lac à 5 km. Ouvert: 15.6 / 15.9. ☎ 05 59 54 23 97. E-mail : contact@lapetiterhune.com. Web : www.lapetiterhune.com.
Lat. : 43° 18' 09" N **Long.** : 001° 35' 15" W.

GOYENETCHE NC Tourisme 70 E. 1 ha . Accès direct à la rivière.. Ouvert: 1.7 / 10.9. ☎ 05 59 54 28 34. E-mail : camping.goyenetche64@laposte.net. Web : campinggoyenetche6.wixsite.com/camping-goyenetche.
Lat. : 43° 17' 24" N **Long.** : 001° 34' 49" W.

SAUVETERRE-DE-BEARN

12-B2 38 km N.-O. Oloron-Ste-Marie. 108 m. 64390

CAMPING DU GAVE ★★★ Tourisme 49 E. dont 12 nus, dont 18 GCC. 1,6 ha CV . Locations : . . Accès direct à la rivière. . Ouvert: 6.3 / 31.10. ☎ 05 59 38 53 30. E-mail : campingdugave@orange.fr. Web : camping-du-gave.com/.
Lat. : 43° 23' 45" N **Long.** : 000° 56' 32" W.

SOURAIDE

12-A2 20 km S. Bayonne. 125 m. 64250

ALEGERA ★★★ Tourisme 206 E. 3 ha CV. , , . Accès direct à la rivière ; étang et lac à 4 km.. Accueil groupes. Ouvert: 1.4 / 31.10. ☎ 05 59 93 91 80. E-mail : campingalegera@gmail.com. Web : www.camping-alegera.com.
Lat. : 43° 20' 22" N **Long.** : 001° 31' 48" W.

EPHERRA ★ Tourisme 25 E. dont 12 CC. Ouvert: 1.7 / 15.9. ☎ 05 59 93 91 00. E-mail : camping.epherra@orange.fr. Web : campingepherra.com.
Lat. : 43° 21' 34" N **Long.** : 001° 28' 57" W.

SUHESCUN

12-B3 36 km S.-E. Bayonne. 298 m. 64780

ETCHEMENDIGARAYA ★★ Tourisme 26 E. dont 20 nus CV . Locations : . Randonnée pédestre organisée. . Rivière à 1 km.. Accueil groupes. Ouvert: 1.4 / 15.10. ☎ 05 59 37 60 83. E-mail : bruno.bachoc@wanadoo.fr. Web : www.chez-mendi.com. Prix 2023. 7 € ; animaux 3 €. Réduction H.S.
Lat. : 43° 14' 18" N **Long.** : 001° 12' 21" W.
FFCC : avantages adhérent : 15 € du 01/03 au 01/07 et du 01/09 au 31/10 sur emp. et entre 50 € et 80 € la nuitée et entre 300 € et 500 € la semaine du 01/03 au 30/06 et du 01/09 au 31/10 sur loc.

M. DIRIART . Ouvert: 1.7 / 30.9. ☎ 0 5 59 37 69 61. E-mail : dominique.diriart0614@orange.fr, Web : campingalafermepaysbasque.com.
Lat. : 43° 14' 07" N **Long.** : 001° 12' 39" W.

URDOS

12-C4 40 km S. Oloron-Ste-Marie. 1567 m. 64490

CAMPING MUNICIPAL LE GAVE D'ASPE ★★ Tourisme 80 E. dont 78 nus 2,4 ha CV . Locations : . , . Accès direct à la rivière.. Ouvert: 1.5 / 30.9. ☎ 05 59 34 88 26. E-mail : campingaspe@gmail.com. Web : www.campingaspe.com.
Lat. : 42° 52' 36" N **Long.** : 000° 33' 24" W.

UREPEL

12-A3 15 km S.-O. Bayonne. 660 m. 64430

CAMPING DE M. GLAISE NC Tourisme 17 E. . Rivière à 20 m. ☎ 05 59 37 58 91. E-mail : pigla@voila.fr.
Lat. : 43° 04' 09" N **Long.** : 001° 25' 03" W.

URRUGNE

12-A2 24 km S.-O. Bayonne. 101 m. 64122

LA CORNICHE ★★★★ Tourisme 244 E. 7 ha CV. , . Bord de mer à 300 m.. Ouvert: 1.3 / 1.11. ☎ 05 59 20 06 87. E-mail : contact@camping-corniche.com. Web : www.camping-corniche.com. Réduction H.S.
Lat. : 43° 22' 37" N **Long.** : 001° 43' 59" W.

LE COL D'IBARDIN ★★★★ Tourisme 210 E. dont 77 nus 5 ha CV . Locations : , cocosweet. Randonnée pédestre organisée. chauffée . Accès direct à la rivière. Accueil groupes adultes. Ouvert: 1.4 / 30.9. ☎ 05 59 54 31 21. E-mail : info@col-ibardin.com. Web : www.col-ibardin.com. Réduction H.S.
Lat. : 43° 19' 58" N **Long.** : 001° 41' 09" W.

SUHIBERRY ★★★★ Tourisme 169 E. dont 55 GCC. 4 ha 23 h 20 / 7 h, CV. A 3 km : Locations : chauffée. Accès direct à la rivière ; bord de mer à 1,6 km.. Ouvert: 1.5 / 30.9. ☎ 05 59 47 06 23. E-mail : info@campingsuhiberry.com. Web : www.campingsuhiberry.com. Réduction H.S.
Lat. : 43° 22' 48" N **Long.** : 001° 41' 28" W.
FFCC : avantages adhérent : 19 € du 01/05 au 08/07 et du 28/08 au 30/09 sur emp. et entre 427 € et 1347 € la semaine du 01/05 au 30/09 sur loc.

LARROULETA ★★★ Tourisme 300 E. dont 300 nus CV couverte chauffée. Accès direct à l'étang et aux bords du lac et à la rivière ; bord de mer à 3 km. Ouvert: 1.1 / 31.12. ☎ 05 59 47 37 84. E-mail : info@larrouleta.com. Web : www.larrouleta.com. Prix 2022. empl. Tourisme : 9 € ; 10,65 € ; animaux 3 € ; 7 € ; E. CC 13 € ; 4 € ; E. GCC 24 €. Réduction H.S.
Lat. : 43° 22' 13" N **Long.** : 001° 41' 10" W.

MENDI-AZPIAN ★★★ Tourisme 108 E. 23 h / 7 h, CV. Locations : , tonneau. chauffée. Rivière à 1 km. Ouvert: 1.4 / 31.10. ☎ 05 59 54 33 46. E-mail : campingmendi-azpian@wanadoo.fr. Web : www.camping-mendi-azpian.com. Prix 2022. Fft nuit : empl. Tourisme (2) : 28 € ( )
Lat. : 43° 20' 09" N **Long.** : 001° 41' 31" W.
FFCC : avantages adhérent : 14 € du 01/04 au 02/07 et du 17/09 au 01/11 sur emp. et entre 98 € et 162 € la nuitée et entre 262 € et 406 € la semaine du 01/04 au 02/07 et du 17/09 au 15/11 sur loc.

AIRE-ONA ★★ Tourisme 75 E. dont 67 nus CV. A 5 km : Locations : . Lac à 3 km ; étang et rivière à 5 km. Ouvert: 1.7 / 30.8. ☎ 05 59 54 30 32. E-mail : aireona2@wanadoo.fr. Web : www.camping-aireona.com. Réduction H.S.
Lat. : 43° 20' 30" N **Long.** : 001° 17' 50" W.

JUANTCHO ★★ Tourisme 280 E. 8 ha CV. Locations : . Bord de mer à 500 m. Ouvert: 1.5 / 31.10. ☎ 05 59 47 11 97. E-mail : juantcho64@gmail.com. Web : www.camping-juantcho.com.
Lat. : 43° 23' 36" N **Long.** : 001° 41' 36" W.

UNTXIN SOCOA ★★ Tourisme 79 E. 0,9 ha ap. 22 h, CV. Locations : . Bord de mer à 1,5 km. Ouvert: 1.5 / 30.9. ☎ 05 59 47 27 09. E-mail : contact@camping-untxin.com.
Lat. : 43° 22' 58" N **Long.** : 001° 18' 14" W.

CAMPING GCU - SOCOA ★ Tourisme 38 E. dont 32 nus . Ouvert: 1.5 / 2.11. ☎ 05 59 47 22 72. E-mail : gcu@gcu.asso.fr. Web : www.gcu.asso.fr.
Lat. : 43° 23' 19" N **Long.** : 001° 41' 32" W.

URT

12-B2 16 km E. Bayonne. 22 m. ✉ 64240

ETCHE ZAHAR ★★★ Tourisme 76 E. dont 40 nus 3,5 ha 22 h / 7 h, CV. Locations : . Rivière à 1 km. Accueil groupes. Ouvert: 1.4 / 30.9. ☎ 05 59 56 27 36. E-mail : info@etche-zahar.fr. Web : www.etche-zahar.fr. Réduction H.S.
Lat. : 43° 29' 30" N **Long.** : 001° 17' 48" W.

LA FERME DES 4 CHÊNES ★★★ Tourisme 130 E. dont 70 nus, dont 30 CC - 30 GCC. 3 ha CV. Espace Fitness. chauffée. Rivière à 1 km. Ouvert: 1.3 / 30.11. ☎ 05 59 56 21 51. E-mail : contact@fermedes4chenes.fr. Web : www.fermedes4chenes.fr. Réduction H.S.
Lat. : 43° 29' 37" N **Long.** : 001° 16' 45" W.
FFCC : avantages adhérent : 16 € du 01/03 au 10/07 et du 01/09 au 30/10 sur emp. et entre 55 € et 119 € la nuitée et entre 210 € et 770 € la semaine du 01/03 au 30/06 et du 01/09 au 30/10 sur loc.

USTARITZ

12-A2 13 km S. Bayonne 53 m. ✉ 64480

M. JEAN-PIERRE BERCETCHE ☎ 05 59 93 09 84. E-mail : francoise.bercetche@wanadoo.fr.
Lat. : 43° 25' 01" N **Long.** : 001° 25' 56" W.

HAUTES-PYRENEES 65

Carte 12

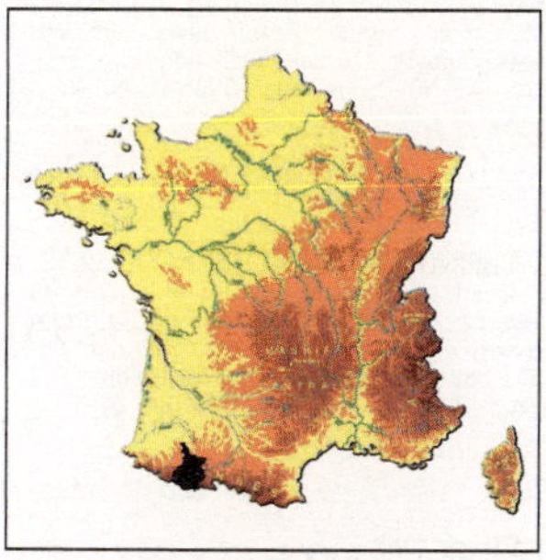

ADERVIELLE-POUCHERGUES

12-E4 80 km S.-E. Bagnères de Bigorre. 1534 m. ✉ 65240

LE LUSTOU ★ Loisirs 88 E. dont 45 nus . Rivière à 900 m ; lac à 3 km.. Accueil groupes. Ouvert: 1.1 / 31.12. ☎ 05 62 99 68 27. E-mail : isabelle.pecriaux77@gmail.com. Web : campinglelustou65.e-monsite.com.
Lat. : 42° 49' 03" N **Long.** : 000° 24' 16" E.

AGOS-VIDALOS

12-D3 6 km N.-E. Argelès-Gazost. 630 m. ✉ 65400

SOLEIL DU PIBESTE ★★★★ Tourisme 48 E. 1,5 ha CV. Rivière à 500 m ; lac à 4 km. Ouvert: 1.4 / 15.10. ☎ 05 62 97 53 23. E-mail : info@campingpibeste.com. Web : www.pibeste.fr. Réduction H.S.
Lat. : 43° 02' 08" N **Long.** : 000° 04' 15" W.

DOMAINE DE LA TOUR ★★★ Loisirs 71 E. 2 ha . Locations : , , . Rivière à 500 m ; lac à 4 km. Ouvert: 1.5 / 30.9. ☎ 05 62 97 55 59. E-mail : contact@domainelatour.com. Web : www.domainelatour.com.
Lat. : 43° 01' 48" N **Long.** : 000° 04' 32" W.

LA CHÂTAIGNERAIE ★★★ Tourisme 80 E. dont 56 nus 1,5 ha CV chauffée. Rivière à 500 m. Accueil groupes. Ouvert: 1.4 / 15.10. ☎ 05 62 97 07 40. E-mail : camping.chataigneraie@wanadoo.fr. Web : www.camping-chataigneraie.com. Réduction H.S.
Lat. : 43° 01' 53" N **Long.** : 000° 04' 30" W.

LE RURAL ★★ Tourisme 50 E. 1 ha. Randonnée pédestre organisée. Rivière à 1 km ; lac à 2 km. Ouvert: 1.6 / 30.9. ☎ 05 62 90 31 53. E-mail : muriel.galau@orange.fr.
Lat. : 42° 02' 06" N **Long.** : 000° 04' 17" W.

ARAGNOUET

12-D4 60 km S. Bagnères-de-Bigorre. 2010 m. ✉ 65170

CAMPING DU MOUDANG ★ Tourisme 100 E. Locations : . Accès direct à la rivière.. Accueil groupes. Ouvert: 15.6 / 30.9. ☎ 05 62 39 62 84. E-mail : o.ptit.aragon@gmail.com. Web : www.campingmoudang.com.
Lat. : 42° 47' 13" N **Long.** : 000° 14' 49" E.

CAMPING DE M. FOUGA NC Tourisme 60 E. 4 ha. Accès direct à la rivière.. Ouvert: 15.6 / 15.9. ☎ 05 62 39 63 37. E-mail : fouga.marc@orange.fr. Web : campingfouga.blogspot.fr.
Lat. : 42° 47' 15" N **Long.** : 000° 12' 59" E.

ARCIZANS-AVANT

12-D3 4 km S. Argelès-Gazost. 1409 m. ✉ 65400

DU LAC ★★★★ Tourisme 90 E. dont 73 nus
23 h / 7 h, CV. Locations : . Randonnée pédestre organisée. chauffée. Lac à 50 m. A 2 km : . Ouvert: 1.6 / 15.9. ☎ 06 87 39 31 47. E-mail : campinglac@campinglac65.fr. Web : www.camping-du-lac-pyrenees.com. Prix 2022. Fft jour : empl. Tourisme (2) : 35 € ( ) ; Réduction H.S.
Lat. : 42° 59' 12" N **Long.** : 000° 06' 29" W.
FFCC : avantages adhérent : 17 € du 01/06 au 09/07 et du 28/08 au 15/09 sur emp.

LES CHATAIGNIERS ★★★ Tourisme 50 E. dont 44 nus
3 ha CV. A 2 km : chauffée. Lac à 200 m ; rivière à 3 km.. Ouvert: 1.6 / 14.9. ☎ 0630581100. E-mail : contact@camping-les-chataigniers.com. Web : www.camping-les-chataigniers.com. Réduction H.S.
Lat. : 42° 59' 07" N **Long.** : 000° 06' 19" W.
FFCC : avantages adhérent : 16 € du 18/05 au 30/06 et du 01/09 au 15/09 sur emp.

ARCIZANS-DESSUS

12-D3 6 km S.-O. Argelès Gazost. 1052 m. ✉ 65400

L'EDELWEISS ★★ Loisirs 34 E. Rivière à 300 m. Ouvert: 1.6 / 30.9. ☎ 05 62 97 48 14. E-mail : jean-michel.miqueu@wanadoo.fr. Web : camping-edelweiss.monsite-orange.fr.
Lat. : 42° 58' 47" N **Long.** : 000° 09' 38" W.

ARGELES-GAZOST

12-D3 33 km S.-E. Tarbes. 455 m. Station verte de vacances et village de neige ✉ 65400

LES 3 VALLÉES ★★★★ Tourisme 483 E.
7 ha CV. Locations : . couverte chauffée. Accueil groupes adultes. Ouvert: 7.4 / 1.10. ☎ 05 62 90 35 47. E-mail : contact@camping3vallees.com. Web : www.camping3vallees.com.
Lat. : 43° 00' 44" N **Long.** : 000° 05' 50" W.
FFCC : avantages adhérent : 22 € du 08/04 au 01/07 et du 04/09 au 09/10 sur emp. et 10% du 07/04 au 30/06 et du 01/09 au 01/10 sur loc. + Rendez-vous dans votre club avantages FFCC pour obtenir le code promotionnel et réserver !.

ARIES-ESPENAN

12-E3 42 km E. Tarbes. 297 m. ✉ 65230

L'ÉGLANTIÈRE ★★★ Tourisme 120 E.
8 ha CV. Rés. naturiste. Locations : . Randonnée pédestre organisée. chauffée. Accès direct à la rivière. ; . Accueil groupes. Ouvert: 1.4 / 30.9. ☎ 05 62 39 88 00. E-mail : infos@leglantiere.com. Web : www.leglantiere.com. Réduction H.S.
Lat. : 43° 15' 50" N **Long.** : 000° 31' 15" E.

ARRAS-EN-LAVEDAN

12-D3 3 km S.-O. Argelès-Gazost. 1224 m. ✉ 65400

L'IDÉAL ★★★ Tourisme 75 E. 2,5 ha CV. A 2 km : . Rivière à 500 m. Ouvert: 1.6 / 15.9. ☎ 05 62 97 03 13. E-mail : henri.miro@orange.fr. Web : www.camping-ideal-pyrenees.com. Réduction H.S.
Lat. : 42° 59' 28" N **Long.** : 000° 07' 39" W.

ARREAU

12-E4 37 km S.-E. Bagnères de Bigorre. 1074 m. ✉ 65240

INTERNATIONAL LE REFUGE ★★★ Loisirs 100 E. dont 10 nus, dont 90 GCC. 5 ha CV. Randonnée pédestre organisée. Accès direct à la rivière. Accueil groupes. Ouvert: 1.1 / 31.12. ☎ 05 62 98 63 34. E-mail : camping.international.arreau@wanadoo.fr. Web : www.camping-international-pyrenees.com. Réduction H.S.
Lat. : 42° 55' 29" N **Long.** : 000° 21' 58" E.

CAMPING MUNICIPAL ★★ Tourisme 78 E. 2 ha CV. Accès direct à la rivière. Ouvert: 1.1 / 31.12. ☎ 05 62 98 65 56. E-mail : mairie-arreau@wanadoo.fr. Réduction H.S.
Lat. : 42° 54' 05" N **Long.** : 000° 21' 15" E.

ARRENS-MARSOUS

12-D4 12 km S.-O. Argelès-Gazost. 1859 m. ✉ 65400

CAMPING MIALANNE ★★★ Tourisme 46 E. dont 44 nus
CV. Locations : . Rivière à 100 m ; lac à 5 km.. Ouvert: 1.6 / 30.9. ☎ 05 62 92 67 14 / 30448150. E-mail : mialanne@orange.fr. Web : campingmialanne.fr/. Prix 2022. Fft jour : empl. Tourisme (2) : 19,7 € ( ). Réduction H.S.
Lat. : 42° 57' 36" N **Long.** : 000° 12' 23" W.
FFCC : avantages adhérent : 20 € du 01/06 au 08/07 et du 21/08 au 30/09 sur emp. et entre 30 € et 31 € la nuitée et entre 190 € et 195 € la semaine du 01/06 au 08/07 et du 21/08 au 30/09 sur loc.

CAMPING GCU - ARRENS ★★ Tourisme 60 E. Locations : . Ouvert: 30.6 / 17.9. ☎ 05 62 97 43 06. E-mail : gcu@gcu.asso.fr. Web : www.gcu.asso.fr.
Lat. : 42° 57' 26" N **Long.** : 000° 12' 50" W.

LA HECHE ★★ Loisirs 166 E. 5 ha CV. Locations : . Accès direct à la rivière. Ouvert: 1.7 / 31.8. ☎ 05 62 97 02 64. E-mail : laheche@free.fr. Web : www.campinglaheche.com.
Lat. : 42° 57' 29" N **Long.** : 000° 47' 43" W.

LE GERRIT En cours de classement Loisirs 16 E. 1 ha CV. Rivière à 200 m ; lac à 5 km. Ouvert: 1.1 / 31.12. ☎ 05 62 97 25 85. E-mail : contact@legerrit.com. Web : www.legerrit.com.
Lat. : 42° 57' 55" N **Long.** : 000° 12' 03" W.

AUCUN

12-D3 10 km S.-O. Argelès-Gazost. 1208 m. ✉ 65400

AZUN NATURE ★★★★ Tourisme 50 E. dont 25 nus, dont 28 GCC.
CV. Locations : . Randonnée pédestre organisée. Rivière à 800 m.. Accueil groupes adultes. Ouvert: 1.5 / 30.9. ☎ 05 62 97 45 05. E-mail : azun.nature@orange.fr. Web : www.camping-azun-nature.com/fr/. Prix 2023. Fft jour : empl. Tourisme (2) : 23 € ( ) ; sup 4 € ; 3,50 €. Réduction H.S.
Lat. : 42° 58' 25" N **Long.** : 000° 11' 06" W.
FFCC : avantages adhérent : 18 € du 01/05 au 01/07 et du 03/09 au 16/10 sur emp. et entre 250 € et 890 € la semaine du 01/01 au 31/12 sur loc.

CAP PYRÉNÉES ★★★★ Loisirs 72 E. 1 ha CV. Accueil groupes adultes. Ouvert: 15.12 / 15.10. ☎ 05 62 97 42 62. E-mail : camping@cappyrenees.com. Web : www.cappyrenees.com. Réduction H.S.
Lat. : 42° 58' 25" N **Long.** : 000° 11' 10" W.

AVAJAN

12-E4 44 km S.-E. Bagnères de Bigorre. 1149 m. ✉ 65240

CAMPING MUNICIPAL LE HOURGADE ★ Loisirs 150 E. 2,5 ha CV. Locations : . Accès direct aux bords du lac ; rivière à 100 m.. Ouvert: 1.1 / 31.12. ☎ 05 62 99 69 86. E-mail : communeavajan@orange.fr.
Lat. : 42° 50' 16" N **Long.** : 000° 24' 24" E.

AYZAC-OST

12-D3 2 km N. Argelès-Gazost. 449 m. ✉ 65400

LA BERGERIE ★★★ Tourisme 115 E.
2 ha CV. chauffée. Rivière à 500 m ; lac à 3 km. Ouvert: 1.5 / 30.9. ☎ 05 62 97 59 99. E-mail : info@camping-labergerie.com. Web : www.camping-labergerie.com.
Lat. : 43° 01' 02" N **Long.** : 000° 54' 13" W.

CAMPING BELLEVUE CV. Ouvert: 1.6 / 30.9. ☎ 05 62 97 58 81. E-mail : camping.bellevue65@wanadoo.fr, Web : www.bellevue-pyrenees.fr/. Réduction H.S.
Lat. : 43° 01' 07" N **Long.** : 000° 05' 33" W.

BAGNERES-DE-BIGORRE

12-D3 21 km S.-S.-E. Tarbes. 1543 m. ✉ 65200

LE MONLOO ★★★★ Tourisme 199 E. dont 125 nus 4 ha CV. chauffée. Rivière à 500 m. Accueil groupes. Ouvert: 7.1 / 22.12. ☎ 05 62 95 19 65. E-mail : campingmonloo@yahoo.com. Web : www.lemonloo.com. **Lat.** : 43° 04' 51" N **Long.** : 000° 08' 57" E.

FFCC : avantages adhérent : 16 € du 01/04 au 24/06 et du 29/08 au 06/11 sur emp. et entre 65 € et 130 € la nuitée et entre 299 € et 1050 € la semaine du 02/04 au 28/05 et du 24/09 au 06/11 sur loc.

BELLEVUE DES PALOMIERES ★★★ Tourisme 103 E. 2 ha CV. Locations : . chauffée , . Accueil groupes. Ouvert: 5.12 / 31.12. ☎ 05 62 91 03 97. E-mail : bellevuepalomieres@orange.fr. Web : www.camping-bellevue-des-palomieres.com. Réduction H.S. **Lat.** : 43° 04' 29" N **Long.** : 000° 10' 07" E.

LES FRUITIERS ★★★ Tourisme 88 E. 1,58 ha CV. Rivière à 1 km. Accueil groupes. Ouvert: 1.4 / 31.10. ☎ 05 62 95 25 97. E-mail : info@camping-les-fruitiers.com. Web : www.camping-les-fruitiers.com. **Lat.** : 43° 04' 16" N **Long.** : 000° 09' 23" E.

LES PALOMIÈRES ★★ Loisirs 88 E. CV. Locations : . Rivière à 2 km.. Accueil groupes. Ouvert: 1.1 / 1.12. ☎ 05 62 95 59 79. E-mail : campinglespalomieres@gmail.com. Web : www.camping-les-palomieres.com. Réduction H.S. **Lat.** : 43° 04' 44" N **Long.** : 000° 10' 01" E.

LE MESNIL ★ Tourisme 48 E. 1,5 ha CV. Locations : . couverte. Accès direct à la rivière ; étang à 800 m. Ouvert: 30.6 / 30.9. ☎ 05 62 91 00 09. E-mail : camping.lemesnil@orange.fr. Web : www.camping-le-mesnil.fr. **Lat.** : 43° 05' 00" N **Long.** : 000° 09' 25" E.

BAREGES

12-D4 24 km E. Argelès-Gazost. 2112 m. ✉ 65120

LA RIBÈRE ★★★ Tourisme 26 E. dont 16 nus 0,6 ha CV. Accès direct à la rivière ; lac à 4 km. Accueil groupes adultes. Ouvert: 15.5 / 15.10. ☎ 05 62 92 69 01. E-mail : contact@laribere.fr. Web : www.laribere.fr. Prix 2023. Fft jour : empl. Tourisme (2) : 18 € ( ) ; sup 5,50 € ; animaux 1 € ; 4 € ; 6 €. **Lat.** : 42° 53' 41" N **Long.** : 000° 03' 26" E.

BARTRES

12-D3 14 km N.-E. Argelès-Gazost. 516 m. ✉ 65100

LES BERGERONNETTES. Ouvert: 1.4 / 30.10. ☎ 07 81 69 45 05. E-mail : olivier.condou79@gmail.com. **Lat.** : 43° 07' 03" N **Long.** : 000° 02' 55" W.

BEAUCENS

12-D4 7 km S.-E. Argelès-Gazost. 1659 m. ✉ 65400

LE VISCOS ★★ Tourisme 80 E. dont 80 nus 1,8 ha CV. Locations : . chauffée. Lac et rivière à 500 m. Ouvert: 10.5 / 30.9. ☎ 05 62 97 05 45. E-mail : fr.domaine.viscos.co@gmail.com. Web : www.domaineviscos.fr. **Lat.** : 42° 58' 51" N **Long.** : 000° 03' 51" W.

BEAUDEAN

12-D3 5 km S. Bagnères-de-Bigorre. 1187 m. ✉ 65710

L'ARRIOU ★★★ Loisirs 103 E. dont 30 nus, dont 75 GCC. 2,8 ha CV. Locations : , . chauffée , , . Accès direct à la rivière ; lac à 5 km.. Accueil groupes. Ouvert: 1.1 / 31.12. ☎ 05 62 91 74 04. E-mail : contact@arriou.com. Web : www.arriou.com. Prix 2022. Fft jour : empl. Tourisme (2) : 22 € ( ). **Lat.** : 43° 01' 32" N **Long.** : 000° 10' 14" E.

FFCC : avantages adhérent : 14 € du 01/04 au 08/07 et du 26/08 au 30/09 sur emp.

BOO-SILHEN

12-D3 5 km N.-E. Argelès-Gazost. 453 m. ✉ 65400

DETH POTZ ★★ Tourisme 100 E. dont 82 nus 2 ha CV. Locations : . Rivière à 1 km ; lac à 1,5 km. Accueil groupes enfants. Ouvert: 10.12 / 31.12. ☎ 05 62 90 37 23. E-mail : contact@deth-potz.fr. Web : www.deth-potz.fr. Prix 2023. Fft nuit : empl. Tourisme (2) : 22 € ( ) ; sup 7 € nuit ; animaux 1 € nuit ; 3 € nuit ; 3,50 € nuit. Réduction H.S. **Lat.** : 43° 00' 42" N **Long.** : 000° 04' 46" W.

BOURISP

12-D4 40 km S.-E. Bagnères-de-Bigorre. 846 m. ✉ 65170

LE RIOUMAJOU ★★★★ Tourisme 192 E. dont 122 nus 5 ha CV. Randonnée pédestre organisée. chauffée . Accès direct à la rivière. . Accueil groupes. Ouvert: 1.1 / 31.12. ☎ 05 62 39 48 32. E-mail : lerioumajou@wanadoo.fr. Web : www.camping-le-rioumajou.com. Réduction H.S. **Lat.** : 42° 50' 19" N **Long.** : 000° 20' 20" E.

LA MOUSQUÈRE ★★★ Tourisme 47 E. 0,8 ha CV. Locations : , . Randonnée pédestre organisée. , . Rivière à 500 m ; étang à 2 km.. Ouvert: 8.5 / 30.9. ☎ 05 62 39 44 99. E-mail : lamousquere@gmail.com. Web : www.campinglamousquere.com. **Lat.** : 42° 49' 37" N **Long.** : 000° 20' 09" E.

BUN

12-D4 12 km S.-O. Argelès-Gazost. 892 m. ✉ 65400

LE BOSQUET ★★ Loisirs 55 E. CV. . Rivière à 500 m ; lac à 5 km.. Ouvert: 1.1 / 31.12. ☎ 05 62 97 07 81. E-mail : info@locations-valdazun.com. Web : www.locations-valdazun.com. **Lat.** : 42° 58' 26" N **Long.** : 000° 50' 06" W.

CADEAC

12-E4 38 km S.-E. Bagnères-de-Bigorre. 1082 m. ✉ 65240

CAMPING DE L'AMICALE DE L'AGGLOMERATION AGENAISE NC 17 E. . Ouvert: 1.7 / 31.8. ☎ 05 62 98 65 94. E-mail : mairie.cadeac@orange.fr. **Lat.** : 42° 53' 24" N **Long.** : 000° 20' 57" E.

M. BERNAD . ☎ 06 08 72 35 53. E-mail : jpbernard@orange.fr, Web : airenaturelle-camping-cadeac.jimdo.com/. **Lat.** : 42° 53' 04" N **Long.** : 000° 20' 51" E.

CAMPAN

12-D3 6 km S.-S.-E. Bagnères de Bigorre. 1338 m. ✉ 65710

L'ORÉE DES MONTS ★★★ Tourisme 98 E. 1,2 ha CV. chauffée . Accès direct à la rivière ; lac à 4 km.. Ouvert: 1.1 / 31.12. ☎ 05 62 91 83 98. E-mail : oree.des.monts@wanadoo.fr. Web : camping-oree-des-monts.com. Réduction H.S. **Lat.** : 42° 58' 01" N **Long.** : 000° 14' 44" E.

CAMPING MUNICIPAL ★★ Loisirs 122 E. 3,5 ha CV. . Lac et rivière à 50 m.. Accueil groupes. Ouvert: 1.1 / 31.12. ☎ 05 62 91 83 17. E-mail : cabinet.maire@ville-bagneresdebigorre.fr. Web : www.ville-bagneresdebigorre.fr. **Lat.** : 42° 55' 51" N **Long.** : 000° 12' 17" E.

LES FRENES ★★ Tourisme 25 E. 2 ha CV. . Rivière à 500 m.. Accueil groupes. Ouvert: 1.1 / 31.12. ☎ 05 62 91 82 46. E-mail : aubergedespyrenees@orange.fr. Web : www.aubergedespyrenees.com. **Lat.** : 42° 58' 35" N **Long.** : 000° 13' 41" E.

LES RIVES DE L'ADOUR ★★ Tourisme 50 E. dont 28 nus 1,08 ha CV. Randonnée pédestre organisée. . Rivière à 50 m ; lac à 5 km. . Ouvert: 1.1 / 31.12. ☎ 05 62 91 83 08. E-mail : jean-marie.abat@laposte.net. Web : camping-lesrivesdeladour.jimdofree.com. **Lat.** : 42° 58' 28" N **Long.** : 000° 13' 47" E.

LE LAYRIS NC Tourisme 43 E. dont 30 nus 0,7 ha . Rivière à 300 m. Accueil groupes. Ouvert: 1.1 / 31.12. ☎ 05 62 91 75 34. E-mail : guides@campingfrance.com. **Lat.** : 43° 01' 05" N **Long.** : 000° 10' 30" E.

LES BULANETTES NC Loisirs 18 E. . Rivière à 200 m ; lac à 5 km. Ouvert: 1.1 / 31.12. ☎ 05 62 91 82 01. E-mail : guides@campingfrance.com. **Lat.** : 42° 58' 35" N **Long.** : 000° 13' 45" E.

LES IV VÉZIAUX NC Tourisme 60 E. Ouvert: 1.6 / 30.9. ☎ 05 62 92 24 88. E-mail : les4veziaux.contact@gmail.com. Web : les-4-veziaux-69.webself.net. **Lat.** : 42° 56' 35" N **Long.** : 000° 16' 45" E.

LE SAINT-ROCH NC 36 E. dont 36 nus 1,4 ha CV. Locations : . Randonnée pédestre organisée. , . Accès direct à la rivière. . Accueil groupes. Ouvert: 15.6 / 15.9. ☎ 06 79 10 33 60. E-mail : dgaye@orange.fr. Web : camping-saint-roch.com. Prix 2022. 3,50 € ; 5,50 € ; 1,90 € ; 1,90 € ; 1,90 € ; animaux 1,30 € ; 1,70 € ; 3 €. **Lat.** : 43° 00' 27" N **Long.** : 000° 11' 16" E.

FFCC : avantages adhérent : 14 € du 15/06 au 30/06 et du 15/09 au 30/09 sur emp. et entre 350 € et 420 € la semaine du 01/07 au 10/07 et du 04/09 au 30/09 sur loc.

CAPVERN

12-D3 19 km N.-E. Bagnères de Bigorre. 580 m. ✉ 65130

LA PLENITUDE ★★★ Tourisme 36 E. dont 20 nus 1 ha CV. A 400 m : . Locations : , , bulle, roulotte. chauffée . Rivière à 3 km. Ouvert: 13.4 / 26.10. ☎ 05 62 39 14 56. E-mail : camping.laplenitude@hotmail.fr. Web : www.camping-capvern.com. **Lat.** : 43° 07' 07" N **Long.** : 000° 18' 47" E.

LES CRAOUES ★★★ Tourisme 80 E. dont 65 nus 1,5 ha minuit / 6 h, CV. A 1 km : . Locations : , . Rivière à 5 km. Accueil groupes. Ouvert: 15.1 / 30.10. ☎ 05 62 39 02 54. E-mail : camping-les-craoues@orange.fr. Web : www.camping-les-craoues.net. Réduction H.S. **Lat.** : 43° 06' 19" N **Long.** : 000° 19' 25" E.

CAUTERETS

12-D4 16 km S. Argelès-Gazost. 1941 m. ✉ 65110

GR 10 ★★★ Tourisme 69 E. dont 45 nus 4 ha CV. A 2,5 km : Locations : . Randonnée pédestre organisée. , . Rivière à 200 m. Accueil groupes. Ouvert: 20.6 / 31.8. ☎ 06 20 30 25 85. E-mail : contact@gr10camping.com. Web : www.gr10camping.com. **Lat.** : 42° 54' 36" N **Long.** : 000° 05' 57" W.

LE CABALIROS ★★★ Tourisme 100 E. dont 94 nus 1,5 ha CV. Accès direct à la rivière. Ouvert: 20.5 / 30.9. ☎ 05 62 92 55 36. E-mail : info@camping-cabaliros.com. Web : www.camping-cabaliros.com. Réduction H.S. **Lat.** : 42° 54' 12" N **Long.** : 000° 06' 28" W.

LE PÉGUÈRE ★★★ Tourisme 150 E. dont 125 nus 3 ha CV. Locations : , . Accès direct à la rivière. Accueil groupes. Ouvert: 28.3 / 24.10. ☎ 05 62 92 52 91. E-mail : campingpeguere@wanadoo.fr. Web : www.campingpeguere.com. Prix 2022. Fft jour : empl. Tourisme (2) : 20,06 € ( ). Réduction H.S. **Lat.** : 42° 54' 06" N **Long.** : 000° 06' 24" W.

LES GLERES ★★★ Tourisme 75 E. dont 43 nus 1 ha CV. A 500 m : . Locations : . Accès direct à la rivière.. Ouvert: 1.12 / 20.10. ☎ 05 62 92 55 34. E-mail : camping-les-gleres@wanadoo.fr. Web : www.gleres.com. Réduction H.S.
Lat. : 42° 53' 40" N **Long.** : 000° 06' 46" W.

LA PRAIRIE ★★ Tourisme 18 E. 0,25 ha CV. A 1 km : Locations : caravane. Rivière à 100 m.. Accueil groupes. Ouvert: 17.5 / 20.10. ☎ 05 62 92 07 04. E-mail : nadine.ferrer@wanadoo.fr. Web : campinglaprairie.over-blog.com.
Lat. : 42° 53' 47" N **Long.** : 000° 06' 45" W.

LE SAILLET ★★ Tourisme 39 E. dont 34 nus CV. Locations : . Rivière à 100 m.. Ouvert: 15.12 / 19.4. ☎ 05 62 92 52 26. E-mail : camping.saillet@sfr.fr. Web : www.camping-cauterets-lesaillet.fr. Réduction H.S.
Lat. : 42° 54' 08" N **Long.** : 000° 06' 31" W.

LES BERGERONNETTES ★★ Tourisme 49 E. 0,4 ha . Locations : caravane. . Accueil groupes adultes. Ouvert: 30.6 / 20.9. ☎ 05 62 92 50 69. E-mail : laplagne.claude@wanadoo.fr.
Lat. : 42° 53' 59" N **Long.** : 000° 06' 46" W.

LE VIGNEMALE NC Tourisme 35 E. dont 8 CC - 8 GCC. CV. Locations : . Ouvert: 1.6 / 20.9. ☎ 06 80 05 58 31. E-mail : jeanjacques.jonathas@orange.fr.
Lat. : 42° 53' 49" N **Long.** : 000° 53' 09" W.

ESPARROS

12-D3 26 km S.-E. Bagnères-de-Bigorre. 928 m. ✉ 65130

LE RANDONNEUR CV. Ouvert: 15.6 / 17.9. ☎ 05 62 39 18 00. E-mail : bernardrando@orange.fr, Web : www.lerandonneur.info.
Lat. : 43° 02' 09" N **Long.** : 000° 19' 13" E.

ESQUIEZE-SERE

12-D4 17 km S.-E. Argelès-Gazost. 751 m. ✉ 65120

AIROTEL PYRENEES ★★★★ Tourisme 137 E. dont 66 nus CV . A 1 km : Locations : . Randonnée pédestre organisée. Espace Fitness. couverte chauffée . Accueil groupes. Ouvert: 6.5 / 18.9. ☎ 05 62 92 89 18. E-mail : airotel.pyrenees@wanadoo.fr. Web : www.airotel-pyrenees.com.
Lat. : 42° 52' 47" N **Long.** : 000° 00' 39" W.

CAMPING INTERNATIONAL ★★★★ Tourisme 160 E. 4 ha CV . A 1 km : Randonnée pédestre organisée. couverte chauffée . Rivière à 500 m. . Ouvert: 1.6 / 25.9. ☎ 05 62 92 82 02. E-mail : camping.international.luz@wanadoo.fr. Web : international-camping.fr. Réduction H.S.
Lat. : 42° 52' 58" N **Long.** : 000° 00' 49" W.

LA GRANGE BIGOURDANE CV. A 1 km : . Ouvert: 1.1 / 31.12. ☎ 05 62 92 87 43. E-mail : lagrangebigourdane@orange.fr, Web : www.grange-bigourdane.com.
Lat. : 42° 52' 40" N **Long.** : 000° 00' 30" W.

ESTAING

12-D4 12 km S.-O. Argelès-Gazost. 1967 m. ✉ 65400

PYRENEES NATURA ★★★★ Tourisme 66 E. dont 47 nus 2 ha CV . Locations : . Accès direct à la rivière ; lac à 4 km. . Ouvert: 18.5 / 30.9. ☎ 05 62 97 45 44. E-mail : info@camping-pyrenees-natura.com. Web : www.camping-pyrenees-natura.com.
Lat. : 42° 56' 29" N **Long.** : 000° 10' 38" W.
FFCC : avantages adhérent : 18 € du 14/05 au 08/07 et du 28/08 au 30/09 sur emp.

LAC D'ESTAING ★★ Tourisme 72 E. dont 72 nus CV. . Accès direct aux bords du lac.. Accueil groupes. Ouvert: 15.5 / 24.9. ☎ 05 62 97 24 46. E-mail : campingestaing@hotmail.fr. Prix 2023. empl. Tourisme : 4 € ; 3,60 € ; animaux 1 € ; 2,90 € ; 4 €.
Lat. : 42° 54' 15" N **Long.** : 000° 12' 45" W.

M. ELIE BOUYRIE CV. Ouvert: 1.5 / 30.10. ☎ 05 62 97 43 10. E-mail : guides@campingfrance.com.
Lat. : 42° 55' 00" N **Long.** : 000° 11' 21" W.

ESTERRE

12-D4 16 km S.-E. Argelès-Gazost. 1117 m. ✉ 65120

LE BASTAN ★★ Tourisme 59 E. 1 ha CV . A 500 m : . Locations : . couverte chauffée . Accès direct à la rivière. Ouvert: 15.6 / 10.10. ☎ 05 62 92 94 27. E-mail : camping.bastan@wanadoo.fr. Web : www.luz-camping.com. Réduction H.S.
Lat. : 42° 52' 28" N **Long.** : 000° 00' 20" E.

LE BERGONS ★★ Tourisme 70 E. dont 59 nus CV . A 1 km : Locations : . Rivière à 500 m. Accueil groupes. Ouvert: 1.5 / 23.10. ☎ 05 62 92 90 77. E-mail : info@camping-bergons.com. Web : www.camping-bergons.com. Prix 2023. Fft nuit : empl. Tourisme (2) : 16 € ( ). Réduction H.S.
Lat. : 42° 52' 25" N **Long.** : 000° 00' 11" E.
FFCC : avantages adhérent : 14 € du 29/04 au 30/06 et du 01/09 au 21/10 sur emp.

GAVARNIE-GEDRE

12-D4 30 km S.-E. Argelès-Gazost. 1990 m. ✉ 65120

LE MOUSCA NC Tourisme 45 E. dont 43 nus 1 ha CV . . Accès direct à la rivière ; lac à 500 m.. Ouvert: 1.7 / 31.8. ☎ 05 62 92 47 53. E-mail : pierrefedacou@wanadoo.fr. Web : www.camping-le-mousca.com.
Lat. : 42° 47' 32" N **Long.** : 000° 01' 03" E.

LE PAIN DE SUCRE ★★ Tourisme 54 E. dont 34 nus, dont 20 GCC. 1,1 ha CV . Locations : . Randonnée pédestre organisée. , . Accès direct à la rivière ; lac à 5 km. . Accueil groupes. Ouvert: 1.6 / 30.9. ☎ 05 62 92 47 55. E-mail : camping-gavarnie@wanadoo.fr. Web : www.camping-gavarnie.com. Prix 2022. empl. Tourisme : 5,40 € ; 5,38 € ; animaux 2,40 € ; 2,85 € ; 5,20 €. Réduction H.S.
Lat. : 42° 45' 34" N **Long.** : 000° 00' 03" E.

LE BELLEVUE CV. Ouvert: 1.5 / 30.9. ☎ 05 62 92 48 40. E-mail : denise.labit@free.fr, Web : www.bellevuegedre.com.
Lat. : 42° 47' 01" N **Long.** : 000° 00' 55" E.

MME ROSALIE MILLET CV . Ouvert: 20.6 / 15.9. ☎ 05 62 92 48 92. E-mail : millet.rosalie@wanadoo.fr.
Lat. : 42° 46' 46" N **Long.** : 000° 00' 55" E.

GER

12-D3 8 km N.-E. Argelès-Gazost 458 m. ✉ 65100

CAMPING L' ARRAYADE ★★ Tourisme 16 E. dont 14 nus CV Rés. naturiste. A 5 km : Locations : , . Espace Fitness. , . Accès direct à la rivière ; lac à 5 km. . Accueil groupes enfants. Ouvert: 15.5 / 30.9. ☎ 05 62 94 17 73. E-mail : contact@arrayade.com. Web : www.arrayade.com. Réduction H.S.
Lat. : 43° 03' 28" N **Long.** : 000° 02' 27" W.

GERDE

12-D3 2 km S.-E. Bagnères-de-Bigorre. 709 m. ✉ 65200

L'ADOUR ★★★ Tourisme 111 E. dont 66 nus 3 ha CV . Locations : , bulle. couverte chauffée , . Accès direct à la rivière.. Ouvert: 1.5 / 22.10. ☎ 05 62 95 27 61. E-mail : campingadour@gmail.com. Web : www.camping-adour-bagneres-de-bigorre.fr. Prix 2022. Fft jour : empl. Tourisme (2) : 16,9 € ( ). Réduction H.S.
Lat. : 43° 03' 10" N **Long.** : 000° 09' 34" E.

LA POMMERAIE ★★★ Tourisme 53 E. dont 33 nus CV . Locations : . . Rivière à 800 m. Ouvert: 1.2 / 1.12. ☎ 05 62 91 32 24. E-mail : campinglapommeraie@gmail.com. Web : campinglapommeraie.com.
Lat. : 43° 03' 21" N **Long.** : 000° 09' 54" E.

GOUAUX

12-E4 52 km S.-E. Bagnères de Bigorre. 1276 m. ✉ 65240

LE RUISSEAU ★★★ Tourisme 115 E. dont 57 nus
2 ha CV. Locations : . Randonnée pédestre organisée. Rivière à 3 km ; étang et lac à 5 km.. Accueil groupes. Ouvert: 3.4 / 30.9. ☎ 05 62 39 95 49. E-mail : camping.leruisseau@orange.fr. Web : www.camping-aure-pyrenees.com. Prix 2023. 5,80 € ; animaux 1,30 €. Réduction H.S.
Lat. : 42° 51' 47" N **Long.** : 000° 21' 40" E.
FFCC : avantages adhérent : 17 € du 15/04 au 30/06 et du 01/09 au 30/09 sur emp. et entre 57 € et 60 € la nuitée et entre 209 € et 719 € la semaine du 15/04 au 30/06 et du 01/09 au 30/09 sur loc.

GUCHAN

12-E4 40 km S.-E. Bagnères-de-Bigorre. 911 m. ✉ 65170

LA NESTE NC Tourisme 17 E. 0,35 ha . Rivière à 200 m.. Ouvert: 1.1 / 31.12. ☎ 05 62 39 91 60.
Lat. : 42° 50' 57" N **Long.** : 000° 21' 01" E.

GUCHEN

12-D4 60 km S.-E. Bagnères-de-Bigorre. 1136 m. ✉ 65240

LE LAVEDAN ★★ Tourisme 81 E. 1,5 ha CV. Locations : . chauffée , . Accès direct à la rivière.. Ouvert: 15.6 / 15.9. ☎ 06 84 80 51 20 / 0 5 62 39 90 21. E-mail : campinglelavedan.guchen@gmail.com.
Lat. : 42° 51' 50" N **Long.** : 000° 20' 27" E.

HECHES

12-E3 40 km S.-E. Bagnères-de-Bigorre. 917 m. ✉ 65250

LA BOURIE ★★★ Tourisme 120 E. dont 60 nus, dont 10 GCC.
2 ha CV. Locations : roulotte. Randonnée pédestre organisée. Espace Fitness. chauffée , . Accès direct à la rivière. ; . Accueil groupes. Ouvert: 29.2 / 11.11. ☎ 06 51 31 35 34. E-mail : labourie65@aol.com. Web : www.camping-labourie.com.
Lat. : 43° 00' 01" N **Long.** : 000° 22' 45" E.
FFCC : avantages adhérent : 20 € du 10/03 au 30/06 sur emp. et entre 110 € et 500 € la semaine du 10/02 au 30/06 sur loc.

LANNE

12-D3 9 km S.-O. Tarbes. 381 m. ✉ 65380

LA BERGERIE ★★★ Tourisme 100 E. dont 80 nus 3 ha CV. Locations : . , . Accès direct à la rivière ; étang à 100 m.. Accueil groupes. Ouvert: 1.3 / 31.10. ☎ 05 62 45 40 05. E-mail : camping-la-bergerie@orange.fr. Web : www.camping-la-bergerie.com.
Lat. : 43° 10' 15" N **Long.** : 000° 00' 05" E.

LAU-BALAGNAS

12-D3 1 km S.-E. Argelès-Gazost. 446 m. ✉ 65400

ESPACE PYRENEES LOISIRS ★★★★★ Loisirs 35 E. . Ouvert: 1.1 / 31.12. ☎ 05 62 97 95 41. E-mail : louis.dubie@orange.fr.
Lat. : 42° 59' 10" N **Long.** : 000° 05' 16" W.

CAMPING DU LAVEDAN ★★★★ Tourisme 108 E. dont 53 nus
1,6 ha CV. Locations : . Randonnée pédestre organisée. couverte chauffée ; . Accueil groupes. Ouvert: 21.4 / 30.9. ☎ 05 62 97 18 84. E-mail : contact@lavedan.com. Web : www.lavedan.com. Prix 2022. Fft jour : empl. Tourisme (2) : 40 € ( )
Lat. : 42° 59' 18" N **Long.** : 000° 05' 20" W.
FFCC : avantages adhérent : 10% du 05/05 au 30/06 et du 01/09 au 17/0910% du 05/05 au 30/06 et du 01/09 au 17/09 sur emp. et loc. + Rendez-vous dans votre club avantages FFCC pour obtenir le code promotionnel et réserver !.

LES FRENES ★★★ Tourisme 120 E. dont 100 nus 1,9 ha CV. chauffée . Lac et rivière à 1 km. A 1 km : , . Ouvert: 15.12 / 15.10. ☎ 05 62 97 25 12. E-mail : campinglesfrenes65@orange.fr. Web : www.campinglesfrenes.fr. Réduction H.S.
Lat. : 42° 59' 12" N **Long.** : 000° 05' 19" W.

CAMPING GCU - LAU BALAGNAS ★★ Tourisme 81 E. . Ouvert: 30.6 / 17.9. ☎ 05 62 97 52 88. E-mail : gcu@gcu.asso.fr. Web : www.gcu.asso.fr.
Lat. : 42° 59' 12" N **Long.** : 000° 05' 12" W.

LA PRAIRIE ★ Tourisme 60 E. 1 ha CV. Accès direct à la rivière. Ouvert: 13.6 / 13.9. ☎ 05 62 97 11 87. E-mail : magalie.legoff@orange.fr.
Lat. : 42° 59' 52" N **Long.** : 000° 05' 28" W.

LOUDENVIELLE

12-E4 60 km S.-E. Bagnères-de-Bigorre. 2171 m. Station verte de vacances et village de neige ✉ 65510

CAMPING LA PENE BLANCHE ★★★★★ Tourisme 122 E. dont 85 nus
2,5 ha CV. Locations : . Lac à 200 m ; rivière à 30 m. Accueil groupes. Ouvert: 20.12 / 3.11. ☎ 05 62 99 68 85. E-mail : info@peneblanche.com. Web : www.peneblanche.com. Réduction H.S.
Lat. : 42° 47' 48" N **Long.** : 000° 24' 24" E.

LOURDES

12-D3 12 km N.-E. Argelès-Gazost. 445 m. ✉ 65100

D'ARROUACH ★★★★ Tourisme 47 E. dont 37 nus
2,5 ha CV. A 3 km : Locations : . Espace Fitness. chauffée , . Lac à 900 m ; rivière à 1 km.. Accueil groupes. Ouvert: 1.4 / 15.10. ☎ 05 62 42 11 43. E-mail : contact@camping-arrouach.com. Web : www.camping-arrouach.com.
Lat. : 43° 06' 15" N **Long.** : 000° 04' 06" W.

LA FORÊT ★★★★ Tourisme 98 E.
2,5 ha CV. A 1 km : . Rivière à 300 m ; lac à 2 km.. Ouvert: 1.4 / 31.10. ☎ 05 62 94 04 38. E-mail : info@campingdelaforet.fr. Web : camping-hautes-pyrenees.com.
Lat. : 43° 05' 44" N **Long.** : 000° 04' 29" W.

LE SARSAN ★★★ Tourisme 67 E. dont 53 CC - 14 GCC.
1,8 ha CV . couverte. Rivière à 1 km ; étang et lac à 5 km. Accueil groupes. Ouvert: 1.4 / 14.10. ☎ 05 62 94 43 09. E-mail : camping.sarsan@wanadoo.fr. Web : www.lourdes-camping.com.
Lat. : 43° 06' 09" N **Long.** : 000° 01' 40" W.
FFCC : avantages adhérent : 20 € du 01/04 au 30/06 et du 01/09 au 15/10 sur emp.

PLEIN SOLEIL ★★★ Tourisme 33 E. dont 24 nus, dont 20 GCC.
1 ha CV . A 1 km : Locations : . Espace Fitness. couverte chauffée . Lac à 4 km. Ouvert: 3.4 / 10.10. ☎ 05 62 94 40 93. E-mail : contact@camping-pleinsoleil.com. Web : www.camping-pleinsoleil.com. Réduction H.S.
Lat. : 43° 06' 51" N **Long.** : 000° 02' 12" W.

CAMPING DU LOUP ★★ Tourisme 60 E. dont 58 nus
1,5 ha CV . A 2 km : Locations : cocosweet. Rivière à 300 m ; lac à 3 km. Accueil groupes. Ouvert: 20.3 / 10.12. ☎ 05 62 94 23 60. E-mail : campingduloup@orange.fr. Web : www.camping-du-loup-lourdes.com. Prix 2022. Fft jour : empl. Tourisme (2) : 20 € ( ) ; sup 8,50 € ; animaux 2 € ; 6 € ; 6 €.
Lat. : 43° 05' 52" N **Long.** : 000° 04' 11" W.

LE VIEUX BERGER ★★ Tourisme 63 E. dont 63 nus 3 ha CV . Locations : . Lac à 4 km. Accueil groupes. Ouvert: 1.4 / 30.10. ☎ 05 62 94 60 57. E-mail : levieuxberger@gmail.com. Web : www.campingvieuxberger.fr. Prix 2022. empl. Tourisme : 6,10 € ; 5,30 € ; animaux 2,70 € ; 4,80 € ; 4,80 €. Réduction H.S.
Lat. : 43° 06' 16" N **Long.** : 000° 02' 01" W.

LE RUISSEAU BLANC ★ Tourisme 70 E. dont 49 nus 2 ha CV . Locations : . Espace Fitness. . Lac à 3 km. Accueil groupes. Ouvert: 1.4 / 15.10. ☎ 06 15 24 57 02. E-mail : cintou.garros@cegetel.net. Web : www.camping-lourdes-ruisseau-blanc.com.
Lat. : 43° 05' 44" N **Long.** : 000° 01' 06" W.

LE DOMEC NC Tourisme 100 E. 2 ha CV . Locations : . . Rivière à 2 km ; lac à 4 km. Accueil groupes. Ouvert: 15.4 / 31.10. ☎ 05 62 94 08 79. E-mail : contact@camping-domec-lourdes.com. Web : www.camping-domec-lourdes.com. Réduction H.S.
Lat. : 43° 06' 18" N **Long.** : 000° 02' 03" W.

LOURES-BAROUSSE

12-E3 50 km E. Bagnères-de-Bigorre. 442 m. ✉ 65370

CAMPING MUNICIPAL BORDS DE LA GARONNE NC Tourisme 68 E. dont 28 nus 1,5 ha . . Accès direct à la rivière ; lac à 500 m.. Accueil groupes. Ouvert: 1.3 / 30.11. ☎ 05 62 99 29 29. E-mail : mairie-loures-barousse@wanadoo.fr. Web : www.louresbarousse.fr.
Lat. : 43° 01' 40" N **Long.** : 000° 36' 33" E.

LUBRET-SAINT-LUC

12-D3 24 km N.-E. Tarbes. 323 m. ✉ 65220

CAMPING MUNICIPAL NC 13 E. 1 ha . Locations : . , , . Etang à 300 m ; rivière à 800 m.. Ouvert: 1.1 / 31.12. ☎ 05 62 35 54 09. E-mail : mairielubret@hotmail.fr.
Lat. : 43° 18' 51" N **Long.** : 000° 18' 06" E.

LUZ-SAINT-SAUVEUR

12-D4 20 km S.-E. Argelès-Gazost. 1751 m. ✉ 65120

LES CASCADES ★★★ Tourisme 67 E. dont 25 GCC.
2 ha CV. Locations : . . Ouvert: 1.4 / 1.10. ☎ 05 62 92 85 85. E-mail : cathy.sesque@wanadoo.fr. Web : www.camping-luz.fr.
Lat. : 42° 52' 09" N **Long.** : 000° 00' 07" W.

TOY ★★ Tourisme 80 E. dont 80 nus 1,5 ha CV . A 400 m : . Locations : caravane. . Accès direct à la rivière.. Accueil groupes adultes. Ouvert: 4.5 / 28.9. ☎ 05 62 92 86 85. E-mail : campingtoy@gmail.com. Web : www.camping-toy.com.
Lat. : 42° 52' 24" N **Long.** : 000° 00' 02" W.

SAINT BAZERQUE NC Tourisme 28 E. dont 28 nus 1 ha . . Rivière à 200 m.. Accueil groupes. Ouvert: 15.6 / 15.9. ☎ 05 62 92 49 93. E-mail : campingsaintbazerque421@gmail.com. Web : campingsaintbazerque.eatbu.com.
Lat. : 42° 49' 48" N **Long.** : 000° 00' 17" E.

MADIRAN

12-D2 38 km N. Tarbes 185 m. ✉ 65700

LE MADIRAN ★★ Tourisme 10 E.
CV. . Accueil groupes. Ouvert: 1.6 / 30.10. ☎ 05 62 36 17 69. E-mail : madiran1@hotmail.fr. Web : campinglemadiran.jimdofree.com. Prix 2023. Fft jour : empl. Tourisme (2) : 14 € ( ). Réduction H.S.
Lat. : 43° 32' 59" N **Long.** : 000° 03' 22" W.
FFCC : avantages adhérent : 14 € du 15/05 au 01/07 et du 01/07 au 30/08 sur emp.

MAUBOURGUET

12-D2 28 km N. Tarbes. 179 m. Station verte de vacances et village de neige ✉ 65700

L'ECHEZ NC Tourisme 50 E. 0,7 ha CV . Locations : . Randonnée pédestre organisée. . Rivière à 50 m.. Accueil groupes. Ouvert: 1.7 / 31.8. ☎ 05 62 55 23 71. E-mail : camping.maubourguet@yahoo.fr.
Lat. : 43° 27' 59" N **Long.** : 000° 01' 54" E.

ORINCLES

12-D3 14 km S. Tarbes 425 m. ✉ 65380

LE CERF VOLANT CV. Ouvert: 15.5 / 15.10. ☎ 05 62 42 99 32. E-mail : lecerfvolant1@yahoo.fr, Web : www.tourisme-occitanie.com/aire-naturelle-le-cerf-volant.
Lat. : 43° 06' 45" N **Long.** : 000° 02' 54" E.

OUZOUS

12-D3 5 km N. Argelès-Gazost. 893 m. ✉ 65400

LA FERME DU PLANTIER ★★ Tourisme 17 E. dont 17 nus CV . , .. Ouvert: 1.5 / 15.10. ☎ 05 62 97 58 01. E-mail : bernard.capdeveille@sfr.fr. Web : camping-ouzous.e-monsite.com.
Lat. : 43° 01' 47" N **Long.** : 000° 06' 15" W.

PAILHAC

12-E4 60 km S.-E. Bagnères-de-Bigorre 829 m. ✉ 65240

AIRE NATURELLE . Ouvert: 1.7 / 31.8. ☎ 05 62 98 64 38. E-mail : contact@camping-pailhac.fr, Web : www.camping-pailhac.fr.
Lat. : 42° 54' 30" N **Long.** : 000° 21' 58" E.

PEYROUSE

12-D3 18 km N. Argelès-Gazost. 437 m. ✉ 65270

À L'OMBRE DES TILLEULS ★★★★ Tourisme 118 E. dont 92 nus 3,5 ha CV . Locations : . , . Rivière à 800 m ; lac à 5 km. . Accueil groupes. Ouvert: 6.4 / 29.9. ☎ 05 62 41 81 54. E-mail : contact@ombredestilleuls.com. Web : www.ombredestilleuls.com. Réduction H.S.
Lat. : 43° 06' 06" N **Long.** : 000° 07' 42" W.

PIERREFITTE-NESTALAS

12-D4 5 km S.-E. Argelès-Gazost. 507 m. ✉ 65260

LARBEY ★★★★ Loisirs 47 E. dont 7 nus
CV . couverte. Ouvert: 5.4 / 31.10. ☎ 05 62 92 74 61. E-mail : campinglarbey@aol.com. Web : www.camping-de-larbey.com.
Lat. : 42° 57' 41" N **Long.** : 000° 04' 45" W.

POUEYFERRE

12-D3 17 km N. Argelès-Gazost. 461 m. ✉ 65100

RELAIS OCEAN PYRENEES NC Tourisme 58 E. dont 76 nus 1,2 ha . A 1 km : . Lac à 1 km ; rivière à 2 km. Ouvert: 15.4 / 15.9. ☎ 05 62 94 57 22. E-mail : guides@campingfrance.com. Web : www.relais-ocean-pyrenees-camping.fr.
Lat. : 43° 06' 50" N **Long.** : 000° 04' 32" W.

PRECHAC

12-D3 5 km S.-E. Argelès-Gazost. 467 m. ✉ 65400

HAUTACAM ★★ Tourisme 26 E. 1 ha CV . .. Ouvert: 1.1 / 31.12. ☎ 05 62 97 10 33. E-mail : maite.cazenavette@orange.fr.
Lat. : 42° 59' 31" N **Long.** : 000° 04' 17" W.

RABASTENS-DE-BIGORRE

12-D2 19 km N.-E. Tarbes. 222 m. ✉ 65140

LA GALOTTE ★★ Tourisme 33 E. 0,4 ha CV . . Ouvert: 26.3 / 30.9. ☎ 05 31 17 62 07. E-mail : camping.lagalotte@gmail.com. Web : www.camping-lagalotte.com.
Lat. : 43° 23' 19" N **Long.** : 000° 09' 20" E.

SAINT-LARY-SOULAN

12-D4 47 km S.-E. Bagnères-de-Bigorre. 1878 m. ✉ 65170

CAMPING D'AUTUN ★★★ Loisirs 107 E. dont 42 nus
2 ha CV . chauffée. Rivière à 70 m. Accueil groupes. Ouvert: 15.12 / 10.10. ☎ 05 62 39 40 31 / 06 73 88 93 41. E-mail : campingdautun@gmail.com. Web : www.camping-saint-lary.com. Prix 2022. Fft jour : empl. Tourisme (2) : 42 € ( )
Lat. : 42° 49' 24" N **Long.** : 000° 19' 47" E.

SALIGOS

12-D4 16 km S.-E. Argelès-Gazost. 1188 m. ✉ 65120

SO DE PROUS ★★★ Loisirs 74 E. dont 16 nus 2 ha CV . A 3 km : Locations : . chauffée . Rivière à 100 m.. Accueil groupes. Ouvert: 20.12 / 7.11. ☎ 05 62 92 82 41. E-mail : contact@camping-sodeprous-luz.com. Web : www.sodeprous.com. Réduction H.S.
Lat. : 42° 53' 52" N **Long.** : 000° 01' 40" W.

CAMPING HAPPY PYRENEES ★★ Tourisme 58 E. dont 20 nus 1,2 ha CV . Locations : . couverte. Rivière à 100 m. Ouvert: 29.11 / 30.9. ☎ 05 62 92 81 30. E-mail : contact@happy-pyrenees.fr. Web : www.happy-pyrenees.fr.
Lat. : 42° 53' 46" N **Long.** : 000° 01' 42" W.

SARLABOUS

12-D3 18 km E. Bagnères de Bigorre. 456 m. ✉ 65130

AIRE NATURELLE LE MOULIN DES BARONNIES CV . A 10 km : . Ouvert: 1.5 / 30.10. ☎ 05 62 39 05 14. E-mail : maison.baronnies@wanadoo.fr, Web : www.moulindesbaronnies.com.
Lat. : 43° 05' 11" N **Long.** : 000° 16' 45" E.

SARRANCOLIN

12-E4 36 km S.-E. Bagnères-de-Bigorre. 1271 m. ✉ 65410

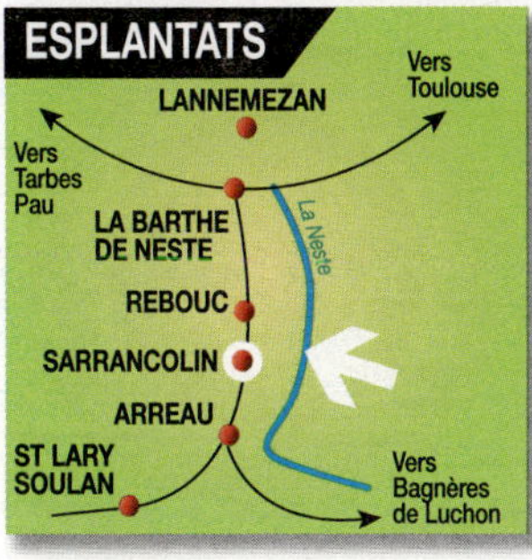

D'ESPLANTATS ★★ Tourisme 55 E. dont 30 nus 2 ha CV. Randonnée pédestre organisée. Accès direct à la rivière. Accueil groupes. Ouvert: 1.1 / 31.12. ☎ 05 62 98 79 20. E-mail : camping.esplantats.sarrancolin@wanadoo.fr. Web : www.camping-esplantats.com.
Lat. : 42° 58' 20" N **Long.** : 000° 22' 35" E.

SASSIS

12-D4 15 km S.-E. Argelès-Gazost. 705 m. ✉ 65120

LE HOUNTA ★★★ Tourisme 121 E. dont 89 nus 1,5 ha CV. A 1 km : Accès direct à la rivière.. Accueil groupes adultes. Ouvert: 1.4 / 15.10. ☎ 05 62 92 95 90. E-mail : info@campinglehounta.com. Web : www.campinglehounta.com. Réduction H.S.
Lat. : 42° 52' 21" N **Long.** : 000° 00' 55" W.

SAZOS

12-D4 17 km S.-E. Argelès-Gazost. 1882 m. ✉ 65120

PYRENEVASION ★★★★ Tourisme 99 E. 2,5 ha CV. A 2 km : Locations : Randonnée pédestre organisée. Espace Fitness. couverte chauffée , , .. Accueil groupes. Ouvert: 1.4 / 26.9. ☎ 05 62 92 91 54. E-mail : info@campingpyrenevasion.com. Web : www.campingpyrenevasion.com. Prix 2022. Fft jour : empl. Tourisme (2) : 46 € ( ) E. CC E. GCC). Réduction H.S.
Lat. : 42° 52' 56" N **Long.** : 000° 01' 21" W.
FFCC : avantages adhérent : 10% du 02/04 au 30/06 et du 01/09 au 15/1010% du 02/04 au 30/06 et du 01/09 au 15/10 sur emp. et loc. + 10% hors juillet-août sur les emplacements nus et hébergements locatifs sur présentation de la carte ou rendez-vous dans votre club avantages FFCC pour obtenir le code promotionnel.

TIBIRAN-JAUNAC

12-E3 35 km E. Bagnères-de-Bigorre. 494 m. ✉ 65150

LE RURAL ★ Loisirs 56 E. Rivière à 50 m ; étang et lac à 500 m. Ouvert: 1.4 / 30.9. ☎ 06 09 22 21 52. E-mail : lerural@neuf.fr. Web : www.camping-le-rural.com.
Lat. : 43° 04' 08" N **Long.** : 000° 33' 13" E.

TREBONS

12-D3 4 km N.-O. Bagnères-de-Bigorre. 545 m. ✉ 65200

PARC DES OISEAUX NC Tourisme 67 E. dont 35 nus, dont 5 GCC. 2,8 ha CV. A 3 km : Rivière à 800 m.. Accueil groupes. Ouvert: 1.4 / 30.10. ☎ 09 70 91 24 33. Réduction H.S.
Lat. : 43° 05' 37" N **Long.** : 000° 07' 22" E.

VIELLE-AURE

12-D4 56 km S.-E. Bagnères-de-Bigorre. 2103 m. ✉ 65170

LE LUSTOU ★★★ Tourisme 61 E. dont 12 nus, dont 39 CC - 5 GCC. 2,8 ha CV. A 4 km : Locations : . Randonnée pédestre organisée. Rivière à 50 m.. Accueil groupes. Ouvert: 23.12 / 30.9. ☎ 05 62 39 40 64. E-mail : contact@lustou.com. Web : www.lustou.com.
Lat. : 42° 50' 42" N **Long.** : 000° 20' 19" E.
FFCC : avantages adhérent : 18 € du 01/01 au 30/06 et du 01/09 au 31/10 sur emp.

VIGNEC

12-D4 57 km S.-E. Bagnères-de-Bigorre. 1583 m. ✉ 65170

ARTIGUETTE ST JACQUES ★★ Tourisme 70 E. dont 26 nus, dont 34 CC. CV. A 1 km : Lac à 2 km.. Ouvert: 1.1 / 31.12. ☎ 05 62 39 52 24. E-mail : franoise.carrere@wanadoo.fr. Web : camping.artiguette.free.fr.
Lat. : 42° 49' 31" N **Long.** : 000° 19' 08" E.

PYRENEES-ORIENTALES 66

Carte 13

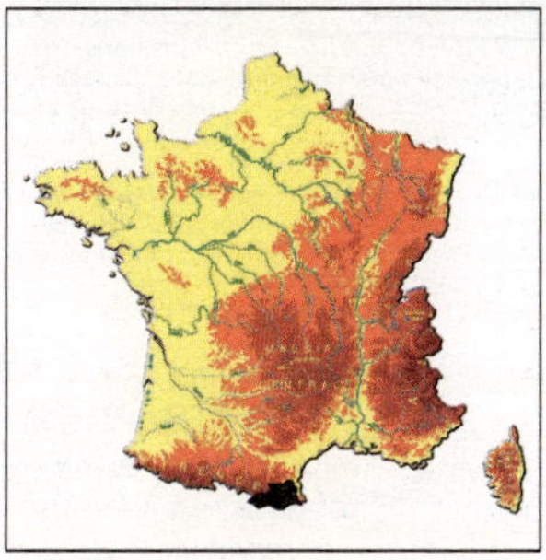

ALENYA

13-D4 11 km S.-E. Perpignan. 7 m. ✉ 66200

CAP SUD ★★★ Tourisme 80 E. dont 43 nus 1,50 ha CV. Locations : . Etang à 3 km ; bord de mer à 4 km ; lac à 5 km. Ouvert: 4.4 / 27.9. ☎ 04 68 22 17 26. E-mail : info@camping-capsud.com. Web : www.camping-capsud.com. Prix 2022. Fft jour : empl. Tourisme (2) : 34 € ( ). Réduction H.S.
Lat. : 42° 38' 18" N **Long.** : 002° 59' 03" E.

DOMAINE DU MAS BLANC NC Tourisme 16 E. CV. Locations : . chauffée , . Lac à 3 km. Ouvert: 9.2 / 2.11. ☎ 04 68 37 66 66. E-mail : service.reservations@popinns.com. Web : www.popinns.com.
Lat. : 42° 38' 25" N **Long.** : 002° 58' 07" E.

DOMAINE MAS BAZAN CV. A 5 km : . Ouvert: 2.1 / 31.12. ☎ 04 68 22 98 26. E-mail : contact@masbazan.fr, Web : www.masbazan.com.
Lat. : 42° 38' 57" N **Long.** : 002° 58' 07" E.

AMELIE-LES-BAINS-PALALDA

13-C5 9 km S.-O. Céret. 716 m. Station verte de vacances et village de neige ✉ 66110

CAMPING AMÉLIA ★★ Tourisme 83 E. dont 74 nus 1 ha CV. Locations : . Randonnée pédestre organisée. Rivière à 1 km. Ouvert: 1.2 / 20.12. ☎ 04 68 39 00 49. E-mail : camping-amelia@orange.fr. Web : www.camping-amelia.fr. Réduction H.S.
Lat. : 42° 28' 44" N **Long.** : 002° 40' 27" E.
FFCC : avantages adhérent : 18 € du 01/02 au 30/04 et du 01/11 au 17/12 sur emp.

ANGOUSTRINE-VILLENEUVE-DES-ESCALDES

13-B5 65 km S.-O. Prades. 2203 m. ✉ 66760

CAMPING MUNICIPAL SOL Y NEU ★★ Loisirs 84 E. Rivière à 800 m. Ouvert: 1.1 / 31.12. ☎ 04 68 04 66 83. E-mail : mairie.angoustrine@wanadoo.fr.
Lat. : 42° 28' 42" N **Long.** : 001° 57' 26" E.

ARGELES-SUR-MER

13-D5 26 km E. Céret. 181 m. ✉ 66700

BOIS DE VALMARIE ★★★★★ Tourisme 181 E. dont 181 GCC. 7 ha CV. Locations : . Espace Fitness. chauffée. Bord de mer à 50 m. ; . Ouvert: 15.4 / 26.9. ☎ 04 68 81 09 92. E-mail : contact@camping-boisdevalmarie.fr. Web : www.camping-boisdevalmarie.fr.
Lat. : 42° 32' 20" N **Long.** : 003° 03' 07" E.

DOMAINE DE MAËL ★★★★★ Tourisme 389 E.
couverte chauffée. Bord de mer à 4 km. Accueil groupes. Ouvert: 3.4 / 20.9. ☎ 04 68 81 17 03. E-mail : mael@capfun.com. Web : www.capfun.com.
Lat. : 42° 34' 17" N **Long.** : 002° 59' 57" E.

L'HIPPOCAMPE ★★★★★ Tourisme 171 E.
4 ha ap. minuit, CV. Locations : . Espace Fitness. chauffée , , . Bord de mer à 900 m. ; . Ouvert: 15.4 / 19.9. ☎ 04 68 81 10 10. E-mail : contact@camping-hippocampe.fr. Web : www.camping-lasirene.fr/camping-l-hippocampe/.
Lat. : 42° 34' 16" N **Long.** : 003° 01' 52" E.

LA SIRÈNE ★★★★★ Tourisme 741 E.
17 ha la nuit, CV. Locations : . Espace Fitness. couverte chauffée , , . Bord de mer à 900 m. ; . Ouvert: 15.4 / 19.9. ☎ 04 68 81 04 61. E-mail : thomas.l@camping-lasirene.fr. Web : www.camping-lasirene.fr/camping-la-sirene/.
Lat. : 42° 34' 15" N **Long.** : 003° 01' 46" E.

LE BOIS FLEURI P.R.L ★★★★★ 250 E.
12 ha CV. Locations : . , . , . Ouvert: 22.3 / 30.9. ☎ 04 68 81 70 00. E-mail : bois-fleuri@wanadoo.fr. Web : www.bois-fleuri.com.
Lat. : 42° 32' 06" N **Long.** : 002° 59' 40" E.

LE MÉDITERRANÉE ARGELÈS P.R.L ★★★★★ NN143 E.
Locations : . couverte chauffée. Bord de mer à 1,5 km ; rivière à 2 km. ; . Accueil groupes adultes. Ouvert: 14.4 / 22.9. ☎ 04 68 81 00 95. E-mail : contact@lemediterranee-argeles.fr. Web : www.lemediterranee-argeles.fr. Réduction H.S.
Lat. : 42° 34' 11" N **Long.** : 003° 01' 37" E.

LE SOLEIL ★★★★★ Tourisme 815 E.
17 ha CV. Espace Fitness. , . Accès direct à la mer et à la rivière. ; ; . Ouvert: 9.5 / 19.9. ☎ 04 68 81 14 48. E-mail : camping.lesoleil@wanadoo.fr. Web : campmed.com. Réduction H.S.
Lat. : 42° 34' 39" N **Long.** : 003° 02' 30" E.

LE DAUPHIN ★★★★★ Tourisme 516 E. dont 114 nus
12 ha 23 h / 7 h, CV. Locations : . Randonnée pédestre organisée. Espace Fitness. chauffée , . Bord de mer et rivière à 1,5 km. Accueil groupes. Ouvert: 8.4 / 24.9. ☎ 04 68 81 17 54. E-mail : info@campingledauphin.com. Web : www.campingledauphin.com. Prix 2023. Fft jour : empl. Tourisme (2 personnes) : 90 € ; personne sup 12 € ; animaux 5 €.
Lat. : 42° 34' 21" N **Long.** : 003° 01' 19" E.

LES CRIQUES DE PORTEILS

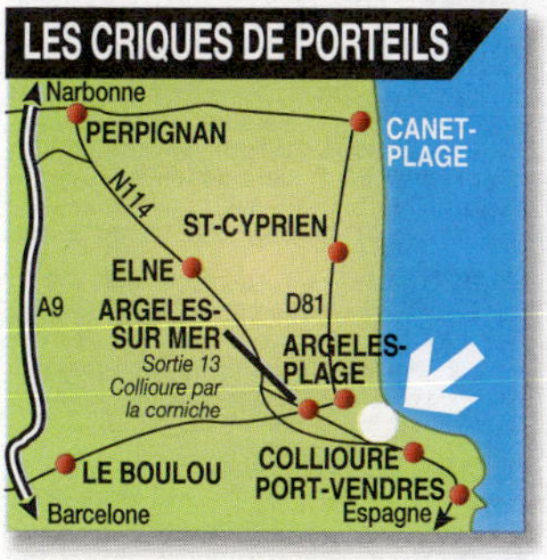

LES CRIQUES DE PORTEILS ★★★★★ Tourisme 242 E. dont 186 nus 4,5 ha. Locations : . Randonnée pédestre organisée. chauffée , , , . Accès direct à la mer ; rivière à 5 km. ; ; . Accueil groupes adultes. Ouvert: 31.3 / 4.11. ☎ 04 68 81 12 73. E-mail : contactcdp@lescriques.com. Web : www.lescriques.com. Prix 2023. Fft jour : empl. Tourisme (2) : 74 € ( ). **Lat.** : 42° 32′ 01″ N **Long.** : 003° 04′ 04″ E.

AL SOL ★★★★ Tourisme 155 E. 2,11 ha CV. Locations : . Rivière à 1 km ; bord de mer à 4 km. Ouvert: 30.5 / 12.9. ☎ 04 68 81 04 13. E-mail : info@campingalsol.com. Web : campingalsol.com. Réduction H.S. **Lat.** : 42° 34′ 00″ N **Long.** : 002° 59′ 57″ E.

ARGELES VACANCES ★★★★ Tourisme 286 E. dont 33 nus 2,5 ha ap. 23 h, CV , , . Bord de mer à 2,5 km. . . Ouvert: 30.3 / 27.9. ☎ 04 68 95 27 27. E-mail : contact@camping-argeles-vacances.com. Web : camping-argeles-vacances.com. **Lat.** : 42° 33′ 38″ N **Long.** : 003° 01′ 13″ E.

BEAUSÉJOUR ★★★★ Tourisme 186 E. CV . Locations : . couverte chauffée . Bord de mer à 300 m. . Accueil groupes. Ouvert: 8.4 / 17.9. ☎ 04 68 81 10 63. E-mail : contact@camping-lebeausejour.com. Web : www.camping-lebeausejour.com. **Lat.** : 42° 33′ 24″ N **Long.** : 003° 02′ 24″ E.

DEL MAR ★★★★ Tourisme 273 E. 4,5 ha CV . , , . Bord de mer à 500 m ; rivière à 1 km. . Ouvert: 1.6 / 21.9. ☎ 04 68 81 10 38. E-mail : delmarvillage@wanadoo.fr. Web : www.camping-del-mar.com. **Lat.** : 42° 34′ 19″ N **Long.** : 003° 02′ 19″ E.

L'ÉTOILE D'OR ★★★★ Loisirs 413 E. dont 85 nus 8,5 ha CV . Espace Fitness. couverte chauffée . Rivière à 2 km ; bord de mer à 2,5 km ; étang à 5 km. . Ouvert: 28.3 / 31.10. ☎ 04 68 81 04 34. E-mail : info@aletoiledor.com. Web : www.aletoiledor.com. Réduction H.S. **Lat.** : 42° 34′ 13″ N **Long.** : 003° 00′ 45″ E.

LA CHAPELLE ★★★★ Tourisme 567 E. 8 ha CV . A 200 m : . Locations : . Randonnée pédestre organisée. Espace Fitness. couverte chauffée , . Bord de mer à 200 m. . Ouvert: 7.4 / 24.9. ☎ 0 4 68 81 28 14. E-mail : contactlc@camping-la-chapelle.com. Web : www.homair.com. Réduction H.S. **Lat.** : 42° 33′ 11″ N **Long.** : 003° 02′ 37″ E.

LE LITTORAL ★★★★★ Tourisme 321 E. CV . Locations : . Randonnée pédestre organisée. Espace Fitness. couverte chauffée , . Bord de mer à 800 m ; rivière à 850 m. ; . Accueil groupes adultes. Ouvert: 7.4 / 24.9. ☎ 02 53 81 70 00. E-mail : reservation@ms-vacances.com. Web : www.ms-vacances.com. **Lat.** : 42° 34′ 50″ N **Long.** : 003° 01′ 58″ E.

FFCC : avantages adhérent : 15% du 07/04 au 02/07 et du 03/09 au 24/09 sur emp.

LA MARENDE ★★★★ Tourisme 208 E. dont 141 nus, dont 45 GCC.
2,6 ha 23 h 30 / 7 h 30, CV. A 1 km : Locations : . chauffée . Bord de mer à 200 m. Ouvert: 26.4 / 21.9. ☎ 04 68 81 12 09. E-mail : info@marende.com. Web : www.marende.com.
Lat. : 42° 34′ 21″ N **Long.** : 003° 02′ 28″ E.
FFCC : avantages adhérent : 10% du 12/05 au 30/06 et du 01/09 au 16/09 sur emp. + Rendez-vous dans votre club avantages FFCC pour obtenir le code promotionnel et réserver !.

LA SARDANE ★★★★ Tourisme 421 E.
6,9 ha CV. Locations : . Accès direct à la rivière ; bord de mer à 200 m. Ouvert: 6.4 / 29.9. ☎ 04 68 81 10 82. E-mail : contact@campinglasardane.com. Web : www.campinglasardane.com.
Lat. : 42° 32′ 48″ N **Long.** : 003° 02′ 48″ E.

LE FRONT DE MER ★★★★ Tourisme 588 E. dont 238 nus, dont 321 GCC.
7 ha CV. A 100 m : . Locations : . couverte chauffée . Bord de mer à 150 m. ; . Accueil groupes. Ouvert: 11.4 / 26.9. ☎ 04 68 81 08 70. E-mail : front.de.mer@cegetel.net. Web : www.camping-front-mer.com. Réduction H.S.
Lat. : 42° 32′ 49″ N **Long.** : 003° 02′ 48″ E.

LE LAGON D'ARGELÈS ★★★★ Tourisme 202 E.
2,73 ha CV. chauffée . Bord de mer à 1 km. Ouvert: 1.4 / 30.9. ☎ 04 68 81 06 85. E-mail : contact@camping-lelagon-argeles.com. Web : www.camping-lelagon-argeles.com. Réduction H.S.
Lat. : 42° 33′ 02″ N **Long.** : 003° 01′ 51″ E.

LE NEPTUNE ★★★★ Tourisme 192 E.
CV. chauffée . Bord de mer à 500 m. ; . Accueil groupes adultes. Ouvert: 6.4 / 29.9. ☎ 04 30 05 15 19. E-mail : info@tohapi.fr. Web : www.tohapi.fr.
Lat. : 42° 33′ 55″ N **Long.** : 003° 02′ 12″ E.

LE PEARL ★★★★ Tourisme 167 E. dont 20 nus
4 ha CV. A 4 km : chauffée . Bord de mer et rivière à 2 km. ; . Ouvert: 4.4 / 4.10. ☎ 04 68 81 26 49. E-mail : contact@camping-lepearl.com. Web : www.camping-lepearl.com. Réduction H.S.
Lat. : 42° 34′ 22″ N **Long.** : 003° 00′ 52″ E.

LE PUJOL ★★★★ Tourisme 307 E. 6,3 ha CV. Locations : . Bord de mer et rivière à 1 km. . Ouvert: 1.6 / 15.10. ☎ 04 68 81 00 25. Web : www.campingdepujol.com. Réduction H.S.
Lat. : 42° 33′ 26″ N **Long.** : 003° 01′ 44″ E.

LES GALETS ★★★★ Loisirs 233 E. dont 26 nus
24 h / 8 h, CV . A 5 km : Locations : . Randonnée pédestre organisée. chauffée . Bord de mer à 1,3 km ; rivière à 3 km. Accueil groupes. Ouvert: 15.4 / 30.9. ☎ 04 68 81 08 12. E-mail : lesgalets@campinglesgalets.fr. Web : www.campinglesgalets.fr. Prix 2022. Fft jour : empl. Tourisme (2) : 54 € ( ) ; sup 10 € ; animaux 5 € ; 9 €. Réduction H.S.
Lat. : 42° 34′ 19″ N **Long.** : 003° 01′ 33″ E.

LES JARDINS CATALANS ★★★★ Tourisme 169 E.
4,46 ha CV . Locations : . Espace Fitness. chauffée . Bord de mer à 1,8 km. . Ouvert: 7.4 / 5.11. ☎ 04 68 81 11 68. E-mail : info@chadotel.com. Web : www.chadotel.com. Réduction H.S.
Lat. : 42° 34′ 18″ N **Long.** : 003° 01′ 41″ E.
FFCC : avantages adhérent : 15% du 07/04 au 02/07 et du 26/08 au 05/11 sur loc. + 5% sur locatifs du 02/07 au 26/08. Rendez-vous dans votre Club avantages pour obtenir le code promotionnel et les conditions de l'offre. Réservation par téléphone au 02 51 33 05 05, sur le site du partenaire (présentation de la carte de membre).

LES MARSOUINS ★★★★ Tourisme 587 E. dont 327 nus
10,52 ha CV . Locations : . Espace Fitness. chauffée . Bord de mer à 800 m. ; . Ouvert: 12.5 / 25.9. ☎ 04 68 81 14 81. E-mail : lesmarsouins@cielavillage.com. Web : www.lesmarsouins.cielavillage.com. Réduction H.S.
Lat. : 42° 33′ 49″ N **Long.** : 003° 02′ 05″ E.

LES PINS ★★★★ Tourisme 315 E. dont 155 nus
CV . A 200 m : . Locations : , cabanes, cocosweet. Espace Fitness. chauffée . Bord de mer à 300 m. ; . Accueil groupes. Ouvert: 8.4 / 2.10. ☎ 04 68 81 10 46. E-mail : camping@les-pins.com. Web : www.les-pins.com. Réduction H.S.
Lat. : 42° 33′ 21″ N **Long.** : 003° 02′ 32″ E.

PARIS ROUSSILLON ★★★★ Tourisme 200 E. la nuit, CV . Locations : . couverte chauffée . Bord de mer à 1,5 km. ; . Ouvert: 3.4 / 1.11. ☎ 04 68 81 19 71. E-mail : paris-roussillon@capfun.com. Web : www.parisroussillon.com. Réduction H.S.
Lat. : 42° 33′ 26″ N **Long.** : 003° 01′ 53″ E.

TAXO LES PINS ★★★★ Tourisme 498 E.
7 ha CV. Locations : . , . Rivière à 2 km ; bord de mer à 3 km ; lac à 5 km. Ouvert: 30.3 / 29.9. ☎ 04 68 81 06 05. E-mail : contact@taxo-les-pins.com. Web : www.taxo-les-pins.com.
Lat. : 42° 34′ 10″ N **Long.** : 003° 00′ 32″ E.

ALBIZIA ★★★ Tourisme 90 E. dont 70 nus
1,15 ha CV . A 500 m : . Bord de mer à 200 m. Ouvert: 3.4 / 3.10. ☎ 04 68 81 15 62. E-mail : contact@camping-albizia.com. Web : www.camping-albizia.com. Réduction H.S.
Lat. : 42° 33′ 07″ N **Long.** : 003° 02′ 40″ E.

CAMPING BOUIX ★★★ Tourisme 68 E. dont 43 nus CV . Locations : . chauffée. Bord de mer à 100 m. Ouvert: 1.5 / 26.9. ☎ 04 68 81 11 75. E-mail : contact@campingbouix-argeles.com. Web : www.campingbouix-argeles.com. Prix 2022. Fft jour : empl. Tourisme (2) : 51 € ( )
Lat. : 42° 33′ 04″ N **Long.** : 003° 02′ 43″ E.

CAMPING MUNICIPAL ROUSSILLONNAIS ★★★ Tourisme 618 E. dont 403 nus
CV. , . Accès direct à la mer. ; ; . Ouvert: 5.3 / 31.12. ☎ 04 68 81 10 42. E-mail : contact@le-roussillonnais.com. Web : www.leroussillonnais.com. Réduction H.S.
Lat. : 42° 34′ 03″ N **Long.** : 003° 02′ 39″ E.

EL RANCHO ★★★ Tourisme 150 E. 4,27 ha CV. Locations : . . Accès direct à la rivière. . Ouvert: 4.4 / 30.9. ☎ 04 68 81 04 88. E-mail : info@campingelrancho.com. Web : www.campingelrancho.com.
Lat. : 42° 31′ 49″ N **Long.** : 002° 59′ 11″ E.

EUROPE ★★★ Tourisme 91 E.
1 ha CV . chauffée . Rivière à 100 m ; bord de mer à 300 m. . Ouvert: 4.4 / 26.9. ☎ 04 68 81 08 10. E-mail : camping.europe@wanadoo.fr. Web : www.camping-europe.net. Réduction H.S.
Lat. : 42° 32′ 44″ N **Long.** : 003° 01′ 20″ E.

LA COSTE ROUGE ★★★ Tourisme 145 E. dont 39 nus 3,7 ha CV. A 4 km : Locations : . . Bord de mer à 1 km ; rivière à 5 km. ; . Accueil groupes. Ouvert: 1.4 / 30.9. ☎ 04 68 81 08 94. E-mail : contact@lacosterouge.com. Web : www.lacosterouge.com. Réduction H.S.
Lat. : 42° 31′ 59″ N **Long.** : 003° 03′ 07″ E.

LA MARINADE ★★★ Loisirs 93 E. 1 ha . , . Bord de mer à 800 m. . Ouvert: 1.6 / 30.9. ☎ 04 68 81 03 88. E-mail : campinglamarinade@hotmail.fr. Web : www.lamarinade.com.
Lat. : 42° 34′ 10″ N **Long.** : 003° 01′ 59″ E.

LA PINEDE ENCHANTEE ★★★ Tourisme 134 E. CV . Locations : . chauffée. Accueil groupes adultes. Ouvert: 9.4 / 2.11. ☎ 04 68 90 27 00. E-mail : sogerel@wanadoo.fr. Web : www.camping-la-pinede-enchantee.com.
Lat. : 42° 33′ 35″ N **Long.** : 003° 00′ 03″ E.

LA PLAGE ARGELÈS ★★★ Tourisme 247 E. dont 89 nus 2 ha CV . Locations : . . Rivière à 10 m ; bord de mer à 200 m. Ouvert: 7.4 / 22.9. ☎ 04 68 81 12 17. E-mail : contact@laplage-argeles.fr. Web : www.laplage-argeles.fr. Prix 2023. Fft jour : empl. Tourisme (2) : 36 € ( ) ; sup 10 € ; animaux 6 €.
Lat. : 42° 33′ 01″ N **Long.** : 003° 02′ 39″ E.

LE CANIGOU ★★★ Loisirs 100 E. CV. Locations : . . Bord de mer à 4,5 km. . Ouvert: 1.4 / 15.9. ☎ 04 68 81 02 55. E-mail : info@camping-lecanigou.com. Web : www.camping-lecanigou.com.
Lat. : 42° 33′ 59″ N **Long.** : 003° 00′ 08″ E.

LE CLOS DU THYM ★★★ Tourisme 176 E. 2,5 ha CV. Locations : . . Bord de mer à 2,5 km. ; ; . Accueil groupes. Ouvert: 1.3 / 31.12. ☎ 04 68 81 24 23. E-mail : closduthym@orange.fr. Web : www.campingclosduthym.com. Réduction H.S.
Lat. : 42° 33′ 29″ N **Long.** : 003° 01′ 22″ E.

LE FLAMENCO ★★★ Tourisme 106 E. CV. chauffée . Rivière à 1 km ; bord de mer à 3 km ; étang et lac à 5 km. Ouvert: 31.3 / 1.10. ☎ 04 68 81 33 16. E-mail : auflamenco@wanadoo.fr. Web : www.auflamenco.com.
Lat. : 42° 32′ 46″ N **Long.** : 003° 01′ 22″ E.

LE RÊVE DES ÎLES ★★★ Loisirs 124 E. 2,67 ha CV . Espace Fitness. . Bord de mer à 2 km. ; . Ouvert: 1.6 / 30.9. ☎ 04 68 81 04 86. E-mail : camping.reve-des-iles@wanadoo.fr. Web : www.camping-revedesiles.fr.
Lat. : 42° 34′ 17″ N **Long.** : 003° 01′ 38″ E.

LE TEXAS ★★★ Tourisme 144 E. dont 45 nus
2 ha 23 h / 7 h 30, CV . A 8 km : chauffée . Rivière à 2 km ; bord de mer à 4 km. . Ouvert: 23.6 / 5.9. ☎ 04 68 81 00 17. E-mail : letexas@wanadoo.fr. Web : www.camping-letexas.fr. Réduction H.S.
Lat. : 42° 34′ 08″ N **Long.** : 003° 00′ 12″ E.

LES ACACIAS ★★★ Tourisme 85 E. A 200 m : . Bord de mer à 200 m. Ouvert: 1.6 / 30.9. ☎ 04 68 81 27 88. E-mail : acacias@orange.fr. Web : www.campingacacias-argeles.com.
Lat. : 42° 33' 01" N **Long.** : 003° 02' 35" E.

LES CHÊNES ROUGES ★★★ Tourisme 139 E. dont 55 nus, dont 43 CC - 12 GCC.
après 23 h, CV . Randonnée pédestre organisée. chauffée . Rivière à 2 km ; bord de mer à 4 km. . Accueil groupes adultes. Ouvert: 11.4 / 20.9. ☎ 04 68 81 02 63. E-mail : contact@campingleschenesrouges.com. Web : www.campingleschenesrouges.com. Réduction H.S.
Lat. : 42° 32' 23" N **Long.** : 002° 59' 39" E.
FFCC : avantages adhérent : 10% du 07/04 au 30/06 et du 01/09 au 17/09 sur emp. et 10% du 07/04 au 30/06 sur loc.

LES PEUPLIERS ★★★ Tourisme 100 E. dont 100 nus 1 ha CV . Bord de mer à 200 m. Ouvert: 3.4 / 29.9. ☎ 04 68 81 17 91. E-mail : contact@camping-peupliers.fr.
Lat. : 42° 33' 07" N **Long.** : 003° 02' 38" E.

SOL Y MAR ★★★ Tourisme 118 E.
CV . A 2 km : . Bord de mer à 800 m ; rivière à 1 km ; lac à 5 km. . Accueil groupes. Ouvert: 18.6 / 24.9. ☎ 04 68 81 24 21. E-mail : contact@solymar.fr. Web : www.soly mar.fr.
Lat. : 42° 34' 12" N **Long.** : 003° 02' 03" E.
FFCC : avantages adhérent : entre 700 € et 1600 € la semaine du 17/06 au 01/07 et du 26/08 au 02/09 sur loc.

ÉQUINOXE ★★★ Loisirs 204 E. dont 16 nus 1,5 ha . Accès direct à la mer. Ouvert: 1.6 / 30.9. ☎ 04 68 81 00 21. E-mail : camping-equinoxe@wanadoo.fr. Web : www.camping-equinoxe.com.
Lat. : 42° 34' 47" N **Long.** : 003° 02' 13" E.

DOMAINE DES MIMOSAS ★★ Tourisme 78 E. dont 27 nus CV. Locations : . , . Bord de mer à 2 km. ; . Ouvert: 1.4 / 30.9. ☎ 04 68 81 06 93. E-mail : contact@domaine-des-mimosas.com. Web : www.domaine-des-mimosas.com. Réduction H.S.
Lat. : 42° 31' 51" N **Long.** : 003° 01' 38" E.

LE CATALAN ★★ Tourisme 103 E. dont 71 nus CV . A 100 m : . Bord de mer à 150 m. Ouvert: 2.5 / 30.9. ☎ 04 68 81 12 26. E-mail : contact@campingcatalan.com. Web : www.campingcatalan.com. Réduction H.S.
Lat. : 42° 33' 03" N **Long.** : 003° 02' 46" E.

LES ALBERES ★ Tourisme 73 E. . Bord de mer à 4 km. Ouvert: 7.2 / 3.1. ☎ 0 825 56 25 62. E-mail : devarine.e@odalys-vacances.com. Web : www.odalys-vacances.com.
Lat. : 42° 33' 48" N **Long.** : 003° 00' 40" E.

LES ABRICOTIERS NC Tourisme 217 E. . Bord de mer à 4 km. Accueil groupes. Ouvert: 8.4 / 5.11. ☎ 04 68 37 87 87. E-mail : service.reservations@popinns.com. Web : www.popinns.com.
Lat. : 42° 33' 44" N **Long.** : 003° 00' 53" E.

ARLES-SUR-TECH

13-C5 11 km O.-S.-O. Céret. 611 m. ✉ 66150

LE VALLESPIR ★★★ Tourisme 156 E. dont 85 nus 2,5 ha CV . chauffée , , . Accès direct à la rivière.. Ouvert: 1.3 / 30.11. ☎ 04 68 39 90 00. E-mail : info@campingvallespir.com. Web : www.campingvallespir.com.
Lat. : 42° 28' 01" N **Long.** : 002° 39' 05" E.

LE RIUFERRER ★★ Tourisme 160 E. dont 141 nus 3 ha visiteurs, CV . Locations : , , . Accès direct à la rivière. . Accueil groupes. Ouvert: 1.4 / 31.10. ☎ 04 68 39 11 06. E-mail : campingriuferrer@gmail.com. Web : www.campingduriuferrer.com. Prix 2023. Fft jour : empl. Tourisme (2) : 25 € ( ) ; sup 7 € ; 5 €. Réduction H.S.
Lat. : 42° 27' 28" N **Long.** : 002° 37' 32" E.

BANYULS-SUR-MER

13-D5 40 km E. Céret. 222 m. ✉ 66650

CAMPING MUNICIPAL LA PINÈDE ★★ Tourisme 171 E. dont 136 nus
3,5 ha 22 h / 8 h, CV . Locations : , cocosweet. Bord de mer à 1 km. Accueil groupes. Ouvert: 3.2 / 2.1. ☎ 04 68 88 32 13. E-mail : camp.banyuls@banyuls-sur-mer.com. Web : www.campinglapinede-banyuls.com. Prix 2022. Fft jour : empl. Tourisme (2) : 32 € ( ). Réduction H.S.
Lat. : 42° 28' 37" N **Long.** : 003° 07' 09" E.
FFCC : avantages adhérent : 22 € du 25/02 au 02/06 et du 24/09 au 31/12 sur emp. et entre 465 € et 469 € la semaine du 25/02 au 02/06 et du 24/09 au 31/12 sur loc.

BOURG-MADAME

13-B5 57 km S.-O. Prades. 1174 m. Station verte de vacances et village de neige ✉ 66760

MAS PIQUES ★★★ Loisirs 96 E.
1,4 ha CV . Locations : , . Rivière à 100 m.. Accueil groupes. Ouvert: 4.10 / 31.12. ☎ 04 68 04 62 11. E-mail : campiques@orange.fr. Web : www.campingmaspiques.com. Prix 2023. Fft jour : empl. Tourisme (2) : 19 € ( ) ; sup 7 € ; animaux 3 € ; 6 €.
Lat. : 42° 26' 19" N **Long.** : 001° 56' 38" E.

LE SEGRE ★ 44 E. 0,9 ha . Accès direct à la rivière. Ouvert: 1.1 / 31.12. ☎ 04 68 04 65 87. E-mail : camping.le segre@free.fr.
Lat. : 42° 26' 06" N **Long.** : 001° 56' 45" E.

CANET-EN-ROUSSILLON

13-D4 10 km E. Perpignan. 6 m. ✉ 66140

LE BRASILIA ★★★★★ Tourisme 699 E. dont 437 nus
12 ha ap. 24 h, CV . Locations : . Espace Fitness. chauffée , , . Accès direct à la mer et à la rivière. ; ; . Accueil groupes adultes. Ouvert: 16.4 / 8.10. ☎ 04 68 80 23 82. E-mail : info@lebrasilia.fr. Web : www.brasilia.fr. Prix 2022. Fft jour : empl. Tourisme (2) : 69 € ( ) ; sup 9 € ; animaux 6 € ; 7 €. Réduction H.S.
Lat. : 42° 42' 30" N **Long.** : 003° 02' 07" E.
FFCC : avantages adhérent : 10% du 15/04 au 30/06 et du 01/09 au 07/10 sur emp. + Rendez-vous dans votre club avantages FFCC pour obtenir le code promotionnel et réserver !.

LA MARINA DE CANET - LE BOSQUET ★★★★ Tourisme 276 E. dont 66 nus CV . A 1 km : . Locations : . , . Accès direct à la mer. ; . Accueil groupes. Ouvert: 7.4 / 24.9. ☎ 04 84 39 08 60. E-mail : inesselma@homair.com. Web : www.homair.com. Réduction H.S.
Lat. : 42° 42' 33" N **Long.** : 003° 01' 59" E.

MA PRAIRIE ★★★★ Tourisme 258 E. dont 177 nus, dont 25 CC - 14 GCC.
4,5 ha CV . A 1,5 km : . Locations : , . Espace Fitness. chauffée . Etang à 500 m ; rivière à 2 km ; bord de mer à 3 km. ; . Accueil groupes. Ouvert: 5.5 / 19.9. ☎ 04 68 73 26 17. E-mail : contact@maprairie.com. Web : www.maprairie.com. Prix 2022. Fft jour : empl. Tourisme (2) : 50 € ( ) ; sup 9 € ; animaux 5 € ; 7 €. Réduction H.S.
Lat. : 42° 42' 04" N **Long.** : 002° 59' 55" E.

MAR ESTANG ★★★★ Tourisme 600 E. dont 140 nus 14 ha CV . Locations : . Randonnée pédestre organisée. Espace Fitness. couverte chauffée , . Accès direct à l'étang ; bord de mer à 100 m. ; ; . Accueil groupes. Ouvert: 8.4 / 5.11. ☎ 04 68 80 35 53. E-mail : contactme@marestang.com. Web : marestang.fr.
Lat. : 42° 40' 31" N **Long.** : 003° 01' 52" E.

LES FONTAINES ★★★ Tourisme 160 E. dont 44 nus
CV . Locations : . . Etang à 200 m ; rivière à 2 km ; bord de mer à 4 km. . Ouvert: 25.4 / 1.10. ☎ 04 68 80 22 57. E-mail : info@campinglesfontaines.fr. Web : www.campinglesfontaines.fr. Prix 2023. Fft jour : empl. Tourisme (2) : 41,5 € ( ). Réduction H.S.
Lat. : 42° 41' 19" N **Long.** : 002° 59' 58" E.
FFCC : avantages adhérent : 16 € du 01/05 au 24/06 et du 01/09 au 30/09 sur emp. et entre 42 € et 55 € la nuitée du 01/05 au 24/06 et du 02/09 au 30/09 sur loc.

CARAMANY

13-C4 36 km N.-O. Perpignan. 341 m. ✉ 66720

CAMPING DU LAC ★★ Tourisme 20 E. dont 18 nus, dont 6 GCC. 0,2 ha CV . Locations : . Lac et rivière à 500 m. Accueil groupes. Ouvert: 1.4 / 31.10. ☎ 04 68 29 24 50 / 0 6 64 74 69 42. E-mail : resa@campingdulac-caramany.fr. Web : www.campingdulac-caramany.fr.
Lat. : 42° 44' 05" N **Long.** : 002° 34' 28" E.

CASTEIL

13-C5 15 km S. Prades. 1816 m. ✉ 66820

DOMAINE SAINT MARTIN ★★★ Tourisme 65 E. dont 47 nus 4,5 ha CV . . . Ouvert: 26.3 / 15.10. ☎ 04 68 05 52 09. E-mail : domainesaintmartin66@gmail.com. Web : www.domainesaintmartin.com. Réduction H.S.
Lat. : 42° 31' 50" N **Long.** : 002° 23' 36" E.

CAUDIES-DE-FENOUILLEDES

13-C4 52 km N.-O. Perpignan. 523 m. ✉ 66220

CAMPING CASTEL FIZEL ★★★ Tourisme 42 E. dont 25 nus, dont 44 GCC. 5 ha CV. Locations : . Randonnée pédestre organisée. chauffée , . Rivière à 2 km. Accueil groupes. Ouvert: 18.6 / 11.9. ☎ 04 68 59 93 96. E-mail : contact@castel-fizel.fr. Web : www.castel-fizel.fr. Réduction H.S.
Lat. : 42° 48' 13" N **Long.** : 002° 24' 03" E.

CAMPING MUNICIPAL NC Tourisme 9 E. . ☎ 04 68 59 92 25. E-mail : mairie.caudies@wanadoo.fr. Web : www.mairie-caudies-fenouilledes.fr.
Lat. : 42° 48' 43" N **Long.** : 002° 22' 30" E.

CERBERE

13-D5 60 km S.-E. Céret. 173 m. ✉ 66290

CAMPING MUNICIPAL NC Tourisme 150 E. . Accès direct à la mer. . Ouvert: 1.4 / 1.11. ☎ 04 68 88 41 17. E-mail : mairie@cerbere-village.com. Web : www.cerbere-village.com.
Lat. : 42° 27' 24" N **Long.** : 003° 09' 39" E.

CERET

13-C5 30 km S.-O. Perpignan. 423 m. ✉ 66400

LE SAINT MARTIN ★★★★ Tourisme 60 E. dont 15 nus CV . chauffée. Rivière à 2 km ; lac à 3 km. Accueil groupes. Ouvert: 22.6 / 31.8. ☎ 06 21 50 47 96. E-mail : bienvenue@camping-stmartin.fr. Web : www.camping-stmartin.fr. Réduction H.S.
Lat. : 42° 29' 31" N **Long.** : 002° 46' 55" E.

LES CERISIERS ★★★ Tourisme 121 E. CV . . Rivière à 400 m ; lac à 4 km.. Accueil groupes. Ouvert: 1.2 / 31.12. ☎ 04 68 87 00 08. E-mail : camping.lescerisiers@club-internet.fr. Web : www.campingcerisiers.com.
Lat. : 42° 29' 25" N **Long.** : 002° 45' 48" E.

SAINT GEORGES ★★★ Loisirs 60 E. Locations : . Rivière à 1 km ; lac à 3 km. Ouvert: 1.1 / 28.12. ☎ 04 68 87 03 73. E-mail : campingsaintgeorges66@gmail.com. Web : www.campingsaintgeorges.com.
Lat. : 42° 29' 34" N **Long.** : 002° 46' 47" E.

MAS D'EN MAS ★★ Tourisme 165 E. Locations : . Lac et rivière à 2 km. Ouvert: 1.1 / 31.12. ☎ 04 68 83 46 01. E-mail : marion_jacqueline_marguerite@yahoo.fr. Web : www.masdenmas.fr.
Lat. : 42° 30' 29" N **Long.** : 002° 46' 05" E.

CAMPING DE NOGARÈDE NC Tourisme 134 E. dont 56 nus
2,5 ha CV. Locations : , caravane. Rivière à 1 km ; lac à 3 km. Ouvert: 1.1 / 31.12. ☎ 04 68 87 26 72. E-mail : campingdenogarede@gmail.com. Web : www.campingdenogarede-ceret.fr. Prix 2023. Fft jour : empl. Tourisme (2) : 21 € ( ) ; sup 4,70 € ; 2,60 € ; 4,50 €.
Lat. : 42° 29' 03" N **Long.** : 002° 45' 31" E.
FFCC : avantages adhérent : 18 € du 15/01 au 31/03 et du 01/10 au 31/12 sur emp. et entre 30 € et 45 € la nuitée et entre 152 € et 550 € la semaine du 15/01 au 31/03 et du 01/10 au 31/12 sur loc.

COLLIOURE
13-D5 25 km E. Céret. 151 m. ✉ 66190

LA GIRELLE ★★ Tourisme 39 E. 1 ha . Accès direct à la mer. Ouvert: 30.4 / 30.9. ☎ 04 68 81 25 56. E-mail : campinglagirelle@orange.fr. Web : campinglagirelle.unblog.fr/.
Lat. : 42° 31' 57" N **Long.** : 003° 04' 32" E.

LES AMANDIERS ★★ Tourisme 80 E. dont 64 nus 1,4 ha 8 h / 22 h, CV. Locations : . Bord de mer à 150 m. Accueil groupes adultes. Ouvert: 28.3 / 12.10. ☎ 04 68 81 14 69. E-mail : contact@camping-les-amandiers.com. Web : www.camping-les-amandiers.com. Réduction H.S.
Lat. : 42° 31' 54" N **Long.** : 003° 04' 18" E.

CORNEILLA-DE-CONFLENT
13-C5 8 km S.-O. Prades. 643 m. ✉ 66820

LES CLOSES ★★★ Tourisme 76 E. 2,3 ha CV. Rivière à 2 km. Ouvert: 1.4 / 30.10. ☎ 04 68 96 52 29. E-mail : serge-carrere@wanadoo.fr. Web : www.las-closes.fr.
Lat. : 42° 33' 55" N **Long.** : 002° 23' 18" E.

CORSAVY
13-C5 18 km O. Céret. 1373 m. ✉ 66150

LE CORTSAVI ★★ Loisirs 50 E. dont 42 nus 0,57 ha . Locations : . Rivière à 2 km. Accueil groupes adultes. Ouvert: 1.4 / 31.10. ☎ 04 68 87 89 24. E-mail : info@camping-cortsavi.com. Web : www.campinglecortsavi.fr.
Lat. : 42° 28' 09" N **Long.** : 002° 34' 41" E.

EGAT
13-B5 36 km S.-O. Prades. 1728 m. ✉ 66120

LAS CLOTES ★★ Tourisme 77 E. 1 ha CV. couverte. Accès direct à la rivière. Accueil groupes. Ouvert: 1.1 / 31.12. ☎ 04 68 30 26 90. E-mail : michel.marti66@orange.fr. Web : www.campinglasclotes-egat-fontromeu.fr.
Lat. : 42° 30' 12" N **Long.** : 002° 01' 00" E.

ELNE
13-D4 13 km S.-E. Perpignan 18 m. ✉ 66200

EL MOLI ★★★★ Tourisme 294 E. CV. Locations : . chauffée . Rivière à 2 km ; étang et bord de mer à 5 km. Accueil groupes. Ouvert: 20.5 / 6.9. ☎ 04 68 22 08 46. E-mail : elmoli@capfun.com. Web : www.capfun.com.
Lat. : 42° 36' 45" N **Long.** : 002° 59' 00" E.

LE FLORIDA ★★★★ Tourisme 153 E. dont 40 nus, dont 6 CC.
4 ha CV. chauffée . Bord de mer à 3,5 km. Ouvert: 19.3 / 30.10. ☎ 04 68 37 80 88. E-mail : info@campingleflorida.com. Web : www.campingleflorida.com.
Lat. : 42° 36' 25" N **Long.** : 002° 59' 27" E.

LA MIGNANE CV. Ouvert: 15.4 / 15.10. ☎ 04 68 21 00 97. E-mail : campinglamignane@orange.fr. Web : www.camping-la-mignane.fr. Prix 2022. Fft jour : empl. Tourisme (2) : 25 € ( ) ; sup 6 € ; animaux 2 € ; 4 € ; 5 €.
Lat. : 42° 36' 08" N **Long.** : 002° 54' 56" E.

ENVEITG
13-B5 50 km S.-O. Prades. 1887 m. ✉ 66760

LE ROBINSON ★★ Loisirs 120 E. dont 41 nus CV. A 4 km : . Rivière à 500 m ; lac à 4 km. Ouvert: 1.1 / 31.12. ☎ 04 68 04 80 38. E-mail : infos@robinson-cerdagne.com. Web : www.robinson-cerdagne.com. Réduction H.S.
Lat. : 42° 27' 37" N **Long.** : 001° 54' 46" E.

ERR
13-B5 49 km S.-O. Prades. 1978 m. ✉ 66800

EL PASTURAL P.R.L ★★★★ NN20 E. Locations : . Ouvert: 1.1 / 31.12. ☎ 04 68 04 04 79. E-mail : levedrignans66@orange.fr. Web : www.levedrignans.com.
Lat. : 42° 26' 17" N **Long.** : 002° 02' 04" E.

LAS CLOSAS ★★★ Tourisme 114 E.
2 ha ap. 22 h, CV. A 10 km : Locations : cocosweet. Accès direct à l'étang ; lac et rivière à 200 m. Ouvert: 28.10 / 31.12. ☎ 04 68 04 71 42. E-mail : reception@camping-las-closas.com. Web : www.camping-las-closas.com. Réduction H.S.
Lat. : 42° 26' 27" N **Long.** : 002° 01' 52" E.

LE PUIGMAL ★★★ Tourisme 125 E. dont 40 GCC.
3,11 ha CV. Accès direct à la rivière.. Ouvert: 1.11 / 31.12. ☎ 04 68 04 71 83. E-mail : contact@camping-le-puigmal.fr. Web : www.camping-le-puigmal.com.
Lat. : 42° 26' 16" N **Long.** : 002° 02' 02" E.

CAMPING GCU - ERR ★★ Tourisme 100 E. . Ouvert: 21.6 / 7.9. ☎ 01 43 87 17 05. E-mail : gcu@gcu.asso.fr. Web : www.gcu.asso.fr.
Lat. : 42° 26' 24" N **Long.** : 002° 02' 18" E.

ESCARO
13-B5 20 km S.-O. Prades. 1076 m. ✉ 66360

LE P'TIT BONHEUR ★★ Tourisme 56 E. dont 37 nus, dont 2 CC - 2 GCC.
1 ha . Locations : , caravane. Randonnée pédestre organisée. Accès direct à la rivière. Accueil groupes. Ouvert: 1.1 / 31.12. ☎ 04 68 97 08 53. E-mail : mon.campin g@free.fr. Web : www.camping-pyrenees66.com. Prix 2022. empl. Tourisme : 8 € ; 6 € ; animaux 2 € ; 5 € ; 4 €. Réduction H.S.
Lat. : 42° 32' 01" N **Long.** : 002° 18' 42" E.
FFCC : avantages adhérent : 17 € du 15/03 au 30/06 et du 01/09 au 31/12 sur emp. et entre 17 € et 52 € la nuitée et entre 230 € et 824 € la semaine sur loc. + Locatifs : tarif le plus bas : du 15/03 au 01/062022 tarif le plus haut : du 15/07 au 20/08.

ESPIRA-DE-CONFLENT
13-C4 11 km E. Prades. 382 m. ✉ 66320

LE CANIGOU ★★★ Tourisme 110 E. 2,5 ha CV. Locations : . Randonnée pédestre organisée. Accès direct à la rivière ; lac à 3 km. Accueil groupes. Ouvert: 1.4 / 27.10. ☎ 04 68 05 85 40. E-mail : campinglecanigou@gmail.com. Web : camping-canigou.com/fr.
Lat. : 42° 36' 59" N **Long.** : 002° 30' 06" E.

ESTAVAR
13-B5 52 km S.-O. Prades. 1385 m. ✉ 66800

L'ENCLAVE ★★★★ Tourisme 175 E. dont 145 nus 23 h, CV. Locations : . Randonnée pédestre organisée. chauffée . Accès direct à la rivière. Accueil groupes. Ouvert: 1.11 / 30.9. ☎ 04 68 04 72 27. E-mail : contact@camping-lenclave.com. Web : camping-lenclave.com. Réduction H.S.
Lat. : 42° 28' 09" N **Long.** : 001° 59' 57" E.

L'ESCAPADE P.R.L ★★★★ NN38 E.
Locations : . Accès direct à la rivière.. Ouvert: 1.1 / 31.12. ☎ 04 68 30 81 00. E-mail : contact@lescapade.com. Web : lescapade.com.
Lat. : 42° 27' 42" N **Long.** : 001° 59' 57" E.

LES JARDINS D'ESTAVAR ★★★ Tourisme 22 E. 2,9 ha CV. Locations : , roulotte. Rivière à 20 m. Ouvert: 1.1 / 31.12. ☎ 04 68 04 85 35. E-mail : info@lesjardins-destavar.com. Web : www.lesjardins-destavar.com.
Lat. : 42° 28' 08" N **Long.** : 001° 59' 55" E.

FENOUILLET
13-C4 53 km N.-O. Perpignan 714 m. ✉ 66220

CAMPING DES RANDONNEURS ★★ Tourisme 43 E. dont 21 nus
CV. Locations : . Ouvert: 7.4 / 15.10. ☎ 04 68 59 05 50. E-mail : campingdesrandonneurs@gmail.com. Web : www.campingdesrandonneurs.com. Prix 2023. Fft nuit : empl. Tourisme (2) : 21 € ( )
Lat. : 42° 47' 21" N **Long.** : 002° 23' 03" E.

FILLOLS
13-C5 11 km S. Prades. 1121 m. ✉ 66820

LES SAUTERELLES ★ Tourisme 75 E. dont 75 nus 1,3 ha CV. Rivière à 3 km. Ouvert: 1.6 / 30.9. ☎ 04 68 05 63 72. E-mail : contact@campinglessauterelles.com. Web : www.campinglessauterelles.com.
Lat. : 42° 33' 56" N **Long.** : 002° 25' 09" E.

FONT-ROMEU-ODEILLO-VIA
13-B5 50 km S.-O. Prades. 1839 m. ✉ 66120

HUTTOPIA FONT ROMEU ★★★ Tourisme 171 E. dont 100 nus
CV. Locations : . chauffée . Accès direct à l'étang. Accueil groupes. Ouvert: 16.5 / 9.9. ☎ 04 68 30 09 32. E-mail : marieke.hettema@huttopia.com. Web : europe.huttopia.com/site/camping-font-romeu. Prix 2023. Fft jour : empl. Tourisme (2) : 40 € ( ) ; sup 9 € ; animaux 5 € ; 7 €. Réduction H.S.
Lat. : 42° 30' 21" N **Long.** : 002° 02' 44" E.
FFCC : avantages adhérent : 10% du 16/05 au 01/07 et du 31/08 au 09/0910% du 16/05 au 01/07 et du 31/08 au 09/09 sur emp. et loc. + 5% de réduction en juillet-août sur les emplacements nus et locatifs * frais de réservation offerts Rendez-vous dans votre club avantages FFCC pour obtenir le code promotionnel.

FONTPEDROUSE
13-B5 25 km S.-O. Prades. 2110 m. ✉ 66360

CAMPING DE FONTPÉDROUSE ★★ Tourisme 38 E. dont 31 nus, dont 20 CC. 0,7 ha CV. Locations : . Accès direct à la rivière.. Accueil groupes. Ouvert: 8.4 / 14.10. ☎ 06 70 99 06 86. E-mail : contact@campingfontpedrouse.com. Web : www.campingfontpedrouse.com. Prix 2023. Fft nuit : empl. Tourisme (2 1) : 29,6 € ( ) ; sup 3,50 € nuit ; animaux 3 € nuit ; 2,50 € nuit. Réduction H.S.
Lat. : 42° 30' 39" N **Long.** : 002° 10' 56" E.

FORMIGUERES

13-B4 54 km O. Prades. 1916 m. ✉ 66210

LA DEVEZE ★★★ Tourisme 117 E. dont 44 nus CV. A 5 km : Locations : roulotte. Randonnée pédestre organisée. Rivière à 10 m ; étang à 2 km ; lac à 4 km. Accueil groupes. Ouvert: 1.1 / 31.12. ☎ 04 68 04 66 73. E-mail : campingladeveze@wanadoo.fr. Web : campingladeveze.com.
Lat. : 42° 36' 29" N **Long.** : 002° 05' 24" E.

FUILLA

13-C5 10 km S.-O. Prades. 653 m. ✉ 66820

LE ROTJA ★★★ Tourisme 100 E. dont 86 nus 1,8 ha CV. Rivière à 300 m. Ouvert: 1.4 / 31.10. ☎ 04 68 96 52 75. E-mail : info@camping-lerotja.com. Web : www.camping-lerotja.com. Réduction H.S.
Lat. : 42° 33' 43" N **Long.** : 002° 21' 32" E.

ILLE-SUR-TET

13-C4 19 km N.-E. Prades. 216 m. ✉ 66130

CAMPING MUNICIPAL LE COLOMER ★★ Tourisme 59 E. dont 30 nus 1,5 ha CV. Locations : . Accès direct à la rivière. Accueil groupes. Ouvert: 2.11 / 31.12. ☎ 0 4 68 56 7967. E-mail : camping@ille-sur-tet.com. Web : camping-le-colomer.fr/. Réduction H.S.
Lat. : 42° 40' 19" N **Long.** : 002° 37' 47" E.

LA BASTIDE

13-C5 32 km N.-O. Céret. 1012 m. ✉ 66110

CAMPING MUNICIPAL LA BASTIDE ★ Tourisme 25 E. Rivière à 5 km. Ouvert: 1.1 / 31.12. ☎ 04 68 39 42 81. E-mail : mairie.la-bastide@wanadoo.fr.
Lat. : 42° 32' 51" N **Long.** : 002° 35' 14" E.

LA LLAGONNE

13-B5 40 km S.-O. Prades. 1783 m. ✉ 66210

LES BOUILLOUSES ★★ Tourisme 162 E. dont 165 nus CV. Locations : . Accès direct à la rivière. Accueil groupes. Ouvert: 21.5 / 27.9. ☎ 04 68 04 26 04. E-mail : campingplabarres@gmail.com. Web : www.pladebarres.com.
Lat. : 42° 31' 10" N **Long.** : 002° 05' 49" E.

LAROQUE-DES-ALBERES

13-D5 18 km N.-E. Céret. 383 m. ✉ 66740

LES ALBÈRES ★★★★ Tourisme 299 E. dont 129 nus CV. A 2 km : Locations : . Randonnée pédestre organisée. couverte chauffée. Rivière à 3 km. Accueil groupes adultes. Ouvert: 8.4 / 16.9. ☎ 04 68 89 23 64. E-mail : lesalberes@cybelevacances.com. Web : www.camping-des-alberes.com. Prix 2023. Fft jour : empl. Tourisme (2) : 44 € (). Réduction H.S.
Lat. : 42° 31' 26" N **Long.** : 002° 56' 39" E.

MAS MANYERES ★★★ Tourisme 100 E. dont 37 nus, dont 36 GCC. 2 ha CV. Locations : . Randonnée pédestre organisée. Espace Fitness. Rivière à 2 km. Ouvert: 10.3 / 31.12. ☎ 04 68 89 33 11. E-mail : contact@camping-masmanyeres.com. Web : www.masmanyeres.com. Réduction H.S.
Lat. : 42° 31' 24" N **Long.** : 002° 56' 45" E.

LAS PLANES ★★ Tourisme 95 E. dont 50 nus 2,5 ha CV. Locations : . Randonnée pédestre organisée. . Lac et rivière à 3 km. Ouvert: 1.4 / 15.10. ☎ 07 77 75 53 88. E-mail : campinglasplanes@gmail.com. Web : campinglasplanes.com. Prix 2022. Fft jour : empl. Tourisme (2) : 31 € (). Réduction H.S.
Lat. : 42° 31' 33" N **Long.** : 002° 54' 51" E.
FFCC : avantages adhérent : 15 € du 01/04 au 30/06 et du 01/09 au 15/10 sur emp.

M. YVES GOUZIEN CV. Ouvert: 1.1 / 31.12. ☎ 04 30 44 62 57. E-mail : yvesgouzien@sfr.fr.
Lat. : 42° 31' 28" N **Long.** : 002° 54' 49" E.

LATOUR-DE-CAROL

13-B5 64 km S.-O. Prades. 1443 m. ✉ 66760

L'ORATOIRE ★★ Tourisme 55 E. dont 30 nus 2 ha CV. Locations : . Accès direct à la rivière ; lac à 5 km.. Ouvert: 1.12 / 31.12. ☎ 04 68 04 83 70. E-mail : campingloratoire@wanadoo.fr. Web : www.cerdagne-camping.com.
Lat. : 42° 28' 14" N **Long.** : 001° 52' 51" E.

LATOUR-DE-FRANCE

13-C4 27 km N.-O. Perpignan. 192 m. ✉ 66720

LA TOUR DE FRANCE ★★★ Tourisme 79 E. dont 57 nus 1,4 ha CV. Locations : . Rivière à 100 m. Accueil groupes. Ouvert: 4.4 / 27.9. ☎ 04 68 29 16 10. E-mail : contact@camping-latourdefrance.fr. Web : www.camping-latourdefrance.fr.
Lat. : 42° 45' 58" N **Long.** : 002° 39' 57" E.

LE BARCARES

13-D4 12 km N.-E. Perpignan. 1 m. ✉ 66420

LE FLORIDE ET L'EMBOUCHURE ★★★★★ Tourisme 627 E. dont 142 nus 10 ha la nuit, CV. Locations : , roulotte. Espace Fitness. couverte chauffée. Accès direct à la mer et à la rivière ; étang et lac à 4 km. Accueil groupes adultes. Ouvert: 8.4 / 6.11. ☎ 04 68 86 11 75. E-mail : contact@floride.fr. Web : www.floride.fr.
Lat. : 42° 46' 43" N **Long.** : 003° 01' 48" E.
FFCC : avantages adhérent : 20 € du 07/04 au 29/06 et du 31/08 au 04/11 sur emp.

LES TAMARIS ★★★★★ Tourisme 583 E. CV. Locations : . Espace Fitness. couverte chauffée. Bord de mer à 2 km ; étang à 5 km. Accueil groupes adultes. Ouvert: 7.4 / 24.9. ☎ 02 53 81 70 00. E-mail : reservation@ms-vacances.com. Web : www.ms-vacances.com.
Lat. : 42° 46' 30" N **Long.** : 003° 01' 13" E.

CAMPING NAI'A VILLAGE ★★★★ Tourisme 332 E. dont 50 nus 6 ha CV. Espace Fitness. chauffée. Accès direct à l'étang ; bord de mer et rivière à 500 m. Ouvert: 1.1 / 31.12. ☎ 04 68 86 15 36. E-mail : reception@naia-village.com. Web : www.naia-village.eu/.
Lat. : 42° 46' 27" N **Long.** : 003° 01' 22" E.

L'OASIS & CALIFORNIA ★★★★ Tourisme 496 E. CV. Locations : . Rivière à 400 m ; bord de mer à 1 km ; étang à 2 km. Ouvert: 15.4 / 30.9. ☎ 04 68 86 12 43. E-mail : contact@camping-oasis.com. Web : www.camping-oasis.com.
Lat. : 42° 46' 42" N **Long.** : 003° 01' 27" E.

LA CROIX DU SUD ★★★★ Tourisme 194 E. 3 ha visiteur, CV. Locations : . chauffée. Rivière à 200 m ; bord de mer à 650 m ; étang à 2 km. Ouvert: 6.4 / 3.11. ☎ 04 68 86 16 61. E-mail : camplacroixdusud@wanadoo.fr. Web : www.lacroixdusud.fr. Réduction H.S.
Lat. : 42° 46' 36" N **Long.** : 003° 01' 39" E.

LA PRESQU'ÎLE DU BARCARÈS ★★★★ Tourisme 160 E. 3 ha CV. A 5 km : Locations : . Espace Fitness. chauffée. Accès direct à l'étang et aux bords du lac ; bord de mer et rivière à 2 km. Ouvert: 22.4 / 24.9. ☎ 04 84 39 08 73. E-mail : inesselma@homair.com. Web : www.homair.com. Réduction H.S.
Lat. : 42° 48' 19" N **Long.** : 003° 01' 37" E.

LA SALANQUE ★★★★ Tourisme 107 E. CV. Locations : . Accueil groupes adultes. Ouvert: 21.3 / 15.11. ☎ 04 68 86 14 86. E-mail : guides@campingfrance.com.
Lat. : 42° 47' 20" N **Long.** : 003° 01' 25" E.

LAS BOUSIGUES ★★★★ Tourisme 306 E. CV. Locations : . chauffée. Bord de mer à 900 m ; rivière à 1,5 km ; étang à 2 km. Accueil groupes. Ouvert: 20.5 / 13.9. ☎ 04 68 86 16 19. E-mail : lasbousigues@capfun.com. Web : www.camping-barcares.com. Réduction H.S.
Lat. : 42° 47' 09" N **Long.** : 003° 01' 28" E.

LE CALIFORNIA ★★★★ Tourisme 256 E. dont 100 nus 5 ha CV. Locations : . chauffée. Bord de mer à 900 m ; étang à 4 km. Ouvert: 1.4 / 30.9. ☎ 04 68 86 16 08. E-mail : contact@camping-oasis.com. Web : www.camping-oasis.com. Réduction H.S.
Lat. : 42° 46' 33" N **Long.** : 003° 01' 22" E.

LE PRÉ CATALAN ★★★★ Tourisme 250 E. dont 110 nus 4,50 ha CV. Locations : . chauffée. Bord de mer à 1 km. Ouvert: 8.5 / 27.9. ☎ 04 68 86 12 60. E-mail : info@precatalan.com. Web : www.precatalan.com.
Lat. : 42° 46' 53" N **Long.** : 003° 01' 23" E.
FFCC : avantages adhérent : 10% du 12/05 au 30/06 et du 01/09 au 17/0910% du 12/05 au 30/06 et du 01/09 au 17/09 sur emp. et loc. + Rendez-vous dans votre club avantages FFCC pour obtenir le code promotionnel et réserver !.

LE SOLEIL BLEU ★★★★ Tourisme 172 E. 3,5 ha CV. Locations : . chauffée. Rivière à 200 m ; bord de mer à 600 m ; étang à 2 km. Ouvert: 2.4 / 29.10. ☎ 04 68 86 15 50. E-mail : infos@lesoleilbleu.com. Web : www.lesoleilbleu.com. Réduction H.S.
Lat. : 42° 46' 35" N **Long.** : 003° 01' 42" E.

LE SABLE D'OR ★★★ Tourisme 185 E. CV. Locations : . Bord de mer à 500 m. Ouvert: 1.4 / 31.10. ☎ 04 68 86 18 41. E-mail : gerard.rigon@wanadoo.fr. Web : www.camping-sabledor.com.
Lat. : 42° 49' 17" N **Long.** : 003° 01' 57" E.

LE BOULOU

13-C5 9 km N.-E. Céret. 121 m. ✉ 66160

LE MAS LLINAS ★★★ Tourisme 87 E. 4 ha CV. Locations : . Rivière à 2 km ; étang à 5 km. Accueil groupes. Ouvert: 1.3 / 30.11. ☎ 04 68 83 25 46. E-mail : masllinas@sfr.fr. Web : www.mas-llinas.com. Réduction H.S.
Lat. : 42° 32' 35" N **Long.** : 002° 49' 55" E.

LES OLIVIERS ★★★ Tourisme 72 E. dont 41 nus CV. Locations : . Rivière à 700 m ; bord de mer à 1,5 km ; étang et lac à 2,5 km. Accueil groupes. Ouvert: 15.1 / 15.12. ☎ 04 68 83 12 86. E-mail : contact@camping-lesoliviers.com. Web : www.camping-lesoliviers.com. Prix 2023. Fft jour : empl. Tourisme (2) : 22 € () ; sup 6,50 € ; animaux 2,50 € ; 4,50 € ; 2,50 €. Réduction H.S.
Lat. : 42° 31' 17" N **Long.** : 002° 50' 44" E.
FFCC : avantages adhérent : 21.40 € du 15/01 au 30/06 et du 01/09 au 15/12 sur emp.

L'OLIVETTE ★★ Tourisme 150 E. 2,71 ha 23 h / 7 h, CV. Locations : . Accès direct à la rivière ; lac à 2,5 km.. Ouvert: 15.3 / 31.10. ☎ 04 68 83 48 08. E-mail : info@camping-olivette.fr. Web : www.camping-olivette.fr.
Lat. : 42° 30' 39" N **Long.** : 002° 49' 37" E.

LLAURO

13-C5 22 km S.-O. Perpignan. 325 m. ✉ 66300

CAMPING MUNICIPAL AL COMU ★ Tourisme 30 E. dont 30 nus 1,5 ha. Ouvert: 1.4 / 14.10. ☎ 04 68 39 42 08. E-mail : alcomu@wanadoo.fr. Web : www.camping-alcomu.com. Prix 2022. Fft jour : empl. Tourisme (2) : 25 €. Réduction H.S.
Lat. : 42° 33' 01" N **Long.** : 002° 45' 13" E.

MATEMALE

13-B5 38 km S.-O. Prades. 1643 m. ✉ 66210

LE LAC ★★★ Tourisme 120 E. dont 50 GCC. 4 ha CV. A 200 m : . Locations : , . Lac à 200 m. ; . Accueil groupes adultes. Ouvert: 1.5 / 26.10. ☎ 04 68 30 94 49. E-mail : camping-lac-matemale@orange.fr. Web : www.camping-lac-matemale.com. Réduction H.S.
Lat. : 42° 34' 56" N **Long.** : 002° 06' 22" E.

MAUREILLAS-LAS-ILLAS

13-C5 6 km E. Céret. 446 m. ✉ 66480

LES PINS LE CONGO ★★★★ Loisirs 62 E. 1,7 ha CV. Locations : . Accès direct à la rivière ; lac à 4 km.. Accueil groupes adultes. Ouvert: 1.3 / 1.10. ☎ 09 65 01 13 50. E-mail : lespinslecongo@hotmail.fr. Web : www.campinglespinslecongo.com. Réduction H.S.
Lat. : 42° 29' 27" N **Long.** : 002° 47' 49" E.

LA CLAPÈRE ★★★ Tourisme 200 E. dont 190 nus 7,22 ha CV Rés. naturiste. Accès direct à la rivière. . Ouvert: 1.5 / 30.9. ☎ 04 68 83 36 04. E-mail : la.clapere@gmail.com. Web : www.clapere.com. Réduction H.S.
Lat. : 42° 28' 44" N **Long.** : 002° 48' 14" E.

LES BRUYÈRES ★★★ Tourisme 104 E. dont 40 nus 3 ha CV. Locations : . Lac et rivière à 2 km. . Ouvert: 1.1 / 31.12. ☎ 04 68 83 26 64. E-mail : campinglesbruyeres@live.fr. Web : www.camping-lesbruyeres-66.fr. Réduction H.S.
Lat. : 42° 29' 33" N **Long.** : 002° 47' 42" E.

VAL ROMA PARK ★★★ Tourisme 65 E. 2 ha CV. Locations : . , . Accès direct à la rivière ; lac à 5 km. . Ouvert: 1.5 / 15.9. ☎ 04 68 39 88 13. E-mail : valromapark@wanadoo.fr. Web : valroma.fr. Réduction H.S.
Lat. : 42° 30' 24" N **Long.** : 002° 49' 23" E.

MAUREILLAS ★★ Tourisme 48 E. dont 42 nus 0,6 ha CV. . Rivière à 100 m ; lac à 4 km.. Accueil groupes. Ouvert: 1.5 / 31.10. ☎ 09 79 37 57 90. E-mail : info@campingmaureillas.com. Web : campingmaureillas.wordpress.com.
Lat. : 42° 29' 29" N **Long.** : 002° 48' 39" E.
FFCC : avantages adhérent : 13 € du 01/04 au 31/05 et du 01/10 au 31/10 sur emp.

MAURY

13-C4 32 km N.-O. Perpignan. 244 m. ✉ 66460

LE MAURYNATE ★★ Tourisme 26 E. dont 26 nus. Randonnée pédestre organisée. . Accueil groupes. Ouvert: 1.4 / 30.9. ☎ 04 68 67 11 01. E-mail : lemaurynate@orange.fr. Web : www.lemaurynate.fr. Réduction H.S.
Lat. : 42° 48' 30" N **Long.** : 002° 36' 22" E.

MOLITG-LES-BAINS

13-C4 8 km N.-O. Prades. 835 m. ✉ 66500

CAMPING MUNICIPAL LE CABANIL ★ Tourisme 21 E. . Ouvert: 29.3 / 3.12. ☎ 04 68 05 02 12. E-mail : mairie.molitg.les.bains@wanadoo.fr. Web : www.molitg.com.
Lat. : 42° 38' 59" N **Long.** : 002° 23' 25" E.

MONTBOLO

13-C5 12 km O. Céret. 640 m. ✉ 66110

CENTRE NATURISTE DU MAS DE LA BALMA ★ Tourisme 50 E. 3 ha Rés. naturiste. . Etang et rivière à 300 m. ; . Ouvert: 1.6 / 15.9. ☎ 04 68 39 08 88. E-mail : info@labalma.fr. Web : www.labalma.fr.
Lat. : 42° 30' 44" N **Long.** : 002° 37' 57" E.

NEFIACH

13-C4 18 km O. Perpignan. 149 m. ✉ 66170

LA GARENNE ★★★ Loisirs 94 E. dont 20 nus 1,5 ha 22 h / 7 h, CV . Locations : cocosweet. couverte . Rivière à 1 km ; étang et lac à 2 km. . Accueil groupes adultes. Ouvert: 1.3 / 31.10. ☎ 04 68 57 15 76. E-mail : contact@camping-lagarenne.fr. Web : camping-lagarenne.fr. Réduction H.S.
Lat. : 42° 41' 26" N **Long.** : 002° 39' 28" E.

OSSEJA

13-B5 52 km S.-O. Prades. 1593 m. Station verte de vacances et village de neige ✉ 66340

EL PAILLES ★★★ Tourisme 52 E. CV . Locations : . Randonnée pédestre organisée. chauffée. . Accueil groupes. Ouvert: 1.1 / 31.12. ☎ 04 68 04 78 50. E-mail : contact@camping-elpailles-pyrenees.com. Web : camping-elpailles-pyrenees.com/.
Lat. : 42° 24' 32" N **Long.** : 001° 59' 18" E.

EL PAILLES II P.R.L ★★★ NN35 E. dont 34 nus 2 ha CV. chauffée. Lac à 800 m. Accueil groupes. Ouvert: 1.1 / 31.12. ☎ 04 68 04 78 50. E-mail : contact@camping-elpailles-pyrenees.com. Web : camping-elpailles-pyrenees.com/.
Lat. : 42° 24' 32" N **Long.** : 001° 59' 18" E.

PALAU-DE-CERDAGNE

13-B5 57 km S.-O. Prades. 1619 m. ✉ 66340

LAS ASPERAS ★★★ Tourisme 61 E. dont 35 nus, dont 32 CC - 29 GCC. 1,2 ha CV . A 3 km : Locations : . Rivière à 30 m ; lac à 500 m. Accueil groupes. Ouvert: 1.1 / 31.12. ☎ 04 68 04 62 08. E-mail : las.asperas@palacioloisirs.com. Web : www.camping-pyrenees-cerdagne.com. Prix 2022. Fft jour : empl. Tourisme (2) : 17 €. Réduction H.S.
Lat. : 42° 24' 41" N **Long.** : 001° 58' 00" E.

PALAU-DEL-VIDRE

13-D5 22 km N.-E. Céret. 24 m. ✉ 66690

LE HARAS ★★★★ Tourisme 131 E. dont 66 nus, dont 30 GCC. 2,5 ha CV . Locations : , cocosweet. . Lac à 400 m ; rivière à 1 km. Ouvert: 1.4 / 30.9. ☎ 04 68 22 14 50. E-mail : contact@camping-le-haras.com. Web : www.camping-le-haras.com. Prix 2023. Fft nuit : empl. Tourisme (1) : 49 € ; sup 8 € nuit ; animaux 5 € nuit. Réduction H.S.
Lat. : 42° 34' 33" N **Long.** : 002° 57' 53" E.
FFCC : avantages adhérent : 19 € du 01/04 au 07/07 et du 25/08 au 30/09 sur emp.

PERPIGNAN

13-C4 907 km S. Paris. 38 m. ✉ 66000

ROUSSILLON CAMPING CATALAN ★★★★ Tourisme 121 E. 1,9 ha CV . . Ouvert: 16.3 / 31.10. ☎ 04 68 63 16 92. E-mail : camping.catalan@free.fr. Web : www.camping-catalan.com.
Lat. : 42° 43' 49" N **Long.** : 002° 55' 20" E.

PORTE-PUYMORENS

13-B5 76 km O. Prades. 2121 m. ✉ 66760

CAMPING MUNICIPAL LA RIVIERE NC Tourisme 60 E. 0,85 ha . Rivière à 10 m ; lac à 1 km ; étang à 2 km.. Accueil groupes. Ouvert: 1.1 / 31.12. ☎ 04 68 04 82 20. E-mail : mairie.porte@orange.fr. Web : www.puymorens.fr.
Lat. : 42° 32' 50" N **Long.** : 001° 50' 05" E.

PRADES

13-C4 43 km S.-O. Perpignan. 412 m. ✉ 66500

LES PORTES DU CANIGOU NC Tourisme 78 E. dont 53 nus, dont 27 CC - 26 GCC. 1 ha CV . , . Etang à 100 m ; rivière à 500 m ; lac à 5 km.. Accueil groupes adultes. Ouvert: 28.3 / 28.11. ☎ 06 24 42 15 47. E-mail : contact@camping-lesportesducanigou.fr. Web : www.camping-lesportesducanigou.fr. Réduction H.S.
Lat. : 42° 37' 18" N **Long.** : 002° 25' 22" E.

PRATS-DE-MOLLO-LA-PRESTE

13-C5 32 km S.-O. Céret. 1434 m. ✉ 66230

SANT MARTI ★★★ Tourisme 71 E. dont 40 nus, dont 22 GCC. 1,2 ha CV . . Accès direct à la rivière. . Accueil groupes. Ouvert: 1.1 / 1.12. ☎ 09 67 42 17 26. E-mail : sant.marti@outlook.fr. Web : campingsantmarti.wifeo.com. Réduction H.S.
Lat. : 42° 24' 11" N **Long.** : 002° 29' 31" E.

CAMPING CAN NADAL ★ Tourisme 54 E. dont 33 nus 0,8 ha CV . Locations : . Rivière à 200 m. Accueil groupes. Ouvert: 20.3 / 25.11. ☎ 04 68 39 70 89. E-mail : campingcannadal@orange.fr.
Lat. : 42° 24' 28" N **Long.** : 002° 28' 11" E.

REYNES

13-C5 6 km S.-O. Céret. 457 m. ✉ 66400

ALOHA CAMPING CLUB ★★★ Tourisme 110 E. dont 40 nus 1,5 ha CV . Locations : . Randonnée pédestre organisée. chauffée . Rivière à 3 km. . Accueil groupes. Ouvert: 15.3 / 15.11. ☎ 04 68 39 43 12. E-mail : aloha-camping-amelie@orange.fr. Web : aloha-camping-amelie.com. Réduction H.S.
Lat. : 42° 28' 57" N **Long.** : 002° 41' 46" E.
FFCC : avantages adhérent : 21 € du 12/05 au 30/06 et du 26/08 au 30/09 sur emp.

RIA-SIRACH

13-C5 2 km O. Prades. 604 m. ✉ 66500

BELLEVUE ★★ Tourisme 94 E. 2,2 ha CV . Locations : yourte. . Rivière à 500 m. Accueil groupes. Ouvert: 3.4 / 1.11. ☎ 04 68 96 48 96. E-mail : contact@campingbellevue-66.fr. Web : www.campingbellevue-66.fr.
Lat. : 42° 36' 11" N **Long.** : 002° 23' 54" E.

RIVESALTES

13-C4 9 km N. Perpignan. 29 m. ✉ 66600

LE SOLEIL 2000 ★★★ Tourisme 58 E. . Locations : . , . Rivière à 2 km. ☎ 04 68 38 53 54. E-mail : rivesaltes@anas.asso.fr.
Lat. : 42° 46' 10" N **Long.** : 002° 52' 21" E.

SAILLAGOUSE

13-B5 45 km S.-O. Prades. 1436 m. 66800

DOMAINE LE CERDAN ★★★ Tourisme 121 E. dont 66 nus CV. Locations : . Accès direct aux bords du lac et à la rivière.. Ouvert: 23.10 / 30.9. ☎ 04 68 04 70 46. E-mail : lecerdan@lecerdan.com. Web : www.lecerdan.com. Prix 2023. Fft nuit : empl. Tourisme (2) : 15,5 € () ; sup 5 € nuit ; animaux 1,40 € nuit ; 3,40 € nuit ; 3,70 € nuit.
Lat. : 42° 27′ 32" N **Long.** : 002° 02′ 04" E.

ILISA ★★★ Loisirs 114 E. dont 12 nus CV. Accueil groupes. Ouvert: 1.1 / 31.12. ☎ 04 68 04 75 08. E-mail : ilisa@ilisa.fr. Web : www.ilisa.fr.
Lat. : 42° 27′ 51" N **Long.** : 002° 02′ 02" E.

LE VEDRIGNANS **NC** 65 E.
2,61 ha CV. Locations : . Randonnée pédestre organisée. . Rivière à 100 m. Accueil groupes. Ouvert: 1.1 / 31.12. ☎ 04 68 04 04 79. E-mail : levedrignans66@orange.fr. Web : www.levedrignans.com.
Lat. : 42° 27′ 25" N **Long.** : 002° 02′ 27" E.

SAINT-ANDRE

13-D5 22 km N.-E. Céret. 35 m. 66690

LE SAINT ANDRÉ ★★ Tourisme 127 E. dont 92 nus 3,5 ha CV. . Rivière à 800 m ; bord de mer à 4,5 km. Ouvert: 1.6 / 30.9. ☎ 04 68 81 08 02. E-mail : campingstandre@hotmail.fr. Web : www.campingstandre.fr. Réduction H.S.
Lat. : 42° 34′ 25" N **Long.** : 002° 59′ 51" E.

SAINT-CYPRIEN

13-D4 13 km S.-E. Perpignan. 3 m. 66750

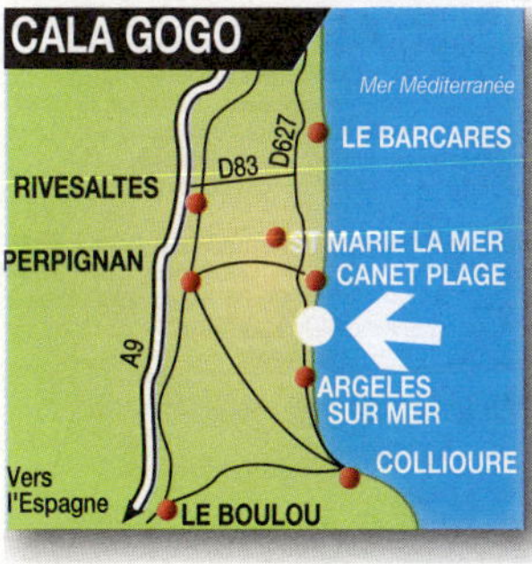

CALA-GOGO ★★★★★ Tourisme 649 E. dont 404 nus
11,13 ha CV. Locations : . chauffée , , . Accès direct à la mer ; rivière à 1 km. ; ; . Accueil groupes adultes. Ouvert: 2.5 / 28.9. ☎ 04 68 21 07 12. E-mail : camping@calagogo66.fr. Web : www.camping-le-calagogo.fr. Prix 2022. Fft jour : empl. Tourisme (2) : 56 € (). Réduction H.S.
Lat. : 42° 35′ 56" N **Long.** : 003° 02′ 25" E.
FFCC : avantages adhérent : 20 € du 02/05 au 09/07 et du 20/08 au 28/09 sur emp.

LE SOLEIL DE LA MÉDITERRANÉE ★★★★★ Tourisme 522 E. 11,5 ha CV. A 800 m : . Locations : . couverte chauffée . Bord de mer à 800 m ; étang à 2 km. . Ouvert: 7.4 / 8.10. ☎ 04 84 39 08 60. E-mail : inesselma@homair.com. Web : www.homair.com.
Lat. : 42° 37′ 28″ N **Long.** : 003° 01′ 33″ E.

LE BOSC D'EN ROUG ★★★★ Tourisme 610 E. 12 ha CV. A 3 km : Locations : . Etang et bord de mer à 3 km. Ouvert: 31.3 / 26.10. ☎ 04 68 21 23 50. E-mail : c.bruzi@campinglebosc.fr. Web : www.camping-saint-cyprien.com.
Lat. : 42° 37′ 24″ N **Long.** : 003° 00′ 04″ E.

LE ROUSSILLON ★★★★ Tourisme 150 E. dont 4 nus
CV. Locations : . Espace Fitness. chauffée . Bord de mer à 2,5 km. . Accueil groupes adultes. Ouvert: 7.4 / 24.9. ☎ 04 68 21 06 45. E-mail : info@chadotel.com. Web : www.chadotel.com. Prix 2023. Fft jour : empl. Tourisme (2) : 44 € ( ) ; sup 6,40 € ; animaux 4 € ; 4,20 €. Réduction H.S.
Lat. : 42° 37′ 07″ N **Long.** : 003° 00′ 57″ E.
FFCC : avantages adhérent : 19 € du 07/04 au 02/07 et du 30/08 au 24/09 sur emp. et 15% du 07/04 au 02/07 et du 26/08 au 24/09 sur loc. + 5% sur locatifs du 02/07 au 26/08. Rendez-vous dans votre Club avantages pour obtenir le code promotionnel et les conditions de l'offre. Réservation par téléphone au 02 51 33 05 05, sur le site du partenaire (présentation de la carte de membre).

C.C.A.S. LA COLOMINE LAS MONGES NC Tourisme 102 E. . Ouvert: 1.7 / 29.8. ☎ 04 68 21 44 12. E-mail : contact@ccas-perpignan.fr. Web : gds.ccas.fr/jeunes.php/centre/?centre=989.
Lat. : 42° 36′ 57″ N **Long.** : 003° 01′ 18″ E.

SAINT-GENIS-DES-FONTAINES

13-D5 18 km N.-E. Céret. 49 m. ✉ 66740

FAGAMIS NC 71 E. dont 59 nus 1,2 ha CV. Locations : . Espace Fitness. . Rivière à 2 km ; lac à 3 km. Accueil groupes adultes. Ouvert: 11.5 / 28.9. ☎ 04 68 89 75 29. E-mail : contact@fagamis.fr. Web : www.fagamis.fr.
Lat. : 42° 32′ 26″ N **Long.** : 002° 55′ 29″ E.

SAINT-JEAN-PLA-DE-CORTS

13-C5 6 km N.-E. Céret. 119 m. ✉ 66490

LA VALLÉE ★★★ Tourisme 100 E. dont 60 nus 3,5 ha CV. chauffée . Accès direct à l'étang et à la rivière ; lac à 1 km. . Ouvert: 1.4 / 31.10. ☎ 04 68 83 23 20. E-mail : campingdelavallee@yahoo.fr. Web : www.campingdelavallee.com. Réduction H.S.
Lat. : 42° 30′ 23″ N **Long.** : 002° 47′ 42″ E.

LES CASTEILLETS ★★★ Tourisme 134 E. dont 57 nus, dont 4 CC - 26 GCC. 5,88 ha CV. Locations : . chauffée , . Rivière à 300 m ; étang et lac à 2 km. . Ouvert: 3.1 / 16.12. ☎ 04 68 83 26 83. E-mail : valerie@desperies.com. Web : www.campinglescasteillets.com. Prix 2022. Fft jour : empl. Tourisme (2) : 23 € ( ) ; sup 8 € ; 7 € ; 4,30 €. Réduction H.S.
Lat. : 42° 30′ 36″ N **Long.** : 002° 46′ 59″ E.

SAINT-LAURENT-DE-CERDANS

13-C5 27 km S.-O. Céret. 812 m. Station verte de vacances et village de neige ✉ 66260

VERTE RIVE ★★ Tourisme 48 E. dont 34 nus 0,8 ha CV. Locations : . Randonnée pédestre organisée. . Accès direct à la rivière.. Accueil groupes. Ouvert: 1.5 / 30.9. ☎ 04 68 39 54 64. E-mail : camping-verterive@orange.fr. Web : www.camping-verterive.fr.
Lat. : 42° 23′ 19″ N **Long.** : 002° 36′ 25″ E.

SAINT-NAZAIRE

13-D4 10 km E. Perpignan. 5 m. ✉ 66570

LES FLAMANTS ROSES ★★★★★ Tourisme 125 E. dont 98 nus
2,7 ha la nuit, CV . A 3 km : Locations : . chauffée , . Accès direct à l'étang ; bord de mer à 4,5 km. . Accueil groupes adultes. Ouvert: 1.4 / 27.10. ☎ 04 68 80 21 03. E-mail : contact@lesflamantsroses.com. Web : www.lesflamantsroses.com. Réduction H.S.
Lat. : 42° 40′ 20″ N **Long.** : 002° 59′ 21″ E.

ETANG MER ET SOLEIL ★★ Loisirs 119 E. ☎ 04 68 80 60 09. E-mail : imbertjean@sfr.fr.
Lat. : 42° 40′ 03″ N **Long.** : 002° 59′ 27″ E.

SAINT-PAUL-DE-FENOUILLET

13-C4 45 km N.-O. Perpignan. 381 m. ✉ 66220

CAMPING DE L'AGLY ★★ Tourisme 41 E. dont 38 nus
0,50 ha CV . Locations : , caravane. , . Rivière à 500 m.. Accueil groupes adultes. Ouvert: 15.3 / 15.11. ☎ 04 68 59 09 09. E-mail : contact@camping-agly.com. Web : www.camping-agly.com. Prix 2022. empl. Tourisme : 6,65 € ; 5,40 € ; 3,70 € ; 4,70 €. Réduction H.S.
Lat. : 42° 48′ 27″ N **Long.** : 002° 30′ 08″ E.

SAINTE-MARIE

13-D4 12 km E.-N.-E. Perpignan. 4 m. ✉ 66470

CAMPING MUNICIPAL DE LA PLAGE ★★★★ Tourisme 364 E.
4,5 ha CV . A 3 km : Locations : . Espace Fitness. chauffée , . Accès direct à la mer ; rivière à 100 m ; étang à 300 m. ; ; . Ouvert: 15.4 / 15.10. ☎ 04 68 80 68 59. E-mail : contact@camping-municipal-de-la-plage.com. Web : www.camping-municipal-de-la-plage.com. Prix 2022. Fft jour : empl. Tourisme (2) : 39,5 € ( ) ; sup 9 € ; animaux 5 € ; 4,50 €.
Lat. : 42° 44′ 20″ N **Long.** : 003° 02′ 01″ E.

LE SAINTE MARIE ★★★★ Tourisme 300 E. dont 125 nus
6 ha CV . A 5 km : Locations : . , . Accès direct à la rivière ; bord de mer à 2 km ; étang à 4 km. ; . Ouvert: 6.4 / 2.11. ☎ 04 68 80 48 10. E-mail : camping@lesaintemarie.com. Web : www.campinglesaintemarie.com. Réduction H.S.
Lat. : 42° 42′ 51″ N **Long.** : 003° 01′ 53″ E.
FFCC : avantages adhérent : 14 € du 08/04 au 07/07 et du 30/08 au 05/11 sur emp. et entre 40 € et 264 € la nuitée et entre 280 € et 1848 € la semaine du 08/04 au 07/07 et du 30/08 au 05/11 sur loc.

MARINETTE ★★★★ Tourisme 176 E. dont 51 nus 2,5 ha CV . A 3 km : Locations : . chauffée . Bord de mer à 500 m. ; . Ouvert: 9.6 / 4.9. ☎ 0 4 68 73 03 07. E-mail : marinette@vagues-oceanes.com. Web : www.camping-vagues-oceanes.com. Réduction H.S.
Lat. : 42° 43′ 36″ N **Long.** : 003° 01′ 59″ E.

LE LAMPARO ★★★ Tourisme 156 E. dont 33 GCC. 2,65 ha CV . A 4 km : Locations : . Espace Fitness. chauffée , , . Bord de mer à 1,2 km. ☎ 04 68 73 83 87. E-mail : info@campinglamparo.com. Web : www.campinglamparo.com. Réduction H.S.
Lat. : 42° 43′ 42″ N **Long.** : 003° 01′ 29″ E.

LE FLORIDA ★★ Tourisme 129 E. 1,3 ha . Locations : . . Ouvert: 3.4 / 27.9. ☎ 04 68 80 47 25. E-mail : CampingLeFlorida@hotmail.com.
Lat. : 42° 43′ 57″ N **Long.** : 003° 01′ 54″ E.

PAS DEL FANG NC Tourisme 149 E. , , . ; . Ouvert: 1.7 / 30.8. ☎ 04 68 80 49 48. E-mail : contact@ce.ratp.fr. Web : www.ce.ratp.fr.
Lat. : 42° 43′ 45″ N **Long.** : 003° 01′ 46″ E.

LES CHARDONNERETS CV . Ouvert: 1.3 / 31.10. ☎ 0 6 76 05 04 68. E-mail : valerie.prim@orange.fr.
Lat. : 42° 43′ 39″ N **Long.** : 003° 01′ 36″ E.

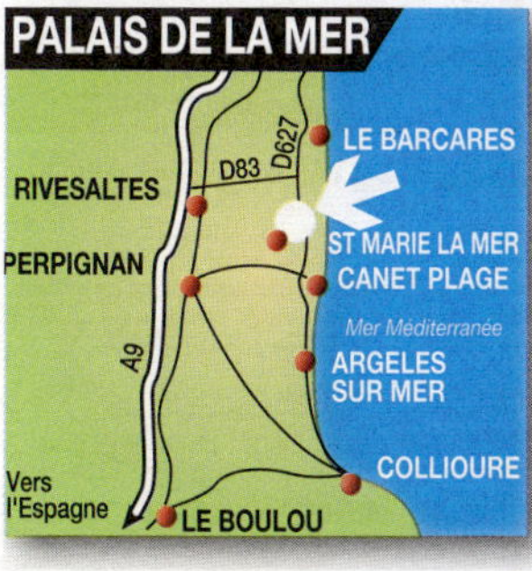

LE PALAIS DE LA MER ★★★★ Tourisme 197 E. dont 92 nus 6 ha CV. Locations : . Espace Fitness. chauffée , , , . Accès direct à la mer. ; ; . Ouvert: 6.5 / 23.9. ☎ 04 68 73 07 94. E-mail : contact@palaisdelamer.com. Web : www.palaisdelamer.com. Prix 2023. Fft jour : empl. Tourisme (2) : 56 € (E. CC) ; sup 13 € ; animaux 5 € ; 8 €. Réduction H.S.
Lat. : 42° 44' 24" N **Long.** : 003° 02' 01" E.

SALSES-LE-CHATEAU

13-D4 15 km N. Perpignan. 56 m. ✉ 66600

CAMPING INTERNATIONAL DU ROUSSILLON ★★★ Tourisme 94 E. dont 50 nus CV . Locations : . . Etang à 5 km. Accueil groupes. Ouvert: 1.1 / 31.12. ☎ 04 68 38 60 72. E-mail : camping-roussillon@wanadoo.fr. Web : www.camping-roussillon.com.
Lat. : 42° 50' 36" N **Long.** : 002° 55' 35" E.

LE BOIS DE PINS ★★ Tourisme 100 E. dont 40 nus 1 ha CV . Locations : . Espace Fitness. chauffée . Etang à 2 km. . Accueil groupes. Ouvert: 4.4 / 26.9. ☎ 04 68 38 68 44. E-mail : info@leboisdepins.com. Web : www.leboisdepins.com. Réduction H.S.
Lat. : 42° 50' 01" N **Long.** : 002° 54' 15" E.

SERRALONGUE

13-C5 28 km S.-O. Céret. 871 m. ✉ 66230

VILLAGE CLUB NATURISTE NC Tourisme 68 E. dont 34 GCC. 26 ha Rés. naturiste. . Ouvert: 15.6 / 15.9. ☎ 04 68 39 62 92. E-mail : serralongue@wanadoo.fr.
Lat. : 42° 23' 51" N **Long.** : 002° 33' 16" E.

SOREDE

13-D5 23 km N.-E. Céret. 526 m. ✉ 66690

LA COSCOLLEDA ★★★ Tourisme 52 E. 1,6 ha CV. . Accès direct à la rivière ; étang et lac à 5 km.. Ouvert: 1.4 / 30.9. ☎ 04 68 89 16 65. E-mail : camping-la-coscolleda@wanadoo.fr. Web : camping-lacoscolleda.com.
Lat. : 42° 32' 06" N **Long.** : 002° 57' 36" E.

LES MICOCOULIERS ★★★ Tourisme 192 E. dont 120 nus 4 ha CV . Locations : . , . Accès direct à la rivière. Ouvert: 1.4 / 30.9. ☎ 04 68 89 20 27. E-mail : info@camping-les-micocouliers.com. Web : www.camping-les-micocouliers.com.
Lat. : 42° 32' 04" N **Long.** : 002° 57' 22" E.

SOURNIA

13-C4 23 km N. Prades. 794 m. ✉ 66730

LA SOURCE ★★★ Loisirs 43 E. dont 4 nus 0,8 ha CV. Locations : . . Lac et rivière à 300 m. . Accueil groupes. Ouvert: 1.4 / 30.11. ☎ 04 68 96 08 13. E-mail : contact@campinglasource.net. Web : www.campinglasource.net.
Lat. : 42° 43' 44" N **Long.** : 002° 26' 26" E.

TARGASSONNE

13-B5 50 km S.-O. Prades. 1755 m. ✉ 66120

LA GRIOLE ★★★ Loisirs 54 E. 1 ha CV . . Accueil groupes adultes. Ouvert: 1.1 / 31.12. ☎ 04 68 30 03 84. E-mail : celinebe66@gmail.com. Web : www.lagriole.com.
Lat. : 42° 29' 44" N **Long.** : 001° 59' 11" E.

TAUTAVEL

13-C4 25 km N.-O. Perpignan. 202 m. ✉ 66720

LE CAMPING DE TAUTAVEL ★★★ Tourisme 24 E. Ouvert: 1.1 / 31.12. ☎ 09 67 30 04 15. E-mail : contact@lecampingdetautavel.fr. Web : www.lecampingdetautavel.fr.
Lat. : 42° 48′ 52″ N **Long.** : 002° 44′ 23″ E.

THUIR

13-C4 13 km S.-O. Perpignan. 105 m. ✉ 66300

LE PONT D'ESPAGNE ★★★ Tourisme 70 E. dont 68 nus, dont 20 CC. 4 ha CV. Locations : . Accès direct à la rivière ; lac à 3 km. Ouvert: 1.6 / 30.9. ☎ 04 68 57 10 57. E-mail : campingvert66@gmail.com. Web : www.campingvert.fr.
Lat. : 42° 40′ 05″ N **Long.** : 002° 42′ 19″ E.

TORREILLES

13-D4 9 km N.-E. Perpignan. 3 m. ✉ 66440

LE CALYPSO ★★★★★ Tourisme 306 E. dont 152 nus 4 ha CV. Locations : . chauffée , . Bord de mer et rivière à 500 m ; étang à 3 km. ; . Accueil groupes. Ouvert: 20.5 / 1.9. ☎ 04 68 28 09 47. E-mail : contact@camping-calypso.com. Web : www.camping-calypso.com.
Lat. : 42° 46′ 04″ N **Long.** : 003° 01′ 41″ E.

LE MARISOL ★★★★★ Tourisme 377 E. dont 120 nus 8 ha CV. Locations : . Espace Fitness. chauffée , , . Accès direct à la mer ; rivière à 500 m ; étang et lac à 5 km. ; ; . Accueil groupes. Ouvert: 6.5 / 1.10. ☎ 04 68 28 04 07. E-mail : marisol@camping-marisol.com. Web : www.camping-marisol.fr/#intro. Réduction H.S.
Lat. : 42° 46′ 04″ N **Long.** : 003° 01′ 58″ E.

LES DUNES ★★★★★ NN Tourisme 615 E. dont 15 nus, dont 615 GCC. 15 ha CV. Locations : . chauffée , , , . Accès direct à la mer ; rivière à 2 km. ; ; . Ouvert: 2.4 / 1.11. ☎ 04 82 75 10 42. E-mail : contact@camping-lesdunes.fr. Web : www.camping-lesdunes.fr.
Lat. : 42° 45′ 55″ N **Long.** : 003° 01′ 55″ E.

LA PALMERAIE ★★★★ Tourisme 240 E. dont 41 nus CV. Locations : . Espace Fitness. chauffée . Bord de mer à 900 m ; rivière à 2 km. . Accueil groupes adultes. Ouvert: 7.4 / 17.9. ☎ 04 84 39 08 60. E-mail : inesselma@homair.com. Web : www.homair.com. Réduction H.S.
Lat. : 42° 45′ 56″ N **Long.** : 003° 01′ 40″ E.

LE TRIVOLY ★★★★ Tourisme 273 E. dont 57 nus 4 ha CV. Locations : . chauffée . Bord de mer à 800 m. ; . Accueil groupes adultes. Ouvert: 7.4 / 24.9. ☎ 04 68 28 20 28. E-mail : info@chadotel.com. Web : www.chadotel.com. Prix 2023. Fft jour : empl. Tourisme (2) : 44 € ( ) ; sup 6,40 € ; animaux 4 € ; 4,20 €. Réduction H.S.
Lat. : 42° 45′ 56″ N **Long.** : 003° 01′ 37″ E.

FFCC : avantages adhérent : 17 € du 07/04 au 02/07 et du 30/08 au 24/09 sur emp. et 15% du 07/04 au 02/07 et du 26/08 au 24/09 sur loc. + 5% sur locatifs du 02/07 au 26/08. Rendez-vous dans votre Club avantages pour obtenir le code promotionnel et les conditions de l'offre. Réservation par téléphone au 02 51 33 05 05, sur le site du partenaire (présentation de la carte de membre).

LES TROPIQUES ★★★★ Tourisme 450 E. dont 110 nus 8 ha CV. Locations : , cocosweet. Espace Fitness. chauffée , . Rivière à 400 m ; bord de mer à 600 m. . Ouvert: 10.4 / 13.9. ☎ 04 68 28 05 09. E-mail : contact@lestropiques.fr. Web : www.campinglestropiques.com. Réduction H.S.
Lat. : 42° 46′ 03″ N **Long.** : 003° 01′ 47″ E.

FFCC : avantages adhérent : 10% du 02/05 au 30/06 sur emp. et Rendez-vous dans votre club avantages FFCC pour obtenir le code promotionnel et réserver ! sur loc.

UR

13-B5 55 km S.-O. Prades. 1270 m. ✉ 66760

LA GARE ★★★ Tourisme 84 E. dont 69 nus 1,4 ha CV. . Rivière à 500 m.. Ouvert: 1.11 / 30.9. ☎ 04 68 04 80 95. E-mail : contact@camping-cerdagne.com. Web : www.camping-cerdagne.com.
Lat. : 42° 27′ 22″ N **Long.** : 001° 56′ 35″ E.

CAMPING GCU - UR ★★ Tourisme 33 E. . Ouvert: 28.6 / 31.8. ☎ 04 68 04 97 11. E-mail : gcu@gcu.asso.fr. Web : www.gcu.asso.fr.
Lat. : 42° 27′ 44″ N **Long.** : 001° 56′ 10″ E.

VERNET-LES-BAINS

13-C5 12 km S. Prades. 1340 m. Station verte de vacances et village de neige ✉ 66820

DEL BOSC ★★★ Tourisme 90 E. dont 67 nus 2,5 ha CV. Locations : . Espace Fitness. couverte chauffée . Accès direct à la rivière. . Accueil groupes. Ouvert: 15.4 / 30.9. ☎ 0 4 68 05 54 54. E-mail : contact@camping-del-bosc.com. Web : www.camping-del-bosc.com. Prix 2023. Fft jour : empl. Tourisme (2) : 27,5 € ( ) ; sup 6 € ; animaux 3 € ; 3 €.
Lat. : 42° 33′ 23″ N **Long.** : 002° 23′ 05″ E.

L'EAU VIVE ★★★ Tourisme 90 E. dont 50 nus, dont 27 CC. 1,5 ha CV. Locations : . Randonnée pédestre organisée. chauffée , . Accès direct à la rivière. . Accueil groupes. Ouvert: 1.4 / 31.10. ☎ 04 68 05 54 14. E-mail : contact@leauvive-camping.com. Web : www.leauvive-camping.com. Prix 2023. Fft jour : empl. Tourisme (2) : 23 € ( ) ; sup 5 € ; animaux 3 € ; 4 €. Réduction H.S.
Lat. : 42° 33′ 22″ N **Long.** : 002° 22′ 36″ E.

FFCC : avantages adhérent : 19 € du 01/04 au 07/10 et du 26/08 au 31/10 sur emp. et entre 49.5 € et 76.5 € la nuitée et entre 279 € et 446 € la semaine du 01/04 au 07/07 et du 26/08 au 31/08 sur loc.

LES CERISIERS ★★ Tourisme 50 E. dont 40 nus 1,2 ha CV. A 500 m : . Locations : . Randonnée pédestre organisée. chauffée . Rivière à 200 m. Ouvert: 17.3 / 13.10. ☎ 04 68 05 60 38. E-mail : contact@camping-lescerisiers.com. Web : www.camping-lesceris iers.com. Prix 2022. Fft jour : empl. Tourisme (2) : 20 € ( ) ; sup 5 € ; animaux 2,50 € ; 3,50 € ; 4 €.
Lat. : 42° 32′ 38″ N **Long.** : 002° 23′ 06″ E.

FFCC : avantages adhérent : 17 € du 25/03 au 09/07 et du 20/08 au 17/10 sur emp. et entre 69 € et 99 € la nuitée et entre 349 € et 699 € la semaine sur loc.

VILLEFRANCHE-DE-CONFLENT

13-C5 6 km S.-O. Prades 871 m. ✉ 66500

MAS DE LASTOURG ★★★ Tourisme 75 E. dont 49 nus 1,5 ha CV. A 4 km : , , . Accès direct à la rivière ; étang à 4 km. . Accueil groupes. Ouvert: 2.4 / 7.9. ☎ 04 68 05 35 25. E-mail : accueil@camping-lastourg.com. Web : www.camping-lastourg.com. Réduction H.S.
Lat. : 42° 34′ 44″ N **Long.** : 002° 20′ 52″ E.

VILLENEUVE-DE-LA-RAHO

13-D4 9 km S. Perpignan. 32 m. ✉ 66180

LES RIVES DU LAC NC Tourisme 158 E. dont 158 CC. 2,5 ha CV. Locations : , . . Lac à 20 m. ; . Ouvert: 1.4 / 31.10. ☎ 04 68 55 83 51. E-mail : camping.villeneuveraho@wanadoo.fr. Web : www.villeneuvedelaraho.fr. Réduction H.S.
Lat. : 42° 38′ 15″ N **Long.** : 002° 53′ 58″ E.

VINCA

13-C4 10 km E.-N.-E. Prades. 269 m. ✉ 66320

CAMPING MUNICIPAL LAS ESCOUMES ★★ Tourisme 140 E. 3 ha CV. Locations : . . Accès direct aux bords du lac. ; ; . Ouvert: 23.4 / 15.10. ☎ 04 68 05 84 78. E-mail : mairie.vinca@wanadoo.fr. Web : www.camping-lac-de-vinca.com.
Lat. : 42° 38′ 34″ N **Long.** : 002° 32′ 00″ E.

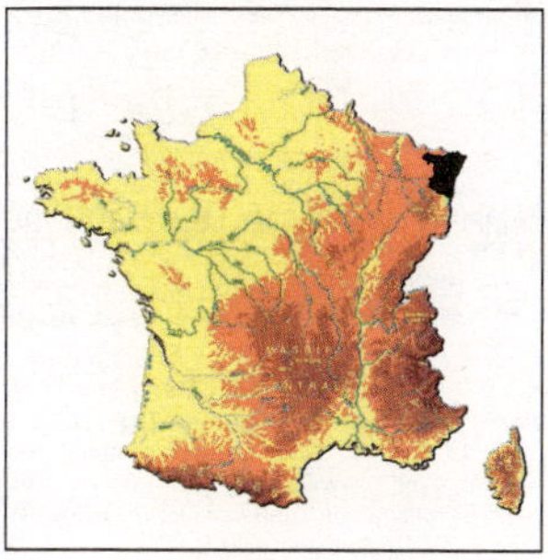

BARR

4-E4 20 km N. Selestat. 541 m. ✉ 67140

LES REFLETS DU MONT STE ODILE ★★ Tourisme 55 E. 1 ha CV. Accès direct à la rivière ; étang à 20 m. Accueil groupes. Ouvert: 1.3 / 31.10. ☎ 03 88 08 02 38. E-mail : reflets@calixo.net. Web : www.les-reflets.com.
Lat. : 48° 24' 37" N **Long.** : 007° 24' 03" E.

SAINT MARTIN ★★ Tourisme 25 E. CV. Accueil groupes adultes. Ouvert: 15.5 / 10.10. ☎ 03 88 08 00 45. E-mail : saintmartin67@sfr.fr. Web : www.camping-foyer-saint-martin.fr.
Lat. : 48° 24' 24" N **Long.** : 007° 26' 38" E.

M. JEAN-LOUIS BACHERT. Ouvert: 1.4 / 31.10. ☎ 03 88 08 95 89. E-mail : domainebachert@yahoo.fr, Web : www.bachert.fr.
Lat. : 48° 24' 50" N **Long.** : 007° 27' 10" E.

BASSEMBERG

4-E4 18 km N.-O. Sélestat-Erstein. 376 m. ✉ 67220

LE GIESSEN ★★★★ Tourisme 152 E. dont 67 nus CV. Accès direct à la rivière.. Accueil groupes. Ouvert: 3.4 / 27.9. ☎ 03 88 58 98 14. E-mail : giessen@campeole.com. Web : campinggiessen.fr. Réduction H.S.
Lat. : 48° 20' 10" N **Long.** : 007° 17' 21" E.

BLAESHEIM

4-E4 15 km N. Erstein. 156 m. ✉ 67113

CAMPING G.C.U. - BLAESHEIM ★ Tourisme 50 E. dont 50 nus CV. Accueil groupes. Ouvert: 1.6 / 16.9. ☎ 01 47 63 98 63. E-mail : gcu@gcu.asso.fr. Web : www.gcu.asso.fr.
Lat. : 48° 30' 34" N **Long.** : 007° 36' 21" E.

BOERSCH

4-E4 10 km S. Molsheim. 530 m. ✉ 67530

LA FORÊT ★★ Tourisme 86 E. dont 18 nus CV. chauffée. Etang à 1,5 km. Ouvert: 25.5 / 18.9. ☎ 03 88 95 87 80. E-mail : foret@vacances-andretrigano.com. Web : vacances-andretrigano.com/camping/bas-rhin/la-foret-klingenthal.
Lat. : 48° 28' 27" N **Long.** : 007° 24' 36" E.
FFCC : avantages adhérent : 10% du 03/06 au 08/07 et du 26/08 au 17/09 sur emp. et 5% du 03/06 au 08/07 et du 26/08 au 17/09 sur loc.

BOOFZHEIM

4-F4 13 km S. Sélestat-Erstein. 159 m. ✉ 67860

LE RIED ★★★ Tourisme 270 E. 8 ha CV. Locations : couverte chauffée. Accès direct à l'étang. Accueil groupes adultes. Ouvert: 6.4 / 22.9. ☎ 04 30 05 15 19. E-mail : info@tohapi.fr. Web : www.tohapi.fr/alsace/camping-le-ried.php.
Lat. : 48° 19' 48" N **Long.** : 007° 41' 40" E.

BREITENBACH

4-E4 20 km N.-O. Sélestat. 633 m. ✉ 67220

M. ALBERT HAAS. ☎ 03 88 57 18 22. E-mail : contact@alberthaas.fr, Web : www.alberthaas.fr.
Lat. : 48° 22' 22" N **Long.** : 007° 18' 30" E.

DAMBACH

4-E3 35 km N.-E. Haguenau. 304 m. ✉ 67110

AIRE NATURELLE MUNICIPALE DU HOHENFELS. Ouvert: 1.5 / 30.9. ☎ 03 88 09 20 63. Web : camping-de-dambach.business.site.
Lat. : 48° 59' 20" N **Long.** : 007° 37' 08" E.

DOSSENHEIM-SUR-ZINSEL

4-E3 8 km N. Saverne. 264 m. Village de neige ✉ 67330

AU PAYS DE HANAU ★★★ Tourisme 125 E. dont 55 nus 3 ha CV. Locations : Rivière à 500 m. Accueil groupes. Ouvert: 1.4 / 30.9. ☎ 0973892152. E-mail : camping.doss@gmail.com. Web : campingaupaysdehanau.com. Prix 2022. Fft jour : empl. Tourisme (2) : 24,5 € ; sup 4 € ; animaux 2 € ; 3 €.
Lat. : 48° 48' 05" N **Long.** : 007° 23' 48" E.

EBERSHEIM

4-E4 6 km N.-E. Sélestat-Erstein 166 m. ✉ 67600

CAMPING RURAL FOYER ST MARTIN CV. Ouvert: 13.6 / 13.9. ☎ 06 85 10 95 54. E-mail : theo.sonntag@wanadoo.fr.
Lat. : 48° 18' 21" N **Long.** : 007° 30' 09" E.

FERME ST PAUL CV. Ouvert: 15.4 / 30.9. ☎ 03 88 85 71 80. E-mail : fermest.paul@orange.fr. Réduction H.S.
Lat. : 48° 17' 30" N **Long.** : 007° 28' 53" E.
FFCC : avantages adhérent : 12 € du 15/04 au 01/07 et du 01/09 au 30/09 sur emp.

ERSTEIN

4-F4 21 km S. Strasbourg. 152 m. ✉ 67150

CAMPING MUNICIPAL LE WAGELROTT ★★★ Loisirs 273 E. 6 ha 7 h / 22 h, CV. Accès direct à l'étang ; rivière à 150 m. Ouvert: 1.4 / 30.9. ☎ 03 88 25 23 52. E-mail : campingerstein@gmail.com. Web : www.ville-erstein.fr/camping.
Lat. : 48° 24' 50" N **Long.** : 007° 40' 13" E.

GAMBSHEIM

4-F3 18 km N.-E. Strasbourg-Campagne. 128 m. ✉ 67760

CAMPING MUNICIPAL ★★ Loisirs 100 E. dont 35 nus 2 ha CV. Accès direct à l'étang. Ouvert: 1.5 / 30.9. ☎ 03 88 96 42 59. E-mail : mairie@mairie-gambsheim.fr. Web : www.mairie-gambsheim.fr.
Lat. : 48° 41' 09" N **Long.** : 007° 52' 34" E.

GERSTHEIM

4-F4 6 km S.-E. Erstein. 154 m. ✉ 67150

AU CLAIR RUISSEAU ★★ Tourisme 97 E. dont 47 nus, dont 40 CC. 2 ha CV. Locations : tonneau. Accès direct aux bords du lac. Accueil groupes. Ouvert: 1.4 / 31.10. ☎ 03 88 98 30 04. E-mail : info@clairruisseau.com. Web : www.clairruisseau.com. Réduction H.S.
Lat. : 48° 23' 17" N **Long.** : 007° 42' 46" E.

GRENDELBRUCH

4-E4 20 km S.-O. Molsheim. 686 m. ✉ 67190

LES AMIS DE LA NATURE NC Loisirs 25 E. visiteur. Ouvert: 1.7 / 31.8. ☎ 06 82 83 56 14. E-mail : danielle.noth@free.fr. Web : www.muckenbach.org.
Lat. : 48° 29' 21" N **Long.** : 007° 17' 29" E.

GRESSWILLER

4-E4 5 km O. Molsheim. 250 m. ✉ 67190

ALSACE CAMPING ★★★ Loisirs 70 E. dont 70 nus 1,7 ha CV. Accès direct à la rivière. Accueil groupes. Ouvert: 15.6 / 8.9. ☎ 03 88 50 15 13. E-mail : alsace.camping@voila.fr. Web : www.alsacecamping.net.
Lat. : 48° 31' 27" N **Long.** : 007° 23' 06" E.

HAGUENAU

4-F3 28 km N. Strasbourg. 148 m. ✉ 67500

LES PINS DE HAGUENAU ★★ Tourisme 73 E. dont 73 nus. A 5 km : Ouvert: 29.4 / 30.9. ☎ 03 88 73 91 43. E-mail : camping-municipal@agglo-haguenau.fr. Web : www.camping-haguenau.alsace. Prix 2023. Fft jour : empl. Tourisme (2) : 18 € ( ) ; sup 3 € ; 2 €.
Lat. : 48° 48′ 10″ N **Long.** : 007° 45′ 54″ E.

HINSBOURG

4-E3 25 km N.-O. Saverne. 318 m. Village de neige ✉ 67290

LE STEINBERG Ouvert: 1.4 / 31.10. ☎ 06 24 71 17 99. E-mail : jj_reutenauer@hotmail.com.
Lat. : 48° 54′ 35″ N **Long.** : 007° 17′ 16″ E.

ISSENHAUSEN

4-E3 35 km N.-O. Strasbourg. 193 m. ✉ 67330

M. CHARLES MICHEL CV. Ouvert: 15.4 / 15.10. ☎ 03 88 70 72 96. E-mail : chamichel@estvideo.fr.
Lat. : 48° 48′ 21″ N **Long.** : 007° 32′ 14″ E.

KESKASTEL

4-D3 42 km N.-O. Saverne. 232 m. ✉ 67260

LES SAPINS ★★★ Loisirs 150 E. dont 36 nus CV. Locations : , . Accès direct à l'étang ; rivière à 1 km. ; . Ouvert: 1.4 / 31.10. ☎ 03 88 00 19 25 / 09 63 41 27 54. E-mail : camping.keskastel@orange.fr. Web : www.keskastel.fr/camping-municipal-les-sapins.html.
Lat. : 48° 58′ 37″ N **Long.** : 007° 03′ 13″ E.

LA BROQUE

4-E4 23 km S.-O. Molsheim. 535 m. ✉ 67130

CAMPING DE L'UNION TOURISTIQUE OUVRIÈRE DE STRASBOURG NC Loisirs 25 E. dont 5 nus 49 ha. Locations : . . Accueil groupes. Ouvert: 1.6 / 31.8. ☎ 0 0675683664 / 0 06 22 84 31 80. E-mail : UTOS.SALM@gmail.com.
Lat. : 48° 27′ 25″ N **Long.** : 007° 09′ 00″ E.

LAUTERBOURG

4-F3 20 km S.-E. Wissembourg. 110 m. ✉ 67630

CAMPING MUNICIPAL LES MOUETTES ★★★ Loisirs 151 E. dont 74 nus. Locations : , . Accès direct aux bords du lac ; rivière à 1,5 km. ; ; . Accueil groupes. Ouvert: 1.4 / 15.10. ☎ 03 88 54 68 60. E-mail : camping-lauterbourg@wanadoo.fr.
Lat. : 48° 58′ 12″ N **Long.** : 008° 09′ 50″ E.

LE HOHWALD

4-E4 25 km N.-O. Sélestat. 780 m. Station verte de vacances et village de neige ✉ 67140

CAMPING DU HERRENHAUS ★★ Tourisme 87 E. dont 87 nus 2 ha CV. Ouvert: 15.6 / 15.9. ☎ 0 3 88 58 52 22. E-mail : contact@camping-herrenhaus.fr. Web : www.camping-herrenhaus.fr. Prix 2023. 3,78 € nuit ; 4 € nuit ; 4 € nuit ; 2,20 € nuit ; 1,80 € nuit ; animaux 1,80 € nuit ; 1 € nuit ; 2,30 € nuit.
Lat. : 48° 24′ 22″ N **Long.** : 007° 19′ 24″ E.

LEMBACH

4-F3 15 km S.-O. Wissembourg. 307 m. Village de neige ✉ 67510

CAMPING DU FLECKENSTEIN ★★ Tourisme 200 E. dont 110 nus CV. Locations : . , . Accès direct à l'étang et à la rivière. ; . Accueil groupes. Ouvert: 27.3 / 9.10. ☎ 03 88 94 40 38. E-mail : camping@lembach.fr. Web : www.lembach.fr/mairie/. Prix 2022. 4,78 € ; 5,50 € ; 3 € ; 3 € ; 2,70 € ; animaux 1,60 € ; 2,50 € ; 3,70 €.
Lat. : 49° 01′ 54″ N **Long.** : 007° 46′ 07″ E.

MOLSHEIM

4-E4 23 km O. Strasbourg. 202 m. ✉ 67120

CAMPING MUNICIPAL ★★ Tourisme 94 E. 1,7 ha CV. Locations : . chauffée , . Accès direct à la rivière ; étang à 500 m.. Accueil groupes. Ouvert: 3.5 / 31.10. ☎ 03 88 49 82 45. E-mail : camping@molsheim.fr. Web : www.camping-molsheim.com.
Lat. : 48° 32′ 28″ N **Long.** : 007° 29′ 60″ E.

MUNCHHAUSEN

4-F3 19 km S.-E. Wissembourg. 112 m. ✉ 67470

CAMPING MUNICIPAL AU RHIN ET A LA SAUER ★ Loisirs 98 E. 1,5 ha. Locations : . . Rivière à 500 m. . Ouvert: 30.6 / 2.9. ☎ 03 88 86 51 81. E-mail : mairie@munchhausen.fr. Web : www.munchhausen.fr. Prix 2022. empl. Tourisme : 10 € ; 4 € ; 3 € ; 3 € ; 4 €.
Lat. : 48° 55′ 07″ N **Long.** : 008° 09′ 18″ E.

OBEN AM DAMM ★ Loisirs 45 E. 0,6 ha. , . Rivière à 500 m. . Ouvert: 1.4 / 30.9. ☎ 03 88 86 11 80. E-mail : mairie@munchhausen.fr. Web : www.munchhausen.fr. Prix 2022. empl. Tourisme : 10 € ; 4 € ; 3 € ; 3 € ; 4 €.
Lat. : 48° 55′ 09″ N **Long.** : 008° 09′ 28″ E.

NIEDERBRONN-LES-BAINS

4-E3 22 km N.-O. Haguenau. 313 m. ✉ 67110

DOMAINE DU HEIDENKOPF NC Tourisme 70 E. dont 55 nus 1,5 ha CV. Locations : bulle, kota, tonneau. . Rivière à 2 km ; étang à 5 km. Accueil groupes adultes. Ouvert: 1.4 / 7.1. ☎ 03 88 09 08 46. E-mail : contact@domaine-heidenkopf.fr. Web : www.domaine-heidenkopf.fr. Prix 2023. Fft jour : empl. Tourisme (2) : 23 € ( ) ; sup 4 € ; animaux 2 € ; 2,50 €. Réduction H.S.
Lat. : 48° 57′ 44″ N **Long.** : 007° 38′ 41″ E.
FFCC : avantages adhérent : 18 € du 01/04 au 11/06 et du 28/08 au 31/12 sur emp.

OBERBRONN

4-E3 20 km N.-O. Haguenau. 284 m. ✉ 67110

LES VOSGES DU NORD ★★★ Tourisme 182 E. dont 139 nus 3 ha CV. Locations : , , . Randonnée pédestre organisée. couverte chauffée . Ouvert: 29.3 / 29.10. ☎ 09 83 32 65 10. E-mail : camping-lesvosgesdunord@vacances-seasonova.com. Web : vacances-seasonova.com/fr/camping/oberbronn. Prix 2022. Fft jour : empl. Tourisme (2) : 22 € ( )
Lat. : 48° 55′ 45″ N **Long.** : 007° 36′ 14″ E.
FFCC : avantages adhérent : 10% du 31/03 au 01/07 et du 27/08 au 15/1010% du 31/03 au 01/07 et du 27/08 au 15/10 sur emp. et loc. + 5% sur les emplacements nus et locatifs en juillet et aout.

OBERHASLACH

4-E4 16 km O. Molsheim. 528 m. Station verte de vacances et village de neige ✉ 67280

CAMPING DU LUTTENBACH NC Loisirs 100 E. dont 25 nus. Locations : . . Accès direct à la rivière. Ouvert: 15.4 / 30.9. ☎ 03 88 50 90 62. E-mail : campingdulutten bach@orange.fr. Web : www.club-vosgien.eu/chalets_et_refuges/refuge-du-luttenbach.
Lat. : 48° 33′ 56″ N **Long.** : 007° 17′ 53″ E.

OBERNAI

4-E4 18 km O.-N.-O. Erstein 213 m. ✉ 67210

CAMPING MUNICIPAL LE VALLON DE L'EHN ★★★ Tourisme 150 E. CV. A 1 km : Locations : , . Accès direct à l'étang et à la rivière. Accueil groupes adultes. Ouvert: 18.3 / 8.1. ☎ 03 88 95 38 48. E-mail : camping@obernai.fr. Web : www.camping-obernai.fr/. Prix 2022. Fft nuit : empl. Tourisme (2) : 22,9 € (E. GCC). Réduction H.S.
Lat. : 48° 27′ 53″ N **Long.** : 007° 28′ 05″ E.
FFCC : avantages adhérent : 20 € du 17/03 au 31/06 et du 15/09 au 30/11 sur emp.

RHINAU

4-F4 16 km S. Erstein. 160 m. ✉ 67860

FERME DES TUILERIES ★★★ Tourisme 155 E. dont 100 nus CV. Locations : . Espace Fitness. , , , . Accès direct aux bords du lac. ; ; . Ouvert: 1.4 / 30.9. ☎ 03 88 74 60 45. E-mail : camping.fermetuileries@neuf.fr. Web : www.fermedestuileries.com. Prix 2023. empl. Tourisme : 5 € ; 5 € ; 3 € ; 3,50 €.
Lat. : 48° 19′ 20″ N **Long.** : 007° 41′ 56″ E.

ROESCHWOOG

4-F3 24 km E. Haguenau. 118 m. ✉ 67480

CAMPING DU STAEDLY ★★★ Tourisme Loisirs 150 E. dont 56 nus 5 ha CV. Locations : , tonneau. , . Accès direct à l'étang. ; . Accueil groupes. Ouvert: 1.4 / 31.10. ☎ 03 88 86 42 18. E-mail : camping.staedly@cc-paysrhenan.fr. Web : camping-paysrhenan.fr. Prix 2022. 4,50 € ; 10 € ; 6 € ; 5 € ; 3 € ; 2 € ; 5 €.
Lat. : 48° 49′ 53″ N **Long.** : 008° 01′ 04″ E.

ROTHAU

4-E4 26 km S.-O. Molsheim. 464 m. ✉ 67570

AU BORD DE BRUCHE ★★ Tourisme 39 E. dont 34 nus 0,86 ha CV. Locations : . . Accès direct à la rivière. rivière. Accueil groupes. Ouvert: 1.4 / 1.10. ☎ 03 88 97 07 50. E-mail : camping@au-bord-de-bruche.fr. Web : www.auborddebruche.fr. Prix 2023. Fft jour : empl. Tourisme (2) : 12,5 € ( ) ; sup 4 € ; animaux 2,50 € (1er gratuit et ensuite par animal) ; - de 13 ans 2,70 € ; 2,50 € (6 A).
Lat. : 48° 27′ 09″ N **Long.** : 007° 11′ 56″ E.
FFCC : avantages adhérent : 13 € du 01/04 au 30/06 et du 01/09 au 08/10 sur emp.

SAALES

4-E4 35 km S.-O. Molsheim. 636 m. ✉ 67420

CAMPING MUNICIPAL NC Tourisme 35 E. 1 ha . Accès direct à l'étang.. Accueil groupes. Ouvert: 1.6 / 15.9. ☎ 03 88 97 70 26. E-mail : mairie-saales@wanadoo.fr. Web : mairie-saales.fr.
Lat. : 48° 20' 54" N **Long.** : 007° 05' 57" E.

SAINT-PIERRE

4-E4 14 km N. Sélestat-Erstein. 185 m. ✉ 67140

LES REFLETS DE SAINT PIERRE ★★ Tourisme 49 E. dont 47 nus 0,6 ha CV. Accès direct à la rivière. Accueil groupes. Ouvert: 15.5 / 1.10. ☎ 03 89 58 64 31. E-mail : reflets@calixo.net. Web : www.pays-de-barr.com.
Lat. : 48° 22' 55" N **Long.** : 007° 28' 30" E.

SAINT-PIERRE-BOIS

4-E4 10 km N.-O. Sélestat. 338 m. ✉ 67220

CHARLES MEYER . Ouvert: 1.4 / 31.10. ☎ 03 88 85 67 26. E-mail : meyer .cha@wanadoo.fr, Web : st-gilles.alsace24.net. Prix 2023. 5,30 € ; 5 € ; 2,50 € ; 2 € ; 2 € ; animaux 1,50 € ; 3,30 € ; 2 €.
Lat. : 48° 19' 37" N **Long.** : 007° 21' 40" E.

SAVERNE

4-E3 39 km N.-O. Strasbourg. 291 m. ✉ 67700

SEASONOVA LES PORTES D'ALSACE ★★★ Tourisme 151 E. dont 129 nus 2,5 ha CV . couverte chauffée . Accueil groupes. Ouvert: 26.3 / 6.11. ☎ 03 88 91 35 65. E-mail : contact@camping-lesportesdalsace.com. Web : www.vacances-seasonova.com. Prix 2022. Fft nuit : empl. Tourisme (2) : 28 € (E. GCC) ; sup 5 € nuit ; animaux 2,50 € nuit ; 3 € nuit. Réduction H.S.
Lat. : 48° 43' 52" N **Long.** : 007° 21' 19" E.
FFCC : avantages adhérent : 20 € du 31/03 au 07/07 et du 26/08 au 29/10 sur emp.

SCHERWILLER

4-E4 7 km N.-O. Sélestat. 237 m. ✉ 67750

MME SUZANNE PALMER CV. Ouvert: 15.5 / 15.9. ☎ 03 88 92 94 57. E-mail : campingpalmer@yahoo.fr, Web : www.campingpalmer.fr.
Lat. : 48° 17' 21" N **Long.** : 007° 25' 05" E.

SCHOENAU

4-F5 18 km E. Selestat. 169 m. ✉ 67390

SCHOENAU PLAGE ★★ Tourisme 173 E. dont 23 GCC. 6 ha . Ouvert: 1.4 / 30.9. ☎ 03 88 85 22 85. E-mail : matthieu.kieber@wanadoo.fr.
Lat. : 48° 13' 31" N **Long.** : 007° 39' 23" E.

SELESTAT

4-E5 20 km N. Colmar. 172 m. ✉ 67600

CAMPING MUNICIPAL LES CIGOGNES ★★ Tourisme 48 E. 0,7 ha CV . Lac à 100 m ; rivière à 800 m. Accueil groupes adultes. Ouvert: 22.11 / 24.12. ☎ 03 88 92 03 98. E-mail : camping@ville-selestat.fr. Web : camping.selestat.fr.
Lat. : 48° 15' 16" N **Long.** : 007° 26' 52" E.

SELTZ

4-F3 25 km S.-E. Wissembourg. 118 m. ✉ 67470

CAMPING MUNICIPAL AUX BORDS DU RHIN ★★ Loisirs 70 E. dont 77 nus . Accès direct à l'étang et à la rivière. Ouvert: 1.4 / 30.9. ☎ 03 88 86 59 19. E-mail : lesbordsdurhin@campings-seltz.fr. Web : campings-seltz.fr.
Lat. : 48° 53' 26" N **Long.** : 008° 08' 01" E.

FORT FALABRAQUE ★ Loisirs 314 E. dont 50 nus, dont 68 CC. 5 ha CV. Accès direct à l'étang. Ouvert: 1.4 / 30.9. ☎ 03 88 86 52 37. E-mail : peupliers@ville-seltz.fr. Web : www.capfun.com/camping-france-alsace-fort_falabraque-FR.html.
Lat. : 48° 52' 52" N **Long.** : 008° 05' 60" E.

STILL

4-E4 7 km O. Molsheim. 336 m. ✉ 67190

CAMPING MUNICIPAL MON REPOS ★★ Loisirs 171 E. dont 10 nus 2 ha . Locations : . Ouvert: 1.4 / 16.10. ☎ 06 83 00 01 11. E-mail : accueil@mairiedestill.fr.
Lat. : 48° 33' 35" N **Long.** : 007° 23' 10" E.

STRASBOURG

4-F4 447 km E. Paris 139 m. ✉ 67200

CAMPING DE STRASBOURG ★★★★ Tourisme 181 E. dont 86 nus 6 h 30 / 23 h, CV . Locations : roulotte. chauffée . Accueil groupes. Ouvert: 1.1 / 31.12. ☎ 03 88 30 19 96. E-mail : info@camping-strasbourg.com. Web : www.camping-strasbourg.com. Réduction H.S.
Lat. : 48° 34' 31" N **Long.** : 007° 43' 02" E.
FFCC : avantages adhérent : 10% du 01/01 au 01/07 et du 31/08 au 31/1210% du 01/01 au 01/07 et du 31/08 au 31/12 sur emp. et loc. + 5% de réduction en juillet-août sur les emplacements nus et locatifs * frais de réservation offerts Rendez-vous dans votre club avantages FFCC pour obtenir le code promotionnel.

SUNDHOUSE

4-E5 13 km E. Sélestat-Erstein. 166 m. ✉ 67920

CHALETS NATURE NC Tourisme 15 E. ☎ 03 88 85 23 76. E-mail : vacances.wendling@orange.fr. Web : www.alsace-gite.net.
Lat. : 48° 14' 58" N **Long.** : 007° 36' 13" E.

WANGENBOURG-ENGENTHAL

4-E4 30 km N.-O. Molsheim. 555 m. Station verte de vacances et village de neige ✉ 67710

LES HUTTES ★★ Tourisme 70 E. dont 66 nus, dont 8 CC. CV . Locations : . Accueil groupes. Ouvert: 15.4 / 15.10. ☎ 03 88 87 34 14 / 06 70 01 39 80. E-mail : campingleshuttes@orange.fr. Web : www.wangenbourg-engenthal.fr. Prix 2023. 4,80 € ; 6 € ; 4,50 € ; 4 € ; 2 € ; 3,80 € ; 5 €.
Lat. : 48° 36' 57" N **Long.** : 007° 18' 26" E.

WASSELONNE

4-E4 12 km N.-N.-O. Molshein. 255 m. Station verte de vacances et village de neige ✉ 67310

WASSELONNE ★★★ Tourisme 97 E. dont 97 nus 1,5 ha CV . couverte chauffée . Rivière à 1 km. Accueil groupes. Ouvert: 15.4 / 18.9. ☎ 03 88 87 00 08. E-mail : campingdewasselonne@onlycamp.fr. Web : www.campingwasselonne.fr.
Lat. : 48° 38' 14" N **Long.** : 007° 25' 55" E.
FFCC : avantages adhérent : 10% du 31/03 au 08/07 et du 28/08 au 04/1010% du 31/03 au 08/07 et du 28/08 au 04/10 sur emp. et loc. + 5% saison (juillet/aout) sur les emplacements nus et locatifs *Frais de réservations offerts toute lannée.

DOMAINE NATURISTE CENTRE GYMNIQUE D'ALSACE NC Loisirs 50 E. 5 ha Rés. naturiste. Randonnée pédestre organisée. Ouvert: 1.6 / 30.9. ☎ 06 74 13 95 15. E-mail : cgawasselonne@orange.fr. Web : www.cra-ffn.fr/pcga/cga.html.
Lat. : 48° 38' 06" N **Long.** : 007° 25' 21" E.

WINGEN-SUR-MODER

4-E3 30 km N. Saverne. 280 m. Station verte ✉ 67290

AIRE NATURELLE MUNICIPALE . Ouvert: 1.5 / 30.9. ☎ 03 88 89 71 27. E-mail : mairie@wingensurmoder.fr, Web : www.wingensurmoder.fr. Prix 2023. 3,50 € ; 6 € ; 6 € ; 3,50 € ; 1 € ; 2 € ; 3 €.
Lat. : 48° 54' 55" N **Long.** : 007° 22' 11" E.

Cartes 4-8

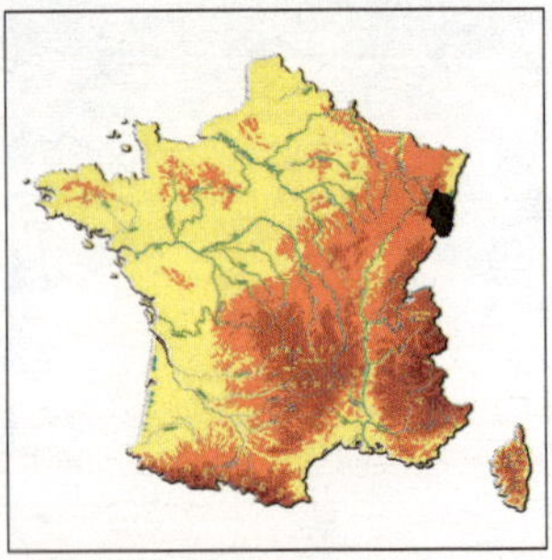

ALTKIRCH

8-E1 60 km S. Colmar. 332 m. ✉ 68130

LES ACACIAS ★★★ Tourisme 49 E. dont 50 nus. Locations : , bivouac. Accueil groupes. Ouvert: 1.4 / 31.10. ☎ 03 89 40 69 40. E-mail : deborahdietsch@hotmail.fr. Web : www.les-acacias-camping.fr. Réduction H.S.
Lat. : 47° 36′ 47″ N **Long.** : 007° 13′ 58″ E.

BANTZENHEIM

8-E1 15 km N.-E Mulhouse 220 m. ✉ 68490

BEHE ★ Tourisme 50 E. Ouvert: 1.7 / 30.8. ☎ 03 89 26 04 55.
Lat. : 47° 49′ 21″ N **Long.** : 007° 30′ 36″ E.

BENDORF

8-E2 22 km S.-S.-E. Altkirch. 566 m. ✉ 68480

LES HETRES ★★ Loisirs 105 E. dont 20 nus 3,6 ha CV. Ouvert: 1.5 / 1.10. ☎ 03 89 40 34 72. E-mail : camping.deshetres@orange.fr.
Lat. : 47° 29′ 13″ N **Long.** : 007° 16′ 13″ E.

BERGHEIM

4-E5 3 km E. Ribeauvillé. 289 m. ✉ 68750

LES NOYERS CV. Ouvert: 6.11 / 24.12. ☎ 06 08 34 60 10. E-mail : clesnoyers@orange.fr, Web : www.ribeauville-riquewihr.com. Prix 2023. Fft jour : empl. Tourisme (2) : 11,6 € () ; sup 3,60 € ; animaux 1,20 € ; 2,40 € ; 4,90 €.
Lat. : 48° 12′ 15″ N **Long.** : 007° 22′ 17″ E.

M. ANDRÉ MEYER . Ouvert: 1.6 / 30.9. ☎ 03 89 73 65 59.
Lat. : 48° 12′ 31″ N **Long.** : 007° 20′ 40″ E.

MICHEL KIEFFER CV. Ouvert: 1.4 / 30.9. ☎ 03 89 73 82 81. E-mail : lesturcks@wanadoo.fr, Web : www.alsace-location-tourisme.com.
Lat. : 48° 12′ 07″ N **Long.** : 007° 22′ 07″ E.

BIESHEIM

4-E5 16 km E. Colmar. 190 m. ✉ 68600

L'ILE DU RHIN ★★ Tourisme 219 E. 3 ha CV. Locations : . , . Rivière à 200 m. Accueil groupes adultes. Ouvert: 13.4 / 15.9. ☎ 04 30 05 15 19. E-mail : info@tohapi.fr. Web : www.tohapi.fr/alsace/camping-l-ile-du-rhin.php.
Lat. : 48° 01′ 39″ N **Long.** : 007° 34′ 22″ E.

BURNHAUPT-LE-HAUT

8-E1 10 km S.-E. Thann. 315 m. ✉ 68520

LES CASTORS ★★★ Tourisme 142 E. dont 100 nus 2,5 ha CV. Locations : , cabanes, tonneau. , . Accès direct à l'étang et aux bords du lac et à la rivière. ; ; . Accueil groupes. Ouvert: 15.3 / 31.10. ☎ 03 89 48 78 58. E-mail : camping-castors@outlook.com. Web : www.camping-les-castors.fr. Prix 2023. empl. Tourisme : 4,90 € ; 4,20 € ; 4,60 € ; 4,60 € ; 1,70 € ; 2,10 € ; animaux 5 € ; 2,50 € ; 4 €.
Lat. : 47° 44′ 48″ N **Long.** : 007° 07′ 28″ E.

CERNAY

8-E1 5 km E. Thann. 296 m. ✉ 68700

LES CIGOGNES ★★★ Tourisme 143 E. dont 138 nus 4,5 ha CV. chauffée. Rivière à 100 m. Accueil groupes. Ouvert: 1.4 / 30.9. ☎ 03 89 75 56 97. E-mail : campinglescigognes@orange.fr. Web : www.camping-les-cigognes.com.
Lat. : 47° 48′ 16″ N **Long.** : 007° 10′ 12″ E.

COURTAVON

8-E2 24 km S.-O. Altkirch. 470 m. ✉ 68480

CAMPING INTERCOMMUNAL LE PLAN D'EAU DE COURTAVON NC Tourisme 70 E. 1 ha. Locations : . . Accès direct à l'étang. . . Ouvert: 1.5 / 30.9. ☎ 03 89 40 80 37. E-mail : mairie.courtavon@wanadoo.fr.
Lat. : 47° 28′ 07″ N **Long.** : 007° 12′ 25″ E.

EGUISHEIM

4-E5 5 km S.-O. Colmar. 319 m. ✉ 68420

CAMPING DES TROIS CHÂTEAUX ★★★ Tourisme 133 E. dont 113 nus 1,8 ha CV. Locations : . . Accueil groupes adultes. Ouvert: 22.11 / 24.12. ☎ 03 89 23 19 39. E-mail : reception@camping-eguisheim.fr. Web : www.camping-eguisheim.fr.
Lat. : 48° 02′ 34″ N **Long.** : 007° 17′ 59″ E.

ENSISHEIM

220 m. ✉ 68190

CLUB DU SOLEIL MULHOUSE NC Loisirs 60 E. 5,5 ha. Rés. naturiste. . Rivière à 15 m ; étang à 1 km. . Accueil groupes adultes. Ouvert: 1.6 / 31.8. ☎ 03 89 81 77 35. E-mail : csmulhouse@orange.fr. Web : www.clubdusoleilmulhouse.fr/.
Lat. : 47° 52′ 49″ N **Long.** : 007° 20′ 36″ E.

GEISWASSER

4-F5 25 km S.-E. Colmar. 196 m. ✉ 68600

À L'ORÉE DU BOIS NC Tourisme 30 E. CV. A 500 m : . Accès direct à la rivière ; étang à 500 m. Accueil groupes. Ouvert: 1.4 / 30.9. ☎ 03 89 72 80 13. E-mail : valerie.schappler@orange.fr. Web : www.camping-geiswasser.fr.
Lat. : 47° 58′ 43″ N **Long.** : 007° 35′ 46″ E.

GUEWENHEIM

8-E1 8 km S. Thann. 341 m. ✉ 68116

CAMPING DE LA DOLLER N.C. Tourisme 40 E. dont 106 nus, dont 101 CC.
2,50 ha pour les visiteurs, CV. Locations : ,. Randonnée pédestre organisée. , . Accès direct à la rivière ; lac à 1 km ; étang à 2 km. A 2 km : . Accueil groupes adultes. Ouvert: 3.5 / 17.10. ☎ 03 89 81 75 42. E-mail : contact@campingdoller.fr. Web : www.campingdoller.com. Prix 2022. Fft jour : empl. Tourisme (2) : 16 € ( ) ; sup 4 € ; animaux 3,50 € (chien de cat. 1 & 2 interdit) ; 4/12 ans 2,50 € ; 3,90 € (6 A). Réduction H.S.
Lat. : 47° 45' 22" N **Long.** : 007° 05' 55" E.
FFCC : avantages adhérent : 23 € du 01/04 au 07/07 et du 28/08 au 03/10 sur emp. et entre 40 € et 90 € la nuitée et entre 200 € et 450 € la semaine du 01/04 au 07/07 et du 28/08 au 03/10 sur loc.

GUNSBACH

4-E5 18 km S.-O. Colmar. 594 m. Village de neige ✉ 68140

BEAU RIVAGE ★★ Tourisme 110 E. dont 104 nus 1,8 ha CV. Locations : ,. Accès direct à la rivière. Ouvert: 1.4 / 20.10. ☎ 03 89 77 44 62. E-mail : hello@camping.alsace. Web : camping.alsace. Réduction H.S.
Lat. : 48° 02' 42" N **Long.** : 007° 10' 51" E.

HEIMSBRUNN

8-E1 10 km S.-O. Mulhouse. 279 m. ✉ 68990

PARC LA CHAUMIERE ★★ Tourisme 52 E. 1 ha CV. Locations : . . Etang et rivière à 100 m ; lac à 4 km. Accueil groupes adultes. Ouvert: 1.1 / 31.12. ☎ 03 89 81 93 43. E-mail : reception@camping-lachaumiere.com. Web : www.camping-lachaumiere.com.
Lat. : 47° 43' 20" N **Long.** : 007° 13' 33" E.

HORBOURG-WIHR

4-E5 2 km O. Colmar. 187 m. ✉ 68180

CAMPING DE L'ILL - COLMAR ★★★ Tourisme 150 E. dont 133 nus
2 ha CV. Locations : . chauffée , , . Accès direct à la rivière. . Accueil groupes. Ouvert: 31.3 / 2.1. ☎ 03 89 41 15 94. E-mail : info@campingdelill.fr. Web : www.campingdelill.fr/.
Lat. : 48° 04' 45" N **Long.** : 007° 23' 12" E.
FFCC : avantages adhérent : 10% du 30/03 au 01/07 et du 31/08 au 31/1210% du 30/03 au 01/07 et du 31/08 au 31/12 sur emp. et loc. + 5% de réduction en juillet-août sur les emplacements nus et locatifs resa.ffcc.fr ffcc.fr * frais de réservation offerts.

HUNINGUE

8-F1 33 km S.-E. Mulhouse. 249 m. ✉ 68330

AU PETIT PORT NC Tourisme 43 E. 0,7 ha . Locations : . . Accès direct à la rivière. ; . Ouvert: 1.5 / 15.10. ☎ 03 89 70 01 71. E-mail : contact@campinghuningue.fr. Web : campinghuningue.free.fr.
Lat. : 47° 35' 38" N **Long.** : 007° 35' 20" E.

ISSENHEIM

4-E5 2 km E. Guebwiller. 242 m. Village de neige ✉ 68500

LE FLORIVAL ★★★ Tourisme 93 E. dont 73 nus
CV. Accueil groupes. Ouvert: 1.5 / 30.9. ☎ 03 89 74 20 47. E-mail : contact@camping-leflorival.com. Web : www.camping-leflorival.com.
Lat. : 47° 54' 02" N **Long.** : 007° 14' 09" E.

KAYSERSBERG VIGNOBLE

4-E5 8 km S.-O. Ribeauvillé. 507 m. ✉ 68240

CAMPING MUNICIPAL ★★★★ Tourisme 110 E.
1,6 ha CV. . Rivière à 100 m. . Accueil groupes adultes. Ouvert: 1.4 / 30.9. ☎ 03 89 47 14 47. E-mail : camping@kaysersberg-vignoble.fr. Web : www.camping-kaysersberg.fr.
Lat. : 48° 08' 56" N **Long.** : 007° 15' 14" E.

KRUTH

4-D5 18 km N.-O. Thann. 734 m. ✉ 68820

LE SCHLOSSBERG ★★★ Tourisme 192 E. dont 151 nus 5,2 ha CV. Locations : . . Accès direct à la rivière ; lac à 300 m.. Accueil groupes enfants. Ouvert: 1.4 / 5.10. ☎ 03 89 82 26 76. E-mail : camping@schlossberg.fr. Web : www.schlossberg.fr. Prix 2022. empl. Tourisme : 11 € ; 7 € ; animaux 1 € ; 4 €.
Lat. : 47° 56' 37" N **Long.** : 006° 57' 17" E.

LABAROCHE

4-E5 24 km S.-O. Ribeauvillé. 727 m. Village de neige ✉ 68910

LES 2 HOHNACK ★★ Tourisme 78 E. 1,7 ha . Locations : bivouac, kota, tipi. Etang à 2 km ; rivière à 5 km. Ouvert: 9.4 / 30.9. ☎ 00389783782. E-mail : contact@camping-labaroche.com. Web : www.camping-labaroche.com. Prix 2023. Fft jour : empl. Tourisme (2) : 21,5 € ( )
Lat. : 48° 05' 37" N **Long.** : 007° 11' 52" E.

LE BONHOMME

4-E5 26 km S.-O. Ribeauvillé. 928 m. Village de neige ✉ 68650

LES MYRTILLES . Ouvert: 12.4 / 30.9. ☎ 03 89 47 57 50. E-mail : contact@lesmyrtilles68.com, Web : www.lesmyrtilles68.com. Prix 2023. 8 € ; 1 € ; 4 €.
Lat. : 48° 10' 13" N **Long.** : 007° 06' 50" E.

LIEPVRE

4-E5 20 km N.-N.-O. Ribeauvillé. 387 m. Village de neige ✉ 68660

HAUT KOENIGSBOURG ★★★ Tourisme 65 E. dont 59 nus 1 ha CV. Locations : . Accueil groupes adultes. Ouvert: 15.3 / 5.10. ☎ 03 89 58 43 20. E-mail : contact@camping-hautkoenigsbourg.com. Web : www.camping-hautkoenigsbourg.com.
Lat. : 48° 16' 26" N **Long.** : 007° 17' 26" E.

LUCELLE

8-E2 30 km S. Altkirch. 652 m. ✉ 68480

LES BOULEAUX NC Loisirs 55 E. 1,5 ha . Lac à 5 km. Accueil groupes. Ouvert: 1.4 / 30.9. ☎ 03 89 40 85 33. E-mail : jpm.ramsey er@wanadoo.fr.
Lat. : 47° 25' 58" N **Long.** : 007° 15' 22" E.

LUTTENBACH-PRES-MUNSTER

4-E5 20 km O.-S.-O. Colmar. 709 m. Village de neige ✉ 68140

AMIS DE LA NATURE ★★★ Tourisme 426 E. dont 216 nus CV. Locations : tonneau. Randonnée pédestre organisée. Espace Fitness. chauffée , , . Accès direct à la rivière ; étang à 2 km ; lac à 5 km. . Accueil groupes. Ouvert: 21.3 / 11.11. ☎ 03 89 77 38 60. E-mail : camping.an@wanadoo.fr. Web : www.camping-an.fr.
Lat. : 48° 01' 48" N **Long.** : 007° 06' 48" E.

MASEVAUX-NIEDERBRUCK

8-E1 18 km S.-O. Thann. 630 m. ✉ 68290

MASEVAUX ★★★ Tourisme 124 E. dont 112 nus
3,5 ha CV. Locations : ,, cocosweet, tonneau. couverte chauffée , . Accès direct à la rivière ; lac à 5 km. . Accueil groupes. Ouvert: 1.4 / 15.10. ☎ 06 33 49 44 88. E-mail : info@masevaux-camping.com. Web : www.masevaux-camping.fr. Prix 2022. Fft jour : empl. Tourisme (2) : 21,1 € ( ) ; sup 4,50 € ; animaux 2 € ; 3,50 €.
Lat. : 47° 46' 42" N **Long.** : 006° 59' 27" E.
FFCC : avantages adhérent : 17 € du 01/04 au 30/06 et du 01/09 au 15/10 sur emp. et entre 55 € et 75 € la nuitée et entre 299 € et 359 € la semaine du 01/04 au 30/06 et du 01/09 au 15/10 sur loc.

METZERAL

4-E5 25 km O. Colmar. 902 m. Village de neige ✉ 68380

AUBERGE ET CHALETS DE LA WORMSA P.R.L ★★★★ NN30 E. Uniquement location de chalets, CV. Locations : . Randonnée pédestre organisée. couverte chauffée , , . Accès direct à la rivière ; étang à 500 m. . Accueil groupes. Ouvert: 1.1 / 31.12. ☎ 0 3 68 61 25 76. E-mail : info@alsace-chalets.fr. Web : www.alsace-chalets.fr.
Lat. : 48° 00' 38" N **Long.** : 007° 03' 12" E.

MITTLACH

4-E5 28 km O. Colmar. 882 m. Village de neige ✉ 68380

CAMPING MUNICIPAL ★ Tourisme 100 E. dont 99 nus 2,5 ha CV. Accès direct à la rivière. Accueil groupes. Ouvert: 15.5 / 15.10. ☎ 03 89 77 63 77. E-mail : camping@mittlach.fr. Web : www.mittlach.fr.
Lat. : 47° 58' 58" N **Long.** : 007° 01' 07" E.

MOOSCH

8-E1 7 km N. Thann. 673 m. ✉ 68690

LA MINE D'ARGENT ★★★ Tourisme 83 E. dont 45 nus, dont 2 CC - 8 GCC. de 22 h à 7 h, CV. A 2 km : Locations : . Randonnée pédestre organisée. Accès direct à la rivière ; étang à 300 m ; lac à 5 km. Accueil groupes. Ouvert: 1.5 / 30.9. ☎ 03 89 82 30 66. E-mail : le.camping.la.mine.dargent@gmail.com. Web : www.camping-la-mine-argent.com. Réduction H.S.
Lat. : 47° 51' 05" N **Long.** : 007° 01' 51" E.

MULHOUSE

8-E1 43 km S. Colmar 250 m. ✉ 68100

L'ILL ★★★ Tourisme 193 E. dont 152 nus CV. A 3 km : Locations : cabanes, igloo, tonneau. chauffée . Rivière à 50 m. Accueil groupes. Ouvert: 22.11 / 23.12. ☎ 03 89 42 64 76. E-mail : reception@camping-mulhouse.com. Web : www.camping-mulhouse.com/. Prix 2022. empl. Tourisme : 5,80 € ; 5,80 € ; animaux 2,50 € ; 3,60 € ; 4,60 €.
Lat. : 47° 44' 03" N **Long.** : 007° 19' 26" E.

MUNSTER

4-E5 15 km S.-O. Colmar. 480 m. Village de neige ✉ 68140

LE PARC DE LA FECHT ★★★ Tourisme 192 E. CV. Rivière à 100 m ; étang à 300 m. Accueil groupes adultes. Ouvert: 8.6 / 1.9. ☎ 04 30 05 15 19. E-mail : info@tohapi.fr. Web : www.tohapi.fr/alsace/camping-montagne-parc-fecht.php.
Lat. : 48° 02' 36" N **Long.** : 007° 09' 04" E.

NEUF-BRISACH

4-E5 20 km S.-E. Colmar. 196 m. ✉ 68600

VAUBAN ★★★★ Tourisme 150 E. dont 150 nus . Locations : bivouac, kota, tipi. Rivière à 5 km. Ouvert: 15.4 / 25.9. ☎ 0 3 89 72 54 25. E-mail : campingvauban@onlycamp.fr. Web : www.onlycamp.fr/camping-vauban/.
Lat. : 48° 00' 58" N **Long.** : 007° 32' 08" E.

ODEREN

4-E5 15 km N.-O. Thann. 853 m. ✉ 68830

CAMPING WAGGA NC Tourisme 42 E. . Etang et rivière à 800 m ; lac à 5 km.. Ouvert: 1.4 / 30.10. ☎ 03 89 28 24 32. E-mail : laurewagga@gmail.com. Web : www.lewagga.com.
Lat. : 47° 54' 38" N **Long.** : 006° 58' 29" E.

ORBEY

4-E5 20 km S.-O. Ribeauvillé. 799 m. Village de neige ✉ 68370

CAMPING MUNICIPAL LEFÉBURE ★★ Tourisme 41 E. dont 29 nus 2 ha CV. Locations : . Rivière à 1,5 km ; lac à 5 km.. Accueil groupes. Ouvert: 20.4 / 30.9. ☎ 03 89 71 37 42. E-mail : orbeycamping@gmail.com. Web : www.camping-orbey.com. Prix 2023. Fft nuit : empl. Tourisme (2) : 21 € (E. GCC) ; sup 5 € nuit ; animaux 2 € nuit ; 3 € nuit. Réduction H.S.
Lat. : 48° 07' 56" N **Long.** : 007° 09' 43" E.

LES MORAINES ★★ Tourisme 46 E. 1 ha CV. Locations : . Accueil groupes. Ouvert: 1.1 / 31.12. ☎ 03 89 71 25 19. E-mail : camp.moraines@wanadoo.fr.
Lat. : 48° 06' 54" N **Long.** : 007° 07' 16" E.

LES BOULEAUX CV. Ouvert: 1.4 / 31.10. ☎ 03 89 71 22 73. E-mail : andre.micl o474@orange.fr.
Lat. : 48° 07' 04" N **Long.** : 007° 07' 29" E.

GUIDAT CELINE ET DENIS CV. Ouvert: 15.4 / 15.10. ☎ 03 89 71 23 51. E-mail : chevremont2@wanadoo.fr, Web : perso.wanadoo.fr/chevremont/.
Lat. : 48° 07' 11" N **Long.** : 007° 07' 58" E.

OSENBACH

4-E5 12 km N. Guebwiller. 456 m. Village de neige ✉ 68570

CAMPING D'OSENBACH ★★★ Tourisme 102 E. CV. Locations : . Randonnée pédestre organisée. , , . Accueil groupes. Ouvert: 1.4 / 31.10. ☎ 03 89 47 05 22. E-mail : camping.osenbach@wanadoo.fr.
Lat. : 47° 58' 50" N **Long.** : 007° 13' 08" E.

RANSPACH

4-E5 12 km N.-O. Thann. 789 m. ✉ 68470

LES BOULEAUX ★★★★ Tourisme 100 E. dont 8 nus CV. Locations : couverte chauffée , . Rivière à 100 m ; étang à 1,5 km. Accueil groupes. Ouvert: 23.11 / 3.1. ☎ 03 89 82 64 70. E-mail : contact@alsace-camping.com. Web : www.alsace-camping.com. Réduction H.S.
Lat. : 47° 52' 48" N **Long.** : 007° 00' 38" E.

RIBEAUVILLE

4-E5 15 km N.-O. Colmar. 511 m. Station verte de vacances et village de neige ✉ 68150

CAMPING MUNICIPAL PIERRE DE COUBERTIN ★★★★ Tourisme 208 E. 3 ha CV. . Etang à 800 m. Accueil groupes. Ouvert: 15.3 / 15.11. ☎ 03 89 73 66 71. E-mail : camping@ribeauville.fr. Web : www.camping-alsace.com. Prix 2022. empl. Tourisme : 5,50 € ; 4,50 € ; animaux 1 € ; 2 € ; 3,70 €. Réduction H.S.
Lat. : 48° 11' 41" N **Long.** : 007° 20' 11" E.

CAMPING MUNICIPAL LES 3 CHATEAUX ★ Tourisme 63 E. 1,5 ha CV. . Accès direct à la rivière.. Ouvert: 30.6 / 3.9. ☎ 03 89 73 20 00. E-mail : camping@ribeauville.fr. Web : www.ribeauville.fr.
Lat. : 48° 11' 53" N **Long.** : 007° 18' 11" E.

RIMBACH-PRES-MASEVAUX

8-D1 32 km O. Thann 834 m. Station verte ✉ 68290

MME MARIE-CLAIRE HAGENBACH couverte chauffée CV. Ouvert: 1.1 / 31.12. ☎ 03 89 82 00 13. E-mail : jbehra@free.fr.
Lat. : 47° 49' 11" N **Long.** : 006° 56' 06" E.

RIQUEWIHR

4-E5 5 km S. Ribeauvillé. 555 m. ✉ 68340

CAMPING DE RIQUEWIHR ★★★★ Tourisme 148 E. dont 148 nus CV. . Accueil groupes adultes. Ouvert: 26.11 / 31.12. ☎ 03 89 47 90 08. E-mail : info@campingriquewihr.com. Web : www.campingriquewihr.com. Prix 2022. Fft jour : empl. Tourisme (2) : 23,5 € (E. CC) ; sup 5,80 € ; animaux 3 € ; 4,50 €. Réduction H.S.
Lat. : 48° 09' 44" N **Long.** : 007° 19' 02" E.

ROMBACH-LE-FRANC

4-E4 25 km N. Ribeauvillé. 523 m. Village de neige ✉ 68660

CAMPING MUNICIPAL LES BOULEAUX ★★ Tourisme 38 E. dont 38 nus 1,2 ha CV. Locations : . Accès direct à la rivière ; étang à 2 km.. Accueil groupes. Ouvert: 15.4 / 15.10. ☎ 03 89 58 41 56. E-mail : camping.rombach@calixo.net.
Lat. : 48° 17' 14" N **Long.** : 007° 14' 21" E.

ROUFFACH

4-E5 9 km N.-E. Guebwiller. 346 m. Village de neige ✉ 68250

CAMPING MUNICIPAL NC Loisirs 30 E. dont 27 nus 0,32 ha CV . . Ouvert: 1.5 / 30.9. ☎ 03 89 49 78 13. E-mail : campingmunicipal.rouffach@orange.fr.
Lat. : 47° 57' 17" N **Long.** : 007° 17' 46" E.

SAINTE-CROIX-EN-PLAINE

4-E5 8 km S. Colmar 196 m. ✉ 68127

SUZEL ★★★★ Tourisme 159 E. 3 ha CV. Locations : . chauffée . . Accueil groupes adultes. Ouvert: 10.12 / 2.1. ☎ 03 89 49 27 28. E-mail : suzel@capfun.com. Web : www.capfun.com/camping-france-alsace-suzel-FR.html. Réduction H.S.
Lat. : 48° 00' 58" N **Long.** : 007° 21' 00" E.

SAINTE-MARIE-AUX-MINES

4-E5 18 km N.-O. Ribeauvillé. 693 m. Village de neige ✉ 68160

LES REFLETS DU VAL D'ARGENT ★★★ Tourisme 110 E. 3 ha la nuit, CV. Locations : , caravane. Randonnée pédestre organisée. . Accès direct à la rivière. Accueil groupes. Ouvert: 1.1 / 31.12. ☎ 03 89 58 64 83. E-mail : reflets@calixo.net. Web : www.les-reflets.com.
Lat. : 48° 14' 07" N **Long.** : 007° 10' 13" E.

SAUSHEIM

8-E1 6 km N.-E. Mulhouse. 232 m. ✉ 68390

LE SAFARY NC Loisirs 39 E. dont 22 nus, dont 8 CC. 1 ha 22 h / 6 h, CV. Locations : . chauffée. Rivière à 100 m. Accueil groupes adultes. Ouvert: 1.7 / 30.9. ☎ 0 685441664. E-mail : camping.safary@gmail.com. Web : www.campinglesafary.fr. Prix 2022. empl. Tourisme : 4 € ; 4,50 € ; 2,50 € ; 4 €.
Lat. : 47° 46' 57" N **Long.** : 007° 23' 41" E.

SEPPOIS-LE-BAS

8-E2 14 km S.-O. Altkirch. 412 m. ✉ 68580

LES LUPINS ★★★ Tourisme 153 E. CV. Locations : . Etang à 1 km. Accueil groupes adultes. Ouvert: 1.4 / 31.10. ☎ 03 89 25 65 37. E-mail : campingleslupins@outlook.fr. Web : www.camping-les-lupins.fr.
Lat. : 47° 32' 22" N **Long.** : 007° 10' 50" E.

SOULTZEREN

4-E5 23 km S.-O. Colmar. 872 m. Village de neige ✉ 68140

M. DANIEL ROESS CV. Ouvert: 15.4 / 31.10. ☎ 03 89 77 02 09. E-mail : chantal.roess@laposte.net, Web : chezchantaletdany.hotels.officelive.com.
Lat. : 48° 04' 45" N **Long.** : 007° 06' 28" E.

TURCKHEIM

4-E5 6 km O. Colmar. 407 m. ✉ 68230

LE MEDIEVAL ★★★ Tourisme 127 E. dont 111 nus 1,5 ha CV. Rivière à 10 m ; étang à 500 m. Accueil groupes adultes. Ouvert: 10.4 / 31.10. ☎ 03 89 27 02 00. E-mail : camping.turckheim@laposte.net. Web : camping-turckheim.fr. Réduction H.S.
Lat. : 48° 05' 07" N **Long.** : 007° 16' 32" E.

URBES

8-D1 16 km N.-O. Thann. 725 m. ✉ 68121

CAMPING MUNICIPAL BENELUX-BALE ★★ Tourisme 155 E. dont 84 nus 3,8 ha CV. Locations : . , . Etang à 200 m ; rivière à 3 km. Accueil groupes. Ouvert: 1.4 / 30.9. ☎ 03 89 82 78 76. E-mail : mairie.urbes@wanadoo.fr. Prix 2023. empl. Tourisme : 8,50 € ; 3,80 € ; animaux 0,80 € ; 2 €.
Lat. : 47° 52' 52" N **Long.** : 006° 56' 33" E.

WATTWILLER

8-E1 8 km N.-E. Thann. 505 m. ✉ 68700

HUTTOPIA WATTWILLER ★★★ Tourisme 199 E. dont 105 nus

13 ha CV . Locations : . Randonnée pédestre organisée. couverte chauffée , , . Accueil groupes. Ouvert: 7.4 / 6.11. ☎ 03 89 75 44 94. E-mail : wattwiller@huttopia.com. Web : www.huttopia.com. Réduction H.S.

Lat. : 47° 49' 59" N **Long.** : 007° 09' 57" E.

FFCC : avantages adhérent : 10% du 31/05 au 01/07 et du 31/08 au 05/1110% du 31/05 au 01/07 et du 31/08 au 05/11 sur emp. et loc. + 5% de réduction en juillet-août sur les emplacements nus et locatifs * frais de réservation offerts Rendez-vous dans votre club avantages FFCC pour obtenir le code promotionnel.

WIHR-AU-VAL

4-E5 15 km O.-S.-O. Colmar. 479 m. Village de neige ✉ 68230

LA ROUTE VERTE ★★ Tourisme 55 E.

0,9 ha CV . Etang à 200 m ; rivière à 700 m. Accueil groupes. Ouvert: 15.5 / 20.9. ☎ 03 89 71 10 10. E-mail : info@camping-routeverte.com. Web : www.camping-routeverte.com. Prix 2022. empl. Tourisme : 4,60 € ; 3,70 € ; animaux 1,90 € ; 2,50 € ; 3,40 €. Réduction H.S.

Lat. : 48° 03' 06" N **Long.** : 007° 12' 19" E.

FFCC : avantages adhérent : 16 € du 15/05 au 15/09 sur emp.

M. JUSTIN PANZER . Ouvert: 15.5 / 15.9. ☎ 03 89 71 06 26 / 0 6 61 94 38 87. E-mail : campingdumoulin@yahoo.fr, Web : www.campingdumoulin.fr.

Lat. : 48° 02' 56" N **Long.** : 007° 12' 27" E.

WINTZENHEIM

4-E5 336 m. ✉ 68124

M. MARC KEMPF . Ouvert: 1.5 / 15.10. ☎ 0 6 60 74 18 35. E-mail : kempfnora@gmail.com.

Lat. : 48° 05' 13" N **Long.** : 007° 18' 23" E.

WUENHEIM

8-E1 5 km S. Guebwiller. 415 m. Village de neige ✉ 68500

LA SAPINIERE ★★ Loisirs 106 E. dont 20 nus 5 ha CV. Accès direct à la rivière. Accueil groupes. Ouvert: 1.4 / 30.9. ☎ 09 65 37 69 03. E-mail : campeursmulhouse@orange.fr.

Lat. : 47° 52' 20" N **Long.** : 007° 10' 26" E.

RHONE 69

Cartes 7-10-11

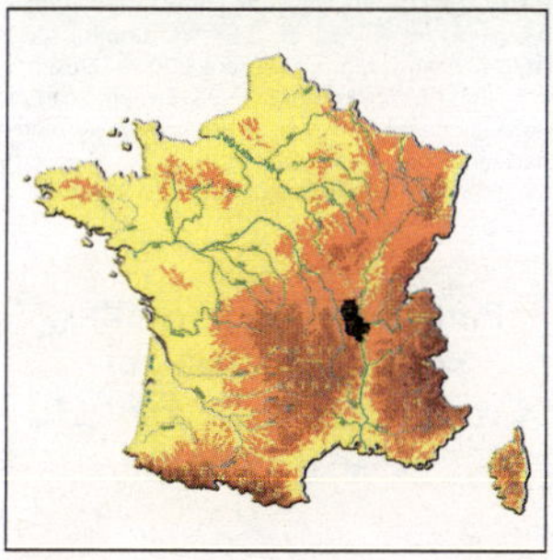

ANSE

11-A1 6 km S. Villefranche-sur-Saone. 226 m. ✉ 69480

LES PORTES DU BEAUJOLAIS ★★★★ Tourisme 196 E.

CV . Locations : paillotte. couverte chauffée , . Rivière à 50 m ; lac à 1,5 km. Accueil groupes. Ouvert: 1.3 / 31.10. ☎ 04 74 67 12 87. E-mail : contact@camping-beaujolais.com. Web : www.camping-beaujolais.com/fr. Réduction H.S.

Lat. : 45° 56' 26" N **Long.** : 004° 43' 36" E.

BESSENAY

10-F1 31 km O. Lyon. 406 m. ✉ 69690

LE RIPAN NC Loisirs 30 E. Ouvert: 1.4 / 31.10. ☎ 06 69 56 68 28. E-mail : lecampingderipan@gmail.com.

Lat. : 45° 47' 10" N **Long.** : 004° 33' 31" E.

LES CERISIERS NC 19 E. Ouvert: 1.1 / 31.12. ☎ 06 72 75 81 67. E-mail : didier.chenevière@wanadoo.fr.

Lat. : 45° 47' 03" N **Long.** : 004° 34' 09" E.

CONDRIEU

11-A2 44 km S. Lyon. 292 m. ✉ 69420

LES RIVES DE CONDRIEU ★★★★ Loisirs 196 E. CV . chauffée , . Lac à 3 km. Ouvert: 8.4 / 5.11. ☎ 04 74 59 51 08. E-mail : lesrivesdecondrieu@siblu.fr. Web : siblu.fr/camping-les-rives-de-condrieu.

Lat. : 45° 27' 35" N **Long.** : 004° 46' 34" E.

LES CHALETS DE LA PRESQU'ILE P.R.L ★★ NN9 E. Locations : , , . Accès direct aux bords du lac et à la rivière. ; . Accueil groupes adultes. Ouvert: 1.1 / 31.12. ☎ 04 74 20 10 81. E-mail : contact@base-nautique-condrieulesroches.fr. Web : base-nautique-condrieulesroches.fr. Réduction H.S.

Lat. : 45° 27' 23" N **Long.** : 004° 46' 36" E.

CUBLIZE

10-F1 42 km O. Villefranche-sur-Saone. 575 m. ✉ 69550

LAC DES SAPINS ★★★★ Tourisme 181 E. CV . Locations : , , , . Randonnée pédestre organisée. , , , , . Accès direct aux bords du lac et à la rivière. ; ; . Ouvert: 1.4 / 25.9. ☎ 04 74 89 52 83. E-mail : lacdesapins@vacances-andretrigano.com. Web : www.vacances-andretrigano.com. Prix 2022. Fft jour : empl. Tourisme (2) : 27,5 € ( ) ;

Lat. : 46° 00' 41" N **Long.** : 004° 22' 29" E.

CAMPING MUNICIPAL NC Loisirs 27 E. dont 27 nus, dont 1 CC - 1 GCC. 0,5 ha . A 2 km : Lac à 300 m ; rivière à 80 m. . Ouvert: 1.1 / 31.12. ☎ 07 71 76 19 66. E-mail : cublize.mairie@numericable.com. Web : www.cublize.fr.

Lat. : 46° 01' 05" N **Long.** : 004° 22' 52" E.

DARDILLY

11-A1 8 km N.-O. Lyon. 309 m. ✉ 69570

CAMPING DE LYON ★★★★ Tourisme 239 E. dont 135 nus

CV . Locations : roulotte. chauffée . Accueil groupes. Ouvert: 1.1 / 31.12. ☎ 04 78 35 64 55. E-mail : info@camping-lyon.com. Web : www.camping-lyon.com/. Réduction H.S.

Lat. : 45° 49' 12" N **Long.** : 004° 45' 39" E.

FFCC : avantages adhérent : 10% du 01/01 au 01/07 et du 31/08 au 31/1210% du 01/01 au 01/07 et du 31/08 au 31/12 sur emp. et loc. + 5% de réduction en juillet-août sur les emplacements nus et locatifs * frais de réservation offerts Rendez-vous dans votre club avantages FFCC pour obtenir le code promotionnel.

FLEURIE

7-F5 20 km N. Villefranche-sur-Saone. 332 m. ✉ 69820

LA GRAPPE FLEURIE ★★★★★ Tourisme 88 E. dont 55 nus 2,5 ha CV . Locations : . Randonnée pédestre organisée. couverte chauffée , . ; . Accueil groupes adultes. Ouvert: 15.4 / 2.10. ☎ 04 74 69 80 07. E-mail : info@beaujolais-camping.com. Web : www.beaujolais-camping.com.

Lat. : 46° 11' 17" N **Long.** : 004° 41' 56" E.

LAMURE-SUR-AZERGUES

7-F5 28 km N.-O. Villefranche. 545 m. ✉ 69870

LE LYZERON ★★ Loisirs 84 E. 3 ha CV. Accès direct à l'étang et à la rivière. . Accueil groupes. Ouvert: 1.5 / 31.10. ☎ 06 83 69 13 45. E-mail : contact@campinglelyzeron.com.

Lat. : 46° 03' 07" N **Long.** : 004° 29' 41" E.

LES HALLES

10-F2 30 km S.-O. Lyon. 590 m. ✉ 69610

AU COEUR DES MONTS. Ouvert: 1.1 / 31.12. ☎ 0 663669417. E-mail : campingaucoeurdesmonts@gmail.com, Web : www.campingaucoeurdesmonts.fr. Prix 2022. 5 € nuit ; 9 € nuit ; 9 € nuit ; 5 € nuit ; 2 € nuit ; 3 € nuit ; 2 € nuit.
Lat. : 45° 43′ 17″ N **Long.** : 004° 25′ 58″ E.

LONGESSAIGNE

10-F1 43 km N.-O. Lyon. 679 m. ✉ 69770

MICHEL CECILE CV. Ouvert: 1.1 / 31.12. ☎ 04 74 70 22 73. E-mail : camping.lagrandmaison@laposte.net.
Lat. : 45° 46′ 13″ N **Long.** : 004° 27′ 04″ E.

MORNANT

11-A2 25 km S.-O. Lyon. 361 m. ✉ 69440

LA TRILLONNIÈRE ★★ Tourisme 57 E. dont 51 nus 2,2 ha CV. A 4 km : Locations : . Rivière à 30 m ; étang à 1 km ; lac à 3,5 km.. Ouvert: 1.6 / 15.9. ☎ 04 78 44 16 47. E-mail : contact@la-trillonniere.fr. Web : www.la-trillonniere.fr. Prix 2023. Fft jour : empl. Tourisme (2) : 18,5 € ( ). Réduction H.S.
Lat. : 45° 36′ 56″ N **Long.** : 004° 40′ 15″ E.

POLLIONNAY

10-F1 18 km O. Lyon. 466 m. ✉ 69290

CAMPING COL DE LA LUERE ★★ Tourisme 80 E. dont 46 nus 4 ha CV. Locations : . Randonnée pédestre organisée. . Rivière à 5 km. Accueil groupes. Ouvert: 1.1 / 31.12. ☎ 04 78 45 81 11. E-mail : contact@camping-coldelaluere.com. Web : www.camping-coldelaluere.com.
Lat. : 45° 45′ 03″ N **Long.** : 004° 38′ 35″ E.

POMEYS

10-F2 30 km N.-E. Montbrisson. 642 m. ✉ 69590

CAMPING D'HURONGUES ★★★★ Loisirs 114 E. 3,6 ha CV. couverte chauffée , . Etang à 500 m.. Accueil groupes. Ouvert: 13.4 / 13.10. ☎ 04 78 48 44 29. E-mail : campinghurongues@orange.fr. Web : www.camping-hurongues.com.
Lat. : 45° 38′ 05″ N **Long.** : 004° 25′ 42″ E.
FFCC : avantages adhérent : 18 € du 16/04 au 16/10 sur emp. et entre 45 € et 55 € la nuitée et entre 307 € et 377 € la semaine du 16/04 au 16/10 sur loc.

POULE-LES-ECHARMEAUX

7-F5 30 km N.-O. Villefranche-sur-Saone. 650 m. ✉ 69870

CAMPING MUNICIPAL NC Tourisme 24 E. dont 2 nus 0,5 ha . Randonnée pédestre organisée. , . Accès direct à l'étang.. Accueil groupes enfants. Ouvert: 1.5 / 30.9. ☎ 06 70 92 72 10. E-mail : campingpouleleslecharmeaux@gmail.com. Web : poulelesecharmeaux.fr.
Lat. : 46° 09′ 00″ N **Long.** : 004° 27′ 16″ E.

PROPIERES

7-F5 43 km O. Villefranche-sur-Saône. 696 m. ✉ 69790

CAMPING MUNICIPAL ★ Loisirs 13 E. CV. . Accès direct à l'étang.. Accueil groupes. Ouvert: 15.6 / 15.9. ☎ 06 84 79 20 67. E-mail : gitesazole@yahoo.fr. Prix 2023. 3,50 € nuit ; 4 € nuit ; 3 € nuit ; 2,50 € nuit ; 2 € nuit ; 1,50 € nuit.
Lat. : 46° 11′ 03″ N **Long.** : 004° 25′ 52″ E.

SAINT-GENIS-LAVAL

11-A2 8 km S.-S.-O. Lyon. 237 m. ✉ 69230

CAMPING DES BAROLLES ★★ Loisirs 45 E. CV. Locations : . Accueil groupes. Ouvert: 1.1 / 31.12. ☎ 04 78 56 05 56. E-mail : contact@barolles.fr. Web : www.barolles.fr.
Lat. : 45° 41′ 15″ N **Long.** : 004° 47′ 11″ E.

SAINT-JACQUES-DES-ARRETS

7-F5 45 km N.-O. Villefranche-sur-Saone. 538 m. ✉ 69860

CAMPING MUNICIPAL LES CROTS NC Tourisme 6 E. CV. Rivière à 2 km ; étang à 5 km. Ouvert: 1.4 / 31.10. ☎ 0 6 99 91 44 88 / 06 66 51 70 78. E-mail : locations@saintjacquesdesarrets.fr. Web : www.saintjacquesdesarrets.fr.
Lat. : 46° 15′ 19″ N **Long.** : 004° 35′ 47″ E.

SAINT-MARTIN-EN-HAUT

10-F2 32 km S.-O. Lyon. 708 m. Station verte de vacances et village de neige ✉ 69850

CAMPING MUNICIPAL NC Loisirs 91 E. dont 54 nus, dont 39 GCC. CV. Etang à 3 km. Ouvert: 1.4 / 31.10. ☎ 07 56 37 68 21. E-mail : camping@stmarth.fr.
Lat. : 45° 39′ 07″ N **Long.** : 004° 33′ 47″ E.

SAINTE-CATHERINE

10-F2 35 km S.-O. lyon. 771 m. ✉ 69440

CAMPING MUNICIPAL LE CHATELARD NC Loisirs 61 E. CV. Etang et rivière à 1,5 km. Ouvert: 1.3 / 30.11. ☎ 04 78 81 80 60. E-mail : mairie-ste-catherine@wanadoo.fr. Web : www.mairie-saintecatherine.fr.
Lat. : 45° 35′ 16″ N **Long.** : 004° 34′ 24″ E.

SOURCIEUX-LES-MINES

10-F1 22 km N.-O. Lyon. 424 m. ✉ 69210

CAMPING DU SONNAY ★ Tourisme 25 E. . Ouvert: 1.1 / 31.12. ☎ 06 69 40 12 92. E-mail : campingdusonnay@gmail.com.
Lat. : 45° 48′ 58″ N **Long.** : 004° 37′ 41″ E.

THIZY-LES-BOURGS

10-F1 52 km O.-N.-O. Villefranche-sur-Saone. 508 m. ✉ 69240

CAMPING MUNICIPAL NC Tourisme 20 E. 0,5 ha . A 6 km : Etang à 1 km. Accueil groupes adultes. Ouvert: 1.1 / 31.12. ☎ 04 74 64 05 29. E-mail : info@thizy.mairies69.net. Web : www.thizylesbourgs.fr.
Lat. : 46° 01′ 25″ N **Long.** : 004° 19′ 08″ E.

TRADES

7-F5 46 km N.-O. Villefranche-sur-Saône. 452 m. ✉ 69860

CAMPING MUNICIPAL NC Tourisme 15 E. dont 15 nus CV. . Accès direct à l'étang et à la rivière.. Accueil groupes. Ouvert: 1.4 / 31.10. ☎ 06 66 51 70 78. E-mail : chantal.pachot@gmail.com. Web : www.communedetrades.fr.
Lat. : 46° 16′ 23″ N **Long.** : 004° 33′ 33″ E.

TUPIN-ET-SEMONS

11-A2 40 km S. lyon. 315 m. ✉ 69420

DOMAINE DU GRAND BOIS ★ Loisirs 200 E. dont 40 nus 20 ha CV. Rés. naturiste. Locations : . . Ouvert: 15.4 / 15.10. ☎ 04 74 87 04 29. E-mail : domainedugrandbois@free.fr. Web : domainedugrandbois.fr.
Lat. : 45° 30′ 56″ N **Long.** : 004° 46′ 21″ E.

VILLEFRANCHE-SUR-SAONE

11-A1 32 km N.-N.-O. Lyon. 181 m. ✉ 69400

PARC BEAUJOLAIS ★ Tourisme 128 E. 1,6 ha . Lac à 100 m ; rivière à 50 m. . Ouvert: 15.5 / 15.9. ☎ 04 74 65 33 48. E-mail : contact@campingparc-beaujolais.com. Web : www.campingparc-beaujolais.com/camping.
Lat. : 45° 58′ 22″ N **Long.** : 004° 45′ 05″ E.

YZERON

10-F2 28 km S.-O. Lyon. 711 m. ✉ 69510

L'HACIENDA ★ Tourisme 30 E. dont 4 nus 0,5 ha CV. Locations : . Etang, lac et rivière à 500 m. Ouvert: 1.1 / 31.12. ☎ 06 59 12 39 95. E-mail : campinghacienda@gmail.com. Web : www.camping-hacienda.com.
Lat. : 45° 42′ 23″ N **Long.** : 004° 35′ 15″ E.

HAUTE-SAONE 70

Carte 8

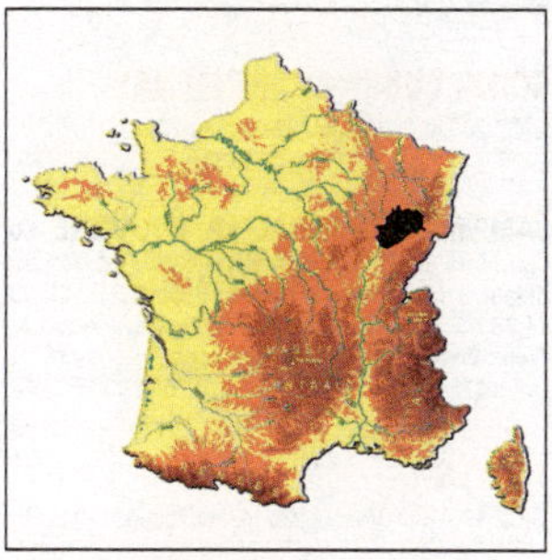

AUTREY-LE-VAY

8-D2 22 km S.-O. Lure. 266 m. ✉ 70110

CAMPING MUNICIPAL NC Tourisme 20 E. dont 4 CC. 0,35 ha. Accès direct à la rivière. Ouvert: 15.4 / 15.10. ☎ 03 84 63 40 83. E-mail : autreylevay@wanadoo.fr. Web : www.autreylevay.fr.
Lat. : 47° 32′ 16″ N **Long.** : 006° 24′ 11″ E.

BAULAY

8-C1 28 km N.-O. Vesoul 233 m. ✉ 70160

LA TUILERIE

FFCC. Ouvert: 15.3 / 1.11. ☎ 03 84 68 71 03. E-mail : jean-pierre.jardel@orange.fr. Prix 2023. empl. Tourisme : 4 € ; 3 € ; 2 € ; 2 € ; 3 €.
Lat. : 47° 47′ 10″ N **Long.** : 006° 00′ 54″ E.
FFCC : avantages adhérent : 14 € du 01/04 au 30/10 sur emp.

BETONCOURT-SAINT-PANCRAS

283 m. ✉ 70210

LES ÉTANGS DE SAINT PANCRAS ★★★★ Tourisme 30 E. dont 24 nus

3,5 ha. Rés. naturiste. Locations : cabanes, tipi. Accès direct à l'étang. Ouvert: 6.5 / 30.9. ☎ 0 6 10191241. E-mail : lesetangsdesaintpancras@gmail.com. Web : www.lesetangsdesaintpancras.fr.
Lat. : 47° 54′ 49″ N **Long.** : 006° 11′ 03″ E.

BOULT

8-C2 32 km S.-O. Vesoul. 268 m. ✉ 70190

LA TUILERIE NC Tourisme 27 E. 1 ha. Ouvert: 1.6 / 31.8. ☎ 0 3 84 91 71 10. E-mail : thesundaytrucker@gmail.com.
Lat. : 47° 23′ 15″ N **Long.** : 005° 59′ 28″ E.

BOURGUIGNON-LES-MOREY

8-B1 40 km N.-O. Vesoul 328 m. ✉ 70120

A-RIGAUD . ☎ 03 84 91 08 58. E-mail : benb.arigaud@gmail.com, Web : a-rigaud.fr.
Lat. : 47° 42′ 43″ N **Long.** : 005° 42′ 24″ E.

CHAMPAGNEY

8-D1 17 km E. Lure. 434 m. ✉ 70290

CAMPING DES BALLASTIÈRES - VOSGES DU SUD ★★★ Tourisme 118 E. dont 85 nus, dont 85 CC - 40 GCC.

CV. Locations : bivouac. chauffée. Accès direct à l'étang et aux bords du lac et à la rivière. Accueil groupes. Ouvert: 17.3 / 29.10. ☎ 03 84 23 11 22. E-mail : info@campingdesballastieres.com. Web : www.campingdesballastieres.com. Prix 2023. Fft nuit : empl. Tourisme (2) : 21,9 € (E. CC) ; sup 4,20 € nuit ; animaux 5 € nuit ; 2,50 € nuit. Réduction H.S.
Lat. : 47° 42′ 24″ N **Long.** : 006° 40′ 21″ E.

LA LOUVIERE NC Loisirs 100 E. 1 ha. Accès direct aux bords du lac. Accueil groupes. Ouvert: 15.4 / 15.9. ☎ 03 84 23 20 24. E-mail : lucie.gillet.mairie-champagney13@orange.fr.
Lat. : 47° 42′ 17″ N **Long.** : 006° 40′ 56″ E.

CHAMPLITTE

8-B2 50 km O. Vesoul. 285 m. ✉ 70600

CAMPING DE CHAMPLITTE NC Tourisme 33 E. dont 19 nus 1,5 ha. Locations : Rivière à 500 m. Accueil groupes. Ouvert: 15.4 / 15.10. ☎ 06 82 25 31 61. E-mail : camping-champlitte@hotmail.fr.
Lat. : 47° 37′ 30″ N **Long.** : 005° 30′ 15″ E.

CIREY

8-C2 30 km S. Vesoul. 272 m. ✉ 70190

CAMPING MUNICIPAL LA VAIVRE NC Loisirs 25 E. 0,8 ha. Accès direct à la rivière. Ouvert: 1.4 / 30.9. ☎ 03 84 91 81 43. E-mail : commune-de-cirey@nordnet.fr.
Lat. : 47° 23′ 41″ N **Long.** : 006° 08′ 18″ E.

CAMPING MUNICIPAL LE PAQUILLOT NC Loisirs 33 E. 1 ha. Accès direct à la rivière. Ouvert: 15.4 / 15.10. ☎ 03 84 91 82 22. E-mail : commune-de-cirey@nordnet.fr.
Lat. : 47° 23′ 47″ N **Long.** : 006° 08′ 14″ E.

CROMARY

8-C2 32 km S.-O. Vesoul. 239 m. ✉ 70190

VERTE RIVE ★★ Tourisme 16 E. dont 15 nus, dont 1 CC - 3 GCC. 0,60 ha 22 h / 8 h. Locations : Accès direct à la rivière. Ouvert: 1.5 / 30.9. ☎ 06 47 47 43 69. E-mail : contact@verte-rive.fr. Web : www.verte-rive.fr.
Lat. : 47° 21′ 28″ N **Long.** : 006° 04′ 50″ E.

L'ESPLANADE NC Tourisme 44 E. dont 7 GCC. 2 ha. Locations : Accès direct à la rivière. Ouvert: 1.5 / 15.9. ☎ 03 84 91 82 00. E-mail : lesplanade@ymail.com. Web : www.campinglesplanade.com.
Lat. : 47° 21′ 33″ N **Long.** : 006° 04′ 43″ E.

FRESSE

8-D1 18 km N.-E. Lure. 613 m. ✉ 70270

LA BROCHE NC Tourisme 50 E.

FFCC 2 ha CV. Locations : Etang à 10 m ; rivière à 200 m. Accueil groupes. Ouvert: 15.4 / 1.10. ☎ 06 77 65 10 55. E-mail : contact@camping-broche.com. Web : www.camping-broche.com.
Lat. : 47° 45′ 20″ N **Long.** : 006° 39′ 10″ E.
FFCC : avantages adhérent : 12 € du 30/04 au 01/10 sur emp. et entre 23 € et 60 € la nuitée et entre 160 € et 300 € la semaine du 30/04 au 01/10 sur loc.

GENEVREUILLE

8-D1 10 km O. de Lure 331 m. ✉ 70240

CAMPING DE CHATEAU GAILLARD CV. A 8 km : ☎ 03 84 74 35 29. E-mail : valeriebaumann70@gmail.com, Web : gitepaysan.fr.
Lat. : 47° 41′ 16″ N **Long.** : 006° 23′ 10″ E.

GOURGEON

8-C1 28 km N.-O. Vesoul 272 m. ✉ 70120

LES TROIS MULETS . Ouvert: 1.6 / 30.9. ☎ 03 84 92 10 97. E-mail : 3mulets@gmail.com.
Lat. : 47° 42′ 56″ N **Long.** : 005° 50′ 16″ E.

GRAY

8-B2 58 km O.-S.-O. Vesoul. 211 m. Station verte de vacances et village de neige ✉ 70100

LONGUE RIVE NC Tourisme 120 E. dont 72 nus, dont 20 CC. 2,5 ha CV. Locations : . Accès direct à la rivière. Accueil groupes. Ouvert: 1.5 / 30.9. ☎ 03 84 64 90 44. E-mail : tourisme@cc-valdegray.fr. Web : www.tourisme-valdegray.com.
Lat. : 47° 27′ 09″ N **Long.** : 005° 36′ 07″ E.

HURECOURT

8-C1 48 km N.-O. Lure 306 m. ✉ 70210

LA JONQUILLE . Ouvert: 1.4 / 25.9. ☎ 06 89 69 82 31. E-mail : contact@camping-la-jonquille.eu, Web : www.camping-la-jonquille.eu.
Lat. : 47° 54′ 03″ N **Long.** : 006° 03′ 27″ E.

LE VAL-SAINT-ELOI

8-C1 15 km N.-E. Vesoul. 298 m. ✉ 70160

M. CLAUDE COLLARDEY . Ouvert: 1.5 / 31.10. ☎ 03 84 68 91 55. E-mail : claudecollardey@hotmail.fr. Prix 2022. 3 € ; 6 € ; 3 € ; 2 € ; 0,50 € ; 1,50 € ; 0,50 €. Réduction H.S.
Lat. : 47° 45′ 07″ N **Long.** : 006° 10′ 04″ E.

LES AYNANS

8-D1 9 km S.-O. Lure. 276 m. ✉ 70200

CAMPING INTERCOMMUNAL LE PATIS NC Loisirs 50 E. dont 36 nus CV. Locations : Accès direct à la rivière.. Ouvert: 1.5 / 30.9. ☎ 03 84 63 95 01 / 07 87 02 39 11. E-mail : campinglepatis70200@gmail.com. Web : www.pays-de-lure.fr.
Lat. : 47° 37′ 19″ N **Long.** : 006° 27′ 21″ E.

MARNAY

8-C2 60 km S.-O. Vesoul. 233 m. ✉ 70150

CAMPING VERT LAGON ★★★ Tourisme 75 E. dont 64 nus 1,4 ha CV. Locations : , . Accès direct aux bords du lac et à la rivière. . Accueil groupes. Ouvert: 2.5 / 30.9. ☎ 03 84 31 73 16. E-mail : accueil@camping-vertlagon.com. Web : www.camping-vertlagon.com.
Lat. : 47° 17′ 23" N **Long.** : 005° 46′ 35" E.

MELISEY

8-D1 10 km N.-E. Lure. 372 m. Station verte de vacances et village de neige ✉ 70270

LA PIERRE ★★ Tourisme 54 E.
1,5 ha 8 h / 23 h, CV. Rivière à 2,5 km. Accueil groupes adultes. Ouvert: 1.5 / 30.9. ☎ 03 84 63 23 08. E-mail : secretariat@mairie-melisey.com. Web : melisey.cchvo.org.
Lat. : 47° 46′ 32" N **Long.** : 006° 34′ 52" E.

DU CfiUR ET DE L'AMITIÉ NC Tourisme 40 E. dont 35 nus 1,11 ha . Locations : , caravane. Randonnée pédestre organisée. , . Rivière à 50 m ; étang à 800 m. ; . Accueil groupes. Ouvert: 1.3 / 31.12. ☎ 06 06 75 69 45. E-mail : michleonoff@gmail.com. Prix 2022. 6,60 € ; 2 €.
Lat. : 47° 45′ 17" N **Long.** : 006° 35′ 12" E.

MONTBOZON

8-C2 25 km S. Vesoul. 276 m. ✉ 70230

ENTRE DEUX PONTS NC 33 E. 0,6 ha . Locations : . , . Accès direct à la rivière. ; . Accueil groupes adultes. Ouvert: 1.4 / 15.10. ☎ 03 84 92 32 27. E-mail : mairie.montbozon@orange.fr.
Lat. : 47° 27′ 51" N **Long.** : 006° 15′ 49" E.

AIRE NATURELLE MUNICIPALE CV. ☎ 03 84 20 52 26. E-mail : mairie.montbozon@orange.fr.
Lat. : 47° 27′ 58" N **Long.** : 006° 15′ 26" E.

PESMES

8-B2 62 km .S-O. Vesoul. 215 m. Station verte de vacances et village de neige ✉ 70140

LA COLOMBIÈRE ★★★ Tourisme 40 E. 1 ha CV. Locations : . . Accès direct à la rivière. . Ouvert: 1.5 / 30.9. ☎ 03 84 31 20 15. E-mail : lacolombiere@woka.fr. Web : www.camping-pesmes.com.
Lat. : 47° 16′ 35" N **Long.** : 005° 34′ 00" E.

PORT-SUR-SAONE

8-C1 12 km N.-O. Vesoul. 245 m. ✉ 70170

CAMPING COMMUNAUTAIRE LA MALADIÈRE NC Tourisme 100 E. dont 20 nus 3 ha CV. Locations : , roulotte, . , , . Accès direct à l'étang et à la rivière. ; . Accueil groupes. Ouvert: 1.1 / 31.12. ☎ 03 84 91 51 32. E-mail : camping@cctds.fr. Web : www.cctds.fr/loisirs/s-aerer/la-maladiere.html.
Lat. : 47° 40′ 53" N **Long.** : 006° 02′ 23" E.

PREIGNEY

8-C1 36 km N.-O. Vesoul. 328 m. ✉ 70120

LE LAC ★★ Tourisme 50 E. 0,9 ha CV. Locations : . Lac à 150 m. . Ouvert: 1.4 / 30.9. ☎ 03 84 68 55 37. E-mail : contact@lecampingdulac.fr. Web : www.lecampingdulac.fr.
Lat. : 47° 45′ 02" N **Long.** : 005° 46′ 26" E.

RENAUCOURT

8-C1 40 km N.-O. Vesoul 235 m. ✉ 70120

LA FONTAINE AUX FEES NC Loisirs 22 E. dont 21 nus
CV . Locations : . , . Accès direct à l'étang. . Accueil groupes. Ouvert: 2.4 / 19.10. ☎ 06 79 25 20 86 / 0 3 84 67 13 74. E-mail : defiscamping54@gmail.com.
Lat. : 47° 38′ 05" N **Long.** : 005° 45′ 28" E.
FFCC : avantages adhérent : 15 € du 22/04 au 31/10 sur emp. et 70 € la nuitée et 300 € la semaine du 22/04 au 31/10 sur loc. + Locatifs : La nuit : caravane 30 euros La semaine : caravane 180 euros.

RIOZ

8-C2 24 km S. Vesoul. 300 m. ✉ 70190

LE LAC ★★★ Tourisme 52 E. dont 46 nus
CV . . Lac à 200 m. . Accueil groupes. Ouvert: 1.4 / 27.9. ☎ 03 84 91 91 59. E-mail : camping@rioz.fr. Web : camping.rioz.fr.
Lat. : 47° 25′ 31" N **Long.** : 006° 04′ 28" E.

SCEY-SUR-SAONE-ET-SAINT-ALBIN

8-C1 19 km O.-N.-O. Vesoul. 271 m. ✉ 70360

LA SAONE JOLIE ★ Tourisme 39 E. 1 ha . Randonnée pédestre organisée. chauffée. Accès direct à la rivière. ; ; . Accueil groupes. Ouvert: 1.5 / 30.9. ☎ 03 84 68 85 07. E-mail : camping.saonejolie@orange.fr.
Lat. : 47° 39′ 42" N **Long.** : 005° 58′ 31" E.

SERVANCE-MIELLIN

8-D1 606 m. ✉ 70440

CAMPING MUNICIPAL NC Tourisme 15 E. dont 5 CC - 1 GCC. 0,16 ha . . Accès direct à la rivière.. Ouvert: 1.4 / 30.9. ☎ 06 35 78 58 25. E-mail : mairie.miellin@orange.fr.
Lat. : 47° 48′ 34" N **Long.** : 006° 44′ 11" E.

SOING-CUBRY-CHARENTENAY

8-C2 28 km O. Vesoul. 224 m. ✉ 70130

CAMPING MUNICIPAL LA LOUVIERE NC Tourisme 30 E. 0,7 ha . . Accès direct à la rivière.. Ouvert: 1.6 / 30.9. ☎ 03 84 78 45 17. E-mail : mairie.soing@wanadoo.fr. Web : www.mairie-soingcubrycharentenay.fr.
Lat. : 47° 34′ 54" N **Long.** : 005° 52′ 33" E.

TRAVES

8-C2 17 km O. Vesoul 230 m. ✉ 70360

SAÔNE VALLEY NC 12 E. 5 ha CV . Locations : , . Randonnée pédestre organisée. , , . Accès direct à l'étang et à la rivière. ; . Accueil groupes. Ouvert: 1.1 / 31.12. ☎ 03 84 92 72 70. E-mail : contact@saonevalley.com. Web : www.saonevalley.com.
Lat. : 47° 36′ 50" N **Long.** : 005° 58′ 29" E.

VESOUL

8-C1 362 km S.-E. Paris. 235 m. ✉ 70000

CAMPING INTERNATIONAL DU LAC ★★★ Tourisme 129 E.
CV . A 3 km : Locations : . chauffée , . Lac et rivière à 20 m. ; . . Accueil groupes. Ouvert: 1.1 / 31.12. ☎ 03 84 76 22 86. E-mail : campingdulac70@yahoo.com. Web : camping-vesoul.com.
Lat. : 47° 37′ 49" N **Long.** : 006° 07′ 43" E.
FFCC : avantages adhérent : 10% du 15/01 au 01/07 et du 27/08 au 15/1210% du 15/01 au 01/07 et du 27/08 au 15/12 sur emp. et loc. + 5% sur les emplacements nus et locatifs en juillet et aout.

VILLERSEXEL

8-D2 18 km S.-S.-O. Lure. 282 m. ✉ 70110

LE CHAPEAU CHINOIS ★★★ Tourisme 86 E. dont 82 nus
4 ha CV . . Accès direct à la rivière ; étang à 3 km. ; . Accueil groupes. Ouvert: 3.4 / 30.9. ☎ 03 84 63 40 60. E-mail : camping@pan-sarl.eu. Web : www.pan-sarl.eu.
Lat. : 47° 33′ 29" N **Long.** : 006° 26′ 08" E.

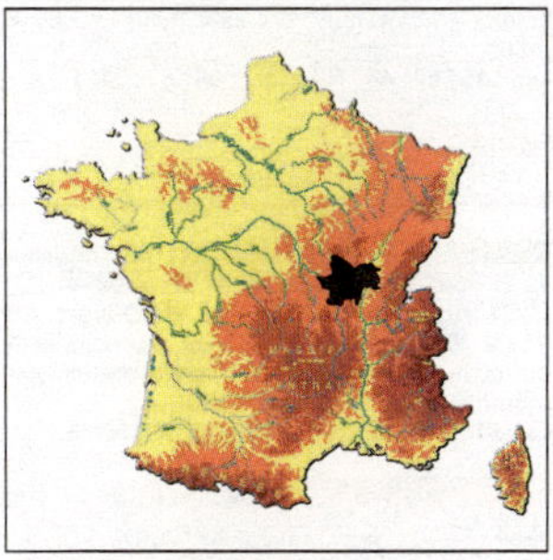

ANOST

7-E3 24 km N.-O. Autun. 581 m. Station verte de vacances et village de neige ✉ 71550

CAMPING DU PONT DE BUSSY ★★★ Tourisme 43 E. dont 39 nus 0,5 ha CV. Locations : , . Accès direct à l'étang et à la rivière. Accueil groupes. Ouvert: 1.4 / 30.9. ☎ 03 85 82 79 07. E-mail : campingdanost@orange.fr. Web : www.anost.fr/camping-du-pont-de-bussy-anost-morvan. Réduction H.S.
Lat. : 47° 04' 37" N **Long.** : 004° 05' 34" E.

ARTAIX

7-E5 33 km S.-O. Charolles. 277 m. ✉ 71110

LA MOTTE AUX MERLES NC Tourisme 25 E. dont 25 nus CV. Locations : . Rivière à 4 km. Accueil groupes. Ouvert: 1.4 / 31.10. ☎ 03 85 25 37 67. E-mail : campingpicard@yahoo.fr.
Lat. : 46° 15' 53" N **Long.** : 003° 57' 28" E.

AIRE NATURELLE MUNICIPALE . Ouvert: 1.5 / 15.10. ☎ 03 85 25 01 31. E-mail : mairie.artaix@wanadoo.fr.
Lat. : 46° 14' 47" N **Long.** : 004° 00' 43" E.

AUTUN

7-F3 110 km N.-O. Macon. 416 m. ✉ 71400

CAMPING D'AUTUN ★★★ Tourisme 86 E. dont 74 nus CV. Locations : , . Lac à 2 km. Accueil groupes. Ouvert: 3.4 / 22.10. ☎ 03 85 52 10 82. E-mail : camping.autun@aquadis-loisirs.com. Web : www.aquadis-loisirs.com/camping-nature/camping-autun. Prix 2023. Fft nuit : empl. Tourisme (2): 21,9 € ( ). Réduction H.S.
Lat. : 46° 57' 53" N **Long.** : 004° 17' 34" E.
FFCC : avantages adhérent : 17 € du 03/04 au 08/07 et du 26/08 au 22/10 sur emp.

AZE

8-A5 17 km N.-O. Macon. 332 m. ✉ 71260

CAMPING DES GROTTES ★★★ Tourisme 77 E. dont 74 nus chauffée . Etang à 1 km. . Accueil groupes. Ouvert: 27.3 / 12.9. ☎ 03 85 33 36 48. E-mail : contact@camping-des-grottes.com. Web : www.camping-des-grottes.com.
Lat. : 46° 26' 21" N **Long.** : 004° 45' 43" E.

BAUGY

7-E5 27 km S.-O. Charolles. 261 m. ✉ 71110

LES ETANGS DU BRIONNAIS NC Loisirs 15 E. 10 ha . , . Accès direct à l'étang et aux bords du lac ; rivière à 1,5 km. . Ouvert: 1.4 / 30.11. ☎ 03 85 25 06 79. E-mail : lesetangsdubrionnais@wanadoo.fr. Web : www.lesetangsdubrionnais.fr.
Lat. : 46° 19' 26" N **Long.** : 004° 02' 14" E.

BOURBON-LANCY

7-E4 54 km N.-O. Charolles. 249 m. Station verte de vacances et village de neige ✉ 71140

BOURBON-LANCY ★★★ Tourisme 70 E. dont 38 nus 1,4 ha CV . Locations : , tonneau. . Etang à 50 m. . Accueil groupes. Ouvert: 9.3 / 13.11. ☎ 03 85 89 20 98. E-mail : camping.bourbonlancy@aquadis-loisirs.com. Web : www.aquadis-loisirs.com/camping-nature/camping-de-bourbon-lancy. Prix 2023. Fft nuit : empl. Tourisme (2): 22 € ( ). Réduction H.S.
Lat. : 46° 37' 10" N **Long.** : 003° 45' 18" E.
FFCC : avantages adhérent : 19 € du 09/03 au 08/07 et du 26/08 au 13/11 sur emp. + Offre découverte Duo : 20% de réduction pour un séjour de 7 nuits minimum en location hors saison.

CAMPING BORVO NATURISTE ★ Tourisme 26 E. Ouvert: 1.4 / 31.10. ☎ 03 85 85 47 44. E-mail : info@campingborvo.fr. Web : www.campingborvo.fr.
Lat. : 46° 38' 22" N **Long.** : 003° 44' 29" E.

BRAGNY-SUR-SAONE

8-A3 25 km N.-E. Chalons-sur-Saône. 187 m. ✉ 71350

CAMPING MUNICIPAL LES TROIS RIVIERES NC Loisirs 100 E. dont 100 nus 2,5 ha CV. . Rivière à 5 m.. Ouvert: 1.5 / 30.9. ☎ 03 85 91 50 26. E-mail : 71.mairie.bragny@wanadoo.fr. Web : www.bragny-sur-saone.fr.
Lat. : 46° 54' 21" N **Long.** : 005° 00' 59" E.

BRIENNE

8-A4 18 km S.-O. Louhans. 182 m. ✉ 71290

AIRE NATURELLE MUNICIPALE . Ouvert: 1.4 / 30.9. ☎ 03 85 40 10 19. E-mail : mairie-de-brienne@wanadoo.fr.
Lat. : 46° 33' 27" N **Long.** : 005° 01' 13" E.

CHAGNY

8-A3 17 km N.-N.-O. Chalon-sur-Saone. 224 m. Station verte de vacances et village de neige ✉ 71150

LE PAQUIER FANE ★★★ Tourisme 101 E. 1,5 ha CV. Locations : . , , . Accès direct à la rivière ; étang à 300 m.. Accueil groupes. Ouvert: 29.3 / 30.10. ☎ 03 85 87 21 42. E-mail : camping-chagny@orange.fr. Web : www.campingchagny.com. Réduction H.S.
Lat. : 46° 54' 43" N **Long.** : 004° 44' 44" E.

CHAMBILLY

7-E5 271 m. ✉ 71110

ESTEFANA . Ouvert: 29.4 / 1.10. ☎ 06 37 64 25 58. E-mail : contact@estefana.fr, Web : www.estefana.fr. Prix 2023. Fft nuit : empl. Tourisme (2): 25 € ( ) ; sup 5 € nuit ; 3 € nuit ; 4 € nuit.
Lat. : 46° 16' 12" N **Long.** : 003° 59' 09" E.

CHAMPAGNAT

8-B4 22 km S.-E. Louhans 322 m. ✉ 71480

LE DOMAINE DE LOUVAREL ★★★★ Tourisme 150 E. dont 110 nus 3 ha CV . couverte chauffée . Accès direct aux bords du lac. ; ; . Ouvert: 30.3 / 30.9. ☎ 03 85 76 62 71. E-mail : domainedelouvarel@gmail.com. Web : www.louvarel.com.
Lat. : 46° 29' 45" N **Long.** : 005° 19' 30" E.
FFCC : avantages adhérent : 10% du 14/04 au 30/06 et du 01/09 au 18/09 10% du 14/04 au 30/06 et du 01/09 au 18/09 sur emp. et loc. + Rendez-vous dans votre club avantages FFCC pour obtenir le code promotionnel et réserver !.

CHAROLLES

7-F5 54 km O.-N.-O. Macon. 310 m. Station verte de vacances et village de neige ✉ 71120

CAMPING MUNICIPAL ★★★ Tourisme 56 E. dont 50 nus 0,6 ha CV . Locations : . chauffée . Accès direct à la rivière.. Accueil groupes. Ouvert: 1.4 / 5.10. ☎ 03 85 24 04 90. E-mail : camping@ville-charolles.fr. Web : www.ville-charolles.fr.
Lat. : 46° 26' 23" N **Long.** : 004° 16' 56" E.

CHAUFFAILLES

7-F5 33 km S. Charolles. 451 m. Station verte de vacances et village de neige ✉ 71170

CAMPING MUNICIPAL LES FEUILLES ★★★ Tourisme 65 E. dont 60 nus CV. Locations : . Randonnée pédestre organisée. Accès direct à la rivière ; étang à 100 m.. Accueil groupes. Ouvert: 1.4 / 30.9. ☎ 03 85 26 48 12. E-mail : campinglesfeuilles@chauffailles.fr. Web : www.campinglesfeuilles.fr. Prix 2022. empl. Tourisme : 8,50 € ; 3,70 € ; 10,50 € ; 3,20 € ; 3,10 €. Réduction H.S.
Lat. : 46° 11′ 59″ N **Long.** : 004° 20′ 14″ E.
FFCC : avantages adhérent : 14 € du 01/04 au 02/07 et du 28/08 au 29/09 sur emp. et entre 30 € et 65 € la nuitée et entre 200 € et 440 € la semaine du 01/04 au 02/07 et du 28/08 au 29/09 sur loc.

CLESSE

8-A5 13 km N. Mâcon. 248 m. ✉ 71260

LE RAISIN D'OR NC Loisirs 68 E. 1,4 ha CV. Locations : . chauffée. Rivière à 2 km. Ouvert: 1.1 / 31.12. ☎ 03 85 33 13 99. E-mail : campingleraisindor@wanadoo.fr. Web : www.leraisindor.fr.
Lat. : 46° 24′ 58″ N **Long.** : 004° 48′ 52″ E.

CLUNY

7-F5 24 km N.-O. Macon. 335 m. ✉ 71250

CAMPING MUNICIPAL SAINT VITAL ★★★ Tourisme 171 E. dont 80 nus CV. Rivière à 1 km.. Accueil groupes. Ouvert: 7.4 / 30.9. ☎ 03 85 59 08 34. E-mail : camping@cluny.fr. Web : camping-cluny.blogspot.com.
Lat. : 46° 25′ 51″ N **Long.** : 004° 40′ 05″ E.

CONDAL

8-B4 22 km S. Louhans. 206 m. ✉ 71480

TERREFERME CV. Ouvert: 1.5 / 24.10. ☎ 03 85 76 62 57. E-mail : terreferme@gmail.com, Web : www.campingterreferme.com. Prix 2022. empl. Tourisme : 7,50 € nuit ; 5,30 € nuit ; 2,60 € nuit ; 5 € nuit. Réduction H.S.
Lat. : 46° 27′ 36″ N **Long.** : 005° 15′ 27″ E.

CORMATIN

7-F4 36 km N.-O. Mâcon. 222 m. ✉ 71460

LE HAMEAU DES CHAMPS ★★★ Tourisme 60 E. dont 50 nus, dont 18 CC. 0,52 ha CV. Locations : . Etang et rivière à 100 m.. Accueil groupes. Ouvert: 1.4 / 31.10. ☎ 03 85 50 76 71. E-mail : contact@le-hameau-des-champs.com. Web : www.le-hameau-des-champs.com. Prix 2023. empl. Tourisme : 3,50 € ; 4,50 € ; 7 € ; 7 € ; 7 € ; animaux 1,50 € ; 3 € ; 5 €. Réduction H.S.
Lat. : 46° 32′ 56″ N **Long.** : 004° 41′ 04″ E.
FFCC : avantages adhérent : 22 € du 01/04 au 30/06 et du 01/09 au 31/10 sur emp.

COUCHES

7-F3 25 km S.-E. Autun. 375 m. ✉ 71490

LA GABRELLE NC Tourisme 50 E. Ouvert: 1.1 / 31.12. ☎ 03 85 45 59 49. E-mail : guides@campingfrance.com.
Lat. : 46° 52′ 33″ N **Long.** : 004° 33′ 31″ E.

CRECHES-SUR-SAONE

8-A5 8 km S.-O. Macon. 187 m. ✉ 71680

LA CLÉ DE SAÔNE ★★★ Tourisme 160 E. dont 160 nus CV. Locations : . Accès direct aux bords du lac et à la rivière. Accueil groupes. Ouvert: 3.6 / 10.9. ☎ 03 85 37 11 83 / 0 7 69 24 32 53. E-mail : info@camping-macon.com. Web : www.camping-macon.com. Prix 2023. Fft jour : empl. Tourisme (2) : 20 € ( ) ; sup 5 € ; animaux 3 € ; 3 €.
Lat. : 46° 14′ 26″ N **Long.** : 004° 48′ 21″ E.

CUISERY

8-A4 20 km S.-O. Louhans. 196 m. ✉ 71290

LES BORDS DE SEILLE ★★★ Tourisme 33 E. 0,2 ha . Locations : . Accès direct à la rivière. Accueil groupes. Ouvert: 9.4 / 31.10. ☎ 06 98 21 88 15. E-mail : contact@camping-bords-de-seille.com. Web : www.camping-bords-de-seille.com.
Lat. : 46° 33′ 42″ N **Long.** : 005° 00′ 20″ E.

CUSSY-EN-MORVAN

7-F3 22 km N.-O. Autun 528 m. ✉ 71550

LE PETIT PAPILLON . Ouvert: 21.5 / 12.9. ☎ 0 3 85 82 59 75. E-mail : lepetitpapillon-camping@outlook.com, Web : www.lepetitpapillon-camping.com. Prix 2022. Fft jour : empl. Tourisme (2) : 25 € ( )
Lat. : 47° 06′ 00″ N **Long.** : 004° 11′ 11″ E.

DIGOIN

7-E4 25 km O. Charolles. 251 m. ✉ 71160

LA CHEVRETTE ★★★ Tourisme 81 E. dont 81 nus 1,3 ha CV. A 1 km : Locations : . Accès direct à la rivière.. Accueil groupes. Ouvert: 15.4 / 15.9. ☎ 03 58 36 51 09. E-mail : campingdigoin@outlook.fr. Web : entreprisefrery.fr/digoin. Prix 2023. Fft jour : empl. Tourisme (2) : 24,1 € ( ) ; sup 5,80 € ; animaux 2 € ; 2,80 €.
Lat. : 46° 28′ 48″ N **Long.** : 003° 58′ 04″ E.

DOMPIERRE-LES-ORMES

7-F5 40 km O. Mâcon. 437 m. ✉ 71520

LE VILLAGE DES MEUNIERS ★★★★ Tourisme 105 E. dont 53 nus, dont 30 CC - 23 GCC. CV. Locations : cocosweet. Randonnée pédestre organisée. Espace Fitness. couverte chauffée . Accès direct à l'étang ; lac à 1 km ; rivière à 5 km. Accueil groupes adultes. Ouvert: 15.4 / 2.10. ☎ 03 85 50 36 60. E-mail : villagedesmeuniers@yahoo.fr. Web : villagedesmeuniers.com/. Prix 2022. Fft jour : empl. Tourisme (2) : 48 € ( ). Réduction H.S.
Lat. : 46° 21′ 49″ N **Long.** : 004° 28′ 29″ E.

EPINAC

7-F3 20 km E.-N.-E. Autun. 363 m. Station verte de vacances et village de neige ✉ 71360

CAMPING DU PONT VERT ★★★ Tourisme 83 E. dont 61 nus 3,8 ha CV. Locations : . Randonnée pédestre organisée. Accès direct à la rivière.. Accueil groupes. Ouvert: 1.3 / 30.11. ☎ 03 85 54 29 83. E-mail : camping.epinac@orange.fr. Web : www.camping-epinac-bourgogne.com.
Lat. : 46° 59′ 09″ N **Long.** : 004° 30′ 22″ E.

ETANG-SUR-ARROUX

7-F3 17 km S.-O. Autun. 307 m. Station verte de vacances et village de neige ✉ 71190

LES 2 RIVES ★★★ Tourisme 100 E. 2,5 ha CV. Locations : . Randonnée pédestre organisée. Accès direct à la rivière. Accueil groupes. Ouvert: 1.1 / 31.12. ☎ 03 85 82 39 73. E-mail : camping@des2rives.com. Web : www.des2rives.com. Réduction H.S.
Lat. : 46° 51′ 42″ N **Long.** : 004° 11′ 31″ E.

ETRIGNY

8-A4 27 km S. Chalon sur Saone. 251 m. ✉ 71240

AUBERGE DE MALO CV. Ouvert: 1.5 / 30.10. ☎ 03 85 92 21 47. E-mail : fam@aubergemalo.com, Web : www.aubergemalo.com.
Lat. : 46° 35′ 37″ N **Long.** : 004° 47′ 05″ E.

GERGY

8-A3 14 km N.-E. Chalon-sur-Saône. 192 m. ✉ 71590

LA MARE DE ROY ★★ Tourisme 44 E. CV. Locations : . Etang à 100 m.. Accueil groupes adultes. Ouvert: 1.5 / 30.9. ☎ 03 85 91 75 45. E-mail : camping@marederoy.fr. Web : www.marederoy.fr.
Lat. : 46° 50′ 28″ N **Long.** : 004° 56′ 45″ E.
FFCC : avantages adhérent : 14 € du 15/04 au 05/07 et du 16/08 au 15/10 sur emp. et entre 90 € et 110 € la nuitée et entre 390 € et 510 € la semaine du 15/04 au 15/10 sur loc.

LA SAÔNE NC Tourisme 30 E. CV. Locations : . Accès direct à la rivière.. Accueil groupes. Ouvert: 15.5 / 30.9. ☎ 07 62 92 32 63. E-mail : campingdelasaone@gergy.fr. Web : www.gergy.fr. Prix 2022. empl. Tourisme : 4,20 € nuit ; 2,60 € nuit ; animaux 1,05 € nuit ; 1,25 € nuit ; 2,30 € nuit.
Lat. : 46° 52′ 46″ N **Long.** : 004° 57′ 04″ E.

GIBLES

7-F5 16 km S. Charolles. 457 m. ✉ 71800

CHATEAU DE MONTROUANT NC Tourisme 43 E. dont 30 nus 1 ha CV. Accès direct à l'étang. Ouvert: 1.6 / 13.9. ☎ 03 85 84 51 13. E-mail : campingdemontrouant@wanadoo.fr. Web : www.chateau-de-montrouant.com. Réduction H.S.
Lat. : 46° 20′ 12″ N **Long.** : 004° 22′ 56″ E.

GIGNY-SUR-SAONE

8-A4 19 km S.-E. Chalon-sur-Saône. 177 m. ✉ 71240

CHATEAU DE L'EPERVIERE ★★★★★ Tourisme 160 E. dont 115 nus 7 ha CV. Locations : . couverte chauffée . Accès direct à l'étang ; rivière à 600 m.. Ouvert: 1.4 / 30.9. ☎ 03 85 94 16 90. E-mail : domaine-de-leperviere@wanadoo.fr. Web : www.domaine-eperviere.com. Réduction H.S.
Lat. : 46° 39′ 17″ N **Long.** : 004° 56′ 41″ E.
FFCC : avantages adhérent : 10% du 01/04 au 30/06 et du 01/09 au 30/09 sur emp. + Rendez-vous dans votre club avantages FFCC pour obtenir le code promotionnel et réserver ou sur présentation de la carte de membre FFCC.

GUEUGNON

7-E4 25 km N.-O. Charolles. 266 m. ✉ 71130

CAMPING MUNICIPAL CHAZEY NC Tourisme 20 E. dont 15 nus 0,95 ha CV. Locations : . Accès direct à la rivière. Accueil groupes. Ouvert: 1.7 / 31.8. ☎ 03 85 85 23 11. E-mail : mairie@ville-gueugnon.fr. Web : www.gueugnon.fr.
Lat. : 46° 34′ 13″ N **Long.** : 004° 03′ 15″ E.

ISSY-L'EVEQUE

7-E4 46 km S.-O. Autun. 352 m. ✉ 71760

CAMPING LES PORTES DU MORVAN ★★★★ Tourisme 70 E. dont 63 nus 3 ha CV. Locations : . Espace Fitness. chauffée . Etang à 50 m. Ouvert: 1.4 / 31.12. ☎ 03 85 24 96 05. E-mail : camping-portesdumorvan@orange.fr. Web : www.camping-portesdumorvan.com. Réduction H.S.
Lat. : 46° 42′ 28″ N **Long.** : 003° 57′ 36″ E.

LA CELLE-EN-MORVAN

7-F3 12 km N.-O. Autun. 397 m. ✉ 71400

LES DEUX RIVIERES ★★★ Tourisme 48 E. dont 48 nus . chauffée . Accès direct à la rivière. Ouvert: 14.5 / 17.9. ☎ 03 45 74 01 38. E-mail : info@les2rivieres.com. Web : www.les2rivieres.com.
Lat. : 47° 00′ 44″ N **Long.** : 004° 11′ 29″ E.

LA CLAYETTE

7-F5 19 km S. Charolles. 386 m. Station verte de vacances et village de neige 71800

LES BRUYERES ★★★ Tourisme 84 E. dont 81 nus 2,5 ha 22 h 30 / 7 h30, CV chauffée , Lac à 50 m. ; Accueil groupes. Ouvert: 1.4 / 1.11. 03 85 28 09 15. E-mail : contact@campingbruyeres.com. Web : campingbruyeres.com.
Lat. : 46° 17' 30" N **Long.** : 004° 19' 10" E.

LA TAGNIERE

7-F4 28 km S. Autun 362 m. 71190

LE PAROY Ouvert: 15.4 / 1.10. 03 85 54 59 27. E-mail : info@campingleparoy.com, Web : www.campingleparoy.com. Réduction H.S.
Lat. : 46° 47' 14" N **Long.** : 004° 12' 49" E.

LAIVES

8-A4 20 km S. Châlons-sur-Saône 195 m. 71240

LES VOILES DE LAIVES ★★★ Tourisme 80 E. dont 8 nus
0,8 ha CV . Locations : , tonneau, . Accès direct aux bords du lac ; rivière à 200 m. ; . Accueil groupes adultes. Ouvert: 1.1 / 31.12. 06 28 59 65 67. E-mail : camping.lesvoilesdelaives@gmail.com. Web : lesvoilesdelaives.com. Prix 2023. Fft nuit : empl. Tourisme (2) : 25 € ( ) ; sup 4,80 € ; Réduction H.S.
Lat. : 46° 40' 19" N **Long.** : 004° 49' 59" E.

LAYS-SUR-LE-DOUBS

8-B3 36 km N. Louhans. 180 m. 71270

BIJOU DU DOUBS ★★ Tourisme 56 E. dont 48 nus, dont 48 CC. 2,75 ha CV . Locations : , , . Accès direct à la rivière. ; . Accueil groupes. Ouvert: 15.4 / 30.9. 03 85 72 82 32. E-mail : contact@bijoududoubs.com. Web : www.bijoududoubs.com. Prix 2022. Fft jour : empl. Tourisme (2) : 25 € ( ) ; sup 5 € ; animaux 2 € ; 2 € ; 5 €.
Lat. : 46° 55' 46" N **Long.** : 005° 14' 40" E.

LE MIROIR

8-B4 14 km S.-E. Louhans. 204 m. 71480

LES CROTENOTS ★★ Tourisme 35 E. . Locations : . Ouvert: 1.4 / 15.10. 03 85 76 71 78. E-mail : campingcrotenots@wanadoo.fr. Web : www.crotenots.com.
Lat. : 46° 34' 17" N **Long.** : 005° 21' 27" E.

LE ROUSSET

7-F4 25 km N.-E. Charolles. 393 m. 71220

LAC DU ROUSSET NC Tourisme 20 E. 1,5 ha . Accès direct à l'étang. . Ouvert: 1.5 / 30.9. 03 85 81 45 01. E-mail : alexis.dupont.71220@gmail.com.
Lat. : 46° 34' 44" N **Long.** : 004° 26' 58" E.

LOUHANS

8-B4 58 km N.-E. de Macon. 188 m. 71500

CAMPING MUNICIPAL LES TROIS RIVIÈRES ★★★ Tourisme 55 E. dont 53 nus 0,5 ha CV . Locations : , . Accès direct à la rivière.. Ouvert: 1.5 / 30.9. 03 85 75 19 02. E-mail : campinglhs@gmail.com. Web : www.camping-louhans.com.
Lat. : 46° 37' 24" N **Long.** : 005° 13' 00" E.

LUCENAY-L'EVEQUE

7-F3 16 km N.-O. Autun. 429 m. 71540

AIRE NATURELLE MUNICIPALE . Ouvert: 1.5 / 30.9. 03 85 82 61.86. E-mail : mairie.lucenay.l.eveque@wanadoo.fr.
Lat. : 47° 04' 51" N **Long.** : 004° 14' 43" E.

LUGNY

8-A4 20 km N.-N.-O. Macon. 272 m. 71260

CAMPING MUNICIPAL SAINT PIERRE NC Tourisme 20 E. 1,5 ha . Ouvert: 1.5 / 30.9. 03 85 33 21 96. E-mail : fdelbaere71@gmail.com.
Lat. : 46° 28' 39" N **Long.** : 004° 48' 34" E.

MACON

8-A5 400 km S.-E. Paris. 209 m. 71000

CAMPING MUNICIPAL DE MÂCON ★★★★ Tourisme 250 E.
. A 100 m : . chauffée . Rivière à 500 m. Accueil groupes adultes. Ouvert: 15.3 / 31.10. 03 85 38 16 22. E-mail : camping@ville-macon.fr. Web : www.macon.fr.
Lat. : 46° 19' 51" N **Long.** : 004° 50' 36" E.

MATOUR

7-F5 39 km O. Macon. 503 m. Station verte de vacances et village de neige 71520

CAMPING DE MATOUR ★★★ Tourisme 83 E. dont 63 nus
2,5 ha CV . Locations : , , . chauffée , , . Accès direct à l'étang. ; . Accueil groupes. Ouvert: 3.4 / 22.10. 03 85 40 85 93. E-mail : camping.matour@aquadis-loisirs.com. Web : www.aquadis-loisirs.com/camping-nature/camping-de-matour. Prix 2023. Fft nuit : empl. Tourisme (2) : 22 € ( ). Réduction H.S.
Lat. : 46° 18' 15" N **Long.** : 004° 28' 42" E.
FFCC : avantages adhérent : 17 € du 03/04 au 08/07 et du 26/08 au 22/10 sur emp. + Offre découverte Duo : 20% de réduction pour un séjour de 7 nuits minimum en location hors saison.

MERVANS

8-B4 20 km N. Louhans. 195 m. 71310

CAMPING MUNICIPAL NC Tourisme 46 E. 0,82 ha CV. couverte . Accès direct à la rivière ; étang à 10 m.. Ouvert: 1.6 / 15.9. 03 85 76 11 70. E-mail : mairie-de-mervans@wanadoo.fr.
Lat. : 46° 48' 07" N **Long.** : 005° 11' 30" E.

MONTCEAUX-L'ETOILE

7-E5 25 km S.-O. Charolles 260 m. 71110

M. MICHEL MAILLET CV. Ouvert: 1.4 / 1.11. 03 85 25 38 66. E-mail : michel.maillet5@wanadoo.fr, Web : www.latourdelaferme.com.
Lat. : 46° 21' 28" N **Long.** : 004° 02' 42" E.

PALINGES

7-F4 16 km N. Charolle. 279 m. 71430

CAMPING DU LAC DE PALINGES ★★★ Tourisme 62 E. dont 40 nus, dont 24 CC - 16 GCC.
1 ha CV . Locations : , cabanes, tonneau. chauffée . Accès direct aux bords du lac ; rivière à 500 m. ; . Accueil groupes. Ouvert: 1.4 / 30.10. 03 85 88 14 49. E-mail : campingdulac.palinges@yahoo.com. Web : www.campingdulac.eu.
Lat. : 46° 33' 40" N **Long.** : 004° 13' 30" E.

PARAY-LE-MONIAL

7-E5 13 km O. Charolles. 264 m. 71600

CAMPING DE MAMBRE ★★★★ Tourisme 161 E. dont 137 nus CV . Locations : . . Rivière à 50 m. Ouvert: 2.5 / 30.9. 03 85 88 89 20. E-mail : camping.plm@gmail.com. Web : www.campingdemambre.com.
Lat. : 46° 27' 27" N **Long.** : 004° 06' 16" E.

SAINT-BOIL

7-F4 23 km S.-O. Chalon-sur-Saône. 227 m. 71390

MOULIN DE COLLONGE ★★★★ Tourisme 71 E. dont 50 nus 0,51 ha CV . Locations : , , roulotte. couverte , . Accès direct à l'étang et aux bords du lac. ; . Accueil groupes. Ouvert: 1.4 / 30.9. 03 85 44 00 32. E-mail : camping@moulindecollonge.fr. Web : www.moulindecollonge.com. Prix 2023. Fft nuit : empl. Tourisme (1) : 15 € ( ) ; sup 6,50 € nuit ; animaux 2,50 € nuit ; 4,50 € nuit ; 5 € nuit. Réduction H.S.
Lat. : 46° 38' 47" N **Long.** : 004° 41' 41" E.

SAINT-BONNET-DE-JOUX

7-F4 14 km N.-E. Charolles. 392 m. 71220

CAMPING MUNICIPAL NC Tourisme 21 E. 0,27 ha. Accès direct à l'étang. 03 85 24 73 87. E-mail : mairie@stbonnetdejoux.fr.
Lat. : 46° 29' 04" N **Long.** : 004° 26' 37" E.

SAINT-GERMAIN-DU-BOIS

8-B4 15 km N.-N.-E. Louhans. 202 m. 71330

CAMPING MUNICIPAL L'ETANG TITARD ★★ Tourisme 44 E. dont 40 nus CV . couverte , . Accès direct à l'étang.. Accueil groupes. Ouvert: 2.5 / 15.9. 03 85 72 06 15. E-mail : mairie@saintgermaindubois.fr. Web : www.saintgermaindubois.fr/camping/.
Lat. : 46° 44' 47" N **Long.** : 005° 14' 46" E.

SAINT-JEAN-DE-VAUX

7-F4 13 km O. Chalons-sur-saone. 258 m. 71640

CAMPING MUNICIPAL LA VALLEE DES VAUX NC Tourisme 42 E. 0,73 ha CV. , , . Ouvert: 1.5 / 1.10. 03 85 45 11 98. E-mail : stjeandevaux.mairie@wanadoo.fr. Web : www.saint-jean-de-vaux.fr.
Lat. : 46° 48' 28" N **Long.** : 004° 41' 48" E.

SAINT-LEGER-SOUS-BEUVRAY

7-E3 11 km S.-O. Autun. 443 m. 71990

LA BOUTIÈRE NC Tourisme 36 E. dont 36 nus CV . Locations : . Randonnée pédestre organisée. , . Etang à 5 km.. Accueil groupes. Ouvert: 15.4 / 15.10. 06 80 40 81 28. E-mail : camping@la-boutiere.com. Web : www.la-boutiere.com. Réduction H.S.
Lat. : 46° 55' 55" N **Long.** : 004° 06' 04" E.

SAINT-MARCEL

8-A4 3 km E. Chalon sur Saône 178 m. 71380

PONT DE BOURGOGNE ★★★ Tourisme 100 E.
CV . Locations : , , , bivouac. , . Accès direct à la rivière.. Accueil groupes. Ouvert: 1.4 / 30.9. 03 85 48 26 86. E-mail : info@camping-chalon.com. Web : www.camping-chalon.com. Prix 2022. Fft jour : empl. Tourisme (2) : 28,4 € ( ) ; sup 7,50 € ; animaux 2,60 € ; 5,60 €. Réduction H.S.
Lat. : 46° 47' 03" N **Long.** : 004° 52' 20" E.

SAINT-MAURICE-LES-COUCHES

7-F3 28 km S.-E. Autun 299 m. 71490

LA BONNE VIE P.R.L ★★★ NN23 E. dont 14 nus, dont 7 CC. 2 ha . Locations : , , tonneau. chauffée. . Ouvert: 2.4 / 26.9. 03 85 45 55 95. E-mail : contact@camping-labonnevie.com. Web : www.camping-labonnevie.com. Prix 2022. Fft nuit : empl. Tourisme (2) : 32 € ( ) ; Réduction H.S.
Lat. : 46° 52' 09" N **Long.** : 004° 36' 13" E.

SAINT-NIZIER-SUR-ARROUX

7-F4 27 km S. Autun. 279 m. 71190

CAMPING MUNICIPAL DE LA PLAGE ★★ Loisirs 90 E. dont 90 nus 0,6 ha CV . Locations : . . Accès direct à la rivière. ; . Ouvert: 29.6 / 30.9. 03 85 54 29 55. E-mail : mairie.stniziersurarroux@wanadoo.fr.
Lat. : 46° 48' 16" N **Long.** : 004° 08' 07" E.

SAINT-POINT

7-F5 28 km O. Macon. 467 m. 71520

CAMPING DU LAC ★★★ Tourisme 82 E. dont 78 nus
CV . . Lac à 10 m. ; ; . Ouvert: 6.4 / 27.10. 03 85 40 54 93. E-mail : contact@campingsaintpoint.com. Web : www.campingsaintpoint.com.
Lat. : 46° 20' 15" N **Long.** : 004° 36' 41" E.

SAINT-SYMPHORIEN-D'ANCELLES
8-A5 14 km S.-O. Macon. 177 m. ✉ 71570

CAMPING MUNICIPAL LE BEAUJOLAIS NC Tourisme 50 E. 2,5 ha. Ouvert: 1.5 / 30.9. ☎ 03 85 35 52 52. E-mail : mairie-ssa@orange.fr. Web : www.st-symphorien-st-romain.fr.
Lat. : 46° 11' 10" N **Long.** : 004° 46' 41" E.

SALORNAY-SUR-GUYE
7-F4 36 km N.-O. Macon. 246 m. ✉ 71250

CAMPING MUNICIPAL LA CLOCHETTE ★★ Tourisme 60 E. dont 60 nus 1,2 ha CV. Locations : . Accès direct à la rivière.. Accueil groupes. Ouvert: 21.5 / 30.8. ☎ 03 85 59 90 11. E-mail : campinglaclochette@orange.fr. Web : www.salornay-sur-guye.fr/camping-la-clochette.
Lat. : 46° 31' 04" N **Long.** : 004° 35' 55" E.

SAVIGNY-SUR-GROSNE
7-F4 42 km N.-O. Maçon. 219 m. ✉ 71460

CAMPING DE MESSEUGNE ★★ Loisirs 80 E. dont 77 nus CV. Locations : . Accès direct à la rivière. Accueil groupes. Ouvert: 3.4 / 31.10. ☎ 03 85 92 56 86. E-mail : camping.messeugne@orange.fr. Web : www.camping-messeugne.com. Réduction H.S.
Lat. : 46° 34' 16" N **Long.** : 004° 39' 46" E.

SOMMANT
7-F3 14 km N. Autun. 423 m. ✉ 71540

M. EDUARD DE BOER Ouvert: 15.4 / 15.10. ☎ 03 85 82 62 97. E-mail : valogne@sfr.fr, Web : www.chateauvalogne.info.
Lat. : 47° 03' 12" N **Long.** : 004° 12' 34" E.

THIL-SUR-ARROUX
7-E4 28 km S.-O. Autun. 300 m. ✉ 71190

AIRE NATURELLE MUNICIPALE Ouvert: 14.4 / 29.9. ☎ 03 85 54 22 07. E-mail : thil-sur-arroux@wanadoo.fr.
Lat. : 46° 48' 09" N **Long.** : 004° 05' 41" E.

TOULON-SUR-ARROUX
7-F4 34 km N. Charolles. 297 m. ✉ 71320

CAMPING DE MON VILLAGE ★★ Loisirs 68 E. dont 68 nus 0,61 ha CV. Accès direct à la rivière. Accueil groupes. Ouvert: 15.4 / 7.11. ☎ 01 83 64 69 21. E-mail : contact@campingcarpark.com. Web : www.campingcarpark.com. Prix 2022.
Lat. : 46° 41' 39" N **Long.** : 004° 07' 56" E.

LE LAC DES ARROUETTES NC Tourisme 50 E. dont 28 nus 3 ha CV. Locations : . Accès direct aux bords du lac et à la rivière. Ouvert: 1.5 / 30.9. ☎ 03 85 79 42 60. E-mail : jphjacquet@orange.fr. Prix 2023. empl. Tourisme : 6,50 € ; 4 € ; animaux 1 € ; 3 € ; 4 €.
Lat. : 46° 39' 38" N **Long.** : 004° 06' 47" E.

TOURNUS
8-A4 30 km N.-N.-E. Macon. 218 m. ✉ 71700

CAMPING DE TOURNUS ★★★ Tourisme 90 E. dont 90 nus 1,5 ha CV. Locations : cabanes, tonneau. Rivière à 50 m.. Accueil groupes adultes. Ouvert: 15.3 / 31.10. ☎ 03 85 51 16 58. E-mail : camping-tournus@orange.fr. Web : www.camping-tournus.com.
Lat. : 46° 34' 25" N **Long.** : 004° 54' 35" E.

UCHIZY
8-A4 22 km N. Macon. 217 m. ✉ 71700

LE NATIONAL 6 ★★ Tourisme 125 E. 6 ha CV. Locations : . Accès direct à la rivière. Accueil groupes. Ouvert: 1.4 / 30.9. ☎ 03 85 40 53 90. E-mail : camping.uchizylen6@wanadoo.fr. Web : www.camping-lenational6.com. Réduction H.S.
Lat. : 46° 30' 11" N **Long.** : 004° 53' 04" E.

VARENNES-SAINT-SAUVEUR
8-B4 18 km S. Louhans. 200 m. ✉ 71480

M. MICHEL GOYET Ouvert: 15.4 / 15.10. ☎ 03 85 74 67 14. E-mail : bgoyet@club-internet.fr, Web : www.lafermedesmazieres.com.
Lat. : 46° 30' 30" N **Long.** : 005° 13' 20" E.

VERDUN-SUR-LE-DOUBS
8-A3 22 km N.-E. Chalon-sur-Saone. 176 m. Station verte de vacances et village de neige ✉ 71350

CAMPING MUNICIPAL NC Tourisme 150 E. 3 ha CV. Accès direct à la rivière.. Ouvert: 15.5 / 15.9. ☎ 03 85 91 55 50. E-mail : camping.verdunsurledoubs@orange.fr.
Lat. : 46° 54' 09" N **Long.** : 005° 01' 03" E.

VOLESVRES
7-F4 13 km O. Charolles. 268 m. ✉ 71600

CAMPING MUNICIPAL NC Tourisme 21 E. dont 21 nus CV. Locations : . Rivière à 200 m.. Ouvert: 15.6 / 1.9. ☎ 03 85 81 06 37. E-mail : mairiedevolesvres@orange.fr. Web : www.volesvres.fr. Prix 2022. empl. Tourisme : 6,60 € ; 3,30 € ; 1,70 € ; 3,20 €.
Lat. : 46° 28' 21" N **Long.** : 004° 09' 32" E.

72 SARTHE

Cartes 2-6

Correspondante FFCC :. Yolaine YARD, 4 rue Reaumur - 72000 LE MANS
Tél. 06 60 48 63 20 et chappuisyardyolaineffcc72@gmail.com

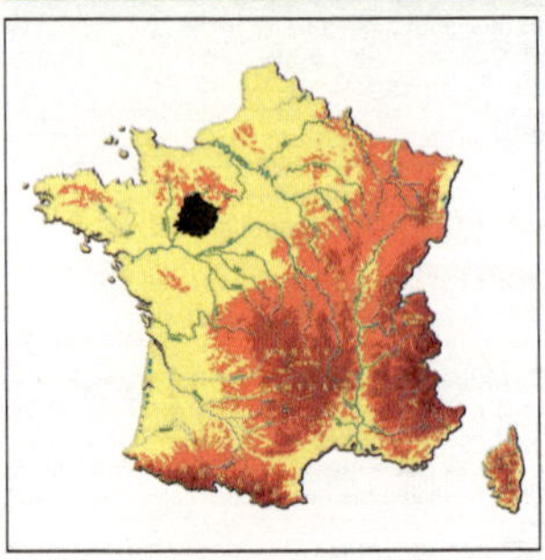

AVOISE
6-D1 25 km N.-O. La Flèche. 45 m. ✉ 72430

L'OEIL DANS LE RÉTRO ★★ Tourisme 54 E. dont 42 nus 1,8 ha CV. Locations : . Accès direct à la rivière.. Accueil groupes. Ouvert: 3.4 / 27.9. ☎ 02 43 92 76 12. E-mail : contact@campingloeildansleretro.fr. Web : www.campingloeildansleretro.fr. Prix 2023. Fft jour : empl. Tourisme (2) : 13,9 € ; sup 3,30 € ; animaux 0,95 € ; 4,10 €.
Lat. : 47° 51' 59" N **Long.** : 000° 12' 32" W.

BEAUMONT-SUR-SARTHE
2-D5 25 km S.-O. Mamers. 87 m. Station verte de vacances et village de neige ✉ 72170

CAMPING MUNICIPAL DU VAL DE SARTHE ★★★ Tourisme 73 E. dont 71 nus 3 ha visiteur, CV. Accès direct à la rivière. Accueil groupes. Ouvert: 1.5 / 30.9. ☎ 02 43 97 01 93. E-mail : beaumont.sur.sarthe@wanadoo.fr. Web : www.beaumontsursarthe.com.
Lat. : 48° 13' 32" N **Long.** : 000° 08' 04" E.

AUVERS-LE-HAMON
6-D1 34 km N.-O. La Flèche 61 m. ✉ 72300

LA GOUPILLIERE NC Loisirs 10 E. 5 ha . Rivière à 200 m.. Ouvert: 1.1 / 31.12. ☎ 02 43 95 80 76. E-mail : plumegeaunadege@gmail.com. Web : sites.google.com/site/campinglagoupillere.
Lat. : 47° 52' 39" N **Long.** : 000° 21' 33" W.

BRULON
2-D5 38 km N.-O. La Flèche. 97 m. ✉ 72350

LE SEPTENTRION ★★★ Tourisme 75 E. dont 50 nus CV. Locations : couverte chauffée . Accès direct aux bords du lac et à la rivière. Accueil groupes adultes. Ouvert: 1.4 / 30.9. ☎ 02 43 95 68 96. E-mail : le.septentrion@orange.fr. Web : www.campingleseptentrion.com.
Lat. : 47° 57' 44" N **Long.** : 000° 13' 35" W.
FFCC : avantages adhérent : 17 € du 01/04 au 24/06 et du 29/09 au 30/09 sur emp.

LES TIPIS DU BONHEUR DE VIVRE NC Tourisme 15 E. Locations : tipi. Accueil groupes. Ouvert: 11.4 / 1.11. ☎ 02 43 95 57 54. E-mail : lestipisdubdv@gmail.com. Web : www.lebonheurdevivre.net.
Lat. : 47° 57' 46" N **Long.** : 000° 13' 41" W.

CHANTENAY-VILLEDIEU

6-D1 30 km N.-O. La Flèche. 64 m. ✉ 72430

CAMPING MUNICIPAL ★ Tourisme 34 E. Accès direct à l'étang. Ouvert: 1.5 / 30.9. ☎ 02 43 95 74 25. E-mail : mairie.chantenay@wanadoo.fr. Web : camping-chantenay-villedieu-72.jimdo.com/.
Lat. : 47° 55' 00" N **Long.** : 000° 10' 06" W.

CONLIE

2-D5 22 km N.-O. Le Mans. 127 m. ✉ 72240

CAMPING MUNICIPAL DE LA GIRONDE ★★ Tourisme 35 E. 0,8 ha. Locations : Accès direct à l'étang.. Ouvert: 1.4 / 31.10. ☎ 02 43 20 81 07. E-mail : mairie@conlie.fr.
Lat. : 48° 07' 17" N **Long.** : 000° 01' 14" W.

CONNERRE

2-E5 25 km N.-E. Le Mans. 86 m. ✉ 72160

CAMPING MUNICIPAL LA PLAGE AUX CHAMPS NC Tourisme 100 E. . Ouvert: 1.7 / 31.7. ☎ 02 43 89 00 66. E-mail : mairie@connerre.fr.
Lat. : 48° 03' 46" N **Long.** : 000° 29' 23" E.

COURDEMANCHE

6-E1 35 km S.-E. Le Mans. 117 m. ✉ 72150

CAMPING MUNICIPAL DE L'ETANG SORT NC Tourisme 15 E. Accès direct à la rivière.. Ouvert: 1.5 / 15.10. ☎ 02 43 44 80 19. E-mail : mairie.courdemanche@gmail.com.
Lat. : 47° 48' 44" N **Long.** : 000° 33' 52" E.

DOLLON

2-E5 30 km E. Le Mans. 114 m. ✉ 72390

CAMPING MUNICIPAL NC Tourisme 35 E. 0,8 ha. Locations : Randonnée pédestre organisée. Accès direct à la rivière ; lac à 4 km. Accueil groupes. Ouvert: 1.1 / 31.12. ☎ 02 43 93 42 23. E-mail : mairie.dollon@wanadoo.fr. Web : www.dollon.marie.fr.
Lat. : 48° 02' 22" N **Long.** : 000° 35' 35" E.

ECOMMOY

6-E1 21 km S.-E. Le Mans. 104 m. Station verte de vacances et village de neige ✉ 72220

CAMPING MUNICIPAL LES VAUGEONS ★★ Tourisme 50 E.
CV. Etang à 5 km. Accueil groupes. Ouvert: 1.1 / 31.12. ☎ 06 49 55 03 70. E-mail : lau66san@aol.fr. Web : www.camping-ecommoy.com. Prix 2022.
Lat. : 47° 50' 02" N **Long.** : 000° 16' 43" E.
FFCC : avantages adhérent : 10 € du 01/04 au 31/10 sur emp.

FRESNAY-SUR-SARTHE

2-D5 24 km S.-O. Mamers. 89 m. Station verte de vacances et village de neige ✉ 72130

CAMPING MUNICIPAL LE SANS SOUCI ★★★ Tourisme 82 E. dont 73 nus, dont 73 CC.
CV. Locations : roulotte, chauffée. Accès direct à la rivière. Accueil groupes. Ouvert: 1.4 / 31.10. ☎ 02 43 97 32 87. E-mail : camping-fresnay@wanadoo.fr. Web : www.camping-fresnaysursarthe.fr. Réduction H.S.
Lat. : 48° 17' 05" N **Long.** : 000° 00' 40" E.

LA CHARTRE-SUR-LE-LOIR

6-E1 47 km S.-E. Le Mans. 71 m. ✉ 72340

LE VIEUX MOULIN ★★★ Tourisme 82 E. dont 65 nus. CV. Locations : chauffée. Accès direct à la rivière ; étang à 100 m.. Accueil groupes. Ouvert: 1.4 / 30.9. ☎ 02 43 44 41 18. E-mail : campingduvieuxmoulin72@gmail.com. Web : www.camping-duvieuxmoulin.com. Réduction H.S.
Lat. : 47° 43' 58" N **Long.** : 000° 34' 17" E.

LA FLECHE

6-D1 42 km S.-O. Le Mans. 46 m. ✉ 72200

CAMPING MUNICIPAL LA ROUTE D'OR ★★★★ Tourisme 200 E. dont 180 nus
CV. Locations : bulle, cocosweet. chauffée. Accès direct à la rivière ; lac à 4 km. Accueil groupes. Ouvert: 17.3 / 6.11. ☎ 02 43 94 55 90. E-mail : info@camping-laroutedor.com. Web : www.camping-lafleche.com. Prix 2022. empl. Tourisme : 10,30 € ; 4,10 € ; animaux 1 € ; 3 € ; 3,80 €.
Lat. : 47° 41' 43" N **Long.** : 000° 04' 45" W.
FFCC : avantages adhérent : 15 € du 17/03 au 30/06 et du 27/08 au 06/11 sur emp.

LA SUZE-SUR-SARTHE

6-D1 18 km S.-O. Le Mans. 50 m. ✉ 72210

CAMPING MUNICIPAL LE PORT ★ Tourisme 73 E. dont 22 nus. Accès direct à la rivière.. Accueil groupes. Ouvert: 13.5 / 30.9. ☎ 02 43 77 30 49. E-mail : contact@lasuze.fr. Web : www.lasuze.fr. Prix 2023. Fft jour : empl. Tourisme (2) : 14 € (). Réduction H.S.
Lat. : 47° 53' 21" N **Long.** : 000° 01' 60" E.

LE LUDE

6-E2 20 km E. La Flèche 47 m. Station verte de vacances et village de neige ✉ 72800

CAMPING AU BORD DU LOIR ★★★ Tourisme 122 E. dont 94 nus 4,5 ha. CV. Locations : couverte chauffée. Rivière à 100 m ; étang à 1 km. Accueil groupes. Ouvert: 30.3 / 23.9. ☎ 02 43 94 67 70. E-mail : camping@ville-lelude.fr. Web : www.camping-lelude.com.
Lat. : 47° 39' 01" N **Long.** : 000° 09' 41" E.

LOIR EN VALLEE

6-E1 43 km S.-E. Le Mans. 114 m. ✉ 72340

LES CHAINTRES ★ Tourisme 25 E. dont 18 nus 0,4 ha. Accès direct à l'étang et à la rivière.. Ouvert: 1.5 / 15.9. ☎ 02 43 44 44 25. E-mail : ruillesurloir@loirenvallee.fr. Web : www.loirenvallee.fr. Prix 2022. Fft nuit : empl. Tourisme (2) : 10 € (). Réduction H.S.
Lat. : 47° 44' 40" N **Long.** : 000° 37' 06" E.

LOUE

2-D5 30 km O. Le Mans. 94 m. ✉ 72540

LA SITTELLE ★★★ Tourisme 24 E. 0,5 ha. CV. Locations : chauffée. Accès direct à la rivière ; étang à 400 m. Ouvert: 1.1 / 31.12. ☎ 06 86 92 87 61. E-mail : campinglasittelle@gmail.com. Web : www.camping-la-sittelle.fr.
Lat. : 47° 59' 49" N **Long.** : 000° 08' 54" W.

LUCHE-PRINGE

6-D1 14 km E. La Flèche. 56 m. Station verte de vacances et village de neige ✉ 72800

CAMPING MUNICIPAL LA CHABOTIERE ★★★ Tourisme 85 E. dont 65 nus
CV. A 3 km : Locations : . Randonnée pédestre organisée. Accès direct à la rivière.. Accueil groupes. Ouvert: 1.4 / 15.10. ☎ 02 43 45 10 00. E-mail : contact@lachabotiere.com. Web : www.lachabotiere.com. Réduction H.S.
Lat. : 47° 42' 08" N **Long.** : 000° 04' 24" E.

MALICORNE-SUR-SARTHE

6-D1 16 km N. La Flèche. 48 m. ✉ 72270

PORT STE MARIE ★★★ Tourisme 67 E. dont 55 nus. CV. A 2 km : Locations : Randonnée pédestre organisée. Accès direct à la rivière. Accueil groupes. Ouvert: 4.4 / 30.9. ☎ 02 43 94 80 14. E-mail : contact@camping-malicorne.fr. Web : www.camping-malicorne.fr. Réduction H.S.
Lat. : 47° 49' 03" N **Long.** : 000° 05' 17" W.

MAMERS

2-E5 190 km S.-E. Paris. 45 km N.-N.-O. Le Mans. 140 m. Station verte de vacances et village de neige ✉ 72600

CAMPING DES PORTES DU PERCHE ★★★ Tourisme 40 E. dont 30 nus
sauf Animaux gratuits. CV. Locations : couverte chauffée. Accès direct à l'étang et aux bords du lac. Accueil groupes. Ouvert: 21.5 / 30.9. ☎ 02 43 97 68 30 / 06 62 49 24 71. E-mail : camping@mairie-mamers.fr. Web : www.campingdesportesduperche.com/.
Lat. : 48° 21' 28" N **Long.** : 000° 22' 19" E.
FFCC : avantages adhérent : 13 € du 20/05 au 01/07 et du 01/09 au 30/09 sur emp. et entre 35 € et 60 € la nuitée et entre 240 € et 360 € la semaine du 20/05 au 30/09 sur loc.

MANSIGNE

6-D1 16 km N.-E. La Flèche. 64 m. Station verte de vacances et village de neige ✉ 72510

LA PLAGE ★★★ Tourisme 100 E. dont 87 nus
2,5 ha. CV. Locations : chauffée. Lac à 100 m. Accueil groupes. Ouvert: 3.4 / 31.10. ☎ 02 43 46 14 17. E-mail : resa@basedeloisirsmansigne.fr. Web : www.basedeloisirsmansigne.fr. Réduction H.S.
Lat. : 47° 45' 04" N **Long.** : 000° 07' 57" E.

MARCON

6-E1 48 km S.-E. Le Mans. 87 m. Station verte de vacances et village de neige ✉ 72340

LE LAC DES VARENNES ★★★ Tourisme 250 E. dont 195 nus
après 23 h, CV. Locations : Randonnée pédestre organisée. Accès direct aux bords du lac et à la rivière. Accueil groupes. Ouvert: 1.4 / 30.10. ☎ 02 43 44 13 72. E-mail : contact@lacdesvarennes.camp. Web : www.lacdesvarennes.camp. Prix 2023. Fft nuit : empl. Tourisme (2) : 17,1 € () ; sup 5,90 € nuit ; animaux 2,50 € nuit ; 3,40 € nuit ; 3,70 € nuit. Réduction H.S.
Lat. : 47° 42' 49" N **Long.** : 000° 29' 53" E.
FFCC : avantages adhérent : 17 € du 01/04 au 30/06 et du 01/09 au 31/10 sur emp. et entre 210 € et 270 € la semaine du 01/04 au 30/06 et du 01/09 au 31/10 sur loc.

MAREIL-SUR-LOIR

6-D1 8 km E. La Flèche 64 m. ✉ 72200

ÉCURIE DE BOURRELIÈRE ★ Tourisme 10 E. dont 4 nus. CV. Locations : caravane. Accès direct à l'étang ; rivière à 300 m. Accueil groupes. Ouvert: 1.5 / 1.10. ☎ 02 43 45 14 97. E-mail : bralet.angelique@orange.fr. Web : www.ecuriedelabourreliere.fr.
Lat. : 47° 42' 24" N **Long.** : 000° 00' 17" E.

MARIGNE-LAILLE

6-E1 26 km S.-E. Le Mans. 149 m. ✉ 72220

LA CHESNAIE NC 10 E. dont 8 nus. CV. Locations : Accès direct à l'étang et à la rivière. Accueil groupes adultes. Ouvert: 1.4 / 31.10. ☎ 07 83 96 71 21. E-mail : campingdelachesnaie@gmail.com. Web : campingdelachesnaie72.fr.
Lat. : 47° 48' 56" N **Long.** : 000° 20' 01" E.

MAYET

6-E1 32 km N.-E. La Fléche. 92 m. Station verte de vacances et village de neige ✉ 72360

CAMPING MUNICIPAL ★★ Tourisme 58 E. dont 46 nus 2 ha. CV. Locations : Randonnée pédestre organisée. Accès direct aux bords du lac.. Accueil groupes. Ouvert: 1.4 / 15.10. ☎ 07 88 60 63 86 / 02 43 46 68 72. E-mail : mairie.mayet@wanadoo.fr. Web : www.mairie-mayet.fr/camping-municipal.html. Prix 2022. Fft jour : empl. Tourisme (2) : 10 € ()
Lat. : 47° 45' 23" N **Long.** : 000° 17' 17" E.

MEZIERES-SOUS-LAVARDIN

2-D5 22 km N.-O. Le Mans. 104 m. ✉ 72240

SMILE & BRAUDIÈRES ★★★★ Tourisme 48 E. dont 17 nus

0,6 ha CV. Espace Fitness. Accès direct à l'étang. Accueil groupes. Ouvert: 1.1 / 31.12. ☎ 02 43 20 81 48. E-mail : smileetbraudieres@gmail.com. Web : www.campingsmileetbraudieres.com.
Lat. : 48° 09' 27" N **Long.** : 000° 03' 46" E.
FFCC : avantages adhérent : 19 € du 01/01 au 30/06 et du 29/08 au 21/12 sur emp.

MONTBIZOT

2-E5 17 km N.-O. Le Mans. 59 m. ✉ 72380

CAMPING MUNICIPAL ★★ Tourisme 34 E. dont 34 nus 0,4 ha CV. Locations : . Accès direct à la rivière.. Ouvert: 15.5 / 30.9. ☎ 02 43 27 60 44. E-mail : mairie.montbizot@wanadoo.fr. Web : www.mairiemontbizot.fr.
Lat. : 48° 08' 33" N **Long.** : 000° 11' 04" E.

PRECIGNE

6-D1 22 km N.-O. La Flèche. 39 m. Station verte de vacances et village de neige ✉ 72300

CAMPING MUNICIPAL DES LICES NC Tourisme 50 E. 0,8 ha . Ouvert: 1.6 / 15.9. ☎ 02 43 95 46 13. E-mail : mairie@precigne.com.
Lat. : 47° 46' 08" N **Long.** : 000° 19' 38" W.

ROEZE-SUR-SARTHE

6-D1 18 km S.-O. Le Mans. 45 m. ✉ 72210

CAMPING MUNICIPAL LA COHUE NC Tourisme 44 E. CV. Locations : . Accès direct à la rivière. Accueil groupes. Ouvert: 1.6 / 15.9. ☎ 02 43 77 47 89. E-mail : mairie-roeze@wanadoo.fr.
Lat. : 47° 53' 28" N **Long.** : 000° 04' 05" E.

SABLE-SUR-SARTHE

6-D1 25 km N.-O. La Flèche. 44 m. ✉ 72300

CAMPING MUNICIPAL L'HIPPODROME ★★★ Tourisme 75 E. dont 65 nus

CV. Locations : . Randonnée pédestre organisée. , . Accès direct à la rivière. Accueil groupes. Ouvert: 9.4 / 26.9. ☎ 02 43 95 42 61. E-mail : camping@sablesursarthe.fr. Web : camping.sablesursarthe.fr. Prix 2022. empl. Tourisme : 3,50 € ; 3,80 € ; animaux 1,60 € ; 1,60 € ; 2,60 €. Réduction H.S.
Lat. : 47° 49' 52" N **Long.** : 000° 19' 55" W.

SAINT-CALAIS

6-E1 44 km E.-S.-E. Le Mans. 139 m. Station verte de vacances et village de neige ✉ 72120

LE LAC ★★★ Tourisme 57 E. dont 56 nus

CV. Etang et lac à 50 m. Ouvert: 28.4 / 15.10. ☎ 02 43 35 04 81. E-mail : campingstcalais@orange.fr. Web : stcalaistourisme.monsite-orange.fr.
Lat. : 47° 55' 37" N **Long.** : 000° 44' 40" E.

SAINT-LEONARD-DES-BOIS

2-D5 40 km E. Mamers. 177 m. Station verte de vacances et village de neige ✉ 72130

CAMPING DES ALPES MANCELLES ★★ Tourisme 85 E. dont 86 nus 2,2 ha CV. , . Accès direct à la rivière. ; . Ouvert: 1.4 / 30.9. ☎ 02 43 33 81 79. E-mail : camping@saintleonarddesbois.fr. Web : saintleonarddesbois.fr/camping_municipal_st_leonard_des_bois.php.
Lat. : 48° 21' 12" N **Long.** : 000° 04' 38" W.

SILLE-LE-GUILLAUME

2-D5 32 km N.-O. Le Mans. 201 m. Station verte de vacances et village de neige ✉ 72140

HUTTOPIA LAC DE SILLÉ ★★★ Tourisme 151 E. dont 122 nus

CV. Locations : . chauffée . Accès direct à l'étang et aux bords du lac. Accueil groupes. Ouvert: 14.4 / 25.9. ☎ 02 43 20 16 12. E-mail : lac-sille@huttopia.com. Web : europe.huttopia.com. Réduction H.S.
Lat. : 48° 12' 13" N **Long.** : 000° 07' 38" W.
FFCC : avantages adhérent : 10% du 06/04 au 01/07 et du 31/08 au 24/0910% du 06/04 au 01/07 et du 31/08 au 24/09 sur emp. et loc. + 5% de réduction en juillet-août sur les emplacements nus et locatifs * frais de réservation offerts Rendez-vous dans votre club avantages FFCC pour obtenir le code promotionnel.

LE LANDEREAU ★★★ Tourisme 75 E. dont 55 nus

CV. Locations : cocosweet. Randonnée pédestre organisée. chauffée . Etang et lac à 3 km. Accueil groupes. Ouvert: 1.5 / 30.9. ☎ 02 43 20 12 69. E-mail : campinglestournesols@orange.fr. Web : www.campinglestournesols.com.
Lat. : 48° 11' 21" N **Long.** : 000° 08' 28" W.
FFCC : avantages adhérent : 15 € du 01/05 au 07/07 et du 24/08 au 30/09 sur emp.

SEASONOVA LA FORET ★★★ Tourisme 143 E. dont 84 nus

4 ha CV. Locations : roulotte. Randonnée pédestre organisée. , . Accès direct aux bords du lac. ; . Accueil groupes. Ouvert: 1.4 / 27.10. ☎ 02 43 20 11 04. E-mail : campingsilleplage@wanadoo.fr. Web : www.campingsilleplage.com.
Lat. : 48° 12' 35" N **Long.** : 000° 08' 04" W.
FFCC : avantages adhérent : 10% du 31/03 au 01/07 et du 27/08 au 30/0910% du 31/03 au 01/07 et du 27/08 au 30/09 sur emp. et loc. + 5% sur les emplacements nus et locatifs en juillet et aout.

LA GROIE CV. Ouvert: 1.4 / 31.10. ☎ 02 43 42 89 99. E-mail : guides@campingfrance.com.
Lat. : 48° 11' 36" N **Long.** : 000° 07' 33" W.

SILLE-LE-PHILIPPE

2-E5 18 km N.-E. Le Mans. 77 m. ✉ 72460

CHÂTEAU DE CHANTELOUP ★★★★★ Tourisme 134 E. dont 121 nus, dont 121 CC - 14 GCC.

10 ha CV. Locations : . chauffée . Accès direct à l'étang.. Ouvert: 1.6 / 3.9. ☎ 02 43 27 51 07. E-mail : contact@chateaudechanteloup.com. Web : www.chateau-de-chanteloup.com. Prix 2023. Fft jour : empl. Tourisme (2): 60,4 € E. CC E. GCC) ; sup 11,90 € ; 4,70 €.
Lat. : 48° 06' 17" N **Long.** : 000° 20' 25" E.
FFCC : avantages adhérent : 10% du 01/06 au 30/06 et du 01/09 au 03/09 sur emp. + Rendez-vous dans votre club avantages FFCC pour obtenir le code promotionnel et réserver ou sur présentation de la carte de membre FFCC.

SPAY

6-D1 11 km S. Le Mans. 44 m. ✉ 72700

CAMPING MUNICIPAL LE HOUSSAY ★★★ Tourisme 78 E.

CV. Locations : . , . Accès direct à l'étang ; rivière à 200 m. . Accueil groupes. Ouvert: 15.4 / 30.9. ☎ 02 43 21 16 58. E-mail : camping-spay@wanadoo.fr. Web : domaine-du-housay.com.
Lat. : 47° 55' 14" N **Long.** : 000° 09' 20" E.
FFCC : avantages adhérent : 14.5 € du 15/04 au 30/06 et du 01/09 au 30/09 sur emp. et entre 35 € et 100 € la nuitée et entre 210 € et 480 € la semaine du 15/04 au 30/06 et du 01/09 au 30/09 sur loc.

TENNIE

2-D5 26 km N.-O. Le Mans. 111 m. Village de neige ✉ 72240

CAMPING MUNICIPAL LA VÉGRE ★★★ Tourisme 76 E. dont 60 nus

1 ha CV. , . Accès direct à la rivière ; étang à 100 m.. Accueil groupes. Ouvert: 1.4 / 30.9. ☎ 02 43 20 59 44. E-mail : contact@camping-tennie.com. Web : www.camping-tennie.com.
Lat. : 48° 06' 25" N **Long.** : 000° 04' 45" W.
FFCC : avantages adhérent : 13 € du 01/04 au 02/07 et du 29/08 au 30/09 sur emp. et entre 56 € et 81 € la nuitée et entre 299 € et 440 € la semaine du 01/04 au 02/07 et du 29/08 au 30/09 sur loc.

TUFFE VAL DE LA CHERONNE

2-E5 33 km S.-E. Mamers. 102 m. Station verte de vacances et village de neige ✉ 72160

CAMPING DU LAC ★★★★ Tourisme 120 E. dont 105 nus, dont 3 GCC.

3 ha CV. couverte chauffée . Accès direct aux bords du lac et à la rivière. ; ; . Accueil groupes. Ouvert: 16.4 / 16.10. ☎ 02 43 93 88 34. E-mail : campingdulac.tuffe@orange.fr. Web : www.camping.tuffe.fr.
Lat. : 48° 07' 07" N **Long.** : 000° 30' 40" E.
FFCC : avantages adhérent : 17 € du 15/04 au 08/07 et du 26/08 au 15/10 sur emp.

VAAS

6-E1 32 km E. La Flèche. 62 m. Station verte de vacances et village de neige ✉ 72500

CAMPING MUNICIPAL DU PORT LIBERGE ★★ Tourisme 35 E. dont 31 nus, dont 31 CC. 0,5 ha . Locations : , . Randonnée pédestre organisée. , , . Rivière à 10 m. . Accueil groupes. Ouvert: 1.5 / 30.10. ☎ 02 43 46 70 29. E-mail : campingvaas@gmail.com. Web : mairievaas.wixsite.com/campingvaas.
Lat. : 47° 40' 02" N **Long.** : 000° 18' 40" E.

VIBRAYE

2-E5 40 km E. Le Mans. 158 m. Station verte de vacances et village de neige ✉ 72320

CAMPING MUNICIPAL ★★ Tourisme 30 E. dont 28 nus 0,3 ha CV. Locations : . chauffée , . Rivière à 500 m. Ouvert: 1.4 / 31.10. ☎ 02 43 93 87 60. E-mail : camping@vibraye.fr. Web : www.vibraye.fr/tourisme/le-camping-municipal. Prix 2023. 2,45 € ; 2,70 € ; 1,85 € ; 1,55 € ; 1,45 € ; 1,35 € ; 1,35 € ; 3,50 €.
Lat. : 48° 04' 04" N **Long.** : 000° 44' 06" E.

YVRE-L'EVEQUE

2-E5 7 km E. Le Mans. 68 m. ✉ 72530

LE PONT ROMAIN ★★★★ Tourisme 82 E. dont 55 nus

1 ha CV. chauffée. Rivière à 50 m. Ouvert: 18.3 / 13.11. ☎ 02 43 82 25 39. E-mail : camping@lepontromain@onlycamp.fr. Web : www.onlycamp.fr/camping-pont-romain/.
Lat. : 48° 01' 09" N **Long.** : 000° 16' 46" E.
FFCC : avantages adhérent : 10% du 31/03 au 08/07 et du 28/08 au 17/1210% du 31/03 au 08/07 et du 28/08 au 17/12 sur emp. et loc. + 5% saison (juillet/aout) sur les emplacements nus et locatifs *Frais de réservations offerts toute lannée.

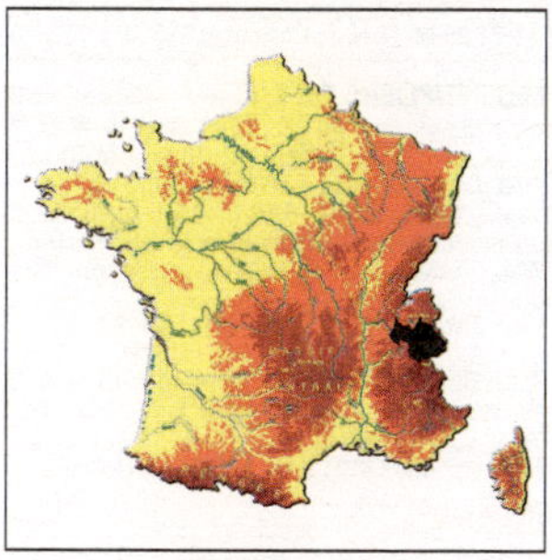

AIGUEBELETTE-LE-LAC

11-C2 14 km O. Chambéry. 532 m. ✉ 73610

CAMPING GCU - AIGUEBELETTE ★★ Tourisme 99 E. . Locations : . Accès direct aux bords du lac. . Ouvert: 4.4 / 2.11. ☎ 04 79 36 08 61. E-mail : gcu@gcu.asso.fr. Web : www.gcu.asso.fr.
Lat. : 45° 32' 35" N **Long.** : 005° 48' 58" E.

AIGUEBLANCHE

11-D2 25 km S.-E. Albertville. 1077 m. ✉ 73260

ELIANA ★★★ Tourisme 46 E. dont 39 nus
CV . Locations : , couverte chauffée , , , . Accès direct à la rivière. . Accueil groupes adultes. Ouvert: 1.5 / 1.10. ☎ 06 73 57 17 76. E-mail : contact@campingeliana.com. Web : www.campingeliana.com. Prix 2023. Fft jour : empl. Tourisme (2) : 19 € ( ) ; sup 6 € ; animaux 1,80 € ; 4,50 € ; 5,50 €. Réduction H.S.
Lat. : 45° 30' 26" N **Long.** : 006° 29' 28" E.
FFCC : avantages adhérent : 15 € du 26/04 au 08/07 et du 27/08 au 01/10 sur emp.

LES NEIGES ★★★ Tourisme 56 E. dont 23 nus
0,5 ha CV . couverte chauffée , . Rivière à 50 m. . Ouvert: 24.3 / 21.10. ☎ 06 20 24 46 13. E-mail : contact@campingdesneiges.com. Web : www.campingdesneiges.com.
Lat. : 45° 30' 38" N **Long.** : 006° 29' 20" E.
FFCC : avantages adhérent : 10% du 26/03 au 07/07 et du 26/08 au 21/1010% du 26/03 au 07/07 et du 26/08 au 21/10 sur emp. et loc.

MARIE-FRANCE ★★★ Tourisme 28 E. dont 25 nus, dont 20 CC - 2 GCC. CV . Locations : . Randonnée pédestre organisée. . Rivière à 400 m ; lac à 5 km. Accueil groupes. Ouvert: 28.3 / 31.10. ☎ 06 09 47 32 30. E-mail : sarlmariefrance@gmail.com. Web : www.camping-marie-france.com. Prix 2022. Fft jour : empl. Tourisme (2) : 17 € ( ) ; sup 5,50 € ; animaux 2 € ; 3,50 € ; 4,50 €. Réduction H.S.
Lat. : 45° 30' 26" N **Long.** : 006° 29' 20" E.

LE CLOS FLEURI NC Tourisme 10 E. CV . Locations : . Espace Fitness. . Rivière à 500 m. Accueil groupes adultes. Ouvert: 1.3 / 31.10. ☎ 06 09 47 32 30. E-mail : sarlmariefrance@gmail.com. Web : www.campingresidencesmariefrance.fr.
Lat. : 45° 30' 37" N **Long.** : 006° 29' 19" E.

AILLON-LE-JEUNE

11-C2 23 km N.-E. Chambéry. 1248 m. ✉ 73340

LES AILLONS NC Tourisme 40 E.
2 ha . . Ouvert: 1.1 / 30.11. ☎ 04 79 54 60 32. E-mail : postmaster@campingaillons.com. Web : www.campingaillons.com. Réduction H.S.
Lat. : 45° 36' 35" N **Long.** : 006° 05' 51" E.
FFCC : avantages adhérent : 15 € du 09/05 au 24/06 et du 05/09 au 31/10 sur emp.

AIX-LES-BAINS

11-C1 14 km N. Chambéry. 281 m. ✉ 73100

LE SIERROZ ★★★ Tourisme 149 E.
3 ha CV . Lac à 100 m ; rivière à 20 m. Ouvert: 25.3 / 2.11. ☎ 04 79 61 89 89. E-mail : camping@aixlesbains.com. Web : www.camping-sierroz.com. Prix 2022. empl. Tourisme : 19,30 € nuit ; 5,50 € nuit ; animaux 3 € nuit ; 3,70 € nuit. Réduction H.S.
Lat. : 45° 42' 01" N **Long.** : 005° 53' 09" E.
FFCC : avantages adhérent : 19 € du 25/03 au 21/04 et du 30/09 au 02/11 sur emp.

LE PÊCHEUR ★★ Tourisme 44 E.
0,7 ha charbon ou gaz, CV . A 2 km : Locations : . Lac à 300 m. . A 300 m : lac, , , . Ouvert: 15.3 / 15.11. ☎ 06 81 16 79 75. E-mail : info@campingpecheuraixlesbains.com. Web : www.campingpecheuraixlesbains.com. Prix 2023. Fft jour : empl. Tourisme (2) : 16,94 € ( ) ; sup 3,50 € ; animaux 1 € (le premier) ; - de 10 ans 2,50 € ; 3,50 € (5 A). Réduction H.S.
Lat. : 45° 41' 41" N **Long.** : 005° 53' 48" E.
FFCC : avantages adhérent : 18 € du 15/03 au 30/06 et du 01/09 au 15/11 sur emp.

ALBERTVILLE

11-D1 50 km N.-E. Chambéry. 596 m. ✉ 73200

LES ADOUBES ★★ Tourisme 90 E. dont 64 nus, dont 64 CC. CV . A 5 km : . Accès direct à la rivière ; lac à 3 km.. Accueil groupes. Ouvert: 1.1 / 31.12. ☎ 04 79 32 06 62. E-mail : hello@camping-albertville.fr. Web : www.camping-albertville.fr. Réduction H.S.
Lat. : 45° 40' 47" N **Long.** : 006° 23' 47" E.

AUSSOIS

11-D3 38 kms E.-S.-E. St Jean de Maurienne. 2270 m. ✉ 73500

CARAVANEIGE MUNICIPAL LA BUIDONNIERE ★★★ Loisirs 140 E. 2,5 ha CV. Rivière à 100 m.. Accueil groupes. Ouvert: 1.1 / 31.12. ☎ 04 79 20 35 58. E-mail : camping@aussois.com. Web : www.camping-aussois.com.
Lat. : 45° 13' 25" N **Long.** : 006° 44' 43" E.

CAMPING MUNICIPAL LA BUIDONNIERE 1 NC 140 E. dont 70 nus 2 ha CV. Accueil groupes. Ouvert: 1.1 / 31.12. ☎ 04 79 20 35 58. E-mail : camping@aussois.com. Web : www.aussois.com.
Lat. : 45° 13' 27" N **Long.** : 006° 44' 45" E.

BEAUFORT

11-D1 19 km E.-N.-E. Albertville. 1754 m. Village de neige ✉ 73270

CAMPING MUNICIPAL DOMELIN ★★ Tourisme 100 E. 2 ha CV. Accès direct à la rivière ; étang à 1,5 km. Accueil groupes. Ouvert: 1.6 / 30.9. ☎ 04 79 38 33 88. E-mail : camping-beaufort@orange.fr. Web : areches-beaufort.com.
Lat. : 45° 43' 18" N **Long.** : 006° 33' 50" E.
FFCC : avantages adhérent : 10% du 17/05 au 08/07 et du 28/08 au 17/0910% du 17/05 au 08/07 et du 28/08 au 17/09 sur emp. et loc. + 5% saison (juillet/aout) sur les emplacements nus et locatifs *Frais de réservations offerts toute lannée.

BELLECOMBE-EN-BAUGES

11-C1 42 km N.-E. Chambéry. 1049 m. Station verte de vacances et village de neige ✉ 73340

LES FRAMBOISIERS CV. Ouvert: 15.6 / 12.9. ☎ 04 79 63 36 33. E-mail : camping-les-framboisiers@orange.fr, Web : www.camping-les-framboisiers.com.
Lat. : 45° 45' 14" N **Long.** : 006° 08' 20" E.

BELLENTRE

11-D2 25 km S.-E. Albertville. 1723 m. ✉ 73210

MONTCHAVIN ★★ Tourisme 60 E. dont 25 nus 1 ha CV. Locations : . Rivière à 5 km. Accueil groupes. Ouvert: 5.12 / 31.12. ☎ 04 79 07 83 23. E-mail : campingmontchavin@orange.fr. Web : www.campingmontchavin.com. Prix 2022. Fft jour : empl. Tourisme (2): 17 € ( ).
Réduction H.S.
Lat. : 45° 33' 40" N **Long.** : 006° 44' 23" E.

BELMONT-TRAMONET

11-C2 35 km O. Chambéry. 254 m. ✉ 73330

LES 3 LACS ★★★★ Tourisme 100 E. dont 62 nus 5 ha CV. chauffée , . Accès direct à la rivière. ; ; ; . Ouvert: 19.4 / 14.9. ☎ 04 76 37 04 03. E-mail : info@les3lacs.com. Web : www.les3lacs.com. Réduction H.S.
Lat. : 45° 33' 34" N **Long.** : 005° 40' 34" E.

BESSANS

11-E2 65 km N.-E. Saint-Jean-de-Maurienne. 2650 m. ✉ 73480

L'ILLAZ NC Tourisme 50 E. CV. Accès direct aux bords du lac et à la rivière. Accueil groupes adultes. Ouvert: 7.6 / 8.9. ☎ 06 46 63 57 24. E-mail : camping@bessans.com. Web : www.camping-bessans.com.
Lat. : 45° 18' 40" N **Long.** : 006° 58' 30" E.

BOURG-SAINT-MAURICE

11-D2 10 km S.-E. Albertville. 2031 m. ✉ 73700

HUTTOPIA BOURG ST MAURICE ★★★★ Loisirs 198 E. dont 126 nus 3,5 ha CV. A 2 km : Locations : , roulotte. Randonnée pédestre organisée. chauffée , . Accès direct à la rivière.. Accueil groupes. Ouvert: 14.5 / 24.9. ☎ 04 79 07 03 45. E-mail : bourgsaintmaurice@huttopia.com. Web : europe.huttopia.com/site/camping-bourg-saint-maurice. Prix 2023. Fft jour : empl. Tourisme (2): 34 € ( ) ; sup 8 € ; animaux 5 € ; 5,50 €. Réduction H.S.
Lat. : 45° 37' 21" N **Long.** : 006° 47' 05" E.
FFCC : avantages adhérent : 10% du 12/05 au 01/07 et du 31/08 au 24/0910% du 12/05 au 01/07 et du 31/08 au 24/09 sur emp. et loc. + 5% de réduction en juillet-août sur les emplacements nus et locatifs * frais de réservation offerts Rendez-vous dans votre club avantages FFCC pour obtenir le code promotionnel.

BOZEL

11-D2 41 km S.-E. Albertville. 1679 m. ✉ 73350

HUTTOPIA BOZEL EN VANOISE ★★ Tourisme 134 E. 3 ha CV. Locations : . Randonnée pédestre organisée. chauffée , . Accès direct à la rivière ; lac à 300 m. . Accueil groupes. Ouvert: 12.5 / 24.9. ☎ 04 79 41 70 83. E-mail : bozel@huttopia.com. Web : europe.huttopia.com/site/bozel-en-vanoise. Prix 2023. Fft nuit : empl. Tourisme (2): 31 € ( ) ; sup 7 € nuit ; animaux 5,30 € nuit ; 5 € nuit.
Lat. : 45° 26' 32" N **Long.** : 006° 39' 36" E.
FFCC : avantages adhérent : 10% du 12/05 au 01/07 et du 31/08 au 24/0910% du 12/05 au 01/07 et du 31/08 au 24/09 sur emp. et loc. + 5% de réduction en juillet-août sur les emplacements nus et locatifs * frais de réservation offerts Rendez-vous dans votre club avantages FFCC pour obtenir le code promotionnel.

BRAMANS

11-E3 40 km E. Saint-Jean-de-Maurienne. 2368 m. ✉ 73500

CAMPING MUNICIPAL LE VAL D'AMBIN ★★★ Tourisme 130 E. dont 120 nus 5 ha CV. A 5 km : Locations : . Randonnée pédestre organisée. , , . Accès direct à l'étang ; rivière à 500 m.. Accueil groupes. Ouvert: 1.1 / 31.12. ☎ 04 79 05 03 05. E-mail : campinglevaldambin@gmail.com. Web : www.camping-bramansvanoise.com. Prix 2022. 3,90 € nuit ; 4,95 € nuit ; 3,95 € nuit ; 3,95 € nuit ; 1,95 € ; animaux 1,90 € nuit ; 2,70 € nuit ; 4,90 € nuit. Réduction H.S.
Lat. : 45° 13' 41" N **Long.** : 006° 46' 53" E.
FFCC : avantages adhérent : Tarif emplacement nus : 16 euros du 09/01 au 03/02, du 19/02 au 24/06, du 28/08 au 29/10.

BRIDES-LES-BAINS

11-D2 33 km S.-E. Albertville 687 m. ✉ 73570

LA PIAT ★★ Tourisme 88 E. dont 72 nus 2,3 ha CV. A 500 m : . Locations : roulotte. Rivière à 500 m. Ouvert: 8.4 / 15.10. ☎ 04 79 55 22 74. E-mail : contact@camping-brideslesbains.com. Web : www.camping-brideslesbains.com. Réduction H.S.
Lat. : 45° 27' 11" N **Long.** : 006° 33' 44" E.

CHALLES-LES-EAUX

11-C2 6 km S.-E. Chambéry. 358 m. ✉ 73190

CAMPING MUNICIPAL LE SAVOY ★★★ Tourisme 100 E. dont 22 nus CV. A 1 km : Locations : . , . Lac à 100 m. Ouvert: 6.4 / 30.9. ☎ 04 79 72 97 31. E-mail : noscampings@gmail.com. Web : www.family-camping-le-savoy.com.
Lat. : 45° 33' 05" N **Long.** : 005° 59' 03" E.

CHAMPAGNY-EN-VANOISE

11-D2 45 km S.-E. Albertville. 2288 m. ✉ 73350

CAMPING MUNICIPAL LE CANADA ★★ Tourisme 110 E. 3 ha CV. . Accès direct à la rivière.. Ouvert: 15.6 / 15.9. ☎ 04 79 55 03 41. E-mail : camping-champagny@orange.fr. Web : www.camping-champagny-en-vanoise.com.
Lat. : 45° 27' 35" N **Long.** : 006° 44' 21" E.

CHANAZ

11-C1 38 km N.-O. Chambéry. 361 m. ✉ 73310

CAMPING DES ILES NC 119 E. dont 50 nus CV. A 2 km : Locations : , roulotte, , , . Rivière à 10 m ; étang à 1 km ; lac à 3 km. . Accueil groupes. Ouvert: 1.3 / 15.12. ☎ 04 79 54 58 51. E-mail : camping@chanaz.fr. Web : www.campingdechanaz.com.
Lat. : 45° 48' 38" N **Long.** : 005° 47' 18" E.

CHINDRIEUX

11-C1 25 km N.-N.-E. Chambéry. 297 m. ✉ 73310

LES PEUPLIERS DU LAC ★★ Tourisme 84 E. dont 76 nus, dont 40 CC - 11 GCC. CV. Locations : , , . Lac à 1,5 km. Accueil groupes. Ouvert: 11.4 / 10.10. ☎ 09 75 53 19 44. E-mail : lespeupliersdulac@aixlesbains-rivieradesalpes.com. Web : www.camping-peupliersdulac.com. Réduction H.S.
Lat. : 45° 48' 43" N **Long.** : 005° 50' 50" E.

À LA BELLE ETOILE NC Loisirs 40 E. 0,8 ha . Lac à 400 m.. Ouvert: 1.4 / 30.9. ☎ 04 79 54 20 31.
Lat. : 45° 48' 18" N **Long.** : 005° 50' 44" E.

CONJUX

11-C1 30 km N.-O. Chambéry. 268 m. ✉ 73310

CAMPING MUNICIPAL DES BABELLES ★★ Tourisme 30 E. dont 30 nus 0,5 ha CV PC mis à disposition. Lac à 100 m. A 100 m : , Surveillée en été. Ouvert: 15.4 / 15.10. ☎ 07 77 77 59 71. E-mail : campinglesbabelles73@gmail.com. Web : www.conjux.fr.
Lat. : 45° 47' 37" N **Long.** : 005° 49' 10" E.

DETRIER

11-C2 30 km S.-E. Chambéry. 406 m. ✉ 73110

CAMPING LE LAC SAINT CLAIR NC Tourisme 65 E. dont 35 nus 1,8 ha CV. Locations : . , , . Etang et lac à 50 m.. Accueil groupes. Ouvert: 1.5 / 30.9. ☎ 04 79 25 73 55. E-mail : contact@lac-savoie-camping.com. Web : www.lac-savoie-camping.fr/. Réduction H.S.
Lat. : 45° 26' 59" N **Long.** : 006° 06' 10" E.

DOMESSIN

11-C2 30 km O. Chambéry 296 m. ✉ 73330

LES CHANTS D'OISEAUX ★★ Tourisme 30 E. 0,65 ha CV. Rivière à 500 m. Accueil groupes. Ouvert: 1.4 / 30.9. ☎ 04 76 37 24 20. E-mail : leschantsdoiseaux@free.fr. Web : www.camping-leschantsdoiseaux.com/.
Lat. : 45° 33' 01" N **Long.** : 005° 40' 52" E.

ENTRELACS

11-C1 25 km N.-N.-E. Chambéry. 420 m. ✉ 73410

BEAUSEJOUR NC Tourisme 100 E. 1,9 ha CV. Locations : , . . Rivière à 500 m ; étang à 3 km.. Accueil groupes. Ouvert: 1.7 / 31.8. ☎ 04 79 54 15 20. E-mail : albensbeausejour@gmail.com. Web : www.campingbeausejour-albens.com. Réduction H.S.
Lat. : 45° 47' 05" N **Long.** : 005° 56' 33" E.

ENTREMONT-LE-VIEUX

11-C2 20 km S. Chambéry. 1170 m. ✉ 73670

L'OURSON ★★★ Tourisme 32 E. dont 28 nus 1 ha CV. Locations : , . , . Rivière à 10 m. ; . Accueil groupes. Ouvert: 1.1 / 31.12. ☎ 04 79 26 05 63. E-mail : contact@campingourson.com. Web : www.campingourson.com. Prix 2022. 4,60 € ; 3,30 € ; 3,30 € ; 3,30 € ; 3,30 € ; 4 €.
Lat. : 45° 27' 11" N **Long.** : 005° 52' 60" E.

FONTCOUVERTE-LA TOUSSUIRE

11-D3 9 km S.-O. St-Jean-Maurienne 1491 m. ✉ 73300

LE COL ★★★ Tourisme 40 E. dont 27 nus 0,8 ha CV. A 1 km : Randonnée pédestre organisée. chauffée. Accueil groupes. Ouvert: 21.5 / 17.9. ☎ 04 79 83 00 80. E-mail : campingducol@free.fr. Web : www.camping-caravaneige.fr. Réduction H.S.
Lat. : 45° 15' 27" N **Long.** : 006° 16' 24" E.
FFCC : avantages adhérent : 18 € du 03/06 au 08/07 et du 26/08 au 09/09 sur emp.

LA BATHIE

11-D2 8 km S.-E. Albertville. 1210 m. ✉ 73540

LE TARIN NC Tourisme 43 E. 2 ha CV. Rivière à 500 m ; étang à 4 km.. Ouvert: 1.1 / 31.12. ☎ 04 79 89 60 54. E-mail : georges.pointet@orange.fr. Prix 2022. empl. Tourisme : 5 € ; sup 5 € ; 2 € ; 3 €.
Lat. : 45° 37' 43" N **Long.** : 006° 26' 29" E.
FFCC : avantages adhérent : 15 € du 01/01 au 31/12 sur emp.

LA BIOLLE

11-C1 22 km N. Chambéry. 479 m. ✉ 73410

LA COLOMBIÈRE ★ Tourisme 25 E. Ouvert: 1.5 / 15.10. ☎ 04 79 54 77 01. E-mail : francois.rosset@club-internet.fr.
Lat. : 45° 45' 44" N **Long.** : 005° 54' 33" E.
FFCC : avantages adhérent : 15 € du 01/05 au 30/10 sur emp.

LE MEYRIEUX ★ Tourisme 25 E. CV. A 5 km : Accueil groupes. Ouvert: 1.6 / 30.9. ☎ 04 79 54 72 01. E-mail : jean-paul.bernard31@wanadoo.fr. Prix 2023. Fft jour : empl. Tourisme (2) : 11 € ( )
Lat. : 45° 46' 01" N **Long.** : 005° 54' 45" E.

SOUS LA COLLINE ★ Tourisme 25 E. CV. Ouvert: 1.4 / 30.10. ☎ 04 79 54 76 79. E-mail : souslacolline@wanadoo.fr.
Lat. : 45° 46' 07" N **Long.** : 005° 54' 07" E.

M. LOUIS PARIS CV. Ouvert: 15.5 / 15.9. ☎ 06 81 16 79 75. E-mail : louis-paris@wanadoo.fr, Web : campings-locations.pagesperso-orange.fr. Réduction H.S.
Lat. : 45° 45' 41" N **Long.** : 005° 55' 52" E.

LA COTE-D'AIME

11-D2 25 km S.-E. Albertville 1878 m. ✉ 73210

LE BIOLEY NC Tourisme 25 E. dont 45 nus CV. Locations : . chauffée. Rivière à 1 km. Ouvert: 1.1 / 31.12. ☎ 06 14 50 25 06. E-mail : info@lebioley.com. Web : www.lebioley.com. Prix 2022. Fft jour : empl. Tourisme (2) : 23 € ( ) ; sup 6,70 € ; 5,90 € ; 3 €.
Lat. : 45° 34' 48" N **Long.** : 006° 40' 14" E.

CAMPING PIERRA-MENTA CV. Ouvert: 1.5 / 1.11. ☎ 06 08 84 18 37. E-mail : camping@pierra-menta.com, Web : www.pierra-menta.com.
Lat. : 45° 34' 06" N **Long.** : 006° 40' 16" E.

LA GIETTAZ

11-D1 28 km N. Albertville 1602 m. Station verte de vacances et village de neige ✉ 73590

LE MÈGEVAN CV. Ouvert: 20.6 / 10.9. ☎ 0 6 71 97 57 72. E-mail : domi.porret@gmail.com, Web : www.lemegevan.com.
Lat. : 45° 52' 46" N **Long.** : 006° 30' 40" E.

LANDRY

11-D2 50 km E. Chambéry. 1409 m. ✉ 73210

L'EDEN DE LA VANOISE ★★★ Tourisme 103 E. dont 69 nus, dont 67 GCC. CV. Locations : . Randonnée pédestre organisée. couverte chauffée , . Accès direct à la rivière ; lac à 3,5 km. ; . Ouvert: 9.12 / 10.9. ☎ 04 79 07 61 81. E-mail : campingleden@gmail.com. Web : www.camping-eden-savoie.com. Prix 2023. Fft nuit : empl. Tourisme (2) : 31,6 € (E. GCC) ; sup 5,25 € nuit ; animaux 1,50 € nuit ; 4,20 € nuit. Réduction H.S.
Lat. : 45° 34' 35" N **Long.** : 006° 44' 04" E.
FFCC : avantages adhérent : 21 € du 14/05 au 18/06 et du 27/08 au 10/09 sur emp. et entre 72 € et 206 € la nuitée et entre 250 € et 515 € la semaine du 09/05 au 09/07 et du 01/09 au 10/09 sur loc.

CANOPÉE NC Tourisme 27 E. 0,31 ha CV. Locations : , roulotte. Accès direct à la rivière.. Accueil groupes. Ouvert: 10.5 / 15.10. ☎ 06 73 90 18 05. E-mail : canopeelandry@gmail.com. Web : canopee-camping.eu. Prix 2022. Fft jour : empl. Tourisme (2) : 26 € ( ) ; sup 7 € ; animaux 3 € ; 6 € ; 5 €.
Lat. : 45° 34' 11" N **Long.** : 006° 44' 24" E.

LANSLEBOURG-MONT-CENIS

11-E2 53 km E. Saint-Jean-de-Maurienne. 2276 m. ✉ 73480

CAMPING MUNICIPAL LES BALMASSES ★★ Tourisme 60 E. dont 60 nus 2,5 ha CV. Accès direct à la rivière.. Accueil groupes. Ouvert: 10.6 / 20.9. ☎ 06 38 28 92 84. E-mail : cotesoleil@yahoo.fr. Web : www.camping-les-balmasses.com.
Lat. : 45° 17' 02" N **Long.** : 006° 52' 23" E.

LANSLEVILLARD

11-E2 56 km E. Saint-Jean-de-Maurienne. 2331 m. ✉ 73480

CAMPING DE LANSLEVILLARD ★★★ Tourisme 86 E. 3 ha CV. Rivière à 100 m.. Accueil groupes. Ouvert: 28.5 / 30.9. ☎ 04 79 05 90 52. E-mail : campoland@orange.fr.
Lat. : 45° 17' 26" N **Long.** : 006° 54' 33" E.

LE BOURGET-DU-LAC

11-C2 10 km N. Chambery. 626 m. ✉ 73370

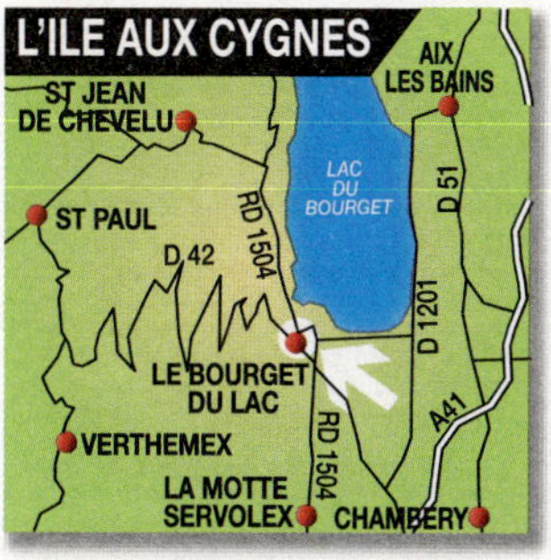

CAMPING INTERNATIONAL DE L'ILE AUX CYGNES ★★★ Tourisme 241 E. dont 237 nus 4 ha 22 h / 7 h, CV . Locations : , . Accès direct aux bords du lac ; rivière à 10 m ; étang à 500 m. ; ; . Accueil groupes. Ouvert: 9.4 / 3.10. ☎ 04 79 25 01 76. E-mail : camping@lebourgetdulac.fr. Web : www.lebourgetdulac.fr. Prix 2022. Fft jour : empl. Tourisme (2) : 26 € ( )
Lat. : 45° 39' 17" N **Long.** : 005° 51' 52" E.

LE CHATELARD

11-C1 40 km N.-E. Chambéry. 983 m. ✉ 73630

LES CYCLAMENS ★★★ Tourisme 35 E. 0,7 ha visiteur, CV . Locations : cabanes, caravane. Rivière à 1 km ; étang et lac à 5 km. Accueil groupes. Ouvert: 1.5 / 30.9. ☎ 04 79 54 80 19. E-mail : contact@camping-cyclamens.com. Web : www.camping-cyclamens.com. Prix 2022. Fft jour : empl. Tourisme (2) : 16,6 € ( ). Réduction H.S.
Lat. : 45° 41' 18" N **Long.** : 006° 07' 52" E.

LEPIN-LE-LAC

11-C2 17 km O. Chambéry. 434 m. ✉ 73610

LE CURTELET ★★★ Tourisme 91 E. dont 89 nus 0,9 ha CV . Accès direct aux bords du lac. ; ; . Ouvert: 15.5 / 20.9. ☎ 04 79 44 11 22. E-mail : campinglecurtelet@gmail.com. Web : www.camping-le-curtelet.com. Réduction H.S.
Lat. : 45° 32' 23" N **Long.** : 005° 46' 46" E.
FFCC : avantages adhérent : 10% du 14/04 au 08/07 et du 28/08 au 01/1010% du 14/04 au 08/07 et du 28/08 au 01/10 sur emp. et loc. + 5% saison (juillet/aout) sur les emplacements nus et locatifs *Frais de réservations offerts toute lannée.

LE MONT GRELE ★★★ Loisirs 90 E. 1,8 ha CV. Locations : , . Lac à 5 m. ; ; . Ouvert: 1.4 / 15.10. ☎ 04 79 36 06 64. E-mail : site@camping-lemontgrele.com. Web : www.camping-lemontgrele.com.
Lat. : 45° 32' 29" N **Long.** : 005° 48' 12" E.

LE FERRAND ★★ Tourisme 185 E. 3 ha . Lac et rivière à 20 m. ; ; . Accueil groupes adultes. Ouvert: 1.5 / 15.9. ☎ 04 79 36 01 50. E-mail : contact@camping-ferrand.fr. Web : camping-aiguebelette-ferrand.com.
Lat. : 45° 32' 24" N **Long.** : 005° 47' 54" E.

LES PEUPLIERS ★★ Tourisme 156 E. dont 154 nus 3 ha CV . Accès direct aux bords du lac. ; . Ouvert: 1.4 / 31.10. ☎ 04 79 36 00 48. E-mail : info@camping-lespeupliers.net. Web : www.camping-lespeupliers.net.
Lat. : 45° 32' 19" N **Long.** : 005° 47' 59" E.
FFCC : avantages adhérent : 10% du 31/03 au 08/07 et du 28/08 au 29/1010% du 31/03 au 08/07 et du 28/08 au 29/10 sur emp. et loc. + 5% saison (juillet/aout) sur les emplacements nus et locatifs *Frais de réservations offerts toute lannée.

LES ALLUES

11-D2 30 km S.-E. Albertville. 2071 m. ✉ 73550

LE MARTAGON NC Tourisme 15 E. . Ouvert: 1.1 / 31.12. ☎ 04 79 00 56 29. E-mail : contact@restaurant-martagon.com. Web : www.restaurant-martagon.com.
Lat. : 45° 24' 32" N **Long.** : 006° 33' 35" E.

LES BELLEVILLE

11-D2 35 km S.-S.-E. Albertville. 2118 m. ✉ 73440

G.C.U. DES MENUIRES ★ Tourisme 56 E. . couverte , . Ouvert: 25.6 / 28.8. ☎ 04 79 00 15 21. E-mail : cathyc73.cb@gmail.com. Web : www.gcu.asso.fr/terrains/les-menuires-savoie-73.
Lat. : 45° 19' 53" N **Long.** : 006° 31' 57" E.

LES MARCHES

11-C2 11 km S.-E. Chambéry. 336 m. ✉ 73800

LA FERME DU LAC ★★★ Tourisme 100 E. dont 70 nus 2,6 ha CV . Locations : , . chauffée. Lac à 300 m. Accueil groupes. Ouvert: 15.4 / 15.9. ☎ 04 79 28 13 48. E-mail : campinglafermedulac@wanadoo.fr. Web : www.campinglafermedulac.fr. Prix 2023. empl. Tourisme : 10 € ; 6 € ; 3 € ; 5 €. Réduction H.S.
Lat. : 45° 29' 46" N **Long.** : 005° 59' 37" E.
FFCC : avantages adhérent : 21 € du 15/04 au 31/05 et du 20/08 au 15/09 sur emp.

LESCHERAINES

11-C1 27 km N.-E. Chambéry. 740 m. ✉ 73340

L'ÎLE DU CHÉRAN ★★★ Tourisme 215 E. dont 196 nus 4 ha 22 h 30 / 7 h, CV. Locations : . Randonnée pédestre organisée. Accès direct à l'étang et à la rivière. Accueil groupes. Ouvert: 19.4 / 28.9. ☎ 04 79 63 80 00. E-mail : contact@savoie-camping.com. Web : savoie-camping.com. Réduction H.S.
Lat. : 45° 42' 07" N **Long.** : 006° 06' 45" E.

MODANE

11-D3 29 km E.-S.-E. St-Jean-de-Maurienne. 2298 m. ✉ 73500

CAMPING LES COMBES ★★ Tourisme 55 E. dont 30 nus 3 ha CV. Locations : caravane. Rivière à 1 km ; étang à 2 km. Ouvert: 1.5 / 30.9. ☎ 04 79 05 00 23. E-mail : campingmodane@free.fr. Web : www.camping-modane.com.
Lat. : 45° 11' 40" N **Long.** : 006° 39' 51" E.

MONTVALEZAN

11-E2 20 km N.-E. Albertville. 1970 m. ✉ 73700

LA FORET ★★ Tourisme 50 E. dont 47 nus CV. A 2 km : Locations : . Randonnée pédestre organisée. chauffée. Accueil groupes adultes. Ouvert: 15.12 / 27.4. ☎ 04 79 06 86 21. E-mail : campinglarosiere73@gmail.com. Web : www.camping-la-rosiere.com.
Lat. : 45° 37' 23" N **Long.** : 006° 51' 20" E.

NANCES

11-C2 17 km N.-O. Chambéry. 663 m. ✉ 73470

L'AMBROISIERE ★ Loisirs 184 E. 3 ha CV. Locations : . Accès direct aux bords du lac. Ouvert: 1.4 / 31.10. ☎ 04 79 36 04 76. E-mail : contact@campinglambroisiere.com. Web : www.campinglambroisiere.com.
Lat. : 45° 34' 18" N **Long.** : 005° 47' 42" E.

NOTRE-DAME-DU-PRE

11-D2 27 km S.-E. Alberville. 1598 m. ✉ 73600

CAMPING MUNICIPAL LE ROCHER DE GLAISY NC 25 E. dont 25 nus CV. Randonnée pédestre organisée. . Accueil groupes. Ouvert: 6.5 / 27.9. ☎ 04 79 24 41 41. E-mail : mairienddp@orange.fr.
Lat. : 45° 30' 55" N **Long.** : 006° 36' 03" E.

NOVALAISE

11-C2 18 km N.-O. Chambéry. 520 m. ✉ 73470

LE GRAND VERNEY ★★★ Loisirs 116 E. CV. Locations : . chauffée. Lac à 800 m. Ouvert: 1.4 / 31.10. ☎ 04 79 36 02 54. E-mail : contact@campinglegrandverney.info. Web : www.camping-legrandverney.info.
Lat. : 45° 34' 05" N **Long.** : 005° 47' 02" E.

LES CHAVANNES ★★★ Loisirs 160 E. 3 ha CV. Locations : . Lac à 600 m.. Ouvert: 1.4 / 31.10. ☎ 04 79 36 06 38. E-mail : camping.des.chavannes@wanadoo.fr. Web : www.camping-des-chavannes.com.
Lat. : 45° 34' 06" N **Long.** : 005° 47' 11" E.

L'ARBAZ ★★ Loisirs 71 E. CV. Locations : . Accès direct aux bords du lac. Ouvert: 15.4 / 15.10. ☎ 06 79 78 13 53. E-mail : pascaledupont@orange.fr. Web : www.camping-aiguebelette-arbaz.com.
Lat. : 45° 33' 48" N **Long.** : 005° 47' 45" E.

CAMPING ROBERT ★ Loisirs 33 E. Ouvert: 1.4 / 31.10. ☎ 04 79 36 02 11. E-mail : campingrobert@orange.fr.
Lat. : 45° 33' 59" N **Long.** : 005° 47' 40" E.

ORELLE

11-D3 20 km S.-E. Saint-Jean-de-Maurienne. 2194 m. ✉ 73140

CAMPING MUNICIPAL NC Tourisme 17 E. dont 17 nus CV. Accueil groupes. Ouvert: 1.1 / 31.12. ☎ 04 79 56 87 22. E-mail : contact@orelle.net. Web : www.orelle.net.
Lat. : 45° 12' 31" N **Long.** : 006° 32' 11" E.

PEISEY-NANCROIX

11-D2 54 km S.-E. Albertville. 2324 m. ✉ 73210

LES LANCHETTES ★★★ Tourisme 78 E. dont 69 nus 2,2 ha CV. Locations : . Accès direct à la rivière.. Ouvert: 11.12 / 24.4. ☎ 04 79 07 93 07. E-mail : camping.lanchettes@gmail.com. Web : www.camping-savoie-mont-blanc-lanchettes.com. Réduction H.S.
Lat. : 45° 31' 51" N **Long.** : 006° 46' 33" E.

PRALOGNAN-LA-VANOISE

11-D2 55 km S.-E. Albertville. 2456 m. ✉ 73710

ALPES LODGES - LE PARC ISERTAN ★★★★ Tourisme 141 E. dont 129 nus 3,5 ha CV. Locations : , tonneau. Randonnée pédestre organisée. couverte chauffée. Accès direct à la rivière.. Accueil groupes. Ouvert: 22.5 / 18.9. ☎ 04 79 08 75 24. E-mail : camping@alpes-lodges.com. Web : www.camping-alpeslodges.com. Prix 2023. Fft jour : empl. Tourisme (2) : 36 € ; sup 8 € ; animaux 3 € ; 6,80 €. Réduction H.S.
Lat. : 45° 22' 33" N **Long.** : 006° 43' 16" E.

CAMPING MUNICIPAL LE CHAMOIS ★ Tourisme 168 E. 3 ha . Accès direct à la rivière. Ouvert: 10.6 / 9.9. ☎ 04 79 08 71 54. E-mail : camping@sogespral.com. Web : www.pralognan.com.
Lat. : 45° 22' 37" N **Long.** : 006° 43' 25" E.

QUEIGE

11-D1 9 km N.-E. Albertville. 1153 m. Village de neige ✉ 73720

CAMPING MUNICIPAL DES GLIERES ★ Tourisme 33 E. 0,15 ha CV. Accès direct à la rivière.. Ouvert: 5.7 / 24.8. ☎ 04 79 38 02 97. E-mail : mairie.queige@wanadoo.fr.
Lat. : 45° 42' 42" N **Long.** : 006° 28' 00" E.

RUFFIEUX

11-C1 35 km N. Chambery. 457 m. ✉ 73310

CAMPING DE SAUMONT ★★★ Tourisme 66 E. CV. Locations : . Randonnée pédestre organisée. Rivière à 4 km ; lac à 5 km. Accueil groupes. Ouvert: 1.5 / 30.9. ☎ 04 79 54 26 26. E-mail : camping.saumont@wanadoo.fr. Web : www.campingsaumont.com. Réduction H.S.
Lat. : 45° 50' 59" N **Long.** : 005° 50' 09" E.

SAINT-ALBAN-DE-MONTBEL

11-C2 40 km O. Chambéry. 405 m. ✉ 73610

HUTTOPIA LAC D'AIGUEBELETTE ★★★★ Tourisme 182 E. dont 100 nus, dont 100 CC - 10 GCC. 3 ha CV. Locations : , roulotte, . Randonnée pédestre organisée. couverte chauffée. Accès direct aux bords du lac. Ouvert: 31.3 / 5.11. ☎ 04 79 36 01 44. E-mail : aiguebelette@huttopia.com. Web : europe.huttopia.com/site/camping-lac-aiguebelette. Prix 2023. Fft nuit : empl. Tourisme (2) : 35 € ; sup 8 € nuit ; animaux 5 € nuit ; 5 € nuit. Réduction H.S.
Lat. : 45° 33' 22" N **Long.** : 005° 47' 26" E.
FFCC : avantages adhérent : 10% du 31/03 au 01/07 et du 31/08 au 05/1110% du 31/03 au 01/07 et du 31/08 au 05/11 sur emp. et loc. + 5% de réduction en juillet-août sur les emplacements nus et locatifs * frais de réservation offerts Rendez-vous dans votre club avantages FFCC pour obtenir le code promotionnel.

LE BELLEVUE ★★ Tourisme 64 E. dont 67 nus CV. Accès direct aux bords du lac. Ouvert: 3.4 / 17.10. ☎ 04 79 36 01 48. E-mail : camping.bellevue@wanadoo.fr. Web : www.bellevuecamping.com.
Lat. : 45° 33' 16" N **Long.** : 005° 47' 36" E.

SAINT-COLOMBAN-DES-VILLARDS

11-D2 20 km N.-O. Saint-Jean-de-Maurienne. 1898 m. ✉ 73130

CAMPING ST COLOMBAN ★★ Tourisme 50 E. 2 ha . Etang à 100 m. Ouvert: 1.7 / 31.8. ☎ 04 79 05 28 60. E-mail : saint-colomban@capfun.com. Web : www.capfun.com.
Lat. : 45° 14' 22" N **Long.** : 006° 10' 32" E.

SAINT-FRANC

11-C2 31 km S.-O. Chambéry. 579 m. ✉ 73360

LE BOIS DE LA TEPPE CV. Ouvert: 1.5 / 31.10. ☎ 04 76 31 10 57. E-mail : campingcurtet@hotmail.fr, Web : www.campingduboisdelateppe.fr.
Lat. : 45° 29' 00" N **Long.** : 005° 44' 45" E.

SAINT-GENIX-SUR-GUIERS

11-C2 40 km O.-N.-O. Chambéry. 324 m. ✉ 73240

LES BORDS DU GUIERS ★★★ Tourisme 57 E. dont 46 nus CV. Locations : , cabanes, . Accès direct à la rivière. Accueil groupes adultes. Ouvert: 9.4 / 17.9. ☎ 04 76 31 71 40. E-mail : lesbordsduguiers@orange.fr. Web : www.lesbordsduguiers.com. Réduction H.S.
Lat. : 45° 35' 45" N **Long.** : 005° 38' 05" E.
FFCC : avantages adhérent : 20 € du 08/04 au 30/06 et du 26/08 au 17/09 sur emp.

SAINT-JEAN-DE-CHEVELU

11-C1 19 km N.-O. Chambéry. 508 m. ✉ 73170

LES LACS ★★★ Tourisme 100 E. dont 78 nus 2,5 ha CV. Locations : roulotte. Accès direct aux bords du lac et à la rivière. Accueil groupes enfants. Ouvert: 25.4 / 13.9. ☎ 06 59 49 83 94. E-mail : campingdeslacs73@gmail.com. Web : www.camping-lacs-savoie.com. Réduction H.S.
Lat. : 45° 41' 39" N **Long.** : 005° 49' 27" E.

SAINT-JEAN-DE-COUZ

11-C2 14 km S.-O. Chambéry. 859 m. ✉ 73160

LA BRUYERE NC 60 E. dont 40 nus 0,9 ha ap. 22 h, CV. Locations : , caravane. Rivière à 1 km. Ouvert: 1.6 / 15.9. ☎ 06 29 47 27 43. E-mail : camping-labruyere@orange.fr. Web : www.camping-labruyere.fr. Réduction H.S.
Lat. : 45° 27' 24" N **Long.** : 005° 48' 46" E.

SAINT-JEAN-DE-MAURIENNE

11-D2 72 km S.-E. Chambéry. 655 m. ✉ 73300

CAMPING MUNICIPAL DES GRANDS COLS ★★★ Tourisme 88 E. dont 80 nus 2 ha CV. Locations : , kota, tonneau. Accueil groupes enfants. Ouvert: 10.5 / 24.9. ☎ 09 52 17 46 55. E-mail : contact@campingdesgrandscols.com. Web : www.campingdesgrandscols.com. Prix 2022. Fft jour : empl. Tourisme (2) : 25 €
Lat. : 45° 16' 17" N **Long.** : 006° 21' 03" E.

SAINT-MARTIN-SUR-LA-CHAMBRE

11-D2 12 km N. St-Jean-de-Maurienne. 748 m. ✉ 73130

LE BOIS JOLI ★★★ Tourisme 123 E. dont 64 nus 3 ha 23 h / 7 h, CV. A 5 km : Locations : . Randonnée pédestre organisée. chauffée. Accès direct aux bords du lac. Accueil groupes. Ouvert: 6.1 / 17.10. ☎ 09 66 97 21 28. E-mail : campingleboisjoli@orange.fr. Web : www.campingleboisjoli.com. Prix 2022. Fft jour : empl. Tourisme (2) : 16,5 €
Lat. : 45° 21' 41" N **Long.** : 006° 18' 46" E.

LE PETIT NICE ★★★ Loisirs 50 E. dont 10 nus 2 ha CV. A 5 km : Locations : . Randonnée pédestre organisée. chauffée. Accès direct à la rivière ; lac à 4 km. Accueil groupes. Ouvert: 1.1 / 31.12. ☎ 33 6 76 29 19 39. E-mail : campinglepetitnice@yahoo.fr. Web : www.campinglepetitnice.com.
Lat. : 45° 22' 09" N **Long.** : 006° 18' 49" E.

SAINT-MICHEL-DE-MAURIENNE

11-D3 12 km S.-E. Saint-Jean-de-Maurienne. 1693 m. ✉ 73140

LE MARINTAN ★★ 39 E. dont 31 nus CV. Locations : . Accueil groupes. Ouvert: 1.5 / 30.9. ☎ 04 79 59 16 91. E-mail : info@le-marintan.com. Web : www.le-marintan.com.
Lat. : 45° 12' 48" N **Long.** : 006° 28' 43" E.

SAINT-PAUL

11-C2 21 km N.-O. Chambéry 541 m. Station verte ✉ 73170

M. JOSEPH GAMES ★ Tourisme 25 E. Lac à 3 km. Ouvert: 1.1 / 31.12. ☎ 04 79 36 81 59. E-mail : info@leboldair.com.
Lat. : 45° 40' 47" N **Long.** : 005° 48' 12" E.

SAINT-PIERRE-D'ALBIGNY

11-C2 28 km E. Chambéry. 657 m. Station verte de vacances et village de neige ✉ 73250

LE LAC DE CAROUGE ★★★ Tourisme 81 E. dont 62 nus
1,6 ha CV. Locations : . Accès direct aux bords du lac. Ouvert: 30.4 / 15.9. ☎ 04 79 28 58 16. E-mail : campinglac decarouge@free.fr. Web : www.campinglacde carouge.fr. Réduction H.S.
Lat. : 45° 33' 31" N **Long.** : 006° 10' 10" E.

M. CLAUDE PERRIER CV. A 5 km : . Ouvert: 1.1 / 31.12. ☎ 04 79 28 53 39. E-mail : steph.perrier@wanadoo.fr, Web : camping.arclusaz.free.fr.
Lat. : 45° 33' 54" N **Long.** : 006° 09' 48" E.

SAINT-PIERRE-D'ENTREMONT

11-C2 24 km S.-O. Chambéry. 1122 m. ✉ 73670

LE COZON ★★ Tourisme 33 E. dont 27 nus
1 ha CV . Locations : . Randonnée pédestre organisée. , . Rivière à 15 m ; lac à 2 km.. Accueil groupes. Ouvert: 1.4 / 2.10. ☎ 06 27 82 11 53. E-mail : contact@campingducozon.fr. Web : campingducozon.fr. Prix 2023. empl. Tourisme : 3,20 € nuit ; 4,40 € nuit ; 3,20 € nuit ; 4 € nuit.
Lat. : 45° 25' 13" N **Long.** : 005° 51' 30" E.

SAINT-PIERRE-DE-CURTILLE

11-C1 37 km N.-O. Chambéry. 345 m. ✉ 73310

LE BEL AIR ★★ Tourisme 38 E. dont 20 nus . A 2 km : Locations : . Randonnée pédestre organisée. . Lac et rivière à 3 km. Accueil groupes. Ouvert: 1.3 / 30.10. ☎ 04 79 54 57 41. E-mail : campingbelairspdc@gmail.com. Web : www.lac-du-bourget-camping-le-bel-air.com.
Lat. : 45° 46' 44" N **Long.** : 005° 48' 55" E.

SAINT-REMY-DE-MAURIENNE

11-D2 16 km N.-O. Saint Jean de Maurienne. 1333 m. Station verte de vacances et village de neige ✉ 73660

LES LACS DE MAURIENNE ★★★ Tourisme 103 E. dont 56 nus, dont 40 CC. CV . Locations : . , , . Accès direct aux bords du lac ; rivière à 20 m. ; . Accueil groupes. Ouvert: 1.1 / 28.12. ☎ 0 6 21 63 72 68. E-mail : campingleslacsdemaurienne@gmail.com. Web : campingleslacsdemaurienne.com. Prix 2022. Fft jour : empl. Tourisme (3) : 20 € ( )
Lat. : 45° 23' 32" N **Long.** : 006° 16' 19" E.

SAINT-SORLIN-D'ARVES

11-D3 23 km S.-O. St-Jean de Maurienne 2176 m. ✉ 73530

DOMAINE DU TRAPPEUR ★★ Tourisme 28 E. dont 25 nus CV . A 3 km : . Ouvert: 1.5 / 30.9. ☎ 04 79 59 54 36. E-mail : contact@domainedutrappeur.com. Web : www.domainedutrappeur.com. Réduction H.S.
Lat. : 45° 13' 24" N **Long.** : 006° 13' 00" E.

SAINTE-HELENE-DU-LAC

11-C2 17 km S.-E. Chambéry. 280 m. ✉ 73800

L'ESCALE ★★★ Tourisme 55 E. dont 46 nus
1,43 ha CV . Locations : . . Lac et rivière à 5 km. Accueil groupes. Ouvert: 15.4 / 30.9. ☎ 04 79 84 04 11. E-mail : campingescale@orange.fr. Web : www.camping-savoie-escale.com.
Lat. : 45° 28' 39" N **Long.** : 006° 02' 26" E.

SEEZ

11-E2 57 km S.-E. Albertville. 1815 m. Station verte de vacances et village de neige ✉ 73700

CAMPING MUNICIPAL LE RECLUS ★★★ Tourisme 75 E. dont 57 nus
1,8 ha CV . A 2 km : Locations : , roulotte, yourte, . Randonnée pédestre organisée. , . Rivière à 200 m ; étang à 1 km.. Accueil groupes. Ouvert: 1.1 / 31.12. ☎ 04 79 41 01 05. E-mail : contact@campinglereclus.com. Web : www.campinglereclus.com. Prix 2023. Fft jour : empl. Tourisme (2) : 22 € ( ) ; sup 6 € ; animaux 2,50 € ; 5 € ; 6,50 €. Réduction H.S.
Lat. : 45° 37' 33" N **Long.** : 006° 47' 37" E.
FFCC : avantages adhérent : 23 € du 06/05 au 17/06 et du 02/09 au 17/10 sur emp. et entre 50 € et 80 € la nuitée et entre 350 € et 600 € la semaine du 06/05 au 17/06 et du 02/09 au 17/10 sur loc.

SERRIERES-EN-CHAUTAGNE

11-C1 35 km N. Chambéry. 467 m. ✉ 73310

LE CLAIRET ★★★ Tourisme 65 E. dont 39 nus 1,7 ha la nuit, CV. Locations : . Accès direct aux bords du lac ; rivière à 1 km. ; . Accueil groupes. Ouvert: 1.4 / 15.10. ☎ 04 79 63 75 15. E-mail : camping.clairet@wanadoo.fr. Web : www.camping-leclairet.com.
Lat. : 45° 52' 51" N **Long.** : 005° 50' 29" E.

SOLLIERES-SARDIERES

11-E2 44 km E. Saint-Jean-de-Maurienne. 2061 m. ✉ 73500

LE CHENANTIER ★★ Tourisme 54 E. dont 50 nus 1,5 ha CV. Locations : tipi, yourte. . Accès direct aux bords du lac ; rivière à 100 m. . Accueil groupes. Ouvert: 1.6 / 15.9. E-mail : lechenantier@gmail.com. Web : www.camping-lechenantier.com.
Lat. : 45° 15' 47" N **Long.** : 006° 48' 38" E.

LE LAISSER-ALLER CV. Ouvert: 1.6 / 30.9. ☎ 0 781254635. E-mail : camping.le.laisser-aller@orange.fr, Web : lelaisseraller.free.fr. Prix 2023. Fft nuit : empl. Tourisme (2) : 16 € ( ) ; sup 7 € nuit ; 3,50 € nuit.
Lat. : 45° 15' 47" N **Long.** : 006° 47' 59" E.

TIGNES

11-E2 81 km S.-E. Albertville. 2384 m. ✉ 73320

CAMPING MUNICPAL DE TIGNES LES BREVIERES NC Tourisme 107 E. CV. Locations : . Randonnée pédestre organisée. . Rivière à 500 m ; lac à 1 km.. Accueil groupes enfants. Ouvert: 15.5 / 31.10. ☎ 04 79 40 06 40. E-mail : campingtignes@free.fr. Web : www.mairie-tignes.fr/.
Lat. : 45° 30' 04" N **Long.** : 006° 55' 17" E.

TREVIGNIN

11-C1 16 km N. Chambéry. 745 m. ✉ 73100

LE MARLICE ★★★ Tourisme 57 E. 2 ha . Ouvert: 1.6 / 15.9. ☎ 04 79 61 44 74. E-mail : campingmarlice@sfr.fr. Web : www.camping-marlice.com.
Lat. : 45° 42' 36" N **Long.** : 005° 57' 29" E.

M. RODOLPHE CASIEZ CV. A 6 km : . Ouvert: 15.4 / 15.10. ☎ 04 79 61 44 74. E-mail : campingmarlice@sfr.fr.
Lat. : 45° 42' 27" N **Long.** : 005° 57' 06" E.

VAL-CENIS

11-E2 47 km E. Saint-Jean-de-Maurienne. 2584 m. ✉ 73500

CAMPING MUNICIPAL LA FENNAZ ★★ Tourisme 53 E. 0,83 ha CV . Locations : , , cabanes. . Rivière à 100 m ; lac à 800 m.. Accueil groupes. Ouvert: 8.5 / 8.10. ☎ 04 79 20 51 41. E-mail : campingslesmelezes@orange.fr. Web : www.camping-termignon-lavanoise.com. Réduction H.S.
Lat. : 45° 16' 51" N **Long.** : 006° 48' 54" E.

CAMPING MUNICIPAL LES MÉLÈZES ★★ Tourisme 37 E. dont 34 nus 0,6 ha CV . Locations : , tonneau. Randonnée pédestre organisée. , , . Accès direct à l'étang et à la rivière.. Accueil groupes. Ouvert: 8.5 / 8.10. ☎ 04 79 20 51 41. E-mail : campingslesmelezes@orange.fr. Web : www.camping-termignon-lavanoise.com. Réduction H.S.
Lat. : 45° 16' 51" N **Long.** : 006° 48' 54" E.

VAL-D'ISERE

11-E2 87 km S.-E. Albertville. 2583 m. ✉ 73150

LES RICHARDES ★★ Tourisme 75 E. dont 75 nus 0,9 ha . A 2 km : . Accès direct à la rivière.. Accueil groupes. Ouvert: 15.6 / 15.9. ☎ 06 95 36 20 40. E-mail : campinglesrichardes@free.fr. Web : campinglesrichardes.free.fr.
Lat. : 45° 26' 49" N **Long.** : 006° 59' 34" E.

VALLOIRE

11-D3 29 km S.-E. Saint-Jean-de-Maurienne. 2215 m. Station verte de vacances et village de neige ✉ 73450

SAINTE THECLE ★★ Tourisme 80 E. 1,26 ha CV . A 400 m : . , . Accueil groupes. Ouvert: 11.12 / 25.4. ☎ 04 79 83 30 11. E-mail : camping-caravaneige@valloire.net. Réduction H.S.
Lat. : 45° 10' 07" N **Long.** : 006° 25' 46" E.

VILLAREMBERT

11-D3 14 km S.-O. Saint-Jean-de-Maurienne. 1615 m. ✉ 73300

CAMPING MUNICIPAL LA TIGNY NC Tourisme 27 E. dont 26 nus 0,3 ha . A 3 km : .. Accueil groupes. Ouvert: 15.6 / 15.9. ☎ 04 79 56 74 65. E-mail : mairie.villarembert@wanadoo.fr.
Lat. : 45° 14' 35" N **Long.** : 006° 16' 47" E.

YENNE

11-C1 24 km N.-O. Chambéry. 309 m. ✉ 73170

KANOTI NC Tourisme 66 E. 4 ha CV . Locations : , , tipi, caravane, . Randonnée pédestre organisée. , , . Accès direct aux bords du lac et à la rivière. ; . Accueil groupes. Ouvert: 1.5 / 27.9. ☎ 0 614339222. E-mail : contact@kanoti.fr. Web : www.kanoti.fr. Prix 2022. Fft jour : empl. Tourisme (2) : 19 € ( ) ; sup 4,25 € ; animaux 1 € ; 3,75 €. Réduction H.S.
Lat. : 45° 42' 17" N **Long.** : 005° 45' 13" E.

Cartes 8-11

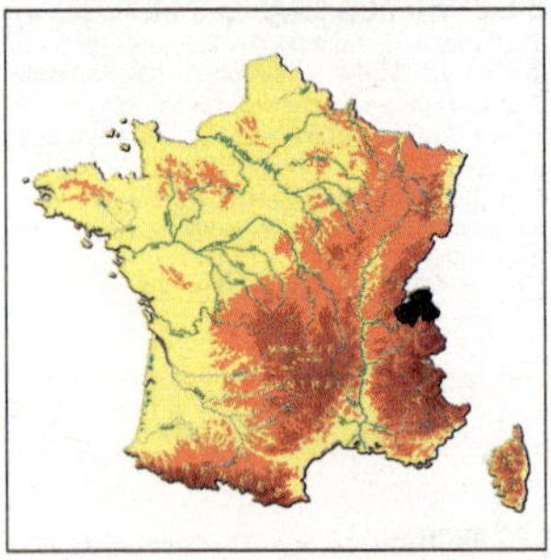

ALEX

11-D1 14 km E. Annecy. 912 m. 74290

LES FERRIERES ★★ Tourisme 200 E. 5 ha CV. Rivière à 1,5 km ; lac à 4,5 km. Ouvert: 1.6 / 30.9. ☎ 04 50 02 87 09. E-mail : campingfermedesferrieres@orange.fr. Web : www.camping-des-ferrieres.com.
Lat. : 45° 53' 27" N **Long.** : 006° 13' 26" E.

ANNECY

11-C1 542 km S.-E. Paris. 554 m. 74000

CAMPING DU BELVÉDÈRE ★★★★ Tourisme 102 E. dont 87 nus CV. Locations : . Lac à 800 m. Ouvert: 29.3 / 13.10. ☎ 04 50 45 48 30. E-mail : camping@ville-annecy.fr. Web : www.annecy-camping-municipal.fr/.
Lat. : 45° 53' 25" N **Long.** : 006° 07' 56" E.

ANTHY-SUR-LEMAN

8-D5 5 km S.-O. Thonon-les-Bains. 413 m. 74200

LE LAC ★★ Tourisme 23 E. 0,14 ha. Locations : . , . Lac à 250 m. ; . . Ouvert: 1.4 / 31.10. ☎ 04 50 72 36 58. E-mail : contact@camping-du-lac.fr. Web : www.camping-du-lac-libertysurf.fr.
Lat. : 46° 21' 04" N **Long.** : 006° 24' 37" E.

BONNEVILLE

8-D5 38 km N.-E. Annecy. 642 m. Station verte de vacances et village de neige 74130

CAMPING DE MON VILLAGE ★★ Tourisme 68 E. dont 68 nus 1 ha. Rivière à 1 km. Ouvert: 1.7 / 31.8. ☎ 01 83 64 69 21. E-mail : contact@campingcarpark.com. Web : www.campingcarpark.com/. Prix 2022.
Lat. : 46° 04' 55" N **Long.** : 006° 24' 48" E.

CHAMONIX-MONT-BLANC

11-E1 57 km S.-E. Bonneville. 2423 m. 74400

LA MER DE GLACE ★★★ Tourisme 150 E. dont 150 nus CV. A 1,5 km : . Accueil groupes. Ouvert: 8.5 / 29.9. ☎ 04 50 53 44 03. E-mail : info@chamonix.camp. Web : www.chamonix-camping.com. Réduction H.S.
Lat. : 45° 56' 19" N **Long.** : 006° 53' 30" E.

LES DEUX GLACIERS ★★★ Tourisme 104 E. 1,6 ha CV. Accueil groupes. Ouvert: 1.1 / 31.12. ☎ 04 50 53 15 84. E-mail : info@les2glaciers.com. Web : www.les2glaciers.com.
Lat. : 45° 54' 07" N **Long.** : 006° 50' 14" E.

LES MARMOTTES ★★★ Tourisme 85 E. dont 70 nus

FFCC CV. A 3 km : . Locations : tonneau. . Rivière à 200 m.. Accueil groupes. Ouvert: 1.6 / 17.9. ☎ 06 13 41 12 50. E-mail : contact@camping-lesmarmottes.com. Web : www.camping-lesmarmottes.com.
Lat. : 45° 54' 19" N **Long.** : 006° 50' 09" E.
FFCC : avantages adhérent : 23 € du 26/05 au 01/07 et du 04/09 au 30/09 sur emp.

DES ÉCUREUILS ★★ Tourisme 39 E. dont 31 nus 0,37 ha CV. A 3 km : . Locations : . Ouvert: 1.6 / 31.8. ☎ 04 50 53 83 11 / 0033689488540. E-mail : relax@campingdesecureuils.fr. Web : www.campingdesecureuils.fr. Prix 2022. Fft jour : empl. Tourisme (2) : 19,8 € ( ) ; sup 5,50 € ; 3,20 € ; 5,10 €. Réduction H.S.
Lat. : 45° 54' 21" N **Long.** : 006° 50' 13" E.

LE GLACIER D'ARGENTIÈRES ★★ Tourisme 87 E. 1 ha 22 h / 6 h, CV . Accueil groupes. Ouvert: 1.6 / 30.9. ☎ 04 50 54 17 36 / 06 82 01 24 98. E-mail : info@campingchamonix.com. Web : www.campingchamonix.com.
Lat. : 45° 58' 29" N **Long.** : 006° 55' 23" E.

LES AROLLES ★★ Tourisme 28 E. 0,5 ha CV. Locations : . couverte. Ouvert: 6.6 / 30.9. ☎ 04 50 53 14 30. E-mail : info@chamonixcampinglesarolles.fr. Web : www.chamonixcampinglesarolles.fr.
Lat. : 45° 54' 51" N **Long.** : 006° 51' 54" E.

LES CIMES ★★ Tourisme 90 E. CV. A 4 km : . Locations : . Ouvert: 1.6 / 30.9. ☎ 04 50 53 58 93. E-mail : infos@campinglescimesmontblanc.com. Web : www.campinglescimesmontblanc.com.
Lat. : 45° 54' 08" N **Long.** : 006° 50' 12" E.

LES VERNEYS ★★ Tourisme 80 E. 0,95 ha CV. Rivière à 300 m ; lac à 1 km. Accueil groupes. Ouvert: 1.6 / 30.9. ☎ 04 50 53 15 84. E-mail : info@les2glaciers.com.
Lat. : 45° 54' 04" N **Long.** : 006° 50' 17" E.

CAMPING GCU - CHAMONIX LES BOSSONS ★ Tourisme 99 E. . Ouvert: 28.6 / 31.8. ☎ 04 50 53 32 48. E-mail : gcu@gcu.asso.fr. Web : www.gcu.asso.fr.
Lat. : 45° 54' 02" N **Long.** : 006° 50' 23" E.

CHALETS PIERRE SEMARD ★ Tourisme 50 E. dont 2 GCC. 1 ha. Ouvert: 1.7 / 31.8. ☎ 04 50 54 00 29. E-mail : psemard@village-vacances-chamonix.com.
Lat. : 45° 59' 39" N **Long.** : 006° 55' 47" E.

LE GRAND CHAMP ★ Tourisme 100 E. dont 100 nus CV. A 5 km : . Rivière à 1,2 km ; lac à 3,5 km. Accueil groupes. Ouvert: 1.5 / 15.10. ☎ 04 50 53 04 83. E-mail : campinggrandchamp@hotmail.com.
Lat. : 45° 53' 54" N **Long.** : 006° 49' 48" E.

CHAMPANGES

8-D5 9 km S.-E. Thonon-les-Bains. 706 m. 74500

LA PRAIRIE ★★ Tourisme 56 E. 1 ha. Locations : . . Lac à 5 km. Ouvert: 1.4 / 30.11. ☎ 04 50 81 08 02. E-mail : sylvie.bochaton548@orange.fr.
Lat. : 46° 22' 16" N **Long.** : 006° 33' 02" E.

CHATEL

8-D5 39 km S.-E. Thonon-les-Bains. 1579 m. Station verte de vacances et village de neige 74390

L'OUSTALET ★★★★ Tourisme 93 E. dont 80 nus

1,8 ha 22 h / 7 h, CV . A 1,5 km : . Locations : . Randonnée pédestre organisée. couverte chauffée , . Accès direct à la rivière.. Ouvert: 21.6 / 3.9. ☎ 04 50 73 21 97. E-mail : contact@oustalet.com. Web : www.oustalet.com. Prix 2022. Fft jour : empl. Tourisme (2) : 29,5 € ( )
Lat. : 46° 15' 28" N **Long.** : 006° 49' 47" E.

CLUSES

8-D5 15 km E.-S.-E. Bonneville. 552 m. 74300

LA CORBAZ NC Tourisme 100 E. dont 33 GCC. 22 h 30 / 7 h, CV . Locations : . . Rivière à 2 km ; lac à 5 km. Accueil groupes. Ouvert: 1.3 / 31.12. ☎ 04 50 98 44 03. E-mail : corbaz74@gmail.com. Web : www.camping-lacorbaz.com. Réduction H.S.
Lat. : 46° 04' 12" N **Long.** : 006° 34' 25" E.

CORDON

11-D1 33 km S.-E. Bonneville. 1480 m. 74700

M. JEAN BOTTOLLIER DEPOIS CV. Ouvert: 15.5 / 15.9. ☎ 04 50 58 07 88. E-mail : pierre.bottollier@orange.fr.
Lat. : 45° 54' 53" N **Long.** : 006° 36' 23" E.

CUSY

11-C1 22 km S. Annecy 679 m. 74540

LE VERGER NC Tourisme 30 E. dont 24 nus

FFCC 0,5 ha CV. Locations : . Randonnée pédestre organisée. , . Rivière à 1 km. Ouvert: 15.6 / 15.9. ☎ 06 62 58 05 43. E-mail : alexandragros@club.fr. Web : www.campingcusy.sitew.fr. Prix 2023. Fft jour : empl. Tourisme (2) : 12,5 € ( ) ; sup 3,50 € ; animaux 1 € ; 2 € ; 4,50 €. Réduction H.S.
Lat. : 45° 45' 57" N **Long.** : 006° 01' 48" E.
FFCC : avantages adhérent : 16 € du 15/05 au 01/07 et du 28/08 au 30/09 sur emp. et entre 40 € et 50 € la nuitée et entre 40 € et 50 € la semaine du 15/05 au 01/07 et du 28/08 au 30/09 sur loc.

DEMI-QUARTIER
11-D1 40 km S.-E. Bonneville. 1304 m. ✉ 74120

BORNAND ★★ Tourisme 55 E. dont 51 nus, dont 9 GCC.
0,8 ha CV. A 3 km : Locations : . Rivière à 300 m ; étang et lac à 2 km. Ouvert: 25.6 / 31.8. ☎ 04 50 93 00 86. E-mail : camping.bornand@aliceadsl.fr. Web : www.camping-megeve.com. Prix 2023. empl. Tourisme : 5 € ; 4,80 € ; 2,30 € ; 4,30 €.
Lat. : 45° 52' 45" N **Long.** : 006° 38' 30" E.
FFCC : avantages adhérent : 19 € du 01/01 au 31/12 sur emp. et entre 360 € et 1100 € la semaine du 01/01 au 31/12 sur loc.

AIRE NATURELLE LA DEMI-LUNE CV. Ouvert: 1.6 / 15.10. ☎ 04 50 58 94 91. E-mail : contact@camping-lademilune.com, Web : www.camping-lademilune.com.
Lat. : 45° 52' 45" N **Long.** : 006° 38' 11" E.

DOMANCY
11-D1 27 km S.-E. Bonneville. 632 m. ✉ 74700

M. JEAN-MARIE BIBOLLET
couverte CV. Ouvert: 15.6 / 30.9. ☎ 04 50 58 34 76. E-mail : jeanmariebibollet74@gmail.com. Réduction H.S.
Lat. : 45° 54' 58" N **Long.** : 006° 38' 52" E.
FFCC : avantages adhérent : entre 22 € et 35 € la nuitée et entre 180 € et 250 € la semaine du 01/05 au 01/07 et du 31/08 au 30/09 sur loc.

DOUSSARD
11-D1 18 km S.-E. Annecy. 717 m. ✉ 74210

INTERNATIONAL LE LAC BLEU ★★★★★ Tourisme 220 E. dont 188 nus CV . chauffée . Accès direct aux bords du lac. ; ; . Accueil groupes. Ouvert: 5.4 / 21.9. ☎ 04 50 44 30 18. E-mail : contact@camping-lac-bleu.com. Web : www.camping-lac-bleu.com. Réduction H.S.
Lat. : 45° 47' 28" N **Long.** : 006° 12' 58" E.

LA FERME DE LA SERRAZ ★★★★★ Tourisme 142 E. dont 50 nus
CV . Locations : . chauffée . Ouvert: 7.4 / 24.9. ☎ 0 4 50 44 30 68. E-mail : reservation@grouperomanee.com. Web : www.campinglaserraz.com.
Lat. : 45° 46' 31" N **Long.** : 006° 13' 34" E.

LA NUBLIÈRE ★★★★ Tourisme 412 E. dont 87 nus 7 ha 23 h / 7 h, CV . Locations : . Accès direct aux bords du lac. ; ; . Ouvert: 28.4 / 24.9. ☎ 04 50 44 33 44. E-mail : nubliere@sandaya.fr. Web : www.sandaya.fr/nos-campings/la-nubliere. Prix 2022. Fft jour : empl. Tourisme (2) : 50 € ( )
Lat. : 45° 47' 27" N **Long.** : 006° 13' 11" E.

LA RAVOIRE ★★★★ Tourisme 124 E. dont 60 nus CV . Locations : . Espace Fitness. couverte chauffée . Lac à 800 m. . Ouvert: 30.4 / 20.9. ☎ 04 50 44 37 80. E-mail : info@campinglaravoire.com. Web : www.campingsannecy.com/fr/la-ravoire. Réduction H.S.
Lat. : 45° 48' 09" N **Long.** : 006° 12' 35" E.

LE TAILLEFER ★★ Tourisme 32 E. dont 32 nus 0,7 ha CV . Locations : . . Lac à 1,5 km. Ouvert: 1.5 / 30.9. ☎ 04 50 44 30 30. E-mail : info@campingletaillefer.com. Web : www.campingletaillefer.com. Réduction H.S.
Lat. : 45° 48' 09" N **Long.** : 006° 12' 20" E.

DUINGT
11-C1 12 km S.-E. Annecy. 575 m. ✉ 74410

CAMPING MUNICIPAL LES CHAMPS FLEURIS ★★★ Tourisme 115 E. dont 115 nus 1 ha après 23 h, CV . A 2 km : . Lac à 300 m. ; . Accueil groupes. Ouvert: 21.4 / 15.9. ☎ 04 50 68 57 31. E-mail : camping@duingt.fr. Web : www.camping-duingt.com. Réduction H.S.
Lat. : 45° 49' 12" N **Long.** : 006° 10' 47" E.

EXCENEVEX
8-D5 13 km O. Thonon les Bains. 410 m. ✉ 74140

LA PINÈDE ★★★★ Tourisme 513 E. dont 229 nus CV . Locations : , . couverte chauffée , , . Accès direct aux bords du lac et à la rivière. ; . Accueil groupes. Ouvert: 1.4 / 6.11. ☎ 04 50 72 85 05. E-mail : marieke.hettema@huttopia.com. Web : camping-lapinede-excenevex.com. Réduction H.S.
Lat. : 46° 20' 44" N **Long.** : 006° 21' 29" E.

BELLE VUE ★★ Loisirs 60 E. 0,9 ha visiteurs, CV . Locations : . Lac à 50 m. . Accueil groupes. Ouvert: 1.3 / 15.10. ☎ 04 50 72 83 67. E-mail : camping.bellevue.e@wanadoo.fr. Web : www.camping-bellevue-excenevex.com. Réduction H.S.
Lat. : 46° 21' 35" N **Long.** : 006° 20' 59" E.

LA POURVOIRIE DES ELLANDES ★★ Tourisme 35 E. 0,7 ha CV . Locations : . Lac et rivière à 200 m. Accueil groupes adultes. Ouvert: 15.10 / 12.11. ☎ 06 73 43 15 11. E-mail : info@camping-lac-leman.com. Web : www.camping-lac-leman.com.
Lat. : 46° 20' 41" N **Long.** : 006° 21' 25" E.

LE COL VERT ★ Loisirs 39 E. 0,8 ha . Lac à 200 m. ; ; . Ouvert: 1.4 / 31.10. ☎ 04 50 72 87 58. E-mail : caravaningColVert@gmail.com.
Lat. : 46° 20' 44" N **Long.** : 006° 21' 25" E.

GROISY
8-C5 14 km N. Annecy 711 m. ✉ 74570

MOULIN DOLLAY ★★★★ Tourisme 30 E. dont 30 nus
CV . Locations : . , . Accès direct à la rivière. ; . Accueil groupes. Ouvert: 1.5 / 30.9. ☎ 04 50 68 00 31. E-mail : moulin.dollay@orange.fr. Web : www.moulindollay.fr. Prix 2023. Fft jour : empl. Tourisme (2) : 23 € ( ) ; sup 5 € ; animaux 1 € ; 2 € ; 5 €. Réduction H.S.
Lat. : 46° 00' 09" N **Long.** : 006° 11' 27" E.
FFCC : avantages adhérent : 20 € du 15/04 au 01/07 et du 01/09 au 01/10 sur emp.

LA BALME-DE-SILLINGY
11-C1 10 km N.-O. Annecy. 619 m. ✉ 74330

LA CAILLE NC Tourisme 30 E. dont 22 nus 1 ha CV . Locations : . Etang à 800 m. Accueil groupes. Ouvert: 1.5 / 30.9. ☎ 04 50 68 85 21. E-mail : contact@aubergedelacaille.com. Web : www.domainedelacaille.com. Réduction H.S.
Lat. : 45° 58' 42" N **Long.** : 006° 02' 10" E.

LA BAUME
8-D5 18 km S.-E. Thonon-les-Bains. 1172 m. ✉ 74430

CAMPING MUNICIPAL LA BAUME NC Tourisme 25 E. dont 25 nus CV . Lac à 200 m ; rivière à 500 m.. Accueil groupes. Ouvert: 1.7 / 31.8. ☎ 0 7 84 23 11 62. E-mail : mairie@la-baume.fr.
Lat. : 46° 17' 33" N **Long.** : 006° 36' 55" E.

LA CLUSAZ
11-D1 31 km E. Annecy. 1620 m. ✉ 74220

FERNUY ★★★★ Tourisme 72 E. dont 38 nus CV . A 2 km : Locations : . couverte chauffée . Ouvert: 6.6 / 5.9. ☎ 04 50 02 44 75. E-mail : fernuy@capfun.com. Web : www.capfun.com.
Lat. : 45° 54' 33" N **Long.** : 006° 27' 08" E.

LATHUILE
11-C1 18 km S.-E. Annecy. 751 m. ✉ 74210

L'IDÉAL ★★★★ Tourisme 298 E. dont 100 nus CV . Locations : . couverte chauffée , , . Lac à 900 m. ; ; . Accueil groupes. Ouvert: 5.5 / 19.9. ☎ 04 50 44 32 97. E-mail : contact@campingideal.com. Web : www.campingideal.com.
Lat. : 45° 47' 41" N **Long.** : 006° 12' 21" E.

LA FERME ★★★★ Tourisme 204 E. dont 100 nus
2,5 ha CV . A 3 km : Locations : . Espace Fitness. couverte chauffée . Lac et rivière à 1 km. Ouvert: 12.5 / 18.9. ☎ 04 50 44 33 10. E-mail : info@campinglaferme.com. Web : www.campinglaferme.com.
Lat. : 45° 47' 58" N **Long.** : 006° 12' 20" E.

LES FONTAINES ★★★★ Tourisme 170 E. dont 30 nus 3 ha CV . Locations : , . couverte chauffée . Lac à 1 km. . Accueil groupes adultes. Ouvert: 17.5 / 17.9. ☎ 04 50 44 31 22. E-mail : info@campinglesfontaines.com. Web : www.campingsannecy.com/fr/les-fontaines. Prix 2023. Fft jour : empl. Tourisme (2) : 45 € ( )
Lat. : 45° 48' 01" N **Long.** : 006° 12' 17" E.

LE POLÉ ★★★ Tourisme 60 E. dont 26 nus CV . Locations : , cocosweet. . Lac à 300 m. . A 300 m : , . Ouvert: 16.4 / 30.9. ☎ 04 50 44 32 13. E-mail : contact@camping-le-pole.fr. Web : www.camping-le-pole.fr. Prix 2022. Fft nuit : empl. Tourisme (2) : 26 € ( ) ; sup 6 € nuit ; 5 € nuit.
Lat. : 45° 47' 28" N **Long.** : 006° 12' 48" E.

LE VERGER FLEURI ★★ Tourisme 103 E. dont 82 nus
. Lac à 1 km. Ouvert: 8.4 / 16.9. ☎ 04 50 44 31 82. E-mail : levergerfleuri@orange.fr. Web : www.levergerfleuri.fr. Prix 2023. Fft jour : empl. Tourisme (2) : 28 € ( ) ; sup 8 € ; animaux 5 € ; 5 €. Réduction H.S.
Lat. : 45° 46' 55" N **Long.** : 006° 12' 14" E.
FFCC : avantages adhérent : 18 € du 08/04 au 09/07 et du 27/08 au 16/09 sur emp.

LE GRAND-BORNAND
11-D1 31 km E. Annecy. 1523 m. Station verte de vacances et village de neige ✉ 74450

L'ESCALE ★★★ Tourisme 149 E. 3,5 ha CV . A 250 m : Locations : . couverte chauffée , , . Rivière à 50 m.. Accueil groupes. Ouvert: 19.12 / 8.4. ☎ 04 50 02 20 69. E-mail : contact@campinglescale.com. Web : www.campinglescale.com. Prix 2022. Fft jour : empl. Tourisme (2) : 28,5 € ( ) ; sup 7,60 € ; animaux 2,70 € ; 8,50 €.
Lat. : 45° 56' 25" N **Long.** : 006° 25' 42" E.

LE CLOS DU PIN ★★★ Tourisme 61 E. dont 53 nus CV . Locations : roulotte. . Rivière à 100 m.. Ouvert: 18.5 / 16.9. ☎ 04 50 02 27 61. E-mail : leclosdupin@campasun.eu. Web : www.campasun.eu/clos-pin/accueil. Prix 2023. Fft jour : empl. Tourisme (2) : 27,5 € ( ) ; sup 7 € ; animaux 6 € ; 5 €.
Lat. : 45° 56' 26" N **Long.** : 006° 26' 33" E.

LE PETIT-BORNAND-LES-GLIERES

8-D5 12 km S. Bonneville. 1339 m. 74130

CAMPING MUNICIPAL LES MARRONNIERS NC Tourisme 46 E. dont 46 nus 1,8 ha CV. Locations : . Rivière à 100 m.. Accueil groupes. Ouvert: 15.6 / 15.9. 04 50 03 54 74. E-mail : camping.petit.bornand@gmail.com. Web : www.mairie-glieresvaldeborne.fr/camping-les-marronniers.
Lat. : 46° 00′ 16″ N **Long.** : 006° 23′ 38″ E.

LES CONTAMINES-MONTJOIE

11-D1 50 km S.-E. Bonneville. 2075 m. 74170

LE PONTET ★★★ Tourisme 157 E. 1,9 ha CV. Locations : . Accès direct à la rivière ; étang à 200 m ; lac à 300 m.. Accueil groupes. Ouvert: 1.5 / 29.9. 04 50 47 04 04. E-mail : campinglepontet74@orange.fr. Web : www.campinglepontet.fr. Réduction H.S.
Lat. : 45° 48′ 10″ N **Long.** : 006° 43′ 18″ E.

LES GETS

8-D5 89 km N.-E. Bonneville. 1373 m. 74260

LE FRÊNE NC 32 E. CV. chauffée. Lac à 3 km. Ouvert: 17.6 / 2.9. 04 50 75 80 60. E-mail : ducrettetolivier@gmail.com. Web : www.alpensport-hotel.com/fr/le-camping-en-ete.html.
Lat. : 46° 09′ 04″ N **Long.** : 006° 38′ 34″ E.

LES HOUCHES

11-E1 7 km S.-O. Chamonix. 1631 m. 74310

LA PLAINE SAINT JEAN ★★★ Tourisme 195 E. dont 95 nus 5,5 ha. Locations : . Accès direct à l'étang ; rivière à 50 m ; lac à 5 km. Accueil groupes. Ouvert: 30.5 / 10.9. 04 50 47 21 87. E-mail : info@camping-plaine-saint-jean.com. Web : camping-plaine-saint-jean.com.
Lat. : 45° 55′ 48″ N **Long.** : 006° 46′ 12″ E.

LUGRIN

8-D4 15 km E. Thonon-les-Bains. 703 m. 74500

LA VIEILLE EGLISE ★★★ Tourisme 90 E. dont 50 GCC.
1,2 ha CV. chauffée. Lac à 800 m ; rivière à 5 km. Accueil groupes. Ouvert: 8.4 / 21.10. 04 50 76 01 95. E-mail : campingvieilleeglise@orange.fr. Web : www.campingvieilleeglise.fr. Réduction H.S.
Lat. : 46° 24′ 02″ N **Long.** : 006° 38′ 48″ E.

LE RYS ★★ Tourisme 100 E. 2 ha CV. A 5 km : Locations : . Lac à 800 m. Accueil groupes. Ouvert: 15.5 / 30.9. 04 50 76 05 75. E-mail : jeanmichel.blanc@wanadoo.fr. Web : www.campinglerys.fr. Réduction H.S.
Lat. : 46° 24′ 08″ N **Long.** : 006° 40′ 36″ E.

LES MYOSOTIS ★★ Tourisme 55 E. dont 55 nus
0,53 ha CV. Lac à 800 m. Ouvert: 28.4 / 24.9. 0 6 89 87 50 15. E-mail : campinglesmyosotis@gmail.com. Web : www.camping-les-myosotis.com. Prix 2023. Fft jour : empl. Tourisme (2) : 15,7 € ( ) ; sup 3,20 € ; animaux 1,80 € ; 2,10 € ; 4,20 €. Réduction H.S.
Lat. : 46° 23′ 57″ N **Long.** : 006° 39′ 53″ E.
FFCC : avantages adhérent : 18 € du 28/04 au 01/07 et du 01/09 au 24/09 sur emp.

MASSONGY

8-D5 12 km S.-O. Thonon-les-Bains. 440 m. 74140

LE NANT DES MULES ★★ Loisirs 20 E. dont 6 nus CV. Locations : . Accès direct à la rivière ; lac à 4 km. Accueil groupes. Ouvert: 1.4 / 30.9. 06 36 93 07 82. E-mail : campinglenant@gmail.com. Web : www.campinglenant.fr. Prix 2022. Fft nuit : empl. Tourisme (2) : 17 € (E. CC) ;
Lat. : 46° 19′ 50″ N **Long.** : 006° 19′ 31″ E.

MEGEVE

11-D1 42 km S.-E. Bonneville. 1478 m. 74120

M. ETIENNE PATEAU A 1 km : . Ouvert: 15.6 / 30.9. 06 09 88 54 69.
Lat. : 45° 50′ 19″ N **Long.** : 006° 35′ 23″ E.

MENTHON-SAINT-BERNARD

11-C1 8 km S.-E. Annecy. 588 m. 74290

LE CLOS DON JEAN ★★ Tourisme 64 E. dont 55 nus 0,92 ha CV. Lac à 900 m. Ouvert: 1.6 / 1.9. 04 50 60 18 66. E-mail : closdonjean74@gmail.com. Web : campingclosdonjean.com. Réduction H.S.
Lat. : 45° 51′ 46″ N **Long.** : 006° 11′ 49″ E.

LES TRAPPES NC Tourisme 36 E. 0,4 ha . A 6 km : Lac à 500 m ; rivière à 5 km. Ouvert: 27.6 / 5.9. 04 50 60 22 04. E-mail : trappescamping@aol.com. Réduction H.S.
Lat. : 45° 51′ 17″ N **Long.** : 006° 12′ 00″ E.

MESSERY

8-D5 19 km O. Thonon-les-Bains. 422 m. 74140

LE RELAIS DU LÉMAN ★★★ Tourisme 141 E. 3,5 ha CV. Locations : . couverte , , . Lac à 800 m. Accueil groupes. Ouvert: 1.4 / 30.9. 04 50 94 71 11. E-mail : info@relaisduleman.com. Web : www.relaisduleman.com. Réduction H.S.
Lat. : 46° 20′ 39″ N **Long.** : 006° 17′ 03″ E.

MONTAGNY-LES-LANCHES

11-C1 9 km S.-O. Annecy. 589 m. 74600

MME GENEVIÈVE METRAL CV. Ouvert: 15.5 / 15.10. 04 50 46 71 31. E-mail : lepreombrage@gmail.com, Web : lepreombrage.fr. Prix 2022. 4 € ; 6 € ; 4 € ; 4 € ; animaux 1 € ; 3 € ; 4 €.
Lat. : 45° 51′ 41″ N **Long.** : 006° 02′ 29″ E.

MONTRIOND

8-D5 30 km S.-E. Thonon-les-Bains. 1480 m. 74110

LE PRÉ ★★ Tourisme 33 E. dont 36 nus 0,6 ha 22 h / 7 h 30, CV. A 3 km : Rivière à 200 m ; lac à 4 km. Ouvert: 1.6 / 12.9. 04 50 79 24 76. E-mail : camping-le-pre@orange.fr.
Lat. : 46° 11′ 54″ N **Long.** : 006° 41′ 25″ E.

NEYDENS

8-C5 4 km S. Saint-Julien-en-Genevois. 582 m. 74160

LA COLOMBIERE ★★★★ Tourisme 158 E. dont 117 nus
CV. Locations : . Randonnée pédestre organisée. couverte chauffée . Etang et rivière à 1,5 km. ; . Accueil groupes. Ouvert: 3.4 / 31.10. 04 50 35 13 14. E-mail : la.colombiere@wanadoo.fr. Web : www.camping-la-colombiere.com. Réduction H.S.
Lat. : 46° 07′ 13″ N **Long.** : 006° 06′ 19″ E.
FFCC : avantages adhérent : 10% du 08/01 au 30/06 et du 01/09 au 31/1010% du 08/01 au 30/06 et du 01/09 au 31/10 sur emp. et loc. + 10% hors juillet-août sur les emplacements nus et hébergements locatifs sur présentation de la carte ou rendez-vous dans votre club avantages FFCC pour obtenir le code promotionnel.

ORCIER

8-D5 8 km S. Thonon les Bains 834 m. 74550

LE LAC À JOJO ★★★ Tourisme 35 E. dont 67 nus CV . Accès direct à l'étang. Ouvert: 1.1 / 31.12. 04 50 70 53 65. E-mail : lac.a.jojo@orange.fr. Web : www.lacajojo.com.
Lat. : 46° 19′ 03″ N **Long.** : 006° 29′ 24″ E.

PASSY

11-D1 35 km S.-E. Bonneville. 1562 m. 74190

LES ILES ★★★ Tourisme 223 E.
4,5 ha CV. Rivière à 100 m ; lac à 120 m. Accueil groupes. Ouvert: 6.4 / 15.9. 0 430051504. E-mail : info@tohapi.fr. Web : www.tohapi.fr/rhone-alpes/camping-montagne-iles.php.
Lat. : 45° 55′ 26″ N **Long.** : 006° 39′ 02″ E.

MIROIR DU MONT BLANC NC Tourisme 120 E. 1,95 ha CV. Accès direct aux bords du lac. ; . Accueil groupes. Ouvert: 15.5 / 30.9. 04 50 58 14 28. E-mail : beatrice.brosse2@wanadoo.fr. Web : mont-blanc-plage.net.
Lat. : 45° 55′ 27″ N **Long.** : 006° 39′ 17″ E.

VILLAGE MONT-BLANC L'ECUREUIL NC 131 E. dont 142 nus 5 ha CV. Locations : , . Accès direct aux bords du lac. Accueil groupes. Ouvert: 15.4 / 15.10. 04 50 58 43 67. E-mail : camping@v-mb.fr. Web : www.camping-ecureuil.com. Réduction H.S.
Lat. : 45° 55′ 38″ N **Long.** : 006° 39′ 02″ E.

LA BERGERIE CV. Ouvert: 1.6 / 25.9. 04 50 93 80 51. E-mail : labergerie74@orange.fr.
Lat. : 45° 57′ 05″ N **Long.** : 006° 44′ 27″ E.

PRAZ-SUR-ARLY

11-D1 49 km S.-E. Bonneville. 1480 m. 74120

LES PRÉS DE L'ARLY ★★★ Tourisme 77 E. dont 20 nus 1 ha . A 5 km : Locations : . , , , . Lac et rivière à 100 m ; étang à 5 km. . Accueil groupes. Ouvert: 1.6 / 30.9. 06 10 44 02 33. E-mail : camping.prearly@orange.fr. Web : campinglespresdelarly.com. Prix 2023. Fft jour : empl. Tourisme (2) : 22 € ( ). Réduction H.S.
Lat. : 45° 50′ 10″ N **Long.** : 006° 34′ 36″ E.

PRESILLY

8-C5 7 km S. Saint-Julien-en-Genevois. 788 m. 74160

LE TERROIR NC Loisirs 40 E. 1 ha CV. Locations : , , . Randonnée pédestre organisée. . Etang à 4 km.. Accueil groupes. Ouvert: 1.5 / 30.9. 04 50 04 42 07. E-mail : camping.le.terroir@wanadoo.fr. Web : camping-le-terroir.fr. Réduction H.S.
Lat. : 46° 05′ 52″ N **Long.** : 006° 04′ 60″ E.

PUBLIER

8-D4 6 km E. Thonon-les-Bains. 460 m. 74500

PARC DE LA DRANSE ★★★ Tourisme 49 E. dont 9 nus CV . Randonnée pédestre organisée. . Rivière à 100 m ; lac à 300 m. Ouvert: 15.4 / 31.10. 04 50 16 03 80. E-mail : contact@parcdeladranse.com. Web : www.parcdeladranse.com.
Lat. : 46° 24′ 01″ N **Long.** : 006° 31′ 15″ E.

LES HUTTINS ★★ Tourisme 75 E. 1,5 ha CV . A 2 km : Locations : , . Randonnée pédestre organisée. . Lac à 400 m ; rivière à 900 m. Accueil groupes. Ouvert: 10.4 / 30.9. 04 50 70 03 09. E-mail : campingleshuttins@gmail.com. Web : www.camping-leshuttins.com. Réduction H.S.
Lat. : 46° 23′ 39″ N **Long.** : 006° 31′ 45″ E.

SAINT-GERVAIS-LES-BAINS

11-D1 41 km S.-E. Bonneville 1668 m. 74170

NATURE & LODGE - LES DÔMES DE MIAGE ★★★★ Tourisme 151 E. dont 150 nus
2,5 ha CV . Ouvert: 15.5 / 15.9. 04 50 93 45 96. E-mail : info@natureandlodge.fr. Web : www.natureandlodge.fr. Réduction H.S.
Lat. : 45° 52′ 25″ N **Long.** : 006° 43′ 12″ E.

SAINT-JEAN-D'AULPS

8-D5 25 km S.-E. Thonon-les-Bains. 1377 m. ✉ 74430

LE SOLEREY NC Tourisme 31 E. dont 6 GCC. 0,6 ha 23 h / 7 h, CV. Accès direct à la rivière.. Ouvert: 15.6 / 30.9. ☎ 0 6 98 80 55 84. E-mail : lesolerey@gmail.com. Prix 2023. Fft jour : empl. Tourisme (2) : 23 € (). Réduction H.S.
Lat. : 46° 13' 45" N **Long.** : 006° 39' 31" E.

SAINT-JEAN-DE-SIXT

11-D1 29 km E. Annecy. 1172 m. Station verte de vacances et village de neige ✉ 74450

CAMPING DU CRÊT NC Tourisme 54 E. dont 54 nus
0,5 ha CV. A 3 km : Rivière à 800 m. Accueil groupes. Ouvert: 1.5 / 15.10. ☎ 0 6 80215513. E-mail : campingducret@gmail.com. Web : www.camping-du-cret.com. Prix 2023. 4,50 € ; 5 € ; 5 € ; 4 € ; animaux 2 € ; 4 € ; 3,50 €.
Lat. : 45° 55' 29" N **Long.** : 006° 24' 10" E.
FFCC : avantages adhérent : 13.50 € du 01/05 au 30/06 et du 01/09 au 15/10 sur emp.

SAINT-JORIOZ

11-C1 10 km S. Annecy. 739 m. Station verte de vacances et village de neige ✉ 74410

CAMPING GCU - ST JORIOZ ★★★★ Tourisme 89 E. . Ouvert: 27.5 / 28.8. ☎ 04 50 77 03 14. E-mail : gcu@gcu.asso.fr. Web : www.gcu.asso.fr.
Lat. : 45° 50' 18" N **Long.** : 006° 10' 05" E.

EUROPA ★★★★ Tourisme 176 E. 3,2 ha CV. Locations : . chauffée. Lac à 400 m. Ouvert: 28.4 / 14.9. ☎ 04 50 68 51 01. E-mail : delphine@camping-europa.com. Web : www.camping-europa.com. Réduction H.S.
Lat. : 45° 49' 49" N **Long.** : 006° 10' 55" E.

LE CRETOUX ★★★ Tourisme 79 E. dont 70 nus, dont 2 GCC. 4 ha CV. Locations : , roulotte. Rivière à 400 m ; lac à 4 km.. Ouvert: 1.4 / 15.11. ☎ 04 50 68 61 94. E-mail : info@campinglecretoux.com. Web : www.campinglecretoux.com. Prix 2022. Fft jour : empl. Tourisme (2) : 19,5 € () ; sup 5,80 € ; animaux 1,20 € ; 2,90 € ; 6 €. Réduction H.S.
Lat. : 45° 49' 04" N **Long.** : 006° 08' 53" E.

LE SOLITAIRE DU LAC ★★★ Tourisme 200 E. dont 185 nus
1,85 ha CV. Locations : . Accès direct aux bords du lac. ; . Ouvert: 2.4 / 10.10. ☎ 04 50 68 59 30. E-mail : campinglesolitaire@wanadoo.fr. Web : www.campinglesolitaire.com. Prix 2022. Fft nuit : empl. Tourisme (2) : 28 € () ; sup 7 € nuit ; animaux 3 € nuit ; 4,50 € nuit ; 4,50 € nuit. Réduction H.S.
Lat. : 45° 50' 26" N **Long.** : 006° 09' 53" E.
FFCC : avantages adhérent : 18 € du 15/04 au 10/07 et du 27/08 au 09/10 sur emp.

L'UNIVERS DU LAC NC Tourisme 42 E. 0,45 ha CV. Lac à 50 m. Accueil groupes. Ouvert: 15.6 / 30.9. ☎ 04 50 68 62 62. Prix 2022. Fft nuit : empl. Tourisme (2) : 19,6 € ()
Lat. : 45° 50' 13" N **Long.** : 006° 10' 43" E.

SALLANCHES

11-D1 30 km S.-E. Bonneville. 1285 m. ✉ 74700

LE RELAIS DE VALLEE BLANCHE ★★ Tourisme 70 E. dont 72 nus CV. Locations : .. Ouvert: 1.1 / 31.12. ☎ 04 50 58 59 59. E-mail : Lerelaisdelavalleeblanche@gmail.com.
Lat. : 45° 56' 10" N **Long.** : 006° 38' 48" E.

SAMOENS

8-D5 28 km E. Bonneville. 1493 m. Station verte de vacances et village de neige ✉ 74340

CAMPING CARAVANEIGE LE GIFFRE ★★★ Tourisme 190 E. dont 162 nus CV. Locations : , roulotte. Randonnée pédestre organisée. Accès direct aux bords du lac et à la rivière.. Accueil groupes. Ouvert: 1.1 / 31.12. ☎ 04 50 34 41 92. E-mail : camping.samoens@wanadoo.fr. Web : www.camping-samoens.com. Réduction H.S.
Lat. : 46° 04' 38" N **Long.** : 006° 43' 07" E.

SCIEZ

8-D5 10 km S.-O. Thonon les Bains. 447 m. ✉ 74140

L'ORÉE DES BOIS ★★★ Tourisme 40 E. dont 36 nus
CV. A 5 km : Locations : . Randonnée pédestre organisée. Lac à 1,5 km. Accueil groupes adultes. Ouvert: 15.4 / 30.9. ☎ 04 50 72 78 31. E-mail : demolis-hubert@wanadoo.fr. Web : www.demolis-camping-gites-sciez.fr. Prix 2023. Fft jour : empl. Tourisme (2) : 23 € (). Réduction H.S.
Lat. : 46° 19' 37" N **Long.** : 006° 24' 11" E.
FFCC : avantages adhérent : 16 € du 15/04 au 30/06 et du 01/09 au 30/09 sur emp. et entre 350 € et 600 € la semaine du 15/04 au 30/06 et du 01/09 au 30/09 sur loc.

LA RENOUILLÈRE ★★★ Tourisme 140 E. dont 45 nus 1,55 ha CV. A 5 km : Locations : . Espace Fitness. . Lac à 200 m. Accueil groupes enfants. Ouvert: 9.4 / 14.10. ☎ 04 50 72 73 39. E-mail : camping-renouillere@orange.fr. Web : www.camping-larenouillere.com.
Lat. : 46° 20' 25" N **Long.** : 006° 23' 46" E.

LE CHÂTELET ★★★ Loisirs 138 E. dont 40 nus
CV. Locations : . Espace Fitness. Lac à 300 m. Accueil groupes enfants. Ouvert: 1.4 / 28.10. ☎ 04 50 72 52 60. E-mail : info@camping-chatelet.com. Web : www.camping-chatelet.com. Prix 2023. Fft nuit : empl. Tourisme (2) : 24,5 € () ; sup 6,50 € nuit ; animaux 3,50 € nuit ; 4 € nuit ; 4,50 € nuit. Réduction H.S.
Lat. : 46° 20' 27" N **Long.** : 006° 23' 49" E.
FFCC : avantages adhérent : 19 € du 01/04 au 30/06 et du 27/08 au 29/10 sur emp.

CAMPING GCU - SCIEZ ★★ Tourisme 111 E. . Locations : . , . Lac à 200 m. ; . Ouvert: 14.6 / 14.9. ☎ 04 50 72 55 89. E-mail : gcu@gcu.asso.fr. Web : www.gcu.asso.fr.
Lat. : 46° 20' 27" N **Long.** : 006° 22' 29" E.

LE GRAND FOC ★★ Tourisme 55 E. 1,4 ha CV. Lac à 250 m. . Ouvert: 1.4 / 30.9. ☎ 04 50 72 62 70. E-mail : simonemansey@orange.fr.
Lat. : 46° 20' 32" N **Long.** : 006° 23' 49" E.

BRISE DU LEMAN NC Tourisme 130 E. 1,5 ha . Lac à 50 m ; rivière à 1 km. Ouvert: 1.4 / 30.9. ☎ 04 50 72 59 10. E-mail : info@campingbriseduleman.com. Web : www.campingbriseduleman.com. Prix 2022. Fft jour : empl. Tourisme (2) : 19 € () ; sup 5 € ; animaux 2,50 € ; 6 €.
Lat. : 46° 20' 20" N **Long.** : 006° 23' 34" E.

SEVRIER

11-C1 5 km S. Annecy. 635 m. ✉ 74320

AU COEUR DU LAC ★★★ Loisirs 106 E. dont 95 nus 1,7 ha 23 h / 6 h 30, CV. Locations : . Espace Fitness. , . Accès direct aux bords du lac. ; . Accueil groupes. Ouvert: 1.4 / 30.9. ☎ 04 50 52 46 45. E-mail : cloyet@campingaucoeurdulac.com. Web : www.campingaucoeurdulac.com. Réduction H.S.
Lat. : 45° 51' 17" N **Long.** : 006° 08' 38" E.

L'ALOUA ★★★ Tourisme 200 E. ap. 22 h, CV. Locations : , . Espace Fitness. Lac à 250 m. Accueil groupes. Ouvert: 15.4 / 17.9. ☎ 04 50 52 60 06. E-mail : camping-de-l-aloua@orange.fr. Web : www.camping-aloua-lac-annecy.com. Réduction H.S.
Lat. : 45° 50' 37" N **Long.** : 006° 09' 17" E.

LE PANORAMIC ★★★ Tourisme 185 E. dont 169 nus 2,7 ha CV. Locations : . Lac à 1,4 km. Ouvert: 26.4 / 30.9. ☎ 04 50 52 43 09. E-mail : info@camping-le-panoramic.com. Web : www.camping-le-panoramic.com.
Lat. : 45° 50' 34" N **Long.** : 006° 08' 30" E.

LES RIVES DU LAC ★★★ Tourisme 104 E. dont 91 nus
CV. Locations : . Accès direct aux bords du lac. ; . Ouvert: 1.4 / 1.10. ☎ 04 50 52 40 14. E-mail : contact@lesrivesdulac-annecy.com. Web : www.lesrivesdulac-annecy.com.
Lat. : 45° 50' 53" N **Long.** : 006° 09' 05" E.
FFCC : avantages adhérent : 22.50 € du 01/04 au 24/06 et du 27/08 au 01/10 sur emp. et entre 380 € et 850 € la semaine du 01/04 au 24/06 et du 27/08 au 01/10 sur loc.

LE VERGER ★ Tourisme 16 E. dont 16 nus 0,17 ha CV. A 3 km : Locations : . Lac à 200 m.. Accueil groupes. Ouvert: 15.3 / 30.10. ☎ 04 50 52 41 33. E-mail : camping.le.verger@orange.fr. Prix 2022. Fft jour : empl. Tourisme (2) : 22 € () ; sup 5 € ; 1 € ; 3 € ; 5 €.
Lat. : 45° 52' 28" N **Long.** : 006° 08' 28" E.

SEYTHENEX

11-D1 30 km S.-E. Annecy. 1261 m. ✉ 74210

LA RECORBAZ CV. Ouvert: 15.6 / 30.9. ☎ 04 50 32 45 09. E-mail : leopold.barrachin@orange.fr.
Lat. : 45° 43' 15" N **Long.** : 006° 18' 47" E.

FOYER DE SKI DE FOND VAL DE TAMIE CV. Ouvert: 15.6 / 15.9. ☎ 04 50 32 49 97. E-mail : foyerfondtamie@orange.fr, Web : www.foyerfondtamie.com.
Lat. : 45° 42' 46" N **Long.** : 006° 18' 57" E.

SIXT-FER-A-CHEVAL

8-D5 37 km E. Bonneville. 1764 m. ✉ 74740

LE PELLY ★★ Tourisme 104 E. dont 101 nus 2 ha CV. Locations : . , . Accès direct à la rivière.. Accueil groupes. Ouvert: 1.6 / 30.9. ☎ 04 50 34 12 17. E-mail : camping@lepelly.com. Web : www.lepelly.com.
Lat. : 46° 04' 28" N **Long.** : 006° 50' 10" E.

TALLOIRES-MONTMIN

11-D1 13 km S.-E. Annecy. 833 m. Station verte de vacances et village de neige ✉ 74290

LA CHAPELLE SAINT CLAUDE ★★★ Tourisme 110 E. dont 66 nus CV. Locations : . , . Accès direct aux bords du lac. ; ; . Ouvert: 13.4 / 22.9. ☎ 04 50 60 36 97. E-mail : contact@lachapellesaintclaude.com. Web : www.lachapellesaintclaude.com.
Lat. : 45° 49' 34" N **Long.** : 006° 13' 20" E.

LE LANFONNET ★★★ Tourisme 132 E. dont 112 nus CV. Locations : . Accès direct aux bords du lac. ; . Accueil groupes. Ouvert: 1.5 / 30.9. ☎ 04 50 60 72 12. E-mail : camping.le.lanfonnet@wanadoo.fr. Web : www.camping-lanfonnet.com. Réduction H.S.
Lat. : 45° 49' 36" N **Long.** : 006° 13' 17" E.

CAMPING DU LAC NC Tourisme 70 E. dont 70 nus 1 ha CV. Accès direct aux bords du lac. ; ; . Ouvert: 1.6 / 30.9. ☎ 04 50 60 73 16. E-mail : office@du-lac.camp. Web : www.du-lac.camp/. Prix 2022. Fft jour : empl. Tourisme (2) : 29 € ( ) ; Réduction H.S.
Lat. : 45° 49' 47" N **Long.** : 006° 13' 12" E.

TANINGES

8-D5 18 km E.-N.-E. Bonneville. 1173 m. ✉ 74440

CAMPING MUNICIPAL DES THÉZIÈRES ★★ Tourisme 110 E. dont 110 nus 1,84 ha CV. , . Accès direct aux bords du lac et à la rivière.. Accueil groupes. Ouvert: 1.1 / 31.10. ☎ 04 50 34 25 59. E-mail : camping@taninges.fr. Web : www.prazdelys-sommand.com.
Lat. : 46° 05' 57" N **Long.** : 006° 35' 16" E.

THONES

11-D1 20 km E. Annecy. 1097 m. Station verte de vacances et village de neige ✉ 74230

LE LACHAT ★★ Tourisme 50 E. dont 40 nus 1 ha Emplts spécifiques à l'intérieur du camping. Vous pouvez vous rendre sur votre place le jour de l'arrivée et du départ. La barrière d'entrée s'ouvre entre 6 h et minuit, CV. Locations : . , . Accès direct à la rivière ; étang à 1 km ; lac à 5 km. . Ouvert: 15.5 / 15.9. ☎ 04 50 02 96 65. E-mail : campinglelachat@yahoo.fr. Web : www.campinglelachat.fr. Prix 2022. Fft jour : empl. Tourisme (2) : 16,7 € ( ) ; sup 4,30 € ; animaux 1,50 € ; 3,30 €.
Lat. : 45° 53' 31" N **Long.** : 006° 20' 06" E.

LE TREJEUX ★★ Tourisme 104 E. dont 94 nus 1,4 ha CV. Locations : . . Accès direct à la rivière.. Accueil groupes. Ouvert: 1.5 / 30.9. ☎ 04 50 02 06 90. E-mail : cbernardgranger@sfr.fr. Web : www.letrejeux.com. Réduction H.S.
Lat. : 45° 53' 15" N **Long.** : 006° 18' 14" E.

THONON-LES-BAINS

8-D5 576 km S.-E. Paris. 72 km S.-E. Annecy. 427 m. ✉ 74200

LA DRANSE ★★★ Tourisme 100 E. dont 20 nus camping entièrement piétonnier, CV. Locations : . Randonnée pédestre organisée. . Lac à 300 m. Ouvert: 2.6 / 10.9. ☎ 04 50 71 50 89. E-mail : dranse@vacances-andretrigano.com. Web : vacances-andretrigano.com/camping/haute-savoie/la-dranse-thonon-les-bains. Prix 2023. Fft jour : empl. Tourisme (2) : 31,6 € ( ) ; sup 7,70 € ; animaux 3 € ; 6,90 €.
Lat. : 46° 23' 52" N **Long.** : 006° 30' 13" E.
FFCC : avantages adhérent : 10% du 02/06 au 08/07 et du 26/08 au 10/09 sur emp. et 5% du 02/06 au 08/07 et du 26/08 au 10/09 sur loc.

SAINT DISDILLE ★★★ Tourisme 532 E. dont 300 nus 7,8 ha CV. A 300 m : . Locations : , . Lac et rivière à 200 m ; étang à 400 m. . Accueil groupes. Ouvert: 14.4 / 24.9. ☎ 04 50 71 14 11. E-mail : camping@disdille.com. Web : www.disdille.com. Prix 2022. Fft jour : empl. Tourisme (2) : 34 € ( ). Réduction H.S.
Lat. : 46° 23' 57" N **Long.** : 006° 30' 14" E.

LE DISDILLOU ★★ Loisirs 39 E. dont 21 nus, dont 13 CC. CV. Locations : . Accès direct aux bords du lac et à la rivière. Ouvert: 8.4 / 22.10. ☎ 04 50 26 13 59. E-mail : ledisdillou@orange.fr. Web : www.ledisdillou.com. Prix 2022. Fft jour : empl. Tourisme (2) : 19 € ( )
Lat. : 46° 23' 50" N **Long.** : 006° 30' 12" E.

LE LAC NOIR ★ Tourisme 100 E. dont 64 GCC. 2 ha . . Accès direct à l'étang ; lac à 2,5 km. . Ouvert: 15.6 / 10.9. ☎ 04 50 26 07 28. E-mail : campingdulacnoir@orange.fr. Web : wwww.camping-lelacnoir.fr.
Lat. : 46° 21' 25" N **Long.** : 006° 28' 21" E.

VAL DE CHAISE

11-D1 31 km S.-E. Annecy. 828 m. ✉ 74210

CHAMP TILLET ★★★ Tourisme 140 E. dont 100 nus 1,6 ha CV. Locations : cabanes. couverte chauffée , . Etang et rivière à 500 m ; lac à 5 km. ; . Accueil groupes. Ouvert: 22.4 / 26.9. ☎ 04 50 44 33 74. E-mail : duchamptillet@wanadoo.fr. Web : www.champtillet.com/. Réduction H.S.
Lat. : 45° 45' 43" N **Long.** : 006° 20' 11" E.
FFCC : avantages adhérent : 19 € du 26/04 au 03/07 et du 28/08 au 20/09 sur emp.

VALLIERES

11-C1 18 km O. Annecy. 375 m. ✉ 74150

LES CHARMILLES ★★★ Tourisme 99 E. CV. Randonnée pédestre organisée. chauffée . Rivière à 3 km ; étang à 4 km. . Accueil groupes. Ouvert: 1.4 / 30.10. ☎ 06 12 33 42 18. E-mail : campinglescharmilles74@gmail.com. Web : www.campinglescharmilles.com. Réduction H.S.
Lat. : 45° 54' 10" N **Long.** : 005° 55' 41" E.

VALLORCINE

8-E5 75 km E. Bonneville. 2042 m. ✉ 74660

LES MONTETS NC Tourisme 75 E. dont 75 nus 0,96 ha tentes, CV. , . Accès direct à la rivière.. Accueil groupes. Ouvert: 1.6 / 15.9. ☎ 06 79 02 18 81. E-mail : b.stam@orange.fr. Web : www.camping-montets.fr.
Lat. : 46° 01' 24" N **Long.** : 006° 55' 25" E.

VERCHAIX

8-D5 18 km E. Bonneville. 1374 m. ✉ 74440

CAMPING MUNICIPAL LAC ET MONTAGNE ★★ Tourisme 104 E. 0,98 ha CV. , , . Accès direct aux bords du lac et à la rivière.. Ouvert: 1.1 / 31.12. ☎ 04 50 90 10 12. E-mail : campingdeverchaix@orange.fr. Web : mairie-verchaix.fr/verchaix-au-quotidien/tourisme/camping-municipal/.
Lat. : 46° 05' 22" N **Long.** : 006° 40' 42" E.

VEYRIER-DU-LAC

11-C1 6 km E.-S.-E. Annecy. 648 m. ✉ 74290

ATC DE LA PLAGE ★★ Tourisme 41 E. dont 35 nus 0,7 ha CV. Locations : . . Accès direct aux bords du lac ; rivière à 4 km. ; ; . . Ouvert: 1.5 / 30.9. ☎ 04 50 60 10 99. E-mail : atc-veyrier@atc-routesdumonde.com. Réduction H.S.
Lat. : 45° 52' 46" N **Long.** : 006° 10' 34" E.

VINZIER

8-D5 13 km E. Thonon les Bains. 833 m. ✉ 74500

CAMPING MUNICIPAL DE L'ESSERT NC Tourisme 20 E. dont 20 nus 0,3 ha . Rivière à 2 km.. Accueil groupes. Ouvert: 1.7 / 31.8. ☎ 04 50 73 61 19. E-mail : mairie@vinzier.com. Web : www.vinzier.com/.
Lat. : 46° 20' 48" N **Long.** : 006° 36' 31" E.

PARIS 75

Carte 3

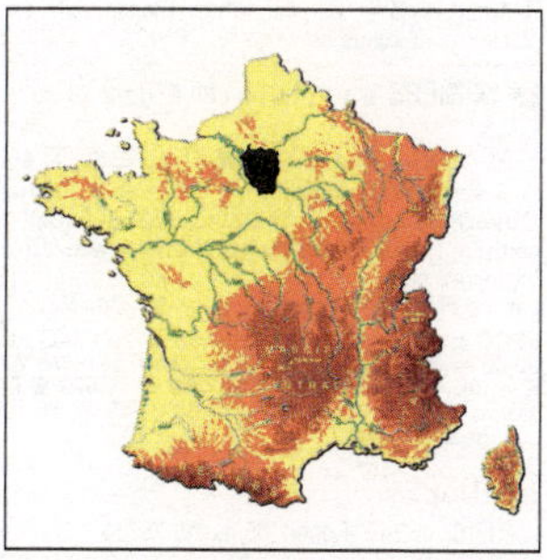

PARIS 16E ARRONDISSEMENT

3-B3 43 m. ✉ 75016

CAMPING DE PARIS ★★★★ Tourisme 410 E. dont 315 nus, dont 278 CC.

7 ha CV . Locations : , roulotte. Accès direct à la rivière. Accueil groupes. Ouvert: 1.1 / 31.12. ☎ 01 45 24 30 00. E-mail : info@campingparis.fr. Web : www.campingparis.fr/. Prix 2022. Fft jour : empl. Tourisme (2) : 42,8 € ( ) ; sup 9,50 € ; animaux 5 € ; 5 € ; 6,60 €.
Lat. : 48° 52′ 06″ N **Long. :** 002° 14′ 05″ E.

FFCC : avantages adhérent : 10% du 01/01 au 01/07 et du 31/08 au 31/1210% du 01/01 au 01/07 et du 31/08 au 31/12 sur emp. et loc. + 5% de réduction en juillet-août sur les emplacements nus et locatifs * frais de réservation offerts Rendez-vous dans votre club avantages FFCC pour obtenir le code promotionnel.

SEINE-MARITIME 76

Cartes 1-2

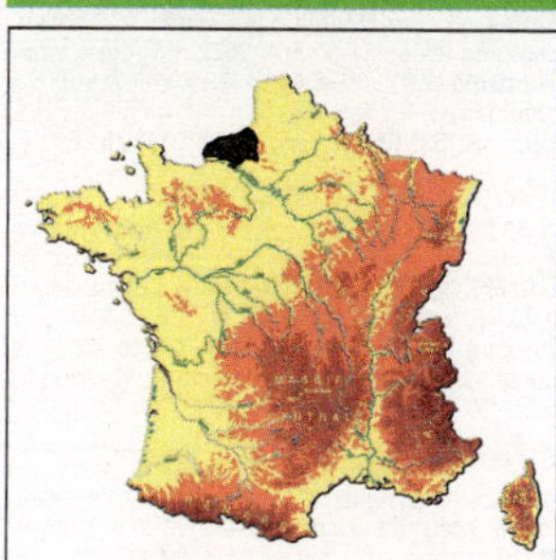

ANNEVILLE-AMBOURVILLE

2-F2 54 km N.-E. Le Havre. 10 m. ✉ 76480

LA CHÊNAIE ★★ Loisirs 100 E. dont 16 nus CV Rés. naturiste. chauffée. Etang à 500 m ; lac à 3 km. Ouvert: 1.5 / 30.9. ☎ 09 81 90 51 28. E-mail : contact@campingnaturistelachenaie.fr. Web : campingnaturistelachenaie.fr.
Lat. : 49° 26′ 48″ N **Long. :** 000° 53′ 33″ E.

ARELAUNE-EN-SEINE

2-F2 30 km O. Rouen. 50 m. ✉ 76940

CAMPING MUNICIPAL LE PARC NC Tourisme 30 E. 1 ha . Rivière à 50 m. Accueil groupes. Ouvert: 1.4 / 30.9. ☎ 02 35 37 12 04. E-mail : mairie-sg.lamaillerayesurseine@wanadoo.fr. Prix 2022. empl. Tourisme : 3,50 € ; 3 € ; 1 € ; 3 €.
Lat. : 49° 29′ 04″ N **Long. :** 000° 46′ 14″ E.

AUMALE

1-B4 53 km S.-E. Dieppe. 163 m. Station verte de vacances et village de neige ✉ 76390

CAMPING MUNICIPAL DU GRAND MAIL ★★ Tourisme 35 E. dont 15 nus 0,4 ha . A 2 km : Etang et rivière à 500 m. Accueil groupes. Ouvert: 20.3 / 30.9. ☎ 02 35 93 40 50. E-mail : communeaumale@wanadoo.fr. Web : www.aumale.com.
Lat. : 49° 46′ 16″ N **Long. :** 001° 45′ 04″ E.

En adhérant au club affilié de votre choix, vous serez membre de la FFCC, la Fédération des campeurs, caravaniers et camping-caristes.

BAZINVAL
1-A4 35 km E. Dieppe. 117 m. ✉ 76340

CAMPING MUNICIPAL LA FORÊT NC Tourisme 19 E. dont 14 nus
0,2 ha. Etang à 3 km ; rivière à 4 km. Accueil groupes. Ouvert: 1.4 / 31.10. ☎ 02 32 97 04 01. E-mail : bazinval2@wanadoo.fr. Prix 2022. empl. Tourisme : 2,70 € ; 2,70 € ; 4 €. Réduction H.S.
Lat. : 49° 57' 16" N **Long. :** 001° 33' 04" E.
FFCC : avantages adhérent : 13.3 € du 01/04 au 30/06 et du 01/09 au 30/10 sur emp.

BEC-DE-MORTAGNE
2-E1 45 km N.-E. Le Havre 105 m. ✉ 76110

LA HÊTRAIE ★★★ Loisirs 111 E. dont 8 nus CV. Locations : . Accès direct à l'étang ; rivière à 1 km.. Accueil groupes. Ouvert: 15.3 / 31.10. ☎ 02 35 29 56 02. E-mail : contact@camping-lahetraie.fr. Web : www.campinglahetraie.com. Prix 2022. Fft jour : empl. Tourisme (2) : 18,7 € ; Réduction H.S.
Lat. : 49° 42' 46" N **Long. :** 000° 27' 19" E.

BERNEVAL-LE-GRAND
1-A4 10 km N.-E. Dieppe. 97 m. ✉ 76370

LE VAL BOISÉ ★★★ Tourisme 36 E. dont 13 nus CV. Locations : . Bord de mer à 600 m. Ouvert: 1.4 / 31.10. ☎ 02 35 82 32 68. E-mail : contact@camping-levalboise.fr. Web : camping-levalboise.fr. Prix 2022. Fft jour : empl. Tourisme (2) : 19 € ()
Lat. : 49° 57' 41" N **Long. :** 001° 11' 36" E.

BIVILLE-SUR-MER
1-A4 16 km N.-E. Dieppe. 104 m. ✉ 76630

LE CLOS SAVOYE ★★★ Loisirs 110 E. 2 ha CV. Bord de mer à 3 km. Ouvert: 1.4 / 31.10. ☎ 02 35 83 61 06. E-mail : campingleclossavoye@gmail.com. Web : www.campings-biville-berneval.fr.
Lat. : 49° 58' 55" N **Long. :** 001° 15' 31" E.

BLANGY-SUR-BRESLE
1-A4 42 km E. Dieppe. 114 m. ✉ 76340

CAMPING AUX CYGNES D'OPALE ★★★ Tourisme 55 E. dont 40 nus
CV. Locations : . Randonnée pédestre organisée. Espace Fitness. couverte chauffée , Rivière à 100 m ; étang à 50 m. Accueil groupes. Ouvert: 1.4 / 31.10. ☎ 02 35 94 55 65. E-mail : contact@auxcygnesdopale.fr. Web : www.auxcygnesdopale.fr.
Lat. : 49° 55' 26" N **Long. :** 001° 39' 26" E.

BLOSSEVILLE
2-F1 26 km O. Dieppe. 64 m. ✉ 76460

LES MOUTONS ★★ Loisirs 48 E. Ouvert: 1.1 / 31.12. ☎ 02 35 97 06 19. E-mail : camping.les.moutons@gmail.com.
Lat. : 49° 51' 10" N **Long. :** 000° 48' 13" E.

BORDEAUX-SAINT-CLAIR
2-E1 32 km N.-E. Le Havre. 82 m. ✉ 76790

LA FERME DU MANOIR ★ Loisirs 38 E. Ouvert: 1.4 / 30.9. ☎ 02 35 29 79 10. E-mail : goessant@akeonet.com. Web : www.fermedumanoir-etretat.fr/.
Lat. : 49° 42' 08" N **Long. :** 000° 13' 59" E.

CANY-BARVILLE
2-E1 37 Km S.-O. Dieppe. 81 m. ✉ 76450

CAMPING MUNICIPAL LE CLOS DES CHARMILLES ★★★ Tourisme 100 E. dont 100 nus
CV. Rivière à 300 m ; lac à 1,5 km. Accueil groupes. Ouvert: 1.4 / 30.9. ☎ 02 35 97 70 37. E-mail : camping@cany-barville.fr. Web : www.cany-barville.fr.
Lat. : 49° 47' 00" N **Long. :** 000° 38' 32" E.

COLLEVILLE
2-E1 50 km N.-E. Le Havre 79 m. ✉ 76400

LES CALETES NC 5 E. CV. Locations : . Randonnée pédestre organisée. Accès direct à l'étang et à la rivière ; bord de mer à 5 km.. Accueil groupes. Ouvert: 1.1 / 31.12. ☎ 02 35 27 11 85. E-mail : info@normandie-gites.com. Web : www.normandie-gites.com.
Lat. : 49° 44' 50" N **Long. :** 000° 28' 00" E.

CRIEL-SUR-MER
1-A4 22 km N.-E. Dieppe. 55 m. ✉ 76910

CAMPING LE MONT JOLI BOIS ★★★ Tourisme 96 E. 2 ha CV. Locations : . Rivière à 400 m ; bord de mer à 500 m. Accueil groupes enfants. Ouvert: 1.2 / 30.11. ☎ 02 35 50 81 19. E-mail : camping.criel@wanadoo.fr. Web : camping-lemontjolibois.com. Réduction H.S.
Lat. : 50° 01' 32" N **Long. :** 001° 18' 31" E.

LES MOUETTES ★★ Tourisme 80 E. 2 ha CV. Bord de mer et rivière à 100 m. ; . Accueil groupes. Ouvert: 1.4 / 4.11. ☎ 02 35 86 70 73. E-mail : contact@camping-lesmouettes.fr. Web : www.camping-lesmouettes.fr.
Lat. : 50° 01' 50" N **Long. :** 001° 18' 29" E.

PARC VAL D'ALBION ★ Tourisme 48 E. 1 ha . Bord de mer à 20 m. Ouvert: 15.5 / 1.9. ☎ 02 35 86 21 42. E-mail : evergreen2@wanadoo.fr. Web : www.campings-treport.com. Prix 2022. Fft nuit : empl. Tourisme (2) : 25,8 € () ; sup 7,20 € nuit ; animaux 3,70 € nuit ; 5,90 € nuit ; 5,40 € nuit.
Lat. : 50° 02' 36" N **Long. :** 001° 19' 52" E.

ETRETAT
2-E1 27 km N. Le Havre. 62 m. ✉ 76790

CAMPING MUNICIPAL ★★ Tourisme 72 E. dont 72 nus 1 ha CV. Bord de mer à 1 km. Ouvert: 1.1 / 31.12. ☎ 02 35 27 07 67. E-mail : camping.etretat@orange.fr.
Lat. : 49° 42' 02" N **Long. :** 000° 12' 55" E.

EU
1-A4 32 km E. Dieppe. 63 m. Station verte de vacances et village de neige ✉ 76260

CAMPING MUNICIPAL LE PARC DU CHÂTEAU ★★ Tourisme 75 E. dont 73 nus CV. Accès direct à l'étang et à la rivière ; bord de mer à 3 km. Accueil groupes. Ouvert: 1.4 / 31.10. ☎ 02 35 86 20 04. E-mail : camping-du-chateau@ville-eu.fr. Web : www.ville-eu.fr/loger-camping.php. Prix 2022. 3,50 € ; 4,50 € ; 6 € ; 3,50 € ; 3 € ; 2 € ; 6 €.
Lat. : 50° 03' 01" N **Long. :** 001° 24' 34" E.

FECAMP
2-E1 40 km N.-E. Le Havre. 63 m. ✉ 76400

CAMPING DE RENEVILLE ★★★ Tourisme 151 E. CV. Bord de mer à 100 m. Ouvert: 5.4 / 4.11. ☎ 02 35 28 20 97. E-mail : reneville@aliceadsl.fr. Web : www.campingdereneville.com.
Lat. : 49° 45' 23" N **Long. :** 000° 21' 35" E.

FORGES-LES-EAUX
1-A5 50 km S.-E. Dieppe. 150 m. Station verte de vacances et village de neige ✉ 76440

LA MINIÈRE ★★ Tourisme 89 E. dont 78 nus
1,8 ha CV. A 5 km : Locations : . Lac à 1 km. Ouvert: 28.3 / 24.10. ☎ 02 35 90 53 91. E-mail : campingforges@gmail.com. Web : www.campingforges.com.
Lat. : 49° 36' 21" N **Long. :** 001° 32' 34" E.
FFCC : avantages adhérent : 19 € du 27/03 au 30/06 et du 01/09 au 25/10 sur emp. et entre 70 € et 90 € la nuitée et entre 350 € et 470 € la semaine du 26/03 au 30/06 et du 01/09 au 25/10 sur loc.

GUEURES
2-F1 16 km S.-E. Rouen. 55 m. ✉ 76730

LA VALLÉE ★★ Loisirs 92 E. dont 35 nus, dont 10 CC. 22 h / 7 h, CV. Locations : . Espace Fitness. Accès direct à l'étang et à la rivière ; bord de mer à 5 km.. Ouvert: 1.4 / 15.10. ☎ 02 35 83 08 94. E-mail : camping.de.la.vallee@orange.fr. Web : www.camping-de-la-vallee.com. Réduction H.S.
Lat. : 49° 51' 07" N **Long. :** 000° 57' 33" E.

HAUTOT-SUR-MER
2-F1 3 km S.-O. Dieppe. 58 m. Station verte de vacances et village de neige ✉ 76550

LE MARQUEVAL ★★★★ Tourisme 289 E. 7 ha CV. A 5 km : Locations : cabanes. chauffée Accès direct à l'étang et à la rivière ; bord de mer à 1,3 km.. Accueil groupes. Ouvert: 17.3 / 15.10. ☎ 02 35 82 66 46. E-mail : contact@campinglemarqueval.com. Web : www.campinglemarqueval.com.
Lat. : 49° 54' 32" N **Long. :** 001° 02' 26" E.

LA SOURCE ★★★ Tourisme 120 E. dont 70 nus CV. A 5 km : Locations : . chauffée , Accès direct à la rivière ; bord de mer à 3 km ; étang à 5 km. Accueil groupes enfants. Ouvert: 1.4 / 25.9. ☎ 02 35 84 27 04. E-mail : info@camping-la-source.fr. Web : camping-la-source.fr. Prix 2022. Fft jour : empl. Tourisme (2) : 27 € () ; sup 8 € ; animaux 2 € ; 5 €.
Lat. : 49° 53' 55" N **Long. :** 001° 03' 25" E.

INCHEVILLE
1-A4 28 km N.-E. Dieppe. 66 m. ✉ 76117

CAMPING DE L'ETANG ★★★ Loisirs 190 E. 2 ha CV. , Accès direct à l'étang.. Ouvert: 1.3 / 31.10. ☎ 02 35 50 30 17. E-mail : campingdeletang@orange.fr.
Lat. : 50° 00' 41" N **Long. :** 001° 30' 33" E.

JUMIEGES
2-F2 28 km O. Rouen. 27 m. Station verte de vacances et village de neige ✉ 76480

CAMPING DE LA SEINE NC Loisirs 40 E. . Accès direct à la rivière. Ouvert: 1.4 / 15.11. ☎ 0 6 65693450. E-mail : campingdelaseine@gmail.com. Web : www.campingdelaseine.com.
Lat. : 49° 24' 43" N **Long. :** 000° 48' 43" E.

LA FORÊT ★★★★ Tourisme 111 E. dont 77 nus, dont 35 CC - 42 GCC.

2,48 ha. Locations : couverte chauffée , . Lac à 2,5 km. Ouvert: 1.4 / 30.10. ☎ 02 35 37 93 43. E-mail : info@campinglaforet.com. Web : www.campinglaforet.com. Prix 2022. Fft nuit : empl. Tourisme (2) : 31 € ( ) ; sup 8 € nuit ; 6 € nuit. Réduction H.S.
Lat. : 49° 26′ 06″ N **Long.** : 000° 49′ 46″ E.
FFCC : avantages adhérent : 20 € du 01/04 au 30/06 et du 01/09 au 30/10 sur emp.

LE BOURG-DUN

2-F1 18 km S.-O. Dieppe. 45 m. ✉ 76740

LES GARENNES DE LA MER ★★★ Tourisme 80 E. dont 30 nus

à partir de 22 h, CV . Rivière à 800 m ; bord de mer à 3 km. Ouvert: 1.4 / 3.10. ☎ 02 35 83 10 44. E-mail : info@lesgarennes.fr. Web : www.lesgarennes.fr. Réduction H.S.
Lat. : 49° 51′ 47″ N **Long.** : 000° 53′ 17″ E.
FFCC : avantages adhérent : 16 € du 01/04 au 30/06 et du 01/09 au 02/10 sur emp.

LE MESNIL-REAUME

1-A4 34 km E. Dieppe. 138 m. ✉ 76260

LA BERQUERIE ★★★ Tourisme 94 E. 2,5 ha CV . Locations : . couverte chauffée . Etang et rivière à 5 km. Ouvert: 15.3 / 15.10. ☎ 02 35 50 00 46. E-mail : contact@camping-la-berquerie.com. Web : www.camping-la-berquerie.com. Réduction H.S.
Lat. : 49° 58′ 48″ N **Long.** : 001° 26′ 34″ E.

LE MESNIL-SOUS-JUMIEGES

2-F2 28 km O. Rouen 5 m. ✉ 76480

CAMPING DU LAC ★★★ Tourisme 113 E. dont 100 nus, dont 64 CC - 12 GCC.

1,3 ha CV . Locations : , bivouac, , , , . Accès direct aux bords du lac ; rivière à 2 km. ; . Accueil groupes. Ouvert: 8.4 / 31.10. ☎ 02 32 13 30 05. E-mail : contact@campinglacjumieges.fr. Web : www.campinglacjumieges.fr. Prix 2023. Fft jour : empl. Tourisme (2) : 20,1 € ( ) ; sup 4,30 € ; animaux 2,20 € ; 2,70 €. Réduction H.S.
Lat. : 49° 24′ 41″ N **Long.** : 000° 50′ 46″ E.
FFCC : avantages adhérent : 16 € sur emp. + Emplacements nus : du 08/04 au 07/06, du 18/06 au 01/07 et du 27/08 au 15/10.

LE TILLEUL

2-E1 24 km N.-E. Le Havre. 87 m. ✉ 76790

CAMPING ABIJUNE NC Tourisme 96 E. 1,5 ha . Locations : , . Bord de mer à 2 km. . Ouvert: 1.4 / 30.9. ☎ 02 27 43 42 91. E-mail : contact@camping-abijune.com. Web : www.camping-abijune.com.
Lat. : 49° 40′ 59″ N **Long.** : 000° 12′ 49″ E.

LE TREPORT

1-A4 28 km N.-E. Dieppe. 63 m. ✉ 76470

CAMPING MUNICIPAL LES BOUCANIERS ★★★ Tourisme 172 E. dont 122 nus CV . Locations : . . Rivière à 200 m ; bord de mer à 2 km. Ouvert: 1.1 / 31.12. ☎ 02 35 86 35 47. E-mail : camping@ville-le-treport.fr. Web : camping.ville-le-treport.fr.
Lat. : 50° 03′ 28″ N **Long.** : 001° 23′ 17″ E.

CAMPING INTERNATIONAL DU GOLF ★★ Tourisme 100 E. 2,5 ha . A 500 m : . Bord de mer à 500 m ; rivière à 900 m. Ouvert: 1.4 / 15.9. ☎ 02 27 28 01 50. E-mail : evergreen76470@orange.fr. Web : www.campings-treport.com. Prix 2022. Fft jour : empl. Tourisme (2) : 21,5 € ( ) ;
Lat. : 50° 03′ 06″ N **Long.** : 001° 22′ 03″ E.

LES GRANGES CV. Ouvert: 1.5 / 15.9. ☎ 02 35 86 07 25. E-mail : campinglesgranges76@wanadoo.fr. Prix 2022. 3,50 € ; 5 € ; 2,50 € ; 2,50 € ; 2,50 € ; 1,60 € ; 4 €.
Lat. : 50° 03′ 06″ N **Long.** : 001° 22′ 35″ E.

LES GRANDES-VENTES

1-A4 20 km S.-E. Dieppe. 170 m. ✉ 76950

L'ORIVAL ★★★ Tourisme 82 E. dont 40 nus, dont 28 CC.

22 h / 8 h, CV . Locations : caravane. chauffée . Etang et rivière à 3 km. Accueil groupes. Ouvert: 12.3 / 14.11. ☎ 02 35 83 45 90 / 06 62 40 05 90. E-mail : camping.orival@orange.fr. Web : www.campinglorival.com. Réduction H.S.
Lat. : 49° 47′ 41″ N **Long.** : 001° 13′ 06″ E.

LES LOGES

2-E1 30 km N.-E. Le Havre. 102 m. ✉ 76790

L'AIGUILLE CREUSE ★★★★ Tourisme 135 E. dont 91 nus

1,2 ha 22 h 30 / 7 h 30, CV . Locations : . couverte chauffée , . Bord de mer à 5 km. Ouvert: 31.3 / 17.9. ☎ 02 35 29 52 10. E-mail : camping@aiguillecreuse.com. Web : www.campingaiguillecreuse.com. Prix 2023. Fft jour : empl. Tourisme (2) : 36 € (E. CC) ; sup 6 € ; animaux 3,50 € ; 5 €. Réduction H.S.
Lat. : 49° 41′ 55″ N **Long.** : 000° 16′ 33″ E.
FFCC : avantages adhérent : 21 € du 31/03 au 03/07 et du 28/08 au 17/09 sur emp.

LONDINIERES

1-A4 27 km S.-E. Dieppe. 126 m. ✉ 76660

DOMAINE DE LONDINIERES NC 13 E. CV. Locations : . Accès direct à la rivière ; lac à 4 km. . Ouvert: 1.1 / 31.12. ☎ 02 35 94 45 34. E-mail : londichalets@hotmail.com.
Lat. : 49° 49′ 49″ N **Long.** : 001° 24′ 09″ E.

MARTIGNY

1-A4 8 km S.-E. Dieppe. 73 m. ✉ 76880

LES DEUX RIVIÈRES ★★★ Tourisme 116 E. dont 110 nus 3 ha CV . Locations : , caravane. , . Accès direct à l'étang et à la rivière.. Accueil groupes. Ouvert: 29.3 / 31.10. ☎ 02 35 85 60 82. E-mail : martigny.76@orange.fr. Web : www.camping-2-rivieres.com. Prix 2022. Fft jour : empl. Tourisme (2) : 24 € ( ) ; sup 8 € ; animaux 2,25 € ; 5 €.
Lat. : 49° 52′ 14″ N **Long.** : 001° 08′ 39″ E.

MARTIN-EGLISE

1-A4 6 km S.-E. Dieppe 57 m. ✉ 76370

LES PEUPLIERS NC Loisirs 90 E. dont 90 GCC. . Ouvert: 1.1 / 31.12. ☎ 02 35 83 86 82. E-mail : guides@campingfrance.com.
Lat. : 49° 54′ 36″ N **Long.** : 001° 06′ 36″ E.

NEUFCHATEL-EN-BRAY

1-A4 35 km S.-E. Dieppe. 144 m. Station verte de vacances et village de neige ✉ 76270

CAMPING DE SAINTE CLAIRE ★★★ Tourisme 100 E. dont 88 nus 2 ha 22 h / 7 h, CV . Locations : . Ouvert: 1.4 / 15.10. ☎ 02 35 93 03 93. E-mail : fancelot@wanadoo.fr. Web : www.camping-sainteclaire.com. Prix 2022. empl. Tourisme 4,30 € ; 4,85 € ; animaux 1 € ; 3,20 € ; 4 €.
Lat. : 49° 44′ 16″ N **Long.** : 001° 25′ 41″ E.

NOLLEVAL

1-A5 70 km S.-E. Dieppe. 131 m. ✉ 76780

CAMPING MUNICIPAL NC Tourisme 24 E. . Ouvert: 15.3 / 15.10. ☎ 02 35 90 83 26. E-mail : mairie-nolleval@wanadoo.fr.
Lat. : 49° 29′ 43″ N **Long.** : 001° 28′ 53″ E.

OFFRANVILLE

2-F1 7 km S.-O. Dieppe. 77 m. ✉ 76550

CAMPING MUNICIPAL LE COLOMBIER ★★ Loisirs 99 E. dont 50 nus 22 h / 7 h, CV. Locations : , , . Etang à 1 km ; rivière à 3 km ; bord de mer à 5 km. Accueil groupes. Ouvert: 2.4 / 2.10. ☎ 02 35 85 21 14. E-mail : camping@offranville.fr. Web : www.offranville.fr/.
Lat. : 49° 52′ 20″ N **Long.** : 001° 02′ 34″ E.

PETIT-CAUX

1-A4 13 km N.-E. Dieppe. 105 m. ✉ 76370

DOMAINE LES GOELANDS ★★★ Tourisme 128 E. dont 64 nus, dont 32 CC - 32 GCC.

CV . Locations : cocosweet. . Bord de mer à 500 m. Accueil groupes. Ouvert: 1.4 / 31.10. ☎ 02 35 83 82 90. E-mail : contact@camping-les-goelands.fr. Web : www.camping-les-goelands.fr. Réduction H.S.
Lat. : 49° 58′ 02″ N **Long.** : 001° 12′ 14″ E.

QUIBERVILLE

2-F1 14 km S.-O. Dieppe. 35 m. ✉ 76860

CAMPING MUNICIPAL LA PLAGE ★★★ Tourisme 202 E. dont 200 nus 22 h 30 / 7 h, CV . Locations : , . , , . Rivière à 10 m ; bord de mer à 20 m. ; ; . . Accueil groupes. Ouvert: 1.4 / 31.10. ☎ 02 35 83 01 04. E-mail : campingplage3@wanadoo.fr. Web : www.campingplagequiberville.fr. Réduction H.S.
Lat. : 49° 54′ 18″ N **Long.** : 000° 55′ 39″ E.

CAMPING GCU - QUIBERVILLE ★ Tourisme 33 E. . Locations : . , , . . Ouvert: 10.5 / 31.8. ☎ 02 35 85 75 57. E-mail : quiberville7601@gcu.fr. Web : www.gcu.asso.fr/terrains/quiberville-seine-maritime-76.
Lat. : 49° 53′ 56″ N **Long.** : 000° 54′ 53″ E.

LE CASTEL DES VERGERS NC Loisirs 24 E. . Bord de mer à 1 km. Ouvert: 1.4 / 30.9. ☎ 02 35 85 51 47.
Lat. : 49° 53′ 44″ N **Long.** : 000° 55′ 20″ E.

RIVES-EN-SEINE

2-F2 40 km N.-O. Rouen 60 m. ✉ 76490

BARRE Y VA ★★★★ Tourisme 62 E. 2 ha 22 h / 7 h, CV. A 5 km : Locations : . Espace Fitness. couverte chauffée , , . Accès direct à la rivière. . Accueil groupes. Ouvert: 2.4 / 2.10. ☎ 02 35 96 26 38. E-mail : campingbarreyva@orange.fr. Web : www.camping-barre-y-va.com/. Prix 2022. Fft nuit : empl. Tourisme (2) : 25 € ( ) ; sup 5 € nuit ; animaux 3 € nuit ; 4 € nuit ; 5,35 € nuit. Réduction H.S.
Lat. : 49° 31' 18" N **Long.** : 000° 42' 08" E.
FFCC : avantages adhérent : 23 € du 08/04 au 07/07 et du 26/08 au 16/09 sur emp.

ROUMARE

2-F2 14 km N.-O. Rouen. 116 m. ✉ 76480

LES NENUPHARS ★★ Tourisme 62 E. dont 62 nus 22 h 30 / 6 h, CV . A 1 km : Accueil groupes. Ouvert: 15.3 / 1.12. ☎ 02 35 33 80 75. E-mail : camping.les.nenuphars@wanadoo.fr. Web : camping-les-nenuphars.com.
Lat. : 49° 30' 20" N **Long.** : 000° 59' 04" E.

SAINT-ANTOINE-LA-FORET

2-E2 31 km E. Le Havre. 111 m. ✉ 76170

HAMEAU DES FORGES ★ Loisirs 45 E. . Ouvert: 1.1 / 31.12. ☎ 06 07 44 03 08. E-mail : mondeamical@hotmail.fr.
Lat. : 49° 31' 49" N **Long.** : 000° 29' 52" E.

SAINT-AUBIN-SUR-MER

2-F1 20 km O. Dieppe. 29 m. ✉ 76740

CAMPING MUNICIPAL LE GRAND SABLE ★★ Loisirs 130 E. CV . Bord de mer à 50 m. ; ; . Ouvert: 29.3 / 29.10. ☎ 02 35 04 03 55. E-mail : camping.de.la.plage@orange.fr. Web : www.campingdugrandsable.com.
Lat. : 49° 53' 34" N **Long.** : 000° 52' 13" E.

CAMPING MUNICIPAL LE MESNIL ★★ Loisirs 111 E. CV. Bord de mer à 500 m. Ouvert: 30.3 / 3.11. ☎ 02 35 83 02 83. E-mail : contact@campinglemesnil.com. Web : www.campinglemesnil.com.
Lat. : 49° 53' 01" N **Long.** : 000° 51' 07" E.

SAINT-AUBIN-SUR-SCIE

2-F1 6 km S. Dieppe. 77 m. ✉ 76550

VITAMIN ★★★★ Tourisme 207 E. dont 63 GCC. 5,5 ha CV . Locations : roulotte. Espace Fitness. couverte chauffée . Bord de mer à 2 km ; rivière à 3 km. . Ouvert: 4.4 / 20.9. ☎ 02 35 82 11 11. E-mail : camping.vitamin@wanadoo.fr. Web : www.camping-vitamin.com.
Lat. : 49° 54' 02" N **Long.** : 001° 04' 27" E.
FFCC : avantages adhérent : 10%10% sur emp. et loc.

SAINT-JOUIN-BRUNEVAL

2-E1 18 km N. Le Havre. 106 m. ✉ 76280

LE GRAND HAMEAU ★★★ Tourisme 59 E. dont 25 nus 1 ha CV . Locations : . , . Bord de mer à 3,5 km. . Accueil groupes. Ouvert: 15.3 / 31.10. ☎ 02 35 55 88 41. E-mail : campinglegrandhameau@orange.fr. Web : www.camping-le-grand-hameau.fr. Réduction H.S.
Lat. : 49° 37' 47" N **Long.** : 000° 09' 32" E.

SAINT-LEONARD

2-E1 40 km N.-E. Le Havre. 90 m. ✉ 76400

LES POMMIERS NC Loisirs 80 E. dont 28 nus . Espace Fitness. . Bord de mer à 2 km. Ouvert: 1.4 / 1.10. ☎ 02 35 27 69 96. E-mail : lespommiers@outlook.fr. Web : www.camping-les-pommiers.com.
Lat. : 49° 42' 34" N **Long.** : 000° 18' 33" E.

SAINT-MARTIN-AUX-BUNEAUX

2-E1 42 km O. Dieppe. 80 m. ✉ 76450

CAMPING MUNICIPAL LES MOUETTES ★★ Loisirs 61 E. 1 ha CV . . Ouvert: 1.1 / 31.12. ☎ 02 35 97 96 16. E-mail : camplslesmouettes@orange.fr.
Lat. : 49° 49' 43" N **Long.** : 000° 32' 56" E.

M. & MME VIARD CV. Ouvert: 1.7 / 30.8. ☎ 02 35 97 54 77. E-mail : viard.michelnicole@orange.fr.
Lat. : 49° 49' 19" N **Long.** : 000° 33' 54" E.

SAINT-PIERRE-EN-PORT

2-E1 56 km N.-E. Le Havre. 76 m. ✉ 76540

HUTTOPIA LES FALAISES-NORMANDIE ★★★ Tourisme 154 E. dont 88 nus, dont 88 CC. 2 ha CV . Locations : roulotte. Randonnée pédestre organisée. couverte chauffée , , . Bord de mer à 1,2 km.. Accueil groupes adultes. Ouvert: 7.4 / 6.11. ☎ 02 35 29 51 58. E-mail : marieke.hettema@huttopia.com. Web : europe.huttopia.com. Réduction H.S.
Lat. : 49° 48' 35" N **Long.** : 000° 29' 37" E.
FFCC : avantages adhérent : 10% du 06/04 au 01/07 et du 31/08 au 05/1110% du 06/04 au 01/07 et du 31/08 au 05/11 sur emp. et loc. + 5% de réduction en juillet-août sur les emplacements nus et locatifs * frais de réservation offerts Rendez-vous dans votre club avantages FFCC pour obtenir le code promotionnel.

SAINT-VALERY-EN-CAUX

2-F1 30 km O. Dieppe. 52 m. ✉ 76460

SEASONOVA ETENNEMARE ★★★ Tourisme 116 E. 2 ha CV . A 1,5 km : couverte chauffée . Bord de mer à 1,5 km. . Ouvert: 1.4 / 13.10. ☎ 02 35 97 15 79. E-mail : contact@camping-etennemare.com. Web : vacances-seasonova.com/fr/camping/etennemare-2/.
Lat. : 49° 51' 31" N **Long.** : 000° 42' 16" E.
FFCC : avantages adhérent : 10% du 01/04 au 01/07 et du 27/08 au 30/0910% du 01/04 au 01/07 et du 27/08 au 30/09 sur emp. et loc. + 5% sur les emplacements nus et locatifs en juillet et aout.

SASSETOT-LE-MAUCONDUIT

2-E1 53 km N.-E. Le Havre. 83 m. Station verte de vacances et village de neige ✉ 76540

L'OISEAU BLANC NC Tourisme 113 E. dont 30 nus 2 ha . , . Bord de mer à 2 km. . Ouvert: 15.3 / 15.11. ☎ 02 77 24 87 91. E-mail : contact@camping-oiseau-blanc.com.
Lat. : 49° 48' 17" N **Long.** : 000° 31' 17" E.

CÔTE D'ALBÂTRE NC Tourisme 65 E. dont 52 nus 2,5 ha CV . . Bord de mer à 3 km. ; ; . Ouvert: 15.5 / 15.9. ☎ 02 27 43 55 04 / 0 6 30 33 76 04. E-mail : contact@campingcotedalbatre.fr. Web : www.campingcotedalbatre.fr. Prix 2022. empl. Tourisme : 5 € ; 5 € ; 3 € ; 3 €.
Lat. : 49° 47' 37" N **Long.** : 000° 31' 10" E.
FFCC : avantages adhérent : 18 € du 15/06 au 15/09 sur emp.

SOTTEVILLE-SUR-MER

2-F1 22 km O. Dieppe. 52 m. ✉ 76740

LES POMMIERS ★★★ Tourisme 61 E. 1 ha CV. Locations : . , , . Bord de mer à 1,2 km. Ouvert: 2.4 / 31.10. ☎ 02 35 97 62 12. E-mail : jeanluc.fricot@orange.fr. Web : camping-normandie-mer.com.
Lat. : 49° 52' 41" N **Long.** : 000° 49' 43" E.

TOUFFREVILLE-SUR-EU

1-A4 20 km N.-E. Dieppe. 63 m. ✉ 76910

CAMPING MUNICIPAL LES ACACIAS ★★ Tourisme 48 E. dont 46 nus 0,6 ha CV . Locations : . Rivière à 1 km ; bord de mer à 5 km. Accueil groupes. Ouvert: 15.2 / 15.11. ☎ 02 35 50 66 33. E-mail : campingacacias76@orange.fr. Web : www.camping-acacias.fr. Prix 2022. Fft jour : empl. Tourisme (2) : 17,1 € (E. CC)
Lat. : 49° 59' 45" N **Long.** : 001° 20' 04" E.

TOUSSAINT

2-E1 44 km N.-E. Le Havre. 94 m. ✉ 76400

LES FALAISES DE TOUSSAINT ★★ Tourisme 110 E. dont 67 nus 1,5 ha CV. Locations : . Rivière à 1 km ; étang à 3 km ; bord de mer à 5 km. Accueil groupes. Ouvert: 15.3 / 15.11. ☎ 02 35 29 78 34. E-mail : campinglesfalaisesdetoussaint@gmail.com. Web : www.camping-normandie-seine-maritime.com. Réduction H.S.
Lat. : 49° 44' 23" N **Long.** : 000° 25' 11" E.

TROUVILLE

2-E2 42 km N.-E. Le Havre. 147 m. ✉ 76210

M. PARIS . Ouvert: 1.1 / 31.12. ☎ 02 35 31 60 17. E-mail : christian.paris511@orange.fr.
Lat. : 49° 35' 49" N **Long.** : 000° 35' 15" E.

VEULES-LES-ROSES

2-F1 25 km O. Dieppe. 53 m. Station verte de vacances et village de neige ✉ 76980

SEASONOVA LES MOUETTES ★★★ Tourisme 162 E. dont 152 nus
3,5 ha CV. Espace Fitness. couverte chauffée. Bord de mer à 300 m. Ouvert: 1.4 / 13.10. ☎ 02 35 97 61 98. E-mail : contact@camping-lesmouettes-normandie.com. Web : www.camping-lesmouettes-normandie.com. Réduction H.S.
Lat. : 49° 52′ 28″ N **Long.** : 000° 48′ 09″ E.
FFCC : avantages adhérent : 10% du 01/04 au 01/07 et du 27/08 au 01/0710% du 01/04 au 01/07 et du 27/08 au 01/07 sur emp. et loc. + 5% sur les emplacements nus et locatifs en juillet et aout.

VEULETTES-SUR-MER

2-E1 38 km O. Dieppe. 55 m. ✉ 76450

CAMPING MUNICIPAL ★★★ Tourisme 111 E.
1,8 ha CV. Bord de mer à 200 m ; rivière à 500 m. Ouvert: 1.4 / 14.10. ☎ 02 35 97 53 44. E-mail : campingmunicipal-veulettes-sur-mer@orange.fr. Web : www.ville-veulettes-sur-mer.fr/commerces-hebergements#camping. Prix 2022. empl. Tourisme : 4,50 € ; 4,50 € ; 2 € ; animaux 2 € ; 2,50 € ; 4,50 €.
Lat. : 49° 50′ 58″ N **Long.** : 000° 35′ 47″ E.

VITTEFLEUR

2-E1 35 km O. Dieppe. 55 m. ✉ 76450

MAUPASSANT ★★★★ Loisirs 69 E. dont 10 nus, dont 6 CC.
CV. chauffée. Rivière à 3 km ; lac à 4 km ; bord de mer à 5 km. Accueil groupes. Ouvert: 9.3 / 15.12. ☎ 02 35 97 97 14. E-mail : campingmaupassant@orange.fr. Web : www.camping-maupassant.com.
Lat. : 49° 48′ 13″ N **Long.** : 000° 38′ 57″ E.

LES PRÉS DE LA MER ★★★ Tourisme 100 E. dont 61 nus 3,1 ha CV. Locations : chauffée. Accès direct à la rivière ; lac et bord de mer à 3 km. Accueil groupes. Ouvert: 1.4 / 30.9. ☎ 02 35 97 53 82. E-mail : campinglespresdelamer@orange.fr. Web : www.lespresdelamer.com.
Lat. : 49° 49′ 32″ N **Long.** : 000° 38′ 05″ E.

YPORT

2-E1 40 km N.-E. Le Havre. 66 m. ✉ 76111

CAMPING LA CHÊNAIE ★★★ Tourisme 104 E.
2,7 ha CV. couverte chauffée. Bord de mer à 900 m. Accueil groupes. Ouvert: 1.4 / 30.9. ☎ 02 35 27 33 56. E-mail : camping.yport@flowercampings.com. Web : www.camping-normandie-yport.com.
Lat. : 49° 43′ 58″ N **Long.** : 000° 19′ 17″ E.
FFCC : avantages adhérent : 19 € du 01/04 au 24/06 et du 27/08 au 02/10 sur emp.

LE RIVAGE ★★★ Tourisme 110 E. dont 90 nus 1,80 ha CV. Locations : . Bord de mer à 300 m. Ouvert: 24.3 / 4.11. ☎ 02 35 27 33 78. E-mail : contact@camping-lerivage.com. Web : www.camping-lerivage.com.
Lat. : 49° 44′ 13″ N **Long.** : 000° 18′ 27″ E.

CLUB DU SOLEIL DE LA PORTE OCEANE
NC Loisirs 100 E. dont 54 nus 3 ha CV. Rés. naturiste. Bord de mer à 1 km. Ouvert: 1.5 / 15.9. ☎ 02 35 27 30 64. E-mail : accueil-rg@cspo-lehavre.org. Web : www.cspo-lehavre.org.
Lat. : 49° 43′ 37″ N **Long.** : 000° 18′ 23″ E.

SEINE-ET-MARNE 77

Carte 3

Correspondant FFCC : Philippe ANDRIEUX, 23 rue du Ruisseau - 77650 SAVINS
Tél. 06 71 27 60 36 et andrieuxphilippeffcc77@orange.fr

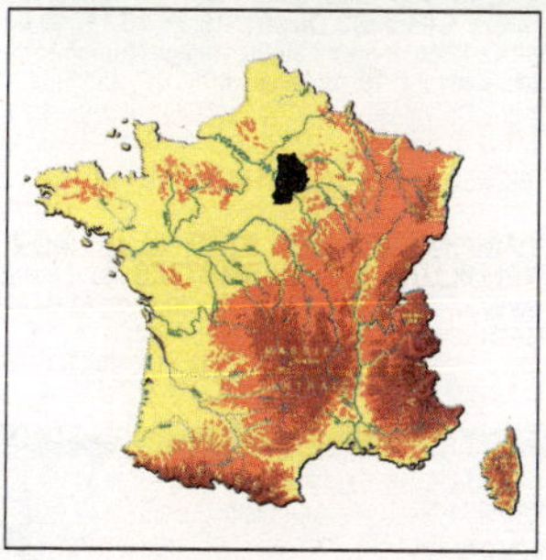

BAGNEAUX-SUR-LOING

3-C5 40 km S. Melun. 91 m. ✉ 77167

LA RIVIÈRE DORÉE ★★★ Tourisme 160 E.
A 3 km : , Accès direct à l'étang et à la rivière.. Ouvert: 15.3 / 6.11. ☎ 1 60 55 80 00. E-mail : lariviereedoree@gmail.com. Web : www.lariviereedoree.com.
Lat. : 48° 14′ 27″ N **Long.** : 002° 42′ 14″ E.
FFCC : avantages adhérent : 18 € du 15/03 au 29/04 et du 03/09 au 12/11 sur emp. et entre 50 € et 150 € la nuitée et entre 350 € et 1050 € la semaine sur loc.

BAILLY-ROMAINVILLIERS

3-C3 14 km S.-O. Meaux. 133 m. ✉ 77700

RANCH DAVY CROCKETT NC 595 E. 57 ha CV. Locations : couverte chauffée , , , . Accueil groupes. Ouvert: 1.1 / 31.12. ☎ 0 825 30 60 30. E-mail : dlp.reservation.admin.fr@disney.com. Web : www.disneylandparis.com.
Lat. : 48° 50′ 07″ N **Long.** : 002° 49′ 25″ E.

BETON-BAZOCHES

3-D4 18 km N.-O. Provins. 156 m. ✉ 77320

LES ACACIAS ★★ Loisirs 140 E. dont 87 nus, dont 55 GCC. 3 ha CV. chauffée. Ouvert: 13.3 / 12.12. ☎ 0 1 64 01 01 93 / 06 31 32 11 04. E-mail : campinglesacacias77@sfr.fr. Prix 2022. Fft jour : empl. Tourisme (1) : 15 € ( )
Lat. : 48° 42′ 22″ N **Long.** : 003° 14′ 26″ E.

BOULANCOURT

3-C5 35 km S.-O. Melun. 106 m. ✉ 77760

ILE DE BOULANCOURT ★★★ Loisirs 110 E. dont 90 nus
4 ha CV. Locations : . Accès direct à la rivière ; étang à 100 m.. Accueil groupes. Ouvert: 28.2 / 13.11. ☎ 01 64 24 13 38. E-mail : hello@iledeboulancourt.com. Web : www.campingiledeboulancourt.com.
Lat. : 48° 15′ 24″ N **Long.** : 002° 26′ 09″ E.

LA PIERRE LONGUE ★ Loisirs 20 E. 8 h / 20 h, CV . Locations : , , , . Etang à 150 m ; rivière à 50 m. Ouvert: 15.1 / 20.12. ☎ 01 64 24 13 07. E-mail : contact@caravaning-lapierrelongue.com. Réduction H.S.
Lat. : 48° 15′ 38″ N **Long.** : 002° 25′ 42″ E.

BRAY-SUR-SEINE

3-D4 19 km S.-O. Provins. 63 m. ✉ 77480

LA PEUPLERAIE ★ Tourisme 260 E. 7,3 ha CV. Locations : , . Accès direct à la rivière. ; . Accueil groupes. Ouvert: 1.4 / 31.10. ☎ 01 60 67 12 24.
Lat. : 48° 24′ 51″ N **Long.** : 003° 14′ 34″ E.

CHENOISE

3-D4 11 km N.-O. Provins 153 m. ✉ 77160

LA MERCY NC Tourisme 6 E. dont 6 nus . Accueil groupes. Ouvert: 1.4 / 15.10. ☎ 01 64 00 93 10. E-mail : fermedelamercy@wanadoo.fr. Prix 2023. empl. Tourisme : 8 € ; 6 € ; 5 € ; 3,60 €.
Lat. : 48° 36′ 32″ N **Long.** : 003° 09′ 31″ E.

COURPALAY

3-C4 28 km N.-E. Melun. 106 m. ✉ 77540

LA VALLÉE DES TAMARIS ★★★ Loisirs 118 E. dont 15 nus. Locations : . Accès direct à la rivière ; étang à 3 km. . A 3 km : ., . Accueil groupes adultes. Ouvert: 1.1 / 31.12. ☎ 01 64 42 07 26. E-mail : lestamaris@hotmail.com. Web : www.campingtamaris77.com. Réduction H.S.
Lat. : 48° 39' 07" N **Long.** : 002° 56' 28" E.

CAMPING HIPPO CAMP NC 77 E. dont 60 nus 2 ha. Locations : , tipi. Accès direct à la rivière ; étang à 3 km. Ouvert: 1.4 / 31.10. ☎ 01 64 25 85 02. E-mail : contact@campinghippocamp.fr. Web : www.campinghippocamp.fr.
Lat. : 48° 38' 47" N **Long.** : 002° 57' 45" E.

CRECY-LA-CHAPELLE

3-C3 15 km S. Meaux. 110 m. ✉ 77580

COUNTRY PARK CRÉCY LA CHAPELLE ★★★ Tourisme 166 E. 3 ha. Accès direct à la rivière. Ouvert: 1.4 / 27.10. ☎ 01 64 04 16 36. E-mail : countryparkcrecy@gmail.com.
Lat. : 48° 51' 12" N **Long.** : 002° 55' 46" E.

CREVECOEUR-EN-BRIE

3-C4 30 km N.-E. Melun. 115 m. ✉ 77610

LES 4 VENTS ★★★ Tourisme 199 E. Locations : . . Ouvert: 20.3 / 1.11. ☎ 01 64 07 41 11. E-mail : contact@caravaning-4vents.fr. Web : www.caravaning-4vents.fr. Prix 2023. Fft jour : empl. Tourisme (2) : 34 € ( ) ; sup 7 € ; animaux 4 €.
Lat. : 48° 45' 02" N **Long.** : 002° 53' 50" E.
FFCC : avantages adhérent : 26.4 € du 20/03 au 30/06 et du 01/09 au 31/10 sur emp. et 70 € la nuitée et 350 € la semaine du 20/03 au 30/06 et du 01/09 au 31/10 sur loc.

DARVAULT

3-C5 32 km S. Melun. 84 m. ✉ 77140

LA BARAUDE ★★ Loisirs 140 E. 4 ha. Ouvert: 1.1 / 31.12. ☎ 01 64 28 15 26. E-mail : labaraudejml@hotmail.fr.
Lat. : 48° 15' 53" N **Long.** : 002° 43' 47" E.

FONTENAY-TRESIGNY

3-C4 26 km N.-E. Melun. 105 m. ✉ 77610

CAMPING MONDINE CARAVANING ★ Loisirs 25 E. Ouvert: 1.2 / 31.12. ☎ 01 64 25 62 34. E-mail : adeline.lot@free.fr. Web : www.peche-seine-marne.com.
Lat. : 48° 41' 20" N **Long.** : 002° 57' 18" E.

GOUAIX

3-D4 10 km S. Provins. 82 m. ✉ 77114

PRÉS DE LA FONTAINE ★★★ Loisirs 440 E. 20 ha. , . Accès direct à l'étang et aux bords du lac. ; ; . Ouvert: 7.4 / 24.9. ☎ 01 64 01 86 08. E-mail : virginie@vagues-oceanes.com. Web : www.camping-vagues-oceanes.com/.
Lat. : 48° 27' 54" N **Long.** : 003° 19' 00" E.

GRANDPUITS-BAILLY-CARROIS

3-C4 26 km N.-E. Melun. 120 m. ✉ 77720

PARC RESIDENTIEL LE REFUGE ★★ Loisirs 84 E. Ouvert: 1.1 / 31.12. ☎ 01 64 08 07 57. E-mail : parclerefuge77@gmail.com. Web : www.parc-residentiel-le-refuge.com/.
Lat. : 48° 35' 02" N **Long.** : 002° 58' 15" E.

GREZ-SUR-LOING

3-C5 23 km S. Melun. 68 m. ✉ 77880

LES PRÉS ★★ Tourisme 133 E. dont 133 nus 2 ha CV. Accès direct à l'étang ; rivière à 10 m. Accueil groupes. Ouvert: 13.3 / 5.11. ☎ 01 64 45 72 75. E-mail : camping.grez@aquadis-loisirs.com. Web : www.aquadis-loisirs.com/camping-nature/camping-les-pres-fontainebleau. Prix 2023. Fft nuit : empl. Tourisme (2) : 20,5 € ( )
Lat. : 48° 19' 03" N **Long.** : 002° 41' 47" E.
FFCC : avantages adhérent : Offre découverte Duo : 20% de réduction pour un séjour de 7 nuits minimum en location hors saison.

ISLES-LES-MELDEUSES

3-D3 13 km N.-E. Meaux. 70 m. ✉ 77440

CAMPING DES 2 ILES ★★★ Tourisme 29 E. CV. Locations : . chauffée. Etang à 1 km. Ouvert: 15.2 / 15.1. ☎ 01 64 35 73 52. E-mail : camping2iles@orange.fr. Web : camping-des-2-iles.fr.
Lat. : 49° 00' 15" N **Long.** : 003° 00' 56" E.

LES PIECES MONET NC Loisirs 20 E. 0,3 ha. Locations : . , , , . Accès direct à l'étang et aux bords du lac. ; . Ouvert: 1.1 / 31.12. ☎ 0 6 08 75 98 94. E-mail : marie-ange.chivot@wanadoo.fr.
Lat. : 48° 59' 50" N **Long.** : 003° 00' 29" E.

JABLINES

3-C3 14 km S.-O. Meaux. 48 m. ✉ 77450

INTERNATIONAL DE JABLINES ★★★ Tourisme 160 E. dont 145 nus, dont 60 GCC. 2 ha CV. Locations : , , , , , . Accès direct aux bords du lac ; rivière à 500 m. ; . Ouvert: 28.3 / 31.10. ☎ 01 60 26 09 37. E-mail : welcome@camping-jablines.com. Web : www.camping-jablines.com. Prix 2023. Fft nuit : empl. Tourisme (2) : 35 € ( ) ; sup 8 € nuit ; animaux 4 € nuit ; 6 € nuit. Réduction H.S.
Lat. : 48° 54' 48" N **Long.** : 002° 44' 03" E.

LA BROSSE-MONTCEAUX

3-D5 42 km S.-O. Provins. 91 m. ✉ 77940

L'AMICALE DU PORT NC Loisirs 41 E. . Accès direct à la rivière ; étang à 2 km. ; . Ouvert: 1.7 / 31.7. ☎ 01 60 96 23 83. E-mail : la-brosse-montceaux@wanadoo.fr.
Lat. : 48° 21' 29" N **Long.** : 003° 01' 38" E.

LA FERTE-GAUCHER

3-D4 23 km N. Provins. 150 m. ✉ 77320

LES GRANGES NC Loisirs 25 E. dont 63 GCC. 6 ha CV. Locations : . Rivière à 3 km. Accueil groupes. Ouvert: 1.1 / 31.12. ☎ 01 64 04 00 91. E-mail : info@lesgranges77.fr. Web : www.lesgranges77.fr.
Lat. : 48° 46' 00" N **Long.** : 003° 18' 21" E.

LA FERTE-SOUS-JOUARRE

3-D3 19 km E. Meaux. 119 m. ✉ 77260

CAMPING DES BONDONS ★ Loisirs 247 E. dont 106 nus, dont 229 GCC. 8 ha CV. Locations : , . Accès direct à l'étang ; rivière à 1 km.. Ouvert: 1.1 / 31.12. ☎ 01 85 49 01 49. E-mail : contact@campingdesbondons.com. Web : www.campingdesbondons.com.
Lat. : 48° 56' 56" N **Long.** : 003° 08' 60" E.

LA GENEVRAYE

3-C5 25 km S. Melun. 63 m. ✉ 77690

LE PARC DU GUÉ ★★★ Loisirs 182 E. CV. chauffée. Accès direct à l'étang ; rivière à 100 m.. Accueil groupes adultes. Ouvert: 15.3 / 30.11. ☎ 01 64 45 87 79. E-mail : contact@camping-parcdugue.com. Web : www.camping-parcdugue.com. Réduction H.S.
Lat. : 48° 19' 41" N **Long.** : 002° 44' 51" E.

LA ROCHETTE

3-C4 41 km S.-E. Paris. 78 m. ✉ 77000

LA BELLE ÉTOILE ★★★ Tourisme 180 E. dont 142 nus 3,5 ha 23 h / 7 h, CV. Locations : , , , , cocosweet. couverte chauffée. Accès direct à la rivière.. Accueil groupes. Ouvert: 1.4 / 1.10. ☎ 01 64 39 48 12. E-mail : info@campinglabelleetoile.com. Web : www.campinglabelleetoile.com. Prix 2023. empl. Tourisme : 12 € nuit ; 8 € nuit ; animaux 3 € nuit ; 6 € nuit ; 5 € nuit.
Lat. : 48° 31' 32" N **Long.** : 002° 40' 09" E.
FFCC : avantages adhérent : 21 € du 01/04 au 08/07 et du 26/08 au 01/10 sur emp.

LA TOMBE

3-D5 28 km S.O. Provins. 63 m. ✉ 77130

L'ÉTANG DE L'HERMITAGE ★ Loisirs 75 E. dont 75 GCC. Locations : . , . Accès direct à l'étang.. Ouvert: 15.3 / 30.11. ☎ 06 60 47 17 66. E-mail : etglhermitage@gmail.com.
Lat. : 48° 23' 18" N **Long.** : 003° 05' 25" E.

LA TRETOIRE

3-D3 39 km S.-E. Meaux. 158 m. ✉ 77510

CAMPING DU RED STAR CLUB MONTREUILLOIS LES MARMOTTES NC Loisirs 33 E. . . Ouvert: 1.4 / 30.9. ☎ 01 64 04 55 31. E-mail : secretariat@redstar.fr.
Lat. : 48° 52' 44" N **Long.** : 003° 14' 40" E.

LOUAN-VILLEGRUIS-FONTAINE

3-D4 17 km N.-E. Provins. 168 m. ✉ 77560

BUSINESS VILLAGE PARIS ILE DE FRANCE ★★★ Tourisme 198 E. 11 ha CV. Locations : cabanes. couverte chauffée, . Etang à 500 m. Accueil groupes adultes. Ouvert: 12.4 / 9.11. ☎ 01 64 00 80 14. E-mail : philippe@business-village.biz. Web : www.business-village.biz.
Lat. : 48° 37′ 50″ N **Long.** : 003° 29′ 27″ E.

POMMEUSE

3-D3 20 km S.-E. Meaux. 104 m. ✉ 77515

LE CHÊNE GRIS ★★★★ Tourisme 339 E. dont 53 nus 5 ha CV. couverte chauffée. Rivière à 1 km. Accueil groupes. Ouvert: 31.3 / 3.11. ☎ 01 64 04 21 80. E-mail : info@lechenegris.com. Web : www.irisparc.fr/camping-le-chene-gris. Réduction H.S.
Lat. : 48° 48′ 31″ N **Long.** : 002° 59′ 29″ E.

ROZAY-EN-BRIE

3-C4 32 km N.-E. Melun. 100 m. ✉ 77540

CARAVANING LES ETANGS DES CARREAUX ★ Loisirs 76 E. ☎ 01 64 25 62 34. E-mail : adeline.lot@free.fr.
Lat. : 48° 41′ 20″ N **Long.** : 002° 57′ 18″ E.

SAINT-CYR-SUR-MORIN

3-D3 22 km E. Meaux. 136 m. ✉ 77750

LE CHOISEL ★★★★ Loisirs 89 E. 3,5 ha CV. Locations : . Etang à 200 m ; rivière à 600 m.. Ouvert: 1.3 / 30.11. ☎ 01 60 23 84 93. E-mail : campingduchoisel@wanadoo.fr. Web : www.campingduchoisel.com.
Lat. : 48° 54′ 27″ N **Long.** : 003° 09′ 17″ E.

SAMOREAU

3-C4 18 km S.-E. Melun. 82 m. ✉ 77210

CAMPING MUNICIPAL NC Tourisme 54 E. 0,8 ha . Locations : . Rivière à 10 m ; lac à 100 m ; étang à 200 m.. Ouvert: 1.4 / 30.9. ☎ 0 1 64 23 72 25 / 06 89 16 25 68. E-mail : camping@samoreau.fr. Web : www.samoreau.fr.
Lat. : 48° 25′ 22″ N **Long.** : 002° 44′ 56″ E.

SOUPPES-SUR-LOING

3-C5 41 km S. Melun. 106 m. ✉ 77460

CAMPING MUNICIPAL LES BORDS DU LOING ★ Loisirs 175 E. 5 ha . Locations : . Etang à 150 m ; lac et rivière à 50 m.. Ouvert: 1.4 / 30.9. ☎ 01 83 64 69 21. E-mail : contact@campingcarpark.com. Web : www.campingcarpark.com.
Lat. : 48° 10′ 47″ N **Long.** : 002° 43′ 49″ E.

TANCROU

3-D3 16 km N.-E. Meaux. 132 m. ✉ 77440

LES PEUPLIERS NC Loisirs 22 E. . Rivière à 3 m. Ouvert: 1.4 / 31.10. ☎ 01 60 61 24 17. E-mail : espacenatureaucreuxduchene@orange.fr.
Lat. : 48° 59′ 48″ N **Long.** : 003° 02′ 32″ E.

THIEUX

3-C3 32 km N.-O. Meaux 90 m. ✉ 77230

LES TULIPIERS P.R.L ★ NN54 E. ☎ 01 60 26 04 06. E-mail : navajas51@aol.com.
Lat. : 49° 00′ 40″ N **Long.** : 002° 39′ 50″ E.

TOUQUIN

3-D4 34 km N.-E. Melun. 111 m. ✉ 77131

COUNTRY PARK - LES ÉTANGS FLEURIS ★★★ 224 E. dont 130 nus, dont 60 CC - 60 GCC. CV. chauffée. Accès direct à l'étang. Ouvert: 18.4 / 12.9. ☎ 01 64 04 16 36. E-mail : contact@etangs-fleuris.com. Web : www.countrypark.paris/.
Lat. : 48° 43′ 60″ N **Long.** : 003° 02′ 50″ E.

TOURNAN-EN-BRIE

3-C4 26 km N.-N.-E. Melun. 108 m. ✉ 77220

FREDLAND ★★★★ Tourisme 166 E. dont 49 nus CV. Locations : . couverte chauffée. Accès direct à l'étang. Accueil groupes. Ouvert: 1.4 / 31.10. ☎ 01 64 07 96 44. E-mail : fredland@capfun.com. Web : www.capfun.com.
Lat. : 48° 43′ 59″ N **Long.** : 002° 45′ 40″ E.

TRILPORT

3-C3 4 km E. Meaux. 79 m. ✉ 77470

LE PONT NC Loisirs 50 E. . A 1,5 km : Locations : . Accès direct à la rivière ; étang et lac à 5 km.. Ouvert: 1.4 / 1.12. ☎ 0 6 14361460. E-mail : campingdupont77@gmail.com.
Lat. : 48° 57′ 39″ N **Long.** : 002° 56′ 45″ E.

USSY-SUR-MARNE

3-D3 15 km E. Meaux. 85 m. ✉ 77260

CAMPING MUNICIPAL NC Loisirs 30 E. 1 ha . Accès direct à la rivière.. Ouvert: 1.3 / 30.9. ☎ 01 60 22 13 17. E-mail : mairie-ussy-sur-marne@wanadoo.fr.
Lat. : 48° 57′ 10″ N **Long.** : 003° 04′ 21″ E.

VARREDDES

3-C3 7 km N.-E. Meaux. 79 m. ✉ 77910

LE VILLAGE PARISIEN ★★★★ Tourisme 255 E. dont 94 nus 6,8 ha CV. Locations : . couverte chauffée. Accès direct à la rivière. Accueil groupes adultes. Ouvert: 7.5 / 7.11. ☎ 0492283848. E-mail : village-parisien@capfun.com. Web : www.capfun.com/camping-france-ile_de_france-le_village_parisien-FR.html. Réduction H.S.
Lat. : 49° 00′ 11″ N **Long.** : 002° 56′ 29″ E.

VENEUX-LES-SABLONS

3-C5 23 km S.-E. Melun. 70 m. ✉ 77250

LES COURTILLES DU LIDO ★★★ Tourisme 83 E. dont 180 nus 4 ha CV. Locations : . Rivière à 500 m.. ☎ 01 60 70 46 05. E-mail : lescourtilles-dulido@wanadoo.fr. Web : www.les-courtilles-du-lido.fr.
Lat. : 48° 22′ 57″ N **Long.** : 002° 48′ 04″ E.

VERDELOT

3-D3 37 km E. Meaux. 180 m. ✉ 77510

PARC DE L'ETANG NC Loisirs 100 E. dont 100GCC. 4 ha . Locations : . Accès direct à l'étang et à la rivière.. Ouvert: 31.1 / 15.12. ☎ 01 64 03 06 87. E-mail : laurent-chevalier@hotmail.com. Web : www.prl-parcdeletang.fr.
Lat. : 48° 52′ 18″ N **Long.** : 003° 21′ 41″ E.

VILLEMER

3-C5 46 km S.-E. Melun. 84 m. ✉ 77250

CARAVANING DES GROUETTES ★★ Loisirs 99 E. . Ouvert: 1.4 / 31.10. ☎ 01 60 72 82 01. E-mail : leroux_patrick@hotmail.com. Web : lesgrouettes77.fr.
Lat. : 48° 17′ 58″ N **Long.** : 002° 49′ 37″ E.

VILLEVAUDE

3-C3 20 km O.-S.-O. Meaux. 101 m. ✉ 77410

LE PARC DE PARIS ★★★ Tourisme 334 E. dont 180 nus 23 h à 7 h, CV. Accès direct à l'étang. Accueil groupes. Ouvert: 1.1 / 31.12. ☎ 01 60 26 20 79. E-mail : info@leparcdeparis.fr. Web : www.leparcdeparis.fr. Réduction H.S.
Lat. : 48° 54′ 45″ N **Long.** : 002° 40′ 14″ E.

Carte 3

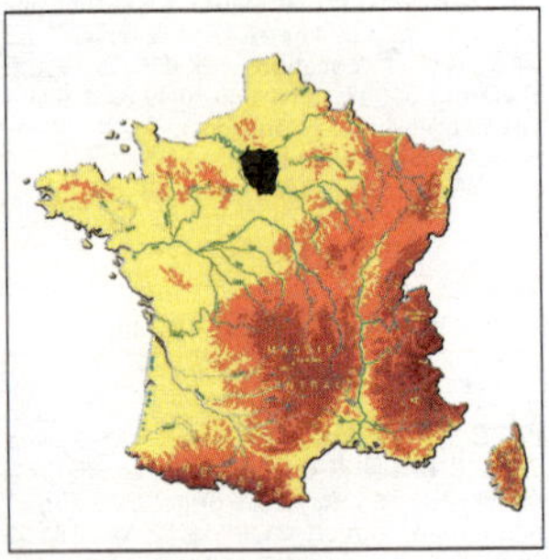

CONDE-SUR-VESGRE

3-A4 35 km S. Mantes-la-Jolie. 122 m. ✉ 78113

COTTAGES DE CONDE ★★ Loisirs 117 E. Locations : kota. Ouvert: 1.1 / 31.12. ☎ 0 9 77 78 15 11 / 0 6 79 00 80 00. E-mail : clients@untoitpourtoi.fr. Web : www.sowoodcamping.com.
Lat. : 48° 44' 19" N **Long.** : 001° 37' 27" E.

EPONE

3-B3 9 km S.-E. Mantes-la-Jolie. 75 m. ✉ 78680

CANADA ★★★ Loisirs 230 E. CV. Locations. Espace Fitness. couverte chauffée. Etang et rivière à 5 km. Accueil groupes enfants. Ouvert: 1.1 / 31.12. ☎ 01 30 42 61 76. E-mail : camping-canada@wanadoo.fr. Web : www.campingcanada.fr.
Lat. : 48° 55' 30" N **Long.** : 001° 47' 19" E.

FRENEUSE

3-A3 12 km N.-O. Mantes-la-Jolie. 33 m. ✉ 78840

LE CRIQUET ★ Tourisme 152 E. 5 ha gratuit. Locations : roulotte. Rivière à 500 m. Accueil groupes. Ouvert: 1.1 / 31.12. ☎ 01 30 93 07 95. E-mail : lecriquetcamping@gmail.com. Web : www.campinglecriquet.com.
Lat. : 49° 03' 29" N **Long.** : 001° 36' 44" E.

GARANCIERES

3-B3 26 km N.-N.-O. Rambouillet. 114 m. ✉ 78890

CARAVANING CLUB DU SAUT DU LOUP ★★★ Loisirs 150 E. chaufffée. Ouvert: 1.1 / 31.12. ☎ 01 34 86 42 66. E-mail : info@hameaudusautduloup.com. Web : hameaudusautduloup.com.
Lat. : 48° 49' 26" N **Long.** : 001° 47' 07" E.

MAISONS-LAFFITTE

3-B3 22 km N. Versailles. 33 m. ✉ 78600

PARIS MAISONS LAFFITTE ★★★★ Tourisme 286 E. dont 170 nus 6,5 ha CV. chauffée. Accès direct à la rivière.. Accueil groupes. Ouvert: 7.4 / 5.11. ☎ 0 1 39 12 21 91. E-mail : parismaisonslaffitte@sandaya.fr. Web : www.sandaya.fr/nos-campings/paris-maisons-laffitte. Réduction H.S.
Lat. : 48° 56' 24" N **Long.** : 002° 08' 44" E.

MOUSSEAUX-SUR-SEINE

3-A3 14 km N.-O. Mantes-la-Jolie. 38 m. ✉ 78270

CARAVANING LOISIRS DES GROUX ★★ Loisirs 129 E. 3,5 ha CV. Accès direct à la rivière ; lac à 500 m.. Accueil groupes. Ouvert: 15.3 / 30.11. ☎ 01 34 79 33 86. E-mail : campingloisirsdesgroux@wanadoo.fr. Web : www.campingdesgroux.com.
Lat. : 49° 02' 45" N **Long.** : 001° 39' 48" E.

RAMBOUILLET

3-B4 52 km S.-O. Paris. 32 km S.-O. Versailles. 163 m. ✉ 78120

HUTTOPIA RAMBOUILLET ★★★ Tourisme 180 E. dont 106 nus 7 ha CV. Locations : roulotte. Randonnée pédestre organisée. Etang à 10 m.. Accueil groupes. Ouvert: 6.4 / 5.11. ☎ 01 30 41 07 34. E-mail : rambouillet@huttopia.com. Web : europe.huttopia.com/site/camping-rambouillet. Prix 2023. Fft nuit : empl. Tourisme (2 personnes) : 51 € ; sup 9 € nuit ; animaux 5,30 € nuit ; 6,10 € nuit. Réduction H.S.
Lat. : 48° 37' 35" N **Long.** : 001° 50' 38" E.

FFCC : avantages adhérent : 10% du 06/04 au 01/07 et du 31/08 au 05/1110% du 06/04 au 01/07 et du 31/08 au 05/11 sur emp. et loc. + 5% de réduction en juillet-août sur les emplacements nus et locatifs * frais de réservation offerts Rendez-vous dans votre club avantages FFCC pour obtenir le code promotionnel.

TRIEL-SUR-SEINE

3-B3 25 km N.-N.-O. Versailles. 79 m. ✉ 78510

L'ÎLE DU ROI ★★ Tourisme 140 E. 2,5 ha. Accès direct à la rivière. Ouvert: 1.1 / 31.12. ☎ 01 39 75 87 88. E-mail : contact@pariscamping.paris. Web : www.campingiledurroi.fr.
Lat. : 48° 57' 40" N **Long.** : 001° 59' 49" E.

LES QUATRE ARPENTS ★ Tourisme 97 E. 2,5 ha. Accès direct à la rivière ; étang et lac à 2 km.. Ouvert: 1.1 / 31.12. ☎ 01 39 75 91 11. E-mail : camping4arpents@orange.fr.
Lat. : 48° 57' 48" N **Long.** : 001° 59' 50" E.

VERNEUIL-SUR-SEINE

3-B3 22 km N.-O. Versailles. 32 m. ✉ 78480

LES CHESNETS ★ Loisirs 40 E. Etang à 3 km. Ouvert: 1.1 / 31.12. ☎ 01 39 71 99 60. E-mail : jeanclaudesoyer@hotmail.fr.
Lat. : 48° 58' 11" N **Long.** : 001° 57' 39" E.

CAMPING-CARAVANING DU VAL DE SEINE NC Tourisme 85 E. dont 47 nus 1,5 ha. CV. Locations : . Accès direct à l'étang. Accueil groupes. Ouvert: 13.4 / 30.9. ☎ 01 39 71 88 34. E-mail : contact@valdeseine.iledeloisirs.fr. Web : valdeseine.iledeloisirs.fr.
Lat. : 48° 59' 47" N **Long.** : 001° 57' 36" E.

VERSAILLES

3-B3 15 km O.-S.-O. Paris. 133 m. ✉ 78000

HUTTOPIA VERSAILLES ★★★ Tourisme 169 E. dont 100 nus 4,5 ha. CV. Locations : couverte chauffée. Accueil groupes. Ouvert: 31.3 / 5.11. ☎ 01 39 51 23 61. E-mail : versailles@huttopia.com. Web : europe.huttopia.com/site/camping-versailles. Prix 2023. Fft nuit : empl. Tourisme (2) : 55 € ; sup 12 € nuit ; animaux 5 € nuit ; 7 € nuit. Réduction H.S.
Lat. : 48° 47' 39" N **Long.** : 002° 09' 39" E.
FFCC : avantages adhérent : 10% du 31/03 au 01/07 et du 31/08 au 05/1110% du 31/03 au 01/07 et du 31/08 au 05/11* sur emp. et loc. + 5% de réduction en juillet-août sur les emplacements nus et locatifs * frais de réservation offerts Rendez-vous dans votre club avantages FFCC pour obtenir le code promotionnel.

DEUX-SEVRES 79

CARTE 6

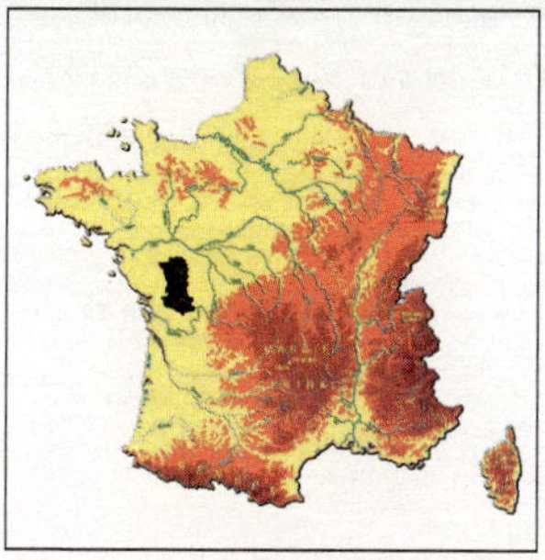

ADILLY

6-D4 8 km N.-O. Parthenay. 180 m. ✉ 79200

LE CHATEAU DE LA CLAIRIERE NC Tourisme 20 E.. ☎ 05 49 69 11 94. E-mail : clairieregites@hotmail.fr.
Lat. : 46° 42' 05" N **Long.** : 000° 19' 19" W.

AIRVAULT

6-D4 24 km N.-N.-E. Parthenay. 112 m. Station verte de vacances et village de neige ✉ 79600

LA COURTE VALLEE ★★★ Tourisme 75 E. dont 65 nus 3 ha. Locations : . Rivière à 300 m ; lac à 5 km. Ouvert: 1.3 / 31.10. ☎ 05 49 64 70 65. E-mail : info@caravanningfrance.com. Web : www.caravanningfrance.com. Réduction H.S.
Lat. : 46° 49' 59" N **Long.** : 000° 08' 53" W.

CAMPING MUNICIPAL NC Tourisme 50 E. 1 ha. Accès direct à la rivière.. Accueil groupes. Ouvert: 1.1 / 31.12. ☎ 06 18 10 01 00. E-mail : mairie-airvault@cc-avt.fr. Web : www.airvault.fr. Réduction H.S.
Lat. : 46° 49' 09" N **Long.** : 000° 51' 15" W.

ARCAIS

6-C5 24 km O. Niort. 6 m. ✉ 79210

D'ARCAIS LA TAILLÉE NC Tourisme 30 E. 1,2 ha. Locations : . , . Accès direct à l'étang. Accueil groupes adultes. Ouvert: 1.5 / 1.10. ☎ 06 71 46 31 36. E-mail : domlesueur@hotmail.fr.
Lat. : 46° 17' 54" N **Long.** : 000° 41' 46" W.

ARGENTON-L'EGLISE

6-D3 28 km N.-E. Bressuire. 54 m. ✉ 79290

LES PLANCHES NC Tourisme 40 E. Accès direct à la rivière.. Ouvert: 1.5 / 30.9. ☎ 06 82622853. E-mail : camping.lesplanches@gmail.com.
Lat. : 47° 03' 05" N **Long.** : 000° 15' 46" W.

ARGENTONNAY

6-C3 18 km N.-E. Bressuire. 119 m. Station verte de vacances et village de neige ✉ 79150

AU LAC D'HAUTIBUS ★★★ Tourisme 70 E. dont 20 nus 0,7 ha. CV. Locations : , tipi, . chauffée. Accès direct aux bords du lac et à la rivière. Accueil groupes. Ouvert: 1.4 / 14.10. ☎ 05 49 65 54 25. E-mail : contact@camping-lacdhautibus.com. Web : camping-lacdhautibus.com. Prix 2023. Fft nuit : empl. Tourisme (2) : 22 €
Lat. : 46° 59' 16" N **Long.** : 000° 27' 06" W.
FFCC : avantages adhérent : 20 € du 01/04 au 01/07 et du 01/09 au 14/10 sur emp.

BRESSUIRE

6-C3 65 km N. Niort. 175 m. ✉ 79300

PUY ROND ★★★ Tourisme 23 E. 1,5 ha. Locations : . chauffée. Accueil groupes. Ouvert: 1.1 / 31.12. ☎ 05 16 72 93 14. E-mail : puyrondcamping@gmail.com. Web : www.puyrondcamping.com.
Lat. : 46° 49' 45" N **Long.** : 000° 30' 10" W.

BRIOUX-SUR-BOUTONNE

6-D5 30 km S.-E. Niort. 64 m. ✉ 79170

CAMPING MUNICIPAL NC Tourisme 30 E. 0,8 ha. Accès direct à la rivière.. Ouvert: 1.7 / 29.8. ☎ 05 49 07 50 46. E-mail : mairie-briouxsurboutonne@paysmellois.org.
Lat. : 46° 08' 38" N **Long.** : 000° 46' 49" W.

CHEF-BOUTONNE

6-D5 41 km S.-E. Niort. 101 m. ✉ 79110

LE MOULIN ★★★ Tourisme 63 E. dont 24 nus 1 ha. A 5 km : Locations : . chauffée. Accès direct à la rivière ; étang et lac à 700 m.. Accueil groupes. Ouvert: 1.1 / 31.12. ☎ 05 49 29 73 46. E-mail : info@campingchef.com. Web : www.campingchef.com. Réduction H.S.
Lat. : 46° 06' 28" N **Long.** : 000° 05' 38" W.
FFCC : avantages adhérent : 19 € du 01/01 au 31/12 sur emp. et entre 3 € et 24 € la nuitée et entre 180 € et 400 € la semaine du 01/03 au 01/05 et du 02/05 au 01/11 sur loc.

LES CHALETS DE L'HERONNIERE P.R.L ★ 21 E. 23 ha. CV. Locations : . couverte chauffée. Accès direct à l'étang.. Accueil groupes. Ouvert: 1.1 / 31.12. ☎ 05 49 29 57 01. E-mail : contact@heronniere.com. Web : www.heronniere.com.
Lat. : 46° 05' 41" N **Long.** : 000° 05' 08" W.

AIRE NATURELLE MUNICIPALE. Ouvert: 1.1 / 31.12. ☎ 05 49 29 80 04. E-mail : mairie-chefboutonne@paysmellois.org, Web : www.chef-boutonne.fr.
Lat. : 46° 06' 37" N **Long.** : 000° 04' 24" W.

CHERVEUX
6-D5 14 km N.-E. Niort. 91 m. ✉ 79410

PLAN D'EAU DE CHERVEUX NC Tourisme 50 E. dont 50 nus 1 ha , , . Accès direct à l'étang. ; ; . Accueil groupes. Ouvert: 1.5 / 31.10. ☎ 0 6 31 55 11 06. E-mail : plandeau.cherveux@orange.fr. Prix 2022. empl. Tourisme : 4 € ; 2 € ; 1 € ; animaux 2 € ; 1 € ; 3,60 €.
Lat. : 46° 26′ 12″ N **Long.** : 000° 21′ 24″ W.

CLUSSAIS-LA-POMMERAIE
6-D5 45 km S.-E. Niort 146 m. ✉ 79190

CAMPING DU CHÂTEAU Ouvert: 1.4 / 31.10. ☎ 07 66 14 67 70. E-mail : emmacapper@hotmail.co.uk, Web : www.campingduchateaufr.com.
Lat. : 46° 11′ 04″ N **Long.** : 000° 02′ 02″ E.

COULON
6-C5 10 km O. Niort. 16 m. Station verte ✉ 79510

LA VENISE VERTE ★★★★ Tourisme 120 E. dont 92 nus . Locations : , , chauffée , . Accès direct à la rivière. ; . Accueil groupes adultes. Ouvert: 31.3 / 1.10. ☎ 05 49 35 90 36. E-mail : accueil@camping-laveniseverte.fr. Web : www.camping-laveniseverte.fr. Prix 2023. Fft jour : empl. Tourisme (2) : 19 € (E. CC)
Lat. : 46° 18′ 53″ N **Long.** : 000° 36′ 31″ W.
FFCC : avantages adhérent : 22 € du 31/03 au 30/06 et du 01/09 au 01/10 sur emp.

CAMPING MUNICIPAL DE LA NIQUIERE ★★ Tourisme 40 E. 1 ha CV . Rivière à 400 m. Ouvert: 1.4 / 30.9. ☎ 05 49 35 81 19. E-mail : locvacances.coulon79@orange.fr. Web : www.ville-coulon.fr.
Lat. : 46° 19′ 42″ N **Long.** : 000° 35′ 03″ W.

COULONGES-SUR-L'AUTIZE
6-C4 22 km N.-N.-O. Niort. 79 m. ✉ 79160

CAMPING DU PARC ★★ Tourisme 29 E. 0,3 ha . Rivière à 4 km. Ouvert: 1.5 / 30.9. ☎ 0 5 49 06 10 72. E-mail : secretariat@coulongessurlautize.com. Web : www.coulonges-sur-lautize.fr.
Lat. : 46° 28′ 45″ N **Long.** : 000° 24′ 04″ W.

GOURGE
6-D4 12 km N.-E. Partenay 138 m. ✉ 79200

DOMAINE DE LA BARRE - LA FERME ST-MICHEL P.R.L ★ NN10 E. 1,5 ha 8 h / 22 h, CV . Locations : , couverte chauffée , , . Etang à 150 m. ; ; . Accueil groupes. Ouvert: 15.3 / 30.10. ☎ 06 21 27 24 61. E-mail : contact@ledomainedelabarre.fr. Web : ledomainedelabarre.fr. Réduction H.S.
Lat. : 46° 43′ 09″ N **Long.** : 000° 12′ 03″ W.

LA COUDRE
6-C3 12 km N. Bressuire 125 m. ✉ 79150

M. & MME GIRAULT CV. Ouvert: 1.5 / 1.11. ☎ 05 49 80 21 61. E-mail : grandsaule@wanadoo.fr.
Lat. : 46° 56′ 47″ N **Long.** : 000° 31′ 42″ W.

LA MOTHE-SAINT-HERAY
6-D5 26 km E. Niort. 119 m. ✉ 79800

CAMPING MUNICIPAL DU FOUILLOUX NC Tourisme 60 E. dont 30 nus 1,3 ha CV. . Rivière à 100 m.. Accueil groupes. Ouvert: 12.6 / 12.9. ☎ 05 49 05 01 41. E-mail : lamothe.mairie@wanadoo.fr.
Lat. : 46° 21′ 34″ N **Long.** : 000° 07′ 09″ W.

LE BEUGNON
6-C4 35 km N.-O. Niort. 185 m. ✉ 79130

CAMPING DE MON VILLAGE Ouvert: 1.4 / 30.9. ☎ 0 1 83 64 69 21. E-mail : contact@campingcarpark.com, Web : www.campingcarpark.com/.
Lat. : 46° 34′ 54″ N **Long.** : 000° 30′ 13″ W.

LE RETAIL
6-C4 22 KM S.-O. Parthenay. 177 m. ✉ 79130

L'UNION TOURISTIQUE ☎ 06 88 49 01 88. E-mail : lesulis@utan.asso.fr, Web : utan.org.
Lat. : 46° 33′ 46″ N **Long.** : 000° 26′ 42″ W.

LE TALLUD
6-D4 161 m. ✉ 79200

LE BOIS VERT ★★★★ Tourisme 88 E. dont 76 nus 2,7 ha CV . Locations : , . Accès direct à la rivière.. Accueil groupes. Ouvert: 1.4 / 31.10. ☎ 05 49 64 78 43. E-mail : campingleboisvert@outlook.fr. Web : entreprisefrery.fr/parthenay/. Prix 2022. Fft jour : empl. Tourisme (2) : 25,5 € ( ) ; sup 5,50 € ; animaux 3 € ; 4,20 €. Réduction H.S.
Lat. : 46° 38′ 30″ N **Long.** : 000° 16′ 03″ W.

LE VERT
6-C5 33 km S. Niort. 65 m. ✉ 79170

CAMPING MUNICIPAL ★ Tourisme 20 E. . Locations : . . Accès direct à la rivière. . Accueil groupes. Ouvert: 15.4 / 15.9. ☎ 05 49 76 74 45. E-mail : mairie-le-vert@wanadoo.fr.
Lat. : 46° 05′ 33″ N **Long.** : 000° 23′ 40″ W.

LEZAY
6-D5 40 km E.-S. Niort. 139 m. ✉ 79120

CAMPING MUNICIPAL LE PARC NC Tourisme 100 E. dont 25 nus 0,5 ha CV. . Accès direct à l'étang et à la rivière. Accueil groupes. Ouvert: 19.5 / 7.11. ☎ 0 611373422. E-mail : secretariat@mairie-lezay.fr.
Lat. : 46° 15′ 57″ N **Long.** : 000° 00′ 40″ W.

LUCHE-THOUARSAIS
6-D3 15 km E. Bressuire 132 m. ✉ 79330

ADILLONS NATURE ★★ Tourisme Loisirs 34 E. dont 24 nus CV . Locations : , , . Accès direct à l'étang.. Accueil groupes. Ouvert: 1.5 / 30.10. ☎ 05 49 96 74 88 / 06 78 80 26 49. E-mail : adillons@thouars-communaute.fr. Web : www.maisonduthouarsais.com/adillons-nature. Prix 2022. Fft jour : empl. Tourisme (2) : 12 € ( ) ; sup 4 € ; animaux 1,50 € ; 2 € ; 4 €. Réduction H.S.
Lat. : 46° 54′ 24″ N **Long.** : 000° 17′ 56″ W.

MAGNE
6-C5 7 km O. Niort. 8 m. ✉ 79460

LE MARTIN PECHEUR ★★★ Tourisme 52 E. dont 57 nus 1,8 ha CV . Locations : . Rivière à 50 m. . Accueil groupes enfants. Ouvert: 1.5 / 17.9. ☎ 05 49 35 71 81. E-mail : info@camping-le-martin-pecheur.com. Web : www.camping-le-martin-pecheur.com. Réduction H.S.
Lat. : 46° 18′ 47″ N **Long.** : 000° 32′ 06″ W.

MARIGNY
6-C5 17 km S. Niort. 57 m. ✉ 79360

TERRENEUVE ★★ Tourisme 17 E. . Locations : . Ouvert: 1.1 / 31.12. ☎ 05 49 26 05 22. E-mail : marignymairie@wanadoo.fr.
Lat. : 46° 09′ 53″ N **Long.** : 000° 25′ 43″ W.

MAUZE-SUR-LE-MIGNON
6-C5 23 km S.-O. Niort. 25 m. Station verte de vacances et village de neige ✉ 79210

CAMPING DE MON VILLAGE ★★ Tourisme 47 E. dont 47 nus 1,4 ha . . Accès direct à la rivière.. Ouvert: 23.5 / 4.9. ☎ 01 83 64 69 21. E-mail : contact@campingcarpark.com. Web : www.campingcarpark.com/. Prix 2022.
Lat. : 46° 11′ 58″ N **Long.** : 000° 40′ 48″ W.

MENIGOUTE
6-D4 25 km S.-E. Parthenay. 159 m. ✉ 79340

AIRE NATURELLE BOIS POUVREAU . Ouvert: 15.6 / 15.9. ☎ 05 49 69 13 18. E-mail : cc-menigoute@cc-parthenay.fr, Web : www.cc-pays-menigoutais.fr.
Lat. : 46° 29′ 51″ N **Long.** : 000° 03′ 28″ W.

MESSE
6-D5 44 km E. Niort 136 m. ✉ 79120

NATURA SERENA . Ouvert: 1.4 / 30.9. ☎ 05 49 29 39 93 / 0 6 76 05 77 10. E-mail : bonjour@naturaserena.fr, Web : www.naturaserena.fr. Prix 2022. Fft jour : empl. Tourisme (2) : 25 € ( ). Réduction H.S.
Lat. : 46° 15′ 23″ N **Long.** : 000° 05′ 18″ E.

PRAILLES
6-D5 21 km E. Niort. 146 m. ✉ 79370

DOMAINE DU LAMBON NC Tourisme 91 E. dont 44 nus 1 ha CV . Locations : , , chauffée , , , . Accès direct aux bords du lac et à la rivière. ; . Accueil groupes. Ouvert: 1.4 / 31.10. ☎ 05 49 32 85 11. E-mail : reception.lambon@olydea.com. Web : www.olydea.com/logement-deux-sevres/location-emplacements-camping. Prix 2022. Fft jour : empl. Tourisme (2) : 18 € ( )
Lat. : 46° 18′ 05″ N **Long.** : 000° 12′ 34″ W.

SAINT MAURICE ETUSSON
6-C3 26 km N. Bressuire 127 m. ✉ 79150

LA RAUDIERE ★ Loisirs 45 E. . Locations : , , . Etang à 3 km. ; . Ouvert: 31.3 / 30.11. ☎ 05 49 80 29 35. E-mail : tracy.tooth@wanadoo.fr. Web : www.camping-raudiere.com.
Lat. : 47° 04′ 36″ N **Long.** : 000° 30′ 55″ W.

SAINT-AUBIN-LE-CLOUD
6-D4 9 km O. Parthenay. 187 m. ✉ 79450

LA CHAGNÉE ★★★ Tourisme 17 E. dont 10 nus 1,5 ha CV . Locations : bulle. Randonnée pédestre organisée. , , . Accès direct à l'étang ; rivière à 2 km.. Accueil groupes. Ouvert: 1.3 / 31.10. ☎ 05 49 95 31 44. E-mail : lachagnee.camping@gmail.com. Web : lachagneevacances.fr. Réduction H.S.
Lat. : 46° 38′ 32″ N **Long.** : 000° 20′ 46″ W.

SAINT-HILAIRE-LA-PALUD
6-C5 22 km S.-O. Niort. 8 m. Station verte de vacances et village de neige ✉ 79210

LE LIDON ★★★ Tourisme 140 E. dont 110 nus CV . Locations : , , , roulotte, , chauffée , , . Accès direct à la rivière.. Accueil groupes adultes. Ouvert: 21.4 / 17.9. ☎ 05 49 35 33 64. E-mail : camping-le-lidon@orange.fr. Web : www.camping-le-lidon.com. Prix 2023. Fft jour : empl. Tourisme (2) : 30 € ( ). Réduction H.S.
Lat. : 46° 17′ 02″ N **Long.** : 000° 44′ 35″ W.
FFCC : avantages adhérent : 19 € du 07/04 au 30/06 et du 01/09 au 24/09 sur emp. et 199 € la semaine du 07/04 au 30/06 et du 01/09 au 24/09 sur loc.

SAINT-MAIXENT-L'ECOLE
6-D5 22,5 km N.-E. Niort. 82 m. ✉ 79400

CAMPING MUNICIPAL LE PANIER FLEURI NC Tourisme 100 E. 1,5 ha . Locations : , chauffée , . Ouvert: 1.4 / 15.10. ☎ 05 49 05 53 21. E-mail : camping.panierfleuri@gmail.com.
Lat. : 46° 24′ 32″ N **Long.** : 000° 13′ 02″ W.

SANSAIS

6-C5 10 km O. Niort. 11 m. ✉ 79270

L'ILOT DU CHAIL ★★ Tourisme 86 E. dont 85 nus
5 ha . Locations : . , , . Accès direct à la rivière. Accueil groupes. Ouvert: 30.4 / 31.8. ☎ 05 49 35 00 33. E-mail : camping-ilotduchail@orange.fr. Web : camping-ilotduchail.fr.
Lat. : 46° 18' 16" N **Long.** : 000° 35' 38" W.

SAURAIS

6-D4 9 km E. Parthenay 186 m. ✉ 79200

LA FERME NATURISTE DE L'OLIVERIE ★★ Tourisme 27 E. 1 ha CV Rés. naturiste. Locations : , roulotte. chauffée , . Accès direct à l'étang ; rivière à 5 km. . Ouvert: 1.5 / 30.9. ☎ 05 49 94 61 05. E-mail : info@oliverie.com. Web : www.oliverie.com. Prix 2022. Fft jour : empl. Tourisme (2 1) : 24,9 € ( ). Réduction H.S.
Lat. : 46° 37' 59" N **Long.** : 000° 08' 03" W.

SAUZE-VAUSSAIS

6-D5 52 km S.-E. Niort. 144 m. ✉ 79190

CAMPING MUNICIPAL LE PUY D'ANCHE ★★ Tourisme 37 E. dont 37 nus 0,6 ha CV . chauffée . Etang à 2,5 km. Accueil groupes. Ouvert: 1.7 / 31.8. ☎ 0 6 64 31 85 25. E-mail : accueil.villagevacances@sauzevaussais.fr. Web : www.villagevacances-sauzevaussais.com.
Lat. : 46° 07' 34" N **Long.** : 000° 05' 51" E.

SECONDIGNY

6-C4 14 km S.-O. Parthenay. 206 m. Station verte de vacances et village de neige ✉ 79130

LE MOULIN DES EFFRES ★★★★ Tourisme 86 E. dont 37 nus
CV . Locations : , , tipi. chauffée , , . Accès direct aux bords du lac. . Accueil groupes. Ouvert: 1.4 / 14.10. ☎ 05 49 65 54 25. E-mail : contact@camping-lemoulindeseffres.com. Web : www.camping-lemoulindeseffres.com. Prix 2023. Fft nuit : empl. Tourisme (2) : 23 € ( )
Lat. : 46° 36' 17" N **Long.** : 000° 24' 58" W.
FFCC : avantages adhérent : 21 € du 01/04 au 01/07 et du 01/09 au 14/10 sur emp.

THOUARS

6-D3 28 km N.-E. Bressuire. 85 m. Station verte ✉ 79100

CAMPING MUNICIPAL ★ Tourisme 44 E. 0,7 ha CV. . Accès direct à la rivière.. Ouvert: 15.6 / 30.9. ☎ 05 49 66 17 99. E-mail : camping@ville-thouars.fr. Web : www.ville-thouars.fr.
Lat. : 46° 58' 48" N **Long.** : 000° 13' 11" W.

VERRUYES

6-D4 16 km S. Parthenay. 191 m. ✉ 79310

CÔTÉ LAC NC Tourisme 65 E. dont 40 nus
1 ha CV . A 5 km : . Accès direct à l'étang. . Accueil groupes. Ouvert: 15.4 / 15.10. ☎ 05 49 69 96 67. E-mail : camping.cotelac@gmail.com. Web : campingcotelac.fr. Réduction H.S.
Lat. : 46° 31' 14" N **Long.** : 000° 17' 03" W.
FFCC : avantages adhérent : 10% du 08/04 au 07/07 et du 02/09 au 08/1010% du 08/04 au 07/07 et du 02/09 au 08/10 sur emp. et loc.

SOMME 80

Carte 1

Correspondant FFCC : Jacques POULET, 63 rue de Saint Paul - 80600 BOUQUEMAISON
Tél. 06 33 45 50 46 et pouletjacquesffcc80@gmail.com

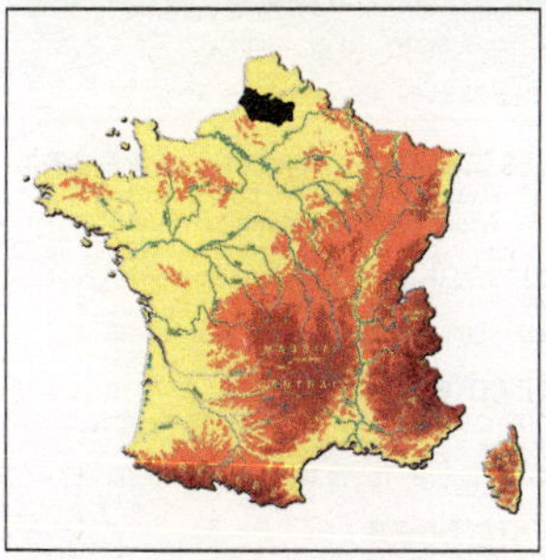

ALBERT

1-C4 24 km N.-O. Péronne. 77 m. ✉ 80300

CAMPING DU VELODROME ★★ Loisirs 75 E. 1,6 ha CV . Locations : . , , . Accès direct à l'étang et à la rivière.. Accueil groupes adultes. Ouvert: 1.4 / 15.10. ☎ 03 64 62 22 53. E-mail : campingalbert@laposte.net. Web : www.camping-albert.com. Réduction H.S.
Lat. : 50° 00' 41" N **Long.** : 002° 39' 19" E.

AMIENS

1-B4 134 km N. Paris. 50 m. ✉ 80000

CAMPING DES CYGNES ★★★★ Tourisme 145 E. dont 55 CC - 25 GCC.
3,2 ha CV . Locations : . , . Accès direct à l'étang ; rivière à 300 m.. Accueil groupes. Ouvert: 3.5 / 31.10. ☎ 03 22 43 29 28. E-mail : contact@amiens-campingdescygnes.com. Web : amiens-campingdescygnes.com/. Réduction H.S.
Lat. : 49° 55' 16" N **Long.** : 002° 15' 36" E.
FFCC : avantages adhérent : 20 € du 03/04 au 15/06 et du 15/09 au 31/10 sur emp.

ARREST

1-A3 18 km O. Abbeville. 41 m. ✉ 80820

M. MICHEL CHEVALIER . Ouvert: 1.7 / 30.8. ☎ 03 22 26 88 65. E-mail : jackie.jolly@free.fr.
Lat. : 50° 08' 29" N **Long.** : 001° 37' 10" E.

AULT

1-A4 32 km O. Abbeville. 76 m. ✉ 80460

CAMPING MUNICIPAL DE LA CHAPELLE ★★ Loisirs 89 E. dont 28 nus CV . Locations : . Bord de mer à 800 m. Accueil groupes. Ouvert: 1.4 / 15.11. ☎ 03 22 60 42 15. E-mail : campingdelachapelle@gmail.com.
Lat. : 50° 06' 25" N **Long.** : 001° 27' 29" E.

CAMPING MUNICIPAL LA CAVEE VERTE ★★ Loisirs 100 E. 3 ha . Bord de mer à 500 m ; étang et rivière à 2 km. Ouvert: 1.1 / 31.12. ☎ 03 22 26 80 88. E-mail : secretariat.accueil@ault.fr. Web : www.ot-ault.fr.
Lat. : 50° 05' 27" N **Long.** : 001° 26' 51" E.

AUTHIEULE

1-C3 30 km N. Amiens. 104 m. ✉ 80600

AU BORD DE L'AUTHIE ★★ Tourisme 50 E. dont 8 nus
CV . Locations : . Etang et rivière à 200 m. Accueil groupes. Ouvert: 1.2 / 1.12. ☎ 03 22 32 56 13. E-mail : contact@campingauborddelauthie.com. Web : www.campingauborddelauthie.com. Prix 2022. Fft nuit : empl. Tourisme (2) : 18,5 € ( ) ; sup 4 € nuit ; animaux 1 € nuit ; 2,50 € nuit. Réduction H.S.
Lat. : 50° 08' 17" N **Long.** : 002° 22' 09" E.
FFCC : avantages adhérent : 18.5 € du 01/02 au 01/12 sur emp. et entre 01 € et 02 € la nuitée et entre 01 € et 12 € la semaine sur loc. + "Tarif locatifs semaine : 290 à 390 pour 4 personnes 390 à 490 pour 6 personnes ".

AUTHUILLE

1-C4 27 km N.-O. Péronne. 106 m. ✉ 80300

BELLEVUE ★★★ Loisirs 85 E. dont 15 nus, dont 15 GCC. 2,3 ha . Locations : . Etang et rivière à 500 m. Accueil groupes. Ouvert: 15.3 / 31.10. ☎ 03 22 74 59 29. E-mail : camping.bellevue0767@orange.fr. Web : campingbellevue.pagesperso-orange.fr.
Lat. : 50° 02' 28" N **Long.** : 002° 40' 08" E.

BEAUCHAMPS

1-A4 28 km S.-O. Abbeville 57 m. ✉ 80770

DOMAINE DU LIEU DIEU N.C. 11 E. Locations : , cabanes, roulotte. Randonnée pédestre organisée. , , , . Ouvert: 1.1 / 31.12. ☎ 03 22 30 92 23. E-mail : contact@lieudieu.com. Web : www.lieudieu.com.
Lat. : 50° 00' 19" N **Long.** : 001° 31' 16" E.

BERTANGLES

1-B4 10 km N. Amiens. 88 m. ✉ 80260

CAMPING DU CHÂTEAU N.C. Tourisme 33 E. dont 33 nus 0,7 ha . Accueil groupes. Ouvert: 28.5 / 12.9. ☎ 09 51 66 32 60. E-mail : camping@chateaubertangles.com. Web : camping-bertangles.fr.
Lat. : 49° 58' 18" N **Long.** : 002° 18' 04" E.

BETHENCOURT-SUR-SOMME

1-C4 18 km S. Péronne. 64 m. ✉ 80190

DOMAINE DE LA CANARDIÈRE ★★★ Loisirs 53 E. dont 3 nus CV. Locations : . Accès direct à l'étang et à la rivière.. Ouvert: 1.3 / 30.11. ☎ 06 70 03 05 65. E-mail : audomainedelacanardiere@orange.fr. Web : www.chalet-somme-peche.fr.
Lat. : 49° 47' 43" N **Long.** : 002° 58' 00" E.

BOISMONT

1-A3 14 km N.-O. Abbeville 15 m. ✉ 80230

LE PICARDY ★★ Loisirs 67 E. dont 25 nus 1,6 ha CV. Locations : . Rivière à 400 m ; bord de mer à 2 km.. Accueil groupes. Ouvert: 1.4 / 31.10. ☎ 03 22 60 85 59. E-mail : camping.lepicardy@orange.fr. Web : www.campinglepicardy.com.
Lat. : 50° 10' 02" N **Long.** : 001° 39' 23" E.
FFCC : avantages adhérent : Tarif camping : 14 € Tarif caravane : 22 €.

BOUTTENCOURT

1-A4 25 km S.-O. Abbeville. 69 m. ✉ 80220

DOMAINE DE SERY NC Tourisme 99 E. dont 47 nus CV. Locations : . Accès direct à l'étang et à la rivière.. Accueil groupes. Ouvert: 1.4 / 31.10. ☎ 09 77 78 66 41. E-mail : contactsery@orange.fr.
Lat. : 49° 56' 30" N **Long.** : 001° 37' 01" E.

BOUVAINCOURT-SUR-BRESLE

1-A4 30 km S.-O. Abbeville. 67 m. ✉ 80220

MUNICIPAL DE BOUVAINCOURT SUR BRESLE P.R.L ★★ NN153 E. 4,85 ha . Accès direct à l'étang ; bord de mer à 5 km.. Ouvert: 1.1 / 31.12. ☎ 03 22 30 86 87. E-mail : secretariat@bouvaincourt-sur-bresle.fr.
Lat. : 50° 01' 31" N **Long.** : 001° 29' 25" E.

BRAY-SUR-SOMME

1-C4 19 km O. Péronne. 82 m. ✉ 80340

LE VERGER ★ Loisirs 34 E. ☎ 03 22 76 00 77. E-mail : herve.vaquette@wanadoo.fr.
Lat. : 49° 56' 28" N **Long.** : 002° 43' 03" E.

CAPPY

1-C4 16 km O. Péronne. 67 m. ✉ 80340

CAMPING DE MON VILLAGE ★★ Loisirs 58 E. dont 27 nus . Etang à 500 m. Ouvert: 1.1 / 31.12. ☎ 01 83 64 69 21. E-mail : contact@campingcarpark.com. Web : www.campingcarpark.com. Prix 2022.
Lat. : 49° 55' 40" N **Long.** : 002° 44' 29" E.

LA BUISSONNIÈRE ★ Loisirs 31 E. dont 3 nus pour les visiteurs, . Locations : , . Accès direct à l'étang et à la rivière. . Ouvert: 15.4 / 17.10. ☎ 07 86 95 69 33. E-mail : sasamabro@gmail.com. Web : www.camping-labuissonniere.sitew.com/.
Lat. : 49° 55' 56" N **Long.** : 002° 45' 37" E.

CAYEUX-SUR-MER

1-A3 31 km N.-O. Abbeville. 5 m. ✉ 80410

LA VIEILLE ÉGLISE ★★★ Loisirs 348 E. 23 h / 7 h, CV . couverte chauffée . Bord de mer à 1,1 km. Accueil groupes. Ouvert: 1.4 / 15.11. ☎ 03 22 26 63 23. E-mail : camping.vieille.eglise@wanadoo.fr. Web : www.camping-vieille-eglise.fr.
Lat. : 50° 10' 11" N **Long.** : 001° 29' 42" E.

LE BOIS DE PINS ★★★ Loisirs 155 E. dont 30 nus 4 ha CV . Bord de mer à 800 m ; étang à 2 km. Ouvert: 1.4 / 31.10. ☎ 03 22 26 71 04. E-mail : info@campingleboisdepins.com. Web : www.campingleboisdepins.com. Prix 2022. Fft jour : empl. Tourisme (3) : 32 € ( ). Réduction H.S.
Lat. : 50° 11' 51" N **Long.** : 001° 31' 00" E.

LES GALETS DE LA MOLLIÈRE ★★★ Loisirs 193 E. dont 31 nus, dont 94 GCC. 4 ha CV . Locations : . chauffée . Accès direct à la mer ; étang à 1 km. . Ouvert: 1.4 / 1.11. ☎ 03 22 26 61 85. E-mail : info@campinglesgaletsdelamolliere.com. Web : www.campinglesgaletsdelamolliere.com. Prix 2022. Fft nuit : empl. Tourisme (3) : 39 € ( ).
Lat. : 50° 12' 07" N **Long.** : 001° 31' 35" E.

LE VOYEUL ★★ Tourisme 100 E. 1,4 ha . Bord de mer à 400 m ; étang à 1,5 km. . Ouvert: 1.4 / 15.10. ☎ 03 22 26 60 84. E-mail : sandrine.mesaric@wanadoo.fr. Web : www.camping-le-voyeul.fr.
Lat. : 50° 09' 51" N **Long.** : 001° 29' 38" E.

CERISY

1-C4 25 km O. Péronne. 61 m. ✉ 80800

LES HIRONDELLES NC Loisirs 116 E. dont 106 CC. 1,94 ha CV. Locations : . Etang et rivière à 500 m.. Accueil groupes. Ouvert: 1.4 / 31.10. ☎ 03 60 27 91 07.
Lat. : 49° 54' 23" N **Long.** : 002° 38' 13" E.

CHIPILLY

1-C4 30 km O. Péronne. 63 m. ✉ 80800

AU GROS BUISSON ★★ Loisirs 50 E. dont 2 nus CV . A 10 km : Espace Fitness. . Etang à 500 m ; rivière à 800 m. Accueil groupes. Ouvert: 25.3 / 15.10. ☎ 03 22 74 63 32. E-mail : gros.buisson@orange.fr. Web : gros.buisson.free.fr.
Lat. : 49° 54' 27" N **Long.** : 002° 39' 05" E.

LE PONT ROUGE ET LES VIGNES NC Loisirs 78 E. dont 104 GCC. CV . Locations : . chauffée , . Rivière à 800 m ; étang à 900 m. . Accueil groupes. Ouvert: 24.4 / 31.10. ☎ 06 74 82 85 42. E-mail : pontrouge.vignes@gmail.com. Web : www.camping-vacances-peche-picardie.fr/.
Lat. : 49° 54' 26" N **Long.** : 002° 39' 09" E.

CLERY-SUR-SOMME

1-C4 5 km N.-O. Péronne. 83 m. ✉ 80200

LA TORTILLE ★★ Tourisme 26 E. dont 20 nus 2 ha CV . Locations : . Accès direct à l'étang.. Accueil groupes enfants. Ouvert: 1.4 / 31.10. ☎ 03 22 83 17 59. E-mail : jsg-bred@wanadoo.fr.
Lat. : 49° 56' 47" N **Long.** : 002° 54' 25" E.

COCQUEREL

1-B4 11 km S.-E. Abbeville. 81 m. ✉ 80510

LES OSERAIES ★ Loisirs 36 E. dont 34 nus . Rivière à 5 m ; étang à 1 km.. Ouvert: 1.1 / 31.12. ☎ 03 22 24 15 86. E-mail : camping@camping-loisir-somme.com. Web : www.camping-loisir-somme.com.
Lat. : 50° 02' 27" N **Long.** : 001° 58' 16" E.

COMBLES

1-C4 12 km N.-O. Péronne. 123 m. ✉ 80360

LES SUMACS ★ Loisirs 52 E. dont 52 nus 1,2 ha . Ouvert: 1.4 / 31.10. ☎ 06 15 24 69 67. E-mail : lessumacs@yahoo.fr.
Lat. : 50° 00' 39" N **Long.** : 002° 52' 10" E.

CORBIE

1-C4 16 km E. Amiens. 50 m. ✉ 80800

CAMPING MUNICIPAL LES POISSONNIERS ★★ Loisirs 99 E. dont 99 nus 2 ha CV . Accès direct à l'étang et à la rivière.. Ouvert: 1.4 / 31.10. ☎ 03 22 48 23 35. E-mail : mairie@mairie-corbie.fr. Web : www.mairie-corbie.fr.
Lat. : 49° 54' 28" N **Long.** : 002° 31' 01" E.

CURLU

1-C4 12 km O. Péronne. 79 m. ✉ 80360

CAMPING DES ROSIERS ★★ Loisirs 50 E. dont 4 nus 1 ha CV. Accès direct à l'étang. Ouvert: 1.4 / 30.10. ☎ 03 22 83 97 60. E-mail : ricbourg.marcelle@neuf.fr.
Lat. : 49° 57' 56" N **Long.** : 002° 48' 56" E.

LES LAURIERS ★★ Loisirs 61 E. 1,45 ha . couverte , . Accès direct à l'étang.. Ouvert: 1.1 / 31.12. ☎ 03 22 84 16 02. E-mail : picardie.mobil@orange.fr.
Lat. : 49° 57' 51" N **Long.** : 002° 48' 54" E.

DOMINOIS

1-B3 29 km N. Abbeville. 38 m. ✉ 80120

CAMPING MUNICIPAL LE MARAIS ★★ Loisirs 100 E. . Accès direct à l'étang et à la rivière.. Ouvert: 15.3 / 31.10. ☎ 03 22 29 92 82. E-mail : dominois.mairie@orange.fr.
Lat. : 50° 19' 55" N **Long.** : 001° 51' 10" E.

DOMPIERRE-SUR-AUTHIE

1-B3 28 km N. Abbeville. 59 m. ✉ 80150

LES ETANGS ★ Loisirs 65 E. 1 ha CV . Locations : , . Accès direct à l'étang ; rivière à 200 m.. Accueil groupes. Ouvert: 1.4 / 30.9. ☎ 03 22 23 50 90. E-mail : campingdesetangs@gmail.com.
Lat. : 50° 18' 38" N **Long.** : 001° 53' 46" E.

LE COTEAU NC Loisirs 28 E. . Rivière à 1 km. Ouvert: 15.4 / 15.10. ☎ 03 22 23 59 26. E-mail : ppadieu@free.fr.
Lat. : 50° 18' 13" N **Long.** : 001° 55' 01" E.

ESTREBOEUF

1-A3 18 km O. Abbeville. 20 m. ✉ 80230

DOMAINE DE DRANCOURT ★★★★★ Tourisme 320 E. dont 192 nus 6 ha CV . A 5 km : . Locations : . couverte chauffée , , , , . Accès direct à l'étang ; rivière à 3 km ; bord de mer à 5 km. . Accueil groupes. Ouvert: 24.4 / 13.9. ☎ 03 22 26 93 45. E-mail : chateau.drancourt@wanadoo.fr. Web : www.chateau-drancourt.fr. Réduction H.S.
Lat. : 50° 09' 12" N **Long.** : 001° 38' 09" E.
FFCC : avantages adhérent : 10% du 14/04 au 30/06 et du 01/09 au 10/09 sur emp. + Rendez-vous dans votre club avantages FFCC pour obtenir le code promotionnel et réserver !.

CAMPING DU PLEIN AIR ★★ Loisirs 160 E. 2,14 ha CV . A 1 km : . couverte chauffée . Rivière à 500 m ; étang à 600 m ; bord de mer à 4 km.. Accueil groupes. Ouvert: 1.4 / 10.10. ☎ 03 22 60 86 27. E-mail : guides@campingfrance.com.
Lat. : 50° 09' 17" N **Long.** : 001° 37' 09" E.

FAVIERES

1-A3 23 km N.-O. Abbeville. 4 m. ✉ 80120

LES PRAIRIES DE LA MER P.R.L ★★★ NN 164 E. dont 4 nus CV. Locations : . couverte chauffée , , . Accès direct à l'étang et à la rivière ; bord de mer à 4 km. Ouvert: 1.1 / 31.12. ☎ 03 22 27 01 90. E-mail : les-prairies-de-la-mer@wanadoo.fr. Web : www.lesprairiesdelamer.com.
Lat. : 50° 14' 37" N **Long.** : 001° 40' 40" E.

LA RANDONNIERE NC Tourisme 100 E. dont 70 nus 2,5 ha CV. Rivière à 1 km. Ouvert: 1.4 / 30.9. ☎ 03 22 27 00 27. E-mail : larandonniere@orange.fr. Web : www.larandonniere.fr.
Lat. : 50° 13' 16" N **Long.** : 001° 40' 51" E.

FEUILLERES

1-C4 9 km O. Péronne. 73 m. ✉ 80200

CAMPING DU CHATEAU ET DE L'OSERAIE ★★★ Loisirs 107 E. dont 66 nus 3 ha CV. Locations : . chauffée . Etang à 100 m. Ouvert: 1.4 / 31.10. ☎ 03 22 83 17 59. E-mail : jsg-bred@wanadoo.fr. Web : www.camping-chateau-oseraie.com. Réduction H.S.
Lat. : 49° 56' 53" N **Long.** : 002° 50' 37" E.

FOREST-MONTIERS

1-B3 18 km N. Abbeville. 24 m. ✉ 80120

LA VERTE PRAIRIE ★★★ Loisirs 80 E. dont 6 nus 2,3 ha CV. chauffée . Etang à 4 km. Accueil groupes. Ouvert: 1.4 / 30.10. ☎ 03 22 28 32 89. E-mail : contact@laverteprairie.com. Web : www.laverteprairie.com/. Réduction H.S.
Lat. : 50° 14' 42" N **Long.** : 001° 43' 51" E.

CHATEAU GAILLARD ★★ Loisirs 70 E. 2 ha CV. Locations : . chauffée . Ouvert: 1.4 / 30.10. ☎ 03 22 23 97 33. E-mail : c.krawiec@hotmail.fr.
Lat. : 50° 14' 54" N **Long.** : 001° 44' 43" E.

LA MOTTELETTE ★★ Loisirs 73 E. dont 25 nus CV. Locations : roulotte. Accès direct à l'étang ; rivière à 1 km.. Accueil groupes. Ouvert: 1.4 / 31.10. ☎ 03 22 28 32 33. E-mail : fermedelamottelettemanier@wanadoo.fr. Web : www.la-mottelette.com. Réduction H.S.
Lat. : 50° 15' 10" N **Long.** : 001° 42' 45" E.

FORT-MAHON-PLAGE

1-A3 31 km N.-O. Abbeville. 9 m. ✉ 80120

CAMPING DE L'ÉDEN ★★★★ Loisirs 60 E. dont 54 nus CV. Locations : . couverte chauffée. Bord de mer et rivière à 1,5 km. Ouvert: 1.1 / 31.12. ☎ 03 22 23 97 71. E-mail : contact@edencampingvillage.eu. Web : www.edencampingvillage.fr.
Lat. : 50° 20' 40" N **Long.** : 001° 34' 44" E.

LE ROBINSON ★★★★ Loisirs 256 E. dont 234 nus CV. Locations : cocosweet. Espace Fitness. couverte chauffée. Bord de mer et rivière à 1,5 km. Ouvert: 1.1 / 31.12. ☎ 03 22 23 40 95. E-mail : contact@le-robinson.net. Web : www.le-robinson.net.
Lat. : 50° 20' 42" N **Long.** : 001° 34' 19" E.

LE ROYON ★★★★ Loisirs 376 E. 8 ha CV. Locations : . couverte chauffée , . Rivière à 1 km ; étang à 2 km ; bord de mer à 2,5 km ; lac à 5 km. Ouvert: 18.3 / 1.11. ☎ 03 22 23 40 30. E-mail : info@campingleroyon.com. Web : www.campingleroyon.com. Réduction H.S.
Lat. : 50° 19' 57" N **Long.** : 001° 34' 47" E.

LE SOLEIL ★★★ Loisirs 76 E. 1 ha . Rivière à 3 km. ; . Ouvert: 1.4 / 31.10. ☎ 03 22 23 58 79. E-mail : camp_soleil@alicepro.fr.
Lat. : 50° 20' 26" N **Long.** : 001° 34' 24" E.

LE VERT GAZON ★★★ Loisirs 131 E. dont 28 nus CV. Locations : , roulotte. chauffée . Lac et bord de mer à 1,5 km ; étang à 5 km. Accueil groupes enfants. Ouvert: 1.4 / 9.10. ☎ 03 22 23 37 69. E-mail : camping@camping-levertgazon.com. Web : www.camping-levertgazon.com. Prix 2022. Fft jour : empl. Tourisme (2) : 24,9 € ( ). Réduction H.S.
Lat. : 50° 20' 04" N **Long.** : 001° 34' 27" E.
FFCC : avantages adhérent : 23 € du 01/04 au 01/07 et du 01/09 au 15/10 sur emp. et entre 358 € et 378 € la semaine du 01/04 au 01/07 et du 01/09 au 15/10 sur loc.

ECH BOSQUE ★★ Loisirs 80 E. . Bord de mer à 3 km. Ouvert: 1.4 / 31.10. ☎ 03 22 27 74 22. E-mail : merlot.denis@wanadoo.fr.
Lat. : 50° 20' 44" N **Long.** : 001° 34' 57" E.

LE MANOIR ★★ Tourisme 239 E. 3 ha . Etang à 1 km ; bord de mer à 1,3 km. Accueil groupes enfants. Ouvert: 30.4 / 10.9. ☎ 03 22 23 40 98. E-mail : camping-le-manoir@club-internet.fr. Web : www.campingdumanoir-fortmahon.com. Réduction H.S.
Lat. : 50° 20' 22" N **Long.** : 001° 34' 19" E.

FRIAUCOURT

1-A4 30 km O. Abbeville. 95 m. ✉ 80460

CAMPING MUNICIPAL AU CHAMP DES OISEAUX ★ Loisirs 98 E. 1 ha CV. Bord de mer à 2 km. Ouvert: 1.4 / 3.11. ☎ 03 22 26 49 54. E-mail : mairiedefriaucourt@wanadoo.fr. Web : www.camping-municipal-au-chant-des-oiseaux-de-friaucourt.fr.
Lat. : 50° 05' 24" N **Long.** : 001° 28' 45" E.

FRISE

1-C4 11 km O. Péronne. 60 m. ✉ 80340

DOMAINE DE LA GRENOUILLERE ★★ Loisirs 110 E. . Accès direct aux bords du lac et à la rivière ; étang à 100 m.. Ouvert: 15.2 / 15.12. ☎ 03 22 84 15 91. E-mail : lagrenouillerefrise@gmail.com. Web : www.camping-peche-somme.com.
Lat. : 49° 56' 49" N **Long.** : 002° 49' 15" E.

LA POINTE ★★ Loisirs 50 E. dont 50 nus CV. A 10 km : . Etang à 200 m ; rivière à 800 m.. Ouvert: 1.3 / 15.11. ☎ 03 22 83 24 81. E-mail : didier.lenglet80@orange.fr.
Lat. : 49° 56' 41" N **Long.** : 002° 49' 00" E.

LE PRE VERT NC Loisirs 50 E. 0,8 ha . Accès direct à l'étang ; lac et rivière à 500 m. Ouvert: 1.4 / 1.10. ☎ 03 22 84 02 90. E-mail : bebelledu80@live.fr.
Lat. : 49° 56' 33" N **Long.** : 002° 49' 16" E.

CAMPING DU SAULE EN FER . Ouvert: 1.4 / 15.10. ☎ 03 22 44 75 51. E-mail : lengletroger@wanadoo.fr.
Lat. : 49° 56' 47" N **Long.** : 002° 48' 50" E.

GAMACHES

1-A4 26 km S.-O. Abbeville. 66 m. ✉ 80220

DOMAINE LES MARGUERITES ★★★ Loisirs 152 E. dont 80 nus CV. Locations : , . couverte chauffée , . Accès direct à l'étang ; rivière à 500 m. . Accueil groupes. Ouvert: 1.4 / 1.11. ☎ 03 22 30 89 51. E-mail : domaineslesmarguerites@orange.fr. Web : www.camping-les-marguerites.com. Prix 2023. Fft jour : empl. Tourisme (2 O) : 24 € ( ). Réduction H.S.
Lat. : 49° 59' 42" N **Long.** : 001° 32' 32" E.
FFCC : avantages adhérent : 16 € du 01/04 au 01/07 et du 01/09 au 31/10 sur emp. et entre 60 € et 80 € la nuitée et entre 229 € et 529 € la semaine du 01/04 au 01/07 et du 31/08 au 31/10 sur loc.

HEM-HARDINVAL

1-B3 40 km N. Amiens. 96 m. ✉ 80600

LES PRES MARCOTTE ★★ Loisirs 125 E. 2 ha . Accès direct à l'étang. . Ouvert: 1.7 / 31.8. ☎ 03 22 77 41 48. E-mail : contact@lespresmarcotte.fr. Web : www.lespresmarcotte.fr.
Lat. : 50° 10' 07" N **Long.** : 002° 16' 53" E.

HEM-MONACU

1-C4 8 km N.-O. Péronne. 68 m. ✉ 80360

SAM-SUFFY ★★ Loisirs 21 E. . Locations : . . Ouvert: 1.4 / 1.11. ☎ 06 70 78 30 29. E-mail : herveconratte@wanadoo.fr.
Lat. : 49° 57' 13" N **Long.** : 002° 50' 13" E.

LE FOCANARD ★ Loisirs 11 E. . Locations : . Randonnée pédestre organisée. . Accès direct à l'étang et à la rivière.. Ouvert: 1.3 / 30.10. ☎ 03 60 51 91 40. E-mail : jeanpierre.dhinaut@sfr.fr.
Lat. : 49° 57' 15" N **Long.** : 002° 50' 41" E.

CAMPING MUNICIPAL NC Loisirs 63 E. dont 45 CC - 18 GCC. . Accès direct à l'étang et à la rivière.. Ouvert: 1.1 / 31.12. ☎ 03 22 84 51 26. E-mail : mairie.hem-monacu@cegetel.net.
Lat. : 49° 57' 17" N **Long.** : 002° 50' 19" E.

HERLEVILLE

1-C4 18 km S.-O. Péronne 85 m. ✉ 80340

SCEA PROOT CV. Ouvert: 14.4 / 16.10. ☎ 03 22 85 63 44. E-mail : helene.proot@wanadoo.fr, Web : www.fermedeveloppementdurable.fr.
Lat. : 49° 51' 42" N **Long.** : 002° 45' 06" E.

LANCHERES

1-A3 24 km O. Abbeville. 11 m. ✉ 80230

CAMPING MUNICIPAL LES PRAIRIES ★★ Loisirs 180 E. 4,2 ha CV. . Accès direct à l'étang.. Ouvert: 1.1 / 31.12. ☎ 03 22 60 71 87. E-mail : lesprairiesdelancheres@orange.fr.
Lat. : 50° 09' 41" N **Long.** : 001° 33' 10" E.

LES ALIZÉS ★ Loisirs 59 E. Ouvert: 1.4 / 31.10. ☎ 06 07 06 86 46. E-mail : camping.lesalizes@orange.fr.
Lat. : 50° 09' 10" N **Long.** : 001° 32' 46" E.

LE CROTOY

1-A3 25 km N.-O. Abbeville. 6 m. ✉ 80550

LA BAIE DE SOMME ★★★★ Loisirs 117 E. 2,55 ha CV. Locations : . couverte chauffée , , . Rivière à 100 m ; bord de mer à 20 m ; étang à 3 km. Ouvert: 26.3 / 1.11. ☎ 03 22 27 80 61. E-mail : info@campingbaiedesomme.com. Web : www.campingbaiedesomme.com.
Lat. : 50° 13' 09" N **Long.** : 001° 37' 53" E.

LE RIDIN ★★★★ Tourisme 160 E. dont 30 nus, dont 30 GCC.
22 h 30 / 7 h 30, CV. Locations : . Espace Fitness. chauffée. Bord de mer à 1,5 km ; étang à 2 km. Accueil groupes. Ouvert: 13.10 / 5.11. ☎ 03 22 27 03 22. E-mail : info@yellohvillage-le-ridin.com. Web : www.campingleridin.com. Prix 2023. Fft nuit : empl. Tourisme (2) : 30 € ( ). Réduction H.S.
Lat. : 50° 14' 21" N **Long.** : 001° 37' 55" E.
FFCC : avantages adhérent : 10% sur les emplacements nus du 07/04 au 16/05, du 22/05 au 25/05, du 30/05 au 08/07, du 28/08 au 01/10 et du 18/10 au 05/11 sur emp.

LES AUBÉPINES ★★★★ Tourisme 196 E. dont 73 nus
22 h 30 / 7 h 30, CV. A 20 m : . Locations : . couverte chauffée. Bord de mer à 1 km ; étang à 2 km. Accueil groupes. Ouvert: 20.10 / 5.11. ☎ 03 22 27 01 34. E-mail : contact@camping-lesaubepines.com. Web : www.camping-lesaubepines.com. Prix 2023. Fft nuit : empl. Tourisme (2) : 35 € (E. CC E. GCC) ; sup 8 € ; animaux 6 € ; 5 €. Réduction H.S.
Lat. : 50° 14' 58" N **Long.** : 001° 36' 42" E.
FFCC : avantages adhérent : 18 € du 01/04 au 24/05 et du 11/09 au 13/11 sur emp.

LES TROIS SABLIÈRES ★★★★ Tourisme 97 E. dont 15 CC - 3 GCC.
CV. Locations : . Espace Fitness. Bord de mer à 300 m ; rivière à 500 m ; étang à 2 km. Ouvert: 1.4 / 8.11. ☎ 03 22 27 01 33. E-mail : contact@camping-les-trois-sablieres.com. Web : www.camping-les-trois-sablieres.com. Prix 2022. Fft jour : empl. Tourisme (2) : 27,5 € ( ). Réduction H.S.
Lat. : 50° 14' 54" N **Long.** : 01 35' 55" E.
FFCC : avantages adhérent : 20 € du 01/04 au 03/07 et du 27/08 au 08/11 sur emp.

TARTERON ★★★ Loisirs 232 E. dont 50 nus CV. Randonnée pédestre organisée. couverte chauffée. Accès direct à l'étang ; bord de mer à 1,5 km. Ouvert: 1.4 / 31.10. ☎ 03 22 27 06 75. E-mail : contact@letarteron.fr. Web : www.letarteron.fr.
Lat. : 50° 13' 50" N **Long.** : 001° 38' 24" E.

LA CÔTE PICARDE ★★ Loisirs 50 E. 0,75 ha CV. Rivière à 150 m ; bord de mer à 800 m ; étang à 4 km. Ouvert: 26.3 / 1.11. ☎ 03 22 27 80 31. E-mail : info@campingbaiedesomme.com. Web : www.campingbaiedesomme.com.
Lat. : 50° 13' 21" N **Long.** : 001° 38' 01" E.

LA FERME DE MAYOCQ ★★ Loisirs 58 E. dont 10 nus
CV. Locations : . Bord de mer à 1,5 km. Accueil groupes. Ouvert: 1.4 / 31.10. ☎ 03 22 27 09 99. E-mail : contact@la-ferme-de-mayocq.com. Web : www.la-ferme-de-mayocq.com. Réduction H.S.
Lat. : 50° 14' 10" N **Long.** : 001° 37' 38" E.

LE PRE FLEURI ★★ Loisirs 45 E. dont 8 nus 0,8 ha CV. Bord de mer à 300 m ; rivière à 500 m ; étang à 1 km. ; . Ouvert: 1.4 / 30.10. ☎ 03 22 25 16 14. E-mail : christian.lechauguette@wanadoo.fr.
Lat. : 50° 13' 03" N **Long.** : 001° 37' 39" E.

LES MARGUERITES ★★ Loisirs 33 E. dont 16 nus, dont 16 GCC. 0,5 ha 22 h / 8 h, CV. Lac à 200 m ; étang à 500 m ; bord de mer à 1,8 km. Ouvert: 1.4 / 30.9. ☎ 03 22 27 85 44 / 06 79 79 65 88. E-mail : dominique.zeppa@wanadoo.fr. Web : www.campinglesmarguerite.free.fr. Réduction H.S.
Lat. : 50° 14' 53" N **Long.** : 001° 37' 09" E.

CAMPING GCU - LE CROTOY ★ Tourisme 33 E. Locations : , . Ouvert: 12.4 / 2.11. ☎ 03 22 24 18 10. E-mail : gcu@gcu.asso.fr. Web : www.gcu.asso.fr.
Lat. : 50° 13' 20" N **Long.** : 001° 36' 58" E.

LA PRAIRIE NC Tourisme 152 E. 2,32 ha CV. Espace Fitness. chauffée. Accès direct à la mer ; étang à 2 km. ; . Ouvert: 1.4 / 1.11. ☎ 03 22 27 02 65. E-mail : info@camping-laprairie.fr. Web : www.camping-laprairie.fr.
Lat. : 50° 13' 19" N **Long.** : 001° 37' 05" E.

LE HAMEL

1-C4 21 km E. Amiens. 63 m. ✉ 80800

LA FERME DE BOUZENCOURT ★★★★ Loisirs 199 E. dont 27 nus, dont 199 GCC.
18 ha CV. couverte. Accès direct à l'étang et à la rivière. . Accueil groupes. Ouvert: 15.3 / 15.11. ☎ 03 22 96 97 76. E-mail : info@camping-bouzencourt.fr. Web : www.camping-bouzencourt.fr. Réduction H.S.
Lat. : 49° 54' 57" N **Long.** : 002° 34' 31" E.

LOEUILLY

1-B4 17 km S.-O. Amiens. 106 m. ✉ 80160

CAMPING MUNICIPAL LES PRES DE L'ABBAYE ★★ Tourisme 70 E. 1,6 ha CV. Locations : , caravane, . Randonnée pédestre organisée. . Accès direct à l'étang et à la rivière. . Accueil groupes. Ouvert: 28.3 / 15.10. ☎ 03 22 38 13 88. E-mail : campingdeloeuilly@orange.fr. Web : www.camping-loeuilly.com.
Lat. : 49° 46' 21" N **Long.** : 002° 10' 06" E.

LONG

1-B4 14 km S.-E. Abbeville. 62 m. ✉ 80510

CAMPING MUNICIPAL LA PEUPLERAIE ★★ Loisirs 110 E. dont 70 nus, dont 50 GCC. 23 h / 8 h, CV. Locations : . Accès direct à l'étang et à la rivière. Accueil groupes. Ouvert: 15.3 / 15.11. ☎ 03 22 31 84 27. E-mail : camping.lapeupleraie.long@orange.fr. Web : www.longvalleedesomme.fr.
Lat. : 50° 02' 05" N **Long.** : 001° 59' 02" E.

LE GRAND PRÉ ★★ Tourisme 60 E. dont 8 nus, dont 2 CC - 46 GCC. 2 ha visiteur, CV. Locations : . chauffée. Accès direct à l'étang et à la rivière. . Ouvert: 1.4 / 30.10. ☎ 0 3 22 290990. E-mail : campingdugrandpre80@gmail.com. Web : www.campingdugrandpre.com. Prix 2023. empl. Tourisme : 10 € ; 5 € ; animaux 3 € ; 3 € ; 3 €.
Lat. : 50° 02' 11" N **Long.** : 001° 58' 41" E.

LONGPRE-LES-CORPS-SAINTS

1-B4 18 km S.-E. Abbeville. 43 m. ✉ 80510

CAMPING MUNICIPAL LE VILLAGE NC Tourisme 50 E. . Locations : . . Rivière à 300 m ; étang à 500 m.. Ouvert: 1.4 / 30.9. ☎ 03 22 31 84 44. E-mail : levillage@cabaiedesomme.fr. Web : www.mairie-longprelcs.fr.
Lat. : 50° 00' 48" N **Long.** : 001° 59' 10" E.

MAREUIL-CAUBERT

1-B4 5 km S. Abbeville. 27 m. ✉ 80132

CAMPING LES PORTES DE LA BAIE DE SOMME ★★ Tourisme 66 E. dont 64 nus CV. A 1 km : . Locations : . Accès direct à la rivière ; étang à 20 m. Accueil groupes. Ouvert: 1.4 / 30.9. ☎ 03 22 31 62 37 / 06 99 33 84 47. E-mail : lesportesdelabaiedesomme@la-baiedesomme.fr. Web : www.camping-lesportesdelabaiedesomme.com.
Lat. : 50° 04' 47" N **Long.** : 001° 49' 24" E.

MERICOURT-SUR-SOMME

1-C4 23 km O. Péronne. 58 m. ✉ 80340

L'ESPERANCE ★ Loisirs 100 E. 1 ha CV. Rivière à 200 m.. Ouvert: 1.4 / 1.11. ☎ 03 22 76 61 92. E-mail : pierre-marie.demaison@neuf.fr.
Lat. : 49° 54' 20" N **Long.** : 002° 40' 28" E.

MERS-LES-BAINS

1-A4 36 km O. Abbeville. 60 m. ✉ 80350

LE ROMPVAL ★★★ Tourisme 132 E.
3 ha 23 h / 7 h, CV. A 5 km : . Locations : bulle. Espace Fitness. couverte chauffée. Accès direct à l'étang ; bord de mer à 2,5 km ; rivière à 5 km. . Accueil groupes. Ouvert: 30.3 / 4.11. ☎ 02 35 84 43 21. E-mail : campinglerompval@gmail.com. Web : www.camping-lerompval.com. Réduction H.S.
Lat. : 50° 04' 38" N **Long.** : 001° 24' 52" E.

LA FALAISE ★★ Loisirs 72 E. 2 ha CV. Accès direct à la mer. Accueil groupes. Ouvert: 1.4 / 31.10. ☎ 03 22 86 22 14. E-mail : campingdelafalaisemers@gmail.com. Web : www.campingdelafalaisemers.fr.
Lat. : 50° 04' 13" N **Long.** : 001° 23' 17" E.

MIANNAY

1-A4 10 km O. Abbeville 57 m. ✉ 80132

LE CLOS CACHELEUX ★★★★ Tourisme 126 E. dont 78 nus, dont 50 CC - 60 GCC.
CV. Locations : , bulle, cabanes. Espace Fitness. couverte chauffée. Etang et rivière à 200 m. Accueil groupes. Ouvert: 1.4 / 30.9. ☎ 03 22 19 17 47. E-mail : raphael@camping-lecloscacheleux.fr. Web : www.camping-lecloscacheleux.fr. Réduction H.S.
Lat. : 50° 05' 11" N **Long.** : 001° 42' 46" E.
FFCC : avantages adhérent : 18 € du 01/04 au 07/07 et du 01/09 au 30/09 sur emp. et entre 70 € et 160 € la nuitée et entre 250 € et 600 € la semaine du 01/04 au 07/07 et du 01/09 au 19/09 sur loc.

MIRAUMONT

1-C4 29 km N.-O. Péronne. 110 m. ✉ 80300

LA HERELLE ★ Loisirs 65 E. CV. , . Accès direct à l'étang.. Ouvert: 1.4 / 15.10. ☎ 03 22 74 84 83. E-mail : pluisin@sfr.fr.
Lat. : 50° 05' 26" N **Long.** : 002° 44' 15" E.

MONTDIDIER

1-C5 36 km S.-E. Amiens. 86 m. ✉ 80500

LE PRÉ FLEURI ★★ Tourisme 54 E. dont 24 nus, dont 20 CC - 31 GCC. 1 ha . Locations : . Rivière à 500 m ; étang à 1,5 km. Ouvert: 1.1 / 31.12. ☎ 0 3 60507461. E-mail : careyjosiane@gmail.com. Prix 2023. Fft jour : empl. Tourisme (2) : 23,5 € ( ) ; sup 7 € ; animaux 4 € ; 5,50 €.
Lat. : 49° 38' 52" N **Long.** : 002° 33' 07" E.

MOREUIL

1-C4 16 km N.-N.-O. Montdidier. 79 m. ✉ 80110

LA VALLEE DE L'AVRE ★★ Loisirs 80 E. dont 10 nus 2,5 ha CV. Locations : . Accès direct à l'étang et à la rivière. ☎ 03 22 22 16 42. E-mail : lavalleedelavre@wanadoo.fr. Web : www.camping-valleeavre.fr.
Lat. : 49° 47' 31" N **Long.** : 002° 27' 14" E.

MOYENNEVILLE

1-B4 8 km S.-O. Abbeville. 76 m. ✉ 80870

LE VAL DE TRIE ★★★★ Tourisme 85 E. dont 50 nus, dont 48 CC - 40 GCC.
2,3 ha CV. A 10 km : . Locations : . Randonnée pédestre organisée. couverte chauffée. Accès direct à la rivière ; étang à 100 m. . Accueil groupes. Ouvert: 1.4 / 4.10. ☎ 03 22 31 48 88. E-mail : raphael@camping-levaldetrie.fr. Web : www.camping-levaldetrie.fr. Réduction H.S.
Lat. : 50° 05' 09" N **Long.** : 001° 42' 55" E.
FFCC : avantages adhérent : 18 € du 01/04 au 07/07 et du 01/09 au 02/09 sur emp. et entre 49 € et 150 € la nuitée et entre 300 € et 1250 € la semaine du 01/04 au 07/07 et du 01/09 au 30/10 sur loc.

NAMPONT

1-B3 28 km N. Abbeville. 34 m. ✉ 80120

LA FERME DES AULNES ★★★★ Tourisme 123 E. dont 2 nus
3,5 ha CV. couverte chauffée. Etang à 2 km. Ouvert: 1.4 / 24.9. ☎ 03 22 29 22 69. E-mail : lesaulnes@vagues-oceanes.com. Web : www.camping-vagues-oceanes.com/camping-picardie/ferme-aulnes.html.
Lat. : 50° 20' 10" N **Long.** : 001° 42' 45" E.

NOYELLES-SUR-MER

1-A3 14 km N.-O. Abbeville. 15 m. ✉ 80860

DOMAINE DE LA ROSELIÈRE ★★★★ Loisirs 148 E. Ouvert: 1.1 / 31.12. ☎ 03 22 28 79 46. E-mail : domainedelaroseliere@orange.fr. Web : www.domainedelaroseliere.fr.
Lat. : 50° 11' 22" N **Long.** : 001° 42' 59" E.

AUX HAIES DE NOLETTE ★★ Loisirs 45 E. dont 5 nus 1 ha CV. Locations : , . Accès direct à l'étang ; bord de mer à 5 km.. Ouvert: 1.4 / 15.10. ☎ 03 22 23 24 08. E-mail : info@camping-lerio.fr.
Lat. : 50° 11' 22" N **Long.** : 001° 43' 28" E.

LE RIO ★★ Loisirs 265 E. 5 ha CV. Locations : , . Randonnée pédestre organisée. couverte chauffée , . Accès direct à la rivière ; étang à 500 m ; bord de mer à 5 km. Accueil groupes. Ouvert: 16.4 / 15.10. ☎ 03 22 23 28 38. E-mail : info@camping-lerio.fr. Web : www.camping-lerio.fr.
Lat. : 50° 11' 08" N **Long.** : 001° 42' 25" E.

PENDE

1-A3 24 km N.-O. Abbeville. 17 m. ✉ 80230

CAMPING DE LA BAIE ★★★ Loisirs 111 E. dont 26 nus 1,6 ha CV. Locations : , . Bord de mer et rivière à 5 km. Ouvert: 1.4 / 31.10. ☎ 03 22 60 72 72. E-mail : contact@campingdelabaie.eu. Web : www.campingdelabaie.eu. Réduction H.S.
Lat. : 50° 10' 35" N **Long.** : 001° 35' 23" E.

CAMPING MUNICIPAL LE MARAIS ★★★ Tourisme 140 E. dont 10 nus, dont 130 GCC. 2 ha 23 h / 8 h, CV. A 3 km : . Accès direct à l'étang et à la rivière.. Accueil groupes. Ouvert: 1.4 / 30.10. ☎ 0 6 37728191. E-mail : lemarais.camping.pende@orange.fr. Prix 2022. Fft nuit : empl. Tourisme (2) : 19,5 € (E. CC E. GCC) ; sup 4,50 € nuit ; animaux 2 € nuit ; 2,50 € nuit. Réduction H.S.
Lat. : 50° 09' 42" N **Long.** : 001° 35' 16" E.

PERONNE

1-C4 51 km E. Amiens. 66 m. ✉ 80200

CAMPING DU PORT DE PLAISANCE ★★★ Tourisme 93 E. dont 82 nus
CV. Locations : . chauffée . Rivière à 100 m ; étang à 500 m. Accueil groupes. Ouvert: 1.3 / 31.10. ☎ 03 22 84 19 31 / 06 88 38 95 53. E-mail : contact@camping-plaisance.com. Web : www.camping-plaisance.com. Réduction H.S.
Lat. : 49° 55' 04" N **Long.** : 002° 55' 58" E.

CAMPING LE BROCHET ★ Loisirs 39 E. dont 39 nus CV. Locations : . Accès direct à l'étang et aux bords du lac. Accueil groupes. Ouvert: 1.4 / 31.10. ☎ 03 60 51 98 38. E-mail : campingmunicipal.lebrochet@orange.fr. Web : campinglebrochet.com/. Réduction H.S.
Lat. : 49° 56' 03" N **Long.** : 002° 56' 29" E.

PICQUIGNY

1-B4 13 km N.-O. Amiens. 59 m. ✉ 80310

CAMPING DE L'ABIME ★★ Loisirs 60 E. CV. Accès direct à la rivière ; étang à 300 m. Accueil groupes. Ouvert: 1.4 / 31.10. ☎ 03 22 51 25 83. E-mail : contact@campingdelabime-picquigny.fr. Web : www.campingdelabime-picquigny.fr.
Lat. : 49° 56' 38" N **Long.** : 002° 08' 48" E.

POIX-DE-PICARDIE

1-B4 28 km S.-O. Amiens. 159 m. Station verte ✉ 80290

CAMPING MUNICIPAL LE BOIS DES PECHEURS ★★★ Tourisme 88 E. 2,35 ha CV. Locations : . Randonnée pédestre organisée. . Rivière à 200 m ; étang à 3 km. Accueil groupes. Ouvert: 1.4 / 30.9. ☎ 03 22 90 11 71. E-mail : mairie@ville-poix-de-picardie.fr. Web : www.ville-poix-de-picardie.fr. Réduction H.S.
Lat. : 49° 46' 35" N **Long.** : 001° 58' 28" E.

PONCHES-ESTRUVAL

1-B3 28 km N. Abbeville. 49 m. ✉ 80150

CAMPING C.C.A.S. PONCHES-ESTRUVAL ★ Tourisme 47 E. . Ouvert: 1.7 / 29.8. ☎ 03 22 23 64 54. E-mail : contact@ccas-amiens.fr. Web : gds.ccas.fr.
Lat. : 50° 18' 49" N **Long.** : 001° 53' 46" E.

CAMPING MUNICIPAL ★ Loisirs 136 E. 5 ha . Ouvert: 1.1 / 31.12. ☎ 03 22 29 52 06. E-mail : mairie.ponches-estruval@nordnet.fr.
Lat. : 50° 18' 34" N **Long.** : 001° 53' 39" E.

LE VIEUX MOULIN ★ Tourisme 130 E. . Accès direct à la rivière. Ouvert: 21.3 / 30.9. ☎ 03 22 23 52 09. E-mail : campingduvieuxmoulin@orange.fr.
Lat. : 50° 18' 46" N **Long.** : 001° 53' 53" E.

PONT-NOYELLES

1-C4 12 km N.-E. Amiens. 74 m. ✉ 80115

LE PARADIS DES PECHEURS ★★ Tourisme 100 E. 2,5 ha . Locations : , . Accès direct à l'étang et à la rivière.. Accueil groupes. Ouvert: 1.1 / 31.12. ☎ 06 81 79 05 45. E-mail : sas-apdp-camping@orange.fr.
Lat. : 49° 55' 46" N **Long.** : 002° 26' 13" E.

PONTHOILE

1-A3 17 km N.-O. Abbeville. 11 m. ✉ 80860

LA SAFRIÈRE ★★★ Loisirs 125 E. dont 12 nus
4 ha CV. Locations : , , , . Accès direct à l'étang et à la rivière ; bord de mer à 4 km.. Ouvert: 1.4 / 31.10. ☎ 03 22 27 07 09. E-mail : camping-la-safriere@wanadoo.fr. Web : www.campinglasafriere.com. Prix 2023. Fft jour : empl. Tourisme (2) : 30 € ( ) ; sup 6,50 € ; animaux 2 € ; 4 €. Réduction H.S.
Lat. : 50° 12' 33" N **Long.** : 001° 41' 29" E.

PORT-LE-GRAND

1-B3 8 km N.-O. Abbeville. 40 m. ✉ 80132

CHÂTEAU DES TILLEULS ★★★ Loisirs 240 E. dont 44 nus CV. Locations : cabanes. Espace Fitness. chauffée , , . Rivière à 1 km. Accueil groupes. Ouvert: 1.3 / 30.12. ☎ 03 22 24 07 75. E-mail : contact@chateaudestilleuls.com. Web : www.chateaudestilleuls.com.
Lat. : 50° 08' 24" N **Long.** : 001° 45' 52" E.

PROYART

1-C4 21 km S.-O. Péronne. 72 m. ✉ 80340

CAMPING MUNICIPAL LA VIOLETTE ★★ Loisirs 97 E. dont 32 CC - 60 GCC. Locations : , , . Etang à 500 m.. Ouvert: 1.4 / 31.10. ☎ 03 22 85 81 36. E-mail : commune.proyart@orange.fr. Web : www.mairieproyart.fr. Prix 2022. Fft jour : empl. Tourisme (2) : 17 € (E. CC).
Lat. : 49° 54' 19" N **Long.** : 002° 42' 09" E.

QUEND

1-A3 31 km N.-O. Abbeville. 7 m. ✉ 80120

DOMAINE DE DIANE ★★★★★ Loisirs 500 E.
25 ha CV. Locations : . Espace Fitness. couverte chauffée , , , . Accès direct à l'étang ; bord de mer à 2 km. Accueil groupes adultes. Ouvert: 13.3 / 14.11. ☎ 03 22 27 76 08. E-mail : contact@domainedediane.com. Web : www.domainedediane.com.
Lat. : 50° 19' 09" N **Long.** : 001° 35' 04" E.

CAMPING DES ROSES ★★★★ Loisirs 256 E. dont 184 GCC.
8,2 ha CV. Locations : . Espace Fitness. couverte chauffée , , . Accès direct à l'étang ; bord de mer à 3 km. Ouvert: 24.3 / 1.11. ☎ 03 22 27 76 17. E-mail : info@campingdesroses.com. Web : www.campingdesroses.com. Réduction H.S.
Lat. : 50° 18' 52" N **Long.** : 001° 35' 39" E.
FFCC : avantages adhérent : entre 38 € et 140 € la nuitée et entre 296 € et 980 € la semaine du 18/03 au 08/07 et du 03/09 au 31/10 sur loc.

LA DUNE FLEURIE ★★★★ Loisirs 1076 E. CV. Locations : , . couverte chauffée , , , . Accès direct à l'étang ; bord de mer à 2 km. Ouvert: 3.4 / 3.1. ☎ 03 22 23 40 41. E-mail : dune-fleurie@capfun.com. Web : www.capfun.com.
Lat. : 50° 19' 08" N **Long.** : 001° 35' 01" E.

LA MOTTE ★★★★ Loisirs 103 E. dont 20 nus CV. Locations : . couverte chauffée . Etang et bord de mer à 5 km. Accueil groupes adultes. Ouvert: 1.4 / 27.10. ☎ 03 22 27 75 35. E-mail : camping.de.la.motte@wanadoo.fr. Web : www.campingdelamotte.org. Réduction H.S.
Lat. : 50° 18' 35" N **Long.** : 001° 36' 19" E.

LE BOIS DORMANT ★★★★ Loisirs 586 E. CV. Espace Fitness. couverte chauffée. Bord de mer à 800 m. Accueil groupes adultes. Ouvert: 1.1 / 31.12. ☎ 03 22 23 22 44. E-mail : camping.bois.dormant@orange.fr. Web : www.boisdormant.fr.
Lat. : 50° 19' 14" N **Long.** : 001° 33' 49" E.

LES VERTES FEUILLES ★★★★ Tourisme 150 E. dont 60 nus
après 23 h, CV. Locations : . couverte chauffée . Bord de mer à 4 km ; étang à 5 km. Accueil groupes. Ouvert: 30.3 / 5.11. ☎ 03 22 23 55 12. E-mail : contact@lesvertesfeuilles.com. Web : www.lesvertesfeuilles.com. Réduction H.S.
Lat. : 50° 19' 08" N **Long.** : 001° 36' 23" E.

LA FERMETTE ★★★ Loisirs 110 E. 1,7 ha CV. Rivière à 2 km ; bord de mer à 3 km. Ouvert: 15.3 / 20.10. ☎ 03 22 27 75 03. E-mail : contact@campinglafermettedelamer.eu. Web : www.campinglafermettedelamer.eu.
Lat. : 50° 19' 00" N **Long.** : 001° 35' 43" E.

LES 2 PLAGES ★★★ Loisirs 108 E. 2 ha CV. Locations : , , . couverte chauffée , . Accès direct à l'étang ; bord de mer et rivière à 5 km. Accueil groupes. Ouvert: 1.4 / 31.10. ☎ 03 22 23 48 96. E-mail : camping@camping2plages.com. Web : www.camping2plages.com. Réduction H.S.
Lat. : 50° 19' 24" N **Long.** : 001° 37' 27" E.

LE CLOS DES GENÊTS ★★ Loisirs 128 E. dont 34 nus
2 ha CV. Locations : cocosweet. . Bord de mer à 4 km. Ouvert: 1.4 / 31.10. ☎ 03 22 27 48 40. E-mail : contact@camping-leclosdesgenets.com. Web : www.camping-leclosdesgenets.com. Réduction H.S.
Lat. : 50° 19' 45" N **Long.** : 001° 35' 28" E.
FFCC : avantages adhérent : 21 € du 01/04 au 30/06 et du 01/09 au 31/10 sur emp. et entre 140 € et 190 € la nuitée et entre 290 € et 422 € la semaine du 01/04 au 30/06 et du 01/09 au 31/10 sur loc.

RIBEMONT-SUR-ANCRE

1-C4 23 km N.-E. Amiens. 71 m. ✉ 80800

CAMPING MUNICIPAL LES MARAIS DE L'ANCRE ★ Loisirs 30 E. . Accès direct à l'étang et à la rivière. ☎ 03 22 40 61 63. E-mail : mairieribemont-sur-ancre@wanadoo.fr.
Lat. : 49° 57' 13" N **Long.** : 002° 33' 38" E.

LES 4 DERNIERS ★ Loisirs 35 E. CV. .. Ouvert: 1.4 / 31.10. ☎ 03 22 40 19 37. E-mail : ridon.gisele@orange.fr. Web : www.camping-4-derniers-somme.fr.
Lat. : 49° 57' 27" N **Long.** : 002° 33' 39" E.

RUE

1-A3 24 km N.-O. Abbeville. 5 m. 80120

LA GARENNE DE MONCOURT ★★★★ Loisirs 216 E. CV. Locations : . couverte chauffée , , . Accès direct à l'étang et à la rivière ; lac à 2 km. . Ouvert: 1.2 / 30.11. ☎ 03 22 25 73 44. E-mail : gouesbier@wanadoo.fr. Web : www.campinglagarennedemoncourt.com.
Lat. : 50° 17′ 15″ N **Long.** : 001° 41′ 07″ E.

LES OISEAUX ★★★ Loisirs 115 E. dont 15 nus 2 ha CV. Locations : . . Accès direct à l'étang ; rivière à 2 km ; lac et bord de mer à 5 km. . Accueil groupes adultes. Ouvert: 1.2 / 30.11. ☎ 03 22 25 71 82. E-mail : campingdesoiseaux@orange.fr. Web : www.campingbaiesomme.com. Réduction H.S.
Lat. : 50° 15′ 09″ N **Long.** : 001° 40′ 07″ E.

CAMPING DE LA MAYE ★★ Tourisme 150 E. 2,3 ha CV. Locations : . Espace Fitness. . Accès direct à l'étang et à la rivière.. Ouvert: 1.4 / 30.10. ☎ 03 22 25 09 55. E-mail : campingdelamaye@orange.fr. Web : www.campingdelamaye.net.
Lat. : 50° 16′ 30″ N **Long.** : 001° 39′ 46″ E.

SAILLY-LAURETTE

1-C4 28 km O. Péronne. 77 m. 80800

LA RENARDIERE ★ Loisirs 80 E. . . Accès direct à l'étang et à la rivière.. Ouvert: 15.3 / 1.12. ☎ 03 22 76 60 19. E-mail : camping.larenardiere@orange.fr.
Lat. : 49° 54′ 17″ N **Long.** : 002° 36′ 31″ E.

LA RENARDIERE NC Loisirs 10 E. . . Rivière à 200 m ; étang à 500 m.. Ouvert: 1.7 / 31.8. ☎ 0 3 22 76 60 19. E-mail : camping.larenardiere@orange.fr. Web : www.somme-tourisme.com/la-renardiere/sailly-laurette/hpapic080fs00065.
Lat. : 49° 54′ 18″ N **Long.** : 002° 36′ 24″ E.

SAILLY-LE-SEC

1-C4 33 km O. Péronne. 72 m. 80800

LES PUITS TOURNANTS ★★★★ Loisirs 76 E. dont 30 nus 2,5 ha CV. Locations : , yourte. chauffée , , . Accès direct à l'étang ; rivière à 100 m. . Accueil groupes. Ouvert: 1.4 / 31.10. ☎ 03 22 76 65 56. E-mail : camping.puitstournants@wanadoo.fr. Web : camping-puitstournants.com. Réduction H.S.
Lat. : 49° 55′ 09″ N **Long.** : 002° 34′ 48″ E.

SAINT-BLIMONT

1-A3 25 km O. Abbeville. 50 m. 80960

CAMPING MUNICIPAL LES AILLOTS ★★ Loisirs 54 E. 2,21 ha CV. Locations : . . Accueil groupes. Ouvert: 1.4 / 30.9. ☎ 03 22 30 62 55. E-mail : aillots@akeonet.com. Web : campingdesaintblimont.com.
Lat. : 50° 07′ 02″ N **Long.** : 001° 34′ 20″ E.

SAINT-QUENTIN-EN-TOURMONT

1-A3 32 km N.-O. Abbeville. 10 m. 80120

LA HAIE PENEE ★★★★ Loisirs 216 E. CV. Locations : . couverte chauffée , , . Accès direct à l'étang et à la mer et à la rivière ; lac à 2 km. . Accueil groupes adultes. Ouvert: 15.3 / 11.11. ☎ 03 22 25 73 44. E-mail : gouesbier@wanadoo.fr. Web : www.campinglahaiepenee.com. Réduction H.S.
Lat. : 50° 16′ 28″ N **Long.** : 001° 37′ 07″ E.

LE CHAMP NEUF ★★★★ Tourisme 197 E. 4 ha CV. Espace Fitness. couverte chauffée . Rivière à 1 km ; bord de mer à 2 km. . Accueil groupes enfants. Ouvert: 1.4 / 1.11. ☎ 03 22 25 07 94. E-mail : campinglechampneuf@orange.fr. Web : www.camping-lechampneuf.com. Prix 2022.
Lat. : 50° 16′ 08″ N **Long.** : 001° 36′ 08″ E.
FFCC : avantages adhérent : 23 € sur emp.

L'ESPACE VERT ★★★ Loisirs 172 E. 1,9 ha . chauffée , . Rivière à 800 m ; bord de mer à 4 km.. Ouvert: 1.4 / 1.11. ☎ 03 22 25 74 27. E-mail : georges.defosse@wanadoo.fr. Web : www.campinglestremieres.fr.
Lat. : 50° 16′ 15″ N **Long.** : 001° 36′ 41″ E.

LE BOUT DES CROCS ★★ Loisirs 101 E. 1,4 ha CV. Locations : . Rivière à 2 km ; bord de mer à 4 km. Ouvert: 1.4 / 31.10. ☎ 03 22 25 73 33. E-mail : camping.mouillard@orange.fr. Web : www.campingdescrocs.com.
Lat. : 50° 16′ 11″ N **Long.** : 001° 35′ 54″ E.

SAINT-VALERY-SUR-SOMME

1-A3 20 km N.-O. Abbeville. 16 m. 80230

LE WALRIC ★★★★ Loisirs 262 E. dont 48 nus, dont 10 CC - 109 GCC. 3 ha CV. Espace Fitness. couverte chauffée . Bord de mer à 1 km. . Ouvert: 1.4 / 1.11. ☎ 03 22 26 81 97. E-mail : info@campinglewalric.com. Web : www.campinglewalric.com. Prix 2022. Fft jour : empl. Tourisme (3) : 41 €
Lat. : 50° 11′ 02″ N **Long.** : 001° 37′ 05″ E.
FFCC : avantages adhérent : 10% de réduction sur les emplacements nus hors saison 5% de réduction sur les mobil-home hors saison.

LA CROIX L'ABBE ★★ Loisirs 176 E. 3 ha . Locations : . chauffée . Bord de mer à 500 m. Ouvert: 1.4 / 31.10. ☎ 03 22 26 87 87. E-mail : campingdelacroixlabbe@gmail.com. Web : www.campingdelacroixlabbe.fr.
Lat. : 50° 11′ 19″ N **Long.** : 001° 37′ 46″ E.

LE VILLAGE DE LA SABLIÈRE ★★ Tourisme 23 E. dont 23 GCC. 0,3 ha CV. Locations : . Espace Fitness. couverte chauffée . Bord de mer à 1 km. . Ouvert: 1.4 / 1.11. ☎ 03 22 26 81 97. E-mail : info@campinglewalric.com. Web : www.campinglewalric.com.
Lat. : 50° 10′ 51″ N **Long.** : 001° 37′ 07″ E.

LES ETANGS ★★ Tourisme 24 E. dont 14 nus CV. Etang à 2 km. Accueil groupes. Ouvert: 1.4 / 15.11. ☎ 03 22 60 07 35. E-mail : camping.les.etangs@orange.fr. Web : www.campingbaiedesomme.net.
Lat. : 50° 09′ 39″ N **Long.** : 001° 37′ 03″ E.

VILLERS-SUR-AUTHIE

1-A3 28 km N.-O. Abbeville. 11 m. 80120

LE VAL D'AUTHIE ★★★★★ Tourisme 185 E. 5 ha ap. 22 h 30, CV. Locations : . couverte chauffée , . Etang et rivière à 2 km. . Ouvert: 3.4 / 27.9. ☎ 03 22 29 92 47. E-mail : camping@valdauthie.fr. Web : www.valdauthie.fr.
Lat. : 50° 18′ 50″ N **Long.** : 001° 41′ 51″ E.

LA PIERRE D'ORGE NC Loisirs 78 E. 3,5 ha . Locations : . , , . Accès direct à l'étang. ; . Ouvert: 1.1 / 31.12. ☎ 03 22 23 43 48. E-mail : pierredorge@aliceadsl.fr. Web : www.la-pierre-dorge.fr.
Lat. : 50° 19′ 22″ N **Long.** : 001° 39′ 36″ E.

VIRONCHAUX

1-B3 25 km N. Abbeville. 57 m. 80150

LES PEUPLIERS ★★ Loisirs 64 E. dont 22 nus, dont 42 GCC. 1,8 ha CV. Locations : . Etang et rivière à 5 km. Ouvert: 1.4 / 31.10. ☎ 03 22 23 54 27. E-mail : lespeupliers3@orange.fr. Web : www.campingpeupliers.fr. Prix 2022. Fft jour : empl. Tourisme (2) : 21 € ; sup 4 € ; animaux 2 € ; 1,30 € 7 mn ; 3 €.
Lat. : 50° 17′ 34″ N **Long.** : 001° 49′ 09″ E.

VOYENNES

1-C4 22 km S. Péronne. 65 m. 80400

LA SOURCE ★ Loisirs 48 E. . . Accès direct à l'étang.. Ouvert: 1.1 / 31.12. ☎ 07 88 93 97 22. E-mail : ameliedelacour80@gmail.com. Web : www.camping-voyennes.fr. Prix 2022. Fft jour : empl. Tourisme (1) : 10 €
Lat. : 49° 46′ 26″ N **Long.** : 002° 58′ 40″ E.

VRAIGNES-EN-VERMANDOIS

1-D4 12 km S.-E. Péronne. 91 m. 80240

CAMPING DES HORTENSIAS ★★ Tourisme 15 E. dont 12 nus . Randonnée pédestre organisée. . Accueil groupes. Ouvert: 1.1 / 31.12. ☎ 03 22 85 64 68. E-mail : campingdeshortensias@gmail.com. Web : www.campinghortensias.com.
Lat. : 49° 53′ 07″ N **Long.** : 003° 03′ 58″ E.

WOIGNARUE

1-A3 29 km O. Abbeville. 36 m. 80460

CAMPING MUNICIPAL LE MARAIS D'ONIVAL ★★ Tourisme 243 E. 5 ha . . Bord de mer à 30 m. ; ; . Ouvert: 20.4 / 15.9. ☎ 03 22 60 40 08. E-mail : mairie-woignarue@wanadoo.fr. Web : mairiewoignarue.free.fr/UntitledFrame-2000.htm.
Lat. : 50° 06′ 42″ N **Long.** : 001° 27′ 27″ E.

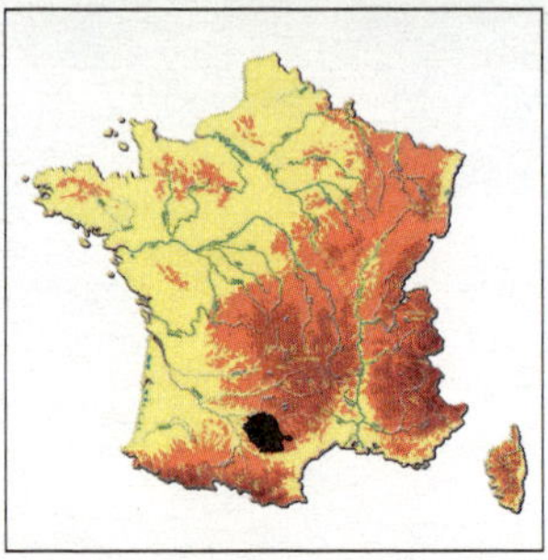

ALBAN

13-C1 28 km E. Albi. 568 m. ✉ 81250

CAMPING DE MON VILLAGE ★★ Tourisme 39 E. dont 24 nus 0,5 ha. Ouvert: 1.5 / 31.10. ☎ 01 83 64 69 21. E-mail : contact@campingcarpark.com. Web : www.campingcarpark.com/. Prix 2022.
Lat. : 43° 53' 38" N **Long.** : 002° 27' 18" E.

ALBI

13-B1 676 km S. Paris. 178 m. ✉ 81000

ALBIRONDACK PARK ★★★★ Tourisme 86 E. dont 46 nus
1,9 ha CV. A 3 km : Locations : cabanes, caravane. chauffée. Accueil groupes adultes. Ouvert: 1.4 / 11.11. ☎ 05 63 60 37 06. E-mail : albirondack@orange.fr. Web : www.albirondack.fr. Prix 2022. Fft jour : empl. Tourisme (2) : 62 €
Lat. : 43° 56' 01" N **Long.** : 002° 09' 56" E.

ALBINE

13-C2 30 km S.-E. Castres. 678 m. ✉ 81240

LESTAP ★★★ Tourisme 42 E. dont 32 nus, dont 29 CC - 29 GCC.
1,5 ha 23 h / 8 h, CV. Locations :. Randonnée pédestre organisée. chauffée. Accès direct aux bords du lac ; rivière à 3 km. ; . Accueil groupes adultes. Ouvert: 30.4 / 2.10. ☎ 05 63 98 34 74 / 06 06 60 57 22. E-mail : campinglestap81@gmail.com. Web : www.camping-lestap-tarn-81.com. Prix 2022.
Lat. : 43° 27' 16" N **Long.** : 002° 31' 36" E.
FFCC : avantages adhérent : 14 € du 28/04 au 30/06 et du 01/09 au 01/10 sur emp.

AMBIALET

13-C1 22 km E. Albi. 345 m. ✉ 81430

LA MISE A L'EAU ★★ Tourisme 44 E. dont 38 nus 1,3 ha CV. Locations :. Accès direct aux bords du lac et à la rivière. ; ; . Ouvert: 1.5 / 31.10. ☎ 05 63 79 58 29. E-mail : vacances.ambialet@orange.fr. Web : camping-ambialet.fr. Réduction H.S.
Lat. : 43° 56' 30" N **Long.** : 002° 23' 03" E.

ANGLES

13-C2 36 km E.-S.-E. Castres. 772 m. Station verte de vacances et village de neige ✉ 81260

LA RAVIÈGE ★★ Tourisme 85 E. dont 65 nus, dont 20 CC - 20 GCC. 2,8 ha CV. Locations :. Accès direct aux bords du lac et à la rivière. Accueil groupes. Ouvert: 11.6 / 30.9. ☎ 07 85 43 48 58. E-mail : contact@campingdelaraviege.com. Web : www.campingdelaraviege.com. Prix 2022. Fft jour : empl. Tourisme (2) : 20 € ;
Lat. : 43° 35' 24" N **Long.** : 002° 36' 06" E.

LE ROUSSINAS NC 10 E. CV. Locations :. Accès direct aux bords du lac ; rivière à 3 km. ; . Accueil groupes adultes. Ouvert: 1.1 / 31.12. ☎ 05 63 70 90 43. E-mail : roussinas@free.fr. Web : www.roussinas.com.
Lat. : 43° 33' 42" N **Long.** : 002° 33' 08" E.

ARFONS

13-B2 35 km S. Castres. 737 m. ✉ 81110

CAMPING MUNICIPAL NC Tourisme 14 E. 0,14 ha. Rivière à 500 m ; lac à 5 km.. Ouvert: 1.5 / 1.10. ☎ 05 63 74 11 37. E-mail : mairie.arfons@orange.fr.
Lat. : 43° 25' 50" N **Long.** : 002° 10' 13" E.

BELLESERRE

13-B2 22 km S.-O. Castres 222 m. ✉ 81540

DOMAINE DE MIRAVAL P.R.L ★★★★ NN17 E. CV. Locations : . Randonnée pédestre organisée. Rivière à 5 km. Accueil groupes. Ouvert: 1.1 / 31.12. ☎ 05 63 73 13 61. E-mail : contact@domaine-de-miraval.com. Web : domaine-de-miraval.com. Réduction H.S.
Lat. : 43° 29' 05" N **Long.** : 002° 04' 27" E.

BRASSAC

13-C2 29 km E. Castres. 665 m. Station verte de vacances et village de neige ✉ 81260

CAMPING MUNICIPAL LA LANDE ★★ Tourisme 45 E. dont 45 nus 0,9 ha CV. Locations : caravane. Accès direct à la rivière.. Ouvert: 1.4 / 31.10. ☎ 06 87 32 34 21. E-mail : campingdelalande.brassac@gmail.com. Web : campingdelalande-brassac.fr/. Prix 2022. Fft jour : empl. Tourisme (2) : 12 € ; sup 4 € ; animaux 1 € ; 4 € ; 3 €.
Lat. : 43° 37' 53" N **Long.** : 002° 29' 31" E.

BRENS

13-B1 17 km N.-O. Albi 151 m. ✉ 81600

LES CHALETS DE FIOLLES P.R.L ★★★★ NN18 E.
CV. A 2 km : Locations :, cabanes,. Randonnée pédestre organisée. Espace Fitness. chauffée. Accès direct à la rivière. Accueil groupes. Ouvert: 1.1 / 31.12. ☎ 05 63 57 69 67. E-mail : leschaletsdefiolles@gmail.com. Web : www.chalets-de-fiolles.com.
Lat. : 43° 52' 28" N **Long.** : 001° 53' 12" E.

CAHUZAC-SUR-VERE

13-B1 22 km N.-O. Albi. 232 m. Station verte de vacances et village de neige ✉ 81140

LE SOLEIL DES BASTIDES ★★★ Tourisme 46 E. dont 39 nus
1 ha 23 h / 7 h, CV. Locations : cabanes, cocosweet. Randonnée pédestre organisée. chauffée. Rivière à 100 m.. Accueil groupes. Ouvert: 11.4 / 26.9. ☎ 05 63 33 91 94. E-mail : info@camping-le-soleil-des-bastides.fr. Web : www.camping-le-soleil-des-bastides.fr. Réduction H.S.
Lat. : 43° 59' 02" N **Long.** : 001° 54' 52" E.
FFCC : avantages adhérent : 17 € du 08/04 au 01/07 et du 02/09 au 29/09 sur emp.

CASTELNAU-DE-MONTMIRAL

13-B1 31 km O. Albi. 249 m. ✉ 81140

DOMAINE DU CHENE VERT ★★★ Tourisme 100 E. 1 ha CV. Locations :. chauffée. Etang et rivière à 300 m. Accueil groupes. Ouvert: 30.4 / 16.9. ☎ 05 63 33 16 10. E-mail : contact@campingduchenevert.fr. Web : www.campingduchenevert.com. Réduction H.S.
Lat. : 43° 58' 36" N **Long.** : 001° 47' 19" E.

CASTRES

13-B2 42 km S.-S.-E. Albi. 220 m. ✉ 81100

CAMPING DE GOURJADE ★★★ Tourisme 98 E. dont 86 nus 3,85 ha CV. A 5 km : Locations :. Randonnée pédestre organisée. Accès direct à la rivière. Accueil groupes. Ouvert: 7.4 / 25.9. ☎ 05 63 59 33 51. E-mail : contact@campingdegourjade.net. Web : www.campingdegourjade.net. Prix 2023. Fft jour : empl. Tourisme (2) : 17 €. Réduction H.S.
Lat. : 43° 37' 14" N **Long.** : 002° 15' 14" E.

CESTAYROLS

13-B1 17 km N.-O. Albi. 240 m. ✉ 81150

LA COULICHE Rés. naturiste. Ouvert: 15.6 / 15.9. ☎ 0 7 80 00 51 70. E-mail : contact.naturismetarn@gmail.com, Web : www.naturismetarn.wix.com/lacouliche. Prix 2023. Fft jour : empl. Tourisme (1): 10 € ( ); sup 10 €;
Lat. : 43° 58' 14" N **Long.** : 001° 59' 11" E.

CORDES-SUR-CIEL

13-B1 24 km N.-O. Albi. 220 m. ✉ 81170

LE MOULIN DE JULIEN ★★★ Tourisme 83 E. dont 83 nus 4,5 ha 22 h / 8 h, CV . Locations : cabanes. , . Accès direct à l'étang ; rivière à 2 km. ; . Ouvert: 1.5 / 30.9. ☎ 05 63 56 11 10. E-mail : contact@campingmoulindejulien.com. Web : www.campingmoulindejulien.com. Réduction H.S.
Lat. : 44° 03' 14" N **Long.** : 001° 58' 21" E.

COURRIS

13-C1 25 km E. Albi. 350 m. ✉ 81340

CAMP VALLÉE DU TARN NC Tourisme 33 E. 1,3 ha . Locations : , . Accès direct à la rivière. ; . Accueil groupes adultes. Ouvert: 1.4 / 1.10. ☎ 0 754110195. E-mail : relax@campvalleedutarn.com. Web : www.campvalleedutarn.com.
Lat. : 43° 56' 38" N **Long.** : 002° 23' 05" E.

CURVALLE

13-C1 35 km E. Albi. 462 m. ✉ 81250

CAMPING MUNICIPAL VILLENEUVE-SUR-TARN NC Tourisme 16 E. 0,5 ha . . Accès direct à la rivière. . Accueil groupes. Ouvert: 1.6 / 30.9. ☎ 05 63 55 91 63. E-mail : mairiedecurvalle@bbox.fr. Réduction H.S.
Lat. : 43° 56' 38" N **Long.** : 002° 28' 08" E.

DAMIATTE

13-B2 25 km N.-O. Castres. 212 m. ✉ 81220

LE PLAN D'EAU ST CHARLES ★★★ Tourisme 82 E. dont 33 nus
3 ha 23 h / 8 h, CV . Randonnée pédestre organisée. . Accès direct à l'étang. ; ; . Accueil groupes. Ouvert: 1.4 / 28.10. ☎ 05 63 70 66 07. E-mail : contact@campingplandeau.com. Web : www.campingplandeau.com. Réduction H.S.
Lat. : 43° 39' 48" N **Long.** : 001° 58' 17" E.
FFCC : avantages adhérent : 18 € du 08/04 au 07/07 et du 28/08 au 14/10 sur emp.

DOURGNE

13-B2 18 km S.-E. Castres. 426 m. ✉ 81110

CAMPING MUNICIPAL TRAVERS DE SAINT-STAPIN NC Tourisme 16 E. 0,25 ha . . Accès direct aux bords du lac et à la rivière.. Ouvert: 1.7 / 15.9. ☎ 05 63 50 31 20. E-mail : communication@dourgne.fr. Web : www.dourgne.fr.
Lat. : 43° 29' 02" N **Long.** : 002° 08' 24" E.

FREJAIROLLES

13-B1 9 km S.-E. Albi 270 m. ✉ 81990

LE GRAND CHENE P.R.L ★★★ NN8 E. dont 5 nus 0,8 ha CV . Locations : , . , . Accès direct à l'étang.. Accueil groupes adultes. Ouvert: 1.1 / 31.12. ☎ 05 63 53 03 55. E-mail : domainedugrandchene81@orange.fr. Web : www.camping-restaurant-albi.com. Réduction H.S.
Lat. : 43° 51' 37" N **Long.** : 002° 14' 56" E.

GAILLAC

13-B1 21 km O.-S.-O. Albi. 175 m. ✉ 81600

CAMPING DES SOURCES ★★★ Tourisme 48 E. dont 42 nus 1,8 ha CV. A 1 km : . Rivière à 200 m.. Ouvert: 1.4 / 31.10. ☎ 05 63 57 18 30. E-mail : camping-gaillac@orange.fr. Web : www.camping-gaillac.fr. Réduction H.S.
Lat. : 43° 53' 47" N **Long.** : 001° 53' 08" E.

GIROUSSENS

13-A2 50 km N.-O. Castres 165 m. ✉ 81500

AIRE NATURELLE LA RIGAUDIE CV. Ouvert: 15.4 / 15.10. ☎ 05 63 41 67 20. E-mail : bernard.gaben@wanadoo.fr, Web : www.larigaudie.com.
Lat. : 43° 45' 16" N **Long.** : 001° 48' 14" E.

GRAULHET

13-B2 30 km N.-O. Castres. 199 m. ✉ 81300

LE LAC DE NABEILLOU ★★ Tourisme 40 E. 1 ha CV. Locations : , . . Accès direct aux bords du lac.. Accueil groupes. Ouvert: 1.1 / 31.12. ☎ 05 63 34 60 04. E-mail : camping@nabeillou.com. Web : www.nabeillou.com. Réduction H.S.
Lat. : 43° 45' 27" N **Long.** : 001° 58' 01" E.

LACAUNE

13-C2 47 km N.-E. Castres. 952 m. Station verte de vacances et village de neige ✉ 81230

CAMPING DES SOURCES CHAUDES ★★★★ Tourisme 59 E. dont 27 nus
CV . Locations : , cabanes, roulotte. Accueil groupes adultes. Ouvert: 1.3 / 15.11. ☎ 05 63 37 22 39. E-mail : campinglacaune@gmail.com. Web : www.campinglacaune.fr. Prix 2022. Fft jour : empl. Tourisme (3): 24 € ( ). Réduction H.S.
Lat. : 43° 42' 34" N **Long.** : 002° 42' 25" E.
FFCC : avantages adhérent : 15 € du 01/04 au 02/07 et du 21/08 au 30/09 sur emp. et 390 € la semaine du 10/02 au 09/07 et du 27/08 au 30/12 sur loc. + Tarif locatifs à la nuitée : 100 € la première nuit et 70 euros la nuit supplémentaire.

LACAZE

13-C2 42 km N.-E. Castres 621 m. ✉ 81330

LE JARDIN ★★★ Tourisme 22 E. dont 12 nus 0,5 ha . Locations : , . . Rivière à 50 m. . Accueil groupes enfants. Ouvert: 1.1 / 31.12. ☎ 0 7 67 88 93 15. E-mail : contact@camping-le-jardin.com. Web : camping-le-jardin.com/.
Lat. : 43° 44' 16" N **Long.** : 002° 31' 09" E.

LACROUZETTE

13-B2 16 km N.-E. Castres 475 m. ✉ 81210

LA VALLÉE DE ROUSSY NC Tourisme 47 E. dont 47 nus 2,5 ha CV . Locations : . , . Accès direct à la rivière. . Accueil groupes. Ouvert: 1.4 / 29.9. ☎ 0 673702565. E-mail : campinglavalleederoussy@hotmail.com. Web : www.camping-sidobre.com/. Réduction H.S.
Lat. : 43° 40' 45" N **Long.** : 002° 23' 07" E.

PARC RESIDENTIEL DE LOISIRS LA BESSIERE NC 20 E. . Locations : . , . Ouvert: 1.1 / 31.12. ☎ 05 63 50 60 16. E-mail : mairie.lacrouzette.81@wanadoo.fr.
Lat. : 43° 39' 38" N **Long.** : 002° 20' 09" E.

LAMONTELARIE

13-C2 47 km E. Castres. 848 m. ✉ 81260

LE ROUQUIÈ DU LAC ★★★ Tourisme 74 E. dont 50 nus CV . Locations : , , . Randonnée pédestre organisée. chauffée . Accès direct aux bords du lac. ; ; . Ouvert: 1.5 / 31.10. ☎ 05 63 70 98 06. E-mail : contact@campingrouquie.fr. Web : www.campingrouquie.fr. Prix 2023. Fft jour : empl. Tourisme (2 1): 33,65 € ( ); sup 7 €; animaux 5 €; 4,95 €. Réduction H.S.
Lat. : 43° 35' 49" N **Long.** : 002° 36' 27" E.

LE BEZ

13-C2 25 km E. Castres. 605 m. ✉ 81260

CAMPING LE PLÔ ★★★ Tourisme 62 E. dont 41 nus, dont 4 CC.
2,5 ha CV . Locations : , , . . Rivière à 5 km. Accueil groupes. Ouvert: 1.5 / 30.9. ☎ 05 63 74 00 82. E-mail : info@leplo.com. Web : www.camping-leplo.fr. Prix 2023. Fft jour : empl. Tourisme (2): 28,25 € ( ). Réduction H.S.
Lat. : 43° 36' 31" N **Long.** : 002° 28' 18" E.
FFCC : avantages adhérent : 16 € du 15/04 au 01/07 et du 01/09 au 15/10 sur emp. et entre 35 € et 242 € la nuitée et entre 225 € et 1450 € la semaine du 15/04 au 15/10 sur loc. + Emplacement nus : 19 euros du 01/07 au 15/07 et du 22/08 au 01/09/2022.

LE DOURN

13-C1 36 km N.-E. Albi. 468 m. ✉ 81340

LA BASTIDE D'ALBIGNAC NC 38 E. CV. Locations : . , . Accès direct à la rivière. . Accueil groupes. Ouvert: 1.1 / 31.12. ☎ 05 63 53 48 44. E-mail : bastidealbignac@hotmail.fr. Web : www.albignac.com.
Lat. : 44° 01' 15" N **Long.** : 002° 27' 59" E.

LES CAMMAZES

13-B2 36 km S. Castres. 586 m. ✉ 81540

LA RIGOLE ★★★★ Tourisme 64 E. dont 30 nus
CV . Locations : , . chauffée , . Lac et rivière à 400 m. Accueil groupes adultes. Ouvert: 14.5 / 16.9. ☎ 05 63 73 28 99. E-mail : campings.occitanie@orange.fr. Web : www.campingdelarigole.com. Réduction H.S.
Lat. : 43° 24' 30" N **Long.** : 002° 05' 12" E.

LIVERS-CAZELLES

13-B1 17 km N.-O. Albi. 286 m. ✉ 81170

CAMPING REDON ★★★ Tourisme 50 E. 2 ha CV . Locations : . . Accès direct à l'étang. . Ouvert: 28.3 / 18.10. ☎ 05 63 56 14 64. E-mail : info@campredon.com. Web : www.campredon.com. Réduction H.S.
Lat. : 44° 02' 31" N **Long.** : 002° 00' 59" E.

MAURENS-SCOPONT

13-B2 38 km O. Castres 217 m. ✉ 81470

DOMAINE DU KOUKANO P.R.L ★★★★ Tourisme 13 E. dont 50 nus, dont 40 CC - 10 GCC. 11 ha CV . Locations : . Randonnée pédestre organisée. Espace Fitness. chauffée , , . Accès direct à l'étang et aux bords du lac. ; . Accueil groupes. Ouvert: 1.4 / 30.11. ☎ 06 13 47 37 34. E-mail : contact@koukano.fr. Web : www.koukano.fr.
Lat. : 43° 36' 16" N **Long.** : 001° 49' 53" E.

MAZAMET

13-C2 18 km S.-E. Castres. 671 m. ✉ 81200

CAMPING MUNICIPAL LA LAUZE ★★★ Tourisme 55 E. dont 50 nus 1,7 ha CV . A 5 km : Locations : . Rivière à 1 km. Accueil groupes. Ouvert: 15.4 / 30.9. ☎ 05 63 61 24 69. E-mail : contact@camping-mazamet.com. Web : www.camping-mazamet.com. Réduction H.S.
Lat. : 43° 29' 47" N **Long.** : 002° 23' 27" E.

MILHARS

10-B5 39 km N.-O. Albi. 240 m. ✉ 81170

M. SERGE ASTOUL . Ouvert: 1.6 / 30.9. ☎ 05 63 56 37 54. E-mail : sastoul@wanadoo.fr, Web : www.camping-milhars.com.
Lat. : 44° 08' 19" N **Long.** : 001° 51' 49" E.

MIRANDOL-BOURGNOUNAC

10-B5 30 km N. Albi. 366 m. ✉ 81190

DOMAINE LES CLOTS ★★★ Tourisme 27 E. dont 17 nus 4 ha 24 h / 24, . Locations : . , . Accès direct à la rivière. ; . Ouvert: 1.6 / 1.9. ☎ 05 63 80 72 15. E-mail : domaineslesclots@orange.fr. Web : www.domainelesclots.com. Réduction H.S.
Lat. : 44° 10' 37" N **Long.** : 002° 10' 44" E.

MONESTIES
13-B1 21 km N.-N.-O. Albi. 293 m. ✉ 81640

CAMPING MUNICIPAL LES PRUNETTES ★ Tourisme 22 E. dont 22 nus CV. Accès direct à la rivière ; lac à 4 km. Accueil groupes. Ouvert: 13.6 / 20.9. ☎ 06 23 95 21 55. E-mail : camping@monesties.fr. Web : www.monesties.fr/camping-municipal-les-prunettes-monesties-tarn_fr.html.
Lat. : 44° 04' 14" N **Long.** : 002° 05' 39" E.
FFCC : avantages adhérent : 14 € du 11/06 au 18/09 sur emp.

MONTIRAT
10-B5 36 km N. Albi. 393 m. ✉ 81190

LA PRADE ★★★ Tourisme 48 E. dont 53 nus, dont 53 GCC. 1,5 ha CV. Locations : , cabanes. Accès direct à la rivière. ; . Ouvert: 27.4 / 1.10. ☎ 05 63 76 95 68. E-mail : camping-la-prade@orange.fr. Web : www.campinglaprade.com. Prix 2022. Fft jour : empl. Tourisme (2) : 19,2 € (E. GCC) ; sup 7 € ; animaux 3,20 € ; 4 €. Réduction H.S.
Lat. : 44° 10' 15" N **Long.** : 002° 03' 35" E.

MURAT-SUR-VEBRE
13-C2 75 km E.-N.-E. Castres. 903 m. Station verte de vacances et village de neige ✉ 81320

CAMPING MUNICIPAL LES ADRETS NC Tourisme 13 E. dont 11 nus . Rivière à 500 m ; lac à 5 km. Ouvert: 1.5 / 30.10. ☎ 05 63 37 41 16. E-mail : mairie.murat81@wanadoo.fr. Web : www.murat-sur-vebre.fr.
Lat. : 43° 41' 08" N **Long.** : 002° 51' 20" E.

NAGES
13-C2 58 km E. Castres. 904 m. Station verte de vacances et village de neige ✉ 81320

RIEUMONTAGNE ★★★★ Tourisme 199 E. CV . Locations : . chauffée . Lac à 500 m. . Accueil groupes adultes. Ouvert: 25.5 / 2.9. ☎ 04 30 05 15 19. E-mail : info@tohapi.fr. Web : www.tohapi.fr/midi-pyrenees/camping-rieumontagne.php.
Lat. : 43° 38' 53" N **Long.** : 002° 46' 47" E.

DOMAINE LACANAL ★★ Tourisme 17 E. . Ouvert: 1.5 / 30.9. ☎ 05 63 37 25 10. E-mail : naturactive@lacanal.com. Web : www.lacanal.com.
Lat. : 43° 39' 20" N **Long.** : 002° 47' 22" E.

LES RIVES DU LAC DU LAOUZAS P.R.L ★★ NN17 E. CV. Locations : , . Randonnée pédestre organisée. , , , . Accès direct à la rivière. ; ; . . Accueil groupes. Ouvert: 1.1 / 31.12. ☎ 05 63 37 45 76. E-mail : vacances@lesrivesdulac.com. Web : www.lesrivesdulac.com.
Lat. : 43° 38' 57" N **Long.** : 002° 46' 30" E.

LES FÉES DU LAC NC 36 E. CV . Locations : . , . Accès direct aux bords du lac ; rivière à 1 km. Accueil groupes. Ouvert: 24.4 / 27.9. ☎ 05 67 29 03 07. E-mail : bonjour@lesfeesdulac.com. Web : www.lesfeesdulac.com.
Lat. : 43° 39' 02" N **Long.** : 002° 46' 06" E.
FFCC : avantages adhérent : 16 € du 22/04 au 07/07 et du 22/08 au 25/09 sur emp. et entre 52 € et 69 € la nuitée et entre 260 € et 345 € la semaine du 22/04 au 02/07 et du 28/08 au 25/09 sur loc.

LES RIVES DU LAC DU LAOUZAS . Ouvert: 1.6 / 30.9. ☎ 05 63 37 45 76. E-mail : vacances@lesrivesdulac.com, Web : www.lesrivesdulac.com.
Lat. : 43° 38' 57" N **Long.** : 002° 46' 30" E.

PAMPELONNE
13-B1 30 km N.-N.-E. Albi. 403 m. ✉ 81190

LE THURIES ★★ Tourisme 35 E. dont 29 nus 1 ha CV . Locations : , roulotte, . chauffée , . Accès direct à la rivière ; lac à 1 km. ; . Ouvert: 14.4 / 16.9. ☎ 05 63 76 44 01. E-mail : camping-thuries-pampelonne@outlook.fr. Web : camping-pampelonne-tarn.fr. Réduction H.S.
Lat. : 44° 07' 35" N **Long.** : 002° 15' 27" E.

PARISOT
13-B2 195 m. ✉ 81310

LES CHALETS DE ROMANCE NC 2 E.. Ouvert: 1.1 / 23.12. ☎ 05 63 40 41 70. E-mail : temolisa@yahoo.fr.
Lat. : 43° 47' 49" N **Long.** : 001° 51' 32" E.

PAULINET
13-C1 38 km S.-E. Albi. 558 m. ✉ 81250

AIRE NATURELLE MUNICIPALE CV. Ouvert: 1.1 / 31.12. ☎ 05 63 55 82 65. E-mail : mairie.paulinet@wanadoo.fr.
Lat. : 43° 50' 55" N **Long.** : 002° 25' 54" E.

PUYCELSI
13-A1 40 km O. Albi. 233 m. ✉ 81140

CENTRE NATURISTE LE FISCALOU ★★★ Tourisme 58 E. dont 45 nus 7 ha CV . Rés. naturiste. Locations : . . Accueil groupes adultes. Ouvert: 29.4 / 30.9. ☎ 05 63 30 45 95. E-mail : fiscalou@orange.fr. Web : www.fiscalou.fr. Réduction H.S.
Lat. : 43° 59' 33" N **Long.** : 001° 39' 04" E.

RABASTENS
13-A1 38 km S.-O. Albi. 170 m. ✉ 81800

CAMPING MUNICIPAL LES AUZERALS ★ Tourisme 38 E. 0,44 ha CV. . Lac à 100 m.. Accueil groupes. Ouvert: 1.4 / 31.10. ☎ 05 63 33 70 36. E-mail : mairie.rabastens@wanadoo.fr. Réduction H.S.
Lat. : 43° 49' 15" N **Long.** : 001° 43' 04" E.

REALMONT
13-B2 18 km S. Albi. 238 m. Station verte ✉ 81120

CAMPING MUNICIPAL LA BÂTISSE ★★ Tourisme 47 E. dont 26 nus 1,2 ha CV. . Accès direct à la rivière.. Ouvert: 1.4 / 30.9. ☎ 05 63 55 50 41. E-mail : camping@realmont.fr.
Lat. : 43° 46' 22" N **Long.** : 002° 09' 54" E.

RIVIERES
13-B1 15 km O. Albi. 145 m. ✉ 81600

DOMAINE DU CEDRE P.R.L ★★★★ NN41 E. CV. Locations : . . Lac et rivière à 400 m. . Accueil groupes. Ouvert: 1.1 / 31.12. ☎ 05 63 81 55 60. E-mail : info@domaineducedre.fr. Web : www.domaineducedre.fr.
Lat. : 43° 54' 43" N **Long.** : 001° 58' 48" E.

LES POMMIERS D'AIGUELÈZE ★★★★ Tourisme 81 E. dont 47 nus CV . Locations : . chauffée . Rivière à 150 m. . Accueil groupes adultes. Ouvert: 1.5 / 30.9. ☎ 05 63 33 02 49. E-mail : info@camping-lespommiers.com. Web : www.camping-lespommiers.com. Prix 2023. Fft jour : empl. Tourisme (2) : 29 € ( ) ; sup 7 € ; animaux 2 € ; 6 € ; 5 €. Réduction H.S.
Lat. : 43° 54' 32" N **Long.** : 001° 58' 59" E.
FFCC : avantages adhérent : 19 € du 29/04 au 07/07 et du 26/08 au 30/09 sur emp.

LES CHALETS DU LAC NC 12 E. . Locations : . . Accès direct aux bords du lac et à la rivière. . . Ouvert: 1.1 / 31.12. ☎ 05 63 81 29 09. E-mail : leschaletsdulac@wanadoo.fr. Web : www.leschaletsdulac.com.
Lat. : 43° 54' 39" N **Long.** : 001° 59' 28" E.

ROQUECOURBE
13-B2 10 km N.-E. Castres. 286 m. ✉ 81210

CAMPING DE MON VILLAGE NC Tourisme 30 E. dont 30 nus 0,7 ha , . Accès direct à la rivière.. Ouvert: 1.6 / 30.9. ☎ 0 1 83 64 69 21. E-mail : contact@campingcarpark.com. Web : www.campingcarpark.com/. Réduction H.S.
Lat. : 43° 39' 39" N **Long.** : 002° 17' 18" E.

SAINT-AMANS-SOULT
13-C2 28 km S.-E. Castres. 552 m. ✉ 81240

LA VALLÉE DU THORÉ ★★ Tourisme 32 E. dont 28 nus 1 ha CV . Locations : . . Accès direct à la rivière ; lac à 5 km.. Ouvert: 1.5 / 31.10. ☎ 05 63 97 05 43. E-mail : camping.valleethore@wanadoo.fr. Web : www.saint-amans-soult.fr/tourisme-loisirs/camping_89.html. Prix 2022. Fft jour : empl. Tourisme (2) : 14,6 € ( ) ; sup 2,80 € ;
Lat. : 43° 28' 50" N **Long.** : 002° 29' 12" E.

SAINT-CIRGUE
13-C1 28 km E. Albi. 371 m. ✉ 81340

DOMAINE VALLEE DU TARN P.R.L ★★★ NN30 E. Locations : . Randonnée pédestre organisée. Espace Fitness. , . Rivière à 3 km. Accueil groupes. Ouvert: 15.2 / 31.12. ☎ 05 63 45 56 82. E-mail : contact@vdtarn.fr. Web : www.vdtarn.fr.
Lat. : 43° 57' 03" N **Long.** : 002° 22' 13" E.

SAINT-LIEUX-LAFENASSE
13-B2 22 km S.-E. Albi. 285 m. ✉ 81120

M. CHRISTOPHE LEPERS . Ouvert: 1.5 / 30.9. ☎ 05 63 55 69 62. E-mail : isalepers@hotmail.fr.
Lat. : 43° 46' 53" N **Long.** : 002° 14' 45" E.

SAINT-PIERRE-DE-TRIVISY
13-C2 32 km N.-E. Castres. 596 m. Station verte de vacances et village de neige ✉ 81330

CAMPING MUNICIPAL LA FORÊT ★★★ Tourisme 45 E. dont 15 nus CV . Locations : , . Espace Fitness. , , . Lac à 500 m. . Accueil groupes. Ouvert: 1.5 / 30.9. ☎ 05 63 50 48 69. E-mail : contact@sidobretourisme.fr. Web : www.stpierredetrivisy.fr/camping-municipal-la-foret. Prix 2023. Fft nuit : empl. Tourisme (2) : 25 € ( ) ; sup 8 € nuit ; animaux 4 € nuit ; 7 € nuit.
Lat. : 43° 45' 41" N **Long.** : 002° 26' 12" E.

PARC RÉSIDENTIEL DE LOISIRS MUNICIPAL P.R.L ★★★ NN15 E. CV . Locations : . Espace Fitness. , , . Lac à 800 m. . Accueil groupes. Ouvert: 1.1 / 31.12. ☎ 05 63 50 48 69. E-mail : contact@sidobretourisme.fr. Web : www.stpierredetrivisy.fr/parc-residentiel-la-foret.
Lat. : 43° 45' 41" N **Long.** : 002° 26' 12" E.

SALLES
13-B1 21 km N.-O. Albi. 273 m. ✉ 81640

M. FRANCIS BLANC CV. Ouvert: 1.1 / 31.12. ☎ 06 20 41 13 58.
Lat. : 44° 05′ 44″ N **Long.** : 002° 03′ 27″ E.

SALVAGNAC
13-A1 40 km O. Albi. 199 m. ✉ 81630

AIRE NATURELLE MUNICIPALE LAC DES TASCONI ⓘ. Ouvert: 15.6 / 15.9. ☎ 05 63 33 57 89. E-mail : mairie.salvagnac@wanadoo.fr.
Lat. : 43° 54′ 51″ N **Long.** : 001° 40′ 56″ E.

SERVIES
13-B2 18 km N.-O. Castres. 195 m. ✉ 81220

SAINT-PIERRE-DE-ROUSIEUX ★★★★ Tourisme 50 E. dont 26 nus 1 ha CV. Locations : . Randonnée pédestre organisée. chauffée , . Accueil groupes. Ouvert: 1.7 / 30.8. ☎ 05 63 50 04 43. E-mail : contact@camping81.com. Web : www.camping81.com.
Lat. : 43° 40′ 00″ N **Long.** : 002° 02′ 38″ E.

SOREZE
13-B2 27 km S.-O. Castres. 464 m. ✉ 81540

SAINT MARTIN ★★★ Tourisme 53 E. dont 39 nus, dont 39 CC.
CV . Rivière à 1 km ; lac à 5 km. . Accueil groupes adultes. Ouvert: 8.4 / 30.10. ☎ 05 63 50 20 19. E-mail : campingsaintmartin@gmail.com. Web : www.campingsaintmartin.com. Réduction H.S.
Lat. : 43° 27′ 17″ N **Long.** : 002° 04′ 10″ E.
FFCC : avantages adhérent : 18 € du 08/04 au 05/07 et du 01/09 au 15/10 sur emp.

TEILLET
13-B1 25 km S.-E. Albi. 452 m. ✉ 81120

LES MONTS D'ALBI ★★★★ Loisirs 65 E. dont 46 nus
2,5 ha CV . Lac à 3 km. Accueil groupes adultes. Ouvert: 1.4 / 30.9. ☎ 05 63 55 74 45. E-mail : contact@campingdutarn.com. Web : www.campingdutarn.com. Réduction H.S.
Lat. : 43° 49′ 56″ N **Long.** : 002° 20′ 21″ E.

TONNAC
13-B1 26 km N.-O. Albi. 378 m. ✉ 81170

RIVET CV. Ouvert: 1.6 / 30.9. ☎ 06 76 13 81 59. E-mail : helene.zaharia@wanadoo.fr, Web : www.campingrivet.info.
Lat. : 44° 05′ 35″ N **Long.** : 001° 51′ 07″ E.

TREBAS
13-C1 35 km E. Albi. 346 m. ✉ 81340

L'AMITIE ★★ Tourisme 60 E. dont 46 nus 0,8 ha CV . Locations : , , . Accès direct à la rivière. . Accueil groupes. Ouvert: 30.4 / 11.9. ☎ 05 63 55 84 07. E-mail : amitie@trebas.net. Web : www.trebas.net. Réduction H.S.
Lat. : 43° 56′ 35″ N **Long.** : 002° 28′ 59″ E.

VABRE
13-C2 30 km N.-E. Castres. 506 m. ✉ 81330

AIRE NATURELLE MUNICIPALE THERON-DEL LES PINS . ☎ 05 63 74 40 60. E-mail : mairie.vabre@wanadoo.fr, Web : www.vabre.fr.
Lat. : 43° 40′ 17″ N **Long.** : 002° 24′ 56″ E.

VALENCE-D'ALBIGEOIS
13-C1 27 km N.-E. Albi. 441 m. ✉ 81340

AIRE NATURELLE MUNICIPALE . Ouvert: 15.4 / 15.10. ☎ 05 63 53 41 00. E-mail : mairievalence81@wanadoo.fr, Web : www.valence-dalbigeois.fr. Prix 2022. empl. Tourisme : 6 € ; 2 € ; 2 €.
Lat. : 44° 01′ 23″ N **Long.** : 002° 24′ 01″ E.

VERDALLE
13-B2 15 km S.-O. Castres 405 m. ✉ 81110

AIRE NATURELLE MUNICIPALE . ☎ 05 63 50 32 75. E-mail : accueil@lapouzaque.org, Web : www.lapouzaque.org.
Lat. : 43° 29′ 11″ N **Long.** : 002° 10′ 34″ E.

VIANE
13-C2 50 km N.-E. Castres. 661 m. ✉ 81530

CAMPING MUNICIPAL DE LA RABAUDIE ★★ Tourisme 24 E. , . Accès direct à l'étang et à la rivière.. Ouvert: 1.1 / 31.12. ☎ 05 63 37 50 34. E-mail : mairie-viane81@wanadoo.fr.
Lat. : 43° 43′ 54″ N **Long.** : 002° 35′ 48″ E.

VIELMUR-SUR-AGOUT
13-B2 14 km O. Castres. 158 m. ✉ 81570

LE PESSAC ★★★ Tourisme 60 E. dont 31 nus
1,5 ha CV . Locations : , , . Etang, lac et rivière à 300 m.. Accueil groupes. Ouvert: 1.4 / 31.10. ☎ 05 63 74 30 24. E-mail : info@camping-lepessac.com. Web : www.camping-lepessac.com. Réduction H.S.
Lat. : 43° 37′ 14″ N **Long.** : 002° 05′ 38″ E.

VINDRAC-ALAYRAC
13-B1 223 m. ✉ 81170

HUTTOPIA PAYS DE CORDES SUR CIEL ★★★ Tourisme 104 E. dont 20 nus
CV . Locations : , roulotte. Randonnée pédestre organisée. chauffée . Rivière à 4 km ; étang à 5 km. Accueil groupes. Ouvert: 11.5 / 24.9. ☎ 05 63 56 27 14. E-mail : cordes@huttopia.com. Web : europe.huttopia.com/site/pays-de-cordes-sur-ciel. Prix 2023. Fft nuit : empl. Tourisme (2) : 44,1 € ( ) ; sup 7,70 € nuit ; animaux 5,30 € nuit. Réduction H.S.
Lat. : 44° 03′ 51″ N **Long.** : 001° 55′ 35″ E.
FFCC : avantages adhérent : 10% du 11/05 au 01/07 et du 31/08 au 24/0910% du 11/05 au 01/07 et du 31/08 au 24/09 sur emp. et loc. + 5% de réduction en juillet-août sur les emplacements nus et locatifs * frais de réservation offerts Rendez-vous dans votre club avantages FFCC pour obtenir le code promotionnel.

82 TARN-ET-GARONNE

Cartes 9-10-12-13

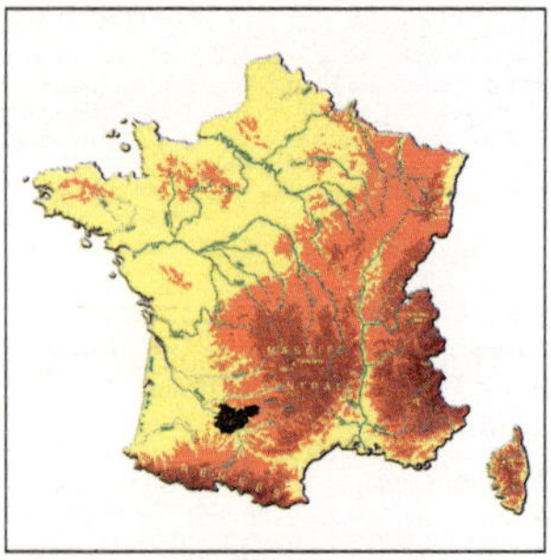

BEAUMONT-DE-LOMAGNE

12-F1 25 km S.-O. Castelsarrasin. 155 m. Station verte de vacances et village de neige ✉ 82500

LE LOMAGNOL ★★★ Tourisme 78 E. 4 ha CV. Locations : . Accès direct aux bords du lac ; rivière à 50 m. Ouvert: 1.4 / 30.10. ☎ 05 63 02 16 76. E-mail : campinglomagnol@gmail.com. Web : www.camping-tarn-et-garonne.com/village-des-loisirs-du-lomagnol/.
Lat. : 43° 53′ 02" N **Long.** : 000° 59′ 52" E.

CAMPSAS

12-F1 15 km S. Montauban. 123 m. ✉ 82370

LA TISARNE ★★★ Tourisme 30 E. dont 24 nus, dont 17 CC. 1 ha CV. Locations : . Rivière à 3 km. Ouvert: 1.4 / 30.10. ☎ 05 63 64 02 75. E-mail : latisarne@live.fr. Web : www.camping-latisarne.com. Prix 2023. Fft jour : empl. Tourisme (2) : 24,5 € ()
Lat. : 43° 53′ 46" N **Long.** : 001° 18′ 02" E.

CAUSSADE

10-A5 10 km N.-E. Nègrepelisse 135 m. ✉ 82300

CAMPING MUNICIPAL LA PIBOULETTE NC Tourisme 76 E. dont 76 nus 1,5 ha CV. Etang, lac et rivière à 100 m.. Accueil groupes. Ouvert: 1.5 / 31.10. ☎ 05 63 93 09 07. E-mail : campingcaussade@gmail.com. Web : www.mairie-caussade.fr. Prix 2023. Fft jour : empl. Tourisme (2) : 13 € ()
Lat. : 44° 09′ 59" N **Long.** : 001° 32′ 41" E.

CAYLUS

10-A5 44 km N.-E. Montauban. 303 m. Station verte de vacances et village de neige ✉ 82160

LA BONNETTE ★★★ Tourisme 57 E. dont 50 nus 1,4 ha CV. Accès direct à la rivière ; lac à 500 m. Accueil groupes. Ouvert: 23.3 / 5.10. ☎ 05 63 65 70 20. E-mail : info@campingbonnette.com. Web : www.campingbonnette.com.
Lat. : 44° 14′ 01" N **Long.** : 001° 46′ 35" E.

CAYRIECH

10-A5 32 km N.-E. Montauban. 160 m. ✉ 82240

A 15' des Gorges de l'Aveyron
Le Clos de la Lère ★★★
82240 CAYRIECH
- Terrain calme, familial, Emplacements délimités
- Bloc sanitaire grand confort

Piscine chauffée - WIFI GRATUIT
- Lave-linge et sèche linge
- Piscine, jeux enfants, tranpolines, boules, volley, ping-pong, fitness
- Snack, plats à emporter, alimentation
- LOCATION mobil-homes, chalet et tentes
- Partenaires ACSI-FFCC

A proximité des sites touristiques
St Cirq Lapopie - Cordes
OUVERTURE : 03/03 au 05/11/2023
Tél.: 05 63 31 20 41
le-clos-de-la-lere@wanadoo.fr
www.camping-leclosdelalere.com

LE CLOS DE LA LÈRE ★★★ Tourisme 55 E. dont 33 nus
0,60 ha 22 h 30 / 7 h 30, CV. A 5 km : Locations : . chauffée . Rivière à 100 m ; lac à 1,71 km.. Accueil groupes. Ouvert: 3.3 / 4.11. ☎ 05 63 31 20 41. E-mail : le-clos-de-la-lere@wanadoo.fr. Web : www.camping-leclosdelalere.com. Prix 2023. Fft jour : empl. Tourisme (2) : 26 € () ; sup 6 € ; animaux 3 € ; 4 €. Réduction H.S.
Lat. : 44° 13′ 02" N **Long.** : 001° 36′ 48" E.
FFCC : avantages adhérent : 17 € du 03/03 au 30/06 et du 01/09 au 04/11 sur emp.

GARGANVILLAR

12-F1 10 km S.-O. Castelsarrasin. 152 m. ✉ 82100

CAMPING LES ETANGS ★★★ Tourisme 88 E. 2 ha CV. Locations : . chauffée . Accès direct à l'étang ; lac à 200 m. Ouvert: 15.5 / 30.9. ☎ 05 63 29 02 28. E-mail : flo.bgr@gmail.com. Réduction H.S.
Lat. : 43° 59′ 17" N **Long.** : 001° 02′ 42" E.

GRISOLLES

12-F1 22 km S.-E. Montauban. 115 m. ✉ 82170

LES TERRASSES OCCITANES ★ Tourisme 40 E. dont 28 nus 2 ha CV. Rivière à 1 km ; lac à 5 km. Ouvert: 2.1 / 22.12. ☎ 05 63 67 33 22 / 07 64 54 71 58. E-mail : camping.lesterrassesoccitanes@gmail.com. Web : www.camping-les-terrasses-occitanes.fr.
Lat. : 43° 50′ 23" N **Long.** : 001° 17′ 59" E.

LAFRANCAISE

9-F5 17 km N.-O. Montauban. 120 m. Station verte de vacances et village de neige ✉ 82130

CAMPING DU LAC ★★★ Tourisme 41 E. dont 21 nus . Locations : . couverte chauffée . Accès direct aux bords du lac. . Accueil groupes enfants. Ouvert: 15.4 / 30.9. ☎ 05 63 65 89 69. E-mail : theolor@orange.fr. Web : www.campings82.fr.
Lat. : 44° 07′ 33" N **Long.** : 001° 14′ 49" E.

LAUZERTE

9-F5 30 km N. Castelsarrasin. 175 m. ✉ 82110

CAMPING LE BEAUVILLAGE ★★★ Tourisme 25 E. dont 18 nus 1,5 ha CV. Locations : tonneau, yourte. Accès direct à la rivière. Ouvert: 31.3 / 1.9. ☎ 06 67 31 20 19. E-mail : contact@camping-lebeauvillage.com. Web : www.camping-lebeauvillage.com.
Lat. : 44° 15′ 60" N **Long.** : 001° 08′ 26" E.

LAVIT

12-F1 21 km S.-E. Castelsarrasin. 181 m. ✉ 82120

CAMPING MUNICIPAL NC Tourisme 33 E. . Locations : . Accès direct aux bords du lac.. Ouvert: 15.6 / 30.9. ☎ 05 63 94 05 54. E-mail : mairie-lavit.de.lomagne@info82.com. Web : www.lavit-de-lomagne.fr.
Lat. : 43° 57′ 44" N **Long.** : 000° 55′ 26" E.

MOISSAC

12-F1 7 km N. Castelsarrasin. 113 m. ✉ 82200

CAMPING MUNICIPAL LE MOULIN DE BIDOUNET ★★★ Tourisme 109 E. dont 90 nus
1,5 ha CV. Locations : . Accès direct à la rivière. Ouvert: 25.3 / 24.10. ☎ 05 63 32 52 52. E-mail : camping-bidounet@moissac.fr. Web : www.camping-moissac.fr.
Lat. : 44° 05′ 48" N **Long.** : 001° 05′ 24" E.

MOLIERES

9-F5 22 km N. Montauban. 150 m. ✉ 82220

DOMAINE DE MERLANES ★★★★ Tourisme 61 E.
chauffée . Ouvert: 23.4 / 1.10. ☎ 05 63 67 64 33. E-mail : simone.merlanes@gmail.com. Web : domaine-de-merlanes.com.
Lat. : 44° 11′ 07" N **Long.** : 001° 23′ 11" E.

CAMPING LE MALIVERT ★★★ Tourisme 29 E. dont 24 nus 0,5 ha CV. Accès direct aux bords du lac. Accueil groupes. Ouvert: 1.4 / 31.10. ☎ 06 28 10 94 78. E-mail : campingdumalivert@gmail.com. Web : www.camping-molieres.com/.
Lat. : 44° 11′ 15" N **Long.** : 001° 21′ 57" E.

MONCLAR-DE-QUERCY

13-A1 21 km S.-E. Montauban. 188 m. Station verte de vacances et village de neige ✉ 82230

CAMPING MUNICIPAL NATURE LACS ET FORETS NC Tourisme 25 E. 4 ha CV. Locations : . couverte chauffée , , . Accès direct aux bords du lac. ; ; ; . Accueil groupes. Ouvert: 15.6 / 15.9. ☎ 05 63 30 40 29. E-mail : mairie-monclar.de.quercy@info82.com.
Lat. : 43° 58' 12" N **Long.** : 001° 35' 22" E.

MONTAIGU-DE-QUERCY

9-F5 42 km N. Castelsarrasin. 226 m. Station verte de vacances et village de neige ✉ 82150

MONTAIGU PLAGE NC 69 E. dont 50 nus, dont 50 CC.
CV. Locations : , 1 . Randonnée pédestre organisée. , , . Accès direct aux bords du lac. ; ; . Accueil groupes. Ouvert: 28.4 / 1.10. ☎ 05 63 32 50 07. E-mail : montaiguplage@gmx.fr. Web : www.montaiguplage82.com. Prix 2023. Fft jour : empl. Tourisme (2) : 21 € (E. CC) ; sup 4 € ; animaux 1 € ; 3 €.
Lat. : 44° 20' 12" N **Long.** : 001° 02' 00" E.
FFCC : avantages adhérent : 15 € du 29/04 au 30/06 et du 01/09 au 01/10 sur emp. et entre 60 € et 70 € la nuitée et entre 400 € et 450 € la semaine du 29/04 au 30/06 et du 01/09 au 01/10 sur loc.

MONTECH

12-F1 12 km S.-O. Montauban. 101 m. ✉ 82700

CAMPING MUNICIPAL DE MONTECH ★★★ Tourisme 154 E. dont 58 CC.
. . Ouvert: 1.4 / 31.10. ☎ 05 63 31 14 29. E-mail : contact@camping-montech.fr. Web : www.camping-montech.fr/.
Lat. : 43° 57' 53" N **Long.** : 001° 14' 23" E.

MONTPEZAT-DE-QUERCY

10-A5 34 km N.-N.-E. Montauban. 208 m. Station verte de vacances et village de neige ✉ 82270

LE FAILLAL ★★★ Tourisme 45 E. 3,5 ha CV. Locations : . , , . Rivière à 3 km. . Accueil groupes adultes. Ouvert: 9.4 / 1.10. ☎ 04 73 93 60 00. E-mail : resa2@revea-vacances.com. Réduction H.S.
Lat. : 44° 14' 35" N **Long.** : 001° 28' 37" E.

MONTRICOUX

13-A1 24 km N.-E. Montauban. 156 m. ✉ 82800

LE CLOS LALANDE ★★★ Tourisme 60 E. dont 40 nus 2 ha CV. Locations : , . chauffée , . Accès direct à la rivière.. Accueil groupes. Ouvert: 1.4 / 11.10. ☎ 05 63 24 18 89. E-mail : contact@camping-lecloslalande.com. Web : www.camping-lecloslalande.com. Réduction H.S.
Lat. : 44° 04' 39" N **Long.** : 001° 36' 42" E.

LE FAUCON D'OR ★★ Tourisme 50 E. CV. Locations : , . Randonnée pédestre organisée. couverte . Accès direct à l'étang.. Accueil groupes. Ouvert: 10.4 / 25.9. ☎ 05 63 24 14 79. E-mail : faucondor@hotmail.fr. Web : www.faucondor.com.
Lat. : 44° 05' 04" N **Long.** : 001° 37' 41" E.

NEGREPELISSE

13-A1 15 km N.-E. Montauban. 115 m. ✉ 82800

CAMPING MUNICIPAL LE COLOMBIER ★★ Tourisme 53 E. dont 50 nus
CV. Locations : . Randonnée pédestre organisée. chauffée , . Rivière à 1,5 km ; étang à 5 km. Accueil groupes. Ouvert: 10.6 / 30.9. ☎ 05 63 64 20 34. E-mail : camping.lecolombier@ville-negrepelisse.fr. Web : www.ville-negrepelisse.fr.
Lat. : 44° 04' 19" N **Long.** : 001° 31' 07" E.
FFCC : avantages adhérent : 10% du 01/06 au 30/0910% du 01/06 au 30/09 sur emp. et loc.

PARISOT

10-B5 50 km N.-E. Montauban. 336 m. ✉ 82160

CAMPING DU LAC ★★ Tourisme 39 E. dont 33 nus
2 ha CV. Locations : , , caravane, . . Accès direct aux bords du lac. ; . Accueil groupes. Ouvert: 15.4 / 15.10. ☎ 06 17 39 98 26. E-mail : campingdulacdeparisot@orange.fr. Web : www.campingdulacdeparisot.com. Prix 2023. Fft jour : empl. Tourisme (2) : 18 € ( ). Réduction H.S.
Lat. : 44° 16' 15" N **Long.** : 001° 52' 20" E.
FFCC : avantages adhérent : 17 € du 15/04 au 31/05 et du 01/09 au 30/09 sur emp. et entre 302 € et 400 € la semaine du 15/04 au 31/05 et du 01/10 au 31/10 sur loc.

PUYGAILLARD-DE-QUERCY

13-A1 31 km E. Montauban. 179 m. ✉ 82800

FARGOGNE ★★★ Tourisme 28 E. dont 23 nus 3 ha . . Accès direct à l'étang. Ouvert: 13.4 / 13.10. ☎ 05 63 30 95 61. E-mail : lucas.herphelin@gmail.com. Web : www.fargogne.com. Réduction H.S.
Lat. : 43° 59' 33" N **Long.** : 001° 38' 54" E.

SAINT-ANTONIN-NOBLE-VAL

10-A5 48 km N.-E. Montauban. 280 m. Station verte de vacances et village de neige ✉ 82140

LES GORGES DE L'AVEYRON ★★★★ Tourisme 80 E. dont 40 nus
CV. Locations : . Randonnée pédestre organisée. chauffée , . Accès direct à la rivière. . Ouvert: 19.4 / 25.9. ☎ 05 63 30 69 76. E-mail : info@camping-gorges-aveyron.com. Web : www.camping-gorges-aveyron.com. Prix 2023. Fft jour : empl. Tourisme (2) : 39 € ( ). Réduction H.S.
Lat. : 44° 09' 06" N **Long.** : 001° 46' 19" E.
FFCC : avantages adhérent : 20 € du 05/05 au 30/06 et du 01/09 au 30/09 sur emp.

LES TROIS CANTONS ★★★★ Tourisme 99 E. dont 56 nus, dont 6 CC.
15 ha CV. A 5 km : Locations : cabanes . Randonnée pédestre organisée. , . Accueil groupes. Ouvert: 1.5 / 30.9. ☎ 05 63 31 98 57. E-mail : info@3cantons.fr. Web : www.camping3cantons.com. Réduction H.S.
Lat. : 44° 11' 36" N **Long.** : 001° 41' 47" E.

CAMPING MUNICIPAL LE PONGET ★★ Tourisme 43 E. dont 43 nus 2 ha CV . Rivière à 1,5 km. Accueil groupes enfants. Ouvert: 2.5 / 30.9. ☎ 05 63 68 21 13. E-mail : camping.leponget@orange.fr. Web : camping-leponget.jimdo.com.
Lat. : 44° 09' 33" N **Long.** : 001° 45' 20" E.

LE NOBLE VAL ★★ Tourisme 73 E. dont 10 nus
CV. Randonnée pédestre organisée. . Accès direct à la rivière. . Accueil groupes. Ouvert: 8.4 / 11.9. ☎ 05 63 30 64 30. E-mail : nobleval@vacances-andretrigano.com. Web : vacances-andretrigano.com/camping/cotes-d-armor/les-monts-colleux-pleneuf-val-andre.
Lat. : 44° 09' 03" N **Long.** : 001° 46' 10" E.
FFCC : avantages adhérent : 10% du 07/04 au 08/07 et du 26/08 au 17/09 sur emp. et 5% du 07/04 au 08/07 et du 26/08 au 17/09 sur loc.

SAINT-NICOLAS-DE-LA-GRAVE

12-F1 11 km N.-O. Castelsarrasin. 70 m. ✉ 82210

LE PLAN D'EAU ★★ Tourisme 42 E. dont 42 nus
1,5 ha CV . A 5 km : Locations : . chauffée , . Lac et rivière à 300 m. . Accueil groupes. Ouvert: 1.5 / 15.9. ☎ 0 5 63 91 82 00. E-mail : contact@basedeloisirs82.com. Web : www.loisirs82.fr. Réduction H.S.
Lat. : 44° 05' 09" N **Long.** : 001° 01' 38" E.
FFCC : avantages adhérent : 12 € du 01/06 au 30/06 et du 01/09 au 30/09 sur emp.

SAINT-PROJET

10-A5 53 km N.-E. Montauban. 344 m. ✉ 82160

LE MEROU ★★★ Tourisme 25 E. 5 ha Rés. naturiste. Locations : . . Ouvert: 1.5 / 30.9. ☎ 05 67 05 20 40. E-mail : campinglemerou@gmail.com. Web : www.campinglemerou.com.
Lat. : 44° 17' 50" N **Long.** : 001° 46' 57" E.

SEPTFONDS

10-A5 29 km N.-E. Montauban. 182 m. ✉ 82240

BOIS REDON ★★★ Tourisme 40 E. dont 30 nus, dont 28 CC - 2 GCC.
3 ha CV . Locations : , . Randonnée pédestre organisée. chauffée . Rivière à 1 km ; lac à 5 km. . Ouvert: 1.1 / 31.12. ☎ 05 63 64 92 49. E-mail : info@campingdeboisredon.com. Web : www.campingdeboisredon.com. Prix 2022. empl. Tourisme : 6 € ; 5 € ; animaux 2 € ; 4 € ; 5 €. Réduction H.S.
Lat. : 44° 10' 57" N **Long.** : 001° 36' 14" E.
FFCC : avantages adhérent : 20 € du 01/01 au 08/07 et du 19/08 au 31/12 sur emp. et entre 40 € et 125 € la nuitée et entre 240 € et 800 € la semaine du 01/01 au 08/07 et du 19/08 au 31/12 sur loc.

TOUFFAILLES

9-F5 27 km N. Castelsarrasin. 204 m. ✉ 82190

CAMPING MUNICIPAL NC Tourisme 11 E. 0,35 ha , .. Ouvert: 1.5 / 30.9. ☎ 05 63 94 48 91. E-mail : mairie-touffailles@info82.com.
Lat. : 44° 16' 23" N **Long.** : 001° 03' 02" E.

VAISSAC

13-A1 22 km E. Montauban. 163 m. Station verte ✉ 82800

AICI SEM PLA ★★ Tourisme 24 E. 1,5 ha 23 h / 9 h, CV . Locations : . , . Accès direct à l'étang ; lac à 2 km ; rivière à 5 km.. Accueil groupes. Ouvert: 1.1 / 31.12. ☎ 05 63 30 98 01. E-mail : bouteiller8@orange.fr. Web : www.aicisempla.com. Réduction H.S.
Lat. : 44° 02' 58" N **Long.** : 001° 35' 31" E.

VALEILLES

9-F5 38 km N.-O. Castelsarrasin. 159 m. ✉ 82150

DOMAINE NATURISTE LES MANOQUES ★★★★ Tourisme 66 E. 14 ha Rés. naturiste. Randonnée pédestre organisée. . Etang à 3 km. . Ouvert: 22.6 / 8.9. ☎ 05 63 95 24 06. E-mail : xavier.fabienne@lesmanoques.com. Web : www.lesmanoques.com.
Lat. : 44° 21' 20" N **Long.** : 000° 55' 30" E.

VALENCE

12-F1 25 km O. Castelsarrasin. 67 m. ✉ 82400

CAMPING VAL DE GARONNE NC Tourisme 33 E. 1,2 ha . Ouvert: 1.7 / 31.8. ☎ 06 19 81 28 23. E-mail : camping@valencedagen.fr.
Lat. : 44° 05' 48" N **Long.** : 000° 53' 22" E.

VAREN

10-B5 60 km N.-E. Montauban. 212 m. ✉ 82330

LE CAMP ★ Tourisme 6 E. ☎ 06 11 94 33 68. E-mail : info@lecamp.co.uk. Web : www.lecamp.co.uk.
Lat. : 44° 09' 32" N **Long.** : 001° 53' 38" E.

VARENNES

13-A1 20 km S.-E. Montauban 157 m. ✉ 82370

LE VERGER DE VARENNES CV. Ouvert: 1.4 / 30.9. ☎ 05 63 30 41 29. E-mail : annie.solignac@orange.fr.
Lat. : 43° 55' 36" N **Long.** : 001° 30' 16" E.

VAZERAC

9-F5 26 km N.-O. Montauban. 148 m. ✉ 82220

LATAPIE ★★★ Tourisme 50 E. dont 50 nus 3,5 ha . Accès direct à l'étang. Ouvert: 1.6 / 30.9. ☎ 05 63 67 70 92. E-mail : info@campinglatapie.com. Web : www.campinglatapie.com. Réduction H.S.
Lat. : 44° 11' 23" N **Long.** : 001° 17' 57" E.

83 VAR

Carte 14

Correspondant FFCC : Didier SERRE, 7 lot La Marteliere - 13100 LE THOLONET
Tél. 06 88 63 05 63 et serredidierffc13@orange.fr

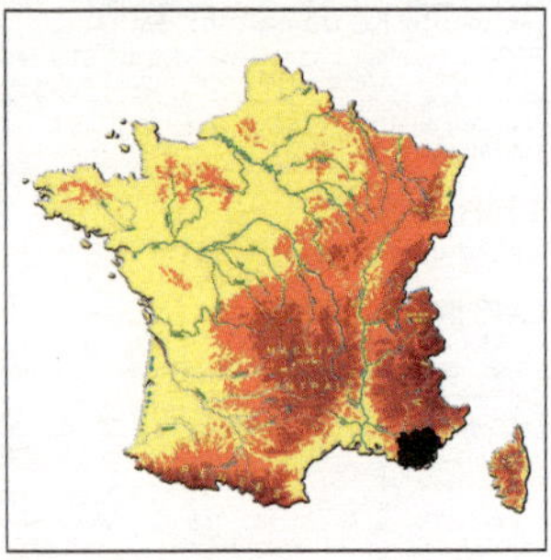

AIGUINES

14-D1 46 km N.-O. Brignoles. 913 m. 83630

CAMPING DE L'AIGLE ★★★ Tourisme 100 E. dont 69 nus

CV. Locations : , cocosweet, roulotte, tonneau. Accès direct aux bords du lac. Ouvert: 12.5 / 10.9. ☎ 04 94 84 23 75. E-mail : aigle@campasun.eu. Web : www.campasun.eu/aigle/accueil. Prix 2023. Fft jour : empl. Tourisme (2) : 36 € ( ) ; sup 8,60 € ; animaux 5 € ; 6,50 €.
Lat. : 43° 46' 33" N **Long.** : 006° 14' 44" E.

CHANTERAINE ★★★ Tourisme 161 E. 4 ha CV. Locations : . chauffée , . Lac à 500 m. ; ; . Ouvert: 1.4 / 15.10. ☎ 04 94 70 22 16. E-mail : chanteraine@free.fr.
Lat. : 43° 46' 08" N **Long.** : 006° 13' 35" E.

CAMPING MUNICIPAL LE GALETAS ★★ Tourisme 350 E. dont 300 nus 22 ha CV . Locations : . Accès direct aux bords du lac. . Ouvert: 1.4 / 15.10. ☎ 04 94 70 20 48. E-mail : campinggaletas@orange.fr.
Lat. : 43° 47' 49" N **Long.** : 006° 14' 32" E.

ARTIGNOSC-SUR-VERDON

14-D2 35 km N.-O. Draguignan. 524 m. 83630

L'AVELANEDE ★★★ Tourisme 100 E. dont 55 nus 4 ha CV . Locations : , . Lac et rivière à 2 km. ; . Ouvert: 1.4 / 15.11. ☎ 04 94 80 71 57. E-mail : bonjour@camping-l-avelanede.com. Web : www.camping-l-avelanede.com. Réduction H.S.
Lat. : 43° 41' 21" N **Long.** : 006° 06' 36" E.

CAMPING MUNICIPAL L'EOUVIERE VERTE ★★ Tourisme 199 E. 12 ha . Lac à 200 m. . Ouvert: 15.6 / 15.9. ☎ 04 94 80 71 06. E-mail : camping-artignosc@outlook.com. Web : www.artignosc-sur-verdon.fr.
Lat. : 43° 43' 29" N **Long.** : 006° 05' 44" E.

AUPS

14-D2 30 km N.-O. Draguignan. 574 m. 83630

CAMPING INTERNATIONAL ★★★★ Tourisme 179 E.

4 ha CV . Locations : . Espace Fitness. chauffée. ; . Accueil groupes adultes. Ouvert: 28.4 / 24.9. ☎ 04 94 70 06 80. E-mail : international@campasun.eu. Web : www.campasun.eu/international/accueil. Prix 2023. Fft jour : empl. Tourisme (2) : 45 € ( ) ; sup 10 € ; animaux 5 € ; 8 €.
Lat. : 43° 37' 30" N **Long.** : 006° 13' 04" E.

L'OASIS DU VERDON ★★★ Tourisme 121 E. dont 55 nus

2 ha 22 h / 7 h, CV . chauffée. Accueil groupes. Ouvert: 7.4 / 24.9. ☎ 04 94 70 00 93. E-mail : contact@oasis-verdon.com. Web : www.oasis-verdon.com. Réduction H.S.
Lat. : 43° 37' 30" N **Long.** : 006° 13' 40" E.

SAINT LAZARE ★★★ Tourisme 60 E. dont 45 nus CV . . Accueil groupes adultes. Ouvert: 1.4 / 30.9. ☎ 04 94 70 12 86. E-mail : camping.caravaning.st-lazare@orange.fr. Web : www.camping-stlazare-var.fr. Réduction H.S.
Lat. : 43° 38' 09" N **Long.** : 006° 12' 28" E.

BAGNOLS-EN-FORET

14-E2 20 km E. Draguignan. 232 m. 83600

LES CLOS ★ Loisirs 49 E. CV . Locations : , . Ouvert: 1.3 / 29.9. ☎ 04 94 40 06 76. E-mail : camping.les.clos@wanadoo.fr. Web : www.camping-les-clos.fr.
Lat. : 43° 32' 09" N **Long.** : 006° 42' 17" E.

BAUDUEN

14-D2 57 km N.-E. Brignoles. 696 m. 83630

AUX VALLONS ★★★ Tourisme 71 E. 0,9 ha CV . Locations : , . Lac à 300 m. Accueil groupes. Ouvert: 1.4 / 30.9. ☎ 04 94 70 09 13. E-mail : auxvallons@orange.fr. Web : auxvallons.fr. Réduction H.S.
Lat. : 43° 43' 17" N **Long.** : 006° 11' 10" E.

CAMPING LES RESTANQUES ★★★ Tourisme 100 E. dont 73 nus 3 ha . Locations : . Lac à 4 km. Ouvert: 1.5 / 30.9. ☎ 04 94 70 08 58. E-mail : contact@campinglesrestanques83.com. Web : www.camping-gorge-verdon.com. Réduction H.S.
Lat. : 43° 42' 36" N **Long.** : 006° 11' 45" E.

LE CLOS DE BARBEY ★★★ Tourisme 135 E. CV . chauffée . Lac à 1 km ; rivière à 3 km. Accueil groupes. Ouvert: 4.4 / 11.10. ☎ 04 94 70 08 56. E-mail : info@closdebarbey.com. Web : www.closdebarbey.com.
Lat. : 43° 42' 54" N **Long.** : 006° 11' 34" E.

LE VIEUX CHÊNE ★★★ Tourisme 93 E. dont 70 nus

1,5 ha CV . Locations : , roulotte. Lac à 300 m. Ouvert: 1.4 / 10.10. ☎ 04 94 70 09 08. E-mail : campinglevieuxchene@gmail.com. Web : www.campinglevieuxchene.com.
Lat. : 43° 43' 23" N **Long.** : 006° 10' 43" E.

LES RIVES DU LAC DE SAINTE CROIX ★★ Tourisme 100 E. dont 57 nus 2,5 ha CV. Locations : . . Lac à 300 m. . Accueil groupes. Ouvert: 8.4 / 6.11. ☎ 0 4 94 70 0544. E-mail : contact@camping-lac-sainte-croix.fr. Web : www.tikayan.com/fr/camping-rives-du-lac-de-sainte-croix-accueil. Prix 2022. Fft jour : empl. Tourisme (2) : 30 € ( )
Lat. : 43° 43' 21" N **Long.** : 006° 10' 55" E.

CAMPING LE LAC ★ Tourisme 41 E. Ouvert: 1.5 / 31.10. ☎ 0 4 78 28 13 13. E-mail : contact@djuringa-juniors.fr. Web : www.camping-le-lac-gorges-du-verdon.com.
Lat. : 43° 43' 08" N **Long.** : 006° 11' 00" E.

RANCH DE LA BLACHE ★ Tourisme 50 E. 0,5 ha CV. Locations : , , . Lac à 300 m.. Ouvert: 1.3 / 30.10. ☎ 04 94 70 08 89. E-mail : ranchdelablache@gmail.com. Web : www.ranchdelablache.fr. Prix 2023. 5 € ; 6 € ; 0,50 € ; 2,50 € ; 4 €.
Lat. : 43° 43' 16" N **Long.** : 006° 10' 53" E.

MME CORINE PELLOQUIN . ☎ 04 94 70 08 43. E-mail : saint-barthelemy83@orange.fr, Web : saint-barthelemy83.pagesperso-orange.fr/index.html.
Lat. : 43° 42' 49" N **Long.** : 006° 11' 08" E.

BELGENTIER

14-C3 22 km N.-N.-E. Toulon. 261 m. 83210

LES TOMASSES ★★★★ Tourisme 92 E. dont 64 nus CV . Locations : . chauffée . Accès direct à la rivière. . Accueil groupes. Ouvert: 1.4 / 3.10. ☎ 04 94 48 92 70. E-mail : info@camping-var-tomasses.fr. Web : www.camping-var-tomasses.fr. Réduction H.S.
Lat. : 43° 13' 56" N **Long.** : 006° 00' 27" E.

DOMAINE DE L'ESCRIDE ★★★ Tourisme 60 E. 6 ha CV Rés. naturiste. Locations : , , , . ; . Ouvert: 15.6 / 31.8. ☎ 04 94 48 97 24. E-mail : domainedelescride@orange.fr.
Lat. : 43° 13' 57" N **Long.** : 006° 00' 04" E.

BESSE-SUR-ISSOLE

14-D2 31 km S.-O. Draguignan. 316 m. 83890

CAMPING DU LAC ★★ Loisirs 37 E. 22 h / 6 h, CV . Randonnée pédestre organisée. , . Accès direct aux bords du lac.. Ouvert: 1.4 / 30.9. ☎ 04 94 69 74 14. E-mail : info@camping-besse-sur-issole.fr. Web : www.camping-guinguette-du-lac.fr.
Lat. : 43° 21' 08" N **Long.** : 006° 10' 37" E.

BORMES-LES-MIMOSAS

14-D3 40 km E. Toulon. 169 m. ✉ 83230

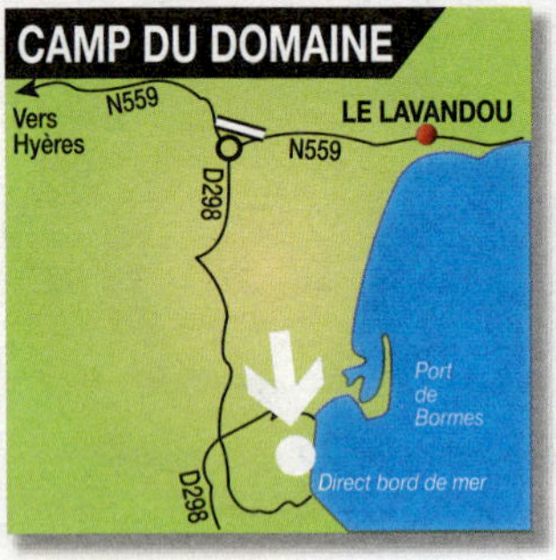

LE CAMP DU DOMAINE ★★★★★ Tourisme 1320 E. dont 1040 nus CV. A 1 km : Locations : , cabanes, . Randonnée pédestre organisée. Espace Fitness. Accès direct à la mer. Accueil groupes. Ouvert: 1.4 / 31.10. ☎ 04 94 71 03 12. E-mail : mail@campdudomaine.com. Web : www.campdudomaine.com. Prix 2023. Fft jour : empl. Tourisme (2) : 59 € (E. CC) ; sup 14,45 € ; 5,40 €. Réduction H.S.
Lat. : 43° 07' 01" N **Long.** : 006° 21' 30" E.

CLAU MAR JO ★★★★ Tourisme 70 E. CV. A 2 km : Locations : . Bord de mer à 2 km. Accueil groupes. Ouvert: 8.4 / 6.11. ☎ 04 94 71 53 39. E-mail : contact@camping-clau-mar-jo.fr. Web : www.tikayan.com/fr/camping-clau-mar-jo-accueil.
Lat. : 43° 08' 05" N **Long.** : 006° 20' 48" E.

CAMPING LOU CABASSON ★★★ Tourisme 65 E. dont 38 nus
0,7 ha CV. A 4 km : Etang à 2 km ; bord de mer à 4 km. Ouvert: 27.4 / 21.9. ☎ 04 94 15 20 72. E-mail : contact@campingloucabasson.com. Web : www.campingloucabasson.com/. Réduction H.S.
Lat. : 43° 07' 26" N **Long.** : 006° 19' 53" E.

MANJASTRE ★★★ Tourisme 116 E. la nuit, . Locations : . couverte . Ouvert: 1.1 / 31.12. ☎ 04 94 71 03 28. E-mail : campingmanjastre@gmail.com. Web : campingmanjastre.com.
Lat. : 43° 09' 45" N **Long.** : 006° 19' 17" E.

CAMPING DU GRAND BATAILLER ★★ Tourisme 117 E. dont 110 nus 3 ha 23 h / 7 h, CV . A 900 m : . Bord de mer à 1,2 km. Ouvert: 1.6 / 30.9. ☎ 04 94 71 08 41. E-mail : grandbatailler@free.fr. Web : www.campingdugrandbatailler.com.
Lat. : 43° 07' 48" N **Long.** : 006° 21' 01" E.

CAMPING GCU - BORMES CABASSON ★★ Tourisme 37 E. . Ouvert: 9.4 / 2.11. ☎ 04 94 15 28 43. E-mail : gcu@gcu.asso.fr. Web : www.gcu.asso.fr.
Lat. : 43° 06' 07" N **Long.** : 006° 19' 50" E.

LA CELINETTE ★★ Tourisme 87 E. 0,12 ha ap. 22 h 45, CV . A 800 m : . Bord de mer à 800 m. Ouvert: 5.4 / 30.9. ☎ 04 94 71 07 98. E-mail : celine.montanard@sfr.fr. Web : www.campinglacelinette.fr.
Lat. : 43° 07' 22" N **Long.** : 006° 20' 60" E.

PARC DE BORMES ★★ Tourisme 353 E. dont 112 nus
camping piéton/parking fermé à l'entrée, CV . A 4 km : Locations : . Bord de mer à 4 km. Accueil groupes. Ouvert: 13.5 / 25.9. ☎ 04 94 71 08 35. E-mail : parcdebormes@vacances-andretrigano.com. Web : www.vacances-andretrigano.com. Réduction H.S.
Lat. : 43° 08' 15" N **Long.** : 006° 19' 09" E.
FFCC : avantages adhérent : 10% du 01/07 au 08/07 et du 26/08 au 24/09 sur emp. et 5% du 01/07 au 08/07 et du 26/08 au 24/09 sur loc.

CAMPING GCU - BORMES LA FAVIERE ★ Tourisme 231 E. . Ouvert: 21.12 / 2.11. ☎ 04 94 71 43 40. E-mail : bormeslafaviere8302@gcuf.fr. Web : www.gcu.asso.fr.
Lat. : 43° 07' 22" N **Long.** : 006° 21' 04" E.

CALLAS

14-D2 15 km N.-E. Draguignan. 312 m. ✉ 83830

DOMAINE HAUTE GARDUERE ★★ Tourisme 100 E. dont 70 nus
5 ha CV Rés. naturiste. Locations : , caravane. Randonnée pédestre organisée. Ouvert: 18.4 / 27.9. ☎ 04 94 67 95 20. E-mail : lahautegarduere@yahoo.fr. Web : www.lahautegarduere.fr. Réduction H.S.
Lat. : 43° 33' 14" N **Long.** : 006° 33' 38" E.
FFCC : avantages adhérent : 18 € du 15/04 au 13/05 et du 09/09 au 25/09 sur emp. et entre 162 € et 240 € la semaine du 16/04 au 14/05 et du 10/09 au 24/09 sur loc.

LES BLIMOUSES ★★ Tourisme 176 E. dont 63 nus CV . Locations : . Ouvert: 18.3 / 6.10. ☎ 04 94 47 83 41. E-mail : camping.les.blimouses@orange.fr. Web : www.campinglesblimouses.com. Réduction H.S.
Lat. : 43° 34' 28" N **Long.** : 006° 31' 59" E.

CALLIAN

14-E2 36 km N.-E. Draguignan. 302 m. ✉ 83440

LES PRAIRIES NC Tourisme 58 E. 0,9 ha . Lac à 2,5 km ; rivière à 5 km. Ouvert: 1.1 / 31.10. ☎ 04 94 76 48 36. E-mail : campingdesprairies@wanadoo.fr. Web : www.campingdesprairies.com.
Lat. : 43° 36' 24" N **Long.** : 006° 44' 54" E.

CARCES

14-D2 30 km O. Draguignan. 183 m. ✉ 83570

LES FOUGUIÈRES ★★★ Tourisme 79 E. dont 22 nus
0,85 ha CV . Locations : . chauffée . Accès direct à la rivière ; lac à 5 km. Ouvert: 1.4 / 6.11. ☎ 04 94 59 96 28. E-mail : info@camping-les-fouguieres.com. Web : www.camping-les-fouguieres.com. Prix 2022. Fft jour : empl. Tourisme (2) : 33 € ( )
Lat. : 43° 28' 25" N **Long.** : 006° 11' 20" E.

CARQUEIRANNE

14-D3 13 km E. Toulon. 94 m. ✉ 83320

LE BEAU VÉZÉ ★★★★ Tourisme 158 E. dont 100 nus
CV . A 1,5 km : Locations : . Bord de mer à 4,5 km. Accueil groupes. Ouvert: 24.4 / 18.9. ☎ 04 94 57 65 30. E-mail : info@camping-beauveze.com. Web : www.camping-beauveze.com.
Lat. : 43° 06' 52" N **Long.** : 006° 03' 23" E.

LES PALMIERS ★★ Tourisme 36 E. CV . A 2 km : . Bord de mer à 3 km. Ouvert: 1.4 / 30.9. ☎ 04 94 58 64 01. E-mail : Loc.palmiers@orange.fr. Web : www.location-palmiers.com. Réduction H.S.
Lat. : 43° 06' 30" N **Long.** : 006° 03' 07" E.

CAVALAIRE-SUR-MER

14-D3 60 km S. Draguignan. 127 m. ✉ 83240

BONPORTEAU ★★★★ Tourisme 171 E. dont 92 CC - 9 GCC.
3 ha CV . A 800 m : . chauffée . Bord de mer à 200 m. Accueil groupes. Ouvert: 2.6 / 15.10. ☎ 04 94 64 03 24. E-mail : contact@bonporteau.fr. Web : www.bonporteau.fr. Réduction H.S.
Lat. : 43° 10' 01" N **Long.** : 006° 31' 10" E.

Un coin
de paradis
les pieds dans l'eau...
CAMP DU DOMAINE
70 ANS
1950 > 2020

CROS DE MOUTON ★★★★ Tourisme 193 E. 4,5 ha CV. Locations : . Randonnée pédestre organisée. Espace Fitness. chauffée. Bord de mer à 1,5 km. Ouvert: 26.3 / 28.10. ☎ 04 94 64 10 87. E-mail : campingcrosdemouton@wanadoo.fr. Web : www.crosdemouton.com.
Lat. : 43° 10' 56" N **Long.** : 006° 30' 58" E.

LA BAIE ★★★★ Tourisme 350 E. A 200 m : . chauffée. Bord de mer à 400 m. Accueil groupes. Ouvert: 15.3 / 15.11. ☎ 04 94 64 08 15. E-mail : contact@camping-baie.com. Web : www.camping-baie.com. Réduction H.S.
Lat. : 43° 10' 10" N **Long.** : 006° 31' 48" E.

LA PINEDE ★★★★ Tourisme 120 E. dont 114 nus 2 ha CV. Locations : . Bord de mer à 500 m. Accueil groupes. Ouvert: 15.3 / 15.10. ☎ 04 94 64 11 14. E-mail : camping.lapinede83@orange.fr. Web : www.camping-lapinede.com. Réduction H.S.
Lat. : 43° 10' 17" N **Long.** : 006° 31' 28" E.

LA TREILLE ★★★★ Tourisme 95 E. dont 27 nus 1,7 ha CV. A 1 km : Locations : , paillotte, roulotte. chauffée. Bord de mer à 600 m. Ouvert: 10.4 / 3.10. ☎ 04 94 64 31 81. E-mail : campingdelatreille@wanadoo.fr. Web : www.campingdelatreille.com. Prix 2022. Fft jour : empl. Tourisme (3) : 60 € (E. CC). Réduction H.S.
Lat. : 43° 10' 14" N **Long.** : 006° 31' 17" E.

CAMPING GCU - CAVALAIRE LE PARADOU NC Tourisme 249 E. Ouvert: 27.5 / 25.9. ☎ 04 94 64 05 47. E-mail : gcu@gcu.asso.fr. Web : www.gcu.asso.fr.
Lat. : 43° 11' 46" N **Long.** : 006° 32' 42" E.

CAMPING GCU - CAVALAIRE LES OLIVIERS ★★ Tourisme 249 E. CV. Bord de mer à 800 m. Ouvert: 31.5 / 28.9. ☎ 04 94 64 05 47. E-mail : didier.bonnaire63@orange.fr. Web : www.gcu.asso.fr. Réduction H.S.
Lat. : 43° 11' 47" N **Long.** : 006° 32' 42" E.

COGOLIN

14-D3 49 km S. Draguignan. 58 m. ✉ 83310

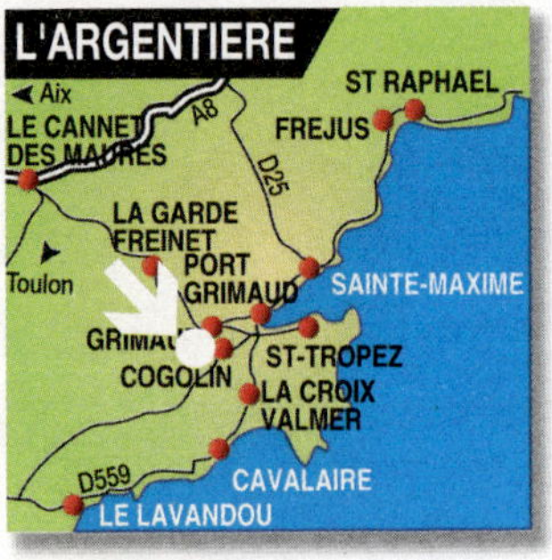

L'ARGENTIÈRE ★★★★ Tourisme 248 E. CV. A 10 km : Locations : . chauffée, . Bord de mer à 5 km. ; . Accueil groupes. Ouvert: 3.4 / 26.9. ☎ 04 94 54 63 63. E-mail : contact@camping-argentiere.com. Web : www.camping-argentiere.com. Réduction H.S.
Lat. : 43° 15' 27" N **Long.** : 006° 31' 06" E.

MARINA PARADISE ★★★★ Tourisme 298 E. dont 250 nus CV. Locations : . chauffée , . Bord de mer à 400 m. . Ouvert: 15.4 / 5.11. ☎ 04 84 39 08 60. E-mail : inesselma@homair.com. Web : www.homair.com.
Lat. : 43° 15' 55" N **Long.** : 006° 34' 38" E.

COMPS-SUR-ARTUBY

14-D2 31 km N. Draguignan. 888 m. ✉ 83840

HUMAWAKA ★★★ Tourisme 45 E. dont 24 nus, dont 10 GCC. 15 ha CV. Locations : , , chauffée , . Accès direct aux bords du lac et à la rivière.. Ouvert: 1.4 / 30.9. ☎ 04 94 85 68 34 / 06 69 40 57 92. E-mail : camping@humawaka.com. Web : www.humawaka.com. Prix 2023. Fft nuit : empl. Tourisme (2) : 30 € (E. CC) ; sup 8 € nuit ; animaux 3 € nuit ; 6 € nuit. Réduction H.S.
Lat. : 43° 42' 42" N **Long.** : 006° 30' 32" E.

CAMPING MUNICIPAL DU PONTET NC Tourisme 100 E. dont 40 nus 2,5 ha CV. Rivière à 1,5 km. Accueil groupes. Ouvert: 1.5 / 30.10. ☎ 06 03 96 91 86. E-mail : campingpontetcomps83@gmail.com.
Lat. : 43° 42' 57" N **Long.** : 006° 29' 56" E.
FFCC : avantages adhérent : 11.5 € du 01/05 au 30/06 et du 01/10 au 30/10 sur emp.

CORRENS

14-D2 42 km O. Brignoles. 281 m. ✉ 83570

LE GRAND JARDIN ★★ Tourisme 19 E. dont 16 nus CV. Locations : , , . Accès direct à la rivière. . Accueil groupes. Ouvert: 1.3 / 30.11. ☎ 06 17 83 48 21. E-mail : campingvallonsourn@hotmail.fr. Web : www.campingdecorrens.com. Prix 2022. Fft nuit : empl. Tourisme (2) : 21 € ( ) ; sup 8 € nuit ; 5 € nuit ; 4 € nuit.
Lat. : 43° 28' 60" N **Long.** : 006° 04' 50" E.

COTIGNAC

14-D2 37 km O. Brignoles. 315 m. ✉ 83570

CAMPING MUNICIPAL NC Tourisme 40 E. . Ouvert: 1.1 / 31.12. ☎ 04 94 04 71 91. E-mail : contact@mairiecotignac.fr.
Lat. : 43° 32' 11" N **Long.** : 006° 08' 54" E.

DRAGUIGNAN

14-D2 850 km S.-S.-E. Paris. 279 m. ✉ 83300

LA FOUX ★★★ Tourisme 180 E. 2 ha CV. Locations : . , . Accès direct à la rivière.. Accueil groupes. Ouvert: 20.6 / 15.10. ☎ 04 94 68 18 27. E-mail : camping-de-la-foux@orange.fr. Web : www.camping-lafoux.com.
Lat. : 43° 31' 02" N **Long.** : 006° 28' 46" E.

FAYENCE

14-E2 34 km N.-E. Draguignan. 322 m. ✉ 83440

DOMAINE NATURISTE LA TUQUETTE ★★★★ Tourisme 46 E. Rés. naturiste. Etang, lac et rivière à 5 km. ; ; ; . Ouvert: 7.4 / 30.9. ☎ 04 94 76 19 40. E-mail : contact@tuquette.com. Web : www.tuquette.com.
Lat. : 43° 35' 05" N **Long.** : 006° 39' 58" E.
FFCC : avantages adhérent : 20 € du 23/04 au 13/05 et du 10/09 au 02/10 sur emp. et entre 310 € et 965 € la semaine du 23/04 au 30/06 et du 01/09 au 02/10 sur loc.

LOU CANTAIRE ★★★ Tourisme 128 E. dont 8 nus CV. Locations : . Espace Fitness. . ; . Accueil groupes. Ouvert: 2.4 / 1.10. ☎ 0466 600 700. E-mail : loucantaire@koawa.com. Web : www.camping-lou-cantaire.com/fr. Prix 2022. Fft jour : empl. Tourisme (2) : 35 € ( ) ; sup 6 € ; animaux 3 € ; 5 €.
Lat. : 43° 35' 14" N **Long.** : 006° 40' 07" E.

FREJUS

14-E2 28 km S.-E. Draguignan. 110 m. ✉ 83370

DOMAINE DU COLOMBIER ★★★★★ Tourisme 403 E. dont 18 nus. Locations : . Espace Fitness. chauffée , . Bord de mer à 4,5 km. ; . Accueil groupes adultes. Ouvert: 6.4 / 22.9. ☎ 04 94 51 56 01. E-mail : info@domaine-du-colombier.com. Web : www.domaine-du-colombier.com.
Lat. : 43° 26' 49" N **Long.** : 006° 43' 45" E.
FFCC : avantages adhérent : 10% du 07/04 au 30/06 et du 01/09 au 10/0910% du 07/04 au 30/06 et du 01/09 au 10/09 sur emp. et loc. + Rendez-vous dans votre club avantages FFCC pour obtenir le code promotionnel et réserver !.

HOLIDAY GREEN ★★★★★ Tourisme 620 E. dont 15 nus, dont 570 GCC. 14 ha. Locations : . Randonnée pédestre organisée. Espace Fitness. couverte chauffée , , . Lac à 4 km. ; . Ouvert: 9.4 / 18.9. ☎ 04 94 19 88 30. E-mail : info@holidaygreen.com. Web : www.holidaygreen.com. Prix 2022. Fft jour : empl. Tourisme (2) : 60 € (E. GCC). Réduction H.S.
Lat. : 43° 29' 08" N **Long.** : 006° 43' 02" E.
FFCC : avantages adhérent : 30 € du 09/04 au 10/06 et du 06/09 au 18/09 sur emp.

L'ÉCOLODGE L'ÉTOILE D'ARGENS ★★★★★ Tourisme 493 E. CV . Locations : , cabanes, . Randonnée pédestre organisée. Espace Fitness. chauffée , , , . Accès direct à la mer et à la rivière ; étang à 1 km. ; ; . Accueil groupes. Ouvert: 9.4 / 7.11. ☎ 04 94 81 01 41. E-mail : info@etoiledargens.com. Web : www.etoiledargens.com. Réduction H.S.
Lat. : 43° 25' 07" N **Long.** : 006° 42' 23" E.

RIVIERA D'AZUR ★★★★★ Tourisme 451 E. dont 188 nus. CV . Locations : . Randonnée pédestre organisée. Espace Fitness. chauffée , , , . Accès direct à l'étang ; lac à 500 m ; bord de mer à 3 km. . Accueil groupes. Ouvert: 8.4 / 6.11. ☎ 04 94 81 01 59. E-mail : rivieradazur@sandaya.fr. Web : www.sandaya.fr/nos-campings/riviera-d-azur. Réduction H.S.
Lat. : 43° 24' 32" N **Long.** : 006° 42' 31" E.

LA BARQUE ★★★★ Tourisme 147 E. dont 40 nus 3 ha CV . Locations : . . Etang à 1,5 km ; bord de mer à 2,5 km. . Accueil groupes adultes. Ouvert: 4.2 / 4.1. ☎ 04 94 81 31 86. E-mail : info@camping-la-barque.com. Web : www.camping-la-barque.com.
Lat. : 43° 25' 03" N **Long.** : 006° 42' 11" E.

LA PIERRE VERTE ★★★★ Tourisme 420 E. dont 60 nus, dont 60 CC. 15 ha CV . Locations : , , cabanes, cocosweet. Espace Fitness. chauffée , , . Accès direct à la mer. ; . Ouvert: 15.4 / 23.9. ☎ 04 94 40 88 30. E-mail : info@campinglapierreverte.com. Web : www.campinglapierreverte.com. Prix 2023. Fft jour : empl. Tourisme (2) : 58 € ( ) ; sup 15 € ; animaux 5 € ; 10 €. Réduction H.S.
Lat. : 43° 29' 02" N **Long.** : 006° 43' 13" E.

LA RUMBA ★★★★ Tourisme 290 E. 8 ha CV . Locations : . Randonnée pédestre organisée. Espace Fitness. chauffée , . Etang à 200 m ; bord de mer à 1,5 km. . Ouvert: 5.4 / 29.9. ☎ 04 94 81 21 81. E-mail : grand-calme@capfun.com. Web : camping-legrandcalme.com.
Lat. : 43° 23' 58" N **Long.** : 006° 43' 02" E.

LE DATTIER ★★★★ Loisirs 171 E. dont 52 nus 3 ha CV . Locations : . . Bord de mer à 4,5 km ; étang, lac et rivière à 5 km. . Ouvert: 1.4 / 30.9. ☎ 04 94 40 88 93. E-mail : camping.le.dattier@wanadoo.fr. Web : www.camping-le-dattier.com. Prix 2022. Fft jour : empl. Tourisme (2) : 35,5 € ( ) ; sup 6,80 € ; animaux 4,60 € ; 5,70 € ; 3,90 €.
Lat. : 43° 26' 58" N **Long.** : 006° 43' 42" E.

LE MONTOUREY ★★★★ Loisirs 327 E. 5 ha. Locations : . chauffée . ; . Ouvert: 8.4 / 5.11. ☎ 04 94 53 26 41. E-mail : reception.dmt@siblu.fr. Web : www.lemontourey.fr. Réduction H.S.
Lat. : 43° 27' 22" N **Long.** : 006° 44' 15" E.

LES ACACIAS ★★★★ Tourisme 80 E. dont 24 nus 1 ha CV . Espace Fitness. . Bord de mer à 3 km. . Ouvert: 1.4 / 31.10. ☎ 04 94 53 21 22. E-mail : info@campingacacias.fr. Web : www.campingacacias.fr.
Lat. : 43° 26' 34" N **Long.** : 006° 45' 08" E.

LES LAURIERS ROSES ★★★★ Tourisme 80 E. dont 49 nus. Locations : . Espace Fitness. chauffée . Etang à 200 m ; bord de mer à 3 km ; rivière à 4 km. . Ouvert: 27.5 / 9.10. ☎ 06 25 01 01 11. E-mail : info-campingleslauriersroses@orange.fr. Web : www.info-lauriersroses.com. Prix 2023. Fft jour : empl. Tourisme (2) : 53 € ( ) ; sup 10,90 € ; animaux 4 € ; 8,90 €. Réduction H.S.
Lat. : 43° 24' 25" N **Long.** : 006° 42' 34" E.
FFCC : avantages adhérent : 23 € du 20/05 au 01/07 et du 25/08 au 30/09 sur emp.

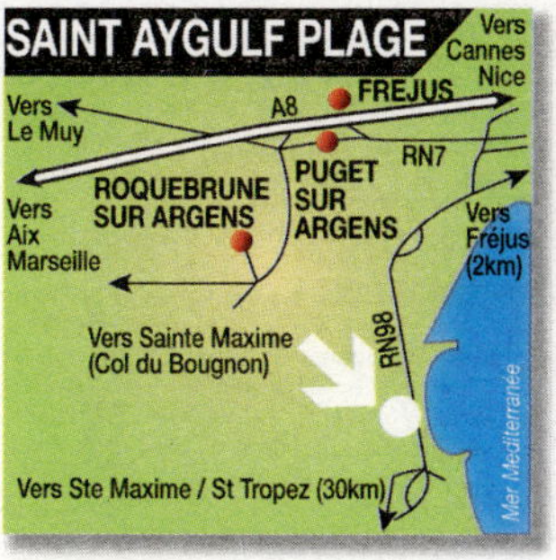

SAINT AYGULF ★★★★ Tourisme 1100 E. CV . Locations : , . chauffée , . Accès direct à l'étang et à la mer ; rivière à 2 km. ; ; . Accueil groupes. Ouvert: 3.4 / 30.10. ☎ 04 94 17 62 49. E-mail : info@campingdesaintaygulf.fr. Web : www.campingdesaintaygulf.fr.
Lat. : 43° 23' 30" N **Long.** : 006° 43' 35" E.

LA PLAGE D'ARGENS ★★★ Tourisme 415 E. dont 93 nus. 5,4 ha CV . Locations : , , . chauffée , , . Accès direct à la rivière ; bord de mer à 600 m. ; . Accueil groupes. Ouvert: 4.4 / 14.10. ☎ 04 82 75 10 41. E-mail : acclaplagedargens@amac-clubs.com. Web : www.laplagedargens.fr. Réduction H.S.
Lat. : 43° 24' 32" N **Long.** : 006° 43' 31" E.

LE FREJUS ★★★ Tourisme 319 E. dont 100 nus. la nuit, CV . . ; . Ouvert: 15.1 / 15.12. ☎ 04 94 19 94 60. E-mail : camping.lefrejus@orange.fr. Web : www.lefrejus.com.
Lat. : 43° 27' 50" N **Long.** : 006° 43' 28" E.
FFCC : avantages adhérent : 20 € du 15/01 au 10/04 sur emp. et 53 € la nuitée du 15/01 au 15/04 et du 01/11 au 15/12 sur loc.

EUROPA ★★ Tourisme 7 E. 2 ha . couverte. Ouvert: 1.4 / 31.10. ☎ 04 94 53 20 38. E-mail : contact@residence-europa.com.
Lat. : 43° 27' 10" N **Long.** : 006° 45' 23" E.

LE BRAVET ★★ Tourisme 30 E. Ouvert: 15.4 / 15.10. ☎ 04 94 40 85 92. E-mail : camping-le-bravet@orange.fr. Web : www.camping-lebravet.com.
Lat. : 43° 27' 06" N **Long.** : 006° 43' 37" E.

LES JARDINS DE VILLEPEY ★★ Loisirs 360 E. 3,78 ha . . Etang à 100 m ; bord de mer à 2 km. . Ouvert: 1.4 / 15.10. ☎ 04 94 81 25 25. E-mail : lesjardinsdevillepey@orange.fr. Web : europcamping.free.fr.
Lat. : 43° 24' 39" N **Long.** : 006° 42' 28" E.

LES PINS PARASOLS ★★ Tourisme 65 E. dont 42 nus CV. Ouvert: 20.4 / 28.9. ☎ 04 94 40 88 43. E-mail : lespinsparasols@wanadoo.fr. Web : www.camping-les-pins-parasols.com. Réduction H.S.
Lat. : 43° 27' 51" N **Long.** : 006° 43' 32" E.

LE PROVENCAL NC Loisirs 233 E. . Ouvert: 1.4 / 30.9. ☎ 04 94 81 01 56. E-mail : campingprovencal@orange.fr.
Lat. : 43° 24' 39" N **Long.** : 006° 42' 50" E.

CAMPING DE L'AUBERGE DE JEUNESSE CV. Ouvert: 1.4 / 20.12. ☎ 04 94 53 18 75. E-mail : vincent@aubergefrejus.fr, Web : www.fuaj.org.
Lat. : 43° 26' 54" N **Long.** : 006° 44' 42" E.

GASSIN

14-E3 58 km S.-S.-E. Draguignan. 64 m. ✉ 83580

DOMAINE DE VERDAGNE ★★★★ Tourisme 135 E. dont 30 nus CV. Locations : . Bord de mer à 5 km. Ouvert: 30.3 / 31.10. ☎ 04 94 79 78 21. E-mail : contact@domaine-verdagne.com. Web : www.domaine-verdagne.com.
Lat. : 43° 13' 06" N **Long.** : 006° 34' 39" E.

PARC MONTANA ★★★★ Loisirs 650 E. 16 ha électrique uniquement, payant, payant, payant, CV payant, payant. Locations : cabanes. Randonnée pédestre organisée. Espace Fitness. chauffée. Bord de mer à 4 km. Accueil groupes adultes. Ouvert: 15.1 / 30.11. ☎ 0 494552020. E-mail : gassin@camping-parcsaintjames.com. Web : www.camping-parcsaintjames.com.
Lat. : 43° 14' 27" N **Long.** : 006° 34' 23" E.

MME BERNADETTE DURBEC . Ouvert: 15.6 / 15.9. ☎ 04 94 56 27 78. E-mail : romuald.durbec@orange.fr, Web : www.camping-jauffret.fr.
Lat. : 43° 15' 26" N **Long.** : 006° 34' 30" E.

GINASSERVIS

14-C2 68 km N.-O. Brignoles. 387 m. ✉ 83560

CAMPING MUNICIPAL ★★ Tourisme 27 E. Ouvert: 1.1 / 31.12. ☎ 04 94 80 45 11. E-mail : camping-ginasservis@orange.fr. Web : www.camping-ginasservis.fr.
Lat. : 43° 40' 24" N **Long.** : 005° 50' 49" E.

GRIMAUD

14-D3 48 km S. Draguignan. 96 m. ✉ 83310

DOMAINE DES NAÏADES ★★★★★ Tourisme 413 E. CV. Locations : . chauffée. Bord de mer à 900 m. Ouvert: 31.3 / 1.10. ☎ 04 84 39 08 60. E-mail : lesnaiades@marvilla-parks.com. Web : www.lesnaiades.com/.
Lat. : 43° 17' 07" N **Long.** : 006° 34' 46" E.

HOLIDAY MARINA ★★★★★ Loisirs 239 E. Locations : . Accès direct à la rivière ; bord de mer à 900 m.. Ouvert: 1.3 / 31.12. ☎ 04 94 56 08 43. E-mail : info@holiday-marina.com. Web : www.holiday-marina.com. Réduction H.S.
Lat. : 43° 16' 12" N **Long.** : 006° 34' 23" E.

LES PRAIRIES DE LA MER ★★★★★ Tourisme 1031 E. dont 300 nus CV. Locations : chauffée. Accès direct à la mer. Ouvert: 13.6 / 11.10. ☎ 04 94 79 09 09. E-mail : prairies@riviera-villages.com. Web : www.riviera-villages.com/Les-Prairies-de-la-Mer.
Lat. : 43° 16' 52" N **Long.** : 006° 34' 57" E.

CAMPING DE LA PLAGE ★★★★ Tourisme 450 E. 14 ha CV. Locations : . Accès direct à la mer. Ouvert: 18.3 / 17.10. ☎ 04 94 56 31 15. E-mail : campingplagegrimaud@wanadoo.fr. Web : www.camping-de-la-plage.fr. Prix 2022. Fft jour : empl. Tourisme (2 pers.) : 41 € ; sup 9 € ; animaux 3 € ; 5 € ; 6,20 €. Réduction H.S.
Lat. : 43° 16' 54" N **Long.** : 006° 35' 10" E.
FFCC : avantages adhérent : 23 € du 09/05 au 26/06 et du 11/09 au 16/10 sur emp.

CHARLEMAGNE ★★★★ Tourisme 83 E. dont 44 nus 1,5 ha CV. Locations : . Accès direct à la rivière ; bord de mer à 5 km. Accueil groupes. Ouvert: 2.3 / 29.11. ☎ 04 94 43 22 90. E-mail : infos@camping-charlemagne.com. Web : www.camping-charlemagne.com.
Lat. : 43° 16' 22" N **Long.** : 006° 30' 13" E.

LA PINEDE ★★★★ Loisirs 202 E. dont 39 nus 2,9 ha CV. Locations : . Espace Fitness. chauffée. Bord de mer à 2 km. Ouvert: 6.4 / 30.9. ☎ 04 94 56 04 36. E-mail : la-pinede@capfun.com. Web : www.lapinede-camping.com.
Lat. : 43° 16' 34" N **Long.** : 006° 33' 37" E.

LES MURES ★★★★ Tourisme 512 E. dont 360 nus 7 ha CV. Locations : . Espace Fitness. Accès direct à la mer. Ouvert: 31.3 / 15.10. ☎ 04 94 56 16 97. E-mail : info@camping-des-mures.com. Web : www.camping-des-mures.com. Réduction H.S.
Lat. : 43° 17' 04" N **Long.** : 006° 35' 28" E.

RESORT & SPA LA BAUME LA PALMERAIE ★★★★★ Tourisme 780 E. dont 230 nus, dont 780 GCC. CV. Locations : . Espace Fitness. couverte chauffée. Etang, bord de mer et rivière à 5 km. Accueil groupes adultes. Ouvert: 2.4 / 24.9. ☎ 04 94 19 88 88. E-mail : reception@labaume-lapalmeraie.com. Web : www.labaume-lapalmeraie.com. Prix 2022. Fft jour : empl. Tourisme (2 pers.) : 60 € (E. GCC) ; sup 16 € ; animaux 6 € ; 8 €. Réduction H.S.
Lat. : 43° 27' 56" N **Long.** : 006° 43' 26" E.
FFCC : avantages adhérent : entre 55 € et 300 € la nuitée sur loc. + Dates locatifs : d'avril à août selon l'hébergement et la période.

DOMAINE DU GOLFE DE ST TROPEZ ★★★ Tourisme 106 E. CV. Locations : . Bord de mer à 3,5 km. Accueil groupes. Ouvert: 8.4 / 6.11. ☎ 04 94 43 26 95. E-mail : contact@golfe-saint-tropez.fr. Web : www.tikayan.com/fr/camping-domaine-du-golfe-de-saint-tropez-accueil.
Lat. : 43° 15' 55" N **Long.** : 006° 32' 16" E.

MME JEANINE FERRARO . Ouvert: 15.6 / 15.9. ☎ 04 94 56 08 68. E-mail : ferraroac@wanadoo.fr.
Lat. : 43° 16' 47" N **Long.** : 006° 33' 49" E.

LE CEINTURON III ★★★★ Tourisme 191 E. A 2 km : Locations : chauffée. Rivière à 200 m ; bord de mer à 80 m. Ouvert: 1.4 / 30.9. ☎ 04 94 66 32 65. E-mail : contact@ceinturon3.fr. Web : www.ceinturon3.fr. Prix 2023. Fft jour : empl. Tourisme (2 pers.) : 35 € ; sup 8 € ; 6,50 € ; 5 €.
Lat. : 43° 06' 03" N **Long.** : 006° 10' 10" E.

HYERES

14-D3 18 km E. Toulon. 60 m. ✉ 83400

CAMPING INTERNATIONAL ★★★★ Tourisme 148 E. dont 63 nus CV. Locations : . Espace Fitness. chauffée. Bord de mer à 50 m. Accueil groupes adultes. Ouvert: 1.1 / 31.12. ☎ 04 94 58 90 16. E-mail : camping@international-giens.fr. Web : www.international-giens.com. Prix 2022. Fft nuit : empl. Tourisme (1 pers.) : 39 €
Lat. : 43° 02' 29" N **Long.** : 006° 07' 41" E.

CLAIR DE LUNE ★★★★ Tourisme 60 E. CV. Locations : . Espace Fitness. . Bord de mer à 600 m. Accueil groupes adultes. Ouvert: 1.1 / 31.12. ☎ 04 94 58 20 19. E-mail : camping@clairdelune-giens.com. Web : www.campingclairdelune.fr.
Lat. : 43° 02' 23" N **Long.** : 006° 07' 33" E.

EUROSURF ★★★★ Tourisme 430 E. CV. A 400 m : Locations : . Randonnée pédestre organisée. Accès direct à la mer. Accueil groupes adultes. Ouvert: 3.4 / 1.11. ☎ 04 94 58 00 20. E-mail : eurosurf@vacances-andretrigano.com. Web : www.campeole.com/camping/var/eurosurf-hyeres.
Lat. : 43° 03' 22" N **Long.** : 006° 08' 50" E.
FFCC : avantages adhérent : 10% du 29/04 au 08/07 et du 26/08 au 15/10 sur emp. et 5% du 29/04 au 08/07 et du 26/08 au 15/10 sur loc.

LES PALMIERS ★★★★ Tourisme 348 E. CV. Locations : . Espace Fitness. chauffée. Bord de mer à 300 m ; rivière à 500 m. Accueil groupes. Ouvert: 8.4 / 6.11. ☎ 04 94 66 39 66. E-mail : contact@camping-les-palmiers.fr. Web : www.tikayan.com/fr/camping-les-palmiers-accueil. Réduction H.S.
Lat. : 43° 06' 11" N **Long.** : 006° 10' 01" E.

LES PINS MARITIMES ★★★★ Loisirs 700 E. 37 ha . Bord de mer à 200 m. Ouvert: 15.5 / 15.9. ☎ 04 94 66 34 07. E-mail : reception@lespinsmaritimes.fr. Web : www.lespinsmaritimes.fr.
Lat. : 43° 05' 49" N **Long.** : 006° 09' 41" E.

PARC ET PLAGE ★★★★ Tourisme 218 E. CV. Locations : . chauffée. Bord de mer à 80 m. Ouvert: 24.1 / 15.11. ☎ 04 94 66 31 77. E-mail : parc-plage@capfun.com. Web : www.capfun.com.
Lat. : 43° 05' 55" N **Long.** : 006° 10' 01" E.

PORT POTHUAU ★★★★ Tourisme 358 E. dont 114 nus CV. A 1,5 km : Locations : . Randonnée pédestre organisée. chauffée. Rivière à 100 m ; bord de mer à 1,2 km. Accueil groupes. Ouvert: 7.4 / 24.9. ☎ 04 94 66 41 17. E-mail : info@pothuau.com. Web : www.campingportpothuau.com. Réduction H.S.
Lat. : 43° 07' 13" N **Long.** : 006° 11' 05" E.

VERT GAPEAU ★★★★ Tourisme 270 E. 5 ha . Accès direct à la rivière ; étang à 1 km. Ouvert: 15.3 / 15.11. ☎ 04 94 65 68 55. E-mail : camping@vertgapeau.com. Web : www.camping-vert-gapeau.com.
Lat. : 43° 09' 11" N **Long.** : 006° 07' 45" E.

L'ILE D'OR ★★★ Tourisme 150 E. dont 100 nus 1,6 ha CV. Locations : . Ouvert: 23.5 / 19.9. ☎ 04 94 58 20 55. E-mail : camping@iledor-giens.com. Web : www.camping-iles-d-or.com. Prix 2023. Fft semaine : empl. Tourisme (2) : 273 € ( ) Lat. : 43° 02' 22" N Long. : 006° 08' 49" E.

LA BERGERIE PLAGE ★★★ Tourisme 53 E. CV. Locations : . Bord de mer à 200 m. Accueil groupes. Ouvert: 8.4 / 6.11. ☎ 04 94 58 91 75. E-mail : contact@campinglabergerieplage.com. Web : www.tikayan.com/fr/camping-la-bergerie-plage-accueil. Réduction H.S. Lat. : 43° 02' 40" N Long. : 006° 08' 47" E.

LE CAPRICORNE ★★★ Tourisme 110 E. 1,85 ha CV. Locations : . chauffée . Rivière à 500 m ; bord de mer à 1,5 km. . Ouvert: 1.4 / 30.9. ☎ 04 94 66 40 94. E-mail : accueil@campingcapricorne.com. Web : www.campingcapricorne.com. Réduction H.S. Lat. : 43° 07' 23" N Long. : 006° 11' 10" E.

OLBIA ★★★ Tourisme 101 E. dont 100 nus . Bord de mer à 200 m. Ouvert: 8.4 / 7.10. ☎ 04 94 58 21 96. E-mail : info@camping-olbia.com. Web : www.camping-olbia.com. Lat. : 43° 02' 22" N Long. : 006° 06' 12" E.

SAINT PIERRE DES HORTS ★★★ Loisirs 77 E. dont 56 nus CV. . Bord de mer à 400 m. Ouvert: 1.1 / 15.10. ☎ 04 94 57 65 31. E-mail : camping.deshorts@free.fr. Lat. : 43° 05' 01" N Long. : 006° 07' 29" E.

CAMPING BERNARD ★★ Tourisme 100 E. Bord de mer à 50 m. ; . Ouvert: 16.4 / 30.9. ☎ 04 94 66 30 54. E-mail : bernard-services@orange.fr. Web : www.campingbernard.fr. Lat. : 43° 06' 00" N Long. : 006° 10' 04" E.

CAMPING GCU - GIENS ★★ Tourisme 90 E. Ouvert: 26.2 / 27.11. ☎ 04 94 58 94 50. E-mail : gcu@gcu.asso.fr. Web : www.gcu.asso.fr. Lat. : 43° 02' 19" N Long. : 006° 08' 51" E.

CLOS ROSE MARIE ★★ Loisirs 49 E. CV. . Bord de mer à 800 m. Ouvert: 1.4 / 30.9. ☎ 04 94 66 41 21. E-mail : campingclosrosemarie@orange.fr. Web : www.camping-rose-marie-hyeres.fr. Lat. : 43° 07' 07" N Long. : 006° 11' 11" E.

LE MÉDITERRANÉE ★★ Tourisme 101 E. CV. A 2 km : Locations : . Bord de mer à 150 m. Accueil groupes. Ouvert: 8.4 / 6.11. ☎ 04 94 58 21 06. E-mail : contact@camping-lemed.fr. Web : www.tikayan.com/fr/camping-le-mediterranee-accueil. Réduction H.S. Lat. : 43° 02' 20" N Long. : 006° 08' 56" E.

LA TOUR FONDUE NC 167 E. dont 145 nus CV . Locations : . Accès direct à la mer. ; . Ouvert: 23.3 / 3.11. ☎ 04 94 58 22 86. E-mail : info@camping-latourfondue.com. Web : www.camping-latourfondue.com. Réduction H.S. Lat. : 43° 01' 46" N Long. : 006° 09' 23" E.

BELLE DE MAI CV . Ouvert: 15.6 / 15.9. ☎ 04 94 38 46 65. E-mail : camping.belle.de.mai@hotmail.fr. Web : kettymignola.free.fr/campingbelledemai/mapage/index.html. Lat. : 43° 06' 53" N Long. : 006° 05' 45" E.

CAMPING LES LOUBES . Ouvert: 1.4 / 30.9. ☎ 06 67 45 49 57. E-mail : darre.nicole.83@gmail.com, Web : campinglesloubes.free.fr/accueil/index.html. Lat. : 43° 06' 55" N Long. : 006° 05' 40" E.

LES PEUPLIERS CV . Ouvert: 1.6 / 15.9. ☎ 0 6 11 16 67 94. E-mail : campinglespeupliers83@gmail.com, Web : www.lespeupplierscamping.fr. Lat. : 43° 05' 34" N Long. : 006° 08' 23" E.

M. GIOVANNI RIBERO . ☎ 04 94 38 58 36. E-mail : mail@mareesole.com, Web : www.mareesole.com. Lat. : 43° 05' 33" N Long. : 006° 08' 15" E.

SANTOLIA HELENE CV . Ouvert: 1.6 / 30.9. ☎ 06 17 07 52 30. E-mail : helene.santolia@sfr.fr. Lat. : 43° 06' 32" N Long. : 006° 08' 20" E.

MME ELISE BERNA CV . ☎ 04 94 66 42 23. E-mail : campinglesjoseph@live.fr, Web : www.camping-les-joseph.com. Lat. : 43° 06' 39" N Long. : 006° 10' 46" E.

LA PRESQU'ILE DE GIENS ★★★★ Tourisme 380 E. dont 139 nus CV . Locations : . Randonnée pédestre organisée. chauffée . Bord de mer à 800 m. . Ouvert: 1.4 / 1.11. ☎ 04 94 58 22 86. E-mail : info@camping-giens.com. Web : camping-giens.com. Réduction H.S. Lat. : 43° 02' 28" N Long. : 006° 08' 36" E.

LA CADIERE-D'AZUR

14-C3 22 km N.-O. Toulon. 171 m. ✉ 83740

DOMAINE DE LA MALISSONNE ★★★★ Tourisme 226 E. CV . A 4 km : Locations : . chauffée , . Bord de mer à 5 km. . Accueil groupes. Ouvert: 1.3 / 2.11. ☎ 04 94 90 10 60. E-mail : malissonne@capfun.com. Web : www.capfun.com. Réduction H.S. Lat. : 43° 12' 07" N Long. : 005° 44' 21" E.

LA CRAU

14-D3 13 km E. Toulon. 54 m. ✉ 83260

LE BOIS DE MONT REDON ★★★★ Tourisme 166 E. dont 100 nus 5 ha CV . Locations : , caravane. Espace Fitness. chauffée . Rivière à 1,5 km ; étang à 3 km. Accueil groupes. Ouvert: 1.5 / 30.9. ☎ 09 54 68 45 74. E-mail : montredon83@gmail.com. Web : www.montredon.com. Réduction H.S. Lat. : 43° 09' 38" N Long. : 006° 06' 20" E.

HOLIDAY GIAVIS NC Tourisme 250 E. . Ouvert: 12.2 / 14.11. ☎ 04 94 57 76 03. E-mail : village@csec-sg.com. Web : www.ccues-sg.com. Lat. : 43° 07' 17" N Long. : 006° 04' 02" E.

LE PINEDOU NC Loisirs 200 E. . . Ouvert: 1.1 / 31.12. ☎ 04 94 66 24 50. E-mail : le.pinedou@orange.fr. Web : www.prl-le-pinedou.com. Lat. : 43° 10' 14" N Long. : 006° 05' 32" E.

LA CROIX-VALMER

14-D3 58 km S.-E. Draguignan. 83 m. ✉ 83420

SELECTION CAMPING ★★★★ Tourisme 181 E. dont 131 nus 4 ha CV . Locations : . chauffée . Bord de mer à 400 m. Accueil groupes. Ouvert: 15.3 / 15.10. ☎ 04 94 55 10 30. E-mail : camping-selection@wanadoo.fr. Web : www.selectioncamping.com. Réduction H.S. Lat. : 43° 11' 41" N Long. : 006° 33' 19" E.

CAMPING GCU LA CROIX-VALMER ★★ Tourisme 158 E. CV. Bord de mer à 600 m. Ouvert: 4.4 / 2.11. ☎ 04 94 79 78 97. E-mail : lacroixvalmer8305@gcuf.fr. Web : www.gcu.asso.fr. Lat. : 43° 11' 40" N Long. : 006° 33' 16" E.

LE PARC DES CHENES NC 250 E. CV . Locations : , . Bord de mer à 1,9 km. Accueil groupes adultes. Ouvert: 6.4 / 2.11. ☎ 04 68 37 87 87. E-mail : service.reservations@popinns.com. Web : www.popinns.com. Lat. : 43° 12' 20" N Long. : 006° 33' 38" E.

LA GARDE-FREINET

14-D3 37 km S. Draguignan. 276 m. Station verte de vacances et village de neige ✉ 83680

DOMAINE DE MIREMER ★★★★ Tourisme 200 E. CV . Locations : . chauffée . . Ouvert: 1.3 / 31.10. ☎ 04 94 43 21 23. E-mail : contact@domainedemiremer.com. Web : www.domainedemiremer.com/. Réduction H.S. Lat. : 43° 17' 32" N Long. : 006° 29' 33" E.

LA LONDE-LES-MAURES

14-D3 25 km E. Toulon. 118 m. ✉ 83250

LA BRULADE ★★★★ Tourisme 74 E. CV . Locations : . . Bord de mer à 1,5 km. . Ouvert: 1.4 / 30.9. ☎ 04 94 66 86 28. E-mail : contact@camping-la-brulade.com. Web : www.camping-la-brulade.com. Lat. : 43° 07' 43" N Long. : 006° 14' 31" E.

LE PANSARD ★★★★ Tourisme 400 E. dont 200 nus 6,5 ha la nuit, . Locations : . , , . Accès direct à la mer. ; . Accueil groupes. Ouvert: 1.4 / 30.9. ☎ 04 94 66 83 22. E-mail : pansardcamping@gmail.com. Web : www.camping-pansard.com. Lat. : 43° 06' 58" N Long. : 006° 14' 09" E.

LE PARC VALROSE ★★★★ Loisirs 142 E. 2,48 ha CV . A 5 km : Locations : . chauffée . Etang et bord de mer à 5 km. Accueil groupes adultes. Ouvert: 16.3 / 26.10. ☎ 04 94 66 81 36. E-mail : contact@parcvalrose.com. Web : www.parcvalrose.com. Réduction H.S. Lat. : 43° 09' 01" N Long. : 006° 16' 47" E.

LES JARDINS DE LA PASCALINETTE ★★★★ Tourisme 239 E. dont 76 nus, dont 24 CC - 21 GCC. 00 h / 7 h, CV. A 1 km. Locations : Espace Fitness. chauffée. Bord de mer à 3 km. Accueil groupes adultes. Ouvert : 7.4 / 17.9. ☎ 04 94 66 82 72. E-mail : resa@lapascalinette.fr. Web : www.lapascalinette.fr.
Lat. : 43° 07' 48" N **Long.** : 006° 12' 60" E.

LES MOULIERES ★★★★ Tourisme 244 E. dont 244 nus 3 ha 23 h / 9 h, CV. A 5 km : Randonnée pédestre organisée. Bord de mer à 800 m. Ouvert : 1.6 / 15.9. ☎ 04 94 01 53 21. E-mail : camping.les.moulieres@wanadoo.fr. Web : www.campinglesmoulieres.com. Réduction H.S.
Lat. : 43° 07' 19" N **Long.** : 006° 14' 07" E.

LA PABOURETTE ★★★ Loisirs 38 E. 1 ha CV. Bord de mer à 4 km. Ouvert : 11.6 / 11.9. ☎ 04 94 66 80 92. E-mail : contact@camping-lapabourette.com. Web : www.camping-lapabourette.com.
Lat. : 43° 09' 01" N **Long.** : 006° 15' 47" E.

MME MONIQUE CHRETIENNE. Ouvert : 1.5 / 27.9. ☎ 04 94 66 81 90. E-mail : pdi-v.gil@orange.fr.
Lat. : 43° 08' 28" N **Long.** : 006° 13' 28" E.

LA MARTRE

14-D1 50 km N.-E. Draguignan. 1049 m. ✉ 83840

CAMPING MUNICIPAL FONTVIEILLE NC Tourisme 7 E. dont 5 nus 0,2 ha. Locations : . Accès direct à la rivière. Ouvert : 1.4 / 30.9. ☎ 04 94 60 47 90. E-mail : mairie-lamartre@orange.fr.
Lat. : 43° 46' 18" N **Long.** : 006° 35' 57" E.

LA MOLE

14-D3 51 km S. Draguignan. 159 m. ✉ 83310

PACHACAID ★★★★ Tourisme 434 E. CV. Locations : chauffée. Accès direct à la mer. Ouvert : 10.4 / 27.9. ☎ 04 94 55 70 80. E-mail : pachacaid@capfun.com. Web : www.pachacaid.com. Réduction H.S.
Lat. : 43° 11' 19" N **Long.** : 006° 28' 23" E.

LA ROQUE-ESCLAPON

14-E1 40 km N.-E. Draguignan. 1168 m. ✉ 83840

CAMPING MUNICIPAL NOTRE DAME ★★★ Tourisme 97 E. 2,5 ha CV. Locations : . Accueil groupes. Ouvert : 1.1 / 31.12. ☎ 04 94 76 83 18. E-mail : camping.laroque-esclapon@orange.fr. Web : camping.la-roque-esclapon.fr. Réduction H.S.
Lat. : 43° 43' 22" N **Long.** : 006° 37' 34" E.

LA SEYNE-SUR-MER

14-C3 6 km O. Toulon. 45 m. ✉ 83500

HUTTOPIA FORÊT DE JANAS ★★★★ Tourisme 129 E. dont 38 nus CV. Locations : roulotte. chauffée. Bord de mer à 5 km. Accueil groupes. Ouvert : 30.3 / 5.11. ☎ 04 94 10 64 31. E-mail : info@huttopia.com. Web : europe.huttopia.com/site/foret-de-janas. Prix 2023. Fft jour : empl. Tourisme (2) : 48 € ; sup 10 € ; animaux 5 € ; 7 €. Réduction H.S.
Lat. : 43° 04' 13" N **Long.** : 005° 51' 16" E.
FFCC : avantages adhérent : 10% du 30/03 au 01/07 et du 31/08 au 05/1110% du 30/03 au 01/07 et du 31/08 au 05/11 sur emp. et loc. + 5% de réduction en juillet-août sur les emplacements nus et locatifs * frais de réservation offerts Rendez-vous dans votre club avantages FFCC pour obtenir le code promotionnel.

LES FONTANETTES ★★★★ Tourisme 63 E. CV. Locations : . Bord de mer à 3 km. Ouvert : 1.1 / 31.12. ☎ 04 94 94 75 07. E-mail : camping.les.fontanettes@wanadoo.fr. Web : www.camping-fontanettes.com.
Lat. : 43° 06' 34" N **Long.** : 005° 51' 14" E.

BUFFALO HACIENDA ★★★ Tourisme 150 E. dont 110 nus 4 ha CV. Locations : . Randonnée pédestre organisée. Bord de mer à 3 km. Ouvert : 1.1 / 31.12. ☎ 04 94 74 72 08. E-mail : camping.buffalo.hacienda@wanadoo.fr. Web : www.campingbuffalo.com. Réduction H.S.
Lat. : 43° 04' 18" N **Long.** : 005° 51' 35" E.

CAMPING G.C.U. - FABREGAS ★★ Tourisme 91 E. Ouvert : 1.4 / 2.11. ☎ 04 94 06 05 15. E-mail : fabregas8304@gcuf.fr. Web : www.gcu.asso.fr.
Lat. : 43° 04' 38" N **Long.** : 005° 52' 10" E.

LES PINS NC Tourisme 77 E. Bord de mer à 100 m. Ouvert : 1.6 / 30.9. ☎ 04 94 94 06 89. E-mail : fabregas@anas.asso.fr.
Lat. : 43° 04' 13" N **Long.** : 005° 52' 33" E.

LA VALETTE-DU-VAR

14-C3 5 km E. Toulon. 207 m. ✉ 83160

M. ASTESIANO CV. Ouvert : 1.1 / 31.12. ☎ 04 94 75 06 62. E-mail : louis.astesiano@gmail.com, Web : www.123siteweb.fr/campinglalezardiere.
Lat. : 43° 07' 42" N **Long.** : 005° 59' 43" E.

LA VERDIERE

14-C2 44 km N.-O. Brignoles. 490 m. ✉ 83560

CAMPING DE LA VERDIERE ★★★ Tourisme 38 E. dont 10 nus 1 ha CV. Locations : . Accueil groupes. Ouvert : 15.3 / 15.11. ☎ 04 94 78 30 60. E-mail : campingdelaverdiere83@gmail.com. Web : www.camping-la-verdiere.fr. Réduction H.S.
Lat. : 43° 38' 30" N **Long.** : 005° 56' 06" E.

LE CANNET-DES-MAURES

14-D2 27 km S.-O. Draguignan. 153 m. ✉ 83340

DOMAINE DE LA CIGALIERE ★★★★ Loisirs 71 E. dont 20 nus 23 h / 7 h, CV. Locations : . Rivière à 5 km. Accueil groupes adultes. Ouvert : 1.4 / 31.10. ☎ 04 94 73 81 06. E-mail : contact@domaine-lacigaliere.com. Web : www.domaine-lacigaliere.com. Réduction H.S.
Lat. : 43° 25' 17" N **Long.** : 006° 20' 12" E.

LE CASTELLET

14-C3 21 km N.-O. Toulon. 264 m. Station verte de vacances et village de neige ✉ 83330

L'ARBOIS DU CASTELET ★★★★ Tourisme 220 E. Locations : couverte chauffée. Ouvert : 4.4 / 20.9. ☎ 04 94 90 70 51. E-mail : arbois@capfun.com. Web : www.clubarbois.com.
Lat. : 43° 15' 17" N **Long.** : 005° 45' 24" E.

LES GRANDS PINS ★★★ Loisirs 220 E. dont 73 nus 3,8 ha CV. Espace Fitness. Ouvert : 1.1 / 31.12. ☎ 04 94 90 71 44. E-mail : info@grandpin.com. Web : www.grandpin.com.
Lat. : 43° 15' 12" N **Long.** : 005° 45' 14" E.

LE CASTILLON ★ Loisirs 72 E. Ouvert : 1.1 / 31.12. ☎ 04 94 32 60 33. E-mail : caravaningcastillon@wanadoo.fr.
Lat. : 43° 13' 58" N **Long.** : 005° 45' 32" E.

LES ARBOUSES ★ Loisirs 150 E. 1,8 ha CV. Ouvert : 1.1 / 31.12. ☎ 04 94 90 70 05. E-mail : lesarbouses@orange.fr.
Lat. : 43° 14' 57" N **Long.** : 005° 45' 37" E.

LE LAVANDOU

14-D3 43 km E. Toulon. 198 m. ✉ 83980

SAINT CLAIR ★★★ Tourisme 85 E. dont 85 nus CV. A 1 km : Bord de mer à 100 m. Ouvert : 9.4 / 15.10. ☎ 04 94 01 30 20. E-mail : caravaningstclair@orange.fr. Web : www.caravaningsaintclair.com. Prix 2022. Fft jour : empl. Tourisme (3) : 33 € ; Réduction H.S.
Lat. : 43° 08' 39" N **Long.** : 006° 22' 53" E.

SAINT PONS ★★★ Tourisme 155 E. Bord de mer à 800 m. Ouvert : 28.4 / 30.9. ☎ 04 94 71 03 93. E-mail : campingstpons@netcourrier.com. Web : campingstpons.com.
Lat. : 43° 08' 09" N **Long.** : 006° 21' 15" E.

BEAU SEJOUR ★★ Tourisme 135 E. 0,9 ha. Bord de mer à 1 km. Ouvert : 15.4 / 30.9. ☎ 04 94 71 25 30. E-mail : caravaning.beau.sejour@gmail.com. Web : caravaning-beau-sejour.jimdo.com.
Lat. : 43° 08' 07" N **Long.** : 006° 21' 05" E.

L'HUBAC DU BLEU ★★ Loisirs 40 E. dont 15 nus CV. Locations : caravane. Bord de mer à 1,5 km. Accueil groupes enfants. Ouvert : 13.6 / 30.9. ☎ 06 23 42 55 55. E-mail : camping.hubacdubleu@gmail.com. Web : www.camping-hubacdubleu.com.
Lat. : 43° 09' 43" N **Long.** : 006° 26' 10" E.

LE PRAMOUSQUIER ★★ Tourisme 165 E. 4,5 ha CV. Bord de mer à 400 m. Ouvert : 16.4 / 2.10. ☎ 04 94 05 83 95. E-mail : camping-lavandou@wanadoo.fr. Web : www.campingpramousquier.com.
Lat. : 43° 09' 23" N **Long.** : 006° 26' 53" E.

LES CITRONNIERS ★★ Tourisme 24 E. 0,25 ha. Bord de mer à 900 m. Ouvert : 15.3 / 15.10. ☎ 04 94 64 96 15. E-mail : lescitronniers83@orange.fr. Web : www.campinglescitronniers.fr.
Lat. : 43° 08' 03" N **Long.** : 006° 21' 13" E.

LES MIMOSAS ★★ Tourisme Loisirs 175 E. dont 35 nus CV. Locations : . Bord de mer à 700 m. Accueil groupes. Ouvert : 1.4 / 1.11. ☎ 04 94 05 74 41. E-mail : mimosas@vacances-andretrigano.com. Web : vacances-andretrigano.com/camping/var/les-mimosas-le-lavandou. Prix 2022. Fft jour : empl. Tourisme (2) : 46,8 €
Lat. : 43° 09' 23" N **Long.** : 006° 25' 45" E.
FFCC : avantages adhérent : 10% du 07/04 au 08/07 et du 26/08 au 15/10 sur emp. et 5% du 07/04 au 08/07 et du 26/08 au 15/10 sur loc.

LEI SUVES ★ Tourisme 35 E. Ouvert : 15.4 / 30.10. ☎ 04 94 05 74 28. E-mail : campingleisuves@aol.com.
Lat. : 43° 09' 37" N **Long.** : 006° 26' 05" E.

CAMPING DU CREDIT LYONNAIS NC Loisirs 52 E. Ouvert : 1.6 / 30.9. ☎ 04 94 05 81 01. E-mail : pramousquier@ccelcl-vacances.com. Web : www.ccelcl.com.
Lat. : 43° 09' 23" N **Long.** : 006° 26' 52" E.

LA FOSSETTE NC 18 E. dont 18 nus, dont 5 GCC. 0,5 ha. Bord de mer à 120 m. Ouvert : 15.4 / 15.10. ☎ 06 14 95 50 37. E-mail : karine83.conil@sfr.fr.
Lat. : 43° 08' 50" N **Long.** : 006° 23' 38" E.

M. GILBERT GIRAUD. Ouvert : 1.6 / 30.9. ☎ 04 94 71 26 05.
Lat. : 43° 08' 01" N **Long.** : 006° 21' 08" E.

MME LUCIENNE BUSCHIAZZO Ouvert: 1.6 / 30.9. ☎ 04 94 71 22 33.
Lat. : 43° 08' 47" N **Long.** : 006° 22' 38" E.

LE LUC

14-D2 28 km S.-O. Draguignan. 193 m. ✉ 83340

LES BRUYERES ★★ Loisirs 105 E. 5 ha visiteur, CV. Etang à 2 km. Ouvert: 1.1 / 31.12. ☎ 04 94 73 47 07. E-mail : yvonraboin@aol.com. Web : www.camping-les-bruyeres-83.com.
Lat. : 43° 21' 30" N **Long.** : 006° 19' 43" E.

LE MUY

14-D2 13 km S.-E. Draguignan. 122 m. ✉ 83490

LE SELLIG ★★★★ Loisirs 81 E.
1,5 ha CV. Espace Fitness. Rivière à 2 km ; lac à 5 km. Ouvert: 8.7 / 30.9. ☎ 04 94 45 11 71. E-mail : info@campingsellig.com. Web : www.campingsellig.com.
Lat. : 43° 28' 01" N **Long.** : 006° 32' 57" E.

LES CIGALES ★★★★ Tourisme 502 E. CV. Locations : , . Espace Fitness. chauffée , . Rivière à 3 km ; étang et lac à 5 km. Accueil groupes. Ouvert: 22.4 / 6.11. ☎ 04 94 45 12 08. E-mail : contact@camping-les-cigales-sud.fr. Web : www.tikayan.com/fr/camping-les-cigales-accueil. Réduction H.S.
Lat. : 43° 27' 37" N **Long.** : 006° 32' 35" E.

DOMAINE DE LA NOGUIÈRE P.R.L ★★★ NN245 E. dont 174 nus
CV. Locations : , , , . Accès direct à l'étang. ; . Accueil groupes adultes. Ouvert: 6.4 / 29.10. ☎ 09 70 73 10 38. E-mail : contact@rcn.fr. Web : www.rcn.fr. Prix 2023. Fft nuit : empl. Tourisme (2) : 63 € ( ). Réduction H.S.
Lat. : 43° 28' 06" N **Long.** : 006° 35' 31" E.
FFCC : avantages adhérent : 15% du 06/04 au 14/07 et du 19/08 au 29/1015% du 06/04 au 14/07 et du 19/08 au 29/10 sur emp. et loc. + Profitez de lòffre en réservant sur le site du partenaire au 09 70 73 10 38 ou rendez-vous sur votre Club avantages pour obtenir le code promotionnel. Offre non valable du 18/05 au 21/05.

LA PRAIRIE ★★★ Tourisme 175 E. 4 ha CV . Locations : . Lac à 4 km. Ouvert: 30.3 / 30.9. ☎ 04 94 45 10 04. E-mail : contact@camping-la-prairie.fr. Web : www.camping-la-prairie.fr.
Lat. : 43° 28' 08" N **Long.** : 006° 32' 57" E.

LES CANEBIERES NC 771 E. , . Ouvert: 1.1 / 31.12. ☎ 04 94 45 07 46. E-mail : info@lescanebieres.com. Web : lescanebieres.com.
Lat. : 43° 25' 43" N **Long.** : 006° 32' 13" E.

LE PLAN-DE-LA-TOUR

14-D2 37 km S. Draguignan 187 m. ✉ 83120

CAMPING RURAL LA LAUNE . A 9 km : . Ouvert: 1.4 / 30.9. ☎ 06 60 42 75 51. E-mail : nicolas.grinda@bbox.fr, Web : www.camping-lalaune.com.
Lat. : 43° 20' 07" N **Long.** : 006° 33' 27" E.

LE PRADET

14-C3 9 km S.-E. Toulon. 52 m. ✉ 83220

L'ARTAUDOIS ★★★★ Tourisme 181 E.
3 ha CV . Locations : , . Randonnée pédestre organisée. chauffée . Bord de mer à 1 km. Ouvert: 28.3 / 11.10. ☎ 04 94 21 72 61. E-mail : romain@artaudois.fr. Web : www.campingartaudois.com. Prix 2022. Fft jour : empl. Tourisme (2) : 40 € ( ). Réduction H.S.
Lat. : 43° 05' 58" N **Long.** : 006° 01' 51" E.

L'HERMITAGE ★★★ Tourisme 50 E. dont 7 nus 1 ha CV . Locations : , , . couverte . Bord de mer à 400 m. Ouvert: 3.4 / 1.11. ☎ 04 94 21 78 19. E-mail : contact@camping-hermitage.com. Web : www.camping-hermitage.com. Réduction H.S.
Lat. : 43° 06' 13" N **Long.** : 006° 00' 58" E.

LOU PANTAI ★★★ Tourisme 64 E. dont 13 nus
0,9 ha CV . Locations : , . chauffée. Bord de mer à 3 km. Ouvert: 1.1 / 31.12. ☎ 04 94 75 10 77. E-mail : contact@campingloupantai.com. Web : www.campingloupantai.com. Réduction H.S.
Lat. : 43° 06' 26" N **Long.** : 006° 02' 35" E.

MAUVALLON II CAP GARONNE ★★★ Tourisme 44 E. dont 17 nus
0,9 ha CV . Espace Fitness. . Bord de mer à 500 m. Ouvert: 20.5 / 30.9. ☎ 04 94 08 24 04. E-mail : mauvallon2@capgaronne.com. Web : www.capgaronne.com. Réduction H.S.
Lat. : 43° 05' 13" N **Long.** : 006° 01' 43" E.

LE PIN DE GALLE ★★ Tourisme 40 E. dont 18 nus, dont 7 CC. CV . Locations : , . Bord de mer à 150 m. Ouvert: 13.5 / 25.9. ☎ 06 03 38 17 92. E-mail : campingpindegalle@gmail.com. Web : campingdupindegalle.biz. Réduction H.S.
Lat. : 43° 06' 20" N **Long.** : 006° 00' 30" E.

LES OURSINIÈRES ★★ Tourisme 104 E. dont 10 nus
. Locations : . Randonnée pédestre organisée. , . Bord de mer à 200 m. ; . Accueil groupes. Ouvert: 1.4 / 25.9. ☎ 04 94 21 77 31. E-mail : oursinieres@vacances-andretrigano.com. Web : vacances-andretrigano.com/camping/var/les-oursinieres-le-pradet. Prix 2022. Fft nuit : empl. Tourisme (2) : 19,5 € ( )
Lat. : 43° 04' 54" N **Long.** : 006° 01' 26" E.
FFCC : avantages adhérent : 10% du 07/04 au 08/07 et du 26/08 au 24/09 sur emp. et 5% du 07/04 au 08/07 et du 26/08 au 24/09 sur loc.

MAUVALLON I ★★ Tourisme 85 E. dont 85 nus 1 ha CV. Bord de mer à 500 m. Ouvert: 20.6 / 13.9. ☎ 04 94 21 31 73. E-mail : mauvallon@wanadoo.fr. Web : www.campingmauvallon.fr.
Lat. : 43° 05' 12" N **Long.** : 006° 01' 44" E.

DOMAINE DE LA BAYETTE NC Tourisme 180 E. . Locations : . Bord de mer à 2,5 km. Ouvert: 6.4 / 2.11. ☎ 04 94 75 81 10. E-mail : reservation@groupevla.fr.
Lat. : 43° 06' 23" N **Long.** : 006° 02' 07" E.

LES ADRETS-DE-L'ESTEREL

14-E2 45 km E. Draguignan. 221 m. ✉ 83600

LES PHILIPPONS ★★★ Tourisme 112 E. dont 95 nus 5,30 ha CV. Locations : cocosweet. Espace Fitness. Lac à 5 km. Accueil groupes adultes. Ouvert: 14.4 / 30.9. ☎ 04 94 40 90 67. E-mail : info@lesphilippons.com. Web : www.lesphilippons.com. Prix 2023. Fft jour : empl. Tourisme (2) : 41 € ; sup 8 € ; animaux 4 € ; 5 €. Réduction H.S.
Lat. : 43° 31' 44" N **Long.** : 006° 50' 24" E.
FFCC : avantages adhérent : 19 € du 08/04 au 30/06 et du 28/08 au 14/10 sur emp. + Une semaine 7% de réduction, 2 semaines 14 % de réduction.

LES ARCS

14-D2 12 km S. Draguignan 115 m. ✉ 83460

L'EAU VIVE ★★★ Loisirs 69 E. 2 ha CV. Locations : . Accès direct à la rivière. ; . Ouvert: 1.3 / 31.10. ☎ 04 94 47 40 66. E-mail : campingleauvive@sfr.fr. Web : www.campingleauvive.fr. Réduction H.S.
Lat. : 43° 26' 48" N **Long.** : 006° 28' 25" E.

M. ANTOINE LOPEZ . Ouvert: 15.6 / 15.9. ☎ 04 94 45 15 59.
Lat. : 43° 27' 58" N **Long.** : 006° 30' 45" E.

LES SALLES-SUR-VERDON

14-D1 70 km N.-E. Brignoles. 499 m. ✉ 83630

LA SOURCE ★★★★ Tourisme 89 E. dont 89 nus . Locations : . Accès direct aux bords du lac. Ouvert: 10.5 / 6.10. ☎ 04 94 70 20 40. E-mail : contact@camping-la-source.eu. Web : www.camping-la-source.eu. Réduction H.S.
Lat. : 43° 46' 31" N **Long.** : 006° 12' 26" E.

LES PINS ★★★★ Tourisme 100 E. dont 100 nus . Locations : . Espace Fitness. Lac à 100 m. ; . Ouvert: 21.4 / 6.10. ☎ 04 98 10 23 80. E-mail : campinglespins83@orange.fr. Web : www.campinglespins.com. Prix 2023. Fft jour : empl. Tourisme (2) : 36,5 € (E. CC E. GCC). Réduction H.S.
Lat. : 43° 46' 35" N **Long.** : 006° 12' 33" E.

CAMPING MUNICIPAL LES RUISSES ★★ Tourisme 250 E. dont 250 nus, dont 190 CC. 3 ha ap. 22 h, CV . Lac à 200 m. . Ouvert: 2.3 / 1.11. ☎ 04 98 10 28 15. E-mail : info@campinglesruisses.fr. Web : www.campinglesruisses.fr.
Lat. : 43° 46' 53" N **Long.** : 006° 12' 47" E.

MEOUNES-LES-MONTRIEUX

14-C3 28 km N. Toulon. 437 m. ✉ 83136

AUX TONNEAUX ★★ Loisirs 50 E. 2,5 ha . Accès direct à la rivière. Ouvert: 1.1 / 31.12. ☎ 04 94 33 98 34. E-mail : contact@camping-aux-tonneaux.com. Web : www.camping-aux-tonneaux.com/.
Lat. : 43° 16' 37" N **Long.** : 005° 58' 14" E.

LE GAVAUDAN BLUE GARDEN NC 33 E. 6 ha CV. Locations : . Accès direct à la rivière. Ouvert: 1.1 / 31.12. ☎ 04 94 48 95 34. E-mail : guides@campingfrance.com.
Lat. : 43° 15' 26" N **Long.** : 005° 58' 59" E.

MONTAUROUX

14-E2 40 km E.-N.-E. Draguignan. 240 m. ✉ 83440

CAMPING DU LAC ★★★ Loisirs 197 E. CV . Locations : . Lac à 1,5 km. Ouvert: 1.1 / 31.12. ☎ 04 94 76 46 26. E-mail : contact@campingdulac.fr. Web : www.campingdulac.fr. Réduction H.S.
Lat. : 43° 36' 10" N **Long.** : 006° 46' 31" E.

LES FLORALIES ★★★ Tourisme 46 E. dont 37 nus CV . Locations : . chauffée. Lac à 3 km ; rivière à 5 km. Ouvert: 2.4 / 23.9. ☎ 04 94 76 44 03. E-mail : contact@campinglesfloralies.com. Web : www.campinglesfloralies.com.
Lat. : 43° 36' 25" N **Long.** : 006° 46' 43" E.

LES CHAUMETTES NC Tourisme 120 E. . Ouvert: 1.4 / 31.10. ☎ 04 94 76 43 27.
Lat. : 43° 36' 24" N **Long.** : 006° 46' 17" E.

MONTMEYAN

14-C2 45 km N. Brignoles 504 m. ✉ 83670

CHATEAU DE L'EOUVIERE ★★★★ Tourisme 81 E. . Locations : . Ouvert: 7.5 / 15.9. ☎ 04 94 80 75 54. E-mail : contact@leouviere.com. Web : www.leouviere.com. Réduction H.S.
Lat. : 43° 38' 29" N **Long.** : 006° 03' 50" E.

CAMPING LOU TROUMPETOUN RAIOLA LOISIRS NC 31 E. dont 16 nus, dont 14 GCC. CV . Locations : . Accueil groupes. Ouvert: 1.1 / 31.12. ☎ 04 94 78 17 87. E-mail : campingloutroumpetoun@hotmail.com. Web : www.campingloutroumpetoun.fr/. Réduction H.S.
Lat. : 43° 38' 58" N **Long.** : 006° 03' 40" E.

NANS-LES-PINS

14-C2 30 km O. Brignoles. 445 m. ✉ 83860

DOMAINE DE LA SAINTE BAUME ★★★★ Tourisme 250 E. CV . Locations : . Randonnée pédestre organisée. chauffée . Accueil groupes adultes. Ouvert: 6.4 / 29.9. ☎ 04 30 05 15 19. E-mail : contact@tohapi.fr. Web : www.tohapi.fr.
Lat. : 43° 22' 41" N **Long.** : 005° 47' 21" E.

PIERREFEU-DU-VAR

14-D3 25 km N.-E. Toulon. 142 m. ✉ 83390

LES VOILES DE PIERREFEU ★★★ Tourisme 150 E. 6 ha CV. Locations : . Ouvert: 1.3 / 15.10. ☎ 04 94 28 20 62. E-mail : accueil@lesvoilesdepierrefeu.com. Web : www.domainesdesvoilesdepierrefeu.com.
Lat. : 43° 14' 03" N **Long.** : 006° 09' 43" E.

PUGET-SUR-ARGENS

14-E2 23 km S.-E. Draguignan. 45 m. ✉ 83480

OASIS VILLAGE ★★★★★ Tourisme 467 E. électrique uniquement, payant, payant, payant, CV payant, payant. Locations : . Espace Fitness. chauffée . Accueil groupes adultes. Ouvert: 9.4 / 1.10. ☎ 04 98 11 85 60. E-mail : oasis@camping-parcsaintjames.com. Web : www.camping-parcsaintjames.com.
Lat. : 43° 28' 18" N **Long.** : 006° 39' 42" E.

LA BASTIANE ★★★★ Tourisme 180 E. dont 50 nus 23 h / 7 h, CV . Locations : . Randonnée pédestre organisée. Espace Fitness. chauffée . Lac et rivière à 3 km. Ouvert: 28.4 / 9.10. ☎ 04 94 55 55 94 / 06 10 82 39 42. E-mail : info@labastiane.com. Web : www.labastiane.com. Prix 2023. Fft jour : empl. Tourisme (2) : 56 € ( ). Réduction H.S.
Lat. : 43° 28' 11" N **Long.** : 006° 40' 43" E.
FFCC : avantages adhérent : 10% du 28/04 au 30/06 et du 01/09 au 09/1010% du 28/04 au 30/06 et du 01/09 au 09/10 sur emp. et loc. + Rendez-vous dans votre club avantages FFCC pour obtenir le code promotionnel et réserver !.

LES AUBRÈDES ★★★★ Tourisme 218 E. chauffée . Lac, bord de mer et rivière à 5 km. . Ouvert: 6.4 / 28.9. ☎ 04 94 45 51 46. E-mail : aubredes@capfun.com. Web : www.campingaubredes.com. Réduction H.S.
Lat. : 43° 27' 33" N **Long.** : 006° 41' 36" E.

LES HAUTES VERNÈDES ★★★★ Loisirs 160 E. dont 42 nus . chauffée . Ouvert: 1.5 / 30.9. ☎ 04 94 81 59 71. E-mail : lamenede@free.fr. Web : www.camping-hautes-vernedes.com.
Lat. : 43° 27' 53" N **Long.** : 006° 41' 45" E.

RAMATUELLE

14-E3 63 km S. Draguignan. 53 m. ✉ 83350

LA TOISON D'OR ★★★★★ Tourisme 429 E. CV . Espace Fitness. . Accès direct à la mer. ; . Ouvert: 13.6 / 4.10. ☎ 04 94 79 83 54. E-mail : toison@riviera-villages.com. Web : www.riviera-villages.com/Toison-d-Or.
Lat. : 43° 14' 16" N **Long.** : 006° 39' 35" E.

CAP TAILLAT ★★★★ Tourisme 60 E. dont 2 nus CV . Locations : . Bord de mer à 700 m. Accueil groupes adultes. Ouvert: 5.4 / 1.11. ☎ 04 94 79 22 53. E-mail : info@camping-captaillat.com. Web : www.camping-captaillat.com.
Lat. : 43° 11' 34" N **Long.** : 006° 38' 08" E.

KON TIKI ★★★★ Tourisme 521 E. CV . A 5 km : . Locations : . Randonnée pédestre organisée. Espace Fitness. . Accès direct à la mer. ; . Ouvert: 13.6 / 1.11. ☎ 04 94 55 96 96. E-mail : kontiki@riviera-villages.com. Web : www.riviera-villages.com/KON-TIKI.
Lat. : 43° 13' 55" N **Long.** : 006° 39' 30" E.

LA CROIX DU SUD ★★★★ Tourisme 106 E. 2 ha CV . A 1 km : . Locations : . Bord de mer à 2 km. Ouvert: 28.3 / 4.10. ☎ 04 94 55 51 23. E-mail : croix-du-sud@campeole.com. Web : www.campeole.com.
Lat. : 43° 13' 25" N **Long.** : 006° 38' 59" E.

CAMPING DU COMITE INTER ENTREPRISE DES USINES DELLE ★★ Loisirs 192 E. . Bord de mer à 1,5 km. Ouvert: 29.6 / 31.8. ☎ 03 84 36 25 55. E-mail : ciedelle@orange.fr.
Lat. : 43° 11' 46" N **Long.** : 006° 37' 46" E.

LES EUCALYPTUS . Ouvert: 13.5 / 10.10. ☎ 04 94 97 16 74. Web : www.leseucalyptus.com.
Lat. : 43° 14' 30" N **Long.** : 006° 39' 42" E.

LES PINS PITCHOUNS . Ouvert: 1.6 / 30.9. ☎ 06 70 04 20 43. E-mail : cocorel.laurent@gmail.com, Web : www.lespinspitchouns.com.
Lat. : 43° 12' 40" N **Long.** : 006° 38' 19" E.

LES TOURS DU PINET DOMAINE CEZANNE . Ouvert: 1.4 / 30.9. ☎ 04 94 97 68 35. E-mail : campingpinet@free.fr.
Lat. : 43° 14' 51" N **Long.** : 006° 39' 46" E.

M. GUSTAVE GIRAUD . Ouvert: 15.6 / 15.9. ☎ 04 94 79 93 97. E-mail : ferme.empereur@hotmail.fr.
Lat. : 43° 12' 46" N **Long.** : 006° 38' 37" E.

M. JÉRÉMY BERNARD . Ouvert: 1.4 / 31.10. ☎ 04 94 97 17 03. E-mail : corinne_dumas@orange.fr.
Lat. : 43° 14' 37" N **Long.** : 006° 39' 13" E.

M. ROBERT MOURET. Ouvert: 1.7 / 31.8. ☎ 04 94 97 35 32.
Lat. : 43° 37' 14" N **Long.** : 005° 46' 10" E.

LES TOURNELS ★★★★★ Tourisme 908 E. dont 509 nus
20 ha. Locations : . Espace Fitness. couverte chauffée , . Bord de mer à 1,5 km. ; . Ouvert: 3.4 / 1.11. ☎ 04 94 55 90 90. E-mail : info@tournels.com. Web : www.tournels.com. Réduction H.S.
Lat. : 43° 12' 19" N **Long.** : 006° 39' 03" E.
FFCC : avantages adhérent : 10% du 31/03 au 30/06 et du 01/09 au 01/11 sur emp. + Rendez-vous dans votre club avantages FFCC pour obtenir le code promotionnel et réserver !.

REGUSSE

14-D2 34 km N.-O. Draguignan. 548 m. ✉ 83630

LES LACS DU VERDON ★★★★ Tourisme 456 E. dont 107 nus 12 ha CV. Locations : . chauffée , , . Accueil groupes adultes. Ouvert: 7.4 / 17.9. ☎ 04 84 39 08 60. E-mail : inesselma@homair.com. Web : www.homair.com.
Lat. : 43° 39' 38" N **Long.** : 006° 09' 02" E.

ROCBARON

14-D3 32 km N.- E. Brignoles. 380 m. ✉ 83136

SOLEILUNA ★★★ Tourisme 70 E. dont 20 nus 4 ha CV. Locations : . chauffée . Accès direct aux bords du lac. . Accueil groupes adultes. Ouvert: 1.1 / 31.12. ☎ 04 94 69 73 62. E-mail : camping.soleiluna@orange.fr. Web : www.camping-soleiluna.fr.
Lat. : 43° 19' 07" N **Long.** : 006° 05' 46" E.

ROQUEBRUNE-SUR-ARGENS

14-E2 23 km S.-E. Draguignan. 92 m. ✉ 83520

DOMAINE DE LA BERGERIE ★★★★★ Loisirs 700 E. dont 200 nus
40 ha CV. Locations : ,. Randonnée pédestre organisée. Espace Fitness. couverte chauffée , , , , . Accès direct aux bords du lac ; étang à 3 km ; bord de mer à 5 km. ; . Accueil groupes. Ouvert: 22.4 / 4.11. ☎ 04 98 11 45 45. E-mail : info@domainelabergerie.com. Web : www.domainelabergerie.fr. Prix 2023. Fft jour : empl. Tourisme (2) : 47 € (). Réduction H.S.
Lat. : 43° 23' 55" N **Long.** : 006° 40' 33" E.
FFCC : avantages adhérent : 23 € du 22/04 au 01/07 et du 28/08 au 04/11 sur emp.

AU PARADIS DES CAMPEURS ★★★★ Tourisme 175 E. dont 125 nus, dont 70 CC - 50 GCC.
2,7 ha CV. Locations : , . , . Bord de mer à 40 m. . Ouvert: 1.1 / 31.12. ☎ 04 94 96 93 55. E-mail : info@campingpdc.fr. Web : auparadisdescampeurs.com/. Prix 2022. Fft jour : empl. Tourisme (2) : 46 € ()
Lat. : 43° 21' 59" N **Long.** : 006° 42' 42" E.
FFCC : avantages adhérent : 21 € du 01/01 au 13/07 et du 01/09 au 31/12 sur emp. et entre 15 € et 54 € la nuitée du 01/01 au 13/09 et du 01/09 au 31/12 sur loc.

LES PÊCHEURS ★★★★ Tourisme 190 E. dont 113 nus
2,3 ha CV. Locations : ,, 1 . Randonnée pédestre organisée. Espace Fitness. chauffée , . Accès direct aux bords du lac et à la rivière. . Ouvert: 1.4 / 8.10. ☎ 04 94 45 71 25. E-mail : info@camping-les-pecheurs.com. Web : www.camping-les-pecheurs.com. Prix 2023. Fft jour : empl. Tourisme (2) : 46 € (E. CC E. GCC)
Lat. : 43° 27' 03" N **Long.** : 006° 38' 01" E.

LEÏ SUVES ★★★★ Tourisme 309 E. dont 160 nus
7,4 ha CV. Locations : . Espace Fitness. chauffée . Lac et rivière à 3 km. . Ouvert: 8.4 / 15.10. ☎ 04 94 45 43 95. E-mail : camping.lei.suves@wanadoo.fr. Web : www.lei-suves.com. Prix 2022. Fft jour : empl. Tourisme (2) : 51 € ( ) ; sup 10 € ; animaux 3,50 € ; 8 € ; 5 €. Réduction H.S.
Lat. : 43° 28' 41" N **Long.** : 006° 38' 20" E.

CAMPINUS ★★★ Loisirs 154 E. CV. . . Ouvert: 2.1 / 31.10. ☎ 04 94 45 42 51. E-mail : contatc@campinus.fr. Web : www.campinus.fr.
Lat. : 43° 30' 49" N **Long.** : 006° 38' 17" E.

LE MOULIN DES ISCLES ★★★ Tourisme 97 E.
1 ha CV . Locations : . chauffée , , . Accès direct à l'étang et à la rivière ; lac à 2 km. ; . Ouvert: 30.3 / 30.10. ☎ 04 94 45 70 74. E-mail : camping.moulindesiscles@gmail.com. Web : www.campingdesiscles.com.
Lat. : 43° 26' 42" N **Long.** : 006° 39' 28" E.
FFCC : avantages adhérent : 14 € du 01/02 au 01/04 et du 05/11 au 23/12 sur emp.

LE VAUDOIS ★★★ Loisirs 110 E. dont 44 nus
CV . Locations : . Rivière à 1 km ; bord de mer à 4 km. Ouvert: 23.4 / 30.9. ☎ 04 94 81 37 70. E-mail : camping.vaudois@wanadoo.fr. Web : www.campingdevaudois.com. Prix 2023. Fft jour : empl. Tourisme (2) : 40 € ( ). Réduction H.S.
Lat. : 43° 24' 39" N **Long.** : 006° 41' 31" E.

LE PARPAILLON ★★ Loisirs 32 E. . . Lac et rivière à 1,5 km. Ouvert: 1.4 / 31.10. ☎ 04 94 19 89 04. E-mail : campingdeparpaillon@orange.fr. Web : www.campingdeparpaillon.com.
Lat. : 43° 28' 17" N **Long.** : 006° 38' 21" E.

DOMAINE DU BLAVET CV . Ouvert: 1.7 / 31.10. ☎ 04 94 45 41 59. E-mail : claudemichel1910@orange.fr, Web : www.domainedublavet.com/.
Lat. : 43° 28' 23" N **Long.** : 006° 38' 48" E.

M. ROBERT SCIARAFFA . Ouvert: 1.6 / 30.9. ☎ 04 94 82 90 78. E-mail : alineetstef@orange.fr.
Lat. : 43° 24' 17" N **Long.** : 006° 40' 59" E.

SAINT-CYR-SUR-MER

14-C3 25 km N.-O. Toulon. 64 m. ✉ 83270

CLOS STE THÉRÈSE ★★★★ Tourisme 118 E. dont 89 nus 3 ha CV . A 4 km : chauffée . Bord de mer à 3 km. Ouvert: 7.4 / 30.9. ☎ 04 94 32 12 21. E-mail : camping@clos-therese.com. Web : www.clos-therese.com. Réduction H.S.
Lat. : 43° 09' 35" N **Long.** : 005° 43' 45" E.

CAMPING LES DAUPHINS ★★★ Tourisme 114 E. Ouvert: 2.4 / 29.10. ☎ 04 50 02 90 74. E-mail : contact@aec-vacances.com. Web : www.aec-vacances.com/fr.
Lat. : 43° 11' 11" N **Long.** : 005° 40' 40" E.

LES BAUMELLES ★★★ Tourisme 323 E. . A 500 m : . Bord de mer à 30 m. Ouvert: 1.4 / 30.10. ☎ 04 94 26 21 27. E-mail : baumellesloisirs@aol.com. Web : www.campinglesbaumelles.fr. Réduction H.S.
Lat. : 43° 10' 21" N **Long.** : 005° 41' 45" E.

LE PORT D'ALON ★★ Loisirs 27 E. 0,55 ha CV . A 4 km : Bord de mer à 400 m. Ouvert: 1.4 / 30.9. ☎ 04 94 26 56 46. E-mail : campingportdalon@orange.fr. Réduction H.S.
Lat. : 43° 09' 07" N **Long.** : 005° 42' 54" E.

SAINT-MANDRIER-SUR-MER

14-C3 15 km S. Toulon. 33 m. ✉ 83430

LA PRESQU'ÎLE DE SAINT-MANDRIER-SUR-MER ★★★★ Tourisme 125 E. 2,5 ha CV . A 1 km : chauffée . Bord de mer à 300 m. Accueil groupes adultes. Ouvert: 7.4 / 1.10. ☎ 04 84 39 08 60. E-mail : lapresquile@mravilla-parks.com. Web : www.marvilla-parks.com/camping/la-presquile-de-st-mandrier.
Lat. : 43° 04' 36" N **Long.** : 005° 54' 21" E.

SAINT-MAXIMIN-LA-SAINTE-BAUME

14-C2 20 km O. Brignoles. 362 m. ✉ 83470

LE PROVENCAL ★★★ Tourisme 100 E. dont 75 nus CV . Locations : , . . Accueil groupes adultes. Ouvert: 1.4 / 30.9. ☎ 04 94 78 16 97. E-mail : camping.provencal@wanadoo.fr. Web : www.camping-le-provencal.com.
Lat. : 43° 25' 43" N **Long.** : 005° 51' 54" E.

SAINT-PAUL-EN-FORET

14-E2 30 km E. Draguignan. 275 m. ✉ 83440

LE PARC ★★★★ Tourisme 110 E. dont 42 nus
2 ha CV . Locations : . chauffée , . Ouvert: 1.5 / 23.9. ☎ 04 94 76 15 35. E-mail : contact@campingleparc.com. Web : www.campingleparc.com. Réduction H.S.
Lat. : 43° 35' 04" N **Long.** : 006° 41' 24" E.
FFCC : avantages adhérent : 17 € du 01/05 au 06/07 et du 26/08 au 23/09 sur emp. et 280 € la semaine du 08/04 au 01/07 (de 2 à 4 personnes) sur loc.

AIRE NATURELLE CV . Ouvert: 1.5 / 30.9. ☎ 04 89 71 94 14. E-mail : martel.cecile@neuf.fr, Web : www.airedecamping-fayence.fr.
Lat. : 43° 35' 08" N **Long.** : 006° 41' 52" E.

SAINT-RAPHAEL

14-E2 9 km S.-E. Draguignan. 127 m. ✉ 83700

DOUCE QUIÉTUDE ★★★★★ Tourisme 432 E. dont 82 nus
CV . Locations : . Randonnée pédestre organisée. Espace Fitness. chauffée . Bord de mer à 4,5 km. ; . Accueil groupes adultes. Ouvert: 30.6 / 7.1. ☎ 0 4 94 44 30 00. E-mail : doucequietude@sandaya.fr. Web : www.sandaya.fr/nos-campings/douce-quietude. Prix 2023. Fft jour : empl. Tourisme (2) : 101 € ( ) ; sup 7 € ; animaux 5 € ; 5 €. Réduction H.S.
Lat. : 43° 26' 47" N **Long.** : 006° 48' 25" E.

ESTEREL CARAVANING ★★★★★ Tourisme 495 E.
. Locations : . Randonnée pédestre organisée. Espace Fitness. couverte chauffée , , . Bord de mer et rivière à 3 km ; étang et lac à 5 km. ; . Accueil groupes adultes. Ouvert: 1.4 / 30.9. ☎ 04 94 82 03 28. E-mail : contact@esterel-caravaning.fr. Web : www.esterel-caravaning.fr. Prix 2023. Fft semaine : empl. Tourisme (2) : 1148 € (E. GCC) ; sup 98 € semaine ; animaux 28 € semaine ; 91 € semaine.
Lat. : 43° 27' 05" N **Long.** : 006° 49' 54" E.
FFCC : avantages adhérent : 20 € du 01/04 au 01/07 et du 01/09 au 30/09 sur emp.

AZUR RIVAGE ★★★★ Tourisme 66 E. CV. Locations : . chauffée . Bord de mer à 30 m. ; ; ; . Accueil groupes. Ouvert: 27.4 / 30.9. ☎ 04 94 44 83 12. E-mail : contact@camping-azur-rivage.com. Web : www.camping-azur-rivage.com. Réduction H.S.
Lat. : 43° 26' 15" N **Long.** : 006° 53' 29" E.

L'ILE D'OR ★★★★ Loisirs 261 E. dont 200 GCC. 6 ha . Bord de mer à 50 m. Accueil groupes. Ouvert: 1.4 / 15.11. ☎ 04 94 95 52 13. E-mail : campinglitedor@gmail.com. Web : camping-iledor.com. Réduction H.S.
Lat. : 43° 25' 04" N **Long.** : 006° 50' 05" E.

LA VALLÉE DU PARADIS ★★★★ Tourisme 188 E. dont 11 nus CV . Locations : , . Randonnée pédestre organisée. Espace Fitness. chauffée . Accès direct à la rivière ; bord de mer à 600 m. ; . Accueil groupes. Ouvert: 8.4 / 6.11. ☎ 04 94 82 16 00. E-mail : contact@camping-vallee-du-paradis.fr. Web : www.tikayan.com/fr/camping-la-vallee-du-paradis-accueil. Prix 2022. Fft jour : empl. Tourisme (3) : 59 € ( ) ;
Lat. : 43° 26' 08" N **Long.** : 006° 51' 10" E.

LES RIVES DE L'AGAY ★★★★ Tourisme 96 E. 1,45 ha CV. Locations : , . Accès direct à la rivière ; bord de mer à 400 m. ; . . Ouvert: 15.2 / 3.11. ☎ 04 94 82 02 74. E-mail : reception@lesrivesdelagay.com. Web : camping-lesrivesdelagay.com.
Lat. : 43° 26' 02" N **Long.** : 006° 51' 11" E.

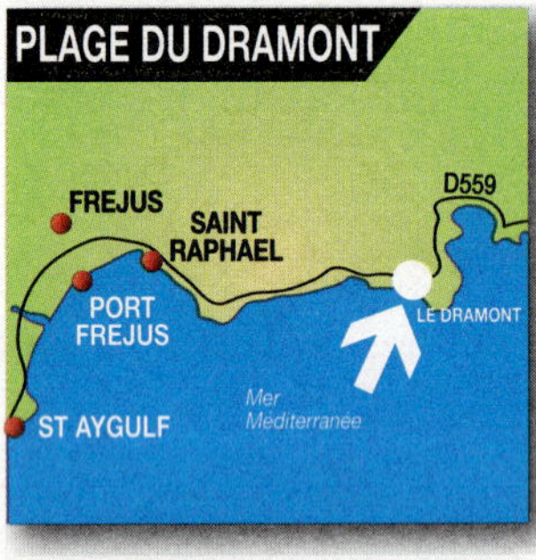

PLAGE DU DRAMONT ★★★★ Tourisme 351 E. dont 151 nus
. Locations : , . chauffée , , , . Accès direct à la mer. ; . Accueil groupes. Ouvert: 1.4 / 20.10. ☎ 04 94 82 07 68. E-mail : info@laplagedudramont.com. Web : laplagedudramont.com. Prix 2022. Fft jour : empl. Tourisme (2) : 77 € ( ) ; sup 12 € ; animaux 5 € ; 10 €. Réduction H.S.
Lat. : 43° 25' 00" N **Long.** : 006° 50' 52" E.
FFCC : avantages adhérent : 10% du 01/04 au 30/06 et du 01/09 au 20/1010% du 01/04 au 30/06 et du 01/09 au 20/10 sur emp. et loc. + Rendez-vous dans votre club avantages FFCC pour obtenir le code promotionnel et réserver !.

ROYAL CAMPING ★★★ Tourisme 45 E. 0,38 ha CV. Locations : . couverte . Accès direct à la mer. ; . Ouvert: 2.2 / 26.10. ☎ 04 94 82 00 20. E-mail : contact@royalcamping.net. Web : www.royalcamping.net.
Lat. : 43° 25' 11" N **Long.** : 006° 51' 26" E.

L'ELEPHANT ★★ Tourisme 14 E. . Bord de mer à 1 km. . Ouvert: 1.2 / 31.10. ☎ 04 94 95 25 58. E-mail : camping.elephant@wanadoo.fr. Web : www.camping-elephant-var.com.
Lat. : 43° 25' 09" N **Long.** : 006° 47' 58" E.

LE VERLAINE ★★ Tourisme 70 E. 1,3 ha CV. . Accès direct à la rivière ; bord de mer à 400 m. ; . Ouvert: 15.4 / 30.9. ☎ 04 94 82 01 94. E-mail : reception@lesrivesdelagay.com.
Lat. : 43° 26' 00" N **Long.** : 006° 51' 11" E.

LE VIADUC ★★ Tourisme 69 E. . Bord de mer à 100 m. Ouvert: 1.6 / 30.9. ☎ 04 94 44 82 31. E-mail : claude.azyme@orange.fr. Web : www.camping-viaduc.fr.
Lat. : 43° 26' 16" N **Long.** : 006° 53' 23" E.

SANTA LUCIA ★★ Tourisme 77 E. Locations : , . Randonnée pédestre organisée. , . Bord de mer à 500 m. Accueil groupes adultes. Ouvert: 1.4 / 9.10. ☎ 04 94 95 34 80. E-mail : santalucia@vacances-andretrigano.com. Web : www.vacances-andretrigano.com.
Lat. : 43° 24′ 46″ N **Long.** : 006° 47′ 16″ E.
FFCC : avantages adhérent : 10% du 01/07 au 08/07 et du 26/08 au 15/10 sur emp. et 5% du 01/07 au 08/07 et du 26/08 au 15/10 sur loc.

AGAY SOLEIL ★ Tourisme 58 E. dont 41 nus 0,72 ha . Locations : , . Accès direct à la mer ; rivière à 2 km ; lac à 4 km. ; ; . Ouvert: 28.3 / 5.11. ☎ 04 94 82 00 79. E-mail : camping-agay-soleil@wanadoo.fr. Web : www.agay-soleil.com. Réduction H.S.
Lat. : 43° 25′ 59″ N **Long.** : 006° 52′ 06″ E.

SAINT-ZACHARIE

14-C2 68 km N.-O. Toulon. 388 m. ✉ 83640

LA GANTESSE ★★ Loisirs 27 E. dont 15 nus CV . Locations : . . Rivière à 2 km. . Accueil groupes. Ouvert: 1.4 / 1.10. ☎ 04 42 72 91 38. E-mail : campinglagantesse@orange.fr. Web : www.camping-lagantesse.fr.
Lat. : 43° 24′ 00″ N **Long.** : 005° 43′ 34″ E.

SAINTE-ANASTASIE-SUR-ISSOLE

14-D2 13 km N.-E. Brignoles. 378 m. ✉ 83136

LA VIDARESSE ★★★ Tourisme 100 E. dont 50 nus 1,8 ha CV . Locations : . couverte chauffée , . Rivière à 200 m. . Ouvert: 1.4 / 30.9. ☎ 04 94 72 21 75. E-mail : lavidaresse@wanadoo.fr. Web : www.campinglavidaresse.com.
Lat. : 43° 20′ 17″ N **Long.** : 006° 07′ 34″ E.

SAINTE-MAXIME

14-E3 37 km S.-E. Draguignan. 161 m. ✉ 83120

LA BEAUMETTE ★★★ Tourisme 85 E. CV . Locations : tipi. Espace Fitness. . Accès direct à la rivière ; bord de mer à 2,5 km. Ouvert: 1.4 / 30.9. ☎ 04 94 96 10 92. E-mail : camping@labeaumette.com. Web : www.labeaumette.com. Réduction H.S.
Lat. : 43° 19′ 31″ N **Long.** : 006° 37′ 19″ E.

LES CIGALONS ★★ Tourisme 41 E. 0,55 ha CV. Locations : , . . Bord de mer à 50 m. ; . . Ouvert: 1.4 / 30.9. ☎ 04 94 96 05 51. E-mail : campingcigalon@wanadoo.fr. Web : www.campingcigalon.com. Réduction H.S.
Lat. : 43° 19′ 50″ N **Long.** : 006° 40′ 03″ E.

SANARY-SUR-MER

14-C3 12 km O. Toulon. 92 m. ✉ 83110

MAS DE PIERREDON ★★★★★ Tourisme 134 E. dont 28 nus CV . A 5 km : Locations : , . chauffée , , . Bord de mer à 3 km. ; . Accueil groupes adultes. Ouvert: 29.4 / 24.9. ☎ 04 94 74 25 02. E-mail : pierredon@campasun.eu. Web : www.campasun.eu/mas-pierredon/accueil. Prix 2023. Fft jour : empl. Tourisme (2) : 58,5 € ( ) ; sup 12 € ; animaux 6 € ; 10 €.
Lat. : 43° 07′ 54″ N **Long.** : 005° 48′ 53″ E.

PARC MOGADOR ★★★★ Tourisme 152 E. dont 59 nus CV . Locations : . chauffée . Bord de mer à 900 m. . Ouvert: 1.1 / 31.12. ☎ 04 94 74 53 16. E-mail : mogador@campasun.eu. Web : www.campasun.eu/parc-mogador/accueil. Prix 2023. Fft jour : empl. Tourisme (2) : 62,5 € (E. CC E. GCC) ; sup 12 € ; animaux 6 € ; 10 €.
Lat. : 43° 07′ 29″ N **Long.** : 005° 47′ 13″ E.

SEILLANS

14-E2 80 km E. Toulon. 731 m. ✉ 83440

LE ROUQUIER . Ouvert: 1.4 / 31.10. ☎ 06 88 18 00 05. E-mail : jeanclaude.fuentes@wanadoo.fr. Prix 2022. empl. Tourisme : 7 € ; 7 € ; animaux 3 € ; 5 € ; 3 €.
Lat. : 43° 36′ 09″ N **Long.** : 006° 39′ 16″ E.

SIGNES

14-C3 558 m. ✉ 83870

DOMAINE DE LA ROUDELIÈRE ★★★ Tourisme 80 E. dont 66 nus . Ouvert: 4.4 / 30.9. ☎ 04 94 32 75 09. E-mail : contact@camping-signes.fr. Web : www.camping-signes.fr.
Lat. : 43° 17′ 24″ N **Long.** : 005° 51′ 44″ E.

SILLANS-LA-CASCADE

14-D2 28 km N. Brignoles. 400 m. ✉ 83690

LE RELAIS DE LA BRESQUE ★★★ Loisirs 88 E. dont 30 nus CV . chauffée . Rivière à 1,5 km. . Ouvert: 1.4 / 30.9. ☎ 04 94 04 64 89. E-mail : info@lerelaisdelabresque.net. Web : www.lerelaisdelabresque.net. Réduction H.S.
Lat. : 43° 34′ 22″ N **Long.** : 006° 11′ 21″ E.

SIX-FOURS-LES-PLAGES

14-C3 9 km S.-O. Toulon. 60 m. ✉ 83140

LES PLAYES ★★★★ Tourisme 90 E. dont 47 nus 1,5 ha CV . A 3 km : Locations : . Espace Fitness. chauffée . Bord de mer à 1,5 km. Ouvert: 1.1 / 31.12. ☎ 04 94 25 57 57. E-mail : camplayes@wanadoo.fr. Web : www.camplayes.com. Réduction H.S.
Lat. : 43° 06′ 47″ N **Long.** : 005° 49′ 49″ E.

LA PINEDE ★★★ Tourisme 200 E. 3 ha . Locations : . , , . Bord de mer à 800 m. ; ; . . Ouvert: 1.6 / 30.9. ☎ 04 94 34 06 39. E-mail : lapinede83@orange.fr. Web : www.camping-six-fours.com.
Lat. : 43° 04′ 22″ N **Long.** : 005° 49′ 29″ E.

MER ET MONTAGNE ★★★ Tourisme 131 E. 3 ha CV. couverte chauffée . Bord de mer à 4 km. Ouvert: 1.3 / 31.10. ☎ 04 94 34 34 32. E-mail : neigeetsoleilsixfours@wanadoo.fr. Web : www.neigeetsoleil.org.
Lat. : 43° 04′ 57″ N **Long.** : 005° 50′ 14″ E.

ORLY D'AZUR ★★★ Tourisme 97 E. CV. chauffée . Bord de mer à 2 km. Accueil groupes. Ouvert: 1.3 / 3.11. ☎ 04 94 25 59 41. E-mail : camping.orly@wanadoo.fr. Web : www.camping-orly.fr.
Lat. : 43° 06′ 59″ N **Long.** : 005° 50′ 19″ E.

SAINT JEAN ★★★ Tourisme 90 E. Locations : . chauffée. Bord de mer à 3 km. Ouvert: 1.1 / 31.12. ☎ 04 94 87 51 51. E-mail : camping.stjean83@orange.fr. Web : www.campingstjean.com. Réduction H.S.
Lat. : 43° 06′ 13″ N **Long.** : 005° 51′ 01″ E.

LE RAYOLET ★★ Tourisme 131 E. dont 28 nus 2,4 ha CV . Locations : , . . Bord de mer à 500 m. Accueil groupes. Ouvert: 1.4 / 25.9. ☎ 04 94 07 81 60. E-mail : rayolet@vacances-andretrigano.com. Web : vacances-andretrigano.com/camping/var/le-rayolet-six-fours-les-plages. Prix 2022. Fft jour : empl. Tourisme (2) : 42,5 € ( )
Lat. : 43° 05′ 24″ N **Long.** : 005° 49′ 05″ E.
FFCC : avantages adhérent : 10% du 01/07 au 08/07 et du 26/08 au 24/09 sur emp. et 5% du 01/07 au 08/07 et du 26/08 au 24/09 sur loc.

AU JARDIN DE LA FERME CV . Ouvert: 1.3 / 31.12. ☎ 04 94 34 01 07. E-mail : info@au-jardin-de-la-ferme.com, Web : www.au-jardin-de-la-ferme.com.
Lat. : 43° 04′ 41″ N **Long.** : 005° 48′ 42″ E.

SOLLIES-PONT

14-D3 15 km N.-O. Toulon. 93 m. ✉ 83210

LE PETIT RÉAL CV. Ouvert: 1.4 / 30.9. ☎ 04 94 28 94 80. E-mail : mireille.cambray@wanadoo.fr, Web : cambray.pagesperso-orange.fr. Prix 2023. Fft jour : empl. Tourisme (2) : 15,5 € ( ) ; sup 4,80 € ; 2,70 € ; 2,90 €.
Lat. : 43° 11′ 07″ N **Long.** : 006° 03′ 52″ E.

LES AMANDIERS CV. Ouvert: 1.1 / 31.12. ☎ 04 94 28 90 81. E-mail : lesamandiers@orange.fr. Prix 2023. empl. Tourisme : 5 € ; 4,50 € ; animaux 3 € ; 4 €.
Lat. : 43° 11′ 12″ N **Long.** : 006° 03′ 41″ E.

TANNERON

14-E2 50 km E. Draguignan. 255 m. ✉ 83440

CHEZ BRUNA CV. Ouvert: 1.1 / 31.12. ☎ 04 93 60 65 90. E-mail : bruna.bosi@orange.fr. Prix 2022. Fft jour : empl. Tourisme (1) : 13 € ( )
Lat. : 43° 35′ 27″ N **Long.** : 006° 52′ 36″ E.

TARADEAU

14-D2 16 km S. Draguignan. 144 m. ✉ 83460

LA VALLÉE DE TARADEAU ★★★ Tourisme 80 E. dont 44 nus CV . Locations : , , cabanes. chauffée , . Accès direct à la rivière. ; . Accueil groupes. Ouvert: 1.1 / 31.12. ☎ 04 94 73 09 14. E-mail : contact@campingdetaradeau.fr. Web : www.campingdetaradeau.fr. Réduction H.S.
Lat. : 43° 26′ 27″ N **Long.** : 006° 25′ 45″ E.

TOURRETTES

14-E2 34 km N.-E. Draguignan. 326 m. ✉ 83440

LE GRILLON ★★★ Loisirs 86 E. dont 80 nus CV . . Accès direct à l'étang ; lac et rivière à 5 km. Ouvert: 1.4 / 30.10. ☎ 04 94 76 09 36. E-mail : campinglegrillon@hotmail.fr. Web : www.campinglegrillon.com.
Lat. : 43° 37′ 23″ N **Long.** : 006° 42′ 11″ E.

CAMPING GCU - TOURRETTES ★ Tourisme 73 E. . Locations : . . Ouvert: 31.5 / 28.9. ☎ 04 94 39 84 60. E-mail : gcu@gcu.asso.fr. Web : www.gcu.asso.fr.
Lat. : 43° 36′ 47″ N **Long.** : 006° 43′ 41″ E.

MME MARTHE GRIGIONI . Ouvert: 1.6 / 30.9. ☎ 04 94 76 11 06.
Lat. : 43° 35′ 15″ N **Long.** : 006° 42′ 51″ E.

VIDAUBAN

14-D2 17 km S. Draguignan. 95 m. ✉ 83550

LES OMBRAGES ★★★ Loisirs 180 E. 3,6 ha CV . Locations : . Espace Fitness. . Ouvert: 1.1 / 31.12. ☎ 04 94 73 06 95. E-mail : lesombrages.83@gmail.com. Web : www.domaine-lesombrages.com.
Lat. : 43° 23′ 50″ N **Long.** : 006° 23′ 34″ E.

VILLECROZE

14-D2 23 km N.-O. Draguignan. 345 m. ✉ 83690

LE RUOU ★★★★ Tourisme 139 E. dont 40 nus CV . Locations : , , . Randonnée pédestre organisée. Espace Fitness. chauffée . Etang et rivière à 5 km. . Accueil groupes. Ouvert: 7.4 / 2.9. ☎ 04 94 70 67 70. E-mail : info@leruou.com. Web : www.leruou.com. Réduction H.S.
Lat. : 43° 33′ 13″ N **Long.** : 006° 17′ 53″ E.

LES CADENIERES ★★★★ Tourisme 199 E. dont 40 nus 3 ha CV . Locations : , , , roulotte. . Rivière à 4 km. Accueil groupes. Ouvert: 1.5 / 6.9. ☎ 04 94 67 59 66. E-mail : info@camping-lescadenieres.com. Web : www.camping-lescadenieres-var.com. Réduction H.S.
Lat. : 43° 33′ 23″ N **Long.** : 006° 17′ 11″ E.

Cartes 11-14

Correspondant FFCC : Didier SERRE, 7 lot La Marteliere - 13100 LE THOLONET
Tél. 06 88 63 05 63 et serredidierffc13@orange.fr

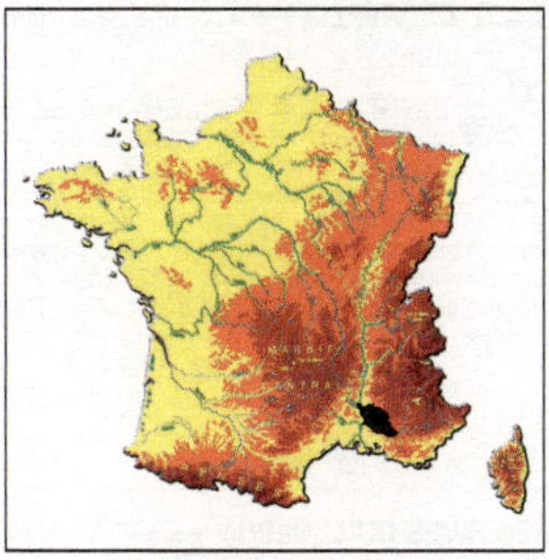

APT

14-B1 53 km E. Avignon. 311 m. ✉ 84400

LE LUBERON ★★★★ Tourisme 110 E. dont 74 nus
4 ha CV. Locations : . Randonnée pédestre organisée. chauffée. Etang à 3 km. Accueil groupes adultes. Ouvert: 8.4 / 23.9. ☎ 04 90 04 85 40. E-mail : contact@campingleluberon.com. Web : www.campingleluberon.com. Prix 2022. Fft nuit : empl. Tourisme (2) : 38 € (). Réduction H.S.
Lat. : 43° 51' 59" N **Long.** : 005° 24' 46" E.

LA CLEF DES CHAMPS ★★ Tourisme 25 E. CV. Ouvert: 1.4 / 31.10. ☎ 04 90 74 41 41. E-mail : la-clef-des-champs2@orange.fr.
Lat. : 43° 53' 38" N **Long.** : 005° 24' 19" E.

LES CÈDRES ★★ Tourisme 75 E. dont 72 nus 1,8 ha CV. A 1 km : Locations : . Accès direct à la rivière ; lac à 2,5 km. Accueil groupes. Ouvert: 15.3 / 11.11. ☎ 04 90 74 14 61. E-mail : reservation@escapade-vacances.fr. Web : www.camping-les-cedres.eu.
Lat. : 43° 52' 41" N **Long.** : 005° 24' 16" E.

AUBIGNAN

14-B1 5 km N. Carpentras. 77 m. ✉ 84810

LE BRÉGOUX ★★★ Tourisme 160 E. dont 148 nus
3,4 ha CV. Locations : . , . Etang à 500 m. Accueil groupes enfants. Ouvert: 15.3 / 31.10. ☎ 04 90 62 62 50. E-mail : info@camping-lebregoux.fr. Web : www.camping-lebregoux.fr. Prix 2022. empl. Tourisme : 7,60 € ; 7,50 € ; animaux 3,50 € ; 4,60 € ; 4,80 €. Réduction H.S.
Lat. : 44° 05' 54" N **Long.** : 005° 02' 10" E.
FFCC : avantages adhérent : 23 € du 15/03 au 30/04 et du 01/10 au 31/10 sur emp.

AVIGNON

14-A1 688 km S.-E. Paris. 25 m. ✉ 84000

CAMPING DU PONT D'AVIGNON ★★★★ Tourisme 300 E. dont 270 nus
CV. Locations : . , . Accès direct à la rivière. Accueil groupes. Ouvert: 1.3 / 5.11. ☎ 04 90 80 63 50. E-mail : camping.avignon@aquadis-loisirs.com. Web : www.aquadis-loisirs.com/camping-nature/camping-du-pont-d-avignon. Prix 2023. Fft nuit : empl. Tourisme (2) : 42 € (). Réduction H.S.
Lat. : 43° 57' 21" N **Long.** : 004° 48' 11" E.
FFCC : avantages adhérent : 19 € du 01/03 au 02/07 et du 26/08 au 05/11 sur emp. + Offre découverte Duo : 20% de réduction pour un séjour de 7 nuits minimum en location hors saison.

BAGATELLE ★★★ Tourisme 198 E. dont 195 nus 2,5 ha CV. A 900 m : . Locations : cocosweet. . Accès direct à la rivière.. Accueil groupes. Ouvert: 1.1 / 31.12. ☎ 04 90 86 71 34 / 04 90 86 30 39. E-mail : campingbagatelle@gmail.com. Web : www.campingbagatelle.com/camping-avignon. Réduction H.S.
Lat. : 43° 57' 08" N **Long.** : 004° 47' 57" E.

LES DEUX RHONE ★★ Tourisme 77 E. 1,5 ha CV. A 3 km : , . Rivière à 200 m. Accueil groupes. Ouvert: 1.1 / 31.12. ☎ 04 90 85 49 70. E-mail : info@camping-avignon.fr. Web : www.campingavignon.com.
Lat. : 43° 58' 03" N **Long.** : 004° 49' 09" E.

PARC DES LIBERTES NC 195 E. 2,8 ha . Accès direct aux bords du lac. Ouvert: 1.4 / 15.9. ☎ 04 90 85 17 73. E-mail : parcdeslibertes@wanadoo.fr. Web : www.parcdeslibertes.fr.
Lat. : 43° 59' 07" N **Long.** : 004° 49' 21" E.

BEAUMES-DE-VENISE

11-B5 7 km N. Carpentras. 139 m. Station verte de vacances et village de neige ✉ 84190

CAMPING MUNICIPAL ★★ Tourisme 64 E. 1 ha CV. , . Rivière à 100 m.. Ouvert: 1.3 / 31.10. ☎ 04 90 62 95 07. E-mail : camping@beaumes-de-venise.fr.
Lat. : 44° 07' 21" N **Long.** : 005° 02' 03" E.

BEAUMONT-DU-VENTOUX

11-B5 20 km N.-E. Carpentras. 890 m. ✉ 84340

LE MONT SEREIN ★★★ Tourisme 58 E. dont 40 nus CV. Locations : , cabanes. Randonnée pédestre organisée. Espace Fitness. chauffée. Accueil groupes adultes. Ouvert: 19.12 / 16.3. ☎ 04 90 60 49 16. E-mail : campingserein@orange.fr. Web : www.campingventoux.com.
Lat. : 44° 11' 05" N **Long.** : 005° 16' 30" E.

BEDOIN

11-B5 13 km N.-E. Carpentras. 824 m. Station verte de vacances et village de neige ✉ 84410

DOMAINE NATURISTE DE BELEZY ★★★★★ Tourisme 320 E. dont 199 nus, dont 23 GCC.
11 ha CV Rés. naturiste. Locations : . Randonnée pédestre organisée. Espace Fitness. chauffée , . Ouvert: 30.4 / 9.10. ☎ 04 90 65 60 18. E-mail : info@belezy.com. Web : www.belezy.com. Réduction H.S.
Lat. : 44° 08' 01" N **Long.** : 005° 11' 16" E.

CAMPING MUNICIPAL LA PINEDE ★★ Tourisme 120 E. dont 116 nus
CV. Locations : . Lac à 5 km. Accueil groupes. Ouvert: 15.3 / 31.10. ☎ 04 90 65 61 03. E-mail : camping.municipal@bedoin.fr. Web : www.camping-lapinede-ventoux.fr. Réduction H.S.
Lat. : 44° 07' 30" N **Long.** : 005° 10' 22" E.

LA GARENNE ★★ Tourisme 80 E. dont 72 nus 6 ha CV. Locations : . , . Etang et lac à 4 km. Accueil groupes. Ouvert: 1.4 / 31.10. ☎ 04 90 65 63 05. E-mail : campinglagarenneventoux@gmail.com. Web : www.camping-ventoux.fr. Réduction H.S.
Lat. : 44° 07' 08" N **Long.** : 005° 10' 56" E.

LE PASTORY ★★ Tourisme 78 E. dont 58 nus, dont 25 CC. CV. Locations : , . Accès direct à l'étang. Accueil groupes. Ouvert: 8.4 / 15.10. ☎ 04 90 12 85 83. E-mail : info@camping-le-pastory.com. Web : www.camping-le-pastory.com. Prix 2023. Fft jour : empl. Tourisme (2) : 20,5 € ( ) ; sup 3,50 € ; animaux 1 € ; 2,50 €. Réduction H.S.
Lat. : 44° 07' 54" N **Long.** : 005° 10' 15" E.
FFCC : avantages adhérent : 17 € du 08/04 au 30/06 et du 01/09 au 15/10 sur emp. + 14 jours = 13 jours.

LE MENEQUE NC Tourisme 100 E. 2,4 ha CV. Locations : . Accès direct à la rivière. Ouvert: 1.4 / 30.9. ☎ 04 90 65 93 50. E-mail : lemeneque@orange.fr. Web : www.lemeneque.eu.
Lat. : 44° 06' 53" N **Long.** : 005° 10' 51" E.

BLAUVAC
14-B1 14 km S.-E. Carpentras. 437 m. ✉ 84570

CAMPING DE L'AUBE P.R.L ★★ Tourisme 15 E. dont 15 nus Ouvert: 15.4 / 15.10. ☎ 04 90 61 99 98. E-mail : campingdelaube@gmail.com. Web : campingdelaube.com.
Lat. : 44° 02' 32" N **Long.** : 005° 13' 09" E.

BOLLENE
11-A5 47 km N. Avignon. 82 m. ✉ 84500

LE BARRY ★★★★★ Loisirs 72 E. 3 ha CV . chauffée. Rivière à 2,5 km ; lac à 3 km. Accueil groupes. Ouvert: 1.7 / 31.8. ☎ 04 90 30 13 20. E-mail : contactvalleedebarry@orange.fr. Web : www.valleedebarry.com. Réduction H.S.
Lat. : 44° 17' 05" N **Long.** : 004° 45' 11" E.

LA SIMIOUNE ★★★ Tourisme 80 E. 3 ha CV . Locations : , . Rivière à 2,5 km ; lac à 5 km. Accueil groupes. Ouvert: 1.4 / 26.10. ☎ 04 90 63 17 91. E-mail : camping@la-simioune.fr. Web : www.la-simioune.fr. Réduction H.S.
Lat. : 44° 17' 50" N **Long.** : 004° 47' 15" E.

BONNIEUX
14-B1 12 km S.-O. Apt. 349 m. ✉ 84480

LE VALLON ★ Tourisme 80 E. dont 63 nus 3 ha 22 h / 7 h, CV . Locations : , , . roulotte. Randonnée pédestre organisée. Accueil groupes. Ouvert: 15.3 / 15.10. ☎ 04 90 75 86 14. E-mail : info@campinglevallon.com. Web : www.campinglevallon.com.
Lat. : 43° 49' 08" N **Long.** : 005° 18' 41" E.

CABRIERES-D'AIGUES
14-B1 32 km S.-E. Apt. 499 m. ✉ 84240

LÉTANG DE LA BONDE ★★★ Tourisme 136 E. dont 92 nus CV . Locations : . , . Accès direct à l'étang. ; . Accueil groupes. Ouvert: 28.4 / 24.9. ☎ 04 90 77 63 64. E-mail : campingdelabonde@campasun.eu. Web : www.campasun.eu/etang-bonde/accueil. Prix 2023. Fft jour : empl. Tourisme (2) : 29,5 € ( ) ; sup 11 € ; animaux 6 € ; 9 €.
Lat. : 43° 45' 29" N **Long.** : 005° 30' 17" E.

LES CHÊNES VERTS ★★ Tourisme 48 E. dont 38 nus 1 ha CV. Locations : tonneau. Etang à 200 m. Accueil groupes. Ouvert: 1.4 / 25.10. ☎ 06 03 62 38 28. E-mail : leschenesvertscamping@gmail.com. Web : leschenesverts.com.
Lat. : 43° 45' 31" N **Long.** : 005° 30' 02" E.

CADENET
14-B2 22 km S. Apt. 210 m. ✉ 84160

VAL DE DURANCE ★★★★ Tourisme 255 E. dont 46 nus 11 ha CV . Accès direct aux bords du lac ; rivière à 500 m. ; . Accueil groupes adultes. Ouvert: 7.4 / 17.9. ☎ 04 84 39 08 60. E-mail : valdedurance@homair.com. Web : www.homair.com.
Lat. : 43° 43' 09" N **Long.** : 005° 21' 17" E.

CAROMB
11-B5 8 km N. Carpentras. 212 m. ✉ 84330

LE BOUQUIER ★★ Tourisme 35 E. dont 27 nus, dont 27 CC. 1 ha . Locations : , , . Lac à 2 km. Accueil groupes. Ouvert: 3.4 / 31.10. ☎ 04 90 28 00 57. E-mail : sas-le-bouquier@orange.fr. Web : campinglebouquier.com. Prix 2023. Fft jour : empl. Tourisme (2) : 21 € ( ) ; Réduction H.S.
Lat. : 44° 07' 26" N **Long.** : 005° 06' 35" E.

CASTELLET
14-B1 13 km S.-E. Apt. 558 m. ✉ 84400

LES BARDONS ★★ Tourisme 67 E. 1,7 ha CV . Rivière à 3,5 km. Accueil groupes. Ouvert: 1.6 / 15.9. ☎ 04 90 75 20 87. E-mail : contact@campinglesbardons.com. Web : www.campinglesbardons.com.
Lat. : 43° 50' 26" N **Long.** : 005° 28' 17" E.

CAVAILLON
14-B1 30 km O. Apt. 75 m. ✉ 84300

CAMPING INTERCOMMUNAL DE LA DURANCE ★★★ Tourisme 100 E. dont 79 nus CV . A 1 km : Locations : , . , . Rivière à 20 m ; étang à 5 km. Accueil groupes. Ouvert: 1.4 / 30.9. ☎ 04 90 71 11 78. E-mail : contact@camping-durance.com. Web : www.camping-durance.com. Prix 2023. Fft nuit : empl. Tourisme (2) : 22,5 € (E. CC) ; sup 6 € nuit ; animaux 3,50 € nuit ; 4 € nuit. Réduction H.S.
Lat. : 43° 49' 16" N **Long.** : 005° 02' 14" E.
FFCC : avantages adhérent : 17 € du 01/04 au 07/07 et du 25/08 au 30/09 sur emp.

CHATEAUNEUF-DE-GADAGNE
14-A1 12 km S.-E. Avignon. 76 m. ✉ 84470

FONTISSON ★★★ Tourisme 60 E. dont 29 nus 2 ha CV . Locations : , , . Espace Fitness. chauffée . Rivière à 3 km. Ouvert: 27.3 / 30.9. ☎ 04 90 22 59 77. E-mail : info@campingfontisson.com. Web : www.campingfontisson.com. Prix 2023. Fft jour : empl. Tourisme (2) : 24 € ( ) ; sup 8 € ; 5 € ; 5,50 €. Réduction H.S.
Lat. : 43° 55' 43" N **Long.** : 004° 56' 00" E.
FFCC : avantages adhérent : 17 € du 01/04 au 30/06 et du 02/09 au 30/09 sur emp. et entre 50 € et 150 € la nuitée et entre 275 € et 990 € la semaine du 01/04 au 30/06 et du 01/09 au 30/09 sur loc.

CHATEAUNEUF-DU-PAPE
14-A1 16 km N. Avignon. 79 m. ✉ 84230

L'ART DE VIVRE ★★★ Tourisme 91 E. dont 70 nus 2 ha CV . Locations : , , bivouac, cocosweet, roulotte, tonneau, . , , , . Accès direct à la rivière.. Ouvert: 9.4 / 30.9. ☎ 04 90 02 65 43. E-mail : contact@camping-artdevivre.com. Web : www.camping-artdevivre.com. Prix 2022. Fft jour : empl. Tourisme (2) : 31,4 € ( ). Réduction H.S.
Lat. : 44° 02' 30" N **Long.** : 004° 49' 29" E.

CHEVAL-BLANC
14-B1 30 km O. Apt. 280 m. ✉ 84460

LES RIVES DU LUBERON ★★★★ Tourisme 115 E. 7 ha CV . , , . Etang à 100 m ; rivière à 200 m.. Accueil groupes adultes. Ouvert: 7.4 / 24.9. ☎ 04 84 39 08 60. E-mail : inesselma@homair.com. Web : www.homair.com.
Lat. : 43° 46' 39" N **Long.** : 005° 05' 13" E.

COURTHEZON
11-A5 18 km N.-E. Avignon. 46 m. ✉ 84350

LES SOURCES ★★★★★ Tourisme 58 E. dont 22 nus CV. Locations : . . Ouvert: 1.1 / 31.12. ☎ 04 90 70 67 73. E-mail : campinglessources@wanadoo.fr. Web : www.domainelessources.com.
Lat. : 44° 04' 49" N **Long.** : 004° 52' 38" E.

CRESTET
11-B5 25 km N. Carpentras. 350 m. ✉ 84110

LE VOCONCE ★★★ Tourisme 115 E. dont 91 nus, dont 7 GCC. 2 ha 22 h / 8 h, CV . A 500 m : . Locations : , , , , bivouac. Randonnée pédestre organisée. Espace Fitness. , . Accès direct à la rivière. ; . Accueil groupes. Ouvert: 30.3 / 13.10. ☎ 04 90 36 28 10. E-mail : contact@camping-voconce.com. Web : www.camping-voconce.com. Réduction H.S.
Lat. : 44° 13' 25" N **Long.** : 005° 06' 15" E.

CRILLON-LE-BRAVE

11-B5 12 km N.-E. Carpentras. 297 m. ✉ 84410

BELLE-VUE NC Tourisme 40 E. CV. Locations : . , , . Etang, lac et rivière à 3 km. Ouvert: 1.3 / 30.9. ☎ 04 90 62 42 29. E-mail : campingbellevue 84@orange.fr. Web : www.camping-belle-vue.fr.
Lat. : 44° 06' 54" N **Long.** : 005° 08' 39" E.

CUCURON

14-B1 27 km S.-E. Apt. 451 m. ✉ 84160

LE MOULIN À VENT ★★★ Tourisme 80 E. dont 71 nus
CV. Locations : , cocosweet. Etang à 5 km. Ouvert: 1.4 / 7.10. ☎ 04 90 77 25 77. E-mail : contact@le-moulin-a-vent.com. Web : www.le-moulin-a-vent.com. Prix 2022. Fft jour : empl. Tourisme (2) : 22,8 € Réduction H.S.
Lat. : 43° 45' 22" N **Long.** : 005° 26' 44" E.
FFCC : avantages adhérent : 23 € du 01/04 au 28/04 et du 01/07 au 28/07 sur emp. et entre 260 € et 526 € la semaine du 01/04 au 01/07 et du 27/08 au 07/10 sur loc.

LOU BADAREU ★★ Tourisme 34 E. CV. . Etang et lac à 4 km ; rivière à 5 km. . Ouvert: 1.4 / 15.10. ☎ 04 90 77 21 46. E-mail : loubadareu@orange.fr. Web : www.loubadareu.com.
Lat. : 43° 46' 05" N **Long.** : 005° 26' 56" E.

ENTRECHAUX

11-B5 25 km N.-E. Carpentras. 304 m. ✉ 84340

LE BON CROUZET ★★ Tourisme 45 E. 0,7 ha CV. couverte. Accès direct à la rivière. . Ouvert: 1.4 / 30.10. ☎ 04 90 46 01 62. E-mail : du.bo n.crouzet@free.fr. Web : du.bon.crouzet.free.fr. Réduction H.S.
Lat. : 44° 13' 37" N **Long.** : 005° 07' 42" E.

LES TROIS RIVIERES ★★ Tourisme 140 E. dont 123 nus 5 ha CV . A 4 km : Espace Fitness. , . Accès direct aux bords du lac et à la rivière. ; . Accueil groupes. Ouvert: 1.4 / 30.9. ☎ 04 90 46 01 72. E-mail : doc@camping-les3rivieres.com. Web : www.camping-les3rivi eres.com.
Lat. : 44° 14' 14" N **Long.** : 005° 08' 59" E.

LE PUYSEBY NC Tourisme 18 E. dont 15 nus CV . A 2 km : Locations : caravane. . Accès direct à la rivière. . Ouvert: 1.4 / 30.9. ☎ 07 61 83 30 90. E-mail : campinglepuyseby@orange.fr. Web : www.lepu yseby.fr. Réduction H.S.
Lat. : 44° 13' 38" N **Long.** : 005° 07' 35" E.

FAUCON

11-B5 34 km N. Carpentras. 346 m. ✉ 84110

L'AYGUETTE ★★★ Tourisme 99 E. dont 75 nus
3 ha 23 h / 7 h, CV . A 5 km : Locations : . chauffée . Rivière à 5 km. Ouvert: 1.4 / 1.11. ☎ 04 90 46 40 35. E-mail : info@ayguette.com. Web : www.aygu ette.com. Réduction H.S.
Lat. : 44° 15' 45" N **Long.** : 005° 07' 46" E.
FFCC : avantages adhérent : 18 € du 01/04 au 03/07 et du 21/08 au 01/11 sur emp.

FLASSAN

11-B5 19 km N.-E. Carpentras. 654 m. ✉ 84410

CAMPING MUNICIPAL AQUI SIAN BEN NC Tourisme 21 E. dont 21 nus . Accueil groupes. Ouvert: 1.6 / 31.8. ☎ 04 90 61 81 22. E-mail : mairie@flassan.fr. Web : www.flassan.fr. Prix 2022. empl. Tourisme : 5 € ; 3 € ; 2 € ; 3 €.
Lat. : 44° 05' 57" N **Long.** : 005° 14' 38" E.

FONTAINE-DE-VAUCLUSE

14-B1 30 km E. Avignon. 292 m. ✉ 84800

LES PRES NC Tourisme 42 E. 0,6 ha . Accès direct à la rivière. ; . Accueil groupes. Ouvert: 1.1 / 31.12. ☎ 04 90 20 32 38. E-mail : contact@camping-les-pres.info. Web : camping-les-pres.info/.
Lat. : 43° 55' 12" N **Long.** : 005° 07' 22" E.

GORDES

14-B1 31 km O.-N.-O. Apt. 303 m. ✉ 84220

CAMPING DES SOURCES ★★★★ Tourisme 99 E. dont 57 nus
2,5 ha CV . chauffée . Ouvert: 16.4 / 1.10. ☎ 04 90 72 12 48. E-mail : campingdes sources@wanadoo.fr. Web : www.campingd essources.com. Prix 2022. Fft jour : empl. Tourisme (2) : 28,8 € ( )
Lat. : 43° 55' 36" N **Long.** : 005° 12' 08" E.

GRILLON

11-A5 62 km N. Avignon 191 m. ✉ 84600

LE GARRIGON ★★★★ Tourisme 164 E. dont 121 nus
CV . Locations : . chauffée , . ; . Ouvert: 9.4 / 23.10. ☎ 04 90 28 72 94. E-mail : contact@camping-garrigon.com. Web : www.camping-garrigon.com. Prix 2022. Fft jour : empl. Tourisme (2) : 32 € (E. CC) ; sup 7,50 € ; animaux 4 € ; 5 €. Réduction H.S.
Lat. : 44° 22' 59" N **Long.** : 004° 55' 50" E.
FFCC : avantages adhérent : 17 € du 07/04 au 07/07 et du 24/08 au 22/10 sur emp.

L'ISLE-SUR-LA-SORGUE

14-B1 22 km E. Avignon. 78 m. ✉ 84800

LA SORGUETTE ★★★ Tourisme 164 E. dont 114 nus
CV . Locations : , cabanes, tonneau, yourte, . Randonnée pédestre organisée. Espace Fitness. , . Accès direct à la rivière. . Accueil groupes. Ouvert: 15.3 / 15.10. ☎ 04 90 38 05 71. E-mail : info@camping-sorguette.com. Web : www.camping-sorguette.com. Prix 2023. Fft nuit : empl. Tourisme (2) : 25,7 € ( ) ; sup 9,20 € ; animaux 3,50 € ; 5 € ; 5,40 €. Réduction H.S.
Lat. : 43° 54' 52" N **Long.** : 005° 04' 19" E.
FFCC : avantages adhérent : 21 € du 15/03 au 07/07 et du 19/08 au 14/10 sur emp. et entre 66 € et 160 € la nuitée et entre 330 € et 1085 € la semaine du 15/03 au 07/07 et du 19/08 au 14/10 sur loc.

LA TOUR-D'AIGUES

14-C2 42 km S.-E. Apt. 324 m. ✉ 84240

CAMPING MUNICIPAL NC Tourisme 100 E. 0,8 ha . Etang à 5 km. Ouvert: 1.7 / 31.8. ☎ 04 90 07 41 08. E-mail : accueil.ma irie@latourdaigues.fr.
Lat. : 43° 43' 42" N **Long.** : 005° 33' 05" E.

LAGNES

14-B1 28 km S.-E. Avignon. 168 m. ✉ 84800

LA COUTELIÈRE ★★★★ Tourisme 103 E. dont 87 nus, dont 69 CC - 18 GCC.
2,5 ha . Locations : , cabanes. chauffée , , . Accès direct à la rivière. ; . Ouvert: 5.4 / 27.9. ☎ 04 90 20 33 97. E-mail : hello@lacouteliere.com. Web : www.laco uteliere.com/. Prix 2023. Fft nuit : empl. Tourisme (2) : 42,5 € ( ) ; sup 10,50 € nuit ; animaux 5 € nuit ; 8 € nuit. Réduction H.S.
Lat. : 43° 54' 37" N **Long.** : 005° 06' 25" E.

M. DOMINIQUE FLORENT CV. Ouvert: 1.4 / 31.10. ☎ 04 90 20 20 02. E-mail : domiflorent@wanadoo.fr.
Lat. : 43° 53' 36" N **Long.** : 005° 06' 55" E.

LE PONTET

14-A1 3 km E. Avignon. 23 m. ✉ 84130

LE GRAND BOIS ★★★ Tourisme 100 E. dont 100 nus 1,5 ha CV . A 2 km : Locations : . . Ouvert: 15.5 / 8.9. ☎ 04 90 31 37 44. E-mail : campinglegrandbois@orange.fr. Web : www.campinglegrandbois.fr. Réduction H.S.
Lat. : 43° 58' 30" N **Long.** : 004° 53' 01" E.

LE THOR

14-B1 22 km E. Avignon. 52 m. ✉ 84250

LE JANTOU ★★★★ Tourisme 218 E. 6 ha CV . Locations : , . couverte chauffée , . Accès direct à la rivière. . Ouvert: 9.4 / 26.9. ☎ 04 90 33 90 07. E-mail : jantou@capfun.com. Web : www.capfun.com. Réduction H.S.
Lat. : 43° 55' 50" N **Long.** : 004° 58' 59" E.

LOURMARIN
14-B2 19 km S. Apt. 360 m. ✉ 84160

LES HAUTES PRAIRIES ★★★★ Tourisme 155 E. dont 82 nus CV. Locations : Randonnée pédestre organisée. chauffée . Lac et rivière à 5 km. ; . Accueil groupes. Ouvert: 1.4 / 14.10. ☎ 04 90 68 02 89. E-mail : leshautesprairies@campasun.eu. Web : www.campasun.eu/hautes-prairies/accueil. Prix 2023. Fft jour : empl. Tourisme (2) : 44 € ( ) ; sup 11 € ; animaux 5 € ; 9 €. Réduction H.S.
Lat. : 44° 46' 06" N **Long.** : 005° 22' 21" E.

MALAUCENE
11-B5 15 km N. Carpentras. 449 m. ✉ 84340

LE BOSQUET NC Tourisme 60 E. CV. Locations : , caravane. . Ouvert: 7.4 / 11.10. ☎ 04 90 65 29 09. E-mail : lebosquet84@gmail.com. Web : www.campinglebosquet84.com. Prix 2022. empl. Tourisme : 4 € ; 5,60 € ; 3,40 € ; animaux 2,50 € ; 3,10 € ; 5 €.
Lat. : 44° 10' 41" N **Long.** : 005° 07' 31" E.

LA SAOUSSE CV. A 5 km : . Ouvert: 1.4 / 30.9. ☎ 04 86 71 55 49. E-mail : lcamping.lasaousse@orange.fr, Web : www.lasaousse.com.
Lat. : 44° 12' 03" N **Long.** : 005° 07' 26" E.

MALEMORT-DU-COMTAT
14-B1 10 km S.-E. Carpentras. 257 m. ✉ 84570

FONT NEUVE ★★★ Tourisme 65 E. dont 49 nus 1,05 ha CV . Locations : , . Ouvert: 15.4 / 30.9. ☎ 04 90 69 90 00. E-mail : campingfontneuve@orange.fr. Web : www.campingfontneuve.com. Réduction H.S.
Lat. : 44° 00' 51" N **Long.** : 005° 10' 15" E.

MAUBEC
14-B1 25 km O. Apt. 264 m. ✉ 84660

CAMPING INTERCOMMUNAL LES ROYÈRES DU PRIEURÉ ★★ Tourisme 75 E. dont 72 nus 2 ha . Locations : . Espace Fitness. . Ouvert: 1.4 / 15.10. ☎ 04 90 76 50 34. E-mail : camping.maubec@c-lmv.fr. Web : www.campingmaubec-luberon.com. Prix 2023. Fft jour : empl. Tourisme (2) : 21,44 € ( ) ; sup 5 € ; animaux 2,20 € ; 2,20 €.
Lat. : 43° 50' 25" N **Long.** : 005° 07' 57" E.

MAZAN
14-B1 7 km E. Carpentras. 184 m. ✉ 84380

LE VENTOUX ★★★ Tourisme 62 E. CV . Locations : . . Accueil groupes adultes. Ouvert: 15.3 / 1.11. ☎ 04 90 69 70 94. E-mail : info@camping-le-ventoux.com. Web : www.camping-le-ventoux.com. Réduction H.S.
Lat. : 44° 04' 51" N **Long.** : 005° 06' 49" E.

MERINDOL
14-B2 38 km S.-O. Apt. 226 m. ✉ 84360

LES ARGILES . ☎ 04 90 72 81 02. E-mail : alain.gariston@wanadoo.fr, Web : www.sejour-en-luberon.fr.
Lat. : 43° 45' 27" N **Long.** : 005° 10' 25" E.

MONDRAGON
11-A5 43 km N.-O. Avignon. 80 m. ✉ 84430

LA PINÈDE EN PROVENCE ★★★ Tourisme 134 E.
2 ha CV . Randonnée pédestre organisée. chauffée . . Accueil groupes. Ouvert: 1.2 / 31.10. ☎ 04 90 40 82 98. E-mail : contact@camping-pinede-provence.com. Web : www.camping-pinede-provence.com.
Lat. : 44° 14' 37" N **Long.** : 004° 43' 44" E.
FFCC : avantages adhérent : 18.6 € du 01/02 au 01/07 et du 25/08 au 3/10 sur emp.

MONTEUX
14-B1 4 km S.-O. Carpentras. 43 m. ✉ 84170

CAMPING MUNICIPAL BELLERIVE ★★ Loisirs 51 E. dont 51 nus 0,5 ha CV. Ouvert: 1.4 / 15.10. ☎ 04 90 66 81 88. E-mail : camping.bellerive@orange.fr.
Lat. : 44° 02' 20" N **Long.** : 005° 00' 02" E.

MORMOIRON
14-B1 13 km E. Carpentras. 282 m. ✉ 84570

CAMPING DE L'AUZON ★★ Tourisme 40 E. CV . Locations : . . Accès direct à la rivière ; lac à 2,5 km.. Ouvert: 15.3 / 15.11. ☎ 04 90 61 80 42. E-mail : contact@camping-auzon.com. Web : camping-auzon.com. Réduction H.S.
Lat. : 44° 03' 35" N **Long.** : 005° 10' 56" E.

MORNAS
11-A5 39 km N. Avignon. 83 m. ✉ 84550

BEAUREGARD ★★★★★ Tourisme 276 E. dont 21 nus ap. 22 h 30, CV . Locations : , . couverte chauffée . Etang à 3 km. . Ouvert: 3.4 / 13.9. ☎ 04 90 37 02 08. E-mail : beauregard@capfun.com. Web : www.capfun.com.
Lat. : 44° 12' 54" N **Long.** : 004° 44' 43" E.

MURS
14-B1 50 km E. Avignon. 562 m. ✉ 84220

CAMPING MUNICIPAL LES CHALOTTES ★★ Tourisme 50 E. dont 50 nus 3 ha CV . Accueil groupes. Ouvert: 1.4 / 15.9. ☎ 04 90 72 60 84. E-mail : camping@communedemurs-vaucluse.fr. Web : www.communedemurs-vaucluse.fr. Prix 2022. 3,50 € nuit ; 7,50 € nuit ; 5,50 € nuit ; 5,50 € nuit ; 5,50 € nuit ; 1,20 € nuit ; 3,50 € nuit.
Lat. : 43° 56' 18" N **Long.** : 005° 13' 56" E.

OPPEDE
14-B1 22 km S.-O. Apt. 305 m. ✉ 84580

LES BOUDOUGNES . Ouvert: 10.4 / 1.10. ☎ 04 90 76 96 10 / 07 66 84 03 48. E-mail : guiraud.yvette@orange.fr, Web : www.campinglesboudougnes.fr/.
Lat. : 43° 49' 43" N **Long.** : 005° 09' 42" E.

ORANGE
11-A5 27 km N. Avignon. 48 m. ✉ 84100

MANON ★★ Tourisme 83 E. CV . Locations : . , . Rivière à 500 m. Accueil groupes. Ouvert: 20.3 / 31.10. ☎ 04 32 81 94 96. E-mail : campingmanon@yahoo.fr. Web : www.camping-manon.com. Réduction H.S.
Lat. : 44° 08' 47" N **Long.** : 004° 47' 42" E.

PERNES-LES-FONTAINES
14-B1 6 km S. Carpentras. 83 m. ✉ 84210

LES FONTAINES ★★★★★ Tourisme 128 E. dont 57 nus, dont 39 CC - 18 GCC.
CV . chauffée . Etang à 2 km ; lac à 5 km. ; . Accueil groupes. Ouvert: 7.4 / 2.10. ☎ 04 90 46 82 55. E-mail : lesfontaines@cielavillage.com. Web : www.campingfontaines.com. Réduction H.S.
Lat. : 44° 00' 21" N **Long.** : 005° 02' 19" E.

CAMPING MUNICIPAL COUCOURELLE ★★ Tourisme 40 E. CV. . Etang à 2,5 km. Accueil groupes. Ouvert: 1.4 / 30.9. ☎ 04 90 66 45 55. E-mail : camping@perneslesfontaines.fr. Web : www.perneslesfontaines.fr.
Lat. : 43° 59' 59" N **Long.** : 005° 04' 04" E.

PERTUIS
14-B2 30 km S.-E. Apt. 240 m. ✉ 84120

LES PINEDES DU LUBERON ★★★★ Tourisme 220 E. 5 ha CV . A 4 km : chauffée . . Accueil groupes adultes. Ouvert: 17.3 / 15.10. ☎ 04 90 79 10 98. E-mail : pinedes-luberon@capfun.com. Web : www.capfun.com. Réduction H.S.
Lat. : 43° 41' 24" N **Long.** : 005° 31' 30" E.

RICHERENCHES
11-A5 65 km N. Avignon 148 m. ✉ 84600

LODGES EN PROVENCE P.R.L ★★★★★ NN58 E. Locations : . . . Accueil groupes adultes. Ouvert: 1.1 / 31.12. ☎ 04 75 00 72 33. E-mail : contact@lodges-en-provence.com. Web : www.lodges-en-provence.com.
Lat. : 44° 20' 18" N **Long.** : 004° 53' 42" E.

ROBION
14-B1 25 km O. Apt 165 m. ✉ 84440

LES CERISIERS CV. Ouvert: 29.3 / 27.9. ☎ 06 45 29 24 41. E-mail : campinglescerisiers@free.fr, Web : www.lescerisiers-luberon.com.
Lat. : 43° 51' 58" N **Long.** : 005° 06' 09" E.

ROUSSILLON
14-B1 11 km N.-O. Apt. 234 m. ✉ 84220

L'ARC EN CIEL ★★★ Tourisme 70 E. dont 70 nus
4 ha CV. Locations : . , . Etang à 5 km. . Accueil groupes. Ouvert: 15.3 / 31.10. ☎ 04 90 05 73 96. E-mail : campingarcenciel@wanadoo.fr. Web : www.camping-arc-en-ciel.fr.
Lat. : 43° 53' 22" N **Long.** : 005° 16' 39" E.
FFCC : avantages adhérent : 22 € du 01/03 au 29/04 et du 24/09 au 31/10 sur emp. et entre 55 € et 140 € la nuitée et entre 320 € et 1000 € la semaine du 01/03 au 29/04 et du 24/09 au 31/10 sur loc.

RUSTREL
14-B1 10 km N.-E. Apt. 552 m. ✉ 84400

LE COLORADO ★★★ Tourisme 70 E. dont 33 nus CV . Locations : , , roulotte. chauffée , . Etang à 2 km. . Accueil groupes. Ouvert: 25.3 / 6.11. ☎ 04 90 04 90 37. E-mail : campinglecolorado@yahoo.fr. Web : camping-le-colorado.fr. Prix 2022. Fft jour : empl. Tourisme (2) : 28 € ( ) ;
Lat. : 43° 54' 49" N **Long.** : 005° 28' 15" E.

SAINT-CHRISTOL
14-B1 55 km E. Carpentras. 891 m. ✉ 84390

CAMPING MUNICIPAL LE SEUIL NC Tourisme 17 E. . Ouvert: 1.6 / 15.10. ☎ 04 90 75 01 05. E-mail : mairie-saintchristol@wanadoo.fr.
Lat. : 44° 03' 25" N **Long.** : 005° 29' 52" E.

SAINT-MARTIN-DE-CASTILLON
14-C1 11 km E. Apt. 468 m. ✉ 84750

LES JONCQUIERS . Ouvert: 15.4 / 15.10. ☎ 04 90 75 20 11. E-mail : info@lesjoncquiers.com, Web : www.lesjoncquiers.com. Réduction H.S.
Lat. : 43° 51' 19" N **Long.** : 005° 29' 00" E.

SAINT-ROMAIN-EN-VIENNOIS
11-B5 30 km N. Carpentras. 309 m. ✉ 84110

LE SOLEIL DE PROVENCE ★★★★ Tourisme 194 E. dont 127 nus
4,5 ha. CV. Espace Fitness. chauffée. Ouvert: 1.4 / 20.10. ☎ 04 90 46 46 00. E-mail : info@camping-soleil-de-provence.fr. Web : www.camping-soleil-de-provence.fr. Réduction H.S.
Lat. : 44° 16' 07" N **Long.** : 005° 06' 22" E.

SAINT-SATURNIN-LES-APT
14-B1 8 km N. Apt. 596 m. ✉ 84490

DOMAINE DES CHÊNES BLANCS ★★★ Tourisme 185 E. dont 108 nus
3 ha. CV. chauffée. Lac à 4 km. Accueil groupes. Ouvert: 2.4 / 30.10. ☎ 04 88 70 00 07. E-mail : contact@leschenesblancs.com. Web : www.leschenesblancs.com. Réduction H.S.
Lat. : 43° 55' 15" N **Long.** : 005° 20' 25" E.
FFCC : avantages adhérent : 15 € du 01/04 au 07/07 et du 26/08 au 05/11 sur emp.

CAMPING GCU - ST SATURNIN LÈS APT ★ Tourisme 143 E. Ouvert: 12.4 / 28.9. ☎ 04 90 75 58 56. E-mail : gcu@gcu.asso.fr. Web : www.gcu.asso.fr.
Lat. : 43° 55' 59" N **Long.** : 005° 22' 49" E.

SARRIANS
14-A1 8 km N.-O. Carpentras. 56 m. ✉ 84260

CAMPING MUNICIPAL DE SAINTE CROIX ★★ Tourisme 44 E. dont 32 nus 1 ha. CV. Locations : Etang à 1 km ; rivière à 5 km. Ouvert: 1.4 / 30.10. ☎ 04 90 65 43 72. E-mail : campingdestecroix@orange.fr. Web : www.camping-sainte-croix.com/.
Lat. : 44° 04' 45" N **Long.** : 004° 58' 41" E.

SAULT
11-B5 45 km E.-N.-E. Carpentras. 899 m. Station verte de vacances et village de neige ✉ 84390

CAMPING DU DEFENDS NC Tourisme 100 E. CV. Locations : Accueil groupes. Ouvert: 4.4 / 28.10. ☎ 06 61 09 43 31. E-mail : campingdudefends84@gmail.com. Web : www.campingdudefends-84.fr. Prix 2022. empl. Tourisme : 5,90 € ; 6,60 € ; 3,40 € ; 4,50 €.
Lat. : 44° 06' 09" N **Long.** : 005° 25' 29" E.

SORGUES
14-A1 10 km N.-E. Avignon. 30 m. ✉ 84700

LA MONTAGNE ★★★★ Tourisme 50 E. dont 19 nus, dont 3 CC - 5 GCC. CV. Locations : roulotte. chauffée. Rivière à 1 km ; lac à 5 km. Accueil groupes. Ouvert: 1.1 / 31.12. ☎ 04 90 83 36 66. E-mail : contact@campinglamontagne.com. Web : www.campinglamontagne.com. Réduction H.S.
Lat. : 44° 01' 16" N **Long.** : 004° 53' 29" E.

VAISON-LA-ROMAINE
11-B5 22 km N. Carpentras. 255 m. ✉ 84110

CARPE DIEM ★★★★ Tourisme 463 E.
6,5 ha. CV. A 800 m : Randonnée pédestre organisée. couverte chauffée. Rivière à 500 m. Accueil groupes adultes. Ouvert: 17.10 / 31.10. ☎ 04 90 36 02 02. E-mail : carpe-diem@capfun.com. Web : www.capfun.com. Réduction H.S.
Lat. : 44° 14' 04" N **Long.** : 005° 05' 25" E.

LE THÉÂTRE ROMAIN ★★★★ Tourisme 82 E. dont 66 nus
CV. A 2 km : Locations : chauffée. Rivière à 1 km. Ouvert: 15.3 / 31.10. ☎ 04 90 28 78 66. E-mail : info@camping-theatre.com. Web : www.camping-theatre.com. Prix 2023. Fft jour : empl. Tourisme (2) : 31,9 € (E. CC) ; sup 9 € ; animaux 2,50 € ; 6,50 €. Réduction H.S.
Lat. : 44° 14' 42" N **Long.** : 005° 04' 42" E.

DOMAINE DE LA CAMBUSE ★ Loisirs 35 E. Ouvert: 1.5 / 15.10. ☎ 04 90 36 14 53. E-mail : dom.lacambuse@wanadoo.fr. Web : www.domainelacambuse.com.
Lat. : 44° 15' 51" N **Long.** : 005° 03' 13" E.

VALREAS
11-B5 62 km N. Avignon. 280 m. Station verte de vacances et village de neige ✉ 84600

LA CORONNE ★★★ Tourisme 78 E. dont 77 nus 1,5 ha visiteur, CV. Locations : chauffée. Accès direct à la rivière. Accueil groupes. Ouvert: 1.4 / 31.10. ☎ 04 90 35 03 78. E-mail : contact@lacoronne.fr. Web : lacoronne.fr. Prix 2022. Fft jour : empl. Tourisme (2) : 21 € ( ) ; Réduction H.S.
Lat. : 44° 23' 33" N **Long.** : 004° 59' 34" E.

VEDENE
14-A1 9 km N.-E. Avignon. 40 m. ✉ 84270

AVIGNON PARC ★★★★ Tourisme 195 E. dont 95 nus
5 ha. CV. Locations : couverte chauffée. Lac à 5 km. Ouvert: 7.4 / 2.10. ☎ 04 90 31 00 51. E-mail : contact@avignonparc.com. Web : www.campingavignonparc.com. Réduction H.S.
Lat. : 43° 59' 27" N **Long.** : 004° 54' 48" E.

VILLELAURE
14-B2 32 km S. Apt. 203 m. ✉ 84530

L'AIR DU TEMPS ★★ Tourisme 18 E. dont 5 nus. CV. Locations : Randonnée pédestre organisée. Rivière à 4 km. Ouvert: 1.1 / 31.12. ☎ 04 90 77 12 84. E-mail : campinglairdutemps-luberon@orange.fr. Web : www.airdutemps-provence.com.
Lat. : 43° 43' 14" N **Long.** : 005° 25' 53" E.

VILLES-SUR-AUZON
14-B1 17 km E. Carpentras. 489 m. ✉ 84570

LES VERGUETTES ★★★★ Tourisme 106 E. dont 62 nus
CV. Locations : tonneau. Lac à 5 km. Ouvert: 12.4 / 5.10. ☎ 04 90 61 88 18. E-mail : verguettes@provence-camping.com. Web : www.provence-camping.com. Réduction H.S.
Lat. : 44° 03' 24" N **Long.** : 005° 13' 43" E.

CAMPING MUNICIPAL ★★ Tourisme 64 E. 1,7 ha. CV. Lac à 5 km. Ouvert: 1.4 / 15.10. ☎ 06 10 48 91 15. E-mail : mairie@villes-sur-auzon.fr. Web : www.villes-sur-auzon.fr.
Lat. : 44° 03' 19" N **Long.** : 005° 14' 13" E.

VIOLES
11-A5 30 km N. Avignon. 103 m. ✉ 84150

LES FAVARDS ★★★★ Tourisme 94 E. dont 80 nus, dont 35 GCC.
3 ha. CV. Locations : tonneau. Espace Fitness. Rivière à 3 km. Accueil groupes. Ouvert: 5.5 / 1.10. ☎ 04 90 70 90 93. E-mail : campingfavards@gmail.com. Web : www.camping-favards.com. Prix 2023. Fft jour : empl. Tourisme (2) : 43 € ( ) ; sup 8 € ; animaux 2,90 € ; 5,40 €. Réduction H.S.
Lat. : 44° 09' 41" N **Long.** : 004° 56' 08" E.
FFCC : avantages adhérent : 22 € du 05/05 au 07/07 et du 21/08 au 01/10 sur emp.

VISAN
11-A5 52 km N. Avignon. 195 m. ✉ 84820

L'HEREIN NC Tourisme 120 E. dont 95 nus, dont 12 CC - 8 GCC.
3 ha. CV. A 4 km : Randonnée pédestre organisée. Accès direct à la rivière ; étang et lac à 4,5 km. Accueil groupes. Ouvert: 5.4 / 13.10. ☎ 04 90 41 95 99. E-mail : accueil@campingvisan.com. Web : www.campingvisan.com. Réduction H.S.
Lat. : 44° 18' 46" N **Long.** : 004° 56' 09" E.
FFCC : avantages adhérent : 18 € du 14/04 au 07/07 et du 24/08 au 15/10 sur emp. et entre 55 € et 105 € la nuitée et entre 300 € et 450 € la semaine du 14/04 au 07/07 et du 24/08 au 15/10 sur loc.

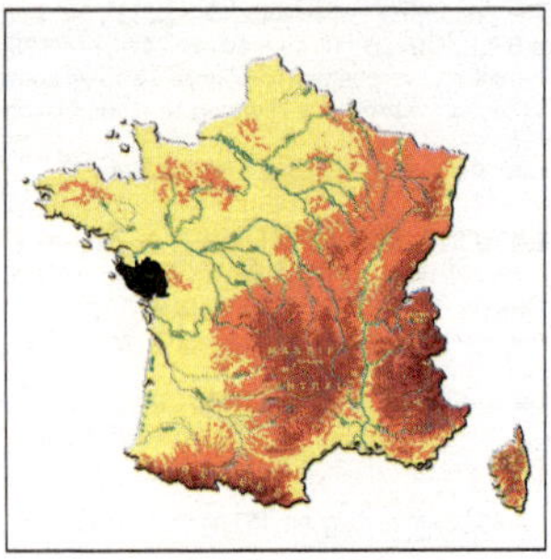

ILE DE NOIRMOUTIER

BARBATRE

6-A5 65 km N.-O. Les Sables d'Olonnes. 4 m. ✉ 85630

DOMAINE LE MIDI ★★★★★ Tourisme 388 E. dont 222 nus

CV. Locations : tipi. Randonnée pédestre organisée. couverte chauffée , . Accès direct à la mer. ; ; . Accueil groupes adultes. Ouvert: 7.4 / 24.9. ☎ 02 51 39 63 74. E-mail : domainelemidi@sandaya.fr. Web : www.sandaya.fr/nos-campings/domaine-le-midi. Prix 2022. Fft jour : empl. Tourisme (2) : 19 € ( ). Réduction H.S.

Lat. : 46° 56' 42" N **Long.** : 002° 11' 07" W.

FFCC : avantages adhérent : 19 € sur emp. et entre 32 € et 197 € la nuitée sur loc. + Tarifs emplacements nus et locatifs : Du 08/04 au 24/05, du 06/06 au 24/06 et du 03/09 au 24/09/2022.

LES ONCHÈRES ★★★ Tourisme 448 E. dont 300 nus CV . Locations : . chauffée , . Accès direct à la mer. ; . Accueil groupes. Ouvert: 1.4 / 30.9. ☎ 02 51 39 81 31. E-mail : direction@les-oncheres.com. Web : www.les-oncheres.com. Réduction H.S.

Lat. : 46° 55' 46" N **Long.** : 002° 10' 08" W.

L'EPINE

6-A5 60 km N.-O. Les Sables d'Olonne. 3 m. ✉ 85740

LA BOSSE ★★ Tourisme 350 E. dont 249 nus 9 ha CV. A 4,5 km : . Locations : . Accès direct à la mer. ; ; . Ouvert: 3.4 / 13.9. ☎ 02 53 46 97 47. E-mail : contact@campinglabosse.fr. Web : www.camping-de-la-bosse.com.

Lat. : 46° 59' 07" N **Long.** : 002° 17' 01" W.

LA GUERINIERE

6-A5 65 km N.-O. Les Sables d'OLonne. 3 m. ✉ 85680

LE CARAVANILE ★★★★★ Tourisme 389 E. dont 105 nus

CV . A 4 km : . Locations : . Espace Fitness. couverte chauffée , , . Accès direct à la mer. ; ; ; . Accueil groupes adultes. Ouvert: 31.3 / 5.11. ☎ 02 51 39 50 29. E-mail : contact@caravanile.com. Web : www.caravanile.com. Prix 2023. Fft jour : empl. Tourisme (2) : 42 € (E. CC) ; sup 9 € ; animaux 4,90 € ; 6 €.

Lat. : 46° 57' 59" N **Long.** : 002° 12' 58" W.

FFCC : avantages adhérent : 14 € du 15/03 au 01/07 et du 27/08 au 15/11 sur emp. et entre 49 € et 190 € la nuitée et entre 273 € et 735 € la semaine du 02/04 au 09/04 et du 17/09 au 05/11 sur loc.

Les correspondants de la FFCC sont bénévoles et à votre disposition pour tous renseignements sur le camping.

Retrouvez leurs coordonnées au début de chaque département.

www.ffcc.fr
LA FÉDÉRATION DES CAMPEURS, CARAVANIERS ET CAMPING-CARISTES

CAMPING MUNICIPAL DE LA COURT ★★★★ Tourisme 173 E. CV. Espace Fitness. , . Accès direct à la mer. ; . Accueil groupes. Ouvert: 29.3 / 15.10. ☎ 02 51 39 51 38. E-mail : contact@campingdelacourt.fr. Web : www.campingdelacourt.fr.
Lat. : 46° 57' 59" N **Long.** : 002° 13' 02" W.

NOIRMOUTIER-EN-L'ILE

6-A5 70 km N.-O. Les Sables d'Olonne. 3 m. ✉ 85330

HUTTOPIA NOIRMOUTIER ★★★ Tourisme 488 E. dont 388 nus
CV . Locations : . . Accès direct à la mer. ; . Ouvert: 6.4 / 24.9. ☎ 02 51 39 06 24. E-mail : noirmoutier@huttopia.com. Web : europe.huttopia.com/site/camping-noirmoutier. Prix 2023. Fft jour : empl. Tourisme (2) : 38,1 € ( ). Réduction H.S.
Lat. : 46° 59' 49" N **Long.** : 002° 13' 12" W.
FFCC : avantages adhérent : 10% du 06/04 au 01/07 et du 31/08 au 24/0910% du 06/04 au 01/07 et du 31/08 au 24/09 sur emp. et loc. + 5% de réduction en juillet-août sur les emplacements nus et locatifs * frais de réservation offerts Rendez-vous dans votre club avantages FFCC pour obtenir le code promotionnel.

LES ROUSSIÈRES ★★★ Tourisme 269 E. dont 175 nus, dont 94 CC - 94 GCC. 5,42 ha CV. A 4 km : Espace Fitness. . Bord de mer à 250 m. Ouvert: 1.4 / 30.9. ☎ 02 51 39 13 01. E-mail : contact@roussieres.com. Web : www.campingdesroussieres.com. Réduction H.S.
Lat. : 47° 00' 53" N **Long.** : 002° 14' 48" W.

CAMPING MUNICIPAL CLAIR MATIN ★★ Tourisme 278 E. dont 274 nus 23 h / 7 h, CV . Locations : . , . Bord de mer à 150 m. ; . . Accueil groupes. Ouvert: 1.7 / 29.8. ☎ 02 51 39 05 56. E-mail : mairie@ville-noirmoutier.fr.
Lat. : 46° 59' 55" N **Long.** : 002° 13' 20" W.

CAMPING MUNICIPAL LA POINTE ★★ Tourisme 211 E. dont 211 nus 3 ha CV . Accès direct à la mer. Accueil groupes enfants. Ouvert: 18.3 / 3.11. ☎ 02 51 39 16 70. E-mail : camping.pointeherbaudiere@ville-noirmoutier.fr. Web : www.noirmoutier-camping.fr.
Lat. : 47° 01' 29" N **Long.** : 002° 18' 12" W.

R.A.T.P. LES SABLEAUX NC Tourisme 220 E. . . ; . . Ouvert: 18.6 / 3.9. ☎ 02 51 39 08 15. E-mail : contact@ce.ratp.fr.
Lat. : 47° 00' 09" N **Long.** : 002° 13' 22" W.

L'ILE D'YEU

CAMPING MUNICIPAL ILE D'YEU ★★ Tourisme 166 E. dont 123 nus, dont 13 CC - 1 GCC.
1,3 ha CV . A 1,5 km : Locations : , . Randonnée pédestre organisée. . Accès direct à la mer. . Accueil groupes. Ouvert: 15.2 / 15.11. ☎ 02 51 58 34 20. E-mail : camping@ile-yeu.fr. Web : www.campingiledyeu.fr. Réduction H.S.
Lat. : 46° 43' 07" N **Long.** : 002° 19' 50" W.

CONTINENT

AIZENAY

6-A4 16 km N.-O. La Roche-sur-Yon. 47 m. ✉ 85190

LA FORET ★★★ Tourisme 84 E. dont 60 nus
2 ha 23 h / 7 h, CV . Locations : . chauffée , . Etang à 200 m ; lac à 4 km. Accueil groupes. Ouvert: 21.4 / 21.12. ☎ 02 51 08 96 72. E-mail : contact@camping-laforet.com. Web : www.camping-laforet.com. Réduction H.S.
Lat. : 46° 44' 03" N **Long.** : 001° 35' 22" W.

LE PRE DE LA FONTAINE ★★ Tourisme 25 E. dont 16 GCC. CV . . Etang à 1 km ; rivière à 4 km.. Ouvert: 1.4 / 30.9. ☎ 02 51 94 71 65. E-mail : ginettebordas@sfr.fr. Web : lepredelafontaine.com.
Lat. : 46° 44' 33" N **Long.** : 001° 33' 46" W.

ANGLES

6-B4 34 km S.-E. Les Sables d'Olonne. 5 m. ✉ 85750

APV MONCALM ★★★★ Tourisme 154 E. CV . A 5 km : Locations : , . couverte chauffée , . Rivière à 2 km ; bord de mer à 5 km. . Ouvert: 9.4 / 17.9. ☎ 02 51 97 55 50. E-mail : contacts@camping-apv.com. Web : www.camping-apv.com/.
Lat. : 46° 24' 18" N **Long.** : 001° 24' 18" W.

L'ATLANTIQUE ★★★★ Tourisme 393 E. dont 4 nus, dont 359 CC - 31 GCC.
23 h 30 / 7 h, CV . Locations : , , , . Espace Fitness. couverte chauffée . Rivière à 2 km. ; . Accueil groupes. Ouvert: 6.4 / 7.9. ☎ 02 51 27 03 19. E-mail : contact@camping-atlantique.com. Web : www.camping-vendee-atlantique.com. Prix 2022. Fft jour : empl. Tourisme (2) : 35 € ( ). Réduction H.S.
Lat. : 46° 24' 16" N **Long.** : 001° 24' 18" W.
FFCC : avantages adhérent : 17 € du 09/04 au 25/06 et du 30/08 au 03/09 sur emp.

LE CLOS COTTET ★★★★ Tourisme 195 E. CV . A 5 km : Locations : . Espace Fitness. couverte chauffée , . Accès direct à l'étang ; bord de mer à 4 km. . Accueil groupes adultes. Ouvert: 6.4 / 15.9. ☎ 04 30 05 15 19. E-mail : info@tohapi.fr. Web : www.tohapi.fr/pays-de-la-loire/camping-clos-cottet.php.
Lat. : 46° 23' 31" N **Long.** : 001° 24' 09" W.

LE PORT DE MORICQ ★★★ Tourisme 150 E. 5 ha CV. Locations : . couverte chauffée , . Accès direct à la rivière.. Ouvert: 15.3 / 15.10. ☎ 02 51 28 95 21. E-mail : infos@camping-port-de-moricq.com. Web : www.camping-port-de-moricq.com.
Lat. : 46° 23' 45" N **Long.** : 001° 22' 32" W.

APREMONT

6-A4 32 km N. Les Sables D'Olonnes. 41 m. ✉ 85220

LES CHARMES ★★★★ Tourisme 55 E. dont 29 nus, dont 27 CC.
1,6 ha CV . Locations : , , . Randonnée pédestre organisée. Espace Fitness. couverte chauffée . Etang à 2 km ; lac et rivière à 4 km. . Accueil groupes adultes. Ouvert: 1.6 / 30.9. ☎ 0 2 28176777. E-mail : campinglescharmes@wanadoo.fr. Web : www.campinglescharmes.com. Prix 2022. Fft nuit : empl. Tourisme (2) : 29,6 € (E. CC). Réduction H.S.
Lat. : 46° 46' 43" N **Long.** : 001° 44' 03" W.

LES PRAIRIES DU LAC ★★★★ Loisirs 376 E. ap. 23 h, CV . couverte chauffée . Lac et rivière à 2 km. Ouvert: 1.1 / 31.12. ☎ 02 51 55 70 58. E-mail : campinglesprairiesdulac@wanadoo.fr. Web : www.holidaymobilehomesinfrance.com.
Lat. : 46° 45' 24" N **Long.** : 001° 43' 22" W.

AUBIGNY-LES CLOUZEAUX

6-B4 9 km S. La Roche-sur-Yon. 61 m. ✉ 85430

CAMPILO ★★★★ Tourisme 114 E. dont 24 nus
3 ha CV . Locations : , , , . Randonnée pédestre organisée. couverte chauffée , , . Accès direct à l'étang. . Accueil groupes. Ouvert: 19.3 / 7.11. ☎ 02 51 31 68 45. E-mail : contact@campilo.com. Web : www.campilo.com. Prix 2022. Fft jour : empl. Tourisme (2) : 32 € ( ).
Lat. : 46° 37' 25" N **Long.** : 001° 27' 16" W.

AVRILLE

6-B4 24 km E. Les Sables d'Olonne. 39 m. ✉ 85440

DOMAINE LES FORGES ★★★★★ Tourisme 424 E. dont 63 nus, dont 63 GCC.
CV . Locations : , roulotte. couverte chauffée , . , . Accès direct à l'étang. ; . Ouvert: 30.3 / 9.9. ☎ 02 51 22 38 85. E-mail : forges@capfun.com. Web : www.campingdomainedesforges.com.
Lat. : 46° 28' 35" N **Long.** : 001° 29' 39" W.

LES MANCELLIÈRES ★★★★ Tourisme 133 E. dont 46 nus, dont 69 GCC. 2,6 ha 23 h / 8 h, CV . Locations : , , , , cocosweet, kota, tonneau. Espace Fitness. couverte chauffée . Bord de mer à 5 km. . A 5 km : , . Accueil groupes. Ouvert: 2.4 / 30.9. ☎ 02 51 90 35 97. E-mail : contact@lesmancellieres.com. Web : www.lesmancellieres.com. Réduction H.S.
Lat. : 46° 27' 19" N **Long.** : 001° 28' 58" W.

BEAUCHÊNE ★★★ Tourisme 135 E. dont 30 nus
2,5 ha après 23 h, CV . Locations : , , , , , cabanes, cocosweet. couverte chauffée , . Accès direct à l'étang. . Accueil groupes adultes. Ouvert: 1.4 / 30.9. ☎ 02 51 22 30 49. E-mail : contact@campinglebeauchene.com. Web : www.lebeauchene.com. Prix 2022. Fft jour : empl. Tourisme (2) : 28,5 € ( )
Lat. : 46° 28' 12" N **Long.** : 001° 29' 12" W.

BENET

6-C5 19 km S.-E. Fontenay-le-Comte 31 m. ✉ 85490

M. PASCAL MENARD CV. Ouvert: 1.1 / 31.12. ☎ 02 51 52 98 38. E-mail : accueil@ecuriedumarais.com, Web : www.ecuriedumarais.com.
Lat. : 46° 21' 20" N **Long.** : 000° 40' 02" W.

BESSAY

6-B4 30 km S.-E. La Roche-sur-Yon. 25 m. ✉ 85320

CAMPING MUNICIPAL NC Tourisme 13 E. . Accès direct à la rivière.. Ouvert: 15.6 / 30.9. ☎ 02 51 27 53 82. E-mail : mairiedebessay@wanadoo.fr.
Lat. : 46° 32' 15" N **Long.** : 001° 09' 14" W.

BOIS-DE-CENE

6-A3 55 km N. Les Sables d'Olonnes. 10 m. ✉ 85710

LE BOIS JOLI ★★★ Tourisme 199 E. dont 77 nus
3,13 ha CV . Locations : . couverte chauffée , , . Accès direct à l'étang.. Accueil groupes. Ouvert: 1.4 / 2.10. ☎ 02 51 68 20 05. E-mail : contact@camping-leboisjoli.com. Web : www.camping-leboisjoli.com. Réduction H.S.
Lat. : 46° 56' 02" N **Long.** : 001° 53' 15" W.

BOURNEZEAU

6-B4 21 km E. La Roche-sur-Yon. 66 m. ✉ 85480

CAMPING MUNICIPAL LES HUMEAUX ★ Tourisme 15 E. CV. Etang et rivière à 1,5 km ; lac à 3 km. Ouvert: 15.6 / 15.9. ☎ 02 51 40 01 31. E-mail : mairie@bournezeau.fr. Web : www.bournezeau.fr/fr/information/83525/camping-municipal.
Lat. : 46° 38' 28" N **Long.** : 001° 10' 21" W.

BREM-SUR-MER

6-A4 14 km N.-N.-O. Les Sables d'Olonne. 27 m. ✉ 85470

L'OCÉAN ★★★★★ Tourisme 525 E. dont 80 nus CV. Locations : . couverte chauffée. Bord de mer à 600 m ; rivière à 800 m. Ouvert: 8.4 / 5.11. ☎ 02 51 90 59 16. E-mail : locean@cybelevacances.com. Web : www.campingdelocean.fr. Prix 2023. Fft jour : empl. Tourisme (2) : 59 €
Lat. : 46° 36' 05" N **Long.** : 001° 50' 40" W.

LE BRANDAIS ★★★★ Tourisme 137 E. CV. A 3 km : Locations : . couverte chauffée. Bord de mer et rivière à 800 m ; lac à 1,2 km. Ouvert: 7.4 / 4.9. ☎ 0 251281020. E-mail : lebrandais@vagues-oceanes.com. Web : www.camping-vagues-oceanes.com/. Prix 2022. Fft nuit : empl. Tourisme (2) : 44 €. Réduction H.S.
Lat. : 46° 36' 17" N **Long.** : 001° 50' 21" W.

LE CHAPONNET ★★★★ Tourisme 330 E. dont 75 nus CV. Locations : , roulotte. Espace Fitness. couverte chauffée. Bord de mer à 1,3 km. Ouvert: 12.5 / 10.9. ☎ 02 51 90 55 56. E-mail : contact@le-chaponnet.com. Web : www.le-chaponnet.com. Prix 2023. Fft nuit : empl. Tourisme (2) : 60 €
Lat. : 46° 36' 16" N **Long.** : 001° 49' 56" W.
FFCC : avantages adhérent : 10% du 12/05 au 30/06 et du 01/09 au 10/0910% du 12/05 au 30/06 et du 01/09 au 10/09 sur emp. et loc.

DOMAINE DE L'AUZANCE P.R.L ★★★ NN85 E. CV. Locations : . couverte chauffée. Bord de mer à 1,2 km. Accueil groupes adultes. Ouvert: 1.4 / 30.9. ☎ 02 51 20 82 90. E-mail : camping85@orange.fr. Web : www.lauzance.fr.
Lat. : 46° 36' 00" N **Long.** : 001° 49' 59" W.

BRETIGNOLLES-SUR-MER

6-A4 16 km N. Les Sables d'Olonnes. 16 m. ✉ 85470

LES DUNES ★★★★★ Loisirs 677 E. dont 49 nus, dont 677 GCC. CV. Locations : . Espace Fitness. couverte chauffée. Bord de mer à 100 m. Accueil groupes. Ouvert: 1.4 / 11.11. ☎ 02 51 90 55 32. E-mail : infos@campinglesdunes.fr. Web : www.campinglesdunes.fr. Prix 2023. Fft nuit : empl. Tourisme (2) : 43,5 € E. GCC. Réduction H.S.
Lat. : 46° 36' 27" N **Long.** : 001° 51' 04" W.

LA TRÉVILLIÈRE ★★★★ Tourisme 203 E. dont 68 nus 3 ha CV. Locations : . couverte chauffée. Bord de mer à 2 km. Accueil groupes adultes. Ouvert: 7.4 / 24.9. ☎ 02 51 90 09 65. E-mail : info@chadotel.com. Web : www.chadotel.com. Prix 2023. Fft jour : empl. Tourisme (2) : 37 € ; sup 6,40 € ; animaux 4 € ; 4,20 €. Réduction H.S.
Lat. : 46° 38' 11" N **Long.** : 001° 51' 30" W.
FFCC : avantages adhérent : 15 € du 07/04 au 09/07 et du 30/08 au 24/09 sur emp. et 15% du 07/04 au 02/07 et du 26/08 au 24/09 sur loc. + 5% sur locatifs du 02/07 au 26/08. Rendez-vous dans votre Club avantages pour obtenir le code promotionnel et les conditions de l'offre. Réservation par téléphone au 02 51 33 05 05, sur le site du partenaire (présentation de la carte de membre).

LES ALOUETTES ★★★★ Tourisme 130 E. CV. Locations : . couverte chauffée. Rivière à 1 km ; étang, lac et bord de mer à 4,5 km. Accueil groupes adultes. Ouvert: 6.4 / 22.9. ☎ 02 51 22 96 21. E-mail : contact@lesalouettes.com. Web : www.lesalouettes.com.
Lat. : 46° 38' 54" N **Long.** : 001° 49' 60" W.

LES VAGUES ★★★★ Loisirs 252 E. dont 67 nus 4,5 ha 7 h 30 / 23 h, CV. A 1 km : Locations : . Espace Fitness. couverte chauffée. Etang à 500 m ; bord de mer à 900 m ; rivière à 1 km ; lac à 5 km. Ouvert: 1.4 / 30.9. ☎ 02 51 90 19 48. E-mail : contact@campinglesvagues.fr. Web : www.campinglesvagues.fr. Prix 2022. Fft jour : empl. Tourisme (2) : 36 € ; Réduction H.S.
Lat. : 46° 37' 48" N **Long.** : 001° 51' 34" W.

CABESTAN ★★★ Tourisme 200 E. dont 58 nus, dont 76 GCC. CV. A 4 km : Locations : . couverte chauffée. Etang à 500 m ; bord de mer à 1,5 km ; rivière à 4,5 km ; lac à 5 km. Ouvert: 8.4 / 30.9. ☎ 02 51 90 15 92. E-mail : campingcabestan@gmail.com. Web : www.campingcabestan.com. Prix 2023. Fft jour : empl. Tourisme (2) : 32 €
Lat. : 46° 38' 10" N **Long.** : 001° 51' 58" W.

L'EDEN ★★★ Loisirs 74 E. CV. Bord de mer à 700 m. Ouvert: 1.4 / 15.11. ☎ 02 51 90 16 43. E-mail : contact@edenbretignolles.com. Web : www.edenbretignolles.com.
Lat. : 46° 37' 39" N **Long.** : 001° 51' 44" W.

LA MOTINE ★★★ Loisirs 81 E. dont 23 nus, dont 13 CC - 54 GCC. 1,8 ha CV. A 1,5 km : Locations : . couverte chauffée. Bord de mer à 600 m ; étang et lac à 3 km ; rivière à 4 km. Accueil groupes enfants. Ouvert: 1.4 / 30.9. ☎ 02 51 90 04 42. E-mail : lamotine@free.fr. Web : www.lamotine.com. Prix 2022. Fft jour : empl. Tourisme (2) : 30 € ;
Lat. : 46° 37' 39" N **Long.** : 001° 51' 52" W.

LES MARSOUINS ★★★ Loisirs 358 E. 4 ha CV. Locations : . Espace Fitness. couverte chauffée. Etang à 100 m ; bord de mer à 800 m ; lac à 2 km ; rivière à 4 km. Accueil groupes. Ouvert: 1.4 / 15.10. ☎ 02 51 90 14 57. E-mail : marsouins.85@wanadoo.fr. Web : www.lesmarsouins.com.
Lat. : 46° 37' 58" N **Long.** : 001° 51' 52" W.

AMITIE ET NATURE ★★ Tourisme 137 E. CV. chauffée. Bord de mer à 600 m ; lac à 2 km ; rivière à 3 km. Ouvert: 1.4 / 15.10. ☎ 02 51 90 50 04. E-mail : campingamitieetnature@orange.fr. Web : www.camping-amitie-nature.fr.
Lat. : 46° 36' 21" N **Long.** : 001° 50' 43" W.

DOMAINE LES ECUREUILS ★★ Loisirs 50 E. E-mail : thierry.roufosse@deuxieme-adresse.com. Web : www.deuxieme-adresse.com/les-domaines/les-ecureuils/.
Lat. : 46° 36' 21" N **Long.** : 001° 50' 43" W.

LES GATINELLES ★★ Tourisme 60 E. dont 19 nus 1 ha Voitures à l'extérieur du camping sur un parking privé pour les chalets & M.-H, CV. Locations : . Bord de mer à 1,2 km. Accueil groupes. Ouvert: 9.4 / 6.11. ☎ 02 51 90 15 80. E-mail : calypsolesgatinelles@gmail.com. Web : www.calypsolesgatinell.wixsite.com/monsite. Prix 2022. Fft jour : empl. Tourisme (2) : 24 €
Lat. : 46° 37' 33" N **Long.** : 001° 51' 31" W.

CHAILLE-LES-MARAIS

6-B5 23 km S.-O. Fontenay-le-Comte. 2 m. ✉ 85450

L'ÎLE CARIOT ★★★ Tourisme 51 E. dont 36 nus CV. Locations : , 1 . Randonnée pédestre organisée. chauffée. Rivière à 10 m ; étang à 1,5 km. Accueil groupes. Ouvert: 1.4 / 30.9. ☎ 02 51 56 75 27. E-mail : camping.ilecariot@gmail.com. Web : www.camping-chaille-les-marais.com. Prix 2023. Fft jour : empl. Tourisme (2) : 16,5 € ; sup 5,20 € ; animaux 1,80 € ; 3,10 € ; 4,90 €. Réduction H.S.
Lat. : 46° 23' 29" N **Long.** : 001° 01' 09" W.
FFCC : avantages adhérent : 16 € du 01/04 au 08/07 et du 19/08 au 30/09 sur emp.

CHAILLE-SOUS-LES-ORMEAUX

6-B4 15 km S. La Roche sur Yon. 54 m. ✉ 85310

LE LOGIS DE L'AUBONNIÈRE ★ 25 E. dont 20 nus 1 ha CV. Locations : . Accès direct à l'étang ; rivière à 150 m ; lac à 4 km.. Accueil groupes enfants. Ouvert: 1.7 / 31.8. ☎ 02 51 34 99 90. E-mail : infos@aubonniere.com. Web : www.aubonniere.com.
Lat. : 46° 32' 43" N **Long.** : 001° 20' 34" W.

CHALLANS

6-A3 42 km N. Les Sables d'Olonne. 28 m. ✉ 85300

LE RAGIS ★★★ Loisirs 213 E. dont 75 nus 6 ha CV. A 3 km : Locations : . Randonnée pédestre organisée. couverte chauffée. Accès direct à l'étang. Accueil groupes. Ouvert: 1.1 / 31.12. ☎ 02 51 68 08 49. E-mail : info@camping-leragis.com. Web : www.camping-leragis.com. Réduction H.S.
Lat. : 46° 49' 16" N **Long.** : 001° 53' 15" W.
FFCC : avantages adhérent : 20 € du 01/03 au 02/07 et du 22/08 au 31/10 sur emp. et entre 50 € et 110 € la nuitée et entre 210 € et 360 € la semaine du 01/04 au 02/07 et du 28/08 au 31/10 sur loc.

CHAMBRETAUD

6-C3 48 km N.-E. La Roche-sur-Yon. 195 m. ✉ 85500

AU BOIS DU CE ★★★★ Tourisme 116 E. 7 h / 23 h, CV. couverte chauffée. Accueil groupes adultes. Ouvert: 3.4 / 1.11. ☎ 02 51 91 54 32. E-mail : contact@camping-auboisduce.com. Web : www.camping-auboisduce.com.
Lat. : 46° 54' 52" N **Long.** : 000° 56' 59" W.

CHATEAU-D'OLONNE

6-A4 4 km E. Les Sables-d'Olonne. 32 m. ✉ 85180

LA BAIE DE CAYOLA ★★★★ Loisirs 148 E. CV. Locations : . Espace Fitness. couverte chauffée , . Bord de mer à 200 m. ; . Ouvert: 15.3 / 15.11. ☎ 02 51 22 00 09. E-mail : info@domaine-cayola.com. Web : www.domaine-cayola.com. Réduction H.S.
Lat. : 46° 27' 50" N **Long.** : 001° 43' 42" W.

LE PETIT PARIS ★★★★ Tourisme 190 E. dont 75 nus 3,5 ha CV. A 2 km : Locations : , roulotte. couverte chauffée . Bord de mer à 900 m ; lac à 3,5 km. ; ; . Ouvert: 9.4 / 30.9. ☎ 02 51 22 04 44. E-mail : contact@campingpetitparis.com. Web : www.campingpetitparis.com. Prix 2022. Fft jour : empl. Tourisme (2) : 37 € ( ) ; sup 5,50 € ; animaux 4 € ; 4 €. Réduction H.S.
Lat. : 46° 28' 26" N **Long.** : 001° 43' 16" W.
FFCC : avantages adhérent : 10% du 07/04 au 30/06 et du 02/09 au 30/09 sur emp. et 10% du 07/04 au 17/05 et du 02/09 au 21/10 sur loc. + Offres FFCC non cumulables avec autres réductions.

LE PUITS ROCHAIS ★★★★ Tourisme 218 E. 2,22 ha CV. Locations : , , . Lac et bord de mer à 2 km. . Ouvert: 2.4 / 30.9. ☎ 02 51 21 09 69. E-mail : info@puitsrochais.com. Web : www.puitsrochais.com.
Lat. : 46° 28' 52" N **Long.** : 001° 43' 53" W.

CHATEAUNEUF

6-A3 14 m. ✉ 85710

L'ORÉE DES ILES ★ Loisirs 45 E. Ouvert: 1.3 / 31.10. ☎ 02 51 49 30 94. E-mail : loreedesiles@hotmail.fr. Web : www.campings-vendee.fr/les-campings/2694940-camping-loree-des-iles.
Lat. : 46° 55' 08" N **Long.** : 001° 55' 02" W.

CHAUCHE

6-B3 25 km N.-E. La Roche-sur-Yon 78 m. ✉ 85140

DOMAINE DE L'OISELIÈRE ★★★★ Tourisme 61 E. dont 25 nus CV. Locations : , cocosweet. chauffée , . Accès direct à l'étang. Ouvert: 1.4 / 18.9. ☎ 02 51 41 38 74. E-mail : contact@loiseliere.com. Web : www.loiseliere.com. Prix 2022. Fft jour : empl. Tourisme (2) : 14 € (E. CC). Réduction H.S.
Lat. : 46° 50' 28" N **Long.** : 001° 18' 03" W.
FFCC : avantages adhérent : 16 € du 07/04 au 30/06 et du 28/08 au 18/09 sur emp.

COEX

6-A4 28 km N. Les Sables-d'Olonne. 45 m. ✉ 85220

LA FERME DU LATOIS ★★★★ Tourisme 272 E. dont 218 nus 13 ha CV. Locations : . chauffée , . Accès direct à l'étang ; lac à 1,5 km. ; . Accueil groupes adultes. Ouvert: 21.4 / 24.9. ☎ 0 9 70 73 10 38. E-mail : contact@rcn.fr. Web : www.rcn.fr. Prix 2023. Fft nuit : empl. Tourisme (2) : 53 € ( ). Réduction H.S.
Lat. : 46° 40' 35" N **Long.** : 001° 46' 09" W.
FFCC : avantages adhérent : 15% du 21/04 au 14/07 et du 19/08 au 24/0915% du 21/04 au 14/07 et du 19/08 au 24/09 sur emp. et loc. + Profitez de lòffre en réservant sur le site du partenaire au 09 70 73 10 38 ou rendez-vous sur votre Club avantages pour obtenir le code promotionnel. Offre non valable du 18/05 au 21/05.

LE VILLAGE DE FLORINE ★★★ Loisirs 61 E. dont 40 nus 2 ha CV. A 6 km : Locations : . chauffée . Etang et lac à 3 km ; rivière à 5 km. Accueil groupes. Ouvert: 1.4 / 30.9. ☎ 02 51 60 19 51. E-mail : le-village-de-florine@orange.fr. Web : www.villagedeflorine.com.
Lat. : 46° 41' 01" N **Long.** : 001° 46' 37" W.

COMMEQUIERS

6-A4 10 km E. St Gilles Croix de Vie. 23 m. ✉ 85220

LA VIE ★★★ Loisirs 130 E. dont 46 nus 3 ha CV. Locations : . couverte , . Accès direct à l'étang ; rivière à 1 km.. Accueil groupes. Ouvert: 1.4 / 1.10. ☎ 02 51 54 90 04. E-mail : contact@campinglavie.com. Web : www.camping-la-vie.fr.st. Réduction H.S.
Lat. : 46° 45' 34" N **Long.** : 001° 49' 26" W.

LE TRÈFLE À 4 FEUILLES ★★★ Tourisme 55 E. dont 36 nus 2 ha CV. Locations : . chauffée . Rivière à 2 km ; lac à 5 km. Accueil groupes. Ouvert: 1.1 / 31.12. ☎ 06 20 90 32 04. E-mail : letrefle@free.fr. Web : www.campingletrefle.com. Réduction H.S.
Lat. : 46° 45' 28" N **Long.** : 001° 47' 10" W.

DAMVIX

6-C5 22 km N. Fontenay-le-Comte. 4 m. ✉ 85420

DES CONCHES ★★★ Tourisme 106 E. dont 77 nus CV. Locations : . couverte chauffée , . Accès direct à la rivière. ; . Ouvert: 31.3 / 8.10. ☎ 02 51 87 17 06. E-mail : campingdesconches@orange.fr. Web : www.camping-des-conches.fr. Prix 2023.
Lat. : 46° 18' 45" N **Long.** : 000° 43' 58" W.

ESSARTS EN BOCAGE

6-B4 20 km N.-E. La Roche-sur-Yon. 88 m. ✉ 85140

LE PETIT BOCAGE ★★ Tourisme 91 E. 1,2 ha . Etang à 3 km. Accueil groupes enfants. Ouvert: 20.4 / 25.9. ☎ 02 51 62 95 83. E-mail : campinglepetitbocage@onlycamp.fr. Web : www.onlycamp.fr/camping-le-patis-essarts-en-bocage-vendee/. Réduction H.S.
Lat. : 46° 46' 24" N **Long.** : 001° 14' 11" W.
FFCC : avantages adhérent : 10% du 28/04 au 08/07 et du 28/08 au 24/0910% du 28/04 au 08/07 et du 28/08 au 24/09 sur emp. et loc. + 5% saison (juillet/aout) sur les emplacements nus et locatifs *Frais de réservations offerts toute lannée.

GIVRAND

6-A4 25 km N.-N.-O. Les Sables d'Olonne. 20 m. ✉ 85800

LES DAUPHINS BLEUS ★★★★★ Tourisme 325 E. CV. A 3 km : Locations : . couverte chauffée . Bord de mer à 2,5 km. ; . Ouvert: 9.4 / 19.9. ☎ 02 51 55 59 34. E-mail : dauphins-bleus@capfun.com. Web : www.capfun.com.
Lat. : 46° 40' 21" N **Long.** : 001° 53' 42" W.

DOMAINE DE BEAULIEU ★★★★ Tourisme 340 E. dont 106 nus CV. A 5 km : Locations : . couverte chauffée , . Rivière à 1 km ; bord de mer à 1,5 km. . Accueil groupes adultes. Ouvert: 7.4 / 24.9. ☎ 02 51 55 59 46. E-mail : info@chadotel.com. Web : www.chadotel.com. Prix 2023. Fft jour : empl. Tourisme (2) : 37 € ( ) ; sup 6,40 € ; animaux 4 € ; 4,20 €. Réduction H.S.
Lat. : 46° 40' 15" N **Long.** : 001° 54' 14" W.
FFCC : avantages adhérent : 15 € du 07/04 au 02/07 et du 30/08 au 24/09 sur emp. et 15% du 07/04 au 02/07 et du 26/08 au 24/09 sur loc. + 5% sur locatifs du 02/07 au 26/08. Rendez-vous dans votre Club avantages pour obtenir le code promotionnel et les conditions de l'offre. Réservation par téléphone au 02 51 33 05 05, sur le site du partenaire (présentation de la carte de membre).

EUROPA ★★★★ Loisirs 253 E. dont 50 nus 1,72 ha CV. A 4 km : Locations : . couverte chauffée . Etang et rivière à 3 km ; bord de mer à 3,5 km. . Accueil groupes. Ouvert: 1.4 / 8.10. ☎ 02 51 55 32 68. E-mail : contact@europacamp.com. Web : www.europacamp.com. Prix 2023. Fft jour : empl. Tourisme (2) : 53 € ( )
Lat. : 46° 41' 29" N **Long.** : 001° 52' 42" W.
FFCC : avantages adhérent : 19 € du 01/04 au 30/06 et du 02/09 au 08/10 sur emp.

MICHELIÈRE ★★★★ Loisirs 262 E. dont 40 nus CV. Locations : . chauffée . Bord de mer à 2 km. . Ouvert: 7.4 / 10.9. ☎ 02 51 26 89 73. E-mail : micheliere@vagues-oceanes.com. Web : www.camping-vagues-oceanes.com.
Lat. : 46° 40' 55" N **Long.** : 001° 53' 46" W.

LA MOUETTE ★★ Loisirs 61 E. 1,6 ha CV. Locations : , . Rivière à 3 km ; lac à 4 km ; bord de mer à 5 km.. Ouvert: 14.4 / 30.9. ☎ 02 51 55 24 94. E-mail : campinglamouette@orange.fr. Web : www.residencechaletslamouette.fr.
Lat. : 46° 41' 33" N **Long.** : 001° 51' 57" W.

LE JAUNAY ★★ Tourisme 70 E. dont 50 nus 1 ha CV. chauffée . Accès direct à la rivière ; bord de mer à 1,2 km. . Accueil groupes. Ouvert: 1.4 / 30.9. ☎ 02 51 55 14 77. E-mail : contact@camping-du-jaunay.com. Web : www.camping-du-jaunay.com. Réduction H.S.
Lat. : 46° 40' 03" N **Long.** : 001° 54' 08" W.

LA ROUSSELOTIÈRE ★ Loisirs 47 E. dont 20 nus, dont 20 CC - 20 GCC. CV. . Accès direct à l'étang ; bord de mer à 4 km.. Ouvert: 15.4 / 15.9. ☎ 0 2 51 60 63 60. E-mail : campinglarousselotiere@orange.fr. Web : www.campinglarousselotiere.fr.
Lat. : 46° 40' 30" N **Long.** : 001° 53' 16" W.

MME LUCIENNE BROCHARD . Ouvert: 1.6 / 30.9. ☎ 06 21 55 26 89. E-mail : guides@campingfrance.com.
Lat. : 46° 41' 19" N **Long.** : 001° 52' 37" W.

GRAND'LANDES

6-A3 44 km N. Les Sables d'Olonne. 56 m. ✉ 85670

LES BLES D'OR ★★ Tourisme 29 E. . Etang à 500 m.. Ouvert: 1.1 / 31.12. ☎ 02 51 98 51 86. E-mail : mairiegrandlandes@wanadoo.fr. Web : www.grandlandes.net/index.php/tourisme.
Lat. : 46° 49' 16" N **Long.** : 001° 38' 55" W.

GROSBREUIL

6-A4 13 km E. Les-Sables-d'Olonne. 46 m. ✉ 85440

LA VERTONNE ★★★ Tourisme 84 E. dont 40 nus CV. Locations : . Accueil groupes. Ouvert: 15.4 / 15.9. ☎ 02 51 22 65 74. E-mail : camping.lavertonne@orange.fr. Web : www.campinglavertonne.com. Réduction H.S.
Lat. : 46° 32' 20" N **Long.** : 001° 23' 50" W.

GRUES

6-B5 43 km O. Fontenay-le-Comte. 2 m. ✉ 85580

LA CLEROCA ★★★ Tourisme 66 E. dont 63 nus 1,5 ha CV. Locations : yourte. chauffée. Lac à 1,5 km ; bord de mer à 2 km. Ouvert: 24.5 / 6.9. ☎ 02 51 27 19 92. E-mail : camping.lacleroca@wanadoo.fr. Web : www.camping-la-cleroca.com. Réduction H.S.
Lat. : 46° 21' 01" N **Long.** : 001° 18' 55" W.

JARD-SUR-MER

6-A4 20 km S.-E. Les Sables d'Olonne. 9 m. ✉ 85520

L'OCÉANO D'OR ★★★★★ Tourisme 450 E. dont 121 nus
8 ha CV. Locations : . Espace Fitness. couverte chauffée , . Bord de mer à 1,2 km. Accueil groupes adultes. Ouvert: 7.4 / 24.9. ☎ 02 51 33 65 08. E-mail : info@chadotel.com. Web : www.chadotel.com. Prix 2023. Fft jour : empl. Tourisme (2) : 41 € ( ) ; sup 6,40 € ; animaux 4 € ; 4,20 €. Réduction H.S.
Lat. : 46° 25' 15" N **Long.** : 001° 34' 11" W.
FFCC : avantages adhérent : 19 € du 07/04 au 02/07 et du 30/08 au 24/09 sur emp. et 15% du 07/04 au 02/07 et du 26/08 au 24/09 sur loc. + 5% sur locatifs du 02/07 au 26/08. Rendez-vous dans votre Club avantages pour obtenir le code promotionnel et les conditions de l'offre. Réservation par téléphone au 02 51 33 05 05, sur le site du partenaire (présentation de la carte de membre).

LA POMME DE PIN ★★★★ Tourisme 143 E. 2 ha CV. Locations : . couverte chauffée . Bord de mer à 200 m. Ouvert: 30.3 / 28.9. ☎ 02 51 33 43 85. E-mail : info@pommedepin.net. Web : www.campingjard.fr.
Lat. : 46° 24' 39" N **Long.** : 001° 34' 20" W.

LE CURTYS ★★★★ Tourisme 379 E.
à partir de 23 h, CV . Locations : . Espace Fitness. couverte chauffée . Bord de mer à 1,5 km. Ouvert: 4.4 / 20.9. ☎ 02 51 33 06 55. E-mail : curtys@capfun.com. Web : www.capfun.com. Réduction H.S.
Lat. : 46° 25' 14" N **Long.** : 001° 34' 39" W.

LES ÉCUREUILS ★★★★ Tourisme 277 E.
CV . Locations : . Espace Fitness. couverte chauffée . Bord de mer à 300 m. ; Accueil groupes. Ouvert: 10.4 / 20.9. ☎ 02 51 33 42 74. E-mail : ecureuils@capfun.com. Web : www.camping-ecureuils.com. Réduction H.S.
Lat. : 46° 24' 41" N **Long.** : 001° 35' 25" W.

PARFUMS D'ÉTÉ ★★★★ Tourisme 178 E. dont 126 nus 4 ha CV . Locations : , roulotte. Espace Fitness. chauffée . Bord de mer à 300 m. Ouvert: 1.4 / 29.9. ☎ 02 51 33 58 65. E-mail : info@campinglaventouse.com. Web : www.campinglaventouse.com. Réduction H.S.
Lat. : 46° 24' 44" N **Long.** : 001° 34' 55" W.

LE BOSQUET ★★ Tourisme 58 E. dont 37 nus 1 ha CV . Bord de mer à 200 m ; étang à 1 km ; rivière à 2 km. Ouvert: 12.4 / 28.9. ☎ 02 51 33 56 57. E-mail : info@campinglebosquet.fr. Web : www.campinglebosquet.fr.
Lat. : 46° 24' 40" N **Long.** : 001° 34' 51" W.

CAMPING G.C.U. JARD-SUR-MER ★ Tourisme 130 E. . Ouvert: 7.6 / 31.8. ☎ 02 51 33 47 20. E-mail : gcu@gcu.asso.fr. Web : www.gcu.asso.fr.
Lat. : 46° 25' 13" N **Long.** : 001° 37' 26" W.

L'AIGUILLON-SUR-MER

6-B5 49 km O. Fontenay-le-Comte. 3 m. ✉ 85460

BEL AIR ★★★★ Tourisme 357 E. dont 34 nus
7,5 ha CV . Locations : . Espace Fitness. couverte chauffée , , . Etang à 900 m ; bord de mer à 1,8 km. ; Ouvert: 7.5 / 19.9. ☎ 02 51 22 38 85. E-mail : bel-air@capfun.com. Web : www.capfun.com/camping-france-pays_de_la_loire-bel_air-FR.html. Réduction H.S.
Lat. : 46° 20' 36" N **Long.** : 001° 19' 08" W.

CAMPING MUNICIPAL DE LA BAIE ★★★ Loisirs 170 E. . Lac à 600 m ; bord de mer à 1,8 km. . Ouvert: 1.4 / 30.9. ☎ 02 51 56 40 70. E-mail : camping.delabaie@laiguillonsurmer.fr. Web : www.camping-municipal-vendee.com.
Lat. : 46° 19' 45" N **Long.** : 001° 17' 54" W.

LE PRÉ DES SABLES ★★★ Tourisme 167 E. dont 69 nus
CV . Locations : , , cocosweet. couverte chauffée , , . Lac à 800 m ; bord de mer à 2 km. . Accueil groupes. Ouvert: 9.4 / 25.9. ☎ 02 51 27 13 88. E-mail : campinglepredessables@orange.fr. Web : www.campinglepredessables.fr. Prix 2022. Fft jour : empl. Tourisme (2) : 29 € ( ) ; sup 9 € ; animaux 4 € ; 7,50 €.
Lat. : 46° 20' 22" N **Long.** : 001° 18' 29" W.
FFCC : avantages adhérent : 17 € du 08/04 au 02/07 et du 28/08 au 24/09 sur emp.

L'AIGUILLON-SUR-VIE

6-A4 20 km N. Les Sables d'Olonnes. 25 m. ✉ 85220

LE PARC DE LA GREVE ★★★★ Tourisme 99 E. dont 58 nus
2,2 ha CV . A 3 km : Locations : . chauffée , . Accès direct à l'étang ; rivière à 2 km ; lac à 4 km. ; Accueil groupes. Ouvert: 1.4 / 30.9. ☎ 02 51 22 86 23. E-mail : parcdelagreve@wanadoo.fr. Web : www.leparcdelagreve.com. Réduction H.S.
Lat. : 46° 39' 59" N **Long.** : 001° 49' 32" W.
FFCC : avantages adhérent : 18 € du 15/05 au 07/07 et du 29/08 au 15/09 sur emp. + Tarif chien : 2,5 € la nuit.

L'ILE-D'ELLE

6-C5 22 km S.-O. Fontenay-le-Comte. 3 m. ✉ 85770

LE PETIT BOOTH ★★ Tourisme 36 E. dont 18 nus 1,2 ha 23 h / 7 h, CV . Locations : cabanes, tonneau, caravane. . Accès direct à la rivière ; étang à 2 km.. Accueil groupes. Ouvert: 1.3 / 30.11. ☎ 02 51 52 00 67. E-mail : dominique.pignoux@wanadoo.fr. Web : lepetitbooth.com.
Lat. : 46° 20' 05" N **Long.** : 000° 56' 36" W.

L'ILE-D'OLONNE

6-A4 8 km N. Les Sables-d'Olonne. 11 m. ✉ 85340

L'ILE AUX OISEAUX ★★★ Loisirs 215 E. dont 31 nus
3,4 ha CV . couverte chauffée . Rivière à 2 km ; bord de mer à 5 km. Ouvert: 1.4 / 31.10. ☎ 02 51 90 89 96. E-mail : nadine@ile-aux-oiseaux.fr. Web : www.ile-aux-oiseaux.fr. Réduction H.S.
Lat. : 46° 33' 51" N **Long.** : 001° 13' 18" W.

LA BARRE-DE-MONTS

6-A3 65 km N.-O. Les Sables-d'Olonne. 4 m. ✉ 85550

LA GRANDE CÔTE ★★★★ Tourisme 628 E. dont 326 nus 22 ha CV . Locations : , . chauffée , , , , . Accès direct à la mer. ; ; Accueil groupes adultes. Ouvert: 12.5 / 24.9. ☎ 02 51 68 51 89. E-mail : grandecote@sandaya.fr. Web : www.sandaya.fr/nos-campings/la-grande-cote.
Lat. : 46° 53' 08" N **Long.** : 002° 08' 51" W.

LA CORSIVE ★★★ Tourisme 121 E. 2,3 ha CV . Locations : . chauffée , . Bord de mer à 1 km. . Ouvert: 1.4 / 31.10. ☎ 02 51 68 50 06. E-mail : campingdelacorsive@orange.fr. Web : www.campingdelacorsive.com.
Lat. : 46° 52' 44" N **Long.** : 002° 08' 04" W.

LE GRAND CORSEAU ★★★ Tourisme 359 E.
CV . Locations : . chauffée , . Bord de mer à 400 m. ; . . Accueil groupes. Ouvert: 1.4 / 2.10. ☎ 02 51 68 52 87. E-mail : contact@corseau.com. Web : www.camping-grand-corseau.com. Prix 2022. Fft jour : empl. Tourisme (2) : 28 € ( ). Réduction H.S.
Lat. : 46° 53' 02" N **Long.** : 002° 08' 57" W.
FFCC : avantages adhérent : 20.51 € du 01/04 au 01/07 et du 28/08 au 01/10 sur emp. et entre 40.50 € et 75.60 € la nuitée et entre 283.50 € et 359.10 € la semaine du 01/04 au 01/07 et du 28/08 au 01/10 sur loc.

LE MARAIS NEUF ★★★ Tourisme 96 E. dont 30 nus 1,5 ha CV. Locations : . chauffée , . Rivière à 1 km ; bord de mer à 2 km.. Accueil groupes enfants. Ouvert: 1.4 / 31.10. ☎ 02 51 49 05 02. E-mail : campinglemaraisneuf@yahoo.fr. Web : lemaraisneuf.campingdevendee.fr.
Lat. : 46° 52' 01" N **Long.** : 002° 07' 15" W.

LA DAROTTE NC Tourisme 297 E. dont 31 GCC. 2,68 ha CV . Locations : . chauffée. Bord de mer à 1,2 km. . Ouvert: 1.4 / 30.9. ☎ 02 51 68 53 72. E-mail : contact@camping-ladarotte.com. Web : www.camping-ladarotte.com. Réduction H.S.
Lat. : 46° 53' 14" N **Long.** : 002° 07' 18" W.

LE MARAIS ★★ Loisirs 116 E. dont 26 nus 1,3 ha CV . Rivière à 400 m ; bord de mer à 2,8 km. Ouvert: 1.4 / 31.10. ☎ 02 51 68 53 12. E-mail : campinglemarais@orange.fr. Web : www.campinglemarais.com/index.html. Réduction H.S.
Lat. : 46° 52' 52" N **Long.** : 002° 06' 41" W.

AIRE NATURELLE LES GÂTS CV. Ouvert: 1.4 / 30.9. ☎ 02 51 55 97 22. E-mail : mandy.silvestre@orange.fr.
Lat. : 46° 53' 32" N **Long.** : 002° 06' 11" W.

LA BOISSIERE-DE-MONTAIGU

6-B3 48 km N.-E. La-Roche-sur-Yon. 79 m. Village de neige ✉ 85600

CfiUR DE VENDEE ★★★ Tourisme 116 E. 8 ha CV . chauffée , , . Accès direct à l'étang ; rivière à 1 km ; lac à 3 km. Accueil groupes. Ouvert: 25.5 / 15.9. ☎ 02 51 41 62 32. E-mail : contact@camping-domaine-eden.fr. Web : www.tohapi.fr/pays-de-la-loire/camping-coeur-de-vendee.php.
Lat. : 46° 56' 23" N **Long.** : 001° 13' 03" W.

LA CHAPELLE-ACHARD

6-A4 16 km N.-E. Les Sables-d'Olonne. 38 m. ✉ 85150

LA BERGERIE ★★ Tourisme 27 E. CV . Locations : , , roulotte. Ouvert: 15.4 / 15.10. ☎ 02 51 07 83 93. E-mail : camping.labergerie@wanadoo.fr. Web : www.campinglabergerie.com.
Lat. : 46° 34' 27" N **Long.** : 001° 39' 30" W.

LA CHAPELLE-HERMIER

6-A4 24 km N. Les Sables d'Olonnes. 45 m. ✉ 85220

LE PIN PARASOL ★★★★★ Tourisme 510 E. dont 227 nus
16 ha CV. Locations : . Randonnée pédestre organisée. Espace Fitness. couverte chauffée , , . Accès direct à l'étang ; lac à 50 m. ; . Accueil groupes enfants. Ouvert : 12.5 / 10.9. ☎ 02 51 34 64 72. E-mail : contact@campingpinparasol.fr. Web : www.campingpinparasol.fr. Prix 2023. Fft jour : empl. Tourisme (2) : 59 € ( ). Réduction H.S.
Lat. : 46° 39' 58" N **Long.** : 001° 45' 18" W.
FFCC : avantages adhérent : 10% du 12/05 au 30/06 et du 01/09 au 10/0910% du 12/05 au 30/06 et du 01/09 au 10/09 sur emp. et loc. + Rendez-vous dans votre club avantages FFCC pour obtenir le code promotionnel et réserver !.

LE DOMAINE DU PRÉ P.R.L ★★★★ NN128 E. CV . Locations : . Espace Fitness. couverte chauffée. Accès direct aux bords du lac. . Ouvert : 1.1 / 31.12. ☎ 02 51 08 07 07. E-mail : contact@domainedupre.com. Web : www.domainedupre.com.
Lat. : 46° 39' 54" N **Long.** : 001° 46' 10" W.

LA FAUTE-SUR-MER

6-B5 50 km S.-E. Les Sables-d'Olonne. 4 m. ✉ 85460

LA SIESTA ★★★★ Loisirs 134 E. dont 4 nus CV . A 1,5 km : Locations : . couverte chauffée . Accès direct à la rivière ; bord de mer à 1,1 km. ; . Ouvert : 1.4 / 30.9. ☎ 02 51 27 16 75. E-mail : camping.la.siesta.85@orange.fr. Web : www.camping-la-siesta.com. Réduction H.S.
Lat. : 46° 20' 45" N **Long.** : 001° 21' 03" W.

LE GRAND'R ★★★★ Tourisme 165 E.
2 ha CV . A 3 km : couverte chauffée . Accès direct à la rivière ; bord de mer à 500 m. . Ouvert : 1.4 / 30.9. ☎ 02 51 56 42 87. E-mail : grand-r@wanadoo.fr. Web : www.campinggrandr.fr.
Lat. : 46° 20' 25" N **Long.** : 001° 20' 20" W.

LES FLOTS BLEUS ★★★★ Tourisme 104 E. 1,5 ha CV . Locations : . couverte chauffée , . Bord de mer à 200 m ; rivière à 400 m. . Ouvert : 8.4 / 17.9. ☎ 02 51 27 11 11. E-mail : info@camping-lesflotsbleus.com. Web : www.camping-lesflotsbleus.com.
Lat. : 46° 19' 30" N **Long.** : 001° 19' 08" W.

LES VIOLETTES ★★★★ Tourisme 114 E. 2 ha . A 3 km : Locations : . chauffée . Ouvert : 2.5 / 12.9. ☎ 02 51 27 19 97. E-mail : camping.les.violettes.vendee@wanadoo.fr. Web : www.campinglesviolettes.fr.
Lat. : 46° 20' 36" N **Long.** : 001° 20' 40" W.

APV LE PAVILLON BLEU ★★★ Tourisme 85 E. dont 2 nus 0,8 ha CV. A 2 km : Locations : . . Rivière à 300 m ; bord de mer à 900 m. Ouvert : 23.6 / 3.9. ☎ 02 51 27 15 01. E-mail : contacts@camping-apv.com. Web : www.camping-apv.com. Prix 2022. Fft jour : empl. Tourisme (4) : 43 € ( ).
Lat. : 46° 20' 40" N **Long.** : 001° 20' 44" W.

LE FAUTAIS ★★★ Loisirs 50 E. 1 ha CV. . Bord de mer et rivière à 300 m ; lac à 500 m. ; ; . . Ouvert : 1.4 / 30.9. ☎ 33 0685348902. E-mail : campinglefautais@gmail.com. Web : www.campingfautais.com.
Lat. : 46° 20' 02" N **Long.** : 001° 19' 27" W.

LA PINEDE ★★ Loisirs 70 E. 1 ha CV. chauffée . Bord de mer à 300 m. . Ouvert : 1.4 / 30.9. ☎ 02 51 56 40 62. E-mail : camp.la.pinede@wanadoo.fr. Web : www.camping-lapinede.net.
Lat. : 46° 19' 28" N **Long.** : 001° 18' 58" W.

LES TULIPES ★★ Tourisme 31 E. CV . Locations : . chauffée . Rivière à 500 m ; bord de mer à 800 m. ; . Ouvert : 1.4 / 21.9. ☎ 02 51 56 41 37. E-mail : campingtulipes@orange.fr. Web : www.campingtulipes.com.
Lat. : 46° 20' 37" N **Long.** : 001° 20' 44" W.

LA FERRIERE

6-B4 10 km N.-E. La Roche-sur-Yon. 86 m. ✉ 85280

LA MAISON NEUVE ★★ Tourisme 27 E. CV. . Ouvert : 1.1 / 31.12. ☎ 02 51 98 47 94. E-mail : mariehelene.tanguy@wanadoo.fr. Web : vendee-location-camping.com.
Lat. : 46° 42' 57" N **Long.** : 001° 16' 33" W.

LA GUYONNIERE

6-B3 42 km N.-E. La Roche-sur-Yon. 66 m. Village de neige ✉ 85600

LAC DE LA CHAUSSELIÈRE ★★★ Tourisme 96 E. dont 46 nus
CV . Locations : , tipi, . couverte chauffée , , . Accès direct à l'étang et aux bords du lac. ; . Accueil groupes enfants. Ouvert : 8.4 / 5.11. ☎ 02 51 41 98 40. E-mail : camping@chausseliere.fr. Web : www.chausseliere.com. Prix 2023. Fft jour : empl. Tourisme (2) : 27 € ( ) ; sup 6 € ; animaux 3 € ; 5 € ; 4 €. Réduction H.S.
Lat. : 46° 57' 25" N **Long.** : 001° 14' 43" W.
FFCC : avantages adhérent : 17 € du 14/04 au 30/06 et du 27/08 au 30/09 sur emp.

LA POMMERAIE-SUR-SEVRE

6-C3 166 m. ✉ 85700

DOMAINE DE LA SAUZAIE
. Ouvert : 1.4 / 30.9. ☎ 06 12 30 48 31. E-mail : info@domaine-de-la-sauzaie.fr, Web : www.domaine-de-la-sauzaie.fr. Prix 2022. Fft jour : empl. Tourisme (2) : 20 € ( ) ; sup 5,50 € ; animaux 3 € ; 4 € ; 4 €.
Lat. : 46° 50' 13" N **Long.** : 000° 46' 24" W.
FFCC : avantages adhérent : 23 € du 02/06 au 30/09 sur emp.

LA ROCHE-SUR-YON

6-B4 429 km S.-O. Paris. 68 m. ✉ 85000

PARC DE LA CROIX DES FONTENELLES P.R.L ★★★★ NN7 E. . Locations : . chauffée. Etang à 3 km. Ouvert : 1.1 / 31.12. ☎ 02 51 05 12 75. E-mail : bernereau@wanadoo.fr. Web : www.croixdesfontenelles.com.
Lat. : 46° 40' 02" N **Long.** : 001° 28' 44" W.

LA TARDIERE

6-C4 24 km N. Fontenay le Conte. 158 m. ✉ 85120

L'ETRUYÈRE ★★ Tourisme 30 E. dont 16 nus
1 ha CV . Locations : . chauffée , , . Accès direct à l'étang et aux bords du lac et à la rivière. ; . Ouvert : 1.4 / 15.10. ☎ 02 51 87 40 63. E-mail : info@campingletruyere.fr. Web : www.campingletruyere.fr. Prix 2022. Fft jour : empl. Tourisme (2) : 26 € ( ). Réduction H.S.
Lat. : 46° 39' 19" N **Long.** : 000° 42' 21" W.
FFCC : avantages adhérent : 20 € du 01/04 au 30/06 et du 01/09 au 15/10 sur emp. et entre 45 € et 95 € la nuitée et entre 315 € et 665 € la semaine du 01/04 au 30/06 et du 01/09 au 15/10 sur loc.

LA TRANCHE-SUR-MER

6-B5 40 km S.-E. Les Sables-d'Olonne. 6 m. ✉ 85360

BEL ★★★★ Tourisme 200 E.
3,4 ha . Espace Fitness. chauffée . Lac à 150 m ; bord de mer à 200 m. Ouvert : 28.5 / 4.9. ☎ 02 51 30 47 39. E-mail : belcampsite@gmail.com. Web : www.campingbel.com.
Lat. : 46° 20' 55" N **Long.** : 001° 25' 55" W.
FFCC : avantages adhérent : 25 € du 27/05 au 01/07 et du 26/08 au 03/09 sur emp. + Chien gratuit hors saison.

DU JARD ★★★★ Tourisme 380 E. dont 100 nus
CV . Locations : . couverte chauffée , , . Bord de mer à 700 m. ; . Ouvert : 7.5 / 13.9. ☎ 02 51 27 43 79. E-mail : info@campingdujard.fr. Web : campingdujard.fr. Réduction H.S.
Lat. : 46° 20' 54" N **Long.** : 001° 23' 15" W.
FFCC : avantages adhérent : 10% du 12/05 au 30/06 et du 01/09 au 18/0910% du 12/05 au 30/06 et du 01/09 au 18/09 sur emp. et loc. + Rendez-vous dans votre club avantages FFCC pour obtenir le code promotionnel et réserver !.

L'ESCALE DU PERTHUIS ★★★★ Loisirs 390 E. 6 ha CV. couverte chauffée , . Bord de mer à 100 m. ; ; ; . . Ouvert : 6.4 / 28.9. ☎ 02 51 30 38 96. E-mail : contact@lescale-du-perthuis.com. Web : www.lescale-du-perthuis.com.
Lat. : 46° 20' 51" N **Long.** : 001° 23' 03" W.

LA BAIE D'AUNIS ★★★★ Tourisme 149 E. dont 130 nus 1,8 ha CV . A 3 km : chauffée . Etang et bord de mer à 50 m. Ouvert : 26.4 / 15.9. ☎ 02 51 27 47 36. E-mail : info@camping-baiedaunis.com. Web : www.camping-baiedaunis.com. Réduction H.S.
Lat. : 46° 20' 47" N **Long.** : 001° 25' 55" W.

LA BELLE HENRIETTE ★★★★ Tourisme 111 E. dont 33 nus
3,5 ha CV . A 1 km : Locations : . Espace Fitness. couverte chauffée . Accès direct aux bords du lac et à la mer. . Accueil groupes. Ouvert : 7.4 / 24.9. ☎ 02 51 30 33 51. E-mail : reservation@grouperomanee.com. Web : www.campingbellehenriette.com.
Lat. : 46° 20' 58" N **Long.** : 001° 22' 14" W.

LE BELLEVUE ★★★★ Tourisme 40 E. camping piéton, CV . Locations : . chauffée , . Bord de mer à 1,5 km. . Ouvert : 8.4 / 25.9. ☎ 02 53 59 25 81. E-mail : contact@camping-lebellevue.fr. Web : www.camping-lebellevue.fr.
Lat. : 46° 20' 53" N **Long.** : 001° 21' 24" W.

LE COTTAGE FLEURI ★★★★ Loisirs 299 E. dont 88 nus 5 ha CV . A 800 m : . Locations : . Espace Fitness. couverte chauffée , , . Accès direct à l'étang ; bord de mer à 500 m. . . Accueil groupes. Ouvert : 11.4 / 30.9. ☎ 02 51 30 34 57. E-mail : contact@lecottagefleuri.fr. Web : www.camping-lecottagefleuri.com. Prix 2022. Fft jour : empl. Tourisme (2) : 37 € (E. CC). Réduction H.S.
Lat. : 46° 20' 59" N **Long.** : 001° 24' 28" W.

LE SABLE D'OR ★★★★ Tourisme 238 E. 4,3 ha CV. , . Accès direct à la rivière ; bord de mer à 1,8 km. ; ; . . Ouvert : 28.5 / 15.9. ☎ 02 51 27 46 74. E-mail : contact@le-sable-dor.fr. Web : www.le-sable-dor.fr.
Lat. : 46° 21' 40" N **Long.** : 001° 27' 06" W.

LES ALMADIES ★★★★ Tourisme 517 E. dont 80 nus 23 h à 7 h, CV . A 3,7 km : Locations : . couverte chauffée , . Bord de mer à 3 km. ; . Ouvert : 1.4 / 30.9. ☎ 04 30 05 15 19. E-mail : info@tohapi.fr. Web : www.tohapi.fr/pays-de-la-loire/.
Lat. : 46° 22' 20" N **Long.** : 001° 24' 50" W.

LES BLANCS CHÊNES ★★★★ Tourisme 370 E. 7 ha CV. Locations : . couverte chauffée. Bord de mer à 1,8 km. Accueil groupes adultes. Ouvert: 7.4 / 18.9. ☎ 0 251281020. E-mail : lesblancschenes@vagues-oceanes.com. Web : www.camping-vagues-oceanes.com.
Lat. : 46° 21' 47" N **Long.** : 001° 25' 12" W.

LES PRISES ★★★★ Loisirs 260 E. 3 ha CV. couverte chauffée. Accès direct à la rivière ; bord de mer à 1,2 km. Ouvert: 5.4 / 28.9. ☎ 02 51 97 10 03. E-mail : prises@capfun.com. Web : www.capfun.com.
Lat. : 46° 20' 54" N **Long.** : 001° 21' 38" W.

LES PRÉVEILS ★★★★ Tourisme 178 E. dont 32 nus, dont 32 GCC.
1,6 ha CV. A 600 m : . Espace Fitness. couverte chauffée. Accès direct à la mer. Accueil groupes. Ouvert: 26.3 / 26.9. ☎ 02 51 30 30 52 / 06 28 37 91 50. E-mail : contact@camping-les-preveils.com. Web : www.camping-les-preveils.com. Réduction H.S.
Lat. : 46° 20' 41" N **Long.** : 001° 23' 38" W.

LES ROUILLÈRES ★★★★ Loisirs 286 E.
CV. Locations : . couverte chauffée. Bord de mer à 200 m. Ouvert: 7.4 / 24.9. ☎ 0 2 51 30 31 78. E-mail : reservation@groupecamping.fr. Web : www.camping-les-rouilleres.com.
Lat. : 46° 20' 52" N **Long.** : 001° 22' 44" W.

LA BELLE ANSE ★★★ Tourisme 55 E.
Locations : . Bord de mer à 2 km. Accueil groupes adultes. Ouvert: 17.5 / 15.9. ☎ 02 51 97 02 84. E-mail : belle-anse@campeole.com. Web : www.campeole.com.
Lat. : 46° 20' 58" N **Long.** : 001° 21' 59" W.
FFCC : avantages adhérent : 10% du 13/05 au 08/07 et du 26/08 au 10/09 sur emp. et 5% du 13/05 au 08/07 et du 26/08 au 10/09 sur loc.

LA GRIÈRE ★★★ Tourisme 134 E. dont 44 nus camping piéton - véhicule sur parking, CV. Locations : . Accès direct à la mer. Accueil groupes adultes. Ouvert: 1.4 / 27.9. ☎ 02 51 30 40 07. E-mail : griere@vacances-andretrigano.com. Web : www.vacances-andretrigano.com.
Lat. : 46° 20' 50" N **Long.** : 001° 23' 29" W.

LES JONQUILLES ★★★ Loisirs 332 E.
5,23 ha gaz, CV. A 2 km : . Locations : . Randonnée pédestre organisée. Espace Fitness. couverte chauffée. Bord de mer à 800 m. A 800 m : . A 3 km : . Ouvert: 1.4 / 30.9. ☎ 02 51 30 47 37. E-mail : lesjonquilles@gmail.com. Web : www.campinglesjonquilles.com. Prix 2023. Fft jour : empl. Tourisme (2 🚶) : 46 € ; 🚶 sup 10 € ; 🚶 7 €.
Lat. : 46° 20' 58" N **Long.** : 001° 23' 49" W.
FFCC : avantages adhérent : 320 € la semaine du 16/04 au 02/07 et du 27/08 au 17/09 sur loc.

SAINTE ANNE ★★★ Tourisme 90 E. dont 30 nus CV. A 2 km : couverte chauffée. Bord de mer à 10 m. Ouvert: 1.4 / 20.9. ☎ 02 51 30 46 82. E-mail : campingsainte-anne@wanadoo.fr. Web : www.campingsainte-anne.com. Réduction H.S.
Lat. : 46° 20' 34" N **Long.** : 001° 23' 35" W.

LA GRANDE VALLÉE ★★ Tourisme 58 E. CV. Locations : . Bord de mer à 700 m ; rivière à 1 km. Ouvert: 1.4 / 30.9. ☎ 02 51 30 12 82. E-mail : c.lagrandevallee@orange.fr. Web : www.campinglagrandevallee.com. Prix 2022. Fft jour : empl. Tourisme (2 🚶) : 21,5 € ; Réduction H.S.
Lat. : 46° 20' 55" N **Long.** : 001° 22' 58" W.

LE GRAND PRÉ ★★ Tourisme 157 E. CV. couverte chauffée. Bord de mer à 2 km.. Ouvert: 1.4 / 30.9. ☎ 02 51 30 35 75. E-mail : contact@camping-grand-pre.com. Web : www.camping-grand-pre.com. Réduction H.S.
Lat. : 46° 21' 33" N **Long.** : 001° 26' 54" W.

LE PACIFIC ★★ Tourisme 20 E. dont 13 nus 0,9 ha CV. Locations : . Bord de mer à 1,2 km. Accueil groupes. Ouvert: 1.4 / 15.10. ☎ 02 51 30 07 38.
Lat. : 46° 21' 59" N **Long.** : 001° 27' 32" W.

LE VIEUX MOULIN ★★ Tourisme 144 E. dont 102 nus CV. Locations : . Bord de mer à 400 m. Accueil groupes. Ouvert: 1.4 / 30.9. ☎ 02 51 28 93 48. E-mail : accueil@campinglevieuxmoulin.fr. Web : www.campinglevieuxmoulin.fr. Prix 2022. Fft jour : empl. Tourisme (2 🚶) : 18,9 € ; 🚶 sup 5,95 € ; animaux 3,15 € ; 🚶 3,25 € ; 4,60 €. Réduction H.S.
Lat. : 46° 20' 42" N **Long.** : 001° 26' 38" W.

CAMPING GCU - LA TRANCHE SUR MER ★ Tourisme 280 E. . Ouvert: 4.4 / 28.9. ☎ 02 51 30 16 75. E-mail : latranchesurmer8502@gcuf.fr. Web : www.gcu.asso.fr.
Lat. : 46° 20' 37" N **Long.** : 001° 23' 38" W.

LANDEVIEILLE

6-A4 18 km N. Les Sables d'Olonnes. 39 m. ✉ 85220

L'ORÉE DE L'OCÉAN ★★★★ Tourisme 239 E.
2,9 ha CV. couverte chauffée. Accès direct à l'étang ; rivière à 2 km ; lac à 3 km ; bord de mer à 5 km. Ouvert: 2.7 / 27.8. ☎ 02 51 22 96 36. E-mail : contact@oreeocean.fr. Web : www.camping-oreedelocean.com. Prix 2022. Fft semaine : empl. Tourisme (2 🚶) : 24 €
Lat. : 46° 38' 25" N **Long.** : 001° 48' 26" W.

L'ÉVASION ★★★★ Tourisme 329 E. dont 62 nus
CV. A 3 km : . Locations : . couverte chauffée. Accès direct à la mer. Accueil groupes. Ouvert: 7.4 / 24.9. ☎ 0 2 51 22 90 14. E-mail : reservation@groupero manee.com. Web : www.camping-levasion.fr.
Lat. : 46° 38' 07" N **Long.** : 001° 47' 55" W.

LE LAC DU JAUNAY ★★★ Loisirs 156 E. dont 15 nus 4 ha CV. Locations : . couverte chauffée. Accès direct aux bords du lac.. Accueil groupes. Ouvert: 16.4 / 30.9. ☎ 02 51 22 91 61. E-mail : contact@camping-du-lac-du-jaunay.com. Web : www.camping-du-lac-du-jaunay.com. Réduction H.S.
Lat. : 46° 39' 28" N **Long.** : 001° 46' 06" W.

LE FENOUILLER

6-A4 32 km N.-N.-O. Les Sables d'Olonne. 15 m. ✉ 85800

DOMAINE D'OYAT ★★★★ Tourisme 92 E. 1,4 ha CV. chauffée. Rivière à 500 m ; bord de mer à 4 km. Ouvert: 1.4 / 10.10. ☎ 02 51 55 11 35. E-mail : contact@bellevue-camping.com. Web : www.bellevue-camping.com.
Lat. : 46° 42' 52" N **Long.** : 001° 54' 30" W.

DOMAINE LE CHATELIER ★★★★ Loisirs 265 E. 7 ha . Locations : . Espace Fitness. couverte chauffée. Rivière à 1 km ; lac et bord de mer à 2,5 km. Ouvert: 1.4 / 15.10. ☎ 02 28 10 50 75. E-mail : camping.lechatelier@orange.fr. Web : www.domainelechatelier.fr. Réduction H.S.
Lat. : 46° 42' 43" N **Long.** : 001° 54' 53" W.

DOMAINE LE PAS OPTON ★★★★ Tourisme 260 E. 4,5 ha ap.22h30, CV. Locations : . Accès direct à la rivière ; étang à 3 km ; bord de mer à 5 km. Ouvert: 20.5 / 10.9. ☎ 02 51 55 11 98. E-mail : directeur@lepasopton.com. Web : www.springharvestholidays.com.
Lat. : 46° 43' 50" N **Long.** : 001° 52' 38" W.

LE PETIT BEAUREGARD ★★★ Loisirs 77 E. dont 9 nus 2 ha CV. Locations : . couverte chauffée. Bord de mer à 4 km. Ouvert: 1.4 / 15.10. ☎ 02 51 55 07 98. E-mail : campinglepetitbeauregard@orange.fr. Web : www.campinglepetitbeauregard.com.
Lat. : 46° 42' 38" N **Long.** : 001° 54' 24" W.

VILLA LANDREAU ★★★ Loisirs 122 E. CV. A 5 km : Randonnée pédestre organisée. couverte chauffée. Lac à 3 km ; bord de mer à 5 km. Ouvert: 1.1 / 31.12. ☎ 02 51 93 01 20. E-mail : villalandreau@orange.fr.
Lat. : 46° 42' 38" N **Long.** : 001° 54' 24" W.

LE GIROUARD

6-A4 19 km N.-E. Les Sables d'Olonne 55 m. ✉ 85150

A L'ORÉE DES CHÊNES ★★ Tourisme 6 E. Locations : . Ouvert: 1.3 / 30.12. ☎ 02 51 31 02 89. E-mail : lydia.hervouet@gmail.com. Web : www.aloreedeschenes.com.
Lat. : 46° 34' 06" N **Long.** : 001° 36' 17" W.

LE GIVRE

6-B4 28 km E. Les Sables-d'Olonne. 30 m. ✉ 85540

LA GRISSE ★★★ Loisirs 79 E. dont 33 nus CV. Locations : . Randonnée pédestre organisée. Etang et rivière à 3 km. Accueil groupes. Ouvert: 1.1 / 31.12. ☎ 02 51 30 83 03. E-mail : lagrisse@wanadoo.fr. Web : www.campinglagrisse.com. Réduction H.S.
Lat. : 46° 26' 39" N **Long.** : 001° 23' 54" W.

LE LANGON

6-C4 13 km O. Fontenay. 12 m. ✉ 85370

L'ÎLOT DES MARAIS ★★ Tourisme Loisirs 26 E. dont 17 nus
0,2 ha CV. Locations : cabanes. Randonnée pédestre organisée. . Etang à 20 m.. Ouvert: 3.4 / 15.10. ☎ 02 51 52 78 43. E-mail : camping.lilotdesmarais@orange.fr. Web : www.campinglilotdesmarais-vendee.com.
Lat. : 46° 25' 43" N **Long.** : 000° 57' 26" W.
FFCC : avantages adhérent : 13 € du 01/04 au 02/07 et du 27/08 au 12/11 sur emp. et entre 49 € et 69 € la nuitée et entre 210 € et 290 € la semaine du 02/04 au 02/07 et du 24/09 au 12/11 sur loc. + 10% de remise à partir de 2 nuitées ou sur tarif semaine.

LE MAZEAU

6-C5 20 km S.-E. Fontenay le Comte. 5 m. ✉ 85420

LE RELAIS DU PECHEUR ★★★ Tourisme 57 E. 1,08 ha CV. Locations : , roulotte, . Accès direct à la rivière.. Ouvert: 2.6 / 10.10. ☎ 02 51 52 93 23. E-mail : campinglerelaisdupecheur@orange.fr. Web : www.lerelaisdupecheur.fr.
Lat. : 46° 19' 50" N **Long.** : 000° 40' 31" W.

LE PERRIER

6-A3 40 km N.-O. Les Sables d'Olonne. 1 m. ✉ 85300

DOMAINE LE JARDIN DU MARAIS ★★★★ Tourisme 120 E. dont 38 nus
2,7 ha 22 h 30 / 7 h 30, CV. Locations : . Espace Fitness. couverte chauffée. Accès direct à l'étang et à la rivière. Accueil groupes. Ouvert: 11.4 / 5.10. ☎ 02 51 68 09 17. E-mail : info@lejardindumarais.eu. Web : www.camping-le-jardin-du-marais.com. Réduction H.S.
Lat. : 46° 48' 05" N **Long.** : 001° 58' 51" W.

LA LOIRE FLEURIE ★★ Tourisme 8 E.
CV. Locations : . . Accueil groupes. Ouvert: 1.4 / 30.9. ☎ 02 44 36 63 47. E-mail : contact.laloirefleurie@gmail.com. Web : www.camping-laloirefleurie.com.
Lat. : 46° 50' 02" N **Long.** : 001° 58' 59" W.
FFCC : avantages adhérent : 16 € du 01/04 au 08/07 et du 01/09 au 30/09 sur emp. et entre 40 € et 85 € la nuitée et entre 200 € et 470 € la semaine du 01/04 au 01/07 et du 02/09 au 30/09 sur loc.

LA MAISON BLANCHE ★★ Tourisme 106 E. dont 86 nus 2,5 ha CV. Locations : . chauffée , . Rivière à 100 m. Ouvert: 13.6 / 6.9. ☎ 02 51 49 39 23. E-mail : campingleperrier@outlook.fr. Web : entreprisefrery.fr/leperrier/. Réduction H.S.
Lat. : 46° 49' 10" N **Long.** : 001° 59' 50" W.

M. BILLON . Ouvert: 15.6 / 15.9. ☎ 02 51 68 32 52. E-mail : campingbillon@outlook.fr. Prix 2023. 2,50 € ; 8,50 € ; 4 € ; 4 € ; 1,50 € ; animaux 1 € ; 0,80 € jeton ; 1,60 € ; 4 €.
Lat. : 46° 49' 16" N **Long.** : 002° 00' 45" W.

AIRE NATURELLE
CV. Ouvert: 1.4 / 30.9. ☎ 02 44 36 63 47. E-mail : contact.laloirefleurie@gmail.com, Web : www.camping-laloirefleurie.com.
Lat. : 46° 50' 02" N **Long.** : 001° 58' 59" W.

AIRE NATURELLE LES CHAGNELLES
CV. A 5 km : . Ouvert: 1.5 / 30.9. ☎ 06 42 95 83 03. E-mail : camping-leschagnelles@orange.fr, Web : camping-chagnelles.fr. Prix 2022. Fft jour : empl. Tourisme (2) : 13,5 € ( )
Lat. : 46° 48' 26" N **Long.** : 001° 59' 58" W.
FFCC : avantages adhérent : 15 € du 01/05 au 23/06 et du 01/09 au 30/09 sur emp. et entre 30 € et 90 € la nuitée et entre 210 € et 540 € la semaine du 01/05 au 23/06 et du 01/09 au 30/09 sur loc.

LES ACHARDS
6-A4 17 km N.-E. Les Sables d'Olonne. 42 m. ✉ 85150

LE PAVILLON ★★★ Tourisme 125 E. dont 60 nus
3,6 ha 8 h / 22 h, CV . chauffée . Accès direct à l'étang. . Accueil groupes. Ouvert: 4.4 / 30.9. ☎ 02 51 05 63 46. E-mail : contact@campinglepavillon.com. Web : www.campinglepavillon.com.
Lat. : 46° 36' 25" N **Long.** : 001° 40' 00" W.
FFCC : avantages adhérent : 15 € du 08/04 au 24/06 et du 26/08 au 30/09 sur emp. et entre 40 € et 180 € la nuitée et entre 199 € et 900 € la semaine du 08/04 au 24/06 et du 26/08 au 30/09 sur loc.

LES EPESSES
6-C3 40 km N.-E. La Roche-sur-Yon. 182 m. ✉ 85590

BRETÈCHE ★★★★ Tourisme 145 E. dont 46 nus 4,5 ha CV . Locations : . Randonnée pédestre organisée. chauffée . Accès direct à l'étang ; rivière à 4 km.. Accueil groupes. Ouvert: 7.5 / 7.11. ☎ 04 92 28 38 48. E-mail : breteche@capfun.com. Web : www.capfun.com/camping-france-pays_de_la_loire-breteche-FR.html. Réduction H.S.
Lat. : 46° 53' 24" N **Long.** : 000° 53' 56" W.

LES LUCS-SUR-BOULOGNE
6-B3 21 km N. La Roche-sur-Yon. 63 m. ✉ 85170

VAL DE BOULOGNE NC Tourisme 19 E. 0,72 ha . Accès direct à l'étang ; rivière à 300 m.. Ouvert: 17.6 / 10.9. ☎ 02 51 46 59 00. E-mail : mairie.leslucssurboulogne@wanadoo.fr. Web : www.leslucssurboulogne.fr.
Lat. : 46° 50' 43" N **Long.** : 001° 29' 30" W.

LES SABLES-D'OLONNE
6-A4 464 km S.-O. Paris. 9 m. ✉ 85100

LA DUNE DES SABLES ★★★★★ Tourisme 250 E. dont 33 nus
4,5 ha CV . A 5 km : Locations : . Espace Fitness. chauffée , . Bord de mer à 50 m. ; . Accueil groupes adultes. Ouvert: 7.4 / 5.11. ☎ 02 51 32 31 21. E-mail : info@chadotel.com. Web : www.chadotel.com. Prix 2023. Fft jour : empl. Tourisme (2) : 56 € ( ) ; sup 6,40 € ; animaux 4 € ; 4,20 €. Réduction H.S.
Lat. : 46° 30' 44" N **Long.** : 001° 48' 51" W.
FFCC : avantages adhérent : 15% du 07/04 au 02/07 et du 26/08 au 05/11 sur loc. + 5% sur locatifs du 02/07 au 26/08. Rendez-vous dans votre Club avantages pour obtenir le code promotionnel et les conditions de l'offre. Réservation par téléphone au 02 51 33 05 05, sur le site du partenaire (présentation de la carte de membre).

LE BEL AIR ★★★★★ Tourisme 286 E. dont 26 nus CV . A 3 km : Locations : . Espace Fitness. couverte chauffée , . Bord de mer à 600 m ; lac à 4 km. ; . Ouvert: 15.4 / 5.11. ☎ 0 2 49 06 10 60. E-mail : directionbelair@cybelevacances.com. Web : www.campingdubelair.com. Prix 2023. Fft jour : empl. Tourisme (2) : 54 € ( )
Lat. : 46° 28' 17" N **Long.** : 001° 43' 33" W.

LE TRIANON ★★★★★ Tourisme 516 E. CV . Locations : . Espace Fitness. couverte chauffée , , , . Accès direct à l'étang ; bord de mer à 5 km. ; . Accueil groupes adultes. Ouvert: 7.4 / 17.9. ☎ 02 53 81 70 00. E-mail : reservation@ms-vacances.com. Web : www.ms-vacances.com.
Lat. : 46° 31' 54" N **Long.** : 001° 45' 30" W.

LES PIRONS ★★★★★ Tourisme 480 E. 7 ha CV . A 2 km : Locations : . Espace Fitness. couverte chauffée , . Bord de mer à 300 m ; étang et lac à 1,5 km. ; . Accueil groupes enfants. Ouvert: 8.4 / 17.9. ☎ 02 51 95 26 75. E-mail : contact@camping-les-pirons.com. Web : www.camping-les-pirons.com.
Lat. : 46° 28' 28" N **Long.** : 001° 44' 26" W.

LES FOSSES ROUGES ★★★★ Tourisme 240 E. dont 146 nus CV . Locations : , caravane. couverte chauffée , , . Bord de mer à 800 m ; lac à 2 km. A 1,5 km : , , . A 1 km : . Accueil groupes. Ouvert: 4.4 / 29.9. ☎ 02 51 95 17 95. E-mail : info@camping-lesfossesrouges.com. Web : www.camping-lesfossesrouges.com. Prix 2022. Fft nuit : empl. Tourisme (2) : 25,6 € ( ) ; sup 5 € nuit ; animaux 3 € nuit ; 2,50 € nuit ; 4,30 € nuit. Réduction H.S.
Lat. : 46° 28' 46" N **Long.** : 001° 44' 29" W.

LONGEVILLE-SUR-MER
6-B4 28 km S.-E. Les Sables d'Olonne. 10 m. ✉ 85560

LES BRUNELLES ★★★★★ Tourisme 586 E.
CV . Locations : . Espace Fitness. couverte chauffée , , . Bord de mer à 800 m ; rivière à 3 km. ; . Accueil groupes adultes. Ouvert: 7.4 / 17.9. ☎ 02 53 81 70 00. E-mail : reservation@ms-vacances.com. Web : www.ms-vacances.com.
Lat. : 46° 24' 48" N **Long.** : 001° 31' 20" W.

DOMAINE DE ZAGARELLA ★★★★ Tourisme 320 E. CV . Locations : . couverte chauffée , , . Bord de mer à 1,3 km. . Ouvert: 7.4 / 15.9. ☎ 02 51 33 30 60. E-mail : zagarella@capfun.com. Web : www.capfun.com/camping-france-pays_de_la_loire-zagarella-FR.html.
Lat. : 46° 24' 14" N **Long.** : 001° 29' 13" W.

LE CLOS DES PINS ★★★★ Tourisme 94 E. dont 31 nus 1,6 ha CV . Locations : . chauffée , . Bord de mer à 200 m. ; . Accueil groupes. Ouvert: 30.3 / 30.9. ☎ 02 51 90 31 69. E-mail : info@campingclosdespins.com. Web : www.campingclosdespins.com. Réduction H.S.
Lat. : 46° 23' 20" N **Long.** : 001° 29' 16" W.

LE PETIT ROCHER ★★★★ Tourisme 225 E. dont 37 nus
CV . Locations : , cabanes, roulotte. couverte chauffée . Bord de mer à 150 m. ; ; . Ouvert: 7.4 / 17.9. ☎ 02 51 20 41 94. E-mail : contact@olela.fr. Web : www.olela.fr/campings/camping-petit-rocher.
Lat. : 46° 24' 13" N **Long.** : 001° 30' 27" W.

LES DUNES ★★★★ Tourisme 241 E.
CV. Locations : . couverte chauffée , . Bord de mer à 800 m ; étang à 1 km. . Ouvert: 9.4 / 29.10. ☎ 08 25 27 32 73. E-mail : odalys@odalys-vacances.com. Web : www.odalys-vacances.com/.
Lat. : 46° 23' 16" N **Long.** : 001° 28' 40" W.

LA FRETILLE ★★★ Loisirs 76 E. dont 3 GCC. CV . Locations : . couverte chauffée . Bord de mer à 800 m. . Ouvert: 8.4 / 8.10. ☎ 02 51 33 21 66. E-mail : contact@lafretille.com. Web : www.lafretille.com. Prix 2023. Fft nuit : empl. Tourisme (2) : 32 € ( )
Lat. : 46° 23' 34" N **Long.** : 001° 28' 57" W.

LA MICHENOTIÈRE ★★★ Loisirs 132 E. dont 16 nus 3 ha CV . Locations : . chauffée . Accès direct à la rivière ; étang à 3 km ; bord de mer à 4 km. ; . Accueil groupes. Ouvert: 11.4 / 30.9. ☎ 02 51 33 38 85. E-mail : contact@lamicheniotiere.fr. Web : www.camping-la-michenotiere.fr. Prix 2022. Fft jour : empl. Tourisme (2) : 33 € (E. CC) ; sup 12 € ; animaux 5 € ; 10,50 €.
Lat. : 46° 25' 03" N **Long.** : 001° 28' 25" W.

LE SOUS BOIS ★★★ Tourisme 132 E. CV. , . Bord de mer à 600 m. ; . . Ouvert: 20.6 / 30.8. ☎ 02 51 33 32 73. E-mail : lesousbois85@gmail.com.
Lat. : 46° 23' 45" N **Long.** : 001° 29' 15" W.

AZUREVA VENDEE OCEAN ★★ Tourisme 41 E. dont 33 nus CV . Locations : . chauffée , . Bord de mer à 700 m. . Ouvert: 1.6 / 13.9. ☎ 02 51 33 46 81. E-mail : vendeeocean@azureva-vacances.com. Web : www.azureva-vacances.com/individuel/village/vendee-ocean.
Lat. : 46° 24' 54" N **Long.** : 001° 31' 44" W.

LE CAP VENDEEN ★★ Tourisme 44 E. CV . . Accueil groupes enfants. Ouvert: 15.4 / 30.9. ☎ 02 51 97 51 50. E-mail : contact@capvendeen.fr. Web : www.capvendeen.fr.
Lat. : 46° 24' 25" N **Long.** : 001° 25' 20" W.

LES RAMIERS ★★ Tourisme 80 E. dont 73 nus après 23 h, CV . Locations : . Rivière à 800 m ; bord de mer à 1,5 km. Accueil groupes. Ouvert: 1.4 / 31.10. ☎ 02 51 33 32 21 / 0 06 09 86 22 04. E-mail : accueil@campinglesramiers.com. Web : www.campinglesramiers.com. Prix 2022. Fft jour : empl. Tourisme (2) : 16,2 € ( ) ; Réduction H.S.
Lat. : 46° 22' 60" N **Long.** : 001° 28' 04" W.

LA FORESTIERE NC Tourisme 30 E. dont 22 nus CV. Bord de mer à 1,2 km ; étang à 2 km ; rivière à 3 km ; lac à 5 km. Ouvert: 1.6 / 3.9. ☎ 02 51 33 30 90. E-mail : ch.raynaud@wanadoo.fr.
Lat. : 46° 24' 35" N **Long.** : 001° 30' 18" W.

LUCON

6-B4 28 km O. Fontenay-le-Comte. 10 m. ✉ 85400

APV DOMAINE DES GUIFETTES ★★★ Tourisme 154 E. dont 11 nus CV. A 1,5 km : Locations : . couverte chauffée , , . Accès direct aux bords du lac. Accueil groupes. Ouvert: 23.6 / 3.9. ☎ 02 51 56 17 16. E-mail : contacts@camping-apv.com. Web : www.camping-apv.com.
Lat. : 46° 25' 58" N **Long.** : 001° 11' 00" W.

MACHE

6-A4 36 km N. Les Sables d'Olonne 44 m. ✉ 85190

VAL DE VIE ★★★★ Tourisme 91 E. dont 72 nus 22 h / 7 h, CV . chauffée. Lac à 300 m. Accueil groupes. Ouvert: 1.5 / 30.9. ☎ 02 51 60 21 02. E-mail : campingvaldevie@bbox.fr. Web : www.campingvaldevie.fr. Réduction H.S.
Lat. : 46° 45' 08" N **Long.** : 001° 41' 08" W.

LA RÉSIDENCE DU LAC ★★★ Loisirs 125 E. 5 ha CV . chauffée , . Accès direct aux bords du lac et à la rivière. Ouvert: 1.1 / 31.12. ☎ 02 51 55 20 30. E-mail : laresidencedulac85@gmail.com. Web : www.camping-residence-du-lac.fr.
Lat. : 46° 45' 03" N **Long.** : 001° 41' 06" W.

MAILLE

6-C5 48 km S. Fontenay le Comte. 3 m. ✉ 85420

CAMPING MUNICIPAL LA PETITE CABANE NC Tourisme 44 E. dont 42 nus CV . Locations : , . . Accès direct à la rivière.. Ouvert: 1.4 / 30.9. ☎ 0 2 51 87 0752 / 06.83.52.02.52. E-mail : regietouristique@maille85.fr. Web : www.ville-maille.fr. Prix 2023. 4,50 € nuit ; 3 € nuit ; 3 € nuit ; 2 € nuit ; 2 € nuit ; animaux 1 € nuit ; 3 € nuit ; 2 € nuit. Réduction H.S.
Lat. : 46° 20' 25" N **Long.** : 000° 47' 46" W.

MAILLEZAIS

6-C5 12 km S.-E. Fontenay le Comte. 6 m. ✉ 85420

CAMPING MUNICIPAL L'AUTIZE ★★ Tourisme 40 E. dont 38 nus 1 ha CV . Locations : . , . Rivière à 3 km. Ouvert: 1.6 / 30.9. ☎ 02 51 00 70 79 / 06 43 19 14 90. E-mail : camping.lautize@orange.fr. Web : www.maillezais.fr.
Lat. : 46° 22' 09" N **Long.** : 000° 44' 26" W.

MAREUIL-SUR-LAY-DISSAIS

6-B4 22 km S.-E. La Roche sur Yon. 31 m. ✉ 85320

AU BORD DU LAY NC Tourisme 41 E. dont 41 nus . Locations : . chauffée , , , . Accès direct à la rivière ; lac à 4 km.. Accueil groupes. Ouvert: 15.6 / 15.9. ☎ 0 6 32 61 97 53. E-mail : contact@baladefluviale-vendee.com. Web : www.baladefluviale-vendee.com.
Lat. : 46° 31' 56" N **Long.** : 001° 13' 21" W.

MARTINET

6-A4 24 km N.-E. Les Sables d'Olonne. 42 m. ✉ 85150

LES OUCHES DU JAUNAY ★★★ Loisirs 16 E. CV . Locations : . , . Accès direct à l'étang et à la rivière.. Accueil groupes adultes. Ouvert: 1.1 / 31.12. ☎ 02 51 34 68 85. E-mail : lesouches85@communedemartinet.fr. Web : www.lesouches85.net.
Lat. : 46° 40' 46" N **Long.** : 001° 40' 47" W.

MERVENT

6-C4 10 km N. Fontenay-le-Comte. 80 m. Station verte de vacances et village de neige ✉ 85200

LA JOLETIÈRE ★★★ Tourisme 72 E. dont 25 nus 1,38 ha CV . Locations : , roulotte. couverte chauffée . Lac et rivière à 300 m. . Accueil groupes. Ouvert: 29.3 / 18.10. ☎ 02 51 00 26 87. E-mail : camping.la.joletiere@wanadoo.fr. Web : www.campinglajoletiere.fr.
Lat. : 46° 31' 17" N **Long.** : 000° 46' 09" W.

LA JAMONIÈRE ★★ Tourisme 38 E. dont 30 nus 1,3 ha CV. Locations : , . Espace Fitness. , . Accès direct à l'étang ; lac et rivière à 2,5 km.. Accueil groupes. Ouvert: 3.4 / 30.9. ☎ 02 51 00 26 29. E-mail : contact@camping-jamoniere.com. Web : www.camping-jamoniere.com.
Lat. : 46° 32' 10" N **Long.** : 000° 43' 57" W.

MME BERNARD MARIE-HELENE CV. Ouvert: 1.4 / 30.10. ☎ 02 51 00 25 07. E-mail : grandeperrure@gmail.com, Web : www.grandeperrure.fr.
Lat. : 46° 30' 50" N **Long.** : 000° 44' 19" W.

MESNARD-LA-BAROTIERE

6-B3 36 km N.-E. La-Roche-sur-Yon. 94 m. ✉ 85500

CAMPING OAKI ★★★ Tourisme 72 E. dont 35 nus CV . Locations : . . Lac à 150 m. Accueil groupes. Ouvert: 1.4 / 31.10. ☎ 02 51 66 04 31. E-mail : contact@campingoaki.com. Web : campingoaki.com.
Lat. : 46° 51' 10" N **Long.** : 001° 07' 08" W.

MOUCHAMPS

6-B4 32 km N.-E. La Roche sur Yon. 92 m. ✉ 85640

LE HAMEAU DU PETIT LAY ★★★ 40 E. dont 19 nus CV . Locations : . Randonnée pédestre organisée. chauffée . Accès direct à la rivière.. Accueil groupes. Ouvert: 25.5 / 4.9. ☎ 04 92 28 38 48. E-mail : petit-lay@capfun.com. Web : www.capfun.com. Prix 2022. Fft jour : empl. Tourisme (2) : 22 € ( )
Lat. : 46° 46' 31" N **Long.** : 001° 03' 23" W.

MOUILLERON-LE-CAPTIF

6-B4 6 km N.-O. La Roche-sur-Yon. 73 m. ✉ 85000

L'AMBOIS ★★★★ Tourisme 70 E. dont 5 nus 2 ha CV . Locations : . couverte chauffée , . Rivière à 50 m ; étang à 3 km. Ouvert: 1.1 / 31.12. ☎ 02 51 37 29 15. E-mail : contact@campingambois.com. Web : www.campingambois.com. Prix 2022. Fft jour : empl. Tourisme (2) : 25,9 € ( ) ; sup 5,50 € ; animaux 4,50 € ; 4,50 €. Réduction H.S.
Lat. : 46° 41' 47" N **Long.** : 001° 27' 40" W.

MOUILLERON-SAINT-GERMAIN

6-C4 25 km N. Fontenay-le-comte. 101 m. ✉ 85390

CAMPING DE MON VILLAGE ★★ Tourisme 25 E. dont 21 nus 0,71 ha . Rivière à 4 km. Accueil groupes. Ouvert: 1.5 / 15.10. ☎ 01 83 64 69 21. E-mail : contact@campingcarpark.com. Web : www.campingcarpark.com/.
Lat. : 46° 40' 16" N **Long.** : 000° 50' 41" W.

MOUTIERS-LES-MAUXFAITS

6-B4 28 km E. Les Sables d'Olonne. 50 m. ✉ 85540

DOMAINE DE LA BILLARDIERE ★★★ Loisirs 100 E. CV. chauffée . Accès direct à l'étang.. Ouvert: 1.1 / 31.12. ☎ 02 51 98 95 73. E-mail : nelly.moulard@orange.fr. Web : www.domaine-labillardiere.fr.
Lat. : 46° 29' 26" N **Long.** : 001° 34' 36" W.

CAMPING MUNICIPAL DU BOIS DU BOUQUET ★★ Tourisme 70 E. 2 ha CV. Randonnée pédestre organisée. . Accueil groupes. Ouvert: 1.7 / 31.8. ☎ 06 85 18 86 04. E-mail : communication@moutiers-les-mauxfaits.fr. Web : moutiers-les-mauxfaits.fr.
Lat. : 46° 29' 06" N **Long.** : 001° 25' 35" W.

MOUTIERS-SUR-LE-LAY

6-B4 28 km S.-E. La Roche sur Yon. 30 m. ✉ 85320

AIRE NATURELLE MUNICIPALE . Ouvert: 15.6 / 30.9. ☎ 02 51 27 50 70. E-mail : mairie.moutierssurlay@wanadoo.fr.
Lat. : 46° 33' 15" N **Long.** : 001° 09' 18" W.

NALLIERS

6-B4 19 km O. Fontenay-le-Comte. 12 m. ✉ 85370

CAMPING MUNICIPAL LE VIEUX CHENE NC Tourisme 23 E. dont 23 nus 1 ha CV. Locations : . Randonnée pédestre organisée. . Etang à 1 km.. Accueil groupes. Ouvert: 15.5 / 30.9. ☎ 02 51 30 70 34. E-mail : nalliers.mairie@wanadoo.fr. Web : www.nalliers.fr.
Lat. : 46° 28' 01" N **Long.** : 001° 01' 42" W.

NESMY

6-B4 10 km S. La Roche-sur-Yon. 60 m. ✉ 85310

LA VENISE DU BOCAGE ★★★ Tourisme 49 E. dont 31 nus 1,4 ha CV . A 10 km : Locations : , , . chauffée . Accès direct à l'étang ; rivière à 4 km. . Accueil groupes. Ouvert: 1.5 / 30.9. ☎ 02 51 98 01 20. E-mail : contact@la-venise-du-bocage.com. Web : www.la-venise-du-bocage.com. Réduction H.S.
Lat. : 46° 35' 36" N **Long.** : 001° 26' 19" W.

LE MOULIN DE RAMBOURG ★★★ Tourisme 51 E. dont 18 nus CV . Locations : . . Rivière à 50 m ; étang à 2 km. . Accueil groupes enfants. Ouvert: 1.1 / 31.12. ☎ 02 51 07 63 83. E-mail : campinglemoulinderambourg@hotmail.fr. Web : www.campingmoulinderambourg.com. Réduction H.S.
Lat. : 46° 36' 18" N **Long.** : 001° 23' 39" W.

NIEUL-LE-DOLENT

6-B4 23 km N.-E. Les Sables d'Olonne. 67 m. ✉ 85430

LES SORINIÈRES NC Tourisme 25 E. dont 25 nus CV . Locations : . chauffée . Etang à 500 m. . Ouvert: 15.6 / 15.9. ☎ 02 51 07 91 58. E-mail : bouronp2@wanadoo.fr. Prix 2023. Fft jour : empl. Tourisme (3) : 20 € ( ) ; sup 6 € ; 3 € ; 5 €.
Lat. : 46° 34' 03" N **Long.** : 001° 31' 45" W.

NOTRE-DAME-DE-MONTS

6-A3 55 km N.-O. Les Sables d'Olonne. 4 m. ✉ 85690

L'ALBIZIA ★★★★ Loisirs 153 E. dont 13 nus 2 ha CV . Locations : . couverte chauffée , , . Bord de mer à 1 km. . Accueil groupes. Ouvert: 5.4 / 30.9. ☎ 02 28 11 28 50. E-mail : contact@campinglalbizia.com. Web : www.campinglalbizia.com. Réduction H.S.
Lat. : 46° 51' 01" N **Long.** : 002° 07' 40" W.

LA GUILLOTIERE ★★★★ Loisirs 126 E. 2 ha CV . Locations : . . Bord de mer à 1 km. ; ; . Ouvert: 1.4 / 30.9. ☎ 02 51 58 83 32. E-mail : contact@camping-la-guillotiere.fr. Web : www.camping-la-guillotiere.fr.
Lat. : 46° 50' 10" N **Long.** : 002° 07' 28" W.

LE GRAND JARDIN ★★★★ Loisirs 158 E. dont 21 nus 23 h / 8 h, CV. Locations : . Accès direct à la rivière ; bord de mer à 1,5 km.. Ouvert: 16.3 / 6.11. ☎ 02 28 11 21 75. E-mail : contact@legrandjardin.net. Web : www.legrandjardin.net. Prix 2022. Fft jour : empl. Tourisme (2) : 34 € ( ) ; sup 5,50 € ; animaux 4 € ; 3,50 €. Réduction H.S.
Lat. : 46° 50′ 14″ N **Long.** : 002° 07′ 35″ W.

LES PINS ★★★★ Loisirs 179 E. dont 74 nus 3 ha CV. Locations : . Espace Fitness. couverte chauffée . Bord de mer à 800 m. Ouvert: 6.4 / 23.9. ☎ 02 51 58 83 75. E-mail : info@camping-despins85.com. Web : www.camping-despins85.com. Réduction H.S.
Lat. : 46° 50′ 27″ N **Long.** : 002° 07′ 45″ W.

LA RIVE ★★★ Tourisme 73 E. dont 11 nus CV. Locations : . chauffée , . Rivière à 100 m ; bord de mer à 2 km.. Accueil groupes. Ouvert: 5.4 / 31.10. ☎ 02 51 59 32 50. E-mail : campinglarive@yahoo.fr. Web : camping-larive.fr. Prix 2022. empl. Tourisme : 20 € ; 4,50 € ; animaux 3,50 € ; 3,50 € ; 4 €. Réduction H.S.
Lat. : 46° 51′ 36″ N **Long.** : 002° 06′ 58″ W.

LE CLOS DU BOURG ★★★ Loisirs 181 E. dont 50 nus CV. A 7 km : Espace Fitness. chauffée . Bord de mer à 900 m. Ouvert: 1.4 / 31.10. ☎ 02 51 59 07 47. E-mail : info@campingclosdubourg.com. Web : www.campingclosdubourg.com. Réduction H.S.
Lat. : 46° 49′ 56″ N **Long.** : 002° 52′ 19″ W.

LE LAGON BLEU ★★★ Loisirs 199 E. dont 33 nus 2,5 ha CV. Locations : . couverte chauffée . Rivière à 200 m ; bord de mer à 950 m. . Ouvert: 1.4 / 31.10. ☎ 02 51 58 85 29. E-mail : campinglelagonbleu@wanadoo.fr. Web : www.camping-lelagonbleu.com.
Lat. : 46° 51′ 03″ N **Long.** : 002° 07′ 17″ W.

LE PONT D'YEU ★★★ Tourisme 90 E. dont 13 nus CV. couverte . Bord de mer à 500 m ; rivière à 1 km. Ouvert: 1.4 / 30.9. ☎ 02 51 58 83 76. E-mail : info@camping-pontdyeu.com. Web : www.camping-pontdyeu.com. Réduction H.S.
Lat. : 46° 49′ 13″ N **Long.** : 002° 07′ 59″ W.

BEAUSÉJOUR ★★ Loisirs 83 E. dont 38 nus CV. Locations : . Bord de mer à 1,5 km. Accueil groupes. Ouvert: 1.4 / 30.9. ☎ 02 51 58 83 88. E-mail : campingbeausejour85@orange.fr. Web : camping-beau-sejour.com. Prix 2022. Fft jour : empl. Tourisme (2) : 22,35 € ( )
Lat. : 46° 50′ 47″ N **Long.** : 002° 07′ 30″ W.

CAMPING DE L'ETOILE ★★ Loisirs 100 E. Ouvert: 1.4 / 31.10. ☎ 02 28 11 00 06. E-mail : camping.de.letoile@orange.fr. Web : camping-letoile.com.
Lat. : 46° 50′ 07″ N **Long.** : 002° 07′ 40″ W.

CAMPING MUNICIPAL DE L'ORGATTE ★★ Tourisme 299 E. dont 299 nus 4,5 ha CV. . Bord de mer à 400 m. . Accueil groupes. Ouvert: 1.4 / 30.9. ☎ 02 51 58 84 31. E-mail : camping.municipal@notre-dame-de-monts.fr. Réduction H.S.
Lat. : 46° 50′ 16″ N **Long.** : 002° 08′ 22″ W.

LA PARÉE CHALONS ★★ Tourisme 53 E. dont 50 nus, dont 47 CC - 3 GCC. CV. Locations : . Bord de mer à 450 m. . Ouvert: 1.4 / 30.9. ☎ 02 51 58 61 19. E-mail : la-pareechalons@orange.fr. Web : www.lapareechalons.fr. Prix 2022. Fft jour : empl. Tourisme (2) : 22 € ( )
Lat. : 46° 50′ 30″ N **Long.** : 002° 08′ 20″ W.

LE BOIS COLLIN ★★ Loisirs 55 E. dont 16 nus 0,6 ha collectif, CV 1.00€ /jour. Locations : . Bord de mer à 1 km. A 1 km : , . A 2 km : , . Ouvert: 1.4 / 30.9. ☎ 02 51 58 46 97. E-mail : camping-boiscollin@orange.fr. Web : www.camping-le-bois-collin.com. Prix 2022. Fft jour : empl. Tourisme (2) : 16 € ( ) ;
Lat. : 46° 50′ 32″ N **Long.** : 002° 07′ 33″ W.

LA DAVIERE ★ Tourisme 75 E. ap. 22 h, CV. Bord de mer et rivière à 1 km. . Ouvert: 15.5 / 30.9. ☎ 02 51 58 85 96. E-mail : jbnb2@wanadoo.fr.
Lat. : 46° 50′ 48″ N **Long.** : 002° 52′ 14″ W.

NOTRE-DAME-DE-RIEZ

6-A4 34 km N. Les Sables-d'Olonne. 5 m. ✉ 85270

DOMAINE DES RENARDIERES ★★★ Loisirs 157 E. dont 78 nus 2,3 ha 22 h / 7 h, CV. couverte chauffée . Rivière à 800 m ; lac à 4 km. Accueil groupes. Ouvert: 3.4 / 26.9. ☎ 02 51 55 14 17. E-mail : campinglesrenardieres@orange.fr. Web : www.camping-renardieres.com. Réduction H.S.
Lat. : 46° 45′ 17″ N **Long.** : 001° 53′ 56″ W.
FFCC : avantages adhérent : 22 € du 01/04 au 09/07 et du 27/08 au 24/09 sur emp. et entre 60 € et 90 € la nuitée et entre 270 € et 370 € la semaine du 01/04 au 09/07 et du 27/08 au 24/09 sur loc.

LA FONTECLOSE ★★★ Tourisme 85 E. dont 38 nus 1,8 ha CV. Locations : . chauffée . Rivière à 2 km. ; . Ouvert: 30.6 / 30.9. ☎ 02 51 55 22 22. E-mail : fonteclose@wanadoo.fr. Web : www.camping-fonteclose.com.
Lat. : 46° 45′ 01″ N **Long.** : 001° 52′ 51″ W.

LE SABLEAU ★★ Tourisme 29 E. dont 10 nus CV. Locations : . Espace Fitness. chauffée . Rivière à 400 m. Accueil groupes. Ouvert: 1.4 / 31.10. ☎ 02 51 60 01 20. E-mail : campinglesableau@orange.fr. Web : www.camping-le-sableau.fr. Réduction H.S.
Lat. : 46° 45′ 00″ N **Long.** : 001° 54′ 18″ W.

OLONNE-SUR-MER

6-A4 4 km N. Les Sables d'Olonne. 15 m. ✉ 85340

LA LOUBINE ★★★★★ Tourisme 563 E. CV. Locations : . couverte chauffée , . Bord de mer à 1,8 km. ; . Ouvert: 8.4 / 6.11. ☎ 02 51 33 12 92. E-mail : loubine@capfun.com. Web : www.capfun.com. Réduction H.S.
Lat. : 46° 32′ 46″ N **Long.** : 001° 48′ 17″ W.

BOIS SOLEIL ★★★★ Tourisme 214 E. dont 60 nus CV. Locations : . Espace Fitness. couverte chauffée , . Bord de mer à 2,5 km. ; . Ouvert: 11.4 / 20.9. ☎ 02 51 33 11 97. E-mail : info@camping-bois-soleil.fr. Web : www.camping-bois-soleil.fr.
Lat. : 46° 33′ 16″ N **Long.** : 001° 48′ 21″ W.

DOMAINE DE L'ORÉE ★★★★ Tourisme 304 E. dont 50 nus 5,52 ha CV. Locations : . Espace Fitness. couverte chauffée . Bord de mer à 1,8 km. ; . Ouvert: 22.4 / 18.9. ☎ 02 51 33 10 59. E-mail : contact@l-oree.com. Web : www.l-oree.com. Prix 2022. Fft jour : empl. Tourisme (2) : 20 € ( )
Lat. : 46° 32′ 58″ N **Long.** : 001° 48′ 23″ W.
FFCC : avantages adhérent : 10% du 07/04 au 30/06 et du 01/09 au 17/09 sur emp. + Rendez-vous dans votre club avantages FFCC pour obtenir le code promotionnel et réserver !.

LA GACHÈRE ★★★★ Tourisme 161 E. dont 116 nus 4 ha 23 h / 8 h, CV. Locations : . chauffée . Rivière à 200 m ; bord de mer à 1 km. Accueil groupes. Ouvert: 1.4 / 30.9. ☎ 02 51 22 65 82. E-mail : campinglagachere85@wanadoo.fr. Web : camping-gachere.com. Réduction H.S.
Lat. : 46° 35′ 25″ N **Long.** : 001° 49′ 58″ W.

MOULIN DE LA SALLE ★★★★ Tourisme 217 E. dont 30 nus 4,5 ha CV. Locations : . Espace Fitness. couverte chauffée . Rivière à 2 km ; bord de mer à 3 km. . Ouvert: 29.4 / 23.9. ☎ 02 51 95 99 10. E-mail : moulindelasalle@wanadoo.fr. Web : www.moulindelasalle.com.
Lat. : 46° 31′ 41″ N **Long.** : 001° 47′ 27″ W.

NID D'ÉTÉ ★★★★ Tourisme 362 E. dont 64 nus CV. A 5 km : Locations : . Espace Fitness. couverte chauffée . Bord de mer à 2,5 km. ; . Accueil groupes enfants. Ouvert: 8.4 / 17.9. ☎ 02 51 95 34 38. E-mail : contact@leniddete.com. Web : www.leniddete.com. Prix 2023. Fft jour : empl. Tourisme (2) : 53 € ( )
Lat. : 46° 31′ 59″ N **Long.** : 001° 47′ 38″ W.

U.S.J.A. CARQUEFOU CAMPING NC Tourisme 38 E. dont 28 nus 1,5 ha CV. Rivière à 700 m ; bord de mer à 900 m. Ouvert: 1.7 / 4.9. ☎ 02 51 20 13 74. E-mail : reservations@camping-usja.fr. Prix 2022. Fft jour : empl. Tourisme (2) : 12 € ( ) ; sup 3,50 € ; animaux 1,10 € ; 2 € ; 3,50 €.
Lat. : 46° 35′ 23″ N **Long.** : 001° 50′ 12″ W.

PALLUAU

6-A3 40 km N.-N.-E. Les Sables-d'Olonne. 42 m. ✉ 85670

AIRE DU VERGER ★ Tourisme 10 E. Locations : . . Etang à 700 m.. Ouvert: 2.7 / 3.9. ☎ 02 51 98 50 24. E-mail : accueil.palluaul@orange.fr. Web : www.palluau.fr/fr/information/75077/camping-aire-verger.
Lat. : 46° 48′ 17″ N **Long.** : 001° 37′ 06″ W.

POIROUX

6-B4 23 km E. Les Sables 54 m. ✉ 85440

LA TONG ★★★ Tourisme 30 E. Ouvert: 1.2 / 30.11. ☎ 02 51 90 92 52. E-mail : campinglatong@orange.fr. Web : www.campinglatongvendee.fr.
Lat. : 46° 30′ 36″ N **Long.** : 001° 33′ 46″ W.

POUZAUGES

6-C4 40 km N. Fontenay le Comte. 184 m. ✉ 85700

CAMPING DU LAC ★★★ Tourisme 54 E. dont 58 nus CV. Locations : . Accès direct aux bords du lac. . Accueil groupes. Ouvert: 4.1 / 20.12. ☎ 02 51 91 37 55 / 07 61 21 20 66. E-mail : campingpouzauges@orange.fr. Web : www.campingpouzauges.net.
Lat. : 46° 46′ 54″ N **Long.** : 000° 51′ 12″ W.

PUYRAVAULT

6-B5 27 km S.-O. Fontenay-le-Comte. 2 m. ✉ 85450

LE MERVAL ★★★ Tourisme 71 E. dont 19 nus 3 ha CV. Locations : . , . Rivière à 2 km. . Accueil groupes. Ouvert: 1.4 / 30.9. ☎ 02 51 28 60 84. E-mail : lemerval@orange.fr. Web : www.camping-marais-poitevin.com.
Lat. : 46° 21′ 10″ N **Long.** : 001° 05′ 25″ W.

ROSNAY

6-B4 20 km S.-E. La Roche sur Yon. 36 m. ✉ 85320

CAMPING MUNICIPAL NC Tourisme 16 E. , . Rivière à 800 m.. Ouvert: 1.7 / 31.8. ☎ 02 51 30 54 06. E-mail : mairie.rosnay@wanadoo.fr.
Lat. : 46° 42′ 23″ N **Long.** : 001° 12′ 37″ E.

SAINT-BENOIST-SUR-MER

6-B4 34 km E. Les Sables d'Olonne. 9 m. ✉ 85540

CAMPING MUNICIPAL LE MARAIS ★ Tourisme 30 E. dont 30 nus CV. Locations : . Randonnée pédestre organisée. . Rivière à 100 m ; étang à 150 m. . Ouvert: 1.7 / 31.8. ☎ 07 68 03 05 11. E-mail : mairie-saint-benoist-sur-mer@wanadoo.fr. Web : saintbenoistsurmer.fr.
Lat. : 46° 25′ 19″ N **Long.** : 001° 21′ 18″ W.

SAINT-CHRISTOPHE-DU-LIGNERON

6-A3 48 km N. Les Sables d'Olonne. 47 m. ✉ 85670

DOMAINE DE BELLEVUE ★★★ Tourisme 163 E. dont 52 nus
6 ha CV. A 3 km : couverte chauffée. Accès direct à l'étang ; rivière à 100 m. Accueil groupes adultes. Ouvert: 1.3 / 31.10. ☎ 02 51 93 30 66. E-mail : campingdebellevue85@orange.fr. Web : www.vendee-camping-bellevue.com. Réduction H.S.
Lat. : 46° 48' 55" N **Long.** : 001° 46' 29" W.
FFCC : avantages adhérent : 12 € du 01/03 au 07/07 et du 01/09 au 31/10 sur emp.

SAINT-CYR-EN-TALMONDAIS

6-B4 35 km E. Les Sables d'Olonne. 20 m. ✉ 85540

CAMPING MUNICIPAL L'ARDILLER ★ Tourisme 14 E. CV. Rivière à 2 km ; étang à 5 km. Ouvert: 29.6 / 6.9. ☎ 0 2 51 30 82 82. E-mail : mairiestcyrentalmondais@wanadoo.fr.
Lat. : 46° 27' 47" N **Long.** : 001° 20' 41" W.

SAINT-DENIS-DU-PAYRE

6-B4 42 km O. Fontenay-le-Comte. 8 m. ✉ 85580

O BEAU LAURIER ★★ Tourisme 62 E. dont 27 nus
1 ha CV. Locations : . Accueil groupes. Ouvert: 1.5 / 30.9. ☎ 06 10 63 06 83. E-mail : reservations.questions@camping-obeaulaurier.fr. Web : camping-obeaulaurier.fr/. Prix 2022. Fft jour : empl. Tourisme (2) : 17 €
Lat. : 46° 24' 44" N **Long.** : 001° 15' 56" W.
FFCC : avantages adhérent : 16 € du 20/05 au 03/06 et du 19/09 au 06/11 sur emp. et entre 27 € et 48 € la nuitée et entre 160 € et 280 € la semaine du 20/05 au 03/06 et du 19/09 au 06/11 sur loc.

SAINT-ETIENNE-DU-BOIS

6-A3 44 km N.-E. Les Sables-d'Olonne. 49 m. ✉ 85670

CAMPING MUNICIPAL LA PETITE BOULOGNE ★★★ Tourisme 39 E. 1,81 ha CV. Etang et rivière à 50 m.. Ouvert: 1.4 / 30.9. ☎ 02 51 34 54 51. E-mail : la.petite.boulogne@wanadoo.fr. Web : www.stetiennedubois-vendee.fr.
Lat. : 46° 49' 44" N **Long.** : 001° 24' 25" W.

SAINT-GERMAIN-DE-PRINCAY

6-B4 30 km E. La Roche-sur-Yon. 76 m. ✉ 85110

M. RÉMY GOURMAUD
CV. Ouvert: 1.1 / 31.12. ☎ 02 51 40 47 81. E-mail : remigourmaud@orange.fr. Réduction H.S.
Lat. : 46° 44' 43" N **Long.** : 001° 00' 19" W.
FFCC : avantages adhérent : 15 € du 01/01 au 31/12 sur emp. et entre 30 € et 35 € la nuitée du 01/01 au 31/12 sur loc.

SAINT-GERVAIS

6-A3 55 km N. Les Sables d'Olonne. 9 m. ✉ 85230

LA FRESNERIE ★★★★ Loisirs 148 E. CV. Locations : . chauffée. Accès direct à l'étang. Accueil groupes adultes. Ouvert: 28.3 / 15.10. ☎ 02 51 68 78 10. E-mail : contact@camping-lafresnerie.com. Web : www.camping-lafresnerie.com.
Lat. : 46° 54' 52" N **Long.** : 001° 57' 39" W.

CAMPING MUNICIPAL ★ Tourisme 43 E. 1 ha CV. Etang et lac à 100 m ; rivière à 2 km. Accueil groupes. Ouvert: 1.6 / 15.9. ☎ 0 2 51 68 73 14. E-mail : mairie@saintgervais-vendee.fr. Web : www.saintgervais-vendee.fr/camping-municipal.
Lat. : 46° 53' 59" N **Long.** : 001° 59' 18" W.

LE FIEF ANGIBAUD ★ Tourisme 25 E. CV. Ouvert: 13.5 / 30.9. ☎ 02 51 68 43 08. E-mail : info@campinglefiefangibaud.com. Web : www.campinglefiefangibaud.com. Prix 2022. Fft jour : empl. Tourisme (2) : 20 €
Lat. : 46° 55' 20" N **Long.** : 001° 59' 26" W.

SAINT-GILLES-CROIX-DE-VIE

6-A4 28 km N.-N.-O. Les Sables d'Olonne. 12 m. ✉ 85800

BAHAMAS BEACH ★★★★ Tourisme 235 E. dont 65 nus
3,5 ha CV. A 5 km : Locations : . couverte chauffée. Accès direct à la rivière ; bord de mer à 800 m. Accueil groupes adultes. Ouvert: 7.4 / 24.9. ☎ 02 51 54 69 16. E-mail : info@chadotel.com. Web : www.chadotel.com. Prix 2023. Fft jour : empl. Tourisme (2) : 41 € ; sup 6,40 € ; animaux 4 € ; 4,20 €. Réduction H.S.
Lat. : 46° 40' 42" N **Long.** : 001° 54' 56" W.
FFCC : avantages adhérent : 19 € du 07/04 au 02/07 et du 30/08 au 24/09 sur emp. et 15% du 07/04 au 02/07 et du 26/08 au 24/09 sur loc. + 5% sur locatifs du 02/07 au 26/08. Rendez-vous dans votre Club avantages pour obtenir le code promotionnel et les conditions de l'offre. Réservation par téléphone au 02 51 33 05 05, sur le site du partenaire (présentation de la carte de membre).

LES CYPRÈS ★★★★ Tourisme 293 E. dont 145 nus
CV. A 5 km : Locations : tipi. couverte chauffée. Rivière à 100 m ; bord de mer à 400 m. Ouvert: 9.4 / 18.9. ☎ 02 51 55 38 98. E-mail : contact@camping-lescypres85.com. Web : www.camping-lescypres85.com.
Lat. : 46° 40' 16" N **Long.** : 001° 54' 33" W.
FFCC : avantages adhérent : 10% du 08/04 au 30/06 et du 28/08 au 30/09 sur emp.

LE PETIT PAVILLON ★★ Tourisme 167 E. dont 80 nus 2 ha de 23 h à 7 h, CV. Locations : . Rivière à 200 m ; bord de mer à 900 m. Ouvert: 1.4 / 30.9. ☎ 02 51 55 14 63. E-mail : contact@lepetitpavillon.fr. Web : www.lepetitpavillon.fr. Réduction H.S.
Lat. : 46° 40' 35" N **Long.** : 001° 54' 40" W.

SAINT-HILAIRE-DE-RIEZ

6-A4 28 km N.-O. Les Sables d'Olonne. 5 m. ✉ 85270

LE CHATEAU ★★★★★ Loisirs 355 E. dont 30 nus 5 ha CV. A 4 km : Locations : . couverte chauffée. Bord de mer à 2,5 km. Ouvert: 29.4 / 16.9. ☎ 02 51 54 35 88. E-mail : info@sunmarina.com. Web : www.sunmarina.com. Réduction H.S.
Lat. : 46° 43' 37" N **Long.** : 001° 57' 24" W.

LES CHOUANS ★★★★★ Tourisme 235 E. dont 70 nus 3 ha CV. A 5 km : Locations : . chauffée. Bord de mer à 1,8 km. Ouvert: 28.4 / 27.8. ☎ 02 51 54 34 90. E-mail : info@camping-leschouans.com. Web : www.camping-leschouans.com. Prix 2022. Fft nuit : empl. Tourisme (2) : 48 € ; sup 9 € nuit ; animaux 5 € nuit ; 5 € nuit.
Lat. : 46° 44' 03" N **Long.** : 001° 58' 25" W.

DOMAINE DES SALINS ★★★★ Loisirs 148 E. dont 32 nus CV. A 600 m : Locations : . Randonnée pédestre organisée. Espace Fitness. couverte chauffée. Bord de mer à 800 m. Accueil groupes. Ouvert: 1.4 / 30.9. ☎ 02 51 59 36 28. E-mail : contact@domainedessalins.com. Web : www.domainedessalins.com. Prix 2022. Fft jour : empl. Tourisme (2) : 37 € ; sup 6,60 € ; animaux 3,80 € ; 4,50 €. Réduction H.S.
Lat. : 46° 45' 46" N **Long.** : 002° 01' 32" W.

DOMAINE L'ORÉE DES PINS ★★★★ Loisirs 173 E. 3,9 ha CV. A 4 km : Locations : . Espace Fitness. couverte chauffée. Lac à 2 km ; rivière à 3 km ; bord de mer à 4,5 km. Ouvert: 29.6 / 31.12. ☎ 0 2 51 35 0030. E-mail : camping.loreedespins@orange.fr. Web : www.camping-loree-des-pins.com/.
Lat. : 46° 44' 05" N **Long.** : 001° 55' 53" W.

L'ETANG DE BESSE P.R.L ★★★★ NN234 E. 8 ha CV. Locations : . couverte chauffée. Accès direct à l'étang ; bord de mer à 1,5 km. Ouvert: 4.4 / 26.9. ☎ 08 25 27 32 73. E-mail : odalys@odalys-vacances.com. Web : www.odalys-vacances.com.
Lat. : 46° 44' 22" N **Long.** : 001° 58' 55" W.

LA NINGLE ★★★★ Loisirs 144 E. dont 40 nus
1,3 ha 22 h 30 / 8 h, CV. A 500 m : Locations : . Espace Fitness. couverte chauffée. Accès direct à l'étang ; bord de mer à 500 m ; rivière à 5 km. Ouvert: 3.5 / 12.9. ☎ 02 51 54 07 11. E-mail : campingdelaningle@wanadoo.fr. Web : www.campinglaningle.com. Réduction H.S.
Lat. : 46° 44' 41" N **Long.** : 002° 00' 16" W.

LA PEGE ★★★★ Tourisme 102 E. dont 69 nus ap. 23 h, CV. A 500 m : . Locations : cocosweet. couverte chauffée . Bord de mer à 100 m ; rivière à 5 km. Ouvert: 1.4 / 30.9. ☎ 02 51 54 34 52. E-mail : info@campinglapege.com. Web : www.campinglapege.com.
Lat. : 46° 44' 29" N **Long.** : 002° 00' 20" W.

LA PLAGE ★★★★ Loisirs 345 E. dont 55 nus 5,76 ha CV. Locations : . couverte chauffée . Bord de mer à 300 m. . Ouvert: 1.4 / 30.9. ☎ 02 51 54 33 93. E-mail : campinglaplage@campingscollinet.com. Web : www.campingscollinet.com. Prix 2023. Fft nuit : empl. Tourisme (2) : 36,75 € ( ) ; sup 7,35 € nuit ; animaux 2,75 € nuit ; 3,70 € nuit. Réduction H.S.
Lat. : 46° 44' 44" N **Long.** : 002° 00' 37" W.

LA POMME DE PIN ★★★★ Tourisme 280 E. 5,5 ha CV. Locations : . Espace Fitness. couverte chauffée . Accès direct à la mer. ; ; . Ouvert: 9.4 / 11.9. ☎ 02 51 58 21 26. E-mail : info@campingpommedepin.fr. Web : www.campingpommedepin.fr.
Lat. : 46° 45' 07" N **Long.** : 002° 01' 03" W.
FFCC : avantages adhérent : 10% du 10/04 au 30/06 et du 01/09 au 10/0910% du 10/04 au 30/06 et du 01/09 au 10/09 sur emp. et loc. + Rendez-vous dans votre club avantages FFCC pour obtenir le code promotionnel et réserver !.

LA PRAIRIE ★★★★ Loisirs 276 E. dont 32 nus 4 ha CV. Locations : . couverte chauffée . Bord de mer à 400 m ; rivière à 5 km. ; . Ouvert: 15.4 / 15.9. ☎ 02 51 54 08 56. E-mail : campinglaprairie@campingscollinet.com. Web : www.campingscollinet.com/campinglaprairie. Prix 2023. Fft nuit : empl. Tourisme (2) : 36,75 € ( ). Réduction H.S.
Lat. : 46° 44' 35" N **Long.** : 002° 00' 19" W.

LA PUERTA DEL SOL ★★★★ Tourisme 207 E. dont 89 nus CV. Locations : . Espace Fitness. couverte chauffée . Lac et bord de mer à 5 km. ; . Accueil groupes. Ouvert: 5.4 / 30.9. ☎ 02 51 49 10 10. E-mail : info@campinglapuertadelsol.com. Web : www.campinglapuertadelsol.com. Réduction H.S.
Lat. : 46° 45' 49" N **Long.** : 001° 57' 31" W.

LE BOIS TORDU ★★★★ Loisirs 103 E. 1,8 ha CV. Locations : . couverte chauffée . Bord de mer à 250 m. . Ouvert: 11.5 / 7.9. ☎ 02 51 54 33 78. E-mail : info@leboistordu.com. Web : www.leboistordu.com. Réduction H.S.
Lat. : 46° 44' 37" N **Long.** : 002° 00' 28" W.

LE CLOS DES PINS ★★★★ Loisirs 228 E. dont 31 nus 4 ha CV. Locations : . couverte chauffée . Bord de mer à 800 m. . Ouvert: 15.4 / 15.9. ☎ 02 51 54 32 62. E-mail : campingleclosdespins@campingscollinet.com. Web : www.campingscollinet.com. Prix 2023. Fft nuit : empl. Tourisme (2) : 36,75 € (E. CC). Réduction H.S.
Lat. : 46° 44' 52" N **Long.** : 002° 00' 05" W.

LE DOMAINE DES PINS ★★★★ Loisirs 140 E. CV. Locations : . couverte chauffée . Bord de mer à 2 km. Ouvert: 1.1 / 31.12. ☎ 02 51 58 23 33. E-mail : info@ledomainedespins.com. Web : www.ledomainedespins.com.
Lat. : 46° 44' 06" N **Long.** : 001° 58' 29" W.

LES BICHES ★★★★ Tourisme 434 E. dont 54 nus CV. Locations : cabanes, cocosweet. Randonnée pédestre organisée. Espace Fitness. couverte chauffée , , . Bord de mer à 4,5 km ; lac à 5 km. ; . Ouvert: 8.4 / 18.9. ☎ 02 51 54 38 82. E-mail : info@camping-les-biches.com. Web : www.camping-les-biches.com. Prix 2022. Fft jour : empl. Tourisme (2) : 32 € ( ) ; sup 8 € ; animaux 5 € ; 7 €. Réduction H.S.
Lat. : 46° 44' 22" N **Long.** : 001° 56' 42" W.
FFCC : avantages adhérent : 29 € sur emp. et 10% du 28/04 au 07/07 et du 09/09 au 15/09 sur loc. + Forfait premium à 29 € la nuit au lieu de 33 € (2 pers + sanitaires privés) du 28/04 au 07/07 et du 09/09 au 15/09. Offre locatif non cumulable avec les autres offres (couple, Early booking...).

LES ÉCUREUILS ★★★★ Tourisme 215 E. dont 40 nus, dont 40 GCC. ap. 22 h, CV. Locations : . Espace Fitness. couverte chauffée , . Bord de mer à 300 m. . Ouvert: 8.5 / 5.9. ☎ 02 51 54 33 71. E-mail : info@camping-aux-ecureuils.com. Web : www.camping-aux-ecureuils.com. Réduction H.S.
Lat. : 46° 44' 41" N **Long.** : 002° 00' 34" W.

RIEZ À LA VIE ★★★★ Tourisme 450 E. dont 106 nus CV. A 2 km : Locations : . Randonnée pédestre organisée. Espace Fitness. couverte chauffée , . Bord de mer à 1 km. . Accueil groupes enfants. Ouvert: 8.4 / 17.9. ☎ 02 51 54 30 49. E-mail : camping@riezalavie.com. Web : www.riezalavie.com.
Lat. : 46° 44' 21" N **Long.** : 001° 58' 59" W.

SOL A GOGO ★★★★ Tourisme 197 E. dont 30 nus CV. Locations : . couverte chauffée . Accès direct à la mer. ; ; . Ouvert: 14.5 / 17.9. ☎ 02 51 54 29 00. E-mail : info@solagogo.com. Web : www.solagogo.com. Réduction H.S.
Lat. : 46° 44' 21" N **Long.** : 002° 00' 21" W.
FFCC : avantages adhérent : 25 € du 14/05 au 02/07 et du 27/08 au 17/09 sur emp.

CAMPING DE SION ★★★ Tourisme 155 E. dont 86 nus 2 ha CV. A 5 km : Locations : . couverte . Bord de mer à 700 m. . Ouvert: 6.4 / 31.10. ☎ 02 51 54 34 23. E-mail : sion85@free.fr. Web : www.campingsainthilairederiez.com. Réduction H.S.
Lat. : 46° 43' 03" N **Long.** : 001° 58' 20" W.

CAMPING MUNICIPAL PLAGE DE RIEZ ★★★ Tourisme 465 E. dont 232 nus 9 ha CV. A 5 km : Locations : . chauffée . Accès direct à la mer. ; . Ouvert: 1.4 / 31.10. ☎ 02 51 54 36 59. E-mail : riez85@free.fr. Web : www.campingsainthilairederiez.com. Réduction H.S.
Lat. : 46° 43' 19" N **Long.** : 001° 58' 40" W.

DOMAINE VILLA CAMPISTA ★★★ Loisirs 152 E. 3,8 ha CV. Locations : . chauffée , . Accès direct à l'étang. . Ouvert: 1.1 / 31.12. ☎ 02 51 68 33 71. E-mail : serviceclients@villa-campista.com. Web : www.villa-campista.com.
Lat. : 46° 46' 15" N **Long.** : 001° 57' 32" W.

LA CONGE ★★★ Loisirs 134 E. dont 55 nus, dont 60 GCC. CV. A 1 km : chauffée . Bord de mer à 900 m. Ouvert: 20.6 / 31.8. ☎ 02 51 54 32 47. E-mail : campinglaconge@orange.fr. Web : www.campinglaconge.com. Réduction H.S.
Lat. : 46° 44' 32" N **Long.** : 001° 59' 41" W.

LA MARZELLE ★★★ Loisirs 150 E. dont 27 nus, dont 110 GCC. CV. A 5 km : couverte chauffée . Rivière à 2 km ; étang à 2,5 km. Ouvert: 1.4 / 15.10. ☎ 02 51 54 32 59. E-mail : campinglamarzelle@orange.fr. Web : www.camping-lamarzelle.com.
Lat. : 46° 44' 23" N **Long.** : 001° 55' 46" W.

LA PAREE DU BOTH ★★★ Tourisme 99 E. dont 14 nus 1,8 ha 22 h 30 / 7 h, CV. A 1 km : chauffée . Bord de mer à 1,2 km ; rivière à 5 km. ; . Ouvert: 1.4 / 30.9. ☎ 02 51 54 78 27. E-mail : contact@campingpareeduboth.com. Web : www.campingpareeduboth.com. Réduction H.S.
Lat. : 46° 44' 27" N **Long.** : 001° 59' 15" W.

LA PREVOTE ★★★ Tourisme 46 E. 1 ha CV. chauffée . Bord de mer à 1 km ; rivière à 1,5 km. . Accueil groupes. Ouvert: 1.4 / 30.9. ☎ 02 51 54 31 19. E-mail : campinglaprevote@orange.fr. Web : www.laprevote.fr. Réduction H.S.
Lat. : 46° 43' 34" N **Long.** : 001° 57' 33" W.

LE BOSQUET ★★★ Tourisme 134 E. 1,7 ha CV. Locations : . chauffée . Bord de mer à 200 m ; rivière à 5 km. ; . . Ouvert: 1.5 / 15.9. ☎ 02 51 54 34 61. E-mail : camping.lebosquet@wanadoo.fr.
Lat. : 46° 42' 47" N **Long.** : 001° 55' 33" W.

LES ALIZÉS ★★★ Loisirs 147 E. dont 20 nus, dont 127 GCC. 23 h / 7 h, CV. A 300 m : . Locations : . couverte chauffée . Bord de mer à 800 m. ; . Ouvert: 8.4 / 24.9. ☎ 02 28 11 42 90. E-mail : contact@campingalizes.com. Web : www.campingalizes.com. Prix 2023. Fft jour : empl. Tourisme (2) : 31 € ( ) ; sup 5,90 € ; animaux 3,50 € ; 3,90 € ; 3 €.
Lat. : 46° 45' 40" N **Long.** : 002° 01' 23" W.

LES DEMOISELLES ★★★ Tourisme 440 E. 12 ha CV. Locations : . chauffée . Bord de mer à 300 m. . Accueil groupes adultes. Ouvert: 9.4 / 24.9. ☎ 08 25 27 32 73. E-mail : odalys@odalys-vacances.com.
Lat. : 46° 46' 06" N **Long.** : 002° 02' 27" W.

LES MOUETTES ★★★ Loisirs 144 E. 2,5 ha . chauffée . Bord de mer à 300 m. . Ouvert: 1.7 / 31.8. ☎ 02 51 54 33 68. E-mail : campingmouettes@wanadoo.fr.
Lat. : 46° 44' 58" N **Long.** : 002° 00' 49" W.

LES SALINES ★★★ Loisirs 123 E. 3,5 ha CV. chauffée. Bord de mer à 600 m. Ouvert: 1.5 / 30.9. ☎ 02 51 58 11 95. E-mail : campinglessalines@gmail.com. Réduction H.S.
Lat. : 46° 45' 52" N **Long.** : 002° 01' 49" W.

BUETTE ★★ Loisirs 70 E. CV. Locations : . Bord de mer à 3 km. Ouvert: 1.1 / 31.12. ☎ 02 51 54 32 42. E-mail : edmond-patrick.begaud@orange.fr. Web : www.camping-de-la-buette.fr.
Lat. : 46° 44' 29" N **Long.** : 001° 57' 12" W.

DOMAINE LE SAINT HILAIRE ★★ Loisirs 59 E. Ouvert: 1.1 / 31.12. ☎ 02 51 93 55 26. E-mail : contact@deuxieme-adresse.com. Web : www.deuxieme-adresse.com/les-domaines/le-saint-hilaire.
Lat. : 46° 44' 31" N **Long.** : 001° 59' 25" W.

LA PADRELLE ★★ Tourisme 81 E. dont 56 nus, dont 22 GCC. CV. Locations : . Bord de mer à 100 m ; rivière à 4,5 km. Ouvert: 15.4 / 15.10. ☎ 02 51 55 32 03. E-mail : contact@camping-la-padrelle.fr. Web : www.camping-la-padrelle.fr. Prix 2023. Fft jour : empl. Tourisme (2) : 26 € ( ) ; sup 6,20 € ; animaux 3 € ; 4,20 €. Réduction H.S.
Lat. : 46° 42' 01" N **Long.** : 001° 58' 21" W.
FFCC : avantages adhérent : 18 € du 14/04 au 08/07 et du 27/08 au 30/09 sur emp.

LE PISSOT ★★ Loisirs 95 E. 3 ha CV. Locations : . chauffée. Bord de mer à 4 km. Ouvert: 1.4 / 30.9. ☎ 02 51 55 55 76. E-mail : camping-lepissot@orange.fr. Web : www.camping-lepissot.com.
Lat. : 46° 44′ 44″ N **Long.** : 001° 57′ 15″ W.

LES OMBRAGES ★★ Loisirs 148 E. 2,7 ha CV. A 1 km : chauffée. Bord de mer à 800 m. Ouvert: 1.4 / 31.10. ☎ 02 51 58 91 14. E-mail : laidin.corinne@neuf.fr. Web : www.camping-les-ombrages.com.
Lat. : 46° 45′ 54″ N **Long.** : 002° 01′ 58″ W.

LES VALLÉES ★★ Loisirs 58 E. CV. chauffée. Accès direct aux bords du lac ; rivière à 500 m. Ouvert: 1.4 / 15.10. ☎ 02 51 54 42 08. E-mail : camping.lesvallees@orange.fr.
Lat. : 46° 43′ 56″ N **Long.** : 001° 54′ 40″ W.

PETIT BEC ★★ Tourisme 120 E. Locations : . chauffée. Ouvert: 6.5 / 2.9. ☎ 02 51 58 00 14. E-mail : petit-bec@capfun.com. Web : www.capfun.com/camping-france-pays_de_la_loire-petit_bec-FR.html.
Lat. : 46° 45′ 35″ N **Long.** : 002° 01′ 49″ W.

LA GRANDE DUNE NC Tourisme 25 E. CV. Locations : . Bord de mer à 100 m. Ouvert: 1.4 / 30.9. ☎ 02 51 54 33 63. E-mail : accueil.grandedune@vacances-ulvf.fr. Web : www.vacances-ulvf.com/nos-villages/la-grande-dune.
Lat. : 46° 44′ 23″ N **Long.** : 002° 00′ 11″ W.

VILLAGE DE LA MER NC Tourisme 185 E. dont 185 GCC. 3 ha . Bord de mer à 300 m. Ouvert: 1.5 / 15.9. ☎ 02 51 58 23 33. E-mail : info@ledomainedespins.com. Web : www.ledomainedespins.com.
Lat. : 46° 42′ 47″ N **Long.** : 001° 55′ 33″ W.

M. GASTON NAUD CV. Ouvert: 1.6 / 30.9. ☎ 02 51 54 42 08. E-mail : andree.naud@orange.fr. Prix 2022. empl. Tourisme : 1,70 € ; 3 € ; 1,20 € ; 1,70 € ; 2,80 €.
Lat. : 46° 44′ 03″ N **Long.** : 001° 54′ 41″ W.

SAINT-HILAIRE-LA-FORET

6-B4 22 km E. Les Sables d'Olonne. 18 m. ✉ 85440

LA GRAND'MÉTAIRIE ★★★★ Tourisme 167 E. dont 33 nus
3,8 ha CV. Locations : . couverte chauffée. Bord de mer à 5 km. Ouvert: 9.4 / 17.9. ☎ 02 51 33 32 38. E-mail : info@camping-grandmetairie.com. Web : www.la-grand-metairie.com.
Lat. : 46° 26′ 55″ N **Long.** : 001° 31′ 36″ W.

SAINT-JEAN-DE-MONTS

6-A3 46 km N.-O. Les-Sables-d'Olonne. 3 m. ✉ 85160

ACAPULCO ★★★★★ Loisirs 405 E. dont 40 nus 5 ha CV. A 500 m : . Locations : . chauffée. Bord de mer à 600 m. Ouvert: 29.4 / 10.9. ☎ 02 51 59 20 64. E-mail : info@sunmarina.com. Web : www.sunmarina.com. Réduction H.S.
Lat. : 46° 45′ 16″ N **Long.** : 002° 00′ 49″ W.

LE DOMAINE DU CLARYS ★★★★★ Tourisme 569 E. dont 30 nus 8,5 ha CV. A 500 m : . couverte chauffée. Bord de mer à 350 m. Ouvert: 7.4 / 17.9. ☎ 04 84 39 08 60. E-mail : inesselma@homair.com. Web : www.homair.com. Réduction H.S.
Lat. : 46° 45′ 10″ N **Long.** : 002° 00′ 53″ W.

En adhérant au club affilié de votre choix, vous serez membre de la FFCC, la Fédération des campeurs, caravaniers et camping-caristes.

LE TROPICANA ★★★★★ Loisirs 330 E. dont 46 nus
7,35 ha CV. A 2 km : Espace Fitness. couverte chauffée. Bord de mer à 800 m. Ouvert: 25.5 / 20.9. ☎ 02 51 58 62 98. E-mail : contact@le-tropicana.com. Web : www.le-tropicana.com. Réduction H.S.
Lat. : 46° 45′ 20″ N **Long.** : 002° 00′ 27″ W.

LES GENETS ★★★★★ Tourisme 368 E. dont 50 nus 5 ha CV. A 600 m : . Locations : . couverte chauffée. Bord de mer à 800 m. Ouvert: 30.4 / 12.9. ☎ 02 51 58 93 94. E-mail : info@sunmarina.com. Web: www.sunmarina.com. Réduction H.S.
Lat. : 46° 45′ 24″ N **Long.** : 002° 00′ 44″ W.

LES PLACES DOREES ★★★★★ Tourisme 308 E. dont 76 nus
5 ha CV. Locations : . Espace Fitness. couverte chauffée. Bord de mer à 800 m. Ouvert: 15.5 / 14.9. ☎ 02 51 59 02 93. E-mail : contact@placesdorees.com. Web : www.placesdorees.com. Réduction H.S.
Lat. : 46° 48′ 37″ N **Long.** : 002° 06′ 35″ W.

APV LES AVENTURIERS DE LA CALYPSO ★★★★ Tourisme 281 E. dont 14 nus 5 ha CV. Locations : . couverte chauffée. Bord de mer à 700 m. Ouvert: 8.4 / 17.9. ☎ 02 51 59 79 66. E-mail : contacts@camping-apv.com. Web : www.camping-apv.com/. Prix 2022. Fft jour : empl. Tourisme (4) : 55 € ( )
Lat. : 46° 48′ 41″ N **Long.** : 002° 06′ 53″ W.

AUX COEURS VENDÉENS ★★★★ Tourisme 115 E. dont 50 nus
CV. A 4 km : Locations : . Espace Fitness. couverte chauffée. Bord de mer à 700 m. Ouvert: 8.4 / 30.9. ☎ 02 51 58 84 91. E-mail : info@coeursvendeens.com. Web : www.coeursvendeens.com. Prix 2023. Fft jour : empl. Tourisme (2) : 36 € ( ). Réduction H.S.
Lat. : 46° 48′ 33″ N **Long.** : 002° 06′ 39″ W.
FFCC : avantages adhérent : 18 € du 08/04 au 07/07 et du 26/08 au 30/09 sur emp. et entre 27 € et 136 € la nuitée et entre 190 € et 955 € la semaine du 08/04 au 07/07 et du 26/08 au 30/09 sur loc.

L'ABRI DES PINS ★★★★ Tourisme 207 E. dont 47 nus
3 ha CV. Locations : cocosweet. Espace Fitness. couverte chauffée. Bord de mer à 700 m. Ouvert: 15.5 / 14.9. ☎ 02 51 58 83 86. E-mail : contact@abridespins.com. Web : www.abridespins.com.
Lat. : 46° 48′ 31″ N **Long.** : 002° 06′ 35″ W.

L'OCEAN ★★★★ Tourisme 207 E. dont 150 nus 4,8 ha CV. A 2 km : Locations : . chauffée. Bord de mer à 1 km. Ouvert: 5.4 / 15.9. ☎ 02 51 58 03 88. E-mail : info@campinglocean.com. Web : www.campinglocean.com. Réduction H.S.
Lat. : 46° 47′ 60″ N **Long.** : 002° 04′ 42″ W.

LA BUZELIERE ★★★★ Tourisme 118 E. 1,3 ha CV. Locations : . chauffée. Bord de mer à 1 km. Accueil groupes. Ouvert: 1.5 / 30.9. ☎ 02 51 58 64 80. E-mail : info@buzeliere.com. Web : www.buzeliere.com. Réduction H.S.
Lat. : 46° 48′ 03″ N **Long.** : 002° 04′ 49″ W.

LA DAVIÈRE PLAGE ★★★★ Tourisme 171 E. dont 109 nus, dont 68 GCC.
la nuit, CV. Locations : . chauffée. Bord de mer à 900 m. Accueil groupes enfants. Ouvert: 28.4 / 30.9. ☎ 02 51 58 27 99. E-mail : contact@daviereplage.com. Web : www.daviereplage.com. Réduction H.S.
Lat. : 46° 48′ 21″ N **Long.** : 002° 06′ 03″ W.
FFCC : avantages adhérent : 18 € du 01/05 au 30/05 et du 01/09 au 30/09 sur emp.

LA PRAIRIE ★★★★ Tourisme Loisirs 119 E. dont 44 nus, dont 20 GCC.
2 ha CV. A 4 km : Locations : . Espace Fitness. couverte chauffée. Bord de mer à 800 m ; rivière à 2 km ; étang à 3 km. Ouvert: 1.4 / 30.9. ☎ 02 51 58 16 04. E-mail : contact@campingprairie.com. Web : www.campingprairie.com. Prix 2022. Réduction H.S.
Lat. : 46° 48′ 14″ N **Long.** : 002° 05′ 35″ W.

LA YOLE ★★★★ Tourisme 369 E. dont 140 nus 5 ha CV. A 3 km : Locations : . Espace Fitness. couverte chauffée. Bord de mer à 1,8 km. Ouvert: 3.4 / 18.9. ☎ 02 51 58 67 17. E-mail : contact@la-yole.com. Web : www.vendee-camping.eu. Prix 2022. Fft jour : empl. Tourisme (2) : 48 € (E. CC). Réduction H.S.
Lat. : 46° 45′ 24″ N **Long.** : 002° 00′ 28″ W.

LE BOIS DORMANT ★★★★ Loisirs 563 E. CV. A 3 km : chauffée. Bord de mer à 2,5 km. Ouvert: 8.4 / 5.11. ☎ 02 51 58 01 30. E-mail : reservations@siblu.fr. Web : www.leboisdormant.fr.
Lat. : 46° 47′ 12″ N **Long.** : 002° 01′ 46″ W.

LE BOIS JOLY ★★★★ Tourisme 368 E. dont 172 nus, dont 15 CC - 159 GCC.
après 23 h, CV. Locations : , roulotte, 1 . couverte chauffée. Rivière à 500 m ; bord de mer à 1,6 km. Ouvert: 1.4 / 10.9. ☎ 02 51 59 11 63. E-mail : info@camping-leboisjoly.com. Web : www.camping-leboisjoly.com. Prix 2023. Fft jour : empl. Tourisme (2) : 23 € (E. CC E. GCC) ; sup 7 € ; animaux 5 € ; 5 €. Réduction H.S.
Lat. : 46° 47′ 58″ N **Long.** : 002° 04′ 27″ W.

LE BOIS MASSON ★★★★ Loisirs 340 E. CV. A 3 km : Locations : . Espace Fitness. couverte chauffée. Bord de mer à 2,5 km. Ouvert: 8.4 / 5.11. ☎ 02 51 58 62 62. E-mail : reservations@siblu.fr. Web : leboismasson.fr. Réduction H.S.
Lat. : 46° 47′ 16″ N **Long.** : 002° 01′ 53″ W.

LE BOIS VERDON ★★★★ Tourisme 59 E. dont 31 nus 23 h / 7 h 30, CV. A 2 km : Locations : couverte chauffée. Bord de mer à 900 m ; étang à 1,5 km. Ouvert: 1.6 / 16.9. ☎ 02 51 58 10 61. E-mail : info@camping-leboisverdon.com. Web : www.camping-leboisverdon.com. Prix 2023. Fft jour : empl. Tourisme (2) : 38 € ; sup 6,50 € ; animaux 3,50 € ; 4,50 €.
Lat. : 46° 48' 03" N **Long.** : 002° 05' 02" W.

LE CALIFORNIA ★★★★ Tourisme 231 E. CV. Locations : . chauffée. Bord de mer à 3 km. ; Accueil groupes adultes. Ouvert: 1.3 / 15.11. ☎ 02 51 58 17 51. E-mail : camping.california@orange.fr. Web : www.le-california.com. Réduction H.S.
Lat. : 46° 45' 27" N **Long.** : 001° 58' 42" W.

LE ZAGARELLA ★★★★ Tourisme 291 E. dont 33 nus 3,8 ha CV. A 4 km : Locations : . Espace Fitness. couverte chauffée , . Bord de mer à 3 km. ; . Ouvert: 23.4 / 24.9. ☎ 02 51 58 19 82. E-mail : contact@zagarella.fr. Web : www.zagarella.fr. Réduction H.S.
Lat. : 46° 46' 54" N **Long.** : 002° 01' 05" W.
FFCC : avantages adhérent : 24.5 € du 23/04 au 02/07 et du 27/08 au 24/09 sur emp.

LES AMIAUX ★★★★ Tourisme 543 E. dont 318 GCC. CV. A 5 km : Locations : . Espace Fitness. couverte chauffée , . Accès direct à la mer. ; . Ouvert: 2.5 / 24.9. ☎ 02 51 58 22 22. E-mail : accueil@amiaux.fr. Web : www.amiaux.fr. Prix 2023. empl. Tourisme : 22 € nuit ; 7 € nuit ; animaux 4 € nuit ; 3 € nuit. Réduction H.S.
Lat. : 46° 48' 28" N **Long.** : 002° 06' 16" W.
FFCC : avantages adhérent : 18 € du 19/05 au 30/06 et du 01/09 au 11/09 sur emp.

LES JARDINS DE L'ATLANTIQUE ★★★★ Loisirs 318 E. dont 90 nus 5,5 ha CV. Locations : . Espace Fitness. couverte chauffée . Bord de mer à 1,8 km. Accueil groupes. Ouvert: 1.4 / 30.9. ☎ 02 51 58 05 74. E-mail : info@camping-jardins-atlantique.com. Web : www.camping-jardins-atlantique.com. Prix 2022. Fft jour : empl. Tourisme (2) : 27,6 € ; Réduction H.S.
Lat. : 46° 46' 14" N **Long.** : 002° 01' 41" W.

LES SAMARAS ★★★★ Tourisme 73 E. dont 7 nus 1,3 ha CV. Locations : . couverte chauffée . Bord de mer à 3,5 km. ; . Accueil groupes adultes. Ouvert: 6.4 / 28.9. ☎ 02 51 59 51 01. E-mail : contact@camping-lessamaras.fr. Web : www.camping-lessamaras.fr.
Lat. : 46° 45' 19" N **Long.** : 001° 58' 44" W.

PLAGE DES TONNELLES ★★★★ Tourisme 491 E. dont 189 nus CV. Locations : . Espace Fitness. chauffée , . Bord de mer à 300 m. Ouvert: 20.5 / 11.9. ☎ 0 2 53 81 70 00. E-mail : reservation@ms-vacances.com. Web : www.campeole.com. Réduction H.S.
Lat. : 46° 48' 36" N **Long.** : 002° 07' 12" W.

PLEIN SUD ★★★★ Tourisme 109 E. CV. A 3 km : Locations : . chauffée . Bord de mer à 800 m. Ouvert: 9.4 / 18.9. ☎ 02 51 59 10 40. E-mail : info@campingpleinsud.com. Web : www.campingpleinsud.com. Prix 2022. Fft jour : empl. Tourisme (2) : 33,5 €. Réduction H.S.
Lat. : 46° 48' 35" N **Long.** : 002° 06' 34" W.

RESORT LA FORÊT ★★★★ Tourisme 61 E. dont 45 nus CV. A 5 km : Locations : . chauffée . Accès direct à la mer. ; . Accueil groupes adultes. Ouvert: 23.4 / 24.9. ☎ 02 51 58 84 63. E-mail : camping-la-foret@orange.fr. Web : www.hpa-laforet.com. Prix 2022. Fft nuit : empl. Tourisme (2) : 41 €. Réduction H.S.
Lat. : 46° 49' 06" N **Long.** : 002° 07' 48" W.

APV LA PARÉE DU JONC ★★★ Tourisme 178 E. dont 22 nus 2,2 ha CV. Locations : . chauffée . Bord de mer à 150 m. Ouvert: 23.6 / 3.9. ☎ 02 51 58 81 19. E-mail : contacts@camping-apv.com. Web : www.camping-apv.com. Prix 2023. Fft jour : empl. Tourisme (4) : 49 €.
Lat. : 46° 48' 17" N **Long.** : 002° 06' 49" W.

CÔTÉ PLAGE ★★★ Tourisme 280 E. dont 123 nus 4,4 ha CV. A 4 km : Locations : . chauffée . Bord de mer à 200 m. ; . Ouvert: 15.4 / 17.9. ☎ 02 51 58 86 58. E-mail : infos@campingcoteplage.com. Web : www.campingcoteplage.com. Prix 2023. Fft jour : empl. Tourisme (2) : 50 € ; sup 7,30 € ; animaux 4 € ; 5 €. Réduction H.S.
Lat. : 46° 48' 25" N **Long.** : 002° 06' 49" W.
FFCC : avantages adhérent : entre 40 € et 125 € la nuitée et entre 280 € et 875 € la semaine du 15/04 au 07/07 et du 02/09 au 17/09 sur loc.

LE BOTH D'OROUET ★★★ Tourisme 191 E. 2,5 ha la nuit, CV. Locations : . , . Bord de mer à 2,5 km. . Ouvert: 1.5 / 15.10. ☎ 02 51 58 60 37. E-mail : info@camping-lebothdorouet.com. Web : www.camping-lebothdorouet.com. Réduction H.S.
Lat. : 46° 45' 50" N **Long.** : 001° 59' 51" W.
FFCC : avantages adhérent : 14 € du 29/04 au 02/07 et du 27/08 au 25/09 sur emp.

LE FIEF ★★★ Tourisme 53 E. dont 7 nus, dont 8 CC. 1 ha CV. A 3 km : Locations : . Espace Fitness. chauffée . Bord de mer à 900 m. Ouvert: 10.4 / 27.9. ☎ 02 51 58 63 77. E-mail : contact@camping-lefief-vendee.com. Web : www.camping-lefief-vendee.com. Réduction H.S.
Lat. : 46° 48' 14" N **Long.** : 002° 05' 42" W.

LE LOGIS ★★★ Tourisme 44 E. dont 5 nus 0,8 ha CV. A 4 km : chauffée . Bord de mer à 4 km. Ouvert: 1.5 / 29.9. ☎ 02 51 58 60 67. E-mail : camping-lelogis@orange.fr. Web : www.camping-saintjeandemonts.com.
Lat. : 46° 46' 47" N **Long.** : 002° 00' 45" W.

LE PETIT BOIS ★★★ Tourisme 59 E. dont 10 nus CV. Locations : . chauffée . Bord de mer à 500 m. ; ; . Accueil groupes. Ouvert: 1.4 / 30.9. ☎ 02 51 58 80 84. E-mail : campinglepetitbois85@orange.fr. Web : www.camping-lepetitbois.fr. Prix 2022. Fft jour : empl. Tourisme (2) : 23,5 €.
Lat. : 46° 49' 07" N **Long.** : 002° 07' 49" W.

LE RIVAGE ★★★ Loisirs 13 E. dont 1 nus, dont 1 GCC. CV. A 5 km : Bord de mer à 300 m ; rivière à 600 m. Ouvert: 1.4 / 31.10. ☎ 02 51 58 11 38. E-mail : contact@campinglerivage.com. Web : www.campinglerivage.com. Réduction H.S.
Lat. : 46° 48' 34" N **Long.** : 002° 07' 13" W.

LES PEUPLIERS DE LA RIVE ★★★ Tourisme 26 E. dont 3 nus CV. A 4 km : Locations : . chauffée . Bord de mer à 800 m ; rivière à 2 km. . Ouvert: 30.3 / 27.10. ☎ 02 51 58 79 82. E-mail : contact@lespeupliersdelarive.com. Web : www.lespeupliersdelarive.com.
Lat. : 46° 48' 34" N **Long.** : 002° 06' 50" W.

LES SIRÈNES ★★★ Tourisme 458 E. dont 282 nus CV. Locations : , . chauffée . Bord de mer à 700 m. . Accueil groupes. Ouvert: 23.5 / 11.9. ☎ 02 51 58 01 31. E-mail : info@camping-lessirenes.fr. Web : www.camping-lessirenes.fr. Prix 2022. Fft jour : empl. Tourisme (2) : 19 €.
Lat. : 46° 46' 49" N **Long.** : 002° 03' 15" W.
FFCC : avantages adhérent : 10% du 15/05 au 30/06 et du 01/09 au 10/0910% du 15/05 au 30/06 et du 01/09 au 10/09 sur emp. et loc. + Rendez-vous dans votre club avantages FFCC pour obtenir le code promotionnel et réserver !.

G.C.U. ST-JEAN-DE-MONTS ★★ Tourisme 71 E. Locations : . Ouvert: 10.6 / 28.8. ☎ 02 51 58 16 83. E-mail : gcu@gcu.asso.fr. Web : www.gcu.asso.fr.
Lat. : 46° 45' 16" N **Long.** : 002° 00' 54" W.

LA MENARDIERE ★★ Tourisme 44 E. 8,5 ha CV. Bord de mer à 700 m. Ouvert: 1.5 / 30.9. ☎ 02 51 58 86 92. E-mail : camping-menardiere@wanadoo.fr.
Lat. : 46° 49' 09" N **Long.** : 002° 52' 10" W.

LA ROUSSIERE ★★ Loisirs 100 E. 2 ha CV. chauffée. Bord de mer à 3 km. ☎ 02 51 58 65 73. E-mail : laroussiere@orange.fr.
Lat. : 46° 47' 32" N **Long.** : 002° 57' 34" W.

LE CORMIER ★★ Loisirs 54 E. Etang à 1 km ; bord de mer à 1,5 km. Ouvert: 13.5 / 23.9. ☎ 02 28 11 09 49. E-mail : camping.lecormier@orange.fr. Web : www.campinglecormier.com.
Lat. : 46° 45' 59" N **Long.** : 002° 59' 57" W.

LES CHAUMES ★★ Loisirs 75 E. dont 23 nus, dont 50 GCC. 0,46 ha CV à partir de 4 €. A 3 km : Locations : . couverte chauffée . Bord de mer à 700 m ; étang à 3 km. A 700 m : , . A 1 km : . Ouvert: 1.4 / 30.9. ☎ 02 51 58 85 11. E-mail : camping.leschaumes@orange.fr. Web : www.campingleschaumes.com. Prix 2023. Fft jour : empl. Tourisme (2) : 26 €.
Lat. : 46° 48' 38" N **Long.** : 002° 06' 58" W.

LES PINEDES DE LA CAILLAUDERIE ★★ Loisirs 245 E. CV. Locations : . Randonnée pédestre organisée. Espace Fitness. . Bord de mer à 1,5 km. . Accueil groupes. Ouvert: 1.4 / 30.9. ☎ 02 51 58 23 76. E-mail : camping.pinedes.caillauderie@gmail.com. Web : www.camping-pinedes-caillauderie.com.
Lat. : 46° 46' 12" N **Long.** : 002° 01' 38" W.

LES CHAMPIONNIERES ★ Tourisme 85 E. 1 ha . Bord de mer à 800 m. . Ouvert: 1.5 / 15.9. ☎ 02 51 58 61 54. E-mail : aude.francky@orange.fr.
Lat. : 46° 48' 14" N **Long.** : 002° 05' 26" W.

LE CHENAL NC Tourisme 75 E. dont 25 nus 1 ha CV. A 1 km : Locations : . couverte chauffée . Bord de mer à 800 m. Ouvert: 15.5 / 18.9. ☎ 02 51 58 65 39. E-mail : marceau.brier@tlcvacances.fr. Web : www.campinglechenal.fr.
Lat. : 46° 45' 27" N **Long.** : 002° 00' 47" W.

SAINT-JULIEN-DES-LANDES

6-A4 17 km N. Les Sables d'Olonne. 48 m. ✉ 85150

LA GARANGEOIRE ★★★★★ Tourisme 356 E. dont 153 nus
CV . Locations : 1 . chauffée , , , , . Accès direct à l'étang ; rivière à 1 km ; lac à 2 km. ; ; . Accueil groupes adultes. Ouvert: 20.5 / 11.9. ☎ 02 51 46 65 39. E-mail : info@garangeoire.com. Web : www.camping-la-garangeoire.com.
Lat. : 46° 39' 49" N **Long.** : 001° 42' 57" W.
FFCC : avantages adhérent : 10% du 16/05 au 30/06 et du 01/09 au 10/09 sur emp. + Rendez-vous dans votre club avantages FFCC pour obtenir le code promotionnel et réserver ou sur présentation de la carte de membre FFCC.

VILLAGE DE LA GUYONNIÈRE ★★★★★ Tourisme 394 E. dont 192 nus
12 ha CV . Locations : . Randonnée pédestre organisée. couverte chauffée , , , . Accès direct à l'étang ; lac à 300 m ; rivière à 400 m. ; . Ouvert: 17.5 / 10.9. ☎ 02 51 46 62 59. E-mail : info@laguyonniere.com. Web : www.camping-guyonniere.com. Prix 2022. Fft jour : empl. Tourisme (2) : 47 € ( )
Lat. : 46° 39' 10" N **Long.** : 001° 45' 00" W.

CHÂTEAU LA FORÊT ★★★★ Tourisme 259 E. dont 132 nus
6 ha CV . Locations : , bulle. Espace Fitness. couverte chauffée , , , . Accès direct à l'étang. ; . Accueil groupes adultes. Ouvert: 25.5 / 27.8. ☎ 02 51 46 62 11. E-mail : camping@chateaulaforet.com. Web : www.chateaulaforet.com. Réduction H.S.
Lat. : 46° 38' 28" N **Long.** : 001° 42' 39" W.

LA BRETONNIÈRE ★★★★ Tourisme 165 E. dont 107 nus
CV . Locations : . Espace Fitness. couverte chauffée , , . Accès direct à l'étang ; lac et rivière à 3 km. . Accueil groupes. Ouvert: 4.4 / 30.9. ☎ 02 51 46 62 44. E-mail : info@la-bretonniere.com. Web : www.la-bretonniere.com.
Lat. : 46° 38' 41" N **Long.** : 001° 43' 60" W.

SAINT-LAURENT-SUR-SEVRE

6-C3 59 km N.-E. La Roche sur Yon. 149 m. ✉ 85290

LE ROUGE GORGE ★★★★ Tourisme 93 E. dont 35 nus
1,5 ha 22 h 30 / 8 h (23 h en hte saison), CV . Locations : , cocosweet, . Randonnée pédestre organisée. couverte chauffée , . Etang à 300 m ; rivière à 1 km.. Accueil groupes. Ouvert: 8.4 / 2.10. ☎ 02 51 67 86 39. E-mail : campinglerougegorge@wanadoo.fr. Web : www.camping-lerougegorge-vendee.com. Prix 2022. Fft jour : empl. Tourisme (2) : 28 € ( ) ; sup 5 € ; animaux 3 € ; 4 € ; 5,70 €. Réduction H.S.
Lat. : 46° 57' 28" N **Long.** : 000° 54' 12" W.
FFCC : avantages adhérent : 22 € du 08/04 au 30/06 et du 01/09 au 06/11 sur emp.

SAINT-MALO-DU-BOIS

6-C3 56 km N.-E. La Roche sur Yon. 181 m. ✉ 85590

LA VALLÉE DE POUPET ★★★ Tourisme 105 E.
2,75 ha CV . Locations : . Randonnée pédestre organisée. couverte chauffée . Accès direct à la rivière. . Accueil groupes. Ouvert: 14.5 / 26.9. ☎ 02 51 92 31 45. E-mail : camping@valleedepoupet.com. Web : camping.valleedepoupet.com. Réduction H.S.
Lat. : 46° 55' 33" N **Long.** : 000° 52' 26" W.
FFCC : avantages adhérent : 20 € du 15/05 au 30/06 et du 27/08 au 18/09 sur emp.

SAINT-MARS-LA-REORTHE

6-C3 48 km N.-E. La Roche-sur-Yon. 159 m. ✉ 85590

L'ÉTANG DU PUY ★ Tourisme 45 E. dont 37 nus 2 ha CV . Locations : . . Accès direct à l'étang ; lac à 4 km.. Accueil groupes enfants. Ouvert: 1.4 / 30.9. ☎ 09 51 52 70 45. E-mail : contact@campingdeletangdupuy.com. Web : www.campingdeletangdupuy.com. Prix 2022. Fft jour : empl. Tourisme (2) : 15 € ( ) ; sup 3,50 € ; animaux 1 € ; 2,50 €.
Lat. : 46° 52' 18" N **Long.** : 000° 54' 46" W.

SAINT-MARTIN-LARS-EN-SAINTE-HERMINE

6-C4 24 km N.-O. Fontenay-le-Comte. 82 m. ✉ 85210

DOMAINE NATURISTE LE COLOMBIER ★★★★ Tourisme 186 E. dont 66 nus
20 ha CV Rés. naturiste. Espace Fitness. chauffée . Accès direct à l'étang. . Ouvert: 1.4 / 30.9. ☎ 02 51 27 83 84. E-mail : contact@lecolombier.fr. Web : www.lecolombier-naturisme.com. Réduction H.S.
Lat. : 46° 35' 46" N **Long.** : 000° 58' 12" W.

SAINT-MATHURIN

6-A4 10 km N.-E. Les Sables-d'Olonne. 26 m. ✉ 85150

M. PIERRE-HENRI VINCENT CV . Ouvert: 15.4 / 30.9. ☎ 02 51 22 74 11. E-mail : puybabin@wanadoo.fr, Web : www.gitealaferme.fr. Prix 2022. empl. Tourisme : 5 € ; 4 € ; animaux 1 € ; 2,50 € ; 3 €.
Lat. : 46° 33' 15" N **Long.** : 001° 41' 52" W.

SAINT-MICHEL-EN-L'HERM

6-B5 43 km O. Fontenay-le-Comte. 3 m. ✉ 85580

LA DIVE ★★★★ Tourisme 260 E. dont 85 nus 2,5 ha CV . Locations : , cabanes, roulotte. Randonnée pédestre organisée. Espace Fitness. chauffée , , . Etang à 2 km ; bord de mer à 5 km. . Accueil groupes. Ouvert: 2.4 / 30.9. ☎ 02 51 30 26 94. E-mail : contact@camping-la-dive.com. Web : www.camping-la-dive.com. Réduction H.S.
Lat. : 46° 20' 56" N **Long.** : 001° 14' 53" W.

LES MIZOTTES ★★★★ Tourisme 151 E. dont 46 nus, dont 20 GCC.
CV . Locations : . Espace Fitness. couverte chauffée . Etang à 800 m ; bord de mer à 5 km. Accueil groupes. Ouvert: 1.4 / 25.9. ☎ 02 51 30 23 63. E-mail : accueil@campinglesmizottes.fr. Web : www.campinglesmizottes.fr. Prix 2022. Fft jour : empl. Tourisme (2) : 27 € ( ) ; sup 6,50 € ; animaux 4 € ; 5,50 € ; 5 €.
Lat. : 46° 20' 58" N **Long.** : 001° 15' 16" W.
FFCC : avantages adhérent : 23 € du 01/04 au 01/07 et du 26/08 au 23/09 sur emp. et entre 32 € et 100 € la nuitée et entre 170 € et 1050 € la semaine du 01/04 au 17/06 et du 26/08 au 23/09 sur loc.

M. & MME ARDOUIN chauffée CV. Ouvert: 1.4 / 31.10. ☎ 02 51 30 24 09. E-mail : basse-brenee@orange.fr, Web : www.basse-brenee.fr.
Lat. : 46° 21' 24" N **Long.** : 001° 43' 03" W.

SAINT-REVEREND

6-A4 28 km N. Les Sables-d'Olonne. 26 m. ✉ 85220

LE PONT ROUGE ★★★ Tourisme 75 E. dont 45 nus CV . A 1 km : chauffée . Etang à 2 km ; rivière à 3 km. Accueil groupes. Ouvert: 1.4 / 31.10. ☎ 02 51 54 68 50. E-mail : camping.pontrouge@wanadoo.fr. Web : www.camping-lepontrouge.com. Réduction H.S.
Lat. : 46° 41' 44" N **Long.** : 001° 49' 56" W.

SAINT-URBAIN

6-A3 50 km N.-O. Les Sables-d'Olonne. 4 m. ✉ 85230

CAMPING MUNICIPAL LES ROUCHES ★ Tourisme 25 E. dont 24 nus 0,25 ha CV . Locations : . , .. Accueil groupes. Ouvert: 1.4 / 30.9. ☎ 0 2 51 93 03 40. E-mail : contact.routedusel@gmail.com. Web : www.campinglesrouches.fr. Prix 2022. Fft jour : empl. Tourisme (2) : 11 € ( ) ; sup 4 € ; 2,50 € ; 4 €.
Lat. : 46° 52' 26" N **Long.** : 002° 00' 25" W.

SAINT-VALERIEN

6-C4 14 km N.-O. Fontenay-le-Comte. 53 m. ✉ 85570

LES RULIERES ★★★ Tourisme 32 E. Locations : . couverte chauffée . Accès direct à l'étang. Ouvert: 2.1 / 30.12. ☎ 02 51 28 00 28. E-mail : f.lesrulieres@club-internet.fr. Web : www.rulieres.com.
Lat. : 46° 32' 31" N **Long.** : 000° 57' 34" W.

SAINT-VINCENT-SUR-GRAON

6-B4 35 km E. Les Sables d'Olonne. 42 m. ✉ 85540

ATEEPEEK ★★ Tourisme 42 E. 3 ha CV. Locations : . Randonnée pédestre organisée. , . Lac à 50 m. ; . Ouvert: 15.6 / 15.9. ☎ 02 51 47 95 83. E-mail : contact@ateepeek.fr. Web : www.ateepeek.fr. Réduction H.S.
Lat. : 46° 31' 06" N **Long.** : 001° 23' 40" W.

SAINT-VINCENT-SUR-JARD

6-A4 23 km S.-E. Les Sables-d'Olonne. 13 m. ✉ 85520

LA BOLÉE D'AIR ★★★★ Tourisme 280 E. dont 78 nus 5 ha CV. Locations : . couverte chauffée , . Bord de mer à 900 m. Accueil groupes adultes. Ouvert: 7.4 / 24.9. ☎ 02 51 90 36 05. E-mail : info@chadotel.com. Web : www.chadotel.com. Prix 2023. Fft jour : empl. Tourisme (2) : 37 € ( ) ; sup 6,40 € ; animaux 4 € ; 4,20 €. Réduction H.S.
Lat. : 46° 25′ 06" N **Long.** : 001° 31′ 38" W.
FFCC : avantages adhérent : 15 € du 07/04 au 09/07 et du 30/08 au 24/09 sur emp. et 15% du 07/04 au 02/07 et du 26/08 au 24/09 sur loc. + 5% sur locatifs du 02/07 au 26/08. Rendez-vous dans votre Club avantages pour obtenir le code promotionnel et les conditions de l'offre. Réservation par téléphone au 02 51 33 05 05, sur le site du partenaire (présentation de la carte de membre).

LA MOUETTE CENDREE ★★★ Tourisme 101 E. 1,2 ha CV. Locations : . couverte chauffée . Bord de mer à 2 km. Ouvert: 1.4 / 29.9. ☎ 02 51 33 59 04. E-mail : camping.mc@orange.fr. Web : www.mouettecendree.com.
Lat. : 46° 25′ 31" N **Long.** : 001° 33′ 56" W.

LE PIED GIRARD ★★ Tourisme 120 E. dont 108 nus 1,9 ha CV . Locations : . Bord de mer à 800 m. Accueil groupes. Ouvert: 1.5 / 30.9. ☎ 02 51 20 61 73. E-mail : campingpiedgirard@outlook.fr. Web : entreprisefrery.com/camping-le-pied-girard/. Prix 2023. Fft jour : empl. Tourisme (2) : 18 € ( ) ; sup 3,80 € ; 5 €.
Lat. : 46° 24′ 52" N **Long.** : 001° 33′ 07" W.

L'R PUR NC Tourisme 17 E. dont 10 nus . Locations : . Bord de mer et rivière à 3 km. Ouvert: 1.4 / 1.10. ☎ 02 51 33 94 32. E-mail : camping-lr-pur@orange.fr. Réduction H.S.
Lat. : 46° 26′ 04" N **Long.** : 001° 32′ 35" W.

SAINTE-CECILE

6-B4 28 km E. La Roche-sur-Yon. 70 m. ✉ 85110

CAMPING MUNICIPAL LA RIVIÈRE ★★ Tourisme 30 E. dont 20 nus CV . Locations : . Randonnée pédestre organisée. chauffée , . Accès direct à la rivière.. Accueil groupes. Ouvert: 1.5 / 15.9. ☎ 06 86 67 39 51. E-mail : campinglariviere@saintececile85.fr. Web : campinglariviere85.jimdo.com/.
Lat. : 46° 44′ 42" N **Long.** : 001° 07′ 02" W.

SAINTE-FOY

6-A4 12 km N.-E. Les Sables d'Olonne 33 m. ✉ 85150

AU PRÉ DE L'ÉTANG ★★★ Tourisme 46 E. dont 14 nus CV . Accès direct à l'étang.. Ouvert: 3.4 / 30.10. ☎ 02 51 20 80 65. E-mail : contact@camping-aupredeletang.com. Web : www.camping-auprede letang.com.
Lat. : 46° 32′ 39" N **Long.** : 001° 41′ 30" W.

SAINTE-PEXINE

6-B4 28 km S.-E. La Roche-sur-Yon. 36 m. ✉ 85320

CAMPING MUNICIPAL NC Tourisme 22 E. 1,5 ha . Locations : . , . Accès direct à la rivière. Accueil groupes. ☎ 02 51 27 50 00. E-mail : mairie-sainte-pexine@wanadoo.fr.
Lat. : 46° 33′ 44" N **Long.** : 001° 51′ 48" W.

SALLERTAINE

6-A3 48 km N. Les Sables d'Olonne. 7 m. ✉ 85300

LES P'TITES MAISONS DANS LA PRAIRIE ★★★ Tourisme 51 E. Locations : tipi. Accueil groupes. Ouvert: 1.1 / 31.12. ☎ 02 51 93 11 47. E-mail : gitecamping@orange.fr. Web : www.camping-sallertaine.com.
Lat. : 46° 52′ 23" N **Long.** : 001° 03′ 20" W.

BEL AIR ★★ Loisirs 37 E. 0,7 ha . Ouvert: 1.7 / 29.8. ☎ 02 51 55 26 63. E-mail : contact@camping-belair-sallertaine.com. Web : camping-belair-sallertaine.com.
Lat. : 46° 51′ 35" N **Long.** : 001° 03′ 22" W.

SOULLANS

6-A3 40 km N.-N.-O. Les Sables d'Olonnes. 6 m. ✉ 85300

CAMPING MUNICIPAL LE MOULIN NEUF ★★ Tourisme 80 E. 1,2 ha CV. Ouvert: 15.6 / 15.9. ☎ 02 51 68 00 24. E-mail : camping-soullans@wanadoo.fr. Web : www.soullans.fr.
Lat. : 46° 47′ 55" N **Long.** : 001° 53′ 48" W.

TALMONT-SAINT-HILAIRE

6-A4 10 km S.-E. Les Sables d'Olonne. 29 m. ✉ 85440

LE LITTORAL ★★★★★ Tourisme 416 E. dont 62 nus 8,5 ha CV . A 2 km : Locations : . couverte chauffée . Accès direct à la mer. ; . Ouvert: 7.4 / 24.9. ☎ 02 51 22 04 64. E-mail : littoral@sandaya.fr. Web : www.sandaya.fr/nos-campings/le-littoral. Réduction H.S.
Lat. : 46° 27′ 06" N **Long.** : 001° 42′ 08" W.

LOYADA ★★★★★ Tourisme 227 E. CV . A 3 km : Locations : . couverte chauffée . Bord de mer à 3,5 km. Ouvert: 6.4 / 29.9. ☎ 04 30 05 15 19. E-mail : info@tohapi.fr. Web : www.tohapi.fr/pays-de-la-loire/camping-loyada.php.
Lat. : 46° 27′ 52" N **Long.** : 001° 39′ 12" W.

LE PARADIS ★★★★ Tourisme 153 E. dont 45 nus 2 ha CV . A 5 km : Locations : . couverte chauffée , , , . Bord de mer à 5 km. Accueil groupes. Ouvert: 3.4 / 31.10. ☎ 0 5 64 10 20 20. E-mail : reservation@seagreen.fr. Web : www.seagreen-campingleparadis.com. Prix 2022. Fft nuit : empl. Tourisme (2) : 30 € ( ) ;
Lat. : 46° 27′ 51" N **Long.** : 001° 39′ 21" W.

LES DINOSAURES ★★★★ Loisirs 122 E. 2,15 ha . Locations : . chauffée , . Bord de mer à 900 m. . Ouvert: 1.4 / 31.10. ☎ 02 51 22 20 10. E-mail : contact@lesdinosaures.com. Web : www.campinglesdinosaures.com.
Lat. : 46° 26′ 29" N **Long.** : 001° 39′ 59" W.

LES COTTAGES ST-MARTIN P.R.L ★★★ NN 105 E. 5 ha CV . Locations : . couverte chauffée , . Bord de mer à 800 m. Ouvert: 4.4 / 31.10. ☎ 08 25 27 32 73. E-mail : odalys@odalys-vacances.com. Web : www.odalys-vacances.com/.
Lat. : 46° 27′ 09" N **Long.** : 001° 42′ 04" W.

SAINT HUBERT ★★★ Tourisme 63 E. dont 24 nus CV . Bord de mer à 300 m ; étang et lac à 800 m. Ouvert: 11.4 / 27.9. ☎ 02 51 22 22 30. E-mail : campingsthubert@free.fr. Web : www.campingsthubert.com. Réduction H.S.
Lat. : 46° 26′ 24" N **Long.** : 001° 39′ 44" W.

SUN OCEAN ★★★ Tourisme 121 E. dont 49 nus 2,22 ha CV . Locations : . couverte chauffée , . Lac et rivière à 1,5 km ; bord de mer à 5 km. Accueil groupes adultes. Ouvert: 28.3 / 26.9. ☎ 02 51 90 61 24. E-mail : camping-sunocean@wanadoo.fr. Web : www.camping-sunocean.fr.
Lat. : 46° 28′ 15" N **Long.** : 001° 38′ 08" W.

VEILLON PLAGE ★★★ Loisirs 88 E. 1 ha CV . Locations : . chauffée . Bord de mer à 900 m ; lac à 5 km. Ouvert: 15.3 / 15.10. ☎ 02 51 22 20 38. E-mail : campingveillonplage@hotmail.fr. Web : www.campingveillonplage.com. Réduction H.S.
Lat. : 46° 26′ 38" N **Long.** : 001° 39′ 57" W.

LES DUNES ★★ Loisirs 67 E. dont 15 nus, dont 55 GCC. CV . Locations : . , . Bord de mer et rivière à 300 m ; étang et lac à 5 km. . Ouvert: 1.4 / 31.10. ☎ 02 51 90 63 04. E-mail : campinglesdunes@wanadoo.fr. Web : www.lesdunescamping.fr. Réduction H.S.
Lat. : 46° 26′ 13" N **Long.** : 001° 38′ 02" W.

L'ESPERANCE NC Tourisme 100 E. 2 ha . Bord de mer à 200 m. . ☎ 02 51 90 60 42. E-mail : camping.lesperance@talmontsainthilaire.fr.
Lat. : 46° 26′ 33" N **Long.** : 001° 40′ 29" W.

THIRE

6-B4 20 km N.-O. Fontenay-le-Comte. 45 m. ✉ 85210

AIRE NATURELLE DU SIVU DU CHU CHEL-LION CV. Ouvert: 1.6 / 15.9. ☎ 02 51 27 65 65. E-mail : commune.de.thire@wanadoo.fr.
Lat. : 46° 32′ 54" N **Long.** : 001° 00′ 26" W.

TRIAIZE

6-B5 30 km O. Fontenay-le-Comte. 2 m. ✉ 85580

CAMPING DE MON VILLAGE ★★ Tourisme 69 E. 0,75 ha CV . , . Accès direct à l'étang.. Ouvert: 25.5 / 25.9. ☎ 01 83 64 69 21. E-mail : contact@campingcarpark.com. Web : www.campingcarpark.com/.
Lat. : 46° 23′ 42" N **Long.** : 001° 12′ 05" W.

VAIRE

6-A4 12 km N. Les Sables d'Olonne. 42 m. ✉ 85150

LE ROC ★★★ Tourisme 100 E. dont 29 nus, dont 28 CC. 23 h / 7 h, CV . Espace Fitness. couverte chauffée . Lac et bord de mer à 5 km. Accueil groupes. Ouvert: 14.3 / 11.11. ☎ 02 51 33 71 89. E-mail : contact@campingleroc.com. Web : www.campingleroc.com.
Lat. : 46° 36′ 33" N **Long.** : 001° 46′ 21" W.

LES LOGERIES ★★★ Tourisme 69 E. dont 25 nus CV . Locations : , caravane, . Randonnée pédestre organisée. couverte chauffée , , , , . Etang à 100 m ; rivière à 2 km ; lac à 4 km ; bord de mer à 5 km. . Ouvert: 15.4 / 18.9. ☎ 02 51 33 75 69. E-mail : info@camping-logeries.com. Web : www.camping-logeries.com. Réduction H.S.
Lat. : 46° 36′ 14" N **Long.** : 001° 44′ 57" W.

VENDRENNES

6-B3 30 km N.-E. La Roche-sur-Yon 95 m. ✉ 85250

LA MOTTE ★★★★ Tourisme 97 E. dont 47 nus CV . Locations : . Espace Fitness. couverte chauffée , . Accès direct à l'étang ; lac à 3 km. ; . Accueil groupes. Ouvert: 1.4 / 31.10. ☎ 02 51 63 59 67. E-mail : contact@camping-lamotte.com. Web : www.camping-vendee-lamotte.com. Réduction H.S.
Lat. : 46° 49′ 32" N **Long.** : 001° 07′ 03" W.
FFCC : avantages adhérent : 10% du 06/04 au 30/06 et du 01/09 au 29/0910% du 06/04 au 30/06 et du 01/09 au 29/09 sur emp. et loc. + 10% hors juillet-août sur les emplacements nus et hébergements locatifs sur présentation de la carte ou rendez-vous dans votre club avantages FFCC pour obtenir le code promotionnel.

VIX

6-C5 13 km S. Fontenay-le-Comte. 5 m. ✉ 85770

CAMPING Ô P'TIT MARAIS ★★★ Tourisme 27 E. . Locations : , . , . Ouvert: 1.5 / 30.9. ☎ 02 28 13 96 89. E-mail : camping@optitmarais.fr. Web : www.optitmarais.fr.
Lat. : 46° 19′ 39" N **Long.** : 000° 52′ 05" W.

86 VIENNE

Carte 6

Correspondant FFCC : Patrick KLUGHERTZ, 2, rue des Châtaigniers - Prémilland - 86510 BRUX
Tél. 06 14 12 72 57 et klughertzpatrickffcc86@gmail.com

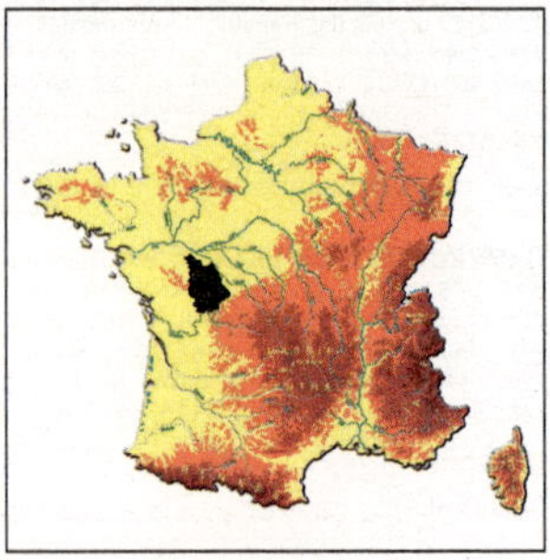

AVAILLES-LIMOUZINE

6-E5 40 km S.-O. Montmorillon. 178 m. ✉ 86460

LE PARC ★★★ Tourisme 100 E. dont 86 nus CV. Locations : tonneau, . Accès direct à la rivière ; étang à 5 km. Accueil groupes. Ouvert: 1.4 / 31.10. ☎ 05 49 48 51 22. E-mail : camping.leparc@wanadoo.fr. Web : www.camping-le-parc-availles.fr. Prix 2022. Fft jour : empl. Tourisme (2) : 18 € ( )
Lat. : 46° 07' 23" N **Long.** : 000° 39' 36" E.

AVANTON

6-E4 13 km N. Poitiers. 116 m. ✉ 86170

CAMPING DU FUTUR ★★★ Tourisme 73 E. dont 51 nus
1,5 ha CV . Locations : , roulotte. chauffée . Accueil groupes. Ouvert: 1.4 / 1.11. ☎ 05 49 54 09 67. E-mail : contact@camping-du-futur.com. Web : www.camping-du-futur.com. Prix 2023. Fft jour : empl. Tourisme (2) : 27,5 € ( ) ; sup 5 € ; animaux 2 € ; 4 €. Réduction H.S.
Lat. : 46° 39' 22" N **Long.** : 000° 18' 07" E.
FFCC : avantages adhérent : 21 € du 01/04 au 02/07 et du 01/09 au 01/11 sur emp.

AYRON

6-D4 25 km N.-O. Poitiers. 147 m. ✉ 86190

LILIPIN ★★ Tourisme 53 E. dont 44 nus
1,35 ha CV. Locations : , cocosweet. Randonnée pédestre organisée. chauffée , . Accès direct à l'étang et aux bords du lac et à la rivière. . Accueil groupes. Ouvert: 1.3 / 15.12. ☎ 05 49 03 01 53. E-mail : valerie.bannier@campinglilipin.fr. Web : www.campinglilipin.net. Prix 2022. Fft jour : empl. Tourisme (2) : 20 € ( ) ; sup 4 € ; animaux 2 € ; 4 €.
Lat. : 46° 39' 23" N **Long.** : 000° 05' 19" E.
FFCC : avantages adhérent : 15 € du 01/03 au 31/05 et du 01/09 au 15/12 sur emp.

BONNES

6-E4 22 km E. Poitiers. 102 m. ✉ 86300

CAMPING MUNICIPAL ★★ Tourisme 47 E. dont 47 nus 0,63 ha CV . Locations : . Randonnée pédestre organisée. , , . Rivière à 10 m ; étang à 800 m ; lac à 2 km. . Accueil groupes. Ouvert: 26.6 / 4.9. ☎ 05 49 56 44 34. E-mail : camping@bonnes86.fr. Web : campingbonnes86.fr.
Lat. : 46° 36' 07" N **Long.** : 000° 35' 54" E.

BONNEUIL-MATOURS

6-E4 16 km S. Chatellerault. 108 m. ✉ 86210

PARC DE CRÉMAULT ★★ Tourisme 54 E. dont 52 nus 2 ha CV . Locations : . , , . Accès direct à la rivière. ; ; . Accueil groupes. Ouvert: 1.5 / 15.10. ☎ 07 68 40 42 74. E-mail : contact@osofa.fr. Web : www.osofa.fr.
Lat. : 46° 40' 33" N **Long.** : 000° 34' 30" E.

CHALANDRAY

6-D4 30 km N.-O. Poitiers 159 m. ✉ 86190

BOIS DE SAINT-HILAIRE ★★★ Tourisme 38 E. dont 29 nus
CV . Locations : , cocosweet, caravane. chauffée , . Rivière à 1 km ; lac à 5 km. Accueil groupes. Ouvert: 8.4 / 30.9. ☎ 05 49 60 20 84. E-mail : info@camping-st-hilaire.eu. Web : www.camping-st-hilaire.eu. Prix 2022. empl. Tourisme : 13,50 € ; 5 € ; animaux 2 € ; 4 € ; 4 €. Réduction H.S.
Lat. : 46° 40' 03" N **Long.** : 000° 00' 11" W.
FFCC : avantages adhérent : 22 € du 08/04 au 01/07 et du 27/08 au 30/09 sur emp.

CHAPELLE-VIVIERS

6-E4 16 km N.-O. Montmorillon 145 m. ✉ 86300

CAMPING DU MOUCHET ★★★ Tourisme 39 E. Locations : . Ouvert: 1.1 / 31.12. ☎ 05 49 54 49 25. E-mail : campingdumouchet@bbox.fr. Web : www.camping86.com/pages/mouchet.html.
Lat. : 46° 29' 01" N **Long.** : 000° 44' 03" E.

CHASSENEUIL-DU-POITOU

6-E4 9 km N.-E. Poitiers. 90 m. Station verte de vacances et village de neige ✉ 86360

CAMPING MUNICIPAL DES ÉCLUZELLES ★★★ Tourisme 28 E. dont 28 nus
CV . A 5 km : . Etang et rivière à 700 m. Accueil groupes. Ouvert: 8.4 / 30.9. ☎ 05 49 62 58 85. E-mail : contact@chasseneuildupoitou.fr. Web : www.ville-chasseneuil-du-poitou.fr. Prix 2023. Fft jour : empl. Tourisme (2) : 22,15 € ( )
Lat. : 46° 39' 17" N **Long.** : 000° 22' 40" E.
FFCC : avantages adhérent : 18.55 € du 08/04 au 30/06 et du 01/09 au 01/10 sur emp.

CHATEAU-GARNIER

6-E5 38 km S.-O. Montmorillon 144 m. ✉ 86350

AIRE NATURELLE MUNICIPALE . Ouvert: 1.5 / 1.10. ☎ 05 49 87 80 11. E-mail : mairie.chateaugarnier@wanadoo.fr, Web : www.chateau-garnier.fr.
Lat. : 46° 15' 32" N **Long.** : 000° 25' 32" E.

CHATEAU-LARCHER

6-E5 20 km S. Poitiers. 115 m. ✉ 86370

DOMAINE DE LA PARDIÈRE NC 45 E. dont 20 nus
2 ha CV . Rés. naturiste. Locations : . . Rivière à 2 km. . Ouvert: 22.6 / 8.9. ☎ 0 7 63 74 35 13. E-mail : m.savattier@gmail.com. Web : www.poitiers-naturisme.fr. Prix 2022. Fft jour : empl. Tourisme (1) : 15 € ( ) ; sup 5 € ;
Lat. : 46° 25' 35" N **Long.** : 000° 19' 54" E.
FFCC : avantages adhérent : 23,5 € du 18/06 au 11/09 sur emp. et 32.50 € la nuitée du 18/06 au 11/09 sur loc.

CHATELLERAULT

6-E4 33 km N. Poitiers. 78 m. ✉ 86100

CAMPING MUNICIPAL ★★ Tourisme 49 E. 0,25 ha CV. . Accès direct à la rivière. . Ouvert: 1.5 / 30.10. ☎ 05 49 21 94 02. E-mail : communication@ville-chatellerault.fr.
Lat. : 46° 47' 52" N **Long.** : 000° 32' 28" E.

LE RELAIS DU MIEL NC Tourisme 80 E. dont 78 nus, dont 20 GCC. 4 ha CV. Locations : , . , , . Accès direct à la rivière.. Ouvert: 12.5 / 3.9. ☎ 05 49 02 06 27. E-mail : camping@lerelaisdumiel.com. Web : www.lerelaisdumiel.com.
Lat. : 46° 50' 18" N **Long.** : 000° 32' 04" E.

CHAUVIGNY

6-E4 24 km N.-O. Montmorillon. 119 m. ✉ 86300

CAMPING MUNICIPAL LA FONTAINE ★★★ Tourisme 104 E. dont 90 CC.
1 ha CV . Locations : . Rivière à 600 m. Accueil groupes. Ouvert: 12.4 / 28.9. ☎ 05 49 46 31 94. E-mail : camping-chauvigny@cg86.fr. Web : www.chauvigny.fr.
Lat. : 46° 34' 15" N **Long.** : 000° 39' 07" E.

CIVAUX

6-E5 18 km N.-O. Montmorillon 116 m. ✉ 86320

CAMPING MUNICIPAL NC Tourisme 40 E. ☎ 06 33 49 24 76. E-mail : civaux@departement86.fr. Web : www.ville-civaux.fr.
Lat. : 46° 26' 57" N **Long.** : 000° 40' 01" E.

CIVRAY

6-E5 52 km S.-O. Montmorillon. 139 m. Station verte de vacances et village de neige ✉ 86400

LE RIVAGE CIVRAISIEN ★★ Tourisme 60 E. dont 40 nus
1 ha CV. Locations : , chauffée , . Accès direct à la rivière. Accueil groupes. Ouvert: 1.4 / 30.9. ☎ 05 17 34 50 02. E-mail : contact@camping-lerivagecivraisien.fr. Web : www.camping-lerivagecivraisien.fr/. Prix 2022. Fft jour : empl. Tourisme (2): 15 € ( ). Réduction H.S.
Lat. : 46° 09' 30" N **Long.** : 000° 18' 06" E.
FFCC : avantages adhérent : 13.5 € du 01/04 au 30/06 et du 01/09 au 15/10 sur emp.

COUHE

6-D5 35 km S. Poitiers. 138 m. ✉ 86700

LA RIVIÈRE ★★★★ Tourisme 184 E. dont 108 nus
CV. Locations : . couverte chauffée , . Accès direct à l'étang et à la rivière. Ouvert: 7.5 / 19.9. ☎ 04 92 28 38 48. E-mail : riviere@capfun.com. Web : www.capfun.com. Réduction H.S.
Lat. : 46° 18' 45" N **Long.** : 000° 10' 56" E.

DIENNE

6-E5 125 m. ✉ 86410

DÉFIPLANET ★★★★ Tourisme 34 E. dont 14 nus
2 ha CV. Locations : , cabanes, yourte. couverte chauffée , . Accès direct à l'étang. Accueil groupes. Ouvert: 4.2 / 31.12. ☎ 05 49 45 87 63. E-mail : info@defiplanet.com. Web : www.defiplanet.com. Prix 2023. Fft jour : empl. Tourisme (2) : 49 € ( ) ; sup 7,50 € ; animaux 10 € séjour.
Lat. : 46° 26' 43" N **Long.** : 000° 33' 38" E.
FFCC : avantages adhérent : 19 € du 04/02 au 30/06 et du 01/09 au 31/12 sur emp.

DISSAY

6-E4 15 km N.-E. Poitiers. 94 m. Station verte de vacances et village de neige ✉ 86130

CAMPING MUNICIPAL DU PARC ★★ Tourisme 69 E. dont 68 nus 0,6 ha CV. A 5 km : . Rivière à 100 m ; lac à 5 km. Accueil groupes. Ouvert: 18.6 / 31.8. ☎ 05 49 62 84 29. E-mail : camping@dissay.fr. Web : www.dissay.fr/le-camping-municipal. Prix 2022. empl. Tourisme : 8 € ; 2,60 € ; 1,20 € ; 4 €.
Lat. : 46° 41' 54" N **Long.** : 000° 25' 34" E.

GOUEX

6-E5 19 km S.-O. Montmorillon. 116 m. ✉ 86320

CAMPING MUNICIPAL DU MOULIN BEAU NC 30 E. 1 ha CV. . Accès direct à la rivière. Accueil groupes. Ouvert: 15.6 / 15.9. ☎ 05 49 48 46 14. E-mail : gouex@cg86.fr. Web : www.gouex.fr.
Lat. : 46° 22' 07" N **Long.** : 000° 41' 35" E.

GUESNES

6-D3 30 km N.-O. Chatellerault. 75 m. ✉ 86420

CAMPING MUNICIPAL NC Tourisme 20 E. 0,5 ha . Accès direct à l'étang. Ouvert: 7.4 / 30.9. ☎ 05 49 22 80 53. E-mail : contact@guesnes86.fr. Web : www.tourisme-vienne.com.
Lat. : 46° 54' 14" N **Long.** : 000° 10' 06" E.

INGRANDES

6-E3 6 km N.-E. Chatellerault. 92 m. ✉ 86220

LE PETIT TRIANON ★★★★ Tourisme 112 E. dont 80 nus
CV. Locations : , bulle, cabanes. Randonnée pédestre organisée. chauffée . Etang et rivière à 3 km. Accueil groupes. Ouvert: 25.4 / 13.9. ☎ 05 49 02 61 47. E-mail : contact@domaine-petit-trianon.com. Web : www.domaine-petit-trianon.com. Réduction H.S.
Lat. : 46° 53' 16" N **Long.** : 000° 35' 12" E.

LA ROCHE-POSAY

6-F4 22 km E.-S.-E. Chatellerault. 104 m. ✉ 86270

LA ROCHE POSAY VACANCES ★★★★★ Tourisme 197 E. dont 85 nus, dont 8 CC.
5,5 ha après 23 h, CV . Locations : . Espace Fitness. couverte chauffée , . Accès direct à la rivière. ; . Ouvert: 8.4 / 23.9. ☎ 05 49 86 21 23. E-mail : info@larocheposay-vacances.com. Web : www.larocheposay-vacances.com.
Lat. : 46° 47' 57" N **Long.** : 000° 48' 33" E.
FFCC : avantages adhérent : 10% du 08/04 au 30/06 et du 01/09 au 23/0910% du 08/04 au 30/06 et du 01/09 au 23/09 sur emp. et loc. + Rendez-vous dans votre club avantages FFCC pour obtenir le code promotionnel et réserver !.

RENOIR ★★ Tourisme 99 E. dont 76 nus CV . Locations : . Rivière à 1,5 km. Ouvert: 2.4 / 14.10. ☎ 05 49 86 19 19 / 06 76 33 05 39. E-mail : camping.renoir@wanadoo.fr. Web : www.camping-renoir.fr. Prix 2022. Fft nuit : empl. Tourisme (2) : 11,1 € ( )
Lat. : 46° 46' 54" N **Long.** : 000° 48' 22" E.

CAMPING GCU - LA ROCHE POSAY ★ Tourisme 33 E. . Locations : . , , , . Ouvert: 31.5 / 31.8. ☎ 05 49 86 23 81. E-mail : gcu@gcu.asso.fr. Web : www.gcu.asso.fr.
Lat. : 46° 46' 55" N **Long.** : 000° 49' 28" E.

P'TIT CAMPING CV . Ouvert: 1.3 / 31.10. ☎ 06 12 77 32 13. E-mail : petitcamping@orange.fr.
Lat. : 46° 45' 15" N **Long.** : 000° 49' 39" E.

LA TRIMOUILLE

6-F4 15 km E. Montmorillon. 138 m. ✉ 86290

CAMPING MUNICIPAL NC 25 E. 1,8 ha . Accès direct à la rivière.. Ouvert: 1.7 / 31.8. ☎ 05 49 91 60 14. E-mail : la-trimouille@cg86.fr.
Lat. : 46° 27' 59" N **Long.** : 001° 02' 39" E.

LES ORMES

6-E3 18 km N. Chatellerault. 73 m. ✉ 86220

CAMPING DES ORMES ★★ Tourisme 46 E. dont 43 nus
1,2 ha CV. . Accès direct à la rivière.. Ouvert: 1.4 / 30.9. ☎ 09 64 43 54 40 / 06 35 97 32 96. E-mail : camping.lesormes@orange.fr. Web : www.tourisme-chatellerault.fr.
Lat. : 46° 58' 11" N **Long.** : 000° 36' 14" E.

LOUDUN

6-D3 40 km N.-O. Chatellerault. 86 m. ✉ 86200

CAMPING DE MON VILLAGE NC Tourisme 34 E. dont 20 nus 1 ha CV. . Accès direct à l'étang.. Ouvert: 1.6 / 30.9. ☎ 01 83 64 69 21. E-mail : contact@campingcarpark.com. Web : www.campingcarpark.com/.
Lat. : 47° 00' 13" N **Long.** : 000° 03' 45" E.

LUSIGNAN

6-D5 24 km S.-O. Poitiers. 142 m. Station verte ✉ 86600

CAMPING MUNICIPAL VAUCHIRON ★★ Tourisme 88 E. dont 78 nus 3 ha CV . Locations : , tonneau, , , . Accès direct à la rivière. ; . Accueil groupes. Ouvert: 1.5 / 18.9. ☎ 0549433008. E-mail : mairie@lusignan.fr. Web : www.lusignan.fr. Prix 2022. 3,50 € ; 3,90 € ; 1,95 € ; 1,95 € ; 1,85 € ; 2,10 € ; 3 €. Réduction H.S.
Lat. : 46° 26' 18" N **Long.** : 000° 07' 26" E.

LUSSAC-LES-CHATEAUX

6-E5 12 km O. Montmorillon. 119 m. ✉ 86320

CAMPING MUNICIPAL NC Tourisme 68 E. CV . Locations : roulotte. Rivière à 200 m ; étang à 800 m. Accueil groupes enfants. Ouvert: 1.6 / 15.10. ☎ 05 49 48 03 32. E-mail : commune-de-lussac-les-chateaux@orange.fr. Web : www.lussac-les-chateaux.fr.
Lat. : 46° 23' 47" N **Long.** : 000° 42' 19" E.

MONCONTOUR

6-D3 42 km N.-O. Chatellerault. 68 m. ✉ 86330

TERRES DE FRANCE - MONCONTOUR ACTIVE PARK ★★★ Tourisme 97 E. dont 70 nus 5 ha CV . Locations : , , , , , . Accès direct à l'étang et aux bords du lac et à la rivière. ; ; . Accueil groupes. Ouvert: 1.4 / 30.9. ☎ 05 55 84 34 48. E-mail : info@moncontour-active-park.com. Web : www.moncontour-active-park.com.
Lat. : 46° 53' 11" N **Long.** : 000° 01' 11" W.

MONTMORILLON

6-F5 48 km S.-E. Poitiers. 121 m. ✉ 86500

CAMPING MUNICIPAL ★★★ Tourisme 77 E. dont 75 nus
0,9 ha CV . Rivière à 50 m.. Accueil groupes. Ouvert: 1.3 / 31.10. ☎ 05 49 91 02 33. E-mail : camping@ville-montmorillon.fr.
Lat. : 46° 25' 13" N **Long.** : 000° 52' 31" E.
FFCC : avantages adhérent : 13 € du 01/03 au 31/10 sur emp. et 10% du 01/03 au 30/06 et du 01/09 au 31/10 sur loc.

MOUSSAC

6-E5 28 km S.-O. Montmorillon. 131 m. Village de neige ✉ 86150

CAMPING MUNICIPAL ★★ Tourisme 30 E. dont 27 nus
2 ha CV . . Accès direct à la rivière.. Accueil groupes. Ouvert: 1.5 / 30.9. ☎ 05 49 48 75 58. E-mail : contact@moussac-sur-vienne.fr. Web : moussac-sur-vienne.fr.
Lat. : 46° 16' 35" N **Long.** : 000° 40' 58" E.

QUEAUX

6-E5 24 km S.-O. Montmorillon. 137 m. ✉ 86150

CAMPING DU RENARD ★★ Tourisme 26 E. dont 23 nus 1 ha CV . Locations : , , , , , . Accès direct à la rivière. ; . Accueil groupes. Ouvert: 1.1 / 31.12. ☎ 05 49 48 48 32. E-mail : contact@queaux.fr. Web : queauxcampingdurenard.net.
Lat. : 46° 19' 21" N **Long.** : 000° 40' 25" E.

SAINT MARTIN LA PALLU

6-E4 95 m. ✉ 86380

DOMAINE DE LA FUIE NC 6 E. dont 6 nus. CV. Locations : roulotte. couverte. Accueil groupes. Ouvert: 1.4 / 31.10. ☎ 06 99 89 36 36. E-mail : domainedelafuie@gmail.com. Web : www.lafuie.com.
Lat. : 46° 42' 42" N **Long.** : 000° 17' 07" E.

SAINT-BENOIT

6-E4 4 km S. Poitiers. 111 m. ✉ 86280

VAL DE CLAIN ★★ Tourisme 49 E.
1 ha CV. A 5 km : , , . Accès direct à la rivière.. Accueil groupes. Ouvert: 1.7 / 30.9. ☎ 05 49 88 48 55. E-mail : camping.stbenoit@orange.fr. Web : www.ville-saint-benoit.fr.
Lat. : 46° 32' 49" N **Long.** : 000° 20' 07" E.

SAINT-CYR

6-E4 20 km N.-E. Poitiers. 88 m. ✉ 86130

CAMPING DU LAC DE SAINT-CYR ★★★★ Tourisme 180 E. dont 154 nus
5 ha CV. Locations : yourte. Espace Fitness. chauffée , , , . Accès direct aux bords du lac. ; ; ; . Accueil groupes. Ouvert: 1.4 / 30.9. ☎ 05 49 62 57 22. E-mail : contact@campinglacdesaintcyr.com. Web : www.campinglacdesaintcyr.fr/. Réduction H.S.
Lat. : 46° 43' 10" N **Long.** : 000° 27' 34" E.

SAINT-GEORGES-LES-BAILLARGEAUX

6-E4 11 km N.-N.-E. Poitiers. 109 m. ✉ 86130

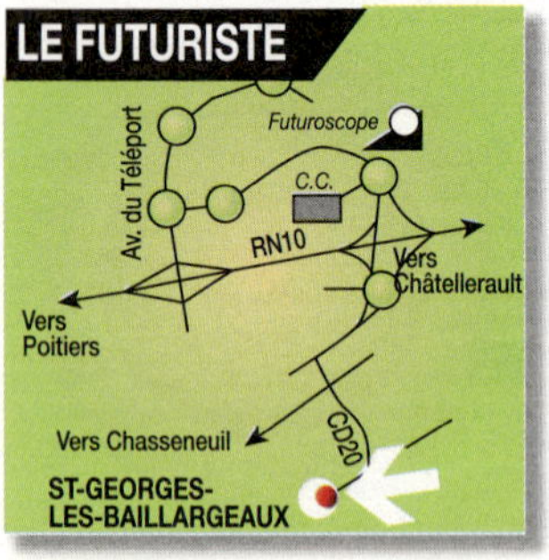

LE FUTURISTE ★★★★ Tourisme 123 E.
CV. Locations : , . couverte chauffée , . Accès direct à l'étang ; rivière à 500 m. . Ouvert: 1.1 / 31.12. ☎ 05 49 52 47 52. E-mail : camping-le-futuriste@wanadoo.fr. Web : www.camping-le-futuriste.fr. Prix 2022. Fft nuit : empl. Tourisme (2) : 26 € ( )
Lat. : 46° 39' 52" N **Long.** : 000° 23' 41" E.

SAINT-JEAN-DE-SAUVES

6-D4 35 km O. Chatellerault. 87 m. ✉ 86330

AIRE NATURELLE MUNICIPALE . Ouvert: 1.6 / 30.9. ☎ 05 49 50 80 92. E-mail : saint-jean-de-sauves@cg86.fr.
Lat. : 46° 50' 29" N **Long.** : 000° 05' 34" E.

SAINT-PIERRE-DE-MAILLE

6-F4 32 km N. Montmorillon. 121 m. ✉ 86260

LE GRAND PRE ★★ Tourisme 83 E. dont 78 nus 1 ha . Locations : , . Randonnée pédestre organisée. , . Accès direct à la rivière. . Accueil groupes. Ouvert: 2.4 / 15.9. ☎ 0604465748. E-mail : campingspdm@gmail.com. Web : www.campinglegrandpre.com.
Lat. : 46° 41' 04" N **Long.** : 000° 50' 21" E.

SAINT-SAVIN

6-F4 18 km N.-E. Montmorillon. 119 m. Station verte de vacances et village de neige ✉ 86310

LE MOULIN DE LA GASSOTTE ★★ Tourisme 48 E. dont 43 nus
1 ha CV. A 5 km : Locations : , , , , . Accès direct à la rivière.. Accueil groupes. Ouvert: 15.1 / 15.12. ☎ 05 49 48 18 02. E-mail : camping@moulindelagassotte.fr. Web : www.moulindelagassotte.fr. Prix 2022. Fft nuit : empl. Tourisme (2) : 15 € ( ) ; sup 2 € nuit ; 1,50 € nuit.
Lat. : 46° 34' 09" N **Long.** : 000° 52' 09" E.
FFCC : avantages adhérent : 12.50 € du 03/01 au 18/06 et du 18/09 au 14/12 sur emp.

SAINT-SECONDIN

6-E5 40 km O. Montmorillon. 133 m. ✉ 86350

LE SERBON ★★ 20 E.
. Accès direct à la rivière. ; . Accueil groupes. Ouvert: 1.4 / 30.10. ☎ 05 49 58 56 43. E-mail : eams.st-secondin@orange.fr. Web : www.villageaccueilgroupes.fr.
Lat. : 46° 19' 46" N **Long.** : 000° 29' 29" E.

SANXAY

6-D4 32 km S.-O. Poitiers. 147 m. ✉ 86600

PONT DES BERGERS ★★ Tourisme 28 E.
0,6 ha CV . . Accès direct à la rivière. . Accueil groupes. Ouvert: 15.5 / 30.9. ☎ 05 49 53 06 49. E-mail : sanxay@cg86.fr.
Lat. : 46° 29' 39" N **Long.** : 000° 00' 37" W.

SAVIGNY-SOUS-FAYE

6-E3 25 km N.-O. Chatellerault. 108 m. ✉ 86140

CAMPING MUNICIPAL LES IRIS ★★ Tourisme 20 E.
0,61 ha . . Accès direct à l'étang.. Ouvert: 1.5 / 31.8. ☎ 05 49 90 70 59. E-mail : savigny-sous-faye@cg86.fr. Web : www.savigny-sous-faye.fr.
Lat. : 46° 52' 14" N **Long.** : 000° 16' 60" E.

SENILLE-SAINT-SAUVEUR

6-E4 6 km E. Chatellerault. 127 m. ✉ 86100

LES PETITES MINAUDIÈRES ★★★ Tourisme 62 E. CV . Locations : , , . chauffée , , . Accès direct à l'étang et aux bords du lac. ; . Accueil groupes. Ouvert: 19.4 / 1.9. ☎ 05 49 23 04 21. E-mail : campingminaudieres@orange.fr. Web : campingminaudieres.com. Réduction H.S.
Lat. : 46° 49' 20" N **Long.** : 000° 38' 44" E.

SOMMIERES-DU-CLAIN

6-E5 42 km S.-O. Montmorillon. 129 m. ✉ 86160

CAMPING MUNICIPAL DES AULNES ★★ Tourisme 19 E. dont 19 nus . Locations : . Randonnée pédestre organisée. , . Ouvert: 1.6 / 15.9. ☎ 05 49 87 70 14. E-mail : contact@sommieres-vienne.com. Web : www.sommieres-vienne.com.
Lat. : 46° 16' 38" N **Long.** : 000° 21' 49" E.

USSON-DU-POITOU

6-E5 36 km S.-O. Montmorillon. 141 m. ✉ 86350

LAZY DUCK ★★★★ Loisirs 20 E. Locations : , . . Ouvert: 1.5 / 30.9. ☎ 05 49 01 08 52. E-mail : mylene.verdonk@dbmail.com. Web : www.campinglazyduck.fr.
Lat. : 46° 15' 11" N **Long.** : 000° 32' 06" E.

VIVONNE

6-E5 19 km S.-O. Poitiers. 118 m. Station verte de vacances et village de neige ✉ 86370

LES TROIS RIVIÈRES ★★★ Tourisme 75 E. dont 71 nus 6 ha . Locations : . . Accès direct à la rivière. . Accueil groupes. Ouvert: 15.5 / 30.9. ☎ 05 49 43 25 95. E-mail : camping.vivonne@gmail.com. Web : www.vivonne.fr.
Lat. : 46° 25' 30" N **Long.** : 000° 15' 51" E.

VOUILLE

6-D4 18 km N.-O. Poitiers. 134 m. Station verte de vacances et village de neige ✉ 86190

CAMPING MUNICIPAL ★★ Tourisme 40 E. dont 40 nus 0,6 ha CV . Locations : . chauffée , . Accès direct à la rivière. . Accueil groupes. Ouvert: 1.6 / 2.9. ☎ 0 5 49 54 20 30. E-mail : mairie@vouille86.fr. Web : www.vouille86.fr.
Lat. : 46° 38' 25" N **Long.** : 000° 09' 49" E.

VOUNEUIL-SUR-VIENNE

6-E4 12 km S. Chatellerault. 98 m. ✉ 86210

LES CHALETS DE MOULIÈRES ★★ Tourisme 18 E.
Locations : , . Randonnée pédestre organisée. chauffée . Accès direct à la rivière. . Ouvert: 1.3 / 30.9. ☎ 07 87 22 78 26. E-mail : campingvienne@gmail.com. Web : www.camping-vienne.com. Prix 2022. Fft nuit : empl. Tourisme (2) : 29 € ( )
Lat. : 46° 43' 11" N **Long.** : 000° 32' 39" E.
FFCC : avantages adhérent : 22 € du 15/04 au 30/06 et du 01/09 au 15/10 sur emp. et entre 45 € et 120 € la nuitée du 01/01 au 31/12 sur loc.

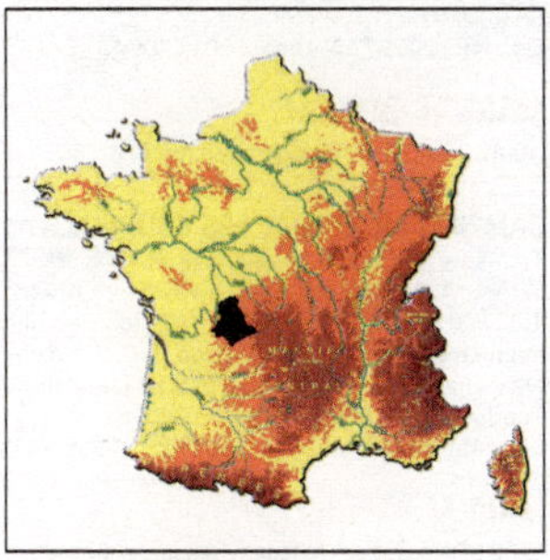

AIXE-SUR-VIENNE

9-F1 12 km O.-S.-O. Limoges. 253 m. Station verte de vacances et village de neige 87700

CAMPING MUNICIPAL LES GRÈVES ★★ Tourisme 58 E. dont 54 nus 3 ha CV. Locations : , tipi, . Randonnée pédestre organisée. . Accès direct à la rivière.. Accueil groupes. Ouvert: 1.5 / 30.9. ☎ 05 55 70 12 98. E-mail : camping@mairie-aixesurvienne.fr. Web : www.mairie-aixesurvienne.fr. Prix 2023. Fft nuit : empl. Tourisme (2) : 17,28 € ( ) ; sup 5,72 € nuit ; 2,65 € nuit ; 3,96 € nuit.
Lat. : 45° 47' 56" N **Long.** : 001° 08' 22" E.

AMBAZAC

10-A1 20 km N.-E. Limoges. 398 m. 87240

L'ÉCRIN NATURE ★★★ Tourisme 65 E. dont 45 nus CV . Locations : kota. chauffée , . Accès direct à l'étang.. Ouvert: 1.4 / 3.10. ☎ 06 52 92 71 65. E-mail : contact@campinglecrinature.com. Web : www.campinglecrinature.com.
Lat. : 45° 58' 17" N **Long.** : 001° 24' 48" E.
FFCC : avantages adhérent : 20.5 € du 01/04 au 02/07 et du 24/08 au 02/10 sur emp.

BELLAC

6-F5 40 km N.-O. Limoges. 250 m. Station verte de vacances et village de neige 87300

CAMPING MUNICIPAL LES ROCHETTES NC Tourisme 100 E. 1,2 ha CV. Rivière à 1 km. Accueil groupes. Ouvert: 1.4 / 31.10. ☎ 05 55 68 13 27. E-mail : camping-bellac@orange.fr. Web : www.bellac.fr/Camping.html. Réduction H.S.
Lat. : 46° 07' 37" N **Long.** : 001° 03' 08" E.

BESSINES-SUR-GARTEMPE

6-F5 30 km E. Bellac. 357 m. 87250

LES PIGNONS VERTS ★★ Tourisme 54 E. . Locations : , . Accès direct à l'étang et aux bords du lac. ; ; . . Ouvert: 1.3 / 31.12. ☎ 05 55 76 17 69. E-mail : hotelrivegauche@orange.fr.
Lat. : 46° 05' 58" N **Long.** : 001° 21' 13" E.

BLOND

317 m. 87300

FONCLAIRE HOLIDAYS P.R.L N.C. 9 E. dont 6 nus . Locations : . chauffée , . Accès direct à l'étang et aux bords du lac.. Accueil groupes. Ouvert: 4.6 / 29.10. ☎ 0 614655835. E-mail : fonclaireholidays@gmail.com. Web : www.fonclaireholidays.com.
Lat. : 46° 03' 27" N **Long.** : 000° 58' 36" E.

BONNAC-LA-COTE

9-F1 14 km N. Limoges. 413 m. 87270

CAMPING DU CHÂTEAU DE LEYCHOISIER ★★★★ Tourisme 80 E. dont 78 nus 3 ha . Locations : . chauffée , , . Accès direct aux bords du lac ; étang à 100 m. . Accueil groupes adultes. Ouvert: 15.4 / 20.9. ☎ 05 55 39 93 43. E-mail : contact@leychoisier.com. Web : chateau-de-leychoisier.pagesperso-orange.fr/. Prix 2023. Fft jour : empl. Tourisme (2) : 36,5 € ( ).
Lat. : 45° 55' 59" N **Long.** : 001° 17' 24" E.
FFCC : avantages adhérent : 10% du 15/04 au 30/06 et du 01/09 au 25/09 sur emp. + Rendez-vous dans votre club avantages FFCC pour obtenir le code promotionnel et réserver ou sur présentation de la carte de membre FFCC.

BUJALEUF

10-A1 36 km E. Limoges. 390 m. Station verte de vacances et village de neige 87460

CAMPING MUNICIPAL DU LAC ★★ Tourisme 75 E. dont 75 nus 3,5 ha CV . Locations : . , . Lac à 50 m ; rivière à 2 km. ; ; . Accueil groupes. Ouvert: 15.5 / 30.9. ☎ 05 55 69 50 04. E-mail : mairie@bujaleuf.fr. Web : www.bujaleuf.fr. Réduction H.S.
Lat. : 45° 48' 08" N **Long.** : 001° 37' 45" E.

BUSSIERE-BOFFY

6-F5 22 km S.-O. Bellac. 233 m. 87330

AIRE NATURELLE MUNICIPALE . Ouvert: 1.5 / 30.9. ☎ 05 55 68 34 64. E-mail : mairiebussiereboffy@orange.fr.
Lat. : 46° 03' 02" N **Long.** : 000° 51' 16" E.

BUSSIERE-GALANT

9-F2 28 km S.-O. Limoges. 425 m. 87230

CAMPING MUNICIPAL ESPACE HERMELINE ★★ Tourisme 25 E. dont 25 nus CV . Locations : , , , . . Accès direct aux bords du lac. ; . Accueil groupes. Ouvert: 15.4 / 31.10. ☎ 05 55 78 86 12. E-mail : accueil@espace-hermeline.com. Web : www.espace-hermeline.com. Prix 2023. Fft jour : empl. Tourisme (2) : 15 € ( ).
Lat. : 45° 36' 52" N **Long.** : 001° 01' 56" E.
FFCC : avantages adhérent : 15 € du 16/04 au 30/06 et du 01/09 au 31/10 sur emp.

ESPACE NATURISTE DE BOS REDON NC 33 E. dont 25 nus 2 ha CV Rés. naturiste. Ouvert: 1.7 / 31.8. ☎ 0 9 62 68 52 43. E-mail : contact@cslimoges.fr. Web : www.cslimoges.fr. Prix 2023. empl. Tourisme : 4 € ; 5 € ; 3 €.
Lat. : 45° 38' 24" N **Long.** : 001° 05' 14" E.

CHAMPAGNAC-LA-RIVIERE

9-F2 17 km S. Rochechouart. 346 m. 87150

PARC VERGER ★★ Tourisme 28 E. dont 24 nus, dont 11 CC - 11 GCC. 0,7 ha . Locations : . . . Ouvert: 1.2 / 14.12. ☎ 05 55 01 22 83. E-mail : pvbureau@parcverger.com. Web : www.parcverger.com. Prix 2022. Fft jour : empl. Tourisme (2) : 20 € ( ) ; sup 4,50 € ; 2,50 €.
Lat. : 45° 42' 55" N **Long.** : 000° 55' 10" E.
FFCC : avantages adhérent : 15 € du 01/02 au 30/04 et du 01/09 au 14/12 sur emp.

CHATEAUNEUF-LA-FORET

10-A2 35 km S.-E. Limoges. 465 m. 87130

LE CHEYENNE ★★★ Tourisme 55 E. dont 42 nus 1,5 ha CV . Locations : . Lac à 50 m ; rivière à 500 m. Accueil groupes. Ouvert: 1.4 / 30.9. ☎ 05 55 69 39 29. E-mail : contact@camping-le-cheyenne.com. Web : www.camping-le-cheyenne.com. Réduction H.S.
Lat. : 45° 43' 00" N **Long.** : 001° 36' 05" E.

M. VAN DER VLIST JAAP . Ouvert: 1.5 / 1.10. ☎ 05 55 69 77 67. E-mail : info@bellegarde.info, Web : www.bellegarde.info.
Lat. : 45° 40' 58" N **Long.** : 001° 38' 05" E.

CHATEAUPONSAC

6-F5 21 km E. Bellac. 299 m. Station verte de vacances et village de neige 87290

LA GARTEMPE ★★★ Tourisme 38 E. dont 34 nus 0,5 ha CV . Locations : , . , . Accès direct à la rivière.. Ouvert: 2.2 / 31.12. ☎ 07 49 40 39 34. E-mail : campingdelagartempe@gmail.com. Web : www.campingdelagartempe.fr.
Lat. : 46° 07' 54" N **Long.** : 001° 16' 14" E.

CHEISSOUX

10-A1 37 km E. Limoges. 434 m. ✉ 87460

LOUS SUAIS ★★★★ Tourisme 80 E. dont 53 nus CV. Rés. naturiste. Locations : , caravane, . , ; . Accès direct aux bords du lac et à la rivière. ; . Ouvert: 1.1 / 15.10. ☎ 05 55 69 56 94. E-mail : camping@loussuais.com. Web : www.loussuais.com. Prix 2023. Fft jour : empl. Tourisme (1) : 22 € ( ) ; sup 8,50 € ; animaux 4,50 €. Réduction H.S.
Lat. : 45° 49' 08" N **Long.** : 001° 39' 13" E.

CIEUX

9-F1 18 km S. Bellac. 313 m. ✉ 87520

CAMPING DE MON VILLAGE CV. Ouvert: 15.4 / 15.10. ☎ 01 83 64 69 21. E-mail : contact@campingcarpark.com, Web : www.campingcarpark.com/.
Lat. : 45° 59' 31" N **Long.** : 001° 02' 56" E.

COGNAC-LA-FORET

9-F1 16 km E. Rochechouart. 312 m. ✉ 87310

CAMPING DES ALOUETTES ★★★ Tourisme 68 E. dont 58 nus 4 ha CV . Locations : . chauffée. Etang et lac à 700 m. Ouvert: 1.4 / 30.9. ☎ 05 55 03 26 93. E-mail : info@camping-des-alouettes.com. Web : www.camping-des-alouettes.com/fr. Prix 2022. Fft jour : empl. Tourisme (1) : 15 € ( ) ; sup 5,80 € ; animaux 1,25 € ; 3,90 € ; 3,25 €. Réduction H.S.
Lat. : 45° 49' 30" N **Long.** : 000° 59' 49" E.

COMPREIGNAC

9-F1 25 km S.-E. Bellac. 410 m. ✉ 87140

CAMPING MUNICIPAL MONTIMBERT NC Tourisme 46 E. 0,9 ha CV . Randonnée pédestre organisée. . Accès direct à la rivière ; lac à 1 km. Accueil groupes. Ouvert: 1.6 / 15.9. ☎ 05 55 71 04 49. E-mail : mairiedecompreignac@wanadoo.fr. Réduction H.S.
Lat. : 46° 00' 50" N **Long.** : 001° 16' 42" E.

COUSSAC-BONNEVAL

9-F2 42 km S. Limoges. 367 m. ✉ 87500

LES ALLEES ★ Tourisme 25 E. 0,5 ha CV. Locations : . . Etang à 1 km. Ouvert: 1.6 / 30.9. ☎ 05 55 75 28 72. E-mail : secretariat.coussac.bonneval@wanadoo.fr. Web : www.coussac-bonneval.com.
Lat. : 45° 31' 02" N **Long.** : 001° 19' 26" E.

CROMAC

6-F5 40 km N.-E. Bellac. 243 m. ✉ 87160

LE LAC DE MONDON ★★ Tourisme 72 E. dont 60 nus CV . chauffée , . Accès direct à l'étang et à la rivière. ; . Ouvert: 11.4 / 13.9. ☎ 05 55 76 93 34. E-mail : campingmondon@gmail.com. Web : www.campingdemondon.com.
Lat. : 46° 19' 56" N **Long.** : 001° 18' 42" E.
FFCC : avantages adhérent : 18 € du 01/04 au 30/05 et du 31/05 au 01/07 sur emp. et entre 37 € et 54 € la nuitée et entre 100 € et 225 € la semaine du 01/04 au 30/05 et du 31/05 au 01/07 sur loc.

DOMPIERRE-LES-EGLISES

6-F5 25 km N.-E. Bellac. 292 m. ✉ 87190

AIRE NATURELLE MUNICIPALE . Ouvert: 1.5 / 31.10. ☎ 05 55 68 53 78. E-mail : mairie.dompierreleseglises@wanadoo.fr, Web : www.dompierre-les-eglises.fr.
Lat. : 46° 13' 33" N **Long.** : 001° 15' 22" E.

DROUX

6-F5 11 km N.-E. Bellac. 246 m. ✉ 87190

AIRE NATURELLE MUNICIPALE . ☎ 05 55 68 51 81. E-mail : mairie.droux@wanadoo.fr.
Lat. : 46° 09' 33" N **Long.** : 001° 09' 13" E.

EYMOUTIERS

10-A2 45 km S.-E. Limoges. 543 m. Station verte de vacances et village de neige ✉ 87120

DOMAINE DE JUNORA ★★ Tourisme 32 E. dont 20 nus, dont 12 GCC. 3 ha CV . chauffée. Rivière à 800 m. . Ouvert: 15.4 / 14.10. ☎ 657987145. E-mail : info@junora.fr. Web : junora.fr.
Lat. : 45° 44' 58" N **Long.** : 001° 41' 35" E.

CAMPING MUNICIPAL NC Tourisme 40 E. 1 ha . Rivière à 500 m. Ouvert: 1.6 / 30.9. ☎ 05 55 69 13 98. E-mail : mairie-eymoutiers@wanadoo.fr. Web : www.mairie-eymoutiers.fr.
Lat. : 45° 43' 53" N **Long.** : 001° 45' 07" E.

FLAVIGNAC

9-F2 25 km S.-O. Limoges. 344 m. ✉ 87230

CAMPING MUNICIPAL SAINT-FORTUNAT NC Tourisme 30 E. dont 30 nus CV . Locations : . , . Accès direct aux bords du lac et à la rivière. ; . Accueil groupes. Ouvert: 1.5 / 30.9. ☎ 06 81 98 62 16. E-mail : mairie-flavignac@wanadoo.fr. Web : www.flavignac.fr. Prix 2023. Fft jour : empl. Tourisme (2) : 12,8 € ( ) ; sup 2,20 € ;
Lat. : 45° 42' 01" N **Long.** : 001° 05' 41" E.

LA CROISILLE-SUR-BRIANCE

10-A2 42 km S.-E. Limoges. 510 m. ✉ 87130

AIRE NATURELLE MUNICIPALE . Ouvert: 1.4 / 30.11. ☎ 05 55 71 70 55. E-mail : mairie.lacroisille@orange.fr.
Lat. : 45° 37' 49" N **Long.** : 001° 34' 56" E.

LADIGNAC-LE-LONG

9-F2 36 km S. Limoges. 354 m. ✉ 87500

CAMPING BEL AIR ★★★ Tourisme 100 E. dont 50 nus, dont 30 CC. 1 ha CV . Locations : . Randonnée pédestre organisée. , . Accès direct à l'étang. . Ouvert: 1.5 / 31.10. ☎ 05 87 08 29 42 / 06 59 02 80 03. E-mail : info@campingladignac.com. Web : www.campingladignac.com. Prix 2022. empl. Tourisme : 7 € ; 5 € ; animaux 1 € ; 3 € ; 4,50 €. Réduction H.S.
Lat. : 45° 35' 29" N **Long.** : 001° 06' 43" E.

CAMPING FIL D'OR . Ouvert: 1.4 / 30.9. ☎ 05 55 09 33 10. E-mail : campingfildor@yahoo.fr.
Lat. : 45° 34' 07" N **Long.** : 001° 05' 48" E.

M. MARCEL VAN NUS CV . Ouvert: 1.5 / 31.10. ☎ 05 55 00 52 23. E-mail : camping@lajaurie.com, Web : www.lajaurie.com. Réduction H.S.
Lat. : 45° 36' 33" N **Long.** : 001° 04' 28" E.

LE CHALARD

9-F2 42 km S. Limoges. 323 m. ✉ 87500

LES VIGÈRES ★★★ Loisirs 45 E. dont 10 nus CV . Locations : . . Accès direct à l'étang ; rivière à 1 km ; lac à 4 km.. Accueil groupes. Ouvert: 1.3 / 30.10. ☎ 0 05 55 58 88 40. E-mail : lesvigeres@orange.fr. Web : www.camping-lesvigeres.com. Réduction H.S.
Lat. : 45° 33' 17" N **Long.** : 001° 07' 04" E.

LE CHATENET-EN-DOGNON

10-A1 24 km N.-E. Limoges. 382 m. ✉ 87400

M. BOGAARD . Ouvert: 1.4 / 1.10. ☎ 05 55 57 11 12. E-mail : Janvdbogaard@wanadoo.nl.
Lat. : 45° 54' 00" N **Long.** : 001° 30' 00" E.

LE DORAT

6-F5 12 km N. Bellac. 226 m. ✉ 87210

CAMPING MUNICIPAL LA PLANCHE DES DAMES NC Tourisme 20 E. dont 25 nus 1 ha CV. Locations : . Randonnée pédestre organisée. . Accès direct à l'étang ; rivière à 3 km. Ouvert: 15.4 / 15.10. ☎ 06 40 06 70 58. E-mail : ledoratour@gmail.com. Web : www.campingledorat-hautevienne.com/.
Lat. : 46° 12' 43" N **Long.** : 001° 04' 55" E.

LUSSAC-LES-EGLISES

6-F5 30 km N. Bellac. 207 m. ✉ 87360

LES FORGES NC Tourisme 10 E. dont 10 nus 0,5 ha CV. . Accès direct à l'étang ; rivière à 1 km.. Ouvert: 1.4 / 30.9. ☎ 06 42 18 93 08. E-mail : mairie.lussac.les.eglises@wanadoo.fr. Web : www.lussac-les-eglises.fr. Prix 2022. Fft jour : empl. Tourisme (3) : 6,5 € ( )
Lat. : 46° 20' 37" N **Long.** : 001° 10' 46" E.

MAGNAC-BOURG

10-A2 27 km S.-E. Limoges. 430 m. ✉ 87380

CAMPING MUNICIPAL LES ÉCUREUILS NC Tourisme 30 E. dont 30 nus 1 ha CV. . A 2 km : . Accueil groupes. Ouvert: 1.4 / 31.10. ☎ 05 55 00 80 28. E-mail : mairie.magnac-bourg@wanadoo.fr. Web : www.magnac-bourg.fr. Prix 2022. Fft jour : empl. Tourisme : 8 € ( )
Lat. : 45° 37' 11" N **Long.** : 001° 25' 44" E.

MARVAL

9-E2 30 km S. Rochechouart. 333 m. ✉ 87440

LE GRAND LAC ★★★ Tourisme 130 E. dont 49 nus 6 ha CV . Locations : . chauffée . Accès direct aux bords du lac ; rivière à 5 km. ; . Accueil groupes. Ouvert: 27.6 / 29.8. ☎ 05 55 78 73 85. E-mail : legrandlac@wanadoo.fr. Web : www.legrandlac.com.
Lat. : 45° 40' 07" N **Long.** : 000° 47' 25" E.

NANTIAT

9-F1 17 km S.-E. Bellac. 326 m. ✉ 87140

CAMPING MUNICIPAL LES HACHES NC Tourisme 33 E. 0,75 ha CV. .. Ouvert: 15.6 / 15.9. ☎ 05 55 53 42 43. E-mail : commune.nantiat@nantiat.fr.
Lat. : 46° 00' 33" N **Long.** : 001° 10' 23" E.

NEDDE

10-B2 56 km E. Limoges. 580 m. Village de neige ✉ 87120

CAMPING MUNICIPAL LA SEVE ★★ Tourisme 40 E. 3,5 ha . , .. Ouvert: 1.5 / 31.10. ☎ 05 55 69 98 09. E-mail : mairie.nedde@wanadoo.fr. Web : www.nedde.fr.
Lat. : 45° 43' 10" N **Long.** : 001° 49' 53" E.

NEXON

9-F2 20 km S. Limoges. 370 m. ✉ 87800

CAMPING DE LA LANDE ★★★ Tourisme 61 E. dont 48 nus 1,6 ha 24 h / 24, CV . Locations : . Randonnée pédestre organisée. , . Accès direct à l'étang. . Accueil groupes. Ouvert: 1.6 / 30.9. ☎ 05 55 58 35 44 / 06 13 88 88 82. E-mail : campingdelalande.nexon@orange.fr. Web : www.camping-nexon.fr. Prix 2022. Fft jour : empl. Tourisme (2) : 15 € ( ) ; sup 4,50 € ; 1,50 €.
Lat. : 45° 40' 17" N **Long.** : 001° 10' 50" E.
FFCC : avantages adhérent : 15 € du 01/04 au 15/09 et du 31/08 au 31/10 sur emp. et entre 25 € et 100 € la nuitée et entre 130 € et 475 € la semaine du 01/04 au 15/09 et du 31/08 au 31/10 sur loc.

PEYRAT-LE-CHATEAU

10-A1 50 km E. Limoges. 526 m. Station verte de vacances et village de neige ✉ 87470

LES DEUX ÎLES NC Tourisme 119 E. dont 98 nus 2,5 ha CV. Locations : , , , . Accès direct aux bords du lac. ; ; . Accueil groupes adultes. Ouvert: 9.4 / 25.9. ☎ 05 55 35 60 81. E-mail : les2iles.camping@gmail.com. Web : campings-vassiviere.com. Prix 2022. Fft jour : empl. Tourisme (2) : 23 € ( ) ; sup 5 € ; animaux 1 € ; 3,50 €.
Lat. : 45° 48' 19" N **Long.** : 001° 50' 36" E.

PIERRE-BUFFIERE

9-F2 20 km S.-E. Limoges. 302 m. ✉ 87260

CAMPING INTERCOMMUNAL NC Tourisme 60 E. dont 20 GCC. 2 ha CV . Rivière à 2 km. Accueil groupes enfants. Ouvert: 1.7 / 30.8. ☎ 05 55 00 96 43. E-mail : ccbshv@orange.fr. Web : www.tourisme-briancesudhautevienne.fr. Réduction H.S.
Lat. : 45° 41' 21" N **Long.** : 001° 22' 15" E.

ROCHECHOUART

9-F1 42 km O. Limoges. 247 m. Station verte de vacances et village de neige ✉ 87600

LA MÉTÉORITE ★★★★ Tourisme 51 E. dont 34 nus 1,13 ha CV . Locations : , , . chauffée , . Accès direct à l'étang et aux bords du lac ; rivière à 300 m. . Accueil groupes. Ouvert: 1.4 / 31.10. ☎ 05 55 03 65 96. E-mail : campingdelameteorite@orange.fr. Web : campingdelameteorite.com. Prix 2022. Fft jour : empl. Tourisme (2) : 20 € ( )
Lat. : 45° 48' 46" N **Long.** : 000° 49' 05" E.

SAILLAT-SUR-VIENNE

9-F1 6 km N. Rochechouart. 202 m. ✉ 87720

CAMPING MUNICIPAL NC Loisirs 36 E. . ☎ 05 55 03 41 82. E-mail : saillat-mairie@wanadoo.fr.
Lat. : 45° 52' 22" N **Long.** : 000° 49' 09" E.

SAINT-AMAND-MAGNAZEIX

6-F5 30 km N.-E. Bellac. 335 m. ✉ 87290

CAMPING MUNICIPAL NC Tourisme 24 E. , , . Accès direct à l'étang.. ☎ 05 55 76 00 87. E-mail : mairie.st.amand.magnx@wanadoo.fr.
Lat. : 46° 10' 30" N **Long.** : 001° 21' 14" E.

MME YVONNE COUSTY. Ouvert: 15.4 / 15.10. ☎ 05 55 76 04 15.
Lat. : 46° 11' 34" N **Long.** : 001° 20' 01" E.

SAINT-GERMAIN-LES-BELLES

10-A2 34 km S.-E. Limoges. 418 m. ✉ 87380

MONTRÉAL ★★★ Tourisme 60 E. dont 60 nus 0,6 ha CV . chauffée , . Accès direct aux bords du lac. ; . Accueil groupes. Ouvert: 1.1 / 31.12. ☎ 05 55 71 86 20. E-mail : contact@campingdemontreal.com. Web : www.campingdemontreal.com. Réduction H.S.
Lat. : 45° 36' 38" N **Long.** : 001° 29' 58" E.
FFCC : avantages adhérent : 16 € du 01/01 au 02/07 et du 27/08 au 31/12 sur emp. et entre 50 € et 75 € la nuitée et entre 150 € et 375 € la semaine du 28/03 au 02/07 et du 27/08 au 01/11 sur loc.

SAINT-HILAIRE-LES-PLACES

9-F2 20 km S. Limoges. 385 m. ✉ 87800

L'AIR DU LAC ★★★ Tourisme 81 E. dont 59 nus, dont 4 CC. 1,5 ha CV . Locations : , . Randonnée pédestre organisée. , , . Accès direct à l'étang et aux bords du lac. ; ; . Accueil groupes. Ouvert: 9.4 / 25.9. ☎ 05 55 58 79 18. E-mail : campinglairdulac@flowercampings.com. Web : www.campinglairdulac.com. Prix 2022. Fft jour : empl. Tourisme (2) : 20 € (E. CC). Réduction H.S.
Lat. : 45° 38' 06" N **Long.** : 001° 09' 38" E.
FFCC : avantages adhérent : 13 € du 07/04 au 01/07 et du 02/09 au 24/09 sur emp.

SAINT-JULIEN-LE-PETIT

10-A1 44 km E. Limoges 457 m. ✉ 87460

AIRE NATURELLE MUNICIPALE . Ouvert: 1.4 / 15.11. ☎ 0 6 31 01 97 93. E-mail : mairie.saintjulien@free.fr. Prix 2022. 2,50 € ; 1 €.
Lat. : 45° 49' 17" N **Long.** : 001° 42' 19" E.

SAINT-JUNIEN

9-F1 11 km N.-E. Rochechouart. 241 m. Station verte de vacances et village de neige ✉ 87200

CAMPING DE MON VILLAGE ★★ Tourisme 68 E. dont 64 nus 1,8 ha CV . Randonnée pédestre organisée. . Rivière à 800 m. Accueil groupes. Ouvert: 15.5 / 19.9. ☎ 01 83 64 69 21. E-mail : contact@campingcarpark.com. Web : www.campingcarpark.com/.
Lat. : 45° 53' 47" N **Long.** : 000° 53' 59" E.

SAINT-LAURENT-LES-EGLISES

10-A1 28 km N.-E. Limoges. 388 m. ✉ 87240

AU PONT DU DOGNON ★★★ Tourisme 86 E. dont 66 nus CV . Locations : , , , , , , . Accès direct à la rivière. . Accueil groupes. Ouvert: 7.4 / 17.9. ☎ 0 6 75 73 25 30. E-mail : campingpontdudognon@orange.fr. Web : www.aupontdudognon.fr. Prix 2023. Fft jour : empl. Tourisme (2) : 21 € ( ) ; sup 5 € ; animaux 2 € ; 3 €.
Lat. : 45° 56' 35" N **Long.** : 001° 30' 53" E.

SAINT-LAURENT-SUR-GORRE

9-F1 13 km S.E. Rochechouart. 303 m. ✉ 87310

AIRE NATURELLE MUNICIPALE . Ouvert: 1.6 / 30.9. ☎ 05 55 00 00 21. E-mail : contact@saint-laurent-sur-gorre.fr, Web : www.saint-laurent-gorre.fr.
Lat. : 45° 45' 55" N **Long.** : 000° 57' 23" E.

SAINT-LEONARD-DE-NOBLAT

10-A1 22 km E. Limoges. 347 m. ✉ 87400

CAMPING DE BEAUFORT ★★★ Tourisme 78 E. dont 65 nus 2 ha CV . Locations : , , . Accès direct à la rivière. . Ouvert: 14.4 / 3.11. ☎ 05 55 56 02 79. E-mail : camping@ville-saint-leonard.fr. Web : www.campingdebeaufort.fr.
Lat. : 45° 49' 23" N **Long.** : 001° 29' 31" E.

SAINT-MARTIN-TERRESSUS

10-A1 19 km N.-E. Limoges. 359 m. ✉ 87400

CAMPING MUNICIPAL LE SOLEIL LEVANT NC Tourisme 36 E. dont 34 nus 0,36 ha . Accès direct à l'étang. ; . Ouvert: 15.6 / 15.9. ☎ 05 55 39 83 78. E-mail : mairie@st-martin-terressus.fr. Prix 2022. Fft jour : empl. Tourisme (2) : 10 € ( ) ; sup 5 € ; 4 €.
Lat. : 45° 55' 08" N **Long.** : 001° 26' 21" E.

SAINT-MATHIEU

9-E2 17 km S.-O. Rochechouart. 316 m. ✉ 87440

LE LAC ★★★ Tourisme 45 E. 1 ha . Locations : . , . Accès direct aux bords du lac. ; ; . Ouvert: 1.5 / 30.9. ☎ 05 55 00 34 30. E-mail : mairie.saint.mathieu@orange.fr. Web : www.saintmathieulac.fr.
Lat. : 45° 42' 49" N **Long.** : 000° 47' 16" E.

SAINT-PARDOUX

6-F5 25 km S.-E. Bellac. 387 m. ✉ 87250

CAMPING DU LAC DE ST-PARDOUX ★★★★ Tourisme 137 E. dont 103 nus CV . Locations : , . Randonnée pédestre organisée. . Accès direct aux bords du lac. ; . Accueil groupes. Ouvert: 1.3 / 5.11. ☎ 05 55 76 57 22. E-mail : camping.freaudour@aquadis-loisirs.com. Web : www.aquadis-loisirs.com/camping-nature/camping-du-lac-de-st-pardoux. Prix 2023. Fft nuit : empl. Tourisme (2) : 23,9 € ( ). Réduction H.S.
Lat. : 46° 02' 59" N **Long.** : 001° 16' 45" E.
FFCC : avantages adhérent : 17 € du 01/03 au 08/07 et du 26/08 au 05/11 sur emp. + Offre découverte Duo : 20% de réduction pour un séjour de 7 nuits minimum en location hors saison.

SAINT-YRIEIX-LA-PERCHE

9-F2 41 km S.-O. Limoges. 383 m. ✉ 87500

CAMPING MUNICIPAL DU LAC D'ARFEUILLE ★★★ Tourisme 86 E. dont 75 nus 4 ha CV . , . Accès direct aux bords du lac. ; ; . Accueil groupes. Ouvert: 1.4 / 30.9. ☎ 05 55 75 08 75. E-mail : camping@saint-yrieix.fr. Web : www.campingsaintyrieix.fr.
Lat. : 45° 31' 40" N **Long.** : 001° 11' 59" E.

SUSSAC

10-A2 45 km S.-E. Limoges. 495 m. ✉ 87130

LES SAULES ★★ Tourisme 33 E. dont 33 nus, dont 30 CC. 1,5 ha . Locations : . Accès direct aux bords du lac ; rivière à 500 m. ; . Ouvert: 1.5 / 15.9. ☎ 05 55 69 64 36. E-mail : info@lessaules.com. Web : www.lessaules.com. Réduction H.S.
Lat. : 45° 39' 05" N **Long.** : 001° 40' 43" E.

Cartes 4-8

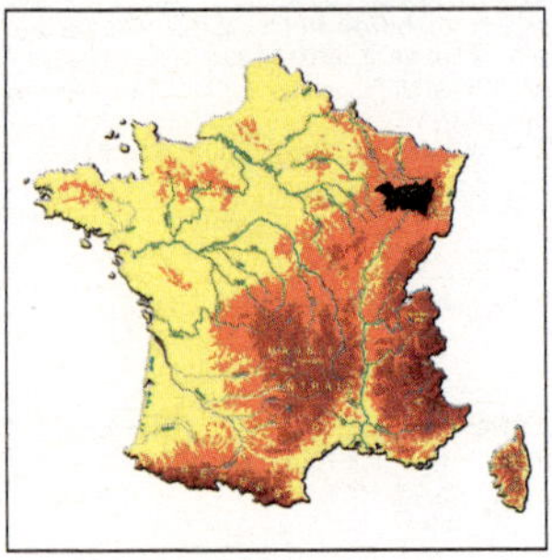

ANOULD

4-D5 12 km S. St-Dié. 546 m. ✉ 88650

LES DEUX PINS ★★★ Tourisme 57 E. dont 36 nus 1,5 ha 22 h / 7 h, CV. Locations : roulotte. chauffée. Rivière à 500 m. Ouvert: 10.12 / 20.9. ☎ 03 29 57 11 06. E-mail : campinglesdeuxpins@gmail.com. Réduction H.S.
Lat. : 48° 11′ 03" N **Long.** : 006° 57′ 28" E.

BAN-DE-SAPT

4-D4 11 km N. Saint-Dié. 579 m. ✉ 88210

CAMPING DES 7 HAMEAUX . Ouvert: 7.4 / 20.10. ☎ 03 29 58 95 75. E-mail : campingdes7hameaux@gmail.com, Web : campingdes7hameaux.fr.
Lat. : 48° 21′ 10" N **Long.** : 006° 59′ 24" E.

BLEURVILLE

4-C5 316 m. ✉ 88410

MME COLETTE ROZETTE CV. Ouvert: 1.7 / 15.9. ☎ 03 29 09 93 17. E-mail : bignovre@wanadoo.fr.
Lat. : 48° 02′ 26" N **Long.** : 005° 56′ 11" E.

BULGNEVILLE

4-C5 21 km S.-E. Neufchâteau. 374 m. ✉ 88140

PORTE DES VOSGES ★★★ Tourisme 100 E. dont 100 nus 3 ha CV. Locations : . chauffée . Etang à 500 m ; lac à 4 km. . Ouvert: 26.3 / 31.10. ☎ 03 29 09 12 00. E-mail : contact@camping-portedesvosges.com. Web : www.camping-portedesvosges.com. Prix 2022. Fft nuit : empl. Tourisme (2) : 20 € () ; sup 4,90 € nuit ; 2,80 € nuit. Réduction H.S.
Lat. : 48° 11′ 56" N **Long.** : 005° 50′ 42" E.

BUSSANG

8-D1 42 km S.-E. Epinal. 835 m. ✉ 88540

DOMAINE DE CHAMPE ★★★★★ Tourisme 110 E. dont 80 nus
3,5 ha CV. Locations : . Randonnée pédestre organisée. Espace Fitness. couverte chauffée , , . Accès direct à l'étang et à la rivière. ; ; . Ouvert: 1.11 / 31.12. ☎ 03 29 61 61 51. E-mail : info@domaine-de-champe.com. Web : www.domaine-de-champe.fr.
Lat. : 47° 53′ 20" N **Long.** : 006° 51′ 27" E.

M. REITH CONRAD . ☎ 03 29 61 51 66. E-mail : coen.tao@wanadoo.fr, Web : www.totalartoasis.net.
Lat. : 47° 53′ 49" N **Long.** : 006° 53′ 58" E.

CELLES-SUR-PLAINE

4-D4 27 km N. Saint-Dié. 455 m. ✉ 88110

CAMPING DES LACS ★★★ Tourisme 147 E. dont 122 nus, dont 10 CC.
CV. Locations : , . Randonnée pédestre organisée. couverte chauffée , , . Accès direct à la rivière ; étang à 300 m ; lac à 400 m. . Accueil groupes. Ouvert: 1.5 / 30.9. ☎ 03 29 41 28 00. E-mail : camping@paysdeslacs.com. Web : www.paysdeslacs.com/camping. Prix 2022. Fft jour : empl. Tourisme (2) : 22 € (E. CC)
Lat. : 48° 27′ 18" N **Long.** : 006° 56′ 50" E.

CHARMES

4-C4 25 km N.-E. Epinal. 303 m. ✉ 88130

L'ÎLE AUX MILLE CHARMES En cours de classement 98 E. dont 98 nus 3,5 ha CV . A 2 km : . Accès direct à la rivière ; étang à 800 m.. Accueil groupes. Ouvert: 6.4 / 21.9. ☎ 0 3 29 36 35 09. E-mail : accueil@lileauxmillecharmes.fr. Web : lile-aux-mille-charmes.fr. Prix 2023. Fft jour : empl. Tourisme (2) : 25 € () ; sup 5 € ; animaux 3 € ; 3 €. Réduction H.S.
Lat. : 48° 22′ 38" N **Long.** : 006° 17′ 24" E.

CHATEL-SUR-MOSELLE

4-C5 18 km N.-N.-O. Epinal. 333 m. ✉ 88330

MME THÉRÈSE PERRIN . Ouvert: 1.5 / 1.10. ☎ 03 29 67 94 56. E-mail : jeanperrin0624@orange.fr.
Lat. : 48° 19′ 32" N **Long.** : 006° 25′ 38" E.

CHAUMOUSEY

4-C5 10 km O. Epinal. 367 m. ✉ 88390

AMIS DE LA NATURE NC Tourisme 60 E. dont 60 nus 0,9 ha CV. A 10 km : Locations : , , . Accès direct aux bords du lac. ; ; . Accueil groupes. Ouvert: 1.6 / 30.9. ☎ 03 29 82 08 53. E-mail : alainmoinel@orange.fr.
Lat. : 48° 09′ 42" N **Long.** : 006° 21′ 10" E.

CLAUDON

4-C5 46 km S.-O. Epinal 331 m. ✉ 88410

LA CLAIRIÈRE DU VERBAMONT
. Ouvert: 1.4 / 31.10. ☎ 06 52 06 05 10. E-mail : leverbamont@gmail.com, Web : www.camping-vosges-nature.com. Prix 2023. Fft jour : empl. Tourisme (2) : 18 € () ; sup 4 € ; 3 € ; 3 €. Réduction H.S.
Lat. : 48° 02′ 40" N **Long.** : 006° 04′ 46" E.
FFCC : avantages adhérent : 14 € du 01/04 au 01/06 et du 01/09 au 31/10 sur emp.

CONTREXEVILLE

4-C5 23 km S.-O. Neufchateau. 365 m. Station verte de vacances et village de neige ✉ 88140

CAMPING DE CONTREXÉVILLE ★★★ Tourisme 56 E. dont 41 nus, dont 2 GCC. 1,5 ha . Locations : . Lac à 2 km. Accueil groupes. Ouvert: 26.3 / 31.10. ☎ 03 29 08 15 06. E-mail : info@campingcontrexeville.com. Web : www.campingcontrexeville.com. Prix 2022. Fft jour : empl. Tourisme (2) : 20 € (). Réduction H.S.
Lat. : 48° 10′ 49" N **Long.** : 005° 53′ 07" E.

CORCIEUX

4-D5 19 km S.-S.-O. Saint-Dié. 585 m. Station verte de vacances et village de neige ✉ 88430

DOMAINE LES BANS ★★★★ Loisirs 677 E. dont 100 nus . Locations : . couverte chauffée , , . Accès direct à l'étang. ; . Ouvert: 28.4 / 4.9. ☎ 03 29 51 64 67. E-mail : domainelesbans@cielavillage.com. Web : www.domaine-des-bans.fr.
Lat. : 48° 10′ 08" N **Long.** : 006° 52′ 48" E.

AU CLOS DE LA CHAUME ★★★ Tourisme 94 E. dont 10 GCC.
CV . Randonnée pédestre organisée. couverte chauffée. Accès direct à l'étang et à la rivière. Accueil groupes. Ouvert: 23.4 / 30.9. ☎ 03 29 50 76 76. E-mail : info@camping-closdelachaume.com. Web : www.camping-closdelachaume.com. Prix 2022. Fft nuit : empl. Tourisme (2) : 23,1 € () ; sup 6,90 € nuit ; animaux 1,90 € nuit ; 4,10 € nuit. Réduction H.S.
Lat. : 48° 10′ 08" N **Long.** : 006° 53′ 24" E.
FFCC : avantages adhérent : 10% du 07/04 au 30/06 et du 01/09 au 20/0910% du 07/04 au 30/06 et du 01/09 au 20/09 sur emp. et loc. + 10% hors juillet-août sur les emplacements nus et hébergements locatifs sur présentation de la carte ou rendez-vous dans votre club avantages FFCC pour obtenir le code promotionnel.

AU MICA ★★★ Tourisme 62 E. dont 41 nus, dont 2 GCC.
2 ha CV. Locations : , cabanes, tonneau. chauffée , . Accès direct à l'étang et à la rivière. . Ouvert: 25.5 / 11.9. ☎ 0 7 69 93 30 56. E-mail : info@campingaumica.com. Web : www.camping-au-mica.fr. Prix 2022. Fft jour : empl. Tourisme (2) : 27 € (E. CC).
Lat. : 48° 09' 58" N **Long.** : 006° 53' 39" E.

M. CLAUDE LEJAL Ouvert: 1.5 / 30.9. ☎ 03 29 50 69 38. E-mail : campinglescollieures@laposte.net, Web : www.campinglescollieures.com. Réduction H.S.
Lat. : 48° 08' 31" N **Long.** : 006° 53' 37" E.

CORNIMONT

4-D5 50 km S.-E. Epinal. 804 m. Station verte de vacances et village de neige ✉ 88310

CAMPING DES TÊTES ★★ Tourisme 60 E. 2 ha CV . Locations : . Accès direct à l'étang et à la rivière. . Accueil groupes. Ouvert: 1.1 / 31.12. ☎ 03 29 24 05 63. E-mail : campingdestetes@gmail.com. Web : www.campingdestetes.e-monsite.com. Réduction H.S.
Lat. : 47° 57' 50" N **Long.** : 006° 50' 52" E.

DOMREMY-LA-PUCELLE

4-B4 11 km N. Neufchateau. 342 m. ✉ 88630

CAMPING INTERCOMMUNAL DE DOMREMY-LA-PUCELLE NC Tourisme 25 E. dont 25 nus 0,40 ha CV. Rivière à 200 m. Accueil groupes. Ouvert: 16.5 / 18.9. ☎ 0 3 29941095. E-mail : camping-domremylapucelle@tourisme-ouest-vosges.fr. Web : www.camping-domremy-vosges.com/. Prix 2022. Fft nuit : empl. Tourisme (2) : 16 € ( ) ;
Lat. : 48° 26' 39" N **Long.** : 005° 40' 36" E.

EPINAL

4-D5 366 km E.-S.-E. Paris. 401 m. ✉ 88000

PARC DU CHATEAU ★★ Tourisme 42 E. dont 33 nus CV . A 5 km : Locations : . Rivière à 5 km. . Accueil groupes adultes. Ouvert: 1.1 / 31.12. ☎ 03 29 34 43 65. E-mail : camping.parcduchateau@gmail.com. Web : camping-parcduchateau.com. Réduction H.S.
Lat. : 48° 10' 47" N **Long.** : 006° 28' 07" E.

ETIVAL-CLAIREFONTAINE

4-D4 11 km N.-O. Saint-Dié. 366 m. ✉ 88480

BEAULIEU SUR L'EAU ★★ Tourisme 56 E. dont 56 nus 1,7 ha CV . Locations : . . Accès direct à l'étang ; rivière à 200 m.. Accueil groupes. Ouvert: 1.1 / 31.12. ☎ 03 29 41 53 51. E-mail : camping-beaulieu-vosges@orange.fr. Web : www.camping-beaulieu-vosges.com.
Lat. : 48° 21' 48" N **Long.** : 006° 50' 18" E.

FONTENOY-LE-CHATEAU

4-C5 37 km S.-O. Epinal. 317 m. Village de neige ✉ 88240

FONTENOY ★★ Tourisme 63 E. dont 54 nus
CV . Locations : . Rivière à 2 km ; étang à 3 km. Accueil groupes. Ouvert: 1.3 / 30.10. ☎ 03 29 36 34 74. E-mail : camping.fontenoylechateau@outlook.fr. Web : www.campingfontenoy.com. Prix 2023. 3 € nuit ; 6,50 € nuit ; 4,50 € nuit ; 4,50 € nuit ; 2 € nuit ; animaux 0,50 € nuit ; 2 € nuit ; 3,50 € nuit. Réduction H.S.
Lat. : 47° 57' 22" N **Long.** : 006° 12' 40" E.

FFCC : avantages adhérent : 16 € sur emp. et entre 35 € et 50 € la nuitée et entre 200 € et 350 € la semaine sur loc.

FRAIZE

4-D5 16 km S. Saint-Die. 649 m. ✉ 88230

CLAIREGOUTTE NC Tourisme 25 E. dont 10 nus
1 ha CV. Randonnée pédestre organisée. . Rivière à 50 m ; étang à 3 km.. Accueil groupes. Ouvert: 15.6 / 15.9. ☎ 03 29 50 35 27. E-mail : guides@campingfrance.com. Prix 2023. empl. Tourisme : 3,80 € ; 3,80 € ; 2,80 € ; 2,80 €.
Lat. : 48° 11' 05" N **Long.** : 006° 59' 27" E.

FFCC : avantages adhérent : 14.60 € du 20/06 au 31/08 sur emp.

FRESSE-SUR-MOSELLE

8-D1 52 km S.-E. Epinal. 701 m. ✉ 88160

CAMPING MUNICIPAL BON ACCUEIL ★★ Tourisme 48 E. 0,6 ha CV . Rivière à 100 m ; étang à 2 km. Accueil groupes. Ouvert: 1.4 / 31.10. ☎ 03 29 25 08 98. E-mail : mairie@fressesurmoselle.fr. Web : www.tourisme-lorraine.fr/hebergement/campings/745000016-camping-municipal-au-bon-accueil-fresse-sur-moselle. Prix 2022. 2,98 € ; 2,86 € ; 2,48 € ; 1,76 € ; animaux 0,88 € ; 2,06 € ; 3,13 €.
Lat. : 47° 52' 37" N **Long.** : 006° 46' 45" E.

GEMAINGOUTTE

4-E5 12 km S.-E. St-Dié. 675 m. ✉ 88520

CAMPING MUNICIPAL LE VIOLU NC Tourisme 48 E. 1 ha CV. A 5 km : Locations : . . Accès direct à la rivière.. Accueil groupes. Ouvert: 1.4 / 31.10. ☎ 03 29 57 70 70. E-mail : mairie.gemaingoutte@wanadoo.fr. Web : www.gemaingoutte.fr/page/12-camping.
Lat. : 48° 15' 14" N **Long.** : 007° 04' 57" E.

GERARDMER

4-D5 30 km S.-O. Saint-Die. 834 m. ✉ 88400

LES GRANGES BAS ★★ Tourisme 98 E. dont 65 nus CV . Locations : . chauffée . Lac à 2,5 km. Accueil groupes. Ouvert: 1.1 / 10.10. ☎ 03 29 63 12 03. E-mail : camping@lesgrangesbas.fr. Web : www.lesgrangesbas.fr. Prix 2022. Fft jour : empl. Tourisme (2) : 25 € ( ). Réduction H.S.
Lat. : 48° 04' 10" N **Long.** : 006° 48' 25" E.

LES SAPINS ★★ Tourisme 69 E. 1,3 ha CV . Locations : . Lac à 200 m ; rivière à 5 km. Accueil groupes. Ouvert: 1.4 / 10.10. ☎ 03 29 63 15 01. E-mail : campinglessapins@orange.fr. Web : www.camping-gerardmer.com. Réduction H.S.
Lat. : 48° 03' 46" N **Long.** : 006° 51' 17" E.

RAMBERCHAMP ★★ Tourisme 169 E. dont 150 nus 3 ha CV . Locations : . . Accès direct aux bords du lac. Accueil groupes. Ouvert: 12.4 / 22.9. ☎ 03 29 63 03 82. E-mail : boespflug.helene@wanadoo.fr. Web : www.camping-de-ramberchamp.com.
Lat. : 48° 03' 55" N **Long.** : 006° 51' 18" E.

LES MYRTILLES ★ Tourisme 50 E. 1 ha CV . Locations : . Lac à 3,5 km. Accueil groupes. Ouvert: 1.5 / 30.9. ☎ 03 29 63 21 38. E-mail : campinglesmyrtilles@wanadoo.fr. Web : lesmyrtilles.pagesperso-orange.fr/.
Lat. : 48° 02' 51" N **Long.** : 006° 52' 08" E.

GERBEPAL

4-D5 18 km S. Saint-Dié. 788 m. ✉ 88430

LES TREXONS ★★ Tourisme 45 E. dont 33 nus
2 ha CV . Locations : caravane. , . Accès direct à l'étang ; lac à 5 km. . Ouvert: 25.4 / 16.10. ☎ 0 329507492. E-mail : info@camping-lestrexons.com. Web : camping-lestrexons.com.
Lat. : 48° 08' 05" N **Long.** : 006° 54' 46" E.

FFCC : avantages adhérent : 22 € du 28/04 au 01/07 et du 01/09 au 01/10 sur emp. + Tarif locatifs : Appartement 2 pers : 65 et 85 euros la nuit du 10/01 au 01/07 et du 01/09 au 18/12 Petite cabane 4 pers : 625 euros en basse saison et 775 euros la semaine en haute saison du 28/04 au 01/10.

GRANDRUPT-DE-BAINS

4-C5 31 km S.-O. Epinal 445 m. ✉ 88240

M. MARINUS EBBEN Ouvert: 1.5 / 30.9. ☎ 03 29 30 97 38. E-mail : entre.les.sources@free.fr, Web : tussendebronnen.nl.
Lat. : 48° 03' 46" N **Long.** : 006° 11' 18" E.

GRANGES-AUMONTZEY

4-D5 29 km S.-O. Saint-Die. 651 m. ✉ 88640

LA STÉNIOLE ★★★★ Tourisme 125 E. dont 80 nus
7 ha CV . Locations : . couverte chauffée , . Accès direct à l'étang. ; ; . Accueil groupes. Ouvert: 1.4 / 5.11. ☎ 03 29 51 43 75. E-mail : steniole@wanadoo.fr. Web : www.steniole.com. Prix 2023. Fft jour : empl. Tourisme (2) : 30 € (E. CC) ; sup 5 € ; animaux 4 € ; 4 €. Réduction H.S.
Lat. : 48° 07' 14" N **Long.** : 006° 49' 51" E.

FFCC : avantages adhérent : 17 € du 01/04 au 01/07 et du 26/08 au 15/10 sur emp. + Offre locatifs : 319 € la semaine du 01/04 au 29/04, du 30/05 au 30/06 et du 02/09 au 31/10.

LE CHÂTEAU ★★★ Tourisme 40 E. dont 40 nus 2 ha CV. Etang et rivière à 1 km. Accueil groupes adultes. Ouvert: 15.5 / 5.9. ☎ 03 29 57 50 83. E-mail : info@camping-du-chateau-vosges.com. Web : www.camping-du-chateau-vosges.com.
Lat. : 48° 09' 10" N **Long.** : 006° 47' 27" E.

VILLAGE HUTTOPIA FORÊT DES VOSGES ★★★ Tourisme 68 E. 8 ha CV. Locations : . chauffée , . Accès direct aux bords du lac ; rivière à 1 km. . Ouvert: 1.6 / 1.11. ☎ 03 29 51 44 60. E-mail : foretdesvosges@huttopia.com. Web : europe.huttopia.com.
Lat. : 48° 07' 26" N **Long.** : 006° 49' 01" E.

GINA PARK ★★ Tourisme 96 E. 2 ha CV. Locations : . . Etang à 150 m ; rivière à 200 m. ; . Accueil groupes. Ouvert: 1.1 / 31.12. ☎ 03 29 51 41 95. E-mail : francisleferrand@orange.fr. Web : www.gina-park.fr/.
Lat. : 48° 07' 58" N **Long.** : 006° 47' 28" E.

PRÉ VOLOGNE NC 30 E. dont 30 nus 1,5 ha . Locations : . . Accès direct à la rivière. . Ouvert: 15.4 / 15.10. ☎ 03 29 41 52 07. E-mail : contact@campingprevologne.fr. Web : www.campingprevologne.fr.
Lat. : 48° 08' 32" N **Long.** : 006° 47' 12" E.

HENNEZEL

4-C5 38 km S.-O. Epinal. 387 m. ✉ 88260

ECOLONIE . Ouvert: 1.2 / 31.12. ☎ 03 29 07 00 27. E-mail : info@ecolonie.eu, Web : www.ecolonie.eu/fr. Réduction H.S.
Lat. : 48° 03' 02" N **Long.** : 006° 06' 17" E.

HERPELMONT

4-D5 19 km S.-S.-O. Gérardmer. 538 m. ✉ 88600

DOMAINE DES MESSIRES ★★★★ Tourisme 120 E. 3 ha . Locations : . . Accès direct aux bords du lac. ; ; . Accueil groupes. Ouvert: 24.4 / 12.9. ☎ 03 29 58 56 29. E-mail : mail@domainedesmessires.com. Web : www.domainedesmessires.com. Réduction H.S.
Lat. : 48° 10' 43" N **Long.** : 006° 44' 35" E.

LA BRESSE

4-D5 56 km S.-E. Epinal. 951 m. Station verte de vacances et village de neige ✉ 88250

BELLE HUTTE ★★★★ Tourisme 130 E. dont 101 nus 4,18 ha CV. Locations : . chauffée , . Accès direct à la rivière ; lac à 1,5 km. . Ouvert: 20.12 / 15.9. ☎ 03 29 25 49 75. E-mail : contact@campingbellehutte.com. Web : www.campingbellehutte.com. Réduction H.S.
Lat. : 48° 02' 06" N **Long.** : 006° 57' 46" E.

LE HAUT DES BLUCHES ★★★ Tourisme 141 E. dont 80 nus, dont 19 GCC. CV. Locations : . . Accès direct à la rivière ; lac à 2 km.. Accueil groupes. Ouvert: 11.12 / 31.12. ☎ 03 29 25 64 80. E-mail : hautdesbluches@labresse.fr. Web : www.hautdesbluches.com. Prix 2023. Fft jour : empl. Tourisme (2) : 20 € ( ) ; sup 4,70 € ; animaux 1,50 € ; 3 €. Réduction H.S.
Lat. : 47° 59' 57" N **Long.** : 006° 55' 05" E.
FFCC : avantages adhérent : 17 € du 01/04 au 07/07 et du 28/08 au 11/11 sur emp.

LA CHAPELLE-DEVANT-BRUYERES

4-D5 25 km S.-O. Saint-Die. 564 m. ✉ 88600

LES PINASSES ★★★ Tourisme 91 E. dont 64 nus CV. Locations : . chauffée , . Accès direct à l'étang ; rivière à 300 m. . Accueil groupes. Ouvert: 1.4 / 15.9. ☎ 03 29 58 51 10. E-mail : pinasses@dial.oleane.com. Web : www.camping-les-pinasses.fr. Prix 2022. Fft jour : empl. Tourisme (2) : 25 € (E. CC)
Lat. : 48° 11' 24" N **Long.** : 006° 46' 31" E.
FFCC : avantages adhérent : 17 € du 07/04 au 30/06 et du 28/08 au 14/09 sur emp. et entre 65 € et 130 € la nuitée et entre 315 € et 560 € la semaine du 07/04 au 07/07 et du 26/08 au 14/09 sur loc.

LA NEUVEVILLE-SOUS-CHATENOIS

4-C5 18 km S.-E. Neufchâteau. 327 m. ✉ 88170

L'ARC EN CIEL NC Tourisme 35 E. dont 35 nus, dont 35 CC. . Rivière à 1 km. Accueil groupes enfants. Ouvert: 1.5 / 20.9. ☎ 03 69 61 81 40. E-mail : info@larcenciel.eu. Web : www.larcenciel.eu. Réduction H.S.
Lat. : 48° 17' 37" N **Long.** : 005° 52' 07" E.

LA VOGE-LES-BAINS

4-C5 30 km S.-E. Epinal. 357 m. Village de neige ✉ 88240

LES PINS NC Tourisme 44 E. dont 40 nus CV. Locations : . Rivière à 2 km ; étang à 5 km. Ouvert: 1.5 / 25.10. ☎ 09 53 99 31 26. E-mail : camping.les.pins@free.fr. Web : campinglespinsbainslesbains.com. Prix 2022. Fft jour : empl. Tourisme (2) : 15 € ( ) ; sup 3 € ; animaux 2 € ; 3 €. Réduction H.S.
Lat. : 48° 00' 29" N **Long.** : 006° 16' 07" E.

LE MENIL

4-C5 54 km S.-E. Epinal. 794 m. ✉ 88160

L'OREE DU BOIS ★★★ Loisirs 32 E. dont 10 nus 1 ha CV. Locations : . . Rivière à 300 m ; étang et lac à 3 km. Ouvert: 1.6 / 1.9. ☎ 03 29 25 04 88. E-mail : contact@loree-du-bois.fr. Web : wwww.loree-du-bois.fr.
Lat. : 47° 54' 25" N **Long.** : 006° 46' 54" E.

LE THILLOT

8-D1 48 km S.-E. Epinal. 606 m. ✉ 88160

CAMPING MUNICIPAL DE L'ETANG DU CLOS DE CHAUME NC Tourisme 67 E. dont 54 nus 1 ha CV. chauffée . Accès direct à l'étang ; rivière à 1 km.. Accueil groupes. Ouvert: 1.1 / 31.12. ☎ 06 30 23 50 05. E-mail : campingmunicipal@ville-lethillot88.fr. Web : www.ville-lethillot88.fr.
Lat. : 47° 53' 20" N **Long.** : 006° 45' 23" E.

LE THOLY

4-D5 30 km S.-E. Epinal. 689 m. ✉ 88530

JP VACANCES ★★★★ Tourisme 97 E. dont 70 nus 3 ha CV . Locations : . Espace Fitness. chauffée , . Etang à 300 m ; rivière à 2 km. . Ouvert: 1.5 / 30.9. ☎ 03 29 61 81 27. E-mail : info@jpvacances.com. Web : www.jpvacances.com. Prix 2022. empl. Tourisme : 9,90 € ; 7,30 € ; animaux 2 € ; 4,90 € ; 5 €. Réduction H.S.
Lat. : 48° 05' 20" N **Long.** : 006° 43' 42" E.
FFCC : avantages adhérent : 19 € du 01/05 au 05/07 et du 24/08 au 30/09 sur emp.

LE VAL-D'AJOL

4-D5 44 km S. Epinal. 537 m. Village de neige ✉ 88340

CAMPING L'OREE DES VOSGES ★★ Tourisme 48 E. dont 48 nus, dont 12 GCC. 1 ha . couverte chauffée , , . Etang et rivière à 500 m. . Ouvert: 15.4 / 30.9. ☎ 03 29 66 55 17. E-mail : mairie@valdajol.fr. Web : www.valdajol.fr/loree-des-vosges. Réduction H.S.
Lat. : 47° 55' 30" N **Long.** : 006° 28' 31" E.

LESSEUX

4-E5 475 m. ✉ 88490

CAMPING DU GROS PRÉ ★★ Tourisme 6 E. dont 4 nus CV. Locations : . Ouvert: 1.4 / 10.10. ☎ 06 82 12 08 75. E-mail : raoul.partage@orange.fr. Web : www.camping-aire-du-gros-pre.fr. Prix 2022. 8 € ; 4 € ; 2 €.
Lat. : 48° 17' 09" N **Long.** : 007° 04' 45" E.

MOYENMOUTIER

4-D4 12 km N.-O. Saint-Die. 416 m. ✉ 88420

VOSGINA ★★ Tourisme 60 E. dont 48 nus 4,8 ha . Rivière à 2 km. Accueil groupes enfants. Ouvert: 1.1 / 31.12. ☎ 03 29 41 47 63. E-mail : info@camping-vosgina.com. Web : www.camping-vosgina.com.
Lat. : 48° 23' 41" N **Long.** : 006° 51' 44" E.

NEUFCHATEAU

4-B4 293 km E.-S.-E. Paris. 73 km N.-O. Epinal. 314 m. ✉ 88300

CAMPING INTERCOMMUNAL DE NEUFCHÂTEAU ★★★ Tourisme 37 E. dont 34 nus 0,4 ha CV . A 1 km : Locations : . , . Rivière à 200 m.. Accueil groupes. Ouvert: 2.5 / 16.10. ☎ 0 3 29 94 19 03. E-mail : camping@tourisme-ouest-vosges.fr. Web : www.camping-neufchateau-vosges.com/. Prix 2022. Fft jour : empl. Tourisme (2) : 18 € ( )
Lat. : 48° 21' 27" N **Long.** : 005° 41' 11" E.

PLEUVEZAIN

4-C4 25 km E. Neufchâteau 379 m. ✉ 88170

CAMPING DU HAUT-SAINTOIS NC Tourisme 30 E. dont 8 CC. 0,8 ha . . Ouvert: 1.6 / 15.9. ☎ 03 29 06 46 90. E-mail : mairiedevicherey@orange.fr.
Lat. : 48° 22' 55" N **Long.** : 005° 55' 29" E.

PLOMBIERES-LES-BAINS

4-D5 28 km S. Epinal. 515 m. Village de neige ✉ 88370

FRAITEUX ★★★ Tourisme 35 E. dont 29 nus, dont 7 GCC. CV . A 2 km : Locations : . Accès direct à l'étang ; rivière à 4 km. Accueil groupes. Ouvert: 1.1 / 31.12. ☎ 03 29 66 00 71. E-mail : campingfraiteux@orange.fr. Web : camping-fraiteux.com. Réduction H.S.
Lat. : 47° 57' 55" N **Long.** : 006° 24' 60" E.

L'HERMITAGE ★★★ Tourisme 55 E. dont 48 nus CV . A 1 km : chauffée. Ouvert: 15.4 / 15.10. ☎ 03 29 30 01 87. E-mail : camping.lo@wanadoo.fr. Web : www.hermitage-camping.com & www.chaletdanslesvosges.com. Réduction H.S.
Lat. : 47° 58' 03" N **Long.** : 006° 26' 51" E.

RAMBERVILLERS

4-D4 28 km N.-E. Epinal. 300 m. ✉ 88700

CAMPING MUNICIPAL NC Tourisme 35 E. 0,5 ha CV. couverte chauffée , . Rivière à 500 m.. Ouvert: 15.5 / 15.9. ☎ 03 29 65 11 84. E-mail : camping.rambervillers@wanadoo.fr.
Lat. : 48° 20' 21" N **Long.** : 006° 38' 17" E.

RAMONCHAMP

8-D1 47 km S.-E. Epinal. 625 m. ✉ 88160

LE CLOS MARTIN ★★ Tourisme 40 E. 1,8 ha CV. Accès direct à la rivière ; étang à 5 km.. Ouvert: 1.4 / 15.9. ☎ 03 29 25 05 38. E-mail : diparet@wanadoo.fr.
Lat. : 47° 53' 35" N **Long. :** 006° 44' 17" E.

RENAUVOID

4-C5 7 km S.-O. Epinal. 430 m. ✉ 88390

AIRE NATURELLE DU CHAMP MIGUET

CV. Ouvert: 1.1 / 31.12. ☎ 03 29 32 79 70. E-mail : jean-claude.duc235@orange.fr.
Lat. : 48° 09' 08" N **Long. :** 006° 21' 51" E.

RIVES DU LAC ASCPA CAMPING Ouvert: 1.2 / 30.11. ☎ 03 29 82 44 67.
Lat. : 48° 09' 25" N **Long. :** 006° 21' 34" E.

RUPT-SUR-MOSELLE

4-D5 40 km S.-E. Epinal. 611 m. ✉ 88360

MAXONCHAMP NC Tourisme 33 E. 1 ha CV. Locations : , . Accès direct à la rivière. ; . Accueil groupes. Ouvert: 1.4 / 15.10. ☎ 03 29 24 30 65. E-mail : olivierleduc88@orange.fr. Web : www.camping-vosges-88.com.
Lat. : 47° 56' 53" N **Long. :** 006° 37' 58" E.

SAINT-MAURICE-SUR-MOSELLE

8-D1 56 km S.-E. Epinal. 872 m. ✉ 88560

LES DEUX BALLONS ★★★ Tourisme 159 E. dont 133 nus 3,5 ha . Locations : . Randonnée pédestre organisée. chauffée , , . Accès direct à l'étang et à la rivière. . Ouvert: 1.5 / 15.9. ☎ 03 29 25 17 14. E-mail : stan0268@orange.fr. Web : www.camping-deux-ballons.fr.
Lat. : 47° 51' 20" N **Long. :** 006° 48' 40" E.

SANCHEY

4-C5 8 km O. Epinal. 384 m. ✉ 88390

LAC DE BOUZEY ★★★★ Tourisme 125 E.

CV. Locations : . Randonnée pédestre organisée. chauffée , . Accès direct aux bords du lac. ; ; . Accueil groupes. Ouvert: 20.1 / 30.12. ☎ 03 29 82 49 41. E-mail : resa@lacdebouzey.com. Web : www.lacdebouzey.com. Réduction H.S.
Lat. : 48° 10' 00" N **Long. :** 006° 21' 36" E.

SAULXURES-SUR-MOSELOTTE

4-D5 50 km S.-E. Epinal. 678 m. Station verte de vacances et village de neige ✉ 88290

BASE DE LOISIRS DU LAC DE LA MOSELOTTE ★★★★ Tourisme 94 E. dont 58 nus

CV. Locations : . Randonnée pédestre organisée. , . Accès direct aux bords du lac ; rivière à 300 m. ; . Accueil groupes. Ouvert: 1.1 / 31.12. ☎ 03 29 24 56 56. E-mail : contact@lac-moselotte.fr. Web : www.lac-moselotte.fr. Prix 2023. Fft jour : empl. Tourisme (2) : 24 € (E. CC E. GCC) ; sup 6,50 € ; animaux 4 € ; 4,50 €. Réduction H.S.
Lat. : 47° 57' 10" N **Long. :** 006° 45' 08" E.
FFCC : avantages adhérent : 13 € du 01/01 au 30/06 et du 01/09 au 31/12 sur emp. et entre 54 € et 187 € la nuitée et entre 287 € et 1113 € la semaine du 01/01 au 31/12 sur loc. + 10% hors saison et 5% en saison.

AIRE NATURELLE MUNICIPALE DES BRUCHES Ouvert: 15.6 / 15.9. ☎ 03 29 24 61 18. E-mail : info@ville-saulxures-mtte.fr.
Lat. : 47° 57' 09" N **Long. :** 006° 45' 07" E.

SENONES

4-D4 21 km N.-N.-O. Saint-Die. 492 m. ✉ 88210

CAMPING MUNICIPAL JEAN JAURES NC Tourisme 30 E. 0,57 ha . Ouvert: 15.6 / 15.9. ☎ 03 29 57 94 47. E-mail : mairie.senones@wanadoo.fr. Web : www.senones.fr.
Lat. : 48° 23' 47" N **Long. :** 006° 59' 18" E.

VAGNEY

4-D5 30 km S.-E. Epinal. 588 m. Village de neige ✉ 88120

CAMPING DU METTEY ★★★★ Tourisme 82 E. dont 67 nus

camping sans voiture, CV . Locations : , , bulle, yourte. Randonnée pédestre organisée. . Etang et rivière à 1 km. . Accueil groupes. Ouvert: 1.4 / 30.9. ☎ 03 29 23 19 45. E-mail : campingdumettey@gmail.com. Web : www.campingdumettey.com.
Lat. : 48° 00' 37" N **Long. :** 006° 43' 54" E.

VITTEL

4-C5 26 km S.-E. Neufchateau. 371 m. ✉ 88800

SEASONOVA CAMPING DE VITTEL ★★★ Tourisme 89 E. dont 77 nus

CV . Accueil groupes. Ouvert: 1.4 / 24.10. ☎ 03 29 08 02 71. E-mail : contact@vacances-seasonova.com. Web : vacances-seasonova.com/fr/camping/vittel. Réduction H.S.
Lat. : 48° 12' 28" N **Long. :** 005° 57' 21" E.
FFCC : avantages adhérent : 10% du 31/03 au 01/07 et du 27/08 au 30/1010% du 31/03 au 01/07 et du 27/08 au 30/10 sur emp. et loc. + 5% sur les emplacements nus et locatifs en juillet et aout.

XONRUPT-LONGEMER

4-D5 30 km S. Saint-Die. 892 m. ✉ 88400

DOMAINE DE LONGEMER ★★★★★ Tourisme 158 E.

CV . A 5 km : . Locations : , 1 . Randonnée pédestre organisée. couverte chauffée , . Accès direct aux bords du lac et à la rivière. . Accueil groupes. Ouvert: 1.11 / 31.12. ☎ 03 29 63 27 10. E-mail : campingdudomaine@xonrupt.fr. Web : www.domaine-longemer.com/fr/. Prix 2022. Fft jour : empl. Tourisme (2 O) : 28 € ( ) ; sup 7 € ; animaux 2 € ; 5 €.
Lat. : 48° 04' 43" N **Long. :** 006° 56' 33" E.
FFCC : avantages adhérent : 20 € du 01/01 au 30/06 et du 01/09 au 31/12 sur emp.

VERTE VALLÉE ★★★★ 147 E. dont 111 nus

3 ha CV . Locations : , tonneau. Randonnée pédestre organisée. couverte chauffée , . Accès direct à la rivière ; lac à 300 m. Accueil groupes. Ouvert: 16.12 / 31.10. ☎ 03 29 63 21 77. E-mail : contact@campingvertevallee.com. Web : www.campingvertevallee.com. Réduction H.S.
Lat. : 48° 03' 45" N **Long. :** 006° 57' 54" E.
FFCC : avantages adhérent : 19 € du 01/04 au 30/06 et du 01/09 au 20/10 sur emp.

LES JONQUILLES ★★★ Tourisme 228 E. dont 228 nus CV . Accès direct aux bords du lac. ; . Ouvert: 14.4 / 1.10. ☎ 03 29 63 34 01. E-mail : info@camping-jonquilles.com. Web : www.camping-jonquilles.com.
Lat. : 48° 04' 02" N **Long. :** 006° 56' 53" E.

BELLEVUE ★★ Tourisme 24 E. 0,5 ha CV. Accès direct aux bords du lac ; rivière à 1 km. ; ; . Ouvert: 15.4 / 15.10. ☎ 03 29 63 13 30. E-mail : contact@lachaumiere-location.com. Web : www.lachaumiere-location.com.
Lat. : 48° 04' 14" N **Long. :** 006° 56' 45" E.

CAMPING DU LAC ★★ Tourisme 80 E. dont 5 CC. 1,7 ha CV . Locations : , . Accès direct aux bords du lac et à la rivière. ; ; . Ouvert: 5.4 / 15.10. ☎ 03 29 57 52 91. E-mail : agnes.albiser@wanadoo.fr. Web : www.campinglaclongemer.fr.
Lat. : 48° 03' 47" N **Long. :** 006° 57' 24" E.

LA CHAUMIÈRE ★★ Loisirs 25 E. dont 10 nus 0,5 ha . Accès direct aux bords du lac ; rivière à 1 km. ; ; . Accueil groupes. Ouvert: 1.1 / 31.12. ☎ 03 29 63 13 30. E-mail : contact@lachaumiere-location.com. Web : www.lachaumiere-location.com.
Lat. : 48° 04' 08" N **Long. :** 006° 56' 50" E.

LA VOLOGNE ★★ Tourisme 100 E. dont 92 nus

2,5 ha CV . Locations : , . Accès direct à la rivière ; lac à 700 m. . Accueil groupes. Ouvert: 1.5 / 30.9. ☎ 03 29 60 87 23. E-mail : camping@lavologne.com. Web : www.camping-vosges-vologne.com. Prix 2023. Fft nuit : empl. Tourisme (2 O) : 13,6 € ( ) ; sup 3,90 € nuit ; animaux 1,80 € nuit ; 3,30 € nuit ; 4,20 € nuit. Réduction H.S.
Lat. : 48° 03' 45" N **Long. :** 006° 58' 09" E.

À L'EAU VIVE ★★ Tourisme 54 E. dont 36 nus 1 ha CV . A 5 km : . Accès direct à la rivière ; lac à 500 m. . Ouvert: 1.1 / 31.12. ☎ 03 29 63 07 37. E-mail : campingeauvive@wanadoo.fr. Web : www.campingaleauvive.com. Prix 2022. Fft jour : empl. Tourisme (2) : 12 € ( )
Lat. : 48° 05' 03" N **Long. :** 006° 56' 57" E.

BELLE RIVE ★ Tourisme 95 E. 1,5 ha CV. . Accès direct aux bords du lac. ; . . Ouvert: 1.6 / 15.9. ☎ 03 29 63 31 12. E-mail : guides@campingfrance.com. Prix 2022. empl. Tourisme : 3,20 € ; 3,20 € ; 0,70 € ; 1,60 € ; 3,40 €. Réduction H.S.
Lat. : 48° 04' 06" N **Long. :** 006° 56' 53" E.

LA GRANGE MAUSELAINE ★ Tourisme 60 E. dont 60 nus 3 ha CV. Lac à 200 m ; rivière à 50 m. Accueil groupes. Ouvert: 1.5 / 30.9. ☎ 03 29 63 07 15. E-mail : halm.jeanmarc@wanadoo.fr. Web : la.grange.mauselaine.monsite-orange.fr.
Lat. : 48° 03' 50" N **Long. :** 006° 57' 46" E.

L'OREE DU BOIS NC Tourisme 40 E. 1 ha . Rivière à 50 m ; lac à 60 m. ; ; . . ☎ 03 29 63 30 94. E-mail : fabrice.mathieu@freesbee.fr.
Lat. : 48° 03' 45" N **Long. :** 006° 57' 31" E.

LES SORBIERS NC Loisirs 15 E. . ☎ 03 29 63 36 04. E-mail : dominique.cuny500@orange.fr.
Lat. : 48° 04' 27" N **Long. :** 006° 55' 35" E.

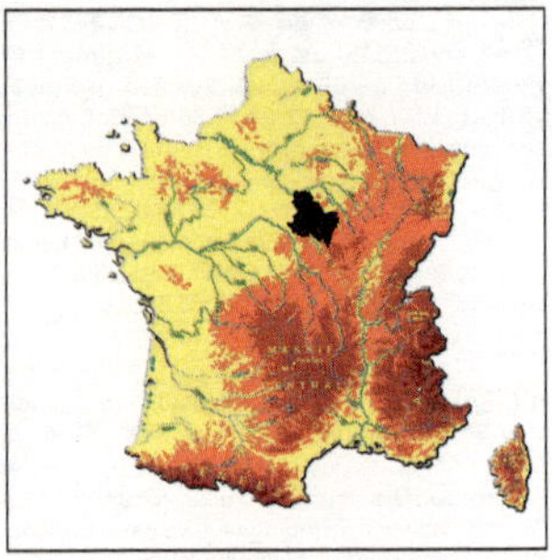

ACCOLAY

7-E2 22 km S.-E. Auxerre. 156 m. ✉ 89460

LE MOULIN JACQUOT LA BELLE ÉTOILE ★★★ Tourisme 38 E. dont 36 nus. Locations : , tipi. Accès direct à la rivière. Accueil groupes. Ouvert: 1.1 / 31.12. ☎ 03 86 42 82 97. E-mail : ladu2007@hotmail.fr. Web : campingmoulinjacquot.fr.
Lat. : 47° 39' 43" N **Long.** : 003° 42' 18" E.

ANDRYES

7-D2 40 km S. Auxerre. 208 m. ✉ 89480

AU BOIS JOLI ★★★★ Tourisme 100 E. dont 90 nus

4,5 ha CV. Locations : . chauffée. Accès direct à l'étang ; rivière à 2 km. Ouvert: 1.4 / 1.10. ☎ 03 86 81 70 48. E-mail : contact@campingauboisjoli.fr. Web : www.campingauboisjoli.com. Réduction H.S.
Lat. : 47° 30' 60" N **Long.** : 003° 28' 48" E.

FFCC : avantages adhérent : 10% du 01/04 au 30/06 et du 01/09 au 01/1110% du 01/04 au 30/06 et du 01/09 au 01/11 sur emp. et loc. + 10% hors juillet-août sur les emplacements nus et hébergements locatifs sur présentation de la carte ou rendez-vous dans votre club avantages FFCC pour obtenir le code promotionnel.

ARCY-SUR-CURE

7-E2 32 km S.-E. Auxerre. 209 m. ✉ 89270

CAMPING MUNICIPAL L'ISLE ST JEAN ★★ Tourisme 49 E. dont 45 nus 22 h / 7 h. Accès direct à la rivière. Accueil groupes. Ouvert: 28.6 / 28.8. ☎ 0 6 44 04 25 24. E-mail : campingarcy@gmail.com. Web : www.camping-arcysurcure.com.
Lat. : 47° 36' 21" N **Long.** : 003° 45' 24" E.

ASQUINS

7-E2 16 km O. Avallon. 208 m. ✉ 89450

LE PATIS NC Tourisme 45 E. dont 31 nus 1 ha CV. Locations : roulotte. Accès direct à la rivière. Accueil groupes. Ouvert: 1.4 / 1.11. ☎ 03 86 33 30 80. E-mail : mairie.asquins@wanadoo.fr. Web : www.asquins.fr. Prix 2022. empl. Tourisme : 3 € ; 2,50 € ; 5 € ; 3 € ; 2 € ; animaux 0,50 € ; 1,80 € ; 3 €.
Lat. : 47° 28' 58" N **Long.** : 003° 45' 32" E.

AUXERRE

7-D1 170 km S.-E. Paris. 148 m. ✉ 89000

L'ARBRE SEC ★★★ Tourisme 164 E. dont 109 nus, dont 56 CC. 3,5 ha CV. Locations : . Rivière à 800 m. Accueil groupes. Ouvert: 1.4 / 15.10. ☎ 03 86 52 11 15. E-mail : campingauxerre@outlook.fr. Web : campingauxerre.fr/. Prix 2022. Fft jour : empl. Tourisme (2) : 19,2 € ( ) ; sup 5,10 € ; 4,10 €.
Lat. : 47° 47' 10" N **Long.** : 003° 35' 15" E.

AVALLON

7-E2 52 km S.-E. Auxerre. 265 m. ✉ 89200

CAMPING MUNICIPAL SOUS ROCHE ★★★ Tourisme 96 E. dont 87 nus

1,35 ha CV. A 2 km : Locations : , tonneau. chauffée , . Accès direct à la rivière. Accueil groupes. Ouvert: 1.4 / 15.10. ☎ 03 86 34 10 39. E-mail : campingsousroche@ville-avallon.fr. Web : www.campingsousroche.com. Prix 2022. Fft jour : empl. Tourisme (2) : 20,1 € ( ) ; sup 4,60 € ; 3,20 €.
Lat. : 47° 28' 48" N **Long.** : 003° 54' 46" E.

BLENEAU

7-C1 56 km S.-O. Auxerre. 185 m. Station verte de vacances et village de neige ✉ 89220

CAMPING MUNICIPAL LA PEPINIERE NC Loisirs 50 E. 1,3 ha CV. Rivière à 1 km.. Accueil groupes. Ouvert: 1.4 / 30.9. ☎ 03 86 74 93 73. E-mail : mairiedebleneau@wanadoo.fr.
Lat. : 47° 42' 17" N **Long.** : 002° 56' 56" E.

BONNARD

7-D1 13 km N. Auxerre. 88 m. ✉ 89400

CAMPING MUNICIPAL NC Tourisme 27 E. 1 ha. Locations : . Randonnée pédestre organisée. , . Accès direct à la rivière.. Ouvert: 15.5 / 30.9. ☎ 03 86 73 26 25. E-mail : mairie.bonnard@wanadoo.fr.
Lat. : 47° 55' 42" N **Long.** : 003° 31' 04" E.

BRIENON-SUR-ARMANCON

3-E5 22 km N. Auxerre. 111 m. ✉ 89210

CAMPING DE L'ILE SAINT-MARTIN NC Tourisme 40 E. dont 25 nus 1 ha CV. Locations : . , . Rivière à 100 m. Accueil groupes adultes. Ouvert: 1.4 / 31.10. ☎ 09 72 85 04 34. E-mail : camping@avl-animation.com. Web : www.camping-brienon.fr. Réduction H.S.
Lat. : 47° 59' 02" N **Long.** : 003° 36' 48" E.

CHABLIS

7-E1 20 km E. Auxerre. 197 m. ✉ 89800

CAMPING MUNICIPAL LE SEREIN ★★ Tourisme 43 E. . , . Accès direct à la rivière.. Ouvert: 29.4 / 26.8. ☎ 03 86 42 44 39. E-mail : mairie@chablis.net. Web : www.ville-chablis.fr. Prix 2022. Fft jour : empl. Tourisme (2) : 17,1 € ( )
Lat. : 47° 48' 49" N **Long.** : 003° 48' 23" E.

CHARNY OREE DE PUISAYE

7-D1 40 km N.-O. Auxerre. 167 m. ✉ 89120

LES PLATANES ★★★ Tourisme 81 E. dont 36 nus

CV. A 3 km : Locations : . Randonnée pédestre organisée. chauffée , . Rivière à 15 m. Accueil groupes. Ouvert: 1.4 / 31.10. ☎ 03 86 91 83 60. E-mail : info@campinglesplatanes.fr. Web : www.campinglesplatanes.fr. Réduction H.S.
Lat. : 47° 53' 26" N **Long.** : 003° 05' 35" E.

CHATEL-CENSOIR

7-E2 28 km O. Avallon. 196 m. Station verte de vacances et village de neige ✉ 89660

CAMPING MUNICIPAL LE PETIT PORT ★★ Tourisme 43 E. 1 ha. Locations : . , , . Accès direct à la rivière.. Ouvert: 1.6 / 30.9. ☎ 03 86 42 78 20. E-mail : campingchatelcensoir@orange.fr. Web : www.chatel-censoir.fr.
Lat. : 47° 32' 10" N **Long.** : 003° 37' 60" E.

COULANGES-SUR-YONNE

7-D2 33 km S. Auxerre. 187 m. ✉ 89480

LES BERGES DE L'YONNE ★★ Tourisme 28 E. dont 26 nus CV. Locations : . Accès direct à la rivière. ; . Accueil groupes. Ouvert: 13.5 / 30.9. ☎ 0 6 65 96 67 29. E-mail : campingdesberges@gmail.com. Web : camping.la-fabrique-ethique.com. Réduction H.S.
Lat. : 47° 31' 22" N **Long.** : 003° 32' 19" E.

COURGENAY

3-D5 28 km N.-E. Sens. 159 m. ✉ 89190

CAMPING MUNICIPAL NC Tourisme 100 E. 1 ha . Ouvert: 1.5 / 30.9. ☎ 03 86 86 80 85. E-mail : mairie.courgenay@wanadoo.fr. Web : mairie-courgenay.fr.
Lat. : 48° 17' 11" N **Long.** : 003° 33' 13" E.

JOIGNY

3-D5 26 km N.-N.-O. Auxerre. 173 m. ✉ 89300

CAMPING MUNICIPAL D'EPIZY ★★ Tourisme 41 E. dont 41 GCC. 1,5 ha CV. Locations : tonneau, , . Accès direct à la rivière ; étang à 500 m.. Accueil groupes. Ouvert: 1.5 / 30.9. ☎ 03 86 62 07 55. E-mail : contact.camping@ville-joigny.fr.
Lat. : 47° 58' 54" N **Long.** : 003° 22' 28" E.

L'ISLE-SUR-SEREIN

7-E2 14 km N.-E. Avallon. 253 m. ✉ 89440

CAMPING MUNICIPAL LE PARC DU CHÂTEAU ★★ Tourisme 30 E. dont 29 nus 0,5 ha CV. Locations : . , . Accès direct à la rivière.. Accueil groupes. Ouvert: 1.4 / 30.9. ☎ 03 86 33 93 50. E-mail : camping-islesurserein@orange.fr. Web : www.isle-sur-serein.fr/camping.
Lat. : 47° 34' 49" N **Long.** : 004° 00' 21" E.

LEZINNES

7-E1 36 km N.-E. Avallon. 199 m. ✉ 89160

CAMPING MUNICIPAL LA GRAVIÈRE DU MOULIN ★★★ Tourisme 32 E. dont 32 nus CV. Locations : . , . Accès direct à la rivière. . Accueil groupes. Ouvert: 1.4 / 3.10. ☎ 03 86 75 68 67 / 06 02 29 59 27. E-mail : graviéremoulin.lezinnes@wanadoo.fr. Web : lagravieredumoulin.lezinnes.fr. Prix 2023. 2,50 € ; 4 € ; 2,60 € ; 2,20 € ; 1,50 € ; 2/13 ans 1,50 € ; 3 €.
Lat. : 47° 47' 55" N **Long.** : 004° 05' 21" E.

LIGNY-LE-CHATEL

7-E1 21 km N.-E. Auxerre. 131 m. ✉ 89144

CAMPING MUNICIPAL LA NOUE MARROU ★★ Loisirs 42 E. 2 ha . , . Rivière à 20 m. . Accueil groupes. Ouvert: 15.4 / 30.9. ☎ 03 86 47 56 99. E-mail : camping.ligny89@gmail.com. Web : www.mairie-ligny-le-chatel-89.fr. Prix 2022. Fft jour : empl. Tourisme (2) : 12,5 € ( ) ;
Lat. : 47° 53' 43" N **Long.** : 003° 45' 10" E.

MAILLY-LE-CHATEAU

7-E2 28 km S. Auxerre. 195 m. ✉ 89660

CAMPING MUNICIPAL LE PRE DU ROI ★★ Tourisme 50 E. 3 ha . Locations : . , . Accès direct à la rivière.. Ouvert: 1.6 / 1.9. ☎ 03 86 81 44 85. E-mail : maillylechateau@orange.fr. Web : www.maillylechateau.fr/fr/information/62221/camping.
Lat. : 47° 35' 25" N **Long.** : 003° 39' 11" E.

MERRY-SUR-YONNE

7-E2 32 km S. Auxerre. 174 m. ✉ 89660

CAMPING MERRY-SUR-YONNE NC 50 E. dont 50 nus 1 ha CV. Locations : , . , , . Rivière à 300 m. . Accueil groupes. Ouvert: 1.1 / 31.12. ☎ 03 86 34 59 55. E-mail : campingmerrysuryonne@yahoo.com. Web : www.campingmerrysuryonne.com. Réduction H.S.
Lat. : 47° 33' 46" N **Long.** : 003° 38' 46" E.

MIGENNES

7-D1 22 km N. Auxerre. 99 m. ✉ 89400

LES CONFLUENTS ★★★ Tourisme 61 E. CV. Locations : . Randonnée pédestre organisée. chauffée , , . Rivière à 300 m ; étang à 800 m. . Accueil groupes. Ouvert: 30.3 / 4.11. ☎ 03 86 80 94 55. E-mail : contact@les-confluents.com. Web : www.les-confluents.com. Réduction H.S.
Lat. : 47° 57' 22" N **Long.** : 003° 30' 32" E.

MOLINONS

3-D5 22 km E. Sens. 147 m. ✉ 89190

AIRE NATURELLE MUNICIPALE . Ouvert: 1.7 / 31.8. ☎ 03 86 86 75 09. E-mail : mairie.molinons@wanadoo.fr.
Lat. : 48° 13' 52" N **Long.** : 003° 32' 12" E.

NOYERS

7-E1 30 km N. Avallon. 232 m. ✉ 89310

AIRE NATURELLE MUNICIPALE. ☎ 03 86 82 83 72. E-mail : mairie-de-noyers@wanadoo.fr. Web : www.noyers-et-tourisme.com.
Lat. : 47° 41' 38" N **Long.** : 003° 59' 38" E.

PONT-SUR-YONNE

3-D5 12 km N.-O. Sens. 118 m. ✉ 89140

L'ILE D'AMOUR ★★ Tourisme 158 E. dont 100 nus CV. Locations : , . , . Accès direct à l'étang et à la rivière. Accueil groupes. Ouvert: 1.4 / 30.9. ☎ 03 86 67 03 62. E-mail : hello@iledamour.com. Web : iledamour.com. Prix 2023. Fft jour : empl. Tourisme (3 2) : 12 € ( ) ; sup 2,50 € ; 1,50 €.
Lat. : 48° 17' 25" N **Long.** : 003° 12' 29" E.
FFCC : avantages adhérent : 15 € du 01/01 au 30/06 et du 30/09 au 31/12 sur emp. et 330 € la semaine du 01/01 au 01/05 et du 01/10 au 31/12 sur loc.

ROGNY-LES-SEPT-ECLUSES

7-C1 60 km O. Auxerre. 169 m. ✉ 89220

CAMPING MUNICIPAL DES LANCIÈRES ★★★ Tourisme 40 E. dont 33 nus 0,8 ha CV. Locations : , . Randonnée pédestre organisée. , . Accès direct à la rivière ; étang à 2 km.. Accueil groupes adultes. Ouvert: 1.5 / 30.9. ☎ 03 86 74 57 50. E-mail : campingdeslancieres@orange.fr. Web : www.campingdeslancieres.fr. Prix 2023. Fft jour : empl. Tourisme (2) : 9 € ( ) ; sup 2,50 € ; 1 € ; 3 €.
Lat. : 47° 44' 36" N **Long.** : 002° 52' 56" E.
FFCC : avantages adhérent : 12 € du 01/05 au 30/09 sur emp. et entre 23 € et 78 € la nuitée et entre 134 € et 323 € la semaine du 15/04 au 01/07 et du 20/08 au 31/10 sur loc.

SAINT-FARGEAU

7-D2 44 km S.-O. Auxerre. 224 m. ✉ 89170

LA CALANQUE ★★★ Loisirs 148 E. dont 145 nus 5 ha CV. Locations : . Randonnée pédestre organisée. , , . Lac à 20 m. ; ; . Accueil groupes. Ouvert: 1.4 / 30.9. ☎ 03 86 74 04 55. E-mail : contact@camping-lacalanque.fr. Web : www.camping-lacalanque.fr.
Lat. : 47° 36' 33" N **Long.** : 003° 07' 09" E.
FFCC : avantages adhérent : 16 € du 01/04 au 24/06 et du 28/08 au 31/10 sur emp. et entre 46 € et 56 € la nuitée et entre 265 € et 365 € la semaine du 01/04 au 24/06 et du 28/08 au 31/10 sur loc.

LE HAMEAU DES GRILLES P.R.L ★★ NN 12 E. ☎ 03 86 74 12 11. E-mail : lesgrilles@wanadoo.fr. Web : www.lehameaudesgrilles.com.
Lat. : 47° 36' 40" N **Long.** : 003° 06' 14" E.

SAINT-FLORENTIN

3-E5 30 km N.-E. Auxerre. 115 m. ✉ 89600

L'ARMANCON ★★ Tourisme 73 E. dont 60 nus CV. Locations : , caravane. , . Accès direct à l'étang et à la rivière. ; . Accueil groupes. Ouvert: 11.4 / 11.10. ☎ 03 86 35 08 13. E-mail : info@camping-saint-florentin.fr. Web : www.camping-saint-florentin.fr. Réduction H.S.
Lat. : 47° 59' 35" N **Long.** : 003° 44' 09" E.

SAINT-JULIEN-DU-SAULT

3-D5 21 km S. Sens-sur-Yonne. 143 m. ✉ 89330

LES ÎLES ★★★ Tourisme 52 E. dont 42 nus CV. Locations : , roulotte, . , . Accès direct à la rivière. ; . Accueil groupes adultes. Ouvert: 2.4 / 15.11. ☎ 03 86 63 22 58. E-mail : campingdesiles89@orange.fr. Web : www.camping-yonne.fr. Prix 2022. Fft jour : empl. Tourisme (1) : 16 € ( ) ; sup 4 € ; animaux 3 € ; 3 € ; 4 €. Réduction H.S.
Lat. : 48° 01' 32" N **Long.** : 003° 18' 32" E.

SAINT-MORE

7-E2 17 km N.-O. Avallon. 191 m. ✉ 89270

CAMPING MUNICIPAL NC Tourisme 32 E. 0,6 ha . Locations : . , . Accès direct à la rivière. ; . Accueil groupes. Ouvert: 1.6 / 30.9. ☎ 03 86 33 45 03. E-mail : loisi-yonne@libertysurf.fr. Web : www.loisi-yonne.com.
Lat. : 47° 34' 42" N **Long.** : 003° 46' 40" E.

SAINT-PERE

7-E2 35 km S. Avallon. 216 m. ✉ 89450

CAMPING MUNICIPAL ★ Tourisme 60 E. dont 57 nus 1 ha CV. Locations : . Accès direct à la rivière. Accueil groupes. Ouvert: 1.5 / 31.10. ☎ 0 3 86 33 36 58. E-mail : camping-saint-pere89@orange.fr. Web : www.saint-pere.fr.
Lat. : 47° 27' 31" N **Long.** : 003° 46' 17" E.

SAINTS-EN-PUISAYE

7-D2 36 km S.-O. Auxerre. 268 m. ✉ 89520

CAMPING MUNICIPAL LA COURTILLERIE NC Tourisme 13 E. dont 13 nus 0,70 ha. Randonnée pédestre organisée. . Etang à 1,5 km. Accueil groupes. Ouvert: 1.4 / 30.10. ☎ 03 86 45 55 72. E-mail : mairiesaints@orange.fr.
Lat. : 47° 37' 22" N **Long.** : 003° 15' 52" E.

SERGINES

3-D5 18 km N. Sens. 123 m. ✉ 89140

BEAUSÉJOUR ★★★ Tourisme 63 E. 1,38 ha. Locations : . Etang et rivière à 4 km. Ouvert: 1.4 / 31.10. ☎ 03 86 66 53 46. E-mail : beausejour@camping-sergines.fr. Web : camping-sergines.fr/. Prix 2022. Fft jour : empl. Tourisme (2) : 17 € ( ). Réduction H.S.
Lat. : 48° 20' 21" N **Long.** : 003° 15' 54" E.

TONNERRE

7-E1 45 km N. Avallon. 220 m. ✉ 89700

CAMPING MUNICIPAL LA CASCADE ★★★ Tourisme 64 E. dont 54 nus
CV. Locations : , cocosweet. chauffée. Accès direct à la rivière. Ouvert: 9.4 / 1.10. ☎ 06 11 23 24 52. E-mail : camping@mairie-tonnerre.fr. Web : camping.tonnerre.fr. Prix 2022. empl. Tourisme : 3,70 € ; 3,70 € ; 6 € ; 2,30 € ; animaux 2 € ; 2,10 € ; 4,50 €.
Lat. : 47° 51' 36" N **Long.** : 003° 59' 04" E.

TOUCY

7-D1 23 km S.-O. Auxerre. 237 m. ✉ 89130

CAMPING DES 4 MERLETTES ★★ Loisirs 48 E. dont 48 nus 0,55 ha CV. Rivière à 10 m ; étang à 20 m. Accueil groupes. Ouvert: 1.4 / 15.10. ☎ 03 86 44 13 84. E-mail : 4merlettestoucy@orange.fr.
Lat. : 47° 43' 51" N **Long.** : 003° 17' 52" E.

VERMENTON

7-E1 24 km S.-E. Auxerre. 196 m. ✉ 89270

CAMPING MUNICIPAL LES COULLEMIÈRES ★★★ Tourisme 55 E. dont 45 nus, dont 1 CC.
1,5 ha ap. 22 h, CV. Locations : , tonneau. , , . Accès direct à la rivière. ; . Accueil groupes adultes. Ouvert: 1.4 / 30.9. ☎ 03 86 81 53 02. E-mail : contact@camping-vermenton.com. Web : www.camping-vermenton.com. Prix 2022. Fft jour : empl. Tourisme (2) : 17 € ( ) ; sup 3,90 € ; animaux 1,20 € ; 2,10 €.
Lat. : 47° 39' 31" N **Long.** : 003° 43' 51" E.

VEZELAY

7-E2 19 km O.-S.-O. Avallon. 268 m. ✉ 89450

L'ERMITAGE NC Tourisme 40 E. dont 20 nus 1 ha 24 h/24, CV. Locations : . . Rivière à 3 km. Accueil groupes. Ouvert: 1.4 / 31.10. ☎ 03 86 33 24 18. E-mail : aubergecampingvezelay@gmail.com. Web : www.camping-auberge-vezelay.com/-Le-camping-.html. Prix 2023. 4 € nuit ; 3 € nuit ; 4 € nuit ; 2 € nuit ; 1 € nuit ; animaux 0,50 € nuit ; 3 € nuit.
Lat. : 47° 27' 22" N **Long.** : 003° 44' 18" E.

VILLENEUVE-LES-GENETS

7-D1 45 km S.-O. Auxerre. 200 m. ✉ 89350

LE BOIS GUILLAUME ★★★★ Tourisme 80 E. dont 45 nus
5 ha CV. Locations : . chauffée . Accueil groupes. Ouvert: 1.1 / 31.12. ☎ 03 86 45 45 41. E-mail : camping@bois-guillaume.com. Web : www.bois-guillaume.com. Prix 2023. Fft jour : empl. Tourisme (2) : 19,5 € ( ) ; sup 6,05 € ; animaux 2,40 € ; 4,35 € ; 5,20 €. Réduction H.S.
Lat. : 47° 45' 30" N **Long.** : 003° 05' 60" E.
FFCC : avantages adhérent : 21 € du 01/01 au 30/04 et du 01/10 au 31/12 sur emp.

VILLENEUVE-SUR-YONNE

3-D5 13 km S. Sens. 140 m. ✉ 89500

LE BOURGOGNE ★★ Tourisme 50 E. dont 42 nus, dont 2 GCC. CV. Rivière à 20 m ; étang à 2 km. ; . Accueil groupes. Ouvert: 1.4 / 30.11. ☎ 06 45 73 77 22. E-mail : lebourgogne@orange.fr. Web : camping-le-bourgogne.sitew.fr. Réduction H.S.
Lat. : 48° 04' 50" N **Long.** : 003° 17' 19" E.

VINCELLES

7-E1 14 km S.-E. Auxerre. 153 m. ✉ 89290

LES CERISELLES ★★★★ Tourisme 95 E. dont 75 nus
0,84 ha CV. Locations : tonneau. couverte chauffée , . Rivière à 50 m ; étang à 2 km. Accueil groupes. Ouvert: 30.3 / 29.9. ☎ 03 86 42 50 47. E-mail : camping@cc-payscoulangeois.fr. Web : www.campingceriselles.com. Réduction H.S.
Lat. : 47° 42' 19" N **Long.** : 003° 38' 03" E.

90 TERRITOIRE DE BELFORT

Carte 8

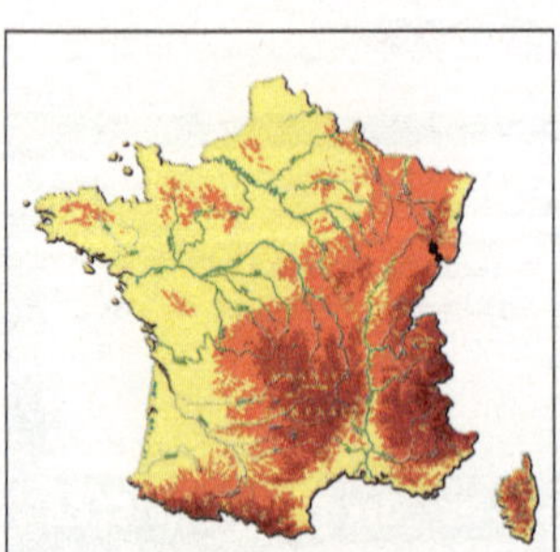

BELFORT

8-D1 424 km S.-E. Paris. 412 m. ✉ 90000

L'ÉTANG DES FORGES ★★★ Tourisme 109 E. dont 90 nus
CV. A 2 km : Locations : , roulotte. Randonnée pédestre organisée. couverte chauffée . Accès direct à l'étang.. Accueil groupes adultes. Ouvert: 1.4 / 30.10. ☎ 03 84 22 54 92. E-mail : contact@camping-belfort.com. Web : www.camping-belfort.com. Réduction H.S.
Lat. : 47° 39' 12" N **Long.** : 006° 51' 55" E.
FFCC : avantages adhérent : 10% du 01/04 au 26/06 et du 22/08 au 31/10 sur emp.

LACHAPELLE-SOUS-ROUGEMONT

8-E1 15 km N.-E. Belfort. 390 m. ✉ 90360

CAMPING DU LAC DE LA SEIGNEURIE ★★★ Tourisme 110 E. dont 74 nus
8 h / 22 h, CV. Locations : . chauffée . Lac à 50 m ; rivière à 5 km. Accueil groupes adultes. Ouvert: 1.4 / 31.10. ☎ 03 84 23 00 13. E-mail : camping-du-lac-de-la-seigneurie@orange.fr. Web : www.camping-lac-seigneurie.com. Réduction H.S.
Lat. : 47° 44' 08" N **Long.** : 007° 00' 58" E.
FFCC : avantages adhérent : 10% du 07/04 au 07/07 et du 27/08 au 15/10 sur emp.

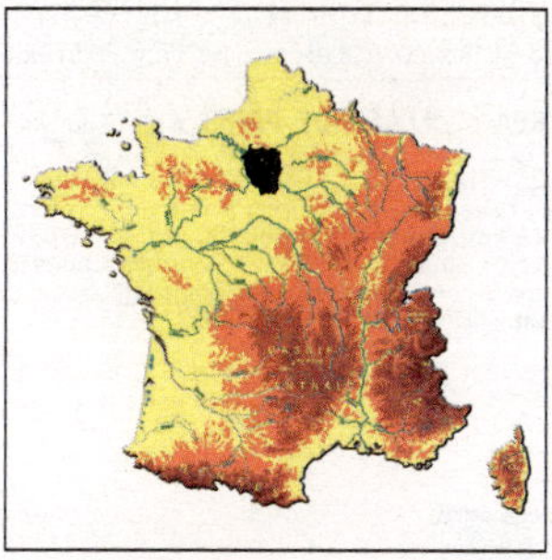

BOISSY-LE-CUTTE

3-B4 25 km S.-O. Corbeil-Essonnes. 103 m. ✉ 91590

CAMPING LA BOULINIERE NC Loisirs 125 E. CV. Locations. Etang et rivière à 5 km. Accueil groupes. Ouvert: 1.2 / 30.11. ☎ 01 64 57 65 23. E-mail : campinglabouliniere@gmail.com.
Lat. : 48° 28′ 20″ N **Long.** : 002° 17′ 52″ E.

BOISSY-SOUS-SAINT-YON

3-B4 15 km N. Etampes 103 m. ✉ 91790

LA FERME DES TOURELLES NC Loisirs 40 E. Ouvert: 1.1 / 31.12. ☎ 01 60 82 07 47. E-mail : leductourelles@wanadoo.fr.
Lat. : 48° 33′ 34″ N **Long.** : 002° 12′ 17″ E.

BRIIS-SOUS-FORGES

3-B4 16 km S.-O. Palaiseau. 134 m. ✉ 91640

LE MOULIN DE BECHEREAU NC Loisirs 9 E. . Ouvert: 1.7 / 30.8. ☎ 01 64 90 70 27. E-mail : maria.desmet@orange.fr.
Lat. : 48° 36′ 56″ N **Long.** : 002° 07′ 05″ E.

BUNO-BONNEVAUX

3-C5 30 km S. Corbeil. 110 m. ✉ 91720

LE BOIS CLOS NC 60 E. 1,1 ha. Ouvert: 1.6 / 30.9. ☎ 01 64 99 49 41. E-mail : bunoplaneur@gmail.com.
Lat. : 48° 20′ 55″ N **Long.** : 002° 25′ 41″ E.

COURDIMANCHE-SUR-ESSONNE

3-C4 22 km S. Evry. 96 m. ✉ 91720

LE CATTIAUX CAMPING ★★ Tourisme 59 E. dont 6 nus 22 h / 6 h. Accès direct à l'étang et à la rivière.. Accueil groupes. Ouvert: 1.3 / 30.12. ☎ 01 64 99 39 52. E-mail : campingbelesbat@orange.fr. Web : www.camping-belesbat.com.
Lat. : 48° 25′ 35″ N **Long.** : 002° 22′ 42″ E.

D'HUISON-LONGUEVILLE

3-B4 17 km E. Etampes. 84 m. ✉ 91590

DOMAINE NATURISTE LES BOIS DE VALENCE NC Loisirs 100 E. dont 10 nus 0,5 ha CV Rés. naturiste. Locations : caravane. chauffée. Ouvert: 1.7 / 30.8. ☎ 06 85 31 55 92. E-mail : contact@csessonne.org. Web : www.csessonne.org.
Lat. : 48° 26′ 36″ N **Long.** : 002° 19′ 16″ E.

DOURDAN

3-B4 14 km N.-O. Etampes. 139 m. ✉ 91410

LES PETITS PRES NC Loisirs 150 E. dont 150 nus 2 ha. Accueil groupes. Ouvert: 1.4 / 30.9. ☎ 01 64 59 64 83. E-mail : camping@mairie-dourdan.fr. Web : www.camping-dourdan.com.
Lat. : 48° 31′ 36″ N **Long.** : 002° 01′ 42″ E.

DRAVEIL

3-C4 7 km N. Evry. 61 m. ✉ 91210

L'ORME DES MAZIERES NC Tourisme 40 E. Ouvert: 1.4 / 1.11. ☎ 01 69 42 45 05. E-mail : csomazieres@outlook.com. Web : www.csom-asso.com/.
Lat. : 48° 40′ 43″ N **Long.** : 002° 23′ 29″ E.

ETRECHY

3-B4 7 km N. Etampes. 112 m. ✉ 91580

LES HESPERIDES ★★ Loisirs 75 E. dont 7 nus 3,3 ha CV Rés. naturiste. A 2,5 km. Locations. Rivière à 3 km. Ouvert: 1.5 / 30.10. ☎ 0 6 52 39 62 17. E-mail : contact@leshesperides.org. Web : leshesperides.org. Prix 2022. 7,30 € ; 26,10 € ; Réduction H.S.
Lat. : 48° 30′ 09″ N **Long.** : 002° 11′ 25″ E.
FFCC : avantages adhérent : 23 € du 01/05 au 09/06 et du 11/09 au 31/10 sur emp. et entre 40 € et 48 € la nuitée du 01/09 au 09/06 et du 11/09 au 31/10 sur loc.

LE VAL-SAINT-GERMAIN

3-B4 15 km N.-O. Etampes. 107 m. ✉ 91530

CAMPING DES BRUYERES ★ Tourisme 16 E. CV. Rivière à 1 km ; étang à 2 km. Ouvert: 1.1 / 30.11. ☎ 01 64 58 92 72. E-mail : contact@parc-fontaine.fr.
Lat. : 48° 35′ 13″ N **Long.** : 002° 05′ 39″ E.

MILLY-LA-FORET

3-C4 24 km S. Evry. 94 m. ✉ 91490

LA MUSARDIÈRE ★★★ Tourisme 200 E. Locations : . chauffée. Ouvert: 25.2 / 15.11. ☎ 01 64 98 91 91. E-mail : lamusardiere91@orange.fr. Web : www.camping-lamusardiere.fr.
Lat. : 48° 23′ 40″ N **Long.** : 002° 30′ 25″ E.

MONDEVILLE

3-C4 18 km S.-O. Corbeil-Essonnes. 138 m. ✉ 91590

LE NID VERT ★★★ Tourisme Loisirs 190 E. 1,2 ha 22 h / 8 h. Locations. Etang à 4 km. Accueil groupes. Ouvert: 15.3 / 15.11. ☎ 01 64 98 31 44. E-mail : lenidvert91@orange.fr. Web : www.camping-lenidvert.fr. Prix 2023. Fft jour : empl. Tourisme (1) : 15 € ; sup 4,60 € ; animaux 3,50 € ; 2/12 ans 2,95 € ; 4,70 €.
Lat. : 48° 29′ 38″ N **Long.** : 002° 24′ 29″ E.

MONNERVILLE

3-B5 12 km S.-O. Etampes. 141 m. ✉ 91930

LE BOIS DE LA JUSTICE ★★★ Loisirs 130 E. dont 30 nus 5,5 ha CV. chauffée. Accueil groupes enfants. Ouvert: 8.2 / 29.11. ☎ 01 64 95 05 34. E-mail : boisdelajustice@gmail.com. Web : www.campingleboisdelajustice.com.
Lat. : 48° 19′ 57″ N **Long.** : 002° 02′ 49″ E.

MORSANG-SUR-SEINE

3-C4 7 km S. Corbeil. 62 m. ✉ 91250

CARAVANING LES CANARDIERES ★★ Tourisme 90 E. Locations. Accès direct à l'étang et à la rivière. Ouvert: 1.1 / 31.12. ☎ 01 60 75 67 16. E-mail : camping.lescanardieres@wanadoo.fr. Web : www.camping-les-canardieres.fr.
Lat. : 48° 34′ 31″ N **Long.** : 002° 29′ 03″ E.

LES ILES NC Loisirs 22 E. . Ouvert: 1.6 / 30.9. ☎ 01 60 75 38 00. E-mail : guides@campingfrance.com.
Lat. : 48° 34' 41" N **Long.** : 002° 29' 04" E.

ORMOY-LA-RIVIERE

3-B4 5 km S. Etampes. 127 m. ✉ 91150

CARAVANING LE VAUVERT ★★★★ Loisirs 230 E. 8 ha. A 2 km : , . Accès direct à la rivière ; lac à 2 km.. Ouvert: 15.1 / 15.12. ☎ 01 64 94 21 39. E-mail : caravaning.levauvert@orange.fr. Web : www.caravaning-levauvert-91.com.
Lat. : 48° 24' 42" N **Long.** : 002° 08' 39" E.

SAINT-CHERON

3-B4 12 km N. Etampes. 111 m. ✉ 91530

LE PARC DES ROCHES ★★★ Tourisme 380 E. 15 ha CV. chauffée. Rivière à 2 km. Accueil groupes. Ouvert: 27.4 / 1.9. ☎ 01 64 56 65 50. E-mail : racparcdesroches@tohapi.fr. Web : www.tohapi.fr/ile-de-france/camping-parc-des-roches.php.
Lat. : 48° 32' 36" N **Long.** : 002° 08' 17" E.

HELIOMONDE CENTRE NATURISTE ★ Tourisme 490 E. dont 57 nus 1,5 ha CV Rés. naturiste. Locations : ,,,. Espace Fitness. chauffée , . Ouvert: 15.4 / 2.10. ☎ 01 64 56 61 37. E-mail : heliomonde@wanadoo.fr. Web : www.heliomonde.fr. Prix 2022. Fft nuit : empl. Tourisme (2) : 29,5 € ( ) ; Réduction H.S.
Lat. : 48° 32' 38" N **Long.** : 002° 08' 39" E.

SAINT-MAURICE-MONTCOURONNE

3-B4 13 km N. Etampes. 88 m. ✉ 91530

PARC DE LA FONTAINE ★★★ Loisirs 82 E. dont 50 nus 2,17 ha CV. Locations : ,. Accès direct à la rivière. Ouvert: 1.1 / 31.12. ☎ 01 64 58 92 72. E-mail : contact@parc-fontaine.fr. Web : www.parc-fontaine.fr.
Lat. : 48° 35' 21" N **Long.** : 002° 06' 33" E.

SAINTRY-SUR-SEINE

3-C4 4 km S. Evry. 62 m. ✉ 91250

LES SABLONS ★ Loisirs 31 E. . Accès direct à la rivière.. Ouvert: 1.1 / 31.12. ☎ 01 60 75 15 30. E-mail : lessablons91250@gmail.com.
Lat. : 48° 35' 12" N **Long.** : 002° 29' 19" E.

VILLIERS-SUR-ORGE

3-B4 18 km O. Corbeil-Essonnes. 67 m. ✉ 91700

BEAU VILLAGE DE PARIS ★★★ Tourisme 132 E. dont 80 nus 2,5 ha CV. A 2 km : Espace Fitness. Accès direct à la rivière ; étang à 3 km.. Accueil groupes. Ouvert: 1.1 / 31.12. ☎ 01 60 16 17 86. E-mail : contact@campingaparis.com. Web : www.campingaparis.com.
Lat. : 48° 39' 19" N **Long.** : 002° 18' 15" E.

93 SEINE-SAINT-DENIS

Carte 3

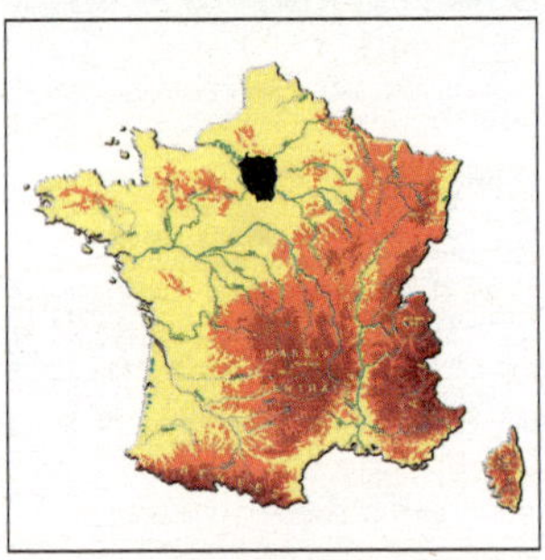

NEUILLY-SUR-MARNE

3-C3 6 km S. Le Raincy. 44 m. ✉ 93330

CAMPING MUNICIPAL LES RIVES DE PARIS NC Tourisme 280 E. 2,5 ha CV. , , . Accès direct à la rivière. Accueil groupes. Ouvert: 1.4 / 30.9. ☎ 01 43 08 21 21. E-mail : camping.rivesdeparis@neuillysurmarne.fr. Web : camping.lesrivesdeparis.fr/.
Lat. : 48° 51' 14" N **Long.** : 002° 32' 29" E.

VAL-DE-MARNE 94

Carte 3

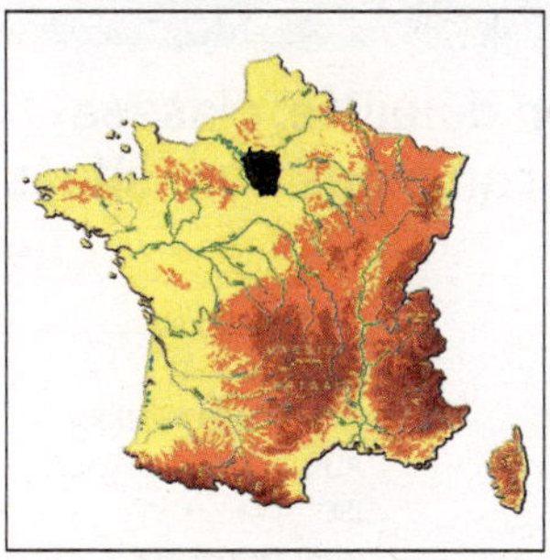

CHAMPIGNY-SUR-MARNE

3-C3 14 km E.-S.-E. Centre Paris. 68 m. ✉ 94500

PARIS EST ★★★★ Tourisme 373 E. 8 ha CV. Rivière à 15 m. Accueil groupes. Ouvert: 3.1 / 2.1. ☎ 04 84 39 08 60. E-mail : inesselma@homair.com. Web : www.homair.com. Réduction H.S.
Lat. : 48° 49′ 48″ N **Long.** : 002° 28′ 39″ E.

VAL-D'OISE 95

Carte 3

RÉSERVEZ VOS PROCHAINES VACANCES EN CAMPING AVEC CampingFrance.com

ASNIERES-SUR-OISE

3-B3 23 km N.-E. Pontoise. 52 m. ✉ 95270

CAMPING LES PRINCES ★★ Tourisme 74 E. dont 16 nus CV. Locations :. Rivière à 100 m. Ouvert: 1.5 / 31.10. ☎ 01 30 35 40 92. E-mail : lesprinces@club-internet.fr. Web : www.lesprinces.fr. Réduction H.S.
Lat. : 49° 08′ 27″ N **Long.** : 002° 23′ 16″ E.

LE PARC DES GRANDS CLOS ★★ Loisirs 117 E. . Ouvert: 1.1 / 31.12. ☎ 01 30 35 40 43. E-mail : contact@camping-parcdesgrandsclos.fr. Web : www.camping-parcdesgrandsclos.fr.
Lat. : 49° 08′ 11″ N **Long.** : 002° 22′ 21″ E.

AUVERS-SUR-OISE

3-B3 7 km N.-E. Pontoise. 75 m. ✉ 95430

CAMPING G.C.U. - BELLERIVE ★★ Tourisme 30 E. CV. Rivière à 20 m.. Accueil groupes. Ouvert: 1.5 / 31.10. ☎ 01 34 48 05 22. E-mail : gcu@gcu.asso.fr. Web : www.gcu.asso.fr.
Lat. : 49° 03′ 54″ N **Long.** : 002° 10′ 11″ E.

GRISY-LES-PLATRES

3-B3 10 km N. Pontoise. 116 m. ✉ 95810

CARAVANING DES MAUROIS ★★ Loisirs 170 E. . Ouvert: 1.1 / 31.12. ☎ 01 34 66 43 17. E-mail : patrick.guigo0091@orange.fr. Web : www.caravaning-maurois-grizy-platres.
Lat. : 49° 07′ 51″ N **Long.** : 002° 03′ 14″ E.

L'ISLE-ADAM

3-B3 13 km N.-E. Pontoise. 54 m. ✉ 95290

LES 3 SOURCES NC Loisirs 100 E. 2 ha . Rivière à 200 m ; lac à 800 m. . Ouvert: 15.3 / 31.10. ☎ 01 75 46 95 24. E-mail : freulon692@gmail.com.
Lat. : 49° 07′ 43″ N **Long.** : 002° 14′ 06″ E.

NESLES-LA-VALLEE

3-B3 12 km N.-E. Pontoise. 85 m. ✉ 95690

LE GRAND PARIS ★★★★ Tourisme 135 E. dont 87 nus 4 ha CV. Locations : . chauffée , , . Accès direct à l'étang. . Accueil groupes. Ouvert: 15.1 / 1.12. ☎ 01 34 70 62 89. E-mail : info@yellowvillage-legrandparis.com. Web : www.campinglegrandparis.com. Réduction H.S.
Lat. : 49° 07′ 41″ N **Long.** : 002° 10′ 60″ E.

VAL DE NESLES ★★ Loisirs 200 E. 7 ha . A 10 km : Locations : . . Accueil groupes. Ouvert: 1.1 / 31.12. ☎ 01 34 70 63 24. E-mail : levaldenesles@gmail.com. Web : www.levaldenesles.com.
Lat. : 49° 08′ 10″ N **Long.** : 002° 10′ 52″ E.

LE CARAVANEIGE

Retrouvez tous ces terrains dans la présentation détaillée, classée par département. Dans la majorité des cas, ces campings sont situés à proximité des pistes de ski. Bon ski !

AUVERGNE-RHÔNE-ALPES

01 AIN
CHAMPDOR-CORCELLES
CAMPING MUNICIPAL LE VIEUX MOULIN ★★
SONGIEU
CAMPING MUNICIPAL DE SONGIEU N.C

03 ALLIER
CHATEL-DE-NEUVRE
LA COURTINE N.C
SAINT-NICOLAS-DES-BIEFS
AUBERGE LES MYRTILLES ★★★

15 CANTAL
MURAT
CAMPING DE MON VILLAGE ★★
SAINT-JACQUES-DES-BLATS
CAMPING LES BLATS ★★★
THIEZAC
LA BEDISSE ★★★

26 DRÔME
AOUSTE-SUR-SYE
LA PIERRE A FEU ★★★
LUS-LA-CROIX-HAUTE
LA CONDAMINE ★★

38 ISÈRE
ALLEMOND
CAMPING MUNICIPAL LE PLAN ★
ALLEVARD
LES TERRASSES DU COLLET N.C
AUTRANS
LE VERCORS ★★★
AUTRANS-MEAUDRE EN VERCORS
LES BUISSONNETS ★★★
LES EYMES ★★★
GRESSE-EN-VERCORS
LES 4 SAISONS ★★★
LA FERRIERE
CAMPING GCU - LA FERRIERE ★★
LANS-EN-VERCORS
BOIS SIGU ★★★
E BOURG-D'OISANS
BELLEDONNE ★★★★
LA CASCADE ★★★★
LE SAPPEY-EN-CHARTREUSE
CAMPING MUNICIPAL LA VIRETTE N.C
SAINT-ROMAIN-DE-JALIONAS
A LA FERME DES EPINETTES ★★
SEYSSINS
CARAVANING LES 3 PUCELLES ★★
THEYS
LES 7 LAUX ★★★
VENOSC
LE CHAMP DU MOULIN ★★★
VILLARD-DE-LANS
L'OURSIÈRE ★★★★

43 HAUTE-LOIRE
SEMBADEL
LA TANIERE DES LOUPS

63 PUY-DE-DÔME
BESSE-ET-SAINT-ANASTAISE
BOIS DE GRAVIERE ★★★★
LA BOURBOULE
LA MARMOTTE ★★★
LES CLARINES ★★★
MONT-DORE
CAMPING MUNICIPAL LES CROUZETS ★
SAINT-PIERRE-COLAMINE
L'OMBRAGE ★★★

73 SAVOIE
AILLON-LE-JEUNE
LES AILLONS N.C
ALBERTVILLE
LES ADOUBES ★★
AUSSOIS
CAMPING MUNICIPAL LA BUIDONNIERE N.C
CARAVANEIGE MUNICIPAL LA BUIDONNIERE ★★★
BELLENTRE
MONTCHAVIN ★★
BOURG-SAINT-MAURICE
HUTTOPIA BOURG ST MAURICE ★★★★
BRAMANS
CAMPING MUNICIPAL LE VAL D'AMBIN ★★★
ENTREMONT-LE-VIEUX
L'OURSON ★★★
FONTCOUVERTE-LA TOUSSUIRE
LE COL ★★★
LA BATHIE
LE TARIN N.C
LA COTE-D'AIME
LE BIOLEY N.C
LANDRY
L'EDEN DE LA VANOISE ★★★
LANSLEVILLARD
CAMPING DE LANSLEVILLARD ★★★
LES ALLUES
LE MARTAGON N.C
LES BELLEVILLE
G.C.U DES MENUIRES ★
MONTVALEZAN
LA FORET ★★
ORELLE
CAMPING MUNICIPAL N.C
PEISEY-NANCROIX
LES LANCHETTES ★★★
PRALOGNAN-LA-VANOISE
ALPES LODGE - LE PARC ISERTAN ★★★★
SAINT-MARTIN-SUR-LA-CHAMBRE
LE BOIS JOLI ★★★
LE PETIT NICE ★★★
SAINT-MICHEL-DE-MAURIENNE
LE MARINTAN ★★
SAINT-REMY-DE-MAURIENNE
LES LACS DE MAURIENNE ★★★
SEEZ
CAMPING MUNICIPAL LE RECLUS ★★★
VAL-CENIS
CAMPING MUNICIPAL LA FENNAZ ★★
CAMPING MUNICIPAL LES MÉLÈZES ★★
VALLOIRE
SAINTE THECLE ★★

74 HAUTE-SAVOIE
CHAMONIX-MONT-BLANC
LES DEUX GLACIERS ★★★
CHAMPANGES
LA PRAIRIE ★★
CHATEL
L'OUSTALET ★★★★
LA CLUSAZ
FERNUY ★★★★
LE GRAND-BORNAND
L'ESCALE ★★★
LE CLOS DU PIN ★★★
LES CONTAMINES-MONTJOIE
LE PONTET ★★★
MONTRIOND
LE PRÉ ★★

PRAZ-SUR-ARLY
LES PRÉS DE L'ARLY ★★★
SAINT-JEAN-D'AULPS
LE SOLEREY **N.C**
SALLANCHES
LE RELAIS DE VALLEE BLANCHE ★★
SAMOENS
CAMPING CARAVANEIGE LE GIFFRE ★★★
TANINGES
CAMPING MUNICIPAL DES THÉZIÈRES ★★
VERCHAIX
CAMPING MUNICIPAL LAC ET MONTAGNE ★★

BOURGOGNE-FRANCHE-COMTÉ

25 DOUBS

LES HOPITAUX-NEUFS
CAMPING LE MIROIR ★★★
MAICHE
LE SAINT-MICHEL ★★★
MONCEY
LA VALLEE **N.C**
MOUTHE
CAMPING DE LA SOURCE DU DOUBS **N.C**
PONTARLIER
LE LARMONT ★★★

39 JURA

SAINT-LAURENT-EN-GRANDVAUX
CHAMPS DE MARS ★★★

GRAND-EST

67 BAS-RHIN

OBERNAI
CAMPING MUNICIPAL LE VALLON DE L'EHN ★★★

68 HAUT-RHIN

HEIMSBRUNN
PARC LA CHAUMIERE ★★
ORBEY
LES MORAINES ★★
RANSPACH
LES BOULEAUX ★★★★
SAINTE-MARIE-AUX-MINES
LES REFLETS DU VAL D'ARGENT ★★★

88 VOSGES

ANOULD
LES DEUX PINS ★★★
BUSSANG
DOMAINE DE CHAMPE ★★★★★
CORNIMONT
CAMPING DES TÊTES ★★
GERARDMER
LES GRANGES BAS ★★
LES MYRTILLES ★
GRANGES-AUMONTZEY
GINA PARK ★★
VILLAGE HUTTOPIA FORÊT DES VOSGES ★★★
LA BRESSE
BELLE HUTTE ★★★★
LE HAUT DES BLUCHES ★★★
LE MENIL
L'OREE DU BOIS ★★★
PLOMBIERES-LES-BAINS
FRAITEUX ★★★
SANCHEY
LAC DE BOUZEY ★★★★
XONRUPT-LONGEMER
A L'EAU VIVE ★★
DOMAINE DE LONGEMER ★★★★★
LA CHAUMIERE ★★
VERTE VALLÉE ★★★★

NOUVELLE-AQUITAINE

64 PYRÉNÉES-ATLANTIQUES

ANCE FEAS
LE VIEUX MOULIN **N.C**
BEOST
CAMPING MUNICIPAL ★★★
EAUX-BONNES
CAMPING DU LEY **N.C**
GERE-BELESTEN
CAMPING MUNICIPAL MONPLAISIR **N.C**
LAAS
SAINT-JACQUES ★★
LARUNS
AYGUEBERE ★★
LES GAVES ★★★★
PONT DE LAUGUERE ★★
LOUVIE-JUZON
LE REY ★★★

OCCITANIE

09 ARIÈGE

ALBIES
CAMPING MUNICIPAL LA COUME ★★
ASCOU
ASCOU LA FORGE ★★★
AULUS-LES-BAINS
LE COULEDOUS ★★
AUZAT
CAMPING LA VERNIERE ★★
CAPOULET-ET-JUNAC
LA PRAIRIE ★★★
COS
CAMPING MUNICIPAL DU RIEUTORD **N.C**
LES CABANNES
CAMPING MUNICIPAL DU PAYS DE BEILLE ★★
LUZENAC
LE CASTELLA ★★
MERENS-LES-VALS
CAMPING DE MÉRENS-LES-VALS ★★★
ORLU
CAMPING MUNICIPAL LES IOULES ★★★
OUST
LES 4 SAISONS ★★★
SAVIGNAC-LES-ORMEAUX
LE MALAZEOU ★★★★
SORGEAT
CAMPING MUNICIPAL ★★
SURBA
LE SEDOUR ★★★
USTOU
CAMPING MUNICIPAL DE L'USTOU ★★
VICDESSOS
LA BEXANELLE ★★★

11 AUDE

CAMPAGNE-SUR-AUDE
PETIT PARADIS **N.C**
ROQUEFEUIL
DOMAINE DE LA MARE AUX FÉES ★★★

31 HAUTE-GARONNE

GARIN
LES FRENES ★★
MONTAUBAN-DE-LUCHON
DOMAINE AROME VANILLE ★★★
MONTREJEAU
MIDI-PYRENEES ★★★★
MOUSTAJON
LES MYRTILLES ★★★
PALAMINY
LE PLANTAUREL ★★
SALLES-ET-PRATVIEL
LE PYRÉNÉEN ★★★
SARRECAVE
LAC SAINT GEORGES

65 HAUTES-PYRÉNÉES

ADERVIELLE-POUCHERGUES
LE LUSTOU ★

Domaine du Haut des Bluches, La Bresse (88)

AGOS-VIDALOS
SOLEIL DU PIBESTE ★★★★
ARAGNOUET
CAMPING DU MOUDANG ★
ARREAU
CAMPING MUNICIPAL ★★
INTERNATIONAL
LE REFUGE ★★★
ARRENS-MARSOUS
LA HECHE ★★
AVAJAN
CAMPING MUNICIPAL
LE HOURGADE ★
BAGNERES-DE-BIGORRE
BELLEVUE DES
PALOMIERES ★★★
LE MONLOO ★★★★
BEAUDEAN
L'ARRIOU ★★★
BOO-SILHEN
DETH POTZ ★★
BOURISP
LE RIOUMAJOU ★★★★
BUN
LE BOSQUET ★★
CAMPAN
CAMPING MUNICIPAL ★★
L'OREE DES MONTS ★★★
LE LAYRIS **N.C**
LES BULANETTES **N.C**
LES FRENES ★★
LES RIVES DE L'ADOUR ★★
CAUTERETS
LES GLERES ★★★
ESQUIEZE-SERE
AIROTEL PYRENEES ★★★★
ESTERRE
LE BASTAN ★★
LE BERGONS ★★
GAVARNIE-GEDRE
LE PAIN DE SUCRE ★★
GERDE
LA POMMERAIE ★★★
GUCHAN
LA NESTE **N.C**
LAU-BALAGNAS
CAMPING DU LAVEDAN ★★★★
LES FRENES ★★★
LOUDENVIELLE
CAMPING
LA PENE BLANCHE ★★★★★
LUZ-SAINT-SAUVEUR
LES CASCADES ★★★
TOY ★★
PRECHAC
HAUTACAM ★★
SALIGOS
SO DE PROUS ★★★
SARRANCOLIN
D'ESPLANTATS ★★
SASSIS
LE HOUNTA ★★★
SAZOS
PYRENEVASION ★★★★
VIELLE-AURE
LE LUSTOU ★★★
VIGNEC
ARTIGUETTE ST JACQUES ★★

66 PYRÉNÉES-ORIENTALES

ANGOUSTRINE-VILLENEUVE-DES-ESCALDES
CAMPING MUNICIPAL
SOL Y NEU ★★
BOURG-MADAME
LE SEGRE ★
MAS PIQUES ★★★
EGAT
LAS CLOTES ★★
ENVEITG
LE ROBINSON ★★
ERR
LAS CLOSAS ★★★
LE PUIGMAL ★★★
ESTAVAR
L'ENCLAVE ★★★★
FORMIGUERES
LA DEVEZE ★★★
LATOUR-DE-CAROL
L'ORATOIRE ★★
MATEMALE
LE LAC ★★★
OSSEJA
EL PAILLES II LA
PALAU-DE-CERDAGNE
LAS ASPERAS ★★★
PORTE-PUYMORENS
CAMPING MUNICIPAL
LA RIVIERE **N.C**
SAILLAGOUSE
DOMAINE LE CERDAN ★★★
ILISA ★★★
LE VEDRIGNANS **N.C**
TARGASSONNE
LA GRIOLE ★★★
UR
LA GARE ★★★

PROVENCE-ALPES-CÔTE D'AZUR

04 ALPES-DE-HAUTE-PROVENCE

BEAUVEZER
LES RELARGUIERS ★★★★
SEYNE
LA BLANCHE ★★

05 HAUTES-ALPES

ABRIES
QUEYRAS CARAVANEIGE ★★
ANCELLE
LES TAILLAS ★★
BARATIER
LE VERGER ★★★★
CHORGES
LE SERRE DU LAC ★★
DEVOLUY
CAMPING MUNICIPAL **N.C**
GAP
LE NAPOLÉON ★★★
GUILLESTRE
SAINT JAMES LES PINS ★★★
MANTEYER
AU BLANC MANTEAU ★★★
MONTGENEVRE
CAMPING MUNICIPAL
DU BOIS DES ALBERTS **N.C**
NEFFES
LES GRAVIERES **N.C**
ORCIERES
BASE DE LOISIRS
D'ORCIERES **N.C**
REALLON
CAMPING MUNICIPAL **N.C**
SAINT-JEAN-SAINT-NICOLAS
LES 6 STATIONS ★★★
SAINT-LEGER-LES-MELEZES
LA PAUSE ★★★★
SAINT-MARTIN-DE-QUEYRIERES
L'ISCLE DE PRELLES ★★★
VAL-DES-PRES
LE MONTANA ★★★

06 ALPES-MARITIMES

SAINT-ETIENNE-DE-TINEE
LE CUBERSEL ★
SERANON
SAINT-HUBERT **N.C**
VALDEBLORE
CARAVANING MUNICIPAL **N.C**

84 VAUCLUSE

BEAUMONT-DU-VENTOUX
LE MONT SEREIN ★★★
FONTAINE-DE-VAUCLUSE
LES PRES **N.C**

Camping Alpes Lodges Parc Isertan, Pralognan-la-Vanoise (88)

Village d'Estaing (12)

LISTE DES CLUBS AFFILIÉS À LA FFCC

LA FÉDÉRATION DES CAMPEURS, CARAVANIERS ET CAMPING-CARISTES

Les associations nationales ont des représentants régionaux et départementaux dont les coordonnées peuvent être fournies par le siège de l'association sur simple demande. Certains clubs régionaux ont également des antennes départementales.

■ ASSOCIATIONS NATIONALES ■ ASSOCIATIONS REGIONALES ■ ASSOCIATIONS ILE DE FRANCE

ACCHA - ASSOCIATION CAMPING-CAR DU HAUT ANJOU
3 RUE FRANÇOIS GOUSSIN 53360 QUELAINES SAINT GAULT
06 82 40 44 79 bernardgastinel@wanadoo.fr

ACCORT
5 BIS RUE DES MOULINS 49080 BOUCHEMAINE
06 72 86 85 60 jean-jacquesdupuy@orange.fr

ASSOCIATION FAMILLES RURALES MOBIL-HOME
7 CITE D'ANTIN 75009 PARIS
06 82 88 65 27 asso.mobil-homes@famillesrurales.org

AMICALE SPORTS ET LOISIRS MICHELIN
4 RUE DE LA MIGNONNIERE 37510 BALLAN MIRE
02 47 53 44 13 jackmichele@orange.fr

ANCAV - ASSOCIATION NATIONALE DE COORDINATION DES ASSOCIATIONS DE VILLAGES DE VACANCES DES COMITES D'ENTREPRISES ET AUTRES COLLECTIVITES
263 RUE DE PARIS - CASE 560 93515 MONTREUIL CEDEX
01 55 82 84 76 info@ancavtt.fr

APAS RHONE - ASSOCIATION PROFESSIONNELLE D'ACTION SOCIALE DU BATIMENT ET DES TRAVAUX PUBLICS DU DEPARTEMENT RHONE
71 AVENUE GALLINE - CS 80096 69626 VILLEURBANNE CEDEX
04 72 44 16 05 contact@apasbtp.fr

ASSOCIATION TOURISTIQUE DES CHEMINOTS
9 RUE DE CHATEAU LANDON 75010 PARIS
01 46 07 56 65 atc-idf-president@atc-routesdumonde.com

ATLANTIQUE CAMPING-CAR CLUB
25 BIS RUE DE SAIS 86370 VIVONNE
06 04 13 89 77 / a3c.gerardp@gmail.com

AUTO CARAVANING ET CAMPING-CAR CLUB DE FRANCE
2 AVENUE DE BERNEZAC 17420 ST PALAIS SUR MER
05 46 02 39 96
acccf.president@acccf.com / acccf-secretariat@acccf.com

AUTOCARAVANING CLUB EVASION 2000 POITOU CHARENTES
21 AVENUE DE LA GARE 01620 BOURG CHARENTE
06 89 20 86 40 desset.clubevasion2000@gmail.com

AUTOCARAVANING-FRANCE AQUITAINE
115 CHEMIN DE FIGAROL 82170 POMPIGNAN
05 63 64 33 94 claude.rodriguez82@orange.fr

AUTOCARAVANING-FRANCE BERRY
3 ALLEE ALBERTO GIACOMETTI 18000 BOURGES
0620391721 acfberry.jab@gmaim.com

AUTOCARAVANING-FRANCE BRETAGNE
18 RUE DU GRAND PRE 72550 CHAUFOUR NOTRE DAME
02 43 88 87 64 acfbretagne.aba@gmail.com

AUTOCARAVANING-FRANCE REGION LIMOUSIN
17 RUE RENE CASSIN 87800 NEXON
05 55 58 26 38 andre.leymarie716@orange.fr

AUTOCARAVANING-FRANCE VENDEE OCEAN
4 RUE DE BOULOGNE 85430 LES CLOUZEAUX
06 5 35 17 46 chantal.gautier.vendee.ocean@gmail.com

AUTOMOBILE CLUB DE L'OUEST
CIRCUIT DES 24 HEURES DU MANS 72019 LE MANS CEDEX 2
02 43 40 25 58 m.vaidie@lemans.org

BIVOUAC
26 TER RUE BONTEMPS 33400 TALENCE
06 32 67 78 03 bernard0404@hotmail.fr

CAMPEURS D'ALSACE DE FRANCHE-COMTE ET DE LORRAINE
RÉSIDENCE LANCASTER - 1A RUE UGO ANZILE 57155 MARLY
03 54 22 79 81
bernard.henry.08@gmail.com / vice-president@cal-cl.fr»

CAMPING CARAVANING CLUB CHATELLERAUDAIS
41 RUE JEAN RIVIERE 86100 CHATELLERAULT
05 49 85 52 87 pascal4c@hotmail.fr

CAMPING CARAVANING CLUB D'ALSACE
CAMPING DES HÊTRES RUE DU CIMETIÈRE 68480 BENDORF
03 89 40 34 72 camping.deshetres@orange.fr

CAMPING CARAVANING CLUB DE L'INDRE
MAISONS DES ASSOCIATIONS 34 ESPACE MENES FRANCE
36000 CHATEAUROUX
02 54 07 89 68 ccci@hotmail.fr

CAMPING CARAVANING DE TOURAINE
CENTRE MUNICIPAL DES SPORTS ROBERT GRENON - SALLE N° 14
1 BOULEVARD DE LATTRE DE TASSIGNY 37000 TOURS
02 47 67 20 13 ngmaugueret@free.fr

CAMPING CLUB DE FRANCE «LES AMIS DU PLEIN AIR»
21 RUE DU MOUGNAN 76290 FONTAINE LA MALLET
02 32 79 21 23 barresfamille@club-internet.fr

CAMPING CAR CLUB EN VADROUILLE
20 QUAI MAVIA 70100 GRAY
06 76 70 73 34 lamarchepatrick@orange.fr

CAMPING CLUB INTERNATIONAL DE FRANCE
16 BIS AVENUE DU MUGUET 91390 MORSANG SUR ORGE
01 69 04 30 16 y-allain@orange.fr

CAMPING CLUB LOMMOIS
2 TER RUE HEGEL - RESIDENCE PROFIL APP B23 59160 LOMME
03 20 09 65 14 campingclublommois@wanadoo.fr

CAMPING-CAR CLUB CENTRE
9 RUE DES TAUPES 58300 DEVAY
03 86 50 37 41
jacques.coucaud@wanadoo.fr / jean-louis.loriole@orange.fr»

CAMPING-CAR CLUB DAUPHINE VIVARAIS - CCCDV
4 RUE DU 11 NOVEMBRE 26800 ETOILE SUR RHONE
09 73 16 34 37 presidentcccdv2607@gmail.com

CAMPING-CAR CLUB DE L'OUEST
6 HAMEAU ROSSIGNOL 50270 SAINT JEAN DE LA RIVIERE
06 32 69 34 66 delacottejeanalain.cccouest@gmail.com

CAMPING-CAR CLUB NORMANDIE BRETAGNE - 3CNB
4 RESIDENCE LE BOIS COUDRAY 22100 TADEN
02 31 44 11 82 cj.savary14@orange.fr

CAMPING-CARISTES DU VAL DE LOIRE
156 ROUTE DU BELLAY 49650 ALLONNES
02 41 52 83 83 jocelyne.blanc4@gmail.com

CERCLE LE VOYAGEUR
18 RUE DES ALOUETTES 91190 GIF SUR YVETTE
06 03 90 34 92 josiane.bonazzi@cercle-levoyageur.fr

CLUB CAMPING-CAR ANJOU «LES TOURNESOLS
9 AVENUE CLEMENT JANNEQUIN 49240 AVRILLE
02 41 69 26 36 j.saveant@wanadoo.fr

CLUB CARAVANING CAMPING-CAR ICAUNAIS
30 RUE PAUL MALLUILE 89100 SENS
02 41 69 26 36 loucri.gautier@gmail.com

CLUB CARAVANING CAMPING-CAR ICAUNAIS
30 RUE PAUL MALLUILE 89100 SENS
06 07 13 13 56 4ci@orange.fr

CLUB CARAVANING LOISIRS
33 RUE DE LA MAIRIE 28360 FRESNAY LE COMTE
09 86 14 12 75 ccl.28@orange.fr

CLUB DU SOLEIL FRANCE
18 RUE VICTOR MASSE 75009 PARIS
01 42 81 50 55 clubdusoleilfrance@gmail.com

CLUB DU SOLEIL DE TOURAINE
ESPACE CLOS NEUF - MAISON DES ASSOCIATIONS
2 RUE DU CLOS NEUF 37300 JOUE LES TOURS
02 34 37 66 26 cstouraine@sfr.fr

CLUB OUEST SECTEUR ROCHELAIS CAMPING
63 BOULEVARD DE LA MER 17440 AYTRE
05 46 29 82 97 cosrcamping@orange.com

COMITE D'ENTRAIDE SOCIALE DES PTT DU MAINE ET LOIRE
39 RUE DE L'ENFER 49009 ANGERS CEDEX 1
02 51 39 81 31 cesptt49@wanadoo.fr

FEDERATION FRANCAISE DE CYCLOTOURISME
12 RUE LOUIS BERTRAND 94207 IVRY SUR SEINE
01 56 20 88 85 s.calluaud@ffct.org

FEDERATION FRANCAISE DE NATURISME
26 RUE PAUL BELMONDO 75012 PARIS
06 86 86 14 60 viviane.tiar@ffn-naturisme.com

FEDERATION UNIE DES AUBERGES DE JEUNESSE
SERVICE ADHERENTS
27 RUE PAJOL 75018 PARIS
01 44 89 87 27 service.adherent@hifrance.org

FRANCE CAMPING-CAR
MAS DE L'HIRONDIER 30110 LE PRADEL
04 66 86 16 11 mh30@orange.fr

GCU - LE CAMPING ASSOCIATIF
72 BOULEVARD DE COURCELLES 75017 PARIS
01 47 63 98 63 gcu.rocher@wanadoo.fr

L'AUTOMOBILE CLUB ASSOCIATION
38 AVENUE DU RHIN CS 80049 67000 STRASBOURG
03 88 36 04 34 info@automobile-club.org

LES HESPERIDES (ANCIENS CAMPEURS DE FRANCE)
BP 204 CHEMIN DES VAUGIBOURG 91580 ETRECHY
01 60 80 32 49 les.hesperides@free.fr

LES MIGRATEURS
LES 2 DENIERS 72700 ETIVAL LES LE MANS
02 43 23 46 02 lesmigrateurs72@orange.fr

LIMOUSIN CAMPING-CAR
MAIRIE DE DONZENAC - BP 6 19270 DONZENAC
06 11 04 28 14 francois-michel.perrier@orange.fr

OCEAN CAMPING-CAR CLUB
10 RUE COLONEL FABIEN 24660 COULONNIEIX CHAMIERS
07 86 43 31 40 c_gagnaire@orange.fr

PLEIN AIR CHOLETAIS
L'ANGLAISERIE BP 91223 49312 CHOLET CEDEX
02 41 56 30 98 pac.cholet2@orange.fr

RAPIDO CAMPING-CAR CLUB DE FRANCE - R3CF
14 DOMAINE DU LAC 80770 BEAUCHAMPS
03 22 30 86 80 rapidocampingcarclub@gmail.com

SOCIETE NAUTIQUE LAONNOISE
CAMPING DU LAC 02000 MONAMPTEUIL
03 23 20 48 58 camping.snl@wanadoo.fr

TOURING CAMPING-CARISTE CARAVANING FRANCE
37 BIS RUE DU CHEMIN DE FER 95460 EZANVILLE
01 39 35 99 27 tccfnational@aol.com

Camping Le Fief
Saint-Brevin-les-Pins (44)

CAMP'IN FRANCE

Retrouvez tous les campings qui accordent des réductions aux membres de la FFCC.
Les informations détaillées figurent dans la liste des campings par département du guide.
Pour en profiter, rejoignez la FFCC ! www.ffcc.fr

01 AIN

LES 12 COLS ***
01110 HAUTEVILLE LOMPNES 04 37 86 55 87

CAMPING MUNICIPAL THOISSEY ***
01140 THOISSEY 04 74 04 04 25

CAMPING LA CHALARONNE ***
01140 ST DIDIER SUR CHALARONNE
04 74 04 94 15

L'ESCAPADE **
01160 PRIAY 04 37 86 47 13

AUX RIVES DU SOLEIL ***
01190 PONT-DE-VAUX 03 85 30 33 65

ONLYCAMP CHAMP D'ETE ****
01190 PONT-DE-VAUX 03 85 23 96 10

CAMPING HUTTOPIA DIVONNE ***
01220 DIVONNE LES BAINS 04 50 20 01 95

CAMPING DE L'ILE CHAMBOD ***
01250 HAUTECOURT-ROMANECHE 04 74 37 25 41

CAMPING MUNICIPAL DE SONGIEU N.C.
01260 SONGIEU 04 79 87 71 38

CAMPING DU LAC ****
01290 CORMORANCHE-SUR-SAÔNE
03 85 23 97 10

LAC DU LIT AU ROI ****
01300 MASSIGNIEU DE RIVES 04 79 42 12 03

CAMPING A LA FERME DE CORNATON *RURAL*
01310 CONFRANCON 04 74 30 25 63

LA PLAINE TONIQUE ****
01340 MONTREVEL EN BRESSE 04 74 30 80 52

LE PARADIS DES DOMBES ***
01400 SANDRANS 04 28 45 94 07

LE VALSERINE ***
01410 CHEZERY-FORENS 04 50 56 20 88

AIRE NATURELLE DU FOUR *RURAL*
01480 CHALEINS 04 74 67 82 56

CAMPING MUNICIPAL LE RENOM ***
01540 VONNAS 04 74 50 02 75

DOMAINE DE MEPILLAT ***
01560 ST NIZIER LE BOUCHOUX 09 70 77 01 21

CAMPING LES PLAGES DE L'AIN ***
01800 ST MAURICE DE GOURDANS 04 74 35 82 93

02 AISNE

CAMPING DU LAC **
02000 MONAMPTEUIL 03 23 21 60 73

CAMPING MUNICIPAL DU LAC DE CONDE **
02170 LE NOUVION EN THIERACHE
03 23 98 98 58

BERGER DU VAL DE SERRE *RURAL*
02250 MARCY SOUS MARLE 03 23 20 00 04

03 ALLIER

CAMPING DE LA ROUTE BLEUE ***
03120 ST PRIX 04 70 99 26 31

LA GRANDE OUCHE N.C.
03130 BERT 06 30 50 39 25

RETRO PASSION N.C.
03250 CHATEL MONTAGNE 04 70 59 31 38

CHAMP DE LA CHAPELLE N.C.
03360 BRAIZE 04 70 07 82 46

AIRE NATURELLE BRENAZET *RURAL*
03390 VERNUSSE 04 70 07 63 19

CAMPING MUNICIPAL N.C.
03440 SAINT-HILAIRE 04 70 66 50 78

CAMPING DES PAPILLONS ***
03450 LALIZOLLE 04 70 90 44 47

LA COURTINE N.C.
03500 CHATEL DE NEUVRE 04 70 42 06 21

04 ALPES-DE-HAUTES-PROVENCE

RCN LES COLLINES DE CASTELLANE ****
04120 LA GARDE 04 92 83 68 96

CAMPING HUTTOPIA GORGES DU VERDON ****
04120 CASTELLANE 04 92 83 63 64

LES FRAMBOISEILLES PRL ***
04120 CASTELLANE 04 92 83 54 30

L'ETOILE DES NEIGES *****
04140 MONTCLAR 04 92 35 07 08

LES PRAIRIES ***
04140 SEYNE 04 92 35 10 21

FLOWER CAMPING L'EPI BLEU ****
04150 BANON 04 92 73 30 30

VALSAINTES **
04150 SIMIANE LA ROTONDE 04 92 75 91 46

SITES ET PAYSAGES LES PRES HAUTS ***
04200 SISTERON 04 92 61 19 69

LES LAVANDES **
04210 VALENSOLE 04 92 74 84 18

LA RIBIERE ***
04240 ANNOT 04 92 83 21 44

L'HIPPOCAMPE *****
04290 VOLONNE 04 92 33 50 00

FLOWER CAMPING LA RIVIERE ***
04300 ST MAIME 04 92 79 54 66

CAMPING DOUCE PROVENCE ****
04300 NIOZELLES 04 92 77 80 31

SITES ET PAYSAGES AU TYLO SOLEIL ***
04300 DAUPHIN 04 92 79 51 91

DOMAINE NATURISTE LES LAUZONS ****
04300 LIMANS 04 92 73 00 60

CAMPING DU BREC ***
04320 ENTREVAUX 04 93 05 42 45

CAMPING HUTTOPIA LAC DE SERRE-PONÇON ***
04340 ST VINCENT LES FORTS 04 92 85 51 57

AIRE NATURELLE LES ROUX *RURAL*
04500 STE-CROIX-DU-VERDON 04 92 77 75 83

FERME EQUESTRE LES COCCINELLES *RURAL*
04700 LURS 04 90 79 80 53

LE LAVANDIN ***
04800 ESPARRON-DE-VERDON 04 92 77 41 31

FLOWER CAMPING LA BEAUME ****
04800 ESPARRON-DE-VERDON 04 92 77 15 28

05 HAUTES-ALPES

CAMPING HUTTOPIA LA CLAREE ***
05100 VAL DES PRES 04 92 21 06 01

LES VAUDOIS *
05120 LES VIGNEAUX 04 92 23 02 09

LE COUROUNBA ***
05120 LES VIGNEAUX 04 92 23 02 09

CAMPING LE CHENE ***
05130 TALLARD 04 92 54 13 31

LES HAUTS DE ROSANS ****
05150 ROSANS 04 92 66 61 55

LES SOURCES **
05160 SAVINES-LE-LAC 04 92 44 20 52

SITES ET PAYSAGES LE PETIT LIOU ***
05200 BARATIER 04 92 43 19 10

MANU N.C.
05200 CROTS 04 92 43 17 63

LE ROUSTOU ***
05230 PRUNIERES 04 92 50 62 63

BAIE DE LA CHAPELLE ***
05230 CHORGES 04 92 23 49 63

CAMPING HUTTOPIA VALLOUISE ***
05290 VALLOUISE 04 92 23 30 26

LE MONTEGLIN ***
05300 LARAGNE MONTEGLIN 04 92 48 56 91

LES ALLOUVIERS *
05310 FREISSINIERES 06 50 41 73 34

LES CARIAMAS ***
05380 CHATEAUROUX LES ALPES 04 92 43 22 63

LE PARC DES SERIGONS ***
05400 LA ROCHE DES ARNAUDS 04 92 57 81 77

LES MELEZES *** 05600 CEILLAC 04 92 45 21 93

LA ROCHETTE ***
05600 GUILLESTRE 04 92 45 02 15

ST JAMES LES PINS ***
05600 GUILLESTRE 04 92 45 08 24

LE BOCAGE **
05800 ST MAURICE EN VALGODEMARD
04 92 21 86 48

06 ALPES-MARITIMES

LA CAMASSADE ***
06140 TOURRETTES-SUR-LOUP 04 93 59 31 54

CAMPING DOMAINE DE LA BERGERIE ***
06140 VENCE 04 93 58 09 36

LES PRUNIERS **
06210 MANDELIEU LA NAPOULE 04 92 97 00 44

PARC DES MAURETTES ***
06270 VILLENEUVE-LOUBET 04 93 20 91 91

CAMPING A LA FERME DU SEUILLET *RURAL*
06380 MOULINET 06 13 40 84 51

CAMPING DE LA LAUNE **
06440 PEILLON 04 93 79 91 61

A LA FERME SAINT JOSEPH **
06450 ST MARTIN VESUBIE 06 70 51 90 14

SITES ET PAYSAGES LES PINEDES ****
06480 LA COLLE SUR LOUP 04 93 32 98 94

CAMPING SAINT LOUIS N.C.
06550 LA ROQUETTE SUR SIAGNE 04 92 19 23 13

LA VIGNOBLE DES SAUSSES *RURAL*
06640 ST JEANNET 06 08 96 24 60

LE COLOMBIER ***
06800 CAGNES SUR MER 04 93 73 12 77

07 ARDECHE

ARDECHE CAMPING ****
07000 PRIVAS 04 75 64 05 80

LE RELAIS DES BRISON **
07110 BEAUMONT 04 75 39 43 52

LES CHATAIGNIERS ***
07110 LAURAC-EN-VIVARAIS 04 75 36 86 26

LES RANCHISSES *****
07110 LARGENTIERE 04 75 88 31 97

LA TURELURE *** 07110 UZER 04 75 89 29 21

LA DIGUE **** 07120 CHAUZON 04 75 39 63 57

LE COIN CHARMANT ***
07120 CHAUZON 04 75 35 94 13

CAMPING DU PONT ****
07120 PRADONS 04 75 93 93 98

LA PLAINE ***** 07120 RUOMS 04 75 39 65 83

LES PAILLOTES EN ARDECHE ****
07120 RUOMS 04 75 39 62 05

SITES ET PAYSAGES LE PETIT BOIS ****
07120 RUOMS 04 75 39 60 72

RCN LA BASTIDE EN ARDECHE ****
07120 SAMPZON 04 75 39 64 72

CAMPING LE CHASSEZAC ***
07120 SAMPZON 04 75 39 60 71

LES CHENES ** 07120 CHAUZON 06 72 71 52 69

LES GORGES DU CHASSEZAC **
07140 MALARCE-SUR-LA-THINES
04 75 39 45 12

LES CABANES DE CORNILLON PRL **
07140 LES ASSIONS 04 75 94 98 68

DOMAINE DE L'ESQUIRAS ****
07150 VALLON-PONT-D'ARC 04 75 88 04 16

CAMPING BONHOMME ***
07150 VALLON PONT D ARC 04 75 88 04 62

LA FONTINELLE **
07150 BESSAS 04 75 38 65 69

CAMPING MILLE ETOILES **
07150 LABASTIDE-DE-VIRAC 04 75 38 42 77

LE PEQUELET ***
07150 SALAVAS 04 75 88 04 49

ARC EN CIEL ***
07150 VALLON PONT D ARC 04 75 88 04 65

LA PLAGE FLEURIE *****
07150 VALLON-PONT-D-ARC 04 75 88 01 15

LA ROUVIERE ***
07150 VALLON-PONT-D'ARC 04 75 37 10 07

DOMAINE DE SEVENIER *****
07150 LAGORCE 04 75 88 29 44

SERILLON JEAN LA CHAZALET *RURAL*
07160 ST JULIEN LABROUSSE 04 75 29 07 57

ARDECHE LUDO CAMPING PARC ***
07170 LUSSAS 04 84 80 01 89

LE VERGER DE JASTRES ***
07200 ST DIDIER SOUS AUBENAS 04 75 35 25 80

DOMAINE DE GIL ****
07200 UCEL 04 75 94 63 63

BOIS SIMONET ****
07260 JOYEUSE 04 75 39 58 60

CAMPING LE RETOURTOUR ****
07270 LAMASTRE 04 75 06 40 71

LES SABLES **
07300 TOURNON SUR RHONE 04 75 08 20 05

LES ACACIAS ***
07300 TOURNON SUR RHONE 04 75 08 83 90

LES RIVES DE L'ARDECHE ***
07330 MAYRES 04 75 87 21 39

SITES ET PAYSAGES L'OASIS ****
07370 ECLASSAN 04 75 34 56 23

LE BARUTEL *** 07380 MEYRAS 04 75 38 03 78

LE VENTADOUR ***
07380 MEYRAS 04 75 94 18 15

CAMPING DU VIADUC ***
07410 ARLEBOSC 04 75 06 74 49

LES BERGES DU DOUX ***
07410 COLOMBIER-LE-VIEUX 04 75 06 79 10

LA SOURCE ***
07460 BERRIAS ET CASTELJAU 04 75 39 39 13

CAMPING MUNICIPAL DE RIEUTORD N.C.
07510 USCLADES-ET-RIEUTORD 04 75 38 00 48

LA FAMILLE DU CHEMINOT *RURAL*
07560 MONTPEZAT SOUS BAUZON 04 75 94 42 10

LES ARCHES ****
07580 ST JEAN LE CENTENIER 04 75 36 75 19

ISERAND *** 07610 VION 04 75 08 01 73

CAMPING HUTTOPIA LE MOULIN ***
07700 ST MARTIN D ARDECHE 04 75 04 66 20

LE PONTET ***
07700 ST-MARTIN-D-ARDECHE 04 75 04 63 07

09 ARIEGE

LA CLAIRIERE *RURAL*
09000 L' HERM 06 45 87 57 02

LE LAC ***
09000 FOIX 05 61 65 11 58

MILLE FLEURS **
09120 GUDAS 05 61 60 77 56

CAMPING LES EYCHECADOUS ***
09130 ARTIGAT 05 67 44 51 65

AUDINAC LES BAINS ***
09200 MONTJOIE EN COUSERANS 05 61 66 44 50

FLOWER CAMPING L'ARIZE ****
09240 LA BASTIDE DE SEROU 05 61 65 81 51

CAMPING LE PETIT PYRENEEN ***
09290 LE MAS D AZIL 05 61 69 71 37

GOUAZE PHILIPPE *RURAL*
09320 BIERT 05 61 96 95 03

LE PRE LOMBARD ****
09400 TARASCON SUR ARIEGE 05 61 05 61 94

LA REGATE *** 09600 LERAN 05 61 03 09 17

10 AUBE

FERME DES HAUTS FRENES ***
10130 EAUX-PUISEAUX 03 25 42 15 04

CAMPING DES JOYEUX CAMPEURS *RURAL*
10400 PONT SUR SEINE 03 10 13 23 81

L'ILE CHERLIEU N.C.
10700 ARCIS SUR AUBE 03 25 37 98 79

11 AUDE

LES FLORALYS **
11100 NARBONNE 04 68 32 65 65

LA COTE DES ROSES ****
11100 NARBONNE PLAGE 04 68 49 83 65

LA CREMADE ** 11140 AXAT 04 68 20 80 64

SITES & PAYSAGES CAMPING INNATURE
11190 ARQUES 04 68 47 74 64

CAMPING FIGUROTTA ***
11200 BIZANET 04 68 45 16 26

SITES ET PAYSAGES LA PINEDE ***
11200 LEZIGNAN CORBIERES 04 68 27 05 08

DOMAINE D'ARNAUTEILLE *****
11250 MONTCLAR 04 68 26 84 53

FLOWER CAMPING LE MARTINET ROUGE ***
11390 BROUSSES ET VILLARET 04 68 26 51 98

LE BOUT DU MONDE ****
11400 VERDUN-EN-LAURAGAIS 04 68 94 95 96

FONTAULIE-SUD ***
11500 NEBIAS 04 68 20 17 62

CAMPING LE BELVEDERE **
11600 LASTOURS 06 18 94 41 27

SITES ET PAYSAGES LE MOULIN DE SAINTE ANNE **** 11600 VILLEGLY 04 68 72 20 80

12 AVEYRON

SAINT MARTIN ***
12100 CREISSELS 05 65 60 31 83

LE MILLAU PLAGE ****
12100 MILLAU 05 65 72 12 77

SAINT LAMBERT ***
12100 MILLAU 05 65 60 00 48

CAMPING HUTTOPIA MILLAU ***
12100 MILLAU 05 65 61 18 83

LARRIBAL ***
12100 MILLAU 05 65 59 08 04

LES RIVAGES **** 12100 MILLAU 05 65 61 01 07

LES ERABLES *** 12100 MILLAU 05 65 59 15 13

MARMOTEL ****
12130 ST GENIEZ D OLT 05 65 70 46 51

POLE TOURISTIQUE BELLEVUE ***
12140 GOLINHAC 05 65 44 50 73

LES CALQUIERES ****
12150 SEVERAC LE CHATEAU 05 65 47 64 82

ONLYCAMP LE ROUERGUE ***
12200 VILLEFRANCHE-DE-ROUERGUE
05 65 45 16 24

CAMPING LAC AUX OISEAUX ****
12200 MARTIEL 05 65 65 67 59

CAMP MUNICIPAL N.C.
12210 LAGUIOLE 05 65 44 39 72

LA ROMIGUIERE ***
12210 MONTPEYROUX 05 65 44 44 64

CAMPING AU TOUR DE L'AVEYRON **
12230 L HOSPITALET DU LARZAC 05 65 62 70 53

LES 2 VALLEES ***
12230 NANT 05 65 62 26 89

RCN VAL DE CANTOBRE *****
12230 NANT 05 65 58 43 00

SOLEIL LEVANT ***
12290 CANET DE SALARS 05 65 46 03 65

LE ROQUELONGUE ***
12300 BOISSE PENCHOT 05 65 63 39 67

LA GRANGE DE MONTEILLAC **
12310 SEVERAC L EGLISE 05 65 70 21 00
CAMPING LA PEYRADE *
12390 RIGNAC 09 51 53 21 13
SITES ET PAYSAGES BEAU RIVAGE **
12410 SALLES CURAN 05 65 46 33 32
**CAMPING DE LA BASE NAUTIQUE **
12490 ST ROME DE TARN 05 65 58 14 69
LA CASCADE DES NAISSES **
12490 ST ROME DE TARN 05 65 62 56 59
CAMPING LA BELLE ETOILE *
12520 AGUESSAC 05 65 72 91 07
LES GORGES DU TARN **
12640 RIVIERE SUR TARN 05 65 59 85 17
LA DIEGE * 12700 SONNAC 05 65 43 20 53
L'AUBIGUE *
12720 MOSTUEJOULS 05 65 62 63 67
LES PRADES **
12720 MOSTUEJOULS 05 65 62 62 09

13 BOUCHES-DU-RHÔNE

CAMPING TARTARIN *
13150 TARASCON 04 90 91 01 46
LE MAS DE NICOLAS **
13210 ST REMY DE PROVENCE 04 90 92 27 05
CAMPING PEGOMAS *
13210 ST REMY DE PROVENCE 04 90 92 01 21
CAMPING LE PARC DE LA BASTIDE *
13210 ST REMY DE PROVENCE 04 32 61 94 86
LA CHAPELETTE *
13310 ST MARTIN DE CRAU 04 90 98 44 81
LUBERON PARC ***
13350 CHARLEVAL 04 42 96 60 60
LE CLOS DU RHONE **
13460 SAINTES MARIES DE LA MER
04 90 97 85 99
LA SOURCE * 13500 MARTIGUES 04 42 49 62 57
LOU CIGALON *
13500 MARTIGUES 04 42 49 61 71
LA VALLEE HEUREUSE *
13660 ORGON 04 84 80 01 71
LE DEVANCON*
13790 PEYNIER 04 42 53 10 06
CAMPING HUTTOPIA FONTVIEILLE PROVENCE * 13990 FONTVIEILLE 04 90 54 78 69

14 CALVADOS

CAMPING LE BREVEDENT **
14130 LE BREVEDENT 02 31 64 72 88
CAMPING DES POMMIERS N.C.
14230 LA-CAMBE 02 31 22 74 92
LE PICARD * 14330 TOURNIERES 02 31 22 82 44
CAMPING MUNICIPAL DES BORDS DE L'AURE * 14400 BAYEUX 02 31 92 08 43
CAMPING REINE MATHILDE *
14400 ETREHAM 02 31 21 76 55
FORT SAMSON RURAL
14450 GRANDCAMP MAISY 06 80 63 01 11
LE CLOS DE BALLEROY *
14490 BALLEROY 02 31 21 41 48
DOMAINE DE LITTEAU **
14490 LITTEAU 02 31 22 22 08
PORT'LAND **
14520 PORT-EN-BESSIN
LA CAPRICIEUSE ***
14530 LUC SUR MER 02 31 97 34 43
CAMPING HUTTOPIA CALVADOS-NORMANDIE **
14590 MOYAUX 02 31 63 63 08
**CAMPING MUNICIPAL DU CHATEAU **
14700 FALAISE 02 31 90 16 55
LA ROSERAIE D'OMAHA **
14710 SURRAIN 02 31 21 17 71
OMAHA BEACH *
14710 VIERVILLE SUR MER 02 31 22 41 73
CAMPING DE LA FERME DE FUMICHON ***RURAL***
14710 ST MARTIN DE BLAGNY 02 31 22 50 15
CHATEAU DE MARTRAGNY **
14740 MARTRAGNY 02 31 80 21 40
LA VALLEE DE DEAUVILLE ***
14800 ST ARNOULT 02 31 88 58 17
L'OREE DE DEAUVILLE *
14800 VAUVILLE 02 31 87 96 22
LE POINT DU JOUR **
14810 MERVILLE FRANCEVILLE PLAGE
02 31 24 23 34
LES PEUPLIERS **
14810 MERVILLE FRANCEVILLE PLAGE
02 31 24 05 07

15 CANTAL

**PONT DU ROUFFET **
15140 ST MARTIN CANTALES 04 71 69 42 76
CAMP MUNICIPAL *
15140 ST MARTIN VALMEROUX 04 71 69 43 12
CAMPING MUNICIPAL *
15220 MARCOLES 04 71 46 98 98
CAMPING HUTTOPIA LAC DE LA SIAUVE *
15270 LANOBRE 04 71 40 31 85
LE VIADUC * 15290 PERS 04 71 64 70 08
CAMPING MUNICIPAL LE PIOULAT
15400 TRIZAC 04 71 78 64 20

16 CHARENTE

CAMPING DES LACS **
16150 PRESSIGNAC 05 45 31 89 03
**LA RIVIERE **
16150 EXIDEUIL 06 61 48 47 67
CAMPING LA FORET DE TESSE
16240 LA FORET DE TESSE 05 45 31 19 14
L'ETANG N.C.
16310 LE LINDOIS 05 45 65 02 67
CAMPING DES RIBIERES *
16500 CONFOLENS 05 45 85 35 27

17 CHARENTE-MARITIME

IDEAL CAMPING *
17110 ST GEORGES DE DIDONNE 05 46 05 29 04
**LES BAINS SALES **
17110 ST GEORGES DE DIDONNE 05 46 05 68 97
FLOWER CAMPING LES ILATES **
17111 LOIX 05 46 29 05 43
FLEURS DES CHAMPS *
17120 ARCES 05 46 90 40 11
**CAMPING MUNICIPAL LE SORLUT **
17120 COZES 05 46 90 75 99
**BOIS DE LA CHASSE **
17120 SEMUSSAC 05 46 22 37 71
**C.C.D.F. LA GAUTRELLE **
17190 ST GEORGES D OLERON 05 46 47 21 57
LE DOMAINE D'OLERON **
17190 ST GEORGES D OLERON 05 46 76 54 97
LES SABLES VIGNIERS PLAGE *
17190 ST GEORGES D OLERON 05 46 76 52 31
CLAIREFONTAINE **
17200 ROYAN 05 46 39 08 11
CHEZ MENARD *
17260 ST ANDRE DE LIDON 05 46 90 09 40
LA MOTTE *
17270 LE FOUILLOUX 05 46 04 26 91
L'ILE AUX LOISIRS *
17350 LE MUNG 05 46 90 35 11
CAMPING HUTTOPIA OLERON LES PINS *
17370 ST TROJAN LES BAINS 05 46 76 02 39
LA CLAIRIERE **
17390 LA TREMBLADE 05 46 36 36 63
VAL DE BOUTONNE *
17400 ST JEAN D ANGELY 05 46 32 26 16
LE PUITS DE L'AUTURE **
17420 ST PALAIS SUR MER 05 46 23 20 31
DOMAINE DE BERNEZAC *
17420 ST PALAIS SUR MER 05 46 39 00 71
CAMPING MUNICIPAL DU CADORET *
17450 FOURAS 05 46 82 19 19
SITES ET PAYSAGES FIEF-MELINI **
17480 LE CHATEAU D OLERON 05 46 47 60 85
OSTREA **
17550 DOLUS D OLERON 05 46 47 62 36
CAMPING HUTTOPIA OLERON LES CHENES VERTS **
17550 DOLUS D OLERON 05 46 75 32 88
LA COTE SAUVAGE ***
17570 LES MATHES 05 46 22 40 18
DOMAINE DE MONTCALM *
17570 LES MATHES 05 46 22 48 37
CAMPING EDEN VILLAGES PALMYRE LOISIRS **
17570 LES MATHES 05 46 23 67 66
CAMPING ESSI *
17590 ST ARS-EN-RE 05 46 29 25 18
FLOWER CAMPING BEL AIR **
17630 LA FLOTTE 05 46 09 63 10
CAMPING EDEN VILLAGES L'OCEAN & SPA ***
17670 LA COUARDE SUR MER 05 46 29 87 70
CAMPING MUNICPAL LE REMONDEAU
17670 LA COUARDE SUR MER 05 46 29 84 27
CAMPING LA TOUR DES PRISES **
17670 LA COUARDE SUR MER 05 46 29 84 82
CAMPING HUTTOPIA LES CHARDONS BLEUS ILE DE RE *
17740 STE MARIE DE RE 05 46 30 23 75
CAMPING HUTTOPIA CÔTE SAUVAGE - ILE DE RE *
17740 STE MARIE DE RE 05 46 30 21 74
FLOWER CAMPING L'ABRI COTIER *
17780 ST NAZAIRE SUR CHARENTE 05 46 84 81 65
CAMPING DES PORTES EN RE *
17880 LES PORTES EN RE 05 46 29 51 04
LE RELAX *
17920 BREUILLET 05 46 22 75 11

18 CHER

CAMPING DE BOURGES *
18000 BOURGES 02 48 20 16 85
BASE DE LOISIRS DE GOULE *
18210 BESSAIS LE FROMENTAL 02 48 60 82 66
CAMPING DE L'ILE *
18300 BANNAY 03 86 24 48 43
**ONLYCAMP DES PINS **
18330 NANCAY 02 48 51 81 80

19 CORREZE

CAMPING HUTTOPIA BEAULIEU-SUR-DORDOGNE **
19120 BEAULIEU SUR DORDOGNE 05 55 91 02 65
LA BONTAT ***RURAL***
19130 VOUTEZAC 05 55 84 73 94
CAMPING MUNICIPAL LA MINOTERIE N.C.
19140 UZERCHE 05 55 73 12 75
CAMPING LE SOUSTRAN *
19160 NEUVIC 05 55 95 03 71
CAMPING MUNICIPAL N.C.
19170 LACELLE 05 55 46 03 84

CAMPING DU LAC DE VIAM N.C.
19170 VIAM 06 46 10 33 55
CAMPING DE LA VEZENIE ***
19210 LUBERSAC 05 55 98 35 96
LE DOMAINE VERT *RURAL*
19230 TROCHE 05 55 73 59 89
FLOWER CAMPING LA PLAGE ***
19260 TREIGNAC 05 55 98 08 54
LE PETIT BOIS N.C.
19320 ST MERD DE LAPLEAU 05 55 27 89 44
CAMPING DU LAC ***
19320 MARCILLAC-LA-CROISILLE
LE VAURETTE ****
19400 MONCEAUX SUR DORDOGNE
05 55 28 09 67
L'EUROPE ***
19400 MONCEAUX SUR DORDOGNE
05 55 28 07 70
CAMP MUNICIPAL ***
19400 ARGENTAT 05 55 28 13 84
CAMPING DE COLLONGE LA ROUGE ***
19500 COLLONGES-LA-ROUGE 06 52 92 71 65
LAC DE BOURNAZEL ****
19700 SEILHAC 05 55 27 05 65
AU BOIS DE CALAIS ***
19800 CORREZE 05 55 26 26 27

2A CORSE-DU-SUD

L'AVENA ***
20100 SARTENE 04 95 77 02 18
OLVA LES EUCALYPTUS ***
20100 SARTENE 04 95 77 11 58
VIGNA MAGGIORE ***
20113 OLMETO 04 95 74 62 02
CAMPING TORRACCIA ***
20130 CARGESE 04 95 26 42 39
LES ILOTS D'OR ***
20137 PORTO-VECCHIO 04 95 70 01 30
LA PIOPPA N.C.
20137 PORTO-VECCHIO 04 95 71 79 79
U TURRACCONU N.C.
20140 SERRA-DI-FERRO 04 95 74 00 57
BENISTA ****
20166 PORTICCIO 04 95 25 19 30
CAMPO DI LICCIA ***
20169 BONIFACIO 04 95 73 03 09
LES EAUX VIVES ***
20172 VERO 04 95 52 81 09

2B HAUTE-CORSE

CAMPING E CANICCE ***
20218 MOLTIFAO 04 95 35 16 75
LE CAMPOLORO ****
20221 CERVIONE 04 95 38 00 20
ACQUAVIVA *RURAL*
20224 CALACUCCIA 04 95 48 00 08
CAMPING PERLA DI MARE ****
20240 GHISONACCIA 04 95 56 53 10
SANTA BARBARA ** 20250 CORTE 04 95 46 20 22
AIRE NATURELLE U SORTIPIANI **
20251 PIEDICORTE-DI-GAGGIO 04 95 48 81 67
LE PANORAMIC *** 20260 LUMIO 04 95 60 73 13
CAMPIING INTERNATIONAL *** 20260 CALVI
DOLCE VITA *** 20260 CALVI
BELLA VISTA N.C. 20260 CALVI
LES CASTORS **** 20260 CALVI

21 CÔTES-D'OR

L'ARQUEBUSE ***
21130 AUXONNE 03 80 31 06 89
CAMPING LES HERLEQUINS ***
21170 ST JEAN DE LOSNE 03 80 39 22 26
CAMPING HUTTOPIA MEURSAULT ***
21190 MEURSAULT 03 80 21 22 48
CAMPING DE SAULIEU ***
21210 SAULIEU 03 80 64 16 19
CAMPING HUTTOPIA ETANG DE FOUCHE ****
21230 ARNAY LE DUC 03 80 90 02 23
CAMPING VERT AUXOIS ***
21320 POUILLY EN AUXOIS 03 80 90 71 89
MICHEL JADOT *RURAL*
21350 MARCILLY ET DRACY 03 80 49 62 08
CAMP MUNICIPAL LOUIS RIGOLY **
21400 CHATILLON SUR SEINE 03 80 91 03 05
ONLYCAMP LES PREMIERES VIGNES ***
21420 SAVIGNY LES BEAUNE 03 80 26 15 06
CAMPING MUNICIPAL DES TREUILLES ***
21500 MONTBARD 03 80 92 69 50
CAMPING DU MARAIS **
21570 RIEL LES EAUX 06 80 10 32 87
CAMPING SANTENAY ***
21590 SANTENAY 03 80 20 66 55
CAMPING LE FIL DE L'EAU ***
21700 PREMEAUX-PRISSEY 06 21 98 95 72

22 CÔTES-D'ARMOR

CAMPING MUNICIPAL BEAUSEJOUR ***
22100 ST SAMSON SUR RANCE 02 96 39 53 27
CAMP MUNICIPAL *
22130 PLEVEN 02 96 84 46 71
LA TOURELLE
22150 PLEVEN 02 96 73 50 65
VAL DE LANDROUET ***
22230 MERDRIGNAC 02 96 28 47 98
AU BOCAGE DU LAC ****
22270 JUGON LES LACS 02 96 31 60 16
CAMPING LES CAPUCINES ****
22300 TREDREZ-LOCQUEMEAU 02 96 35 72 28

La plage de la Pointe Escalin à Saint-Cast-le-Guildo (22)

ONLYCAMP LES 2 RIVES ***
22300 LANNION 02 96 46 31 40
CAMPING LES MONTS COLLEUX ***
22370 PLENEUF VAL ANDRE 02 96 72 95 10
CAMPING LES QUATRE VAUX **
22380 ST CAST LE GUILDO 02 96 41 29 75
CAMPING LA CRIQUE ***
22380 ST CAST LE GUILDO 02 96 41 89 19
CAMPING LES MIELLES ****
22380 ST CAST LE GUILDO 02 96 41 87 60
CHATEAU DE GALINEE *****
22380 ST CAST LE GUILDO 02 96 41 10 56
CAMPING BELLEVUE ***
22410 ST QUAY PORTRIEUX 02 96 70 41 84
CAMPING PARADIS BELLEVUE ERQUY ****
22430 ERQUY 02 96 72 33 04
LES PINS **** 22430 ERQUY 02 96 72 31 12
LES ROCHES *** 22430 ERQUY 02 96 72 32 90
CAMPING EDEN VILLAGES
LE CAP DE BREHAT ****
22470 PLOUEZEC 02 96 20 64 28
CAMPING LE MATIGNON ***
22550 MATIGNON 02 96 80 37 99
ARMOR LOISIRS ***
22560 TREBEURDEN 02 96 23 52 31
SITES ET PAYSAGES LE NEPTUNE ****
22580 LANLOUP 02 96 22 33 35
LE VARQUEZ-SUR-MER ***
22580 PLOUHA 02 96 22 34 43
LES MADIERES *** 22590 PORDIC 02 96 79 02 48
AQUAREV *** 22600 LOUDEAC 02 96 26 21 92
RCN PORT L'EPINE ***
22660 TRELEVERN 02 96 23 71 94
LES 7 ILES *** 22660 TRELEVERN 02 96 91 73 11

23 CREUSE

LA SEMNADISSE N.C.
23140 RIMONDEIX 05 55 80 86 09
LE MOULIN DE PIOT ***
23220 CHENIERS 05 55 62 80 90
AIRE NATURELLE CHIGNAT *RURAL*
23250 SOUBREBOST 05 55 64 23 35
CAMPING L'AQUARELLE DU LIMOUSIN ****
23300 LA SOUTERRAINE 05 55 63 59 71
CHATEAU DE POINSOUZE ****
23600 BOUSSAC BOURG 05 55 65 02 21
CAMPING DUN LE PALESTEL **
23800 DUN LE PALESTEL 06 52 71 89 39

24 DORDOGNE

CAMPING LA SALVINIE ***
24120 TERRASSON LAVILLEDIEU 05 53 50 06 11
SITES ET PAYSAGES DOMAINE L'ETANG DE BAZANGE ****
24130 MONFAUCON 05 53 24 64 79
ORPHEO NEGRO ***
24140 DOUVILLE 05 53 82 96 58
LE PONTILLOU **
24140 VILLAMBLARD 05 53 81 91 87
RCN LE MOULIN DE LA PIQUE *****
24170 BELVES 05 53 29 01 15
LES CHARMES ***
24200 ST ANDRE D ALLAS 05 53 31 02 89
CAMPING HUTTOPIA SARLAT ****
24200 SARLAT LA CANEDA 05 53 59 05 84
LES ACACIAS ***
24200 SARLAT LA CANEDA 05 53 31 08 50
CAMPING LA BOUYSSE ***
24200 VITRAC 05 53 28 33 05
LE VERDOYANT ***
24210 THENON 05 53 05 20 78
LA PLAGE ***
24220 VEZAC 06 83 36 41 68
LE GARRIT *** 24220 ST CYPRIEN
05 53 29 20 56
LES 2 VALLEES *** 24220 VEZAC
05 53 29 53 55
SITES ET PAYSAGES LA RIVIERE FLEURIE ****
24230 ST ANTOINE DE BREUILH 05 53 24 82 80
POMPORT BEACH ****
24240 POMPORT 05 24 10 61 13
LE DOUZOU *** 24250 BOUZIC 05 53 28 41 60
CAMPING LE PERPETUUM ****
24250 DOMME 05 53 28 35 18
LE BOSQUET *** 24250 DOMME 05 53 28 37 39
LE LAC DE GROLEJAC ***
24250 GROLEJAC 05 53 59 48 70
LE CEOU *** 24250 ST CYBRANET 05 53 29 46 23
LE CONVIVIAL ***
24250 ST MARTIAL DE NABIRAT 05 53 28 43 15
LES RIVES DE LA DORDOGNE **
24250 DOMME 05 53 31 35 80
LE ROCHER DE LA GRANELLE ***
24260 LE BUGUE 05 53 07 24 32
CAMPING DU CENTRE DE LOISIRS ***
24270 ANGOISSE 05 53 52 68 79
LE MOULIN DU CHATAIN *
24270 PAYZAC 06 28 26 45 33
YELLOH VILLAGE LASCAUX VACANCES ****
24290 ST AMAND DE COLY 05 53 50 81 57
CAMPING L'AGRION BLEU ***
24300 SAINT-MARTIAL-DE-COLY 05 53 50 81 57
LE BAS MEYGNAUD **
24310 VALEUIL 05 53 05 58 44
CHARTROULE JEAN-LOUIS *RURAL*
24330 MILHAC D AUBEROCHE 05 53 07 56 28
DOMAINE DE CORNEUIL ***
24340 ST-SULPICE-DE-MAREUIL 05 53 60 79 48
ETANG BLEU N.C.
24340 VIEUX MAREUIL 05 53 60 92 70
LES CHENES VERTS ***
LE PARADOU ****
24410 PARCOUL 05 53 91 42 78
SITES ET PAYSAGES LA DORDOGNE VERTE ***
24410 ST-AULAYE 05 53 90 62 20
LE BOIS DU CODERC ***
24420 ANTONNE ET TRIGONANT 05 53 05 99 83
M. PAUL MARTIAL *RURAL*
24470 ST SAUD LACOUSSIERE 05 53 56 97 46
LA FERME DE PERDIGAT ****
24510 LIMEUIL 05 53 63 31 54
MOULIN DE DAVID ****
24540 GAUGEAC 05 53 22 65 25
LA NOUVELLE CROZE ****
24580 ROUFFIGNAC ST CERNIN DE REILHAC
05 53 05 38 90
CAMPING EDEN VILLAGES
LA BOUQUERIE *****
24590 ST GENIES 05 53 28 98 22
LA RIVIERE ****
24620 LES EYZIES DE TAYAC SIREUIL
05 53 06 97 14
CAMPING D'AUBEROCHE ***
24640 LE CHANGE 05 53 06 04 19
LA CIGALINE ***
24700 MONTPON MENESTEROL 05 53 80 22 16
CAMPING LE REPAIRE ***
24800 THIVIERS 05 53 52 69 75

25 DOUBS

CAMPING DE LA FORET ***
25270 LEVIER 03 81 89 53 46
CAMPING LE CHANET ***
25290 ORNANS 03 81 62 23 44

26 DRÔME

DOMAINE DES BRIDOUX ***
26110 MIRABEL AUX BARONNIES 04 75 27 09 27
LES ROSIERS *RURAL*
26120 CHABEUIL 04 81 66 14 42
FLOWER CAMPING LA CHATAIGNERAIE ****
26140 ANNEYRON 04 75 31 43 33
CAMPING MUNICIPAL DE JUSTIN **
26140 DIE 04 75 22 14 77
ONLYCAMP CHAMARGES N.C.
26150 DIE 04 75 22 14 13
LE RIOU-MERLE ***
26150 DIE 04 75 22 21 31
SITES ET PAYSAGES L'OREE DE PROVENCE ***
26170 BUIS LES BARONNIES 04 75 28 10 78
LES CASTORS ***
26170 PIERRELONGUE 04 75 28 74 67
YELLOH VILLAGE LE DOMAINE PROVENCAL ***
26220 DIEULEFIT 04 75 49 94 36
LES TRUFFIERES ***
26230 GRIGNAN 04 75 46 93 62
DOMAINE DU LAC DE CHAMPOS ***
26260 ST DONAT SUR L HERBASSE 04 75 45 17 81
LA POCHE ***
26270 MIRMANDE 04 75 63 02 88
LE GALLO ROMAIN ****
26300 BARBIÈRES 04 75 05 90 12
LE COURIOU ****
26310 RECOUBEAU-JANSAC 04 85 88 01 38
CAMPING LES CHAPELAINS ***
26340 SAILLANS 04 75 21 55 47
LE MOULIN *RURAL*
26340 PRADELLE 04 75 21 69 96
LA GRIVELIERE ****
26350 MONTRIGAUD 04 75 71 70 71
FLOWER CAMPING LE CHATEAU ***
26390 HAUTERIVES 04 75 68 80 19
GERVANNE CAMPING ****
26400 MIRABEL ET BLACONS 04 75 40 00 20
CAMPING MUNICIPAL LES CHAUSSIERES **
26410 CHATILLON EN DIOIS 04 75 21 10 30
LE COUSPEAU *****
26460 LE POET CELARD 04 75 53 30 14
L'ERMITAGE DU GRAND BOIS ***
26460 LE POET CELARD 04 75 53 33 72
LE MOULIN ***
26470 LA MOTTE CHALANCON 04 75 27 24 06
CAMPING LES RAMIERES ****
26510 SAHUNE 04 75 27 40 45
AIRE NATURELLE LE GESSY *RURAL*
26510 VERCLAUSE 07 69 69 00 71
CHAMP LA CHEVRE ***
26620 LUS LA CROIX HAUTE 04 92 58 50 14
CAMPING FLORAL **
26740 LA COUCOURDE 06 83 03 34 04
LES BASTETS ****
26740 MARSANNE 04 75 90 35 03

27 EURE

LES BERGES DE L'ITON ***
27160 BRETEUIL 02 32 62 70 35
SITES ET PAYSAGES DOMAINE DE LA CATINIERE ****
27210 FIQUEFLEUR EQUAINVILLE 02 32 57 63 51
LES POMMIERS ***
27260 ST-SYLVESTRE-DE-CORMEILLES
02 32 42 29 69

LES ESCALES ***
27400 LOUVIERS 02 32 40 10 77
FLOWER CAMPING L'ILE DES TROIS ROIS ***
27700 LES ANDELYS 02 32 54 23 79

28 EURE-ET-LOIR

CAMPING DE BROU **
28160 BROU 02 37 47 02 17
PARC DE LOISIRS LE VAL FLEURI ****
28220 CLOYES SUR LE LOIR 02 37 98 50 53
LE BOIS JAHAN ***
28400 BRUNELLES 02 37 52 14 73

29 FINISTERE

L'ORANGERIE DE LANNIRON *****
29000 QUIMPER 02 98 90 62 02
CAMPING HUTTOPIA DOUARNENEZ ***
29100 DOUARNENEZ 02 98 74 05 67
LA BAIE DE DOUARNMEZ ****
29100 POULLAN SUR MER 02 98 74 26 39**SITES ET PAYSAGES LA TORCHE *****
29120 PLOMEUR 02 98 58 62 82
KERALUIC *RURAL*
29120 PLOMEUR 02 98 82 10 22
LA POINTE ***
29150 ST COULITZ 02 98 86 51 53
CAMPING DE LA PRESQU'ILE ***
29160 CROZON 02 98 27 12 36
GWEL KAER ***
29160 LANVEOC 02 98 27 61 06
CAMPING DE KERSENTIC ***
29170 FOUESNANT 02 98 56 08 66
CAMPING LE KERVASTARD ***
29170 FOUESNANT 02 98 94 91 52
L'ATLANTIQUE *****
29170 FOUESNANT 02 98 56 14 44
CAMPING PENHOAT COTE PLAGE ***
29170 FOUESNANT 02 98 56 51 89
CAMPING DE LOCRONAN ***
29180 LOCRONAN 02 98 91 87 76
CAMPING MUNICIPAL DU FOND DE LA BAIE
******29241 LOCQUIREC 02 98 67 40 85
LE TROLOGOT ***
29250 ST POL DE LEON 02 98 69 06 26
BAIE DE TERENEZ ***
29252 PLOUEZOCH 02 98 67 26 80
LA VALLEE DE L'HYERES **
29270 CARHAIX PLOUGUER 02 98 99 10 58
CAMPING MUNICIPAL LE PORTEZ **
29280 LOCMARIA PLOUZANE 02 98 48 49 85
SITES ET PAYSAGES LE POULDU ***
29360 CLOHARS CARNOET 02 98 39 92 32
CAMPING DE CROAS-AN-TER **
29360 CLOHARS-CARNOET 02 98 39 94 19
FLOWER CAMPING LE KERGARIOU ***
29360 CLOHARS-CARNOET
CAMPING ODE VRAS ***
29430 PLOUNEVEZ LOCHRIST 02 98 61 65 17
CAMPING DE PORS AR VAG **
29550 PLOMODIERN 02 98 81 51 42
CAMPING DE LA MER D'IROISE ****
29550 PLOMODIERN 02 98 81 52 72
PRE DE LA MER N.C.
29550 PLONEVEZ PORZAY 0298925297
TREZMALAOUEN ***
29550 PLONEVEZ PORZAY 02 98 92 54 24
KERGORZ **
29550 PLOMODIERN 02 98 26 50 41
SITES ET PAYSAGES LE PANORAMIC ****
29560 TELGRUC SUR MER 02 98 27 78 41
CAMPING DU TREGOR **
29630 PLOUGASNOU 02 98 67 37 64
LES MOUETTES *****
29660 CARANTEC 02 98 67 02 46
CASTEL CAMPING
DOMAINE DE BEL AIR *****
29710 LANDUDEC 02 98 91 50 27
VILLAGE L'OCEAN BRETON *****
29740 PLOBANNALEC 02 98 82 23 89
LA GRANDE PLAGE ***
29740 LESCONIL 02 98 87 88 27
LES DUNES ***
29740 PLOBANNALEC 02 98 87 81 78
LES HORTENSIAS ***
29750 LOCTUDY 02 98 87 46 64
CAMPING YELLOH VILLAGE LA PLAGE ****
29760 PENMARCH 02 98 58 61 90
LA FERME DU COSQUER *RURAL*
29790 BEUZEC CAP SIZUN 02 98 70 50 99
LA GREVE BLANCHE **
29880 PLOUGUERNEAU 02 98 04 70 35
LE VOUGOT ***
29880 PLOUGUERNEAU 02 98 25 61 51
LA COTE DES LEGENDES ***
29890 BRIGOGAN-PLAGE 02 98 83 41 65
LOCHRIST **
29900 CONCARNEAU 02 98 97 25 95
LE CABELLOU PLAGE *****
29900 CONCARNEAU 02 98 97 37 41
DOMAINE DE LA PINEDE ***
29910 TREGUNC 02 98 97 67 40
LE RAGUENES PLAGE ****
29920 NEVEZ 02 98 06 80 69
CAMPING DE LA PLAGE ****
29950 BENODET 02 98 57 00 55
POULMIC *** 29950 BENODET 02 98 57 04 83
YELLOH VILLAGE PORT DE PLAISANCE *****
29950 CLOHARS FOUESNANT 02 98 57 02 38

30 GARD

LE VAL DE L'ARRE ****
30120 LE VIGAN 04 67 81 02 77
FLOWER CAMPING LES FAUVETTES ***
30140 ANDUZE 04 66 61 72 23
CEVENNES PROVENCE ***
30140 ANDUZE 04 66 61 73 10
LE BEL ETE D'ANDUZE ****
30140 ANDUZE 04 66 61 76 04

Riviera Bretonne dans le finistère (29)

BELLEVUE ***RURAL***
30140 BOISSET-ET-GAUJAC 04 66 61 97 08
LE MOULIN DE LUECH **
30160 PEYREMALE 06 28 34 54 62
CAMPING DE GRANIERS ***
30170 MONOBLET 04 66 25 19 24
LA COQUILLE ***
30200 BAGNOLS SUR CEZE 04 66 89 03 05
CAMPING LES CASCADES ****
30200 LA ROQUE SUR CEZE 04 66 82 72 97
LE BARRALET ***
30210 COLLIAS 04 66 22 84 52
YELLOH VILLAGE LA PETITE CAMARGUE *****
30220 AIGUES MORTES 04 66 53 89 88
L'EDEN CAMPING *****
30240 LE GRAU DU ROI 04 66 51 49 81
ABRI DE CAMARGUE ****
30240 LE GRAU DU ROI 04 66 51 54 83
L'ESPIGUETTE ***
30240 LE GRAU DU ROI 04 66 51 43 92
LES PETITS CAMARGUAIS *****
30240 LE GRAU DU ROI 04 66 51 16 16
L'OLIVIER *** 30250 JUNAS 04 66 80 39 52
LES CHENES **
30250 JUNAS 04 66 80 99 07
DOMAINE DE MASSEREAU *****
30250 SOMMIERES 04 66 53 11 20
LES SOURCES ***
30270 SAINT-JEAN-DU-GARD 04 66 85 38 03
LOU VINCEN ***
30300 VALLABREGUES 04 66 59 21 29
LES VISTES ***
30360 ST JEAN DE CEYRARGUES 04 66 83 28 09
CAMPING L'UNIVERSAL ****
30430 ROCHEGUDE 04 66 24 41 26
DOMAINE LE CLOS DES CAPITELLES *****
30430 ST PRIVAT DE CHAMPCLOS
04 66 60 24 57
CAMPING AIRE NATURELLE ***RURAL***
30440 ST JULIEN DE LA NEF 04 67 82 42 65
LES GORGES DE L'HERAULT ***
30440 SUMENE 04 67 82 42 23
LA SALENDRINQUE ***
30460 LASALLE 04 66 85 24 57
LA **CLEMENTINE** ****
30480 CENDRAS 04 66 86 52 69
LA PLAGE ***
30630 ST-ANDRE-DE-ROQUEPERTUIS
04 66 50 97 29
LES AMANDIERS ****
30660 GALLARGUES LE MONTUEUX
04 66 35 28 02

31 HAUTE-GARONNE

CAMPING DES THERMES **
31110 BAGNÈRES-DE-LUCHON 05 61 79 03 85
AU FIL DE L'OO ***
31110 BAGNÈRES-DE-LUCHON 05 61 79 30 74
CHANTECLER **
31110 BAGNERES DE LUCHON 05 61 88 15 33
PRADELONGUE ****
31110 MOUSTAJON 05 61 79 86 44
CAMPING LE PYRENEEN ***
31110 SALLES ET PRATVIEL 05 61 79 59 19
MIDI-PYRENEES ****
31210 MONTREJEAU 05 61 95 86 79
SITES ET PAYSAGES LE MOULIN ****
31220 MARTRES TOLOSANE 05 61 98 86 40
COMPLEXE TOURISTIQUE LA JUSTALE ***
31260 MANE 05 61 90 68 18
CAMP DU PLAN D'EAU ***
31310 RIEUX 05 61 97 24 59
CAMPING MUNICIPAL LE LAC **
31350 BOULOGNE SUR GESSE 05 61 88 20 54
LAC ST-GEORGES ***RURAL***
31350 SARRECAVE 09 54 08 00 87
LE CASTIES ***
31430 CASTIES-LABRANDE 05 61 90 81 11
CAMPING LE MERCIER ***
31560 CALMONT 05 34 48 81 31

32 GERS

CAMPING DES BERGES DU GERS ***
32140 MASSEUBE 05 62 66 01 75
CAMPING DES BERGES DU GERS ***
32140 MASSEUBE 05 62 66 01 75
AUX MEMES ***
32140 BELLEGARDE 05 62 66 91 45
CAMPING HUTTOPPIA LAC DE L'UBY ****
32150 BARBOTAN LES THERMES 05 62 09 53 91
CAMPING CHATEAU LE HAGET ***
32320 MONTESQUIOU 05 62 70 95 80
CAMPING LE NERI ***
32380 MAUROUX 05 81 67 50 10
DOMAINE LES ANGELES N.C.
32410 CEZAN 05 62 65 29 80
CAMPING MUNICIPAL LE COUCUT **
32440 CASTELNAU D'AUZAN LABARRÈRE
05 62 29 20 21
DOMANE DES CADETS DE GASCOGNE PRL
32500 PAUILHAC 05 62 68 94 34
VILLAGE LAC DES 3 VALLEES *****
32700 LECTOURE 05 62 68 82 33
CAMPING DU POUY N.C.
32800 EAUZE 09 50 75 76 58
LES LACS D'ARMAGNAC ****
32800 BRETAGNE D'ARMAGNAC 05 62 09 70 92
LE TALOUCH ****
32810 ROQUELAURE 05 62 65 52 43

33 GIRONDE

CAMPING DE BORDEAUX LAC ****
33520 BRUGES 05 57 87 70 60
VERT BORD'EAU ***
33113 ST SYMPHORIEN 05 56 25 79 54
CAMPING HUTTOPPIA ARCACHON ****
33120 ARCACHON 05 56 83 24 15
CAMPING HUTTOPIA LAC DE CARCANS ***
33121 CARCANS 05 56 03 95 02
SAINT EMILION ****
33330 ST EMILION 05 57 24 75 80
CAMPING DU VIEUX CHATEAU ***
33420 RAUZAN 05 57 84 15 38
LES ARBOUSIERS ***
33510 ANDERNOS LES BAINS 05 56 82 12 46
MEDOC OCEAN ****
33590 VENSAC 05 56 09 58 81
CAMPING & SPA AIROTEL L'OCEAN *****
33680 LACANAU 05 56 03 24 45
C.C.D.F. CAMPING DE MAYAN *
33930 VENDAYS MONTALIVET 05 56 41 76 51
CAMPING CAMPEOLE MEDOC PLAGE ****
33930 VENDAYS MONTALIVET
05 56 09 33 45
LA PRAIRIE **
33950 LEGE CAP FERRET 05 56 60 09 75
LE BRAOU ***
33980 AUDENGE 05 56 26 49 98
LES HIRONDELLES **
33990 NAUJAC SUR MER 05 56 73 01 66
VILLAGE WESTERN ****
33990 HOURTIN 05 56 09 10 60

34 HERAULT

LA LAGUNE ***
34110 FRONTIGNAN 04 99 04 04 30
FLOWER CAMPING ALTEA ***
34110 VIC LA GARDIOLE 04 67 78 14 09
FONDESPIERRE ***
34160 CASTRIES 04 67 91 20 03
DOMAINE D'ANGLAS ****
34190 BRISSAC 04 67 73 70 18
CAMPING DU DOMAINE LE VERNIS ***
34210 AZILLANET 04 68 91 13 22
LA PETITE MOTTE ***
34280 LA GRANDE MOTTE 04 67 56 54 75
LE ROCHELONGUE ****
34300 AGDE 04 67 21 25 51
LE PEYRAL *
34330 LA SALVETAT SUR AGOUT 04 67 23 95 28
ROBINSON ****
34340 MARSEILLAN 04 67 21 90 07
LA CREOLE ***
34340 MARSEILLAN 04 67 21 92 69
MARINA **
34350 VENDRES 04 67 37 33 80
LE SERIGNAN PLAGE *****
34410 SERIGNAN 04 67 32 35 33
CÔTE DU SOLEIL ****
34410 SERIGNAN 04 67 37 33 98
CAMPING EDEN VILLAGES L'ETOILE DE MER
**** 34410 SERIGNAN 04 67 77 40 82
PLAGE DU MIDI **
34420 PORTIRAGNES-PLAGE 04 67 90 93 80
L'AIR MARIN ****
34450 VIAS 04 67 21 64 90
CLUB FARRET ***** 34450 VIAS 04 67 21 64 45
DOMAINE STE CECILE ****
34450 VIAS 04 67 21 63 70
DOMAINE DE CLAIRAC ***RURAL***
34500 BEZIERS 04 67 76 78 97
LE GAREL *** 34560 POUSSAN 04 67 78 22 21
CAMPING LES VAILHES **
34702 LODEVE 04 11 95 01 82
LES RIVIERES ***
34800 CANET 04 67 96 75 53

35 ILLE-ET-VILAINE

L'ILE VERTE ****
35114 ST BENOIT DES ONDES 02 99 58 62 55
CAMPING HUTTOPIA BAIE DU MONT SAINT MICHEL ****
35120 BAGUER PICAN 02 99 409 55
DOMAINE DES ORMES *****
35120 EPINIAC 02 99 73 53 00
LES PEUPLIERS ***
35190 TINTENIAC 02 99 45 49 75
CAMPING MUNICIPAL DU LAC ***
35210 CHATILLON EN VENDELAIS
02 99 76 48 84
CAMPING DUGUESCLIN **
35350 ST COULOMB 02 99 89 03 24
DOMAINE DE LA VILLE HUCHET ****
35400 ST MALO 02 99 81 11 83
LE P'TIT BOIS *****
35430 ST JOUAN DES GUERETS 02 99 21 14 30
LES ETANGS **
35780 LA RICHARDAIS 02 99 88 50 8

36 INDRE

ONLYCAMP LA POTINIERE N.C.

36240 ECUEILLE 02 54 40 21 10

CAMPING LA VALLEE DE LA CREUSE ***
36270 EGUZON CHANTOME 02 54 47 44 85

LA PETITE BRENNE **
36800 LUZERET 02 54 25 05 78

37 INDRE-ET-LOIRE

ONLYCAMP LA GATINE ***
37150 BLERE 02 47 57 92 60

CAMP MUNICIPAL LE SABOT ***
37190 AZAY LE RIDEAU 02 47 45 42 72

CAMPING LES GRANGES ***
37210 VOUVRAY 02 47 55 79 05

CAMPING LA VALLEE DE L'INDRE ***
37250 MONTBAZON 02 47 26 06 43

CAMPING MONTLOUIS SUR LOIRE ***
37270 MONTLOUIS SUR LOIRE 02 47 50 81 90

ONLYCAMP LES BORDS DE CREUSE *
37290 YZEURES SUR CREUSE 02 47 94 48 32

ONLYCAMP LE VAL JOYEUX ***
37330 CHATEAU LA VALLIERE 02 47 24 04 93

L'ARADA PARC ****
37360 SONZAY 02 47 24 72 69

LA FRITILLAIRE ***
37420 SAVIGNY EN VERON 02 47 58 03 79

CAMPING BELLE RIVE **
37500 CANDES ST MARTIN 02 47 97 46 03

ONLYCAMP LA CONFLUENCE ***
37510 SAVONNIERES 02 47 50 00 25

CAMP MUNICIPAL N.C.
37530 CHARGE 02 47 57 04 22

ONLYCAMP TOURS VAL DE LOIRE ****
37550 ST AVERTIN 02 47 27 87 47

PARC DE FIERBOIS *****
37800 STE CATHERINE DE FIERBOIS
02 47 65 43 35

CAMPING LE BOIS FLEURI *RURAL*
34800 ST EPAIN 02 47 65 67 73

38 ISERE

LES EYMES ***
38112 MEAUDRE 04 76 95 24 85

CAMPING LE LAC DU MARANDAN ***
38160 SAINT-ROMANS 04 76 64 41 77

SITES ET PAYSAGES DE MARTINIERE ***
38380 ST PIERRE DE CHARTREUSE
04 76 88 60 36

LES 3 LACS DU SOLEIL ****
38460 TREPT 04 74 92 92 06

LE COIN TRANQUILLE ****
38490 LES ABRETS 04 76 32 13 48

RCN BELLEDONNE ****
38520 LE BOURG D OISANS 04 76 80 07 18

SITES ET PAYSAGES A LA RENCONTRE DU SOLEIL *****
38520 LE BOURG D OISANS 04 76 79 12 22

LE CHAMP DU MOULIN ***
38520 VENOSC 04 76 80 07 38

LES 7 LAUX *** 38570 THEYS 06 09 89 52 40

IDEAL CAMPING ***
38580 ALLEVARD 04 76 97 50 23

CLAIR MATIN PRL ***
38580 ALLEVARD 04 76 97 55 19

CAMPING DETENTE ET CLAPOTIS ****
38620 MONTFERRAT 04 76 55 33 94

LES 4 SAISONS ***
38650 GRESSE EN VERCORS 04 76 34 30 27

PRE ROLLAND ***
38710 MENS 04 76 34 65 80

LE CALATRIN *** 38850 PALADRU 04 76 32 37 48

CAMPING LES 4 MONTAGNES ****
38880 AUTRANS 04 76 95 33 44

CAMPING DE ROYBON ***
38940 ROYBON 04 76 36 23 67

39 JURA

LA MARJORIE ****
39000 LONS LE SAUNIER 03 84 24 26 94

CAMPING LES MERILLES ***
39130 DOUCIER 03 84 25 73 06

SITES ET PAYSAGES BEAUREGARD ****
39130 MESNOIS 03 84 48 32 51

DOMAINE DU BUGNON **
39150 LAC DES ROUGES TRUITES 03 84 60 20 21

LA PETITE MONTAGNE ***
39260 MOIRANS EN MONTAGNE 03 84 42 34 98

LA FAZ *** 39270 ECRILLE 03 84 25 40 27

CAMPING HUTTOPIA LA PLAGE BLANCHE ***
39380 OUNANS 03 84 37 69 63

LE VAL D'AMOUR ***
39380 OUNANS 03 84 37 61 89

40 LANDES

LE CLAVE ***
40110 MORCENX 05 58 07 83 11

DOMAINE DE FIERBOIS **
40130 CAPBRETON 05 58 72 12 30

L'AIRIAL **** 40140 SOUSTONS 05 58 41 12 48

LES PRES VERTS ***
40160 GASTES 05 58 09 74 11

CALEDE **
40160 PARENTIS EN BORN 05 58 78 44 63

CAMPING CARAVALAND **
40170 LIT ET MIXE 05 58 42 84 80

LOUS SEURROTS *****
40170 ST JULIEN EN BORN 05 58 42 85 82

LES DUNES DE CONTIS ***
40170 ST JULIEN EN BORN 05 58 58 52 60

LES LANDES BLEUES ****
40200 AUREILHAN 05 58 09 01 42

LES BRUYERES ***
40200 STE EULALIE EN BORN 05 58 09 73 36

LOU PK2 **
40200 STE EULALIE EN BORN 06 10 68 45 15

CLUB MARINA - LANDES ****
40200 MIMIZAN 05 58 09 12 66

LE PIN ***
40240 ST JUSTIN 05 58 44 88 91

LE LAHA ***
40260 LESPERON 05 58 89 60 15

PORT CARRERE PRL ***
40300 ORIST 06 85 12 18 06

BARTHON ***
40320 BUANES 05 58 51 12 95

LA PARTENCE N.C.
40380 NOUSSE 05 58 98 52 50

SITES ET PAYSAGES LOU P'TIT POUN ****
40390 ST MARTIN DE SEIGNANX 05 59 56 55 79

FLOWER CAMPING LES DEUX ETANGS ****
40510 SEIGNOSSE 05 58 41 66 99

L'ETANG BLANC **
40510 SEIGNOSSE 05 58 72 80 06

CAMP MUNICIPAL LES PINS BLEUS ***
40530 LABENNE 05 59 45 41 13

LE SYLVAMAR *****
40530 LABENNE 05 59 45 75 16

INDA PIERRE *RURAL*
40550 ST MICHEL ESCALUS 05 58 48 77 13

CAMPING HUTTOPIA - LANDES SUD ***
40550 ST MICHEL ESCALUS
05 58 90 26 30

DOMAINE DU CAYRE *RURAL*
40550 ST MICHEL ESCALUS 06 30 34 64 28

LES TOURTERELLES ****
40560 ST GIRONS PLAGE 05 58 47 93 12

PLAGE-SUD ***
40600 BISCARROSSE 05 58 78 21 24

NAVARROSSE ****
40600 BISCARROSSE 05 58 09 84 32

LES PETITS ECUREUILS ***
40600 BISCARROSSE 05 58 78 01 97

MAGUIDE ****
40600 BISCARROSSE PLAGE 05 58 09 81 90

LE VIVIER ****
40600 BISCARROSSE PLAGE 05 58 78 25 76
LES ACACIAS ***
40660 MESSANGES 05 58 48 01 78
LES CIGALES ***
40660 MOLIETS ET MAA 05 58 48 51 18
L'ETANG D'ARDY ***
40990 ST PAUL LES DAX 05 58 97 57 74
LE TOY *RURAL*
40990 HERM 05 58 91 55 16

41 LOIR-ET-CHER

AU COEUR DE VENDOME ***
41100 VENDOME 02 54 77 00 27
CAMPING L'ENTRE DEUX ***
41130 CHATILLON SUR CHER 02 54 71 02 21
PARC DU VAL DE LOIRE *****
41150 MESLAND 02 54 70 27 18
CAMPING HUTTOPIA LES CHATEAUX ***
41250 BRACIEUX 02 54 46 41 84
CAMPING DE SOLOGNE ***
41300 SALBRIS 02 54 97 06 38
M. DELABOISSIERE ANDRÉ *RURAL*
41350 HUISSEAU SUR COSSON 02 54 20 35 26
LE GUE *** 41700 CHEMERY 02 54 32 97 40
SITES ET PAYSAGES LES SAULES ****
41700 CHEVERNY 02 54 79 90 01

42 LOIRE

FLOWER CAMPING DE MARS ****
42123 CORDELLE 04 77 64 94 42
CAMPING DE L'ORANGERIE ***
42130 BOEN 04 77 97 39 96
CAMPING DU MOULIN ***
42140 CHAZELLES-SUR-LYON 04 77 94 20 10
LA BELLE ETOILE ***
42380 ST BONNET LE CHATEAU 04 77 50 03 16
SITES ET PAYSAGES BEL'EPOQUE DU PILAT *** 42410 PELUSSIN 04 74 87 66 60
CAMPING LE VERDILLE **
42430 ST JUST EN CHEVALET 06 80 12 63 33
AIRE NATURELLE LES CERISIERS *RURAL*
42520 MACLAS 06 63 37 01 23

43 HAUTE-LOIRE

CAMPING DU PUY EN VELAY ***
43000 LE PUY EN VELAY 04 71 09 55 09
CAMPING LA BAGEASSE ***
43100 BRIOUDE 04 71 50 07 70
LA FRESSANGE **
43140 ST DIDIER EN VELAY 04 71 66 25 28
CAMPING MUNICIPAL SPORTING DE LA SEUGE ***
43170 SAUGUES 04 71 77 80 62
CAMPING DU PLAN D'EAU N.C.
43270 CEAUX D ALLEGRE 04 71 00 79 66
CAMPING LA ROCHELAMBERT ****
43350 SAINT-PAULIEN 04 71 00 54 02
LE PONT D'ALLAGNON ***
43410 LEPDES-SUR-ALLAGNON 04 71 76 53 69
CAMPING DU MEYGAL N.C.
43260 CHAMPCLAUSE 04 71 08 71 03
CAMPING MUNICIPAL AU FIL DE L'EAU N.C.
43580 ALLEYRAS 04 71 57 56 86
SITES ET PAYSAGES DE VAUBARLET ****
43600 SAINTE-SIGOLÈNE 04 71 66 64 95
CAMPING MUNICIPAL AUDINET ***
43700 BRIVES CHARENSAC 04 71 09 10 18
DOMAINE DU PRA DE MARS ***
43800 VOREY 04 71 03 40 86

44 LOIRE-ATLANTIQUE

LE BOIS DU BEAUMARD ***
44160 PONTCHATEAU 02 40 88 03 36
ONLYCAMP LE MOULIN ***
44190 CLISSON 02 40 54 44 48
LA BOUTINARDIERE ****
44210 PORNIC 02 40 82 05 68
LA DUNE DE JADE ****
44250 ST BREVIN LES PINS 02 40 27 22 91
LE FIEF *****
44250 ST BREVIN LES PINS 02 40 27 23 86
CAMPING MUNICIPAL LA RABINE **
44270 MACHECOUL 02 40 02 30 48
CAMPING DE L'ETANG DU PAYS BLANC ***
44350 GUERANDE 02 40 61 93 51
CAMPING EDEN VILLAGES DOMAINE DE BREHADOUR ****
44350 GUERANDE 02 40 17 65 15
LA FONTAINE ***
44350 GUERANDE 02 40 24 96 19
LE BEAUPRE ***
44420 MESQUER 02 40 42 64 16
CAMPING SAINT CLAIR ***
44530 GUENROUET 02 40 87 61 52
LES CHENES VERTS ****
44580 BOURGNEUF EN RETZ 02 40 21 48 16
VIEUX CHATEAU ***
44730 ST MICHEL CHEF CHEF 02 40 27 83 47
FLOWER CAMPING LES PALUDIERS ****
44740 BATZ SUR MER 02 40 23 85 84
LES ECUREUILS ****
44760 LA BERNERIE EN RETZ 02 40 82 76 95
LA GUICHARDIERE ***
44770 LA PLAINE SUR MER 02 40 21 55 09
LES VALLONS DE L'OCEAN ****
44770 LA PLAINE SUR MER 02 40 21 58 83
LE RANCH ****
44770 LA PLAINE SUR MER 02 40 21 52 62
CAMPING EDEN VILLAGES LA POINTE SAINT GILDAS ***
44770 PREFAILLES 02 40 21 52 05

45 LOIRET

CAMPING DES RIVES DU LOING **
45120 CEPOY 02 38 85 29 33
L'ISLE AUX MOULINS **
45150 JARGEAU 02 38 59 70 04
CAMPING MUNICIPAL DE LA FORET ***
45200 MONTARGIS 02 38 98 00 20
L'ETANG DES BOIS **
45260 LORRIS 02 38 92 32 00
LES LILAS **
45300 PITHIVIERS 02 38 39 20 11
SITES ET PAYSAGES CAMPING TOURISTIQUE DE GIEN ***
45500 GIEN 02 38 67 12 50
LES BOIS DU BARDELET *****
45500 POILLY LEZ GIEN 02 38 67 47 39
LE BOIS GIRAULT N.C. 45500 GIEN 07 83 13 91 76
CAMPING L'ETANG DE LA VALLEE ***
45530 COMBREUX 02 38 55 47 60
CAMPING TOURISTIQUE DU CANAL **
45630 BEAULIEU SUR LOIRE 02 38 35 32 16
ONLYCAMP LE PORT **
45730 ST BENOIT SUR LOIRE 02 38 35 12 34

46 LOT

LE FRANCES *** 46120 LEYME 05 65 38 91 38
LA RIVIERE ***
46200 LACAVE 05 65 37 02 04
CAMPING LES ONDINES ***
46200 SOUILLAC 05 65 37 86 44
SITES ET PAYSAGES VILLAGE DU PORT PRL ***
46200 ST SOZY 05 65 32 29 55
LES BOIS DE PRAYSSAC PRL ***
46220 PRAYSSAC 05 65 35 65 22
LA CLAIRIERE **
46350 LAMOTHE-FÉNELON 07 65 81 38 80
LES RIVES DU CEOU ***
46310 ST CHAMARAND 05 81 42 27 70
DOMAINE PAPILLON ***
46320 REYREVIGNES 05 65 40 12 40
LA PLAGE ****
46330 SAINT-CIRQ-LAPOPIE 05 65 30 29 51
CAMPING DE SALVIAC **
46340 SALVIAC 06 17 85 84 61
SITES ET PAYSAGES LES HIRONDELLES ***
46350 LOUPIAC 05 65 37 66 25
LE PICOUTY ***
46350 PAYRAC 05 65 37 78 97
LES EAUX VIVES **
46400 LATOUILLE LENTILLAC 05 65 38 13 09
CAMPING LES CAMPAGNES **
46500 ROCAMADOUR 05 65 33 62 54
SITES ET PAYSAGES LE VENTOULOU ****
46500 THÉGRA 05 65 33 67 01
PADIMADOUR ****
46500 ROCAMADOUR 05 65 33 72 11
CAMP DU PORT ***
46600 CREYSSE 05 65 32 20 82
LES FALAISES **
46600 MARTEL 05 65 37 37 78
LE MOULIN DE LABORDE ***
46700 MONTCABRIER 05 65 24 62 06
LE VALENTY ** 46700 SOTURAC 06 50 74 21 59
DOMAINE SALINIE *RURAL*
46700 MONTCABRIER 05 65 24 64 45

47 LOT-ET-GARONNE

CAMP DU LAC DE FERIE N.C.
47140 PENNE D AGENAIS 05 53 41 30 97
MOULIN DE CAMPECH ***
47160 VILLEFRANCHE DU QUEYRAN 05 53 88 72 43
MME NAGOUA ANNE-MARIE, LA VIGNERAIE *RURAL*
47160 DAMAZAN 05 53 83 22 58
LE PONT DU GERS *
47220 ASTAFFORT 05 53 67 13 33
DOMAINE DU LAC DE NEGUENOU ***
47360 PRAYSSAS 05 53 95 00 67
LE MOULIN DE MELLET ***
47450 ST HILAIRE DE LUSIGNAN 05 53 87 50 89
LES DEUX LACS ***
47470 BEAUVILLE 05 53 95 45 41

48 LOZERE

LE CLOS DES PEUPLIERS **
48000 BARJAC 04 66 47 01 16
AU SOLEIL LEVANT **
48100 CHIRAC 04 66 32 71 92
LE JARDIN DES CEVENNES ***
48150 MEYRUEIS 04 66 45 60 51
LA CASCADE ***
48150 MEYRUEIS 04 66 45 45 45
NATURE ET RIVIERE ***
48210 STE ENIMIE 04 66 48 57 36
LE SITE **
48210 STE ENIMIE 04 66 48 58 08

CAMPING HUTTOPIA GORGES DU TARN N.C.
48210 MASSEGROS-CAUSSES-GORGES
04 66 48 64 97

LE TERRADOS ***
48210 LES VIGNES 04 66 48 83 37

L'ALLIER ***
48250 LA BASTIDE-PUYLAURENT 04 66 46 04 06

LE PONT DE BRAYE ***
48300 CHASTANIER 04 66 69 53 04

LES SOUS BOIS DU LAC ***
48300 CHASTANIER 04 66 69 52 43

CAMPING LE PONT DU TARN ***
48400 FLORAC 04 66 45 18 26

CAMPING MUNICIPAL DE LA VALLEE ***
48500 BANASSAC-CANILHAC 04 66 32 91 14

LES EAUX VIVES **
48600 ST BONNET DE MONTAUROUX
04 66 46 36 18

49 MAINE-ET-LOIRE

CAMPING D'ANGERS - LAC DE MAINE ****
49000 ANGERS 02 41 73 05 03

CAMPING DE COULVEE ****
49120 CHEMILLE 02 41 30 39 97

CAMPING MUNICIPAL LE PONT DES FEES ***
49150 BAUGE 02 41 89 14 79

CAMPING LES PLAGES DE LOIRE ***
49190 ROCHEFORT SUR LOIRE 02 41 68 55 91

SITES ET PAYSAGES DOMAINE DE L'ETANG ****
49320 BRISSAC LOIRE AUBANCE 02 41 91 70 61

LES VOILES D'ANJOU ****
49350 LES ROSIERS SUR LOIRE 02 41 51 94 33

CAMPING DU BOIS DAVY ***RURAL***
49350 GENNES-VAL-DE-LOIRE 02 41 45 75 28

FLOWER CAMPING ILE D'OFFARD ****
49400 SAUMUR 02 41 40 30 00

CAMPING HUTTOPIA SAUMUR ****
49400 SAUMUR 02 41 67 95 34

LES PORTES DE L'ANJOU ***
49430 DURTAL 02 41 76 31 80

CAMPING LA PROMENADE ***
49570 MONTJEAN SUR LOIRE 02 41 39 02 68

LE MOREDENA ***
49640 MORANNES 02 41 42 76 95

SITES ET PAYSAGE LA VALLEE DES VIGNES ****
49700 CONCOURSON SUR LAYON 02 41 59 86 35

L'ISLE VERTE ****
49730 MONTSOREAU 02 41 51 76 60

50 MANCHE

CAMPING HALIOTIS ***
50170 PONTORSON 02 33 68 11 59

SAINT GREGOIRE ***
50170 SERVON 02 33 60 26 03

AIRE NATURELLE MUNICIPALE ***RURAL***
50190 ST MARTIN D AUBIGNY 02 33 07 73 92

LE SAINT MICHEL ***
50220 COURTILS 02 33 70 96 90

DULONG PHILIPPE ***RURAL***
50230 AGON COUTAINVILLE 02 33 46 84 70

L'ETANG DES HAIZES ****
50250 ST SYMPHORIEN LE VALOIS 02 33 46 01 16

LEBOISSELIER ***RURAL***
50260 L ETANG BERTRAND 02 33 40 30 37

CHATEAU DE LEZ-EAUX *****
50380 ST PAIR SUR MER 02 33 51 66 09

CAMPING LES ILES *****
50510 HUDIMESNIL 02 33 49 06 94

LA GALLOUETTE ****
50550 ST VAAST LA HOUGUE 02 33 54 20 57

CAMPING BELLE ETOILE ****
50560 GOUVILLE SUR MER 02 33 47 86 87

L'ESPERANCE ****
50580 DENNEVILLE 02 33 07 12 71

CAMPING MUNICIPAL LA SELUNE **
50600 ST HILAIRE DU HARCOUET 02 33 49 43 74

LES CHEVALIERS DE MALTE ***
50800 VILLEDIEU LES POELES 02 33 59 49 04

LA PLAGE ***
50840 FERMANVILLE 02 33 54 38 84

51 MARNE

CAMPING DE CHALONS EN CHAMPAGNE ****
51000 CHALONS EN CHAMPAGNE
03 26 68 38 00

52 HAUTE-MARNE

LE BUISSON ****
52130 LOUVEMONT 06 84 97 93 31

LE LAC DE LA LIEZ *****
52200 PEIGNEY 03 25 90 27 79

EN CHAMPAGNE *****
52290 ECLARON BRAUCOURT STE LIVIERE
03 25 06 34 24

LE MOULIN ***
52700 ANDELOT BLANCHEVILLE 03 25 30 69 48

53 MAYENNE

CAMP INTERCOMMUNAL GUE ST-LEONARD **
53100 MAYENNE 02 43 04 57 14

LA CASCADE ***RURAL***
53500 ERNEE 06 77 77 12 37

54 MEURTHE-ET-MOSELLE

CAMPING DE LA MOSELLE **
54460 LIVERDUN 03 83 24 43 78

55 MEUSE

LE GROSEILLIER ***RURAL***
55120 NEUVILLY-EN-ARGONNE 03 29 87 42 84

56 MORBIHAN

FLOWER CAMPING DE CONLEAU ****
56000 VANNES 02 97 63 13 88

LES RIVES DE VILAINE **
56130 FÉREL 02 99 90 02 06

DOMAINE DE LA CROIX NEUVE **
56130 NIVILLAC 06 24 97 43 31

Biarritz (64)

FLOWER CAMPING LE BOIS D'AMOUR *****
56170 QUIBERON 02 97 50 13 52

LA TOUR ** 56190 AMBON 02 97 41 14 38

DE BROUEL *** 56190 AMBON 02 97 41 10 22

CAMPING DE KERNEJEUNE ***
56190 ARZAL 02 97 45 01 60

CAMPING MUNICIPAL LE PONT D'OUST ***
56220 ROCHEFORT EN TERRE 02 97 43 37 52

SITES ET PAYSAGES AU GRE DES VENTS ***
56220 ROCHEFORT EN TERRE 02 97 43 37 52

LE HARAS ******
56250 MONTERBLANC 02 97 44 66 06

BELLE PLAGE *****
56270 PLOEMEUR 02 97 56 77 17

CAMPING PEN PALUD ***
56270 PLOEMEUR 02 97 82 94 56

FLOWER CAMPING LA POINTE DU TALUD ***
56270 PLOEMEUR 02 97 82 91 90

CAMPING LE LAC Ô FEES ***
56320 PRIZIAC 06 78 33 24 96

CAMPING LES BRUYERES DE CARNAC ***
56340 CARNAC 02 97 52 30 57

CAMPING EDEN VILLAGES LE MANOIR DE KER AN POUL *****
56370 SARZEAU 02 97 67 33 30

DOMAINE DE KERSIAL ***
56370 SARZEAU 02 90 73 43 48

LA FERME DE LANN HOEDIC ***
56370 SARZEAU 02 97 48 01 73

KERGO *** 56400 PLOEMEL 02 97 56 80 66

LE PARC-LANN ** 56400 LE BONO 07 88 00 79 47

KERVILOR *****
56470 LA TRINITE SUR MER 02 97 55 76 75

CAMPING DE L'OCEAN **
56510 ST PIERRE QUIBERON 02 97 30 91 29

SITES ET PAYSAGES DE PENBOCH *****
56610 ARRADON 02 97 44 71 29

ENTRE TERRE ET MER ***
56620 PONT-SCORFF 02 97 32 56 56

CAMPING DE BILOURIS ***
56640 ARZON 02 97 53 70 55

CAMPING MUNICIPAL LE TINDIO ***
56640 ARZON 02 97 53 75 59

CAMPING DU GOH'VELIN ***
56730 ST GILDAS DE RHUYS 02 97 45 21 67

LA TOUR **
56740 LOCMARIAQUER 02 97 57 40 62

LANN BRICK ***
56740 LOCMARIAQUER 02 97 57 32 79

LES ILES ******
56760 PÉNESTIN 02 99 90 44 55

LA VALLEE DU NINIAN ***
56800 TAUPONT 02 97 93 53 01

MANE GUERNEHUE ******
56870 BADEN 0297570206

PENN MAR *** 56870 BADEN
02 97 57 49 90

CAMPING DU BOIS VERT **
56910 CARENTOIR 02 99 93 78 99

57 MOSELLE

LA CROIX DU BOIS SACKER **
57220 BURTONCOURT 03 87 35 74 08

LES BOULEAUX ***
57370 VILSBERG 03 87 24 18 72

ASSOCIATION TOURISME ET ***
57400 LANGATTE 03 87 03 69 90

58 NIEVRE

CAMPING DE NEVERS ***
58000 NEVERS 03 86 36 40 75

MANOIR DE BEZOLLE *****
58110 ST PEREUSE 03 86 76 01 89

PLAGE DU MIDI ***
58230 MONTSAUCHE LES SETTONS
03 86 84 51 97

LES MESANGES ***
58230 MONTSAUCHE LES SETTONS
03 86 84 55 77

CAMPING DE DECIZE ***
58300 DECIZE 03 86 25 14 05

CAMPING ET GITES DES BAINS ***
58360 ST HONORE LES BAINS
03 86 30 73 44

59 NORD

LE ROMANTIC **
59114 STEENVOORDE
03 28 49 70 95

LA BECQUERELLE ***
59173 LYNDE 03 23 43 20 37

CARAVANING DU LAC **
59254 GHYVELDE 03 28 26 69 31

LES CENTS FLEURS **
59470 MERCKEGHEM 03 28 68 03 05

CAMPING DES HAIES N.C.
59550 MAROILLES 03 27 66 68 73

60 OISE

LE PRE DES MOINES ***
60340 ST LEU D ESSERENT 03 44 56 60 48

61 ORNE

ECOUVES *** 61250 RADON 02 33 28 75 02

CAMPING MUNICIPAL DU CHAMP PASSAIS **
61700 DOMFRONT 02 33 37 37 66

62 PAS-DE-CALAIS

L'ETANG * 62120 MAMETZ 03 21 39 11 43

CAMPING MUNICIPAL LES AJONCS **
62164 AUDRESSELLES 03 21 32 97 40

LA FONTAINE DES CLERCS **
62170 MONTREUIL 03 21 06 07 28

LES CERISIERS *****
62180 VERTON 03 21 84 88 45

LES TAMARIS *
62215 OYE PLAGE 03 21 85 87 07

LA BIEN ASSISE ******
62340 GUINES 03 21 35 20 77

LA VALLEE DE LA HEM **
62370 POLINCOVE 03 21 82 87 29

SAINT LOUIS ***
62610 AUTINGUES 03 21 35 46 83

CAMPING LA RIVIERA *
62650 AIX EN ERGNY 03 21 90 30 59

LA FORET *** 62780 STELLA 03 21 94 75 01

LE CANCHY **
62850 LICQUES 03 21 82 63 41

LES POMMIERS DES TROIS PAYS *****
62850 LICQUES 03 21 35 02 02

AUX ROUBAISIENS **
62860 OISY LE VERGER 03 27 80 50 55

CAMPING BAL ***
62890 TOURNEHEM SUR LA HEM
03 21 35 65 90

CHATEAU DU GANDSPETTE *****
62910 EPERLECQUES 03 21 93 43 93

63 PUY-DE-DÔME

LES OMBRAGES ***
63111 DALLET 04 73 83 10 97

LE GOUTILIER **
63120 AUBUSSON D AUVERGNE 04 73 51 21 76

CAMPING HUTTOPIA ROYAT *****
63130 ROYAT 04 73 35 97 05

LE RANCH DES VOLCANS ***
63140 CHATELGUYON 04 73 86 02 47

CAMPING POUTIE ***
63150 LA BOURBOULE 04 73 81 04 54

LES CLARINES ***
63150 LA BOURBOULE 04 73 81 02 30

LA MARMOTTE ***
63150 LA BOURBOULE 04 73 65 95 87

LES VERNIERES ******
63150 LA BOURBOULE 04 73 81 10 20

LE PANORAMIQUE *****
63150 MURAT LE QUAIRE 04 73 81 18 79

DOMAINE GRANDE CASCADE **
63240 LE MONT DORE 04 73 65 06 23

CAMPING COCCINELLE **
63440 BLOT-L'ÉGLISE 04 73 64 93 15

CAMPING MUNICIPAL LE MAS ***
63500 ISSOIRE 06 09 80 52 63

CAMPING MUNICIPAL LES TARTEAUX N.C.
63560 MENAT 04 73 85 52 47

CAMPING LA VALLEE VERTE *RURAL*
63600 AMBERT 04 73 72 39 35

CAMPING DE LA FERMANERIE *RURAL*
63620 GIAT 04 73 65 62 13

LA VALLEE **
63680 LA TOUR D AUVERGNE 04 73 21 54 43

CAMP MUNICIPAL LA CHAUDERIE ***
63680 LA TOUR D AUVERGNE 04 73 21 55 01

CAMP MUNICIPAL **
63680 ST DONAT 04 73 22 33 56

CAMPING DE TAUVES ***
63690 TAUVES 04 73 21 14 06

CAMPING LE MOULIN DE SERRE ***
63690 SINGLES 04 73 21 16 06

LA CLE DES CHAMPS *****
63710 ST NECTAIRE 04 73 88 52 33

LE VIGINET ***
63710 ST NECTAIRE 04 73 88 53 80

LE REPOS DU BALADIN ***
63790 MUROL 04 73 88 61 93

LE PRE BAS ******
63790 CHAMBON SUR LAC 04 73 88 63 04

L'EUROPE *****
63790 MUROL 04 73 88 60 46

LES CHELLES ***
63880 OLLIERGUES 04 73 95 54 34

64 PYRENEES-ATLANTIQUES

CAMPING SUHIBERRY *****
64122 URRUGNE 05 59 47 06 23

MENDI-AZPIAN ***
64122 URRUGNE 05 59 54 33 46

CAMPING MUNICIPAL LA PISCINE **
64160 MORLAAS 05 59 12 00 87

BIARRITZ CAMPING *****
64200 BIARRITZ 05 59 23 00 12

PAVILLON ROYAL ******
64210 BIDART 05 59 23 00 54

ILBARRITZ *****
64210 BIDART 05 59 23 00 29

UR-ONEA *** 64210 BIDART 05 59 26 53 61

LA FERME DES 4 CHENES ***
64240 URT 05 59 56 21 51

CAMPING **LE REY ***** 64260 LOUVIE JUZON
05 59 05 78 52

AROTXA KARRITA **
64310 ST PEE SUR NIVELLE 05 59 54 13 32

PYRENEES PASSION ***
64400 AREN 05 59 88 01 88
CAMPING LE PLATEAU DE LEY N.C.
64440 EAUX BONNES 05 59 53 75 78
LE PONT D'ABENSE **
64470 ALOS SIBAS ABENSE 05 59 28 58 76
INTERNATIONAL ERROMARDIE ****
64500 SAINT-JEAN-DE-LUZ 05 59 26 07 74
MERKO LACARRA ***
64500 ST JEAN DE LUZ 05 59 26 56 76
LA FERME ERROMARDIE ****
64500 ST JEAN DE LUZ 05 59 26 34 26
IBARRA **
64560 ARAMITS 05 59 34 12 21
LE VIEUX MOULIN N.C.
64560 STE ENGRACE 05 59 28 73 59
CAMPING EDEN VILLAGES BELA BASQUE ****
64600 ANGLET 05 59 23 03 00
ABAYA ** 64700 HENDAYE 05 59 20 03 77
ETCHEMENDIGARAYA **
64780 SUHESCUN 05 59 37 60 83
LES O KIRI ****
64800 BAUDREIX 05 59 92 97 73
LE SAILLET ***
64800 LESTELLE BETHARRAM 05 59 71 98 65

65 HAUTES-PYRENEES

LE SARSAN *** 65100 LOURDES 05 62 94 43 09
LE BERGONS **
65120 ESTERRE 05 62 92 90 77
SITES ET PAYSAGES LA FORET ***
65100 LOURDES 05 62 94 04 38
LE BERGONS ** 65120 ESTERRE 05 62 92 90 77
SITES ET PAYSAGES PYRENEVASION ****
65120 SAZOS 05 62 92 91 54
LE LUSTOU ***
65170 VIELLE AURE 05 62 39 40 64
LE MONLOO ****
65200 BAGNERES DE BIGORRE 05 62 95 19 65
LE RUISSEAU ***
65240 GOUAUX 05 62 39 95 49
LA BOURIE *** 65250 HECHES 05 62 98 73 19
CAMPING DU LAC ****
65400 ARCIZANS AVANT 05 62 97 01 88
CAMPING LES 3 VALLEES ****
65400 ARGELES GAZOST 05 62 90 35 47
CAMPING DU LAVEDAN ****
65400 LAU BALAGNAS 05 62 97 18 84
LES CHATAIGNIERS ***
65400 ARCIZANS-AVANT 06 30 58 11 00
CAMPING MIALANNE ***
65400 ARRENS MARSOUS 05 62 92 67 14
PYRENEES NATURA ****
65400 ESTAING 05 62 97 45 44
AZUN NATURE ****
65400 AUCUN 05 62 97 45 05
CAMPING MUNICIPAL LE MADIRAN **
65700 MADIRAN 05 62 36 17 69
L'ARRIOU *** 65710 BEAUDÉAN 05 62 91 74 04
LE SAINT ROCH N.C.
65710 CAMPAN 06 79 10 33 60

66 PYRENEES-ORIENTALES

CAMPING AMELIA **
66110 AMELIE LES BAINS PALALDA 04 68 39 00 49
CAMPING HUTTOPIA FONT ROMEU ***
66120 FONT ROMEU ODEILLO VIA 04 68 30 09 32
LE BRASILIA *****
66140 CANET-EN-ROUSSILLON 04 68 80 23 82
LES FONTAINES ***
66140 CANET EN ROUSSILLON 04 68 80 22 57
LES OLIVIERS ***
66160 LE BOULOU 04 68 83 12 86
CAMPING LE P'TIT BONHEUR **
66360 ESCARO 04 68 97 08 53
CAMPING MUNICIPAL LE BOSQUET DE NOGAERDE **
66400 CERET 04 68 87 26 72
ALOHA CAMPING CLUB ***
66400 REYNÈS 04 68 39 43 12
LE PRE CATALAN ****
66420 LE BARCARES 04 68 86 12 60
LE FLORIDE ET L'EMBOUCHURE *****
66423 LE BARCARES 04 68 86 11 75
LES TROPIQUES ****
66440 TORREILLES 04 68 28 05 09
LE TRIVOLY ****
66440 TORREILLES 04 68 28 20 28
LE SAINTE MARIE ****
66470 SAINTE-MARIE 04 68 80 48 10
MAUREILLAS **
66480 MAUREILLAS LAS ILLAS 09 79 37 57 90
CAMPING MUNICPAL LA PINEDE **
66650 BANYULS-SUR-MER 04 68 88 32 13
LE HARAS ***
66690 PALAU DEL VIDRE 04 68 22 14 50
LA MARENDE ****
66700 ARGELES SUR MER 04 68 81 12 09
LES JARDINS CATALANS ****
66700 ARGELÈS-SUR-MER 04 68 81 11 68
LES CHÊNES ROUGES ***
66700 ARGELÈS-SUR-MER 04 68 81 02 63
CAMPING CLUB LE LITTORAL ***
66700 ARGELÈS-SUR-MER 02 53 81 70 00
SOL Y MAR ***
66700 ARGELÈS-SUR-MER 04 68 81 24 21
LAS PLANES **
66740 LAROQUE DES ALBERES 07 77 75 53 88

Lacs des Cheserys en Haute-Savoie(74)

CALA-GOGO *****
66750 SAINT-CYPRIEN 04 68 21 07 12
LE ROUSSILLON ****
66750 SAINT-CYPRIEN 04 68 21 06 45
LES CERISIERS **
66820 VERNET LES BAINS 04 68 05 60 38
L'EAU VIVE ***
66820 VERNET LES BAINS 04 68 05 54 14

67 BAS-RHIN

HEIDENKOPF **
67110 NIEDERBRONN-LES-BAINS
03 88 09 08 46
CAMPING LES VOSGES DU NORD ***
67110 OBERBRONN 03 88 09 71 96
CAMPING INDIGO STRASBOURG ****
67200 STRASBOURG 03 88 30 19 96
CAMPING MUNICIPAL
LE VALLON DE L'EHN ***
67210 OBERNAI 03 88 95 38 48
ONLYCAMP WASSELONNE ***
67310 WASSELONNE 03 88 87 00 08
LA FORET ** 67530 BOERSCH
03 88 95 87 80
AU BORD DE BRUCHE **
67570 ROTHAU 03 88 97 07 50
CAMPING DE LA FERME ST PAUL *RURAL*
67600 EBERSHEIM 03 88 85 71 80
CAMPING LES PORTES D'ALSACE ***
67700 SAVERNE 03 88 91 35 65

68 HAUT-RHIN

CAMPING DE L'ILL - COLMAR ***
68180 HORBOURG WIHR 03 89 41 15 94
CAMPING DE LA DOLLER N.C.
68116 GUEWENHEIM 03 89 82 56 90
LA ROUTE VERTE **
68230 WIHR AU VAL 03 89 71 10 10
CAMPING DE MASEVAUX ***
68290 MASEVAUX 03 89 39 83 94
ONLYCAMP VAUBAN **
68600 NEUF BRISACH 03 89 72 54 25
CAMPING HUTTOPIA WATTWILLER ***
68700 WATTWILLER 03 89 75 44 94

69 RHÔNE

CAMPING DE LYON ****
69570 DARDILLY 04 78 35 64 55
CAMPING D'HURONGUES ****
69590 POMEYS 04 78 48 44 29

70 HAUTE-SAÔNE

CAMPING INTERNATIONAL DU LAC ***
70000 VESOUL 03 84 76 22 86
LA FONTAINE AUX FEES
70120 RENAUCOURT 06 79 25 20 86
CAMPING LA TUILERIE *RURAL*
70160 BAULAY 03 84 68 71 03
LA BROCHE 70270 FRESSE 06 77 65 10 55

71 SAÔNE-ET-LOIRE

CAMPING DU BOURDON LANCY ***
71140 BOURBON LANCY 03 85 29 20 98
CAMPING MUNICIPAL LES FEUILLES ***
71170 CHAUFFAILLES 03 85 26 48 12
VERMOREL RENE *RURAL*
71170 ST IGNY DE ROCHE 03 85 26 33 73
CHATEAU DE L'EPERVIERE *****
71240 GIGNY SUR SAONE 03 85 94 16 90
CAMPING D'AUTUN ***
71400 AUTUN 03 85 52 10 82
LE HAMEAU DES CHAMPS ***
71460 CORMATIN 03 85 50 76 71
LE DOMAINE DE LOUVAREL ****
71480 CHAMPAGNAT 03 85 76 62 71
CAMPING MATOUR ***
71520 MATOUR 03 85 59 70 92
LA MARE DE ROY **
71590 GERGY 03 85 91 75 45

72 SARTHE

LES TOURNESOLS ***
72140 LE GREZ 02 43 20 12 69
CAMPING LA FORET ***
72140 SILLE LE GUILLAUME 02 43 20 11 04
CAMPING HUTTOPIA LAC DE SILLE ***
72140 SILLE LE GUILLAUME 02 43 20 16 12
CAMPING DU LAC ****
72160 TUFFE 02 43 93 88 34
CAMPING MUNICIPAL LA ROUTE D'OR ****
72200 LA FLECHE 02 43 94 55 90
CAMPING MUNICIPAL LES VAUGEONS **
72220 ECOMMOY 06 49 55 03 70
SMILE ET BRAUDIERES ****
72240 MEZIERES SOUS LAVARDIN
02 43 20 81 48
CAMPING MUNICIPAL LA VEGRE ***
72240 TENNIE 02 43 20 59 44
LE LAC DES VARENNES ***
72340 MARCON 02 43 44 13 72
LE SEPTENTRION ***
72350 BRULON 02 43 95 68 96
CHATEAU DE CHANTELOUP *****
72460 SILLE LE PHILIPPE 02 43 27 51 07
ONLYCAMP LE PONT ROMAIN ****
72530 YVRE L EVEQUE 02 43 82 25 39
CAMPING DES PORTES DU PERCHE ***
72600 MAMERS 02 43 97 68 30
CAMPING MUNICIPAL LE HOUSSAY ***
72700 SPAY 02 43 21 16 58

73 SAVOIE

INTERNATIONAL DU SIERROZ ***
73100 AIX LES BAINS 04 79 61 89 89
LE PECHEUR **
73100 AIX LES BAINS 06 81 16 79 75
L'EDEN DE LA VANOISE ***
73210 LANDRY 04 79 07 61 81
LES BORDS DU GUIERS ***
73240 ST GENIX SUR GUIERS 04 76 31 71 40
ELIANA ***
73260 AIGUEBLANCHE 04 79 24 23 87
DES NEIGES ***
73260 AIGUEBLANCHE 06 20 24 46 13
ONLYCAMP DOMELIN **
73270 BEAUFORT 04 79 38 33 88
LE COL ***
73300 FONTCOUVERTE-LA TOUSSUIRE
04 79 83 00 80
LES AILLONS N.C.
73340 AILLON LE JEUNE 04 79 54 60 32
CAMPING HUTTOPIA BOZEL EN VANOISE **
73350 BOZEL 04 79 41 70 83
LA COLOMBIERE *
73410 LA BIOLLE 04 79 54 77 01
CAMPING MUNICIPAL LE VAL D'AMBIN ***
73500 BRAMANS 04 79 05 03 05
LE TARIN N.C. 73540 LA BATHIE 04 79 89 60 54
ONLYCAMP LES PEUPLIERS **
73610 LEPIN LE LAC 04 79 36 00 48
ONLYCAMP LE CURTELET ***
73610 LÉPIN LE LAC 04 79 44 11 22
CAMPING HUTTOPIA
LAC D'AIGUEBELETTE ****
73610 SAINT-ALBAN-DE-MONTBEL
04 79 36 01 44
CAMPING HUTTOPIA
BOURG ST MAURICE ****
73700 BOURG ST MAURICE 04 79 07 03 45
CAMPING MUNICIPAL LE RECLUS ***
73700 SEEZ 04 79 41 01 05
LA FERME DU LAC ***
73800 LES MARCHES 04 79 28 13 48

74 HAUTE-SAVOIE

BORNAND **
74120 DEMI-QUARTIER 04 50 93 00 86
L'OREE DES BOIS *
74140 SCIEZ 04 50 72 78 31
LE CHATELET ***
74140 SCIEZ 04 50 72 52 60
SITES ET PAYSAGES LA COLOMBIERE ****
74160 NEYDENS 04 50 35 13 14
LA DRANSE ***
74200 THONON LES BAINS 04 50 71 50 89
LE VERGER FLEURI **
74210 LATHUILE 04 50 44 31 82
CAMPING CHAMP TILLET ***
74210 MARLENS 04 50 44 33 74
LES RIVES DU LAC ***
74320 SEVRIER 04 50 52 40 14
CAMPING LES MARMOTTES ***
74400 CHAMONIX MONT BLANC
06 13 41 12 50
CAMPING DU CRET **
74450 ST JEAN DE SIXT 06 88 90 28 16
LES MYOSOTIS **
74500 LUGRIN 04 50 76 07 59
LE VERGER
74540 CUSY 04 50 52 52 01
MOULIN DOLLAY ****
74570 GROISY 04 50 68 00 31
BIBOLLET JEAN-MARIE *RURAL*
74700 DOMANCY 04 50 58 34 76

75 PARIS

CAMPING DE PARIS ****
75016 PARIS 16 01 45 24 30 00

76 SEINE-MARITIME

FLOWER CAMPING LA CHENAIE ***
76111 YPORT 02 35 27 33 56
CAMPING MUNICIPAL LA FORET N.C.
76340 BAZINVAL 02 32 97 04 01
CAMPING LA MINIERE **
76440 FORGES LES EAUX 02 35 90 53 91
CAMPING SEASONOVA
D'ETENNEMARE ***
76460 ST VALERY EN CAUX 02 35 97 15 79
LA FORET ****
76480 JUMIEGES 02 35 37 93 43
CAMPING DU LAC ***
76480 LE MESNIL SOUS JUMIEGES
02 32 13 30 05
CAMPING BARRE Y VA ****
76490 VILLEQUIER 02 35 96 26 38
CAMPING COTE D ALBATRE N.C.
76540 SASSETOT LE MAUCONDUIT
02 27 43 55 04

CAMPING HUTTOPIA LES FALAISES NORMANDIE ***
76540 ST PIERRE EN PORT 02 35 29 51 58

CAMPING VITAMIN ****
76550 ST AUBIN SUR SCIE 02 35 82 11 11

LES GARENNES DE LA MER ***
76740 LE BOURG DUN 02 35 83 10 44

L'AIGUILLE CREUSE ****
76790 LES LOGES 02 35 29 52 10

LES MOUETTES ***
76980 VEULES LES ROSES 02 35 97 61 98

77 SEINE-ET-MARNE

LA BELLE ETOILE ***
77000 LA ROCHETTE 01 64 39 48 12

CAMPING LA RIVIERE DOREE **
77167 BAGNEAUX SUR LOING 01 60 55 80 00

LES 4 VENTS ***
77610 CREVECOEUR EN BRIE 01 64 07 41 11

CAMPING LES PRES **
77880 GREZ SUR LOING 01 64 45 72 75

78 YVELINES

CAMPING HUTTOPIA VERSAILLES ***
78000 VERSAILLES 01 39 51 23 61

CAMPING HUTTOPIA RAMBOUILLET ***
78120 RAMBOUILLET 01 30 41 07 34

79 DEUX-SEVRES

CAMPING LE MOULIN ***
79110 CHEF BOUTONNE 05 49 29 73 46

LE MOULIN DES EFFRES ****
79130 SECONDIGNY 05 49 65 54 25

CAMPING DU LAC D'HAUTIBUS **
79150 ARGENTON LES VALLEES
05 49 65 54 25

LE LIDON ***
79210 ST HILAIRE LA PALUD
05 49 35 33 64

CÔTÉ LAC ***
79310 VERRUYES 05 49 69 96 67

LA VENISE VERTE ****
79510 COULON 05 49 35 90 36

80 SOMME

LE PARC DES CYGNES ****
80000 AMIENS 03 22 43 29 28

CAMPING DES ROSES ****
80120 QUEND 03 22 27 76 17

LE CLOS DES GENÊTS **
80120 QUEND 03 22 27 48 40

LE CHAMP NEUF ****
80120 ST QUENTIN EN TOURMONT
03 22 25 07 94

LE CLOS CACHELEUX ****
80132 MIANNAY 03 22 19 17 47

CAMPING LES MARGUERITES ***
80220 GAMACHES 03 22 30 89 51

DOMAINE CHATEAU DRANCOURT *****
80230 ESTREBOEUF 03 22 26 93 45

LE PICARDY **
80230 BOISMONT 03 22 60 85 59

LE WALRIC ****
80230 ST VALERY SUR SOMME 03 22 26 81 97

LES TROIS SABLIERES ****
80550 LE CROTOY 03 22 27 01 33

FLOWER CAMPING LES AUBEPINES ****
80550 LE CROTOY 03 22 27 01 34

LE RIDIN ****
80550 LE CROTOY 03 22 27 03 22

AU BORD DE L'AUTHIE **
80600 AUTHIEULE 03 22 32 56 13

CAMPING LE VERT GAZON ***
80120 FORT MAHON PLAGE 03 22 23 37 69

LE VAL DE TRIE ****
80870 MOYENNEVILLE 03 22 31 48 88

81 TARN

LE SOLEIL DES BASTIDES ***
81140 CAHUZAC-SUR-VÈRE 05 63 33 91 94

CAMPING HUTTOPIA PAYS DE CORDES SUR CIEL ***
81170 VINDRAC ALAYRAC 05 63 56 27 14

LE PLAN D'EAU ST CHARLES ***
81220 DAMIATTE 05 63 70 66 07

CAMPING DES SOURCES CHAUDES ****
81230 LACAUNE 05 63 37 22 39

LESTAP *** 81240 ALBINE 05 63 98 34 74

LE PLO *** 81260 LE BEZ 05 63 74 00 82

LES FEES DU LAC N.C.
81320 NAGES 05 67 29 03 07

CAMPING SAINT MARTIN ***
81540 SOREZE 05 63 50 20 19

LES POMMIERS ****
81600 RIVIÈRES 05 63 33 02 49

CAMPING MUNICIPAL LES PRUNETTES *
81640 MONESTIES 06 23 95 21 55

82 TARN-ET-GARONNE

FLOWER CAMPING LES GORGES DE L'AVEYRON ****
82140 ST ANTONIN NOBLE VAL
05 63 30 69 76

LE NOBLE VAL **
82140 SAINT-ANTONIN-NOBLE-VAL
05 63 30 64 30

CAMPING MONTAIGU PLAGE N.C.
82150 MONTAIGU-DE-QUERCY 05 63 32 50 07

CAMPING DU LAC **
82160 PARISOT 06 17 39 98 26

LE PLAN D'EAU **
82210 ST NICOLAS DE LA GRAVE 05 63 95 50 02

LE CLOS DE LA LERE ***
82240 CAYRIECH 05 63 31 20 41

DE BOIS REDON ***
82240 SEPTFONDS 05 63 64 92 49

CAMPING MUNICIPAL LE COLOMBIER **
82800 NÈGREPELISSE 05 63 64 20 34

83 VAR

LE RAYOLET ***
83140 SIX FOURS LES PLAGES 04 94 07 81 60

LES OURSINIERES **
83220 LE PRADET 04 94 21 77 31

PARC DE BORMES **
83230 BORMES LES MIMOSAS
04 94 71 08 35

CAMPING DE LA PLAGE ****
83310 GRIMAUD 04 94 56 31 15

LES TOURNELS *****
83350 RAMATUELLE 04 94 55 90 90

EUROSURF ****
83400 HYERES 04 94 58 00 20

LA TUQUETTE ****
83440 FAYENCE 04 94 76 19 40

CAMPING LE PARC ****
83440 ST PAUL EN FORET 04 94 76 15 35

LA BASTIANE ****
83480 PUGET SUR ARGENS 04 94 55 55 94

RCN DOMAINE DE LA NOGUIERE ***
83490 LE MUY 04 94 45 13 78

CAMPING HUTTOPIA FORET DE JANAS ****
83500 LA SEYNE SUR MER 04 94 10 64 31

AU PARADIS DES CAMPEURS ****
83520 ROQUEBRUNE SUR ARGENS
04 94 96 93 55

DOMAINE DE LA BERGERIE *****
83520 ROQUEBRUNE SUR ARGENS
04 98 11 45 45

LE MOULIN DES ISCLES ***
83520 ROQUEBRUNE SUR ARGENS
04 94 45 70 74

LES PHILIPPONS ***
83600 LES ADRETS DE L ESTEREL
04 94 40 90 67

LES LAURIERS ROSES ****
83600 FREJUS 06 25 01 01 11

DOMAINE DU COLOMBIER *****
83600 FREJUS 04 94 51 56 01

CAMPING LA BAUME LA PALMERAIE *****
83600 FREJUS 04 94 19 88 88

GROUPE GESTI GREEN 3G *****
83600 FREJUS 04 94 19 88 30

LE FREJUS ***
83600 FREJUS 04 94 19 94 60

ESTEREL CARAVANING *****
83530 AGAY-ST RAPHAEL

SANTA LUCIA **
83700 ST RAPHAEL 04 94 95 34 80

LA PLAGE LE DRAMONT ****
83700 AGAY 04 94 82 07 68

DOMAINE HAUTE GARDUERE **
83830 CALLAS 04 94 67 95 20

CAMPING MUNICIPAL DU PONTET N.C.
83840 COMPS SUR ARTUBY 04 94 76 91 40
LES MIMOSAS **
83980 LE LAVANDOU 04 94 05 74 41

84 VAUCLUSE

CAMPING DU PONT D'AVIGNON ****
84000 AVIGNON 04 90 80 63 50
CAMPING DE L'AYGUETTE ***
84110 FAUCON 04 90 46 40 35
CAMPING DES FAVARDS ****
84150 VIOLES 04 90 70 90 93
LE MOULIN A VENT ***
84160 CUCURON 04 90 77 25 77
L'ARC EN CIEL ***
84220 ROUSSILLON 04 90 05 73 96
CAMPING DE LA DURANCE ***
84300 CAVAILLON 04 90 71 11 78
LE PASTORY **
84410 BEDOIN 04 90 12 85 83
LA PINEDE EN PROVENCE ***
84430 MONDRAGON 04 90 40 82 98
CAMPING FONTISSON ***
84470 CHATEAUNEUF DE GADAGNE
04 90 22 59 77
DOMAINE DES CHENES BLANCS ***
84490 ST SATURNIN LES APT
04 88 70 00 07
LE GARRIGON ****
84600 GRILLON 04 90 28 72 94
LA SORGUETTE ***
84800 L ISLE SUR LA SORGUE 04 90 38 05 71
LE BREGOUX ***
84810 AUBIGNAN 04 90 62 62 50
L'HEREIN N.C. 84820 VISAN 04 90 41 95 99

85 VENDEE

LA DUNE DES SABLES *****
85100 LES SABLES D'OLONNE
02 51 32 31 21
GOURMAUD REMY ***RURAL***
85110 ST GERMAIN DE PRINCAY
02 51 40 47 81
ONLYCAMP LE PETIT BOCAGE **
85140 LES ESSARTS 02 51 62 95 83
DOMAINE DE L'OISELIERE ****
85140 CHAUCHE 02 51 41 38 74
LE PAVILLON ***
85150 LA MOTHE ACHARD 02 51 05 63 46
CASTEL LA GARANGEOIRE *****
85150 ST JULIEN DES LANDES 02 51 46 65 39
LES SIRENES ***
85160 ST JEAN DE MONTS 02 51 58 01 31
AUX COEURS VENDEENS ****
85160 ST JEAN DE MONTS 02 51 58 84 91
CAMPING LE ZAGARELLA ****
85160 ST JEAN DE MONTS 02 51 58 19 82
CAMPING COTE PLAGE ***
85160 ST JEAN DE MONTS 02 51 58 86 58
LES AMIAUX ****
85160 ST JEAN DE MONTS 02 51 58 22 22
LA DAVIERE PLAGE ***
85160 ST JEAN DE MONTS 02 51 58 27 99
LE BOTH D'OROUET ***
85160 ST JEAN DE MONTS 02 51 58 60 37
LE PETIT PARIS ****
85180 CHATEAU D'OLONNE 02 51 22 04 44
LE PARC DE LA GREVE ****
85220 L'AIGUILLON SUR VIE 02 51 22 86 23
LE PIN PARASOL *****
85220 LA CHAPELLE HERMIER 02 51 34 64 72
RCN LA FERME DU LATOIS ****
85220 COEX 02 51 54 67 30
SITES ET PAYSAGES LA MOTTE ****
85250 VENDRENNES 02 51 63 59 67
SOL A GOGO ****
85270 ST HILAIRE DE RIEZ 02 51 54 29 00
DOMAINE DES RENARDIERES ***
85270 NOTRE DAME DE RIEZ 02 51 55 14 17
LES BICHES ****
85270 ST HILAIRE DE RIEZ 02 51 54 38 82
LA POMME DE PIN ****
85270 ST HILAIRE DE RIEZ 02 51 58 21 26
LA PADRELLE **
85270 ST HILAIRE DE RIEZ
02 51 55 32 03
LE ROUGE GORGE ****
85290 ST LAURENT SUR SEVRE 02 51 67 86 39
CAMPING LE RAGIS ***
85300 CHALLANS 02 51 68 08 49
LA LOIRE FLEURIE **
85300 LE PERRIER 02 44 36 63 47
AIRE NATURELLE LES CHAGNELLES ***RURAL***
85300 LE PERRIER 06 42 95 83 03
CAMPING HUTTOPIA NOIRMOUTIER ***
85330 NOIRMOUTIER EN L'ILE 02 51 39 06 24
DOMAINE DE L'OREE ****
85340 OLONNE SUR MER 02 51 33 10 59
LA BELLE ANSE ***
85360 LA TRANCHE SUR MER 02 51 97 02 84
LE JARD ****
85360 LA TRANCHE SUR MER 02 51 27 43 79
LES JONQUILLES ***
85360 LA TRANCHE SUR MER 02 51 30 47 37
CAMPING BEL ****
85360 LA TRANCHE SUR MER 02 51 30 47 39
LA GRIERE ***
85360 LA TRANCHE SUR MER 02 51 30 40 47
CAMPING L'ILOT DES MARAIS **
85370 LE LANGON 06 79 22 12 52
CAMPING L'ILE CARIOT ***
85450 CHAILLE LES MARAIS 02 51 56 75 27
LA TREVILLIERE ****
85470 BRETIGNOLLES SUR MER 02 51 90 09 65
LE CHAPONNET ****
85470 BREM SUR MER 02 51 90 55 56
L'OCEANO D'OR *****
85520 JARD SUR MER 02 51 33 65 08
LA BOLEE D'AIR ****
85520 ST VINCENT SUR JARD 02 51 90 36 05
CAMPING LE GRAND CORSEAU ***
85550 LA BARRE DE MONTS 02 51 68 52 87
LE PRE DES SABLES ***
85460 L AIGUILLON SUR MER 02 51 27 13 88
CAMPING O BEAU LAURIER **
85580 ST DENIS DU PAYRE 02 51 27 21 36
LES MIZOTTES ****
85580 ST MICHEL EN L HERM
02 51 30 23 63
CAMPING MUNICIPAL
LA VALLEE DE POUPET ***
85590 ST MALO DU BOIS 02 51 92 31 45

Vignobles de Bergerac (24)

FLOWER CAMPING DU LAC DE LA CHAUSSELIERE ***
85600 LA GUYONNIERE 02 51 41 98 40
DOMAINE LE MIDI *****
85630 BARBATRE 02 51 39 63 74
DOMAINE DE BELLEVUE ***
85670 ST CHRISTOPHE DU LIGNERON 02 51 93 30 66
LE CARAVANILE *****
85680 LA GUERINIERE 02 51 39 50 29
DOMAINE DE LA SAUZAIE PRL
85700 LA POMMERAIE SUR SEVRE 06 12 30 48 31
CAMPING L'ATLANTIQUE ****
85750 ANGLES 02 51 27 03 19
CAMPING EUROPA ****
85800 ST GILLES CROIX DE VIE 02 51 55 32 68
DOMAINE DE BEAULIEU ****
85800 GIVRAND 02 51 55 59 46
LES CYPRES ****
85800 ST GILLES CROIX DE VIE 02 51 55 38 98
BAHAMAS BEACH ****
85800 ST GILLES CROIX DE VIE 02 51 54 69 16

86 VIENNE

CAMPING DU FUTUR ***
86170 AVANTON 05 49 54 09 67
CAMPING LILIPIN **
86190 AYRON 05 49 03 01 53
BOIS DE SAINT-HILAIRE *
86190 CHALANDRAY 05 49 60 20 84
LES CHALETS DE MOULIERES **
86210 VOUNEUIL SUR VIENNE 07 87 22 78 26
LA ROCHE POSAY VACANCES *****
86270 LA ROCHE POSAY 05 49 86 21 23
CAMPING DU MOULIN DE LA GASSOTTE **
86310 ST SAVIN 05 49 48 18 02
PARC MUNICIPAL DES ECLUZELLES ***
86360 CHASSENEUIL DU POITOU 05 49 62 58 85
DOMAINE DE LA PARDIERE N.C.
86370 CHATEAU LARCHER 05 49 43 56 02
CAMPING LE RIVAGE CIVRAISIEN *
86400 CIVRAY 05 17 34 50 02
DEFIPLANET ****
86410 DIENNE 05 49 45 87 63
CAMPING MUNICIPAL ***
86500 MONTMORILLON 05 49 91 02 33

87 HAUTE-VIENNE

LE LAC DE MONDON **
87160 CROMAC 05 55 76 93 34
CAMPING MUNICIPAL **
87230 BUSSIERE GALANT 05 55 78 86 12
L'ECRIN NATURE ***
87240 AMBAZAC 06 52 92 71 65
CAMPING DU LAC DE SAINT PARDOUX ****
87250 ST PARDOUX 05 55 76 57 22
CASTEL CHATEAU DE LEYCHOISIER ****
87270 BONNAC LA COTE 05 55 39 93 43
MONTREAL ***
87380 ST GERMAIN LES BELLES 05 55 71 86 20
CAMPING DE LA LANDE ***
87800 NEXON 05 55 58 35 44
CAMPING L'AIR DU LAC ***
87800 ST HILAIRE LES PLACES 05 55 58 79 18

88 VOSGES

CLAIREGOUTTE N.C.
88230 FRAIZE 03 29 50 35 27
CAMPING FONTENOY **
88240 FONTENOY LE CHATEAU 03 29 36 34 74
BELLE HUTTE ****
88250 LA BRESSE 03 29 25 49 75
LE HAUT DES BLUCHES ***
88250 LA BRESSE 03 29 25 64 80
BASE DE LOISIRS DU LAC DE LA MOSELOTTE ****
88290 SAULXURES SUR MOSELOTTE 03 29 24 56 56
CAMPING LA VERTE VALLEE ****
88400 XONRUPT LONGEMER 03 29 63 21 77
CAMPING MUNICIPAL DOMAINE DE LONGEMER *****
88400 XONRUPT LONGEMER 03 29 63 27 10
LA CLAIRIERE DU VERBAMONT *RURAL*
88410 CLAUDON 06 52 06 05 10
LES TREXONS **
88430 GERBEPAL 03 29 50 74 92
SITES ET PAYSAGES AU CLOS DE LA CHAUME ***
88430 CORCIEUX 03 29 50 76 76
JP VACANCES ****
88530 LE THOLY 03 29 61 81 27
LA STENIOLE ***
88640 GRANGES SUR VOLOGNE 03 29 51 43 75
DOMAINE LES PINASSES ***
88600 LA CHAPELLE DEVANT BRUYERES 03 29 58 56 29
CAMPING DE VITTEL ***
88800 VITTEL 03 29 08 02 71

89 YONNE

CAMPING MUNICIPAL L'ILE D'AMOUR **
89140 PONT SUR YONNE 03 86 67 03 62
CAMPING MUNICIPAL ***
89170 ST FARGEAU 03 86 74 04 55
M. JEAN-PAUL COIGNOT *RURAL*
89200 AVALLON 03 86 34 16 37
CAMPING MUNICIPAL LES LANCIERES ***
89220 ROGNY LES SEPT ECLUSES 03 86 74 57 50
CAMPING LES ILES ***
89330 ST JULEIN DU SAULT 03 86 63 22 58
LE BOIS GUILLAUME ****
89350 VILLENEUVE LES GENETS 03 86 45 45 41
SITES ET PAYSAGES AU BOIS JOLI ****
89480 ANDRYES 03 86 81 70 48

90 TERRITOIRE DE BELFORT

CAMPING L'ETANG DES FORGES ***
90000 BELFORT 03 84 22 54 92

91 ESSONNE

FLOWER CAMPING DU LAC DE LA SEIGNEURIE ***
90110 LEVAL 03 84 23 00 13
CAMPING LES HESPERIDES **
91580 ETRECHY 01 60 80 32 49

Paysage des Pyrénées Atlantiques (64)

Camping L'Orée du Bois à Les Mathes La Palmyre (17)

LA CHAÎNE DES CAMPINGS ASSOCIATIFS

OUVERTS À TOUS, ces campings sont gérés soit par la FFCC, soit par ses clubs affiliés. Les tarifs proposés sont généralement plus bas que ceux du marché. Ces terrains accordent une réduction supplémentaire sur la redevance principale aux adhérents FFCC. Sur les deux terrains gérés par la Fédération et signalés par le logo une réduction de 10% est offerte.

AUVERGNE-RHONE-ALPES

07

CAMPING GCU - ST MAURICE D'ARDECHE ** NN
07200 ST MAURICE D ARDECHE
Long 04°24'34.91''E
Lat 44°32'3.83''N

CAMPING GCU - ALBOUSSIERE ** NN
07440 ALBOUSSIERE
Long 04°44'4.92''E
Lat 44°56'22.92''N

15

CAMPING GCU - VIC SUR CERE ** NN
15800 VIC SUR CERE
Long 02°38'27.95''E
Lat 44°59'16.08''N

26

CAMPING GCU - ST JEAN EN ROYANS ** NN
26190 ST JEAN EN ROYANS
Long 05°17'51''E
Lat 45°1'50.15''N

CAMPING GCU - CHATILLON EN DIOIS ** NN
26410 CHATILLON EN DIOIS
Long 05°29'2.04''E
Lat 44°41'34.07''N

38

CAMPING GCU - LA FERRIERE ** NN
38580 LA FERRIERE
Long 06°4'38.99''E
Lat 45°17'43.07''N

63

CAMPING FFCT - LES QUATRE VENTS N.C.
63120 AUBUSSON D AUVERGNE
Long 03°34'20.99''E
Lat 45°45'19.07''N

CAMPING GCU - LA BOURBOULE ** NN
63150 LA BOURBOULE
Long 02°45'15.83''E
Lat 45°35'29.04''N

CAMPING GCU - LOUBEYRAT ** NN
63410 LOUBEYRAT
Long 02°59'33''E
Lat 45°56'33''N

CAMPING GCU - COMPAINS * NN
63610 COMPAINS
Long 02°55'59.16''E
Lat 45°26'30.83''N

CAMPING GCU - ST BONNET LE BOURG * NN
63630 ST BONNET LE BOURG
Long 03°36'14.03''E
Lat 45°26'6''N

73

CAMPING GCU - ST COLOMBAN DES VILLARDS N.C.
73130 ST COLOMBAN DES VILLARDS
Long 06°13'31''E
Lat 45°17'35''N

CAMPING GCU DES MENUIRES * NN
73440 ST MARTIN DE BELLEVILLE
Long 06°31'57''E
Lat 45°19'53''N

74

CAMPING GCU - SCIEZ ** NN
74140 SCIEZ
Long 06°22'31.08''E
Lat 46°20'26.88''N

CAMPING FFCC LES RIVES DU LAC * NN**
74320 SEVRIER
Long 06°9'3.95''E
Lat 45°50'53.16''N

CAMPING GCU CHAMONIX LES BOSSONS ** NN
74400 CHAMONIX MONT BLANC
Long 06°50'22.91''E
Lat 45°54'2.15''N

CAMPING GCU - ST JORIOZ ** NN
74410 ST JORIOZ
Long 06°10'3''E
Lat 45°50'13''N

BOURGOGNE-FRANCHE-COMTE

22

CAMPING GCU - FROLOIS ** NN
21150 FROLOIS
Long 04°38'16.08''E
Lat 47°31'49.07''N

39

CAMPING GCU - PREMANON ** NN
39220 PREMANON
Long 06°2'9.96''E
Lat 46°27'43.92''N

BRETAGNE

CAMPING GCU - TOURNEMINE EN PLERIN ** NN
22190 PLERIN
Long 02°46'22.08''O
Lat 48°34'5.88''N

CAMPING GCU - PEN GUEN ** NN
22380 ST CAST LE GUILDO
Long 02°14'44.16''O
Lat 48°36'51.11''N

CAMPING GCU - LANDRELLEC ** NN
22560 LANDRELLEC
Long 03°32'38.03''O
Lat 48°48'46.08''N

CAMPING GCU - DOUARNENEZ ** NN
29100 DOUARNENEZ
Long 04°18'2.16"O
Lat 48°5'18.95"N
CAMPING GCU - LOCQUIREC * NN
29241 LOCQUIREC
Long 03°39'30.95"O
Lat 48°41'26.88"N
CAMPING GCU - KERITY ** NN
29760 PENMARCH
Long 04°21'3.95"O
Lat 47°48'6.11"N
CAMPING GCU - PLOUHINEC ** NN
29780 PLOUHINEC
Long 04°29'44.15"O
Lat 48°0'5.03"N
CAMPING GCU - TREVIGNON **
29910 TREGUNC
Long 03°50'48.99"O
Lat 47°47'56"N
CAMPING GCU - ILE-TUDY ** NN
29980 ILE TUDY
Long 04°9'48.95"O
Lat 47°51'6.12"N

56
CAMPING GCU
LOMENER PLOEMEUR ** NN
56270 PLOEMEUR
Long 03°25'50.16"O
Lat 47°42'27"N
CAMPING GCU - SARZEAU ** NN
56370 SARZEAU
Long 02°45'59.03"O
Lat 47°29'56.03"N
CAMPING GCU ST PIERRE QUIBERON ** NN
56510 ST PIERRE QUIBERON
Long 03°8'15"O
Lat 47°30'57.96"N
CAMPING ACCCF LE KERFALHER * NN**
56760 PENESTIN
Long 02°29'2.04"O
Lat 47°27'51.11"N

CENTRE

36
CAMPING GCU - LE MENOUX ** NN
36200 LE MENOUX
Long 01°33'32.03"E
Lat 46°33'21.96"N

GRAND-EST

10
CAMPING GCU - MESNIL-SAINT-PERE ** NN
10140 MESNIL ST PERE
Long 04°20'44.16"E
Lat 48°15'45"N

67
CAMPING GCU - BLAESHEIM * NN
67113 BLAESHEIM
Long 07°36'20.88"E
Lat 48°30'33.83"N

68
CAMPING LES AMIS DE LA NATURE * NN**
68140 LUTTENBACH
Long 07°7'19.92"E
Lat 48°2'23.99"N
CAMPING CCC ALSACE
LES HETRES ** NN
68480 BENDORF
Long 07°16'13.07"E
Lat 47°29'12.83"N
CAMPING DES CAMPEURS D'ALSACE
LA SAPINIERE ** NN
68500 WUENHEIM
Long 07°10'25.96"E
Lat 47°52'20.24"N
CAMPING CCC MULHOUSE
LA MINE D'ARGENT * NN**
68690 MOOSCH
Long 07°1'51.23"E
Lat 47°51'3.24"N

HAUTS-DE-FRANCE

02
CAMPING SN LAONNOISE -
CAMPING DU LAC ** NN
02000 MONAMPTEUIL
Long 03°33'13.67"E
Lat 49°28'15.59"N

62
CAMPING GCU - OYE-PLAGE ** NN
62215 OYE PLAGE
Long 01°59'58.91"E
Lat 50°59'32.99"N

80
CAMPING GCU - LE CROTOY ** NN
80550 LE CROTOY
Long 01°36'57.96"E
Lat 50°13'19.92"N

ILE-DE-FRANCE

95
CAMPING GCU
AUVERS SUR OISE ** NN
95430 AUVERS SUR OISE
Long 02°10'10.92"E
Lat 49°3'52.92"N

NORMANDIE

14
CAMPING CCDF
LES LILAS DE MORIEUX
14110 ST DENIS DE MERE
Long 00°28'51.96"O
Lat 48°51'52.91"N
CAMPING GCU
GRANDCAMP-MAISY ** NN
14450 GRANDCAMP MAISY
Long 01°2'31.92"O
Lat 49°23'8.88"N

50
CAMPING GCU
COUTAINVILLE ** NN
50230 AGON COUTAINVILLE
Long 01°35'34.99"O
Lat 49°1'46.99"N

76
CAMPING GCU - QUIBERVILLE ** NN
76860 QUIBERVILLE
Long 00°54'57.96"E
Lat 49°53'52.07"N

NOUVELLE-AQUITAINE

17
CAMPING GCU
ST GEORGES DE DIDONNE * NN
17110 ST GEORGES DE DIDONNE
Long 00°59'13.91"O
Lat 45°35'25.07"N
CAMPING GCU - MESCHERS ** NN
17132 MESCHERS SUR GIRONDE
Long 00°58'14.87"O
Lat 45°34'0.83"N
CAMPING CCDF - LA GAUTRELLE ** NN
17190 ST GEORGES D OLERON
Long 01°17'38.04"O
Lat 45°58'50.16"N
CAMPING GCU
ST GEORGES D'OLERON ** NN
17190 ST GEORGES D OLERON
Long 01°18'51.12"O
Lat 45°59'21.11"N
CAMPING ACCCF
DOMAINE DE BERNEZAC * NN**
17420 ST PALAIS SUR MER
Long 01°4'38.99"O
Lat 45°38'30.83"N
CAMPING GCU - LE BOIS PLAGE EN RE ** NN
17580 LE BOIS PLAGE EN RE
Long 01°21'51.84"O
Lat 46°10'6.95"N
CAMPING GCU - LA FLOTTE EN RE ** NN
17630 LA FLOTTE
Long 01°17'30.84"O
Lat 46°10'47.99"N

19
CAMPING GCU - NEUVIC ** NN
19160 NEUVIC
Long 02°16'51.95"E
Lat 45°24'14.04"N

24
CAMPING GCU - CASTELS ** NN
24220 CASTELS
Long 01°3'0"E
Lat 44°51'6.12"N

33
CAMPING GCU - LACANAU ** NN
33680 LACANAU
Long 01°5'36.99"O
Lat 44°58'47.99"N
CAMPING CCDF - LE MAYAN * NN
33930 VENDAYS MONTALIVET
Long 01°4'48.36"O
Lat 45°22'26.75"N

40
CAMPING GCU - CAPBRETON ** NN
40130 CAPBRETON
Long 01°25'38.99"O
Lat 43°39'11.88"N
CAMPING GCU - SANGUINET ** NN
40460 SANGUINET
Long 01°4'23.15"O
Lat 44°29'52.07"N

64
CAMPING GCU - SOCOA ** NN
64122 URRUGNE
Long 01°41'31.91"O
Lat 43°23'18.95"N

CAMPING GCU - HENDAYE ** NN
64700 HENDAYE
Long 01°45'15.83"O
Lat 43°22'30"N

86
CAMPING GCU - LA ROCHE POSAY * NN
86270 LA ROCHE POSAY
Long 00°49'26.03"E
Lat 46°46'54.12"N

OCCITANIE

11
CAMPING GCU - PORT LEUCATE ** NN
11370 LEUCATE
Long 03°2'56.04"E
Lat 42°52'59.15"N
CAMPING GCU - GRUISSAN ** NN
11430 GRUISSAN
Long 03°8'43.08"E
Lat 43°8'17.88"N

12
CAMPING GCU - PAILHAS ** NN
12520 COMPEYRE
Long 03°7'27.84"E
Lat 44°10'19.91"N

30
CAMPING GCU - SAUMANE ** NN
30125 SAUMANE
Long 03°45'42.11"E
Lat 44°7'35.03"N
CAMPING GCU
CHAMBORIGAUD ** NN
30530 CHAMBORIGAUD
Long 03°58'4.07"E
Lat 44°18'20.15"N
CAMPING GCU - CAMPRIEU ** NN
30750 ST SAUVEUR CAMPRIEU
Long 03°29'36.95"E
Lat 44°6'19.07"N

31
CAMPING GCU - LUCHON **
31110 SAINT MAMET
Long 00°36'26"E
Lat 42°46'15"N

34
CAMPING FFCC - LA PETITE MOTTE * NN**
34280 LA GRANDE MOTTE
Long 04°4'30"E
Lat 43°33'51.83"N
CAMPING GCU
LA GRANDE MOTTE ** NN
34280 LA GRANDE MOTTE
Long 04°4'33.96"E
Lat 43°33'52.92"N
CAMPING GCU - VENDRES * NN
34350 VENDRES
Long 03°15'5.03"E
Lat 43°13'50.16"N
CAMPING GCU - VIAS AMETHYSTE ** NN
34450 VIAS
Long 03°22'31.08"E
Lat 43°17'0.95"N
CAMPING GCU - VIAS LA KABYLIE **
34450 VIAS
Long 03°22'23.15"E
Lat 43°16'59.15"N

46
CAMPING GCU - LAMAGDELAINE ** NN
46090 LAMAGDELAINE
Long 01°29'4.91"E
Lat 44°28'0.12"N

48
CAMPING GCU - PIERREFICHE ** NN
48300 PIERREFICHE
Long 03°44'20.04"E
Lat 44°41'26.88"N

65
CAMPING GCU - ARRENS ** NN
65400 ARRENS MARSOUS
Long 00°12'50.03"O
Lat 42°57'24.83"N
CAMPING GCU
LAU BALAGNAS ** NN
65400 LAU BALAGNAS
Long 00°5'12.11"O
Lat 42°59'12.11"N

66
CAMPING GCU - UR ** NN
66760 UR
Long 01°56'12.12"E
Lat 42°27'42.83"N
CAMPING GCU - ERR ** NN
66800 ERR
Long 02°2'17.88"E
Lat 42°26'23.99"N

PAYS DE LA LOIRE

44
CAMPING GCU - PORNICHET ** NN
44380 PORNICHET
Long 02°18'47.87"O
Lat 47°14'53.16"N
CAMPING GCU - MESQUER ** NN
44420 MESQUER
Long 02°28'14"O
Lat 47°24'56"N

85
CAMPING GCU
SAINT-JEAN-DE-MONTS ** NN
85160 ST JEAN DE MONTS
Long 02°59'25.07"O
Lat 46°46'29.99"N
CAMPING GCU
LA TRANCHE SUR MER * NN
85360 LA TRANCHE SUR MER
Long 01°23'38.03"O
Lat 46°20'36.96"N
CAMPING GCU - JARD SUR MER * NN
85520 JARD SUR MER
Long 01°37'26.03"O
Lat 46°25'13.07"N

PROVENCE-ALPES-COTE D'AZUR

04
CAMPING GCU - VOLX ** NN
04130 VOLX
Long 05°49'54.11"E
Lat 43°52'9.11"N
CAMPING GCU - SELONNET ** NN
04140 SELONNET
Long 06°18'17.99"E
Lat 44°22'0.84"N

05
CAMPING GCU - SAVINES LE LAC ** NN
05160 SAVINES LE LAC
Long 06°22'36.11"E
Lat 44°31'0.12"N
CAMPING GCU - PONT DU FOSSE ** NN
05260 ST JEAN ST NICOLAS
Long 06°13'3"E
Lat 44°39'51.12"N
CAMPING GCU - VALLOUISE ** NN
05290 VALLOUISE
Long 06°29'8.15"E
Lat 44°50'22.92"N
CAMPING GCU - AIGUILLES ** NN
05470 AIGUILLES
Long 06°51'1.07"E
Lat 44°46'22.07"N
CAMPING GCU - VILLAR D'ARENE ** NN
05480 VILLAR D ARENE
Long 06°21'14.04"E
Lat 45°2'8.88"N

13
CAMPING GCU
ST REMY DE PROVENCE * NN
13210 ST REMY DE PROVENCE
Long 04°49'6.95"E
Lat 43°47'29.04"N

83
CAMPING GCU - BORMES CABASSON ** NN
83230 BORMES LES MIMOSAS
Long 06°19'59.15"E
Lat 43°6'11.87"N
CAMPING GCU
BORMES LA FAVIERE ** NN
83230 BORMES LES MIMOSAS
Long 06°21'3.95"E
Lat 43°7'22.07"N
CAMPING GCU -
CAVALAIRE LES OLIVIERS ** NN
83240 CAVALAIRE SUR MER
Long 06°32'41.99"E
Lat 43°11'45.96"N
CAMPING GCU
CAVALAIRE LE PARADOU **
83240 CAVALAIRE SUR MER
Long 06°32'41.99"E
Lat 43°11'47.03"
CAMPING GCU - GIENS ** NN
83400 HYERES
Long 06°8'50.99"E
Lat 43°2'18.96"N
CAMPING GCU - LA CROIX-VALMER ** NN
83420 LA CROIX VALMER
Long 06°33'15.11"E
Lat 43°11'39.84"N
CAMPING GCU - TOURRETTES ** NN
83440 TOURRETTES
Long 06°43'41.16"E
Lat 43°36'46.08"N
CAMPING GCU - FABREGAS ** NN
83500 LA SEYNE SUR MER
Long 05°52'38"E
Lat 43°4'37.99"N

84
CAMPING GCU
ST SATURNIN LÈS APT ** NN
84490 ST SATURNIN LES APT
Long 05°22'49.08"E
Lat 43°55'59.16"N

LA CLEF VERTE

Hôtels, campings, gîtes, meublés de tourisme, chambres d'hôtes, résidences de tourisme, villages et centres de vacances, auberges de jeunesse, restaurants, s'engagent dans une démarche environnementale performante avec pour objectif, d'évoluer en permanence vers les meilleures pratiques recommandées par La Clef Verte.

POUR PLUS D'INFORMATIONS

Pour consulter la liste complète des établissements labellisés et les grilles de critères d'attribution, contactez l'équipe de La Clef Verte ou consultez le site Internet: www.laclefverte.org

Chaque année en France des millions de vacanciers ou professionnels en déplacements séjournent dans des hébergements touristiques. Aujourd'hui ils peuvent réduire leur impact environnemental en choisissant un des 855 établissements français labellisés Clef Verte ou parmi plus de 3000 établissements touristiques ou restaurant Green Key dans 60 pays. Présents sur les cinq continents, l'écolabel touristique Clef Verte / Green Key **est le premier label de tourisme durable international pour les hébergements touristiques et les restaurants.** 855 sites labellisés, en métropole et outre-mer, dont : 243 Campings, 267 Hôtels, 107 Gîtes/Meublés et Chambres d'hôtes, 148 résidences de tourisme, 41 Auberges de jeunesse, 37 Villages et Centres de vacances et 12 restaurants. Développé en France depuis 1998, le label Clef Verte est, par le nombre de labellisés et par son antériorité, le premier écolabel pour l'hébergement touristiques en France.

LES PARTENAIRES DE LA CLEF VERTE

La Clef Verte est soutenue par ses partenaires financiers :

- Ministère de la Transition Ecologique et Solidaire
- Hérault Tourisme
- Tours Val de Loire Tourisme

Et ses partenaires institutionnels :

- Fédération des campeurs, caravaniers et des camping-caristes (FFCC)
- Fédération Nationale de l'Hôtellerie de Plein Air (FNHPA)
- Union des Métiers et des Industries de l'Hôtellerie (UMIH)
- Syndicat National des Résidences de Tourisme (SNRT)
- Atout France
- Assemblée des Chambres Françaises de Commerce et d'Industrie
- Fédération Unie des Auberges de Jeunesse (FUAJ)
- Union Nationale des Campings et des Parcs Résidentiels de Loisirs (UNAPAREL)

La Clef Verte

TERAGIR
115, rue du Faubourg Poissonnière - 75009 Paris
Tel. 01 45 49 05 80
E-mail : infos@laclefverte.org

Dans ce guide, retrouvez les terrains adhérant avec le logo

Camping Les Écureuils
Jard-sur-Mer (85)

TOURISME & HANDICAPS

La marque d'État Tourisme et Handicap a pour objectif d'apporter une information fiable, descriptive, homogène et objective de l'accessibilité des sites et équipements touristiques en tenant compte des quatre types de handicaps majeurs : moteur, visuel, auditif, mental et de développer une offre touristique adaptée et intégrée à l'offre généraliste.

Il s'agit d'une démarche volontaire des professionnels du tourisme et gestionnaires de sites touristiques souhaitant recevoir la clientèle en situation de handicap. Pour effectuer une demande d'attribution de la marque, les professionnels doivent s'adresser à leur DIRECCTE (direction régionale des entreprises, de la concurrence, de la consommation, du travail et de l'emploi), l'instance régionale **Tourisme et Handicap** représentant le Ministère de l'Economie, de l'Industrie et du Numérique ou site : www.entreprises.gouv.fr/marques-nationales-tourisme

Après visite des évaluateurs et instruction du dossier, la Marque d'État Tourisme et Handicap peut être accordée, pour une durée de 5 ans, pour 2, 3 ou 4 déficiences.
Dès la création de la Marque d'État Tourisme et Handicap en 2001, un réseau d'évaluateurs, issus des associations représentant les personnes handicapées et des instances touristiques, a été mis en place dans tous les départements ou régions. Ces évaluateurs sont spécialement formés aux exigences de la Marque d'État Tourisme et Handicap.

Proches du terrain, les instances régionales (Direccte, CRT) et départementales (CDT, ADT, ADRT, Conseils généraux…) assurent une aide constante et personnalisée auprès des professionnels volontaires.

L'Association ***Tourisme & Handicaps*** assure l'unité nationale du dispositif.
Elle propose, en location pour cinq années, une plaque aux couleurs de la Marque d'État, permettant ainsi aux professionnels une meilleure lisibilité des démarches accomplies en faveur des personnes handicapées et un repère fiable pour les clientèles.

Les critères retenus pour l'attribution de la Marque d'État Tourisme et Handicap ont pour objectif d'identifier les équipements où les touristes handicapés peuvent utiliser les prestations à disposition, le plus en autonomie possible, et ce pour chaque type de handicap.

Se rendre dans un établissement détenteur de la marque, c'est avoir l'assurance de pouvoir profiter de ses vacances dans les meilleures conditions possibles.

Retrouvez tous les campings Tourisme et Handicap dans ce guide grâce au logo sur chaque camping.

Et également sur le site internet **www.entreprises.gouv.fr/marques-nationales-tourisme**

Aire de Bozouls (12)

LE STATIONNEMENT DANS LES VILLES

La FFCC, la Fédération des campeurs, caravaniers et camping-carites, a demandé à l'Association Nationale des Élus des Territoires Touristiques de promouvoir le stationnement des caravanes et camping-cars auprès de leurs adhérents. Elle a également contacté de nombreuses autres communes accueillantes qui ont répondu favorablement. Voici la liste de celles qui vous proposent des emplacements spécifiques pour effectuer vos achats ou visiter leur ville.

01 AIN

NANTUA Aire de camping-car payante. 13 empl. Accès le lac, route de Port. Panneau Aire de services.

02 AISNE

VILLERS-COTTERÊTS L'aire de stationnement se situe au calme, à proximité du centre-ville et de lieux d'intérêt comme le musée Alexandre Dumas et le parc du château depuis lequel débutent différentes randonnées.
Aire aménagée à côté de la piscine intercommunale accessible 24h/24h. Le stationnement gratuit est limité à 72h. Elle possède 6 emplacements dont 2 réservés aux PMR. L'aire est également équipée de 2 tables de pique-nique dont une accessible aux PMR et de poubelles de tri sélectif.
Aire de service (eau et électricité) à proximité immédiate.

LONGPONT Aire située rue Saint-Louis, non loin de l'abbaye cistercienne (ouverte à la visite de mars à octobre) dans un cadre reposant et romantique, à proximité directe de plusieurs restaurants. Elle dispose de 3 empl. Le stationnement gratuit est limité à 72h. Egalement de 2 tables de pique-nique dont une accessible aux PMR et poubelles de tri sélectif. Commerces de proximité à Villers-Cotterêts (12 km).

TERGNIER Aire de camping-car de la Frette, rue de la Prairie. 20 empl. Signalée Base de loisirs de la Frette.

03 ALLIER

LAPALISSE Borne multi services type Eurorelais. Place Jean-Moulin. Fourniture eau potable 100 l et électricité 1 h, vidange eaux usées wc portables et fixés, poubelles. En centre-ville, suivre direction services techniques. Borne à jetons 2€ l'unité en vente à l'OT, services techniques, piscine ou camping et station essence Agip-Cantat. Tous les jours.

LE DONJON Place Jean-Marie-Mercier. 6 empl.

BOURBON-L'ARCHAMBAULT Aire accueil camping-car de l'ancienne gare (RD953). 1 borne + stationnement temporaire. Contournement de Bourbon.

VICHY Parking du stade Darragon ou sur la voie longeant celui-ci, à proximité immédiate du Lac d'Allier et du quartier thermal.

DOMPIERRE SUR BESBRE Aire de service communautaire, chemin des Percières. 8 empl. Un seul accès : Grande Rue et chemin des Percières. Panneau d'information en bordure de l'aire. Possibilité de stationner en centre-ville, rue du Champ de Foire, place Yves Déret.

04 ALPES-DE-HAUTE-PROVENCE

STE-CROIX-DE-VERDON Deux aires de camping-car : une à 500 m du lac, 28 empl. Prendre la direction du lac et sur la droite. Et une aire sur les hauteurs de la Commune, nombre d'emplacement non défini et accès RD 111 à proximité du Castellas.

05 HAUTES-ALPES

L'ARGENTIERE-LA-BESSEE Aire de repos sur RN 94. Une dizaine d'empl. Signalisation, panneaux Aire de camping-car.

ORCIERES En journée le stationnement libre au même titre qu'un véhicule particulier, la nuit, le stationnement de ces véhicules n'est autorisé que sur un parking, parking de Casse blanche (P2) : 22 empl. (payant), 18€/jour (saison hivernale), 10€/jour (saison estivale), eau et électricité, situé au cœur de la station de ski.

VARS Lieu de stationnement autorisé situé à Vars-les-Claux, parking des plans (p.5), 40 emplacements. Accès recommandé : 1 seul axe, desservant ce parking depuis l'office du tourisme des claux (par les allées Mancini/Bret/Hieronimus et Trub).

06 ALPES-MARITIMES

ST-LAURENT-DU-VAR Parking Dechame, avenue Francis Teissière : 5 empl. gratuits, disponibles de 17h à 10h. Parking du cimetière, route des Pugets : 5 empl. gratuits disponibles 7 jours consécutifs avec point de vidange et point d'eau.

07 ARDÈCHE

VALLON-PONT-D'ARC Quartier Ratière, chemin du Chastelas. 45 empl. durée 48 h maxi. Accès D 390, chemin du Chastelas, à proximité de l'office de tourisme et de l'hôpital. Panneaux réglementaires.

ST-AGRÈVE Place des Cévennes. Borne de recharge camping-car. Accès avenue des Cévennes.

ROCROI Aire avec borne et aire de pique-nique, 12 empl., chemin de la Courtine, accès avenue du Général Moreau. Aire de jeux à 100 m, rue de la Percée. Parking Esplanade Condé. Suivre fléchage parcours de santé et sportif à proximité.

LAMASTRE Place du Pont de Tain + borne de recharge eau + électrique, vidange eaux usées Place Pradon, environ 20 empl. Facile d'accès depuis la place Pradon qui jouxte la place du Pont de Tain. Signalisation mise en place : fléchage parking 500 places.

08 ARDENNES

VOUZIERS Aire du Champ de Foire, accès 33, rue de Condé, stationnement gratuit, durée 48 h maxi . 9 empl. Eau potable, 2 €/100 l - Électricité, 2 €/20 mn. Paiement par carte bancaire. Signalisation par fléchage spécifique. Proche du centre-ville (accès par chemin piétonnier. 5 mn des commerces et services de proximité (boulangerie, charcuterie, boucherie, épicerie, laverie automatique, poste...). Marché le samedi matin. Centre culturel / bibliothèque / piscine.

LAUNOIS-SUR-VENCE
3 empl. réservés et matérialisés contre l'aire de service et parking du Relais de Postes aux Chevaux, au centre du village, face à l'Office de Tourisme, 10 empl. Suivre la signalétique aire de service camping-car dans le village et l'ensemble de la signalétique Village Etape.

09 ARIÈGE

SEIX Centre du village. Une dizaine d'empl. Accès place de l'Allée.

10 AUBE

BAR-SUR-AUBE Borne camping-car place du Jard. Accès devant la salle de spectacles, rue du jard. Jetons disponibles chez les commerçants.

BRIENNE-LE-CHÂTEAU
Parking de la Gare. 5 empl. maxi. Accès via avenue Pasteur, direction rue de la Gare. Sur place informations concernant les jetons disponibles à la mairie, l'office de tourisme et autres commerces.

ARCIS-SUR-AUBE Place des Héros, devant l'Hôtel de Ville. 10 empl. Accès RD 441 (route de Brienne).

11 AUDE

CARCASSONNE Parking P1 (Delestage) cité, chemin de Montlegun. 80 empl. Suivre rocade accès cité puis parking P1. Parking P1 = réservé aux bus et camping-cars (sans eau, sans électricité). Tarifs identiques VL. Et aussi à côté du camping, chemin Bernard Delicieux, 38 empl. Accès par rocade, suivre direction aire camping-cars.

SIGEAN Parking municipal situé avenue de Sainte-Croix, face au cimetière. Accueil pour une durée limitée à quelques heures.

12 AVEYRON

NANT Parking de la piscine (5 à 10 mn à pied du centre du village). Allée Chaude (centre du village). Accès RD 999 traversant le village. Aucune signalisation particulière, sauf pour le week-end du Trail des hospitaliers où un espace leur est attribué.

LAISSAC-SEVERAC-L'EGLISE Aire de 6 empl. (ouverte de mars à novembre) avec prise d'eau potable, toilettes et vidange possible. Aire située à proximité de la RN 88, de tous commerces et de restaurants. Laissac est classé Village Etape / Grand parking gratuit (toute l'année) à proximité. Accès depuis la RN 88, sortie Laissac-Centre, suivre direction Marché national aux bestiaux et tourner à droite après l'Intermarché. Suivre pictos "aire de camping-car".

CONQUES-EN-ROUERGUE
La Citarelle, St-Cyprien-sur-Dourdou, aire de camping-car, 13 empl. Signalisation particulière mise en place.

SALLES-CURAN Route des Vernhes (bordure lac de Pareloup). 80 empl. Signalisation aire de stationnement en bordure de lac.

13 BOUCHES-DU-RHÔNE

CASSIS Avenue des Gorguettes. 10 empl. Accès route de Carnaux D 41E. Affichage par panneaux réglementaires verticaux.

SALON-DE-PROVENCE
Bel Air parking Reynaud, allée des Justes (gratuit), sortie ouest direction Arles RN 113. 4 empl. avec aire de services et vidange gratuites (à 20 mn du centre ville). Accès direction Arles par la RN 113. Par la A 54 sortie ouest Salon / Miranas. Panneaux emplacements réservés camping-cars sur chaque place.

ST-MARTIN-DE-CRAU Place François-Mitterrand. 6 empl. Accès par l'avenue Nostradamus. Suivre panneau.

LA ROQUE-D'ANTHERON Rue Jean-Moulin (face magasin Spar). 6 empl, parking libre. Accès facile, D 67A puis avenue des Alpilles.

15 CANTAL

AURILLAC Lieu place du Foirail. 10 empl. Accès par N 122. Signalisation : marquage au sol.

16 CHARENTE

BARBEZIEUX-SAINT-HILAIRE
Avenue Aristide Briand (à proximité du gymnase Christian Girard et de la médiathèque). 4 empl. Accès RN 10, sortie Barbezieux centre. Micro-signalitique : aire de camping-cars gratuite, ouverte 24 h / 24 avec des services.

AUBETERRE-SUR-DRONNE terrain enherbé le long de la route départementale (RD 2 route de Ribérac) en face de la Base de Loisirs. 30 empl. environ. Accès par la RD 2.

17 CHARENTE-MARITIME

ROYAN Camping Car Park. 40 empl. Accès Boulevard Franck Lamy via la gare. Signalétique par panneaux.

MARANS Stationnement Bout des Barques sur le port de Marans. 22 empl. Accès avenue Mme Charles Charriau.

ROCHEFORT Aire de la Fosse aux Mâts, 36 empl., avenue de la Fosse aux Mâts. Aire de la Vieille Forme, 12 empl., rue de la Vieille Forme. Aire Dassault, 12 empl., avenue Marcel-Dassault.

JONZAC Parking en ville. Aire de camping-car, 21 empl. Accès par centre ville. Panneaux aire camping-car.

ST-DENIS-D'OLERON Lieu de stationnement des camping-cars est autorisé de 7 h à 23 h sur l'ensemble de la commune. Stationnement interdit de 23 h à 7 h. La commune possède une aire de stationnement, accessible 24 h / 24. 170 empl. avec sanitaires, laverie et Wifi payant.

18 CHER

SANCERRE Rempart des Dames. 3 empl. Accès Les Remparts.

AUBIGNY SUR NERE Parking de la Nère / Parking du Pré qui Danse / place du Mail / place du Champ de Mars. Aucune interdiction, stationnement libre sauf aux véhicules poids lourds. Accès aire camping-car route de la Chapelotte.

Stationnement réservé aux camping-caristes sur une partie du parking du Pré qui Danse et aire de camping-car route de la Chapelotte avec bornes équipées (remplissage et vidange).

19 CORRÈZE

BEAULIEU-SUR-DORDOGNE Aire d'accueil de camping-cars. Stade le long du canal du Bourrier. Stationnement de 9h à 19h (gratuit), taxe de séjour, vidange et distribution d'eau (2€ pour 20mn), branchement électrique (2€ pour 4h), paiement exclusivement par carte bleue, Wifi gratuite, proche des commerces de la Dordogne, aire de jeux pour enfants à proximité. 20 empl. Accès par avenue Lobbé RD 41.

MEYMAC Aire de camping-car de la Garenne. 30 empl.

AMBRUGEAT Aire de camping-car du Lac de Sechemailles. 20 empl.

TREIGNAC Parking des Rivières. Environs 50 empl. Avec un accès recommandé. Signalisation avec tarifs.

UZERCHE Aire de stationnement de la Petite Gare (rue Paul Langevin) - Parking du chemin des Lèzes. 35 emplacements délimités à la Petite Gare, une dizaine en emplacemnet libre au parking Chemin des Lèzes. Accès recommandé par l'avenue du Général de Gaulle qui traverse la commune puis suivre la signalisation.

20 CORSE

L'ILE ROUSSE
Parkings publics (Napoléon, La Poste, Marin, Fornole) gratuits.

21 CÔTE D'OR

BEAUNE Parking Charles de Gaulle (proximité centre-ville), aire de service pour camping-cars 5 empl. 24h/24 avec automate distributeur de jetons par CB. Borne vidange, eaux grises, distribution eau potable et borne électrique.

MIREBEAU-SUR-BEZE Aire Camping-car, chemin de la Tour. 6 empl. Accès D 989 / D 7, soit par la grande rue. Signalisation mise en place.

22 COTES-D'ARMOR

SAINT-BRIEUC Le parking situé au dessus de la plage du Valais (quartier de Cesson) présente un intérêt pour le stationnement des camping-cars (vue panoramique sur la baie de Saint-Brieuc) interdit aux caravanes. Également stationnement gratuit place de la Liberté pour rejoindre le centre-ville à pied ou en transport public. Pas d'aménagement de collecte des eaux usées. Durée de stationnement limitée à 24h sur l'ensemble de St-Brieuc.

MERDRIGNAC
Lieu Le Val-de-Landrouet. 15 empl. Accès sur la RN 164, sortie Collinée / St-Brieuc et prendre rue du Gouede. Aire de service en dehors du camping.

PLOUARET Aire de camping-car rue du Général de Gaulle, près de l'école publique Jean-Denis. 5 empl. Accès RN 12, sortie Beg ar C'hra puis RD 11.

EVAUX-LES-BAINS Terrain Avel, avenue de la République. 6 empl. Accès signalé.

SAINT-MICHEL-EN-GREVE Parking de la salle des fêtes, 6 empl. prévus. Accès recommandé devant la mairie.

23 CREUSE

GOUZON
Champ de Foire, en plein centre de la commune. Environ 30 empl. uniquement pour les camping-cars. Accès facile et bien signalé.

BOUSSAC Esplanade du Hall de l'Agriculture. Avenue d'Auvergne. 5 empl. Accès RD 917. Signalétique aire/borne camping-car gratuite.

ÉVAUX-LES-BAINS Lieu de stationnement Champ Avel, 6 emplacements prévus.

24 DORDOGNE

LALINDE
Autour du Bassin (côté nord, est et ouest). 4 empl. et tables de pique-nique en bordure du Bassin. Aucun problème d'accès.
Aire de vidange au terrain de camping de la Guillou. Aucune signalisation.

SARLAT-LA-CANEDA Parking Flandre Dunkerque 1940 et place des anciens combattants d'AFN. Parking réservé camping-cars. Stationnement payant par horodateur, possibilité vidange, eau et éléctricité. 50 empl. Accès avenue du Général de Gaulle.

ST-CYPRIEN Lieu place Mackenheim (centre ville). 8 empl. Accès par la rue du Priolat. Durée limitée à 3 jours.

LE BUGUE Près de la Vezere, place Léopold Salme, route du Bergerac, suivre panneaux «aire camping-cars» depuis le centre. Aire située en bordure de rivière, à proximité du centre-ville, à 5 mn à pied de tous commerces. Aire calme et en partie ombragée. Forfait 24h paiement par CB sur borne ou en espèce à la mairie. Compris dans le forfait: stationnement, vidange et fourniture d'eau potable. Fermeture annuelle de novembre à mars.

NONTRON Place Paul Bert, sauf sur les pelouses, accès par l'avenue du Général Leclerc. Et Parking Super U, suivre les indications vers l'hypermarché.

VILLEFRANCHE DU PERIGORD Aire de camping-car située à proximité de la Bastide avec une aire de jeu et de pique-nique avec 1 borne double prises à carte bancaire (eau / électricité). 40 empl. Panneaux indicatifs dans le village.

25 DOUBS

PONTARLIER Pôle d'Echange Multimodal : 234 places de stationnement. Accès Rocade Georges Pompidou (près de la Gare).

MORTEAU Place du Champ de Foire sauf le 1er mardi du mois et entre le 1er et le 20 juillet (fête foraine). Nombre d'emplacement non précisé. En cas de rassemblement important (+5 véhicules) demander une autorisation de voirie pour réserver les emplacements (morteau@morteau.org). Accès rue de la Gare ou rue de l'Helvétie. Aucune signalisation et le parking ne dispose pas d'aire de vidange, ni de branchement électrique.

26 DRÔME

VALENCE Parking Frédéric Mistral (Pont Mistral), 3 empl. matérialisés pour les camping-cars. Accès pédestre direct au centre historique, musée et commerces. Sorties Valence Nord et Valence Sud, suivre Centre-ville Valence.

27 EURE

VERNEUIL SUR AVRE Aire accueillant gratuitement les camping-cars aménagée à 100 l du centre ville. Possibilité de stationner en dehors des emplacements dédiés. Au minimum 8 empl. (tracés). Accès par les avenues longeant les fosses de la ville historique. Panneaux indiquant l'aire de camping-cars.

29 FINISTÈRE

ROSPORDEN Place du 8 Mai, au bord des étangs. 10 empl. Accès route de Coray.

SCAER Parking rue Louis Pasteur. 10 empl. 2€ le jeton (10 mn d'eau + 55 mn d'électricité) en vente en mairie ou à l'office de tourisme. Signalisation «Aire de services et de stationnement».

Aire de Barcares (66)

LANDIVISIAU Parking près du rond-point Bad Sooden Allendorf. 10 empl. (gratuit). Accès de la route nationale 12, prendre la sortie Landivisiau Ouest.

CAMARET-SUR-MER La commune offre divers points de halte de nuit gratuite en zone urbaine dont Rue de la Gare. Le stationnement nocturne des camping-cars est formellement interdit sur le littoral, sur le pourtour du quai et sur les différents sites classés (UNESCO, Natura 2000), naturels ou inscrits. En journée, divers parkings situés à 100 m à l'arrière des quais permettent le stationnement des camping-cars.

AUDIERNE Place du Général de Gaulle. 30 empl. Accès près de la rivière Le Goyen, à proximité du centre ville et du port de pêche et de plaisance. Signalisation : camping-cars.

PLOUGUERNEAU Kroaz Kenan (près du complexe sportif), rue du Verger (face à la mairie), rue du Colombier (parking de la médiathèque), à Mechou Kamm Doun (près de l'église de Lilia), place du Dolmen avec en plus une aire de service (face à la salle Owen Morvan), Stread Al Leac'h (près du cimetière de Lilia), Jean Bianeis (bourg du Grouaneg) et parking communal du Pont du Diable. Au total il y a 24 empl. gratuits et sans service sur ces 8 lieux, limités à 48h maximum. Suivre panneau «camping-car».

30 GARD

SAUVE Place de la Vabre (WC, eau potable et point accueil eaux grises gratuit). Environ 10 empl. et plus sur le parking. Accès par D999 (2 entrées). Panneau accueil camping-car et renseignements sur le risque inondation en plusieurs langues.

32 GERS

AUCH «Aire de camping-car de l'Ile St Martin, 40 empl., accessible 24h/24 via un automate de paiement où seules les cartes bancaires sont acceptées. Électricité en supplément du stationnement, dans la limite des disponibilités. Accès à l'eau et aire de vidange possible 2€, maxi 2h sur site et 10 mn d'eau.
La prestation «stationnement» comprend l'accès à l'eau et la vidange. L'aire est à 1,3km à pied du centre historique (chemin de promenade facile et pratique le long des berges) et les emplacements sont délimités par des haies. Site web: https://www.airecampingcars-auch.com/.

MAUVEZIN Rue des Petites Garennes, 4 places. Accès depuis la place de Mauvezin, D 928 direction Auch puis RD 40 direction Fleurance (en bas de la ville) puis à droite panneau de signalisation (au 1er croisement). En haut du Parc François-Mitterrand.

MIRANDE Parkings, chemin du Bartardeau.

LANGON Quais Bords de Garonne. Places illimitées. Accès N 524 (route de Bazas) puis boulevard Salvador Allende et allées Marines. Suivre la signalisation Quais.

33 GIRONDE

LESPARRE MEDOC Aire de vidange et approvisionnement gratuite et accès à l'intégralité des parkings dont deux sont appropriés au stationnement des camping-cars, rue Eugène Marcou qui intègre l'aire de vidange et celui de la Tour de l'Honneur, récemment aménagé.

SAINT-CIERS-SUR-GIRONDE Rue des Droits de l'Homme (derrière gendarmerie). 4 empl. Fléchage entrée bourg et signalétique sur place.

SAINT-SAVIN Parking du centre culturel, rue Jacques Vergeron. 2 empl. (aire de service à l'OTSI. Accès rue Jacques Vergeron depuis RN 10 ET A 10. Panneaux directionnels et récapitulant les autres aires des communes de la Communauté de communes, latitude nord Gironde.

35 ILLE-ET-VILAINE

FOUGERES Aire de services: Parking Château et parking Jardin des Fêtes. Pas d'emplacements définis. Vidanges eaux sales et eaux usées gratuites, alimentation en eau potable gratuite.
Accès depuis Rennes boulevard Jacques Faucheux + accès depuis St-Malo, Le Mont-St-Michel, Dinan, St-Lô et Caen, bd St-Germain.

GUYPRY-MESSAC Le port de plaisance, rue de la Résistance et rue du Liriot (derrière le bar Les Templiers). Au port: 12 places et rue du Liriot: 20 places. Signalisation au port de plaisance : eau et vidange.

36 INDRE

CHATEAUROUX Aire située à proximité du camping Le Rochat, sur le site de la base de loisirs communautaire de Belle-Isle (guinguette, piscine, base nautique, vallée verte…) et à deux pas du centre-ville (magasins et centre historique). Nouvellement réaménagée, cette aire propose 9 places avec emplacements ombragés. L'équipement est totalement gratuit (vidange et distribution d'eau). Pour y accéder, suivre direction du Parc de Belle-Isle.

ARGENTON-SUR-CREUSE Espace Jean Frappat. 20 empl. Accès centre-ville. Signalétique.

EGUZON-CHANTOME Il n'y a aucune interdiction de stationnement sur la commune : les parkings à disposition sont place de la République, place de la Côtelette, place du Champ de Foire, parking rue Jean Jaurès. 50 empl. Accès place du Champ de Foire. Les deux aires de services sont : Super U au Centre Bourg / Camping municipal près du lac.

LE BLANC Place du Général de Gaulle. Grand parking avec beaucoup de places de stationnement. 1 borne Euro-Relais et panneau.

37 INDRE-ET-LOIRE

AVOINE Aire de camping-car ombragée avec possibilité de vidange et jeux pour enfants (39, avenue de la République). 11 places délimitées et séparées. Carte bancaire indispensable pour l'ouverture de la barrière. Suivre Lac Mousseau.

CHINON Avenue François-Mitterrand, Parking Beauloisit (face au cimetière), toilettes sur place. 12 empl. Accès suivre «parking de la forteresse médiévale» puis parking face au cimetière.

38 ISÈRE

VILLARD-DE-LANS Parking des Gauchets, 20 places. Accès RD 215 puis au rond-point de l'Essarton prendre avenue des Bains et 3e à droite, rue des Bartavelles, parking situé sur la droite. Stationnement limité à 48 h. Pas d'auvents, pas d'installations (chaises, tables...). Sur les autres parkings le stationnement est interdit de 22 h à 8 h du 15 mai au 15 septembre de chaque année (arrêté municipal). Point le plus proche pour la vidange des eaux usées est au camping de l'Oursière.

40 LANDES

MORCENX Parking de la Distillerie, aire de service. Accès chemin de l'abattoir. Panneaux réglementaires.

41 LOIR-ET-CHER

BLOIS Aire de service des camping-cars Jean-Moulin, 11, rue Jean-Moulin. 40 places dont les 3/4 pour grands véhicules. Accès ouvert 24 h/24 automatisé 24 h renouvelable. Accès centre-ville direction la gare SNCF à proximité du Château et du centre-ville. Jalonnement en différent point de la ville.

ONZAIN Parking du gymnase, rue de l'Egalité. 5 empl. Accès Centre bourg d'Onzain, rue des Rapins (passage devant l'église), rue de l'Écrevissière prolongée (suivre gymnase).

MENNETOU-SUR-CHER Square Lucien Breitman (à l'arrière du centre de secours des Pompiers). Une quinzaine de places (gratuit). Accès RD 976 vers Pont en direction de Maray puis 1ere à droite et suivre la signalisation.

42 LOIRE

BOEN-S/LIGNON Place Moizieux. 10 empl. Accès par Boulevard Alliende, rue du 8 Mai. Panneau d'information aire de camping-car.

ROANNE
Aire de camping-car du Port de Roanne. 10 empl. Nuitée payante + taxe de séjour. Accès N 7 sortie 66.

NERONDE Stade des Chassagnes. 3 empl.

BELMONT DE LA LOIRE
Parking Les Arcades. 2 empl. Accès par Chemin de Biesse. Panneau sur bâtiment Chanteperdrix.

43 HAUTE-LOIRE

ALLEGRE Devant le camping, limité à 3 camping-cars et à 1 nuit. Situé à 600 m du village.

LE VERNET Parking place de l'Etang. 20 empl. Ouverture du 01/05 au 15/10. Accès par D48, D40 et D25. Passage tous les soirs à 20 h d'une personne. Stationnement autorisé 72 heures.avec stationnement, vidange des eaux usées et changement en eau propre et électricité par 24h de présence.

AUZON Parking salle polyvalente, place du Millénaire, place de la Barreyre et place du Chambon, 59 empl. Stationnement autorisé de 8 h à 20 h, au-delà de 20h, camping municipal accessible en juillet et en août.

44 LOIRE-ATLANTIQUE

LE GAVRE Parking de l'étang, route de Blain. 4 empl. maxi, pas de raccordement en eau ni électricité. 24 h maxi de stationnement.

ANCENIS Parking Barrière Saint-Pierre, possibilité de vidange mais pas d'électricité. 3 empl.

SAINT-NICOLAS-DE-REDON Parking de la Digue, avenue Jacques Burel. 10 empl. Accès de Redon, en direction de Nantes Saint-Nazaire, RD 164.

SAINT-NAZAIRE Parking du théâtre, aire de camping-car payante de 28 places équipés de prises électriques, une borne de vidange et eau (forfait dégressif à partir du 5e jour). Port du Vivier, 3 places. Bois Joalland, 5 places. Aire des Jaunais à St-Marc, 15 places avec borne.

45 LOIRET

CHATEAUNEUF-SUR-LOIRE Rue de la Vallée Collion. 3 empl. Panneaux indicateurs stationnement camping-car.

GIEN Aire de stationnement à côté du stade nautique, Quai de Nice / route de Briare. 8 empl. (vidange possible en demandant des jetons au stade nautique). Accès par la route de Briare.

46 LOT

FIGEAC
Boulevard Colonel Teulié, 12 empl. Rue du Camp Saint-Bathélemy, 12 empl. Suivre Parking du Foirail. Panneaux réglementaires Station sanitaire.

47 LOT-ET-GARONNE

DURAS
Parking situé au pied du château (sauf si arrêté municipal pour manifestation).

MIRAMONT-DE-GUYENNE
Boulevard Gambetta. 6/7 empl. Panneau d'indication au 54 bd Gambetta et aux entrées de la ville.

48 LOZÈRE

SAINT-CHELY-D'APCHER Place du 8 Mai 1945, 4 empl. et parking du Pontet sans empl. défini. Accès par le Boulevard Guérin d'Apcher. Panneau indiquant la borne pour la place du 8 Mai 1945.

CHANAC Lieu Parking du Pré de Plaisance. 4 empl.

49 MAINE-ET-LOIRE

BOUCHEMAINE Parking paysagé à la Pointe (Parc du Petit Sermant). 2 empl. situés à l'entrée du parking accessibles aux camping-cars.

CHOLET Avenue Anatole Manceau. 7 places avec 1 aire de vidange et d'alimentation. Accès depuis RN 160, place de la Légion d'Honneur. Panneau CE 24.

Aire de Moustier-Sainte-Marie (04)

BEAUPREAU Rue du Haras, avec aire de vidange + eau + électricité. 4 empl. spécifiques + reste du parking si libre. Accès par la voie de contournement de Beaupréau. Panneautage sur la voie de contournement ainsi qu'à l'entrée du parking.

51 MARNE

SEZANNE Place du Champ Benoist. 6 empl. Direction centre ville.

EPERNAY Rue de Sezanne et boulevard de la Motte. Sur ces deux secteurs, 3 emplacements de 7,50 m de long. Accès rue Sezanne, avenue Foch et pour boulevard de la Motte, avenue Jean Jaurès et avenue Joffre. Signalisation verticale. Stationnement de 9 h à 23 h en tarif vert.

FERE CHAMPENOISE A l'entrée de la ville, rue du Maréchal de Lattre de Tassigny (2 places) et Aire Camping-car, rue de la Libération (2 places). Table de pique-nique à chaque endroit. Accès RN 4. Micro signalisation dans la commune.

SUIPPES Place de l'abreuvoir, à côté de la mairie et l'église. 6 empl. Accès D 977, Chalons-en-Champagne direction Vouzier. Voir panneau Camping-Car.

52 HAUTE-MARNE

SAPIGNICOURT
Stationnement autorisé auprès de la borne Camping-Car, à proximité du complexe sportif, 10 empl. d'environ 100 à 150 m²/empl. Accès en bordure de route départementale, accessible en tous temps. Visible de tous les ponts du territoire.

JUZENNECOURT Place de la mairie. 4 empl. Accès N 169 puis rue de la Mairie.

BOURBONNE LES BAINS Parking d'Orfeuil, 20 places. Accès recommandé par la départementale D417 suivre la signalétique.

53 MAYENNE

EVRON Sur le parking à l'entrée du camping (accès libre). 2 empl. réservés à camping-car. Autorisé pour une nuit maximum en gratuité. Accès boulevard du Maréchal-Juin (proximité de la zone verte).

54 MEURTHE-ET-MOSELLE

TOUL Aire de camping-cars, chemin du cimetière, à proximité du centre ville, des commerces, du Port de France (port de plaisance avec le label Pavillon Bleu) et au pied des remparts. Le tarif comprend eau, électricité et évacuation des eaux grises et noires. 12 empl. (8 en enrobé et 4 en gravillonnage). Accès RD 400.

LONGWY Parking Stade municipal. 6 empl. camping-cars + 1 empl. handicapé. Accès entrée avenue du 8 Mai 1945.

LIVERDUN Aire de repos + aire technique, avenue Eugène Lerebourg. 5 empl. Accès par le centre ville, sens unique de circulation. Contact pour les visiteurs : tourisme@bassinpompey.fr

56 MORBIHAN

GOURIN Place du Général de Gaulle, parking du Château de Tronjoly, proximité voie verte. Eau, vidange et électricité. empl. illimité. Panneau de signalisation.

QUIBERON Aire de camping-cars de Kerné (avec desserte des bus de ville en juillet et août de 8 h à 20h). Et tous les stationnements de la commune, hors voies littorales, ayant des dimensions suffisantes. Privilégier le stationnement longitudinal aux parkings où les places sont trop courtes. Aire de 120 places sur le littoral et des centaines de places en ville à condition de respecter les durées limitées comme tous les véhicules et de ne pas déborder sur la voirie (stationnement gênant).

PLOEMEUR Aires de stationnement camping-cars (limité à 24 h) : Le Fort Bloqué, allée des Korrigans. Le Courégant, embranchement CD 152 Le Penher/kerroch. Kerroch, place Kermabon - Le Perello, chemin des Douves - Centre ville, rue du Fort bloqué. Les Kaolins (sans services, limité à 48 h) à proximité du golf de Ploemeur Océan. La Vraie Croix : aire de services gratuite.

CAMORS Place du Palmier. Parking du Stade, rue de la Forêt. Parking de la rue des Cytises. Site du Petit Bois, par la rue de l'Etang.

CARNAC
Square Illertissen (parking Centre Bourg). 60 empl. Accès route des

Allignements, rue du Ménec, rue Saint Cornely.

PLOUHINEC Parking Intermarché. 6 empl. Accès rond-point Kerpotence direction Plouhinec. Signalisation à l'entrée de la commune.

LOCMARIAQUER Aire des Pierres plates, route des Pierres Plates. Accès route des Mégalithes puis route de Kénéré et route des Pierres Plates. 3 parkings : du Stade, de la plage de St Pierre et rue Wilson. 25 places, limitées à 24 h aux Pierres Plates et interdit de 21 h à 9 h sur les trois parkings.

57 MOSELLE

SARREGUEMINES Aire de camping-car, rue de Steinbach. 27 places de stationnement (selon taille des camping-cars). Pour accès et modalités voir site internet www.sarreguemines.fr, rubrique sport-culture-loisirs.

SARREBOURG Rue du Tennis. 4/5 empl. Accès zone de loisirs. Vidange + aire camping-car.

FORBACH Parking situé derrière le centre d'animation culturelle, rue du Vieux Couvent. 3 empl. + aire de service. Accès sortie autoroute A320/Forbach Centre de loisirs. Signalisation particulière.

58 NIÈVRE

TANNAY Place de l'Église.

CLAMECY Stationnement libre pour les camping-cars sous réserve de respecter les règles de stationnement et non d'une façon anarchique.

59 NORD

BERGUES Aire de stationnement pour camping-cars uniquement. Accès à l'entrée de la ville (près des terrains de football), prendre le chemin situé au pied des remparts sur 50 m. À 5 mn. à pied du centre-ville par chemin piéton sécurisé.

60 OISE

COMPIEGNE Parking du Port à Charbon (accès par la Cours Guynemer) et le parking de la Sous-Préfecture (entrée par le boulevard Victor-Hugo). Tolérance de stationnement : 24 h. Pas de service. Ces deux sites ne nécessitent pas de marche arrière.

62 PAS-DE-CALAIS

BOULOGNE SUR MER Lieu Aire du moulin Wibert, réglementée avec plate forme de services (eau + vidange), containers pour ordures ménagères permettant le tri selectif. 50 empl. Accès RD 940. Nouveau système d'accès et de sortie de l'aire par barrières avec bornes de paiement carte bancaire.

EQUIHEN-PLAGE Aire de stationnement, rue du Beurre Fondu, proche du centre ville et de la plage de la Grevasse. 30 empl. payants. L'aire Flot Bleu dispose de barrières réglant les entrées et sorties. Les services sont commandés par une borne acceptant les cartes bancaires.

LENS Aire de camping-car : parkings du stade Bollaert-Delelis. 6 empl. Accès rue Maurice Fréchet. Signalisation directionnelle mise en place sur la Route de Béthune.

SAINT OMER Aire d'accueil du Haut-Pont située rue de Belfort, 13 empl. du 01/04 au 01/10 de 7 h à 22 h.
Le stationnement est autorisé sur les parkings : de Lysel, des Glairs et place de la Ghière. Accès par le boulevard de Strasbourg et le quai du Commerce. Suivre panneaux au rond-point du boulevard de Strasbourg et du quai du Commerce.

63 PUY-DE-DÔME

AIGUEPERSE Place du champ de foire. 15 empl. Accès par le boulevard de la Magdeleine ou par le boulevard des Valos. Parking fermé fin août pour la fête patronale.

ISSOIRE Boulevard André Malraux. 8 empl. Accès par le boulevard André Malraux. Voir panneaux CE 24 et directionnelle.

64 PYRÉNÉES-ATLANTIQUES

LESCAR Aire de vidange, impasse du vert Galant sans stationnement. Place de l'Évêché (derrière école de musique). Parking chemin de Beneharnum. Parking place Royale. Stationnement d'une seule nuit.

ARREAU
Aire camping-car à côté de la gare routière. 25 empl.

65 HAUTES-PYRÉNÉES

ARGELES-GAZOT La ville ne dispose d'aucun stationnement pour les véhicules de loisirs. Mais le magasin Carrefour Market, avenue Robert Coll, met à la disposition des emplacements.

66 PYRÉNÉES-ORIENTALES

CANET-EN-ROUSSILLON Parking Hyper Casino. Accès rond point Hélène Boucher.

SAILLAGOUSE Parking du stade. 6 empl. Accès RN 116. Panneaux signalétiques sur RN 116 - Aire camping-car. Stationnement limité à 24 h.

FONT-ROMEU-ODEILLO-VIA Autorisé sur toute la commune, interdit l'hiver sur les parkings des pistes de ski pour des raisons de sécurité (chute de neige importante)

67 BAS-RHIN

CUCQ Lieu de stationnement autorisé après le 86, cours des Champs Elysées à Stella-Plage. 20 places de stationnement en épi + borne multi-services (électricité, eau potable et vidange des eaux usées) au niveau du 242 cours des Champs Elysées moyennant redevance par CB uniquement. Accès recommandé suivre direction camping de la mer. Signalisation particulière mise en place : 3 panneaux de type C23 aux 3 entrées de Stella Plage.

HEILIGENSTEIN Lieu-dit Lindel. Parking près du stade, sur le RD entre Barr et Ottrott. 4/5 empl. (limité pour 48 h).

ERSTEIN Rue Jean Georges Abry sur le parking place des Fêtes. 10 empl. Accès par le centre-ville. Place vidéo-protégée + wc publics + arrivée eau potable.

WISSEMBOURG Aire de service pour camping-cars, 4 empl. Accès par la rue des Messageries.

68 HAUT-RHIN

MUNSTER
Aire d'accueil et de services, 49 empl. standards + 5 empl. longs véhicules.
À proximité du centre-ville, des commerces, sanitaires, aire de service pour les vidanges, espace tente, pétanque, ouvert toute l'année 7 j/7. + d'infos sur : www.munster.alsace.

RIBEAUVILLE Terrain des trois châteaux, réservé aux camping-cars. 35 à 40 empl. Accès route de Sainte Marie, rue du 3 Décembre.

70 HAUTE-SAÔNE

GRAY Aire de stationnement, route de la Plage (à proximité du camping Longue rive) avec électricité + aire de service sur place (vidange). 11 empl. Accès route de la Plage. Signalétique routière.

71 SAÔNE-ET-LOIRE

CHAROLLES Aire des services payante pour camping-car, route de Viry, à côté du camping municipal. 8 empl. payants équipés d'une borne de services, ouvert d'avril à octobre. Renseignement 03 85 24 04 90
Parkings aménagés mais non matérialisés . Promenade Saint-Nicolas, 60 empl.

Aire d'Espalion (12)

accès par Quai de la Poterne et ancien champs de foire, 130 empl. accès par le pont rue des Provins.

PARAY-LE-MONIAL Parc du Moulin Liron. 40 empl. Accès direction Basilique.

73 SAVOIE

AIX-LES-BAINS Aire située 3, rue des Goélands, 85 empl. Accès boulevard Barrier.

SAINT-MICHEL-DE-MAURIENNE
Champ de foire. 10 empl. (non aménagé).

AILLON-LE-JEUNE
Aire de camping-car (point d'eau et possibilité de vidange) à Aillons-Margériaz 1000. Entre 10 et 20 empl. Accès Aillon le Jeune puis Aillons-Margériaz 1000.

76 SEINE-MARITIME

YVETOT Parking Pierre Bobée, rue de l'Étang. Borne de recharge électrique, table de pique-nique et poubelles. 7 empl. Accès par RD 6015, puis rue de Retimare. Prendre route du Vieux-Moulin puis rue de l'Etang. Panneau indicatif Aire de camping-car.

NEUFCHATEL-EN-BRAY Place de la Boutonnière. 5 empl. non aménagés.

FORGES-LES-EAUX Aire de camping-car, boulevard Nicolas Thiessé (face au camping municipal de la Minière dont la gestion est commune). 30 empl. Accessible par l'avenue des Sources et le boulevard du 11 Novembre. Signalétique Aire de Camping-Car.

SAINT-VALERY-EN-CAUX Quai d'aval, près du phare, au pied des falaises. 40 places. Accès : longer le quai d'aval après la capitainerie.

79 DEUX-SÈVRES

MAULEON 1 - Aire de camping-car, rue de la Bachelette. Près de la piscine Aquadel, 5 empl. Emprunter la rue du Cardinal de Sourdis et la rue de la Bachelette. Commerces à 5 mn à pied, eau propre, vidange cassette, vidange eau usée, borne : artisanale, sol stable, service gratuit, ouverture annuelle. 2 - Aire de camping-car, rue de la Bachelette. Près de la piscine Aquadel, 10 empl. Emprunter la rue du Cardinal de Sourdis et la rue de la Bachelette, commerce à 5 mn à pied, sol stable, service gratuit et ouverture annuelle.

80 SOMME

PERONNE 2 lieux rue du Fort Caraby. 2 empl. dans l'un et 3 dans l'autre. Accès avenue de la république, rue des Tourettes, rue Fort Caraby. Et rue Saint Fursy, rue du Moulinet et rue Fort Caraby. Pictogrammes normalisés et marquage au sol.

DOULLENS Place Saint Martin. 4 empl. Accès RN 25 (axe Amiens-Arras).

81 TARN

LACAUNE-LES-BAINS Place de la Balme, stade de la Balmette (à côté Sanistation). Pas d'emplacement prévu mais possibilité de stationner sans problème. Accès place de la Balme par collège. Stade de la Balmette, suivre «espace sources eaux chaudes».

82 TARN-ET-GARONNE

CAYLUS
Parking du Foirail.

84 VAUCLUSE

VAISON LA ROMAINE
Aire de stationnement du Colombier. Tarif 24 h (eau et vidange). 33 empl. Accès avenue Coudray. Signalisation logo camping-cars à partir du Théâtre Antique.

VALREAS
La Traverse Pierre de Coubertin (face au stade municipal Albert Adrien / derrière l'office du tourisme). 5 empl. Accès à partir de l'avenue Maréchal Leclerc. Et une nouvelle aire payante à la journée avec eau et électricité située route de Nyons, devant le Stade Baujard.

85 VENDÉE

LES SABLES D'OLONNE
Le parking Plage, rue Printanière (derrière l'abbaye Ste-Croix) accueille les camping-caristes sans durée limitée. Aire de vidange et bornes électriques (à partager) sont à disposition. Des forfaits sont proposés. Pour infos : boutique du parking centre-ville 02 51 22 38 35

LUÇON
Place du Grand Champ de Foire. 5 empl.

L'AIGUILLON-SUR-MER
Aire de camping-car parking Atlantic Wake Park. 50 empl. Accès allée du

Aire de Montbéliard (25)

Banc Contin, direction Les Ports, avenue Amiral Courbet. Panneau accueil devant l'aire avec consignes et tarification.

MONTAIGU
Aire de camping-car située sur la D202, entrela porte de Boufféré et la porte de St Geoges de Montaigu, sortie C11 vers la Canquetière. Sur place : eau, douche, toilettes et électricité.

LENCLOITRE
Aire aménagée, place du Champ de Foire.

NOIRMOUTIER EN L'ILE
En centre ville : 1) Place de l'ancien moulin 220 places gratuites de 9h à 23h. Accès par la D945 et D5 avenue de Padron. Ce stationnement est signalé à l'entrée de la ville. 2) Parking Ganachaud à l'Herbaudiere 18 places gratuites de 9h à 23h, accès par la D948 ; D5 avenue Mourain au 149, suivre l'Herbaudière et panneau.

86 VIENNE

ARCHIGNY Aire camping-car aménagée Les Prés des Fontaines.

ST-SAVIN Exceptionnellement place de la Liberation.

AVAILLES-EN-CHATELLERAULT
Aire aménagée, 24, rue de l'Huilerie.

NAINTRE
Aire camping-car aménagée Le Crillon, 39, rue Honoré-de-Balzac.

88 VOSGES

RAON-L'ETAPE
5, places de stationnement, rue Alphonse Adam. Accès rue Jules Ferry, rue de la Piscine. Panneau stationnement camping-cars.

CONTREXEVILLE
Stationnement autorisé sur les différents parkings du centre ville et du site des lacs. 3 empl. à proximité de l'aire de services.

GRANDPRE
Place René Bouré. 1 empl. accès place publique.

ROLLAINVILLE
Aire d'accueil située au centre du village à proximité de la mairie. 1 empl.

VITTEL Avenue Foch. 4 grandes places. Places matérialisées.

89 YONNE

AVALLON
Place de Cousin-le-Pont. Accès Vallée du Cousin.

BLENEAU
Parking de l'Epalu, borne relais avec vidange. Eau et électricité gratuite. Pas de redevance. 5 à 7 empl.
Accès par avenue Jean Jaurès ou route des Vallées.
Panneaux indicateurs aux entrées et dans le village.

TONNERRE
Parking Semaphore - Capitainerie. 10 empl. Accès par la rue Rougemont pour le parking Semaphore.

90 TERRITOIRE-DE-BELFORT

BELFORT
Parking de l'Epide, avenue de la Miotte. Stationnement gratuit, limité à 48h. Le centre historique est à 5 mn à pied. 8 places, 1 fosse de vidange, des bornes d'alimentation en eau et électricité. Accès A36/sortie 13 puis direction centre ville et parking de l'Epide. Plusieurs panneaux installés avant l'entrée du parking.
Aire de camping-cars de Montreux-Château : située au 5,rue de la Libération à Montreux-Château, cette aire propose 7 places pour 24h, électricité comprise. L'approvisionnement en eau potable et la vidange des eaux usées sont possibles.
Le paiement se fait par carte bancaire via une borne. Des commerces et services sont accessibles à pied, au village de Montreux-Château.

Camping Aluna Vacances à Ruoms(07)

LA RÉGLEMENTATION DU CAMPING

Nouveau classement des terrains de camping

Depuis le mois de juillet 2010, les campings peuvent demander à être reclassés avec le nouveau dispositif. Ce qu'il faut retenir :

- Une nouvelle charte a été créée qui prend en compte trois grands chapitres : "Equipements", "services au client", "accessibilité et développement durable". Elle intègre donc des données qualitatives contrairement aux anciennes normes.
- La grille fonctionne selon un système de points, chaque critère étant affecté d'un nombre de points.
- Certains critères ont un caractère obligatoire, d'autres un caractère optionnel.
- Pour être classé dans une catégorie donnée, le camping doit obtenir un nombre de points "obligatoires" et un nombre de points "facultatifs". La combinaison de ces deux types de points est conçue pour permettre la prise en compte de l'identité de chaque camping.
- Les Parcs Résidentiels de Loisirs (PRL) peuvent demander à être classés en étoiles (de 1 à 5), ce qui n'était pas le cas avant.
- Le classement n'est pas obligatoire. Il est payant pour le camping et est réalisé par des organismes accrédités par le Comité français d'accréditation (Cofrac). Il est attribué pour une durée de cinq ans.
- Le 31 décembre 2012, les anciens classements ont disparu. À partir de cette date, les campings ne peuvent plus faire référence à leur ancien classement.
- Un nouvel arrêté fixant la norme et les procédures a été signé le 10 avril 2019.

LA LIBERTÉ DE CAMPER SOUS CERTAINES CONDITIONS

Le camping est considéré comme une activité d'intérêt général (décret du 7 février 1959 modifié). Garantie par la loi, la liberté de pratique du camping s'exerce cependant dans le cadre de dispositions réglementaires qui prévoient des zones non autorisées et certaines possibilités d'interdictions.

Il est interdit de camper :

- sur les voies et places publiques
- à moins de 200 m des points d'eau captée pour la consommation
- dans un site classé, inscrit ou protégé
- à moins de 500m d'un monument historique classé ou inscrit
- dans les réserves naturelles
- dans les zones interdites par arrêté municipal.

Les maires n'ont cependant pas le droit d'interdire le camping sur la totalité de leur commune et une signalisation doit être apposée sur les voies d'accès aux lieux interdits. Pour camper sur un terrain privé, il est nécessaire de se mettre d'accord sur la durée et les conditions du séjour avec le propriétaire. Dans les forêts domaniales, une autorisation de l'Office national des forêts est obligatoire. La FFCC édite un document comportant l'ensemble des textes officiels concernant :

- le camping et le stationnement des caravanes
- les terrains de camping et de caravaning
- les parcs résidentiels de loisirs et l'implantation des habitations légères de loisirs.

LES TERRAINS

La création, l'aménagement et le classement en plusieurs catégories sont prévus par la loi.

L'ensemble des terrains que vous trouvez en France est classé de 1 à 5 étoiles avec la mention "Tourisme" ou "Loisirs".

Que signifient les mentions ?

La mention "Tourisme" définit les terrains où plus de la moitié des emplacements est destinée "à la location à la nuitée, à la semaine ou au mois pour une clientèle de passage". À noter que sous cette dénomination officielle "Tourisme" sont comptés :

- les emplacements nus destinés à recevoir les campeurs, caravaniers et camping-caristes possédant leur propre matériel;
- les emplacements dotés par les gestionnaires de terrains d'hébergements locatifs divers (tentes, caravanes, résidences mobiles de loisirs, habitations légères de loisirs).

La mention Loisirs définit les terrains dont plus de la moitié des emplacements est destinée "à une occupation généralement supérieure au mois par une clientèle qui n'y élit pas domicile".

Certains emplacements peuvent être dénommés par les mentions:

- Confort Caravanes parce qu'ils sont équipés en électricité et en eau ainsi que d'une évacuation des eaux ménagères
- ou Grand Confort Caravanes lorsqu'ils sont équipés d'une évacuation de toutes les eaux usées (eaux ménagères et wc).

La mention HLL précédée d'un chiffre indique le nombre d'habitations légères de loisirs installées ou pouvant être installées sur le terrain. Ces bungalows ou chalets sont, en général, compris dans le nombre d'emplacements dont dispose le camping.

Cette année, vous trouverez **NC** pour tous les campings non-reclassés.

Aux terrains classés de 1 à 5 étoiles, s'ajoutent les parcs résidentiels de loisirs qui, depuis la nouvelle réglementation, sont également classés de 1 à 5 étoiles. Si vous souhaitez connaître précisément les normes prises en compte dans le classement, le règlement type à respecter, reportez-vous aux pages ci-dessous.

Pour les informations concernant les aires naturelles de camping et le camping rural, voir le chapitre Réglementation du camping rural.

RÈGLEMENT INTÉRIEUR TYPE

I.- CONDITIONS GÉNÉRALES

1. Conditions d'admission et de séjour

Pour être admis à pénétrer, à s'installer ou séjourner sur un terrain de camping, il faut y avoir été autorisé par le gestionnaire ou son représentant. Ce dernier a pour obligation de veiller à la bonne tenue et au bon ordre du terrain de camping ainsi qu'au respect de l'application du présent règlement intérieur.

Le fait de séjourner sur le terrain de camping implique l'acceptation des dispositions du présent règlement et l'engagement de s'y conformer.

Nul ne peut y élire domicile.

2. Formalités de police

Les mineurs non accompagnés de leurs parents ne seront admis qu'avec une autorisation écrite de ceux-ci.

En application de l'article R.611-35 du code de l'entrée et du séjour des étrangers et du droit d'asile, le gestionnaire est tenu de faire remplir et signer par le client de nationalité étrangère, dès son arrivée, une fiche individuelle de police. Elle doit mentionner notamment:

1° Le nom et les prénoms
2° La date et le lieu de naissance
3° La nationalité
4° Le domicile habituel.

Les enfants âgés de moins de 15 ans peuvent figurer sur la fiche de l'un des parents.

3. Installation

L'hébergement de plein air et le matériel y afférent doivent être installés à l'emplacement indiqué conformément aux directives données par le gestionnaire ou son représentant.

4. Bureau d'accueil

Ouvert de à (1)

On trouvera au bureau d'accueil tous les renseignements sur les services du terrain de camping, les informations sur les possibilités de ravitaillement, les installations sportives, les richesses touristiques des environs et diverses adresses qui peuvent s'avérer utiles.

Un système de collecte et de traitement des réclamations est tenu à la disposition des clients.

5. Affichage

Le présent règlement intérieur est affiché à l'entrée du terrain de camping et au bureau d'accueil. Il est remis à chaque client qui le demande.

Pour les terrains de camping classés, la catégorie de classement avec la mention tourisme ou loisirs et le nombre d'emplacements tourisme ou loisirs sont affichés.

Les prix des différentes prestations sont communiqués aux clients dans les conditions fixées par arrêté du ministre chargé de la consommation et consultables à l'accueil.

6. Modalités de départ

Les clients sont invités à prévenir le bureau d'accueil de leur départ dès la veille de celui-ci. Les clients ayant l'intention de partir avant l'heure d'ouverture du bureau d'accueil doivent effectuer la veille le paiement de leur séjour.

7. Bruit et silence

Les clients sont priés d'éviter tous bruits et discussions qui pourraient gêner leurs voisins. Les appareils sonores doivent être réglés en conséquence. Les fermetures de portières et de coffres doivent être aussi discrètes que possible.

Les chiens et autres animaux ne doivent jamais être laissés en liberté. Ils ne doivent pas être laissés au terrain de camping, même enfermés, en l'absence de leurs maîtres, qui en sont civilement responsables.

Le gestionnaire assure la tranquillité de ses clients en fixant des horaires pendant lesquels le silence doit être total.

8. Visiteurs

Après avoir été autorisés par le gestionnaire ou son représentant, les visiteurs peuvent être admis dans le terrain de camping sous la responsabilité des campeurs qui les reçoivent.

Le client peut recevoir un ou des visiteurs à l'accueil. Les prestations et installations des terrains de cam-

Camping L'Orée du Bois
Les Mathes La Palmyre (17)

ping sont accessibles aux visiteurs. Toutefois, l'utilisation de ces équipements peut être payante selon un tarif qui doit faire l'objet d'un affichage à l'entrée du terrain de camping et au bureau d'accueil. Les voitures des visiteurs sont interdites dans le terrain de camping.

9. Circulation et stationnement des véhicules
À l'intérieur du terrain de camping, les véhicules doivent rouler à une vitesse limitée. La circulation est autorisée de à (2).
Ne peuvent circuler dans le terrain de camping que les véhicules qui appartiennent aux campeurs y séjournant. Le stationnement est strictement interdit sur les emplacements habituellement occupés par les hébergements sauf si une place de stationnement à été prévue à cet effet. Le stationnement ne doit pas entraver la circulation ni empêcher l'installation de nouveaux arrivants.

10. Tenue et aspect des installations
Chacun est tenu de s'abstenir de toute action qui pourrait nuire à la propreté, à l'hygiène et à l'aspect du terrain de camping et de ses installations, notamment sanitaires. Il est interdit de jeter des eaux usées sur le sol ou dans les caniveaux. Les clients doivent vider les eaux usées dans les installations prévues à cet effet.
Les ordures ménagères, les déchets de toute nature, les papiers, doivent être déposés dans les poubelles.
Le lavage est strictement interdit en dehors des bacs prévus à cet usage. L'étendage du linge se fera, le cas échéant, au séchoir commun. Cependant, il est toléré jusqu'à 10 heures à proximité des hébergements, à la condition qu'il soit discret et ne gêne pas les voisins. Il ne devra jamais être fait à partir des arbres.
Les plantations et les décorations florales doivent être respectées. Il est interdit de planter des clous dans les arbres, de couper des branches, de faire des plantations.
Il n'est pas permis de délimiter l'emplacement d'une installation par des moyens personnels, ni de creuser le sol.
Toute réparation de dégradation commise à la végétation, aux clôtures, au terrain ou aux installations du terrain de camping sera à la charge de son auteur.
L'emplacement qui aura été utilisé durant le séjour devra être maintenu dans l'état dans lequel le campeur l'a trouvé à son entrée dans les lieux.

11. Sécurité
a) Incendie.
Les feux ouverts (bois, charbon, etc.) sont rigoureusement interdits. Les réchauds doivent être maintenus en bon état de fonctionnement et ne pas être utilisés dans des conditions dangereuses.
En cas d'incendie, aviser immédiatement la direction. Les extincteurs sont utilisables en cas de nécessité. Une trousse de secours de première urgence se trouve au bureau d'accueil.
b) Vol.
La direction est responsable des objets déposés au bureau et a une obligation générale de surveillance du terrain de camping. Le campeur garde la responsabilité de sa propre installation et doit signaler au responsable la présence de toute personne suspecte. Les clients sont invités à prendre les précautions habituelles pour la sauvegarde de leur matériel.

12. Jeux
Aucun jeu violent ou gênant ne peut être organisé à proximité des installations. La salle de réunion ne peut être utilisée pour les jeux mouvementés. Les enfants doivent toujours être sous la surveillance de leurs parents.

13. Garage mort
Il ne pourra être laissé de matériel non occupé sur le terrain, qu'après accord de la direction et seulement à l'emplacement indiqué. Cette prestation peut être payante.

14. Infraction au règlement intérieur
Dans le cas où un résidant perturberait le séjour des autres usagers ou ne respecterait pas les dispositions du présent règlement intérieur, le gestionnaire ou son représentant pourra oralement ou par écrit, s'il le juge nécessaire, mettre en demeure ce dernier de cesser les troubles

En cas d'infraction grave ou répétée au règlement intérieur et après mise en demeure par le gestionnaire de s'y conformer, celui-ci pourra résilier le contrat. En cas d'infraction pénale, le gestionnaire pourra faire appel aux forces de l'ordre.

(1) A compléter par l'exploitant.
(2) A compléter par l'exploitant

CLASSEMENT CAMPINGS & PRL (en régime hôtelier)	Statut du critère	Pts	1*	2*	3*	4*	5*
Prérequis							
1 Capacité d'accueil supérieure à vingt personnes ou de plus de six hébergements constitués de tentes, caravanes, de résidences mobiles de loisirs ou d'habitations légères de loisirs (article R. 421-19 c) du code de l'urbanisme)	PRQ NA PRL	/ /	PRQ NA PRL	PRQ NA PRL	PRQ NA PRL	PRQ NA PRL	PRQ NA PRL
2 Le nombre d'emplacements indiqué dans la demande de classement doit correspondre au nombre d'emplacements autorisés par le permis d'aménager ainsi qu'au nombre d'emplacements réellement présents sur le terrain dans la limite de l'augmentation de 10 % autorisée (article R. 421-19e) du code de l'urbanisme et articles D. 332-4 et D. 333-5-3 du code du tourisme)	PRQ AJO	/	PRQ	PRQ	PRQ	PRQ	PRQ
3 Le classement est exclusivement réservé aux PRL exploités sous régime hôtelier (article D. 333-5 du code du tourisme). Un PRL ne peut être exploité sous régime hôtelier qu'à la double condition (article D. 333-4 du code du tourisme) : - qu'une seule personne physique ou morale ait la propriété ou la jouissance du terrain - que l'exploitation en soit assurée par une seule personne physique ou morale	PRQ NA TC AJO	/ /	PRQ NA TC	PRQ NA TC	PRQ NA TC	PRQ NA TC	PRQ NA TC
Chapitre 1 : Equipement							
Extérieurs & sécurité							
4 L'enseigne et la signalétique intérieure sont propres et en bon état	X	3	X	X	X	X	X
5 Balisage nocturne des voies intérieures	X ou O	3	O	O	X	X	X
6 Les parties communes sont éclairées	X	3	X	X	X	X	X
7 Les espaces communs sont propres et correctement entretenus	X ONC	5	X ONC	X ONC	X ONC	X ONC	X ONC
8 Le parc et la végétation sont correctement entretenus	X	5	X	X	X	X	X
9 Places de parking à l'entrée ou dans l'enceinte du terrain	X ou O	3	O	O	X	X	X
10 Accès véhicules sécurisé à l'entrée	X ou O	3	O	O	O	X	X
11 Présence permanente 24h/24	X ou O	3	O	O	X	X	X
12 Les sols des allées sont propres, stabilisés et en bon état	X ou O	5	O	X	X	X	X
13 L'ensemble du terrain est clôturé	X	3	X	X	X	X	X
14 Les espaces communs sont indiqués par un parcours fléché	X ou O	3	O	O	O	X/O 200 emp	X/O 200 emp
15 Présence d'un poste téléphonique d'urgence disponible sur place	X	1	X	X	X	X	X
16 Délimitation sommaire	X ou NA	3	X	NA	NA	NA	NA
17 Identification des emplacements	X ou O AJO	3	O	X	X	X	X
18 Numérotation des emplacements	X ou O AJO	5	O	X	X	X	X
19 Tous les emplacements du terrain sont propres et entretenus	X ONC	5	X ONC	X ONC	X ONC	X ONC	X ONC
Surface minimale des emplacements en camping	**Critères NA en PRL**						
20 Respect des dimensions minimales des emplacements	X ONC AJO	/	70 m2 X ONC	70 m2 X ONC	80 m2 X ONC	80 m2 X ONC	80 m2 X ONC
21 Superficie moyenne des emplacements	X AJO	1	80 m2 X	80 m2 X	89 m2 X	100 m2 X	114 m2 X
22 Bonification si au moins la moitié des emplacements ont une superficie supérieure de 10% à 50% par rapport à la superficie indiquée	O	1 à 5	O	O	O	O	O
Raccordements électriques des emplacements par tranche de 100	**Critères NA en PRL**						
23 Pourcentage d'emplacements équipés	X ou O	5 O	10% O	10% X	10% (2 amp. mini) X	30% (10 amp. mini) X	50% (10 amp. mini)
24 Majoration du pourcentage d'emplacements équipés	O	1 à 5	O	O	O	O	O
25 Intensité minimale de 16 ampères sur au moins la moitié des emplacements	O	3	O	O	O	O	O
Surface moyenne des parcelles en PRL	**Critères NA en camping**						
26 Superficie moyenne des emplacements caravanes & camping-car	X AJO	5	mini 100 m^2 X	mini 100 m^2 X	mini 100 m^2 X	mini 110 m^2 X	mini 120 m^2 X
27 Superficie moyenne des parcelles équipées de HLL et RML	X AJO	5 X	mini 200 m^2 X	mini 200 m^2 X	mini 200 m^2 X	mini 210 m^2 X	mini 220 m^2
Raccordements électriques des emplacements	**Critères NA en camping**						
28 100% des parcelles équipées de HLL et RML sont raccordées à l'electricité	X	3	X	X	X	X	X
29 Pourcentage d'emplacements caravanes & camping-car raccordés	X	3	80% X	80% X	90% X	100% X	100% X

Critères obligatoires = X *Critères optionnels = O* *Critères non applicables = NA* *Critères obligatoires non compensables = X ONC*
Prérequis (obligatoire, non compensable, non affecté de points) = PRQ *Justification du critère obligatoire lors de l'inspection = AJO*

CLASSEMENT CAMPINGS & PRL (en régime hôtelier)	Statut du critère	Pts	1*	2*	3*	4*	5*
Alimentation en eau potable et raccordement des parcelles HLL et RML	Critères NA en camping						
30 100% des parcelles équipées de HLL et RML sont alimentées individuellement en eau potable	X	3	X	X	X	X	X
31 100% des parcelles équipées de HLL et RML sont raccordées individuellement aux eaux vannes	X	3	X	X	X	X	X
Alimentation en eau potable et raccordement des parcelles caravanes & camping-car				Critères NA en camping			
32 Aires de points d'eau aménagées avec évacuation par tranche de 100	X	1	3 X	3 X	4 X	5 X	6 X
33 Pourcentage d'emplacements caravanes & camping-car disposant d'un branchement d'eau individuel	X	1	80% X	80% X	90% X	100% X	100% X
34 Pourcentage d'emplacements caravanes & camping-car raccordés aux eaux ménagères	X	1	80% X	80% X	90% X	100% X	100% X
35 Pourcentage d'emplacements caravanes & camping-car raccordés aux eaux vannes	X ou O	1	80% O	80% O	90% X	100% X	100% X
Equipements communs							
Déchets ménagers							
36 Existence d'un système de collecte d'ordures ménagères à l'abri des regards	X	2	X	X	X	X	X
37 Ramassage quotidien des déchets ménagers	X	2	X	X	X	X	X
Bureau d'accueil							
38 Présence d'un bureau d'accueil (camping)	X	4	X	X	X	X	X
39 Présence d'un bureau d'accueil (PRL)	X ou O	4	O	O	X	X	X
40 Le bureau d'accueil est propre et en bon état	X ONC	5	X ONC	X ONC	X ONC	X ONC	X ONC
41 Possibilité de dépôt de valeur	X ou O	1	O	O	X	X	X
42 Présence d'une trousse de secours	X	4	X	X	X	X	X
Espace restauration & bar dans l'établissement							
43 Présence d'un point de restauration sur place	X ou O	3	O	O	O	X	X
44 Présence d'un restaurant avec un service le midi et/ou le soir	O	3	O	O	O	O	O
45 Présence d'un bar sur place	X ou O	2	O	O	O	X	X
Ravitaillement							
46 Présence d'un point de ravitaillement à proximité de l'établissement	X ou O ou NA	2	O	O	X	NA	NA
47 Présence d'un point de ravitaillement dans l'enceinte du terrain	X ou O	3	O	O	O	X	X
Télécommunication							
48 Accès internet par un réseau local sans fil (WiFi) dans un espace dédié	X ou O AJO	2	O	X	X	X	X
49 Accès internet par un réseau local sans fil (WiFi) dans 100% des emplacements	X ou O AJO	2	O	X	X	X	X
50 Accès internet par un réseau local haut débit dans 100% des emplacements	O	1	O	O	O	O	O
51 Accès internet par un réseau local sans fil (WiFi) gratuit dans les parties communes	O	1	O	O	O	O	O
52 Accès internet par un réseau local sans fil (WiFi) gratuit dans 100% des emplacements	O	1	O	O	O	O	O
Equipements des hébergements locatifs			Critères NA en l'absence d'hébergements locatifs				
53 L'extérieur du locatif est propre et en bon état	X ONC	5	X ONC	X ONC	X ONC	X ONC	X ONC
54 Tous les équipements et mobiliers du locatif sont propres et en bon état	X ONC	5	X ONC	X ONC	X ONC	X ONC	X ONC
55 Mise à disposition de draps de lit propres et en bon état	X ou O AJO	2	O	O	O	X	X
56 Mise à disposition de linge de toilette propre et en bon état	X ou O AJO	2	O	O	O	O	X
Propreté des équipements sanitaires							
57 Equipements sanitaires fixes en matériaux de qualité avec sols et murs lessivables propres et en bon état	X ONC	5	X ONC	X ONC	X ONC	X ONC	X ONC
58 Les équipements sanitaires sont nettoyés quotidiennement	X AJO	5	X	X	X	X	X
Niveau d'équipements sanitaires requis pour les emplacements non raccordés en eau et assainissement. Si le terrain de camping ne propose pas ce type d'emplacements, l'ensemble des critères présentés ci-après sont non applicables Critères NA en PRL							
Lavabos avec glaces et tablettes par tranche de 100			12	12	18	20	23
59 Lavabos avec glaces et tablettes	X ou NA	5	X	NA	NA	NA	NA
60 Lavabos individualisés avec séparation (vasque individuelle et robinet mitigeur)	X ou O ou NA	5	O	X	X	NA	NA
61 Lavabos avec glaces et tablettes en cabine individuelle	X ou O	5	O	O	O	X	X
Douches (avec eau chaude 24h/24) par tranche de 100			3	6	10	15	17
62 Cabines de douche individuelles (sans coin déshabillage)	X ou NA	5	X	NA	NA	NA	NA
63 Cabines de douche individuelles fermées (avec coin déshabillage et patère obligatoire)	X ou O	5	O	X	X	X	X
64 Salle d'eau individuelle avec douche et lavabo (avec coin déshabillage et patère obligatoire)	X ou O	5	2 O	2 O	3 O	5 O	6 X
Toilettes par tranche de 100			9	9	10	11	13
65 Toilettes cabine	X	5	X	X	X	X	X
Bacs à laver par tranche de 100							
66 Bacs à laver la vaisselle (eau froide)	X ou NA	1	6 X	/ NA	/ NA	/ NA	/ NA
67 Bacs à laver la vaisselle (eau chaude)	X ou O	1	6 O	6 X	8 X	10 X	11 X

CLASSEMENT CAMPINGS & PRL (en régime hôtelier)	Statut du critère	Pts	1*	2*	3*	4*	5*
68 Bacs à laver le linge (eau froide)	X ou NA	1	3 X	/ NA	/ NA	/ NA	/ NA
69 Bacs à laver le linge (eau chaude)	X ou O	1	3 O	3 X	6 X	6 X	7 X
70 Présence d'un robinet de puisage d'eau chaude à proximité des points de lavage	X ou O	1	X	O	O	O	O
71 Présence d'un vidoir pour eaux ménagères	X ou O	1	O	O	X	X	X
72 Prises de courant	X ou O	2	8 O	8 X	9 X	10 X	11 X
Niveau d'équipements sanitaires requis pour les emplacements desservis en eau, électricité et directement raccordés au système d'assainissement (eaux ménagères ou/et eaux vannes) destinés à accueillir tous types de matériels. - Ne sont pas inclus au titre de cette catégorie, les emplacements exclusivement destinés à l'accueil d'hébergement (caravanes, résidences mobiles, HLL...) équipés pour se raccorder à tous les branchements et comportant en leur sein des sanitaires privatifs (WC + douches + lavabo) supposant que l'ensemble des critères ci-après sont inclus de manière individuelle dans l'hébergement. - Ne sont pas inclus au titre de cette catégorie, les emplacements exclusivement destinés à l'accueil d'hébergement (caravanes, résidences mobiles, HLL...) équipés pour se raccorder à tous les branchements et comportant en leur sein des sanitaires privatifs (douche + lavabo) à l'exception seule des toilettes, supposant que l'ensemble des critères ci-après sont inclus de manière individuelle dans l'hébergement. L'exigence de WC communs prévue au critère 81 s'applique. Si le terrain de camping ne propose pas ce type d'emplacements, l'ensemble des critères présentés ci-après sont non applicables. ***Critères NA en PRL***							
Lavabos avec glaces et tablettes par tranche de 100			**4**	**4**	**5**	**6**	**7**
73 Lavabos avec glaces et tablettes	X ou NA	5	X	NA	NA	NA	NA
74 Lavabos individualisés avec séparation (vasque individuelle et robinet mitigeur)	X ou O ou NA	5	O	X	X	NA	NA
75 Lavabos avec glaces et tablettes en cabine individuelle	X ou O	5	O	O	O	X	X
Douches (avec eau chaude 24h/24) par tranche de 100			**2**	**2**	**3**	**5**	**6**
76 Cabines de douche individuelles (sans coin déshabillage)	X ou NA	5	X	NA	NA	NA	NA
77 Cabines de douche individuelles fermées (avec coin déshabillage et patère obligatoire)	X ou O	5	O	X	X	X	X
78 Salle d'eau individuelle avec douche et lavabo (avec coin déshabillage et patère obligatoire)	X ou O	5	2 O	2 O	3 O	5 O	6 X
Toilettes (par tranche de 100)							
79 Toilettes cabine pour les emplacements raccordés confort caravane	X	2	9 X	9 X	10 X	11 X	13 X
80 Toilettes cabine pour les emplacements raccordés grand confort caravane	X	2	3 X	3 X	3 X	4 X	4 X
81 Toilettes cabine pour les emplacements confort caravane exclusivement destinés à l'accueil d'hébergement équipé pourvu de douche privative et lavabo (caravanes, résidences mobiles, HLL...), raccordés à tous branchements	X	2	9 X	9 X	10 X	11 X	13 X
Bacs à laver (par tranche de 100)							
82 Bacs à laver la vaisselle (eau froide)	X ou NA	1	3 X	/ NA	/ NA	/ NA	/ NA
83 Bacs à laver la vaisselle (eau chaude)	X ou O	1	3 O	3 X	3 X	4 X	4 X
84 Bacs à laver le linge (eau froide)	X ou NA	1	3 X	/ NA	/ NA	/ NA	/ NA
85 Bacs à laver le linge (eau chaude)	X ou O	1	3 O	3 X	3 X	4 X	4 X
86 Présence d'un robinet de puisage d'eau chaude à proximité des points de lavage	X ou O	1	X	O	O	O	O
87 Présence d'un vidoir pour eaux ménagères	X ou O	1	O	O	X	X	X
88 Prises de courant	X ou O	2	3 O	3 X	3 X	3 X	4 X
Niveau d'équipements sanitaires requis pour les emplacements HLL et résidences mobiles de loisirs. *Critères NA en camping* Si le PRL ne propose pas de ce type d'emplacements, l'ensemble des critères présentés ci-après sont non applicables.							
Lavabos avec eau chaude (par tranche de 100 emplacements)							
89 Lavabos avec glaces et tablettes en cabines	X	1	2 X	2 X	2 X	2 X	2 X
Douches avec eau chaude (par tranche de 100 emplacements)							
90 Douches en cabines individuelles (avec coin déshabillage et patère obligatoire)	X	2	2 X	2 X	2 X	2 X	2 X
Toilettes (par tranche de 100 emplacements)							
91 Toilettes	X	2	2 X	2 X	2 X	2 X	2 X
Bacs à laver (par tranche de 100 emplacements)							
92 Bacs à laver la vaisselle (eau chaude)	O	1	1 O	1 O	1 O	1 O	1 O
93 Bacs à laver le linge (eau chaude)	O	1	1 O	1 O	1 O	1 O	1 O
Equipement électrique (par tranche de 100)							
94 Prises de courant	X ou O	1	2 O	2 O	2 X	2 X	2 X

CLASSEMENT CAMPINGS & PRL (en régime hôtelier)	Statut du critère	Pts	1*	2*	3*	4*	5*
Niveau d'équipements sanitaires requis pour les emplacements caravanes et camping-cars. *Critères NA en camping.* Si le PRL ne propose pas ce type d'emplacements, alors l'ensemble des critères présentés ci-après sont non applicables.							
Lavabos avec eau chaude (par tranche de 100 emplacements)							
95 Lavabos avec glaces et tablettes en cabines	X	1	9 X	9 X	9 X	9 X	9 X
Douches avec eau chaude (par tranche de 100 emplacements)							
96 Douches en cabines individuelles (avec coin déshabillage et patère obligatoire)	X	2	9 X	9 X	9 X	9 X	9 X
Toilettes (par tranche de 100 emplacements)							
97 Toilettes	X	2	9 X	9 X	9 X	9 X	9 X
Bacs à laver (par tranche de 100 emplacements)							
98 Bacs à laver la vaisselle (eau chaude)	X ou O	1	2 O	2 O	2 O	2 X	2 X
99 Bacs à laver le linge (eau chaude)	X ou O	1	1 O	1 O	1 O	1 X	1 X
Vidoirs (par tranche de 100 emplacements)							
100 Présence de vidoir pour eaux ménagères	X ou O	1	1 O	1 O	1 O	1 X	1 X
Equipements électriques (par tranche de 100)							
101 Prises de courant	X ou O	1	9 O	9 X	9 X	9 X	9 X
Niveau d'équipements sanitaires requis pour les emplacements HLL et résidences mobiles de loisirs destinés à la location uniquement. Si le PRL ne propose pas ce type d'emplacements, alors l'ensemble des critères présentés ci-après sont non applicables. Critères NA en camping.							
102 Equipement en douche et lavabo avec eau chaude dédié à l'hébergement	X	3	X	X	X	X	X
103 Equipement WC dédié à l'hébergement	X	3	X	X	X	X	X
Equipements supplémentaires communs à tous les emplacements							
104 Lavabo pour enfants	X ou O	3	O	O	O	O	X
105 WC enfants	X ou O	3	O	O	O	X	X
106 Salle de bain bébé avec baignoire et table à langer	X ou O	3	O	O	O	O	X
107 Sèche-cheveux	X ou O	2	O	O	X	X	X
108 Espace lavabos chauffé	X ou O	2	O	O	O	O	X
109 Espace douche chauffé	X ou O	2	O	O	O	O	X
110 Espace WC chauffé	X ou O	2	O	O	O	O	X
111 Local ou matériel de repassage à disposition de la clientèle (fer + table à repasser)	X ou O	2	O	O	O	O	X
112 Machine à laver le linge	X ou O	3	O	O	O	X	X
113 Machine à sécher le linge	X ou O	1	O	O	O	O	X
Jeux de plein air							
114 Aire de jeux pour enfants, propre et en bon état, équipée du nombre de jeux requis	X ou O AJO	5	1 O	1 X	2 X	3 X	4 X
115 Majoration du nombre de jeux proposé au critère ci-dessus	O AJO	1 à 5	O	O	O	O	O
116 Présence d'un terrain d'activité équipé	X ou O AJO	3	O	O	O	X	X
Equipement de divertissement							
117 Mise à disposition de jeux d'intérieur pour tous âges	O AJO	5	3 jeux O	3 jeux O	5 jeux O	5 jeux O	8 jeux O
118 Présence d'une salle de projection	O	3	O	O	O	O	O
Equipements de remise en forme et détente							
119 Existence d'un espace de remise en forme équipé, propre et en bon état	X ou O AJO	3	2 équip. O	2 équip. O	3 équip. O	4 équip. O	4 équip. O
120 Présence d'un Sauna	O	3	O	O	O	O	O
121 Présence d'un Hammam	O	3	O	O	O	O	O
122 Présence d'un bain à remous	O	3	O	O	O	O	O
123 Possibilités de soins	O	3	O	O	O	O	O
Equipements aquatiques							
124 Présence d'un espace de baignade naturel	O	3	O	O	O	O	O
125 Existence d'une piscine extérieure ou intérieure propre et en bon état répondant aux critères de sécurité	X ou O	4	O	O	O	O	X
126 Existence d'une piscine extérieure ou intérieure (chauffée) propre et en bon état équipée répondant aux critères de sécurité	O	3	O	O	O	O	O
127 Présence d'un équipement ou infrastructure fixe dédié à une activité aquatique ludique propre et en état de fonctionnement	X ou O AJO	4	O	O	O	O	X
128 Les abords des espaces aquatiques sont équipés de transats propres et en bon état	X ou O ou NA	3	O	O	O	O	X / NA
Autres équipements							
129 Espace de rencontres et/ou d'animations	X ou O	3	O	X	X	X	X
130 Catégorie(s) d'animation(s) encadrée(s) par un animateur	X ou O	2	1 O	1 O	1 O	2 X	2 X
131 Catégorie(s) d'animation(s) supplémentaires encadrée(s) par un animateur	O	1 à 5	O	O	O	O	O

CLASSEMENT CAMPINGS & PRL (en régime hôtelier)	Statut du critère	Pts	1*	2*	3*	4*	5*
132 Présence d'un club enfants dont l'ensemble des jeux et équipements sont propres et en bon état	X ou O	4	O	O	O	O	X
133 Existence d'une salle de réunion pouvant accueillir 10 personnes au minimum, propre et en bon état	O	3	O	O	O	O	O
134 Présence d'une discothèque	O	3	O	O	O	O	O
135 Présence d'un théâtre en plein air	O	3	O	O	O	O	O
136 Présence d'une piste de danse	O	3	O	O	O	O	O
137 Présence d'un podium ou scène	O	3	O	O	O	O	O
Equipements aire de stationnement pour autocaravanes / camping car							
138 Aire de stationnement pour autocaravanes équipée d'une aire de service raccordée en eau, électricité et au réseau public ou à un système d'épuration, ou emplacements raccordés en eau, électricité et au réseau public ou à un système d'épuration	X	2	X	X	X	X	X
139 Superficie minimum d'un emplacement de 35 m^2	X	5	X	X	X	X	X
140 Délimitation des emplacements par haies végétales	X ou O	4	O	O	O	O	X
141 Chaque emplacement comporte pour moitié un espace stabilisé et pour l'autre moitié un espace gazonné	O	4	O	O	O	O	O
Chapitre 2 : Service au client							
Qualité et fiabilité de l'information client							
142 Existence d'un site internet présentant l'établissement, ses prestations et ses tarifs	X ou O AJO	3	O	X	X	X	X
143 Le site internet comporte le descriptif complet des hébergements locatifs et leur inventaire	X ou O AJO	2	O	X	X	X	X
144 Le client peut faire sa demande de réservation depuis un accès présent sur le site internet	X ou O ou NA AJO	3	O	X	X	NA	NA
145 Un module de réservation en ligne est disponible directement sur le site internet	X ou O AJO	5	O	O	O	X	X
146 Le site internet est "web adaptatif"	X ou O AJO	3	O	O	O	O	X
147 Existence d'un site internet présentant l'établissement, ses prestations et ses tarifs dans une langue étrangère	X ou O AJO	3	O	X	X	X	X
148 Existence d'un site internet présentant l'établissement, ses prestations et ses tarifs en deux langues étrangères	X ou O AJO	3	O	O	O	O	X
149 Existence d'un site internet présentant l'établissement, ses prestations et ses tarifs en trois langues étrangères	O	2	O	O	O	O	O
150 L'ensemble des informations diffusées sur le site internet est actualisé et à jour. Son contenu doit correspondre aux prestations proposées par l'établissement	X ou O AJO	5	O	X	X	X	X
Traitement de la réservation							
151 Existence d'un répondeur permettant de laisser un message ou d'entendre un message qui présente les heures d'ouverture de la réception et les autres informations utiles	X ou O	3	O	X	X	X	X
152 La réservation est possible 24 heures sur 24 et 7 jours sur 7	X ou O	3	O	O	O	O	X
153 Confirmation détaillée et systématique de la réservation par mail ou par courrier	X ou O	4	O	X	X	X	X
Réception et Accueil							
Présence minimale du bureau d'accueil (mini/jour)			**8h**	**8h**	**8h**	**10h**	**10h**
154 Respect de la présence minimale pour l'accueil	X AJO	3	X	X	X	X	X
155 Accueil tardif assuré ou 24h/24	O	2	O	O	O	O	O
Compétences et services à l'arrivée							
156 Le client peut être accompagné dans son installation	O	3	O	O	O	O	O
157 Le personnel est capable d'informer le client sur les offres touristiques dans les alentours	X ou O AJO	4	O	X	X	X	X
158 Une information sur l'offre touristique locale est accessible et disponible	X ou O	3	O	X	X	X	X
159 Paiement possible par carte de crédit	X ou O	2	O	X	X	X	X
160 Mise à disposition d'adaptateur(s) électrique(s) à la réception	X ou O	3	O	O	X	X	X
161 Mise à disposition d'un questionnaire de satisfaction pour les clients	O	3	O	O	O	O	O
162 Existence d'un système de collecte et de traitement des réclamations reçues dans l'établissement	X AJO	5	X	X	X	X	X
163 Equipe d'accueil pratiquant une langue officielle européenne en plus du français	X ou O AJO	2	O	X	X	X	X
164 Equipe d'accueil pratiquant deux langues étrangères dont l'anglais	X ou O AJO	3	O	O	O	X	X
165 Equipe d'accueil pratiquant trois langues étrangères dont l'anglais	O	5	O	O	O	O	O
166 Le client identifie rapidement les langues parlées par l'équipe d'accueil	X ou O AJO	3	O	X	X	X	X
167 Les équipes sont engagées dans une démarche qualité	O AJO	3	O	O	O	O	O

Critères obligatoires = X *Critères optionnels* = O *Critères non applicables* = NA *Critères obligatoires non compensables* = X ONC

Prérequis (obligatoire, non compensable, non affecté de points) = PRQ *Justification du critère obligatoire lors de l'inspection* = AJO

CLASSEMENT CAMPINGS & PRL (en régime hôtelier)	Statut du critère	Pts	1*	2*	3*	4*	5*
Autres services							
168 Animaux de compagnie admis	O	3	O	O	O	O	O
169 Organisation de séances d'activité aquatique encadrées	O	3	O	O	O	O	O
170 Organisation de spectacles et animations	O	5	O	O	O	O	O
171 Mise à disposition sur demande d'équipements pour bébé : chaise haute, matelas à langer - propres et en bon état	X	3	X	X	X	X	X
172 Possibilité de location de vélo dans l'enceinte de l'établissement	O	3	O	O	O	O	O
173 Journaux d'information dans les parties communes	O	2	O	O	O	O	O
Chapitre 3 : Accessibilité et développement durable							
Accessibilité aux personnes handicapées et/ou à mobilité réduite							
174 Nombre minimum d'emplacements accessibles : 1 par tranche de 50	X AJO	3	X	X	X	X	X
175 Un lavabo PMR accessible par tranche de :	X	3	200 X	200 X	180 X	160 X	160 X
176 Un WC PMR accessible par tranche de :	X	3	200 X	200 X	180 X	160 X	160 X
177 Une douche accessible PMR par tranche de :	X	3	450 X	300 X	270 X	240 X	240 X
178 Un bac à laver PMR avec eau chaude	X	2	X	X	X	X	X
179 Informations concernant l'accessibilité sur les supports d'information (guide, web ...)	X AJO	3	X	X	X	X	X
180 Sensibilisation du personnel à l'accueil des clients en situation de handicap	X AJO	3	X	X	X	X	X
181 Formation du personnel à l'accueil des clients en situation de handicap	O AJO	5	O	O	O	O	O
182 Mise à disposition d'un fauteuil roulant adapté à l'environnement	O	3	O	O	O	O	O
183 Clés avec repères tactiles pour les locatifs (au moins 1) (support papier ou numérique)	O	2	O	O	O	O	O
Environnement et développement durable							
184 Utilisation régulière d'au moins deux produits issus de la production régionale ou commerce équitable ou BIO	X ou O AJO	3	O	O	O	O	X
185 Sensibilisation des collaborateurs à la gestion économe de l'énergie	X AJO	2	X	X	X	X	X
186 Sensibilisation des collaborateurs à la gestion économe de l'eau	X AJO	2	X	X	X	X	X
187 Sensibilisation des collaborateurs à la gestion économe des déchets	X AJO	2	X	X	X	X	X
188 Information des clients sur les actions de l'établissement en matière de développement durable	O	3	O	O	O	O	O
189 Information des clients sur les actions qu'ils peuvent réaliser lors de leur séjour en matière de développement durable	O	3	O	O	O	O	O
190 Formation du personnel à la gestion économe de l'énergie, de l'eau, des déchets	O AJO	3	O	O	O	O	O
191 Mise en oeuvre d'au moins une mesure de réduction de consommation d'énergie	O	2	O	O	O	O	O
192 Parties communes ouvertes au public équipées à 100% d'ampoules basse consommation	O	2	O	O	O	O	O
193 Mise en oeuvre d'au moins une mesure de réduction de consommation d'eau	O AJO	2	O	O	O	O	O
194 Mise en oeuvre d'au moins une mesure de gestion des déchets	O AJO	2	O	O	O	O	O
195 Utilisation de produits d'entretien certifiés respectueux de l'environnement	O AJO	3	O	O	O	O	O

CLASSEMENT AIRES NATURELLES	Statut du critère	
Chapitre 1 : Equipements et aménagements		
A - GENERALITES		
Une seule aire naturelle par unité foncière (îlot d'un seul tenant composé d'une ou plusieurs parcelles appartenant à un même propriétaire ou à la même indivision)		
1 Densité d'occupation : nombre maximum d'emplacements à l'hectare	X	30
2 Superficie maximale de l'aire naturelle	X	1 ha
Délimitation des emplacements		
3 Superficie minimale de chaque emplacement	X	300 m2
4 Obligation de marquer chaque emplacement par un jalon numéroté et mobile	X	
5 Déplacement annuel des jalons pour préserver la couverture végétale selon la nature des sols	X	
Ordures ménagères		
6 Ramassage régulier des déchets ménagers, sinon stockage dans un enclos réservé à cet effet	X	
Accès, parking et voierie		
7 Interdiction de garage de caravanes et affichage de cette interdiction	X	
8 L'accès au camping doit se faire sur un sol stabilisé et propre (éviter poussière et boue)	X	

X = critère obligatoire - NA = non applicable

CRITERES DE CLASSEMENT	Statut du critère			
9 Le parking et les voiries internes doivent être stabilisés et propres			X	
10 Les emplacements stabilisés ne doivent pas excéder le nombre de 6			X ou NA	
Eclairage				
11 Eclairage : un éclairage du bloc sanitaire est obligatoire			X	
Sécurité				
12 Un téléphone doit être accessible dans un rayon de 300 mètres autour de l'entrée du camping			X	
Qualité paysagère du terrain de camping				
13 Respect des conditions d'implantation prévues par l'article L. 123-1-5.14 du code de l'urbanisme			X	
14 Respect de la végétation existante et de l'environnement naturel. Dans le cas de plantation de végétaux, il est nécessaire de privilégier les essences locales			X	
B - EQUIPEMENTS COMMUNS				
15 La présence d'une aire de jeux est obligatoire	X			
C - EQUIPEMENTS SANITAIRES EN MATERIAUX DE QUALITE				
16 Les installations sanitaires sont situées dans des abris (bâtiments existants ou aménagés spécialement à cet effet)	X			
Niveau d'équipements sanitaires				
Equipements requis par nombre d'emplacement		1 à 10	11 à 25	26 à 30
17 Lavabos avec eau chaude glaces et tablettes	X	2	3	4
18 Douche avec eau chaude (en cabines individuelles)	X	1	2	3
19 Toilettes WC (en cabines individuelles)	X	2	3	4
20 Bac à laver (bac à linge ou vaisselle)	X	2	3	4
21 Equipements électriques (prise accessible dans bloc sanitaire)	X	1	2	3
22 Points d'eau potable	X	1	2	3
D - ETAT ET PROPRETE DES INSTALLATIONS ET DES EQUIPEMENTS				
23 Les installations et équipements doivent être nettoyés régulièrement et entretenus en permanence pendant la durée d'ouverture du terrain	X			
Chapitre 2 : Services au client				
A - QUALITE ET FIABILITE DE L'INFORMATION CLIENT				
24 Existence et utilisation d'un support commercial présentant les tarifs et les horaires d'ouverture	X			
B - TRAITEMENT DE LA RESERVATION				
25 La réservation est possible aux horaires d'ouverture du lieu d'accueil	X			
26 Existence d'un répondeur téléphonique qui donne la possibilité de laisser un message ou d'entendre un message qui présente la période et les heures d'ouverture de la réception et les autres informations utiles	X			
C - RECEPTION ET ACCUEIL				
27 Bureau d'accueil : la présence d'un lieu d'accueil est obligatoire	X			
28 Le client doit avoir à sa disposition des informations sur l'offre touristique locale, en particulier sur les activités liées à la découverte de l'environnement (randonnées, balades...) réalisables à proximité du site	X			
Chapitre 3 : Accessibilité et développement durable			**Statut de critère**	
A - ACCESSIBILITE AUX PERSONNES HANDICAPEES ET/OU A MOBILITE REDUITE				
29 Nombre minimum d'emplacement accessible :			X	1
30 Le chemin pour accéder au bloc sanitaire doit être stabilisé et praticable et doit présenter un contraste visuel et tactile par rapport à son environnement			X	
31 Nombre d'équipement sanitaire accessible :			X	1
B - ENVIRONNEMENT ET DEVELOPPEMENT DURABLE				
32 Préservation de l'environnement naturel			X	
Application obligatoire de deux critères parmi les suivants : Préciser les deux critères validés				
33 Mise en œuvre d'au moins une mesure de réduction de consommation d'énergie (ex : ampoule à économie d'énergie)			X ou NA	
34 Mise en œuvre d'au moins une mesure de gestion des déchets (ex : mise en place du tri sélectif)			X ou NA	
35 Mise en œuvre d'au moins une mesure de réduction de consommation d'eau (ex : réducteur de pression)			X ou NA	
36 Utilisation régulière d'au moins deux produits issus de la production régionale ou du commerce équitable ou de l'agriculture biologique			X ou NA	

X = critère obligatoire - NA = non applicable

www.ffcc.fr

LA FÉDÉRATION DES CAMPEURS, CARAVANIERS ET CAMPING-CARISTES

MA LIBERTÉ QUAND JE VEUX !

CHARTE DU CAMPEUR

Si la FFCC entend bien partager ces règles de bonne conduite avec tous ses adhérents, son ambition va plus loin. Elle souhaite toucher les quelque 7 millions de campeurs* français et étrangers en leur rappelant les principes fondamentaux du « bien camper ». Depuis 1938, la FFCC considère le camping comme un art de vivre et elle incite tous les campeurs à adopter un comportement respectueux d'autrui et de leur environnement.

1. **Campons dans les zones autorisées** et, sur un terrain privé, demandons l'autorisation de faire étape à son propriétaire.
2. **Respectons en tous lieux la faune et la flore** dont l'équilibre est fragile. N'allumons pas de feu dans la nature. Fumeurs, soyons vigilants avec nos mégots.
3. **Soyons attentifs à la tranquillité d'autrui** en évitant les nuisances sonores de jour et de nuit dues aux éclats de voix, aboiements, radio, télévision, moteur...
4. **Effectuons les vidanges des eaux noires et grises correctement** et surtout exclusivement dans les endroits réservés à cet effet et dans le plus grand respect de la nature et des principes écologiques. Ne laissons jamais ouverts les robinets de vidange.
5. **Tenons les chiens en laisse** dans les sites où ils sont acceptés, et ramassons leurs déjections.
6. **Respectons les aménagements et équipements publics** ou privés et ne laissons aucune trace de notre passage.
7. **Inspectons et nettoyons les lieux** de halte et de camping pour ne laisser aucun objet ou détritus. A défaut de poubelles, emportons nos déchets avec nous. Utilisons les poubelles à tri sélectif s'il y en a.
8. **Entretenons et vérifions** nos véhicules avant chaque départ et adaptons notre conduite et notre vitesse.
9. **Acceptons le règlement intérieur** des terrains de camping et participons activement aux efforts de ceux qui s'engagent à respecter la charte nationale établie par la profession pour une meilleure qualité paysagère.
10. **Respectons la notion de propriété privée**, stationnons en évitant de cacher monuments, paysages, fenêtres d'habitation, commerces, écoles, panneaux routiers et pour une durée n'excédant pas 48 h. Considérons-nous partout comme invités : soyons respectueux de nos hôtes.
11. **Adoptons un comportement éco-citoyen**, consommons l'eau et les autres ressources naturelles raisonnablement.
12. **Ayons une attitude courtoise**, échangeons entre campeurs et portons assistance à toute personne en difficulté (panne mécanique, handicap...).

** par « campeur», on entend : le tentiste, le caravanier, le camping-cariste et l'utilisateur de mobil-home, de chalet, de bungalow... qu'il en soit propriétaire ou locataire.*

FFCC, la Fédération des campeurs, caravaniers et camping-caristes
78, rue de Rivoli - 75004 Paris - Tél.: 01 42 72 84 08 - Fax : 09 70 32 60 56 - Email : info@ffcc.fr - Site internet : www.ffcc.fr

Association reconnue d'utilité publique depuis 1973. Immatriculation Tourisme N°IM075100143 - Mandataire d'intermédiaire d'assurance ORIAS n°10057957. Agrément « Entreprise Solidaire »